# JURISPRUDENCE GÉNÉRALE

## SUPPLÉMENT AU RÉPERTOIRE

MÉTHODIQUE ET ALPHABÉTIQUE

# DE LÉGISLATION,

## DE DOCTRINE ET DE JURISPRUDENCE

EN MATIÈRE DE DROIT CIVIL COMMERCIAL, CRIMINEL, ADMINISTRATIF
DE DROIT DES GENS ET DE DROIT PUBLIC

TOME NEUVIÈME

# JURISPRUDENCE GÉNÉRALE

# SUPPLÉMENT AU RÉPERTOIRE

MÉTHODIQUE ET ALPHABÉTIQUE

# DE LÉGISLATION

## DE DOCTRINE ET DE JURISPRUDENCE

EN MATIÈRE DE DROIT CIVIL, COMMERCIAL, CRIMINEL, ADMINISTRATIF,
DE DROIT DES GENS ET DE DROIT PUBLIC.

## De MM. DALLOZ,

PUBLIÉ SOUS LA DIRECTION DE MM.

| GASTON GRIOLET | CHARLES VERGÉ |
|---|---|
| Docteur en droit | Maître des Requêtes au Conseil d'État |

Avec le concours de M. C. KOEHLER, Docteur en droit

Et la collaboration de plusieurs magistrats et jurisconsultes.

## TOME NEUVIÈME

A PARIS
AU BUREAU DE LA JURISPRUDENCE GÉNÉRALE
RUE DE LILLE, N° 19
1892

# JURISPRUDENCE GÉNÉRALE

## SUPPLÉMENT

AU

RÉPERTOIRE MÉTHODIQUE ET ALPHABÉTIQUE

# DE LÉGISLATION, DE DOCTRINE

## ET DE JURISPRUDENCE

## CHAP. 1er. — Historique et législation. — Droit comparé (*Rép.* n°s 1 à 27).

**1.** — I. Historique et législation. — Le projet de la commission instituée par arrêtés des 6 nov. 1862, 29 oct. et 22 nov. 1864 pour rechercher les modifications qu'il serait utile d'apporter aux lois qui règlent la procédure civile (V. *supra*, v° *Enquête*, n° 1) renfermait sur certains points, en matière de frais et dépens, des dispositions nouvelles. Ainsi, après avoir reproduit le principe général édicté par l'art. 130 c. proc. civ., que toute partie qui succombera sera condamnée aux dépens, l'art. 23 ajoutait : «le jugement en contiendra liquidation». On sait qu'aux termes de l'art. 543 c. proc. civ., la liquidation des dépens n'est faite dans le jugement qu'en matière sommaire. — Un autre paragraphe du même article consacrait en ces termes une pratique qui tendait à s'introduire dans quelques tribunaux : « Néanmoins, les dépens pourront être mis à la charge de la partie dont les conclusions auront été adjugées, si le procès n'a été soutenu que dans son intérêt. — L'art. 142, après avoir reproduit à peu près textuellement la disposition de l'art. 154 c. proc. civ., ajoutait : « Le jugement de défaut-congé condamnera le demandeur aux dépens, et ne sera susceptible ni d'opposition, ni d'appel ». — Il y a lieu de signaler encore l'art. 153 ainsi conçu : «Si le jugement par défaut a été rendu contre une partie qui avait constitué avoué, les frais de l'expédition de la signification du jugement et des conclusions d'opposition seront toujours à la charge du défaillant, sauf, s'il y a lieu, son recours contre l'avoué. Il en sera de même si la partie défaillante n'avait pas constitué avoué, à moins que, eu égard aux circonstances, le tribunal ne l'ait exonérée de la totalité ou de partie des frais ». Les art. 124, 125, 126, 130 reproduisaient, sauf de légères différences de rédaction, les art. 131, 132, 133, 137 c. proc. civ.

**2.** Dans le projet de révision du code de procédure civile déposé par M. Thévenet le 6 mars 1890 (V. *supra*, v° *Enquête*, n° 2), les dispositions relatives aux dépens, qui reproduisent la plupart des innovations que consacrait le projet de la commission instituée en 1862 et 1864 (V. *supra*, n° 1), sont ainsi conçues : « *Des jugements.* Art. 14. Toute partie qui succombe est condamnée aux dépens. Les parties sont tenues solidairement des dépens lorsqu'elles sont obligées solidairement à l'exécution du jugement. Le tribunal peut également, dans tous les cas, prononcer la solidarité des dépens contre tous ceux qui succombent ou quelques-uns d'entre eux. Le jugement contient liquidation des dépens et, s'il y a lieu, leur répartition. — Art. 15. Néanmoins, les dépens peuvent être mis à la charge de la partie dont les conclusions ont été adjugées, lorsque le tribunal apprécie, d'après les circonstances, que l'instance a été motivée par son seul intérêt, et que la résistance de la partie adverse pouvait paraître légitime. Peuvent également les dépens être adjugés à l'une ou à l'autre des parties à titre de dommages-intérêts. — Art. 16. Les dépens peuvent être compensés en tout ou en partie entre conjoints, ascendants, frères et sœurs ou alliés au même degré; les juges peuvent aussi compenser les dépens en tout ou en partie, si les parties succombent respectivement ou partiellement. — Art. 17. Les avoués et huissiers qui ont excédé les bornes de leur ministère, les tuteurs, curateurs, héritiers bénéficiaires, syndics ou autres administrateurs qui ont compromis les intérêts de leur administration, peuvent être condamnés aux dépens, en leur nom personnel des dépens, même aux dommages-intérêts, s'il y a lieu, sans préjudice des peines disciplinaires contre les avoués et huissiers, et de la destitution contre les tuteurs et autres, suivant la gravité des circonstances. Les condamnations contre les personnes ci-dessus désignées ne sont prononcées qu'après qu'elles ont été entendues dans leurs observations. — Art. 18. Les avoués peuvent demander la distraction des dépens à leur profit en affirmant qu'ils en ont fait la plus grande partie les avances. La distraction des dépens ne peut être prononcée que par le jugement qui en porte la condamnation et contre la partie condamnée. Extrait du jugement, en ce qui concerne la distraction des dépens, est délivré au nom de l'avoué, sans préjudice de l'action contre sa partie. ... — Art. 22. L'exécution provisoire ne peut, en aucun cas, être ordonnée pour les dépens ».

**3.** La législation relative aux frais et dépens en matière civile, commerciale, administrative et criminelle, a subi quelques modifications depuis la publication du *Répertoire*. Parmi les lois et décrets qui y ont apporté les changements les plus importants, il convient de mettre au premier rang la loi des 23-25 oct. 1884 sur les ventes judiciaires d'immeubles (D. P. 85. 4. 9-10), qui exonère des droits de timbre, d'enregistrement, de greffe et d'hypothèque les actes rédigés pour parvenir à l'adjudication des immeubles dont le prix de vente ne dépasse pas 2000 francs; — et la loi des 22-24 juill. 1889, qui a organisé la procédure à suivre devant les conseils de préfecture (D. P. 90. 4. 1).

Tableau chronologique de la législation relative aux frais et dépens.

**8-11 avr. 1848.** — Arrêté qui modifie le tarif relatif aux émoluments des greffiers et des huissiers audienciers près les tribunaux de commerce (D. P. 48. 4. 67).

**15-19 janv. 1853.** — Décret impérial qui modifie l'art. 19 de l'ordonnance du 10 oct. 1841, contenant le tarif des frais et dépens relatifs aux ventes judiciaires de biens immeubles (D. P. 53. 4. 2).

**24 mai-1er juin 1854.** — Décret impérial portant fixation des émoluments attribués, en matière civile et commerciale, aux greffiers des tribunaux de première instance et aux greffiers des cours impériales (D. P. 54. 4. 90).

**12-21 juin 1856.** — Décrets impériaux qui rendent commun le tarif des frais et dépens réglé pour le tribunal de première instance et pour les justices de paix de Paris : ... au tribunal de première instance et aux justices de paix de Marseille (D. P. 56. 4. 67).

**30-avr.-7 mai 1862.** — ... A la cour impériale, au tribunal de première instance et aux justices de paix de Toulouse (D. P. 62. 4. 40).

**8-10 déc. 1862.** — Décret impérial concernant les allocations aux greffiers des cours d'appel, des tribunaux de première instance, des tribunaux de commerce et de justices de paix, à titre de remboursement du papier timbré (D. P. 62. 4. 128).

**13-16 déc. 1862.** — ... Aux tribunaux de première instance et aux justices de paix de Lille et de Nantes (D. P. 62. 4. 128).

**24 nov.-16 déc. 1871.** — Décret portant augmentation du tarif des greffiers et des huissiers (D. P. 71. 4. 166).

**29-30 déc. 1873.** — Loi portant fixation du budget général des dépenses et des recettes de l'année 1874 (art. 4 portant qu'aucune somme excédant la valeur des timbres mobiles apposés sur les copies ne peut être allouée au greffier) (D. P. 74. 4. 26).

**16-24 nov. 1875.** — Loi concernant le traitement des greffiers de justice de paix (D. P. 76. 4. 47).

**23-25 oct. 1884.** — Loi sur les ventes judiciaires d'immeubles.

Art. 1er, § 1er. Les ventes judiciaires d'immeubles, dont le prix principal d'adjudication ne dépassera pas 2000 fr., seront l'objet des dégrèvements prévus aux art. 3 et 4 de la présente loi. — § 2. Les lots mis en vente par le même acte seront réunis pour le calcul du prix d'adjudication, et la valeur des lots non adjugés entrera dans ce calcul pour leurs mises à prix. La vente ultérieure des lots non adjugés profitera du bénéfice de la loi, d'après les mêmes règles. 2, § 1er. Le bénéfice de la présente loi s'applique à toutes les ventes judiciaires d'immeubles de la valeur constatée comme il est dit en l'art. 1er, ainsi qu'à leurs incidents de subrogation, de surenchère et de folle enchère. — § 2. Dans les procédures n'ayant d'autre objet que la vente sur licitation, si les immeubles à liciter dont les mises à prix seront inférieures à 2000 fr. appartiennent indivisément à des mineurs ou incapables et à des majeurs, ces derniers pourront se réunir aux représentants de l'incapable pour que la vente ait lieu sur requête, comme si les immeubles appartenaient seulement à des mineurs. L'avis du conseil de famille ne sera pas nécessaire lorsque la vente sera provoquée par les majeurs. — § 3. Dans les procédures où la licitation est incidente aux opérations de liquidation et partage, le bénéfice de la présente loi sera acquis à tous les actes nécessaires pour parvenir à l'adjudication, à partir du cahier des charges inclusivement ; les frais antérieurs ne seront pas employés en frais de vente.

3, § 1er. Lorsque le prix d'adjudication, calculé comme il est dit en l'art. 1er, ne dépassera pas 2000 fr., et sera devenu définitif par l'expiration du délai de la surenchère (prévu par les art. 708 et 965 c. proc. civ. et 573 c. com.), toutes les sommes payées au Trésor public pour droits de timbre, d'enregistrement, de greffe et d'hypothèque, applicables aux actes rédigés en exécution de la loi pour parvenir à l'adjudication, seront restituées ainsi qu'il est stipulé dans l'art. 4 ci-après. — § 2. Lorsque le prix d'adjudication ne dépassera pas 1,000 fr., les divers agents de la loi subiront une réduction d'un quart sur les émoluments à eux dus et alloués en taxe, conformément au tarif du 10 oct. 1841. — § 3. L'état des frais de poursuite sera dressé par distinction entre les droits du Trésor et ceux des agents de la loi ; il sera taxé et annexé au jugement ou au procès-verbal d'adjudication.

4, § 1er. Le jugement ou le procès-verbal d'adjudication constatera que le bénéfice de la présente loi est acquis à la vente, si le prix d'adjudication ne dépasse pas 2000 fr. Il ordonnera la restitution par le Trésor public des sommes à lui payées pour les causes énoncées en l'art. 3, lesquelles devront être retranchées de l'état taxé ; et de plus, il réduira d'un quart les émoluments des agents de la loi compris en l'état si le prix d'adjudication est inférieur ou égal à 1000 fr. La disposition du jugement ou du procès-verbal d'adjudication relative à la fixation des droits à restituer sera susceptible d'opposition pendant trois jours, à compter de l'enregistrement de l'acte de vente, de la part des intéressés. Cette opposition sera formée et jugée comme en matière d'opposition à taxe. S'il n'y a pas eu d'opposition, il en sera justifié par un certificat du greffier ; en cas de jugement rendu sur l'opposition, il sera produit un extrait de ce jugement ; le tout aura lieu sans frais. — § 2. Le receveur de l'enregistrement qui procédera à l'enregistrement du jugement ou du procès-verbal d'adjudication restituera à l'avoué poursuivant, sur la simple décharge et sur la remise d'un extrait délivré sans frais de l'ordre de restitution, le tout dans les vingt-trois jours de cette adjudication, les sommes perçues par le Trésor public et comprises en l'état taxé. — § 3. Le greffier du tribunal ou le notaire délégué pour la vente délivrera à l'adjudicataire un extrait suffisant pour la transcription de son titre, et au vendeur, mais seulement dans le cas de non-payement du prix ou de non-exécution des conditions de l'adjudication, un extrait en la forme exécutoire.

5. Le tribunal devant lequel se poursuivra une vente d'immeubles dont la mise à prix sera inférieure à 2000 fr. pourra, par le jugement qui doit fixer les jours et les conditions de l'adjudication, ou par le jugement qui autorise la vente, ordonner : 1° que les placards et insertions ne contiendront qu'une désignation très sommaire des immeubles ; le prix des insertions sera de la moitié de celui fixé pour les autres ventes judiciaires ; 2° que les placards seront même manuscrits et apposés, sans procès-verbal d'huissier, dans les lieux que le tribunal indiquera, et ce, par dérogation à l'art. 669 c. proc. civ.

6. Les dispositions de la présente loi ne pourront être appliquées qu'aux ventes judiciaires d'immeubles dont la poursuite ne serait pas commencée avant sa promulgation.

22-24 juill. 1889. — Loi sur la procédure à suivre devant les conseils de préfecture (D. P. 90. 4. 1).

18-22 janv. 1890. — Décret fixant les allocations pour la procédure à suivre devant les conseils de préfecture (D. P. 90. 4. 7).

4. Les principes en matière de *frais et dépens* sont exposés dans les traités de procédure civile. Les auteurs qui ont étudié spécialement les questions relatives à la taxe et que nous aurons le plus fréquemment l'occasion de citer sont : Boucher d'Argis et Sorel, *Nouveau dictionnaire raisonné de la taxe en matière civile*, 3e éd. ; Chauveau et Godoffre, *Commentaire du tarif en matière civile*, 2e éd. ; Raviart, *Le tarif en matière civile*, 3e éd.

5. — II. DROIT COMPARÉ. — Le code de procédure civile pour l'Empire d'Allemagne, promulgué le 30 janv. 1877 (V. Glasson, Lederlin et Dareste, *Code de procédure civile pour l'empire d'Allemagne, traduit et annoté ; V.* aussi *Annuaire de législation étrangère*, 1878, p. 83), consacre un titre spécial, le titre 5, aux dépens. Il admet le principe de la condamnation d'office aux dépens, en l'absence des conclusions de l'adversaire et règle d'une façon détaillée la procédure à suivre pour la liquidation des dépens. Il ne parle pas de la compensation pour cause de parenté ou d'alliance qui fait l'objet de l'art. 131 de notre code de procédure. En voici les dispositions :

« Tit. 5. — *Des dépens.* — Art. 87. La partie qui succombe doit supporter les dépens de l'instance ; elle doit notamment rembourser à la partie adverse les frais que l'occasionné le procès, dans la mesure où, d'après la libre appréciation du tribunal, ils étaient nécessaires et ont été légitimement faits pour l'exercice de l'action ou de la défense. Dans toutes les procédures, il y a lieu au remboursement des émoluments et déboursés de l'avocat-avoué de la partie qui triomphe ; les frais de voyage d'un avocat-avoué étranger ne sont remboursables qu'autant que le concours de cet avocat-avoué était nécessaire, d'après l'appréciation du tribunal, pour l'exercice de l'action ou la défense. — Art. 88. Quand chacun des plaideurs réussit et succombe en partie, il y a lieu à la compensation ou au partage proportionnel des dépens. Le tribunal peut mettre tous les dépens de l'instance à la charge de l'une des parties, lorsque l'exagération de la prétention de l'autre partie était relativement peu considérable, et n'a pas occasionné de frais particuliers ou que le montant de la demande de l'autre partie dépendait d'une liquidation subordonnée à l'appréciation du juge, ou du résultat d'une expertise, ou d'un décompte. — Art. 89. Lorsque le défendeur n'a pas, par son attitude, rendu nécessaire l'exercice de l'action, et qu'il reconnaît aussitôt le bien fondé de la réclamation, les dépens de l'instance sont à la charge du demandeur. — Art. 90. La partie qui néglige de se présenter sur un ajournement ou d'observer un délai, ou qui, par sa faute, rend nécessaire la remise d'un ajournement, le renvoi d'un délai, la fixation d'une audience pour la continuation des débats ou la prorogation d'une délibération, doit supporter les frais qui en ont été la suite. — Art. 91. Les frais d'un moyen d'attaque ou de défense demeuré sans succès peuvent être mis à la charge de la partie qui l'a produit, même quand elle réussit au fond. — Art. 92. Les dépens d'une voie de recours exercée sans succès sont à la charge de la partie qui l'a exercée. Les dépens de l'instance d'appel peuvent être mis en tout ou partie à la charge de la partie qui triomphe, lorsque le succès de l'appel résulte d'un moyen nouveau que la partie, d'après l'appréciation souveraine du tribunal, était en mesure de produire en première instance. ... — Art. 93. Les frais d'une transaction intervenue entre les parties sont à considérer comme compensés lorsqu'il n'y a pas eu entre les parties de convention contraire. Il en est de même des dépens de l'instance terminée par transaction, s'ils n'ont pas été l'objet d'une décision ayant force de chose jugée. — Art. 94. La décision sur les dépens ne peut être attaquée s'il n'est formé en même temps un recours contre la décision rendue sur le fond. — Art. 95. Lorsque plusieurs personnes ont figuré ensemble dans l'instance et y ont succombé, elles sont tenues par tête du payement des dépens. Si leur intérêt à la contestation est sensiblement différent, la mesure de cet intérêt peut être, d'après l'appréciation du tribunal, prise pour base de la répartition des dépens. Si l'un des consorts a produit un moyen particulier d'attaque ou de défense, les autres n'en sont pas tenus des dépens qui en ont été la conséquence. Il n'est pas dérogé par les dispositions de ce paragraphe aux prescriptions du droit civil, imposant l'obligation de répondre solidairement des dépens. — Art. 96. Les dispositions des paragraphes 87-93 sont applicables aux frais occasionnés par une intervention accessoire. — Art. 97. Les greffiers de tribunaux, mandataires légaux, avocats-avoués et autres fondés de pouvoirs, ainsi que les huissiers, peuvent être, même d'office, condamnés par le tribunal saisi de la contestation à supporter les dépens auxquels ils ont donné lieu par une faute grave. La décision peut être rendue sans plaidoirie. La partie intéressée doit être entendue au préalable. La décision est susceptible de pourvoi immédiat. — Art. 98. Le payement des dépens ne peut être poursuivi qu'en vertu d'un titre exécutoire. La demande de liquidation des dépens à rembourser doit être présentée au tribunal de première instance ; elle peut être formée par une déclaration faite au greffier, et dont il est dressé procès-verbal. L'état des dépens, une copie de ce mémoire destinée à être communiquée à l'adversaire et les pièces justificatives des différents articles doivent être joints à la demande. — Art. 99. La décision sur la demande de liquidation des dépens peut être rendue sans plaidoirie. Pour qu'un article soit admis, il suffit qu'il soit établi d'une manière vraisemblable. La décision sur la liquidation est susceptible de pourvoi immédiat. — Art. 100. Lorsque tout ou partie des dépens se répartissent par quote-part, la partie doit, avant de former sa demande de liquidation, sommer son adversaire de remettre au tribunal, dans le délai d'une semaine, l'état de ses dépens. Ce délai étant expiré sans qu'il ait été fait droit à la sommation, la décision est rendue sans égard aux dépens de l'adversaire, et sans préjudice du droit pour ce dernier de réclamer ultérieurement le remboursement de ce qui lui est dû. L'adversaire est tenu de l'excédent de dépens auquel donne lieu sa demande tardive ».

**6.** En Autriche, jusqu'à la loi du 27 avr. 1873 concernant la procédure sommaire des petites affaires, chacune des parties, dans tout procès, supportait presque toujours les frais faits par elle ; on ne prononçait de condamnation aux dépens qu'à titre de peine contre celui qui avait, de mauvaise foi ou par esprit de chicane, *intenté* ou soutenu un mauvais procès. La loi du 27 avr. 1873 a posé le principe que toute personne qui succombe doit être condamnée aux dépens nécessaires faits par l'autre partie. Cette règle qui n'était applicable qu'aux petites causes a été étendue à toutes les affaires par la loi du 10 mai 1874. Les tribunaux ont un pouvoir discrétionnaire pour déterminer les frais *nécessaires*. Si chaque plaideur triomphe et succombe pour partie, chacun supporte ses dépens, ou bien ceux-ci sont proportionnellement répartis (Glasson, Notice sur la loi autrichienne du 27 avr. 1873, *Bulletin de la société de législation comparée*, 1875, p. 220).

**7.** Le code de procédure civile italien, mis en vigueur le 1er janvier 1866, admet le principe de la condamnation d'office aux dépens, en l'absence de conclusions de l'adversaire. Si le tribunal a omis de statuer sur les dépens, il rend sur ce point une nouvelle sentence après procédure sommaire. Aux termes de l'art. 370 c. proc. ital., la partie qui succombe peut être condamnée aux dommages-intérêts, en cas de procès téméraire. Il ne suffit pas, pour que cette condamnation puisse être prononcée, d'une simple imprudence, il faut une faute grave. Lorsque cette faute existe, l'art. 130 est applicable, alors même qu'il n'y aurait ni mauvaise foi, ni dol (C. cass. de Turin, 9 sept. 1882, aff. Mazza C. Guggravi, *Journal de droit international privé*, 1883, p. 427). Si les parties sont condamnées pour une obligation solidaire, chacune peut être déclarée solidairement tenue des dépens (art. 372). La distraction des dépens peut toujours être prononcée au profit du procureur dont la partie a gagné son procès. La loi, toutefois, apporte des restrictions à ce droit. Ainsi la distraction ne peut être demandée que pour la portion de frais réellement avancée ; et, de plus, le client peut y faire opposition. En ce cas, la remise de la condamnation est déposée au greffe, jusqu'à ce que l'opposition ait été vidée. — Pour la liquidation des dépens, la loi oblige chaque partie à joindre à son dossier une note exacte et détaillée des frais par elle exposés, de façon qu'il soit toujours facile au juge d'arrêter le montant de la condamnation dans le jugement lui-même (Albéric Allard, *Examen critique du code de procédure civile du royaume d'Italie, Revue de droit international*, t. 2, p. 240 et suiv.).

**8.** La loi judiciaire de Genève du 15 févr. 1816, modifiée le 5 déc. 1832 (V. Bellot, *Loi sur la procédure civile du canton de Genève*) admet comme les codes italien et allemand la règle de la condamnation d'office aux dépens (art. 114). Il admet la compensation pour cause de parenté, d'alliance et même d'association. « Les juges, porte l'art. 118, pourront toujours compenser les dépens entre époux, ascendants et descendants, frères et sœurs, alliés au même degré et associés ». Tout jugement, même sur incident, doit condamner aux dépens la partie qui succombe (art. 114). La condamnation aux dépens peut être prononcée solidairement contre les débiteurs solidaires. « Lorsque plusieurs parties, dit l'art. 116, seront condamnées pour cause de violence, de fraude ou d'obligation solidaire, les dépens seront adjugés contre elles avec solidarité ». Les tuteurs, curateurs et administrateurs qui ont compromis les intérêts de leur administration peuvent être condamnés à supporter personnellement les dépens (art. 119). Le code de Genève ne parle pas des avoués et huissiers, auxquels l'art. 132 de notre code applique cette règle. — La partie condamnée aux dépens peut former opposition à l'état de frais arrêté par le tribunal dans les deux semaines de sa signification. L'opposition est formée par un exploit d'ajournement portant citation à la première audience. Elle énonce les articles attaqués. Elle n'est point suspensive (art. 127 et 128; Glasson, Lederlin et Dareste, *op. cit.*, p. 43 et suiv.).

## CHAP. 2. — Frais et dépens en matière civile.

SECT. 1re. — CARACTÈRE DE LA CONDAMNATION AUX DÉPENS. — CAS OU ELLE A LIEU. — PERSONNES QUI EN SONT PASSIBLES. — COMPENSATION, SOLIDARITÉ, DIVISION DES DÉPENS. — LIMITES DE LA CONDAMNATION (*Rép.* nos 28 à 118).

**9.** — I. CARACTÈRES DE LA CONDAMNATION AUX DÉPENS (*Rép.* nos 28 à 35). — Le principe de la condamnation aux dépens réside, telle a été l'opinion émise au *Rép.* n° 30, dans l'obligation qui naît du contrat judiciaire qui s'établit entre les parties, par cela seul qu'elles se présentent devant la justice pour obtenir droit. « Ce qui prouve bien, disent MM. Boitard, Colmet-Daâge et Glasson, *Leçons de procédure civile*, t. 1, n° 273, p. 276, que la condamnation aux dépens ne repose même pas sur l'idée de faute imputable au perdant, c'est qu'il l'encourt, même s'il a plaidé de très bonne foi et avec d'excellentes raisons, pour croire qu'il gagnerait son procès, par exemple, parce que la jurisprudence avait été jusqu'alors fixée en faveur de sa prétention. En réalité, la dette des dépens naît, comme d'un contrat, du fait qu'on appelle un procès; aussi n'est-elle pas, à proprement parler, un accessoire de la dette principale, et existe-t-elle même si le procès ne porte pas sur une créance». La doctrine estime, généralement, que la condamnation aux dépens constitue une indemnité légitime accordée à la partie qui gagne son procès en raison du dommage éprouvé. « La condamnation aux dépens, dit M. Garsonnet, *Traité théorique et pratique de procédure*, t. 3, n° 149, p. 169, n'a rien de commun avec la punition du plaideur téméraire, qui est contraire à nos principes. On peut abuser de son droit en le poursuivant avec une âpreté déplacée, mais il est toujours légitime d'exercer une action et d'y défendre. La partie qui succombe n'est donc soumise, à ce seul chef, à aucune peine; elle doit seulement, la condamnation aux dépens n'a pas d'autre objet, indemniser son adversaire du dommage qu'elle lui a causé, en l'obligeant à se mettre en frais, pour soutenir une juste demande ou pour défendre à une demande qui ne l'était pas... Si l'attribution des dépens à la partie gagnante ne répare pas entièrement le préjudice que le procès lui a causé, elle peut conclure, en outre, à des dommages-intérêts... » (V. en ce sens Rousseau et Laisney, *Dictionnaire théorique et pratique de procédure civile*, v° *Frais et dépens*, t. 3, n° 1, p. 595).

On a approuvé au *Rép.* n° 49 une décision de la cour de cassation du 4 germ. an 13 portant que les dépens, une fois adjugés par un jugement devenu inattaquable par l'expiration du délai de l'appel ou de la cassation, constituent, pour celui qui les a obtenus, une créance distincte de l'objet qui a été la matière du procès, de même qu'elle survit même à une loi postérieure par laquelle le jugement a été paralysé dans son exécution relativement à cet objet. — Contrairement à cette théorie, qui est la conséquence du principe que la dette de dépens a sa source dans un contrat judiciaire, il a été décidé, depuis lors, que les dépens auxquels un débiteur a été condamné envers le créancier qui l'a poursuivi sont un *accessoire* de la créance; que dès lors, ils ne peuvent être exigés avant l'expiration du délai accordé au débiteur pour le payement du principal (Grenoble, 20 mars 1868, aff. Époux Cluzel, D. P. 68. 5. 238).

**10.** Une pratique constante, a-t-on dit au *Rép.* nos 32 et suiv., interprète l'art. 130 c. proc. civ. : « Toute partie qui succombera sera condamnée aux dépens », en ce sens que les dépens doivent être alloués d'office par le tribunal, sans que la partie adverse ait posé de conclusions à cet égard. Cette interprétation s'appuie surtout sur l'ordonnance de 1667, tit. 31, art. 1 : « Voulons qu'ils soient taxés au profit de celui qui a obtenu définitivement, encore qu'ils n'eussent été adjugés ». — Cette théorie, adoptée par MM. Rousseau et Laisney, *op. cit.*, v° *Dépens*, n° 30 *bis*, a été consacrée de nouveau par la jurisprudence. Il a été jugé que la condamnation de la partie qui succombe aux dépens peut être prononcée d'office sans que la partie adverse y ait conclu (Req. 22 août 1871, aff. Fleury, D. P. 71. 1. 228). — Les auteurs professent généralement une opinion contraire, et leur doctrine nous semble préférable. L'ordonnance de 1667 n'a plus aujourd'hui d'application, et allouer à une partie ce qu'elle n'a pas demandé est un abus de pouvoir judiciaire. « Je ne vois, dit M. Garsonnet, *op. cit.*, t. 3, n° 449, p. 171, qu'un seul magistrat qui puisse se permettre d'adjuger les dépens à une partie qui n'y a pas conclu : c'est le juge de paix qui statue en dernier ressort. D'une part, il y aurait une rigueur excessive à exiger des conclusions en forme d'une partie qui comparaît le plus souvent devant le juge de paix en personne et sans conseil; d'autre part, son jugement ne serait attaquable, dans l'espèce, ni par la requête civile qui ne s'applique pas à ses décisions, ni par le pourvoi en cassation dont elles ne sont susceptibles que pour cause d'incompétence ou d'excès de pouvoir. Je suppose un jugement en dernier ressort; car, si le juge de paix, statuant en premier ressort, avait alloué des dépens auxquels il n'aurait pas été conclu, la partie qui y a été condamnée pourrait obtenir par l'appel la réformation de ce jugement » (V. en ce sens Bioche, v° *Dépens*, n° 46 ; Boitard, Colmet-Daâge et Glasson, t. 1, n° 277, p. 280).

**11.** La doctrine et la jurisprudence sont d'accord pour reconnaître que le tribunal ne pourrait allouer les dépens *à titre de dommages-intérêts* à une partie qui ne les aurait pas demandés : ce serait statuer *ultra petita*, et il y aurait de ce chef ouverture à requête civile en vertu de l'art. 480-3° c. proc. civ. En ce sens il a été jugé que le juge peut condamner solidairement aux dépens les parties qui succombent, lorsqu'il déclare qu'il adjuge les dépens à titre de dommages-intérêts ; que, dans ce cas, s'il n'avait pas été formé de demande en dommages-intérêts, il y a ouverture à requête civile pour *ultra petita*, et non à cassation (Civ. cass. 3 mars 1868, aff. Des Guidi, D. P. 68. 1. 155 V. *Rép.* v° *Requête civile*, n°s 72 et suiv., v° *Cassation*, n°s 1482 et suiv., et *supra*, eod. v°, n°s 319 et suiv.; Rousseau et Laisney, *op. cit.*, v° *Dépens*, n° 31).

**12.** Lorsque les parties n'ont pas conclu à la condamnation aux dépens, si le tribunal omet de statuer sur ce point, la partie qui a gagné son procès ne peut contraindre *ipso jure* son adversaire à les payer. MM. Rousseau et Laisney, v° *Dépens*, n° 32, estiment qu'elle peut faire réparer l'omission du jugement par voie d'appel ou de cassation. Tel n'est pas l'avis de M. Garsonnet, *op. cit.*, t. 3, n° 449, p. 171, note 17, qui n'admet ni la requête civile, aucune demande n'ayant été formée, ni le pourvoi en cassation, le tribunal n'ayant violé aucune loi. Le seul moyen d'aboutir, d'après cet auteur, serait de former une demande nouvelle devant le même tribunal pour obtenir de lui un second jugement. La partie gagnante peut, en effet, réclamer les dépens par action principale (*Rép.* n° 35). Lorsque l'affaire est susceptible d'appel, cette voie de recours est évidemment un moyen de faire réparer l'omission du jugement. Dans le système qui permet aux tribunaux d'allouer d'office les dépens, on doit admettre encore le recours en cassation, les juges ne se prononçant pas une condamnation sur ce point ayant violé l'art. 130 c. proc. civ.

**13.** S'il y a eu des conclusions à fin de dépens et que le tribunal ait omis de statuer à cet égard, le jugement est susceptible de requête civile pour avoir omis de statuer sur un des chefs de la demande (Bioche, *op. cit.*, v° *Dépens*, n° 48 ; Garsonnet, *op. cit.*, t. 3, n° 449, p. 171, note 16).

**14.** — II. CAS OU LA CONDAMNATION AUX DÉPENS PEUT ÊTRE PRONONCÉE (*Rép.* n°s 36 à 52). — Les tribunaux jouissent d'un pouvoir discrétionnaire quant à la condamnation aux dépens. Ce principe, proclamé souvent par la jurisprudence, est exact dans les limites posées par les art. 130 et 131 c. proc. civ. Et c'est dans cette mesure que la cour de cassation l'a constamment appliqué. L'art. 130 décide que « toute partie qui *succombe* doit être condamnée aux dépens ». L'art. 131 donne la faculté aux juges de compenser les dépens en tout ou en partie, si les parties succombent respectivement sur quelques chefs. En vertu de ces dispositions,

si la demande d'un plaideur est déclarée mal fondée, ne serait-ce que sur un seul chef, les tribunaux peuvent mettre une partie ou même la totalité des frais à sa charge. Leur décision sur ce point échappe à la censure de la cour de cassation. — La solution ne serait pas la même si un jugement condamnait aux dépens la partie qui a obtenu gain de cause sur tous les chefs de sa demande. Il y aurait violation de la loi qui veut que les dépens soient mis à la charge de la partie *succombante* et, partant, la décision devrait être réformée (V. Civ. cass. 7 janv. 1861, aff. Fraisse, D. P. 62. 1. 96). Toutefois, il importe de faire remarquer que cette règle souffre quelques exceptions. La jurisprudence reconnaît, en effet, avec raison, aux tribunaux, le droit de condamner aux frais la partie gagnante : 1° lorsque c'est *par sa faute*, que ces frais ont été nécessités. C'est l'application de l'art. 1382 c. civ. qui oblige celui qui a causé un dommage est causé à autrui, à le réparer. Les juges, dans ce cas, sont tenus de donner les motifs sur lesquels s'appuie leur décision; 2° lorsque la partie gagnante, pour soutenir une prétention légitime, s'est livrée à des injures gratuites à l'égard de son adversaire ou à des poursuites inutiles et vexatoires. Le tribunal peut adjuger à celui-ci les dépens à titre de dommages-intérêts ; 3° lorsque la partie qui ne plaide que dans son intérêt fait des frais qui ne profitent qu'à elle. C'est ainsi que le demandeur en reconnaissance d'écritures paye les frais de sa demande lorsque le défendeur a reconnu immédiatement l'écriture qui lui est opposée. — Ces principes sont généralement admis par les auteurs (V. notamment : Garsonnet, *op. cit.*, t. 3, n° 451, p. 178 et suiv.; Rousseau et Laisney, *op. cit.*, v° *Dépens*, n°s 55 et suiv., n° 162 et suiv.).

**15.** Par application de la règle qu'en principe, les juges doivent mettre les dépens à la charge de la partie qui succombe, il a été jugé : 1° que le créancier qui refuse sans fondement les offres à lui faites par son débiteur doit être condamné, tant au remboursement des frais de l'acte d'offres, qu'aux dépens de l'instance qui s'est engagée sur le mérite de ces offres (Trib. Seine, 27 août 1852, aff. de Baisieux, D. P. 54. 3. 16); — 2° Que la partie contre laquelle une exception de sursis qu'elle combattait a été accueillie, peut être condamnée aux dépens de l'incident (Req. 15 nov. 1865, aff. Duc d'Aumale, D. P. 66. 1. 51); — 3° Que la demande en interdiction étant réputée comprendre la demande en nomination d'un conseil judiciaire, le parent qui poursuit l'interdiction de son parent, ne peut, en conséquence, être considéré comme ayant succombé dans sa demande, et condamné aux dépens, quand la décision intervenue, tout en déclarant qu'il n'y a pas lieu à interdiction, nomme cependant au défendeur un conseil judiciaire (Civ. cass. 14 juill. 1857, aff. Biston, D. P. 57. 1. 354). Dans cette dernière affaire, le demandeur n'avait point succombé. Son action, comme le dit la cour, avait produit un des résultats voulus, prévus et réglés par l'art. 499 c. civ. Vainement objecterait-on qu'ayant seulement réussi à faire nommer un conseil judiciaire au parent dont il provoquait l'interdiction, il devait être réputé n'avoir gagné son procès que dans une demande accessoire, ce qui légitimait sa condamnation aux frais. Il n'est pas exact de dire, en effet, que les conclusions à fin de nomination d'un conseil judiciaire, renfermées implicitement dans une poursuite en interdiction, soient des conclusions accessoires à cette poursuite. L'une et l'autre demande ont bien plutôt un caractère alternatif qui fait que, si l'une d'elles est accueillie, le procès est gagné, et que, dès lors, le demandeur est affranchi des dépens. D'autre part, aucune faute n'était imputable au demandeur, qui n'avait fait qu'obéir à un devoir de famille, et remplir une mission confiée à tout parent par la loi elle-même. Il n'y avait donc pas de place possible pour une condamnation aux dépens. — Mais lorsqu'une demande en interdiction n'aboutit en première instance qu'à la dation d'un conseil judiciaire, et que la partie poursuivante interjette appel et critique cette décision comme insuffisante, l'insuccès de son appel rend cette partie passible de la totalité des frais faits devant la cour (Lyon, 24 juill. 1872, aff. Dame Joye, D. P. 72. 2. 191); — 4° Que lorsque plusieurs commissionnaires ont été assignés à raison d'un retard subi par des marchandises qu'ils ont successivement transportées, et que le dernier commissionnaire a été mis hors de cause, parce qu'il a été constaté que le retard était imputable à un précédent commissionnaire, les dépens de la mise en cause doivent être mis exclusivement à la charge de celui-ci (Orléans, 4 déc. 1868, aff. Cail, D. P. 69. 2. 32); — 5° Que la clause d'un testament qui ordonne le prélèvement, sur la masse de la succession, des frais de l'instance à soutenir éventuellement pour la défense d'une substitution prohibée, étant nulle, comme participant au caractère de cette substitution, la partie qui a succombé dans l'instance ainsi prévue doit, malgré une telle clause, être condamnée personnellement aux dépens (Metz, 7 juill. 1869, aff. Clesse, D. P. 69. 2. 226); — 6° Que le demandeur qui n'obtient condamnation que pour la somme que lui offrait le défendeur, en demandant acte de ses offres et consentements, est, à bon droit, condamné à la totalité des dépens (Req. 15 juin 1875, aff. Houssin, D. P. 76. 1. 314); — 7° Qu'une compagnie de chemin de fer est condamnée à tort aux dépens, lorsque cette condamnation est prononcée contre elle, non comme un accessoire de la condamnation principale et par application des art. 130 et 131 c. proc. civ., mais uniquement pour avoir contesté l'interprétation de l'arrêté ministériel que l'expéditeur avait intérêt à faire consacrer pour l'avenir, alors que cette interprétation donnée par le tribunal était erronée (Civ. cass. 31 déc. 1879, aff. Chemin de fer du Nord, D. P. 80. 1. 168). Dans l'espèce, le tribunal avait déclaré les offres suffisantes, et s'il avait condamné la compagnie aux dépens, c'était en se fondant sur ce que l'expéditeur des marchandises avait intérêt à faire interpréter les dispositions d'un arrêté ministériel, et sur ce que la compagnie avait eu tort de contester le sens attribué à cet arrêté par le jugement. L'interprétation donnée étant erronée, la condamnation aux dépens manquait de base légale; — 8° Que la partie qui obtient gain de cause sur tous les chefs dans une instance déclarée mal fondée contre elle, et qui, par conséquent, ne succombe ni en totalité ni en partie, ne peut être condamnée aux dépens de cette instance, et qu'en conséquence, lorsque le juge constate que le défendeur, actionné en dommages-intérêts, n'a causé au demandeur aucun préjudice, ni matériel, ni moral, il ne peut condamner ce défendeur aux dépens (Civ. cass. 17 juill. 1883, aff. Liard, D. P. 84. 5. 288); — 9° Que le débiteur qui, sans du reste qu'aucune faute soit relevée à sa charge, a uniquement contesté le montant de sa dette dont il reconnaissait le principe, a offert de payer une somme déterminée, et n'a été condamné à payer qu'une somme inférieure à son offre, ne peut être réputé avoir succombé dans le sens de l'art. 130 c. proc. civ.; qu'en conséquence, il ne saurait être condamné à supporter une partie des dépens (Civ. cass. 29 mars 1887, aff. Société anonyme des houillères de Saint-Etienne, D. P. 87. 1. 444). Lorsqu'en effet un débiteur vient offrir au créancier le montant de ce qui lui est dû, le procès fait par ce dernier n'a plus d'autre cause qu'une mauvaise volonté de la part du demandeur, qui doit s'en prendre à lui seul de ses suites fâcheuses; — 10° Que le débiteur, qui s'est déclaré prêt à payer ce qui serait par justice ordonné, ne doit pas être appelé en cause et, en tout cas, ne peut être condamné aux dépens (Paris, 5 avr. 1887, aff. Girard, D. P. 87. 2. 213); — 11° Que lorsque le défendeur, après avoir conclu à ce que le tribunal de paix se déclarât incompétent, en raison du caractère immobilier de l'action et des questions de propriété et de servitude qu'elle comportait, a été néanmoins condamné à des dommages-intérêts, et n'a pu faire réformer cette décision que devant le tribunal civil, en y faisant enfin triompher l'exception d'incompétence combattue jusqu'au bout en appel par le demandeur, ce dernier est légalement condamné aux dépens, comme étant la partie succombante aux termes de l'art. 130 c. proc. civ. (Req. 23 oct. 1888, aff. Consorts Fabre, D. P. 89. 1. 449). — D'après MM. Rousseau et Laisney (Compétence des tribunaux de paix, n°s 308 et 309), lorsque la contestation sur la propriété ou la servitude est fondée ou sérieuse, le juge de paix doit se dessaisir comme étant entièrement dépouillé de la connaissance des dommages-intérêts par l'exception de propriété ou de servitude; mais en prononçant le renvoi, il doit réserver les dépens. Cette dernière proposition paraît exacte, dans le cas où le demandeur, qui avait régulièrement intenté son action devant le juge de paix, puisqu'il ne pouvait présupposer qu'une exception de propriété ou de servitude lui serait

opposée, n'a pas résisté à la demande d'incompétence. En ce cas, il ne succombe pas, au sens de l'art. 130 c. proc. civ., puisqu'il n'a pas réellement combattu la prétention soulevée, en défense, par son adversaire. Mais si, au contraire, ce demandeur résiste à l'exception d'incompétence, la combat avec acharnement en première instance et en appel, et après avoir triomphé comme ici devant le premier juge, est vaincu enfin devant le second, qui le renvoie se pourvoir devant qui il avisera, comment ne pas le considérer comme une partie succombante? Il l'est évidemment, puisque, après avoir obtenu en première instance une allocation de dommages-intérêts, il succombe dans sa prétention de la faire maintenir en appel, et d'y faire reconnaître la compétence du juge premier saisi, qui les avait accordés. S'il succombe au sens de l'art. 130, il encourt régulièrement la condamnation aux dépens, et il n'est pas alors nécessaire de les réserver, pour y être statué par le juge qui sera ultérieurement saisi du fond du litige, ayant qualité pour en connaître. La solution de l'arrêt précité du 23 oct. 1888 paraît donc juridique, étant donnée la situation du débat (Comp., à titre d'analogie, Req. 26 juin 1855, aff. Laborie de Campagne, D. P. 55. 1. 418; Civ. rej. 5 nov. 1860, aff. Bourqueney, D. P. 60. 1. 490). Néanmoins, il semble que la solution contraire, c'est-à-dire la réserve des dépens, ne pourrait pas être regardée comme illégale, par la raison que la jurisprudence reconnaît, en général, la plus extrême latitude aux juges du fait, dans l'application de l'art. 130 c. proc. civ. Il a été jugé, d'ailleurs, que celui qui, dans une liquidation, a élevé des contestations dans lesquelles il a succombé, ne doit pas cependant être condamné aux dépens, si ces contestations n'ont pas donné lieu à de plus amples dépens que ceux qui étaient, dans tous les cas, nécessaires pour l'homologation du procès-verbal de liquidation (Poitiers, 15 nov. 1865, aff. Lelouis, D. P. 66. 2. 69).

**16.** La partie qui s'en rapporte à justice, doit être condamnée aux dépens, on l'a dit au Rép. n° 46, quand les conclusions de son adversaire ont été admises et que, par conséquent, elle a succombé. Ce n'est pas là, en effet, ce qu'on peut appeler un acquiescement à la demande. Cette théorie, enseignée par les auteurs (V. Rousseau et Laisney, op. cit. v° Dépens, n° 7) a été non seulement consacrée par la jurisprudence. Jugé à cet égard: 1° que la partie qui succombe doit être condamnée aux dépens, bien qu'elle n'ait pas contesté la demande, et que, par exemple, elle ait déclaré s'en rapporter à justice. (Req. 8 nov. 1854, aff. Lanon, D. P. 54. 1. 427; Civ. cass. 2 févr. 1885, aff. Fraisse, D. P. 86. 1. 37); — 2° Qu'ainsi, le sous-acquéreur mis en cause sur l'action en résolution de vente dirigée contre un vendeur par le vendeur primitif non payé, doit, si la résolution est prononcée, être condamné aux dépens, quoiqu'il n'ait pas contesté la demande et s'en soit rapporté à justice (Garsonnet, op. cit., t. 3, n° 341, p. 179; Dutruc, op. cit., v° Frais et dépens, n° 7). — Il a été décidé, il est vrai, que l'individu condamné, avant la loi du 22 juill. 1867, à la contrainte par corps, qui demande et obtient, par application de cette loi, sa mise en liberté avant l'expiration du temps fixé pour le jugement de condamnation, doit seul supporter les frais du jugement, si le créancier n'a fait que s'en rapporter à justice. (Trib. de la Seine, 26 juill. 1867, aff. Carpentier et autres, D. P. 68. 3. 8). Mais les circonstances particulières dans lesquelles la demande était formée expliquent cette solution. Le créancier n'avait été assigné que pour être mis en demeure de combattre la demande de mise en liberté, s'il la jugeait mal fondée.

**17.** Lorsqu'aucune offre n'a été faite au demandeur, peut-il être condamné à une partie des dépens, si sa demande est réduite par le tribunal? Dans un premier système on soutient que la plus-pétition n'est pas admise en France, qu'on n'est pas exposé, dès lors, à une condamnation de dépens ou à en supporter une partie, pour avoir demandé plus qu'il n'est alloué par le jugement (Bioche, op. cit., v° Dépens, n° 188). En ce sens, il a été jugé que le débiteur qui a obtenu du tribunal, comme y ayant droit, une réduction, même considérable, de la dette en payement de laquelle il est poursuivi, n'en doit pas moins être condamné à la totalité des dépens, s'il n'a fait aucune offre au créancier (Orléans, 17 août 1853, aff. Maria, D. P. 53. 2. 194).

Une autre opinion, à laquelle nous nous rangeons, laisse pleine et entière liberté au juge. Lorsque la somme réclamée est divisée en plusieurs créances distinctes, si le jugement en écarte quelques-unes, le demandeur évidemment succombe sur certains chefs; et, dès lors, le tribunal peut compenser les dépens. Or la situation est bien la même lorsque la somme réclamée s'applique à un objet unique. On ne peut dire, en effet, que la personne qui demande 100000 fr. et à qui l'on accorde, par exemple, 5000 fr., gagne son procès et que son adversaire succombe sur tous les points, puisque celui-ci a obtenu une réduction de 95000 fr. C'est bien quelque chose! On admet généralement que, lorsque le défendeur a fait des offres, le juge peut, quoiqu'il les déclare insuffisantes, mettre cependant une partie des dépens à la charge du créancier. Ainsi, sur une assignation en payement de 100000 fr., le défendeur fait des offres de 5000 fr.; le tribunal alloue 95000 fr. La compensation des dépens est permise. Le défendeur ne fait pas d'offres; le tribunal alloue 5000 fr.: tous les frais devront rester à la charge du défendeur, dont la résistance pendant était bien plus légitime que dans la première hypothèse. On ne saurait consacrer une pareille anomalie, et il est juste de reconnaître au tribunal un pouvoir d'appréciation discrétionnaire pour déterminer quelle partie gagne le procès et quelle partie le perd (V. en ce sens: Garsonnet, *op. cit.*, t. 3, n° 455, p. 189, note 11). — Conformément à cette théorie, il a été jugé que le demandeur auquel aucune offre n'a été faite et qui obtient gain de cause, doit cependant, lorsque pour cause d'exagération sa demande n'a été accueillie qu'en partie, être condamné à supporter une portion des dépens (Trib. com. Seine, 4 sept. 1862, aff. Synd. Nivet frères, D. P. 1863. 3. 80. Conf. Dutruc, *op. cit.*, v° *Frais et dépens*, n° 124).

**18.** Lorsque le débiteur a fait des offres, il faut distinguer deux hypothèses : 1° les offres sont insuffisantes. — Si le tribunal alloue au demandeur une somme moindre que la somme réclamée (par exemple, le créancier assignait en payement de 10000 fr., le débiteur offrait 5000 fr., le chiffre accordé est 7000 fr.), il peut compenser les dépens. Décidé que le juge, en déclarant insuffisantes les offres du débiteur, peut cependant mettre une partie des dépens à la charge du créancier (Paris, 9 nov. 1871, aff. Laugier, D. P. 71. 5. 203). Si, au contraire, le jugement alloue au demandeur la somme entière qu'il réclamait, il lui donne gain de cause sur tous les points, il ne devra supporter aucune partie des dépens, à moins, bien entendu, qu'il n'y ait eu faute de sa part et que la décision relevant cette faute ne le condamne à supporter des frais à titre de dommages-intérêts. — Il a été jugé que l'acquéreur de la mitoyenneté d'un mur doit être condamné aux dépens de l'instance, lorsque ses offres ont été jugées insuffisantes et qu'elles ne comprenaient pas, d'ailleurs, les frais d'expertise (Montpellier, 8 mars 1876) (1).

2° Les offres sont suffisantes. La doctrine et la jurisprudence sont d'accord pour proclamer que dans ce cas, les dépens doivent être, en principe, supportés par le demandeur (V. notamment Trib. de la Seine, 27 août 1852, aff. De Baisieux, D. P. 54. 3. 16, cité *suprà*, n° 15). Cependant M. Garsonnet apporte avec raison, un tempérament à cette règle. Si le débiteur, dit cet auteur, *op. cit.*, t. 3, n° 455, p. 189, a fait ces offres, dès la première demande du créancier, c'est lui qui triomphe, puisque les offres sont jugées suffisantes; le créancier doit payer tous les frais. Si ces offres ont été faites et refusées en cours d'instance, les dépens doivent être compensés, car les deux parties succombent, puisque l'une est condamnée au montant de ses offres après avoir commencé par nier sa dette, et l'autre forcée de s'en contenter après avoir réclamé d'abord davantage; elles sont même également en faute, l'une d'avoir fait des offres tardives, l'autre d'avoir refusé des offres suffisantes ».

**19.** Si le créancier accepte les offres du débiteur, doit-il être condamné à la totalité des frais déjà faits? Il faut laisser au juge un pouvoir d'appréciation. Le créancier pourrait être condamné à la totalité des dépens, si le procès avait été engagé sans nécessité, elle doit, si l'offre avait été faite immédiatement (V. Garsonnet, *op. cit.*, t. 3, n° 455, p. 189, note 12).

**20.** La partie qui, après avoir modifié une demande mal fondée, a obtenu l'adjudication de ses conclusions rectifiées, peut néanmoins être condamnée aux dépens, comme ayant succombé dans sa demande originaire et si, sur l'appel par elle interjeté, elle a reproduit sa demande originaire, ne concluant que subsidiairement à la réformation du chef du jugement relatif aux dépens, elle doit, si l'arrêt qui intervient confirme ce jugement, être réputée avoir également succombé; en conséquence, les juges du second degré peuvent, par une appréciation qui est souveraine, condamner cette partie aux dépens de première instance et d'appel (Req. 28 avr. 1857, aff. Veuve Sabourault, D. P. 57. 1. 231). Spécialement, lorsqu'un créancier, après avoir, par erreur, demandé, comme faisant valoir les droits de son débiteur, un partage (de communauté) déjà précédemment ordonné à la requête de celui-ci, a modifié sa demande en se bornant à conclure à être subrogé aux poursuites, puis, ayant obtenu cette subrogation, mais toutefois avec condamnation aux dépens, a repris en appel sa demande primitive, en concluant que subsidiairement à ce que les frais mis à sa charge restassent à celle de l'intimé, l'arrêt confirmatif, qui rejette son appel, peut le condamner aux dépens de première instance et d'appel, comme ayant succombé devant les deux degrés de juridiction (Même arrêt). On dirait en vain que ce créancier, ayant obtenu tout ce qu'il demandait par ses conclusions rectifiées en première instance, c'est-à-dire sa subrogation dans les poursuites de partage, il avait eu gain de cause complet, ce qui excluait sa condamnation aux dépens (Même arrêt). La partie qui, obligée de reconnaître que sa demande est mal fondée, y substitue des conclusions nouvelles, lesquelles seules lui sont adjugées, se trouve dans une situation analogue à celle de la partie qui ne triomphe que dans une prétention subsidiaire, et peut, à raison de son échec sur sa demande principale, être condamnée à la totalité des dépens. Si, en interjetant appel, elle reproduit la demande originaire dont en première instance elle avait reconnu le mal fondé, elle rend évidemment sa position plus défavorable encore et, en cas de confirmation du jugement, il est impossible de ne pas la considérer comme ayant succombé dans une partie de ses prétentions en appel comme en première instance. — La décision ne serait pas la même, s'il s'agissait non d'une demande mal fondée à son origine et rectifiée au cours de l'instance, mais d'une demande alternative. On a jugé avec raison par un arrêt de la chambre civile du 25 avr. 1837 (*Rép.* n° 561), que lorsque l'une des deux branches d'une telle demande a été accueillie en première instance, bien que l'autre, au contraire, soit seule admise en appel avec réformation du jugement, le demandeur ne doit pas moins être réputé avoir gagné son procès, et que, par suite, l'arrêt qui intervient ne peut pas le condamner dans sa charge.

**21.** Par exception, ainsi qu'on l'a vu *suprà*, n° 14, il est

(1) (Auriol C. Chevalier.) — La cour; — Sur le fond : — Adoptant les motifs des premiers juges; — Sur les dépens : — Attendu que les frères Chevalier, débiteurs du prix de la mitoyenneté du mur qu'ils voulaient acquérir, ont été assignés en payement par leur créancier Auriol; — Attendu que le prix fixé par celui-ci, dans son exploit d'ajournement, a la somme de 1836 fr. 12 cent., a été l'objet d'une offre ferme de 1400 fr., et faute d'acceptation, de conclusions subsidiaires en estimation par experts; — Attendu que l'expertise faite et la cause ayant été de nouveau soumise à l'examen du tribunal, l'offre a été renouvelée dans les mêmes termes et pour la même somme; — Attendu que cette offre n'était pas suffisante, puisque la somme allouée est supérieure, et que d'ailleurs elle ne comprenait pas les frais d'expertise qui étaient l'accessoire obligé de l'acquisition de la mitoyenneté, car il est de principe que les frais de vente sont à la charge de l'acquéreur; — Attendu

que les frères Chevalier, reconnus dès lors débiteurs et ne faisant point des offres suffisantes pour assurer leur libération, auraient dû être condamnés aux dépens; — Attendu qu'il y a lieu, par suite, de réformer, quant à ce, la décision des premiers juges; — Mais attendu que les dépens exposés devant la cour doivent suivre le sort du principal; — Ayant tel égard que de droit à l'appel, réforme la disposition du jugement attaqué qui met les dépens de première instance à la charge de l'appelant; condamne les intimés les supporter intégralement; ordonne que le jugement au résidu sortira son plein et entier effet, et, statuant sur les dépens exposés devant la cour, dit qu'il en sera fait masse pour être supportés, moitié par l'appelant et moitié par les intimés.

Du 8 mars 1876.-C. de Montpellier, 1re ch.-MM. Sigaudy, 1er pr.-Jouvion, av. gén.-Roussel et Cazal, av.

permis aux tribunaux de condamner aux dépens à titre de dommages-intérêts la partie *gagnante*, lorsque c'est elle qui a rendu par sa faute l'action nécessaire ou plus coûteuse (V. *Rép.* n° 43). Mais les tribunaux peuvent-ils considérer comme une cause légale de dommages-intérêts cette seule circonstance que l'une des parties a rendu nécessaire un débat judiciaire en résistant aux demandes de son adversaire? Ce serait évidemment aller trop loin. Résister judiciairement à une demande est le plus souvent l'exercice d'un droit fort légitime, et l'exercice de ce droit ne peut pas, en principe, exposer à des dommages-intérêts en l'absence d'une faute caractérisée ou d'une intention mauvaise. Il ne suffirait donc pas que le jugement se bornât à dire qu'il y a lieu à dommages-intérêts ; il est nécessaire que le jugement indique sur quelle faute caractérisée il fonde ces dommages-intérêts. — Décidé, en ce sens : 1° que la partie qui obtient gain de cause ne peut pas être condamnée aux dépens et à des dommages intérêts comme ayant intempestivement formé son action si aucune faute ne lui est imputable (Civ. cass. 24 janv. 1877, aff. Doumayrou, D. P. 77. 1. 261) ; — 2° Qu'une cour d'appel ne peut aggraver la condamnation à des dommages-intérêts prononcée par les premiers juges, en se fondant uniquement sur le préjudice causé par l'appel, sans relever aucun fait constitutif d'une faute commise par l'appelant et sans lui reprocher d'avoir, en exerçant son droit d'appel, agi méchamment et de mauvaise foi (Civ. cass. 17 déc. 1878, aff. Compagnie des Voitures, D. P. 79. 1. 125). Il appartient d'ailleurs à la cour de cassation de vérifier si les faits retenus par les juges du fond ont, en droit, les caractères d'une faute (Civ. cass. 12 janv. 1875, aff. Mont-de-Piété, D. P. 75. 1. 145 ; Dutruc, *op. cit.*, v° *Frais et dépens*, n° 108).
Mais il a été jugé: 1° que la partie gagnante qui, par sa faute, a donné lieu au procès, en laissant, par exemple, ignorer au demandeur l'existence d'une qualité (celle d'entrepreneur de travaux publics) qu'il aurait dû déclarer et qui le mettait à l'abri des poursuites exercées contre lui, peut être condamnée aux dépens (Civ. rej. 28 juin 1853, aff. Bertrand, D. P. 53. 1. 295) ; — 2° Que les tribunaux sont, quant aux dépens, investis d'un pouvoir discrétionnaire qui les autorise à laisser à la charge d'une partie alors même qu'elle ne succombe pas au fond, les frais des actes nuls qui n'ont eu lieu que par le fait de cette partie (Req. 26 juin 1855, aff. Laborie de Campagne, D. P. 55. 1. 418). Ainsi la partie qui, citée devant un tribunal incompétent *ratione materiæ*, mais dont l'incompétence ne pouvait être connue qu'autant qu'elle l'aurait opposée, a pu être condamnée aux frais d'un jugement par défaut, auquel sa non-comparution d'abord donna lieu, les frais de ce jugement devant être considérés comme provenant de sa négligence à comparaître sur l'assignation à elle adressée, alors, d'ailleurs, que cette partie n'allègue pas que la copie de l'exploit d'assignation ne lui soit point parvenue (Même arrêt). Et spécialement, il en est ainsi à l'égard de la partie qui, citée devant un tribunal de commerce, en payement d'une lettre de change, n'a obtenu un jugement d'incompétence fondé sur son refus d'acceptation de cette lettre de change, et sa qualité de non-commerçant, qu'après s'être fait d'abord condamner par défaut (Même arrêt) ; — 3° Que la partie qui obtient gain de cause peut, néanmoins, être condamnée à supporter une partie des dépens, si, par sa négligence à opposer ses moyens, elle a occasionné des frais frustratoires (Besançon, 11 juill. 1859, aff. Commune de Choisey, D. P. 60. 2. 107) ; — 4° Que le défendeur par la faute duquel une procédure irrégulière a été engagée et suivie peut être condamné à en supporter les frais, à titre de dommages-intérêts, quoique l'action du demandeur ait été déclarée non recevable à raison de la nullité de cette procédure (Req. 21 août 1860, aff. Vieux-Vincent, D. P. 60. 1. 492). Ainsi, lorsque, contrairement à l'art. 65 de la loi du 22 frim. an 7, d'après lequel l'opposition à un exécutoire pris par un officier public, pour le recouvrement des droits d'enregistrement dont il a fait l'avance, doit être instruite sur simples mémoires respectivement signifiés, le tribunal a été saisi de cette opposition dans la forme des instances ordinaires, les frais de la procédure peuvent être mis à la charge, non de l'opposant, mais de l'officier public qui, au lieu de relever le moyen de nullité dès le début de l'instance, ne s'en est prévalu qu'après des conclusions au

fond et un jugement ordonnant une comparution de parties à laquelle il a refusé de se soumettre (Même arrêt) ; — 5° Que lorsque par sa faute une partie a donné lieu à un procès dans lequel elle a obtenu gain-de cause en justifiant de sa bonne foi, elle n'en doit pas moins être condamnée aux dépens envers le demandeur, si celui-ci a été autorisé à considérer le procès comme nécessaire à la défense de ses droits (Trib. com. Seine, 22 nov. 1862, aff. Sax, D. P. 62. 3. 88) ; — 6° Que le tuteur testamentaire donné à un mineur étranger qui, ayant indûment saisi les tribunaux français de contestations relatives à cette tutelle, a été repoussé par une exception d'incompétence, doit, malgré sa bonne foi, être condamné personnellement aux frais occasionnés en pure perte par sa faute (Bastia, 8 déc. 1863, aff. Emanuelli, D. P. 64.2. 1). Cette solution peut sembler bien sévère. Lorsqu'une question de compétence est d'une nature si délicate, qu'elle peut partager les jurisconsultes les plus compétents et qu'elle a été diversement résolue par le tribunal et par la cour, punir le tuteur par une condamnation personnelle aux dépens pour avoir adopté la solution qui, ayant prévalu devant les premiers juges, a fini par succomber devant la cour, n'est-ce pas exiger de lui l'impossible ? Sans doute il est fâcheux que des frais qui se trouvent avoir été faits en pure perte tombent à la charge du mineur; mais, en définitive, c'est dans son intérêt que toutes les contestations s'agitent, et du moment où l'on n'aperçoit pas de faute réelle qui puisse être imputée au tuteur, il n'est que juste de faire supporter au mineur des frais qui sont la conséquence de la situation particulière où il se trouve ; — 7° Que les frais d'une action déclarée mal fondée peuvent être mis à la charge non de la partie qui a succombé, mais de celle par la faute de laquelle cette action a été exercée ; qu'ainsi, lorsqu'un cohéritier a intenté, contre les tiers détenteurs d'un immeuble héréditaire indûment vendu par un autre cohéritier, une action en revendication qui a été repoussée par un moyen de prescription, les frais de l'instance où le cohéritier, auteur de l'indue aliénation, se trouvait en cause, la revendication ayant été formée incidemment à une demande en partage, peuvent être mis à la charge de ce dernier (Civ. cass. 21 déc. 1863, aff. Charlot, D. P. 64. 1. 93) ; — 8° Que lorsqu'un mari, actionné par les héritiers de sa femme en payement des droits et reprises de cette dernière, fait défaut en première instance et produit seulement en appel un testament qui l'institue légataire universel, il doit être condamné aux dépens envers ceux des héritiers dont son retard à produire ce titre a motivé la présence aux débats (Lyon, 21 janv. 1869, aff. Roux, D. P. 74. 5. 280) ; — 9° Que les frais d'une instance irrégulièrement introduite et suivie par la faute du défendeur peuvent être mis à la charge de ce dernier, quoique, par suite de cette irrégularité, la demande ait été rejetée (Req. 22 mars 1869, aff. Chaussenot, D. P. 69. 1. 422) ; qu'ainsi, les frais du jugement par défaut prononcé contre un héritier, pour une demande formée après l'expiration des délais légaux pour faire inventaire et délibérer, mais durant un délai supplémentaire qui lui avait été accordé par jugement, peuvent être mis à la charge de cet héritier, quoique, sur opposition, il ait fait rétracter ce jugement, en justifiant, par exemple, d'une renonciation à la succession, s'il a laissé ignorer au demandeur l'existence de la prorogation de délai qu'il avait obtenue (Même arrêt) ; — 10° Que la partie qui s'est laissé condamner par défaut, alors qu'elle aurait pu, dès le début, produire un moyen péremptoire qu'elle avait à opposer à la demande dirigée contre elle, tel que celui tiré d'un événement ayant apporté un obstacle de force majeure à l'exécution de son engagement, doit, à raison de cette faute, être condamnée à une partie des dépens (Trib. Seine, 17 avr. 1869, aff. Letellier, D. P. 69. 5. 224-225) ; — 11° Que le juge peut condamner aux dépens la partie qui a obtenu gain de cause en se fondant sur ce qu'elle aurait dû, dans une précédente phase du procès, conclure aussi sur le chef de demande examiné en dernier lieu, et qu'en conséquence les frais de cette instance, qu'elle a occasionnés en scindant la contestation, doivent rester à sa charge (Civ. rej. 5 juill. 1871, aff. Garny, D. P. 71. 1. 304) ; — 12° Que le créancier qui, de mauvaise foi, a refusé d'adhérer à une tentative d'ordre amiable, peut être condamné, à titre de dommages-intérêts envers les autres créanciers, à supporter personnellement les frais de l'ordre judiciaire qui a été ouvert sur sa poursuite (Trib. Louhans, 1er déc. 1871, aff. Clerc, D. P. 73. 3. 36); — 13° Que le demandeur qui a provoqué un jugement par défaut sans observer les délais des distances, et a vu ce jugement annulé sur l'opposition, est à bon droit condamné à supporter tous les dépens, quoique le défendeur ait, sur l'appel, perdu son procès, quant au fond (Req. 10 juin 1872, aff. Hurbain-Désormaux, D. P. 73. 1. 128); — 14° Que les créanciers qui ont obtenu en justice la rectification d'erreurs commises dans un procès-verbal de collocation peuvent être condamnés aux dépens de l'instance, s'ils ont refusé la réparation amiable de ces erreurs qui leur était offerte (Req. 12 nov. 1882, aff. Polastron, D. P. 73. 1. 472); — 15° Que si la partie qui succombe doit, en général, être condamnée aux dépens, les frais d'une procédure irrégulièrement introduite peuvent cependant être mis à la charge de celui par la faute duquel cette procédure a été engagée, et, par exemple, à la charge du mandataire substitué, qui, chargé de vendre des actions, n'a pas informé le propriétaire de ces actions de la réalisation de la vente, et l'a ainsi induit à former contre l'acheteur une demande en revendication mal fondée (Civ. rej. 22 mars 1875, aff. Lefèvre, D. P. 75. 1. 204); — 16° Que la partie maintenue en possession peut être condamnée aux frais de rétablissement des lieux et aux dépens de l'instance envers un défendeur qui ne conteste pas sa possession, et qui avait été autorisé à exécuter certains travaux par le représentant du possesseur (Req. 8 nov. 1875, aff. Luischer, D. P. 77. 1. 56); — 17° Que le jugé peut condamner aux dépens la partie qui a obtenu gain de cause, en se fondant sur ce qu'elle aurait dû joindre sa demande à une instance précédente, et qu'en scindant la contestation, elle a occasionné des frais frustratoires (Chambéry, 3 juill. 1878, aff. Gobert, D. P. 79. 2. 218); — 18° Que la partie qui, ayant saisi à tort une juridiction incompétente, a demandé ensuite à la juridiction supérieure d'annuler pour incompétence la décision intervenue, et a obtenu, sans opposition de la partie adverse, cette annulation, peut être condamnée à supporter les dépens de première instance et d'appel (Cons. d'Ét. 15 nov. 1878, aff. Commune de Montastruc, D. P. 79. 3. 28); — 19° Que la partie qui succombe sur la tierce opposition qu'elle a formée envers un jugement peut être condamnée à la totalité des dépens de l'instance depuis son intervention dans la cause, lorsque ses prétentions ont eu pour effet de compliquer et de prolonger le litige (Req. 31 juill. 1879, aff. Sacré, D. P. 80. 1. 273); — 20° Que la femme demanderesse en séparation de corps, qui demande et obtient l'autorisation de changer sa résidence pendant le cours de l'instance, doit être condamnée aux dépens de l'incident, lorsque c'est dans son intérêt qu'elle a sollicité cette mesure, et par suite que c'est qu'elle l'a rendue nécessaire (Paris, 29 déc. 1882, aff. Dame Pinan, D. P. 83. 2. 218); — 21° Que, de même, la partie qui a obtenu gain de cause, peut lorsqu'elle a rendu la procédure plus coûteuse par son retard à présenter une défense, être condamnée à supporter une part des dépens en rapport avec les frais de la procédure excessive ou inutile (Poitiers, 13 mars 1889, aff. Fallon, D. P. 90. 2. 109); — 22° Que le créancier inscrit dans une poursuite en folle enchère, requiert la mise aux enchères de l'immeuble adjugé, quoiqu'il ait été antérieurement désintéressé en capital, intérêts et frais par l'adjudicataire, et que sa créance soit ainsi éteinte par un payement reçu sans réserve, commet une faute et cause un préjudice dont il doit réparation à l'adjudicataire évincé, et qu'en ce cas, le juge peut mettre à la charge du créancier condamné la totalité des frais faits dans deux instances distinctes, s'il constate que ces deux actions ont été la conséquence de la faute commise (Req. 17 avr. 1883, aff. Crédit foncier, D. P. 84. 1. 301); — 23° Que les frais d'une expertise non utilisée peuvent être mis par les juges à la charge de la partie qui en avait demandé la nullité, du moment où ils déclarent que c'est à titre de supplément de dommages-intérêts auxquels était tenue la même partie, en raison de la résolution du marché prononcée contre elle (Req. 14 févr. 1887, aff. Desailly, D. P. 87. 1. 203). — Jugé aussi que le débiteur qui obtient un délai de grâce en vertu du décret du 7 sept. 1870 (D. P. 70. 4. 87) devait seul supporter tous les dépens de première instance et d'appel (Bourges, 9 nov.

1870, aff. Mengin, D. P. 72. 2. 212). Les frais exposés ayant pour objet un tempérament de faveur à l'exercice du droit du créancier, il était juste qu'ils fussent supportés par le débiteur, qui en bénéficiait. — V. aussi, en matière de faillite, Req. 31 juill. 1879, aff. Sacré, D. P. 80. 1. 273, cité suprà, v° *Faillite*, n° 526.

Il importe de remarquer, d'ailleurs, que si, aux termes de la jurisprudence analysée ci-dessus, les frais d'une procédure irrégulièrement introduite peuvent être mis à la charge de la partie par la faute de laquelle cette procédure a été engagée, alors même qu'elle obtient gain de cause sur le fond du litige, il n'y a là aucune obligation pour le juge, celui-ci étant investi d'un pouvoir discrétionnaire en matière de condamnation aux dépens (V. suprà, n° 14). Ainsi il a été jugé que la partie qui succombe peut être condamnée à la totalité des dépens, bien que l'instance qu'elle a poursuivie ait été irrégulièrement introduite par la faute d'un tiers; que si les juges ont la faculté, en pareil cas, de mettre les dépens à la charge de ce tiers, il leur appartient d'apprécier s'ils doivent user de cette faculté (Req. 5 août 1891, D. P. 91. 1. 277).

**22.** La règle générale étant, comme on l'a vu suprà, n° 14, que les juges sont investis d'un pouvoir discrétionnaire en matière de condamnation aux dépens, la répartition qu'ils font, entre les parties qui succombent respectivement, échappe au contrôle de la cour de cassation (Req. 31 mars 1858, aff. Epoux Hubert, D. P. 58. 1. 194; 18 janv. 1860, aff. Renouard, D. P. 60. 1. 172). Ainsi, ils peuvent condamner à la totalité des dépens la partie qui a obtenu gain de cause sur quelques points, mais a succombé sur les autres (*Rép.* n° 48) (Req. 14 mars 1876, aff. Jacquemain, D. P. 78. 1. 68. *Adde* dans le même sens : Req. 23 mars 1875, *infrà*, n° 187; Civ. rej. 4 juin 1877, aff. Guyot de Villeneuve, D. P. 77. 1. 375; Req. 16 mai 1881, aff. Dehaynin, D. P. 82. 1. 14; 16 juin 1884, aff. Lassalle et autres, D. P. 85. 1. 151; 1er juill. 1885, aff. Berthet, D. P. 86. 1. 363). — Jugé, spécialement : 1° qu'une partie peut être condamnée à tous les dépens de l'instance quoiqu'elle ait triomphé dans une demande accessoire (Req. 4 avr. 1855, aff. Léger, D. P. 55. 1. 103); — 2° Que les juges peuvent condamner à la totalité des dépens le demandeur qui succombe sur le chef principal de sa demande, quoiqu'il triomphe sur un chef secondaire (Req. 16 août 1870, aff. Hecquard, D. P. 71. 1. 284).

**23.** Cette solution, qu'il est permis aux tribunaux de mettre la totalité des dépens à la charge d'une partie qui ne succombe que sur certains points, suppose qu'il est statué en bloc sur tous les frais de l'instance ; la règle *tot capita, tot sententiæ* ne permet pas de l'étendre au cas où le juge statue distinctement sur les dépens relatifs à chacun des chefs du litige. Dans ce cas, il ne peut condamner la partie qui ne succombe pas sur un chef à en supporter les dépens. Ce serait violer la disposition de l'art. 130. — Jugé, en ce sens, que lorsqu'il existe plusieurs chefs de demande, et que les dépens relatifs à l'un d'eux sont l'objet d'une décision distincte, le juge ne peut condamner une partie qui ne succombe pas sur ce chef à en supporter les dépens (Civ. rej. 3 juin 1885, aff. Dailly et autres, D. P. 86. 1. 25-28).

**24.** Les juges ont un pouvoir discrétionnaire pour mettre certains frais à la charge de la partie qui gagne son procès, quand ils sont frustratoires, c'est-à-dire inutiles et occasionnés par les agissements illégitimes qui peuvent lui être reprochés dans la poursuite de ses droits (V. suprà, n° 21).

**25.** Ce qui concerne les dépens des actions en garantie et des interventions est étudié *infrà*, n°s 254 et suiv., 291 et suiv.

**26.** On a dit au *Rép.* n° 30 et suprà, n° 14 que les dépens peuvent être alloués à titre de dommages-intérêts (Rousseau et Laisney, *op. cit.*, v° *Dépens*, n° 29; Garsonnet, *op. cit.*, t. 3, n° 449, p. 169, note 7). Il a été jugé : 1° que les dépens peuvent être alloués à titre de dommages-intérêts, même lorsque la partie qui a réclamé ces dommages-intérêts a succombé dans l'un des chefs de sa demande (Req. 14 juill. 1857, aff. Regnier, D. P. 57. 1. 398); — 2° Que l'allocation des dépens à titre de dommages-intérêts, dans le cas où le chiffre de ces dépens excède celui des dommages-intérêts réclamés, est cependant accordée dans les limites des conclusions, si la partie demandait en même temps à être exonérée de tous les dépens (Même arrêt); — 3° Qu'un tel chef de décision inséré dans un arrêt même confirmatif, infirme implicitement la compensation des dépens admise par les premiers juges (Même arrêt); — 4° Que lorsque la corporation des huissiers est intervenue, par le ministère de son représentant légal, dans un procès intéressant un de ses membres au profit duquel il s'agit de faire reconnaître un droit ou un émolument qu'on lui conteste, les dépens peuvent être alloués à la corporation à titre de dommages-intérêts (Req. 25 juill. 1870, aff. Cassiat, D. P. 72. 1. 25); — 5° Que le juge peut, sans faire double emploi, condamner la partie qui succombe à payer, outre les dépens de l'instance, une certaine somme à titre de dommages-intérêts pour les frais occasionnés à l'autre partie par le procès (Req. 6 mars 1878, aff. Breton, D. P. 78. 1. 302. V. aussi Req. 14 août 1877, aff. Marès, D. P. 78. 4. 298 ; Dutruc, op. cit., v° Frais et dépens, n° 109).

**27.** Dans le cas où il y a plusieurs défendeurs, c'est le demandeur qui doit être condamné aux dépens envers le défendeur qui a été mis hors de cause, et qu'il a eu tort d'assigner par conséquent ; le défendeur qui succombe ne peut être condamné à supporter ces dépens qu'à titre de supplément de dommages-intérêts vis-à-vis du demandeur, à moins qu'il ne soit le garant du défendeur mis hors de cause, et que celui-ci n'ait pris des conclusions contre lui. La condamnation du défendeur aux dépens envers toutes les parties, même envers le défendeur qui a été mis hors de cause, doit donc être motivée, sans quoi le jugement encourrait l'annulation pour défaut de motifs. — Il a été jugé que le défendeur qui succombe ne peut être condamné aux dépens à l'encontre d'un autre défendeur mis hors de cause, qu'à titre de dommages-intérêts en raison de son injuste résistance ; et qu'en conséquence, est nul pour défaut de motifs le jugement qui condamne l'un des défendeurs aux dépens envers toutes les parties, même envers un autre défendeur mis hors de cause, sans justifier sa décision par aucun motif (Civ. cass. 14 juin 1887, aff. Epoux Bouthelas-Desmoulins, D. P. 88. 1. 19. V. aussi Req. 21 août 1860, aff. Vieux-Vincent, D. P. 60. 1. 492).

**28.** La partie condamnée aux dépens d'une instance ne peut pas être condamnée en même temps aux intérêts de ces dépens à dater du jour de la condamnation (Civ. cass. 20 août 1860, aff. Veuve Hédoin, D. P. 60. 1. 428).

**29.** — III. PERSONNES QUI SONT PASSIBLES DE LA CONDAMNATION AUX DÉPENS (Rép. n°s 53 à 73). — Pour pouvoir être condamné aux dépens, il faut, a-t-on dit au Rép. n° 39, être partie, c'est-à-dire avoir un intérêt personnel au procès. On ne condamne donc aux dépens, ainsi que le fait remarquer M. Garsonnet, op. cit., t. 3, p. 172, ni le juge qui s'est borné à constater la récusation dirigée contre lui (il en est autrement du juge pris à partie); celui-là peut être condamné aux dépens), ni la personne qui n'est venue au procès que pour en représenter, assister ou autoriser une autre. Le juge n'a pas d'intérêt personnel à connaître de la demande au sujet de laquelle on le récuse; la preuve qu'il n'est point partie à l'incident provoqué par sa récusation, c'est qu'il ne peut appeler du jugement qui déclare cette récusation fondée, à moins d'avoir formé personnellement une demande de dommages-intérêts contre le récusant. Il en est de même, en principe, des personnes qui représentent, assistent ou autorisent les parties, à savoir : 1° des avoués ou huissiers qui représentent leurs clients; 2° des préfets, maires, syndics, tuteurs, curateurs aux successions vacantes et héritiers bénéficiaires, qui représentent l'Etat, les départements, les communes, les mineurs, les interdits, les faillites, les successions vacantes ou acceptées sous bénéfice d'inventaire; 3° des mandataires spéciaux qui représentent en justice les personnes retenues, sans être interdites, dans un établissement d'aliénés; 4° des curateurs et conseils judiciaires qui assistent les mineurs émancipés, les prodigues et les faibles d'esprit; 5° des maris qui autorisent leurs femmes, sans prendre personnellement aucunes conclusions. Cette règle souffre seulement deux exceptions prévues par l'art. 132 c. proc. civ. et que nous indiquons infrà, n°s 37 et suiv.

**29.** En dehors de ces exceptions, il n'existe pas de privilège personnel. Il a été jugé que le gouvernement étranger qui actionne un Français devant un tribunal français, doit être condamné aux dépens, s'il succombe (Paris, 13 avr. 1867,

aff. Aguado, D. P. 67. 2. 49). — De même, ainsi que le fait observer M. Garsonnet (op. cit., t. 3, p. 172, n° 430, note 1), l'ascendant qui succombe dans l'opposition par lui faite au mariage de son descendant peut être condamné aux dépens, et même, il doit l'être, si le tribunal n'a pas cru devoir en ordonner la compensation, qui est toujours facultative (V. infrà, n° 53). Cet ascendant n'est pas tenu d'énoncer, dans l'acte d'opposition, les motifs qui l'ont porté à la former (c. civ. art. 176); mais ce n'est pas une raison pour la former sans motifs, et il doit en payer les frais, si elle est jugée mal fondée.

**30.** — 1° Ministère public. — Administrations publiques (Rép. n°s 53 à 60). — C'est un principe de droit public que le ministère public n'est passible d'aucuns dépens lorsqu'il succombe dans un procès, toutes les fois qu'il agit comme partie principale dans l'intérêt de l'ordre général et de l'exécution des lois. Cette règle, admise par la doctrine, a été formulée en disposition légale, a-t-on dit au Rép. n°s 53 et suiv. par les art. 117 à 122 du tarif des frais en matière criminelle, et il a été consacré, tant en matière civile qu'en matière criminelle, dans tous les cas où le ministère public agit dans l'intérêt de la loi et pour assurer son exécution (Rousseau et Laisney, op. cit., v° Dépens, n° 35; Garsonnet, op. cit., n° 432, t. 3, p. 180). Il a été jugé que l'Etat ne peut être condamné aux dépens dans une instance où le ministère public agit comme partie principale dans l'intérêt de la société ; alors même que le ministère public se serait trompé sur l'étendue de ses attributions (Civ. cass. 10 déc. 1878, aff. Garnier, D. P. 79. 1. 113. V. aussi Crim. cass. 12 nov. 1875, aff. Commissaire de police du canton d'Auray, D. P. 78. 5. 288). — Lorsque le ministère public procède, sur une demande relative au domaine de l'Etat, la condamnation aux dépens ne peut être prononcée contre l'Etat lui-même, s'il succombe (Dutruc, op. cit., v° Frais et dépens, n° 74). — Une condamnation personnelle pourrait être prononcée contre le ministère public dans le cas de prise à partie.

**31.** En matière civile, les administrations publiques qui succombent dans les instances où elles sont parties peuvent être condamnées aux dépens lorsqu'elles agissent dans un intérêt pécuniaire. Mais les administrations de l'Enregistrement et des Contributions indirectes ne payent que les frais de papier timbré, de signification et d'enregistrement du jugement; le particulier qui a gagné son procès contre elles reste seul débiteur des honoraires de son avoué (Rép. n° 60; Garsonnet, op. cit., n° 432, t. 3, p. 180).

Les administrations publiques qui agissent non dans un intérêt pécuniaire, mais comme représentant la puissance publique, ne peuvent pas être condamnées aux dépens dans les instances que celles-ci provoquent (Rousseau et Laisney, op. cit., v° Dépens, n° 40). — Jugé que l'ordonnateur de la Guyane française ne peut être condamné aux dépens, en cette qualité, dans une instance où il a figuré comme représentant de la puissance publique pour faire fixer l'indemnité revenant à des propriétaires d'esclaves en vertu de la loi du 30 avr. 1849 (Civ. cass. 10 nov. 1852, aff. Brelut de Lagrange, D. P. 52. 1. 306).

**32.** — 2° Préfets (Rép. n°s 61 à 66). — Le préfet, agissant comme magistrat et fonctionnaire de l'ordre administratif, dans l'intérêt général de la société, ne peut être condamné aux dépens ; le tribunal qui prononcerait cette condamnation dépasserait les limites de sa compétence et commettrait un véritable excès de pouvoir (Rép. n° 61). « La jurisprudence, dit M. Garsonnet, op. cit., t. 3, p. 180, n° 432, invoquant à pari les art. 121 et 122 du décret du 18 juin 1811 et à plus forte raison les art. 65 de la loi du 22 frim. an 7 et 88 du 5 vent. an 10, accorde la même faveur (celle de ne pas rembourser les frais faits par la partie adverse qui obtient gain de cause) à l'Etat qui succombe soit dans un conflit d'attribution, soit dans une instance relative au recrutement de l'armée ou à la formation des listes électorales, il paye les frais pour le préfet qui le représente, mais ne rembourse pas ceux de la partie adverse. C'est l'intérêt public qui motive, aux yeux de la loi et de la jurisprudence, cette dérogation aux principes ; il leur semble qu'en agissant à contretemps pour la défense d'un intérêt général, on n'encourt pas la même responsabilité qu'en faisant un mauvais procès en vue d'un intérêt particulier. Ce point de vue est aussi contestable en raison qu'en équité: s'il était exact, il faudrait en conclure, logiquement, que l'Etat ne doit même pas supporter ses propres frais. On ne conçoit pas, en équité, qu'un particulier qui oppose une juste résistance aux prétentions de l'Etat porte la peine de l'excès de zèle des fonctionnaires qui ont cru devoir agir en son nom. Passe encore lorsqu'ils ont agi pour la défense d'un intérêt public; mais qu'il en soit de même en matière fiscale, l'intérêt du Trésor peut seul l'expliquer sans le justifier ».

La règle s'applique en matière de conflit. Le préfet qui a proposé un déclinatoire rejeté par le tribunal ne peut être condamné aux dépens (V. Conflit, nos 75 et suiv.). En matière électorale, il a été jugé que le préfet, lorsqu'il poursuit, soit devant la commission municipale ou le juge de paix, soit devant le tribunal de première instance, la radiation du nom d'un individu de la liste électorale, agit dans un intérêt général et en exécution des devoirs que lui impose la loi électorale; que par suite, le rejet de sa réclamation ne peut entraîner contre lui une condamnation aux dépens (Req. 17 juin 1872, aff. Pécou, D. P. 72. 1. 392). En matière de recrutement, il s'agit de l'intérêt public de l'ordre le plus élevé, puisque la défense du pays est en cause. Le préfet ne figure donc pas au procès dans un intérêt privé, domanial ou pécuniaire, dans une contestation judiciaire proprement dite. Il ne peut être considéré comme partie, comme l'adversaire privé, de chaque réclamant et comme justiciable des tribunaux en cette qualité; d'où il suit qu'il ne peut jamais être prononcé, ni contre lui personnellement, ni contre l'Etat sa personne, une condamnation aux frais (Rousseau et Laisney, op. cit., vo Dépens, no 37). — Jugé: 1o que sous l'empire de la loi de 1832, le préfet, lorsqu'il poursuit la nullité d'un remplacement militaire comme effectué en contravention aux dispositions de la loi, agit, non comme partie privée, mais comme fonctionnaire public, chargé de conserver les intérêts généraux de la société et de veiller à l'accomplissement de la loi; qu'en conséquence, il ne doit pas être condamné aux dépens (Orléans, 9 juin 1833, aff. Plessis et autres, D. P. 54. 2. 24); — 2o Que le préfet qui agit en justice pour faire constater la qualité de Français d'un individu en vue de le soumettre à la loi du recrutement militaire, ne peut être condamné aux dépens (Toulouse, 26 janv. 1876, aff. Préfet de l'Ariège, D. P. 77. 2. 65); — 3o Que, dans les instances judiciaires relatives à l'état et aux droits civils des appelés au service militaire, le préfet agit non comme partie, mais comme fonctionnaire administratif chargé de veiller, dans l'intérêt général, à l'exécution de la loi sur le recrutement et que, par suite, il ne peut être condamné aux dépens (Req. 30 juill. 1883, aff. Derivaz, D. P. 84. 1. 406; 19 mars 1888, aff. Préfet de la Haute-Savoie, D. P. 88. 5. 266). Il est évident, d'autre part, que lorsque le préfet succombe son adversaire ne supporte que ses propres frais et ne paye pas ceux exposés par l'Etat (Lyon, 20 mars 1877) (1). — Jugé encore que le préfet qui prend des mesures destinées à faire observer les formes et conditions prescrites en matière de presse périodique ne peut, en cas d'annulation de son arrêté, être condamné aux dépens (Civ. cass. 21 mars 1854, aff. Pierrot, D. P. 54. 1. 126). Le principe s'applique également en matière administrative (Rép. no 1199. V. infrà, no 769).

**33.** Le préfet, a-t-on indiqué au Rép. nos 63 et suiv., peut être condamné aux dépens, lorsque, dans une contestation judiciaire proprement dite, il agit dans un intérêt domanial (V. Ducrocq, Cours de droit administratif, 5e éd., t. 2, no 1045).

**34.** Pour ce qui concerne les frais faits en matière forestière, V. Rép. vo Forêts, no 435; infrà, vo Régime forestier.

**35.** — 3o Maires et adjoints (Rép. nos 67 à 69). — Le maire qui a agi, comme agent du pouvoir exécutif, par exemple en matière électorale, ou comme officier de l'état civil, ne peut être condamné aux dépens (Rép. no 67). Il a été jugé que le maire qui refuse de célébrer un mariage pour obtempérer à l'opposition du ministère public ne doit pas, s'il succombe, être condamné aux dépens (Civ. cass. 28 févr. 1860, aff. Bulkley, D. P. 60. 1. 57; et sur renvoi, Orléans, 19 avr. 1860, D. P. 60. 2. 82). Personne, ainsi que le fait remarquer M. Garsonnet, op. cit., t. 3, p. 182, no 452, ne rembourse à la partie gagnante les frais qu'elle a dû faire pour obtenir la mainlevée: ni la commune qui n'était pas en cause; ni le maire qui n'agissait que comme fonctionnaire public; ni l'Etat lui-même, bien que l'action fût intentée ou soutenue en son nom et qu'il y ait succombé.

**36.** Le maire, au contraire, peut être condamné aux dépens lorsque, dans une contestation judiciaire, il agit dans un intérêt communal. C'est la commune qui paye les frais de l'adversaire qui a obtenu gain de cause. Le maire pourrait être personnellement condamné s'il avait commis une faute, si, par exemple, il avait procédé en justice sans se faire autoriser par la commune (Rép. no 68; Bioche, op. cit., vo Dépens, nos 126 et 145).

**37.** — 4o Mandataires légaux (Rép. nos 70 à 73). — En principe, comme nous l'avons dit suprà, no 29, les personnes qui ne sont pas parties au procès ne peuvent supporter les dépens. Par exception, aux termes de l'art. 132 c. proc. civ., les administrateurs qui ont compromis les intérêts de leur administration peuvent être condamnés aux dépens en leur nom personnel et sans répétition. Cette disposition n'est qu'une consécration du principe général de responsabilité posé dans l'art. 1382 c. civ., et son application suppose, en conséquence, l'existence d'une faute personnelle imputable à l'administrateur. Quand ce dernier s'est borné à exécuter les décisions de la personne ou de la société représentée, quand il a été exclusivement son instrument, et qu'étant, d'ailleurs, pourvu des pouvoirs et autorisations nécessaires, il a agi dans la limite de ces pouvoirs, sa responsabilité disparaît derrière sa qualité de mandataire, et l'art. 132 ne peut lui être appliqué, parce qu'il n'a commis aucune faute. Tous les arrêts relatifs à l'application de cet article sont intervenus en cas de faute constatée des administrateurs.

Il appartient, du reste, à la cour de cassation de vérifier si les faits constatés constituent, en droit, une faute qui engage la responsabilité de son auteur (Rép. no 70). Il a été jugé que les tribunaux ont un pouvoir discrétionnaire pour juger s'il y a lieu de condamner aux dépens, en leur nom personnel, les mandataires légaux dénommés dans l'art. 132 c. proc. civ., et cette condamnation peut, notamment, être prononcée contre eux, lorsque le jugement explique que le mandataire a témérairement engagé dans le procès les intérêts qu'il avait charge d'administrer, et qu'une opposition formée par lui était évidemment frustratoire (Civ. rej. 17 août 1853, aff. Mounier, D. P. 54. 1. 382).

La condamnation personnelle d'un mandataire aux dépens doit être motivée (V. infrà, no 62). — Jugé que la condamnation aux dépens prononcée contre un tuteur sans motifs spéciaux est nulle (Civ. cass. 7 déc. 1857, aff. Boucault, D. P. 58. 1. 131).

**38.** L'art. 132 c. proc. civ. peut-il être appliqué d'office? La jurisprudence admet l'affirmative (Civ. rej. 24 juill. 1867, cité infrà, no 43; Dutruc, op. cit., vo Frais et dépens, no 71). L'opinion contraire nous paraît préférable. C'est à titre de dommages-intérêts, en réparation du préjudice causé, que les administrateurs sont condamnés personnellement aux dépens. Or les tribunaux ne pourraient prononcer, de leur chef, sans conclusions de la partie, une condamnation à titre de dommages-intérêts (Bioche, op. cit., vo Dépens, no 152; Garsonnet, op. cit., t. 3, p. 174, no 450, note 10).

**39.** Les avoués et les huissiers peuvent être condamnés aux dépens, en leur nom, lorsqu'ils ont excédé les bornes de

(1) (Vuataz.) — Le sieur Vuataz ayant été inscrit sur la liste des jeunes soldats de sa classe, a demandé sa radiation par le motif qu'il était né d'un père étranger. Sa demande intentée contre le préfet de la Savoie a été rejetée en première instance; mais elle a été, au contraire, reconnue fondée par un arrêt de la cour de Lyon, rapporté suprà, vo Droits civils, no 74. En ce qui concerne les dépens, cet arrêt a statué dans les termes suivants:

La cour; — Sur les dépens: — Considérant que le préfet, agissant dans un intérêt d'ordre public, ne peut jamais être condamné aux dépens; que Charles Vuataz doit donc supporter sans répétition les dépens par lui avancés, soit en première instance, soit en appel; que, toutefois, c'est à tort que le tribunal l'a condamné aux dépens exposés par l'Etat puisqu'il ne succombe pas; — Par ces motifs, etc...

Du 20 mars 1877.-C. de Lyon, 1re ch.-M. Rieussec, pr.

leur ministère (V. *Rép.* v$^{is}$ *Avoué*, n$^{os}$ 219 et suiv.; *suprà*, eod. v°, n$^{os}$ 56 et suiv.; *Huissier, Rép.* n$^{os}$ 97 et suiv.; *infrà*, eod. v°). Ainsi que le fait remarquer M. Garsonnet, *op. cit.*, t. 3, p. 171, n° 450, l'art. 132 suppose qu'ils ont excédé les bornes de leur ministère, c'est-à-dire formé des demandes dont ils n'étaient pas chargés et pour lesquelles ils ont été préalablement désavoués ; mais il faut assimiler à cette hypothèse celle des avoués et huissiers qui ont conseillé pour leur profit personnel un procès contraire aux intérêts de leur client, ou contrevenu en quelque manière aux lois et règlements de leur profession ; les uns n'ont pas seulement excédé les bornes de leur ministère, ils ont manqué au premier devoir de leur charge en faisant passer leur intérêt avant celui de leur client; les autres peuvent être condamnés aux dépens en vertu du décret du 30 mars 1808 (art. 102). Il importe seulement, quant aux avoués et huissiers, de ne pas confondre l'application de l'art. 132 avec celle de l'art. 1031 qui met à la charge des officiers ministériels qui les ont faits le coût des actes nuls, des actes frustratoires et de ceux qui ont donné lieu à une amende. Il y a trois différences entre les deux cas : 1° la situation n'est pas la même, car l'art. 132 suppose un officier ministériel qui a compromis les intérêts de son client; l'art. 1031, un officier ministériel qui a simplement commis des actes irréguliers, ou qui, sans trahir aucunement les intérêts de sa partie, mais comptant sur le gain du procès, a grossi, par des actes frustratoires, le montant des frais qu'il espérait faire payer par la partie adverse; — 2° La sanction est également différente, l'avoué et l'huissier ne perdent que le coût de l'acte dans le cas de l'art. 1031; ils payent tous les dépens dans le cas de l'art. 132; — 3° L'art. 132 leur fait payer les dépens en leur nom et sans répétition, si le tribunal juge à propos de l'ordonner, au lieu qu'on peut soutenir, dans le cas de l'art. 1031, qu'ils ne payent pas les frais des actes nuls ou frustratoires qu'ils ont faits à la prière ou, à plus forte raison, sur l'ordre exprès de leurs clients ». (Bioche, *op. cit.*, v° *Dépens*, n$^{os}$ 147 et suiv.; Boitard, Colmet-Daâge et Glasson, *op. cit.*, t. 1, n° 279, p. 284).

**40.** Relativement aux administrateurs des bureaux de bienfaisance, il a été jugé que les administrateurs peuvent être personnellement condamnés aux frais des procès occasionnés par leur faute et dans lesquels ils ont succombé, quoiqu'ils n'aient engagé ces procès qu'avec l'autorisation du conseil de préfecture (Req. 13 juill. 1857, aff. Bureau de bienfaisance de Crèvecœur, D. P. 58. 1. 348). Mais décidé que le président d'un bureau de bienfaisance ne peut être condamné personnellement aux dépens par un arrêt qui annule une saisie-exécution pratiquée à la requête du bureau de bienfaisance sur le mobilier garnissant une église, et à l'effet de contraindre celui-ci à verser à la caisse du bureau le produit d'une quête faite dans son église, lorsque les juges d'appel, d'une part, ne contestent pas que le président a agi, en ce cas, comme délégué du bureau dont il exécutait les délibérations, en vertu d'autorisations régulièrement données, et, de l'autre, ne relèvent contre lui aucune faute personnelle (Civ. cass. 14 mars 1883, aff. Gouville, D. P. 84. 1. 397).

**41.** De nombreuses décisions ont été rendues concernant la responsabilité des tuteurs. Il a été jugé : 1° que les frais occasionnés par des incidents inutiles élevés par le tuteur sur la demande en reddition de compte, et où il a succombé, doivent être mis à sa charge personnelle (Lyon, 19 août 1853, aff. Collon, D. P. 54. 2. 165) ; — 2° Que le tuteur testamentaire qui a, au nom d'un mineur étranger qui, ayant indûment saisi les tribunaux français de contestations relatives à cette tutelle, a été repoussé par une exception d'incompétence, doit, malgré sa bonne foi, être condamné personnellement aux frais, ces frais ayant été occasionnés en pure perte par sa faute (Bastia, 8 déc. 1863, aff. Costa, D. P. 64. 2. 1); — 3° Que le tuteur qui abuse de sa qualité pour engager le mineur dans un procès injuste et mal fondé doit être condamné personnellement aux dépens (Dijon, 22 déc. 1865, aff. Bornier, D. P. 66.

2. 39); — 4° Que le subrogé tuteur qui interjette avec légèreté appel d'un jugement rendu contre le mineur peut être condamné aux dépens (Rennes, 15 janv. 1853, *Recueil de la cour*, 1853, p. 198); — 4° Que les membres d'un conseil de famille qui se sont joints au tuteur dont la destitution était provoquée pour cette instance, soit en première instance, soit en appel, doivent être condamnés aux dépens conjointement avec le tuteur s'ils n'ont pu ignorer la légitimité des causes de destitution invoquées par les demandeurs (Bordeaux, 8 févr. 1854, aff. Veuve Cantau et autres, *Recueil des arrêts de la cour*, 1854, p. 66). « M. Chauveau, *op. cit.*, v° *Frais et dépens*, n° 66, trouvait cette décision bien rigoureuse. En examinant quelles sont les obligations imposées au subrogé tuteur par suite de la signification du jugement de première instance, il a reconnu que celui-ci a qualité pour interjeter appel, sauf au tuteur à ne pas suivre sur cet appel. Il résulte de là, disait-il, que la responsabilité des frais devrait, en principe, retomber sur le tuteur, qui était bien le maître de soutenir l'appel ou de l'abandonner. La question ne peut donc se poser que vis-à-vis du tuteur, non vis-à-vis du subrogé tuteur. Or, notre auteur n'admettait pas qu'il soit possible d'établir en principe que le tuteur sera responsable si le jugement de première instance l'éclaire sur l'absence de fondement du procès. Telle contestation peut paraître fondée en équité et ne pas l'être en droit, ou réciproquement. On ne saurait exiger du tuteur la sûreté d'appréciation d'un jurisconsulte éclairé ».

**42.** Le conservateur des hypothèques condamné à opérer une radiation d'inscription qu'il a refusée sans motifs sérieux peut être condamné aux dépens (Req. 2 févr. 1869, aff. Adam, D. P. 70. 1. 71).

**43.** Le notaire dont la négligence a rendu nécessaire une demande judiciaire en reddition de compte doit être condamné à tous les dépens (Rennes, 12 févr. 1870, aff. Stephant, D. P. 72. 2. 64). V. *infrà*, v° *Notaire*.

**44.** La disposition de l'art. 132 est également applicable aux curateurs aux successions vacantes, aux exécuteurs testamentaires et aux envoyés en possession provisoire des biens d'un absent (Bioche, *op. cit.*, v° *Dépens*, n$^{os}$ 128 et suiv. ; Civ. rej. 5 juill. 1871, aff. Garny, D. P. 71. 1. 304).

**45.** La jurisprudence applique aux syndics le mot *administrateurs*, de l'art. 132 c. proc. civ., et décide, en conséquence, qu'ils peuvent être condamnés aux dépens quand ils ont compromis les intérêts de leur administration. Il n'y a pas lieu de distinguer entre les syndics nommés par les créanciers sous l'empire du code de commerce de 1808 (art. 527) et les syndics nommés par le tribunal sous le code de commerce de 1838 (art. 462 et 529), la qualité d'administrateur appartenant aux uns comme aux autres, indépendamment du mode de leur nomination (*Rép.* n° 72 ; Bioche, *op. cit.*, v° *Dépens*, n° 142 ; Rousseau et Laisney, *op. cit.*, v° *Dépens*, n° 44). Il a été jugé que le syndic d'une faillite qui a intenté un procès moins dans le but d'être utile à la masse que de faire du scandale, peut être, même d'office, condamné personnellement aux dépens (Civ. rej. 24 juill. 1867) (1); — Que le syndic d'une faillite peut être condamné personnellement aux dépens quand il est constaté, en fait, qu'il a compromis les intérêts de son administration (Req. 22 août 1871, aff. Fleury, cité *suprà*, v° *Faillite*, n° 829).

**46.** Le mari qui autorise sa femme à plaider sans prendre personnellement aucunes conclusions ne peut, en principe, être condamné aux frais du procès. Par exception, on l'a dit au *Rép.* n° 39, le mari qui a simplement autorisé sa femme peut être condamné personnellement aux dépens, s'il a un intérêt au procès, ou s'il a permis d'intenter par esprit de chicane une action mal fondée, ou occasionné le procès par sa faute. « Le mari, dit M. Garsonnet, *op. cit.*, t. 3, p. 178, n° 450, qui n'a fait qu'autoriser sa femme sans prendre en son nom aucunes conclusions, encourt les dépens s'il a permis un procès vexatoire auquel il eût dû

---

(1) (Synd. Lartigue *C.* Léfèvre et Tiphaine.) — En ce qui concerne les dépens, cet arrêt a statué dans les termes suivants : — ... Sur le quatrième moyen : — Attendu, en droit, qu'aux termes de l'art. 132 c. proc. civ., les administrateurs peuvent, dans certains cas, même d'office, être personnellement condamnés aux dépens ; — Attendu, en fait, que l'arrêt déclare que le syndic a

fait les frais, qu'il est personnellement condamné à payer plutôt en vue du scandale que pour obtenir un résultat avantageux à la masse; que cela suffit pour justifier la condamnation prononcée; — Par ces motifs, rejette, etc.

Du 24 juill. 1867.-Ch. civ.-MM. Pascalis, pr.-Ayliès, rap.-Blanche, av. gén., c. conf.-Hérold, Brugnon et Guyot, av.

s'opposer, ou s'il a laissé croire qu'il était partie au procès et débiteur éventuel des dépens auxquels sa femme pourrait être condamnée. Faut-il ajouter un troisième cas, et dire que le mari se rend encore passible des dépens en autorisant sa femme aux fins d'un procès dont le gain lui profitera, c'est-à-dire à intenter ou à soutenir, sous le régime de communauté, les actions pétitoires relatives aux propres immobiliers dont il a la jouissance. Plusieurs auteurs soutiennent qu'en vertu de l'art. 1419 c. civ., le mari peut être condamné personnellement aux frais du procès que la femme a soutenu « avec son consentement » ; ils n'y font exception que dans les deux cas où ne s'applique pas l'art. 1419 : 1° le cas de l'art. 1413 où les créanciers d'une succession purement immobilière, échue à la femme et acceptée par elle avec autorisation de son mari, n'ont d'action que sur la pleine propriété de ses biens ; 2° le cas de l'art. 1432, où le mari qui autorise sa femme à aliéner un de ses propres n'est pas tenu de l'obligation de garantie, à moins de s'y être expressément soumis. La question, si je ne me trompe, est mal posée. Il ne s'agit pas de savoir sur quels biens peut s'exécuter la condamnation aux dépens prononcée contre la femme (elle peut s'être évidemment sur les biens personnels du mari en vertu de l'art. 1419, et sauf l'exception prévue par l'art. 1413), mais de savoir qui peut être condamné personnellement aux dépens dans le cas d'une femme commune qui plaide autorisée de son mari. Or, je ne crois pas que celui-ci puisse y être condamné personnellement, alors qu'il n'est pas personnellement en cause, et j'en conclus que ses biens ne sont pas soumis à l'hypothèque judiciaire à raison de la condamnation prononcée contre sa femme » (V. *Rép.* v° *Contrat de mariage*, n° 1360). — Quant au mari qui plaide personnellement en vertu du régime sous lequel il a contracté mariage (tel est le cas du mari qui, sous le régime de la communauté exerce une action mobilière relative aux propres de sa femme), s'il succombe, il paye seul les dépens (V. *Rép.* v° *Contrat de mariage*, n°ᵉˢ 1135 et suiv., 1319 et suiv. ; *suprà*, eod. v°, n°ˢ 392, 484 et suiv. ; Garsonnet, *op. cit.*, t. 3, n° 450, p. 173, note 7).

Le mari qui a procédé et conclu avec sa femme peut être condamné aux dépens. Il a été jugé : 1° que la condamnation aux dépens encourue par une femme séparée de biens est, à bon droit, étendue à son mari, alors que celui-ci ne s'est pas borné à lui donner l'autorisation d'ester en justice, mais a procédé et conclu avec elle, en s'associant à ses moyens d'attaque et de défense (Civ. rej. 24 mai 1878, aff. Époux Ben-Chimol, D. P. 78. 1. 264) ; — 2° Que la condamnation aux dépens encourue par une femme mariée est, à bon droit, étendue à son mari, alors que celui-ci, après avoir conclu devant les premiers juges seulement pour assister et autoriser sa femme, a procédé et conclu en appel une fois en s'associant à ses moyens de défense, et pris ainsi une part personnelle au fond du litige (Civ. rej. 17 févr. 1885, aff. Époux Lahaye, D. P. 85. 1. 159).

**47.** — 5° *Mandataires judiciaires.* — Les frais d'un mandat judiciaire conféré par un tribunal dont la décision a été annulée pour cause d'incompétence, doivent retomber à la charge exclusive de la partie qui a provoqué la décision annulée. — Jugé que, quand une faillite a été successivement déclarée par deux tribunaux et qu'un arrêt de règlement de juges a attribué la compétence à celui qui a déclaré le premier la faillite, le syndic nommé par le tribunal incompétent ne peut réclamer au failli ses déboursés et honoraires (Paris, 28 juin 1875, aff. Deleuze, D. P. 80. 5. 241).

**48.** — 6° *Mandataires « ad litem ».* — Le mandataire *ad litem* ne peut être personnellement condamné aux dépens ; c'est un principe élémentaire, puisque c'est le mandant qui seul est en cause. Le mandant seul a le droit, dans le cas où il croit que le mandataire a excédé les limites de son mandat, de diriger contre lui une demande en dommages-intérêts, laquelle doit être formée par action principale. — Conformément à cette théorie, il a été jugé que les tribunaux de commerce ne peuvent mettre à la charge personnelle d'un mandataire *ad litem*, lequel n'est ni présent, ni appelé personnellement en cause, et contre lequel, par conséquent, il ne peut point être conclu, les frais d'un incident soulevé par celui-ci, alors surtout que

l'incident a été soulevé par les ordres du mandant (Bourges, 19 janv. 1869, aff. Masson, D. P. 69. 2. 133). Devant le tribunal de commerce, l'avoué qui représente l'une des parties en cause n'occupe pas comme avoué ; c'est un simple mandataire qui doit être, comme tous les autres mandataires à paraître devant le tribunal, muni d'un pouvoir de droit.

**49.** — IV. Compensation des dépens (*Rép.* n°ˢ 74 à 92). — Il existe deux espèces de compensation de dépens : la compensation simple qui a lieu lorsque chaque partie doit payer ce qu'elle a faits ou avancés ; la compensation proportionnelle, qui a lieu lorsqu'une partie est condamnée à payer une partie des frais de son adversaire (*Rép.* n° 74). « La compensation de l'art. 131, dit M. Garsonnet, *op. cit.*, t. 3, n° 455, p. 191, diffère en trois points de la compensation proprement dite, telle qu'elle est prévue et réglée par les art. 1289 et suiv. c. civ. : 1° La compensation proprement dite ne peut s'opérer qu'entre deux dettes liquides ; la compensation des dépens supprime les dettes, au moins dans le cas où elle totale, c'est-à-dire qu'elle dispense d'établir le chiffre total des frais en laissant chaque partie payer les siens ; 2° la compensation qui s'opère entre deux dettes inégales n'éteint la plus forte que jusqu'à concurrence du montant de la plus faible ; la compensation des dépens s'opère, lorsqu'elle est totale, entre deux dettes qui peuvent être inégales, les annule en obligeant la partie qui a fait le plus de frais à les payer en entier sans aucune répétition contre son adversaire. On dit alors que les dépens ne sont adjugés à personne et que le tribunal renvoie les parties « sans dépens ». La compensation proprement dite a lieu de plein droit et par le seul fait de la coexistence de deux dettes ; celle des dépens ne s'opère que par la volonté du juge qui a le pouvoir discrétionnaire de ne pas la prononcer. Aussi, si la locution « compenser les dépens » n'était pas consacrée par l'usage, ferait-on mieux de dire que, dans les deux cas prévus par l'art. 131, le juge refuse à chacune des parties le droit de répéter contre l'autre tout ou partie des frais qu'elle a exposés ».

**50.** Les frais du jugement, quand les dépens sont compensés purement et simplement, doivent être supportés par la partie qui le lève et le signifie, lorsque le juge n'a pas ordonné autrement. En cas de compensation partielle, au contraire, lorsqu'une partie est condamnée à payer, outre ses propres frais, une partie de ceux de son adversaire, on comprend dans le mémoire de ce dernier toutes les dépenses par lui faites qui sont susceptibles d'être classées parmi les dépens, non seulement ses avances, mais encore le coût du jugement et de la signification du jugement. Souvent les juges, soit qu'ils aient prononcé la compensation simple, soit qu'ils aient admis la compensation proportionnelle, mettent, par une disposition spéciale, les frais de levée et de signification du jugement à la charge de l'une des parties qu'ils désignent, ou bien à la charge de celle qui occasionnera ces frais (*Rép.* n°ˢ 77 et suiv. ; Garsonnet, *op. cit.*, t. 3, p. 192, n° 455, note 25 ; Rousseau et Laisney, *op. cit.*, v° *Dépens*, n° 75 ; Boitard, Colmet-Daâge et Glasson, *op. cit.*, t. 1, p. 284, n° 278 ; Bioche, *op. cit.*, v° *Dépens*, n°ˢ 192 et 193 ; Dutruc, *op. cit.*, v° *Dépens*, n° 126).

**51.** Quant aux frais d'expertise, de descente sur les lieux, et autres semblables, on a dit au *Rép.* n° 76, que la partie qui les a avancés ne peut rien en répéter au cas de compensation simple ; qu'au cas de compensation proportionnelle, elle peut réclamer ses avances au prorata de la condamnation prononcée à son profit (Bioche, *op. cit.*, v° *Dépens*, n° 191 ; Dutruc, *op. cit.*, v° *Frais et dépens*, n° 125).

**52.** Il a été jugé que l'arrêt qui, réformant un jugement dans lequel, les dépens étant compensés, le coût de la signification et de l'enregistrement avait été mis à la charge exclusive de l'une des parties, a déchargé celle-ci des condamnations prononcées contre elle et compensé les dépens, a pu, sans qu'il en résulte une violation de la chose jugée, être interprété, par les juges qui l'ont rendu, en ce sens que, dans les dépens à compenser, se trouvaient cette fois compris les frais de signification et d'enregistrement (Req. 7 nov. 1871, aff. Religieuse de Saint-Joseph, D. P. 72. 1. 22). Les droits d'enregistrement auxquels donnent lieu les diverses dispositions d'un jugement sont, en principe, réputés compris dans la condamnation aux dépens (V. *Rép.* n°ˢ 113 et suiv., et *infrà*, n° 88 ; Civ. rej. 20 avr. 1869, aff. Legoux, D. P. 69. 1. 340), et, par identité de motifs, dans la disposition qui compense ces dépens. La difficulté provenait ici de ce que les juges de première instance, faisant une distinction entre le coût du jugement et les autres dépens, avaient mis les frais d'enregistrement à la charge d'une seule des parties. Mais le juge d'appel avait évidemment supprimé la distinction en infirmant cette condamnation, et la prononciation de la compensation des dépens reprenait, par suite de cette circonstance, sa signification ordinaire.

**53.** La compensation ne peut être prononcée que : 1° dans le cas de parenté ou d'alliance des parties ; 2° dans le cas où les parties succombent respectivement sur quelques chefs. Dans ces deux cas, elle est facultative. Le tribunal peut la prononcer ou s'en abstenir, la faire en tout ou en partie ; il jouit, sur ces deux points, d'un pouvoir d'appréciation discrétionnaire (*Rép.* n° 82; Garsonnet, *op. cit.*, t. 3, p. 186, n° 455; Bioche, *op. cit.*, v° *Dépens*, n° 189; Boitard, Colmet-Daâge et Glasson, *op. cit.*, t. 1, p. 283).

**54.** — V. Compensation entre parents (*Rép.* n°ˢ 83 à 85). — La disposition de l'art. 131, on l'a indiqué au *Rép.* n° 84, est limitative en ce sens qu'il est interdit d'ordonner la compensation au delà du degré légal. Cette solution est enseignée par tous les auteurs (Dutruc, *op. cit.*, v° *Frais et dépens*, n° 116; Garsonnet, *op. cit.*, t. 3, p. 186, n° 455; Bioche, *op. cit.*, v° *Dépens*, n° 179; Boitard, Colmet-Daâge et Glasson, *op. cit.*, t. 1, p. 282, n° 278 ; Rousseau et Laisney, *op. cit.*, v° *Dépens*, n° 63). — Mais il a été jugé que la compensation des dépens peut être prononcée dans une instance engagée entre parents au degré déterminé par l'art. 131 c. proc. civ., quoique, lors du jugement, l'instance ait été reprise, par suite du décès de l'une des parties, avec des représentants n'ayant pas ce degré de parenté (Req. 14 nov. 1860, aff. de Villermont, D. P. 61. 1. 338). Cette théorie, admise par MM. Rousseau et Laisney, *op. cit.*, v° *Dépens*, n° 64, est combattue, avec raison suivant nous, par M. Garsonnet (*op. cit.*, t. 3, p. 186, n° 455, note 3). « Je ne crois pas, dit cet auteur, qu'il y ait lieu de prononcer la compensation des dépens, dans le cas d'une instance engagée entre parents au degré déterminé par l'art. 131, puis interrompue et reprise entre parents plus éloignés. C'est le jugement qui prononce la compensation des dépens, et c'est à ce moment qu'il faut considérer le degré de parenté qui existe entre les parties ». Il y a lieu, d'ailleurs, de remarquer que, dans l'espèce jugée par la chambre des requêtes, la compensation des dépens entre les parties était motivée non seulement par les liens de parenté qui les unissaient à l'origine du procès, mais aussi par cette circonstance que chacune d'elles succombait sur certains chefs de demande.

Si l'alliance a cessé par la mort de l'enfant qui l'avait produite, les dépens peuvent quand même être compensés (Garsonnet, *op. cit.*, t. 3, p. 186, n° 455, note 3. V. *Rép.* v° *Parenté et alliance*, n°ˢ 16 et suiv.).

**55.** L'instance en divorce est éteinte par le décès de l'un des époux survenu avant que le jugement soit devenu irrévocable par la transcription sur les registres de l'état civil (c. civ., art. 244, § 3). Les héritiers sont sans qualité pour reprendre l'instance, même sous forme d'intervention, dans le but d'obtenir comme conséquence d'un jugement de séparation la révocation des avantages matrimoniaux faits à l'époux défendeur. La jurisprudence décide, contrairement à l'opinion d'un certain nombre d'auteurs (V. *Divorce et séparation de corps*, n°ˢ 382 et suiv.; — *Rép.* v° *Séparation de corps*, n°ˢ 385 et suiv.), que le décès de l'un des époux anéantit l'instance entière, de telle sorte que les juges n'ont plus le pouvoir de statuer sur les dépens.

« Si l'on admet, dit M. Garsonnet, *op. cit.*, t. 3, p. 186, n° 455, note 3, que le tribunal conserve le droit de statuer en pareil cas, sur les dépens, il faut lui donner aussi le pouvoir de les compenser, car il s'agit d'un procès entre conjoints. Qu'on n'objecte pas qu'au moment du jugement, ce ne sont plus deux conjoints qui sont en présence, mais le conjoint du survivant et l'héritier du prédécédé ; l'objection porterait, si ces derniers avaient qualité pour reprendre l'instance; mais s'ils ne l'ont pas, le procès n'a jamais été lié qu'entre deux conjoints, et c'est le cas de prononcer la compensation ».

**56.** La disposition de l'art. 131 s'applique à tous les procès qui peuvent survenir entre les parents indiqués par la loi, même à la demande en mainlevée de l'opposition formée par un ascendant au mariage de son descendant (*Rép.* v° *Mariage*, n° 330). Elle ne souffre qu'une exception. Aux termes de l'art. 1080 c. civ. l'enfant qui attaque le partage fait par l'ascendant, doit faire l'avance des frais de l'estimation, et il les supporte en définitive, ainsi que les dépens de la contestation, si la réclamation n'est pas fondée (V. *Rép.* v° *Dispositions entre vifs et testamentaires*, n° 4628). Mais l'art. 131 reprend son empire et les dépens peuvent être compensés, si l'enfant qui a demandé la nullité ou la rescision du partage a obtenu gain de cause (Garsonnet, *op. cit.*, t. 3, p. 188, n° 455, note 7).

**57.** — VI. Cas où les parties succombent respectivement sur quelques chefs (*Rép.* n°ˢ 86 à 92). — La répartition ou distribution des dépens entre les parties qui succombent respectivement sur divers chefs est facultative et rentre dans le pouvoir discrétionnaire du juge. Cette théorie, admise par tous les auteurs, est consacrée par de nombreux arrêts. Il a été jugé, à cet égard : 1° que quand les deux parties succombent respectivement, le juge n'est pas obligé de compenser les dépens entre elles; il peut mettre tous frais à la charge d'une seule (Civ. rej. 8 juin 1869, aff. Linarès, D. P. 69. 1. 203); — 2° Que, par exemple, un tribunal peut condamner à la totalité des dépens le demandeur qui succombe sur le chef principal de sa demande, quoiqu'il triomphe sur un chef secondaire (Req. 16 août 1870, aff. Hecquard, D. P. 71. 1. 284); — 3° Que les juges du fond ont un pouvoir d'appréciation souveraine pour répartir les dépens entre les plaideurs, en déterminant leurs torts respectifs dans leurs diverses prétentions; qu'ils peuvent notamment tenir compte, pour procéder à une répartition inégale des dépens, de ce que l'une des parties, qui succombait d'ailleurs sur un des chefs du litige, avait à dessein retenu pour la produire tardivement une pièce décisive (Req. 22 janv. 1877, aff. Peigné, D. P. 77. 1. 166); — 4° Que les tribunaux ont un pouvoir discrétionnaire pour répartir les dépens, et peuvent notamment, en cas de contestations entre des parties multiples, partager entre deux d'entre elles la charge des entiers dépens, soit de l'instance principale, soit des instances incidentes qui s'y sont rattachées, et cette condamnation est justifiée par les motifs mêmes qui se réfèrent à chacun des chefs de contestations (Req. 11 nov. 1885, aff. Coustenoble, D. P. 86. 1. 39; — 5° Que lorsque, sur une demande en règlement de juges, les parties succombent chacune dans une certaine mesure, il y a lieu de faire masse des dépens et de les partager (Req. 4 déc. 1888, aff. Bertrand, D. P. 89. 1. 384. V. aussi Civ. rej. 4 juin 1877, aff. Guyot de Villeneuve, D. P. 77. 1. 375. V. en ce sens Boitard, Colmet-Daâge et Glasson, *op. cit.*, t. 1, p. 283, n° 278; Garsonnet, *op. cit.*, t. 3, p. 192, n° 455 et suiv.; Rousseau et Laisney, *op. cit.* v° *Dépens*, n°ˢ 66 et suiv.; Bioche, *op. cit.*, v° *Dépens*, n°ˢ 73 et suiv.). Mais il a été décidé qu'un traité secret, intervenu entre le cessionnaire d'un office et son cédant, et ayant pour but de modifier le prix déclaré de l'office, n'est point une faute commune du procès, qui autorise la compensation des dépens dans une instance ayant pour objet la restitution du supplément de prix indûment payé en vertu de ce traité (Metz, 25 janv. 1865, aff. Poncin, D. P. 65. 2. 104). Il est bien vrai que, dans ce cas, le fait originaire qui donne lieu au procès constitue une faute commune aux deux parties ; cependant le procès n'aurait point eu lieu si, lorsque le cessionnaire, se replaçant dans la légalité, a demandé au cédant la restitution de ce qu'il lui avait indûment payé en vertu du traité secret, ce dernier n'avait pas résisté à cette juste prétention. C'est cette résistance mal fondée qui a été la véritable cause du procès. Or elle constitue une faute de la part du cédant seul. Dès lors, c'est à sa charge que doit être mise la totalité des frais (V. *suprà*, n° 21).

Nous avons émis *suprà*, n° 17, l'opinion que les dépens peuvent être compensés quand la demande n'a qu'un seul chef (notamment lorsqu'elle a été réduite), la réciprocité des torts des parties pouvant exister, même dans cette hypothèse (V. en ce sens : Bioche, *op. cit.*, v° *Dépens*, n°ˢ 182 et suiv.; Dutruc, *op. cit.*, v° *Frais et dépens*, n° 119; Rousseau et Laisney, *op. cit.*, v° *Dépens*, n° 73).

**58.** Dans la pratique, les tribunaux règlent souvent les dépens, en ordonnant qu'il en sera fait masse, et que chaque partie en supportera une fraction déterminée « La légalité de ce mode de règlement, dit M. Garsonnet, *op. cit.*, t. 3, p. 193, n° 456, ne fait aucun doute, car le juge, que l'art. 131 autorise à faire payer les dépens par les deux plaideurs, entre pleinement dans les vues de la loi en cherchant le moyen le plus simple et le plus équitable de répartir cette charge entre eux. Or, celui-ci est plus équitable que la compensation totale, et plus simple que la compensation partielle ». La masse des dépens comprend tous les frais qui ont été faits, et ceux qui vont l'être, c'est-à-dire les frais du jugement et de la signification (Boitard, Colmet-Daâge et Glasson, *op. cit.*, t. 1, p. 283, note 2; Bioche, *op. cit.*, v° *Dépens*, n° 164).

**59.** — VII. EMPLOI DES DÉPENS EN FRAIS DE TUTELLE ET DE PARTAGE. — Les juges peuvent, dans une instance en partage, décider que les dépens seront employés en frais de partage. Ce n'est là, d'ailleurs, qu'une faculté, qui ne porte pas atteinte à la règle générale en vertu de laquelle ils ont un pouvoir discrétionnaire pour mettre tous les dépens à la charge d'un appelant qui succombe en son appel (Req. 24 nov. 1887, aff. Consorts Martiniaux, cité *infrà*, n° 82). — Décidé que les juges peuvent ordonner que les dépens d'une instance en partage dans laquelle succombent toutes les parties seront employés en frais de partage (Req. 21 juill. 1856, aff. Rolland, D. P. 56. 1. 316). Jugé aussi que les dépens peuvent être employés en frais de tutelle au cas de nullité prononcée pour incompétence de la délibération du conseil de famille qui nomme un curateur à un mineur émancipé (Metz, 31 mai 1870, aff. Naudé et autres, D. P. 70. 2. 194).

**60.** L'art. 1016 c. civ., qui veut que les frais de la demande en délivrance de legs soient à la charge de la succession, n'est pas applicable aux frais occasionnés par les mauvaises et injustes contestations des légataires; ainsi, un arrêt ne viole aucune loi en mettant à la charge des légataires la portion de frais qu'il considère comme ayant été occasionnée par leurs demandes mal fondées (*Rép.* n° 51). — Décidé que les frais des contestations mal à propos élevées à l'occasion d'une demande en délivrance d'un legs ne sont pas à la charge de la succession; l'art. 1016 c. civ., qui contient une disposition contraire, n'est pas applicable ici (Douai, 23 janv. 1850, aff. Loyer, D. P. 50. 2. 68).

**61.** Il a été jugé que la clause d'un traité stipulant que, dans le cas où il serait nécessaire de rendre un compte en justice, les frais en seraient prélevés sur la masse, peut être interprétée par le juge du fait comme ne devant pas s'entendre du cas où ce compte serait nécessité par le caprice ou le mauvais vouloir de l'une des parties (Req. 14 juill. 1874; aff. Richoux, D. P. 75. 1. 376).

**62.** — VIII. MOTIFS DE LA CONDAMNATION. — La condamnation aux dépens, on l'a indiqué au *Rép.* n° 38, n'a pas besoin d'être motivée. Il a été jugé : 1° que la condamnation aux dépens, lorsqu'elle n'a pas été l'objet d'une contestation particulière, est suffisamment justifiée par les motifs donnés à l'appui de la décision au fond; des motifs spéciaux ne sont pas nécessaires (Req. 8 nov. 1854, aff. Lanon, D. P. 54. 1. 427). — 2° Que la condamnation aux dépens n'est pas assujettie à des motifs spéciaux, les motifs de cette condamnation étant écrits d'une manière générale dans l'art. 130 c. proc. civ. (Req. 31 mars 1858, aff. Époux Hubert, D. P. 58. 1. 194; 10 nov. 1858, aff. Hélix, D. P. 58. 1. 447; Civ. rej. 14 déc. 1868, aff. Logette, D. P. 69. 1. 81; 10 août 1874, aff. Gélabert, D. P. 76. 1. 451; Req. 11 nov. 1885, aff. Coustenoble, D. P. 86. 1. 39); — 3° Que la partie qui succombe sur le principal et sur l'incident peut être condamnée à tous les dépens du procès, sans qu'il soit nécessaire de motiver cette condamnation en ce qui concerne les dépens de l'incident (Req. 15 mai 1877, aff. Scheidel, D. P. 78. 1. 36); — 4° Que les tribunaux sont investis d'un pouvoir discrétionnaire en ce qui concerne la condamnation aux dépens, et peuvent, sans motiver spécialement cette disposition, mettre la totalité des dépens à la charge de l'une des parties, les motifs étant donnés en fait par ceux déduits sur le fond, et en droit par les art. 130 et 131 c. proc. civ. (Civ. rej. 17 mars 1884, aff. Vendre et autres, D. P. 84. 1. 448). — V. aussi Req. 20 mai 1890, aff. Brossier, D. P. 91. 1. 204).

**63.** La règle que la condamnation aux dépens n'a pas besoin d'être motivée souffre plusieurs exceptions. La condamnation doit être motivée : 1° lorsqu'elle a été l'objet d'une contestation particulière (*Rép.* n° 38); — 2° Lorsque les dépens sont mis à la charge de la partie gagnante (V. *suprà*, n° 24); — 3° lorsqu'il s'agit de frais qui ne sont pas occasionnés par le procès, et qui, ne sont alloués qu'à titre de dommages-intérêts. Tels sont, notamment, les droits d'enregistrement des actes produits dans la cause (V. *infrà*, n° 93); — 4° Lorsque la condamnation est prononcée contre un mandataire légal en son nom personnel. La règle étant que celui qui administre les intérêts d'autrui n'est passible des dépens que sauf son recours, l'exception à cette règle, quand elle devient nécessaire, a besoin d'être motivée (*Rép.* n° 70; et *suprà*, v° 37. V. aussi *infrà*, v° *Jugement*; — *Rép.* eod. v°, n°s 947 et suiv. V. Bioche, *op. cit.*, v° *Dépens*, n° 49; Garsonnet, *op. cit.*, t. 3, p. 180, n° 452).

Il a été jugé : 1° que lorsque deux parties succombent dans un procès, les juges peuvent, en vertu du pouvoir discrétionnaire dont ils sont investis en ce qui concerne la répartition des dépens, mettre à la charge d'une seule des deux parties qui succombent la totalité des dépens; et lorsqu'il y a des conclusions formelles prises sur ce point, leur décision est suffisamment motivée par la constatation que « l'une des parties n'a soulevé aucune difficulté et a reconnu le bien fondé de la demande, mais qu'il n'en a pas été de même de l'autre » (Civ. rej. 20 avr. 1887, aff. Comp. le Soleil, D. P. 87. 1. 421). Dans l'espèce, le procès avait été rendu nécessaire par la partie qui avait résisté à la demande. Il était juste que l'autre ne supportât pas les frais d'une action qui n'aurait pas eu lieu si elle avait été seule en cause; — 2° Que l'arrêt qui donne acte à une partie de ce qu'elle reconnaît devoir les dépens et qui cependant condamne l'autre partie à les payer, sans relever à la charge de cette autre partie aucun fait constitutif d'une faute, ou sans lui imputer d'avoir, dans l'exercice de son droit de défense, agi méchamment et de mauvaise foi, manque de base légale (Civ. cass. 1er août 1888, aff. Dupuis, D. P. 89. 1. 119). Lorsqu'il est donné acte à l'une des parties de ce qu'elle reconnaît devoir les dépens, c'est-à-dire avoir engagé ou soutenu à tort le procès, l'adversaire ne peut être condamné à les supporter qu'autant que des motifs spéciaux, indiqués dans le jugement, justifient cette condamnation. Sans cela, il y a contradiction entre le donné acte relativement aux dépens et le dispositif portant condamnation aux dépens (Comp. Civ. cass. 28 mars 1888, aff. d'Heudières, D. P. 88. 1. 348); — 3° Qu'il faut toujours un motif spécial à l'appui d'une condamnation aux dépens, en son nom personnel, d'un mandataire légal, à la différence de ce qui a lieu dans les cas ordinaires, où la condamnation aux dépens est prononcée en vertu de l'art. 130 c. proc. civ. (Civ. rej. 17 août 1853, aff. Mounier, D. P. 54. 1. 382); — 4° Que la condamnation personnelle aux dépens prononcée contre un tuteur sans motifs spéciaux est nulle (Civ. cass. 7 déc. 1857, aff. Boucault, D. P. 58. 1. 131); — 5° Que la partie perdante ne peut être condamnée à payer les droits d'enregistrement des actes produits en justice qu'à titre de dommages-intérêts et pourvu que cette condamnation ait fait l'objet de conclusions spéciales et qu'elle soit motivée (Civ. cass. 17 déc. 1872, aff. Veuve Tandou, D. P. 73. 1. 154); — 6° Que la cour d'appel qui, par dérogation à l'art 31 de la loi du 22 frim. an 7, met les droits d'enregistrement des actes produits au procès à la charge d'une partie plutôt que le débiteur, justifie suffisamment cette décision en précisant dans les motifs spéciaux la faute de la partie condamnée; il n'est pas nécessaire qu'elle insère dans la rédaction de l'arrêt un visa de l'art. 1382 c. civ. ou les mots « à titre de dommages-intérêts » (Req. 12 nov. 1877, aff. Drilhon, D. P. 78. 1. 292); — 7° Que les droits d'enregistrement des actes produits au cours d'une instance ne font point partie des dépens, et qu'en conséquence, la partie qui succombe ne peut y être condamnée qu'à titre de dommages-intérêts, en vertu de la convention ou de la loi, et par une disposition motivée (Civ. cass. 23 juill. 1879, aff. B. Gay, D. P. 79. 1. 480); — 8° Que les juges peuvent, en certains cas et à raison d'une faute imputable à l'une des parties, mettre à la charge de celle-ci l'enregistrement d'actes produits dans la cause, quoiqu'elle n'en soit pas légalement débitrice d'après les termes de la loi fiscale, mais à la condition de constater une faute suffisamment caractérisée pour justifier, d'après le droit commun, une condamnation à des dommages-intérêts (Civ. cass. 11 janv. 1882, aff. Lesueur, D. P. 82.1.313); — 9° Qu'en conséquence, il y a lieu d'annuler comme insuffisamment motivé l'arrêt qui, pour mettre à la charge d'une partie, à titre de dommages-intérêts, l'enregistrement d'actes produits au procès, se borne à déclarer mal fondées les prétentions de cette partie sans spécifier sa faute ni le préjudice causé (Civ. cass. 8 févr. 1886, aff. Fournier et consorts, D. P. 87. 1. 22).

Mais il a été décidé que la condamnation aux droits d'enregistrement des actes produits dans la cause est suffisamment motivée, lorsque, du rapprochement des termes de l'arrêt et de ceux du jugement ainsi que des conclusions, il résulte que c'est à titre de dommages-intérêts que ces droits ont été mis à la charge de la partie qui succombe (Req. 24 juill. 1883) (1). Cette solution ne nous paraît exacte qu'autant que le jugement où l'arrêt spécifie la faute commise par la partie condamnée; l'existence d'une faute caractérisée est, en effet, nécessaire pour que la condamnation à des dommages-intérêts ait une base légale. Il n'est pas nécessaire, d'ailleurs, que le juge déclare en termes exprès que la condamnation est prononcée à titre de dommages-intérêts. Lorsque la décision relève expressément une faute commise, cette constatation, jointe aux conclusions spéciales de l'adversaire sur ce point, conclusions qui sont indispensables pour que le juge ne statue pas *ultrà petita*, démontre très nettement le caractère de la condamnation au payement des droits d'enregistrement. Il a été jugé, conformément à cette théorie, que la partie qui succombe peut être condamnée à payer les droits d'enregistrement des actes produits en justice, à titre de dommages-intérêts et à raison d'une faute commise par elle, bien que ces droits ne soient point compris dans les dépens d'instance; et qu'il n'est pas nécessaire que l'arrêt déclare en termes exprès que cette condamnation est prononcée à titre de dommages-intérêts; qu'il suffit que cela résulte de l'ensemble des constatations qu'il contient lorsqu'il relève expressément la faute commise par la partie (Req. 27 janv. 1885, aff. Estrade et autres, D. P. 85. 1. 363).

**64.** — IX. De la solidarité et de la division en matière de dépens (*Rép.* n°s 93 à 118). — Les dépens étant personnels et aucune disposition de loi ne prononçant, en matière civile, la solidarité des dépens contre plusieurs plaideurs, les tribunaux ne peuvent mettre les dépens solidairement à la charge des parties condamnées. Ce principe, proclamé par tous les auteurs, a été consacré par de nombreux arrêts (Bioche, *op. cit.*, v° *Dépens*, n°s 84 et suiv.; Garsonnet, *op. cit.*, t. 3, n° 457, p. 194; Boitard, Colmet-Daâge et Glasson, *op. cit.*, t. 1, n° 276, p. 279; Dutruc, *op. cit*, v° *Frais et dépens*, n° 83; Rousseau et Laisney, *op. cit.*, v° *Dépens*, n° 52; Civ. cass. 5 juin 1882, aff. Jaillet frères, D. P. 83. 1. 173; 25 oct. 1887, aff. Peyre, D. P. .88. 1. 72; 22 oct. 1888, aff. Consorts Binet, D. P. 88. 5. 267). Juge que la condamnation de plusieurs parties aux dépens, sans fixation de la part de chacune d'elles, n'emporte pas la solidarité, et, dès lors, ne peut être attaquée devant la cour de cassation comme ayant prononcé à tort cette solidarité (Req. 6 mars 1866, aff. Dellas, D. P. 66. 1. 270).

Décidé que le jugement qui condamne les parties contre lesquelles il a été rendu, solidairement à des dommages-intérêts envers l'autre partie et aux frais de première instance et d'appel, ne doit pas être considéré comme étendant la solidarité à ces frais, et ne peut, dès lors, être déféré à la cour de cassation en ce qu'il aurait prononcé illégale-

ment une condamnation solidaire aux dépens (Civ. rej. 6 avr. 1859, aff. Commune de Toury, D. P. 69. 1. 224).

La règle souffre deux exceptions.

**65.** — *Première exception.* — La condamnation aux dépens peut être prononcée solidairement lorsque les dépens sont adjugés à titre de dommages-intérêts pour une faute ou des torts communs (*Rép.* n° 99).

En matière de délits prévus par la loi pénale, la condamnation solidaire aux dépens est obligatoire pour le juge, elle a même lieu de plein droit. L'art. 55 c. pén. est formel, impératif. En matière de délits civils, au contraire, ainsi que le fait justement remarquer M. Sourdat, *op. cit.*, t. 1, n° 1189, p. 541, il n'existe pas de disposition semblable. L'art. 1382 c. civ. oblige seulement le juge à prononcer, au profit de la partie lésée, une condamnation qui puisse l'indemniser entièrement du préjudice qu'elle a souffert. Tous les moyens sont donnés au magistrat pour cette fin et, notamment, la faculté de condamner solidairement les codélinquants; et, en général, il peut en user ou ne pas en user, suivant les circonstances, sans qu'il y ait, dans son abstention, de violation formelle de la loi. Mais aucun texte de loi ne l'oblige à prononcer une condamnation solidaire aux dépens. Toutefois, la jurisprudence admet que la solidarité de la condamnation principale prononcée contre deux parties entraîne celle des dépens qui en est l'accessoire (Req. 1er août 1866, aff. Pony, D. P. 67. 1. 26). Il a été décidé : 1° que le jugement qui condamne solidairement à des dommages-intérêts les auteurs d'un quasi-délit, sans répéter, quant aux dépens, le même mot *solidairement*, doit être interprété en ce sens que la solidarité est prononcée, conformément à la loi, aussi bien pour les dépens que pour les dommages-intérêts (Req. 19 févr. 1867, aff. Delin et Degeois, D. P. 67. 4. 306); — 2° Que lorsqu'un tribunal prononce des condamnations solidaires, les dépens qui sont l'accessoire de la condamnation principale sont aussi dus solidairement (Dijon, 21 janv. 1869, aff. Lainé, D. P. 74. 5. 281). La loi, dit l'arrêt du 19 févr. 1867, veut qu'on applique aux dépens la solidarité que comporte le principal. — Cette théorie ne nous paraît pas exacte. Quel est le texte de loi auquel fait allusion la cour? En matière pénale, l'art. 55 c. pén. oblige le juge à condamner les parties solidairement aux dépens. L'art. 1382 c. civ. ne contient aucune disposition semblable. Il veut seulement que la partie lésée soit indemnisée entièrement du préjudice qu'elle a souffert. Il n'est pas exact de dire que les dépens sont l'accessoire de la condamnation principale, qu'ils sont liés à son sort. Nous avons dit, en effet, *supra*, n° 21, que la partie gagnante peut, en certains cas, être condamnée aux frais du procès (V. aussi *supra*, n° 14). « Si les tribunaux, dit avec raison M. Larombière, *op. cit.*, t. 2, n° 23, p. 612, doivent toujours, en matière d'infractions pénales, condamner les parties solidairement aux dépens, il leur est, au contraire, facultatif de les y condamner en matière de simples quasi-délits, puisque la solidarité dépend du caractère de dommages-intérêts qu'ils peuvent leur imprimer ou leur refuser. Mais nous ajoutons qu'il sera, le plus souvent, conforme à l'équité de leur donner ce caractère, parce qu'ils seront la conséquence d'une contestation commune à tous les codébiteurs, et seront ainsi fondés sur une cause indivisible » (V. en ce sens Garsonnet, *op. cit.*, t. 3, n° 457, p. 196; Sourdat, *op. cit.*, t. 1, n° 489, p. 541).

**66.** De nombreux arrêts ont consacré la règle d'après laquelle la condamnation aux dépens peut être prononcée *solidairement* à titre de dommages-intérêts. — Il a été jugé : 1° que la condamnation aux dépens peut être solidairement prononcée contre les parties qui ont passé avec un débiteur

(1) (Broca C. Latapie et Daguerre.) — La cour ; — ... Sur le second moyen, tiré de la violation des art. 130 et 464 c. proc. civ.; 31 de la loi de frimaire an 7 et 7 de la loi du 20 avr. 1810, en ce que l'arrêt attaqué a mis à la charge du demandeur en cassation l'enregistrement des actes et documents mentionnés au jugement, non seulement sans donner de motifs de cette décision, mais comme conséquence de la condamnation aux frais, et bien que la demande en eût été formulée pour la première fois en appel; — Attendu que l'arrêt attaqué n'a nullement confondu les droits d'enregistrement dont s'agit avec les dépens de l'instance; qu'il distingue au contraire fort nettement les uns des

autres; qu'il distingue dans ses motifs pourquoi il met les droits d'enregistrement spécialement à la charge de Broca par son dispositif; que le sens de ce dispositif ne saurait être douteux, alors que le jugement se réfère aux dommages-intérêts, et que l'appelant incidemment les réclamait à ce même titre dans ses conclusions expresses; que, dès lors, l'arrêt attaqué n'a pas violé les dispositions des articles visés au pourvoi ;...

Par ces motifs, rejette, etc.

Du 24 juill. 1883.-Ch. req.-MM. Bédarrides, pr.-Féraud-Giraud, rap.-Petiton, av. gén., c. conf.-P. Dareste, av.

des actes annulés depuis, pour fraude aux droits des créanciers, si le jugement les déclare complices de la fraude (Civ. rej. 5 févr. 1856, aff. Guillaume. D. P. 56. 1. 83; V. aussi Poitiers, 2 déc. 1852, aff. Biraud, D. P. 55. 2. 332); — 2° Que la condamnation aux dépens personnellement encourue par les administrateurs d'un établissement public à la faute desquels le procès est imputé, peut, comme prenant sa source dans un quasi-délit, être prononcée solidairement contre chacun d'eux (Req. 13 juill. 1857, aff. Bureau de bienfaisance de Crèvecœur, D. P. 58. 1. 348); — 3° Que si, en principe, la condamnation aux dépens ne peut être prononcée solidairement contre les défendeurs, il en est autrement lorsque les dépens sont accordés aux demandeurs à titre de dommages-intérêts (Req. 25 juill. 1870, aff. Cassiat et autres, D. P. 72. 1. 25. — V. dans le même sens : Civ. cass. 3 mars 1868, aff. Des Giudi, D. P. 68. 1. 155; Bordeaux, 13 août 1872, aff. Docteur et Papin, D. P. 73. 2. 209).

Mais il a été jugé : 1° que lorsque, sur une demande formée contre deux parties pour cause de dol et de fraude, le jugement intervenu ne prononce la condamnation que contre l'une d'elles, le défendeur qui a succombé doit seul supporter les dépens; et que, par conséquent, le chef du jugement qui condamne solidairement les deux défendeurs à la totalité des dépens est nul (Civ. cass. 7 janv. 1861, aff. Fraisse et Tarrède, D. P. 62. 1. 96); — 2° Que la condamnation aux dépens ne peut être prononcée solidairement à titre de dommages-intérêts contre une partie intervenante qui est complètement étrangère aux faits dommageables (Bordeaux, 25 janv. 1862, supra, v° Droit maritime, n° 761). Les personnes qui ne sont ni auteurs ni complices du délit ou du quasi-délit civil ne peuvent évidemment être passibles de dommages-intérêts; — 3° Que lorsque plusieurs parties sont déclarées avoir encouru une clause pénale, si l'engagement dans lequel cette clause est insérée n'est pas solidaire, elles ne peuvent être condamnées solidairement aux dépens; cette condamnation à titre de supplément de dommages-intérêts aggraverait la clause pénale (Bordeaux, 25 janv. 1862, précité).

67. Le tribunal ne peut prononcer la solidarité qu'à la demande des parties intéressées (Garsonnet, op. cit., t. 3, n° 557, p. 196; Dutruc, op. cit., v° Frais et dépens, n° 86). Mais il n'est pas nécessaire que les conclusions aient spécialement visé la condamnation aux dépens. Il suffit qu'elles aient réclamé des dommages-intérêts. La condamnation aux dépens est, en effet, une forme de dommages-intérêts.

68. La condamnation solidaire aux dépens n'est légale que si elle est prononcée à titre de dommages-intérêts. Ainsi doit être annulée, quant au chef des dépens, la décision qui condamne aux dépens avec solidarité, s'il n'est pas déclaré que cette condamnation est prononcée à titre de dommages-intérêts (Civ. cass. 3 mars 1868, aff. Des Giudi, D. P. 68. 1. 155).

69. La jurisprudence semble fixée en ce sens que, lorsque la solidarité dans la condamnation aux dépens a pour base légale la participation à une faute commune, il n'est pas nécessaire que cette solidarité soit l'objet de motifs spéciaux dans l'arrêt, si le juge a pris soin, pour rejeter la demande au fond, d'établir la fraude et la participation simultanée des parties à cette fraude. Les considérations que contient, à cet égard, sa décision, suffisent pour motiver la disposition accessoire de la sentence sur le caractère solidaire de l'obligation au payement des frais de l'instance. — Il a été jugé que des appelants qui succombent dans leur action peuvent être condamnés solidairement aux frais d'instance et d'appel, quand ils ont participé à une fraude commune; et la disposition de l'arrêt qui prononce cette solidarité se trouve motivée par les considérations mêmes

que le juge a pris soin d'exposer pour établir ladite fraude en vue du rejet de l'appel (Req. 22 mars 1882, aff. de la Tulloye de Varennes, D. P. 82. 1. 285. V. dans le même sens Req. 28 janv. 1885 (1). V. aussi Req. 19 févr. 1867, aff. Delin, D. P. 67. 1. 306, cité supra, n° 66; Rép. v° Motifs des jugements, n°s 49 et suiv. et infrà, eod. v°).

Mais il a été décidé : 1° que la solidarité des dépens, en matière civile ou commerciale, ne peut être prononcée à l'égard de plusieurs cointéressés, par l'unique motif que la même décision leur est applicable (Civ. cass. 18 déc. 1878, aff. Journé et consorts, D. P. 79. 1. 245); — 2° que lorsqu'un arrêt qui, au principal, se borne à déclarer non recevable l'appel interjeté par plusieurs parties, condamne ces dernières solidairement aux dépens, il doit donner en ce point spéciaux pour justifier cette solidarité (Civ. cass. 5 janv. 1881, aff. Bosmeau, D. P. 81. 1. 129-133); — 3° Que le juge ne peut, sans motiver spécialement sa décision, et alors que la condamnation principale n'est pas solidaire (V. infrà, n° 70), mettre les dépens solidairement à la charge des parties condamnées (Civ. cass. 5 juin 1882, aff. Jaillet, D. P. 83. 1. 173). Dans l'espèce, la condamnation avait pour cause un fait commun aux défendeurs, à savoir leur concours simultané à l'acte litigieux, et il semblait, dès lors, que la condamnation qu'ils avaient encourue devait atteindre chacun d'eux pour le tout. A ce point de vue, le chef de l'arrêt relatif aux dépens pouvait peut-être se justifier; mais il aurait dû être motivé.

70. — Seconde exception. — Le principe de la division des dépens souffre encore exception, lorsque la condamnation principale porte sur une dette solidaire. La solidarité dans l'obligation implique la solidarité dans la condamnation aux frais (Rép. n° 95) : « Cette solidarité, dit M. Garsonnet, op. cit., t. 3, p. 196, n° 457, qui n'existe pas non plus de plein droit, et que le tribunal ne peut accorder si le créancier n'y a pas conclu, résulte de l'art. 1206 c. civ. et de la combinaison des art. 1216 et 2016 du même code. Il ressort de l'art. 1206 que les codébiteurs solidaires se représentent les uns les autres, toutes les fois qu'il s'agit seulement de conserver les droits du créancier; si les poursuites exercées contre l'un d'eux interrompent la prescription et font courir les intérêts moratoires à l'égard des autres tous, à plus forte raison chacun d'eux peut-il être poursuivi en payement de la totalité des frais. L'art. 1216 dispose que les codébiteurs solidaires sont considérés comme cautions les uns des autres, et l'art. 2016, que le cautionnement indéfini d'une obligation s'étend même aux frais de la demande formée contre le débiteur principal ; la solidarité s'applique donc nécessairement aux frais de la demande formée par le créancier contre les codébiteurs solidaires. Je suppose, d'ailleurs, que les frais ont été faits dans leur intérêt commun; car la solidarité ne pourrait pas être prononcée à raison de ceux qu'un codébiteur solidaire aurait faits dans son intérêt particulier » (V. en ce sens Bioche, op. cit., v° Dépens, n° 89 ; Dutruc, op. cit., v° Frais et dépens, n° 83).

Cette théorie est implicitement combattue par plusieurs auteurs. « Le principe de la division des dépens, dit M. Larombière, op. cit., t. 2, p. 611, n° 23, ne souffre même pas d'exception, dans le cas où la condamnation est prononcée au principal solidairement. Si le jugement ne les alloue à titre de dommages-intérêts, ils continuent à se diviser entre les parties condamnées. Du moment, en effet, qu'ils sont la peine personnelle du plaideur imprudent et téméraire, ils ne peuvent être réputés simples accessoires de droit de la créance, et venir en augmentation du principal. Autrement, l'obligation des codébiteurs solidaires serait aggravée par la faute de leur consort, c'est-à-dire par les mauvaises contestations qu'il lui plai-

(1) (Vigneron C. Boul.) — LA COUR; — ... Sur le second moyen, tiré de la violation des art. 1202 c. civ., 7 de la loi du 20 avr. 1810 pour défaut de motifs, et d'un ultra petita : — Attendu que des constatations de l'arrêt attaqué il résulte que le retard subi par les créanciers d'Adolphe Vigneron, dans le payement des 8000 fr. qui devait leur être fait, retard qui a motivé contre Vigneron père une condamnation aux intérêts de cette somme, déduction faite des dividendes antérieurement versés, est imputable à la faute commune de Boul et d'Adolphe Vigneron, condamnés à tenir compte à Vigneron père, de ces mêmes intérêts; que, dès lors, cette dernière condamnation pouvait être

mise solidairement à leur charge; — Attendu que la condamnation aux dépens, qui n'en est que l'accessoire, pouvait être aussi solidaire, sans avoir besoin d'être justifiée par d'autres motifs que ceux donnés par l'arrêt à l'appui de la condamnation principale; que, dans ces conditions, l'ultra petita ne contiendrait aucune violation de la loi, et ne serait qu'un moyen de requête civile; que l'arrêt attaqué n'a donc violé aucun des articles visés par le pourvoi;

Par ces motifs, rejette, etc.

Du 28 janv. 1885.-Ch. req.-MM. Bédarrides, pr.-Mazeau, rap.-Chévrier, av. gén., c. conf.-Panhard, av.

rait de susciter. Or, nous verrons que le fait de l'un des codébiteurs ne peut nuire aux autres obligés, en ce sens qu'il ne peut rendre leur engagement plus onéreux et plus étendu. On ne saurait même, sans confondre les principes de la solidarité et du cautionnement, appliquer en ce cas les dispositions de l'art. 2016» (V. en ce sens : Boitard, Colmet-Daâge et Glasson, *op. cit.*, t. 1, p. 279, n° 276; Démolombe, *Cours de droit civil*, t. 26, n° 271). — Il a été décidé que la règle d'après laquelle les parties ne peuvent être condamnées solidairement aux dépens ne s'applique pas au cas où la condamnation principale est elle-même solidaire (Bordeaux, 13 août 1872, aff. Docteur et Papin, D. P. 73. 2. 209). Mais il a été jugé : 1° que le jugement qui, statuant dans une instance intentée par l'administration de l'Enregistrement contre deux sociétés, distingue expressément ces deux sociétés dans la condamnation qu'il prononce contre elle, ainsi que pour le payement des frais des actes signifiés et les condamne solidairement ensuite aux frais du jugement, viole la loi sur ce dernier point (Civ. cass. 15 déc. 1869, aff. Société de Graissessac, D. P. 70. 1. 410). La solidarité, dans l'espèce, ne résultait d'aucune convention qui l'eût expressément stipulée ; elle ne résultait pas davantage des dispositions de la loi spéciale à laquelle la cause était soumise, celle du 22 frim. an 7 ; — 2° Que si un arrêt, en prononçant au principal une condamnation simplement conjointe, condamne les héritiers défendeurs aux dépens « solidairement », sans indiquer, d'ailleurs, que ce soit à titre de dommages-intérêts, cette dernière disposition doit être cassée comme manquant de base légale (Civ. cass. 25 oct. 1887, aff. Peyre, D. P. 88. 1. 72); — 3° Qu'en matière civile, quand la condamnation principale n'a pas été prononcée solidairement, le juge n'a pas le droit de prononcer la solidarité des dépens contre plusieurs condamnés conjoints, si ce n'est à titre de dommages-intérêts (Civ. cass. 22 oct. 1888, aff. Consorts Binet, D. P. 88. 5. 267).

**71.** La solidarité des dépens, dans le cas qui nous occupe, n'existe pas de plein droit; le demandeur doit y conclure spécialement et le jugement doit la prononcer (*Rép.* v° Bioche, *op. cit.*, v° *Dépens*, n° 96; Garsonnet, *op. cit.*, t. 3, p. 196, n° 457, note 10).

**72.** On a émis au *Rép.* n° 94 l'opinion que l'obligation indivisible est assimilée pour les dépens à l'obligation solidaire (V. aussi Bioche, *op. cit.*, v° *Dépens*, n° 91). Contrairement à cette théorie, il a été jugé qu'en matière civile, quand la condamnation au principal n'a pas été prononcée solidairement, le juge ne peut prononcer la solidarité des dépens contre plusieurs défendeurs conjoints par l'unique motif que l'obligation principale était indivisible (Civ. cass. 3 nov. 1886, aff. Commune de Semide, D. P. 87. 1. 157). La solidarité ne se présume pas, dit-on à l'appui de cette thèse, et l'indivisibilité de l'obligation ne la rend pas solidaire. L'indivisibilité de l'obligation principale dont sont tenues plusieurs personnes ne saurait donc rendre solidaire contre elles l'obligation où elles sont de payer les dépens, obligation qui elle-même n'a rien d'indivisible, et que, dès lors, elles doivent supporter chacune pour partie (Larombière, *op. cit.* art. 1219, n° 2, et la note).

**73.** — X. Division en matière de dépens. — Le partage des dépens entre les parties condamnées s'opère par tête et non en proportion de l'intérêt de chacune des parties en cause, si les frais eussent été également faits par chacune des parties dans son intérêt isolé (*Rép.* n°s 104 à 107). Il a été

jugé : 1° que l'arrêt portant condamnation de tous les intimés aux dépens doit être interprété en ce sens qu'ils sont condamnés par tête et par égales portions (Bordeaux, 12 déc. 1855) (1); — 2° Que la condamnation aux dépens prononcée, sans aucune distinction, contre plusieurs parties qui avaient dans l'affaire des intérêts distincts, se divise entre elles par tête et par égales portions, alors même que l'intérêt de l'une était bien supérieur à l'intérêt des autres, si d'ailleurs leur défense étant la même et n'occasionnait que les mêmes frais (Bordeaux, 30 janv. 1860, aff. Flinoy, D. P. 60. 2. 176); — 3° Qu'en cas de jonction des appels formés par plusieurs parties contre un même jugement, les dépens des instances d'appel ainsi jointes ont pu, par exemple, en matière sommaire, être réunis et répartis par égales portions entre chacun des appelants qui ont succombé, s'il a été procédé, sur ces divers appels, conjointement et simultanément (Req. 1er avr. 1856, aff. Horace Vernet, D. P. 56. 1. 461).

**74.** Si la présence et l'intérêt d'une partie ont exigé des frais qui n'eussent point été faits sans elle, ou si l'une des parties n'a pas eu besoin de procédures qui ont eu lieu sur la demande de ses consorts, les frais utiles à tous, on l'a dit au *Rép.* n° 105, doivent seuls être divisés par tête. Chacun paye en totalité les actes qui lui ont été particuliers ou qui ont été nécessités par sa présence. — Quant aux frais faits par une seule partie pour soutenir des intérêts communs, par exemple, par un communiste ou un copropriétaire, si cette partie a succombé, la condamnation lui demeure personnelle; s'il a triomphé, il peut demander le remboursement de ses avances, pourvu que la cause ait eu pour objet une exception réelle, et non une exception purement personnelle à celui qui l'a fait valoir (Bioche, *op. cit.*, v° *Dépens*, n° 98; Dutruc, *op. cit.*, v° *Frais et dépens*, n°s 94 et suiv.; Garsonnet, *op. cit.*, t. 3, p. 194, n° 457).

**75.** Les parties sont libres, alors même qu'elles pourraient se faire représenter par un même avoué, d'augmenter la masse des frais au préjudice de leurs cointéressés, en prenant chacune un avoué spécial. La loi ne leur a pas imposé l'obligation d'avoir un avoué unique. (V. *Rép.* v° *Ordre*, n° 771; Dutruc, *op. cit.*, v° *Frais et dépens*, n° 96).

**76.** Les règles sur la division des dépens, que nous venons d'exposer, doivent être appliquées en l'absence de toute indication contraire ; mais, ainsi que le fait justement remarquer M. Dutruc, *op. cit.*, v° *Frais et dépens*, n° 97, il appartient aux tribunaux de fixer telle répartition que les circonstances paraissent rendre opportune, et cette répartition ne peut donner ouverture à cassation.

**77.** — XI. Frais devant les cours d'appel. — Les principes exposés *suprà*, n°s 14 et suiv. relativement à la condamnation aux dépens, à la compensation, aux pouvoirs des juges, à la règle que les dépens ne peuvent être mis à la charge que de la partie qui succombe; celle d'après laquelle la partie qui gagne complètement son procès ne peut être déclarée passible des frais que si la condamnation trouve sa justification dans la constatation d'une faute qui prend alors le caractère d'un véritable quasi-délit, dont la juste réparation consistera dans l'obligation de supporter les dépens qu'a causés, ont reçu leur application devant les cours d'appel (V. *Rép.* n°s 558 et suiv.). — Il a été jugé, notamment, que lorsqu'une partie, après avoir modifié une demande mal fondée et obtenu l'adjudication de ses conclusions rectifiées, interjette appel, si elle a reproduit sa

(1) (Gireau *C.* Moreau et autres.) — La cour; — Attendu que la disposition de l'arrêt en vertu de laquelle a été délivré l'exécutoire auquel il est formé opposition porte que tous les intimés sont condamnés aux dépens; que cette disposition, ne faisant entre eux aucune distinction, implique qu'ils sont condamnés par tête et par égales portions; que la cour aurait pu faire, sans doute, une autre répartition des dépens, condamner la partie de Me Delpech a en supporter un tiers, les clients de Me Thomas un tiers seulement, et ceux de Me Pascault un autre tiers, mais qu'elle ne l'a pas fait, et qu'elle ne pourrait le faire aujourd'hui sans modifier son arrêt et y ajouter une disposition qui s'y trouve pas; que la répartition par tiers, eu égard non au nombre des plaideurs, mais au nombre des avoués, adoptée par le magistrat qui a délivré l'exécutoire, a sa source dans une vue d'équité qui lui est propre, et non dans les termes du dispositif de l'arrêt,

lequel se prêterait tout aussi bien à une répartition différente, par quart, par cinquième, etc.; que ce serait donc le juge taxateur qui déterminerait dans quelle proportion les frais doivent être supportés par les diverses parties qui succombent; ce qui serait une véritable décision, et non pas simplement l'application ou l'exécution de la décision rendue; — Par ces motifs, faisant droit à l'opposition formée par la partie de Me Delpech contre l'exécutoire du 17 sept. 1855, dit qu'aux termes de l'arrêt, les frais dont il s'agit doivent être supportés par tous les intimés, par tête et par égale portion; condamne Moreau au tiers des dépens d'opposition, les parties de Me Thomas à un autre tiers, et celles de Me Pascault, à d'autre part desdits dépens. Du 12 déc. 1855.-C. de Bordeaux, ch. cons.-MM. de la Seiglière, 1er pr.-Peyrat, av. gén., c. conf.-Delpech, Martin, Pascault et Thomas, avoués.

demande originaire, en ne concluant que subsidiairement à la réformation du chef du jugement qui l'avait condamné aux dépens, elle doit, si l'arrêt qui intervient confirme ce jugement, être considérée comme ayant succombé; en conséquence, les juges du second degré ont pu, par une appréciation qui est souveraine, condamner cette partie aux dépens de première instance et d'appel (Req. 28 avr. 1857, aff. Sabourault, D. P. 57. 1. 234). Spécialement, lorsqu'un créancier, après avoir, par erreur, demandé, comme faisant valoir les droits de son débiteur, un partage (de communauté) déjà précédemment ordonné à la requête de celui-ci, a modifié sa demande en se bornant à conclure à être subrogé aux poursuites, puis, ayant obtenu cette subrogation, mais toutefois avec condamnation aux dépens, a reproduit en appel sa demande primitive, en ne concluant que subsidiairement à ce que les frais mis à sa charge restassent à celle de l'intimé, l'arrêt confirmatif qui rejette son appel peut le condamner aux dépens de première instance et d'appel, comme ayant succombé devant les deux degrés de juridiction (Même arrêt). On dirait à tort que ce créancier, ayant obtenu tout ce qu'il demandait par ses conclusions rectifiées en première instance, c'est-à-dire sa subrogation dans les poursuites de partage, avait eu gain de cause complet, ce qui excluait sa condamnation aux dépens; il était en faute d'avoir formé une première demande non fondée (Même arrêt). — Décidé aussi que l'arrêt qui constate la faute d'une partie et le préjudice qu'elle a causé à son adversaire peut condamner cette partie, à titre de dommages-intérêts, au payement de tous les frais faits devant toutes les juridictions, même devant celle dont le jugement a été cassé (Civ. rej. 4 août 1880, aff. Baudran, D. P. 81. 1. 438).

**78.** Il a été jugé que la partie qui, bien que n'ayant formé appel que contre un seul de ses adversaires, a conclu cependant devant le juge du second degré contre tous les autres et a succombé sur tous les chefs de ses conclusions, peut être condamnée aux dépens de l'instance d'appel envers toutes ces parties (Req. 23 mai 1881, aff. Chambornet, D. P. 82. 1. 170). On soutenait, dans l'espèce, que les dépens avaient été à tort mis à la charge de la Compagnie générale des assurances qui, n'ayant appelé que contre une seule partie, était demeurée étrangère aux contestations soulevées entre les intimés. L'arrêt répond à cette allégation en rappelant que la partie condamnée avait conclu en appel contre tous ses adversaires.

**79.** L'intimé qui déclare ne vouloir prendre aucune part à la contestation existant entre l'appelant et d'autres intimés, n'en doit pas moins, en cas d'infirmation du jugement, être condamné aux dépens, alors qu'il avait pris en première instance les mêmes conclusions que les autres intimés (Lyon, 11 déc. 1851, aff. Renaudiec, D. P. 54. 5. 398). La partie qui avait conclu devant la cour à ce qu'il fût donné acte de sa déclaration qu'elle n'entendait prendre aucune part à la contestation avait, en première instance, obtenu la première une collocation éventuelle en sous-ordre; comme les autres créanciers intimés, elle avait conclu, lors du jugement, au maintien du sous-ordre, et rendu ainsi nécessaire l'instance d'appel et l'arrêt infirmatif.

**80.** La partie qui obtient gain de cause peut être condamnée à supporter une partie des dépens, nous l'avons dit *supra*, n° 21, si, par sa négligence à opposer ses moyens, elle a occasionné des frais frustratoires. Cette règle est applicable aussi bien en appel qu'en première instance. — Il a été jugé : 1° que lorsqu'un mari, actionné par les héritiers de sa femme en payement des droits et reprises de cette dernière, fait défaut en première instance et produit seulement en appel un testament qui l'institue légataire universel, il doit être condamné aux dépens envers ceux des héritiers dont son retard à produire ce titre a motivé la présence aux débats (Lyon, 21 janv. 1869, aff. Roux, D. P. 74. 5. 280) ; — 2° Que la partie dont les conclusions ont été repoussées en première instance et qui n'a obtenu gain de cause en appel qu'à l'aide de moyens non présentés devant les premiers juges, doit supporter les dépens de la première instance (Dijon, 13 juill. 1875, aff. Dungler, D. P. 79. 5. 235) ; — 3° Que le fait de n'avoir pas produit ses conclusions devant les premiers juges constitue, de la part de l'appelant qui gagne son procès, une

faute qui justifie sa condamnation à la majeure partie des dépens (Rennes, 6 juin 1879, aff. Salaün, D. P. 81. 2. 40); — 4° Que lorsque l'exécution provisoire n'a pas été demandée en première instance, bien qu'il y eût promesse reconnue, elle peut être réclamée pour la première fois devant les juges d'appel, surtout s'il apparaît que, depuis le jugement du tribunal, les circonstances de la cause rendent cette mesure nécessaire pour garantir les intérêts du créancier; que toutefois, en pareil cas, les dépens de cet incident doivent rester à la charge du créancier qui obtient l'exécution provisoire (Pau, 21 mars 1888, aff. Crouts, D. P. 88. 2. 257). Le demandeur qui a négligé de réclamer l'exécution provisoire en première instance a commis une faute ; en outre, cette négligence est la cause d'un incident qui, autrement, ne se serait pas produit en cause d'appel. Il est donc tout naturel qu'il supporte les frais de cet incident. L'art. 137 c. proc. civ. suppose que les dépens peuvent être adjugés pour tenir lieu de dommages-intérêts. C'est le défendeur qui a droit à ces dommages-intérêts, et il les obtient au moyen de la condamnation aux dépens prononcée à son profit.

**81.** Le pouvoir discrétionnaire des juges du fond en matière de condamnation aux dépens (V. *supra*, n° 62) a été consacré, relativement aux instances d'appel, par de nombreux arrêts. — Jugé, notamment : 1° que la partie qui succombe sur son appel principal et sur l'un des chefs de l'appel incident formé contre elle par l'intimé, peut être condamné à la totalité des frais des deux appels (Req. 12 août 1858, aff. Hauët, D. P. 58. 1. 369) ; — 2° Que la condamnation à la totalité des dépens de première instance et d'appel peut être prononcée contre la partie qui a succombé sur presque tous les chefs de la contestation, et alors même, par exemple, que, dans une instance relative à un compte, avec conclusions à des dommages-intérêts, la partie gagnante n'aurait obtenu qu'une condamnation inférieure au chiffre de sa demande, par suite de retranchements volontaires consentis par elle, et quelle que soit la différence entre les dommages-intérêts à elle accordés et ceux qu'elle avait réclamés (Req. 6 juill. 1864, aff. Marcand, D. P. 65. 1. 87) ; — 3° Que les juges étant investis d'un pouvoir discrétionnaire, en matière de condamnation aux dépens, l'appelant peut être condamné à la totalité des dépens, quoique, sur son appel, le chiffre de la condamnation prononcée par les premiers juges ait été réduit (Req. 9 janv. 1865, aff. de Clinchamps, D. P. 65. 1. 160). Il y a lieu de remarquer, d'ailleurs, que dans l'espèce sur laquelle a statué cet arrêt, la réduction du chiffre de la condamnation résultant du jugement de première instance n'était autre que la rectification d'une erreur matérielle reconnue par toutes les parties ; — 4° Que les juges du fond peuvent, en vertu de leur pouvoir discrétionnaire, condamner à tous les dépens le demandeur qui succombe en appel sur une partie des points contestés (Req. 21 déc. 1875, aff. Faye, D. P. 76. 1. 274 ; 30 mars 1874, aff. Morisset, D. P. 76. 5. 260) ; — 5° Que la répartition que le juge fait des frais entre les parties, dans un cas où la loi autorise la compensation des dépens, échappe à la censure de la cour de cassation ; qu'ainsi, le juge d'appel, tout en partageant entre les parties les frais faits devant lui, a pu laisser à la charge exclusive du demandeur originaire les frais de première instance, bien que celui-ci n'y ait été condamné que par suite de l'admission d'une fin de non-recevoir, en appel, à été reconnue mal fondée (Civ. rej. 4 juin 1877, aff. Guyot de Villeneuve, D. P. 77. 1. 375) ; — 6° Que les juges d'appel qui décident que le premier juge était incompétent pour connaître de la demande peuvent mettre les dépens, tant de première instance que d'appel, à la charge du défendeur au procès, alors que celui-ci n'avait pas contesté la compétence du premier juge, et qu'il l'a mise soutenue en appel (Req. 23 juill. 1879, aff. Granger, D. P. 80. 1. 423) ; — 7° Que l'appelant peut être condamné à la totalité des dépens, bien qu'il ne succombe en appel que sur une partie seulement des points contestés (Req. 9 janv. 1882, aff. Maligne, D. P. 82. 1. 117) ; — 8° Que la partie qui succombe sur tous les chefs de son appel principal peut être condamnée à tous les dépens d'appel, quoique l'appel incident soit partiellement rejeté (Req. 19 févr. 1883, aff. Lechevrel, D. P. 84. 1. 125) ; — 9° Que la cour d'appel qui, dans une instance en partage, condamne personnellement à tous les dépens les appelants qui ont succombé sur l'ensemble des chefs de leurs conclusions, ne fait qu'user du pouvoir discrétionnaire que lui confère l'art. 130 c. proc. civ.; et, comme elle n'est pas tenue de motiver cette partie de sa décision (V. *suprà*, n° 62), il est sans intérêt de vérifier la valeur des motifs qu'elle a pu donner à cet égard (Req. 21 nov. 1887, aff. Consorts Martiniaux, D. P. 88. 1. 165).

**82.** En général, lorsqu'une partie, condamnée aux dépens en première instance, n'a point attaqué, par voie d'appel principal ou incident, le jugement qui l'a ainsi condamnée, ce jugement acquiert contre elle, à cet égard, l'autorité de la chose jugée, et il ne peut être réformé sur l'appel interjeté par une autre personne. D'ailleurs, si la même partie, intimée sur cet appel, s'est bornée à s'en rapporter à justice « avec dépens », elle n'est censée avoir conclu que relativement aux dépens de l'instance d'appel, et non pas en ce qui touche les dépens de première instance, au sujet desquels elle a accepté implicitement la décision des premiers juges (V. *Rép.* v° *Appel incident*, n°s 10 et suiv.). En ce sens, il a été jugé : 1° que l'arrêt qui confirme au fond le jugement frappé d'appel ne peut mettre à la charge de l'appelant la totalité des dépens de première instance, lorsque ce jugement les avait compensés entre les parties, et que l'intimé n'a point à cet égard interjeté d'appel incident. Il n'importe que l'intimé ait conclu à la confirmation du jugement avec dépens, ces conclusions ne pouvant s'entendre, à défaut d'appel incident relativement à la compensation des dépens de première instance, que de ceux de l'instance d'appel (Civ. cass. 8 juin 1863, aff. Gautier, D.P. 64. 1.32) ; — 2° Qu'est nul pour violation de la chose jugée, l'arrêt qui change la répartition des dépens de première instance faite par le tribunal, à l'égard des parties qui n'ont pas relevé appel du jugement (Civ. cass. 13 janv. 1868, aff. Lenglet et comp., D. P. 68. 1. 126; 14 juin 1876, aff. Perrin, D. P. 76. 1. 304) ; — 3° Que l'arrêt qui confirme au fond le jugement frappé d'appel ne peut mettre à la charge de l'appelant la totalité des dépens de première instance, lorsque ce jugement en avait mis une partie à la charge de l'intimé, qui n'a point interjeté appel incident (Civ. cass. 14 nov. 1871, aff. Jacquet, D. P. 73. 1. 140).

Mais il a été décidé : 1° que l'arrêt qui met les dépens exposés par une partie en première instance à la charge d'une autre partie autre que celle qui y avait été condamnée par le jugement, ne viole pas l'autorité de la chose jugée, pourvu que la partie déchargée des frais dont il s'agit ait pris des conclusions formelles à l'effet d'en être libérée, et bien que la partie qui a exposé ces dépens en première instance se soit rapportée à justice devant le juge d'appel,... alors surtout que toutes les contestations soumises aux premiers juges ont été remises en question devant le juge d'appel (Civ. rej. 22 juill. 1872, aff. Piveteau, D. P. 72. 1. 338); — 2° Que l'arrêt qui, sur l'appel du ministère public, réforme dans sa disposition principale la décision des premiers juges. peut, en même temps, décharger l'officier de l'état civil de la condamnation aux dépens prononcée contre ce dernier par le tribunal, bien qu'il n'ait pas appelé lui-même de cette décision (Req. 28 nov. 1877, aff. Leproux, D. P. 78. 1. 209). Les principes exposés ci-dessus étaient sans application dans l'espèce. En effet, l'appel du procureur général ayant été formé dans un intérêt d'ordre public, l'infirmation du jugement de première instance prononcée sur cet appel devait avoir un effet absolu ; et la décision des premiers juges étant anéantie même à l'égard de l'officier de l'état civil, bien que celui-ci ne l'eût pas attaquée. Dès lors, la condamnation du maire aux dépens devait tomber en même temps que la décision principale, dont elle n'était que la conséquence et l'accessoire; — 3° Que la cour peut mettre, à titre de supplément de dommages-intérêts, à la charge de la partie condamnée aux dépens d'appel, le remboursement des frais de première instance auxquels la partie adverse a été assujettie envers des légataires non intimés en appel; elle ne viole pas ainsi le principe de la chose jugée, puisqu'elle ne réforme pas la condamnation aux dépens prononcée par le tribunal; elle ne statue point non plus *ultra petita*, alors qu'il a été conclu à ce mode de réparation du préjudice souffert par le bénéficiaire de la condamnation (Req. 19 févr. 1883, aff. Lechevrel, D. P. 84. 1. 125).

**83.** Le juge d'appel doit s'expliquer nettement sur la condamnation aux dépens, surtout lorsqu'il infirme sur ce point la décision de première instance. Cependant, il a été jugé que l'allocation des dépens à titre de dommages-intérêts dans le cas où le chiffre de ces dépens excède celui des dommages-intérêts réclamés est accordée dans les limites des conclusions, si la partie demandait en même temps à être exonérée de tous les dépens; et qu'un tel chef de décision inséré dans un arrêt, même confirmatif, infirme implicitement la compensation des dépens admise par les premiers juges (Req. 14 juill. 1857, aff. Regnier, D. P. 57. 1. 398). Dans l'espèce, les juges d'appel avaient alloué les dépens dans le but sans doute de maintenir intacte, pour le demandeur, dont l'action était fondée, l'indemnité que les premiers juges avaient accordée. Mais cette intention du juge aurait dû, semble-t-il, être indiquée clairement dans les motifs de la décision. Il y a quelque danger à s'expliquer cumulativement, comme l'avait fait l'arrêt attaqué, sur les dommages-intérêts et les dépens. En effet, si le juge d'appel a entendu maintenir la compensation des dépens, puis allouer à titre d'indemnité les frais que le demandeur aura à supporter par le fait de cette condamnation, il a pu accorder plus que le chiffre demandé, et sa décision en ce point est défectueuse. D'ailleurs, on pourrait ajouter qu'en l'absence d'une infirmation expresse du chef relatif à la compensation des dépens, ce chef est réputé toujours subsister, et qu'ainsi la partie n'a pu en être affranchie, sans violation de la chose jugée en première instance.

**84.** — XII. FRAIS EN MATIÈRE DE CASSATION. — V. *infrà*, n°s 503 et suiv.

**85.** — XIII. ÉTENDUE ET LIMITE DE LA CONDAMNATION (*Rép.* n°s 107 et suiv.). — On a expliqué au *Rép.* n°s 107 et suiv. ce qu'il faut entendre par frais et dépens. « Si le tribunal n'adjuge que les dépens, dit M. Garsonnet (*op. cit.*, t. 3, n° 461, p. 361), la partie gagnante obtient seulement le remboursement des frais de la procédure, tels qu'ils sont fixés par le tarif, à savoir : 1° le coût des actes de procédure, y compris le prix du papier timbré, les droits de greffe et les droits d'enregistrement ; 2° les vacations des avoués et des huissiers qui ont occupé ou instrumenté au cours de l'instance ; 3° 15 fr. à Paris, et ailleurs 10 fr., pour honoraires de chacun des avocats qui ont plaidé dans l'affaire; 4° 3 fr. par chaque myriamètre de distance entre le siège du tribunal et le domicile de la partie qui affirme au greffe, assistée de son avoué, s'être transportée au siège du tribunal « dans la seule vue du procès », il n'est passé en taxe qu'un seul voyage pour chaque partie; 5° les droits de timbre et d'enregistrement perçus sur le jugement » (V. aussi Boitard, Colmet-Daäge et Glasson, *op. cit.*, t. 1, p. 276, n° 274; Rousseau et Laisney, *op. cit.*, v° *Dépens*, n° 77).

**86.** Les frais de levée et de signification du jugement sont à la charge de la partie qui succombe, encore bien que la décision garde le silence sur ce point (*Rép.* n°s 108 et 109). Il a été jugé : 1° que les frais occasionnés par la levée, la signification et l'enregistrement d'un arrêt ne sont que le complément indispensable de cet arrêt; que par suite, un avoué a le droit de se faire délivrer exécutoire pour les frais de cette nature, aussi bien que pour ceux antérieurs à l'arrêt (Rouen, 13 août 1869, aff. Bouvet, D. P. 74. 5. 280) ; — 2° Que les frais faits pour signifier un arrêt sont à la charge de la partie condamnée aux dépens, alors même que la signification a eu lieu le lendemain du jour où cette partie a fait des offres réelles, s'il est constaté que la signification était préparée et adressée à l'huissier avant les offres (Même arrêt).

**87.** Contrairement à la décision de quelques arrêts de cours d'appel, on a émis au *Rép.* n° 916 l'opinion que la condamnation aux dépens comprend le coût des titres qu'on a été obligé de produire, qui étaient indispensables à la justification de la demande, sauf toutefois le cas où les actes produits sont des titres de famille, tels qu'un contrat de mariage. Il a été jugé en ce sens, que la condamnation aux dépens comprend le coût de l'expédition d'une décision du jury d'expropriation dont la production était nécessaire (Agen, 31 août 1871, aff. Veuve Brun, D. P. 73. 2. 83. V. en ce sens Dutruc, *op. cit.*, v° *Frais et dépens*, p. 173, n° 11 ; Bioche, *op. cit.*, v° *Dépens*, n° 8).

**88.** La condamnation aux dépens, pure et simple, comprend l'enregistrement du jugement et, par conséquent, tous les droits qui sont perçus sur les dispositions du jugement, c'est-à-dire à raison des faits juridiques, obligations et autres, que le jugement crée, comme, par exemple, la résolution d'une vente, pour défaut de payement du prix, prononcée contre un acquéreur qui est entré en possession. Le jugement est, en effet, la cause génératrice de la perception des droits. Cette théorie, enseignée au *Rép.* n° 114, adoptée par les auteurs (V. Garsonnet, *op. cit.*, t. 3, p. 361, n° 496; Boitard, Colmet-Daâge et Glasson, *op. cit.*, t. 1, n° 274, p. 276; Rousseau et Laisney, *op. cit.*, v° *Dépens*, n° 87; Bioche, *op. cit.*, v° *Dépens*, n° 26) a été consacrée par la jurisprudence. Il a été jugé que la condamnation aux dépens comprend les droits d'enregistrement qui sont perçus sur les chefs de disposition ou de condamnation que le jugement contient envers la partie qui succombe; que, spécialement, elle comprend les droits perçus sur le jugement qui prononce, contre l'acquéreur qui est entré en possession, la résolution d'une vente d'immeubles pour défaut de payement du prix (Civ. rej. 20 avr. 1869, aff. Syndic Legoux, D. P. 69. 1. 340; 14 févr. 1887, aff. De la Berthellière, D. P. 88. 1. 31. V. en ce sens, Rouen, 13 août 1869, aff. Bouvet, D. P. 74. 3. 280, cité *suprà*, n° 86).

Il a été jugé en cas de demande d'une somme portée dans un billet qui est reconnu n'être qu'une donation déguisée, s'il a été perçu sur le jugement de condamnation un double droit d'enregistrement pour donation, ce double droit est compris dans la condamnation générale aux dépens : vainement dirait-on que l'obligation de faire enregistrer l'acte avant de former son action incombait à la partie demanderesse (Bordeaux, 23 juin 1870, aff. Capdeville, *Recueil des arrêts de la cour*, 1870, p. 238). Cette solution ne nous paraît pas exacte. La donation n'était pas créée par le jugement; elle existait, avant lui, sous la forme déguisée d'un contrat à titre onéreux. Le jugement n'était donc pas la cause génératrice de la perception du droit. L'arrêt ne pouvait le comprendre dans les dépens qu'à titre de dommages-intérêts.

Le droit proportionnel d'enregistrement perçu sur un jugement par défaut ne doit pas être compris dans les frais de ce jugement mis à la charge du défaillant par le jugement contradictoire intervenu sur l'opposition de celui-ci et qui a réparti entre les deux parties les autres dépens (Civ. cass. 13 déc. 1880, aff. Loubers, D. P. 81. 1. 162). En effet, ainsi que le dit très bien l'arrêt précité, ce n'est pas le défaut qui a donné lieu à la perception de ce droit, perception que le jugement contradictoire aurait, dans tous les cas, entraînée lui-même.

**89.** Le double droit encouru pour avoir fait tardivement enregistrer le jugement reste à la charge de la partie négligente. Cette solution, donnée au *Rép.* n° 118, est adoptée par les auteurs (Garsonnet, *op. cit.*, t. 3, p. 361, n° 496, note 9; Bioche, *op. cit.*, v° *Dépens*, n° 28 ; *Rép.* v° *Enregistrement*, n° 5149; *suprà*, eod. v°, n° 2953).

**90.** Lorsque l'Administration perçoit des droits d'enregistrement sur des actes antérieurs qui lui sont révélés par les énonciations d'un jugement, les droits ainsi perçus doivent-ils être mis à la charge de la partie qui aurait été tenue de les payer si l'acte avait été précédemment enregistré? sont-ils compris dans la condamnation aux dépens? Ces frais entrent certainement dans les dépens dans deux cas : 1° s'il a été stipulé dans l'acte, comme il est permis aux parties de le faire, que les droits d'enregistrement auxquels il pourra donner ouverture demeureront à la charge de celle qui en aura rendu, ou son fait, l'enregistrement obligatoire. La stipulation doit recevoir son exécution (V. sur ce point *Rép.* v° *Enregistrement*, n° 5121 et suiv.; *suprà*, eod. v°, n° 2931) ; — 2° Si une disposition spéciale du jugement condamne la partie perdante à payer ces droits à titre de dommages-intérêts, en réparation du préjudice qu'elle a causé en rendant l'instance nécessaire et occasionné ainsi la perception des droits. Mais il faut que la condamnation au payement des droits d'enregistrement soit prononcée à titre de dommages-intérêts, sur conclusions spéciales, et qu'elle soit motivée (Civ. cass. 3 mars 1863, aff. Topino, D. P. 63. 1. 375; V. *suprà*, v° *Enregistrement*, n° 2936; *Rép.* eod. v°, n° 5124; Civ. cass. 13 févr. 1872, aff. Lafontaine,

D. P. 72. 1. 166; V. *suprà*, n° 63; Garsonnet, *op. cit.*, t. 3, p. 362, n° 497). — Il a été jugé : 1° que la condamnation d'une partie aux frais d'enregistrement d'un acte produit par la partie adverse peut être interprétée comme comprenant même le double droit encouru par suite de la production de cet acte en justice avant son enregistrement; qu'elle peut, notamment, recevoir cette interprétation au cas où le juge l'a prononcée par application d'une clause de l'acte qui en mettait l'enregistrement à la charge de celle des parties par le fait de laquelle il deviendrait nécessaire, et a constaté lui-même la contravention en ordonnant que l'acte dont il s'agit serait enregistré avec le jugement de condamnation (Req. 5 déc. 1866, aff. Vitali, D. P. 67. 1. 428); — 2° Que la condamnation aux dépens comprend non seulement les droits d'enregistrement exigibles sur les dispositions mêmes de l'arrêt, mais encore ceux auxquels peuvent donner ouverture des conventions mentionnées dans l'arrêt, si une clause spéciale de ces conventions met les droits d'enregistrement à la charge de la partie condamnée (Paris, 17 mars 1883, aff. Dreyfus frères, D. P. 84. 2. 69); — 3° Que les frais d'enregistrement d'un acte produit par une partie peuvent être compris dans la condamnation aux dépens prononcée contre elle, alors même que l'arrêt lui refuse la qualité d'associé, s'il résulte des énonciations de l'arrêt que les frais d'enregistrement sont mis à sa charge à titre de dommages-intérêts (Req. 13 juill. 1870, aff. Bisson, D. P. 71. 1. 350); — 4° Que la condamnation aux dépens ne comprend pas les droits d'enregistrement des actes produits contre la partie condamnée, si la partie adverse n'y a formellement conclu; que, spécialement, la partie qui a payé un double droit pour production en justice d'actes non enregistrés (une donation dans l'espèce), et qui n'a pas formellement conclu à ce que ce double droit fût compris dans les dépens, ne peut l'y faire entrer, alors même qu'elle gagnerait son procès, et doit le supporter personnellement et définitivement (Caen, 16 déc. 1872, aff. Lalouel de Sourdeval, D. P. 76. 2. 197); — 5° Que les droits d'enregistrement des actes produits au cours d'une instance ne font point partie des dépens; qu'en conséquence, la partie qui succombe ne peut y être condamnée qu'à titre de dommages-intérêts, en vertu de là convention ou de la loi et par une disposition motivée (Civ. cass. 23 juill. 1879, aff. Gay, D. P. 79. 1. 480).

**91.** La question est plus délicate lorsqu'il n'y a ni convention entre les parties, ni mention dans le jugement.

S'il s'agit d'actes que les lois fiscales prescrivent de présenter à l'enregistrement quand même ils ne seraient pas produits en justice, les droits perçus ne sont pas compris dans les dépens. Les dépens, en effet, ne doivent comprendre que les frais que le procès a rendus nécessaires, et non ceux qui auraient dû être faits alors même que le procès ne serait pas né. Cette solution est adoptée généralement par les auteurs et consacrée par la jurisprudence. « S'agit-il, dit M. Garsonnet, *op. cit.*, t. 3, p. 363, n° 497, d'actes qui sont soumis par eux-mêmes à l'enregistrement, et qui devraient y être présentés dans un certain délai et sous les peines portées par la loi, quand même le procès n'eût pas existé? Tels sont les actes notariés, les testaments déposés chez les notaires, et les actes sous-seing privé qui portent transmission de propriété, d'usufruit ou de jouissance de biens immeubles; telles sont aussi les mutations verbales de ces mêmes droits dont l'enregistrement doit être fait dans les mêmes délais et sous la même peine, au moyen de déclarations détaillées et estimatives. Dans ce cas le montant des droits d'enregistrement n'est pas compris dans les dépens, et reste, quoiqu'il arrive, à la charge de la partie qui a produit l'acte; les dépens ne comprennent, en effet, que les déboursés que le procès a rendus nécessaires, et, si les droits d'enregistrement ont été payés dans l'espèce, ce n'est pas le procès qui en est cause : ils étaient exigibles par le seul fait de l'existence de l'acte, et le redevable ne pouvait s'y soustraire sans encourir l'amende édictée par la loi fiscale. L'arrêt de la cour de cassation du 13 févr. 1872 (D. P. 72. 1. 166), qui a fixé en ce sens la jurisprudence jusqu'alors incertaine, distingue, dans ses motifs, les perceptions dont le jugement est la cause génératrice et celles dont il n'est que la cause occasionnelle : les premières, c'est-à-dire les droits d'enregistrement perçus sur le jugement, seront payés par la partie qui succombe ; les autres, c'est-à-dire les droits d'enregistrement perçus sur les actes qui ont été versés au procès, mais qu'il eût fallu faire enregistrer quand même, sont supportés par la partie qui les a produits. Il en sera de même, à plus forte raison, du double droit qu'elle devra payer pour n'avoir pas présenté ces actes à l'enregistrement dans le délai prescrit par la loi » (V. en ce sens Bioche, *op. cit.*, v° *Dépens*, n° 16). — Il a été jugé, conformément à cette théorie : 1° que la condamnation aux dépens prononcée contre la partie perdante ne comprend que le coût des actes de procédure prescrits ou autorisés par la loi, et non l'enregistrement des actes produits en justice et qui devaient être enregistrés alors même qu'ils n'auraient pas été produits en justice, spécialement d'un acte de vente (Civ. cass. 17 déc. 1872, aff. Veuve Tandon, D. P. 73. 1. 154). — Jugé toutefois que l'arrêt qui, interprétant une précédente décision portant condamnation d'une partie aux dépens purement et simplement, déclare que cette condamnation comprend les droits d'enregistrement d'un acte sous seing privé produit par la partie adverse, ne viole ni la chose jugée, ni aucune loi... alors surtout que l'acte produit constate une transmission de propriété immobilière et que les droits d'enregistrement perçus se trouvent à la charge de la partie qui devait les supporter, d'après les règles établies par la loi fiscale (Req. 8 avr. 1873, aff. Guesné, D. P. 74. 1. 260). Que l'arrêt ait entendu ou non les comprendre dans les dépens, les droits d'enregistrement devaient être supportés par la partie perdante, en vertu de l'art. 31 de la loi de frimaire an 7. En fait, la solution ne présente donc aucun intérêt ; mais en droit elle est critiquable. La première décision portant condamnation aux dépens purement et simplement, l'arrêt interprétatif ne pouvait décider qu'elle comprenait les droits d'enregistrement des actes produits par l'adversaire. Une condamnation spéciale à titre de dommages-intérêts était nécessaire. La cour devait se borner à dire qu'elle n'avait pas eu à statuer sur ce point, les droits se trouvant mis, par la loi fiscale, à la charge de la partie condamnée aux frais. — Contrairement à la théorie que nous avons exposée, et qui est consacrée par les arrêts précités, il a été jugé que la condamnation aux dépens comprend le double droit d'enregistrement d'un acte de vente sous seing privé dont la mention dans le jugement a été nécessitée par l'injuste résistance de la partie condamnée (Agen, 31 août 1871, aff. Veuve Brun, D. P. 73. 2. 83). Dans notre opinion, une condamnation expresse à titre de dommages-intérêts était nécessaire.

**92.** Il a été jugé que le droit proportionnel de donation auquel un don manuel, après avoir été dissimulé dans le contrat de mariage du donataire, a été assujetti au cours d'un procès intenté par un tiers, et rendu inévitable par cette dissimulation même, ne peut être mis, soit à titre de dépens, soit à titre de dommages-intérêts, à la charge du demandeur, alors même que la réclamation de celui-ci serait rejetée (Rouen, 17 janv. 1878, aff. Frémont, D. P. 78. 2. 259). Dans le but unique de se soustraire au droit proportionnel, la partie gagnante avait assigné, dans son contrat de mariage, une fausse origine à son trousseau en indiquant qu'il ne provenait pas de donation. Cette dissimulation avait donné lieu au procès qu'elle rendait en quelque sorte inévitable. Le procès ayant amené la perception du droit qui aurait dû être payé sur le contrat de mariage, si la vérité y avait été respectée, et la partie adverse ayant été déboutée de sa demande en rapport, uniquement par le motif qu'elle n'établissait pas d'où provenait la libéralité, il était juste de laisser à la charge de la partie gagnante un droit qui lui incombait personnellement d'après la loi fiscale, et de ne pas le faire

supporter, à titre de dommages-intérêts, par l'adversaire qui n'avait commis aucune faute.

**93.** S'il s'agit d'actes qui ne sont pas soumis par eux-mêmes à l'enregistrement, qui n'ont dû être enregistrés que parce qu'il a fallu les produire en justice, plusieurs auteurs estiment que les droits perçus en pareil cas doivent être supportés par la partie qui succombe. Elle doit payer tous les frais que le procès a rendus nécessaires et qui n'eussent pas été faits sans lui ; or la partie qui a dû faire enregistrer les actes en question s'en fût abstenue sans le procès qu'on l'a forcée d'intenter ou de soutenir ; les dépens qui lui sont adjugés doivent donc comprendre cette perception dont le procès est la cause génératrice (Garsonnet, *op. cit.*, t. 3, n° 497, p. 364 ; Rousseau et Laisney, *op. cit.*, v° *Dépens*, n° 81 ; V. *suprà*, v° *Enregistrement*, n° 2936 ; *Rép.* eod. v°, n° 5128). Il a été jugé en ce sens que les droits d'enregistrement des pièces produites en justice par un plaideur à l'appui de sa demande doivent être comprises dans les dépens et mis à la charge de la partie qui succombe, s'il s'agit de pièces qui ne sont pas sujettes par elles-mêmes à la formalité de l'enregistrement ; le débiteur est d'autant moins fondé à se refuser au payement de ces droits, qu'aux termes de l'art. 31 de la loi du 22 frim. an 7, ce sont les débiteurs qui doivent supporter les droits des actes emportant obligation (Paris, 17 mai 1889, aff. Société du Crédit industriel, D. P. 91. 3. 102. V. aussi Agen, 31 août 1871, aff. Veuve Brun, D. P. 73. 2. 83).

La jurisprudence la plus récente ne fait aucune distinction et décide que les droits d'enregistrement des actes produits au cours d'une instance, quels qu'ils soient, ne font point partie des dépens ; que la partie qui succombe ne peut y être condamnée, qu'à titre de dommages-intérêts. MM. Boitard, Colmet Daage et Glasson approuvent cette solution. « En règle générale, disent ces auteurs, les dépens d'un procès ne comprennent que le coût des actes de procédure exigés ou autorisés par la loi ; on ne saurait y ajouter, pour mettre à la charge de la partie qui y est étrangère, et à qui on les oppose, l'enregistrement d'actes invoqués par la partie adverse, à moins qu'il ne soit déclaré par les tribunaux qu'il y a eu fraude, faute ou mauvaise foi à dénier l'existence ou la portée desdits actes, auquel cas la condamnation serait fondée, non sur l'application de l'art. 130 c. proc. civ., mais sur celle de l'art. 1382 c. civ. ». Conformément à cette théorie, qui nous paraît exacte, il a été jugé : 1° que la condamnation aux dépens ne comprend pas les droits d'enregistrement des actes produits contre la partie condamnée, lorsqu'ils sont étrangers à cette partie, à moins que, les dépens n'aient été prononcés à titre de dommages-intérêts (Civ. cass. 3 mars 1863, aff. Topino et autres, D. P. 63. 1. 375 ; 3 févr. 1873) (1) ; — 2° Que les droits proportionnels d'obligation et de cautionnement perçus par l'administration de l'Enregistrement sur le jugement qui constate la réalisation d'une ouverture de crédit, devant être supportés par l'emprunteur ou par les cautions, ne peuvent être mis à la charge de celui-ci, ne peuvent être mis à la charge du banquier créditeur qui sanctionne ses prétentions et qui est condamné aux dépens de l'instance, si ce n'est à titre de dommages-intérêts (Civ. cass. 13 févr. 1872, aff. Lafontaine et Lagard, D. P. 72. 1. 166) ; — 3° Que le demandeur qui fonde sa demande sur un titre non enregistré, par exemple, un acte de vente d'objets mobiliers, tenu de soumettre cet acte à l'enregistrement avant de le produire en justice ; qu'en conséquence, lorsque sa négligence à remplir cette formalité a entraîné la perception d'un double droit, le payement de ce double droit doit rester à sa charge, encore bien que la cour ait condamné aux frais d'appel le défendeur déjà condamné aux frais de première instance, et

(1) (Robin C. Beauvallet, Foulon et Gaigé.) LA COUR ; — ... Sur le troisième moyen : — Vu l'art. 31 de la loi du 22 frim. an 7, l'art 130 c. proc. civ. et l'art. 7 de la loi du 20 avr. 1810 ; — Attendu que parmi les actes dont l'enregistrement a été mis à la charge des époux Robin et de René Vincent, comme faisant partie des frais, figure l'acte du 13 juin 1859, contenant vente par Vincent père, au profit de Gaigé, dont l'enregistrement était, aux termes de l'art. 31 de la loi du 22 frim. an 7, à la charge du nouveau possesseur et du locataire ; — Que ces droits d'enregistrement ne pouvaient faire partie des dépens d'instance dont s'occupe l'art. 130 c. proc. civ. qui ne comprennent en général que les actes de procédure prescrits ou autorisés par la loi ; —

Qu'ils n'auraient donc pu être mis à la charge des demandeurs en cassation qu'à titre de dommages-intérêts, mais qu'en ce cas, la condamnation devait être motivée ; — Qu'il suit de là qu'en comprenant les frais d'enregistrement de cet acte, sans donner des motifs à sa décision, dans les dépens de l'instance auxquels les époux Robin ont été condamnés, l'arrêt attaqué a faussement appliqué l'art 130 c. proc. civ. et violé les dispositions des articles susvisés ; — Par ces motifs, casse dans la partie relative aux dépens.

Du 3 févr. 1873.-Ch. civ.-MM. Laborie, pr.-Greffier, rap.-Blanche, 1er av. gén., (c. conf.-Sabatier, Bosviel et Renault-Morlière, av.

que le double droit n'ait été perçu qu'en appel (Aix, 17 mars 1874, aff. Associad frères, D. P. 75. 2. 32) ; — 4° Que la partie qui succombe peut être condamnée au payement des frais de timbre, enregistrement et amende relatifs à des pièces non enregistrées produites en justice par son adversaire (un mémoire dans l'espèce) si cette condamnation est prononcée à titre de dommages-intérêts et non en vertu du seul art. 130 c. proc. civ. (Req. 16 juin 1875, aff. Allemandi, D. P. 77. 1. 184. V. en ce sens Rouen, 17 janv. 1878, aff. Frémont, D. P. 78. 2. 259 ; Civ. cass. 23 juill. 1879, aff. B. Gay, D. P. 79. 1. 480 ; Req. 29 janv. 1883, aff. Estrade, D. P. 85. 1. 363 ; 8 févr. 1886, aff. Fournier et consorts, D. P. 87. 1. 22).

**94.** Il a été jugé que le tribunal peut comprendre parmi les frais mis à la charge de l'acquéreur d'un fonds de commerce dont la cession a été annulée par application de l'art. 446 c. com., l'enregistrement de l'acte antérieur de vente invoqué par lui comme constituant à son profit le droit à la jouissance des lieux (Req. 6 avr. 1875, aff. Noël, D. P. 76. 1. 37). L'enregistrement de l'acte, aux termes de l'art. 31 de la loi de frimaire an 7, devait être supporté par l'acquéreur. Il n'eût pu être mis à la charge de son adversaire qu'à titre de dommages-intérêts.

**95.** Il est loisible au tribunal de faire entrer dans les dépens les frais des actes antérieurs à l'engagement de l'instance, comme les sommations, les commandements, les offres réelles (Garsonnet, op. cit., t. 3, p. 362, n° 497; Bioche, op. cit., v° Dépens, n° 33; Boitard, Colmet-Daâge et Glasson, op. cit., t. 1, n° 274, p. 276).

**96.** Les juges statuant sur une affaire ne peuvent, en principe, condamner aux dépens d'une autre instance. Les dépens sont, à un certain point de vue, un accessoire de la condamnation principale : la condamnation aux dépens ne peut donc pas être prononcée séparément et par un jugement relatif à une autre instance, à moins qu'elle ne soit allouée à titre de dommages-intérêts. Dans ce dernier cas, elle a lieu par application des art. 1382 et suiv. c. civ., et non plus en exécution de l'art. 130 c. proc. civ. Il a été jugé : 1° que la condamnation aux dépens prononcée par le juge civil devant lequel est renvoyée une question préjudicielle de propriété, doit être réputée ne comprendre que les dépens faits devant ce juge, et non ceux faits devant le tribunal de répression qui a conservé la connaissance de l'action à propos de laquelle l'exception de propriété avait été soulevée (Req. 2 janv. 1856, aff. Robain, D. P. 56. 1. 88); — 2° Qu'un arrêt ne peut comprendre dans la condamnation aux dépens des frais concernant des instances étrangères à celle sur laquelle il statue, qu'à la condition de le faire expressément à titre de dommages-intérêts (Civ. cass. 4 mars 1873, aff. Héritiers S., D. P. 73. 1. 56).

**97.** Les frais frustratoires n'entrent pas en taxe. L'appréciation du caractère frustratoire des frais relève du pouvoir discrétionnaire des tribunaux (Garsonnet, op. cit., t. 3, p. 362, n° 496, note 10; Rennes, 3 juill. 1874, aff. Commune de Saint-Julien-de-Concelles, D. P. 77. 1. 125; Grenoble, 27 mars 1876, aff. Champlaux, D. P. 78. 2. 228). Les faux frais, les consultations d'avocats, les voyages extra-légaux, ne figurent pas non plus dans les dépenses que la partie perdante doit supporter (Rép. n° 210; Rousseau et Laisney, op. cit., v° Dépens, n°s 80 et 95; Bioche, op. cit., v° Dépens, n°s 4 et suiv.).

**98.** Toutefois, si les dépens d'un procès ne comprennent pas, en principe, toutes les sommes déboursées par chaque partie pour la poursuite ou la défense de ses droits, mais seulement le coût des actes de procédure et les honoraires des officiers ministériels, le tout conformément au tarif, il est permis, néanmoins, au juge d'allouer à la partie qui a gagné son procès une somme d'argent représentant, à titre de dommages-intérêts, les faux frais qu'elle a dû faire; mais il faut pour cela que la partie adverse ait, par son esprit de chicane et sa résistance injuste, rendu le procès nécessaire ou l'ait fait traîner en longueur (Rép. v° Responsabilité, n°s 112 et 459). « Les dommages-intérêts, dit M. Garsonnet, op. cit., t. 3, n° 396, p. 360, peuvent comprendre, mais seulement en vertu de conclusions formelles de l'autre partie et d'une disposition expresse et motivée du jugement, tout ce que le procès a coûté à cette partie, c'est-à-dire tous les frais qu'elle a faits à seule fin d'assurer, autant qu'il était en elle, le succès de sa cause :

honoraires de son avoué, de son avocat ou de son agréé, frais de déplacement et de séjour au siège du tribunal, frais de copie ou d'impression de mémoires, honoraires de consultation, rémunération des dessinateurs, géomètres et architectes qui ont dessiné les objets ou dressé le plan des immeubles litigieux » (V. en ce sens, Bioche, op. cit., v° Dépens, n° 53). Il a été jugé que la partie qui succombe peut être condamnée à payer non seulement les frais de l'instance, mais aussi des dommages-intérêts, si, par ses agissements injustes, elle a occasionné à son adversaire des dépenses considérables et exceptionnelles (Req. 31 janv. 1876, aff. Ville de Chambéry, D. P. 77. 1. 230).

**99.** Lorsqu'un arrêt condamne aux dépens, cette condamnation comprend les dépens de première instance comme ceux d'appel (Rép. n° 109; Rousseau et Laisney, op. cit., v° Frais et dépens, n° 79).

Il a été jugé que lorsqu'une cour, après avoir donné acte du désistement d'une des parties, condamne l'autre à supporter pour moitié « les dépens de première instance et d'appel », on ne peut pas considérer comme compris dans les dépens dont il doit être fait masse, les dépens faits sur l'appel dont il y a eu désistement (Civ. rej. 23 févr. 1874, aff. Verdat du Tremblay, D. P. 74. 1. 389). Les frais du désistement d'appel sont à la charge de l'appelant, et ils comprennent, avec les frais de l'appel, le coût de l'acte de désistement, et même le coût de l'arrêt qui en a donné acte à l'opposant. Appelée à apprécier les termes si généraux de l'arrêt attaqué, la chambre civile leur a donné l'interprétation la plus favorable et la plus juridique : elle a admis que l'intention des juges du fond avait dû être de respecter les principes de l'art. 403 c. proc. civ., alors même qu'ils s'étaient servis mal à propos d'une formule assez large et assez ambiguë pour embrasser les frais de l'appel sur lequel était survenu le désistement (Rép. v° Désistement, n°s 180 et suiv.).

**100.** Lorsque les parties sont en désaccord sur le sens et l'étendue de la condamnation aux dépens, la cour a le droit de rendre un arrêt interprétatif; ce n'est pas là statuer sur une demande nouvelle (Paris, 17 mars 1883, aff. Dreyfus frères, D. P. 84. 2. 69. V. en ce sens : Req. 8 avr. 1873, aff. Guesné, D. P. 74. 1. 260. V. aussi, supra, v° Chose jugée, n°s 342 et suiv.; Rép. eod. v°, n°s 356).

SECT. 2. — DISTRACTION DES DÉPENS (Rép. n°s 119 à 150).

**101.** On a émis au Rép. n° 122 l'opinion que la distraction des dépens constitue un transport, tout en faisant remarquer qu'elle n'en a pas tous les caractères et est gouvernée par certaines règles spéciales. Malgré la distraction, notamment, la partie gagnante reste engagée envers son avoué, et en même temps demeure créancière de la partie condamnée. V. dans le même sens : Boitard, op. cit., t. 1, n° 280, p. 287; Bioche, op. cit., v° Dépens, n° 201. M. Glasson se prononce en sens contraire : « La distraction des dépens, dit cet auteur (sur Boitard, et Colmet-Daâge, op. cit., t. 1, n° 280, p. 288, note 1) est, non pas un transport de créance, mais un bénéfice de la nature de la saisie-arrêt avec privilège au profit de l'avoué considéré comme premier saisissant. Dans notre ancien droit, la saisie-arrêt créait un privilège au profit du premier saisissant (art. 178 de la coutume de Paris), et à cette époque, la distraction des dépens, imaginée par la pratique, donnait au procureur précisément l'avantage d'être premier saisissant. Aujourd'hui elle produit encore cet effet et, de plus, donne un privilège spécial, que n'a plus, dans les autres cas, le premier saisissant. Sans doute ce privilège n'est pas compris dans l'énumération du code civil, mais celui-ci n'a pas l'intention de les indiquer tous. Il faut bien admettre l'existence d'un privilège, si la distraction en a la nature; or on ne peut lui faire produire les effets que la loi a voulu lui attribuer, qu'en lui connaissant cette nature. Si l'on admet l'idée d'un transport de créance, comment se fait-il qu'il ne soit soumis à aucun droit de mutation? De même, avec la solution de Boitard, le gagnant ne reste évidemment pas créancier du perdant du chef des dépens, tandis qu'il conserve cette qualité si l'on voit dans la distraction des dépens une saisie-arrêt avec privilège, comme l'a décidé la cour de Paris par arrêt du 26 avr. 1872. De même encore, dans notre système, l'avoué ne profite pas des accessoires de la créance du gagnant. Enfin, l'avoué n'a action contre le perdant que pendant deux ans comme contre le gagnant, si la distraction n'opère pas transport de créance; dans le cas contraire, il a action contre le perdant pendant trente ans, quoique contre son propre client il ne puisse agir que pendant deux ans, ce qui constitue une anomalie choquante. Ce sont ces conséquences parfois étranges du système de Boitard qui nous décident à le repousser ».

Cette doctrine est combattue par M. Garsonnet : « Je conçois, dit cet auteur, op. cit., t. 3, n° 503, p. 380, note 19. qu'on voie dans l'art. 133 une application des principes de la saisie-arrêt, mais je n'admets pas qu'elle confère à l'avoué un privilège. C'est impossible aujourd'hui que la saisie-arrêt ne confère plus de privilège au premier saisissant. D'ailleurs, à quoi bon insister sur ce point que l'avoué distractionnaire a un privilège à l'encontre des autres créanciers de sa partie? Il en est de même de l'avoué qui n'a pas obtenu la distraction des dépens, et ce n'est pas en cela que consiste l'utilité de « cette mesure ». On considère ajoute le même auteur, op. cit., t. 3, p. 378, n° 503, la distraction comme une cession forcée. L'avoué est saisi de la créance par le seul effet du jugement quand même la cession n'aurait été ni signifiée au perdant, ni acceptée par lui; on présume son acceptation puisqu'il n'a pas le droit de la refuser et il perd aussi, ipso facto, le droit d'opposer à l'avoué les causes de compensation qu'il eût pu, avant le jugement, faire valoir contre le gagnant. Cette explication se heurte à deux objections : 1° elle ne concorde pas avec l'art. 133, car celui qui cède sa créance n'en garantit, sauf convention contraire, que l'existence au moment de la cession, au lieu que l'art. 133 autorise l'avoué à recourir contre le gagnant dès qu'il y a intérêt, dès que, par exemple, le perdant est insolvable; 2° si le gagnant était réputé avoir cédé sa créance contre le perdant il n'aurait plus d'action contre lui, eût-il remboursé à son propre avoué les frais par lui faits, résultat inacceptable et qui n'aboutit à rien moins qu'à laisser les frais du procès à la charge de celui qui l'a gagné. La distraction des dépens ne peut s'analyser, suivant moi, que dans l'une des trois opérations : 1° une délégation imparfaite par laquelle le gagnant est censé donner pour débiteur à son avoué son propre débiteur le perdant ; 2° une saisie-arrêt que l'avoué est censé pratiquer aux mains de dernier sur les sommes dues par celui-ci à son client ; 3° une action directe que l'art. 133 confère à l'avoué contre le débiteur de son débiteur, pour le soustraire à l'application périlleuse, à certains égards, de l'art. 1166 c. civ. On peut hésiter entre ces trois points de vue, le dernier me paraît le plus exact, mais, lors même qu'on s'arrêterait à l'un des deux autres, on va voir que les avantages essentiels de la distraction des dépens seraient assurés ».

**102.** La distraction n'est accordée qu'aux avoués. Ce privilège ne peut être étendu à d'autres officiers ministériels, par exemple aux huissiers (Rép. n° 129 ; Bioche, op. cit., v° Dépens, n° 247 ; Rousseau et Laisney, op. cit., v° Dépens, n° 115).

**103.** La demande en distraction peut être faite verbalement à l'audience. L'usage de la former immédiatement après la prononciation du jugement est suivi dans un grand nombre de tribunaux (Bioche, op. cit., v° Dépens, n° 208). On a émis au Rép. n° 125, l'opinion que l'avoué ne pourrait se borner à demander la distraction dans les actes de la procédure, que la demande en distraction dans des conclusions serait insuffisant, qu'il faut la renouveler à l'audience. « L'avoué, disent MM. Rousseau et Laisney, op. cit., v° Dépens, n° 105, ne peut obtenir ce privilège (la distraction des dépens), qu'en la demandant régulièrement au moment du jugement, c'est-à-dire, en affirmant aussitôt après le prononcé de la décision avoir fait l'avance des frais. Il n'est pas indispensable d'ailleurs que cette demande soit formulée avant le jugement ». MM. Boitard, Colmet-Daâge et Glasson, (op. cit., t. 1, p. 291, n° 282) exigent que la distraction des dépens soit demandée dans les conclusions posées par les avoués sur le bureau du tribunal. — La jurisprudence, on l'a indiqué au Rép. n° 127, et la plupart des auteurs interprètent l'art. 133 c. proc. civ. d'une façon très large. Ainsi ils admettent : 1° que l'affirmation peut précéder le jugement (Garsonnet, op. cit., t. 3, p. 202 ; Bioche, op. cit., v° Dépens, n° 217) ; — 2° Qu'il n'est pas nécessaire qu'elle ait lieu au moment même du jugement. Le tribunal peut ordonner la distraction des dépens à la charge de l'affirmation à faire ultérieurement (Bioche, op. cit., v° Dépens, n° 216 ; Garsonnet, op. cit., t. 3, p. 202 ; Rép. n° 127) ; — 3° Que l'affirmation même n'est pas requise à peine de nullité (Bioche, op. cit., v° Dépens, n° 218 ; Garsonnet, op. cit., t. 3, p. 202) — ; 4° Qu'il est inutile d'en faire mention dans le jugement (Rousseau et Laisney, op. cit., v° Dépens, n° 117 ; le Garsonnet, op. cit., t. 3, p. 203; Bioche, op. cit., v° Dépens, n° 218). — La loi n'exige pas que l'affirmation ait lieu sous serment (Rép. n° 130 ; Bioche, op. cit., v° Dépens, n° 214 ; Garsonnet, op. cit., t. 3, p. 202 ; Rousseau et Laisney, op. cit., v° Dépens, n° 116).

**104.** La distraction peut être demandée, en l'absence de l'avoué, par un autre avoué ou par l'avocat de la partie (V. en ce sens Bioche, op. cit., v° Dépens, n° 210 ; Garsonnet, op. cit., t. 3, p. 202).

**105.** La distraction des dépens ne peut être accordée que par le jugement qui les adjuge (Garsonnet, op. cit., t. 3, n° 458, p. 203 ; Bioche, op. cit., v° Dépens, n° 221). Elle embrasse tous les dépens adjugés à la partie qui a obtenu gain de cause. Il a été jugé, on l'a dit au Rép. n° 132, en ce qui concerne les frais qui ne sont pas encore faits, et, par exemple, les frais du jugement ou de l'arrêt (c'est-à-dire l'enregistrement, l'expédition et la signification, lesquels sont postérieurs à la condamnation principale), que l'avoué a le droit de demander ultérieurement sur requête la distraction du coût du jugement et frais postérieurs. Mais la jurisprudence et les auteurs estiment que la distraction est réputée comprendre même les frais occasionnés par la levée, l'enregistrement et la signification du jugement, actes qui sont le complément indispensable de ce jugement. On peut seulement exiger de l'avoué une nouvelle affirmation (Bioche, op. cit., v° Dépens, n° 224 ; Garsonnet, op. cit., t. 3, n° 506, p. 384).

**106.** Lorsque l'avoué de première instance a fait devant les premiers juges l'affirmation prescrite par l'art. 133 c. proc. civ., mais sans obtenir de distraction, parce que son client a succombé, l'avoué d'appel qui affirme, à son tour, avoir remboursé au premier le montant des frais dont l'avance a été ainsi établie, peut faire étendre la distraction prononcée à son profit par suite d'infirmation, même à ces frais, auxquels la partie adverse est condamnée pour la première fois. La cour aurait le droit de prononcer la distraction au profit de l'avoué de première instance, en présence de son affirmation ; elle pourrait l'autoriser à la faire devant le tribunal qui a rendu le jugement, si elle n'avait pas encore eu lieu (Rép. n° 127; Rousseau et Laisney, op. cit., v° Dépens, n° 108). Elle a également le pouvoir d'accorder la distraction des mêmes dépens à l'avoué d'appel (Rép. n° 134). — Il a été jugé que l'avoué à l'appel n'a pas droit à la distraction des dépens de première instance auxquels l'arrêt, en infirmant la décision frappée d'appel, a, pour la première fois, condamné la partie adverse envers son client, encore qu'il affirme les avoir remboursés à l'avoué de première instance, lorsque ce dernier a négligé de faire lui-même, devant le tribunal, l'affirmation qu'il en a fait les avances ; l'affirmation de l'avoué d'appel ne peut suppléer à celle qui était exigée de l'avoué de première instance (Montpellier, 11 mai 1869, aff. Rouanet, D. P. 70. 2. 73). La cour a refusé la distraction des dépens parce que celui de première instance ne s'était pas conformé à l'art. 133, et ne demandait même pas à s'y conformer. Elle a estimé que la déclaration de l'avoué d'appel qu'il avait remboursé les frais à l'avoué de première instance, ne pouvait équivaloir à cette formalité. Cette solution approuvée par MM. Boitard, Colmet-Daâge et Glasson, op. cit., t. 1, n° 281, p. 290, nous paraît peu en harmonie avec l'interprétation si large qu'a l'art. 133 c. proc. civ. reçoit de la jurisprudence (V. Dutruc op. cit., v° Frais et dépens, n° 138).

**107.** La distraction des dépens peut-elle être demandée en cas de désistement, lorsque le désistement est constaté par jugement (Rép. n° 148). Dans le cas contraire, la distraction est-elle possible? M. Garsonnet, op. cit., t. 3, n° 506, p. 384, note 2, soutient, avec raison, croyons-nous, que la distraction des dépens ne pouvant être accordée que par un jugement qui condamne, la distraction est impossible en cas d'acquiescement ou de désistement non constaté par jugement, le cas de fraude excepté. Plusieurs arrêts de cour d'appel ont posé, au contraire, en principe que l'avoué a droit à la distraction des dépens nonobstant l'acquiescement de la partie adverse à la demande ou son désistement (Besançon, 23 févr. 1872, aff. Rochey, D. P. 73. 5. 274. V. aussi Trib. civ. de la Seine, 10 janv. et 24 févr. 1873, cités par Dutruc, *op. cit.*, v° *Frais et dépens*, n° 133). — Comment l'obtiendra-t-il? Suivant une opinion, l'avoué; lorsque le demandeur qui s'est désisté n'a pas immédiatement payé les frais de l'instance sur la présentation du mémoire, a le droit d'obtenir en justice, pour son client, acte du désistement avec condamnation de dépens, et pour lui personnellement la distraction de ces dépens (Dutruc, *op. cit.*, v° *Frais et dépens*, n° 133 ; Rousseau et Laisney, *op. cit.*, v° *Dépens*, n° 110). Suivant M. Bioche, *op. cit.*, v° *Désistement*, n° 87, et Rivoire, *Dictionnaire raisonné du tarifs des frais et dépens*, v° *Désistement*, n° 8, c'est par l'ordonnance du président rendant la taxe exécutoire, que la distraction des dépens doit être prononcée en cas de désistement. « S'il fallait opter entre ces deux modes de procéder, disent MM. Boucher d'Argis et Sorel, *Nouveau dictionnaire raisonné de la taxe en matière civile*, 3e éd., v° *Distraction de dépens*, p. 220, nous n'hésiterions pas à donner la préférence au second, comme plus simple et plus économique ; mais nous croyons que tous deux doivent être rejetés comme contraires, le second, à l'art. 133, par la raison que, d'après cet article, la distraction des dépens, qui est une véritable condamnation rendue au profit de l'avoué ; ne peut être prononcée que par jugement, et, conséquemment, par le tribunal tout entier et non par une simple ordonnance du président ; le premier, aux art. 402 et 403, parce qu'il autoriserait les avoués à subordonner l'acceptation des désistements au payement immédiat de leurs frais sur la simple représentation de leurs mémoires ; ce serait priver, par suite, la partie du droit de demander la taxe de ces frais, et tromper la prévoyance du législateur qui, dans la vue de diminuer les frais, a voulu que les désistements fussent donnés et acceptés par un simple acte d'avoué à avoué. Nous ne contesterons pas que, par l'effet du désistement, l'avoué est privé du bénéfice de la distraction, mais la partie use de son droit; l'avoué doit en subir les conséquences ».

**108.** La distraction ne peut avoir lieu en cas de transaction. Il en serait différemment, ainsi que le fait remarquer M. Garsonnet, *op. cit.*, t. 3, p. 384, n° 506, note 2, en cas de fraude. L'avoué aurait le droit de prouver que les parties, qui n'étaient nullement d'accord sur le fond du procès, ont simulé une transaction pour empêcher la distraction; la prétendue transaction serait annulée quant à lui et la distraction prononcée (V. en ce sens Bioche, *op. cit.*, v° *Dépens*, n° 242).

**109.** Dans les procédures d'ordre, les avoués ont le droit, comme dans les instances ordinaires, de demander la distraction des frais qu'ils ont avancés. La jurisprudence décide même que l'avoué qui représente la masse des créanciers postérieurs aux collocations contestées, n'a pas besoin de la déclaration. Cette demande n'est exigée de l'avoué que lorsqu'il assiste son client, et non lorsqu'il en est le représentant légal. Il a été jugé : 1° que l'avoué qui a fait l'avance du coût de l'extrait des inscriptions et dénonciations aux créanciers inscrits dont l'acquéreur peut, aux termes de l'art. 777 c. proc. civ., obtenir la collocation dans l'ordre, doit en obtenir la distraction : l'art. 133 c. proc. civ. ne s'applique pas seulement aux dépens engagés dans un débat judiciaire (Civ. cass. 30 nov. 1852, aff. Capin, D. P. 52. 1. 327) ; — 2° Que dans les instances d'ordre, la condamnation aux dépens peut être prononcée et l'exécutoire délivré, au nom de l'avoué qui représente la masse des créanciers postérieurs aux collocations contestées, sans qu'il soit nécessaire que cet avoué ait demandé la distraction des dépens : cette demande n'est exigée de l'avoué que lorsqu'il assiste son client, et non lorsqu'il en est le représentant (Civ. rej. 6 déc. 1858, aff. Carbonnel, D. P. 59. 1. 75; V. Rousseau et Laisney, *op. cit.*, v° *Dépens*, n° 112; Garsonnet, *op. cit.*, t. 3, n° 458, p. 202).

**110.** Lorsque le tribunal a ordonné la compensation pure et simple des dépens, chacune des parties étant condamnée en ses propres frais et n'obtenant aucune condamnation contre l'autre, l'avoué n'a pas droit à la distraction (Bioche, *op. cit.*, v° *Dépens*, n° 202 ; Garsonnet, *op. cit.*, t. 3, n° 506, p. 385). — En cas de compensation partielle, lorsque, par exemple, le tribunal a ordonné qu'une partie payerait ses propres frais, plus le quart de ceux de son adversaire, l'avoué de celui-ci peut obtenir la distraction jusqu'à concurrence de ce quart. — Si les parties ont été respectivement condamnées aux dépens (le demandeur à supporter les frais du défendeur, le défendeur à supporter les frais du demandeur) la distraction peut être accordée aux avoués. Chacun d'eux fera taxer séparément la totalité de ses frais et obtiendra exécutoire pour la part à laquelle l'adversaire de son client est condamné (Bioche, *op. cit.*, v° *Dépens*, n° 202; Garsonnet, *op. cit.*, t. 3, p. 385).

**111.** Si le jugement a fait masse des dépens et a condamné chacune des parties à en payer une quote-part, la distraction peut être prononcée, puisqu'il y a condamnation. Mais quels en sont les effets? Supposons qu'il résulte de la liquidation que chacune des parties n'a dépensé qu'une somme égale à celle qui est mise à la charge de son adversaire : 1000 fr. de frais ont été faits entre les deux parties en cause ; le tribunal a ordonné qu'il en sera fait masse et que les adversaires en payeront chacun la moitié, soit 500 fr. Il est reconnu, par le résultat de la liquidation, que chacune des parties a avancé 500 fr. Elles n'ont pas d'action l'une contre l'autre. En est-il de même de leurs avoués qui ont obtenu la distraction? L'affirmative est admise par un grand nombre d'auteurs. En cas de condamnation respective des parties aux dépens, pour une quote-part, déterminée dit-on, chaque partie devient, jusqu'à concurrence de sa quote-part, débitrice directe envers l'avoué de l'autre partie de tous les frais dont cet avoué a obtenu distraction contre elle. Quant à ses propres frais, ils constituent pour elle une créance distincte qu'elle n'a pas le droit d'imputer sur sa dette, ni de compenser avec la créance de l'autre partie ; c'est à son avoué à les faire distraire de son côté, en sa faveur. Sauf le cas d'insolvabilité, les avoués rentreront ainsi dans tous leurs frais, et la condamnation aux dépens recevra sa complète exécution. « La créance des dépens dont l'avoué se fait adjuger la distraction, dit M. Bioche, *op. cit.*, v° *Dépens*, n° 202, est censée n'avoir jamais résidé qu'en sa personne et non dans celle de sa partie à qui ces dépens ont été adjugés. Il y a plus, les avances ayant été réellement faites par l'avoué et non par le client, l'avoué est le véritable créancier ; le client ne le devient qu'autant qu'il a commencé par rembourser l'avoué. La distraction consacre donc un fait réel et non une fiction. Peu importe que la partie condamnée aux dépens avec distraction au profit de l'avoué ait elle-même à exercer contre le client une créance résultant du même jugement, ayant sa cause dans une condamnation à d'autres dépens. Dans tous ces cas, la partie condamnée doit ou la totalité des dépens, ou les dépens d'une certaine procédure, ou une quotité de dépens à l'avoué, tandis que sa créance même de dépens ou de quotité de dépens est contre le client. La compensation est donc impossible. Le plaideur téméraire subit la peine dans la proportion du tort qu'il a eu. Il n'y a dans ce résultat, aucune injustice. Enfin la distraction est favorable ; elle est utile non seulement aux officiers ministériels, mais encore aux citoyens pauvres qui, sans cette ressource, se trouveraient souvent exposés à manquer de défenseurs; aussi de tous temps a-t-on écarté les obstacles qui auraient pu en empêcher les effets ». M. Garsonnet partage cette opinion. « Au moment où la distraction est prononcée, fait remarquer cet auteur, *op. cit.*, t. 3, n° 506, p. 386, les parties sont respectivement condamnées à payer une certaine portion des dépens ; lors de la liquidation, une compensation s'opère, non pas la compensation légale qui rétroagit et annule les deux dettes comme si elles n'avaient jamais existé, mais la compensation judiciaire qui n'a d'effet qu'à partir du jour où elle s'opère; et comme, à ce moment, elles ne sont plus créancières l'une de l'autre, leurs créances ayant déjà passé sur la tête de leurs avoués, la compensation n'est pas opposable à ces derniers. S'il en est autrement, en cas de compensation partielle, si *Secundus* est condamné à ses proprès frais, plus une portion de ceux de *Primus*, la partie adverse n'est tenue de payer à l'avoué distractionnaire de *Primus* que la portion des frais de ce dernier qui a été mise à sa charge, c'est qu'il n'est condamné que dans cette mesure et que la distraction des dépens ne peut dépasser le montant de la condamnation. Lors, donc que le tribunal aura fait masse des dépens, chacun des avoués distractionnaires fera taxer ses frais séparément, et obtiendra exécutoire contre la partie adverse pour la part de dépens dont elle se trouvera débitrice envers lui ». — Les principes qui servent de base à cette théorie ont été adoptés par un arrêt de la cour de Paris, du 15 déc. 1855 (aff. Boutet, D. P. 56. 2. 1), sauf une grave modification. La cour de Paris reconnaît que les avoués des parties respectivement condamnées aux dépens pour une quote-part déterminée, sont admis à réclamer la distraction des frais par eux avancés, dans les termes de l'art. 133 c. proc., sans avoir à subir de compensation entre les créances naissant de cette condamnation réciproque. Mais, dans le système de cet arrêt, la distraction est plus restreinte. Elle doit comprendre non pas une quote-part de la masse totale des dépens, mais seulement une quote-part des frais de chaque avoué. Non seulement cette distraction ne peut avoir pour objet que le remboursement des frais de celui qui la requiert, mais elle ne doit être calculée que sur ces frais, qu'elle ne saurait, dès lors, jamais embrasser en totalité. Les avoués demeurent ainsi exposés, dans une large mesure, aux dangers d'insolvabilité de leurs clients, auxquels ils seront obligés de s'adresser pour tout ce qui excédera la portion de leurs frais susceptible de distraction. En dehors de cette règle de calcul, la coexistence des créances, le refus de les compenser, et par conséquent, le droit pour les avoués d'user de l'art. 133 c. proc. civ., sont formellement consacrés dans la décision citée (V. Montpellier, 11 mai 1869, aff. Rouanet, D. P. 70. 2. 73).

Dans un second système, la distraction, lorsqu'il est fait masse des dépens dont une quote-part est mise à la charge de chacune des parties, ne peut valoir qu'en faveur de l'avoué dont la partie se trouve, après liquidation, créancière de l'autre, et seulement jusqu'à concurrence de ce dont cette partie est en avance sur son adversaire. Si donc chacune des parties a dépensé une somme égale à celle qui est mise à la charge de son adversaire, la distraction n'a plus d'objet, Il n'est pas juste, croyons-nous, de donner pour base à cette doctrine, comme l'ont fait certains auteurs (V. Boucher d'Argis et Sorel, *op. cit.*, v° *Distraction des dépens*, p. 224) la compensation qui opérerait de plein droit, les parties se trouvant par le fait de la condamnation, directement débitrices l'une envers l'autre d'une somme égale. Les dépens, ce principe nous paraît indiscutable, constituent pour l'avoué qui a obtenu distraction, une créance personnelle, à laquelle la partie condamnée ne peut opposer une compensation. Mais, lorsque le tribunal a fait masse des dépens, et a décidé qu'ils seraient supportés dans une proportion déterminée par les plaideurs (pour moitié, par exemple) quelle est la portée de la condamnation? Est-il exact de dire qu'elle fait naître au profit de chacune des parties une créance contre son adversaire, comprenant la part de dépens qu'il doit supporter? Nous ne le croyons pas. En prescrivant qu'il soit fait masse des dépens, la volonté du juge a été de nettement préciser la part des frais qui incomberont aux plaideurs. La liquidation déterminera leur situation respective et fixe leurs droits. Si l'une des parties a dépensé la somme à laquelle elle a été condamnée (la moitié des frais dans l'espèce), elle a satisfait au payement, elle ne doit rien. Son adversaire et l'avoué de celui-ci ne sauraient donc avoir une créance contre elle. Le système contraire conduit à cette conséquence inique qu'une partie peut être forcée de payer plus que ne porte la condamnation aux dépens. Si l'avoué a le droit de réclamer à la partie adverse le montant de sa part dans les frais, bien qu'elle l'eût déjà payée, elle pourra supporter en définitive la charge de tous les dépens, si son adversaire est insolvable. Ce résultat injuste ne saurait trouver sa justification dans la nécessité d'assurer aux avoués le payement de leurs avances, pour qu'ils ne refusent pas leur ministère aux plaideurs pauvres, puisque l'assistance judiciaire assure à ces derniers les moyens de défendre leurs droits. — Dans le sens de cette opinion, il a été jugé : 1° que lorsqu'un jugement a fait masse des dépens, la distraction prononcée au profit des avoués ne produit d'effet qu'autant qu'au résultat de la liquidation, l'une des parties reste créancière de l'autre (Bordeaux, 19 mars 1852) (1); — 2° Que l'arrêt qui fait masse des dépens pour être supportés, moitié par chacune des parties, et ordonne la distraction au profit de leurs avoués, ne peut donner à un avoué plus de droits que n'en a sa partie contre l'autre, de telle sorte qu'un avoué n'a, en pareil cas, d'autre créance que celle résultant du reliquat dû à sa partie, lorsque celle-ci avait fait des avances supérieures à la moitié dont elle était tenue, la compensation pour le surplus s'étant opérée par la seule force de la loi; l'avoué qui a fait des avances inférieures à cette moitié n'a de recours que contre son client qui en est seul débiteur; cet avoué prétendrait vainement qu'il a le droit de se faire rembourser par la partie adverse de la moitié de ses avances (Agen, 20 janv.1890, aff. Cons. Daspas, D. P. 90. 2. 261). — V. en ce sens, Dutruc, *op. cit.*, v° *Frais et dépens*, n° 151.

**112.** S'il résulte de la liquidation que l'une des parties a dépensé une somme plus forte que celle qui est mise à la charge de son adversaire (le mémoire du demandeur s'élève à 550 fr.; celui du défendeur à 450 fr.; le tribunal a fait masse des dépens et a ordonné que les parties en payeront chacune la moitié), l'avoué du demandeur dans le premier système que nous avons exposé, pourra agir contre le défendeur pour la somme entière de 500 fr. à laquelle celui-ci a été condamné, ou, dans la doctrine de l'arrêt de la cour de Paris, du 15 déc. 1855, pour la somme de 275 fr. Dans la seconde opinion, l'avoué du demandeur n'aurait une action contre l'adversaire que jusqu'à concurrence de 50 fr.

**113.** On a indiqué au *Rép.* n°s 137 et suiv. les effets de la distraction. Un arrêt de la cour de Paris du 26 avr. 1872 (aff. Fanu, D. P. 73. 2. 97) a posé en principe que la distraction des dépens, prononcée au profit de l'avoué de la

---

(1) (Guinchaut C. Dubourg.) — La cour ; — Attendu que le privilège accordé à l'avoué par l'art. 133 c. proc. civ., et qui consiste à faire distraire à son profit la condamnation de dépens, des autres condamnations prononcées en faveur de la partie, ne peut s'exercer que lors qu'il reste à celle-ci des dépens à recouvrer, ce qui peut n'avoir pas lieu, lorsque les parties ont chacune à se faire raison respectivement des dépens mis en masse pour en supporter la moitié; — Attendu, en fait, que, par arrêt du 27 juin 1851, rendu entre la veuve Delaurent, d'une part, et Guinchaut, de l'autre, il a été ordonné qu'il serait fait masse des dépens de cause d'appel, lesquels seront supportés moitié par l'appelant, et moitié par l'intimé; — Que, par l'effet de cette disposition, la veuve Delaurent est devenue créancière envers Guinchaut de la demie des frais par elle faits, et débitrice de la demie des frais que Guinchaut a payés; — Qu'au même instant, il s'est opéré compensation à due concurrence; — Qu'à cette compensation que la loi elle-même a faite, qui est de plein droit, ne peut faire obstacle la partie de l'arrêt précité, statuant qu'il *fait distraction, au profit de Me Dubourg, de la portion de dépens ci-dessus alloués*; — Attendu qu'une semblable disposition était éventuelle, subordonnée au cas où il serait dû à la veuve Delaurent plus qu'elle ne devrait elle-même, et pour la différence; mais que le contraire est reconnu et a été constaté; d'où il suit qu'il n'y avait pas lieu à la délivrance d'un exécutoire en faveur de Me Dubourg, avoué distractionnaire; — Que le but de l'art. 133 c. proc. civ., auquel il faut exclusivement s'attacher, sans remonter aux monuments de l'ancienne jurisprudence, a été de favoriser le louable zèle des avoués qui viennent en aide à des clients pauvres, en avançant les fonds nécessaires pour un procès; mais que lorsqu'il n'a été prononcé qu'une condamnation de dépens purement négative, il ne peut y avoir lieu à utiliser la distraction obtenue; — Par ces motifs, reçoit Guinchaut opposant envers l'exécutoire de dépens délivré le 6 novembre dernier à Me Dubourg, créancier de la veuve Delaurent sur l'arrêt du 27 juin précédent; dit qu'il n'y avait lieu à la délivrance dudit exécutoire; en conséquence, le déclare nul et non avenu; donne acte à Guinchaut par tant que de besoin, et suivant l'offre par lui faite dans la sommation du 28 août dernier et réitérée dans l'exécutoire qui lui a été délivré contre ladite veuve Delaurent, d'imputer sur la moitié de ses frais, la moitié de ceux de celle-ci, suivant la taxe qui en a été faite, et à ce que, par suite, ledit exécutoire soit et demeure réduit, pour les frais qui devaient être mis en masse, à la somme de 6 fr. 84 cent.; — Condamne Me Dubourg personnellement aux dépens.

Du 19 mars 1852.-C. de Bordeaux, 2e ch.-M. Pommeyrol, pr.

partie gagnante, n'enlève pas à cette dernière le droit d'en poursuivre personnellement le recouvrement. Dans l'espèce, le défendeur condamné aux dépens se refusait au payement des frais. La cour a estimé que sa résistance obstinée motivait les poursuites de saisie immobilière pratiquées à la requête du demandeur (V. en ce sens Rousseau et Laisney, *op. cit.*, v° *Dépens*, n°s 123 et 124). La proposition est difficile à admettre dans sa généralité. Dans un système qui nous semble plus rationnel, on n'autorise la partie gagnante à agir elle-même dans le cas où elle a préalablement payé son avoué, ou si l'avoué qui a obtenu la distraction des dépens n'en poursuit pas le recouvrement (V. *Rép.* n° 123 ; Dutruc, *op. cit.*, v° *Frais et dépens*, n°s 154 et suiv.). Une autre opinion refuse absolument au gagnant le droit de poursuivre lui-même le recouvrement des frais. Il ne peut employer les voies d'exécution, car il n'a pas d'exécutoire, ni faire une demande en justice, car il exposerait ainsi le perdant à payer deux fois (Garsonnet, *op. cit.*, t. 3, n° 504, p. 381). « La partie condamnée, dit M. Bioche, *op. cit.*, v° *Dépens*, n° 228, ne peut être exposée aux poursuites simultanées de deux personnes. Celui qui a obtenu gain de cause doit d'abord rembourser à l'avoué le montant de l'exécutoire, et après avoir anéanti l'effet du transport judiciaire, il agira contre le condamné. Autrement la distraction deviendrait illusoire. La délégation qui résulte, en faveur de l'avoué de la distraction prononcée à son profit, a lieu en présence de son client ; dès lors, l'avoué est à l'instant saisi de la créance, comme s'il y avait eu acceptation de transport fait par le débiteur dans un acte authentique. C'est une sorte de saisie-arrêt faite par la loi en faveur de l'avoué entre les mains de la partie condamnée ».

**114.** La partie perdante ne peut prendre les devants et payer directement les frais à l'adversaire. Si elle l'a fait, l'avoué peut exiger un nouveau payement (Bioche, *op. cit.*, v° *Dépens*, n° 227 ; Garsonnet, *op. cit.*, t. 3, p. 381).

**115.** Le gagnant ne peut céder sa créance à un tiers, au préjudice de son avoué (Bioche, *op. cit.*, v° *Dépens*, n° 229 ; Garsonnet, *op. cit.*, t. 3, n° 504, p. 381). Il a été jugé que, par l'effet de la distraction, les avoués étant les véritables créanciers des frais qu'ils réclament, la partie condamnée ne peut leur opposer aucun engagement antérieur de leurs clients, puisque la créance dont il s'agit n'a jamais résidé sur la tête de ces derniers (Paris, 15 déc. 1855, aff. Boutet, D. P. 56. 2. 1 ; Besançon, 23 févr. 1872, aff. Rochey, D. P. 73. 5. 274).

**116.** On a exposé au *Rép.* n° 138, que les dépens dont un avoué a obtenu la distraction à son profit constituent pour lui une créance personnelle contre la partie condamnée ; qu'en conséquence, celle-ci ne peut lui opposer ni compensation (à raison, par exemple, des avances par elle faites) ni saisie-arrêt. Plusieurs arrêts ont, depuis, été rendus dans le même sens (Paris, 15 déc. 1855, aff. Boutet, D. P. 56. 2. 1 ; Paris, 2 août 1860 (1) ; Besançon, 23 févr. 1872, aff. Rochey, D. P. 73. 5. 274).

Ces solutions, d'après l'opinion soutenue au *Rép.* n° 138, ne s'appliquent qu'aux sommes qui restent dues à l'avoué.

Il serait aussi irrationnel qu'injuste de décider que l'avoué au profit duquel la distraction a été prononcée a contre la partie condamnée une créance tellement personnelle qu'il puisse la contraindre à lui payer la totalité des dépens, bien qu'il ait déjà reçu des avances de son client, et, malgré la créance que le perdant pourrait avoir lui-même contre ce dernier, ou les saisies-arrêts qui auraient été pratiquées par des tiers, créanciers légitimes du gagnant. Une semblable interprétation va au delà de la volonté du législateur, qui a certainement fait assez pour l'avoué, en lui accordant, pour le payement des dépens qui lui sont dus par son client, une action soit contre celui-ci, soit contre la partie condamnée, et ce n'est qu'à l'égard de ce qui peut lui rester dû sur ces dépens qu'il semble juste d'admettre que la compensation ou des saisies-arrêts ne peuvent lui être opposées. « Si l'avoué, dit M. Garsonnet, *op. cit.*, t. 3, n° 504, p. 382, note 6, a reçu un acompte de son client, le perdant peut lui opposer la compensation jusqu'à concurrence de cet acompte ; la distraction porte sur tous les frais, même sur ceux dont l'avoué n'a encore fait l'avance ; mais ce n'est pas une raison pour qu'il réclame le montant de sommes qu'il a déjà touchées. Le perdant a donc le droit d'exiger que l'avoué représente le registre qu'il est tenu de tenir conformément à l'art. 151 du décret du 16 févr. 1807 ».

**117.** L'avoué peut requérir l'inscription de l'hypothèque judiciaire attribuée à son client par le jugement qui lui adjuge les frais (Garsonnet, *op. cit.*, t. 3, p. 382, n° 504 ; Bioche, *op. cit.*, v° *Dépens*, n° 234 ; V. *Rép.* n° 122. — *Contrà* : Glasson, sur Boitard et Colmet-Daâge, *op. cit.*, t. 1, n° 280, p. 288, note 1 ; qui estime que l'avoué ne profite pas des accessoires de la créance de gagnant).

**118.** Les effets de la distraction, on l'a dit au *Rép.* n° 123, se produisent indépendamment de la notification de l'exécutoire. Dès le jour du jugement qui la prononce, l'avoué est investi d'un droit propre auquel les parties ne peuvent porter atteinte (Bioche, *op. cit.*, n° 228 ; Garsonnet, *op. cit.*, t. 3, p. 382, n° 504).

**119.** L'action de l'avoué relative à la poursuite du payement de l'exécutoire est suspendue par l'appel du jugement qui a ordonné la distraction, et se trouve subordonnée au sort de cet appel. L'avoué, malgré l'exécutoire qu'il a obtenu, ne peut poursuivre la partie qui a succombé pendant toute la durée du délai fixé par la loi pour former appel. Mais, le pourvoi en cassation n'étant pas suspensif en matière civile, le perdant est obligé de s'exécuter et de payer les frais après l'arrêt d'appel. Si le jugement est par défaut, l'opposition arrête l'action de l'avoué, lors même qu'il n'y a pas d'appel (*Rép.* n° 140 ; Bioche, *op. cit.*, v° *Dépens*, n° 238 ; Dutruc, *op. cit.*, v° *Frais et dépens*, n° 161).

**120.** L'avoué qui a obtenu la distraction des dépens ne devient pas partie dans l'instance, lorsqu'elle n'est pas terminée ; il ne fait qu'acquérir la créance de son client, créance qui reste subordonnée au sort de la condamnation principale prononcée en faveur de celui-ci. On a indiqué au *Rép.* n°s 141 et suiv. les conséquences de cette théorie :

---

(1) (Dubray C. Joubert et Levaux.) — LA COUR ; — Considérant, en fait, qu'en exécution d'un jugement du tribunal civil de Corbeil du 4 févr. 1858, confirmé par arrêt de la cour impériale de Paris, il a été délivré à Me Joubert, avoué du sieur Dubray, exécutoire des dépens dont il avait obtenu distraction à son profit contre la femme du sieur Dubray, déclarée non recevable et mal fondée en sa demande à fin de séparation de corps contre son mari, et condamnée aux dépens, ledit exécutoire portant liquidation des dépens à la somme de 838 fr. 44 cent. ; — Qu'en exécution de l'arrêt de la cour, et à la date du 9 mars 1859, il a été délivré au profit de Me Levaux, avoué du sieur Dubray, exécutoire de dépens à son profit contre la femme Dubray, dépens qui étaient liquidés à la somme de 154 fr. ; — Et qu'en exécution d'un autre arrêt de la même cour en date du 2 avr. 1859, il a été délivré à Me Levaux, avoué dudit sieur Dubray, contre la femme Dubray un autre exécutoire de dépens liquidés à la somme de 487 fr. ; — Considérant qu'en vertu de ces exécutoires, Mes Joubert et Levaux ont poursuivi, par voie de saisie immobilière des biens propres à la femme Dubray, le recouvrement de leurs créances ; — Considérant que la femme Dubray conteste aux avoués Joubert et Levaux le droit de poursuite qu'ils exercent ; qu'elle soutient que leur créance, n'étant autre qu'une créance de son mari contre elle, ne pouvait conférer

à celui-ci le droit de poursuivre, tant que dure leur communauté ; que les avoués qui ont obtenu la distraction des dépens à leur profit ne sont que des cessionnaires, qui ne peuvent avoir plus de droit que leur cédant ; — Considérant, en droit, que, sous la législation ancienne et ainsi que l'atteste Pothier, dans son *Traité du mandat*, n° 137, il était de jurisprudence, notamment au parlement de Paris, que la créance des dépens dont les procureurs pouvaient se faire adjuger la distraction, était censée n'avoir jamais resider en leur personne et non dans celle de leur parties ; — Qu'en maintenant ce droit de distraction au profit des avoués, le législateur n'a fait que continuer les dispositions du droit ancien ; que par l'art. 133 c. proc. civ., il a rappelé les règles et les conditions sous lesquelles dans l'ancien droit la distraction pouvait être obtenue ; — Que, dès lors, il faut reconnaître que Joubert et Levaux tiennent leur droit, non d'une cession consentie volontairement par Dubray, mais de leurs fonctions et d'une disposition de loi qui, dans un intérêt d'ordre public, a voulu accorder à l'avoué qui a fait des avances pour défendre sa partie contre une créance injuste un recours assuré contre la partie adverse ; — Déclare la femme Dubray mal fondée en ses contestations, l'en déboute, ordonne la continuation des poursuites, etc.

Du 2 août 1860.-C. de Paris, 2e ch.-MM. Eug. Lamy, pr.-Puget, av. gén.-Bac et Delasalle, av.

l'avoué ne peut être mis en cause ni en appel, ni devant la cour de cassation, pour avoir à défendre une condamnation accessoire, entièrement subordonnée à une condamnation principale à laquelle il est personnellement étranger. — Il a été jugé que l'avoué au profit duquel la distraction des dépens a été prononcée ne devient pas pour cela partie dans la cause; qu'en conséquence, il ne doit pas être intimé sur l'appel du jugement qui a prononcé la distraction, lors même qu'il a fait signifier le jugement à la partie condamnée avec commandement de payer les frais (Bordeaux, 4 juin 1862, aff. Lemée C. Francillon, Rec. des arrêts de la cour, 1862, p. 310).

**121.** Si, malgré l'effet suspensif de l'appel, la partie condamnée a payé les frais à l'avoué qui en avait obtenu la distraction, ce payement est valablement fait et ne peut donner lieu à une action en répétition contre l'avoué; c'est seulement contre la partie adverse qu'un recours est ouvert (Rép. n° 141; Dutruc, op. cit., v° Frais et dépens, n° 161; Rousseau et Laisney, op. cit., v° Dépens, n° 126; Bioche, op. cit., v° Dépens, n° 244). — Une décision contraire a été rendue, en matière d'ordre, par la cour de Paris, le 9 août 1847 (V. Rép. n° 711). Elle est, avec raison, critiquée par les auteurs (V. Boucher d'Argis et Sorel, op. cit., v° Distraction de dépens, p. 223; Dutruc, op. cit., v° Frais et dépens, n°s 162 et suiv.). Il n'est pas possible, en effet, de concevoir un droit de suite sur une chose éminemment fongible, telle qu'une somme d'argent. L'avoué qui reçoit directement ses dépens en matière d'ordre étant réputé les tenir par l'intermédiaire de son client, il semble difficile d'admettre que la trace de cette valeur puisse être légalement conservée par les créanciers inscrits et autoriser, de leur part, cette revendication.

**122.** Il a été jugé que la distraction des dépens obtenue par l'avoué n'a nullement pour effet de soustraire sa créance à la prescription de deux ans édictée par l'art. 2273 c. civ. (Trib. civ. Lyon, 20 nov. 1869, aff. X..., D. P. 70. 3. 87; Rousseau et Laisney, op. cit., v° Dépens, n° 130; Conf. Rép. v° Prescription, n° 1026).

**123.** On admet généralement que l'avoué qui a obtenu distraction des dépens à son profit conserve contre son client, nonobstant la distraction, une action pour le payement de ses frais et avances. « L'avoué qui a obtenu la distraction des dépens, disent MM. Rousseau et Laisney, op. cit., v° Dépens, n° 124, n'en a pas moins toujours son client comme débiteur, et il a le droit de recourir contre ce dernier s'il ne peut parvenir à se faire payer de la partie condamnée » (V. dans le même sens, Garsonnet, op. cit., t. 3, p. 387, n° 507). — Il a été jugé que, quoique l'avoué ait obtenu la distraction des dépens et un exécutoire contre la partie condamnée, il ne cesse pas d'avoir son client pour obligé; mais en ce sens, toutefois, qu'il ne peut réclamer contre ce dernier que ce qui est le montant de l'exécutoire non frappé d'opposition, et qu'il n'est pas fondé à ajouter à sa demande les sommes que le juge taxateur a retranchées (Rennes, 28 mars 1851, aff. M° N..., D. P. 52.2.253). La dernière partie de cette décision ne nous paraît pas exacte. L'avoué peut avoir fait des travaux et démarches extraordinaires, dont la répétition ne peut avoir lieu que contre son client, et qu'il a fait figurer à tort dans l'état de frais qu'il a soumis au juge; on comprend, dès lors, que le retranchement de ces frais ne saurait éteindre son action contre son client (V. en ce sens, Dutruc, op. cit., v° Frais et dépens, n° 153; suprà, v° Avoué, n°s 23 et suiv.; Rép. eod. v°, n°s 135 et suiv.).

**124.** L'avoué perd le recours contre son client si l'on prouve qu'il a négligé de faire des poursuites, ou si l'insolvabilité de la partie condamnée n'est survenue qu'après des poursuites non suivies d'effets utiles, par les lenteurs de l'avoué (Rousseau et Laisney, op. cit., v° Dépens, n° 125; Boitard-Colmet-Daâge et Glasson, op. cit., t. 1, n° 282, p. 291; Bioche, op. cit., v° Dépens, n° 234; Dutruc, op. cit., v° Frais et dépens, n° 152).

**125.** L'avoué qui n'a pas demandé la distraction a, en formant opposition entre les mains de la partie condamnée, avant que son client ait fait cession de la créance, un privilège sur les dépens (Rép. n° 146; Dutruc, v° Frais et dépens, n° 158, Bioche, op. cit., v° Dépens, n° 245).

**127.** Le décret du 16 févr. 1807, concernant le tarif des frais et dépens, est légal et obligatoire. Il a été rendu par le pouvoir exécutif comme règlement d'administration publique, en vertu de la délégation expresse du Corps législatif contenue dans le code de procédure dont il était le complément et auquel il empruntait sa force et son autorité (Réq. 12 avr. 1875, aff. Perroud, D. P. 77. 1. 222).

**134.** — 7° Frais de voyage de la partie. — Parmi les questions que soulève l'interprétation du tarif, celle de savoir si des frais de voyage doivent être alloués aux parties dans les matières sommaires et dans les matières commerciales, aussi bien que dans les matières ordinaires, est l'une des plus importantes et des plus délicates. Beaucoup d'affaires, malgré le caractère sommaire que la loi leur a imprimé, offrent un intérêt assez considérable pour que les parties, à quelque distance qu'elles soient domiciliées, jugent nécessaire de se rendre dans le lieu où siège le tribunal, de surveiller de près leurs intérêts et de fournir aux officiers ministériels ou aux avocats les renseignements et les explications dont ils peuvent avoir besoin. Les déboursés qu'exige ce déplacement devront-ils rester à leur charge, ou bien en seront-elles indemnisées, et dans quelle mesure? Faut-il appliquer ici l'art. 146 du décret du 16 févr. 1807 qui, lorsque les parties ont fait un voyage dans la seule vue du procès, suivant l'affirmation au greffe qu'il exige d'elles, leur accorde une indemnité de 3 fr. par chaque myriamètre, pour toute la distance parcourue depuis leur domicile jusqu'au siège du tribunal? Ou bien faut-il décider que cette disposition, placée dans le chapitre des matières ordinaires, ne doit pas être étendue aux matières sommaires et que, relativement à celles-ci, le tarif n'alloue aucun frais de voyage? Ou bien encore doit-on tout au moins ranger ces frais dans la catégorie des déboursés que la disposition finale de l'art. 67 du décret de 1807 alloue en matière sommaire, indépendamment des droits fixés par les dispositions précédentes du même article? Sur ces questions, la jurisprudence et les auteurs sont divisés. — Le système qui repousse l'application de l'art. 146 du tarif en matière sommaire et commerciale se fonde, en premier lieu, sur ce que cette disposition se trouve inscrite au chap. 2 du titre 2 du tarif, relatif à la taxe en matière ordinaire, et n'est pas reproduite dans le chap. 1er du même titre, concernant les matières sommaires, dans lesquelles rentrent les affaires commerciales; en second lieu, sur ce que le paragraphe 16 de l'art. 67 qui clôt les dispositions relatives aux matières sommaires, défend d'allouer aucun honoraire en dehors de la fixation qu'il a faite, pour aucun acte et sous quelque prétexte que ce soit, et n'autorise l'allocation que des déboursés. Ni l'un ni l'autre de ces arguments ne semblent décisifs. Au premier, on répond que si l'art. 146 est placé à la suite du tarif des affaires ordinaires, il n'en résulte pas que la règle qu'il édicte soit inapplicable aux affaires sommaires, puisque celles-ci sont régies par le chapitre précédent, auquel peut se rattacher toute disposition ultérieure qui n'a pas un sens exclusif. Il faut ajouter que cette interprétation·est·conforme à la doctrine que la cour de cassation elle-même a formellement consacrée dans d'autres circonstances où des dispositions du tarif appartenant au chapitre des matières ordinaires étaient invoquées en matière sommaire. Quant à l'argument tiré de ce que le paragraphe 16 de l'art. 67 interdit de passer en taxe aucun honoraire, en dehors de ceux qu'il fixe pour les matières sommaires, ne tombe-t-il pas devant cette seule observation que les frais de voyage des parties ne sauraient en aucune façon être considérés comme des honoraires, mais ne constituent que de simples déboursés, ainsi que nous venons de le dire, et que ce paragraphe, qui a uniquement en vue, d'une part, les émoluments dus aux avoués, et, d'autre part, les déboursés faits par ces officiers ministériels, ne s'applique ni directement ni indirectement aux frais de voyage des parties ? La même observation paraît devoir faire écarter la solution d'après laquelle les frais de voyage, exclus de la taxe en matière sommaire, en tant qu'on voudrait leur appliquer le droit fixé par l'art. 146 du tarif, pourraient y être admis en vertu du paragraphe 16 de l'art. 67, à titre de déboursés, dont le montant serait arbitré par le juge. Presque toujours, il est vrai, la somme allouée par le juge taxateur serait au moins égale au montant de l'allocation déterminée par l'art. 146 ; mais ce ne saurait être là, certes, une raison suffisante pour faire accepter un système qui ne reposerait pas sur une saine entente des dispositions du tarif. Ne peut-on pas dire, au contraire, que cette égalité de résultat enlève à la thèse qui veut faire prévaloir, en matière sommaire, l'application du paragraphe 16 de l'art. 67 sur celle de l'art. 146, jusqu'à l'intérêt pratique par lequel on aurait pu la justifier? Le système qui nous paraît le plus juridique est donc celui qui admet qu'il y a lieu de passer en taxe, dans les matières sommaires, comme dans les matières ordinaires, le droit fixé par l'art. 146 du tarif pour frais de voyage (Rép. n° 176 ; Chauveau et Godoffre, op. cit., t. 1er, n° 2164 ; Boucher d'Argis et Sorel, op. cit., v° Voyage des parties, p. 676; Bonnescœur, Nouveau manuel de la taxe, p. 101 et 208 ; Bioche, op. cit., v° Voyage, n° 11, Rousseau et Laisney, op. cit., v° Voyage des parties, n° 14). — Il a été jugé, dans le sens de cette opinion : qu'en matière sommaire il y a lieu d'admettre en taxe les frais de voyage alloués aux parties par l'art. 146 du tarif (Nancy, 1er juill. 1856, aff. Bloch, D. P. 56. 2. 284); — Que la partie qui s'est déplacée pour l'utilité exclusive de son procès a droit aux frais de voyage, aussi bien en matière sommaire qu'en matière ordinaire (Paris, 17 août 1886, aff. Candelot, D.P. 68. 2. 163); — Que l'art. 146 du décret du 16 févr. 1807 qui alloue des frais de voyage aux parties est applicable en matière sommaire aussi bien qu'en matière ordinaire ; que, dans tous les cas, ces frais pouvaient être alloués comme déboursés en vertu du paragraphe 16 de l'art. 67 du même décret (Paris, 16 mars 1880, aff. Hesse et comp., D. P. 80. 2. 185). — Il est regrettable qu'après avoir établi que le droit des parties à une indemnité de voyage en matière sommaire a sa source dans l'art. 146 du tarif, ce dernier arrêt essaye de le justifier encore par l'application du paragraphe 16 de l'art. 67. Loin de compléter la démonstration, ce dernier moyen ne fait que l'affaiblir, en l'asseyant sur un terrain qui lui échappe, puisque, comme nous l'avons indiqué plus haut, les déboursés, dont la disposition finale de l'art. 67 autorise l'allocation, sont ceux de l'avoué et non ceux de la partie (V. Rép. n° 176).

La cour de cassation a consacré le système qui déclare l'art. 146 inapplicable en matière sommaire, mais qui permet de taxer les frais de voyage comme déboursés. Elle a décidé que les frais de voyage tarifés par l'art. 146 du décret du 16 févr. 1807, au profit de la partie qui a affirmé au greffe ne s'être déplacée qu'en vue de son procès, ne peuvent être alloués en matière sommaire ; que, toutefois, l'art. 67 du tarif autorisant l'allocation de simples déboursés en sus des frais qu'il indique, le juge peut taxer comme déboursés les frais de déplacement faits par la partie en vue de son procès, ou en fixant le chiffre ex æquo et bono, et d'après les renseignements qui lui sont fournis (Civ. cass. 28 janv. 1868, aff. Vasnier, D. P. 68. 1. 62; 2 août 1882, aff. Hesse et comp., D. P. 83. 1. 477; 14 déc. 1887, aff. Charpillon, D. P. 89. 1. 150. — V. dans le même sens :

Amiens, 30 avr. 1864, aff. Cavrel, D. P. 64. 5. 199; Trib. Bordeaux, 15 mai 1867, aff. Contié, D. P. 67. 3. 46).

**135.** Les avoués n'ont point droit à des honoraires pour frais de voyage ; ces frais, comme ceux du voyage de la partie, sont taxés comme déboursés (Civ. cass. 14 déc. 1887, cité suprà, n° 134). — L'avoué n'a pas droit à une vacation pour avoir assisté la partie au greffe, lorsqu'elle a fait l'affirmation exigée par la loi (Rép. n° 177). Il n'y a pas lieu non plus d'accorder au greffier les frais et honoraires dus uniquement pour le cas prévu par l'art. 146 précité (Civ. cass. 28 janv. 1868, cité suprà, n° 134).

**136.** — 8° Conclusions motivées. — L'opinion émise au Rép. n° 178, que des conclusions motivées ne peuvent être passées en taxe en matière sommaire, a été adoptée par un arrêt de la cour de cassation du 9 janv. 1855, qui a décidé qu'en matière sommaire, des conclusions motivées ne peuvent être passées en taxe, sous aucun prétexte, et par le motif, notamment, que le tribunal en aurait autorisé la signification, et qu'elles n'étaient qu'une réponse à celles que la partie perdante, qui se refusait à un même prétexte, avait d'abord signifiées par suite de la même autorisation (Civ. cass. 9 janv. 1855, aff. Liquidation Le Sauveur, D. P. 55. 1. 119). En ce sens, Boucher d'Argis et Sorel, v° Affaires sommaires, n° 58). Mais depuis elle a été abandonnée par la jurisprudence, qui, à maintes reprises, a consacré le système contraire. Ce système s'appuie sur ces considérations qu'en matière sommaire, comme en matière ordinaire, le dépôt et la signification de conclusions motivées ont été formellement prescrites par les art. 33, 70, 71 et 72 précités du décret du 30 mars 1808 ; que ce décret, postérieur au tarif invoqué, innove en ce point, et que les actes qu'il prescrit impérieusement, en vue de l'instruction plus utile et plus développée des affaires, constituent un travail nouveau à la charge des avoués; qu'il y a lieu, dès lors, de les admettre en taxe. En ce sens, il a été jugé : qu'en matière sommaire l'art. 67 du tarif du 16 févr. 1807, qui interdit toute allocation d'honoraires pour les actes, quels qu'ils soient, autres que ceux spécifiés dans cet article, n'autorise pas le juge à rejeter de la taxe le dépôt et la signification de conclusions motivées, le décret du 30 mars 1808, qui exige que des conclusions motivées soient déposées et signifiées même en matière sommaire, renfermant, à l'égard de ces actes, une innovation dont la conséquence est de les faire admettre en taxe, malgré le silence du tarif (Civ. cass. 13 nov. 1861, aff. Mougin, D. P. 61. 1. 491) ; — Que le décret du 30 mars 1808 exigeant qu'en toutes causes les avoués signifient des conclusions motivées, l'émolument de ces conclusions leur est dû, même en matière sommaire, bien que les conclusions ne figurent pas au nombre des actes rétribués par les art. 67 et 147 du tarif (Paris, 7 juin 1867, aff. Waxin, D. P. 71. 1. 324. V. aussi Orléans, 15 déc. 1858, aff. Rérolle, D. P. 59. 2. 11 ; Civ. cass. 13 janv. 1874, aff. Keranval, D. P. 74. 1. 438).

**137.** L'arrêt du 13 nov. 1861, qui proclamait le principe de l'admission en taxe des conclusions prescrites par l'art. 70 du décret du 30 mars 1808, avait laissé indécise la question de savoir à quel chiffre il convenait, en l'absence de fixation légale, de porter cette allocation. Dans un premier système, on applique l'art. 72 du tarif autorisant les conclusions grossoyées (V. Nîmes, 3 janv. 1855, aff. Roche, D. P. 55. 2. 82 ; Nancy, 19 mai 1859, aff. Sarazin, D. P. 61. 5. 249). On évalue, en outre, à un rôle la copie remise au greffier. C'est ce qui se pratique devant le tribunal de la Seine. Un second système fixe l'émolument d'après l'art. 71, § 12, pour les conclusions signifiées et d'après l'art. 146 pour celles déposées entre les mains du greffier (Boucher d'Argis et Sorel, op. cit., v° Affaire sommaire, n° 59, note a ; Bordeaux, 22 janv. 1857, aff. Syndic Bernard, Recueil des arrêts de la cour, 1857, p. 35). Il a été jugé : qu'en matière sommaire, l'avoué a droit : ... 1° à un honoraire pour les conclusions signifiées dans le cas prévu par l'art. 70 du décret du 30 mars 1808, honoraire qu'il convient, en l'absence d'une fixation légale, de porter au même chiffre que celui alloué pour des conclusions incidentes par l'art. 71, § 12, du tarif de 1807 ;... 2° à un émolument pour les conclusions déposées, émoluments dont le chiffre est laissé à l'arbitrage du juge et que l'usage a fait fixer à 1 fr. 50 cent. (Orléans, 15 déc. 1858, aff. Rerolle, D. P. 59. 2.

11). « A notre avis, disent MM. Chauveau et Godoffre, *op. cit.*, n° 2159, p. 602, il n'y a pas lieu d'hésiter. Nous appliquons aux matières sommaires le même émolument qu'aux matières ordinaires, c'est-à-dire celui de l'art. 71, § 12, T : 5 fr. ; 4 fr. 50 cent. ; 3 fr. 75 cent. pour l'original; et le quart (art. 71, § 23) pour chaque copie. Nous ne voyons aucun motif de distinguer, pour l'émolument, entre la copie signifiée et celle qui est déposée entre les mains du greffier. Rappelons seulement que cette dernière, étant écrite sur papier libre, n'occasionne d'autre frais que celui de l'émolument».

**138.** Il a été jugé qu'il n'y a pas lieu d'allouer de droit à l'avoué, pour la copie de la réponse faite par l'une des parties à une sommation de la partie adverse, le dépôt et la signification des conclusions motivées épuisant les droits qui découlent du décret de 1808 (Civ. cass. 13 nov. 1861, aff. Mongin, D. P. 61. 1. 491). Le droit dont il s'agit était réclamé par l'avoué comme constituant un simple déboursé. Mais il avait été constaté que les déboursés de l'avoué, à propos de la réponse faite à une sommation de la partie adverse, figuraient dans un autre article de l'état de frais, et qu'ainsi il ne pouvait plus être question que d'un émolument indépendant de tout déboursé. La règle qui, en matière sommaire, n'accorde à l'avoué, en dehors de ses déboursés, que les droits expressément prévus dans le tarif, devait donc faire rejeter cet émolument de la taxe.

**139.** — 9° *Droit de correspondance et de port de pièces.* — On a indiqué au *Rép.* n° 179 que la jurisprudence et les auteurs étaient divisés sur la question de savoir si le droit de port de pièces et correspondance alloué à l'avoué par l'art. 145 du tarif doit être admis en taxe en matière sommaire. Nous croyons préférer sous tous les rapports l'opinion qui admet indistinctement le droit dont il s'agit aussi bien en matière sommaire qu'en matière ordinaire. Vainement objecte-t-on qu'en dehors de l'émolument fixe alloué pour obtention du jugement dans les affaires sommaires par l'art. 67 du tarif, l'avoué n'a droit en ces sortes d'affaires qu'à ses simples déboursés; c'est là déplacer la question et non la résoudre, car la question est précisément de savoir si l'allocation fixée par le tarif pour port de pièces et correspondance est accordée à l'avoué à titre d'émolument ou de déboursé. Or tout concourt à démontrer, suivant nous, qu'il s'agit ici d'un déboursé dont la loi a fixé le remboursement à forfait, à raison de la difficulté et souvent de l'impossibilité d'établir des justifications à cet égard. Comment, en effet, justifier, par détail et par pièces à l'appui, les frais de cette nature ? Produira-t-on l'enveloppe des pièces envoyées, celle de la correspondance et la correspondance elle-même ? Faudra-t-il établir les relations des unes aux autres, débattre des questions d'identité, opérer des ventilations dans le cas où une même correspondance s'appliquerait à plusieurs affaires ; soumettre des lettres souvent confidentielles, non seulement à l'examen du juge taxateur, mais encore à l'examen et à la critique de la partie adverse qui devra supporter les dépens ? On sent tout ce qu'un pareil mode de règlement entraînerait, dans la pratique, d'inconvénients et de difficultés. Aussi le législateur, par des motifs puisés dans la nature des choses, motifs qui s'appliquent aux matières sommaires comme aux matières ordinaires sans distinction; a pris soin de pourvoir à ce qu'exigeait la nature de certains déboursés difficiles à justifier ; il a réglé les frais de correspondance et de port de pièces en fixant pour ce genre de déboursés, comme pour les frais de voyage et les frais de copie, une sorte d'abonnement, qui pourra sans doute en certains cas dépasser le chiffre du déboursé réel, mais qui, dans d'autres cas, sera inférieur à ce chiffre, ce qui doit arriver inévitablement dans tout règlement de cette espèce. Il importe peu, du reste, que l'art. 145 du tarif qui règle l'allocation dont il s'agit se trouve placé au chapitre des matières ordinaires, car l'article unique dont se compose le chapitre relatif aux matières sommaires, ne contient que des règles spéciales à ces matières, tandis que la loi a placé au chapitre des matières ordinaires toutes les dispositions qui sont d'une application générale et notamment tout ce qui concerne tant en matière sommaire qu'ordinaire le règlement des déboursés. Enfin, les termes mêmes dont se sert la loi pour attribuer cette allocation prouvent qu'à ses yeux le droit dont il s'agit n'est que le remboursement d'un déboursé sans aucun mélange d'honoraires : « Il est alloué à l'avoué, porte l'art. 145 du tarif, pour frais de port de pièces et de correspondance... » Pour frais ! Donc ce n'est pas un salaire qu'elle alloue, c'est l'indemnité d'un déboursé effectif : donc ce droit est dû en matière sommaire. Dans le sens de cette doctrine, qui est enseignée par MM. Chauveau et Godoffre *op. cit.*, t. 1, n° 2162, il a été jugé qu'en matière sommaire, il y a lieu d'admettre, en taxe, le droit de port de pièces et de correspondance alloué à l'avoué par l'art. 145 du tarif (Nancy, 1er juill. 1856, aff. Bloch, D. P. 56. 2. 284 ; Paris, 7 juin 1867, aff. Waxin, D. P. 71. 1. 321).

A l'argument tiré de ce que l'allocation fixée par le tarif pour port de pièces et correspondance est accordée à l'avoué, non pas à titre d'émolument, mais à titre de déboursé, le remboursement n'étant fixé à forfait qu'à raison de la difficulté ou même de l'impossibilité de justifications à cet égard, le système contraire répond que dans les affaires sommaires, presque toujours de peu d'importance et de courte durée, la justification de ces déboursés ne présente pas la même difficulté que pour les affaires ordinaires plus compliquées et plus longues, et que, certainement, si la loi avait voulu appliquer le forfait aux affaires sommaires elle n'eût pas alloué le même chiffre qu'en matière ordinaire ; qu'en tout cas, si la justification exacte est difficile ou impossible, le juge taxateur a toujours la ressource d'admettre le chiffre qui, en fait, lui paraît en rapport avec la nature et les circonstances de l'affaire. Il a été adopté par plusieurs cours d'appel et par la cour de cassation. Jugé : 1° que pour frais de port de pièces et de correspondance, l'avoué ne peut, en matière sommaire, réclamer que ses déboursés et non le droit alloué par l'art. 145 du tarif (Poitiers, 6 janv. 1852, aff. Bodin, D. P. 52. 2. 274) ; — 2° Qu'en matière sommaire, les avoués n'ont pas droit à l'allocation qui leur est accordée, en matière ordinaire, pour correspondance et port de pièces : ils ne peuvent réclamer à cet égard que leurs déboursés effectifs (Req. 4 mai 1857, aff. Hédon, D. P. 57. 1. 302; Nîmes, 25 juill. 1853, aff. Béchetoile, D. P. 55. 2. 73); — 3° Que l'art. 67, dernier paragraphe, du tarif du 10 févr. 1807, n'allouant aux avoués en matière sommaire que leurs simples déboursés en dehors des actes pour lesquels la loi leur accorde des émoluments, ces expressions ne peuvent s'entendre que des déboursés effectifs, et l'on ne doit pas appliquer à une affaire sommaire l'art. 145 du tarif qui, dans les affaires ordinaires, alloue une somme à forfait pour les frais de port de pièces et de correspondance (Civ. cass. 13 janv. 1874, aff. Keranval, D. P. 74. 1. 438 ; V. Boucher d'Argis et Sorel, *op. cit.*, v° *Affaire sommaire*, n° 61).

**140.** Dans le système adopté par la cour de cassation, il est évident que la question de savoir si les frais de correspondance doivent être doublés en appel, ne se pose pas. Il a été jugé par la cour de Paris qui a adopté la doctrine opposée que l'art. 145 du tarif qui alloue aux avoués une somme fixe pour frais de correspondance et de port de pièces lorsque les parties sont domiciliées hors de l'arrondissement du tribunal, et l'art. 147, qui double la somme pour les avoués d'appel, quoique statuant pour les matières ordinaires sont également applicables aux matières sommaires (Paris, 7 juin 1867, aff. Waxin, D. P. 71. 1. 321. V. *Rép.* n° 181).

**141.** — 10° *Doublement des émoluments en appel* (*Rép.* n° 182).

**142.** — 11° *Droit d'assistance aux divers jugements.* — On a émis au *Rép.* n°s 186 et suiv. l'opinion que le droit accordé à l'avoué par l'art. 67, § 5, pour l'obtention d'un jugement contradictoire ou définitif, ne s'applique pas à tout jugement contradictoire ; qu'il s'applique aux seuls jugements contradictoires qui sont définitifs, et non à ceux qui ne sont que préparatoires ou interlocutoires; l'obtention de ces derniers jugements et les devoirs y relatifs ne donnent lieu qu'au demi-droit accordé par les paragraphes 11 et 12 du même article dans les cas prévus par les paragraphes 8 et 9 (enquête, visite et estimation d'experts, ou interrogatoire sur faits et articles). Tel est aussi l'avis de MM. Boucher d'Argis et Sorel, *op. cit.*, v° *Affaire sommaire*, p. 76, n° 59. MM. Chauveau et Godoffre, *op. cit.*, t. 1, p. 626, n° 2187, soutiennent, au contraire, que les jugements qui statuent sur les incidents donnent lieu aux mêmes droits que les jugements qui terminent l'instance.

**143.** En matière sommaire, si la valeur de l'objet de la contestation est indéterminée, le juge est libre de n'accorder, pour l'obtention d'un jugement par défaut, que le plus faible des émoluments alloués par la loi. L'usage qu'il fait de cette faculté ne saurait donner lieu à cassation, lors même qu'il pourrait résulter des termes de sa décision qu'il l'a considérée moins comme une simple faculté que comme une obligation (Civ. cass. 24 avr. 1854, aff. Hélie et Létard, D. P. 54. 1. 158).

**144.** Il a été jugé qu'en matière sommaire l'avoué a un droit d'obtention pour chaque jugement définitif statuant sur un intérêt distinct, notamment dans le cas de procès en partage, quel que soit, d'ailleurs, le nombre de ceux intervenus dans l'affaire (Orléans, 15 déc. 1858, aff. Rerolle, D. P. 59. 2. 11). Tel paraît être, en effet, l'esprit de la loi, puisque l'art. 67 du tarif, après avoir réglé ce qui concerne le droit dû pour l'obtention du jugement définitif, s'occupe de régler aussi le complément de rétribution qui est dû à l'avoué dans le cas où des incidents ont été vidés par jugements séparés dans la même instance, ce qui exclut la supposition que cet article n'ait entendu accorder qu'un seul droit dans le cas où l'instance, ayant présenté des phases diverses, aurait donné lieu à plusieurs jugements définitifs (V. en ce sens Chauveau et Godoffre, op. cit., t. 1, p. 625, n° 2186).

**145.** L'art. 67 du décret du 16 févr. 1807, d'après lequel, s'il y a plus de deux parties en cause, et si elles ont des intérêts contraires, l'avoué qui occupe contre plusieurs parties a droit, pour obtention de jugement, à un quart en sus de l'émolument entier, ne s'applique qu'au cas où il y a contrariété existant entre les intérêts respectifs de ces parties elles-mêmes : il ne s'agit pas ici de la contrariété existant entre les intérêts des parties contre lesquelles l'avoué a suivi, et ceux de son client. Et il faut qu'il y ait entre ces parties une véritable opposition d'intérêts pour qu'il y ait lieu à l'allocation du droit supplémentaire ; il ne suffit pas que les intérêts soient distincts et différents (Metz, 7 août 1869, aff. Gougy, D. P. 70. 2. 74). La disposition de l'art. 67 ne peut, en effet, se référer à l'hypothèse où l'avoué aurait suivi contre plusieurs parties ayant des intérêts contraires à ceux de son client, aussi bien qu'à celle où il aurait suivi contre des parties ayant des intérêts contraires entre elles. Interprétée avec une pareille extension, la contrariété d'intérêts exigée par la loi se rencontrerait, sinon toujours et nécessairement, du moins dans presque tous les procès, et il n'est pas supposable que l'allocation du quart en sus accordée à l'avoué lui ait été faite, soit qu'il se trouve en présence de parties ayant des intérêts identiques et contre lesquelles il y a aussi identité de procédure, soit qu'il ait à suivre contre des parties ayant des intérêts opposés, nécessitant, pour chacune d'elles, des procédures spéciales et distinctes. C'est seulement dans ce dernier cas que se rencontre véritablement l'augmentation de travail qui légitime une augmentation d'émolument.

**146.** Le droit du quart en sus n'est pas dû seulement à l'avoué du poursuivant ; il est dû aussi bien en défendant qu'en demandant, pourvu que l'avoué soutienne la discussion contre plusieurs parties ayant des intérêts opposés (Rép. n° 190 ; Chauveau et Godoffre, op. cit., n° 2188).

**147.** Les auteurs se sont posé la question de savoir si le droit supplémentaire de l'art. 67, § 9, devait être alloué autant de fois qu'il y a de parties en cause, moins une. L'opinion adoptée au Rép. n° 191 que le droit n'excède jamais le quart, quel que soit le nombre des adversaires, est professée par MM. Boucher d'Argis et Sorel, op. cit., v° Affaire sommaire, n° 61 ; Contrà, Chauveau et Godoffre, op. cit., n° 2190).

**148.** L'avoué qui occupe dans une instance sommaire pour plusieurs parties qui ont dans cette instance des dossiers distincts, bien qu'elles aient le même intérêt quant au point en contestation, est obligé, pour entendre les diverses parties, diriger leurs démarches, correspondre avec elles et se livrer à l'examen de leurs titres, à un travail plus considérable évidemment que s'il ne se trouvait chargé que des intérêts d'une seule partie. Il est donc juste qu'il obtienne

en ce cas un surcroît de rémunération, et il n'y a pas de raison pour se refuser à lui allouer les droits qu'on accorderait nécessairement aux avoués qui auraient pu être chargés à sa place. Aussi a-t-il été décidé en ce sens que la partie qui a chargé un avoué d'occuper pour elle, ne peut lui contester ses frais, sous le prétexte qu'il a été, dans la même affaire, chargé, pour une autre personne, d'intérêts à peu près analogues et qu'il n'avait dû faire qu'un seul dossier pour les deux (Rép. n°s 693 et suiv. ; et v° Honoraires, n° 7). Il en est autrement pour les instances d'ordre (V. infrà, n°s 412 et suiv.). — Il faudrait décider également, suivant nous, qu'il ne doit être alloué qu'un seul droit d'obtention de jugement, quand l'avoué occupe pour diverses parties qui ne figurent qu'en une seule personne vis-à-vis de l'adversaire, tels que des cosociétaires ou des cohéritiers, procédant du chef de la société ou du chef de leur auteur, encore bien que, par la liquidation de la société ou par le règlement de partage, les droits de chacun d'eux seraient parfaitement distincts. Et il en devrait être encore ainsi dans le cas où il apparaîtrait que plusieurs parties, ayant le même intérêt, ont simultanément et en commun constitué dans une instance le même avoué dans le but d'économiser les frais.

**149.** Aux termes des paragraphes 15, 16 et 17 de l'art. 67, si l'avoué est révoqué, ou si les pièces (par suite du désistement de la partie) lui sont retirées, il lui sera alloué, savoir : s'il y a eu constitution d'avoué ayant l'obtention d'un jugement par défaut, moitié du droit accordé pour faire rendre un jugement par défaut ; et s'il a été obtenu un premier jugement par défaut ou un jugement interlocutoire, indépendamment de l'émolument pour ces jugements, moitié du droit accordé pour obtenir un jugement contradictoire. Mais ces droits ne seront acquis, ils ne pourront être exigés que lorsqu'il y aura eu constitution d'avoué dans le premier cas, ou qu'il aura été formé opposition au premier jugement par défaut, et que l'avoué qui aura obtenu le premier jugement, aura suivi l'audience sur le débouté d'opposition. « Pour appliquer sainement, disent MM. Boucher d'Argis et Sorel, op. cit., v° Affaire sommaire, n° 67, les dispositions, un peu obscures, au reste, des paragraphes 15, 16, 17 et 18 de l'art. 67, il faut distinguer : quant à l'avoué du demandeur, si le désistement intervient avant qu'il ait obtenu un jugement par défaut, ou avant que le défendeur ait constitué avoué, il ne lui est rien dû parce qu'il n'a fait aucun acte de procédure. S'il intervient après qu'il a obtenu un jugement par défaut, il lui revient, savoir : si le jugement n'a pas été suivi d'une opposition, le droit d'obtention de ce jugement, suivant la quotité de la demande ; s'il est frappé d'opposition, et qu'il ait suivi sur le débouté d'opposition, par exemple, comme à-venir, le droit d'obtention d'un jugement par défaut, et en outre, moitié du droit accordé pour faire rendre un jugement contradictoire, aussi d'après la quotité de la somme demandée ; s'il intervient après que le défendeur a constitué avoué, moitié du droit accordé pour l'obtention d'un jugement par défaut ; enfin, s'il intervient après qu'il a obtenu un jugement interlocutoire, le droit à l'émolument accordé pour l'obtention de ce jugement, et de plus, à la moitié du droit d'obtention d'un jugement contradictoire, lors même qu'il n'aurait pas poursuivi l'exécution du jugement interlocutoire, quoique nous reconnaissions que la condition d'avoir suivi sur l'exécution du jugement interlocutoire devrait être appliquée à l'exécution du jugement, aussi bien qu'au jugement par défaut, par la raison que, pour avoir droit à un émolument, il faut avoir fait quelque chose ; mais le paragraphe 18 de l'art. 67 ne lui impose pas cette condition, et, suivant nous, ce serait ajouter à ses dispositions que de l'exiger ». — Il a été jugé, en matière sommaire, que l'art. 67 du tarif qui alloue à l'avoué, en cas de révocation ou de retrait des pièces, un quart du droit dû pour l'obtention d'un jugement définitif, doit être appliqué au cas où le procès a été terminé, même après conclusions respectivement prises, par un désistement signifié et accepté ; on objecterait vainement que le désistement survenu à cette époque de la procédure équivaut à un jugement de la cause rendu sur les parties elles-mêmes (Civ. rej. 1er juin 1863, aff. Veuve Dutailly et cons., D. P. 63. 1. 237). L'art. 67 du tarif porte qu'un quart du droit est dû à l'avoué, si les pièces lui ont été retirées. La circonstance qu'il y a eu désistement ne doit rien changer à cette règle, puisque la loi n'a pas accepté, comme un des éléments de la liquidation des frais, le désistement qui peut survenir à toutes les époques de la procédure et qui aurait été une base variable et défectueuse (V. en ce sens Chauveau et Godoffre, *op. cit.*, t. 1, n° 2200).

**150.** Le demi-droit n'est pas dû quand l'instance est éteinte par la péremption; on ne peut assimiler la péremption à la révocation (Chauveau et Godoffre, *op. cit.*, t. 1, n° 2199; Bastia, 27 mars 1858, *Journal des arrêts de la cour*, 1858, p. 300).

**151.** — 12° *Qualités de jugement*. V. *Rép.* n° 192.

**152.** — 13° *Copies de qualités*. — La jurisprudence de la cour de cassation décide que le droit de copie alloué à l'avoué par les art. 88 et 89 du tarif pour la signification à avoué des qualités et du jugement, en matière ordinaire, est dû également en matière sommaire, bien que le droit accordé en cette dernière matière à l'avoué par le paragraphe 12 de l'art. 67 ne concerne que le dressé de l'original de cette signification. La cour de cassation donne pour motif de cette décision que les art. 88 et 89 posent une règle générale et sont applicables dans tous les cas; que les sommes qu'ils allouent, loin d'offrir le caractère particulier et exclusif d'émoluments, ne sont, au fond, que le remboursement à forfait de déboursés effectifs, et que les déboursés sont semblables en matière ordinaire et en matière sommaire (*Rép.* n° 193). — Il a été jugé en ce sens : 1° qu'en matière sommaire, comme en matière ordinaire, il est dû à l'avoué, outre le droit alloué par l'art. 63 du tarif pour dressé des qualités et signification du jugement, un droit particulier pour les copies : ce n'est point là un émolument, mais un simple déboursé (Civ. cass. 1er mars 1854, aff. Gassendy, D. P. 54. 1. 107; 16 déc. 1857, aff. Sylvestre, D. P. 58. 1. 58); — 2° Qu'en matière sommaire, l'avoué a droit, en sus du droit concernant le dressé des qualités et la signification du jugement à avoué, à une indemnité pour les copies des qualités et du jugement, indemnité qui doit être la même que celle allouée en matière ordinaire pour les copies désignées aux art. 88 et 89 du tarif de 1807 (Orléans, 15 déc. 1858, aff. Rerolle et Paulmier, D. P. 59. 2. 11); — 3° Que les art. 88 et 89 du tarif, qui allouent à l'avoué un droit de copie pour la signification à avoué des qualités et du jugement, quoique placés sous la rubrique des matières ordinaires, sont néanmoins applicables aux matières sommaires, parce qu'il ne s'agit, en réalité, dans l'allocation de ce droit de copie, que de déboursés réglés à forfait pour éviter les débats sur leur quotité (Paris, 7 juin 1867, aff. Waxin, D. P. 74. 1. 321; V. en ce sens Chauveau et Godoffre, *op. cit.*, t. 1, n° 2195, p. 637). — Dans le sens de la doctrine contraire, professée par certains auteurs (Sudraud Desisles, *Manuel du juge taxateur*, p. 109, n° 317; Rivoire, *Dictionnaire des frais et dépens*, v° *Matières sommaires*, p. 320, n° 48; Boucher d'Argis et Sorel, *op. cit.*, v° *Affaire sommaire*, n° 64, il a été jugé que le droit accordé à l'avoué

par les art. 88 et 89 du tarif pour les copies des qualités des jugements et arrêts, constituant, non le remboursement d'un déboursé, mais un véritable émolument, ne peut être alloué en matière sommaire (Bourges, 20 janv. 1855, aff. Semolet, D. P. 56. 2. 81; Orléans, 22 juill. 1856, aff. Sylvestre, D. P. 56. 2. 263).

**153.** Le droit d'obtention est dû pour le jugement de défaut profit joint (*Rép.* n° 195; Chauveau et Godoffre, *op. cit.*, n° 2183, p. 623).

§ 2. — Règles touchant les droits alloués dans les matières ordinaires (*Rép.* n° 196 à 269).

**154.** — 1° *De la mise au rôle* (*Rép.* n° 196 et suiv.). — Il a été jugé qu'un droit pour placet peut être alloué à l'avoué à titre de déboursé par application de l'art. 67 dernier paragraphe et 151, § 3, du tarif (Req. 23 mars 1875, aff. Lepley, cité *infrà*, n° 183). Malgré la disposition formelle de l'art. 3 de la loi du 21 vent. an 7, qui défend l'usage des placets pour appeler les causes, l'usage de ces placets s'est conservé dans quelques tribunaux. A Paris, on alloue 3 fr. pour leur rédaction. La plupart des auteurs estiment qu'aucune allocation ne devrait être accordée (Chauveau et Godoffre, *op. cit.*, n° 928, p. 300; Boucher d'Argis et Sorel v° *Placet*, p. 153).

**155.** — 2° *Du droit de consultation*. — On a émis au *Rép.* n° 202 l'opinion que le droit de consultation n'étant dû qu'une seule fois, on ne doit avoir aucun égard au nombre des demandeurs ou défendeurs, lors même qu'ils auraient des intérêts distincts; que l'avoué du demandeur et celui du défendeur ne peuvent réclamer qu'un seul droit de consultation (Rennes, 22 août 1866 (1); Chauveau et Godoffre, *op. cit.*, t. 1, p. 694, n° 2436; Boucher d'Argis et Sorel, *op. cit.*, v° *Consultation*, p. 159 ; — *Contrà :* Raviart, *op. cit.*, v° *Matières ordinaires*, p. 8, n° 33).

**156.** — 3° *Des appels de cause*. — Le droit d'appel de cause n'est pas dû pour les jugements sur requête (*Rép.* n° 209; Boucher d'Argis et Sorel, *op. cit.*, v° *Huissier audiencier*, p. 330 ; Chauveau et Godoffre, *op. cit.*, t. 2, n° 957, p. 312).

**157.** — 4° *Constitution d'avoués et actes d'avoués à avoués* (V. *Rép.* n° 210 et suiv.). — Il a été jugé que l'à-venir et les conclusions, formant deux actes distincts par leur nature et leur objet, peuvent être signifiés séparément; qu'une double allocation d'émolument est due, dès lors, à l'avoué (Req. 23 mars 1875, aff. Lepley, cité *infrà*, n° 183).

**158.** — 5° *Du droit de port de pièces et correspondance.* — On a critiqué au *Rép.* n° 220, les décisions des cours d'appel donnant aux avoués le droit de comprendre dans la taxe, à titre de déboursés, les frais de port de pièces et de correspondance, dans les causes concernant des individus domiciliés dans l'arrondissement, et l'on a soutenu que l'avoué n'a une action que contre son client (V. en ce sens :

---

(1) (Ville de Rennes, Malbot et Oget C. Lebrun.) — LA COUR ; — Considérant qu'il n'est dû qu'un seul droit de consultation par cause; — Considérant que les divers appels d'un jugement unique, quoique enrôlés séparément et ayant donné lieu à un arrêt de jonction, ne peuvent être considérés comme constituant des causes distinctes, puisqu'ils n'ont pas enlevé aux débats l'unité qu'ils avaient eue en première instance ; — Que cette unité ne cesse pas d'exister à raison du nombre des parties ou des intérêts distincts dont chacune peut se prévaloir, puisque le législateur a établi que l'intervention d'un garant qui, introduisant au cours du procès un nouvel élément de discussion, pourrait demander une nouvelle étude de l'affaire afin d'éclairer la partie sur une situation nouvelle, ne donnait pas droit à un nouveau droit de consultation ; — Considérant qu'il en doit d'autant plus être ainsi qu'en fait, en première instance comme en appel, il s'agissait d'une demande de dommages-intérêts formée par une seule partie, fondée sur un fait unique, et dirigée alternativement contre diverses parties dont l'une avait, dès le début, appelé garant en cause ; — Considérant que, dans une cause unique, il ne peut être alloué qu'un demi-droit de correspondance pour chaque interlocutoire, et qu'il n'a été rendu dans l'affaire qu'une seule décision ayant ce caractère; — Considérant que les droits d'assistance aux renvois et aux plaidoiries ne sont dus que par cause, quel que soit le nombre des parties, et que la cause était unique, *avant comme après l'arrêt de jonction*, puisque cette jonction avait pour but, non de réunir des affaires distinctes pour la meilleure administration de la justice, mais de reconsti-

tuer une même affaire dans son unité, malgré l'arbitraire ou le hasard des premiers enrôlements ; — Considérant qu'en fait, avant la jonction, les appels de causes ont été simultanés et confondus en un seul, comme les plaidoiries; — Considérant que les mêmes motifs s'appliquent à l'unité qu'auraient dû avoir les conclusions prises à l'audience, et que, par exemple, l'avoué de l'intimé principal, demandeur originaire, pouvait conclure par un même acte, à l'audience, contre toutes les parties, comme il l'a fait par ses conclusions signifiées le 13 déc. 1865 demandant qu'il lui fût alloué 40000 fr., et comme l'avait fait dans ses conclusions signifiées le 12 déc. 1863, l'avoué de Malbot appelé en garantie ; — Considérant que la communication au ministère public a été unique en fait pour chaque avoué ; qu'il n'est pas justifié qu'elle ait eu lieu avant les plaidoiries, et que, d'ailleurs, d'après les motifs qui précèdent, elle aurait dû être tenue pour unique ; — Considérant que les trois oppositions portent sur l'exécution du même arrêt et sur la taxe d'actes semblables; que l'examen des actes antérieurs, lors les uns aux autres, entraîne une décision unique; que les trois oppositions n'ont donné lieu qu'à une plaidoirie, et que la partie défenderesse a conclu contre ses trois adversaires par un seul acte, ce qui a été accepté par eux ;

Par ces motifs, déboute Lebrun, Oget et Malbot et leurs avoués de leur opposition à l'ordonnance de la taxe du 31 juill. 1866, etc.

Du 22 août 1866.-C. de Rennes, 1re ch.-MM. Camescasse, 1er pr.-de Kerbertin, av. gén.

Boucher d'Argis et Sorel, *op. cit.*, v° *Correspondance*, p. 180).
— Il a été jugé que l'avoué qui justifie avoir déboursé des ports de lettres, pour correspondre avec son client, qui habite dans l'arrondissement, a le droit de lui en demander le remboursement (Req. 23 mars 1875, aff. Lepley, *infrà*, n° 187). L'arrêt ne s'explique pas sur la question de savoir si les frais peuvent être mis à la charge de la partie qui succombe.

**159.** Le droit alloué par l'art. 145 du tarif n'est dû que sur les jugements définitifs ou interlocutoires. Est-il dû sur les jugements par défaut, qui sont devenus définitifs, à défaut d'opposition ? La négative a été admise au *Rép.* n° 221 (V. aussi Boucher d'Argis et Sorel, *op. cit.*, v° *Correspondance*, p. 181). — Il a été jugé, en sens contraire, que pour qu'il y ait lieu d'allouer à l'avoué le droit de port de pièces et de correspondance, il suffit que le jugement (ou l'arrêt) rendu par défaut n'ait pas été attaqué par la voie de l'opposition dans le délai légal (Nîmes, 3 janv. 1855, aff. Roche, D. P. 55. 2. 82; V. en ce sens Chauveau et Godoffre, *op. cit.*, n° 881, p. 284; Raviart, *op. cit.*, v° *Matières ordinaires*, n°s 85).

Le droit n'est pas dû sur les jugements qui statuent sur des incidents (*Rép.* n° 221). — MM. Boucher d'Argis et Sorel, *op. cit.*, v° *Correspondance*, p. 181, se prononcent en sens contraire, et invoquent à l'appui de leur opinion l'art. 154, lequel ne dit pas *pour le jugement définitif*, mais *par chaque jugement définitif*.

**160.** Le droit de correspondance est dû pour chaque partie ayant des intérêts distincts (V. Douai, 6 mars 1877, aff. Anckart, D. P. 79. 2. 224 ; Chauveau et Godoffre *op. cit.*, t. 1, p. 284, n° 879; Raviart, *op. cit.*, v° *Matières ordinaires*, n° 85).

**161.** Le droit est dû lorsqu'il y a désistement (*Rép.* n° 222; Boucher d'Argis en Sorel, *op. cit.*, v° *Correspondance*, p. 181; Chauveau et Godoffre, *op. cit.*, t. 1, p. 284, n° 279).

**162.** — 6° *Droit de remise de cause.* — V. *Rép.* n°s 224 et suiv.

**163.** — 7° *Des défenses (Requêtes ou conclusions).* — On a exprimé au *Rép.* n° 230 et suiv., l'opinion que le paragraphe 47 de l'art. 75 du tarif s'applique aux requêtes dont parlent les art. 72 et 73 ; mais, comme il ne contient aucune sanction, il appartient aux juges taxateurs, quand ils reconnaissent que l'avoué n'a fait qu'user d'un droit de défense légitime, d'allouer la requête tels même qu'elle est trop longue que les défenses du demandeur (Boucher d'Argis et Sorel, *op. cit.*, v° *Défenses*, p. 296. Conf. Rousseau et Laisney, *op. cit.*, v° *Conclusions*, n° 116).

**164.** Lorsqu'il y a plusieurs parties en cause, les significations faites aux parties qui ont un même intérêt ne passent pas en taxe (*Rép.* n° 232; Boucher d'Argis et Sorel, *op. cit.*, v° *Défenses*, p. 193. — *Contrà* : Rousseau et Laisney, *op. cit.*, v° *Conclusions*, n° 117; Raviart, *op. cit.*, v° *Matières ordinaires*, n° 53).

**165.** Il a été jugé que les conclusions motivées signifiées par l'appelant en réplique aux réponses de l'intimé sont admissibles en taxe, comme requête et non comme simple acte d'avoué à avoué, si elles renferment soit des demandes nouvelles, soit un appel incident (Bordeaux, 3 mars 1858, aff. Fénelon, D. P. 59. 2. 173). Les appelants avaient rédigé en grosse et signifié une requête contenant leurs griefs d'appel, et cet écrit avait été passé en taxe. L'art. 81 c. proc. civ. défend d'admettre en taxe d'autres écrits et significations. Mais les questions du procès n'étaient pas restées là où l'écrit de griefs des appelants les avait placées. Les intimés avaient signifié une réponse dans les conclusions de laquelle ils portaient un appel incident et formaient divers chefs de demandes nouvelles qu'ils appuyaient de la production de pièces nouvelles et d'une articulation de faits dont ils demandaient à faire la preuve par témoins. En pareil cas, l'art. 465 c. proc. civ., autorisait les appelants à répliquer par des conclusions motivées.

La cour de Bordeaux, dans l'arrêt du 3 mars 1858, a décidé que la signification de ces conclusions ne pouvait être critiquée sous aucun rapport; que l'art. 70 du décret du 30 mars 1808 la prescrivait même impérativement; qu'on dirait en vain que cet article ne concerne que les conclu-

sions à prendre en première instance ; qu'il est de principe consacré par l'art. 470 c. proc. civ., que les règles établies pour les tribunaux inférieurs doivent être observées dans les cours d'appel; que c'est de cette manière que sont appliquées journellement d'autres dispositions du décret dont il s'agit; que cela suffit pour que les déboursés de la signification soient admissibles à la taxe; que les conclusions dont il s'agit ne peuvent être rangées dans les simples actes d'avoué à avoué de première ou de deuxième classe; qu'elles participent de la nature des requêtes et écrits de défense, et qu'elles doivent être taxées conformément aux art. 72 et 73 du tarif.

**166.** Les conclusions signifiées moins de trois jours avant l'audience sont régulièrement passées en taxe contre la partie qui a accepté le débat à l'audience sans exciper de la tardiveté de ces conclusions, alors, d'ailleurs, que les conclusions dont il s'agit ont été signifiées avant l'audition du ministère public (Req. 6 mai 1867, aff. Chédot, D. P. 68. 1. 173). La jurisprudence, on l'a dit *suprà*, v° *Conclusions*, n° 5 et *Rép.* eod. v°, n° 39, décide que l'art. 70 du décret du 30 mars 1808 d'après lequel les conclusions des parties doivent être signifiées trois jours au moins avant l'audience indiquée pour plaider, ne prescrit pas l'observation de ce délai à peine de nullité; qu'en tous cas, la nullité ne peut plus être proposée après les plaidoiries. Ces conclusions, si elles sont valables, ou si elles sont acceptées, à supposer qu'elles soient nulles, ont donc régulièrement saisi le juge, et peuvent, dès lors, être passées en taxe. Il suffit qu'elles soient signifiées avant l'audition du ministère public (V. *suprà*, v° *Conclusions*, n°s 14 et suiv.; *Rép.* eod. v°, n°s 52 et suiv.).

**167.** Suivant l'avis exprimé au *Rép.* n° 178, le décret du 30 mars 1808 qui prescrit aux avoués de remettre au greffier leurs conclusions motivées ne renferme qu'un règlement d'ordre d'audience et n'implique nullement la reconnaissance d'un droit pour les avoués; que ce n'est donc que par regard de leurs clients, et par application des principes généraux du mandat, que les avoués pourraient obtenir un émolument pour les conclusions motivées déposées par eux au greffe. Le système contraire a été adopté par la jurisprudence. Il a été jugé : 1° qu'il doit être alloué un émolument aux avoués d'appel pour les conclusions motivées dont le dépôt est prescrit par l'art. 33 du décret du 30 mars 1808, et qu'en l'absence d'une fixation par le tarif de 1807, cet émolument doit être arbitré par le juge (Nîmes, 3 janv. 1855, aff. Roche, D. P. 54. 2. 82); — 2° Que l'avoué a droit, pour le dépôt des conclusions ordonnées par le décret du 30 mars 1808 (art. 33), à un émolument qui doit être déterminé d'après les dispositions générales du tarif (Nancy, 19 mai 1859, aff. Sarazin, D. P. 61. 5. 248 ; V. Ciy. cass. 13 nov. 1861, aff. Mougin, D. P. 61. 1. 491; Rousseau et Laisney, *op. cit.*, v° *Conclusions*, n° 119). — Suivant l'opinion qui semble prévaloir, l'émolument de l'avoué consiste dans un droit fixe, conformément à l'art. 71 du tarif. — V. *suprà*, n° 137, et Bordeaux, 22 janv. 1857, *infrà*, n° 137.

**168.** — 8° *De la communication au ministère public.* — On a émis au *Rép.* n° 237, l'opinion qu'en principe il n'y a lieu d'allouer qu'une seule vacation, lors même qu'il y a eu plusieurs communications dans le cours du procès; qu'il en est autrement si le tribunal a ordonné une enquête, par exemple, et que l'on vienne plaider sur cette enquête. Alors il y a nécessité d'une nouvelle communication et une seconde vacation doit être allouée (Conf. Chauveau et Godoffre, *op. cit.*, n° 954, p. 311; Raviart, *op. cit.*, v° *Matière ordinaire*, n° 57).

**169.** Il a été jugé que la communication au ministère public est prouvée par la mention qui en est faite aux qualités de l'arrêt, sans opposition, ou sans que l'opposition formée contre ces qualités ait été soutenue, et que, par suite, la vacation à laquelle elle donne lieu est due (Req. 6 mai 1867, aff. Chédot, D. P. 68. 1. 173).

**170.** — 9° *Frais de voyage.* — L'affirmation faite au greffe par la partie, conformément à la prescription de l'art. 146 du tarif, doit être présumée sincère; mais on ne saurait admettre que cette présomption ne puisse être détruite par la preuve contraire; seulement, il faudrait pour cela une preuve positive, et il ne saurait suffire de simples allégations, quelque vraisemblables qu'elles fussent d'ailleurs (Boucher d'Argis et Sorel, *op. cit.*, v° *Voyage des parties*,

p. 702; Rousseau et Laisney, *op. cit.*, v° *Voyage des parties*, n° 4). Lorsqu'il s'agit d'un voyage forcé, cette preuve contraire paraît impossible.

**171.** La partie sommée de comparaître en justice aurait évidemment droit à la taxe, alors même que le voyage aurait été utilisé par elle pour d'autres intérêts. — Il a été jugé que l'indemnité attribuée à la partie qui s'est présentée devant le juge, en exécution d'un jugement ordonnant sa comparution personnelle et qui a affirmé avoir fait le voyage exprès pour obéir à la justice, ne peut lui être refusée, sous le prétexte que ce voyage aurait été déterminé par d'autres motifs ou utilisé pour d'autres intérêts. (Civ. cass. 26 juill. 1852, aff. Fumouze, D. P. 52. 1. 298) ; — Que l'indemnité de voyage ne peut être refusée à la partie qui a régulièrement affirmé au greffe avoir fait le voyage dans la seule vue du procès, sous le prétexte que ce voyage aurait été déterminé par d'autres motifs, alors, d'ailleurs, que cette allégation n'est appuyée d'aucune preuve (Paris, 16 mars 1880, aff. Hesse, D. P. 80 2. 183).

**172.** L'indemnité pour frais de voyage n'est due qu'à la partie qui voyage elle-même. Conformément à ce principe exposé au *Rép.* n° 242, il a été jugé : 1° que l'indemnité pour frais de voyage accordée par l'art. 146 du tarif n'est due qu'à la partie qui a fait le voyage elle-même, et, par suite, ne peut être réclamée par l'héritier de cette partie, décédée au lieu de l'instance, alors que cette instance n'a pas été reprise au nom de cet héritier, et cela encore bien que celui-ci aurait, depuis le décès de son auteur, suivi le procès et assisté aux plaidoiries (Amiens, 29 nov. 1855, aff. Debary, D. P. 56. 2. 246) ; — 2° Que l'indemnité pour frais de voyage, allouée par l'art. 146 du tarif, n'est due qu'à la partie qui voyage elle-même, et non à celle qui voyage par mandataire (Bordeaux, 28 août 1856, aff. Guillot, D. P. 56. 1. 232).

**173.** Les frais de voyage ne sont dus qu'autant que le voyage a eu lieu avant le jugement (*Rép.* n° 244 ; Boucher d'Argis et Sorel, *op. cit.*, v° *Voyage des parties*, p. 703 ; Rousseau et Laisney, *op. cit.*, v° *Voyage des parties*, n° 9).

**174.** Contrairement à l'opinion émise au *Rép.* n° 241, et adoptée par MM. Boucher d'Argis et Sorel, *op. cit.*, v° *Voyage des parties*, p. 703 ; Chauveau et Godoffre, *op. cit.*, n° 892, p. 287 ; Rousseau et Laisney, *op. cit.*, v° *Voyage des parties*, n° 9), il a été jugé que les frais de voyage doivent comprendre les frais de séjour dans le lieu où se juge le procès (Trib. civ. de Bordeaux, 15 mai 1867, aff. Gontié, D. P. 67. 3. 46).

**175.** Les frais de retour sont compris dans l'indemnité de 3 fr. par myriamètre (*Rép.* n° 240 ; Boucher d'Argis et Sorel, *op. cit.*, v° *Voyage des parties*, p. 704 ; Rousseau et Laisney, *op. cit.*, v° *Voyage des parties*, n° 9. — *Contra* : Chauveau et Godoffre, *op. cit.*, n° 893, p. 287). C'est le domicile de la partie qui doit servir de point de départ pour le calcul des myriamètres (*Rép.* n° 245). MM. Chauveau et Godoffre estiment que, dans certains cas, la distance doit être calculée sur le lieu de la résidence. « En thèse, disent ces auteurs, *op. cit.*, n° 894, p. 288, l'indemnité de voyage n'est en réalité qu'un remboursement : il faut donc qu'elle soit égale à la somme déboursée pour le voyage, et c'est cette considération sur laquelle nous nous fondons pour accorder à un étranger ses frais de voyage, à raison de la distance parcourue depuis son domicile et non pas seulement à partir de la frontière. — Prendre toujours pour limite le domicile légal, ce serait aboutir quelquefois à des conséquences fort extraordinaires ; ainsi, la femme séparée de corps, quoique continuant, d'après une opinion assez répandue, d'avoir son domicile légal chez son mari, peut néanmoins résider où bon lui semble, et par conséquent elle ne pourrait jamais obtenir une indemnité de voyage, lorsque le tribunal saisi serait celui du domicile de son mari, circonstance qui se présenterait toujours quand elle serait seule défenderesse. Il faut admettre que l'indemnité doit être calculée d'après la distance existant entre le tribunal saisi et le lieu habité ; mais il appartiendra aux tribunaux d'apprécier les circonstances qui devront constituer la résidence proprement dite. Il est certain qu'on ne devrait pas considérer comme résidence le séjour purement accidentel que pourrait faire un plaideur dans un lieu autre que celui de son domicile légal » (V. en ce sens Rousseau et Laisney, *op. cit.*, v° *Voyage des parties*, n° 11).

**176.** La question de savoir si un étranger appelé en France par un procès avec un Français a droit à l'indemnité de voyage à partir du lieu de son domicile situé en pays étranger est controversée. Le système, qui admet l'affirmative, se fonde : sur la généralité des termes de l'art. 146 ; sur la volonté présumée de la loi qui, en ouvrant aux étrangers l'accès des tribunaux français, a dû leur assurer, dans le cas où ils sont obligés de se rendre en France pour surveiller leurs intérêts, le droit qu'elle accorde à toute partie d'être intégralement remboursée de ses frais de voyage ; sur l'impossibilité, d'une part, de distinguer à cet égard entre l'étranger et le Français établi en pays étranger, et, d'autre part, de refuser à ce dernier le bénéfice d'une disposition qui régit tous les Français ; enfin, sur les règles de l'équité, qui seraient méconnues si l'étranger était placé dans l'alternative, ou de perdre des frais de voyage plus considérables peut-être que le montant de sa créance, ou de renoncer à se transporter dans le lieu où siège le tribunal qui doit le juger, malgré l'utilité ou la nécessité même qu'il pourrait y avoir à ce qu'il se trouvât présent (Rivoire, *op. cit.*, p. 364, n° 7 ; Chauveau et Godoffre, *op. cit.*, t. 1, p. 288, n° 895). Il a été jugé en ce sens : que les frais de voyage sont dus à raison de la distance à parcourir depuis le point de départ jusqu'au lieu de l'arrivée, même quand la partie est domiciliée à l'étranger (Paris, 17 août 1866, aff. Candelot, D. P. 68. 2. 183 ; — Que les frais de voyage doivent être admis en taxe à raison de la distance parcourue depuis le point de départ jusqu'au point d'arrivée, bien qu'ils s'appliquent en partie à un trajet fait hors de France (Paris, 16 mai 1880, aff. Hesse, D. P. 80. 2. 185).

D'après une interprétation plus généralement admise en jurisprudence comme en doctrine, et qui a été adoptée au *Rép.* n° 246, l'indemnité de voyage allouée par l'art. 146 du tarif ne doit être calculée qu'à raison de la distance parcourue, par l'étranger ou par le Français résidant en pays étranger, entre la frontière de France et le lieu où siège le tribunal (Bonnesœur, *op. cit.*, p. 207 ; Bioche, *op. cit.*, v° *Voyage des parties*, n° 15 ; Rousseau et Laisney, *op. cit.*, v° *Voyage des parties*, n° 12 ; Boucher d'Argis et Sorel, *op. cit.*, v° *Voyage des parties*, p. 703). — Cette doctrine se défend par des considérations moins libérales peut-être que la première mais plus juridiques. Le bénéfice de la loi française ne saurait être revendiqué par l'étranger plaidant devant les tribunaux français ; que sur le territoire même de la France ; cette loi n'a pas à le protéger dans son propre pays. Sous notre ancienne législation, les coutumes de chaque province n'ayant pas force de loi que dans l'étendue de la province même, c'était seulement à partir de la limite de cette province que commençait à se calculer la distance parcourue (V. Jousse, *Commentaire de l'ordonnance de 1667*, t. 2, p. 545). De même aujourd'hui, ce n'est qu'à raison de la distance entre la frontière française et le siège du tribunal saisi de la contestation que doit se calculer l'indemnité de voyage allouée au plaideur étranger. L'art. 146 du décret de 1807, en prenant pour base de cette indemnité le nombre de myriamètres parcourus, indique lui-même que ce décret n'a pas entendu déroger aux principes de l'ancienne jurisprudence, car une telle mesure ne peut s'appliquer qu'au territoire continental de la France, et si le législateur avait voulu tenir compte de la distance parcourue en dehors de ce territoire, il aurait adopté des mesures spéciales et analogues, par exemple, à celles que l'art. 73 c. proc. civ. a admises en ce qui concerne les délais de l'ajournement. Ce que l'on décide à l'égard de l'étranger s'applique du reste au Français en résidence en pays étranger, parce que, pour celui-ci comme pour l'étranger lui-même, la loi française ne commence à être exécutoire qu'à partir de la frontière. Quant à l'objection tirée du préjudice que peut causer à l'étranger cette application restrictive du tarif, ne perd-elle pas toute sa force si l'on met en balance, avec ce préjudice de dommage que pourrait éprouver le Français qui, en cas d'insuccès dans la lutte qu'il soutiendrait contre un étranger, aurait à supporter des frais de voyage hors de proportion avec la valeur de l'objet en litige? — Il a été jugé : 1° que l'indemnité pour frais de voyage accordée à la partie par l'art. 146 du tarif n'est due, lorsque cette partie est domiciliée hors de France, qu'à raison de la distance parcourue entre la frontière française et le siège du tribunal, et non à la raison de la distance entre le domicile de la partie et la ville du tribunal français (Bordeaux, 26 août 1856, aff. Dwigt, D. P. 57. 2. 8 ; 28 août 1855, aff. Collens, *Recueil des arrêts de la cour*, 1855, p. 401 ; Trib. civ. de Bordeaux, 13 mai 1867, aff. Gontré, D. P. 67. 3. 46) ; — 2° Qu'en pareil cas la distance doit être mesurée sur la voie de communication la plus directe et la plus courte, sans égard au mode de transport et à la direction adoptés par la partie (Arrêt précité du 26 août 1859). « Cela est vrai en principe, disent MM. Chauveau et Godoffre, *op. cit.*, n° 896, p. 291, mais nous croyons qu'on devrait calculer la distance d'après le chemin de fer suivi comme le plus direct, et non d'après les routes à relais de poste bien que celles-ci fussent plus courtes ». Mais, contrairement à un arrêt de la cour d'Aix, du 16 févr. 1865 (1), il a été jugé que, si la distance parcourue sur le sol étranger au territoire continental ne doit pas être comptée pour l'établissement des frais de voyage, il n'en est pas de même alors que cette distance a été parcourue d'un point du sol colonial français au territoire de la France (Agen, 23 janv. 1867, aff. De Corneillan, D. P. 68. 5. 242).

**477.** La partie, au cas de voyage forcé, n'a pas droit aux frais de transport, comme un témoin, mais seulement à une taxe égale à celle d'un témoin (*Rép.* n° 247. — *Contrà* : Boucher d'Argis et Sorel, *op. cit.*, v° *Voyage des parties*, p. 707 ; Chauveau et Godoffre, *op. cit.*, n° 897, p. 291). Ces auteurs estiment que, puisque la partie est assimilée par l'art. 146, à un témoin, elle doit être traitée de même.

**478.** Conformément à l'opinion adoptée au *Rép.* n° 248, il a été jugé que la partie qui, obéissant à un jugement ordonnant sa comparution personnelle, a fait un premier voyage, ne peut plus réclamer une indemnité pour un second voyage effectué volontairement (Bordeaux, 23 août 1865, aff. Tabouis, *infrà*, n° 212). Cette solution est critiquée par MM. Boucher d'Argis et Sorel. « Nous ne croyons pas, disent ces auteurs, *op. cit.*, v° *Voyage des parties*, p. 707, que cette opinion soit fondée et nos motifs sont : 1° que des événements ultérieurs, même le désir bien légitime d'assister au jugement, ont pu rendre le second voyage nécessaire ; 2° que la défense d'allouer plus d'un voyage ne concerne que les voyages volontaires, parce qu'on n'a pas voulu que la partie pût grever son adversaire de tous les voyages, même non indispensables, qu'il lui plairait de faire ; 3° que, de même qu'on ne peut refuser à la partie l'indemnité du voyage forcé qu'elle a fait, quoiqu'il ait eu lieu après un premier voyage volontaire, de même on ne peut lui refuser celle du voyage volontaire, quoiqu'il ait été fait après le voyage forcé ; 4° et enfin, qu'on ne peut créer une exception que les rédacteurs du tarif n'ont pas cru devoir faire ».

**479.** L'affirmation n'est pas nécessaire en cas de voyage forcé et les frais qu'elle a occasionnés ne doivent pas passer en taxe (*Rép.* n° 249 ; Bordeaux, 23 août 1865, aff. Tabouis, *infrà*, n° 212 ; Boucher d'Argis et Sorel, *op. cit.*, v° *Voyage des parties*, p. 707 ; Chauveau et Godoffre, *op. cit.*, n° 898, p. 291. V. cependant, Civ. cass. 26 juill. 1852, aff. Fumouze, D. P. 52. 1. 298).

**480.** — 10° *Droit du posé des qualités*. — Il est d'usage d'assimiler le jugement qui donne acte du posé des qualités aux jugements portant remise de cause ou indication de jour (V. *Rép.* n° 250 ; Rivoire, *Dictionnaire du tarif*, p. 170, n° 4 ; Boucher d'Argis et Sorel, *op. cit.*, v° *Posé des qualités*, p. 456 ; Sudraud-Desisles, *Manuel du juge taxateur*, p. 64, n° 850 ; Chauveau et Godoffre, *op. cit.*, n° 945, p. 306 ; Bonnesœur, *Manuel de la taxe*, p. 113 ; Fons, *Tarifs annotés*, p. 186, n° 3). — Il a été jugé qu'il est dû à l'avoué un droit d'assistance au jugement ou arrêt qui a reçu les conclusions

et donné acte du posé des qualités, même dans le cas où ces formalités, ayant été répétées plus tard, se trouvent constatées par une autre décision pour laquelle un droit distinct d'assistance a été alloué, pourvu cependant qu'on ne puisse imputer ni à l'avoué ni aux parties ce renouvellement de procédure (Bordeaux, 3 mars 1858, aff. Fénelon, D. P. 59. 2. 173).

**481.** — 11° *Droit d'assistance des avoués aux jugements et plaidoiries.* — On a soutenu au *Rép.* n° 254, qu'il est dû aux avoués un droit d'assistance au jugement, soit pour le cas où, les plaidoiries ayant été closes, et le ministère public entendu à une audience précédente, l'affaire ne revient à l'audience que pour le prononcé du jugement ou de l'arrêt, soit pour le cas où l'affaire revient pour les conclusions du ministère public. Conformément à cette théorie, il a été jugé que, dans le cas où le jugement n'a pas été prononcé à l'audience où les plaidoiries ont été entendues, mais à une autre audience fixée à cet effet, il est dû à l'avoué un droit d'assistance au prononcé du jugement (Bordeaux, 3 mars 1858, aff. Fénelon, D. P. 59. 2. 173. V. en ce sens : Rousseau et Laisney, *op. cit.*, t. 8, p. 675 ; Raviart, *op. cit.*, v° *Matières ordinaires*, n° 61 ; Chauveau et Godoffre, *op. cit.*, n° 969, p. 315). Mais ces auteurs appliquent avec raison l'art. 86 du tarif et non, comme la cour de Bordeaux, l'art. 85 dont l'émolument plus élevé ne peut être accordé que pour l'assistance aux jugements sur délibéré et instruction par écrit. (Conf. Boucher d'Argis et Sorel, *op. cit.*, v° *Assistance en matière ordinaire*, n° 3).

**482.** Le droit d'assistance est dû à l'avoué encore que ce soit la partie elle-même qui ait plaidé sa cause. (*Rép.* n° 253, Chauveau et Godoffre, *op. cit.*, n° 967, p. 315).

**483.** Le droit est dû pour les jugements préparatoires et interlocutoires. Mais il n'est pas dû pour les jugements rendus sur requête et sans contradiction (V. *Rép.* n° 254 ; Chauveau et Godoffre, *op. cit.*, t. 4, n° 1110, p. 352 ; Raviart, *op. cit.*, v° *Matières ordinaires*, n° 60).

**484.** Il est dû à l'avoué autant de droits d'obtentions de jugements qu'il a de clients ayant des intérêts distincts (Chauveau et Godoffre, *op. cit.*, t. 4, p. 315, n° 968).

**485.** Il est dû à l'avoué autant d'émoluments pour assistance aux plaidoiries qu'il y a eu d'audiences consacrées à l'audition des plaidoiries (Bordeaux, 3 mars 1858, aff. Fénelon, D. P. 59. 2. 173). Les termes du tarif paraissent formels à cet égard, et c'est à tort que M. Sudraud-Desisles, *op. cit.*, p. 69, n° 205, émet l'opinion que le droit pourrait être refusé si les plaidoiries n'avaient occupé qu'une faible partie de l'audience (Chauveau et Godoffre, *op. cit.*, n° 971, p. 318 ; Boucher d'Argis et Sorel, *op. cit.*, v° *Assistance en matière ordinaire*, n° 2).

**486.** — 12° *Qualités de jugements* (*Rép.* n°° 255 et suiv.). — Il a été jugé que lorsque l'avoué de l'appelant refusé de plaider, et les avoués des intimés prennent des conclusions tendant toutes également au maintien du jugement, le caractère dominant de la décision qui intervient sur ces conclusions est celui d'un arrêt de défaut faute de plaider ; que, par suite, il ne doit être passé en taxe pour les plaidoiries et l'établissement des qualités que les droits fixés pour les arrêts par défaut (Nîmes, 3 janv. 1855, aff. Roche, D. P. 55. 2. 82). Sans doute, en pareil cas, l'arrêt n'est pas rendu par défaut à l'égard des intimés entre eux, puisqu'ils ne pourraient pas y former opposition les uns vis-à-vis des autres ; mais ce n'est pas à ce point de vue que le caractère de l'arrêt doit être apprécié, lorsqu'il s'agit de la liquidation des dépens ; c'est uniquement dans le rapport des intimés à l'appelant, car il n'y a eu de condamnation

---

(1) (Collin C. Regnault.) — Le sieur Collin, ayant succombé dans une instance engagée entre lui et le sieur Regnault a été condamné aux dépens par arrêt de la cour d'Aix du 16 août 1864. Au cours de l'instance, le sieur Regnault avait fait d'Alger à Aix, un voyage en vue du procès. Les frais, s'élevant à 250 fr., ont été compris dans les dépens taxés. Opposition a été formée à la taxe par le sieur Collin, qui a soutenu que l'on ne devait allouer comme frais de voyage que ceux relatifs à la distance entre le lieu du département sur le continent et le siège de la cour d'appel. — La cour ; — Attendu qu'en édictant l'art. 446 du tarif civil, le législateur a eu seulement pour objet, ainsi que l'indique la base d'évaluation par lui adoptée, les débours de voyages qui s'accomplissent sur le continent français ; — Attendu que

les partisans du système adverse ne contestent pas formellement le mérite de cette appréciation, et soutiennent leur système par des motifs d'équité ; — Attendu que le tarif est une loi d'exception qui vit de sa lettre et de son sens littéral, qui, par sa nature même, repousse les extensions ainsi que les analogies, dont les lacunes doivent être acceptées par le juge, surtout lorsque, comme dans l'espèce actuelle, il est facile, de l'aveu de tous, d'y suppléer par des conclusions en dommages-intérêts ; — Retranche de la taxe la différence entre les frais de voyage depuis Alger jusqu'à Marseille ou Toulon et les 250 fr. alloués, etc.

Du 16 févr. 1865. C. d'Aix. 2° ch. MM. Poiroux, pr. Lescouvé, av. gén. Arnault, av.

aux dépens que contre celui-ci au profit de tous les intimés demandant de concert le maintien du jugement. Or, envisagé ainsi, l'arrêt confirmatif n'est évidemment qu'un arrêt par défaut.

**187.** Il a été jugé qu'un droit est dû pour la rédaction des qualités d'un jugement prescrivant une enquête en matière de séparation de corps, alors même que cette enquête n'a pas lieu par suite de la réconciliation des époux, si l'avoué n'a été averti de cette réconciliation que plusieurs jours après le jugement; la rédaction des qualités ne constitue pas, dans ces circonstances, un acte frustratoire (Req. 23 mars 1875) (1).

**188.** — 13° *Droit de copie de pièces* (*Rép.* n°² 262 et suiv.; *suprà*, v° *Copie de pièces*, n°² 10 et suiv.; — *Rép.* eod. v°, n°² 41 et suiv.). — L'opinion soutenue par MM. Chauveau et Godoffre *op. cit.*, t. 1, n°² 826 et suiv., p. 254 et suiv., que les avoués ont droit à l'émolument réglé par le paragraphe 2 de l'art. 72 et par l'art. 89 du tarif, et non pas seulement à l'allocation fixée par l'art. 28 a été consacrée par la jurisprudence. Il a été jugé que l'art. 28 du décret du 16 févr. 1807, qui fixe à 25 cent. à Paris, et ailleurs à 20 cent., par chaque rôle d'expédition, le droit dû pour copie de tous actes signifiés avec les exploits des huissiers, s'applique au cas où ces copies sont faites par les huissiers, et non à celui où, en vertu de la faculté résultant du même article, elles sont faites par des avoués; que, dans ce dernier cas, le droit est établi pour les avoués de première instance, par l'art. 89 du décret, qui le fixe à 30 cent. à Paris, et à 25 cent. dans le ressort, et, pour les avoués d'appel, par l'art. 147, qui augmente ce droit de moitié, et l'élève ainsi à 45 cent. à Paris, et à 0 fr. 375 dans le ressort; on objecterait vainement que l'art. 89 où sont visés les art. 156 et 157 c. proc. civ., doit, par l'effet de cette relation, être limité aux jugements ou arrêts par défaut, et que la signification des jugements ou arrêts contradictoires reste taxée pour les avoués, comme elle l'est pour les huissiers, à qui ils se trouvent alors simplement substitués quand ils usent de leur droit de concours (Civ. cass. 23 avr. 1836, aff. Farel O'Reilly, D. P. 36. 1. 214). Si l'auteur de l'ordonnance, en visant au commencement de l'art. 89 les art. 156 et 157 c. proc. civ., avait voulu restreindre sa disposition aux seules décisions par défaut, il eût à coup sûr dit dans l'article : « pour signification de tout jugement *par défaut* à avoué ou à domicile », au lieu de se borner à dire « pour signification de *tout jugement* ». Quant au motif tiré de ce qu'après le jugement contradictoire qui a mis fin à l'instance, l'avoué n'a plus de mandat pour agir en qualité d'avoué, il se trouve réfuté par la jurisprudence qui décide que la signification du jugement qui a mis terme à l'ins-

tance fait partie intégrante de cette instance, attendu que ce jugement n'est censé exister qu'après sa signification, d'après la règle *paria sunt non esse et non significari*. De là il suit que, pour cette signification, l'avoué, loin de pouvoir être considéré comme un simple particulier, doit être regardé comme revêtu du même caractère officiel que l'huissier, pour faire cumulativement avec lui les copies à signifier avec l'exploit qui introduit l'instance et avec l'exploit de signification du jugement qui la termine (V. en sens contraire : Boucher d'Argis et Sorel, *op. cit.*, v° *Copie de pièces*, p. 171).

**189.** Le droit que le tarif accorde aux avoués de faire certaines copies de pièces concurremment avec les huissiers cesse lorsque la partie a formellement déclaré qu'elle voulait que ces copies fussent faites par l'huissier de son choix (Req. 8 juin 1852, aff. Avoués de Saint-Lô, D. P. 52. 1. 132). La liberté laissée à la partie de choisir entre l'avoué et l'huissier peut seule maintenir la concurrence que la loi a voulu créer entre eux, et ce n'est pas là porter atteinte aux attributions légales de l'officier ministériel dessaisi, puisqu'il s'agit d'un droit que l'officier ministériel, dont la partie a fait choix, partage avec lui. Dans ce système, qui nous paraît le plus simple et le plus rationnel, la préférence assurée au dépositaire de la pièce reposerait donc toujours sur la volonté de la partie, qui aurait présumée quand cette partie aura laissé le travail au dépositaire de la pièce, expresse, quand il lui aura paru plus opportun de désigner positivement celui auquel elle entend le confier. Il va sans dire que la partie doit user de son droit d'option avant que les copies soient dressées, puisque, si les copies se trouvaient faites, elles l'auraient été en exécution d'un mandat tacite qui, une fois accompli, serait inutilement révoqué. MM. Boucher d'Argis et Sorel, *op. cit.*, v° *Copie de pièces*, p. 174 et MM. Chauveau et Godoffre, *op. cit.*, n°² 828, p. 264 critiquent cette théorie. D'après ces auteurs, en raison tenant de la loi, le pourvoi de faire les copies de pièces qui doivent être signifiées dans le cours des instances dans lesquelles ils occupent, ne peuvent en être privés par la partie.

**190.** — 14° *Du droit d'article.* — Le droit de dix centimes est dû pour l'article qui termine l'état des frais et qui comprend l'émolument auquel l'avoué a droit pour le dressé de cet état (*Rép.* n° 269; Rousseau et Laisney, *op. cit.*, v° *Taxe*, n° 20. Le droit est également dû lorsqu'il ne s'agit pas de dépens adjugés par jugement ou arrêt, mais de frais réclamés avant que la contestation soit terminée (*Rép.* n° 268; Rousseau et Laisney, *op. cit.*, v° *Taxe*, n° 21; Chauveau et Godoffre, *op. cit.*, t. 2, n° 2643).

**191.** — 15° *Intérêts distincts.* — Il a été jugé que l'avoué qui occupe dans une instance pour plusieurs parties ayant des

---

(1) (Lepley C. Lumière.) — La cour; — Sur le premier moyen de cassation, tiré de la violation des art. 71, 72, 74, 151 et 152 du tarif du 16 févr. 1807; 104 et 142, c. proc. civ. : — A l'égard de l'art. 6 de l'état de frais contesté, relatif au placet; — Attendu qu'il est déclaré, en fait, par le jugement attaqué, que cet article représente un déboursé, et qu'il a été alloué seulement à ce titre; d'où il suit que maintenant cette allocation, le jugement n'a pu violer l'art. 152 du tarif et qu'il a fait, au contraire, une juste application des art. 67, dernier paragraphe, et 151, § 3, du même tarif; — A l'égard de l'art. 14 pour frais d'à-venir : — Attendu que l'à-venir et les conclusions dont il s'agit formant deux actes distincts par leur nature et par leur objet, le jugement a dit avec raison qu'ils avaient pu être signifiés séparément, et qu'en statuant ainsi, il n'a contrevenu à aucune loi; — A l'égard de l'art. 20, pour droit de qualités dressées : — Attendu qu'il résulte du jugement attaqué que l'avoué Lumière a été averti de la réconciliation survenue entre les époux Lepley que huit ou dix jours après la date du jugement du 21 août 1867; qu'ainsi la rédaction des qualités de ce jugement n'a point été un acte frustratoire, et qu'en maintenant dans ces circonstances l'allocation contestée, le tribunal d'Alençon n'a contrevenu à aucune loi; — A l'égard de l'art. 2, pour correspondance : — Attendu qu'il est déclaré, en fait, par le jugement attaqué, que l'avoué Lumière a plusieurs fois écrit à sa cliente, d'où il suit que l'allocation pour ports et correspondance a été justement maintenue; — A l'égard de l'art. 21, pour rédaction du mémoire de frais : — Attendu qu'en décidant que l'avoué avait eu le droit de présenter son mémoire de frais à la taxe du juge, le jugement attaqué n'a violé aucune loi; — Sur le second moyen de cassation, tiré : 1° de la fausse application de l'art. 1382 c. civ., et des art. 12 et 23 de la loi du 17 mai 1819; 2° d'un excès de pouvoirs et de la violation des art. 130 c. proc.

civ. ; 1350, 1351, 1202 et 1213 c. civ. : — Sur la première branche de ce moyen : — Attendu qu'il a été reconnu, en fait, par le jugement attaqué, que l'action intentée par lesdits demandeurs n'a pas eu d'autre but et d'autre intérêt que de faire du scandale, de satisfaire une vengeance personnelle et de chercher à porter atteinte à l'honorabilité de l'officier ministériel, qu'enfin ils ont accompagné leurs critiques d'imputations injustes et malveillantes; — Attendu qu'en prononçant, dans ces circonstances, une condamnation à titre de dommages-intérêts contre les demandeurs, le tribunal, loin de violer les textes visés au pourvoi, en a fait au contraire une juste application; — Sur la deuxième branche :... — Sur la troisième branche : — Attendu que le tribunal d'Alençon a pu, sans violer l'art. 130 c. proc. civ., d'une part, faire entrer dans la disposition qui partageait la condamnation aux dépens entre les parties, la totalité des frais de l'instance d'Alençon, bien que pour une très minime partie les réclamations des époux Lepley fussent admises par le jugement, d'autre part, comprendre dans la même masse de dépens ceux du jugement sur fin de non-recevoir du 11 août 1873, qui avaient été réservés par une disposition de ce jugement lui-même; — Sur la quatrième branche : — Attendu qu'il résulte des appréciations souveraines du jugement attaqué, que la condamnation à titre de dommages-intérêts prononcée contre les demandeurs est motivée par des faits quasi-délictueux, dont chacun d'eux était à la fois personnellement et simultanément responsable; que, dès lors, le tribunal a pu prononcer la solidarité, sans violer les art. 1202 et 1213 c. civ., invoqués par le pourvoi;

Par ces motifs, — Rejette.

Du 23 mars 1875.-Ch. req.-MM. de Raynal, pr.-Sallé, rap.-Babinet, av. gén.-Costa, av.

intérêts distincts, quoique non opposés, a le droit d'établir pour chacune d'elles, un dossier particulier et un état de frais séparé; que, spécialement, il en est, ainsi lorsque, malgré l'identité des conclusions, les moyens de défense ne sont pas les mêmes, et qu'une solution différente pourrait intervenir vis-à-vis de chacune des parties (Douai, 6 mars 1877, aff. Anckart, D. P. 78. 2. 224. Ces solutions se justifient, si l'on se place seulement au point de vue de l'équité, car il est juste que la rémunération soit en rapport avec le travail, et la diversité des moyens a dû nécessiter une instruction particulière, et des soins spéciaux pour chaque affaire. Toutefois, on peut remarquer que le tarif n'accorde qu'un droit de consultation à l'avoué d'appel pour chaque cause, même s'il y a plusieurs appelants ayant des intérêts distincts (V. Rép. nos 544 et suiv.; Conf. Dutruc, op. cit., v° Frais et dépens, nos 180 et suiv.).

ART. 3. — Formalités pour parvenir à la taxe. — Mode de recours (Rép. nos 270 à 292).

**192.** — I. POUVOIRS DU JUGE TAXATEUR. — Les dispositions du deuxième décret du 16 févr. 1807 relatives à la liquidation des dépens s'appliquent aux juges de paix (Req. 8 juin 1864, aff. Ravier, D. P. 65. 1. 67). Les dépens qui ont été exposés devant leur tribunal sont liquidés par eux. Il a été jugé que le commandement, signifié en vertu d'un jugement du juge de paix à fin de payement des frais mis à la charge de la partie condamnée est nul, si ces frais, au lieu d'être liquidés par le juge de paix, l'ont été incompétemment par le président du tribunal; peu importe d'ailleurs que la partie condamnée n'ait pas réclamé contre la taxe et même ait fait offres réelles du montant de cette taxe, si en même temps elle a protesté contre le commandement et s'est réservé d'en demander la nullité (Angers, 12 avr. 1866, aff. Famin, D. P. 66. 2. 111).

**193.** En matière ordinaire, les dépens sont liquidés par l'un des juges qui ont assisté au jugement. « On ne doit pas, à peine de nullité, dit M. Garsonnet (op. cit., t. 3, p. 369), confier la taxe à un juge qui, n'ayant pas connu de l'affaire, pourrait taxer à son insu des frais frustratoires ou qui n'auraient pas été faits ». Il a été jugé que le juge-commissaire seul a le droit de procéder à la taxe des frais d'expédition et de signification des jugements rendus sur contredit qui constituent des frais de poursuite d'ordre (Nîmes, 16 juill. 1861, infra, n° 206). Cette solution ne nous paraît pas exacte. Aux termes de l'art. 261 c. proc. civ. le jugement rendu sur contredit contient liquidation des frais. Les frais d'expédition

et de signification du jugement font évidemment partie des dépens de la contestation et ne constituent pas des frais de poursuite d'ordre (V. Rép. v° Ordre entre créanciers, nos 766 et suiv.). Décidé que les frais et honoraires d'un séquestre judiciaire doivent être taxés par le juge qui a statué sur le litige, et non par le juge qui a nommé le séquestre (Angers, 12 févr. 1868, aff. Jollivet, D. P. 71. 1. 136). Il semble, en effet, que la taxe des frais et honoraires du séquestre judiciaire doive appartenir à la juridiction saisie du litige au moment où le séquestre prend fin.

**194.** Le juge taxe chaque article en marge de l'état, d'après les indications du tarif et sans donner de motifs, réduit les demandes exagérées, rejette les actes frustratoires et ceux dont l'existence n'est pas justifiée, arrête et signe le total de chaque article, met le taxé sur chaque pièce justificative et paraphe (Décret du 16 févr. 1807, art. 4; Rép. n° 277). Il a été jugé que le refus de communication des actes d'une procédure passée en taxe ne peut autoriser le rejet de la taxe alors que la partie a en main la copie de ces actes, et se trouve ainsi à même d'en vérifier l'exactitude (Req. 6 mai 1867, aff. Chédot, D. P. 68. 1. 173).

Il a été jugé que le juge taxateur qui a rendu à l'avoué le dossier et l'état taxé ne peut exiger, alors que les intéressés ne font aucune réclamation, la représentation de ces documents, dans le but de faire une nouvelle taxe ou de faire reviser la première par le président; que cette règle s'impose notamment s'il s'agit d'une taxe dont le montant devra être inséré dans un jugement d'adjudication; qu'il importe peu d'ailleurs que le jugement dans lequel se trouve mentionné le chiffre des frais taxés renferme la mention sauf taxe; cette réserve n'empêche pas que la taxe ne soit définitive, tant qu'elle n'a pas été attaquée par les intéressés (La Martinique, 9 mars 1868, rapporté infrà, n° 212).

**195.** Le droit de recourir à la taxe est d'ordre public; et tant que la taxe n'a pas été faite dans les formes légales, la partie peut demander qu'il y soit procédé nonobstant tout règlement ou payement amiable (Civ. cass. 9 janv. 1872, aff. Dame Lepley, D. P. 72. 1. 5. V. aussi Paris, 17 mai 1866) (1).

**196.** — II. TAXE EN MATIÈRE SOMMAIRE. — En matière sommaire, la liquidation des dépens doit être faite par le jugement ou l'arrêt qui les a adjugés; il y aurait donc excès de pouvoir de la part du magistrat qui, seul, en pareille matière, liquiderait un état de frais et ordonnerait la délivrance d'un exécutoire (Rép. n° 289; Nîmes, 11 mars 1867, aff. Savornin, D. P. 67. 2. 231). Le défaut d'insertion dans les jugements ou arrêts en matière sommaire de la liqui-

(1) (Malo C. Poittevin.) — Le 2 juin 1865, jugement du tribunal civil de Reims ainsi conçu : — « Attendu que, par acte, en date des 7 et 14 déc. 1856, Malo, notaire à Hautevillers, a procédé à l'adjudication volontaire des biens appartenant aux époux Poittevin, lesquels biens ont été vendus en plusieurs lots; — Attendu que les acquéreurs de ces lots ont, à l'exception de Patinet, payé à Malo les frais et honoraires qu'il leur a réclamés; — Attendu que, Malo étant décédé, son fils, après avoir demandé à Patinet le payement des honoraires qu'il prétend lui être dus par celui-ci s'adressa à la veuve Poittevin; — Que celle-ci déclare être prête à payer sur la représentation qui lui sera faite de la taxe totale des frais et honoraires de l'adjudication des 7 et 14 déc. 1856; — que Malo prétend, au contraire, n'avoir à lui justifier que la taxe des honoraires relatifs au lot adjugé à Patinet, et soutient qu'elle n'a ni droit ni intérêt à réclamer cette taxe pour le surplus de l'adjudication; — Attendu, en droit, qu'aux termes de l'art. 173 du décret du 16 févr. 1807, tous les actes du ministère des notaires autres que ceux énoncés dans les art. 168 et suiv., du même décret, notamment les partages et ventes volontaires, sont taxés par le président du tribunal de leur arrondissement suivant la nature et les difficultés que leur rédaction aura présentées; — Attendu que le magistrat taxateur ne saurait apprécier convenablement les difficultés de rédaction d'un acte de vente volontaire, et par suite, le temps et les soins qu'il a apportés, si la taxe de cet acte lui est demandée par fraction et sans qu'il ait à en examiner l'ensemble; — Attendu, en outre, que la taxe est d'ordre public; qu'elle peut, d'après une jurisprudence constante, être invoquée par les parties, encore bien qu'il y ait eu payement amiable fait par l'une d'elles; et que la question de savoir que devra profiter de la réduction des honoraires perçus, dans le cas où cette réduction aurait lieu, est complètement étrangère au notaire qui n'a point à la discuter, et doit d'autant

moins s'en occuper que son intervention, sur ce point, peut être attribuée à l'intérêt personnel; — Attendu, en fait, que la défenderesse, poursuivie par Malo fils à raison de la solidarité existant entre le vendeur et l'acquéreur pour le payement des frais d'acte, a intérêt et droit de savoir si Malo père n'a pas été déjà rémunéré pour la totalité de ses honoraires par ce qu'il a reçu des autres acquéreurs; — Que, dans ce cas, elle pourrait provoquer le rejet de la demande dont elle est aujourd'hui l'objet, sauf l'action contre elle desdits acquéreurs, qui se trouveraient subrogés aux droits de Malo père, puisqu'ils lui auraient payé la part proportionnelle du lot Patinet, dans la somme arbitrée pour honoraires par le magistrat; — Attendu, enfin, que la taxe de la totalité des frais des 7 et 14 déc. 1856 est d'autant plus nécessaire qu'au cours des plaidoiries il a été allégué, et non dénié, que Malo père a perçu un honoraire de 12 c. 1/2 pour 100, sur la totalité du prix de cette vente; — Quant à la demande reconventionnelle de la dame Poittevin; — Attendu qu'elle a trait à la taxe d'actes pour lesquels elle prétend avoir payé à Malo fils, le 23 août 1863, une somme de 905 fr. sans qu'il lui ait donné aucun détail, et sans que, compte lui ait été rendu d'une somme de 12 c. 1/2 pour 100, perçue par Malo père des acquéreurs des biens vendus par elle et son mari, suivant acte de ce notaire du 8 nov. 1857; — Attendu que cette demande s'appuie sur les principes qui viennent d'être énoncés, et qu'elle est d'autant plus recevable qu'il ne serait pas impossible que, tout compte fait, même les parties, la veuve Poittevin fût créancière plutôt que débitrice de Malo; — Par ces motifs, etc. ».

Appel par le sieur Malo.

LA COUR; — Adoptant les motifs des premiers juges. — Confirme, etc.

Du 17 mai 1866. — C. de Paris, 3e ch. — MM. Roussel pr. Senart, av. gén. Mathieu et Leblond, av.

dation des dépens n'entraine pas, on l'a dit au *Rép.* n° 274, la nullité de la décision, et ne peut fournir à son égard une ouverture à cassation. Il a été jugé : 1° que les dispositions réglant le mode de liquidation des frais en matière sommaire (dans l'espèce, en matière de règlement de prises d'eau), et prescrivant l'insertion de cette liquidation dans les arrêts et jugements qui auront adjugé les dépens, n'attachent pas la peine de la nullité à l'inobservation de cette formalité (Req. 16 juin 1884, aff. Lassalle, Bárthélemy et consorts, D. P. 85. 1. 151); — 2° Que le défaut d'insertion, aux jugements et arrêts rendus en matière sommaire, de la liquidation des dépens ne peut influer sur les dispositions qui ont statué au fond, et fournir à leur égard une ouverture à cassation (Req. 25 juin 1889, aff. Dhuicque, D. P. 90. 1. 420).

**197.** L'avoué peut obtenir un exécutoire lorsque la liquidation des dépens n'a pas été insérée dans l'expédition du jugement; mais la partie condamnée ne paye pas les frais de cet exécutoire: « Bien que les dispositions du code et du décret du 16 févr. 1807 relatives à l'insertion dans le jugement de la liquidation des dépens soient impératives, disent MM. Rousseau et Laisney, *op. cit.,* v° *Taxe,* n° 13, on ne peut refuser à l'avoué le moyen de se faire payer ses frais; il y aurait injustice à considérer comme une fin de non-recevoir l'inobservation des dispositions de la loi; mais d'un autre côté la partie adverse ne peut souffrir, au point de vue pécuniaire, de l'inobservation des dispositions de la loi et d'un fait qui lui est étranger; aussi, pour concilier tous les intérêts, décide-t-on que les frais de l'exécutoire, dans le cas qui nous occupe, ne doivent pas être supportés par la partie condamnée » (V. en ce sens Chauveau et Godoffre, *op. cit.,* t. 2, n° 2634; p. 45; Bioche, *op. cit.,* v° *Exécutoire des dépens,* n° 3; Dutruc, *op. cit.,* v° *Frais et dépens,* n°s 173 et suiv.). Il a été jugé que l'art. 1er du décret du 16 févr. 1807 exigeant qu'en matière sommaire la liquidation des dépens soit faite dans le jugement, et qu'à cet effet l'avoué qui a obtenu la condamnation remette dans le jour au greffier l'état des dépens adjugés, l'avoué qui ne s'est pas conformé à cette disposition doit supporter personnellement le coût des exécutoires et de leur signification que cette inobservation a rendus nécessaires (Civ. rej. 5 avr. 1870, aff. Waxin, D. P. 71. 1. 321. V. aussi Civ. cass. 4 juin 1850, aff. Veuve Encausse, D. P. 50. 1. 214).

**198.** Lorsque le jugement ne contient pas liquidation des dépens, il y a lieu de lever un exécutoire. On ne pourrait faire commandement sans cet exécutoire, ni en vertu du jugement, puisque les dépens n'y sont pas liquidés, ni en vertu de l'ordonnance de taxe qui ne constitue pas elle-même un titre exécutoire (Dutruc, *op. cit.,* v° *Frais et dépens* n° 175).

**199.** L'état des frais ne peut contenir que les frais faits au moment où intervient le jugement. Les dépens qui ne sont pas fixés à cette époque, par exemple, le coût de l'enregistrement, de l'expédition et de la signification, sont soumis à la taxe comme en matière ordinaire. Jugé que quoique les frais antérieurs au jugement rendu en matière sommaire soient taxés par le jugement lui-même, ceux de la levée et de signification du jugement ne doivent pas moins être l'objet d'une taxe nouvelle, laquelle sera donnée, comme en matière ordinaire, par l'un des juges du tribunal (Douai, 8 mars 1842, aff. de Beaumont, D. P. 54. 5. 404; Rousseau et Laisney, *op. cit.,* v° *Taxe,* n° 9; Boucher d'Argis et Sorel, *op. cit.,* v° *Taxe des dépens,* p. 655, note 6).

**200.** — III. Taxe en matière ordinaire. — On a exposé au *Rép.* n° 279, que les déboursés qui consistent en droit d'enregistrement ou de greffe ne peuvent être ni réduits, ni rejetés de la taxe; que si les droits perçus ne sont pas dus ou sont trop forts, c'est par une action principale que les parties doivent demander la restitution contre la régie ou le greffier. Il a été jugé, conformément à cette théorie, que les droits d'enregistrement payés par l'avoué ne peuvent en aucun cas être réduits par le juge taxateur; que seulement, si le receveur a fait une perception excessive, la partie à laquelle l'avoué réclame le remboursement de ces droits, est fondée à exiger de cet officier ministériel, à titre de réparation, qu'il fasse les démarches nécessaires pour obtenir la restitution de ce qui a été payé en trop (Orléans, 19 juin 1855, aff. Me Julienne, D. P. 56. 2. 120).

**201.** Pour ce qui concerne les frais dus aux avoués

et autres officiers ministériels par les parties pour lesquelles ils ont occupé, ou instrumenté, V. *Honoraires, Avoués, Avocats,* et *Rép.* eisd. v°s.

**202.** Les avoués, aux termes de l'art. 151, § 4 du tarif ne peuvent exiger de plus forts droits que ceux qui sont énoncés dans ce décret. « Il n'en faut pas conclure d'une façon générale, disent MM. Rousseau et Laisney, *op. cit.,* v° *Taxe,* n° 28, que tous les articles qui ne se réfèrent pas positivement à une disposition spéciale doivent être rejetés par le juge taxateur. Il est certain, en effet, qu'il y a dans le tarif des lacunes et des omissions, et l'on trouve, d'ailleurs, dans les lois postérieures, des cas que le tarif n'a certainement pas prévus; le juge doit alors consulter l'analogie et appliquer les dispositions qui ont le plus de rapport avec l'espèce qui lui est soumise ».

**203.** — IV. Recours contre la taxe. — Ainsi qu'on l'a dit au *Rép.* n° 917, et v° *Appel,* n°s 52 et suiv., l'exécutoire n'est pas susceptible d'appel; mais seulement d'opposition. L'appel contre l'exécutoire n'est recevable que s'il y a appel de quelques dispositions au fond.

La cour d'appel qui confirme le jugement de première instance ne peut réviser la taxe que s'il y a eu appel sur ce point. L'art. 472 c. proc. civ. dispose, d'une façon absolue, que si le jugement est confirmé, l'exécution appartiendra au tribunal dont est appel. Or la condamnation aux dépens de première instance étant prononcée par le jugement confirmé; et la taxe des dépens étant l'exécution de ce jugement, elle doit nécessairement appartenir au tribunal dont est appel (Boucher d'Argis et Sorel, *op. cit.,* v° *Taxe des dépens,* p. 649). Si la cour infirme, au contraire, elle a le droit de liquider à nouveau tous les frais jusque-là: « L'examen des juges d'appel (ou du juge taxateur), dit M. Hautefeuille, *op. cit.,* p. 266 doit également se porter sur les écritures faites en première instance, lorsque la taxe leur est soumise, ou qu'elle doit être faite par eux, par suite du jugement qui prononce sur le mérite de l'appel, comme dans le cas d'infirmation du jugement; parce que, dans le cas contraire, le jugement étant confirmé dans toutes ces dispositions, les juges d'appel ne peuvent s'emparer de la taxe, qui n'est que la suite ou l'accessoire du jugement confirmé, à moins que dans l'appel il ne fût question de la taxe des dépens » (V. en ce sens, Chauveau et Godoffre, *op. cit,* t. 2, p. 52, n° 2651). — Il a été jugé que la liquidation des frais est un accessoire de la condamnation aux dépens dont elle sert à déterminer la quotité, et, par conséquent, le jugement qui a prononcé cette condamnation; qu'elle suit donc le sort du principal, et que lorsque le jugement vient à être infirmé sur l'appel, elle se trouve mise à néant par voie de conséquence; qu'ainsi, dans ce cas, la juridiction supérieure à laquelle appartient l'exécution de son arrêt, est investie du droit de liquider à nouveau tous les frais faits jusque-là (Bordeaux, 27 août 1862, *infrà,* n° 342).

**204.** Le droit de former opposition à un exécutoire de dépens appartient aussi bien à la partie à laquelle on a dit au *Rép.* n° 918, que l'opposition doit être formée au nom de la partie, jamais au nom de l'avoué. Contrairement à cette doctrine, il a été jugé que l'avoué de la partie gagnante a qualité pour former opposition, vis-à-vis de la partie condamnée, à la taxe des frais qui lui sont dus, soit que la distraction en ait été prononcée à son profit, soit qu'il n'ait pas obtenu cette distraction; mais, que dans ce dernier cas, l'avoué ne peut agir qu'au nom de son client, et, sauf à celui-ci le droit de le désavouer, à raison du préjudice que pourrait lui causer l'opposition (Orléans, 19 juin 1855, aff. Me Julienne, D. P. 56. 2. 120. V. dans le même sens: Rousseau et Laisney, *op. cit.,* v° *Taxe,* n° 42. — *Contrà* : Chauveau et Godoffre, *op. cit.,* t. 2, p. 72, n° 2679).

**205.** Il a été jugé que l'avoué qui, après avoir obtenu la distraction des dépens, en exagère le chiffre, et succombe dans son opposition à la taxe, peut être condamné personnellement aux dépens de cette opposition, sauf son recours contre son client, si les frais réclamés sans droit ont été faits en exécution d'un mandat spécial de ce dernier (Nancy, 29 janv. 1870, aff. Corneført, D. P. 70. 2. 129).

**206.** La partie a qualité, aussi bien que l'avoué qui a occupé pour elle, pour faire taxer les dépens dus à cet officier ministériel, et pour former opposition à l'ordonnance de taxe qu'elle soutient avoir été rendue par un juge incompétent (Nîmes, 16 juill. 1861) (1).

**207.** L'opposition doit être dirigée contre la partie (Rép. n° 926. V. aussi Trib. Provins, 14 juin 1888, aff. Molleveaux, et sur pourvoi, Civ. cass. 23 juill. 1890, D. P. 91. 1. 127). — Mais il a été jugé que, dans le cas où il a été ordonné qu'il serait fait une masse de dépens, pour être supportés par chacune des parties dans certaines proportions, l'avoué qui forme personnellement opposition à la taxe de ses propres frais, doit mettre en cause les avoués des autres parties pour faire statuer sur son opposition contradictoirement avec eux (Orléans, 19 juin 1855, aff. M° Julienne, D. P. 56. 2. 120).

**208.** L'opposition doit être formée dans les trois jours de la signification à avoué avec citation, à peine de déchéance (Rép. n° 283). Il a été jugé que l'opposition à un exécutoire de dépens est nulle si elle n'a pas été formée dans les trois jours de la signification à avoué dudit exécutoire, avec citation à la partie (Orléans, 8 janv. 1864, aff. de Villemont, D. P. 64. 5. 197).

Il en est ainsi alors même que l'opposition ne porte pas sur la taxe elle-même, mais sur la validité de l'exécutoire et sur la question de savoir si l'avoué adverse, en obtenant cet exécutoire au nom de son client, n'a pas renoncé au bénéfice de la distraction des dépens (Besançon, 28 août 1871, aff. Ballay, D. P. 72. 2. 123).

**209.** L'acte d'opposition doit contenir sommation de comparaître en la chambre du conseil; si cette sommation était faite par acte séparé, les frais ne passeraient pas en taxe. Il n'est pas nécessaire que l'opposition soit motivée (Rousseau et Laisney, op. cit. v° Taxe, n° 53; Rép. n° 287).

**210.** Les juges de paix sont compétents pour statuer sur l'opposition à la taxe des dépens faits devant eux. On objecterait vainement que les magistrats taxateurs ne peuvent pas être juges du mérite de l'opposition formée à leur propre taxe; car c'est bien, comme juge taxateur que le juge de paix connaît de l'opposition formée à la taxe des dépens faits devant lui, c'est comme magistrat investi de la juridiction, en vertu de laquelle la condamnation aux dépens a été prononcée (Req. 8 juin 1864, aff. Ravier, D. P. 65. 1. 67);

---

(1) (Pinocelly et M° Bonhoure C. Dassin.) — Le 12 juin 1861 jugement du tribunal civil d'Orange ainsi conçu : — « Sur l'opposition dont il s'agit, en tant qu'elle a été formée par Pinocelly : — Attendu, en droit, que l'intérêt est la mesure des actions; — Attendu en fait, que Pinocelly n'avait aucun intérêt personnel à se pourvoir contre l'ordonnance de taxe du 7 avril dernier; que le rejet des frais qu'il a prononcé, et qui est en réalité la seule cause sérieuse de ladite opposition, ne pouvait évidemment faire grief qu'à M° Bonhoure seul, puisque le président taxateur n'avait repoussé la demande en allocation de ces mêmes frais, que parce qu'il les avait considérés comme frustratoires; que le défaut d'intérêt de la part dudit Pinocelly le rendait, dès lors, sans qualité pour attaquer ladite ordonnance, et que, par suite, ladite opposition, en tant qu'elle a été formée de son chef, doit être simplement rejetée comme irrecevable ; — Sur ladite opposition au regard de M° Bonhoure; — Attendu qu'aux termes de l'art. 4er du décret supplémentaire du 16 févr. 1807, la liquidation des dépens doit être faite, en matière sommaire, par les jugements et arrêts qui les ont adjugés ; — Attendu que les art. 761 et 765, c. proc. civ., ne font que l'application de cette disposition générale aux affaires d'ordre qui doivent être jugées comme sommaires ; — Attendu que cette même disposition n'est point exigée à peine de nullité, que l'art. 5 dudit décret prévoit même le cas où elle peut ne pas être exécutée; qu'alors les dépens, comme, il est du reste constamment et généralement pratiqué, doivent être taxés comme en matière ordinaire; le coût de l'exécutoire, s'il en a été délivré, devant demeurer à la charge de la partie qui a obtenu lesdits dépens; — Attendu que, suivant l'art. 2 du même décret, les dépens, en matière ordinaire, doivent être liquidés par un des juges qui ont assisté au jugement; — Attendu que la mission de taxer rentre essentiellement dans les détails du service intérieur dont le règlement appartient au président seul, qui peut à son gré la remplir personnellement ou la déléguer ; — Attendu que les exceptions à un principe général sont de droit étroit, et doivent être restreintes dans les limites qui leur ont été assignées par la loi ; — Attendu que, lorsque qu'aux termes de l'art. 759, c. proc. civ., les juges-commissaires aux ordres ont seuls exceptionnellement qualité pour liquider, sont exclusivement ceux de poursuite d'ordre proprement dits; que, dans ces frais, ne peuvent évidemment être compris les dépens exposés sur les jugements sur contredits, les coûts d'enregistrement, de qualités, d'expédition et de signification d'iceux, qui constituent essentiellement des dépens sur les contestations, dans le véritable sens légal, puisque ledit article dispose formellement que ces mêmes frais, qu'il précise ainsi suffisamment, doivent toujours être prélevés par préférence sur toutes autres créances, et que, d'après l'art. 766 du même code, les susdits dépens sur les contestations ne peuvent jamais, au contraire, sauf dans deux seuls cas prévus, être pris sur les deniers de l'adjudication; que la conséquence que la liquidation de ces mêmes dépens demeure soumise aux règles d'attributions, de compétence du droit commun, et qu'ainsi, le président qui a assisté au jugement qui a statué sur lesdites contestations a nécessairement qualité pour les taxer ; — Que la signification d'un jugement, suite naturelle de l'instance, se lie essentiellement et intimement au jugement lui-même ; — Que le magistrat qui a qualité pour liquider les dépens du jugement l'a donc nécessairement aussi pour tous les coûts de sa signification; que, d'ailleurs, l'ordre de compétence en cette matière, comme en toute autre, ne peut être laissé à l'arbitraire et dépendre de décisions judiciaires, mais est dans divers selon les espèces, parce qu'il est établi dans un intérêt général ; — Par ces motifs, repousse comme irrecevable l'opposition de Pinocelly; dit et déclare que le président taxateur a qualité pour rendre l'or-

donnance de taxe du 9 avril dernier; rejette en conséquence, comme mal fondée, la demande de M° Bonhoure en nullité de ladite ordonnance comme émanant d'un juge incompétent, etc. ». — Appel;

« La cour, Sur la question de qualité et du droit de Pinocelly de procéder par voie d'opposition à l'ordonnance de taxe du président du tribunal, comme incompétemment rendue, conjointement avec l'avoué Bonhoure ; — Attendu que la partie qui a donné mandat à un avoué d'occuper pour elle, est personnellement obligée à payer à cet avoué les dépens qu'il a exposés, sauf à les répéter contre la partie envers laquelle la condamnation a été prononcée ; — Qu'à ce titre, elle a intérêt et qualité pour faire taxer ses dépens, non moins que l'avoué lui-même, et pour s'opposer à l'ordonnance du juge-taxateur, si elle la considère comme étant incompétemment rendue ; — Qu'à ce titre, Pinocelly a été en droit, de former opposition à l'ordonnance de taxe du président du tribunal d'Orange qui donne lieu au litige, et d'associer son action à cet égard à celle de l'avoué Bonhoure; — Que c'est donc à tort que les premiers juges l'ont éconduit de l'instance en y maintenant l'avoué Bonhoure seulement, comme y étant seul intéressé. — Sur la question de compétence du président auteur de la taxe; — Attendu que cette question s'est élevée devant les premiers juges pour un double objet, à savoir les dépens exposés depuis le renvoi des parties à l'audience par le juge-commissaire, pour l'évacuation des contredits jusqu'à la prononciation du jugement, et les dépens exposés depuis cette prononciation, spécialement ceux de l'expédition et de la signification du jugement; — Attendu que c'est à bon droit que le président du tribunal d'Orange a statué sur les dépens exposés sur le contredit entre parties depuis le renvoi à l'audience jusqu'à la prononciation du jugement inclusivement ; — Qu'à cet égard sa compétence n'a pas été contestée devant la cour; — Sur les frais et de la signification du jugement sur contredits; — Attendu qu'il est naturel que l'appréciation de la légalité, de la convenance et de la quotité de cette dépense soit faite par le juge-commissaire plutôt que par tout autre magistrat; que c'est une première raison de penser que le législateur a voulu mettre cette appréciation dans ses attributions particulières ; — Attendu qu'il résulte des art. 759 et 765 c. proc. civ. que le juge a, quant à ce, une compétence toute spéciale, par dérogation au droit commun; qu'en effet, le juge-commissaire d'un ordre est, par rapport à cette procédure, le délégué immuable et le représentant du tribunal devant faire en cette matière tout ce qui est en dehors de la compétence naturelle du tribunal, qui épuise son droit quand il liquide et taxe les frais du jugement qu'il a rendu; — Qu'il n'est pas vrai de dire, particulièrement au point de vue de la taxe, au jugement sur contredit, que la signification se lie au jugement, et doit être confondue avec lui; — Qu'en effet, en cette matière comme en toute matière sommaire, le jugement doit porter liquidation des frais; ce qui exclut nécessairement les frais de signification, qui sont toujours des frais éventuels ; — Que de leur nature, et en matière d'ordre spécialement, ces frais ne sont autres que des frais de poursuites d'ordre qu'il appartient au juge-commissaire d'allouer et de taxer, par suite, aux termes des articles précités ; — Qu'il est encore moins vrai que, la signification s'identifie avec le jugement, lorsque le tribunal qui a rendu le jugement n'a pas, comme dans l'espèce, statué sur les frais de la levée de l'expédition et de la signification ; — Emendant, maintien Pinocelly dans l'instance ; déclare l'ordonnance du président du tribunal d'Orange incompétemment rendue, etc.

Du 16 juill. 1861.-C. de Nîmes.-1re ch.-MM. Liquier. pr.-Mestre, 1er av. gén., concl.-Rédarès, av.

De même il appartient aux tribunaux de commerce de statuer sur l'opposition à la taxe des dépens faits devant eux (V. Caen, 13 mars 1871, aff. Parquet et autres, D. P. 72. 5. 259).

**211.** L'instruction et le jugement des difficultés soulevées par l'opposition à l'exécutoire ont lieu en chambre du conseil (*Rép.* n° 930). Les décisions y sont prononcées en présence des parties ou de leurs avoués. La cour de cassation, s'appuyant sur cette considération que la procédure en chambre du conseil autorisée par le deuxième décret du 16 févr. 1807 n'est pas expressément prescrite à peine de nullité, déclare valables les jugements rendus sur cette matière en audience ordinaire surtout quand les parties intéressées ne relèvent aucun grief issu de cette forme de procéder ou y ont consenti. Il a été jugé en ce sens : 1° qu'en matière d'opposition à taxe, les décisions peuvent être prises et les instructions peuvent être faites en audience publique, suivant les circonstances dont les tribunaux sont les souverains appréciateurs; que la publicité ne peut qu'ajouter aux garanties de la procédure et du jugement en chambre du conseil (Req. 10 août 1863, aff. Durand, D. P. 63. 1. 475. V. aussi Civ. rej. 3 mars 1863, aff. Topino, D. P. 63. 1. 375); — 2° Qu'en matière d'opposition à une taxe de dépens, le jugement rendu en audience publique est valable, la procédure en chambre du conseil autorisée par le décret du 16 févr. 1807, n'étant pas prescrite à peine de nullité (Req. 8 juin 1864, aff. Ravier, D. P. 65. 1. 67); — 3° Que l'opposition à l'exécutoire des dépens peut être jugée en audience ordinaire, si toutes les parties y consentent (Caen, 16 déc. 1872, aff. Lalouel de Sourdeval, D. P. 76. 1. 197. V. aussi Lyon, 29 mars 1884, aff. Veuve Foray, D. P. 85. 2. 237, cité *infrà*, n° 276; Bioche, *op. cit.*, v° *Exécutoire de dépens*, n° 34; Rousseau et Laisney, *op. cit.*, v° *Taxe*, n° 56). Cette théorie paraît critiquable. Il n'est pas exact de dire, comme le fait l'arrêt du 10 août 1863, que la publicité admise en cette matière ne fait qu'ajouter aux garanties de la procédure et ne peut causer aucun grief ; c'est au contraire pour éviter cette publicité que la compétence de la chambre du conseil a été édictée. Le législateur a pensé qu'à raison de la nature des contestations que soulève l'opposition à exécutoire, des attaques plus ou moins vives qui peuvent être dirigées par les opposants contre les officiers ministériels ou des hommes chargés d'un mandat de justice, des débats publics pourraient présenter de graves inconvénients. Les règles relatives à la compétence de la chambre du conseil intéressent donc l'ordre public; dès lors leur violation semble une cause de nullité qui peut être relevée par les parties, en tout état de cause et même d'office. Conformément à cette doctrine, il a été décidé que l'attribution à la chambre du conseil des recours contre taxe est d'ordre public, et que le tribunal, saisi par assignation en audience ordinaire d'une opposition formée par des experts à une ordonnance de taxe, doit d'office se déclarer incompétent (Douai, 29 avr. 1868, aff. Lemetz et Stensmaght, D. P. 69. 2. 88. V. aussi Paris, 9 juill. 1859, aff. Lebon, D. P. 59. 2. 177; Paris, 27 nov. 1882, aff. Thuilleux, D. P. 83. 2. 217).

**212.** Il a été jugé, on l'a dit au *Rép.* n° 924, que la règle édictée par le décret du 16 févr. 1807, art. 6, était seulement applicable en ce qui concerne la taxe des dépens, mais non aux autres contestations qui peuvent s'élever, relativement à la validité ou aux effets de l'exécutoire (V. en ce sens Chauveau et Glandaz, *Formulaire de procédure*, 3e éd., t. 1, p. 285). Décidé, conformément à cette doctrine, que l'art. 6 du décret du 16 févr. 1807, qui ordonne de former dans les trois jours de la signification à avoué l'opposition à l'exécutoire des dépens, ne s'applique qu'aux contestations sur la liquidation des dépens et non à celles qui portent sur l'interprétation de la condamnation aux dépens (Caen, 16 déc. 1872, aff. Lalouel de Sourdeval, D. P. 76. 2. 197).

La cour de cassation paraît aujourd'hui avoir adopté une solution opposée et être fixée en ce sens que les art. 6 et 9 du décret du 16 févr. 1807 ne peuvent recevoir dans leur application une distinction qu'ils ne contiennent pas dans

leur texte, et s'appliquent à toute contestation élevée contre l'exécutoire. Ainsi, il a été jugé : 1° que la chambre du conseil est compétente pour connaître de l'opposition formée à un exécutoire de dépens, alors même que cette opposition serait fondée sur ce que l'exécutoire a mis à la charge de l'opposant des droits d'enregistrement qui ne seraient pas compris dans la condamnation; on objecterait vainement qu'il s'agit là, non d'une question de taxe, mais d'une question d'interprétation de jugement (Civ. rej. 3 mars 1863, aff. Topino, D. P. 63. 1. 375); — 2° Que le recours contre la taxe des dépens ne peut être exercé que par la voie d'opposition dans les trois jours de la signification de l'exécutoire, et devant la chambre du conseil, même au cas où ce recours soulève une question, non de quotité, mais d'admissibilité de l'un des articles taxés; qu'ainsi, la partie condamnée aux dépens, dans une instance correctionnelle, n'a que la voie de l'opposition pour faire rejeter de la taxe les honoraires de plaidoirie alloués au défenseur (en Algérie) de la partie civile; ces honoraires ne peuvent, à défaut d'opposition en temps utile, être contestés sous forme de demande en validité d'offres réelles faites en réponse au commandement qui a suivi la liquidation des dépens (Civ. cass. 31 août 1864, aff. Nick, D. P. 65. 1. 174); — 3° Que la chambre du conseil est compétente pour statuer sur l'opposition à un exécutoire de dépens, bien que cette opposition soulève, non pas seulement une question de taxe, mais une question de droit se rattachant à la nature des frais qui ont donné lieu à l'opposition, telle que celle de savoir si ces frais doivent être taxés comme en matière sommaire ou comme en matière ordinaire (Req. 26 juill. 1865, aff. Texier, D. P. 65. 1. 495; Poitiers, 21 janv. 1879, aff. A..., D. P. 79. 2. 95); — 4° Que le recours contre la taxe des dépens ne peut être exercé que par la voie de l'opposition, dans les trois jours de la signification de l'exécutoire et devant la chambre du conseil, même au cas où la taxe des dépens comprend des droits d'enregistrement, au remboursement desquels la partie prétend avoir été condamnée à tort; qu'en conséquence, est non recevable le pourvoi en cassation formé par ladite partie contre le chef de l'arrêt qui la condamne à payer, à titre de frais, ces droits d'enregistrement (Civ. rej. 31 mars 1875, aff. Société des forges et fonderies de Franche-Comté, D. P. 75. 1. 313). Les droits d'enregistrement qui avaient motivé le pourvoi rentraient dans la catégorie des droits qui sont perçus sur les chefs de disposition ou de condamnation que le jugement contient envers la partie qui succombe. Ils avaient été perçus dans les termes de l'art. 22 de la loi du 11 juin 1859 qui porte, ainsi qu'on l'a exposé v° *Enregistrement*, n°s 534 et suiv., que les marchés et traités réputés actes de commerce sont enregistrés provisoirement au droit fixe, et ne donnent ouverture aux droits proportionnels que lorsqu'un jugement, portant condamnation, liquidation, collocation ou reconnaissance, intervient sur ces marchés et traités, et seulement sur la partie des sommes faisant l'objet de la condamnation. Ainsi, dans l'espèce, les droits proportionnels n'étaient devenus exigibles, d'après la loi de 1859, qu'à raison du débat soulevé par le fait du condamné. La perception de ces droits était la suite immédiate et nécessaire de la condamnation. Ils constituaient, en conséquence, des dépens d'instance. C'est peut-être à ce point de vue que la chambre civile s'est placée pour accueillir la fin de non-recevoir opposée au pourvoi. — On peut se demander si sa décision aurait été la même dans le cas où il se serait agi de droits d'enregistrement d'une nature différente, et où évidemment la somme comprise dans la liquidation n'aurait pas été susceptible de faire partie des dépens; en d'autres termes si elle a entendu poser en principe d'une manière générale que la voie de l'opposition devant la chambre du conseil doit être suivie par cela seul que l'article litigieux a été, à tort ou à raison, porté en taxe. L'affirmative semble bien résulter des termes absolus de l'arrêt, qui ne fait que reproduire la règle déjà posée très nettement par l'arrêt précité du 31 août 1864. V. aussi Bordeaux 23 août 1865 (1).

(1) (X... C. Tabouis.) — La cour ; — Sur le premier chef d'opposition : — Attendu, en droit, que l'art. 146 du premier décret du 16 févr. 1807 n'accorde d'indemnité à la partie à laquelle les dépens d'instance sont en définitive adjugés que pour un seul

déplacement effectué en vue du procès et affirmé par elle au greffe ; que, si, par exception à cette règle écrite dans les deux premiers alinéas de cet article, le troisième paragraphe lui alloue, à l'occasion de sa comparution ordonnée par jugement,

**213.** Mais la voie de l'opposition n'est pas applicable lorsque le recours implique une attaque dirigée contre le jugement même qui a prononcé la condamnation aux dépens, et que, par exemple, il est fondé sur ce que ce jugement aurait ordonné à tort que la liquidation fût faite comme en matière sommaire, alors qu'elle devait être faite comme en matière ordinaire; ou réciproquement. La partie doit alors agir, par appel ou pourvoi en cassation, contre le jugement dont elle critique la disposition (V. *Rép.* n⁰ˢ 285. Conf. Orléans, 17 août 1850, aff. Saint-Sauveur, D. P. 51. 2. 178). Décidé aussi : 1° que la disposition du décret du 16 févr. 1807, qui permet de statuer en chambre du conseil sur l'opposition à la taxe des frais d'un huissier, ne s'étend pas aux demandes en garantie qui pourraient être formées à l'occasion de cette opposition; que, spécialement, le recours en garantie formé par la partie à laquelle les frais étaient réclamés contre l'huissier qui lui a remis l'exploit d'assignation, sous prétexte que cet huissier aurait refusé de recevoir les offres de la somme demandée, doit, à peine de nullité, être jugé en audience publique (Civ. cass. 6 févr. 1855, aff. Avias, D. P. 55. 1. 105) ; — 2° Que la chambre du conseil est incompétente pour statuer sur l'opposition formée à un exécutoire de dépens lorsque cette opposition est fondée sur ce que le jugement qui a servi de base à l'exécutoire ne prononce pas de condamnation aux dépens contre le défaillant en son nom personnel ; ou lorsqu'elle est fondée sur ce que l'exécutoire n'a pas été régulièrement signifié (Douai, 25 janv. 1864, aff. Delair, D. P. 64. 5. 197) ;

— 3° Que la chambre du conseil est incompétente lorsque l'opposition est basée sur ce qu'une partie des dépens a été faite par l'avoué, au nom d'une personne décédée ou sur une irrégularité dans la signification du jugement (Paris, 29 août 1865)(1) ; — 4° Que la question de savoir si un acquiescement met obstacle à la levée et à la signification de la décision qui en est l'objet, n'est pas une question de taxe et que, par suite, elle doit être jugée en audience publique et non en chambre du conseil, qu'il en est de même de la demande tendant à faire contraindre une partie à signifier à l'autre l'expédition d'un arrêt pour en permettre à celle-ci la contre-signification, sans qu'elle ait à requérir la délivrance d'une seconde grosse, dans la forme de l'art. 854 c. proc. civ. ; cette demande ne soulève pas une question de taxe; par suite, doit être jugée en audience publique et non en chambre du conseil (Paris, 21 janv. 1870, aff. Bézinge et Waxin, D. P. 70. 2. 46). La contestation donne naissance, en ce cas, non pas à une question de taxe, mais à une question relative à l'exécution même de la décision, qui reste sous l'empire du droit commun.

Il a été jugé : 1° que la mission confiée au président du tribunal de commerce, par une clause du cahier des charges relatif à l'entreprise des services d'une maison centrale de détention, de désigner un tiers expert pour procéder à l'estimation du mobilier laissé par l'adjudicataire sortant, et devant être repris par le nouvel adjudicataire, ne donne pas à ce magistrat le pouvoir de taxer le salaire du tiers expert, et moins encore de revêtir cette taxe de la

---

une deuxième taxe, égale à celle d'un témoin, cette attribution n'a lieu qu'autant que le voyage forcé est postérieur au voyage volontaire ; qu'en effet, si la comparution personnelle prescrite par justice a précédé tout autre transport de la partie, celle-ci doit s'imputer de n'avoir pas profité de son séjour dans le lieu où siège le tribunal pour fournir à l'avoué toute indication, pièces ou documents utiles à sa cause; qu'en conséquence si elle s'est spontanément déplacée une seconde fois, elle ne peut vraisemblablement mettre à la charge de la partie adverse les frais d'un voyage qui n'est pas justifié par la nécessité de sa défense ; — Attendu que, dans cette hypothèse, elle n'est pas en droit de répéter contre la partie qui succombe, le coût d'une affirmation au greffe, qui n'est alors qu'une formalité superflue, puisque sa présence est suffisamment attestée par le procès-verbal desdites comparutions dressées à l'audience, ou par le jugement qui les mentionne ; — Attendu, en fait, qu'il est constant que Tabouis, après un premier voyage fait par lui le 20 janv. 1864, aux fins de comparaître personnellement devant le tribunal, en exécution du jugement du 4 décembre précédent, est venu à la Réole le 3 février suivant, pour y plaider lui-même son procès, et s'est présenté au greffe où il a affirmé ce voyage; que, dans ces circonstances, il ne lui est dû d'autre indemnité que celle déterminée par la disposition finale de l'art. 146 du tarif; qu'il convient, par suite, de réformer de ce chef, l'exécutoire frappé d'opposition, et de rejeter de la taxe la somme de 165 fr. représentant les frais du deuxième voyage et le coût de l'affirmation ;

Sur le deuxième chef d'opposition : — En ce qui touche le déclinatoire proposé par Tabouis : — Attendu qu'il s'agit dans la cause, non d'une question d'interprétation d'arrêt, mais d'une opposition à taxe dont l'appréciation est dévolue, par le deuxième décret du 16 févr. 1807, aux magistrats devant lesquels les frais ont été exposés ; qu'au surplus, l'arrêt du 23 mai 1865, en comprenant dans les dépens auquel X... a été condamné les coûts de l'enregistrement du traité du 9 oct. 1862, dont le dispositif de cet arrêt vise le droit simple s'élevant (droit simple) à 1200 fr., n'a rien statué au sujet du double droit perçu lors de l'enregistrement du jugement, et a laissé sur ce point les parties sous l'empire des principes du droit commun, d'après lesquels doit être résolue la difficulté soulevée, par l'opposition de X..., et qu'ainsi l'exception d'incompétence doit être rejetée ;

Au fond : — Attendu qu'aux termes de l'art. 57, tit. 1 de la loi du 28 avr. 1816, lorsque, après une sommation extrajudiciaire, ou une demande tendant à obtenir un payement, une livraison ou l'exécution de toute autre convention dont le titre n'aurait point été indiqué dans lesdits exploits, ou qu'on aura simplement énoncé comme verbale, on produira en cours d'instance des écrits, billets, marchés, factures acceptées, lettres, ou tout autre émané du défendeur, qui n'auraient pas été enregistrés, avant ladite demande ou sommation, le double droit est dû et pourra être exigé lors du jugement à intervenir ; — Attendu qu'il résulte de cette disposition que l'obligation de soumettre l'acte à la formalité de l'enregistrement avant toute production en justice est imposée à la partie qui veut en exciper ; que le double droit perçu lors du jugement, constituant une amende, c'est-à-dire

---

une peine prononcée par la loi contre le plaideur qui a voulu dissimuler au fisc une convention écrite, ne peut être équitablement dû que par l'auteur de l'infraction commise ; — Attendu que Tabouis, dans son exploit d'ajournement, avait indiqué comme traité purement verbal l'acte sous seing privé, du 29 oct. 1862 ; que, plus tard, il a produit à l'audience ce titre dont l'enregistrement par cela même est devenu nécessaire ; qu'ainsi la perception du double droit, effectuée sur la minute du jugement définitif, n'a eu d'autre cause qu'une faute personnelle à Tabouis, demandeur ; que doit seul en supporter les conséquences ; qu'on ne peut considérer la somme de 1200 fr., montant de cette perception, ni comme faisant partie des frais du procès, ni comme constituant le coût de l'enregistrement de l'acte dont le droit simple a été mis à la charge de X... par l'arrêt du 23 mai dernier ; — Que, par suite, Tabouis ne peut répéter ce double droit contre l'exposant, qui n'a commis aucune fraude envers la loi fiscale ; — Par ces motifs, etc.

Du 23 août 1865.-C. de Bordeaux, 1ʳᵉ ch.-MM. Raoul-Duval, 1ᵉʳ pr.-Peyrot, 1ᵉʳ av. gén.-Claverie et Galibert, av.

(1) (Compagnie immobilière C. Mᵉ X...) — LA COUR ; — Considérant que la juridiction exceptionnelle de la chambre du conseil est restreinte aux questions de taxe et liquidation de dépens ; — Considérant que cet exécutoire délivré le 18 août courant, et signifié le 23, n'est l'objet d'aucun grief portant sur la taxe des émoluments et déboursés de la procédure ; — Considérant que cet exécutoire est conforme aux termes et aux qualités de l'arrêt du 18 février, infirmatif du jugement du tribunal de la Seine du 13 mai 1864 ; — Que l'arrêt susénoncé ayant expressément rejeté le moyen de nullité opposé à l'appel de Lemerle et condamné les opposants aux dépens envers Lemerle, l'avoué distractionnaire a dû comprendre ses dépens des frais faits dans l'intérêt de Lemerle, aussi bien que ceux faits par les autres parties pour lesquels il occupait ; — Considérant que les opposants fondent leur recours : 1° sur ce que Lemerle serait décédé à Paris, rue de Sèvres, n° 49, le 7 janv. 1864, dès avant l'appel interjeté à sa requête, le 10 sept. 1864; du jugement du 13 mai, fait-qui aurait été découvert récemment et depuis l'arrêt du 18 février dernier ; 2° sur ce que ledit arrêt n'aurait pas été signifié à la requête de Lemerle ; — Mais considérant qu'en admettant comme vrai le fait du décès de Lemerle à la date indiquée et le vice reproché à la signification, l'arrêt contradictoire du 18 février dernier n'en subsiste pas moins quant à présent ; que c'est uniquement dans cet arrêt que l'avoué distractionnaire puise son droit; qu'à supposer que, par suite d'un fait découvert, postérieurement à l'arrêt, la compagnie immobilière et consorts soient fondés à se faire décharger des dépens faits au nom de Lemerle, ce n'est pas par voie d'opposition à l'exécutoire et devant la chambre du conseil qu'ils doivent se pourvoir pour arrêter l'exécution du titre régulièrement délivré en vertu de la distraction prononcée au profit de l'avoué ; — Déclare l'opposition non recevable, etc. —
Du 29 août 1865.-C. de Paris, 4ʳᵉ ch.-MM. Cazenave, pr.-Merveilleux-Duvignaux, av. gén.

forme exécutoire : il s'agit, en pareil cas, de l'exécution d'un acte administratif au sujet duquel le président du tribunal de commerce ne peut exercer aucune juridiction (Caen, 13 mars 1874, aff. Parquet et consorts, D. P. 73. 2. 49) ; — 2° Que l'ordonnance de la taxe et l'exécutoire, délivrés en de telles circonstances, peuvent être attaqués par la voie de l'opposition devant le tribunal de commerce; et que le jugement rendu sur cette opposition est susceptible d'appel, alors même que la valeur du litige serait inférieure au taux du dernier ressort (Même arrêt). Cette décision n'est pas conforme aux règles édictées par l'art. 6 du décret du 16 févr. 1807. Dans l'espèce, l'ordonnance de la taxe et l'exécutoire étant entachés d'excès de pouvoir, c'était la voie de l'appel qui devait être employée. La cour aurait dû déclarer irrégulière l'opposition portée devant le tribunal de commerce, et annuler pour incompétence tant le jugement de ce tribunal que l'ordonnance rendue et l'exécutoire délivré par son président.

**214.** La règle édictée pas l'art. 6 du deuxième décret du 16 févr. 1807 est applicable aux exécutoires délivrés aux experts (V. infra, n° 274). Il a été jugé qu'elle n'est pas applicable à l'opposition à la taxe faite, conformément à l'art. 657 c. proc. civ., des frais dus à l'officier ministériel qui a procédé à une vente en exécution d'un acte notarié (Trib. d'Epernay, 12 août 1871) (1). Cette solution ne nous paraît pas exacte. Le deuxième décret de 1807, nous le démontrons, infra, n° 276, s'applique à tous les exécutoires de dépens.

**215.** Les jugements rendus en chambre du conseil, sur opposition à l'exécutoire, ne sont pas susceptibles d'appel, même en ce qui concerne les dispositions relatives au chiffre de la taxe, par exemple, celles qui font la répartition des frais entre les parties condamnées, alors qu'il n'y a pas appel du jugement qui a été rendu sur le fond (Rép. n° 917). Et le jugement de débouté d'opposition à l'exécutoire des dépens ne peut plus être frappé d'appel, si le juge du second degré, précédemment saisi par le recours des parties, se trouve avoir déjà rendu son arrêt sur le fond (Agen, 9 mai 1870, aff. Busquet, D. P. 70. 2. 180; Dutruc, op. cit., v° Frais et dépens, n° 211 ; Chauveau et Godoffre, op. cit., t. 2, p. 81, n° 2694).

**216.** C'est par la voie de l'opposition, et non par le recours en cassation, on l'a dit au Rép. n° 284, qu'il faut se pourvoir contre un arrêt d'une affaire sommaire, dans lequel la taxe des dépens a été insérée, mais qu'on prétend contenir une liquidation excessive (Rousseau et Laisney, op. cit., v° Taxe, n° 67). Les ordonnances de taxe insérées en matière sommaire, dans le libellé des arrêts, étant susceptibles d'opposition, la partie qui n'a pas usé de cette voie de recours n'est pas recevable à se pourvoir en cassation contre l'arrêt contenant l'ordonnance de taxe du chef de la liquidation des dépens (Req. 1er déc. 1886, aff. Peigné, D. P. 87. 1. 404). — Le principe ne serait plus applicable, nous l'avons indiqué supra, n°s 212 et 213, si la partie attaquait le titre même de la taxe, son caractère légal; par exemple, si le jugement avait décidé qu'une matière sommaire serait taxée comme matière ordinaire ou vice versa (Rousseau et Laisney, op. cit. v° Taxe, n° 12; Boucher d'Argis et Sorel, op. cit., v° Dépens en matière ordinaire, n° 4; Conf. Chauveau et Godoffre, op. cit., t. 2, p. 44, n° 2633).

**217.** Le recours en cassation est ouvert, en principe,

contre le jugement qui statue sur une opposition à une taxe de dépens (Rép. n° 931 ; Bioche, op. cit., v° Exécutoire de dépens, n° 38). Mais il a été jugé qu'une erreur de calcul dans la taxe, que le tribunal pouvait redresser, ne donne pas ouverture à cassation contre le jugement qui a maintenu cette taxe; que d'ailleurs, s'il n'est pas établi que l'erreur de calcul commise dans la taxe ait été signalée à l'attention du tribunal, le moyen tiré du maintien de cette erreur serait nouveau et non recevable (Req. 7 déc. 1869, aff. Lakdar-ben-Hâmsa, D. P. 71. 1. 307). — Sur la rectification matérielle dans les jugements, V. infra, v° Jugement, — Rép. eod. v°, n°s 325 et suiv.

**218.** La demande en retranchement des longueurs, répétitions et détails inutiles insérés dans les qualités d'un jugement, ne peut être portée devant le tribunal sur l'opposition à l'exécutoire de dépens, alors qu'elle a pour objet d'une opposition aux qualités à laquelle il a été fait droit par le président qui a ordonné certaines suppressions (Paris, 7 juin 1867, aff. Waxin, D. P. 71. 1. 324).

**219.** Le juge saisi de l'opposition formée à l'exécutoire des dépens peut-il se prononcer sur la validité des offres réelles faites par la partie condamnée, à l'effet d'apprécier le fondement de l'opposition qui lui est soumise ? Il a été décidé que le juge appelé à statuer sur l'opposition formée à un exécutoire de dépens a le droit d'apprécier si les offres faites par l'opposant étaient de nature à légitimer son opposition en rendant frustratoires certains frais compris dans l'exécutoire (Civ. 5 avr. 1870, aff. Waxin, D. P. 71. 1. 324). L'arrêt attribue d'une manière générale au juge de l'exécutoire le pouvoir de rechercher si les offres faites par l'opposant sont de nature à légitimer son opposition, en rendant frustratoires certains frais compris dans l'exécutoire. En tant que cette règle autorise les tribunaux à maintenir, selon les circonstances, dans l'exécutoire des dépens, les frais d'expédition et de signification, nonobstant l'acquiescement aux offres de la partie condamnée, elle nous paraît exacte. Mais peut-on admettre qu'il appartienne au juge de l'exécutoire de déclarer que des offres régulièrement faites et de la validation desquelles le juge compétent est saisi ne sont pas libératoires? Cela nous semble très douteux.

## Sect. 4. — Application des règles du tarif aux diverses matières de la procédure civile.

### Art. 1er. — Justice de paix (Rép. n°s 293 à 325).

**220.** — 1° Citation en justice de paix (Rép. n° 293). — Aux termes de l'art. 23 du tarif, l'huissier a droit pour transport qui ne pourra être alloué qu'autant qu'il y aura plus d'un demi-myriamètre (une lieue environ) de distance entre la demeure de l'huissier et le lieu où l'exploit devra être posé, aller et retour, par myriamètre à une taxe de 2 fr. (Rép. n° 293). Il a été jugé que l'indemnité de transport fixée par l'art. 23 du décret du 16 févr. 1807 pour les huissiers de justice de paix, à 2 fr. par myriamètre, aller et retour, est non pas de 2 fr. pour l'aller et de 2 fr. pour le retour, mais de 2 fr. seulement par chaque myriamètre de distance entre la résidence de l'huissier et le lieu de la remise de l'exploit, sans qu'il doive être tenu compte du retour (Req. 8 juin 1864, aff. Ravier, D. P. 65. 1. 67).

Un arrêt de la cour de cassation du 6 févr. 1855 (aff.

---

(1) (Drouot C. Mathieu et Canon.) — Le tribunal ; — Statuant sur la compétence : — Attendu que, suivant procès-verbal du ministère de Canon, huissier à Epernay, en date des 12 et 14 juill. 1869, les époux Mathieu, agissant en vertu d'un acte reçu par Me Leclerc, notaire à Epernay, le 18 janv. 1863, contenant donation à titre de partage anticipé par la dame Drouot à ses enfants, ont fait saisir sur Jean-Louis-Célestin Drouot les meubles et les récoltes appartenant à ce dernier, lesquels ont été adjugés suivant procès-verbaux du même huissier en date du 25 dudit mois de juillet; — Attendu que les frais des deux poursuites ont été taxés par ordonnance du juge en date du 9 septembre suivant; que Drouot a formé opposition à cette taxe et saisi à cet effet la chambre du conseil, juridiction qui, selon lui, serait compétente par application de l'art. 6 du deuxième décret du 16 févr. 1807 et du tarif des frais de taxe à la suite, § 4; — Mais attendu que la compétence établie par cet article ne concerne que les dépens

adjugés par suite d'une instance et suppose une décision judiciaire; que dans l'espèce les époux Mathieu n'agissaient en vertu d'un jugement, mais en vertu d'un acte notarié; — Attendu que la chambre du conseil n'est compétente qu'exceptionnellement, et que sa juridiction, dès lors, ne peut être étendue aux cas non prévus par la loi ; — Attendu qu'il s'agit, il est vrai, dans l'espèce, de frais tarifés par le premier décret du 16 févr. 1807; mais qu'il résulte de l'art. 9 du deuxième décret que la chambre du conseil n'est pas toujours compétente en cette matière ; — Que vainement on objecte que le juge a, agi en vertu du pouvoir à lui conféré par l'art. 657 c. proc. civ.; que cette circonstance n'est pas décisive; car il ne résulte pas que la taxe du magistrat puisse donner lieu à exécutoire dans le sens de l'art. 6 susvisé; — Par ces motifs, se déclare incompétent en tant que juridiction de chambre du conseil, etc. — Du 12 août 1871.-Trib. d'Epernay, ch. du cons.

Avias, D. P. 55. 4. 105) a décidé que la distance d'un demi-myriamètre au delà de laquelle des frais de voyage pour transport sont accordés aux huissiers, doit être calculée à partir de la résidence légalement assignée par le tribunal à ces officiers ministériels; et dans le cas où un huissier a été autorisé par le tribunal à quitter la résidence qu'il avait dans un canton, pour la fixer au chef-lieu d'arrondissement, sous la condition de continuer le service des audiences de la justice de paix du canton, c'est à partir du chef-lieu, et non à partir du canton, que, pour tous les actes qui ne se rattachent pas au service de ce canton, doit être calculée la distance qui donne lieu aux frais de transport (V. en ce sens Chauveau et Godoffre, op. cit., t. 1, p. 192, n° 566).

**221.** Il n'est accordé aucun frais de voyage aux parties dans les instances pendantes devant la justice de paix. Mais les frais de voyage sont dus si l'affaire est portée en appel devant le tribunal civil, par cette raison que, la partie n'étant pas tenue de comparaître en personne, doit être indemnisée des frais d'un voyage qu'elle n'aurait pas fait sans le procès (Rép. n° 294; Chauveau et Godoffre, op. cit., t. 1, p. 195, n° 581; Rousseau et Laisney, op. cit., v° Voyage des parties, n° 17).

**222.** — 2° Audiences du juge de paix et comparution des parties (Rép. n° 295 et suiv.). — Le droit d'appel de cause alloué par l'art. 94 du décret du 14 juin 1813 n'est pas dû pour les jugements préparatoires ou de simple remise. Il faut appliquer ici, comme disposition générale, l'art. 152 du tarif (Rép. n° 298; Chauveau et Godoffre, op. cit., t. 1, p. 199, n° 594).

**223.** Aux termes de l'art. 3 du décret des 24 nov.-16 déc. 1871 (D. P. 71. 4. 166) qui a modifié le décret des 8-10 déc. 1862 (D. P. 62. 4. 128), il est alloué aux greffiers de justice de paix, à titre de remboursement du papier timbré : 1° pour chaque jugement porté sur la feuille d'audience, ceux de simple remise exceptés, 80 cent.; 2° pour chaque jugement de remise, 25 cent.; 3° pour procès-verbal de conciliation inscrit sur un registre timbré, 60 cent.; 4° pour le procès-verbal sommaire constatant que les parties n'ont pu se concilier, 30 cent.; 5° pour chaque mention sur un registre timbré, 25 cent. — D'après l'art. 5, la rétribution due aux greffiers de la justice de paix, en vertu de l'art. 2 de la loi du 2 mai 1855, pour tout droit par chaque feuille d'avertissement avant citation, est fixée à 30 cent., y compris l'affranchissement, qui sera, dans tous les cas, de 15 cent., et, sans préjudice du remboursement du coût de la feuille de papier timbré.

**224.** — 3° Jugements par défaut et opposition à ces jugements. — V. Rép. n° 304.

**225.** — 4° Jugements sur les actions possessoires. — V. Rép. n° 305.

**226.** — 5° Jugements qui ne sont pas définitifs et exécution de ces jugements. — V. Rép. n° 306 et suiv.

**227.** — 6° Mise en cause des garants. — On a émis au Rép. n° 312, l'opinion qu'il y a lieu d'allouer à l'huissier un droit de copie pour la dénonciation de la demande principale. MM. Chauveau et Godoffre, op. cit., t. 1, n° 674, p. 212, estiment que la demande en garantie devant être libellée, il n'est pas nécessaire de donner copie de la demande principale.

**228.** — 7° Enquêtes (Rép. n° 313 et suiv.). — D'après MM. Chauveau et Godoffre, op. cit., t. 1, n° 683, p. 213, l'huissier requis par le juge de paix de l'assister dans une enquête sur les lieux litigieux, en l'absence d'un texte spécial n'a pas droit à une indemnité de transport. Il faut considérer l'obligation imposée aux huissiers par l'art. 16 de la loi du 25 mai 1838, d'assister le juge de paix toutes les fois qu'ils en seront requis, comme la conséquence de la suppression du privilège qui appartenait aux huissiers audienciers d'instrumenter près la justice de paix; et comme une compensation des avantages résultant de la libre concurrence.

**229.** — 8° Visites des lieux et appréciations (Rép. n° 319 et suiv.). — Les frais de transport du greffier sont fixés à raison du nombre de vacations dont chacune doit être de trois heures au moins. Si la visite a duré plus de trois heures et moins de huit, il est accordé le tiers de l'émolument par chaque heure en sus; on ne tient pas compte des fractions moindres (Chauveau et Godoffre, op. cit., t. 1, n° 713, p. 219). M. Rivoire, op. cit., n° 3, p. 160, estime, au contraire, que toute vacation commencée est réputée accomplie.

**230.** — 9° Récusation des juges de paix — V. Rép. n° 322 et suiv.

Art. 2. — Tribunaux de première instance en matière civile (Rép. n° 326 à 359.)

§ 1er. — Conciliation, ajournements, constitution d'avoué, communication au ministère public (Rép. n° 326 à 346).

**231.** — 1°. Conciliation (Rép. n° 326 et suiv.). — L'huissier audiencier qui assiste le juge de paix au bureau de conciliation ne peut réclamer un droit d'appel de cause. Soit que les parties se concilient ou refusent de se concilier, le juge de paix ne rend point un jugement; il dresse simplement un procès-verbal, auquel il n'est pas possible d'attribuer, quant à la perception du droit d'appel de cause, l'effet des jugements spécifiés par l'art. 152 du tarif (Journal des huissiers, 1859, p. 197; Chauveau et Godoffre, op. cit., t. 1, p. 230, n° 764 bis).

**232.** — 2° Ajournements (Rép. n° 330 et suiv.). — Il a été jugé que la signification d'un exploit faite à une personne décédée ne peut être relevée de la taxe, tant que la foi due à cet exploit n'a pas été détruite par une preuve légale et contradictoire avec l'huissier instrumentaire, alors que la partie à la requête de laquelle la signification a été faite, ainsi que son avoué et l'huissier, étaient dans l'ignorance invincible du décès, et, par suite, dans l'impossibilité d'éviter l'erreur commise (Orléans, 19 juin 1855, aff. Debrinay, D. P. 56. 2. 122. V. Rép. n° Huissier, n° 109 et infra, eod. v°).

**233.** Aux termes de l'art. 35 du décret du 14 juin 1813, dans tous les cas où les règlements accordent aux huissiers une indemnité pour frais de voyage, il n'est alloué qu'un seul droit de transport, pour la totalité des actes que l'huissier aura faits dans une même course et dans un même lieu. Ce droit est partagé en autant de portions égales entre elles qu'il y a d'originaux d'actes, et à chacun de ces actes, l'huissier applique l'une desdites portions, le tout, à peine de rejet de la taxe et de restitution envers les parties, et d'une amende qui ne pourra excéder 100 fr., ni être moindre de 20 fr. — Il résulte de cet article que, pour donner lieu au payement d'un seul droit de transport, il faut : 1° que les significations aient été faites dans la même course; 2° qu'elles aient été opérées dans le même lieu, c'est-à-dire dans une même circonscription, ou dans une même commune. Il ne suffit donc pas que les significations aient été faites dans une course unique. Et l'unité de lieu, ou, en d'autres termes, de commune, est si bien dans la pensée du décret que le droit unique de transport n'est réparti par portions égales entre les divers actes signifiés. Or, il est manifeste que la répartition devrait être proportionnelle à la distance parcourue, si elle s'étendait au cas de signification dans des communes distinctes. Dans ce dernier cas, l'huissier a donc droit à autant d'indemnités de voyage qu'il y a de communes différentes. Et on ne doit pas davantage appliquer à une pareille hypothèse, l'art. 66 du tarif du 16 févr. 1817 qui limite la journée du voyage de l'huissier à 5 myriamètres, et lui donne droit à un maximum de 20 fr. (2 fr. par 1/2 myriamètre), cet article ne concernant que l'huissier qui, dans le rayon déterminé, n'a qu'un seul acte à remettre, et le décret de 1813 étant fait pour le cas de remise de plusieurs actes. Ajoutons que, dans le doute, l'interprétation favorable à l'huissier doit l'emporter, soit à raison du caractère pénal du décret qui établit la répartition de droits ordonnée par le décret n'est pas elle-même à l'abri de critique (V. Chauveau et Godoffre, op. cit., t. 1, p. 229 et suiv., n° 797). Conformément à ces principes, il a été jugé : 1° que l'art. 35 du décret du 14 juin 1813, aux termes duquel il ne doit être alloué qu'un seul droit de transport pour la totalité des actes faits par l'huissier dans une même course et dans le même lieu, n'est pas applicable au cas où l'huissier a signifié plusieurs exploits dans une même course, mais dans des communes différentes; cet article prononçant une pénalité (une amende de 20 à 100 fr.), son application ne saurait être étendue d'un cas à un autre (Besançon, 2 janv. 1850, aff. Brédas, D. P. 58. 2. 93); — 2° Que l'art. 35 du décret du 14 juin 1813 s'applique au cas d'actes signifiés dans la même commune, et non à celui d'actes signifiés dans plusieurs communes, encore qu'elles fussent situées sur le même parcours; qu'en conséquence, l'huissier qui a perçu plusieurs droits sur des actes signifiés dans des communes différentes, pour des parties et des affaires distinctes, n'est pas passible de l'amende de 20 fr. à 100 fr. édictée par le décret de 1813, quoiqu'il ait fait ces significations dans une même course, et sans changer de direction (Civ. rej. 29 juin 1857, aff. Perrot, D. P. 57. 1. 250).

Décidé aussi que le droit de transport payé à l'huissier chargé d'une signification doit passer en taxe, même dans le cas où la commune dans laquelle a eu lieu la signification se trouve pourvue d'huissier, si d'ailleurs les parties, en choisissant un huissier du dehors, ont agi de bonne foi, et non dans l'intention de porter préjudice (Bordeaux, 3 mars 1858, aff. Fénélon, D. P. 59. 2. 173).

**234.** L'indemnité de transport de l'huissier, on l'a vu supra, n° 220, doit être calculée d'après la distance séparant le lieu de la résidence de cet huissier de celui de la résidence de la partie à laquelle l'exploit est remis; le retour de l'huissier ne doit pas être pris en considération dans la fixation de cette indemnité. Ainsi, l'huissier auquel le tarif accorde, comme indemnité de transport 4 fr. au delà d'un 1/2 myriamètre, et jusqu'à 1 myriamètre, pour aller et retour, puis, à partir de ce myriamètre, 2 fr. pour chaque 1/2 myriamètre, n'a droit à cette dernière indemnité de 2 fr. que pour chaque 1/2 myriamètre parcouru en allant, et ne peut la réclamer à raison de la même distance parcourue en revenant (Rép. n° 331; Req. 7 août 1854, aff. Housseaux, D. P. 54. 1. 295; Chauveau et Godoffre, op. cit.; t. 1, p. 236, n° 786).

**235.** Contrairement à l'opinion émise au Rép. n° 331, et adoptée par MM. Chauveau et Godoffre (op. cit., t. 1, p. 244, n° 798), la jurisprudence décide généralement qu'après le premier myriamètre, il n'est dû aucun émolument à l'huissier pour la distance parcourue, si cette distance n'atteint pas un 1/2 myriamètre. Les fractions ne comptent pas. Le parcours d'un 1/2 myriamètre entier est la condition de chaque allocation de 2 fr. Il a été jugé que l'allocation supplémentaire de 2 fr. que l'art. 66, § 3 du tarif du 16 févr. 1807 accorde à l'huissier qui se transporte, au delà de 1 myriamètre de sa résidence, « par chaque 1/2 myriamètre » au delà de cette distance, n'est due que pour chaque 1/2 myriamètre entièrement parcouru, et ne peut, dès lors, être réclamée pour une fraction d'un 1/2 myriamètre seulement commencée (Req. 10 août 1863, aff. Durand, D. P. 63. 1. 475).

Quant à l'allocation de 4 fr. établie par le paragraphe 3 de l'art. 66 du tarif, au delà du premier 1/2 myriamètre, jusqu'à 1 myriamètre, elle n'est pas subordonnée à la condition du parcours intégral de ce myriamètre, c'est-à-dire du second 1/2 myriamètre, que le droit est dû, quelque faible que soit la fraction excédant le 1/2 myriamètre. Il a été jugé que l'indemnité de 4 fr. allouée aux huissiers, pour frais de voyage, au delà de 1/2 myriamètre, et jusqu'à 1 myriamètre, est due par cela seul que le parcours de l'huissier a dépassé le premier 1/2 myriamètre, sans qu'il soit nécessaire que le second ait été complètement parcouru, et à raison de toute fraction de cette dernière myriamètre; les fractions de 1/2 myriamètre, ne cessent d'être prises en considération que lorsqu'il s'agit de l'indemnité de 2 fr. due au delà de 1 myriamètre, pour chaque 1/2 myriamètre; et l'indemnité est due, même pour des fractions du second 1/2 myriamètre, inférieures à 3 kilomètres (Civ. cass, 27 avr. 1858, aff. Bessine, D. P. 58. 1. 165). — Jugé toutefois, en sens contraire, que l'indemnité de 4 fr. allouée aux huissiers par l'art. 66 du décret du 16 févr. 1807, pour transport au delà de 1/2 myriamètre, et jusqu'à 1 myriamètre, ne leur est due, à raison des fractions qui excèdent le premier 1/2 myriamètre, qu'autant que la distance parcourue, étant de 8 kilomètres au moins, peut être comptée pour 1 myriamètre, par application à ce cas de la règle posée dans les hypothèses analogues par les art. 92 du décret du 18 juin 1811 et 22 de l'ordonnance du 18 sept. 1833; qu'en conséquence, cette indemnité ne peut être réclamée par l'huissier qui, par exemple, ne s'est

transporté qu'à 6 kilomètres de son domicile (Trib. de Bergerac, 8 avr. 1856, aff. Gonthier, D. P. 56. 3. 24).

**236.** Le tableau des distances, dressé par le préfet de chaque département, en exécution de l'art. 93 du décret du 18 juin 1811, pour faciliter la taxe des indemnités de transport en matière criminelle, n'est point obligatoire en matière civile (Rép. n° 337; Chauveau et Godoffre op. cit.; t. 1, p. 246, n° 799). Il a été jugé qu'un huissier ne peut se plaindre de ce que les droits de transport à lui dus ont été réglés, non d'après le tableau des distances sous l'empire duquel ces transports ont été effectués, mais conformément à un tableau rectifié, postérieurement publié (Civ. rej. 18 avr. 1854, aff. Riallen Bourgneuf, D. P. 54. 1. 177). Contrairement à cette théorie, il a été jugé par le tribunal civil d'Amiens, le 17 janv. 1859 (aff. Dewailly, D. P. 60. 1. 318), que l'indemnité de transport allouée à l'huissier par l'art. 66 du tarif civil du 16 févr. 1807 ne lui est due que lorsque la distance parcourue est de plus d'un 1/2 myriamètre d'après le tableau officiel dressé par le préfet en vertu de l'art. 93 du tarif criminel du 18 juin 1811; qu'en conséquence, s'il résulte de ce tableau que le transport n'a eu lieu qu'à un 1/2 myriamètre, l'huissier ne peut réclamer d'émoluments pour frais de voyage, quoiqu'il soit reconnu, en fait, que la distance parcourue excède le chiffre fixé par le préfet, une telle constatation ne devant point être prise en considération en l'absence d'une rectification des tableaux; qu'il en est ainsi, encore que la vérification ait été faite par le préfet lui-même, qui a toutefois refusé de rectifier son tableau, parce que l'excédent était inférieur à 1 kilomètre, et que ce tableau ne porterait pas de fraction de kilomètre. — La chambre des requêtes a rejeté le pourvoi formé contre ce jugement; mais elle n'a pas adopté la doctrine erronée du tribunal d'Amiens, et elle a basé uniquement sa décision sur ces motifs qu'en fait il n'était pas justifié que la distance parcourue avait dépassé le 1/2 myriamètre; qu'il résultait, au contraire, du tableau officiel des distances dressé par le préfet et de son refus de le rectifier sur la demande qui lui avait été adressée par les huissiers, par l'intermédiaire du juge de paix, que la distance parcourue était de 5 kilomètres.

**237.** Lorsque les exploits ont été faits dans une seule commune à la requête de clients différents, le partage s'applique aux requérants aussi bien qu'à leurs adversaires, suivant l'issue du procès. « Cela est de toute justice, disent MM. Chauveau et Godoffre, op. cit., t. 1, n° 797, p. 240, puisqu'à l'égard de l'huissier il n'y a eu qu'un transport tarifable. Ce transport ne peut pas être multiple vis-à-vis des parties, qui bénéficient ainsi de la coïncidence de la course et des notifications ».

**238.** — 3° Constitution d'avoués et défenses. — (V. Rép. n° 345 et supra, n° 157, 163 et suiv.).

**239.** — 4° Communication au ministère public (Rép. n° 346.

**§ 2.** — Audiences, délibérés et instructions par écrit, jugements (Rép. n°s 347 à 379).

**240.** — 1° Audiences, affiche des causes (Rép. n°s 347 et suiv.). — Le décret du 24 mai 1854 (D. P. 54. 4. 90) accorde aux greffiers un droit de 10 cent. pour chaque bulletin de distribution et de remise de cause.

**241.** — 2° Délibérés et instructions par écrit (Rép. n° 349).

**242.** — 3° Jugement. — L'opinion émise au Rép. n° 354 que le jugement ordonnant la comparution des parties n'a pas besoin d'être signifié d'avoué, et que, par suite, les frais de signification de doivent pas passer en taxe, est adoptée par MM. Boucher d'Argis et Sorel, op. cit., v° Comparution des parties, p. 141. — Contrà : Chauveau et Godoffre, op. cit., t. 1, n° 1079, p. 345).

**243.** Celui qui lève un jugement ne doit le signifier qu'à celle des parties contre laquelle il a obtenu une condamnation, parce que c'est vis-à-vis d'elle qu'il a intérêt à faire courir le délai d'appel, sauf aux autres parties à faire, s'il y a lieu, une signification semblable, chacun suivant son intérêt. Conformément à cette règle qui, nous l'avons exposé au Rép. n° 355, doit souffrir quelques tempéraments, il a été jugé qu'une signification de jugement faite à une partie qui n'est frappée par ce jugement d'aucune condamnation, et qui n'aurait point le droit d'en interjeter appel, doit être déclarée frustratoire et rester à la charge de l'officier ministériel duquel elle émane ; qu'ainsi, lorsque, durant une instance, plusieurs des parties ont cédé leurs droits par des actes régulièrement notifiés aux parties adverses, et que, du consentement commun, elles ont cessé de figurer dans cette instance reprise, à partir du transport, au nom du seul cessionnaire, les significations à elles faites du jugement intervenu, qui ne prononce contre elles aucune condamnation, doivent être rejetées de la taxe comme ayant un caractère frustratoire ; et il n'importe en cas pareil, soit que les cédants n'aient point conclu expressément à leur mise hors de cause, soit même qu'ils aient continué à figurer aux qualités du jugement, s'ils y ont été désignés en leur qualité de cédants, et non à titre de parties (Civ. cass. 18 juin 1856, aff. Praud et consorts, D. P. 56. 1. 253).

Doivent aussi être considérés comme frustratoires les frais des significations aux créanciers en cause, d'un jugement d'adjudication après conversion des poursuites de saisie immobilière en vente sur publications volontaires, et des jugements qui l'ont précédé : on objecterait vainement que ces significations étaient nécessaires pour faire courir les délais de l'appel, les actes de juridiction volontaires n'étant pas sujets à l'appel ; en conséquence, les frais dont il s'agit ne peuvent être alloués à l'avoué qui a fait ces significations, même en vertu du cahier des charges ; et dans l'opinion erronée qu'un jugement d'adjudication sur publications volontaires doit être signifié à toutes les parties en cause, par extension des règles applicables aux ventes de biens de mineurs (Civ. cass. 10 nov. 1858, aff. Boursault, D. P. 58. 1. 463. V. *Rép.* v° *Vente publique d'immeubles*, n°s 1367 et suiv.).

**244.** On a étudié, v° *Appel civil*, n° 189, la question de savoir si, pour faire courir le délai de l'appel, la signification à personne ou à domicile doit être précédée d'une signification à avoué. Il a été jugé que la signification préalable des jugements à avoué est exigée dans tous les cas où la signification à partie doit avoir lieu, soit que cette dernière signification ait pour objet immédiat de faire courir le délai de l'appel ou du pourvoi en cassation, soit qu'elle précède l'exécution d'un jugement ayant déjà acquis l'autorité de la chose jugée ; que spécialement la signification préalable à avoué de l'arrêt rendu sur l'appel d'un jugement d'ordre, est nécessaire pour faire courir le délai du pourvoi contre cet arrêt ; qu'en tout cas, il suffit que la question de savoir si une telle signification est nécessaire soit controversée, pour que l'avoué de la partie gagnante ne puisse encourir le reproche de l'avoir fait faire, et pour qu'elle lui soit, dès lors, passée en taxe (Orléans, 19 juin 1855, aff. Me Julienne, D. P. 56. 2. 120).

**245.** La signification du jugement préparatoire, on l'a dit au *Rép.* n° 358, ne doit pas être faite à la partie. Mais il a été jugé que l'arrêt qui ne contient pas seulement les dispositions préparatoires ou interlocutoires, mais confirme aussi, sur divers chefs de la demande principale, les décisions des premiers juges, revêt, sur les chefs ainsi confirmés, tous les caractères d'une décision définitive ; que la partie qui l'a obtenu a par suite non seulement le droit, mais aussi le plus grand intérêt à le faire signifier, pour faire courir les délais du pourvoi en cassation, et lui donner ainsi toute l'autorité de la chose souverainement jugée ; que, dès lors, cette signification doit être passée en taxe (Pau, 4 juin 1884, aff. Saint-Paul, D. P. 85. 2. 143 V. *Rép.* v° *Cassation*, n°s 109 et suiv.).

**246.** Il n'y a lieu ni de lever, ni de signifier les jugements ou arrêts qui déclarent un partage d'opinions ; par suite, les frais avancés pour la levée, l'expédition et la signification de ces actes doivent être rejetés de la taxe comme frustratoires (Pau, 30 mai 1877, aff. Ferran, D. P. 78. 2. 40. V. *Rép.* v° *Jugement*, n°s 483 et suiv.).

**247.** Il a été jugé : 1° que les copies de jugement doivent être passées en taxe, bien qu'un acquiescement donné au jugement avant leur signification les ait rendues inutiles, si elles ont été préparées par l'avoué de bonne foi dans l'ignorance de cet acquiescement (Dijon, 17 janv. 1853, aff. comp. de Blanzy, D. P. 55. 2. 144) ; — 2° Que la copie d'un arrêt, non suivie de signification à domicile, par suite du pourvoi formé contre cet arrêt avant sa signification, doit être admise

en taxe, lorsqu'il est déclaré qu'elle était un acte utile au moment où elle a été faite (Req. 6 mai 1867, aff. Chédot, D. P. 68. 1. 173) ; — 3° Que le coût de la signification à domicile d'un arrêt, quoique faite le lendemain d'offres réelles notifiées par le débiteur, est à la charge de ce dernier, si cette signification avait été préparée et envoyée à l'huissier antérieurement aux offres (Rouen, 13 août 1869, aff. Bouvet, D. P. 72. 5. 261) ; — 4° Que les cours d'appel ont un pouvoir discrétionnaire pour décider que, d'après les circonstances de la cause, les frais de la levée et de la signification d'un arrêt doivent être compris dans l'exécutoire des dépens, nonobstant l'acquiescement par acte authentique de la partie condamnée suivi d'offres réelles ; alors même que cette décision est fondée sur l'insuffisance desdites offres réelles (Civ. rej. 5 avr. 1870, aff. Waxin, D. P. 71. 1. 321).

Il a même été décidé que, lorsqu'une partie a obtenu un jugement ou un arrêt définitif, elle a toujours le droit de le faire lever et signifier aux frais de la partie condamnée, nonobstant l'acquiescement de celle-ci, même suivi d'offres réelles (Pau, 4 juin 1884, aff. Saint-Paul, D. P. 85. 2. 143). Cette décision s'appuie sur cette considération que l'acte d'acquiescement ne présente pas, à la partie qui a obtenu une décision judiciaire, les mêmes garanties que la signification de cette décision. La loi attache, en effet, à cette signification, une importance capitale, puisqu'elle fait courir les délais du pourvoi en cassation, et qu'elle a pour effet, faute de pourvoi dans le délai légal, de rendre la décision signifiée désormais inattaquable, souveraine, et à l'abri de toute contestation. Il n'en est pas de même de l'acquiescement qui peut, au contraire, comme tous les actes pour lesquels un consentement valable est nécessaire, donner lieu à des contestations de toute nature, même de la part de ceux au nom desquels il aurait été signifié. On peut donc dire qu'il n'offre pas la même sécurité que la signification de la décision, qu'il ne peut suppléer à cette signification, et que, pour conséquent, la partie qui a obtenu un jugement ou un arrêt définitif, a toujours intérêt à le faire signifier (V. *Rép.* n° 363).

**248.** — 4° *Jugements sur requête.* — 4° L'opinion émise au *Rép.* n° 366, qu'il n'est dû aucune vacation à l'avoué pour communication au ministère public et pour assistance au prononcé du jugement sur requête, est adoptée généralement par les auteurs (V. Boucher d'Argis et Sorel, *op. cit.*, v° *Jugement sur requête*, p. 366 ; Chauveau et Godoffre, *op. cit.*, t. 1, n° 1113, p. 353).

**249.** — 5° *Jugements par défaut et opposition ; défaut profit joint.* — MM. Chauveau et Godoffre, *op. cit.*, t. 1, n° 1231, p. 374, estiment qu'il est dû un droit à l'avoué pour les qualités d'un jugement de défaut profit joint. « Un jugement de défaut profit joint, relativement au défaillant, disent ces auteurs, n'est rien autre chose qu'un jugement de défaut ordinaire ; et cela est si vrai, qu'aux termes de l'art. 153 c. proc. civ. le jugement intervenu après un défaut profit joint, n'est plus susceptible d'opposition. Or, s'il est vrai que le jugement de jonction ne soit pas autre chose qu'un jugement par défaut, à l'égard de la partie défaillante, nous demandons par quelle bizarrerie on refuserait à l'avoué un émolument pour les qualités, quand le tarif lui en alloue un pour un défaut ordinaire. A nos yeux, les qualités sont plus nécessaires, plus indispensables dans le cas d'un jugement de jonction, que dans le cas d'un défaut pur et simple » (V. en ce sens, Boucher d'Argis et Sorel, *op. cit.*, v° *Qualités de jugement en matière ordinaire*, p. 479).

### § 3. — Des exceptions (*Rép.* n°s 380 à 402).

**250.** — 1° *De la caution à fournir par les étrangers.* — L'avoué de l'étranger, en matière sommaire, peut-il faire une réponse par écrit ? MM. Boucher d'Argis et Sorel, *op. cit.*, v° *Caution « judicatum solvi »*, p. 118, note a, soutiennent avec raison l'affirmative. L'art. 75, § 4 du tarif ne fait, en effet, aucune distinction entre les affaires ordinaires et les affaires sommaires. — *Contrà :* Chauveau et Godoffre, *op. cit.*, t. 1, n° 1281, p. 383.

**251.** — 2° *Renvois* — V. *Rép.* n°s 382 et suiv.

**252.** — 3° *Nullités* — V. *Rép.* n° 386.

**253.** — 4° *Exceptions dilatoires.* — *Délai pour faire inventaire et délibérer* — V. *Rép.* n° 387.

**254.** — 5° *Garantie.* — On doit donner copie aux garants et sous-garants appelés en cause, de la demande originaire, et des pièces ou titres sur lesquels elle repose. Toutefois, les garants et les sous-garants n'ayant aucun intérêt à connaître la citation en conciliation et le procès-verbal de non-conciliation, il ne faut pas leur en signifier copie. (*Rép.* n° 388 ; Boucher d'Argis et Sorel, *op. cit.*, v° *Garantie en matière ordinaire*, p. 305 ; Chauveau et Godoffre, *op. cit.*, t. 1, p. 387, n° 1313).

**255.** On a soutenu au *Rép.* n° 393, qu'il n'y a pas lieu de prendre contre l'appelé en garantie qui ne se présente pas un jugement défaut profit joint. L'opinion contraire est professée par MM. Boucher d'Argis et Sorel, *op. cit.*, v° *Garantie en matière ordinaire*, p. 305, et a été adoptée par quelques cours d'appel (V. sur cette question, *infrà*, v° *Jugement par défaut*).

**256.** Relativement aux frais des actions en garantie, il a été jugé : que les frais d'une action en garantie peuvent être mis à la charge du demandeur originaire qui succombe, en y comprenant même ceux occasionnés par la non-comparution des appelés en garantie (Req. 9 août 1853, aff. Béavan, D. P. 54. 1. 82) ; — Que les frais d'une demande en garantie qui n'a été repoussée que par suite du rejet de la demande principale peuvent être mis à la charge du demandeur principal, et non à celle du demandeur en garantie (Civ. rej. 7 nov. 1865, aff. Crosnier, D. P. 66. 1. 262). C'est là une application du principe suivant lequel toute partie qui, par sa faute, a donné lieu à une action déclarée mal fondée, doit en supporter les dépens (V. Civ. rej. 21 déc. 1863, aff. Charlot, D. P. 64. 1. 94 et *suprà*, n° 21). — Jugé encore que les dépens de la demande en garantie formée au cours d'une instance principale, par le défendeur, peuvent être mis à la charge du demandeur principal dont l'action a rendu nécessaire cette demande en garantie et qui a succombé, sans qu'il soit besoin d'examiner si la garantie eût été ou non due au cas de succès de l'action principale, et sans qu'il y ait, par conséquent, à se préoccuper du mérite de l'appel en garantie (Req. 20 janv. 1868, aff. Deiss, D. P. 68. 1. 104).

**257.** Pour que le garanti reste étranger aux dépens de l'instance en garantie, il faut que la mise en cause du vendeur soit justifiée par l'action principale. Sinon, l'acheteur devra s'imputer d'avoir fait contre son vendeur des frais frustratoires, et les supporter, tant vis-à-vis du demandeur principal, dont la demande pouvait être jugée sans que le défendeur fit un recours en garantie, que vis-à-vis du garant dont la présence au procès, n'était pas nécessaire, à raison de la nature même des prétentions qui s'y trouvaient engagées. — Il a été jugé que l'acquéreur qui, menacé d'éviction, a appelé son vendeur en garantie, peut être condamné envers ce dernier aux dépens de la demande en garantie, s'il ne subit aucune éviction, et si, dès lors, il n'obtient contre le garant aucune condamnation encore qu'il soit déclaré que la mise en cause de ce garant a eu lieu à bon droit sur l'un des chefs de la demande principale ; une telle condamnation n'ayant pas pour base une violation formelle de la loi ne saurait tomber sous le contrôle de la cour de cassation (Req. 6 févr. 1867; aff. Bernier-Blondeau, D. P. 67. 1. 257). Dans l'espèce, la mise en cause n'avait été déclarée frustratoire que sur un seul chef de la demande principale. La cour a décidé qu'elle avait pu avoir lieu quant à un autre

chef, à l'égard duquel l'acheteur ne devait pas, dès lors, être réputé avoir mal à propos actionné son garant, quoiqu'il n'eût pas souffert d'éviction. Mais cette circonstance, ne mettait pas obstacle à ce que l'intégralité des dépens demeurât, vis-à-vis du garant, à la charge du demandeur en garantie. Il est, en effet, de jurisprudence constante qu'une partie peut être condamnée à tous les dépens, bien qu'elle n'ait succombé que sur quelques chefs du procès, et que les juges ont, en ce cas, un pouvoir discrétionnaire non soumis au contrôle de la cour de cassation (V. *suprà*, n° 22). Cette règle est certainement applicable au cas de mise en cause partiellement frustratoire d'un garant. — Jugé encore que le demandeur dont la demande a provoqué un recours en garantie ne doit pas être condamné à des dommages-intérêts et aux dépens envers les appelés en garantie, s'il a triomphé sur la demande qui a provoqué leur appel en cause, quoiqu'il ait succombé sur un autre chef (Civ. cass. 31 mars 1874, aff. Comp. de Lyon, D. P. 74. 1. 254).

**258.** En cas de condamnation contre le défendeur principal et contre la partie garante, c'est cette dernière partie qui encourt les dépens, le garanti n'y étant soumis, en thèse générale, qu'en cas d'insolvabilité du garant. Comme conséquence de ce principe, il a été jugé que le garant ne peut se plaindre de la disposition du jugement qui l'a condamné aux dépens « conjointement et solidairement avec le garanti », cette disposition ne lui faisant pas personnellement grief (Req. 9 déc. 1889, aff. Commune de Sainte-Euphémie, D. P. 90. 1. 110). Dans l'espèce, les défendeurs à la complainte avaient appelé en garantie la commune, qui avait pris leurs fait et cause, comme ayant le droit de pâturage sur le tènement litigieux, et avait succombé avec eux. On se trouvait alors au cas de *garantie formelle* prévu par l'art. 182 c. proc. civ. Donc, suivant l'art. 185 du même code, à l'égard des dépens et dommages-intérêts, la liquidation et l'exécution n'en pouvaient être faite que contre la commune garante, et les garantis n'en étaient passibles que dans le cas d'insolvabilité du garant. Quoi qu'il en soit, le jugement avait cru devoir condamner la commune garante aux dépens « conjointement et solidairement avec les garantis ». Cette disposition était irrégulière, puisque l'insolvabilité du garant n'était pas relevée. Mais qui pouvait s'en plaindre ? Évidemment les garantis, car eux seuls éprouvaient éventuellement un grief. Quant à la commune, elle n'avait aucune qualité pour attaquer le jugement de ce chef, puisque c'était à elle qu'incombait en définitive, d'après l'art. 185, la charge des dépens.

**259.** — 6° *Communication de pièces.* — Les frais de la sommation à l'effet d'obtenir communication des pièces doivent être alloués alors même que la sommation est générale, sans indication de telle ou telle pièce, si ce mode de procéder est justifié par les circonstances de la cause. Jugé qu'en pareil cas, il appartient au juge taxateur d'apprécier si la sommation était utile ou si elle n'avait pour but que d'augmenter, sans nécessité, le chiffre des émoluments (Bordeaux, 22 janv. 1857) (1).

**260.** On a dit au *Rép.* n° 396 que lorsqu'il s'agit de pièces qu'il a été impossible de comprendre dans la communication de la procédure, parce qu'à ce moment on ne les avait pas, il peut y avoir nécessité d'une nouvelle communication, et une nouvelle vacation est due. Ainsi il est dû à l'avoué

---

(1) (Dubos C. Desbarots.) — La cour ; — En ce qui touche l'allocation réclamée pour le dépôt de conclusions en matière ordinaire : — Attendu que le décret du 30 mars 1808 (art. 33 et 71) prescrit le dépôt de conclusions motivées en tout état de cause ; — Attendu que ce décret n'a pu vouloir que cette formalité se trouvât remplie par le dépôt des requêtes signifiées respectivement en matière ordinaire ; — Que ces écrits, par les développements qu'ils contiennent, sont inconciliables avec le but que s'est proposé ledit décret, mais qui n'est autre que de placer sous les yeux du juge un résumé substantiel des difficultés soumises à son examen, et de présenter la cause dans son état définitif au moment où elle va recevoir jugement ; — Attendu que c'est là un travail nouveau de la part de l'avoué, et qu'il était juste qu'une rémunération y fût attachée ; — Attendu que les art. 70 et 71 du tarif s'appliquent évidemment à cet écrit et autorisent l'allocation de 7 fr. 50 cent. ; — Attendu qu'il importe peu que, dans l'usage, les conclusions motivées dont il s'agit ne soient pas signifiées ; — Attendu que l'expérience établit que cette formalité est sans utilité et grèverait sans profit les parties ; mais

qu'il n'en peut résulter la privation pour l'officier ministériel de la rémunération d'un travail sérieux et éminemment utile; — Sur la question touchant la sommation en communication de pièces : — Attendu que le droit attaché à cet acte ne saurait être refusé par cela seul que la sommation aurait été faite d'une manière générale, sans indication de telle ou telle pièce ; — Attendu que la cause peut se présenter dans un tel état qu'il ne soit pas possible de spécialiser ; que c'est au juge taxateur à vérifier si la sommation était utile ou si elle n'avait pour but de la part de l'avoué que d'émolumenter frustratoirement ; — Attendu que, dans l'espèce, la cause se présentait de manière à autoriser la sommation tel qu'il a été signifié ; — Par ces motifs, faisant droit de l'opposition de Dubos envers la taxe du 10 avr. 1856 mise au bas de l'état de frais et dépens présenté par M° Claverie, avoué, ordonne que le droit de dépôt de conclusions motivées et celui de sommation en communication de pièces seront rétablis sur ledit état de frais. — Du 22 janv. 1857.-C. de Bordeaux, 2° ch.-MM. Troplong, pr.-Mourier, av. gén., concl.

autant de vacations qu'il y a eu de communications réelles. Telle est aussi la doctrine enseignée par les auteurs les plus récents (Chauveau et Godoffre, *op. cit.*, t. 1, p. 394, n° 1352; Boucher d'Argis et Sorel, *op. cit.*, v° *Communication de pièces*, p. 139).

**261.** On a émis au *Rép.* n° 399, l'avis que les frais de la communication en cause d'appel, de pièces déjà communiquées en première instance, doivent être supportés par la partie qui succombe en définitive: MM. Boucher d'Argis et Sorel, *op. cit.*, v° *Communication de pièces*, p. 139, estiment que les frais dont il s'agit doivent rester à la charge de la partie requérante, le tarif du 16 févr. 1807 n'établissant aucune taxe pour les communications en appel contre la partie condamnée (V. en ce sens : Bioche, *op. cit.*, v° *Exception*, n° 273).

**§ 4.** — Vérification d'écritures, faux incident civil, enquête, descente sur les lieux, rapports d'experts, interrogatoire sur faits et articles (*Rép.* n°s 403 à 464).

**262.** — 1° *Vérification d'écritures.* — Aux termes de l'art. 166 du tarif, il est taxé aux dépositaires qui doivent représenter les pièces de comparaison en vérification d'écritures ou arguées de faux, en inscription de faux incident, indépendamment de leurs frais de voyage, par chaque vacation de trois heures devant le juge-commissaire ou le greffier, savoir : 1° aux greffiers des cours impériales et des cours d'assises, 12 fr.; des tribunaux de première instance 10 fr.; aux notaires de Paris, 9 fr.; des départements, 6 fr. 75 cent.; 3° aux avoués des cours impériales, 8 fr.; des tribunaux de première instance, 6 fr.; 4° aux huissiers de Paris, 5 fr.; des départements, 4 fr.; 5° aux autres fonctionnaires publics ou autres particuliers, s'ils le requièrent, 6 fr. Les auteurs sont d'accord pour reconnaître que l'art. 166 ne doit pas être appliqué suivant les dispositions du troisième décret de 1807 qui rend commun à plusieurs cours et tribunaux le tarif des frais et dépens de ceux de Paris. « Les termes même de l'article, disent MM. Chauveau et Godoffre, *op. cit.*, t. 1, n° 1418, p. 408, excluent les distinctions résultant du troisième décret. Du moment où il met sur la même ligne toutes les cours d'appel et tous les tribunaux de première instance, il est évident que, s'il a établi quant aux notaires et aux huissiers, une différence entre Paris et les départements, cette différence doit être limitée d'après sa restriction, et il n'y a aucun motif d'assimiler aux notaires et aux huissiers de Paris ceux de Lyon, Bordeaux, Rouen, Marseille, Toulouse, Lille et Nantes » (V. *Rép.*, v° *Notaire*, n° 453). — Il a été jugé que l'indemnité allouée aux notaires pour tous frais de voyage et de nourriture se compose du cinquième, par chaque myriamètre, non de la totalité des vacations dues pour leur déplacement, mais seulement des vacations qui leur sont allouées pour une journée de route, laquelle comporte quatre vacations à raison de 5 myriamètres (Paris, 1er déc. 1882, aff. Époux Gail, D. P. 83. 2. 182. V. *infrà*, v° *Notaire*; — *Rép.* eod. v° n° 423).

**263.** — 2° *Faux incident civil.* — Aux termes de l'art. 217 c. proc. civ., si le défendeur à la sommation ne fait pas de réponse ou s'il déclare qu'il ne veut pas se servir de la pièce, le demandeur peut se pourvoir à l'audience sur un simple acte. On a dit au *Rép.* n° 405, que cet acte doit être taxé conformément à l'art. 70 du tarif (V. en ce sens Boucher d'Argis, *op. cit.*, v° *Faux incident*, n° 1). MM. Chauveau et Godoffre, *op. cit.*, t. 1, n° 1461, p. 419, pensent au contraire qu'il faut que l'acte soit nécessairement libellé, et que, dès lors, il faut appliquer l'art. 71 du tarif.

**264.** Les avoués des parties qui assistent au procès-verbal de l'état des pièces arguées de faux ont droit à l'émolument fixé par l'art. 92, § 8, du tarif, par vacation de trois heures (*Rép.* n° 407; Chauveau et Godoffre, *op. cit.*, t. 1, n° 1507, p. 425. V. en sens contraire Boucher d'Argis et Sorel, *op. cit.*, v° *Faux incident*, n° 14, qui n'admettent qu'une seule vacation, quelle que soit la durée de l'opération).

**265.** L'opinion émise au *Rép.* n° 407, que le procès-verbal doit être levé et signifié est combattue par MM. Chauveau et Godoffre, *op. cit.*, t. 1, p. 426, n° 1508; et Boucher d'Argis et Sorel, *op. cit.*, v° *Faux incident*, n° 14.

**266.** Le demandeur peut prendre communication de la

pièce toutes les fois qu'il le juge nécessaire, mais il n'est dû qu'une seule vacation. Ainsi que, le font justement remarquer MM. Chauveau et Godoffre, *op. cit.*, t. 1, n° 1511, lorsqu'il s'agit de communication, l'esprit du tarif est de n'accorder qu'une vacation; elle doit d'autant mieux suffire ici que déjà l'avoué a vu la pièce et assisté au procès-verbal dans lequel son état a été constaté (V. en ce sens Boucher d'Argis ou Sorel, *op. cit.*, v° *Faux incident*, n° 15).

**267.** — 3° *Enquête* (*Rép.* n°s 409 et suiv.).

**268.** — 4° *Descente sur les lieux* (*Rép.* n°s 429 et suiv.). — Les frais de voyage et de séjour du juge doivent être fixés conformément aux dispositions des art. 88 et 89 du tarif en matière criminelle (*Rép.* n° 461; Chauveau et Godoffre, *op. cit.*, t. 1, n° 1649, p. 449.

**269.** — 5° *Rapports d'experts.* — Le troisième tarif du 16 févr. 1807 qui rend commun à plusieurs cours d'appel le tarif des frais et dépens de la cour de Paris est-il applicable aux experts. La négative est enseignée par MM. Chauveau et Godoffre. « Les dispositions du tarif relatives aux experts, disent ces auteurs, *op. cit.*, t. 1, n° 1718, p. 466, paraissent avoir été inspirées par cette considération qu'à Paris, où les conditions de la vie sont exceptionnelles, où les talents et les capacités de premier ordre font élection de domicile, où l'emploi du temps et des aptitudes spéciales est mieux rémunéré que partout ailleurs, il fallait une taxe en rapport avec les faits, tandis qu'il n'était pas suffisamment justifié de différences sensibles, motivant des allocations variables dans les autres localités. Aussi le législateur s'est-il servi d'expressions qui ne comportent aucune équivoque ; il admet deux taxes, l'une applicable aux experts de Paris ; l'autre applicable à ceux des départements, et, nous n'apercevons, en ce qui nous concerne, aucun motif qui puisse justifier l'assimilation des experts demeurant dans les grandes villes ci-dessus indiquées. À nos yeux, quand les calculs différentiels du troisième décret de 1807 ont leur raison d'être, il faut les appliquer dans toutes les combinaisons ; il faut au contraire les négliger quand rien n'indique qu'ils doivent être appliqués pour partie, et que leur application intégrale est impossible. D'ailleurs, les distinctions du troisième décret de 1807 s'expliquent en tant qu'il s'agit d'officiers ministériels; elles n'ont plus la même raison d'être quand il s'agit d'experts, de relations, etc. » (V. en ce sens, Dutruc, *op. cit.*, v° *Expertise*, n° 147). — Il a été jugé, dans le sens de cette opinion, que les vacations et frais de voyage des architectes ou experts domiciliés dans une ville où siège une cour d'appel doivent être réglés conformément aux dispositions spéciales des art. 159, 160, et 161 du premier tarif du 16 févr. 1807, et non d'après les dispositions du troisième décret du même jour qui porte que le tarif des frais et dépens en la cour d'appel de Paris est rendu commun aux autres cours d'appel sous la déduction d'un dixième (Nancy, 21 août 1878, aff. Cuny et Delsop, D. P. 79. 2. 90 ; Chambéry, 21 nov. 1883, aff. Boulangier, D. P. 84. 2. 121 ; Civ. cass. Belgique, 15 mai 1884, aff. État belge C. Demanet et autres, D. P. 85. 2. 151)

MM. Boucher d'Argis et Sorel, *op. cit.*, v° *Experts*, n° 266, enseignent, au contraire, que le troisième décret du 16 févr. 1807 s'applique aux honoraires des experts comme aux autres frais et dépens, et qu'en conséquence, dans les villes où siège une cour d'appel, les vacations et frais de voyage des experts doivent être taxés au chiffre indiqué par le premier tarif pour Paris, diminué d'un dixième. Cette dernière opinion nous paraît seule admissible et seule conforme au texte de l'art. 1er du troisième décret de 1807. « Le tarif des frais et dépens en la cour d'appel de Paris, dit cet article, est rendu commun aux cours d'appel de Lyon, Bordeaux, Rouen et Bruxelles. Toutes les sommes portées en ce tarif seront réduites d'un dixième pour les frais et dépens dans les autres cours d'appel ». Les art. 159 et suiv. relatifs aux experts, ne sont-ils donc pas compris dans le tarif comme les autres? et ne sont-ils pas, en conséquence, comme les autres, rendus applicables aux cours de province avec les distinctions contenues dans le troisième décret? Où trouver, dès lors, dans les termes si généraux et en même temps si formels de cet article, place pour cette distinction purement arbitraire entre les émoluments des officiers ministériels et les honoraires des experts? Rien dans la pensée du législateur ne l'autorise et son texte la repousse (V. sur cette question la note sous l'arrêt du 21 nov. 1883 précité).

**270.** Lorsque, dans deux instances séparées, engagées dans le même objet contre le même défendeur, par deux demandeurs différents, deux expertises ont été ordonnées, et que les mêmes experts ont été commis, les opérations faites dans une expertise ne dispensent pas les experts de se livrer à des opérations semblables pour l'autre expertise, et tous les experts doivent procéder simultanément, quelle que soit l'utilité de leur coopération dans les vérifications prescrites; par suite, ils ont tout droit aux mêmes honoraires et les vacations de chaque expertise doivent être allouées comme si l'autre expertise n'avait pas eu lieu (Chauveau et Godoffre, *op. cit.*, t. 1, n° 1721, p. 467).

**271.** L'art. 305 c. proc. civ. prévoit deux hypothèses distinctes, celle où le tribunal nomme commissaire l'un de ses membres pour recevoir le serment des experts, et celle où il charge de ce soin le juge de paix du canton dans lequel se trouvent les immeubles ou les objets à expertiser. L'art. 91 du tarif de 1807 accorde une vacation à l'avoué « pour être présent à la prestation de serment des experts devant le juge-commissaire ». Il ne parle pas de la présence de cet officier ministériel à la prestation des experts devant le juge de paix. La formule de ce second article mérite d'être remarquée, car, à supposer que ses auteurs aient voulu rémunérer la présence de l'avoué dans l'un et l'autre cas, il leur aurait suffi de dire et ils auraient dit, ou bien : « vacation pour être présent à la prestation de serment des experts soit devant le juge-commissaire, soit devant le juge de paix », ou bien, plus brièvement et d'une manière plus générale : « vacation pour être présent à la prestation de serment des experts. La règle : *qui dicit de uno, negat de altero*, doit d'autant plus s'appliquer ici que la lettre de la loi se trouve en tout d'accord avec son esprit. En effet, en permettant aux tribunaux d'ordonner que les experts prêteront serment devant le juge de paix du lieu de l'expertise, l'art. 305 c. proc. civ., a entendu éviter aux parties les frais du voyage fait par les experts pour se rendre devant le membre du tribunal nommé commissaire, et le but qu'il se propose ne serait pas atteint si, quand il évite aux parties les frais du voyage fait par les experts pour se rendre devant le membre du tribunal nommé commissaire, ces mêmes parties se voyaient contraintes de payer les frais du voyage fait par l'un des avoués, ou même par tous les avoués de la cause, pour se rendre devant le juge de paix du canton (*Rép.* n° 437). En ce sens, il a été jugé que l'avoué qui, dans le cas où le tribunal a commis un juge de paix, en vertu de l'art. 305 c. proc. civ., pour recevoir le serment d'experts, assiste à cette prestation de serment, n'a droit ni à la vacation que le tarif de 1807 ne lui accorde que lorsque le serment est prêté devant un juge-commissaire, ni à des frais de voyage (Nancy, 29 janv. 1870, aff. Cornefert, D. P. 70. 2. 129).

**272.** L'indemnité allouée par myriamètre aux experts qui se transportent, pour le dépôt de leur rapport au greffe, à plus de deux myriamètres de leur domicile, ne leur est due que par chaque myriamètre entièrement parcouru, et il n'y a pas lieu, dès lors, de tenir compte, dans l'évaluation de cette indemnité, des fractions de myriamètre (Arrêt précité du 29 janv. 1870; *Rép.* n° 439).

**273.** Il a été jugé que l'expert nommé par une première ordonnance à la requête d'une partie dont la mission a été étendue par des ordonnances postérieures rendues à la requête de la partie adverse, est fondé à réclamer le montant intégral de l'exécutoire de dépens de la partie qui a requis l'expertise (Trib. Seine, 21 déc. 1872, aff. Sautrot, D. P. 74. 5. 243).

**274.** Les experts chargés de la vérification d'une comptabilité commerciale doivent être rangés parmi les *artistes*, et non point parmi les *artisans*, dans le sens que l'art. 159 du décret du 7 févr. 1807 a donné à ces expressions; en conséquence, ils ont droit à 6 fr. par vacation, et non pas seulement à 3 fr. (Pau, 2 janv. 1864, aff. Saubat et autres, D. P. 64. 2. 55. Conf. *Rép.* n° 445).

**275.** Le jugement ordonnant une expertise ne doit pas être signifié aux experts (*Rép.* n° 436). — Il a été jugé, d'une façon générale, que les frais d'une signification de jugement à un tiers étranger à l'instance doivent être consi-

dérés comme frustratoires et non admissibles en taxe, alors même que ce tiers devrait être informé de ses dispositions pour s'y conformer, la loi ayant établi pour ce cas un mode moins coûteux de porter le jugement à sa connaissance (Riom, 10 août 1858, aff. Dufaud, D. P. 58. 5. 200).

**276.** On a exposé au *Rép.* n°s 452 et suiv., les controverses qui se sont élevées sur la question de savoir où doit être portée l'opposition à la taxe des honoraires des experts commis en matière civile, et dans quel délai elle doit être formée. Plusieurs cours et de nombreux auteurs décident que l'art. 6 du deuxième décret de 1807, en apportant des entraves à l'exercice du droit d'appel, constitue au principe général une exception grave, qui ne doit pas être étendue en dehors du cas pour lequel elle a été spécialement créée. Ils ajoutent que le deuxième décret de 1807, dans les dispositions qui précèdent l'art. 6, s'occupe de dépens adjugés; qu'il suppose donc nécessairement, pour que cette liquidation ait lieu, l'existence d'un jugement rendu contre une partie et au profit d'une autre; que, dès lors, il ne saurait s'appliquer aux frais et honoraires réclamés par les experts, puisque l'art. 319 c. proc. civ. permet à ceux-ci d'obtenir immédiatement un exécutoire sans attendre une sentence qui adjuge les dépens. L'opposition ne doit donc pas être formée dans le délai de trois jours fixé par le second décret de 1807, mais dans la huitaine de la signification de l'exécutoire, si c'est la partie qui réclame, ou de l'acte qui fait connaître aux experts la décision sur la taxe. Cette opposition est portée devant le tribunal jugeant en audience publique (Bordeaux, 18 mars 1864, *suprà*, v° *Expertise*, n° 81 ; Rousseau et Laisney, *op. cit.*, v° *Expertise*, n° 109 *bis* ; Boucher d'Argis et Sorel, *op. cit.*, v° *Expertise*, p. 268 ; Conf. Chauveau et Godoffre, *op. cit.*, t. 1, n° 1735, p. 469 et suiv.). — V. Aussi Montpellier, 10 févr. 1890, aff. Marty, D. P. 91. 2. 50.

Nous croyons que la doctrine qui applique aux frais et honoraires des experts la procédure de la chambre du conseil organisée par le deuxième décret du 16 févr. 1807, pour les oppositions aux exécutoires de dépens est la seule conforme aux principes qui régissent la matière des frais et dépens. Les partisans du système contraire invoquent le droit commun ; mais raisonner ainsi, n'est-ce pas trancher la question par la question ? Quel est, en effet, le droit commun en matière de frais et dépens, ou plutôt en ce qui concerne les voies de recours contre les taxes et les exécutoires ? Quel est le texte de loi à appliquer ? Voilà la question. Le code de procédure ne dit pas un mot, pas plus à l'égard des experts qu'en ce qui concerne les avoués. L'art. 319 indique bien certaines formalités relatives à la taxe des experts et à l'exécutoire qui peut leur être délivré ; mais il ne s'explique pas sur les voies de recours ouvertes soit contre l'exécutoire, soit contre la taxe elle-même. Cette matière n'a été réglée que postérieurement, par le deuxième décret du 16 févr. 1807. Sans doute, ce décret ne désigne pas nommément les experts, mais, pour l'interpréter, il ne faut pas l'isoler du corps de loi dont il fait partie ; il ne faut pas oublier qu'il constitue, avec le premier décret rendu à la même date (16 févr. 1807), un ensemble dont la rubrique : Tarif des frais et dépens pour le ressort de la cour d'appel de Paris, indique la portée générale ; le premier décret statue sur le détail des frais, y compris ceux des experts (chap. 6), le second contient les règles sur la liquidation des dépens et les voies de recours. Or, personne ne conteste que les frais et honoraires des experts sont une partie intégrante des dépens. Le deuxième décret de 1807, et en particulier l'art. 6, s'appliquent donc à tous les exécutoires de dépens, qu'ils soient rendus au profit d'un expert ou au profit d'un officier ministériel. S'il en est ainsi, de quel droit veut-on apporter une dérogation à cet art. 6, y introduire une exception qui n'y est pas contenue ? N'y a-t-il pas, au contraire, en ce qui concerne les experts, les mêmes raisons de décider qu'en ce qui concerne les avoués ? Même nécessité d'une prompte solution, même nécessité d'éviter un débat public, tant à raison des attaques qui pourraient être dirigées contre les experts que pour l'examen minutieux des états de frais et des pièces justificatives. Qu'on ne dise pas que nous privons ainsi les parties d'un droit essentiel. La faculté d'appel est ordinaire mais non essentielle ; et, de fait, la loi en prive souvent les parties, particulièrement à l'égard des jugements rendus sur opposition à contrainte, en matière d'enregistrement, dont la procédure présente beaucoup d'analogie avec celle des oppositions à exécutoires de dépens. Les raisons qui ont déterminé le législateur de 1807 sont aussi sages que faciles à pénétrer; les questions de frais sont d'une décision simple et qui doit être rapide ; de plus, en réalité, le litige a subi deux degrés de juridiction, d'abord l'examen du président ou juge taxateur, ensuite celui du tribunal statuant, non pas comme juridiction de première instance, mais par voie de recours. Admettre l'appel du jugement rendu sur opposition à exécutoire d'experts en dehors du cas exceptionnel prévu par l'art. 6 du décret de 1807, ce serait autoriser les parties à recourir à trois degrés de juridiction (V. *Rép.* v° *Expertise*, n° 79, *Rép.* eod. v°, n° 263).

Dans le sens de notre opinion, il a été jugé : 1° que c'est devant la chambre du conseil, et non devant le tribunal jugeant en audience publique, que doit être formée l'opposition à l'ordonnance du président portant taxe des frais d'expertise (Paris, 9 juill. 1859, aff. Lebon, D. P. 59. 2. 177. V. aussi Bordeaux, 1er févr. 1867, aff. Testaud rapporté *suprà*, v° *Expertise*, n° 791), Douai, 29 avr. 1868, aff. Lemetz et Stensmaght, D. P. 69. 2. 88) ; — 2° Que la procédure de la chambre du conseil organisée par le deuxième décret du 16 févr. 1807 pour les oppositions aux exécutoires de dépens est applicable à tous les dépens dont le tarif a été fixé par le décret du même jour, et notamment aux frais et honoraires des experts qui en font partie intégrante ; mais que ces règles ne sont pas prescrites à peine de nullité; qu'il peut être procédé à l'instruction et au jugement de ces affaires en audience publique suivant les circonstances dont les tribunaux sont souverains appréciateurs ; que dans tous les cas, les parties ne sont pas recevables à s'en plaindre lorsqu'elles ont été d'accord pour provoquer le débat en audience publique et qu'elles ont rendu ce débat nécessaire en formulant des chefs de demande sur lesquels il ne pouvait être statué qu'en audience publique (Lyon, 29 mars 1884, aff. Veuve Foray, D. P. 85. 2. 237. — Sur la question de savoir si les règles édictées par le décret sont prescrites à peine de nullité. V. *suprà*, n° 211).

**277.** MM. Dutruc (*op. cit.*, t. 2, n° 155, p. 87) et Dejean (*Traité des expertises*, édit. 1881, n° 549, p. 603 et suiv.) décident que, si l'opposition à l'exécutoire de dépens délivré à un expert doit être jugée en chambre du conseil dans les formes indiquées par l'art. 6 du décret de 1808, le jugement rendu sur cette opposition est susceptible d'appel, lors même qu'il n'y a pas appel sur le fond. Cette opinion, adoptée par plusieurs arrêts rapportés *suprà*, v° *Expertise*, n° 81, a été repoussée par un arrêt de la cour de Paris qui, estimant qu'il est impossible de scinder l'art. 6 du décret de 1807, qu'il faut en accepter ou en rejeter l'application a jugé que les dispositions de l'art. 6 du deuxième décret du 16 févr. 1807, d'après lesquelles l'exécutoire ou le jugement au chef de la liquidation sont susceptibles d'opposition devant la chambre du conseil, et non d'appel, si ce n'est lorsqu'il y a appel de quelques dispositions sur le fond, sont applicables aux exécutoires délivrés aux experts ; qu'en conséquence, l'appel du jugement rendu sur opposition à exécutoire d'expert doit être porté devant la cour siégeant en chambre du conseil, et non en audience publique, que cet appel n'est pas recevable, sauf dans le cas où il y a appel du jugement sur le fond (Paris, 27 nov. 1882, aff. Thuilleux et 30 déc. 1882, même affaire, D. P. 83. 2. 217).

**278.** D'après l'art. 6 du second décret du 16 févr. 1807, l'opposition à une taxe de dépens doit être formée dans les trois jours de la signification à avoué avec citation. Aucune autre disposition législative n'ayant réglementé les oppositions à taxe, son application s'impose de toute nécessité en matière d'expertise (Riom, 13 mai 1889, aff. Lejeune et autres, D. P. 90. 2. 107).

Il a été jugé que le délai de trois jours accordé, pour former opposition, à la partie qui reçoit signification d'une ordonnance de taxe dans l'intérêt de celui qui a pris taxe, ne peut être invoqué contre lui; qu'en conséquence, est recevable à former opposition à taxe, même après l'échéance de ces trois jours, l'expert qui prétend que ses honoraires n'ont point été convenablement fixés par le magistrat taxateur (Douai, 29 avr. 1868, aff. Lemetz et Stensmaght, D. P. 69. 2. 88). Celui qui a obtenu l'exécu-

toire n'a aucune signification à recevoir. La loi n'a indiqué pour lui aucun point de départ du délai. L'opposition est donc recevable tant qu'il n'y a pas eu acquiescement à la taxe (Conf. Chauveau et Godoffre, *op. cit.*, t. 2, p. 71, n° 2677).

**279.** La jurisprudence décide que la taxe d'experts peut être faite, en matière commerciale, par le président du tribunal de commerce et qu'elle est susceptible d'opposition, comme en matière civile, pendant trois jours. Mais, le ministère des avoués n'existant pas, il est évident que ce délai de trois jours ne pourra courir que de la signification faite à partie. — Il a été jugé que l'opposition à la taxe d'experts faite par le tribunal de commerce doit avoir lieu dans les trois jours de la signification à partie (Nancy, 26 janv. 1889, aff. Depret, D. P. 89. 2. 239).

**280.** L'art. 319 c. proc. civ. qui autorise les experts à se faire délivrer, au cours de l'instance, pour le payement immédiat de leurs vacations taxées, un exécutoire contre la partie qui a requis l'expertise, ou l'a poursuivie si elle a été ordonnée d'office, permet, à plus forte raison, aux experts d'attendre la solution du litige pour réclamer leurs frais et honoraires à la partie qui a été définitivement condamnée aux dépens (Req. 3 nov. 1886, aff. Delhaye, D. P. 87. 1. 151; V. *Rép.* v° *Expert*, n°s 260 et suiv., *suprà*, eod. v°, n°s 82 et suiv.).

**281.** Dans le cas où les honoraires dus à un expert, après avoir été fixés par ordonnance du président, ont été compris dans les dépens mis à la charge d'une partie par l'arrêt ultérieurement rendu, c'est contre l'ordonnance du président, et non pas contre l'exécutoire des dépens, que doit être dirigée l'opposition qui tend à faire réduire le montant desdits honoraires (Paris, 15 nov. 1858, aff. Caffin d'Orsigny, D. P. 59. 5. 198. V. *Rép.* n° 261). « Voici, disent MM. Chauveau et Godoffre (*op. cit.*, t. 1, n° 1735, p. 472) qui commentent cet arrêt, comment la difficulté a pu se produire : les vacations des experts ont été taxées et exécutoire a été délivré, avant la solution du procès, contre la partie qui avait requis l'expertise. Le montant de cette taxe a été soldé. Puis la décision au fond étant intervenue et ayant mis la moitié des frais de l'expertise à la charge de celle des parties qui n'avait pas soldé ces frais, celle-ci a voulu critiquer cette taxe, qui lui était révélée par l'exécutoire comprenant les dépens de l'instance. Elle a formulé sa réclamation par voie d'opposition contre cette exécutoire, et c'est alors qu'il lui a été répondu que l'exécutoire ne pouvait pas être attaqué comme contenant une somme dont l'importance était fixée par un acte qui n'avait pas été régulièrement critiqué. Dans ces circonstances, nous pensons qu'il y a lieu de décider avec la cour de Paris que la partie qui prétend faire diminuer les honoraires alloués aux experts doit se pourvoir contre l'acte qui fixe ces honoraires et non contre celui qui n'en est que la conséquence. Seulement, dans ce cas, le délai de l'opposition ne doit courir qu'à dater de la signification de l'exécutoire qui a fait connaître à la partie la somme qui lui est demandée comme constituant sa part contributive dans les frais d'expertise ».

**282.** — 6° *Interrogatoire sur faits et articles*. — Quand un juge n'a pas été spécialement désigné par le jugement pour procéder à l'interrogatoire, on admet généralement qu'une requête peut être présentée pour le faire nommer (Dutruc, *op. cit.*, v° *Interrogatoire sur faits et articles*, n° 40; Chauveau et Godoffre, *op. cit.*, t. 1, p. 479, n° 1750). Mais il ne doit être présenté aucune requête soit au président, soit au juge commis pour obtenir l'indication des jours et heure de l'interrogatoire, et l'on ne doit passer à l'avoué ni requête, ni vacation pour cette indication (*Rép.* n° 459 ; Boucher d'Argis et Sorel, v° *Interrogatoire sur faits et articles*, p. 347; Dutruc, *op. cit.*, v° *Interrogatoire sur faits et articles*, n° 47; Conf. Chauveau et Godoffre, *op. cit.*, t. 1, p. 480, n° 1754; Raviart, *Le tarif en matière civile*, p. 27, n° 199).

**283.** Si la partie est légitimement empêchée, le juge peut se transporter sur le lieu où elle est retenue. L'indemnité à laquelle il a droit est celle fixée par les art. 88 et 89 du décret du 18 juin 1811 (*Rép.* n° 461; Chauveau et Godoffre, *op. cit.*, t. 1, p. 481, n° 1757; Dutruc, *op. cit.*, v° *Interrogatoire sur faits et articles*, n° 48; Boucher d'Argis et Sorel, *op. cit.*, v° *Interrogatoire sur faits et articles*, p. 346).

**284.** Au lieu d'un interrogatoire sur faits et articles, on peut demander et les tribunaux peuvent ordonner la comparution des parties à l'audience. Le jugement ordonnant la comparution des parties doit être signifié conformément à l'art. 147 c. proc. civ. (Civ. cass. 8 déc. 1857, aff. Dumesnil, D. P. 58. 1. 88).

**285.** En matière sommaire, l'émolument de la procédure d'interrogatoire consiste en un demi-droit de jugement définitif, plus le droit de copie de pièces (*Rép.* n° 458 ; Boucher d'Argis et Sorel, *op. cit.*, v° *Affaire sommaire*, p. 37; Raviart, *op. cit.*, v° *Interrogatoire sur faits et articles*, p. 27, n° 197 ; Chauveau et Godoffre, *op. cit.*, t. 1, p. 635, n° 2191).

§ 5. — Incidents, intervention, reprise d'instance et constitution de nouvel avoué ; — Désaveu (*Rép.* n°s 465 à 481).

**286.** — 1° *Incidents.* — Il y a lieu, aux termes de la jurisprudence citée *suprà*, n°135, d'allouer des émoluments pour les conclusions déposées, même lorsque l'affaire est sommaire. Le décret du 30 mars 1808, qui exige qu'en toutes causes des conclusions soient signifiées et déposées, comprend, dans la généralité de ses termes, les demandes incidentes (Raviart, *op. cit.*, v° *Demandes incidentes*, p. 28, n° 207).

**287.** Plusieurs auteurs, contrairement à l'opinion émise au *Rép.* n° 467, estiment que le droit de communication est dû, en matière de demandes incidentes, puisque c'est la loi elle-même qui prescrit la communication (Raviart, *op. cit.*, v° *Demandes incidentes*, p. 28, n° 207 ; Chauveau et Godoffre, *op. cit.*, t. 1, n° 1788, p. 487).

**288.** Le droit d'assistance aux jugements sur les incidents, qu'ils soient interlocutoires ou préparatoires, est dû, s'il s'agit d'une affaire ordinaire (*Rép.* n° 469 ; Chauveau et Godoffre, *op. cit.*, t. 1, n° 1108, p. 351). Quant au droit de correspondance, il n'est pas dû si le jugement sur l'incident est préparatoire ; mais si c'est un interlocutoire, l'avoué peut porter en taxe un demi-droit de correspondance quand la partie est domiciliée hors de l'arrondissement du tribunal (*Rép.* n° 478 ; Raviart, *op. cit.*, v° *Incident*, p. 29, n° 218 ; Chauveau et Godoffre, *op. cit.*, t. 1, p. 488, n° 1791).

**289.** On a examiné au *Rép.* n° 470, la question de savoir dans quels cas le jugement sur un incident doit prononcer une condamnation aux dépens et quand, au contraire, il doit les réserver pour y être statué lors de la décision sur le fond. Il est d'usage constant de condamner aux dépens la partie qui succombe sur un incident qui est définitivement jugé avant le fond du procès, tel que ceux relatifs aux exceptions d'incompétence, à la caution *judicatum solvi*, à une demande en provision, etc. (Rousseau et Laisney, *op. cit.*, v° *Dépens*, n° 33 ; Bioche, *op. cit.*, v° *Dépens*, n° 108 ; Dutruc, *op. cit.*, v° *Frais et dépens*, n° 103). — Jugé : 1° que le jugement qui déclare valable une société dont la nullité était poursuivie par l'un des associés, et renvoie les parties devant arbitres pour y faire juger leurs comptes, doit condamner immédiatement aux dépens de l'instance en nullité, la partie qui a succombé, et non réserver pour qu'il y soit statué par les arbitres (Paris, 1er juill. 1852, aff. Arnault, D. P. 53.2. 20); — 2° Que le jugement qui rejette l'action introduite par un héritier légitime contre plusieurs sociétés de secours mutuels à l'effet de faire déclarer nul, pour incertitude sur la personne du légataire, le legs universel fait par son auteur, doit, dès à présent, condamner le demandeur aux dépens de l'instance envers toutes les sociétés défenderesses, bien qu'il réserve à l'égard de quelques-unes d'entre elles la question de savoir si elles tenaient de leurs statuts un droit au bénéfice du legs (Req. 25 mai 1875, aff. Consorts Beaucourt, D.P.77. 1. 75). — Mais il a été décidé : 1° que le tribunal qui se déclare incompétent pour connaître d'une demande peut, au lieu de condamner immédiatement le demandeur aux dépens, les réserver pour y être statué en même temps que sur le fond, lorsque c'est une prétention mal fondée du défendeur qui a donné lieu à la mauvaise procédure dirigée contre lui ; il en est ainsi, par exemple, dans le cas où des entrepreneurs de travaux niant à tort leurs obligations envers un individu qu'ils ont agréé au lieu et place d'un fournisseur de matériaux avec lequel ils avaient traité, et refusant de faire juger directement avec lui les difficultés survenues à raison des livraisons qu'il

leur a faites, ce nouveau fournisseur, au lieu de former son action en payement contre eux et devant le tribunal de leur domicile, seul compétent pour y statuer, l'a dirigée contre le fournisseur primitif et devant le tribunal de celui-ci, où les entrepreneurs ont été appelés en garantie (Bourges, 4 juin 1851, aff. Legendre, D. P. 54. 5. 399) ; — 2° Que, lorsqu'un juge se déclare incompétent sur une action possessoire, il peut réserver les dépens ; que, si les parties n'élèvent pas de réclamation contre cette décision, la partie défenderesse au possessoire et qui succombe ensuite au pétitoire, doit être condamnée tant aux dépens de l'instance au pétitoire qu'à ceux qui ont été réservés (Civ. rej. 14 juin 1882, aff. Lorine, D. P. 82. 5. 239).

**290.** L'usage est de réserver les dépens dans les jugements préparatoires et interlocutoires et dans le cas de renvoi pour cause de parenté ou de connexité. M. Chauveau (Dutruc, *op. cit.*, v° *Frais et dépens* n° 103) estime que les tribunaux doivent condamner aux dépens la partie qui résiste à l'interlocutoire, et qui, par son fait, a donné lieu à des frais considérables. M. Bioche, *op. cit.*, v° *Dépens*, combat avec raison cette théorie. « Pourquoi, dit cet auteur, condamner aux dépens celui qui résiste à l'interlocutoire ? La partie qui a sollicité cette voie d'instruction peut succomber en définitive. Elle supportera dans ce cas les dépens de l'interlocutoire, parce qu'en résultat celle-ci a eu tort de le solliciter, puisque la justice n'en a tiré aucune preuve en sa faveur. En admettant, au contraire, que le tribunal donne gain de cause au plaideur, quoique la preuve ordonnée n'ait fourni aucuns documents, les frais de l'interlocutoire peuvent encore être mis à la charge de celui qui a résisté à cette mesure, puisque, s'il avait acquiescé aux prétentions de l'adversaire, il aurait pu les éviter » (V. en ce sens, Rousseau et Laisney, *op. cit.*, v° *Dépens*, n° 33). Il a été jugé que, lorsqu'une partie a pris l'engagement de payer des dettes dont elle n'était pas personnellement tenue (par exemple, celles de son père décédé et dont elle avait répudié la succession), à la condition que les créanciers produiraient des justifications à l'appui de leurs demandes, le demandeur qui, n'ayant pu fournir directement ces justifications, a sollicité et obtenu une expertise, a pu, sans qu'il fût nécessaire d'en attendre le résultat, être définitivement condamné aux frais de l'expertise et aux dépens de l'instance (Req. 27 nov. 1876, aff. Jangot, D. P. 77. 1. 261). — Cette solution paraît au premier abord susceptible d'objections sérieuses. Comme il n'est pas possible de supposer que les juges prescrivent sciemment des mesures d'instruction frustratoires, on doit admettre qu'en ordonnant l'expertise sollicitée, le tribunal avait pensé qu'elle pourrait éventuellement justifier la prétention du demandeur. Or, cette éventualité venant à se réaliser, celui-ci aurait eu à sa charge les dépens de l'expertise et de l'instance, bien qu'ayant en définitive gagné son procès. Il est cependant de règle, d'une part, que les frais de l'expertise doivent, comme les dépens proprement dits de l'instance, être supportés par la partie qui succombe (Civ. rej. 10 août 1874, aff. Gélabert, D. P. 76. 1. 451) ; et, d'autre part, qu'il ne peut être prononcé de condamnation aux dépens qu'autant qu'il a été définitivement statué sur les prétentions respectives des parties (Req. 25 mai 1875, aff. Consorts Beaucourt, D. P. 77. 1. 75). La décision de la cour, qui rejette le pourvoi dont elle était saisie, peut cependant se justifier. On remarquera, en effet, que la cour de cassation, dégageant nettement la circonstance essentielle du procès que le tribunal avait sinon complètement omise, du moins insuffisamment précisée, déclare, dans l'arrêt, que les défendeurs, bien qu'ils ne fussent pas tenus de payer les dettes de leur père dont ils avaient répudié la succession, avaient cependant offert de désintéresser les créanciers qu'il avait laissés, mais à la condition que ceux-ci produiraient des justifications à l'appui de leurs créances. Les juges du fond avaient donc pu voir dans l'acceptation de cette offre une convention dérogatoire à l'art. 130 c. proc. civ., et décider conséquemment, sans contrevenir à cet article, que les créanciers devaient, à tout événement, supporter les frais des justifications auxquelles ils s'étaient soumis.

**291.** — 2° *Intervention.* — On a émis au *Rép.* n° 472 l'avis que celui qui intervient dans une instance dont le défendeur n'a point constitué avoué, ou bien dans lesquelles l'un des défendeurs seulement est défaillant, est tenu de lui faire signifier l'intervention et de l'assigner en même temps. S'il ne se présente pas et ne conclut pas, il obtiendra jugement de jonction ; ce jugement lui sera signifié, avec assignation pour voir plaider la cause entre toutes les parties. Cette doctrine est enseignée par MM. Boucher d'Argis et Sorel « Qu'est-ce qu'une intervention ? disent ces auteurs (*op. cit.*, v° *Intervention en matière ordinaire*, p. 349) c'est une véritable demande. Contre qui est-elle formée ? contre le demandeur principal et les autres parties en cause. Que porte l'art. 153 c. proc. civ.? que : « si, des deux ou plusieurs parties assignées, l'une fait défaut et l'autre comparaît, le profit du défaut sera joint, et le jugement de jonction sera signifié à la partie défaillante ». Donc, lorsqu'une des parties défenderesses à l'intervention est défaillante, il y a nécessité de prendre contre elle un jugement de défaut profit joint ; autrement, il pourrait y avoir contradiction entre le jugement qui admettrait l'intervention avec toutes les parties et qui, plus tard, sur l'opposition de celle qui a fait défaut, la rejetterait à son égard. Or, c'est ce que la loi n'a pas voulu. Peu importe que, dans l'hypothèse qui nous occupe, la demande en intervention ait été formée par requête d'avoué à avoué contre les parties comparantes et par assignation contre les défaillantes ; la forme n'y fait rien. Dès qu'elle est formée contre plusieurs parties, l'art. 153 reçoit forcément son application. Quant à l'objection de MM. Chauveau et Godoffre, tirée de l'augmentation des frais et du retard apporté au jugement, nous répondons : à la première, qu'en se présentant, la partie défaillante pourra facilement le faire éviter et que, d'ailleurs, ils seront à la charge de l'intervenant s'il succombe ; et à la seconde, qu'il a raison si la cause est en état, mais que, dans le cas contraire, on ne peut se prévaloir de l'art. 340 pour repousser cette procédure. Maintenant, doit-on signifier en tête de la demande copie de la requête signifiée aux parties comparantes en exécution de l'art. 339 ? Nous ne le pensons pas : d'une part, parce que ces sortes de requêtes ne se signifient que d'avoué à avoué, d'autre part, parce qu'il suffit d'énoncer les moyens d'intervention dans l'exploit d'assignation, conformément au paragraphe 3 de l'art. 61, sauf à les développer plus tard, en répondant à la requête de défenses que notifiera le défaillant s'il constitue avoué ; en troisième lieu, parce qu'elle ferait double emploi avec cette requête (V. en ce sens, Raviart, *op. cit.*; v° *Intervention*, n° 220, p. 29. Conf. : Chauveau et Godoffre, *op. cit.*, t. 1, n° 1806, p. 490; Dutruc, *op. cit.*, v° *Intervention*, n° 26). Ces auteurs contestent la nécessité du jugement de jonction.

**292.** Le droit de consultation est dû à l'avoué de l'intervenant. Il est dû aussi, suivant nous, à l'avoué de la partie qui a assigné en intervention, lorsque cet avoué l'a déjà obtenu sur la demande principale; car la question de savoir s'il y a lieu ou non d'assigner en intervention appelle un nouvel et sérieux examen (*Contrà :* Raviart, *op. cit.*, v° *Intervention*, n° 219, p. 29; Sudraud-Desisles, *op. cit.*, n° 628, p. 190). « Il suffit, disent MM. Chauveau et Godoffre (*op. cit.*, t. 1, n° 1799, p. 489) de citer les termes de l'art. 68; ils sont décisifs : « Pour la consultation sur toute demande principale, intervention, etc., tant en demandant qu'en défendant ». Comme on le voit, le tarif repousse formellement l'opinion de M. Sudraud-Desisles.

**293.** L'intervention est formée par requête qui contient les moyens et conclusions dont il est donné copie ainsi que des pièces justificatives (*Rép.* n° 471). Il a été jugé que l'intervention ne peut être faite par simples conclusions prises sur la barre (Amiens, 24 mai 1872, aff. Chovet-Joubert, D. P. 73. 5. 294; V. en ce sens Dutruc, *op. cit.*, v° *Intervention*, n° 18; Rousseau et Laisney, *op. cit.*, v° *Intervention*, n° 123).

**294.** S'il s'agit d'affaires sommaires, l'avoué n'a droit qu'à ses déboursés pour les conclusions. Les défendeurs à l'intervention ne doivent faire aucune réponse par écrit; ils présentent leurs moyens verbalement à l'audience (*Rép.* n° 471; Chauveau et Godoffré, *op. cit.*, t. 1, p. 566, n° 2082).

**295.** Relativement aux dépens, en matière d'intervention, il a été jugé que 1° c'est aux frais de qui il appartiendra que, non pas seulement à ses frais que, dans une instance entre le titulaire d'un office et une personne associée aux bénéfices, le vendeur non payé de l'office doit

être admis à intervenir; en effet, aucune disposition législative n'obligeant l'intervenant à offrir de supporter les dépens de son intervention, ceux-ci peuvent, en totalité ou en partie, être mis à la charge des autres parties en cause (Paris, 1er mars 1850, aff. Lemaire, D. P. 50. 2. 153); — 2° Que l'intervenant qui a procédé par le même avoué que la partie à laquelle il s'est joint peut, si son intervention est déclarée non recevable, n'être condamné qu'à supporter ses propres frais, l'intervention n'ayant donné lieu, en cas pareil, à aucune signification spéciale de la part de la partie contre laquelle elle était dirigée (Req. 1er mars 1853, aff. Liquidateurs Gauthier, D. P. 54. 1. 342); — 3° Que les frais de l'intervention d'un légataire à titre universel, dans un procès soutenu par un curateur chargé d'administrer la succession déclarée vacante (aux colonies), peuvent rester à la charge personnelle de ce légataire (Req. 4 déc. 1854, aff. Legrigner, D. P. 55. 1. 22); — 4° Que la partie qui succombe peut être condamnée à la totalité des dépens, même en y comprenant ceux de l'intervention de créanciers de la partie gagnante qui ont demandé à intervenir dans l'instance, pour appuyer l'action de leur débiteur; l'exception apportée à cette règle, en matière de partage, pour les créanciers qui ne sont autorisés à y intervenir qu'à leurs frais, doit être limitée au seul cas de partage (Req. 10 nov. 1858, aff. Hélix, D. P. 58. 1. 447); — 5° Que les dépens d'une intervention combattue par l'une des parties principales peuvent, quoique cette partie ait succombé vis-à-vis de l'intervenant, être mis à la charge de l'autre partie, si c'est l'action de celle-ci qui a rendu l'intervention nécessaire; que, spécialement, lorsque, dans une instance formée par l'acquéreur d'un immeuble, à fin de distribution de son prix entre les créanciers inscrits, ceux-ci ont demandé reconventionnellement la nullité de la vente, comme faite en fraude de leurs droits, si un sous-acquéreur intervient pour faire maintenir la vente à son égard, alors même qu'elle serait annulée vis-à-vis du premier acquéreur, les dépens de la procédure d'intervention peuvent être mis à la charge de ce premier acquéreur contre lequel les créanciers ont obtenu gain de cause en faisant annuler la vente, et non à la charge de ces créanciers, quoiqu'ils aient succombé à l'égard du sous-acquéreur intervenant, vis-à-vis duquel cette vente a été validée (Req. 1er mai 1861, aff. Rouzaud, D. P. 62. 1. 122); — 6° Qu'une corporation (spécialement celle des huissiers) peut intervenir, par le ministère de son représentant légal, dans un procès intéressant un de ses membres au profit duquel il s'agit de faire reconnaître un droit ou un émolument qu'on lui conteste, dans le cas, spécialement, où des huissiers ont pactisé avec des avoués pour signifier des écritures que ceux-ci ont retenues, mais que les huissiers ont exclusivement le droit de faire; et les dépens peuvent être alloués à la corporation, à titre de dommages-intérêts (Req. 25 juill. 1870, aff. Cassiat et autres, D. P. 72. 1. 25). Sur la question de savoir si une corporation peut intervenir dans un procès intéressant un de ses membres, V. *Rép.* v° *Intervention*, n°s 35 et suiv., *infrà*, eod. v°.

**296.** Il a été jugé que le demandeur peut, en appel, être condamné aux dépens, même à l'égard de la partie qui, étant intervenue en première instance pour se joindre à lui, n'a pris aucune conclusion et seule alors débattue, et qui, sur l'appel, a fait défaut (Civ. rej. 24 janv. 1887, aff. Toche frères, D. P. 87. 1. 214). La partie intervenante, qui est restée étrangère au débat agité en première instance et à la question de compétence en appel, ne peut, en effet, être condamnée à supporter une portion quelconque des frais auxquels le jugement et l'arrêt rendus sur cette question ont donné lieu. La totalité de ces frais doit être, au contraire, supportée par la partie dont les prétentions et les conclusions prises par elle pour soutenir la compétence de la juridiction civile ont seules provoqué les décisions intervenues.

**297.** Les créanciers qui agissent conjointement avec leur débiteur et dans le même acte, qui constituent en appel le même avoué que lui et demandent acte de ce qu'ils déclarent adjonction à ses conclusions; peuvent être considérés comme parties principales et non comme intervenants; en conséquence, ils peuvent être condamnés, conjointement avec leur débiteur, à tous les dépens du procès (Req. 2 mars 1874, aff. Lemare et consorts, D. P. 74. 1. 243).

**298.** — *Intervention forcée ou déclaration de jugement commun.* — V. *Rép.* n° 474.

**299.** — 3° *Reprises d'instance et constitution de nouvel avoué.* — C'est seulement le décès qui doit être notifié et non l'acte qui le constate (*Rép.* n° 475; Raviart, *op. cit.*, v° *Reprise d'instance*, p. 30, n° 223; Boucher d'Argis et Sorel, *op. cit.*, v° *Reprise d'instance*, n° 509; Chauveau et Godoffre, *op. cit.*, t. 1, p. 494, n° 1824).

**300.** L'assignation en reprise d'instance, on l'a dit au *Rép.* n° 475, ne doit pas contenir copie des titres sur lesquels est fondée la demande primitive et des actes de la procédure. Cette doctrine est enseignée par tous les auteurs (Raviart, *op. cit.*, v° *Reprise d'instance*, p. 30, n° 224; Chauveau et Godoffre, *op. cit.*, p. 497, n° 1834; Boucher d'Argis et Sorel, *op. cit.*, v° *Reprise d'instance*, p. 509).

**301.** Si la partie assignée fait défaut, le tribunal rend un premier jugement qui doit être levé et signifié. S'il n'y est pas forme opposition, lorsque les délais sont expirés, le tribunal par un second jugement statue au fond, sans qu'il soit besoin de donner soit un à-venir, soit une nouvelle assignation sur le fond (V. *Rép.* v° *Reprise d'instance*, n°s 97 et suiv., *infrà*, eod. v°; Boucher d'Argis et Sorel, *op. cit.*, v° *Reprise d'instance*, p. 509). Lorsque plusieurs parties sont assignées en reprise d'instance et que l'une fait défaut, il est nécessaire de prendre contre cette dernière un jugement de défaut profit joint (V. *Rép.* v° *Reprise d'instance*, n° 105; *infrà*, eod. v°).

**302.** Pour ce qui concerne la reprise d'instance en matière sommaire, V. *Rép.* n° 475.

**303.** Dans le cas de la reprise d'instance forcée, faut-il, indépendamment de l'assignation, un acte d'avoué à avoué de la part de l'assigné en reprise? L'usage du tribunal de la Seine est de signifier cet acte. « Il nous semble, disent MM. Chauveau et Godoffre (*op. cit.*, t. 1, n° 1832, p. 496), que si la reprise d'instance par acte d'avoué à avoué n'est pas nécessaire, en cas de reprise forcée, elle est au moins facultative de la part de l'assigné en reprise qui n'entend pas la contester. Selon nous, il peut alors déclarer, par acte d'avoué, qu'il consent à la reprise, et cet acte doit passer en taxe ».

**304.** — 4° *Désaveu.* — V. *Rép.* n°s 476 et suiv.

§ 6. — Règlement de juges, renvoi, récusation, péremption d'instance, désistement, matières sommaires (*Rép.* n°s 482 à 509).

**305.** — 1° *Règlement de juges.* — V. *Rép.* n°s 482 et suiv.

**306.** — 2° *Renvoi à un autre tribunal pour parenté ou alliance.* — L'avoué a droit, pour assister au jugement, à l'émolument fixé par l'art. 83 du tarif (*Rép.* n° 484; Boucher d'Argis et Sorel, *op. cit.*, v° *Renvoi d'un tribunal à un autre*, p. 504; Chauveau et Godoffre, *op. cit.*, t. 1, n° 1909, p. 513).

**307.** Le tarif autorise la signification d'une requête grossoyée en cas de contestation sur la demande. MM. Boucher d'Argis et Sorel *op. cit.*, v° *Renvoi d'un tribunal à un autre*, p. 504) adoptent l'opinion émise au *Rép.* n° 486, qu'il y a lieu d'appliquer l'art. 75, § 5 et 6 du tarif, qui ne passe que six rôles (Conf. Chauveau et Godoffre, *op. cit.*, t. 1, n° 1913, p. 515).

**308.** Lorsque la demande en renvoi est formée incidemment à une affaire sommaire, elle doit être instruite et taxée comme en matière sommaire, ainsi que pour ce qui concerne les requêtes que passe le tarif (*Rép.* n° 488; Boucher d'Argis et Sorel, *op. cit.*, v° *Renvoi d'un tribunal à un autre en matière sommaire*, p. 505). MM. Chauveau et Godoffre (*op. cit.*, t. 1, n° 208, p. 568) estiment que la procédure spéciale du renvoi à un autre tribunal ne comporte pas l'application des formes sommaires. A leurs yeux, c'est toujours un incident en matière ordinaire.

**309.** — 3° *Récusation.* — L'avoué du récusant peut réclamer la vacation pour communiquer au ministère public et le droit d'assistance au jugement. On applique les art. 90 et 85 du tarif. — Cette solution adoptée au *Rép.* n° 489, n'est pas admise par MM. Boucher d'Argis et Sorel, *op. cit.*, v° *Récusation de juge*, p. 487, qui refusent ces droits par ce motif que toute la procédure se fait hors la présence des parties.

« Ce motif, disent avec raison MM. Chauveau et Godoffre (*op. cit.*, t. 1, p. 520, n° 1946), n'est pas admissible, car si la procédure n'exige pas le concours actif des avoués des parties, il faut au moins reconnaître que l'avoué du récusant a intérêt à se tenir au courant de la procédure et que le sort de la récusation est loin de lui être étranger. On ne voit pas pourquoi, dès lors, ce ne serait pas lui qui communiquerait au ministère public et pourquoi, le jugement étant rendu à l'audience, on lui refuserait un droit d'assistance quand il doit y assister non seulement pour user, s'il y a lieu, de la faculté que réserve l'art. 111 c. proc. civ., de remettre des notes rectificatives, mais encore pour user du droit d'appel, lequel doit être exercé dans les cinq jours de la prononciation du jugement ». — Le droit de consultation n'est pas dû (*Rép.* n° 489; Chauveau et Godoffre, *op. cit.*, t. 1, p. 520, n° 1947; Boucher d'Argis et Sorel, *op. cit.*, v° *Récusation de juge*, p. 487).

**310.** MM. Chauveau et Godoffre (*op. cit.*, t. 1, p. 568, n° 2087) estiment que la procédure de récusation est une procédure spéciale qui, bien qu'incidente à une autre, s'en détache suffisamment pour ne pas participer à sa nature et qui doit, par suite, ainsi que le renvoi pour cause de parenté (V. *suprà* n° 308), être taxée comme un incident en matière ordinaire dans tous les cas (Conf. *infrà*, v° *Matières sommaires*; Rousseau et Laisney, v° *Matière sommaire*, n° 83).

**311.** — 4° *Péremption d'instance.* — La demande en péremption a lieu sur requête d'avoué à avoué, à moins que l'avoué de la partie défenderesse à la péremption ne soit décédé, interdit ou suspendu, auxquels cas la demande est formée par exploit (*Rép.* n° 497. V. aussi *Rép.* v° *Péremption d'instance*, n°s 264 et suiv.; *infrà*, eod. v°; Toulouse, 1er févr. 1867, aff. Boé et Montfort, D.P. 67. 2. 64). Même lorsque la demande est introduite par exploit, le défendeur peut signifier une requête (*Rép.* n° 497; Chauveau et Godoffre, *op. cit.*, t. 1, n° 1988, p. 529).

**312.** La péremption constitue une demande incidente. Elle ne donne lieu ni à un nouveau droit de consultation, ni à une nouvelle mise au rôle. Peu importe même qu'elle ait été formée par exploit; car la forme de la demande n'en change pas la nature (*Rép.* n° 496; Chauveau et Godoffre, *op. cit.*, t. 1, n° 1980, p. 527; Boucher d'Argis et Sorel, *op. cit.*, v° *Péremption d'instance*, p. 452).

**313.** La procédure est ordinaire ou sommaire, suivant la nature de l'instance dont la péremption est demandée. En matière sommaire, l'avoué n'a aucun émolument pour la requête en péremption; il ne peut réclamer que ses déboursés (Boucher d'Argis et Sorel, *op. cit.*, v° *Péremption d'instance en matière sommaire*, p. 452; Chauveau et Godoffre, *op. cit.*, t. 1, n° 2088, p. 568).

**314.** — 5° *Désistement.* — Le désistement accepté emporte obligation de payer les frais. L'art. 403 c. proc. civ. indique la procédure à suivre, lorsque la partie qui s'est désistée se refuse au payement, ou tarde à l'exécuter. La taxe ayant été faite par le président ou par un juge commis, comme cela se pratique ordinairement, la partie qui a obtenue fait présenter requête au président à fin de permission de citer devant lui pour voir rendre la taxe exécutoire. La requête et l'ordonnance sont dénoncées par acte du palais avec sommation de comparaître au jour indiqué (*Rép.* n° 504; Raviart, *op. cit.*, t. 1, v° *Désistement*, n° 237, p. 32; Bioche, *op. cit.*, v° *Désistement*, n° 166). — L'ordonnance du président, mise au bas de la taxe, doit être exécutée nonobstant opposition ou appel. Elle est susceptible d'opposition, bien qu'elle ait été rendue en présence des parties, et l'affaire est jugée à la chambre du conseil. L'ordonnance du président constitue, en effet, un véritable exécutoire, auquel sont applicables les dispositions du deuxième décret de 1807 (*Rép.* n° 501; Chauveau et Godoffre, *op. cit.*, t. 1, n° 2024, p. 537; Bioche, *op. cit.*, v° *Désistement*, n°s 169 et suiv. Conf. Boucher d'Argis et Sorel, *op. cit.*, v° *Désistement*, p. 216). — L'opposition est taxée conformément aux prescriptions du deuxième décret du 16 févr. 1807 (*Rép.* n° 506; Raviart, *op. cit.*, v° *Désistement*, p. 32, n° 237; Chauveau et Godoffre, *op. cit.*, t. 1, n° 2026, p. 538).

**315.** Si dans les trois jours de la signification de l'exécutoire, il n'a pas été formé d'opposition, l'appel est recevable, lorsque la taxe excède 1500 fr. L'art. 6 du tarif qui n'autorise l'appel au chef des dépens que lorsqu'il y a appel sur le fond, ne peut s'appliquer au cas de désistement; l'art. 403 c. proc. civ. autorise l'appel sans imposer aucune condition. L'appel doit être relevé dans les deux mois de la signification (Bioche, *op. cit.*, v° *Désistement*, n° 175 ; Chauveau et Godoffre, *op. cit.*, t. 1, n° 2027, p. 538).

**316.** Les contestations sur désistement sont taxées comme incident ordinaire ou sommaire, suivant que l'instance est elle-même ordinaire ou sommaire (Chauveau et Godoffre, *op. cit.*, t. 1, n° 2089, p. 568).

**317.** — 6° *Matières sommaires.* — V. *suprà*, n° 127 et suiv., et *infrà*, v° *Matières sommaires*.

Art. 3. — *Procédure devant les tribunaux de commerce*
(*Rép.* n° 510 à 530).

**318.** La doctrine enseignée au *Rép.* n° 511, que le ministère des avoués, qui n'est pas admis devant les tribunaux de commerce, ne l'est pas non plus devant les tribunaux de première instance qui en remplissent les fonctions, est suivie par tous les auteurs (Garsonnet, *op. cit.*, t. 3, p. 45, note 9 ; Boitard Colmet-Daâge et Glasson, *op. cit.*, t. 1, p. 721, n° 642 ; Rousseau et Laisney, *op. cit.*, v° *Tribunal de commerce*, n° 36).

**319.** On a dit au *Rép.* n° 514 que, lorsqu'une ordonnance portant permission d'assigner à bref délai, à été rendue, copie doit en être donnée en tête de l'ajournement (V. en ce sens, Chauveau et Godoffre, *op. cit.*, t. 1, p. 649, n° 2239). M. Garsonnet, *op. cit.*, t. 3, p. 47, note 10, estime que le défendeur peut exiger la preuve que l'ordonnance a été rendue; mais il ne pense pas que la copie doive, à peine de nullité, accompagner l'exploit.

**320.** Il est alloué à l'huissier, aux termes de l'arrêté du 8 avr. 1848 (D. P. 48. 4. 67) un droit de 20 cent. pour chaque appel de cause, lors des jugements définitifs ou interlocutoires. Le droit n'est dû non plus pour les jugements préparatoires et de remise de cause, ni pour les jugements sur mémoire (*Rép.* n° 520).—Jugé qu'il n'est dû aux huissiers près les tribunaux de commerce qu'un droit de 20 cent. pour chaque placement de cause ; qu'il ne leur est alloué aucun droit, à titre d'appel de cause, pour les jugements préparatoires et de simple remise (Angers, 7 mars 1862, aff. Héritiers Oger, D. P. 62. 2. 172).

**321.** Les allocations des greffiers des tribunaux de commerce sont fixées par le décret du 24 nov. 1871 (D. P. 71. 4. 166) et celui du 18 juin 1880 (D. P. 80. 4. 83). V. *infrà*, v° *Greffe-greffier*.

**322.** Les honoraires des avocats qui ont assisté les parties ne peuvent passer en taxe (*Rép.* n° 521 ; Chauveau et Godoffre, *op. cit.*, t. 1, n° 2269, p. 655). Jugé que parmi les sommes qui peuvent être dues par l'État au propriétaire d'un navire de commerce pour dommage causé à ce navire par un abordage imputable au commandant d'un bâtiment de la marine impériale, il y a lieu de faire figurer les frais de l'instance judiciaire engagée par l'affréteur contre le propriétaire du navire endommagé, pour faire prononcer la résiliation de la charte partie passée entre eux ; — mais qu'il n'y a pas lieu de comprendre parmi ces frais les honoraires de l'avocat (Cons. d'Ét. 15 avr. 1868, aff. Bourdet, D. P. 69. 3. 25). — En ce qui touche les agréés, V. *suprà* v° *Agréés*, n° 21 ; — *Rép.* eod. v°, n° 60 et suiv.).

**323.** La question de savoir si l'art. 146 du tarif, qui alloue des frais de voyage aux parties, est applicable en matière commerciale, est résolue négativement par la cour de cassation. Cette théorie s'appuie sur ces considérations que le tarif concerne exclusivement les affaires civiles, et que l'obligation, imposée par l'art. 146 à la partie qui a fait le voyage, de l'affirmer au greffe, avec l'assistance de son avoué, ne pourrait être observée devant les tribunaux de commerce. Il a été jugé ; que la disposition de l'art. 146 du tarif de 1807 qui alloue des frais de voyage n'est pas applicable en matière commerciale ; mais que les juges peuvent allouer, à titre de dommages-intérêts, une somme suffisante pour indemniser de son déplacement une partie injustement attirée devant eux par un plaideur de mauvaise foi (Amiens, 30 avr. 1864, aff. Cavrel, D. P. 64. 5. 199 ; Civ. cass. 2 août 1882, aff. Hesse et comp., D. P. 83. 1. 477. V. dans le même sens : Civ. cass. 28 janv. 1868, aff. Vasnier, D. P. 68. 1. 62 ; Boucher d'Argis et Sorel, *op. cit.*, v° *Voyage des*

*parties,* p. 706. Conf. Rousseau et Laisney, *op. cit.*, v° *Voyage des parties,* n° 16 et 17).

Dans le système opposé, on répond que les raisons de décider sont les mêmes pour toutes les affaires sommaires, qu'elles soient civiles ou commerciales ; qu'on ne peut contester que l'art. 146 doive recevoir son application dans le cas où le procès commercial est porté devant la cour d'appel, et qu'il serait irrationnel de refuser en première instance ce qui serait accordé devant les juges du second degré. Cette dernière opinion se recommande par sa logique et par son équité ; c'est celle qui a été adoptée au *Rép.* n° 177). Il ne semble pas, d'ailleurs, qu'elle doive être restreinte au cas où le voyage a été fait en exécution d'un jugement ordonnant la comparution personnelle des parties comme le pensent certains auteurs (V. Chauveau et Godoffre, *op. cit.*, t. 1, n° 2277). Qu'importe qu'en se rendant au lieu où siège le tribunal la partie ait obéi à la justice, ou n'ait fait que suivre l'impulsion de sa propre volonté, si, dans ce dernier cas, c'est bien réellement dans la seule vue du procès qu'elle a accompli ce voyage? L'art. 146 du tarif n'admet pas une pareille distinction, et si on applique cet article aux affaires commerciales, on doit le prendre tel qu'il est, sans altérer, inutilement d'ailleurs, l'économie de ses dispositions. — Il a été jugé, dans le sens de cette théorie, que l'art. 146 du décret du 16-févr. 1807, qui alloue-des frais de voyage aux parties, est applicable en matière sommaire et commerciale aussi bien qu'en matière ordinaire; que dans tous les cas, ces frais pourraient, en matière sommaire et commerciale, être alloués comme déboursés, en vertu du paragraphe 16. de l'art. 67 du même décret (Paris, 16 mars 1880, aff. Hesse et comp., D. P. 80. 2. 185). Cette décision a été cassée par l'arrêt précité du 2 août 1882.

**324.** Les arbitres rapporteurs nommés par le tribunal ont droit à des honoraires (V. *Rép.* v° *Arbitrage-arbitre*, n° 1349 ; *suprà*, cod. v°, n° 126).

S'ils n'ont pas fait taxer leurs honoraires par le tribunal de commerce ni obtenu un exécutoire, et qu'un jugement définitif ait été rendu, leur action, en payement devra être portée devant les tribunaux ordinaires et non devant le tribunal de commerce l'action, bien que née d'une contestation commerciale, n'ayant aucun des caractères commerciaux définis par les art. 632 et suiv. c. com. (Chauveau et Godoffre, *op. cit.*, t. 1, n° 2287, p. 661 ; Civ. cass. 26 déc. 1859, aff. Talaine, D. P. 60. 1. 29).

Art. 4. — *Appel* (*Rép.* n° 531 à 561).

**325.** A Paris il est alloué, pour le dispositif du jugement frappé d'appel, 3 fr., et, en outre, pour l'autographie des exemplaires de ce jugement qui sont distribués à la cour, 2 fr. 50 cent. par page. Aucun article du tarif, on l'a dit au *Rép.* n° 537, n'accorde d'émolument pour cet extrait.

**326.** Le droit de consultation en appel n'est dû qu'une seule fois, lorsqu'il y a plusieurs parties ayant des intérêts distincts qui sont portées appelantes d'un jugement (*Rép.* n° 544). MM. Chauveau et Godoffre (*op. cit.*, t. 1, p. 694, n° 2436) et Boucher d'Argis et Sorel (v° *Consultation*, p. 159) donnent cette même interprétation à l'art. 68 du tarif (V. aussi *suprà*, n° 191 ; Rennes, 22 août 1866, *suprà*, n° 155). — Mais lorsque plusieurs instances ont été jointes, il est dû autant de droits de consultation qu'il y a de parties ayant des intérêts distincts (*Rép.* n° 545 ; Chauveau et Godoffre, *op. cit.*, t. 1, n° 2436, p. 695 ; Boucher d'Argis et Sorel, *op. cit.*, v° *Consultation*, n° 159).

**327.** Aux termes de l'art. 147 du tarif, les émoluments des avoués de la cour d'appel sont taxés au même prix et dans la même forme que ceux des avoués du tribunal de première instance de Paris, avec une augmentation sur chaque espèce de droits ; savoir : dans les matières sommaires, du double ; et dans les matières ordinaires, du double pour le droit de consultation, ainsi que pour le port de pièces, lorsque les : parties sont domiciliées hors de l'arrondissement du tribunal de première instance de Paris; et pour les autres droits, d'une moitié seulement de ceux attribués aux avoués de première instance (V. *Rép.* n° 550).

— Il a été jugé que le chiffre des honoraires des avocats pour les plaidoiries en appel doit, comme celui des avoués, être taxé à moitié en sus de celui alloué pour les plaidoiries en première instance (Bordeaux, 3 mars 1858, aff. Fénelon, D. P. 59. 2. 173).

L'art. 147 du premier décret du 16 févr. 1807, suivant lequel les émoluments des avoués d'appel doivent être taxés comme ceux des avoués de première instance, avec augmentation du double pour certains droits et de la moitié pour les autres, ne s'applique pas aux droits établis par l'art. 9 du second décret du même jour, et notamment au droit d'assistance et de plaidoirie à la chambre du conseil au cas d'opposition à la taxe des dépens : ces derniers droits ne sont pas susceptibles d'augmentation en faveur des avoués d'appel (Nancy, 19 mai 1859, aff. Sarazin, D. P. 61. 5. 248). Le second décret du 16 févr. 1807, ayant pour objet la liquidation des dépens, est, en effet, indépendant du premier décret du même jour, contenant le tarif des frais et dépens pour le ressort de la cour impériale de Paris. S'il en était autrement, le troisième décret du 16 févr. 1807 n'aurait fait aucune distinction entre ces deux décrets et les aurait soumis aux mêmes règles en les rendant applicables, avec ou sans modifications, mais dans les mêmes conditions, aux autres cours et tribunaux de l'Empire. Il n'en a point été ainsi, puisque les art. 1, 2 et 3 de ce décret, réglant l'application du premier tarif aux cours et tribunaux en dehors du ressort de Paris, contiennent des bases de proportion qui sont toutes différentes de celles tracées dans l'art. 4, uniquement relatif aux frais de taxe (V. Rép. n° 550).

**328.** Contrairement à l'opinion émise au Rép. n° 546, qui est aussi celle de plusieurs auteurs (V. Dutruc, v° Appel des jugements des tribunaux civils, n° 414), il a été jugé que dans le cas où les griefs d'appel n'ont point été signifiés, il n'y a pas lieu de signifier d'écrit en réponse ; que spécialement, lorsque l'appelant s'est borné à lire et à déposer des conclusions motivées à l'audience, l'intimé, qui, au lieu d'en demander le rejet ou la mise à la barre, a demandé la remise de la cause pour en prendre communication, ne peut, dans l'intervalle des audiences, faire signifier une réponse ; à cette époque de l'instance, les conclusions en réponse ne peuvent plus être prises que dans la forme indiquée par le décret du 30 mars 1808 (Rennes, 18 nov. 1851, aff. Cotty, D. P. 54. 5. 397).

**329.** Sur le droit de copie de pièces dû aux avoués d'appel, V. suprà, n° 188.

**330.** En ce qui concerne l'émolument dû pour les conclusions motivées, V. suprà, n° 136 et suiv.

**Art. 5.** — Voies extraordinaires pour attaquer les jugements : tierce opposition, requête civile, prise à partie (Rép. n° 562 à 580).

**331.** — 1° Tierce opposition. — D'après la jurisprudence et la plupart des auteurs, la tierce opposition, soit principale, soit incidente, forme une instance particulière qui est rangée dans la classe des matières ordinaires (V. Rép. v° Matières sommaires n° 58 ; Chauveau et Godoffre, op. cit., t. 1, n° 2091, p. 569 ; Raviart, op. cit., v° Tierce opposition, p. 41, n° 246).

**332.** Contrairement à l'opinion émise au Rép. n° 563, MM. Boucher d'Argis et Sorel estiment qu'un nouveau droit de consultation n'est pas dû aux avoués de l'instance originaire en cas de tierce opposition incidente (op. cit., v° Consultation, p. 158). Tel n'est pas l'avis de MM. Chauveau et Godoffre. « L'art. 68, disent ces auteurs (op. cit., t. 2, p. 5, n° 2487), dit positivement que le droit de consultation est dû sur toute demande principale, intervention, tierce opposition, requête civile, tant en demandant qu'en défendant ; or, si ce droit est dû tant en demandant qu'en défendant, il est clair que l'avoué du demandeur ne peut pas seul l'exiger, et que les avoués des défendeurs y ont droit également. Une intervention, une tierce opposition sont des procès distincts de l'instance principale à laquelle ils se rattachent, et il est juste que l'avoué, quoiqu'il ait été consulté sur la première affaire, reçoive un nouvel émolument dans la seconde qui diffère de l'autre essentiellement ».

**333.** — 2° Requête civile. — Quelle que soit la nature du jugement attaqué, la procédure de requête civile doit être taxée en matière ordinaire ; cette théorie exposée au Rép. n° 569 et suiv. V. aussi Rép. v° Matières sommaires, n° 59) est adoptée par la doctrine et la jurisprudence (Paris,

6 avr. 1867, aff. Perrin, D. P. 68. 1. 241 ; Bioche, op. cit., v° Requête civile, n° 191 ; Boucher d'Argis et Sorel, op. cit., v° Requête civile, p. 515 ; Chauveau et Godoffre, op. cit., t. 1, p. 370, n° 2092).

**334.** — 3° Prise à partie. — La procédure de prise à partie doit être taxée comme matière ordinaire (Rép. n° 577 et suiv. ; Boucher d'Argis et Sorel, op. cit., v° Prise à partie, p. 458 ; Chauveau et Godoffre, op. cit., t. 1, n° 2093). On doit, dès lors, admettre en taxe la réponse du demandeur à la défense du juge (Boucher d'Argis et Sorel, op. cit., v° Prise à partie, p. 458, note a ; Chauveau et Godoffre, op. cit., t. 2, n° 2530).

**Sect. 5.** — Application du tarif à l'exécution des jugements et aux procédures diverses de la seconde partie du code de procédure.

**Art. 1er.** — Réception de caution, liquidation des dommages-intérêts, de fruits, reddition de compte, liquidation des dépens (Rép. n° 581 à 601).

**335.** — 1° Réception de caution. — Dans la pratique, l'acte d'avoué qui contient la présentation de la caution, contient sommation à la partie adverse de comparaître à la prochaine audience pour voir prononcer sur l'admission en cas de contestation. Aucun texte de loi ne prescrit cette citation (V. suprà, v° Cautionnement, n° 108). Le code de procédure n'exige pas, on l'a dit au Rép. n° 582, que l'acte de soumission de la caution soit notifié à la partie au profit de laquelle la caution a été donnée. C'est à tort que le tarif fait que les avoués de Paris alloue un droit à cet effet (Garsonnet, op. cit., t. 3, §524, p. 439 ; Boucher d'Argis et Sorel, op. cit., v° Réception de caution, p. 484).

**336.** La contestation sur la réception de caution doit être jugée sommairement sans requêtes ni écritures. « Les frais du jugement, disent MM. Chauveau et Godoffre (op. cit., t. 1, n° 2094, p. 571), sont taxés comme un incident. Si le législateur eût voulu appliquer à cette procédure, comme le disent certains auteurs (V. Boucher d'Argis et Sorel, op. cit., v° Réception de caution, p. 483), les dispositions relatives aux matières sommaires, il n'eût pas dit que les requêtes et écritures seraient défendues, puisqu'en disant matières sommaires, au lieu de sommairement, il eût exprimé sa pensée tout entière, d'une manière claire et précise. Il en serait autrement si l'exécution provisoire avait été ordonnée ».

La procédure de la réception de cautions en matière commerciale et devant les juges de paix est indiquée au Rép. v° Cautionnement, n° 419 et suiv.

**337.** — 2° Liquidation des dommages-intérêts. — Le demandeur qui accepte les offres à lui faites par un acte d'avoué signé de lui ou de son mandataire spécial, doit aussi donner sommation au défendeur de consigner dans les vingt-quatre heures. Cet acte, on l'a dit au Rép. n° 583, n'est pas indiqué par le code ; mais il est indispensable pour empêcher le défendeur de rétracter ses offres (V. en ce sens, Garsonnet, op. cit., t. 3, n° 511, p. 397 ; Bioche, op. cit., v° Dommages-intérêts, n° 170). Si le défendeur acquiesce à la déclaration du demandeur, celui-ci, qui n'a pas de titre exécutoire, peut poursuivre l'audience pour obtenir un jugement et l'exécuter ensuite que les voies de droit ; la consignation immédiate de la somme demandée, y compris tous les frais exposés, pourrait seule empêcher de prendre jugement. Cette théorie exposée au Rép. n° 584, est adoptée par MM. Garsonnet, op. cit., t. 3, p. 396 et Bioche, op. cit., v° Dommages-intérêts, n° 171).

**338.** Si le défendeur n'a pas fait d'offres ou si elles ne sont pas acceptées, la cause doit être portée à l'audience sur un simple acte (c. proc. civ. art. 524, et tarif, art. 70). L'affaire, ayant déjà été mise au rôle n'a pas besoin d'y être inscrite de nouveau (Bioche, op. cit., v° Dommages-intérêts, n° 175 et 176 ; Garsonnet, op. cit., t. 3, p. 398, n° 512 ; Boucher d'Argis et Sorel, op. cit., v° Dommages-intérêts, p. 231).

**339.** MM. Chauveau et Godoffre, ne croient pas que la procédure de la liquidation soit sommaire dans tous les cas. « Si l'art. 524 c. proc. civ., disent ces auteurs (op. cit., t. 1, p. 571, n° 2095), veut que la contestation soit portée à l'audience sur un simple acte, cela ne prouve nullement qu'il faille appliquer la taxe des matières sommaires. La liquidation des dommages-intérêts est le complément de l'instance qui a été terminée par le jugement portant condamnation à les fournir par état. Cette liquidation constitue, à vrai dire, un incident complémentaire; d'où il suit que la taxe sera ordinaire ou sommaire, d'après le caractère de l'instance principale » (Conf. *Rép.* n° 583 et v° *Matières sommaires*, n° 62; *infrà*, eod. v°; Boucher d'Argis et Sorel, *op. cit.*, v° *Dommages-intérêts*, p. 231).

**340.** — 3° *Liquidation des fruits.* — On applique les règles tracées pour les redditions de comptes. V. *infrà*, n°s 341 et suiv.

**341.** — 4° *Reddition de compte.* — L'opinion émise au *Rép.* n° 588, que la vacation pour mettre en ordre les pièces du compte, les coter et parafer, est due même lorsqu'il y a moins de cinquante pièces, est adoptée généralement par les auteurs (Boucher d'Argis et Sorel, *op. cit.*, v° *Compte*, p. 146; Chauveau et Godoffre, *op. cit.*, t. 2, n° 2595, p. 30).

**342.** Aux termes de l'art. 92, § 23 et 25 du tarif, le nombre des vacations pour fournir les débats sur le procès-verbal, pour fournir soutènements et réponses, est fixé et arbitré par le juge-commissaire. Il a été jugé que l'exercice du pouvoir attribué au juge-commissaire de fixer et arbitrer le nombre des vacations n'est pas affranchi des recours du droit commun que notamment; la fixation du nombre des vacations en matière du compte n'est qu'un élément préparatoire de la taxe, passible dès lors, des voies de réformation auxquelles celle-ci est elle-même assujettie (Bordeaux, 27 août 1862)(1). « Nous n'hésitons pas, disent MM. Chauveau et Godoffre (*op. cit.*, t. 2, p. 39), à nous ranger à l'opinion adoptée par cet arrêt. Comment en effet, peuvent s'exécuter, dans la pratique, les prescriptions des paragraphes 23 et 25 de l'art. 92 du tarif? Les vacations allouées pour les débats et soutènements font partie des frais de l'instance en reddition de compte, dont les dépens sont taxés soit par un taxateur autre que le juge-commissaire, soit par ce magistrat lui-même. Dans ce dernier cas, la fixation du juge résulte de la taxe, qui comprend tous les articles de frais; dans le premier, le taxateur prend l'avis de son collègue en ce qui concerne spécialement les vacations dont il s'agit. Il serait même plus régulier qu'avant de porter un chiffre dans un état de frais, l'avoué demandât l'appréciation du juge-commissaire, et cet état se présenterait ainsi à la taxe avec l'autorité résultant de l'adhésion de ce magistrat. Quel que soit le mode suivi, il est constant que ces vacations sont comprises dans l'état général des frais de l'instance, qu'elles participent du caractère de la taxe qui la contient et qu'elles comportent les voies de recours ouvertes par le droit commun en cette matière. Nous pensons que, s'il y avait, entre le juge-commissaire et le juge taxateur, dissentiment sur le nombre des vacations à allouer pour ce travail, ce dernier ne pourrait pas modifier le chiffre arbitré par le premier et qu'il devrait se borner à mentionner dans son ordonnance de taxe que la somme totale allouée se compose : 1° des déboursés et émoluments taxés par lui; 2° des vacations arbitrées par son collègue, conformément à l'art. 92, § 23 et 25 du tarif. La taxe ainsi établie conserve à chacun ses attributions et reste soumise pour le tout à l'opposition devant le tribunal ».

**343.** Il peut être dû à la partie qui rend le compte, un

droit de voyage; pourvu qu'elle fasse au greffe la déclaration que le voyage a été fait dans le seul but de rendre le compte. L'art. 532 c. proc. civ. range en effet, formellement, les frais de voyage dans les dépenses communes (Chauveau et Godoffre, *op. cit.*, t. 2, n° 2624, p. 41).

**344.** Les procédures de reddition de compte sont soumises aux mêmes règles que les autres instances. La matière est ordinaire ou sommaire d'après les circonstances : sommaire quand la cause est jugée en dernier ressort; ordinaire quand elle excède le taux du dernier ressort et que le titre est contesté (Chauveau et Godoffre, *op. cit.*, t. 1, p. 571, n° 2097). — Il a été jugé qu'une demande purement personnelle ne doit pas être considérée comme affaire sommaire dans le sens de l'art. 404 c. proc. civ., quoiqu'elle repose sur un titre non contesté, s'il y a contestation sur les faits ultérieurs nés de l'exécution de ce titre; qu'ainsi, l'instance en reddition de compte d'un mandat doit être qualifiée d'affaire ordinaire, et que les frais doivent en être taxés comme en matière ordinaire, quand le litige, même non engagé sur l'existence du mandat, porte sur les faits de gestion du mandataire, et, par exemple, sur le montant de ses recettes ou de ses dépenses (Civ. cass. 5 mars 1860, aff. Lelarge et Bardel, D. P. 60. 1. 129).

**345.** Les allocations énoncées dans les art. 70, 72, 75 et 92 du tarif du 16 févr. 1807, pour les instances en reddition de compte jugées comme affaires ordinaires, s'appliquent aux comptes demandés contre tous comptables, et non pas seulement à ceux à rendre par les comptables commis en justice, ou institués par la loi (Arrêt précité du 5 mars 1860).

**346.** — 5° *Liquidation des dépens et frais* (V. *suprà*, chap. 2, sect. 3, n°s 127 et suiv.).

ART. 2. — *Règles générales sur l'exécution forcée des jugements et actes* (*Rép.* n°s 602 et 603).

**347.** V. *Rép.* n°s 602 et suiv.

ART. 3. — *Saisie-arrêt, saisie-exécution, saisie-brandon et saisie de rentes constituées* (*Rép.* n°s 604 à 650).

**348.** — 1° *Saisie-arrêt.* — La demande en validité de saisie-arrêt et celle en déclaration affirmative sont sommaires ou ordinaires, selon les principes de l'art. 404 c. proc. civ. (*Rép.* n° 606 ; Raviart, *op. cit.*, v° *Saisies-arrêts*, n° 264, p. 44; Chauveau et Godoffre, *op. cit.*, t. 1, n° 2099, p. 572; Boucher d'Argis et Sorel, *op. cit.*, v° *Affaire sommaire*, n° 23; *Rép.* n°s 604 et suiv.; *infrà*, v° *Matières sommaires*; — *Rép.* eod. v°, n°s 20 et suiv. et 43).

**349.** — 2° *Saisie-exécution.* — Le tarif n'allouant pas de frais de transport aux témoins qui accompagnent l'huissier, on ne peut leur en accorder sous aucun prétexte. Cette doctrine enseignée au *Rép.* n° 619 est adoptée par les auteurs (Garsonnet, *op. cit.*, t. 3, n° 570, p. 610; Bioche, *op. cit.*, v° *Saisie-exécution*, n° 109; Boucher d'Argis et Sorel, *op. cit.*, v° *Saisie-exécution*, p. 534; Chauveau et Godoffre, *op. cit.*, t. 2, n° 2798).

**350.** Lorsque les frais de garde sont susceptibles d'être

---

(1) (Calvé C. Lambert Desgranges.) — La cour ; — Attendu, en principe général, que l'exercice des pouvoirs délégués à un juge seul, comme représentant d'une juridiction, n'est souverain et sans recours qu'autant que la loi s'en est expressément expliquée; — Attendu, en outre, que la fixation du nombre des vacations en matière de compte n'est qu'un élément préparatoire de la taxe, passible, par conséquent, des voies de réformation auxquelles celle-ci est elle-même assujettie; — Attendu que la liquidation des frais est un accessoire de la condamnation aux dépens dont elle sert à déterminer la quotité, et, par conséquent, du jugement qui a prononcé cette condamnation; qu'elle suit donc le sort du principal, et que, lorsque le jugement vient à être infirmé sur l'appel, elle se trouve mise à néant par voie de conséquence; qu'ainsi, en ce cas, la juridiction supérieure, à laquelle appartient l'exécution de son arrêt, est investie du droit de liquider à nouveau tous les frais faits jusque-là; que cela est vrai surtout lorsque, comme dans l'espèce, l'arrêt portait nommément sur la question de dépens; — Qu'ainsi la cour, procédant ensuite de l'infirmation prononcée par l'arrêt du 4 août 1858, et de l'opposition à la taxe faite en exécution dudit arrêt, est compé-

tente pour statuer sur la fixation du nombre des vacations aux débats et soutènement du compte; — Attendu que le nombre de trois vacations allouées par M. le conseiller taxateur pour les débats du compte, de trois autres pour les soutènements, de trois autres encore pour la réponse aux soutènements, n'est point en rapport avec l'étendue du travail auquel les avoués ont dû réellement se livrer;

Par ces motifs, dit et ordonne que les vacations aux débats seront et demeureront fixées à vingt-cinq et que, par suite, la somme de 18 fr. allouée par M. le conseiller taxateur sera portée à 150 fr.; que les vacations aux soutènements seront et demeureront fixées au nombre de trente, et que, par suite, la somme de 30 fr. 95 cent. allouée par M. le conseiller taxateur pour trois vacations et les déboursés du procès-verbal sera portée à 192 fr. 95 cent.; que les vacations pour réponse aux soutènements seront et demeureront fixées au nombre de trente, et que, par suite, la somme de 18 fr. allouée par M. le conseiller taxateur sera portée à 180 fr., etc.

Du 27 août 1862.-C. de Bordeaux, 1re ch.-MM. Raoul Duval, 1er pr.-Peyrot, 1er av. gén., c. contr.-Thomas et Dupont, av.

compris dans les dépens adjugés par une décision judiciaire, ils doivent être taxés et recouvrés en vertu du jugement, ou d'un exécutoire supplétif, sur le produit des meubles saisis et vendus. Il en est de même lorsque les frais sont recouvrés contre le saisissant, et non contre le saisi. Ce n'est pas, en effet, une convention ordinaire qui intervient entre le saisissant, et le gardien. La loi a fixé elle-même le salaire du gardien, comme elle a fixé le montant de tous les frais et dépens en général, par un tarif dont le juge taxateur est chargé de faire l'application. Le gardien présente son mémoire, le fait taxer, reçoit un exécutoire, et, en vertu de cet exécutoire, peut signifier un commandement contre lequel on doit se pourvoir par voie d'opposition à la taxe. Dira-t-on, que, dans ce cas, il s'agit non de dépens entrant dans une condamnation, mais d'une créance du gardien contre le saisissant? La distinction ne saurait être admise, parce que c'est à raison de la nature même de la créance qu'elle peut être recouvrée par voie d'exécutoire. — Il a été jugé que le gardien d'objets saisis peut, après avoir fait taxer ses frais de garde, requérir un exécutoire pour le montant de la taxe, et, en vertu de cet exécutoire, poursuivre par voie de commandement le payement desdits frais, alors même qu'ils n'ont pas été compris dans l'expédition d'un jugement ou arrêt (Civ. cass. 8 août 1877, aff. Givel, D. P. 78. 1. 165).

**351.** L'opinion émise au *Rép.* n° 626 que les frais de garde peuvent être réduits, lorsqu'il s'écoule un trop long délai entre la saisie et la vente ou mainlevée, que le juge peut rejeter de la taxe à l'égard de la partie saisie, les frais faits après le délai de huitaine dont parle l'art. 612 c. proc. civ., est soutenue par MM. Chauveau et Godoffre, *op. cit.*, t. 2, p. 121, n° 2820; et Boucher d'Argis et Sorel, v° *Gardien judiciaire*, p. 308). — Les frais de garde ne sont pas dus, lorsque le gardien a manqué de vigilance et a laissé, par exemple détourner les objets saisis (*Rép.* n° 625; Garsonnet, *op. cit.*, t. 3, n° 572, p. 624; Chauveau et Godoffre, *op. cit.*, t. 2, n° 2824, p. 121). Il a été jugé que le gardien des objets saisis n'ayant droit au salaire que lui alloue l'art. 34 du tarif qu'autant qu'il a veillé effectivement à la conservation de la chose, le juge taxateur a attribution pour réduire ce salaire, même d'office, lorsque des détériorations se sont produites par suite de la négligence de celui-ci (Req. 7 déc. 1869, aff. Lakdar-ben-Hamza, D. P. 71. 1. 307).

**352.** Le procès-verbal de carence doit être taxé comme le procès-verbal de saisie; mais il ne doit être alloué qu'une seule vacation (*Rép.* n° 626; Boucher d'Argis et Sorel, *op. cit.*, v° *Saisie-exécution*, p. 533. Conf. Chauveau et Godoffre, *op. cit.*, t. 2, n° 2799, p. 116).

**353.** Si la vente ne se fait pas au marché, où les meubles se trouvent, un cinquième placard est apposé aux termes de l'art. 617 c. proc. civ., à l'endroit où ils seront vendus. Le juge taxateur peut même passer en taxe, s'il le juge utile, un plus grand nombre de placards. L'apposition en est constatée par un exploit. Il n'est pas donné copie de cet exploit, à peine de rejet de la taxe (*Rép.* n° 630; Garsonnet, *op. cit.*, t. 3, p. 633; Bioche, *op. cit.*, v° *Saisie-exécution*, n°s 297 et suiv.; *Rép.* v° *Saisie-exécution*, n°s 310 et 316).

**354.** Les droits et honoraires, fixés par la loi du 18 juin 1843 sur le tarif des commissaires-priseurs, ne sont pas applicables aux huissiers, greffiers et notaires. Ceux-ci, lorsqu'ils procèdent à des ventes judiciaires de meubles, doivent s'en tenir à l'émolument réglé par l'art. 39 du tarif (*Rép.* v° *Vente publique de meubles*, n° 108; *infrà*, eod. v°).

**355.** Dans les villes où il n'existe pas de courtiers, l'art. 39 est seul applicable aux ventes faites par un huissier des effets mobiliers d'un failli, en vertu de l'art. 486 c. com. (Req. 25 juill. 1871, aff. Richier, D. P. 71. 1. 155).

**356.** La vente aux enchères publiques de biens meubles dépendant d'une succession est assimilée par la loi à la vente mobilière qui a lieu par suite de saisie-exécution; dès lors, l'huissier qui a procédé à cette vente a droit simplement à des émoluments basés sur le nombre des vacations qui ont été employées à la vente, conformément à l'art. 39, et non au droit de 6 pour 100 que la loi du 18 juin 1843 accorde aux commissaires-priseurs (Req. 30 mai 1854, aff. Cantié, D. P. 67.5. 224).

**357.** Les demandes en nullité de la saisie et d'opposition à la vente, de distraction d'objets saisis, de payement de frais de garde sont instruites et jugées comme en matière sommaire. Si le débiteur, sans attendre la saisie, forme opposition au commandement, l'instance n'est plus régie alors par l'art. 608 c. proc. civ. Elle est ordinaire ou sommaire, suivant les caractères qu'elle présente (V. *Rép.* v° *Matières sommaires*, n° 43, et *infrà*, cod. v°; Chauveau et Godoffre, *op. cit.*, t. 1, n° 2100, p. 573; Boucher d'Argis et Sorel, *op. cit.*, v° *Affaire sommaire*, p. 63).

**358.** — 3° *Saisie-brandon* (*Rép.* n°s 635 et suiv.). — Les règles que nous venons de tracer au numéro précédent pour la saisie-exécution, relativement aux demandes, s'appliquent à la saisie-brandon. On doit observer dans la saisie-brandon les formes prescrites par les art. 627 et suiv. c. proc. civ., et, aux termes de l'art. 626, les formalités qui sont requises en matière de saisie-exécution et qui ne sont ni exclues de la saisie-brandon en vertu d'un texte formel, ni contraires à la nature et au but de cette saisie (Garsonnet, *op. cit.*, t. 3, p. 666, n° 587; Boitard, Colmet-Daâge, et Glasson, *op. cit.*, t. 2, n°s 876 et 884; Bioche, *op. cit.*, v° *Saisie-brandon*, n° 50).

**359.** — 4° *Saisie des rentes constituées* (*Rép.* n° 639). — Les contestations incidentes aux poursuites de saisie de rentes constituées sont sommaires, et cela par analogie de position avec l'art. 718 c. proc. civ. relatif aux incidents de saisie immobilière (*Rép.* v° *Matières sommaires*, n° 43; *infrà*, eod. v°; Boucher d'Argis et Sorel, *op. cit.*, v° *Affaire sommaire*, p. 63; Chauveau et Godoffre, *op. cit.* t. 1, p. 573, n° 2102).

**Art. 4.** — *Distribution par contribution* (*Rép.* n°s 640 à 650).

**360.** Le tarif de 1807 n'accorde aucune vacation pour l'obtention du certificat des sommes consignées et des oppositions. Mais, par analogie, on alloue la vacation indiquée en l'art. 131, § 2, du tarif et qui est accordée en matière d'ordre à l'avoué poursuivant pour se faire délivrer l'état des inscriptions (*Rép.* n° 640; Chauveau et Godoffre, *op. cit.*, t. 2, n° 2943. Comp. Boucher d'Argis et Sorel, *op. cit.*, v° *Contribution*, p. 164; Bonnesœur, *op. cit.*, p. 177, qui allouent la vacation indiquée par l'art. 91, § 15 du tarif, qui est de 3 fr., 2 fr. 70 cent. ou 2 fr. 25 cent. suivant les localités).

**361.** Il n'est pas dû d'émolument au greffier pour l'acte de réquisition exigé par l'art. 658 c. proc. civ. (Civ. cass. 24 févr. 1863, aff. Pinson, D. P. 63. 1. 57).

**362.** Le tribunal de la Seine alloue à l'avoué poursuivant une vacation de 5 fr. pour déposer au greffe le certificat des sommes consignées et des oppositions et les autres pièces nécessaires pour et pour requérir l'ouverture de la contribution. — Cette vacation n'est pas autorisée par le tarif (Chauveau et Godoffre, *op. cit.*, t. 2, n° 2947, p. 156). On alloue également à Paris, à l'avoué, une vacation de 5 fr. pour requérir la clôture du procès-verbal de production. MM. Chauveau et Godoffre (*op. cit.*, t. 2, p. 160, n° 2958) et Boucher d'Argis et Sorel (*op. cit.*, v° *Contribution*, p. 166) critiquent avec raison cette allocation qui ne se réfère à aucun article du tarif.

**363.** Si un avoué a produit pour plusieurs créanciers ayant des intérêts distincts, la sommation de prendre communication du règlement provisoire doit être faite en autant de copies qu'il représente de parties (Bioche, *op. cit.*, v° *Distribution par contribution*, n° 140).

**364.** Le mandement de collocation doit être signifié au dépositaire et à la partie saisie (*Rép.* n° 646; Chauveau et Godoffre, *op. cit.*, t. 2, n° 2948. — *Contra* : Boucher d'Argis et Sorel, *op. cit.*, v° *Contribution*, p. 167).

**365.** On a émis au *Rép.*, v° *Matière sommaire*, n° 46, l'opinion que la procédure de distribution par contribution est toujours sommaire. Cette théorie, enseignée par MM. Boucher d'Argis et Sorel, *op. cit.*, v° *Affaire sommaire*, p. 64, est combattue par MM. Chauveau et Godoffre, *op. cit.*, t. 1, n° 2103, p. 573 et Raviart, *op. cit.*, v° *Distribution par contribution*, p. 48, n° 360. Conformément à la doctrine adoptée par ces derniers auteurs, il a été jugé que les frais des procédures faites à l'occasion des contestations élevées contre un procès-verbal de distribution par contribution doivent être taxés, suivant la nature du litige, ou comme en matière ordinaire ou comme en matière sommaire (Orléans,

18 juill. 1860, aff. Crespin et Demony, D. P. 60. 2. 192). La décision s'appuie sur un paragraphe additionnel de l'art. 101 du décret-tarif du 16 févr. 1807, qui dispose ainsi : En cas de contestations, les dépens de ces contestations seront taxés comme dans les autres matières suivant leur nature sommaire ou ordinaire. « Si, dit l'arrêt, les art. 669 et 669 c. proc. civ. veulent qu'en cas de difficultés l'audience soit poursuivie en première instance sur un simple acte et sans autre procédure, et que, sur l'appel, il soit statué de même qu'en matière sommaire, on ne saurait voir d'antinomie entre les dispositions du code et le décret de 1807. En effet, le code, dans le but de simplifier la procédure et de diminuer les frais, a entendu proscrire, d'une manière générale, les écritures dans tous les incidents de contribution, sans se préoccuper de la nature et du caractère de ces incidents, tandis que le décret précité, sans modifier en rien les dispositions du code, par un principe d'équité, a voulu que les officiers ministériels fussent rémunérés suivant l'importance de la contestation, en édictant que les dépens seraient taxés d'après leur nature, sommaire ou ordinaire. Ces deux prescriptions de la loi sont donc conciliables, et loin de se contredire, peuvent, l'une et l'autre, suivant les cas, trouver une application simultanée. » — Il nous paraît bien difficile de concilier la disposition du paragraphe additionnel de l'art. 101, sur laquelle s'appuie l'arrêt du 18 juill. 1860, avec l'art. 666, et surtout avec l'art. 669 c. proc. civ.; et nous ne pensons pas que la conciliation ingénieuse imaginée par l'arrêt puisse faire disparaître l'antinomie évidente qui existe entre deux textes dont l'un porte qu'il sera statué en première instance sur un simple acte *sans autre procédure*, et sur l'appel *comme en matière sommaire*, et dont l'autre dispose que les dépens des contestations seront taxés comme dans les autres matières, suivant leur nature sommaire ou ordinaire. Ne pourrait-on pas dire que les contestations dont parle le paragraphe additionnel de l'art. 101 sont celles qui s'élèvent à la clôture de la distribution, et sur les mandements dont il est parlé dans la première partie de ce paragraphe, contestations qui rentreraient alors dans le droit commun. Quoi qu'il en soit, il nous paraît impossible de voir dans ce paragraphe, inséré par sorte de *memento* ou de *nota* (le mot y est écrit), à la fin d'un chapitre de tarif, une dérogation à une loi aussi claire et aussi formelle que celle du code de procédure. Nous préférerions douter de la constitutionnalité du décret, en cette partie, que de croire, de la part du législateur, à une inconséquence telle, qu'il eût admis pour les contestations en matière de contribution des frais plus considérables qu'en matière d'ordre.

Art. 5. — *Saisie immobilière et ses incidents*
(Rép. nos 651 à 689).

**366.** — I. Saisie immobilière. — Dans certains tribunaux, notamment à Paris, il est d'usage de faire une copie collationnée du cahier des charges sur papier libre pour être donnée en communication soit par le greffier, soit par l'avoué poursuivant lorsque la mise à prix dépasse 10000 fr. Cette copie est taxée, à raison de 25 cent. par rôle, au tribunal de la Seine (Raviart, *op. cit.*, vo *Saisie immobilière*, no 316, p. 49 ; Rousseau et Laisney, *op. cit.*, t. 8, p. 703).

**367.** La loi du 21 mai 1858 (D. P. 58. 4. 38) a modifié le texte des art. 692, 696 et 717 c. proc. civ., et remplacé les formalités de purge des hypothèques légales qui devaient suivre le jugement d'adjudication, par des formalités destinées à produire le même résultat légal, mais accomplies au cours même de la procédure de saisie immobilière. La tâche de l'avoué poursuivant s'en trouvant sensiblement augmentée ainsi que sa responsabilité (il est obligé de compulser les titres et pièces pour connaître les incapables pouvant avoir droit à une hypothèque légale, puis de préparer les sommations à leur signifier et la dénonciation à faire au parquet), M. Raviart (*op. cit.* vo *Saisie immobilière*, p. 43) estime, avec raison, qu'il y a lieu de lui allouer à raison de cet ensemble de procédure que l'ordonnance de 1841 n'a pu rémunérer, outre les émoluments accordés par le tarif pour la sommation et dénonciation de la sommation au parquet un droit de 14 fr. 75 cent., 13 fr. 50 cent. et 15 fr. comme à l'art. 143 du tarif.

**368.** Il n'est dû aucun émolument au greffier pour les

dires insérés au cahier des charges (Civ. cass. 24 févr. 1863, aff. Pinson, D. P. 63. 1. 57 ; Rousseau et Laisney, *op. cit.*, vo *Vente judiciaire d'immeubles*, no 1769).

**369.** En matière de saisie immobilière, aucun droit d'obtention du jugement n'est dû aux avoués pour le jugement qui fixe les jour et heure de l'adjudication (Rép. no 659 ; Req. 20 juill. 1885, aff. Vigneron et Sévenet, D. P. 87. 1. 301). L'ordonnance du 10 oct. 1841 porte simplement : « Art. 7, § 8. Pour la *vacation* à la publication, compris les dires qui pourraient avoir lieu à Paris, 3 fr. ; dans le ressort, 2 fr. 45 cent. » (c. proc. civ., art. 695). Et l'art. 11, relatif aux émoluments communs aux différentes ventes, n'ajoute rien. Tous les auteurs reconnaissent qu'on n'a pas pour ce jugement, en réalité non contentieux, quand il ne s'élève aucun incident ni difficulté, la pensée de renvoyer à la disposition générale de l'art. 67 du décret du 16 févr. 1807, qui accorde, dans les matières sommaires, un émolument pour obtention d'un jugement contradictoire et définitif. Si on consulte notamment le *modèle des taxes* du tribunal de la Seine (art. 15, 16 et 17) on y voit qu'une simple vacation, dans la pratique de ce tribunal, est accordée à l'avoué pour ce jugement (V. Boucher d'Argis et Sorel, *op. cit.*, vo *Saisie immobilière*, p. 544 et 561 ; Chauveau et Godoffre, *op. cit.*, t. 2, no 3122, p. 202. Conf. Dutruc, *op. cit.*, vo *Surenchère*, § 138 et suiv., 144 et 145). Il convient d'ajouter qu'un second jugement peut devenir nécessaire, dans cette phase de la procédure : celui qui, en vertu de l'art. 703, prononcerait la remise de l'adjudication sur la demande d'un intéressé ; or, d'après l'art. 11 de l'ordonnance du 10 oct. 1841, c'est encore une simple vacation qui est due.

**370.** La loi autorisant l'apposition d'affiches sur papier de couleur pour donner plus de publicité à la vente, le salaire de l'afficheur doit être admis en taxe (Raviart, *op. cit.*, vo *Saisie immobilière*, no 337, p. 54).

**371.** Le décret du 30 juill. 1862 qui fixe le maximum des lignes que peuvent contenir les différentes feuilles de papier n'est pas applicable aux placards (Chauveau et Godoffre, *op. cit.*, t. 2, no 3162, p. 211).

**372.** L'huissier chargé de l'apposition des placards, lorsqu'il est obligé de passer plusieurs jours à cette opération, n'a pas droit à un émolument spécial pour chacun des procès-verbaux. Ainsi que le font, avec raison, observer MM. Chauveau et Godoffre, *op. cit.*, t. 2, p. 216, no 3169, lorsqu'un acte est destiné à constater un fait qui ne se réalise pas immédiatement, mais par une série d'opérations successives, cet acte ne doit pas cesser d'être un dans son contexte ; seulement il se compose de diverses parties dont la réunion forme l'acte entier. Les frais de voyage fixés par l'art. 5 du tarif offrent à l'huissier un juste dédommagement du temps employé et des frais de déplacement (V. Rép. vo *Vente publique d'immeubles*, no 986).

**373.** Aux termes du décret du 15 janv. 1853 (D. P. 53. 4. 2) le timbre des placards ne passe en taxe que sur un certificat délivré par le receveur du timbre et de l'enregistrement du bureau dans l'arrondissement duquel la vente a eu lieu, constatant que le nombre des exemplaires a été vérifié par lui et indiquant le montant total des droits du timbre. MM. Chauveau et Godoffre, *op. cit.*, t. 2, no 3117, p. 222, sont d'avis qu'il y a lieu d'accorder à l'avoué, à raison de l'obtention du certificat, une vacation, celle du paragraphe 5 de l'art. 11 du tarif de 1841. « Le tarif, il est vrai, disent ces auteurs, n'alloue de ce chef aucun droit à l'avoué ; mais la cause de ce silence, c'est que l'art. 19 confiait le soin de la vérification au président de la chambre des avoués, c'est-à-dire à un confrère, et que l'opération se faisait pour ainsi dire en famille, sans dérangement de part ni d'autre. Le décret de 1853 a substitué à cette formalité d'ordre et de discipline intérieur une démarche auprès du receveur d'enregistrement. Les instructions de la régie exigent une déclaration en double, c'est-à-dire des écritures. L'avoué emploie donc maintenant du temps et des soins que ne comportait pas le régime antérieur. Lui refuser le faible dédommagement du paragraphe 5 de l'art. 11 du tarif de 1841 nous semblerait d'une criante injustice, et nous pensons que cette vacation lui est due » (En ce sens : Rousseau et Laisney, *op. cit.*, vo *Vente judiciaire d'immeubles*, no 1774. *Contrà* : Boucher d'Argis et Sorel, *op. cit.*, vo *Saisie immobi-*

lière, p. 562 ; Trib. civ. de Libourne, 2 août 1854, aff. *Journal des avoués*, t. 79, p. 651).

**374.** Le juge taxateur a le droit de réduire les frais d'impression qui lui paraissent trop élevés (Chauveau et Godoffre *op. cit.*, t. 2, n° 3179, p. 224).

**375.** Lorsque plusieurs insertions ont été autorisées dans le même journal, il est dû à l'avoué autant de droits d'extraits à insérer et autant de vacations à faire légaliser la signature de l'imprimeur, qu'il y a eu, en réalité, d'insertions dans ce journal (Raviart, *op. cit.*, v° *Saisie immobilière*, n° 341, p. 51 ; Chauveau et Godoffre, *op. cit.*, t. 2, n° 3158, p. 209).

**376.** Aux termes de l'art. 11, § 11, du tarif, un droit de vacation à l'adjudication est alloué à l'avoué à raison de chaque lot adjugé, sans que ce droit puisse être exigé sur un nombre supérieur à six. On a indiqué au *Rép.* n°ˢ 606 et suiv., et *infrà*, n° 484, comment il faut appliquer cette disposition : lorsque tous les lots n'ont pas été adjugés et qu'une seconde vente sur baisse de mise à prix a lieu; lorsque l'adjudication a eu lieu en plusieurs lots et que ces lots ont ensuite été réunis et adjugés en bloc. La vacation à l'adjudication est due alors même qu'il ne se présente pas d'enchérisseur et que le poursuivant est déclaré adjudicataire pour la mise à prix. Dans ce cas, en effet, il y a adjudication. Mais l'avoué n'a pas droit à la vacation pour enchérir et se rendre adjudicataire (Chauveau et Godoffre, *op. cit.*, t. 2, n° 3239, p. 245, et n° 3270, p. 266).

**377.** Les vacations à l'adjudication, en matière de saisie immobilière, ne sont dues qu'à l'avoué poursuivant. Les avoués des créanciers qui ont fait pratiquer des saisies impoursuivies à cause de la transcription de la première saisie n'y ont pas droit, à moins qu'ils n'aient obtenu la radiation de la première saisie ou la subrogation (Chauveau et Godoffre, *op. cit.*, t. 2, n° 3243, p. 246).

**378.** Les questions relatives à la remise proportionnelle sont examinées *infrà*, n°ˢ 467 et suiv.

**379.** L'avoué qui enchérit sans que son enchère aboutisse à une adjudication a droit à l'émolument fixé par l'art. 11, § 21, du tarif. Si l'enchère aboutit à une adjudication, l'émolument est celui de l'art 11 § 22. Les deux vacations ne se cumulent pas; c'est-à-dire que, s'il s'agit d'un même lot, l'avoué perçoit l'une ou l'autre, suivant que son enchère aboutit ou non à l'adjudication.

**380.** La vacation pour enchérir et se rendre adjudicataire (art. 11, § 22, du décret de 1841) est due autant de fois qu'il y a de lots adjugés et quel qu'en soit le nombre. Cette doctrine, adoptée aujourd'hui par tous les auteurs, s'appuie sur cette double considération que l'avoué a droit d'être indemnisé par son client de tout le temps qu'il a passé à l'audience, et que la restriction contenue au paragraphe 12 de l'art. 11 n'a été édictée que pour diminuer les frais de la poursuite de vente et, par conséquent, dans le seul intérêt du vendeur et de ses créanciers (Boucher d'Argis et Sorel, *op. cit.*, v° *Saisie immobilière*, p. 564; Chauveau et Godoffre, *op. cit.*, t. 2, p. 262, n° 3267 ; Raviart, *op. cit.*, v° *Saisie immobilière*, n° 350, p. 51 ; Rousseau et Laisney, *op. cit.*, v° *Vente judiciaire d'immeubles*, n° 1778 ; Dutruc, *Bulletin de la taxe*, t. 1, p. 145 et 159).

**381.** Si, après avoir fait l'objet d'adjudications partielles, les immeubles ont été réunis et adjugés en bloc, il n'est dû pour chacun des lots que des vacations à enchérir. Aux avoués qui auront enchéri sur la réunion des lots, il sera dû également la vacation pour enchérir et à l'avoué qui s'est rendu adjudicataire des immeubles réunis, la vacation pour enchérir et se rendre adjudicataire (Chauveau et Godoffre, *op. cit.*, t. 2, n° 3268, p. 265).

**382.** Quand il y a au greffe une déclaration d'adjudication et une déclaration de command, par deux actes séparés, il est dû une double vacation à l'avoué (Chauveau et Godoffre, *op. cit.*, t. 2, n° 3278 ; Raviart, *op. cit.*, v° *Saisie immobilière*, n° 351, p. 53).

**383.** L'avoué qui s'est rendu adjudicataire de plusieurs lots pour des clients différents peut faire autant d'actes de déclaration qu'il y a d'adjudicataires. Le tarif ne s'y oppose pas. Si, par économie, il les comprend tous dans la même déclaration, il lui est dû néanmoins autant de vacations qu'il y a d'adjudicataires (Chauveau et Godoffre, *op. cit.*, t. 2, n° 3279, p. 270).

**384.** La remise au greffe de la quittance des frais de la poursuite de saisie ne doit pas être constatée par un acte de dépôt. Un tel acte serait frustratoire. Une mention sommaire sur la pièce suffit. Pour ces mentions, il n'est dû aucun émolument aux greffiers (Bordeaux, 26 août 1863, aff. Pinson, *Recueil des arrêts de la cour*, 1863, p. 424.

L'avoué a-t-il droit à une vacation pour la remise au greffe de la quittance? Le tarif ne l'accorde pas. M. Raviart (*op. cit.*, v° *Saisie immobilière*, p. 53, n° 352) pense qu'il peut réclamer, par analogie, une vacation semblable à celle de l'art. 11 de l'ordonnance (*Contrà* : Chauveau et Godoffre, *op. cit.*, t. 2, p. 282, n° 3324).

**385.** L'avoué a droit, pour faire transcrire le jugement d'adjudication, à une vacation qui, par assimilation aux cas prévus par l'art. 131 du tarif de 1807 et de l'art. 7 de l'ordonnance de 1841, est fixée à 6 fr., 5 fr. 40 cent., 4 fr. 50 cent. (Chauveau et Godoffre, *op. cit.*, t. 1, n° 2107, p. 574; n° 3336 et p. 394, n° 3868; Raviart, *op. cit.*, v° *Saisie immobilière*, p. 54, n° 359.

**386.**—II. Incidents sur la poursuite de saisie immobilière. — Les contestations qui s'élèvent dans le cours d'une saisie immobilière et à l'occasion de cette saisie sont des incidents qui doivent être jugés comme en matière sommaire (*Rép.* n° 671 ; Chauveau et Godoffre, *op. cit.*, t. 1, n° 2107, p. 574, et t. 2, n° 3337, p. 285; Boucher d'Argis et Sorel, *op. cit.*, v° *Saisie immobilière*, p. 565; Rousseau et Laisney, *op. cit.*, v° *Vente judiciaire d'immeubles*, n°ˢ 1041 et suiv.). On ne doit pas ranger parmi ces incidents : 1° la demande en nullité de commandement intentée avant la saisie; elle rentre dans les termes du droit commun et est, suivant sa nature, taxée comme ordinaire ou sommaire (*Rép.* v° *Vente publique d'immeubles*, n°ˢ 1024 et 1504; Chauveau et Godoffre, *op. cit.*, t. 1, n° 2104, 574; p.Boucher, d'Argis, *op. cit.*, v° *Saisie immobilière*, p. 565); 2° la demande en validité des offres réelles formée avant la dénonciation du procès-verbal de saisie (Req. 17 juill. 1867, aff. Rocca-Serra, D. P. 67. 1. 390; 3° la demande en résolution de la vente faite au saisi (V. *infrà*, n° 389); 4° la demande en nullité des baux consentis par le saisi. Cette demande dirigée contre le locataire ou le fermier qui ne sont pas partie dans la saisie, n'est pas un incident de cette saisie dont elle ne touche rien soit au fond soit à la forme. C'est une instance principale soumise aux règles ordinaires (V. *Rép.* v° *Matières sommaires*, n° 44 ; *infrà* eod. v°; Boucher d'Argis et Sorel, *op. cit.*, v° *Saisie immobilière*, p. 165; Chauveau et Godoffre, *op. cit.*, t. 1, n° 2104 et suiv.).

**387.** Si la partie saisie ou le premier créancier inscrit, ou même tous deux font défaut, peut-on prendre contre eux un défaut profit joint? Aucune difficulté, si les parties sont en appel, puisque l'art. 731, défend expressément de frapper d'opposition les arrêts rendus par défaut sur les incidents de saisie immobilière (*Rép.* n° 677; Rousseau et Laisney, *op. cit.*, v° *Vente judiciaire d'immeubles*, n° 1220). Si les parties sont encore en première instance, la jurisprudence, décide également qu'il n'y a pas lieu de prendre un jugement de défaut profit joint. Elle se fonde sur l'art. 3 du décret du 2 févr. 1811, décret non formellement abrogé par la loi du 2 juin 1841, et sur ce que l'obligation de prendre un défaut joint est incompatible avec la célérité que cette loi veut qu'on apporte dans le jugement des incidents de saisie immobilière (V. *Rép.* v°ˢ *Vente publique d'immeubles*, n°ˢ 1456 et suiv.; *Jugement par défaut*, n° 65; Req. 31 mai 1858, aff. Deluy, D. P. 58. 1. 407; Boucher d'Argis et Sorel, v° *Saisie immobilière*, n° 567; Raviart, *op. cit.*, v° *Saisie immobilière*, p. 57, n° 406; Dutruc, *op. cit.*, v° *Saisie immobilière*, p. 57, n° 406; Dutruc, *op. cit.*, v° *Saisie immobilière*, n° 1931).

**388.** — 1° *Demande en résolution* de la part du précédent propriétaire non payé. C'est une instance principale soumise aux règles ordinaires. « Cette demande, dit M. Dutruc, *op. cit.*, v° *Saisie immobilière*, n°ˢ 1254, p. 784, est introductive d'une instance séparée, car le paragraphe 3 de l'art. 717 permet au poursuivant d'intervenir. Il est évident que le poursuivant, qui est la partie principale de la saisie, serait aussi partie à la demande en résolution, si cette demande n'était qu'un incident de la saisie. La demande en résolution doit donc être intentée contre le saisi seul et dans les formes ordinaires. Elle est, sauf dispense et urgence, reconnue sujette au préliminaire de conciliation. L'art. 718

ne lui est pas applicable. Les termes même de cet article, qui ne parle exceptionnellement que de la demande en distraction (art. 725), l'indiquent assez clairement. L'art. 731 ne concerne pas davantage la demande en résolution, elle sera sommaire ou ordinaire, selon la quotité de la somme ». En ce sens : *Rép.* v° *Matières sommaires*, n° 44 ; *infrà* eod v° ; Chauveau et Godoffre, *op. cit.*, t. 1, p. 574, n° 2106 ; Boucher d'Argis et Sorel, *op. cit.*, v° *Saisie immobilière*, p. 565 ; Rousseau et Laisney, *op. cit.*, v° *Vente judiciaire d'immeubles*, n° 851).

**389.** — 2° *Réunion de deux poursuites de saisie de biens différents.* — V. *Rép.* n° 673.

**390.** — 3° *Saisie plus ample que la première établie.* — V. *Rép.* n° 674.

**391.** — 4° *Demande en subrogation.* — V. *Rép.* n° 675.

**392.** — 5° *Demande en distraction de tout ou partie des objets saisis.* — V. *Rép.* n°s 676 et suiv.

**393.** — 6° *Demande en nullité de la procédure antérieure à la publication du cahier des charges.* — V. *Rép.* n° 678.

**394.** — 7° *Demande en nullité de la procédure postérieure à la publication du cahier des charges.* — V. *Rép.* n° 679.

**395.** — 8° *Demande du saisi tendant à faire comprendre dans la même adjudication tous les biens d'une même exploitation.* — V. *Rép.* n° 680.

**396.** — 9° *Demande à fin de nomination d'un séquestre judiciaire ou à fin d'être autorisé à faire procéder à la coupe et à la vente en tout ou en partie des fruits pendants par racines.* — V. *Rép.* n° 861.

**397.** — 10° *Aliénation de l'immeuble saisi avant l'adjudication.* — V. *Rép.* n° 682.

**398.** — 11° *Surenchère.* — Si l'avoué surenchérit, au nom du même client, divers lots adjugés séparément à des adjudicataires différents, a-t-il droit à autant de vacations qu'il y a de lots surenchéris ? MM. Chauveau et Godoffre, *op. cit.*, t. 2, p. 271, n° 3286, admettent l'affirmative. L'avoué, dans ce cas, fait autant de surenchères qu'il y a de lots surenchéris. Chaque lot ayant donné lieu à une adjudication distincte, bien que constatée dans le même acte, il est logique que chaque lot surenchéri donne ouverture à une vacation spéciale au profit de l'avoué (Conf. Dutruc, *op. cit.*, v° *Surenchère*, n° 100). Dans la pratique, en général, un seul droit est alloué.

**399.** En matière de saisie immobilière, nous l'avons dit *suprà*, n° 369, aucun droit d'obtention du jugement n'est dû aux avoués, pour le jugement qui fixe les jour et heure de l'adjudication. Ce droit ne doit pas non plus être alloué pour le jugement qui, en cas de surenchère du sixième ou contestée, donne acte de cette surenchère, et fixe la date de l'adjudication nouvelle à laquelle il doit être procédé ; en conséquence, et en l'absence de toute contestation sur la surenchère du sixième, l'avoué qui occupe, tout à la fois, pour le poursuivant et pour le surenchérisseur, prétendrait en vain se faire allouer deux fois, à ce double titre, un droit d'obtention de jugement, alors qu'aucun droit de cette nature ne lui est dû. Et si ce droit non dû lui a été cependant alloué une fois comme avoué du surenchérisseur, il est du moins mal fondé à se plaindre de ce que le chiffre accordé ne serait pas en rapport avec le nombre des parties en cause (Req. 20 juill. 1855, aff. Vigneron et Sévenet, D. P. 87. 1. 301). Les art. 7, 11 et 12 de l'ordonnance de 1841 ne prévoient, en effet, qu'un droit de vacation, soit pour faire au greffe la surenchère, soit pour l'acte de la dénonciation de la surenchère contenant à-venir. Rien n'est prévu pour un jugement. Cette abstention se rattache évidemment à la pensée implicitement contenue dans un arrêt de la chambre des requêtes du 20 nov. 1854 (aff. Sigaudy, D. P. 54. 1. 425) (qu'en pas de surenchère du sixième, il n'est pas nécessaire, s'il ne s'élève pas de contestation, qu'un jugement soit rendu pour fixer le jour de la nouvelle adjudication ; la dénonciation de la surenchère, avec l'indication qu'elle porte de la première audience après l'expiration de la quinzaine (c. proc. civ. art. 709) suffisant pour cette fixation. Il est vrai qu'un arrêt ultérieur de la chambre civile du 7 déc. 1868 (aff. Pouget, D. P. 69. 1. 31), paraît admettre dans un de ses considérants, conformément à une pratique suivie, que le tribunal sera appelé à fixer lui-même, par un jugement, « le jour de la revente ». Mais s'il en a été ainsi, il n'y a évidemment qu'à assimiler ce jugement, quand il ne

tranche aucun point contesté et se borne à des donner-acte et à une fixation, aux jugements rendus en vertu de l'art. 695 ou de l'art. 703 c. proc. civ., et par lesquels, en dehors de tout incident ou contestation, le tribunal, donnant acte de lectures et dires non discutés, ne fait autre chose qu'indiquer un jour pour l'adjudication (Comp. Boucher d'Argis, *op. cit.*, v° *Surenchère*, n°s 138 et 143 ; *Rép.* v° *Surenchère*, n°s 373 et suiv.).

— Il a été jugé, conformément à la doctrine de l'arrêt du 7 déc. 1868, que les frais du jugement qui fixe le jour de la nouvelle adjudication, en cas de surenchère, ne sont pas frustratoires et doivent passer en taxe (Grenoble, 27 mai 1876, aff. Champlaut, D. P. 78. 2. 228).

**400.** La vacation à l'adjudication (art. 11, § 11, du tarif de 1841) est due à l'avoué poursuivant. On applique également le paragraphe 12 du même article et on alloue le droit à raison de chaque lot adjugé jusqu'à concurrence de six (Chauveau et Godoffre, *op. cit.*, t. 2, n° 3309, p. 276 ; Boucher d'Argis et Sorel, *op. cit.*, v° *Saisie immobilière*, p. 574). V. aussi Civ. cass. 17 déc. 1851, aff. Faillite Landes. D. P. 52. 1. 15). Mais la vacation à l'adjudication n'est-elle due qu'à l'avoué poursuivant la surenchère ? L'affirmative a été adoptée par la cour de cassation. Il résulte des dispositions de l'art. 11 de l'ordonnance de 1841 prises dans leur ensemble, que tous les actes dont il contient l'énumération, et la taxe s'appliquent exclusivement à l'avoué poursuivant et sont faits à sa seule diligence. Lorsque l'ordonnance veut allouer le même droit aux autres avoués, elle prend soin de l'exprimer. Il a été jugé que le droit établi pour vacation à l'adjudication, en matière de surenchère, n'est dû qu'à l'avoué poursuivant, et ne peut être alloué à l'avoué de l'adjudicataire surenchéri (Req. 17 nov. 1857, aff. Galametz, D. P. 58. 1. 51. V. en ce sens. Rousseau et Laisney, *op. cit.*, v° *Vente judiciaire d'immeubles*, n° 1818). MM. Chauveau et Godoffre enseignent une théorie opposée : « En ce qui concerne la surenchère du sixième, disent ces auteurs (*op. cit.*, t. 2, p. 278, n° 3310), l'art. 709 c. proc. civ. veut que la surenchère soit dénoncée avec à-venir pour l'audience qui suit l'expiration de la quinzaine. C'est à cette audience que doit être prononcée l'adjudication, c'est la loi elle-même qui constitue le surenchéri, et suivant les cas, d'autres avoués, partie nécessaire de la procédure en surenchère, parce qu'elle les considère avec raison comme ayant le plus grand intérêt à surveiller les formalités qui doivent consommer la résolution de la première adjudication, et notamment vis-à-vis du surenchéri, le rendre créancier du nouvel adjudicataire de tous les frais qu'il a avancés au profit de ce dernier. Nous avons peine à comprendre qu'en présence d'une disposition aussi claire, d'une volonté si manifeste, il puisse s'élever des doutes sur l'application du tarif. Nous ne croyons pas qu'il existe un seul tribunal où l'usage se soit introduit de ne pas appeler le surenchéri à l'adjudication sur surenchère ou, s'il y est appelé, soit par l'à-venir dont parle l'art. 709 précité, si l'adjudication a lieu au jour indiqué dans cet à-venir, soit par l'indication qui est faite par le tribunal du jour prochain, de l'adjudication, lorsqu'il n'y est pas procédé à l'expiration de la quinzaine, pourquoi lui refuser l'émolument que le tarif accorde à son assistance ? Mêmes motifs pour les autres avoués. Dans la surenchère du dixième, le vœu de la loi est encore plus explicitement formulé que dans le cas de la surenchère du sixième : l'art. 837 dispose qu'une sommation sera faite à l'ancien et au nouveau propriétaire d'assister à l'adjudication. C'est faire évidemment le procès à ce texte impératif que de refuser à l'avoué du nouveau propriétaire des vacations qui lui sont dues, par cela seul qu'il obéit à cette sommation. Ne serait-il pas dérisoire d'inviter cet intéressé à assister à l'adjudication pour mettre à sa charge l'indemnité due à son représentant judiciaire ? » (V. en ce sens Paignon, *Journal de procédure civile*, 1854, p. 297 ; Dutruc, *op. cit.*, v° *Surenchère*, n° 146 ; Conf. Boucher d'Argis et Sorel, *op. cit.*, v° *Saisie immobilière*, p. 576).

**401.** Aux termes de l'art. 12, § 4, du tarif, l'avoué poursuivant a droit à la remise proportionnelle sur l'excédent du prix produit par la surenchère. La remise est-elle due même lorsque l'excédent est inférieur à 2000 fr. si le prix total dépasse ce chiffre ? On peut dire que l'art. 11 du tarif alloue une remise sur le prix des biens dont l'adjudication sera faite au-dessus de 2000 fr. ; que si l'immeuble a atteint 10000 fr. à la première vente, on ne saurait soutenir, parce que la surenchère ne s'est élevée qu'à 1800 fr., que le bien a été *adjugé* au-dessous de 2000 fr. L'avoué surenchérisseur aura droit, dans notre hypothèse, à une remise de 1 1/2 pour 100 sur la somme non pas de 11800 fr., mais de 1800 fr. La remise, en effet, aux termes de l'art. 12, se calcule sur l'*excédent* produit par la surenchère (V. Rousseau et Laisney, *op. cit.*, t. 8, p. 707 ; Raviart, *op. cit.*, vº *Saisie immobilière*, nº 373, p. 55 ; Boucher d'Argis et Sorel, *op. cit.*, vº *Remise proportionnelle*, p. 507. Conf. Chauveau et Godoffre, *op. cit.*, t. 2, nº 3312, p. 279, et Paignon, *op. cit.*, 1855, p. 7, qui estiment qu'il y a lieu de fixer la remise d'après la quotité que lui attribue l'excédent additionné au prix de l'adjudication surenchérie.

**402.** L'avoué qui a poursuivi la vente originaire conserve son droit aux vacations à la première adjudication malgré la surenchère. La première adjudication est, comme la seconde, un acte de la procédure de saisie immobilière ; or, un avoué qui a fait un acte que la loi lui commandait de faire, ne peut être privé des émoluments attachés à cet acte par un événement qui lui est étranger (Boucher d'Argis et Sorel, *op. cit.*, vº *Saisie immobilière*, p. 576).

**403.** — 12º *Folle enchère.* — L'avoué poursuivant la folle enchère a droit aux vacations à l'adjudication, jusqu'à concurrence de six lots (*Rép.* nº 685; Chauveau et Godoffre, *op. cit.*, t. 2, nº 3473, p. 310). Il a droit, en outre, à la remise proportionnelle sur l'excédent du prix, s'il y en a.

**404.** — 13º *Conversion de la saisie en vente volontaire.* — Les auteurs ont adopté généralement l'opinion émise au *Rep.* nº 685, qu'il doit être alloué aux avoués le droit d'obtention de jugement fixé par l'art. 67 du tarif de 1807 en matière sommaire (Chauveau et Godoffre, *op. cit.*, t. 2, nº 3491, p. 315; Paignon, *op. cit.*, 1854, p. 152); MM. Boucher d'Argis et Sorel, *op. cit.*, vº *Saisie immobilière*, p. 577, note a, estiment que l'émolument doit être calculé d'après l'art. 83, § 1er, du tarif.

**405.** Le cahier des charges contient la mise à prix insérée dans la requête et adoptée par le jugement.

Les formalités de la vente, les droits et émoluments, notamment les remises proportionnelles, sont les mêmes qu'en matière de ventes de biens de mineurs (V. *infrà*, nᵒˢ 467 et suiv.; Bioche, *op. cit.*, vº *Saisie immobilière*, nº 792; Raviart, *op. cit.*, vº *Conversion de saisie*, p. 57, nº 403).

**406.** Cependant le droit de 25 fr., accordé par l'art. 9 du tarif en cas de vente de biens de mineurs, à raison des soins et démarches nécessaires pour la fixation des mises à prix, n'est pas dû aux avoués; c'est ce que font remarquer MM. Chauveau et Godoffre (*op. cit.*, t. 2, p. 317, nº 3502). En matière de conversion, l'accord du saisi et du saisissant, celui des créanciers inscrits, s'il y a lieu, offrent toute facilité pour la fixation de la mise à prix. La position n'est pas absolument la même qu'en matière de vente d'immeubles appartenant à des incapables, ou bien de licitation et partage. La partie saisie est en mesure de fournir des évaluations, contrôlées par sa propre expérience, qu'on ne trouve pas, au même degré, dans les autres ventes judiciaires. La mise à prix doit être fixée, d'ailleurs, dans la requête tendant à conversion, pour laquelle un émolument particulier est accordé. Il est probable que si le législateur eût entendu accorder un droit spécial pour la fixation de la mise à prix, il l'eût dit d'une manière expresse. Enfin, l'art. 743 ne renvoie qu'aux art. 938 et suiv., c'est-à-dire à des formalités postérieures à la détermination de la mise à prix, donc, il ne peut être question d'appliquer à la procédure de conversion un article du tarif qui lui est étranger (V. en ce sens, Boucher d'Argis et Sorel, *op. cit.*, vº *Saisie immobilière*, p. 578. — Contrà : Bioche, *op. cit.*, 1854, p. 305; Rousseau et Laisney, *op. cit.*, t. 8, p. 705; Raviart, *op. cit.*, vº *Conversion de saisie*, p. 57, nº 398.

**407.** — 14º *Appel des jugements qui ont statué sur les incidents.* — V. *Rép.* nº 689.

**408.** — III. Réduction des frais des ventes judiciaires d'immeubles d'après la loi du 23 oct. 1884. — Nous n'avons pas à revenir ici sur les dispositions de cette loi, qui ont été l'objet d'une étude complète, *suprà*, vº *Enregistrement*, nᵒˢ 3127 et suiv.

Art. 6. — *Ordre* (*Rép.* nᵒˢ 690 à 716).

**409.** — I. Ordre amiable. — La loi du 21 mai 1885 (D. P. 58. 4. 38), qui a réglementé les ordres amiables, ne les a pas tarifés. Il y a lieu de taxer les formalités nouvelles d'après les dispositions du tarif qui présentent avec elle le plus d'analogie : 1º Vacation pour se faire délivrer, par le conservateur, l'état des inscriptions (tarif art. 134, § 2); — 2º Coût de cet état; — 3º Vacation à requérir l'ouverture de l'ordre, et s'il y a lieu la nomination d'un juge (art. 130 du tarif). L'art. 750 c. proc. civ. (L. 21 mai 1858) exige le dépôt au greffe de l'état des inscriptions. M. Raviart, *op. cit.*, vº *Ordres*, p. 52, estime qu'une vacation spéciale de 2 fr. 25 cent., 2 fr. 70 cent. et 3 fr. doit être allouée de ce chef à l'avoué (art. 91 du tarif). MM. Boucher d'Argis et Sorel, *op. cit.*, vº *Ordre judiciaire*, p. 422; Chauveau et Godoffre, *op. cit.*, t. 2, nº 3883, p. 397, n'allouent que la seule vacation prévue par l'art. 130, § 1er, du tarif, pour le dépôt au greffe, la réquisition d'ouverture d'ordre et de nomination de juge-commissaire (V. aussi Ulry, *Code des règlements d'ordres*, t. 2, nº 426, p. 128); — 4º Vacation pour faire rayer les inscriptions des créanciers non colloqués (art. 137, § 1er du tarif); — 5º Coût du certificat de radiation; — 6º Vacation au dépôt au greffe du certificat de radiation qui doit être annexé au règlement amiable. MM. Chauveau et Godoffre, *op. cit.*, t. 8, nº 3915, pensent que l'avoué peut obtenir de ce chef l'allocation de 1 fr. 50 cent., 1 fr. 35 cent., 1 fr. 15 cent. (art. 139 du tarif). Ils font remarquer toutefois que, d'après les termes de l'art. 770 c. proc. civ., la remise de ce certificat doit coïncider avec la réquisition de la délivrance du bordereau de collocation et se trouve implicitement rémunérée par la vacation qu'alloue, pour cette dernière démarche, l'art. 137, § 2, du tarif (Conf. Raviart, *op. cit.*, vº *Ordre amiable*, p. 60, nº 430, qui accorde une vacation un peu plus élevée par assimilation avec l'art. 91 du tarif); — 7º Vacation pour requérir le mandement de collocation (art. 137, § 2, du tarif); — 8º Droit de correspondance; — 9º Vacation au retrait du bordereau (art. 137, § 2, du tarif).

**410.** Lorsque le créancier vient en ordre utile, on admet généralement que l'avoué qui l'assiste ou le représente a droit à des honoraires comprenant : 1º le droit de production alloué pour les ordres judiciaires (art. 133 du tarif); 2º une vacation pour prendre communication des productions des autres créanciers, pour laquelle on applique, par analogie, le droit d'assistance à un jugement (V. Ulry, *op. cit.*, t. 2, nº 436, p. 146; Audier, *Code des distributions et des ordres*, nº 35, p. 268). — Dans un autre système, la rémunération doit être de la moitié de celle qui est allouée dans l'ordre judiciaire et qui se compose : 1º du droit de production (art. 133); 2º de la vacation à prendre communication (art. 135 du tarif) (Fons, *Formules des ordres amiables*, p. 31. Conf. Raviart, *op. cit.*, vº *Ordre amiable*, p. 60, nᵒˢ 427 et 434; Boucher d'Argis et Sorel, *op. cit.*, vº *Ordre judiciaire*, p. 431, note a). L'allocation ainsi faite au profit de l'avoué vient en augmentation de la créance de la partie, c'est-à-dire au même rang qu'elle.

**411.** Lorsque le créancier ne vient pas en ordre utile, M. Ulry (*op. cit.*, t. 2, p. 147, nº 436) estime qu'on doit à l'avoué une vacation qu'on peut fixer par analogie avec les vacations prévues par l'art. 92 ou 93 du tarif. Les vacations allouées au créancier, dans ce cas, sont réunies et comprises dans la collocation de l'avoué poursuivant; à charge, par ce dernier, d'en faire compte à ses confrères (Fons, *op. cit.*, p. 32).

**412.** L'avoué poursuivant dont le rôle est plus actif, qui fournit au juge les renseignements nécessaires pour la rédaction du règlement amiable, a droit à une allocation plus élevée. Dans certains tribunaux, on lui alloue une demi-vacation par chaque production, par application de l'art. 135, § 2 du tarif; dans d'autres, un droit fixe égal à celui du dressé de la collocation (art. 133 du tarif) qui s'ajoute à ce droit de production et au droit de communication. Le tarif n'accordant pas expressément les diverses allocations dont nous venons de parler, le juge ne peut se s'en référer à la taxe adoptée par le tribunal auquel il appartient. Elles ne doivent pas être maintenues si, par suite du défaut d'entente entre les créanciers, l'ordre devient judiciaire. M. Ulry (*op. cit.*, t. 2, p. 147) fait une exception pour l'avoué poursuivant dont l'assistance à la réunion des créanciers est indispensable et lui accorde même, lorsque la tentative de règlement amiable ne réussit pas, une vacation taxée à 6 fr., 5 fr. 40 cent., 4 fr. 50 cent.

**413.** Pour les frais d'enregistrement et de greffe, V. *suprà*, v^is *Enregistrement* et *Greffe*, et Civ. cass. 24 févr. 1863, aff. Pinson, D. P. 63. 1. 57).

**414.** — II. Ordre judiciaire. — Pour l'état des inscriptions, la vacation à sa délivrance, son dépôt au greffe et la réquisition d'ouverture d'ordre, V. *suprà*, n° 411; *Rép.* v° *Ordre entre créanciers*, n^os 116 et suiv. et *infrà*, eod. v°).

**415.** Aux termes de l'art. 753 c. proc. civ., l'avoué poursuivant doit remettre au juge, dans les huit jours des sommations, les originaux de ces sommations. Pour ce déplacement il y a lieu d'allouer la vacation fixée par l'art. 139, § 1 (Chauveau et Godoffre, *op. cit.*, t. 2, p. 413, n° 3954; Ulry, *op. cit.*, t. 2, p. 130). MM. Boucher d'Argis et Sorel (*op. cit.*, v° *Ordre judiciaire*, p. 434) accordent la vacation, beaucoup plus élevée, de l'art. 130, § 1^er.

**416.** L'avoué qui occupe pour plusieurs créanciers peut obtenir plusieurs droits de production lorsque ses clients ont des titres distincts (*Rép.* n° 693; Chauveau et Godoffre, *op. cit.*, t. 2, n° 3961, p. 414; Boucher d'Argis et Sorel, *op. cit.*, v° *Ordre judiciaire*, p. 434). Il a été jugé que l'avoué chargé, en vertu de mandats séparés, de produire dans un ordre pour deux créanciers ayant des droits distincts, n'a pas contre eux d'action solidaire en remboursement des frais des significations faites en leur nom, même collectivement, et notamment des frais de délivrance et de signification d'un jugement qui a ordonné le maintien de leur collocation contestée par un autre créancier; chacun de ces créanciers n'est tenu que de la moitié de ces frais (Civ. rej. 22 nov. 1854, aff. Ledonné Girardière, D. P. 54. 1. 418).

**417.** L'art. 135 du tarif alloue une vacation pour prendre communication des productions et contredire sur le procès-verbal du juge-commissaire. Le droit est dû par le seul fait de la communication, alors même qu'il n'y a pas de contredit. L'avoué qui ne représente qu'un créancier ne peut réclamer plusieurs vacations. Mais s'il a produit pour plusieurs créanciers ayant des intérêts distincts, il a droit à autant de vacations qu'il a fait de productions (*Rép.* n° 693; Chauveau et Godoffre, *op. cit.*, t. 2, n° 3992, p. 420; Raviart, *op. cit.*, v° *Ordre judiciaire* n° 455, p. 62).

**418.** L'avoué poursuivant a droit à une demi-vacation par chaque production, pour en prendre communication (art. 135, § 2; *Rép.* n° 696). L'émolument doit être calculé sur toutes les productions, y compris celle faite par l'avoué poursuivant lui-même. « Bien qu'au premier abord, disent MM. Chauveau et Godoffre (*op. cit.*, t. 2, p. 420, n° 3994), cette doctrine paraisse extraordinaire, parce que l'avoué est censé connaître les productions qu'il fait lui-même et que pour produire il reçoit un émolument fixé par l'art. 133 du tarif, elle se justifie cependant par ce motif que l'avoué poursuivant ne se borne pas à prendre communication des pièces produites, mais qu'il facilite le travail du juge-commissaire, et que ce travail est d'autant plus long et difficile que les productions sont plus nombreuses » (V. en ce sens: Raviart, *op. cit.*, v° *Ordre judiciaire*, n° 62. *Contrà*, Boucher d'Argis et Sorel, *op. cit.*, v° *Ordre judiciaire*, p. 436).

**419.** L'avoué poursuivant a droit à la demi-vacation en cette qualité et indépendamment de la vacation qui lui est due comme avoué produisant (*Rép.* n° 696; Chauveau et Godoffre *op. cit.*, t. 2, n° 3995, p. 421; Boucher d'Argis et Sorel, *op. cit.*, v° *Ordre judiciaire*, p. 435). — Si plusieurs créanciers ont fait une production collective, la demi-vacation est-elle due autant de fois qu'il y a de créanciers produisants? Oui, dit M. Raviart (*op. cit.*, v° *Ordre judiciaire*, p. 62, n° 446), puisque le travail de l'avoué poursuivant est le même que s'il y avait des productions séparées.

**420.** —1° *Contestations élevées contre le règlement provisoire* (*Rép.* v° *Ordre entre créanciers*, n^os 686 et suiv.). — L'acte par lequel l'audience est requise ne doit pas reproduire le contredit (Dutruc, *op. cit.*, v° *Ordre*, n° 384; Chauveau et Godoffre, *op. cit.*, t. 2, n° 4054, p. 432; *Rép.* v° *Ordre entre créanciers*, n° 786).

**421.** Aux termes de l'art. 761 c. proc. civ., les contestations dans les ordres sont instruites et jugées comme sommaires, sans autre procédure que des conclusions motivées de la part des contestés. Ces conclusions peuvent-elles être grossoyées? L'affirmative avait été admise par plusieurs cours d'appel (V. *Rép.*, v° *Ordre entre créanciers*, n^os 998 et suiv.). Il a été décidé, depuis, par la cour de cassation, que les contestations sur un ordre étant classées dans les affaires sommaires, les conclusions motivées, admises par l'art. 761 c. proc. civ., rentrent dans la catégorie des actes prescrits par l'art. 70 du décret du 30 mars 1808 et ne doivent pas être transformées en des requêtes grossoyées, qui ne sont admises qu'en matière ordinaire (Civ. cass.13 janv. 1874, aff. Kéranval, D. P. 74. 1. 438). Cette décision s'appuie sur ces considérations : que l'art. 762, édicté dans un double but d'économie et de célérité, n'admet pas d'autre signification pour le jugement des contredits en matière d'ordre qu'un simple acte de conclusions motivées de la part des créanciers contestés et qu'il exclut, par son texte comme par son esprit, la signification des écritures grossoyées, qui, sous la dénomination de requêtes ou défenses, ne sont admises et tarifées par l'art. 72 du décret du 16 févr. 1807 qu'en matière ordinaire; que ces écritures grossoyées sont l'acte le plus coûteux et le principal émolument de l'avoué dans les affaires ordinaires; qu'on ne saurait les admettre dans les affaires sommaires, et surtout dans la procédure d'ordre, sans changer toute l'économie du tarif et sans faire disparaître la distinction fondamentale qui doit exister entre les unes et les autres; que l'acte de conclusions motivées n'a pas d'autre sens juridique, dans le cas de l'art. 761, que dans les autres procédures sommaires; qu'il rentre, dès lors, dans la catégorie des actes contenant de simples conclusions dont la signification a été prescrite, même en matière sommaire, par une simple innovation du décret du 30 mars 1808, et qui, par une évidente analogie, doivent être tarifées à un droit fixe, conformément à l'art. 71 du décret du 16 févr. 1807 (En ce sens Chauveau et Godoffre, *op. cit.*, t. 2, n° 4056, p. 432; Rousseau et Laisney, *op. cit.*, t. 8, p. 726; Ulry, *op. cit.*, n° 442, p. 160; Dutruc, *op. cit.*, v° *Ordre*, n^os 381 et suiv.).

**422.** S'il s'est produit de nouvelles pièces, toute partie contestante ou contestée est tenue de les remettre au greffe trois jours au moins avant l'audience ; il en est fait mention sur le procès-verbal (c. proc. civ. art. 761). L'avoué a droit à une vacation pour faire cette remise (art. 91 du tarif). Il n'est pas nécessaire de dresser un acte spécial de dépôt (Dutruc, *op. cit.*, v° *Ordre*, n° 378; Chauveau et Godoffre, *op. cit.*, t. 2, n° 4058, p. 433; *Rép.* v° *Ordre entre créanciers*, n° 699).

**423.** L'art. 67, § 16, qui accorde le quart en sus à l'avoué qui a suivi contre chacune des parties ayant un intérêt contraire, s'applique aux avoués qui ont figuré au jugement sur contredit, c'est-à-dire à l'avoué du contestant et des contestés ; et non à l'avoué qui a poursuivi l'ordre, s'il n'est ni contestant ni contesté (Chauveau et Godoffre, *op. cit.*, t. 2, n° 4072, p. 435).

**424.** En ce qui touche la signification du jugement, V. *Rép.* v° *Ordre entre créanciers*, n^os 835 et suiv. Il a été jugé qu'en matière d'ordre, l'avoué qui a occupé sur les contredits pour plusieurs créanciers ayant des intérêts distincts, n'est pas tenu de signifier le jugement ou l'arrêt, soit à chacun, soit à partie, mais à la requête de tous ces créanciers collectivement et par un seul exploit: il peut faire cette signification par exploits séparés à la requête de chacun de ces créanciers isolément; mais l'avoué qui, en pareil cas, a occupé pour un débiteur et ses cautions solidaires, ne doit signifier le jugement ou l'arrêt que par un seul exploit, à la requête soit du débiteur seul, soit du débiteur et des cautions collectivement (Orléans, 19 juin 1855, aff. Debrislay, D. P. 56. 2. 122).

**425.** — 2° *Procédure d'ordre en appel.* — V. *Rép.* v° *Ordre entre créanciers*, n^os 1279 et suiv.). — L'avoué obtient un droit de rédaction pour les qualités de l'arrêt (Civ. cass. 16 déc. 1857, aff. Sylvestre, D. P. 58. 1. 58).

**426.** L'avoué d'appel doit, lorsque l'arrêt est signifié, adresser la grosse de l'arrêt avec l'original de la signification à l'avoué de première instance, qui se rend au greffe et mentionne sur le procès-verbal la date de cette signification; cet avoué a droit, pour cette mention, à l'émolument fixé par l'art. 139 du tarif (Chauveau et Godoffre, *op. cit.*, t. 2, p. 440, n° 4101).

**427.** — 3° *Clôture de l'ordre.* — Les actes admis en taxe sont : 1° la dénonciation à avoué du règlement définitif de l'ordre (art. 134 du tarif) ; 2° la dénonciation aux créanciers, à l'adjudicataire ou acquéreur, et au saisi ou vendeur ; par acte d'avoué, à l'égard de toutes parties ayant un avoué constitué ; par exploit à personne ou domicile à l'égard des autres (Dans ce dernier cas, V. art. 29 du tarif, Chauveau et Godoffre, *op. cit.*, t. 2, p. 444, n° 116; Ulry, *op. cit.*, t. 2, p. 131).

**428.** — 4° *Procédure d'attribution par jugement* (*Rép.* v° *Ordre entre créanciers*, n° 1279 et suiv., art. 773 c. proc. civ.). Les actes de procédure admis en taxe sont : 1° Requête à l'effet de faire procéder au préliminaire de règlement amiable (art. 130 du tarif). — A défaut de règlement amiable : 2° Assignation (art. 29 du tarif) ; — 3° Constitution d'avoué par les défendeurs (les déboursés seuls passent en taxe) ; — 4° Conclusions motivées de part et d'autre ; — 5° A-venir. Le reste de la procédure, comme en matière sommaire (Chauveau et Godoffre, *op. cit.*, t. 2, n° 4159 et suiv., p. 454 ; Boucher d'Argis et Sorel, *op. cit.*, v° *Ordre judiciaire*, p. 429).

**429.** — 5° *Ventilation* (*Rép.* v° *Ordre entre créanciers*, n° 534 et suiv.). — Les actes admis en taxe sont les suivants : 1° Vacation de l'avoué poursuivant, pour requérir, par un dire spécial, le juge-commissaire de faire la ventilation du prix des immeubles vendus collectivement. MM. Chauveau et Godoffre (*op. cit.*, t. 2, p. 422, n° 4002), appliquent l'art. 131 du tarif (3 fr., 2 fr. 70 cent., 2 fr. 25 cent.), dont l'analogie paraît, en effet, manifeste. D'autres auteurs allouent l'émolument fixé par l'art. 130, c'est-à-dire 6 fr., 5 fr. 40 cent., 4 fr. 50 cent. (Ulry, *op. cit.*, t. 2, n° 444, p. 164; Bonnesœur, *op. cit.*, p. 195; Raviart, *op. cit.*, v° *Ordre*, p. 63, n° 461); — 2° Minute et expédition de l'ordonnance qui nomme les experts; — 3° Notification aux experts de la date de l'ordonnance avec sommation de prêter serment (art. 29 du tarif) ; — 4° Enregistrement de la mention du serment portée sur le procès-verbal ; — 5° Vacation de l'avoué poursuivant pour assister à la prestation de serment (art. 91 du tarif). Chacun des avoués constitués a droit à cette vacation (Bonnesœur, *op. cit.*, p. 186; Raviart, *op. cit.*, v° *Ordre*, p. 64, n° 465).

**430.** — 6° *Consignation* (art. 777 et 778 c. proc. civ. V. *Rép.* v° *Ordre entre créanciers*, n° 562 et suiv.). — Les actes que peut nécessiter la consignation sont : 1° Sommation au vendeur de rapporter à l'acquéreur mainlevée des inscriptions dans la quinzaine. — L'art. 777 c. proc. civ. n'exige pas que l'état des inscriptions soit notifié en tête de cette sommation. Cette notification, on l'a dit au *Rép.* v° *Ordre entre créanciers*, n° 577, n'est pas nécessaire ; car si le vendeur veut y satisfaire, il peut en demander communication à l'acquéreur (Boucher d'Argis et Sorel, *op. cit.*, v° *Purge des hypothèques ordinaires*, p. 476 ; Ulry, *op. cit.*, t. 2, n° 440 bis, p. 159. — *Contrà* : Raviart, *op. cit.*, p. 64, n° 467); — 2° Vacation à faire la consignation (art. 92 du tarif). La vacation est bien due à l'avoué, mais elle est à la charge de l'acquéreur, car celui-ci peut faire sa consignation sans le ministère d'un avoué (Boucher d'Argis et Sorel, *op. cit.*, v° *Purge d'hypothèques ordinaires*, p. 476 ; Raviart, *op. cit.*, v° *Ordre*, n° 468, p. 64; Rousseau et Laisney, *op. cit.*, v° *Privilèges*, n° 312); — 3° Vacation au dépôt au greffe du récépissé et au dire sur le procès-verbal pour demander la validité de la consignation et la radiation des inscriptions (art. 130 du tarif) ; — 4° Sommation aux créanciers produisants et au vendeur, s'il a constitué avoué, de prendre communication de la consignation et la contester, s'il y a lieu (art. 134 du tarif). Même sommation par exploit, au vendeur qui n'a pas constitué avoué; — 5° Si la consignation est contestée : vacation pour inscrire cette contestation sur le procès-verbal d'ordre (art. 135 du tarif) (Rousseau et Laisney, *op. cit.*, v° *Privilèges*, n° 316; Boucher d'Argis et Sorel, *op. cit.*, v° *Purge des hypothèques ordinaires*, p. 473); conclusions motivées de la part de l'acquéreur, en réponse au contredit à-venir à l'audience; — 6° Vacation à la radiation des inscriptions (art. 137 du tarif).

**431.** — 7° *Demande en subrogation* (*Rép.* v° *Ordre entre créanciers*, n° 1233 et suiv.). — L'avoué a droit à une vaca-

---

tion pour requérir sur le procès-verbal du juge-commissaire la subrogation à la poursuite d'ordre. Cette vacation est fixée par l'art. 138 du tarif (Chauveau et Godoffre, *op. cit.*, t. 2, n° 4203, p. 463. Comp. Boucher d'Argis et Sorel, *op. cit.*, v° *Ordre judiciaire*, p. 428, qui appliquent l'art. 130).

La déchéance de l'avoué poursuivant étant prononcée sans sommation ni jugement, les dispositions de l'art. 139 du tarif se trouvent implicitement abrogées (Chauveau et Godoffre, *op. cit.*, t. 2, p. 464, n° 4204).

Art. 7. — *Emprisonnement; référés* (*Rép.* n° 717 à 737).

**432.** — 1° *Emprisonnement.* — La loi du 22 juillet 1867 qui a aboli la contrainte par corps en matière commerciale civile et contre les étrangers, a rendu inutiles la plupart des formalités exigées par le code de procédure civile et par la loi du 17 avr. 1832 (V. *suprà*, v° *Contrainte par corps*, n° 8).

**433.** — 2° *Demande en référé.* — La demande en référé ne peut être introduite par une requête d'avoué à avoué (Dutruc, *op. cit.*, v° *Référé*, n° 43 ; Chauveau et Godoffre, *op. cit.*, t. 2, n° 4349, p. 496). — A Paris, on rédige un placet pour la rédaction duquel un droit de 2 fr. est alloué à l'avoué. On accorde aussi une vacation à la mise au rôle et pour appel de cause. Ces droits ne sont pas dus (Chauveau et Godoffre, *op. cit.*, t. 2, n° 4357 et suiv., p. 497).

La jurisprudence admet que le juge des référés peut statuer sur les dépens (V. *Référé ; — Rép.* eod. v°, n° 224; v° ; Bordeaux, 2 janv. 1882, aff. Marguerite, Berger, *Recueil des arrêts de la cour*, p. 22; Boucher d'Argis et Sorel, *op. cit.*, v° *Référé*, p 490, note *a*. — *Contrà* : Rousseau et Laisney, *op. cit.*, v° *Référé*, n° 224).

**434.** En matière de référés, il n'est alloué aux avoués aucun émolument pour consultation, correspondance ou plaidoiries (Chauveau et Godoffre, *op. cit.*, t. 2, p. 499, n° 4367).

**435.** Sur la question de savoir si l'ordonnance de référé qui ne fait qu'accorder terme et délai doit être signifiée, V. *Rép.*, v° *Référé*, n° 66.

Art. 8. — *Procédures diverses.*

§ 1er. — Offres et consignation ; Saisie gagerie et foraine ; saisie revendication (*Rép.* n° 738 à 756).

**436.** — 1° *Offres réelles.* — L'instance est sommaire ou ordinaire selon les règles de l'art. 404 c. proc. civ. (Chauveau et Godoffre, *op. cit.*, t. 1, n° 2110 bis, p. 576 ; Dutruc; *op. cit.*, v° *Matières sommaires*, n° 19 ; *Rép.* n° 738 et suiv.).

**437.** — 2° *Saisie-gagerie.* — V. *Rép.* n° 746 et suiv.

**438.** — 3° *Saisie foraine ou sur débiteurs forains.* — V. *Rép.* n° 749 et suiv.

**439.** — 4° *Saisie-revendication* (*Rép.* n° 752 et suiv.). Le tarif de Lyon alloue à l'huissier le quart à raison de chaque copie du procès-verbal de saisie revendication. Ce droit n'est pas dû. L'art. 31, § 3, du tarif dit formellement que, dans la taxe se trouvent comprises les copies (*Rép.* n° 755 ; Chauveau et Godoffre, *op. cit.*, t. 2, n° 4463, p. 515).

§ 2. — Purge des hypothèques inscrites. — Purge des hypothèques légales non inscrites. — Inscription hypothécaire. — Surenchère sur aliénation volontaire (*Rép.* n° 757 à 760).

**440.** — I. Purge des hypothèques inscrites. — Les avoués sont parfois chargés par les acquéreurs qui veulent purger les hypothèques et les privilèges qui frappent sur les immeubles qui leur ont été transmis, de faire transcrire les contrats. Il leur est dû, à titre de mandat, d'après MM. Chauveau et Godoffre (*op. cit.*, t. 2, p. 516), l'émolument fixé par l'art. 7, § 2, du tarif de 1841 (V. en ce sens : Raviart, *op. cit.*, v° *Purge des hypothèques inscrites*, n° 68, v° 500). Les droits qui peuvent leur être dus pour la procédure de la purge, en outre de cet émolument, sont : 1° état des inscriptions ; — 2° Vacation à la délivrance de l'état (art. 7 de l'ordonnance de 1841). MM. Chauveau et Godoffre, *op. cit.*, t. 2, n° 4476, p. 518, et Raviart, *op. cit.*, v° *Purge des hypothèques inscrites*, n° 500, p. 68, allouent cette vacation que MM. Boucher d'Argis et Sorel (*op. cit.*, v° *Purge des hypothèques* *ordinaires*, p. 474), refusent « attendu que l'état des inscriptions est remis à l'acquéreur, en même temps que le certificat de transcription dont le coût ne fait pas partie des frais extraordinaires de transcription » ; — 3° Composition de l'extrait de l'acte de vente et du tableau des inscriptions (art. 143, § 1er du tarif). Il est dû à l'avoué qui fait des notifications collectives au nom de plusieurs acquéreurs dont les intérêts n ont rien de commun, autant de droits de composition d'extraits qu'il y a de contrats. L'art. 143 a entendu rémunérer les soins spéciaux qu'exige la rédaction de l'extrait. S'il y en a plusieurs, il est juste qu'il y ait plusieurs émoluments (Dutruc, *Bulletin de la taxe*, t. 1, p. 137). « Chacun des acquéreurs, disent MM. Chauveau et Godoffre, *op. cit.*, t. 2, n° 4485, p. 520, est tenu en vertu du même acte, mais il est tenu au payement d'un prix différent et comme détenteur d'un immeuble différent. On a objecté qu'en pareil cas l'avoué n'a qu'un extrait à faire, comprenant successivement tous les lots et tous les acquéreurs. C'est une erreur. Chaque extrait doit être complet à l'égard de chacun des acquéreurs ; il faut que les créanciers inscrits trouvent pour chaque lot les renseignements et les mentions prescrites par l'art. 2183 c. civ. Ce sont autant d'extraits différents ajoutés les uns à la suite des autres, s'adressant, il est vrai, aux mêmes créanciers, mais intéressant divers acquéreurs dont la position n'a rien d'identique ». — 4° Requête à fin de commission d'huissier pour notification du titre (art. 8 de l'ordonnance de 1841) ; — 5° Notification aux créanciers inscrits de la requête des extraits du tableau des inscriptions (art. 29 et 38 du tarif). La notification doit être faite en autant de copies qu'il y a de créanciers, même en cas d'inscription prise collectivement et avec élection d'un domicile commun (Dutruc, *op. cit.*, v° *Purge des hypothèques après aliénation volontaire*, n° 33 ; Raviart, *op. cit.*, *Purge des hypothèques inscrites*, p. 68, n°-504).

**441.** Il est perçu autant de droits d'enregistrement qu'il y a de créanciers inscrits recevant la notification ; et, si plusieurs acquéreurs distincts purgent collectivement, il faut multiplier le nombre des acquéreurs par celui des créanciers pour fixer la quotité du droit à percevoir (V. *supra*, v° *Enregistrement*, n° 285).

**442.** L'avoué chargé de poursuivre la purge ne peut réclamer les droits de consultation et de correspondance, qui ne sont dus que dans les instances qui doivent être suivies de jugement (Chauveau et Godoffre, *op. cit.*, t. 2, n° 4493, p. 524).

**443.** — II. Purge des hypothèques légales non inscrites. — Le code n'a pas exigé le concours des avoués pour procéder à la purge des hypothèques légales, et le tarif, par suite, n'alloue aucun émolument pour l'accomplissement de cette procédure. Mais les auteurs sont généralement d'accord pour reconnaître que les avoués qui sont chargés de remplir les formalités de la purge légale ont droit à un émolument qui peut être fixé par analogie avec les dispositions du tarif (Boucher d'Argis et Sorel, *op. cit.*, v° *Purge des hypothèques légales*, p. 470 ; Chauveau et Godoffre, *op. cit.*, t. 2, p. 538, n° 4561).

On alloue généralement des honoraires à l'avoué qui a suivi la procédure de purge légale. Le *quantum* varie suivant les tribunaux. M. Raviart, *op. cit.*, t. 2, v° *Purge des hypothèques légales*, n° 518, p. 69, estime qu'il est rationnel de prendre pour base de ces honoraires la remise proportionnelle allouée par l'ordonnance de 1841, en la réduisant au tiers, au quart, ou au cinquième, suivant le plus ou le moins de complication de l'origine de la propriété vendue.

**444.** L'art. 2194 c. civ. veut qu'il soit déposé au greffe une copie collationnée du contrat. La question de savoir si les avoués ont qualité pour faire et certifier les copies collationnées est discutée (V. *Rép.* v° *Copie de pièces*, n°s 53 et suiv. ; *supra*, eod. v°, n°s 10 et suiv. *Rép.* v°. *Privilèges et hypothèques*, n°s 2234 et suiv. ; *infrà* eod. v° ; Chauveau et Godoffre, *op. cit.*, t. 2, p. 538 et suiv., n° 4562 ; Dutruc, *op. cit.*, v° *Purge des hypothèques*, n° 58).

**445.** Les droits qui peuvent être dus à raison de la purge des hypothèques légales non inscrites sont : 1° Copie collationnée faite par l'avoué (art. 72 du tarif) ; — 2° Vacation au dépôt au greffe de la copie (art. 11, § 2, de l'ordonnance de 1841 ; Chauveau et Godoffre, *op. cit.*, t. 2, n° 4574,

p. 548 ; Boucher d'Argis et Sorel, *op. cit.*, v° *Purge des hypothèques légales*, p. 468 ; Raviart *op. cit.*, v° *Purge des hypothèques légales non inscrites*, p. 68, n° 506 ; Rousseau et Laisney, *op. cit.*, t. 8, p. 717) ; — 3° Composition par le greffier de l'extrait du contrat ; dépôt et affichage dans l'auditoire du tribunal (Décret de 1854. art. 4er, n° 2 ; V. *infrà*, v° *Greffe*) ; — 4° Notification de l'acte de dépôt aux femmes, aux subrogés-tuteurs et au ministère public (art. 29, §§ 64 et 75, et art. 66, § 4, du tarif). Droit de copie de l'acte de dépôt qui doit être signifié à l'huissier (art. 28 du tarif) ; — 5° Rédaction de l'extrait à insérer au journal. On applique généralement l'art. 11, § 3, du tarif de 1841 : 2 fr., 1 fr. 80 cent., 1 fr. 50 cent. (Boucher d'Argis et Sorel, *op. cit.*, v° *Purge des hypothèques légales*, p. 469 ; Chauveau et Godoffre, *op. cit.*, t. 2, n° 4587, p. 553 ; Rousseau et Laisney, *op. cit.*, t. 8, p. 718). M. Raviart (*op. cit.*, v° *Purge des hypothèques légales non inscrites*, p. 69, n° 510) émet l'avis que le droit devrait être celui de l'art. 106 du tarif et de l'art. 11, § 9, de l'ordonnance de 1841 (6 fr., 5 fr. 40 cent., 4 fr. 50 cent.), que l'avoué obtient, en matière de vente, pour la rédaction de l'original d'affiche ; — 6° Vacation pour faire légaliser la signature de l'imprimeur (art. 11 de l'ordonnance de 1841) ; — 7° Vacation à requérir du greffier le certificat constatant que l'extrait de la copie collationnée est resté affiché pendant deux mois dans l'auditoire du tribunal (art. 90, § 14, du tarif ; Chauveau et Godoffre, *op. cit.*, t. 2, n°-4597, p. 555 ; Boucher d'Argis et Sorel, *op. cit.*, v° *Purge des hypothèques légales*, p. 469 ; Rousseau et Laisney, *op. cit.*, t. 8, p. 718). Le tribunal de la Seine alloue, à tort, la vacation de l'art. 91 du tarif ; — 8° Coût de ce certificat ; — 9° Vacation à requérir du conservateur des hypothèques le certificat d'inscription (art. 7 de l'ordonnance de 1841).

**446.** Un jugement du tribunal de la Seine en date du 29 nov. 1853, aff. N..., *Journal des avoués*, t. 79, p. 293, art. 1795, a décidé qu'il est dû à l'avoué, pour l'examen du titre de propriété, la recherche des personnes vis-à-vis desquelles les formalités de la purge doivent être remplies, l'émolument fixé par l'art. 143 du tarif. Cette allocation n'est pas exagérée, et l'assimilation paraît justifiée (V. en ce sens : Chauveau et Godoffre, *op. cit.*, t. 2, n° 4601, p. 555 ; Raviart, *op. cit.*, v° *Purge des hypothèques légales*, n° 508, p. 69 ; Rousseau et Laisney, *op. cit.*, t. 8, p. 718).

**447.** — III. Inscription hypothécaire. — L'avoué qui a été chargé de prendre une inscription hypothécaire a droit, à titre de mandataire, pour la rédaction du bordereau, à un émolument. MM. Chauveau et Godoffre, *op. cit.*, t. 2, p. 555, n° 4063, appliquent l'art. 104 du tarif.

**448.** — IV. Surenchère sur aliénation volontaire (*Rép.* n°s 757 et suiv. — Il a été jugé que la remise proportionnelle allouée à l'avoué qui a poursuivi une surenchère par suite d'aliénation volontaire, doit être calculée seulement sur l'excédent de prix qui en est résulté et non sur le prix total de l'adjudication : ici s'applique l'art. 12, bien qu'il ne soit parlé dans cet article que de surenchère après expropriation forcée (Req. 21 avr. 1856, aff. Desgrandschamps, D. P. 56. 1. 224). Cette solution est approuvée généralement par les auteurs. « Quoique l'art. 12 du tarif du 10 oct. 1841, disent MM. Chauveau et Godoffre (*op. cit.*, t. 2, n° 4551) ne semble fait que pour les surenchères après saisie, néanmoins, il doit être appliqué par analogie ; autrement il n'y aurait plus de fixation de remise pour les ventes de ventes judiciaires. C'est plutôt l'esprit de la loi que son texte qui autorise cette interprétation » (V. en ce sens : Boucher d'Argis et Sorel, *op. cit.*, v° *Remise proportionnelle*, p. 501 ; Bioche, *op. cit.*, v° *Vente sur surenchère*, n° 179. V. aussi *supra*, n° 398).

**§ 3.** — Voies à prendre pour avoir expédition ou copie d'un acte ou pour la faire réformer. —Compulsoire. — Envoi en possession des biens d'un absent (*Rép.* n°s 764 à 777).

**449.** — I. Voies à prendre pour avoir expédition ou copie d'un acte (*Rép.* n° 764). — L'affaire est urgente et, par conséquent, sommaire (Chauveau et Godoffre, *op. cit.*, t. 1, n° 2114, p. 580.

**450.** — II. Compulsoire. — Le compulsoire est un incident qui participe du caractère de l'instance pendant laquelle il se produit (Chauveau et Godoffre, *op. cit.*, t. 1, n° 2115, p. 580 ; Raviart, *op. cit.*, v° *Compulsoire*, p. 72, n° 536).

**451.** — III. Actes de l'état civil ; rectification. — Lorsqu'on poursuit la réformation d'un acte de l'état civil, une requête est adressée à cet effet, au président du tribunal (art. 78, § 4, du tarif). Le jugement est porté à la suite de la requête, de l'ordonnance et des conclusions du ministère public. Il n'est rien alloué à l'avoué pour assistance au jugement ni pour communication au ministère public. Si le tribunal ordonne que les parties intéressées seront mises en cause, cette mise en cause a lieu par exploit, ou, si elles sont instanciées par acte d'avoué à avoué. La demande est instruite et jugée comme ordinaire (Chauveau et Godoffre, *op. cit.*, t. 1, n° 2115 bis, p. 580). L'appel par le demandeur en rectification, seul en cause, donne lieu à une requête non grossoyée (art. 150 du tarif. V. *Rép.* v° *Actes de l'état civil*, n°s 416 et suiv., *suprà*, eod. v°, n°s 101 et suiv.).

**452.** — IV. Actes de notoriété. — Les droits dus concernent : 1° les émoluments du greffier du juge de paix : les deux tiers de la vacation fixée par l'art. 5, § 1 et 2, du tarif (art. 16) ; — 2° La requête non grossoyée pour demander l'homologation de l'acte de notoriété, y compris la communication au ministère public et l'assistance au jugement (art. 78, § 18, du tarif).

**453.** — V. Envoi en possession des biens d'un absent. — V. *Rép.* n°s 768 et suiv., et *suprà*, v° *Absence*, n°s 16 et 23.

Il a été jugé que, au cas de confirmation, sur l'appel du ministère public, d'un jugement déclaratif d'absence, les dépens exposés par l'intimé doivent être mis à la charge de l'absent, ainsi que ceux de première instance ; les dépens exposés par le ministère public sont taxés comme frais de justice criminelle et supportés par le Trésor (Nîmes, 14 janv. 1878, aff. Fourquet, D. P. 78. 2. 62).

**§ 4.** — Autorisation de femme; séparation de biens et de corps; divorce; conversion de la séparation de corps en divorce; avis de parents; interdiction; bénéfice de cession (*Rép.* n°s 778 à 818).

**454.** — I. Autorisation de la femme mariée. — Contrairement à l'opinion émise au *Rép.* n° 580, qui est celle de la plupart des auteurs (Chauveau et Godoffre, *op. cit.*, t. 1, n° 7453, p. 581 ; Boucher d'Argis et Sorel, *op. cit.*, v° *Autorisation maritale*, p. 105; Rousseau et Laisney, *op. cit.*, t. 8, p. 73), M. Raviart (*op*, *cit.*, v° *Autorisation de femme mariée*, p. 73, n° 543) estime que, les jugements étant distincts des ordonnances, étant rendus à l'audience à jours indiqués, il doit être alloué un émolument pour ces jugements. Plusieurs tribunaux passent, en effet, en taxe, une vacation. A notre avis, elle n'est pas due.

**455.** — II. Séparation de biens. — La procédure est toujours ordinaire (Chauveau et Godoffre, *op. cit.*, t. 1, p. 581, n° 2118; *Rép.* n°s 784 et suiv.).

**456.** — III. Séparation de corps. — La jurisprudence et la plupart des auteurs, conformément à l'opinion soutenue au *Rép.* n° 791, déclarent applicable à la séparation de corps, l'art. 261 c. civ. ; et décident que, lorsqu'un des époux a été condamné à une peine infamante, il suffit au demandeur de joindre à la requête une expédition de l'arrêt de condamnation et un certificat du greffier constatant que l'arrêt ne peut être réformé par aucune voie légale (V. *suprà*, v° *Divorce et séparation de corps*, n° 226; Boucher d'Argis et Sorel, *op. cit.*, v° *Séparation de corps*, p. 602; Chauveau et Godoffre, *op. cit.*, t. 2, n° 4845, p. 599; Raviart, *op. cit.*, v° *Séparation de corps*, n° 553, p. 74).

Il a été jugé que les frais d'une instance en séparation de corps intentée contre un mari par sa femme, et auxquels cette dernière a été condamnée par suite du rejet de sa demande, ne peuvent être poursuivis par son avoué contre la communauté; ils ne peuvent, tant que celle-ci dure, être exigés que sur la nue propriété des biens propres à la femme (Douai, 4 juill. 1854, aff. Estabel, D. P. 54, 5. 400).

**457.** — IV. Divorce. — Les droits sont dus pour les : 1° Requête en divorce contenant les faits (art. 79 du tarif). Au tribunal civil de la Seine, on alloue une vacation à l'avoué pour présenter sa requête. Cette vacation n'est pas due ; — 2° Citation devant le président pour la tentative de

conciliation. Aux termes de l'art. 237 c. civ. (L. du 18 avr. 1886, art 1er), la requête et l'ordonnance sont signifiées en tête de la citation, laquelle est délivrée par huissier commis et sous pli fermé ; — 3° Assignation à comparaître devant le tribunal. La cause est instruite et jugée dans la forme ordinaire. — Lorsque l'assignation n'a pas été délivrée à la partie défenderesse en personne, et que cette partie fait défaut, le tribunal peut, avant de prononcer le jugement sur le fond, ordonner l'insertion dans les journaux d'un avis destiné à faire connaître à cette partie la demande dont elle a été l'objet (art. 247). L'émolument de la requête est tarifé, en appliquant par analogie l'art. 78 du tarif, à 5 fr. 50 cent., 6 fr. 75 cent., 7 fr. 50 cent., Raviart, *op. cit.*, v° *Instance en divorce*, p. 77, n° 569).

**458.** — V. Conversion de la séparation de corps en divorce. — Les émoluments sont dus pour : 1° Requête au président (art. 79 du tarif); — 2° Assignation au défendeur, contenant copie de la requête et de l'ordonnance. L'affaire est instruite et jugée dans la forme ordinaire.

**459.** — VI. Avis de parents (*Rép.* n°s 793 et suiv.).

**460.** — VII. Interdiction et nomination d'un conseil judiciaire (*Rép.* n° 799 et suiv.). — La présence de l'avoué n'est pas nécessaire à l'interrogatoire. Si elle a été requise par son client, l'avoué a seulement droit à des honoraires qui ne passent pas en taxe (Chauveau et Godoffre, *op. cit.*, t. 2, n° 4907, p. 613).

**461.** — VIII. Bénéfice de cession. — La demande doit être instruite comme affaire ordinaire (Chauveau et Godoffre, *op. cit.*, t. 1, n° 2112, p. 582; *Rép.* v° *Matières sommaires*, n° 61. V. *Rép.* n°s 810 et suiv.).

**Art. 9.** — *Procédures relatives aux successions* (*Rép.* n°s 819 à 847).

**462.** — 1° *Apposition des scellés.* — Lorsque l'ordonnance du juge de paix permettant de requérir l'apposition des scellés est placée en tête du procès-verbal et que, sans divertir à d'autres actes, ainsi que l'acte lui-même en fait foi, il est procédé par le juge, soit à l'apposition, soit à la levée des scellés, l'ordonnance se confond avec le procès-verbal de l'opération du juge et elle ne peut être considérée que comme une simple formalité prescrite par les art. 913 et 931 c. proc. civ. Dès lors, il n'est pas dû de droit particulier d'enregistrement pour cette ordonnance (Chauveau et Godoffre, *op. cit.*, t. 2, n° 4981, p. 627; solution de la régie du 13 janv. 1857, *Journal de l'enregistrement*, 1857, n° 2096 ; art. 16446, p. 49).

Le référé a lieu sur la déclaration du juge de paix. Il n'est pas besoin de citation ni de sommation, s'il a lieu sur-le-champ (Chauveau et Godoffre, *op. cit.*, t. 2, n° 5022, p. 636; Boucher d'Argis et Sorel, *op. cit.*, v° *Scellés*, p. 594).

**463.** — 2° *Oppositions aux scellés.* — V. *Rép.* n° 823.

**464.** — 3° *Levée des scellés.* — V. *Rép.* n° 824.

**465.** — 4° *Inventaire.* — V. *Rép.* n° 825 et suiv.

**466.** — 5° *Vente du mobilier.* — V. *Rép.* n°s 831 et suiv.

**467.** — 6° *Vente des biens immeubles des mineurs.* — On a étudié au *Rép.* n°s 840 et suiv. tout ce qui a trait à la remise proportionnelle dans les différentes ventes. La théorie exposée au *Rép.* n° 841, que la remise proportionnelle au profit des avoués doit être calculée, non sur le prix entier de l'adjudication, mais seulement sur la partie du prix qui dépasse les 2000 fr. fixés par le tarif, est combattue par plusieurs auteurs et leur doctrine a été consacrée par un arrêt de la cour de cassation. Il a été jugé, en effet, que la remise proportionnelle allouée en matière de ventes publiques d'immeubles, à l'avoué poursuivant, sur le prix d'adjudication, lorsque ce prix dépasse 2000 fr., doit être calculée sur *le prix total*, sans distraction des premiers 2000 fr. (Civ. cass. 4 nov. 1857, aff. Marcellot, D. P. 58. 1. 35). La décision s'appuie sur cette considération que le motif qui a fait refuser la remise, lorsque le prix ne dépasse pas 2000 fr. à cause de la modicité du prix d'adjudication, devient sans application quand le prix s'élève au-dessus de cette somme, et qu'alors la remise étant due sur le prix d'adjudication, selon les termes de l'ordonnance, il n'y a pas lieu de faire d'autres distinctions entre les diverses parties du prix que celles qui modifient l'importance de la remise, proportionnellement au total de l'adjudication, mais en la faisant toujours porter sur l'intégralité du prix de l'adjudication (V. en ce sens : Bioche, *op. cit.*, v° *Vente judiciaire d'immeubles*, n° 113 ; Chauveau et Godoffre, *op. cit.*, t. 2, n° 3253, p. 251 ; Rousseau et Laisney, v° *Vente judiciaire d'immeubles*, n° 1833, p. 484).

**468.** La remise proportionnelle se calcule sur tous les éléments qui composent le prix, tels que rentes, pots de vins, épingles, impôts échus, labours, ensemencement et frais autres ceux qui sont de droit à la charge de l'acquéreur, en un mot sur tout ce qui profite directement au vendeur ; mais les frais de poursuite n'entrent pas en compte (Raviart, *op. cit.*, v° *Saisie immobilière*, p. 52, n° 347 ; Chauveau et Godoffre, *op. cit.*, t. 2, n° 3252, p. 249 ; Trib. civ. Montelimar, 25 mars 1881, aff. N..., cité par Dutruc, *Bulletin de la taxe*, t. 1, p. 17 et 139). C'est l'état de la poursuite au moment même de l'adjudication qui sert de base pour fixer la remise proportionnelle. Si deux poursuites ont été réunies en une seule, ou si, après avoir été adjugés séparément, les lots ont été réunis en un seul en vertu d'une clause du cahier des charges, il est censé n'y avoir eu qu'une seule poursuite et qu'un seul lot adjugé sur le prix duquel se calcule la remise proportionnelle (Boucher d'Argis et Sorel, *op. cit.*, v° *Remise proportionnelle*, p. 499 ; Chauveau et Godoffre, *op. cit.*, t. 2, n° 3257, p. 257). On a égard à chaque lot quand ils se composent d'immeubles distincts; on n'y a pas égard et on additionne l'ensemble des lots quand les immeubles ne sont pas distincts (Ordon. de 1841 art. 11). — Lorsque, sur l'ensemble des lots, les uns ont été adjugés à une audience, les autres à une autre audience après une remise prononcée, lors même que les lots font partie d'un seul immeuble, la remise doit être calculée lors de la seconde adjudication, comme si la première n'avait pas eu lieu. Chaque adjudication fait sa règle (Chauveau et Godoffre, *op. cit.*, t. 2, n° 3256, p. 257). La remise proportionnelle sur le prix de l'adjudication est divisée, en licitation, ainsi qu'il suit. Moitié appartient à l'avoué poursuivant; la seconde moitié est partagée par égales portions entre tous les avoués qui ont occupé dans la licitation, y compris l'avoué poursuivant qui a sa part comme les autres dans cette seconde moitié (Ordon. de 1841, art. 11).

**469.** On a dit au *Rép.* n° 843, comment est réglée la remise proportionnelle lorsque la vente est renvoyée devant notaire. La remise proportionnelle allouée aux notaires n'admet pas la restriction que comporte celle accordée aux avoués, quand le montant de l'adjudication ne dépasse pas 2000 fr. L'art. 14 de l'ordonnance de 1841 porte en effet : « Les notaires auront droit *jusqu'à* 10000 *fr.* à 1 pour 100 (Chauveau et Godoffre, *op. cit.*, t. 2, p. 325, n° 3545). La remise accordée aux notaires, on l'a dit au *Rép.* n° 846, se calcule sur le montant total des adjudications et non sur le montant de chaque lot adjugé séparément. Jugé que la remise proportionnelle allouée aux notaires par l'art. 14 du tarif du 10 oct. 1841 pour les ventes d'immeubles qui leur sont renvoyées doit, lorsque ces biens sont adjugés par lots, être calculée d'après le prix total des lots réunis, soit que ces lots se composent de fractions d'un même immeuble, soit qu'ils se forment d'immeubles distincts ; l'art. 11, qui, dans ce cas, veut que la remise soit calculée sur le prix séparé de chaque lot, ne concerne que la remise due aux avoués dans les ventes faites en justice (Req. 4 juin 1851, aff. Petiteau, D. P. 51. 1. 190 ; 10 mai 1858, aff. Massart, D. P. 58. 1. 402. — *Contra* : Chauveau et Godoffre, *op. cit.*, t. 2, n° 3547, p. 326 ; Boucher d'Argis et Sorel, *op. cit.*, v° *Notaire*, p. 406). — Le même calcul est imposé aux avoués, pour le supplément de remise que leur accorde l'art. 14. La loi n'a pu établir dans une seule et même opération deux modes de supputation, l'un moins favorable en ce qui concerne le notaire qui est chargé de vendre, l'autre plus favorable au profit de l'avoué, qui pourtant est devenu étranger à la vente (Conf. Boucher d'Argis et Sorel, *op. cit.*, v° *Remise proportionnelle*, p. 500 ; Chauveau et Godoffre, *op. cit.*, t. 2, n° 3548, p. 328 et suiv.). Jugé aussi que l'art. 11 de l'ordonnance du 10 oct. 1841, qui, dans les ventes publiques d'immeubles faites en plusieurs lots composés d'immeubles distincts, accorde à l'avoué poursuivant par les soins duquel l'expertise a été évitée, une *remise proportionnelle* calculée sur le prix de chaque lot

séparément, ne s'applique qu'aux ventes faites devant le tribunal ; lorsque la vente a été renvoyée devant le notaire, cette remise diminuée alors de celle allouée au notaire par l'art. 14 de la même ordonnance, doit être calculée sur le prix total de l'adjudication (Ch. réun. cass. 20 févr. 1854, aff. Voisin, D. P. 54. 1. 62 ; 30 avr. 1858, même affaire, D. P. 58. 1. 169).

**470.** L'avoué du subrogé tuteur appelé à l'adjudication ne peut prendre part à la remise proportionnelle, par ce motif qu'il ne figure pas activement dans la procédure. La solution serait différente si, le tuteur ayant des intérêts opposés à ceux du mineur, l'avoué du subrogé tuteur remplaçait celui du tuteur devenu simple coticitant (Chauveau et Godoffre, *op. cit.*, t. 2, n° 5323, p. 704).

**471.** Lorsque le tribunal du lieu où la succession est ouverte renvoie la vente des immeubles situés dans un arrondissement différent devant le tribunal de la situation, la remise proportionnelle est due à l'avoué qui poursuit la vente devant le tribunal. C'est lui, en effet, qui donne ses soins et ses peines à la vente (Chauveau et Godoffre, *op. cit.*, t. 2, n° 5324, p. 706).

**472.** Lorsque l'adjudication n'a pas eu lieu, one ne peut allouer à l'avoué la remise proportionnelle accordée par l'art. 11 de l'ordonnance de 1841. Cette disposition fixe la remise qui est due sur le prix de l'adjudication ; il est donc impossible de l'appliquer dans le cas où il n'y a pas eu adjudication. — Mais, à défaut de l'ordonnance du 10 oct. 1841, n'est-il pas permis à l'avoué d'invoquer subsidiairement le droit commun pour obtenir la rémunération du service qu'il a pu rendre à ses mandants et que la remise proportionnelle aurait récompensé? D'après la jurisprudence actuelle, si l'avoué ne peut réclamer aucun émolument, en dehors des droits établis par le tarif, pour tous les actes, soins et démarches qui rentrent dans ses fonctions légales, rien ne s'oppose à ce qu'il poursuive, comme tout autre mandataire, la rémunération des services qu'il a rendus à ses clients en dehors de ses fonctions légales (V. *Rép.* v° *Avoué*, n° 132 ; Montpellier, 27 juin 1855, aff. Paloc, D. P. 56. 2. 21 ; Bourges, 30 juill. 1859, aff. Duchet de Grivel, D. P. 60. 5. 194). La question est de savoir si l'avoué a rendu un service en dehors de son ministère. Lorsque l'adjudication a lieu devant le tribunal, les travaux, soins et démarches par lesquels l'avoué a préparé ce résultat rentrent dans ses fonctions légales, et, en conséquence, ne peuvent être rémunérés que par la remise proportionnelle, conformément à l'ordonnance du 10 oct. 1841. Mais, lorsque l'adjudication devant le tribunal n'a pas lieu, si l'avoué, par ses efforts, a rendu possible ou plus facile la vente amiable que son client réalise, ne se trouve lui avoir rendu un service en dehors de ses fonctions légales, de même que s'il avait préparé une vente qui, dès le début, aurait dû être réalisée à l'amiable. L'avoué est donc fondé, dans ce cas, à réclamer l'honoraire qui est dû à tout mandataire salarié. (V. en ce sens, Chauveau et Godoffre, *op. cit.*, t. 2, p. 247, n° 3249; Dutruc, *op. cit.*, v° *Saisie immobilière*, n° 1879; Raviart, *op. cit.*, v° *Saisie immobilière*, n° 347, p. 52; Boucher d'Argis et Sorel, *op. cit.*, v° *Remise proportionnelle*, p. 499, note *a*).

Conformément à cette doctrine, il a été jugé : 1° que la remise proportionnelle accordée aux avoués qui ont occupé sur une poursuite de vente, par l'art. 11 de l'ordonnance du 10 oct. 1841, ne leur est due que dans le cas où l'adjudication a eu lieu ; mais lorsque l'adjudication n'a pas eu lieu et surtout lorsqu'elle n'a été empêchée que par la volonté des parties qui ont conclu une vente amiable, l'avoué peut, comme tout autre mandataire salarié, réclamer, en dehors des actes tarifés de la procédure, le prix de ses soins, de ses démarches et des travaux accomplis par lui en vue de la vente qu'il était chargé de mettre à fin ; et particulièrement lorsque, par les soins et démarches des avoués, mise à prix a pu être fixée sans qu'on ait eu besoin de recourir à une expertise (Civ. cass. 23 nov. 1869, aff. Boulan, D.P. 70.1.28); — 2° Que la remise proportionnelle prévue à l'art. 11 de l'ordonnance du 10 oct. 1841 n'est due à l'avoué qui a occupé sur une poursuite de vente d'immeuble que dans le cas où l'adjudication a effectivement eu lieu ; mais lorsque cette adjudication ne s'est pas réalisée, l'ordonnance précitée ne fait pas obstacle à ce que l'avoué, comme tout autre mandataire salarié, puisse, en dehors des actes tarifés, recevoir, pour ses soins et travaux particuliers, une rémunération subordonnée à l'appréciation des juges du fond et à la constatation par eux d'un service réellement rendu (Req. 12 mai 1885, aff. Guégan, D. P. 86. 1. 192).

**473.** Il a été jugé que l'avoué qui, par suite de circonstances indépendantes de sa volonté, a été remplacé dans le cours d'une instance en vente judiciaire d'immeubles, a droit néanmoins, proportionnellement à la part qu'il a prise à cette instance, à la remise allouée sur le prix d'adjudication aux avoués qui ont occupé dans la licitation (Trib. civ. de Marseille, 3 août 1867, aff. M. E..., D. P. 69. 3. 21). L'avoué mis hors d'instance avant l'adjudication, n'en demeure pas moins responsable d'une certaine partie de la procédure, et il ne serait pas juste qu'une part de l'émolument n'allât pas là où se trouve une portion de la responsabilité.

**474.** L'avoué qui a cédé son office avec cette clause que son successeur aura droit à tous les émoluments de l'étude à partir du jour de sa prestation, de serment a-t-il droit à la remise proportionnelle à raison des ventes auxquelles son successeur fait procéder, lorsqu'il a fait lui-même la presque totalité des actes de la poursuite ? MM. Boucher d'Argis et Sorel (*op. cit.*, v° *Remise proportionnelle*, p. 498), soutiennent la négative, s'il s'agit de la remise proportionnelle ordinaire qui est accordée comme compensation de la responsabilité que l'avoué encourt vis-à-vis de l'adjudicataire, dans le cas où l'adjudication viendrait à être annulée par un vice de procédure. Ils pensent, au contraire, qu'il a droit à la remise proportionnelle extraordinaire allouée au cas de non-expertise. MM. Chauveau et Godoffre (*op. cit.*, t. 2, n° 3262, p. 259), décident, avec raison, suivant nous, qu'à moins d'une disposition spéciale dans le traité de cession, l'avoué vendeur n'a jamais droit à la remise, laquelle n'est due qu'autant qu'il y a adjudication.

**475. — 7° *Partage*.** — La question de savoir si les demandes en partage doivent être instruites et jugées comme matières ordinaires est très controversée. La jurisprudence décide que l'on doit instruire comme *matières ordinaires* les contestations qui sont soulevées au cours d'une instance en partage et qui portent sur le fond du droit, par exemple sur la qualité des parties, sur les rapports à faire, les réductions, etc. ; et comme *matières sommaires* les difficultés sur la forme et la manière de procéder au partage et même sur la nécessité ou la possibilité actuelle du partage (V. *Rép.* v° *Matières sommaires*, n° 56, *infrà*, eod. v°; Dutruc, *op. cit.*, v° *Partage*, n° 157 ; Boucher d'Argis et Sorel, *op. cit.*, v° *Affaires sommaires*, p. 47, note a. — *Contrà :* Chauveau et Godoffre, *op. cit.*, t. 1, n° 2126, p. 583). — Jugé que les contestations, soit sur le mode de procéder au partage, soit sur la manière de le terminer, doivent seules être réputées matières sommaires ; mais que les contestations sur le fond du droit, en matière de partage, doivent être jugées comme matières ordinaires (Trib. civ. de Bayeux, 10 mai 1883, aff. Hue, D. P. 85. 3. 120).

**476.** Devant quelques tribunaux, l'avoué poursuivant présente une requête au notaire pour faire fixer le jour où commenceront les opérations du partage. Cet acte ne doit pas être passé en taxe ; ni dans le code de procédure ni dans le tarif, il n'est question d'*ordonnances* de notaires (Dutruc, *op. cit.*, v° *Partage*, n°s 80 et suiv. ; Boucher d'Argis et Sorel, *op. cit.*, v° *Partage*, p. 445, note d).

**477.** La sommation aux copartageants de comparaître devant le notaire commun pour procéder aux opérations de partage et liquidation est valablement donnée par acte d'avoué à avoué, et cet acte, dès lors, doit entrer en taxe. L'avoué, en effet, est censé représenter la partie pour tous les actes de la procédure à l'égard desquels une notification à personne n'est pas spécialement prescrite par la loi (*Rép.* v° *Successions*, n° 1751 ; Dutruc, *op. cit.*, v° *Partage*, n° 82 ; Bioche, *op. cit.*, v° *Partage*, n° 407 ; Boucher d'Argis

et Sorel, *op. cit.*, v° *Partage*, p. 445 ; Conf. Chauveau et Godoffre, *op. cit.*, t. 2, p. 715, n° 5358).

**478.** L'art. 977 c. proc. civ., on l'a indiqué au *Rép.* n° 851, dit qu'il ne doit être fait aucune sommation à l'effet de comparaître soit devant le juge-commissaire, soit à l'audience. Cette prohibition n'est pas respectée dans la pratique ; il est utile, en effet, de faire connaître aux parties ou à leurs avoués, le jour où elles doivent comparaître devant le juge-commissaire. « A Paris, disent MM. Chauveau et Godoffre, *op. cit.*, t. 2, n° 5375, p. 718, l'avoué du poursuivant donne à-venir aux avoués des autres parties pour le jour indiqué dans l'ordonnance ; et, si une partie n'a pas d'avoué, on l'appelle à l'audience par une assignation dans la forme ordinaire. Cette marche paraît la plus régulière. Elle a néanmoins l'inconvénient de ne faire du juge-commissaire qu'un intermédiaire entre les parties et le tribunal, intermédiaire dont le rôle se borne à une simple indication de renvoi. Pour que le vœu de la loi fût rempli, il faudrait que les parties fussent sommées par exploit ou par acte d'avoué, suivant les circonstances, de comparaître devant le juge-commissaire au jour indiqué par l'ordonnance de ce magistrat, pour être entendues par lui, et, faute de s'accorder sur leurs prétentions respectives, voir fixer le jour où le rapport serait présenté au tribunal, devant lequel lesdites parties seraient tenues de comparaître sans sommation nouvelle. Ainsi seraient conciliées, à peu de frais, toutes les nécessités de la situation. Les termes prohibitifs de la loi semblent ne permettre, en pareil cas, que les démarches officieuses entre le juge-commissaire et les avoués. C'est évidemment une lacune échappée aux prévisions du législateur, qui ne s'est pas aperçu que le but essentiel qu'il se proposait, c'est-à-dire mettre les parties en présence devant le juge-commissaire, ne pouvait être atteint à cause de l'absence des mesures qu'il défendait de prendre. Quoi qu'il en soit, c'est aux tribunaux à corriger ce que la loi présente de défectueux, et les avoués doivent se conformer aux usages suivis dans le ressort où ils exercent. Les traditions suffisent pour les éclairer. Dans notre première édition du commentaire du tarif, t. 2, n° 61, p. 471, nous avions adopté l'opinion qui proscrit toute sommation. Le respect dû au droit de la défense a modifié notre sentiment » (V. aussi sur ce point : Dutruc, *op. cit.*, v° *Partage*, n°s 86 et suiv. ; Boucher d'Argis et Sorel, *op. cit.*, v° *Partage*, p. 446).

**479.** Il a été jugé que les parties, en matière de compte, liquidation et partage, ne sont pas tenues sous peine de déchéance de formuler leurs contestations devant le notaire liquidateur ; mais que les frais peuvent être mis à la charge de celui dont la contestation est tardive (Besançon, 8 févr. 1875) (1).

**480. — 8° *Licitations*.** — La cour de cassation, maintenant sa jurisprudence antérieure (V. *Rép.* n° 860 a) décidé, à plusieurs reprises, que l'indemnité de 25 fr. allouée aux avoués, en matière de partages et de licitations, par l'art. 10 de l'ordonnance du 10 oct. 1841, lorsqu'il n'y a pas lieu à expertise, à raison de leurs soins et démarches pour arriver soit à la fixation de la mise à prix, en cas de vente, soit à l'estimation et à la composition des lots, en cas de partage, n'est accordée qu'à l'avoué poursuivant, qu'elle ne peut être réclamée par les avoués colicitants. (Civ. cass. 2 déc. 1857, aff. Deloche, D. P. 58. 1. 49 ; Req. 25 mai 1859 ; aff. Loyer, D. P. 59. 1. 199 ; 10 mars 1885, aff. Ed. Cariguel et Hardy, D. P. 86. 1. 192. — V. en ce sens : Boucher d'Argis et Sorel, *op. cit.*, v° *Licitation*, p. 387 note a ; Rousseau et Laisney, *op. cit.*, v° *Vente judiciaire d'immeubles*, n° 1808 ; Mathieu de Vienne, *Tableaux de la taxe*, p. 24, n° 553). — Toutefois, la plupart des tribunaux de première instance et plusieurs auteurs résistent à la jurisprudence de la cour suprême et se prononcent pour l'allocation de l'indemnité de 25 fr. aux avoués colicitants, aussi bien qu'à l'avoué poursuivant. Il a été jugé que l'indemnité de 25 fr. allouée

---

(1) (Grégoire Sigault C. Héritiers Grégoire.) — La cour ; — Considérant, sur la fin de non-recevoir, qu'en matière de compte, liquidation et partage, toutes parties sont à la fois demanderesses et défenderesses, que si elles doivent, aux termes de l'art. 977 c. proc. civ., formuler leurs contestations devant le notaire liquidateur, chargé d'en dresser procès-verbal, aucune déchéance

n'est attachée par la loi au non-accomplissement de cette formalité, sauf à avoir tel égard que de raison aux contestations tardives, lors du règlement des frais ; — Par ces motifs, confirme, etc.

. Du 8 févr. 1875.-C. de Besançon, 1re ch.-MM. Loiseau, 1er pr.- Foulu et Galmiche (du barreau de Vesoul), av.

aux avoués; en matière de partages et licitations, par l'art. 10 de l'ordonnance du 10 oct. 1841 est due aux avoués colicitants aussi bien qu'à l'avoué poursuivant (Trib. civ. de Bayeux, 10 mai 1883, aff. Hué, D. P. 85. 3. 120. — V. aussi dans le même sens : Paris, 25 juill. 1858 ; Trib. Bagnères-de-Bigorre, 11 juill. 1861, Journal des avoués, t. 87, p. 199; Latruffe-Montaiglin, Mémoire au roi, Journal des avoués, t. 64, p. 72; Bournat, Revue pratique, t. 4, p. 490, et t. 6, p. 562; Bioche, Journal de procédure, art. 6841 ; Chauveau et Godoffre, op. cit., t. 2, n° 5202; Dutruc, op. cit., v° Licitation, n° 140; Raviart, op. cit., v° Partages et licitations, n° 626, p. 84).

Les partisans de ce système invoquent les termes généraux de l'art. 10 : « Il sera alloué aux avoués », ce qui comprend tous les avoués de la cause ; et les dispositions de ce même article portant que les 25 fr. sont alloués : « sans préjudice du supplément de remise proportionnelle accordé par l'art. 11 ». Cet article accorde la remise proportionnelle à tous les avoués dès lors, par suite du lien juridique existant entre ces deux droits et présultant de ces mots : sans préjudice, les avoués colicitants, qui ont droit à la remise proportionnelle, ont également droit à l'allocation de 25 fr. Cette solution est d'ailleurs conforme à l'esprit de l'ordonnance qui n'a visé d'autre but, par cette allocation, qu'une double économie, l'une de frais, l'autre de temps. Elle a pour but d'encourager tous les avoués à faire, par eux-mêmes, une expertise amiable, pour permettre au tribunal de statuer en pleine connaissance de cause, sans être obligé de recourir préalablement à une expertise judiciaire; les 25 fr. alloués sont le moyen à l'aide duquel ce résultat économique peut être obtenu ; c'est l'ensemble des recherches qui éclaire le tribunal ; tous les avoués ont donc un droit égal à cette allocation. En n'accordant les 25 fr. qu'à l'avoué poursuivant, on pourrait arriver à cette inconséquence juridique que celui-là seul, entre tous les avoués de la cause, qui aurait apporté à la justice le moins d'éclaircissements, ou même qui aurait conclu à l'expertise judiciaire, serait rétribué, dans le cas où cette expertise n'aurait pas lieu, tandis que ses confrères qui auraient conclu à ce qu'il fût statué immédiatement sans expertise judiciaire et qui auraient obtenu gain de cause sur ce point, grâce à la peine qu'ils auraient prise pour éclairer le tribunal par leur expertise amiable, seraient précisément les seuls qui ne toucheraient pas les 25 fr. Une telle interprétation de l'art. 10, § 4, conduirait infailliblement les avoués colicitants, non seulement à se désintéresser de l'expertise amiable, mais à réclamer l'expertise judiciaire, de sorte que le tribunal, réduit aux renseignements fournis par l'avoué poursuivant, en admettant que celui-ci ne conclût pas lui-même à l'expertise judiciaire, se verrait presque toujours dans la nécessité d'avoir recours à cet errement d'instruction avant d'opter entre le partage en nature et la licitation; ainsi, pour avoir voulu faire une économie de 25 fr., par chaque avoué colicitant, on arriverait à grever les parties, notamment des frais du jugement ordonnant l'expertise, de toute la procédure entraînée par cet errement, des vacations dues aux experts, de la délivrance et de la signification de leur rapport, des conclusions nouvelles échangées en conséquence entre les avoués; de plus, on retarderait d'autant la solution du litige et on prolongerait l'indivision, de sorte que les deux buts poursuivis par l'ordonnance se trouveraient manqués à la fois. — On a exposé au Rép. n° 860 les raisons sur lesquelles s'appuie la doctrine adoptée par la cour de cassation. « L'avoué poursuivant, dit M. Boucher d'Argis, op. cit., v° Licitation, n° 387, étant seul chargé de rédiger le cahier des charges, sauf le droit de contrôle des colicitants, c'est lui seul, par conséquent, qui doit faire les démarches nécessaires pour faire fixer la mise à prix. Allouer la même somme à tous les colicitants, ce serait méconnaître l'esprit d'économie qui a présidé à la loi du 3 juin 1841 ». La raison qui nous détermine surtout, dit de son côté M. Sorel (eod. loc. note a) est tirée de ce qui se passe dans la pratique, où c'est presque toujours l'avoué poursuivant qui groupe et qui réunit tous les documents de nature à éviter une expertise ».

**481.** L'indemnité de 25 fr. ne doit pas être multipliée par le nombre des lots mis en vente. Elle s'applique à l'ensemble des soins et démarches que nécessite la fixation de la mise à prix; peu importe que la vente comprenne un ou plusieurs lots (Boucher d'Argis et Sorel, op. cit., v° Licitation, p. 387, note a ; Dutruc, Bulletin de la taxe, 1re année, p. 155. — Contrà. Trib. de Saint-Pierre (Réunion), 13 sept. 1878, Bulletin de la taxe, p. 152). Ce tribunal a décidé que l'indemnité doit être répétée autant de fois qu'il y a eu de titres différents à examiner pour la formation des lots.

**482.** L'indemnité de 25 fr. allouée aux avoués, en matière de vente d'immeubles par suite de partages et de licitations, dans le cas où l'expertise n'a pas lieu, leur est due par cela seul que le juge a pu se dispenser de recourir à l'expertise, et sans que l'avoué soit tenu de justifier que c'est à ses soins et démarches que cet avantage est dû (Civ. cass. 7 mai 1855, aff. Ferry, D. P. 55. 1. 166). Si l'ordonnance alloue à l'avoué, indépendamment de la remise proportionnelle, un droit ou une indemnité de 25 fr., dans le cas où l'expertise n'a pas lieu, c'est bien comme elle l'explique, à raison des soins et démarches nécessaires pour la fixation de la mise à prix, d'où il résulte qu'en effet elle présume que l'avoué aura eu des soins à prendre et des démarches à faire dans ce but; mais il ne s'ensuit pas qu'elle ait entendu astreindre l'officier ministériel à justifier, dans chaque espèce particulière, que cette présomption s'est accomplie. Les tarifs ne sont, en effet, en beaucoup de cas, que des abonnements ou traités à forfait entre les officiers ministériels et les parties, ou même entre la justice, gardienne de l'intérêt des plaideurs, et ces officiers ministériels. Tantôt ce sera trop, eu égard aux circonstances, tantôt ce ne sera pas assez. La loi, dans sa généralité, n'en reste pas moins bonne, parce qu'elle a été faite in id quod plerumque fit. Autrement, il n'y aurait plus de règle. Le juge qui aujourd'hui accorderait moins, pourrait tout aussi bien accorder plus, dès demain. — Il y aurait de continuels débats entre le juge taxateur et l'officier ministériel, sans profit pour personne, avec perte de temps et de dignité pour tout le monde (V. en ce sens : Raviart, op. cit., v° Partages et licitations, n° 626, p. 84; Chauveau et Godoffre, op. cit., t. 2, n° 5235, p. 686).

**483.** La vacation à prendre communication du cahier des charges en l'étude du notaire, et le voyage pour aller prendre cette communication, doivent être alloués sans que les avoués soient obligés de rapporter une preuve de la prise de communication du cahier des charges. La loi n'exige nullement la production de cette preuve (Raviart, op. cit., v° Licitation, p. 87, n° 652). — Jugé que l'avoué poursuivant a droit à une vacation pour prendre communication du cahier des charges soit au greffe, soit dans l'étude du notaire devant lequel la vente a été renvoyée, et, par suite, à une indemnité de transport, si le transport est nécessaire, sans qu'il soit tenu de justifier avant la taxe, par la production d'un acte spécial, de la réalité de ce transport ; il suffit que le fait ne soit pas méconnu (Civ. cass. 24 avr. 1854, aff. Hélie et Létard, D. P. 54. 1. 158).

**484.** Contrairement à l'opinion soutenue au Rép. n° 867, il a été jugé que le droit de vacation dû aux avoués et aux huissiers audienciers, en matière de ventes publiques d'immeubles, doit leur être alloué à raison de chaque lot adjugé, jusqu'au nombre de six, conformément à l'art. 6, § 2, de l'ordonnance du 10 oct. 1841 alors même que les adjudications par lots auxquelles il aurait d'abord été procédé se seraient ensuite trouvées converties par une seule adjudication faite in globo (Civ. cass. 4 nov. 1857, aff. Marcellot, D. P. 58. 1. 35). MM. Chauveau et Godoffre (op. cit., t. 2, n° 3230, p. 240); Boucher d'Argis et Sorel (op. cit., v° Licitation, p. 393); Rousseau et Laisney, op. cit., v° Vente judiciaire d'immeubles, n° 1817), approuvent cette solution qui s'appuie sur cette considération, que n'accorder qu'une seule vacation, ce serait faire violence aux termes et méconnaître l'esprit de l'ordonnance du 10 août 1841, qui a voulu que, lorsqu'il y a accroissement de travail par la division des lots, leur composition, et plus le temps employé, il y ait aussi accroissement proportionnel de salaire.

Si le nombre des lots primitivement adjugés n'excède pas cinq, une vacation est encore due pour l'adjudication générale qui doit être considérée comme intervenue sur un sixième (Chauveau et Godoffre, op. cit., t. 2, n° 3235; p. 242; Raviart, op. cit., v° Saisie immobilière, n° 346, p. 52).

**485.** Lorsqu'une adjudication, commencée au jour fixé, a été continuée pendant plusieurs audiences consécutives, la taxe doit être établie comme s'il n'y avait eu qu'une audience. Quelle que soit la longueur de la vente, l'avoué ne peut pas réclamer plus de six vacations; il n'y a qu'une seule et même adjudication. L'art. 11, § 12 de l'ordonnance de 1841 est formel (Chauveau et Godoffre, *op. cit.*, t. 2, p. 243, n° 3236).

**486.** Lorsqu'un immeuble a été divisé en plusieurs lots, que les six premiers ont été adjugés à l'audience indiquée par les affiches? que faute d'enchérisseurs, les autres lots n'ont pas été adjugés, et enfin que l'adjudication en a été effectuée à une autre audience, en vertu du jugement qui a autorisé à vendre au-dessous de l'estimation, l'avoué poursuivant (la question est la même pour les huissiers audienciers) a-t-il droit à une vacation à cette seconde adjudication? MM. Boucher d'Argis et Sorel (*op. cit.*, v° *Licitation*, p. 393) n'accordent pas de vacation. D'après ces auteurs, l'art. 11 du huitième tarif ne fait aucune distinction. Quelque soit le nombre total des lots adjugés, et quel que soit le nombre de jours qui ont été employés à l'adjudication, l'avoué poursuivant ne peut donc jamais avoir droit, pour l'ensemble de cette adjudication, à plus de six vacations. — Cette théorie ne nous paraît pas exacte. Dans l'hypothèse prévue, il y a deux adjudications distinctes sur des bases différentes, et non pas une seule adjudication occupant plusieurs audiences : il doit donc être procédé à la seconde adjudication comme si la première n'avait pas eu lieu, c'est-à-dire qu'on ne doit avoir égard qu'au nombre de lots restant à adjuger et qu'il faut appliquer à ces lots la règle posée par l'art. 11 (et pour les huissiers par l'art. 6) de la même manière que s'ils étaient mis pour la première fois aux enchères. «L'adjudication d'une partie des lots remise à un autre jour, en vertu d'un jugement qui change les conditions du cahier des charges primitif, dit M. Dutruc (*op. cit.*, v° *Licitation*, n° 16) est complètement distincte de la première; et il est juste que les nouvelles démarches auxquelles doit se livrer l'avoué, soient rémunérées par de nouvelles vacations » (V. en ce sens : Chauveau et Godoffre, *op. cit.*, t. 2, n° 3229, p. 238; *Journal des huissiers*, 1857, p. 117; Bioche, *Journal de procédure civile*, t. 8, p. 117; Raviart, *op. cit.*, v° *Saisie immobilière*, n° 656, p. 88).

**487.** Lorsque l'adjudication a lieu à la barre du tribunal, la vacation due à l'avoué poursuivant n'est pas allouée aux avoués colicitants. Par sa cause et son objet, elle ne peut revenir qu'à l'avoué poursuivant Conformément à cette théorie qui est enseignée par la plupart des auteurs (Rousseau et Laisney, *op. cit.*, v° *Vente judiciaire d'immeubles*, n° 1818 ; Boucher d'Argis et Sorel, *op. cit.*, v° *Licitation*, p. 394), il a été jugé que la vacation à l'adjudication fixée par l'art. 11, § 8 de l'ordonnance du 10 oct. 1841 n'est due qu'à l'avoué

poursuivant et non aux avoués colicitants; que, par suite, l'avoué colicitant, n'ayant pas droit à l'émolument de la vacation à l'adjudication, ne peut prétendre à l'indemnité de transport pour assister à l'adjudication, qui n'est que l'accessoire de cet émolument (Req. 10 mars 1885, aff. Ed. Cariguel et Hardy, D. P. 86. 1. 192. — V. aussi Req. 16 nov. 1857, aff. Galametz, D. P. 58. 1. 51 ; Nancy, 21 juin 1884) (1). Le système contraire, qui compte un certain nombre de partisans (Chauveau et Godoffre, *op. cit.*, t. 2, n°ˢ 3245 et suiv., p. 246; Dutruc *op. cit.*, v° *Licitation*, n° 134), a été adopté par plusieurs tribunaux de première instance, et notamment par le tribunal de Bayeux qui a décidé que les avoués colicitants ont droit, comme l'avoué poursuivant, à la vacation de 12 fr. à l'adjudication fixée par l'art. 11, § 8, de l'ordonnance du 10 oct. 1841. Les vacations, en effet, ainsi que le font remarquer MM. Boucher d'Argis et Sorel, *op. cit.* v° *Licitation*, p. 395, n'ont pas pour objet d'indemniser l'avoué poursuivant du temps qu'il a employé au lotissement, mais de celui qu'il a passé à l'adjudication, et c'est même par ce motif qu'elles sont fixées en raison du nombre de lots adjugés. Or, ce temps est le même, soit que l'adjudication ait eu lieu à la barre du tribunal, soit qu'elle ait eu lieu devant notaire. Donc les vacations doivent être les mêmes dans l'un comme dans l'autre cas (Rousseau et Laisney, *op. cit.*, v° *Vente judiciaire d'immeubles*, n° 1819 ; Raviart, *op. cit.*, v° *Partages et licitations*, n° 656, p. 88 ; Chauveau et Godoffre, *op. cit.*, t. 2, n° 3550, p. 336). Conformément à cette théorie, il a été jugé que le droit d'assistance accordé à l'avoué, en matière d'adjudication d'immeubles, pour chaque lot adjugé jusqu'au maximum de six lots, s'applique aussi bien aux adjudications renvoyées devant notaires, conformément, par exemple, aux art. 954 et 970 c. proc. civ., qu'aux adjudications faites en justice (Civ. cass. 30 août 1853, aff. Hamelin, D. P. 53. 1. 229; 25 ayr. 1856, aff. Enfert, D. P. 56. 1. 243 ; 5 avr. 1859. aff. Fontaine, D. P. 59. 1. 160). Décidé, en sens contraire, que les avoués ont le droit d'assister aux ventes que les tribunaux renvoient devant les notaires, et que, par suite, les émoluments fixés par la loi pour vacations de présence à l'adjudication, doivent leur être alloués; cette allocation n'est pas due seulement dans les ventes faites devant le tribunal; mais qu'en cas pareil, une seule vacation de présence doit être passée en taxe, quel que soit le nombre des lots adjugés : l'art. 11, § 7, qui attribue à l'avoué autant de vacations qu'il y a de lots adjugés.

**488.** En cas de renvoi de la vente devant notaire l'avoué poursuivant a droit à la vacation à l'adjudication (*Rép.* n° 867). Il n'a pas seulement, suivant nous, droit à une seule vacation, mais à une vacation proportionnelle au nombre des lots adjugés, conformément à l'art. 11 de l'ordonnance du 10 oct. 1841.

<hr>

(1) (Benoit C. Muel et Grosjean.) — Le 31 janv. 1884, jugement du tribunal de Montmédy ainsi conçu : — « Le tribunal ; — Vu l'opposition formée à la taxe de M. Schœffer, président, à la requête de Me Benoit, avoué de la partie colicitante en la cause d'entre le sieur Muel, demandeur en licitation, et les sieurs Nicolas Grosjean et François Henrion : — Attendu que les tarifs concernant les frais de justice sont de droit étroit, et qu'ils ne peuvent être étendus aux cas qui ne sont pas formellement prévus ; que l'art. 11, § 14, de l'ordonnance du 10 oct. 1841 alloue par vacation à l'adjudication, dans le ressort, 12 fr.; que l'avoué auquel ce texte attribue la vacation de 12 fr. est sans aucun doute l'avoué poursuivant, à l'exclusion des avoués colicitants ; que l'ensemble des dispositions du chap. 2, dont l'art. 11 fait partie, prouve que les allocations dont il est question ne sont dues qu'à l'avoué qui, d'après la loi sur la saisie immobilière, la vente des immeubles appartenant à des mineurs ou les partages et licitations, suffit pour la régularité de la procédure ; que, toutes les fois que l'ordonnance a voulu accorder une rémunération aux avoués colicitants pour un acte qu'ils font dans l'intérêt des parties qu'ils représentent, elle l'a dit en toutes lettres ; que c'est ainsi que l'art. 10 attribue aux avoués colicitants pour la communication qui leur sont appelés à prendre du cahier des charges, soit au greffe du tribunal, soit en l'étude du notaire, une vacation dans le ressort de 4 fr. 50 cent., et que l'art. 11 *in fine* leur alloue d'une manière générale pour soins et démarches une portion de la remise proportionnelle sur le prix d'adjudication qui excède 2000 fr.; qu'il résulte d'ailleurs des termes mêmes du paragraphe 14 de l'art. 11 que c'est de l'avoué poursuivant seul qu'il s'agit dans le para-

graphe 11; que le paragraphe 14 dit en effet : — « Indépendamment des émoluments ci-dessus fixés, il sera alloué à l'avoué « poursuivant une remise proportionnelle sur le prix des immeubles « dont l'adjudication excède 2000 fr. » ce qui indique bien que l'avoué poursuivant touche une double rémunération ; d'abord en vertu du paragraphe 11, celle de 12 fr.; puis, indépendamment de ces 12 fr., et en vertu du paragraphe 14, la remise proportionnelle ; qu'il n'est pas contestable que la présence des avoués colicitants à l'adjudication ne soit quelquefois utile; que les avoués peuvent, le cas échéant, être amenés à faire des réquisitions dans l'intérêt de toutes les parties, aussi bien de celles qu'ils ne représentent pas, que de celles dont ils sont les mandataires, et qu'ils ont évidemment, de ce chef, droit à une rémunération ; mais que l'ordonnance ne leur a pas refusé cette rémunération ; et qu'elle leur a précisément accordé, pour en tenir lieu, une part de la remise proportionnelle; que le plus sûr interprète de l'ordonnance de 1841 est sans contredit l'ancien garde des sceaux, M. Martin (du Nord), sous l'inspiration duquel elle a été édictée, et que ce garde des sceaux s'est exprimé comme suit dans sa circulaire du 20 avr. 1842 à MM. les procureurs généraux : « J'ai pensé qu'au cas de renvoi d'une vente d'immeubles « devant notaire, l'avoué aurait droit à l'émolument alloué pour « vacation à l'adjudication, mais il est bien entendu que ce droit « n'appartient qu'à l'avoué poursuivant»; — Par ces motifs, etc. ». — Appel par Me Benoit.

La Cour; — Adoptant les motifs des premiers juges; — Confirme, etc.

Du 21 juin 1884.-C. de Nancy, 1re ch.-MM. Serre, 1er pr.-Villard, av. gén.-Mengin et Schneider, av.

jusqu'au maximum de six lots, n'est applicable qu'aux ventes faites devant le tribunal (Req. 19 juill. 1853, aff. Chappuy, D. P. 54. 1. 176). Cette solution est isolée; la cour de cassation ne l'a pas maintenue.

**489.** L'avoué poursuivant, en cas de renvoi devant notaire, a également droit à l'allocation des frais de transport. Cette allocation est la conséquence de sa présence à l'adjudication autorisée par la loi (Civ. cass. 30 août 1853, aff. Hamelin, D. P. 53. 1. 229; 23 avr. 1856, aff. Enfert, D. P. 56. 1. 213; 5 avr. 1859, aff. Fontaine, D. P. 59. 1. 160; Boucher d'Argis et Sorel, *op. cit.*, v° *Licitation*, p. 395; Rousseau et Laisney, *op. cit.*, v° *Vente judiciaire d'immeubles*, n° 1819 ; Raviart, *op. cit.*, v° *Partages et licitations*, p. 88, n° 656).

**490.** L'avoué poursuivant, seul, a droit, en cas de renvoi devant notaire, à la vacation à l'adjudication. Les avoués colicitants, nous l'avons dit *suprà*, n° 487, n'ont pas droit à l'émolument lorsque l'adjudication a lieu à la barre du tribunal; à plus forte raison ne peuvent-ils y prétendre lorsqu'elle se fait devant notaire (Boucher d'Argis et Sorel, *op. cit.*, v° *Licitation*, p. 394 ; Rousseau et Laisney, *op. cit.*, v° *Vente judiciaire d'immeubles*, n° 1819. — *Contra* : Chauveau et Godoffre *op. cit.*, t. 2, n° 3551, p. 338 qui ne font aucune distinction entre les avoués poursuivants et colicitants).

**491.** Pour ce qui touche la remise proportionnelle, v° *suprà*, n° 469.

**492.** Lorsque la vente est renvoyée devant un notaire dont la résidence est située en dehors du ressort du tribunal qui l'a commis, l'avoué poursuivant conserve-t-il le droit d'assister à l'adjudication et de réclamer sa vacation et son droit de transport? L'affirmative est admise par certains auteurs. Elle s'appuie sur cette considération qu'en commettant un notaire, soit de l'arrondissement soit du dehors, le tribunal ne se dessaisit pas de l'affaire, que le notaire commis par lui n'est que son délégué et que la vente, quoique renvoyée, n'en doit pas moins être considérée comme la suite et le complément de la procédure engagée devant le tribunal. La solution serait différente si le jugement avait délégué un autre tribunal soit pour procéder à la vente, soit pour commettre un notaire à cet effet (Bioche, *op. cit.*, v° *Vente judiciaire d'immeubles*, n° 35; Raviart, *op. cit.*, v° *Licitations* n° 657, p. 38; Dutruc, *Bulletin de la taxe*, t. 1, p. 35 et 50; *Conférence des avoués des départements* 1880, p. 9, 1882, p. 5, et 8). M. Sorel, sur Boucher d'Argis (*op. cit.*, v° *Licitation*, p. 397, note *a*), partage cette manière de voir, mais n'alloue aux avoués que les déboursés de transport et une indemnité de séjour à fixer par le juge, et non l'émolument de l'art. 144 du tarif qui, dit-il, n'a prévu que le cas où les avoués restent dans l'arrondissement où ils exercent leur ministère.

**493.** Il a été jugé qu'en matière de vente judiciaire d'immeubles, les frais de poursuite devant être taxés avant l'ouverture des enchères et mention devant en être faite dans le jugement d'adjudication (c. proc. civ., art. 701), il s'ensuit nécessairement que les droits dus à l'avoué du poursuivant pour vacation à l'adjudication et transport doivent lui être alloués par le juge taxateur, quoique les faits qui y donnent lieu ne puissent être que postérieurs, sauf au juge à n'allouer ces droits que conditionnellement et pour le cas où l'avoué assistera réellement à l'adjudication (Civ. cass. 24 avr. 1854, aff. Hélie et Létard, D. P. 54. 1. 158). Autrement, il serait toujours trop tôt ou trop tard : la loi serait inexécutable.

**494.** Aux termes de l'art. 14 de l'ordonnance de 1841, dans les cas où les tribunaux enverront des ventes d'immeubles par-devant les notaires, ceux-ci auront droit, pour la grosse du cahier des charges, par rôle contenant vingt-cinq lignes à la page et douze syllabes à la ligne : à Paris, 2 fr.; dans le ressort, 1 fr. 50 cent. Ils auront droit, en outre, sur le prix des biens vendus : jusqu'à 10000 fr., à 1 pour 100; sur la somme excédant 10000 fr. jusqu'à 50000 fr., à 1/2 pour 100; sur la somme excédant 50000 fr. jusqu'à 100000 fr., à 1/4 pour 100; et sur l'excédent de 100000 fr. indéfiniment, à 1/8 de 1 pour 100. Moyennant les allocations ci-dessus, les notaires sont chargés de la rédaction du cahier des charges, de la réception des enchères et de l'adjudication; ils ne peuvent rien exiger pour les minutes de leurs procès-verbaux d'adjudication. Les avoués restent chargés de l'accomplissement des autres actes de la procédure; ils ont droit aux émoluments fixés pour ces actes, et, lorsque l'expertise est facultative et n'a pas été ordonnée, les avoués ont droit en outre à la différence entre la remise allouée pour ce cas par l'art. 11 de l'ordonnance, et la remise fixée par le paragraphe 2 de l'art. 14. — Jugé que l'art. 14, qui accorde à un notaire délégué pour recevoir les enchères relatives à une vente de biens de mineurs, aucun droit pour la minute du procès-verbal d'adjudication, s'applique également au procès-verbal destiné à constater l'absence d'enchérisseur et l'ajournement de l'adjudication (Civ. cass. 5 juill. 1853, aff. Decoussemaker, D. P. 53. 1. 213); — Mais les déboursés du procès-verbal constatant que le subrogé tuteur non averti en temps utile du jour de la vente d'immeubles du pupille, se tient pour suffisamment appelé à assister à cette vente, doivent être remboursés au notaire qui a dressé ce procès-verbal (Arrêt précité du 5 juill. 1853). Conf. Trib. de Lille, 28 avr. 1854, aff. Decoussemaker, D. P. 54. 3. 68); — Décidé aussi que la déclaration de command reçue par le notaire devant lequel il a été procédé à une adjudication de biens de mineurs ne donne lieu à aucune rémunération en faveur de ce notaire, lorsqu'elle a été faite immédiatement après l'adjudication (Arrêt précité du 5 juill. 1853).

**495.** Il a été jugé que, lorsque le cahier des charges dressé pour la vente sur adjudication volontaire d'un immeuble stipule que les frais seront payés en l'étude et dans les mains du notaire, l'adjudicataire a le droit de se libérer entre les mains de ce dernier, sans que, par un accord concerté entre l'officier public et le vendeur, il soit contraint de verser la somme à celui-ci, qui aurait, dans ce but, préalablement désintéressé le notaire ; que par suite, cet adjudicataire est fondé à faire des offres réelles au notaire pour les frais taxés à poursuivre la validité de ces offres restreintes à la taxe, quel que soit, d'ailleurs, le droit de l'officier public d'agir contre le vendeur pour le cas où l'adjudicataire n'aurait point acquitté ces frais; la réduction résultant en ce cas de la taxe des frais et honoraires stipulés par le cahier des charges ne peut profiter au vendeur, les dispositions de l'art. 173 du tarif du 16 févr. 1807 en matière d'adjudication volontaire n'étant opposables qu'au notaire seul (Req. 22 août 1882, aff. Veuve Hubert, D. P. 83. 1. 121; V. *infrà*, v° *Notaire ;—Rép.* eod. v°, n° 508 et suiv.); — Que dans les ventes d'immeubles volontaires ou judiciaires, les adjudicataires ne sont débiteurs envers les vendeurs que du prix de leur adjudication et des frais et honoraires du notaire taxés par le juge; qu'en conséquence, la portion des honoraires retranchée par le juge taxateur ne doit pas être considérée comme appartenant au vendeur, à titre de supplément de prix; elle appartient à l'adjudicataire, seul investi, en cas de payement, de l'action en répétition de l'indu contre les vendeurs qui auraient reçu de plus grands droits que ceux énoncés au tarif ou réglés par la taxe (Paris, 2 août 1884, aff. Veuve Petit, D. P. 85. 2. 236).

**496.** En matière de vente judiciaire d'immeubles, la clause du cahier des charges, rédigé par le notaire commis, qui stipule que les acquéreurs payeront, par une sorte d'abonnement ou de forfait, 10 pour 100 au-dessus du prix, et que la différence entre ces 10 pour 100 et la taxe tournera au profit ou à la perte des vendeurs seuls, est nulle, comme ajoutant un élément éventuel à la mise à prix qui doit être déterminée par le jugement ordonnant la vente (Nancy, 28 mars 1874, aff. Rognon-Brouville, D. P. 76. 2. 112; et sur pourvoi, Req. 7 avr. 1875, D. P. 76. 1. 346) (V. *Rép.* v° *Vente publique d'immeubles*, n° 2008 et suiv.). — Est également nulle, comme contraire aux prohibitions formelles de l'art. 18 de l'ordonnance du 10 oct. 1841, la clause qui attribue au notaire un droit de recette de tant pour cent sur le montant du prix d'adjudication, cette clause étant pour le notaire un moyen détourné d'échapper à la taxe (Mêmes arrêts). Cette nullité est d'ordre public; en conséquence, elle peut être invoquée par toutes les parties, même par l'adjudicataire, qui a le droit de demander la restitution des sommes par lui payées à tort en vertu desdites clauses. Il en résulte encore que le notaire n'a pu recevoir de bonne foi le supplément d'honoraires qu'il a touché en vertu de cette clause, et, par suite, qu'il doit les intérêts, à partir du jour de l'encaissement, de la somme qu'il est ainsi tenu de restituer (Mêmes arrêts).

**497.** — 9° *Bénéfice d'inventaire.*—V. *Rép.* n°s 869 et suiv.

**498.** — 10° *Renonciation à succession et communauté.* — Il a été jugé que l'assistance d'un avoué pour les renonciations à la communauté ou à une succession n'est pas obligatoire (Bordeaux, 21 déc. 1854, aff. Ballias et Veuve Escorne, D. P. 56. 1. 6. V. en ce sens Sorel sur Boucher d'Argis, *op. cit.*, v°s *Renonciation à communauté* et *Succession*, p. 502, note *a*). Cette solution est critiquée par plusieurs auteurs (Chauveau et Godoffre, *op. cit.*, t. 2, n° 4584, p. 738; Bioche, *op. cit.*, v° *Renonciation à communauté*, n° 6).

**499.** — 11° *Vente d'immeubles dotaux.* — V. *Rép.* n° 875.

**500.** — 12° *Curateur à une succession vacante.* — V. *Rép.* n°s 876 et suiv.

**501.** — 13° *Succession irrégulière.* — Les droits sont dus sur les actes suivants : 1° Requête non grossoyée afin d'envoi en possession, y compris la vacation pour communiquer au ministère public et obtenir le jugement (art. 78 du tarif); — 2° Expédition de l'acte de notoriété ; — 3° Confection, impression, affichage, insertion au *Journal officiel*, de l'extrait de la demande (V. *Rép.* n°s 660 et suiv.); — 4° Requête non grossoyée, afin d'obtenir l'envoi en possession définitive, y compris la vacation pour présenter la requête, communiquer au ministère public et obtenir le jugement (art. 78 du tarif) (V. Chauveau et Godoffre, *op. cit.*, t. 2, p. 744, n°s 5518 et suiv.; Boucher d'Argis et Sorel, v° *Succession irrégulière*, p. 631 et suiv.).

### SECT. 6. — APPLICATION DU TARIF AUX ARBITRAGES
(*Rép.* n°s 878 à 884).

**502.** (*Rép.* n°s 878 et suiv.).

### SECT. 7. — FRAIS ET DÉPENS EN MATIÈRE DE CASSATION
(*Rép.* n°s 885 à 886).

**503.** La partie qui a obtenu la cassation d'un arrêt (ou d'un jugement) ne peut être condamnée aux frais de cet arrêt, ni aux frais faits devant la cour de cassation, lorsqu'elle succombe sur renvoi. Mais les frais de la procédure exposés devant la première cour peuvent être mis à sa charge (*Rép.* n° 885, et v° *Cassation*, n°s 2104, 2186). Dans les frais exposés devant une cour dont l'arrêt a été cassé, il faut donc distinguer les frais de la procédure et ceux de l'arrêt. Les derniers sont toujours supportés par la partie contre laquelle a été prononcée la cassation, quel que soit le résultat ultérieur du procès. Quant aux premiers, rendus nécessaires pour mettre l'affaire en état, ils peuvent être mis à la charge de celui qui, après avoir triomphé devant la cour de renvoi, succombe en fin de cause. L'arrêt de la cour de renvoi doit donc séparer ces deux sortes de frais ; mais cette distinction n'a pas besoin d'être faite en termes exprès. Du moment où la cour de renvoi s'est bornée à comprendre dans la condamnation aux dépens, les *frais faits devant la première cour*, sans y ajouter expressément ceux de l'arrêt cassé, elle est présumée avoir exclu de la condamnation les dépens de l'arrêt cassé et de sa signification. Une pareille décision échappe donc à la censure de la cour de cassation. Conformément à cette doctrine, il a été jugé : 1° que la partie qui a obtenu la cassation d'un arrêt ne peut être condamnée par la cour de renvoi devant laquelle elle succombe, aux frais de l'arrêt cassé, ni à ceux faits devant la cour de cassation (Civ. cass. 14 juill. 1852, aff. Gladieux, D. P. 52. 1. 203. — V. aussi Civ. cass. 20 avr. 1852, aff. Constant, D. P. 54. 5. 399; Civ. rej. 16 déc. 1856, aff. Eudes, D. P. 56. 1. 433); — 2° Que la condamnation prononcée par une cour, saisie sur renvoi après cassation, aux dépens de l'instance qui a été suivie devant la cour dont l'arrêt a été cassé, ne comprend pas les frais de cet arrêt, lorsqu'elle a eu lieu contre la partie qui en avait obtenu la cassation (Civ. rej. 7 nov. 1855, aff. Veuve Guillermet et Gindre, D. P. 55. 1. 462); — 3° Que les frais de l'instance suivie devant la cour dont l'arrêt a été cassé peuvent, à la différence de ceux de cet arrêt lui-même, être mis, par la cour de renvoi, à

la charge de la partie qui avait obtenu la cassation, mais qui succombe devant cette dernière cour ; que la cour de renvoi exclut suffisamment de la condamnation les frais de l'arrêt cassé, pour les limiter à ceux de la procédure qui l'a précédé, lorsque, dans cette condamnation, elle se borne à comprendre les dépens faits *devant la cour* dont l'arrêt a été annulé, sans y ajouter expressément ceux de cet arrêt (Req. 27 mars 1866, aff. Denis, D. P. 66. 1. 428); — 4° Que la cour qui, saisie sur renvoi après cassation, condamne le demandeur en cassation aux dépens, même en ceux faits devant la cour qui a rendu l'arrêt cassé, ne peut être présumée avoir compris dans ces frais ceux de l'arrêt cassé qui restent à la charge du défendeur en cassation (Req. 24 avr. 1872, aff. Gravier, D. P. 72. 1. 409. V. aussi, Crim. cass. juin 1877, 15 aff. Rebiffé, D. P. 78. 1. 41; V. Crim. rej. 19 févr. 1859, aff. Gautrot, D. P. 60. 5. 185); — 5° Que la partie qui a obtenu la cassation d'un jugement ne peut être tenue ni des frais du jugement annulé sur son pourvoi, ni des frais de l'arrêt qui l'annule (Civ. cass. 26 janv. 1881, aff. Albouy, D. P. 81. 1. 150); — 6° Que lorsque, après avoir obtenu la cassation d'un arrêt, une partie civile succombe devant la cour de renvoi, cette cour ne peut, sans excès de pouvoir, et sans porter atteinte partielle à la cassation irrévocablement consommée, mettre à sa charge les frais, soit de l'arrêt cassé, soit de l'arrêt de cassation (Crim. cass. 29 juill. 1880, aff. Evrard, D. P. 88. 1. 41; V. aussi en ce sens, Crim. rej. 19 févr. 1859, aff. Gautrot, D. P. 60. 5. 185); — 7° Que lorsqu'un tribunal d'arrondissement, statuant après renvoi de la cour de cassation, laquelle a cassé un jugement d'un autre tribunal d'arrondissement rendu sur appel d'une sentence de juge de paix, annule cette sentence pour incompétence, accueillant ainsi le premier chef des conclusions de l'appelant, il peut cependant condamner celui-ci à la totalité des dépens s'il repousse le second chef de ses conclusions tendant à l'évocation au fond et à une condamnation à des dommages-intérêts ; mais qu'en pareil cas, la condamnation à tous les dépens doit s'entendre uniquement des dépens faits soit devant le juge de paix, soit devant le tribunal de renvoi, et non des frais de l'arrêt de cassation ni de ceux du jugement rendu par le premier tribunal d'arrondissement (Civ. rej. 2. avr. 1890, aff. Horoy, D. P. 90. 1. 444). — On peut se demander si la conséquence que la cour de cassation attache à la cassation intervenue au cours d'une procédure n'est pas d'une rigueur excessive. Est-il juste qu'un prévenu qui a subi un procès, dans lequel les prétentions du plaignant sont jugées mal fondées, paye une partie des frais ? N'est-elle pas contraire au principe que la condamnation aux dépens ne peut être prononcée qu'accessoirement à une demande principale, et que, par suite, elle ne doit jamais atteindre un prévenu acquitté ?

**504.** Les tribunaux, nous l'avons dit *suprà*, n°s 22 et 62 sont investis d'un pouvoir discrétionnaire en ce qui concerne la condamnation aux dépens entre parties qui succombent respectivement ; sans qu'il soit besoin de motiver spécialement la condamnation. Il a été jugé, par application de ce principe : que lorsqu'un arrêt, déclarant la sincérité d'une pièce tout en maintenant en vérification d'écriture, a été cassé quant à un autre chef, la cour de renvoi peut, lorsque, sur une inscription de faux, elle a déclaré, au contraire, la fausseté de la même pièce, comprendre, dans les dépens mis à la charge de la partie succombante, les dépens de la vérification d'écriture, quoique, sur ce chef non cassé, cette partie ait définitivement triomphé, la pièce par elle produite n'en ayant pas moins été reconnue fausse, et la condamnation à tous les dépens que sa production a occasionnés étant la juste réparation du tort causé par cette production (Req. 22 mars 1869, aff. Mérigot, D. P. 69. 1. 448). — Qu'est suffisamment motivé de la cour de renvoi qui met à la charge de la masse d'une faillite tenue ni des frais du jugement, y compris ceux faits devant la cour dont la décision a été cassée, en raison de cette double circonstance que tous les frais avaient été faits dans l'intérêt des parties, et que même l'appel n'avait pas été inutile et tout à fait mal fondé (Req. 10 févr. 1885) (1).

---

(1) (Dunand C. Dunand.) — Arrêt de la cour de Grenoble du 28 mars 1881, ainsi conçu : — LA COUR ; — Attendu que, par les

actes ou contrats de mariage des 27 mars 1844, 4 avr. 1853 et 10 nov. 1858, Gabriel Dunand a successivement attribué, à titre

**505.** De même qu'une cour d'appel modifiant un jugement de première instance peut modifier la répartition des dépens faite par ce jugement, de même et pour les mêmes raisons, la cour de renvoi, lorsqu'elle modifie, sur les chefs qui ont donné lieu à cassation, les solutions données par la première cour d'appel, peut modifier la répartition des dépens faite par cette cour. Il a été jugé que la disposition relative aux dépens est un accessoire de la demande principale ; son sort est lié non seulement à l'ensemble du procès, mais à chacun des chefs à examiner dont il y a lieu de fixer l'importance relative ; il s'ensuit que la cassation d'un ou plusieurs chefs d'un arrêt entraîne nécessairement l'examen de la partie des frais qui peuvent être afférents à ces chefs (Besançon, 9 janv. 1889, aff. Héritiers Court, D. P. 90. 2. 19 ; V. aussi Crim. cass. 29 juill. 1886, aff. Evrard, D. P. 88. 1. 41).

Sect. 8. — Des frais et droits dus aux avocats, avoués, notaires, greffiers, huissiers, commissaires-priseurs (*Rép.* nos 887 à 897).

**506.** — 1° *Droit de plaidoirie des avocats* (*Rép.* nos 887 et suiv. ; et *supra*, vo *Avocats*). — Les frais et dépens ne comprennent pas les honoraires de l'avocat du gagnant, ce qui n'est dans la mesure indiquée par les art. 80 et 82 du décret du 16 févr. 1807 (V. Boitard, Colmet-Daâge et Glasson, t. 1, n° 274). Au delà de cette somme fixée par le tarif, les hono-

raires de l'avocat sont à la charge de chaque partie, de sorte que le gagnant doit lui-même les payer, et ne peut pas les comprendre dans les frais et dépens. — Il a été jugé que, les art. 80 et 82 du décret du 16 févr. 1807 déterminant la somme que le gagnant a le droit de répéter du perdant pour honoraires de son avocat, il ne saurait être exigé du perdant rien au delà de ce que la taxe accorde ; qu'en conséquence, la provision *ad litem* versée par le mari défendeur à la demande en divorce doit s'imputer sur les dépens mis à sa charge, et non être employée à payer les honoraires de l'avocat de la demanderesse, alors même que le mari aurait bénévolement consenti à les acquitter dans le règlement des frais de divers incidents (Poitiers, 21 juill. 1890, aff. M..., D. P. 91. 2. 56). — L'arrêt admet cette solution comme conséquence de la règle que les frais et dépens ne comprennent pas les honoraires de l'avocat du gagnant. Il nous semble qu'il s'agit là de deux questions absolument indépendantes l'une de l'autre ; aucun article de loi ne définit la provision *ad litem* ne dit qu'elle doit être réservée aux frais et dépens. En réalité, l'avoué peut l'employer à toutes les dépenses qui résultent du procès, et notamment aux honoraires de l'avocat. Cela est d'autant plus juste et plus naturel que l'avoué est réputé mandataire de son client à l'effet de payer les honoraires de l'avocat, alors même que ces honoraires excéderaient le tarif, si d'ailleurs, ils ont été fixés à un chiffre raisonnable (V. *Rép.*, vo *Avoué*, nos 118 et 133). Dans une instance en divorce, lorsque le mari remet une

de donations entre vifs définitives et irrévocables à chacun de ses trois fils, Pierre-François, Jean-Claude et Jules Dunand, un tiers de tous les biens immeubles qu'il posséderait ou laisserait, à la charge par chacun de payer un tiers des dettes et un tiers des légitimes revenant à ses cinq filles ; — Attendu que ces trois donations, passées dans l'étendue des États formant le royaume de Sardaigne, étaient régnicoles, et sous l'empire du code civil sarde, ne constituaient pas, d'après la législation existante et d'après la volonté suffisamment exprimée du donateur, de simples avancements d'hoirie rapportables à sa succession, mais bien des dispositions virtuellement exclusives de tous rapports à effectuer, quels que dussent être l'époque de l'ouverture de cette succession et le droit sous lequel on procéderait à son partage ; — Attendu que les premiers juges avaient été en conséquence bien fondés à décider que les frères Dunand ou leurs représentants étaient dispensés de tous rapports, et leurs sœurs réduites à la légitime ou réserve, telle qu'elle était déterminée par la loi en vigueur à l'époque des donations, qui n'étaient réductibles qu'autant qu'il était nécessaire pour le payement des légitimes ; qu'ils ont dû ordonner le partage de la succession de Gabriel Dunand ; mais qu'ils l'ont fait en termes trop généraux, dans distinguer entre la succession immobilière, comprise seule sans les donations fixes et irréductibles qu'il s'agit d'appliquer, et la succession mobilière proprement dite, dont il n'a pas été disposé, et qui doit être réglée *ab intestat*, par division égale entre tous les successibles, donataires ou légitimaires : qu'il y a lieu à cet égard, et dans cette faible mesure, de modifier, en l'émendant, le jugement dont est appel ; — Attendu, toutefois, que cette succession mobilière ne doit comprendre aucune somme ou valeur représentative d'intérêts ou de fruits que les donataires seraient supposés devoir à leur père, à raison de la jouissance ou administration qu'ils auraient eues pendant sa vie des immeubles dont celui-ci s'était réservé l'usufruit ; que le tribunal a justement envisagé et apprécié la situation respective du père donateur et des fils donataires, en jugeant, que ceux-ci doivent être réputés avoir tenu compte à leur père de son usufruit temps pour temps ; que si, au surplus, ils avaient pu tirer quelque profit personnel de ces intérêts ou de ces fruits, ils l'auraient fait en procurant en retour aux immeubles des améliorations ou des accessoires dont le bénéfice figure dans la plus-value qui permettra, pour l'établissement du partage et la fixation des légitimes, de donner aux immeubles une estimation supérieure à celle qu'ils auraient pu comporter à l'époque des donations ; — Sur l'appel incident ; — Attendu que la compensation qui vient d'être naturellement indiquée entre les fruits et les intérêts restituables par les donataires à l'héritage du donateur usufruitier, et la plus-value afférente aux immeubles par les améliorations, réparations ou constructions additionnelles opérées depuis les donations, doit faire écarter ou le double chef l'appel incident comme l'appel principal ; que ces améliorations ou accessoires n'ont dû se faire et n'ont été réalisés en réalité, que par le donateur resté usufruitier, avec sa propre substance et son assentiment ; que, s'il n'a pas exigé les produits, c'est qu'ils ont servi à faire les dépenses, et que si, au contraire, il les a perçus ou reçus, c'est qu'ils lui ont servi à lui-même pour améliorer ou construire ; d'où la conséquence que sa succession immobilière s'est agrandie tout à la fois au profit de ses fils, qui en sont donataires, et au profit de ses

filles, dont la réserve légitimaire s'est par là même accrue ; que, sans qu'il soit besoin de recourir à des vérifications spéciales, la cour a, comme le tribunal, dans les documents de la cause, les éléments nécessaires pour balancer une compensation complète ces deux ordres de réclamations correspondantes ; Sur les dépens : — Attendu que les frais du procès, comprenant ceux du présent arrêt, ont été ou sont faits dans l'intérêt commun des parties, et pour régler entre elles les conditions d'un partage indispensable ; que les premiers juges ont eu raison d'ordonner que ces frais seraient à la charge de la masse ; que le même motif doit faire assimiler aux frais de première instance ceux d'appel, en y comprenant même les frais de l'arrêt rendu par la cour de Chambéry, et dont la cassation a été prononcée ; que ces derniers frais n'auraient pu être exceptés de cette assimilation qu'autant que les appelants auraient complètement succombé dans leur appel ; qu'au contraire, cet appel n'a pas été inutile et tout à fait mal fondé, puisqu'il permet aujourd'hui de réparer l'erreur ou l'omission des premiers juges, qui n'ont pas distingué la succession mobilière de la succession immobilière pour en ordonner le partage sur d'autres bases et d'après d'autres règles ; que, d'ailleurs, les parties consentantes succombent chacune sur certains points de leurs prétentions, les unes n'obtenant qu'une rectification partielle et restreinte du jugement, les autres voyant repousser leur appel incident mal à propos formé ; — Par ces motifs, et adoptant les motifs des premiers juges qui s'y rapportent et n'y sont pas contraires, etc.

Pourvoi en cassation par les consorts Dunand. — 1°... — 2° Violation de l'art. 7 de la loi du 20 avr. 1810, en ce que l'arrêt attaqué a omis de motiver ses décisions sur divers chefs de conclusions relatifs aux dépens.

La cour ; — Sur le premier moyen du pourvoi, pris de la violation de l'art. 2 c. civ. français, de l'art. 3 du décret du 22 août 1860, des art. 311, 731 et 1143 c. Albertin, et encore, en tant que de besoin des art. 599 et 922 c. civ. français : — Attendu qu'il résulte des actes relatés dans l'arrêt attaqué que les donations faites en 1844, 1853 et 1858 par Dunand à ses trois fils étaient, non des donations entre vifs de biens présents, mais des donations de biens à venir ou institutions contractuelles ; — Attendu, dès lors, qu'en décidant que la cour n'aurait pas lieu de faire abstraction, pour le calcul de la quotité disponible, de la plus-value procurée aux immeubles donnés par des travaux effectués depuis les donations jusqu'à la mort du donateur en 1873, l'arrêt attaqué a fait une juste application des principes de la matière, et n'a violé aucun des articles cités.

Sur le deuxième moyen, pris de la violation de l'art. 7 de la loi du 20 avr. 1810 : — Attendu que l'arrêt attaqué laisse ou met à la charge de la masse tous les frais et dépens, tant de première instance que d'appel, y compris ceux faits devant la cour de Chambéry, dont l'arrêt a été cassé sur la demande des frères Dunand ; — Attendu qu'il est dit dans l'arrêt attaqué que tous ces frais ont été faits dans l'intérêt des parties, et que l'appel formé par les sœurs Dunand devant la cour de Chambéry n'a pas été inutile ou tout à fait mal fondé ; que, dès lors, la décision de la cour de Grenoble relativement aux dépens est suffisamment motivée ; — Rejette, etc.

Du 10 févr. 1885.-Ch. req.-MM. Bédarrides, pr.-Demangeat, rap.-Chevrier, av. gén., c. conf.-Housset, av.

provision *ad litem* entre les mains de l'avoué de sa femme, cet avoué a donc le droit d'employer tout ou partie de la somme aux honoraires de l'avocat de sa cliente. C'est une application pure et simple des principes précédents, et nous ajouterons que si l'on contestait ce droit à l'avoué, il pourrait être souvent difficile à la femme de trouver un avocat à l'effet de défendre ses intérêts. Or le mari est tenu, pendant la durée du procès, de donner des aliments à sa femme, c'est-à-dire de satisfaire à ses besoins, et notamment de la mettre en état de faire valoir ses droits en justice. Dans l'espèce, les 400 fr. versés par le mari avaient le caractère d'une dette alimentaire, et en même temps ils pouvaient être remis à l'avoué de la femme à titre de provision *ad litem* et être attribués ensuite par cet avoué à l'avocat, sans s'imputer sur la créance des dépens, précisément parce que la provision *ad litem* peut, dans le silence de la loi, être employée à toutes les dépenses susceptibles de naître du procès et qu'on ne saurait, sans un texte formel, la réserver aux frais et dépens dans le sens étroit de ces termes.

**507.** — 2° *Avoués et agréés.* — L'avoué qui a occupé pour plusieurs personnes intéressées dans la même affaire, a, pour le payement de ses frais, une action solidaire contre chacune d'elles. Le mandat *ad litem* est soumis à cet égard aux règles ordinaires du mandat (*Rép.* n° 894, et v° *Avoué*, n° 116). Mais, d'après les mêmes règles, il faut que les divers mandants aient un intérêt commun, et qu'il n'y ait qu'un mandat unique. Si des mandats distincts ont été donnés, chaque mandant n'est plus tenu que personnellement (*Rép.* v° *Mandat*, n° 379). Lors donc que l'avoué a été chargé, par des actes séparés, de défendre des intérêts non communs, il n'est pas fondé à poursuivre solidairement ses clients, bien qu'il s'agît de la même procédure. La circonstance que l'avoué a fait des significations collectives, ne peut créer un lien de solidarité qui ne repose sur aucun texte de loi. — Il a été jugé que l'avoué chargé, en vertu de mandats séparés, de produire dans un ordre, pour deux créanciers ayant des droits distincts, n'a pas contre eux d'action solidaire en remboursement des frais des significations, faites en leur nom, même collectivement, et notamment des frais de délivrance et de signification d'un jugement qui a ordonné le maintien de leur collocation contestée par un autre créancier: chacun de ces créanciers n'est tenu que de la moitié de ces frais (Civ. rej. 22 nov. 1854, aff. Ledonné-Girardière, D. P. 54. 1. 418).

Il a été jugé que le mandat *ad litem* de l'avoué prend fin lorsque l'instance pour laquelle il a été donné est terminée; que, dès lors, l'avoué n'est pas chargé de plein droit de l'exécution du jugement par lui obtenu : il a seulement le pouvoir, dans le cas où cette exécution est poursuivie dans l'année, d'occuper, sans nouveau mandat, sur les incidents litigieux auxquels elle peut donner lieu; qu'en conséquence, l'avoué n'a pas droit aux frais d'une signification de jugement à partie, qu'il a faite spontanément, lorsque cette signification n'a eu lieu qu'en vue de l'exécution, et qu'il s'agissait, par exemple, d'un jugement passé en force de chose jugée (Arrêt précité du 22 nov. 1854; V. *supra*, v° *Avoué*, n° 41; *Rép.* eod. v°, n°⁵ 162 et suiv. — V. aussi *Rép.* n°⁵ 892 et suiv.; *supra*, v¹ˢ *Agréé et avoué*; *infrà*, v° *Honoraires*; *Rép.* eisd. v¹ˢ).

**508.** — 3° *Notaires, greffiers, huissiers, commissaires-priseurs, conservateurs* (*Rép.* n° 897).

### Sect. 9. — Des frais frustratoires (*Rép.* n°⁵ 898 à 903).

**509.** Aux termes de l'art. 1031 c. proc. civ., les procédures et les actes nuls ou frustratoires sont à la charge des officiers ministériels qui les ont faits; ces officiers ministériels, suivant l'exigence des cas, sont, en outre, passibles des dommages-intérêts envers la partie, et peuvent même être suspendus de leurs fonctions. La première disposition de l'article « les actes sont à la charge » est impérative; les autres sont facultatives. Il a été jugé: 1° que les frais frustratoires faits par un officier ministériel doivent rester à sa charge, alors même que les juges constateraient qu'il a pu se tromper de bonne foi sur le caractère frustratoire de ces frais; ici ne s'applique pas le pouvoir facultatif reconnu aux juges en matière de condamnation aux dommages-intérêts ou à des peines disciplinaires, pour erreur ou faute

commise par les officiers ministériels (Civ. cass. 10 nov. 1858, aff. Boursault, D. P. 58. 1. 463); — 2° Que les frais d'une procédure inutile doivent être laissés à la charge de l'avoué, alors même qu'il l'a engagée à la prière et sur les instances du client (Bordeaux, 22 août 1871, aff. Trimoulet, D. P. 72. 2. 214); — 3° Que les frais des actes nuls doivent, nécessairement être laissés à la charge des officiers ministériels; il n'en est pas de ces frais comme des dommages-intérêts qui peuvent, selon les circonstances, être prononcés ou non contre lesdits officiers ministériels à raison des actes annulés; que spécialement, les frais d'un acte de surenchère déclaré nul pour avoir été reçu par le greffier ou son commis dans la demeure de l'avoué du surenchérisseur, doivent être supportés par le greffier et l'avoué, alors même que l'irrégularité aurait été commise à la sollicitation du surenchérisseur lui-même (Civ. cass. 20 déc. 1876, aff. Galy, D. P. 77. 1. 170).

**510.** Le point de savoir si des frais sont frustratoires est apprécié souverainement par les juges du fond (Req. 31 mai 1858, aff. Deluy, D. P. 58. 1. 407); Rennes, 3 juill. 1874, aff. Commune de Saint-Julien-de-Courcelles, D. P. 77. 1. 125). — Il a été jugé : 1° que les décisions qui mettent à la charge des officiers ministériels, comme frais frustratoires, les frais des procédures qu'ils ont faites, ont un caractère disciplinaire qui les met à l'abri du contrôle de la cour de cassation ; et spécialement, que l'avoué qui, après avoir adressé à son client un état de frais comprenant des frais taxés et des dépenses non taxées, a poursuivi ce client en justice, malgré l'offre que celui-ci lui avait faite des frais taxés, et sans au préalable fournir à ce client les documents nécessaires pour établir la légitimité des autres sommes réclamées, a pu être condamné aux dépens, bien qu'il n'ait point succombé (Req. 28 févr. 1855, aff. Maria, D. P. 55. 1. 460) ;

Il appartient aux tribunaux de déclarer, d'après les circonstances, si un acte a ou non le caractère frustratoire. Ainsi il a été jugé: 1° qu'une signification de jugement faite à une partie qui n'est frappée par ce jugement d'aucune condamnation, et qui n'aurait point le droit d'en interjeter appel, doit être déclarée frustratoire et rester à la charge de l'officier ministériel duquel elle émane; qu'ainsi, lorsque, durant une instance, plusieurs des parties ont cédé leurs droits par des actes régulièrement notifiés aux parties adverses, et que, du consentement commun, elles ont cessé de figurer dans cette instance reprise, à partir du transport, au nom du seul transport, les significations à elles faites du jugement intervenu, qui ne prononce contre elles aucune condamnation, doivent être rejetées de la taxe comme ayant un caractère frustratoire, et il n'importe en cas pareil, soit que les cédants n'aient point conclu expressément à leur mise hors de cause, soit même qu'ils aient continué à figurer sous qualités du jugement, s'ils y ont été désignés en leurs qualités de cédants, et non à titre de parties au procès (Civ. cass. 18 juin 1856, aff. Praud, D. P. 56. 1. 253); — 2° Que doivent être considérés comme frustratoires et non admissibles en taxe, les frais d'une signification de jugement à un tiers étranger à l'instance, alors même que ce tiers devrait être informé de ses dispositions pour s'y conformer, la loi ayant établi pour ce cas un mode moins coûteux de porter le jugement à sa connaissance (Riom, 10 août 1858, aff. Dufaud, D. P. 58. 5. 250); — 3° Qu'il n'y a lieu ni de lever, ni de signifier les jugements ou arrêts qui déclarent un partage d'opinions; que par suite, les frais avancés pour la levée, l'expédition et la signification de ces actes doivent être rejetés de la taxe comme frustratoires (Pau, 30 mai 1877, aff. Ferran, D. P. 78. 2. 40). Les jugements qui statuent sur de simples mesures d'ordre intérieur n'ont besoin d'être levés ni signifiés (V. *Rép.* v° *Jugement*, n°⁵ 483 et suiv.).

Jugé, au contraire : 1° qu'il suffit qu'il y ait controverse sur la question de savoir si la signification préalable à avoué de l'arrêt rendu sur l'appel d'un jugement d'ordre est nécessaire, pour que l'avoué de la partie gagnante ne puisse encourir le reproche de l'avoir fait faire, et pour qu'elle lui soit dès lors passée en taxe (Orléans, 19 juin 1855, aff. Julienne, D. P. 56. 2. 120); — 2° Que la signification d'un arrêt à parties est utile, et, par conséquent, doit être passée en taxe, lorsqu'elle a pour objet de faire courir les délais du pourvoi en cassation (Pau, 4 juin 1884, aff. Saint-Paul, D. P. 85. 2. 143. V. v° *Cassation*, n° 112;- *Rép.* eod. v°, n°s 489 et suiv.).

SECT. 10. — DE L'EXÉCUTOIRE DE DÉPENS, SA FORME, SES EFFETS, RECOURS (*Rép.* n°s 904 à 936).

**511.** Les dispositions du second décret du 16 févr. 1807, étant d'ordre public, le droit de les invoquer appartient non seulement à la partie condamnée, mais encore à l'avoué du gagnant. Sans doute, en fait et le plus souvent, la première seule aura intérêt à les faire valoir; mais il peut arriver parfois que tel soit aussi le cas de l'avoué du gagnant et rien ne s'oppose alors à ce que cet avoué, pour rendre la taxe définitive, lève et signifie un exécutoire. — Il a été jugé que, lorsque la partie condamnée aux dépens demande la taxe ou fait un acte qui implique de sa part l'intention de la demander, l'avoué de la partie adverse est en droit de lever et de signifier un exécutoire à l'effet de rendre cette taxe définitive (Caen, 11 avr. 1889, aff. Lépargneux, D. P. 90. 2. 283).

**512.** Conformément à l'opinion émise au *Rép.* n° 909, que l'exécutoire n'est que la grosse de l'ordonnance, qu'il doit être délivré au nom du juge, mais qu'il est signé par le greffier seul, il a été jugé que la taxe est signée par le juge et le greffier qui en délivre expédition dans la forme exécutoire (Civ. rej. 12 nov. 1862, aff. Jégou, D. P. 62. 1. 474; Garsonnet, *op. cit.*, t. 3, p. 371).

**513.** L'avoué n'a droit à aucun émolument pour requérir la délivrance d'un exécutoire de dépens (Rousseau et Laisney, *op. cit.*, n° 34).

**514.** Quand, sur l'appel, une cour a confirmé le jugement de première instance et condamné l'appelant aux entiers dépens, il ne doit être pris qu'un exécutoire comprenant tous les dépens, alors même que l'avoué d'appel a obtenu la distraction (Chauveau et Godoffre, *op. cit.*, t. 2, p. 63, n° 2663).

**515.** On a exposé au *Rép.* n° 913, qu'il n'est pas nécessaire de donner copie en tête du commandement de saisie immobilière du jugement qui a servi de base à l'exécutoire. Cette doctrine, enseignée par les auteurs, est consacrée par la jurisprudence (Rousseau et Laisney, *op. cit.*, v° *Taxe*, n° 35; Chauveau et Godoffre, *op. cit.*, t. 2, p. 65, n° 2664; Grenoble, 12 juill. 1855, aff. N... *Journal des arrêts de la cour de Grenoble*, 1858, p. 25).

**516.** L'exécutoire doit contenir tous les frais de l'instance, ce qui comprend les frais de signification de la décision qui l'a terminée; il ne peut donc être délivré que postérieurement à cette signification (Rousseau et Laisney, *op. cit.*, v° *Taxe*, n° 36; Chauveau et Godoffre, *op. cit.*, t. 2, p. 65, n° 2665; Rouen, 13 août 1869, aff. Bouvet, D. P. 72. 5. 261).

**517.** L'exécutoire doit être signifié à l'avoué de la partie qui a succombé. Il doit être signifié à la partie elle-même lorsqu'il y a lieu de la contraindre au payement (Rousseau et Laisney, *op. cit.*, v° *Taxe*, n° 37; Chauveau et Godoffre, *op. cit.*, t. 2, p. 66, n° 2666; Garsonnet, *op. cit.*, t. 3, p. 371).

**518.** La partie condamnée aux dépens ne peut, en offrant de payer ces dépens, exiger la remise de toutes les pièces de procédure taxées avant la remise de l'exécutoire. Mais elle peut exiger la remise de cet exécutoire; l'offre d'une quittance ne suffit pas (*Rép.* n° 915; Chauveau et Godoffre, *op. cit.*, t. 2, p. 66, n° 2667; Rousseau et Laisney, *op., cit.*, v° *Taxe*, n° 38).

**519.** Les frais de mise à exécution d'un titre paré sont l'accessoire du principal; il résulte de l'art. 622 c. proc. civ., qu'ils doivent être payés, avec le principal, sur le prix de la vente pour laquelle ils ont été faits. Il n'est donc pas possible de refuser à la partie qui a obtenu un arrêt, pour le recouvrement des frais de mise à exécution dûment taxés, les voies de contrainte qui dérivent de la condamnation aux frais; une semblable condamnation renferme virtuellement tous les frais faits et à faire, pour que force demeure à justice, et implique nécessairement tous les moyens d'exécution forcée que la loi autorise. — Le contraire avait été décidé par un arrêt de la cour de Paris du 4 juill. 1853 (aff. Rey, D. P. 54. 2. 66), qui avait jugé que les frais d'exécution ou de poursuites dirigées en vertu d'un jugement, ne peuvent être

réputés compris dans ce jugement; que, par suite, en cas d'extinction par le payement, tant de la condamnation au principal que des dépens liquidés, les poursuites ne peuvent être reprises en vertu, soit du même jugement, soit d'une taxe ou exécutoire émané du tribunal pour le payement non opéré des frais d'exécution; que les frais des poursuites exercées en vertu d'un jugement, ne peuvent être taxés par l'un des juges de qui ce dernier acte est émané; et, à supposer que ce règlement ou exécutoire puisse être employé dans une distribution, il ne saurait servir de titre, en raison de l'incompétence du juge qui l'a rendu, pour diriger les poursuites. — La cour n'a pas persisté dans cette doctrine et, dans un arrêt du 10 janv. 1854 (aff. Pujolle, D. P. 54. 5. 399), elle a proclamé que l'exécutoire obtenu pour avoir payement des frais auxquels une partie a été condamnée, s'applique aux frais qui sont le résultat de l'exécution; et que, par exemple, lorsque le débiteur poursuivi en payement des frais auxquels il a été condamné, par un avoué qui en avait obtenu la distraction et qui avait fait opérer une saisie-arrêt en vertu d'un exécutoire, a payé le montant de cet exécutoire à l'avoué qui a fait réserve pour les frais d'exécution, non encore liquidés, et pour lesquels d'ailleurs le saisi avait offert une somme, sauf à parfaire après liquidation; s'il arrive que cet avoué se trouve dans la nécessité d'exercer des poursuites pour ces derniers frais, il peut le faire en vertu d'un exécutoire supplémentaire, et c'est à tort que le débiteur prétendrait que le créancier (ou l'avoué distractionnaire) doit au préalable prendre un jugement de condamnation pour ces frais. « Lorsqu'il est rendu, dit M. Chauveau (Dutruc sur Carré et Chauveau, *op. cit.*, v° *Exécution forcée des jugements*, n° 86), un jugement qui condamne un individu au payement d'une somme déterminée avec les intérêts du jour de la demande et les frais exposés, il est certain que le jugement constitue, au profit de celui qui l'a obtenu, un titre exécutoire, en vertu duquel il a le droit de poursuivre le payement de toutes les sommes qui forment la créance en principal et accessoire. Si les poursuites auxquelles le jugement sert de base occasionnent des frais indispensables, il est naturel, il est logique que le payement des frais de ces poursuites soit garanti par la force du jugement lui-même, puisque c'est dans le payement qu'elles puisent leur raison d'être, leur légitimité. Par cela seul qu'un jugement existe, il produit son effet non seulement quant aux condamnations qu'il prononce formellement, mais encore quant à celles qu'il contient virtuellement en germe. Sans doute, la taxe du juge n'est pas exécutoire par elle-même, mais elle le devient parce qu'elle s'incorpore avec le jugement, cause de l'exécution. S'il en était autrement, et si l'opinion consacrée par la cour de Paris, le 4 juill. 1853, pouvait prévaloir, les discussions judiciaires n'auraient plus de fin. Après avoir obtenu un second jugement de condamnation pour les frais non liquidés, il faudrait ramener le second jugement à exécution, et la difficulté se représenterait ensuite pour les frais de la nouvelle poursuite d'exécution. La dette résultant du jugement n'est éteinte que par le payement intégral du capital, des intérêts, des frais liquidés dans le jugement et des frais non liquidés; tout ce que le débiteur peut exiger, c'est que ces derniers frais soient régulièrement taxés; après cette formalité accomplie, l'exécution continue, s'il n'achève pas de payer son créancier ».

**520.** — *Recours contre l'exécutoire.* — V. *Rép.* n°s 917 et suiv. et *supra*, n°s 203 et suiv.

SECT. 11. — ACTION EN PAYEMENT DES HONORAIRES DES AVOCATS ET DES FRAIS DES DIVERS OFFICIERS PUBLICS. — COMPÉTENCE ET PRESCRIPTION (*Rép.* n°s 937 à 965).

**521.** — I. AVOCATS. — V. *supra*, v° *Avocats* n°s 108 et suiv.; et *Rép.* eod. v°, n°s 241 et suiv.

**522.** — II. AVOUÉS. — On a dit au *Rép.* n° 940, que l'assignation d'un avoué en payement des frais qui lui sont dus ne peut être annulée pour défaut de signification en tête de l'acte du mémoire des frais réclamés. L'avoué doit seulement supporter les frais de la signification qu'il est obligé de faire postérieurement. Conformément à cette théorie, il a été jugé que l'assignation donnée par un officier ministériel en payement des frais qui lui sont dus n'est pas nulle par cela seul qu'il n'a pas été donné copie, en tête de cette assignation, du mémoire des frais réclamés; la communication de ce mémoire peut être utilement donnée dans le cours de l'instance (Caen, 31 août 1863, aff. Biré, D. P. 64. 5. 198; Boucher d'Argis et Sorel, *op. cit.*, v° *Frais*, p. 295; Chauveau et Godoffre, *op. cit.*, t. 2, p. 85, n° 2705). Décidé en sens contraire que l'assignation donnée par un avoué à son client en payement des frais à lui dus est nulle si elle ne contient pas la copie du mémoire de ces frais, et dès lors les frais de la procédure qui a suivi ladite assignation doivent rester à la charge de l'avoué; qu'il doit en être ainsi alors surtout que, depuis, le client a fait à l'avoué des offres jugées bonnes et valables qui ont été refusées (Bourges, 22 août 1856, aff. Hyvernault, D. P. 59. 5. 196).

Il a été jugé que l'art. 9 du décret du 16 févr. 1807 qui prescrit de mettre en tête de l'assignation copie du mémoire des frais ne s'applique pas aux contestations entre officiers ministériels sur le règlement des frais (Trib. civ. de Tarascon, 21 juin 1861) (1).

**523.** L'avoué a toujours le droit de présenter son mémoire de frais à la taxe du juge avant d'en réclamer le montant à son client (Req. 23 mars 1875, *suprà*, n° 187). Mais l'opinion émise au *Rép.* n° 939, qu'il n'est pas nécessaire que l'état des frais présenté par l'avoué soit taxé préalablement à la demande est généralement adoptée par les auteurs (Boucher d'Argis et Sorel, *op. cit.*, v° *Frais*, p. 295, note *b*). « Cette marche, disent MM. Chauveau et Godoffre (*op. cit.*, t. 2, p. 86, n° 2707) serait sans objet, puisque la taxe n'aurait rien d'obligatoire pour le tribunal, seul juge compétent de la contestation. ». Si l'avoué a toutefois, en pareille occurrence, requis taxe (et dans la pratique, c'est ainsi que les choses se passent le plus ordinairement, surtout quand il s'agit de frais dus par des communes, des administrations publiques, etc.), et que cette taxe lui paraisse insuffisante, il ne peut, comme dans le cas prévu par l'art. 6 du décret, recourir à la voie de l'opposition devant la chambre du conseil; et la raison en est fort simple. Si l'avoué était en pareil cas recevable à former opposition à la taxe, non seulement cette opposition serait vidée en l'absence du client dont l'intérêt est manifeste, mais le client, s'il ne voulait payer les frais (et c'est son droit) qu'après discussion contradictoire à l'audience, se trouverait en face d'une décision antérieurement rendue sur l'opposition, et pouvant, à certains égards, constituer contre lui un préjugé des plus graves, puisque ce seraient les magistrats mêmes qui auraient déjà, en chambre du conseil, statué sur la valeur de l'opposition formée par l'avoué contre la taxe du juge, qui seraient appelés en audience publique à connaître de l'action en payement des frais dirigée par l'avoué contre son client. Il

doit assigner son client en payement devant le tribunal (V. en ce sens Chauveau et Godoffre, *op. cit.*, t. 2, p. 87, n° 2708).

Il a été jugé, conformément à cette théorie, que l'avoué qui a présenté à la taxe l'état des frais qu'il réclame à son propre client ne peut former opposition à cette taxe purement facultative et officieuse devant la chambre du conseil; le client doit être assigné en payement, avec copie, en tête de l'assignation, de l'état des frais réclamés, et l'affaire portée à l'audience sans autre formalité préalable (Chambéry, 27 août 1867, aff. M° Clerc, D. P. 69. 2. 87).

**524.** Il a été jugé que la taxe de frais exposés dans une instance et réclamés par un avoué à son propre client n'a aucune force légale, lorsqu'elle a été faite par un juge en dehors d'une demande formée devant le tribunal, en vertu de l'art. 9 du décret complémentaire du 16 févr. 1807; qu'en conséquence, il ne peut résulter du payement des frais ainsi taxés un acquiescement mettant obstacle à une demande en restitution d'une partie de ces frais (Civ. cass. 9 janv. 1872, aff. Dame Lepley, D. P. 72. 1. 5). Il s'agissait, dans l'espèce, de frais dus à un avoué par sa cliente demanderesse en séparation de corps. L'instance ayant été terminée par une réconciliation des époux, l'avoué avait fait taxer son mémoire de frais par le président. La partie avait payé sur cette taxe, sans protestations ni réserves, puis, après une année, elle avait réclamé. La chambre civile reconnaît implicitement, ce qui est d'ailleurs conforme à sa jurisprudence (V. *infrà*, n° 526), que l'acquiescement à une taxe légale fait obstacle à tout recours de la partie contre l'officier ministériel. Mais elle décide que, dans l'espèce, l'acquiescement de la partie a été sans effet, parce que la taxe à laquelle il avait été procédé n'avait aucun caractère légal. Cette taxe aurait été opérée par le président ou par l'un des juges du tribunal dans les formes prescrites par les art. 3, 4, 5 et 6 du décret du 16 févr. 1807, relatif à la liquidation des dépens. La chambre civile déclare que ce mode de procéder ne s'applique qu'aux dépens adjugés à la partie gagnante ou à son avoué, par l'effet de la distraction, contre la partie qui succombe. Les art. 1 à 9 du décret du 16 févr. 1807 seraient uniquement relatifs à la liquidation des dépens auxquels la partie qui succombe est condamnée. Le jugement doit nécessairement indiquer le montant de cette condamnation pour que l'œuvre de la justice soit complète. C'est à ce règlement que les art. 1 à 9 auraient pourvu. L'art. 6 détermine la voie de recours à suivre contre la taxe. Mais, d'après les termes des articles 1 à 9, ce mode de procéder ne s'applique qu'aux dépens adjugés par le jugement, aux dépens auxquels la partie qui succombe a été condamnée. Quant aux dépens dus par la partie qui succombe à son avoué et quant à ceux qui sont dus aux avoués par l'une et l'autre partie, lorsque

(1) (Pons C. C...). — Le tribunal; — Sur la fin de non-recevoir : — Attendu que l'art. 9 du décret du 16 févr. 1807 ne s'applique qu'aux demandes en payement de frais formées par les officiers ministériels contre les parties pour lesquelles ils ont occupé ou instrumenté, et nullement aux contestations qui peuvent s'élever entre les officiers ministériels pour le règlement d'honoraires retenus et non payés; — Au fond : — Attendu, en droit, que la loi a attaché des émoluments distincts et particuliers aux fonctions d'avoué et d'huissier; — Qu'il importe à l'ordre public comme à la dignité et à l'indépendance des officiers ministériels que chacun d'eux reçoive intégralement le légitime salaire qui leur a été attribué; — Que tout traité ou convention qui a pour effet de modifier arbitrairement le tarifs légaux au profit des uns et au détriment des autres, est radicalement nul, soit parce que la cause en est illicite, soit parce que son objet est placé hors du commerce; — Que cette nullité ne peut être couverte, ni par l'exécution, ni par le silence des parties, et affecte d'une manière absolue toute convention de cette nature, qu'elle soit écrite ou verbale, tacite ou expresse; — Qu'il n'y a donc pas lieu de s'arrêter à cette circonstance particulière invoquée dans l'espèce, que la retenue dont s'agit n'a été ni stipulée, ni établie par les officiers ministériels aujourd'hui en exercice, et qu'elle est le résultat d'un usage traditionnel accepté par les avoués et par les huissiers en cause, en échange d'un travail de rédaction que les premiers faisaient pour les seconds; — Que, si comme le dit un arrêt de la cour de cassation du 5 juin 1822 aucune disposition législative ne défend aux huissiers de confier à des tiers la rédaction d'actes de leur ministère, ni de faire à ce sujet la remise d'une partie des émoluments qui leur sont individuellement réservés, cela n'est vrai qu'autant qu'il s'agit d'un acte libre, isolé et accidentel; — Qu'il est certain, en effet, que les huissiers ne peuvent prétendre au

singulier privilège de ne pas payer la rétribution ou le salaire qui est la conséquence d'un service rendu ou d'un travail fait pour leur compte; — Mais, que cette règle d'équité cesse évidemment d'être applicable lorsque, comme dans l'espèce, il s'agit d'un pacte permanent qui embrasse, dans sa généralité, tous les honoraires, les indemnités de transport, et que chaque huissier est obligé de subir sous peine d'être exclu de toute participation aux travaux de l'étude dont il aurait répudié les exigences; — Que, dans ce cas, la retenue d'une quote-part des émoluments, loin de pouvoir être considérée comme la rémunération spontanée et légitime d'un travail spécial, n'est autre chose qu'un prélèvement forcé et constitue un abus grave et dangereux, qui a pour résultat de laisser les huissiers à la merci des avoués, en les réduisant au rôle d'agents subalternes et presque serviles; — Attendu qu'il est de principe que les payements faits sans cause ou en vue d'une cause illicite, sont toujours sujets à restitution, et que la loi n'accorde aucun effet aux engagements qui ont été contractés au mépris d'une disposition d'ordre public, alors même que, abstraction faite de cette cause de nullité, ces engagements réuniraient toutes les conditions requises pour la validité des obligations; — Attendu, en fait, que C..., se conformant à une pratique vicieuse et ancienne, admise par les officiers ministériels près le tribunal civil de Tarascon, a retenu le cinquième des émoluments et indemnités de transport de tous les exploits rédigés dans son cabinet et signifiés par le sieur Pons pendant les quatre années qu'il a exercé les fonctions d'huissier; qu'il résulte du répertoire de cet huissier que le montant total de ces émoluments et indemnité s'est élevé à la somme de '....; 

Par ces motifs, condamne M° C... à payer à Pons, etc.

Du 21 juin 1861.-Trib. civ. de Tarascon.-MM. Fornier de Violet, pr.-Lepeytre, proc. imp. c. conf. Billot et Carcassonne, av.

l'instance ·ne ·se termine pas par un jugement, ils ne peuvent·être liquidés judiciairement que dans la forme prévue par l'art. 9 du décret du 16 févr. 1807, qui rappelle la disposition de l'art. 60 c. proc. civ., et qui est ainsi conçu : « Les demandes des avoués et autres officiers ministériels en payement de frais contre les parties pour lesquelles ils auront occupé ou instrumenté seront portées à l'audience, sans qu'il soit besoin de citer en conciliation; il sera donné, en tête des assignations, copie du mémoire des frais réclamés ». Dans l'espèce actuelle, il s'agissait de frais dus par la partie à l'avoué, l'instance ayant été abandonnée; les frais n'avaient donc pas pu être légalement taxés par ordonnance du juge. Ils n'auraient pu être régulièrement liquidés que par un jugement du tribunal statuant sur une demande de l'avoué, On voit quelles seraient les conséquences de cette solution. Les avoués seront toujours exposés à des actions en répétition qui pourront être dirigées contre eux nonobstant l'ordonnance de taxe, et pendant trente ans. C'est là un danger. La cour de cassation l'eût évité en reconnaissant à la taxe des dépens non adjugés, non pas le caractère qui appartient à la taxe des dépens adjugés, mais le caractère qu'elle a reconnu à la taxe des honoraires des notaires faite conformément à l'art. 173 du tarif, c'est-à-dire ce qui paraît bien être le propre de la taxe, l'effet, non pas de rendre le règlement qu'elle contient, définitif comme en vertu d'un jugement véritable, mais de permettre à la partie de rendre ce règlement irrévocable par son consentement, par son acquiescement, bien que l'action en répétition soit, en cette matière, d'ordre public mais parce que la taxe a donné satisfaction à l'ordre public en assurant à la partie la garantie de l'examen par le juge.

**525.** La taxe peut aussi être requise par le client. Elle n'a d'ailleurs, dans ce cas comme dans celui où elle a été requise par l'avoué, rien d'obligatoire. L'avoué comme le client ont le droit soit de s'en prévaloir, si elle leur paraît équitable, soit de n'y pas avoir égard, si elle leur paraît avoir méconnu leurs intérêts. C'est le tribunal qui appréciera leurs prétentions (Chauveau et Godoffre, *op. cit.*, t. 2, n° 2708, p. 89).

**526.** L'acquiescement du client au compte de frais présenté par l'avoué ne lui interdit pas le droit de soumettre ensuite ce compte à l'appréciation des magistrats chargés de la taxe (*Rép.* n° 942; Chambéry, 30 mars 1870, aff. Delbanne, D. P. 71. 2. 72). — L'acquiescement à une taxe légale, au contraire, fait obstacle à tout recours de la partie contre l'officier ministériel (Req. 13 mars 1866, aff. Dubois, D. P. 66. 1. 341; 25 juill. 1871, aff. Richier, D. P. 71. 1. 155; Civ. cass. 22 août 1871, aff. Gollivet, D. P. 71. 1. 136; V. aussi *supra*, n° 524).

**527.** Lorsque le mémoire de frais n'a pas été soumis à la taxe du juge, cette taxe ne peut plus être requise après qu'un jugement l'ait rendu, fixant le total des dépens dus à l'avoué. « Ce principe, disent MM. Chauveau et Godoffre, *op. cit.*, t. 2, n° 2709, p. 89, peut comporter des exceptions. Et pour éviter toute difficulté, nous pensons que, si l'avoué n'a pas fait taxer son mémoire avant d'engager l'action, le tribunal doit faire cette taxe, soit par lui-même, soit par un délégué, de manière à fixer définitivement le montant exact des dépens. En procédant ainsi et en constatant le mode de procéder dans le jugement, il mettra le client dans l'impossibilité de retrancher son mauvais vouloir derrière le prétexte d'une taxe qu'il serait difficile de refuser, si rien n'établissait que le mémoire eût subi un examen approfondi ».

**528.** Lorsque l'avoué a occupé dans une procédure engagée par requête et sans contradiction, dans un intérêt commun à toutes parties ou dans l'intérêt unique de la seule partie, en cause, l'opposition à la taxe se fait par une requête adressée au tribunal en chambre du conseil. Cette requête est taxée comme un acte d'opposition. Aucun délai n'est rigoureusement prescrit. Le client n'a pas besoin d'être assigné. Mais, plus tard, il pourra contester la taxe (Chauveau et Godoffre, *op. cit.*, t. 2, n° 2716, p. 93).

**529.** — III. Agréés et notaires. — V. *Rép.* n° 952. V. aussi *supra*, v° *Agréé*, n° 21 et suiv., et *infrà*, v° *Notaire*; — *Rép.* v° *Agréé*, n° 60 et suiv.; *Notaire*, n° 519 et suiv.).

**530.** — IV. Compétence. — V. *Rép.* n° 593 et suiv. — Cette question est traitée en outre, *supra*, v° *Compétence civile des*

tribunaux d'arrondissement et des cours d'appel, n° 100 et suiv. ; *Rép.* eod. v°, n° 158 et suiv., *supra*, v° *Compétence commerciale*, n° 114; *Rép.* eod. v°, n° 370 et suiv. ; *supra*, v° *Acte de commerce*, n° 412; *Agent d'affaires*, n° 3.

**531.** La rédaction de l'art. 60 c. proc. civ., aux termes duquel les demandes formées pour frais par les officiers ministériels doivent être portées au tribunal où ces frais ont été faits, comporte une regrettable ambiguïté. L'interprétation qui s'offre la première à l'esprit est celle qui attribue compétence au tribunal devant lequel les frais ont été faits. Mais il apparaît aussitôt que cette proposition est erronée. Il est constant, en effet, que l'art. 60 c. proc. civ. s'applique à tous les officiers ministériels, et, par exemple, aux notaires aussi bien qu'aux avoués et aux huissiers (V. *supra* v° *Compétence des tribunaux d'arrondissement et des cours d'appel*, n° 104). Or, si l'on peut dire des avoués que leurs frais sont faits devant un tribunal, cela n'est pas toujours vrai des huissiers (qui font souvent des actes extrajudiciaires), et ne l'est jamais des notaires. Il faut donc chercher à l'art. 60 c. proc. civ. un autre sens. Puisqu'il s'agit de compétence, la loi avait à trancher deux questions; l'une de compétence matérielle, l'autre de compétence relative : — 1° Quel est l'ordre de juridiction compétent; — 2° Et, dans cet ordre, quel siège? — La question de compétence matérielle est résolue implicitement par l'art. 60. La preuve en est dans la place même occupée par l'art. 60, parmi les dispositions relatives au fonctionnement du tribunal civil; interprétation d'ailleurs confirmée par le deuxième décret du 16 févr. 1807, art. 9, lequel dispose que « les demandes des avoués et autres officiers ministériels en payement de frais contre les parties pour lesquelles ils auront occupé ou instrumenté seront portées à l'audience, sans qu'il soit besoin de citer en conciliation », car cette disposition n'a d'objet que s'il s'agit d'une instance à suivre devant le tribunal civil. — Étant ainsi reconnu que la compétence matérielle, en matière de frais, appartient aux tribunaux civils d'arrondissement, il reste à déterminer quel est, parmi ces tribunaux, le siège qui sera compétent. C'est ce que règle expressément l'art. 60. Faisant exception au principe général écrit dans l'art. 59, § 1, il attribue compétence, non pas au tribunal civil du domicile du défendeur, mais au tribunal civil d'arrondissement dans le ressort duquel les frais ont été faits. Le motif de cette règle est aisé à comprendre. Le législateur a voulu que les actions relatives aux frais faits par les officiers ministériels fussent portées au tribunal qui a ces officiers sous sa surveillance. Or, si l'on fait abstraction des avoués d'appel, directement soumis à la discipline de la cour près laquelle ils postulent, tous les officiers ministériels sont sous la surveillance du tribunal civil dans le ressort duquel ils exercent leurs fonctions.

**532.** A raison de la règle formulée par l'art. 60, la doctrine et la jurisprudence sont aujourd'hui à peu près unanimes pour interdire, par exemple, au tribunal de commerce, la connaissance des demandes en payement de frais formées par un huissier, à raison d'actes faits dans une instance suivie devant le tribunal d'arrondissement (V. *supra*, v° *Compétence des tribunaux d'arrondissement et des cours d'appel*, n° 107 ; — *Rép.* eod. v°, n° 162 ; Thomine-Desmazures, *Commentaires sur le code de procédure civile*, t. 1er, p. 153; Boncenne, *Théorie de la procédure civile*, t. 2, p. 253; Chauveau sur Carré, *Lois de la procédure civile*, quest. 277, t. 1er, p. 308; Mourlon, *Répétitions écrites sur le code de procédure civile*, 8e édit., t. n° 273, p. 253; Boitard, Colmet-Daâge et Glasson, *op. cit.*, t. 1, n° 143, p. 132, note 1; Rodière, *Cours de procédure*, 4e édit., t. 1er, p. 103; Garsonnet, t. 1er, § 165, p. 662; *op. cit.*, *Rép.*, v° *Compétence commerciale*, n° 374). De même, lorsque les frais réclamés ont été faits par l'huissier dans une instance en justice de paix, la demande ne doit point être portée devant le juge de paix qui a connu de l'affaire, encore que le total de ces frais n'excède pas les limites de sa compétence, mais devant le tribunal civil (Bioche, *Dictionnaire des juges de paix et de police*, v° *Compétence des tribunaux de paix*, n° 74 ; *Journal de procédure civile et commerciale*, art. 5164, t. 18, p. 298; *Dictionnaire de procédure civile et commerciale*, v° *Compétence des tribunaux civils de première instance*, n° 100, 4e édit., t. 2, p. 336 ; Garsonnet, *loc. cit.* ; Mourlon, *loc. cit.*). Par application de ces principes, il a été jugé que la demande en payement de frais formée par un huissier contre son client doit être portée devant le tribunal civil de première instance près duquel cet huissier exerce ses fonctions ; que le juge de paix est incompétent pour connaître d'une telle demande, alors même que le montant des frais réclamés n'excéderait pas le taux de sa compétence ordinaire, et qu'il s'agirait de frais faits devant son tribunal (Civ. cass. 26 nov. 1889, aff. M° Millot, D. P. 90. 1. 101).

L'art. 60 c. proc. civ. s'applique : 1° à la demande formée par un huissier contre un avoué, résidant dans un autre arrondissement qui a donné mandat à cet huissier de signifier des actes au nom d'un de ses clients (Rennes 28 janv. 1864) (1) ; — 2° A la demande formée par un cessionnaire subrogé à tous les droits de l'officier ministériel (Trib. civ. de Pau, 11 janv. 1861) (2) ; — 3° A la demande formée par un officier ministériel qui a cessé ses fonctions (Aix, 3 mars 1865) (3).

**533.** De ce que les demandes en payement de frais formées par les officiers ministériels sont de la compétence du tribunal où les frais ont été faits, il suit que ce tribunal a le droit de connaître du mode d'exécution de la condamnation à ce payement. Ainsi, il a été jugé qu'une cour d'appel, saisie de la demande formée par un avoué en payement des frais par lui faits devant elle pour une femme dotale, et dans l'intérêt de la dot de celle-ci, peut, en condamnant la femme à ce payement, décider que cette condamnation sera susceptible d'exécution sur les biens dotaux ; et c'est à tort qu'on prétendrait que l'avoué ne peut demander l'autorisation d'exécuter ainsi cette condamnation que par une action principale, et en observant les règles ordinaires de la compétence et des deux degrés de

juridiction (Grenoble, 10 mai 1852, aff. Brun, D. P. 55. 2. 270; V. *Rép.* n° 955 ; *infrà*, v° *Jugement; — Rép.* eod. v°. n°s 547 et suiv.

**534.** Il a été jugé que la demande d'un officier ministériel en payement des frais exposés par lui, n'est plus de la compétence exclusive du tribunal devant lequel les frais ont été faits, lorsqu'elle est formée, non contre le client, mais contre un tiers assigné en qualité de caution (Metz, 12 juin 1849, aff. M° Noizet, D. P. 59. 3. 197). Cette solution, contraire à de précédentes décisions de la cour de Paris du 21 mai 1847 (aff. Lecomte, D. P. 47. 4. 92) et de la cour de Caen du 22 févr. 1848 (aff. Trochon, D. P. 48. 2. 163), nous paraît en opposition avec les termes généraux de l'art. 60 c. proc. civ. et avec l'esprit de la loi qui a voulu que les questions de frais faits par les officiers ministériels fussent jugées par le tribunal qui a ces officiers sous sa surveillance.

**535.** — V. Prescription. — Ainsi qu'on l'a vu au *Rép.* n° 959, l'action des avoués pour le payement de leurs frais et salaires se prescrit par deux ans (c. civ. art. 2273) ; mais cette prescription ne s'applique pas aux avances que l'avoué aurait faites à son client en dehors de l'exercice de ses fonctions d'officier ministériel. — Il a été jugé en ce sens que la prescription biennale, qui atteint l'action de l'avoué en payement de ses frais et honoraires, ne s'étend pas aux avances faites par celui-ci en exécution d'un mandat (tel que celui de représenter une partie devant le tribunal de commerce) ; l'action en payement de ces avances ne se prescrit que par trente ans (Colmar, 9 juin 1870, aff. Kahn, D. P. 71. 2. 63 ; *Rép.* n° 964. V. aussi *infrà*, v° *Prescription civile; — Rép.* eod. v°, n° 1023). — En ce qui concerne les réclamations que les parties peuvent avoir à intenter contre

---

(1) (Davin C. Roger.) — Le 25 août 1864, jugement du tribunal civil de Rennes, ainsi conçu : — « Considérant que l'action portée devant le tribunal par Roger a pour objet le payement des frais d'actes qu'il aurait faits, en sa qualité d'huissier, sur la demande de Davin, avoué à Aix, dans l'intérêt d'un tiers dont l'existence lui était seulement constatée par Davin, mais avec lequel il n'avait eu et ne pouvait même avoir eu aucune relation directe lorsqu'il instrumenta à sa requête ; — Considérant que, dans ces circonstances, l'objection tirée de ce que Davin, mis en cause par Roger, n'aurait été qu'un mandataire au lieu d'être requérant direct dans ses relations avec l'huissier Roger, ne pouvait être un obstacle à ce que cet huissier portât sa demande devant le tribunal qui lui imposait plutôt qu'elle ne lui accordait la disposition expresse de l'art. 60 c. proc. civ.; — Considérant que les frais dont cet cas dans la demande ont été faits en partie pour des actes extrajudiciaires, par un huissier instrumentant près du tribunal civil de Rennes; que l'ajournement compris au nombre de ces actes n'a donné lieu à aucun jugement du tribunal de commerce devant lequel le défendeur était ajourné ; que le coût des actes dont cet cas ne pouvait alors être taxé, en cas de contestation, que par le tribunal civil de Rennes, ou par un de ses membres; — Par ces motifs, déboute Davin de son exception déclinatoire ». — Appel par M° Davin.

La cour ; — Considérant que la cour n'est saisie que de la compétence ; que l'attribution spéciale édictée par l'art. 60 c. proc. civ., n'est fondée que sur la nature de la créance, quelle persiste, par conséquent, quelle que soit la personne contre laquelle le recouvrement est poursuivi, pourvu que cette créance ne se compose que de frais dus à l'huissier par suite de l'emploi qui a été fait de son ministère; — Par ces motifs, et adoptant au surplus pour les premiers juges, confirme, etc.

Du 28 janv. 1864.-C. de Rennes, 1re ch.-MM. Boucly, 1er pr.-Connelly, 1er av. gén.-Denis av.

(2) (Bousquet C. Minvieille.) — Le tribunal ; — Sur l'exception d'incompétence prise de ce que, Mainvieille, étant domicilié à Paris, aurait dû être assigné devant le tribunal de la Seine ; — Attendu qu'il s'agit d'une somme provenant de frais d'actes dus et payés à M° Laborde, ancien notaire à Pau ; — Que, pour cette nature de créance, le tribunal de Pau est manifestement compétent, quel que soit le lieu du domicile du débiteur ; — Que sur ce point, la disposition de l'art. 60 c. civ. est impérative et fondée sur des motifs de convenance pour les officiers ministériels ou publics, et des considérations d'ordre public se rattachant à la taxe de leurs frais; — Qu'à la vérité, ce texte ne mentionne expressément que le cas où la demande est formée par l'officier ministériel ; — Mais que la raison principale de décider, est la même lorsque ce dernier, ayant subrogé un tiers à ses droits, le porteur de la créance agit en vertu de la subrogation qui lui a été consentie ; — Qu'en effet, la subrogation fait passer sur la tête du subrogé la créance avec tous les droits et toutes les

immunités qui y sont attachés; — Que pour admettre l'incompétence du tribunal dans l'espèce actuelle, il faudrait aller jusqu'à dire qu'il ne s'agit plus de frais d'actes notariés, et décider, par là même, que la créance a changé de nature ; ce qui serait le renversement des principes en matière de subrogation; — Que le motif principal qui a dicté l'art. 60 c. proc. civ., existe, quel que soit le porteur de la créance; qu'il s'agit toujours de frais dus à un officier public; que la taxe de ces frais, si elle est requise, doit être faite par le président du tribunal du lieu de la résidence; et qu'on ne voit pas pourquoi le créancier subrogé au droit du notaire, alors qu'il est soumis aux mêmes obligations, ne jouirait pas des mêmes droits, et ne pourrait pas, lui aussi, invoquer la disposition de l'art. 60 c. proc. civ., pour échapper aux déplacements onéreux et aux inévitables lenteurs qu'entraînerait l'application des règles ordinaires de la compétence ; — Qu'une autre interprétation de la disposition précitée serait la consécration d'un privilège purement personnel à l'officier public, privilège qu'il est impossible d'admettre en présence des raisons diverses qui servent de base à l'art. 60 c. proc. civ.; — Attendu qu'il suit de là que, s'agissant dans la cause de frais exposés par un notaire de l'arrondissement de Pau, c'est à bon droit que Mainvieille a été assigné devant le tribunal de séant ; — Par ces motifs, rejette l'exception d'incompétence, etc.

Du 11 janv. 1861.-Trib. civ. de Pau.-M. d'Astis, pr.

(3) (Joseph C. Arnoux.) — Le tribunal de Digne l'avait ainsi décidé sur les motifs suivants : — Attendu que le sieur Joseph, ancien avoué près le tribunal de Digne, a reconnu, sa lettre en date du 26 juin 1850, qu'il avait reçu de M. Arnoux, curateur de la succession vacante de Durand, la somme de 150 fr. pour solde des frais qui lui étaient dus par ladite succession ; — Que c'est donc pour frais de justice, en sa qualité d'avoué, qu'il a perçu la somme dont s'agit, et que les difficultés qui s'élèvent à ce sujet, entre lui et le curateur, sont de la compétence du tribunal de Digne, devant lequel les frais ont été faits ; — Attendu que l'art. 60 c. proc. civ. a, par ses dispositions spéciales, dérogé aux règles ordinaires de la compétence ; qu'il est applicable aussi bien aux officiers ministériels qui ont cessé leurs fonctions qu'à ceux actuellement en exercice, lorsqu'il s'agit de frais exposés pendant leur postulation, l'exception dont s'agit étant créée bien plus à raison de la créance qu'à cause de la qualité de la personne ; — Attendu que les mêmes raisons qui ont fait admettre, pour l'action en payement de la part des avoués, la compétence exclusive du tribunal où les frais ont été faits, conservent leur force pour l'action en restitution des frais indûment perçus ; — Par ces motifs, rejette le déclinatoire soulevé par Joseph, etc. — Appel par Joseph.

La cour ; — Adoptant les motifs des premiers juges ; — Confirme, etc.

Du 3 mars 1865.-C. d'Aix, 4e ch.-MM. Marquezy, pr.-Desjardin, av. gén.-Pons et Rigaud, av.

les officiers ministériels, une règle nouvelle a été introduite par l'art. 4 de la loi du 5 août 1881, relative à la fixation de la prescription pour la taxe des actes notariés (D. P. 82. 4. 39). Aux termes de cet article, les demandes en taxe et toutes restitutions de frais et honoraires contre les avoués ou les huissiers seront prescrites par deux ans du jour du payement ou du règlement par compte arrêté, reconnaissance ou obligation. Auparavant, la prescription ne s'accomplissait que par le laps de trente années (*Rép.* n° 962).

<h2 style="text-align:center">Sect. 12. — Assistance judiciaire.</h2>

**536.** — V. *infrà*, v° *Organisation judiciaire* et *Rép.* eod. v°, chap. 4.

Lorsque la partie à laquelle l'assistance judiciaire a été accordée a obtenu gain de cause et que, par suite, son adversaire a été condamné aux dépens, la taxe des droits, frais de toute nature, honoraires et émoluments, et spécialement des honoraires d'experts, doit être faite conformément au tarif civil du 16 févr. 1807, et non conformément au tarif criminel annexé au décret du 18 juin 1811 (Orléans, 6 mars 1860, aff. Veuve Jauson, D. P. 61. 5. 247).

<h2 style="text-align:center">CHAP. 3. — Frais et dépens en matière criminelle<br>(Rép. n° 966 à 974).</h2>

Sect. 1re. — Personnes qui doivent être condamnées aux dépens.

Art. 1er. — *Personnes qui ont succombé. — Acquittement. — Absolution. — Irrecevabilité de l'action publique. — Transaction. — Prescription. — Chose jugée. — Amnistie* (*Rép.* n°s 974 à 988).

**537.** En matière de contraventions, de délits et de crimes, le code d'instruction criminelle établit le principe que la condamnation aux frais doit être prononcée contre la partie qui succombe. Ce principe dont nous aurons à étudier la portée, se trouve formulé dans les art. 162, 176, 194, 211, 368 c. instr. crim., 55. c. pén., 156 et 157 décret 18 juin 1811.

Suivant une opinion, soutenue au *Rép.* n° 970, sa source est un contrat, ou peut-être mieux, une des clauses du contrat social, lequel est un contrat commutatif. L'Etat assure à ses membres la sécurité ; il s'oblige à rechercher, poursuivre et punir les délinquants pendant que chaque citoyen s'engage, en échange, à réparer le préjudice dont il est la cause, et à désintéresser l'Etat des frais par lui exposés. M. Auzière (*De la condamnation aux frais en matière criminelle, correctionnelle et de police, Journal du ministère public*, t. 28, p. 196) repousse cette opinion en niant l'existence d'une convention valablement et librement conclue par les parties, sans laquelle il n'y a pas d'obligation. « La condamnation aux frais, dit cet auteur (p. 197-196), n'est ni une peine, ni l'exécution d'un contrat. C'est l'application du principe de droit naturel formulé par l'art. 1382 c. civ. ». Tout fait quelconque de l'homme qui cause à autrui un dommage oblige celui par la faute de qui il est arrivé à le réparer. La condamnation aux frais trouve son origine, au point de vue moral, dans le devoir pour tout homme de réparer le dommage qu'il a occasionné par sa faute ; au point de vue légal, dans les art. 1370 et 1382 c. civ., qui transforment ce devoir en obligation civile. C'est la réparation du préjudice causé à l'Etat ».— Bien que la jurisprudence n'ait pu être appelée à se prononcer sur la question toute théorique qui nous occupe, elle paraît toutefois s'être rattachée à la doctrine formulée par M. Auzière. C'est du moins ce qui ressort d'un arrêt de la cour de cassation (Crim. cass. 7 mars 1845) (1), dans les motifs duquel on trouve exprimée cette opinion que « les dépens sont moins une peine qu'une juste réparation du préjudice causé .» (V. aussi *infrà*, n° 555).

**538.** Le principe du recouvrement des frais de justice criminelle sur la partie qui succombe a été contesté dans sa légitimité. M. Auzière, (*loc. cit.*) expose d'une manière très complète les différentes critiques qu'il a soulevées, et les réfute avec une grande force de logique. — Une première objection est tirée de ce que le devoir de l'Etat étant de fournir aux citoyens la sécurité : les dépenses faites à ces fins doivent être à sa charge exclusive. On en fait aisément justice par cette simple observation que l'Etat n'a de ressources que celles qu'il tire, par l'impôt, des membres qui le composent. Parmi ces membres il s'en trouve un ou quelques-uns qui, par leur faute, ont seuls créé la nécessité des frais du procès criminel. Lequel est le plus vraiment juste : de répartir la charge de ces dépenses sur tous ceux qui sont demeurés étrangers aux faits poursuivis, ou de la mettre à la charge du seul coupable? — On dit encore : la condamnation aux frais, en toutes causes, de la partie qui succombe, fait échec à tous les principes en matière de pénalité. Elle n'est ni proportionnelle au délit, ni égale pour tous les coupables, ni personnelle aux auteurs de l'infraction. Elle manque de proportionnalité, car la gravité relative des faits ne détermine pas l'importance des frais, qui dépendent des seules difficultés de l'information. Elle manque d'égalité, et pèse plus ou moins lourdement sur les coupables du même délit, selon les circonstances extérieures où la poursuite s'est exercée et selon la fortune des condamnés. Elle manque de personnalité, car c'est le patrimoine du coupable que l'on atteint et, par suite toutes les personnes qui ont sur ce patrimoine des droits acquis ou de légitimes espérances. Ces critiques portent à faux. La condamnation aux frais n'est pas, à proprement parler, une peine. On ne saurait donc s'étonner si elle se trouve affranchie des conditions qui rendent une peine juste. Elle dérive d'un dommage causé par celui qui la supporte, et c'est une mesure même de ce dommage qui doit déterminer la mesure de la condamnation.

**539.** Ainsi qu'on l'a exposé au *Rép.* n° 974, la condamnation aux frais ne peut être prononcée que contre une personne qui a été *partie* au procès. Plusieurs applications de cette règle ont été indiquées *ibid.* — Il a été décidé, conformément au même principe, que les témoins entendus dans l'instance ne peuvent être condamnés aux dépens (Crim. cass. 23 avr. 1875, aff. Pouech et autres, *Bull. crim.* n° 134; 23 nov. 1876, aff. Pouget, *Bull. crim.* n° 223).

**540.** Mais il suffit, pour pouvoir être condamné aux frais, d'avoir été partie à un titre quelconque ; peu importe que ce soit comme demandeur ou défendeur, comme appelant ou intimé, ou même comme intervenant. Jugé, sur ce dernier

---

(1) (Amyot.) — La cour ; — Attendu qu'un procès-verbal régulier et non combattu du commissaire de police de Besançon, du 13 janv. 1845, il résultait que ce jour-là, à sept heures du matin, Arthur Amyot demeurant avec sa grand'mère, la veuve Amyot, née Baudouin, rue de Glères, avait, en contravention de l'art. 471, § 21 c. pén. et de l'arrêté du 14 juill. 1781, fait partir un pétard dans cette rue ; — Attendu qu'Arthur Amyot et sa grand'mère, cités devant le tribunal de simple police, cette dernière comme civilement responsable, furent, par jugement du 25 janvier dernier, renvoyés sans amende ni dépens, par le motif que le premier n'étant âgé que de onze ans, le fait à lui reproché n'était, dans ces circonstances, qu'un enfantillage, sur la moralité duquel il devait être présumé avoir agi sans discernement ; — Attendu que les dispositions de l'art. 66 c. pén. qui veut que l'individu âgé de moins de seize ans acquitté, s'il est décidé qu'il a agi sans discernement, sont applicables aux simples contraventions, comme aux crimes et aux délits ; — Que, dès lors, le jugement du tribunal de simple police de Besançon ne saurait être attaqué au chef qui a renvoyé Arthur Amyot sans amende ; mais qu'il n'en saurait être de même à l'égard du chef de ce jugement qui a refusé de le condamner, ainsi que sa grand'-mère, aux dépens ; — Attendu qu'en effet les dépens sont moins une peine que la réparation d'une juste réparation de préjudice causé, et qu'aux termes de l'art. 162 c. instr. crim., la partie qui succombe doit être condamnée aux dépens envers la partie civile ; que le fait imputé à Amyot constituait une contravention et que l'application qui lui a été faite de l'art. 66 c. pén., ne pouvait l'affranchir des dépens de la poursuite exercée contre lui ; d'où il suit qu'en relaxant ledit Amyot et la veuve Amyot, sa grand'mère, celle-ci comme civilement responsable, sans dépens, le jugement du 25 janvier a fait une fausse application de l'art. 66 c. pén. et violé les art. 162 c. instr. crim. et 1384 c. civ. ;

Par ces motifs, la cour casse...

Du 7 mars 1845.-Ch. crim.-MM. Portalis, pr -Meyronnet de Saint-Marc, rap.-Quénault, av. gén.

point, que l'individu qui est intervenu, pour prendre le fait et cause de son domestique, dans une poursuite dirigée contre celui-ci pour un fait de transport de voyageurs en contravention aux lois sur les entreprises de voitures publiques, doit être, en cas de déclaration de l'existence de la contravention, condamné aux dépens envers l'administration des Contributions indirectes, partie poursuivante, attendu que le patron est réellement partie dans l'instance, puisque c'est par sa propre volonté que celui-ci est intervenu dans le procès, et a pris fait et cause pour son domestique (Crim. rej. 15 févr. 1866, aff. Maglaive et Arnould, D. P. 67. 5. 223).

**541.** Une seconde règle, établie au *Rép.* n° 975, c'est qu'une partie ne peut être condamnée aux dépens que si elle a succombé ou a été condamnée d'une manière quelconque. Le principe, en lui-même, est certain. Mais il est des hypothèses où le doute peut exister sur le point de savoir si l'inculpé a ou n'a pas succombé. Il n'y a pas de question si l'on suppose qu'une peine est prononcée: il est évident que la partie contre qui une peine est prononcée succombe. La difficulté ne peut naître qu'au cas où il y a renvoi sans pénalité.

Ce renvoi peut provenir de diverses causes : 1° l'acquittement, qui suppose que l'inculpé n'est pas l'auteur responsable du fait à lui reproché: 2° l'absolution, qui découle de ce que la loi pénale n'atteint pas le fait incriminé ; 3° l'irrecevabilité de l'action publique, pour un motif quelconque. Dans une première opinion, admise au *Rép.* n° 975, tous ces moyens de renvoi sont exclusifs de la condamnation aux dépens. Les arguments invoqués à l'appui de cette thèse se ramènent à deux : 1° on ne peut dire d'un inculpé renvoyé d'une poursuite répressive qu'il succombe. Or, la partie qui succombe seule peut et doit être condamnée aux frais. Là où il n'y a pas de peine, il ne peut donc y avoir de condamnation aux frais. Cela ressort des art. 159, 191, 212, 364, 637, 638 et 640, c. instr. crim. 2° Au surplus, le tribunal répressif, là où il n'y a pas d'infraction, est sans compétence. Il ne saurait donc prononcer sur les dépens ; les tribunaux civils ont seuls qualité à cet effet. — Cette opinion est combattue par M. Auzière (*Journal du ministère public,* t. 28, p. 244-245) qui répond en ces termes à l'argumentation sur laquelle il s'appuie : « Poser en principe qu'il ne peut y avoir condamnation aux frais que comme conséquence d'une condamnation à une peine, c'est résoudre la question par la question. Les articles invoqués ne tranchent pas la difficulté. Il est bien certain que, lorsque le fait ne constitue ni crime, ni délit, le prévenu n'est pas passible des dépens. S'il était vrai qu'il n'y a dispense de pénalité qu'à la suite de déclaration d'innocence, l'argument serait fondé. Mais des hypothèses se rencontrent dans lesquelles aucune peine n'est prononcée, quoique l'innocence ne soit pas proclamée (V. par exemple, c. pén. art. 66). C'est de ce cas-là qu'il s'agit. Or, les termes des articles relatifs aux frais ne sont pas ceux des art. 159, 191, 212 et 364. Les premiers parlent de la partie qui *succombe*. On pourrait à la rigueur soutenir que, si le législateur n'avait voulu faire supporter les frais qu'à celui qui est condamné à une peine, il l'aurait dit, il aurait employé des expressions moins générales. En l'absence d'un texte précis, il convient de rechercher dans les principes le sens du mot *succomber*. L'argument d'incompétence n'est pas plus probant. Le tribunal est saisi d'une double action, l'une criminelle, tendant à la répression du délit, l'autre civile, ayant pour objet d'assurer la restitution des avances faites par l'État. La première est principale, la seconde, accessoire. Il ne peut y avoir condamnation sur le second chef que si le prévenu succombe sur le premier. Nous revenons donc à la question: quand y a-t-il succombance? Si l'État, dit-on, a une créance à recouvrer, qu'il agisse devant la juridiction civile. Nullement. L'État n'a une créance que si les dépenses ont été légitimement faites. Cette légitimité ne peut résulter que de la déclaration du juge criminel constatant que le prévenu a succombé. La juridiction criminelle est donc seule compétente pour prononcer la condamnation aux dépens, puisque seule elle a qualité pour décider si le prévenu succombe ou non ». — La théorie qui se dégage des documents de jurisprudence paraît plutôt conforme à ce second système. Elle peut se résumer ainsi : Le ministère public a eu le devoir

d'agir toutes les fois qu'il y a eu un fait punissable commis, et qu'il en a poursuivi le véritable auteur. Il se peut que des circonstances particulières à la cause exemptent celui-ci de toute pénalité. Néanmoins l'inculpé, du chef de qui la poursuite a été bien et dûment engagée, devra être condamné aux dépens, à condition, d'ailleurs, qu'il soit partie au procès au moment où sera prise la décision définitive.

Nous passerons successivement en revue les divers cas qui peuvent se présenter, en relatant les décisions qui s'y rapportent.

**542.** — I. Acquittement. — Devant quelque juridiction que ce soit, la condamnation aux dépens ne peut jamais atteindre un prévenu acquitté. Ce point, qui ne saurait faire difficulté, a été consacré par de nombreux arrêts (V. *Rép.* n° 976; Crim. rej. 6 mars 1846, aff. Gouet, D. P. 46. 1. 168; Crim. cass. 31 janv. 1861, aff. Coifflar, D. P. 61. 5. 247).

**543.** Le principe de l'exemption des frais en cas d'acquittement s'applique aux acquittements totaux comme aux acquittements partiels qui comprennent tous les chefs d'inculpation et tous les inculpés. La première hypothèse qui se présente est celle de l'acquittement de l'unique inculpé sur certains chefs de l'inculpation. — Jugé qu'un accusé poursuivi pour trois crimes distincts, à la suite de trois procédures séparées, et acquitté sur deux chefs, ne peut être condamné qu'aux frais relatifs au seul chef pour lequel il a été condamné (Crim. rej. 4 nov. 1869, aff. Vaudru, D. P. 70. 1. 383; Crim. cass. 18 août 1881, aff. Demeulnaër, D. P. 82. 1. 238). — La cour de Metz, dans un arrêt du 7 déc. 1854, aff. X... s'est écartée de cette doctrine, et a donné une portée tout à fait générale à l'art. 368 c. instr. crim. Aux termes de cet arrêt, le prévenu qui, poursuivi simultanément pour deux délits distincts, n'a succombé que relativement à l'un de ces délits, n'en doit pas moins être condamné à tous les frais de la procédure (Metz, 7 déc. 1854, aff. X..., D. P. 55. 5. 237). C'est à notre avis, une décision peu juridique, et il y a lieu de s'en tenir à la solution qui a prévalu dans la jurisprudence.

Cette solution ne saurait, d'ailleurs, être appliquée qu'autant que les divers chefs d'accusation sont indépendants les uns des autres, et nécessité des procédures séparées et distinctes (Arrêt précité du 18 août 1881).

**544.** Mais, au contraire, lorsque l'information aura été suivie contre le même individu à la fois sur plusieurs chefs d'inculpation d'une manière indivisible, celui-ci aura à supporter la totalité des frais, dans le cas même où il serait, sur quelques-unes des infractions relevées à sa charge, renvoyé des fins de la poursuite, pourvu que, sur l'une d'elles, il soit effectivement condamné (Cass. 3 févr. 1848, aff. Salloignon, D. P. 55. 1. 89; 4 nov. 1869, aff. Vaudru, D. P. 70. 2. 382; 18 nov. 1875, aff. Carrère-Loustaneau, D. P. 77. 1. 239).

**545.** La seconde hypothèse est celle de l'acquittement d'un ou plusieurs des inculpés compris dans la même poursuite. L'acquittement de l'un des coprévenus n'a pas pour effet de faire retomber une portion des frais à la charge de la partie civile ou du Trésor public. Celui des accusés qui seul a été condamné doit supporter la totalité des frais, alors du moins que ses coaccusés ont été poursuivis sous un chef unique d'accusation, que dès lors les débats sont indivisibles, et que la ventilation des faits deviendrait impossible (Crim. rej. 18 avr. 1850, aff. Sommerat, D. P. 50. 5. 250 ; Crim. rej. 17 août 1861, aff. Léger, D. P. 61. 5. 246). — Jugé de même : 1° que le prévenu relaxé sur divers chefs de prévention peut cependant être régulièrement condamné à tous les frais, y compris ceux faits contre ses coprévenus acquittés, alors qu'il a été déclaré seul coupable des faits reprochés à ces derniers, et que la poursuite dirigée contre eux n'a été que la conséquence de son système de défense (Crim. rej. 18 nov. 1875, aff. Carrère-Loustaneau, D. P. 77. 1. 239); — 2° Que, lorsque plusieurs individus ont été poursuivis à raison d'un même fait, ceux d'entre eux qui ont été reconnus coupables doivent être condamnés aux frais, sans distinction des frais qui ont été faits contre leurs coprévenus acquittés. Spécialement, l'individu condamné pour contravention en matière de boissons doit supporter les frais contre ceux de ses coprévenus qui, en qualité de transporteurs, ont obtenu leur acquittement en faisant connaître les véritables auteurs de la fraude (Crim. cass. 15 janv. 1875, aff. Charron-Guay, D. P. 75. 1. 284).

**546.** Il n'y aurait lieu de laisser une partie des frais à la charge du Trésor que si un chef de prévention distinct, et dont l'instruction aurait entraîné des frais spéciaux, se trouvait écarté à l'égard de toutes les parties. — Jugé, en ce sens, que lorsque, sur une double prévention dirigée en matière de simple police contre deux prévenus, un seul a été déclaré coupable, le juge a pu, avec raison, ne le condamner qu'à la moitié des frais, alors surtout qu'il n'a admis que l'une des préventions et a écarté l'autre à l'égard de toutes les parties (Crim rej. 19 avr. 1860, aff. Guignon, D. P. 60. 5. 184).

**547.** — II. JUGEMENT OU ARRÊT D'INCOMPÉTENCE. — Il a été jugé qu'un tribunal de répression qui se déclare incompétent ne peut prononcer contre l'inculpé la condamnation aux dépens (Crim. cass. 21 août 1873, aff. Delsart, D. P. 74. 1. 43 ; 21 mars 1878 (aff. Ettoumy, D. P. 79. 5. 237). Le motif en est que l'inculpé n'a été et ne pouvait être condamné à aucune peine par un simple jugement d'incompétence. En ce cas, les frais de l'infraction sont réservés : traduit devant la juridiction compétente, le prévenu, s'il succombe, sera condamné à les supporter. Mais, de toutes manières, les frais de la poursuite engagée devant les juges incompétents demeureront à la charge de l'État.

**548.** — III. Décès. — Ainsi qu'on l'a vu au *Rép.* n° 973, le décès de l'inculpé s'oppose à sa condamnation aux dépens, s'il est survenu pendant l'instance, ou même après l'instance où il a été condamné ; mais, en ce dernier cas, il faut qu'il se produise dans le délai de l'appel et du pourvoi en cassation, ou encore après un recours formé, et avant le jugement sur ce recours. Cette solution se justifie, comme la précédente, par ce motif que l'inculpé n'était plus partie au procès quand l'affaire s'est trouvée en état de recevoir son jugement définitif. La jurisprudence a eu plusieurs fois, depuis la publication du *Répertoire*, l'occasion de la consacrer (V. Crim. rej. 27 janv. 1860, aff. Mercier, *Bull. crim.*, p. 32 ; 18 déc. 1862, aff. Gardon, *Bull. crim.*, p. 472 ; 5 févr. 1863, aff. Fabre, *Bull. crim.*, p. 59 ; 30 nov. 1865, aff. Coumba-Daga, *Bull. crim.*, p. 361).

**549.** — IV. CONDAMNATION PAR DÉFAUT OU PAR CONTUMACE. — Comme on l'a dit *suprà*, n° 511, la condamnation aux frais a pour base, d'après la jurisprudence moderne, le quasi-délit consistant en ce que, par son fait, l'inculpé a créé un préjudice pour l'État, une dépense pour le Trésor, dont il doit à l'État et au Trésor la compensation. Le délit peut disparaître et l'inculpé échapper à toute peine, alors que le quasi-délit d'où dérive la condamnation aux frais persistera, au contraire. Il a été jugé que le prévenu, relaxé des poursuites, doit en supporter les frais lorsqu'elles ont été motivées par son fait et sa négligence (V. Caen, 8 mai 1845, aff. Demonceaux, D. P. 45. 4. 74).

Ce principe trouve surtout son application dans le cas où le prévenu est jugé par défaut. Ainsi qu'il a été dit au *Rép.* n° 1037, avant que l'art. 187, § 2, c. instr. crim. eût été modifié par la loi du 27 juin 1866, les frais d'expédition et de signification de jugement par défaut et les frais de l'opposition demeuraient à sa charge. Aux décisions de jurisprudence rapportées *ibid.*, il convient d'ajouter un arrêt de cassation du 12 avr. 1861 (aff. Vidon-Gris, D. P. 61. 5. 246), aux termes duquel le prévenu qui, sur l'opposition à une condamnation par défaut, obtient son acquittement, n'en doit pas moins, s'il avait été régulièrement assigné, être condamné aux frais de sa non-comparution. Mais le jugement qui, dans un pareil cas, prononce le renvoi sans dépens, n'est passible de cassation qu'en ce qui concerne les dépens (Même arrêt). — Le principe général, qu'il ressort de l'arrêt du 8 mai 1845 nous paraît très juridique. En vain dirait-on que la juridiction répressive usurpe sur la compétence de la juridiction civile, en tranchant une simple question de réparation de dommage ; le dommage résulte d'actes qui ont abouti à saisir la juridiction répressive, et qui ont constitué la procédure suivie devant elle ; elle seule peut les apprécier et prononcer sur le sort et les conséquences de ces actes. Quant à la solution à fournir sur le cas où un prévenu, qui a laissé prendre contre lui un jugement de défaut, forme opposition à ce jugement, elle est aujourd'hui réglée

explicitement par le nouvel art. 187, § 2 c. instr. crim., en ce sens que : « les frais de l'expédition, et la signification du jugement par défaut et de l'opposition pourront être laissés à la charge du prévenu ». La loi ne distingue pas, à ce sujet entre le cas où il est condamné et celui où il est acquitté. La disposition, d'autre part, s'applique soit en matière de simple police, soit devant les tribunaux correctionnels, en première instance et en appel.

Aux frais qui peuvent être laissés à la charge de l'opposant, il faut joindre ceux d'enregistrement du jugement. C'est mal à propos que la cour de Bordeaux, s'en tenant strictement au texte même de la loi, a décidé le contraire (30 août 1865, *Journal du ministère public*, t. 9, p. 121). L'esprit de la loi est de faire supporter au défaillant toutes les conséquences dommageables de son défaut, et les droits d'enregistrement à acquitter y rentrent évidemment.

**550.** Ainsi que nous l'avons dit ci-dessus, la disposition facultative de l'art. 187, § 2, c. instr. crim. est nouvelle ; elle a été introduite par la loi du 27 juin 1866. Elle s'applique restrictivement aux jugements par défaut à l'exclusion des arrêts de contumace, que rendent les cours d'assises. Tandis que les juges correctionnels ou de police peuvent, selon leur appréciation, prononcer ou ne pas prononcer contre le prévenu acquitté sur son opposition, les frais qui sont la conséquence de son défaut, la cour d'assises, quand l'accusé qui se représente après avoir été condamné par contumace, vient à être acquitté, est obligée légalement de le condamner aux frais qu'a entraînés sa contumace. Il est expressément recommandé aux magistrats du parquet de requérir, conformément à l'art. 478 c. instr. crim., cette condamnation, dont l'omission donne ouverture au pourvoi en cassation, dans le but de renvoyer à une autre cour d'assises exclusivement pour faire application de cet art. 478 c. instr. crim. (Crim. cass. 3 mai 1860, aff. Paris, *Bull. crim.* n° 60). — Avant la modification apportée à l'art. 187 par la loi de 1866, le principe de la condamnation aux frais de la non-comparution était absolu, et s'appliquait aux hypothèses du défaut et de la contumace. Ainsi s'expliquent les décisions de jurisprudence rapportées au *Répertoire*, et l'arrêt du 12 avr. 1861, cité *suprà*, n° 549.

**551.** — V. EXCUSE. — La jurisprudence est fixée en ce sens que l'inculpé acquitté par suite de l'admission d'une excuse ne peut être condamné aux dépens (Crim. cass. 29 nov. 1844 aff. de la Banière, D. P. 45. 4. 289 ; 16 févr. 1854, aff. Daurengue, D. P. 55. 5. 483 ; 3 mars 1854, aff. Salinière, D. P. 54. 5. 61). Cette solution ne concerne, bien évidemment que les excuses absolutoires ou péremptoires ; mais s'applique-t-elle indistinctement à toutes les excuses de cette dernière catégorie ? La jurisprudence ne va pas jusque-là, et décide que certaines excuses dont l'existence, reconnue en faveur d'un prévenu ou d'un accusé, a pour effet de l'exempter de toute peine, ne doivent pas, au contraire, le dispenser de la condamnation aux frais du procès. Plusieurs exceptions au principe général ont été consacrées dans des décisions rapportées au *Répertoire* ou rendues postérieurement à sa publication.

**552.** On en trouve un premier exemple dans un arrêt (Crim. cass. 24 juill. 1840) rapporté au *Rép.* n° 978-6°. Cet arrêt statue sur l'hypothèse prévue par l'art. 138 c. pén., où les accusés d'émission de fausse monnaie ont procuré l'arrestation des autres coupables depuis le commencement des poursuites. Il décide que les accusés, bien qu'ils soient exempts de peines, doivent être condamnés aux dépens. « En effet, dit l'arrêt, l'accusation dirigée contre eux n'en a pas moins été complètement justifiée ; la condamnation aux frais n'est point une peine ; elle a pour objet d'assurer à l'État la restitution des avances nécessitées par la recherche et le jugement du crime ; et l'utilité de cette procédure est démontrée par la déclaration de culpabilité qui en a été la suite et la conséquence ; dès lors, les accusés qui, en tant que leur culpabilité a été reconnue, ont succombé, nonobstant l'exception en vertu de laquelle ils ont été affranchis de la peine qu'ils avaient encourue, et dont le relaxe prononcé, non de l'autorité seule du président, mais au nom de la cour d'assises, ne saurait être considéré comme un acquittement ».

**553.** Une autre exception a été admise en ce qui concerne l'excuse absolutoire consacrée par l'art. 247 c. pén. L'exception n'est, d'ailleurs, pas absolue, et des distinctions doivent être établies. — Il y a lieu de rappeler d'abord à quelles personnes et dans quelles conditions cette excuse est applicable. L'art. 247 c. pén. est ainsi conçu : « Les peines d'emprisonnement contre les conducteurs ou les gardiens, en cas de négligence seulement, cesseront lorsque les évadés seront repris ou représentés, pourvu que ce soit dans les quatre mois de l'évasion, et qu'ils ne soient pas arrêtés pour d'autres crimes ou délits commis postérieurement ». Si l'arrestation a lieu quand déjà le gardien a été condamné, les termes mêmes de la loi indiquent quelle en est la conséquence : l'emprisonnement cessera, mais la condamnation aux frais demeure acquise. Si, au contraire, l'arrestation se produit avant que le jugement soit intervenu ou même la poursuite entamée, que faut-il décider? On peut poser en principe que les poursuites ne sont pas suspendues par l'éventualité de l'arrestation du détenu évadé (Blanche, *Etudes sur le code pénal*, sur l'art. 247). Mais si, avant les poursuites, l'arrestation s'est opérée, il n'y a pas lieu, à notre avis, d'engager d'instance ; et, si elle était engagée, les frais n'en devraient pas être mis à la charge du gardien (Conf. Paris, 3 déc. 1852, aff. C... et Ch... D. P. 53. 2. 6). Enfin, quand le détenu n'est repris qu'après les poursuites engagées, il y a lieu de suivre l'instance pour vider la question de la condamnation aux frais qui peut incomber au gardien (Aix, 16 nov. 1844, aff. Rambert, D. P. 56 2. 286).

**554.** — VI. IRRECEVABILITÉ DE L'ACTION DU MINISTÈRE PUBLIC. — Il suffira de rappeler, à ce sujet, le principe que nous avons établi au *Rép.* nos 976-10, et 980, en vertu duquel le prévenu, absous par le motif que les faits qui lui sont imputés ne caractérisent pas le délit qui fait l'objet de la prévention, ne peut être condamné aux dépens.

On doit, à notre avis, faire rentrer dans cette hypothèse les causes de justifications spéciales à des infractions déterminées, et qui constituent bien plutôt l'absence d'un élément constitutif de ces infractions. Quand on rencontre l'une de ces circonstances, il n'y a pas de délit, et l'absolution doit s'en suivre. La poursuite a mal procédé et il ne peut y avoir de condamnation aux frais (V. art. 114, 115, 116, 135 § 1er. Crim. rej. 2 avr. 1868, aff. Bernard, *Bull. crim.*, p. 147, art. 163 ; Crim. cass. 27 févr. 1845, aff. Favrås, *Bull. crim.*, p. 118, art. 190, 248, 348, 380 ; 18 avr. 1857, aff. Orjollet, *Bull. crim.*, p. 256. art. 471, § 11 et art. 33, § 3, 4, 29 juill. 1881).

**555.** La solution sera la même et la condamnation aux dépens ne pourra pas être prononcée contre le prévenu, s'il est renvoyé des fins de l'instance à raison d'une irrégularité du procès-verbal ou de la citation de nature à entraîner la nullité de la poursuite. C'est ce qui a lieu quand le procès-verbal n'est pas établi conformément aux prescriptions de la loi, en matière de contributions indirectes, de douanes, de garantie des matières d'or et d'argent, de contraventions à la loi du 19 brum. an 6, qui prescrit la tenue régulière d'un registre d'achat et de vente, et qui oblige à n'acheter que de personnes connues. Telle est aussi la conséquence de la nullité de la citation donnée au cas des art. 50 et 60 de la loi du 29 juill. 1881 sur la presse, et de l'art. 49 de la loi du 15 avr. 1829 sur la pêche fluviale. Dans toutes ces hypothèses, le tribunal ne se trouve pas saisi de l'infraction. Et l'on ne peut condamner l'inculpé aux frais, car les deux conditions requises font défaut : il n'est pas partie au procès, à raison même de l'annulation de la poursuite, et, en conséquence, il ne succombe pas (V. en ce sens : Crim. rej. 28 avr. 1853, aff. Anbaud, *Bull. crim.*, p. 213 ; 24 avr. 1856, aff. Bordage, *Bull. crim.*, p. 259 ; Crim. cass. 28 déc. 1866, aff. Trouilleboue, *Bull. crim.*, p. 467). — De ces décisions il faut toutefois rapprocher un arrêt de rejet du 4 juin 1875 (aff. Delgutte, *Bull. crim.*, p. 331) qui se rapporte aux dispositions spéciales de l'art. 34 du décret du 1er germ. an 13, et aux termes duquel : « Lorsque, à la suite de l'annulation d'un procès-verbal, l'administration des Contributions indirectes a été admise à prouver la contravention par une instruction à l'effet de faire confisquer les alcools saisis, et a effectivement administré cette preuve, le tribunal correctionnel, en ordonnant cette confiscation, mais sans prononcer d'amende, met à bon droit les frais du procès à la charge du prévenu ».

**556.** L'action du ministère public est subordonnée, quand il s'agit de certaines infractions particulièrement désignées par la loi, à des conditions sans lesquelles l'auteur de l'infraction est irrégulièrement poursuivi devant un tribunal répressif. Si l'instance a été engagée par la partie publique en dehors de l'accomplissement préalable de ces conditions, l'inculpé, renvoyé des fins de la poursuite, ne peut être condamné aux dépens. C'est ainsi qu'en l'absence de plainte préalable de la partie lésée, l'inculpé sera indemne des frais, si la poursuite était de celles que la loi subordonne à cette plainte. Ces infractions sont : 1° l'adultère (c. pén. art. 336 et 339) ; 2° l'enlèvement d'une jeune fille mineure, suivi de son mariage avec le ravisseur (c. pén. art. 357). 3° les délits des fournisseurs des armées (c. pén. art. 433 ; V. Crim. cass. 13 juill. 1860, aff. Rousseau, *Bull. crim.*, p. 273) ; 4° les délits commis par des Français hors du territoire de la République (c. instr. crim. art. 5); 5° le délit de chasse sur le terrain d'autrui (L. 3 mai 1844, art. 261); 6° le délit de contrefaçon (L. 5 juill. 1844, art. 45) ; 7° les délits d'injure et de diffamation envers certaines personnes et certains corps (L. 29 juill. 1881, art. 47 et 60. Comp. Crim. cass. 31 mai 1856, aff. Rogeard, *Bull. crim.*, p. 329 ; 5 déc. 1872, aff. Malardeau et autres, *Bull. crim.*, 1872, p. 519).

**557.** De même, l'inculpé échappe à la condamnation aux frais, quand il a été déféré prématurément à un tribunal répressif, avant que la juridiction civile ait tranché une question préjudicielle dont l'examen préalable était imposé par la loi. Il en est ainsi, soit en matière de suppression d'état, s'il a été traduit devant la juridiction criminelle avant qu'il ait été statué sur la question d'état par les juges compétents (c. civ. art. 327) (V. Crim. cass. 3 janv. 1857, aff. Blanchon, *Bull. crim.*, p. 8; 29 mai 1873, aff. Merlo, *Bull. crim.*, p. 282; 30 nov. 1876, aff. Caron, *Bull. crim.*, p. 465); soit en matière de rapt, s'il a été poursuivi avant que la nullité du mariage ait été prononcée (c. pén. art. 357). (V. Crim. rej. 2 oct. 1832, aff. Martineau *Bull. crim.*, p. 562).

**558.** Enfin, sera dispensé des frais le membre d'une assemblée législative, poursuivi en dehors du cas de flagrant délit, en matière criminelle ou correctionnelle, et pendant la durée de la session, sans l'autorisation de la Chambre dont il fait partie (L. 16-18 juill. 1875 sur les rapports des pouvoirs publics, art. 14).

**559.** — VII. DÉSISTEMENT. — Quand la plainte à laquelle est subordonnée l'action publique a été régulièrement formée, le ministère public reprend son indépendance, et le désistement du plaignant ne fait, en principe, aucun obstacle à la poursuite qu'il a intentée ou qu'il se propose d'intenter. A cette règle il est toutefois apporté par la loi deux exceptions importantes : 1° en matière d'adultère; 2° en matière de diffamation ou d'injure envers un particulier; dans l'un et l'autre cas, le désistement arrête la poursuite (V. c. pén., art. 336, 337 L. 29 juill. 1881, sur la liberté de la presse, art. 60 *in fine*). Dans ces deux cas, le désistement qui se produit et qui est notifié à la partie publique avant toute poursuite, a pour effet de supprimer l'action de cette partie. Si, après que le désistement a été notifié, la poursuite est engagée, l'inculpé devra être renvoyé de l'instance sans dépens.

**560.** Mais que décider, si le désistement a lieu au cours du procès, alors que la poursuite se trouve engagée et avant que le tribunal ait statué? — Un arrêt de la cour de Bruxelles du 20 juill. 1871 (*Journal du ministère public*, t. 14, p. 161, cité par M. Auzière, même journal, t. 29, p. 8) exempte, dans cette hypothèse, les prévenus du délit d'adultère, des frais du procès : « Attendu que l'action n'étant pas recevable, le procureur du roi n'avait aucune qualité pour requérir contre les prévenus la condamnation aux frais de la poursuite ; que, si l'Etat pouvait avoir droit au recouvrement de ces frais, abstraction faite du délit, ce droit serait une créance purement civile, laquelle ne pourrait être poursuivie d'office par le ministère public devant les tribunaux correctionnels; attendu, au reste, que la poursuite en payement des frais de la procédure dans les affaires d'adultère, et ce, malgré le désistement du plaignant, irait directement à l'encontre du but que le législateur a voulu atteindre en subordonnant l'action publique à la volonté du mari, et en lui donnant le droit d'empêcher la continuation de cette action à tous les moments de la procédure; qu'en effet, pour statuer sur les frais, il faudrait d'abord vérifier si les prévenus ont commis le délit d'adultère, ce que la loi défend après le désistement de la plainte; que, de plus, la condamnation aux frais impliquerait la constatation légale du délit et imprimerait une flétrissure à la femme, après la réconciliation, tandis que le désistement du mari doit, au contraire, d'après le vœu du législateur, être considéré comme une preuve légale que le délit n'a pas été commis ». M. Auzière (loc. cit.) critique cette décision : « On sait, dit-il, qu'il n'appartient pas à la partie publique de retirer une citation; le tribunal doit forcément statuer. D'un autre côté, il ne faut pas oublier que, si une information est ouverte, si des frais ont été exposés, c'est par la volonté du mari... Il serait peu équitable qu'il dépendît de sa seule volonté, le délit étant établi et la poursuite justifiée, de laisser ces frais à la charge du Trésor public. Le tribunal a été régulièrement saisi ; le désistement du mari n'a pu le dessaisir. Aucune peine ne pourra être infligée, les faits ne devront même pas être qualifiés au point de vue pénal; mais le tribunal aura incontestablement le droit de rechercher, en ce qui concerne la question des dépens, si la plainte a été régulièrement intentée, si l'État a droit au remboursement de ses avances. Il appréciera les faits pour déduire de leur caractère non la constatation d'un délit, mais l'application de l'art. 1382 c. civ. ». — Cette argumentation ne nous convainc pas, et la thèse de l'arrêt de la cour de Bruxelles nous semble plus juridique, au moins dans l'hypothèse et avec la portée qui vont être précisées : Lorsque le mari a porté une plainte en adultère contre sa femme et le complice de celle-ci, il n'est pas pour cela devenu partie au procès. Le procès est engagé entre le ministère public et les inculpés. Le mari ne serait partie au procès qu'autant qu'il se serait constitué partie civile. Quand il retire sa plainte, il est légalement établi que le délit n'existe pas. Les inculpés ne peuvent pas succomber. Comment seraient-ils condamnés aux dépens? Ce n'est pas eux, c'est la témérité de la plainte du mari, qu'ensuite il a reconnu mal fondée, qui a créé la nécessité d'avancer des frais d'information et de poursuite. Seul, il en peut être tenu. — S'il est partie civile, le tribunal répressif saisi, en renvoyant les inculpés comme non coupables, devra le condamner aux dépens. S'il n'est pas partie civile, et par conséquent, s'il demeure en dehors de l'instance, une juridiction civile pourra seule le condamner à réparer le préjudice causé au Trésor.

Pour obvier à ces inconvénients, il s'est introduit dans la pratique de certains parquets l'habitude d'inviter le mari plaignant à consigner au greffe, si même il ne se porte pas partie civile, une somme arbitrée pour couvrir les premiers frais exposés, soit, par exemple, 25 fr. Cette somme sera affectée à éteindre les frais au cas de retrait de la plainte comme au cas d'acquittement. Le parquet, maître de l'action publique, ne la met pas en mouvement, s'il n'est satisfait à cette injonction. Mais on peut concevoir des doutes sur la légalité d'un pareil procédé.

**561.** La réconciliation du mari avec sa femme dénoncée comme coupable d'adultère peut se produire encore après que la décision du tribunal a été rendue. La question demeure la même que dans l'hypothèse précédente si la décision intervenue fait l'objet d'une voie de recours (opposition ou appel), et doit recevoir la même solution. Si, au contraire, la décision rendue acquiert l'autorité de la chose jugée, la réconciliation est sans effet sur la condamnation aux frais, désormais définitive. Elle s'oppose seulement à l'exécution de la peine d'emprisonnement qui aurait été prononcée.

Les décisions de la jurisprudence, sur les divers points que nous venons d'examiner, ne sont par uniformes. Sur les conséquences, en ce qui concerne les dépens, d'une réconciliation intervenue au cours de l'instance suivie sur l'opposition ou sur l'appel formés contre le jugement obtenu, il a été jugé que la juridiction saisie, sans avoir à statuer sur la peine, peut condamner aux frais les prévenus (Paris, 11 avr. 1850, aff. Hell, D. P. 50. 3. 17; Poitiers, 23 févr. 1860 ; Nîmes, 9 juill. 1868, Journal du ministère public, t. 29, p. 26, note 1). La cour d'Angers, au contraire, par un arrêt du 9 déc. 1867 (aff. Leliard, D. P. 68. 2. 21), a adopté l'opi-

nion que nous avons soutenue supra, n° 560 et v° Adultère, n° 33 et d'après laquelle l'inculpé doit être exempté des dépens.

**562.** Les principes développés sur la matière de l'adultère trouvent identiquement leur application quand il s'agit d'une injure ou de diffamation contre un particulier. Mais les raisons de décider ne sont plus les mêmes quand on est en face d'un rapt de séduction suivi du mariage du ravisseur et de la fille ravie. Nul doute, quand le mariage a précédé toute poursuite, que l'inculpé, renvoyé de l'instance, ne soit indemne de tous les dépens. Mais si le mariage a lieu au cours des poursuites, c'est par le fait du ravisseur, partie au procès, que les frais ont été exposés. Ils doivent être mis à sa charge. C'est ce qui a été décidé, notamment, dans un cas où le mariage avait été célébré après condamnation en première instance, avant qu'il eût été statué sur l'appel interjeté par le ministère public (il s'agissait d'un rapt commis par un mineur de vingt et un ans, ressortissant au tribunal correctionnel) (Bordeaux, 24 juin 1868, Journal du ministère public, 1869, p. 264). « Attendu, dit cet arrêt, que la poursuite devant le tribunal, au moment où elle a été introduite par le ministère public, était parfaitement recevable et constituait de sa part l'accomplissement d'un droit et d'un devoir; que les premiers juges, dans l'état où la cause se présentait devant eux, devaient prononcer la condamnation contenue au jugement dont est appel; que l'appel lui-même du procureur impérial et les frais qui en ont été la conséquence sont le résultat de l'exercice légitime de l'action publique; que les prévenus ont à s'imputer de les avoir rendus nécessaires et de n'avoir recours que tardivement au moyen de désarmer le ministère public; qu'ils sont par conséquent responsables des frais ».

**563.** — VIII. Transaction. — Exceptionnellement, en certaines matières, une transaction sur l'infraction commise peut intervenir entre l'inculpé et l'administration lésée, et cette transaction a pour effet d'éteindre l'action publique. C'est ce qui a lieu, aux termes de l'art. 1er, arrêté du 14 fruct. an 10, et de l'ordonnance du 27 nov. 1816, pour les douanes; de l'art. 23, arrêté du 5 germ. an 12, et de l'art. 10 de l'ordonnance du 3 janv. 1821, pour les contributions indirectes ; de l'art. 83, ordonnance du 9 déc. 1814 pour les octrois; de la loi du 18 juin et du décret du 21 déc. 1859, pour l'administration forestière; de l'art. 9 de la loi du 4 juin 1859, pour les postes, relativement à quelques contraventions. L'instance commencée après que la transaction est intervenue ne correspond plus à aucun fait punissable, et l'inculpé ne peut être condamné aux frais du procès (V. Rép. v° Douanes, n° 1014). — La question semblerait plus douteuse dans le cas où la transaction ne serait opérée qu'une fois la poursuite engagée. Toutefois, l'effet de la transaction est le même : elle supprime le fait délictueux et punissable, et dès lors l'inculpé qu'on renvoie de l'instance sur ce motif ne peut être réputé succomber ». Au surplus, les frais incombent, dans ces divers cas, à l'Administration qui a transigé, et qui se trouve assimilée aux parties civiles (V. infra, n°s 571 et suiv.). Cette considération des dépens à supporter entre comme élément dans la transaction qui s'effectue. Et, de toutes manières, le Trésor n'a pas à subir, au gré des parties, libres de transiger ou de ne le pas faire, les frais exposés (V. en ce sens M. Auzière, Journal du ministère public, t. 28, p. 253).

**564.** — IX. Prescription. — Sur ce point, qui présente quelque analogie avec le précédent, il n'y a pas unanimité dans les décisions de la jurisprudence. Il convient tout d'abord de distinguer entre le cas où la prescription était acquise lorsque les poursuites ont commencé, et le cas où elle ne s'est produite qu'après les poursuites engagées. Si déjà la prescription était acquise lorsque les poursuites ont été entamées, la thèse de l'immunité des frais pour l'inculpé, soutenue au Rép. n° 1191-1192, a été consacrée depuis lors par des autorités considérables. « Non seulement, dit M. Blanche (Études sur le code pénal, sur l'art. 52, n° 351), l'accusé ou le prévenu n'a pas succombé, mais il savait qu'il ne pouvait pas même être l'objet de la poursuite si témérairement intentée contre lui. Comment pourrait-il être responsable des frais qu'elle a occasionnés ? » Telle est la doctrine de la cour de cassation : « Attendu, dit un arrêt, qu'il y avait lieu pour la cour de Bastia de déclarer l'action publique et l'action civile résultant du délit imputé à Carlotti, éteintes par la prescription de trois années ; d'où la conséquence qu'aucune condamnation, soit à une peine, soit aux frais, ne pouvait être prononcée contre lui » (Crim. cass. 18 mars 1880, aff. Carlotti, *Bull. crim.*, n° 65. V. Conf. Trib. de Die, 2 juill. 1877, aff. Chave, D. P. 78. 3. 32).

**565.** La seconde hypothèse, celle d'une prescription acquise après que les poursuites ont été engagées, se présentera notamment dans les circonstances suivantes : un accusé est poursuivi à raison d'un crime, plus de trois ans et moins de dix ans après le fait à lui imputé. Le verdict du jury, en écartant les circonstances aggravantes, réduit ce fait à n'être qu'un simple délit, et il se trouve couvert par la prescription. Ou encore, plus de cinq ans après qu'un arrêt de contumace a été rendu contre un accusé en fuite, le contumax se présente. Il est jugé à nouveau, et le verdict du jury ne retient à sa charge qu'un délit. Il s'ensuit qu'une peine correctionnelle seulement pourra lui être appliquée. Or, après cinq ans, une telle peine est prescrite.

En face d'une telle situation, la jurisprudence a eu quelques hésitations. Elle paraît fixée dans le sens de la condamnation aux frais, comme il ressort des décisions rapportées au *Rép.* n° 1192, auxquelles il faut ajouter un arrêt de rejet de la chambre criminelle du 9 févr. 1854, aff. Rosel, D. P. 54. 1. 83. Il a été décidé, spécialement, que lorsque, sur la prévention de vol qualifié, l'accusé n'a été reconnu coupable que de vol simple, il est passible des dépens envers l'Etat, bien qu'aucune peine ne lui ait été appliquée, à raison du laps de trois ans écoulé depuis la perpétration du fait dont la criminalité s'est trouvée réduite aux proportions d'un délit (Crim. rej. 17 déc. 1846, aff. Boissonnet, cité au *Rép.* n° 1192). Les motifs de cette décision en font nettement ressortir le principe : « Attendu, dit la cour,... que si le crime déféré à la justice a été dépouillé de ce caractère, et réduit à la qualification d'un délit, c'est par une décision qu'il n'appartenait qu'au jury de porter sur l'accusation dont il a été légalement saisi, et que si aucune peine n'a été appliquée à l'accusé par suite de la prescription de trois ans établie par la loi à l'égard des simples délits punissables de peines correctionnelles, le ministère public avait été tenu de faire purger l'accusation primitive ; que les frais ont donc été légitimement faits sur cette accusation, et que le remboursement en est dû à l'Etat ». M. Auzière (*Journal du ministère public*, t. 29, p. 4 et 5), conformément à l'opinion soutenue au *Rép.* n° 1192, critique cette décision : « La condamnation aux frais, dit cet auteur, est justifiée, d'après la cour suprême, par cette double circonstance que la réalité du fait délictueux a été constatée, et que la juridiction répressive a été valablement saisie. Cette seconde condition nous paraît faire défaut. Sans doute, l'accusé avait été renvoyé devant les assises sous l'accusation d'un fait qui a été reconnu constant. Mais, d'après la chambre d'accusation, juge de la prévention, ce fait était accompagné de certaines circonstances aggravantes ; et c'est uniquement à raison de ces circonstances que l'affaire a pu être portée devant la cour d'assises, alors que le fait, pris isolément, aurait été prescrit comme délit. Or le jury, qui constate souverainement la réalité des faits, dont la décision, en ce qui concerne les circonstances aggravantes, ne peut pas donner matière à interprétation, comme sa réponse sur la question de culpabilité, le jury nie ces circonstances. Il s'ensuit que juridiquement elles n'ont jamais existé, que le juge de la prévention a eu tort de les retenir : il aurait dû ne s'arrêter qu'au fait simple. Il a commis une erreur. En réalité, il n'y a jamais eu qu'un délit, et l'action publique était éteinte quand la juridiction criminelle a été saisie par le ministère public. Il ne devrait donc pas y avoir condamnation aux frais ». — Il a été jugé également, par un arrêt récent, que, dans le cas où le verdict, faisant dégénérer en simple délit le fait déféré à l'appréciation du jury, ne contient pas les indications nécessaires pour que la cour puisse vérifier si le fait dégénéré en délit était ou non prescrit au moment où les poursuites criminelles ont été commencées, et où, par suite, l'absolution de l'accusé est prononcée, celui-ci n'en doit pas moins être condamné aux dépens. (C. d'ass. de la Haute-Vienno, 10 août 1890, D. P. 91. 2. 71).

**566.** — X. Chose jugée. — Le principe de l'autorité de

la chose jugée est d'ordre public. Toute poursuite qui en méconnaît est, dès son origine, mal fondée. Et l'inculpé, indûment repris à raison d'une infraction qui a fait l'objet d'une sentence ayant l'autorité de la chose jugée, devra être indemne des frais de la nouvelle procédure.

**567.** — XI. Amnistie. — L'effet de l'amnistie est d'effacer le caractère délictueux des infractions amnistiées. Dès lors, l'inculpé dont l'infraction est amnistiée, soit avant toute poursuite, soit même au cours des poursuites dirigées contre lui et avant qu'une décision définitive ait été fournie, doit être exempt des frais (V. *supra*, v° *Amnistie*, n° 48 ; *Rép.* eod. v°, n° 150). Il cesserait, évidemment, d'en être ainsi dans le cas où la loi d'amnistie réserverait les frais, comme il est parfois arrivé. Alors, les poursuites entamées devraient être continuées en vue d'obtenir une décision sur les dépens. C'est ce qui a été jugé, relativement aux décrets d'amnistie des 30 janv. et 11 déc. 1852 (V. Crim. cass. 19 févr. 1852, aff. Biaggini, *Bull. crim.*, p. 134, et 21 janv. 1853, aff. Pelée, *Bull. crim.* p. 38). « Attendu, dit ce dernier arrêt, que le décret du 11 déc. 1852 déclare que l'amnistie n'est pas applicable aux frais de poursuite et d'instance ; que, dès lors, il y a lieu d'apprécier le caractère légal des faits qui sont l'objet de la poursuite, nonobstant l'amnistie qui les protège contre cette pénalité, pour savoir si l'Etat est fondé à demander le remboursement des frais qu'il a avancés... ».

**568.** La loi du 19 juill. 1889 (D. P. 89. 4. 109) a accordé l'amnistie à un certain nombre de délinquants à raison de faits par eux commis antérieurement au 14 juillet de la même année. Une circulaire de la chancellerie, en date du 22 juillet suivant, a précisé et complété les dispositions de la loi. Après avoir constaté que l'amnistie s'applique aussi bien aux faits qui, au 14 juill. 1889, étaient réprimés ou seulement poursuivis qu'à ceux qui, à cette date n'avaient encore fait l'objet d'aucune poursuite, cette circulaire relève la condition expresse énoncée en l'art. 5 et qui subordonne l'amnistie accordée à diverses catégories de délits et contraventions au payement desdits frais de justice et de la gratification due aux agents verbalisateurs. — Cette disposition, d'une application facile lorsqu'il s'agira d'une condamnation définitive, peut faire naître quelque hésitation lorsqu'on se trouvera en présence soit d'une décision de justice qui n'aura pas acquis l'autorité de la chose jugée, soit d'une poursuite seulement commencée, soit enfin d'un procès-verbal à l'occasion duquel aucune poursuite n'aura encore été engagée. Doit-on, dans ce cas, exiger des délinquants le remboursement des frais avancés par l'Etat, et leur imposer le payement de la part réservée aux agents ? A l'égard des frais de justice, les principes généraux du droit imposant la négative. Ainsi que nous l'avons exposé *supra*, n° 541, les frais de justice ne sont dus par une partie qu'autant qu'elle est condamnée, et il n'y a de condamnation réelle que la condamnation définitive. C'est ce qu'indique nettement la circulaire précitée : « L'amnistie étant un mode d'extinction de l'action publique, y est-il dit, il n'est pas possible au ministère public de modifier, par un acte ultérieur d'instruction ou de poursuite, la situation de ceux qui sont appelés à en bénéficier. En conséquence, les délinquants qui, au 14 juillet, n'auront pas été frappés d'une condamnation devenue irrévocable, se trouveront exonérés de tous frais. En ce qui touche la part des agents, la même solution doit être adoptée. Ce n'est pas, en effet, la constatation par un procès-verbal qui donne ouverture à la prime que la loi accorde aux agents, c'est la condamnation par un jugement définitif ».

M. le garde des sceaux, dans la même circulaire, tranche une question qui peut s'élever au sujet du second paragraphe de l'art. 5 et qui est celle de savoir si la condition à laquelle il subordonne l'amnistie est applicable à toutes les infractions amnistiées. Il fait observer à ce propos que cette disposition ne saurait être appliquée aux faits énoncés dans les deux premiers articles de la loi sans apporter à l'amnistie une restriction qui, assez souvent, en serait la négation. « On comprendrait mieux, ajoute-t-il, qu'elle eût été déclarée applicable aux délits et contraventions amnistiés par l'art 4, puisque parmi ces infractions, il en est qui peuvent valoir une gratification aux agents qui les constatent ; mais telle n'a pas été l'intention du législateur. Il suffit, en effet, de se reporter à la discussion de la loi dans les deux Chambres pour se convaincre que les faits prévus à l'art. 4

et aux articles précédents ont été étrangers aux préoccupations qui ont inspiré la disposition dont il s'agit. D'ailleurs, l'examen de l'ensemble du texte de la loi montre qu'à chaque article correspond une amnistie spéciale dont les conditions sont réglées par l'article même qui la consacre. La disposition restrictive contenue dans l'art. 5 me paraît donc ne devoir être appliquée qu'aux infractions prévues par cet article ».

La jurisprudence a eu fréquemment à appliquer les dispositions de l'art. précité, et elle a décidé que la justification du payement des frais et de la part revenant aux agents devait être rapportée dans tous les cas; que les juridictions de répression devaient statuer même au fond sur les infractions prévues par l'art. 5, afin de déterminer le montant des sommes que le prévenu doit acquitter, s'il veut être admis à bénéficier de l'amnistie. C'est ce qui résulte de plusieurs arrêts aux termes desquels : 1° les contraventions de voirie ne sont amnistiées qu'autant que les frais de poursuite sont acquittés, conformément aux prescriptions de l'art. 5 de la loi du 19 juill. 1889; le tribunal compétent doit donc apprécier la légalité des poursuites, et prononcer sur les frais exposés, puisque, malgré l'amnistie, le prévenu ne peut être affranchi de la peine qu'autant qu'il satisfait à l'obligation spécifiée dans cet article (Crim. cass. 20 déc. 1889, aff. Massoni. *Bull. crim.* n° 402; aff. Labasse, *Bull. crim.* n° 406; 27 déc. 1889, aff. Delastre, *Bull. crim.* n° 413); 2° l'amnistie accordée par la loi du 19 juill. 1889; aux prévenus de délits forestiers étant subordonnée au payement des frais de poursuite et de la gratification due aux agents rédacteurs des procès-verbaux, le tribunal saisi doit statuer au fond, malgré l'amnistie, pour déterminer si les frais et la gratification doivent incomber aux prévenus et en fixer le montant (Crim. cass. 1889, aff. Fumigue, *Bull. crim.* n° 412); 3° Si un pourvoi a été formé contre un jugement d'un tribunal de police qui renvoie des fins de l'instance un inculpé de contravention à la police du roulage, la cour de cassation doit, malgré la loi d'amnistie intervenue postérieurement au jugement attaqué, et avant qu'il ait été statué sur le pourvoi, examiner la légalité du renvoi. Les contrevenants ne devant plus jouir du bénéfice de l'amnistie qu'en justifiant du payement des frais et de la gratification due aux agents, il y a lieu de faire trancher la question de savoir s'ils y devaient être condamnés (Crim. cass. 15 nov. 1889, aff. Clément, *Bull. crim.* n° 340).

**569.** L'art. 6 de la loi du 19 juill. 1889 fait remise de la contrainte par corps qui était ou qui pouvait être exercée au 14 juillet en vertu de condamnations définitives. L'exemption est générale : elle n'est pas limitée aux condamnations effacées par l'amnistie, mais s'applique encore à celles qui n'y sont pas comprises. « Cette disposition, dit la circulaire du 22 juill. 1889, n'est pas inconciliable avec le 1er paragraphe de l'art. 7, qui déclare l'amnistie non applicable aux frais de justice avancés par l'État; celle-ci s'entendue en ce sens que, pour tous les frais qui lui étaient dus au 14 juillet, l'État ne peut user de la contrainte par corps comme moyen de recouvrement ».

L'art. 6 ne s'applique qu'aux sommes dues au Trésor public et laisse subsister les droits des tiers auxquels l'amnistie ne peut dans aucun cas être opposée, aux termes de la disposition finale de l'art. 7.

**570.** Toute partie qui succombe encourt nécessairement la condamnation aux frais. Ainsi qu'on l'a indiqué au *Rép.* n° 983, il y a, pour le juge, obligation de prononcer tout à la fois la peine applicable et la condamnation aux frais. Aux décisions de jurisprudence rapportées *ibid.*; nous ajouterons des arrêts plus récents, aux termes desquels : 1° la condamnation aux dépens, suite nécessaire de la condamnation sur le fait imputé, ne peut tenir lieu de la peine, que le juge doit toujours prononcer, dès qu'il reconnaît l'infraction à la loi (Crim. cass. 18 août 1860, aff. Ponçon, D. P. 80. 5. 274); 2° le prévenu condamné à l'amende en matière de simple police ne peut, même au cas d'admission de circonstances atténuantes, être affranchi de la condamnation aux dépens (Crim. cass, 20 sept. 1855, aff. Fabi et aff. Comiti, D. P. 63. 5. 192).

Ce dernier arrêt, par application des principes généraux, décide, en outre, que l'omission de cette condamnation n'entraîne qu'une cassation partielle avec renvoi devant un autre juge pour être statué à nouveau sur ce chef.

Art. 2. — *Partie civile; consignation des frais (Rép. n°s 988 à 997).*

**571.** Les art. 66, 162, 194, 368 c. instr. crim., 157 et 158 décr. du 18 juin 1811 établissent les principes relatifs aux obligations de la partie civile en ce qui concerne les frais de justice criminelle. Les deux derniers textes sont ainsi conçus : « Art. 157. Ceux qui se seront constitués parties civiles, soit qu'ils succombent ou non, seront personnellement tenus des frais d'instruction, expédition et signification des jugements, sauf leur recours contre les prévenus ou accusés qui seront condamnés, et contre les personnes civilement responsables du délit. — Art. 158. Sont assimilés aux parties civiles : 1° toute régie ou administration publique, relativement aux procès suivis, soit à sa requête, soit même d'office et dans son intérêt; 2° les communes et les établissements publics, dans leur procès instruits, ou à leur requête ou même d'office, pour crimes ou délits commis contre leurs propriétés ».

Le principe de la condamnation aux frais de la partie civile, quelle que soit la juridiction répressive qui a statué, est certain (*Rép.* n°s 988 et suiv.). Une circulaire du garde des sceaux du 3 mai 1825, l'a ainsi précisé : « Toute partie civile qui intervient à quelque époque que ce soit, et qui y prend des conclusions, est responsable envers l'État de tous les frais dont il fait l'avance avant ou après l'intervention, lors même qu'elle gagne sa cause. La décision judiciaire qui termine le procès soit dans la chambre du conseil ou devant la chambre d'accusation, soit à l'audience, doit toujours condamner la partie civile aux dépens sauf son recours contre qui de droit ».

**572.** Toutefois, il y a lieu de signaler une différence notable, au point de vue des dépens, entre les matières correctionnelles ou de simple police, d'une part, où, quelle que soit l'issue du procès, la partie civile est condamnée aux dépens, et les matières criminelles d'autre part, où la partie civile n'est passible des frais que si elle a succombé dans l'instance. Cette distinction essentielle résulte de l'art. 368 c. instr. crim. modifié par la loi de 1832.

La rédaction nouvelle de l'art. 368 c. instr. crim. a fait naître d'abord une difficulté sur laquelle nous nous sommes déjà expliqué (*Rép.* n° 989). Il s'agissait d'interpréter les mots « dans les affaires soumises au jury », et de déterminer s'ils comprenaient les seules matières criminelles, ou bien en même temps que les matières criminelles, les matières correctionnelles dont la compétence est attribuée au jury. La solution qui a prévalu est celle qui suit rigoureusement les termes de la loi, et applique aux matières criminelles ou correctionnelles qui doivent être soumises au jury le principe posé par le nouvel art. 368 c. instr. crim.

On s'est même demandé si la modification créée ne s'étendait pas aux matières correctionnelles attribuées aux tribunaux correctionnels, et aux matières de simple police (V. en ce sens Faustin Hélie, *Traité de l'instruction criminelle*, 2° éd., t. 2, n° 625). La jurisprudence, ainsi qu'il a été dit au *Rép.* n° 989, maintient d'une manière constante l'application du décret de 1811 à la juridiction correctionnelle. C'est ce que décide encore un arrêt de la cour d'Agen (13 févr. 1879, aff. Chemin de fer d'Orléans, D. P. 80. 2. 173), aux termes duquel, dans les instances correctionnelles poursuivies à la requête du ministère public, la partie civile doit être condamnée aux dépens, alors même qu'elle obtient gain de cause, sauf son recours contre qui de droit.

**573.** Pour l'application des règles ci-dessus énoncées, il ne faut pas perdre de vue qu'aux termes de l'art. 66 c. instr. crim., « les plaignants ne seront réputés partie civile s'ils ne le déclarent formellement, soit par la plainte, soit par acte subséquent, ou s'ils ne prennent, par l'un ou par l'autre, des conclusions en dommages-intérêts ». — Jugé, en ce sens : 1° que les frais de l'instruction criminelle faite à la requête du ministère public ne peuvent pas être mis à la charge de la partie qui, après s'être inscrite en faux, est restée étrangère à l'instruction (Toulouse, 18 juin 1875, aff. Loubatières, D. P. 78. 2. 214); — 2° Qu'en matière de diffamation par la voie de la presse, le plaignant qui se désiste ne peut être condamné aux frais, lorsqu'il ne s'est point porté partie civile (Crim. rej. 4 mars 1847, aff. Honorien, D. P. 47. 1. 95).

**574.** L'art. 66 c. instr. crim., ajoute que les plaignants qui se sont portés partie civile, « pourront se départir dans les vingt-quatre heures ; dans le cas du désistement, ils ne sont pas tenus des frais depuis qu'il aura été signifié, sans préjudice néanmoins des dommages-intérêts des prévenus, s'il y a lieu ». Cette règle demande à être précisée.

Tout d'abord, le désistement n'a d'effet qu'autant qu'il est intervenu dans les vingt-quatre heures. On a cité au *Rép.* n° 992-4°, un arrêt de la cour de Paris du 5 mai 1843 (aff. Devaux) qui décide que la partie civile qui ne s'est désistée qu'après les vingt-quatre heures est tenue de payer tous les frais de l'instruction antérieure ou postérieure à son intervention, « attendu qu'aux termes des art. 66 c. instr. crim. et 157 décr. 18 juin 1811, la partie civile est tenue de tous les frais du procès faits tant après qu'avant son intervention et qu'elle ne peut se soustraire à cette dette qu'en prouvant qu'elle s'est désistée dans les vingt-quatre heures ». — Sur la même question, un arrêt de cassation du 1er juill. 1853 (aff. Marsol, D. P. 53. 5. 241), fournit une solution quelque peu différente de celle qui précède, en déclarant que le désistement tardif de la partie civile la rend responsable des frais de la procédure, sans distinction entre les frais antérieurs et les frais postérieurs à son désistement. « Attendu, dit l'arrêt, que les plaignants qui se constituent parties civiles peuvent se départir dans les vingt-quatre heures ; qu'il est constaté par l'arrêt attaqué que le désistement de Marsol n'a eu lieu que plus de vingt-quatre heures après son intervention ; qu'il se trouvait dès lors responsable de tous les frais de la procédure ; que, par conséquent, l'arrêt attaqué, en limitant cette responsabilité aux frais du procès faits jusqu'au jour du désistement, a créé une distinction qui n'est pas dans la loi » (V. Conf. Paris, 18 juin 1887, aff. Letulle, D. P. 88. 2. 24).

**575.** Il faut, en outre, que le désistement, intervenu dans les délais, ait été notifié. Jugé sur ce point que la partie civile qui n'a pas signifié son désistement au ministère public est tenue personnellement des frais envers l'État (c. instr. crim. art. 66 ; Décr. 18 juin 1811, art. 157) (Dijon, 15 janv. 1849, aff. Dauvé, D. P. 74. 2. 92).

**576.** La constitution de la partie civile peut être nulle, pour cause d'incapacité ; c'est ce qui a lieu, par exemple, quand un mineur ou une femme mariée se portent parties civiles sans avoir obtenu les autorisations dont ils doivent être munis. Elle peut encore être nulle pour inobservation des formes légales : on ne peut se porter partie civile que par une déclaration expresse, ou par une citation, ou par des conclusions formelles à des dommages-intérêts prises avant la clôture des débats. Dans l'un et l'autre cas, la partie n'est pas réellement intervenue aux débats : elle n'a pu, point, par conséquent, à supporter les dépens de l'instance.

**577.** Nous avons exposé au *Rép.* n°s 990 et suiv., une série d'hypothèses où se pose la question de savoir si la partie civile doit être condamnée aux frais de l'instance. Il en est d'autres sur lesquelles la jurisprudence a été appelée à statuer depuis lors. — La partie civile qui s'est constituée en déposant sa plainte entre les mains du juge d'instruction, ou au cours de l'information, succombe s'il est rendu une ordonnance de non-lieu au profit de l'inculpé, et elle supporte les frais du procès, en matière criminelle comme en matière correctionnelle. De même, comme on l'a dit au *Rép.* n° 990, la chambre des mises en accusation qui rend un arrêt de non-lieu doit mettre les dépens à la charge de la partie civile. Cette solution ressort de deux arrêts de la chambre criminelle (Crim. rej. 17 août 1849, aff. Labory, *Bull. crim.*, n° 208 ; 8 janv. 1870, aff. Mirès, D. P. 71. 1. 256). On lit dans le premier que « le pourvoi de la partie civile contre un arrêt de non-lieu ne pourrait avoir d'efficacité et, par suite, ne serait recevable qu'autant qu'il s'agirait de faire tomber des condamnations civiles que cet arrêt aurait prononcées contre elle ; mais qu'on ne peut qualifier ainsi une simple condamnation de dépens, qui n'a été que la conséquence forcée de la *règle en vertu de laquelle les dépens doivent être supportés par la partie qui succombe* ». Et le second, statuant dans la même hypothèse d'un pourvoi formé par la partie civile contre un arrêt qui confirmait une ordonnance de non-lieu, reconnaît, en termes identiques, dans un de ses motifs, que la condamnation aux dépens de la partie civile « n'a été que la

conséquence de la règle qui met les dépens à la charge de la partie qui succombe » (Conf. Bourges, 9 juin 1870, *Journal du ministère public*, 1871, p. 31).

Dans ses observations sur l'arrêt précité du 9 juin 1870, l'arrêtiste a contesté à la chambre des mises en accusation le droit de condamner aux dépens la partie civile, par le motif qu'aucun article de loi ne le lui confère. M. Auzière (*Journal du ministère public*, t. 30, p. 162), sans accepter cette solution, pense du moins que le juge d'instruction ne pourrait prononcer une condamnation aux dépens. Dans l'un et l'autre cas, nous croyons que la critique est mal fondée. L'art. 157 du décret du 18 juin 1811 n'est-il pas général et ne s'étend-il pas à toutes les juridictions? « Ceux qui se seront constitués parties civiles, soit qu'ils succombent ou non, seront personnellement tenus des frais d'instruction, d'expédition et signification des jugements ... ». Qu'il s'agisse de matières criminelles ou correctionnelles, rien ne vient restreindre le droit de la juridiction d'instruction : d'abord parce que la partie civile succombe, et ensuite, parce que l'art. 368 c. instr. crim. n'exempte la partie civile des frais du procès où elle a triomphé que « dans les affaires soumises au jury ».

**578.** Si le prévenu est acquitté ou absous, sans être condamné aux dépens, la partie civile succombe encore, et est personnellement tenue de tous les frais sans aucun recours. Mais en matière criminelle, à l'exclusion des affaires de simple police, de police correctionnelle, et des délits de presse soumis au jury, l'acquittement ou l'absolution sans dépens de l'accusé peuvent être accompagnés d'une condamnation aux dommages-intérêts en faveur de la partie civile. En ce cas, l'art. 368 fait naître la question de savoir si la partie civile doit être condamnée aux frais. On a soutenu au *Rép.* n° 983 qu'elle en doit être indemne, car elle ne succombe pas dans sa demande ; et la jurisprudence a suivi d'abord cette opinion. Mais elle l'a ensuite abandonnée, et il est constant aujourd'hui que la partie civile qui obtient des dommages contre un accusé acquitté ou absous sans dépens doit être seule condamnée à tous les frais (Conf. Blanche, *Étude sur le code pénal*, sur l'art. 52, n° 350). — Cette solution qui ne cadre pas exactement, il faut le reconnaître, avec le texte de la loi, se justifie par cette considération que la voie suivie par la partie civile était mal choisie puisqu'il n'y avait pas de crime, et qu'ainsi il a mis l'État dans l'obligation d'exposer inutilement des frais qui ne pouvaient procurer aucun résultat utile au point de vue social. Elle se trouve consacrée dans de nombreux arrêts. Ainsi, jugé : 1° que l'accusé acquitté, mais condamné à des dommages-intérêts envers la partie civile, n'est pas de plein droit tenu, envers celle-ci, au remboursement de la somme qu'elle-même doit payer au Trésor pour frais de poursuite (Crim. rej. 1er déc. 1848, aff. Leglaire, D. P. 56. 1. 177 ; Crim. cass. 5 déc. 1861, aff. Latrobe, D. P. 61. 1. 504 ; 13 févr. 1862, aff. Collat, D. P. 67. 5. 222 ; Haute Cour de justice, 27 mars 1870, aff. Salmon, D. P. 74. 2. 79). Il peut cependant être condamné ce remboursement à titre de supplément d'indemnité. Mais il est, en ce cas, nécessaire que la cour d'assises explique qu'elle comprend cette obligation de remboursement dans la condamnation aux dommages-intérêts (Arrêt précité du 13 févr. 1862) ; — 2° Que, l'accusé acquitté ne pouvant jamais être condamné aux frais envers le Trésor public, il n'y a pas lieu, pour la cour d'assises, de réserver à la partie civile, condamnée au remboursement de ces frais, son recours contre l'accusé, à moins que ce ne soit à titre de dommages-intérêts, et que, dès lors, est nul l'arrêt qui accorde la réserve d'un tel recours comme étant de droit et sans en faire un élément des réparations allouées à la partie civile (Arrêts précités des 5 déc. 1861, et 13 févr. 1862).

**579.** Ainsi qu'on l'a dit *supra*, n° 550, si l'accusé est condamné par la cour d'assises à une peine et à des dommages-intérêts, la disposition spéciale de l'art. 368, c. instr. crim. modifié en 1832, exempte des frais la partie civile. Cette dispense des frais est totale, alors même que, de plusieurs accusés compris dans la poursuite à raison du même fait, un seul aurait été condamné (Crim. cass. 17 août 1861, aff. Liéger, D. P. 61. 5. 216).

**580.** Dans les cas où la partie civile est tenue des frais de l'instance, et il en est toujours ainsi en matière correctionnelle ou de police, l'inculpé doit-il être également et en même temps condamné ? L'intérêt de cette question réside en ce que le Trésor, poursuivant le recouvrement des frais, pourrait s'adresser à l'un ou à l'autre, choisissant de préférence le plus solvable. La jurisprudence est fixée dans le sens de l'affirmative. Jugé, en ce sens, que dans le cas où il y a partie civile en cause, les juges ne sont pas dispensés de condamner aux frais l'accusé qui succombe ; en déclarant que la partie civile serait tenue des frais de condamnation, l'art. 157 du décret du 8 juin 1811 n'a eu d'autre but que d'adjoindre, et non de substituer, la partie civile au condamné (Conf. Crim. cass. 1er juill. 1853, aff. Marsol, D. P. 53. 5. 241 ; Civ. rej. 23 juin 1859, aff. Brassey, D. P. 59. 1. 330 ; Caen, 14 avr. 1859, même affaire, D. P. 59. 5. 199. V. aussi Blanche, *Étude sur le code pénal*, sur l'art. 52, n° 344; Auzière, *Journal du ministère public*, t. 30, p. 165). Plus spécialement, l'arrêt précité du 1er juill. 1853 décide que le prévenu contre lequel une peine a été prononcée doit être condamné à tous les dépens de la procédure, quoique les mêmes dépens soient ou doivent être mis à la charge de la partie civile qui s'est désistée tardivement de son action.

Un arrêt de la cour de cassation (Crim. rej. 3 févr. 1881, aff. Haune, *Bull. crim.* n° 28) semble au premier abord s'écarter de cette doctrine. Statuant sur le pourvoi d'une partie civile qui arguait de ce que la décision attaquée avait refusé à tort de prononcer contre le prévenu reconnu coupable une condamnation directe aux frais, la chambre criminelle a rejeté ce pourvoi par le double motif : 1° que, si, d'après les prescriptions des art. 194, c. instr. crim., et 156, décr. 18 juin 1811, les frais doivent être supportés en définitive par le prévenu qui a été condamné, il avait été régulièrement satisfait à ces prescriptions par la disposition de l'arrêt attaqué qui, soumettant le prévenu au recours de la partie civile, assurait par cela même à celle-ci tous les moyens d'exécution qu'elle aurait pu puiser dans une condamnation expresse et directe ; — 2° Qu'au surplus le dispositif de l'arrêt portait en termes formels qu'un recours était réservé à la partie civile, lequel impliquait la condamnation du prévenu aux dépens. — La solution que nous avons établie n'est donc pas contredite par ce dernier arrêt. Il constate, au contraire, qu'elle se trouvait consacrée par la décision critiquée, et c'est par ce motif que le pourvoi a été rejeté.

**581.** Dans le cas où l'inculpé est condamné à une peine sans être condamné à des dommages-intérêts envers la partie civile, celle-ci ne peut être considérée comme ayant succombé. La condamnation qui intervient démontre suffisamment, en effet, la nécessité du procès qui a eu lieu. Il s'ensuit que, s'il s'agit d'une affaire soumise au jury, la partie civile ne doit pas être condamnée aux frais ; en toutes autres matières, étant nécessairement tenue des frais de l'instance, elle a, du moins, un recours contre le condamné (Crim. cass. 19 août 1875, aff. Trouillot, *Bull. crim.* n° 269 ; Conf. Blanche, *op. cit.*, sur l'art. 52, n° 350 ; Faustin-Hélie, *Théorie du code pénal*, t. 1, p. 248 ; Auzière, *loc. cit.*, p. 167.

**582.** Quand l'inculpé est absous, mais néanmoins condamné aux dépens, c'est que le fait à lui reproché est établi : il doit à des circonstances particulières d'être exempté de la peine, mais il y avait matière à poursuite. Ainsi, la partie civile n'a pas succombé dans son action, et la solution admise dans la précédente hypothèse au n° 581, trouve, ici encore, son application (Conf. Auzière, *loc. cit.*, p. 168).

**583.** Nous avons exposé au *Rép.* n° 986, que, conformé-

ment aux principes généraux, l'omission de la condamnation de la partie civile aux dépens quand il y a lieu, donne ouverture à cassation *porte in qud.* La cour qui casse la première décision doit renvoyer devant une autre juridiction pour qu'il soit statué spécialement et exclusivement sur la question des dépens. Si cette juridiction est une cour d'assises, la cour statue seule sans assistance du jury. Le pourvoi sera formé par le ministère public contre la partie civile (Crim. cass. 10 août 1861, aff. Altenbaud, D. P. 61. 5. 62). Des principes généraux, rappelés spécialement dans l'arrêt précité, il résulte que, pour faire réparer l'omission du juge qui n'a pas condamné aux dépens la partie civile, alors qu'elle a succombé, c'est au ministère public à se pourvoir et qu'il doit diriger son pourvoi directement contre elle. Dans l'espèce, le commissaire de police remplissant les fonctions du ministère public près le tribunal de simple police dont le jugement faisait l'objet du pourvoi, avait dirigé son pourvoi exclusivement contre le prévenu ; la chambre criminelle a décidé : « que, le pourvoi n'ayant été dirigé que contre le prévenu, le jugement ne saurait, en l'absence de la partie civile, être modifié à son préjudice ».

Le condamné qui n'y a pas intérêt ne saurait se pourvoir (Crim. rej. 30 avr. 1869, aff. Dufour, D. P. 70. 1. 236). Mais il peut y avoir intérêt, et, en ce cas, son pourvoi est admis. C'est ce qui arrive quand, acquitté sur l'action publique et condamné à des dommages-intérêts seulement, on aura mis à sa charge les dépens, sans spécifier que c'est à titre de supplément de dommages-intérêts. Il n'en pourrait être, en effet, tenu qu'à ce titre (Crim. cass. 13 févr. 1862, aff. Collat, D. P. 67. 5. 222).

**584.** La mesure de la responsabilité de la partie civile, quant aux frais, peut être ainsi caractérisée : la partie est tenue des frais des actes de procédure qui se réfèrent au procès engagé par elle ou dans lequel elle est intervenue, du premier acte de poursuite jusqu'à la solution définitive, et de ces frais seulement. Quand plusieurs délits sont relevés dans une même poursuite, ou quand plusieurs inculpés y sont compris, et que la partie civile ne s'est constituée qu'à raison de l'un des délits ou à l'encontre de l'un des inculpés, la responsabilité des frais afférents à la constitution de la partie civile peut cependant lui incomber si la procédure a été indivisible ou si du moins les frais ont été exposés à raison d'actes utiles à la partie.

**585.** Du principe général exprimé au numéro précédent découle cette conséquence que la partie civile est tenue des frais d'appel, lors même que l'appel n'émane pas d'elle. C'est ce qui a été décidé au cas d'appel du ministère public (Crim. rej. 16 avr. 1836, aff. Bernard, *Bull. crim.* n° 123), et au cas d'appel du prévenu (Crim. rej. 28 mars 1879) (1). Il faut cependant que la partie civile ait été mise en cause ; mais le ministère public a le droit de l'y appeler dans le but même d'assurer au Trésor le payement des frais exposés.

**586.** Le pourvoi en cassation n'est pas la continuation de l'instance engagée, mais une instance nouvelle. La partie ne sera donc tenue des frais afférents au pourvoi qu'autant qu'elle aura été partie à cette instance, comme demanderesse, comme intervenante, ou comme mise en cause. Ce point admis, deux hypothèses sont à considérer.

1° Le pourvoi est rejeté. — En ce cas, si le pourvoi émanait du condamné, la partie civile ne saurait être tenue des frais, en matière criminelle ; elle aura à les payer, s'il s'agit

---

(1) (Administration des Contributions indirectes.) — LA COUR ; — Sur le moyen unique, tiré de la fausse application et de la violation des art. 203 c. instr. crim., 32 du décret du 1er germ. an 13, 157 et 158 du décret du 18 juin 1811 : — Attendu que Castelain, reconnu coupable d'avoir vendu des allumettes chimiques ne provenant pas des magasins de la compagnie substituée au monopole de l'État, a été condamné à l'amende et aux frais de la procédure, conformément aux dispositions de l'art. 194 c. instr. crim. ; — Que c'est avec raison que l'arrêt attaqué n'a pas distrait de ces frais ceux afférents aux soixante-sept actes d'appel reçus au greffe du tribunal de Lille contre soixante-sept jugements de condamnation prononcés par le tribunal correctionnel de cette ville; qu'en effet le greffier avait reçu ces déclarations d'appel, faites par Castelain qui était détenu, et avait dû en retirer des expéditions au ministère public chargé par la loi de mettre l'affaire en état d'être jugée par la cour de Douai; que

si, plus tard, Castelain a renouvelé ses appels par un acte dressé en la forme indiquée par l'art. 32 du décret du 1er germ. an 13, selon les dispositions des art. 8 de la loi du 4 sept. 1871, 6 de la loi du 2 août 1872, 5 de la loi du 15 mars 1873, le prévenu devait, néanmoins, supporter les frais occasionnés par des actes reçus sur sa réquisition; — Attendu que la condamnation à tous les dépens, prononcée contre le prévenu déclaré coupable étant légalement justifiée, l'administration des Contributions indirectes, partie poursuivante, était nécessairement tenue de ces frais, sauf son recours contre Castelain, conformément aux dispositions des art. 157 et 158 du décret du 18 juin 1811; — Qu'en statuant en ce sens l'arrêt attaqué, loin de violer les dispositions légales invoquées par le pourvoi, en a fait une exacte application; — Rejette, etc.

Du 28 mars 1879.-Ch. crim.-MM. Saint-Luc Courborieu, pr.- Benoist, av. gén.-Arbelet, av.

de matières correctionnelles, mais son recours contre le condamné lui est réservé. Si le pourvoi émanait de la partie civile elle-même, elle serait tenue des frais du pourvoi, et aussi, le cas échéant, des frais du pourvoi du ministère public, tant en matière criminelle qu'en toutes autres (c. instr. crim. art. 436). Si elle s'était désistée après s'être pourvue, elle aurait à payer tous les frais exposés par elle et par le défendeur au pourvoi (Crim. rej. 13 avr. 1854, aff. Ducloux, *Bull. crim.*, p. 187 ; 13 mai 1870, aff. Schneider, D. P. 70. 1. 288 ; 23 mai 1874, aff. Well et autres, *Bull. crim.*, n° 146).

2° Le pourvoi aboutit à un arrêt de cassation. Qui supportera les frais du pourvoi ? Si c'est le condamné qui a obtenu l'arrêt, la partie civile supportera les dépens. Si c'est le ministère public ou la partie civile, en matière criminelle celle-ci sera exemptée des dépens ; en toutes autres matières, elle les supportera, sauf à recourir contre le condamné.

**587.** Quant aux frais de la procédure et des actes, soit antérieurs, soit postérieurs au pourvoi, ils incombent, suivant l'issue du procès, en matière criminelle, à l'accusé, si la décision définitive le condamne au moins aux dépens ; à la partie civile, dans le cas contraire. En matières correctionnelle et de police, la partie civile sera toujours condamnée aux dépens, mais elle aura un recours contre le prévenu, s'il est condamné. — Il a été ainsi jugé que la partie civile est responsable de tous les dépens faits jusqu'à la solution définitive du procès, même de ceux faits depuis l'arrêt de cassation, encore qu'elle ne se fût pas pourvue contre l'arrêt qui avait renvoyé le prévenu de la plainte, et que la cassation de cet arrêt n'ait été prononcée que sur le pourvoi du ministère public. En conséquence, elle peut, même si elle n'a pas été assignée devant la cour de renvoi par la partie publique, intervenir pour faire maintenir son recours contre le prévenu, à raison des frais seulement ; car toute action en dommages-intérêts doit lui être déniée, par application du principe de l'autorité de la chose jugée (Orléans, 27 août 1860, aff. Epinette, D. P. 60. 2. 207). V. toutefois, en sens contraire, les conclusions de M. l'avocat général Greffier dans cette affaire (D. P. *ibid.*).

**588.** Sur le droit de mise en cause et d'intervention de la partie civile, M. Auzière (*Journal du ministère public*, t. 30, p. 217) s'exprime ainsi : « On s'est demandé si le ministère public pouvait mettre en cause devant la cour de renvoi la partie civile, et si celle-ci avait le droit d'intervenir devant cette cour, alors que l'annulation n'a été prononcée que sur le pourvoi du ministère public, et que la partie est demeurée étrangère à l'instance en cassation. On a dit que le rôle de la partie civile était terminé après l'arrêt contre lequel elle ne s'était pas pourvue ; que, n'ayant pas été appelée devant la cour suprême, elle ne pouvait pas l'être devant la cour de renvoi ; que, dès lors, n'ayant plus rien à redouter de la suite donnée au procès après la cassation, elle n'était pas recevable à intervenir. En ce qui touche le fond du procès civil, les dommages réclamés par la partie, cette théorie est incontestable : il y a chose jugée de ce chef. Quant aux dépens, la question est de savoir si la partie civile a un intérêt à être présente au procès, si elle est complètement libérée par la cassation de l'arrêt, ou si elle est encore tenue de certains frais. D'une part, il n'est pas douteux que le ministère public a le droit d'appeler la partie civile devant toutes les juridictions. D'autre part, la cassation, à laquelle, il est vrai, elle n'a pas participé, ayant remis les choses en l'état où elles étaient avant l'arrêt cassé, la partie se retrouve dans la cause par l'effet de sa constitution, et peut être citée devant la juridiction de renvoi comme responsable des frais. Pouvant être mise en cause, elle a le droit d'intervenir. J'ajoute, continue M. Auzière, que, dans l'hypothèse prévue, ce droit repose sur un intérêt indiscutable. La sentence que le ministère public a fait annuler avait condamné la partie civile aux dépens. Alors même qu'elle lui aurait accordé le droit de recours, ce droit a disparu avec la décision brisée. La partie est donc débitrice des frais sans répétition possible. N'est-il pas évident qu'elle a intérêt à intervenir devant la juridiction de renvoi pour être autorisée à recouvrer contre le condamné les dépens dont elle est d'abord et déjà tenue ? » La conclusion de M. Auzière, c'est que, devant la juridiction de renvoi, la partie civile peut intervenir, et qu'elle peut être mise en cause par le ministère public. — Cette opinion a

été consacrée par l'arrêt de la cour d'Orléans du 27 août 1860, cité *suprà*, n° 588. « Attendu, porte cet arrêt, que la responsabilité, quant aux frais de la partie civile, subsiste jusqu'à la solution définitive du procès ; que ce principe ne saurait être modifié, dans l'espèce, par cette circonstance que le ministère public seul s'est pourvu en cassation contre l'arrêt de la cour d'appel de Paris qui a renvoyé le prévenu des fins de la poursuite ; que la cassation de l'arrêt susénoncé a eu pour effet, en remettant les parties au même état semblable état où elles étaient avant ledit arrêt, de continuer l'instance primitivement engagée ; que si l'action en dommages-intérêts de la partie civile, faute de pourvoi de sa part, demeure éteinte, toutefois son intérêt subsiste encore quant à la question des frais ; qu'ainsi, celle-ci a qualité pour figurer dans l'instance et y prendre des conclusions tendant à faire maintenir son recours contre le prévenu à raison des frais ».

**589.** En matière correctionnelle ou de police, la partie civile, lorsqu'elle est condamnée aux dépens concurremment avec le prévenu qui succombe, a un recours contre ce dernier. Il est nécessaire qu'une disposition expresse lui accorde ce recours. S'il n'a pas été prononcé de ce chef par les juges de première instance, la voie de l'appel est ouverte à la partie civile. Le pourvoi en cassation est aussi admissible de ce chef.

**590.** Peut-on, en dehors de ces moyens, saisir de la réclamation tendant à obtenir un recours, une juridiction nouvelle par voie d'action principale ? M. Auzière se refuse à admettre cette voie. « Certains auteurs, dit-il, estiment que, dans le silence du jugement, la partie gagnante pourrait réclamer les dépens par voie d'action principale ; elle puiserait un droit et un titre suffisants à l'appui de sa demande dans le jugement même de condamnation qui a statué sur le principal. Il me paraît difficile d'admettre cette opinion. La question des frais était soumise de droit au premier juge. Elle a été tranchée en ce sens que le droit de recours a été refusé *formâ negandi*. On ne saurait la soumettre à une nouvelle juridiction incompétente pour reviser et réformer la décision de la première ». — Nous ne saurions nous ranger à cette doctrine. Il n'est pas admissible que la question des frais soit ainsi tranchée *formâ negandi*. Le silence sur une question litigieuse ne constitue pas une chose jugée. Et, s'il n'y a pas chose jugée, rien ne s'oppose à ce que, devant le juge compétent, la réclamation, d'ordre purement civil, soit exposée et résolue.

**591.** Le droit de recours de la partie civile contre le prévenu condamné embrasse tous les frais dont elle-même est passible. Le tribunal qui prononce ne pourrait lui faire supporter sans recours une portion quelconque de ces dépens (Crim. cass. 15 nov. 1861, aff. Savignac, *Bull. crim.* n° 238).

**592.** Le prévenu pourrait-il faire à la partie civile, au cours de l'instance par elle engagée, des offres réelles libératoires et se soustraire ainsi au payement des frais exposés postérieurement à ces offres ? La chambre criminelle, par un arrêt de cassation du 9 août 1872 (aff. Roty-Brass, *Bull. crim.* p. 373), a tranché la question dans le sens de la négative. L'arrêt attaqué, confirmant le jugement du tribunal correctionnel, avait donné acte au prévenu de ses offres de 25 fr. pour réparation du dommage causé aux parties civiles, et avait déclaré lesdites offres suffisantes et libératoires, ajoutant qu'à partir de ces offres, les dépens resteraient à la charge des parties civiles. Cette décision a été cassée, « attendu que, lorsqu'une partie civile actionne un prévenu devant la juridiction répressive en réclamant des dommages-intérêts pour réparation du préjudice causé par un délit que ladite partie civile impute à ce prévenu ; si ce dernier offre une somme quelconque à titre de réparation, le tribunal peut, il est vrai, arbitrer que cette somme est suffisante, c'est-à-dire qu'elle représente exactement l'importance du dommage qu'il lui appartient d'apprécier ; mais qu'il ne peut, en ce cas, considérer les offres qui ont été faites par le prévenu comme des offres réelles *libératoires*, dans le sens de l'art. 1258 c. civ.; attendu, en effet, à un premier point de vue, que la validité des offres réelles touche à une question de payement dont la connaissance n'est point attribuée par la loi à la juridiction correctionnelle ; qu'en outre, et en se plaçant par hypothèse sur le terrain de l'art. 1258 c. civ., il faut, aux termes du troisième paragraphe de cet article, .pour que les offres réelles soient valables, qu'elles soient de la totalité de la somme exigible; que cette condition suppose nécessairement l'exigibilité d'une dette liquide au moment même où les offres sont faites, et que le contraire de .cette hypothèse légale se réalise au cas où le prévenu fait offre d'une somme à laquelle il évalue la réparation qui lui incombe, évaluation qui peut, suivant les cas, être considérée par le juge comme suffisante ou comme insuffisante pour désintéresser la·partie civile ».

**593.** Malgré·la généralité du droit de recours, certains frais demeureront parfois en dehors de son application. Il en serait ainsi, notamment, des frais d'un arrêt cassé (Crim. rej. 27 mai 1870, aff. Marchand, *Bull. crim.* n° 115); ... des frais d'un .incident soulevé par la partie civile et dans lequel elle a succombé (Crim. rej. 13 mai 1868, aff. Lanfranchi, *Bull. crim.* n° 132); ... des frais d'actes se référant exclusivement à certains chefs de prévention, relevés par la ·partie, et qui ont été écartés par le tribunal saisi (Crim. rej. 19 août 1875, aff. Trouillot, *Bull. crim.* n° 269).

. **594.** Quand plusieurs parties·civiles se sont constituées, ·chacune d'elles est solidairement tenue envers le Trésor. Entre elles,·la répartition définitive est faite soit par le tribunal qui prononce la condamnation aux frais, ou,·à son défaut par le tribunal civil compétent. — Sur le principe de la solidarité, nous avons .rapporté au *Rép.* n° 992-5° un arrêt de la cour de Paris du 5·mai 1845, auquel il convient d'ajouter une décision plus récente et conforme de la chambre criminelle (Crim. rej. 20 avr. 1866, aff. Isnard, D. P. 69. 1. 364).

**595.** On.a posé au *Rép.* n° 993 le principe général contenu dans l'art. 160 du décret du 18 juin 1811, aux .termes duquel « en matière de police simple ou correctionnelle, la partie civile qui n'aura pas justifié de son indigence sera tenue, avant toutes poursuites, de déposer au greffe ·ou entre les mains du receveur de l'enregistrement la somme présumée nécessaire pour la procédure », et l'on a insisté ( *ibid.,* n° 996),·sur ce point que, dans les affaires soumises au jury, au contraire, l'avance des frais nécessités par l'instruction, et notamment.ceux d'expertise, doit être faite par le Trésor, sauf répétition contre la partie civile, s'il y a lieu.

**596.** Aux nombreuses décisions de jurisprudence rapportées au.*Rép.* n° 993, et relatives aux difficultés que fait naître la question de la consignation préalable des frais, sont venus s'ajouter deux arrêts aux termes desquels, lorsque la partie civile se constitue à l'audience, dans le·cours d'un procès correctionnel intenté d'office par le ministère public, il n'y a pas lieu de soumettre l'intervention de cette partie à la condition de la consignation préalable de la somme présumée nécessaire pour les frais de la procédure (Crim. rej. 8 juill. 1881 (1); 22 janv. 1887, aff. Manchette, D..P. 87. 1. 413). Et l'appel interjeté par le prévenu ne modifie pas cette situation (Même arrêt 22 janv. 1887).

L'arrêt du 8 juill. 1881 a été rendu au rapport de M. le conseiller Dupré Lasale, qui a retracé les difficultés que soulève la question de la consignation des frais et les variations de la jurisprudence sur divers points,.dans un exposé très complet, auquel il ne .sera pas. sans profit de se reporter. — Trois hypothèses peuvent se présenter, et M. le conseiller rapporteur les examine tour à tour en ces termes : « 1° Si une personne, qui se croit lésée, dépose entre les mains du procureur de la République ou du juge d'instruc-

---

(1) (Malgrétout.) — LA COUR; — Sur le moyen tiré de la violation de l'art. 160 du décret du 18 juin 1811, en ce qu'à tort, dans une instance correctionnelle, l'arrêt attaqué aurait admis l'intervention d'une partie civile, sans consignation préalable : — Attendu que, si l'art. 160 du décret précité exige qu'avant toute poursuite, la partie civile soit tenue de consigner la somme présumée nécessaire pour les frais de la procédure, cette disposition, qui a pour but de protéger le Trésor et les citoyens contre des plaintes légères ou irréfléchies, ne saurait s'appliquer au cas où la partie civile se constitue à l'audience, dans le cours d'un procès correctionnel intenté d'office par le ministère public; qu'en effet, lorsque les poursuites sont commencées et doivent se continuer à la requête du ministère public, il n'y a pas le même motif de soumettre l'intervention de la partie à des garanties qui ne sont plus nécessaires, et qu'il serait injuste qu'une obligation pécuniaire pût s'écarter d'un débat qu'elle n'a pas provoqué, mais où elle a intérêt à faire valoir ses droits; — Et

---

tion une plainte en déclarant se porter partie civile, elle doit consigner préalablement les frais présumés nécessaires. A défaut de cette consignation, il n'est pas donné suite à .la plainte, à .moins que le ministère public ne la juge assez grave pour agir d'office. Cette application de l'art. 160, qui n'a jamais été contestée, se justifie par le désir de protéger les citoyens et le Trésor contre les plaintes légères et irréfléchies. « C'est, dit M. Faustin Hélie (*Instr.· crim.*, t. 4 « n° 1736), une sorte de cautionnement imposé à la partie « civile pour garantir qu'elle usera avec modération et pru- « dence du droit que la loi lui a reconnu de mettre en mou- « vement l'action publique ».

« 2°·Lorsque la personne lésée, au lieu d'adresser une plainte au parquet, use du droit qui lui est conféré par l'art. 182 c. ·instr. crim., .et saisit directement le tribunal par voie de citation, ·est-elle soumise à l'obligation préalable de la consignation? » Le rapport constate que la cour de cassation a varié sur. ce point. Après avoir admis l'affirmative,·consacrée, d'ailleurs, par une circulaire ministérielle du 3 mai 1825, elle a abandonné, puis repris cette solution. Un arrêt des chambres réunies du 4 mai 1833, cité au *Rép.* n° 994-5°, a fixé sa jurisprudence, qui depuis n'a plus .été contestée, dans le sens de l'exemption de la consignation. M. le procureur général Dupin avait soutenu cette thèse avec une extrême énergie :· « On peut trouver, disait-il, des motifs raisonnables pour exiger une consignation préalable des·frais, lorsqu'il s'agit de mettre le ministère.public en .mouvement, de le faire agir comme demandeur principal et d'engager l'Etat, pour lequel il agit, dans une avance de frais plus ou moins considérable. Mais aucun de ces motifs n'existe , .lorsque c'est la partie civile qui poursuit seule, .qui gouverne elle-même son action, et qui fournit aux frais de chaque acte .de la procédure au moment où ces actes sont faits. Exiger qu'elle consigne préalablement, et .tout d'un·coup, le total des frais présumés, l'obliger ·de se dessaisir ainsi d'un capital qui peut être considérable pour.elle, et que, bien souvent,.elle n'aura pas à sa disposition, c'est vouloir la mettre dans l'impossibilité de demander justice et.d'obtenir la réparation d'un délit commis contre elle .». Cette solution a de nouveau été consacrée par la chambre criminelle dans un arrêt de·rejet du 26 juill. 1889, aux termes duquel la consignation préalable par la partie civile d'une somme présumée nécessaire pour les frais.de la procédure n'est pas exigée au cas où la partie civile cite elle-même et directement le prévenu devant le tribunal de simple police (Crim. rej. 26 juill. 1889, aff. D. P. 90. 1. 286). — V. aussi conf. Trib. corr. Tunis, 18 juin 1890, aff. Boyer, D. P. 91. 1. 144).

3° Enfin, il y a.une troisième hypothèse, · sur laquelle le rapporteur s'exprime ainsi :·« La personne lésée n'a pas mis le ministère public en mouvement par une plainte; elle n'a pas porté son action par citation directe devant le tribunal. Le. procureur de la République, agissant d'office, a pris l'initiative des poursuites dans l'intérêt public; il a fait citer le prévenu à sa requête, soit par voie de citation directe, soit en exécution d'une ordonnance de renvoi. Les .débats sont .ouverts devant le tribunal. A ce moment, la personne lésée.intervient et déclare se porter partie.civile. Peut-elle être assujettie jusqu'à la consignation des frais? Il est évident que les motifs qui ont dicté et.qui justifient l'art. 160 du décret de 1811 ne sont

---

attendu que, dans l'espèce, le sieur Rességat avait été cité à la requête du procureur de la République de la Pointe-à-Pitre, à comparaître devant le tribunal correctionnel de cette ville comme prévenu d'outrage à la morale publique; que l'initiative des poursuites avait été prise par le ministère public; qu'à sa requête, les citations avaient été données au prévenu et aux témoins; que, sur sa demande, le tribunal avait ordonné que les débats auraient lieu à huis clos; qu'à ce moment seulement, la nommée Lucie Malgrétout, tant en son nom que comme tutrice de sa fille, a déclaré se porter partie civile; que, dès lors, dans cet état des procédures, l'art. 160 du décret du 18 juin 1811, à l'application de cet article ; et que l'arrêt attaqué, en confirmant sur ce point le jugement du tribunal de Pointe-à-Pitre, a fait une saine interprétation de la disposition précitée; — Rejette.
Du 8 juill. 1881.-Ch. crim.-MM. de Carnières, pr.-Dupré-Lasale, rap.-Tappie, av. gén.

pas ici applicables. Il n'y a pas à protéger les citoyens et le Trésor contre des plaintes légères et irréfléchies. C'est le ministère public qui agit; c'est lui qui a commencé les poursuites, c'est lui qui les continuera. Que la partie civile intervienne ou n'intervienne pas, le procès suivra son cours; le Trésor fera les mêmes frais. Si le prévenu n'est pas condamné, ou si, étant condamné, il est insolvable, l'intervention de la partie civile a déjà cet avantage pour le Trésor qu'il aura un recours contre elle. Faut-il lui demander davantage et lui imposer la consignatio.n préalable de tous les frais d'une procédure qu'elle n'a pas entamée, qu'elle ne dirige pas, et que le ministère public, en dehors d'elle, peut rendre plus ou moins coûteuse? Faut-il, à ce degré, préférer les intérêts du fisc aux intérêts de la justice?» — Un arrêt du 12 août 1831, rapporté au *Rép.* n° 994-3°, a décidé que la consignation des frais ne peut être requise qu'avant toutes poursuites de la part du ministère public; elle ne peut plus l'être lorsque, sur les poursuites spontanées de celui-ci, la partie lésée intervient, par exemple après l'audition des témoins et l'interrogatoire du prévenu. «Depuis cette décision, continue M. le conseiller rapporteur, la prétention de soumettre la partie civile qui intervient pendant le débat correctionnel, à la consignation, n'a plus été élevée. Dès le 4 janv. 1832, une circulaire ministérielle disait: «Le « ministère public est en droit d'exiger de la partie civile « qui n'a pas justifié de son indigence la consignation des « frais avant toutes poursuites. Il ne peut plus l'exiger lors- « que, sur ses poursuites spontanées, les parties lésées « interviennent après l'audition des témoins et l'interro- « gatoire du prévenu ». Une autre circulaire du 18 juillet de la même année s'exprime en ces termes: «La consigna- « tion préalable des frais est exigible de quelque manière « qu'elle (la partie civile) se constitue, c'est-à-dire, soit « qu'elle prenne qualité en rendant plainte, soit qu'elle cite « le prévenu directement». Il n'est plus question de la constitution par intervention dans le débat correctionnel, et, après les conclusions de M. Dupin et l'arrêt des chambres réunies, il n'a même plus été question de la constitution par citation directe » (Conf. Mangin, *Traité de l'instruction écrite*, t. 1, n° 63, p. 104; Faustin-Hélie, *Traité de l'instruction criminelle*, t. 4, n° 1736, p. 285; Lautour, *Code des frais de justice*, p. 160. Cette doctrine, depuis 1831, est devenue la règle de la pratique.

**597.** Dans les affaires soumises au jury, la partie civile est dispensée de la consignation préalable des frais de l'instance. Nous n'avons rien à ajouter à ce qui a été dit sur ce point au *Rép.* n°s 996 et 997.

Art. 3. — *Administrations publiques.* — *Règles générales*
(*Rép.* n°s 998 à 1024).

**598.** L'art. 158 du décret du 18 juin 1811 établit le principe de l'assimilation d'un certain nombre d'administrations aux parties civiles (V. *Rép.* n°s 998 et suiv.). La qualité de ces administrations reçoivent de la loi cette qualité. Toutefois, il convient de déterminer la portée de la règle; nous la trouvons fixée dans un avis du conseil d'État, en date du 15 janv. 1834 (*Rép. ibid.*) et dans une circulaire du garde des sceaux en date du 19 juill. 1852, ainsi conçue: «Lorsque la poursuite intentée dans l'intérêt d'une administration publique, en vertu d'une loi spéciale, peut amener une recette à son profit, les frais doivent être supportés par cette administration»; et ils demeurent à la charge du Trésor quand il s'agit de la répression, dans le seul intérêt de la vindicte publique, de délits communs, et que les administrations publiques n'ont dans la poursuite qu'un intérêt moral. Mais il peut arriver qu'une poursuite étant intentée par le ministère public pour un délit commun, en vertu d'une loi ordinaire telle, par exemple, que la loi du 24 mai 1834 sur les détenteurs d'armes ou de munitions de guerre, la régie intervienne au procès afin de faire prononcer à son profit les amendes édictées... par les lois spéciales des 13 fruct. an 5 et 22 pluv. an 13. Le ministère public et la régie exercent, dans les cas dont il s'agit, chacun une action pour ainsi dire parallèle; ces actions doivent rester différentes entre elles dans leurs effets, comme elles le sont par leur intérêt, quoiqu'une bonne administration de la justice les réunisse dans le jugement. Il n'est pas plus juste alors de faire supporter tous

les frais par l'administration intervenante que de les mettre tous à la charge du Trésor. J'ai donc décidé, après m'être concerté avec le ministre des finances, que, lorsque la régie ou une administration publique interviendrait spontanément, en vertu d'une loi de finances, au cours d'une action qui, intentée dans l'intérêt de la vindicte publique, ne l'aurait pas engagée comme partie civile, elle ne devrait supporter que les frais nécessités par son intervention et rien de plus. Il y aura lieu pour les magistrats de faire dans ces sortes d'affaires une juste répartition des frais ».

**599.** En vertu de la législation actuelle, les administrations suivantes rentrent dans les termes de l'art. 158 du décret du 18 juin 1811: 1° administration des Contributions indirectes; 2° administration des Douanes; 3° administration des Forêts, pour tous délits commis dans un bois soumis au régime forestier, et de nature à porter atteinte aux droits qu'elle est chargée de défendre (Circul. garde des sceaux, 22 janv. 1880); 4° administration de l'Enregistrement; 5° administration des Ponts et Chaussées, pour les infractions en matière de pêche fluviale; 6° administration des Postes et Télégraphes, pour les infractions prévues par l'arrêté du 27 prair. an 9 et par la loi du 4 juin 1859; 7° départements, pour les infractions commises contre les propriétés départementales (Circul. garde des sceaux, 29 déc. 1876); 8° communes, pour les infractions commises contre les propriétés communales, les chemins vicinaux, les octrois municipaux; 9° hospices; 10° fabriques d'église (Décis. min. 2 sept. 1879); 11° caisse des invalides de la marine, dans toutes les poursuites pour contraventions aux règlements maritimes (Ordonn. du 28 avr. 1816, art. 5, §8).

Les règles applicables à ces administrations, au point de vue qui nous occupe, sont exposées au *Rép.* n°s 998 et suiv., auxquels nous ne pouvons que nous référer.

Art. 4. — *Effets de la démence et du défaut de discernement; personnes civilement responsables* (*Rép.* n°s 1015 à 1024).

**600.** — I. Démence. — La démence, qui est une cause de non imputabilité, de même que la légitime défense et l'ordre de la loi, qui sont des causes de justification, entraîne l'acquittement de l'inculpé et son immunité de tous frais (*Rép.* n°s 1015). Il s'agit ici de la démence contemporaine de l'acte incriminé, car, si elle n'existe qu'au temps de la poursuite, son effet est de suspendre le jugement au fond jusqu'à ce que l'inculpé ait recouvré la raison; et, quand intervient le jugement, le temps de démence intermédiaire n'a plus aucune influence sur le sort de l'individu poursuivi (V. sur ce point Crim. rej. 11 févr. 1875, aff. de Labrosse, *Bull. crim.* n° 47).

**601.** Que décider des frais qui auraient été exposés pour vérifier l'état mental du prévenu? Il a été jugé, sur ce point, que l'internement d'un individu dans une maison d'aliénés, effectué par l'Administration en conformité de l'arrêt d'une cour d'assises devant laquelle cet individu avait été traduit, et qui a jugé ledit internement nécessaire pour faire constater son état mental, ne constitue pas une simple mesure d'instruction criminelle; que, par suite, les dépenses qui en sont résultées ne peuvent être considérées comme des frais de justice et ne sauraient, en aucun cas, être mises à la charge de l'État. Il en est ainsi, spécialement, dans le cas où le prévenu est décédé dans l'établissement où il avait été placé, sans qu'il ait été statué sur l'accusation dirigée contre lui: le remboursement de ces dépenses peut, dans ce cas, être poursuivi contre ses héritiers, alors surtout que cet établissement n'était pas celui qu'avait indiqué la cour d'assises, mais un autre asile désigné par l'autorité administrative, et que la longue durée de l'internement (dix-sept ans dans l'espèce) lui a enlevé le caractère de mesure d'instruction préparatoire au jugement (Crim. rej. 5 févr. 1879, aff. Roccasarra, D. P. 79. 1. 177).

On invoquait en sens contraire, à l'appui du pourvoi sur lequel a statué cet arrêt, la règle générale d'après laquelle les frais de justice ne doivent être supportés par l'inculpé que dans le cas où une condamnation est prononcée contre lui à titre d'accessoire de cette condamnation. Ces frais, disait-on, restent nécessairement à la charge de l'État toutes les fois que le procès se termine d'une autre manière, soit qu'il y ait acquittement ou absolution, soit que le décès du prévenu vienne interrompre la procédure dirigée contre lui. Dans l'espèce, l'accusé étant mort avant qu'aucune décision eût été prise à son égard par la juridiction compétente, aucune portion des frais de l'instruction dont il avait été l'objet ne pouvait être mise à la charge de ses représentants. Or, parmi ces frais devaient être comprises les dépenses occasionnées par son séjour dans un établissement d'aliénés. Son envoi dans cet établissement avait eu lieu à titre de mesure d'instruction supplémentaire, à l'effet d'éclairer la justice sur son état mental, et de lui permettre de statuer en connaissance de cause. Les dépenses qui en étaient résultées avaient le même caractère que celles auxquelles aurait donné lieu une enquête, une expertise, ou tout autre mode d'information auquel la justice aurait jugé à propos de recourir, elles étaient régies par les mêmes principes, et par conséquent elles n'avaient pu être mises à la charge du prévenu quoiqu'il eût été jugé et condamné. C'est donc à l'Etat qu'il appartient d'en rembourser le montant au département dans lequel l'internement avait eu lieu.

Cette argumentation n'a pas prévalu. La cour de cassation a jugé qu'il y avait lieu d'appliquer purement et simplement la règle générale édictée par l'art. 27 de la loi du 30 juin 1838, qui met les dépenses d'entretien, de séjour et de traitement dans les maisons d'aliénés, à la charge des intéressés eux-mêmes ou des personnes tenues envers eux de la dette alimentaire : elle n'a pas pensé que les circonstances particulières dans lesquelles l'internement s'était opéré fussent de nature à justifier une dérogation à la disposition précitée. Il lui a semblé que ces circonstances ne modifiaient pas au fond les conditions dans lesquelles s'effectuent régulièrement les placements d'office dans les maisons d'aliénés. Le droit d'ordonner de pareilles mesures a, en effet, été réservé exclusivement par la loi à l'autorité administrative, spécialement au préfet, qui, dans l'exercice de ce pouvoir, ne relève que du ministre de l'intérieur, sans qu'aucune autre autorité puisse lui adresser des injonctions à cet égard. De là cette conséquence, qu'en aucun cas et pour aucun motif, l'autorité judiciaire n'a le droit d'ordonner directement la séquestration d'un prévenu dans une maison d'aliénés. Elle ne peut agir que par voie de dénonciation officieuse, en prévenant le préfet des faits qui justifient l'internement, et c'est à ce magistrat qu'il appartient d'apprécier, sous sa responsabilité personnelle, l'opportunité de la mesure. Tel est le raisonnement qui a conduit la cour à maintenir, dans l'espèce qui lui était soumise, l'application des règles établies par la loi de 1838 sur les dépenses auxquelles donne lieu le placement d'office des aliénés dans les asiles départementaux. — Cette solution peut inspirer quelques doutes. Il est incontestable, assurément, que la séquestration dans une maison d'aliénés ne peut avoir lieu, comme celle de toute autre personne, qu'en vertu d'un ordre émané de l'Administration. Mais, si l'intervention de l'autorité administrative ne cesse pas d'être nécessaire, en pareil cas, il n'en est pas moins certain que c'est dans la procédure criminelle dirigée contre le prévenu que réside la véritable cause de son internement. Le préfet, il est vrai, peut seul ordonner cet internement ; mais, s'il l'ordonne, c'est uniquement pour se conformer à la décision prise qui, si l'expression ne paraît pas trop osée, au vœu exprimé par la juridiction criminelle. En un mot, l'Administration se fait, en pareil cas, l'auxiliaire, l'instrument de l'autorité judiciaire. Il n'y a donc, semble-t-il, aucune analogie entre un internement opéré dans de pareilles conditions et celui qu'autorise l'art. 10 de la loi du 30 juin 1838. Dès lors, ne pourrait-on pas soutenir qu'il échappe à l'application des dispositions contenues dans cette loi, spécialement à celle de l'art. 27, et, par suite, ne fallait-il pas, dans l'espèce, considérer l'accusé comme étant resté en état de détention préventive ? Il faut reconnaître, toutefois, que, dans l'espèce, l'extrême durée de l'internement pouvait expliquer, en fait, la solution qui a prévalu.

**602.** — II. ACQUITTEMENT D'UN MINEUR DE SEIZE ANS, COMME AYANT AGI SANS DISCERNEMENT. — Le défaut de discernement paraît avoir tous les caractères d'une excuse absolutoire, ou d'une cause de non-imputabilité : le mineur est déclaré coupable, auteur volontaire du fait, et cependant il n'est pas pénalement condamné. On sait que la doctrine et la jurisprudence ne résolvent pas de la même façon, dans ces deux

hypothèses, la question de savoir si le prévenu doit être condamné aux dépens. Dans le cas où le renvoi du prévenu se fonde sur une cause de non-imputabilité, il doit, ainsi qu'on l'a dit *suprà*, n° 600, être renvoyé sans dépens. D'autre part, on a vu *suprà*, n°s 551 et suiv., que selon la cause d'excuse invoquée, le prévenu, exempté de toute peine, peut être condamné aux dépens de l'instance, bien qu'en principe, il doive, au contraire, échapper à cette condamnation. C'est cette dernière solution qui est donnée au cas d'acquittement d'un mineur pour défaut de discernement ; les dépens sont mis à sa charge. La jurisprudence est depuis longtemps fixée en ce sens, ainsi qu'il résulte des nombreuses décisions citées au *Rép.* n°s 1017 et suiv. La même doctrine a été consacrée par des arrêts plus récents, aux termes desquels le mineur acquitté comme ayant agi sans discernement doit être condamné aux frais (Crim. cass. 19 déc. 1856, aff. Chevalier, D. P. 57. 5. 181 ; 7 juill. 1864, aff. Ebrard, D. P. 65. 5. 209; Crim. rej. 10 nov. 1871, aff. Le Bris, *Bull. crim.* n° 147; Crim. cass. 1er févr. 1877, aff. Bacri, *Bull. crim.* n° 39).

**603.** — III. PERSONNES CIVILEMENT RESPONSABLES. — Les personnes civilement responsables, d'après les décisions précitées sont, en même temps que les auteurs des infractions dont elles répondent, condamnées aux dépens. Le jugement ou l'arrêt qui omettrait de prononcer cette condamnation encourrait la cassation *parte in quâ*, et le renvoi devant une autre juridiction serait prononcé pour être statué de ce chef (V. *Rép.* n° 1023). Ce n'est pas le lieu d'indiquer quelles sont les personnes civilement responsables (V. *Rép.* v° *Responsabilité*, n°s 493 et suiv.). Mais sur les cas et les conditions de leur responsabilité, quelques observations sont nécessaires.

Pour qu'une personne civilement responsable soit condamnée aux frais il faut : 1° qu'elle ait été mise en cause ; 2° que l'inculpé soit lui-même condamné aux frais.

1° La personne civilement responsable doit être partie au procès, soit que le ministère public l'ait citée, soit qu'elle ait pris fait et cause pour l'inculpé dans les débats, en justifiant de sa qualité. Sur le premier point, un arrêt de la cour de cassation consacre le droit du ministère public de citer la partie civile, ensuite même d'une information qui n'a pas procédé contre elle (Crim. rej. 5 janv. 1878, aff. Allemand, *Bull. crim.* n° 7). — Sur le second point, V. Crim. cass. 7 janv. 1853, aff. Bompart, *Bull. crim.* n° 10 ; Crim. rej. 23 juin 1859, aff. Brassey, *Bull. crim.*, n° 238 ; 12 janv. 1866, aff. Leblond, *Bull. crim.*, n° 24; 7 mars 1874, aff. Guérince, *Bull. crim.*, n° 77. Mais si la partie responsable n'était pas dans l'instance, la condamnation serait sans base légale (Crim. rej. 3 févr. 1877, aff. Céranne, *Bull. crim.*, n° 41 ; Crim. cass. 24 févr. 1881, aff. Ceccaldi, *Bull. crim.* n° 53).

2° La seconde condition est que l'inculpé soit condamné aux frais. Cette règle est consacrée par de nombreux arrêts (V. Crim. cass. 15 déc. 1821, aff. Michaud, *Bull. crim.*, n° 940 ; 9 juin 1832, aff. Desvignes, *Bull. crim.*, n° 301 ; 5 juill. 1833, aff. Held, *Bull. crim.*, n° 329 ; 31 janv. 1833, aff. Eudin, *Bull. crim.*, n° 47; Crim. rej. 9 nov. 1850, aff. Follet, *Bull. crim.*, n° 558 ; Crim. cass. 3 août 1855, aff. Poncelet, *Bull. crim.*, n° 447 ; 10 août 1860, aff. de Bergue, *Bull. crim.*, n° 333). — Mais la condamnation du prévenu aux frais est suffisante, alors même qu'aucune peine ne serait prononcée contre lui.

**604.** La responsabilité civile embrasse, sauf les restrictions que des textes exprès peuvent imposer, les matières criminelles, correctionnelles et de police ; elle trouve son application soit qu'il s'agisse d'infractions spéciales, soit qu'il s'agisse d'infractions prévues par le code pénal. Elle fait peser tous les frais mis à la charge de l'inculpé dont la responsabilité est endossée par la personne responsable, et lui impose la solidarité. C'est dire que, plusieurs inculpés étant condamnés solidairement aux frais, celui qui est civilement responsable pour l'un d'eux supporte la même solidarité. C'est dire aussi que, si plusieurs personnes sont responsables à raison du même fait, elles sont solidairement tenues entre elles et avec les inculpés qui succombent. — La même obligation existe au regard de la partie civile et du Trésor. Ces solutions découlent de l'art. 156 du décret du 18 juin 1811, qui dit expressément :

« La condamnation aux frais sera prononcée, dans toutes les procédures, *solidairement* contre tous les auteurs et complices du même fait, et contre les personnes civilement responsables du délit».

Les principes généraux du droit, et notamment l'art. 1382 c. civ. assurent, d'ailleurs, un recours à la personne condamnée comme civilement responsable et contrainte à payer, contre l'auteur de l'infraction dont elle a dû répondre. Il en serait autrement si la faute devait être considérée comme personnelle à l'individu civilement responsable ; il n'aurait aucun recours à exercer. Tel est le cas d'une personne sous la garde de laquelle se trouve le mineur poursuivi à raison d'une infraction et acquitté comme ayant agi sans discernement. — V. au surplus, sur ce point, *Rép.* v° *Responsabilité*, n°s 529 et suiv.

**605.** Il a été jugé que le principe que le maître répond solidairement des frais de la poursuite intentée à son domestique pour infraction commise par celui-ci dans les fonctions auxquelles il l'avait employé, ne reçoit pas exception dans le cas où l'infraction résulte de mauvais traitements exercés publiquement et abusivement par le domestique contre les propres chevaux de son maître (Crim. cass. 9 juill. 1872, aff. Gabas, D. P. 72. 1. 207). — Le jugement attaqué avait admis la solution contraire, par le motif que, dans l'espèce, c'était le maître lui-même qui souffrait de l'infraction. L'objection n'était pas fondée; car la loi du 2 juill. 1850, relative aux mauvais traitements exercés envers les animaux domestiques, loin d'admettre que le législateur puisse intervenir pour protéger les animaux domestiques, a eu pour objet, de réprimer le scandale *public* causé par l'emploi abusif de mauvais traitements envers les animaux par ceux qui les conduisent. Or, la partie véritablement lésée par une infraction de cette nature, c'est le public; et c'est avec raison, en pareil cas, qu'on reproche au propriétaire de n'avoir pas mieux choisi son domestique ou de ne l'avoir pas suffisamment instruit de ses devoirs envers le public, dont il ne lui est pas permis de froisser les sentiments par le spectacle d'une révoltante brutalité (V. *supra*, v° *Dommages-destruction*, n°s 162 et suiv.).

Sect. 2. — Des personnes qui ne peuvent pas être condamnées aux dépens. — Ministère public. — Maire, etc. (*Rép.* n°s 1024 à 1032).

**606.** La condamnation aux frais ne peut être prononcée que contre une personne qui est partie au procès, soit comme demandeur, défendeur, intervenant, appelant, intimé. Il s'ensuit qu'elle ne peut atteindre ni : 1° les plaignants qui ne sont pas constitués parties civiles (*Rép.* n° 974); 2° ni les rédacteurs des procès-verbaux qui constatent les infractions (*Rép.* n°s 1030-1031; 3° les témoins entendus (Crim. cass. 23 avr. 1875, 23 nov. 1875, cité *supra*, n° 513).

**607.** Le ministère public, devant les juridictions répressives, agit dans l'intérêt de l'ordre public, et exerce, au nom et pour le compte de l'Etat, la mission qui incombe à l'Etat d'assurer la répression des infractions commises. A ce titre, il ne saurait être condamné aux dépens, quand son action n'aboutit pas (*Rép.* n°s 1024 et suiv.). Cette règle résulte implicitement des art. 162, 176, 194, 368 c. instr. crim. Elle est également applicable aux magistrats instructeurs qui fournissent l'ordonnance ou l'arrêt de renvoi. La seule voie de la prise à partie est ouverte contre le magistrat à qui l'on impute un dol, et de qui l'on se prétend en droit de réclamer des dommages-intérêts (V. *Rép.* v° *Prise à partie*, n°s 29 et suiv.).

**608.** L'art. 415 c. instr. crim. apporte une dérogation au principe de l'immunité des frais pour les magistrats du ministère public et les juges instructeurs. Cet article est ainsi conçu : « Dans le cas où, soit la cour de cassation, soit une cour d'appel annulera une instruction, elle pourra ordonner que les frais de la procédure à recommencer seront à la charge de l'officier ou juge instructeur qui aura commis la nullité. — Néanmoins la présente disposition n'aura lieu que pour des fautes très graves ». Cette condamnation est prononcée sur les réquisitions du ministère public, ou d'office, par la juridiction qui annule la procédure irrégulière. Elle porte sur les frais, non pas de la procédure annulée,

mais de la procédure nouvelle à suivre. Il est à remarquer, au surplus, que jamais une telle condamnation n'a été infligée à un magistrat. Les décisions de cette sorte se rapportent à des officiers ministériels, et notamment à des huissiers.

**609.** L'immunité du ministère public est un principe de droit public que la jurisprudence de la cour de cassation a proclamé toutes les fois qu'il a été méconnu. Aux arrêts forts nombreux cités au *Rép.* n°s 1024 et suiv., il convient d'ajouter les suivants, la plupart rendus à propos de jugements des tribunaux de simple police : Crim. cass. 22 nov. 1856, aff. Arnoult, D. P. 56. 5. 229; 21 nov. 1861, aff. Mazon, D. P. 62. 5. 173; 12 nov. 1876, aff. Commissaire de police d'Auray, D. P. 78. 5. 288; 20 nov. 1880, aff. Cazal, D. P. 81. 1. 141.

**610.** En établissant sous l'art. 3, et *Rép. ibid.*, le principe de l'assimilation des administrations publiques aux parties civiles, on a eu soin d'en limiter la portée.

L'Etat a délégué à certaines administrations publiques le pouvoir de rechercher et poursuivre diverses infractions. Substituées, aux termes de la loi qui les investit de cette mission, au ministère public, ces administrations jouissent de son immunité quant aux frais. C'est ce que décide un arrêt de rejet de la cour de cassation du 4 juill. 1861 (aff. Mouraille, D. P. 61. 1. 359).

Cet arrêt fait application de ce principe au cas de poursuites exercées devant le tribunal correctionnel, par les commissaires de l'inscription maritime, en répression de contraventions à des mesures prescrites dans le double intérêt de la navigation sur mer et du recrutement de l'armée, bien que l'amende encourue pour ces contraventions soit attribuée par la loi à la caisse des invalides de la marine (Décr. 19 mars 1852, art. 10). Il est ainsi conçu : « Attendu que l'art. 436 c. instr. crim. pose en principe que la partie civile qui succombe dans son recours doit être condamnée à l'amende envers le Trésor public, puis à l'indemnité et aux frais envers le prévenu acquitté, absous ou renvoyé ; que le même article, en dispensant les administrations ou régies de l'Etat et les agents publics qui succombent, du payement de l'amende qui serait sans objet, maintient à leur égard la condamnation à l'indemnité et aux frais envers le prévenu ; — Qu'ainsi ces administrations et agents publics sont assimilés à la partie civile ; mais attendu que, du rapprochement dudit art. 436 c. instr. crim., avec l'art. 420 qui le précède, l'art. 158 du décret du 18 juin 1811, il résulte que cette disposition n'est applicable qu'aux affaires qui concernent directement l'administration et les domaines ou revenus de l'Etat ; qu'alors, en effet, l'administration poursuit la réparation d'un préjudice matériel ou pécuniaire ; qu'elle est réellement partie au procès, et que toute partie, Etat ou simple particulier, doit être soumis aux mêmes conditions ; — Qu'il doit en être autrement lorsqu'un agent public a reçu de la loi la mission de poursuivre un délit ou une contravention qui intéresse exclusivement l'ordre public ; — Qu'il devient en quelque sorte un auxiliaire du ministère public et doit échapper comme lui à toute condamnation... ».

**611.** On revient, au contraire, au principe consacré par l'art. 158 du décret de 1811, d'après lequel les administrations ou régies de l'Etat, appelées à poursuivre directement certaines infractions devant les tribunaux de répression, sont assimilables aux parties civiles et, comme telles, passibles, au cas où elles succombent, de la condamnation à l'indemnité et aux frais envers le prévenu, quand il s'agit d'affaires concernant les domaines ou revenus de l'Etat (Crim. rej. 4 juill. 1861, aff. Mouraille, D. P. 61. 1. 354). Ainsi l'administration des Douanes peut être condamnée aux dépens (V *supra*, v° *Douanes*, n° 716, et *Rép.* eod. v°, n°s 999 et suiv.).

**612.** Lorsqu'un jugement ou un arrêt a méconnu le principe que nous venons d'exposer et condamné aux dépens l'Etat, soit sous le nom du ministère public, soit sous le nom de l'administration chargée de l'exercice de l'action publique en l'espèce, la disposition prise de ce chef est nulle, et le jugement ou l'arrêt doit être cassé *pro quâ parte in quâ*. Les arrêts de cassation sont conçus en ces termes : « casse et annule le jugement par voie de retranchement dans les parties de son dispositif qui condamne le ministère public aux dépens » (V. Crim. cass. 21 nov. 1861, aff. Mazon, *Bull. crim.*, n° 241, p. 391).

SECT. 3. — DES FRAIS DONT LE CONDAMNÉ EST PASSIBLE. — COMPENSATION. — SOLIDARITÉ (*Rép.* n°ˢ 1032 à 1047).

**613.** Lorsque l'inculpé succombe et qu'il y a lieu de le condamner aux frais, quelle est la mesure de cette condamnation? Elle doit comprendre en principe tous les frais. Aux décisions rapportées au *Rép.* n° 1032, s'ajoute un arrêt aux termes duquel, en matière de poursuite pour dénonciation calomnieuse, la condamnation aux dépens doit s'étendre aux frais de l'enquête ordonnée par le garde des sceaux pour vérifier l'exactitude des faits dénoncés (Crim. rej. 10 févr. 1888, aff. Mamet, D. P. 88. 1. 192). La fausseté des faits dénoncés étant l'un des éléments légaux du délit, les frais occasionnés par l'enquête nécessaire pour établir la vérité ou l'inexactitude des allégations du prévenu font, de toute évidence, partie intégrante des frais de la procédure.

**614.** On a signalé au *Rép.* n° 1034 une difficulté sur laquelle la doctrine et la jurisprudence ont eu de nouveau à se prononcer. Il arrive fréquemment que l'infraction qui a donné lieu à la poursuite a reçu originairement une qualification plus grave que celle qu'on lui a donnée dans le jugement, et que la qualification première a entraîné des frais qu'on aurait évités si, dès le principe, les faits avaient été sainement appréciés. « Il importe peu, pour la question des frais, que le fait qui a motivé les poursuites soit, en définitive, qualifié plus ou moins sévèrement. Ce qui est certain, c'est que le ministère public a eu raison d'en faire l'objet d'une poursuite, puisqu'il est condamnable et condamné » (Blanche, *Études sur le code pénal*, sur l'art. 52, n° 326). — La jurisprudence est en ce sens. C'est ce qui ressort d'un arrêt aux termes duquel, bien que l'information à laquelle a procédé le juge d'instruction n'ait abouti qu'au renvoi du prévenu devant le tribunal de simple police, il y a lieu, si ce prévenu est déclaré coupable de l'infraction relevée dans l'ordonnance, de le condamner à tous les frais, y compris ceux qu'a entraînés l'information. (Crim. cass. 10 août 1867, aff. Dufour, D. P. 70. 5. 203). MM. Chauveau et Hélie, *Théorie du code pénal*, t. 1, n° 149, s'expriment comme il suit au sujet de cette solution : « En stricte équité, cette jurisprudence pourrait être critiquée, car il n'est pas juste de rendre l'auteur d'une contravention passible de frais d'une poursuite correctionnelle par cela seul que le fait a été mal qualifié dans la plainte. Mais la disposition absolue des art. 162 et 194, et la difficulté pratique de tracer une ligne de séparation au milieu des frais de la procédure, doivent faire adopter le système de la cour de cassation ».

**615.** Tous les frais exposés dans l'instance ne doivent cependant pas, indistinctement, être mis à la charge de l'inculpé qui succombe. La condamnation ne saurait comprendre d'autres frais que les frais proprement dits de justice criminelle. Elle ne peut comprendre non plus les frais frustratoires.

**616.** — I. FRAIS AUTRES QUE CEUX DE JUSTICE CRIMINELLE. — De la première restriction énoncée il résultera notamment que si, devant le tribunal correctionnel, une exception préjudicielle est opposée à la poursuite, et qu'il y ait renvoi devant la juridiction compétente, les frais du jugement de l'exception resteront distincts des frais faits devant le juge de répression.

**617.** — II. FRAIS FRUSTRATOIRES. — Il est certain que quand l'inculpé, avant d'être traduit régulièrement devant les juges compétents, a été l'objet d'une procédure annulée, bien qu'il soit, par la suite, condamné régulièrement, il n'a pas à subir les frais de la procédure annulée.

**618.** Lorsque, dans une procédure régulière d'une façon générale et aboutissant à un jugement, on relève un acte nul, la jurisprudence n'est pas sans hésitations sur la question de savoir à qui en doivent incomber les frais. Aux espèces sur lesquelles a eu à statuer la jurisprudence rapportée au *Rép.* n°ˢ 1035 et suiv. viennent s'ajouter des décisions importantes. C'est ainsi qu'il a été décidé que le juge avait pu, à bon droit, refuser de comprendre dans les dépens les frais du procès-verbal d'un garde champêtre, nul pour défaut d'affirmation régulière (Crim. rej. 20 févr. 1862, aff. Terrier, D. P. 62. 1. 250). A l'inverse, la cour de cassation a consacré par d'autres arrêts cette opinion, que l'annulation d'un procès-verbal, pour inobservation d'une formalité essentielle à sa régularité, ne lui enlève pas le caractère d'un acte de police ayant pour objet la répression d'une contravention, et, par suite, que le coût de l'enregistrement ne peut être distrait des dépens mis à la charge du condamné (Crim. cass. 17 nov. 1860 aff. Barbieri, D. P. 60. 5. 417; 23 août 1866, aff. Geay, D. P. 66. 1. 461; 11 juill. 1867, aff. Lemétayer, D. P. 68. 1. 48; 9 juill. 1874, aff. Barbier, 76. 1. 437; 9 déc. 1881, aff. Sauvant, D. P. 82. 1. 240). — Ces décisions peuvent se concilier à notre avis : la première aura son application aux cas où l'acte annulé est demeuré sans aucune utilité, la seconde sera suivie dans les hypothèses où l'acte annulé perdant sa valeur ou sa force probante à raison de son irrégularité, a cependant servi d'une manière quelconque à la répression de l'infraction commise.

**619.** — III. ACTES DE PROCÉDURE RÉGULIÈREMENT ACCOMPLIS, MAIS DEMEURÉS SANS UTILITÉ. — Par qui doivent être supportés les frais de ces actes? Il convient de remarquer que les actes d'information, alors même qu'ils n'aboutiraient pas au résultat recherché, ne peuvent, de ce chef, être critiqués, car le juge, dans l'intérêt public, avait toute indépendance pour poursuivre la vérité. La jurisprudence fournit, à ce sujet, des solutions nombreuses. Les hypothèses variées sur lesquelles elle a statué se rattachent à deux ordres de frais : 1° les frais de timbre et d'enregistrement des pièces produites devant les juridictions répressives ; 2° les frais de citation, soit de l'inculpé soit des témoins.

**620.** — 1° *Frais de timbre et d'enregistrement.* — Il est de principe que la partie qui succombe doit être condamnée aux frais de timbre et d'enregistrement des pièces que la partie adverse a été obligée de produire en justice (Bordeaux, 3 févr. 1846, aff. Garin, D. P. 46. 4. 322). En effet, les frais de timbre et d'enregistrement sont le résultat de la contestation soulevée ; dès lors, ces frais doivent rester à sa charge et être compris dans les dépens auxquels il a été condamné. — Il a été jugé, de ce chef, que le rapport d'un agent de police dressé en vue de la répression d'une contravention, et servant de base à la poursuite, rentre dans la catégorie des actes dont les art. 70 de la loi du 22 frim. an 7, et 74 de la loi du 25 mars 1817 prescrivent l'enregistrement en débet, encore bien qu'il ne fasse pas par lui-même preuve de la contravention ; qu'en conséquence, est nulle la disposition d'un jugement du tribunal de police qui distrait le coût du visa pour timbre et d'enregistrement en débet d'un tel rapport, de la condamnation aux dépens que le jugement prononce contre le condamné (Crim. cass. 4 juill. 1857, aff. Chaninel, D. P. 57. 1. 378).

**621.** — 2° *Frais de citation.* — Les frais de la citation du prévenu devant le tribunal de simple police sont à la charge de ce prévenu, s'il succombe ; on objecterait vainement que, d'après l'art. 147 c. instr. crim., un simple avertissement suffisait pour saisir le tribunal (Crim. cass. 24 janv. 1852, aff. Doutre, D. P. 52. 5. 294; 14 août 1852, aff. Mollard, *ibid*) « Si, en effet, l'art. 147 c. instr. crim. autorise les parties à comparaître volontairement, et sur un simple avertissement, sans qu'il soit besoin de citation, cette disposition ne porte pas atteinte au droit qui appartient au ministère public, aux termes de l'art. 145, de faire citer les contrevenants devant le tribunal de simple police, droit dont l'exercice est nécessaire au cas de défaut, pour qu'une décision au fond puisse être régulièrement rendue ». — Par contre, la citation pour convertir à une audience de remise délivrée, à la requête du ministère public près le tribunal de simple police, à un contrevenant qui avait comparu à une première audience et reçu intimation de se présenter au jour où la cause était continuée, est inutile et, par suite, le coût n'en peut être mis à la charge du condamné (Crim. rej. 23 mars 1878, aff. Payen, aff. Delacroix, D. P. 79.1. 94), si aucun fait nouveau ne s'est produit qui rende nécessaire l'emploi de cette citation (Crim. rej. 23 mars 1878, aff. Delacroix, D.P. 79. 1. 94-95).

**622.** Le ministère public peut citer des témoins à l'audience, quand un procès-verbal faisant foi jusqu'à preuve contraire sert de base à sa poursuite, aussi bien que lorsqu'il n'y a pas de procès-verbal. Dans l'un comme dans l'autre cas, les frais de citation ont été légitimement exposés, et doivent être mis à la charge du prévenu s'il succombe (Crim. cass. 11 juill. 1879) (1). — Jugé, de même, que bien que le juge de simple police puisse s'abstenir d'entendre les témoins cités du moment où il tient le fait de la prévention pour constant, il ne peut néanmoins se refuser à comprendre le coût de la comparution desdits témoins à l'audience dans les frais et dépens auxquels le contrevenant doit être condamné, et un tel refus entraîne la cassation de la partie du jugement qui le prononce (Crim. cass. 11 juill. 1879, aff. Michaulier, D. P. 80. 1. 139). Si le ministère public est libre de citer des témoins, il est permis au juge de ne pas les entendre, à la condition qu'il reconnaisse la prévention comme démontrée. Ce point est constant en jurisprudence. Mais il n'en est pas moins vrai que les frais qui ont été exposés pour faire comparaître les témoins à l'audience étaient légitimes à l'origine, et qu'ils ne sont devenus inutiles que par suite du cours qu'ont pris les débats, et qu'ils pouvaient ne pas prendre. La comparution ayant été ordonnée à bon droit dans le principe, en vertu de l'exercice régulier des pouvoirs du ministère public, la dépense à laquelle elle a donné lieu doit nécessairement être comprise dans les frais d'instruction et de poursuite que le condamné doit supporter. D'une manière plus générale, le principe peut être ainsi formulé : « Tous les actes de la poursuite, faits à bon droit au moment où ils sont intervenus, doivent entrer en ligne de compte dans les frais, même s'ils ont pu demeurer sans influence sur la condamnation (V. Rép. nos 1035 et suiv., et les arrêts cités).

**623.** — IV. FRAIS DE L'INSTANCE D'APPEL. — Les art. 176 et 211 c. instr. crim. étendent aux décisions rendues sur appel le principe de la condamnation de la partie qui succombe aux frais de l'instance (Comp. Rép. nos 1038 et suiv.). Cette application nouvelle du principe n'est pas toujours sans difficulté. Plusieurs hypothèses doivent être distinguées : 1° à supposer que le prévenu unique ait fait appel de la décision qui l'a condamné, il supportera tous les frais des deux instances, s'il n'est pas acquitté par la juridiction d'appel... sans distinguer entre le cas où son appel aboutit à la confirmation pure et simple du jugement attaqué et le cas où la décision est modifiée, soit dans la qualification donnée au fait incriminé, soit dans le taux de la peine appliquée (V. Rép. nos 983-2° et 1038-1°. V. aussi Blanche, Études sur le code pénal, t. 1, n° 329); — 2° il se peut que l'appelant, pour contravention à plusieurs chefs par les premiers juges, ne soit retenu que pour l'un ou plusieurs de ces mêmes chefs par la juridiction d'appel. La cour de cassation (Crim. rej. 5 févr. 1875 aff. Bontemps, Bull. crim. n° 40), a décidé que les frais de l'appel général par lui interjeté ont pu légitimement être laissés à sa charge. — Il faut bien préciser la portée de cette solution. On a vu que l'individu qui est simultanément poursuivi à raison de plusieurs infractions devant un tribunal répressif, et qui est condamné sur les unes, acquitté sur les autres,

n'a pas à payer les frais de la procédure exclusivement exposée pour l'instruction et la poursuite des infractions non retenues,... alors du moins qu'on peut les distinguer dans la masse des dépens (V. suprà, n° 543). Cette règle équitable et juridique sera aussi bien appliquée en cas d'appel. L'appelant sera exempté des frais d'information spéciaux aux infractions dont il est reconnu non coupable. Et il en sera de même des frais d'appel, s'il en a été exposé à raison de ces mêmes infractions, et qu'on en puisse faire la ventilation (Conf. Faustin Hélie, Traité de l'instruction criminelle, t. 8, § 576, et M. Auzière, Journal du ministère public, t. 29, p. 197). Dans l'espèce de l'arrêt ci-dessus, il est constaté par la cour suprême « que, si les prévenus ont été condamnés pour des délits distincts, ils ont été compris dans une seule et même poursuite dont il ne paraît pas que les éléments complexes aient pu être divisés de manière à répartir les frais proportionnellement à la part définitivement faite à chacun d'eux dans l'incrimination, et que cette indivisibilité des frais suffit pour justifier la disposition de l'arrêt qui les met solidairement à la charge des inculpés ». Ainsi, c'est une exception au principe qui se trouve admise, à raison des circonstances de la cause, par la décision rappelée. Mais, en règle générale, les seuls frais qu'ont entraînés les infractions retenues par l'arrêt de la cour d'appel doivent être mis à la charge du prévenu; — 3° Quand, après avoir fait appel, le prévenu se désiste, la juridiction d'appel lui donne acte de sa déclaration et se trouve ainsi dessaisie. Ce désistement implique la témérité de l'appel, et a pour conséquence la condamnation de l'appelant aux frais de l'appel et à ceux qui en ont été la conséquence y compris les frais du donné acte (Crim. cass. 26 nov. 1829) (2); — 4° De plusieurs prévenus condamnés, en première instance, il se peut que quelques-uns seulement interjettent appel. Ceux-là seuls sont exposés aux frais qu'il entraîne. Les appelants qui succombent sont tenus solidairement. Ceux qui triomphent sont exemptés des frais du procès suivi en première instance et des frais faits sur l'appel. Si quelqu'un d'entre eux se désiste, il intervient pour lui un donné acte, et il est condamné aux frais de son appel et du donné acte (V. sur ce dernier point, Conf. Crim. rej. 9 juill. 1875, aff. Jaurès, Bull. crim., n° 216).

**624.** Quelles sont les conséquences de l'appel du ministère public sur la condamnation aux frais? La cour de cassation a décidé d'abord que, dans le cas où le jugement de première instance était confirmé, le prévenu devait être condamné aux frais faits sur l'appel du ministère public (Rép. n° 1040). Mais elle est revenue depuis sur cette jurisprudence, dans un arrêt aux termes duquel, en matière correctionnelle, les frais auxquels a donné lieu un appel mal fondé du ministère public ne peuvent être mis à la charge du condamné qui ne s'est pas porté appelant; en pareil cas, il ne doit supporter que les frais de l'arrêt qui confirme la condamnation (Crim. rej. 28 avr. 1854, aff. Marquet, D. P. 54. 5. 403). L'appel est mal fondé, soit qu'il y ait

---

(1) (Lamy.) — LA COUR; — Vu les art. 154 et 162 c. instr. crim.; — Attendu que Lamy étant poursuivi pour contravention à la loi sur l'ivresse, en vertu d'un procès-verbal régulier en la forme, un témoin a été cité à la requête du ministère public pour déposer sur les faits de la cause; que le tribunal a condamné Lamy à l'amende et aux frais, à raison de la contravention, mais a refusé de comprendre dans ces frais le coût de la citation donnée au témoin, par le motif que l'inculpé n'avait pas contesté les énonciations du procès-verbal, et qu'en droit le ministère public ne peut faire citer des témoins à l'appui d'un procès-verbal faisant foi, jusqu'à preuve contraire, que dans le cas où les énonciations de cet acte viennent à être contestées; — Attendu qu'aux termes de l'art. 154 c. instr. crim., le ministère public a le droit de faire entendre des témoins, non seulement à défaut de ce procès-verbal, mais encore à l'appui d'un procès-verbal faisant foi jusqu'à preuve contraire; qu'il suit de là que les frais faits pour appeler des témoins à l'audience à laquelle ce procès-verbal doit être produit sont légitimement faits, et si le prévenu succombe, doivent être mis à sa charge; — Attendu que, si le juge de police peut refuser d'entendre des témoins cités par le ministère public, lorsqu'il est suffisamment éclairé par les débats, et en tenant pour constants les faits de la prévention, ce refus ne rend pas frustratoires les frais de citation de ces témoins, qui étaient légitimes au moment où ils ont été faits, et n'autorise pas le juge à en exonérer le condamné; — Qu'en décidant autrement et en apportant arbitrairement une restriction aux disposi-

tions de l'art. 154, qui sont générales et absolues, le jugement attaqué a violé cet article, et, par suite, l'art. 162 du même code; — Casse et annule le jugement du tribunal de police de Salins, du 5 juin 1879, mais seulement en ce qu'il a refusé de mettre à la charge du condamné le coût de la citation donnée au témoin appelé par le ministère public, etc.
Du 11 juill. 1879.-Ch. crim.-MM. de Lafaulotte, rap.-Benoist, av. gén.

(2) (Lallemant.) — LA COUR; — Vu l'art. 194 c. instr. crim. qui veut que la partie qui succombe soit condamnée aux frais, même envers la partie publique; — En ce qui concerne le pourvoi dirigé contre la disposition du jugement relative à l'appel de François Lallemant : — Attendu que le procureur du roi avait requis la condamnation aux dépens contre ledit Lallemant, et que le jugement a seulement donné acte de la déclaration par lui faite de se déporter de l'appel par lui interjeté sans statuer sur les dépens; — Que par l'omission de prononcer sur la réquisition faite, à cet égard par le ministère public, ce jugement a violé l'art. 408 c. instr. crim.; qu'en se refusant d'ailleurs, à condamner l'appelant aux dépens jusqu'à l'époque du désistement de son appel, le tribunal a méconnu les dispositions des art. 493 c. proc. civ. et 194 c. instr. crim.; — Par ces motifs, casse, etc.
Du 26 nov. 1829.-Ch. crim.-MM. Gary, rap.-Fréteau de Pény, av. gén.

eu confirmation du jugement des premiers juges, soit que la peine ait été réduite. — Cette dernière solution doit être étendue aux matières de simple police. — Le fait qu'il y aurait appel interjeté à la fois par le prévenu et par le ministère public ne change rien aux principes exposés.

**625.** Enfin l'appel peut émaner de la partie civile. Celle-ci est alors de toutes manières, responsable de tous les frais, sauf son recours, s'il y a lieu, contre le prévenu. — Relativement à cette hypothèse il a été jugé que, si la personne qui s'est portée partie civile dans une instance correctionnelle interjette appel du jugement, le ministère public, qui n'est pas appelant vis-à-vis du prévenu, lui donne cependant, à bon droit, citation devant la cour d'appel. Il met, en effet, de la sorte, en état d'être jugée, une affaire soumise au jugement de cette cour (V. dans le même sens Faustin Hélie, *Instruction criminelle*, 2e éd., t. 6, no 3054; et *Rép.* vo *Appel en matière criminelle*, no 306). Par suite, l'arrêt qui condamne le prévenu, met à bon droit à sa charge la somme représentant les frais nécessaires pour l'appeler devant la cour (Crim. rej. 2 janv. 1869, aff. Laurent, D. P. 69. 1.). Il est à peine utile de faire remarquer qu'en pareil cas, la condamnation aux frais, conformément aux principes généraux est prononcée contre la partie civile ; mais elle l'est également contre le prévenu, et la partie civile a un recours à exercer contre lui.

**626.** — V. Frais du pourvoi en cassation. — A qui incombent les frais du pourvoi en cassation formé contre une décision d'un tribunal répressif? La cour de cassation qui, jusque-là n'avait pas statué expressément sur ce point, a décidé le 7 mai 1880 (1), que le condamné qui se pourvoit, et dont le pourvoi est rejeté, doit être condamné aux frais envers le Trésor public (Conf. Crim. rej. 21 sept. 1882, aff. Leblanc, *Bull. crim.*, no 225). — Auparavant, d'après un usage constant, les arrêts de la chambre criminelle ne portaient pas de condamnation aux frais contre la partie qui succombait, qu'elle fût demanderesse ou défenderesse au pourvoi. Toutefois, nonobstant le silence de l'arrêt, les frais n'en étaient pas moins, en fait, recouvrés contre la partie qui avait succombé. Cette pratique était légitime. Bien qu'aucun texte ne l'autorisât, le principe auquel elle se référait n'en est pas moins certain. Il a son origine dans le règlement de 1738 (2e partie tit. 16) qui est demeuré le droit commun de la cour de cassation en matière criminelle comme en matière civile. L'art. 1er de ce règlement porte : « La partie qui succombera dans sa demande sera condamnée aux dépens ». L'omission du code d'instruction criminelle, qui ne rappelle pas cette règle, n'a pu l'abroger. Rien ne serait plus contraire à l'esprit de la loi que la dispense des frais, au cas où l'on succombe sur un pourvoi en cassation. A l'exception des condamnés en matière criminelle exemptés par un texte spécial (art. 420), ceux qui ont formé un pourvoi téméraire sont frappés d'une amende. Cette amende devait même, jusqu'à la loi du 28 juin 1877 (D. P. 77. 4. 51, et *suprà*, vo *Cassation*, nos 2, 142, 145 et suiv.) être préalablement consignée pour que la cour examinât le pourvoi. La rigueur de cette disposition est inconciliable avec la pensée d'exempter des frais la partie qui succombe. Ainsi, la partie qui succombe sur un pourvoi en cassation est condamnée aux frais. C'est ce qu'a très nettement établi M. le conseiller Barbier, dans le rapport sur lequel a été rendu l'arrêt du 7 mai 1880.

En matière de simple police, toutefois, une exception est faite à la règle. Quand le ministère public est l'auteur du pourvoi et que l'inculpé y succombe, le jugement étant cassé, cet inculpé n'est pas tenu des frais entraînés par le pourvoi. En vertu d'instructions concertées entre les deux ministres de la justice et des finances, aux dates des 20 juin 1857, 30 mai 1859, 30 avr. et 18 mai 1863, en matière de simple police, lorsque c'est le ministère public qui s'est pourvu, et qui a obtenu la cassation du jugement, le Trésor, par des motifs de haute administration, renonce à recouvrer les frais de l'instance en cassation sur le pré-

venu condamné par le tribunal de renvoi. En conséquence, ces frais ne doivent pas être recouvrés sur la partie qui ne s'est pas pourvue. Mais, au contraire, même dans les matières de police, la condamnation aux dépens devrait être prononcée contre l'inculpé, demandeur en cassation, dont le pourvoi serait rejeté, comme aussi contre l'inculpé défendeur qui succomberait vis-à-vis de la partie civile (V. le rapport de M. le conseiller Barbier). — Il y a lieu d'ajouter que, au cas de désistement du demandeur, l'arrêt qui lui donne acte de son désistement aura à prononcer contre lui la condamnation aux frais résultant du pourvoi, et notamment aux dépens exposés par la partie civile intervenante (Conf. Nouguier, *Cour d'assises*, t. 4, no 4180).

**627.** Quand la cassation est prononcée sans qu'il y ait renvoi, il faut distinguer si cette cassation est générale et s'applique au jugement ou à l'arrêt de condamnation en son entier, ou si elle n'est que partielle et procède par voie de retranchement. Au premier cas, la condamnation du prévenu aux frais disparaît avec le jugement cassé, dont elle était la conséquence. Au second cas, les seuls frais qui peuvent être la conséquence du chef retranché dans la décision déférée à la cour suprême, seront distraits de ceux qu'il y a lieu de recouvrer contre le condamné, à supposer qu'on en puisse faire la ventilation.

**628.** La circonstance du renvoi ensuite de la cassation obtenue soulève des questions de frais et dépens, que la jurisprudence a eu l'occasion de résoudre. — Sur les frais de l'instance en cassation, il a été décidé que l'accusé déchargé, par l'arrêt de cassation prononcé à son profit, des frais de cet arrêt, ne peut y être condamné par la cour de renvoi devant laquelle il a succombé de nouveau (Crim. cass. 21 déc. 1849, aff. Four, D. P. 52. 5. 292) : « attendu, dit cet arrêt, que la cour de renvoi, en condamnant le demandeur aux frais de l'arrêt de cassation, qui cependant l'en avait déchargé, méconnaît l'autorité qui s'attache à l'arrêt de la cour de cassation, qu'il ne lui appartient pas de réformer, et viole les art. 1350, nos 3 et 1352 c. civ. » — Il y a donc lieu à casser *parte in quâ*, par forme de retranchement et sans renvoi, cette disposition de l'arrêt de la cour d'appel.

Quant aux frais de l'instance qui a abouti à l'arrêt annulé, il a été jugé qu'ils ne peuvent être mis à la charge de l'accusé (Crim. cass. 27 avr. 1850, aff. Daru, D. P. 50. 5. 51 ; Crim. rej. 19 févr. 1859, aff. Gautrot, D. P. 60. 5. 185). Et il faut comprendre dans les frais de l'arrêt cassé ceux concernant les débats oraux devant la cour qui a rendu cet arrêt. Au contraire, on en exceptera les frais relatifs aux actes de procédure et d'instruction, lorsque la cassation laissera subsister ces actes (Arrêt précité du 19 févr. 1859).

**629.** Mais, en matière de cassation sur renvoi après cassation, le moyen élevé par le condamné contre le chef relatif aux dépens et tiré de ce que ce chef mettrait à sa charge les frais de la décision cassée, ne peut, s'il n'est appuyé d'aucune allégation probante, être accueilli en l'état (Crim. rej. 5 mai 1859, aff. Klein, D. P. 59. 5. 199).

**630.** D'autres décisions ont fourni une interprétation des termes employés par certains arrêts. — Jugé qu'on doit considérer comme n'ayant entendu parler que des frais relatifs aux actes de procédure et d'instruction, à l'exclusion des frais du débat oral, la décision de la cour de renvoi comprenant dans la condamnation aux dépens prononcée contre la partie perdante la partie saisie (Arrêt précité du 19 févr. 1859. Conf. Req. 20 janv. 1874, aff. Champeil, D. P. 74. 1. 223).

**631.** Dans une hypothèse spéciale, la cour de cassation semble s'être écartée de la doctrine qui résulte des précédents arrêts. Elle a jugé que le condamné peut, par application de l'art. 368 c. instr. crim., être soumis au payement même des frais d'une première procédure annulée sur son pourvoi en cassation ; qu'il importe peu qu'en annulant cette procédure, la cour de cassation ait, suivant la faculté que lui en donne l'art. 413 c. instr. crim., mis à la charge de l'huissier par la faute de qui l'annulation a eu

(1) (Champié et Ferrière.) — La cour ; — Attendu qu'aucun moyen de droit n'est produit à l'appui du pourvoi ; que les faits souverainement constatés par l'arrêt attaqué, lequel est régulier en la forme, justifient et la qualification qu'ils ont reçue et la peine qui a été appliquée à chacun des deux demandeurs ; — Rejette le pourvoi de Champié et Ferrière, les condamne solidairement à l'amende et aux frais envers le Trésor public ; fixe au minimum déterminé par la loi la durée de la contrainte par corps.

Du 7 mai 1880.-Ch. crim.-MM. de Carnière, pr.-Bertauld, proc. gén., c. conf.

lieu, les frais de la procédure à recommencer, cette procédure devant s'entendre de celle qui va être la suite de la
cassation, et non de celle qui est annulée (Crim. rej. 20 juin
1856, aff. Comboulives, D. P. 56. 1. 374; 10 janv. 1878,
aff. Mohamed-ben-Hamadouch *Bull. crim.*, n° 8. — V.
Conf. Faustin Hélie, *Traité de l'instruction criminelle*,
t. 8, p. 448; Nouguier, *Cours d'assises*, t. 4, n° 3854).
Cette solution doit être strictement limitée au cas auquel
elle se réfère, c'est-à-dire au cas où l'instruction est annulée
à raison d'une faute grave d'un officier ministériel ou d'un
magistrat. L'art. 415 c. instr. crim., autorise la cour qui
annule l'instruction à mettre à la charge de l'officier ou du
magistrat négligent les frais de la procédure à recommencer.
Par procédure à recommencer on entend la procédure nouvelle. Les frais de la procédure ancienne demeurent à la
charge du condamné. Dès lors, comme le fait observer
M. Auzière (*Journal du ministère public*, t. 29, p. 244), « on
voit cette anomalie que le coût d'une information déclarée
nulle est sans effet est mis à la charge du condamné, à raison
de cette circonstance exceptionnelle et tout à fait étrangère
au prévenu, tandis que la nullité résulte d'une faute grave de l'officier ». Les raisons de décider sont ainsi déduites dans
l'arrêt du 20 juin 1856 : « La cour de cassation, ayant usé
de la faculté que lui donne l'art. 415 c. instr. crim., et mis
à la charge de l'huissier, par la faute de qui l'annulation du
premier arrêt était prononcée, les frais de la procédure à
recommencer, — ce qui, dans l'esprit de cet article, expliqué par les termes mêmes de l'art. 24, tit. 15 de l'ordonnance de 1670, dont le législateur de 1808 entendait sur
ce point reproduire le sens, s'appliquait à la procédure à
venir, — l'arrêt définitif a laissé ainsi à la charge de
l'huissier les frais de la procédure qui avait eu lieu devant
la cour d'assises de renvoi, et s'est, en outre, abstenue de
prononcer relativement à ces mêmes dépens aucune condamnation contre les condamnés. Dans cet état des faits,
l'arrêt attaqué, en condamnant ces derniers aux frais de la
première procédure, quoiqu'elle ait été annulée, et en prononçant ainsi par suite de la combinaison des art. 368 et
415, n'a commis aucune violation de la loi ». Les raisons de
texte invoquées, qui logiquement ne sont peut-être pas
entièrement satisfaisantes, commandent cependant, semble-
t-il, la décision consacrée par les arrêts ci-dessus et la doctrine conforme des auteurs. Nous ne saurions admettre la
thèse de M. Auzière (*Journ. min. publ.*, t. 29, p. 263 et
suiv.), qui, sans être plus rationnelle, se place en dehors des
termes de la loi. Le prévenu coupable et l'officier négligent
doivent, suivant lui, être condamnés, tous les deux séparément, aux frais de la nouvelle procédure; et les dépens de
la procédure annulée doivent rester à la charge du Trésor
public. A s'écarter de la lettre des textes pour suivre les
déductions rationnelles, il faudrait dire: l'officier négligent
payera les frais de la procédure abolie et le prévenu ceux
de la procédure ensuite de laquelle il a été condamné.
Mais cette solution, qui ne cadrerait ni avec la lettre de la
loi, ni avec la tradition, serait manifestement inadmissible.

**632.** Par application du principe de l'autorité de la chose
jugée, il a été décidé que, lorsqu'une partie qui avait un
intérêt distinct dans une instance a été condamnée à une
portion des dépens ne s'est pas pourvue contre l'arrêt qui
l'a condamnée, la cassation de cet arrêt, sur le pourvoi
d'une autre partie, n'autorise pas la cour de cassation à
décharger la première de la condamnation, qui a acquis
contre elle l'autorité de la chose jugée. Il en est ainsi même
au cas où la partie qui ne s'était pas pourvue a été appelée
devant la cour de cassation sur le pourvoi de l'autre (sans
y comparaître, d'ailleurs), et où elle est intervenue devant
la cour de renvoi pour y défendre ses intérêts particuliers
(Civ. cass. 24 mai 1854, aff. Rousseau, D. P. 54. 1. 179).

**633.** — VI. PROCÉDURES PARTICULIÈRES. — Certaines procédures particulières peuvent faire naître la question des
frais.

1° *Révision.* — La révision, à laquelle on a consacré une
étude complète (V. *suprà*, v° *Cassation*, n°s 326 et suiv., et
*Rép.* eod. v°, n°s 1525 et suiv.), est un recours extraordinaire, ouvert à défaut de tout autre moyen de recours, et
uniquement en matière criminelle ou correctionnelle, pour
obtenir la réparation d'une erreur de fait dans des cas limitativement déterminés.

Il n'y a pas à retracer ici les formes de procéder,
exposées *suprà*, v° *Cassation*, n°s 335 et suiv. et *Rép.* eod.
v°, n°s 1560 à 1566. On rappellera seulement que la cour de
cassation doit statuer sur la recevabilité de la demande,
avant qu'on ne passe à l'examen du fond, et que l'examen
du fond est l'œuvre tantôt d'une juridiction de renvoi
désignée par la cour de cassation, tantôt de la cour de cassation elle-même.—Trois hypothèses peuvent se présenter :
1° la demande en révision est rejetée comme irrecevable ;
2° la demande en révision aboutit à supprimer toute condamnation ; 3° la demande est admise, mais celui qu'elle concerne n'en est pas moins condamné en définitive : que
décider quant aux frais, dans ces divers cas? 1° si la
demande en révision a été rejetée par la cour de cassation,
les frais de cette instance demeureront sans doute à la
charge du Trésor si le condamné n'a pas, en intervenant
dans l'instance, comme le droit lui en est reconnu, pris la
qualité de partie. Mais, au contraire, s'il est intervenu, il
devra les supporter ; — 2° Si la révision a pour résultat de
faire reconnaître l'innocence de celui à qui elle s'applique,
les frais de la procédure nouvelle demeurent à la charge du
Trésor, et les frais de justice criminelle auxquels il avait
été condamné lui sont remis ou restitués de plein droit ; —
3° Le condamné, au contraire, aura à supporter les frais de
l'instruction suivie contre lui et qui n'a pas été annulée,
ceux des actes d'information auxquels la cour de cassation
a procédé ou fait procéder, et ceux des débats oraux devant
la juridiction qui a prononcé contre lui la décision définitive
(Conf. M. Auzière, *Journal du ministère public*, t. 29,
p. 267).

**634.** — 2° *Règlement de juges.* — On entend par *règlement de juges* la décision par laquelle sera déterminée,
parmi plusieurs juridictions saisies d'une affaire, et qui
toutes prétendent la retenir (conflit positif), ou toutes
refusent de la retenir (conflit négatif), celle qui doit en
connaître. Pour obtenir le règlement de juges, quand il y a
lieu, il est nécessaire d'exposer des frais. Comme ceux de
tout autre incident de procédure, ils sont à la charge de la
partie qui succombe au fond. Mais la question a une
autre face. Au cas de conflit positif, il y a eu d'abord deux
procédures suivies sur le même fait, et le règlement de juges
a eu précisément pour effet de fixer la juridiction qui, à
l'exclusion de l'autre, connaîtra de l'affaire. Ce règlement
a abouti à l'annulation de l'une des procédures. On ne peut
en mettre les frais à la charge du prévenu, fût-il condamné
en fin de procédure. Il supportera seulement les frais de l'instance qui aboutit à cette condamnation. — Dans l'hypothèse
d'un conflit négatif, M. Auzière, *loc. cit.* p. 270, fait justement
observer que l'information à laquelle a été procédé sert
de base au jugement rendu par la juridiction que la cour
de cassation désigne comme juridiction compétente. Le
condamné doit, par conséquent, supporter les frais de
cette information. Mais il n'en est plus ainsi des frais des
décisions d'où est né le conflit. Ces frais ont pour cause
l'erreur du ministère public, dont on ne saurait faire peser
la responsabilité sur le prévenu.

**635.** — 3° *Demande en renvoi pour suspicion légitime.*
— Aux termes de l'art. 542 c. instr. crim. les parties peuvent
demander qu'il soit dérogé aux règles de la compétence *ratione
loci*, en saisissant d'autres juges que ceux qui devraient
connaître d'une affaire, pour cause de suspicion légitime ou
de sûreté publique (V. *Rép.* v° *Cassation*, n° 1243). Les frais
de cet incident, comme de tous autres, sont à la charge de la
partie qui succombe au fond. Un arrêt de cassation du
24 août 1884 décide que le prévenu dont la demande en
renvoi pour cause de suspicion légitime est rejetée doit être
condamné aux frais (aff. Morel, *Bull. crim.*, 1884, n° 270).
Cette solution s'applique au cas même où, sur le fond, le
prévenu ne serait pas condamné. Son obligation subsiste ;
mais, en ce cas, elle est restreinte aux frais de l'incident.

**636.** — 4° *Reconnaissance d'identité.* — Quand un
condamné à une peine privative de liberté s'est évadé, et
qu'étant repris, il conteste son identité avec l'individu qu'on
recherche, l'art. 518 c. instr. crim. décide que « la reconnaissance de l'identité de l'individu condamné, évadé et
repris, sera faite par la cour qui aura prononcé sa condamnation », et il ajoute qu' « il en sera de même de l'identité
d'un individu condamné à la déportation ou au bannissement.

qui aura *enfreint son ban* et sera repris ; et la cour, en prononçant l'identité, lui appliquera de plus la peine attachée par la loi à son infraction » (V. *suprà*, v° *Évasion*, n° 85 et *Rép.* eod. v°, n°s 67 et suiv.). — Quand la constatation d'identité doit avoir pour conséquence de faire prononcer une nouvelle condamnation, les frais exposés pour y arriver sont, avec les autres frais de la procédure, mis à la charge de la partie qui succombe. Mais il se peut aussi que, sans aucunement tendre à une condamnation nouvelle, la procédure à fin de constatation de l'identité ait pour objet de faire connaître si une condamnation déjà prononcée concerne telle personne désignée. Pour qu'il y ait lieu de suivre, il faut que celui à qui on applique la condamnation dénie son identité avec le condamné. S'il succombe, et si l'identité est constatée, il en supportera les frais, d'abord parce qu'il succombe sur ce point spécial, et ensuite parce que la décision intervenue n'est que l'accessoire de la première. Et nous appliquerons la même solution au cas où une procédure spéciale de reconnaissance précéderait un jugement au fond, réservé pour un autre moment. Sans attendre le résultat sur le fond, l'inculpé convaincu sur la question d'identité sera condamné aux dépens de l'instance spéciale, engagée par son fait, et mal à propos.

**637.** Le principe de la condamnation aux dépens de la partie qui succombe est si absolu qu'il conduit, avec raison, selon nous, M. Auzière (*loc. cit.* p. 272-273), à décider que, s'il y a nécessité, ensuite de perte ou destruction, de remplacer un jugement non encore exécuté, ou une procédure en cours, les frais qu'entraîne ce remplacement seront à la charge du condamné. En effet, déclaré coupable par la décision nouvelle, il rentre dans les conditions qui mettent les frais à la charge d'un prévenu.

**638.** — VI. SOLIDARITÉ. — La *solidarité* des frais forme la règle pour les jugements criminels (V. *Rép.* n° 1046). Cette règle dérive des art. 55 c. pén., et 156, décret du 18 juin 1811, ainsi conçus : Art. 55 c. pén. « Tous les individus condamnés pour un même crime ou pour un même délit seront tenus solidairement des amendes, des restitutions, des dommages-intérêts et des frais ». — Art. 156 du décret du 18 juin 1811 : « La condamnation aux frais sera prononcée dans toutes les procédures, solidairement, contre les auteurs et complices du même fait, et contre les personnes civilement responsables du délit ». — Ces articles ont soulevé plusieurs questions : la première est celle de savoir à quelles matières ils s'appliquent. L'art. 55 c. pén., vise les condamnations pour crimes et délits ; il ne s'explique pas sur les contraventions. L'art. 156 du décret de 1811 est général et embrasse toutes les procédures. Des auteurs, attribuant à ce dernier texte le caractère d'un pur règlement, l'expliquent par l'art. 55 c. pén., qui seul est la loi, dont le décret postérieur assure l'exécution sans ajouter à sa portée. De là ils concluent qu'en matière de contravention il ne peut y avoir de condamnations solidaires aux frais (V. Chauveau et Faustin Hélie, *Théorie du code pénal*, t. 1, p. 225). La jurisprudence reconnaît, au contraire, la même autorité au décret de 1811 et au code pénal, et décide que les dispositions plus récentes du décret ont modifié les articles du code en ce qu'ils ont de contraire à ses prescriptions ; dès lors, les contraventions, comme les crimes et les délits, donnent lieu à la condamnation solidaire aux frais du procès contre ceux que l'on a poursuivis ensemble (Crim. cass. 12 mai 1849, aff. Délécluse, D. P. 49. 1. 177) ; — 2° Que la condamnation solidaire aux frais de la poursuite, s'applique à tous les auteurs ou complices du même fait, aussi bien en matière de contraventions (telles que celles à la police des chemins de fer) qu'en matière de crimes et de délits (Crim. rej. 20 mars 1868, aff. Petit-Surel, D. P. 69. 5. 226) ; — 3° Que la solidarité pour les dépens doit être prononcée contre l'acheteur et le vendeur de grains en vert, condamnés par application de la loi du 6 mess. an 3 (Orléans, 9 nov. 1847, aff. Bidron, D. P. 49. 2. 66) ;

— 4° Et d'une façon générale, que lorsqu'un tribunal prononce des condamnations solidaires, les dépens, qui sont l'accessoire de la condamnation principale, sont aussi dus solidairement, sauf la répartition à faire entre les parties condamnées, dans la proportion des condamnations principales (Dijon, 24 janv. 1869, aff. Lainé, D. P. 74. 5. 281).

**639.** Il convient de remarquer que la solidarité dont nous venons d'établir le principe n'a d'application qu'autant qu'il s'agit les frais faits dans une poursuite où les coprévenus ont été compris simultanément. — Décidé qu'en cas de poursuites distinctes engagées contre plusieurs accusés d'un même crime, chacun des accusés ne peut être condamné qu'aux frais de la procédure qui lui est personnelle, et ne doit pas supporter ceux des débats suivis contre ses coaccusés exclusivement (Crim. cass. 6 mars 1852, aff. Bonnard, D. P. 52. 5. 295).

**640.** Quand il n'y a eu qu'un fait unique commis par plusieurs personnes, l'application du principe de la solidarité se fait sans difficulté. Les coauteurs, l'auteur principal et ses complices qui succombent dans les poursuites doivent être solidairement condamnés aux dépens. Et, ainsi que le fait remarquer un arrêt de la cour de cassation du 2 mars 1874 (V. *Rép.* v° *Responsabilité*, n° 72) il n'y a pas lieu de déroger à cette règle, par le motif que les degrés de responsabilité sont différents, et les peines prononcées différentes aussi, pour les personnes poursuivies en même temps. — Il a été jugé que deux individus qui, faisant ensemble une consommation dans une chambre dépendant d'un cabaret, ont refusé de se retirer après l'heure réglementaire de fermeture, doivent être considérés comme coauteurs d'une contravention commune, et être condamnés, par suite, aux frais de la poursuite avec solidarité (Crim. cass. 22 juin 1871, aff. Élissèche, D. P. 71. 1. 267). Cette décision appelle une observation : en matière de contravention de police, la complicité n'est punissable que lorsqu'il s'agit de tapages injurieux ou nocturnes ; il en résulte que des individus qui se sont entendus pour contrevenir à un même règlement, s'ils sont poursuivis chacun pour un fait distinct et séparé, ne peuvent être condamnés solidairement aux frais comme complices les uns des autres. Mais, quand il y a eu simultanéité d'action et assistance réciproque pour la perpétration d'un même fait constitutif de contravention, les individus coupables de ce fait sont tous également punissables, en qualité de coauteurs (Crim. cass. 17 déc. 1859, aff. Depoulx, D. P. 60. 1. 196) ; et c'est alors le cas de prononcer la solidarité dans la condamnation aux frais.

**641.** Les frais des poursuites dirigées collectivement contre plusieurs accusés, comme auteurs ou complices d'un même fait, sont supportés solidairement par chacun de ceux qui succombent, sans distinction entre ceux de ces frais qui concernent les accusés acquittés et les frais qui ont été supportés aux accusés condamnés (Crim. cass. 12 oct. 1849, aff. Marpot, D. P. 49. 5. 209 ; Crim. rej. 17 août 1861, aff. Leger, D. P. 61. 5. 246). Un arrêt fait une juste application de cette jurisprudence à l'hypothèse spéciale prévue par l'art. 13 de la loi du 22 juin 1873, en décidant que l'individu condamné pour contravention en matière de boissons doit supporter les frais faits contre ceux de ses coprévenus qui, en qualité de transporteurs ont obtenu leur acquittement en faisant connaître les véritables auteurs de la fraude (Crim. cass. 15 janv. 1875, aff. Charron-Guay, D. P. 75. 1. 284.

**642.** C'est une question de savoir si la solidarité subsiste lorsque, ensuite d'incidents de procédure, les prévenus ont été condamnés successivement et non en même temps. La négative résultait d'une décision ministérielle du 29 août 1826, citée au *Rép.* n° 1041. Nous avons indiqué *ibid.* n° 1042, les difficultés d'application auxquelles cette solution peut donner lieu. Blanche (*Études sur le code pénal*, t. 1, n° 431) se prononce pour la solidarité complète, par les motifs suivants : 1° l'art. 55 c. pén., sous la seule condition de l'identité du délit, édicte la solidarité de la condamnation aux dépens ; 2° la solidarité découle non de la décision du juge de ce chef, mais de la condamnation elle-même de plusieurs coprévenus à raison du même délit. Et il ne s'arrête pas à l'objection que le premier condamné sera, lorsqu'on le jugera, déclaré responsable de condamnations qui n'existent pas encore, tandis que le dernier jugé sera lui, tenu solidairement des frais du premier procès sans y avoir été partie. Ces conséquences découlent de la loi, et par suite, elles s'imposent. M. Auzière (*Journal du ministère public*, t. 29, p. 147) se range à la même opinion. « Quelles doivent être, quant à la solidarité des frais, les décisions des magistrats? La difficulté ainsi précisée, je n'ai évidemment à m'occuper que du second jugement et de l'accusé dernier jugé; le premier jugement n'a pas pu condamner au payement de frais qui ne sont pas faits, qui ne le seront peut-être jamais, et le second ne peut pas prononcer une condamnation contre des personnes qui ne sont pas parties dans l'instance, et qui ne peuvent pas y être appelées sans violation de la maxime *non bis in idem*. L'accusé, dont les complices ont été antérieurement jugés, doit-il être condamné solidairement avec eux, non seulement aux frais de l'instruction, mais aussi aux frais des débats oraux et du jugement dont ils ont été l'objet? Quant aux dépens de l'instruction commune, il n'y a pas de doute; il doit être condamné à les payer en totalité. Il importe peu que ses complices soient déjà soumis à la même obligation. L'arrêt de condamnation qui lui impose la solidarité ne fait que constater l'existence d'un droit créé par les art. 55 c. pén., et 156 du décret de 1811. La question peut sembler plus délicate s'il a été procédé à deux informations distinctes. Ainsi, l'auteur d'un crime est découvert et condamné; plus tard, certains indices font soupçonner qu'il y a eu un complice; une nouvelle instruction est ouverte; le complice est poursuivi et reconnu coupable. Doit-il être déclaré responsable des frais de la première instance qui n'était pas dirigée contre lui; mais qui était relative au crime qu'il a commis? Quelque rigoureuse que la solution puisse paraître, je réponds affirmativement. La responsabilité commune a son origine dans la faute commune; elle s'étend à toutes les conséquences de cette faute, à toutes les réparations civiles qui en dérivent. Il en est de même pour les dépens de l'instruction orale qui a précédé la première condamnation; ce sont les suites du délit auquel le dernier jugé a participé; il en est responsable. La condamnation aux frais n'est pas une peine, mais la réparation d'un préjudice. Les art. 55 c. pén., et 156 du décret de 1881 posent en principe que tous les individus condamnés pour un même fait sont tenus solidairement des frais. La seule condition exigée c'est donc l'identité du délit; la solidarité en résulte naturellement d'une façon générale. La loi ne demande pas qu'un seul jugement intervienne: il faut l'appliquer telle qu'elle est, dans la rigueur absolue de son texte ».

La jurisprudence a varié sur la question. Le 6 mars 1852 (aff. B... et A... Bull. crim., 1852, p. 155), la cour de cassation statuait dans le sens de la première doctrine. Quatre accusés étant poursuivis à raison d'un même crime, deux d'entre eux ont été jugés le 21 nov. 1851, et acquittés; les deux autres, jugés le 12 févr. 1852, ont été déclarés coupables. Ceux-ci ont été condamnés par la cour d'assises aux frais de la procédure, même à ceux des débats de 1851. Sur le pourvoi de ces derniers, la cour de cassation a rendu un arrêt de cassation ainsi motivé: « Attendu que, d'après l'arrêt de renvoi, le faux témoignage qui a servi de base aux poursuites constituait un même crime auquel chacun des accusés avait prêté son concours; qu'ainsi, c'est à juste titre que les frais d'instruction ont été mis à la charge de ceux d'entre eux reconnus coupables; mais qu'il ne saurait en être de même des frais faits devant la cour d'assises du Puy-de-Dôme sur la poursuite dirigée contre L... et R...; que ces deux accusés ont seuls été traduits à l'audience du 21 novembre dernier; que B... et A..., qui n'étaient pas alors sous la main de la justice, n'ont pas été appelés à comparaître; que ni l'arrêt de renvoi, ni l'acte d'accusation ne leur avaient été notifiés; que la cour d'assises n'a donc eu, à cette époque, qu'à s'occuper des faits personnels à L... et à R...; qu'en condamnant les demandeurs aux frais occasionnés par ces débats, auxquels ils avaient été étrangers, la cour d'assises a, le 12 février suivant, a été appelée à statuer sur l'accusation dirigée contre eux, a faussement appliqué les art. 55 c. pén. et 368 c. instr. crim. ».

Un nouvel arrêt rendu, le 25 mars 1875 par la cour de cassation (Crim. rej. aff. Duroyon, Bull. crim., 1875, nº 102), a consacré la doctrine contraire dans les circonstances suivantes. Trois accusés sont poursuivis devant la cour d'assises; mais l'un d'eux s'évade, et un premier arrêt

est rendu contre les deux autres, qui les condamne a une peine et aux dépens. Le troisième est repris et ensuite condamné, solidairement avec les premiers, au remboursement des frais: «Attendu, dit la cour, que l'art. 55 c. pén., aux termes duquel tous les individus condamnés pour un même crime ou pour un même délit sont tenus solidairement des amendes, des restitutions, des dommages-intérêts et des frais, ne distingue pas s'ils sont condamnés par le même jugement ou par des jugements séparés; que cette solidarité est de droit, et qu'elle résulte virtuellement de la condamnation sans que le jugement ait autrement à la régler...; qu'il serait par trop singulier, ainsi que le déclare l'arrêt attaqué, que l'un des coupables pût, en retardant sa condamnation, paralyser l'action de la loi, et se soustraire à la solidarité qu'elle entend lui imposer; attendu qu'en statuant comme il l'a fait, ledit arrêt, loin de violer l'art. 55 c. pén., n'a fait que reconnaître une solidarité qui était encourue lors même qu'elle ne l'eût pas prononcée ». Cette décision est nettement opposée à la précédente et consacre la doctrine de Blanche et de M. Auzière. La solidarité embrasse tous les dépens, y compris ceux des jugements ou des arrêts successivement rendus.

**643.** Sur une question qui ne se confond pas avec la précédente, mais qui se lie du moins avec elle d'une manière assez étroite, il a été jugé que lorsque, à la suite d'une information commune, deux ou plusieurs prévenus sont traduits en justice, ensemble ou séparément, et condamnés, tous sont tenus du payement des frais occasionnés par la procédure; ainsi la totalité des frais d'une expertise ordonnée par le juge d'instruction dans une poursuite contre deux personnes, condamnées ensuite séparément, ne peut être mise à la charge d'un seul des condamnés à l'exclusion de l'autre (Crim. cass. 9 déc. 1887, aff. Meiffrédy, D. P. 88. 1. 491).

**644.** Les prévenus ou accusés ne doivent être condamnés solidairement aux frais qu'autant qu'ils ont commis la même infraction (V. Rép. vº Peine, nºs 788 et suiv.). Il a été jugé: 1º que la condamnation solidaire aux frais ne peut être prononcée contre plusieurs individus qu'autant que leur condamnation a eu lieu pour le même crime ou délit (c. pén. art. 55). (Crim. cass. 15 janv. 1846, aff. Delonge, D. P. 46. 4. 321; 2 avr. 1846, aff. Aublet, ibid.; 9 juill. 1846, aff. Durandeau, ibid.; 16 juill. 1846, aff. Martin, D. P. 46. 4. 322; 21 août 1846, aff. Mayer, D. P. 46. 4. 320, 5 nov. 1846, aff. Chevallier, D. P. 46. 4. 321; 19 juin 1851, aff. Briançon, D. P. 51. 5. 286); — 2º Que le prévenu déclaré coupable avec ses coprévenus sur un chef de prévention seulement, est à tort condamné aux frais solidairement avec ceux-ci même pour les délits qui lui sont étrangers, alors qu'il n'y a pas connexité entre les divers chefs de la prévention (Crim. cass. 11 avr. 1856, aff. Sabordine et Piquenil, D. P. 56. 5. 230; 7 janv. 1859, aff. Pineau, D. P. 59. 1. 199; 30 août 1860, aff. Violle, D. P. 60. 1. 470; 7 avr. 1863, aff. Heiriès, D. P. 63. 5. 193; 12 août 1864, aff. Muraine, D. P. 68. 5. 241; 17 avr. 1873, aff. Salesse, D. P. 74. 1. 501; 2 juin 1883, aff. Bozonnier, D. P. 84. 4. 427; 18 mars 1887, aff. Puech, D. P. 88. 1. 235). Les frais relatifs à la poursuite des délits non communs doivent être liquidés séparément, et l'erreur qui a fait comprendre dans la condamnation solidaire aux dépens prononcés contre les coprévenus entraîne la cassation de l'arrêt quant à ce chef (V. Conf. arrêts précités du 30 avr. 1860, et 18 mars 1867); — 3º Qu'en cas de poursuites contre deux individus pour un crime dont ils seraient coauteurs et pour un délit commis par l'un d'eux seul, la condamnation prononcée contre celui-ci à raison seulement du délit, n'autorise pas à le condamner aux frais de la procédure entière, solidairement avec l'accusé condamné pour le crime (Crim. cass. 19 juin 1851, précité); — 4º Que deux individus condamnés tous les deux pour vol avec effraction, dans une maison habitée, ne peuvent être solidairement condamnés aux frais, lorsque le vol commis par l'un à une date d'une époque différente de celui commis par l'autre, qu'il a été commis au préjudice de victimes différentes et qu'il n'existe aucune complicité (Crim. cass. 30 janv. 1846, aff. Raton, D. P. 46. 1. 80). Ce dernier arrêt statue sur l'hypothèse de deux accusés convaincus de crimes de même nature, mais absolument différents. Si, au contraire, ils s'étaient rendus coupables ensemble des mêmes faits, il y aurait lieu de revenir au principe de la solidarité. Il n'est même pas besoin, pour qu'il en soit ainsi, que l'arrêt qui condamne énonce expressément qu'ils ont accompli les mêmes infractions, si cela résulte des circonstances de la cause. C'est ce que décide un arrêt aux termes duquel la prononciation de la solidarité pour le payement des frais contre deux accusés déclarés coupables de faux, est justifiée, bien que les questions séparées qui ont été posées au jury relativement à l'un et à l'autre ne spécifient pas une participation aux mêmes faits, si cette participation résulte de l'arrêt de renvoi, et si les questions ont été posées dans les termes mêmes de cet arrêt; qu'il en est ainsi surtout lorsque l'arrêt de condamnation constate que les accusés ont été reconnus coupables des mêmes faux et des mêmes usages de pièces fausses; et qu'il n'est pas nécessaire qu'il soit, de plus, constaté que les accusés, condamnés pour le même fait, l'ont été comme coauteurs ou complices, ou comme ayant commis le fait conjointement en réunion (Crim. rej. 28 janv. 1868, aff. Farrudjía et Cassar, D. P. 69. 5. 225).

**645.** Sur l'application de la solidarité au complice et à l'auteur principal, il a été jugé : 1° que lorsque le complice n'a été déclaré coupable que d'une partie des délits reconnus à la charge de l'auteur principal, c'est seulement au payement des frais relatifs à ces délits qu'il doit être condamné, solidairement avec celui-ci (Crim. rej. 12 avr. 1873, aff. Roché, D. P. 73. 1. 223); — 2° Que l'individu déclaré complice de l'un des vols dont l'auteur principal a été reconnu coupable, doit supporter seulement les frais de la procédure relative à ce vol (Crim. cass. 13 janv. 1848, aff. Roquefort, D. P. 48. 5. 219); — 3° Que le prévenu qui ne s'est rendu complice que d'une partie des escroqueries reconnues à la charge de l'auteur principal ne peut être condamné solidairement avec celui-ci, au payement de la totalité des frais, mais seulement de ceux relatifs aux délits auxquels il a participé (Crim. cass. 16 déc. 1871, aff. Fraissinet, D. P. 71. 1. 365). Toutefois, d'après le même arrêt, cette irrégularité n'entraîne la cassation du jugement ou de l'arrêt que quant au chef concernant les frais.

**646.** Au principe que nous établi *supra*, n° 644, et d'après lequel la solidarité n'est prononcée qu'autant que les condamnés sont reconnus coupables des mêmes faits, il est apporté par la jurisprudence trois exceptions.

1° Il a été jugé que des prévenus poursuivis simultanément pour des délits semblables ont pu, quoiqu'un seul de ces délits leur fût commun, être condamnés solidairement à l'amende et aux frais, si les autres délits n'ont pas entraîné, pour leur constatation, des frais distincts (Crim. cass. 11 août 1864, aff. Kolbé, D. P. 65. 1. 319). Cette exception à la règle qu'un prévenu ne saurait, par cela seul qu'il est déclaré coupable avec d'autres coprévenus sur un chef de la poursuite, être condamné solidairement à tous les dépens, y compris ceux concernant les délits qui lui sont étrangers, est plus apparente que réelle. La condamnation solidaire ou non, aurait le même taux. Il n'y a pas d'intérêt à critiquer la décision.

**647.** 2° La condamnation solidaire à l'amende et aux frais doit être prononcée contre les prévenus de faits distincts,

quand ils ont agi en vertu d'un concert frauduleux intervenu entre eux (Crim. rej. 12 août 1859, aff. Auspach, *Bull. crim.*, p. 336. 26 mars 1874; aff. Roussel, *Bull. crim.*, n° 99).

La même solution résulte *a contrario* de diverses décisions aux termes desquelles la solidarité ne peut être appliquée à des commerçants, poursuivis simultanément pour contrefaçon par le propriétaire d'un brevet d'invention, si aucun accord n'a été constaté dans la perpétration des délits reconnus à leur charge (Crim. cass. 27 juill. 1850, aff. Rouget de l'Isle, D. P. 51. 5. 284; 10 nov. 1855, aff. Veilleux, D. P. 56. 1. 29; 31 déc. 1868, aff. Gancou, D. P. 69. 5. 226-227; 12 juin 1875, aff. Faré, Guérin et autres, D. P. 76. 1. 137-138).

De même, lorsque les faits, bien que distincts, ont été consommés en même temps, dans un même lieu, dans un même but, dans un même intérêt, dans une même direction par des individus réunis en caravane, que les faits ont donné lieu à une instruction unique dont chacun des actes se rapporte à tous les prévenus, de sorte que les frais faits pour la poursuite de l'un l'ont été en même temps pour la poursuite des autres, sans qu'une ventilation soit possible, les délinquants ont pu, à bon droit, être condamnés solidairement aux dépens; et des motifs particuliers n'étaient pas nécessaires pour justifier cette disposition de l'arrêt (Crim. rej. 1er juill. 1882, aff. Dreveton, D. P. 83. 1. 325).

**648.** 3° La dernière exception, consacrée par de nombreuses décisions de jurisprudence, consiste en ce que les condamnés sont solidairement tenus des dépens alors même qu'ils ne se sont pas tous ensemble rendus auteurs ou complices du fait ou des faits compris dans la même poursuite, toutes les fois qu'entre les diverses infractions dont les uns ou les autres sont reconnus coupables, il y a connexité. Jugé, notamment, que le complice doit être condamné solidairement avec l'auteur principal, aux frais de la procédure lorsqu'il y a connexité entre l'infraction dont il s'est rendu complice et celle à laquelle il est resté étranger, ou encore lorsque les frais faits pour la poursuite de l'une l'ont été en même temps pour la poursuite de l'autre (Crim. cass. 28 sept. 1849, aff. Esparcieux, D. P. 51. 5. 285; Crim. rej. 16 août 1860, aff. Rolland, D. P. 60. 5. 203; 5 janv. 1866, aff. Duval, D. P. 69. 5. 227; 30 janv. 1873, aff. Legeay, D. P. 74. 1. 501; 6 juill. 1878 (1); 1er juill. 1880, aff. Peyrille, *Bull. crim.*, n° 134. Conf. Blanche, *Code pénal*, t. 1, n°s 419-420; Dutruc, *Mémorial du ministère public*, v° *Frais*, n° 42). Il en est ainsi même quant aux frais des insertions qui, en pareil cas, ne peuvent être divisés (Crim. rej. 10 juill. 1862, aff. Bousses, *Bull. crim.*, p. 286; 30 janv. 1873, aff. Legeay, *Bull. crim.*, p. 53; Arrêt précité du 5 juill. 1878).

Jugé, dans le même sens, que des condamnés, impliqués dans une accusation de crimes ou de délits connexes, ne sont néanmoins distinctement passibles, avec solidarité, que des frais qui concernent les crimes ou délits dont ils ont été reconnus auteurs ou complices; ils en seront déclarés solidairement tenus des frais relatifs aux poursuites de tous les crimes ou délits compris dans la même accusation. Dans l'espèce, les accusés étaient au nombre de

<hr>

(1) (Lireux.) — LA COUR; — Sur le premier moyen, tiré d'une violation de l'art. 55 c. pén. et de l'art. 7 de la loi du 20 avr. 1810, en ce que la solidarité aurait été, à tort, et sans motifs, maintenue contre le demandeur, quant aux frais de la procédure et les insertions : — Attendu que Goupil et Lireux avaient été poursuivis, le premier comme auteur principal, et le second comme complice, pour falsification, par des mixtions nuisibles à la santé, de vins destinés à être vendus, et pour vente d'une partie de ces vins; que les premiers juges, en les déclarant coupables de ces deux délits, les avaient condamnés chacun à trois mois de prison et solidairement à une amende de 500 fr., aux frais de la procédure et aux frais des insertions du jugement dans divers journaux; que cette condamnation est passée en force de chose jugée à l'égard de Goupil; mais que, sur le seul appel de Lireux, l'arrêt attaqué l'a relaxé sur le chef de vente de vins falsifiés, et a substitué à la peine de l'emprisonnement celle de 1000 fr. d'amende en maintenant la solidarité pour l'amende prononcée contre Goupil, et pour les frais de la procédure et des insertions; — Attendu, en ce qui concerne l'amende, que Goupil déclaré coupable de deux délits, n'a été condamné

qu'à une seule amende, en vertu de l'art. 365 c. instr. crim.; que cette amende, qui ne pouvait être divisée, s'appliquait tout entière à chacun des deux délits, et que Lireux, complice d'une de ces infractions, devait être solidairement tenu de la peine pécuniaire prononcée contre l'auteur principal; — Attendu, en ce qui concerne les frais de la procédure que, s'il est vrai que Lireux a été étranger à la vente de vins falsifiés, il résulte des termes mêmes de l'arrêt attaqué que cette infraction se rattachait par les liens d'une étroite connexité à la falsification dont Lireux s'était rendu complice; que, d'ailleurs, les frais faits pour la poursuite du premier délit l'ont été, en même temps, pour la poursuite du second délit; que, dès lors, n'étaient pas susceptibles de restitution; — Attendu qu'il en est de même des frais des insertions qui ne pouvaient être divisés; qu'il suit qu'en maintenant contre Lireux la solidarité de l'amende prononcée contre Goupil et des frais de la procédure et des insertions, l'arrêt attaqué n'a violé ni l'art. 55 c. proc. civ., ni l'art. 7 de la loi du 20 avr. 1810 ; — Par ces motifs, rejette.
Du 6 juill. 1878.-Ch. crim.-MM. de Carnières, pr.-Dupré-Lasale, rap.-Benoist, av.-gén.-Chamboreaud, av.

quinze; conformément à l'arrêt de renvoi, le jury avait été interrogé sur l'existence de cinquante et un faits de vols ou de tentatives de vols qualifiés; toutes les questions avaient été résolues affirmativement contre plusieurs des accusés; mais d'autres n'avaient été déclarés coupables ensemble, et comme complices par recélé, que d'un certain nombre de faits. En conséquence de cette déclaration et aux termes de l'art. 55 c. pén., ces derniers étaient tenus solidairement avec les auteurs et complices de crimes des frais occasionnés par la poursuite et le jugement; mais cette condamnation ne pouvait s'étendre aux frais relatifs aux vols auxquels ils n'avaient point participé, et dont le jury avait déclaré qu'ils n'étaient pas coupables; cependant l'arrêt attaqué les condamnait solidairement, à la généralité des frais du procès envers l'État. Le même arrêt faisait à la vérité la répartition de ces frais entre tous les condamnés, et déterminait la portion contributoire de chacun; mais il ne laissait pas moins subsister la condamnation solidaire, en vertu de laquelle chacun peut être contraint pour le total; en quoi il y avait violation de l'art. 55 c. pén. Aussi l'arrêt de la cour d'assises a-t-il été cassé (Crim. cass. 21 août 1846, aff. Frégoux, D. P. 46.4.320). — Mais l'irrégularité résultant de ce que des prévenus poursuivis simultanément pour délits non connexes ont été condamnés aux dépens sans distinction entre eux, ne donne pas ouverture à cassation si la solidarité n'a pas été prononcée, la distribution des frais pouvant dans ce cas être ultérieurement opérée entre les condamnés (Crim. rej. 13 déc. 1861, aff. Dechéneux, D. P. 62. 1. 397).

Il a été décidé, d'ailleurs : 1° que, lorsque la connexité est essentielle et virtuelle; il n'est pas nécessaire que les juges en déclarent l'existence (Crim. rej. 5 janv. 1866, aff. Legrand, D. P. 69. 5. 227); et 2° qu'au contraire, il y a nullité, pour défaut de motifs, de la condamnation solidaire aux frais prononcés contre plusieurs prévenus poursuivis simultanément, lorsque l'absence de l'énoncé prescrit ne permet pas de vérifier si les faits qui ont déterminé cette condamnation sont distincts ou connexes, et par conséquent, si la solidarité repose sur une base légale (Crim. cass. 13 mars 1863, aff. Lesimple, D. P. 63. 5. 193).

**649.** La violation de la loi sur la question de la solidarité des dépens ouvre les voies de recours ordinaires. Lorsqu'il y a lieu à appel ou à cassation, l'appel ou le pourvoi est formé par le ministère public, si, à tort, le jugement ou l'arrêt critiqué a refusé de prononcer la solidarité; par le condamné, s'il estime qu'il n'y avait pas lieu à la solidarité à laquelle on l'astreint. Au dernier cas, il pourrait y avoir lieu pour le ministère public même de se pourvoir, mais ce serait dans l'intérêt de la loi. La cassation du jugement ou de l'arrêt interviendra *parte in quâ*, avec renvoi à une autre juridiction pour qu'il soit statué sur les dépens exclusivement. A supposer que la juridiction de renvoi soit une cour d'assises, la cour statuera de ce chef sans assistance du jury.

**650.** On connaît les effets de la solidarité. MM. Aubry et Rau (*Cours de droit civil français*, t. 4, § 298 *ter*, note 5, p. 20-21) indiquent nettement que, parmi les dispositions légales d'où dérive la solidarité, « il en est qui, dans des vues d'ordre public ou pour la garantie de certains intérêts, soumettent plusieurs personnes à la responsabilité solidaire des suites d'un fait dommageable. Tels sont, par exemple... l'art. 55 c. pén. Les dispositions de cette nature ne créent pas directement et par elles-mêmes des obligations parfaitement solidaires, elles donnent seulement au créancier le droit d'agir pour le total contre l'une ou l'autre des personnes responsables, et celui de provoquer contre toutes une condamnation solidaire... Mais une fois la condamnation solidaire prononcée, toutes les règles relatives aux rapports du créancier et des débiteurs solidaires deviennent applicables à l'obligation ainsi reconnue » (V. aussi *infrà*, v° *Obligations*).

Entre débiteurs condamnés, il est admis que, tout en prononçant la solidarité au regard du Trésor, les tribunaux peuvent répartir les frais entre les condamnés eu égard aux circonstances (V. *Rép.* v° *Responsabilité*, n° 42; Blanche, sur l'art. 55, p. 528). A défaut d'une réglementation de ce chef établie par le jugement lui-même, la part contributoire des condamnés dans les frais de l'instance est égale pour tous. A supposer que parmi eux se trouvent

un ou plusieurs insolvables, la portion qui leur incombait se répartit entre ceux qui sont solvables dans la même proportion et de la même manière qu'ils sont tenus pour leur compte personnel. — Pour assurer la contribution de chacun à la dette des frais, conformément à ces principes, celui qui a payé cette dette entière sur les poursuites du Trésor ou à sa demande a un recours contre ses codébiteurs solidaires. Le jugement qui répartit entre eux les dépens et consacre le recours à exercer ensuite du payement intégral constitue à son profit un titre exécutoire. Si le droit de créance et sa mesure ne sont pas spécialement déterminés par le jugement qui prononce la condamnation aux frais, ou s'il y a lieu de modifier la répartition qu'il a faite à raison de l'insolvabilité de quelques-uns des codébiteurs, le condamné qui a payé fera reconnaître son droit et trancher toutes difficultés qu'il soulève par la juridiction civile, dont le jugement constituera le titre exécutoire qui lui est nécessaire (V. sur ce point M. Auzière, *Journal du ministère public*, t. 29, p. 193 et suiv.).

Sect. 4. — Liquidation et taxe des dépens.

Art. 1er. — *Caractère des frais de justice* (Rép. nos 1048 à 1061).

**651.** Nous avons fait connaître au *Rép.* nos 1047 et suiv., quelles sont, parmi les dépenses qu'entraîne l'administration de la justice criminelle, d'une part, celles qui ont le caractère de frais de justice et auxquelles sont applicables les règles énoncées ou celles qui vont suivre ; d'autre part, celles qui n'ont pas le même caractère. A la nomenclature des dépenses qui rentrent dans cette dernière catégorie, il faut joindre les frais faits devant les tribunaux consulaires des Échelles du Levant et de Barbarie, qui demeurent à la charge du ministère des affaires étrangères (L. 28 mai 1836; et décision du garde des sceaux du 27 déc. 1872). Nous ferons observer également qu'on n'assimile pas aux frais de justice criminelle ceux qui sont exposés en matière d'expropriation pour utilité publique, recouvrés comme il est dit en l'art. 31 de l'ordonnance du 18 sept. 1833.

**652.** De nombreux actes de la chancellerie confèrent aux parquets la mission de surveiller l'emploi des fonds de la justice criminelle et de contrôler la régularité et l'utilité des frais exposés. Voici comment s'expriment, à cet égard, MM. Vallet et Montagnon (*Manuel des magistrats du parquet*, nos 798 et suiv.). « La *mission du parquet*, en ce qui concerne les frais de justice criminelle, est double. C'est une mission de contrôle et de vérification. C'est ensuite une mission de gestion des fonds de la justice criminelle : les magistrats du ministère public doivent les ménager le plus possible, tout en subordonnant les considérations d'économie aux considérations supérieures de justice. Pour préparer la première, il sera tenu au parquet note exacte de tous actes, de toutes expéditions, de toutes délivrances des pièces requises ou ordonnées de nature à entraîner une dépense payable avec les fonds de justice criminelle ».

Et, sous les nos 829 et suiv. du même ouvrage : « La seconde forme de la mission du ministère public en matière de frais de justice criminelle est déterminée dans la circulaire du garde des sceaux du 14 août 1876, confirmée et précisée par celle du 23 févr. 1887. Le rôle des magistrats du parquet ne doit pas se borner à empêcher le préjudice que peut occasionner aux parties ou au Trésor public un règlement inexact ou incomplet; il doit tendre aussi à diminuer les frais. Ce double résultat peut être obtenu en se concertant avec les juges d'instruction et les présidents des cours d'assises ou des tribunaux correctionnels et en veillant à l'observation exacte des recommandations suivantes : 1° ne requérir l'intervention des juges d'instruction que dans les cas d'absolue nécessité; — 2° S'assurer, d'avance, par des informations officieuses, des dépositions indispensables, afin de ne pas multiplier inutilement les citations de témoins; — 3° Inviter les juges d'instruction à faire assigner, toutes les fois qu'il est possible, les témoins dans un même transport d'huissier; à les entendre assez tôt, le matin, pour qu'ils ne puissent exiger des frais de séjour; et, lorsque les circonstances le permettent, à envoyer aux officiers de police judiciaire des commissions rogatoires dans le but d'éviter des déplacements onéreux. Des magistrats se transportent sur le lieu du crime, quand leur présence n'est pas absolument nécessaire et pour l'information d'affaires d'une médiocre importance. Ils doivent user de cette faculté avec beaucoup de discernement et s'appliquer, dans ce cas, à interroger les témoins sur les lieux, sans citation préalable, en les appelant au moyen d'une simple lettre d'avis. Cette matière de la taxation, contrairement à l'opinion erronée qui tendrait à faire croire qu'un témoin ne peut recevoir taxe sans avoir été préalablement assigné. Il est opportun de rappeler, en même temps, les instructions trop oubliées de la circulaire du 24 nov. 1851, qui prescrit de joindre aux mémoires un extrait détaillé du procès-verbal dressé à la suite de chaque transport, pour constater son objet et les opérations auxquelles il a donné lieu ; — 4° Autoriser les prévenus, qui le demandent, à comparaître volontairement devant le tribunal, notamment dans les affaires qui ont un caractère plutôt contraventionnel que délictueux ; — 5° confier le service des extractions aux gendarmes, qui n'ont droit à aucune rétribution pour l'exécution des mesures coercitives, et n'accorder ce droit aux huissiers que lorsqu'ils remplissent effectivement et personnellement leur office ; — 6° S'abstenir de faire signifier les jugements par défaut, lorsque les parties manifestent formellement l'intention d'acquiescer à la décision qui les condamne ; en cas de jugement contradictoire, inviter le condamné à se constituer volontairement pour éviter les frais de capture ; — 7° Veiller à ce que toutes les procédures soient pourvues d'un état de frais dressé avec détail, énonçant séparément les différents droits et distinguant ce qui est dû à la même partie prenante, pour chaque acte de procédure, sans omettre d'exiger elle le double de son mémoire, qui doit, aux termes de l'art. 6 de l'ordonnance du 28 nov. 1838, être joint au bordereau adressé à la chancellerie dans la première quinzaine de chaque mois ; recommander aux rédacteurs des mémoires de mentionner les divers actes dans le même ordre, sur l'original et sur le double ; de les numéroter exactement ; de maintenir, en un mot, une concordance parfaite entre ces deux documents, afin de faciliter l'examen auquel il est procédé à la chancellerie ; — 8° Vérifier soigneusement chacun de ces états, avant que le total en soit porté dans le jugement qui liquide les dépens ; examiner, notamment, le transport des huissiers, la taxe des témoins, le visa des droits de timbre et la mention de l'enregistrement (visa et mention qui font quelquefois défaut et qui, cependant, ne doivent être jamais omis), la disposition des expéditions et des copies de pièces, la régularité des transfèrements de prisonniers, l'exacte insertion dans les états des droits d'extraction, de capture et de comparution de gendarmes comme témoins, spécialement en ce qui concerne les frais de voyage, qui sont maintenant avancés par le ministère de la guerre ; — 9° Soumettre à une revision minutieuse tous les mémoires de frais de justice déposés, en double exemplaire, aux parquets, et les requérir exécutoires qu'après un contrôle patient ; — 10° En matière de simple police, impartir au condamné par une lettre d'avertissement, un délai pour l'exécution du jugement, et ne signifier le jugement que si le condamné ne se présente pas dans le délai fixé. Aux termes de la circulaire du 18 janv. 1855, il ne peut être passé en taxe que deux rôles, au plus, pour l'expédition des jugements de simple police, sauf lorsque le juge de paix a fait connaître, par avis motivé, qu'il y a eu nécessité de dépasser ce nombre. Cette règle a été étendue aux expéditions de jugements correctionnels rendus en matière de chasse, de pêche, de vagabondage, de mendicité. La simplicité des faits, dans l'un comme dans l'autre cas, ne peut, en effet, motiver qu'une rédaction succincte. Si une exception était justifiée, comme, par exemple, en matière de rupture de ban, où il est indispensable d'insérer dans le jugement le texte entier des art. 44 et 45 c. pén., le procureur de la République devrait en faire mention dans son réquisitoire. Il n'est pas inutile de rappeler que les greffiers n'ont droit à aucun émolument *sur les fonds du ministère de la justice* pour les expéditions qu'ils délivrent en matière disciplinaire, notariale, de rectification d'actes de l'état

civil et d'interdictions poursuivies d'office (art. 121, 122, 118, 119 et 120, Décr. du 18 juin 1811 et n° 111 de l'ordonnance du 30 sept. 1836) ; — 11° Calculer exactement les distances parcourues et vérifier avec soin les droits concédés aux huissiers, greffiers, témoins, médecins, experts, etc.; — 12° Se rappeler enfin qu'il importe de ne pas abuser des expertises. Ainsi en matière de faux ou de vérification d'écritures, on a généralement recours à trois experts. Dans la plupart des cas, ce nombre est évidemment abusif ». La même circulaire contient des instructions que nous retrouverons ailleurs, et qui sont relatives soit à la translation des prévenus ou accusés, soit au transport des pièces à conviction, soit aux indemnités à témoins, soit à la mise en fourrière, soit aux transports de justice.

**653.** Le contrôle personnel du procureur général peut s'exercer directement, en ce qui concerne les procédures correctionnelles ou criminelles qui doivent être soumises à la cour. Quand les procédures sont transmises à un tribunal, à une cour ou à la chancellerie, toutes les pièces indistinctement, mises en ordre, inventoriées sans frais par le greffier (Décr. du 18 juin 1811, art. 60), cotées et parafées par un magistrat du parquet (c. instr. crim., art. 132, et 52 de l'instr. gén. du 30 sept. 1826), doivent être envoyées en minutes (Décr. précité, art. 59), sauf celles qu'énumère l'art. 51 de l'instruction de 1826. Après qu'elles ont été l'objet, dans son parquet, d'une vérification minutieuse, il peut relever utilement les irrégularités quelles qu'elles soient. Si les états de frais peuvent donner lieu à une rectification, il doit y être procédé avant que l'affaire soit déférée à la cour ; s'il n'est plus possible d'effectuer la rectification, l'avocat général de service à l'audience correctionnelle a mission spéciale d'en demander le redressement à la cour, que l'appel ait été interjeté par le prévenu ou le ministère public ; et c'est le ministère public qui a relevé l'appel, il peut faire redresser l'état par l'arrêt dans l'intérêt du Trésor, comme dans celui du condamné ; si l'appel émane du condamné, la rectification peut avoir lieu, sans appel du parquet, au profit de l'appelant ; elle peut aussi être ordonnée au profit du Trésor, sur l'appel que relève alors le ministère public. La vérification de la chancellerie n'ayant jamais pour objet les états de frais dressés à la suite des jugements et arrêts ; à la cour seule, il peut appartenir de réparer les erreurs commises (Circulaire du garde des sceaux du 14 août 1876).

Le contrôle de la chancellerie sur les matières qui y sont soumises est préparé par l'envoi de bordereaux mensuels des frais de justice criminelle, accompagnés du double sur papier libre de tous les mémoires rendus exécutoires dans le mois précédent.

La circulaire du garde des sceaux du 29 déc. 1887, prescrit de joindre deux états distincts aux bordereaux mensuels des frais de justice criminelle : 1° l'état des *expertises* ordonnées en matières criminelle, correctionnelle et police. Il comprendra le nombre des expertises ordonnées dans le courant du mois précédent par chaque juridiction d'ordre différent de l'arrondissement ; 2° l'état des *témoins taxés*. Il comprendra le nombre des témoins taxés dans le mois précédent, en les groupant de la manière suivante : témoins entendus devant les tribunaux de police, devant les juges d'instruction, devant le tribunal correctionnel et devant la cour d'assises. Pour les témoins entendus par les juges d'instruction, on fera la distinction de ceux qu'ils ont entendus à raison des affaires dont ils connaissent personnellement et de ceux qu'ils ont entendus en vertu des commissions rogatoires.

D'après une circulaire du garde des sceaux, en date du 28 févr. 1889, *Bull. min. just.* 1889, p. 11, l'envoi à la chancellerie des bordereaux mensuels doit être accompagné d'un *rapport* où les magistrats du ministère public auront à s'expliquer sur les causes de diminution ou d'augmentation des frais dans chaque arrondissement par *comparaison* avec les dépenses du mois précédent, et avec celles du mois correspondant de l'année antérieure. A cet effet, les parquets de première instance doivent tenir un registre où sont consignés, en articles spéciaux pour les frais de différentes espèces, les éléments des mémoires qui lui sont adressés. Au moyen de ces documents, ils établissent chaque mois un état qui accompagne l'envoi du bordereau des frais de justice criminelle.

Art. 2. — *Droits et émoluments des huissiers, avoués ; — Droits de greffe; — Indemnités des témoins et jurés ; — Médecins ; — Experts ; — Magistrats (Rép. n^{os} 1062 à 1131).*

**654.** — 1° *Huissiers*. — Les actes des huissiers constituent un premier élément des frais de justice criminelle. Les émoluments auxquels ils ont droit sont énumérés au *Rép.* n^{os} 1062 et suiv. Mais des documents législatifs ou ministériels sont venus réglementer certains détails, en ce qui les concerne.

**655.** Un arrêté du 26 avr. 1848 (D. P. 48. 4. 75), a réduit à 1500 fr. l'indemnité provisoire payée annuellement aux huissiers audienciers chargés du service criminel près la cour d'appel de Paris, et que des dispositions antérieures avaient fixée à 3000 fr.

**656.** Des circulaires successives de la chancellerie ont formulé des prescriptions qui ont pour but de diminuer des frais dont la source est dans l'emploi abusif du ministère des huissiers. Les instructions contenues dans la circulaire du 26 déc. 1845 (D. P. 46. 3. 19), citée au *Rép.* n° 1072, peuvent se résumer ainsi : Les mémoires des huissiers doivent être taxés avec rigueur, et il ne doit être passé en taxe que les frais justifiés. La signification sur minute des jugements dont il n'a pas été levé d'expédition doit être employée le plus fréquemment possible... Cette mesure est surtout applicable pour la signification des jugements de simple police. Les citations à partie et aux témoins, en matière de simple police, doivent être données par formes d'avertissement et sans frais de citation. Les droits de capture ne sont dus qu'en cas d'exécution forcée. Ils ne sont jamais dus pour l'exécution, même forcée, des mandats d'amener et de dépôt ; mais ils sont dus pour celles des mandats d'arrêt. Le droit accordé pour l'extraction de chaque prisonnier ou sa réintégration dans la prison n'est point dû soit pour la translation d'un prisonnier d'une prison dans une autre, soit pour emmener le prévenu de l'audience ou l'y ramener.

Plus récemment, le garde des sceaux a adressé au parquet les recommandations suivantes (Circulaire du 17 févr. 1887) : « 1° recourir, à l'égard des prévenus et des témoins, quand faire se pourra, à de simples invitations à se présenter sans citation ; — 2° Ne pas signifier, en principe, les jugements par défaut contre gens dont le domicile est inconnu; ils n'ont pas d'utilité, car le point de départ du délai d'opposition est la signification à personne et non la signification au parquet; — 3° Les condamnations en simple police, même contradictoires, ne sont exécutoires qu'après signification, quand elles prononcent l'emprisonnement ou une amende de plus de 5 fr. : cependant il conviendra d'inviter les condamnés à exécuter la condamnation par un simple avertissement ; la signification s'imposera, d'ailleurs, s'il n'est pas déféré à cette invitation ; — 4° Mandats de dépôt. Si les inculpés ont été conduits à la maison d'arrêt par des agents de la force publique, confier le mandat aux agents (non aux huissiers). Et le droit de capture n'est alloué aux agents de force publique que s'ils ont procédé à l'arrestation hors de la présence des huissiers, en vertu de mandements de justice, et après recherches constatées ; — 5° L'extraction des détenus à conduire devant le juge et leur réintégration à la maison d'arrêt seront opérées en général par les soins de la gendarmerie et non plus par les soins des huissiers. En tous cas, les huissiers ne toucheront d'émoluments de ce chef qu'autant qu'eux-mêmes y auront procédé » (Vallet et Montagnon, *op. cit.*, n° 801).

**657.** Pour contrôler les mémoires de frais présentés par les huissiers, les parquets doivent tenir ouvert un registre sur lequel sont mentionnées les réquisitions qu'ils leur adressent (Vallet et Montagnon, *op. cit.*, n^{os} 799 et suiv.).

**658.** Les mêmes auteurs, signalent les irrégularités les plus habituellement commises dans les mémoires d'huissier, et qui doivent par conséquent solliciter l'attention des magistrats chargés du contrôle: 1° les mémoires contiennent des articles prescrits, c'est-à-dire des frais afférents à des actes qui remontent à plus d'un an de date au moment où le mémoire est présenté à la taxe. Ces articles doivent disparaître; — 2° Il y est réclamé, pour la signification des jugements, un nombre de rôles d'écritures supérieur à celui que leur allouent les circulaires. En toutes matières, « le premier rôle ne devant pas entrer en taxe, il n'est rien dû lorsque la copie signifiée n'a pas plus d'un rôle. Chaque rôle d'écriture sera, en outre, composé de trente lignes à la page et de dix-huit à vingt syllabes à la ligne » (Circ. garde des sceaux, 23 févr. 1887, *Bull. min. just.* 1887, p. 2). Pour les jugements de simple police et pour les jugements correctionnels rendus en matière de chasse, de pêche, de vagabondage et de mendicité, il ne peut être, en principe, passé plus d'un rôle d'écriture en taxe, déduction faite du premier rôle (Circ. garde des sceaux, 18 janv. 1855 ; 14 août 1876, *Bull. min. just.* 1876, p. 137). Aux greffiers, il n'est alloué, pour les mêmes expéditions, que deux rôles au plus. Il n'est admis de dérogation à cette double règle que lorsque, par un avis motivé, apprécié par le garde des sceaux, le juge fera connaître qu'il y a eu nécessité de dépasser ce nombre. L'avis sera joint aux mémoires (Circ. garde des sceaux, 1855); — 3° La circulaire du 23 févr. 1887 rappelle qu'il n'est pas alloué de rôles de copie pour la notification de la liste des témoins, si ce n'est lorsque cette liste porte sur plus de quinze noms; — 4° Les officiers ministériels ne libellent pas complètement les articles relatifs aux significations des jugements de simple police. Il y a lieu, en effet, de mentionner : si le jugement est contradictoire ou par défaut ; le montant de l'amende, en cas de condamnation pécuniaire ; si la signification a été précédée d'un avertissement préalable de l'administration des finances, ou du procureur de la République, selon qu'il s'agit de peines pécuniaires ou de peines d'emprisonnement. Ces énonciations se réfèrent au besoin de contrôler s'il a été satisfait aux prescriptions des circulaires de ne jamais signifier de jugement de simple police, qu'autant qu'ils sont susceptibles d'opposition (jugements par défaut) ou d'appel (jugements contradictoires portant peine d'emprisonnement ou prononçant une amende de plus de 5 fr.); et de ne signifier ces jugements mêmes, qu'autant qu'il y a eu d'abord invitation à acquiescer et à exécuter la peine (Circ. garde des sceaux du 23 févr. 1887, VII); — 5° Les huissiers portent dans leurs mémoires, comme payables sur les fonds du ministère de la justice, les citations ou significations d'actes par eux faites à la requête d'administrations publiques, ou bien d'office, mais dans l'intérêt de ces administrations. Ces frais incombent aux administrations intéressées, et doivent être exceptés des frais de justice criminelle. L'huissier qui a instrumenté contre un délinquant prévenu d'avoir contrevenu aux lois sur la police de la pêche présente un mémoire particulier en double exemplaire, et dûment taxé, à l'ingénieur en chef dans le service duquel le délit a été commis (renseignement qu'il a dû prendre sur le procès-verbal, lorsqu'il l'a signifié au délinquant). L'ingénieur délivre à l'officier ministériel un mandat personnel qui lui permet de se faire payer par le receveur d'enregistrement. — L'huissier qui a instrumenté dans l'intérêt d'une commune, notamment à raison de contraventions de pacage sur terrains communaux, d'anticipation, de dégradation de chemin vicinal, établit et fait taxer son mémoire suivant l'usage. Ce mémoire est mandaté par le maire et payé par le receveur municipal. Les fabriques sont également tenues des frais d'instruction et de poursuites dans les procès suivis, soit à leur requête, soit d'office, pour crimes ou délits contre leurs propriétés (Décr. 18 juin 1811, art. 158). — En matière de contraventions aux lois et règlements sur les postes, il y a une distinction à établir: le délit d'usage de timbre-poste oblitéré est absolument soumis au droit commun, et les frais faits à cette occasion sont payés sur les fonds de la justice criminelle. Pour les délits de transport frauduleux de lettres ou d'insertion dans une lettre non chargée de billets de banque, tous actes d'huissier et jugements doivent être sur timbre et enregistrés comptant, et tous frais avancés par l'administration des Postes. Aussi, quand le procureur de la République est saisi d'un délit de ce genre, y a-t-il pour lui obligation de s'entendre avec le receveur des postes du chef-lieu de son arrondissement, qui est, par son administration, chargé du payement de ces frais. Cette distribution crée une nécessité plus particulière d'indiquer le délit par une qualification précise, pour faciliter la vérification du point de savoir si les frais exposés incombent au ministère de la justice. — Dans les affaires forestières, c'est exceptionnellement qu'on a recours au ministère des huissiers. En ce cas, le mémoire spécial de l'officier qui a instrumenté est établi et taxé selon les règles ordinaires, mandaté par le conservateur des forêts et soldé par le receveur des finances. Les frais relatifs aux délits de contrebande sont dus par l'administration des Douanes; — 6° Les officiers ministériels font de fausses applications du tarif des indemnités de transport (V. *Rép.* n°s 1081 et suiv.). Les art. 90 et suiv. du décret du 18 juin 1811 fixent l'indemnité de transport pour les huissiers à 1 fr. 50 par myriamètre parcouru en allant et par myriamètre parcouru en revenant. On compte les distances parcourues par myriamètres et par demi-myriamètres, en passant pour un myriamètre une distance de 8, 9 et 10 kilomètres et pour un demi-myriamètre une distance de 3 à 7 kilomètres. On néglige les distances inférieures à 3 kilomètres. Afin de faciliter le calcul, des tableaux des distances, évaluées en myriamètres et en kilomètres, séparatives du chef-lieu de chaque commune, d'une part, des chefs-lieux du canton, de l'arrondissement et du département, d'autre part, ont été dressés par les soins des préfets. Un exemplaire de tous ces tableaux est déposé à la chancellerie, et dans chaque parquet un exemplaire du tableau qui l'intéresse. — Les règles de calcul auxquelles sont soumis les huissiers sont celles-ci : établir les distances de chef-lieu à chef-lieu, sans tenir compte de la distance supplémentaire ou moindre du hameau où ils ont instrumenté au chef-lieu de la commune dont dépend ce hameau. Évaluer la distance d'après les tableaux officiels, s'il s'agit d'un transport du chef-lieu du département, de l'arrondissement ou du canton à une commune du même département. S'il s'agit d'un transport de commune à commune dont aucune des deux n'est un chef-lieu, ou de tout autre transport entre deux points dont la distance n'est pas officiellement fixée, c'est la notoriété publique ou tous autres renseignements dignes de foi qui déterminent la distance. L'huissier chargé de citer plusieurs témoins et prévenus domiciliés au même lieu ou dans la même direction, ne peut réclamer les indemnités de déplacement auxquelles il aurait droit s'il avait fait réellement autant de voyage qu'il y a de personnes assignées. Il ne devra passer en taxe que les transports effectifs, en comptant les distances parcourues de commune à commune, quand elles ne sont dans une direction opposée par rapport au chef-lieu» (Circ. garde des sceaux, 23 févr. 1887, *Bull. min. just.* 1887, p. 2). Cette décision s'appuie sur l'art. 35, § 1, du décret du 14 juin 1813, ainsi conçu : « Dans tous les cas où les règlements accordent aux huissiers une indemnité pour frais de voyage, il ne sera alloué qu'un seul droit de transport pour la totalité des actes que l'huissier aura faits dans une même course et dans le même lieu ». — Quant à la répartition, elle doit se faire, par égales parts, entre tous les actes, conformément aux dispositions du second alinéa du même article, qui dit : « Ce droit sera partagé en autant de portions égales entre elles. qu'il y aura d'originaux d'actes, et, à chacun de ces actes, l'huissier appliquera l'une desdites portions. Toutefois, aucun acte ne pourra être surchargé d'une portion supérieure au montant de l'indemnité qui lui est propre, et l'acte qui aurait été affranchi de toute indemnité ne pourra pas y être soumis » (Circ. garde des sceaux, 14 avr. 1876). — Lorsqu'un huissier réside en vertu d'une délibération régulière en dehors du chef-lieu de canton, ses droits de transport sont calculés, non pas à partir du chef-lieu, mais bien à partir de sa résidence, de sorte qu'il ne pourra réclamer des frais de voyage pour des actes remis dans la commune même où il réside, mais qu'il en pourra exiger pour des actes remis au chef-lieu de canton, s'il est suffisamment éloigné de la commune de sa résidence. L'huissier doit, pour chaque course, convertir le nombre de kilomètres parcourus (en totalisant les kilomètres parcourus à l'aller et au retour) en myriamètres et demi-myriamètres. Si donc, il fait un premier voyage de 12 kilomètres (aller et retour) puis un second de 12 kilomètres, il ne pourra réclamer pour chaque course que l'indemnité d'un myriamètre, et pour les deux l'indemnité de 2 myriamètres. En établissant la conversion sur le total — ce qui est irrégulier, — il aurait pu réclamer l'indemnité de transport sur 24 kilomètres ou 2 myriamètres et demi. A l'inverse, s'il a fait deux voyages successifs, l'un de 18, l'autre de 19 kilomètres,

il réclame l'indemnité de 2 myriamètres pour chaque course, et au total l'indemnité de 4 myriamètres. Au lieu qu'en établissant la conversion sur le total, — ce qui est irrégulier, — il n'aurait pu réclamer que sur 27 kilomètres ou 2 myriamètres et demi ; — 7° L'huissier requis d'instrumenter hors du canton de sa résidence omet de joindre à son mémoire la réquisition spéciale qui a dû lui en être adressée. C'est une irrégularité. L'art. 84 du décret du 18 juin 1811 statue, en effet, en ces termes : « Les procureurs et les juges d'instruction ne pourront user, si ce n'est pour des causes graves, de la faculté qui leur est accordée par la loi du 25 janv. 1835, de charger un huissier d'instrumenter hors du canton de sa résidence ; ils seront tenus d'énoncer ces causes dans leur mandement, lequel contiendra, en outre, le nom de l'huissier, la désignation du nombre et de la nature des actes et l'indication du lieu où ils devront être mis à exécution. Le mandement sera toujours joint au mémoire de l'huissier ». Faute de représenter ce mandement, l'huissier ne pourrait réclamer autre chose que l'indemnité qui aurait été allouée à l'huissier du canton dans lequel il a été désigné exceptionnellement un acte qui l'aurait pu être à moins de frais (V. *Rép.* n° 1086).

**659.** — 2° *Avoués.* — On a soutenu au *Rép.* n° 1090, qu'en principe, les honoraires des avoués ne sont pas compris parmi les frais de justice criminelle. Le ministère de ces officiers n'est, en effet, pas nécessaire. Quelques décisions, rapportées au *Rép.* n° 1091, ont, il est vrai, consacré la solution contraire ; mais, depuis longtemps, la jurisprudence est fixée dans le sens que nous avons indiqué. Aux arrêts cités *ibid.*, et *Rép.* v° *Avoués*, n°s 189 et suiv., sont venus s'ajouter des arrêts plus récents qui ont décidé, conformément à notre opinion : 1° qu'en matière correctionnelle, le ministère des avoués est purement facultatif, V. *suprà*, v° *Avoués*, n°s 44 et suiv.; et les autorités citées *ibid.*, *Rép.* eod. v°, n°s 188 et suiv. ; 2° que les émoluments de l'avoué et de la partie civile, en matière correctionnelle, doivent être supportés par celle-ci, et ne peuvent être mis à la charge de la partie condamnée (Crim. cass. 26 avr. 1856, aff. Millet, D. P. 56. 1. 382).

**660.** Mais, si les honoraires des avoués ne sont pas de plein droit compris dans la condamnation aux dépens infligée à toute partie qui succombe, ne peut-on pas les lui faire supporter, par une disposition spéciale, et à titre de dommages-intérêts ? La cour de cassation s'est d'abord prononcée dans le sens de la négative. Elle a décidé, en effet, que le juge d'appel ne peut mettre à la charge du prévenu, outre les frais d'appel, et à titre de supplément de dommages-intérêts, les émoluments de l'avoué de la partie civile (Crim. cass. 29 août 1851, aff. Cailly, D. P. 51. 5. 26). Mais cette solution ne devait pas triompher. Si le ministère des avoués n'est pas nécessaire et, du moins, légitime, et les circonstances de la cause peuvent rendre son utilité incontestable. Celui qui a mis une partie dans l'obligation d'y avoir recours, doit équitablement être tenu de réparer le préjudice né de sa faute. Aussi la jurisprudence aujourd'hui constante est-elle en sens contraire de l'arrêt de cassation précité du 29 août 1851. — Il a été maintes fois jugé : 1° que le ministère des avoués en police correctionnelle est autorisé par la loi, et que, par suite, les frais et honoraires de l'avoué qui a représenté une partie devant le tribunal correctionnel doivent être mis à la charge de la partie qui succombe (Crim. rej. 12 mars 1852, aff. Cammas, D. P. 52. 5. 293.; Angers, 16 janv. 1854, aff. X..., D. P. 54. 2. 43 ; Aix, 19 juin 1857, aff. Bonavera, D. P. 58. 2. 68 ; Crim. cass. 27 juin 1861, aff. Dussard-Belsence, D. P. 64. 1. 453 ; Angers, 14 mai 1864, aff. Glatard, D. P. 64. 2. 128); — 2° Qu'ainsi, ils doivent entrer dans les dépens auxquels le prévenu a été condamné (Nîmes, 21 avr. 1853, aff. Usquin, D. P. 54. 5. 402 ; Angers, 9 janv. 1854, aff. D..., D. P. 54. 2. 127). Il faudrait cependant les en excepter s'ils avaient un caractère frustratoire (Crim. cass. 27 juin 1861, aff. Dussard-Belsence, D. P. 64. 1. 453).

Bien qu'il semble, au premier abord, que les arrêts de Nîmes, 21 avr. 1853, aff. Usquin, et d'Angers, 9 janv. 1854, aff. D..., contredisent la solution consacrée par la cour de cassation dans son arrêt du 26 avr. 1856, cité *suprà*, n° 659, nous croyons cependant que ces décisions peuvent se concilier. Elles énoncent, à notre avis, deux principes différents, mais non pas contraires, à savoir : d'un côté, que les émoluments des avoués ne sont pas compris dans les frais, si le prévenu est seulement condamné aux frais ; mais que, d'autre part, les tribunaux, s'ils estiment qu'il en doit être ainsi, peuvent les comprendre dans les dépens dont sera tenu le prévenu qui succombe. On trouve, dans les motifs et le dispositif même de l'arrêt de Nîmes du 21 avr. 1853, la justification de la conciliation qu'on a proposée. La cour, en effet, fait appel au principe que l'auteur d'un dommage doit le réparer, pour en déduire cette conséquence que le prévenu qui succombe est à bon droit condamné à payer les frais d'avoué exposés par la partie civile ; d'autre part, après avoir prononcé la condamnation aux dépens, elle ordonne spécialement que, dans ces dépens, entreront les droits de poursuite dus aux avoués qui ont occupé pour les plaignants. D'où l'on peut déduire qu'elle a bien voulu, aux frais proprement dits, ajouter, à titres de dommages-intérêts, et par application de l'art. 1382 c. civ., les frais d'avoué.

La solution que nous indiquons ressort plus clairement encore de plusieurs arrêts aux termes desquels, le ministère d'un avoué étant facultatif en matière correctionnelle, les frais d'avoué ne doivent pas, de plein droit, être passés en taxe contre la partie qui succombe ; mais il appartient au juge d'apprécier si ces frais ont été avancés dans un intérêt de légitime défense ou s'ils sont frustratoires (Crim. cass. 23 mai 1868, aff. Maris, Bull. crim., p. 223 ; Grenoble, 21 déc. 1872, aff. Abrard, D. P. 74. 2. 48 ; 28 déc. 1872, aff. Lefèvre, D.P. 74.5.281 ; Crim. rej. 27 juin 1885, aff. Lory, D. P. 86. 1. 137).

**661.** Ainsi la partie qui succombe peut être condamnée envers l'autre à l'indemniser de ses frais d'avoué, s'ils ont été exposés utilement. — Jugé, en ce sens : 1° que le tribunal correctionnel, alors qu'il adjuge à la partie civile des dépens pour tous dommages-intérêts, peut dire que on y comprendra les émoluments de l'avoué qui a fourni son ministère à cette partie (Crim. rej. 3 avr. 1868, aff. Letel et autres, Bull. crim., n° 90) ; — 2° Que, dans le cas où, sur une poursuite en contrefaçon, le plaignant voit son brevet annulé et succombe dans son action, les honoraires des conseils peuvent être alloués à titre de dommages-intérêts aux prévenus acquittés. Le jugement justifie suffisamment l'allocation de ces dommages-intérêts en déclarant que les agissements et la poursuite du plaignant, contrefacteur lui-même et connaissant l'antériorité qui pouvait lui être opposée, ont causé aux prévenus un préjudice immédiat résultant de déboursés pour frais du procès (Crim. rej. 7 janv. 1888, aff. Descours, D. P. 88. 1. 333) ; — 3°.Que le prévenu, alors même que le fait qui donne lieu à la poursuite est punissable d'une peine d'emprisonnement, peut être représenté par un avoué devant la chambre des appels de police correctionnelle lorsque, à raison de son acquittement en première instance, et à défaut d'appel de la part du ministère public, la cour n'est saisie que d'une question de dommages-intérêts par l'appel de la partie civile ; et par suite, que les frais de l'avoué peuvent être mis à la charge de la partie civile, qui succombe (Crim. cass. 7 nov. 1884, aff. Bérauld, D. P. 86. 1. 142).

**662.** De même que les particuliers, certaines administrations peuvent recourir au ministère d'un avoué pour soutenir leurs intérêts devant les juridictions répressives. Il n'y a pas à les traiter différemment. Ainsi, il a été jugé : 1° que le fermier de l'octroi peut, comme toute partie civile, devant la juridiction correctionnelle, faire défendre ses intérêts par un avoué, et, dès lors, est fondé à conclure à ce que les honoraires de cet officier ministériel soient compris parmi les dépens mis à la charge du prévenu qui succombe ; qu'on assimilerait à tort à cet égard l'administration de l'Octroi aux administrations publiques, auxquelles le décret du 18 juin 1811 a implicitement refusé la faculté d'user du ministère d'un avoué (Crim. cass. 10 janv. 1868, aff. Coroënne, D. P. 68. 1. 357) ; — 2° Que la Ville de Paris, agissant comme partie civile devant la juridiction correctionnelle, peut faire défendre ses intérêts par un avoué, et qu'elle est fondée à demander que les honoraires de cet officier ministériel soient compris dans les dépens mis à la charge du prévenu qui succombe (Crim. rej. 3 janv. 1880, aff. Boutin, D. P. 80. 1. 286).

**663.** Si le ministère d'un avoué n'a présenté dans la cause aucun avantage, la partie qui succombe ne saurait être tenue de ces frais frustratoires, exposés par la partie adverse. Il faut, pour la légalité d'une condamnation qui comprendrait les émoluments, que le tribunal déclare qu'ils constituent une dépense utile. — Jugé, sur ce point : 1° que, les honoraires de l'avoué dont une partie civile a cru devoir se faire assister dans une instance correctionnelle ne devant pas être passés en taxe de plein droit, mais seulement lorsqu'ils sont reconnus n'avoir pas le caractère de frais frustratoires, est un chef du jugement qui, sans exprimer aucune appréciation, comprend ces honoraires parmi les frais au payement desquels le prévenu est condamné. Mais cette nullité n'entraîne qu'une cassation par voie de retranchement (Crim. cass. 9 juin 1864, aff. Boscher, D. P. 64. 1. 454 ; 10 janv. 1868, aff. Coroënne, D. P. 68. 1. 357) ; — 2° Que le chef de l'arrêt de la cour d'assises qui condamne l'accusé aux frais d'avoué exposés par les parties civiles, sans énoncer que ces frais ont été avancés dans un intérêt légitime de défense, est également nul (Crim. cass. 12 déc. 1873, aff. Cantau, D. P. 74. 1. 230).

**664.** Mais encore faut-il, pour qu'un jugement ou un arrêt puisse être attaqué du chef d'une indue condamnation aux frais de l'avoué de l'adversaire, que ce jugement ou arrêt mette effectivement ces frais à la charge de la partie qui succombe. Jugé, sur ce point : 1° que le prévenu condamné par un tribunal correctionnel n'est pas fondé à reprocher au jugement de n'avoir pas constaté, dans la condamnation aux frais envers la partie civile, la nécessité où celle-ci se serait trouvée de se servir du ministère d'un avoué, s'il ne résulte nullement du jugement que, dans les frais liquidés, soient compris ceux de l'intervention de l'avoué (Crim. rej. 14 févr. 1873, aff. Rabier, D. P. 73. 1. 90) ; — 2° Que le prévenu condamné en appel pour délit de presse n'est pas fondé à se faire un moyen de cassation de ce que l'arrêt ne se serait pas expliqué, dans le chef relatif aux dépens, sur les frais de représentation par un avoué faits par la partie civile, si rien ne prouve que ces frais aient été réellement compris parmi ceux mis à sa charge, sauf au prévenu à réclamer la rectification de la liquidation des dépens, si les frais d'avoué ont été indûment mis à sa charge (Crim. rej. 15 déc. 1877, aff. Artus, D. P. 79. 5. 237). Et un arrêt, fixant la signification légale du mot dépens, décide que la condamnation en tous les dépens ne doit s'entendre que des dépens admis par le tarif criminel ; qu'ainsi le condamné ne peut, pour se faire un moyen utile de pourvoi, prétendre que l'arrêt n'a pas excepté des dépens les droits et honoraires des avoués et des avocats des parties (Crim. rej. 13 févr. 1885, aff. Briaud, D. P. 86. 1. 45).

**665.** Ainsi qu'on l'a vu (Rép. n° 1090, et suprà, v° Avoué, n° 48, les frais d'avoué exposés devant les juridictions répressives ne doivent être taxés que comme un matière sommaire (V. en ce sens : Angers, 9 janv. 1854, aff. D..., D. P. 54. 2. 127 ; Aix, 19 juin 1857, aff. Bonavera, D. P. 58. 2. 68 ; Crim. cass. 27 juin 1861, aff. Dussard-Belsence, D. P. 64. 4. 453 ; Bourges, 13 mai 1864, aff. Glatard, D. P. 64. 2. 128).

**666.** La distraction des dépens au profit de l'avoué peut être prononcée, même en matière correctionnelle, quand il y a partie civile, et que l'intervention d'un avoué est reconnue avoir été utile (Crim. rej. 23 janv. 1858, aff. Migon, D.P. 58. 4. 199 ; 14 mai 1869, aff. Numa-Guilhou, D. P. 70. 1. 437). Et s'il faut, en pareil cas, affirmation par l'avoué qu'il a avancé la plus grande partie des frais, il ne résulte pas nullité de ce que cette affirmation n'aurait pas été immédiate (Même arrêt du 14 mai 1869.) V. Rép. n° 1093 et suprà, v° Avoué, n° 49.

**667.** La jurisprudence, tout en consacrant cette règle que les frais et honoraires de l'avoué qui a représenté une partie devant le tribunal correctionnel peuvent être mis à la charge de la partie qui succombe, formule une exception au profit de l'État et des administrations publiques. Elle décide, en effet, que ni l'État ni les administrations qui agissent en son nom, n'ont à supporter, quand ils succombent, les frais de l'avoué au ministère duquel l'autre partie a cru devoir recourir (Crim. rej. 12 mars 1852, aff. Cammas, D. P. 52. 5. 293). Les considérants de cet arrêt font connaître les motifs qui justifient cette exception. Elle se fonde d'abord, en raison, sur ce que l'action publique s'exerce dans l'intérêt du maintien de la paix publique. Au point de vue des textes, l'arrêt précité ajoute que « le décret du 18 juin 1811, après avoir posé le principe que l'administration de l'Enregistrement doit faire l'avance des frais de justice criminelle, distingue, dans les art. 2 et 3, ceux qui sont compris dans cette dénomination et ceux qu'elle en exclut; que l'art. 3, § 1, renvoie dans cette dernière classe les honoraires des conseils ou défenseurs des accusés, même de ceux nommés d'office, ainsi que les droits et honoraires des avoués lorsqu'ils ont été appelés à prêter leur ministère; d'où il faut induire que ces frais ne doivent pas être avancés par la régie de l'Enregistrement, et que, dans aucun cas, ils ne peuvent être mis à la charge de l'État ».

**668.** — 3° *Avocats.* — Il en doit être des honoraires des avocats comme de ceux des avoués, le ministère des uns et des autres étant facultatif. Cette assimilation a été consacrée par la cour de cassation qui a décidé que la disposition d'un arrêt qui met les honoraires de l'avocat du plaignant devant la juridiction correctionnelle à la charge du prévenu, sans expliquer comment cette condamnation était justifiée par les nécessités de la cause, doit être annulée (Crim. cass. 24 juill. 1874, aff. Roche, D. P. 75. 1. 237).

**669.** — 4° *Greffiers.* — En ce qui concerne les actes du ministère du greffier (*Rép.* n° 1095) nous ajouterons les observations suivantes : 1° chaque réquisition du parquet tendant à un acte du greffe doit être consignée sur un registre spécial. Chaque article doit fixer préalablement l'objet de l'examen du parquet. Aux termes de l'art. 57 du décret du 18 juin 1811, « les greffiers ne délivreront aucune expédition ou copie susceptible d'être taxée par rôle, ni aucun extrait, sans les avoir soumis à l'examen des procureurs qui en feront prendre note sur un registre tenu au parquet. Les procureurs viseront en outre les expéditions ». Ils inscrivent le nombre des rôles reconnus par eux en tête de l'expédition et y apposent leur signature, en datant leur visa. Cette vérification a pour objet, tant d'empêcher la délivrance de copies de pièces qui doivent demeurer secrètes, que d'assurer l'exécution des règlements sur les expéditions des greffiers. Ces expéditions, à l'exception de celles qui sont requises par le ministère public, ne délivrées en des cas limitativement déterminés, doivent être établies sur timbre de 1 fr. 80, et contenir vingt-huit lignes à la page et quatorze à seize syllabes à la ligne. Le salaire du greffier est de 40 centimes par rôle composé du recto et du verso d'une feuille ainsi remplie. Il ne lui est rien alloué pour un quart de rôle (quatorze lignes) ; on lui alloue au contraire, un demi-rôle pour un nombre de lignes de quinze à quarante-deux, et enfin un rôle entier pour quarante-trois lignes et plus jusqu'à cinquante-six. Au moment de la production des mémoires des greffiers, les mentions relevées permettent de constater qu'il n'y est porté que des articles justifiés (Circ. du garde des sceaux du 23 févr. 1887, n° 6). — La circulaire précitée résume dans les termes suivants les principes sur cette matière : « Les expéditions ou extraits de jugement sont délivrés à la requête des parties ou du ministère public. Dans le premier cas, les frais sont payés par les parties réclamantes. L'État ne doit faire que l'avance des extraits réclamés par le ministère public pour une cause utile, en vue, par exemple, d'assurer l'exécution d'une peine d'emprisonnement. Encore cette avance ne doit-elle jamais être faite s'il y a eu constitution de partie civile non indigente, les droits pour délivrance d'extraits rentrant dans le classement des frais de poursuites auxquels les parties civiles sont tenues (Décr. 18 juin 1811, art. 157).

Il convient aussi de rappeler que les greffiers de paix ne doivent pas délivrer expédition des jugements rendus contre des individus domiciliés dans le canton, même pour le cas où la signification est nécessaire ; l'huissier doit signifier ces jugements au moyen de la minute du greffe (Décr. 18 juin 1811, art. 70). S'il y a lieu de délivrer expédition, il ne doit être passé en taxe que deux rôles au plus par jugement de simple police : il ne peut être admis de dérogation à cette règle qu'autant que le juge de paix fournit un avis motivé qui l'explique, et le garde des sceaux se réserve le l'apprécier » (Circ. du garde des sceaux du 18 janv. 1855).

**670.** — 5° *Témoins.* — Les règles applicables aux indemnités des témoins, ont été exposées au *Rép.* n°s 1096 et suiv.

Toutefois, quelques prescriptions nouvelles ont modifié ou précisé ces règles. Les témoins qui reçoivent un traitement à raison d'un service public sur les fonds du Trésor, sur les fonds départementaux, ou sur les fonds communaux, n'ont pas droit à la taxe de comparution (Décr. 18 juin 1811, art. 32). Ils n'ont droit qu'au remboursement de leurs frais de voyage et dans le cas seulement où ils sont domiciliés à plus d'un myriamètre. Ainsi n'ont droit qu'au remboursement des frais de voyage : les gardes généraux des forêts (Décis. du garde des sceaux du 18 mai 1817) ; les commissaires de police et les agents de police (Décis. du garde des sceaux du 31 août 1855) ; les employés de l'octroi (Décis. du garde des sceaux du 6 sept. 1876) ; les concierges des prisons (Décis. du garde des sceaux des 4 nov. 1820 ; 12 févr. 1825) ; les concierges des tribunaux (Décis. du garde des sceaux du 24 sept. 1819).

**671.** Les gardes champêtres n'ont droit à aucun frais de voyage, soit pour la remise qu'ils ont à faire de leurs procès-verbaux, soit pour la conduite des personnes arrêtées à l'autorité compétente. Mais ils sont taxés de la même manière que les témoins ordinaires lorsqu'ils sont appelés à fournir en justice des explications sur les faits relatés dans leurs procès-verbaux (Décr. 7 avr. 1813, art. 3).

Les gendarmes, les gardes forestiers, les gardes-pêche (Décis. du garde des sceaux du 15 juin 1878), sont aussi traités comme des témoins, et ont les mêmes droits. On devra allouer aux facteurs des postes, s'ils le requièrent, la taxe de comparution, car ils se font remplacer à leurs frais dans leur service interrompu (Circ. du garde des sceaux du 14 août 1876, citée *suprà*, n° 658). — En ce qui concerne les gendarmes, ils sont, sur la réquisition du magistrat compétent, transportés gratuitement en chemin de fer au lieu où leur présence est nécessaire, tant à l'aller qu'au retour. Leur situation est réglée, en conséquence, par la circulaire du garde des sceaux du 11 févr. 1885 (*Bull. min. just.* 1885, p. 5) : 1° s'ils sont domiciliés à un myriamètre, au maximum du lieu où ils sont entendus, ils n'ont droit à aucune indemnité de voyage, mais seulement à la taxe fixée par le décret du 18 juin 1811, art. 27; 2° s'ils sont domiciliés à plus d'un myriamètre et s'ils voyagent en chemin de fer, on leur alloue l'indemnité de déplacement, en retenant la différence entre cette indemnité entière et la remise dont ils ont bénéficié pour voyager (prix d'une place entière, ou des trois quarts, ou de moitié d'une place). Ils doivent remettre au greffier chargé de ce calcul leur coupon de chemin de fer en même temps que la copie de la citation. Ils ont droit aussi à l'indemnité de séjour. Pour obtenir payement, ils n'établissent pas de mémoires, mais sont taxés comme tous autres témoins.

Les officiers et fonctionnaires de la marine, les marins, les gardes-chiourme sont remboursés par le ministère de la marine de leurs frais de voyage et de séjour. Il n'y a pas lieu de les taxer (Circ. du garde des sceaux du 9 juill. 1841).

Quant aux militaires en activité de service, en congé de semestre ou de convalescence, ils ne sont pas taxés pour frais de voyage (Décr. 18 juin 1811, art. 31, § 1er). Il peut, au contraire, leur être alloué par chaque jour de séjour forcé, hors de leur garnison ou cantonnement, dans les villes où ils sont appelés à témoigner et où leur présence est nécessaire, et sans qu'on ait à compter le jour d'arrivée et le jour de départ, une indemnité déterminée comme il suit :

| | OFFICIERS de tous grades. | SOUS-OFFICIERS et SOLDATS. |
|---|---|---|
| A Paris............. | 3 f. » | 1 f. 50 |
| Dans les villes de 40000 âmes et plus................ | 2 » | 1 » |
| Ailleurs ............. | 1 50 | » 75 |

**672.** Les médecins et experts appelés devant les cours et tribunaux pour donner des explications sur leurs rapports et opérations, sont taxés non pas comme simples témoins, mais conformément aux dispositions du décret de 1811 qui les concernent (Circ. du garde des sceaux du 7 déc. 1861).

**673.** Il convient de noter, à propos des taxes de témoins, que la taxe allouée par le tarif du 18 juin 1811 ne saurait être refusée au témoin qui a déposé devant un tribunal correctionnel, par le motif que ce témoin a fait une fausse déclaration et qu'il a été condamné pour faux témoignage à l'audience même à laquelle il a déposé (Metz, 1er août 1868, aff. Bouxmayer, D. P. 69. 2. 18).

**674.** — 6° *Jurés.* — Les jurés ont droit à une indemnité pour leurs frais de voyage ainsi qu'il est dit au *Rép.* n° 1108.

**675.** — 7° *Médecins, chirurgiens, sages-femmes.* — On a déterminé au *Rép.* n° 1110 et suiv., quels sont les droits et émoluments des médecins et chirurgiens requis de procéder à des opérations de leur art: Nous compléterons ces explications, par les renseignements suivants, que nous empruntons au *Manuel des magistrats du parquet*, de MM. Vallet et Montagnon, n° 804 et 805. « Les médecins et chirurgiens des prisons, ayant un traitement fixe, sont tenus de fournir, sans indemnité, sur l'état des détenus qu'ils soignent, les renseignements que l'autorité leur réclame, à moins qu'il ne s'agisse : 1° d'une visite ou d'une opération assimilée, faite hors de la prison, etc. ; 2° d'une opération plus difficile que la simple visite. Ils sont alors taxés selon les règles ordinaires (Décis. du garde des sceaux du 30 mai 1826). Le principe est le même pour les médecins des hôpitaux (Décis. dugarde des sceaux du 23 juill. 1838), et des asiles publics d'aliénés ; à ces derniers on peut demander, à titre gratuit, d'observer l'état mental des prévenus placés dans leur service, mais on doit leur attribuer une rétribution calculée par vacations, au taux des vacations d'experts à raison des rapports qu'ils sont appelés à fournir pour rendre compte de leurs observations (Décis. du garde des sceaux du 24 août 1875). Il n'est pas fait pour les médecins, comme pour les experts, de distinction entre les opérations faites de jour ou de nuit (Décis. du garde des sceaux du 15 juin 1825). Toutefois, le médecin est assimilé à un expert quand on lui confie le soin de procéder à des opérations chimiques, ou l'examen continu de l'état mental d'un individu : il est, en ce cas, taxé par vacation, et l'on fait la distinction entre les vacations de jour et de nuit (Décis. du garde des sceaux des 24 avr.-16 oct. 1869). Les mémoires de médecin devront être spécialement contrôlés au point de vue du libellé de la colonne du mémoire intitulé : espèce des crimes ou délits. Quand ils sont requis par un magistrat, le plus souvent un juge de paix, de constater le genre de mort d'un individu au sujet duquel il y a présomption de crime, ils indiquent souvent, ensuite de leurs constatations, qu'ils ont procédé à la visite ou à l'autcpsie du cadavre à raison d'une mort accidentelle ou d'un suicide, ou encore d'une mort dont la cause est inconnue. Il faut exiger d'eux la mention que cette mort violente faisait présumer un crime ou un délit. En ce cas, un extrait du procès-verbal du magistrat dressé ensuite des opérations du médecin, et constatant la prestation de ses services, leur nature, le nombre de ses opérations et des vacations consacrées, la distance à laquelle il s'est transporté, sera joint au mémoire avec la réquisition écrite du magistrat. Cet extrait permettra de vérifier le mémoire. On veillera encore à ce que la partie prenante ne porte pas en deux articles distincts les visites et le rapport établi ensuite de ces visites : pour ce rapport il n'est rien alloué. Enfin, on ne perdra pas de vue que les médecins et autres experts ne peuvent compter plus de deux vacations par jour pour les travaux dont ils sont requis ».

**676.** — 8° *Experts, Interprètes.* — Nous avons exposé au *Rép.* n° 1115 et suiv., de quelle manière sont rémunérés les travaux des experts et interprètes. Nous ajouterons que les experts appelés à déposer sont traités différemment selon qu'ils ont à fournir au juge d'instruction des explications à raison de leurs travaux : ils sont alors taxés comme les témoins (Décr. 18 juin 1811, art. 25),... ou qu'ils sont invités à se présenter devant les cours et tribunaux : ils sont, en ce cas, taxés par vacations (Circ. du garde des sceaux du 7 déc. 1861). La circulaire du garde des sceaux du 23 févr. 1887, citée *suprà*, n° 658), recommande, pour obtenir la réduction des frais des levés de plans, soit de confier ce travail aux instituteurs, soit de traiter à forfait et fixer d'avance, en accord avec les personnes employées, le coût du travail requis.

**677.** Le procureur de la République peut avoir besoin du concours manuel d'ouvriers dans son œuvre d'information. Il les appelle à lui au moyen d'un simple avertisse-

ment, ou d'une réquisition communiquée par un agent quelconque de la force publique. Leur salaire leur est payé comme frais de justice criminelle au prix établi à forfait par le magistrat, ou conformément aux tarifs locaux. ,

**678.** — 9° *Transport des magistrats.* — Les questions qui s'élèvent à ce sujet ont été étudiées au *Rép.* n° 1121 et suiv. — Depuis lors, les émoluments des conseillers désignés pour présider les assises, hors du siège de la cour, ont été réduits. Ils ont droit aujourd'hui à une indemnité de 20 fr. par chaque jour d'audience publique qu'ils ont tenue et, en outre, à une somme fixe de 60 fr. par session, qui s'applique tant aux frais de voyage qu'aux frais de séjour occasionnés par les visites officielles, signatures de procès-verbaux, etc... Pour en obtenir le payement, ils établissent des états d'indemnités, qui doivent être envoyés, en double expédition, et dans les vingt jours qui suivront la clôture de la session d'assises, au garde des sceaux (Circ. du garde des sceaux du 22 nov. 1886, *Bull. min. just.* 1886, p. 180).

**679.** MM. Vallet et Montagnon (*op. cit.*, n° 245) résument dans les termes suivants les règles concernant les frais des transports de justice. « Les transports de justice donnent aux magistrats et au greffier qui les effectuent, droit à une allocation déterminée par chaque jour qui y est employé, et selon le tarif suivant :

| | | |
|---|---|---|
| Parcours de plus de 5 kilomètres et de moins de 2 myriamètres entre le siège du tribunal et le lieu des opérations. | Juge d'instruction ou délégué. | 9 fr. |
| | Membre du parquet......... | 9 — |
| | Greffier................. . | 6 — |
| Parcours de plus de 2 myriamètres. | Juge d'instruction ou délégué. | 12 fr. |
| | Membre du parquet......... | 12 — |
| | Greffier................. | 9 — |

D'ordinaire, pour les indemnités de transport allouées en proportion des distances franchies, on fait le calcul des distances qui séparent les chef-lieux des communes qui ont servi de points de départ et d'arrivée, et un déplacement dans les limites de la commune où l'on réside ne donne droit à aucune indemnité. Il en est autrement des indemnités allouées aux magistrats qui opèrent un transport : ils y ont droit quand ils effectuent un trajet de plus de 5 kilomètres fût-ce dans la commune même où ils résident. L'indemnité de transport de magistrats a lieu aux cas suivants : 1° quand un juge se rend au lieu d'exécution pour recevoir la déclaration d'un condamné à mort (c. instr. crim. art. 377 décis. du garde des sceaux du 20 sept. 1826) ; 2° quand un conseiller est chargé de procéder à de nouveaux actes d'instruction (c. instr. crim., art. 228, 235 et suiv.; décision précitée); 3° quand, par ordre de la cour, le premier président et le procureur général se transportent sur les lieux d'un crime ou d'un délit pour informer (Décis. du garde des sceaux 13 août 1832); 4° quand les juges de paix font un transport, soit que le juge d'instruction les ait régulièrement délégués, soit qu'ils procèdent en flagrant délit (Avis du Cons. d'Ét., 9 déc. 1824 ; Circ. du garde des sceaux 11 févr. 1824). Mais la circulaire du garde des sceaux du 23 févr. 1887, citée *suprà*, n° 658, rappelle ce principe qu'il n'est pas alloué d'indemnité de transport aux juges de paix quand le transport a été requis pour les besoins d'une information officieuse. — L'indemnité est requérable seulement quand les juges de paix agissent en flagrant délit, ou en vertu d'une commission rogatoire du juge d'instruction. Si le magistrat enquêteur doit se transporter à plus de 5 kilomètres, il faudra éviter de déléguer les juges de paix et s'adresser de préférence aux officiers de police judiciaire énumérés dans l'art. 9 c. instr. crim., au cas où le procureur de la République demande une information officieuse. En cas de transport, les commissaires de police et magistrats fourniront un mémoire particulier auquel seront annexées les pièces constatant la légitimité de la dépense et un extrait détaillé du procès-verbal de transport indiquant son objet et les opérations effectuées » (Circ. 24 du nov. 1851).

Art. 3. — *Mandats de justice et écrou* (*Rép.* n° 1132 à 1146).

**680.** Aux principes exposés au *Rép.* n° 1132 et suiv., des modifications ont été apportées par des circulaires plus récentes de la chancellerie. Elles sont résumées dans le dernier ouvrage publié sur la matière par MM. Vallet et Montagnon, *Manuel des magistrats du parquet*, n°s 822 et suiv.

On a indiqué au *Rép.* n°s 1132 et 1133 dans quels cas les agents d'exécution touchent des primes de capture, et on en a fait connaître le taux. Nous n'avons, sur ce point, que deux observations à ajouter: 1° les primes sont payées par les receveurs d'enregistrement, quand il s'agit de l'exécution de mandats d'arrêt, d'ordonnances de prise de corps et de condamnations à des peines privatives de liberté, prononcées par une juridiction répressive quelconque. Elles donnent lieu à la production de mémoires établis dans les formes et soumis aux vérifications que comportent tous mémoires de frais de justice criminelle. V. *infrà*, n°s 705 et suiv.); 2° la capture ne donne lieu à la prime qu'autant que les agents ont dû se livrer à des recherches préalables à l'arrestation et justifiées. Elle n'est pas accordée si l'inculpé était déjà sous la main de la justice ou il s'est présenté volontairement (Circ. du garde des sceaux du 23 févr. 1887, citée *suprà*, n° 658).

**681.** Les arrestations opérées en vertu de contraintes par corps, donnent aussi droit *à des primes de capture*, ainsi qu'il a été dit au *Rép.* n° :1134. Elles sont payées sur les fonds du ministère des finances, par les percepteurs, au lieu d'être acquittées, comme dans le cas précédent, sur les fonds du ministère de la justice par les receveurs de l'enregistrement. Les mémoires des agents échappent aux vérifications auxquelles on soumet les mémoires de frais payables sur les fonds de la justice criminelle. Ils sont produits en un exemplaire unique au parquet du lieu qui a requis l'incarcération. Ils sont accompagnés des *procès-verbaux* d'arrestation. Sans les soumettre préalablement au visa du procureur général, le procureur de la République requiert la taxe, qui est ordonnée par le président. Le mémoire ne figure pas au bordereau mensuel des frais de justice, soumis à la chancellerie. Le taux des primes a été maintenu tel qu'il a été déterminé au *Rép.* n° 1134.

La gendarmerie est, pour l'encaissement des primes de capture, soumise à des règles particulières. A la fin de chaque trimestre, les commandants de brigade établissent un mémoire des primes de capture dus aux militaires sous leurs ordres. Ce mémoire est certifié par les sous-officiers, brigadiers et gendarmes intéressés, et on y joint les procès-verbaux d'arrestation comme pièces justificatives. Le tout est transmis au parquet compétent. Une fois l'ordonnance de taxe rendue, le mémoire est, avec les procès-verbaux, retourné au conseil d'administration de la gendarmerie, qui l'acquitte, et en fait toucher le montant à la caisse du receveur des finances (Décr. 18 févr. 1863, art. 288). — Il est à noter que les mémoires des gendarmes, bien qu'indiqués dans ce décret comme soumis à la formalité du timbre, en sont exempts d'après les dispositions non abrogées de l'art. 16 de la loi du 13 brum. an 7 (Décis. du ministre des finances, 13 août 1875). Le même bénéfice d'exemption du timbre est accordé aux douaniers, aux brigadiers et aux gardes forestiers, assimilés aux gens de guerre par deux décrets du 2 avr. 1875 (D. P. 75. 4. 101).

**682.** Les frais faits pour assurer l'incarcération des contraints sont payés de la même manière et par les mêmes agents que la prime elle-même. Qu'il s'agisse de condamnés solvables ou insolvables, de délits forestiers ou d'autres délits, les receveurs des finances acquittent ces frais, qui consistent dans le coût du commandement et le prix du transfèrement et de la conduite, s'il y a eu lieu. Il convient de remarquer que les émoluments de l'huissier, pour la copie de l'extrait et le commandement, doivent être réglés par les art. 28, § 1er, et 29, § 7, du tarif du décret du 16 févr. 1807, et non par l'art. 1er de l'arrêté du 24 mars 1849, dont les dispositions étaient spéciales à l'emprisonnement en matière civile et commerciale.

**683.** Pour éviter que les frais de capture demeurent à la charge de l'État, le procureur de la République est tenu, lorsqu'il requiert la capture d'un condamné, de requérir en même temps du juge compétent un exécutoire supplémentaire, en vertu de l'art. 163 du décret du 18 juin 1811, exécutoire qui doit être remis au receveur de l'enregistrement (Circ. garde des sceaux, 27 juin 1835; 29 avr. 1853; 1er avr. 1854).

Art. 4. — *Translation des prévenus et transport des pièces à conviction, garde de scellés, mise en fourrière (Rép. n°s 1147 à 1161).*

**684.** — 1° *Translation des prévenus et transport des pièces à conviction.* — Les frais qu'entraîne la translation des prévenus rentrent dans les frais de justice criminelle. Il en est de même des frais de transport d'une pièce de conviction. — En ce sens, il a été jugé que la dépense occasionnée par le transport d'une pièce de conviction saisie par autorité de justice doit être comprise dans l'état des frais de la procédure (Crim. rej. 15 juin 1877, aff. Rebiffé, D. P. 78. 1. 140). De même, et par application des principes posés sur les obligations des parties civiles, il a été décidé que, dans les frais mis à la charge des parties civiles, sont compris les frais de voyage du prévenu et les frais de port de pièces, fixés, non comme en matière ordinaire, mais suivant l'appréciation des juges et d'après les qualifications qui lui sont présentées (Crim. cass. 15 avr. 1853, aff. Hamel, D. P. 53. 5. 240). Les règles de la matière sont exposées au *Rép.* n°s 1147 et suiv. Mais de nouvelles instructions sont venues les modifier (V. sur ce point : Vallet et Montagnon, *Manuel des magistrats du parquet*, n°s 216 et suiv.).

**685.** Les réquisitions de transfèrement ne concernent l'autorité judiciaire, et les frais de transfèrement ne sont payables sur les fonds du ministère de la justice, qu'autant qu'ils s'appliquent à des prévenus ou accusés. Dans la catégorie des prévenus ou accusés on fait rentrer les condamnés évadés et repris qui doivent être soumis à la reconnaissance d'identité dont il est question à l'art. 518 c. instr. crim.; il en est de même des individus extradés que la France livre à la frontière au pays qui en fait la demande, et aussi des condamnés par défaut qui font opposition et qui, se trouvant détenus en vertu de mandats décernés contre eux ou même d'autres condamnations, sont conduits devant la juridiction qui a statué par défaut. Le transfèrement des condamnés est assuré par l'administration pénitentiaire et les frais en sont à la charge du ministère de l'intérieur. Aux condamnés, on assimile les étrangers qui font l'objet d'un arrêté d'expulsion hors du territoire de la République.

**686.** Le transfèrement des prévenus et accusés est, en principe, assuré par la gendarmerie. Toutefois, en cas de flagrant délit, l'éloignement de la gendarmerie peut mettre le procureur de la République ou celui de ses auxiliaires qui procède, dans la nécessité de requérir de simples particuliers d'effectuer la conduite d'un inculpé soit à la maison d'arrêt, soit à la chambre de sûreté de la caserne de gendarmerie, ou en tout autre lieu. Les personnes requises de ce service doivent l'exécuter, sous les peines portées en l'art. 475, § 12 c. pén. et n'ont droit à aucune rémunération de ce chef (Décis. du garde des sceaux, 27 nov. 1827). V. *infrà*, v° *Gendarme-gendarmerie*.

**687.** Sauf cette hypothèse exceptionnelle, le procureur de la République, ou tout autre officier de police judiciaire qui doit assurer un transfèrement d'inculpé, adresse sa réquisition à cet effet au commandant de la gendarmerie du lieu d'où la translation doit s'effectuer en un autre lieu. A cette réquisition, les magistrats annexent un bulletin de translation qui l'accompagne; ce bulletin sera en un exemplaire du mémoire des frais, qui sera établi par les gendarmes d'escorte, versé au dossier pour servir à la liquidation des frais (Circ. du garde des sceaux, 17 janv. 1860).

**688.** On a fait connaître au *Rép.* n° 1148, que les gendarmes ne peuvent, sans un ordre exprès de leur commandant, accompagner les individus qu'ils escortent au delà de la résidence d'une brigade limitrophe de la leur. Cette règle se trouve consacrée par le décret du 1er mars 1854, art. 368, (D. P. 54. 4. 56). Exception est faite à cette règle quand le transfèrement a lieu par voies rapides; en ce cas, il est recommandé de ne faire effectuer à chaque escorte qu'un trajet maximum de 500 kilomètres (Circ. du garde des sceaux, 5 juill. 1885, *Bull. min. just.* 1885, p. 133).

**689.** La translation des prévenus, est-il dit au *Rép.* n° 1147, doit avoir lieu à pied, au moyen du service de correspondance des brigades (Décr. 18 juin 1811 art. 4; circ. du garde des sceaux du 23 févr. 1887, *Bull. min. just.* 1887, p. 2). La circulaire du garde des sceaux du 23 févr. 1887 recommande expressément de requérir, en général, la conduite à pied de brigade en brigade : le parquet est juge des exceptions à admettre et les crée sous sa responsabilité. La conduite à pied sera notamment appliquée aux mendiants, vagabonds, individus non domiciliés inculpés de vol, récidivistes, condamnés appelants et détenus.

La règle admet, ainsi que nous venons de le dire, un certain nombre d'exceptions : 1° la nécessité de procéder rapidement autorise le procureur de la République à requérir par écrit l'emploi d'un moyen plus rapide, aux frais de l'État. Le même droit appartient certainement au juge d'instruction et aux auxiliaires du procureur de la République, commissaires de police, maires, adjoints, et officiers de gendarmerie ; — 2° L'impossibilité pour l'inculpé de marcher permet de prendre les mêmes réquisitions. Le fait lui-même doit être constaté par un certificat médical, émané d'un médecin, chirurgien ou officier de santé, spécialement requis par le magistrat de procéder à la constatation (Décr. 18 mai 1811, art. 5. V. *Rép.* n° 1147). Ce certificat demeurera annexé au réquisitoire. Si la cause de réquisition du transfèrement en voiture est clairement démontrée, sans intervention de l'homme de l'art, il n'y a pas à requérir un médecin de la constater ; mais, en ce cas, la réquisition sera motivée clairement, de manière à expliquer les faits justificatifs du procédé employé. La circulaire du garde des sceaux du 29 nov. 1884 (*Bull. min. just.* 1884, p. 210), permet de procéder ainsi, sans examen médical, pour les enfants et les vieillards. — Quand, au moment de l'arrestation, un prévenu ou accusé est atteint de maladie ou blessures graves, il convient que l'autorité judiciaire ne l'envoie pas directement à l'hôpital, en se bornant à notifier le mandat de dépôt qui le concerne au gardien de la maison d'arrêt. L'individu mis en état d'arrestation ne devra être transporté à l'hôpital qu'après avoir été préalablement présenté au gardien-chef chargé de constater son identité et de dresser l'acte d'écrou. Il ne devra être dérogé à cette règle que très exceptionnellement et dans les cas d'extrême urgence où l'accomplissement des formalités légales entraînerait un retard de nature à mettre en danger l'existence du prévenu. En ce cas, le chef du parquet devra se concerter avec le représentant de l'autorité administrative en vue de l'envoi du prévenu à l'hôpital et rendre compte immédiatement au garde des sceaux, par l'intermédiaire du procureur général, des motifs qui auront nécessité une dérogation à la règle générale (Circ. du garde des sceaux du 14 sept. 1889, *Bull. min. just.* 1889, p. 220) ; — 3° Il y a lieu au transport en voiture toutes les fois que l'inculpé demande à être transféré à ses frais ; il doit alors se soumettre aux mesures de précautions utiles ; — 4° Il arrivera souvent que l'individu dont le transfèrement est requis refusera de marcher. Sur ce point, MM. Vallet et Montagnon, *op. cit.*, n° 223, s'expriment ainsi : « En cas de refus de marcher, il y a une voie de contrainte à l'encontre des détenus appelants : elle consiste à les citer à l'audience où leur procès sera examiné en appel ; ils doivent s'y rendre, à peine de voir statuer par défaut et de se voir appliquer les conséquences de droit de l'arrêt par défaut. On pourra agir de même quand un individu sera quelque part arrêté et devra subir en un autre lieu un jugement. Quand le transfèrement sera nécessité par les besoins d'une instruction en cours, il n'y aura sans doute pas de moyens de briser la résistance du détenu sans inconvénients pour la justice, et il conviendra de requérir le transport rapide et immédiat par les moyens d'exception. Le procureur de la République se concertera avec les officiers de gendarmerie pour réduire au strict nécessaire le nombre des gendarmes employés à la conduite en voiture ou par voies ferrées. Nous ferons remarquer, sur ce même point, que deux inculpés étant compris dans la même poursuite, tous deux doivent être transférés par la même voie. Si donc les circonstances obligent à opérer le transfèrement de l'un d'eux en chemin de fer et en voiture, l'autre doit bénéficier de la même faveur. Il y aurait des inconvénients à les traiter d'une manière différente et le plus habituellement les frais n'en seront pas augmentés ».

A l'appui de la solution proposée en ce qui concerne les détenus appelants, on peut citer un arrêt de la cour de Riom, en date du 23 janv. 1889 (1).

Le fait qu'un inculpé est nu-pieds ne donne pas lieu au transfèrement en voiture ; mais il doit être muni de chaussures par les soins du maire ou de l'adjoint de la commune où il se trouve, fût-il même détenu dans une maison d'arrêt. L'officier municipal est requis par le procureur de la République d'effectuer cette fourniture (Décis. du ministre de la justice, 4 nov. 1820).

**690.** Quand la translation doit être opérée aux frais de l'État, la réquisition du magistrat est envoyée à l'entrepreneur des convois militaires dans les lieux où il en existe un, s'il y a un traité passé avec lui pour les transports judiciaires. Cette réquisition est établie en trois exemplaires, et fait mention du coût du transport (Circ. du garde des sceaux du 29 nov. 1884). MM. Montagnon et Vallet, *loc. cit.*, retracent, d'après les plus récentes circulaires, la marche à suivre pour arriver au payement des frais exposés. — A l'arrivée à destination, le convoyeur laisse un exemplaire de la réquisition entre les mains du procureur de la République ou du gardien-chef de la maison d'arrêt où il a conduit l'inculpé. Celui qui le reçoit appose sur les deux doubles la mention : « Vu arriver » qu'il signe ; sur celui que retient le convoyeur, il ajoute à cette première indication : « et reçu le double de la présente ». Pour obtenir payement, le voiturier doit annexer à son mémoire ce second double ainsi régularisé (Circ. du garde des sceaux, du 29 nov. 1884, *Bull. min. just.* 1884, p. 210). A supposer que la translation du même individu s'effectue par plusieurs préposés, chacun de ceux-ci doit joindre à son mémoire individuel copie de la première réquisition, certifiée par le maire de la commune où il aura achevé son trajet, avec mention du « vu arriver » et, en outre, s'il y a lieu, du certificat médical constatant la nécessité du transport en voiture. Le dernier convoyeur procédera de même sorte, sauf qu'il sera porteur de l'original de la réquisition et du certificat médical, et qu'il aura à demander au gardien-chef ou au greffier le « vu arriver ». Si l'entrepreneur conduit dans la même voiture plusieurs prisonniers dont la translation n'est pas effectuée pour le compte de la même administration, mention en doit être faite au mémoire, pour qu'il soit fait une juste répartition des frais entre ces diverses administrations. A défaut d'entrepreneur, ou, s'il y en a un, à défaut de traité passé avec lui, c'est aux maires ou adjoints qu'est adressée la réquisition, et ceux-ci y pourvoient (Décr. 18 juin 1811, art. 6).

**691.** Le service des convois militaires est mis en adjudication dans chaque département. Les cahiers des charges contiennent, tous une clause qui impose aux entrepreneurs l'obligation d'effectuer aux prix consentis au ministère de la guerre, et si le garde des sceaux juge à propos de se réclamer de cette réserve, les transports des prévenus et accusés. Or le garde des sceaux a, de ce chef, délégué la faculté de traiter en son nom, sans son approbation préalable, avec les soumissionnaires des transports militaires, aux procureurs généraux et aux procureurs de la République (Circ. du garde des sceaux du 19 juill. 1863). Toutefois ces derniers auront à se munir de l'autorisation du procureur général ; ils useront à cet effet des termes devront se conformer au modèle fourni par la chancellerie.

**692.** Ordinairement, la translation, quand elle ne peut avoir lieu à pied, s'effectue par voies ferrées. En ce cas, on adresse à chaque compagnie dont on emprunte le réseau, une réquisition en double exemplaire. D'autre part, la gendarmerie est requise, de la même manière que pour tout transport, par une réquisition spéciale constatant qu'un bulletin de translation. MM. Vallet et Montagnon (*op. cit.* n° 218, notes) fournissent à ce propos des observations qui méritent d'être retenues : 1° S'il s'agit du transport d'un militaire, on suit une marche différente. Il n'y a pas lieu d'établir des réquisitions aux compagnies de chemins de fer. Le procureur de la République ordonnant la translation,

(1) (X...). — La cour. — Attendu que le prévenu régulièrement cité ne comparaît pas ; — Attendu qu'il résulte d'un procès-verbal de gendarmerie du 18 janv. 1889, d'une attestation du gardien chef de la maison d'arrêt, d'un certificat du médecin de la prison et des autres éléments de la cause que ce détenu est en état de faire la route à pied de Moulins à Riom ; qu'il est pourvu de bons vêtements et d'une paire de sabots couverts très légers ; qu'enfin il a formellement déclaré qu'il se refusait à marcher ; que, dans cette situation, il y a lieu de donner défaut contre lui ;

Par ces motifs, la cour donne défaut, etc.

Du 23 janv. 1889.-C. de Riom.

s'adresse au sous-intendant militaire ou à son remplaçant légal pour se faire délivrer des bons de chemins de fer, détachés du carnet à souche qu'il a en mains, en nombre égal aux réseaux successifs sur lesquels doit s'effectuer le voyage. Ces bons seront par lui remis au chef d'escorte qui en fera usage auprès des compagnies (Circ. du garde des sceaux du 19 févr. 1875). En cas d'extrême urgence, et en l'absence de tout fonctionnaire chargé du service de marche au point de départ, le chef du convoi, — non muni des bons de chemins de fer dont il vient d'être fait mention, — présentera au chef de la gare de départ la réquisition de translation adressée à la gendarmerie, et remettra au chef de la gare d'arrivée pour chaque réseau une copie certifiée de cette même réquisition avec un bon de chemin de fer signé de lui (Régl. général du 1er juill. 1874, sur les transports militaires, art. 6 ; Circ. du garde des sceaux du 19 févr. 1875) ; — 2° Si le transport à requérir passe cinq cents kilomètres, l'autorité requérante indiquera les points sur lesquels les gendarmes devront être relevés, en choisissant les lieux pourvus d'une maison d'arrêt pour que les prisonniers y puissent être déposés, en attendant de reprendre leur route avec une nouvelle escorte (Circ. du garde des sceaux du 5 juill. 1885, citée supra, n° 688).

**693.** Nous avons expliqué au Rép. n° 1148, que les gendarmes, se relevant de brigade en brigade, n'ont pas, en principe, d'indemnité à réclamer pour l'escorte qu'ils ont fournie à un prisonnier. Les frais par eux faits sont à la charge du budget du ministère de la guerre. Cette règle trouve son application quand la translation s'opère à pied, ou en voiture. Mais, pour les translations qui ont lieu par voie ferrée, et en dehors des limites du ressort de la brigade, ils ont droit à une indemnité payable sur les fonds des frais de justice criminelle. Cette indemnité, due pour l'aller et le retour, même quand ils seraient effectués en un jour, et quelle que soit la durée de l'absence, est fixée comme suit : 1° Translation dans les limites du département, et hors des limites de la brigade. Les maréchaux-des-logis ont droit à 1 fr. 25, les brigadiers et gendarmes à 1 fr. pour l'aller, et à pareille somme pour le retour (Décr. 18 févr. 1863, art. 132, 322, 324 ; Circ. du garde des sceaux, des 18 avr. 1867 et 29 nov. 1884, Bull. min. just. 1884, p. 210) ; — 2° Translation hors du département : A. Pour l'aller, les hommes d'escorte ont droit à une indemnité journalière de déplacement et de séjour, d'après le nombre de jours réellement employés à l'escorte, y compris les séjours, et avec laquelle ils doivent subvenir à toutes leurs dépenses personnelles. Cette indemnité est fixée de la manière suivante : pour les sous-officiers, à 6 fr. ; pour les brigadiers, à 5 fr. ; pour les gendarmes, à 4 fr. B. Pour le retour, l'indemnité est établie conformément au nombre d'indemnités accordées pour l'aller, non compris les séjours, et pour chaque unité le taux est le suivant : pour les adjudants 3 fr. ; pour les maréchaux des logis chefs et les maréchaux des logis 1 fr. 75 ; pour les brigadiers et gendarmes 1 fr. 25. Les ayants droit sont payés sur présentation des mémoires qu'ils établissent en triple exemplaire, et auxquels ils joignent, s'ils ont voyagé en chemin de fer, deux duplicata des billets collectifs au moyen desquels ils voyagent et qui leur sont délivrés par le chef de gare. Ces duplicatas portent le montant des frais du trajet effectué. Un des exemplaires du mémoire est retourné aux gendarmes après l'accomplissement des formalités d'usage préalables au payement. Le payement en est effectué par le receveur de l'enregistrement de leur résidence (Circ. précitée du garde des sceaux du 29 nov. 1884). Le second est classé au dossier pour servir à liquider les dépens. Le troisième est transmis à la chancellerie avec le bordereau mensuel des frais de justice (Même circulaire).

Quand l'escorte est relevée en route, les règles ci-dessus exposées reçoivent quelques modifications. Les mémoires de chaque escorte sont établis en quatre exemplaires. La première escorte remet au parquet du lieu où elle cesse la conduite un des deux exemplaires de la réquisition qui l'a mise en mouvement, deux des quatre exemplaires de son mémoire, et les deux duplicata des billets collectifs de chemin de fer à elle délivrés. Elle garde, au contraire, un exemplaire de la réquisition de translation, au pied de laquelle elle a fait apposer le « vu arriver » et deux exemplaires de son mémoire. Ce sont les magistrats du lieu

de départ qui sont chargés de le rendre exécutoire. La seconde escorte reçoit du parquet, où elles ont été versées, toutes les pièces remises par la première. Elle reçoit du parquet de l'arrondissement une nouvelle réquisition de transport, en double exemplaire, où mention est faite du lieu d'où vient le prisonnier. Au retour, elle fait revêtir son mémoire du réquisitoire et de l'exécutoire dans l'arrondissement auquel elle appartient. A chaque relèvement, les premières pièces sont transmises avec adjonction des nouvelles pièces qui justifient le dernier rapport effectué, jusqu'à l'arrivée à destination. Le parquet destinataire a ainsi en mains la justification du transfert dans ses diverses étapes, et des dépenses qu'il a entraînées (Circ. du garde des sceaux du 5 juill. 1885, citée supra, n° 688).

**694.** Le décret organique du 1er mars 1854 (D. P. 54. 4. 50, art. 372) détermine de quelle manière il convient de procéder, quand il est nécessaire de faire, en un lieu déterminé, un séjour de quelque durée. Les individus en cours de transfert sont déposés à la maison de ce lieu, s'il y en a ; en les remettant au gardien, le chef d'escorte fait, en sa présence, transcrire sur le registre d'écrou les réquisitions dont il est l'exécuteur, la remise des prisonniers et le lieu où ils sont dirigés. Copie de cette inscription lui est fournie et lui sert de décharge. A défaut de maison d'arrêt, ils sont reçus à la chambre de sûreté de la caserne de gendarmerie, et gardés par les gendarmes de la résidence. S'ils sont de sexes différents, les femmes sont confiées à la garde de l'autorité locale qui pourvoit à leur logement. Les fournitures nécessaires aux individus transférés d'un lieu dans un autre leur sont faites par les prisons et maisons d'arrêt des lieux de passage, sans que cela donne lieu à un recouvrement quelconque. Partout où il n'y a pas de prison ou de maison d'arrêt, il appartient aux officiers municipaux d'en assurer la prestation, et les fournisseurs sont remboursés sur les fonds de la justice criminelle, sur production d'un mémoire conforme au modèle de l'ordonnance du 30 sept. 1826. Si les gendarmes ont eu à exposer quelques frais, ils en sont payés sur présentation d'un mémoire semblable (Circ. du garde des sceaux, 20 avr. 1863). V. Rép. n° 1149.

**695.** Les règles sur le transport des pièces de conviction, énoncées au Rép. n° 1150, ont été rappelées, sans modifications, par la circulaire du garde des sceaux du 23 févr. 1887, citée supra, n° 658.

**696.** En matière de faux en écritures, les dépositaires publics peuvent être contraints à transporter au greffe ou dans le cabinet d'un juge d'instruction des pièces en leur possession, prises soit comme pièces arguées de faux, soit comme pièces de comparaison. Mais, d'autre part, ils ont le droit d'effectuer eux-mêmes le transport et la remise des pièces, sans qu'on puisse les obliger à les confier à un tiers (Décr. 16 févr. 1807 ; 18 juin 1813, art. 13, 14). Ils ont droit à une indemnité qui se décompose en plusieurs éléments :

| VOYAGE | SÉJOUR | | VACATION |
|---|---|---|---|
| pour chaque myriamètre parcouru en allant et en revenant. | Au cours du voyage. | Au lieu où se fait l'instruction s'il n'est pas celui de leur résidence. | de trois heures. |
| Greffiers des cours \ ............ | | A Paris. 4 f. » | 12 f. » |
| Greffiers des tribunaux ....... | | | 10 » |
| Notaires de Paris. | | | 9 » |
| Notaires des départements. | | | 6. 75 |
| Avoués des cours \ | 2 f. 50 \ 2 f. » | Villes de 40000 habitants et plus. 2 f. 50 | 8 » |
| Avoués des tribunaux ......... | | | 6 » |
| Fonctionnaires publics ........ | | | |
| Dépositaires particuliers ...... | | Autres villes 2 f. » | 4 » |
| Huissiers de Paris, \ | 1 f. 50 \ 1 f. 50 | | 5 » |
| Huissiers des départements .... | | | 4 » |

(Décr. 18 juin 1811, art. 13, 14, 15, 91, § 2, 95, § 2).

**697.** Il a été jugé, par application des principes généraux sur les obligations des parties civiles, que dans les frais mis à leur charge sont compris les frais de voyage du prévenu et les frais de port de pièces, fixés, non comme en matière ordinaire, mais suivant l'appréciation des juges et d'après les justifications qui lui sont présentées (Crim. cass. 15 avr. 1853, aff. Hamel, D. P. 53. 5. 240).

**698.** — 2° On a indiqué au *Rép.* n° 1156 ; les principes applicables en matière de *garde des scellés*. Elle ne donne lieu à une indemnité qu'autant que le magistrat n'a pas jugé à propos de confier cette garde à des habitants de la maison où les scellés ont été apposés. Dans ce cas, il sera alloué, pour chaque jour, au gardien nommé d'office, savoir : à Paris, 2 fr. 50 cent. ; dans les villes de 40000 âmes et plus, 2 fr. ; partout ailleurs, 1 fr. (Décr. 8 juin 1811, art. 37).

**699.** — 3° *Mise en fourrière* (*Rép.* n°s 1157 et suiv.). — MM. Vallet et Montagnon (*op. cit.*, n° 2419), analysent les prescriptions des circulaires nouvelles sur ce chef. « Quand la saisie effectuée comme mesure d'instruction a pour objet des animaux, ou des choses périssables, on les met en *fourrière*, c'est-à-dire qu'on les place dans un local approprié où ils reçoivent les soins nécessaires. La circulaire du garde des sceaux du 23 févr. 1887, citée *suprà*, n° 658, rappelle que la fourrière ne peut être maintenue au delà de huit jours. Pendant ce délai, le juge de paix ou le juge d'instruction qui a prescrit cette mesure peut, et, après ce délai, il doit, donner mainlevée provisoire de la saisie, et ordonner la vente des objets mis en fourrière, dans tous les cas où la restitution n'en saurait être effectuée : cette restitution, d'ailleurs, n'aura lieu que contre le remboursement des frais. La conservation plus prolongée crée une dépense extraordinaire qui doit être autorisée par le procureur général, et dont ce magistrat informe le garde des sceaux. La mise en fourrière peut avoir été ordonnée à titre de mesure de police par l'autorité administrative, ou à titre de mesure d'information par une autorité judiciaire, commissaire de police, procureur de la République, procédant en flagrant délit, juge de paix ou juge d'instruction. Il appartient à la même autorité d'en donner mainlevée, et, s'il y a lieu, d'en prescrire la vente. Le maire ou le commissaire de police requerra le juge de paix, le procureur de la République requerra le juge d'instruction d'ordonner la vente, quand la mise en fourrière a été ordonnée par le juge de paix ou le juge d'instruction. Le juge rendra son ordonnance et l'adressera au receveur d'enregistrement. La vente s'effectue, au plus prochain marché et aux enchères, par les soins de l'administration de l'Enregistrement, qui l'annonce par des affiches apposées vingt-quatre heures d'avance. Si toutefois la valeur de l'objet est trop modique, la vente pourra être dispensée de ces formalités par le magistrat qui l'ordonne, et qui devra s'expliquer sur ce point. L'ordonnance, en tous cas, rappellera que les frais de vente et de conservation doivent être payés par privilège sur le prix. Le surplus demeure dans les caisses des Domaines, pour en être disposé comme il sera dit dans le jugement définitif. Les frais de fourrière seront taxés par le juge, selon les arrêtés municipaux, s'il en existe sur la matière, ou d'après son estimation, en l'absence de tout tarif. Ils seront payés soit comme frais urgents, soit sur mémoires, dans la forme ordinaire. Si la garde s'est prolongée plus de huit jours, il faudra nécessairement présenter un mémoire, et il devra être accompagné de l'autorisation écrite du procureur général de faire la dépense ».

### Art. 5. — *Port des lettres et paquets; frais d'impression; exécution des arrêts* (*Rép.* n°s 1161 à 1466).

**700.** A l'époque de la publication du *Répertoire*, ce qui concerne le port des lettres et paquets était réglé par l'ordonnance du 17 nov. 1844, qui avait remplacé celle du 14 déc. 1825 (*Rép.* n° 1161). Aujourd'hui cette matière est régie par l'art. 18 de la loi du 5 mai 1855 portant fixation du budget de l'exercice de 1856 (D. P. 55. 4. 71), aux termes duquel le port des lettres et paquets compris par le paragraphe 11 de l'art. 2 du décret du 18 juin 1811 dans les frais de justice, est perçu, après chaque jugement définitif, suivant le tarif ci-après : .

| NATURE DES AFFAIRES. | | | TARIF des FRAIS DE POSTE à percevoir. |
|---|---|---|---|
| Affaire de police : | | portée directement à l'audience. | 0 f. 20 |
| | | jugée en appel................ | 1 » |
| | | portée en audience après instruction.................... | 1 20 |
| | | jugée sur appel............. | 2 60 |
| | | jugée en cassation........... | 6 40 |
| Affaire correctionnelle : | | portée directement à l'audience. | 2 » |
| | | jugée en appel................ | 4 40 |
| | | portée à l'audience après instruction.................... | 3 .» |
| | | jugée sur appel.......... | 5 20 |
| | | jugée en cassation........... | 9 60 |
| Affaire criminelle : | | devant la haute-cour......... | 25 » |
| | | devant la cour d'assises...... | 16 » |
| | | en cassation............... | 16 » |

**701.** Il convient de faire observer que le tarif des frais de poste portant à 25 fr. ceux dus pour les affaires criminelles, ce taux est applicable aux arrêts des cours d'assises, lors même qu'ils ne prononcent que des peines correctionnelles (Décis. min. int. et just. 7 mai et 7 juill. 1869, D. P. 72. 5. 260).

**702.** On a vu au *Rép.* n° 1162 et suiv., que certains frais d'impression seulement rentrent dans les frais de justice criminelle. Les frais d'impression et de rédaction de mémoires n'y sont pas compris. Mais, à titre de dommages-intérêts, le prévenu qui succombe peut être condamné à les payer à la partie civile. C'est en ce sens qu'il faut entendre un arrêt aux termes duquel il y a lieu d'indemniser la partie civile de ses frais d'impression et de rédaction de mémoires (Orléans, 7 févr. 1855, aff. Thoisnier-Desplaces, D. P. 55. 2. 159). .

### Sect. 5. — Mode de payement et de recouvrement des frais. — Prescription (*Rép.* n° 1167 à 1199).

**703.** — I. Mode de payement et de recouvrement des frais. — La distinction entre les frais urgents et les frais non urgents, établie au *Rép.* n°s 1167 et suiv., est encore applicable. Les frais urgents sont ceux qu'on a énumérés *ibid.*, n° 1169 : ils sont acquittés sur simple taxe et mandat du juge.

**704.** Sur le mode de payement et de recouvrement des frais non urgents, des instructions ministérielles détaillées ont été récemment adressées aux magistrats. Elles organisent de multiples contrôles dont il y a lieu de faire connaître les procédés (V. MM. Vallet et Montagnon, *op. cit.*, n°s 791 et suiv.).

**705.** Ainsi qu'on l'a expliqué au *Rép.* n°s 1167 et suiv., les frais non urgents sont acquittés sur états ou mémoires taxés à la réquisition du ministère public, après vérification dudit parquet et visa du procureur général du ressort, par le président de la juridiction compétente.

**706.** Pour obtenir payement, les parties prenantes établissent un mémoire. Elles en dressent deux expéditions, qui sont l'une et l'autre couchées sur papier libre, si le montant des sommes dues ne passe pas 10 fr. ; au cas contraire, l'une des deux est couchée sur papier au timbre de dimension. Elles les déposent au parquet de la cour, du tribunal civil ou de simple police, suivant les cas, en même temps que les pièces justificatives des articles énoncés. Le parquet vérifie avec soin chaque article du mémoire, en s'assurant par le registre des actes requis par lui que la dépense a été faite, et en contrôlant, d'après le tarif, la légitimité des indemnités réclamées. Il communique aux parties les observations utiles, leur demande les explications nécessaires et leur enjoint les rectifications qui s'imposent. Ce travail de contrôle terminé, il soumet, avant de signer le réquisitoire, tous les documents qu'il a reçus avec ses observations s'il y a lieu, au procureur général, pour que ce magistrat revête de son visa les deux exemplaires du mémoire, sur nouvel examen. Au retour de ces pièces, le parquet assure l'exécution des instructions qui ont pu lui être communiquées. Puis le ministère public compétent requiert par écrit qu'il soit délivré exécutoire par le magistrat qui a qualité à cet effet. Celui-ci donne à ce réquisitoire la suite qu'il comporte (Décr. 18 juin 1811, art. 140). Après quoi, l'exemplaire du mémoire établi sur timbre est, avec les réquisitoires qui motivent les dépenses et les pièces établissant les fournitures effectuées, retourné à la partie prenante, qui obtient le payement de la somme taxée sur la production qu'elle en fait au receveur d'enregistrement. Le parquet retient, au contraire, le second exemplaire.

**707.** Chaque mois, tous les doubles des mémoires taxés dans le mois précédent sont réunis, dans l'ordre chronologique des exécutoires, en une liasse qui comprend, à sa date, le mémoire mensuel du receveur d'enregistrement pour les frais urgents, et les mémoires taxés par les juges de paix, dont les doubles sont, par les soins desdits juges ou des commissaires de police, transmis au procureur de la République sans aucun retard. Ils sont récapitulés dans le bordereau mensuel des frais de justice criminelle. Ce bordereau est adressé, dans la première quinzaine du mois, par le procureur général au garde des sceaux, accompagné des pièces justificatives, hors les réquisitions (Ordonn. du 28 nov. 1838, art. 6. Cette ordonnance est rapportée au *Rép.* p. 68). Les bordereaux établis par le procureur de la République ne sont pas immédiatement transmis par eux au garde des sceaux; ils doivent, au contraire, être préalablement communiqués au procureur général. A cet effet, ils le lui soumettront dans les huit premiers jours du mois, pour lui permettre de se livrer à une dernière vérification avant l'envoi qui doit en être fait à la chancellerie (Circ. du garde des sceaux du 23 févr. 1887, citée *suprà*, n° 689, et circulaires des procureurs généraux qui en assurent l'exécution). Les parquets ont reçu l'ordre de joindre à ce bordereau un rapport mensuel où ils comparent les frais taxés dans le mois écoulé avec ceux du mois correspondant de l'année précédente et avec ceux du mois précédent de l'année courante. Ils énoncent les causes des différences qu'ils ont à faire ressortir.

**708.** Aux termes de l'art. 5 de l'ordonnance du 28 nov. 1838 : « Les mémoires qui n'auront pas été présentés à la taxe du juge dans le *délai d'une année* à partir de l'époque à laquelle le crédit aura été faits, ou dont le payement n'aura pas été réclamé dans les six mois de leur date, ne pourront être acquittés qu'autant qu'il sera justifié que les retards ne sont points imputables à la partie dénommée dans l'exécutoire. Cette justification ne pourra être admise que par le ministre de la justice, après avoir pris l'avis des procureurs généraux, s'il y a lieu ». Sur la question de savoir ce qu'il faut entendre par la *présentation à la taxe*, une décision du garde des sceaux du 9 sept. 1852, porte que la date du réquisitoire du ministère public établit suffisamment l'époque de la présentation des mémoires à la taxe. C'est donc cette date qui, à défaut de la date (non connue) du mémoire, détermine pour l'administration de l'Enregistrement la limite extrême du délai d'une année. Les mémoires ne sont dès lors acquittés qu'autant qu'il ne s'est pas écoulé plus d'une année entre la date à laquelle les frais ont été faits et celle du réquisitoire.

La prescription n'aura d'ailleurs pas lieu si les parties prenantes se conforment à une règle sur laquelle la chancellerie a insisté, et qui veut que les mémoires de frais de justice criminelle dressés par les greffiers et les huissiers, soient établis au commencement de *chaque trimestre*, et adressés aux parquets de première instance directement par les parties prenantes ou, le cas échéant, par les juges de paix, qui devront tenir la main à l'exécution rigoureuse de ces prescriptions. Les autres ayants droit seront utilement invités à observer les mêmes instructions.

Pour assurer l'exécution de ces instructions, MM. Vallet et Montagnon, recommandent de « demander aux juges de paix un état trimestriel où ils feront connaître au parquet les mémoires qu'ils doivent recevoir : mémoires des juges de paix et des commissaires de police, pour transports; des greffiers de paix, pour transports et actes; d'experts et des médecins légistes, pour travaux à eux confiés par les juges de paix ; d'huissiers, pour le service du parquet assuré

par les juges de paix, et pour le service de la justice de paix. Les juges de paix réclameront en temps opportun ces mémoires aux parties prenantes, les réuniront, veilleront à la production des pièces utiles : réquisitoires, quand il y a lieu, et extraits de procès-verbaux pour leurs transports et pour les expertises ; ils les transmettront, dans la première huitaine du trimestre, au procureur de la République avec leur état, énonçant les retards et les motifs des retards apportés aux productions de mémoires. Toutes autres observations convenables y seront également présentées ».

**709.** On a exposé au *Rép.* n° 1184 la règle d'après laquelle il doit être dressé, pour chaque affaire criminelle, correctionnelle ou de police, un état de liquidation de frais. Il a été jugé que le défaut de liquidation des frais dans le jugement ou arrêt de condamnation rendu en matière correctionnelle est un cas de nullité; il y a lieu seulement, pour suppléer à cette omission, de dresser un état de liquidation desdits frais, au bas duquel un exécutoire est dressé contre les pièces par le juge compétent (Crim. rej. 30 avr. 1869, aff. Icard, D. P. 70. 1. 236 ; 14 mai 1869, aff. Guilhon, D. P. 70. 1. 437).

**710.** Le tarif criminel du 18 juin 1811, art. 140, décide que « les formalités de la taxe et de l'exécution seront remplies par les présidents, les juges d'instruction, etc., chacun en ce qui le concerne ». Jugé en ce sens que la taxe des honoraires dus à des experts commis par un tribunal correctionnel dans le cours d'une procédure doit être faite par le président de ce tribunal (Paris, 11 juill. 1860, aff. Masse, D. P. 61. 1. 293; Crim. rej. 22 déc. 1860, même affaire, *ibid.*). Il y a lieu, toutefois, de faire observer, sur les vacations des experts, que si c'est au président de la chambre correctionnelle où a été ordonnée une expertise, qu'il appartient de taxer les vacations des experts, comme tous les autres frais de l'instance criminelle, au cas où les experts ont été commis par le tribunal, il en est autrement quand ils ont été nommés par les parties. En ce cas, il n'y a pas lieu à la taxe, mais seulement à une action que les experts devraient porter devant le tribunal civil comme toutes les demandes ordinaires.

**711.** Malgré les vérifications successives auxquelles sont soumis les mémoires de frais de justice criminelle, si des erreurs ont été commises dans la liquidation desdits frais, la chancellerie les relève d'office, ou sur dénonciation des intéressés qui trouvent là une garantie nouvelle leur tenant lieu d'appel contre la décision par laquelle les frais ont été taxés. Elle prend les mesures utiles pour éviter tout préjudice à la partie sur laquelle les frais sont recouvrables ou ont été recouvrés, en se conformant aux règles énoncées au *Rép.* n°s 1188 et 1189. Quand l'irrégularité est bien constatée, on a vu qu'un ordre de versement est adressé à la partie qui a touché une somme à laquelle elle n'a pas droit. En même temps, le trésorier général ou le receveur particulier sont avisés de ce même ordre de versement. On leur fait connaître le nom de la partie débitrice, la somme dont elle est redevable, la personne contre qui l'instance a été suivie et la solution de l'affaire avec sa date.

Le récépissé du versement effectué est, par les soins de la partie débitrice qui a payé, retourné au parquet de qui émane l'ordre de restitution. Le condamné aux frais, s'il n'a pas encore payé, est avisé que la somme versée sera déduite de celle dont il est redevable, ou bien, si déjà il s'est libéré, qu'il peut retirer cette somme à la recette des finances. Enfin, ce récépissé est retourné à la chancellerie. Il peut arriver que la partie prenante, d'une part, se refuse à restituer et que le garde des sceaux, d'autre part, persiste à croire que la taxe est régulière. Les magistrats taxateurs seraient, en ce cas, responsables envers le Trésor, sauf leur recours contre celui qui a bénéficié de la taxe, conformément à l'art. 141 du décret du 18 juin 1811.

**712.** Sur le privilège qui garantit le recouvrement des frais de justice, V. *infrà*, v° *Privilèges et hypothèques* ; *Rép.* eod. v°, n°s 569 et suiv.

**713.** Le défaut de payement a pour résultat la contrainte par corps. Les art. 174 et 175 du décret du 18 juin 1811, relatifs à la contrainte par corps pour le recouvrement des frais en matière criminelle, avaient été abrogés par la loi du 22 juill. 1867, art. 18 (D. P. 67. 4. 75). Mais la contrainte par corps a été rétablie pour ces frais par la loi du 19 déc.

1871, D. P. 71. 4. 167 (V. *suprà*, v° *Contrainte par corps*, n°ˢ 6, 23, 25, 46 et suiv.).

**714.** — II. Prescription. — Une jurisprudence rapportée au *Rép.* n° 1191 a posé en principe que les frais exposés en matière criminelle, correctionnelle ou de police, doivent être considérés comme accessoires de la condamnation principale, et sont soumis à la même prescription. Cette solution se retrouve dans un arrêt plus récent, aux termes duquel l'art. 642 c. instr. crim. ne s'applique qu'aux condamnations civiles irrévocables, prononcées en matière criminelle, correctionnelle ou de police, et non pas à la condamnation aux frais prononcée par un jugement frappé d'appel (Crim. cass. 18 mars 1880) (1).

### Sect. 6. — Voies de recours.

**715.** Il n'y a pas de difficulté sur le point de savoir si une partie qui croit avoir à se plaindre de la taxe peut former opposition. La jurisprudence, rapportée au *Rép.* n°ˢ 283 et suiv., et *suprà*, n°ˢ 203 et suiv., a reconnu que ce droit existait en matière civile pour les frais d'expertise, comme il existe pour les frais des avoués, en vertu de l'art. 6 du décret du 16 févr. 1807, et les principes généraux indiquent qu'il en doit être de même quant aux taxes en matière criminelle. Mais : 1° devant quelle juridiction doit être portée cette opposition? 2° la décision rendue sur l'opposition est-elle susceptible d'appel? 3° si l'appel est admissible, quels juges devront en être saisis? Ces diverses questions ne sont pas sans difficultés. Avant de les aborder, nous ferons observer que la plupart des décisions judiciaires se rapportent à la taxe des honoraires dus à des experts. Rien ne s'oppose toutefois à ce qu'on les applique aux autres matières soumises à la taxe, par identité de motifs.

**716.** — I. Opposition. — La jurisprudence reconnaît qu'on peut faire opposition à la taxe. Elle écarte la compétence des tribunaux civils pour statuer sur cette voie de recours. Lorsqu'une juridiction de répression a fixé les honoraires dus à raison d'une expertise, faite devant elle, ce n'est pas devant la juridiction civile que l'opposition doit être portée. Jugé : 1° que la réformation de la fixation des honoraires alloués par la cour d'assises aux experts qui ont été chargés d'une expertise dans une des affaires qu'elle a jugées, ne peut, même dans le cas où la session est terminée, être compétemment demandée par le condamné au tribunal civil, par voie d'opposition au chef de l'arrêt contenant la liquidation des dépens (Trib. de Troyes, 19 mars 1873, aff. Harmand, D. P. 73. 3. 87) ; — 2° Que l'opposition à la taxe, soit de la part de l'expert, soit de la part de la partie condamnée qui croit avoir à s'en plaindre, doit être portée non à l'audience publique, mais à la chambre du conseil (Paris, 12 juill. 1860, aff. Masse, D. P. 61. 1. 293 ; Crim. rej. 22 déc. 1860, même affaire, *ibid.* ; Rouen, 6 févr. 1868, aff. Morleult, D. P. 69. 2. 139) ; — 3° Que la chambre du conseil qui doit être saisie de l'opposition n'est pas celle qui est reconnue par diverses dispositions de la loi pour certaines affaires, mais bien la chambre qui a ordonné l'expertise, statuant en chambre du conseil, c'est-à-dire sans publicité, (Paris, 16 mars 1861, aff. Masse, D. P. 61. 2. 127).

L'arrêt précité de la cour de cassation du 22 déc. 1860 fonde cette solution sur ces motifs : « qu'aux termes de l'art. 543 c. proc. civ. et des art. 1 et 2 du deuxième décret supplémentaire du 16 févr. 1807, la liquidation des dépens, qui est distincte de la condamnation même et des mesures d'exécution relatives à ces dépens, doit se faire par le ministère du juge et en dehors de l'audience publique.; qu'en effet cette opération, qui s'accomplit à l'aide d'états dressés avec pièces justificatives à l'appui, ne se prête point à un débat d'audience ; que les art. 6 et 9du même décret supplémentaire du 16 févr. 1807 constituent, en conformité de ce principe, le tribunal, jugeant en chambre du conseil, juge ordinaire de toutes les difficultés qui peuvent s'élever sur l'exécutoire ou sur le jugement au chef de la liquidation ; qu'il a pris celui de fixer le tarif des frais d'opposition et de

sommation à comparaître devant la chambre du conseil, les frais d'assistance et de plaidoirie devant cette chambre, et qu'il concentre ainsi dans les limites de sa compétence tout litige sur les dépens ; que, si le décret dispose en ce sens à l'égard des avoués nommément, il n'a pas statué autrement à l'égard des experts ; que l'art. 319 c. proc. civ., qui leur est spécial et qui parle de l'exécutoire délivré à leur profit dans le cours de l'instance, ne s'explique pas sur les voies de recours ouvertes contre cet exécutoire ; qu'il y a lieu, dès lors, d'appliquer la règle du droit commun ; que le décret du 18 juin 1811, contenant le tarif général des frais en matière criminelle et de police, a chargé expressément, par son art. 140, des formalités de la taxe et de l'exécutoire les présidents, les juges d'instruction et les juges de paix, chacun en ce qui les concerne ; que déjà, antérieurement à ce décret, la loi du 18 germ. an 7, qui, la première, a mis à la charge des condamnés les frais en matière criminelle, portait, art. 3 : « Les frais seront liquidés et la liquidation rendue exécutoire par le président du tribunal » ; que cette loi, comme le décret de 1811, tout en distinguant parfaitement l'opération de la liquidation et en la laissant dans les attributions du juge, ont gardé le silence sur les voies de recours contre l'exécutoire ; qu'un tel exécutoire, cependant ne peut être définitif et sans appel ; qu'une analogie nécessaire indique ici d'emprunter à la loi civile ses délais, ses formes et la compétence qu'elle a déterminés ».

Cette argumentation a paru peu juridique. On a soutenu, dans la note sous l'arrêt précité du 22 déc. 1860, que l'opposition doit être portée devant le tribunal correctionnel, en audience publique, par la raison que les frais d'expertise sont compris dans la condamnation aux dépens, et que la valeur des travaux d'expertise ne peut être appréciée que par les juges mêmes qui ont prescrit cette expertise et sous les yeux desquels elle s'est faite. La chambre du conseil ne saurait être investie du droit qu'on veut lui conférer. Si, d'abord, on veut l'attribuer à la juridiction appelée proprement chambre du conseil, il sera facile de répondre par cette simple observation que cette chambre du conseil est une juridiction purement civile ; que l'opposition doit toujours être portée, en principe, devant la juridiction dont émane la décision que l'on attaque par cette voie de recours ; que, le juge taxateur ayant accompli son office comme juge délégué du tribunal correctionnel, dans l'hypothèse où nous sommes placés, il serait contraire à tous les principes de porter l'opposition devant cette chambre du conseil, dont la loi n'a jamais reconnu l'existence à l'effet de statuer sur des questions de droit criminel. La jurisprudence reconnaît qu'il n'en peut être ainsi, et déclare que l'opposition doit être portée devant le tribunal correctionnel même jugeant sans publicité, sans doute à raison de la nature spéciale du débat. Ce système a l'inconvénient de créer pour ce seul cas, une juridiction dont la loi ne fait mention nulle part. Ce que l'on appelle proprement la chambre du conseil est une juridiction spéciale ayant ses règles de compétence, sa procédure, ses attributions distinctes. Quelle serait sa raison d'être ? On la déduit de ce qui a lieu en matière civile, et on argumente par voie d'analogie. De ce que l'art. 319 c. proc. civ. commet au président de l'audience le soin de taxer les frais d'expertise en matière civile, on conclut avec raison qu'il en doit être de même en matière correctionnelle. Il y a, d'ailleurs, sur ce point, la disposition expresse de l'art. 140 du tarif criminel. L'art. 6 du deuxième décret supplémentaire du 16 févr. 1807 reconnaît la faculté de former opposition à la taxe pour les frais et honoraires des avoués ; on conclut de là que ce droit existe pour les frais d'expertise en matière criminelle. Enfin, comme l'art. 9 du même décret dispose incidemment que l'opposition à la taxe des avoués doit être portée devant la chambre du conseil en matière civile, on décide qu'il en doit être de même pour la taxe des experts en matière criminelle. — Cette dernière analogie pourra ne pas paraître très exacte. D'abord, il n'est pas absolument certain que si l'opposition à la taxe pour les

---

(1) (Carlotti.) — La cour, — Attendu que l'arrêt attaqué a déclaré prescriptible seulement par trente années, la condamnation aux frais prononcée par un jugement frappé d'appel, alors qu'aux termes de l'art. 642 c. instr. crim. cet effet n'est attaché qu'aux condamnations civiles prononcées en matière criminelle, correctionnelle ou de police, par des arrêts ou jugements devenus irrévocables ; — Par ces motifs, casse...
Du 18 mars 1880.-Ch. crim.-MM. Barbier, rap.-Ronjat, av. gén.

frais des avoués doit être portée devant la chambre du conseil, il en doive être ainsi pour la taxe des frais d'expertise. On l'a fait observer au *Rép.* n° 433, où d'ailleurs l'opinion contraire est soutenue. Mais quand il serait incontestable que l'opposition à la taxe des experts doit être portée à la chambre du conseil en matière civile, on se justifierait difficilement du reproche de créer, par une analogie à certains égards contestable, une juridiction spéciale pour connaître de l'opposition à la taxe des experts, juridiction qui ne paraîtrait pas avoir d'autre attribution, puisque la loi n'en fait mention nulle part.

**717.** La jurisprudence n'a pas hésité à pousser le raisonnement d'analogie jusqu'au point d'appliquer aux matières criminelles le délai d'opposition établi en matière civile. Il a été décidé que les dispositions de l'art. 6 du décret du 16 févr. 1807, concernant les voies de recours à employer contre les exécutoires de dépens et les déchéances qui sont la sanction de ces dispositions, s'appliquent en matière correctionnelle aussi bien qu'en matière civile, et qu'en conséquence, l'opposition à la taxe et à l'exécutoire des dépens ne peut être formée contre la partie civile par l'individu condamné en police correctionnelle que dans le délai de trois jours à partir de la signification du jugement (Crim. cass. 22 nov. 1878, aff. Estignard, D. P. 79. 1. 42). En effet, le délai fixé par le décret du 16 févr. 1807, art. 6, a pour point de départ la signification de l'exécutoire à avoué, et peut suffire, en matière civile, à raison des relations faciles et constantes que les avoués ont entre eux et avec le greffe. Mais il deviendrait insuffisant en matière correctionnelle, alors du moins que la partie condamnée aurait omis, comme elle en a le droit, de recourir au ministère d'un avoué.

**718.** — II. Appel. — La décision rendue sur l'opposition faite à la taxe est-elle susceptible d'appel? La jurisprudence fournit sur cette question des décisions contraires. Il a été jugé que l'appel est irrecevable (Poitiers, 3 avr. 1871, aff. Brin, D. P. 76. 2. 111) par ces motifs : « Qu'une procédure, une compétence et des règles spéciales ont été déterminées par la loi pour la taxe des frais de justice criminelle, et que les formalités et voies de recours du droit commun sont inapplicables à cette matière ; — Que les art. 132 et suiv., et, dans l'espèce, l'art. 140 du décret du 18 juin 1811, créent une juridiction exceptionnelle pour le règlement de mémoires qui n'ont aucun caractère litigieux et dont la production se fait sans contradicteur, sous la surveillance du ministère public chargé de requérir la délivrance des exécutoires ; — Que les magistrats indiqués par ces articles comme ayant mission d'apprécier la nature et la valeur des actes portés aux mémoires, et de délivrer les mandats ou exécutoires, sont investis d'attributions d'un ordre particulier, et que leurs décisions ne peuvent être réformées par les voies ordinaires ; que le caractère de cette juridiction discrétionnaire ressort notamment de l'art. 172, qui donne au ministre de la justice le droit de juger, d'autorité, sans aucune formalité judiciaire, dresser des rôles de restitution pour les sommes qu'il reconnaît avoir été indûment allouées ; — Que, pour le cas inverse, où les intéressés auraient à se plaindre de l'insuffisance des allocations, le décret de 1811 n'a accordé aucun recours contre l'œuvre des magistrats taxateurs ; — Que si, par analogie avec le cas prévu en matière civile,

dans l'art. 6 du deuxième décret du 16 févr. 1807, et par extension d'une disposition favorable, la jurisprudence admet que la réformation des taxes de frais de justice criminelle puisse être demandée sous forme d'opposition, la faculté ainsi accordée ne peut aller au delà de l'opposition elle-même, et que la décision rendue sur ce recours n'est pas, comme le serait une décision contentieuse, susceptible d'appel ; — Que l'art. 6 précité reconnaît le principe en déclarant que, même en matière civile, le jugement rendu sur l'opposition à un exécutoire de dépens n'est pas, en général, sujet à l'appel ; — Que l'inadmissibilité de l'appel résulte d'ailleurs et surabondamment de cette circonstance que, dans un grand nombre de cas, on ne trouverait pas de juridiction compétente pour statuer au second degré, par exemple lorsque l'opposition à une taxe aurait été jugée par une chambre de mise en accusation, une chambre d'appels correctionnels ou une cour d'assises ; — Que, s'agissant de frais de justice criminelle, un appel serait irrégulièrement porté devant la chambre civile de la cour ». — Un arrêt de la cour d'Orléans, au contraire, consacre le droit d'appel du jugement rendu en opposition mais sous la condition qu'il y ait eu appel sur le fond même de l'affaire (Orléans, 30 avr. 1878) (1).

A ces deux opinions : irrecevabilité de l'appel de la décision rendue sur les frais, recevabilité de cet appel sous condition d'un appel sur le fond même, vient s'en ajouter une troisième. On a critiqué, en effet, la seconde solution et soutenu que, sans aucune condition d'appel sur le fond, on peut faire appel sur les frais. L'art. 6 du décret du 16 févr. 1807, relatif à la liquidation des dépens en matière civile, porte qu' « il ne pourra être interjeté appel de ce jugement (rendu sur l'opposition) que lorsqu'il y aura appel de quelques dispositions sur le fond ». Mais, si le décret de 1807 peut être appliqué raisonnablement, sur de simples questions de forme, en matière criminelle, il semble plus difficile d'admettre qu'on transporte en mêmes matières une voie de recours créée pour les matières civiles. La disposition du décret de 1807 se justifie par l'intérêt d'ordre public qu'il y a à ne pas détacher une question accessoire de la question principale pour soumettre la question accessoire à l'appréciation de la juridiction supérieure, alors que la question principale est définitivement tranchée. Mais, en matières correctionnelles où toute décision est séparément et individuellement susceptible d'appel, on ne trouve pas de raison suffisante d'introduire dans l'exercice du droit d'appel, relativement à la décision rendue sur les frais et dépens, cette condition : qu'il y ait eu appel sur le fond. Et il est à remarquer que l'arrêt que nous examinons n'exige pas que tout à la fois il y ait appel sur le fond et sur les frais ; il lui suffit qu'il y ait eu appel, à un moment quelconque, sur le fond ; de telle sorte que le principal et l'accessoire pourront fort bien être examinés séparément. On ne trouvera donc pas dans la condition imposée arbitrairement la garantie que les juges d'appel auront la connaissance complète de l'affaire, étant saisis à la fois de tous ses éléments. Il est, d'ailleurs, étrange, dans le cas où la partie condamnée se trouve bien jugée quant au fond, et mal jugée sur la taxation des frais, qu'on l'oblige, pour faire redresser cette décision dernière, à faire appel de la première. On fait

---

(1) (Chamaillard.) — La cour ; — Sur la fin de non-recevoir (tirée de l'art. 6 du décret du 16 févr. 1807) : — Attendu que le tarif criminel du 18 juin 1811 n'a, dans aucune de ses dispositions, indiqué quels sont les moyens de recours contre la taxe des frais en matière criminelle et de police ; — Que la jurisprudence, pour suppléer au silence de ce tarif, a dû appliquer, par voie d'analogie, aux dépens criminels, diverses dispositions édictées par le tarif du 16 févr. 1807, sur la liquidation des frais et dépens en matière civile ; — Qu'elle a décidé notamment, en conformité de l'art. 6 de ce décret : que l'exécutoire ou le jugement au chef de la liquidation, seront susceptibles d'opposition ; qu'il ne pourra être interjeté appel du jugement qui aura statué sur l'opposition, que lorsqu'il y aura appel de quelques dispositions sur le fond ; — Que le sens de cet article est donc que les juges du second degré ne sauraient apprécier les dépens, lorsqu'ils n'ont pas été saisis de tout ou partie de ce fond ; que pour pouvoir juger l'accessoire, il faut connaître le principal ; — Mais que cet article ne dit pas qu'il doive être statué simultanément et sur le fond, et sur les

dépens ; que la seule condition exigée, c'est que le fond, dans quelques-unes de ses dispositions, soit frappé d'appel ; — Attendu que, dans l'espèce, le litige en entier a été porté en appel ; que les exigences de la loi se trouvent donc satisfaites ; que l'accessoire devant suivre le sort du principal, le jugement qui a statué sur l'opposition à la taxe des dépens, doit, comme le fond lui-même, bénéficier du deuxième degré de juridiction ; — Attendu que, s'il en était autrement, il arriverait que, surtout en matière de diffamation et de contrefaçon, où les condamnations aux dépens contiennent souvent, comme dans l'espèce actuelle, des frais de publicité considérables, le jugement statuant sur l'opposition à la taxe ne serait jamais susceptible d'appel, car les frais de publicité ne peuvent évidemment être connus et liquidés qu'après que les juges du second degré ont statué sur le fond ; — Attendu enfin que l'art. 6 du décret précité, faisant exception au principe général de l'appel, doit dès lors être restreint, plutôt qu'étendu dans son application ; ...

Au fond... (l'arrêt maintient la taxe).
Du 30 avr. 1878.-C. d'Orléans, 2e ch.-M. Boussion, pr.

observer encore « que la décision sur les dépens peut être rendue à une époque où le fond a depuis longtemps acquis l'autorité de chose jugée » (il ne faut pas oublier que les délais sont courts en matière criminelle). On n'aperçoit pas pourquoi le sort de l'appel sur la question de taxe dépendrait de cette circonstance, certes très indifférente, qu'il a été ou qu'il n'a pas été porté appel antérieurement sur le fond. Et l'on conclut en déclarant que, la théorie consacrée par l'arrêt de la cour d'Orléans étant admise, il y aurait lieu de la généraliser par application de l'art. 199 c. instr. crim., et à rejeter la distinction qu'il admet dans ses motifs. — Si les critiques dirigées contre l'arrêt d'Orléans semblent fondées en droit, il n'en est pas de même de la conclusion à laquelle aboutit le système contraire. L'art. 199 c. instr. crim., malgré sa généralité, ne saurait, en effet, être étendu à la matière des frais et dépens qui est réglée d'une manière complète par des dispositions étrangères au code d'instruction criminelle, et qui se suffisent à elles-mêmes. En somme, il nous paraît plus juridique de décider, avec la cour de Poitiers, que l'appel n'est pas ouvert contre les jugements rendus en matière de taxe.

La cour de Paris a réservé la question en décidant que l'appel de la décision de la chambre du conseil, à supposer qu'il soit admissible, doit être porté, non devant la chambre civile de la cour, mais devant la chambre des appels de police correctionnelle (Paris, 16 mars 1861, aff. Masse, D. P. 61. 2. 127).

**CHAP. 4. — Frais et dépens en matière administrative** (*Rép.* nos 1193 à 1218).

**719.** — I. Dépens des instances portées devant les conseils de préfecture. — Aucune disposition législative, on l'a dit au *Rép.* n° 1193, n'avait statué sur les dépens des conseils de préfecture. L'art. 14 de la loi du 21 juin 1865 annonçait qu'un règlement d'administration publique déterminerait provisoirement « ce qui concerne les dépens », en ajoutant qu'il serait statué dans le délai de cinq ans par une loi. Cette promesse n'a pas été tenue. La loi sur la procédure à suivre devant les conseils de préfecture n'a été promulguée que le 22 juill. 1889 (D. P. 90. 4. 1) ; le décret fixant des allocations pour cette procédure a été publié le 18 janv. 1890 (D. P. 90. 4. 7).

**720.** Pendant de longues années, la jurisprudence du conseil d'État, appliquant rigoureusement le principe que « la procédure étant sans frais devant le conseil de préfecture, la partie qui succombe ne peut être condamnée aux dépens », n'allouait pour l'instance que les frais d'expertise et de vérifications auxquelles il avait pu être procédé (V. notamment Cons. d'Et. 13 déc. 1878, aff. Héritiers Bossu-Ragis, D. P. 79. 3. 36 ; 12 janv. 1883, aff. Fontaine et Aumont, D. P. 84. 3. 75 ; 28 déc. 1883, aff. Beaudreau, D. P. 85. 3. 60). — Cette jurisprudence s'est modifiée. Par un arrêt en date du 15 févr. 1884 (aff. Dame Saugnier, D. P. 85. 3. 60), le conseil d'État a décidé que, dans une affaire entre parties, la partie qui succombe devant le conseil de préfecture peut être condamnée, en outre des frais d'expertise, à rembourser à la partie adverse les frais de timbre et de signification qu'elle a été légalement obligée d'avancer. Cette solution nouvelle s'appuie sur ces considérations : qu'en vertu des règles instituées pour l'instruction et le jugement des affaires contentieuses devant le conseil de préfecture, la plupart des actes de procédure sont accomplis par voie administrative, et n'entraînent pas de frais à la charge des parties ; que, néanmoins, les pièces sont assujetties aux droits de timbre, sauf dans les cas où dispense desdits frais est accordée par la loi ; qu'en outre, dans les cas où la signification des décisions incombe à une partie privée, celle-ci doit avancer les frais de cette signification ; qu'ainsi, certains dépens peuvent être faits devant les conseils de préfecture, et qu'aucune disposition législative ne fait obstacle à ce que lesdits conseils les mettent à la charge de la partie qui succombe, ou les compensent suivant les cas. De nombreuses décisions ont confirmé ce changement de jurisprudence, et proclamé que la partie qui succombe devant le conseil de préfecture peut être condamnée à rembourser à la partie adverse, en outre des frais d'expertise, les frais de timbre et de notification qu'elle a été légalement obligée

d'avancer (Cons. d'Et. 22 mai 1885, aff. Déschaux, D. P. 87. 3. 5 ; 8 août 1885, aff. Martin, D. P. 87. 5. 246 ; 16 avr. 1886, aff. Radiguet, D. P. 87. 3. 101). — Toutefois il a été jugé : 1° qu'il n'y a lieu d'allouer aucuns dépens relatifs à l'instance devant le conseil de préfecture à la partie qui ne justifie avoir légalement exposé aucuns frais (Cons. d'Et. 12 févr. 1886, aff. Syndicat de la Basse-Veyle, D. P. 87. 3. 79). Les frais de timbre étant absolument obligatoires pour les productions faites devant le conseil de préfecture dans les affaires où des lois spéciales n'autorisent pas les parties à fournir leurs mémoires sur papier libre, il est assez difficile de déterminer quelle a été la pensée du conseil d'État en repoussant les conclusions à fin de dépens, par le motif que le requérant ne justifiait pas avoir légalement exposé aucun frais ; — 2° Que les frais des sommations faites aux parties d'assister aux opérations d'expertise et de tierce expertise rentrent parmi les frais auxquels peuvent donner lieu ces mesures d'instruction, mais que les frais d'un procès-verbal de constat dressé par le juge de paix sur la demande d'une partie ne peuvent être regardés comme rentrant dans les dépens faits devant le conseil de préfecture (Cons. d'Et. 8 août 1885, aff. Comp. des chemins de fer Paris-Lyon-Méditerranée, D. P. 87. 5. 247).

La loi du 22 juill. 1889 (D. P. 90. 4. 1) a posé d'une façon très nette le principe admis par les derniers arrêts du conseil d'État. L'art. 62 de cette loi porte « Toute partie qui succombe est condamnée aux dépens ». Les dépens, aux termes de l'art. 64, ne peuvent comprendre que les frais de timbre ou d'enregistrement, les frais de copie des requêtes ou mémoires, les frais d'expertise, d'enquêtes et autres mesures d'instruction, et les frais de signification de la décision.

**721.** Il est de règle, devant tous les ordres de juridiction que le juge peut répartir les dépens entre les parties, d'après les bases qui lui paraissent les plus équitables, lorsque les plaideurs succombent respectivement sur une partie de leurs conclusions. Ce principe a été rappelé dans la loi du 22 juill. 1889, dont l'art. 62 porte : « Les dépens peuvent, en raison des circonstances de l'affaire, être compensés en tout ou en partie ». — Il a été jugé que la partie qui, devant le conseil de préfecture, n'a pas contesté la régularité de la tierce expertise à laquelle il a été procédé par un tiers expert autre que le tiers expert de droit, n'en est pas moins recevable à demander au conseil d'État l'annulation de l'arrêté rendu, au fond, à la suite de cette opération ; mais que, dans ce cas, l'irrégularité étant imputable aux deux parties, la totalité des dépens ne doit pas être mise à la charge de celle qui a invoqué cette irrégularité devant le conseil d'État pour faire annuler l'arrêté du conseil de préfecture (Cons. d'Et. 12 mai 1882, aff. Moussard, D. P. 83. 3. 103) ; — 2° Que lorsqu'un entrepreneur a réclamé à l'Administration, en sus du montant de son décompte, une somme très supérieure à celle réellement due, une partie des frais d'expertise peut être mise à sa charge, bien que l'Administration ait refusé toute allocation ou augmentation du montant du décompte (Cons. d'Et. 21 mars 1883, aff. Jeantieu, D. P. 84. 3. 69). — Jugé encore qu'en matière de dommages-intérêts, les frais de l'expertise ordonnée à l'effet de déterminer l'importance du préjudice peuvent, dans le cas où le juge, tout en accueillant la demande en principe, reconnaît que le chiffre en est exagéré, être mis pour partie, pour les trois quarts par exemple, à la charge du demandeur (Cons. d'Et. 18 août 1857, aff. Maillet, D. P. 58. 3. 36).

Il existait, sur ce point, une réglementation spéciale en matière de contributions directes (V. *Rép.* v° *Impôts directs*, nos 487 et suiv.) ; la loi du 27 déc. 1884, art. 6 (D. P. 85. 4. 38), a appliqué aux relations entre l'État et les contribuables, dans le cas d'expertise sur réclamations relatives à ces contributions, les règles du droit commun (V. *infra*, v° *Impôts directs*).

**722.** Le décret du 2 nov. 1864 (D. P. 64. 4. 120) abrogeant le décret-loi du 26 janv. 1852 (V. *Rép.* n° 1200) avait déclaré les art. 130 et 131 c. proc. civ. applicables aux contestations où l'Administration agit comme représentant le domaine de l'État et dans celles qui sont relatives, soit aux marchés de fournitures, soit à l'exécution des travaux publics. Aux termes de l'art. 63 de la loi du 22 juill. 1889, les dispositions de l'art. 62 relatives à la condamnation aux dépens de la partie qui succombe et à la compensation des dépens sont applicables à l'Administration dans les contestations relatives soit au domaine de l'Etat, soit à l'exécution des marchés passés pour un service public, soit à la réparation des dommages sur lesquels les conseils de préfecture sont appelés à prononcer (art. 63). Lorsque l'État agit comme puissance publique, le fonctionnaire qui le représente ne peut être condamné aux dépens. — Bien que le décret du 2 nov. 1864, qui détermine les cas dans lesquels les dépens devant le conseil d'Etat peuvent être mis à la charge du Trésor, ne règle pas la procédure devant le conseil de préfecture, le principe que l'État n'est pas responsable pécuniairement, devant les juridictions contentieuses, des frais exposés dans des instances engagées par les fonctionnaires comme représentants de la puissance publique était déjà, avant la loi de 1889, déclaré applicable, par identité de motifs, devant la juridiction du premier degré. Jugé que, dans le cas où la demande formée par l'administration forestière à l'effet de faire prescrire la conversion en bois de terrains en pâturage appartenant à des communes est rejetée par le conseil de préfecture, les frais de l'expert désigné par la commune ne peuvent être mis à la charge de l'État (Cons. d'Et. 3 févr. 1888, aff. Commune d'Essert-Romand, D. P. 89. 3. 52). L'administration forestière est investie par l'art. 90, § 4, c. for., du droit de provoquer la conversion en bois et l'aménagement des terrains communaux en pâturage et, en cas de résistance du conseil municipal, de porter la contestation devant le conseil de préfecture, sauf appel au conseil d'Etat (V. *Rép.* v° *Forêts*, n° 1726). Cette attribution lui est donnée, non dans l'intérêt domanial de l'État, mais dans un intérêt général et comme participant à l'exercice de la puissance publique.

**723.** La jurisprudence, avant la loi de 1889, reconnaissait que le principe admis par l'arrêt du 15 févr. 1884, que la partie qui succombe devant le conseil de préfecture doit rembourser à la partie adverse les frais que celle-ci a été légalement obligée d'exposer, notamment les frais de timbre, n'était pas applicable aux réclamations en matière de contributions directes. Ces réclamations sont régies par des lois spéciales, qui ont déterminé limitativement les frais à la charge du Trésor, auxquels peut donner lieu l'instruction de ces réclamations. La seule disposition relative au timbre est celle de l'art. 28 de la loi du 21 avr. 1832, affranchissant de cet impôt les réclamations relatives à des cotes ne dépassant pas 30 fr. (V. toutefois pour les prestations *infrà*, n° 759). Ordonner le remboursement du timbre en cas d'admission de la réclamation, quel que soit le montant de la cote, serait, en réalité, étendre, au delà de la volonté du législateur, la dérogation apportée par l'article précité au principe général que toute production en justice donne lieu à la perception d'un droit au profit du fisc. — Cette considération, décisive lorsqu'il s'agit d'impôts perçus au profit du Trésor, aurait, en théorie, moins d'autorité dans le cas où il s'agit de taxes perçues au profit d'administrations ou de personnes morales autres que l'État, et où, par suite, la condamnation de la partie qui succombe au remboursement des droits de timbre n'équivaudrait pas à la suppression de ces droits ; mais, lorsque la loi a ordonné que le recouvrement d'une taxe aura lieu dans les mêmes formes que celui des contributions directes, l'assimilation est complète et ne comporte pas d'autres exceptions que celles qui résultent de la nature même des choses. — Jugé, en ce sens, que : 1° les subventions spéciales pour dégradations extraordinaires aux chemins vicinaux étant recouvrées comme en matière de contributions directes, la commune qui succombe ne peut être condamnée au remboursement des frais de timbre exposés par le contribuable (Cons. d'Et. 17 nov. 1882, aff. Dubourg, D. P. 84. 3. 287) ; — 2° Que le contribuable dont la réclamation est admise, n'a pas droit au remboursement des droits de timbre (Cons. d'Et. 18 janv. 1884, aff. Torterue, D. P. 85. 3. 60). — La loi du 22 juill. 1889 a consacré implicitement cette doctrine, en ne déclarant pas l'art. 62 applicable aux contestations en matière de contributions directes. En vertu des dispositions combinées de l'arrêté du 24 flor. an 8, art. 17 et 18, et des lois des 21 avr. 1832, art. 30, et 23 juin 1857, art. 25, les contribuables dont les réclamations, en matière de contributions directes ou de

taxes assimilées, sont rejetées, ne doivent supporter d'autres frais que ceux de vérification et d'expertise.

Il a été jugé que les taxes d'arrosage perçues par un concessionnaire étant assimilées pour le recouvrement aux contributions directes, les réclamations devant le conseil de préfecture ne peuvent donner lieu à l'allocation de dépens autres que les frais de vérification et d'expertise (Cons. d'Et. 8 janv. 1886, aff. Tassy, D. P. 87. 3. 67. V. aussi Cons. d'Et. 2 févr. 1883, aff. Latil, D. P. 84. 3. 94 ; *suprà*, v° *Eaux*, n° 159). — Mais un syndicat d'arrosage peut être condamné aux dépens envers le souscripteur dont l'engagement a été annulé. Le souscripteur peut demander directement l'annulation de son engagement, indépendamment de toute demande en décharge de taxes ; dès lors, les règles de procédure spéciales à la matière des contributions directes cessent d'être applicables (Cons. d'Et. 19 déc. 1884, aff. Dame de Bernis, D. P. 86. 3. 55).

**724.** En matière répressive, la partie acquittée est relaxée sans dépens (L. du 22 juill. 1889, art. 63). Dans le cas où l'auteur d'une contravention de grande voirie est condamné à la réparation d'un dommage causé, les frais de timbre et d'enregistrement auxquels a donné lieu la poursuite devant le conseil de préfecture, et ceux du procès-verbal peuvent être mis à sa charge (Cons. d'Et. 13 janv. 1882, aff. Malpas, D. P. 83. 3. 46 ; 22 juin 1883, aff. Rédarès, D. P. 85. 3. 18). — Jugé aussi : 1° que lorsque pour la constatation d'un dommage, à la charge du contrevenant, il a été procédé à une expertise, les frais de cette expertise sont à la charge du contrevenant (Cons. d'Et. 8 mai 1874, aff. Boucher, D. P. 75. 3. 441) ; — 2° Que, de même, en cas de condamnation, les frais de la vérification administrative confiée à un ingénieur par le conseil de préfecture peuvent être mis à la charge du contrevenant (Cons. d'Et. 24 juin 1887, aff. Comp. des mines de Meurchin, D. P. 88. 3. 89). — Dans le cas, au contraire, où un fait de nature à constituer une contravention de grande voirie a été constaté, mais où il n'a été prononcé ni amende, parce que les règlements n'en prévoient pas, ni dommages-intérêts, parce qu'aucune dégradation n'a été causée, le conseil d'Etat, pendant plusieurs années, a admis que les frais du procès-verbal ne pouvaient être mis à la charge des intéressés (Cons. d'Et. 6 juill. 1877, aff. Pécher, D. P. 78. 3. 4 ; 10 mai 1878, aff. Moreau, D. P. 78. 3. 91 ; 2 juill. 1880, aff. Maquinneheau, D. P. 81. 3. 51 ; 20 juill. 1883, aff. Benex, D. P. 85. 3. 44). Cette doctrine se justifiait par des motifs très juridiques. Il est, en effet, peu conforme aux principes de saisir un tribunal de répression d'une contravention, alors qu'il ne peut prononcer aucune condamnation et de transformer le remboursement des frais du procès-verbal en une peine principale. Mais, en pratique, l'application de cette théorie assurait l'impunité des contraventions de nature à compromettre la sécurité de la navigation ou la conservation des ouvrages publics toutes les fois que l'infraction aux règlements n'avait pas eu en fait de conséquences dommageables. C'est, sans doute, cette considération qui a déterminé le conseil d'Etat à revenir à sa jurisprudence antérieure (V. *infrà*, v° *Voirie par eau* ; — *Rép.* eod. v°, n° 304). Il a jugé, en effet, le 8 juill. 1887 (aff. Oger, D. P. 88. 3. 98) qu'alors même qu'aucune condamnation à titre de dommages-intérêts n'est prononcée contre un contrevenant (dans l'espèce, il s'agissait d'un capitaine de navire qui, contrairement aux ordres de l'officier de port, avait disposé son navire de manière à gêner les mouvements du bâtiment voisin et à lui causer du dommage) les frais du procès-verbal doivent être mis à sa charge.

**725.** En matière électorale, l'instruction se fait par voie administrative et sans frais. Elle peut donner lieu néanmoins à des enquêtes ou à d'autres mesures de vérification ; mais le conseil d'Etat avait décidé, par deux arrêts du 19 juill. 1867 et du 26 févr. 1872, que, dans ce cas, le conseil de préfecture ne pourrait prononcer aucune condamnation aux dépens. Ces décisions étaient motivées sur la règle de l'immunité entière attachée aux affaires électorales, qui doivent être jugées sans frais. — Jugé : 1° que les réclamations contre les élections municipales devant être jugées sans frais, il n'y a pas lieu de mettre à la charge du réclamant les frais de la vérification qui a été ordonnée pour constater la date du dépôt de sa protestation, alors surtout que cette vérification a fait reconnaître que ce dépôt avait eu lieu en temps utile (Cons. d'Et. 19 juill. 1867; aff. Élections de Hannemezan, D. P. 68.3.99); — 2° Qu'en matière électorale, la partie qui succombe ne peut être condamnée aux frais de l'enquête ordonnée par le conseil de préfecture (Cons. d'Et. 26 févr. 1872, aff. Élections de Saint-Sylvestre, D. P. 73. 3. 31). — Ce principe a été consacré par l'art. 63, § 3, de la loi du 22 juill. 1889 qui déclare « qu'il n'y a lieu, en matière électorale, à aucune condamnation aux dépens ».

**726.** Les tarifs établis pour le règlement des frais et honoraires en matière civile n'ayant pas été déclarés applicables aux instances portées devant les conseils de préfecture, la jurisprudence décidait, avant le décret du 18 janv. 1890, que ces conseils n'étaient pas tenus de se conformer, dans le règlement des frais et honoraires concernant lesdites instances, aux dispositions du décret du 16 févr. 1807. En l'absence d'un tarif spécial, ces frais devaient être réglés d'après les divers éléments de la cause (Cons. d'Et. 16 juill. 1863, aff. Féchon, D. P. 63. 3. 82; 2 juin 1869, aff. Lasserre, D. P. 70.3.82; 8 juin 1888, aff. Gouault, D. P. 89. 3. 92; Comp. Rép. n° 1218). — Jugé: 1° que lorsqu'un ingénieur des mines a été commis, par le conseil de préfecture d'un département autre que celui où il exerce ses fonctions, pour procéder à une expertise dans une contestation entre deux compagnies houillères, il a droit à des frais de déplacement et à des honoraires; mais que ces frais et honoraires ne doivent être réglés, ni d'après un arrêté préfectoral fait pour les ingénieurs du département où le litige est engagé, ni d'après le décret réglementaire du 10 mai 1854, ni d'après le tarif des frais et dépens en matière civile, établi par le décret du 16 févr. 1807; il doit être réglé d'après les divers éléments de la cause (Cons. d'Et. 15 mai 1867, aff. Résal, D. P. 68. 3. 15); — 2° Que le décret du 16 févr. 1807, qui fixe le tarif des frais et dépens en matière civile, n'est pas applicable aux instances suivies devant le conseil de préfecture; que, par suite, il appartient au préfet de régler les frais des expertises suivant les circonstances; que les frais de déplacement des experts peuvent être calculés, lorsque les circonstances motivent ce procédé, d'après la distance parcourue dans les limites du département seulement (Cons. d'Et. 28 déc. 1877, aff. Piedoye, D. P. 78.3.34); — 3° Que les conseils de préfecture ne sont pas tenus de se conformer, pour la taxe des frais et dépens faits devant eux, aux dispositions du décret du 16 févr. 1807 qui règlent le tarif des frais et dépens en matière civile devant les cours et tribunaux; que, par suite, ils n'ont à prendre d'autre base d'appréciation, pour déterminer le montant d'honoraires d'expertise, que l'importance du travail auquel les experts se sont livrés dans les limites de leur mission, et le chiffre des dépenses légitimement faites dans les mêmes limites (Cons. préfect. de la Seine, 30 juin 1880, aff. Muller, Hutteau et Petiton, D. P. 80.3.133); — 4° Que les honoraires dus aux experts par ce procédé devant un conseil de préfecture doivent être fixés, non à une somme proportionnelle au montant du décompte, mais par référence à leurs frais et déboursés ainsi qu'au nombre des vacations (Cons. d'Et. 21 mars 1883, aff. Jeantieu, D. P. 84. 3. 69. V. aussi Cons. d'Et. 4 déc. 1874, aff. Gagnebé, D. P. 75. 5.249); — 5° Que les experts chargés, dans un litige entre l'Administration et un entrepreneur de travaux publics, non de procéder à un nouveau décompte, mais de donner leur avis sur des réclamations déterminées et de faire au décompte les rectifications résultant des réclamations admises, n'ont que droit à des honoraires calculés d'après le tarif en usage pour les architectes qui règlent des mémoires (Cons. d'Et. 22 juin 1888, aff. Ville de Paris, D. P. 89. 3. 67).

Le décret des 18-22 janv. 1890 (D. P. 90. 4. 7) a fixé les allocations pour la procédure à suivre devant les conseils de préfecture. Le règlement des frais et honoraires doit être fait conformément à ses prescriptions.

**727.** — 1° Introduction des instances et mesures générales d'instruction. — Il est alloué pour la copie des requêtes, mémoires et pièces y annexées, par rôle de vingt-cinq lignes à la page et de douze syllabes à la ligne, 50 cent. (art. 1er du décret du 18 janv. 1890).

Les instances devant les conseils de préfecture sont généralement introduites au moyen d'une requête, qui est déposée au greffe, accompagnée de copies destinées à être notifiées aux parties en cause. Mais l'art. 4 de la loi du

18 juill. 1889 permet aux parties, si elles préfèrent ce mode de procéder, de faire signifier leur demande par exploit d'huissier. Cette formalité n'étant pas indispensable, les frais de signification n'entrent pas en taxe.

**728.** — 2° Expertises. — Les experts doivent joindre à leur rapport un état de leurs vacations, frais et honoraires. La liquidation et la taxe en sont faites par arrêté du président du conseil de préfecture, même en matière de contributions directes ou de taxes assimilées, conformément au tarif fixé par le décret du 18 janv. 1890. Les experts ou les parties peuvent, dans le délai de trois jours à partir de la notification qui leur est faite dudit arrêté, contester la liquidation devant le conseil de préfecture, statuant en chambre du conseil (L. 22 juill. 1889, art. 23). Le décret du 18 janv. 1890 porte : « Art. 2. Il sera alloué à chaque expert, par vacation de trois heures, s'il est domicilié dans le département de la Seine ou dans une ville dont la population excède cent mille habitants, 8 fr.; s'il est domicilié dans une ville dont la population excède trente mille habitants, 7 fr.; ailleurs 6 fr. Il ne pourra être taxé aux experts plus de trois vacations par jour à la résidence, et quatre hors de la résidence. Les experts auront, en outre, droit à une vacation pour la prestation de serment et une pour le dépôt du rapport, indépendamment de leurs frais de transport. — Art. 3. Si les experts sont appelés par le conseil de préfecture, soit à dresser un devis détaillé, soit, à défaut de l'architecte, à diriger des travaux ou à procéder à la vérification et au règlement de mémoires d'entrepreneurs, il leur sera alloué : 1° Pour rédaction de devis, 1 et demi pour 100; 2° pour direction de travaux, 1 et demi pour 100; 3° pour vérification et règlement, 2 pour 100. Cette allocation sera répartie également entre les experts ou attribuée à l'un d'eux, suivant que le travail aura été fait en commun ou par un seul expert, Les travaux rémunérés à part, comme il est dit ci-dessus n'entreront pas en compte dans le calcul des vacations. — Art. 4. La mise au net du rapport sera taxée conformément à l'art. 1er. — Art. 5. Il sera alloué aux experts, pour frais de transport : 1° En chemin de fer, 20 cent. par kilomètre; 2° sur les routes ordinaires, 40 cent. par kilomètres. La première taxe sera applicable de droit, quand le parcours sera desservi par une voie ferrée. En matière de contributions directes et de taxes assimilées, le parcours effectué en dehors des limites du département n'entrera pas en compte; dans les autres matières, il pourra être admis suivant les circonstances de l'affaire. — Art. 6. Si les experts sont appelés, par application de l'art. 22 de la loi du 22 juill. 1889, à comparaître devant le conseil de préfecture, ils seront rémunérés conformément aux art. 2 et 5 du présent décret. — Art. 7. Les frais divers dont les experts auront dû faire l'avance, tels que le papier timbré, l'enregistrement, les ports de lettres et de paquets et le coût de tous travaux et opérations indispensables à l'accomplissement de leur mission, leur seront remboursés sur état. — Art. 8. Les experts ne pourront rien réclamer pour s'être fait aider par des copistes, dessinateurs, toiseurs, porte-chaînes, etc., ces frais étant compris dans les allocations ci-dessus mentionnées pour vacations, rédaction de devis, direction de travaux, règlement et mise au net du rapport. — Art. 9. Le président, en procédant à la taxe de vacations et autres frais, les réduira, s'ils lui paraissent excessifs. Il n'admettra en taxe ni les opérations, visites et plans inutiles, ni les longueurs dans les rapports. — Art. 10. Les dispositions qui précèdent seront applicables à la tierce expertise prévue en matière de contributions directes par l'art. 5 de la loi du 29 déc. 1884 ».

**729.** La jurisprudence est nettement fixée en ce sens qu'en matière de contributions directes et de taxes assimilées, les experts ne peuvent jamais réclamer les intérêts de leurs honoraires. D'après l'arrêté du 24 flor. an 8 (art. 20 et 21) les frais dus aux experts sont avancés par le percepteur et recouvrés comme en matière de contributions directes. En ce sens, il a été jugé : 1° que dans les expertises relatives à des demandes en décharge ou réduction de contributions directes, les sommes allouées aux experts ne portent pas intérêts à leur profit (Cons. d'Et. 28 déc. 1877, aff. Piedoye, D. P. 78. 3. 35; 8 juin 1888, aff. Gouault, D. P. 89. 3. 92. V. aussi, par analogie, Cons. d'Et. 2 juin 1879, aff. Trône, D. P. 1871. 3. 9). — Cette solution, fondée sur les règles de la comptabilité publique, est spéciale à la matière des contributions directes. Elle est inapplicable en toute autre matière, notamment lorsqu'il s'agit de contestations relatives aux travaux publics, où les mêmes raisons n'existent pas; aussi le conseil d'Etat alloue-t-il aux experts les intérêts des honoraires liquidés par le conseil de préfecture, à partir de la demande qu'ils font desdits intérêts devant le conseil d'Etat. — Décidé : 1° que dans un litige entre l'Administration et un entrepreneur de travaux publics, les sommes dues aux experts en vertu d'un arrêté du conseil de préfecture portent intérêts à leur profit à partir de la demande qu'ils font desdits intérêts devant le conseil d'Etat (Cons. d'Et. 21 mars 1883, aff. Jeantieu, D. P. 84. 3. 69) ; — 2° Que, lorsque l'arrêté du conseil de préfecture liquidant les honoraires dus aux experts, dans une instance entre l'Administration et un entrepreneur a été déféré au conseil d'Etat, ces intérêts sont dus aux experts à partir du jour où ils les ont demandés devant le conseil d'Etat (Cons. d'Et. 9 mars 1888, aff. Mandon et Demay, D. P. 89.3. 67).—Il a été décidé, cependant, d'une façon générale, que les experts ne peuvent réclamer les intérêts des sommes qui leur sont allouées à titre de frais et honoraires (Cons. préf. de la Seine, 30 juin 1880, aff. Muller et consorts, D. P. 80. 3. 133). Mais cette décision ne saurait avoir aucune autorité en présence de la jurisprudence postérieure du conseil d'Etat, qui la contredit formellement.

Au reste, tant que les frais ne sont pas liquidés, les experts ne peuvent réclamer les intérêts de leurs honoraires. Ainsi il a été jugé que les experts qui ont opéré dans une instance entre un entrepreneur et l'Administration ne peuvent réclamer les intérêts des sommes qui leur sont dues avant la décision qui liquide les frais d'expertise (Cons. d'Et. 3 mars 1882, aff. Duvert et autres, D. P. 83. 3. 114); c'est seulement en matière de contributions directes et de taxes assimilées que la décision du conseil de préfecture est exacte. — Il a, d'ailleurs, été décidé que lorsque les frais d'expertise sont mis à la charge de l'Administration, la partie adverse qui a fait l'avance de ces frais n'a pas droit à réclamer les intérêts des sommes qu'elle a ainsi déboursées (Cons. d'Et. 4 janv. 1883, aff. Fouché-Lepelletier, D. P. 84. 3. 69). La partie qui fait des avances aux experts, avant la décision qui statue sur les frais d'expertise, agit volontairement et à ses risques et périls (Comp. infrà, n° 737).

**730.** Même avant le décret du 2 nov. 1864 (V. suprà, n° 722), la jurisprudence décidait que les frais d'expertise, ne pouvant être considérés comme des dépens, doivent être mis à la charge de l'Etat qui succombe. — Jugé que lorsqu'une expertise ordonnée par le conseil de préfecture et ayant servi de base à une condamnation prononcée contre l'Etat pour dommage causé par l'exécution de travaux publics, doivent être mis à la charge exclusive de l'Etat; et l'on prétendrait à tort que l'Etat et son adversaire doivent payer chacun les frais de son expert (Cons. d'Et. 18 août 1856, aff. Péan de Saint-Gilles, D. P. 57. 3. 21. V. aussi Cons. d'Et. 22 juin 1854, aff. Chram, D. P. 55. 3. 9; 21 mars 1861, aff. Bouillaut, D. P. 61. 3. 57). Mais les frais d'une expertise prescrite par le conseil de préfecture en matière de manufactures dangereuses, incommodes ou insalubres, ne peuvent être mis à la charge de l'Administration et doivent être supportés par la partie qui succombe (Cons. d'Et. 29 juill. 1887, aff. Ducrozet et Rapiri, D. P. 88. 3. 115). L'Etat, en effet, peut être condamné à supporter ces expertises dans les instances où ses intérêts pécuniaires sont engagés et où, par suite, il peut être considéré comme partie en cause; or il n'en est pas ainsi lorsque le préfet a statué sur une demande d'autorisation d'établissement classé, dans l'exercice des pouvoirs de police que lui confèrent le décret du 15 oct. 1810 et l'ordonnance du 14 janv. 1815 combinés avec le décret du 25 mars 1852; l'Etat désintéressé dans le litige ne peut être condamné à supporter les frais d'expertise. C'est par un motif analogue qu'en matière de logements insalubres ces frais ne peuvent être mis à la charge des communes (Cons. d'Et. 1er août 1884, aff. Du Plessis d'Argentré et aff. Métayer, deux arrêts, D. P. 86. 3. 26).

**731.** En règle générale, la partie condamnée à payer à une autre partie une indemnité fixée sur rapport d'experts doit être condamnée aux dépens, s'il n'a pas fait d'offres suffisantes (Rép. n° 1209). Il a été jugé : 1° que la partie condamnée par le conseil de préfecture à payer à une autre partie une indemnité fixée sur

rapport d'expert, doit être condamnée aux dépens, s'il n'est pas justifié qu'elle ait fait auparavant des offres suffisantes (Cons. d'Et. 5 juill. 1855, aff. Beaufrère, D. P. 56. 3. 13); — 2° Que, dans un litige entre l'Etat et un entrepreneur de travaux publics au sujet du règlement des comptes de l'entreprise, l'Etat peut être condamné à supporter seul tous les frais de l'expertise que l'insuffisance des comptes de l'entreprise a rendue nécessaire (Cons. d'Et. 21 mars 1861, aff. Bouillaut, D. P. 61. 3. 57); — 3° Que, lorsque l'Administration n'a fait aucune offre d'indemnité aux propriétaires qui se prétendent lésés par l'exécution d'un travail public, il y a lieu, si le droit à indemnité vient à être reconnu, de mettre à sa charge la totalité des frais d'expertise (Cons. d'Et. 7 juin 1865, aff. Auger, D. P. 66. 3. 19); — 4° Que l'Administration doit supporter tous les frais d'expertise, lorsqu'elle n'avait fait au propriétaire lésé aucune offre d'indemnité (Cons. d'Et. 22 mai 1885, aff. Fizeau, D. P. 87. 3. 5). —Mais le juge peut répartir les dépens entre les parties, lorsque chacune d'elles succombe dans une partie de ses conclusions. Ainsi il a été jugé que, dans le cas où une contestation entre une commune et un entrepreneur a été provoquée tant par l'insuffisance des offres que par l'exagération des demandes, il y a lieu de partager les frais d'expertise (Cons. d'Et. 28 déc. 1883, aff. Ville de Vannes, D. P. 85. 3. 60; 21 mars 1883, aff. Jeantieu, cité suprà, n° 729).

**732.** Il a été jugé, que, lorsqu'il y a lieu à expertise, en matière de redevances proportionnelles dues par les propriétaires de mines, les frais en doivent être mis, pour la totalité, à la charge de l'Administration, si la réclamation du concessionnaire est admise, même partiellement, en ce qui concerne les points sur lesquels a porté l'expertise (Cons. d'Et. 4 juin 1880, aff. Chagot et comp., D. P. 81. 3. 5). — Cette solution ne paraît plus applicable aujourd'hui. En effet, l'art. 5 de la loi de finances du 29 déc. 1884 (V. suprà, n° 721), s'applique, croyons-nous, aux redevances dues par les propriétaires de mines, bien qu'il ne vise expressément que les contributions directes et les taxes assimilées. La loi du 28 avr. 1810 et le décret du 6 mai 1811 sur les mines étendent aux redevances les règles de compétence et de procédure établies pour les contributions directes; et il n'y a aucun motif spécial qui puisse justifier le maintien en ce qui concerne la répartition des frais d'expertise en matière de mines d'une règle qui a été abolie en matière de contributions directes. Les frais d'expertise qui aux termes du décret du 6 mai 1811 (art. 32) ne devaient être mis à la charge des exploitants de mines que si leur réclamation était mal fondée (V. Rép. v° Mines, p. 633) seront donc répartis, suivant l'appréciation du juge, dans les termes de l'art. 130 c. proc. civ.

**733.** Le conseil d'Etat avait, à plusieurs reprises, réduit les frais de déplacement dus aux experts en matière de contributions directes, d'après la distance parcourue dans le département (Cons. d'Et. 28 déc. 1877, aff. Piédoye, D. P. 78. 3. 34; 15 janv. 1886, aff. Malaval, Rec. Cons. d'Etat, p. 29). Mais, dans ces espèces, la solution paraissait avoir été motivée en fait, aucune circonstance spéciale ne justifiant le choix d'experts dont la coopération exigeait des frais exagérés par rapport à l'objet du litige. Dans un arrêt en date du 8 juin 1888 (aff. Gouault, D. P. 89. 3. 92), le conseil d'Etat a décidé qu'en matière de contributions directes, l'Administration ne peut être tenue de rembourser à l'expert qui réclamant des frais de déplacement en dehors des limites du département où l'expertise a eu lieu. Ce principe a été adopté par le décret du 18 janv. 1890 dont l'art. 5 porte : « En matière de contributions directes et de taxes assimilées, le parcours effectué en dehors des limites du département n'entrera pas en compte; dans les autres matières, il pourra être admis suivant les circonstances de l'affaire ».

**734.** On a dit au Rép. n° 1194, que lorsqu'un tribunal de l'ordre judiciaire a été saisi d'une demande de la compétence administrative, il n'en doit pas moins statuer sur les dépens faits devant lui. Jugé que, lorsque, sur le déclinatoire proposé par le préfet, un tribunal se déclare incompétent, il lui appartient, néanmoins, de statuer sur les dépens auxquels l'instance a donné lieu devant l'autorité judiciaire (Trib. des confl. 16 mai 1874, aff. Commune de Saint-Enogat, D. P. 75. 3. 37). La même règle doit être appliquée dans les affaires poursuivies devant le conseil de préfecture. Il a été jugé que le conseil de préfecture, en se déclarant incompétent et en renvoyant les parties devant le ministre, doit statuer sur les frais de l'expertise à la suite de laquelle il a reconnu son incompétence (Cons. d'Et. 25 mars 1881, aff. Bertaud et Davous, D. P. 82. 3. 93). — La condamnation aux dépens faits devant les tribunaux ne peut être prononcée ni par le conseil d'Etat ni par les conseils de préfecture (*Rép.* n° 1195). — Décidé : 1° que le conseil de préfecture ne peut statuer sur les dépens d'un référé introduit en matière de travaux publics (Cons. d'Et. 30 avr. 1875, aff. Billuart, Lizot et comp., D. P. 76. 3. 10) ; — 2° Que lorsque l'autorité judiciaire a statué définitivement sur les dépens d'une instance entre l'Etat et un fournisseur, le ministre ne peut décider ultérieurement que les dépens auxquels l'Etat a été condamné lui seront remboursés par le fournisseur (Cons. d'Et. 22 déc. 1876, aff. Tarride, D. P. 78. 5. 285).

**735.** Le règlement des frais dont une quote-part est mise à la charge de chaque intéressé est une opération essentiellement indivisible. L'indivisibilité existe encore à l'égard des expertises auxquelles il est procédé dans l'intérêt commun des parties. Lorsqu'il en est ainsi, en effet, les experts ont une action solidaire contre toutes les parties ; la réduction obtenue par l'une des parties doit donc profiter à l'autre. Il a été jugé que la fixation du montant total des frais d'expertise taxés par le juge étant nécessairement la même au regard de toutes les parties en cause, la réduction obtenue par une des parties devant le juge d'appel profite également à l'autre (Cons. d'Et. 21 mars 1883, aff. Jeantieu, D. P. 84. 3. 69).

**736.** Lorsque l'expertise a été ordonnée entre toutes les parties en cause et dans leur intérêt commun, les frais peuvent être mis solidairement à la charge de toutes les parties (Cons. d'Et. 3 mars 1882, aff. Duvert et autres, D. P. 83. 3. 114 ; 9 mars 1888, aff. Mandon et Demay, D. P. 89. 3. 67. Comp. *Rép.* v° *Expertise*, n° 208).

**737.** En matière civile, l'art. 319 c. proc. civ. ne donne d'action aux experts qu'après le dépôt de leur rapport, et le refus des parties de leur avancer le montant des frais n'est pas considéré comme un motif légitime de ne pas accomplir la mission qu'ils ont acceptée ; mais, comme les experts nommés sont toujours libres de décliner l'offre qui leur est faite, ils peuvent prendre les mesures nécessaires pour sauvegarder leurs intérêts (V. *Rép.* v° *Expertise*, n° 117). Le conseil d'Etat a appliqué ces règles aux expertises administratives en décidant que les experts désignés par le conseil d'Etat n'ont pas le droit de demander des avances aux parties, lorsque la décision à la suite de laquelle ils ont été nommés ne contient aucune disposition en ce sens, et qu'ils ont commencé leurs opérations sans avoir obtenu d'aucune des parties son consentement à faire l'avance des frais (Cons. d'Et. 7 août 1875, aff. Duvert et autres, D. P. 76. 3. 37). Des termes de cette décision, il résulte qu'avant l'acceptation des experts, le juge pourrait stipuler qu'ils recevront des avances des parties ; une clause de ce genre rentrerait, en effet, dans les dispositions qu'il peut prendre pour assurer l'exécution des mesures de vérification qui lui paraissent nécessaires. — Il a été jugé, en dernier lieu, que les experts désignés par le conseil d'Etat sont recevables à demander audit conseil de régler les frais de leurs opérations et de déterminer à la charge de qui en incombe le payement, alors qu'un désistement intervenu à la suite d'une transaction a mis fin au litige entre les parties (Cons. d'Et. 3 mars 1882, aff. Duvert et autres, D. P. 83. 3. 114).

**738.** — 3° *Des visites de lieux.* — Les frais des visites de lieux faites par le conseil de préfecture sont compris dans les dépens de l'instance (L. 22 juill. 1889, art. 25). « Lorsque le conseil de préfecture, porte l'art. 13 du décret du 18 janv. 1890, se transportera tout entier, ou que l'un ou plusieurs de ses membres se transporteront sur les lieux, chaque conseiller aura droit à des frais de transport calculés conformément aux art. 2 et 5 (V. *suprà*, n° 728), et, en outre, si le transport a lieu à une distance d'un myriamètre au moins, à une indemnité de 12 fr. par jour. Le secrétaire-greffier aura droit aux mêmes frais de route et à une indemnité de 8 fr. par jour ».

**739.** — 4° *Des enquêtes et des interrogatoires.* — Les parties peuvent assigner les témoins à leurs frais par exploit d'huissier (L. 22 juill. 1889, art. 28). Si les témoins entendus dans une enquête requièrent taxe, la taxe est faite par le président du conseil ou le commissaire, suivant que l'opération a lieu devant le conseil ou devant un de ses membres, conformément à l'art. 14 du décret du 18 janv. 1890 (L. 22 juill. 1889, art. 35). Aux termes de cet article, les frais de transport des témoins sont taxés ainsi qu'il suit : 1° en chemin de fer, 15 cent. par kilomètre ; 2° sur les routes ordinaires, 40 cent. par kilomètre. La première taxe est applicable de droit quand le parcours est desservi par une voie ferrée. Il est, en outre, alloué aux témoins, à titre de taxe de comparution, une indemnité de 2 à 10 fr. par jour. Il n'est pas accordé de taxe aux témoins en matière électorale (L. 22 juill. 1889, art. 35).

**740.** Le décret du 18 janv. 1890 est muet en ce qui concerne l'interrogatoire des parties. Nous pensons que les frais de voyage de la partie gagnante doivent être compris dans les dépens que doit supporter la partie perdante. L'interrogatoire, en effet, est une mesure d'instruction ; et, aux termes de l'art. 64 de la loi du 22 juill. 1889, les frais occasionnés par les mesures d'instruction rentrent dans les dépens. On pourrait, par analogie, appliquer l'art. 14 du décret précité.

**741.** — 5° *Des vérifications d'écritures et de l'inscription de faux.* — Les dispositions des art. 2, 5 et 6 du décret du 18 janv. 1890 sont applicables à l'expert ou aux experts nommés par le conseil de préfecture pour faire une vérification d'écritures. Toutefois, la vérification devant être effectuée en présence d'un membre du conseil de préfecture désigné à cet effet, les experts n'auront droit à aucune vacation supplémentaire pour la prestation de serment ou pour le dépôt du rapport (art. 11 du décret). Les dépositaires de pièces, appelés à les représenter devant le conseil de préfecture, sont assimilés aux experts quant aux frais de voyage et aux vacations (art. 12 du décret).

**742.** — 6° *Des incidents.* — Les frais du procès, en cas de désistement, sont à la charge de la partie qui se désiste (L. 22 juill. 1889, art. 42). Cette règle comporte toutefois les mêmes exceptions que dans le cas où le désistement a lieu devant le Conseil d'Etat (V. *infrà*, n° 750. Comp. Guermeur, *De la procédure devant les conseils de préfecture*, n° 144).

**743.** — 7° *Significations d'arrêtés ou de décisions.* — Dans tous les cas où il y a lieu à signification par exploit d'huissier, soit d'un arrêté d'avant faire droit, soit d'un arrêté définitif, soit d'une décision du président liquidant les frais d'expertise ou les dépens, l'huissier aura droit aux émoluments qui lui sont attribués par le tarif en vigueur devant les tribunaux de première instance (Décr. 18 janv. 1890, art. 15).

**744.** — 8° *Liquidation des dépens.* — On a vu au *Rép.* n° 1218 qu'aucune disposition légale n'existait sur ce point, et que la taxe des dépens était faite par les juges qui avaient prononcé la condamnation. Aux termes des art. 65 et 66 de la loi du 22 juill. 1889 (D. P. 90. 4. 6), la liquidation des dépens est faite, s'il y a lieu, par l'arrêté qui statue sur le litige, conformément au tarif fixé par le décret du 18 janv. 1890. Si l'état des dépens n'est pas soumis en forme utile au conseil de préfecture, la liquidation en est faite par le président du conseil, le rapporteur entendu. Les parties peuvent former opposition à cette décision devant le conseil de préfecture statuant en chambre du conseil, dans le délai de huit jours à dater de la notification.

Quant aux frais d'expertise, la liquidation en est faite par arrêté du président du conseil de préfecture (L. 22 juill. 1889, art. 23, 63). Il en est ainsi même en matière de contributions directes (Art. 23 précité). Antérieurement, c'était le préfet, sur l'avis du sous-préfet, qui liquidait les frais de vérification et d'expertise dans les litiges relatifs aux contributions directes ou aux taxes assimilées (Arrêté du 24 flor. an 8, art. 13). Ce mode de liquidation ne s'appliquait qu'aux frais de vérification et d'expertise qui, d'ailleurs, pouvaient seuls être mis, en principe, à la charge de la partie condamnée (V. *suprà*, n° 723). Toutefois, en matière de taxe de pâturage, un arrêt, après avoir jugé que la commune qui succombait en frais était condamnée aux frais de cette enquête, a décidé qu'ils devaient être liquidés par le préfet conformément à l'art. 17 de l'arrêté du 24 flor. an 8 (Cons. d'Et. 20 avr. 1883, aff. Ducrest, D. P. 84. 3. 114).

**745.** — II. DÉPENS DANS LES INSTANCES SUIVIES DEVANT LE CONSEIL D'ÉTAT. — 1° *Condamnation aux dépens.* — En matière administrative, il est admis, par la pratique constante du conseil d'État, qu'il n'y a pas lieu de condamner aux dépens la partie qui succombe devant le conseil d'État, lorsque l'adversaire n'a pas pris de conclusions à cette fin (Cons. d'Ét., 9 mai 1873, aff. Baussan et autres, D. P. 74. 3. 52). — Toutefois, d'après une décision antérieure, il suffit que la partie ait conclu à l'annulation de la décision attaquée avec toutes les conséquences de droit, pour que les dépens puissent lui être alloués (Cons. d'Ét. 8 août 1863, aff. Ballouhey, *Rec. Cons. d'État*, p. 747). Le commissaire du Gouvernement avait soutenu, au contraire, qu'en l'absence de conclusions formelles, cette allocation devait être refusée à la partie gagnante.

**746.** Par application de la règle que la partie qui succombe doit supporter les dépens, il a été jugé : 1° que, dans le cas où le conseil d'État se déclare d'office incompétent, les dépens doivent être supportés par la partie qui a saisi à tort la juridiction administrative (Cons. d'Ét. 28 mars 1888, aff. Commune de Saissac, D. P. 89. 3. 53 ; 12 juill. 1889, aff. Aubry, D. P. 91. 3. 18) ; — 2° Que les dépens doivent être mis à la charge de l'adversaire de la partie qui avait réclamé devant le conseil de préfecture contre le mode de nomination du tiers expert dont l'irrégularité a entraîné l'annulation de l'arrêté dudit conseil (Cons. d'Ét. 28 mars 1888, aff. Chemin de fer d'Orléans, D. P. 89. 3. 53). L'adversaire de la compagnie avait soutenu, tant devant le conseil de préfecture que devant le conseil d'État, que l'ingénieur en chef n'était pas tiers expert de droit ; il était donc sans difficulté que les frais causés par la nomination irrégulière faite par le conseil de préfecture conformément à ses conclusions devaient rester à sa charge. Dans le cas, au contraire, où l'irrégularité de l'expertise est imputable à une erreur commune des parties, le conseil d'État partage ordinairement les dépens (Cons. d'Ét. 4 déc. 1885, aff. Pignot, D. P. 87. 3. 52).

**747.** Le conseil d'État est compétent pour statuer non seulement sur les dépens de l'instance pendante devant lui, mais aussi sur ceux qui ont été faits devant les juridictions administratives inférieures. Mais il ne peut statuer sur les dépens engagés devant un tribunal (*Rép.* n°s 1194 et suiv. et *suprà*, n° 734). Jugé que le conseil d'État ne peut statuer sur les dépens exposés devant le tribunal civil qui avait d'abord été incompétemment saisi, quand même le tribunal, en se déclarant incompétent, aurait renvoyé les parties à se pourvoir devant qui de droit, pour y être statué tant sur le fond que sur les dépens exposés devant lui (Cons. d'Ét. 20 févr. 1874, aff. Rouvière, D. P. 74. 3. 89).

**748.** La partie qui succombe doit être condamnée aux dépens dans des conditions analogues à celles qui sont de droit commun en procédure civile. Elle doit être condamnée aux dépens non seulement envers la partie principale, mais aussi envers celles dont l'intervention a été admise (*Rép.* n° 1208 ; Cons. d'Ét. 30 avr. 1880, aff. Albrecht, D. P. 81. 3. 26 ; 9 août 1880, aff. Ville de Bergerac, D. P. 81. 3. 92). — Il a été jugé que le demandeur qui succombe devant le conseil d'État, par l'effet de l'admission d'une fin de non-recevoir, ne peut se prévaloir de ce que sa demande aurait dû, dès le principe, être écartée comme non recevable par le conseil de préfecture, au lieu d'être rejetée au fond, pour demander que les dépens soient mis à la charge du défendeur (Cons. d'Ét. 22 mars 1860, aff. Léger et Morlé, D. P. 60. 3. 17).

**749.** Lorsque deux parties se sont pourvues contre un même arrêté dans un intérêt commun, elles peuvent être condamnées solidairement aux dépens. Il a été jugé, en ce sens, que lorsqu'une compagnie de chemin de fer et des entrepreneurs se sont pourvus au conseil d'État contre un arrêté qui les condamne à payer une indemnité à des tiers pour terrains fouillés et occupés, et lorsque leur recours est rejeté, il y a lieu de les condamner solidairement aux dépens (Cons. d'Ét. 21 janv. 1881, aff. Comp. des chemins de fer de Paris-Lyon-Méditerranée, *Rec. Cons. d'État*, p. 105).

**750.** Les dépens doivent être mis à la charge de la partie qui donne son désistement (*Rép.* n° 1209 ; Cons. d'Ét. 9 mai 1866, aff. Chateau, *Rec. Cons. d'État*, p. 464). Toutefois, lorsque le requérant donne son désistement à la condition que les dépens seront compensés et que cette condition est acceptée par l'adversaire, il y a lieu, pour le conseil d'État, de déclarer les dépens compensés (V. *suprà*, v° *Désis-*

tement, n° 16 ; Cons. d'Ét. 12 janv. 1853, aff. Alloneau, *Rec. Cons. d'État*, p. 97). — Les frais de la défense doivent être mis à la charge du demandeur qui s'est désisté, lorsque cette défense, bien que postérieure au désistement, est antérieure à la notification qui en a été faite (Cons. d'Ét. 21 déc. 1883, aff. Chemins de fer de l'État, D. P. 85. 5. 265-266). Mais les dépens faits après la signification du désistement sont à la charge de la partie qui les a occasionnés inutilement ou par des contestations mal fondées (*Rép.* n° 1209). Jugé que lorsque celui qui est appelé en garantie devant le conseil d'État n'a produit sa défense qu'après le dépôt au greffe et la signification au défendeur du désistement de la demande en garantie, il doit supporter seul les frais de sa défense (Cons. d'Ét. 13 juill. 1870, aff. Denis, *Rec. Cons. d'État*, p. 899).

**751.** La partie qui a introduit un recours contre un arrêté du préfet ou du ministre doit obtenir, à son profit, une condamnation aux dépens, si le recours est fondé, encore bien que l'arrêté dénoncé ait été rapporté depuis l'instance devant le conseil d'État, et que cette rétractation du préfet ou du ministre ne laisse plus lieu à une annulation par le conseil (*Rép.* n° 1209 ; Cons. d'Ét. 26 nov. 1880, aff. Charlan, *Rec. Cons. d'État*, p. 936).

**752.** Il a été décidé que l'auteur d'un pourvoi principal déclaré non recevable doit supporter les dépens du recours incident (Cons. d'Ét. 16 juill. 1880, aff. Solet, *Rec. Cons. d'État*, p. 670).

**753.** Le conseil d'État, comme l'autorité judiciaire, a le droit de tenir compte, dans la répartition des dépens, des fautes qui peuvent être respectivement imputées aux parties, même à la partie gagnante (*Rép.* n°s 1209 et suiv. ; *suprà*, n° 21). Jugé : 1° que dans le cas où un entrepreneur a pratiqué des extractions de matériaux dans une propriété sans y être régulièrement autorisé, l'incompétence du conseil de préfecture devant lequel avait été formée la demande de l'indemnité est imputable à la faute de cet entrepreneur ; et que, par suite, nonobstant l'annulation de l'arrêté par lequel le conseil de préfecture avait incompétemment statué sur le fond du litige, les frais de l'expertise à laquelle il avait été procédé devant ce conseil et les dépens de l'instance devant le conseil d'État doivent être supportés par cet entrepreneur (Cons. d'Ét. 23 mai 1861, aff. Chemin de fer d'Orléans, D. P. 61. 5. 499) ; — 2° Que lorsque le conseil d'État annule pour incompétence la décision par laquelle le conseil de préfecture a condamné une fabrique au payement du prix de certains travaux à elle réclamé par un entrepreneur, il peut, bien que cette partie n'ait pas fondé son recours que sur la circonstance qu'elle ne serait pas le véritable débiteur, mettre les dépens à la charge exclusive de l'entrepreneur, défendeur au pourvoi, qui a eu le tort de porter la contestation devant la juridiction administrative (Cons. d'Ét. 12 mai 1868, aff. Fabrique de Saint-Vincent-de-Paul, D. P. 69. 3. 43). La fabrique gagnant son procès devant le conseil d'État, en ce sens au moins qu'elle faisait annuler l'arrêté du conseil de préfecture, il était tout simple que les défendeurs au pourvoi fussent condamnés aux dépens. A la vérité, le conseil d'État aurait pu, soit réserver les dépens pour être ultérieurement supportés par la partie qui succomberait en fin de cause, soit les compenser, la fabrique ayant à se reprocher de n'avoir pas soulevé le moyen d'incompétence devant le conseil de préfecture ; mais, ces dispositions étant purement facultatives, rien ne l'obligeait à expliquer pourquoi il n'appliquait ni l'une ni l'autre et s'en tenait à la règle générale. On sait d'ailleurs que, dans certaines limites, les tribunaux, même civils, ont un pouvoir discrétionnaire quant à la condamnation aux dépens (V. *suprà*, n° 22). Cette jurisprudence aurait donc, dans l'espèce, autorisé le conseil d'État à mettre les dépens, en tout ou en partie, à la charge de la partie qui avait mal à propos saisi le conseil de préfecture de sa réclamation, alors même qu'elle eût fait accueillir ce pourvoi pour cause d'incompétence ou par tout autre motif qui eût laissé subsister le fond du litige ; — 3° Que lorsque, à la suite d'une double déclaration d'incompétence du tribunal et du conseil de préfecture, une partie demande au conseil d'État, statuant par voie de règlement de juges, de déclarer que la juridiction administrative était compétente, et succombe dans ses conclusions, la partie adverse, qui avait successivement soulevé l'exception d'incompétence devant les deux juridictions, peut être condamnée à supporter une partie des dépens (Cons. d'Et. 6 mars 1872, aff. Lagorce, D. P. 72. 3. 67) ; — 4° Que lorsqu'une partie, ayant saisi à tort une juridiction incompétente, a demandé ensuite à la juridiction supérieure d'annuler pour incompétence la décision intervenue, et a obtenu, sans opposition de la partie adverse, cette annulation, elle peut être condamnée à supporter les dépens de première instance et d'appel (Cons. d'Et. 15 nov. 1878, aff. Commune de Montastruc, D. P. 79. 3. 28) ;... Ou à supporter une partie des dépens, bien que, devant la juridiction supérieure, son adversaire ait soutenu que la décision des premiers juges était rendue compétemment (Cons. d'Et. 5 janv. 1883, aff. Hainque, D. P. 84. 3. 70) ;... Ou à supporter une partie des dépens auxquels a donné lieu son pourvoi contre la décision émanée de la juridiction incompétente (Cons. d'Et. 30 mai 1884, aff. Laval, D. P. 3. 108) ; — 5° Que dans le cas où une partie, après avoir saisi du litige une juridiction incompétente, défère au conseil d'Etat, pour incompétence, la décision qui a statué sur sa demande, il y a lieu de mettre à sa charge tous les dépens (Cons. d'Et. 6 janv. 1888, aff. Hospice de Charlieu, D. P. 89. 3. 39).

**754.** La partie qui, par sa faute, a donné lieu à des frais frustratoires doit les supporter ; cette règle constamment appliquée par les tribunaux civils s'applique aussi devant les juridictions administratives, et devant le tribunal des conflits (Trib. des confl. 26 juin, aff. Dor, et 20 nov. 1880, aff. Dame Thuillier, D. P. 81. 3. 59 et 83). Jugé que les frais frustratoires faits par une partie qui, après avoir formé un recours incident, a reproduit ensuite les mêmes conclusions dans un pourvoi principal, doivent rester à sa charge, quelle que soit l'issue du procès (Cons. d'Et. 13 janv. 1882, aff. Villiermot, D. P. 83. 3. 46. V. aussi Cons. d'Et. 15 nov. 1878, aff. Commune de Montastruc, D. P. 79. 3. 28).

**755.** — 2° *Compensation et réserve des dépens* (Rép. n°s 1211 et suiv.). — Le conseil d'Etat compense ou répartit les dépens dans une proportion déterminée lorsque les parties succombent respectivement sur quelques chefs (V. Cons. d'Et. 11 févr. 1876, aff. Ville de Marquise, D. P. 76. 3. 104 ; 17 nov. 1876, aff. Demoiselle Jollivet, Rec. Cons. d'Etat, p. 826 ; 12 janv. 1877, aff. Bacqua de Labarthe, Rec. Cons. d'Etat, p. 57 ; 2 mars 1877, aff. Demeure, D. P. 77. 3. 46). Jugé que, dans le cas où l'une des parties qui, devant le conseil de préfecture, n'avait pas contesté la régularité d'une tierce expertise, se fonde sur l'irrégularité de cette opération pour faire annuler par le conseil d'Etat la décision au fond, il y a lieu de partager les dépens entre les parties (Cons. d'Et. 4 déc. 1885, aff. Pignot, D. P. 87. 3. 52 ; 12 mai 1882, aff. Hallier et Moussard, D. P. 83. 3. 103).

**756.** Le conseil d'Etat réserve les dépens lorsqu'il renvoie les parties devant les tribunaux pour y faire statuer sur des questions de la compétence judiciaire. Il déclare aussi quelquefois que les dépens seront supportés par la partie qui succombera en fin de cause (Rép. n° 1212 ; Cons. d'Et. 9 févr. 1865, aff. Boïgues-Rambourg, D. P. 65. 3. 82 ; 2 mai 1873, aff. Barliac, Rec. Cons. d'Etat, p. 371 ; 23 janv. 1874, aff. Ville de Paris C. Héritiers Guérin, p. 94).

**757.** — 3° *Etendue de la condamnation.* — La partie qui triomphe ne peut obtenir que le remboursement des frais qu'elle était légalement tenue de faire. Une partie n'est pas fondée à demander, en sus des dépens, une indemnité pour les faux frais et les dépenses extraordinaires que lui a occasionnés le procès (Cons. d'Et. 22 nov. 1851, aff. Compagnie concessionnaire du canal de jonction de la Sambre à l'Oise, Rec. Cons. d'Etat, p. 692).

**758.** — *Cas dans lesquels la partie qui triomphe a pu former le recours ou y défendre sans frais.* — L'Etat pouvant agir devant le conseil d'Etat sans constituer un avocat et sans exposer aucun frais, il ne peut lui être alloué de dépens. — Jugé 1° que les ministres, étant dispensés, dans les affaires contentieuses qui intéressent directement l'Etat, de recourir au ministère d'un avocat (notamment pour défendre à un recours devant la section du contentieux), ne peuvent, dans les cas où ils croient devoir recourir à ce ministère, demander que les frais qui en résultent soient mis à la charge des parties (Cons. d'Et. 4 août 1866, aff. Dufils, D. P. 72. 5. 260) ; — 2° Que les ministres, pouvant défendre sans exposer

aucuns frais, au nom de l'Etat, dans les instances devant le conseil d'Etat, il ne peut leur être alloué des dépens (Cons. d'Et. 8 mai 1874, aff. Valéry, D. P. 75. 3. 32) ; — 3° Que dans les instances devant le conseil d'Etat, la partie qui succombe ne peut être condamnée aux dépens envers l'Etat (Cons. d'Et. 28 juill. 1876, aff. Comp. de Paris-Lyon-Méditerranée, D. P. 77. 3. 1 ; 17 févr. 1882, aff. Lemaître et Bergmann, D. P. 83. 3. 58).

**759.** Aux termes de l'art. 61 de la loi du 22 juill. 1889, qui ne fait que grouper des dispositions de lois antérieures, les recours au conseil d'Etat contre les arrêtés des conseils de préfecture peuvent avoir lieu sans frais et sans l'intervention d'un avocat au conseil d'Etat, en matière : 1° de contributions directes ou de taxes assimilées à ces contributions pour le recouvrement ; 2° d'élections ; 3° de contraventions aux lois et règlements sur la grande voirie et autres contraventions dont la répression appartient au conseil de préfecture, ainsi que d'anticipation sur les chemins vicinaux. Toutefois, l'exemption du droit de timbre n'est applicable aux recours en matière de contributions directes et de taxes assimilées à ces contributions, sauf les prestations en nature pour les chemins vicinaux, que lorsque la cote est moindre de 30 fr. (V. suprà, v° Conseil d'Etat, n°s 339 et suiv.). — Le recours peut être déposé, dans les cas ci-dessus visés, soit au secrétariat général du conseil d'Etat, soit à la préfecture, soit à la sous-préfecture. Dans ces deux derniers cas, il est marqué d'un timbre qui indique la date de l'année et il est transmis par le préfet au secrétariat général du conseil d'Etat. Il en est délivré récépissé à la partie qui le demande (L. 22 juill. 1889, art. 61). Dans un certain nombre d'autres matières, les recours sont également dispensés du ministère d'avocat et exemptés du timbre et de l'enregistrement (V. suprà, v° Conseil d'Etat, n°s 338 et suiv.).

Les pourvois en matière de contributions directes et taxes assimilées ne peuvent donner lieu à aucune allocation de dépens. Même dans les cas où la requête doit être faite sur papier timbré, la partie qui triomphe ne peut obtenir le remboursement des frais de timbre (V. Cons. d'Et. 5 oct. 1857, art. Othon, D. P. 58. 3. 100 ; 23 févr. 1861, aff. Dubuc, D. P. 61. 3. 83 ; 28 nov. 1873, aff. Grandet, Rec. Cons. d'Etat, p. 877 ; 26 févr. 1875, aff. Simon Lemuth, D. P. 75. 3. 115 ; 18 janv. 1878, aff. Hauts Fourneaux de la Franche-Comté, Rec. Cons. d'Etat, p. 57 ; 11 nov. 1881, aff. Demoiselle Deloynes, D. P. 83. 3. 21 ; 17 nov. 1882, aff. Dubourg, D. P. 84. 5. 287 ; 18 janv. 1884, aff. Torterue, D. P. 85. 3. 60 ; 22 févr. 1884, aff. Richard Zénon, D. P. 85. 3. 60. — Comp. suprà, n° 723).

**760.** Il a été jugé que les contestations relatives aux apports des membres d'une association syndicale rentrent dans les contestations concernant la répartition des dépenses entre les intéressés qui peuvent être instruites sans frais, et, dès lors, en cette matière, il ne peut être prononcé de condamnation aux dépens (Cons. d'Et. 18 mars 1881, aff. Syndicat des digues de la Gresse, D. P. 82. 3. 78). Dans les dernières années pendant lesquelles les commissions spéciales ont exercé les attributions contentieuses qui leur étaient données par la loi du 16 sept. 1807, en matière de travaux défensifs, le conseil d'Etat, modifiant implicitement sa jurisprudence antérieure, avait admis que les recours contre les décisions de ces commissions déterminant les bases de la répartition des dépenses entre les intéressés pouvaient être formés dans les mêmes formes que les demandes en décharge ou réduction de taxes (Cons. d'Et. 23 juin 1864, aff. Syndic de Pique-Pierre, Rec. Cons. d'Etat, p. 588 ; 5 févr. 1867, aff. Association de Valensole, Rec. d'Etat, p. 139 ; 7 janv. 1869, aff. Chemin de Paris à Lyon, Rec. Cons. d'Etat, p. 23. A plus forte raison, cette jurisprudence a été maintenue depuis que les opérations préalables à l'établissement des taxes ont été placées par la loi du 21 juin 1865 dans les attributions contentieuses du conseil de préfecture, déjà compétent pour connaître des réclamations contre les taxes (V. notamment, Cons. d'Et. 3 mars 1876, aff. de Bernis, Rec. Cons. d'Etat, p. 221. V. aussi Aucoc, Conférences, 2° éd., t. 2, p. 629). — L'arrêt précité du 18 mars 1881 va plus loin encore ; il assimile aux réclamations en matière de taxes toutes les contestations relatives à la répartition des dépenses ; l'application qu'il fait de ce principe est d'autant plus remarquable que les conclusions du requérant tendaient non à faire réduire sa part contributive dans les dépenses, mais à faire reconnaître qu'une indemnité lui était due par ses coassociés.

Décidé également : 1° que, les réclamations relatives au droit des pauvres étant jugées comme en matière de contributions directes, la partie qui succombe sur une telle réclamation ne peut être condamnée aux dépens (Cons. d'Et. 27 juill. 1883, aff. Vienot, D. P. 85. 3. 32. V. *Rép.* v° *Théâtre-spectacle*, n° 335 ; Cons. d'Et. 13 juin. 1873, aff. Bureau de bienfaisance de Saint-Etienne-de-Rouvray, D. P. 73. 3. 93); — 2° Que le recouvrement des taxes établies par un syndicat pour subvenir aux frais de l'établissement de martellières destinées à prévenir la déperdition des eaux, ayant lieu comme pour les contributions directes, les pourvois, en cette matière, sont instruits sans frais et la partie qui succombe ne peut être condamnée aux dépens (Cons. d'Et. 2 févr. 1883, aff. Latil, D. P. 84. 3. 94; V. *supra*, v° *Eaux*, n° 435); — Que lorsque le recouvrement des taxes dues par les membres d'une association de desséchement doit avoir lieu comme en matière de contributions directes, la partie qui succombe dans une instance tendant à décharge desdites taxes ne peut être condamnée aux dépens (Cons. d'Et. 20 juin 1884, aff. Simon, D. P. 86. 3. 2); — 4° Que les taxes syndicales étant recouvrées comme en matière de contributions directes, la partie qui succombe dans une réclamation relative à une taxe de cette nature ne peut être condamnée aux dépens (Cons. d'Et. 27 juin 1884, aff. Syndic de Lancey à Grenoble, D. P. 86. 3. 3); — 5° Que la règle qu'en matière de contributions directes les pourvois au conseil d'État ont lieu sans frais et que, par suite, il ne peut être alloué de dépens, s'applique au pourvoi ayant pour objet l'annulation des poursuites exercées dans les établissements de l'Inde (Cons. d'Et. 6 avr. 1887, aff. Jablin, D. P. 88. 3. 67), où les contestations auxquelles peuvent donner lieu les poursuites exercées en matière de taxes et de contributions directes doivent être soumises, non pas à l'autorité judiciaire, mais au conseil d'administration constitué en conseil du contentieux administratif (V. Trib. confl. 7 avr. 1884, aff. Jablère, D. P. 85. 3. 89). — Mais les dépens du conflit négatif, même en matière de contributions directes, peuvent être mis à la charge de la partie qui succombe (Arrêt précité du 6 avr. 1887). D'après l'art. 17 du décret du 26 oct. 1849, en cas de conflit négatif, le recours est formé par requête signée d'un avocat au conseil d'Etat. Aux termes de l'art. 21, lorsque le recours est formé par un particulier, il est rendu une ordonnance de soit communiqué qui doit être signifiée par les voies de droit. Aucune dérogation n'est apportée à cette prescription lorsqu'il s'agit de matières pour lesquelles les intéressés peuvent, devant le conseil d'Etat, former leur recours directement et sans frais (V. *supra*, v° *Conflit*, n°s 107 et suiv.; — *Rép.* eod. v°, n°s 197 et suiv.).

**761.** Les pourvois au conseil d'Etat, en matière d'indemnité de plus-value pour desséchement des marais, ne peuvent pas être formés sans frais, comme en matière de taxes assimilées pour le recouvrement aux contributions directes, et, par suite, la partie qui succombe peut être condamnée aux dépens (Cons. d'Et. 27 févr. 1880, aff. Clerc, D. P. 81. 3. 34). Les indemnités de plus-value dues par les propriétaires de marais desséchés sont, en effet, d'une nature très différente de celle des taxes assimilées, pour le recouvrement, aux contributions directes (V. *Rép.* v° *Marais ; et supra*, v° *Association syndicale*).

**762.** En matière d'expropriation pour cause d'utilité publique, il ne peut être alloué de dépens (L. 3 mai 1841, art. 58; *supra*, v° *Conseil d'Etat*, n° 339). — Il a été jugé que, par application de l'art. 58 de la loi du 3 mai 1884, une commune, défendant à un recours pour excès de pouvoir, formé contre un décret l'autorisant à acquérir un terrain par la voie de l'expropriation pour cause d'utilité publique, est dispensée des droits de timbre et d'enregistrement, sans dépens qui puissent être exposés en matière de recours pour excès de pouvoir, en vertu de l'art. 1er du décret du 2 nov. 1864 ; et que, par suite, la demande en dépens formée par elle contre le requérant est sans objet (Cons. d'Et. 31 juill. 1885, aff. du Fresne de Beaucourt, D. P. 86. 5. 113).

**763.** Les recours pour excès de pouvoirs ou violation de la loi contre les décisions des commissions départemen-

tales, dans les cas prévus par l'art. 88 de la loi du 10 août 1871 (D. P. 71. 4. 102-132), sont dispensés du ministère d'avocat et exemptés du timbre et de l'enregistrement (V. *supra*, v° *Conseil d'Etat*, n° 339). — En est-il de même des décisions portant interprétation de décisions antérieures, qui peuvent être appréciées au fond par le conseil d'Etat, maître de substituer une interprétation nouvelle à celle donnée par la commission départementale? La question a reçu, suivant les époques, des solutions différentes. Par un premier arrêt il a été décidé que le recours était formé par voie d'excès de pouvoir dans les termes des lois des 7-14 oct. 1790 et 24 mai 1872, art. 9, et non dans les conditions spéciales prévues par l'art. 88 de la loi du 10 août 1871 ; que dès lors, la dispense totale de frais édictée par cet article n'est pas applicable; que, par suite, la partie qui succombe peut être condamnée envers l'autre partie au remboursement des frais de timbre (Cons. d'Et. 9 mars 1877, aff. Brescon, D. P. 78. 3. 1). Cette solution ne nous paraît pas exacte. Si tel était le caractère du pourvoi, le conseil d'Etat ne pourrait substituer son interprétation à la décision dont il prononce l'annulation. — Dans une autre affaire, le conseil d'Etat a jugé que les décisions des commissions départementales, portant interprétation, ne pouvaient lui être déférées que par application de l'art. 88 de la loi du 10 août 1871 ; que, par suite, il n'y avait pas lieu d'examiner au fond le mérite de l'interprétation, et de prononcer une condamnation aux dépens (Cons. d'Et. 23 juill. 1880, aff. Demoiselle Robert, D. P. 82. 3. 9). Dans le dernier état de sa jurisprudence, le conseil d'Etat, revenant à la doctrine de l'arrêt du 9 mars 1877, admet qu'il lui appartient de vérifier si la délibération de la commission départementale a donné une exacte interprétation de l'arrêté de classement (Cons. d'Et. 4 avr. 1884, aff. Rivier, D. P. 85, 4. 91). La commission départementale n'étant pas le nombre des autorités dont les décisions peuvent être déférées au conseil d'Etat par voie d'appel, cette solution a son fondement juridique dans la doctrine qui reconnaît actuellement que, dans de nombreuses hypothèses, le conseil d'Etat peut être saisi directement des questions contentieuses naissant à l'occasion d'actes administratifs (V. *supra*, v° *Conseil d'Etat*, n° 169). Dans ces conditions, le recours est soumis aux prescriptions de droit commun et n'est exempt d'aucuns frais. C'est ce qu'a jugé le conseil d'Etat dans un arrêt du 27 juill. 1877 (aff. Briant, D. P. 78. 3. 2). Il a admis implicitement que le pourvoi avait lieu par la voie contentieuse, en se basant, pour n'allouer d'autres dépens que ceux du timbre et d'enregistrement, sur ce que les requérants s'étaient bornés, dans leurs conclusions, à demander ce remboursement (V. *supra*, v° *Compétence administrative*, n°s 330 et suiv.).

**764.** L'instruction des affaires en matière d'élections départementales et municipales, ne peut donner lieu à aucune condamnation aux dépens (V. *supra*, v° *Conseil d'Etat*, n° 339). Mais la jurisprudence est constante en ce sens que la dispense du ministère d'avocat, qui a pour conséquence l'absence de frais, n'existe en matière électorale qu'autant qu'elle a été édictée par une loi spéciale. — Conformément à cette théorie, il a été jugé ; 1° que les requêtes au conseil d'Etat contre les décisions ministérielles statuant sur des réclamations en matière d'élections aux chambres consultatives des arts et manufactures doivent, à peine de nullité, être présentées par le ministère d'avocat au conseil d'Etat (Cons. d'Et. 23 déc. 1887, aff. Courvesy, D. P. 89. 3. 14. V. aussi *supra*, v° *Conseil d'Etat*, n° 339); — 2° Que les requêtes contre les décisions ministérielles statuant sur des réclamations en matière d'élection au conseil supérieur de l'instruction publique doivent être, à peine de nullité, présentées par le ministère d'un avocat au conseil d'Etat (Cons. d'Et. 16 nov. 1883, aff. Picard, D. P. 85. 3. 78); — 3° Qu'en matière de contestations sur la validité de la nomination des membres de la commission chargée d'administrer une association syndicale, la partie qui succombe devant le conseil d'Etat peut être condamnée aux dépens (Cons. d'Et. 3 août 1888, aff. Cormerais et autres, D. P. 89. 3. 115).

**765.** D'autres recours sont dispensés du ministère d'avocats et exempts de l'enregistrement, mais soumis au timbre. Tels sont les recours contre les arrêtés rendus par les conseils de préfecture en matière répressive, et notamment pour anticipation sur le sol des chemins vicinaux (V. L. 21 juin 1865, art. 12, et *suprà*, v° *Conseil d'Etat*, n° 340). — Il a été jugé que les frais des pourvois en matière de contravention de grande voirie sont limités aux droits de timbre ; qu'en conséquence, une partie ne peut demander à la compagnie qui l'a mise indûment en cause devant le conseil d'Etat que le remboursement du timbre de son mémoire en défense (Cons. d'Et. 16 déc. 1887, aff. Comp. de touage et transports de la Seine de Conflans à la mer, D. P. 89. 3. 24). D'après l'art. 12 de la loi du 21 juin 1865, que la loi du 22 juill. 1889 n'a pas modifié, les recours et, par suite, les défenses en matière de contravention de grande voirie sont formés et instruits sans frais ; la doctrine et la pratique administrative interprètent cette disposition en ce sens que les parties n'ont d'autres frais à supporter que les droits de timbre qui sont dus, en principe, pour toutes les productions à faire devant les juges, à moins de dispositions expresses de la loi. L'arrêt du 16 déc. 1887 a condamné la compagnie qui avait appelé un tiers en cause, sans avoir aucune qualité, pour exercer un droit réservé exclusivement à l'Administration, à rembourser à ce tiers les seuls frais qu'il fût tenu d'exposer. Cette décision, qui nous paraît juridique, est isolée. La jurisprudence du conseil d'Etat paraît plutôt fixée en ce sens que, l'affaire étant instruite sans frais, il faut rejeter complètement les conclusions à fins de dépens, non seulement quand ces conclusions sont dirigées contre l'Etat qui ne peut être condamné aux dépens en dehors des cas prévus par le décret du 2 nov. 1864, mais même lorsqu'elles sont formées contre des compagnies ou des communes. En ce sens il a été jugé : 1° que les pourvois au conseil d'Etat en matière de contraventions ne peuvent donner lieu à une condamnation aux dépens, alors même que la poursuite est exercée par une compagnie (Cons. d'Et. 18 mai 1870, aff. Ville de Carcassonne, D. P. 71. 3. 88) ; — 2° Que, les recours contre les arrêtés statuant en matière d'anticipation sur le sol des chemins vicinaux pouvant être formés sans ministère d'avocat, la commune ne peut être condamnée aux dépens (Cons. d'Et. 4 août 1876, aff. Chighini, D. P. 76. 3. 97) ; — Que les pourvois en matière de contravention de grande voirie pouvant être formés sans frais, il n'y a lieu de statuer sur les conclusions à fins de dépens présentées, soit par l'inculpé renvoyé des fins du procès-verbal, soit par la compagnie ayant défendu à un pourvoi qui a été rejeté (Cons. d'Et. 6 juill. 1888 aff. Ville de Toulouse, D. P. 89. 3. 104). — Jugé aussi que le particulier dont le recours contre un arrêté de conseil de préfecture, en matière de contravention de grande voirie, est rejeté, ne peut être condamné aux dépens envers l'Etat (Cons. d'Et. 14 nov. 1884, aff. Varangot, D. P. 86. 3. 39-40). Cette décision s'appuie sur le double motif : 1° que les ministres peuvent défendre au nom de l'Etat sans exposer aucuns frais ; 2° qu'en matière de contraventions de grande voirie, les pourvois sont jugés sans autres frais que ceux des procès-verbaux (Cons. d'Et. 17 févr. 1882, aff. Lemaître et Bergmann, D. P. 83. 3. 58 ; Cons. d'Et. 18 mai 1870, aff. Ville de Carcassonne, D. P. 71. 3. 88).

**766.** D'autres recours enfin, notamment les recours contre les actes des autorités administratives pour incompétence et excès de pouvoirs, sont dispensés du ministère d'un avocat, mais restent soumis aux droits de timbre et d'enregistrement (V. Décret du 2 nov. 1864, art. 1er, et *suprà*, v° *Conseil d'Etat*, n° 341). La jurisprudence du conseil d'Etat semble aujourd'hui fixée en ce sens que la partie qui succombe peut être condamnée au remboursement des frais de timbre et d'enregistrement exposés par son adversaire, lorsque son adversaire est autre que l'Etat, mais que la condamnation ne peut comprendre d'autres frais. La seule condition exigée, c'est que la partie contre laquelle la condamnation est prononcée ait été mise en cause par une communication ordonnée par la section du contentieux, ou ait défendu spontanément ; dans le cas contraire, l'instance n'a pas le caractère d'un litige entre parties. — Conformément à cette théorie, il a été jugé : 1° que la partie qui a formé, par le ministère d'un avocat au conseil d'Etat, un recours pour excès de pouvoir, ne peut, si son recours est accueilli, obtenir d'autres dépens que le remboursement des droits de timbre et d'enregistrement par lui payés en vertu de l'art. 1er du décret du 2 nov. 1865 (Cons. d'Et. 23 nov. 1865, aff. Vivenot, D. P. 66.

3. 83) ; — 2° Que, dans le cas où l'arrêté préfectoral portant autorisation d'accepter un legs fait à un établissement public est, sur le recours des héritiers, annulé par le conseil d'Etat pour cause d'excès de pouvoirs, il n'y a pas lieu de condamner aux dépens l'établissement auquel l'autorisation avait été accordée, s'il n'a pas été mis en cause pour défendre au pourvoi (Cons. d'Et. 1er août 1867, aff. Héritiers Dezaïbats, D. P. 68. 3. 81) ; — 3° Que la fabrique qui n'a pas été mise en cause devant le conseil d'Etat, dans l'instance en annulation pour excès de pouvoirs introduite par la commune, ne peut être condamnée aux dépens (Cons. d'Et. 21 mai 1875, aff. Ville de Moulins, D. P. 76. 3. 21-22; 12 mai 1876, aff. Ville de Moulins, D. P. 76, 3. 86-87) ; — 4° Que le recours au conseil d'Etat contre un arrêté préfectoral prononçant l'annulation d'une délibération du conseil municipal peut être formé en vertu de la loi des 7-14 oct. 1790, et que, dès lors, les seuls frais qui puissent être compris dans la condamnation sont ceux du timbre et d'enregistrement (Cons. d'Et. 25 juin 1875, aff. Abribat, D. P. 76. 3. 19). La décision serait la même sous l'empire de la loi du 5 avr. 1884 (V. *suprà*, v° *Commune*, n° 266) ; — 5° Que le recours au conseil d'Etat pour excès de pouvoir ne peuvent donner lieu à d'autres dépens que le remboursement des frais de timbre et d'enregistrement (Cons. d'Et. 25 févr. 1875, aff. Duboys, D. P. 76. 3. 49; 4 mars 1887, aff. Mainguet, D. P. 87. 3. 68); — 6° Que le consistoire qui a été mis en cause devant le conseil d'Etat, dans une instance introduite par la commune, en annulation, pour excès de pouvoir, d'un décret portant inscription d'office à son budget du supplément de traitement des ministres du culte protestant, peut, si le décret est annulé, être condamné aux frais d'enregistrement auquel a donné lieu le pourvoi (Cons. d'Et. 18 juin 1880, aff. Ville de Paris, D. P. 81. 3. 61); — 7° Que le recours tendant à l'annulation, pour excès de pouvoir, d'un arrêté préfectoral portant refus d'alignement ne rentre pas dans les contestations auxquelles le décret du 2 nov. 1864 a rendu applicables les art. 130 et 131 c. proc. civ. ; qu'en conséquence, lorsque la commune, dans l'intérêt de laquelle l'alignement avait été refusé, n'est pas en cause, il y a lieu de rejeter les conclusions à fin de dépens prises contre l'Administration (Cons. d'Et. 12 janv. 1883, aff. Matussière, D. P. 84. 3. 76); — 8° Que la partie qui attaque, pour excès de pouvoir, une délibération du conseil municipal en matière d'emprunt et d'imposition, peut être condamnée à rembourser à la commune les frais de timbre auxquels a donné lieu sa défense (Cons. d'Et. 12 janv. 1883, aff. Guicheux et autres, D. P. 84. 3. 76); — 9° Que la partie dont le recours pour excès de pouvoir a été rejeté, peut être condamnée à rembourser les frais de timbre de l'intervention de la partie en faveur de qui avait été rendue la décision attaquée (Cons. d'Et. 22 mai 1885, aff. Fabrique de l'église d'Arrentières, D. P. 86. 3. 124); — 10° Qu'aucune condamnation aux dépens ne peut être prononcée, en cas d'annulation d'un acte pour excès de pouvoir, ni contre les intéressés qui n'avaient pas été mis en cause par la section du contentieux, ni contre l'Etat en vertu de l'art. 2 du décret du 2 nov. 1864 (Cons. d'Et. 3 juill. 1885, aff. Commune de Chemin-d'Aisey et autres, D. P. 87. 3. 27) ; — 11° Qu'en matière d'excès de pouvoir, le requérant qui succombe doit être condamné à rembourser les frais de timbre exposés par une partie dont l'intervention a été déclarée recevable (Cons. d'Et. 17 févr. 1888, aff. Prévost et autres, D. P. 89. 3. 45 ; 10 mai 1889, aff. Reinach et autres D. P. 90. 3. 81).

Deux arrêts, sans formuler une doctrine précise, se sont écartés de cette jurisprudence. Il a été jugé : 1° que le pourvoi dirigé par une commune contre les actes administratifs qui ont réglé les conséquences de la création de ladite commune, à l'encontre de la commune de laquelle elle a été distraite, ne rentre dans aucun des cas où il peut être prononcé une condamnation aux dépens ;... alors même que cette dernière commune avait été mise en cause par le conseil d'Etat et avait présenté un mémoire en défense (Cons. d'Et. 27 févr. 1880, aff. Commune de Chébli, D. P. 81. 3. 33). L'affaire, quoique engagée par la voie du recours pour excès de pouvoir, avait évidemment le caractère d'un litige entre parties, puisqu'il s'agissait de contester le partage entre deux communes de l'actif et du passif indivis ; aussi le conseil d'Etat avait ordonné la communication du pourvoi formé par l'une des communes à l'autre commune, et celle-ci avait présenté un mémoire en défense. D'après la jurisprudence rapportée ci-dessus, la condamnation aux dépens de la commune qui succombait ne semblait devoir faire aucune difficulté; on a quelque peine à comprendre quelle peut être la portée exacte de cette déclaration portant que le pourvoi ne rentrait dans aucun des cas où il peut être prononcé de condamnation à fin de dépens; — 2° Qu'en cas d'annulation pour excès de pouvoir d'un arrêté pris par le maire en matière d'alignement et de l'arrêté confirmatif du préfet, l'administration ne peut être condamnée aux dépens (Cons. d'Et. 25 juin 1880, aff. Chabaud et Mille, D. P. 81. 3. 33-34). La ville, en présentant une défense au pourvoi, s'était, ce semble, constituée partie en cause et avait reconnu par là que le maire avait agi en réalité comme représentant les intérêts pécuniaires de la cité. Il eût été rationnel de la condamner à rembourser les frais de timbre et d'enregistrement exposés par le requérant.

**767.** Les recours contre les décisions du ministre des cultes, dans les cas prévus par l'art. 6 du décret du 12 avr. 1880, relatif à l'électorat dans les Eglises réformées (V. *suprà*, v° *Cultes*, n°s 733 et suiv.), devant être jugés, par application de l'art. 16 du même décret, comme les pourvois pour excès de pouvoir, peuvent, de même que ces pourvois, être formés sans le ministère d'un avocat, mais ils sont, comme eux aussi, soumis aux droits de timbre et d'enregistrement (Cons. d'Et. 17 avr. 1885, aff. Consistoire de l'Eglise réformée de Paris, D. P. 86. 3. 105).

Il faut en dire autant des décisions portant refus de liquidation ou contre les liquidations de pensions (Décr. 2 nov. 1864, art. 1er; V. *suprà*, v° *Conseil d'Etat*, n° 341). Il a été jugé que, dans une instance concernant une pension sur les fonds communaux, la partie qui succombe ne peut être condamnée à rembourser à son adversaire que les frais de timbre et d'enregistrement (Cons. d'Et. 24 févr. 1888, aff. Ville de Lyon, D. P. 89. 3. 44. V. aussi Cons. d'Et. 5 juill. 1871, aff. Drouhet, D. P. 72. 3. 47). S'il s'agissait d'une pension sur les fonds du Trésor, aucune condamnation aux dépens ne pourrait être prononcée (Cons. d'Et. 1er juin 1883, aff. Datas, D. P. 84. 3. 82; V. *infrà*, n° 768-10°).

**768.** — 5° *Des personnes passibles des dépens.* — La loi du 3 mars 1849, dont l'art. 42 avait rendu applicables à l'Etat les art. 130 et 131 c. proc. civ., ayant été abrogée par l'art. 27 du décret-loi du 25 janv. 1852, le conseil d'Etat, comme on l'a vu au Rép. n° 1200, revenant à son ancienne jurisprudence, décidait que l'Etat ne pouvait être condamné aux dépens. Jugé, en ce sens, qu'aucune disposition de loi n'autorise à prononcer des dépens au profit ou à la charge de l'Etat, dans les instances portées devant le conseil d'Etat (Cons. d'Et. 16 déc. 1863, aff. Vachon, D. P. 64. 3. 1). — L'art. 2 du décret du 2 nov. 1864 (D. P. 64. 4. 120) est revenu au principe adopté par la loi de 1849, mais avec moins de généralité. Il ne rend, en effet, les art. 130 et 131 c. proc. civ., applicables à l'Etat que dans les cas où il s'agit : 1° d'un intérêt domanial; 2° d'un marché de fournitures; 3° de l'exécution d'un travail public (Comp. *suprà*, n° 722).

L'énumération contenue dans l'art. 2 est limitative, et, en dehors des cas qu'il prévoit expressément, l'Etat ne peut être condamné aux dépens, même lorsque les intérêts pécuniaires du Trésor sont intéressés dans la question, et que le représentant de l'Etat agit dans un but purement fiscal (Cons. d'Et. 27 juill. 1870, aff. Crétée, D. P. 72. 3. 22). Ainsi il a été jugé : 1° que la partie qui obtient l'annulation, pour excès de pouvoirs, d'un arrêté préfectoral portant règlement d'une prise d'eau sur une rivière navigable, n'est pas en droit de réclamer la mise des dépens à la charge de l'Etat (Cons. d'Et., 8 mars 1866, aff. Trône, D. P. 68. 2. 37). Les règlements d'eau sont pris par les préfets dans l'exercice de leurs pouvoirs de police, et non comme représentant le domaine de l'Etat; ce n'est donc pas le lieu d'appliquer la disposition du décret de 1864 (V. aussi Cons. d'Et. 13 août 1867, aff. Quillet et Larcher, D. P. 68. 3. 41 ; 27 juill. 1870, aff. Crétée, D. P. 72. 3. 22; — 2° Que le recours formé par un comptable contre une décision ministérielle qui a rejeté sa demande en décharge de responsabilité ne rentre pas dans les cas où les dépens peuvent être mis à la charge de l'Etat

(Cons. d'Et. 1er févr. 1871, aff. Thomas, D. P. 72. 3. 43. V. aussi Cons. d'Et. 20 nov. 1876. aff. Sicre, D. P. 77. 3. 11); — 3° Que ne rentrent pas dans les cas où l'Etat peut être condamné aux dépens les pourvois formés, pour excès de pouvoirs, contre un décret portant révocation d'un membre de la Légion d'honneur (Cons. d'Et. 10 mai 1873, aff. B..., D. P. 74. 3. 21 ; 11 juill. 1873, aff. B..., D. P. 74. 3. 21); — 4° Que l'Etat ne peut être condamné aux dépens dans une instance ayant pour objet l'annulation d'un arrêté déclaré à tort la responsabilité d'un ordonnateur (Cons. d'Et. 10 juill. 1874, aff. Baron, D. P. 75. 3. 69. V. aussi Cons. d'Et. 20 févr. 1885, aff. Hubert, D. P. 86. 3. 92); — 5° Que les contestations relatives à l'exécution des décisions du conseil des prises ne rentrent pas dans la catégorie de celles qui peuvent donner lieu à la condamnation aux dépens faits devant le conseil d'Etat (Cons. d'Et. 7 août 1875, aff. Andren, D. P. 76. 3. 36); — 6° Que, dans le cas où la décision ministérielle qui a fixé l'indemnité aux propriétaires d'animaux abattus pour cause d'épizootie a été annulée par le conseil d'Etat, l'Etat ne peut être condamné aux dépens (Cons. d'Et. 27 févr. 1874, aff. Verley, D. P. 74. 3. 100); — 7° Que la contestation portée devant le conseil d'Etat par un fonctionnaire, relativement à son traitement, n'est pas au nombre de celles à l'occasion desquelles les dépens peuvent être mis à la charge de l'Etat (Cons. d'Et. 26 janv. 1877, aff. De Bastard, D. P. 77. 3. 20. V. dans le même sens Cons. d'Et. 13 janv. 1882, aff. Privat, D. P. 83. 3. 45 ; 8 août 1885, aff. Largillier, D. P. 86. 5. 247; 19 nov. 1886, aff. Gorgen, D. P. 88. 3. 24; 21 janv. 1887, aff. Sazerac de Forge, D. P. 88. 3. 21); — 8° Que le pourvoi dirigé contre une décision ministérielle ordonnant une retenue sur le cautionnement d'un receveur municipal ne rentre dans aucun des cas pour lesquels le décret du 2 nov. 1864 permet de mettre les dépens à la charge de l'Etat (Cons. d'Et. 5 déc. 1884, aff. Ticier. D. P. 86. 3. 83); — 9° Qu'une contestation sur la responsabilité qu'un trésorier général peut avoir encourue à raison de la gestion d'un receveur particulier, ne rentre pas dans celles à l'occasion desquelles les dépens faits devant le conseil d'Etat peuvent être mis à la charge du Trésor (Cons. d'Et. 12 juin 1885, aff. Desplanques, D. P. 87. 3. 12); — 10° Qu'une contestation relative au payement d'une pension qui avait été suspendue ne rentre pas dans celles à l'occasion desquelles les dépens peuvent être mis à la charge de l'Etat (Cons. d'Et. 1er juin 1883, aff. Datas, D. P. 84. 3. 82; V. aussi, en matière de pensions, Cons. d'Et. 15 mai 1869, aff. Rion, *Réc. Cons. d'État*, p. 485; 22 nov. 1872, aff. Deloche, *Rec. Cons. d'État*, p. 639); — 11° Que l'action en indemnité formée devant le conseil d'Etat par un ancien fabricant d'allumettes chimiques contre l'Etat, à raison du préjudice qui lui a causé la fermeture de son établissement, en exécution d'un acte administratif pris dans l'intérêt du monopole de l'Etat, ne saurait être rangée parmi les cas dans lesquels les dépens peuvent être mis à la charge de l'Etat (Cons. d'Et. 4 déc. 1879, aff. Laumonier-Carriol, D. P. 80. 3. 41); — 12° Que le recours tendant à l'annulation pour excès de pouvoir d'un arrêté pris par le préfet, à l'effet de rapporter l'approbation donnée par le secrétaire général à un traité passé par une commune, n'est pas au nombre des contestations auxquelles le décret du 2 nov. 1864 a rendu applicables les art. 130 et 131 c. proc. civ. que les dépens (Cons. d'Et. 25 mars 1881, aff. Cazaneuve, D. P. 82. 3. 80). Il est à remarquer que le recours était formé contre le préfet, et que la mise en cause de la commune, avec laquelle avait été conclu le traité donnant lieu au pourvoi, n'avait été ni demandée par le requérant ni ordonnée d'office par le conseil d'Etat. Les conclusions du recours à fin de dépens étaient donc dirigées uniquement contre l'Etat, et, dès lors, le rejet de ces conclusions ne pouvait faire aucune difficulté; mais si la commune avait été en cause, elle aurait pu être condamnée aux dépens (V. *suprà*, n° 765); — 13° Qu'une contestation entre l'Etat et un département, relative aux subventions dues pour les dépenses des enfants assistés, ne rentre pas sous l'application de l'art. 2 du décret du 2 nov. 1864 et que, dès lors, l'Etat qui succombe dans ce litige ne saurait être condamné aux dépens (Cons. d'Et. 3 mars 1882, aff. Département du Doubs, D. P. 83. 3. 113); — 14° Que les pourvois contre des décrets de délimitation ne sont pas régis par l'art. 2 du décret du 2 nov. 1864, et que, dès lors, les dépens auxquels ils donnent lieu ne sauraient être mis à la charge de l'État (Cons. d'Et. 10 mars 1882, aff. Duval et autres, D. P. 83. 3. 73); — 15° Qu'une contestation tendant à faire déclarer le Trésor responsable des conséquences d'un vol envers la Banque de France et envers un comptable, ne rentre dans aucun des cas pour lesquels le décret du 2 nov. 1864 permet de prononcer contre l'État une condamnation aux dépens (Cons. d'Et. 9 mars 1883, aff. Banque de France, D. P. 84. 3. 105); — 16° Qu'il en est de même d'une contestation relative au remboursement, par un armateur, des frais d'entretien et de rapatriement des naufragés, dépensés par l'administration de la Marine (Cons. d'Et. 30 nov. 1883, aff. Beust et Charpentier, D. P. 85. 3. 49; — 17° Qu'il en est de même encore de la contestation soulevée par le pourvoi d'une commune contre l'arrêté d'un préfet modifiant la délibération prise par le conseil général sur les conditions dans lesquelles il y avait lieu d'autoriser la tenue d'un marché; qu'en conséquence, en cas d'annulation dudit arrêté par le conseil d'Etat pour excès de pouvoir, aucuns dépens ne sauraient être alloués à la commune (Cons. d'Et. 4 avr. 1884, aff. Commune de Mane, D. P. 85, 3. 99); — 18° Que d'après l'art. 16 du décret du 12 avr. 1880, les recours contre les décisions du ministre des cultes relatives aux demandes d'inscription sur les listes électorales de l'Eglise réformée doivent être jugés comme les recours pour excès de pouvoirs; que ces contestations ne rentrent pas parmi celles dans lesquelles l'art. 2 du décret du 2 nov. 1864 autorise à demander contre l'État le remboursement des frais qui ont été exposés (Cons. d'Et. 17 avr. 1885, aff. Consistoire de l'Eglise réformée de Paris, D. P. 86. 3. 105. V. supra, n° 767); — 19° Que les recours dirigés contre les décisions du conseil du contentieux administratif des colonies, intervenues en matière de distribution des eaux des canaux d'irrigation, ne peuvent donner lieu à une condamnation aux dépens contre l'État (Cons. d'Et. 27 mars 1885, aff. Somasoundirapoullé, D. P. 86. 3. 126); — 20° Que le litige soulevé par la demande en responsabilité dirigée contre l'Etat, à raison de la perte d'un objet remis à ses agents pour figurer dans une exposition universelle, ne rentre pas dans les cas prévus par le décret du 2 nov. 1864; qu'en conséquence l'Etat ne saurait être condamné aux dépens au profit du demandeur dont la réclamation a été accueillie (Cons. d'Et. 24 avr. 1885, aff. Dame Miramont, D. P. 86. 3. 130); — 21° Que la contestation relative au recouvrement d'une créance que l'État prétend avoir sur un armateur, à titre de remboursement des dépenses effectuées pour concourir au sauvetage d'un bâtiment, n'est pas de celles à l'occasion desquelles l'art. 2 du décret du 2 nov. 1864 permet de mettre les dépens à la charge de l'Etat (Cons. d'Et. 15 juill. 1887, aff. Languet, D. P. 88. 3. 110); — 22° Qu'aucune condamnation aux dépens ne peut être prononcée contre un État à raison de l'annulation, pour excès de pouvoir, d'un arrêté préfectoral nommant un délégué pour agir au lieu et place du maire (Cons. d'Et. 22 juin 1888, aff. Commune de Longpré-les-Corps-Saints, D. P. 89. 3. 93); — 23° Que, de même, l'Etat ne saurait être condamné aux dépens par l'arrêt qui (antérieurement à la loi du 5 avr. 1884) a annulé, pour excès de pouvoir, la délibération d'un conseil général mettant à leur charge les frais de reconstruction d'une église paroissiale, alors que les formalités prescrites par l'art. 95 du décret du 30 déc. 1809 pour la rédaction des plans et devis n'avaient pas été remplies (Cons. d'Et. 3 juill. 1885, aff. Commune de Chemin d'Aisey et autres, D. P. 87. 3. 27); — 24° Que le recours formé par un membre du conseil d'administration d'une compagnie de gendarmerie contre une décision ministérielle mettant à sa charge le déficit provenant des détournements commis par le trésorier de la compagnie ne rentre dans aucun des cas où les frais faits devant le conseil d'Etat peuvent être mis à la charge de l'Etat (Cons. d'Et. 8 août 1888, aff. Vaille, D. P. 89. 3. 116; — 25° Qu'il en est de même du recours pour excès de pouvoir contre des actes administratifs relatifs à la démolition d'un édifice pour cause de péril imminent; que par suite, en cas d'annulation desdits actes, l'Etat ne saurait être condamné aux dépens (Cons. d'Et. 25 janv. 1889, aff. Héritiers Courty, D. P. 90. 3. 30). La requête concluait à une condamnation de tous contestants aux dépens. La ville, n'ayant pas été mise en cause par le conseil d'Etat et n'étant pas intervenue, était étran-

gère à l'instance et, dès lors, les conclusions à fin de dépens devaient être considérées comme dirigées contre l'Etat. Dès lors, la solution ne pouvait faire aucun doute (Cons. d'Et. 29 mars 1889, aff. Humann, D. P. 90. 3. 74).

**769.** Lorsque l'Etat agit comme puissance publique, le fonctionnaire qui le représente ne peut être condamné aux dépens (Rép. n° 61 et supra, n° 32). Par application de ce principe il a été jugé : 1° que le préfet de la Seine, agissant pour la répression d'un fait qu'il estime être une contravention de grande voirie, et non comme représentant de la Ville de Paris, ne peut, s'il est déclaré mal fondé dans la poursuite qu'il a intentée, être condamné aux dépens (Cons. d'Et. 25 janv. 1866, aff. Eustache, D. P. 72. 5. 260); — 2° Que le préfet ou le ministre, dans les instances où il défend un acte pris dans l'exercice de la puissance publique, ne peut, au cas où il succombe, être condamné aux dépens, comme dans les instances où il représente l'Etat (Cons. d'Et. 13 août 1867, aff. Quillet et Larcher, D. P. 68. 3. 41); — 3° Qu'il ne peut être prononcé de dépens contre le préfet à raison de l'annulation d'un arrêté portant inscription d'office d'une dépense au budget communal pris par lui comme représentant de la puissance publique (Cons. d'Et. 6 déc. 1878, aff. Ville de Grenoble, D. P. 79. 3. 29; — 4° Qu'au cas où il est fait droit au recours pour excès de pouvoir, formé par une commune contre l'arrêté préfectoral qui avait inscrit d'office à son budget une somme destinée à subvenir à l'insuffisance des ressources d'une fabrique, il n'y a pas lieu de condamner le préfet aux dépens, celui-ci ayant agi comme représentant de la puissance publique (Cons. d'Et. 12 mai 1876, aff. Ville de Moulins, D. P. 76. 3. 86); — 5° Qu'au cas d'annulation pour excès de pouvoir d'un arrêté pris par le maire en matière d'alignement et de l'arrêté confirmatif du préfet, l'Administration ne peut être condamnée aux dépens (Cons. d'Et. 25 juin 1880, aff. Chabaud et Mille, D. P. 81. 2. 33). Dans cette affaire, le conseil d'Etat s'est fondé sur l'art. 2 du décret du 2 nov. 1864, pour déclarer que l'Administration ne pouvait être condamnée aux dépens en matière d'alignement. Cet article n'était applicable qu'à la condition de considérer les conclusions à fin de dépens comme dirigées exclusivement contre le Trésor public. Cet article, a, en effet, pour unique objet de déterminer les cas dans lesquels des dépens peuvent être mis à la charge de l'État. La nature de l'acte litigieux fournissait à la solution une base plus solide. Le maire et le préfet, en effet, en délivrant l'alignement, agissent comme représentants de la puissance publique; ils ne font pas acte de gestion; ils ne peuvent donc être condamnés aux dépens; — 6° Qu'en cas d'annulation pour excès de pouvoir d'une décision ministérielle en matière d'alignement, l'Administration ne peut être condamnée aux dépens (Cons. d'Et. 24 janv. 1881, aff. Noël et Viguier, D. P. 82. 3. 44); — 7° Que le ministre, statuant sur la réclamation d'un propriétaire contre un arrêté portant refus d'alignement, agit comme représentant de la puissance publique, et que, par suite, les dépens ne peuvent être mis à sa charge (Cons. d'Et. 23 févr. 1883, aff. Dame Grellety, D. P. 84. 3. 77).

**770.** La condamnation aux dépens, dans les cas où l'art. 2 du décret du 2 nov. 1864 autorise cette condamnation, suppose que l'Etat succombe sur la demande intentée contre lui. Toutefois, dans une espèce (il s'agissait d'une réclamation formée par un fournisseur à raison de l'inexécution de son marché) où aucune condamnation n'était prononcée au principal parce que le demandeur n'avait éprouvé qu'un préjudice moral, l'Etat a été condamné aux dépens à titre de dommages-intérêts (Cons. d'Et. 11 déc. 1871, aff. Manceaux, D. P. 72. 3. 46).

**771.** Le conseil d'Etat décide que les communes n'ont pas qualité pour intervenir soit devant le conseil de préfecture, soit devant le conseil d'Etat, dans les contestations élevées par les particuliers relativement à l'application de la loi du 13 avr. 1850 relative à l'assainissement des logements insalubres (Cons. d'Et. 21 mars 1879, aff. Ville de Roubaix, D. P. 79. 3. 68). Il en résulte que la commune ne peut être condamnée aux dépens. Jugé, en effet, que la commune n'étant pas partie dans les litiges relatifs à l'exécution de la loi du 13 avr. 1850, ne peut être condamnée ni aux dépens, ni aux frais d'expertise (Cons. d'Et. 1er août

1884, aff. Du Plessis d'Argentré, D. P. 86. 3. 26 ; 23 juill.
1886, aff. de Boismonbrun, D. P. 87. 3. 124).

**772.** — 6° *Liquidation des dépens.* — V. *Rép.* n° 1218.

**773.** — III. DÉPENS DANS LES INSTANCES DEVANT LE TRIBUNAL DES CONFLITS. — V. *suprà*, v° *Conflit*, n°⁸ 75 et suiv., 113 et suiv., 123 et suiv. ; — *Rép.* eod. v°, n°⁸ 215 et suiv.

## Table sommaire
### des matières contenues dans le Supplément et le Répertoire.

(Les chiffres précédés de la lettre S renvoient au Supplément ; les chiffres précédés de la lettre R renvoient au Répertoire.)

## Table chronologique des Lois, Arrêts, etc.

**1815**
14 janv. Ord. 730 c.

**1816**
28 avr. Ordonn.599 c.
27 nov. Ord. 563 c.

**1817**
25 mars. Loi. 620 c.
18 mai. Décis. garde des sceaux 670 c.

**1819**
24 sept. Décis garde des sceaux. 670 c.

**1820**
4 nov. Décis.gar-de des sceaux 670 c., 689 c.

**1821**
3 janv. Ord. 563 c.

**1823**
11 févr. Circ. gar-de des sceaux. 679 c.
9 déc. Av. Cons d'Et. 679 c.

**1825**
12 févr. Décis. garde des sceaux. 670 c.
3 mai. Circ.garde des sceaux. 571 c.
3 mai. Circ. min. 596 c.
13 juin. Décis. gar-de des sceaux. 675 c.
14 déc. Ord. 790 c.

**1826**
30 mai. Décis.gar-de des sceaux. 675 c.
29 août. Décis. ministr. 642 c.
10 sept.Décis.gar-de des sceaux. 679 c.
30 sept. Ord. 594 c.
30 sept. Instr.gén. 653 c.

**1827**
27 nov.Décis. gar-de des sceaux. 686 c.
18 déc. Crim. 603 c.

**1829**
15 avr. Loi. 555 c.
26 nov. Crim. 623 c.

**1832**
4 janv. Circ.min. 596 c.
21 mars. Loi. 32 c.
21 avr. Loi. 432 c.
21 avr. Loi. 722 c.
28 avr. Loi. 572 c.
9 juin. Crim. 603 c.
16 juill. Circ. min. 596 c.
13 août.Décis. gar-de des sceaux. 679 c.

**1833**
31 janv. Crim. 603 c.
4 mai. Ch. réun. 596 c.
5 juill. Crim. 603 c.
18 sept. Ord. 235 c., 651 c.

**1834**
15 janv.Cons.d'Et. 598 c.
24 mai. Loi. 598 c.

**1835**
27 juin. Circ. gar-de des sceaux. 683 c.

**1836**
16 avr. Crim. 585 c.
28 mai Loi. 651 c.
30 sept. Ord. 652 c.

**1837**
25 avr. Civ. 20 c.

**1838**
25 mai. Loi. 228 c.
23 juill. Décis.gar-de des sceaux, 675.
28 nov. Ord. 652 c., 707 c., 708 c.

**1839**
30 juill. Bourges. 472 c.

**1840**
24 juill. Crim. 552 c.

**1841**
3 mai. Loi. 762 c.
2 juin. Loi. 386 c.
3 juin. Loi. 480 c.
9 juill. Circ. gar-de des sceaux. 671 c.
10 oct. Ord. 369 c., 373 c., 380 c., 385 c., 399 c., 400 c., 440 c., 443 c., 445 c., 468 c., 469 c., 472 c., 480 c., 483 c., 484 c., 485 c., 487 c., 488 c., 494 c., 496 c.

**1842**
8 mars. Douai. 199 c.

**1843**
18 juin.Loi.354 c., 356 c.

**1844**
6 mai. Loi. 550 c.
5 juill. Loi. 556 c.
16 nov. Aix. 558 c.
17 nov. Ord. 700 c.
29 nov.Crim.551 c.

**1845**
3 févr. Crim. 544 c.
27 févr. Crim. 554 c.
7 mars.Crim.537.
5 mai. Paris. 574 c.
8 mai. Caen. 549 c.
26 déc. Circ. min. 656 c.

**1846**
15 janv. Crim. 644 c.
30 janv. Crim. 644 c.
8 févr. Bordeaux. 620 c.
6 mars. Crim. 542 c.
2 avr. Crim. 644 c.
9 juill. Crim. 644 c.
16 juill. Crim. 644 c.
21 août. Crim. 644 c., 645 c.
5 nov. Crim. 644 c.
17 déc. Crim. 565 c.

**1847**
4 mars. Crim.573 c.
21 mai. Paris. 534 c.
27 août. Crim. 570 c.
9 nov. Orléans. 638 c.

**1848**
13 janv. Crim. 645 c.
22 févr. Caen. 534 c.
8 avr. 320 c.
26 avr. Arr. 655 c.

**1849**
3 mars. Loi. 768 c.
24 mars. Arr. 682 c.
12 mai. Crim. 638 c.
12 juin. Metz. 534 c.
17 août. Crim. 577 c.
21 août. Crim. 648 c.
28 sept. Crim. 648 c.
12 oct. Crim.641 c.
26 oct. Décr. 760 c.
21 déc. Crim. 628 c.

**1850**
2 janv. Besançon. 233 c.
23 janv. Douai. 60 c.
1er mars. Paris.295 c.
11 avr. Paris. 561.
13 avr. Loi. 771 c.
18 avr.Crim.545 c.
27 avr.Crim. 628 c.
4 juin. Civ. 197 c.
2 juill. Loi. 605 c.
27 juill. Crim. 647 c.
17 août. Orléans. 213 c.
9 nov.Crim.603 c.

**1851**
28 mars. Rennes. 123 c.
4 juin.Req. 469 c.
4 juin. Bourges. 289 c.
10 juin. Crim. 644 c.
29 août.Crim. 660 c.
18 nov.Rennes. 328 c.
22 nov. Cons. d'Et. 757 c.
24 nov.Civ.652 c., 679 c.
11 déc. Lyon. 79 c.

**1852**
6 janv. Poitiers. 130 c.
c. 694 c.
24 janv. Crim.624 c.
25 janv. Loi. 764 c.
26 janv. Décr.-Loi. 722 c.
30 janv. Décr. 567 c.
14 févr.Crim.576 c.
19 févr.Crim 567 c.
6 mars.Crim.639 c., 642 c.
12 mars.Crim.660 c., 657 c.
19 mars. Bor-deaux. 111.
25 mars. Décr.730 c.
20 avr. Civ. 503 c.
10 mai. Grenoble. 533 c.
8 juin.Req.189 c.
1er juill. Paris. 259 c.
14 juill. Civ. 503
19 juill.Circ.garde des sceaux, 508 c.
26 juill. Civ.171 c., 179 c.
14 août. Crim. 621 c.
27 août. Trib. Sei-ne. 15 c., 18 c.
9 sept. Décis. gar-de des sceaux. 708 c.
2 oct. Crim.567 c.
10 nov. Civ. 31 c.
30 nov. Civ. 109 c.
3 déc. Paris. 558
11 déc. Décr.567 c.

**1853**
7 janv. Crim. 603 c.
12 janv.Cons.d'Et. 750 c.
15 janv.Décr.373 c.
15 janv. Rennes. 41 c.
17 janv. Dijon. 247 c.
21 janv. Crim. 567 c.
15 avr. Crim. 084 c., 697 c.
21 avr. Nîmes. 660 c.
28 avr.Crim.555 c.
29 avr. Circ. garde des sceaux. 683 c.
9 juin. Orléans. 32 c.
28 juin. Civ. 21 c.
1er juill. Crim. 574 c.
4 juill. Paris. 319 c.
5 juill. Civ.494 c.
8 juill.Req.488 c.
25 juill.Nîmes.139 c.
17 août. Civ. 37 c., 63 c.
19 août.Lyon. 41 c.
30 août.Civ.488 c., 489 c.
29 nov.Trib.Seine. 446 c.

**1854**
9 janv. Angers. 660 c., 665 c.
16 janv. Paris. 510 c.
16 janv. Angers. 660.
8 févr. Bordeaux. 41 c.
9 févr. Civ. 565 c.
16 févr. Crim. 551 c.

20 févr. Ch. réun. cass. 469 c, 78.
1er mars. Décr. 688 c.
1er mars. Civ. 152
3 mars. Crim. 551 c.
17 mars. Pau. 576 c.
21 mars. Civ. 82 c.
1er avr. Circ. garde des sceaux, 683 c.
13 avr. Crim. 586 c.
18 avr. Civ. 236 c.
24 avr. 143 c., 483 c., 493 c.
28 avr. Crim. 624 c.
28 avr. Trib. Lille. 494 c.
10 mai. Décr. 726 c.
24 mai. Décr. 240 c., 445 c.
24 mai. Civ. 682 c.
30 mai. Req. 356 c.
22 juin.Cons.d'Et. 730 c.
4 juill. Douai. 456 c.
2 août. Trib. civ Libourne. 373 c.
9 août. Req. 284 c.
8 nov. Req. 15 c.
20 nov. Req. 399 c.
22 nov.Civ. 416 c., 507 c.
29 nov. Trib. Sei-ne. 446 c.
4 déc. Req. 205 c.
7 déc.Metz.543 c.
21 déc. Bordeaux. 498 c.

**1855**
3 janv. Nîmes. 137 c., 159 c., 167 c., 186 c.
9 janv. Civ.186 c.
18 janv. Circ. gar-de des sceaux. 652 c., 658 c.
20 janv. Bourges 152 c.
23 janv. Loi. 658 c.
6 févr. Civ.213 c.
22 févr. Orléans 702 c.
28 févr. Req. 510 c.
4 avr. Req. 22 c.
2 mai. Loi. 228 c.
14 juin. Orléans. 200 c., 204 c., 232 c., 244 c., 424 c., 510 c.
5 juill. Req. 15 c.
8 juill. Cons. d'Et. 781 c.
13 juill. Grenoble. 515 c.
27 juill. Montpel-lier. 472 c.
28 août.Bordeaux. 176 c.
31 août. Décis. garde des sceaux. 670 c.
20 sept. Crim. 170 c.
7 nov. Civ. 503 c.
10 nov. Crim. 647 c.
15 nov. Poitiers. 15 c.
20 nov. Amiens 172 c.
1er déc. Crim. 578 c.

12 déc. Bordeaux. 78.
15 déc. Paris. 111 c., 112 c., 115 c, 116 c.

**1856**
2 janv. Req. 96 c.
5 févr. Civ. 66 c.
1er avr. Req. 74 c.
8 avr. Trib. Ber-gerac. 235 c.
11 avr. Crim. 644 c.
21 avr. Req. 448 c.
23 avr. Civ. 188 c., 489 c.
24 avr. Crim. 555 c.
25 avr. Civ. 488 c.
26 avr. Crim. 659 c. c. 660 c.
31 mai. Crim. 556 c.
18 juin.Civ.243 c., 510 c.
19 juin. Orléans. 307 c.
20 juin. Crim. 631 c.
1er juill. Nancy. 134 c., 139 c.
11 juill. Req. 59 c.
31 juill. Orléans 152 c.
18 août. Cons. d'Et. 730 c.
23 août. Bourges.
26 août.Bordeaux. 172 c., 176 c.
22 nov. Crim. 609 c.
16 déc. Civ. ;503
19 déc.Crim.862 c.

**1857**
3 janv. Crim. 357 c.
22 janv. Bordeaux. 137 c., 167 c., c.
18 avr. Crim. 554 c.
28 avr. Req. 20 c., 77 c.
4 mai. Req. 139 c.
19 juin. Aix. 560 c., 665 c.
23 juin. Loi. 723 c.
29 juin. Civ. 233 c.
4 juill. Crim. 620 c.
13 juill.Req.40 c., 66 c.
13 juill.Req.26 c., 33 c.
14 juill. Civ. 15 c.
16 août.Cons.d'Et. 721 c.
5 oct. Cons. d'Et. 759 c.
4 nov. Civ. 467 c., 484 c.
16 nov.Req.15 c., 21 c.
5 déc. Civ. 37 c., 63 c.
8 déc. Civ. 425 c.

**1858**
23 janv. Crim. 566 c.
180 c., 181 c., 185 c., 233 c., 327 c.
5 mars. Bastia. 150 c.
18 mars.Req.22 c., 62 c.
22 avr. Civ. 235 c.
30 avr. Ch. réun. cass. 469 c.
21 mai. Loi. 367 c., 409 c.

31 mai.Req.387 c., 509 c.
25 juill. Paris. 480 c.
10 août. Riom. 275 c., 510 c.
12 août. Req. 81 c.
10 nov. Req. 62 c.
23 févr. Cons. d'Et. 759 c.
16 mars. Paris. 716 c., 718 c.
21 mars. Cons. d'Et.730 c., 731 c.

**1859**
7 janv. Crim. 644
17 janv. Trib. civ. Amiens. 236 c., 628 c., 630 c.
19 mars. Nancy. 137 c.
5 avr.Civ. 488 c., 489 c.
6 avr. Civ. 54 c.
14 avr.Caen.580 c.
5 mai.Crim.629 c. c., 167 c., 327 c.
23 mai.Req.480 c.
4 juin. Loi. 563 c., 509 c.
11 juin. Loi. 212 c.
18 juin. Loi. 563 c.
23 juin. Crim. 580 c., 603 c.
11 juill. Besançon. 21 c.
12 août. Crim. 647 c.
17 déc.Crim.640 c.
21 déc. Décr. 503 c.
26 déc. Civ. 324 c.

**1860**
17 janv. Circ. gar-de des sceaux. 687 c.
18 janv.Req. 22 c.
27 janv. Crim. 548 c.
28 févr. Poitiers. 561 c.
5 mars. Civ. 344 c., 345 c.
6 mars. Orléans. 536 c.
22 mars. Cons. d'Et. 748 c.
19 avr. Crim. 546 c.
19 avr. Orléans. 35 c.
30 avr. Crim. 644 c.
3 mai. Crim. 550 c.
11 juill. Paris. 710 c.
12 juill. Paris. 716 c.
13 juill. Orléans. 556 c.
18 juill. Orléans. 365 c.
2 août.Paris.116 c.
10 août. Crim. 603 c.
16 août. Crim. 048 c.
25 août. Crim. 570 c.
21 août.Civ.38 c. 27 c.
30 août. Orléans. 587 c., 588 c.
30 août. Crim. 644 c.
14 nov. Req. 54 c.
17 nov. Crim. 618 c.
22 déc. Crim. 740 c., 716 c.

**1861**
7 janv. Civ. 14 c., 66 c.
11 janv. Trib. civ. Pau. 532.
31 janv. Crim. 542 c.
23 févr. Cons. d'Et. 759 c.
16 mars. Paris. 716 c., 718 c.
21 mars. Cons. d'Et.730 c., 731 c.
12 avr. Crim. 549 c., 559 c.
1er mai.Req. 205 c.
23 mai. Cons.
21 juin. Trib. Ta-rascon. 322.
27 juin. Crim. 660 c., 665 c.
4 juill. Crim. 610 c., 611 c.
11 juill. Trib. Ba-gnères-de-Bi-gorre. 480 c.
10 juill. Nîmes. 103 c, 206.
10 août. Crim. 583 c.
17 août. Crim. 545 c., 579 c., 641 c.
13 nov. Civ. 136 c., 137 c., 138 c., 167 c.
15 nov. Crim. 581 c., 591 c.
21 nov. Crim. 609 c., 612 c.
5 déc. Crim. 578 c.
7 déc. Circ. garde des sceaux. 672 c., 676 c.
13 déc. Crim. 648 c.

**1862**
25 janv.Bordeaux. 66 c.
13 févr. Crim. 578 c., 583 c.
20 févr. Crim. 618 c.
7 mars. Angers. 320 c.
4 juin. Bordeaux. 120 c.
2 juill. Loi. 237 c.
10 juill. Crim. 648 c.
30 juill. Décr. 871 c.
27 août.Bordeaux. 203 c., 243 c.
4 sept.Trib.com. Seine. 17 c.
12 nov. Civ. 512 c.
22 nov. Trib. com. Seine.22 c.
8 déc. Décr. 223 c.
18 déc. Crim. 548 c.

**1863**
5 févr. Crim. 548 c.
18 févr. Décr. 561 c., 693 c.
24 févr.Civ. 361 c., 368 c., 413 c.
3 mars. Civ. 90 c., 93 c., 211 c., 212 c.
18 mars.Crim.648 c.
7 avr. Crim. 644 c.
20 avr. Circ. garde des sceaux. 694 c.
11 mai. Nîmes. 660 c.
1er juin.Civ.149 c., 92 c.
8 juin. Civ. 82 c.

16 juill. Cons. d'Et. 726 c.
19 juill. Circ. gar- de des sceaux. 691 c.
10 août. Req. 211 c., 235 c.
25 août.Bordeaux. 884 c.
31 août. Caen. 522 c.
8 déc. Bastia. 21 c., 41 c.
16 déc.Cons. d'Et. 768 c.
21 déc. Civ. 21 c., 256 c.

**1864**

2 janv. Pau. 274 c.
8 janv. Orléans. 208 c.
25 janv.Douai.215 c.
28 janv. Rennes. 532.
18 mars. Bor- deaux. 276 c.
30 avr. Amiens. 134 c., 323 c.
13 mai. Bourges. 660 c., 665.
8 juin. Req. 192 c.,210 c.,211 c., 220 c.
9 juin. Crim. 663 c.
23 juin.Cons.d'Et. 760 c.
6 juill. Req. 81 c.
7 juill. Crim. 602 c.
11 août. Crim. 646 c.
12 août. Crim. 644 c.
31 août. Civ. 212 c.
2 nov. Décr. 732 c., 762 c., 765 c., 766 c., 768 c., 769 c., 770 c.

**1865**

9 janv.Req. 81 c.
25 janv.Metz.57 c.
9 févr.Cons. d'Et. 758 c.
3 mars. Aix. 532.
7 juin.Cons.d'Et. 781 c.
21 juin.Loi.719 c., 757 c., 765 c.
26 juill. Req.212 c.
8 août.Cons.d'Et. 746 c.
28 août.Bordeaux. 178 c., 179 c., 212.
29 août.Paris. 213.
30 août.Bordeaux. 549 c.
7 nov. Civ. 256 c.
15 nov. Req. 15 c.
28 nov.Cons. d'Et. 764 c.
30 nov. Crim. 548 c.
22 déc. Dijon. 41 c.

**1866**

5 janv. Crim. 648 c.
12 janv. Crim. 608 c.
25 janv.Cons.d'Et. 769 c.
15 févr.Crim.540 c.
6 mars. Req. 64 c.
8 mars. Cons. d'Et. 768 c.
13 mars.Req.526 c.
27 mars. Req. 503 c.
12 avr.Angers. 192 c.
20 avr. Crim. 594 c.
9 mai. Cons. d'Et. 750 c.
17 mai.Paris. 103.

27 juin.Loi.549 c., 550 c.
1er août. Req.65 c.
4 août.Cons.d'Et. 758 c.
17 août.Paris. 184 c., 176 c.
22 août. Rennes. 155, 326 c.
23 août. Crim. 618 c.
5 déc. Req. 90 c.
28 déc. Crim. 555 c.

**1867**

23 janv. Agen.176 c.
1er févr. Bordeaux. 276 c.
1er févr. Toulouse. 311 c.
5 févr.Cons.d'Et. 760 c.
6 févr.Req.256 c.
19 févr. Req. 65 c.
6 mars. Req. 166 c.
11 mars. Nîmes. 196 c.
18 mars.Crim. 644 c.
6 avr. Paris. 393 c.
13 avr. Paris. 29 c.
18 avr. Circ. garde des sceaux. 693 c.
6 mai.Req.169 c., 194 c., 247 c.
15 mai. Cons. d'Et. 726 c.
15 mai. Trib. Bor- deaux. 134 c., 174 c., 176 c.
7 juin. Paris. 136 c., 140 c., 152 c., 218 c.
7 juill. Paris. 139 c.
11 juill. Crim. 618 c.
17 juill.Req.386 c.
19 juill.Cons.d'Et. 725 c.
22 juill. Loi. 16 c., 718 c.
24 juill. Civ. 38 c., 45.
26 juill. Trib. Sei- ne. 16 c.
1er août. Cons. d'Et. 760 c.
3 août. Trib. civ. Marseille.473 c.
10 août. Crim. 614 c.
13 août.Cons.d'Et. 768 c., 769 c.
27 août. Chambé- ry. 523 c.
9 déc. Angers. 561 c.

**1868**

10 janv. Crim. 662 c., 663 c.
13 janv. Civ. 82 c.
18 janv. Civ. 134 c., 323 c., 644 c.
29 janv. Req. 256 c.
29 janv. Douai. 276 c.
6 févr. Rouen.716 c.
12 févr. Angers. 193 c.
3 mars. Civ. 66 c., 68 c.
9 mars. La Marti- nique. 194 c.
20 mars. Crim. 638 c.
20 mars. Grenoble. 10 c.
2 avr. Crim. 554 c.
3 avr. Crim. 664 c.
15 avr. Crim. d'Et. 322 c.

29 avr. Douai. 211 c., 276 c., 278 c.
12 mai. Cons. d'Et. 753 c.
15 mai. Crim. 593 c.
28 mai. Crim. 660 c.
24 juin. Bordeaux. 562 c.
9 juill. Nîmes.561 c.
1er août. Metz. 673 c.
4 déc. Orléans. 15 c.
14 déc. Civ. 62 c.
31 déc. Crim. 647 c.

**1869**

2 janv. Crim. 635 c.
7 janv.Cons. d'Et. 760 c.
19 janv. Bourges. 45 c.
21 janv. Dijon, 65 c., 638 c.
21 janv. Lyon. 21 c., 80 c.
2 févr. Req. 42 c.
22 mars. Req. 21 c., 504 c.
17 avr. Trib. Seine. 21 c.
20 avr. Civ. 52 c., 88 c.
24 avr. Déc. garde des sceaux. 675 c.
30 avr. Crim. 583 c., 709 c.
7 mai. Dec. min. fin. 701 c.
11 mai. Montpel- lier. 106 c.,111 c.
14 mai. Crim. 666 c., 709 c.
2 juin. Cons. d'Et. 726 c.
6 juin. Civ. 57 c.
7 juill. Dec. min. fin. 701 c.
7 juill. Metz. 15 c.
7 août. Metz. 14 b c.
13 août. Rouen, 86 c., 88 c., 247 c., 316 c.
4 nov. Crim. 543 c., 544 c.
23 nov. Civ. 472 c.
7 déc. Req. 217 c., 351 c.
31 déc. Civ. 15 c.

**1870**

8 janv. Crim. 577 c.
21 janv. Paris.213 c.
26 janv.Nancy.205 c.
29 janv.Nancy.271 c., 272 c.
12 févr. Rennes. 48 c.
27 mars. Haute Cour de justice 578 c.
30 mars. Chambé- ry. 326 c.
5 avr. Civ. 197 c., 219 c., 247 c.
7 avr. Alger. 576 c.
13 mai. Agen. 245 c.
13 mai. Crim. 586 c.
18 mai.Cons.d'Et. 765 c.
27 mai. Crim. 593 c.
31 mai. Metz.59 c.

9 juin. Bourges, 577 c.
9 juin.Colmar.535 c.
23 juin.Bordeaux. 88 c.
13 juill.Cons.d'Et. 750 c.
13 juill. Req. 90 c.
25 juill.Req.26 c., 66 c., 295 c.
27 juill.Cons.d'Et. 768 c.
16 août.Req.22 c., 57 c.
7 sept. Décr. 21 c.
9 nov. Bourges. 21.

**1871**

22 janv.Bordeaux. 259.
1er févr.Cons.d'Et. 768 c.
18 mars. Caen. 210 c.
3 avr.Poitiers.718 c.
22 juin. Crim. 640 c.
5 juill.Cons. d'Et. 767 c.
5 juill. Civ. 21 c., 44 c.
20 juill. Bruxelles. 560 c.
25 juill.Req. 355 c.
25 juill. Loi.763 c.
12 août. Trib. d'E- pernay. 214.
22 août.Req.10 c., 45 c.
22 août. Civ. 526 c.
22 août.Bordeaux. 509 c.
28 août. Besançon. 208 c.
9 nov. Agen. 87 c., 91 c., 93 c.
9 nov. Paris.18 c.
14 nov. Civ. 52 c.
19 nov. Crim. 602 c.
24 nov. Décr. 228 c., 231 c.
1er déc. Trib. Lou- hans. 21 c.
11 déc. Cons.d'Et. 770 c.
16 déc. Décr. 228 c.
19 déc. Loi. 718 c.

**1872**

9 janv. Civ. 195 c., 524 c., 526 c.
13 févr. Civ. 90 c., 93 c.
22 févr. Besançon. 107 c., 115 c., 116 c.
26 févr.Cons.d'Et. 725 c.
4 mars. Cons. d'Et. 753 c.
17 mars. Aix. 93 c.
25 mars. Crim. 647 c.
28 mars. Nancy. 496 c.
30 mars. Req. 81 c.
24 mai. Loi. 759 c.
10 juin. Req. 21 c.
17 juin. Req. 82 c.
9 juill. Crim. 605 c.
12 juill. Civ. 82 c.
24 juill.Lyon.15 c.
9 août. Crim. 501 c.
13 août.Bordeaux. 66 c., 70 c.
15 nov. Cons.d'Et. 768 c.
5 déc.Crim.556 c.

16 déc.Caen.90 c., 211 c., 212 c.
17 déc. Civ. 63 c., c.
23 juin. Bordeaux. 88 c.
21 déc. Grenoble. 660 c.
21 déc.Trib. Seine. 273 c.
27 déc. Décis.gar- de des sceaux. 651 c.
28 déc. Crim. 660 c.

**1873**

10 janv. Trib. civ. Seine. 107 c.
15 janv. Dijon 575 c.
30 janv. Crim. 648 c.
3 févr. Civ. 93.
14 févr. Crim. 664 c.
24 févr. Trib. civ. Seine, 107 c.
17 mars. Paris. 100 c.
19 mars. Trib. Troyes. 716 c.
8 avr. Req. 91 c., 100 c.
12 avr. Crim. 645 c.
17 avr. Crim. 644 c.
2 mai. Cons. d'Et. 756 c.
9 mai.Cons. d'Et. 745 c.
10 mai. Crim. 547 768 c.
29 mai. Crim. 557 c.
13 juin.Cons.d'Et. 760 c.
22 juin. Loi. 641 c.
17 août. Orléans. 17 c.
21 août. Crim. 547 c.
28 nov. Crim. 547 759 c.
12 déc. Crim. 663 c.

**1874**

18 janv. Civ.196 c., 139 c., 421 c.
20 janv. Req. 630 c.
19 janv.Cons. d'Et. 756 c.
20 févr. Crim. d'Et. 747 c.
23 févr. Civ. 99 c.
27 févr.Cons. d'Et. 768 c.
2 mars. Req. 297 c.
2 mars. Crim. 640 c.
7 mars. Crim. 603 c.
9 mars. Caen 213 c.
17 mars. Aix. 93 c.
25 mars. Crim. 647 c.
1er juill. Règl. gén. 693 c.
9 juill. Rennes. 97 c.,509 c.
10 juill. Crim. 618 c.

14 juill. Req. 61 c.
24 juill. Crim. 668 c.
10 août. Civ. 62 c., 290 c.
4 déc.Cons. d'Et. 726 c.

**1875**

12 janv. Civ. 21 c.
15 janv. Crim. 545 c., 641 c.
5 févr. Crim. 623 c.
8 févr. Besançon 479.
11 févr. Crim. 600 c.
19 févr. Circ. garde des sceaux, 692 c.
25 févr. Cons.d'Et. 796 c.
20 févr. Cons.d'Et. 759 c.
2 mars.Nancy.21 c.
22 mars. Req.22 c., 154 c., 157 c., 158 c., 187, 323 c.
25 mars. Crim. 642 c.
31 mars. Civ. 212 c.
2 avr. Décr. 681 c.
6 avr. Req. 94 c.
7 avr. Req. 496 c.
17 avr. Req. 127 c.
23 avr. Crim.539 c., 600 c.
30 avr. Crim. d'Et. 734 c.
21 mai.Cons. d'Et. 766 c.
25 mai. Req. 289, 290 c.
4 juin. Crim. 555 c.
13 juill. Dijon. 80 c.
14 juill. Req. 27 c.
16 juill. Loi. 558 c.
7 août.Cons.d'Et. 736 c., 768 c.
18 août.Décis.min. fin. 681 c.
19 août. Crim. 581 c.
23 févr. Déc. garde des sceaux. 675 c.
8 nov. Req. 21 c.
18 nov. Crim. 544 c., 545 c.
21 déc. Req. 81 c.

**1876**

26 janv. Toulouse. 32 c.
31 janv.Req. 98 c.
5 mars. Cons. d'Et. 760 c.
8 mars. Montpel- lier. 18
15 mai. Trib. des confl. 734 c.
23 mai. Crim. 586 c.
27 mai. Crim. 769 c.
27 mai. Grenoble. 399 c.
28 juill. Crim. 618 c.
4 août.Cons.d'Et. 765 c.
6 déc.Cons. d'Et. 759 c.

de des sceaux. 652 c., 653 c., 659 c., 671 c.
6 sept.Décis. gar- de des sceaux. 670 c.
15 nov.Crim.609 c.
17 nov. Cons. d'Et. 755 c.
20 nov. Cons. d'Et. 768.
5 déc. Crim. 623 c., 606 c.
27 nov. Req.290 c.
30 nov.Crim.557 c.
20 déc. Civ. 510 c.
22 déc. Crim. 570 c.
29 déc.Circ. garde des sceaux. 599 c.

**1877**

12 janv.Cons. d'Et. 755 c.
22 janv. Crim. 57 c.
24 janv. Civ. 21 c.
26 janv.Cons. d'Et. 768 c.
1er févr.Crim.602 c.
3 févr. Crim. 603 c.
2 mars. Cons. d'Et. 755 c.
6 mars. Douai. 160 c., 191 c.
9 mars. Crim. 647 c.
20 mars. Lyon. 32.
15 mai. Req. 82 c.
30 mai. Pau. 246 c., 510 c.
4 juin. Civ. 22 c., 57 c., 81 c.
15 juin. Crim. 503 c., 684 c.
28 juin. Loi. 558 c.
2 juill. Trib. Dis. 126 c.
6 juill.Cons.d'Et. 734 c.
27 juill.Cons.d'Et. 763 c.
8 août. Civ. 350 c.
14 août. Req. 26 c.
28 nov. Req. 82 c.
28 nov. Crim.664 c.
28 déc.Cons. d'Et. 726 c., 729 c., 733 c.

**1878**

5 janv. Crim. 603 c.
10 janv. Crim. 681 c.
14 janv.Nîmes.453 c.
17 janv. Rouen. 93 c., 98 c.
18 janv.Cons.d'Et. 759 c.
6 mars. Req. 26 c.
21 mars. Crim. 547 c.
31 déc. Req. 81 c.
30 avr. Orléans. 718.
10 mai. Crim. d'Et. 734 c.
4 janv.Cons.d'Et. 763 c.

10 déc. Civ. 30 c.
13 déc.Crim.668 c.
720 c.
17 déc. Civ. 21 c.
18 déc. Civ. 69 c.

**1879**

21 janv. Poitiers. 212 c.
5 févr. Civ. 601 c.
13 févr. Agen. 572 c.
16 mars. Paris. 171 c.
21 mars. Cons. d'Et. 771 c.
28 mars. Crim.185 c.
2 juin.Cons. d'Et. 729 c.
6 juin. Rennes. 80 c.
11 juill. Crim. 622 c.
23 juill. Req. 81 c.
23 juill.Civ. 90 c., 93 c.
2 sept.Décis. min.
2 juill. Crim.31 c.
4 déc. Cons. d'Et 768 c.

**1880**

3 janv. Crim. 662 c.
22 janv. Circ. gar- de des sceaux. 599 c.
1er févr.Cons.d'Et. 760 c., 766 c.
16 mars. Paris.134 c., 323 c.
18 mars. Crim. 564 c., 714.
31 déc.Crim.766 c., 768 c.
30 avr. Crim. d'Et. 748 c.
5 mai. Crim. 626.
16 mai.Paris.176 c.
4 juin.Cons.d'Et. 732 c.
18 juill.Décr.321 c.
18 juill.Cons.d'Et. 766 c.
25 juin.Cons.d'Et. 766 c., 799 c.
25 juin. Trib.confl. 751 c.
30 juin. Cons. de préf. Seine.726 c., 759 c.
1er juill. Crim. 648 c.
2 juill.Cons.d'Et. 734 c.
4 août. Civ. 80 c.
9 juill.Cons.d'Et. 748 c.
20 nov.Crim.609 c.
20 nov.Cons.d'Et. 754 c.
22 nov.Crim.717 c.
23 mai. Req. 78 c.
3 juill. Crim. 592.
556 c., 592 c.

**1881**

5 janv. Crim. 46 c.
31 mai. Req. 367 c.
5 juill.Décis.gar- de des sceaux. 671 c.
9 juill.Chambéry. 21 c.
61 juill. Civ. 22.
21 août.Nancy.269 c.
8 mars.Cons.d'Et. 768 c.
23 mars.Cons.d'Et. 760 c.
18 mars.Cons.d'Et. 752 c.
9 août. Crim. 80 c.
9 janv.Cons.d'Et. 748 c.
13 déc. Civ. 88 c.

| | 1883 | 1884 | 1885 | 1886 | | | |
|---|---|---|---|---|---|---|---|
| 29 juill. Crim. 554 c. | 1883 | 18 janv. Cons. d'Et. 723 c., 750 c. | 27 janv. Req. 63 c., 93 c. | 1886 | 6 avr. Cons. d'Et. 760 c. | 726 c., 729 c., 733 c. | 22 juill. Circ. garde des sceaux 508 c., 560 c. |
| 4 août. Crim. 543 c. | 4 janv. Cons. d'Et. 729 c. | 15 févr. Cons. d'Et. 720 c., 723 c. | 28 janv. Req. 69. | 8 janv. Cons. d'Et. 723 c. | 14 juin. Civ. 27 c. | 14 juin. Trib. Provins. 207 c. | 22 juill. Loi. 9 c., 719 c., 720 c. |
| 5 août. Loi. 535 c. | 5 janv. Cons. d'Et. 752 c. | 22 févr. Cons. d'Et. 759 c. | 2 févr. Civ. 16 c. | 15 janv. Cons. d'Et. 733 c. | 18 juin. Paris. 574 | 22 juin. Cons. d'Et. 726 c., 768 c. | 721 c., 722 c., 723 c. |
| 18 août. Crim. 543 c. | 12 janv. Cons. d'Et. 720 c., 766 c. | 17 mars. Civ. 63 c. | 10 févr. Req. 504. | 8 févr. Civ. 63 c. 93 c. | 24 juin. Cons. d'Et. 724 c. | 6 juill. Cons. d'Et. 765 c. | 724 c., 725 c., 727 c. |
| 11 nov. Cons. d'Et. - 759 c. | 2 févr. Cons. d'Et. 728 c., 760. c. | 29 mars. Lyon. 211 c., 276 c. | 11 févr. Circ. garde des sceaux. 671 | 12 févr. Cons. d'Et. 720 c. | 27 juin. Crim. 660 c. | 1er août. Civ. 63 c. | 725 c., 727 c. |
| 9 déc. Crim. 618 c. | 19 févr. Req. 81 c. 82 c. | 4 avr. Cons. d'Et. 768 c., 768 c. | 13 févr. Crim. 664 | 18 févr. Cons. d'Et. 720 c. | 8 juill. Cons. d'Et. 724 c. | 3 août. Cons. d'Et. 764 c. | 738 c., 789 c. |
| 1882 | 23 févr. Cons. d'Et. 769 c. | 15 mai. C. cass. Belgique. 269 c. | 16 févr. Civ. 63. | 19 févr. Cons. d'Et. 771 c. | 724 c. | 8 août. Cons. d'Et. 766 c. | 740 c., 742 c. |
| 2 janv. Bordeaux. - 483 c. | 9 mars. Cons. d'Et. 768 c. | 30 mai. Cons. d'Et. 753 c. | 17 févr. Civ. 46 c. | 22 juill. Crim. 503 c., 505 c. | 15 juill. Cons. d'Et. 730 c. | 744 c., 759 c. | 744 c., 759 c. |
| 5 janv. Civ. 69 c. | 17 mars. Paris. 90 c., 400 c. | 4 juin. Pau. 245 c., 247 c., 510 c. | 20 févr. Cons. d'Et. 768 c. | 3 nov. Civ. 72 c. | 25 oct. Civ. 64 c. 70 c. | 22 oct. Civ. 64 c. | 26 juill. Circ. 596 |
| 9 janv. Req. 81 c. | 21 mars. Cons. d'Et. 721 c., 726 c., 729 c., 731 c., 785 c. | 16 juin. Req. 196 c. | 10 mars. Req. 480 c., 487 c. | 19 nov. Cons. d'Et. 768 c. | 21 nov. Req. 59 c. 81 c. | 23 oct. Req. 15 c. | 14 sept. Circ. garde des sceaux 689 c. |
| 11 janv. Civ. 63 c. | 21 mars. Civ. 40 c. | 20 juin. Cons. d'Et. 760 c. | 17 avr. Cons. d'Et. 768 c. | 22 nov. Circ. garde des sceaux. 678 c. | 1889 | 4 déc. Req. 57 c. | 15 nov. Crim. 568 c. |
| 13 janv. Cons. d'Et. 734 c., 754 c. | 20 avr. Cons. d'Et. 744 c. | 21 juin. Nancy. | 24 avr. Cons. d'Et. 768 c. | 1er déc. Req. 216 c. | 9 janv. Besançon. 505 c. | 1889 | 26 nov. Civ. 332 c. |
| 17 févr. Cons. d'Et. 758 c., 765 c. | 10 mai. Trib. civ. Bayeux. 475 c., 480 c., 487 c. | 27 juin. Cons. d'Et. 760 c. | 12 mai. Req. 473 c. | 1887 | 14 déc. Civ. 134 c. 135 c. | 9 janv. Besançon. 505 c. | 9 déc. Req. 258 c. |
| 8 mars. Cons. d'Et. 729 c., 736 c., 765 c. | 1er juin. Cons. d'Et. 767 c., 768 c. | 1er août. Cons. d'Et. 760 c. | 22 mai. Cons. d'Et. 720 c., 731 c. 766 c. | 21 janv. Cons. d'Et. 768 c. | 16 déc. Cons. d'Et. 761 c. | 25 janv. Cons. d'Et. | 20 déc. Crim. 568 c. |
| 10 mars. Cons. d'Et. 768 c. | 2 juin. Crim. 644 c. | 2 août. Paris. 495 | 12 juin. Civ. 23 c. | 22 janv. Crim. 596 c. | 23 déc. Cons. d'Et. 754 c. | 26 janv. Nancy. 279 c. | 21 déc. Crim. 568 c. |
| 22 mars. Req. 69 c. | 19 juill. Civ. 15 c. | 21 août. Crim. 625 | 12 juin. Cons. d'Et. 768 c. | 24 janv. Civ. 296 c. | 1888 | 28 févr. Circ. garde des sceaux. 653 | 27 déc. Crim. 568 c. |
| 12 mai. Cons. d'Et. 721 c., 755 c. | 20 juill. Cons. d'Et. 724 c. | 28 oct. Loi. 3 c. 408 c. | 1er juill. Req. 22 c. | 14 févr. Req. 21 c. | 6 janv. Cons. d'Et. 753 c. | 13 mars. Poitiers. | 28 déc. Crim. 568 |
| 5 juin. Civ. 64 c. | 24 juill. Req. 63. - 760 c. | 7 nov. Crim. 661 c. | 3 juill. Cons. d'Et. 766 c., 768 c. | 17 févr. Circ. 656 c. | 7 janv. Crim. 661 | 29 mars. Cons. | 1890 |
| 14 juin. Civ. 289 c. | 21 nov. Chambéry. 269 c. | 14 nov. Cons. d'Et. | 5 juill. Circ. garde des sceaux. 693 c., 693 c. | 23 févr. Req. 69 c. | 2 févr. Cons. d'Et. 722 c. | 11 avr. Caen. 511 c. | 18 janv. Décr. 3 c. |
| 1er juill. Crim. 647 c. | 30 nov. Cons. d'Et. 768 c. | 29 nov. Circ. garde des sceaux. 689 c., 690 c., 693 c. | 20 juill. Req. 369 c., 399 c. | 23 févr. Circ. 652 c., 658 c., 676 c. ; 680 c., 689 c.; 695 c., 699 c. | 10 févr. Crim. 643 c. | 16 mai. Cons. d'Et. | c. 719 c., 726 c., 733 c., 737 c., 738 c., 739 c., 740 c., 741 c., 743 c., 744 c. |
| 2 août. Civ. 184 c., 333 c. | - 760 c. | 5 déc. Cons. d'Et. 768 c. | 31 juill. Cons. d'Et. 762 c. | 4 mars. Cons. d'Et. 766 c. | 17 févr. Cons. d'Et. 766 c. | 13 mai. Riom. 278 c. | 20 janv. Agen. 111 c. |
| 22 août. Req. 495 c. | 28 déc. Cons. d'Et. 723 c. | 19 déc. Cons. d'Et. 723 c. | 8 août. Cons. d'Et. 720 c., 768 c. | 18 mars. Crim. 644 | 24 févr. Cons. d'Et. 767 c. | 25 juin. Req. 196 c. | 10 févr. Montpellier. 276 c. |
| 9 sept. C. cass. de Turin. 7 c. | 720 c., 731 c. | 28 déc. Loi. 721 c. 728 c., 745 c. | 11 nov. Req. 87 c., 68 c. | 20 mars. Civ. 15 c. | 9 mars. Cons. d'Et. 729 c., 736 c. | 26 juin. Crim. 596 | 2 avr. Civ. 503 c. |
| 21 sept. Crim. 625 c. | | | 4 déc. Cons. d'Et. 746 c., 755 c. | 5 avr. Paris. 15 c. | 21 mars. Req. 32 c. | 12 juill. Cons. d'Et. | c. Tunis. 596 c. |
| 12 nov. Req. 21 c. | | | | | 21 mars. Pau. 80 c. | 19 juill. Loi. 568 c. | 20 mai. Req. 62 c. |
| 47 nov. Cons. d'Et. 723 c., 759 c. | | | | | 21 mars. Cons. d'Et. 766 c. | 21 juill. Loi. 568 c. | 21 juill. Poitiers. 506 c. |
| 27 nov. Paris. 211 c., 277 c. | | | | | 8 juin. Cons. d'Et. 63 c. | | 22 juill. Civ. 207 c. |
| 1er déc. Paris 262 c. | | | | | | | 8 août. Req. 21 c. |
| 29 déc. Paris, 21 c. | | | | | | | 14 oct. Loi. 759 c. |
| 30 déc. Paris 277 c. | | | | | | | |

## GARDE CHAMPÊTRE.

### Division.

ART. 1. — Historique et législation (no 1).
ART. 2. — Des gardes champêtres des communes (no 3).
§ 1. — Nomination, port d'armes, traitement, serment, procès-verbaux (no 5).
§ 2. — Attributions des gardes champêtres (no 22).
ART. 3. — Des gardes champêtres des particuliers (no 42).

Art. 4. — Des crimes et délits commis par les gardes champêtres et des crimes et délits commis envers eux (n° 56).

Art. 1er. — *Historique et législation* (*Rép.* n° 3 et 4).

**1.** Depuis la publication du *Répertoire*, trois lois se sont occupées des gardes champêtres.

En premier lieu, la loi du 18 juin 1859 (D. P. 59. 4. 95) (1) a modifié l'art. 188 c. for. et donné expressément aux gardes champêtres le droit (qui leur était contesté jusqu'alors) de rechercher et constater les délits et contraventions commis dans les bois non soumis au régime forestier.

En second lieu, la loi sur les conseils municipaux des 24-29 juill. 1867 (D. P. 67. 4. 89) chargeait par son art. 20 ces gardes de rechercher les contraventions aux règlements de police municipale.

Enfin l'art. 102 de la loi sur l'organisation municipale des 5-6 avr. 1884 (D. P. 84. 4. 55), qui a remplacé la loi de 1867, a réglementé à nouveau la nomination des gardes champêtres, leur suspension, leur révocation, leurs fonctions (V. *suprà*, v° *Commune*, n°s 228 et suiv.).

Il convient de signaler aussi, au sujet des rapports des gardes champêtres et de la gendarmerie, les dispositions des art. 624 à 628 du décret des 1er mars-11 avr. 1854 portant règlement sur l'organisation et le service de la gendarmerie (D. P. 54. 4. 40). Ces articles ne font guère que reproduire les dispositions du décret du 11 juin 1806, dont le texte est donné au *Répertoire* (V. *infrà*, v° *Gendarme-gendarmerie*).

**2.** L'ensemble de la législation relative aux gardes champêtres est exposé dans le *Code formulaire des gardes champêtres*, par Escaich, 1887. — V. en ce qui concerne spécialement la nomination de ces agents, leur discipline, leur traitement : Léon Béquet, *Répertoire de droit administratif*, v° *Commune*, liv. 3, tit. 1, sect. 4, n°s 863 et suiv. ; Morgand, *La loi municipale*, t. 2, sous l'art. 102, p. 128 et suiv., et sous l'art. 136, p. 347 et suiv. ; de Ramel, *Commentaire de la loi sur l'organisation municipale promulguée le 5 avril 1884*, p. 164 et suiv., et p. 203 ; Faustin-Hélie, *Traité de l'instruction criminelle*, t. 3, n°s 1190 à 1197; *Pratique criminelle des cours et tribunaux*, t. 1, n°s 61 et suiv.; Mangin, *Traité des procès-verbaux*, n°s 197 et suiv.; Rolland de Villargues, *Les codes criminels interprétés*, notes sous les art. 16 et 17 c. instr. crim.

Art. 2. — *Des gardes champêtres des communes* (*Rép.* n°s 5 à 36).

**3.** La législation antérieure imposait aux communes l'obligation d'avoir un garde champêtre (*Rép.* n° 5). L'art. 102 de la loi du 5 avr. 1884 a fait disparaître cette obligation et rendu l'institution des gardes champêtres facultative pour toutes les communes: « Toute commune, dit cet article, *peut* avoir un ou plusieurs gardes champêtres ». Actuellement donc, chaque commune est absolument libre soit de n'avoir aucun garde champêtre, soit d'en avoir un ou plusieurs. Il en résulte que l'Administration ne saurait imposer à une commune qui en serait dépourvue la création d'un emploi de garde champêtre. Elle ne saurait, non plus, au cas où le poste serait vacant, exiger que l'emploi fût maintenu si le conseil municipal voulait le supprimer (Morgand, t. 2, p. 129; Léon Béquet, v° *Commune*, n° 865). — Sur la question de savoir si, lorsqu'il existe un titulaire régulièrement nommé, le conseil municipal pourrait, en déclarant qu'il supprime l'emploi, retrancher le traitement du budget, V. *infrà*, n° 15).

**4.** D'après l'esprit, sinon le texte de la nouvelle loi municipale, plusieurs communes ne peuvent s'associer pour

entretenir un seul garde champêtre. La Chambre des députés avait admis cette faculté, mais le Sénat n'a pas accepté cette innovation. « Quand plusieurs communes, a dit M. Demôle dans son rapport, auront le même garde champêtre, le service de cet agent sera certainement fait dans chacune d'elles d'une façon incomplète et défectueuse. D'un autre côté, comment faire concorder cela avec le droit de suspension par le maire et de révocation par le préfet? Un garde champêtre pourrait donc être suspendu ou révoqué dans une commune et continuer ses fonctions dans une commune voisine? Ce résultat bizarre nous a paru inadmissible » (D. P. 84. 4. 56, note 102).

Dans certaines communes, il est d'usage d'instituer, aux approches de la moisson ou des vendanges, pour venir en aide au garde champêtre, des gardes temporaires que l'on nomme *gardes-moissons* ou *gardes-vignes*, qui sont en fonctions pendant le temps où les récoltes mûres sont pendantes ou déposées dans les champs. Ces gardes jouissent des droits et sont soumis aux mêmes obligations que les gardes champêtres. Mais leurs attributions sont essentiellement limitées à l'objet à raison duquel ils ont été assermentés (Crim. cass. 26 mars 1857, *Bull. crim.*, n° 125).

§ 1er. — Nomination, port d'armes, traitement, serment, procès-verbaux (*Rép.* n°s 7 à 21).

**5.** — 1° *Nomination*. — Comme on l'a dit au *Rép.* n° 7, la loi du 18 juill. 1837 conférait aux maires la nomination des gardes champêtres. Cette nomination, qui leur avait été enlevée par le décret du 25 mars 1852, leur est restituée par l'art. 102 de la nouvelle loi municipale du 5 avr. 1884 ; mais cet article exige que les gardes champêtres soient agréés et commissionnés par le sous-préfet ou par le préfet dans l'arrondissement chef-lieu. Le préfet ou sous-préfet doit, aux termes du même article, faire connaître son agrément ou son refus d'agréer, dans le délai d'un mois, lorsque le préfet ou le sous-préfet n'a pas fait connaître son agrément ou son refus d'agrément dans le délai d'un mois il est censé avoir agréé la nomination (Circ. min. int. 15 mai 1884, *Bull. min. int.* 1884, p. 268).

**6.** Il est à remarquer que le conseil municipal n'a pas à donner son avis sur le choix du garde champêtre. A plus forte raison ne peut-il, sous aucun prétexte, prononcer sa révocation. Le conseil municipal n'intervient que pour statuer sur la création, le maintien ou la supression de l'emploi de garde champêtre et pour voter le traitement de cet agent (V. *suprà*, v° *Commune*, n° 230).

**7.** Relativement à l'âge et aux conditions de moralité requis pour être appelé aux fonctions de garde champêtre, nous n'avons rien à ajouter à ce qui a été dit au *Rép.* n°s 8 et 9).

**8.** — 2° *Suspension*.—Aux termes de l'art. 102 de la loi précitée de 1884, « les gardes champêtres peuvent être suspendus par le maire. La suspension ne pourra durer plus d'un mois ; le préfet seul peut la révoquer ». La loi ne dit pas que le maire ne pourra user qu'une seule fois de son droit de suspension ; mais il est évident qu'il outrepasserait ses pouvoirs si, par des suspensions répétées, il frappait le garde d'une révocation déguisée. Une seconde suspension devrait donc être motivée par des faits nouveaux (Morgand, p. 132).

L'arrêté que prend le maire pour suspendre un garde champêtre n'est pas de ceux que le préfet puisse annuler en vertu de l'art. 95 de la loi municipale (Déc. min. int. 20 août 1884 ; Cons. d'Et. 13 juill. 1885).

**9.** — 3° *Révocation*. — « Le préfet seul peut révoquer les gardes champêtres » (art. 102 de la loi municipale de 1884). Le maire, bien qu'il nomme le garde, n'a donc pas le droit de le révoquer. A cet égard, on a fait remarquer à la Chambre des députés, lors de la discussion de l'art. 102, que le garde champêtre n'est pas seulement un fonctionnaire municipal,

(1) **Loi 18 juin 1859**. — *Code forestier*, art. 188 (ainsi modifié). — Les délits et contraventions commis dans les bois non soumis au régime forestier sont recherchés et constatés tant par les gardes des bois et forêts des particuliers que par les gardes champêtres des communes, les gendarmes et, en général, par

tous officiers de police judiciaire chargés de rechercher et de constater les délits ruraux. — Les procès-verbaux feront foi jusqu'à preuve contraire. — Ces procès-verbaux, à l'exception de ceux dressés par les gardes particuliers, seront enregistrés en débet.

il est un préposé de la force publique, il peut avoir à exercer son pouvoir sur des conseillers municipaux, sur des personnes influentes. Il ne faut pas que, pour avoir fait son devoir, il puisse être sacrifié à des haines locales (MM. Peulevey, Douville-Maillefeu, Waldeck-Rousseau, ministre de l'intérieur) (D. P. 84. 4. 56, note 102).

**10.** A la suite de la guerre de 1870-1871, a été jugée illégale la révocation d'un garde champêtre prononcée par un conseil municipal, sous le prétexte que les communications avec la préfecture étaient interceptées par l'ennemi, alors que les pouvoirs du préfet avaient été délégués au sous-préfet qui communiquait librement avec la commune et qui avait refusé d'approuver cette révocation (Cons. d'Et. 25 juill. 1873, aff. Commune des Mureaux, D. P. 74. 3. 102).

**11.** — 4° *Démission.* — Par qui les démissions sont-elles acceptées? Dans le silence de la loi, nous pensons que la démission doit être acceptée par le maire, en vertu du principe que c'est l'autorité qui nomme qui accepte les démissions. Le ministre de l'intérieur s'est prononcé en ce sens (Décis. 25 juin 1884; Conf. Béquet, n° 889; Morgand, p. 132).

**12.** — 5° *Port d'armes.* — Nous n'avons rien à ajouter à ce qui a été dit à cet égard, au *Rép.* n° 10, si ce n'est que les gardes champêtres ne peuvent porter d'armes que pour leur défense, l'art. 7 de la loi du 3 mai 1844, qui interdit de délivrer un permis de chasse aux agents préposés à la police rurale, leur étant applicable (*Rép.* v° *Chasse*, n° 152).

**13.** — 6° *Surveillance sous laquelle sont placés les gardes champêtres.* — Ainsi que nous l'avons constaté au *Rép.* n° 13, les gardes champêtres se trouvent placés sous la surveillance de trois autorités distinctes. Comme agents communaux, ils sont soumis d'abord à l'autorité municipale, dont ils sont tenus de faire exécuter les règlements et les instructions. Comme agents de la force publique, ils doivent obéir aux commandants des brigades de gendarmerie (art. 624 et 625, décr. 1er mars 1854, D. P. 54. 4. 66). Enfin, en qualité d'officiers de police judiciaire, ils sont placés sous la surveillance des procureurs de la République (c. instr. crim. art. 17); et, à ce même titre, ils peuvent, en cas de négligence, être avertis par le procureur général et dénoncés par ce magistrat à la cour d'appel (même code, art. 280 et 281). Mais les juges de paix ni le tribunal de première instance n'ont aucune autorité à leur égard, et ne doivent leur adresser aucunes injonctions ou mercuriales. A ce dernier point de vue, nous n'avons aucun arrêt nouveau à ajouter à ceux qui ont été signalés au *Rép.* v¹ˢ *Discipline judiciaire*, n° 233, et *Frais et dépens*, n° 1031).

**14.** — 7° *Traitement.* — Le salaire des gardes champêtres est à la charge de la commune; il constitue une dépense obligatoire, aux termes de l'art. 136 de la loi du 5 avr. 1884, ainsi conçu : « sont obligatoires pour les communes les dépenses suivantes :... 6° les traitements et autres frais du personnel de la police municipale et rurale et des gardes des bois de la commune ». Il est à remarquer, toutefois, que les impositions relatives aux gardes champêtres peuvent être comprises dans les rôles généraux, à titre de centimes additionnels sur les quatre contributions, lorsqu'elles ne peuvent être couvertes par les ressources ordinaires de la commune (L. 31 juill. 1867, art. 16, D. P. 67. 4. 147). Mais les contribuables sont, dans ce cas, admis à discuter les éléments de cette prétendue insuffisance; c'est ce que le conseil d'Etat a jugé le 30 mai 1884, aff. Commune de Saint-Joire, D. P. 85. 3. 105.

**15.** Le traitement du garde champêtre constitue une dépense obligatoire, mais seulement tant que l'emploi existe, et le conseil municipal peut, en supprimant l'emploi, soustraire la commune à cette obligation. La conciliation du droit appartenant au conseil municipal de supprimer ce traitement, et, par là, de supprimer indirectement la fonction, et du droit réservé au préfet de révoquer les titulaires a donné lieu à des questions dont la solution n'est pas sans difficulté. En dernier lieu, il a été jugé, par de nombreuses décisions, que le conseil municipal peut, à toute époque, supprimer le poste de garde champêtre, sans être tenu d'attendre que ce poste soit vacant (Av. Cons. d'Et. 30 juill. 1884, D. P. 87. 3. 57; Cons. d'Et. 18 nov. 1887, aff. Commune de Saint-Saturnin-lès-Apt; 6 janv. 1888, aff. Commune d'Asnières; 6 janv. 1888, aff. Commune de Mazeray; 9 mars 1888, aff. Commune d'Angles; 2 mars 1888, aff. Commune de Marignac, D. P. 89. 3. 10). Par suite, lorsqu'une délibération du conseil municipal a supprimé l'emploi de garde champêtre dans un but d'économie, le préfet, en conseil de préfecture, commet un excès de pouvoir en prononçant la nullité de cette délibération et en rétablissant d'office au budget de la commune le traitement dudit agent (Cons. d'Et. 19 nov. 1886, aff. Commune de Bastidette, D. P. 88. 3. 28-29).

Toutefois, et bien que le conseil municipal puisse, à toute époque, supprimer le poste de garde champêtre, le conseil d'Etat a décidé que, lorsque le budget comprenant cette dépense a été approuvé par le préfet, la suppression d'emploi ne peut avoir d'effet qu'après l'expiration de l'exercice pour lequel le traitement a été voté (Avis précité du 30 juill. 1884, et décision précitée du 2 mars 1888).

**16.** Au reste, comme au préfet seul appartient le droit de révocation du garde, si la suppression d'emploi était motivée non sur l'intérêt de la commune, mais sur des considérations personnelles au garde qui donneraient à la mesure le caractère d'une véritable révocation, cette révocation déguisée constituerait un excès de pouvoirs (Avis du 30 juill. 1884, cité *supra*, n° 15; Cons. d'Et. 22 janv. 1886, aff. Commune de Saint-Martial; 16 juill. 1886, aff. Commune de Soustons, D. P. 87. 3. 57; 20 avr. 1888, aff. Commune de Ploërmel, D. P. 89. 3. 69; 7 déc. 1888, aff. Commune de Marcillac-Lauville, D. P. 90. 3. 17). — Et par suite, le préfet, usant du droit que les art. 63 et 65 de la loi de 1884 lui confèrent de déclarer la nullité des délibérations des conseils municipaux entachées d'incompétence ou d'excès de pouvoir, pourrait annuler la délibération contenant cette révocation déguisée (Même avis et décisions précitées du 22 janv. 1886 et 6 janv., 20 avr. et 7 déc. 1888). — Et ce droit appartiendrait au préfet alors même que la délibération du conseil municipal aurait été exécutée (Décision du 6 janv. 1888, citée *suprà*, n° 15).

**17.** Il a été reconnu aussi que, lorsque la suppression d'emploi par le conseil municipal n'est pas effective et a pour effet de déguiser simplement une mesure équivalant à une révocation du garde, le préfet peut, en annulant la délibération municipale, inscrire d'office au budget le traitement de ce garde (Décis. 16 juill. 1886, et 20 avr. 1888, citées *supra*, n°ˢ 15 et 16). Et le traitement est alors dû pour l'année entière à laquelle se référait la délibération annulée, alors même qu'à la suite d'une nouvelle délibération supprimant son emploi pour l'année suivante, l'agent a cessé son service avant la fin de l'année (Décis. 2 mars 1888).

Le conseil d'Etat a même décidé, en termes plus généraux, par un arrêt récent (Cons. d'Et. 14 déc. 1888, aff. Commune de Louzac, D. P. 90. 3. 17) que « lorsque le traitement du garde champêtre a été porté au budget approuvé par le préfet, le conseil municipal ne peut supprimer l'emploi en cours d'exercice ». Dans des termes aussi absolus, il est permis de se demander si cette doctrine n'est pas excessive. On peut admettre que le conseil municipal, en votant ce traitement d'un agent pour l'année entière, se soit engagé à lui payer ce traitement, tant qu'il n'aura pas été révoqué par l'autorité compétente, c'est-à-dire par le préfet; mais, si l'emploi devient vacant par suite de démission, décès ou révocation, il paraît difficile d'admettre que le conseil municipal sorte de ses attributions en votant la suppression de l'emploi.

**18.** Au reste, bien que la délibération d'un conseil municipal supprimant l'emploi de garde champêtre ait été annulée, il est certain que l'agent en exercice ne peut être considéré comme étant resté titulaire de l'emploi, alors qu'en fait il a cessé ses fonctions et qu'aucun crédit afférent à cet emploi n'a figuré au budget de l'année suivante. En conséquence, il a été jugé par le conseil d'Etat qu'à la suite d'une nouvelle délibération rétablissant l'emploi, le préfet ne peut, sans excès de pouvoir, ordonner au maire de réintégrer purement et simplement l'ancien titulaire dans ses fonctions (Décision du 7 déc. 1888, citée *supra*, n° 16).

Signalons enfin, pour achever cette revue de la jurisprudence administrative relative à la suppression d'emploi de garde champêtre, un arrêt du conseil d'Etat du 22 juin 1888 (aff. Commune de Chuselan, D. P. 89. 3. 70) qui a décidé que le conseil municipal agit dans la limite de ses pouvoirs en décidant que l'emploi de garde champêtre ne sera maintenu que pendant un certain nombre de mois chaque année et en fixant le traitement mensuel que le garde touchera pendant qu'il sera en fonctions, alors que, dans les circonstances où la délibération est intervenue, elle ne peut être réputée porter atteinte au droit réservé au préfet de prononcer la révocation des gardes champêtres.

**19.** Suivant M. Morgand, t. 2, p. 349, il convient de faire, relativement aux droits du conseil municipal en matière de suppression d'emploi du garde champêtre, une réserve en ce qui concerne les villes ayant plus de 40000 habitants. On sait que ces villes n'ont pas la plénitude de la police municipale, et qu'aux termes de l'art. 103 de la loi de 1884, l'organisation de la police y est réglée par un décret du président de la République rendu en conseil d'Etat. Toutefois, si le décret avait réglé non seulement la police urbaine, mais aussi la police rurale et imposé l'établissement d'un ou plusieurs gardes champêtres, le traitement de ces agents serait obligatoire pour le budget de la commune. C'est ce qu'a formellement reconnu le rapporteur à la Chambre des députés (D. P. 84. 4. 63, note 136, n° 6).

**20.** — 8° *Serment.* — Avant d'entrer en fonctions, les gardes champêtres doivent prêter serment de « veiller à la conservation de toutes les propriétés qui sont sous la foi publique et de toutes celles dont la garde leur aura été confiée par l'acte de leur nomination » (L. 28 sept.-6 oct. 1791, sect. 7, art. 5). Cette formalité est essentielle, puisque, suivant l'art. 16 c. instr. crim., les gardes champêtres n'ont compétence que « dans le territoire pour lequel ils auront été assermentés ». Le serment doit être prêté devant le juge de paix du canton (L. 6 oct. 1791, tit. 1, sect. 7, art. 5, *Rép.* v° *Droit rural*, p. 205; Décr. 5-7 avr. 1852, art. 5, D. P. 52. 4. 102). Il est, d'ailleurs, purement professionnel, depuis que le décret du 5-10 sept. 1870 (D. P. 70. 4. 86) a aboli le serment politique des fonctionnaires de tout ordre (V. *infrà*, v° *Serment* ; — *Rép.* eod. v°, n°⁸ 55, 56, 58 et 76).

**21.** — 9° *Procès-verbaux.* — Pour ce qui concerne les procès-verbaux des gardes champêtres, leurs formes, leur caractère légal et la foi qui y est attachée, V. *infrà*, v° *Procès-verbal* ; — *Rép.* eod. v°, n°⁸ 244 et suiv.

### § 2. — Attributions des gardes champêtres
*(Rép. n°⁸ 22 à 36).*

**22.** — I. ATTRIBUTIONS GÉNÉRALES. — RESPONSABILITÉ (*Rép.* n°⁸ 22 à 33). — 1° *Délits ruraux.* — D'après la loi des 28 sept.-6 oct. 1791, tit. 1°ᵉʳ, sect. 7, art. 5, qui a institué les gardes champêtres, leur fonction essentielle est de veiller à la conservation de toutes les propriétés qui sont sous la foi publique et de toutes celles dont la garde leur a été confiée par leur acte de nomination. D'autre part, aux termes de l'art. 16 c. instr. crim., « les gardes champêtres et forestiers, considérés comme officiers de police judiciaire sont chargés de rechercher, chacun dans le territoire pour lequel ils auront été assermentés, les délits et les contraventions qui auront porté atteinte aux propriétés rurales et forestières ». — Les délits et contraventions qui portent atteinte aux propriétés rurales sont prévus par le tit. 2 de la loi des 28 sept.-6 oct. 1791, par les art. 444 à 462 c. pén., et par les paragraphes 8, 9, 10, 13 et 14 de l'art. 471 ; 9 et 10 de l'art. 475 ; 10, 11 et 12 de l'art. 479 du même code (Faustin Hélie, *Instruction criminelle*, t. 3, n° 1193; Mangin, *Traité des procès-verbaux*, n° 91).

**23.** Ainsi que nous l'avons dit au *Rép.* n° 29, la jurisprudence a considéré comme délits ruraux de la compétence

des gardes champêtres, les embarras à la voie publique dans la campagne (Crim. cass. 1°ᵉʳ déc. 1827, *loc. cit.*) et les usurpations de chemins publics (Crim. cass. 24 avr. 1829, *eod. loc.* (Conf. Faustin Hélie, t. 3, n° 1196. Un arrêt postérieur (Crim. cass. 29 mars. 1855, aff. Gaillard, D. P. 55. 1. 220), a jugé, de même, que les gardes champêtres ont qualité pour constater, jusqu'à preuve contraire, les dégradations et les empiétements sur les chemins vicinaux. Au reste, la compétence des gardes champêtres, en matière rurale, aux gardes champêtres par l'art. 16 c. instr. crim. est générale et absolue. La compétence spéciale que peuvent avoir certains agents, à l'effet de constater les contraventions en matière de police rurale, n'exclut donc nullement celle des gardes champêtres qui tiennent leurs attributions d'une loi générale (Crim. cass. 7 nov. 1879) (1).

**24.** La compétence des gardes champêtres ne peut être étendue au delà des termes du code d'instruction criminelle. De là plusieurs conséquences. La première est que, le code ne les ayant appelés qu'à constater les *délits et les contraventions*, ils ne peuvent constater les *crimes* qui ont porté atteinte aux propriétés rurales et forestières. Ainsi, toutes les fois que le fait qui a porté préjudice à ces propriétés constitue un crime, les gardes champêtres doivent se borner à en donner avis au fonctionnaire compétent pour le constater (Mangin, n° 92). En second lieu, le garde champêtre étant institué pour rechercher et constater les atteintes aux propriétés rurales, lorsque le fait rentre dans la classe des délits ou contraventions de police, il est, ainsi que nous l'avons reconnu au *Rép.* n° 22, sans pouvoir pour constater des faits de dommage qui n'ont pas ce caractère, et qui ne donneraient lieu qu'à de simples réparations civiles (Mangin, *loc. cit.*). — En troisième lieu, les gardes champêtres n'ont pas, en principe, caractère pour constater les délits et les contraventions qui ne concernent pas des propriétés rurales et forestières.

Il est, d'ailleurs, évident qu'un garde champêtre communal n'est compétent que sur le territoire de sa commune. Il a été récemment jugé, dans ce sens, qu'un garde champêtre commissionné et assermenté par une commune exclusivement n'a pas qualité pour rechercher et constater des contraventions rurales ou de police en dehors du territoire de cette commune (Crim. rej. 28 nov. 1890, *Bull. crim.*, n° 232).

**25.** — 2° *Police urbaine.* — La cour de cassation a jugé, jusqu'en 1867, que les gardes champêtres n'avaient pas qualité pour constater les contraventions de police urbaine. Aux arrêts de 1840 et de 1848 rapportés dans ce sens au *Rép.* n° 23, *Adde* : Crim. cass. 12 avr. 1850, aff. Laclario, D. P. 52. 5. 298; 13 mai 1852, aff. Andorno, D. P. 53. 5. 243; Crim. rej. 1°ᵉʳ avr. 1854, aff. Paret, D. P. 54. 1. 209; Crim. cass. 21 sept. 1854, aff. Clop, D. P. 55. 5. 360; Crim. rej. 17 févr. 1859, aff. Crochetel, D. P. 59. 1. 384; 13 janv. 1863, aff. Lacoste, D. P. 63. 1. 434. Mais l'art. 20 de la loi du 24 juill. 1867 sur les conseils municipaux (D. P. 67. 4. 89) a étendu les pouvoirs des gardes champêtres, en chargeant ces agents « de rechercher, chacun dans le territoire pour lequel il est assermenté, les contraventions aux règlements et arrêtés de police municipale ». Et cette disposition spéciale de la loi de 1867, a été reproduite par le dernier paragraphe de l'art. 102 de la loi du 15 avr. 1884, sur l'organisation municipale.

**26.** Il suit de là qu'aujourd'hui, le procès-verbal dressé par un garde champêtre pour constater une contravention à un règlement de police municipale dans le territoire pour lequel ce garde est assermenté, fait foi jusqu'à preuve con-

---

(1) (Tisseyre.) — LA COUR; — Sur le moyen pris de la violation de l'art. 16 c. instr. crim., en ce que le juge de police a annulé les procès-verbaux dressés par le garde champêtre: — Attendu, en fait, que de plusieurs procès-verbaux réguliers, dressés les 16 août, 16 et 18 sept. 1878, par le garde champêtre de la commune de Puylaurens, il résultait qu'aux dates indiquées auxdits procès-verbaux, Tisseyre, Crambes et les autres inculpés avaient arrosé leurs propriétés au moyen des eaux de la Boulzanne, sans se conformer aux dispositions d'un arrêté du préfet de l'Aude du 28 août 1876 ; — Attendu que, saisi de la connaissance des contraventions relevées à la charge des susnommés, le juge de police, dans le jugement attaqué, a prononcé l'annulation des procès-verbaux susdatés, par le motif que le garde champêtre

n'aurait point eu qualité pour constater les contraventions dont il s'agit; — Attendu, en droit, qu'aux termes de l'art. 16 c. instr. crim., les gardes champêtres sont chargés de rechercher et de constater toutes les contraventions en matière de police rurale; qu'il n'y a aucune exception à cette règle; et que, dans l'espèce, la compétence spéciale que pouvaient avoir les ingénieurs du service hydraulique, à l'effet de constater lesdites contraventions, n'excluait nullement celle du garde champêtre, qui tient ses attributions de la loi générale; qu'ainsi, sous ce premier rapport, le jugement attaqué a violé l'art. 16 c. instr. crim., et encourt la cassation : — Casse, etc. : —
Du 7 nov. 1879.-Ch. crim.-MM. de Carnières, pr.-Barbier, rap.-Benoist, av. gén.

traire, et ne fait foi que jusqu'à preuve contraire. C'est ce qui a été reconnu par plusieurs arrêts depuis la loi de 1867 (Crim. rej. 6 nov. 1868, aff. Soucaze, D. P. 68. 1. 511; 3 juill. 1874, aff. Lagoguey, D. P. 75. 5. 360; Crim. cass. 10 févr. 1876, *Bull. crim.*, n° 44) et ce qui ne saurait plus faire de doute depuis la loi de 1884.

**27.** Spécialement, il a été jugé avec raison que, depuis la loi du 14 juill. 1867, le garde champêtre a qualité pour constater les contraventions de ramonage, là où elles font l'objet d'un arrêté municipal spécial sanctionné par l'art. 471-15° c. pén., et indépendant de la règle générale posée par l'art. 471-1°; et ce, alors même que l'arrêté a organisé un mode particulier de constatation (Crim. cass. 18 mai 1877, *Bull. crim.*, n° 125).

Au reste, il faut remarquer que les dispositions des lois de 1867 et de 1884 ne concernent que les contraventions aux règlements et arrêtés de police municipale, c'est-à-dire aux arrêtés des maires et des préfets sanctionnés par l'art. 471-15°, c. pén., et que les gardes champêtres sont toujours sans qualité en ce qui concerne toutes autres contraventions urbaines (Crim. rej. 1er mai 1868, aff. Milloy, D. P. 68. 1. 464; 5 nov. 1868, aff. Lefort; 6 nov. 1868, aff. Soucaze, D. P. 68. 1. 511; 3 juill. 1874, aff. Lagoguey, D. P. 75. 5. 360)... — Spécialement, ces gardes ne peuvent constater un fait de jet d'immondices sur la voie publique dans l'intérieur d'une commune (Arrêt précité du 5 nov. 1868);... — Ou un fait de tapage nocturne, à moins qu'il ne s'agisse d'un fait prohibé par un règlement local (Arrêt précité du 6 nov. 1868);... — Ou encore un fait d'embarras d'une voie publique urbaine (Arrêts précités du 1er mai 1868 et du 3 juill. 1874). Dans ces différents cas, le procès-verbal du garde champêtre n'a que le caractère d'un simple renseignement et ne fait pas foi jusqu'à preuve contraire (Mêmes arrêts).

**28.** Il est, d'ailleurs, évident que si un garde champêtre, après avoir constaté par procès-verbal une contravention de police urbaine, était appelé en justice pour donner son témoignage à l'appui de ce procès-verbal, il importerait peu que ledit procès-verbal ne fît pas foi de cette contravention : un jugement de condamnation pourrait être basé sur le témoignage régulièrement reçu à l'audience du garde rédacteur (Crim. rej. 20 déc. 1866, *Bull. crim.*, n° 268).

**29.** — 3° *Délits forestiers.* — Les gardes champêtres ont-ils qualité pour dresser procès-verbal des contraventions et délits forestiers ? Cette question fort délicate a été traitée au *Rép.* n°s 30 et 31 et résolue par l'affirmative (Conf. Mangin, *Traité des procès-verbaux*, n° 91, et dissertation de M. Loiseau, D. P. 45. 3. 81). Depuis la publication du *Répertoire*, le législateur s'est prononcé en ce qui concerne les bois non soumis au régime forestier. La loi du 18 juin 1859 (D. P. 59. 4. 95) a, en effet, introduit dans l'art. 188 c. for. une

disposition donnant aux gardes champêtres qualité pour constater les délits et contraventions commis dans les bois *non soumis au régime forestier* (V. *suprà*, n° 1, note). — Mais que faut-il décider à l'égard des bois de l'État, des communes et des établissements publics et autres bois énumérés en l'art. 1er c. for. ? Un arrêt (Toulouse, 19 avr. 1860)(1) a décidé que les gardes champêtres ont qualité pour rechercher et constater les délits forestiers commis dans les bois appartenant à la commune pour laquelle ils sont assermentés, même dans le cas où ces bois sont soumis au régime forestier. Cette décision nous paraît fondée et préférable à la doctrine de l'arrêt de la cour de Metz du 28 janv. 1822, rapporté au *Rép.* n° 30. Toutefois, un arrêt de la cour de Dijon du 8 nov. 1853 (*Bulletin des annales forestières*, n° 1076) a jugé, dans le même sens que l'arrêt de la cour de Metz, que les gardes champêtres n'ont aucun droit de surveillance, ni aucun pouvoir dans les bois des communes soumis au régime forestier. — En ce qui concerne les bois et forêts de l'État, il n'est point intervenu d'arrêt postérieur à l'arrêt de rejet du 13 janv. 1849 (D. P. 49. 1. 71) qui s'est prononcé pour l'incompétence du garde champêtre (Conf. Faustin Hélie, *Instruction criminelle*, t. 3, n° 1194; Villey, *Précis de droit criminel*, p. 277). Nous persistons dans l'opinion contraire, par les motifs exposés au *Rép.* n° 31.

**30.** — 4° *Droit d'arrestation.* — On a rappelé au *Rép.* n° 25, que si le garde champêtre doit se renfermer dans la constatation des délits ou contraventions ruraux, il a cependant le droit, aux termes de l'art. 16 c. instr. crim., d'arrêter et de conduire devant le juge de paix ou devant le maire tout individu surpris en flagrant délit ou dénoncé par la clameur publique, lorsque ce délit entraîne la peine d'emprisonnement ou une peine plus grave. Ainsi que l'a très bien dit Mangin, *Traité des procès-verbaux*, n° 99, « Les gardes ne peuvent user de ce droit que dans les limites que la loi leur a assignées. Il faut, qu'ils puissent l'exercer : 1° que l'individu soit surpris en flagrant délit, ou dénoncé par la clameur publique ; 2° que ce délit soit de nature à emporter la peine d'emprisonnement ou une peine plus forte ; 3° ils doivent se borner à arrêter le délinquant et le conduire devant le juge de paix ou le maire ; ils n'ont pas le droit de le détenir ou de l'écrouer dans une maison de dépôt ou d'arrêt. Les gardes champêtres ne pourraient franchir ces limites sans se rendre coupables d'attentat à la liberté individuelle, crime prévu par l'art. 114 c. pén. » (Conf. Faustin Hélie, t. 3, n° 1517).

**31.** Il a été jugé à bon droit que l'arrestation d'un individu et la perquisition sur sa personne opérées l'une par des gardes champêtres et l'autre par un adjoint au maire, sans qu'aucun délit, flagrant ou non, ait été constaté à sa charge, et sur le seul soupçon qu'il se disposait à en commettre un, sont illégales et ne peuvent servir de base à une

- (1) (Admin. des Forêts C. Ané.) — LA COUR ; — Attendu que les gardes champêtres, aux termes de la loi du 28 sept. 1791 qui les a institués, doivent veiller à la conservation de toutes les propriétés qui sont sous la foi publique et qui se trouvent dans le territoire de la commune pour laquelle ils ont été assermentés ; — Attendu que la loi du 3 brum, an 4 dispose que les gardes champêtres et les gardes forestiers, considérés comme officiers de police judiciaire, sont chargés de rechercher respectivement tous les délits qui peuvent porter atteinte aux propriétés rurales et forestières ; — Attendu que l'art. 16 c. instr. crim. dispose également que les gardes champêtres et les gardes forestiers considérés comme officiers de police judiciaire, sont chargés de rechercher, chacun dans le territoire pour lequel ils auront été assermentés, les délits et les contraventions de police qui auront porté atteinte aux propriétés rurales et forestières ; — Attendu de ces dispositions de loi, qu'il est hors de doute que les gardes champêtres ont qualité pour rechercher et constater les délits forestiers commis dans le territoire de la commune pour laquelle ils sont assermentés, soit que les bois dans lesquels ces délits ont été commis appartiennent à la commune, soit qu'ils appartiennent à des particuliers ; — Attendu qu'on ne peut distinguer entre les bois de la commune soumis au régime forestier et ceux qui n'y sont pas soumis, afin de dénier aux gardes champêtres, à l'égard des premiers, un droit de surveillance qu'on ne peut leur contester à l'égard des seconds ; — Que la soumission au régime forestier des bois communaux susceptibles d'un aménagement régulier n'altère point les droits de la commune sur ces bois ; — Que ces bois demeurant une propriété communale, les gardes champêtres de la commune ont qualité pour veiller

à leur conservation, aux termes des lois précitées ; — Que la nomination par la commune d'un garde forestier spécial pour surveiller les bois soumis au régime forestier n'a eu pour objet qu'une surveillance plus spéciale et une répression plus assurée, en ce que les procès-verbaux des gardes forestiers font foi jusqu'à inscription de faux, tandis que ceux des gardes champêtres ne font foi que jusqu'à preuve contraire ; mais cette nomination ne peut avoir pour effet de dépouiller ces derniers d'un droit que leur confèrent les lois susénoncées, qui n'ont été abrogées par aucune loi postérieure, lorsque, d'ailleurs, les gardes champêtres et les gardes forestiers communaux peuvent fonctionner concurremment pour la surveillance des bois des communes, sans qu'aucun inconvénient puisse résulter de cette double surveillance ; — Que c'est donc à tort que le tribunal de Saint-Girons a décidé, par le jugement dont est appel, que les gardes champêtres de la commune d'Uston étaient sans qualité pour constater un délit de dépaissance commis dans les bois de ladite commune et qu'en annulant, par suite, le procès-verbal dressé par ces gardes, il a relaxé le prévenu des poursuites contre lui dirigées par l'administration forestière ; — Attendu que ledit procès-verbal, à la date du 30 mai 1859, constate que huit vaches appartenant au prévenu ont été surprises en délit de dépaissance dans la forêt communale d'Uston ; qu'il y a lieu, dès lors, de faire application au prévenu des art. 199, 202 et 211 c. for., etc. ;

Par ces motifs, disant droit sur l'appel ; — Infirme, et condamne Raymond Ané, etc.

Du 19 avr. 1860.-C. de Toulouse, ch. corr.-MM. Guérilhac, f. f. pr.-Sacase, rap.-Martin, subst.

condamnation (Bourges, 12 mars 1869, *Journal du min. public*, p. 12-99). — Peu importe, d'ailleurs, que l'individu arrêté et fouillé n'ait opposé aucune résistance, alors surtout qu'il a refusé de signer le procès-verbal dressé à cette occasion, et qu'il s'est évadé des mains des agents chargés de le conduire devant le magistrat du parquet (Même arrêt).

**32.** Au reste, la cour de Metz a jugé le 16 août 1849 (aff. Simon, D. P. 56. 2. 217) que le mot *délit*, employé par l'art. 16 c. instr. crim., étant une expression générique qui comprend toutes les infractions à la loi pénale et, par conséquent, les simples contraventions, un garde champêtre pouvait intervenir pour faire cesser un tapage nocturne, en arrêter les auteurs et les conduire devant le maire. La doctrine de cet arrêt nous paraît devoir être approuvée, parce qu'aux termes de l'art. 480 c. pén. la peine d'emprisonnement peut être prononcée « contre les auteurs ou complices de bruits ou tapages injurieux ou nocturnes ». Mais le garde champêtre n'aurait, suivant nous, aucun droit d'arrestation si la contravention constatée par cet agent n'entraînait qu'une simple amende. Il faut, d'ailleurs, noter que les gardes champêtres des particuliers, étant compris dans les termes de l'art. 16 c. instr. crim. aussi bien que les gardes des communes, ces gardes possèdent les mêmes attributions que ces derniers et ont, comme eux « le devoir de constater les infractions à la sûreté publique ou particulière et d'en arrêter les auteurs qu'ils saisissent en flagrant délit ou que dénonce la clameur publique » (Crim. rej. 2 juill. 1846, aff. Roussinaux, D. P. 46. 4. 301. Conf. Faustin Hélie, t. 3, n° 1197).

**33.** Comment doit procéder le maire ou le juge de paix devant lequel est amené un individu arrêté en flagrant délit? On trouvera la solution de cette question au *Rép.* v° *Instruction criminelle*, n° 303. Conf. Faustin Hélie, t. 3, n° 1517, in fine; Mangin, *Traité de l'instruction écrite*, t. 1, n° 220.

**34.** — 5° *Droit de perquisition.* — Aux termes du paragraphe 3 de l'art. 16 c. instr. crim, dont le texte a été rappelé au *Rép.* n° 26, les gardes champêtres ont le droit de suivre les choses enlevées dans les lieux où elles ont été transportées et de les mettre sous séquestre; mais ils ne peuvent s'introduire dans les maisons, ateliers, bâtiments, cours adjacentes ou enclos, si ce n'est en présence du juge de paix ou de son suppléant, ou du commissaire de police ou du maire ou adjoint. Une visite faite par un garde champêtre sans l'assistance d'un des fonctionnaires dénommés en l'art. 16 serait certainement irrégulière. Mais quelles seraient les conséquences de cette irrégularité ? Au point de vue de la responsabilité pénale, le garde champêtre pourra encourir les peines portées par l'art. 184 c. pén. si l'introduction a eu lieu *contre le gré* de l'habitant. Cette circonstance est indispensable pour l'existence du délit. De là, d'ailleurs, certain que le simple opposition de l'habitant, sans même qu'il y ait eu résistance matérielle de sa part, suffit à rendre l'introduction illicite (Chauveau et Faustin

Hélie, *Théorie du code pénal*, t. 3, n° 873; Garraud, *Traité de droit pénal français*, t. 3, n° 302; V. aussi *Rép.* v° *Liberté individuelle*, n°⁵ 52 et suiv.).

Toutefois, de nombreux arrêts ont reconnu que les gardes champêtres peuvent, sans commettre d'illégalité, s'introduire seuls et sans assistance d'aucun magistrat, dans les cafés, cabarets, boutiques et autres lieux toujours ouverts au public, à l'effet de constater les contraventions dont la recherche leur est confiée, notamment, depuis la loi du 14 juill. 1867, les contraventions aux arrêtés et règlements de police (Crim. cass. 2 mars 1866, aff. Monnier, D. P. 69. 5. 406; 19 mai 1870 (1); 18 mai 1877 (*Bull. crim.*, n° 125); Crim. rej. 25 nov. 1882, aff. Godard, D. P. 83. 1. 227).

**35.** L'irrégularité de la perquisition faite par un garde champêtre sans l'assistance d'un des fonctionnaires énumérés en l'art. 16 entraînera-t-elle la nullité du procès-verbal? La question a été traitée en termes généraux au *Rép.* v° *Procès-verbal*, n°⁵ 59 et suiv. Nous nous bornerons à dire ici que la cour de cassation distingue si l'introduction a eu lieu par violence, ou du moins à l'insu ou malgré l'opposition du citoyen, ou si elle a eu lieu avec son consentement. Dans le premier cas, le procès-verbal est nul et ne peut servir de base à la prévention; dans le deuxième cas, l'irrégularité de la perquisition n'entraîne pas la nullité du procès-verbal. Telle est du moins la doctrine qui se dégage, d'une manière générale, des arrêts rendus par cette cour en matière de perquisitions irrégulières faites par les différents agents et fonctionnaires auxquels la loi a conféré le droit de faire perquisition. Spécialement il a été jugé, depuis la publication du *Répertoire*, que le procès-verbal par lequel un garde champêtre constate un fait de chasse avec engins prohibés dont il n'a pu connaissance qu'en pénétrant, sans l'assistance d'un fonctionnaire public ayant qualité, et en l'absence du propriétaire, dans un enclos attenant une à une habitation, est frappé d'une nullité radicale; et, en pareil cas, le témoignage du garde champêtre ne peut davantage être admis à l'appui de la poursuite (Crim. rej. 21 avr. 1864, aff. Viard, D. P. 66. 1. 238). — Mangin (*Des procès-verbaux*, n° 18), n'admet pas la distinction consacrée par la jurisprudence; pour lui, le procès-verbal est toujours nul, alors même que le citoyen dont le domicile a été envahi ne se serait pas opposé au fait de l'introduction. Faustin Hélie ne se contente pas, pour la validité du procès-verbal, de la non-opposition du propriétaire; il veut que le consentement du maître de la maison soit exprimé et constaté par le procès-verbal (t. 3, n°⁵ 1308 et suiv.).

**36.** Au reste, il y a lieu de se référer sur cette matière des perquisitions par les gardes champêtres au *Rép.* v° *Instruction criminelle*, n°⁵ 29 et suiv., et surtout *infra*, v° *Procédure criminelle*, où il est traité en détail des règles relatives aux perquisitions des gardes champêtres et par les gardes forestiers.

**37.** — 6° *Responsabilité.* — En ce qui concerne la respon-

---

(1) (Mainier et Avisse.) — LA COUR; — Sur le moyen du pourvoi basé sur ce que le jugement du 13 avril dernier aurait annulé le procès-verbal dressé par le garde champêtre de la commune de Saint-Adresse (13 mars précédent, et pour violation des dispositions de l'art. 16, § 3, c. instr. crim. : — Vu les art. 9 de la loi du 22 juill. 1791, 16, § 3, c. instr. crim., et 20 de la loi du 24 juill. 1867; — Attendu que, par arrêté en date du 4 avr. 1839, le maire de Saint-Adresse a fait défense à tous cabaretiers, cafetiers et débitants de boissons, de donner à boire chez eux, dans quelque partie que ce soit de leur domicile, après dix heures du soir, du 1er avril au 30 septembre, et après neuf heures du soir, du 1er octobre au 31 mars; défense étant faite également à toutes personnes de rester dans lesdits établissements après les heures fixées ci-dessus, n'étant excepté de cette prohibition que les voyageurs arrivés dans un hôtel ou une auberge pour y coucher; — Attendu qu'il résulte des dispositions du jugement attaqué que, le 13 mars dernier, en exécution de cet arrêté, le garde champêtre de la commune de Sainte-Adresse, faisant sa tournée dans les rues de ladite commune, remarqua vers dix heures moins dix minutes du soir, que l'établissement du restaurant tenu par Mainier était encore ouvert, éclairé, et contenait, dans un kiosque en dépendant, un consommateur nommé Avisse; qu'il entra dans l'établissement sans aucune opposition, pénétra jusque dans la cuisine, y trouva Mainier qui, tout en reconnaissant qu'il y avait encore chez lui un consommateur, protesta contre l'introduction du garde champêtre, ce qui n'empêcha pas

celui-ci de se rendre dans le kiosque, d'y trouver Avisse encore attablé et de constater le tout par un procès-verbal; — Attendu, en droit, que, de la combinaison de l'art. 9 de la loi du 22 juill. 1791 avec l'art. 16 c. instr. crim., il résulte qu'en cas de contravention à un règlement de police dans un lieu public, l'officier chargé de la constater a le droit de pénétrer dans ce lieu tant qu'il est ouvert au public et d'y reconnaître l'existence de la contravention; — Attendu que l'art. 20 de la loi du 24 juill. 1867, en étendant aux gardes champêtres le droit de rechercher les contraventions aux arrêtés de la police urbaine et d'en dresser procès-verbal, leur a nécessairement et virtuellement transmis les mêmes pouvoirs de reconnaissance et de constatation; que le troisième paragraphe de l'art. 16 c. instr. crim., relatif aux contraventions rurales, est sans application à ce cas; — Attendu qu'il résulte, tant du procès-verbal du garde champêtre que du jugement attaqué, qu'au moment où cet agent pénétrait dans l'établissement de Mainier, cet établissement et ses dépendances étaient ouverts au public; — Que c'est donc à tort que le jugement attaqué a déclaré nul le procès-verbal dont il s'agit comme fait contrairement aux prescriptions de l'art. 16, § 2, c. instr. crim.; — Attendu, toutefois, que les motifs du relaxe prononcé au fond par le jugement attaqué sont étrangers à la question de nullité du procès-verbal, et qu'il n'y a, dès lors, aucun renvoi à prononcer; — Casse, etc.

Du 19 mai 1870.-Ch. crim.-MM. Roussel, rap.-Bédarrides, av. gén.

sabilité des gardes champêtres, nous n'avons rien à ajouter à ce qui a été dit au *Rép.* n⁰ˢ 32 et 33.

**38.** — II. ATTRIBUTIONS SPÉCIALES (*Rép.* n⁰ˢ 34 à 36). — En dehors des infractions rurales et forestières, qui forment le fond de leurs attributions, les gardes champêtres ont reçu, de diverses lois spéciales, le droit de verbaliser en diverses matières. On a donné au *Rép.* n⁰ 34 une liste de ces attributions spéciales. Il convient d'ajouter à cette liste : 1⁰ les contraventions aux règlements et arrêtés de police municipale (L. 24 juill. 1867, art. 20, et L. 15 avr. 1884, art. 102, *supra*, n⁰ 25) ; — 2⁰ Les infractions à la loi tendant à réprimer l'ivresse publique du 24 janv. 1873, art. 13 (D. P. 73. 4. 18) ; — 3⁰ Les contraventions aux lois sur la circulation des boissons (L. 21 juin 1873, art. 2, D. P. 73. 4. 88) ; — 4⁰ Les infractions à la police du roulage (L. 30 mai 1851, art. 15, D. P. 51. 4. 84). — Par contre, la garde nationale ayant été supprimée, les gardes champêtres ne peuvent plus être chargés de porter les significations relatives à la juridiction des conseils de discipline dont il est question *Rép.* n⁰ 34-8⁰.

De plus, les gardes champêtres, étant officiers de police judiciaire, peuvent verbaliser en matière d'infraction à la police des chemins de fer (L. 15 juill. 1845, art. 23, D. P. 45. 3. 163) et au décret du 27 déc. 1851 sur les lignes télégraphiques (D. P. 52. 4. 24), puisque ces deux textes législatifs accordent à « tout officier de police judiciaire » le droit de constater les infractions qu'ils prévoient. — A l'égard de la police des chemins de fer, la compétence des gardes champêtres pourrait être d'autant moins contestée que, d'une part, l'art. 2 de la loi précitée du 15 juill. 1845 déclare applicables aux chemins de fer les lois et règlements sur la grande voirie qui ont pour objet d'assurer la conservation des fossés, talus, levées, et ouvrages d'art dépendant des routes, et qu'aux termes des art. 106 et 112 de la loi du 16 déc. 1811, les gardes champêtres ont qualité pour constater les contraventions et délits de grande voirie, particulièrement en matière de police des routes (Comp. Cons. d'Et. 1ᵉʳ mars 1842, rapp. *Rép.* n⁰ 34). On peut ajouter que l'art. 62 de l'ordonnance du 15 nov. 1846, D. P. 47. 3. 30, en exceptant de la défense faite à toute personne étrangère au service des voies ferrées de s'introduire et de circuler dans l'enceinte des chemins de fer, les gardes champêtres dans l'exercice de leurs fonctions, considère évidemment ces derniers comme investis du pouvoir de rechercher les infractions aux règlements sur la police des chemins de fer (*Journal du ministère public*, t. 33, 1890, p. 49).

**39.** Au sujet des rapports des gardes champêtres avec la gendarmerie, il y a lieu de remarquer que ces rapports sont aujourd'hui réglés, non plus par le décret du 11 juin 1806, comme à l'époque de la publication du *Répertoire*, mais par les art. 624 à 628 du décret du 1ᵉʳ mars-11 avr. 1854 portant règlement sur l'organisation et le service de la gendarmerie (D. P. 54. 4. 40. V. *infra*, v⁰ *Gendarme-gendarmerie*).

**40.** Sur la compétence des gardes champêtres en ce qui concerne la constatation des délits de chasse, V. *supra*, v⁰ *Chasse*, n⁰ 1157.

Sur l'interdiction de l'exercice de la chasse aux gardes champêtres ou forestiers des communes et établissements publics, ainsi qu'aux gardes forestiers de l'Etat, V. *Rép.* eod. v⁰, n⁰ˢ 152, 161 et 297, et *supra*, v⁰ *Chasse*, n⁰ˢ 367 et suiv.

**41.** Signalons en terminant cet article un arrêt de la cour de cassation qui a jugé qu'un garde champêtre est habile à procéder au recensement de la population, du moment qu'il a une commission régulière de l'autorité municipale, et qu'il n'est tenu de produire cette commission, dans l'accomplissement de sa mission, que lorsqu'il est requis de justifier de son existence (Crim. rej. 5 mars 1887, *Bull. crim.*, n⁰ 92).

ART. 3. — *Des gardes champêtres des particuliers* (*Rép.* n⁰ˢ 37 à 45).

**42.** — I. NOMINATION. — Ainsi qu'on l'a dit au *Rép.* n⁰ 37, tout propriétaire a le droit d'avoir pour ses domaines un garde particulier dont la nomination lui appartient (L. 20 mess. an 3, art. 4 ; *Rép.* n⁰ 4, p. 267). Et ce droit n'appartient pas seulement au propriétaire, mais encore au nu-propriétaire, à l'usufruitier, à l'usager, au fermier ou locataire, à l'adjudicataire ou locataire de la chasse, en un mot à toute personne investie d'un droit de propriété ou de jouissance sur un terrain (Giraudeau, Lelièvre et Soudée, *La chasse*, n⁰ˢ 1460, 1462 ; Mangin, *Traité des procès-verbaux*, n⁰ 96). — Toutefois il a été jugé, en matière forestière, que la garde du nu-propriétaire ne peut constater que les délits qui portent une atteinte directe et appréciable au fond même de la propriété (Bourges, 13 août 1863, *Répertoire de législation et de jurisprudence forestière, Revue des eaux et forêts*, t. 2, n⁰ 278).

**43.** — 1⁰ *Capacité.* — On ne peut être garde particulier avant l'âge de vingt-cinq ans accomplis (Décis. min. just. 18 nov. 1878, *Bull. just.*, p. 121). En effet, les pouvoirs dont les gardes particuliers disposent sont les mêmes que ceux confiés aux gardes champêtres communaux. Or la loi subordonne à l'âge de vingt-cinq ans l'exercice des fonctions de garde champêtre (L. 28 sept. 1791, tit. 1, sect. 7, art. 5, *Rép.* v⁰ *Droit rural*, p. 204), et, au surplus, l'art. 4 de la loi précitée du 20 mess. an 3, en reconnaissant aux particuliers le droit d'avoir des gardes, ne distingue pas entre eux et les gardes champêtres communaux. Pour les uns et pour les autres, cette loi se réfère implicitement aux conditions d'admission antérieurement déterminées, et par conséquent à l'art. 5, sect. 7, tit. 1, de la loi du 28 sept. 1791.

Les gardes particuliers doivent jouir d'une bonne moralité (Arg. Décr. 20 mess. an 3, art. 2). Cette condition est, du reste, laissée à l'appréciation de l'Administration, et il a été jugé, avec raison, que c'est à l'autorité administrative seule qu'il appartient d'examiner si les gardes présentés offrent, au point de vue de la moralité, toutes les garanties suffisantes (Req. 13 juill. 1885, aff. Fautras, D. P. 85. 1. 276). — Décidé aussi qu'une condamnation à l'amende pour coups volontaires ne constitue pas une incapacité légale de remplir la fonction de garde particulier ; que, dès lors, un tribunal civil ne peut, sans excès de pouvoirs, refuser de recevoir au serment, à raison d'une condamnation antérieure pour coups volontaires, un simple porteur d'une commission de garde particulier revêtue d'un visa approbatif de l'administration préfectorale (Req. 30 juin 1890, aff. Busigny, D. P. 91. 1. 169).

**44.** — 2⁰ *Incompatibilités.* — La loi n'a formulé aucune cause d'incompatibilité spéciale aux fonctions du garde particulier. Par suite, le même individu peut être garde particulier de plusieurs propriétaires (Mangin, *Traité des procès-verbaux*, n⁰ 96 ; Giraudeau, Lelièvre et Soudée, *Chasse*, n⁰ 1463 ; Leblond, *Code de la chasse*, n⁰ 307). On peut être à la fois garde champêtre et garde forestier du même propriétaire. Ce cumul se présente très souvent dans la pratique. Dans ce cas, il suffit de remplir les formalités prescrites pour la nomination des gardes forestiers particuliers, en mentionnant dans la commission que la surveillance du garde s'étend aux propriétés rurales et boisées (Giraudeau, Lelièvre et Soudé, n⁰ 1481). — Ainsi que nous l'avons dit au *Rép.* n⁰ 39, un garde particulier peut être en même temps garde champêtre communal.

Y a-t-il incompatibilité entre les fonctions de garde particulier et la profession de serviteur à gages ? Cette question n'a jamais été soumise directement aux tribunaux. Ceux-ci ont été appelés seulement à se prononcer sur le caractère même des fonctions de garde particulier, dans leur rapport avec le propriétaire qui a institué le garde. A ce point de vue, le garde particulier a été considéré tantôt comme serviteur à gages (Angers, 23 juin 1868, D. P. 69. 2. 159, note 2 ; 19 févr. 1869, aff. Balleur, D. P. 69. 2. 159), tantôt comme n'étant pas un serviteur à gages (Crim. règl. de juges 19 juill. 1883, aff. Poissonnard, *Bull. crim.*, n⁰ 181 ; Trib. de Dieppe, 28 févr. 1881, *Répertoire de législation et de jurisprudence forestières, Revue des eaux et forêts*, t. 10, n⁰ 50). Cependant plusieurs arrêts ont proclamé, dans leurs motifs, l'incompatibilité des fonctions de garde avec l'état de domestique ou de serviteur à gages (Crim. règl. jug. 3 août 1833, *Rép.* v⁰ *Forêts*, n⁰ 1688 ; Bourges, 29 juill. 1853, aff. Berton, D. P. 54. 2. 41). Cette incompatibilité repose, non sur une disposition expresse de la loi, mais sur le caractère d'officier de police judiciaire dévolu au garde particulier, caractère qui est exclusif de tout état de domesticité proprement dite. V. en ce sens : Giraudeau, Lelièvre et Soudée, n°s 1468 et 1469; Block, *Gardes particuliers*, n° 5. Toutefois cette incompatibilité semble devoir être restreinte à l'état de domestique, ce mot étant pris dans son sens vulgaire, c'est-à-dire dans le sens d'un individu attaché à la personne du maître. Ainsi un régisseur, même habitant chez son maître, pourrait être en même temps garde particulier de ce dernier (Giraudeau, Lelièvre et Soudée, n° 1469).

**45.** — 3° *Commission.* — La nomination de garde particulier est formulée par écrit dans un acte appelé *commission*. laquelle commission n'est assujettie à aucune forme particulière de rédaction. Habituellement elle est rédigée sous forme de lettre ou requête adressée au sous-préfet. La commission est soumise au timbre de dimension (L. 13 brum. an 7, art. 12), et à un droit fixe d'enregistrement, évalué d'abord à 1 fr. (L. 22 frim. an 7, art. 68, § 1er, n° 36), élevé successivement à 2 fr., puis à 3 fr. (L. 28 févr. 1872, art. 4), et, avec deux décimes et demi en sus, montant à 3 fr. 75 cent. (L. 23 août 1871, art. 1er; L. 30 déc. 1873, art. 2).

**46.** — 4° *Agrément du sous-préfet.* — La participation des gardes particuliers à l'exercice de l'autorité publique entraîne comme conséquence le concours de l'Administration à leur nomination. Aux termes de l'art. 4 de la loi du 20 mess. an 3, les gardes champêtres particuliers devaient être agréés par le conseil général de la commune, et confirmés par le district. Aujourd'hui, il est hors de doute que la nomination des gardes particuliers n'est aucunement subordonnée à l'approbation du conseil municipal de la commune. Il faut et il suffit que ce garde soit agréé par le sous-préfet, à qui les pouvoirs du conseil général de la commune ont été transférés par la loi du 28 pluv. an 8 (Mangin, *loc. cit.*). C'est ce qui a été reconnu par différents arrêts cités au (*Rép.* n° 42), et la pratique est constante dans ce sens. On sait que, pour les gardes *forestiers* particuliers, il existe, à cet égard, un texte formel. L'art. 117 c. for. dispose, en effet, que « les propriétaires qui voudront avoir, pour la conservation de leurs bois, des gardes particuliers, devront les faire agréer par le sous-préfet de l'arrondissement, sauf le recours au préfet, en cas de refus ». Au reste, il est à remarquer que l'agrément du sous-préfet, nécessaire aux commissions de gardes, ne concerne que les commissions délivrées par les particuliers, et non celles qui sont octroyées par les représentants de l'autorité publique ayant qualité. Aussi a-t-il été jugé qu'un agent commissionné par le ministre de la guerre pour la garde d'un champ de tir n'est pas astreint, avant de prêter serment, à se faire agréer par le sous-préfet, et que le tribunal, qui, sous prétexte du défaut de cet agrément, refuse d'admettre au serment l'agent dont il s'agit, commet un excès de pouvoir, et sa décision doit être annulée par la cour de cassation, chambre des requêtes (Req. 11 déc. 1882, aff. Carlen, D. P. 83. 1. 12). « Si, en effet, dit très justement cet arrêt, l'intervention d'un représentant de l'autorité publique pour l'agrément de la commission est nécessaire au cas où celle-ci émane d'un particulier, elle ne se comprend plus quand c'est l'autorité publique elle-même, agissant par ses représentants, qui a donné la commission ».

**47.** Le droit d'agrément conféré au sous-préfet est discrétionnaire, sauf le recours, par la voie gracieuse, au supérieur hiérarchique du préfet ou sous-préfet qui refuse son agrément. Ce refus n'est donc pas susceptible d'être déféré au conseil d'État pour excès de pouvoir (Cons. d'Et. 13 déc. 1878, aff. Rogerie, D. P. 79. 3. 105. Conf. Giraudeau, Lelièvre et Soudée, *Chasse*, n°s 1472, 1482; Leblond, *Code de la chasse*, n° 310). — Au surplus, le droit d'agréer supposant celui d'apprécier la moralité et le caractère de l'individu présenté, un tel contrôle échappe, par sa nature, à toute discussion devant le conseil d'État au contentieux; et le sous-préfet n'ayant pas à motiver son refus, il n'y a pas même place pour un recours fondé sur un détournement de pouvoir (D. P. 79. 3. 105, note 1).

Ainsi qu'on l'a dit au *Rép.* n° 37, l'agrément donné par le sous-préfet sur la commission n'entraîne aucun droit de timbre, ni d'enregistrement (L. 15 mai 1818, art. 80. Conf. Giraudeau, Lelièvre et Soudée, n° 1471).

**48.** — 5° *Serment.* — Ayant les mêmes droits et les mêmes

attributions que les gardes des communes, les gardes champêtres et forestiers des particuliers sont astreints à prêter le même serment (*Rép.* n° 38). Ce serment est prêté par les gardes champêtres particuliers devant le juge de paix comme celui des gardes champêtres communaux (V. *suprà*, n° 20). Les gardes forestiers particuliers le prêtent devant le tribunal de première instance (c. for. art. 117) dans le ressort duquel sont situés les bois confiés à leur surveillance.

**49.** Nous avons dit *suprà*, n° 43, que c'est à l'autorité administrative seule qu'il appartient d'examiner si les gardes présentés offrent, au point de vue de la moralité, toutes les garanties désirables. Il suit de là qu'en l'absence de toute incapacité légale, un tribunal ne saurait, sans excès de pouvoir, refuser d'admettre au serment un garde particulier agréé par le sous-préfet de l'arrondissement, sous le prétexte que ce garde ne réunirait pas toutes les conditions désirables au point de vue de la moralité (Arrêt précité du 13 juill. 1885. Conf. Req. 27 nov. 1865, aff. Giron, D. P. 85. 1. 277, en note). Spécialement, doit être annulé, pour excès de pouvoir, le jugement par lequel un tribunal refuse d'admettre au serment un garde particulier régulièrement agréé, en se fondant sur ce que cet individu a été condamné, pour délit de chasse commis la nuit, à six jours de prison, à 50 fr. d'amende et à l'interdiction de port d'armes pendant deux ans, et sur ce que, dans ces conditions, il ne présente pas toutes les garanties de moralité exigées par le décret du 20 mess. an 3 (Arrêt du 13 juill. 1885, cité *suprà*, n° 43). — De même, doit être annulé le jugement qui refuse d'admettre un garde particulier au serment, parce qu'il a été condamné à 200 fr. d'amende pour coups volontaires (Req. 30 juin 1890, et 23 déc. 1890, aff. Busigny, D. P. 91. 1. 169).

**50.** Notons encore, à l'égard du serment, qu'il a été jugé que le prévenu d'outrages envers un garde particulier ne peut exciper en cassation, pour la première fois, de ce que ce garde n'aurait pas prêté le serment exigé par le décret du 5 avr. 1852 (Crim. rej. 14 mars 1862, aff. de Feydeau, D. P. 63. 5. 347).

**51.** — II. Cessation de fonctions. — 1° *Changement de propriétaire.* — Le décès du propriétaire qui a institué un garde particulier met-il fin aux fonctions de ce dernier? La question est controversée en doctrine comme en jurisprudence. Suivant une première opinion, les fonctions de garde particulier expirent de plein droit par suite du décès du propriétaire qui l'a nommé; ces fonctions sont, en effet, la conséquence du mandat civil donné par le propriétaire à la personne à laquelle il confie la surveillance de ses propriétés, et ce mandat, ne se rapportant point à une affaire déterminée et d'une durée limitée, mais ayant, au contraire, un caractère général, est du nombre de ceux qui, aux termes de l'art. 2003 c. civ., s'éteignent de plein droit à la mort du mandant, c'est-à-dire du propriétaire; d'où il suit que les fonctions du garde ne peuvent revivre qu'au moyen d'une nouvelle commission émanée de l'héritier et suivie d'une nouvelle prestation de serment (Orléans, 1er déc. 1874, aff. Brinet, D. P. 75. 5. 247). Conf. Rousset, *Lois sur la chasse*, p. 109).

**52.** Dans un autre système, qui nous paraît préférable et qui a été adopté par la majorité des auteurs (Giraudeau, Lelièvre et Soudée, *Chasse*, n° 1484; Leblond, *Code de la chasse*, n° 308; de Neyremand, *Questions sur la chasse*, p. 323), le décès du propriétaire ne met pas fin de plein droit aux fonctions de son garde particulier. Celui-ci conserve ses fonctions sans nouvelle commission des héritiers du propriétaire sans nouvelle prestation de serment. « La commission de garde particulier n'est pas, en effet, un simple mandat prenant fin à la mort de celui qui l'a délivré; le garde particulier ne procède pas au lieu et place de son commettant; il fait ce que celui-ci n'a jamais eu le droit de faire personnellement. Il ne reçoit pas son caractère d'officier de police judiciaire de la seule commission, mais de l'acte de l'autorité compétente qui l'agrée en cette qualité, et du serment qu'il prête. Du reste, aucune disposition de loi n'interdit à ce garde de continuer l'exercice de ses fonctions, sans nouvelle commission écrite, du consentement du nouveau propriétaire » (Crim. rej. 14 mars 1862, aff. de Feydeau, D. P. 63. 5. 347. Conf. Rouen, 26 déc. 1883, aff. Hamelet, D. P. 84. 5. 291).

**53.** — 2° *Fin de bail.* — La commission du garde particulier prend fin de plein droit avec l'expiration du bail dont était adjudicataire celui qui l'a commissionné. C'est ce qu'a décidé un arrêt de la cour de Nancy du 29 juin 1876 (*Journ. du droit crim.*, 1875, p. 256, art. 9893) qui a jugé, en même temps, que ce bail expiré, le garde ayant perdu sa qualité d'officier de police judiciaire, n'est plus justiciable de la première chambre de la cour d'appel pour les délits commis par lui sur les eaux précédemment confiées à sa surveillance.

**54.** — 3° *Destitution.* — Les gardes particuliers peuvent être révoqués par la personne qui les a nommés, et seulement par elle ou par ses représentants légaux (Giraudeau, Lelièvre et Soudée, *Chasse*, n° 1496). Mais ils ne sont aucunement soumis au pouvoir disciplinaire de l'Administration. En conséquence, le préfet ou le sous-préfet, ne peut, sans excès de pouvoir, retirer ses fonctions à un garde particulier, soit en le révoquant (Cons. d'Et. 13 juin 1879, aff. Grellier, D. P. 79. 3. 105-106; 23 janv. 1880, aff. Doumeyron, D. P. 80. 3. 62-63; 12 mai 1882, aff. Picard, D. P. 83. 5. 278), soit en rapportant l'arrêté par lequel il l'avait précédemment agréé (Cons. d'Et. 23 janv. 1880, aff. Du Bos, D. P. 80. 3. 62; 23 nov. 1883, aff. Godefroy de Dampierre, D. P. 85. 5. 263). Conf. Meaume, *Commentaire du code forestier*, t. 2, p. 265; Giraudeau, Lelièvre et Soudée, *Chasse*, n° 1499. V. cependant *contrà :.* Blanche, *Dictionnaire de l'administration*, v° *Garde particulier*; Chardon, *le Droit de chasse français*, p. 366.

**55.** — III. ATTRIBUTIONS. — Les attributions des gardes champêtres particuliers sont les mêmes que celles des gardes des communes. L'art. 16 c. instr. crim. comprend, en effet, tous ces gardes dans ses dispositions et leur confère les mêmes droits. Il n'y a donc lieu de faire aucune distinction entre eux quant à la nature de la compétence. La différence ne s'élève qu'en ce qui concerne le territoire auquel cette compétence s'applique; le garde de la commune exerce ses fonctions dans toute l'étendue du territoire communal, le garde particulier n'exerce les siennes que dans les limites des propriétés confiées à sa surveillance (Crim. cass. 4 mars 1828, *Rép.* n° 40; Faustin Hélie, t. 3, n° 1193; Mangin, n° 97).

ART. 4. — *Des crimes et délits commis par les gardes champêtres, et des crimes et délits commis envers eux* (*Rép.* n°s 46 à 55).

**56.** — I. CRIMES ET DÉLITS COMMIS PAR LES GARDES CHAMPÊTRES (*Rép.* n°s 46 à 52). — 1° *Privilège de juridiction.* — En leur qualité d'officiers de police judiciaire, les gardes champêtres jouissent du privilège de juridiction appartenant aux membres de l'ordre judiciaire; ils ne peuvent donc être poursuivis à raison de délits commis dans l'exercice de leurs fonctions que dans les formes prescrites par les art. 479 et 483 c. instr. crim.; en d'autres termes, ils doivent être, pour les délits qu'ils commettent, traduits directement devant la cour d'appel par le procureur général. Ce point, établi au *Rép.* n° 46, ne saurait faire aucun doute. — Spécialement il a été jugé, depuis la publication

du *Répertoire*, que le garde champêtre prévenu d'outrage public à la pudeur, dans l'exercice de ses fonctions, est justiciable de la juridiction établie par les art. 479 et suiv. c. instr. crim., et que le droit de citation est réservé au procureur général (Crim. règl. de juges 17 déc. 1874, aff. Vasseur, *Bull. crim.*, n° 310).

**57.** Il est également certain que les gardes particuliers possèdent ce même privilège de juridiction, puisqu'ils sont officiers de police judiciaire. En ce qui concerne les gardes particuliers, aux arrêts cités au *Rép.* n° 46, *adde :* Bourges, 13 févr. 1845, aff. Durand, D. P. 46.2. 48; Amiens, 30 sept. 1882, aff. Demolon, D. P. 83. 5. 278; Crim. règl. de juges, 19 juill. 1883, cité *suprà*, n° 44, et Bourges, 26 déc. 1889, *infrà*, n° 59.

**58.** Mais, ainsi que nous l'avons dit au *Rép.* n° 51, pour qu'un garde soit soumis à la juridiction exceptionnelle organisée par les art. 479 et suiv., il faut que le crime ou le délit dont il se serait rendu coupable ait été commis dans l'exercice de ses fonctions. — À cet égard, il a été jugé, depuis la publication du *Répertoire:* 1° que le délit de chasse commis par un garde champêtre doit être réputé commis dans l'exercice de ses fonctions d'officier de police judiciaire, et le rend, par suite, justiciable de la cour d'appel par cela seul qu'il a été perpétré sur le territoire confié à la surveillance de ce garde (Crim. rej. 8 mai 1862, *Bull. crim.*, n° 125); — 2° Qu'on doit considérer comme ayant commis un délit dans l'exercice de ses fonctions d'officier de police judiciaire, et, par suite, comme étant directement justiciable de la cour d'appel, le garde particulier qui commet un délit de chasse dans les bois confiés à sa surveillance (Amiens, 30 sept. 1882, cité *suprà*, n° 57); — 3° Qu'un garde particulier doit être considéré comme agissant dans l'exercice de ses fonctions, lorsqu'il commet dans les lieux pour lesquels il est assermenté un délit contre les propriétés confiées à sa surveillance (Arrêt précité du 19 juill. 1883); — 4° Que les gardes champêtres et forestiers, étant chargés d'une surveillance spéciale et continue, sont nécessairement réputés avoir agi comme officiers de police judiciaire dans le parcours du territoire confié à leur garde (Crim. rej. 5 juill. 1884, motifs, *Bull. crim.*, n° 229).

- Jugé aussi, et avec raison, que le garde champêtre, lorsqu'il est appelé à déposer, même sur un délit dont il aurait été témoin, ne fait pas un acte de ses fonctions; par suite, c'est à tort que, pour le faux témoignage commis en cette occasion, il serait cité devant la première chambre de la cour (Paris, 1re ch. 16 déc. 1872, aff. Boulay, D. P. 83. 2. 155).

**59.** Doit-on considérer comme étant dans l'exercice de ses fonctions le garde particulier qui, ne se trouvant pas sur le territoire confié à sa garde, a tiré un coup de fusil sur un individu pour réprimer un délit de chasse, commis sur le territoire confié à sa garde, l'individu ne s'y trouvant plus au moment où le coup a été tiré? L'affirmative a été jugée par un arrêt de la cour de Bourges du 26 déc. 1889 (1). Cette décision nous laisse des doutes. Suivant l'arrêt, « le garde était dans l'exercice de ses fonctions, puisqu'il agissait pour réprimer un délit de chasse commis sur un terrain

---

(1) Le nommé Lemaître, garde particulier de M. le baron de Bourgoing, demeurant à Mesves-sur-Loire (Nièvre), ayant, en mars 1889, surpris le sieur Bourdier tirant des canards sauvages sur le terrain de M. de Bourgoing, voulut lui déclarer procès-verbal. Mais Bourdier s'étant enfui, Lemaître tira sur lui, hors du terrain appartenant à M. de Bourgoing, un coup de fusil dont les plombs percèrent sa blouse. Ce n'est qu'au mois de septembre suivant, c'est-à-dire alors qu'il y avait prescription, que Bourdier qui, en mars 1889, n'avait point de permis de chasse, porta plainte à la gendarmerie. Sur cette plainte le tribunal correctionnel de Cosne rendit le jugement suivant à la date du 16 oct. 1889 : « Attendu que Lemaître est cité pour avoir, le 7 mars 1889, en tous cas depuis moins de trois ans, sur le territoire de la commune de Mesves, volontairement tiré un coup de fusil sur la personne du sieur Bourdier, vigneron à Mesve, délit prévu et puni par l'art. 311 c. pén.; — Attendu que Lemaître soulève l'incompétence du tribunal en se fondant sur les dispositions des art. 479 et 483 c. instr. crim.; — Attendu qu'il est de jurisprudence constante que les gardes particuliers sont des officiers de police judiciaire lorsqu'ils agissent dans l'exercice de leurs fonctions; — Attendu que

Lemaître a été choisi par de Bourgoing pour la surveillance de ses propriétés, et que cette nomination a reçu la sanction légale, par l'agrément de l'autorité compétente et par le serment prêté par Lemaître devant le tribunal; — Attendu qu'il résulte des débats qu'au moment où il a tiré le coup de fusil qui fait l'objet de la prévention, Lemaître venait de constater qu'un individu commettait un délit de chasse sur un terrain neutre; qu'il suffit qu'il ait eu la persuasion qu'il avait un délit à réprimer, pour qu'il se trouvât dans l'exercice de ses fonctions; — Que ce point est constant, et qu'il en résulte que le délit relevé n'est pas de la compétence du tribunal, d'après les dispositions des art. 479 et 483 c. instr. crim.; — Par ces motifs; — Le tribunal jugeant en premier ressort, se déclare incompétent, et renvoie la cause devant les juges qui doivent en connaître ». — Appel par le ministère public.

LA COUR; — Considérant que, pour apprécier l'exception d'incompétence proposée par le garde Lemaître, il est nécessaire de savoir si Bourdier a commis le délit de chasse sur les terres de M. de Bourgoing ou sur celles à lui louées, et dont Lemaître avait la garde; — Qu'il y a donc lieu d'entendre les divers témoins désignés au procès-verbal, ces témoins n'ayant pas été

confié à sa garde ». Il est, en effet, incontestable que, dans l'espèce, le garde agissait pour réprimer un délit commis sur un terrain confié à sa garde; mais cette circonstance suffisait-elle pour que le garde fût dans l'exercice de ses fonctions ? La première condition de toute compétence criminelle n'est-elle pas la compétence territoriale, et cette compétence existe-t-elle quand l'agent n'est pas placé, de sa personne, sur le territoire pour lequel il a été assermenté ?

**60.** Un arrêt a jugé qu'un garde champêtre qui, appelé à dresser procès-verbal à l'occasion d'une rixe élevée entre deux habitants de la commune, s'est fait remettre une somme d'argent pour ne pas le dresser, et a, dès lors, encouru les peines portées par l'art. 177 c. pén., ne peut être considéré comme ayant commis ce délit dans l'exercice de ses fonctions d'officier de police judiciaire, et que, conséquemment les dispositions de l'art. 484 c. instr. crim. ne lui sont pas applicables (Crim. règl. de juges, 7 févr. 1852, *Bull. crim.*, n° 58). Le motif de l'arrêt est que, « d'après les dispositions de l'art. 16 c. instr. crim., les gardes champêtres ne sont officiers de police judiciaire qu'en ce qui concerne les délits de la police rurale à rechercher et à constater ; que, hors de là, et lorsqu'ils prêtent leur concours au maintien de l'ordre public, ils sont ou agents de la force publique ou agents de l'administration publique ;... que dans la perpétration des faits de concussion à lui imputés, le garde n'a pas agi en qualité d'officier de police judiciaire, mais bien comme agent de l'Administration ; que, par conséquent, les dispositions de l'art. 484 c. instr. crim. ne lui étaient pas applicables ». — Si la question tranchée par cet arrêt se posait encore aujourd'hui, elle devrait, croyons-nous, être résolue dans le même sens ; car si, comme nous l'avons fait remarquer *suprà*, n° 25, les gardes champêtres ont, en matière de police urbaine, reçu de la loi du 14 juill. 1867, art. 20 (D. P. 67. 4. 89), confirmée, à cet égard, par l'art. 102 de la loi du 5 avr. 1884 (D. P. 84. 4. 55), qualité pour rechercher « les contraventions aux arrêtés de police municipale », aucun texte ne leur a confié le soin de constater les délits ou contraventions réprimées par des textes généraux comme l'art. 605 c. brum. an 4 sur les violences légères, ou l'art. 311 c. pén. sur les coups ou blessures volontaires.

**61.** Au reste, il est évident que le garde ne jouit du privilège de juridiction que tant qu'il possède la qualité d'officier de police judiciaire. Et c'est avec raison qu'un arrêt a jugé que la commission d'un garde particulier prenant fin de plein droit avec l'expiration du bail dont était adjudicataire celui qui l'a commissionné, le garde, ce bail expiré, n'est plus justiciable de la première chambre de la cour d'appel pour les délits commis par lui sur les eaux précédemment confiées à sa surveillance (Nancy, 29 juin 1876, aff. Tihay, cité *suprà*, n° 53).

**62.** — 2° *Aggravation de peine.* — Les gardes champêtres, ainsi qu'on l'a dit au *Rép.* n° 48, sont passibles de l'aggravation des peines portées contre les fonctionnaires à raison de certains délits. En premier lieu, ils tombent sous le coup de l'art. 198 c. pén. qui prononce une aggravation de peine contre les fonctionnaires ou officiers publics qui ont participé à des crimes ou délits qu'ils étaient chargés de surveiller ou de réprimer. Il a été jugé que cet article est applicable au garde champêtre qui commet le crime de menaces d'incendie, lorsque les menaces faites hors de la commune où il exerce ses fonctions auraient été exécutées dans cette commune (Bruxelles, 17 nov. 1818, *Rép.* v° *Forfaiture*, n° 190, 192).

Secondement, une autre aggravation est prononcée par l'art. 462 c. pén. contre « les gardes champêtres ou forestiers » qui commettent des délits de police correctionnelle

prévus par le chap. 2 tit. 2, liv. 3, de ce code, c'est-à-dire des délits contre les propriétés (art. 379 à 458).

En troisième lieu, les gardes champêtres sont passibles des peines prononcées par l'art. 114 c. pén. contre les attentats à la liberté (Crim. règl. de jug. 25 mai 1827, *Rép.* n° 48; Mangin, *Traité des procès-verbaux*, n° 97) ; par les art. 184 et suiv. même code contre les abus d'autorité ; par les art. 174 et 177 même code contre les coupables de concussion et de corruption (Crim. cass. 5 mai 1837, *Rép.* v° *Forfaiture*, n° 71 ; 1er oct. 1813, *eod. loc.*, n° 118-1° ; 16 sept. 1820, *eod. loc.*, n° 118-2°).

Enfin le dernier alinéa de l'art. 12 de la loi du 3 mai 1844 sur la chasse (*Rép.* v° *Chasse*, n° 12, p. 106) porte au maximum les peines déterminées par ledit article et par l'article précédent, « lorsque les délits auront été commis par les *gardes champêtres* ou forestiers des communes, ainsi que par les gardes forestiers de l'Etat et des établissements publics ». Il a été jugé par de nombreux arrêts rapportés, v° *Chasse*, n° 1012, que cette aggravation de peine n'est pas applicable aux gardes particuliers.

**63.** — 3° *Autorisation de poursuivre.* — Les gardes champêtres, n'étant pas des agents du Gouvernement, n'ont jamais été garantis par l'art. 75 de la constitution du 22 frim. an 8. C'est ce qui a déjà été reconnu au *Rép.* n° 52. Au surplus, on sait que le bénéfice de la garantie administrative n'existe plus depuis que le gouvernement de la Défense nationale a abrogé l'art. 75 précité (D. P. 70. 4. 91).

**64.** — II. Des crimes et délits commis envers les gardes champêtres (*Rép.* nos 53 à 55). — A raison de leur caractère public, les gardes champêtres devaient être, et sont, en effet, protégés par des dispositions pénales particulières contre les auteurs de certaines infractions commises envers eux. Ces infractions sont la rébellion, les violences, les outrages. — A l'égard de la rébellion, aucune difficulté ne peut s'élever, en présence des termes explicites de l'art. 209 c. pén. qui réprime l'attaque et la résistance envers les gardes champêtres ou forestiers (V. *Rép.* v° *Rébellion*, n° 27).

**65.** Quant aux violences, il est depuis longtemps reconnu que celles qui sont exercées contre les gardes champêtres, dans l'exercice de leurs fonctions, doivent être punies des peines portées aux art. 230 à 233 c. pén. contre les auteurs de violences dirigées contre les agents de la force publique (Crim. cass. 19 juin 1818, *Bull. crim.*, n° 81; 6 avr. 1820, aff. Vigouroux, *Rép.* v° *Fonctionnaire public*, n° 157; 4 août 1826, aff. Spottel, *eod. loc.*, n° 153; 2 mai 1839, aff. Hubas, *eod. loc.*, n° 149.) — Conf. Mangin, *Traité des procès-verbaux*, n° 97; Chauveau et Faustin Hélie, t. 3, n° 993. — Et il en est, à cet égard, des gardes particuliers comme des gardes des communes (Arrêt précité du 19 juin 1818; Crim. rej. 9 sept. 1819, aff. Robardet, *Rép.* n° 54-1°; Crim. cass. 8 avr. 1826, aff. Corcinos, *Rép.* n° 42-1° ; Crim. règl. de juges, 16 déc. 1841, aff. Petit-Godard, *Rép.* v° *Fonctionnaire public*, n° 146-2°; Crim. rej. 2 juill. 1846, aff. Roussel, D. P. 46. 4. 301).

Au sujet de l'application de l'art. 230 c. pén., il a été récemment décidé, avec raison, par la cour de cassation, que les dispositions de l'art. 7 de la loi du 20 avr. 1810 et celles de l'art. 230 précité sont violées par l'arrêt qui, pour justifier une condamnation pour délit de chasse pendant la nuit et violences ou voies de fait exercées sur un garde particulier dans l'exercice de ses fonctions, se borne à adopter les motifs du jugement de première instance, lequel énonce seulement en fait « que les prévenus ont exercé des violences et des voies de fait sur la personne du garde », sans déclarer, en même temps, que ce garde était dans l'exercice de ses fonctions lorsque les coups

---

entendus à l'audience ; — Par ces motifs ; — Avant de statuer sur le moyen, ordonne qu'à l'audience du 26 décembre courant, M. le procureur général fera entendre tous les témoins qu'il jugera utiles ; — Réserve la preuve contraire.

L'enquête et la contre-enquête ordonnées par cet arrêt ayant eu lieu à l'audience indiquée, la cour a statué en ces termes :

La cour ; — Attendu qu'il résulte des débats, et notamment des dépositions des témoins Boyau et Bourdier, entendus à cette audience, que le fait de chasse, commis par ce dernier, l'a été sur un terrain, dont la chasse est louée à M. de Bourgoing ; —

Que Lemaître, garde particulier de M. de Bourgoing, lorsqu'il a tiré le coup de fusil qui fait l'objet de la prévention, agissait dans l'exercice de ses fonctions, puisqu'il agissait pour réprimer un délit de chasse commis sur un terrain confié à sa garde; — Que l'inculpation relevée contre le sieur Lemaître n'était donc pas de la compétence du tribunal correctionnel de Cosne, aux termes des art. 479 et 483 c. instr. crim., et que c'est avec juste raison que ce tribunal s'est déclaré incompétent ;

Par ces motifs ; — Confirme le jugement dont est appel. Du 26 déc. 1889.-C. de Bourges, ch. corr.-M. Dubois, pr.

lui ont été portés, ou que le délit aurait été commis à l'occasion de ces mêmes fonctions (Crim. cass. 2 juill. 1886, *Bull. crim.*, n° 237).

Précédemment, la même cour a jugé, avec non moins de raison, que le garde champêtre qui accompagne, hors du territoire de la commune pour laquelle il est assermenté, un receveur buraliste, afin de prêter main-forte à ce dernier contre des fraudeurs, ne peut être considéré ni comme officier de police judiciaire, ni comme chargé temporairement d'un service public; d'où il suit que les coups et blessures commis envers lui, dans ces circonstances, ne sont punissables que comme coups et blessures envers un particulier (Crim. rej. 24 juin 1875, *Bull. crim.*, n° 201).

**66.** A l'égard des outrages qui peuvent être adressés aux gardes champêtres, V. *infrà*, v° *Presse-outrage.* — Toutefois il paraît utile de constater ici que les articles 19 de la loi du 17 mai 1819, et 16 de la loi du 25 mars 1822, souvent appliqués avant et depuis la publication du *Répertoire*, aux auteurs d'outrages publics envers les gardes champêtres, ont été abrogés par la loi du 29 juill. 1881 sur la liberté de la presse (D. P. 81. 4. 65). D'autre part, la cour de cassation a décidé que la loi précitée du 29 juill. 1881 n'a pas abrogé les art. 222 et suiv. c. pén. (Crim.rej. 12 juill. 1883, aff. Jourdan, D.P. 84.1.261). Il a été jugé, spécialement, que l'injure et la menace verbales, lorsqu'elles sont adressées à un garde champêtre dans l'exercice ou à l'occasion de ses fonctions, rentrent, même quand la publicité les aggrave, dans les termes de l'art. 224 c. pén. et sont, par conséquent, de la compétence des tribunaux correctionnels (Crim. cass. 15 mars 1883, aff. de Buor de la Voy, D. P. 83. 1. 225).

Il suit de ces dispositions législatives à appliquer aujourd'hui aux individus coupables d'outrages aux gardes champêtres sont, suivant les cas, d'une part, les art. 224 et suiv., c. pén., et d'autre part, les art. 31 et 33 de la loi du 29 juill. 1881. On sait que ces deux derniers articles punissent la diffamation (art. 31) et l'injure (art. 33) commises « à raison de leurs fonctions ou de leur qualité, envers un fonctionnaire public, un dépositaire ou agent de l'autorité publique », et que l'art. 224 c. pén. réprime « l'outrage fait par paroles, gestes ou menaces... à tout agent dépositaire de la force publique, dans l'exercice ou à l'occasion de l'exercice de ses fonctions ». Dans quels cas faut-il appliquer le code pénal? Dans quels cas la loi de 1881? L'arrêt précité du 15 mars 1883 a jugé, à propos d'outrages adressés publiquement à un garde champêtre, que c'est seulement lorsque les attaques dirigées contre les fonctionnaires ou agents de l'autorité par la voie de la presse ou par des discours proférés dans des lieux ou réunions publics, renferment des imputations diffamatoires ou des expressions injurieuses à *raison de leurs fonctions ou de leur qualité*, que ces attaques tombent sous le coup des art. 31 et 33 de la loi de 1881 et sont justiciables de la cour d'assises. Jugé de même pour les outrages adressés publiquement au commissaire de police (Crim. rej. 12 juill. 1883, aff. Jourdan, D. P. 84. 1. 261), au maire (Crim. cass. 23 août 1883, aff. Vexeclard, D. P. 84. 1. 261; 16 nov. 1883, aff. Bourges, *eod. loc.* 12 mai 1888, aff. Gagnebé, *Bull. crim.*, n°172; 16 févr. 1889, aff. Boulais, *Bull. crim.*, n° 68; 19 juill. 1889, aff. Voisin, *Bull. crim.*, n° 261), au préfet (Crim. rej. 10 août 1883, aff. Lougatte, D. P. 84. 1. 309), au juge de paix (Crim. rej. 13 févr. 1886, aff. Dombres, *Bull. crim.*, n° 56), aux gendarmes (Crim. rej. 12 juin 1886, aff. Canac, *Bull. crim.*, n° 215).

De cette jurisprudence, critiquable peut-être, mais bien établie, il résulte que les outrages au garde champêtre sont aujourd'hui encore passibles, le plus souvent, des peines portées par le code pénal et justiciables de la police correctionnelle. Cela ne peut faire doute pour les outrages, même diffamatoires ou injurieux, commis dans l'exercice même des fonctions du garde, puisque ces outrages échappent aux prévisions de la loi sur la presse. Quand les outrages adressés au garde à raison de sa fonction se réalisent par la parole, ils ne tombent, d'après la jurisprudence ci-dessus rappelée, sous le coup des art. 31 et 33 de la loi de 1881, qu'autant qu'ils se produisent dans des lieux ou réunions publics, et qu'ils présentent le caractère d'imputations injurieuses ou diffamatoires, impliquant l'appréciation ou la critique des actes du fonctionnaire, et c'est dans ce cas seulement qu'ils sont justiciables de la cour d'assises. Quant aux outrages injurieux, par paroles ou menaces publiquement proférés, qui sont moins des critiques que de simples grossièretés, ils échappent à l'application de la loi sur la presse, et sont réprimés comme outrages prévus par les art. 222 et suiv., c. pén., par les tribunaux ordinaires (Garraud, *Traité théorique et pratique du droit pénal français*, t. 3, n° 428; Barbier, *Code expliqué de la presse*, n°s 523 à 531).

Par application de la doctrine qui précède, il a été jugé que des propos injurieux adressés à un garde dans un lieu public, mais sur le ton ordinaire de la conversation, constituent le délit d'outrage non public prévu par l'art. 224 c. pén., justiciable du tribunal correctionnel (Amiens, 19 janv. 1883, aff. Lefebvre, D. P. 83. 2. 214).

**67.** Quand les gardes champêtres peuvent-ils être considérés comme agents dépositaires de la force publique dans le sens de l'art. 224 c. pén.? Ils ont incontestablement cette qualité lorsqu'en vertu de l'art. 16 c. instr. crim., ils agissent comme officiers de police judiciaire, chargés de la police rurale ou forestière, ou procèdent à l'arrestation de tous individus surpris en flagrant délit ou dénoncés par la clameur publique (Crim. cass. 19 juin 1818, *Bull. crim.*, n° 81; 8 avr. 1826, *Rép.* n° 42-1°; 30 nov. 1861, *Bull. crim.*, n° 260; Bourges, 31 mai 1863) (1).

**68.** Les gardes champêtres sont encore des agents dépositaires de la force publique quand, en vertu de l'art. 20 de la loi du 24 juill. 1867 (et aujourd'hui de l'art. 102 de la loi du 5 avr. 1884), ils recherchent, dans le territoire pour lequel ils sont assermentés, les contraventions aux règlements de police municipale (Barbier, n° 667). — Antérieurement à la loi de 1867, il avait été jugé: 1° que les injures adressées à un garde champêtre dans l'exercice de ses fonctions d'agent de police, dépositaire de la force publique, tombent sous le coup de l'art. 224 (Crim. cass. 2 oct. 1847, *Bull. crim.*, n° 246); — 2° Que les outrages adressés au garde champêtre, agissant pour l'exécution d'un arrêté municipal réglant l'heure de la fermeture des cabarets sont punis par l'art. 224 (Douai, 28 févr. 1860).

Toutes les fois, d'ailleurs, que les gardes champêtres agissent en exécution des ordres qui leur ont été donnés par l'autorité supérieure, ils sont protégés contre les outrages par le même art. 224 c. pén., sinon comme dépositaires de la force publique, au moins comme citoyens chargés d'un ministère de service public. Ainsi il a été jugé que les gardes champêtres sont des citoyens chargés d'un ministère de service public : 1° quand, sur les ordres du maire, ils surveillent l'évacuation des lots de bois d'affouage

(1) (Min. publ. C. Martin.) — LA COUR; — Sur la question de savoir si la loi et la peine ont été bien appliquées ou s'il y a lieu d'en appliquer d'autres : — En fait : — Considérant que le dimanche 29 mars 1863, vers minuit, le garde champêtre de la Champenoise, agissant comme agent de police municipale, a sommé Charles Martin et d'autres jeunes gens, de sortir du cabaret de M. Riollaud, en se servant de ces paroles : *Tas de culots et de voyous, il faut f... le camp*; qu'irrité par ces propos, Charles Martin s'est approché du garde, avec lequel il venait de boire quelques instants auparavant, et lui prenant la tête avec ses mains, lui dit : *Si je vous donnais un soufflet, vous feriez votre rapport*; qu'enfin la mère de Charles Martin étant survenue dans ce moment donna un soufflet à son fils, et que celui-ci se mettant à la poursuite du garde, l'atteignit dans la cour et lui porta un soufflet à cet agent; — En droit : — Considérant que le garde champêtre ayant agi, dans l'espèce, non comme officier de police judiciaire mais comme simple agent municipal, le geste et

le propos constatés, bien que la scène ait eu lieu sur un chemin, constituent, non le délit prévu par l'art. 6 de la loi du 25 mars 1822, mais celui spécifié par l'art. 224 c. pén.; — Considérant que le soufflet donné au garde champêtre l'a été, sinon dans l'exercice de ses fonctions d'agent de police, du moins à raison desdites fonctions; mais que cette scène a été séparée de la première par un trait de temps et a eu lieu dans un autre endroit; qu'ainsi l'art. 230 c. pén., et non l'art. 228, était applicable;... — Infirme le jugement dont est appel, déclare Martin convaincu d'avoir, le 29 mai 1864, à la Champenoise : 1° outragé par geste et menace un agent de la force publique dans l'exercice de ses fonctions; 2° porté un coup à un agent, à raison desdites fonctions; — Déclare qu'il existe en sa faveur des circonstances atténuantes, et vu les art. 224, 230, 463 c. pén., 365 c. instr. crim.; — Condamne Martin à la peine de six jours d'emprisonnement, etc.

Du 31 mai 1863.-C. de Bourges, ch. corr.

(Crim. cass. 4 août 1826, Rép. v° Fonctionnaire public, n° 153); — 2° Quand ils font exécuter les arrêtés de l'autorité municipale (Crim. cass. 2 mai 1839, Rép. v° Fonctionnaire public, n° 149-1°); — 3° Quand, en vertu d'un arrêté préfectoral, ils procèdent à la constatation de contraventions à la police urbaine (Besançon, 3 févr. 1866, suprà, v° Fonctionnaire public, n° 34); — 4° Quand ils ont été chargés de la garde de scellés régulièrement apposés par le juge de paix (Crim. cass. 21 juin 1873, Bull. crim., n° 172); — 5° Quand, en conformité d'un ordre du maire, ils procèdent avec des pompiers à la visite des fours et cheminées (Dijon, 20 mai 1879) (1).

**69.** Si un garde champêtre était outragé à raison de son refus de faire un acte qu'il considère comme n'étant pas de son ressort, pourrait-on dire qu'il y a délit d'outrage à l'occasion de l'exercice des fonctions du garde ? L'affirmative a été jugée, avec raison, par la cour de Grenoble, le 18 juill. 1873 (aff. Peyronard, D. P. 74. 2. 111). Il est clair que, dans ce cas, le délit s'adresse bien au fonctionnaire et non au simple particulier, et l'application de l'art. 224 se trouve ainsi justifiée (Conf. Chauveau et Faustin-Hélie, Théorie du code pénal, t. 3,n° 960; Blanche, Etudes sur le code pénal, t. 4, n° 101).

**70.** Les gardes particuliers, lorsqu'on les outrage à l'occasion de l'exercice de leurs fonctions, sont protégés par l'art. 224 comme les gardes des communes. Il a été jugé, avec raison, que le fait de traiter de canaille un garde particulier, à cause d'un procès-verbal dressé par lui pour délit de chasse, constitue l'outrage à raison de l'exercice de ses fonctions (Trib. de Corbeil, 26 oct. 1881) (2).

**71.** A l'égard des art. 31 et 33 de la loi du 29 juill. 1884,

relatifs à la diffamation et aux injures publiques envers les personnes publiques y désignées « à raison de leurs fonctions ou de leur qualité », il est hors de doute que les gardes champêtres sont au nombre des personnes ayant la qualité, soit de « fonctionnaire public », soit de « dépositaire ou agent de l'autorité publique » (art. 31 précité) (Barbier, n° 477). La jurisprudence antérieure à la loi de 1881 leur avait, par plusieurs arrêts, reconnu le caractère de fonctionnaires publics au sens de la loi du 25 mars 1822 sur la presse. A l'arrêt de Poitiers du 11 mars 1843, cité Rép. v° Presse-outrage, n° 709, Adde : Nancy 7 nov. 1854, aff. Richard, D. P. 56. 2. 288 ; Crim. rej. 9 janv. 1858, aff. Duparc, D. P. 58. 5. 289. — Il est également évident que les diffamations et injures envers un garde champêtre ne tombent sous le coup des art. 31 et 33 de la loi de 1881 que lorsqu'elles ont été commises « à raison des fonctions ou de la qualité » de ce garde. En effet, ce que ladite loi réprime, et ce qu'elle réprime seulement, ce sont les diffamations ou injures qui attaquent dans le fonctionnaire la personne publique, et qui ont pour cause, soit les fonctions qu'il remplit, soit la qualité dont il est investi (Barbier, n° 514).

Signalons en terminant cette rapide revue de la doctrine et de la jurisprudence au sujet des outrages envers les gardes champêtres, un arrêt qui a décidé, avec beaucoup de raison, que le fait, par un individu, de s'emparer d'un procès-verbal rédigé contre lui et dont le garde champêtre était porteur, ne constitue pas, en l'absence d'intention délictueuse, le délit d'outrage par gestes envers un garde champêtre dans l'exercice ou à l'occasion de l'exercice de ses fonctions, prévu par l'art. 224 c. pén. (Nîmes, 6 avr. 1876, aff. Brahic, D. P. 77. 2. 31).

---

(1) (Picard.) — LA COUR; — Considérant qu'il résulte de l'instruction et des débats que, le 12 janvier dernier, les sieurs Petitjean et Rémond, pompiers de la commune de Précis-sous-Thil, chargés de procéder à la visite des fours et cheminées, se présentèrent au presbytère neuf heures du matin, accompagnés du garde champêtre, et demandèrent à l'abbé Picard, desservant de la commune, si des cheminées étaient ramonées ; que sur la réponse négative de celui-ci, Petitjean déclara qu'il allait prendre note de la contravention ; qu'alors l'abbé Picard répondit vivement : « Vous agissez comme des péteux, et vous représentez une administration de péteux » ; — Considérant que ces paroles constituent l'outrage prévu par les art. 222 et suiv. c. pén. ; que l'épithète grossière employée par le prévenu est une expression de mépris pour le caractère et l'autorité de ceux à qui elle était adressée ; — Que, toutefois, en parlant de l'administration que représentaient les sieurs Petitjean et Rémond, il n'est nullement certain que l'abbé Picard ait voulu désigner le maire et les adjoints ; qu'on ne peut donc pas affirmer que l'outrage ait été dirigé contre les magistrats de l'ordre administratif ; mais qu'adressé à des pompiers et à un garde champêtre qui remplissent une mission de surveillance qui leur avait été confiée par l'autorité compétente, l'outrage a été évidemment reçu par des citoyens chargés d'un ministère de service public dans l'exercice de ses fonctions ; — Par ces motifs, renvoie le prevenu sur le chef d'outrage à des magistrats de l'ordre administratif ; — Le déclare coupable d'outrage à des citoyens chargés d'un ministère de service public dans l'exercice de ses fonctions ; — Pour réparation, le condamne, etc. — Du 20 mai 1879.-C. de Dijon, 3° ch.-MM. Saverot, pr.-Cardot, av. gén.-De Saint-Loup, av.

(2) (Vautrin et Lot C. Gauthey.) — LE TRIBUNAL ; — Attendu

qu'il résulte de l'instruction et des débats la preuve que, le 25 sept. 1881, le sieur Vautrin, garde particulier du sieur Lot, a été accosté sur le territoire de Ris-Orangis par Gauthey, garde des eaux de la Vanne, lequel lui a tenu le propos suivant : « Les canailles comme vous ne passent pas ici », a proféré d'autres injures, parmi lesquelles le mot « canaille » s'est trouvé répété, adressé tour à tour à Vautrin et à Lot fils, enjoignant en outre à ce dernier d'aller mettre les lunettes et de l... le camp ; — Attendu qu'en proférant ces outrages, on ne qu'ils s'adressaient à Vautrin, Gauthey agissait sous l'impression, l'influence et le ressentiment d'un procès-verbal dressé contre lui par le garde Vautrin, ensuite duquel il a été condamné par arrêt de la cour de Paris, en date du 20 août 1881, à dix jours d'emprisonnement et 50 fr. d'amende, pour chasse en temps et avec engins prohibés, et qu'en employant le terme canaille, il faisait manifestement allusion au procès-verbal, base de la poursuite ; — Attendu que, dès lors, il importe peu que Vautrin ne fût pas en ce moment dans l'exercice de ses fonctions sur un terrain confié à sa garde, et qu'il est inutile et superflu de le rechercher, puisqu'il est constant et seulement retenu qu'il a été outragé à l'occasion de l'exercice de ses fonctions ; — Attendu que ces outrages constituent le délit prévu par l'art. 224 c. pén., ainsi conçu : « L'outrage fait par paroles, gestes ou menaces à tout officier ministériel, ou agent dépositaire de la force publique, et à tout citoyen chargé d'un ministère de service public, dans l'exercice ou à l'occasion de l'exercice de ses fonctions, sera puni d'un emprisonnement de six jours à un mois et d'une amende de 16 à 200 fr., ou de l'une de ces deux peines seulement » ; — Sur la poursuite intentée par Gauthey, etc.

Du 26 oct. 1881.-Trib. corr. Corbeil.-MM. Bernard, pr.-Ferdeuil (du barreau de Paris), et Roucher, av.

## Table sommaire

### des matières contenues dans le Supplément et le Répertoire.

(Les chiffres précédés de la lettre S renvoient au Supplément; les chiffres précédés de la lettre R renvoient au Répertoire.)

## Table chronologique des Lois, Arrêts, etc.

| | | | | | | | |
|---|---|---|---|---|---|---|---|
| 1855<br>29 mars. Crim. 23 c.<br>1857<br>26 mars. Crim. 4.<br>1858<br>9 janv.Crim. 71 c.<br>1859<br>17 févr. Crim. 25 c.<br>18 juin. Loi. 1, 29 c.<br>1860<br>19 avr. Toulouse. 29.<br>1861<br>30 nov. Crim. 67.<br>1862<br>14 mars. Crim. 48 c., 52 c.<br>8 mai. Crim. 58. | 1863<br>31 mai. Bourges. 67.<br>13 août. Bourges. 42 c.<br>1864<br>21 avr. Crim. 35 c.<br>1865<br>13 janv. Crim. 25 c.<br>27 nov. Conf. Req. 49 c.<br>1866<br>3 févr. Besançon. 68.<br>2 mars. Crim. 34<br>20 déc. Crim. 28.<br>1867<br>14 juill. Loi. 26 c., 27 o., 34 c., 60 c.<br>24 juill. Loi. 1, 25 c., 38 c., 66 c.<br>31 juill. Loi. 14 c. | 1868<br>1er mai. Crim. 27 c.<br>23 juin. Angers.44<br>5 nov. Crim. 27 c.<br>6 nov. Crim. 26 c., 27 c.<br>1869<br>19 févr. Angers.44<br>12 mars. Bourges. 31.<br>1870<br>19 mai. Crim. 34.<br>5 sept.Décr. 20 c.<br>1871<br>23 août. Loi. 45 c.<br>1872<br>28 févr. Loi. 45 c.<br>1873<br>24 janv. Loi. 38 c. | 21 juin. Loi. 38 c.<br>21 juin. Crim. 68 c.<br>16 juill. Grenoble. 69 c.<br>25 juill.Cons.d'Et.<br>30 déc. Loi. 45 c.<br>1874<br>3 juill. Crim. 26 c., 27 c.<br>1er déc. Orléans. 51 c.<br>17 déc.Crim. Regl. du jug. 56.<br>1875<br>24 juin. Crim. 65.<br>1876<br>10 févr. Crim. 26.<br>6 avr. Nîmes. 72 c.<br>29 juin. Nancy.53, 61 c.<br>1877<br>18 mai. Crim. 27, 34. | 1878<br>18 nov. Décis.min. just. 41 c.<br>13 déc. Cons. d'Et. 47 c.<br>1879<br>20 mars. Dijon. 68.<br>13 juin. Cons.d'Et. 54 c.<br>7 nov. Crim. 23.<br>1880<br>23 janv.Cons.d'Et. 54 c.<br>1881<br>28 févr. Trib. Dieppe. 44 c.<br>29 juill. Loi. 66 c., 16 c., 26 c., 27 c., 60 c., 58 c.<br>26 oct. Trib. Corbeil 70.<br>1882<br>12 mai.Cons.d'Et. 54 c.<br>30 sept. Amiens. 57 c., 58 c. | 25 nov. Crim. 34 c.<br>11 déc. Req. 46 c.<br>1883<br>19 janv. Amiens. 68 c.<br>15 mars. Crim. 65 c.<br>12 juill. Crim.66 c.<br>19 juill.Crim. régl. 58 c.<br>10 août. Crim.66 c.<br>16 août. Crim. 66<br>16 nov. Crim. d'Et.<br>23 nov. Cons. d'Et. 54 c.<br>1884<br>5 avr. Loi. 1, 3 c., 15 c., 9 c., 14 c., 15 c., 26 c., 27<br>15 avr. Loi. 25 c., 38 c.<br>3 mai. Loi. 62 c.<br>15 mai. Circ. min. int. 8 c.<br>30 mai.Cons.d'Et. 14. | 23 juin. Décis.11c.<br>5 juill. Crim. 58.<br>30 juill. Av. Cons. d'Et. 15 c., 16 c.<br>29 août. Déc. min. int. 8 c.<br>1885<br>18 juill. Req.43 c., 49 c.<br>18 juill.Cons. d'Et. 8 c.<br>1886<br>22 janv.Cons.d'Et. 16 c.<br>13 févr. Crim. 66 c.<br>12 juin. Crim. 65<br>2 juill. Crim. 65.<br>16 juill. Crim. d'Et. 16 c., 17 c.<br>19 nov. Cons. d'Et. 15 c.<br>1887<br>5 mars. Crim. 41.<br>18 nov. Cons. d'Et. 15 c. | 1888<br>6 janv.Cons.d'Et. 15 c., 16 c.<br>2 mars. Cons. d'Et. 15 c., 17 c.<br>9 mars. Cons. d'Et. 15 c.<br>20 avr. Cons. d'Et. 16 c., 17 c.<br>12 mai. Crim. 66 c.<br>23 juin.Cons.d'Et. 18 c.<br>7 déc. Cons. d'Et.<br>14 déc. Cons. d'Et. 17 c.<br>1889<br>16 févr. Crim. 66 c.<br>19 juill. Crim. 66 c.<br>26 déc. Bourges. 57 c., 59.<br>1890<br>30 juin. Req. 49 c.<br>28 nov. Crim. 24.<br>23 déc. Req. 49 c. |

**GARDE-CHASSE.** — V. *Chasse*, nos 532, 1158 et 1166; — *Rép. eod. v°*, n° 390.

**GARDE-CHIOURME.** — V. *Organisation maritime; Peine; Prison;* — *Rép. v° Organisation maritime*, nos 975 et 1075; *Prison*, nos 1, 107 et suiv.

**GARDE-COTES.** — V. *Organisation maritime;* — *Rép. eod. v°*, nos 29, 860 et suiv.

**GARDE DU COMMERCE.** — Ces officiers ministériels ont disparu nécessairement depuis l'abolition de la contrainte par corps en matière civile (L. 22 juill. 1867, D. P. 67. 4. 75), leurs fonctions n'ayant plus aucune raison d'être. (V. *Rép. v° Contrainte par corps*, n° 246.)

**GARDE DU GÉNIE.** — V. *Place de guerre; Procès-verbal;* — *Rép. v^ls Enregistrement*, nos 4865 et 4891; *Place de guerre*, nos 105 et suiv.; *Procès-verbal*, nos 7, 151, 773 et suiv.

**GARDE FORESTIER.** — V. *Chasse*, nos 367 et suiv., 532, 1010, 1125, 1155, 1166, 1255, 1578 et 1605; *Commune*, nos 304 et 308; *Contrainte par corps*, n° 109; *Enregistrement*, nos 396 et 403; *Fonctionnaire public*, n° 13; *Forfaiture*, n° 43; *Mise en jugement des fonctionnaires publics; Procédure pénale; Procès-verbaux; Régime forestier;* — *Rép. v^ls Cautionnement de fonctionnaires*, n° 8; *Chasse*, nos 145, 152, 368 et suiv.; *Commissaire de police*, nos 17 et 47; *Commune*, nos 227, 334 et 402; *Contrainte par corps*, n° 712; *Enregistrement*, nos 685, 715, 4860 et suiv., 5270; *Fonctionnaire public*, nos 57 et146; *Forfaiture*, nos 64, 102 et 121; *Forêts*, nos 158, 160 et suiv.; *Instruction criminelle*, nos 249 et suiv.; *Mise en jugement des fonctionnaires publics*, nos 96, 145 et suiv.; *Procès-verbal*, nos 151, 384, 575, 657, 775 et suiv.

**GARDE GÉNÉRAL.** — V. *Procédure pénale; Régime forestier;* — *Rép. v^ls Forêts*, nos 158 et suiv., 167; *Instruction criminelle*, n° 295.

**GARDE-MAGASIN.** — V. *Organisation militaire;* — *Rép. v^ls Cautionnement de fonctionnaires*, nos 8 et 57.

**GARDE-MINES.** — V. *Mines, minières, carrières;* — *Rép. v^ls Enregistrement*, n° 4867; *Mines, minières, carrières*, nos 361 et 396 et suiv.

**GARDE MUNICIPALE.** — V. *Gendarmerie;* — *Rép. eod. v°*, n° 7.

**GARDE NATIONALE.** — 1. Les nombreuses questions auxquelles, depuis la publication du *Répertoire*, cette matière a donné lieu sont devenues sans intérêt depuis la loi du 25 août 1871 (D. P. 71. 4. 145) qui a dissous les gardes nationales sur toute l'étendue du territoire français. — Au commencement de la guerre de 1870, un décret impérial du 7 août 1870 (D. P. 70. 4. 78) avait appelé à faire partie de la garde nationale sédentaire tous les hommes de trente à quarante ans; il fut suivi, peu de jours après, de la loi du 12 août 1870 (D. P. 70. 4. 77) rétablissant la garde nationale dans tous les départements où elle avait été supprimée depuis un certain nombre d'années et pourvoyait à son armement. Pendant toute la durée du gouvernement de la Défense nationale, une série de décrets furent rendus relativement à la réorganisation et à la mobilisation de la garde nationale.

2. A la suite des désastres de la campagne de 1870-71 et de l'insurrection de la Commune de Paris, un certain nombre de membres de l'Assemblée nationale déposèrent une proposition tendant à la dissolution immédiate de toutes les gardes nationales de France, proposition qui devint la loi du 25 août 1871 ainsi conçue : « Art. 1er. Les gardes nationales seront dissoutes dans toutes les communes de France au fur et à mesure que les progrès de la réorganisation de l'armée sur les bases de la loi de 1868 le permettront. Ces opérations seront effectuées par le Gouvernement sous sa responsabilité, dans le plus bref délai possible. — Sont exceptées de cette mesure les compagnies de sapeurs-pompiers, à l'organisation et à l'effectif desquelles il ne sera apporté aucun changement par les autorités locales, jusqu'à ce qu'un règlement d'administration publique ait pourvu à l'organisation générale de ces corps. — Art. 2. Les armes des gardes nationales seront déposées dans les arsenaux de l'Etat, sauf indemnités pour celles qui sont la propriété des communes ou des départements. — Art. 3. Sont et demeurent abrogées les lois des 22 mars 1831, des 8 avril, 22 mai et 13 juin 1851, et du 12 août 1870. — Toutefois, elles ne cesseront d'être en vigueur, dans les communes où la garde nationale existe encore, qu'après la dissolution effective de cette garde nationale ». Par suite de la nouvelle réorganisation militaire qui s'imposait alors, presque tout le monde se trouvait d'accord pour reconnaître que la garde nationale avait fait son temps. « Telle qu'elle est, disait M. le général Chanzy, rapporteur de la commission, cette institution a perdu, par suite des circonstances, son véritable caractère, ses garanties; et les partisans de son maintien, si tant est qu'il en existe en dehors de ceux qui veulent lui conserver son caractère politique, admettront, dès lors, que sa dissolution serait encore nécessaire pour arriver à une reconstitution légale. Votre commission croit devoir rappeler ici que, d'un avis unanime sur l'organisation du nouveau système militaire dont elle vous soumet les principes fondamentaux, elle ne trouve plus de possibilité pour la garde

nationale, alors qu'elle vous propose avec instance de placer sous la même autorité (celle du ministre de la guerre) tous les corps armés qui seront constitués avec les ressources que fournira le service obligatoire » (Rapport, D. P. 71. 1. 146, n° 12).

**3.** Malgré la dissolution des gardes nationales, plusieurs lois et décrets qui y sont relatifs donnent encore lieu aujourd'hui à un certain nombre de décisions de jurisprudence, principalement à des arrêts du conseil d'État. Ce sont notamment : 1° la loi du 29 août 1870 (art. 5) (D. P. 70. 4. 81) qui rend applicable aux gardes nationaux mobiles et sédentaires les lois sur les pensions militaires pour eux, leurs veuves et enfants, ainsi que les disposi-

tions du décret du 1er mars 1852 sur la légion d'honneur et la médaille militaire (V. également, 1870, D. P. 70. 4. 77, art. 4); 2° le décret du 16 déc. 1871 (D. P. 71. 4. 166) accordant le traitement de la légion d'honneur et de la médaille militaire aux gardes nationaux mobiles ou sédentaires décorés pour faits de guerre; 3° le décret du 28 oct. 1879 (D. P. 80. 4. 71) étendant le bénéfice du traitement de la légion d'honneur et de la médaille militaire aux gardes nationaux décorés pendant la guerre de 1870-1871 et qui justifieront de blessures reçues devant l'ennemi. — Ces diverses décisions seront étudiées *infrà*, v^is *Ordres civils et militaires* et *Pensions.*

## Table sommaire

### des matières contenues dans le Supplément et le Répertoire.

(Les chiffres précédés de la lettre S renvoient au Supplément; les chiffres précédés de la lettre R renvoient au Répertoire.)

## Table chronologique des Lois, Arrêts, etc.

## GARDE NATIONALE MOBILE.

Créée par la loi du 1er févr. 1868 (D. P. 68. 4. 32), elle a disparu en fait après la guerre de 1870-71 et en droit par la promulgation de la loi du 27 juill. 1872 (D. P. 72. 4. 47) sur le recrutement de l'armée (art. 36), qui partageait l'armée en armée active, réserve et armée territoriale. — Ce que nous avons dit *suprà*, v° *Garde nationale*, à propos des

pensions militaires du traitement de la légion d'honneur et de la médaille militaire s'applique également à tous ceux qui en 1870-71 ont fait partie de la garde nationale mobile.

**GARDE PARTICULIER.** — V. *Garde champêtre*, n°s 42 et suiv.; *Régime forestier*; — *Rép., v° Forêts*, n°s 1682 et suiv.; *Garde champêtre*, n°s 4, 13, 37 et suiv.

**GARDE-PÊCHE.** — V. *Chasse*, n°s 367 et suiv., 1014,

1021, 1156 et 1168 ; *Péché fluviale; Pêche maritime ;* — *Rép.* v^is *Chasse*, n^os 150 et suiv., 296 et 390 ; *Enregistrement,* n° 4863 ; *Fonctionnaire public,* n° 149 ; *Pêche fluviale,* n^os 55 et suiv., et 177 ; *Pêche maritime,* n° 72.

**GARDE RÉPUBLICAINE.** — V. *Gendarmerie,* n° 1 ; — *Rép.* eod. v°, n^os 6 et 7.

**GARDE DES SCEAUX.** — V. *Organisation judiciaire;* — *Rép.* v^is *Avocat,* n° 202 ; *Organisation judiciaire,* n^os 637 et suiv., 662.

**GARDE-VENTE.** — V. *Enregistrement,* n° 409 ; *Régime forestier ;* — *Rép.* v^is *Enregistrement,* n° 704 ; *Forêts,* n^os 1120 et suiv., 1298, 1615.

**GARNISAIRE.** — V. *Impôts directs;* — *Rép.* eod. v°, n^os 403 et suiv., 528.

**GAZ.** — V. *Industrie et commerce; Louage; Manufactures;* — *Rép.* v^is *Industrie et commerce,* n° 221 ; *Louage,* n° 600 ; *Manufactures,* n^os 73, 77, 111 et 139.

**GELÉE.** — V. *Force majeure,* n° 6 ; — *Rép.* v^is *Assurances terrestres,* n° 113 ; *Force majeure,* n^os 4 et suiv.

## GENDARME-GENDARMERIE.

### Division.

ART. 1. — Historique et législation (n° 1).
ART. 2. — Personnel, organisation, solde et retraites (n° 3).
ART. 3. — Service, attributions, rapports de la gendarmerie avec les différentes autorités (n° 13).
ART. 4. — Police et discipline, ordre intérieur, crimes et délits commis par la gendarmerie ou envers elle (n° 32).

### ART. 1^er. — *Historique et législation* (*Rép.* n^os 2 à 6).

**1.** Depuis la publication du *Répertoire,* un certain nombre de décrets ont été rendus en ce qui concerne la gendarmerie (V. *infra,* tableau chronologique). Le plus important est celui du 1^er mars 1854 (D. P. 54. 4. 40), portant règlement sur l'organisation et le service de la gendarmerie, qui est toujours en vigueur et est comme la loi organique de la matière. Ce décret, qui définit la gendarmerie (art. 1^er) « une force instituée pour veiller à la sûreté publique, et pour assurer le maintien de l'ordre et l'exécution des lois » traite successivement de toutes les attributions civiles, militaires et judiciaires de ce corps, de ses rapports avec les différentes autorités, de ses devoirs généraux, etc… ; nous aurons souvent occasion de nous y référer. — Ce décret a été modifié sur certains points : 1° par une décision impériale du 24 avr. 1858 (D. P. 58. 4. 146), principalement en ce qui concerne les rapports de la gendarmerie avec les autorités judiciaires, la police judiciaire civile et militaire et le service de la gendarmerie aux armées ; 2° par un décret du 24 juill. 1875 (D. P. 76. 4. 62), en ce qui concerne le service de la gendarmerie aux armées (tit. 4, chap. 5 du décret de 1854). — *La gendarmerie coloniale* qui forme un corps spécial a été elle-même réorganisée par un décret du 11 janv. 1854 (D. P. 54. 4. 22). — Tout ce qui a trait à la solde, aux revues, à l'administration et à la comptabilité de la gendarmerie est réglementé par le décret organique du 18 févr. 1863 (D. P. 63. 4. 19) qui est toujours en vigueur et a été modifié lui-même par celui du 2 juill. 1877 (D. P. 77. 4. 66) en ce qui touche les primes allouées aux sous-officiers, brigadiers et gendarmes pour la capture des forçats évadés. — L'ancienne garde municipale de Paris qui, depuis le décret du 10 sept. 1870 (D. P. 70. 4. 88), a pris le nom de *garde républicaine,* fait partie du corps de la gendarmerie (art. 14 du décret de 1854, V. *infra,* n° 9) et est régie par les mêmes règles fondamentales. Elle a été reconstituée en une seule légion par le décret du 4 oct. 1873 (D. P. 74. 4. 15) et réorganisée par celui du 5 juill. 1887 (D. P. 87. 4. 90). — La loi du 18 août 1879 sur les pensions des sous-officiers, caporaux, brigadiers et soldats de l'armée de terre (D. P. 80. 4. 35-36) contient, dans ses art. 11 et suiv., les dispositions spéciales à la gendarmerie et s'occupe, dans ses art. 46 et suiv., des pensions des veuves et des secours aux

orphelins de la gendarmerie. — Enfin, la loi du 18 mars 1889 (D. P. 90. 4. 49-53) relative au rengagement des sous-officiers renferme, dans ses art. 30 et suiv., des dispositions relatives à la gendarmerie.

TABLEAU CHRONOLOGIQUE DE LA LÉGISLATION RELATIVE A LA GENDARMERIE.

**24 sept.-8 oct. 1852.** — Décret qui affecte dix-sept brigades à cheval de gendarmerie au service de surveillance que réclament la conservation des forêts nationales voisines de la capitale, et la sûreté des routes pendant les voyages du chef de l'État (D. P. 52. 4. 201).

**27 nov.-28 déc. 1852.** — Décret qui fixe la solde et masse attribuées aux enfants de troupe de la ~~gendr~~ 52. 4. 218).

**11-27 déc. 1852.** — Décret impérial po~~rtant~~ de gendarmerie employé dans la capitale p~~ar~~ *garde de Paris,* et la gendarmerie mobile le tit~~re~~ d'élite (D. P. 52. 4. 221).

**11-27 déc. 1852.** — Décret impérial sur la garde de Paris (D. P. 52. 4. 221).

**30 mars-29 avr. 1853.** — Décret impérial ~~com~~pagnies de gendarmes vétérans (D. P. 53. 4. 78).

**2-34 mai 1853.** — Décret impérial relatif ~~aux~~ capitaines, lieutenants et sous-lieutenants des lé~~giers~~ merie et de la cavalerie de la garde de Paris, de l'infanterie de cette garde et de la gendarme~~rie~~ 53. 4. 79).

**29 juill.-22 août 1853.** — Décret impérial ~~qui fixe le~~ nombre des brigades à cheval de gendarmerie à~~ la sur~~veillance des forêts de la couronne (D. P. 53. 4. ~~...~~).

**11 janv.-1^er févr. 1854.** — Décret impérial ~~sur l'orga~~nisation de la gendarmerie coloniale (D. P. 54. ~~4. ...~~).

**11 janv.-1^er mars 1854.** — Décision impé~~riale qui rend~~ applicables à la gendarmerie les dispositions de ~~la loi du~~ 16 mars 1838, concernant les changements d'arm~~e~~.

**15 févr.-26 mars 1854.** — Rapport et dé~~cret sur~~ l'organisation des gendarmes vétérans (D. P. 54~~. ...~~).

**28 févr.-18 mars 1854.** — Décret impéri~~al qui porte~~ la gendarmerie vingt-six employés de brigadiers ~~et~~ chefs de légion (D. P. 54. 4. 37).

**1^er mars-11 avr. 1854.** — Décret impérial ~~qui règle~~ment sur l'organisation et le service de la genda~~rmerie (D. P. 54.~~ 4. 40).

**9 août-1^er oct. 1854.** — Décret impérial ~~qui divi~~sion en sections de plusieurs arrondissements (D. P. 54. 4. 157).

**12 août-25 sept. 1854.** — Décret impéri~~al qui affecte~~ les brigades à cheval de gendarmerie affectées ~~à la sur~~veillance des forêts du domaine de la couronne ~~et met ce~~ service un escadron de gendarmerie faisant par~~tie de la garde~~ impériale (D. P. 54. 4. 147).

**30 sept.-28 oct. 1854.** — Décret impérial ~~qui met au~~ service du Sénégal un détachement de gendarme~~rie (D. P.~~ 54. 4. 181).

**10 mars-9 avr. 1855.** — Décret impérial ~~qui fixe~~ l'effectif de la légion de gendarmerie d'Afrique (~~...~~).

**10 oct.-1^er nov. 1855.** — Décret impérial ~~qui introduit~~ sion, dans la gendarmerie, d'élèves gendarmes (~~...~~).

**12 mars-24 avr. 1856.** — Décret impéri~~al qui modifie la~~ composition de la garde de Paris (D. P. 56. 4. 48~~...~~).

**17-23 juill. 1856.** — Loi qui dispense de ~~...~~ procès-verbaux dressés par les brigadiers de ge~~ndarmerie et~~ gendarmes (D. P. 56. 4. 117).

**24 janv.-1^er mars 1857.** — Décret impéri~~al qui fixe~~ l'effectif de la compagnie de gendarmerie de la Gu~~yane (D. P.~~ 57. 4. 51).

**6 févr.-1^er mars 1858.** — Décret impérial r~~elatif à la divi~~sion en sections de plusieurs arrondissements de ~~...~~ (D. P. 58. 4. 14).

**24 avr.-1^er août 1858.** — Décision impéria~~le qui modifie~~ le décret du 1^er mars 1854 sur le service de la ~~gendarmerie~~ (D. P. 58. 4. 146).

**22 oct.-9 nov. 1859.** — Décret impérial qui modifie la com~~po~~sition de la garde de Paris (D. P. 59. 4. 93).

**11 févr. 1860.** — Décret impérial qui modifie l'organisation de la 17^e légion de gendarmerie en Corse (D. P. 60. 4. 16).

**18 juin 1860.** — Décret impérial sur l'organisation de la gendarmerie dans les départements de la Savoie, de la Haute-Savoie et des Alpes-Maritimes (D. P. 60. 4. 80).

**25 juin 1860.** — Décret impérial portant création de divers emplois dans la garde de Paris (D. P. 60. 4. 111).

**10-24 nov. 1860.** — Décret impérial qui augmente l'effectif de la compagnie de gendarmerie de l'île de la Réunion (D. P. 60. 4. 160).

**7-16 mai 1862.** — Décret impérial portant création de divers emplois dans la garde de Paris (D. P. 62. 4. 41).

**18 févr.-22 avr. 1863.** — Décret impérial portant règlement sur la solde, les revues, l'administration et la comptabilité de la gendarmerie (D. P. 63. 4. 19).

**18 févr.-22 avr. 1863.** — Rapport à l'empereur sur la solde, les revues, l'administration et la comptabilité de la gendarmerie (D. P. 63. 4. 19).

**10-14 sept. 1870.** — Décret portant que la garde de Paris reprendra le titre de *garde républicaine* (D. P. 70. 4. 88).

**10-19 oct. 1870.** — Décret sur l'avancement dans l'infanterie des sous-officiers de gendarmerie (D. P. 70. 4. 117).

**31 oct.-18 nov. 1870.** — Décret sur la formation de trois régiments de marche de gendarmerie : deux à cheval, un à pied (D. P. 70. 4. 127).

**20 déc. 1870-23 janv. 1871.** — Décret sur la mobilisation de la gendarmerie départementale pour réprimer la désertion et l'abandon des corps (D. P. 71. 4. 12).

**5-10 janv. 1872.** — Loi qui ouvre, sur l'exercice 1872, un crédit destiné à indemniser les militaires de la gendarmerie des pertes qu'ils ont éprouvées durant la guerre et à la suite de l'insurrection de Paris (D. P. 72. 4. 7).

**4 oct.-7 nov. 1873.** — Décret qui dissout les deux légions de la garde républicaine et les reconstitue en une seule légion, sous la dénomination de *légion de la garde républicaine* (D. P. 74. 4. 15).

**21 févr. 1874.** — Décret qui réduit l'effectif de la gendarmerie employée en Cochinchine (D. P. 74. 4. 70).

**26 févr. 1874.** — Décret qui réduit l'effectif du détachement de gendarmerie employé au Sénégal (D. P. 74. 4. 71).

**24 juill.-9 déc. 1875.** — Décret qui modifie le chap. 5 du tit. 4 du décret du 1er mars 1854, sur l'organisation et le service de la gendarmerie (D. P. 76. 4. 44).

**2 juill.-27 août 1877.** — Décret qui modifie celui du 18 févr. 1863, relatif à l'administration et à la comptabilité de la gendarmerie (D. P. 77. 4. 66).

**7 déc. 1877.-5 févr. 1878.** — Décret qui modifie les cadres de la garde républicaine et de la légion de la gendarmerie mobile (D. P. 78. 4. 11).

**18-19 août 1879.** — Loi sur les pensions des sous-officiers, caporaux, brigadiers et soldats de l'armée de terre (tit. 4, art. 10 et suiv.), dispositions spéciales à la gendarmerie; tit. 5, art. 16 et 17, des pensions des veuves et des secours aux orphelins) (D. P. 80. 4. 35-36).

**5 juill.-8 sept. 1887.** — Décret portant réorganisation de la légion de la garde républicaine (D. P. 87. 4. 10)

**18-20 mars 1889.** — Loi relative au rengagement des sous-officiers (chap. 3, art. 30 et suiv., dispositions spéciales à la gendarmerie, à l'armée de mer et aux troupes coloniales (D. P. 90. 4. 49-53).

**2.** Au point de vue de la législation étrangère, nous signalerons en *Autriche-Hongrie* une loi du 26 févr. 1876 sur la gendarmerie impériale et royale des royaumes et états représentés au *Reichsrath* (*Annuaire de législation étrangère*, 1877, p. 358 et suiv.) qui réorganise ce corps dans des conditions analogues à celles de notre décret du 1er mars 1854, le subordonnant à l'autorité militaire pour l'instruction, la discipline et l'administration, et à l'autorité civile pour ce qui concerne le service de sûreté auquel il est destiné (art. 2). Cette loi indique quelles autorités ont droit de requérir la gendarmerie (art. 6 et suiv.). Le recrutement est entouré de garanties sérieuses (art. 22 et suiv.); signalons cependant une disposition assez bizarre, qui n'ouvre la gendarmerie qu'aux célibataires ou veufs sans enfants (art. 23), sauf à se marier ultérieurement avec l'autorisation impériale (art. 47 et 48). Des suppléments de solde importants sont accordés aux gendarmes proportionnellement à leur temps de service (art. 38) et des pensions de retraite leur sont octroyées ainsi qu'à leurs veuves ou à leurs enfants. — En *Serbie*, une ordonnance royale du 28 juin-10 juill. 1884 (*Annuaire de législation étrangère*, 1885, p. 705) s'occupe de la formation, de l'armement, de l'uniforme, de l'équipement, du service et de l'instruction de la gendarmerie. — Mentionnons aussi, en *Prusse* (*ibid.* 1882, p. 167), une ordonnance du 14 oct. 1881 sur les frais de tournée de la gendarmerie.

ART. 2. — *Personnel, organisation, solde et retraites* (*Rép.* nos 7 à 21).

**3.** La composition du corps de la gendarmerie est restée à peu près la même que lors de la publication du *Répertoire* (nos 7 et 8). Aux termes de l'art. 14 du décret organique du 1er mars 1854, ce corps se compose : 1° de vingt-six légions pour le service des départements et de l'Algérie; 2° de la

gendarmerie coloniale ; 3° de deux bataillons de gendarmerie d'élite ; 4° de la garde de Paris chargée du service spécial de la surveillance dans la capitale ; 5° d'une compagnie de gendarmes vétérans. — L'organisation de la gendarmerie comporte des enfants de troupe. Leur nombre et les conditions de leur admission sont déterminés par des décisions spéciales. Un décret du 27 nov. 1852 (D. P. 52. 4. 118) fixe la solde et la masse qui leur sont attribuées. Le mode de recrutement de la gendarmerie et les conditions d'admission sont déterminés par les art. 17 à 23 (sect. 2) du décret de 1854. Les conditions d'admission énumérées dans l'art. 18 sont presque identiques à celles énoncées au *Rép.* n° 14, sauf qu'il faut avoir un minimum de service actif de trois ans sous les drapeaux et savoir lire et écrire correctement. — Un décret du 10 oct. 1855 (D. P. 55. 1. 101) crée des *élèves-gendarmes* pour assurer le bon recrutement de l'arme.

**4.** Ainsi que nous l'avons dit au *Rép.* n° 9, il existe dans chaque compagnie de gendarmerie un *conseil d'administration*. La composition, l'installation, les attributions, les séances et la responsabilité de ces conseils font l'objet des art. 518 à 566 (tit. 2) du décret du 18 févr. 1863 sur la solde, les revues, l'administration et la comptabilité de la gendarmerie. — La sect. 3, titre préliminaire du décret de 1854 (art. 8 et suiv.) traite des inspections générales de la gendarmerie dont il est question au *Rép.* n° 11. « Ces inspections, dit l'art. 9, ont essentiellement pour objet non seulement de constater en détail la situation du personnel et du matériel de cette armée, en s'assurant que les règlements sont partout observés et que le corps répond entièrement au but de son institution, mais encore de stimuler, par de justes récompenses, l'émulation et l'activité des officiers, sous-officiers, brigadiers et gendarmes ».

**5.** Le titre 6 du décret de 1854 (art. 589 et suiv.) traite de la remonte des officiers, sous-officiers et gendarmes dont il est parlé au *Rép.* nos 18 et 19. La solde, dont s'occupent les nos 15, 16 et 17 du *Répertoire*, a été réglementée à nouveau par le chap. 1er du tit. 2 du décret du 18 févr. 1863, dont les dispositions sont toujours en vigueur et qui divise la solde en solde d'*activité* et solde de *non-activité*, la première se subdivisant elle-même en solde de *présence* et solde d'*absence*.

**6.** Aux termes de l'art. 362 du décret du 18 févr. 1863, le ministre de la guerre est consulté pour tout ce qui a trait à la construction, à l'installation et au déplacement des casernes de gendarmerie (*Rép.* n° 15). Aussi a-t-il été décidé, par application de cette disposition, que les baux des locaux affectés au service de la gendarmerie ne sont définitifs qu'après avoir reçu l'approbation du ministre de la guerre (Cons. d'Ét. 24 févr. 1882, aff. Département du Var, D. P. 83. 3. 57). — Relativement aux casernes de gendarmerie, il a été décidé qu'une maison occupée par la gendarmerie à titre de bail ou autrement, doit, comme bâtiment appelé à un service public militaire, être exemptée de la contribution des portes et fenêtres, par application de l'art. 5 de la loi du 4 frim. an 7 (Cons. d'Ét. 20 févr. 1861, aff. Dauty, D. P. 61. 3. 78. V. *infrà*, Impôts directs.

**7.** Les sous-officiers et brigadiers de gendarmerie n'étant pas, comme les officiers, propriétaires de leur grade (V. *infrà*, v° *Organisation militaire*) peuvent être cassés par mesure disciplinaire ; mais cette cassation ne peut, dit l'art. 574 du décret du 1er mars 1854, être prononcée que par le ministre de la guerre (*Rép.* n° 13). — Jugé à cet égard que la décision par laquelle le ministre de la guerre casse un gendarme de son grade de brigadier n'est pas susceptible d'être déférée au conseil d'État pour excès de pouvoir (Cons. d'Ét. 1er févr. 1878, aff. Clerc, D. P. 78. 3. 54).

**8.** Ainsi que nous l'avons vu au *Rép.* n° 20, les sous-officiers, brigadiers et gendarmes ont droit à une pension de retraite. On a dit *suprà*, n° 1, qu'une loi du 18 août 1879 (D. P. 80. 4. 35-36) sur les pensions des sous-officiers, caporaux, brigadiers et soldats de l'armée de terre contient dans son titre 4 (art. 10 et suiv.) des dispositions spéciales à la gendarmerie, et s'occupe dans son titre 5 (art. 16 et 17) des pensions des veuves et des secours aux orphelins du corps de la gendarmerie. Nous l'étudierons *infrà*, v¹ˢ *Organisation militaire* et Pension. Mentionnons seulement les arrêts suivants du conseil d'État décidant: 1° que le sous-offi-

cier, nommé dans la gendarmerie avec le grade de brigadier, qui est ensuite cassé de son grade, ne peut se prévaloir
de l'art. 1er de l'ordonnance du 20 janv. 1841 pour demander que sa pension soit liquidée d'après le grade qu'il occupait dans l'armée (Cons. d'Et. 1er févr. 1878, cité *suprà*,
n° 7) ; — 2° Que l'art. 11 de la loi du 18 août 1879, aux termes
duquel le militaire qui, après être sorti de la gendarmerie
pour une cause quelconque, y est réadmis, ne profite de la
majoration que pour le temps accompli dans cette arme
depuis sa réadmission, est applicable au militaire qui, après
avoir été rayé des contrôles par mesure disciplinaire, est rentré
dans la gendarmerie, en vertu d'une nouvelle décision ministérielle annulant la première (Cons. d'Et. 16 nov. 1883, aff.
Dubus, D. P. 85. 5. 361) ; — 3° Que l'art. 19, § 2 de la loi du
11 avr. 1831 sur les pensions de l'armée de terre (*Rép.*
v° *Pension*, n° 704) n'est applicable aux veuves de militaires
décédés par suite de maladies contagieuses ou endémiques
aux influences desquelles ils ont été soumis par les obligations de leur service, qu'autant que ces militaires sont décédés à l'armée ou hors d'Europe (Cons. d'Et. 18 déc. 1885,
aff. Imbert, D. P. 87. 3. 49). Par suite, le bénéfice de cette
disposition ne peut être réclamé par la veuve d'un gendarme ayant succombé, soit aux atteintes de l'épidémie
cholérique qui sévissait dans une ville, et dont il a été
frappé en concourant aux mesures de désinfection prescrites par l'autorité (Même arrêt) ; ... soit des suites d'une
bronchite aiguë ayant eu pour cause un refroidissement subi
après avoir longtemps poursuivi un malfaiteur (Cons. d'Et.
19 nov. 1886, aff. Bourdon, D. P. 87. 5. 337) ; — 4° Qu'un
gendarme blessé mortellement par un autre gendarme qu'il
conduisait à la chambre de sûreté sur l'ordre d'un de ses chefs
doit être considéré comme ayant péri non seulement dans
un service commandé, mais par suite d'une lutte soutenue
dans l'exercice de ses fonctions ; en conséquence, la pension
de sa veuve doit être liquidée par application non de l'art. 19,
mais de l'art. 17 de la loi du 18 août 1879 (Cons. d'Et.
9 juill. 1886, aff. Gorry, D. P. 88. 3. 4).

**9.** Le gendarme en retraite est rendu à la vie civile et a
désormais, comme tous les autres citoyens, la jouissance et
l'exercice de ses droits électoraux. Décidé, à ce sujet :
1° qu'un gendarme retraité, ayant sa résidence légale dans
la commune où il est né et où il a satisfait à la loi du recrutement, c'est sur la liste électorale de cette commune
qu'il doit être inscrit, s'il n'a pas acquis par un des moyens
établis par la loi, le droit d'être inscrit dans une autre commune (Civ. rej. 13 avr. 1881, aff. Vaisseaux, D. P. 81. 1.
328) ; — 2° Qu'un gendarme en retraite peut compter pour les
deux années de résidence exigées par l'art. 5, § 4 de la loi du
7 juill. 1874, celles qu'il a passées dans la commune où il rem-
plissait ses fonctions de gendarme (Civ. cass. 26 nov. 1883, aff.
Guéridé, D. P. 84. 1. 207). — Quant aux gendarmes en activité de service, il avait été décidé, avant les lois des 27 juill.
1872 (D. P. 72. 4. 47) et 15 juill. 1889 (D. P. 89. 4. 73) relatives
au recrutement de l'armée, lois qui interdisent le vote aux
militaires non munis d'un congé régulier que, pour l'exercice de leur droit électoral, ils devaient être considérés
comme fonctionnaires publics et non comme militaires et,
par suite, conformément à l'art. 3 de la loi du 5 mai 1830,
être portés sur la liste électorale du lieu où ils résidaient,
sans être soumis à la justification d'une résidence de six
mois (Req. 6 mai 1862, aff. Gendarmes de Marseille, D. P.
64. 5. 118). Jugé également que les gendarmes sont des
fonctionnaires publics et non des militaires, et que, par
suite, ils doivent être portés sur la liste électorale du lieu où
ils résident, et non sur les listes électorales des lieux où ils
ont subi la loi du recrutement. Il en est de même des gardes
de Paris qui, d'après l'art. 14 du décret du 1er mars 1854,
appartiennent au corps de la gendarmerie (Req. 30 mars 1870,
aff. Briquet, et 26 avr. 1870, aff. Pétronilli, D. P. 70. 1. 216)
(V. *suprà*, v° *Droits politiques*, n° 425). — Les gendarmes
vétérans devaient, au contraire, comme militaires en activité
de service, être inscrits sur les listes électorales de la commune où ils étaient domiciliés avant leur départ, et non sur
celles de la commune où ils étaient en résidence exigeante,
à la différence des gendarmes ordinaires (Req. 23 mars 1863,
aff. Joly, D. P. 63. 1. 136).

**10.** Au nombre des avantages attribués aux militaires
de la gendarmerie, il faut mentionner, avons-nous dit au

*Rép.* n° 20, les récompenses et gratifications qui leur
sont accordées pour captures importantes et services signalés.
Ces récompenses et gratifications sont énumérées au chap. 8
du décret du 18 févr. 1863 (art. 276 et suiv.) qui traite des
parts d'amendes, primes et gratifications sur des fonds spéciaux de divers départements ministériels, et s'occupe notamment des arrestations de déserteurs, forçats, condamnés aux
travaux forcés et à la réclusion, des frais de justice, des
délits forestiers, des délits de chasse, des amendes en
matière de roulage et de grande voirie, de contrebande et
de fraude, etc. Ce décret a lui-même été modifié, en ce qui
concerne l'arrestation des forçats et des condamnés aux travaux forcés ou à la réclusion (art. 283, 284 et 285), par
celui du 2 juill. 1877 (D. P. 77. 4. 66) qui établit pour ces
sortes d'arrestation une prime uniforme de 50 fr. (V. *suprà*,
v° *Evasion*, n° 65).

**11.** Au point de vue du domicile, il a été jugé que le
gendarme qui fait partie du service des brigades peut transférer son domicile réel dans les lieux où il exerce ses fonctions ; qu'il est réputé avoir entendu opérer cette translation
lorsque, étant établi dans ce lieu avec sa famille, il n'a
conservé ailleurs aucun centre d'affaires ou d'intérêts. Par
suite, il a droit dans ce lieu aux distributions affouagères
pour les besoins de son ménage comme les autres habitants
(Dijon, 19 févr. 1873, aff. Commune de Beaurepaire, D. P.
73, 2. 25 et la note).

**12.** Enfin, ce qui est dit du serment imposé aux officiers
et militaires de la gendarmerie (*Rép.* n° 21) est reproduit
sans modifications importantes par les art. 6 et 7 du décret
de 1854.

**Art. 3.** — *Service, attributions, rapports de la gendarmerie
avec les différentes autorités* (*Rép.* n°s 22 à 53).

**13.** Comme nous l'avons fait au *Rép.* n° 22, nous ne
parlerons ici que des fonctions des brigades de gendarmerie.
L'art. 269 du décret de 1854 divise le service de la gendarmerie dans les départements en *service ordinaire* et en *service extraordinaire* : le service ordinaire est celui qui s'opère
journellement ou à des époques périodiques, sans qu'il soit
besoin d'aucune réquisition de la part des officiers de police
judiciaire et des diverses autorités. Le service extraordinaire
est celui dont l'exécution n'a lieu qu'en vertu d'ordres ou de
réquisitions. « L'un et l'autre, dit l'art. 270 du même décret,
ont essentiellement pour objet d'assurer constamment, sur
tous les points du territoire, l'action directe de la police
judiciaire, administrative et militaire ».

**14.** — I. Service ordinaire (*Rép.* n°s 23 à 41). — Les
fonctions du service ordinaire des brigades, énumérées au
*Rép.* n°s 23 et suiv. sont précisées dans les art. 271 et suiv.
du décret de 1854, qui s'occupent successivement de la police
judiciaire et administrative, de la police des routes et des campagnes et de la police militaire. — La gendarmerie, avons-
nous dit (*Rép.* n°s 24 et 29), a qualité pour constater les contraventions commises en matière de voirie. Jugé, à cet égard,
que les militaires du corps de la gendarmerie ont qualité,
alors qu'ils sont dans l'exercice de leurs fonctions, et que, par
exemple, ils reviennent de conduire des prisonniers, pour
dresser procès-verbal d'une contravention en matière de
grande voirie, dans toute l'étendue du territoire, et non pas
seulement dans le ressort de la circonscription de la brigade
dont ils font partie, ou du tribunal de première instance
devant lequel ils ont prêté serment (Cons. d'Et. 7 juin 1851,
aff. Dudefoy, D. P. 51. 3. 58).

**15.** Les gendarmes, comme on l'a exposé au *Rép.* n° 30,
sont chargés de faire la police des *cabarets* ou *cafés* ou
autres lieux publics. Jugé à cet égard : 1° que la gendarmerie, ayant mission de dresser des procès-verbaux des
contraventions qu'elle découvre et qui portent atteinte à
l'ordre public, et étant, d'ailleurs, spécialement investie de
la surveillance des cabarets et autres lieux publics, a
qualité pour constater, jusqu'à preuve contraire, les contraventions aux règlements sur la police des débits de
boissons (Crim. cass. 10 juill. 1865, aff. Salducci, D. P.
66. 5. 381) ; — 2° Que les gendarmes ont le droit de s'introduire, après l'heure réglementaire de fermeture, dans les
cafés et autres débits de boissons, lorsque ces établissements sont restés ouverts au public et qu'il y a, par suite,

une contravention de police à constater ou à faire cesser (Crim. rej. 22 nov. 1872, aff. Meissonnier, D. P. 72. 1. 431). Les règlements sur la police des débits de boissons peuvent même les autoriser, au cas où ces établissements sont fermés, à s'en faire rouvrir les portes, toutes les fois qu'ils constatent de l'extérieur des circonstances de nature à faire présumer une infraction à la défense de conserver des consommateurs après l'heure fixée (Même arrêt).— Avant la loi du 17 juill. 1880 (D. P. 80. 4. 93), qui a abrogé le décret du 29 déc. 1851 sur l'ouverture des débits de boissons, il avait été décidé que ce décret, n'appartenant pas à la législation des finances et des contributions indirectes, devait être placé dans la catégorie des actes législatifs réglementant les mesures d'ordre et de sûreté dont la gendarmerie est spécialement chargée d'assurer l'exécution ; que, par suite, c'était à tort que le juge correctionnel refusait d'avoir égard à un procès-verbal de gendarmerie constatant un fait de tenue clandestine d'un débit de boissons par un individu non autorisé, sous prétexte que les contraventions au décret du 29 déc. 1851 ne sauraient être établies que conformément aux règles relatives à la preuve des infractions aux lois sur les contributions indirectes (Aix, 20 avr. 1872, aff. Pustel, D. P. 72. 2. 128).

**16.** Nous avons dit au *Rép.* n° 34 que les gendarmes sont compétents pour verbaliser en matière de pêche. Contrairement à cette doctrine, il a été jugé que la gendarmerie n'a pas qualité pour dresser des procès-verbaux contre les auteurs de délits de pêche; que, par suite, les procès-verbaux qu'elle rédige en cette matière n'ont que la valeur de simples renseignements sont insuffisants pour interrompre la prescription (Douai, 1er déc. 1869, aff. Billon, D. P. 70. 2. 41). En matière de chasse (*Rép.* n° 35), il a été décidé que le gendarme qui est entré dans une maison, pour délivrer un livret de réserviste, a pu valablement constater le délit de détention d'un engin de chasse prohibé, placé en évidence dans la pièce où il s'est introduit (Caen, 2 août 1876, aff. Joubert, D. P. 78. 2. 181. V. *suprà*, v° *Chasse*, n° 990).

**17.** Nous avons dit au *Rép.* n° 36 et v° *Procès-verbal*, n°s 282 et suiv. quelle force s'attache aux procès-verbaux de gendarmerie et quelle foi il convient de leur attribuer en justice. D'une manière générale, ces procès-verbaux ne font foi que jusqu'à preuve contraire. Jugé à cet égard : 1° que les procès-verbaux de la gendarmerie font foi jusqu'à preuve contraire, et non pas jusqu'à inscription de faux (Crim. cass. 20 août 1875, aff. Arnaud et Jaume, D. P. 76.1.144). En conséquence, est nul le jugement du tribunal de simple police qui refuse d'admettre la preuve contraire contre un procès-verbal des gendarmes constatant une contravention de stationnement sur la voie publique de voitures non éclairées pendant la nuit (Même arrêt); — 2° Que le procès-verbal d'un gendarme ne faisant foi que jusqu'à preuve contraire, l'inscription de faux est pour le combattre une voie inutile, et partant non recevable (Crim. cass. 18 juill. 1861, aff. Châtel, D. P. 61. 1. 353). Par suite, c'est à tort que le tribunal de police appelé à connaître d'un tel procès-verbal, s'arrête à la déclaration du prévenu qui s'inscrit en faux, et renvoie, sous prétexte d'incompétence, les parties à se pourvoir devant qui de droit (Même arrêt); — 3° Que, de même, le juge de police, pour déclarer que la contraven-

tion poursuivie en vertu d'un procès-verbal de la gendarmerie n'existe pas à la charge des prévenus dont il prononce le relaxe, peut se fonder sur les résultats d'une enquête qu'il a régulièrement ouverte. Il ne fait ainsi qu'user du droit d'apprécier souverainement les faits soumis à son examen (Crim. rej. 6 mars 1884, aff. Laforgue, *Bull. crim.*, n° 66).

**18.** Il a même été jugé : 1° que le procès-verbal de gendarmerie constatant un fait de dégâts causés sur une propriété d'autrui par des bestiaux laissés à l'abandon, ne fait pas foi en justice jusqu'à preuve contraire. (Crim. cass. 24 févr. 1865. aff. Giamborrani, D. P. 65.1. 402); — 2° Qu'un procès-verbal de gendarmerie relatant, non les constatations personnelles des gendarmes qui l'ont rédigé, mais seulement les déclarations recueillies par eux au cours de l'information à laquelle ils s'étaient livrés, ne fait pas foi jusqu'à preuve contraire des faits qu'il mentionne, et ne peut, dès lors, en présence des dénégations des prévenus, et en l'absence de tout autre élément de preuve, autoriser le juge à prononcer une condamnation (Crim. cass. 10 nov. 1888, aff. Daures et autres, *Bull. crim.*, n° 322); — 3° Que si les procès-verbaux (dans l'espèce, ceux dressés par des gendarmes pour délit de chasse) doivent être crus jusqu'à preuve contraire pour tout ce qui a été vu et entendu par les rédacteurs, il n'en saurait être de même pour les comparaisons et appréciations qu'ils ont pu faire (Orléans, 11 août 1885) (1).

**19.** En ce qui concerne les procès-verbaux en eux-mêmes, il a été décidé que les tribunaux de police n'ont aucun droit de censure sur la gendarmerie, et doivent se borner à apprécier ses procès-verbaux quant à leur valeur, soit par rapport à la loi ou aux règlements de police, soit par rapport aux contraventions régulièrement produites pour les combattre; que, par suite, doit être cassé, pour excès de pouvoirs, le jugement dans lequel un tribunal de police se permet de qualifier d'*inconvenante* la conduite tenue par la gendarmerie dans la dénonciation d'une contravention (Crim. cass. 21 mai 1858, aff. Lallemand, D.P: 58. 1. 289). — De même, les agents de la police judiciaire (les gendarmes notamment) doivent, dans la rédaction de leurs procès-verbaux, s'abstenir de toute appréciation sur la conséquence des faits qu'ils sont appelés à constater (Circ. min. de la guerre, 15 sept. 1862, D. P. 62. 3. 72): Le peu d'importance que leur paraîtrait avoir ne saurait justifier le fait d'un agent, de n'avoir pas transmis son procès-verbal dans les délais prescrits par la réglementation (Même circulaire).

**20.** Les art. 487 et suiv. du décret du 1er mars 1854 traitent des procès-verbaux dressés par la gendarmerie pour constater les crimes, délits et contraventions, de leur enregistrement et de leur affirmation. Cette affirmation, qui ne portait, d'ailleurs, que sur les procès-verbaux dressés en matière de contravention aux lois et règlements sur la grande voirie et la police du roulage (art. 493) a été supprimée par la loi du 17 juill. 1856 (D. P. 56. 4. 117).— Avant cette loi, il avait été décidé que les brigadiers de gendarmerie, n'étant pas des sous-officiers, devaient, comme les simples gendarmes, affirmer les procès-verbaux par eux rédigés en matière de contraventions à la loi du 30 mai 1851 sur la police du roulage (Crim. cass. 18 mars 1854, aff. Paradis, D. P. 54. 1. 299). Jugé, depuis lors, que les procès-verbaux dressés par les gendarmes ne sont, dans aucun cas, soumis

---

(1) (Rethac, Milliers et autres.) — Le 29 mai 1885, jugement du tribunal correctionnel de Romorantin, ainsi conçu : « Attendu que Rethac et Milliers, valets de chiens, sont poursuivis pour avoir, le 2 mars 1885, chassé sans permis sur le territoire des communes de Loreux, Millançay et Marcilly-en-Gault, arrondissement de Romorantin, et les sieurs de la Roche, de Louan, de Coursays et de Paraîze sont cités devant le tribunal de céans comme civilement responsables, aux termes des art. 1384 c. civ. et 28 de la loi du 3 mai 1844, du délit commis par leurs domestiques susnommés ; — Attendu que la prévention se fonde sur deux procès-verbaux dressés le 2 mars 1885 par les gendarmes Remy et Fourneaux, et sur les dépositions que ceux-ci ont faites à l'audience du 22 mai, présent mois ; qu'il résulte desdits procès-verbaux et des dépositions (ce qui n'est d'ailleurs pas dénié par les avoués représentant les prévenus), que Rethac et Milliers ont lancé les chiens qu'ils ont reçu un ordre donné par les piqueurs; qu'ils ont appuyé la meute et contribué à la prise du sanglier; — Attendu qu'il est à noter que les gendarmes, rédacteurs des procès-verbaux, ont même dit, lorsqu'ils ont

déposé, que les valets de chiens Rethac et Milliers jouaient un rôle analogue à celui des piqueurs; — Attendu que, si les procès-verbaux doivent être crus, jusqu'à preuve contraire, pour tout ce que leurs rédacteurs ont vu et entendu, il n'en peut être de même pour les appréciations et comparaisons qu'ils peuvent faire ; — Attendu que, si le tribunal doit tenir pour constant que les valets de chiens ont poursuivi l'animal ou aidé à sa capture, et que même, au moment où les gendarmes leur ont dressé procès-verbal, les actes qu'ils commettaient différaient peu de ceux qu'accomplissaient les piqueurs, il n'en est pas moins vrai que l'appréciation des gendarmes sur la similitude des rôles des piqueurs et des valets de chiens est très contestable, et ne peut être acceptée par le tribunal que sous le bénéfice d'un sérieux contrôle ; — Par ces motifs ; — Acquitte et renvoie les prévenus des fins de la plainte, etc. — Appel par le ministère public. — LA COUR; — Adoptant les motifs des premiers juges; — Confirme, etc. Du 11 août 1885.-C. Orléans.-M. Dubec, pr.

à la formalité de l'affirmation (Cons. d'Et. 8 août 1882, aff. de Tourdonnet, D. P. 84. 3. 33).

**21.** En ce qui concerne l'enregistrement en débet et le visa pour timbre, V. *suprà*, v° *Enregistrement*, n°s 2706 et suiv. — Outre ce qui a été dit à cet égard, il a été décidé que les procès-verbaux de la gendarmerie constatant des contraventions à la police du roulage doivent, aux termes de l'art. 19 de la loi du 30 mai 1851, être enregistrés, à peine de nullité, dans les trois jours de leur date, et qu'il n'a pu être dérogé à cette règle par la disposition générale de l'art. 498 du décret du 17 mars 1854 du décret du 24 avr. 1858 (Crim. cass. 9 déc. 1881, aff. Léonard Sauvant, D. P. 82. 1. 240). Toutefois les procès-verbaux dressés par la gendarmerie, même enregistrés et visés pour timbre, ne sont réguliers que s'ils ont été faits par les gendarmes dans les limites de leurs attributions. Ainsi le procès-verbal dressé par la gendarmerie et constatant la saisie, pour contravention au timbre, de récépissés délivrés par un maire à des débitants de boissons, de déclarations d'ouverture de leurs débits, est irrégulier et ne peut servir de base à la poursuite des droits et amendes de timbre (Solut. de l'admin. de l'Enreg. 21 déc. 1885, D. P. 87. 5. 437). Dans cette hypothèse, la saisie était irrégulière, les agents de la force publique qui y avaient procédé n'ayant qualité pour verbaliser en matière de timbre que s'il s'agit d'actes passibles du timbre spécial à 0,10 cent. (L. 23 août 1871, art. 18 et 23, D. P. 71. 4. 54), d'affiches et d'affiches peintes (L. 30 mars 1880, art. 3, D. P. 80. 4. 82; Décr. 25 août 1852, art. 6), ou de lettres de voiture (Décis. 14 févr. 1819 et 3 nov. 1820).

**22.** Les gendarmes peuvent, avons-nous dit au *Rép.* n° 37, et doivent même, s'il y a lieu, être entendus sur leurs procès-verbaux. — Jugé, à cet égard, que les dépositions des gendarmes constatant des faits d'entreprise sur un cours d'eau peuvent être débattues par la preuve contraire (Civ. cass. 15 avr. 1857, aff. Escuyer, D. P. 57. 1. 165). Par suite, le juge de paix, saisi d'une action possessoire dirigée contre le prétendu auteur de l'entreprise, ne peut rejeter la preuve, offerte par ce dernier, qu'il y est étranger, sous prétexte que les dépositions des gendarmes qui l'ont constaté, en seraient invalidées (Même arrêt). — A propos du témoignage des gendarmes en justice, une circulaire de la chancellerie du 3 janv. 1890 rappelant une circulaire précédente du 6 oct. 1874 prescrit les mesures nécessaires pour empêcher que les gendarmes cités en justice comme témoins ne cumulent l'indemnité qui leur est accordée sur les fonds du ministère de la justice en vertu de l'art. 3 du décret du 7 avr. 1813 avec les allocations attribuées sur le budget du ministère de la guerre par le décret du 12 juin 1867 (D. P. 68. 4. 1) aux militaires voyageant isolément (*Bull. off. min. just.*, 1890, p. 3). — Les gendarmes cités comme témoins le sont par ministère d'huissier. A cet égard, une circulaire du ministre de la guerre du 16 déc. 1880 (*Bull. off. min. just.*, 1880, p. 291), abrogeant celle du 6 nov. 1855, autorise les huissiers à pénétrer dans les casernes de gendarmerie pour y exercer les actes de leur ministère, sans obtenir au préalable l'autorisation du commandant de gendarmerie.

**23.** Comme nous l'avons vu au *Rép.* n° 38, le droit d'arrestation n'appartient aux sous-officiers de gendarmerie et aux simples gendarmes que dans des cas exceptionnels. Mais leur action n'est pas circonscrite, comme celle des gardes champêtres (V. *suprà*, v° *Garde-champêtre*, n° 24), dans le ressort de la brigade dont ils font partie et, notamment, ils peuvent procéder à l'investissement du domicile d'un citoyen et à l'exécution d'un mandat d'arrêt, dans le territoire d'une autre brigade (Crim. rej. 8 mai 1851, aff. Desrivery, D. P. 51. 5. 312). — Jugé, en matière d'arrestation, que le gendarme qui, sans que sa sécurité soit menacée, fait usage de ses armes en arrêtant un contrevenant, et blesse ainsi mortellement le cheval de celui-ci, commet une faute engageant sa responsabilité ; ... sauf aux juges à apprécier dans quelle mesure la réparation du dommage doit être laissée à la charge du contrevenant, à raison de la faute qu'il a lui-même commise en n'arrêtant pas sa voiture sur les réquisitions de l'agent (Rouen, 25 juill. 1888) (1).

**24.** Aux termes de l'art. 291 du décret du 1er mars 1854, la maison de chaque citoyen est un asile où la gendarmerie ne peut pénétrer sans se rendre coupable d'abus de pouvoir, sauf les cas déterminés ci-après : 1° pendant le jour, lorsqu'il a été prévu pour un motif formellement exprimé par une loi, ou en vertu d'un mandat spécial de perquisition décerné par l'autorité compétente ; 2° pendant la nuit, elle peut y pénétrer dans les cas d'incendie, d'inondation ou de réclamations venant de l'intérieur de la maison. Dans tous les autres cas, elle doit prendre seulement, jusqu'à ce que le jour ait paru, les mesures indiquées aux articles suivants. Le temps de nuit est ainsi réglé : du 1er octobre au 31 mars, depuis six heures du soir, jusqu'à six heures du matin ; du 1er avril au 30 septembre, depuis neuf heures du soir jusqu'à quatre heures du matin. L'art. 292 ajoute : hors le cas de flagrant délit défini par l'art. 249, la gendarmerie ne peut s'introduire dans une maison malgré la volonté du maître. Lorsqu'elle est chargée d'exécuter les notifications de jugements, elle doit toujours exhiber les extraits de mandats ou de jugements. — Il a été décidé, conformément à ces principes, que les gendarmes n'ont pas le droit de poursuivre un chasseur jusque dans le domicile où il s'est réfugié, encore bien qu'ils ne l'auraient pas perdu de vue ; et leur introduction dans ce domicile, en dehors des formes légales, a pour effet, comme constituant un abus d'autorité, d'entacher d'une nullité absolue les constatations qui ont suivi (Limoges, 30 avr. 1857, aff. Vergue, D. P. 59. 2. 205). Toutefois, si les gendarmes n'ont rencontré ni opposition, ni protestation, leur introduction n'est plus qu'une simple irrégularité, couverte par le consentement tacite de la partie intéressée ; et, dans ce cas, leur procès-verbal fait foi jusqu'à preuve contraire (Même arrêt).

**25.** Le tit. 7 du décret du 1er mars 1854 traite des devoirs généraux et droits de la gendarmerie dans l'exécution du

---

(1) (Hannier C. Casalta.) — LA COUR; — Attendu que Hannier réclame à Casalta la valeur d'un cheval que ce dernier a blessé mortellement, en essayant de constater une contravention; que le 30 août 1886, vers quatre heures du matin, le maréchal des logis Casalta et le gendarme Pétel se trouvaient à Boos, sur la route nationale, lorsqu'ils virent venir à eux deux voitures dont les lanternes n'étaient point allumées; qu'à une distance d'environ cinquante pas, ils crièrent aux conducteurs de s'arrêter; que ceux-ci n'obéissant pas, ils renouvelèrent plusieurs fois leurs sommations; qu'ils se placèrent alors de chaque côté de la route pour arrêter la première voiture, à son passage devant eux; qu'à ce moment, le gendarme Pétel, en criant : halte-là! tenta de saisir les rênes du cheval; qu'il ne put y parvenir à cause de la vitesse et reçut même un coup de fouet; que, de son côté, Casalta se jeta aussi à la tête du cheval; que, n'ayant pu l'arrêter, il tira son sabre-baïonnette et fit à l'épaule gauche de l'animal une piqûre profonde de dix centimètres, qui, trois quarts d'heure après, détermina sa mort; — Attendu que les préposés d'Hannier ont eu incontestablement le tort grave de ne point obéir aux injonctions des agents de l'autorité; qu'il est difficile d'admettre qu'ils n'aient pas reconnu les gendarmes; qu'il est plus vrai de dire que, se sentant en faute, ils ont voulu, à la faveur de la nuit, échapper à la constatation de la contravention; qu'à ce point de vue, ils ont encouru la plus grosse part de responsabilité dans ce qui a suivi, et n'a été que la conséquence de la faute initiale par eux commise; qu'il est certain, en effet, que, si les voitures avaient été éclairées, ou si leurs conducteurs s'étaient montrés plus dociles, aucun accident ne serait arrivé; qu'il ne faut pas toutefois pousser ce raisonnement à ses dernières limites, et décider que, par tous les moyens, Casalta pouvait arrêter la voiture; que si, en se jetant sur les rênes, l'un des gendarmes avait été blessé, ou si, par l'arrêt brusque de la voiture, il avait brisé l'un des brancards ou endommagé le cheval, la perte eût assurément été supportée par le propriétaire; mais qu'il en est autrement lorsque, sans que sa sécurité soit menacée, l'agent de la force publique a fait usage de son arme, et volontairement porté atteinte à la propriété d'autrui; qu'en fait, il ne résulte pas de l'enquête qu'à aucun moment Casalta ait été en danger; qu'au contraire, le mouvement qu'il a dû faire pour dégager, et le coup qu'il a porté à l'épaule du cheval supposent qu'il se trouvait à une certaine distance de la voiture; que le désir légitime de s'emparer d'un contrevenant excuse sans le justifier, un semblable procédé; que, s'il intimé a mis d'exploit seulement et non pas tuer le cheval d'Hannier, en fait, cet événement se soit pas les moins produit; que, malgré ses excellents services, Casalta doit donc réparer à son tour le dommage que sa précipitation a causé; — Attendu que les documents du procès établissent que le cheval avait une valeur de 900 fr.; que la cour a les éléments suffisants pour fixer la part de responsabilité de chacun; — Par ces motifs; — Emandant; — Condamne, etc.
Du 25 juill. 1888.-C. de Rouen, 1re ch.-MM. Montaubin, 1er pr.-Mairet, av. gén.-Gosset et Beaudoin, av.

service, et l'art. 636 porte que les officiers, sous-officiers, brigadiers et gendarmes sont exempts des droits de péage, et de passage des bacs, ainsi que les voitures, chevaux et personnes qui marchent sous leur escorte. — Jugé, à cet égard, que l'exemption du péage pour le passage d'un pont, stipulée dans l'ordonnance ou décret de concession au profit des gendarmes dans l'exercice de leurs fonctions, ne s'applique pas aux voituriers qui transportent des prisonniers et condamnés, sous l'escorte de la gendarmerie, en vertu d'un traité fait avec l'administration (Crim. cass. 16 mai 1861, aff. Bayard de la Vingtrie, D. P. 61. 1. 237). Il en est ainsi, alors même qu'on pourrait, ce qui serait contraire au texte, comprendre ces voituriers dans la disposition de l'art. 636 du décret du 1er mars 1854, sur la gendarmerie, portant que « les officiers, sous-officiers et gendarmes sont exempts de droit de péage et de passage des bacs ainsi que les voitures, chevaux et personnes qui marchent sous leur escorte », une telle disposition ne pouvant lier le concessionnaire qu'autant qu'elle aurait été insérée dans l'ordonnance ou décret de concession (Même arrêt).

**26.** — II. SERVICE EXTRAORDINAIRE (Rép. nos 42 à 53). — Il fait l'objet des art. 459 et suiv. du décret du 1er mars 1854. Parmi les attributions qui font partie du service extraordinaire de la gendarmerie, le Rép. n° 45-8°, mentionne l'escorte des prévenus ou accusés, lorsque leur translation d'un lieu à un autre est ordonnée par les officiers de justice. — Une indemnité est accordée aux gendarmes d'escorte pour le transport des détenus (Rép. n°. 41) ; la taxe en est réglementée par deux circulaires de la chancellerie des 14 août 1876 et 29 nov. 1884 relatives aux frais de justice (Bull. off. min. just., 1876, p. 146, et 1884, p. 240).

**27.** Le service d'extraction des détenus des prisons était autrefois fait par la gendarmerie. Une circulaire du 12 sept. 1877 a décidé que le service ne devra à l'avenir être confié à la gendarmerie que lorsqu'il y aura lieu d'employer la force, s'il s'agit, par exemple, d'hommes valides, robustes ou signalés comme dangereux. — Dans tous les autres cas, il devra être fait par les huissiers (Bull. off. min. just., 1877, p. 106).

**28.** « En raison de la nature mixte de son service, dit l'art. 5 du décret de 1854, la gendarmerie se trouve placée dans les attributions des ministres de la guerre, de l'intérieur, de la justice, de la marine et des colonies. La nature des rapports directs et permanents que les officiers de gendarmerie doivent entretenir avec les différents ministres est déterminée au tit. 2 du présent décret ».

Les rapports de la gendarmerie avec les autorités judiciaires (Rép. nos 48 et 49) sont réglés par les art. 104 et suiv., du même décret et par de nombreuses circulaires de la chancellerie ayant pour but d'inviter les chefs de parquet à se mettre en communication avec les inspecteurs généraux de gendarmerie pour toutes les questions qui peuvent intéresser le service au point de vue judiciaire et concernant les rapports de cette arme avec la magistrature, et à adresser par écrit leurs observations aux généraux inspecteurs au moment de leur arrivée dans chaque arrondissement, afin de leur permettre d'examiner sur place les questions qui pourraient être soulevées (V. notamment : Circ. 26 mai 1880, 26 mars 1881, 26 avr. 1882 et 16 avr. 1883, 28 avr. 1885, (Bull. off. min. just., 1880, p. 124; 1881, p. 13; 1882, p. 43; 1883, p. 44; 1885, p. 130).

**29.** Au sujet des rapports de la gendarmerie avec les différentes autorités, une circulaire du garde des sceaux en date du 25 avr. 1889 rappelle que les seules autorités que la gendarmerie doive informer, au cas d'événements importants, sont, aux termes du décret du 1er mars 1854, l'autorité judiciaire (art. 104) pour les faits qui sont de nature à motiver des poursuites, l'autorité administrative (art. 110) pour les événements pouvant intéresser l'ordre public, l'autorité militaire (art. 126) pour tous les événements énumérés audit article. En dehors de ces cas, la gendarmerie doit s'abstenir de communications qui pourraient parfois entraver l'action de la justice ou celle de l'autorité administrative (Bull. off. min. just. 1889, p. 113).

**30.** En aucun cas, à moins de nécessité urgente, la gendarmerie ne peut être distraite de son service pour porter les dépêches des autorités civiles et militaires (Rép. n° 44). Cette disposition est, d'ailleurs, reproduite par l'art. 99 du décret de 1854 qui ajoute : « Ce n'est donc que dans le cas d'extrême urgence, et quand l'emploi des moyens ordinaires amènerait des retards préjudiciables aux affaires, que les autorités peuvent recourir à la gendarmerie pour la communication d'ordres et d'instructions qu'elles ont à donner. Hors de ces circonstances exceptionnelles et très rares, il ne leur est point permis d'adresser des réquisitions abusives qui fatiguent inutilement les hommes et les chevaux. La gendarmerie obtempère aux réquisitions qui lui sont faites par écrit et lorsque l'urgence est indiquée ; mais elle rend compte immédiatement de ce déplacement aux ministres de la guerre et de l'intérieur. Copie de ces réquisitions est adressée au chef de la légion ». En exécution de cet article, une lettre du ministre de la guerre du 4 juin 1883 a décidé que, lorsque les autorités judiciaires font opérer une communication d'ordres par voie télégraphique à l'aide de la gendarmerie, il faut : 1° que le télégramme soit suivi d'une réquisition écrite formulée régulièrement ; 2° qu'il soit libellé dans des termes suffisamment clairs pour qu'il puisse être placé sous les yeux des intéressés sans que le gendarme qui en est porteur ait à la traduire (Bull. off. min. just. 1883, p. 54). Cette lettre est confirmée par une décision du ministre des finances en date du 19 oct. 1888, ainsi conçue : « Sont admises à circuler en franchise, par voie télégraphique, les communications de service urgentes que les officiers et les commandants des brigades de gendarmerie des départements frontières ont à adresser aux préfets et aux sous-préfets de leurs départements respectifs ou des départements limitrophes » (Ibid. 1889, p. 69-70).

**31.** En ce qui concerne les rapports de la gendarmerie avec les autorités judiciaires, l'art. 107 de la décision impériale du 24 avr. 1858, qui modifie le décret de 1854 (V. suprà, n° 1), est ainsi conçu : « La gendarmerie ne peut être employée devant les citations ses témoins appelés devant les tribunaux civils que dans le cas d'une nécessité urgente et absolue. Il importe que les militaires de cette arme ne soient point détournés de leurs fonctions pour ce service, lorsqu'il peut être exécuté par les huissiers et autres agents. Dans aucun cas, les gendarmes ne peuvent être employés comme garnisaires ».

## ART. 4. — Police et discipline, ordre intérieur ; crimes et délits commis par la gendarmerie et envers elle (Rép. nos 54 à 63).

**32.** Tout ce qui est relatif à la police intérieure du corps de la gendarmerie (Rép. n° 54) est prévu et réglementé par le tit. 5 du décret du 1er mars 1854 (art. 557 et suiv.) qui est intitulé : Ordre intérieur police et discipline des corps et compagnies de gendarmerie. Comme nous l'avons fait au Rép. nos 54 et suiv., nous ne nous occuperons que des crimes, délits et contraventions commis par les membres de la gendarmerie et envers elle.

**33.** — I. CRIMES, DÉLITS ET CONTRAVENTIONS COMMIS PAR LES MEMBRES DE LA GENDARMERIE (Rép. nos 55 à 60). — Ils sont prévus et punis par les art. 576 et suiv. du décret du 1er mars 1854. Le Répertoire distingue si les faits reprochés sont commis en dehors des fonctions, s'ils sont relatifs à la police administrative et judiciaire, s'ils ont trait à la discipline militaire.

**34.** Au point de vue de la compétence, il a été décidé : 1° que l'art. 274 c. just. mil., qui attribue à l'autorité militaire la répression des contraventions de police commises par les militaires présents à leurs corps, est applicable aux gendarmes, même pour les contraventions commises par eux dans l'exercice de leurs fonctions relatives à la police judiciaire (Crim. rej. 21 nov. 1873, aff. Confoulens et Bonnery, D. P. 74. 1. 321) ; — 2° Que l'art. 59 c. just. mil., qui déclare les gendarmes non justiciables des conseils de guerre pour les crimes et délits commis dans l'exercice de leurs fonctions de police judiciaire, est inapplicable aux contraventions de simple police ; par suite, le tribunal de police saisi d'une contravention à l'art. 471, § 13, c. pén., imputée à un gendarme présent à son corps, doit se déclarer incompétent et refuser d'entendre les témoins requis par le ministère public (Même arrêt) ; — 3° Que le tribunal civil est incompétent pour connaître du fait imputé à un fonctionnaire public, alors que ce fait constitue un acte légitime des fonctions du défendeur; que, par suite, le capitaine de gendarmerie qui, dans l'imminence d'un conflit entre les gendarmes et la foule ameutée, saisit et brise le fusil dont un individu était porteur, ne peut, à raison de ce fait, être condamné par le juge civil à des dommages-intérêts (Civ. cass. 15 déc. 1874, aff. Verlaguet, D. P. 76. 1. 289-298).

**35.** Depuis un certain nombre d'années, la gendarmerie s'est trouvée souvent mêlée aux luttes électorales, et il y a eu de ce chef, des poursuites exercées contre les gendarmes devant les tribunaux. Jugé en cette matière: 1° que le délit de lacération d'affiches électorales par un fonctionnaire public, prévu et réprimé par l'art. 17, § 3, de la loi du 29 juill. 1881 (D. P. 81. 4. 65) sur la presse, n'existe que lorsque le délinquant a agi avec une intention méchante. Et cette intention, élément essentiel du délit, fait défaut lorsqu'il est établi qu'on enlevant les placards électoraux, les prévenus (dans l'espèce, un gendarme, un maire, un garde champêtre) agissaient dans l'unique pensée qu'ils étaient en présence d'un fait délictueux, à eux d'ailleurs signalé comme tel par l'autorité préfectorale et non pour empêcher le public de prendre connaissance du contenu de ces placards (Trib. corr. de Melle, 30 janv. 1886) (1); — 2° Que le fait, par un brigadier de gendarmerie, d'enlever des affiches électorales émanant de simples particuliers ne saurait être excusé par la raison que le prévenu aurait agi à la suite d'une réquisition à lui adressée par le maire de la commune pour la lui faire enlever. Un pareil fait constitue non un délit, mais une contravention et ne peut être excusé sous prétexte de bonne foi; peu importe qu'il s'agisse d'un fonctionnaire ou agent de l'autorité, cette qualité pouvant entraîner une aggravation de peine, mais non changer la nature de l'acte (Trib. corr. de Saint-Jean d'Angély, aff. Roy-de Lonlay. V. *supra*, v° *Affiche*, n° 67).

**36.** Le motif légitime qui enlève tout caractère pénal aux actes de violence des agents de la force publique peut résulter, non seulement des circonstances de la cause, mais encore d'un texte ayant force de loi (Crim. rej. 1er août 1878, aff. Patricot, D. P. 79. 1. 390). Spécialement, après avoir constaté que des voies de fait ayant été exercées contre deux gendarmes, l'un d'eux a tiré un coup de revolver qui a occasionné la mort de l'un des assaillants, un arrêt peut déclarer que ces agents de la force publique sont à l'abri de toute responsabilité pénale en se fondant sur l'art. 271 du décret du 1er mars 1854, reproduction textuelle de l'art. 271 de la loi du 28 germ. an 6 qui autorise, en certains cas, les officiers de gendarmerie, brigadiers de gendarmerie et gendarmes à recourir à la force des armes (Même arrêt).

**37.** Quant aux crimes et délits relatifs au service et à la discipline militaires, ils sont, avons-nous dit au *Rép*. n° 57, de la compétence exclusive des tribunaux militaires. — Décidé à cet égard que les registres tenus dans chaque brigade de gendarmerie, en exécution du décret du 1er mars 1854, n'ont d'autre but que de constater les opérations de chaque brigade; la transcription, sur ces registres, des procès-verbaux dressés par les gendarmes est étrangère au service de la police administrative ou judiciaire dont la surveillance est confiée à la gendarmerie. Par suite, les gendarmes ne répondent que devant leurs chefs hiérarchiques des irrégularités commises sur ces registres; et, au cas de dénonciation portée contre un maréchal des logis d'avoir commis des faux sur les registres de la brigade qu'il commandait, c'est l'autorité militaire seule, c'est-à-dire le général commandant le corps d'armée, qui doit statuer définitivement sur cette inculpation. Sa décision s'imposant avec la force de la chose jugée, c'est avec raison que le juge de répression repousse les conclusions du prévenu tendant à l'apport des registres sur lesquels des faux auraient été commis (Crim. rej. 17 juin 1887) (2).

**38.** Les art. 561 et suiv. du décret du 18 févr. 1863 traitent de la responsabilité des conseils d'administration

---

(1) (De Larochejaquelein et autres C. Boinot, Marchand et autres.) — LE TRIBUNAL; — Considérant que les demandeurs, candidats à la députation, reprochent au prévenu d'avoir, le 18 octobre dernier, enlevé des exemplaires d'une affiche intitulée : « Réponse au placard de M. le préfet », apposée dans l'intérêt de leur candidature; et dans divers lieux de la ville de Brioux et dans plusieurs communes rurales; — Considérant que ce fait est reconnu par les défendeurs et établi par les témoins entendus; — Considérant que les prévenus prétendent que, s'ils ont enlevé cette affiche, ce n'est qu'après avoir reçu de M. le préfet une dépêche ainsi conçue : « Veuillez porter à la connaissance de MM. les maires de toutes les communes de votre circonscription la circulaire suivante dont vous laisserez copie avec ordre d'afficher et publier immédiatement : J'ai déjà démenti, avec l'autorisation expresse de M. le ministre de l'intérieur, les allégations mensongères relatives à l'envoi de renforts au Tonkin. Ces fausses nouvelles étant reproduites et aggravées par l'affiche intitulée « Réponse au placard de M. le préfet », je défère les signataires de cette affiche à la justice, par application de l'art. 27 de la loi du 29 juill. 1881. Je vous invite à me signaler ceux qui se rendraient coupables du même délit et à donner à mes instructions toute la publicité dont vous pourrez disposer »; qu'ils ajoutent que cette dépêche qualifiant de fausse nouvelle le contenu de ce placard et déclarant que ses signataires étaient déférés à la justice, ce n'est pas dans une pensée méchante et dans le but de nuire aux demandeurs qu'ils ont agi, mais uniquement en vue de la répression d'un fait d'apposition de placard, signalé comme délictueux; que par suite, l'art. 17 précité ne leur est point applicable; — Considérant que la sincérité des allégations des prévenus résulte tant de leur conduite antérieure à la dépêche que de celle qui suivra sa réception; qu'en effet, avant la dépêche, ils ont scrupuleusement respecté toutes les affiches des demandeurs, quel que fût leur contenu et qu'après la dépêche, ils n'ont enlevé que celles signalées par le préfet, et ce, dans l'unique pensée qu'ils étaient en présence d'un fait délictueux, et non pour empêcher le public de prendre connaissance du contenu de l'affiche; qu'ils en étaient tellement convaincus que non seulement ils ont enlevé ces placards, mais encore dressé procès-verbal contre l'afficheur; que par suite on doit dire qu'ils ont agi en vue d'un devoir à remplir, et non en vue de nuire aux demandeurs; — Considérant que la loi du 29 juill. 1881 n'a point fait dans son art. 17 exception à la règle générale posée par l'art. 64 c. pén. qui exige, comme un des éléments essentiels du délit, l'intention de nuire; — Considérant qu'elle devait d'autant moins faire cette exception que le législateur, dans l'art. 479, § 9 c. pén., visant la simple contravention résultant de l'enlèvement des placards administratifs, avait exigé, même pour l'existence de la contravention en cette matière, l'intention méchante de la part du contrevenant; — Considérant du reste qu'il résulte de la discussion de la loi de 1881, et du rapport général de la commission d'initiative, que le législateur a tenu pour constant que l'infraction prévue par l'art. 17 ne pouvait exister que si l'agent avait eu l'intention de nuire, -soit que cette infraction n'eût que le caractère de contravention, soit qu'elle eût exceptionnellement la gravité d'un délit, à raison de la qualité du délinquant; — Par ces motifs, renvoie les prévenus des fins de la plainte. Du 30 janv. 1886.-Trib. corr. de Melle.-MM. Grasseau, pr.-Debect, proc. de la Rép.-Georgeon (du barreau d'Angoulème), av.

(2) (Coutarel.) —LA COUR; — ... Sur le deuxième moyen, tiré de la violation des art. 373 c. pén., 59 de la loi du 9 juin 1857, 576 du décret du 1er mars 1854, modifié par le décret du 24 avr. 1858, en ce que les faits dénoncés se référant aux fonctions de police judiciaire du maréchal des logis Zapp, il n'appartient pas à l'autorité militaire de statuer sur leur fausseté : — Attendu que Coutarel imputait au maréchal des logis Zapp d'avoir commis des faux sur les registres de la brigade de gendarmerie dont il avait le commandement; — Attendu que la tenue de ces registres est prescrite par le décret du 1er mars 1854, pour constater seulement les opérations de chaque brigade de gendarmerie, et que la transcription des procès-verbaux sur les registres dont il s'agit reste étrangère au service de la police administrative ou judiciaire dont la surveillance est confiée à la gendarmerie; que les gendarmes ne sont responsables que devant leurs chefs hiérarchiques des irrégularités commises dans les registres de leurs brigades; que, dans l'espèce actuelle, c'était à l'autorité militaire que le maréchal des logis Zapp avait à répondre des faits de faux que Coutarel lui reprochait, et qu'il n'appartient qu'à cette autorité de statuer définitivement sur la réalité de cette inculpation; Sur le troisième moyen, tiré de la violation des art. 189 c. instr. crim., 373 c. pén. et 7 de la loi du 20 avr. 1810, en ce que l'arrêt attaqué a rejeté, sans motifs suffisants, les conclusions du demandeur tendant à obtenir l'apport des registres sur lesquels des faux auraient été commis par Zapp : — Attendu que la vérité ou la fausseté des faits dénoncés par Coutarel échappait à l'appréciation de la cour, et que c'est avec raison que la cour d'appel de Rouen a repoussé une demande qui avait pour objet de contrôler une décision qui émanait de l'autorité militaire, et qui s'imposait avec la force de la chose jugée; — Rejette, etc. Du 17 juin 1887.-Ch. crim.-MM. Lœw, pr.-Lescouvé, rap. Loubers, av. gén.-Sauvel, av.

des corps de gendarmerie (*Rép.* n° 58); ils déterminent limitativement les cas dans lesquels les membres et présidents des conseils d'administration des compagnies de gendarmerie peuvent être pécuniairement responsables des déficits constatés. Cette responsabilité n'existe qu'en cas de faute établie à leur charge et est, par suite, moins absolue que celle des comptables de deniers publics. — Jugé, à cet égard, que les membres du conseil d'administration d'une compagnie de gendarmerie sont responsables des détournements commis par le trésorier sur les versements effectués à la masse individuelle, alors que ces détournements auraient pu être découverts si les membres du conseil d'administration avaient vérifié en temps utile les livres de comptabilité (Cons. d'Et. 8 août 1888, aff. Vaille, D. P. 89. 3. 116). Mais le président du conseil d'administration n'est pas responsable du détournement d'un mandat, alors qu'au moment où il a pris la présidence, le mandat était déjà remis au trésorier et qu'il n'avait pu avoir connaissance du payement de ce mandat, par suite de l'omission, par le payeur, d'une formalité qui lui incombait (Même arrêt).

**39.** Nous avons posé au *Rép.* n° 60 la question de savoir si les gendarmes ne peuvent être poursuivis pour faits relatifs à leurs fonctions qu'en vertu de l'autorisation du conseil d'Etat. Jugé, à cet égard, antérieurement au décret du 19 sept. 1870 (D. P. 70. 4. 91) qui a abrogé l'art. 75 de la constitution de l'an 8 : 1° qu'il n'est pas besoin de l'autorisation préalable du Gouvernement pour poursuivre... soit les officiers de police judiciaire, tels que les militaires de la gendarmerie, dans le cas où ils ont ce caractère (Cons. d'Et. 24 août 1857, aff. L'Hoste, D. P. 58. 3. 44);... soit les agents de la force publique, tels que les brigadiers de gendarmerie et les gendarmes (Cons. d'Et. 10 nov. 1857, aff. Gilles, D. P. 58. 3. 44; — 2° Que l'autorisation accordée par le conseil d'Etat de poursuivre un fonctionnaire public, inculpé d'outrages envers des gendarmes, emporte celle de poursuivre la répression de ceux de ces outrages qui ont été adressés au brigadier, bien qu'ils dussent recevoir une qualification spéciale, à raison de la qualité de commandant de la force publique dont ce brigadier était investi (Crim. rej. 5 oct. 1850, aff. Poron, D. P. 50. 5. 237).

**40.** Ainsi que nous l'avons dit également au *Rép.* n° 60, les gendarmes sont des agents de la force publique. — Jugé, en ce sens, qu'ils doivent être considérés comme agents d'une administration publique, dans le sens spécialement des art. 177 et 179 c. pén., relatifs au délit de corruption des fonctionnaires (Nîmes, 27 déc. 1852, aff. Pagnol, D. P. 53. 2. 108. V. *supra*, v^te *Fonctionnaire*, n°s 7 et 34, et *Forfaiture*, n°s 44, 65; 90 et 120).

**41.** — II. CRIMES, DÉLITS ET CONTRAVENTIONS COMMIS CONTRE LES MEMBRES DE LA GENDARMERIE (*Rép.* n°s 61 à 63). — L'art. 224 c. pén., avons-nous vu au *Rép.* n° 61, qui punit l'outrage fait à un agent de la force publique dans l'exercice ou à l'occasion de l'exercice de ses fonctions, est applicable quelle que soit la position du gendarme offensé. — Jugé en ce sens que le sous-officier de gendarmerie qui fait un acte de ses fonctions sans être assisté d'aucun des hommes de sa brigade, doit être considéré comme un agent de la force publique, et que l'outrage qui lui est adressé dans une telle situation donne lieu à l'application de l'art. 224 c. pén. (Pau, 31 juill. 1857, aff. de N..., D. P. 58. 2. 209-210).

**42.** Nous avons soutenu au *Rép.* n° 61, à propos de la controverse élevée sur ce point, que les maréchaux de logis et brigadiers sont, comme les officiers, des commandants de la force publique et que les outrages qui leur sont adressés dans l'exercice ou à l'occasion de l'exercice de leurs fonctions tombent sous le coup de l'art. 225 c. pén. —Jugé depuis lors, en ce sens : 1° qu'un brigadier de gendarmerie, ne fût-il accompagné que d'un gendarme (1re espèce), ou même fût-il seul (2e espèce), n'en est pas moins un commandant de la force publique, en ce sens que l'outrage qui lui est adressé dans l'exercice de ses fonctions tombe sous l'application de l'art. 225 c. pén., et non sous celle de l'art. 224 (Riom (1re espèce), 9 nov. 1851, aff. N..., et Rennes (2e espèce), 15 mars 1853, aff. Chantrel, D. P. 53. 2. 237; Colmar (2e espèce), 27 avr. 1858, aff. Wagner, D. P. 59. 2. 27); — 2° Qu'un brigadier de gendarmerie doit être considéré comme commandant de la force publique, et que, par suite, l'outrage qui lui est adressé par paroles et menaces

dans l'exercice de ses fonctions est passible des peines de l'art. 225 c. pén. (Crim. rej. 24 mai 1873, aff. Thomas, D. P. 74. 1. 183).

Cependant il a été décidé, en sens contraire : 1° que si un maréchal des logis de gendarmerie est un agent de l'autorité publique, il n'est, ni un commandant de la force publique, dans le cas de l'art. 225 c. pén., si, au moment où des outrages lui sont adressés à raison de ses fonctions, il n'était accompagné d'aucun des gendarmes placés sous ses ordres, ni un fonctionnaire public dans le sens de l'art. 6 de la loi du 25 mars 1822 (aujourd'hui abrogé et remplacé par l'art. 31 de la loi du 29 juill. 1881) (Limoges, 23 nov. 1851, aff. B..., D. P. 51. 2. 247). En conséquence, ces mots : *Nous pendrons ces vils agents de la force publique, ces canailles de gendarmes*, adressés publiquement à un maréchal des logis, constituent une injure envers un agent de l'autorité prévue par les art. 16 et 19 de la loi du 17 mai 1819 (Même arrêt), aujourd'hui abrogés et remplacés par les art. 31 et 33 de la loi du 29 juill. 1881. La preuve que c'est à raison de ses fonctions qu'un gendarme est injurié peut résulter des explications du prévenu à l'audience (Même arrêt); — 2° Que des gendarmes en tournée de surveillance pour le maintien de l'ordre sont des représentants ou agents de l'autorité publique; que, dès lors, le fait de leur adresser publiquement des injures à l'occasion de l'accomplissement de ce service, et, par exemple, à l'occasion de leur intervention pour faire cesser un tapage, tombe sous l'application, non de l'art. 224 c. pén., mais des dispositions plus sévères des art. 16 et 19 de la loi du 17 mai 1819 (Crim. cass. 18 juin 1869, aff. Tcha'o M'ou, D. P. 70. 1. 239).

**43.** En ce qui concerne l'outrage en lui-même, il a été jugé : 1° qu'il y a délit d'outrage envers la gendarmerie dans le fait de pousser, à l'arrivée des gendarmes dans une localité,... soit des cris ayant pour but et pour effet, en servant d'avertissement aux braconniers et autres délinquants, de rendre impuissant l'exercice des fonctions de la gendarmerie et de paralyser son autorité morale (Pau, 7 avr. 1859, aff. Dupont, D. P. 67. 2. 199); — Soit des clameurs ironiques et, par exemple, des cris d'alarmes simulés (*Sauve-toi ! sauve-toi !*), alors surtout qu'il est répondu à l'invitation de cesser ces clameurs par des paroles également moqueuses et par un geste de menace (Bordeaux, 28 févr. 1867, aff. Bernard, D. P. 67. 2. 200); — 2° Que la dénonciation d'un délit qu'on sait ne pas exister, faite à la gendarmerie dans un but de vengeance contre le prétendu auteur du délit, et avec la conscience que cette dénonciation provoquerait des recherches frustratoires, constitue le délit d'outrage par paroles envers des agents de la force publique dans l'exercice de leurs fonctions (Aix, 1er juin 1870, aff. Barbaroux, D. P. 70. 2. 202; Douai, 29 avr. 1874, aff. Fouillon, D. P. 75. 2. 3); — Toutefois le délit d'outrage par paroles envers les agents de la force publique, dans l'exercice de leurs fonctions, ne résulte pas du fait d'avoir poussé les cris de *Sauve!* à l'approche des gendarmes, dans l'intention unique de prévenir des chasseurs délinquants et de favoriser ainsi leur fuite (Montpellier, 18 mai 1874, aff. Maury, D. P. 75. 2. 3).

**44.** L'art. 273 c. pén. relatif à la dénonciation calomnieuse a donné lieu, en ce qui concerne la gendarmerie, à de fréquentes décisions de jurisprudence. Outre celles qui sont rapportées *supra*, v° *Dénonciation calomnieuse*, n°s 22 et 50, il a été décidé : 1° que les gendarmes, bien que n'étant pas des officiers de police judiciaire, sont cependant, en ce qui touche les dénonciations et les plaintes, des intermédiaires entre les dénonciateurs et le procureur de la République, de sorte que les dénonciations qu'ils reçoivent peuvent être considérées comme faites au procureur de la République lui-même (Toulouse, 5 avr. 1887, aff. Belvèze, D. P. 88. 2. 8). Mais, le délit de dénonciation calomnieuse supposant une dénonciation écrite et spontanée, on ne peut considérer comme l'ayant écrite celui qui, rencontrant un gendarme, lui signale l'auteur d'un délit de chasse, alors que le gendarme ne dresse pas procès-verbal ou que cette déclaration a été provoquée (Même arrêt); — 2° Que les brigadiers de gendarmerie, n'étant pas des sous-officiers et, par suite, n'ayant pas, à la Martinique, la qualité d'officiers de police judiciaire, laquelle n'y est donnée, dans la gendarmerie, qu'aux officiers et aux sous-officiers, à la Martinique comme en France, il n'appartient pas au procureur général de déclarer la fausseté des faits dénoncés contre un brigadier de gendarmerie à l'occasion de l'exercice de ses fonctions (Crim. rej. 15 mai 1869, aff. Dumur, D. P. 71. 1. 184) ; — 3° Que l'on peut considérer comme une dénonciation écrite, dans les termes de l'art. 373 c. pén., la dénonciation reçue par les gendarmes et portée par eux en leur rapport, alors d'ailleurs qu'à aucune des phases de la procédure, le prévenu n'a contesté ni la teneur, ni les termes de ce rapport, et qu'en faisant sa dénonciation aux gendarmes, il savait qu'ils n'étaient que des intermédiaires du procureur de la République saisi (Crim. rej. 29 janv. 1887. (1) ; — 4° Que, s'il n'est pas nécessaire, pour l'existence du délit de dénonciation calomnieuse, que la dénonciation soit rédigée dans les termes de l'art. 31 c. instr. crim., du moins faut-il que le dénonciateur ait approuvé expressément ou implicitement l'exposé qu'il est censé avoir fait à l'officier de police judiciaire à qui sa plainte doit être transmise. Ainsi il n'y a pas dénonciation écrite dans les termes de l'art. 373 c. pén., lorsque le dénonciateur, ayant fait sa plainte verbale au brigadier de gendarmerie, celui-ci a seulement dressé procès-verbal le lendemain hors la présence du dénonciateur, qui n'a jamais eu connaissance du procès-verbal et n'a cessé de protester contre ses énonciations. A cet égard, il ne suffirait pas de la lecture qui lui aurait été donnée par le brigadier, de notes par lui rédigées à la hâte à la suite de la plainte (Dijon, 21 janv. 1880) (2).

(1) (Maitreau.) — LA COUR; — Sur le moyen unique, tiré de la violation de l'art. 373 c. pén., en ce qu'il ne serait produit aucun écrit constatant la dénonciation de la femme Maitreau : — Attendu que, si l'art. 373 déclare nécessaire, pour constituer le délit qu'il réprime, un écrit constatant que la dénonciation est bien l'œuvre voulue et réfléchie du dénonciateur, il ne contient aucune réglementation quant à la forme et à la nature de l'écrit renfermant la dénonciation ; — Attendu, en fait, qu'il est souverainement constaté par l'arrêt attaqué que la demanderesse en pourvoi a d'abord dénoncé verbalement au garde champêtre un attentat aux mœurs commis par Baptiste Linard ; qu'elle a spontanément été trouver les gendarmes pour réitérer sa dénonciation, laquelle a été insérée dans le rapport qu'ils en ont dressé ; — Attendu que le même arrêt établit qu'à aucune des phases de la procédure la femme Maitreau n'a contesté la teneur ni les termes de ce rapport ; qu'en faisant sa dénonciation aux gendarmes, elle savait qu'ils n'étaient que des intermédiaires du procureur de la République qui en serait nécessairement saisi ; que dans cet état des faits de la cour d'Angers a pu, sans violer l'art. 373 c. pén., considérer comme l'écrit exigé par cet article la dénonciation reçue par les gendarmes et portée par eux en leur rapport ; — Et attendu que l'arrêt est régulier en la forme : — Rejette, etc.
Du 29 janv. 1887.-Ch. crim.-MM. Lœw, pr.-Chauffour, rap.-Loubers, av. gén.-Sabatier, av.

(2) (Deley C. Pelletier.) — LA COUR; — Considérant que le sieur Deley a assigné Pelletier devant le tribunal correctionnel de Châlon-sur-Saône, sous la prévention de délit de dénonciation calomnieuse, et réclamé contre lui, pour réparation de ce délit, la somme de 5000 fr.; que suivant le demandeur, appelant du jugement qui a rejeté son action comme étant non recevable, ce délit résulterait d'une plainte dans laquelle Pelletier l'aurait dénoncé au brigadier de gendarmerie de Montchanin-les-Mines pour vol d'avoine, et à la suite de laquelle il a été mis en état d'arrestation préventive et conduit de brigade en brigade devant le procureur de la République de Châlon, qui a ordonné sa mise en liberté et a ordonné qu'il n'y avait pas lieu de poursuivre d'office; — Considérant, en droit, qu'aux termes de l'art. 373 c. pén., la dénonciation prétendue calomnieuse, pour être punissable, doit être faite par écrit; que s'il a été admis par la jurisprudence que les formes déterminées par l'art. 31 c. instr. crim., pour la réception des dénonciations ne sont pas sacramentelles et qu'elles admettent des équivalents, il faut du moins que l'instrument du délit, pour qu'il puisse être considéré comme émané du prévenu, renferme la reproduction exacte et fidèle, dans tous leurs détails, des faits révélés par le dénonciateur, en d'autres termes, que ce dernier ait approuvé expressément ou implicitement l'exposé qu'il est censé en avoir fait à l'officier de police judiciaire à qui sa plainte doit être transmise ; — Considérant, en fait, que le sieur Pelletier a verbalement dénoncé au brigadier de gendarmerie, le 19 oct. 1879, l'enlèvement de dix-huit sacs d'avoine qu'il reprochait à Deley, son métayer, et que cet agent n'a dressé procès-verbal de la plainte que le lendemain, hors de la présence du dénonciateur; qu'à l'audience du tribunal correctionnel et devant la cour, Pelletier a protesté énergiquement contre les énonciations du procès-verbal relatives soit à « la qualification » attribuée par le rédacteur à l'enlèvement dénoncé, prétendant qu'il s'était borné à indiquer que l'avoine avait été enlevée antérieurement à tout factage, soit au désir qu'il aurait formulé de voir le brigadier de gendarmerie mettre Deley à la « disposition du procureur de la République », puisqu'il se trouvait désintéressé par la restitution des objets saisis; — Considérant que ces contradictions sont d'autant plus graves que, s'il est vrai que le brigadier de gendarmerie a donné lecture à Pelletier des notes qu'il a rédigées à la hâte après l'arrestation préventive de Deley, il est certain que Pelletier n'a jamais eu connaissance du procès-verbal dans lequel figurent les énonciations contre lesquelles il proteste, et qui par leur nature peuvent, non sans vraisemblance, être considérées comme l'œuvre personnelle de l'agent, c'est-à-dire comme l'appréciation du caractère juridique que les faits dénoncés lui paraissaient revêtir ; — Considérant, en outre, que le refus du procureur de la République de donner suite à la plainte portée par le prévenu ne peut avoir le caractère d'une décision judiciaire sur la fausseté des faits dénoncés, puisqu'il n'est exclusif ni d'un changement de détermination de la part de ce magistrat dans l'avenir, ni du droit qui appartient au plaignant de saisir lui-même les juridictions criminelles d'instruction ou de jugement, seules compétentes pour prononcer sur l'existence et la qualification de ces faits ; — Par ces motifs; — Statuant sur l'appel interjeté par Deley du jugement du tribunal correctionnel de Chalon-sur-Saône, en date du 11 déc. 1879, qui déclare l'action par lui introduite non recevable ; — Confirme.
Du 21 janv. 1880.-C. de Dijon, 3° ch.-MM. Julhiet, pr.-Lebon, av. gén.-Koch et Saint-Loup, av.

## Table sommaire

### des matières contenues dans le Supplément et le Répertoire.

(Les chiffres précédés de la lettre S renvoient au Supplément; les chiffres précédés de la lettre R renvoient au Répertoire.)

## Table chronologique des Lois, Arrêts, etc.

**GENS D'ÉQUIPAGE.** — V. *suprà*, v° *Droit maritime*, n°⁵ 738 et suiv.; — *Rép.* eod. v°, n°⁵ 301, 376 et suiv., 611, 641 et suiv., 1182.

**GENS DE MER.** — V. *suprà*, v¹ˢ *Droit maritime*, n°ˢ 738 et suiv.; — *Rép.* v¹ˢ *Cassation*, n° 508; *Compétence civile des tribunaux de paix*, n° 9; *Droit maritime*, n°ˢ 2, 318 et suiv., 478.

**GENS DE SERVICE.** — V. *Compétence civile des tribunaux de paix*, n°ˢ 63 et suiv.; *Louage d'ouvrage et d'industrie*; *Privilèges et hypothèques*; — *Rép.* v¹ˢ *Compétence civile des tribunaux de paix*, n°ˢ 157 et suiv.; *Louage d'ouvrage et d'industrie*, n°ˢ 15 et suiv., 116 et suiv.; *Privilèges et hypothèques*, n°ˢ 187 et suiv., 203 et suiv.

**GENS DE TRAVAIL.** — V. *Acte de commerce*, n° 261; *Compétence civile de tribunaux de paix*, n°ˢ 63 et suiv.; *Prescription civile*; *Louage d'ouvrage et d'industrie*; *Obligations*; — *Rép.* v¹ˢ *Compétence civile des tribunaux de paix*, n°ˢ 54, 148 et suiv., 166 et suiv.; *Louage d'ouvrage et d'industrie*, n°ˢ 17 et suiv., 116 et suiv.; *Prescription civile*, n° 981.

**GÉRANT-GESTION D'AFFAIRES.** — V. *Abus de confiance*, n°ˢ 77 et suiv., 85, 96; *Acte de commerce*, n°ˢ 427 et 437; *Action*, n°ˢ 68 et 72; *Assurances terrestres*, n° 32; *Cautionnement*, n° 58; *Commissionnaire*, n° 19; *Domaine de l'Etat*, n°ˢ 10 et suiv.; *Effets de commerce*, n°ˢ 253 et suiv.; *Enregistrement*, n°ˢ 3592 et suiv.; *Mandat*; *Obligations*; *Peine*; *Société*; *Rép.* v¹ˢ *Absent*, n°ˢ 55, 126; *Abus de confiance*, n° 165; *Acte de commerce*, n° 352; *Action*, n°ˢ 53, 99; *Agent d'affaires*, n° 2; *Aliéné*, n°ˢ 64 et suiv.; *Assurances terrestres*, n°ˢ 31, 49, 53, 64, 69 et suiv.; *Avocat*, n° 197; *Cautionnement*, n°ˢ 24, 105 et suiv., 117 et suiv., 284; *Chose jugée*, n° 240; *Commissionnaire*, n° 327; *Compte courant*, n°ˢ 10, 23, 90 et suiv.; *Dépôt-séquestre*, n°ˢ 39, 80 et 89; *Domaine de l'Etat*, n°ˢ 78 et suiv.; *Droit maritime*, n° 1438; *Effets de commerce*, n°ˢ 351 et suiv., 739; *Enregistrement*, n°ˢ 461 et 874; *Mandat*, n°ˢ 25, 53, 62, 167 et 175; *Obligations*, n°ˢ 5386 et suiv.; *Société*, n°ˢ 435 et suiv., 885 et suiv., 1289 et suiv., 1400, 1507.

**GIBIER.** — V. *Chasse*, n°ˢ 23, 33 et suiv.; 80 et suiv., 431 et suiv., 888, 1063, 1342; — *Rép.* v¹ˢ *Chasse*, n°ˢ 16, 34 et suiv., 171 et suiv., 189 et suiv., 208 et suiv., 239 et 330; *Commune*, n° 1193.

**GLANAGE.** — V. *Commune*, n° 554; *Contraventions*, n°ˢ 121 et suiv.; *Droit rural*, n° 97 et suiv.; — *Rép.* v¹ˢ *Commune*, n° 833; *Droit rural*, n°ˢ 101 et suiv., 107 et suiv., 193.

**GLANDÉE.** — V. *infrà*, v¹ˢ *Régime forestier*; *Usage forestier*; — *Rép.* v¹ˢ *Forêts*, n°ˢ 28 et 1547; *Usage forestier*, n°ˢ 295, 303 et suiv.

## GRACE ET COMMUTATION DE PEINE.

### Division.

§ 1. — Historique et législation (n° 1).
§ 2. — Utilité du droit de grâce (n° 3).
§ 3. — A qui appartient le droit de grâce (n° 4).
§ 4. — A quels coupables et à quels crimes s'étend le droit de grâce (n° 7).
§ 5. — Des diverses espèces de grâces. — Conditions; commutation ou substitution de peine; refus; révocation; caractère individuel ou collectif (n° 21).
§ 6. — Préparation, expédition, entérinement des lettres de grâce (n° 28).
§ 7. — Effets de la grâce. — De la commutation de peine (n° 35).

### § 1ᵉʳ. — Historique et législation
(*Rép.* n°ˢ 5 à 11)

**1.** Le droit de grâce a appartenu de tout temps au souverain, tantôt dans sa plénitude, tantôt sous des restrictions plus ou moins importantes; quant au droit d'amnistie, il a été attribué tantôt au chef de l'Etat, tantôt au pouvoir législatif (V. *suprà*, v° *Amnistie*, n°ˢ 3 et suiv.). Le régime républicain a laissé au chef de l'Etat, représentant de la souverai-

neté de la nation, le pouvoir de faire grâce; la constitution de 1875 a été sous ce rapport plus large que la constitution de 1848 (L. 25 févr. 1875, art. 3, D. P. 75. 4. 30) qui imposait au président de la République l'obligation de consulter préalablement le conseil d'Etat sur l'opportunité des grâces qu'il entendait accorder. La loi du 25 févr. 1875 confère au président de la République le droit absolu de faire grâce, mais elle réserve, comme la constitution de 1848, à la loi seule le pouvoir d'amnistier (V. *suprà*, v° *Amnistie*, n° 4). Durant la période qui s'est écoulée depuis la chute du second Empire jusqu'à la mise à exécution de la constitution de 1875, la même division de pouvoirs avait été consacrée par la loi du 17 juin 1871 (D. P. 71. 4. 99) : le droit de faire grâce était attribué au président de la République, sauf en ce qui concernait les individus condamnés pour des infractions, qualifiées crimes par la loi, à raison de faits se rattachant aux insurrections survenues, tant à Paris que dans les départements, postérieurement au 15 mars 1871 (V. *suprà*, v° *Amnistie*, n° 4).

**2.** — LÉGISLATIONS ÉTRANGÈRES. — On a vu *suprà*, v° *Amnistie*, n° 6, que le droit de grâce et le pouvoir d'octroyer des amnisties sont confondus, dans presque tous les Etats européens, entre les mains des chefs d'Etat, sauf l'exception signalée aux *Pays-Bas*, où le souverain ne peut exercer le droit de grâce qu'après avis de la haute·cour de justice ou du juge qui a connu de l'affaire. — En *Angleterre* également le droit de grâce, tout en appartenant au souverain, peut être paralysé dans une certaine mesure, au cas de meurtre, lorsque le coupable est poursuivi par la veuve ou les proches héritiers de la victime. — L'exercice du droit de grâce présente en *Suisse* certaines particularités qui ont leur origine dans la constitution fédérative de cet Etat. Les grâces y sont accordées par les conseils cantonaux sur l'avis du pouvoir exécutif, toutes les fois qu'il ne s'agit pas d'infractions intéressant la confédération tout entière; au cas contraire, ce sont les chambres fédérales qui statuent. — Une division analogue des pouvoirs en matière de grâce se retrouve dans la constitution des *Etats-Unis* : le président n'y exerce le droit de grâce que dans le cas où il s'agit de condamnations encourues pour infraction aux lois fédérales. Dans tous les autres cas, le droit de grâce est conféré aux Etats, et l'exercice en est réglé par la législation spéciale à chacun d'eux.

### § 2. — Utilité du droit de grâce
(*Rép.* n° 12).

**3.** Il serait superflu de rentrer dans la discussion doctrinale qui s'est élevée à maintes reprises sur la légitimité et l'utilité du droit de grâce. Les éléments de cette discussion ont été suffisamment exposés au *Rép.* n° 12. — Il importe également peu, au point de vue pratique, de rechercher si la grâce, comme l'amnistie (V. *suprà*, v° *Amnistie*, n° 13) est une dépendance du domaine législatif, ou s'il faut la considérer comme une prérogative du souverain. Sous l'empire de la constitution républicaine, le chef de l'Etat est le délégué de la nation en qui réside la souveraineté. Il exerce le droit de grâce en vertu de la délégation qu'il tient de la loi constitutionnelle au même titre qu'il exerce les autres attributions qui lui sont conférées; il est, pour l'exercice de ce droit, soumis aux mêmes conditions que pour les autres actes que sa fonction comporte. Les décrets qui octroient les grâces doivent, notamment, comme tous les décrets du chef de l'Etat, être contresignés par un ministre qui en est ainsi responsable devant le Parlement. On ne saurait donc prétendre, comme on l'a fait quelquefois, que l'octroi du droit de grâce au président de la République est une anomalie sous la République, comme lui conférant un droit supérieur aux droits de la nation; le contrôle du Parlement, qui peut toujours demander compte au ministre du décret qu'il a contresigné, laisse évidemment le dernier mot à la nation en matière de grâce et écarte toute idée de droits supérieurs à ses droits.

### § 3. — A qui appartient le droit de grâce
(*Rép.* n°ˢ 13 à 15).

**4.** La loi constitutionnelle de 1875 a attribué, comme on l'a dit (*suprà*, n° 1), la plénitude du droit de grâce au président de la République; elle n'y a apporté aucune restriction et ne lui impose nullement, à la différence de la constitution de 1848, l'obligation de prendre l'avis préalable du conseil d'Etat (*Rép.* n° 13). La constitution de 1875 ne prévoit pas non plus l'exercice du droit de grâce par le Parlement, alors que la constitution de 1848 (art. 55) admettait que ce droit pouvait être exercé dans certains cas exceptionnels par l'Assemblée nationale, c'est-à-dire par le pouvoir législatif. Le président de la République est donc maître d'exercer le droit de grâce entièrement comme il le juge à propos ; mais il ne saurait, pas plus que ne le pouvaient le roi, sous l'empire de la charte constitutionnelle, et l'empereur, sous la constitution de 1852, déléguer l'exercice de ce droit à une autre autorité (*Rép.* n° 13). « Délégué de la nation, dit M. Gouraincourt (*Traité du droit de grâce sous la République*, p. 61), le président de la République ne pourrait, comme les rois sous l'ancienne monarchie, sans outrepasser les pouvoirs qui lui sont confiés, transmettre à un autre le droit d'accorder des grâces, autoriser, par exemple, certains personnages à accorder discrétionnairement des faveurs aux condamnés ».

**5.** On a vu au *Rép.* n° 13, que les tribunaux criminels ne pourraient, sans outrepasser leurs pouvoirs, ordonner de surseoir à l'exécution des jugements qu'ils prononcent, le sursis étant un mode spécial appliqué à l'inculpé dont les antécédents sont bons et dont la moralité est restée, malgré sa faute, assez intacte pour que la société n'ait rien à redouter de sa liberté et qu'il soit possible d'espérer que l'avertissement, résultant de la condamnation qu'il encourt, lui sera profitable et facilitera sa réhabilitation morale. En dehors des cas où la loi du 26 mars 1891, laisse au juge le droit d'apprécier s'il y a ou non lieu de surseoir à la condamnation, celui-ci n'est pas plus autorisé qu'auparavant à ordonner le sursis ; la loi nouvelle, loin d'infirmer le principe que nous venons de rappeler, le confirme donc plutôt.

**6.** En principe, le recours en grâce n'est pas suspensif. On a vu au *Rép.* n° 13 que la rigueur de ce principe avait dû fléchir, en cas de condamnation capitale, devant la nécessité de ne pas compromettre le droit de grâce, et que des instructions en ce sens avaient été, dès 1830, données aux parquets. Depuis 1875, la chancellerie a pour ainsi dire érigé le sursis en règle toutes les fois qu'il s'agit d'une condamnation à l'amende ou à l'emprisonnement d'une durée de moins de trois mois. En pareil cas, lorsqu'un recours en grâce lui parvient, elle donne l'ordre aux procureurs généraux, en même temps qu'elle leur demande les renseignements nécessaires à l'instruction du recours (V. *infrà*, n° 30), de faire surseoir jusqu'à notification de la décision à intervenir, au recouvrement de l'amende et à l'exécution de la peine d'emprisonnement. Mais pour les peines d'une durée supérieure, il ne doit être sursis à l'exécution que sur un ordre spécial, les chefs de parquet, d'ailleurs, pouvant eux-mêmes accorder un sursis aux condamnés pour causes graves et justifiées. En cas de condamnation aux travaux forcés, la chancellerie prescrit également de surseoir à la transportation, lorsqu'un recours lui parvient, si la durée de la condamnation est moindre de cinq années ; au delà de cette durée, elle ne prescrit de surseoir qu'autant que le recours paraît, au premier examen, susceptible d'un accueil favorable (V. Gouraincourt, p. 64, 65).

**§ 4.** — A quels coupables et à quels crimes s'étend le droit de grâce (*Rép.* n°ˢ 16 à 22).

**7.** On a vu au *Rép.* n° 16 que le droit de grâce ne peut s'exercer qu'à l'égard des individus condamnés par un juge-

ment définitif. Il est évident, en effet, que la grâce qui précéderait le jugement ne serait pas une grâce au sens légal du mot, puisque le propre de cette mesure est d'anéantir la peine tout en laissant subsister le délit et qu'elle aurait précisément, en empêchant la condamnation, pour effet de faire disparaître le délit ; elle participerait donc de la nature de l'amnistie et excéderait conséquemment, en raison des dispositions de la loi constitutionnelle de 1875, les pouvoirs du président de la République. Si l'on ne peut en rien autant de la grâce qui interviendrait avant que la condamnation fût devenue irrévocable ; si l'octroi de la grâce n'aurait alors rien d'inconstitutionnel, il n'en serait pas moins contraire à la nature de la grâce qui suppose l'existence d'une peine dont le condamné ne peut plus être déchargé par aucune voie de droit.

**8.** Le droit de grâce peut être exercé par le président de la République à l'égard de tous les condamnés, quelle que soit la nature du crime ou du délit qui a motivé la condamnation. La restriction que l'art. 55 de la constitution de 1848 (*Rép.* n° 18) apportait à l'exercice de ce droit, à l'égard du président de la République, des ministres, et des personnes condamnées par la haute-cour de justice, reproduite en partie par la loi du 17 juin 1871 (D. P. 71. 4. 99), ne se trouve plus dans la loi constitutionnelle de 1875 (V. *suprà*, v° *Amnistie*, n° 6). Toutefois, parmi les condamnés, il en est envers lesquels le droit de grâce ne saurait s'exercer : ce sont les condamnés par contumace (*Rép.* n° 19) qui sont dans un état de rébellion vis-à-vis de la loi, exclusif de toute idée d'indulgence et dont la condamnation, tombant de plein droit au cas où le condamné se présente pour purger sa contumace, ou lorsqu'il est arrêté, ne saurait avoir un caractère définitif.

**9.** On a dit au *Rép.* n° 21 que le droit de grâce s'étend à toutes les peines, à celles qui sont prononcées en matière criminelle ou correctionnelle comme à celles qui sont infligées en matière de simple police ; faut-il en dire autant des peines disciplinaires ? La question est des plus controversées, et cette controverse tient surtout à la difficulté de savoir quel est le caractère qu'on doit attribuer à cette catégorie de peines ; la solution de la question de savoir si elles peuvent être remises par la grâce dépend de celle de savoir si les peines disciplinaires sont ou non des peines proprement dites. Une décision ministérielle du 12 avr. 1839 semble les considérer comme d'une nature spéciale (*Rép.* n° 21), et cette doctrine est encore suivie par la chancellerie toutes les fois que la peine n'a pas été prononcée par un tribunal statuant en audience publique. Mais ce système mixte n'est généralement pas admis par la doctrine.

**10.** Dans une opinion, les peines disciplinaires ne sauraient être remises par la grâce. La peine disciplinaire, dit-on, est un châtiment *sui generis* qui diffère, tant dans son application matérielle qu'en raison du caractère spécial de la juridiction chargée de l'appliquer, des peines proprement dites déterminées d'avec les peines pénales. Les poursuites disciplinaires n'intéressent pas l'ordre social, mais seulement la corporation, jalouse de conserver intactes ses traditions d'honorabilité. Les peines sont infligées non par les juridictions de répression, mais par une sorte de conseil de famille composé des pairs ou des chefs hiérarchiques de l'inculpé, d'après les règles et les usages spéciaux d'une certaine catégorie de citoyens, composant une corporation, et non d'après les règles et les usages communs à toute la nation. Enfin le châtiment n'est pas public ; il reste ignoré de la plupart et n'est guère connu que des membres de la corporation qu'il intéresse. Peu importe qu'elles soient infligées par le conseil de discipline particulier de la corporation ou par le tribunal en audience publique ; les peines disciplinaires ne prennent pas pour cela le caractère des peines du droit commun, elles conservent leur caractère propre, et par conséquent, doivent échapper à toute mesure de grâce sans qu'on ait à se préoccuper de la juridiction qui les a édictées (Gouraincourt, p. 54).

**11.** Le système contraire, qui étend le droit de grâce aux peines disciplinaires, invoque d'abord l'absence de toute restriction dans les dispositions qui attribuent le droit de grâce au chef de l'Etat. Nulle disposition, dit-on, n'exprime que le droit de grâce ne doit être appliqué qu'aux peines prononcées par les tribunaux ordinaires et non à celles qui émanent des autorités particulières chargées de la discipline des compagnies et corporations. Ces autorités sont d'ailleurs constituées par la loi, et c'est en vertu des pouvoirs que celle-ci leur confère spécialement qu'elles prononcent les peines disciplinaires ; elles rendent de véritables jugements entourés de toutes les garanties et de toutes les formalités exigées pour les sentences rendues par les tribunaux ordinaires. Sans doute, ces jugements sont le plus souvent rendus à huis' clos ; mais la loi prévoit de nombreux cas où les tribunaux de répression peuvent statuer en dehors de la présence du public, et cette circonstance ne modifie en rien le caractère de la condamnation qu'ils imposent. Le châtiment, objecte-t-on, n'est pas public. C'est là une erreur, la sentence est communiquée au parquet et elle est aussi connue que la plupart des condamnations correctionnelles. Enfin les peines que prononcent les tribunaux ou les chambres de discipline ne sont pas arbitraires ; elles sont déterminées par la loi. Pourquoi, dès lors, refuser à ceux qui ont été frappés d'une peine disciplinaire le bénéfice de la grâce qui est accordée à toutes les catégories de condamnés quelle que soit la gravité du crime (V. J. Legoux, *Du droit de grâce*, p. 121 et suiv.).

**12.** Nous croyons, pour notre part, ce système préférable et nous sommes portés à reconnaître au président de la République le droit de grâcier les condamnés à des peines disciplinaires. Ces peines, en effet, si elles sont d'une nature spéciale, n'ont sont pas moins des peines, n'en constituent pas moins une expiation de la faute à laquelle l'autorité à le droit de renoncer. L'intérêt social, quoiqu'on en dise, et non pas seulement l'intérêt des corporations, est engagé dans les questions disciplinaires. C'est en raison même de cet intérêt que le pouvoir de punir est conféré aux chambres disciplinaires des corporations et que les tribunaux exercent également le pouvoir disciplinaire. Enfin ne serait-il pas étrange que l'auteur du crime le plus grave puisse bénéficier d'une mesure d'indulgence, alors que l'auteur d'une infraction qui échappe à toute répression criminelle ou correctionnelle serait exclu de ce bénéfice? Ne doit-on pas envisager le cas où la clémence du chef de l'Etat aura à réparer une erreur ou une injustice?

**13.** On a vu au *Rép.* n° 22 que le bannissement pouvait, parmi les peines infamantes; être l'objet d'une grâce, tandis que la dégradation civique; l'interdiction temporaire de certains droits civils et la surveillance de la haute police, généralement considérées comme des incapacités légales plutôt que comme de véritables peines, n'étaient pas, dans l'opinion la plus suivie, susceptibles d'être effacées par une décision gracieuse. Il en est toujours ainsi de la dégradation civique et de l'interdiction temporaire de certains droits. Mais l'art. 48 c. pén., modifié par la loi du 23 janv. 1874, avait formellement admis que la surveillance de la haute police pourrait être remise ou réduite par voie de grâce. Depuis lors, la peine de la surveillance a disparu de nos codes par l'effet de la loi du 27 mai 1885 (art. 19, D. P. 85. 4. 58) sur la rélégation, et a été remplacée par la défense faite au condamné de paraître dans les lieux dont l'interdiction lui sera signifiée par le Gouvernement avant sa libération. Comme la surveillance de la haute police, l'interdiction de séjour créée par la loi du 27 mai 1885 est susceptible d'être levée par une mesure gracieuse. Le paragraphe 4 de l'art.19 de cette loi dispose en effet que : « restent applicables pour cette interdiction les dispositions antérieures qui réglaient l'application où la durée, ainsi que la remise ou la suppression de la surveillance de la haute police ».

**14.** Aux termes de l'art. 8 de la loi du 30 mai 1854, sur l'exécution de la peine des travaux forcés (D. P. 54. 4. 90), tout individu condamné à moins de huit années de travaux forcés est tenu, à l'expiration de sa peine, de résider dans la colonie pendant un temps égal à la durée de sa condamnation, et toute sa vie, si la condamnation a été supérieure à huit années. Cette obligation ne cesse pas par l'effet de la grâce qui relève le condamné de la peine des travaux forcés, à moins que les lettres de grâce ne l'en relèvent par une disposition formelle (L. 31 mai 1854, art. 8, § 3). Rien ne s'oppose d'ailleurs à ce que le condamné gracié des travaux forcés et non dispensé de l'obligation de résidence soit, ultérieurement, l'objet d'une nouvelle mesure qui le relève de cette dernière obligation (V. Gouraincourt, p. 38).

**15.** Les mêmes règles sont applicables à la peine de la rélégation, c'est-à-dire de l'internement perpétuel sur le territoire de certaines colonies ou possessions françaises, des condamnés récidivistes ayant encouru certaines condamnations déterminées par l'art. 4 de la loi du 27 mai 1885 (D. P. 85. 4. 58) (art. 1). Aux termes de l'art. 15 de cette loi, « en cas de grâce, le condamné à la rélégation ne pourra en être dispensé que par une disposition spéciale des lettres de grâce. Cette dispense par voie de grâce pourra d'ailleurs intervenir après l'expiration de la peine principale ».

**16.** L'affichage des jugements et leur insertion dans les journaux, fréquemment ordonnés par les tribunaux, constituent-ils une peine qui puisse être remise par la voie de la grâce? — La négative n'est pas douteuse toutes les fois que l'affichage ou l'insertion sont ordonnés à la requête de la partie lésée, à titre de réparation du préjudice qu'elle a subi ; en ce cas, en effet, l'affichage constitue une réparation civile au même titre que les dommages-intérêts et ne peut par conséquent faire l'objet d'une mesure gracieuse. Mais il en est autrement, lorsque l'affichage est ordonné en vertu d'une disposition expresse de la loi, à titre de peine, comme par exemple dans le cas prévu par l'art. 6 de la loi du 27 mars 1851 relative à la répression de la fraude dans la vente des marchandises.

**17.** La solidarité qui frappe les personnes condamnées simultanément à l'amende en vertu de l'art. 55 c. pén. peut être remise par la voie de la grâce. Lorsque tous les condamnés, dans une même affaire, sont l'objet d'une mesure gracieuse, la remise de l'amende profite à tous puisque tous sont dispensés de payer l'amende. Mais si l'amende était remise à un seul ou à quelques-uns des condamnés, cette remise n'en profiterait pas moins aux autres. Sans doute les condamnés qui n'ont pas été l'objet de la mesure gracieuse restent tenus solidairement des amendes qu'ils ont les uns et les autres encourues, mais le montant total de la somme qui peut leur être réclamée doit être réduit du montant de l'amende prononcée contre l'individu gracié (Gouraincourt, p. 40-41).

**18.** Les amendes, d'ailleurs, ne sont pas toutes susceptibles d'être remises par la grâce. Il faut distinguer entre celles qui ont le caractère de peines proprement dites et celles qui ont le caractère de réparations civiles. Les premières seules peuvent être remises par voie gracieuse. Parmi les secondes, il faut ranger celles qui sont édictées par divers articles du code civil, du code de procédure civile, et par quelques lois particulières, contre les officiers ministériels, les parties défaillantes, les témoins, etc., bien qu'à l'égard de quelques-unes de ces amendes la chancellerie ait admis la recevabilité d'un recours en grâce (V. Gouraincourt, p. 42-43); enfin les amendes prononcées à la requête des administrations publiques des Contributions indirectes, des Douanes, des Forêts, des Postes, de l'Enregistrement, etc. La grâce toutefois, est inopérante au point de vue de l'amende lorsque celle-ci a été payée avant la remise du recours en grâce, lorsqu'elle est prescrite, ou lorsque, par le décès du condamné, elle a perdu son caractère pénal pour revêtir celui d'une dette de la succession (V. *infrà*, n° 46, et *Rép.* n° 53).

**19.** La confiscation, qui est une peine commune aux matières criminelles et correctionnelles, est, en principe, susceptible d'être remise par la voie de la grâce, et les objets saisis ou confisqués sont alors rendus au condamné. Mais il est des cas où la grâce ne peut produire cet effet, notamment, dans les cas prévus par l'art. 423 c. pén. et l'art. 5 de la loi du 21 mars 1851, où la loi prescrit la destruction des objets confisqués, et ceux où la confiscation est prononcée par les tribunaux, à titre de dommages-intérêts, comme dans les cas prévus par l'art. 240 c. com. et 49 de la loi du 5 juill. 1844 sur les brevets d'invention (V. Gouraincourt, p. 45).

**20.** La contrainte par corps n'est pas une peine proprement dite, mais une voie d'exécution, que la loi du 22 juill. 1867 a laissé subsister en matière criminelle, correctionnelle et de simple police, pour assurer le payement des amendes prononcées au profit de l'Etat, et les restitutions et dommages-intérêts qui peuvent être imposés aux condamnés (V. *supra*, v° *Contrainte par corps*, n°s 23 et suiv.). A ce titre, elle ne peut être remise par la grâce, mais lorsqu'elle n'a été infligée que pour garantir le payement d'une amende, elle disparaît nécessairement lorsque l'amende est elle-même effacée par une mesure gracieuse.

## § 5. — Des diverses espèces de grâces. — Conditions; commutation ou substitution de peine; refus; révocation; caractère individuel ou collectif (*Rép.* n°s 23 à 35).

**21.** La grâce, comme on l'a exposé au *Rép.* n° 23, peut être pleine et entière ou seulement partielle; elle peut également être pure et simple ou subordonnée à certaines conditions. Il faut, à ce dernier point de vue, faire une distinction entre les conditions suspensives dont il a été parlé au *Rép.* n° 23 et les conditions résolutoires. Les premières subordonnent l'octroi de la grâce à l'accomplissement préalable par l'impétrant d'un acte déterminé : les secondes en subordonnent le maintien à l'abstention par le gracié de tel ou tel acte qui lui ferait perdre le bénéfice de la mesure dont il a été l'objet. Mais si la nature de la grâce ne répugne nullement à l'adjonction d'une condition, soit suspensive, soit résolutoire, il est fort rare, pour ne pas dire plus, qu'il en soit imposé dans la pratique et surtout que la grâce soit grevée d'une condition résolutoire. « Il semble, en effet, dit M. Gouraincourt, p. 92, qu'il y ait quelque chose de choquant à gracier un individu pour lui retirer ultérieurement, bien que ce soit par sa faute; une faveur dont, à un moment donné, il a paru réellement digne. La grâce contient pour ainsi dire en elle-même un ensemble de qualités tellement définitives et irrévocables qu'il répugne au bon sens de la voir révoquer lorsque le condamné en a déjà éprouvé le bénéfice ». Les conditions suspensives ne sont guère non plus, imposées d'une manière officielle. « Si, dit encore M. Gouraincourt (*ibid.*), d'après l'examen d'une demande en grâce il a paru bon d'exiger du condamné l'accomplissement préalable de telle ou telle condition, celui-ci est informé officieusement, par l'intermédiaire des parquets, que son recours en grâce ne pourra être utilement examiné que lorsqu'il aura satisfait aux prescriptions indiquées. S'y soumet-il volontairement, la grâce pure et simple est alors provoquée; refuse-t-il, au contraire, de remplir la condition imposée, sa demande en grâce est rejetée ». Il est cependant un cas où la grâce partielle est subordonnée à une condition résolutoire; c'est le cas où l'amende est substituée à l'emprisonnement. Si l'amende fixée par le décret de grâce est payée dans le délai qu'il impartit, la commutation de peine devient définitive et irrévocable; dans le cas contraire, la grâce est révoquée pour inexécution de la condition et la condamnation originaire revit avec toutes ses conséquences légales. Telle est du moins la jurisprudence suivie par la chancellerie (V. Gouraincourt, p. 96).

**22.** On peut également prévoir une grâce accordée *à terme*, c'est-à-dire qui soit renvoyée, pour son exécution, à une date ultérieure. Mais si aucune raison juridique ne s'oppose à cette sorte de grâce, elle est, comme la grâce conditionnelle extrêmement rare dans la pratique. Elle présente, en effet, un grave inconvénient comme produisant d'ores et déjà un droit acquis au profit du condamné, dont la conduite pourra ultérieurement devenir défectueuse et être très mauvaise au moment où l'échéance du terme lui rendra la liberté.

**23.** Il faut appliquer à la dégradation civique, qui est l'accessoire d'une peine principale, ce qui a été dit au *Rép.* n° 25, de la mort civile. La dégradation civique est, comme la mort civile, plutôt une déchéance légale qu'une peine proprement dite et ne peut être retranchée par une décision gracieuse du chef de l'Etat (V. *infra*, n°s 40 et suiv.).

**24.** Au cas de commutation de peine, le président de la République ne peut, comme on l'a vu au *Rép.* n°s 26 et 27, ni substituer à la peine une peine plus forte, ni attacher à la peine substituée une peine accessoire qui aggraverait la peine commuée au lieu de l'affaiblir; il ne peut pas plus imposer au condamné une peine autre que celles qui sont édictées par notre législation pénale, ni substituer à la peine commuée une peine d'une autre nature que celle qui aurait été primitivement infligée. Une peine criminelle peut être commuée en une peine correctionnelle, une peine afflictive et infamante en une peine infamante seulement, une peine perpétuelle en une peine temporaire de même nature; mais la peine des travaux forcés ne saurait être commuée en

détention, où la peine de l'emprisonnement en bannissement. « Il y a, dit M. Gouraincourt, p. 25; entre ces peines de nature différente, une telle dissemblance de caractère et de destination, que tout rapprochement et toute comparaison entre elles est juridiquement impossible ».

**25.** On a vu au *Rép.* n° 28 que la question de savoir si la grâce pouvait être refusée par le condamné qui en est l'objet, devait être négativement résolue. Cette solution n'est plus guère contestée aujourd'hui et on reconnaît que le droit de grâce, qui appartient au chef de l'Etat, a pour fondement des principes trop élevés et un intérêt social trop puissant, pour qu'il soit permis à un particulier, quel que soit son intérêt direct, d'y faire obstacle (Legoux, p. 22; Gouraincourt, p. 101).

**26.** Les grâces sont *individuelles* ou *collectives*. Nous n'avons pas à revenir sur les explications qui ont été données à cet égard au *Rép.* n° 30, non plus que sur ce qui a été dit des recours en grâce et des recommandations, de l'effet du recours sur l'exécution de la condamnation, etc. (*Rép.* n°s 31 et suiv.), dans le cas de grâces individuelles. Nous aurons au contraire à signaler certaines modifications dans la procédure administrative, qui précède les grâces collectives et qui a été exposée au *Rép.* n° 34. Actuellement, les condamnés détenus dans les maisons de répression, que leur conduite rend susceptibles d'être graciés par le président de la République, sont chaque année, à la fin de décembre, proposés par les directeurs des maisons centrales aux préfets qui transmettent ces propositions, avec leur avis, au ministre de l'intérieur dès les premiers jours de janvier; celui-ci les fait à son tour parvenir, avec son avis, au ministre de la justice, au commencement de février. Les propositions qui ont pour objet les condamnés aux travaux forcés transportés dans les colonies pénitentiaires sont envoyées au ministre de la marine qui les fait, comme le ministre de l'intérieur pour les propositions relatives aux condamnés détenus en France, parvenir au ministre de la justice. Celui-ci communique alors aux parquets les diverses propositions qui lui parviennent à l'effet d'obtenir sur chacun des condamnés les renseignements nécessaires à éclairer la décision définitive. Actuellement, en général, les grâces collectives sont accordées pour le 14 juillet.

**27.** Tout en laissant aux directeurs des pénitenciers et des maisons centrales une certaine latitude pour la désignation des condamnés qu'ils jugent susceptibles d'être graciés, l'Administration, comme on l'a signalé au *Rép.* n° 34, leur recommande d'observer certaines règles. Ainsi : 1° on ne doit pas proposer pour la grâce plus de 10 pour 100 sur la totalité des détenus de la prison; 2° on ne doit présenter aucun récidiviste; 3° les condamnés à temps ne doivent être proposés que s'ils ont été frappés de plus d'un an d'emprisonnement et lorsqu'ils ont subi la moitié de leur peine; 4° on ne présente les détenus déjà graciés que lorsqu'ils ont subi la moitié de la peine leur restant à subir, déduction faite du temps remis par la grâce; 5° les condamnés aux travaux forcés à perpétuité ne doivent être l'objet de propositions qu'après dix années de détention et si la peine des travaux forcés à perpétuité a été commuée, que lorsqu'ils ont subi la moitié au moins de la peine substituée. Il n'est apporté d'exception à ces règles que dans le cas où un condamné aurait rendu un service signalé à l'Administration.

## § 6. — Préparation, expédition, entérinement des lettres de grâce (*Rép.* n°s 36 à 42).

**28.** La procédure relative à l'instruction des recours en grâce n'a pas subi de changements importants depuis la publication du *Répertoire* (n° 36). Les demandes ou recours en grâce sont adressées soit au président de la République, soit au ministre de la justice, par le condamné, ses parents, ses amis ou même toute personne qui lui porte intérêt. Le recours en grâce peut être écrit sur papier libre.

**29.** L'instruction des recours est confiée à un bureau spécial du ministère de la justice, dépendant de la direction des affaires criminelles et des grâces. Avant 1875 les recours n'étaient soumis à une instruction complète qu'autant qu'ils ne paraissaient pas, après un examen sommaire du bureau des grâces, impropres à recevoir aucune suite. Cette pratique n'était pas sans danger : il pouvait arriver que des recours, méritant d'être accueillis, fussent écartés, soit parce qu'ils n'étaient pas suffisamment appuyés, soit parce que l'inexpérience des requérants avait pu laisser dans l'ombre les circonstances propres à déterminer une mesure d'indulgence. Une circulaire du 25 juin 1875, rédigée par M. Dufaure, alors ministre de la justice, a remédié à cet état de choses en prescrivant de soumettre tous les recours, sans distinction, à une instruction régulière et d'en faire l'objet d'un rapport spécial.

**30.** Chaque recours donne lieu à une demande de renseignements adressée au procureur général du ressort dans lequel la condamnation a été prononcée; le directeur des affaires criminelles et des grâces peut d'ailleurs, lorsque les renseignements, qui parviennent ainsi, ne lui paraissent pas suffisamment concluants, réclamer la communication du dossier de l'affaire. Le ministre de la justice demande, en outre, des renseignements et l'avis personnel de son collègue de la marine, lorsqu'il s'agit de condamnés qui subissent leur peine dans une colonie et en général, du ministère compétent, lorsqu'il s'agit d'infractions à des lois spéciales dont l'exécution ressortit aux divers services des différents ministères (Gouraincourt, p. 66).

**31.** Les recours en grâce formés par des individus condamnés par les juridictions militaires ou maritimes sont instruits par les ministères de la guerre et de la marine et présentés par ces ministres à la signature du président de la République; sauf cette exception, les recours formés à l'occasion de toutes autres condamnations sont soumis au président par le ministre de la justice.

**32.** Lorsqu'il s'agit de condamnations capitales prononcées par des juridictions militaires ou maritimes, les recours en grâce, examinés par les ministres de la guerre ou de la marine, doivent être communiqués pour avis au ministre de la justice (Décr. 10 juill. 1852), avis qui doit être spécialement mentionné dans le rapport présenté au président de la République.

**33.** Les condamnations capitales, prononcées par les juridictions ordinaires, donnent lieu à une instruction spéciale : aussitôt qu'une condamnation est prononcée, les chefs de parquet doivent transmettre immédiatement leur rapport à la chancellerie avec toutes les pièces de la procédure et faire connaître leur avis personnel sur l'opportunité d'une mesure de clémence comportant une commutation de peine. Il n'est donc pas nécessaire que le condamné ait signé un recours en grâce, ou soit l'objet d'une demande de grâce, pour que l'opportunité d'une mesure d'indulgence soit examinée par le bureau des grâces. A l'avis du procureur général, vient s'ajouter celui du président des assises consigné dans son rapport au ministre de la justice. Enfin après avoir été étudié par le bureau des grâces, le dossier est l'objet d'un examen fait par le conseil d'administration du ministère de la justice qui émet un avis motivé ; la délibération de ce conseil est ensuite soumise au garde des sceaux qui inscrit, sur le procès-verbal qui le constate, son avis personnel et remet le dossier au président de la République.

**34.** On a vu au *Rép.* n° 37, que depuis 1831 on ne pro-

cédait plus à la formalité de l'entérinement des lettres de grâce que dans le cas où il s'agit de la commutation de la peine capitale. Cette pratique est toujours suivie. Dans tous les autres cas, les décisions rendues par le président de la République sont simplement communiquées aux procureurs généraux et aux ministres dont l'avis a été demandé, soit que la grâce soit accordée soit qu'elle soit refusée. En cas de rejet du recours, les procureurs généraux sont chargés d'assurer l'exécution des condamnations, et, si le recours a reçu un accueil favorable, de prendre les mesures nécessaires à l'exécution de la décision présidentielle.

**§ 7. — Effets de la grâce. — De la commutation de peine**
*(Rép. nos 43 à 56).*

**35.** Nous nous référerons purement et simplement aux explications qui ont été fournies au *Rép.* nos 43 et 44 sur les effets généraux, que produit le grâce au point de vue de la condamnation, de la culpabilité en cas de récidive, etc. La sentence judiciaire subsiste avec toutes ses conséquences légales, le fait matériel qui l'a motivée n'est pas pas effacé, la peine seule est remise.

**36.** Aux termes des art. 365 et 379 c. instr. crim., qui consacrent le principe du non-cumul des peines, l'individu coupable de plusieurs crimes ou délits est condamné à la peine la plus forte et ne peut plus être mis en jugement pour un crime antérieur qui viendrait à être révélé, que si ce crime mérite une peine plus forte que celle qu'il a encourue ou s'il a des complices en état d'arrestation. Mais qu'arriverait-il si le condamné à la peine capitale, à la charge duquel un crime antérieur, méritant également la peine capitale, aurait été découvert, avait été l'objet d'une commutation de peine et subissait la peine des travaux forcés, par exemple, au moment où il est de nouveau mis en jugement? Dans un arrêt du 15 oct. 1845 (*Rép.* n° 45), la cour de cassation avait décidé que la remise ou la commutation de la peine infligée par la première condamnation, ayant pour seul effet de dispenser le condamné de la peine encourue et non d'effacer la condamnation, ne permettait pas de lui infliger à nouveau la peine capitale.

**37.** Un arrêt de la cour d'assises de la Seine rendu dans le même sens (30 août 1880) (1) a donné lieu à d'assez vives critiques. Les art. 365 et 379 c. instr. crim., a-t-on dit, ne s'opposent nullement à ce que le ministère public intente de nouvelles poursuites à l'occasion de crimes antérieurs à celui qui a donné lieu à la condamnation capitale. Les culpabilités s'absorbent pas, elles s'additionnent et se cumulent, mais les peines ne se cumulant pas, la peine la plus forte sera seule exécutée. Telle est la véritable signification des art. 365 et 379 c. instr. crim. Lorsqu'après une première condamnation capitale, la grâce intervient, la peine encourue disparaît ; la décision gracieuse est en quelque sorte substituée à l'arrêt de condamnation et si celui-ci subsiste au point de vue de la reconnaissance de la culpabilité, il a cessé d'exister au point de vue de la peine. Dès lors, lorsqu'une commutation de peine est intervenue en faveur d'un condamné à la peine la plus élevée au moment où le crime

---

(1) (Abadie.) — Le nommé Abadie, condamné à la peine de mort pour un assassinat commis en avril 1879, avait obtenu une commutation de cette peine en celle des travaux forcés à perpétuité. Traduit de nouveau en cour d'assises, avec des complices, pour un assassinat commis trois mois auparavant, en janvier 1879, il fut déclaré coupable par le jury. Le ministère public requit l'application des art. 365 et 379 c. instr. crim., et la condamnation d'Abadie seulement aux frais de la procédure. LA COUR; — En ce qui concerne Abadie : — Considérant que le fait déclaré constant par le jury constitue le crime d'assassinat prévu et puni par l'art. 302 c. pén.; — Considérant que le crime d'assassinat emporte la peine de mort; — Mais considérant qu'Abadie a déjà été condamné à cette peine par arrêt de la cour d'assises de la Seine, en date du 30 août 1879 ; — Que, d'après les principes du droit pénal, énoncés dans l'art. 365 c. instr. crim., les individus condamnés pour plusieurs crimes ou délits ne doivent pas être frappés de peines diverses en raison de chaque crime ou délit, mais que la peine la plus forte seule doit leur être appliquée; — Qu'en conséquence de ce principe, le condamné à la peine de mort, maximum des peines édictées par nos lois, purge par l'effet de cette condamnation non seulement le crime pour lequel il a été condamné, mais encore tous les crimes

et délits antérieurs qui auraient pu être commis par lui précédemment à sa condamnation; — Que la seule appréciation réservée à la cour consiste donc à savoir si l'assassinat de la veuve Bassengeaud pour lequel Abadie a été condamné à mort, le 30 août 1879, était antérieur ou postérieur en date à l'assassinat de Lecercle qui fait l'objet de la présente déclaration du jury; — Considérant, en fait, que la veuve Bassengeaud a été assassinée par Abadie le 17 avr. 1879, tandis que Lecercle avait été assassiné par lui trois mois et demi auparavant, à la date du 3 janvier, même année; — Que si, par suite d'une commutation de peine, intervenue le 11 nov. 1879, la peine de mort prononcée contre Abadie n'a pas été exécutée, cette décision gracieuse du chef de l'Etat, et prise par lui en vertu du droit de grâce qui lui est propre, ne saurait modifier le caractère légal de la condamnation prononcée; — Qu'il n'y a donc pas lieu dans l'espèce de faire à Abadie l'application de la peine, mais seulement de le condamner aux frais de la procédure; — Dit n'y avoir lieu à prononcer aucune peine contre Abadie; — Condamne Abadie aux frais de la procédure, etc.
Du 30 août 1880.-C. d'ass. de la Seine.-MM. Bérard des Glajeux, pr.-Bertrand, av. gén., Danet, av.

antérieur est révélé à la justice et poursuivi par elle, c'est d'après la peine que l'accusé subit à ce moment, et non d'après celle qui a été primitivement prononcée que la comparaison des peines doit être faite ; si donc pour le second crime il a encouru la peine de mort, celle-ci doit être prononcée sans qu'on ait à se préoccuper de la question de savoir si cette peine lui a déjà été infligée, dès l'instant, qu'au moment du procès, l'accusé subit une peine moindre. Admettre que la première condamnation capitale fasse, en ce cas, obstacle à une seconde condamnation à la même peine, c'est étendre le bienfait de la grâce à un fait étranger à celui pour lequel elle a été accordée. Rien n'est plus arbitraire : il est possible que cette grâce ait été accordée en raison de circonstances particulières qui auraient entouré le premier crime et qui ne se rencontreraient pas dans le second ; et si celui-ci avait été connu du chef de l'Etat, rien ne démontre qu'il eût accordé la grâce dont on excipe, et on doit plutôt supposer qu'il l'aurait refusée. S'il y a lieu à la grâce malgré la pluralité des crimes, une nouvelle mesure de grâce pourra intervenir, mais elle interviendra en connaissance de cause.

**38.** Cette doctrine, qui est suivie en Belgique (V. C. cass. belge, 23 juin 1851, *Pasicrisie*, 1851, p. 378; Hans, *Principes du droit pénal belge*, t. 2, n° 925), repose sur des considérations des plus graves et qui sembleraient à première vue de nature à la faire adopter. Il est certain que la grâce qui a été octroyée en présence d'un crime que certaines circonstances peuvent rendre susceptible d'indulgence, serait très vraisemblablement refusée au cas où un crime antérieur, de même nature et d'une gravité égale, aurait été commis par le condamné ; la pluralité des crimes dénote évidemment chez leur auteur une perversité qui le rend indigne de toute indulgence et l'intérêt social est engagé à ce que la justice suive son cours. Mais, au point de vue purement juridique, la doctrine que nous venons d'exposer a des bases beaucoup moins solides. Sans doute la grâce efface la peine, mais en cela seulement qu'elle constitue une renonciation du pouvoir souverain à l'exécution de cette peine ; elle la laisse au contraire subsister en tant que condamnation. En outre, la disposition de l'art. 379 a surtout pour objet d'éviter des poursuites et des procédures qui n'auraient aucun résultat pratique et qui, une fois la vindicte publique satisfaite par la répression de la faute la plus grave et le prononcé de la peine la plus forte, ne serviraient en rien l'intérêt de la conservation sociale qui justifie le châtiment. Que les dispositions de l'art. 379 c. instr. crim., soient sujettes à critique, qu'on puisse regretter qu'elles n'aient pas prévu l'hypothèse où la grâce étant venue modifier la peine, une seconde condamnation à une peine plus forte que celle qui est réellement subie, mais égale à celle qui a été primitivement prononcée, procurerait un effet utile, nous l'accordons. Mais il n'en est pas moins vrai que cet article existe, que ses termes sont très nets et qu'en matière pénale on ne saurait étendre par voie d'interprétation les termes d'une disposition légale. Or l'art. 379 n'admet de poursuites, pour des faits antérieurs à ceux qui ont été déférés à la justice, qu'autant que ces faits méritent une peine plus grave que les premiers faits connus, ou que l'accusé a des complices en état d'arrestation. Et, lorsque l'accusé a déjà été condamné à la peine capitale, qu'il a été reconnu coupable d'un crime passible de cette peine, peut-on dire que tels faits nouveaux méritent une peine plus élevée ? Si l'art. 379 permet, en pareil cas, de le poursuivre lorsqu'il a des complices en état d'arrestation, n'est-ce pas uniquement parce que sa présence à l'instruction et aux débats est indispensable à l'instruction de l'affaire en ce qui concerne les complices, et à l'appréciation de leur culpabilité ? Ajoutons que la doctrine adoptée par la cour d'assises de la Seine après la cour de cassation est la plus favorable au condamné, et que c'est un principe supérieur de notre législation pénale qu'à défaut d'un texte précis, celui-ci doit bénéficier du doute.

**39.** On avait, au *Rép.* n° 46, signalé la nécessité de faire une distinction, au point de vue des effets de la grâce sur les incapacités légales qui résultent de la condamnation, entre celle qui précéderait et celle qui suivrait l'exécution de la condamnation. Cette distinction est devenue sans objet depuis la revision du code pénal en 1832. D'après l'art. 23 de ce code, l'exécution des peines afflictives et infamantes commence du jour où la condamnation est devenue irrévocable, que la peine soit perpétuelle ou seulement temporaire. La seule distinction qu'on puisse supposer aujourd'hui, serait celle qu'il y aurait lieu de faire entre la grâce accordée avant que la condamnation soit devenue irrévocable et celle qui est accordée après l'irrévocabilité acquise. Mais cette distinction est purement doctrinale. La grâce, en effet, qui précéderait le moment où la condamnation est devenue irrévocable, tout en n'ayant rien d'inconstitutionnel, n'en serait pas moins contraire au principe même et à la nature de la grâce qui suppose, ainsi qu'on l'a vu *suprà*, n° 7, l'existence d'une peine, circonstance qui n'est acquise que lorsque la condamnation est devenue définitive (V. Blanche, *Essais pratiques sur le code pénal*, 2° éd., t. 1, p. 210). Ces sortes de grâce n'étant pas accordées dans la pratique, c'est au point de vue seul de la grâce accordée postérieurement au moment où la condamnation est devenue définitive et au moment où l'exécution du jugement est commencée, qu'il faut se placer. On a vu au *Rép.* n° 47 que la grâce accordée à ce moment ne pouvait faire cesser la mort civile à laquelle la réhabilitation seule était susceptible de mettre fin. Depuis que la loi du 31 mai 1854 a aboli la mort civile et y a substitué l'interdiction légale et la dégradation civique, il y a lieu de faire une distinction entre ces deux sortes de déchéances.

**40.** Il n'est pas douteux que la grâce reste sans effet sur la dégradation civique et que le condamné qui l'a encourue ne puisse en être relevé que par la réhabilitation. « La dégradation civique, disent MM. Aubry et Rau (*Droit civil français*, 4° éd., t. 1, p. 359) cesse par la réhabilitation ou par l'amnistie, mais elle ne prend fin ni par la grâce, ni par l'expiration ou la prescription de la peine principale à laquelle elle est attachée » (V. Blanche, t. 1, p. 212; Gouraincourt, p. 86).

**41.** Mais il en est autrement de l'interdiction légale. — La question ne peut, d'ailleurs, se poser pour l'interdiction légale, qu'autant qu'elle est la conséquence d'une condamnation à une peine perpétuelle et qu'elle frappe le condamné en vertu de la loi du 31 mai 1854. En effet, lorsqu'elle est la conséquence d'une peine temporaire, elle cesse avec la peine ; dès lors, le condamné gracié, de la totalité ou de partie de la peine, cesse d'être en état d'interdiction légale du moment où sa peine prend fin. Lorsqu'elle est la conséquence d'une peine perpétuelle, l'interdiction légale cesse également lorsque cette peine est remise par la voie de la grâce et que le condamné recouvre sa liberté. Cette solution nous paraît résulter des travaux législatifs qui ont préparé la loi du 31 mai 1854 ainsi que du caractère même de l'interdiction légale qui est plutôt une conséquence de l'impossibilité où le condamné se trouve d'exercer ses droits qu'une déchéance proprement dite. « Cette interdiction, disent MM. Aubry et Rau (t. 1, p. 353) qui est un effet virtuel de la condamnation, cesse de plein droit du moment où le condamné s'est trouvé légalement dégagé de la peine soit par son accomplissement, soit par l'amnistie ou la grâce, soit par la prescription ». Elle ne change pas de caractère lorsqu'elle est encourue par application de la loi du 31 mai 1854, cette loi disposant que les condamnations à des peines afflictives perpétuelles emportent la dégradation civique et l'interdiction légale établie par les art. 28, 29 et 31 c. pén. et l'art. 29, disposant à son tour que quiconque aura été condamné à la peine des travaux forcés à temps, sera de plus, *pendant la durée de sa peine*, en état d'interdiction légale. Enfin l'exposé des motifs de la loi du 31 mai 1854 recherche si, en cas de grâce, le condamné doit être maintenu en état d'interdiction légale et s'exprime en ces termes sur ce point : « Faut-il que le gracié soit privé de l'administration de ses biens et de la double autorité que la loi et la nature lui ont donnée sur sa femme et sur ses enfants ? Mais alors, sur quelle personne déverser ces importantes attributions ? Comment organiser cet état nouveau sans précédent législatif, que la science du droit n'a ni élucidé ni défini ? Ne s'exposerait-on pas à des complications, à des embarras infinis qui auraient pour double conséquence la destruction de l'harmonie de nos codes et l'introduction d'un étranger dans le sein de la famille ? » Il est donc bien évident que le législateur de 1854 n'a pas entendu faire survivre l'interdiction légale à l'obtention de la grâce par le condamné à une peine perpétuelle.

**42.** De même qu'elle ne fait pas cesser la dégradation civique, la grâce ne peut relever le condamné à une peine afflictive perpétuelle de l'incapacité dont le frappe l'art. 3 de la loi du 31 mai 1854, de disposer de ses biens par donations entre vifs ou testamentaire, et de recevoir à ce titre. Cette incapacité est un des effets autrefois attachés à la mort civile que le législateur de 1854 a entendu conserver; c'est une déchéance spéciale qui n'est nullement limitée dans sa durée et dont le condamné ne peut être relevé que par la réhabilitation.

**43.** Il résulte des explications qui précèdent que le condamné, gracié d'une peine emportant la dégradation civique ou l'incapacité de disposer de ses biens ou de recevoir à titre gratuit, n'est pas relevé de ces déchéances par la mesure d'indulgence dont il est l'objet. Reste à savoir s'il pourrait en être relevé par une disposition spéciale des lettres de grâce. La négative, qui avait été admise pour la mort civile (*Rép.* n° 51), n'est pas plus douteuse en ce qui concerne les déchéances qui nous occupent; la réhabilitation est la seule voie que le condamné puisse employer pour en être déchargé. — Cette opinion, suivie par la majorité des auteurs (Aubry et Rau, t. 1, p. 359; Demolombe, t. 1, p. 38; Legoux, p. 109), a cependant été contestée par Blanche (t. 1, p. 215). Mais toute l'argumentation de cet auteur est fondée sur la confusion, entre les mains du chef de l'Etat, du pouvoir de faire grâce et d'accorder des amnisties en vertu de la constitution de 1852; il reconnaît lui-même qu'elle serait sans valeur sous un régime analogue à celui qu'avait organisé la constitution de 1848, divisant entre le chef de l'Etat et le pouvoir législatif le droit de grâce et celui d'amnistie; or c'est ce même régime que la constitution de 1875 a établi.

**44.** La grâce ne saurait non plus faire cesser, soit directement, soit indirectement, la déchéance résultant de l'interdiction à temps de certains droits civiques, civils et de famille que les tribunaux peuvent prononcer aux termes des art. 9 et 42 c. pén. (Crim. cass. 30 janv. 1862, aff. Peretti, D. P. 62. 1. 199; Aubry et Rau, t. 1, p. 360).

**45.** La grâce n'ayant aucun effet relativement à la dégradation civique, il en résulte que le condamné dont la peine a été ultérieurement commuée ne peut prétendre que cette commutation a eu pour effet de faire revivre ses droits à une pension de retraite (Cons. d'Et. 14 nov. 1873, aff. Lacroix, D. P. 74. 3. 68, et 31 mars 1882, aff. Guichard, D. P. 83. 3. 70). Mais la commutation d'une peine emportant l'interdiction légale en une peine qui ne comporte pas cette interdiction, remettrait, à notre avis, le gracié en possession des droits dont la condamnation l'avait privé; cette déchéance cessant comme on l'a, vu *supra*, n° 41, avec la peine à laquelle elle est attachée, doit évidemment prendre fin lorsque la peine substituée ne la comporte plus, aussi bien que lorsque la grâce a été pleine et entière.

**46.** L'amende payée n'est pas restituée lorsque le condamné est gracié, si elle a été encaissée par le Trésor (*Rép.* n° 53). La grâce n'a pas non plus pour effet la remise des frais de justice, dont l'amnistie même ne décharge pas le condamné (V. *supra*, v° Amnistie, n° 48).

**47.** La grâce n'a aucun effet vis-à-vis des tiers (*Rép.* n° 56. V. également *supra*, v° *Amnistie*, n°s 43 et suiv.). Elle réserve absolument leurs droits. Toutefois ces droits ne peuvent faire obstacle à l'octroi de la grâce, et si, dans la pratique, on ne propose les condamnés pour la grâce qu'autant qu'ils ont satisfait aux condamnations civiles qu'ils ont encourues, c'est là une simple mesure administrative qui ne constitue aucun droit pour les tiers et ne saurait imposer aucune restriction au pouvoir du chef de l'Etat. On admet même que le, mari dont la femme a été emprisonnée pour adultère ne saurait, en droit, s'opposer à ce qu'elle fût l'objet d'une mesure de grâce (V. Gouraincourt, p. 88).

## Table sommaire

### des matières contenues dans le Supplément et le Répertoire.

## Table chronologique des Lois, Arrêts, etc.

## GRAINS.

### Division

§ 1. — Notions économiques; historique et législation (n° 1).
§ 2. — Législation étrangère (n° 3).
§ 3. — Droit actuel, production et commerce des grains (n° 4).

### § 1er. — Notions, économiques; historique et législation (Rép. n°s 3 à 38).

**1.** — 1° *Notions économiques* (Rép. n°s 3 à 6). — En ce qui concerne la protection et le libre échange, V. *supra*, v^is *Économie politique*, n°s 20 et suiv.; *Douanes*, n°s 1 et suiv.

**2.** — 2° *Historique et législation* (Rép. n°s 7 à 38). — Ainsi que nous l'avons vu *supra*, v° *Douanes*, n°s 3 et 10, la législation sur les céréales a été modifiée par la loi du 15 juin 1861 (D. P. 61. 4. 75) qui a supprimé l'*échelle mobile* et substitué à ce système un tarif d'entrée très modéré combiné avec une entière franchise d'exportation. Ce système, qui est toujours en vigueur, ne sera pas, selon toute apparence, sensiblement modifié par la revision du tarif général des douanes en ce moment soumise au Parlement.

Plusieurs lois et décrets relatifs au régime des grains et farines, à leur importation et exportation, ont été promulgués depuis la publication du *Répertoire*; ils sont tous insérés à leur date dans le *tableau chronologique de la législation relative aux douanes* (V. *supra*, v° *Douanes*, p. 533 et suiv.).

### § 2. — Législation étrangère (Rép. n°s 39 à 43).

**3.** V. *Rép.* n°s 39 et suiv.

### § 3. — Droit actuel, production et commerce des grains (Rép. n°s 44 à 69).

**4.** — 1° *Production des grains* (Rép. n°s 46 à 58). — Ainsi que nous l'avons dit au *Rép.* n°s 48 et suiv., la loi du 6 mess. an 3 prohibait toutes les ventes de grains en vert et pendants par racines, sous peine de confiscation des grains et fruits vendus. Nous avons exposé (*loc. cit.*) les motifs qui avaient guidé le législateur de l'an 3, renouvelant à cet égard les anciens édits royaux, et examine la question de savoir si cette loi avait été abrogée tant par celle du 21 prair. an 5, qui établissait la liberté du commerce des blés, que par l'art. 1598 c. civ., aux termes duquel tout ce qui est dans le commerce peut être vendu, lorsque des lois particulières n'en ont pas prohibé l'aliénation. La question ne saurait plus faire doute depuis que l'art. 14 de la loi du 9 juill. 1889 sur le code rural (tit. 2 et 3) (D. P. 90. 4. 20) a formellement abrogé la loi du 6 mess. an 3. La vente des blés en vert et toutes transactions relatives sont donc aujourd'hui permises. « Cette prohibition, dit le rapporteur de la loi du 9 juill. 1889, avait la prétention de prémunir contre un trop facile entraînement les cultivateurs besogneux, tentés de vendre leur récolte à vil prix pour réaliser un gain immédiat. Mais cette protection à outrance qui n'avait jamais pu durer, même sous l'ancien régime, est trop contraire à nos mœurs modernes pour produire des effets utiles » (D. P. 90. 4. 22, note 8). L'abrogation de la loi de messidor n'a fait qu'en consacrer la désuétude (*ibid.*). — V. *supra*, v° *Droit rural*, n° 101.

Avant la loi du 9 juill. 1889, il avait été jugé, outre les décisions rapportées au *Rép.*, n°s 52 et suiv.: 1° qu'il n'avait pas contrevenu aux lois prohibitives de la vente des blés en vert par l'acte de liquidation dans lequel un mari aban-

donnait à sa femme séparée de biens les blés en herbe, à charge par celle-ci de payer le fermage (Angers, 17 juill. 1846, aff. Pérardel-Brochard, D. P. 49. 2. 65); — 2° Que la loi du 6 mess. an 3, prohibitive de la vente des blés en vert pendants par racines, abrogée comme loi pénale, conservait sa force sous le rapport de ses dispositions civiles, et qu'en conséquence, la nullité de la vente des grains en vert ne faisait pas obstacle à ce que ces grains ultérieurement l'objet d'une saisie-brandon, du chef des créanciers du vendeur (Toulouse, 12 déc. 1846, aff. Longuenha, D. P. 49. 2. 65); — 3° Que les récoltes pendant par racines peuvent être vendues à l'amiable (notamment à la femme du propriétaire, pour la remplir de ses reprises après une séparation judiciaire) pendant les six semaines précédant l'époque ordinaire de la maturité, dans lesquelles elles peuvent être l'objet d'une saisie-brandon: la disposition de la loi du 6 mess. an 3 qui prohibe la vente des grains en vert peut d'être applicable à ce cas (Bourges, 28 janv. 1867, aff. Mauduit, D. P. 67. 5. 460).

**5.** Quant à la vente des grains, blés et farines en général, elle est régie par les principes du code civil au titre de la *vente*. V. *infra*, v° *Vente*.

**6.** La loi, avons-nous dit au *Rép.* n° 58, a pris des précautions pour préserver les grains sur pied ou dans les champs de tous dégâts et de toute soustraction (c. pén. art. 444 à 445). Ces dispositions indépendantes de l'abrogation de la loi de messidor sont toujours en vigueur. V. à cet égard *supra*, v^is *Dommage-destruction-dégradation*, n°s 123, 128 et suiv., et suiv.; *Droit rural*, 142 et suiv.

**7.** — 2° *Commerce intérieur des grains* (Rép. n° 59 à 67). — Ainsi que nous dit au *Rép.* n° 60, les lois du 10 vend. an 4 et du 16 prair. an 3 rendaient les communes responsables de tous dégâts ou pillages de grains ayant lieu sur leur territoire. Ces lois ont été abrogées par la loi municipale du 5 avr. 1884 (D. P. 84. 4. 25) et remplacées par les dispositions des art. 106, 107, 108 et 109 de ladite loi qui, tout en maintenant le principe, en atténuent considérablement la rigueur. Sur cette question de la responsabilité des communes. V. d'ailleurs *supra*, v° *Commune*, n°s 1290 et suiv. et *infra*, v° *Responsabilité*.

**8.** Quoique le principe de la libre circulation des grains fasse depuis longtemps partie de notre droit public, au même titre que celui de la liberté du travail et de l'industrie, quelques restrictions, avons-nous vu au *Rép.* n° 61 et suiv., sont apportées à cette liberté dans l'intérêt public, principalement par les arrêtés municipaux. V. sur cette question ce que nous avons dit relativement à la police des marchés, v° *Commune* tant au *Rép.* n°s 1084 et suiv. que *supra*, eod. v°, n°s 672 et suiv. Outre les arrêts rapportés cet égard tant aux endroits susindiqués qu'au *Rép.* v° *Grains*, n°s 62 et suiv., il a encore été décidé: 1° que l'arrêté municipal prescrivant la conduite au marché de toutes les denrées d'une certaine nature destinées à la consommation locale et applicable au boulanger qui achète des farines et du blé pour les livrer à la circulation après les avoir transformés en pain (Req. 5 mars 1860, aff. Burcklen, D. P. 60. 1. 178); — 2° Qu'il y a contravention à l'interdiction de vendre en dehors des marchés sur les voies publiques dans le fait de se livrer sur ces voies, même aux simples *actes préliminaires de la vente*; par exemple, dans le fait de marchander, durant le trajet, des blés qu'on amène au marché (Crim. cass. 28 sept. 1855, aff. Abd-el-Kader-ben-Soukaki, D. P. 55. 1. 414); — 3° Qu'il est ainsi, dans le cas surtout où l'arrêté défend aux commerçants de se transporter sur les routes pour y attendre les marchands et leur acheter des grains avant leur arrivée au marché (Crim. cass.

21 août 1857, aff. Bel, D. P. 57. 1. 414); — 4° Que l'individu qui, contrairement aux défenses de cet arrêté, a marchandé du grain sur une route avant son arrivée au marché, est à tort acquitté sous prétexte que l'achat de ce grain ayant été consommé dans sa cabane, ne peut être réputé fait sur la voie publique (Crim. cass. 17 juill. 1858, aff. Rédit, D. P. 58. 5. 32).

**9.** En ce qui concerne les délits relatifs aux moyens frauduleux employés pour opérer la hausse et la baisse du prix des denrées, notamment des grains, délits prévus et punis par les art. 419 et 420 c. pén., V. *Rép.* n° 66, et *infrà*, v° *Industrie et commerce.*

**10.** — 3° *Commerce extérieur* (*Rép.*n° 68). — Comme nous l'avons vu *suprà*, n° 2, les grains constituent depuis la loi du 15 juin 1861 une marchandise qui peut, comme toutes les autres, être importée ou exportée et est soumise à des droits fixes. — Toutefois une loi du 29 mars 1887 modifiant les lois précédentes des 7 et 8 mai 1881 et 28 mars 1885 (D. P. 87. 4. 87) autorise le Gouvernement, dans des circonstances exceptionnelles et quand le prix du pain viendrait à s'élever à un taux menaçant pour l'alimentation publique, à suspendre en tout ou en partie la perception des droits de douane sur les grains, sauf à soumettre cette mesure à l'approbation des Chambres à leur prochaine réunion. Ainsi que nous l'avons dit *suprà*, v° *Douanes*, n°s 30 et 61, la loi du 15 juin 1861 se trouve abrogée pour les grains et autres produits énumérés dans la loi de 1887, mais elle subsiste pour tous ceux qui n'y sont pas mentionnés.

**11.** — 4° *Compétence.* — Nous n'avons rien à ajouter à ce qui a été dit à cet égard au *Rép.* n° 69.

## Table sommaire

### des matières contenues dans le Supplément et le Répertoire.

(Les chiffres précédés de la lettre *S* renvoient au Supplément; les chiffres précédés de la lettre *R* renvoient au Répertoire.)

| | | | | |
|---|---|---|---|---|
| **Arrêtés municipaux** — libre circulation S. 8; R. 62 s. | **Commune** — pillage, responsabilité S. 7; R. 60. | **Echelle mobile** — suppression S. 2. | — Empire R. 25 s. — monarchie R. 28 s. | municipaux S. 8; R. 62 s. | **Protection** S. 1.; R.3 s. |
| **Ban de moisson** R. 47. | **Compétence** — délits et contraventions S. 11; R. 69. | **Economie politique** R. 2, 49, 63. | **Législation étrangère** S. 3; R.39 s. — Angleterre R. 39 s. | **Libre échange** S. 1; R. 8 s. | **Vente** S. 5. **Vente des grains en vert** |
| **Commerce extérieur** — suspension des droits de douane S. 10; R. 68. | **Définition** R. 1. | **Gendarmerie** — libre circulation R. 60. | — Hollande R. 43. **Liberté du travail et de l'industrie** R. 45, 61. | **Pillage** — commune, responsabilité S. 7; R. 60. | — délit, pénalité R. 56. — fermier R. 56 s. — liquidation de communauté S. 4; R. 57. |
| **Commerce intérieur** S. 7 s.; R. 62 s. — marché S. 8; R. 62 s. — pillage, commune, responsabilité S. 7; R. 60. | **Délits** — fausse déclaration R. 67. — hausse et baisse, coalition S. 9; R. 66. **Destruction** S. 6; R. 58. | **Historique et législation** S. 2; R. — ancien droit français R. 10 s., 49; — droit révolutionnaire R. 20 s. — droit romain R. 8 s. | **Libre circulation** R. 59. — gendarmerie R. 60. — police des marchés S. 8; R. 62 s. — restrictions, arrêtés | **Police des marchés** — libre circulation S. 8; R. 62 s. **Production** S. 4 s. R. 46 s. — entraves à la circulation R. 46. | — loi de messidor S. 4; R. 48 s.; (abrogation) R. 51 s. — saisie-brandon S. 4; R. 56 s. — spéculations illicites S. 56 s. |

## Table chronologique des Lois, Arrêts, etc.

| An 3. 16 prair. Loi 7 c. | 1846. 17 juill. Angers. 4 c. | 1855. 28 sept. crim. 8 c. | 1858. 17 juill. Crim. 8 c. | 1861.15 juin. Loi. 10 c. | 1881. 7 mai. Loi. 10 c. | 1885. 28 mars. Loi. 10 c. | 1889. 9 juill. Loi. 4 c. |
|---|---|---|---|---|---|---|---|
| An 4. 10 vend. Loi. 7 c. | —12 déc. Toulouse. 4 c. | 1857. 21 août. Crim. 8 c. | 1860.5 mars. Req. 8 c. | 1867. 28 janv. Bourges. 4 c. | 1884. 5 avr. Loi. 7 c. | 1887. 29 mars. Loi. 10 c. | |

**GRAPPILLAGE.** — V. *Commune*, n° 554; *Contravention*, n°s 124 et suiv. ; *Droit rural*, n°s 99, 165; — *Rép.* v^ls *Chasse*, n° 67 ; *Contravention*, n°s 195 et 196 et suiv. ; *Droit rural*, n°s 101 et suiv.

**GRATIFICATION.** — V. *suprà*, v^ls *Chasse*, n° 1164 et suiv. ; *Douanes*, n° 51 ; *Evasion*, n° 65 ; *Forfaiture*, n° 70 ; *Gendarmerie*, n° 1 ; — *Rép.* v^ls *Chasse*, n^s 14, 390 et 520 ; *Droit maritime*, n° 326 ; *Douanes*, n°s 63 et suiv. ; *Evasion*, n° 26 ; *Faux incident*, n°s 63 et suiv. ; *Forfaiture*, n°s 114 *Garde champêtre*, n° 34 ; *Gendarmerie*, n°s 5 et 20.

**GREFFE-GREFFIER.**

### Division.

Art. 1. — Historique et législation (n° 3).
Art. 2. — Organisation, composition et tenue des greffes (n° 4).
Art. 3. — Conditions requises pour l'admission aux fonctions de greffier dans les différents sièges. — Incompatibilités (n° 6).
Art. 4. — Fonctions et attributions, droits et prérogatives des greffiers (n° 13).
Art. 5. — Devoirs, obligations, discipline et responsabilité des greffiers (n° 37).
Art. 6. — Traitement et émoluments des greffiers (n° 45).
Art. 7. — Greffiers des cours d'appel (n° 75).
Art. 8. — Greffiers des tribunaux de commerce (n° 76).
Art. 9. — Greffiers des justices de paix (n° 83).
Art. 10. — Greffiers des tribunaux de police proprement dits (n° 92).
Art. 11. — Des commis greffiers et des commis expéditionnaires (n° 94).
Art. 12. — Costumes des greffiers et commis greffiers (n° 102).

**1.** L'expression *droits de greffe* s'entend soit de l'impôt établi sur les actes du greffe, soit des émoluments propres aux greffiers. C'est au mot *Enregistrement* qu'il est parlé : 1° des droits de greffe proprement dits (*suprà*, n° 3427, et *Rép.* n°s 5850 et suiv.) ; — 2° Des droits de mise au rôle, *suprà*, n°s 3347 et suiv., et *Rép.* n°s 5813 et suiv. ; — 3° Des droits de rédaction et de transcription *suprà*, n°s 3458 et suiv., et *Rép.* n°s 5813 et suiv. ; — 4° Du droit d'expédition, *suprà*, n°s 3477 et suiv. et *Rép.* n°s 5895 et suiv. (V. *infrà*, n°s 47, 53 et suiv.).

**2.** À l'énumération donnée au *Rép.* n° 2, des greffiers ou des fonctionnaires qui en remplissent les fonctions devant diverses juridictions, il y a lieu d'ajouter le *secrétaire-greffier* du conseil de préfecture, qui n'est pas pourvu d'un office transmissible et est choisi par le préfet parmi les employés de la préfecture (L. 21 juin 1865, art. 7) ; au conseil d'État, en outre du secrétaire général, le secrétaire du contentieux (L. 24 mai 1872, art. 2, D. P. 72. 4. 88) ; le greffier de la haute cour de justice (L. 10 avr. 1889, art. 4, D. P. 89. 4. 38. V. *infrà*, v° *Organisation judiciaire*) ; enfin les greffiers des conseils de guerre ;et de revision (V. *Rép.*, *Organisation militaire*, n° 809, et *Organisation maritime*, n° 971, 993).

Art. 1er. — *Historique et législation* (*Rép.* n°s 3 à 14).

**3.** Les seules réformes de quelque importance qui aient été réalisées en cette matière depuis la publication du *Répertoire* ont trait aux émoluments des greffiers. En 1854, les greffes des tribunaux civils et des cours d'appel obtenaient enfin un tarif longtemps réclamé. En 1880 le tarif des greffiers des tribunaux de commerce a été modifié. Voici d'ailleurs, pour compléter l'historique qui a été fait au *Rép.*

nᵒˢ 3 et suiv., l'énumération des lois et des décrets concernant les greffiers.

TABLEAU DE LA LÉGISLATION CONCERNANT LES GREFFIERS.

**30 déc. 1853.** — Décret portant fixation du traitement des commis greffiers de chambre à la cour de cassation (D. P. 54. 4. 17).

**24 mai-1ᵉʳ juin 1854.** — Décret impérial portant fixation des émoluments attribués, en matière civile et commerciale, aux greffiers des tribunaux civils de première instance et aux greffiers des cours impériales (D. P. 54. 4. 90).

**2 mai 1855.** — Loi qui modifie celle du 25 mai 1838 et 20 mai 1854 sur les justices de paix, art. 2 (D. P. 55. 4. 52) (V. infrà, L. du 23 août 1871).

**8-20 sept. 1855.** — Décret impérial qui fixe le traitement des commis-greffiers assermentés près le tribunal de police de Paris (D. P. 55. 4. 89).

**4-14 août 1856.** — Décret qui augmente le nombre des commis greffiers assermentés près la cour impériale de Paris (D. P. 56. 4. 154) (V. infrà, L. 30 août 1883).

**23 juin 1857.** — Loi sur les marques de fabrique et de commerce (art. 2 qui ordonne le dépôt de la marque au greffe du tribunal de commerce; art. 4 qui établit un droit fixe de 1 fr. au profit du greffier) (D. P. 57. 4. 98).

**26 juill. 1858.** — Décret portant règlement d'administration publique pour l'exécution de la loi du 23 juin 1857 (D. P. 58. 4. 149).

**2-4 mai 1861.** — Loi relative à la légalisation par les juges de paix des signatures des notaires et officiers de l'état civil (art. 2 disposant que lesdites signatures seront déposées au greffe où la légalisation peut être donnée; art. 3 allouant aux greffiers une rétribution de 25 cent. par chaque légalisation, excepté le cas où la copie ou l'extrait sont dispensés du timbre) (D. P. 61. 4. 54).

**8-10 déc. 1862.** — Décret concernant les allocations aux greffiers à titre de remboursement de papier timbré (D. P. 62. 4. 128) (V. infrà, Décret 24 nov.-16 déc. 1871).

**6 juin 1863.** — Décret qui institue au tribunal de première instance de la Seine trois nouveaux commis greffiers assermentés, etc. (D. P. 63. 4. 120) (V. infrà, L. 30 août 1883).

**19 mars 1864.** — Loi qui étend aux greffiers et aux officiers ministériels destitués le bénéfice de la loi du 3 juill. 1852, sur la réhabilitation (D. P. 64. 4. 32).

**24 juill. 1867.** — Loi sur les sociétés (art. 55 qui ordonne que le double ou l'expédition de l'acte constitutif de toute société commerciale soit déposé au greffe du tribunal de commerce ou de la justice de paix) (D. P. 67. 4. 98).

**24 nov.-16 déc. 1871.** — Décret portant augmentation du tarif des greffiers et huissiers (D. P. 71. 4. 166).

**16-24 nov. 1875.** — Loi concernant le traitement des greffiers de justice de paix (D. P. 76. 4. 47).

**2 déc. 1876.** — Décret relatif à la tenue d'un registre par les greffiers de justice de paix ayant qualité pour procéder aux ventes publiques d'objets mobiliers (D. P. 77. 4. 28).

**20-22 févr. 1877.** — Décret qui détermine les classes des commis greffiers du tribunal de première instance de la Seine et fixe leur traitement (D. P. 77. 4. 36) (abrogé. V. infrà, L. 30 août 1883).

**31 juill.-1ᵉʳ août 1879.** — Loi relative à la revision du tarif des greffiers des tribunaux de commerce (D. P. 79. 4. 86).

**25 mars 1880.** — Décret ordonnant qu'il soit tenu au greffe de chaque tribunal de commerce et de chaque tribunal un registre sur lequel seront inscrits pour chaque faillite les actes relatifs à la gestion des syndics, recettes, dépenses et versements à la caisse des dépôts et consignations (D. P. 80. 4. 83).

**21-30 avr. 1880.** — Décret qui alloue aux greffiers établis près les cours et tribunaux correctionnels et de simple police une rétribution de 5 cent. par article du bordereau d'envoi contenant les énonciations des extraits de tous les jugements portant condamnation (D. P. 81. 4. 47).

**18-20 juin 1880.** — Décret qui fixe les émoluments attribués aux greffiers des tribunaux de commerce spéciaux, aux greffiers des tribunaux civils qui exercent la juridiction commerciale et aux greffiers des justices de paix des villes maritimes où il n'existe pas de tribunaux de commerce (D. P. 80. 4. 83-84).

**7 sept.-5 oct. 1880.** — Décret portant qu'il sera tenu au greffe de chaque tribunal de première instance un registre sur lequel seront inscrits les liquidations et partages ordonnés par le tribunal (D. P. 81. 4. 92).

**30 août 1883.** — Loi sur la réforme de l'organisation judiciaire (art. 2, 7, 8, 9, 28, tableaux A et B) (D. P. 83. 4. 58).

ART. 2. — *Organisation, composition et tenue des greffes* (Rép. nᵒˢ 14 à 23).

**4.** Sur l'organisation des greffes, V. Rép. nᵒ 14. — V. aussi infrà, vᵒ Organisation judiciaire; — Rép. eod. vᵒ,

nᵒ 143, et suprà, vⁱᵉ Cassation, nᵒ 20; Conseil d'Etat, nᵒ 38.

Nous avons dit au Rép. nᵒ 21 qu'en matière criminelle les greffiers en chef des cours d'appel et des tribunaux de première instance tiennent un compte ouvert avec le bureau de la poste de leur résidence; l'art. 18 de la loi de finances des 5-15 mai 1855 (D. P. 55. 4. 70) a fixé le tarif des ports de lettres compris par le paragraphe 11 de l'art. 2 du décret du 18 juin 1811 dans les frais de justice criminelle.

**5.** De même que la loi de 1838 (Rép. nᵒ 19), la loi du 5 avr. 1884 art. 136 (D. P. 84. 4. 23) rend obligatoire pour les communes la dépense du local de justice de paix, et par conséquent du greffe.

ART. 3. — *Conditions requises pour l'admission aux fonctions de greffier dans les différents sièges.* — *Incompatibilités* (Rép. nᵒˢ 25 à 33).

**6.** Les conditions nécessaires pour être admis aux fonctions de greffier, énumérées au Rép. nᵒ 24, n'ont pas été modifiées.

**7.** On a dit au Rép. nᵒ 25, que le grade de licencié en droit n'était exigé que des greffiers près les cours d'appel ou la cour de cassation, et on a exprimé le regret que des conditions de capacité analogues ne fussent pas exigées des greffiers de première instance. Nous devons ajouter qu'aux termes d'une décision du garde des sceaux du 10 mai 1849, lorsque la capacité de l'aspirant à un office de greffier du tribunal de première instance n'est pas justifiée, il doit être soumis par le procureur de la République à un examen oral et écrit dont le procès-verbal est adressé au ministre (Gillet et Demoly, *Analyse des circulaires, instructions et décisions émanées du ministère de la justice*, t. 2, p. 131).

**8.** Le serment professionnel (Rép. nᵒ 31) est seul désormais exigé des greffiers, le décret du 5 sept. 1870 ayant aboli le serment politique.

**9.** Jusqu'à preuve contraire, le greffier ou le commis greffier est présumé avoir prêté serment, et il a été jugé que les accusés ne peuvent se faire un moyen de cassation de ce que les procès-verbaux de la formation du jury et les audiences de la cour d'assises ne constatent pas que le commis greffier qui a assisté la cour ait prêté serment, et ne sont pas recevables à demander l'apport du procès-verbal qui a dû constater la prestation de ce serment avant l'entrée en fonctions, s'ils n'allèguent pas que le serment prescrit par la loi n'a pas été prêté par le commis greffier (Crim. rej. 8 avr. 1864, aff. Letourneur, D. P. 64. 5. 369).

**10.** Il avait été jugé antérieurement que l'accusé n'est pas recevable à contester devant la cour de cassation la validité ou l'invalidité du serment professionnel prêté par le greffier qui a tenu la plume aux assises et rédigé le procès-verbal des débats, et à se plaindre notamment de ce que ce greffier n'a pas prêté serment suivant la formule prescrite aux magistrats par la loi du 8 août 1849, mais selon la formule suivante : « Je jure de bien et fidèlement remplir les fonctions de greffier » (Crim. rej. 21 juin 1850, aff. Chezel, D. P. 50. 5. 274).

**11.** Sur la question de savoir quelle est l'autorité compétente pour recevoir le serment des greffiers, V. infrà, vᵒ Serment.

**12.** Quant aux fonctions et professions incompatibles avec celles de greffiers, V. Rép. nᵒ 32, et, pour les greffiers de justice de paix en particulier, infrà, nᵒˢ 88 et suiv.

ART. 4. — *Fonctions et attributions, droits et prérogatives des greffiers* (Rép. nᵒˢ 34 à 18).

**13.** A propos du caractère judiciaire des fonctions de greffier, et des prérogatives qui en résultent pour eux, on a dit au Rép. nᵒ 37, qu'ils étaient dispensés du service de la garde nationale; aujourd'hui, les greffiers doivent accomplir les périodes d'exercices militaires imposées aux classes dont ils font partie, leurs fonctions n'ayant pas été considérées comme pouvant les faire bénéficier de la non-disponibilité même dans l'armée territoriale (Décis. de la chancellerie, du 11 avr. 1882, *Bull. min. just.*, 1882, p. 44). — Toutefois, la jurisprudence continue à les considérer, non comme des officiers ministériels, mais comme des membres des tribunaux (*Rép.* n° 37), et il a été jugé : 1° qu'il en est spécialement ainsi du greffier du conseil de guerre (Crim. cass. 7 juill. 1881, aff. Obrefeld, D. P. 81. 1. 441) ; — 2° Que le greffier en chef de la cour d'appel et le greffier d'audience qui le supplée aux assises, ne peuvent être poursuivis disciplinairement devant la cour d'assises comme officiers ministériels, pour une faute prétendue découverte à l'audience de cette juridiction (Crim. rej. 7 mai 1880, aff. Bith, D. P. 80. 1. 476).

**14.** — I. Assistance, signature, mention de l'assistance (*Rép.* n°s 40 à 51. V. aussi *Rép.*, v° *Organisation judiciaire*, n°s 143, 457, 553, 679).

**15.** — II. Garde et communication des archives, dépôts (*Rép.* n°s 52 à 61). — A l'énumération donnée au *Rép.* n°s 52 et suiv., 60 et suiv., des choses qui doivent être déposées dans les greffes, il y a lieu d'ajouter les marques de fabrique (L. 23 juin 1857, art. 2) pour les greffes des tribunaux de commerce et ceux des justices de paix ; les actes de société (L. 24 juill. 1867, art. 55) pour les greffes des tribunaux de 1re instance ; la signature des notaires et officiers de l'état civil pour les greffes des justices de paix (L. 2-4 mai 1861, art. 2).

**16.** — III. Délivrance des expéditions (*Rép.* n°s 62 à 83). — Sur la question signalée au *Rép.* n° 63 de savoir de quelles ordonnances des présidents ou juges-commissaires il doit être gardé minute, V. *Rép.* v° *Jugement*, n°s 732 et 833.

**17.** Nous avons parlé au *Rép.* n° 67 des *extraits* des jugements rendus en matière d'absence que les greffiers doivent expédier sur papier libre et adresser au garde des sceaux pour être insérés au *Journal officiel* (autrefois *Moniteur*) ; d'après une note du ministre de la justice en date des 22 mai-8 juin 1811, ces extraits doivent être rédigés par le greffier, et non par l'avoué des parties.

**18.** On a dit au *Rép.* n° 70 que le greffier ne doit pas délivrer d'expédition sans avoir exercé les droits du fisc, et notamment sans avoir exigé, quand il y a lieu, la consignation de l'amende de fol appel. Toutefois, l'administration de l'Enregistrement a reconnu que le greffier qui délivre expédition de la décision intervenue tant sur l'appel principal que sur un appel incident, dans le cas où aucune consignation n'a été faite à raison de ce dernier appel, aux prohibitions portées par l'art. 4 de l'arrêté du Gouvernement du 10 flor. an 11 (Sol. adm. enreg. 2 avr. 1861, aff. Goubert, D. P. 61. 3. 47).

**19.** En dehors des cas que nous venons de rappeler et peut-être du cas où il s'agit d'un acte de pure discipline (*Rép.* n° 69), le greffier est, ainsi que nous l'avons dit *ibid.*, tenu de délivrer, en matière civile, des copies à tous requérants. Il a été jugé, en ce sens, que le greffier d'un tribunal de commerce ne peut se refuser à délivrer à un avoué, mandataire de l'une des parties, la grosse d'un jugement rendu en faveur de celle-ci, sous le prétexte qu'ayant été induit en erreur par l'avoué, il aurait, dans les qualités dont la rédaction lui est confiée par la loi, constaté comme réel un fait inexact, à savoir : l'enregistrement du pouvoir donné par la partie à l'avoué (Besançon, 10 mars 1882, aff. Vinot, D. P. 82. 2. 23).

**20.** Aux termes d'une circulaire du 24 janv. 1852 (Gillet et Demoly, t. 2, p. 188), les greffiers ne peuvent refuser aux agents forestiers la communication des jugements rendus à leur requête. Un greffe est un dépôt public où les parties intéressées peuvent puiser les renseignements qui leur sont nécessaires (Ord. 27 août 1830, art. 2). Mais cette faculté d'obtenir communication n'emporte pas le droit de prendre copie des jugements ni des dépens liquidés. Ces copies doivent être payées aux greffiers.

**21.** Il a été jugé que le greffier, auquel une expédition est demandée, a le droit d'exiger la consignation préalable d'une somme représentant approximativement le coût de cette expédition (Pau, 8 mars 1865, aff. Fougerat, D. P. 66. 2, 42) ; et que, dans le cas où le chiffre de la somme demandée par le greffier est l'objet d'une contestation, c'est au président du tribunal auquel est attaché le greffier, qu'il appartient de statuer, encore bien que ce tribunal serait un tribunal de commerce (Trib. civ. Poitiers, 13 juin 1865, aff. Frémy, D. P. 66. 3. 55).

**22.** Pour les extraits à délivrer au ministère public, V. *Rép.* n°s 79 et 80. Aux termes d'une décision de la chancellerie en date du 13 sept. 1804, le greffier ne doit pas délivrer plus de deux extraits pour l'exécution d'un jugement de condamnation ; l'un est délivré au préfet et remis par lui aux gendarmes chargés d'opérer la translation, le second est envoyé au procureur de la République dans le ressort duquel se trouve la maison de détention. Tout autre extrait est inutile. — Sur le nombre de lignes à la page et de syllabes à la ligne que doivent contenir les expéditions, V. *Rép.* n° 82.

**23.** — IV. Rédaction, confection des actes (*Rép.* n°s 84 à 104). — A ce que nous avons dit au *Rép.* n°s 84 et suiv. des règles que doivent suivre les greffiers dans la rédaction des actes, il convient d'ajouter l'art. 10 du décret du 24 mai 1854 a réglementé le nombre des lignes à la page, et des syllabes à la ligne que doivent employer les greffiers dans la rédaction de leurs minutes ou feuilles d'audience, et leurs registres timbrés. Les chiffres indiqués par ce texte ont été légèrement modifiés par l'art. 4 du décret du 8 déc. 1862. Mais il y a encore lieu d'appliquer les règles tracées par une instruction de l'administration de l'Enregistrement en date du 30 mars 1859 (D. P. 60. 3. 15) et par des solutions données par la même administration le 23 déc. 1864 (D. P. 66. 3. 14), et d'où il résulte que, pour apprécier si, dans la rédaction d'une minute ou d'une feuille d'audience, un greffier (notamment un greffier de justice de paix ou de tribunal de commerce) a contrevenu à la défense d'excéder le nombre de lignes fixé par les décrets, il n'y a lieu d'établir de compensation ni entre les pages d'un même acte ni entre les lignes d'une même page ; qu'ainsi, il y a contravention et l'amende doit être exigée, toutes les fois qu'une page d'une minute d'une feuille d'audience ou d'un registre timbré contient un excédent de lignes, encore bien que l'acte, dans son ensemble, ne présenterait pas plus de lignes qu'on n'en peut contenir le papier sur lequel il est rédigé, et que la page, envisagée en elle-même, ne renfermerait pas plus de syllabes qu'il n'est permis d'en écrire en s'en tenant au nombre de lignes réglementaire ; alors qu'il y a lieu, au contraire, à compensation (non pas à la ligne mais non d'une ligne à l'autre) pour apprécier s'il y a lieu à la perception d'un droit complémentaire de timbre.

**24.** Sur les cas où le greffier est tenu des droits, et sur la règle que tout acte rédigé en conséquence d'un autre acte non enregistré donne lieu à une amende contre le greffier, V. *Rép.* n° 88, et *suprà*, v° *Enregistrement*, n°s 3029 et suiv.

**25.** Il a été décidé que les juges du tribunal de commerce qui avaient statué à vue d'une procuration non enregistrée, et non le greffier, seraient responsables des droits et qu'il ne résulte d'aucun texte de loi que le greffier dudit tribunal soit passible d'une amende à raison de l'inexactitude de l'énonciation faite dans l'enregistrement de cette procuration (Besançon, 16 mars 1882, aff. Vinot, D. P. 82. 2. 235, motifs).

**26.** A la liste des registres que doivent tenir les greffiers des tribunaux civils de première instance et qui sont énumérés au *Rép.* n° 91, il y a lieu d'ajouter un registre sur lequel, aux termes du décret des 7 sept.-5 oct. 1880 seront inscrits : les liquidations et partages ordonnés par le tribunal ; le registre des décisions du bureau d'assistance judiciaire ; le répertoire des casiers judiciaires. Les greffiers des tribunaux civils jugeant commercialement doivent, de plus, tenir ceux des registres énumérés au *Rép.* n° 96 et *infrà*, n°s 29 et suiv., qui ne font pas double emploi avec les registres ordinaires des tribunaux de première instance.

**27.** Parmi les registres que doit tenir le greffier de justice de paix, il n'y a plus lieu de mentionner, comme nous l'avons fait au *Rép.* n° 94, le registre des déclarations de translation de domicile politique pour les élections communales et départementales, l'art. 29 de la loi du 22 juin 1833 ayant été abrogé par l'art. 4 du décret du 3 juill. 1848.

**28.** D'autre part, aux termes du décret du 29 mars 1879, les greffiers de justice de paix qui ont qualité pour procéder aux ventes publiques d'objets mobiliers, devront tenir un registre visé et parafé par le juge de paix ou son suppléant contenant diverses mentions relatives à ces ventes. Ainsi se trouve résolue la question examinée au *Rép.* n° 95, de savoir si les greffiers de paix devaient inscrire sur le répertoire ou sur un registre spécial les actes qu'ils rédigent comme officiers priseurs. Enfin l'art. 17 de la loi du 25 mai 1838, modifié par la loi du 2 mai 1855, ordonne la tenue d'un registre des avertissements.

**29.** Les greffiers des tribunaux de commerce doivent, outre les registres énumérés au *Rép.* n° 96, tenir un registre sur lequel sont inscrits pour chaque faillite, article par article, et à leurs dates respectives, les actes relatifs à la gestion des syndics (Décr. 25 mars 1880).

**30.** Aux termes de la loi du 23 juin 1857 (art. 2) et du décret du 26 juill. 1858 (art. 5), les greffiers des tribunaux de commerce doivent tenir un répertoire sur lequel doivent être portées les marques de fabrique et de commerce déposées au greffe. Le greffier du tribunal de commerce de la Seine, chargé, en cas prévu par l'art. 6 de la loi du 23 juin 1857, de recevoir le dépôt des marques des étrangers et des Français établis à l'étranger, doit en former un registre spécial (Décr. précité, art. 7). Un des deux exemplaires de chaque marque déposée est collé par le greffier sur une feuille du registre, dans l'ordre des présentations. Le greffier y joint un procès-verbal énonçant : 1° le jour et l'heure du dépôt; 2° le nom du propriétaire de la marque et celui de son fondé de pouvoir; 3° la profession du propriétaire, son domicile et le genre d'industrie, et s'il a l'intention de se servir de la marque. Le procès-verbal doit être signé du greffier et du déposant (V. pour plus de détails *infrà*, v° *Industrie et commerce*).

**31.** La cour de cassation a jugé qu'on devait appliquer aux jugements des tribunaux de commerce la règle établie par l'art. 548 c. proc. civ., d'après laquelle l'exécution des jugements ne peut être poursuivie à l'égard des tiers que sur l'attestation du greffier constatant qu'il n'existe contre le jugement ni opposition, ni appel (Civ. cass. 9 juin 1856, aff. Dramard, D. P. 56. 1. 233; et Ch. réun. 13 janv. 1859, même affaire, D. P. 59. 1. 5). Il en résulterait, pour les greffiers des tribunaux de commerce, l'obligation de tenir, comme ceux des tribunaux civils, un registre des oppositions et des appels. Et, en effet, une circulaire de la chancellerie du 15 mai 1887 (*Bull. min. just.* 1887, p. 75), rappelant la jurisprudence de la cour de cassation, invite les greffiers des tribunaux de commerce, qui ne se sont pas conformés à cette exigence, à tenir désormais le registre des oppositions et appels.

**32.** — V. CONFECTION DE CERTAINS ÉTATS OU TABLEAUX (*Rép.* n°s 105 à 107). — Aux divers états que doivent fournir les greffiers de première instance et qui sont énumérés au *Rép.* n° 105, il y a lieu d'ajouter un relevé trimestriel du produit des liquidations et partages (Décr. 4 sept. 1880, art. 4).

**33.** — VI. FONCTIONS PARTICULIÈRES A CERTAINS GREFFIERS (*Rép.* n°s 109 à 118). — Pour compléter ce que nous avons dit au *Rép.* n° 109 de l'office de commissaires-priseurs que peuvent faire les greffiers de justice de paix, V. *Rép.* v°s *Vente publique de meubles*, n°s 27 et suiv.; *Scellés-inventaires*, n°s 143 et 244, et *suprà*, v° *Commissaire-priseur*, n°s 5 et 12.

**34.** Nous avons dit au *Rép.* n° 111 que le greffier du tribunal de commerce doit, au cas où la partie a plaidé par mandataire, faire mention dans la minute du jugement à intervenir, soit de l'autorisation que le mandataire a reçue de la partie présente, soit du pouvoir spécial dont il était muni. Il a été jugé que les qualités des jugements rendus par les tribunaux de commerce doivent être rédigées par le greffier, et non par les parties ou leur mandataire (en l'espèce un avoué) (Besançon, 16 mars 1882, aff. Vinot, D. P. 82. 2. 235. V. *suprà*, n°s 19 et 25).

**35.** Devant quelle juridiction doit être portée l'action que le greffier peut intenter pour le payement de ses émoluments? V. *Rép.* n°s 114 et 187. — Nous avons soutenu au *Rép.* n° 187 que le tribunal civil est, en cette matière, exclusivement compétent, même en ce qui concerne les émoluments des greffiers de justice de paix (V. en ce sens : Bioche, *Dict. des juges de paix*, v° *Compétence des tribunaux de paix*, n° 55). Au contraire, M. Bonfils, *Traité élémentaire de procédure civile*, p. 223, admet que l'art. 60 c. proc. civ. est applicable aux greffiers de justice de paix comme aux autres. — Jugé, dans tous les cas, qu'une demande en payement de frais d'apposition et de levée des scellés et des honoraires pour prisée de meubles, ne peut être portée par le greffier devant la justice de paix près de laquelle il exerce ses fonctions, une pareille demande n'ayant pas pour objet des frais faits devant cette juridiction (Trib. Seine, 14 mars 1873, aff. Poulet, D. P. 73. 5. 276).

**36.** Les greffiers, comme on l'a exposé au *Rép.* n° 116, ou leurs ayants cause ont le droit de présenter un successeur. — V. sur ce point *infrà*, v° *Office*. — Il a été jugé que le greffier intérimaire commis, dans le cas de décès du greffier en chef, pour administrer le greffe jusqu'à la nomination d'un successeur, ne doit pas aux héritiers du défunt les intérêts du prix de l'office pour la durée de sa gestion provisoire (Metz, 6 août 1851, aff. Dupont, D. P. 58. 2. 220).

ART. 5. — *Devoirs, obligations, discipline et responsabilité des greffiers* (*Rép.* n°s 119 à 134).

**37.** Comme les textes antérieurs cités au *Rép.* n° 112, l'art. 12 du décret du 24 mai 1854 interdit aux greffiers d'exiger d'autres droits que ceux qui sont établis par les tarifs, ou d'exiger ni recevoir aucun droit de prompte expédition, à peine de destitution ou des peines prononcées soit par l'art. 25 de la loi du 21 vent. an 7, soit par l'art. 174 c. pén., sans préjudice de la restitution et des dommages-intérêts (V. *infrà*, n° 55). L'art. 16 du décret du 18 juin 1880 contient une disposition analogue pour les greffiers des tribunaux de commerce.

**38.** L'art. 9 du décret du 24 mai 1854 a étendu aux greffiers des tribunaux civils et des cours d'appel l'obligation déjà imposée (*Rép.* n° 122) aux greffiers des justices de paix et des tribunaux de commerce, d'inscrire au bas des expéditions qui leur sont demandées le détail des déboursés et des droits auxquels chaque arrêt, jugement ou acte donne lieu. A défaut d'expédition, ils doivent faire cette mention sur des états signés d'eux et *remis aux parties*, à leurs avoués, ou leurs *mandataires*. Pour les greffiers des tribunaux de commerce, ces prescriptions ont été renouvelées par l'art. 15 du décret du 18 juin 1880.

**39.** Sur la *discipline* des greffiers, V. *Rép.* n°s 125 et suiv., et *suprà*, *Discipline*, n°s 136 et suiv.; — *Rép. eod.* v° n°s 234 et suiv. Une décision du garde des sceaux du 7 août 1858 (Gillet et Demoly, t. 2, p. 324) rappelle que de nombreuses décisions judiciaires ou administratives ont, depuis longtemps, établi que les greffiers peuvent être soumis à des poursuites disciplinaires. Ils sont, au point de vue de l'action disciplinaire, placés sous la surveillance des présidents de la cour ou du tribunal auquel ils appartiennent, et sont dénoncés à l'autorité par le garde des sceaux.

**40.** On a dit en effet au *Rép.* n° 127 que le ministre de la justice qui partage avec les présidents et les juges de paix le droit de surveiller et de reprendre les greffiers, a seul le droit de les destituer pour fautes graves. Il a été jugé, à cet égard, que la destitution prononcée contre un greffier par le Gouvernement dans l'exercice de son droit de discipline judiciaire, échappe au contrôle du conseil d'Etat, et ne peut être attaquée devant lui, même pour violation de formes (Cons. d'Et. 8 avr. 1858, aff. Fleury, D. P. 59. 3. 19. V. *suprà*, v° *Discipline judiciaire*, n° 138).

**41.** Sur la *responsabilité* des greffiers, V. *Rép.* n°s 128 et suiv. V. aussi sur ce point *Rép.* v° *Responsabilité*, n° 287 et suiv. — Il a été jugé que si le dépôt d'actes dressés par un greffier de justice de paix pour constater des conventions privées parmi les minutes du greffe peut constituer une faute professionnelle, ce dépôt irrégulier n'a pas les caractères d'une immixtion dans les fonctions notariales, ne peut pas non plus être considéré comme un fait dommageable, engageant la responsabilité du greffier, aux termes de l'art. 1382 c. civ., s'il est constaté que les parties n'auraient pas déposé leurs actes dans une étude de notaire à raison des frais du dépôt, et qu'ainsi il n'en est résulté aucun préjudice pour les notaires plaignants (Civ. rej. 13 mars 1866, aff. Chambre des notaires de l'arrondissement de Saint-Paul, D. P. 66. 1. 213).

**42.** Mais, dans le même arrêt, la cour de cassation a affirmé, contrairement aux motifs de l'arrêt attaqué (Douai, 29 déc. 1863) que la bonne foi d'un greffier ne saurait à elle seule le relever de la responsabilité d'une infraction à ses devoirs professionnels, et que l'ignorance du droit d'un officier public, surtout quand elle porte sur les devoirs et les règles de sa profession, constitue une faute lourde que la bonne foi de cet officier public ne saurait excuser, et dont il est dès lors responsable, soit au point de vue disciplinaire, soit même à l'égard des tiers auxquels cette faute aurait causé un préjudice.

**43.** Nous avons dit au *Rép.* n° 130, que les greffiers sont responsables pécuniairement des faits et actes de leur commis ; il en est de même des fautes de leurs simples employés. Il a été jugé que le greffier est responsable de l'omission faite par un de ses employés dans la minute d'un jugement du nom de l'un des juges qui y a concouru et de la nullité qui en résulte (Nîmes, 21 janvier 1864) (1).

**44.** Il a été jugé que si les greffiers sont responsables des dommages auxquels peuvent donner lieu les contraventions et autres manquements de leurs commis, c'est à la condition que ceux-ci s'en seront rendus coupables dans l'exercice de leurs fonctions ; que par suite, le fait par le commis greffier de recevoir une surenchère en dehors du greffe n'engage pas la responsabilité du greffier à raison de la nullité de cette surenchère, si ce commis greffier, attaché à la chambre correctionnelle, a agi en dehors des prescriptions

et de la surveillance du greffier (Montpellier, 2 févr. 1875) (2).

ART. 6. — *Traitement et émoluments des greffiers* (*Rép.* n°s 135 à 157).

**45.** — I. TRAITEMENT FIXE (*Rép.* n° 136). — La loi du 30 août 1883 sur la réforme de l'organisation judiciaire a réglé de nouveau les traitements fixes des greffiers des cours d'appel et des tribunaux. A Paris, le traitement du greffier en chef de la cour d'appel est de 8000 fr., celui d'un commis greffier de 5000 fr. ; dans les autres cours, ces traitements sont respectivement de 4200 fr. et de 3500 fr. (art. 39). Le greffier en chef du tribunal de la Seine reçoit 6000 fr., un commis greffier 2400 fr. Dans les villes dont la population atteint le chiffre de 80000 habitants, à Nice, à Versailles, ces traitements sont de 2400 fr. pour le greffier, et 3000 fr. pour un commis greffier.

**46.** Ils sont de 1500 fr. et 2500 fr. dans les villes de 20000 habitants et à Chambéry ; de 1200 fr. et 2000 fr. dans les autres villes (art. 7). On remarquera que, dans les tribunaux des dernières classes, le traitement des commis greffiers est supérieur à celui des greffiers. C'est que ces derniers

---

(1) (Dame Barathieu C. Demoiselle Barathieu et Dallo.) — La demoiselle Victoire Barathieu avait formé devant le tribunal de Marvejols une demande tendant à être mise en possession de la part qui lui avait été réservée par ses cohéritiers dans le partage amiable par eux fait de la succession de leur père commun. — Le 17 juill. 1861, jugement du tribunal civil de Marvejols qui ordonne une expertise sur la demande intentée par la demoiselle Barathieu, en délivrance de la part qui lui avait été réservée par ses cohéritiers dans un partage amiable. — Appel par la veuve Barathieu qui invoque la nullité du jugement, par le motif que la minute et l'expédition, au lieu de mentionner exactement les noms des juges qui avaient siégé dans la cause, avaient remplacé le nom de l'un des juges par celui de l'avocat d'une des parties. — Sur cet appel, la demoiselle Barathieu a appelé en garantie le greffier du tribunal ;

LA COUR ; — En ce qui touche la demande en garantie : — Attendu que l'omission constatée dans le jugement dont est appel constitue évidemment une faute de la part du greffier du tribunal qui, du reste, paraît en convenir puisqu'il l'attribue à la négligence de l'employé salarié et dont, par conséquent, il est responsable ; — Que les dommages résultant de cette faute sont uniquement le dépens encourus par Victoire Brathieu, intimée ; — Par ces motifs, déclare nul le jugement dont est appel ; dit n'y avoir lieu d'évoquer, etc. ; condamne Victoire Barathieu aux dépens ; — Condamne le sieur Dallo, greffier du tribunal de Marvejols, à relever et garantir Victoire Barathieu des condamnations contre elle prononcées, etc.

Du 21 janv. 1864.-C. de Nîmes, 1re ch.-MM. Goirand de Labaume, 1er pr.-Mestre, av. gén.-Fargeon, Paradan et Laget, av.

(2) (Benoit et héritiers Alengrin C. Galy.) — LA COUR ; — Attendu qu'il est constant, en fait, que, le 24 juin 1871, à l'audience des criées du tribunal de Rodez, les sieurs Grandet et Delmas se rendirent adjudicataires, au prix de 48100 fr., de l'immeuble de Coussenac, dépendant de la succession Carcuac ; — Attendu que le délai fixé pour la huitaine, aux termes de l'art. 708 c. proc. civ., expirait le 2 juillet, et même le 1er, car le 2 était un dimanche ; le greffe ne s'ouvrait pas ce jour-là (décret du 30 mars 1808, art. 90) ; — Attendu, cependant, que le 1er juillet aucune surenchère n'avait encore été faite ; cette morosité s'explique par la circonstance devenue certaine, que l'intimé négociait avec les héritiers Carcuac, et qu'il ne voulait prendre un parti définitif qu'après avoir obtenu un traité particulier qui le dégravât d'une partie de l'excédent du prix résultant de nouvelles enchères ; — Attendu que ce ne fut que dans l'après-midi du dimanche, et après l'arrivée du courrier de Montpellier à Rodez, de trois heures et demie à quatre heures, que ce traité si désiré et si vivement attendu lui fut enfin remis ; — Mais attendu que, pour l'utiliser, il fallait avoir le concours du greffier et d'un avoué ; sans eux, en effet, l'acte de la surenchère était impossible, en admettant même que, dans l'après-midi du dimanche, il ne fût point frappé de nullité ; — Attendu qu'il importe de préciser comment ce double concours a été obtenu. Parmi les avoués exerçant près du tribunal de Rodez, l'intimé avait un parent, Me Alengrin, c'est à lui qu'il s'adressa ; mais il était atteint d'une maladie grave qui a entraîné sa mort quelques mois après ; il gardait la chambre, et s'il lui arrivait parfois de sortir en voiture, ce n'était que pour très peu de temps et en s'entourant des plus grandes précautions. — D'autre part, l'on ne pouvait trouver M. le greffier Benoit, ni le commis greffier chargé de la

rédaction des actes civils, M. Castanier ; l'on était arrivé à six heures du soir, n'ayant encore abouti à aucun résultat, quand on mit la main sur le commis greffier de la chambre correctionnelle. La surenchère fut faite dans la chambre de l'avoué Alengrin, par les soins de ce commis greffier de circonstance ; ce n'est qu'ainsi, d'ailleurs, qu'elle avait été possible. L'acte de surenchère porte, il est vrai, qu'il a été passé au greffe ; mais, sur une protestation contre cette mention inexacte, Galy lui-même, assisté de son avoué Alengrin, notifia aux adjudicataires Grandet et Delmas, qu'il avait déposé un exploit par lequel il déclare : « Que la surenchère avait été faite dans la chambre de Me Alengrin, à cause de son état de maladie, mais en présence de toutes parties et du greffier, qui en avait retenu acte conformément à la loi » (Voir son exploit du 19 juill. 1871) ; — Attendu que c'est dans cette situation, et en l'état des faits exposés, que le débat s'engagea sur la nullité de la surenchère entre Galy et les sieurs Grandet et Delmas, hors de la présence du greffier et de l'avoué, à qui le tribunal de Rodez impose aujourd'hui la responsabilité de ses suites ; — Attendu qu'en effet, l'art. 59 du décret du 6 juill. 1810 et 27 du décret du 18 août, même année, rendent responsables les greffiers des dommages auxquels peuvent donner lieu les contraventions et autres manquements de leurs commis, c'est à une condition, que ceux-ci s'en seront rendus coupables dans l'exercice de leur fonctions. Or, le commis à qui Galy impute le manquement qui est son propre fait était attaché, non à la rédaction des actes civils, mais à la police correctionnelle. Il opérait sur ses plus pressantes sollicitations, un jour férié, hors du greffe, sans instructions ni avis préalables ; comment le greffier Benoit-a-t-il donc subi les conséquences d'une nullité qu'il n'avait pu ni empêcher, ni prévenir ? Comment le fait d'un de ses commis, agissant en dehors de ses prescriptions et de sa surveillance, a-t-il pu devenir le sien propre et le soumettre à la même responsabilité ? — Attendu qu'en principe l'avoué doit, il est vrai, prendre à sa charge les actes nuls qu'il a faits, et même, suivant l'exigence des cas, être déclaré passible des dommages-intérêts de la partie (art. 1031 c. proc. civ.). Mais il faut pour cela que l'acte annulé soit son œuvre, en ce sens qu'il l'ait fait ou qu'il l'ait conseillé ; — Attendu que, dans la circonstance, la nullité relevée et admise n'était point dans la forme de l'acte ; elle n'a pas trait à sa confection en un autre lieu que celui qui est assigné par la loi. Or, le lieu n'a pas été choisi par Alengrin. Il s'est imposé comme une nécessité, par le fait même de son état de maladie, et par l'obligation où était Galy de faire sa surenchère un jour de dimanche et dans un temps très court ; — Galy l'a d'ailleurs si bien compris qu'après avoir autorisé et peut-être provoqué une mention inexacte en rapport avec les termes de la loi, il s'est empressé de la rétracter lui-même en dénonçant la cause qui, sans la justifier, devait l'expliquer et l'excuser ; — Attendu qu'il est évident que, dans les circonstances exceptionnelles où elle a été pratiquée, la surenchère présentait un caractère aléatoire, parfaitement connu et accepté de Galy. Mis en demeure d'y renoncer, il a préféré la défendre : il a agi de son plein gré, à ses risques et périls. Il serait injuste de l'exonérer des suites d'une nullité qu'il a cru devoir soutenir et dont il aurait seul recueilli les bénéfices, s'il avait réussi, pour les imposer à un parent, à un ami, qui se serait refusé à tort à satisfaire à ses exigences ; — Par ces motifs..., réforme, met à néant la sentence entreprise ; — Relaxe les appelants des demandes formées contre eux et les décharge des condamnations prononcées.

Du 2 févr. 1875.-C. de Montpellier, 1re ch.-M. Sigaudy, 1er pr.

ont en plus de leurs traitements fixes leurs remises et leurs émoluments. Nous devons ajouter que ces traitements sont inférieurs à ceux des juges, ainsi qu'il en était d'ailleurs depuis longtemps, malgré le principe de l'égalité posé par l'art. 17 de la loi du 21 vent. an 7 (*Rép.* n° 136). La loi de 1883 a abrogé implicitement un décret des 20-22 févr. 1877 (D. P. 77. 4. 36) qui avait réparti les commis greffiers du tribunal de la Seine en trois classes dont les traitements étaient de 4000, 3500 et 3000 fr. — Pour les greffiers et les commis greffiers à la cour de cassation V. *suprà*, v° *Cassation*, n° 20.

**47.** — II. Remises allouées aux greffiers par le Trésor. (*Rép.* n° 139). — V. aussi sur les droits de greffe *suprà*, v° *Enregistrement*, n° 3627, et *infrà*, n° 53.

**48.** — III. Droits de rédaction d'actes dus aux greffiers. — La situation précaire et provisoire signalée au *Rép.* n° 141, a cessé par la publication du décret des 24 mai-1er juin 1854.

**49.** Conformément au vœu exprimé au *Rép.* n° 155, le tarif adopté est uniforme pour tous les tribunaux.

**50.** De même, sur la question de savoir *quelle était l'autorité compétente pour dresser le tarif réclamé*, c'est l'opinion soutenue au *Rép.* n° 156 qui a prévalu, et le nouveau tarif a fait l'objet d'un règlement d'administration publique.

**51.** Enfin les bases sur lesquelles ce tarif a été établi sont, en partie du moins, celles qui étaient indiquées au *Rép.* n° 157, et notamment l'*état général des actes du ministère des greffiers*, dû à une commission formée depuis longtemps par les greffiers pour provoquer un tarif et défendre leurs intérêts, et rapporté *in extenso*, au *Rép.* n° 157, note 1. Mais ce travail n'a pas été accepté sans de graves modifications; d'ailleurs la section de législation du conseil d'Etat, en outre des lois, décrets et ordonnances visés dans le préambule du décret de 1854, a consulté aussi un état que le garde des sceaux s'était fait faire par les parquets, constatant tous les actes soumis à une perception au profit des greffiers dans chaque tribunal et le montant de chaque perception.

**52.** On peut signaler de graves différences entre le *relevé*, expression des *desiderata* des greffiers et le décret de 1854. D'abord, tandis que le paragraphe 1er du projet en question attribuait des émoluments à l'assistance des greffiers aux actes émanant du tribunal ou d'un juge, l'art. 8 du décret leur refuse expressément tout émolument de ce chef, et aussi du chef de certaines formalités ou obligations qui rentrent dans leurs devoirs généraux. D'une part, en effet, c'est un principe de notre droit public que la justice est rendue gratuitement en ce sens qu'aucun acte émanant des tribunaux ou d'un juge ne donne lieu à un émolument soit au profit des magistrats, soit au profit du greffier qui les assiste. D'autre part, le traitement fixe doit être considéré comme la rémunération, non seulement de cette assistance, mais encore tous les actes qui n'exigent pas de la part des greffiers un travail ou des soins particuliers. Enfin les émoluments accordés aux greffiers sont, en général, inférieurs à ceux qu'ils avaient portés au *relevé*, et calculés en prenant la moyenne des perceptions en usage près des divers tribunaux.

**53.** Avant d'examiner les difficultés d'interprétation auxquelles a donné lieu le décret de 1854, il est intéressant de rappeler ici les diverses questions que soulevait auparavant l'application des tarifs, et qui sont spécialement examinées au *Rép.* n°s 143 et suiv. Tout d'abord, à ce qui est dit au *Rép.* n°s 144 et 145, relativement à la *remise sur l'expédition des jugements et sur rôles*, il faut ajouter que les expéditions sont délivrées *gratis*, mais à titre provisoire seulement, aux indigents qui ont obtenu l'assistance judiciaire (L. 22 janv. 1841, art. 14). V. sur les effets de l'assistance judiciaire à l'égard des greffiers, *Rép.* v° *Organisation judiciaire*, n°s 709 et suiv.

**54.** D'une manière générale, les greffiers ne peuvent prétendre à la rétribution de 25 cent. pour la légalisation des actes de l'état civil, si l'acte, la copie ou l'extrait sont dispensés du timbre (Note de la chancellerie octobre-décembre 1888, *Bull. min. just.*, n° 267). Diverses décisions ont spécialement appliqué cette règle aux légalisations faites en exécution de la loi du 18 juin 1850 relative à la caisse des retraites pour la vieillesse, aux copies sur papier libre des actes de l'état civil réclamés par les conseils d'administration des corps de troupe, etc.

**55.** Aux termes de l'art. 12 du décret de 1854, les greffiers ne peuvent exiger ni recevoir aucun droit de prompte expédition. Le contrevenant serait passible « des peines prononcées soit par l'art. 23 de la loi du 21 vent. an 7, soit par l'art. 154 c. pén., sans préjudice de la restitution des sommes perçues et de leurs dommages-intérêts », comme le greffier qui aurait perçu d'autres ou de plus forts droits que ceux prévus par ledit décret. Les mêmes sanctions, n'en pas la réduction par voie de taxe, atteindraient les expéditions ne contenant pas le nombre voulu de lignes et de syllabes (Conf. *Rép.* n° 117).

**56.** On s'est demandé au *Rép.* n° 146 si l'art. 8 de la loi de finances des 3-10 juill. 1846, en exemptant de la perception de tout droit de greffe *au profit du Trésor* l'expédition des actes nécessaires pour la célébration du mariage des indigents et pour la légitimation de leurs enfants, avait affranchi les parties de la remise due aux greffiers; le doute n'est plus possible depuis la loi du 10 déc. 1850, art. 4 (D. P. 51. 4. 9) ayant pour objet de faciliter le mariage des indigents, la légitimation de leurs enfants naturels et le retrait de ces enfants déposés dans les hospices. En effet, l'art. 5 de cette loi est ainsi conçu : « La taxe des expéditions des actes de l'état civil, requises pour le mariage des indigents est réduite, quels que soient les détenteurs de ces pièces à 30 cent., lorsqu'il n'y aura pas lieu à légalisation, à 50 cent. lorsque cette dernière formalité devra être accomplie. Le droit de recherche alloué aux greffiers par l'art. 14 de la loi du 21 vent. an 7... est supprimé en ce qui concerne l'application de la présente loi ».

**57.** Relativement aux *recherches des jugements et actes* (*Rép.* n° 148) le décret de 1854, art. 9, n'a fait que reproduire les dispositions de la loi du 21 vent. an 7, art. 14. Ce décret ne tranche pas expressément la question, examinée au *Rép. ibid.*, de savoir si le droit de recherche est dû à propos des *actes de l'état civil*. Nous pouvons ajouter qu'une lettre ministérielle du 10 mars 1813 s'était prononcée pour la négative par les raisons exposées au *Répertoire* et par le décret du 24 mars 1854, art. 1, § 9. Mais cette opinion nous paraît devoir être abandonnée, en présence des termes de l'art. 5 de la loi du 10 déc. 1850, que nous avons rapporté *suprà*, n° 51; le droit de recherche des actes de l'état civil est expressément supprimé en ce qui concerne l'application de cette loi ; c'est-à-dire qu'il est dû dans les autres cas. Enfin, une note de la chancellerie d'octobre-décembre 1889 (*Bull. min. int.*, 1889, p. 309) reconnaît formellement que ces recherches sont rémunérées par la loi du 21 vent. an 11 art. 14).

En fait, ce droit est actuellement perçu par les greffiers, sauf à Paris, où d'ailleurs un traité, intervenu en 1807, entre la Ville et le greffe du tribunal, a substitué le greffe aux mairies pour la recherche et la délivrance des expéditions des actes de l'état civil.

**58.** — IV. Transport des greffiers (*Rép.* n° 150). — L'art. 2 de la loi du décret de 1854 a remplacé sur ce point l'ordonnance du 4 août 1824 et le décret du 18 juin 1811, art. 88 et 89. Le nouveau texte s'applique expressément à tous les déplacements de ces greffiers « dans l'exercice de leurs fonctions » et élève le tarif : l'indemnité journalière comprenant les frais de voyage, de nourriture et de séjour, est pour un déplacement de plus de 5 kilomètres, de 8 fr. au lieu de 6 fr., et de 10 fr. au lieu de 8 fr. au delà de deux myriamètres.

**59.** — V. Bulletins (*Rép.* n° 151). — L'usage des bulletins indicatifs de distribution et de remises de cause a été régularisé par l'art. 1-13° du décret de 1854, qui a fixé uniformément le droit à 10 cent. par bulletin. Mais le nombre de ces bulletins est soumis à la taxe et doit être limité par le juge à un chiffre raisonnable dans chaque affaire (Circ. chancellerie des 27 mai 1854 et 2 juill. 1864 (Gillet et Demoly, t. 2, p. 368).

**60.** — VI. Vente judiciaire et expropriation publique (*Rép.* n° 152). — V. *Rép.* v° *Expropriation publique*, n°s 862 et suiv. — Le décret de 1854, art. 14, a formellement maintenu l'ordonnance du 18 sept. 1833 concernant les expropriations pour cause d'utilité publique, et celle du 10 oct. 1841 sur les ventes judiciaires. — Une note de la chancellerie, (janvier-mars 1890, *Bull. min. just.*, 1890, p. 109) déclare que les dispositions de l'ordonnance du 10 oct. 1841 concernant le tarif des frais et dépens relatifs aux ventes judiciaires d'immeubles ne peuvent être étendues aux partages d'immeubles en nature, et que, spécialement, le droit de 15 fr., établi par l'art. 1er de l'ordonnance au profit des greffiers ne saurait être alloué à ces officiers publics en matière de partage d'immeubles, en nature, ni pour communication du procès-verbal d'expertise, ni pour communication du cahier des charges qui ont pu être dressés par les parties à cette occasion.

**61.** En ce qui concerne les droits et vacations des greffiers *en matière criminelle*, V. *Rép:* n° 143. — Le décret de 1854 ne s'est pas occupé de cette matière. Une décision de la chancellerie du 7 juin 1872 (Gillet et Demoly, t. 2, p. 408) a déclaré que la loi du 24 nov. 1871, qui accorde aux greffiers un droit de 25 cent. pour chaque mention au répertoire, ne s'applique qu'aux matières civiles et commerciales, et qu'aucune indemnité pour mention au répertoire n'est due aux greffiers en matière criminelle, correctionnelle ou de simple police.

**62.** L'application du décret de 1854 a soulevé plusieurs questions délicates, qui ont été résolues en sens divers à propos d'une même affaire, par les cours de Pau, de Bordeaux et la cour de cassation (aff. Poisson, Pau, 18 juill. 1860 et Civ. cass. 16 et 24 févr. 1863, D. P. 63. 1. 57 ; Bordeaux, 26 août 1860, D. P. 63. 2. 184 ; Crim. cass. 8 janv. 1867, D. P. 67. 1. 14).

**63.** — 1° *L'émolument de 10 cent. alloué au greffier par l'art. 9 du décret du 24 mai 1854 est-il dû à raison de l'état détaillé des frais et déboursés relatifs à des actes en brevet ?* — L'art. 9 du décret du 24 mai 1854, dispose que les greffiers doivent inscrire au bas des expéditions qui leur sont demandées, le détail des déboursés et des droits auxquels chaque arrêt, jugement ou acte donne lieu ; qu'à défaut d'expédition, ils doivent faire cette mention sur des états signés d'eux, et qu'ils remettent aux parties ou aux avoués et qu'il leur est alloué pour chaque état un émolument de 10 cent. La cour de Pau avait décidé que cet article, s'exprimant d'une manière générale, les actes en brevet rentraient dans ses termes, et donnaient lieu à la délivrance d'un état spécial et par conséquent à la perception d'un émolument de 10 cent. Mais la cour de cassation (arrêt du 16 févr. 1863) a jugé au contraire « que les actes en brevet ne sont pas retenus en minute ; qu'ils sont remis aux parties et valent pour elles comme expéditions ; qu'ils doivent, dès lors, et sans qu'il soit besoin de constater par un état spécial, porter en marge, comme les expéditions, le détail des frais auxquels ils donnent lieu » et que, par conséquent, l'émolument de 10 cent. n'était pas dû. Il s'agissait en l'espèce d'un certificat de folle enchère, et c'était, en fait, sur ce certificat même que le greffier avait dressé l'état pour lequel il avait perçu l'émolument. La cour de Bordeaux a statué dans le même sens (arrêt du 26 août 1863).

**64.** — 2° *L'émolument alloué par l'art. 9 est-il dû à raison de l'état détaillé des frais et déboursés relatifs à l'inscription des causes au rôle ?* — La cour de cassation (arrêt du 16 févr. 1863) a résolu cette question, au contraire de la précédente, par l'affirmative, en décidant « que cette inscription est un acte du greffe donnant lieu à des droits divers et dont les greffiers sont tenus de faire connaître le détail à la partie ou à l'avoué, par un état spécial qu'ils doivent signer et dresser à cet effet » et qu'en leur attribuant pour cet état un émolument de 10 cent., la cour de Pau n'avait fait que se conformer aux dispositions de l'art. 9 du décret du 24 mai 1854.

**65.** — 3° *Le droit de 10 cent. accordé au greffier par l'art. 1, § 14, du même décret, pour les mentions sur le répertoire, doit-il être cumulé avec le droit de 15 cent. alloué par l'art. 3, § 3, pour chaque mention d'acte portée sur un registre timbré ?* — Comme la cour de Pau, la cour de cassation (arrêt du 16 févr. 1863) s'est prononcée pour l'affirmative « attendu que le paragraphe 14 de l'art. 1er accorde 10 cent. pour la mention de chaque acte sur le répertoire prescrit par l'art. 49 de la loi de frimaire an 7 ; que cet émolument est alloué aux greffiers comme rémunération d'un travail ; que les 15 cent. alloués par le paragraphe 3 de l'art. 3 le sont comme remboursement d'une dépense, celle du papier

timbré ; qu'ainsi, ces deux dispositions ayant chacune un objet distinct, les droits qu'elles édictent ne s'excluent pas l'un l'autre ».

**66.** — 4° *L'émolument établi par l'art. 1er, § 7, du décret de 1854 est-il dû : 1° pour l'annexe au procès-verbal d'ordre du certificat de radiation des inscriptions des créanciers non colloqués ; 2° pour l'annexe de la minute du jugement d'adjudication sur saisie immobilière de la quittance des frais ordinaires de poursuite ?* — La cour de Pau avait décidé sur ces deux points : « 1° qu'aux termes de l'art. 770 c. proc. civ., modifié par la loi du 21 mai 1858, le greffier ne peut délivrer le bordereau des frais de l'avoué poursuivant que sur la remise des certificats de radiation des inscriptions des créanciers non colloqués, lesquels certificats demeurent annexés au procès-verbal ; qu'il faut que quelque chose constate la remise de ces certificats et leur annexe ; que cette constatation a lieu au moyen de l'acte que dresse le greffier ; que cet acte rentre dans les dispositions générales de l'art. 7 et donne lieu à un émolument de 1 fr. 50 cent. ; 2° qu'aux termes de l'art. 713 c. proc. civ., l'adjudicataire, pour se faire délivrer le jugement d'adjudication, doit rapporter au greffier quittance des frais ordinaires de poursuites, et la preuve qu'il a satisfait aux conditions du cahier des charges qui doivent être exécutées avant cette délivrance ; que la quittance et les pièces justificatives doivent demeurer annexées à la minute du jugement et seront copiées à la suite de l'adjudication ; qu'il est donc nécessaire que le greffier dresse acte de la remise et de l'annexe de la quittance et des pièces justificatives ; que cet acte rentre aussi sous l'application de l'art. 7 et donne droit en faveur du greffier à un émolument de 1 fr. 50 cent. ». Mais la cour de cassation (Arrêt du 16 févr. 1863) a jugé au contraire que cet émolument n'était pas dû « attendu qu'il n'est accordé aux greffiers aucun émolument pour les mentions sommaires par eux faites sur les pièces qui leur sont remises ; qu'il suffit d'une mention de cette nature pour constater la remise et l'annexe au procès-verbal d'ordre du certificat de radiation des inscriptions des créanciers non colloqués ; qu'il doit en être de même pour la quittance des frais de poursuite au jugement d'adjudication ; qu'ainsi, dans l'un et l'autre cas, un acte en forme n'est pas nécessaire pour établir la remise de l'annexe de ces pièces ».

La cour de Bordeaux (arrêt du 26 août 1863) a adopté la même solution. « Attendu que, d'après les dispositions du code de procédure civile, il y a lieu de distinguer entre le dépôt et l'annexe, deux modes différents adoptés pour la remise de certaines pièces au greffe, selon l'intérêt qui s'attache à leur conservation et selon les circonstances qui peuvent l'assurer par ailleurs ; qu'à la différence du dépôt régulier, auquel seul s'appliquent les dispositions impératives de l'art. 43 de la loi du 22 frim. an 7, l'annexe est une simple précaution de fait qui n'exige pas pour son accomplissement la rédaction d'un acte en forme et à laquelle suffit une mention sommaire inscrite sur la pièce annexée ; — Attendu que le certificat de radiation des inscriptions non colloquées, exigé par l'art. 770 c. proc. civ., est un acte secondaire qui serait facilement remplacé en cas de perte ; que, de plus, sa remise au greffe résulte virtuellement de la délivrance du bordereau et du mandement, laquelle y est subordonnée ; — Attendu qu'en matière de saisie immobilière, la quittance des frais de poursuite et les pièces justificatives dont parle l'art. 713, doivent être copiées à la suite du jugement d'adjudication ; que, par là, leur production au greffe et leur conservation se trouvent suffisamment assurées ; — Attendu qu'en de telles circonstances la loi n'a pu attacher qu'une moindre importance aux formalités constatant la remise de ces divers documents ; que n'en ayant point prescrit le dépôt régulier, mais seulement l'annexe, elle a, par cela même, voulu que le greffier se bornât à la mention sommaire prescrite en pareil cas, laquelle, aux termes du décret de 1854, n'entraîne aucun émolument ».

**67.** — 5° *L'émolument de 1 fr. 50 cent. établi par l'art. 1, § 1er, du décret de 1856 est-il dû : 1° pour la réquisition de nomination du juge-commissaire à un ordre ; 2° pour les contredits élevés dans cet ordre ; et 3° pour les dires des avoués reçus sur le cahier des charges de l'adjudication ?* — Ces questions sont celles qui ont donné lieu à la discussion la plus vive et la plus longue. D'une part, le droit des greffiers à l'émolument a été reconnu par la cour de Pau (18 juill. 1860) et sur renvoi après cassation de ce chef, par la cour de Bordeaux (26 août 1863). D'autre part, ce droit leur a été dénié par la chambre civile, après partage (24 févr. 1863) et sur nouveau pourvoi par les chambres réunies de la cour de cassation (8 janv. 1867). Rappelons d'abord les termes de l'art. 1, § 7, du décret de 1854 : « Pour tout acte, déclaration ou certificat fait ou transcrit au greffe, et qui donne lieu à un émolument particulier, quel que soit le nombre des parties, 1 fr. 50 cent ».

**68.** Dans une première opinion, on soutenait que ce texte dispose d'une manière générale et absolue, sans distinction aucune : « Qu'il n'est pas nécessaire, pour que le droit soit dû, que le greffier soit obligé de faire l'acte lui-même ; — Que l'article dit *fait* ou *transcrit ;* — Qu'il suffit donc que les parties ou les avoués aillent faire ou transcrire un acte au greffe pour que l'émolument soit dû ; — Que les réquisitions aux fins de nomination des juges-commissaires dans les ordres et contributions sont faites par les avoués, mais faites au greffe et transcrites au greffe sur un registre à ce destiné ; qu'il en est de même du dire des avoués sur les cahiers des charges et des contredits dans les ordres » (Pau, 18 juill. 1860). D'après la cour de Bordeaux, il fallait considérer l'émolument comme rémunérant non seulement le travail matériel, mais encore et surtout la responsabilité qui pèse sur le greffier, et dès lors, le travail personnel du greffier ou des commis n'étant plus la condition indispensable du salaire. S'attachant ensuite successivement à la réquisition à fin de nomination de juge-commissaire, aux contredits et enfin aux dires faits sur le cahier des charges en matière de vente judiciaire d'immeubles, la cour de Bordeaux prétendait démontrer que ces actes avaient une existence propre et distincte de l'œuvre de l'avoué ou du juge, qu'ils exigeaient de la part du greffier une coopération active et engageaient assez gravement sa responsabilité pour justifier pleinement l'émolument contesté (V. dans le même sens Tonnelier, *Manuel des greffiers*, p. 62, nos 10 et 11).

Dans l'arrêt solennel du 8 janv. 1867, la cour de cassation pose en principe qu'il résulte tant du texte que de l'esprit du décret du 24 mai 1854, que le décret n'alloue d'émoluments aux greffiers que lorsqu'ils opèrent seuls, sans l'intervention du juge, dans un intérêt privé, et pour des actes qu'ils font alors exigent de leur part un travail ou des soins particuliers ; — Que si le paragraphe 7 de l'art. 1er leur accorde pour les actes, déclarations ou certificats faits ou transcrits au greffe, et qui ne sont pas l'objet d'une rétribution spéciale, un émolument de 1 fr. 50 cent., ce paragraphe ne déroge cependant pas, malgré la généralité de ses termes, au principe qui régit les autres paragraphes du même article ; qu'il n'alloue un émolument qu'autant que ces actes, déclarations ou certificats supposent de la part des greffiers un travail ou des soins particuliers qui peuvent seuls donner droit à un salaire. Or, ce caractère essentiel ne se retrouve, d'après la cour dans aucun des actes dont il s'agit. « Attendu que les réquisitions à fin de nomination du juge-commissaire de l'ordre, les contredits élevés dans l'ordre et les dires insérés au cahier des charges d'une adjudication, sont des actes de postulation qui appartiennent exclusivement au ministère des avoués, et qui n'exigent de la part des greffiers ni travail ni soins particuliers ; — Qu'en ce qui concerne les réquisitions, il résulte des termes exprès de l'art. 750 c. proc. civ. qu'elles sont inscrites sur le registre des adjudications de l'avoué poursuivant, auquel l'art. 130 du tarif de 1807 accorde une vacation pour cet objet ; — Qu'en ce qui touche les contredits, les créanciers produisant la partie saisie doivent être sommés, aux termes des art. 755, 756 et 758 c. proc. civ., de prendre communication de l'état de collocation, et de contredire, s'il y échet, sur le procès-verbal ; que l'art. 135 du tarif de 1807 accorde à l'avoué du contestant une vacation pour prendre cette communication, et faire le contredit sur le procès-verbal même du juge-commissaire ; que c'est, par conséquent, à l'avoué qu'il appartient d'écrire le contredit ; que le greffier n'intervient qu'à l'effet de faire la communication de l'état de collocation et des productions ; que pour cette communication, qui demande de sa part une certaine surveillance, le paragraphe 6 de l'art. 1er du décret précité lui alloue un émolument de 5 fr. ou de 10 fr. ; — Que, relativement aux dires insérés au

cahier des charges, ils sont également l'œuvre des avoués qui seuls les rédigent ; que ces dires sont de véritables conclusions, puisque c'est sur cet acte que le tribunal statue pour décider si les modifications que l'on propose de faire au cahier des charges y seront introduites ; qu'en disant que le poursuivant, la partie saisie et les créanciers inscrits seront tenus de faire insérer leurs dires et observations sur le cahier des charges, l'art. 674 c. proc. civ. a entendu que l'insertion serait faite par les avoués des parties liées au procès; que le greffier n'intervient encore ici que pour communiquer le cahier des charges à l'avoué, communication pour laquelle l'art. 1er de l'ordonnance du 10 oct. 1841 lui alloue un émolument de 12 ou de 15 fr. ; — Que cette ordonnance, d'ailleurs, dont l'art. 11 du décret de 1854 maintient l'exécution, règle seule les frais en matière de ventes judiciaires, et n'accorde de salaire aux greffiers que pour cette communication » (V. en ce sens : Chauveau, *Procédure de l'ordre*, p. 34).

**69.** La controverse sur ces diverses questions s'est éteinte avec le procès dont nous venons d'analyser les phases diverses ; il en devait être ainsi, la chancellerie ayant donné les décisions de la cour de cassation comme des règles à suivre désormais, par deux circulaires en date du 2 juill. 1864 et du 8 août 1867 (Gillet et Demoly, t. 2, p. 368 et 380).

**70.** D'après une décision de la chancellerie du 11 déc. 1879 (*Bull. min. just.*, 1879, p. 251). — La *radiation de cause* opérée en exécution de l'art. 29 du décret du 30 mars 1808 constitue un véritable jugement soumis à l'enregistrement, et donne lieu à la perception des droits suivants, au profit du greffier :

| | | |
|---|---|---|
| Timbre de la feuille d'audience | 1 fr. | 20 cent. |
| — du répertoire | 0 fr. | 25 » |
| Mention au répertoire | 0 fr. | 10 » |
| Quittance | 0 fr. | 10 » |
| | 1 fr. | 65 » |

Lorsque cette radiation intervient sur la demande des avoués, à la suite d'un arrangement entre les parties, elle n'est qu'une simple mesure d'ordre constatée seulement par une mention sur la feuille d'audience ; dès lors le greffier peut seulement réclamer un droit de 0 fr. 25 cent. à titre de remboursement de papier timbré.

**71.** La chancellerie a décidé que, malgré la généralité de ses termes, le paragraphe 7 de l'art. 1er du décret de 1854 ne s'applique pas à la constatation des prestations de serment ; spécialement les art. 20 du décret du 1er germ. an 13 et 68, § 6, no 4, de la loi du 22 frim. an 7 n'ayant pas cessé d'être en vigueur, le procès-verbal de prestation de serment des employés des finances ne donne lieu qu'à un droit d'enregistrement de 15 fr. et au remboursement du coût du papier timbré (Décis. 16 juin 1855, Gillet et Demoly, t. 2, p. 261).

**72.** Aucune allocation ne peut être accordée au greffe qui délivre des extraits en matière forestière pour simple condamnation à l'amende (Décis. 10 avr. 1855).

**73.** Sur les obligations qui imposent aux greffiers la tenue des casiers judiciaires et la délivrance d'extraits de ces casiers, V. Rép. vo *Organisation judiciaire*, nos 800 et suiv., et *infrà*, eod. vo. Une circulaire du garde des sceaux en date du 8 janv. 1890, donne le tarif spécial à cette matière (*Bull. min. just.*, 1890, p. 4).

**74.** Le décret de 1854, art. 3, a alloué aux greffiers diverses sommes à titre de *remboursement de papier timbré*. Les chiffres donnés par ce texte ont été successivement modifiés par le décret des 8-10 décembre 1862 et celui des 21 nov.-16 décembre 1871.

ART. 7. — *Greffiers des cours d'appel* (Rép. no 158).

**75.** Le paragraphe 3 du décret de 1854, art. 6 et 7, a spécialement fixé les émoluments des greffiers des cours d'appel : les allocations qui leur sont attribuées sont doubles de celles des greffiers de première instance pour un certain nombre d'actes, et les mêmes pour quelques autres. De plus, l'art. 7 fixe à 40 cent. par rôle leur remise sur les droits de greffe perçus sur les expéditions, « sans diminution des droits de l'Etat ». — En ce qui concerne le traitement fixe, V. *suprá*, n° 45.

Art. 8. — *Greffiers des tribunaux de commerce* (*Rép.* n°s 159 à 162).

**76.** Le traitement fixe des greffiers des tribunaux de commerce (*Rép.* n°s 160 et suiv.) n'a pas varié depuis la publication du *Répertoire ;* il est de 800 fr. par an sauf à Lille, Nantes, Rouen, Toulouse, Bordeaux, Lyon, Marseille et Paris où ce traitement est de 900, 1200 et 1800 fr. (Rapport de M. Demole au Sénat, sur la loi du 31 juill.-1er août 1879, D. P. 79. 4. 86).

**77.** Les *remises* qui leur sont allouées sur les droits de greffe sont restés les mêmes (30 cent. par rôle d'expédition). Mais leurs émoluments, qui depuis 1825 étaient fixés par un tarif légal, ont été augmentés par la loi des 31 juill.-1er août 1879 et le décret des 18-20 juin 1880. Dans le rapport au Sénat, sur cette loi de 1879, M. Demôle fait remarquer que les greffiers des tribunaux de commerce sont toujours chargés de pourvoir eux-mêmes au traitement de leurs commis greffiers assermentés ; que leurs émoluments n'étaient plus en harmonie avec le renchérissement de toutes choses. Et il énumère, pour justifier les mesures proposées, « diverses circonstances qu'il est essentiel de relever puisqu'elles sont venues aggraver successivement la situation dont nous nous occupons : la loi du 7 vent. an 8 avait fixé à 5 pour 100 le taux de l'intérêt du cautionnement des greffiers; cet intérêt, en exécution de la loi du 4 août 1844, n'est plus aujourd'hui que de 3 pour 100. En 1825, les tribunaux de commerce ne jugeaient en dernier ressort que jusqu'à 1000 fr. La loi du 3 mars 1840 a élevé à 1500 fr. le taux de cette compétence. Cette modification a notablement diminué le nombre des expéditions des jugements. Jusqu'en 1850, les greffiers étaient en dehors de l'impôt des patentes ; ils y sont astreints depuis cette époque. En 1851, la gratuité d'un certain nombre d'actes de leur ministère leur a été imposée par la loi sur l'assistance judiciaire. En ce qui touche spécialement l'état des faillites, les dispositions du code de commerce de 1807 qui établissaient de nombreuses formalités à raison de quoi les greffiers étaient appelés à recevoir une rétribution ont été sensiblement modifiées et amoindries par la loi du 28 mai 1838. Indépendamment de cette réduction dans les émoluments des greffiers, il en résulte que le tarif de 1825 n'est plus en harmonie avec la législation nouvelle. Et enfin, plusieurs des droits déterminés par ce tarif ont été diminués par l'arrêté modificatif du 8 avr. 1848 » (D. P. 79. 4. 86).

**78.** On a dit au *Rép.* n° 162 que le législateur, dans l'art. 624 c.com., avait délégué à l'Administration le droit de dresser le tarif des greffiers des tribunaux de commerce. En 1825 et en 1848 on avait procédé par voie de règlement d'administration publique. Nous venons de dire qu'en 1819, le Gouvernement avait cru devoir de faire autoriser par une loi à modifier ce tarif. Voici les raisons qu'on en donnait : « On a contesté l'utilité de la loi en se fondant précisément sur la disposition de cet art. 624 c. com. A quoi bon faire cette loi, a-t-on dit, puisqu'en vertu de cet article le Gouvernement est en possession du droit de régler la question dont on s'occupe? A cela on peut répondre tout d'abord qu'en conformité des principes généraux sur la délégation, la faculté ainsi conférée au pouvoir exécutif est forcément restreinte à la situation, telle qu'elle existait à cette époque, et ne peut être étendue aux besoins créés par la législation postérieure. Mais d'un autre côté, a-t-on jugé avec beaucoup de raison, qu'il ne lui appartient pas, sans y avoir été expressément autorisé par le législateur, de modifier les droits fixés par la loi du 21 vent. an 7, n'est-il pas clair que, si le pouvoir législatif a l'habitude de déléguer à l'exécutif le droit de prendre les dispositions secondaires destinées à mettre la loi en action, il n'en reste pas moins le maître, soit de reprendre cette délégation pour user lui-même de son droit sous la forme qu'il juge convenable, soit de la renouveler et préciser suivant son appréciation et quand il en voit l'opportunité ». Quoi qu'il en soit de ces scrupules, la loi de 1879, ne fit que déléguer de nouveau à l'Administration le droit de règlement, dont elle usa dans-le décret

des 18-20 juin 1889. Sur plusieurs points ce tarif reproduit purement et simplement celui de 1825 ; l'art. 4 a rétabli la concordance entre la loi sur les faillites et les divers émoluments des greffiers.

**79.** Le décret de 1854 (art. 4 et 5) avait étendu aux greffiers des tribunaux de première instance qui exercent la juridiction commerciale le tarif de 1825. Le décret de 1880, chap. 7, art. 13 et 14, leur attribue en principe dans l'exercice de cette juridiction les mêmes émoluments qu'aux greffiers des tribunaux de commerce et règle quelques points particuliers pour lesquels le cumul de leurs fonctions les met dans une situation spéciale; notamment le tarif alloue (art. 2) un droit de 50 cent. aux greffiers des tribunaux de commerce pour la rédaction des jugements ; parce que le plus souvent, en fait, dans les tribunaux, cette rédaction est l'œuvre personnelle du greffier; ce même droit est refusé (art. 13) même en matière commerciale aux greffiers des tribunaux civils, où la rédaction des jugements est réellement l'œuvre du juge (V. Circ. du garde des sceaux du 29 juill. 1880, *Bull. min. just.*, 1880, p. 206).

**80.** Il a été jugé, relativement à l'application de l'art. 10 du décret de 1880, que les greffiers des tribunaux de commerce ont le droit de réclamer aux parties, pour les jugements de radiation de cause : 1° 0 fr. 50 cent. à titre d'émolument; 2° 0 fr. 80 cent. à titre de remboursement de papier timbré (Besançon, 17 juill. 1882, aff. Gillot, D. P. 83. 248).

**81.** Mais ces jugements de radiation de cause ne devant pas être mentionnés sur le répertoire des greffiers des tribunaux de commerce, ceux-ci ne sont pas fondés à exiger des parties, pour cette mention : 1° 0 fr. 10 cent. à titre d'émolument; 2° 0 fr. 25 cent. à titre de remboursement de papier timbré (Arrêt précité du 17 juill. 1882, et sur pourvoi, Civ. cass. (pour un autre moyen) 26 oct. 1885, D. P. 86. 1. 356).

**82.** Dans la même affaire, une question analogue se posait sur l'art. 12, §.1 et 3, au sujet des jugements de *remise* de cause ; elle a reçu des solutions contraires. D'une part, la cour de Besançon avait jugé qu'à la différence des jugements de radiation, les jugements de remise de cause doivent être portés sur les feuilles d'audience, et que chacun d'eux donne lieu à la perception, par les greffiers des tribunaux de commerce, de 0 fr. 25 cent. à titre de remboursement de papier timbré : « Attendu que l'intitulé seul du chapitre 6 du décret du 20 juin 1880, *remboursement du papier timbré*, prouve que l'art. 12, par la généralité de ses termes, a voulu accorder un remboursement aux greffiers pour tous les actes qui exigent l'emploi de timbre ; que s'attacher au sens littéral de ces mots, *registre timbré*, serait violer l'esprit du décret; mais que, même à ce point de vue étroit, il ne serait pas excessif d'appliquer la qualification de *registre* aux feuilles d'audience qui doivent être remises en volume, aux termes de l'art. 39 du décret du 30 avr. 1808 » (Arrêt précité du 17 juill. 1882).

Au contraire, la cour de cassation a jugé que les décisions qui portent seulement *remise* d'une audience à une autre comme celles qui portent *radiation* de cause, ne constituent pas, à proprement parler, des jugements, mais de simples mesures d'ordre intérieur non sujettes à enregistrement; « qu'aucune disposition de loi n'exige que lesdites décisions soient timbrées, soit sur la feuille d'audience, soit sur un registre timbré; que, dès lors, le greffier ne peut exiger de ce chef aucun remboursement de papier timbré, par application, soit du paragraphe 1er, soit du paragraphe 3 de l'art. 12 » (Arrêt précité du 26 oct. 1885).

Enfin la cour de Dijon, saisie du renvoi, a jugé comme la cour de cassation que le greffier n'avait droit pour un jugement de remise de cause, ni à un émolument, ni à un remboursement de papier timbré. Mais la cour reconnaît, au contraire de la cour de cassation, que les décisions portant remise de cause, qui émanent des tribunaux de commerce, sont assimilées aux jugements, et doivent, dès lors, être transcrites sur les feuilles d'audience (c. proc. civ.), si elle arrive à la même solution que la cour de cassation, c'est pour cette raison que le législateur a clairement manifesté sa volonté d'affranchir de tout droit de timbre les jugements de remise de rendus par la juridiction consulaire et que les greffiers invoqueraient vainement les dispositions des décrets du 30 mars 1808 et du 18 juin 1880 qui soumettent à une redevance, à titre de remboursement de papier timbré, les mentions faites sur un registre timbré, les jugements de remise n'ayant point le caractère de mentions, et les feuilles d'audience ne pouvant être assimilées aux registres timbrés (Dijon, 21 avr. 1886, aff. Gillot, D. P. 87. 2. 33).

**Art. 9. — *Greffiers des justices de paix* (Rép. nos 163 à 187).**

**83.** Nous avons dit au *Rép.* n° 32 que les greffiers en général doivent s'abstenir de négoce et de mandat salarié (V. en ce sens, pour les greffiers de justice de paix en particulier, Millien, *Greffes et greffiers des justices de paix,* v° *Incompatibilité,* nos 8 et suiv.). Mais il a, depuis, été jugé en sens contraire que la profession d'agent d'affaires, bien qu'elle ait un caractère commercial, n'est pas incompatible avec les fonctions de greffier de justice de paix, que par suite, la clientèle attachée à un cabinet d'affaires exploité par un greffier peut être valablement cédée en même temps que le greffe lui-même; et qu'il en est de même du titre d'agent d'une compagnie d'assurance et de la clientèle attachée à cette agence (Besançon, 29 déc. 1875, aff. Baurans, D. P. 77. 2. 123). Un des motifs de cet arrêt constate que la chancellerie « n'a jamais interdit, au moins d'une manière absolue, aux greffiers de paix de se livrer, en dehors de leurs fonctions, à des travaux compatibles avec elles et pouvant leur assurer une existence plus convenable; qu'il en est ainsi, notamment, de mandats même salariés qui leur seraient confiés soit par des compagnies d'assurance ou autres, soit même par de simples particuliers, pourvu que ces mandats n'aient rien de contraire à leurs devoirs professionnels ». Ajoutons, que si le même arrêt déclare illicite la cession faite par un greffier à son successeur de ses fonctions de syndic de faillite, ce n'est pas en raison d'une incompatibilité entre lesdites fonctions et celles de greffier, mais parce que « les syndicats de faillite constituant des mandats de justice sont attachés à la personne même, en raison de la confiance qu'elle inspire et ne peuvent être l'objet d'aucune transmission valable ».

**84.** L'insuffisance d'un grand nombre des émoluments de greffiers de paix a rendu la tolérance de l'administration en quelque sorte nécessaire. Dès le 12 août 1847, une décision du garde des sceaux les autorise à se charger d'arpentages ou d'expertises volontaires de la part des intéressés, pourvu que le service du greffe n'en souffre pas. Mais le tribunal ne peut désigner son greffier comme arpenteur ou expert dans une affaire litigieuse soumise à son examen (Gillet et Demoly, t. 2, p. 109). Il a été dit au *Rép.* n° 165, que leurs fonctions ne sont pas compatibles avec celles de commissaire-priseur.

**85.** On a dit au *Rép.* n° 172 que les greffiers de justice de paix recevaient un traitement fixe et des droits de vacation. L'augmentation du traitement fixe par la loi du 21 juin 1845 qui l'avait porté à 500 fr. s'est trouvée rapidement insuffisante; la loi des 16-24 nov. 1875, l'a de nouveau augmenté de 200 fr. Pour pourvoir à cette nouvelle dépense la même loi (art. 2) a établi un droit de greffe de 1 fr. sur l'inscription du rôle de chaque cause portée à l'audience afin d'y recevoir jugement, sans que le greffier ait aucune remise pour la perception de ce droit. Aux termes d'une circulaire de la chancellerie du 27 oct. 1888 (*Bull. min. just.* 1881, p. 242), afin d'assurer cette perception, les juges de paix doivent se faire représenter, à certaines époques, les registres de nouveaux rôles et rechercher si toutes les affaires de nature à y être portées ont été régulièrement inscrites. Un visa apposé par eux attestera l'observation de ces institutions. La même circulaire condamne l'usage des greffiers de certains cantons, d'après lesquels les affaires abandonnées au cours de l'audience ne figureraient pas au rôle.

**86.** La loi du 21 juin 1845 et le décret du 6 déc. 1845, ont abrogé le tarif de 1809 en ce qui concerne les juges de paix, en supprimant les droits et vacations qui leur étaient accordés et en établissant à leur profit une indemnité de transport (*Rép.* n° 173). Conformément à l'opinion émise *ibid.,* la chancellerie a reconnu que c'est là une indemnité spéciale qu'aucune disposition n'a rendue applicable aux greffiers qui restent soumis, pour le calcul de l'allocation des deux tiers dont il est question (tarif 16 févr. 1807, art. 16), aux droits et vacations qui étaient accordés aux juges de paix dans le premier chapitre de ce décret (Lettre au procureur de la République d'Orléans, *Bull. min. just.* 1880, p. 277).

**87.** L'art. 21 de la loi du 23 août 1873 a soumis les avertissements au timbre de 60 cent. Afin d'assurer la perception de cet impôt, les greffiers de justice de paix doivent se procurer à l'administration de l'Enregistrement des carnets de vingt-cinq ou cinquante avertissements, timbrés sur les avertissements et cotés sur les souches par le juge de paix (Circ. 21 oct. 1888, *Bull. min. just.* 1888, p. 242).

**88.** L'allocation de 80 cent. attribuée par l'art. 3 du décret du 24 nov. 1871 aux greffiers de justice de paix pour chaque jugement porté sur la feuille d'audience, ceux des simples remises exceptés, doit seule être perçue, lors même que le juge a ordonné des mesures préparatoires et d'instruction, si le jugement est en dernier ressort. Mais si le jugement est sujet à appel, les mesures d'instruction, devant être consignées *in extenso* dans un procès-verbal séparé, le timbre effectivement employé pour cette rédaction doit être remboursé au greffier. Cette distinction a pour base le texte des art. 39, 40 et 48 c. proc. civ. Le paragraphe de l'art. 3 du décret précité a eu pour objet de combler une lacune qui existait dans le décret du 8 déc. 1862; en conséquence, le droit de 25 cent. accordé par ledit paragraphe peut être perçu pour chaque mention inscrite au répertoire (V. les différents droits de vacation accordés aux greffiers par le tarif de 1801 *Rép.* nos 174 et suiv.; au sujet des *ventes de meubles, Rép.* n° 183, v° *Ventes publiques de meubles; Rép.* nos 5, 9, 26 et suiv., 1808 et suiv.).

**89.** Comme les autres greffiers, les greffiers de justice de paix doivent communiquer aux préposés de l'administration de l'Enregistrement, non seulement leur répertoire, mais aussi le registre sur lequel ils doivent inscrire toutes les sommes qu'ils reçoivent aux termes de l'art. 2 de l'ordonnance du 17 juill. 1825 (Circ. 7 mars 1884, *Bull. min. just.,* 1881, p. 7).

**90.** Une décision du 10 août 1835 porte bien que, les jugements rendus en matière de contravention à la police du roulage comportant, en raison des textes de lois à transcrire, une étendue plus grande que les jugements ordinaires il n'est pas alloué au greffier plus de deux rôles pour l'expédition; c'est à lui à n'insérer que les mentions nécessaires.

**91.** Aux termes d'une décision du 23 mai 1877 (*Bull. min. just.,* 1877, p. 62), un greffier ne doit pas se faire juge de la recevabilité des pourvois en cassation; il ne peut non plus refuser de recevoir un pourvoi contre un jugement rendu par un tribunal de simple police, sous le prétexte que la partie réclamante n'a préalablement versé la somme de 25 fr. pour frais de timbre et d'enregistrement. Les pourvois de cette nature ne sont enregistrés au comptant que lorsqu'il y a une partie civile, qu'en même temps le condamné est en liberté et que le ministère public n'a pas remis au receveur une réquisition expresse pour que les formalités soient remplies *en débet.*

**Art. 10. — *Greffiers des tribunaux de police proprement dits* (Rép. nos 188 à 189).**

**92.** Le décret des 8-20 sept. 1855 a réglé la quotité et le mode de payement des commis greffiers du tribunal de police de Paris; ces commis reçoivent un traitement de 1800 francs, payable mensuellement sur leur émargement individuel.

**93.** Il a été décidé que le jugement de simple police, rendu par un juge assisté, en l'absence du greffier, de l'huissier de service, sans qu'il soit fait mention d'aucune prestation de serment de la part de ce dernier, est nul, cette formalité du serment étant substantielle; qu'au surplus, l'huissier de service ayant instrumenté dans l'affaire ne peut remplir, même momentanément, les fonctions du greffier auprès du tribunal de simple police (Crim. cass. 15 févr. 1879, aff. Chariel, D. P. 80. 1. 188-189).

**Art. 11. — *Des commis greffiers et des commis expéditionnaires* (Rép. nos 190 à 205).**

**94.** Le nombre des commis greffiers assermentés dans chaque cour ou tribunal est actuellement fixé par le tableau A, annexé à la loi du 30 août 1883. Mais, en dehors de ces commis qui reçoivent directement leur traitement de l'Etat, le greffier en chef peut, avec l'agrément de la cour ou du tribunal, faire assermenter d'autres commis, qu'il rétribue lui-même, s'ils sont nécessaires au service du greffe. C'est du moins ce qui se passe à Paris. — V. sur la nomination des commis greffiers, *Rép.* n°s 190 et suiv. — Il a été jugé, depuis, que les commis greffiers ne peuvent être considérés comme des fonctionnaires publics dans le sens des art. 254 et 255 c. pén.; qu'ils ne sont que les mandataires du greffier seul responsable; qu'il n'y a donc pas lieu de relever la circonstance aggravante résultant desdits articles contre un commis greffier puni pour s'être emparé de sommes déposées au greffe (Rouen, 18 avr. 1860) (1).

**95.** Sur le serment des commis greffiers, qui n'est plus toutefois qu'un serment professionnel. V. *Rép.* n° 195. — Nous avons dit au *Rép.* n° 195 que le droit, pour les commis, de suppléer le greffier ne doit pas être étendu au delà des limites fixées par les lois, nous avons ajouté. *suprà,* n°.38, que ce droit était limité aux fonctions qui leur étaient spécialement départies par le greffier.

**96.** Quant aux greffiers provisoires, commis par le tribunal en l'absence du greffier ou pendant la vacance du greffe, V. *Rép.* n° 197, et v° *Organisation judiciaire,* n°s 477, 553, 680.

**97.** Le *traitement* que les commis greffiers des cours d'appel et tribunaux de première instance et de commerce reçoivent directement de l'Etat (*Rép.* n° 199) est aujourd'hui fixé par la loi du 30 août 1883, art. 3 et 7 et tableau B. Il est de 5000 fr. pour les commis greffiers de la cour de Paris; de 3500 fr. pour les commis greffiers des autres cours; de 4000 fr. pour les commis greffiers du tribunal de la Seine; de 3000 pour ceux des tribunaux de première classe; de 2500 fr. pour ceux des tribunaux de deuxième classe; de 2000 fr. pour ceux des tribunaux de troisième classe.

**98.** Le greffier en chef, qui choisit et présente lui-même ses commis greffiers à l'acceptation du tribunal et qui est responsable de tous leurs actes professionnels (V. *suprà,* n° 37), a-t-il le droit de les *révoquer?* La question est controversée. Contrairement à l'opinion émise au *Rép.* n° 201, il a été jugé que les greffiers en chef près les cours et tribunaux ne peuvent, de leur propre autorité, sans l'assenti-

ment du tribunal, révoquer leurs commis greffiers; que le commis greffier révoqué par le greffier en chef seul, peut saisir de sa demande en réintégration le tribunal en assemblée générale; et qu'il appartient au tribunal ainsi composé d'annuler, s'il y a lieu, la révocation prononcée sans son agrément (Trib. civ. de Mont-de-Marsan, 21 déc. 1864, aff. Delagarde, D. P. 66. 3. 62).

**99.** Mais l'opinion émise au *Rép.* n° 201 que le greffier en chef a le droit de révoquer un commis greffier, de sa propre autorité, sauf à s'assurer par mesure de convenance de l'agrément de la cour ou du tribunal, a été au moins implicitement adoptée par d'autres décisions. C'est ainsi qu'il a été jugé: 1° qu'un tribunal, jugeant en audience civile, est incompétent pour statuer sur la demande formée par un commis greffier, en nullité de sa révocation prononcée par le greffier, et, par suite, sur sa demande, à être réintégré dans ses fonctions (Rouen, 5 févr. 1840, aff. Buisson, D. P. 86. 3. 62 en note); ou sur la demande en dommages-intérêts à raison de la révocation (Toulouse, 4 mai 1876, aff. Borches, D. P. 77. 2. 80): « Attendu qu'il s'agit d'un acte de discipline ou d'ordre intérieur rentrant aux termes des art. 26 et 27 du décret du 18 août 1810 dans les attributions du greffier en chef ou de l'assemblée générale de la compagnie exerçant seule, aux termes des lois spéciales, et notamment de l'art. 58 du décret du 6 juill. 1870, le pouvoir disciplinaire »; — 3° Qu'en cas d'urgence le juge du référé est compétent pour ordonner l'expulsion du greffe du commis ainsi révoqué, si celui-ci refuse de cesser ses fonctions, qu'il n'y a pas, à cet égard, de distinction à établir entre un commis greffier et un employé qui a loué ses services à un patron (Trib. civ. de Chalon-sur-Saône, 6 mai 1887, aff. Ducel, D. P. 87. 3. 96).

**100.** Au reste, comme on l'a dit au *Rép.* n° 203, le droit de révocation appartenant au greffier ne fait pas obstacle à l'action *disciplinaire* des tribunaux.

**101.** Sur les *commis expéditionnaires,* V. *Rép.* n° 205.

### Art. 12. — Costumes des greffiers et commis greffiers (Rép. n° 206).

**102.** Nous ne pouvons que nous référer sur ce point, à ce qui a été dit au *Rép.* n° 106.

(1) (X...) — La cour; — Attendu qu'il est établi par l'instruction et avoué par le prévenu X... que pendant une partie du temps où il a exercé les fonctions de commis greffier assermenté au tribunal de première instance de Dieppe, et plus spécialement depuis le mois de janvier 1855 jusqu'au mois de février 1860, il s'est emparé de diverses sommes en or ou en argent qui avaient été déposées au greffe dudit tribunal, comme pièces pouvant servir à conviction dans les affaires correctionnelles et criminelles jugées ou instruites devant ce tribunal ou le juge d'instruction; — Attendu que les commis greffiers ne peuvent être considérés comme dépositaires publics, dans le sens des art. 254 et 255 c. pén.; — Qu'en effet, si les dépôts leur sont confiés, ce n'est pas de la loi elle-même qu'ils tiennent cette qualité de dépositaires, et, s'ils la tenaient d'elle, cette qualité serait attachée à leurs fonctions d'une manière nécessaire et permanente; c'est la confiance personnelle du greffier qui la leur donne, et il peut la leur retirer quand il veut; qu'aussi la loi ne les considère-t-elle que comme les préposés ou mandataires du greffier, qui seul est

responsable des détournements effectués par ses commis; — Attendu, d'ailleurs, que la loi pénale, dans les articles ci-dessus visés, ne comprenant pas des dispositions textuelles que les greffiers, ne peut s'étendre à leurs commis; car en matière pénale, tout est de rigueur, et il n'est pas permis de procéder par voie d'analogie pour prononcer une peine ou une aggravation de peine contre toute une classe de personnes qui ne sont pas expressément atteintes par ces dispositions; — Attendu que ces principes doivent surtout être appliqués lorsqu'on remarque qu'en cette matière, la loi pénale a eu le soin de désigner expressément les commis de fonctionnaires ou de dépositaires publics, soit qu'elle ait voulu les assimiler, quant à la peine à encourir, à ces fonctionnaires ou dépositaires eux-mêmes, comme on le voit dans les art. 169 et 173 c. pén.; soit qu'elle ait voulu les frapper d'une peine moindre, comme cela résulte de l'art. 174 du même code; — Qu'il n'y a donc lieu de relever la circonstance aggravante requise par le procureur général; — Par ces motifs, etc. Du 18 avr. 1860.-C. de Rouen, ch. d'acc.-M. Gobert, pr.

### Table sommaire
#### des matières contenues dans le Supplément et le Répertoire.
(Les chiffres précédés de la lettre S renvoient au Supplément; les chiffres précédés de la lettre R renvoient au Répartoire.)

## Table chronologique des Lois, Arrêts, etc.

| 1851 | 1856 / 1857 / 1858 / 1859 | 1860 / 1861 / 1862 / 1863 | 1864 / 1865 / 1866 / 1867 | 1870 / 1871 / 1872 / 1873 / 1875 | 1876 / 1877 / 1879 / 1880 | 1881 / 1882 / 1883 / 1884 / 1885 | 1886 / 1887 / 1888 / 1889 / 1890 |
|---|---|---|---|---|---|---|---|
| 10 déc. Loi. 86 c., 57 c.<br>**1851**<br>6 août. Metz.36 c.<br>**1852**<br>24 janv. Circul. 20 c.<br>**1854**<br>24 mai. Décr. 23 c., 38 c., 48 c., 51 c., 52 c., 53 c., 55 c., 57 c., 58 c., 59 c., 60 c., 62 c., 67 c., 70 c., 73 c., 74 c., 78 c.<br>27 mai. Circ. de la chancellerie. 59 c.<br>**1855**<br>10 avr. Décis. 71 c.<br>5 mai. Loi. 4 c. | 10 août. Décis. 90 c.<br>8 sept. Décr. 92 c.<br>**1856**<br>9 juin. Civ. 31 c.<br>**1857**<br>23 juin. Loi. 15 c., 30 c.<br>**1858**<br>8 avr. Cons. d'Et. 40 c.<br>21 mai. Loi. 66 c.<br>26 juill. Décr. 30 c.<br>7 août.Décis. garde des sceaux. 39 c.<br>**1859**<br>30 mars. Inst. admin. enreg. 28 c. | **1860**<br>18 avr. Rouen. 94 c.<br>18 juill.Pau. 62 c., 87.<br>26 août.Bordeaux. 62 c.<br>**1861**<br>2 avr. Sol. adm. enreg. 18 c.<br>2 mai. Loi. 15 c.<br>**1862**<br>8 déc.Décr.23 c., 73 c., 88 c.<br>**1863**<br>16 févr. Civ. 62 c., 63 c., 64 c., 65 c., 66 c.<br>24 févr.Civ. 62 c., 67 c.<br>26 août.Bordeaux. 63 c., 65 c., 67 c.<br>29 déc. Douai.42 c. | **1864**<br>8 avr. Crim. 9 c.<br>2 juill. Circ. de la chancellerie. 50<br>3 juill. Circul. 68 c.<br>21 déc. Trib. civ. Mont-de-Marsan, 98 c.<br>23 déc. Sol. adm. enreg. 23 c.<br>**1865**<br>8 mars.Pau. 21 c.<br>13 juin. Trib. civ. Poitiers. 21 c.<br>21 juin. Loi. 1 c.<br>**1866**<br>13 mars. Civ. 41 c.<br>**1867**<br>8 janv.Crim. 62 c.<br>8 janv. Ch. réun.<br>24 juill. Loi. 15 c.<br>8 août.Circ. 68 c. | **1870**<br>6 juill.Décr.99 c.<br>5 sept. Décr. 8 c.<br>**1871**<br>21 nov. Décr. 73 c.<br>24 nov.Décr.23 c., 88 c.<br>24 nov. Loi. 61 c.<br>**1872**<br>24 mai. Loi. 1 c.<br>7 juin. Décis. de la chancellerie. 61 c.<br>**1873**<br>14 mars. Trib.Seine. 35 c.<br>23 août. Loi. 87 c.<br>**1875**<br>2 févr. Montpellier. 44.<br>16 nov. Loi. 85 c.<br>29 déc. Besançon. 83 c. | **1876**<br>4 mai. Toulouse. 99 c.<br>**1877**<br>20 févr. Décr. 46 c.<br>25 mai. Décis. 91 c.<br>**1879**<br>15 févr. Crim. 93 c.<br>31 juill. Loi. 75 c., 76 c., 77 c.<br>11 déc. Décis.de la chancellerie. 69 c.<br>**1880**<br>25 mars. Décr. 29.<br>7 mai. Crim. 13 c.<br>13 juin.Décr.37 c., 38 c., 76 c., 78 c., 79 c., 82 c.<br>29 juill. Circ. garde des sceaux. 78 c.<br>4 sept. Décr. 32 c.<br>7 sept. Décr.26 c. | **1881**<br>7 mars. Circ.89 c.<br>7 juill.Crim.13 c.<br>**1882**<br>10 mars.Besançon. 19 c.<br>16 mars.Besançon. 24 c., 34 c.<br>11 avr. Décis. de la chancellerie. 18 c.<br>17 juin. Besançon. 79 c.<br>17 juill. Besançon. 80 c., 81 c., 82 c.<br>**1883**<br>30 août. Loi. 46 c., 94 c., 97 c.<br>**1884**<br>5 avr. Loi. 5 c.<br>**1885**<br>26 oct. Civ. 81 c., 82 c. | **1886**<br>21 avr. Dijon. 81 c.<br>**1887**<br>6 mai. Trib. Chalon-sur-Saône. 99 c.<br>15 mai. Circ. de la chancellerie. 81<br>**1888**<br>21 oct. Circ. 87 c.<br>27 oct. Circ. de la chancellerie. 85 c.<br>**1889**<br>10 avr. Loi. 1 c.<br>18 juin.Décr. 77 c.<br>**1890**<br>8 janv.Circ.garde des sceaux. 72 |

**GRÊLE.** — V. *Louage*; — *Rép.* vls *Assurances terrestres*, nos 5, 17, 20, 113 et 130; *Force majeure*, nos 4 et 5.

**GROSSE.** — V. *suprà*, vls *Greffe - Greffier*, n° 19; *Jugement*; *Notaire Obligations*; — *Rép.* vls *Compétence commerciale*, n° 383; *Compte*, nos 7, 77 et 95; *Distribution par contribution*, n° 70; *Faux incident*, nos 197 et 203; *Greffe-greffier*, n° 76; *Jugement*, nos 204, 383 et suiv., 599; *Notaire*, nos 1, 250 et 612; *Obligations*, nos 3592 et suiv., 3671, 3709, 4286, 4323, et suiv., 4428 et suiv.

**GROSSE AVENTURE.** — V.*suprà*, v° *Droit maritime*, nos 382 et suiv., 1394 et suiv.; — *Rép.* eod. v°, nos 1235 et suiv.

**GROSSESSE. — 1.** Ainsi qu'on l'a dit *suprà*, v° *Avortement*, n° 11, les expressions *officiers de santé* ont un sens général, et comprennent tous les individus de l'un et de l'autre sexe qui ont un caractère légal pour se livrer à la guérison des maladies. Jugé depuis en ce sens que les sages-femmes sont comprises dans l'expression générique d'officiers de santé dont se sert le paragraphe 3 de l'art. 317 c. pén. et sont passibles de l'aggravation de peine édictée par ce paragraphe, lorsqu'elles ont procuré un avortement (Besançon, 20 févr. 1888, aff. Femme B... et autres, D. P. 88. 2. 235).
**2.** On a examiné également *suprà*, v° *Avortement*, nos 13 et 14, la question de savoir dans quelle mesure l'aggravation de peine édictée par l'art. 317, § 3, est applicable aux complices de la sage-femme. A cet égard l'arrêt du 20 févr. 1888 cité *suprà*, n° 1, a décidé que l'aggravation de peine encourue par la sage-femme en raison de sa qualité est applicable au complice de la sage-femme, mais qu'elle n'est pas applicable à la femme qui a consenti à ce que l'avortement fût pratiqué sur elle par la sage-femme ni à ses complices. — La femme qui consent à ce qu'une sage-femme pratique sur elle des manœuvres abortives commet, en effet, en cas d'avortement consommé, un crime à elle personnel et absolument distinct de celui qui est commis par la sage-femme (Même arrêt). En conséquence, lorsqu'une accusation d'avortement est dirigée contre la sage-femme qui a procuré l'avortement et la personne qui l'a consenti sur elle-même, il y a lieu de distinguer par des qualifications spéciales à l'égard des complices si les faits de complicité se rapportent aux actes imputés à la première ou à ceux qui sont reprochés à la seconde (Même arrêt). — Quant à la sage-femme qui s'est procuré à elle-même un avortement, elle n'est pas passible de l'aggravation de peine édictée par l'art. 317, § 3, c. pén. (Même arrêt).

**GUERRE.** — La guerre est, suivant la définition que nous avons discutée et adoptée *suprà*, v° *Droit naturel et des gens*, n° 53, un état d'hostilités et de violences, au moyen duquel une puissance veut contraindre une autre puissance à se soumettre à sa volonté, juste ou injuste.
Nous avons vu eod. v° (nos 54 à 61) que l'état de guerre n'existe qu'à la suite d'une déclaration officielle dont nous avons précisé les effets; et, la guerre étant déclarée, nous avons étudié les règles ou, même suivant le langage moderne, les lois (n° 62) qui président aux opérations, tant de la guerre continentale (opérations proprement dites et occupations nos 62 à 93) que de la guerre maritime (nos 94 à 98).

**GUERRE CIVILE.** — V. *Amnistie*, n° 4; *Crimes contre la sûreté de l'Etat*, nos 40 et suiv.; *Presse-outrage*; *Rébellion*; — *Rép.* vls; *Crimes contre la sûreté de l'Etat*, nos 120 et suiv.; *Presse-outrage*, nos 542 et suiv.

**HABITANT-HABITATION.** — V. *Action possessoire*, nos 139 et 146; *Chasse*, nos 566 et suiv., 981; *Domicile*, nos 1, 29 et suiv.; *Exploit*; *Expropriation publique*, n° 639; *Propriété*; *Régime forestier*; *Servitude*; *Voirie*; — *Rép.* vls *Action possessoire*, nos 479, 567 et suiv.; *Arbitrage-arbitre*, n° 318; *Chasse*, nos 87 et suiv., 416; *Commune*, nos 991 et suiv., 1041 et suiv., 1149 et suiv., 2206 et suiv., 2320 et suiv., 2685 et suiv., 2703; *Domicile*, nos 1, 24 et suiv., 105; *Dommage-destruction-dégradation*, nos 43 et suiv.; *Exploit*, n° 122; *Expropriation publique*, n° 39; *Forêts*, n° 1781; *Servitude*, nos 832 et suiv., 1172.

**HAIE.** — V. *Action possessoire*, nos 91 et 182; *Chasse*, nos 574 et suiv.; *Dommage-destruction-dégradation*, n° 171; *Régime forestier*; *Servitude*; *Voirie par terre*; *Rép.* vls *Action possessoire*, nos 67, 315, 420 et suiv., 827, 833; *Biens*, n° 105; *Bornage*, n° 60; *Chasse*, n° 93 et suiv.; *Compétence civile des tribunaux de paix*, n° 254; *Dommage-destruction-dégradation*, nos 299 et suiv.; *Droit rural*, n° 180; *Forêts*, n° 792; *Servitude*, nos 8, 601 et suiv., 680 et suiv.; *Voirie*, nos 162, 656 et suiv., 2009.

**HALAGE.** — V. *Eaux*, nos 6, 43, 51, 96 et suiv., 120 et suiv., 130; *Propriété*; *Régime forestier*; *Servitude*; *Voirie par terre*; *Voirie par eau*; — *Rép.* vls *Bois et charbons*, n° 32; *Commune*, nos 1073 et 1085; *Compétence administrative*, nos 415 et suiv.; *Domaine de l'Etat*, n° 52; *Domaine public*, nos 69 et 74-4°; *Droit rural*, n° 14-5°; *Eaux*, nos 47, 65, 117 et suiv., 444-8°, 507, 530 et suiv.; *Propriété*, nos 113, 395 et suiv., 464 et suiv.; *Servitude*, n° 391 et suiv.; *Voirie par terre*, n° 1967; *Voirie par eau*, nos 79 et suiv.

# HALLES, FOIRES, MARCHÉS.

## Division.

### § 1er. — Historique et législation (*Rép.* n°s 2 à 12).

**1.** Conformément à la méthode suivie au *Rép.* n° 12, nous nous bornerons à indiquer ici les lois et les décrets qui renferment des dispositions générales.

TABLEAU DES DÉCRETS, LOIS ET ORDONNANCES D'INTÉRÊT GÉNÉRAL RELATIFS AUX FOIRES ET MARCHÉS.

**25-30 mars 1852.** — Décret sur la décentralisation administrative (art. 5, confiant aux préfets : 1° tableau A-34°, tout ce qui concerne les tarifs des droits de location de place dans les halles et marchés, et des droits de pesage, jaugeage et mesurage; — tableau B, 1° le droit d'autoriser l'ouverture des marchés, sauf pour les bestiaux; — 2° La réglementation complète de la boucherie, boulangerie et vente de comestibles sur les foires et marchés) (D. P. 52. 4. 90).

**13-30 août 1864.** — Décret impérial qui autorise les préfets à statuer sur l'établissement, la suppression ou le changement des foires et des marchés aux bestiaux (D. P. 64. 4. 103).

**24-29 juill. 1867.** — Loi sur les conseils municipaux (art. 1er, § 4, dispensant de l'approbation préfectorale les délibérations des conseils municipaux réglant les droits de place; art. 11, qui autorise les conseils municipaux à délibérer sur l'établissement des marchés d'approvisionnement dans leur commune et abroge le paragraphe 3 de l'art. 6 et le paragraphe 3 de l'art. 41 de la loi du 10 mai 1838 en ce qui concerne lesdits marchés) (D. P. 67. 4. 93).

**10-29 août 1871.** — Loi relative aux conseils généraux (art. 46, § 24, qui donne aux conseils généraux le droit de statuer sur les délibérations des conseils municipaux ayant pour but l'établissement, la suppression ou le changement des foires et marchés (D. P. 71. 4. 127).

**22-26 janv. 1878.** — Décret relatif aux ventes en gros de denrées alimentaires, dans la ville de Paris (D. P. 78. 4. 24).

**16-20 sept. 1879.** — Loi relative aux attributions des conseils généraux pour l'établissement, la suppression ou les changements des foires et marchés (D. P. 79. 4. 88).

**5-6 avr. 1884.** — Loi sur l'organisation municipale (art. 68, § 13, qui range au nombre des délibérations des conseils municipaux qui ne sont exécutoires qu'après avoir été approuvées par l'autorité supérieure, les délibérations relatives à l'établissement, la suppression ou les changements des foires ou marchés autres que les marchés d'approvisionnement..., et art. 133, § 5, qui comprend les droits de place dans les halles et marchés parmi les ressources ordinaires des communes (D. P. 84. 4. 46 et 60).

### § 2. — Concession de places dans les halles et marchés. — Droits de location (*Rép.* n° 13).

**2.** Nous exposerons ici, suivant l'ordre adopté au *Rép.* n° 13, les règles spéciales applicables aux halles et marchés de Paris. On verra plus loin qu'un décret du 10 oct. 1859 (D. P. 59. 4. 82) a confié à la préfecture de la Seine l'administration de tous les marchés en faisant rentrer dans ses attributions, les tarifs, l'assiette et la perception des droits de toute sorte dans les halles. Les ventes au détail se font aux Halles dans les pavillons n° 3 (boucherie), 5 (charcuterie, triperie, issues), 7 et 8 (fruits et légumes), 11 (volaille et verdure), 12 (beurre, œufs, fromage, verdure) (V. Block et de Pontich, *Administration de la ville de Paris*, p. 575). Les marchés alimentaires de quartier sont au nombre de quarante-deux. La distribution des places et réserves tant dans les pavillons des Halles que dans les marchés de quartier, est réglée par les prescriptions de l'arrêté du préfet de la Seine du 2 juill. 1868. Aux termes de cet arrêté, aucun détaillant ne peut s'établir dans les halles et marchés sans une permission du préfet de la Seine. Les demandes de place doivent être adressées au service de l'inspection des perceptions municipales. Lorsqu'une place ou réserve vient à être vacante, la vacance est immédiatement affichée par les soins du receveur; toutefois, la place ou réserve vacante est accordée au détaillant le plus anciennement établi dans le marché si, dans les vingt-quatre heures qui suivent la déclaration de vacance, il la réclame par écrit en échange de la sienne. La permission est retirée : 1° à tout détaillant qui n'a pas acquitté d'avance le loyer de sa place; 2° à tout détaillant qui, sans avoir justifié d'empêchement légitime, a été huit jours sans occuper sa place, encore bien qu'il en ait payé le prix de location.

**3.** Le prix de location aux Halles varie suivant les pavillons. Il est de 3 et 4 fr. au pavillon des viandes, de 1 fr. 25 cent. à 1 fr. 50 cent. pour la marée, de 0 fr. 75 cent. à 0 fr. 80 cent. pour les primeurs, etc. (Block et de Pontich, *op. cit.*, p. 576). Les droits perçus en 1882 à raison des emplacements occupés tant dans les marchés de détail des halles et de quartier que dans les marchés spéciaux, se sont élevés à 2086636 fr. (*Ibid.* p. 581).

**4.** Parmi les marchés alimentaires de quartier, les uns sont régis par la Ville, les autres sont exploités par des compagnies particulières (1). Dans les premiers, les droits sont fixés à raison des emplacements occupés; la recette du droit de place se fait chaque semaine à un jour et à une heure fixes. Dans les seconds, le concessionnaire distribue les places et en perçoit le prix, suivant un tarif fixé par le traité. Le contrôle des recettes est assuré, dans l'intérêt de la Ville, par un inspecteur du service des perceptions municipales.

_____

(1) Les marchés régis par la Ville sont les suivants : marché alimentaire du Temple (3e arrondissement); marché des Blancs-Manteaux (4e arrondissement); marché de l'*Ave-Maria* (4e arrondissement); marché des Carmes (5e arrondissement); marché Nicole (5e arrondissement); marché Saint-Germain (6e arrondissement); marché de Breteuil (7e arrondissement), découvert; marché du Gros-Caillou (7e arrondissement); marché des Martyrs, rue Choron (9e arrondissement); marché Beauvau-Saint-Antoine (12e arrondissement), découvert; marché du cours de Vincennes (12e arrondissement), découvert; marché de Bercy (12e arrondissement), découvert; marché du boulevard de la Gare (13e arrondissement), découvert; marché du boulevard Edgard Quinet (14e arrondissement), découvert; marché Dupleix (15e arrondissement), découvert; marché de Javel (15e arrondissement), découvert; marché du Cours la Reine (8e et 16e arrondissement), découvert; marché du Point du Jour (16e arrondissement); marché de Passy (16e arrondissement); marché de Wagram (17e arrondissement), découvert; marché de Clignancourt (18e arrondissement); marché de La Chapelle (18e arrondissement), découvert; marché de Joinville (19e arrondissement), découvert; marché de Ménilmontant (20e arrondissement), découvert; marché de Charonne (20e arrondissement), découvert. Les marchés dont l'exploitation a été concédée à des compagnies particulières sont les suivants : marché Saint-Honoré (1er arrondissement); marché du Temple (3e arrondissement); marché des Missions (6e arrondissement); marché d'Europe (8e arrondissement); marché Saint-Quentin (10e arrondissement); marché Saint-Maur-du-Temple (10e arrondissement); marché de la place d'Italie (13e arrondissement); marché de Montrouge (14e arrondissement); marché Necker (15e arrondissement); marché de Grenelle (15e arrondissement); marché Saint-Didier (16e arrondissement); marché d'Auteuil (16e arrondissement); marché des Ternes (17e arrondissement); marché des Batignolles (17e arrondissement); marché de Montmartre (18e arrondissement); marché de la Villette (19e arrondissement); marché de Belleville (20e arrondissement). Il existe, en outre, quelques marchés tolérés ou non autorisés qui ne payent aucune redevance à la ville (Block et de Pontich; *op. cit.*, p. 576 et suiv.).

§ 3. — Police de l'arrivée, de la circulation et du stationnement des approvisionneurs et marchands forains (*Rép.* n° 14).

**5.** Une ordonnance du préfet de police du 30 déc. 1865 (*Coll. off. des ord. de police*, t. 2, p. 398), concernant la police des marchés publics, a réuni et coordonné les dispositions éparses dans un grand nombre de textes spéciaux : elle réglemente les conditions d'existence des marchés, l'occupation et la tenue des places et de leurs annexes, les mesures de salubrité, la circulation à l'intérieur et aux abords des marchés, les conditions particulières aux marchés établis sur la voie publique, les poids et mesures et la fidélité du débit. Elle prescrit, en outre, diverses mesures d'ordre public.

**6.** L'art. 1ᵉʳ, § 5, du décret du 10 oct. 1859 a placé dans les attributions du préfet de la Seine la concession des lieux de stationnement des voitures servant à l'approvisionnement des halles et marchés. Une ordonnance de police du 14 juin 1873 (*Coll. off.*, p. 554) a interdit le stationnement des voitures, bêtes de trait et de somme employées au service d'approvisionnement et de désapprovisionnement des halles et marchés ainsi que le dépôt des hottes, mannes, paniers et denrées sur tous les points de la voie publique autres que ceux fixés par les arrêtés du préfet de la Seine. Cette ordonnance prescrit, en outre, diverses mesures relatives au stationnement des voitures, bêtes de trait et de somme sur les places qui leur sont assignées.

**7.** Jusqu'en 1836, la préfecture de police chargeait des agents commissionnés de la surveillance des stationnements. A partir de cette époque jusqu'en 1867, les droits à percevoir ont été mis en adjudication moyennant une redevance au profit de la Ville, déterminée à l'avance. Depuis 1867, le système en vigueur a été celui de la régie intéressée, résultant d'une adjudication. En 1880, l'entreprise comprenant la perception des droits de place sur les points de la voie publique affectés au stationnement des voitures et chevaux servant à l'approvisionnement des halles, marchés, abattoirs, au transport à domicile et au dépôt des denrées achetées, et en outre l'exploitation de la remise publique des halles, a été mise en adjudication pour trois ans et neuf mois moyennant le prix annuel de 710777 fr. 77 cent. (Block, *op. cit.*, p. 581).

§ 4. — Mesures de salubrité à observer dans les halles et marchés (*Rép.* n° 15).

**8.** L'ordonnance du 30 déc. 1865 (V. *supra*, n° 5) contient dans son chapitre 3 un ensemble de prescriptions relatives aux mesures de salubrité à observer dans les halles et marchés. Plusieurs de ces dispositions reproduisent celles de l'ordonnance du 1ᵉʳ avr. 1832 rapportée au *Rép.* n° 15.

§ 5. — Règles relatives à l'approvisionnement, à la vente en gros et en détail des diverses denrées (*Rép.* n°ˢ 16 à 30).

**9.** — 1° *Grains et farines, pain* (*Rép.* n° 16). — Nous avons exposé ailleurs (V. *supra*, v° *Boulanger*, n° 89) que les règles spéciales relatives à la vente du pain sur les marchés sont tombées en désuétude ; il n'est plus réservé de places spéciales aux marchands de pain qui sont soumis aux dispositions générales sur l'occupation des places dans les marchés de Paris.

**10.** — 2° *Viande de boucherie* (*Rép.* n° 17). — Ainsi que nous l'avons dit précédemment (V. *supra*, v° *Boucher*, n° 36), les prescriptions de l'ordonnance du 25 mars 1830, relatives à l'admission des bouchers sur les marchés de détail, ont été abrogées par le décret du 24 févr. 1858 (D. P. 58. 4. 16). A la suite du décret du 28 janv. 1860 (D. P. 60. 4. 11) qui a prononcé l'abrogation de l'art. 7 du décret du 24 févr. 1858, une ordonnance de police du 22 févr. 1860 (*Collect. off.*, t. 2, p. 252) a décidé que les bouchers établis à Paris ne seraient plus admis à occuper des places sur les marchés de la capitale pour la vente au détail de la viande, et que les règlements généraux concernant l'occupation des places dans les marchés de Paris seraient désormais applicables aux étaux de boucherie desdits marchés. Ces règlements sont : l'ordonnance du 30 déc. 1865 sur la police des mar-

chés publics, et l'arrêté du préfet de la Seine du 2 juill. 1868 sur la distribution des places. Les dispositions qui régissent aujourd'hui le marché aux bestiaux de la Villette ont été également résumées précédemment (V. *supra*, v° *Boucher*, n°ˢ 52 et suiv.).

**11.** — 3° *Marée.* — *Vente en gros* (*Rép.* n° 18). — La vente en gros du poisson a lieu tous les jours au pavillon n° 9 des Halles. Elle est soumise, comme toutes les ventes en gros qui ont lieu aux Halles, aux prescriptions d'une ordonnance de police du 28 mars 1878. (V. *infra*, n° 51). Une ordonnance du 23 févr. 1867 (*Coll. off.*, t. 2, p. 433) régit spécialement la vente en gros de la marée aux Halles centrales de Paris.

**12.** — 4° *Vente des huîtres* (*Rép.* n° 19). — Un décret du 12 janv. 1882 interdit la vente des huîtres du 15 juin au 1ᵉʳ septembre de chaque année (D. P. 83, 4, 3).

**13.** — 5° *Vente de poissons d'eau douce* (*Rép.* n° 20). — La vente en gros du poisson d'eau douce aux Halles centrales de Paris est réglementée par une ordonnance de police du 18 juill. 1868 (*Coll. off.*, t. 2, p. 470).

**14.** — 6° *Vente de la volaille et du gibier* (*Rép.* n° 21). — La vente en gros de la volaille et du gibier se fait tous les jours au pavillon, n° 4 des Halles. Les ordonnances relatives à cette vente qui ont été rapportées au *Rép.* n° 21 n'ont pas cessé d'être en vigueur.

**15.** — 7° *Œufs, beurres et fromages* (*Rép.* n° 22). — La vente en gros des œufs, beurres et fromages a lieu tous les jours, le dimanche excepté, au pavillon n° 10 des Halles centrales. Une ordonnance de police du 26 mars 1866 a fixé les heures d'ouverture de cette vente à neuf heures du matin, du 1ᵉʳ avril au 30 septembre, et à huit heures du matin, du 1ᵉʳ octobre au 30 mars.

**16.** — 8° *Fruits vendus sur les ports de Paris* (*Rép.* n° 23). — Les dispositions de l'ordonnance du 10 oct. 1835 rapportées au *Rép.* n° 23, ont été abrogées par une ordonnance du 2 déc. 1850. Une ordonnance du 23 juill. 1851 (*Coll. off.*, t. 2, p. 57) a réglementé la vente des fruits aux ports de la Grève et des Ormes.

**17.** — 9° *Fruits et légumes vendus dans les marchés* (*Rép.* n° 24). — L'ordonnance du 31 oct. 1825 rapportée au *Rép.* n° 24 a été modifiée dans une partie de ses dispositions par les ordonnances du 18 mai 1855 (*Coll. off.*, t. 2, p. 139) et du 18 mai 1857 concernant la vente à la criée des fruits et légumes à la Halle de Paris (*Coll. off.*, t. 2, p. 185).

**18.** — 10° *Charbons.* — V. *supra*, v° *Bois et charbons*, n°ˢ 1 et suiv. (*Rép.* n° 25).

**19.** — 11° *Fourrages* (*Rép.* n° 26). — Le marché à fourrages du faubourg Saint-Martin, mentionné au *Rép.* n° 26, a été supprimé par un décret du 18 oct. 1854. Deux nouveaux marchés à fourrages ont été ouverts l'un à Bercy, par ordonnance du 30 avr. 1853 (*Collect. off.*, t. 2, p. 75), l'autre à Courbevoie, par une ordonnance du 10 févr. 1857 (*Collect. off.*, t. 2, p. 183). Une ordonnance du 10 juin 1865 a abrogé les dispositions antérieures visées au *Rép.* n° 26, concernant le poids des bottes de paille, foin, trèfle, luzerne et sainfoin (*Coll. off.*, t. 2, p. 380).

**20.** — 12° *Chevaux et mulets, ânes, chèvres et boucs* (*Rép.* n° 27). — Il n'y a lieu de mentionner, en dehors des textes rappelés au *Rép.* n° 27, qu'un arrêté du 24 janv. 1874 concernant les ouvriers trotteurs du marché aux chevaux (*Collect. off.*, t. 2, p. 555).

**21.** — 13° *Marchés aux fleurs* (*Rép.* n° 28). — Les ordonnances relatives à ces marchés qui ont été citées au *Rép.* n° 28 continuent à être en vigueur.

**22.** — 14° *Cuirs* (*Rép.* n° 29). — La halle aux cuirs, qui était établie rue Mauconseil, a été transférée le 15 mars 1866 à la rue Censier. Une ordonnance du 12 mars 1866 (*Coll. off.*, t. 2, p. 408) a réglementé la police de cette halle.

**23.** — 15° *Toiles et draps* (*Rép.* n° 30). — Les dispositions relatives à la halle aux toiles et draps qui ont été rapportées au *Rép.* n° 30 n'ont été abrogées par aucune ordonnance postérieure.

§ 6. — Etablissement des halles, foires et marchés. — Compétence (*Rép.* n°ˢ 31 et 32).

**24.** On doit distinguer, d'après un avis du conseil d'Etat du 7 juill. 1868, trois classes de réunions commerciales :

1° les foires proprement dites, ouvertes au commerce de toutes espèces de denrées indistinctement; 2° les marchés aux
bestiaux, plus spécialement consacrés à la vente des animaux de travail et de boucherie; 3° enfin les simples marchés destinés soit à approvisionner les communes en denrées
supplémentaires, soit à fournir aux diverses industries les
matières ou ustensiles qui leur sont nécessaires. C'est à
cette dernière catégorie qu'appartiennent les marchés aux
grains, cuirs, aux chanvres (V. Maurice Block, *Diction. de l'administration française*, v° *Foires et marchés*).

**25.** On a vu au *Rép.* n° 31 qu'à l'époque de la publication
du *Répertoire* l'établissement d'une foire devait être autorisé
par un décret et l'établissement d'une halle ou d'un marché
par une décision ministérielle. La législation, en cette
matière, a subi, depuis cette époque, de nombreuses et
importantes modifications. L'art. 5 du décret du 25 mars
1852 a accordé aux préfets le droit d'autoriser l'ouverture
des marchés, sauf pour les bestiaux. Le décret du 13 août
1864 (D. P. 64. 4. 108) a complété cette réforme en autorisant les préfets à statuer également au sujet des foires et
des marchés, aux bestiaux. Les art. 6 § 3, et 41 § 3, de la loi
du 10 mai 1838 exigeaient, ainsi que nous l'avons dit au *Rép.*
n° 31, l'avis préalable des conseils d'arrondissement et des
conseils généraux pour l'établissement des marchés. L'art. 11
de la loi du 24 juill. 1867 sur les conseils municipaux
(D. P. 67. 4. 89) a abrogé ces dispositions en ce qui concerne les simples marchés d'approvisionnement dans les
communes, et a réservé aux conseils municipaux le droit
de délibérer sur l'établissement de ces marchés, tout en
maintenant la nécessité de l'autorisation préfectorale. Mais
l'exposé des motifs de la loi déclare en termes formels que
les conseils d'arrondissement et les conseils généraux continueront à émettre leur avis sur l'établissement des foires
et des marchés à bestiaux qui n'intéressent pas seulement
les communes où ils se tiennent, mais une région plus ou
moins étendue.

**26.** L'art. 46, § 24, de la loi du 10 août 1871, relative aux
conseils généraux (D. P. 71. 4. 102), a fait passer des préfets
aux conseils généraux le droit de statuer définitivement sur
les délibérations des conseils municipaux ayant pour but
l'établissement, la suppression ou les changements de foires
et marchés. Mais le décret précité du 13 août 1864, qui
réglait la compétence des préfets en cette matière, portait
que, dans le cas où l'enquête réglementaire à laquelle le
projet est soumis s'étendrait sur le territoire d'un département voisin, le préfet de ce département devait être consulté; si ce dernier ne faisait pas d'opposition, la décision
était prise par le préfet du département dans lequel se trouvait la commune en instance pour obtenir la foire ou le
marché aux bestiaux. Si les deux préfets étaient d'avis
différents, il était statué définitivement par le ministre de
l'agriculture, du commerce et des travaux publics. Le conseil
d'État, consulté par le ministre, émit l'avis le 5 déc. 1872
(D. P. 74. 3. 59) que les assemblées départementales, succédant aux préfets dans l'exercice de cette attribution,
devaient exercer leurs pouvoirs dans les mêmes conditions,
et qu'elles excéderaient ces pouvoirs en prenant une décision malgré l'opposition des conseils généraux des départements cointéressés. Conformément à cette interprétation,
plusieurs décrets rendus en la forme des règlements d'administration publique ont annulé les délibérations des
conseils généraux qui avaient cru pouvoir passer outre
(Décr. 31 oct. 1875, Ile-et-Vilaine; 9 févr. 1877, Seine-et-
Marne; 9 juill. 1877, Gers, D. P. 79, 4. 88, note 5). Il résultait de cette jurisprudence qu'en cas de désaccord entre les
assemblées départementales, aucune autorité n'était investie
du droit de les départager, ce qui entraînait des conflits
sans issue, nuisibles aux intérêts des communes. Une
loi du 16 sept. 1879 (D. P. 79. 4. 88) a comblé cette lacune
en décidant que les conseils généraux des départements
voisins n'auront désormais à émettre qu'un simple avis, leur
opposition ne pouvant faire échec au droit de décision du conseil général du département dans lequel est située la commune en instance (V. Circ. min. int., D. P. 79. 4. 88, note 5).

**27.** L'art. 68, § 13, de la loi du 5 avr. 1884, sur l'organisation municipale (D. P. 84. 4. 25) range au nombre des
délibérations des conseils municipaux qui ne sont exécutoires
qu'après avoir été approuvées par l'autorité supérieure, les

délibérations qui ont pour objet l'établissement, la suppression ou les changements des foires et marchés, autres que
les simples marchés d'approvisionnement. Il en résulte que
les délibérations relatives à ces derniers marchés qui étaient
soumises par la loi de 1867 à l'approbation préfectorale,
sont exécutoires par elles-mêmes; quant à celles qui concernent l'établissement, la suppression ou les changements
des foires ou des marchés aux bestiaux, elles restent subordonnées à l'approbation du conseil général exigée par les
dispositions précitées des lois du 10 août 1871 et du 16 sept.
1879 (Circ. min. int. 15 mai 1884 *Bull. min. int.*, 1884,
p. 246. V. *supra*, v° *Commune*, n° 280). La décision, en cette
matière, appartient exclusivement au conseil général (Cons.
d'Et. 4 avr. 1884, aff. Commune de Mane, D. P. 85. 3. 99).
L'invitation donnée au préfet par cette assemblée d'user de
ses pouvoirs pour qu'une modification soit apportée aux
conditions dans lesquelles un marché a été autorisé, ne peut
avoir pour effet de conférer à ce fonctionnaire le pouvoir de
modifier ces conditions, contrairement aux termes de l'autorisation accordée par le conseil (Même arrêt).

**28.** Il a été décidé que le fait, par des marchands de
comestibles variés, de se réunir journellement dans un local
déterminé pour y débiter au public leurs marchandises,
moyennant une redevance payée par eux pour la place qu'ils
occupent dans ce local, constitue l'établissement d'un marché
(Crim. rej. 6 juin 1890, aff. Montpillié, D. P. 90. 1. 492).
Le conseil d'État a considéré au contraire comme ne constituant pas à Paris l'ouverture d'un marché le fait par un propriétaire d'avoir établi, dans une cour servant de passage,
un pavillon en bois comprenant seulement sept boutiques,
louées par baux à des marchandes de volailles, fruits et
légumes (Cons. d'Et. 19 avr. 1859, aff. de Naurois, D.P.59.3.33).

§ 7. — Propriété des halles et marchés. — Droits réciproques attribués aux communes et aux propriétaires de halles par les
lois des 15-28 mars et 12-20 août 1790 (*Rép.* n°s 33 à 58).

**29.** On a vu au *Rép.* n°s 33 et suiv. qu'en vertu de la
loi du 28 mars 1790, les communes peuvent obliger les propriétaires des bâtiments affectés jusque-là à la tenue des
marchés à leur en consentir la vente ou la location. Dans
une dissertation publiée en 1859 dans l'*École des communes*
(1859, p. 85 et suiv.), M. Aucoc conclut, de cette disposition
et de celles qui font figurer les droits de place parmi les ressources ordinaires des communes, que les marchés ne
peuvent être tenus ailleurs que dans les bâtiments dont les
communes ont la propriété et la jouissance. Cette doctrine
peut soulever d'assez sérieuses objections. La reconnaissance
du droit des communes de percevoir des droits de place sur
les marchés a été opposée à l'origine aux prétentions des
marchands qui se croyaient affranchis de toute perception,
depuis la suppression des droits de *hallage* (V. *Rép.* n° 7); et,
en outre, les termes dans lesquels elle a été faite supposent que
la commune a la propriété ou la jouissance des emplacements
sur lesquels elle tolère des étalages de marchandises, puisque
les mêmes textes mentionnent, à côté des droits de place sur
les marchés, des perceptions analogues que les communes
peuvent établir sur les ports, rivières, promenades et autres
lieux publics. Quant aux dispositions relatives à l'acquisition
ou à la location des bâtiments à usage de marché, antérieures
à 1790, elles établissent simplement, au profit des propriétaires
de ces bâtiments et des communes, des facultés réciproques
dont ils peuvent ne pas user, en sorte que, si la commune
s'abstient, l'exploitation du marché par voie de location des
places peut être continuée par le propriétaire. Aucune de ces
dispositions ne paraît donc s'opposer formellement à l'ouverture d'un marché nouveau par un particulier. Il peut
arriver en effet qu'une commune recule devant les dépenses
qu'entraînerait l'établissement d'un marché couvert dans
la crainte de n'être pas suffisamment indemnisée par la perception des droits de place où qu'elle ne pourvoie pas suffisamment, en l'absence d'obligations légales nettement
précisées, à ce qu'exigerait l'intérêt local, et l'on comprendrait difficilement qu'il fallût, en pareil cas, se priver du
secours que pourrait apporter une entreprise particulière
agissant à ses risques et périls. Mais si l'opinion formulée par
M. Aucoc paraît contestable en tant qu'elle irait jusqu'à
ériger en principe d'ordre public qu'un marché ne peut être

établi par un particulier, même avec le consentement de la commune, il est du moins certain qu'un marché ne pourrait être établi sans l'autorisation de la municipalité, et que celle-ci est fondée à réclamer le profit des perceptions dont la loi a entendu assurer le bénéce aux communes. Il a été décidé, en ce sens, que l'arrêté municipal qui interdit la tenue, sans l'autorisation municipale, de marchés clandestins ou publics dans les lesquels qui ne sont pas la propriété de la ville et dans lesquels les agents de l'autorité ne peuvent avoir un accès permanent, est légal et obligatoire (Crim. rej. 6 juin 1890, cité *suprà*, n° 28).

### § 8. — Etablissement des tarifs des places dans les halles, foires et marchés (*Rép.* n°⁵ 59 à 68).

**30.** Aux termes de l'art. 133, § 5, de la loi du 5 avr. 1884, qui reproduit les dispositions de l'art. 31 de la loi du 18 juill. 1837 citée au *Rép.* n° 59, les droits de place dans les halles et marchés font partie des revenus ordinaires des communes (V. *suprà*, v° *Commune*, n° 360).

**31.** On a vu au *Rép.* n° 60, que le tarif à percevoir pour les droits de place devait, sous l'empire de la loi de 1837, être arrêté, sur la proposition du conseil municipal, par le préfet, mais avec l'approbation du ministre du commerce. Le décret du 25 mars 1852 a supprimé la nécessité de l'approbation ministérielle, et l'art. 1er, § 4, de la loi du 24 juill. 1867 a dispensé de l'approbation préfectorale les délibérations des conseils municipaux réglant les droits de place. Cette dernière disposition n'ayant pas été reproduite dans la loi du 5 avr. 1884, il en résulte que les délibérations dont il s'agit sont aujourd'hui soumises à l'approbation du préfet par application de la règle générale du paragraphe 13 de l'art. 68 de la loi de 1884. Lorsque la délibération a été approuvée, le maire prend un arrêté à l'effet de mettre le tarif en vigueur.

**32.** D'après une instruction du ministre de l'intérieur du 17 déc. 1807 (D. P. 54. 1. 338, note 3), le droit de place, n'étant pas un complément du droit d'octroi, devait être calculé uniquement d'après la superficie occupée et non d'après la nature des marchandises. Cette interprétation qui avait été adoptée au *Rép.* n°⁵ 63 et suiv. a été repoussée par la cour de cassation qui a décidé que les droits de place perçus dans les halles, foires, marchés et autres lieux publics, peuvent l'être tant à raison de la superficie occupée qu'à raison de la nature ou de la quantité des marchandises déposées, sans que cette circonstance altère le caractère légal de ces droits et les fasse sortir de la classe des recettes ordinaires des communes (Civ. rej. 18 nov. 1850, aff. Eschenacier, D. P. 54. 1. 338). Toutefois le conseil d'Etat a, postérieurement à cet arrêt, énoncé la doctrine contraire dans les considérants d'un arrêt (Cons. d'Et. 4 mai 1877, aff. Chabaud, *suprà*, v° *Commune* n° 362).

**33.** Le droit de place n'est dû, comme on l'a vu au *Rép.* n° 63, que pour ceux qui étalent leur marchandise dans les rues, places, halles et marchés. Il ne peut donc être exigé d'un particulier qui ne stationne pas sur le marché, et n'y vend pas sa marchandise à tout venant, mais qui se borne à porter ou faire porter du lait au domicile d'un certain nombre d'abonnés, sans que ce lait ait, au préalable, passé sur le marché (Trib. civ. de Beaune, 2 août 1889. aff. Royer Ganès, D. P. 90. 3. 78).

**34.** D'après un arrêt de la cour de cassation, rapporté au *Rép.* n° 66, un tarif de droits de location à percevoir journellement de toute personne qui expose en vente des légumes, fruits, denrées ou marchandises, ne peut être appliqué à un huissier qui vend, par autorité de justice, accidentellement des meubles saisis conformément à l'art. 617 c. proc. civ. Il a été jugé, au contraire, que l'huissier qui procède à une vente publique de meubles dans l'intérieur de la halle n'est pas fondé à refuser le payement du droit de place réclamé par la commune ou son fermier, alors que le tarif municipal, approuvé par l'autorité supérieure, comprend expressément un droit à percevoir pour l'emplacement de chaque mobilier vendu par justice, sans qu'il y ait lieu d'ailleurs de distinguer entre les ventes ordonnées par justice et les ventes judiciaires volontaires (Trib. paix de Dun-le-Roi, 3 févr. 1862, aff. Martin, D. P. 62. 4. 22). Mais nous avons dit ailleurs (v° *Commune*, n° 363) que la légalité d'un

arrêté municipal assujettissant les huissiers au payement d'un droit de place pouvait être sérieusement contestée et qu'elle devait être appréciée par le juge appelé à assurer l'exécution d'un semblable arrêté.

**35.** Nous avons vu au *Rép.* n° 68 que les infractions à un arrêté municipal qui fixe le prix des places dans les halles et marchés ne constituent pas des contraventions de police et ne peuvent donner lieu qu'à une action civile dans l'intérêt privé de la commune. Cette solution a été consacrée par de nombreux arrêts (V. *suprà*, v° *Commune*, n° 517).

### § 9. — Ferme des droits de location dans les halles et marchés. — Obligations et droits du fermier. — Compétence (*Rép.* n°⁵ 69 à 74).

**36.** Ainsi que nous l'avons exposé au *Rép.* n° 69, la commune peut donner à ferme la perception des droits de location dans les halles et marchés. Dans ce cas, le fermier ne peut percevoir la taxe que lorsque le tarif annexé au cahier des charges fixe la quotité du droit et détermine les industries qui y sont soumises (Civ. rej. 25 févr. 1874, aff. Hilaire, D. P. 76. 1. 134). Le fait d'exiger une rétribution à laquelle il n'aurait pas droit en vertu du bail et du tarif régulièrement établi constituerait, comme on l'a vu au *Rép.* n° 70, la perception d'un impôt illicite et pourrait donner lieu à une poursuite pour concussion (Crim. cass. 18 nov. 1858, aff. Mauboussier, D. P. 58. 5. 204). V. *suprà*, v° *Forfaiture*, n° 45).

**37.** Nous avons dit au *Rép.* n° 72, que le fermier substitué à la commune pour la perception des droits conformément au tarif, n'a, comme la commune elle-même, pour se faire payer des prix de location, qu'une action civile (Crim. cass. 9 mars 1854, aff. Forest, D. P. 54. 1. 213; Crim. rej. 27 juin 1867, aff. Blanchard, D. P. 69. 5. 334). L'autorité judiciaire, compétente pour connaître des difficultés qui s'élèvent entre le fermier et les redevables sur l'application du tarif (Cons. d'Et. 23 nov. 1877, aff. Ville de Boën-sur-Lignon, D. P. 78. 3. 12), l'est également pour connaître ce tarif et n'a pas à en renvoyer préalablement l'interprétation à l'autorité administrative (Cons. d'Et. 2 déc. 1858, aff. Gascou-Cavalier, D. P. 59. 3. 38; 18 déc. 1862, aff. Roy, D. P. 63. 3. 5; Req. 5 août 1869, aff. Deboos, D. P. 69. 1. 492; Cons. d'Et. 3 avr. 1872, aff. Jugeat, D. P. 73. 3. 5; Civ. rej. 25 févr. 1874, aff. Hilaire, D. P. 76. 1. 134).

**38.** L'autorité judiciaire est également compétente, ainsi qu'on l'a vu au *Rép.* n° 73, pour connaître des contestations entre les communes et les fermiers des droits de place relativement à l'exécution des baux. Mais lorsque la contestation qui s'élève entre la commune et le fermier porte sur le sens du bail, cette contestation doit, en vertu de l'art. 136 du décret du 11 mai 1809, être portée devant le conseil de préfecture (Cons. d'Et. 8 avr. 1852, aff. Istria, D. P. 53. 3. 1; 16 nov. 1854, aff. Istria, D. P. 53. 3. 48; Req. 5 août 1869, aff. de Boos, D. P. 69. 1. 492; Civ. rej. 25 févr. 1874, aff. Hilaire, D. P. 76. 1. 134; Cons. d'Et. 23 nov. 1877, aff. Ville de Boën-sur-Lignon, D. P. 78. 3. 12). Le tribunal des conflits a décidé dans le même sens que, lorsque, dans une instance en résiliation formée par le fermier contre la commune, il s'élève une contestation sur le sens du bail, le tribunal civil doit renvoyer les parties devant le conseil de préfecture, pour y être statué sur cette question préjudicielle (Trib. confl. 28 mars 1874, aff. Jamet. D. P. 75. 3. 44; 16 nov. 1879, aff. Renaud, D. P. 79. 3. 74). Mais le conseil de préfecture ne peut être saisi d'une demande en interprétation du bail qu'à titre préjudiciel ou par un renvoi ordonné par l'autorité judiciaire (Cons. d'Et. 3 avr. 1872, aff. Jugeat, D. P. 73. 3. 5; 23 nov. 1877, aff. Ville de Boën-sur-Lignon, D. P. 78. 3. 12).

**39.** Il est d'ailleurs constant que l'autorité judiciaire est seule compétente pour connaître des questions qui peuvent s'élever sur l'existence et la validité des baux et sur les dommages-intérêts réclamés à raison de l'inexécution de ces baux (Cons. d'Et. 11 janv. 1862, aff. Robin et Diffort, D. P. 62. 3. 33; 3 avr. 1872, aff. Jugeat, D. P. 73. 3. 5; 27 janv. 1882, aff. Cantalou, *Rec. Cons. d'Etat*, p. 84). A plus forte raison, l'autorité judiciaire est-elle compétente pour statuer sur la responsabilité encourue à l'égard des tiers, dans l'exercice de son exploitation, par une société concessionnaire d'un marché à bestiaux, alors qu'aucune difficulté ne s'élève sur l'interprétation du cahier des charges et qu'il s'agit seulement d'appliquer les principes du droit commun (Paris, 30 déc. 1873) (1). A supposer qu'une semblable société puisse être considérée comme commerciale, la connaissance de la contestation dont il s'agit n'appartient pas au tribunal de commerce (Même arrêt).

§ 10. — Police des halles, marchés et foires (*Rép.* n° 75).

**40.** Conformément à l'ordre adopté au *Rép.* n° 75, les questions relatives à la police des foires et marchés et aux attributions de l'autorité municipale en cette matière ont été traitées *suprà*, v° *Commune*, n°s 672 et suiv.

**41.** Le droit qu'ont les maires d'établir et d'organiser l'inspection sur la fidélité et la salubrité des denrées exposées en vente ne peut s'exercer qu'à la condition de respecter la liberté du commerce et de n'imposer à l'industrie que les règles de police qu'exigent la surveillance et la garde des intérêts qui leur sont confiés; en conséquence, un maire ne peut empêcher les marchands domiciliés dans la commune de faire chez eux ou dans leurs magasins les ventes que leur commerce comporte (des ventes de poisson dans l'espèce), et l'arrêté interdisant de faire des ventes ailleurs que sur le marché public doit être déclaré illégal (Crim. rej. 9 mars 1889, aff. Camus, D. P. 69. 1. 388). Il a été décidé, au contraire, que l'autorité municipale chargée par la loi de favoriser l'approvisionnement des marchés et de veiller à la vérification des denrées, peut valablement défendre par voie d'arrêtés aux bouchers forains de vendre et mettre en vente de la viande de boucherie dans les maisons des particuliers et dans les rues et en général ailleurs que dans les halles à ce destinées (Crim. rej. 19 juill. 1889, aff. Trémel, D. P. 89. 1. 387). La distinction qui résulte du rapprochement de ces arrêts est facile à justifier. Les bouchers établis dans la ville peuvent être aisément soumis aux vérifications de l'autorité municipale relativement à la salubrité de leurs marchandises. Ce serait donc sans nécessité impérieuse qu'on voudrait les forcer à ne vendre que dans les halles, et dès lors l'arrêté municipal qui contiendrait une prescription semblable porterait à la liberté du commerce une atteinte non justifiée. La situation est toute autre en ce qui concerne les bouchers *forains*. Comme c'est en dehors de la ville qu'ils tuent les animaux de boucherie et qu'ils ont étalage et boutique, il est nécessaire, pour pouvoir soumettre leurs marchandises aux vérifications nécessaires, de leur imposer l'obligation de les apporter aux halles. En conséquence, à la différence des bouchers établis dans la ville, les bouchers *forains* peuvent être soumis à cette obligation. Il va de soi que, si ces bouchers du dehors prenaient un étal ouvert en ville; ils ne seraient plus dans ce sens de la matière, alors même qu'ils auraient *extrà muros* leur principal établissement, et que dès lors leur boutique urbaine pourrait être surveillée comme celle des bouchers urbains. C'est donc en définitive le boucher forain et demeurant tel qui peut seul être forcé de ne vendre ses marchandises qu'à la halle. Il convient d'ajouter que, s'il ne s'agissait pas de la mise en vente, mais s'il s'agissait pour le boucher forain de livrer à un client déterminé en ville de la viande commandée à l'avance, il

ne pourrait être contraint en vertu d'un arrêté municipal de présenter cette marchandise en vente aux halles (V. *suprà*, v° *Boucher*, n° 34 et v° *Commune*, n° 684).

§ 11. — Dispositions particulières pour les halles et marchés de Paris. — Facteurs aux halles. — Foires de Paris (*Rép.* n°s 76 à 100).

**42.** Nous avons dit au *Rép.* n° 76, que l'établissement des halles et marchés est réglé à Paris par les dispositions générales applicables au reste de la France. Cette règle n'est plus complètement exacte aujourd'hui. En effet la disposition de l'art. 46, n° 24, de la loi du 10 août 1871 qui donne aux conseils généraux le droit de statuer définitivement sur l'établissement, la suppression ou le changement des foires et marchés n'est pas applicable au conseil général de la Seine, et l'art. 6 de la loi du 10 mai 1838, d'après lequel le conseil général ne peut, en cette matière, émettre qu'un simple avis, est resté en vigueur pour Paris et le département de la Seine ; de même, on ne saurait appliquer à la ville de Paris l'art. 68, § 13 de la loi du 5 avr. 1884, aux termes duquel les délibérations des conseils municipaux relatives à l'établissement de marchés d'approvisionnement sont exécutoires par elles-mêmes. La disposition en vigueur dans la ville de Paris, en cette matière, est celle de l'art. 11 de la loi du 24 juill. 1867 d'après laquelle les conseils municipaux délibèrent sur l'établissement des marchés d'approvisionnement ; ces délibérations restent soumises à l'approbation préfectorale.

**43.** L'administration des halles et marchés de Paris est partagée, comme on l'a vu au *Rép.* n°s 76 et suiv., entre le préfet de la Seine et le préfet de police. Les dispositions des art. 32 et 33 de l'arrêté du 12 mess. an 8 qui placent dans les attributions du préfet de police la surveillance des foires, halles et marchés, l'inspection des marchés, ports et lieux d'arrivage des comestibles, boissons et denrées, ainsi que celle des marchés où se vendent les bestiaux pour l'approvisionnement de Paris, n'ont pas cessé d'être en vigueur. Mais l'art. 1er du décret du 10 oct. 1859 (D. P. 59. 4. 82) a fait rentrer dans les attributions du préfet de la Seine les tarifs, l'assiette et la perception des droits municipaux de toutes sortes dans les halles et marchés.

**44.** L'application de ce décret a soulevé d'assez grandes difficultés d'application, et donné lieu à des conflits entre les deux préfectures. Pendant plusieurs années, quoique le préfet de la Seine eût organisé aux halles un service de perception, conformément aux prescriptions du décret de 1859 et aux décisions de la commission municipale, le service relevant de la préfecture de police qui fonctionnait aux halles continua à y être maintenu (Block, *op. cit.*, p. 564). En 1872, le conseil municipal se préoccupa des inconvénients de cet état de choses et émit le vœu que les services d'administration et de contrôle des halles et marchés, confiés à la préfecture de police, fussent placés dans les attributions du préfet de la Seine. A la suite de ce vœu, un accord intervint entre les deux préfectures, et il fut entendu que la préfecture de la Seine contrôlerait les ventes donnant lieu à la perception des droits *ad valorem*, mais que, pour la vente des marchandises ayant acquitté le droit d'octroi, le contrôle serait confié à la préfecture de police.

---

(1) (Société parisienne de Crédit C. Boudard). — La cour ; — Considérant que Boudard a assigné la société parisienne de Crédit, concessionnaire de la régie du marché aux bestiaux de la Villette, devant le tribunal de commerce de la Seine, et a demandé la réparation du préjudice résultant de la perte du bœuf amené au marché et qui a disparu dans la nuit du 3 au 4 avr. 1872 ; — Considérant que la société défenderesse allègue qu'elle n'est qu'un régisseur employé et mandataire de la ville de Paris ; aux termes du cahier des charges par lequel elle a obtenu l'adjudication de la régie, elle n'est point astreinte à la garde et à la surveillance des bestiaux amenés au marché ; que son rôle se borne à percevoir des droits moyennant certaines charges et un salaire déterminé, et que, d'ailleurs, l'interprétation du cahier des charges qui est un acte administratif, n'appartient, même au point de vue de la responsabilité qui peut incomber à la société en raison de la surveillance des animaux, appartient à la juridiction commerciale ; — Considérant que, sur ce point, la ville de Paris n'a pas pris fait et cause de la société parisienne et n'a pas proposé de déclinatoire ; que le cahier des charges ne contient aucune disposition relative à la surveillance des animaux ; qu'il ne saurait donc y avoir lieu à l'interprétation de cet acte

administratif, et que son silence autorise les tribunaux à statuer, conformément aux principes du droit commun, sur une difficulté née du séjour des animaux dans les étables et dépendances du marché entre un propriétaire et les commissionnaires de la régie ; — Mais, considérant que, même en admettant que la société concessionnaire puisse être considérée comme un commerçant, elle n'en est pas moins fondée, dans l'espèce, à décliner la compétence de la juridiction consulaire ; — Considérant, en effet, que tous les actes du commerçant ne sont pas, en raison de sa seule qualité, justiciables des tribunaux de commerce ; qu'il s'agit d'apprécier les conséquences qui peuvent résulter d'une faute imputable aux agents de la société, et dont elle serait responsable, et de fixer l'étendue d'un préjudice dans les termes des art. 1382 et 1384 c. civ. ; — Considérant que la connaissance d'une pareille contestation qui est de droit commun n'appartient pas au tribunal de commerce ; que c'est à bon droit que la société appelante a opposé l'exception d'incompétence, et qu'il y a lieu, dès lors, d'infirmer le jugement dont est appel. — Du 30 déc. 1873. C. de Paris, 5e ch. MM. Rohault de Fleury, pr. Buffard, av. gén. Nicolet et Gatineau, av.

**45.** A la suite d'un nouveau vœu émis par le conseil municipal le 18 déc. 1875, pour que les halles et marchés de la ville de Paris fussent administrés par la préfecture de la Seine et que seule, elle fût chargée de contrôler les facteurs, laissant à la préfecture de police le soin d'assurer le maintien du bon ordre dans ces établissements, une commission fut instituée par le ministre de l'intérieur pour étudier les conditions d'une organisation définitive des halles. C'est dès travaux de cette commission qu'est sorti le décret du 22 janv. 1878 (D. P. 78. 4. 24).

**46.** Ce décret reconnaît à tout producteur le droit de vendre ses denrées à son choix à l'amiable ou à la criée. Il peut être procédé par toute personne à la vente à l'amiable, sous la seule condition de se conformer aux règles d'ordre et de police résultant des décrets, règlements et ordonnances en vigueur. Quant à la vente à la criée, le décret du 22 janv. 1878 lui conserve le caractère de vente officielle opérée par des agents spéciaux ; il maintient en conséquence le factorat, mais en rendant cette profession libre, ainsi que nous l'exposerons plus loin (n° 51). Le titre 4 du décret établit le départ d'attributions entre les deux préfectures. Il attribue au préfet de la Seine, dans les services en litige, tout ce qui a trait aux tarifs, à l'assiette et à la perception des taxes de toutes sortes, et il conserve entre les mains du préfet de police tout ce qui concerne la loyauté des transactions, le bon ordre et la salubrité.

**47.** Le service des perceptions municipales dépendant de la préfecture de la Seine forme trois inspections placées sous l'autorité d'un inspecteur principal. Les halles forment la première inspection. La seconde comprend les marchés de quartier, la troisième les marchés aux bestiaux et aux chevaux et les abattoirs. L'ancien bureau central des perceptions municipales, chargé d'assurer l'unité de direction, de contrôler les gestions diverses et de tenir les comptabilités en recettes, dépenses et matériel, est placé dans la deuxième division de la direction des affaires municipales et rattaché au bureau des marchés sous le titre de *contrôle des perceptions municipales* (Block, *op. cit.*, p. 570). Nous indiquerons plus loin (n° 60) la composition du personnel qui relève de la préfecture de police.

**48.** Ainsi que le fait observer M. Block (*op. cit.*, p. 567), l'application des dispositions du décret du 22 janv. 1878 nécessitait des modifications dans l'établissement des droits sur tous les marchés où ces droits ont pour base le prix de vente des denrées. Le droit *ad valorem* était jusqu'alors appliqué au marché à la criée et à l'amiable, et le droit d'octroi aux apports à domicile, sauf une exception pour la viande de boucherie, la volaille et le gibier qui payaient un droit par 100 kilos dont la quotité était établie d'après les catégories déterminées. Il a paru impossible, eu égard au nombre des facteurs qui n'était pas limité par le décret de 1878, et des nombreux commissionnaires qui profiteraient de la faculté de vendre à l'amiable, d'établir une surveillance suffisante pour la perception des droits. En conséquence, des délibérations du conseil municipal approuvées par un décret du 30 déc. 1878 ont transformé en droits d'octroi les droits *ad valorem* perçus sur les poissons, beurre, œufs vendus aux Halles. Un droit d'abri a remplacé le droit *ad valorem* pour la vente en gros des fruits et légumes et a été imposé à raison d'un franc par 100 kilos sur les beurres, œufs et fromages, en représentation du loyer des emplacements mis à la disposition des facteurs et commissionnaires (Block, *op. cit.*, p. 568).

**49.** — Facteurs (*Rép.* n°s 80 à 96). — Nous avons dit au *Rép.* n°s 80 et suiv., qu'il existait à Paris, dans plusieurs marchés d'approvisionnement, des facteurs commissionnés par la préfecture de police et chargés, moyennant un droit fixe, de vendre pour les marchands forains qui s'adressaient à eux. Les facteurs aux halles et marchés existaient également dans quelques grandes villes. Le conseil d'État, par un avis du 26 mars 1877, a reconnu à l'autorité municipale, en vertu de ses pouvoirs généraux de police et sans qu'il soit besoin d'une loi spéciale, le droit d'instituer des facteurs et de déterminer les conditions dans lesquelles ils devraient fonctionner; mais il a en même temps émis l'avis que cette institution ne pouvait se concilier avec la liberté du commerce qu'autant que l'intervention obligatoire des facteurs était limitée aux obligations mêmes de la criée, c'est-à-dire à la constatation des enchères et à l'adjudication des marchandises; mais qu'il serait contraire à la liberté soit d'exiger l'intervention des facteurs pour les ventes à l'amiable, soit d'interdire ce mode de vente. La cour de cassation a décidé, en ce sens, que l'autorité municipale peut légalement instituer des facteurs ou agents commissionnés pour procéder, à l'exclusion de tous autres intermédiaires, à la vente et à l'adjudication des denrées dont les pourvoyeurs ne peuvent traiter par eux-mêmes, alors d'ailleurs qu'elle réserve aux vendeurs et acheteurs le droit de s'entendre directement (Crim. rej. 13 mars 1863, aff. Mulot, D. P. 63, 1, 205). Un tel règlement, étant pris dans l'exercice des pouvoirs que la loi a conférés à l'autorité municipale, ne peut, au cas où il porterait atteinte à quelques intérêts ou à quelques industries, être attaqué que devant l'autorité supérieure, et doit, tant qu'il n'a pas été réformé par celle-ci, recevoir sa pleine et entière exécution (Même arrêt). D'après ce même arrêt, le règlement qui, après nomination d'un facteur, préposé à la halle aux poissons pour servir d'intermédiaire entre les acheteurs et les vendeurs, ajoute que le ministère de ce facteur n'est pas forcé et que les marayeurs et acheteurs peuvent traiter directement n'est réputé dispenser du concours du facteur que pour le cas de rapport direct entre le vendeur et l'acheteur, alors surtout que son objet, d'après les déclarations du préambule, est de faire cesser les abus résultant de l'immixtion d'intermédiaires n'ayant ni titre ni mandat.

**50.** Les facteurs à la halle, supprimés à Paris pendant la période révolutionnaire, avaient été réorganisés par des actes émanés de la préfecture de police, et des décrets des 21 sept. 1807 et 28 janv. 1811 (*Rép.* n°s 84 et suiv.) étaient intervenus pour autoriser les perceptions municipales qui devaient être confiées aux facteurs. Le décret du 24 févr. 1838 sur l'exercice de la profession de boucher dans la ville de Paris (D. P. 58. 4. 16) institua également, sur les marchés à bestiaux autorisés pour l'approvisionnement de cette ville, des facteurs dont la gestion devait être garantie par un cautionnement et dont les fonctions devaient consister à recevoir en consignation les animaux sur pied et à les vendre soit à l'amiable, soit à la criée et aux conditions indiquées par le propriétaire. L'emploi de ces facteurs devait être purement facultatif (art. 5).

**51.** L'organisation du factorat à Paris a été complétement modifiée par le décret du 22 janv. 1878, qui a déclaré libre l'exercice de la profession de facteur dans les marchés en gros, sous la condition de se faire agréer par le tribunal de commerce et de se soumettre aux règlements de police. Aux termes de ce décret, toute personne peut procéder à la vente à l'amiable des denrées alimentaires sur les marchés en gros de Paris (art. 1er). Mais les ventes à la criée ne peuvent y être effectuées que par les facteurs (art. 2). Ce décret abroge expressément, dans son art. 18, les décrets précités des 21 sept. 1807, 28 janv. 1811 et 24 févr. 1858. Une ordonnance de police du 28 mars 1878 concernant les ventes en gros a été rendue en exécution de ce décret.

**52.** Le décret du 22 janv. 1878 a été attaqué devant le conseil d'État par un certain nombre de facteurs dont il avait supprimé le monopole. Les demandeurs soutenaient : 1° que les dispositions des décrets précités des 11 sept. 1807 et 28 janv. 1811 n'auraient pu être modifiées que par un acte du pouvoir législatif; 2° que le décret attaqué était illégal comme ayant été rendu sans l'avis préalable du conseil d'État; 3° que ce décret avait à tort écarté ou du moins omis des décrets dont les facteurs à une indemnité. Ce recours a été rejeté par les motifs suivants : Bien que les décrets du Premier Empire soient généralement considérés comme ayant force de loi, les dispositions purement réglementaires de ces décrets peuvent être modifiées par des actes du pouvoir exécutif; or on doit considérer comme prises dans l'exercice du pouvoir réglementaire les dispositions des décrets précités qui ont institué les facteurs à la halle de Paris et déterminé leur organisation et leurs attributions (Cons. d'Ét. 30 juill. 1880, aff. Brousse, D. P. 81, 3, 73). L'art. 8 de la loi du 24 mai 1872 n'appelle le conseil d'État à donner nécessairement son avis que sur les règlements d'administration publique et sur les décrets qu'une disposition législative spéciale prescrit de rendre dans la forme des règlements d'administration publique, et le décret attaqué ne rentre dans aucun des cas spécifiés par la loi précitée de 1872

(Même arrêt). Quant au droit que pourraient avoir les facteurs à l'allocation d'une indemnité à raison du préjudice que leur aurait causé l'application du décret du 22 janv. 1878, aucune disposition de ce décret ne s'oppose à ce qu'ils fassent valoir devant qui de droit leurs prétentions à cette indemnité (Même arrêt).

**53.** Cette question du droit à indemnité a été portée devant le conseil d'Etat par le recours des facteurs contre deux décisions des ministres du commerce et de l'intérieur qui avaient rejeté leurs demandes. Le conseil d'Etat a décidé que les facteurs aux Halles de Paris, n'ayant reçu le droit de présenter leurs successeurs ni de l'art. 91 de la loi du 28 avr. 1816, ni d'aucune autre disposition législative ou réglementaire, ne sont pas fondés à réclamer une indemnité à l'Etat à raison du préjudice que leur aurait causé le décret précité du 22 janv. 1878 (Cons. d'Et. 20 janv. 1882, aff. Brousse, D. P. 83. 3. 41). En effet, il est de principe que l'abrogation des dispositions réglementaires qui limitent, dans l'intérêt public, le nombre des personnes pouvant se livrer à une industrie ne saurait ouvrir un droit à indemnité envers l'Etat, et que ce droit n'existe que dans le cas où les titulaires avaient obtenu, moyennant finance la concession d'un monopole. Or, bien qu'en fait les facteurs aux Halles de Paris paraissent avoir été traités par la préfecture de police à peu près comme des titulaires d'office et que, notamment, dans le cas de destitution, elle ait généralement exigé le payement d'une somme déterminée par elle pour désintéresser les créanciers, il a été établi d'une manière irréfutable par M. le commissaire du Gouvernement Chante-Grellet que les charges de facteurs ont été établies à diverses époques sans qu'aucune finance ait été payée à l'Etat. L'objet des contrats intervenus et sur lesquels l'Administration a exercé sa surveillance était avant tout la clientèle et l'achalandage attachés au titre de facteur; mais on ne saurait justifier qu'à aucune époque l'Administration ait réellement admis, outre la cession de la clientèle, la cession d'un droit de présentation. Cette différence essentielle entre la situation des facteurs et celle des officiers ministériels a été très nettement mise en lumière par un arrêt de la cour de cassation dans lequel il est énoncé que « la profession de facteur de la halle aux grains de Paris ne constitue, à proprement parler, ni une fonction publique, ni un office ministériel, mais une simple agence de commission » (Req. 27 janv. 1852, aff. Teinturier, D. P. 52. 1. 219).

**54.** La cour d'appel de Paris, par un arrêt plus récent (Paris, 5 mars 1881, aff. Terrade, D. P. 82. 2. 39), a consacré les mêmes principes et décidé, en conséquence, qu'antérieurement même au décret de 1878 les facteurs pouvaient vendre leurs charges à la condition de faire agréer leur successeur par l'autorité municipale et s'associer avec des bailleurs de fonds pour le partage des bénéfices; par suite, elle a considéré comme valable un traité par lequel un facteur s'était engagé, avant 1878, à faire agréer une personne déterminée pour son successeur, moyennant une somme représentant la moitié de la valeur de l'agence, tout en restant intéressé pour l'autre moitié, et elle a décidé que ce traité ne saurait être réputé avoir pris fin depuis le décret de 1878 qui a simplement modifié et non aboli le factorat.

**55.** La doctrine de cet arrêt n'est pas en opposition avec celle d'un autre arrêt de la même cour du 22 avr. 1885 (1). D'après ce dernier arrêt, à supposer qu'une charge de facteur à la marée à la halle de Paris pût faire l'objet d'une cession valable, la clause d'un semblable contrat portant qu'au cas où les facteurs viendraient à être supprimés, sans remboursement, le vendeur ne pourrait exiger le payement des sommes qui lui resteraient dues au moment de cette suppression, doit être interprétée, en ce sens que les parties ont entendu faire dépendre la créance de la conservation des fonctions privilégiées dont le produit certain était l'unique cause des engagements de l'acheteur, alors surtout que le vendeur ne lui transmettait aucun noyau de clientèle; en conséquence, le décret du 22 janv. 1878 ayant supprimé le monopole des facteurs à la marée sans qu'aucune indemnité leur fût allouée, l'acheteur est fondé à refuser de verser au vendeur le reliquat du prix restant dû. Cet arrêt ne conteste pas qu'en règle générale, ainsi que le décide l'arrêt du 5 mars 1881, les traités antérieurs au décret de 1878 devaient continuer à produire leur effet après la publication de ce décret; et il se fonde uniquement, d'une part, sur l'interprétation d'une clause du contrat, et d'autre part sur la situation particulière des facteurs à la marée qui étaient plutôt de simples agents administratifs que des intermédiaires commerciaux, qui n'avaient pas à proprement parler de clientèle, et qui dès lors n'avaient pu céder à leurs successeurs que le droit de bénéficier du droit exclusif de vente aux enchères qui leur était réservé et qu'a supprimé le décret de 1878 (V. sur la situation des facteurs aux Halles de Paris, Leberquier, *Admin.*

<hr/>

(1) (Laurent. C. Erhard.) — LA COUR; — Considérant que Erhard, titulaire d'une charge de facteur à la marée à la halle de Paris, l'a cédée à Laurent par acte sous seings privés du 1er mai 1876, moyennant une somme de 155000 fr., dont 100000 fr. payés comptant, et le surplus réalisable en six annuités, avec cette clause qu'au cas où les facteurs viendraient à être supprimés sans remboursement, le vendeur ne pourrait exiger le remboursement des sommes qui lui seraient dues au moment de leur suppression; — Considérant qu'au moment où le traité susénoncé a été conclu entre les parties, non seulement les facteurs à la halle de toutes catégories étaient nommés en nombre limité par le préfet de police, et formaient ainsi des collèges fermés; mais qu'à la différence de ce qui se passait dans d'autres parties de la halle, les facteurs à la marée n'avaient pas même entre eux la liberté de concurrence; que, rarement employés comme commissionnaires, ils ne vaquaient en réalité qu'à la criée des arrivages de poisson, suivant la distribution qui leur était faite à tour de rôle, par l'inspecteur du marché, et ce, moyennant un honoraire tarifé, mis en bourse commune; qu'ils étaient ainsi de simples agents administratifs plutôt que des intermédiaires commerciaux; — Considérant que, l'intimé ne justifie point que par exception à l'usage général, il ait entretenu avec certains expéditeurs de poisson des relations suivies, dont la valeur ait pu entrer pour une somme quelconque dans le prix de la charge cédée par lui à l'appelant; que cette charge consistait donc uniquement dans le droit à une quote-part de la vente aux enchères, monopole dont la préfecture de police tolérait la transmission à des successeurs, toujours agréés en fait, lorsqu'à leur demande était jointe la démission du facteur qu'ils aspiraient à remplacer; — Considérant qu'en cet état, en admettant que le contrat dont Erhard poursuit l'exécution contre Laurent ne soit point frappé de nullité par l'art. 1128 c. civ., ce que l'appelant reconnaît d'une manière implicite, la clause libératoire, insérée dans le contrat pour le cas où le factorat serait supprimé, doit certainement profiter à Laurent, ce dernier ne conservant rien de la chose vendue, dont il a été complètement évincé par les changements que le décret du 22 janv. 1878 a apportés au mode d'exercice de sa profession; — Considérant qu'il importe peu que le titre de facteur subsiste, et que l'appelant en soit encore aujourd'hui pourvu; que, suivant l'art. 1156 c. civ., on doit, dans les conventions, rechercher quelle a été l'intention commune des parties plutôt que de s'arrêter au sens littéral des termes; qu'en subordonnant la créance d'Erhard au maintien du factorat, les contractants ont entendu la faire dépendre, non pas d'une question de mots, mais bien de la conservation des fonctions privilégiées dont le produit certain était l'objectif de l'acheteur et la cause unique de ses engagements; — Considérant que, depuis l'introduction d'un régime de liberté dans les marchés de Paris, le factorat, réglementé, mais ouvert à tous, ne consiste plus que dans l'exploitation d'une clientèle, que chaque facteur doit se concilier par son industrie et, à son corps défendant, en compétition avec ses voisins; qu'aucun noyau de clientèle n'a été transmis par Erhard à Laurent; que ce dont ladit Laurent s'est rendu acquéreur, sous le nom de factorat, c'était la jouissance, partagée entre huit personnes, d'un droit exclusif de vente aux enchères, aboli par le décret de 1878; que, non seulement l'aliment de la charge, mais les parties l'ont en vue, mais cette charge elle-même a péri, puisque, si Laurent est encore facteur à la Halle, ce n'est plus en le bénéfice de sa nomination obtenue en 1876, comme successeur d'Erhard; qu'il n'est point resté facteur; qu'il l'est redevenu par admission nouvelle, et qu'en réclamant cette admission, il n'a fait qu'user d'une faculté commune à quiconque n'est point déchu de la plénitude de ses droits civils; qu'il est donc absolument vrai de dire que le factorat, en tant qu'il a constitué la chose vendue par Erhard, n'existe plus; que les anciens facteurs ont échoué dans toutes leurs demandes d'indemnité vis-à-vis des pouvoirs publics (Cons. d'Et. 20 janv. 1882, aff. Brousse, D. P. 83. 3. 41); que, par conséquent, l'hypothèse prévue comme devant entraîner la libération de l'acheteur s'est réalisée pour les parties de son prix non échues avant le 22 janv. 1878; — Par ces motifs; — Déclare Erhard mal fondé dans sa demande, l'en déboute, etc.

Du 22 avr. 1885.-C. de Paris, 3e ch.-MM. Cotelle, pr.-Sarrut, subst.-Durier et Delacourtie, av.

*de la commune de Paris*, n° 369; Biollay, *Origine et transformation du factorat*, p. 19).

**56.** Aux termes de l'art. 5 du décret de 1878, la discipline des facteurs appartient au préfet de la Seine, pour ce qui a trait aux prescriptions municipales, et au préfet de police pour ce qui concerne la loyauté des transactions, la salubrité et le bon ordre du marché.

**57.** On a vu au *Rép.* n° 84, que le maximum du droit de commission des facteurs était fixé par l'Administration. L'art. 11 du décret du 22 janv. 1878 renouvelle cette prescription : il porte que le maximum est déterminé, sur la proposition du préfet de police et après avis du préfet de la Seine, par délibération du conseil municipal. Le conseil municipal de Paris ayant émis l'avis que la fixation d'un droit de vente par l'autorité municipale était illusoire, puisque le maximum de ce droit ne devait être limité que par les effets de la concurrence et par l'intérêt bien entendu du facteur, un arrêté du préfet de police, du 13 mars 1882 a décidé que tous les droits de vente perçus par les facteurs, tant ceux à la charge des expéditeurs que ceux à la charge des acheteurs, étaient abolis à compter du 1er avr. 1882.

**58.** L'obligation de fournir un cautionnement, imposée aux facteurs par les dispositions rapportées au *Rép.* n°s 88 et suiv. a été maintenue par le décret de 1878. L'art.-3 de ce décret fixe à 10000 fr. le chiffre de ce cautionnement qui peut être réalisé soit en numéraire, soit en rentes sur l'État ou en obligations de la Ville de Paris.

**59.** L'art. 9 du décret de 1878 renouvelle l'interdiction faite aux facteurs par les règlements antérieurs (*Rép.* n° 89), de faire, soit directement, soit indirectement, le commerce des denrées qu'ils sont chargés de vendre. Il leur interdit également d'être intéressés à quelque titre que ce soit, sinon comme commissionnaires ou représentants des producteurs aux ventes où ils opèrent officiellement.

**60.** — *Forts et porteurs* (*Rép.* n° 97). — Aux termes de l'art. 15 de l'ord. de police du 28 mars 1878, comme aux termes de celle du 13 mai 1831, *Rép.* n° 97, les forts sont commissionnés par la préfecture de police. D'après cet article, les forts, les compteurs-mireurs, ainsi que tous les agents et employés de la préfecture de police qui participent aux opérations relatives aux ventes en gros, sont tenus de se conformer aux indications qui leur sont données par les agents des perceptions municipales pour tout ce qui a trait aux tarifs, à l'assiette et à la perception des droits municipaux de toute sorte dans les halles et marchés.

**61.** — *Personnel de la police en ce qui concerne les marchés* (*Rép.* n°s 98 et 99). — L'inspection des halles et marchés qui fonctionne aux Halles centrales et relève de la seconde division de la préfecture de police, ainsi que nous l'avons dit au *Rép.* n° 98, comprend cinq inspecteurs principaux, vingt et un inspecteurs chargés de veiller à l'exécution du décret du 22 janv. 1878, notamment au classement des marchandises, à l'examen de leur salubrité, de procéder aux enquêtes sur les réclamations des expéditeurs, six inspecteurs qui surveillent la fidélité du débit, la salubrité des marchandises et la loyauté des transactions dans les pavillons des Halles affectés à la vente au détail, et un inspecteur qui a pour mission de surveiller la vente des plantes médicinales. Aux termes de l'art. 87 du règlement du 30 avr. 1887, la sixième brigade centrale dite *brigade des Halles* assure la circulation dans le périmètre des Halles, y veille à l'exécution des règlements relatifs au placement des voitures, au dépôt et à l'enlèvement des denrées.

**62.** — *Foires de Paris* (*Rép.* n° 100). — Nous avons cité au *Rép.* n° 100 l'ordonnance du 26 mars 1849, concernant la foire aux jambons. L'ordonnance du 4 mars 1880 (*Coll. off.*, t. 2, p. 716) reproduit sous une forme un peu différente des prescriptions analogues.

## Table sommaire

### des matières contenues dans le Supplément et le Répertoire.

(Les chiffres précédés de la lettre S renvoient au Supplément ; les chiffres précédés de la lettre R renvoient au Répertoire.)

## Table chronologique des Lois, Arrêts, etc.

| | | | | | | | |
|---|---|---|---|---|---|---|---|
| **1790** | **1831** | 25 mars. Décr. 25, 31 c. | **1859** | **1866** | 5 déc. Avis. Cons. d'Et. 26 c. | c., 52 c., 53 c., 54 c., 55 c., 56 c., 57 c., 58 c., | 13 mars. Arr. 57 c. |
| 28 mars. Loi. 29 c. | 18 mai. Ord. 60 c. | 8 avr. Cons. d'Et. 38 c. | 19 avr. Cons. d'Et. 28 c. | 12 mars. Ord. 22. 26 mars. Ord. 15 c. | **1873** | 59 c., 61 c. | **1884** |
| **An 8** | **1832** | | 10 oct. Décr.26 c., 43 c. | **1867** | 14 juin. Ord. 6. 30 déc. Paris. 39. | 28 mars. Ord. police. 11 c., 51 c., 60 c. | 4 avr. Cons. d'Et. 27 c. |
| 12 mess. Arrêté. 43 c. | 1er avr. Ord. 8 c. | **1853** | | 23 févr. Ord. 11. 27 juin. Crim. 37 c. | **1874** | 30 déc. Décr.48 c. | 5 avr. Loi. 27 c., 30 c., 42 c. |
| **1807** | **1835** | 30 avr. Ord. 19 c. | **1860** | 24 juill. Loi. 25 c., 27 c., 31 c., 42c. | 24 janv. Arr. 20 c. | **1879** | 15 mai. Circ. min. int. 27 c. |
| 11 sept. Décr. 52 c. | 10 oct. Ord. 16 c. | **1854** | 22 févr. Ord. 10 c. 28 juin. Décr. 10 c. | **1862** | 25 févr. Civ. 36 c., 37 c., 38 c. | 15 mars. Trib. confl. 36 c. | **1885** |
| 21 sept.Décr.50 c., 51 c. | **1837** | 9 mars. Crim. 37 c. | | 11 janv. Cons. d'Et. 39 c. | 28 mars. Trib. confl. 35 c. | 16 sept. Loi. 26 c. | 22 avr. Paris. 55. |
| 17 déc. Inst. min. int. 32 c. | 18 juill. Loi. 36 c., 31 c. | 18 oct. Décr. 19 38 c. | 16 nov. Cons. d'Et. 38 c. | 8 févr. Trib. paix Dun-le-Roi 34 c. | | 26 sept. Loi. 27 c. | **1887** |
| 30 déc. Ord. 5 c. | **1838** | **1855** | | 18 déc. Cons. d'Et. 37 c. | 31 oct. Décr. 26 c. | **1880** | 30 avr. Règl. 61 c. |
| **1809** | 10 mai. Loi. 25 c., 42 c. | 18 mai. Ord. 17. | **1863** | **1868** | **1877** | 4 mars. Ord. 62. 30 juill. Cons. d'Et. 52 c. | |
| 11 mai. Décr. 38 c. | **1849** | **1857** | 13 mars.Crim.49c. | **1869** | 9 févr. Décr. 26c. | **1881** | **1889** |
| **1811** | 26 mars. Ord. 62 c. | 10 févr. Ord. 19 c. | **1864** | 5 août. Req.37 c., 38 c. | 26 mars. Avis Cons. d'Et. 49 c. | 9 mars. Crim. 11 c. | 5 mars. Paris. 54 c. |
| 28 janv.Décr.50c., 51 c., 52 c. | **1850** | 18 mai. Ord. 17 c. | 13 août.Décr.25 c., 26 c. | **1871** | 4 mai. Décr. 32 c. | 19 juill. Crim. 41 c. | |
| **1816** | 18 nov. Civ. 32 c. 2 déc. Ord. 16 c. | **1858** | | 10 août. Loi. 26 c., 27 c., 42 c. | 9 juill. Décr. 26 c. | **1882** | 2 août. Trib. Beaune. 33 c. |
| 28 avr. Loi. 53 c. | **1851** | 24 févr.Décr.10 c., 51 c. | **1865** | **1872** | 23 nov. Cons. d'Et. 37 c., 38 c. | 12 janv. Décr. 12 c. 20 janv.Cons. d'Et. 53 c. | **1890** |
| **1830** | 22 juill. Ord. 16. | 18 nov. Crim. 36 c. | 10 juin. Ord. 19 c. | **1878** | | 27 janv.Cons. d'Et. 39 c. | 6 juin.Crim.28 c., 29 c. |
| 25 mars. Ord.10c. | **1852** | 2 déc. Cons. d'Et. 37 c. | 30 déc. Ord. 8 c., 10 c. | 3 avr. Cons. d'Et. 37c., 38c., 39c. | 22 janv.Décr.45c., 46 c., 48 c., 51 | | |
| | 27 janv. Req. 53 c. | | | | | | |

## HARAS.

**1.** — I. Notions préliminaires. — Depuis la publication du *Répertoire*, la législation des haras s'est enrichie d'un certain nombre de lois, de décrets et arrêtés ministériels faisant suite aux documents dont la nomenclature a été donnée au *Répertoire*.

Tableau chronologique de la législation relative aux haras.

**9-30 avr. 1851.** — Décret relatif aux pensions de retraite des officiers et employés de l'administration des haras placés temporairement dans les dépôts mixtes d'étalons nationaux et départementaux (D. P. 51. 4. 66).

**17 juin-6 juill. 1852.** — Décret relatif à l'administration des haras (D. P. 52. 4. 177).

**20-30 oct. 1852.** — Décret qui supprime l'école des haras établie au dépôt du Pin, et crée six emplois de surveillants des haras (D. P. 52. 4. 203).

**24-29 août 1854.** — Décret impérial qui prescrit l'établissement, dans la plaine de Longchamps, commune de Boulogne, près Paris, d'un hippodrome affecté aux courses publiques de chevaux (D. P. 54. 4. 139).

**2-18 déc. 1854.** — Décret impérial relatif au dépôt des haras impériaux (D. P. 55. 4. 4).

**5-24 août 1857.** — Décret impérial qui ouvre, sur l'exercice 1857, un crédit extraordinaire pour le transport à Hennebon du dépôt d'étalons de Langonnet (D. P. 57. 4. 170).

**23 juill.-26 août 1859.** — Décret impérial qui approuve des conventions passées entre l'Etat et la Ville de Paris, pour l'établissement de Saint-James, commune de Neuilly, d'un dépôt de remonte des haras impériaux (D. P. 59. 4. 76).

**19-27 déc. 1860.** — Décret impérial concernant le service des haras (D. P. 61. 4. 14).

**15-18 mai 1861.** — Loi qui ouvre, sur l'exercice 1861, un crédit supplémentaire applicable au service des haras (D. P. 61. 4. 60).

**3-22 oct. 1861.** — Décret impérial relatif aux cautionnements à fournir par les agents comptables des dépôts impériaux d'étalons (D. P. 61. 4. 125).

**7-23 sept. 1863.** — Décret impérial qui supprime les dépôts impériaux d'étalons d'Abbeville, de Charleville et de Saint-Maixent (D. P. 1863. 4. 146).

**7-23 sept. 1863.** — Décret impérial qui supprime le dépôt impérial d'étalons de Saint-James (D. P. 63. 4. 146).

**17 nov.-28 déc. 1865.** — Décret impérial qui charge le grand écuyer de l'administration des haras, et supprime le titre et l'emploi de directeur général des haras (D. P. 66. 4. 9).

**29 mai-2 juin 1874.** — Loi sur les haras et les remontes (D. P. 75. 4. 6).

**4 juill.-19 oct. 1874.** — Décret qui reconstitue le conseil supérieur des haras (D. P. 75. 4. 50).

**14-15 août 1885.** — Loi relative à la surveillance des étalons (D. P. 86. 4. 55).

**25 sept.-10 oct. 1885.** — Arrêté du ministre de l'agriculture portant règlement pour l'exécution de la loi relative à la surveillance des étalons (D. P. 86. 4. 56).

**2.** — II. Droit comparé. — En *Portugal*, aux termes d'un règlement du 15 avr. 1877 sur les haras de l'Etat, un dépôt d'étalons est établi près de l'Institut général d'agriculture, qui pourra servir aussi aux démonstrations de l'enseignement zootechnique. Le gouvernement est autorisé à créer d'autres dépôts dans les régiments de cavalerie ou dans les localités des pays indiquées par les conseils d'agriculture ou par les conseils municipaux, en assurant le payement de la moitié des dépenses. Les stations officielles de production sont soutenues par l'Etat. Les stations départementales ou municipales sont créées par les conseils des départements d'agriculture ou par les conseils municipaux; la moitié au moins des frais sont à la charge des corporations. Le Gouvernement fournira les étalons de ces dépôts. Les particuliers pourront former aussi des stations de production et obtenir des étalons des dépôts du Gouvernement, sous les conditions et garanties établies dans le règlement. La somme de 4500000 reis, votée par la loi du 16 janv. 1876 pour l'amélioration de la reproduction de l'espèce chevaline, est destinée à subventionner les conseils départementaux d'agriculture, les conseils municipaux et les particuliers qui s'engageront à établir des dépôts d'étalons ou stations de production. Les juments ne pourront être présentées à la saillie, dans les stations officielles subventionnées, que lorsqu'elles auront été recensées et approuvées (*Annuaire de législation étrangère.*, 1888, p. 480). — Un décret du 22 sept. 1887 crée deux haras pour augmenter et améliorer la production des chevaux, et divise à ce point de vue, le pays en deux circonscriptions, l'une ressortissant au haras national du Nord, l'autre au haras national du Sud (*Ibid.*, 1888, p. 541).

En *Italie*, nous mentionnerons une loi du 26 juin 1887 relative au développement du service des haras (*Ibid.*, 1888, p. 493).

**3.** — III. LÉGISLATION. — Un décret du 17 juin 1852 (D. P. 52. 4. 177) réorganise l'administration des haras, qui avait fait précédemment l'objet d'un arrêté du Gouvernement du 11 déc. 1848. Ce décret fut abrogé à son tour par le décret organique du 19 déc. 1860 (D. P. 61. 4. 14), qui a été étudié et analysé au *Rép.* v° *Organisation économique*, nos 93 et suiv., avec des détails qui nous dispensent d'y revenir. Il établissait un directeur général des haras ; mais cet emploi fut supprimé quelques années plus tard par le décret du 17 nov. 1865 (D. P. 66. 4. 9), qui chargea le grand écuyer de l'empereur de l'administration des haras.

**4.** — Aux termes de la loi du 29 mai 1874 sur les haras et les remontes (D. P. 75. 4. 6), l'administration supérieure des haras se compose d'un directeur inspecteur général, de six inspecteurs généraux, de vingt-deux directeurs de dépôts, de vingt-deux sous-directeurs et d'un nombre de surveillants suffisant pour le service (art. 1er) ; d'un conseil supérieur des haras de vingt-quatre membres nommés par le président de la République pour neuf années, renouvelables par tiers tous les trois ans, et comprenant les divers groupes d'élevage (art. 2). Ce conseil tient au moins deux sessions par an, donne son avis sur le budget des haras, sur les règlements généraux des concours et des courses, sur la nature et l'importance des encouragements qui se rapportent à la production et à l'élevage, et sur toutes les questions qui lui sont soumises par le ministre ou, en son absence, par le directeur général des haras ; il reçoit communication des vœux et délibérations des conseils généraux en ce qui concerne la question chevaline. Nul ne peut être nommé officier des haras s'il n'a reçu un diplôme attestant qu'il a satisfait aux examens de sortie de cette école (art. 3). D'après l'art. 4, à partir de 1875, l'effectif des étalons entretenus par l'administration des haras devra être successivement augmenté de deux cents étalons chaque année, jusqu'à ce qu'il ait atteint le chiffre de deux mille cinq cents. Ces étalons seront choisis parmi les différentes races et renfermeront le plus de chevaux de sang qu'il se pourra. L'art. 5 décide que, indépendamment des crédits votés chaque année pour les courses, les écoles de dressage, etc., l'allocation de 683000 fr. affectée aux primes sera portée, par augmentation annuelle de 100000 fr., jusqu'à 1500000 fr. pour primer : 1° des étalons appartenant à des particuliers, à des sociétés ou à des départements et approuvés par l'administration des haras ; 2° des juments poulinières, des pouliches et des poulains. De plus, une allocation de 50000 fr. sera affectée aux épreuves des arabes et anglo-arabes. Enfin la loi de 1874 rétablit l'école des haras du Pin (art. 3) et la jumenterie de Pompadour (art. 6), précédemment supprimées. Cette dernière devra se composer de soixante juments exclusivement consacrées à la production du cheval de sang arabe et anglo-arabe (art. 6).

**5.** Le rétablissement d'une station d'étalons peut rendre l'Etat passible de dommages-intérêts, s'il lèse des droits acquis. Jugé à cet égard qu'il appartient à l'autorité administrative de statuer sur la demande en indemnité qu'un particulier qui avait acquis de l'Etat les étalons d'une station, à la charge de les employer dans cette station et de ne pouvoir les revendre sans autorisation, a formée contre l'Etat, à raison du préjudice que lui aurait causé le rétablissement ultérieur d'une station dans la même localité (Sol. impl. Cons. d'Et. 25 janv. 1878, aff. du Châtel, D. P. 78. 3. 60). Et l'Etat doit indemnité, en cas de dommage justifié, à l'acquéreur des étalons mis en adjudication dans les conditions indiquées ci-dessus, s'il établit que le rétablissement, pour son compte, dans la localité où ledit acquéreur est tenu de conserver les étalons à lui concédés (Même arrêt).

**6.** La loi du 29 mai 1874 a été complétée par celle du 14 août 1885 (D. P. 86. 4. 55) sur la surveillance des étalons, loi dont le but, lit-on dans le rapport présenté au Sénat, est d'améliorer notre race chevaline, en écartant autant que possible les mauvais reproducteurs, les étalons atteints de vices héréditaires (D. P. 86. 4. 55, note 4). « En grevant l'Etat d'une charge relativement importante par l'augmentation de plus du double du nombre des étalons, à une époque où la plus stricte économie nous était imposée (D. P. *ibid.*), la loi du 29 mai 1874 a compris qu'il fallait savoir semer pour récolter, et que la réorganisation de notre armée sur des bases toutes nouvelles nous imposait l'obligation de proportionner notre production de bons chevaux de service aux besoins beaucoup plus considérables de notre artillerie et de notre cavalerie. Mais si nous agissons en ce sens par l'augmentation de l'élément améliorateur, c'est-à-dire par l'augmentation du nombre des étalons de l'Etat, il ne faut pas permettre que l'élément détériorant agisse en même temps en sens contraire et détruise les heureux résultats de l'œuvre, sans droit d'attendre des sacrifices que s'impose l'Etat ». Et le rapporteur ajoute (*eod. loc.*) qu'il y a nécessité de prendre des mesures préservatrices, nécessité d'autant plus impérieuse que nous recevons le rebut des nations voisines qui se sont prémunies contre les vices que nous tolérons. — Aux termes de l'art. 1er de la loi de 1885, tout étalon qui n'est ni approuvé, ni autorisé par l'administration des haras, ne peut être employé à la monte des juments appartenant à d'autres qu'à son propriétaire, sans être muni d'un certificat constatant qu'il n'est atteint ni de morve, ni de fluxion périodique. Ce certificat, valable pour un an, est délivré gratuitement, après examen de l'étalon, par une commission nommée par le ministre de l'agriculture (art. 2). Tout étalon employé à la monte, qu'il soit approuvé, autorisé ou muni du certificat indiqué ci-dessus, est marqué au feu sous la crinière. En cas de retrait de l'approbation de l'autorisation ou du certificat, la lettre R est inscrite de la même manière, au-dessus de la marque primitive (art. 3). En cas de contravention aux dispositions précitées, l'art. 4 de la loi punit le propriétaire et le conducteur de l'étalon d'une amende de 50 à 500 fr., qui est portée au double en cas de récidive. Cette amende est de 16 à 50 fr. pour les propriétaires qui ont fait saillir leurs juments par un étalon qui ne serait ni approuvé, ni autorisé, ni muni de certificat (art. 5). Les maires, commissaires de police et gardes champêtres, la gendarmerie et tous les agents et officiers de police judiciaire, les inspecteurs généraux des haras, directeurs, sous-directeurs et surveillants des dépôts d'étalons, les chefs des stations d'étalons de l'Etat, dûment assermentés, ont, aux termes de l'art. 5 de ladite loi, qualité pour dresser procès-verbal des infractions commises. Un arrêté ministériel du 25 sept. 1885 (D. P. 86. 4. 56) rendu conformément à l'art. 7 de la loi du 14 août, règle la composition de la commission, l'époque de ses réunions, la durée et les conditions de l'examen et toutes les mesures d'exécution.

**7.** Conformément aux dispositions des art. 1 et 4 de la loi du 14 août 1885, il a été jugé que la faculté qui appartient à tout habitant d'une commune d'user de son droit de pâturage sur les terrains communaux ne lui donne pas le droit de placer un étalon non approuvé dans les pâturages de la montagne où vont paître les juments poulinières (Toulouse, 26 oct. 1887, aff. Francal, arrêt interlocutoire, D. P. 89. 2. 128). Et le propriétaire qui conduit ainsi son étalon pour paître dans la jumenterie communale se rend coupable du délit prévu par les art. 1 et 4 de la loi du 14 août 1885, lorsqu'il est établi, d'une part, que les juments placées au pâturage ont été saillies par ledit étalon, et, d'autre part, que cet étalon y a été envoyé dans cette intention, afin de procurer à son propriétaire le bénéfice annuellement alloué aux propriétaires des étalons (Toulouse, 25 nov. 1887, même affaire ; arrêt définitif, D. P. 89. 2. 139).

## Table chronologique des Lois, Arrêts, etc.

**HARDES.** — V. *Contrat de mariage*, n⁰ˢ 211, 924 et suiv., 1478 et suiv.; *Douanes*, n⁰ˢ 247 et suiv.; *Droit maritime*, n⁰ 1335; — *Rép. v* *Contrat de mariage*, n⁰ˢ 2529 et 4112; *Douanes*, n⁰ˢ 413 et suiv.; *Droit maritime*, n⁰ 1178.

# HAUTE COUR DE JUSTICE.

**1. — 1⁰ *Historique et législation*.** — Depuis les lois constitutionnelles de 1875, c'est le Sénat qui exerce les attributions judiciaires confiées par les constitutions précédentes à la Haute Cour de justice. Ainsi qu'on l'a rappelé, *supra*, v⁰ *Compétence criminelle*, n⁰ 375, il y a toujours eu en France, depuis 1791, une haute juridiction, instituée pour sauvegarder l'ordre social contre les attentats que les juges ordinaires seraient impuissants à réprimer. On trouvera au *Rép. eod.* v⁰, n⁰ˢ 710, 711 et suiv., 735 et suiv., et v⁰ *Organisation judiciaire*, n⁰ˢ 714 et suiv., des notions historiques étendues sur la Haute Cour nationale créée par la constitution de 1791, pour connaître des délits commis par les ministres et agents du pouvoir administratif, et de tous les crimes contre la sûreté de l'État, sur la Haute Cour de justice établie par l'acte constitutionnel de l'an 3, laquelle devint, en l'an 12, la Haute Cour impériale, sur la Cour des pairs qui, sous l'empire des chartes de 1814 et de 1830, connut des crimes de haute trahison et des attentats à la sûreté de l'État, enfin sur la Haute Cour de justice rétablie par la constitution des 4-10 nov. 1848, maintenue par la constitution impériale du 14 janv. 1852, art. 54 et 55 (D. P. 52. 4. 33), et abolie par le gouvernement de la Défense nationale (Décr. 4 nov. 1870, D. P. 70. 4. 101).

(1) **10-11 avr. 1889.** — Loi sur la procédure à suivre devant le Sénat pour juger toute personne inculpée d'attentat commis contre la sûreté de l'État (*Journ. off.* du 11 avr. 1889).

CHAP. 1ᵉʳ. — *Organisation du Sénat en cour de justice.*

Art. 1ᵉʳ. Le décret qui constitue le Sénat en cour de justice, par application de l'art. 12, § 3, de la loi constitutionnelle du 16 juill. 1875, fixe le jour et le lieu de sa première réunion. La cour a toujours le droit de désigner un autre lieu pour la tenue de ses séances.

2. Tous les sénateurs élus antérieurement à ce décret sont tenus de se rendre à la convocation qu'il renferme, à moins qu'ils n'aient à présenter des motifs d'excuse.

Ces motifs sont appréciés par le Sénat en chambre du conseil. Les sénateurs élus postérieurement au décret de convocation ne pourront connaître des faits incriminés.

3. Le président de la République nomme parmi les membres des cours d'appel ou de la cour de cassation :

1⁰ Un magistrat chargé des fonctions de procureur général ;
2⁰ Un ou plusieurs magistrats chargés de l'assister comme avocats généraux.

4. Le secrétaire général de la présidence du Sénat remplit les fonctions de greffier.

Il peut être assisté de commis-greffiers assermentés nommés par le président du Sénat.

Les actes de la procédure sont signifiés par les huissiers des cours et tribunaux.

Les huissiers du Sénat remplissent, pour le service d'ordre intérieur, les fonctions d'huissiers audienciers.

5. Toutes les pièces de l'information commencée par la justice ordinaire sur les faits incriminés sont envoyées au procureur général désigné conformément à l'art. 3. Néanmoins, les magistrats qui ont commencé l'information continuent à recueillir les indices et les preuves, jusqu'à ce que le Sénat ait ordonné qu'il soit procédé devant lui.

CHAP. 2. — *De l'instruction et de la mise en accusation.*

6. Le Sénat entend en audience publique la lecture du décret qui le constitue en cour de justice et le réquisitoire du procureur général.

Il ordonne qu'il sera procédé à l'instruction.

7. Une commission de neuf sénateurs est chargée de l'instruction, et prononce sur la mise en accusation.

Elle est nommée au scrutin de liste, en séance publique et sans débats, chaque année, au début de la session ordinaire.

Elle choisit son président.

Le Sénat élit de la même manière cinq membres suppléants.

8. Dès que le Sénat a ordonné l'instruction, le président de cette commission y procède.

Il est assisté et suppléé au besoin par des membres de la commission désignés par elle.

Aux termes de la loi constitutionnelle du 24 févr. 1875, art. 9 (D. P. 75. 4. 36), « le Sénat peut être constitué en cour de justice pour juger, soit le président de la République, soit les ministres, et pour connaître des attentats commis contre la sûreté de l'État ». Aux termes de l'art. 12 de la loi constitutionnelle du 16 juill. 1875 (D. P. 75. 4. 144), sur les rapports des pouvoirs publics, « le président de la République ne peut être mis en accusation que par la Chambre des députés et ne peut être jugé que par le Sénat. Les ministres peuvent être mis en accusation par la Chambre des députés pour crimes commis dans l'exercice de leurs fonctions. En ce cas, ils sont jugés par le Sénat. Le Sénat peut être constitué en cour de justice par un décret du président de la République, pour connaître des ministres, pour juger toute personne prévenue d'attentat commis contre la sûreté de l'État, ». Ces deux textes constitutionnels ont été récemment complétés par la loi du 10 avr. 1889 (1) sur la procédure à suivre devant le Sénat pour juger toute personne inculpée d'attentat commis contre la sûreté de l'État.

**2. — 2⁰ *Organisation*.** — C'est *infra*, v⁰ *Organisation judiciaire*, que l'on trouvera exposées les règles sur l'organisation du Sénat constitué en Haute Cour de justice.

**3. — 3⁰ *Compétence*.** — Le Sénat possède deux ordres d'attributions judiciaires. Il juge : 1⁰ le président de la République ou les ministres accusés par la Chambre des députés, 2⁰ toutes autres personnes inculpées d'attentats contre la sûreté de l'État. Relativement à la compétence du Sénat pour juger le président de la République ou les ministres, V. *supra*, v⁰ *Compétence criminelle*, n⁰ˢ 377, 378 et 379 ; quant aux formes à suivre pour l'instruction et le jugement de ces

Il est investi des pouvoirs attribués par le code d'instruction criminelle au juge d'instruction, sous les réserves et avec les modifications indiquées dans la présente loi.

Il peut décerner un mandat d'arrêt sans qu'il soit besoin des conclusions du ministère public.

Il ne rend point d'ordonnance.

Sur les demandes de mise en liberté provisoire, il est statué sans recours par la commission, après la communication au procureur général.

9. Aussitôt que l'instruction est terminée, le président de la commission remet le dossier au procureur général et invite chacun des inculpés à faire choix d'un défenseur. Faute par un inculpé de déférer à cette invitation, il lui en désigne un d'office.

Après que le procureur général a rendu le dossier avec ses réquisitions écrites, communication en est donnée aux conseils des inculpés par la voie du greffe, où le dossier demeure déposé au moins pendant trois jours.

10. Ce délai expiré et au jour fixé par son président, la commission se réunit sous le nom de chambre d'accusation et entend, en présence du procureur général, la lecture :

1⁰ Du rapport sur l'instruction présenté par le président par l'un de ses assesseurs, désignés en l'art. 8 ;
2⁰ Des réquisitions écrites du procureur général ;
3⁰ Des mémoires que les inculpés auraient fournis.

Les pièces du procès seront déposées sur le bureau.

Le procureur général se retirera avec le greffier.

11. La chambre d'accusation statue sur la mise en accusation par décision spéciale pour chaque inculpé, sur chaque chef d'accusation.

L'arrêt de mise en accusation contient une ordonnance de prise de corps.

12. L'arrêt est rendu en chambre du conseil ; il y est fait mention des sénateurs qui y ont concouru.

Il est signé par eux.

13. Le procureur général rédigera l'acte d'accusation.

Cet acte expose : 1⁰ la nature du fait qui forme la base de l'accusation ; 2⁰ les circonstances du fait.

14. L'arrêt de mise en accusation et l'acte d'accusation sont notifiés aux accusés trois jours au moins avant le jour de l'audience. Il en est laissé copie à chacun d'eux, avec citation à comparaître devant la cour au jour fixé par le président du Sénat.

CHAP. 3. — *Du jugement.*

15. Les débats seront publics. Ils sont dirigés par le président du Sénat ou, à son défaut, par l'un des vice-présidents désignés par le Sénat.

16. Au commencement de chaque audience, il est procédé à l'appel nominal.

Les sénateurs qui n'auront pas été présents à toutes les audiences ne pourront pas concourir au jugement.

Ne pourront non plus y concourir les sénateurs composant la

sortes d'accusation, elles n'ont pas encore été réglées par la législation, mais il est permis de croire qu'elles le seront dans un avenir plus ou moins éloigné, puisque la commission du Sénat qui a préparé la loi précitée du 10 avr. 1889 a reçu aussi mission d'élaborer un projet de loi sur la procédure à suivre devant le Sénat pour le jugement du président ou des ministres accusés par la Chambre (V. à cet égard, le rapport de M. Morellet, qui a précédé la loi du 10 avr. 1889, *Journ. off.* de mai 1889, Doc. parl., Sénat, Annexe n° 36). En attendant, si des poursuites venaient à être ordonnées par la Chambre, le Sénat, ainsi que nous l'avons dit *suprà*, v° *Compétence criminelle*, n° 380, règlerait lui-même les formes que le fond, suivant ce que le Sénat aura ordonné.

4. En second lieu, le Sénat peut être constitué en cour

de justice « pour juger toute personne prévenue d'attentat commis contre la sûreté de l'Etat » (L. préc. du 16 juill. 1875, art. 12, al. 3). — Quel est le sens de ces expressions : *attentat commis contre la sûreté de l'Etat* ? Visent-elles seulement le crime spécialement qualifié par la loi : *attentat contre la sûreté intérieure de l'Etat* (art. 87, 88 et 91 c. pén.), c'est-à-dire l'acte matériel et violent qui a pour but soit de renverser le Gouvernement, soit d'exciter à la guerre civile ? Ou bien faut-il comprendre sous cette dénomination tous les actes attentatoires, notamment le complot, qui peuvent compromettre la sûreté intérieure ou extérieure de l'Etat, crimes prévus et punis par le chap. 1er, tit. 1er, liv. 3, c. pén. ? C'est dans ce sens que s'est prononcé, le 14 août 1889 (1), sur les conclusions conformes de M. Ques-

---

commission organisée par l'art. 7, s'ils sont récusés par la défense.

17. Toutes les exceptions, y compris celle d'incompétence, laquelle pourra toujours être relevée, même d'office, seront examinées et jugées, soit séparément du fond, soit en même temps que le fond, suivant ce que le Sénat aura ordonné.

18. Après l'audition des témoins, le réquisitoire du ministère public, les plaidoiries des défenseurs et les observations des accusés, qui auront les derniers la parole, le président déclare les débats clos et la cour se retire dans la chambre du conseil pour délibérer.

19. Pour chaque accusé, les questions sur la culpabilité et sur l'application de la peine sont formulées par le président et mises aux voix séparément.

20. Les débats publics étant clos, la discussion est ouverte en chambre du conseil. Après quoi l'on procède au vote.

Sur chaque question relative à la culpabilité et sur la question de savoir s'il y a des circonstances atténuantes, le vote a lieu pour chaque accusé dans la forme suivante :

Il est voté séparément pour chaque inculpé sur chaque chef d'accusation.

Le vote a lieu par appel nominal en suivant l'ordre alphabétique, le sort désignant la lettre par laquelle on commencera.

Les sénateurs votent à haute voix, le président vote le dernier.

21. Si l'accusé est reconnu coupable, il lui est donné connaissance en séance publique de la décision de la cour.

Il a le droit de présenter des observations dans les termes de l'art. 363 c. instr. crim.

22. La décision sur l'application de la peine a lieu dans la même forme.

Toutefois, si, après deux tours de vote, aucune peine n'a réuni la majorité des voix, il est procédé à un troisième tour, dans lequel la peine la plus forte proposée au tour précédent est écartée de la délibération. Si à ce troisième tour aucune peine n'a encore réuni la majorité absolue des votes, il est procédé à un quatrième tour et ainsi de suite, en continuant à écarter la peine la plus forte, jusqu'à ce qu'une peine soit prononcée par la majorité absolue des votants.

23. Les dispositions pénales relatives au fait dont l'accusé sera déclaré coupable, combinées, s'il y a lieu, avec l'art. 463 c. pén., seront appliquées, sans qu'il appartienne au Sénat d'y substituer de moindres peines.

Ces dispositions seront rappelées textuellement dans l'arrêt.

24. L'arrêt définitif sera lu en audience publique par le président ; il sera notifié sans délai par le greffier à l'accusé.

CHAP. 4. — *Dispositions générales.*

25. Les décisions ou arrêts du Sénat ne peuvent être rendus qu'avec le concours de la moitié plus un au moins de la totalité des sénateurs qui ont droit d'y prendre part. Ils ne sont susceptibles d'aucun recours.

26. Les arrêts de la cour sont motivés. Ils sont rédigés par le président, adoptés par la cour en chambre du conseil, et prononcés en audience publique.

Ils font mention des sénateurs qui y ont concouru.

Ils sont signés par le président et le greffier.

27. Les voix de tous les sénateurs sont comptées, quels que soient les degrés de parenté ou les alliances existant entre eux.

28. Tout sénateur est tenu de s'abstenir, s'il est parent ou allié de l'un des inculpés jusqu'au degré de cousin issu de germain inclusivement, ou s'il a été entendu comme témoin dans l'instruction.

S'il a été cité comme témoin et qu'il ait déclaré n'avoir aucun témoignage à fournir, il devra concourir à tous arrêts et décisions.

29. Tout sénateur qui croit avoir des motifs de s'abstenir, indépendamment de ceux qui sont mentionnés à l'article précédent, doit les déclarer au Sénat, qui prononce sur son abstention en chambre du conseil. Il est tenu de siéger si les motifs d'abstention ne sont pas jugés valables.

---

30. Les sénateurs, membres du Gouvernement, ne prennent part ni à la délibération ni au vote sur la culpabilité.

31. Il est tenu procès-verbal des séances de la cour.

Ce procès-verbal est signé par le président et le greffier.

32. Les dispositions du code d'instruction criminelle et de toutes autres lois générales d'instruction criminelle qui ne sont pas contraires à la présente loi sont appliquées à la procédure, s'il n'en est autrement ordonné par le Sénat.

DISPOSITION TRANSITOIRE.

33. La commission organisée par l'art. 7 sera élue pour la première fois dans les huit jours de la promulgation de la présente loi.

(1) (Général Boulanger et autres.) — Un décret du 8 avr. 1889 (D. P. 89. 4. 43) a constitué le Sénat en Haute Cour de justice pour statuer « sur les faits d'attentat contre la sûreté de l'Etat et autres faits connexes relevés à la charge de M. Boulanger (Georges-Ernest), général en retraite et député, et de tous autres que l'instruction aura fait connaître ». Par arrêt du 12 juillet suivant, la chambre d'accusation de la Haute Cour a renvoyé le général Boulanger et MM. Dillon et Rochefort devant le Sénat, siégeant en Haute Cour de justice, sous l'accusation de complot et d'attentat contre la sûreté de l'Etat. Le Sénat était-il compétent pour statuer sur le complot ?

M. Quesnay de Beaurepaire, procureur général près la cour d'appel de Paris, chargé, par le décret précité, de remplir les fonctions du ministère public près la Haute Cour, a, à l'audience de la Haute Cour du 10 août 1889, discuté cette question de compétence dans les termes suivants :

« Il faut, dit-on, distinguer : en matière d'attentat, la Haute Cour est compétente ; mais elle n'est pas compétente pour connaître un complot.

« Qu'apporte-t-on à l'appui de cette thèse ? Sur quelles raisons s'appuie-t-on pour justifier cette prétention que le Sénat constitué en Haute Cour de justice est incompétent en matière de complot ? On invoque un argument de texte que je ne veux pas éluder, mais qu'il me sera facile, je pense, de réfuter.

« Cet argument de texte, le voici.

« ...La loi organique du 16 juill. 1875 dit que « la Haute « Cour connaîtra des crimes d'attentat ». — Je cite textuellement, les mots ont leur importance pour mon argumentation :

« Le mot « attentat » est écrit au singulier. Alors on cherche dans le code pénal et on y trouve l'art. 87.

« Cet article porte le mot « attentat » au singulier.

« On en conclut que votre compétence est limitée par les termes mêmes de l'art. 87, et que le législateur en 1875 a entendu vous rendre compétents seulement pour le fait prévu par cet article. « Attentat » au singulier dans la loi organique du 16 juill. 1875 ; « attentat » au singulier, dans l'art. 87 du code pénal : il y a similitude.

« Voilà l'argument. C'est à mon sens, une grande erreur, et j'espère le démontrer sans peine.

« Relisons, en effet, la loi organique du 16 juill. 1875. Elle ne dit pas « attentat » tout court, comme on voudrait le lui faire dire, car alors l'argument de similitude serait bon ; non, la loi organique ne dit pas « attentat » tout court, comme le fait l'art. 87, elle porte « attentat commis contre la sûreté de l'Etat ». N'oubliez pas, messieurs, ce membre de phrase qui indique une différence dans l'esprit du législateur.

« Nous allons, en effet, vous montrer tout à l'heure que les mots « commis contre la sûreté de l'Etat » ont une signification juridique considérable. J'ajoute que cette loi du 16 juill. 1875 se réfère forcément à la constitution du mois de février précédent, dont elle n'est que la réglementation. Ceci ne fait pas de doute.

« Notre constitution a été faite à deux reprises : il y a eu la constitution de principe, et puis sa réglementation à quelques mois de date. Quand vous étudiez la loi organique du 16 juill. 1875, il faut donc se reporter à la Constitution de février 1875. « Le

nay de Beaurepaire, procureur général, le Sénat constitué en cour de justice pour juger le général Boulanger et ses coaccusés. Nous avions déjà exprimé la même opinion *suprà*, v° *Compétence criminelle*, n° 382, et nous ne pouvons qu'y persister. L'opinion contraire a invoqué un argument de texte, tiré des termes mêmes de la loi du 16 juill. 1875. S'appuyant sur ce que l'art. 12 de cette loi parle d'« attentat » au singulier, elle en a inféré que le législateur n'avait visé que le crime que le code pénal appelle « attentat », c'est-à-dire le crime des art. 87 et 91, et qu'il avait exclu de la compétence exceptionnelle du Sénat le complot qui, depuis la loi de révision de 1832, n'est plus puni des mêmes peines que l'attentat. Cette conséquence nous semble forcée. Nous estimons, avec l'arrêt de la Haute Cour, que « l'art. 12 de la

loi du 16 juill. 1875 se réfère incontestablement à la loi constitutionnelle du 24 février précédent, relative à l'organisation du Sénat et dont l'art. 9 porte que « le Sénat peut être constitué en cour de justice pour connaître *des attentats* commis contre la sûreté de l'Etat » ; nous pensons que le mot « attentats » employé au pluriel dans la loi du 24 février, est pris dans son sens générique, et nous croyons que le législateur de 1875 a suivi, relativement à la compétence de la haute juridiction qu'il instituait, la tradition historique attestée par de nombreux textes constitutionnels. La constitution des 3-14 sept. 1791, qui a créé la Haute Cour nationale, lui donnait pouvoir de connaître « des crimes qui attaqueront la sûreté générale de l'Etat » ; la Haute Cour impériale établie par la constitution de l'an 12, rétablie

« Sénat peut être constitué en cour de justice pour connaître « des attentats commis contre la sûreté de l'Etat... » Ah! voilà, cette fois, le mot « attentat » au pluriel, et toujours avec cette addition qu'il touche à la sûreté de l'Etat »,

« Il s'agit donc dans l'esprit du législateur, puisqu'on se réfère à une loi qui a parlé non plus de l'attentat, mais des attentats, il s'agit, dans l'esprit du législateur, de quelque chose de générique, c'est-à-dire non pas d'un attentat spécial, déterminé par un article, mais des attentats, des faits qui menacent la sûreté de l'Etat. Il s'agit donc bien de cela, et il n'y a, du reste, qu'à feuilleter le code pour acquérir à cet égard la certitude. En effet, le chapitre dans lequel se trouve ce fameux art. 87 dans les termes étroits duquel on voudrait vous emprisonner, est relatif non seulement à l'attentat, mais aussi au complot, puisqu'il comprend l'art. 89.

« Ce chapitre se divise en deux sections : une première vise les crimes attentatoires contre la sûreté extérieure de l'Etat, et une seconde, les attentats contre la sûreté intérieure de l'Etat. Ce chapitre qui commence à l'art. 75 c. pén., et se termine à l'art. 108, et qui est intitulé « Crimes contre la sûreté de l'Etat », s'applique à tout un ensemble d'actes. Voilà qui est bien entendu.

« Il faut donc reconnaître qu'il comprend toute espèce d'attentats et de complots.

« Ce n'est pas tout : dans le chapitre suivant le législateur jette un regard en arrière, et à propos d'une autre disposition il arrive à dire dans l'art. 123 « complot attentatoire à la sûreté intérieure de l'Etat ».

« Vous voyez donc que le rédacteur du code pénal dit bien dans l'art. 108 : « complots ou autres crimes attentatoires à la sûreté de l'Etat », et dans l'art. 125 : « complot attentatoire... », ce qui confondait dans la même terminologie le complot et l'attentat, c'est-à-dire les deux crimes qu'on voudrait rendre distincts et qui sont des crimes qui ont toujours été regardés comme faisant partie de la même connexité.

« Voilà bien le complot et l'attentat réunis toujours sous la même rubrique, et comme dans notre loi de 1875 on a parlé de la sûreté de l'Etat, il en résulte que le législateur a visé non pas l'art. 87 qui n'en dit rien, mais la définition d'ensemble des autres articles et l'intitulé du chapitre lui-même.

« Donc le législateur de 1875 s'est reporté à la rubrique, au titre du chapitre; donc le législateur a voulu dire en 1875 : La Haute Cour pourra être constituée pour juger les complots attentatoires à la sûreté de l'Etat.

« Voilà, messieurs, ce que j'avais à répondre à l'argument de texte.

« Je dis qu'admettre le contraire, c'est dire que le Sénat, constitué en Haute Cour de justice, se trouve en face des trente-deux articles du code pénal, et que, malgré l'intitulé, qu'on lui a donné même en 1875, le Sénat constitué en Haute Cour de justice doit dire :

« Il y a trente-deux articles : il faut que je laisse au jury l'examen et l'application de trente et un articles, et je n'ai le droit de me saisir que du trente-deuxième.

« Il faut faire plus, messieurs, et, au point de vue de l'argument de texte, permettez-moi d'ajouter qu'il faut faire quelque chose que je n'ai jamais vu, je crois, au palais, dans l'application des lois pénales.

« Il y a, après ces articles que je viens de vous énumérer et dans le même chapitre, un art. 91. Il se divise en deux paragraphes.

« Le premier paragraphe prévoit un certain attentat, et le deuxième paragraphe prévoit un certain complot.

« Alors il faut dire, si on admet le système que j'ai l'honneur de combattre en ce moment, qu'en ce qui concerne l'art. 91, la plus haute expression des pouvoirs publics, c'est-à-dire le Sénat constitué en Haute Cour de justice, n'a le droit de juger que pour un demi-article ; que pour l'art. 91, il est compétent pour le paragraphe 1er et qu'en ce qui concerne le paragraphe 2 il doit s'incliner devant la cour d'assises. Je crois que quand on amène des arguments à cette réduction, ils sont suffisamment

combattus par le bon sens et par la discussion juridique et qu'il n'en reste rien.

« Ce n'est pas tout. J'ai raisonné sur les textes ; je vais me livrer maintenant à un ordre d'arguments qui vont vous saisir davantage. Je vais arriver à invoquer devant vous l'historique de la question, et vous verrez qu'alors il n'est pas possible, à mon sens, de comprendre de deux façons la constitution de 1875, en ce qui touche votre compétence.

« La loi de 1875, messieurs, a été — et cela ne sera pas contesté — votée sans discussion aucune. Il y a eu des amendements proposés, mais ils ont été admis sans discussion. Nous avons cherché, et nous sommes parfaitement certains qu'en 1875 on a admis la partie de la constitution qui nous occupe, c'est-à-dire votre création en Haute Cour, sans discussion aucune, je vous l'affirme ; il est inutile de se livrer à une lecture qui ne ferait qu'allonger mes conclusions.

« Eh bien, en février on a écrit « attentats » au pluriel, en juillet au singulier, sans dire pourquoi, en adoptant simplement des amendements par une simple lecture. Enfin, voyons ! il est certain qu'en 1875, l'Assemblée nationale avait bien eu la pensée et le désir de répondre à une préoccupation d'hommes sages. Il est incontestable, en insérant ce texte dans la constitution, qu'on a voulu dire quelque chose.

« Si on ne s'en est pas préoccupé dans le présent, puisqu'on ne s'est livré à aucune discussion, c'est donc qu'on se reportait à autre chose qu'à la discussion du jour ; à quoi, alors ? On se reportait aux précédents. Le bon sens vous conduira là-même à dire qu'il n'est pas possible que l'Assemblée nationale n'ait pas voulu se rattacher à quelque chose. Elle a été, par voie rationnelle, obligée de chercher son inspiration quelque part, et comme son inspiration n'était pas dans la discussion du jour, son inspiration était dans un certain fait accompli, dans certaines lois préexistantes qui étaient pour elle l'inspirateur, l'indicateur, le créateur de la loi du jour qu'elle allait voter.

« Pour moi, cela n'est pas douteux. Il faut donc consulter les précédents, et quand je l'aurai fait, vous serez parfaitement édifiés.

« A la chute de l'ancien régime, on voulut sans aucun retard armer l'Etat contre les complots et contre les attentats de toute nature, — et que dans ce moment on veuille bien me faire grâce des mots que j'emploie sans dessein, mettez-si vous voulez qu'on a voulu s'armer contre les crimes attentatoires à la sûreté de l'Etat, — on comprit en même temps que la juridiction de droit commun ne pouvait pas en connaître. Mais on n'avait pas de grands corps constitués en 1791. Alors on composa un tribunal avec les plus hauts magistrats et les plus hauts citoyens, et la combinaison de ces deux éléments, les seuls qu'on eût alors sous la main, forma la cour de justice.

« Lisons la loi du 3-14 sept. 1791, art. 23 :

« Une Haute Cour nationale, formée des membres du tribunal « de cassation et des hauts jurés, connaîtra... » — de quoi ? de l'attentat tout court? non pas, — « ...des crimes qui attaqueront « la sûreté générale de l'Etat. »

« Voilà le point de départ. On a cherché une émanation aussi élevée que possible de la puissance et de la volonté nationales et alors on a formé une combinaison de quelques membres de la cour de cassation et de ce qu'on appelait alors les hauts jurés, ce que nous appellerions aujourd'hui les citoyens notables, peu importe, et on a déclaré qu'ils auraient à juger tous les crimes qui attaqueraient la sûreté de l'Etat.

« Et l'Empire, qu'a-t-il fait?

« La Constitution de l'an 12, à l'art. 101, décrétait ce qui suit : « Une Haute Cour impériale connaît des crimes, attentats « et complots contre la sûreté de l'Etat ».

« Voilà, par conséquent, l'Empire qui a déclaré, comme la première République ou comme la monarchie constitutionnelle de 1791, c'est-à-dire le commencement de la Révolution, qu'il fallait être armé, qu'il fallait une Haute Cour pour juger les crimes attentatoires à la sécurité de l'Etat.

« Arrive la monarchie de la Restauration. La charte de 1814 dit à son art. 33 : « La Chambre des pairs connaît des crimes « de haute trahison et des attentats à la sûreté de l'Etat. »

sous la République de 1848 et le second Empire, connais-sait « des crimes, attentats et complots contre la sûreté de l'Etat ». Les chartes de 1814 et de 1830 ont attribué à la Chambre des pairs compétence à l'égard « des crimes de haute trahison et des attentats à la sûreté de l'Etat ». En un mot, la Haute Cour, sous les régimes les plus divers, a été le juge de tous les crimes qui, à certains degrés, peuvent compromettre la sûreté de l'Etat. Dès lors est-il admissible que la constitution de 1875, qui a été votée sans discussion, ait entendu déroger, sur ce point, aux lois précédentes ? Peut-on croire qu'alors que la Chambre des pairs et les diverses hautes cours de justice n'ont cessé, pendant plus de trois quarts de siècle, de défendre la sûreté de l'Etat contre tous les actes attentoires à cette sûreté et notamment le complot, la compétence du Sénat, héritier de ces hautes juridictions, se soit trouvée restreinte, par un vote muet, au seul crime d'attentat violent visé par les art. 87 et 91 c. pén. ? Nous ne le pensons pas, et nous estimons avec M. Garraud (*Traité théorique et pratique du droit pénal français*, t. 2, n° 313) « que le Sénat peut être saisi par décret du droit de juger, non pas l'attentat de l'art. 87 seulement, mais tous les crimes compris dans le chapitre relatif à la sûreté de l'Etat ».

**5.** Si le complot était connexe à l'attentat dont elle a été saisie, la Haute Cour ne serait-elle pas du moins compé-tente pour connaître du complot, à cause de la connexité ? La question ainsi posée n'est autre que celle de savoir si, lorsque des infractions de la compétence de tribunaux d'ex-ception se trouvent connexes à des faits de la compétence des tribunaux ordinaires, les tribunaux d'exception sont compétents pour le tout. Elle a été traitée en termes géné-raux *suprà*, v° *Compétence criminelle*, n° 120. Nous admet-trions difficilement, pour notre part, qu'une juridiction d'exception pût, en cas de simple connexité, attirer à elle les faits ordinaires ; la connexité n'imposant qu'une jonction facultative, il ne nous semble pas qu'on puisse y trouver un motif suffisant pour troubler l'ordre des juridictions et surtout pour proroger, contrairement aux règles du droit, une juridiction d'exception (Laborde, *Cours élémentaire de droit criminel*, n° 988). Néanmoins la Cour des Pairs, en diverses circonstances (V. *Rép.* v° *Compétence criminelle*, n°s 176 et 196), et le Sénat, dans l'affaire Boulanger, ont affirmé leur compétence à l'égard des infractions commises. Spécialement, la Cour des pairs, ainsi que nous l'avons rap-pelé *Rép.* v° *Compétence criminelle*, n° 196, a décidé par arrêt du 22 janv. 1836, aff. Attentat d'Avril, que lorsqu'elle était saisie d'un attentat dont la connaissance lui avait été déférée par ordonnance royale, elle avait le droit, même dans le silence de cette ordonnance, de joindre au procès et de juger tous les faits et délits qui s'y rattachent. Quant au Sénat, constitué par le décret du 8 avr. 1889, en Haute Cour de justice pour « statuer sur les faits d'attentat contre la sûreté de l'Etat et autres faits connexes, relevés à la charge du général Boulanger et de tous autres que l'incul-

---

« Ce sont donc, vous voyez, les mêmes mots que dans notre constitution de février 1875, puisqu'il y a un pluriel « attentats « à la sûreté de l'Etat ».

« Et vous voyez que la monarchie de 1815, cette monarchie qui nous a laissé des lois si admirables et qui a fait la plus belle loi de la presse qui ait jamais existé, la loi de 1819, avec les hommes remarquables qui composaient ses conseils, est arrivée, sachant bien ce qu'elle voulait dire, à léguer la formule exacte qu'ont employée les législateurs de 1875.

« La charte de 1814 a ajouté quelque chose ; il faut que je vous l'indique, quoique cela n'ait pas d'importance : elle a ajouté « des crimes qui seront définis par la loi ».

« Cette loi, elle n'a jamais été faite, tout le monde l'a reconnu. Il s'agit donc, par conséquent, uniquement de se reporter au code pénal pour voir où sont le complot et l'attentat.

« La monarchie de 1830 n'a pas hésité non plus, elle, à insérer dans la charte une disposition identique. Quels crimes a-t-elle entendu faire juger par la Chambre des pairs ? Lors de la dis-cussion, M. Dupin déclara formellement que la Chambre devrait s'assembler dans le cas où la sûreté de l'Etat tout entière serait mise en péril. Ces mots, je crois, indiquent clairement que le complot rentrait dans sa compétence. Et comment en aurait-il pu être autrement ? La monarchie de Juillet, qui avait trouvé à juste titre la charte de 1814 bien inspirée, s'est contentée d'insérer exactement le même texte dans sa charte de 1830.

« En 1848, la deuxième République fit de même, et on trouve à l'art. 91 de la constitution : « Une Haute Cour de justice juge « toutes les personnes prévenues de crime, attentats ou com-« plots contre la sûreté intérieure ou extérieure de l'Etat ».

« Vous voyez la suite historique de toutes ces lois ; c'était là tout le chapitre du code qui était embrassé ; la tradition était fidèlement suivie.

« M. Dupin, qui avait été le commentateur en 1830, qui a été longtemps le commentateur éclairé de bien des choses, a pu, en 1848, donner encore le pourquoi de la loi. Et voici ce qu'il a dit à l'Assemblée nationale :

« Une semblable juridiction a toujours existé sous une forme « ou sous une autre, depuis le commencement de la Révolution.

« Aujourd'hui vous créez une Haute Cour qui remplace la « Chambre des pairs, mais qui est toujours la haute juridiction « que toutes les constitutions ont établie pour punir les crimes « d'une certaine espèce.

« Et un homme dans les lumières duquel on avait assez de confiance lorsqu'il vivait, M. Thiers, a apporté lui aussi son commentaire, et voici ce qu'il a dit :

« La charte a entendu envoyer devant la Chambre des pairs « le jugement de tous les attentats, c'est-à-dire de tous les « crimes qui, à certains degrés, peuvent compromettre la sûreté « de l'Etat ».

« Voilà, à mon avis, la meilleure définition que se puisse trou-ver. Nous avons vu la seconde République, voyons le second Empire ? Le second Empire a constaté la même nécessité.

« Il a trouvé le principe bon et nécessaire à appliquer ; et aussi, dans l'art. 54 de la constitution de 1852, il a décidé :

« Une Haute Cour de justice juge sans appel ni recours en cas-« sation toutes personnes qui auront été renvoyées devant elle

« comme prévenues de crime, attentats ou complots contre la « sûreté de l'Etat ».

« Ainsi, vous voyez que toujours les complots sont compris avec les attentats. Et c'est à la suite de toutes ces institutions successives que la constitution de 1875 a été votée sans discus-sion. Impossible de ne pas reconnaître quelle en a été la continuation ou du moins le reflet exact.

« Si l'on avait voulu déroger aux lois précédentes, il est de toute évidence, — c'est élémentaire, — qu'on l'eût exprimé.

« Notre constitution s'est assimilé une disposition protectrice et nécessaire, que l'empire, la royauté absolue, la royauté tem-pérée avaient jugée telle. Elle a voulu que la Chambre Haute défendît, non par un demi-article, mais défendît au point de vue le plus élevé — la société de l'Etat ; et elle a donné à juger non pas un acte isolé, mais toute la catégorie des crimes pour la répression desquels la Haute Cour était précisément instituée.

« Je n'ai rencontré contre cette tradition historique qu'une objection, et la voici. On allègue que le code pénal a été modifié en 1832 en ce sens qu'avant cette date le complot et l'attentat étaient réunis dans le même article, ce qui les rendait justiciables du même tribunal, tandis que, depuis lors, ils sont distincts, ce qui permet de diviser la compétence.

« On en infère que les chartes de 1814 et de 1830 ne peu-vent pas être invoquées par nous, puisqu'elles ont été édifiées sous l'empire d'une législation antérieure. Ce raisonnement, messieurs, n'a aucune valeur juridique pour deux motifs.

« Le premier motif est celui-ci :

« La loi de 1832, en effet, a modifié le code pénal ; eh bien, j'invoque alors ce qui est postérieur à la loi de 1832, j'invoque le nouveau code, et sous l'empire du nouveau code, je trouve la constitution de 1848 et la constitution de 1852 qui ont été nos inspiratrices, et cela me suffit.

« Mais je vais plus loin ; il est incontestable que la loi de 1832 n'a pas modifié les art. 87 et suiv. c. pén.

« Il est incontestable que, sous l'empire de la loi de 1810, on avait amalgamé, si je puis dire, le complot et l'attentat dans les deux art. 87 et 88.

« Et puis, il y avait cette autre chose que le complot et l'attentat étaient frappés de la même peine.

« En 1832 on a régularisé le complot, on les a mises à leur place, on a dit : Voilà ce que c'est que le complot, et plus loin, dans l'article suivant : Voilà ce que c'est que l'attentat, un troisième article qui n'existait pas auparavant a dit : l'attentat sera caractérisé par un commencement d'exécution.

« C'était remplacer l'art. 2 c. pén. sur la tentative par un article spécial qui se combine avec lui, du reste.

« On a fait encore autre chose ; on a adopté des peines dis-tinctes, frappé le complot lui-même de peines échelonnées, sui-vant qu'il y aurait ou qu'il n'y aurait pas circonstance aggra-vante, et on a puni l'attentat d'une peine qui n'est pas celle du complot ; voilà tout ce qu'on a fait.

« On a si bien fait cela que, lorsqu'on a discuté la loi sur les associations en 1835, discussion à laquelle ont pris part les hommes les plus remarquables de leur temps, il s'est levé un homme, M. Girod de l'Ain, qui, pour en finir avec une dis-

pation aura fait connaître », -il a, par son arrêt du 14 août 1889, déclaré retenir le fait de complot comme connexe à l'attentat, et, de plus, retenu comme connexes les faits de détournements ou soustractions de deniers publics commis par ledit général Boulanger, étant ministre de la guerre, pour se procurer les moyens de commettre les crimes d'attentat et de complot ou pour en faciliter l'exécution. — Notons que, s'il y avait indivisibilité, et non pas seulement connexité, le Sénat serait certainement compétent pour le tout. La jonction des procédures est, dans ce cas, forcée, et il serait plus rationnel de dépouiller la Haute Cour de justice d'une attribution qu'un texte spécial et constitutionnel lui a conférée, sous prétexte qu'un élément de l'infraction indivisible peut constituer un délit de droit commun. M. Laborde loc. cit., cite avec raison comme exemple de crime indivisible dont la connaissance appartiendrait au Sénat, constitué en cour de justice pour juger un attentat contre la sûreté de l'Etat, la dévastation, le pillage et le massacre tendant à troubler l'Etat (art. 91 c. pén.).

**6.** Nous avons dit *supra*, v° *Compétence criminelle*, n° 382, et c'est le cas de le rappeler, que la compétence du Sénat est facultative, en ce sens que le chef de l'Etat la donne à la Chambre haute par un décret, quand il le juge nécessaire. Il peut, quand les faits ne sont pas graves, les laisser au jugement de la cour d'assises. M. Morellet, rapporteur au Sénat de la loi précitée du 10 avr. 1889 sur la procédure à suivre devant le Sénat pour juger toute personne inculpée d'attentat commis contre la sûreté de l'Etat, a parfaitement mis en lumière cette distinction dans son rapport. « En laissant, en principe, a dit l'honorable rapporteur, dans le droit commun, le jugement des attentats contre la sûreté de l'Etat et en ne les déferant au Sénat que dans le cas où le président de la République, par décret rendu en conseil des ministres, croirait devoir recourir à notre juridiction, la constitution de 1875 a permis de faire, entre ces crimes politiques, des distinctions tenant à leur importance relative. Tel d'entre eux, malgré sa qualification juridique, n'aura fait courir aucun péril sérieux à l'Etat, on le laissera juger par le jury de droit commun dans les formes ordinaires. La procédure que nous avons à élaborer ne trouvera point là son application. Mais tel autre attentat aura pu être la cause d'un trouble profond. A la sentence dont il sera l'objet se rattacheront les intérêts les plus élevés, l'avenir peut-être de la nation. On n'en saurait laisser le jugement à quelques citoyens investis passagèrement des fonctions de jurés et dont il pourrait se faire que la fermeté ou les lumières se trouvassent dans les-formes ordinaires en défaut. Le président de la République s'adressera à d'autres juges présentant pour le pays de plus sûres garanties, il sollicitera le concours d'un grand corps élu par la France entière : d'accord avec ses ministres, il rendra un décret convoquant le Sénat en cour de justice. A ce moment s'appliquera la procédure dont nous avons à vous entretenir ». Relativement à cette procédure, V. *infra*, n° 11.

**7.** Quand le chef de l'Etat, usant de la faculté qui lui est conférée par l'art. 12 de la loi du 16 juill. 1875, a donné,

---

cussion qui déjà semblait épuisée, a déclaré que « en 1832, par le fait de la modification du code pénal, il n'y « avait eu au point de vue du complot et de l'attentat aucun « changement ».

« Voilà les expressions dont il s'est servi.

« Donc nous restons bien sous l'empire du code promulgué en 1810, parce qu'il y a eu des modifications de texte qui n'ont pas été des modifications de principe, et alors nous avons le droit d'invoquer comme inspiratrices de la constitution de 1875, non seulement les constitutions de 1852 et de 1848, mais encore, les chartes de 1815, de 1830, ainsi même que la loi antérieure au code et qui, je crois, a déterminé le législateur de 1810 et celui de 1791 qui avait posé la règle fondamentale de l'ère moderne.

« Vous voyez que lorsqu'on presse de près la question, suivant qu'on combatte l'argument de texte ou qu'on se reporte à la tradition historique, on a le droit de dire que, toujours, il en a été de même.

« Les phrases n'ont pas été identiques. On n'a peut-être pas parlé en 1814 comme en 1852, — mais on a toujours voulu dire la même chose. Ceci, étant bien établi, le législateur de 1875, n'ayant pu que s'en référer aux précédents, a incontestablement voulu dire la même chose.

« Voilà ma démonstration et je vous démontre que je n'ai pas trouvé contre cette théorie la moindre opposition en doctrine. J'ai trouvé deux auteurs qui se sont préoccupés de la question. Dans son ouvrage sur le code pénal, M. Garraud dit expressément que le Sénat peut « être saisi par décret du droit de « juger, non pas l'attentat de l'art. 87 seulement, mais tous « les crimes compris dans le chapitre relatif à la sûreté de « l'Etat ».

D'autre part Dalloz a dit ceci ; « Le Sénat peut être cons- « titué en cour de justice pour juger toute personne prévenue « d'attentats commis contre la sûreté de l'Etat. Ces attentats « n'ayant pas été définis par une loi spéciale, on doit com- « prendre sous cette dénomination les crimes prévus et punis « par le livre 3 du code pénal », c'est-à-dire le complot, « comme les autres, ou, si vous voulez que je prenne la véritable « expression juridique, tous les faits attentatoires à la sûreté « de l'Etat.

« Je crois, messieurs, que la preuve est faite.

« Il me reste à faire remarquer que la jurisprudence est conforme à la doctrine. En effet, il n'y a rien eu de changé, en 1832, quant au code pénal ; il y a eu une discussion importante pour bien établir la chose ; on a toujours été sous l'empire du code de 1810.

« Eh bien ! en 1821, sur les conclusions conformes d'un de mes plus illustres prédécesseurs, M. de Peyronnet, la Chambre des pairs a jugé, en matière de complot seul. Voilà le fait matériel qu'il est intéressant de vous signaler.

« Il s'agissait d'une affaire qui ressemblait beaucoup à la nôtre ; pour vous en donner une indication, je dirai qu'il s'agissait d'un commencement de conjuration militaire, et que l'âme du complot, l'un des plus influents, c'était, comme dans l'affaire actuelle, un officier de l'armée...

« Voilà le fait ; je l'ai examiné avec le plus grand soin ; nous avons eu, en 1821, ce complot poursuivi contre Nantil et autres, et la Chambre des pairs a rendu, conformément aux réquisitions de M. le procureur général de Peyronnet, l'arrêt suivant :

« En ce qui concerne Nantil et autres :

« Attendu qu'il résulte du procès et de l'instruction écrite « qu'ils sont convaincus d'avoir adhéré et participé à un complot « ayant pour but de changer la forme du gouvernement et « d'exciter les citoyens à s'armer contre l'autorité royale, les « condamne, etc...».

« Il n'y avait jamais eu de commencement d'exécution.

« Donc en doctrine, en jurisprudence, il y a un fait bien certain : c'est que la Haute Cour de justice et toutes les Hautes Cours de justice, c'est-à-dire celle de 1889 comme toutes celles qui l'ont précédée, sont compétentes en matière de complot et que vous aurez, messieurs, en prononçant la condamnation pour attentat, à retenir le complot et les détournements qui y sont connexes... ».

LA COUR ; — ... En ce qui touche la question de compétence : — Attendu que l'art. 12 de la loi constitutionnelle du 16 juill. 1875 sur les rapports des pouvoirs publics ainsi conçu : « Le Sénat peut être constitué en cour de justice... pour juger toute personne prévenue d'attentat commis contre la sûreté de l'Etat », se réfère incontestablement à la loi constitutionnelle du 24 février précédent, relative à l'organisation du Sénat et dont l'art. 9 porte que « le Sénat peut être constitué en cour de justice pour connaître des attentats commis contre la sûreté de l'Etat » ; — Que ce mot « attentats » est évidemment pris ici dans son sens générique ; — Que cette disposition est empruntée aux constitutions antérieures et notamment aux chartes de 1814 et de 1830 ; — Qu'elle a été constamment interprétée en ce sens que la Haute Cour était compétente pour connaître de tous les attentats, c'est-à-dire de tous les actes attentatoires, notamment le complot, qui peuvent compromettre la sûreté intérieure ou extérieure de l'Etat, crimes prévus et punis par le chapitre 1er, tit. 1er, livr. 3 c. pén. ; — Que restreindre la compétence de la Haute Cour au seul cas prévu par l'art. 87 c. pén., ce serait la rendre incompétente pour connaître d'actes évidemment attentatoires à la sûreté de l'Etat et en particulier des crimes commis contre la sûreté extérieure de l'Etat ; — Qu'à supposer que la cour n'eût pas reconnu les accusés coupables du crime d'attentat tel qu'il est défini par l'art. 87 c. pén., et n'eût pas à ce titre retenu les faits de complot comme connexes, elle serait compétente à l'égard du complot seul, lequel doit être considéré comme un des crimes attentatoires à raison desquels la cour peut être constitué en cour de justice ; — Se déclare compétente ; — Vu l'art. 32 de la loi du 10 avr. 1889 et l'art. 470 c. instr. crim. ; — Attendu que l'instruction est conforme à la loi ; — Déclare la contumace régulièrement instruite contre Boulanger, Dillon et Rochefort ; — Et statuant à l'égard desdits contumaces ;

Sur le chef de complot, condamne, etc.

Du 14 août 1889. Haute Cour de justice. MM. Le Royer, pr.; Quesnay de Beaurepaire, proc. gén.

par un décret à la Chambre haute; compétence pour juger des attentats commis contre la sûreté de l'Etat, la compétence des tribunaux ordinaires doit évidemment s'effacer. Mais jusqu'à quel moment un décret pourrait-il dessaisir les tribunaux de droit commun? Ainsi que nous l'avons rappelé v° *Compétence criminelle*, n° 382, l'art. 12, al. 4 répond : « Si l'instruction est commencée par la justice ordinaire, le décret de convocation du Sénat peut être jusqu'à l'arrêt de renvoi ». Après l'arrêt de renvoi, la justice ordinaire est irrévocablement saisie.

**8.** Lorsque la Haute Cour de justice se trouve saisie en vertu d'un décret, la question de compétence peut-elle encore être examinée et discutée? On a dit au *Rép.* v° *Compétence criminelle*, n° 740, que l'affirmative doit être admise par application de la règle générale qui accorde à tous les juges, quels qu'ils soient, le droit de reconnaître préalablement leur compétence, et l'on a cité *eod. loc.*, à l'appui de cette opinion, l'arrêt de la cour de cassation du 17 févr. 1849 (D. P. 49. 1. 51) qui, en rejetant le pourvoi de Raspail et autres contre l'arrêt de mise en accusation de la Haute Cour de Bourges du 16 janv. 1849, a ajouté, sur les conclusions conformes de l'avocat général : « ... Sauf aux accusés à présenter, sous forme d'exception, devant la Haute Cour de justice, les moyens d'incompétence qui faisaient l'objet de leur pourvoi contre le décret de l'Assemblée nationale ». M. Victor Chauffour (*Chambres législatives*, n° 531) a émis l'opinion contraire pour le Sénat. « Lorsqu'il s'agit d'attentats contre la sûreté de l'Etat, a dit cet auteur, le Sénat n'est plus le juge nécessaire, ni même le juge ordinaire, il n'est saisi qu'en vertu d'un décret du président de la République rendu en conseil des ministres qui le constitue en cour de justice, et qui, par cela même, nous le pensons du moins, détermine sa compétence. Si la Chambre des pairs, dans des cas analogues, commençait par déclarer sa compétence, c'est que la loi qui, selon les chartes, devait définir les attentats dont le jugement lui était attribué, ne fut jamais rendue; il fallait donc que, dans chaque affaire, elle commençât par examiner si les crimes qui lui étaient déférés rentraient par leur gravité dans la classe de ceux dont elle devait connaître et qu'ensuite de cet examen elle déclarât sa compétence ». Aujourd'hui le doute n'est plus possible. Lors de la discussion de la loi du 10 avril au Sénat, M. Bérenger a provoqué dans les termes suivants l'explication de la commission sur ce point : « En présence d'un décret par lequel le président de la République, dans la plénitude de son autorité et des droits que lui donne la constitution aura saisi le Sénat, la commission admet-elle que le Sénat puisse délibérer sur la légalité du décret? » — « Mais certainement, a répondu M. Morellet, rapporteur, et ce serait conforme à tous les précédents ». Et M. Cazot, président de la commission, a ajouté : « C'est un contrôle que le Sénat est appelé à exercer sur le décret rendu par le président de la République ». Il est donc tout à fait certain qu'aujourd'hui le Sénat constitué en Haute Cour de justice peut et doit vérifier sa compétence. Au reste, la loi du 10 avr. 1889 contient un texte explicite sur la compétence du Sénat. L'art. 17 de cette loi est ainsi conçu : « Toutes les exceptions, y compris celle d'incompétence, laquelle pourra toujours être relevée, même d'office, seront examinées et jugées, soit séparément du fond, soit en même temps que le fond, suivant ce que le Sénat aura ordonné ». Il résulte à la fois de ce texte que le Sénat peut déclarer son incompétence d'office, et que les parties ont le droit de décliner celle-ci sous forme d'exception.

**9.** A quel moment la Haute Cour peut elle vérifier sa compétence? Est-ce seulement après l'arrêt de renvoi de sa chambre d'accusation et après les conclusions prises devant la Haute Cour par le ministère public à la suite de cet arrêt? En d'autres termes, est-ce seulement après l'instruction? Ou, au contraire, la Haute Cour a-t-elle le droit de se déclarer incompétente *in limine litis*, et pourrait-elle, en constatant, sur le vu du réquisitoire introductif d'instance, que les faits relevés dans ce réquisitoire ne comportent pas la qualification légale d'attentat à la sûreté de l'Etat, se refuser d'ordonner qu'il soit procédé à une instruction? Nous n'hésitons pas, pour notre part, à penser que la Haute Cour peut et doit, avant toute mesure d'instruction, apprécier si les actes énoncés dans le réquisitoire comportent la qualifica-

tion légale d'attentat à la sûreté de l'Etat et par là même vérifier, *in limine litis*, sa compétence. Le rapporteur au Sénat a affirmé que tel est son devoir. « C'est le droit de toute juridiction, a dit M. Morellet, à la séance du 7 mars 1889, que d'examiner en *premier lieu* si elle est compétemment saisie ou non, et c'est tellement le droit général que, dans tous les pays dont nous avons eu à consulter la législation, nous avons trouvé une disposition semblable à celle que nous avons introduite dans notre art. 6. A la cour des Pairs notamment, quel était le *premier acte* qu'elle accomplissait lorsqu'elle était appelée par une ordonnance royale — cela ne s'appelait pas alors un décret — à juger un attentat contre la sûreté de l'Etat? C'était d'examiner sa compétence. La Cour des pairs, dès qu'elle avait entendu l'ordonnance royale qui lui déférait le jugement de l'attentat et le réquisitoire du procureur général, étudiait si elle avait été compétemment saisie. C'est là une règle si naturelle que nous la retrouvons, comme à la Cour des pairs, dans le règlement judiciaire de la Haute Cour italienne. Voici comment il s'exprime : « Art. 1er. Quand arrive devant le Sénat une procédure pénale, en application des art. 36 et 47 de la constitution, le Sénat, réuni par le président en comité secret, reçoit communication du décret royal mentionné dans l'art. 36 et du message de Chambre des députés dans le cas d'accusation portée par celui-ci, et prononce une ordonnance par laquelle il se déclare constitué en Haute Cour de justice, statue sur sa compétence, et, s'il la reconnaît, nomme une commission d'instruction composée du président et de six autres sénateurs ». Ainsi, le *premier acte* qu'accomplit le Sénat italien, comme le faisait la Chambre des pairs, *comme nous nous proposons de le faire à notre tour*, c'est de statuer sur sa compétence. Ce sont là des points qui, si nous n'étions pas aussi éloignés du temps où se sont produits les grands procès jugés par la Cour des pairs, ne feraient même pas l'objet d'une simple contestation ». — En présence d'affirmations aussi nettes, on peut s'étonner que, quelques jours plus tard, le droit du Sénat ait été contesté au sein du Sénat lui-même, lors du procès Boulanger. Aussitôt après le dépôt du réquisitoire introductif d'instance fait par le procureur général à l'audience du 12 avr. 1889, la compétence de la Haute Cour a été déclinée en chambre du conseil, par un sénateur, M. Guibourd de Luzinais dans les termes suivants : « Attendu que le réquisitoire du procureur général se borne à assurer qu'un crime d'attentat a été commis, sans exposer aucun fait qui permette à la Haute Cour d'apprécier si, en supposant ce fait prouvé, il y aurait attentat dans les termes prévus par le code pénal ; qu'alors la Haute Cour est dans l'impossibilité de déclarer si elle est compétemment saisie ; la Haute Cour déclare qu'il n'y a lieu, en l'état, d'ordonner l'instruction ». Ce déclinatoire a été repoussé. Les motifs de cette décision, qui ne figure pas au *Journal officiel*, ne sont pas connus. Il paraît toutefois que M. le président Le Royer a fait remarquer, dans la délibération qui a précédé le rejet du déclinatoire, que si la Haute Cour eût examiné d'abord les faits relevés contre le prévenu en vue de déterminer sa compétence, elle aurait été amenée « à confondre le fond avec la compétence », laquelle est dores et déjà déterminée par le décret présidentiel portant qualification des faits incriminés (Journal *Le Temps* du 18 avr. 1889). Dans l'opinion du rédacteur de ce journal, la Haute Cour, régulièrement saisie par décret, devait procéder à l'instruction. Ce n'est qu'après l'arrêt de renvoi et après les conclusions prises devant la Haute Cour par le ministère public à la suite de cet arrêt que la Haute Cour pouvait vérifier sa compétence. « C'est alors, et alors seulement, qu'il y aura lieu d'examiner la question de compétence si elle est soulevée » (*Le Temps* du 19 avril). Cette opinion nous paraît en contradiction formelle avec les déclarations ci-dessus rapportées de M. Morellet. Le Sénat avait, suivant nous, l'obligation de relever dans le décret et dans le réquisitoire les faits sommairement énoncés, d'apprécier s'ils comportaient la qualification légale d'attentats commis contre la sûreté de l'Etat, et par là même de vérifier *in limine litis* sa compétence. Cette vérification ne confondait pas « le fond avec la compétence », suivant l'opinion prêtée à M. le président Le Royer, « puisque, au cas où la cour se déclarait compétente, il lui restait à constater matériellement les circonstances des faits articulés et qualifiés attentats, puis à rechercher si les inculpés y avaient pris part et dans quelle mesure » (M. Rigot, *Étude sur la compétence de la Haute Cour de justice*, p. 20).

**10.** La chambre d'accusation de la Haute Cour, c'est-à-dire la commission sénatoriale qui est, aux termes de l'art. 7 de la loi du 10 avr. 1889, chargée de faire l'instruction et de prononcer sur la mise en accusation, pourrait-elle décliner sa propre compétence? L'affirmative nous paraît devoir être admise, puisque, d'une part, cette commission remplit le rôle de chambre des mises en accusation, et que, d'autre part, il est hors de doute que les chambres d'accusation peuvent vérifier leur compétence, et, si elles ne la reconnaissent point, rendre un arrêt de dessaisissement pour incompétence (Conf. P. Rigot, *op. cit.*, p. 44). Le sénatus-consulte du 4 juin 1858 (D. P. 58. 4. 86) reconnaissait ce droit (art. 12) à la chambre d'accusation de la haute cour de justice impériale, et nous ne voyons pas de motifs pour ne pas l'accorder à la commission actuelle, véritable juridiction qui a reçu, aussi bien que cette dernière, le pouvoir de rendre des arrêts d'accusation et des arrêts de non-lieu (V. *infrà*, n° 15). Il n'y a, d'ailleurs, point de doute pour nous que l'arrêt d'incompétence rendu par la commission d'instruction serait, comme toutes les décisions de cette commission (V. *infrà*, n° 15) et comme les arrêts de la Haute Cour elle-même (art. 25 de la loi), sans recours possible (Conf. P. Rigot, p. 45).

**11.** — 4° *Procédure.* — Ainsi que nous l'avons dit *suprà*, n° 1, la procédure à suivre devant le Sénat constitué en haute cour de justice pour juger toute personne inculpée d'attentats commis contre la sûreté de l'État, a été organisée par la loi du 10 avr. 1889 ; nous allons rapidement analyser les dispositions principales de cette loi qui comprend quatre chapitres et trente-trois articles. Ses rédacteurs se sont inspirés surtout des précédents de la Cour des pairs ; ils ont fait aussi des emprunts au *Règlement judiciaire du Sénat italien* de mai 1870. Leur œuvre contient, d'ailleurs, plusieurs dispositions originales.

**12.** Le chapitre 1er de la loi est relatif à « l'organisation du Sénat en cour de justice ». Il sera traité de cette organisation *infrà*, v° *Organisation judiciaire*. Nous nous bornerons à signaler ici l'art. 3 relatif à la nomination du procureur général et autres membres du parquet de la Haute Cour, et l'art. 5 qui, après avoir statué que « toutes les pièces de l'information commencée par la justice ordinaire sur les faits incriminés sont renvoyées au procureur général », ajoute : « Néanmoins, les magistrats qui ont commencé l'information continuent à recueillir les indices et les preuves, jusqu'à ce que le Sénat ait ordonné qu'il sera procédé devant lui.

**13.** Le chap. 2 traite « de l'instruction et de la mise en accusation ». C'est la partie de la loi vraiment originale. Aux termes de l'art. 7, une commission de neuf sénateurs, nommés chaque année au scrutin de liste, est chargée de l'instruction et prononce sur la mise en accusation. On sait que la Cour des pairs déléguait à son président le soin de procéder à l'instruction, sauf à lui à commettre tels pairs qu'il lui plairait d'indiquer pour l'assister et le remplacer en cas d'empêchement. Ce système offrait le grand inconvénient de placer dans les mêmes mains la direction de l'instruction, et ultérieurement la direction des débats à l'audience. Il a été, avec raison, abandonné par le législateur de 1889. A la Chambre des députés, M. Félix Le Roy et plusieurs de ses collègues avaient proposé de confier l'instruction à un ou plusieurs magistrats de l'ordre judiciaire à désigner par la commission d'instruction, mais cet amendement a été repoussé. L'art. 8 de la loi nouvelle confie l'instruction, non à des magistrats, non au président du Sénat, mais au président de la commission formée en exécution de l'art. 7, lequel, assisté et suppléé, au besoin, par des membres de la commission, « est investi des pouvoirs attribués par le code d'instruction criminelle au juge d'instruction ». Il suit de cette disposition que le président de la commission d'instruction peut décerner des mandats, ordonner des perquisitions, des saisies, des expertises, interroger les prévenus, entendre les témoins. Il a même, de plus que le juge d'instruction, le pouvoir exprimé dans l'art. 8, alin. 4, « de décerner un mandat d'arrêt sans qu'il soit besoin des conclusions du ministère public ». Au reste, le président de la

commission ne rend pas d'ordonnance ; et, si une demande de mise en liberté provisoire vient à être formée, c'est la commission elle-même qui y statue, sans recours (même art.).

**14.** Quels sont les droits de la défense pendant l'instruction à laquelle procède la commission de la Haute Cour? Spécialement, l'inculpé a-t-il, dès le début, le droit de choisir un conseil et de communiquer librement avec lui? A la Chambre des députés, MM. Piou et Jolibois avaient proposé un article additionnel à l'art. 8, ainsi conçu : « L'accusé aura, dès le début de l'instruction, le droit de choisir un conseil. Il communiquera librement avec lui ; il recevra communication de la procédure sur sa demande, à moins qu'un arrêt de la commission d'instruction n'en décide autrement ». M. Piou a fait remarquer, à l'appui de son amendement, que celui-ci n'était que la reproduction pure et simple des dispositions que le Sénat a acceptées dans le projet de loi sur la réforme du code d'instruction criminelle. Mais l'article additionnel a été repoussé par la Chambre des députés. D'autre part, l'art. 32 de la loi décide « que les dispositions du code d'instruction criminelle et de toutes les autres lois générales d'instruction criminelle qui ne sont pas contraires à la présente loi sont appliquées à la procédure, s'il n'en est autrement ordonné par le Sénat ». Il résulte de cette disposition que les règles de la défense sont les mêmes à la Haute Cour que devant les autres juridictions criminelles, et nous en concluons spécialement que, dans l'état actuel de législation, l'inculpé traduit devant la Haute Cour ne peut, pendant l'instruction, communiquer avec son défenseur, ou obtenir communication des pièces de la procédure, qu'avec l'agrément du président de la commission et dans la mesure autorisée par celui-ci. Dans l'avenir, il en pourra être autrement, et l'inculpé pourra être fondé à revendiquer le bénéfice des dispositions favorables du code d'instruction criminelle, si celles-ci viennent à être étendues par la loi projetée sur la réforme de ce code.

**15.** Lorsque l'instruction est terminée, la commission d'instruction du Sénat devient chambre d'accusation, et, à ce titre, prononce sur la mise en accusation (V. art. 9, 10, 11 et 12). Cette forme de procéder est nouvelle : en effet, la Cour des pairs entière statuait, en chambre du conseil, sur la mise en accusation, et le Sénat italien n'agit pas différemment. Le mode actuel nous paraît préférable ; il est d'ailleurs conforme à ce principe de notre droit que le juge qui a prononcé sur la mise en accusation ne peut participer au jugement (V. c. instr. crim. art. 257). Au reste, l'art. 16 de la loi a réservé à la défense la faculté de récuser, pour le jugement, les sénateurs composant la commission organisée en exécution de l'art. 7. L'arrêt d'accusation rendu par la commission d'instruction est sans recours. Un amendement de M. Le Roy, qui accordait à l'accusé la faculté de se pourvoir en nullité devant la cour de cassation dans les cas prévus par l'art. 299 c. instr. crim., a été rejeté par la Chambre des députés.

Il est à peine besoin de dire que la chambre d'accusation de la Haute Cour peut rendre, si elle le juge à propos, un arrêt de non-lieu ; c'est ce que, d'ailleurs, le rapporteur de la loi a formellement reconnu devant le Sénat. A cette occasion, un sénateur, M. Volland, a proposé d'accorder au procureur général, en cas d'arrêt de non-lieu, le droit de se pourvoir contre cette décision devant le Sénat, mais cet amendement a été rejeté, et dès lors, il est certain que l'arrêt de non-lieu rendu par la commission est souverain et sans recours.

**16.** Le chap. 3 : « Du jugement » comporte peu d'observations. Aucun droit de récusation n'est accordé contre les juges de la Haute Cour, sauf ce qui a été dit *suprà*, n° 15, concernant la récusation des membres de la commission d'instruction. Les art. 19, 20 et 22 règlent avec soin le mode de délibération et de votation, ainsi que cela était particulièrement nécessaire dans une assemblée comprenant un grand nombre de juges. Enfin l'art. 23 prescrit que « les dispositions pénales relatives au fait dont l'accusé sera déclaré coupable, combinées, s'il y a lieu, avec l'art. 463 c. pén., seront appliquées, sans qu'il appartienne au Sénat d'y substituer de moindres peines ». Il résulte de ce texte que le Sénat peut déclarer l'existence de circonstances atténuantes, mais qu'il n'a point hérité de cette espèce de droit de grâce, que la Cour des pairs s'était arrogée sous le nom de « pouvoir modérateur », et en vertu duquel cette cour, en descendant l'échelle des peines, ne connaissait pas de limites à son indulgence (V. *Rép.* v° *Compétence criminelle*, n° 729).

**17.** Signalons dans le chap. 4, intitulé : « Dispositions générales » l'art. 25 qui porte que les arrêts du Sénat ne sont susceptibles d'aucun recours. Il ne peut donc y avoir, sous aucun prétexte et pour quelque motif que ce soit, recours à la cour de cassation contre les arrêts de la Haute Cour de justice. — Signalons aussi la disposition finale de l'art. 26, aux termes de laquelle les arrêts « sont signés par le président et le greffier », tandis qu'en règle générale les jugements criminels sont signés par tous les juges (c. instr. crim. 164, 196, 211, 234). La différence s'explique d'elle-même par le nombre des juges qui siègent à la Haute Cour de justice.

**18.** L'art. 32 de la loi s'énonce ainsi: « Les dispositions du code d'instruction criminelle et de toutes autres lois générales d'instruction criminelle qui ne sont pas contraires à la présente loi sont appliquées à la procédure, s'il n'en est autrement ordonné par le Sénat ». Quel est le sens de ces expressions: « s'il n'en est autrement ordonné par le Sénat » ? Faut-il les entendre en ce sens que la loi aurait réservé au Sénat le droit de ne pas se soumettre aux prescriptions qu'elle a édictées? Telle n'a pu être la pensée du législateur; sa volonté a été clairement expliquée par le rapporteur au Sénat. L'honorable sénateur a commencé par rappeler que la loi nouvelle se bornait à tracer les « linéaments généraux de la procédure » en instituant les formes et les garanties protectrices des droits de la défense et des droits de l'accusation dans ce qu'elles ont d'essentiel, puis il a ajouté : « Ce qui est bien vrai, c'est qu'avec cet art. 32, et malgré le caractère inquiétant qu'on peut être disposé à lui attacher, il n'est pas douteux que toutes les prescriptions générales que nous venons de voter devront être observées par le Sénat; que, même en dehors de ces prescriptions, les règles du code d'instruction criminelle et les lois générales d'instruction criminelle devront être également observées par lui. Mais cependant nous prévoyons l'hypothèse où ces lois et ces règles qui ont été faites pour des juridictions autres que la nôtre ne pourraient pas être adaptées d'une façon complète et rationnelle à cette juridiction spéciale, et nous réservons, pour de semblables cas, qui peuvent être multiples, nous réservons au Sénat le soin de procéder à l'adaptation en son âme et conscience, et nous ne voulons pas le contraindre à se tenir dans des cadres rigides qui peut-être ne s'appliqueraient pas aux faits en présence desquels nous nous trouverions. Il nous a semblé qu'une assemblée souveraine, contre les décisions de laquelle il n'y a pas de recours possible, comme celle dont nous réglementons en ce moment le fonctionnement judiciaire, ne pouvait pas être emprisonnée dans des cadres par trop rigides, par trop restreints, comme on vous demande de le faire. Si vous vouliez que toute les formalités fussent réglées par avance et d'une façon obligatoire par le menu, ce ne sont pas les trente et un ou trente-deux articles que renferme notre loi qu'il faudrait voter, c'est, comme le faisait le projet du baron Mounier, cent cinquante articles ou même davantage qu'il faudrait successivement élaborer. Nous n'avons pas cru qu'il fût pratique de procéder ainsi. Nous avons pensé qu'il était suffisant de fixer par un texte ce qui concerne les garanties essentielles de la défense et de l'accusation et que, ceci fait, il convenait de laisser une certaine latitude, une certaine initiative à une assemblée souveraine telle que le Sénat ».

**19.** Ajoutons que la règle de l'art. 32 a été fréquemment appliquée par le Sénat pendant le cours du procès du général Boulanger. C'est ainsi que, les accusés étant contumaces et la loi nouvelle ne contenant aucune disposition particulière sur la contumace, le Sénat a observé, à leur égard, les prescriptions des art. 465, 466 et 467 c. instr. crim., relatives à l'ordonnance de contumace et à sa publication. Spécialement, c'est le président du Sénat qui a été appelé à rendre l'ordonnance de contumace, laquelle est, dans les cas ordinaires, rendue par le président de la cour d'assises (c. instr. crim. art. 465).

**20.** On a agité, à l'occasion de la même affaire, la question de savoir si, par analogie de l'art. 365, § 1er c. instr. crim., une question subsidiaire pourrait être posée à la Haute Cour comme résultant des débats. Spécialement, on s'est demandé si la Haute Cour eût pu, dans le cas où elle aurait reconnu qu'il n'existait dans la prévention dirigée contre les accusés, aucun fait légalement qualifié attentat, retenir néanmoins la connaissance de l'affaire, grâce à la position de la question subsidiaire de complot ou de tout autre crime. M. P. Rigot, le jurisconsulte déjà plusieurs fois cité, a soutenu la négative (p. 43 et suiv.). Il s'appuie sur ce que, aux termes de l'art. 365, c'est *d'après les débats* devant la cour d'assises que le fait incriminé doit avoir perdu sa qualification première, pour que cette modification dans l'ordre des compétences puisse se produire, et il fait remarquer que, si ce pouvoir a été attribué à la cour d'assises, c'est que la chambre des mises en accusation ne pourrait renvoyer devant les assises un fait qui ne serait pas qualifié crime par la loi, sans s'exposer à voir son arrêt annulé par la cour de cassation en conformité de l'art. 299 c. instr. crim. qui ouvre aux intéressés le pourvoi : 1° *pour cause d'incompétence ; 2° si le fait n'est pas qualifié crime par la loi*. Il y a là une garantie légale qui n'existe pas devant la Haute Cour, puisqu'il n'y a pas de recours possible contre les arrêts de la commission d'instruction faisant fonction de chambre d'accusation (V. *suprà*, n° 15). On pourrait donc, par un concert répréhensible entre le procureur général, la commission d'instruction et le président de la Haute Cour (qui est chargé de formuler les questions par l'art. 20 de la loi du 10 avr. 1889), faire juger par cette juridiction exceptionnelle des faits dont la connaissance appartiendrait manifestement à la juridiction ordinaire et qu'on n'aurait d'abord qualifié attentat qu'avec l'intention préconçue d'en modifier la qualification d'après les débats, sous forme de question subsidiaire. Quelle que soit l'invraisemblance d'une pareille hypothèse, l'objection n'est assurément pas sans valeur. Cependant nous ne croyons pas qu'elle soit assez forte pour faire écarter, dans le cas supposé, l'application de l'art. 32 de la loi aux termes duquel « les dispositions du code d'instruction criminelle, qui ne sont pas contraires à la présente loi, sont appliquées à la procédure ». La prescription de cet article est, en effet, générale et doit être appliquée à tous les cas qui rentrent dans ses termes; et il importe peu, suivant nous, qu'on se trouve ici en présence d'une disposition du code qui n'est pas de *pure procédure*, et qui touche à la question de compétence réglée par la loi constitutionnelle (P. Rigot, p. 45), puisque la loi de 1889 ne fait, à cet égard, aucune distinction. Toutefois, et sous ce rapport nous partageons l'avis de M. Rigot, l'art. 365, § 2, n'est certainement pas applicable en cas de jugement par contumace, puisque c'est seulement lorsque la qualification du crime s'est modifiée « d'après les débats » qu'il y a lieu de poser la question subsidiaire de délit, et qu'il n'y a pas de « débats » en cas de contumace (c. instr. crim. art. 468 et 470).

---

### Table sommaire
des matières contenues dans le Supplément et le Répertoire.

(Les chiffres précédés de la lettre *S* renvoient au Supplément ; les chiffres précédés de la lettre *R* renvoient au Répertoire.)

## Table chronologique des Lois, Arrêts, etc.

| | | | | | | |
|---|---|---|---|---|---|---|
| 1791.3sept.const. | 1849. 16 janv. | 1852. 14 janv. | 1870. 4 nov.Décr. | —16 juill.Loi.cons- | c., 6 c., 8 c.,10 c., | |
| 1836. 22 janv. | Haute cour de | constit. | 1 c. | tit.2 c., 4 c.,7 c. | 11 c., 20 c. | |
| Paris. 5 c. | Bourges. 8 c. | 1858. 4 juin. Sé- | 1875.24 févr. Loi. | 1889.8 avr. Décr. | —14 août. Haute | |
| 1848. 4 nov.cons- | —17 févr. Civ. 8 | natus - consulte. | constit. 2 c., 4 | 5 c. | cour de justice. | |
| tit. | c. | 10 c. | c. | —10 avr. Loi. 2, 4 | 4 c., 5 c. | |

**HÉRÉDITÉ-HÉRITIER.** — V. *Absence*, n°ˢ 7, 19 et suiv., 47, 66 et suiv. ; *Succession; — Rép.* vⁱˢ *Absence*, n°ˢ 68 et suiv., 169, 206 et suiv., 711 ; *Succession*.

**HEURE LÉGALE.** — Une loi du 14 mars 1891 (D. P. 91. 4. 82) porte que « l'heure légale, en France et en Algérie, est l'heure du temps moyen de Paris ». — Une circulaire a été adressée par le ministre de l'intérieur aux préfets pour l'exécution de cette loi, le 30 juin 1891 (V. D. P. *ibid.* note).

**HONNEURS CIVILS ET MILITAIRES.** — V. *Agent diplomatique*, n° 17; *Ordres civils et militaires ; Préséance ; Rép.* vⁱˢ *Agent diplomatique*, n°ˢ 8 et suiv., 23, 59, 65 et suiv., 76 et suiv., 156, 212; *Ordres civils et militaires*, n°ˢ 180, 186 et 232 ; *Préséance*, n° 23.

**HONORAIRES, SALAIRES, ÉMOLUMENTS.**

**1.** Suivant l'ordre adopté au *Rép.* n° 2, nous avons exposé *suprà*, v° *Avocat*, n°ˢ 108 et suiv., la jurisprudence relative aux honoraires des avocats. On trouvera aussi vⁱˢ *Agent d'affaires*, n°ˢ 4 et suiv., *Agréé*, n°ˢ 11 et suiv., *Arbitre*, n°ˢ 126 et suiv., *Avoué*, n°ˢ 28 et suiv., *Bourse, de commerce*, n°ˢ 206 et suiv., 328 et suiv., *Commissaire-priseur*, n°ˢ 23 et suiv., *Expert, Huissier* et *Notaire*, les notions relatives aux diverses professions qui font l'objet de ces articles. — Quant aux honoraires des architectes et des ingénieurs, des mandataires, des médecins, V. *Louage d'ouvrage et d'industrie ; Travaux publics ; Mandat ; Médecine ; — Rép.* vⁱˢ *Louage d'ouvrage et d'industrie*, n°ˢ 5, 46 et suiv., 112; *Travaux publics*, n°ˢ 230 et suiv., 373 et suiv., 457, 571 et suiv., et 1295; *Médecine*, n°ˢ 76 et suiv.; *Mandat*, n°ˢ 66 et suiv., 218 et 374. Nous nous bornerons ici, comme au *Répertoire*, à retracer quelques règles générales et quelques applications particulières.

**2.** Nous avons dit au *Rép.* n° 3 qu'en général les honoraires ne sont pas sujets à restitution. Un arrêt a étendu l'application de cette règle à la rétribution stipulée que les agents d'affaires a décidé que si, en principe, cette rétribution peut être réduite par le juge lorsqu'elle paraît excessive, il cesse d'en être ainsi dans le cas où, le mandat ayant pris fin, le compte dans lequel figurait ce salaire a été rendu et approuvé et où le reliquat dû par l'agent d'affaires a été versé aux mains du mandant (Bordeaux, 1ᵉʳ avr. 1857, aff. Jasseau, D. P. 57. 2. 122). Mais il a été jugé, en sens contraire, que le payement volontaire de sa rétribution convenu avec un agent d'affaires n'enlève pas au mandant le droit d'en réclamer le règlement et d'exiger la restitution de ce qu'il aurait payé au delà de la somme arbi-

trée par le juge (Paris, 20 nov. 1854, aff. de la Rochefoucauld-Doudeauville, D. P. 55. 5. 243). La jurisprudence admet également que la taxe des honoraires peut être requise par le client, alors même que ces honoraires auraient été l'objet d'un règlement amiable volontairement exécuté (Orléans, 7 janv. 1852, aff. Moreau, D. P. 52. 2. 198; Paris, 10 juill. 1852, aff. Rabier, D. P. 52. 2. 287; Req. 22 août 1854, aff. Creuzillat, D. P. 55. 1. 23 ; Civ. cass. 4 avr. 1859, aff. Coutan, D. P. 59. 1. 164 ; Req. 2 janv. 1872, aff. Gallois, D. P. 72. 1. 252. V. *Rép.* v° *Notaire*, n°ˢ 509 et suiv.).

**3.** On a vu au *Rép.* n° 4 que la jurisprudence reconnaît aux avocats le droit de réclamer en justice le payement de leurs honoraires et que le juge n'a pas à se préoccuper des règlements et usages qui, dans plusieurs barreaux, notamment au barreau de Paris, interdisent à l'avocat de se pourvoir pour cet objet auprès des tribunaux. Un jugement rendu en ce sens par le tribunal de paix du 5ᵉ arrondissement de Paris le 1ᵉʳ juin 1870 (aff. Delabarre, D. P. 70. 3. 78), a été cité *suprà*, v° *Avocat*, n° 109.

**4.** Les travaux et soins auxquels s'est livré un avoué dans l'intérêt de son client en dehors de son ministère légal peuvent donner lieu à des honoraires dont le chiffre, non soumis au tarif, est fixé souverainement par les tribunaux (*Rép.* n° 5; Req. 1ᵉʳ févr. 1870, aff. Albrecht, D. P. 70. 1. 307 ; 22 juin 1870, aff. Ruppalley, D. P. 74. 5. 285; Trib. Coulommiers, 10 nov. 1882, aff. Watelet, D. P. 83. 5. 287). Il en est ainsi, notamment, de la correspondance qu'un avoué a dû entretenir non seulement avec ses clients, mais avec les conseils de ceux-ci dans une affaire chargée de pièces, présentant des questions difficiles et dans laquelle était engagé un intérêt considérable (Arrêt précité du 1ᵉʳ févr. 1870). Il en est de même dans le cas où un avoué a assisté à la lecture d'un jugement de séparation de biens obtenu par un client et a fait les démarches nécessaires pour obtenir en sa faveur l'autorisation de contracter un emprunt (Arrêt précité du 22 juin 1870).

**5.** Le principe énoncé au *Rép.* n° 8, que l'avoué peut répéter contre son client les honoraires qu'il a payés à l'avocat, a été à plusieurs reprises consacré par la jurisprudence (V. *suprà*, v° *Avoué*, n° 24). L'avoué à qui les pièces d'un procès ont été adressées par le client avec mission de lui procurer un avocat est implicitement autorisé par un tel mandat à régler et à solder les honoraires de cet avocat ; par suite, il est fondé à en exiger le remboursement, alors, d'ailleurs, que ces honoraires n'ont rien d'exagéré (Besançon, 19 févr. 1858, aff. May, D. P. 58. 2. 172).

### Table sommaire

des matières contenues dans le Supplément et le Répertoire.

(Les chiffres précédés de la lettre *S* renvoient au Supplément; les chiffres précédés de la lettre *R* renvoient au Répertoire.)

### Table chronologique des Lois, Arrêts, etc.

| | | | | | |
|---|---|---|---|---|---|
| 1852. 7 janv.Or-léans. 2 c. | 1854. 22 août. Req. 2 c. | 1857. 1ᵉʳ avr. Bordeaux. 2 c. | 1859. 4 avr. Civ. 2 c. | 1870. 1ᵉʳ févr. Req. 4 c. | 1872.2 janv.Req. 2 c. | 1883.10 nov.Trib. Coulommiers. 4 c. |
| —10 juill. Paris. 2 c. | —20 nov. Paris. 2 c. | 1858. 19 févr.Besançon. 5 c. | 1860. 30 janv. Paris. 2 c. | —1ᵉʳ juin. Trib. paix. Paris, 3 c. | | |

## CHAP. 1er. — Historique. — Utilité des hôpitaux et hospices. — Statistique (*Rép.* n° 3 à 31).

**1.** On a donné (*Rép.* n° 3 à 29) un *aperçu historique* sur les établissements de bienfaisance qui, dans l'antiquité et dans les temps modernes, ont été fondés pour le soulagement des malades, des infirmes et des vieillards indigents (V. aussi : Rapport de M. de Melun à la loi du 7 août 1851, D. P. 51. 4. 159, qui contient, n°s 1 et 12 un historique complet des établissements hospitaliers ; Hubert-Valleroux, *La charité avant et depuis 1789, dans les campagnes de France* ; Fl. Ravarin, *De l'assistance communale en France*, p. 21 et suiv. ; G. Saunois-Chevet, *L'indigence et l'assistance dans les campagnes depuis 1789 jusqu'à nos jours ;* Léon Lallemand, *Histoire de la charité à Rome ; La question des enfants abandonnés et délaissés ; De l'assistance des classes rurales au xixe siècle ; Histoire de la charité aux diverses époques de la civilisation ;* Cros-Mayrevieille, *Traité de l'administration hospitalière,* p. 13 et suiv.). Un exposé sommaire de l'esprit général de la législation en vigueur, lors de la publication de notre recueil, complète cette étude. — Depuis cette époque, les modifications apportées au régime légal des hôpitaux et hospices n'ont eu qu'une importance secondaire et n'ont pas amené de changements profonds dans l'état de la législation, dont nous avons donné le tableau détaillé. Mais des projets actuellement soumis à l'examen des Chambres tendent à modifier, ou plutôt à compléter d'une façon fort heureuse notre législation hospitalière ; nous les étudierons sommairement (*infrà*, n° 5), après avoir donné le *tableau des dispositions législatives et réglementaires* récemment intervenues.

**2.** Le décret du 23 mars 1852 (*Rép.* n° 29), relatif à la composition des commissions administratives des hospices et hôpitaux, a été abrogé par la loi du 21 mai 1873 (D. P. 73. 4. 67). D'après cette loi, les commissions administratives des hospices et hôpitaux, de même que celles des bureaux de bienfaisance, se composaient du maire, du plus ancien curé de la commune et de cinq membres nommés par le préfet ; dans les communes où siégeait un conseil presbytéral ou un consistoire israélite, un délégué de chacun de ces conseils faisait en outre partie de la commission. — La loi du 5 août 1879 (D. P. 80. 4. 1) a fait disparaître le droit pour le curé et pour le délégué du conseil presbytéral ou du consistoire de faire nécessairement partie des commissions administratives. Celles-ci se composent, dès lors, du maire et de six membres dont deux sont élus par le conseil municipal et quatre sont nommés par le préfet ; de telle sorte que la majorité, dans chaque commission, appartient toujours aux délégués de l'Administration. Cette combinaison a été l'objet de critiques de diverses natures (V. *Gazette des tribunaux*, 23 mai 1879 et question adressée par M. le député J. Piou au ministre de l'intérieur le 17 janv. 1889, *Journ. off.* du 18 janv. 1889). — La loi du 5 avr. 1884 (art. 70, 119 et 120, D. P. 84. 4. 58) a maintenu les dispositions des art. 12 et 21 de la loi du 18 juill. 1837, d'après lesquelles le conseil municipal donne, dans certains cas, son avis sur des questions intéressant les hôpitaux et autres établissements de bienfaisance intéressant la commune (V. *suprà*, v° *Commune*, n° 286).

**3.** Nous présentons ici le tableau complet de la législation postérieure à la publication du *Répertoire.*

TABLEAU DES LOIS, DÉCRETS, ETC., RELATIFS AUX HOSPICES ET HÔPITAUX.

**24-29 févr. 1848.** — Décret consacrant les Tuileries aux invalides du travail (D. P. 48. 4. 36).

**10-13 janv. 1849.** — Loi relative à l'organisation de l'Assistance publique à Paris (D. P. 49. 4. 33).

**24 avr.-1er mai 1849.** — Arrêté du président de la République déterminant la composition du conseil de surveillance de l'Assistance publique à Paris (D. P. 49. 4. 95).

**19 janv.-22 avr. 1850.** — Loi sur les logements insalubres (art. 14, attribuant aux établissements de bienfaisance de la localité les amendes prononcées en vertu de ladite loi) (D. P. 50. 4. 74).

**6-25 juin 1850.** — Décret relatif aux cautionnements des receveurs d'hospice (D. P. 50 4. 142).

**7-13 août 1851.** — Loi sur les hospices et hôpitaux qui règle l'admission des malades et l'administration (D. P. 51. 4. 154).

**15 janv.-6 avr. 1852.** — Décret sur l'organisation du corps des inspecteurs généraux des établissements de bienfaisance (D. P. 52. 4. 98).

**22-27 janv. 1852.** — Décret portant (art. 13) que le château de Savernes sera restauré et achevé pour servir d'asile aux veuves des hauts fonctionnaires civils et militaires morts au service de l'État (D. P. 52. 4. 37).

**23-31 mars 1852.** — Décret sur les commissions administratives des hospices et hôpitaux (D. P. 52. 4. 93).

**25-30 mars 1852.** — Décret sur la décentralisation administrative, qui donne au préfet le pouvoir d'autoriser les aliénations, acquisitions, etc., quelle qu'en soit la valeur; les baux à donner et à prendre, quelle qu'en soit la durée; les dons et legs de toute sorte de biens, quelle qu'en soit la réclamation des familles (D. P. 52. 4. 90).

**5 mai 1852.** — Circulaire développant les différentes dispositions du décret du 23 mars 1852 (D. P. 52. 3. 47).

**8 mars-21 avr. 1855.** — Décret établissant au Vésinet et à Vincennes deux asiles pour les ouvriers convalescents (D. P. 55. 4. 43).

**9-29 juill. 1857.** — Décret qui affecte une somme de 1200000 fr. à l'achèvement et à l'ameublement des asiles impériaux de Vincennes et du Vésinet (D. P. 57. 4. 113).

**28 oct.-30 nov. 1857.** — Décret relatif aux asiles de Vincennes et du Vésinet, base pour les établissements d'utilité publique de l'État (D. P. 58. 4. 1).

**15 févr. 1857.-20 janv. 1858.** — Décret portant organisation de l'asile impérial du château de Saverne (D. P. 58. 4. 9).

**28 mai 1858-24 juin 1859.** — Décret portant que l'asile impérial du Vésinet destiné primitivement à recevoir des ouvriers mutilés, sera affecté aux femmes convalescentes (D. P. 4. 55).

**11 août-14 sept. 1859.** — Décret qui classe au nombre des établissements généraux de bienfaisance et d'utilité publique l'asile impérial du Vésinet, destiné à recevoir des ouvrières convalescentes (D. P. 59. 4. 77).

**9-18 janv. 1861.** — Décret impérial portant que celui du 25 mars 1852 sur la décentralisation administrative est applicable au département de la Seine en ce qui concerne l'administration départementale proprement dite, et celle de la ville et des établissements de bienfaisance de Paris (D. P. 61. 4. 20).

**13-29 avr. 1861.** — Décret relatif à la décentralisation administrative, qui reconnaît aux préfets le pouvoir de statuer : sur le mode de jouissance en nature des biens communaux, quelle que soit la nature de l'acte primitif qui a approuvé le mode actuel (art. 1er et tableau A, 47e); sur les aliénations, acquisitions, échanges, partage de biens de toute nature, qu'elle qu'en soit la valeur (eod., 48e); sur les dons et legs de toute sorte de biens, lorsqu'il n'y a pas de réclamation des familles (eod., 49e); sur les transactions sur toutes sortes de biens, quelle qu'en soit la valeur (eod., 50e); sur l'approbation des marchés passés de gré à gré (eod., 55e); sur l'approbation des plans et devis de travaux, quel qu'en soit le montant (eod., 56e); sur les assurances contre l'incendie (eod., 58e); enfin sur tous les autres objets d'administration communale et d'assistance publique (eod., 67e); mais non sur la création d'hôpitaux et hospices (eod., Y) (D. P. 61. 4. 49).

**26-27 févr. 1862.** — Loi relative aux emprunts à faire au Crédit foncier par les départements, les communes, les hospices, etc. (D. P. 62. 4. 26).

**29 mars 1862.** — Décret réglant les pensions de retraite des employés des établissements généraux de bienfaisance.

**31 mai-11 août 1862.** — Décret sur la comptabilité publique (D. P. 62. 4.-83).

**8-23 août 1865.** — Décret qui place sous le patronage de l'impératrice les établissements généraux de bienfaisance (D. P. 65. 4. 130).

**27 janv. 1866.-8 nov. 1876.** — Décret concernant la comptabilité des communes et des établissements de bienfaisance (D. P. 77. 4. 7).

**4 nov. 1866.** — Décret portant création de la direction de l'assistance publique au ministère de l'intérieur.

**24-29 juill. 1867.** — Loi sur les conseils municipaux

(art. 12 relatif aux emprunts pouvant être contractés par les hospices) (D. P. 67. 4. 89).

**28 janv.-5 févr. 1871.** — Décret portant que l'administration des hospices du département de la Seine effectuera ses recettes et dépenses en 1871, conformément au budget de l'assistance publique voté et approuvé pour 1870 (D. P. 71. 4. 4).

**18-23 févr. 1871.** — Décret portant composition du conseil général des hospices (D. P. 71. 4. 9).

**10-29 août 1871.** — Loi sur les conseils généraux (D. P. 71. 4. 102).

Art. 46-20e relatif aux créations d'institutions départementales d'assistance publique et au service de l'assistance publique dans les établissements départementaux ;

Art. 68, relatif aux secours généraux à des établissements et institutions de bienfaisance.

**21-31 mai 1873.** — Loi relative aux commissions administratives des établissements de bienfaisance (D. P. 73. 4. 67).

**23 déc. 1874.-8 janv. 1875.** — Loi sur la protection des enfants du premier âge (D. P. 75. 4. 79).

**12 févr. 1875.** — Décret modifiant les art. 14 et 16 du décret du 7 févr. 1809 sur les pensions de retraite.

**7 juin-31 juill. 1875.** — Décret dispensant les hospices et autres établissements de bienfaisance de l'accomplissement de la formalité de la purge des hypothèques pour les acquisitions d'immeubles dont le prix n'excède pas 500 fr. (D. P. 76. 4. 14).

**27 juin-2 août 1876.** — Décret relatif au traitement des receveurs des communes, des hospices et des bureaux de bienfaisance (D. P. 76. 4. 114).

**30 juin-7 nov. 1876.** — Décret ordonnant la création d'une maison de secours qui portera le nom d'asile Vacassy, lequel sera classé parmi les établissements généraux de l'État (*Bull. des lois*, n° 8189).

**27-28 févr. 1877.** — Décret portant règlement pour l'exercice de la loi sur la protection des enfants du premier âge (D. P. 77. 4. 36).

**20 juin-19 sept. 1878.** — Décret portant règlement pour l'obtention du diplôme de docteur en médecine (art. 7, relatif aux travaux pratiques et aux stages dans les hôpitaux) (D. P. 78. 4. 104).

**23 juin-1er juill. 1879.** — Décret sur la comptabilité des emprunts des départements, des communes et des établissements publics (D. P. 80. 4. 28).

**5-7 août 1879.** — Loi relative à la nomination des membres des commissions administratives des hospices, des hôpitaux et des bureaux de bienfaisance (D. P. 80. 4. 1).

**27-28 févr. 1880.** — Loi relative à l'aliénation des valeurs mobilières appartenant aux mineurs et aux interdits et à la conversion de ces mêmes valeurs en titres au porteur (D. P. 80. 4. 47).

**11-24 juin 1881.** — Décret sur les pensions de retraite des employés de la préfecture de la Seine, des administrations annexes et de la préfecture de police (D. P. 82. 4. 61).

**27-28 févr. 1884.** — Loi portant révision des cautionnements des percepteurs, receveurs municipaux et des receveurs spéciaux des communes et établissements de bienfaisance (D. P. 84. 4. 95-96).

**5-6 avr. 1884.** — Loi sur l'organisation municipale, qui détermine les cas dans lesquels les délibérations du conseil municipal sont subordonnées à l'approbation du préfet (art. 68); qui spécifie les cas dans lesquels le préfet statue en conseil de préfecture (art. 69); qui exige l'avis du conseil municipal concernant les budgets et comptes des hospices et hôpitaux; les autorisations d'acquérir, d'aliéner, d'emprunter, d'échanger, de plaider ou de transiger, demandées par les mêmes établissements; l'acceptation des dons et legs qui leur sont faits (art. 70); qui détermine les cas dans lesquels les plans et devis sont approuvés par le préfet (art. 114); qui réglemente les autorisations relatives soit aux emprunts contractés par les hospices et hôpitaux (art. 119), soit aux changements d'affectation des valeurs et objets immobiliers ou mobiliers appartenant à ces établissements (art. 120); qui trace les règles en matière d'autorisation de plaider (art. 121 et suiv.); qui abroge le décret du 13 avr. 1861, tableau A, n°s 48, 50, 51, 56 (art. 168-14e) (D. P. 84. 4. 58).

**18 oct. 1887.-11 juin 1888.** — Décret portant réorganisation de l'inspection générale (D. P. 88. 4. 41, et *Bull. des lois*, n° 19255).

**14 avr.-21 juin 1888.** — Décret créant un conseil supérieur de l'assistance publique (D. P. 88. 4. 44).

**5-6 janv. 1889.** — Décret qui distrait du ministère du commerce divers services pour les placer dans les attributions du ministre de l'intérieur (art. 1er relatif au service de l'hygiène publique) (D. P. 89. 4. 54).

**26-27 déc. 1890.** — Loi de finances (art. 11, portant nouvelle attribution des amendes dont le recouvrement a été confié aux percepteurs par la loi du 29 déc. 1873) (D. P. 91. 4.50).

**2-3 juin 1891.** — Loi ayant pour objet de réglementer l'autorisation et le fonctionnement des courses de chevaux, et dont l'art. 5 porte que les sociétés de courses pourront, moyennant un prélèvement fixe en faveur des œuvres locales de bienfaisance et de l'élevage, organiser le pari mutuel sur leurs champs de course (D. P. 91. 4. 49).

**15 juin 1891.** — Décret réglant l'organisation et les attri-butions du corps des inspecteurs généraux des services adminis-tratifs du ministère de l'intérieur (D. P. 92, 4e partie).

**1er août 1891.** — Décret relatif à la rémunération des rece-veurs des communes, des hospices et des bureaux de bienfai-sance (D. P. 92, 4e partie).

**4.** De graves critiques ont été formulées contre l'organi-sation actuelle des secours publics en France. La plupart de ceux qui ont étudié les questions d'assistance ont réclamé de nombreuses réformes, dans le double but de donner à la bienfaisance officielle plus d'efficacité, à la charité privée, délivrée des entraves administratives, plus de liberté d'ac-tion, une facilité d'expansion plus grande (V. notamment Léon Lallemand, *De l'assistance des classes rurales au* XIXe *siècle, passim;* H. Baudrillart, *Études sur la condition des classes rurales en France;* de Crisenoy, *Établissements hospi-taliers dans les campagnes;* Hubert-Valleroux, *op. cit.,* p. 270 et suiv., 384 et suiv.). Dans ces revendications, l'or-ganisation hospitalière proprement dite est moins spéciale-ment visée, et à juste titre, que l'organisation générale des secours publics (V. *infrà,* v° *Secours publics*). — Nous n'avons pas à étudier ici les nombreux projets d'amélioration ou de réorganisation du service hospitalier qui ont été proposés par ceux qui se sont occupés de notre sujet. Nous nous contenterons de résumer succinctement les dispositions des *projets de loi* actuellement soumis à l'examen des Chambres.

**5.** A la suite du dépôt de divers projets de loi sur l'assis-tance publique dans les campagnes, l'Assemblée nationale avait, en 1872 (*Journ. off.,* 1872, p. 1872), nommé une com-mission chargée d'étudier les moyens d'organiser cette assistance. Une vaste enquête fut provoquée par cette commission : un questionnaire fut adressé à tous les con-seils généraux et d'arrondissement, sociétés d'agriculture, associations médicales, etc.; il se divisait en huit cha-pitres comprenant les sujets suivants : bureaux de bien-faisance, comités cantonaux, assistance médicale et phar-maceutique, *assistance hospitalière,* enfants orphelins et abandonnés, extinction de la mendicité, ressources et répartition des charges, mesures de prévoyance. M. Hubert-Valleroux, *op. cit.,* p. 300 et suiv., a résumé sommairement les informations nombreuses et intéressantes recueillies dans cette enquête. La commission limita ses proposi-tions aux mesures qui avaient pour but l'extension des bureaux de bienfaisance à toutes les communes et l'or-ganisation des secours médicaux dans les campagnes. Ce projet, présenté le 4 août 1874, fut voté en première lecture en 1875; mais l'Assemblée nationale se sépara avant d'avoir procédé à la seconde délibération. Depuis lors, plusieurs autres propositions de loi émanant de l'initiative parlemen-taire ont encore été présentées, mais n'ont pu aboutir (V. Hubert-Valleroux, p. 313 et suiv.; L. Lallemand, p. 92).

Actuellement, divers projets d'inégale importance sont à l'étude dans les commissions de la Chambre des députés. Nous allons analyser très sommairement les principales dispositions de ceux de ces projets qui concernent l'organi-sation hospitalière, en suivant l'ordre chronologique du dépôt de chacun d'eux. Une proposition de loi déposée le 19 nov. 1889 par M. Desjardin-Verkinder (qui n'est que la reproduction d'une proposition du même député prise en considération à la précédente législature) « a pour but de syndiquer, sous la présidence du conseiller général, les communes d'un même canton », pour la création d'hôpitaux ou hospices entretenus à frais communs. C'est la majorité des trois quarts des délégués des communes (nommés par les conseils municipaux en nombre égal au quart des mem-bres de ces conseils), qui devra décider la création des éta-blissements hospitaliers. Ceux-ci sont administrés par une commission composée du maire de la commune où est situé l'établissement, président, et de quatre autres membres élus. Les dépenses de premier établissement sont réparties entre toutes les communes du canton, proportionnellement à la population indigente de chacune d'elles, et les dépen-ses d'entretien proportionnellement au nombre de journées de présence de leurs habitants indigents. Cette proposition a été prise en considération le 23 janv. 1890 (V. sur ces syndicats, les observations de M. Lallemand, *op. cit.,* p.112

et suiv.). — Une proposition tendant à faire délivrer du tabac à prix réduit aux vieillards des hospices situés dans les zones frontières a été déposée le 21 nov. 1889 par M. Plichon et quatre de ses collègues. — Une proposition tendant à exempter du payement des droits de mutation (qui actuellement s'élè-vent, y compris les décimes, à 11 fr. 25 pour 100) les dons et legs faits aux hospices, bureaux de bienfaisance, sociétés de secours mutuel et caisses de retraite, a été déposée par M. Ed. Rolland le 1er mars 1890. — Le 27 mars 1890, M. Sieg-fried et plusieurs de ses collègues ont déposé une proposi-tion de loi sur «l'organisation de l'administration de la santé publique », dont l'exposé des motifs n'est que la reproduc-tion d'un rapport fait à la précédente législature au nom d'une commission chargée d'étudier un projet sur l'organi-sation des services de l'hygiène publique, déposé le 13 janv. 1887 par le ministre du commerce. L'art. 1er de cette pro-position soumet à la surveillance de l'administration de la santé publique la salubrité des hôpitaux, hospices, maisons d'aliénés, asiles, etc. — Le 5 juin 1890, le Gouvernement, s'inspirant des résolutions adoptées par le conseil supérieur de l'assistance publique dans ses sessions de janvier 1889 et février 1890 (V. le rapport du directeur de l'assistance publi-que en 1889 et ceux de M. Dreyfus-Brisac en 1889 et 1890, rapportés en annexes au projet de loi du 5 juin 1890 et dans le recueil des délibérations du conseil supérieur de l'assis-tance publique) et par le congrès international d'assistance publique réuni à Paris en juillet 1889, a présenté un projet de loi sur « l'assistance médicale gratuite ». Aux termes de ce projet, tout Français malade privé de ressources, reçoit gratuitement de la commune ou du département où il a son domicile de secours, l'assistance médicale à domicile, ou dans un établissement hospitalier. A cet effet, il est institué dans chaque département, sous l'autorité du préfet, un ser-vice d'assistance médicale gratuite pour les indigents. Toute commune ou syndicat de communes est pourvu d'un dis-pensaire où ne sont données que des consultations externes, et rattaché à une infirmerie et à un hôpital général désigné par le conseil général. Dans le cas où un malade ne peut pas être utilement soigné à domicile, le médecin du dispensaire délivre un certificat indiquant si c'est à l'infirmerie ou à l'hôpital que le malade doit être envoyé. La part de la dépense du service médical gratuit, qui est laissée à la charge des communes et les bases du concours financier incombant à chacune d'elles sont fixées par le conseil géné-ral du département. Le titre 2 du projet détermine comment s'acquiert et se perd le domicile de secours. Le titre 3 orga-nise dans chaque commune ou syndicat de communes un bureau d'assistance médicale chargé d'assurer ce service, jouissant de la personnalité civile et ayant qualité pour représenter les pauvres en ce qui concerne l'assistance médicale. Le titre 4 pose les règles relatives à la détermi-nation par le préfet des conditions et du prix du traitement des malades placés dans les hôpitaux généraux ou les infir-meries, aux frais des communes ou du département. Les titres 5 et 6 déterminent les dépenses et les voies et moyens de l'assistance médicale gratuite. L'art. 32 contient une disposition fort grave et qui présente de sérieux dangers; il rend obligatoire pour les départements et communes les dépenses résultant de la loi; à cet effet, il autorise les départements et communes à voter, en sus du nombre des centimes additionnels fixés par la loi de finances, des cen-times additionnels aux contributions directes ou des surtaxes sur les alcools, dans la mesure nécessitée par l'application de la loi (V. la critique de ce projet par Hubert-Valleroux, *op. cit.,* p. 315 et suiv.). — Le 7 nov. 1889, un arrêt de la cour de cassation (Crim. cass. 7 nov. 1889, aff. Soudan, *Bull. crim.* n° 327) déclarait illicite la distribution gratuite des médica-ments officinaux par des personnes non diplômées, alors même que ces médicaments auraient été préparés par un pharma-cien ou par celui-ci surveillerait, mais d'une façon intermit-tente, le dépôt où se fait la distribution desdits médicaments. Cette jurisprudence rigoureuse, mais bien fondée en droit, aurait pour effet de faire disparaître un grand nombre de fondations charitables qui distribuent gratuitement aux pauvres les médicaments dont ils ont besoin (V. le rapport présenté au comité consultatif d'hygiène par MM. Regnault et Napias et inséré dans l'exposé des motifs du projet de loi ci-après. V. aussi *infrà,* v° *Pharmacie*). Un projet de loi destiné à obvier à un tel résultat a été présenté par le Gouvernement le 30 juin 1890. Il a pour objet de permettre aux établissements de bienfaisance de faire distribuer gratuitement aux indigents les médicaments préparés par les pharmaciens de ces établissements. Cette distribution serait faite sous la surveillance et la responsabilité desdits pharmaciens par des personnes présentées par eux et nommées par les commissions administratives avec l'agrément du préfet. — Une proposition déposée le 24 janv. 1891 par M. Armand Després a pour objet de faire examiner et voter par les Chambres le budget de la préfecture de police et celui de l'assistance publique à Paris. — Le 17 févr. 1891, M. Isambard a déposé une proposition de loi tendant « à généraliser et à syndiquer les bureaux de bienfaisance ». V. aussi *infrà*, v° *Secours publics*.

**6.** L'étude du régime hospitalier dans les *pays étrangers* nécessiterait des développements trop longs. Nous croyons donc devoir nous borner à renvoyer, sur ce point, à l'exposé contenu dans les ouvrages suivants : Chauveau, *Des établissements de charité publics et privés, en France et dans les pays étrangers, sous le point de vue administratif; L'assistance publique en Europe (Journal des économistes*, 1875, p. 208); Em. Chevallier, *L'assistance publique dans les campagnes*; de Crisenoy, *op. cit.*; Cros-Mayrevieille, *Étude sur la législation et l'organisation des établissements de bienfaisance dans les différents États de l'Europe*; Hubert-Valleroux, *op. cit.*, p. 321 et suiv., 415 et suiv. L'étude des législations étrangères démontre avec évidence, ainsi que le fait observer ce dernier auteur « que notre législation et nos pratiques sur l'assistance privée sont les moins libérales qu'il y ait, et qu'en réclamant pour les particuliers le droit de faire la charité sans autorisation préalable et de faire durer leurs bienfaits au moyen de fondations, on ne fait que demander, non seulement que l'on revienne à ce qui a existé en France, mais qu'il soit permis aux Français de faire ce que peuvent les citoyens des autres pays » (Conf. Léon Lallemand, *Assistance des classes ouvrières*, p. 118 et suiv.).

**7.** On a indiqué sommairement au *Rép.* n° 21 la *statistique des revenus* des hôpitaux et hospices, des *individus* qui y étaient reçus et du *nombre de ces établissements* en 1789 et en 1848. Deux recueils publiés tous les ans par le ministère du commerce et de l'industrie fournissent actuellement les renseignements les plus précis sur la statistique hospitalière de la France; ce sont : l'*Annuaire statistique de la France* et la *Statistique générale de la France*. Nous allons résumer les derniers renseignements donnés par ces recueils, qui se réfèrent à l'année 1886.

Pendant l'année 1886, on comptait en France : 402 hôpitaux, 816 hôpitaux-hospices, 439 hospices, soit au total 1657 établissements hospitaliers, occupant un personnel de 29755 membres, dont 2966 médecins et chirurgiens et 10994 religieuses. Ces établissements renfermaient 174041 lits, dont 73748 pour les malades, 58879 pour les infirmes et incurables, 17033 pour les enfants assistés, 24361 pour le personnel. Leurs budgets, non compris les fonds libres, s'élevaient au total, en recettes, à 144025586 fr., et en dépenses, à 109102984 fr. L'administration de l'Assistance publique à Paris possédait à elle seule, en 1886, 24 hôpitaux, 7 hôpitaux-hospices, 13 hospices, au total 44 établissements desservis par un personnel de 3774 membres, comptant 27079 lits, dont 11457 pour les malades, 11522 pour les infirmes et incurables, 750 pour les enfants assistés, 3350 pour le personnel. Le budget de ces 44 établissements était, en recettes, de 41654825 fr., et en dépenses de 39883788 fr. Pendant l'année 1886, on a compté dans les établissements hospitaliers 15303464 journées de présence de malades, dont 8046822 pour les malades hommes, 5281341 pour les femmes, 1975301 pour les enfants; on a compté 17624471 journées de présence de vieillards, d'infirmes et d'incurables, dont 7658606 pour les hommes, 8497597 pour les femmes, 1468268 pour les enfants. A Paris, il y a eu 3861467 journées de malades et 3363784 journées de vieillards et infirmes. — En 1886, dans une enquête qui a porté sur 87212 lits seulement, on a constaté que, sur 47964 lits d'hospice, 10722, c'est-à-dire 22,45 pour 100 sont restés vacants, et sur 39248 lits d'hôpital, 15709, soit 40 pour 100 sont restés vacants (H. Ch. Monod, *Journ. off.* 15 juin 1888).

Pendant l'exercice 1885, les recettes de tous les établissements hospitaliers se sont élevées à la somme de 123358257 fr., dont 37540904 fr. pour la ville de Paris. Ces recettes se décomposent ainsi : revenus propres aux établissements 46352497 fr., soit 43,1 pour 100; subventions de tout genre 26059275 fr., soit 24,3 pour 100; dons et legs 5364745, soit 5 pour 100; droit des pauvres 3242959 fr., soit 3 pour 100; bénéfices des monts-de-piété 673913 fr., soit 0,6 pour 100; recettes diverses 5848713, soit 5,4 pour 100; remboursement des frais des malades payants 20099328 fr., soit 18,6 pour 100; fonds libres reportés des exercices précédents 15916827 fr. Les dépenses, pendant le même exercice 1885, se sont élevées à 108990553 fr. (dont 40205400 fr. pour l'assistance publique à Paris), savoir : pour l'administration des biens et revenus 11677748 fr.; pour secours à domicile 11203875 fr.; pour dépenses diverses, y compris celles des enfants assistés, 19300639 fr. ; pour dépenses hospitalières proprement dites, 66808291 fr. (dont 10708147 fr. pour le personnel, 16419043 fr., pour le matériel, 35664861 fr., pour la nourriture, 4016238 fr. pour la pharmacie). Le coût moyen d'une journée de présence dans les hôpitaux et hospices a été, pendant l'année 1885, de 2 fr. 97 dans le département de la Seine ; 1 fr. 77 dans les autres départements, et pour la France entière, de 2 fr. 04. — En 1885, le montant des dons et legs faits aux établissements hospitaliers dont l'acceptation a été autorisée par le conseil d'État s'est élevé à 14383000 fr.; de plus, les libéralités faites aux départements et aux communes ont atteint le chiffre de 6854800 fr., dont les 4/5 avaient une destination bienfaisante (*Annuaire d'économie politique*, 1889. Conf. aussi : *Statistique des dépenses d'assistance publique en 1885*, fasc. n° 24 du *Recueil des délibérations du conseil supérieur de l'assistance publique*; ibid., fasc., n° 8).

**CHAP. 2. — Des conditions d'existence des hôpitaux et hospices. — Autorisation des hospices départementaux** (*Rép.* n°s 31 à 88).

**8.** Nul ne peut, sans autorisation spéciale, *fonder* un hôpital ou un hospice (Édits de déc. 1666 et août 1749). Cette règle, que nous avons formulée au *Rép.* n° 31, est toujours en vigueur. Elle s'applique aussi bien aux établissements privés qu'aux établissements publics ; à ceux qui ne sollicitent pas la reconnaissance d'utilité publique, comme à ceux qui sollicitent cette reconnaissance destinée à leur assurer la personnalité civile ; à ceux qui sont fondés par une seule personne, comme à ceux qui sont créés par une association (V. Av. Cons. d'Et. 17 janv. 1806, rapporté par Béquet, *L'Assistance publique*, n° 813). — Les entraves apportées à l'exercice de la charité individuelle par la nécessité de l'autorisation préalable alors même qu'il ne s'agit pas de la fondation d'un établissement ayant la personnalité civile, paralysent trop souvent l'initiative privée. Aussi la réforme de nos lois et de nos pratiques administratives sur ce point est-elle énergiquement réclamée par la plupart de ceux qui ont étudié la législation sur l'assistance publique. V. notamment : Léon Lallemand, *Assistance des classes rurales*, p. 118 et suiv. ; Hubert-Valleroux, *op. cit.*, p. 270 et suiv. ; *infrà*, v° *Secours publics*.

**9.** Pour obtenir l'autorisation de fonder un hôpital ou un hospice, on doit adresser au préfet une demande accompagnée d'une expédition de l'acte constitutif de la fondation. Le préfet prend ensuite les avis du conseil municipal (Circ. min. int. 5 mai 1852, D. P. 52. 3. 35) et du sous-préfet et transmet le tout, avec son propre avis, au ministre de l'intérieur, sur le rapport duquel le décret d'autorisation est rendu, s'il y a lieu (Décr. 25 mars 1852, art. 1er, tabl. A, n° 55, § y, D. P. 52. 4. 90, reproduit par Décr. 13 avr. 1861, art. 1er, et tableau A, n° 67, § y, D. P. 61. 4. 49, et non modifié, en ce qui concerne les hôpitaux et hospices par l'art. 14, L. 24 juill. 1867, D. P. 67. 4. 93). Le décret d'autorisation ne peut être rendu que le conseil d'État entendu ; mais, à la différence du décret du 2 août 1879 (art. 7-4°), le décret du 3 avr. 1886, modifiant le règlement du conseil d'État, n'exige plus que ce conseil statue en assemblée générale sur les projets de décret portant création d'établissements publics (D. P. 86. 4. 82).

**10.** Jugé que, quand un décret autorisant la fondation d'un hospice porte que l'administration et la comptabilité de l'établissement seront soumises aux lois et règlements en vigueur sur les hospices communaux, le visa par ledit décret du projet de statuts dressé par le conseil municipal ne peut avoir pour effet de rendre ces statuts applicables qu'autant qu'ils ne sont pas contraires à ces lois et règlements (Cons. d'Et. 24 mai 1889, aff. Ville-d'Adge, D. P. 90. 3. 101).

**11.** La nécessité de l'autorisation préalable pour la création d'établissements hospitaliers n'existe plus, toutefois, lorsque l'établissement à créer doit être la simple dépendance d'un établissement public déjà existant. C'est ainsi que la commission administrative des hôpitaux d'une commune peut fonder librement des hôpitaux et hospices qui n'auront pas de personnalité civile distincte de celle des autres établissements hospitaliers de la commune. De même, un conseil général a le droit de créer, sans autorisation préalable, des hôpitaux ou hospices départementaux (V. L. 10 août 1871, art. 46-20°, D. P. 71. 4. 102; et Décr. en Cons. d'Et. 24 avr. 1884, *Revue générale d'administration*, 1884, t. 2, p. 438). — Sur les difficultés qui peuvent, en ce cas, se présenter quant à l'administration et à la surveillance de ces établissements, V. *Rép.* n° 46 (Conf. Fl. Ravarin, *Assistance communale*, p. 51). Décidé que l'art. 46-20° de la loi de 1871 ne concerne que la fondation même de ces institutions et ne saurait autoriser les conseils généraux à en prendre en mains l'administration, ou à déléguer cette administration à une commission dans le sein de laquelle ils se seraient réservé la prépondérance (Décr. précité 24 avr. 1884). — En aucun cas, d'ailleurs, il n'appartient à l'autorité judiciaire d'ordonner le rétablissement d'un hospice supprimé (Paris, 18 mars 1872, aff. Commune de Maintenon, D. P. 74. 5. 106).

**12.** Les hôpitaux et hospices ne sont pas compris parmi les établissements dangereux, insalubres et incommodes énoncés dans les décrets des 31 déc. 1866 et 31 janv. 1872. Le propriétaire voisin de l'un de ces établissements ne pourrait donc en demander la suppression (V. *infrà, Manufactures, fabriques et ateliers dangereux*). — Toutefois, si l'exécution des travaux de construction ou d'aménagement lui cause un préjudice non seulement possible et éventuel, mais certain et présent, il peut réclamer une indemnité devant le conseil de préfecture, compétent pour statuer sur les difficultés naissant de l'exécution de travaux publics (L. 28 pluv. an 8, art. 4). Conf. Fl. Ravarin, p. 39.

**13.** Les établissements hospitaliers, malgré l'état de dépendance relative dans lequel ils sont placés vis-à-vis des administrations municipales, constituent des personnes morales distinctes des communes, et se trouvent soumis aux mêmes règles que les particuliers, dans leurs rapports avec les communes (*Rép.* n° 35; Dijon, 20 déc. 1877, aff. Hospice de Tournus. D. P. 72. 2. 62).

L'ensemble des hôpitaux et hospices d'une même commune constitue une seule personne morale, dont les intérêts sont gérés par une commission administrative unique (V. *infrà*, n°s 14 et suiv.). Il en est ainsi, alors même qu'on ou plusieurs de ces hôpitaux ou hospices seraient établis sur le territoire d'une autre commune ou même d'un autre département. Ces établissements, de même que ceux situés au siège de l'administration mère sont administrés par la commission administrative de la ville qui les a fondés. — Si cependant il arrivait que, dans les très grandes villes possédant plusieurs de ces établissements, il y eût nécessité, à cause de la différence de leur destination et de leurs intérêts, de former deux commissions au lieu d'une, le ministre pourrait consentir à solliciter une décision du chef de l'État, pour autoriser une exception (Instr. du 8 févr. 1883).

## CHAP. 3. — De l'administration des hôpitaux et hospices (*Rép.* n°s 39 à 236).

Sect. 1re. — Composition, attributions générales des commissions administratives ; droits des fondateurs ; agents administratifs (*Rép.* n°s 40 à 61).

**14.** Ainsi qu'on l'a expliqué (*Rép.* n° 46 et suiv.), l'administration des hôpitaux et hospices est confiée, dans chaque commune, à une *commission administrative* (V. sur les critiques qu'a soulevées ce mode d'administration : Coquelin

et Guillaumin, *Dictionnaire d'économie politique*, v° *Hôpitaux*, p. 872).

**15.** Le décret réglementaire du 23 mars 1852 (D. P. 52. 4. 95), rendu en exécution de l'art. 6 de la loi du 7 août 1851 (D. P. 51. 4. 155), et complété par la circulaire ministérielle du 5 mai 1852 (D. P. 52. 3. 53), avait déterminé la composition des commissions administratives des hôpitaux et hospices. Nous avons exposé (*Rép.* n°s 41 et suiv.), les règles contenues dans ce décret et le commentaire qu'en a donné la circulaire. Deux lois plus récentes (21 mai 1873, D. P. 73. 4. 67 et 5 août 1879, D. P. 80. 4. 1.) ont, depuis lors, modifié la composition et le mode de nomination des commissions administratives.

**16.** En 1871, l'Assemblée nationale avait été saisie d'un projet du gouvernement (*Journ. off.* 30 juill. 1871) tendant à la réorganisation des commissions administratives des hospices et de celles des bureaux de bienfaisance, et conférant à une seule et même commission, dans chaque ville, l'administration de ces deux genres d'établissements. Sur le rapport de M. de Melun, cette substitution d'une commission unique aux commissions distinctes des hospices et des bureaux de bienfaisance, fut rejetée. Un nouveau projet (*Journ. off.* 17 mai 1872), élaboré par le gouvernement, se contenta de modifier la composition des commissions existantes et de les autoriser à consacrer aux secours à domicile une portion plus considérable de leurs revenus. Ce projet, inspiré par les dispositions de l'arrêté du 24 avr. 1849 (D. P. 49. 4. 95) sur le conseil de surveillance de l'assistance publique à Paris, composait les commissions de membres pris dans différentes catégories et, pour la plupart, élus par leurs collègues, la composition des commissions et les corps appelés à élire un ou plusieurs membres devant d'ailleurs différer suivant l'importance et la population des villes. Ce système ne fut pas adopté. Sur un nouveau rapport de M. de Melun, l'Assemblée nationale adopta, le 21 mai 1873 (D. P. 73. 4. 67), une organisation, dans laquelle elle essayait de donner aux commissions administratives l'indépendance nécessaire pour la défense des véritables intérêts des établissements charitables, tout en les maintenant sous la surveillance et l'influence prépondérante de l'administration. Le préfet, dit le rapport, « peut tout empêcher; qu'au moins il n'ait pas le droit de tout faire ». A la nomination directe et immédiate par le préfet, du 21 mai 1873 substitua donc la nomination par le préfet, *sur une liste de trois candidats* pour chaque place vacante, présentés par la commission elle-même. L'art. 1er de cette loi fixait de la manière suivante la composition des commissions administratives : « Les commissions administratives des hospices et hôpitaux et celles des bureaux de bienfaisance sont composées de cinq membres renouvelables, du maire et du plus ancien curé de la commune. Dans les communes où siège un conseil presbytéral ou un consistoire israélite, les commissions comprennent, en outre, un délégué de chacun de ces conseils … ». Aux termes de l'art. 4, les membres des commissions administratives étaient nommés pour cinq ans; chaque année la commission se renouvelait par cinquième, le nouveau membre devant être nommé par le préfet sur une liste de trois candidats nommés par la commission. Enfin l'art. 5 disposait que, en cas de renouvellement total ou de création nouvelle, la commission serait nommée par le ministre de l'intérieur, sur la proposition du préfet : le renouvellement par cinquième de cette commission serait déterminée par le sort à la première séance d'installation.

**17.** Le 17 nov. 1877, une proposition de loi fut présentée à la Chambre des députés, tendant à modifier le système de la loi de 1873 et à attribuer aux conseils municipaux seuls le droit de nommer tous les administrateurs des hospices et des bureaux de bienfaisance, en supprimant le privilège établi en faveur des ministres du culte. Cette proposition, adoptée sans modification par une commission spéciale, fut vivement combattue devant la Chambre des députés (séance du 21 mars 1879, *Journ. off.* 22 mars 1879), par MM. Berger et de Perrochel, qui soutinrent, non sans apparence de raison, que la nomination des commissions administratives par les conseils municipaux conduirait à la destruction de l'autonomie des hospices et des bureaux de bienfaisance, et aurait en outre pour conséquence d'introduire la politique dans la charité. Le projet fut soutenu par M. Plessier, son auteur, et rapporteur de la commission. La Chambre ayant décidé de passer à la discussion des articles, se trouva en présence de deux contre-projets, l'un présenté par M. Giraud, l'autre par M. Martin-Feuillée, sous-secrétaire d'Etat, au nom du Gouvernement. La Chambre rejeta ce dernier projet et adopta celui de M. Giraud (séances des 27 mars et 6 avr. 1879). Le Sénat, sur la proposition de la commission, et malgré l'opposition de M. Chesnelong, qui demandait le maintien de la loi de 1873, accepta le projet, mais en lui faisant subir plusieurs modifications (séances des 8, 10, 26 et 28 juill. 1879), qui furent sanctionnées sans discussion par la Chambre le 30 juill. 1879 (Journ. off. 31 juill. 1879). La loi a été promulguée le 5 août 1879.

**18.** L'art. 1er de la loi du 5 août 1879 dispose : « Les art. 1, 2, 4 et 5 de la loi du 31 mai 1873, relative aux commissions administratives des hospices et des bureaux de bienfaisance sont abrogés et remplacés par les articles suivant : Art. 1er. Les commissions administratives des hospices et hôpitaux et celles des bureaux de bienfaisance sont composées du maire et de six membres renouvelables. Deux des membres de chaque commission sont élus par le conseil municipal. Les quatre autres membres sont nommés par le préfet ... ». Le projet primitivement adopté par la Chambre ne composait les commissions administratives des hôpitaux et hospices que de six membres, le maire ou l'adjoint, deux membres nommés par le conseil municipal et trois nommés par le préfet. Le Sénat considérant que, contre deux membres nommés par le conseil municipal et le maire qui a voix prépondérante, les trois membres nommés par le préfet seraient en minorité, porta à quatre le nombre des membres à la nomination du préfet (V. Rapport de M.-Robert de Massy au Sénat). M. Chesnelong et plusieurs de ses collègues avaient proposé au Sénat d'ajouter à l'art. 1er le paragraphe additionnel suivant : « Les commissions comprendront, en outre, un ecclésiastique désigné par l'autorité diocésaine, et, dans les communes où siège un conseil presbytéral ou un conseil israélite, un délégué de chacun de ces deux conseils (Conf. Léon Lallemand, op. cit. p. 101). Cet amendement, développé par MM. Chesnelong et de Ravignan, a été rejeté par le Sénat. Le troisième paragraphe de l'art. 1er de la loi de 1879 s'exprime ainsi : « Art. 2. Le nombre des membres renouvelables peut, en raison de l'importance des établissements et des circonstances locales, être augmenté par un décret spécial, rendu sur l'avis du conseil d'Etat. Dans ce cas, l'augmentation aura lieu par nombre pair, afin que le droit de nomination s'exerce, dans une proportion égale, par le conseil municipal et le préfet ».

**19.** D'après les explications données à la Chambre des députés le 30 avr. 1879, et la circulaire du 14 nov. 1879 (D. P. 80. 4. 3, note), c'est au préfet qu'il appartient de statuer sur les contestations auxquelles peut donner lieu l'élection des délégués du conseil municipal appelés à faire partie des commissions administratives. Ce système était fondé sur ce que les élections faites par le conseil municipal pouvaient être assimilées aux délibérations réglementaires prévues par l'art. 17 de la loi du 18 juill. 1837 et que, dès lors, les contestations devaient être jugées conformément à l'art. 18. Sous l'empire des art. 63 et 65 de la loi du 5 avr. 1884, le préfet peut annuler, en conseil de préfecture, les délibérations prises dans les termes de l'art. 61, c'est-à-dire les délibérations réglementaires qui ne sont pas soumises à son approbation, quand elles sont prises en violation d'une loi ou d'un règlement d'administration publique (Circ. min. int. 15 mai 1884. V. cependant les explications données par le sous-secrétaire d'Etat dans la séance de la Chambre des députés du 30 juill. 1879, Journ. off., 31 juill. 1879). — Aussi, dans une affaire où le conseil municipal avait nommé trois délégués au lieu de deux, le conseil d'Etat a reconnu que le préfet avait, avec raison, déclaré la nullité de la délibération (Cons. d'Et. 24 mai 1889, aff. Ville d'Agde, D. P. 90. 3. 101). — La décision du préfet qui annule l'élection peut être déférée au Conseil d'Etat par la voie du recours pour excès de pouvoir, conformément à l'art. 67 de la loi du 5 avr. 1884 (V. supra, vo Commune, no 257). — Dans le cas où l'élection serait attaquée pour un motif de pur fait, par exemple parce qu'un bulletin aurait été attribué à un candidat qu'il ne désignait pas d'une manière suffisamment claire, ou parce que le scrutin aurait été entaché de

manœuvres de nature à en altérer la sincérité, l'art. 63 de la loi de 1884 semblerait difficilement applicable ; il paraîtrait donc que l'affaire devrait être portée devant le ministre, avant de l'être devant le conseil d'Etat. — En tous cas, le conseil de préfecture serait incompétent pour statuer sur des contestations de cette nature (Cons. d'Et. 25 mai 1889, aff. Elect. de Revel, D. P. 90. 3. 101). V. infrà, nos 20 et suiv.

Il convient, d'ailleurs, de remarquer que, dans la plupart des cas, il est possible au préfet de faire régulariser l'élection, en appelant le conseil municipal à prendre une nouvelle délibération (Circ. min. int. 14 nov. 1879, D. P. 80. 4. 3, note 1).

**20.** L'art. 1er, § 4, de la loi de 1879 continue : « Art. 4. Les délégués du conseil municipal suivent le sort de cette assemblée, quant à la durée de leur mandat ; mais en cas de suspension ou de dissolution du conseil municipal, ce mandat est continué jusqu'au jour de la nomination des délégués par le nouveau conseil municipal. Les autres membres renouvelables sont nommés pour quatre ans. Chaque année, la commission se renouvelle par quart. Les membres sortants sont rééligibles. Si le remplacement a lieu dans le cours d'une année, les fonctions du nouveau membre expirent à l'époque où auraient cessé celles du membre qu'il a remplacé. Ne sont pas éligibles ou sont révoqués de plein droit les membres qui se trouveraient dans un des cas d'incapacité prévus par les lois électorales. L'élection des délégués du conseil municipal a lieu au scrutin secret, à la majorité absolue des voix. Après deux tours de scrutin, la majorité relative suffit, et au cas de partage, le plus âgé des candidats est élu ». — Le conseil municipal a toute latitude pour le choix de ses représentants ; il n'est nullement astreint à les choisir parmi ses membres. Il suffit, ainsi que le dit l'art. 4, qu'ils ne se trouvent pas dans un des cas d'incapacité prévus par les lois électorales (Circ. min. instr. 15 mai 1884, Bull. off. min. int. 1884, p. 322). Le conseiller municipal nommé membre d'une commission administrative qui refuserait de remplir cette mission pourrait, par application de l'art. 1er de la loi du 7 juin 1873, être déclaré, par le conseil d'Etat, démissionnaire de ses fonctions de conseiller municipal (V. supra, vo Commune, no 191).

**21.** La circulaire du ministre de l'intérieur du 26 sept. 1879 (Bull. off. min. int. 1879, p. 235), sur l'application de la loi, recommande aux préfets de choisir, à moins d'impossibilité, les membres à leur nomination, en dehors du conseil municipal (Cros-Mayrevieille, p. 63). Il importe, en effet, d'éviter toute confusion entre l'administration de la commune elle-même et celle des établissements hospitaliers, qui forment deux personnes civiles entièrement distinctes. En ce qui concerne les nominations faites par le préfet, la seule voie de recours ouverte paraît être celle du recours pour excès de pouvoir (D. P. 90. 3. 101, note 1). Mais un membre de la commission administrative n'a pas qualité pour déférer au Conseil d'Etat, par la voie du recours pour excès de pouvoir, un arrêté préfectoral nommant un autre membre de cette commission (Cons. d'Et. 2 nov. 1888, aff. Greteau, D. P. 89. 3. 124).

**22.** Avant 1873, et en vertu de l'ordonnance du 31 oct. 1821, art. 5, les membres des commissions administratives devaient avoir leur domicile réel dans le lieu où siégeaient ces administrations (Rép. no 45. Conf. Circ. min. int. 12 juill. 1860). Le projet définitif de la commission de l'Assemblée nationale omit intentionnellement de reproduire cette disposition ; on doit donc la considérer comme implicitement abrogée par la loi du 24 mai 1873 (Cont. Décis. min. int. 4 juin 1878, Bull. off. min. int. 1878, p. 276. V. en sens contraire Béquet, vo Assistance publique, no 606). Le silence gardé sur ce point par la loi de 1879 confirme cette interprétation (Cros-Mayrevieille, p. 62). — Par analogie avec ce qui a lieu pour les conseils municipaux, une circulaire du 26 sept. 1879 a décidé que, dans les communes de cinq cents habitants et au-dessus, les pères, fils et alliés au même degré ne peuvent faire partie de la même commission administrative (Bull. off. min. int. 1879, p. 234. Comp. Rép. no 48).

**23.** Le paragraphe 5 de l'art. 1er de la loi de 1879 modifie ainsi qu'il suit l'art. 5 de la loi de 1873 : « Art. 5. Les commissions pourront être dissoutes et leurs membres révoqués par le ministre de l'intérieur. En cas de dissolution ou de révocation, la commission sera remplacée ou complétée dans le délai d'un mois. Les délégués des conseils municipaux ne pourront, s'ils sont révoqués, être réélus pendant une année. En cas de renouvellement total ou de création nouvelle, les membres que l'art. 1er laisse à la nomination du préfet seront, sur sa proposition, nommés par le ministre de l'intérieur. Le renouvellement par quart sera déterminé par le sort à la première séance d'installation ».

**24.** L'art. 2 de la loi de 1879 contient une disposition transitoire : « Le renouvellement total des commissions administratives sera effectué, conformément aux dispositions de la présente loi, dans les six mois qui suivront sa promulgation ».

**25.** « Les fonctions de membre des commissions sont gratuites » (art. 3, § 3, non abrogé de la loi de 1873. Conf. art. 1er, § 4 du décret du 23 mars 1852, D. P. 52. 4. 93. V. aussi, dans le même sens, Rép. n°41 ; Cros-Mayrevieille, p. 61).

**26.** La commission doit se réunir à des époques fixes (Rép. n° 53). — Elle ne peut délibérer qu'à la majorité des membres qui la composent (ibid.) ; l'art. 50 de la loi du 5 avr. 1884, lui est inapplicable (Cons. d'Et. 2 août 1889, aff. Casse, Rec. Cons. d'Etat, 1889, p. 915). Le président a voix prépondérante, en cas de partage (L. 21 mai 1873, art. 3).

**27.** L'art. 3, non abrogé de la loi de 1873 s'exprime ainsi : « La présidence appartient au maire ou à l'adjoint, ou au conseiller municipal remplissant dans leur plénitude les fonctions de maire... Les commissions nomment tous les ans un vice-président. En cas d'absence du maire et du vice-président, la présidence appartient au plus ancien des membres présents, et, à défaut d'ancienneté, au plus âgé...» (Conf. Décr. 23 mars 1852, art. 1er, Rép. n° 41). — Que faut-il entendre par ces mots : au plus ancien des membres présents ? La disposition de l'art. 3, § 2 in fine, de la loi de 1873 a été empruntée à l'art. 1er, § 3 du décret de 1852. Or, sous l'empire de ce décret une décision du ministre de l'intérieur a statué, le 6 mai 1853 (Journal des communes, t. 34, p. 406), que ces expressions doivent être considérées comme désignant non pas l'administrateur qui fait partie depuis le plus longtemps de la commission, mais celui dont les pouvoirs en exercice sont de plus ancienne date. Le mandat des administrateurs expire toujours, en effet, au bout de chaque période de cinq ans et la nomination nouvelle qui intervient à ce moment est non pas la continuation des pouvoirs précédents, mais un nouveau mandat qui commence. — Cette jurisprudence doit encore être appliquée, pour les mêmes motifs, sous l'empire de la loi de 1873.

**28.** Un amendement à l'art. 3 de la loi de 1873 avait demandé que le maire pût, en toute circonstance, et quand bon lui semblerait, déléguer un de ses adjoints pour présider la commission administrative. Cette proposition, combattue par M. Lucien Brun, a été rejetée et l'article a formellement prescrit qu'un adjoint ou un conseiller municipal ne peut présider la commission que s'il remplit dans leur plénitude les fonctions de maire, c'est-à-dire si le maire est absent ou empêché pour longtemps. En tout autre cas, la présidence appartient, à défaut du maire, au vice-président élu par la commission (Conf. Circ. min. int. 25 juin 1873, Bull. off. min. int. 1873, p. 317; Cros-Mayrevieille, p. 68. V. aussi Rép. n° 41).

**29.** On a énuméré (Rép. n° 48 et 49) quelles sont les personnes auxquelles l'instruction du 18 févr. 1823 recommande d'éviter de confier les fonctions de membres des commissions administratives. Les circulaires du ministre de l'intérieur des 26 sept. et 14 nov. 1879 (Bull. off. min. int. 1879, p. 235 et 434), sur l'application de la loi de 1879, ont modifié et complété l'instruction de 1823. Leurs dispositions n'ont, évidemment, comme celles de l'instruction de 1823, aucune force obligatoire pour les conseils municipaux appelés à élire les membres des commissions administratives ; les circulaires ministérielles n'ont aucun effet en dehors du personnel de l'administration. Mais elles peuvent être utilement consultées. — Les médecins des établissements hospitaliers ne peuvent faire partie des commissions administratives, sous l'autorité desquelles ils sont placés (Circ. min. int. 26 sept. 1879. Conf. Circ. min. int. 15 mai 1884, Bull. off. min. int. 1884, p. 323 ; Décis. min. 2 août 1859);.., à moins que, pendant la durée de leurs fonctions, ils ne se fassent remplacer par

un médecin suppléant qui recevra le traitement attribué au médecin titulaire : la circulaire du 14 nov. 1879 formule expressément cette exception en faveur des maires. — La même règle doit être suivie pour les pharmaciens (Circ. préc. 14 nov. 1879). — Les fournisseurs des établissements hospitaliers ne peuvent être membres des commissions administratives (Circ. 26 sept. 1879. Conf. Circ. précitée de 1884). Il en est de même des débiteurs et des locataires des hospices (Rép. n° 49) ;... des conseillers de préfecture (Rép. n° 48 ; Cros-Mayrevieille, loc. cit.) ; mais non des membres des cours et tribunaux (Rép. ibid.). — Une circulaire ministérielle du 24 nov. 1877 déclare les fonctions d'adjoint au maire incompatibles avec celles de membre du bureau de bienfaisance, afin d'éviter le cumul qui aurait pour effet de restreindre le nombre des représentants de la municipalité, quand l'adjoint est appelé à remplacer le maire. La même règle est applicable aux commissions administratives des hospices (V. dans ce sens, Circ. préc. 14 nov. 1879; et en sens contraire Circ. min. int. 13 sept. 1835). — Les ministres du culte peuvent être désignés comme administrateurs, soit par les conseils municipaux, soit par le préfet ; mais cette nomination est purement personnelle ; en cas de décès du curé, son successeur ne le remplace pas de plein droit (Circ. 26 sept. 1879 et 15 mai 1884 ; Cros-Mayrevieille, loc. cit.).

**30.** L'art. 75 de la constitution de l'an 8 ayant été abrogé par le décret du 19 sept. 1870, la difficulté qu'avait soulevé l'application de cet article aux membres des commissions administratives (Rép. n° 55 ; Req. 5 nov. 1850, aff. Petibon, D. P. 50. 1. 329) ne peut plus être soulevée aujourd'hui.

**31.** Les membres des commissions administratives doivent-ils être considérés comme « dépositaires ou agents de l'autorité publique, ou des citoyens chargés d'un mandat ou un service public », dans le sens de l'art. 31 de la loi du 29 juill. 1881, et, en conséquence, la cour d'assises est-elle compétente pour connaître de l'action par eux intentée à raison de diffamations dirigées contre eux à l'occasion de leurs fonctions? La solution négative déjà adoptée par la jurisprudence sous l'empire de la loi du 17 mai 1819 (Crim. rej. 27 nov. 1840, aff. Clément, 14 nov. 1850 ; 23 mai 1862, D. P. 62. 1. 392 ; 16 mars 1872, aff. Garcin, D. P. 72. 1. 159) prévaut encore aujourd'hui (Crim. rej. 27 févr. 1884, aff. Parriel, D. P. 85. 1. 379 ; Bordeaux, 15 mai 1885, Bourges, 31 mai 1886, Rev. des établis. de bienfais. 1885, p. 104, et 1886, p. 272 ; Cros-Mayrevieille, p. 65 ; Fabreguettes, Traité des infract. de la parole et de l'écriture, t. 1, p. 475 ; Dutruc, Explicat. de la loi du 29 juill. 1881, n° 227. V. en sens contraire Toulouse, 5 juin 1883, aff. Parriel précitée, Journ. du droit crim., 1885, p. 76 ; Trib. de Meaux, 13 févr. 1884, Le Droit du 2 mars 1884 ; Béquet, op. cit., n° 611. V. aussi Req. 5 nov. 1850, aff. Petibon-Gillonnière, D. P. 50. 1. 329). V. infrà, v° Presse-outrage.

**32.** Les administrateurs des hospices ne sont évidemment pas des « officiers publics ou ministériels». L'art. 408, § 2, c. pén. ne leur est donc pas applicable, et les abus de confiance qui peuvent être commis par eux doivent être déférés au tribunal de police correctionnelle, et non à la cour d'assises (V. Trib. de la Seine, 7 janv. 1886, Revue des établissements de bienfaisance, 1886, p. 45).

**33.** L'art. 8 (non abrogé) de la loi du 21 mai 1873, maintenant les dispositions du décret du 31 juill. 1806 (Rép. n° 57), porte : « Il n'est point dérogé par la présente loi aux ordonnances, décrets et autres actes du pouvoir exécutif en vertu desquels certains hospices et bureaux de bienfaisance sont organisés d'une manière spéciale ». En ce cas, dit la circulaire du 25 juin 1873 (Bull. off. min. int. 1873, p. 317), la disposition relative aux commissions administratives organisées d'une manière spéciale laisse à l'Administration toute latitude pour assurer la stricte exécution des volontés des fondateurs. Lorsque, en effet, elles ne contrarient pas des principes d'ordre public, ces volontés doivent être respectées. Le Gouvernement favorise ainsi la multiplication d'établissements qui peuvent, par la spécialité et la variété de leur organisation, se prêter à toutes les formes de l'assistance en même temps qu'aux exigences locales. Sur les difficultés que peut soulever l'application de cette disposition exceptionnelle, V. Rép. n° 58.

**34.** Tous les six mois, la commission administrative

désigne un de ses membres pour remplir les fonctions d'*ordonnateur*, chargé d'ordonnancer les dépenses et de signer tous les mandats (*Rép.* n° 52; Décr. 31 mai 1862, art. 555). Les fonctions d'ordonnateur peuvent être indéfiniment exercées par le même membre de la commission. Chacun des membres de la commission est, à son tour, désigné par ses collègues, pour remplir, pendant un nombre de jours déterminé par le règlement de service intérieur, les fonctions d'administrateur de service chargé de la surveillance effective des établissements administrés par la commission (Instr. min. int. 23 févr. 1823 ; Circ. min. int. 31 janv. 1840). Quant aux agents chargés de concourir avec la commission à l'administration des hôpitaux et hospices, V. *infrà*, n° 154 et suiv., et *Rép.* n° 238 et suiv.

Sect. 2. — Des biens, revenus, droits successifs, dettes et charges des hospices (*Rép.* n° 62 à 147).

§ 1er. — Dès biens restitués en vertu de la loi du 16 vend. an 5, et des dettes qui s'y rattachaient (*Rép.* n° 62 à 70).

**35.** On a examiné au *Rép.* n° 62 et suiv. la question de savoir si les biens restitués aux hospices en vertu des lois de l'an 5 et de l'an 9 doivent être considérés comme leur étant revenus à un titre nouveau, par l'effet de ces lois, ou simplement à titre de restitution, dans le sens légal de ce mot. On a signalé l'intérêt pratique que présente la solution, en ce qui concerne les dettes des hospices. Le rapprochement des textes des décrets des 19 mars, 28 juin 1793 et 22 flor. an 2, de la loi du 23 mess. an 2 (art. 2) prouve, avons-nous dit au *Rép.* n° 25 et 66, que l'intention du législateur n'a jamais été d'enlever aux biens des établissements de bienfaisance leur destination ; on voulait uniquement centraliser l'administration de ces biens, se réserver le droit d'en disposer au besoin, mais, en tout cas, affecter les revenus des propriétés ou des produits de leur vente au soulagement des malheureux. Lorsque l'expérience prouva qu'il valait mieux laisser aux localités, aux établissements particuliers, l'exercice de la bienfaisance publique que de confier ce soin à l'Etat, la loi du 16 vend. an 5 fut votée et ordonna la restitution aux hospices des biens non vendus, avec promesse de remplacement des biens aliénés. « Ces biens, dit M. Dufour (*Traité de droit administratif*, 3e éd., t. 6, n° 451), ne sont pas revenus aux hospices à titre nouveau ; les hospices n'ont jamais dû être considérés comme donataires de l'Etat. C'est une restitution, dans le sens légal de ce mot, qui s'est vérifiée à leur profit » (*Rép. loc. cit.* ; Conf. Avis du 4 pluv. an 8, cité par M. Dufour, *loc. cit.* ; V. aussi *Rép.* n° 132 et suiv.). Ainsi, en supposant que l'Etat ait eu le droit, dans la période comprise entre l'an 2 et l'an 5, de faire mainmise sur un immeuble appartenant à une commune et affecté par cette commune à un service hospitalier, la restitution de cet immeuble en l'an 5 n'a pu entraîner de modification dans les droits de la commune. Si cette commune n'a point consenti d'acte de cession, de vente ou de donation au profit de la commission des hospices de la ville, elle n'a pu être dessaisie de sa propriété. La restitution faite en exécution de la loi de l'an 5 a remis les choses dans la situation où elles se trouvaient avant la mainmise. C'est ce qu'a reconnu formellement la cour de cassation, dans un arrêt où elle établit que : « si, dans les principes de l'ancienne législation la puissance souveraine avait des droits étendus sur la gestion des biens hospitaliers, ces pouvoirs n'équivalaient pas à un droit de propriété et ne lui permettaient pas de transférer la propriété de ces biens d'une communauté ou d'un établissement à un autre ; — Que tel n'a point été non plus l'effet des lois du 23 mess. an 2 et du 16 vend. an 5 ; — Que cette dernière loi, qui porte que les hospices civils sont conservés dans la jouissance de leurs biens non aliénés, n'a point conféré à l'Etat le droit de disposer de ces biens à son gré, d'en enlever la propriété à ceux qui les avaient auparavant possédés et de l'attribuer à de nouvelles personnes morales par lui créées » (Civ. cass. 12 nov. 1879, aff. Ville et hospices de Bordeaux, D. P. 80. 1. 86).

**36.** Dans cette espèce, la cour de cassation avait, en outre, à se demander si la loi du 30 juin 1838, sur les aliénés et l'ordonnance du 8 déc. 1839 n'avaient pas eu pour effet de modifier les droits des hospices ou des communes,

d'attribuer aux asiles d'aliénés les biens qui se trouvaient alors affectés au service des aliénés. Il suffit de lire le texte de la loi de 1838 pour voir que l'organisation administrative des asiles a été séparée de celle des hospices à laquelle elle se trouvait réunie ; mais la propriété des biens n'a subi aucune atteinte, aucune modification (*Rép.* v° *Aliénés*, n° 59). C'est ce qu'a reconnu l'arrêt précité, en décidant « que la loi du 30 juin 1838, en ordonnant que les établissements publics consacrés aux aliénés seraient placés sous la direction de l'autorité publique, n'a opéré aucune transmission de la propriété de ceux de ces établissements qui appartenaient aux communes ou aux administrations hospitalières; qu'elle s'est bornée à en régler autrement la direction ». L'Etat n'a donc pu transmettre à un établissement départemental d'aliénés la propriété de biens faisant partie du domaine municipal d'une ville et affectés au service d'un hospice d'aliénés de la même ville.

§ 2. — Biens concédés en remplacement de biens vendus (*Rép.* n° 71 à 76).

**37.** Nous avons donné au *Rép.* n° 71 et suiv., le commentaire des art. 6 et suiv. de la loi du 16 vend. an 5, qui décident que des biens nationaux d'un produit égal seront concédés aux hospices, en remplacement de leurs biens déjà vendus en vertu de la loi du 23 messidor. Les difficultés qu'a pu soulever l'application de ces dispositions ont été exposées et résolues, *ibid.*

**38.** Jugé que l'autorité administrative est seule compétente pour déterminer l'étendue d'une affectation de biens faite à un hospice, en remplacement de ses biens aliénés (Trib. confl. 29 juill. 1851, aff. Saintourens, D. P. 52. 5. 1. Conf. Cons. d'Et. 8 juin 1842, aff. Hosp. de Cherbourg et 30 juin 1846, aff. Hosp. de Poitiers ; Trib. confl. 28 nov. 1885, aff. Chambre de commerce de Tours, D. P. 87. 3. 37).

§ 3. — Effet, quant aux hospices, de la réintégration des émigrés dans leurs biens (*Rép.* n° 77 à 81).

**39.** V. *Rép.* n° 77 à 81.

§ 4. — Rentes restituées, rentes nationales données en payement, rentes célées et biens usurpés (*Rép.* n° 82 à 102).

**40.** V. *Rép.* n° 82 à 102.

§ 5. — Produit de donation, ou legs acceptés, en immeubles, en rentes ou en capitaux (*Rép.* n° 103).

**41.** Nous avons exposé les règles relatives à l'acquisition par les hospices de biens donnés ou légués. V. *suprà*, v° *Dispositions entre vifs et testamentaires*, n° 381 ; — *Rép.* cod. v°, n° 1496 et suiv. — V. aussi *suprà*, v° *Commune*, n° 1177 et suiv., et *infrà*, v° *Organisation administrative*, et deux Circ. min. int. 14 août 1858, D. P. 58. 3. 69 et 70).

§ 6. — Rentes sur l'Etat et sur particuliers (*Rép.* n° 104 à 113).

**42.** On a vu au *Rép.* n° 104 et suiv. que les différents gouvernements qui se sont succédé depuis 1789, ont, de même que l'ancienne monarchie, cherché à favoriser le placement en *rentes sur l'Etat* des fonds disponibles des établissements de bienfaisance, en vue de diminuer les conséquences de la mainmorte et de l'exploitation directe par les établissements charitables de biens immeubles. Aussi, jusqu'en 1851, les hospices et hôpitaux purent-ils, sans autorisation aucune, effectuer le placement de leurs capitaux en rentes sur l'Etat (Av. Cons. d'Et. 21 déc. 1808, *Rép.* p. 70; Circ. min. int. 23 août 1813; Ord. 2 avr. 1817, art. 6, *Rép.* v° *Dispositions entre vifs et testamentaires;* Instr. min. 12 mai et 21 juin 1819, 8 juill. 1836, *Rép.* n° 104, note 3). Il suffisait, pour que le placement pût être effectué, d'une délibération de la commission administrative, ou, à Paris, d'une décision du directeur de l'assistance publique, précédée d'un avis du conseil de surveillance (L. 10 janv. 1849, art. 5-7°).

Cet état de choses a-t-il été modifié, relativement à la dispense d'autorisation, depuis 1851? La question est controversée. Les art. 9 et 10 de la loi du 7 août 1851 disposent : « La commission délibère sur les objets suivants : ... les placements de fonds et emprunts... » (art. 9). « Les délibérations comprises dans l'article précédent sont soumises à l'avis du conseil municipal, et suivent, quant aux autorisations, les mêmes règles que les délibérations de ce conseil. Néanmoins l'aliénation des biens immeubles formant la dotation des hospices et hôpitaux ne peut avoir lieu que sur l'avis conforme du conseil municipal » (art. 10). — Selon une opinion, les placements de fonds des hôpitaux ne peuvent plus aujourd'hui être réalisés qu'avec l'autorisation du préfet. A l'appui de ce système on invoque la généralité des termes des art. 9 et 10 de la loi de 1851, qui s'occupent des placements de fonds, et l'on ajoute que, en vertu de l'art. 18 de la loi du 18 juill. 1837 et de l'art. 1er du décret du 25 mars 1852, le préfet est chargé d'approuver définitivement la délibération. — Mais le système contraire paraît préférable. On peut soutenir tout d'abord que la *disposition générale* de la loi de 1851 concernant les placements de fonds ne saurait déroger à la *règle spéciale* édictée par la législation antérieure pour les placements en rentes sur l'Etat. D'autre part, même en admettant que ces placements tombent sous le coup des art. 9 et 10 de la loi de 1851, ces articles n'ont d'autre conséquence que de rendre applicables aux placements en rentes sur l'Etat qui intéressent les hospices et hôpitaux les règles admises pour les placements en rentes sur l'Etat qui concernent les communes. On en décide encore actuellement en se fondant tant sur l'avis du 21 déc. 1808 que sur la circulaire du 8 juill. 1836 mentionnés au *Rép.* n° 403, que ces derniers placements peuvent se faire sans autorisation (V. *Rép.* v° *Trésor public*, n° 1180). Ce principe ne semble pas avoir été modifié par le décret du 25 mars 1852. Si le n° 55 du tableau A de ce décret mentionne, comme rentrant dans les attributions du préfet « tous les autres objets d'administration communale et d'assistance publique », cette disposition, qui ne doit pas être pas séparée de l'art. 1er du même décret, s'applique uniquement aux affaires qui, avant sa promulgation, étaient assujetties à l'autorisation. Et aucun article de la loi du 18 juill. 1837 n'a exigé l'autorisation supérieure pour les placements en rentes sur l'Etat soit des fonds communaux, soit des fonds des hospices ou hôpitaux. La loi du 5 avr. 1884 ne s'en occupe pas davantage. En supposant que l'on ait pu appliquer aux placements en rentes sur l'Etat le n° 41 du tableau A du décret du 25 mars 1852, reproduit textuellement par le n° 48 du tableau A du décret du 13 avr. 1861, qui vise les aliénations et acquisitions de biens de toute nature, cette disposition a été formellement abrogée par l'art. 168-14° de la loi du 5 avr. 1884, et remplacée par l'art. 68 de la même loi. Il faudrait donc invoquer la loi de 1884, et non le décret de 1852. Mais il paraît impossible d'étendre aux placements les règles prescrites pour les aliénations et les acquisitions. Les fonds sont versés par le receveur de l'hospice entre les mains du receveur général du département, qui effectue immédiatement l'achat de la rente et remet le certificat d'inscription au receveur hospitalier.

**43.** Le législateur et le Gouvernement n'ont pas cessé de favoriser, parfois même d'imposer aux administrations de bienfaisance le placement de leurs capitaux en rentes sur l'Etat. Ainsi, sauf en cas de placements de fonds provenant soit de dons ou legs, soit du prix d'immeubles aliénés, qui sont toujours réglementés par la décision qui autorise l'acceptation de la libéralité, ou par l'arrêté préfectoral qui autorise l'aliénation de l'immeuble (Conf. Circ. min. int. 14 août 1858, D. P. 59. 3. 70), il est de principe que c'est toujours en rentes sur l'Etat que doivent être placés les fonds disponibles des établissements hospitaliers (Circ. min. int. 5 mai 1852, D. P. 52. 3. 33). Bien plus, une circulaire du ministre de l'intérieur du 15 mai 1858 (D. P. 58. 3. 69), après avoir décidé que les commissions administratives ne devront plus être autorisées à l'avenir à faire des acquisitions foncières comme emploi spéculatif de sommes disponibles, à moins que ce ne soit la condition expresse d'une donation ou d'un legs fait en argent, ajoute : « Je vous invite donc, monsieur le préfet, à user de toute votre influence et, au besoin, de votre autorité, pour amener les commissions administratives des établissements de bienfaisance à voter l'aliénation des biens-fonds dont le

revenu net serait notablement inférieur aux neuf dixièmes des arrérages de la rente sur l'Etat qui pourrait être achetée avec le prix de vente de ces biens » (Conf. Circ. min. int. 25 oct. 1858, Cros-Mayrevieille, p. 235).

**44.** Un décret du 28 févr. 1852 (art. 46) a autorisé les établissements publics de bienfaisance à employer leurs fonds à l'acquisition de lettres de gage du Crédit foncier, dans tous les cas où ils seraient autorisés à les employer en acquisition de rentes sur l'Etat (D. P. 52. 4. 102). Mais le placement en rentes est toujours indiqué comme préférable (Circ. min. int. 16 janv. et 1er mars 1865, *Bull. off. min. int.* 1865, p. 457).

**45.** Les titres de rente achetés par les hôpitaux ou hospices peuvent être nominatifs ou au porteur ; mais les titres nominatifs, présentant plus de sécurité, doivent être préférés (Circ. min. int. 21 août 1876, *Bull. off. min. int.* 1876, p. 539).

**46.** Les placements *définitifs* des capitaux des établissements hospitaliers sont seuls soumis aux règles que l'on vient d'exposer.

Quant aux *fonds libres* destinés à l'acquittement de dépenses déjà votées, ils doivent être versés au Trésor par les receveurs lorsqu'ils dépassent la somme de 100 fr. ; on assure ainsi leur conservation et on évite de les laisser improductifs (Ord. 23 avr. 1823 et 22 janv. 1831 ; Instr. 20 juin 1859, art. 756 et suiv. ; Circ. min. int. 6 avr. 1865, 30 nov. 1888). Aucune autorisation n'est nécessaire pour ces placements provisoires, puisqu'ils sont obligatoires. V. *infrà,* v° *Trésor public.*

**47.** Le taux des intérêts servis par le Trésor, pour les fonds ainsi placés, qui était auparavant de 3 pour 100, a été abaissé à 2 pour 100 (Arrêté min. fin. 16 avr. 1888 ; Circ. min. int. 9 mai 1888, *Bull. off. min. int.* 1888, p. 98. V. *infrà,* v° *Trésor public).*

**48.** Ces fonds ne peuvent être retirés par le receveur que sur l'autorisation de l'ordonnateur de l'établissement hospitalier, corroborée par une autorisation du sous-préfet, si la somme à retirer dépasse 300 fr., ou du préfet, si elle dépasse 1000 fr. (Instr. gén. 20 juin 1859, art. 761). V. *infrà,* v° *Trésor public.*

**49.** La loi du 9 avr. 1881, art. 13. a autorisé les établissements hospitaliers à déposer, avec l'autorisation du ministre, leurs fonds libres à la caisse nationale d'épargne, jusqu'à concurrence de 8000 fr. V. *suprà,* v° *Etablissement d'épargne et de prévoyance,* n° 47.

**50.** Sur l'aliénation des rentes appartenant aux hospices, V. *infrà,* n° 115 ; *Rép.* n° 406, 183 et suiv.

**51.** Quant aux *rentes sur des particuliers.* V. *Rép.* n°s 108 à 113 ; Conf. Cros-Mayrevieille, p. 288 et suiv.

§ 7. — Ressources éventuelles des hospices : subventions, fonds pour les enfants assistés, octrois, amendes, confiscations, dommages-intérêts, bénéfices des monts-de-piété, produit des concessions dans les cimetières, bals, spectacles, amendes relatives à l'imprimerie et à la librairie, etc. (*Rép.* n°s 114 à 130).

**52.** — 1° *Subventions accordées par l'Etat, le département ou la commune ; Fonds pour le service des enfants assistés* (*Rép.* n° 114). — Il existe, a-t-on dit (*Rép.* n° 114), au *budget de l'Etat,* un crédit alloué au ministère de l'intérieur, pour *secours* aux établissements de bienfaisance. Le ministre détermine la somme totale qui sera allouée à chaque département, pour ses établissements charitables, sur les fonds provenant de ce crédit ; puis, après avoir reçu les propositions des conseils généraux, conformément à l'art. 68 de la loi du 10 août 1871 (V. *infrà,* v° *Organisation administrative),* il distribue cette somme entre les différentes institutions de bienfaisance publiques ou privées dont les ressources sont insuffisantes. Ces subventions doivent être réservées uniquement à ceux de ces établissements qui justifient de besoins *exceptionnels,* et non à ceux dont ils ne serviraient qu'à accroître les ressources ordinaires (Circ. min. int. 15 avr. 1891, *Bull. off. min. int.,* 1889, p. 120). Le crédit inscrit au budget, à cet effet, était en 1870 de 1746000 fr., en 1872 de 1656000 ; de 1872 à 1880, il a été de 706000 fr. ; en 1881 et 1882 de 726000 fr. ; depuis 1883 il est de 530,000. (L. de finances du 26 déc. 1890, D. P. 91. 4. 50 ; *Journ. off.* 27 déc. 1890). Il figurait autrefois dans la loi de finances sous le titre de *Secours à des établisse-ments et institutions de bienfaisance* ou *Secours aux hospices, bureaux de charité et institutions de bienfaisance*. La com-mission du budget de 1890, pour mieux marquer le carac-tère exceptionnel de ces subventions, a désigné ce crédit sous le titre de *Subventions pour besoins exceptionnels à des institutions de bienfaisance et pour secours d'extrême urgence* (L. du budg. 17 juill. 1889, D. P. 90. 4. 71).

**53.** Les conseils généraux peuvent également voter, sur les *fonds départementaux* des secours aux hôpitaux et hos-pices communaux, notamment à ceux qui ont été désignés par eux, sur la proposition du préfet, pour recevoir les malades incurables et indigents des communes privées d'établissements hospitaliers (L. 7 août 1851, art. 3 et 4).

**54.** Enfin les *communes* peuvent accorder des subventions aux hôpitaux et hospices de leur circonscription (Instr. 20 juin 1859, art. 994). Mais ces subventions ne sont nullement des dépenses obligatoires : les lois des 18 juill. 1837 (art. 30) et 5 avr. 1884 (art. 136) ne les ont pas comprises dans l'énu-mération des dépenses de cette nature. L'exposé des motifs du projet de loi de 1837 les classait, au contraire, parmi les dépenses obligatoires des communes (V. cependant, en ce qui concerne les villes dans lesquelles un octroi de bien-faisance avait été créé avant 1837, *Rép.* n° 115, et *infrà*, n° 57). V. *suprà*, v° *Commune*, n° 339.

Jugé que la commune qui alloue à un établissement de bienfaisance une subvention annuelle, a qualité pour intervenir dans une instance concernant les charges de cet établissement (Cons. d'Ét. 22 juin 1854, aff. Hospices de Montpellier, D. P. 55. 3. 9).

**55.** Décidé que, lorsqu'un conseil municipal, dans la délibération par laquelle il alloue une subvention à des éta-blissements de bienfaisance, subordonne l'emploi des crédits votés à l'exécution de mesures qu'il ne pourrait prescrire sans empiéter sur les droits des autorités préposées à l'ad-ministration des établissements dont s'agit (par exemple la laïcisation d'un certain nombre d'établissements), un décret peut annuler la partie de la délibération qui contient cette condition illégale (Décr. 14 janv. 1884, et sur recours pour excès de pouvoir, Cons. d'Ét. 26 déc. 1885, aff. Ville de Paris, D. P. 87. 3. 41). « Considérant, dit parfaitement le décret, que le conseil municipal appelé seulement à émettre son avis sur les comptes et budgets de l'assistance publique et à formuler des vœux sur les questions d'intérêt local, ne peut rien prescrire, en ce qui concerne le régime intérieur des établissements hospitaliers, sans empiéter sur les droits que le directeur de l'assistance publique, le préfet de la Seine et le ministre de l'intérieur tiennent de la loi, et sans excéder, par conséquent, les limites de sa propre compétence ; que ce qu'il ne peut faire par voie de prescription directe, il ne saurait le faire en subordonnant à l'exécution de ses injonctions l'emploi des crédits de subventions sans lesquels la distribution des secours publics à Paris devrait être sus-pendue » (Conf. Décr. 21 janv. 1885, annulant en termes presque identiques une nouvelle délibération du conseil municipal de Paris du 31 déc. 1884, Cros-Mayrevieille, p. 321 ; Ravarin, p. 232).

Le total des subventions municipales pour la France entière s'est élevé, en 1881, à 10004699 fr. (*Ann. statist. de la France*, 1884).

**56.** Les *enfants assistés* sont aujourd'hui reçus, dans les hospices désignés à cet effet, comme de simples pension-naires dont les dépenses de nourriture et d'entretien sont remboursées aux hospices, sous forme de frais de séjour, par le département aidé par l'État et les communes (L. 5 mai 1869 ; L. 24 juill. 1889, art. 25). Le tarif des frais de séjour, c'est-à-dire le prix de la journée de séjour des enfants assistés dans les hospices est réglé tous les cinq ans par un arrêté du préfet, pris sur la proposition des commissions administratives des hospices dépositaires, et après avis du conseil général (L. 5 mai 1869, art. 5, *in fine*). Dans l'éva-luation des frais de séjour, ne sont pas comprises les dépenses relatives à l'appropriation des bâtiments et au personnel, qui constituent ainsi une charge véritable pour les hospices dépositaires (Circ. min. int. 3 août 1869, *Bull. off. min. int.* 1869, p. 452). V. *infrà*, v° *Secours publics* ; Béquet, *op. cit.*, n°s 232 et suiv.

**57.** — 2° *Fonds affectés sur les octrois municipaux.* —

*Produits des amendes et confiscations attribués aux hospices.* — *Dommages-intérêts* (*Rép.* n°s 115 à 118). — L'opinion que nous avons émise au *Rép.* n° 115, et d'après laquelle, mal-gré les termes de l'art. 1er, L. 5 vent. an 8 (Conf. Circ. min. int. 12 prair. an 8), les subventions aux hôpitaux n'auraient jamais un caractère obligatoire, même dans les communes dans lesquelles un « octroi de bienfaisance » a été créé avant 1837 (Conf. *suprà*, v° *Commune*, n° 339), a été vivement combattue (Alexis Chevalier, *Du caractère obligatoire des subventions allouées sur l'octroi aux hospices et établissements de bienfaisance*, étude insérée dans la *Revue générale d'admi-nistration*, 1883, t. 2, p. 144 ; Feillet, *ibid.*, 1886, p. 274). La loi de 1837, art. 30, et après elle la loi du 5 avr. 1884, art. 136, dit-on, n'énumèrent pas, il est vrai, les subventions aux hospices parmi les dépenses obligatoires des communes ; mais la disposition finale des art. 30 et 136 précités ajoute à leur énumération : « et généralement toutes les autres dépenses mises à la charge des communes par une disposi-tion de loi ». Si donc la subvention était obligatoire avant 1837 pour les villes pourvues d'un octroi, elle l'est encore aujourd'hui. C'est dans ce sens que se sont prononcées non seulement les décisions intervenues avant 1837 (V. notam-ment Circ. min. int. 10 mai 1816), mais encore d'autres déci-sions postérieures (Ord. 31 mai 1838, sur la comptabilité générale, art. 499 et 502 ; Instr. gén. sur la comptabilité publique du 17 juin 1840, art. 858 ; Instr. gén. 20 juin 1859, art. 1865). Une circulaire ministérielle du 25 juin 1873 (*Bull. off. min. int.* 1873, p. 317) indique cependant que cette subvention est facultative. — En fait, le budget de la Ville de Paris (à qui la loi de 1837 a été rendue applicable par la loi du 24 juill. 1867, art. 17, qui stipule qu'il n'est pas dérogé aux dispositions spéciales concernant l'organisation de l'assistance publique), mentionne encore actuellement comme dépense obligatoire, en vertu de la loi de 1837, des décrets des 17 déc. 1790 et 19 mars 1792, et de la loi du 7 août 1851, la subvention allouée à l'assis-tance publique.

**58.** Ainsi qu'on l'a indiqué au *Rép.* n°s 115 et suiv. (V. aussi *suprà*, v° *Commune*, n° 528 ; *Rép.* eod. v°, n° 382), jusqu'en 1890, l'intégralité des *amendes de police munici-pale* et rurale était attribuée à la commune où la contra-vention avait été commise ; les établissements de bienfai-sance n'avaient plus aucune part dans ces amendes (Ord. 30 déc. 1823, art. 4). — Quant aux amendes de police cor-rectionnelle, dont une partie (le tiers) était affectée au ser-vice des enfants assistés (Arr. 25 prair. an 8, L. 28 vent. an 9 ; Ord. 30 déc. 1823, art. 6 ; L. 5 mai 1869, art. 5, D. P. 69. 4. 75 ; *Rép.* n° 118), les sommes provenant de cette source et destinées aux enfants assistés étaient recueillies, non plus par les hospices, mais par le département, à qui incombe la charge des dépenses intérieures et extérieures du service des enfants assistés, sauf subvention de l'État et contingent des communes (L. 5 mai 1869, art. 5 ; L. 24 juill. 1889, art. 23. V. *infrà*, v° *Secours publics*). — De même, le tiers des amendes pour immixtion dans le service des postes (Arr. 27 prair. an 8) et la totalité des amendes pour exercice illégal de la médecine (L. 19 vent. an 11, art. 35), que les lois précitées et l'instruction générale du 20 juin 1859, art. 1077, attribuent aux hospices, et qu'une circulaire du 16 déc. 1863 (*Bull. off. min. int.*, 1864, p. 145) avait affectés au service des enfants assistés, étaient touchés par le départe-ment, chargé depuis 1869 du service des enfants assistés. — La loi de finances du 26 déc. 1890, art. 11 (D. P. 91. 4. 50) a modifié cet état de choses. Dans le but de simplifier les opérations de répartition du produit des amendes, cette loi a adopté un mode uniforme pour toutes les amendes pro-noncées par les tribunaux de répression. Sous réserve de certaines charges déterminées, l'attribution des amendes en principal s'effectue dans la proportion de 20 pour 100 à l'État, et 80 pour 100 au fonds commun. Le fonds com-mun, après certains prélèvements énumérés par la loi, est réparti, savoir : la moitié aux communes, au prorata de la population ; *un quart au service des enfants assistés* ; un quart aux communes pauvres, suivant la répartition faite par la commission départementale (V. *infrà*, v° *Peine*). — En même temps qu'elle a institué un nouveau mode de distribution des amendes de police correctionnelle, la loi de 1890 a retiré aux bureaux de bienfaisance et autres établissements charitables le bénéfice de l'attribution des amendes pour infractions aux lois sur les logements insalubres, que leur faisait la loi du 13 avr. 1850, art. 14. En 1889, le montant total de ces dernières amendes dans la France entière n'atteignait que 9527 fr. (Exposé des motifs de la loi du 26 déc. 1890). — Les seules amendes dont le montant est aujourd'hui versé directement aux hôpitaux et hospices sont celles encourues par les comptables de ces établissements qui n'ont pas présenté leurs comptes dans les délais prescrits par les règlements (L. 5 avr. 1884, art. 159; Conf. L. 18 juill. 1837, art. 68).

**59.** En aucun cas les *dommages-intérêts*, prononcés pour réparation du préjudice causé par un fait illicite ne peuvent être attribués par la cour ou le tribunal aux œuvres de bienfaisance, même du consentement de la partie lésée (c. pén., art. 51 ; V. *Rép.* n° 118).

**60.** Les produits de certaines *confiscations* sont attribués aux hospices et hôpitaux. L'art. 180 c. pén. dispose que les dons ou présents reçus par un fonctionnaire qui s'est rendu coupable du délit prévu par l'art. 177 c. pén. (complété par la loi du 4 juill. 1889, D. P. 90. 4. 56), seront confisqués « au profit des hospices des lieux où la corruption aura été commise ».

**61.** Aux termes de l'art. 4 de la loi du 3 mai 1844, le gibier mis en vente, transporté ou colporté en temps prohibé, est saisi « et immédiatement livré à l'établissement de bienfaisance le plus voisin, en vertu soit d'une ordonnance du juge de paix, si la saisie a eu lieu au chef-lieu de canton, soit d'une autorisation du maire, si le juge de paix est absent ou si la saisie a été faite dans une commune autre que celle du chef-lieu... » (V. *suprà*, v° *Chasse*, n°s 871 et suiv. ; *Rép.* eod. v°, n° 223 et suiv.). Les frais de transport de ce gibier, s'il y a lieu, sont à la charge de l'établissement auquel il est destiné, à moins que cet établissement ne le refuse, soit parce qu'il est en état de décomposition, soit parce que sa valeur est inférieure au prix de transport (*Bull. off. min. int.* 1846, p. 79). — On sait que le gibier ne peut être enlevé au chasseur surpris en flagrant délit ; aussi ne peut-il être question, en ce cas, d'attribution du gibier aux hospices (V. *suprà*, v° *Chasse*, n° 871 ; *Rép.* eod. v°, n° 224). De même, le gibier vivant doit être non pas livré à un établissement de bienfaisance, mais rendu à la liberté (V. *suprà*, v° *Chasse*, n° 873). Le gibier saisi pour infraction aux droits de douane est, non pas attribué aux hospices, mais vendu par l'administration des douanes, à charge de réexpédition (Instr. adm. des Douanes, 30 juin 1844, D. P. 45. 3. 75; *Rép. ibid.*).

**62.** L'art. 5 de la loi du 27 mars 1851 dispose que, en cas de condamnation pour fraude dans la vente de marchandises, les objets dont la vente a constitué le délit seront saisis, et que, s'ils sont propres à un usage alimentaire ou médical, le tribunal ou la cour pourra les mettre à la disposition de l'Administration pour être attribués aux établissements de bienfaisance (Conf. L. 14 mars 1887, art. 3, D. P. 87. 449 et 14 août 1889, art. 7, D. P. 89. 4. 110).

**63.** — 3° *Bonis et bénéfices des monts-de-piété ; Produit des concessions dans les cimetières.* — D'après la loi du 24 juin 1851 (art. 5 et 9), lorsque la dotation d'un *mont-de-piété* suffit à couvrir ses frais généraux et à abaisser le taux de l'intérêt légal à 5 pour 100, si ce mont-de-piété existe comme *établissement distinct de tous autres*, un arrêté du préfet peut, sur l'avis du conseil municipal, attribuer ses excédents de recette aux hospices ou autres établissements de bienfaisance. Si, au contraire, le mont-de-piété a été fondé avec le concours d'établissements hospitaliers (comme les monts-de-piété de Paris et de Saint-Quentin), il doit verser à l'administration de bienfaisance dont il est l'annexe tous ses excédents de recettes, déduction faite des frais de régie et charges de l'établissement (V. *infrà*, v° *Mont-de-piété*. Conf. Cochut, *Rapports et situation réciproque du mont-de-piété de Paris et de l'assistance publique* ; Fl. Ravarin, p. 145 et suiv.).

**64.** L'ordonnance du 6 déc. 1843, art. 3 (non applicable à la Ville de Paris), décide que les 2/3 du produit des concessions dans les cimetières doivent être attribués à la commune et un tiers aux pauvres ou aux établissements de bienfaisance (V. *suprà*, v° *Commune*, n° 379 ; *Culte*, n° 931). Le tarif des concessions est fixé par le conseil municipal,

*avec approbation du préfet* (art. 68, § 7, L. 5 avr. 1884, *suprà*, v° *Commune*, n° 274. V. aussi, v° *suprà*, v° *Culte*, n° 931). A Paris, un arrêté préfectoral du 11 mai 1887, pris conformément à une délibération du conseil municipal du 25 avr. 1887, a fixé le tarif des concessions perpétuelles dans les cimetières et déterminé la part qui, sur le prix de chaque concession, sera attribuée aux hospices, en exécution du décret du 23 prair. an 12, art. 11 (*Bull. mun. off.* 14 mai 1887). — La part touchée par les hospices dans le produit des concessions figure dans leurs revenus ordinaires ; elle doit donc être affectée au payement des dépenses ordinaires de ces établissements, et non capitalisée (Instr. sur la comptabilité, 20 juin 1859, art. 1053). C'est au conseil municipal qu'il appartient de déterminer, avec l'approbation du préfet, si la part revenant aux pauvres dans le prix des concessions sera attribuée aux hospices ou aux bureaux de bienfaisance, ou partagée entre eux, et dans quelle proportion (Décis. min. int. 28 oct. 1874, *Bull. off. min. int.*, 1875, p. 234; Ravarin, p. 226 ; V. cependant même auteur, p. 145). En tous cas, cette part ne peut être affectée à d'autres établissements que les établissements de charité ; elle ne pourrait, notamment, être attribuée à la Caisse des écoles (Décis. min. int. 12 sept. 1882, *Rev. d'admin.* 1883, t. 1, p. 437 ; Conf. Ravarin, p. 226).

**65.** — 4° *Droits sur les bals, spectacles, concerts, feux d'artifices, danses publiques ; Prélèvement sur le produit du* PARI MUTUEL ; *Amendes d'imprimerie et librairie* (*Rép.* n°s 119 à 120.). — Sur le *droit des pauvres*, V. *infrà*, v° *Théâtre-spectacle* ; — *Rép.* eod. v°, n°s 113 et suiv. ; Ravarin, p. 213 et suiv.

**66.** Une source importante de revenus pour l'assistance publique a été créée récemment, par le *prélèvement* établi sur le produit des *paris mutuels* autorisés sur les champs de courses depuis 1887. — Une loi du 2 juin 1891 (D. P. 91. 4. 49) a réglementé l'autorisation et le fonctionnement des courses en France. L'art. 5 de la loi établit le principe de l'obligation du prélèvement sur le pari mutuel. L'art. 3 du décret fixe la quotité du prélèvement à 2 pour 100 « en faveur des œuvres sociales de bienfaisance » et à 1 pour 100 « en faveur de l'élevage ». Les art. 4 et 5 posent les règles à suivre pour l'administration et la répartition des sommes provenant des prélèvements (V. *infrà*, Jeu-pari ; Secours publics).

**67.** — 5° *Journées de militaires* (*Rép.* n° 121) — V. *Rép.* n°s 121 et 301, et *infrà*, n°s 195 et suiv.

**68.** — 6° *Produit du travail des indigents et des enfants admis dans les hospices* (*Rép.* n° 122). — Les prescriptions de la loi du 16 mess. an 7, art. 13, et de la circulaire du 31 janv. 1840, citées au *Rép.* n° 122, sont toujours en vigueur (Instr. gén. 20 août 1859, sur la comptabilité, art. 1070). — Jugé que les dispositions de la loi du 19 mai 1874, sur le travail des enfants dans les manufactures, sont inapplicables aux établissements charitables, dans lesquels on exerce les enfants au travail (Lyon, 26 avr. 1883, aff. Chauve, D. P. 84. 2. 106), à moins que le travail exigé des enfants n'ait un but de spéculation (Crim. rej. 2 août 1888, aff. Luckrath, D. P. 89. 1. 85 ; Circ. min. com., 17 sept. 1888, *Revue des établissements de bienfaisance*, 1888, p. 357).

**69.** — 7° *Droits sur les revenus et biens des enfants admis dans les hospices.* — Droits sur les biens et effets mobiliers des malades traités ou décédés après traitement gratuit ; sur les biens des congrégations de femmes qui viennent à s'éteindre (*Rép.* n°s 123 à 129). — On a rapporté au *Rép.* n° 123 l'art. 7 de la loi du 15 pluv. an 3 (*Rép.* p. 67), aux termes duquel « les revenus des biens et capitaux appartenant aux enfants admis dans les hospices seront perçus jusqu'à leur sortie desdits hospices, à titre d'indemnité des frais de leur nourriture et entretien ». Les hospices n'ayant plus aujourd'hui la charge de cette nourriture et de cet entretien, dont les frais leur sont remboursés par le département (L. 5 mai 1869, art. 5), c'est à ce dernier et non aux hospices que doit profiter la disposition de l'article 7 précité. — Quant à la disposition des art. 8 et suiv. (*Rép. loc. cit.*), qui appelle, dans certains cas, les hospices à la succession des enfants assistés décédés pendant leur minorité, elle n'a pas été abrogée par la loi de 1869 ; elle est donc encore en vigueur (V. *Revue des établis. de bienfais.* 1886, p. 344). Les départements seraient donc mal fondés à prétendre que les successions des enfants assistés dont ils ont contribué à payer l'entretien doivent leur être dévolues (*Ibid.*). V. *infrà,* v° *Secours publics.*

**70.** Jugé que la succession de l'enfant assisté doit être attribuée à l'hospice à la charge duquel il se trouve, non seulement quand il est décédé pendant son séjour dans cet établissement, mais encore lorsqu'il a été placé au dehors par l'administration ; par exemple, lorsqu'il a été mis en apprentissage ou embarqué comme marin (Rennes 16 juill. 1888, aff. Administration de la marine, *Gazette des tribunaux* du 17 août 1888. V. *infrà,* v° *Organisation maritime*).

**71.** Les héritiers ont trente ans, à partir du décès de l'enfant assisté, pour revendiquer sa succession contre les hospices (c. civ. art. 789). V. *infrà,* v° *Succession.*

**72.** Une décision du ministre des finances du 23 juin 1858 (D. P. 59. 3. 55) a reconnu que les établissements hospitaliers ne recueillent pas comme héritiers les biens délaissés par les enfants mineurs décédés sans successeurs, qu'ils reçoivent cette attribution à titre onéreux en compensation des frais du traitement et de l'entretien des pensionnaires, et que, par conséquent, le droit de mutation n'est pas exigible. Cette décision a été transmise au service comme règle de perception au paragraphe 4 de l'instruction n° 2432 (Comp. *infrà,* n° 74, et *suprà,* v° *Enregistrement,* n° 2167).

**73.** Ainsi qu'on l'a expliqué au *Rép.* n°⁸ 124 et suiv., les anciens statuts de certains établissements de bienfaisance, qui leur attribuaient la succession mobilière des *personnes qui y décédaient,* ont été implicitement abrogés par le code civil. Mais l'avis du conseil d'État du 14 oct. 1809, approuvé par décret du 3 nov. 1809 (*Rép.* n° 70), a attribué aux hospices les effets mobiliers des personnes décédées dans ces établissements, après y avoir été entretenus gratuitement (Conf. *Instruction générale sur la comptabilité,* 20 juin 1859, art. 1070).

**74.** Le code civil ne mentionnant pas, au titre des successions, le droit successoral autrefois dévolu aux hospices, et, d'autre part, l'attribution aux hospices des effets mobiliers apportés par les malades décédés en traitement gratuit dans ces établissements, ayant lieu à titre de dédommagement des dépenses occasionnées par les malades, on admet généralement que le droit des hospices est, non pas un droit de succession, mais un simple droit de créance (Demolombe, *Successions,* t. 2, n°⁸ 291 et suiv.). Dans ce système, l'avis du conseil d'Etat aurait donc eu pour objet non pas de maintenir, tout en les restreignant l'étendue, l'ancien droit successoral accordé à certains établissements de bienfaisance, mais de créer un droit nouveau complètement différent et qui, bien que fondé sur le droit de créance des hôpitaux à raison des dépenses par eux faites dans l'intérêt du *de cujus,* s'étend à tous les effets mobiliers apportés par ce dernier dans l'établissement, *alors même que la valeur de ceux-ci serait supérieure à la créance pour frais de séjour et de traitement.* Il y a donc là un droit d'une nature toute spéciale (V. cependant *infrà,* n° 77).

**75.** Par application de ces principes, il a été décidé que les hospices n'ont pas à payer l'impôt de mutation, à raison de l'attribution qui leur est faite des effets mobiliers apportés par les malades décédés en traitement gratuit (Décis. min. fin. 11 avr. 1883, D. P. 84. 3. 32; Comp. *suprà,* n° 69, et v° *Enregistrement,* n° 2167).

**76.** C'est encore en partant de cette idée que le droit des hospices sur les effets mobiliers apportés par les malades indigents est une simple indemnité et non un droit successoral, que l'on décide que ce droit s'étend aux effets appartenant au malade *étranger* décédé en traitement gratuit dans un hôpital français. Il n'y a pas à se préoccuper ici de la loi qui règle la dévolution de la succession de cet étranger (Ravarin, p. 143).

**77.** Nous avons critiqué (*Rép.* n° 128) la doctrine de l'arrêt de Paris du 22 avr. 1836, d'après lequel on doit attribuer aux expressions *effets mobiliers* de l'avis du conseil d'Etat le sens qu'elles avaient sous l'empire des anciens édits, et non celui que leur donne l'art. 535 c. civ., promulgué cependant antérieurement à la date de l'avis du conseil d'Etat. Il ne faut pas, toutefois, perdre de vue l'intention et les termes mêmes de cet avis, qui considère l'avantage accordé aux hospices comme « un léger dédommagement des dépenses

occasionnées par les malades ». Aussi approuvons-nous un arrêt de la cour de Bordeaux (17 août 1853, aff. Hospice de Bordeaux, D. P. 54. 2. 154), qui décide que l'attribution faite aux hospices, des effets mobiliers apportés par les malades décédés dans lesdits hospices, ne s'applique qu'aux objets de peu de valeur, tels que vêtements, linge et autres objets, pareils, à l'usage personnel des malades; qu'on ne peut l'étendre à une somme d'argent ou à des valeurs importantes trouvées parmi ces effets (Conf. Décis. préc. du 11 avr. 1883 ; Ravarin, p. 143; Demolombe, *Successions,* t. 2, p. 294 ; Aubry et Rau, t. 6, p. 337; Instruction générale sur la comptabilité, 20 juin 1859, art. 1870). En effet, ainsi que nous l'avons fait observer (*Rép. loc. cit.*). on ne peut considérer comme indigent celui qui se trouve détenteur d'une somme considérable ; et comme, dans ce cas, l'hospice a un recours contre lui pour se faire payer des dépenses faites pendant sa maladie, il n'y a nulle raison d'attribuer à cet établissement les valeurs mobilières laissées par le malade, et qui doivent, dès lors, retourner à ses héritiers. Cependant, il pourrait arriver qu'un individu fût entré dans l'hospice en état de solvabilité, et que, par suite du long temps qu'il y serait resté et des grandes dépenses qu'il aurait occasionnées, il fût, en réalité, réduit à l'indigence, en ce que la somme dont il se trouverait détenteur ne serait pas suffisante pour satisfaire à ces dépenses. En cas pareil, l'administration de l'hospice nous paraîtrait fondée à retenir la totalité de la somme comme effets mobiliers laissés par un indigent, ou en tous cas, comme payement des frais de séjour pour lesquels la loi de 1851 (art. 5) donne un recours aux hôpitaux et hospices (*Rép.* n° 220). — Il a été décidé également, dans le même esprit, que si les héritiers d'un malade décédé payent tous les frais de son séjour, l'établissement ne peut pas retenir les effets mobiliers laissés par lui à son décès (*Bull. off. min. int.,* 1865, p. 177; Ravarin, p. 143; Cros-Mayrevieille, p. 133).

**78.** L'avis du 3 nov. 1809 n'est applicable ni aux militaires ni aux marins décédés dans les hospices après y avoir été traités aux frais du Gouvernement (art. 3 de cet avis. V. *Rép.* n° 125).

**79.** Sur la disposition de l'art. 7 de la loi du 24 mai 1825, relative aux droits des hospices sur partie de certains biens des *congrégations religieuses de femmes,* en cas d'extinction desdites congrégations, V. *suprà,* v° *Culte,* n° 672 ; — *Rép.* eod. v°, n° 678.

**80.** — 8° *Sommes payées par les individus admis dans les hôpitaux et hospices; offrandes, dons et quêtes* (*Rép.* n° 130). — V. *infrà,* n°⁸ 125 et suiv., 143 et suiv.; — *Rép.* n°⁸ 198, 229 et suiv.

§ 8. — Charges des hospices. — Dettes. — Hypothèques. — Impôts (*Rép.* n°⁸ 131 à 147).

**81.** — 1° *Dettes exigibles au 23 mess. an 2.* — V. *Rép.* n°⁸ 132 et suiv.; V. aussi *suprà,* n° 35.

**82.** — 2° *Dettes exigibles depuis le 23 mess an 2 jusqu'au 16 vend. an 5.* — V. *Rép.* n° 134 et suiv.

**83.** — 3° *Dettes exigibles depuis le 16 vend. an 5.* — *Dettes actuelles* (*Rép.* n°⁸ 135 à 147). — Si le créancier d'un hospice ou d'un hôpital n'a contre cet établissement qu'un *titre non exécutoire,* il doit, en cas de contestation, intenter son action devant les tribunaux, conformément aux règles de compétence du droit commun, mais en tenant compte des prescriptions spéciales aux actions à intenter contre les établissements publics (V. *infrà,* n°⁸ 256 et suiv.; *Rép.* n°⁸ 408 et suiv.; Ravarin, p. 135; Cros-Mayrevieille, p. 254). En principe, les contestations sont de la compétence de l'autorité judiciaire, sauf celles concernant les travaux publics (V. *infrà,* v° *Travaux publics*).

Si, au contraire, le créancier est muni d'un *titre exécutoire* contre l'hôpital ou l'hospice, il ne peut, pour obtenir son payement, recourir aux voies d'exécution indiquées par le livre cinquième du code de procédure civile. On l'a indiqué au *Rép.* n° 137, il n'est pas admissible qu'un créancier, même fondé en titre, puisse, à son gré, dépouiller des établissements publics de leurs biens mobiliers ou immobiliers et désorganiser ainsi un service d'utilité générale. Aussi est-il admis que le créancier muni d'un titre exécutoire contre un hôpital ou un hospice ne peut que se pourvoir administrativement pour obtenir son payement (V. les autorités citées au *Rép. loc. cit.*). Cette règle est d'ailleurs commune à tous les établissements publics : elle a été appliquée notamment aux communes (V. *suprà*, v° *Commune*, n°s 1294 et suiv. ; — *Rép.* cod. v°, n°s 2614 et suiv.) et aux fabriques (Amiens, 29 avr. 1885, aff. Ville d'Amiens, D. P. 86. 2. 212 ; Trib. Seine, 1re ch., 31 mars 1890, *Le Droit*, 1er avr. 1890. Conf. *supra*, v° *Culte*, n° 323 ; *Rép.* eod. v°, n° 635). Une ordonnance du 6 juill. 1846 (D. P. 46. 3. 137) portait que la vente des biens mobiliers et immobiliers des établissements de bienfaisance *non affectés à un service public* ne pourrait être autorisée. sur la demande d'un créancier porteur d'un titre exécutoire, que par une ordonnance royale qui déterminerait les formes de la vente. Aujourd'hui ces ventes peuvent être autorisées par le préfet (Décr. 25 mars 1852, art. 1er, et tableau A, n° 55 ; Décr. 13 avr. 1861, art. 1er, et tableau A, n° 67).

**84.** Ainsi qu'on l'a indiqué au *Rép*. n° 143, si une *hypothèque* grève les biens donnés à un hospice, le créancier ne peut poursuivre l'expropriation de l'immeuble par les voies du droit commun ; il doit encore avoir recours à la réclamation par voie administrative. — Si, au contraire, l'hypothèque a été consentie par l'administration hospitalière dûment autorisée, le créancier se trouve implicitement autorisé à user, le cas échéant, de son droit hypothécaire et à poursuivre selon les règles du droit commun l'expropriation de l'immeuble affecté (*Rép.* n°s 144 et 192). — Le créancier qui a obtenu une condamnation contre un hospice peut prendre une inscription hypothécaire sans aucune autorisation, et en vertu du jugement (Cros-Mayrevieille, p. 361).

**85.** Un avis du conseil d'Etat du 31 mars 1869 (D. P. 70. 3. 112) a décidé que les hospices et autres établissements publics de bienfaisance ne jouissent pas, comme les communes, de la faculté de ne pas remplir les formalités de purge des hypothèques et de transcription de leurs acquisitions d'immeubles, dans les cas et sous les conditions indiqués par le décret du 14 juill. 1866. A l'appui de la solution contraire, on pourrait invoquer, au moins quant aux hospices et Hôpitaux, les art. 9 et 10 de la loi du 7 août 1851 (D. P. 51. 4. 154). L'art. 9 porte que les commissions administratives des hospices délibèrent, notamment, sur les acquisitions et aliénations des propriétés de ces établissements, et en général sur tout ce qui intéresse leur conservation et leur amélioration. L'art. 10 ajoute que les délibérations comprises dans l'art. 9 sont soumises à l'avis du conseil municipal, et suivent, quant aux autorisations, les mêmes règles que les délibérations de ce conseil. Or, l'ordonnance du 18 avr. 1842 déterminait les règles d'exécution des délibérations des conseils municipaux quant à la purge des hypothèques ; ses dispositions semblaient donc être virtuellement comprises parmi les règles que l'art. 10 de la loi du 7 août 1851 a rendues applicables aux hospices, et dès lors il eût été naturel d'en dire autant du décret du 14 juill. 1866, qui n'a fait qu'étendre la limite établie par l'ordonnance précitée. La solution adoptée par le conseil d'Etat nous semble cependant préférable ; car, ainsi que le dit l'avis précité, « s'il est impossible de méconnaître que les hospices et autres établissements publics de bienfaisance sont, quant à leur administration, unis par des liens étroits à celle des communes, il ne peut être permis de suppléer au silence du décret du 14 juill. 1866, qui a trait seulement aux acquisitions d'immeubles faites par les communes elles-mêmes ; ce décret a eu d'ailleurs pour objet principal les acquisitions d'immeubles pour l'ouverture ou l'élargissement de rues ou de chemins vicinaux qui ne concernent que les communes ». Cette interprétation n'avait pas, en fait, de graves inconvénients, parce que les hospices et les établissements de bienfaisance ne sont pas aussi souvent que les communes dans le cas de faire des acquisitions immobilières de peu d'importance. — Au surplus, on verra, *infrà*, n° 106, qu'un décret du 7 juin 1875 (D. P. 76. 4. 14) dispense les hospices de l'accomplissement des formalités de la purge pour les acquisitions d'immeubles dont le prix n'excède pas 500 fr.

**86.** Une saisie-arrêt ne peut être formée à la requête d'un créancier, sur des fonds dus à un établissement de bienfaisance (Paris, 11 janv. 1889, aff. Mathelin, *La Loi* du 26 janv. 1889. Conf. *supra*, v° *Commune*, n° 1283) ; mais elle peut être formée contre un tiers sur les sommes à lui dues par

un de ces établissements. Le créancier doit alors former son opposition entre les mains du receveur de l'établissement, conformément aux règles posées par le décret du 18 août 1807 (Cros-Mayrevieille, p. 359). V. *infrà*, v° *Saisie-arrêt ;* — *Rép.* eod. v°, n°s 28 et suiv.

**87.** Jugé que les établissements hospitaliers, malgré l'état de dépendance relative dans lequel ils sont placés vis-à-vis des administrations municipales, constituent des personnes morales distinctes des communes, et se trouvent soumis aux même règles que les particuliers, dans leurs rapports avec les communes, en ce qui concerne *la prescription* ; par suite, une ville contre laquelle un hospice intente action en remboursement d'une somme dont il se prétend créancier en vertu d'un prêt, est recevable à opposer la prescription à la réclamation de cet hospice ; les payements des sommes que la ville a inscrites chaque année à son budget à titre de secours ou subvention à l'hospice, et non comme représentant les intérêts du capital que cet hospice prétend avoir prêté, ne peuvent être considérés comme des reconnaissances de la dette de la ville, interruptives de la prescription (Dijon, 20 déc. 1877, aff. Hospice de Tournus, D. P. 79. 2. 62). V. *infrà*, v° *Prescription civile.*

**88.** En principe, les hôpitaux et hospices sont, à raison de leurs biens productifs de revenus, soumis aux mêmes *impôts* que les particuliers (*Rép.* n° 145 ; Conf. Cons. d'Et. 21 sept. 1859, aff. Hospice de Saint-Omer, D. P. 60. 3. 170 ; 18 juin 1880, D. P. 83. 3. 59) ; ils doivent, en outre, acquitter sur ces biens la taxe des biens de mainmorte (L. 20 févr. 1849.) V. *supra*, v° *Etablissements publics*, n°s 2 et 3). Quant à l'exemption de l'impôt sur les biens non productifs de revenus, la jurisprudence que nous avons indiquée au *Rép. loc. cit.*, est toujours suivie ; elle a été confirmée notamment en ce qui concerne *l'impôt foncier* par un arrêt du conseil d'Etat du 10 févr. 1853, aff. Bureau de bienfaisance de Villeneuve-sur-Lot, D. P. 53. 3. 41 ; Comp. Cons. d'Et. 21 avr. 1868, aff. Maison de secours de Sainte-Eugénie, D. P. 69. 3. 41 ; 1er juin 1877, aff. Hospice de Montargis, D. P. 77. 3. 76 ; Cons. d'Et. 2 déc. 1887, aff. Administration générale de l'assistance publique, *Rec. Cons. d'Etat*, p. 764 ; V. *infrà*, v° *Impôts directs*. Conf. *Rép.* eod. v°, n° 57), et en ce qui concerne *l'impôt des portes et fenêtres*, par arrêt du conseil d'Etat du 28 mai 1862, aff. Hospice des Sables-d'Olonne, D. P. 63. 3. 82 (Conf. Cons. d'Et. 17 juill. 1867, aff. Ville de Châteauroux, D. P. 68. 3. 53. V. pour anal., Cons. d'Et. 11 janv. 1853 précité).

L'impôt *personnel et mobilier* ne pouvant atteindre une personne morale ne frappe point les hôpitaux et hospices (V. *infrà*, v° *Impôts directs*).

Les hôpitaux et hospices sont également exempts de *l'impôt des patentes*, alors même, d'ailleurs, qu'ils feraient exécuter par leurs pensionnaires quelques travaux de lingerie, si les sommes produites par ces travaux sont de peu d'importance (Cons. d'Et. 15 juin 1883, aff. Bureau de bienfaisance de Verdun, D. P. 85. 3. 12 ; 7 août 1883, aff. Orphelinat de Notre-Dame d'Aix, *ibid.* ; Conf. Cons. d'Et. 6 déc. 1855, aff. Hospice de Saint-Julien, de Nancy, D. P. 56. 3. 43 ; 21 janv. 1857, aff. Hospice des Sables-d'Olonne, D. P. 61. 3. 45 ; 2 juill. 1861, aff. Dames de Nazareth, D. P. 3. 79 ; 26 févr. 1867, aff. Hospice des Sables-d'Olonne, D. P. 68. 3. 103 ; 23 mars 1880, aff. Asile d'aliénés du Loir-et-Cher, D. P. 80. 3. 117), ou que, situés dans une ville d'eau, ils recevraient pendant la saison quelques malades étrangers, moyennant une indemnité de séjour (Cons. d'Et. 31 janv. 1857, précité). — Il serait autrement, toutefois, si l'hospice exerçait en réalité une industrie véritable, telle que lavoir et bains (Cons. d'Et. 18 avr. 1860, aff. Hospice de Saint-Omer, *Rec. Cons. d'Etat*, 1860, p. 324 ; 7 août 1875, aff. Chambre de commerce de Lyon, D. P. 76. 3. 26 ; 1er juin 1877, précité ; 12 mars 1880, aff. Tir de Versailles, D. P. 80. 3. 118). — On a également exempté de l'impôt des patentes, à raison de leur but de charité et d'utilité publique, un asile ayant l'existence légale, mais n'étant pas un établissement public de bienfaisance (Cons. d'Et. 13 janv. 1882, aff. Asile de la Providence, D. P. 83. 3. 44) ;... une œuvre privée dite pension alimentaire (Cons. d'Et. 19 mai 1882, aff. Société philanthropique, D. P. 83. 3. 45). V. *infrà*, v° *Impôts directs*.

L'impôt des *prestations* n'atteint que les individus portés au rôle des contributions directes (L. 21 mai 1836) ; les hospices et hôpitaux en sont donc exempts (Cons. d'Et. 4 mars 1865, aff. Assistance publique de Paris, Rec. Cons. d'Etat, 1865, p. 262), sauf pour les hommes, chevaux et voitures qu'ils emploieraient à une exploitation agricole distincte de l'établissement (Même arrêt). V. infrà, v° Impôts directs.

### Sect. 3. — De la gestion et de la responsabilité des administrateurs (Rép. n°s 148 à 172).

§ 1er. — Gestion des biens-fonds. — Exploitation des propriétés. — Maisons, biens ruraux, baux, bois et forêts (Rép. n°s 149 à 155).

**89.** Sur l'obligation de tenir un sommier revu et rectifié chaque année, V. Rép. n° 149; Conf. Ravarin, p. 88.

**90.** Ainsi qu'on l'a expliqué au Rép. n° 150, les commissions administratives sont exclusivement chargées de la gestion des biens des hôpitaux, sauf le contrôle du préfet (L. 7 août 1851, art. 8). Il leur appartient donc de décider si elles exploiteront elles-mêmes ces biens, ou si elles les affermeront (Ibid.).

Leur pouvoir n'est pas aussi étendu, en ce qui concerne l'affectation de ces biens au service hospitalier ou leur classement dans le patrimoine privé des hôpitaux et hospices. Aux termes de l'art. 9 de la loi du 7 août 1851, la commission délibère sur « leur affectation au service », et cette délibération doit être, comme toutes les délibérations relatives aux aliénations de biens, soumise au conseil municipal; elle était autrefois approuvée par le préfet (L. 7 août 1851, art. 10 et Décr. 25 mars 1852, art. 1er, et tableau A, 55°; Décr. 13 avr. 1861, art. 1er, et tableau A, 67°). Mais l'art. 120 de la loi du 5 avr. 1884 a précisé ce que l'on doit entendre ici par affectation et a modifié la législation antérieure quant à l'autorité chargée d'autoriser cette mesure. Il est conçu en ces termes : « Les délibérations par lesquelles les commissions administratives chargées de la gestion des établissements publics communaux changeraient en totalité ou en partie l'affectation des locaux ou objets immobiliers ou mobiliers appartenant à ces établissements, dans l'intérêt d'un service public ou privé quelconque, ou mettraient à la disposition soit d'un autre établissement public ou privé, soit d'un particulier lesdits locaux et objets, ne sont exécutoires qu'après avis du conseil municipal, et en vertu d'un décret rendu sur la proposition du ministre de l'intérieur ». Cet article, reproduction textuelle de l'art. 70 du projet de loi municipale déposé le 15 mars 1877, a son origine dans une affaire qui avait eu un certain retentissement. L'Institut catholique de Lille voulant fonder dans cette ville une faculté de médecine, dut, afin de se conformer à la loi du 12 juill. 1875, se procurer la disposition, pour le service clinique, de 120 lits de malades au moins. Il passa, à cet effet, avec la commission des hospices de Lille un traité qui fut approuvé par le préfet, sans avoir été soumis à l'avis du conseil municipal. L'administration n'avait vu dans cette convention qu'un simple règlement de service intérieur assujetti seulement à l'approbation du préfet. Le ministre, sur la réclamation du conseil municipal, annula, le 31 oct. 1876, l'approbation préfectorale. Mais, sur le pourvoi pour excès de pouvoir formé par l'institut catholique de Lille, le conseil d'Etat annula, à son tour, l'arrêté ministériel, sans cependant se prononcer sur la légalité de l'arrêté du préfet, et en se fondant uniquement sur ce que l'arrêté du préfet ne pouvait plus être annulé une fois que le contrat avait été consommé (Cons. d'Et. 2 mars 1877, aff. Institut catholique de Lille, D. P. 77. 3. 36). Les tribunaux ordinaires sont d'ailleurs seuls compétents pour statuer sur la validité d'un contrat de cette nature (Même arrêt). Mais c'est à l'autorité administrative qu'il appartient de décider si ces actes ont reçu l'approbation préfectorale (Req. 30 nov. 1886; aff. Chaveron, La Loi du 4 déc. 1886). V. Fl. Ravarin, p. 88.

**91.** Lorsque des biens sont exploités directement par l'administration des hospices, le produit en nature de ces exploitations est perçu par l'économe, sous sa responsabilité et sans aucune responsabilité du receveur de l'établissement qui ne fait figurer ces revenus que pour ordre dans ses comptes (Instr. gén. 20 juin 1849, art. 1079. Conf. Rép. n° 151).

**92.** Sur la gestion des sources et établissements d'eaux minérales qui appartiennent à des hospices, V. Rép., v° Eaux minérales et thermales, n° 31.

**93.** — Baux (Rép. n° 152). — V. Louage administratif; Rép. eod., v°.

**94.** — Bois et forêts (Rép. n° 153), — V. infrà, v° Régime forestier; — Rép. v° Forêts, n° 1706 et suiv. et 1207.

**95.** — Chasse. — En ce qui concerne la location du droit de chasse dans les propriétés des hôpitaux et hospices, V. suprà, v° Chasse, n°s 553 et suiv.

**96.** — Assurance. — Les commissions administratives des hospices agissent avec prudence en faisant assurer contre l'incendie les propriétés bâties et les meubles appartenant à ces établissements. L'assurance des bâtiments dépendant d'immeubles productifs est même rendue obligatoire par une circulaire du 5 mai 1832, qui abroge, sur ce point les circulaires des 14 juill. 1820 et 21 oct. 1826 interdisant aux établissements de bienfaisance de contracter aucune assurance avec les compagnies mutuelles, et la circulaire du 10 août 1836 n'autorisant de telles assurances qu'avec l'approbation du ministre. La circulaire de 1832, porte que les commissions administratives assurent elles-mêmes les immeubles qu'elles gèrent, sauf à faire approuver les polices par le préfet, conformément au décret du 25 mars 1852 (tableau A, § 52). Cette approbation, après la promulgation du décret du 13 avr. 1861 (art. 6, § 8) et par analogie avec ce qui était prescrit pour les biens communaux, était donnée par le sous-préfet (Conf. Bull. off. min. int. 1865, p. 178). Mais la disposition précitée du décret de 1861 a été abrogée implicitement par l'art. 1er, § 7, de la loi municipale du 24 juill. 1867, qui donnait aux conseils municipaux le droit de régler par leurs délibérations les assurances des bâtiments communaux. La loi de 1867 a elle-même été abrogée dans la plupart de ses dispositions par l'art. 168, § 15, de la loi du 5 avr. 1884. D'autre part, l'art. 68 de cette dernière loi ne comprend pas les assurances des bâtiments communaux parmi les matières sur lesquelles les conseils municipaux ne peuvent prendre que des délibérations soumises à l'approbation de l'autorité supérieure. Il en résulte que les polices d'assurance contre l'incendie des édifices communaux tombent aujourd'hui sous l'application de l'art. 61 de la loi de 1884, qui pose en principe que les conseils municipaux règlent les affaires de la commune par des délibérations exécutoires par elles-mêmes. Dès lors, et par analogie, il convient d'admettre que les commissions administratives peuvent régler, sans approbation de l'Administration, les polices d'assurance relatives aux édifices des hospices et hôpitaux.

L'administration de l'assistance publique, à Paris, n'assure pas ceux de ses immeubles qui sont affectés au service public.

**97.** Les compagnies d'assurance à prime fixe qui font partie du syndicat général accordent aux hospices une remise de 20 pour 100 sur les primes fixées par leurs tarifs et affranchissent de toute responsabilité locative les fonctionnaires et employés logés gratuitement dans les immeubles assurés par elles. Certaines institutions de secours aux incendiés assurent même gratuitement certains biens appartenant aux hôpitaux et hospices. La Caisse départementale des incendies de la Meuse « assure gratuitement, sans aucune condition, tous les risques d'incendie à la charge des hospices, leurs bâtiments et mobiliers employés à un service public » (art. 24 des statuts).

**98.** L'acceptation par un établissement hospitalier d'une indemnité allouée par une compagnie d'assurances, à raison d'un sinistre, doit, d'après Cros-Mayrevieille (p. 245) être soumise à l'approbation du préfet.

§ 2. — Gestion des droits réels, servitudes, hypothèques, créances, rentes et capitaux (Rép. n°s 154 à 172).

**99.** On a exposé au Rép. n°s 154 et suiv. les principes généraux, d'après lesquels les administrateurs des hôpitaux et hospices doivent gérer les droits réels appartenant à ces établissements.

**100.** En ce qui concerne les remboursements de créances ou de rentes à recevoir par les hôpitaux et hospices, V. Rép. n°s 165 et suiv.

**101.** Sur l'emploi à faire des capitaux remboursés, V. suprà, n°s 39 et suiv. ; — Rép. n°s 168 et suiv.

Sect. 4. — Des acquisitions, aliénations, échanges d'immeubles, ventes de rentes, créances et objets mobiliers, emprunts, transactions, donations et legs, fondations et quêtes (*Rép.* n°s 173 à 198).

**102.** — 1° *Acquisitions* (*Rép.* n°s 173 à 182). — Ainsi qu'on l'a expliqué au *Rép.* n°s 173 et suiv., la loi du 7 août 1851 porte que la commission administrative délibère sur les *acquisitions de propriétés* concernant les hospices et hôpitaux (art. 9), et que ces délibérations suivent, quant aux autorisations, le même sort que les délibérations du conseil municipal (art. 10). Le décret du 25 mars 1852, art. 1er et tableau A, § 41 et 55, dont les dispositions ont été reproduites par le décret du 13 avr. 1861, art. 1er, et tableau A, § 48 et 67, a attribué sans distinction au préfet le droit de statuer sur les acquisitions et sur toutes les affaires communales et d'assistance publique qui exigeaient auparavant la décision du chef de l'Etat ou du ministre de l'intérieur. L'art. 1er de la loi du 24 juill. 1867, sur les conseils municipaux, a conféré à ces conseils le pouvoir de régler par leurs délibérations les acquisitions d'immeubles, lorsque la dépense totalisée avec celle des autres acquisitions, déjà votées dans le même exercice, ne dépassait pas le dixième des revenus ordinaires de la commune (D. P. 67. 4. 89). Mais l'art. 168 de la nouvelle loi municipale du 5 avr. 1884 a abrogé expressément, par son paragraphe 14, le paragraphe 48 du tableau A du décret du 13 avr. 1861, et, par son paragraphe 15, la plupart des dispositions de la loi du 24 juill. 1867 (D. P. 84. 4. 68). D'autre part, l'art. 68, § 3, de la même loi de 1884 a reconnu au conseil municipal le pouvoir de régler par ses délibérations les acquisitions immobilières, quand la dépense totalisée avec les dépenses de même nature pendant l'exercice courant ne dépasse pas les limites des ressources ordinaires et extraordinaires que les communes peuvent se créer sans autorisation spéciale. Lorsque cette proportion est dépassée, les délibérations du conseil municipal sont subordonnées à l'approbation du préfet (D. P. 84. 4. 46). Aussi, dans l'état actuel de la législation, il résulte de la combinaison de l'art. 10 de la loi du 7 août 1851 et de l'art. 68, § 3, de la loi du 5 avr. 1884, qu'il appartient à la commission administrative de régler par ses délibérations les acquisitions d'immeubles concernant les hospices et hôpitaux, à moins que la dépense totalisée avec les dépenses de même nature pendant le même exercice n'excède les limites des ressources que ces établissements peuvent se procurer sans autorisation spéciale, auquel cas l'approbation préfectorale est nécessaire.

Quand l'acquisition est subordonnée à l'autorisation préalable, l'arrêté préfectoral ne doit pas être rendu en conseil de préfecture, la loi du 18 juill. 1837, qui édictait cette prescription dans son art. 46 ayant été abrogée par l'art. 168, § 6, de la loi du 5 avr. 1884 ; sauf s'il s'agit de l'assistance publique de Paris. D'un autre côté, l'art. 69, § 2, de la loi précitée de 1884, rendu applicable aux hospices et hôpitaux par l'art. 10 de la loi du 7 août 1851, n'exige pas l'avis du conseil de préfecture pour les acquisitions.

L'arrêté préfectoral doit être précédé, en ce qui concerne l'assistance publique de Paris, d'une demande du directeur, d'un avis du conseil de surveillance et d'un avis du conseil municipal (L. 10 janv. 1849, art. 5 ; L. 7 août 1851, art. 9 et 10), et, en ce qui concerne les autres établissements hospitaliers, d'une délibération de la commission administrative et avis du conseil municipal (L. 7 août 1851, art. 9 et 10 ; L. 5 avr. 1884, art. 70-5°).

**103.** La prescription qui exige, dans certains cas, une enquête *de commodo et incommodo* (*Rép.* n° 174) paraît être tombée en désuétude (*Bull. off. min. int.* 1857, p. 23, et 1864, p. 295).

**104.** Ainsi que nous l'avons dit au *Rép.* n° 175, la nullité résultant du défaut d'autorisation dans les formes ci-dessus, n'est que relative ; l'hospice seul peut l'invoquer ; le vendeur, même de bonne foi, serait non recevable à s'en prévaloir (Conf. Colmar, 28 août 1827, aff. Gisey, et anal. Angers, 27 févr. 1867, aff. Carré, D. P. 67. 2. 66 ; Limoges, 22 mars 1870, aff. Desprogés, D. P. 72. 2. 117 ; V. aussi *suprà*, v° *Commune*, n°s 1167 et 1201 ; *Rép. eod.* v°, n° 2374.

**105.** La forme authentique, quoique non prescrite par les lois et règlements, pour l'acte de vente, est cependant généralement employée. Elle est surtout utile pour la quittance, afin que la libération de l'établissement soit constatée vis-à-vis des tiers (*Rép.* n° 177 ; Cros-Mayrevieille, p. 239 ; Lamarque, n° 285).

**106.** Une circulaire du ministre des finances du 30 juin 1869 énonce les pièces dont le comptable de l'établissement devra exiger la production avant de payer le prix convenu, et qu'il devra ensuite transmettre à la cour des comptes ou au conseil de préfecture. Le vendeur peut, avec l'autorisation du préfet, être dispensé, par la commission administrative, de produire les pièces attestant l'accomplissement des formalités de la purge des hypothèques, s'il s'agit d'acquisition d'immeubles dont le prix n'excède pas 500 fr., faites soit à l'amiable soit par suite d'expropriation pour cause d'utilité publique (Décr. 7 juin 1875, art. 1, D. P. 76. 4. 14).

**107.** Il n'est pas interdit aux hôpitaux et hospices de se rendre acquéreurs des biens de leurs administrateurs ; mais l'administrateur vendeur ne peut prendre part aux délibérations relatives à l'acquisition.

**108.** Les hôpitaux et hospices ne peuvent acquérir d'autres *meubles* que ceux destinés au service public de ces établissements, V. *Rép.* n°s 205 et suiv. V. aussi *infrà*, v° *Marchés de fourniture*.

**109.** Ainsi que nous l'avons exposé au *Rép.* n° 182, il est généralement admis aujourd'hui, et passé dans la pratique, que les hôpitaux et hospices ne tenant pas de la loi du 3 mai 1841 le droit d'exproprier, c'est la commune qui doit, le cas échéant, poursuivre l'expropriation pour cause d'utilité publique des immeubles dont l'acquisition est nécessaire aux établissements hospitaliers (Av. sect. int. Cons. d'Et. 10 sept. 1850 ; Décis. min. int. 1853, *Bull. off. min. int.* 1854, p. 125.

**110.** — 2° *Aliénations* (*Rép.* n°s 183 à 189). — On a indiqué au *Rép.* n° 183 quelles sont les formalités prescrites pour l'aliénation des immeubles appartenant aux hôpitaux et hospices.

En ce qui touche l'autorisation d'aliéner les immeubles, l'art. 10 de la loi du 7 août 1851 a prescrit de suivre les règles édictées pour les délibérations des conseils municipaux. Le décret du 25 mars 1852, art. 1er, et tableau A, § 41 et 55, dont les dispositions ont été reproduites dans le décret du 13 avr. 1861, art. 1er, et tableau A, § 48 et 67, a attribué au préfet le pouvoir de statuer sur les acquisitions de toute nature, quelle qu'en soit la valeur, et sur toutes les affaires communales et d'assistance publique qui exigeaient auparavant la décision du chef de l'Etat ou du ministre de l'intérieur. Bien que le paragraphe 48 du tableau A du décret de 1861 ait été abrogé par l'art. 168, § 14, de la loi du 5 avr. 1884, l'autorisation préfectorale continue à être nécessaire et suffisante, dans tous les cas d'aliénation immobilière, en vertu des dispositions combinées de l'art. 10 de la loi du 7 août 1851 et de l'art. 68, § 2, de la loi du 5 avr. 1884. Toutefois, l'autorisation doit être donnée en conseil de préfecture (L. 7 août 1851, art. 10, et L. 5 avr. 1884, art. 69).

L'art. 70-5° de la loi du 5 avr. 1884, qui porte que le conseil municipal est toujours appelé à donner son avis sur les autorisations d'aliéner de la part des hospices et des hôpitaux, n'a pas modifié la disposition de l'art. 10 de la loi du 7 août 1851, qui exige que, pour les aliénations d'immeubles, l'avis du conseil municipal soit *conforme*. Il a été jugé que cette disposition est applicable, non seulement lorsqu'il s'agit d'aliéner des biens provenant des attributions faites aux hôpitaux par l'Etat après la Révolution ; mais encore lorsqu'il s'agit d'aliéner un immeuble quelconque, sans distinction d'origine, ni d'affection (Cons. d'Et. sect. de l'int. 24 mai 1869, aff. Hospice de Dijon, cité par Ravarin, p. 129).

**111.** On a vu *supra*, n° 43, que la tendance est d'encourager, parfois même d'imposer l'aliénation des immeubles appartenant aux hospices et la transformation en rentes sur l'Etat de la dotation immobilière de ces établissements. Ainsi, la circulaire du 15 mai 1858, citée, *loc. cit.*, a décidé d'une part que, lorsque le revenu net de biens fonciers appartenant à des hospices est notablement inférieur aux neuf dixièmes des arrérages de la rente, il convient que l'aliénation de tels biens, pour le prix en être converti en rentes sur l'Etat, soit votée par les commissions chargées de l'administration de ces établissements publics; et les préfets doivent au besoin user de leur autorité pour obtenir une semblable mesure; d'autre part, que l'autorisation d'aliéner des rentes sur l'Etat ne devra pas être accordée par le préfet, lorsqu'il existera dans les biens de l'établissement charitable des immeubles susceptibles d'être vendus. Une circulaire ministérielle du 14 août 1858 (D. P. 59, 3. 70) a toutefois apporté à ces principes les deux réserves suivantes : la condition d'inaliénabilité formellement exprimée, à l'égard des biens donnés à des hôpitaux, doit être respectée; la mesure qui a pour objet de provoquer la vente des biens fonciers des hospices, n'est applicable qu'aux biens qui ne peuvent être convenablement gérés ou donnent des revenus insuffisants;... dès lors, les commissions administratives ont le droit, relativement aux propriétés utilement exploitées ou qui présentent des chances d'accroissement, de subordonner la vente à l'intérêt actuel des établissements dont la gestion leur est confiée. Cette tentative pour faire disparaître autant que possible la dotation immobilière des hospices, n'a réussi qu'imparfaitement (Ravarin, p. 87). Le système qui veut que les établissements charitables aient pour garantie de leur existence un patrimoine immobilier, plutôt que des biens meubles, a de profondes racines dans notre législation. Aussi on comprend que quelques esprits aient pu voir, dans les prescriptions des nouvelles circulaires, moins l'exercice d'une simple tutelle, que l'inauguration d'un système nouveau, dont l'établissement aurait besoin, à certains égards, de la sanction du pouvoir législatif (V. aussi Circ. min. 25° oct. 1858, rapportée par Cros-Mayrevieille, p. 235).

**112.** On sait que, en principe, la vente doit être faite par adjudication publique (Rép. n° 185). Sur les formes de cette adjudication, V. infrà, v° Vente administrative ;— Rép. eod. v°.

**113.** Sur les aliénations résultant d'expropriation pour cause d'utilité publique, V. supra, v° Expropriation publique, n° 31; Rép. eod. v°; n°s 44 et suiv.— Sur les aliénations de forêts, V. Rép. v° Forêts, n°s 974 et suiv.; infrà, v° Régime forestier.

**114.** On a expliqué supra, v° Enregistrement, n° 1771, que les actes de transmission de la propriété ou de la jouissance des biens des hospices sont soumis au timbre et à l'enregistrement.

**115.** L'instruction générale du ministre des finances du 20 juin 1859, art. 944, 972 et 1542, § 35, a maintenu la doctrine émise par les décisions du ministre de l'intérieur du 24 oct. 1844 et 15 févr. 1858, et d'après laquelle les règles imposées aux hospices pour les aliénations d'immeubles leur sont également imposées pour l'aliénation des rentes sur l'Etat (Rép. n° 488; Cros-Mayrevieille, p. 287).

**116.** Sur les ventes d'objets mobiliers, V. Rép. n° 189.

**117.** — 3° Echanges (Rép. n° 187). — Les règles qui régissent l'acquisition et l'aliénation des immeubles appartenant aux hospices et hôpitaux s'appliquent aux échanges relatifs aux mêmes biens. Les art. 9 et 10 de la loi du 7 août 1851 ont rendu applicables en pareille matière le décret du 25 mars 1852, art. 1er et tableau A, § 44 et 55, dont les dispositions ont été reproduites par le décret du 13 avr. 1861, art. 1er et tableau A, § 48 et 67, puis les art. 68-2°, 69, § 2, 70-5° de la loi du 5 avr. 1884. Dès lors, les échanges doivent être autorisés par le préfet en conseil de préfecture, sur l'avis conforme du conseil municipal (V. supra, n°s 102 et suiv.). L'autorisation est accordée très difficilement et seulement s'il y a nécessité incontestable et avantage évident pour l'établissement qui la sollicite (Circ. min. 5 juin 1852, D. P. 52. 3. 32). L'interdiction aux administrateurs de se rendre adjudicataires des biens des établissements hospitaliers dont la surveillance leur est confiée s'applique au cas d'échange (Même circulaire).

**118.** — 4° Emprunts (Rép. n°s 190 à 194). — La législation exposée au Rép. n°s 190 et suiv. a été modifiée par l'art. 42 de la loi du 24 juill. 1867, encore applicable à l'assistance publique de Paris (L. 5 avr. 1884, art. 168), mais remplacé, pour les autres établissements de bienfaisance, par l'art. 119 de la loi du 5 avr. 1884, conçu en termes

identiques. D'après ces dispositions, « les délibérations des commissions administratives des hospices, hôpitaux et autres établissements charitables communaux concernant un emprunt sont exécutoires en vertu d'un arrêté du préfet, sur avis conforme du conseil municipal, lorsque la somme à emprunter ne dépasse pas le chiffre des revenus ordinaires de l'établissement et que le remboursement doit être effectué dans un délai de douze années. Si la somme à emprunter dépasse ledit chiffre ou si le délai de remboursement excède douze années, l'emprunt ne peut être autorisé que par un décret du président de la République. Le décret est rendu en conseil d'Etat, si l'avis du conseil municipal est contraire, ou s'il s'agit d'un établissement ayant plus de 100000 fr. de revenus. L'emprunt ne peut être autorisé que par une loi, lorsque la somme à emprunter dépasse 100000 fr., ou lorsque ladite somme, réunie aux chiffres d'autres emprunts non encore remboursés, dépasse 500000 fr. ». Pour l'assistance publique de Paris la délibération de la commission administrative est remplacée par une demande du directeur, accompagnée d'un avis du conseil de surveillance (L. 10 janv. 1849, art. 1 et 5 ; 24 juill. 1867, art. 17).

**119.** Une circulaire du ministre l'intérieur du 3 août 1867 (D. P. 67. 3. 73) décide, avec raison, que les demandes d'emprunts formées par les établissements d'assistance publique doivent être accueillies avec la plus grande circonspection; car ces établissements n'ont pas, comme les communes, la possibilité de se créer des ressources à l'aide d'impositions ou de taxes d'octroi. « Il importe en général, dit la circulaire, de n'autoriser les emprunts que pour une durée de dix à douze ans au plus, et dans le cas où leur remboursement pourrait s'effectuer facilement sur les revenus ordinaires » (Conf. Cros-Mayrevieille, p. 324, et Rép. n° 494).

**120.** Les hôpitaux et hospices peuvent emprunter, soit à la Caisse des dépôts et consignations, soit au Crédit foncier, soit aux particuliers.

Les conditions de prêt de la Caisse des dépôts et consignations varient suivant l'importance des ressources disponibles de cette caisse et le prix du loyer de l'argent. Le délai de remboursement ne peut dépasser quinze ans. La Caisse des dépôts et consignations exige que le remboursement des emprunts faits aux établissements de bienfaisance soit formellement garanti par les communes. L'administration de l'hospice qui veut emprunter doit donc produire une délibération du conseil municipal régulièrement approuvée, par laquelle la commune s'engage à rembourser l'emprunt, au cas où l'hospice ne l'acquitterait pas (Cros-Mayrevieille, p. 326).

**121.** Les hôpitaux et hospices peuvent également effectuer des emprunts au Crédit foncier (L. 6 juill. 1860, 26 févr. 1862, art. 1). Ces emprunts peuvent être remboursables soit à long terme par annuités pendant une durée de cinq à cinquante ans, soit à court terme, avec ou sans amortissement, pendant une durée de un à cinq ans. Ils sont faits avec ou sans affectation hypothécaire (Cros-Mayrevieille, p. 326). V. infrà, v° Sociétés de crédit foncier ; — Rép. eod. v°.

**122.** Les emprunts aux particuliers peuvent être réalisés soit de gré à gré, au moyen d'un contrat soumis à l'approbation préfectorale, soit par voie d'adjudication, sur un cahier des charges dressé par la commission administrative et régulièrement approuvé, soit par voie d'émission publique d'obligations; ces émissions d'obligations sont réglementées par un décret du 23 juin 1879 et une circulaire ministérielle du 31 août 1879 rapportés par Cros-Mayrevieille, p. 329 et suiv. — V. infrà, v° Trésor public.

**123.** — Transactions (Rép. n°s 195, 448 et suiv.). — V. infrà, n° 275; V. aussi supra, v° Commune, n°s 1215 et suiv.; Rép. eod. v°, n°s 2470 et suiv.; Conf. Cros-Mayrevieille, p. 356 et suiv.

**124.** — 6° Compromis. — Les établissements d'assistance publique ne peuvent jamais compromettre (art. 83 et 1004 c. proc. civ.). Le pouvoir de transiger ne renferme pas celui de compromettre (c. civ. art. 1989). V. conf. supra, v° Arbitrage, n°s 27 et suiv.; — Rép. eod. v°, n° 220 ; supra, v° Commune, n° 1214; Rép. eod. v° n° 2469.

**125.** — 7° Donations entre vifs et testamentaires (Rép. n° 106).

— V. *suprà*, v° *Dispositions entre vifs et testamentaires*, n°s 139, 381, 429, 894, 904, 949; *Rép.* eod. v°, n° 421, 1496 et suiv.; conf. Cros-Mayrevieille, p. 179 et suiv. V. aussi *suprà*, v° *Enregistrement*, n° 581.

**126.** — 8° *Fondations de lits et de service religieux* (*Rép.* n° 197). — V. *infrà*, v°s *Secours publics* et *Succession; suprà*, v° *Culte*, n°s 562 et suiv., 568 et suiv.; Cros-Mayrevieille, p. 203 et suiv. Sur la nature juridique de ces fondations et les droits d'enregistrement à la perception desquels elles donnent lieu, V. *suprà*, v° *Enregistrement*, n°s 1997 et suiv., et 2214.

**127.** — 9° *Quêtes, troncs et collectes* (*Rép.* n° 198). — V. *infrà*, v° *Secours publics;* Cros-Mayrevieille, p. 312. — Sur la distinction qu'il y a lieu de faire, au point de vue de la perception des droits d'enregistrement entre les dons manuels proprement dits et les simples *aumônes*, V. *suprà*, v° *Enregistrement*, n°s 2021 et suiv., 2023 et suiv., et *infrà*, v° *Secours publics*.

Sect. 5. — Des constructions et réparations, adjudications, acquisitions et fournitures des objets mobiliers et des aliments ou objets de consommation (*Rép.* n°s 199 à 218).

§ 1er. — Des constructions, reconstructions et réparations d'immeubles (*Rép.* n°s 200 à 204).

**128.** Nous n'avons pas à exposer ici les principes techniques d'après lesquels doivent être conçues les *constructions* ou *reconstructions* d'hôpitaux et hospices, pour remplir toutes les conditions voulues de commodité, d'hygiène et d'économie (*Rép.* n° 200). Nous nous bornerons à renvoyer, sur ce point, à l'étude qu'a faite M. Cros-Mayrevieille (p. 254 et suiv.), et dans laquelle il donne d'utiles conseils sur l'emplacement à choisir pour la construction, l'étendue des bâtiments, le choix des matériaux, l'aération et la ventilation. Les conditions à remplir dans la construction des hôpitaux et hospices ont été exposées dans un rapport du comité d'hygiène et de service médical des hôpitaux, qui a été approuvé par le ministre le 28 avr. 1865 et recommandé aux commissions administratives par les préfets. M. Cros-Mayrevieille, p. 268 et suiv., rapporte les passages principaux de ce document. Le même auteur (p. 259 et suiv.) a donné une monographie fort intéressante et accompagnée de plans d'un certain nombre d'hôpitaux qui, par leur aménagement, peuvent être considérés comme des établissements modèles. Ces hôpitaux sont : l'hôpital Lariboisière à Paris, l'hôpital de Blackburn près de Manchester, le grand hôpital de Milan, le *Boston free hospital*, les hôpitaux-baraques de Washington et de Darenth Camp près de Londres, les hôpitaux flottants d'Amérique et d'Angleterre. On peut y ajouter l'Hôtel-Dieu de Lyon (V. *Revue de chirurgie* du 10 août 1889, n° 8, p. 605, article du docteur Poncet), l'hôpital Bichat, construit d'après le système Tollet (*Grande encyclopédie*, t. 6, p. 692), etc.

**129.** Les commissions administratives peuvent faire exécuter, sur les crédits ouverts à leurs budgets, par voie de concession amiable et sans aucune autorisation, les travaux ordinaires de simple entretien dont la dépense ne dépasse pas 300 fr. (Instr. gén. 20 juin 1859, art. 1022). Elles peuvent même passer ces marchés de gré à gré, à quelque somme qu'ils s'élèvent, dans un certain nombre de cas énumérés par l'ordonnance du 14 nov. 1837 (*Rép.* v° *Marchés de fournitures*, n° 7) et par l'instruction générale du 20 juin 1859, art. 1022. Tous les marchés de gré à gré passés par les hospices doivent être écrits et non verbaux (Décis. min. int. 20 juin 1858), à moins qu'il ne s'agisse de marchés relatifs à des denrées de consommation n'excédant pas une durée d'une année (Décis. min. int. 28 juin 1868). — V. *infrà*, v° *Marché de fournitures; — Rép.* eod. v°, n° 16; *infrà*, v° *Travaux publics; — Rép.* eod. v°, n° 383; *suprà*, v° *Commune*, n° 257. — V. aussi Cros-Mayrevieille, p. 151.

**130.** Si les constructions ou réparations dépassent 300 fr., ou n'excèdent pas 3000 fr., il est nécessaire de faire dresser un devis; mais la commission administrative peut, soit passer un marché de gré à gré, soit, ce qui est préférable, procéder par adjudication. La délibération peut être annulée par le préfet, dans le délai de trente jours à partir de la notification officielle (L. 7 août 1851, art. 8; L. 10 janv.

1849, art. 1, 4 et 5; Instr. gén. 20 juin 1859, art. 1091) V. Cros-Mayrevieille, p. 247.

**131.** S'il s'agit de travaux dont la valeur excède 3000 fr., ou de travaux d'entretien pour une durée de plus d'une année, c'est le préfet qui, sur la proposition de la commission administrative (à Paris, du directeur de l'assistance publique, après avis du conseil de surveillance), et après avis du conseil municipal, statue par arrêté sur le projet de travaux (L. 7 août 1851, art. 9 et 10; L. 10 janv. 1849, art. 5; Instr. gén. 20 juin 1859, art. 1092).

**132.** La décision, qu'elle émane du préfet ou de la commission administrative, doit être rendue sur le vu d'un *devis*, d'un *cahier des charges* et de *plans*. V. *infrà*, v° *Travaux publics; — Rép.* eod. v°. — Sur le *dépôt de garantie* à effectuer par le soumissionnaire, la *publicité*, l'*adjudication*, l'*approbation* de l'*adjudication*, la *réalisation du cautionnement*, la *réception* des travaux, la *liquidation* et le *payement* des sommes dues aux entrepreneurs, V. *ibid.*, et *infrà*, v° *Marchés de fournitures; suprà*, v° *Commune*, n°s 1246 et suiv.; *Rép.* eod. v°, n°s 2541 et suiv. — Sur la compétence, en matière d'adjudications de travaux des établissements de bienfaisance, V. *ibid.* et *infrà*, n°s 286 et suiv.; — *Rép.* n° 465 ; *suprà*, v° *Compétence administrative*, n°s 363, 205, 383 et suiv.; — *Rép.* eod. v°, n°s 99 et suiv., 379 et suiv. — V. Cros-Mayrevieille, p. 249 et suiv.

**133.** On a expliqué, *suprà*, v° *Enregistrement*, n° 1771, que les marchés de toute nature faits par les commissions administratives des hôpitaux et hospices sont soumis au timbre et à l'enregistrement.

§ 2. — Des acquisitions et fournitures d'objets mobiliers et des aliments et objets de consommation. — Adjudications (*Rép.* n°s 205 à 218).

**134.** La loi du 7 août 1851, art. 8 et suiv., au point de vue de l'étendue des pouvoirs de la commission administrative en matière de marchés de fournitures, distingue suivant que les marchés sont conclus pour une durée d'une année au maximum, ou pour une durée plus longue. Les règles applicables sont, dans le premier cas, les mêmes que pour les travaux inférieurs à 3000 fr. ; dans le second cas, les mêmes que pour les travaux d'une valeur supérieure à 3000 fr. (V. *suprà*, n°s 130 et suiv. ; — *Rép.* n°s 205 et suiv.).

**135.** Sur la rédaction du *cahier des charges*, la *publicité*, l'*adjudication*, l'*approbation* de l'adjudication, la *résiliation* du marché, V. *Rép.* n°s 207 et suiv. ; *infrà*, v° *Marchés de fournitures; suprà*, v° *Compétence administrative*, n°s 205, 363, 838 et suiv. ; *Rép.* eod. v°, n°s 99 et suiv., 379 et suiv. ; Cros-Mayrevieille, p. 450 et suiv., 249 et suiv.). — Sur la *compétence*, V. *infrà*, n° 285.

Sect. 6. — Admission dans les hopitaux et hospices. — Renvoi. — Sortie. — Secours annuels a domicile. — Décès, inhumations. — Ouverture et dissection de cadavres (*Rép.* n° 219).

**136.** — I. Admission dans les hopitaux et hospices (*Rép.* n°s 219 à 231). — 1° *Admission dans les hôpitaux* (*Rép.* n°s 219 à 224). — On a exposé au *Rép.* n°s 219 et suiv. les règles établies par la loi de 1851, pour l'admission dans les hôpitaux des malades indigents. Le principe posé par l'art. 1er de cette loi, qui ouvre les hôpitaux à tous les individus *tombés malades dans la commune*, est toujours en vigueur. Loin d'en demander l'abrogation, la plupart de ceux qui ont étudié les questions d'assistance publique en réclament au contraire l'extension. M. Léon Lallemand, *op. cit.*, p. 107, ne voudrait voir établir que deux règles, pour l'admission des malades dans les hôpitaux : examen médical préalable, constatation qu'il y a un lit vacant (Conf. Hubert-Valleroux, *op. cit.*, p. 180). Cette doctrine avait déjà été soutenue lors de la discussion de la loi du 7 août 1851, et un membre de l'assemblée avait proposé de substituer à l'art. 1er l'amendement suivant : « Tout malade domicilié, de droit ou non, qui sera sans ressources, sera secouru ou à son domicile de fait, ou dans un hôpital ». Le rapporteur s'opposa à l'adoption de cet amendement : « Si le principe qu'il renferme, a-t-il dit, recevait une application quelconque, il en résulterait à l'instant même pour les hôpitaux et les hospices un grand détriment ... En effet, malgré l'application restreinte que les administrations locales donnent aux hôpitaux et hospices en ne permettant pas aux étrangers d'y entrer, leurs propriétés sont encore insuffisantes, et il faut que les communes, par des subsides, viennent subvenir aux dépenses de ces établissements. Vous concevez que le jour où il serait écrit dans la loi que tout individu qui habite même une commune rurale n'ayant aucun rapport avec les communes possédant des hospices ou des hôpitaux, pourrait entrer gratuitement dans ces établissements, à l'instant même les communes qui ne jouiraient plus du privilège qu'elles ont aujourd'hui, retireraient leurs subsides, et, à mesure que les dépenses s'accroîtraient les ressources diminueraient. On arriverait ainsi à l'égalité formulée par la convention, c'est-à-dire à une ruine commune ». L'amendement fût écarté (Moniteur du 6 avr. 1851).

**137.** Le bénéfice de la disposition de l'art. 1er de la loi du 7 août 1851 s'étend aux étrangers aussi bien qu'aux Français (Conf. Circ. min. int. 17 déc. 1864; Cros-Mayrevieille, p. 120).

**138.** Les dispositions des art. 3, 4 et 16, L. 7 août 1851, ont été exposées et commentées au Rép. n° 220; elles n'ont reçu, depuis lors, aucune modification. La combinaison de la loi de 1851, qui repose sur le triple concours de l'hospice, de la commune et du département, semble, en théorie, résoudre parfaitement le problème de l'admission dans les hôpitaux, des malades appartenant aux communes dépourvues d'établissements de ce genre. Malheureusement, elle n'a pas reçue dans la pratique l'application qu'en attendaient ses auteurs (Rapport de M. Tallon sur l'enquête ordonnée par l'Assemblée nationale Journ. off. 9 mai 1874; Ravarin, p. 160). Le rapport de M. de Melun sur la loi de 1851 (D. P. 51. 4. 162) justifiait en termes excellents de ce système : « Votre commission a cherché un moyen terme qui, sans épuiser des ressources déjà insuffisantes, sans ouvrir la porte aux abus, donne satisfaction aux plaintes trop justifiées de nos campagnes, dont les conseils généraux ont été souvent les fidèles interprètes. Nous avons partagé la nouvelle charge pour qu'elle soit moins lourde. L'hôpital désigné par le conseil général, juste appréciateur des circonstances locales, devra fournir un certain nombre de places à un prix modéré et apportera ses contingents par la jouissance des bâtiments mis à la disposition de ceux qui jusque-là en avaient été exclus. La commune, cette extension de la famille, qui, lorsque celle-ci fait défaut, doit la remplacer, pourvoira à l'entretien du malade qu'elle n'enverra à l'hôpital que dans une nécessité absolue. Mais, par une disposition empruntée à la loi de 1838, touchant les aliénés indigents non dangereux, le conseil général qui aura déterminé la circonscription rurale admissible dans chaque établissement, pourra venir en aide par le vote annuel d'un subside aux communes trop pauvres et fixera d'avance, eu égard à leurs revenus, dans quelles proportion il contribuera à une bonne œuvre qui aurait dépassé leurs ressources ».

**139.** Quand une commune a contracté un abonnement avec un hospice, conformément aux art. 3 et 4, L. 7 août 1851, c'est à elle, et non au préfet, qu'il appartient de désigner les indigents appelés à bénéficier de l'abonnement (Décis. min. int. 21 juin 1862).

**140.** Jugé que le préfet peut légalement refuser d'autoriser la commission administrative d'un hospice, désigné conformément à l'art. 3 de la loi du 7 août 1851, pour recevoir les malades des communes privées d'établissements hospitaliers, à faire soigner ces malades dans la commune, et la contraindre à les recevoir dans l'hospice, encore bien qu'elle allèguerait qu'ils sont atteints d'une maladie contagieuse (Cons. d'Et. 8 janv. 1857, aff. Ville de Delle, D. P. 57. 3. 60). Ce pouvoir du préfet paraît, en effet, découler soit de l'art. 8 de la loi du 7 août 1851, aux termes duquel la commission administrative « arrête..., mais avec l'approbation du préfet, les règlements du service tant intérieur qu'extérieur de santé », soit d'une circulaire du 6 août 1852, adressée aux préfets par le ministre de l'intérieur pour l'exécution de cette même loi, et dans laquelle, après avoir engagé les préfets à apporter beaucoup de soin dans le choix des hospices désignés pour recevoir les malades des communes privées d'établissements hospitaliers, le ministre

ajoute : « Il suffit de considérer, pour reconnaître combien cette appréciation est délicate et quels soins vous devez apporter à éclairer le conseil, que les choix, une fois faits, seront obligatoires, et que les établissements ainsi désignés dans les formes légales, ne pourront pas décliner la charge qui leur sera imposée. — D'ailleurs, l'approbation donnée par le ministre de l'intérieur à la décision par laquelle le préfet a refusé d'autoriser la commission administrative d'un hospice, désigné pour recevoir les malades des communes privées d'établissements hospitaliers, à faire soigner ces malades dans la commune, constitue un simple acte d'administration, qui ne peut être déféré au conseil d'Etat par la voie contentieuse (Cons. d'Et. 8 janv. 1857, précité).

**141.** — 2° Admission dans les hospices (Rép. n°s 225 à 231). — La disposition de l'art. 2 de la loi du 7 août 1851 est toujours en vigueur; un règlement particulier, rendu conformément au dernier paragraphe de l'art. 8 de la loi, détermine les conditions de domicile et d'âge nécessaires pour être admis dans chaque hospice destiné aux vieillards et infirmes. M. de Melun, rapporteur, a justifié, dans les termes suivants, cette disposition, substituée au cours de la discussion à l'art. 2 du projet primitif, qui exigeait, dans tous les cas, un domicile de cinq ans dans la commune, pour l'admission dans un hospice : « La commission a reconnu qu'il était utile de ne limiter ni la durée de domicile, ni l'âge nécessaire pour être admis dans les hospices, parce qu'il pouvait se faire que des ressources différentes indiquassent à chaque maison hospitalière ce qu'elle devait faire en pareil cas. De cette manière elle établit la ligne de démarcation qui doit exister entre les malades et les vieillards et infirmes. La maladie confère le domicile du secours, tandis que, pour les vieillards et infirmes qui imposent aux communes une charge plus lourde, une charge plus prolongée, il est nécessaire d'avoir contribué pendant quelque temps aux charges de la commune pour avoir droit à ce secours général ». V. le modèle de règlement pour le service intérieur des établissements hospitaliers proposé par M. Cros-Mayrevieille, p. 196 et suiv.

**142.** Pour l'admission dans les établissements nationaux des Jeunes Aveugles, des Quinze-Vingts, des Sourds-Muets de Paris, Bordeaux et Chambéry, de Charenton, de Vincennes, du Vésinet, du Mont-Genèvre, de l'Asile Vacassy (Rép. n° 226), V. infrà, v° Secours publics; — Rép. eod., v°. Conf. Béquet, op. cit., n°s 70 et suiv.).

Il existe, ainsi que nous l'avons fait observer Rép. n° 227, des établissements spéciaux, régis par une législation particulière, pour le traitement des aliénés (V. suprà, v° Aliénés, n°s 6 et suiv. ; — Rép. eod. v°, n°s 45, 59, 183, 221) et des enfants assistés (V. infrà, v¹⁸ Secours publics, Mineur).

Sur les dépôts de mendicité, qui comportent généralement : 1° une prison, pour les mendiants condamnés par les tribunaux ; 2° un asile-dépôt pour les mendiants non condamnés qui consentent à s'y rendre; 3° une infirmerie pour les vieillards impotents, V. infrà, v° Vagabondage - Mendicité; A. Guillot, Paris qui souffre, Les prisons de Paris. Ces établissements, quoique assimilés, au point de vue de la comptabilité, aux établissements de bienfaisance (Circ. min. int. 10 juin 1854, Bull. off. min. int. 1854, p. 290), sont, en fait et par leur organisation même, bien plutôt des établissements pénitentiaires que des établissements de bienfaisance ; aussi ne doit-on pas les considérer comme faisant partie du système général d'assistance hospitalière.

**143.** On a expliqué au Rép. n°s 229 et 230 que les hospices recevant des indigents, reçoivent parfois des pensionnaires payants. Le contrat qui intervient alors entre l'hospice et le pensionnaire rentre dans la définition du contrat commutatif telle qu'elle est donnée par l'art. 1104 c. civ. La qualité d'établissement de bienfaisance qui appartient à l'une des parties ne peut modifier le caractère de la convention et lui donner celui d'un contrat de bienfaisance. C'est donc la forme des contrats à titre onéreux ordinaires que l'on doit employer pour ces conventions (Circ. min. int. 26 juill. 1853); et l'autorisation préalable exigée pour les donations entre vifs par l'art. 937 c. civ. n'est point nécessaire (Même circulaire; Conf. Circ. min. int. 31 janv. 1840; Instr. gén. 20 juin 1840). Jugé, par application du même principe, que l'hospice peut, en cas de résiliation provoquée par le pensionnaire avant le terme convenu exiger, outre le montant du semestre de pension commencé, des dommages-intérêts comprenant à la fois les frais d'appropriation faits en vue de l'exécution du contrat, et la privation des droits éventuels stipulés au profit de l'hospice pour le cas où le pensionnaire y serait mort (Trib. civ. Yvetot, 27 nov. 1868 (1); Conf. anal. Civ. rej. 22 déc. 1851, aff. D. P. 52. 1. 37; Paris, 8 mars 1858, aff. de Guerry, D. P. 58. 2. 49; Agen, 1er avr. 1867, aff. Delbos, D. P. 58. 2. 9).

**144.** Les pensionnaires payants des hôpitaux et hospices peuvent ne pas être considérés comme indigents et, par suite, être imposés à la contribution personnelle du payement de laquelle l'hospice pourrait se trouver responsable, en vertu de la loi du 21 sept. 1832, art. 23 (*Mémorial des percepteurs*, 1874. p. 462).

**145.** Les pensionnaires d'un hospice, quoique ne devant pas figurer dans le recensement de la population de la commune (V. notamment, Décr. 5 avr. 1886, D. P. 87. 4. 36; Décr. 1er mars 1891, art. 2, D. P. 92, 4e part.), doivent être inscrits sur la liste électorale de cette commune, si d'ailleurs ils remplissent les conditions exigées par la loi pour cette inscription (Req. 1er avr. 1873, aff. Carretti, D. P. 74. 1. 487; Civ. rej. 24 avr. 1877, aff. Coretti, D. P. 77. 1. 272; Hérold, *Droit électoral*, no 111; Conf. *infrà*, vo *Organisation administrative*. Comp. Cons. préf. Seine, 27 juin 1888, *Revue des établissements de bienfaisance*, 1888, p. 367). — Il en est autrement des individus recueillis dans les *dépôts de mendicité*; car ils sont en réalité des détenus (Décr. 2 fév. 1852, art. 15-9o, maintenu par les lois des 7 juill. 1874, 30 nov. 1875 et 5 avr. 1884). Jugé notamment que les individus internés au dépôt de mendicité de Villers-Cotterets, créé par le décret de Madrid du 22 déc. 1808, ne peuvent exercer leurs droits électoraux dans le lieu de leur détention, quoique le conseil général de la Seine ait changé la dénomination de l'établissement et l'ait appelé « Maison de retraite des vieillards » (Trib. de paix de Villers-Cotterets, 23 févr. 1891, aff. Bourgogne, *Le Droit* du 15 mars 1891).

**146.** — II. Renvoi; Sortie (*Rép.* no 332). — V. Cros-Mayrevieille, p. 130.

**147.** — III. Secours annuels a domicile (*Rép.* no 233).

— On a vu au *Rép.* no 233 que, par une heureuse innovation, l'art. 17 de la loi du 7 août 1851 a autorisé les commissions administratives des hôpitaux et hospices, en se conformant aux prescriptions de l'art. 18, « à convertir une partie des revenus attribués *aux hospices*, mais seulement jusqu'à concurrence d'un cinquième, en secours à domicile annuels en faveur des vieillards ou infirmes placés dans leurs familles » (Conf. *Rép.* no 19). La tentative faite par le législateur de 1851 ayant réussi, la loi du 21 mai 1873, art. 7 (D. P. 73. 4. 68) vint étendre le principe de la faculté du secours à domicile. Elle l'accorda aux hôpitaux aussi bien qu'aux hospices, et augmenta la portion de leurs revenus que ces établissements pourraient consacrer annuellement aux secours à domicile. Cet art. 7 est ainsi conçu : « Les commissions administratives sont autorisées, par extension de la faculté ouverte par l'art. 17 de la loi du 7 août 1851, à disposer des revenus hospitaliers, jusqu'à concurrence *du quart*, pour les affecter au traitement des malades à domicile et à l'allocation de secours annuels en faveur des vieillards ou infirmes placés dans leurs familles. La portion des revenus ainsi employés pourra être portée *au tiers*, avec l'assentiment du conseil général ». Les avantages de la réunion des secours à domicile aux secours hospitaliers ont été parfaitement exposés dans un rapport présenté au ministre de l'intérieur par M. de Lurieu, en 1869, et dans le rapport de M. de Melun sur la loi de 1873. Les passages les plus intéressants de ces rapports sont reproduits sous l'art. 17 de la loi de 1873 (D. P. 73. 4. 68, note 1). Conf. Cros-Mayrevieille, p. 133 ; Ravarin, p. 166 et 180.

**148.** Ces secours annuels ne peuvent être accordés que pour venir en aide aux indigents âgés ou infirmes *placés dans leurs familles* ; ils ne peuvent servir à placer des vieillards ou des malades dans des familles étrangères, comme cela a lieu pour les enfants assistés. Les mots « placés dans leurs familles » ont été ajoutés à l'art. 7 de la loi de 1851, sur la demande de M. Carteret, qui avait présenté les observations suivantes : « Je comprends parfaitement le placement des vieillards à domicile, mais dans le sein de la famille ; je ne le comprendrais plus chez des étrangers ; je craindrais que

<hr>

(1) (Fisset C. Hospice de Grainville.) — Le tribunal ; — Attendu qu'aux termes d'un acte passé devant Me Nion, notaire à Cany, le 21 oct. 1863, et enregistré, Guillaume-Narcisse Fisset a été admis à l'hospice de Grainville-la-Teinturière en qualité de pensionnaire, moyennant le prix de 500 fr. par an, payable par semestre, les 1er mai et 1er novembre de chaque année, de la manière qui va être indiquée ; — Qu'il a été stipulé que Fisset serait logé, nourri, blanchi, éclairé, chauffé et soigné, tant en santé qu'en maladie, dans l'appartement où il se trouvait installé alors et qu'il déclarait accepter, le tout d'une manière convenable comme cela avait eu lieu jusqu'audit jour ; que ce traité, qualifié dans l'acte de bail à nourriture, a été fait pour vingt années, c'est-à-dire jusqu'en 1883 ; — Attendu qu'à la garantie du payement de la pension, Fisset remit le certificat de dépôt de trente-huit obligations du Crédit foncier dans les mains du receveur de l'hospice, qui fut autorisé à en percevoir les intérêts semestriels, et qu'il a été en outre convenu que le pensionnaire apportait en entrant son lit complet, son armoire garnie et les habits à son usage personnel, et que tous ces objets, estimés pour l'enregistrement seulement à une somme de 300 fr., feraient la propriété de l'hospice dans le cas où Fisset décéderait après l'abbé Fisset, son oncle, et dans l'hospice même ; — Attendu que ce traité a été exécuté pendant plusieurs années, et que l'abbé Fisset est décédé le 12 déc. 1865 ; que son neveu a, le 13 août 1867, contracté mariage avec la demanderesse, et que, le 24 août suivant il en a prévenu officiellement l'administration, en ajoutant qu'il ne pouvait par suite de cette union, rester pensionnaire de l'hospice, et en la priant de recevoir son désistement ; — Attendu que la commission administrative de l'hospice a accueilli favorablement cette demande de résiliation d'un traité qui devait durer encore seize ans, mais à la condition que Fisset payerait une certaine somme à titre de dommages-intérêts, en raison du préjudice causé par la résiliation ; — Attendu que Fisset a repoussé la prétention de l'hospice et demandé la remise de ses titres du Crédit foncier ; que cette remise a été accordée sous certaines conditions, mais qu'il n'y a pas eu d'accord en ce qui concerne les dommages-intérêts ; que l'instance a été engagée par la veuve Fisset, après le décès de son mari, survenu le 7 févr. 1868 ; — Attendu que la demanderesse a offert de payer la somme de 243 fr. 97 cent. pour la pension de Fisset jusqu'au 10 sept. 1887 et pour les frais de l'acte notarié du 21 oct. 1863 ; qu'elle a offert également de donner décharge du certificat nominatif ; — Attendu que l'administration de l'hospice réclame, en

outre, une somme de 100 fr. pour les frais qui ont été faits en vue de la réception de Fisset comme pensionnaire dans la chambre qu'il a occupée dans l'établissement et à laquelle on a fait des travaux d'appropriation et d'ornementation autres que ceux qui sont habituels dans les autres parties de l'hospice ; que cette demande est fondée en principe, mais ne peut être accueillie dans sa totalité, puisqu'elle représenterait tous les frais des travaux précités et que l'hospice en a retiré pendant quatre ans et peut encore en retirer un certain profit ; qu'une somme de 50 fr. paraît suffisante pour réparer le préjudice causé de ce chef ; — Attendu que l'hospice demande encore une somme de 100 fr. comme représentant le droit éventuel de cet établissement au mobilier de Fisset ; que cette demande est évidemment fondée, puisque toutes les conditions auxquelles était soumis le droit de l'hospice pour devenir certain se sont réalisées, à l'exception de la prolongation de séjour dans l'établissement de Fisset, mais que ce fait n'a dépendu que de sa seule volonté ; — Attendu que l'offre de 180 fr. 75 cent. faite par la veuve Fisset pour la pension de son mari, depuis le 1er mai 1867 jusqu'au 10 septembre suivant, n'est pas suffisante ; que celui-ci était, en effet, débiteur du semestre commencé au moment de la rupture du contrat, lequel semestre ne devait prendre fin qu'au 1er novembre suivant et se montait à 250 fr. ; qu'il est dû de ce chef 69 fr. 33 cent. en sus des offres ; — Attendu que l'on objecterait en vain que le traité du 21 oct. 1863 ne constituait qu'un contrat de bienfaisance ; que la pension de 500 fr. n'était qu'une indemnité pour l'hospice, et que celui-ci ne pourrait, d'après les lois générales de ces sortes d'établissements, retirer un bénéfice quelconque du traité susdit ; — Attendu, en effet, que, dans l'espèce, l'hospice de Grainville avait traité avec un individu très solvable et non pas un de ces indigents auxquels les établissements charitables délivrent des secours gratuits ; que, dans ce cas, le traité susdit doit être considéré comme rentrant dans les termes du droit commun, et doit produire ses effets ordinaires ; que Fisset aurait eu le droit d'exiger l'accomplissement des conditions auxquelles l'hospice était engagé et que, par une juste réciprocité, celui-ci peut réclamer le bénéfice de l'acte qu'il a passé ; — Que réparation lui est due pour la privation de ce bénéfice et le préjudice direct causé par la résiliation ; — Par ces motifs, dit que la commission administrative de l'hospice aura le droit de retenir la somme de 354 fr. 96 cent. pour les causes ci-dessus exprimées, etc.

Du 27 nov. 1868. Trib. civ. d'Yvetot. MM. Thubeuf, pr. Follin et Homais, av.

-là le placement de ces vieillards ne devînt l'objet d'une odieuse spéculation. On spéculerait sur les forces du vieillard, on ne tiendrait pas compte de son âge, on lui demanderait des services intérieurs ; en un mot, je le répète, il serait l'objet d'une odieuse spéculation ». « La commission adhère à l'amendement, avait répondu le rapporteur,... C'est pour conserver les traditions de la famille, et non pour donner lieu à d'odieuses spéculations que l'art. 7 a été introduit ». (Conf. Ravarin, p. 180). La loi de 1873, quoique ne reproduisant pas les mots *placés dans leurs familles*, nous paraît avoir maintenu le principe de la loi de 1851. L'art. 7 de la loi de 1873 est en effet présenté comme une simple *extension* de la loi de 1851, dont il respecte le principe ; d'autre part la lecture du rapport précité de M. de Melun ne peut laisser aucun doute sur les intentions du législateur de 1873.

**149.** Pour les mêmes motifs, cette affectation aux secours à domicile d'une partie des revenus des hôpitaux et hospices ne peut être faite, depuis 1873, comme avant, que *d'accord avec le conseil municipal, et avec l'approbation du préfet* (art. 17, L. 7 août 1851).

**150.** Cette assistance des malades indigents à domicile a lieu *de concert avec les bureaux de bienfaisance* (art. 7, L. 21 mai 1873). Ces derniers ne sont donc nullement exonérés du traitement des malades à domicile (Circ. min. int. 25 juin 1873, *Bull. off. min. int.*, 1873, p. 317). V. *infra*, v° *Secours publics.*

**151.** — IV. Décès; Inhumation; Ouverture et dissection de cadavres (*Rép.* n°s 234 à 236). — 1° *Décès* (*Rép.* n° 234). — V. Cros-Mayrevieille, p. 131 ; Ravarin, p. 167.

**152.** — 2° *Inhumations* (*Rép.* n° 234). — En principe, les personnes décédées dans les établissements hospitaliers doivent être inhumées dans le cimetière communal, à moins que leurs corps ne soient réclamés par leurs familles (Ravarin, p. 98. V. Décr. 28 avr. 1889, art. 10 et 11 ; D. P. 89. 4. 56). — Cependant les hospices peuvent être autorisés par décret à établir des cimetières spéciaux, pour leur usage particulier (Ravarin, *loc. cit.* Conf. décis. min. int. 23 janv. et 24 déc. 1880, 22 févr. 1881 ; *Revue générale d'administration*, 1882, t. 2, p. 461. V. toutefois, Décis. min. int., 28 juin 1882, *ibid.*).

**153.** — 3° *Ouverture et dissection des cadavres* (*Rép.* n°s 235 et 236). — A Paris, les règlements des hôpitaux qui, sur ce point peuvent servir de modèles aux hôpitaux de province (*Rép.* n° 236) posent les règles suivantes pour les travaux d'anatomie. L'autopsie ne peut avoir lieu que si le corps n'est pas réclamé par la famille (Arrêté du Cons. gén. des hosp., 2 déc. 1834) ; où quand il est réclamé par celle-ci, si elle n'a pas déclaré formellement s'opposer à cette opération (Lettre adressée en février 1842 au préfet de la Seine par le ministre de l'intérieur, Durieu et Roche, v° *Ouverture des corps*, n°. 1). Sont admis à s'opposer à l'autopsie les époux, ascendants, descendants, oncles, tantes, frères, sœurs, neveux et nièces (Circ. direct. ass. publ. 31 août 1850). — L'autopsie ne peut être faite que vingt-quatre heures après le décès (Circ. direct. ass. publ. 15 juill. 1850). Elle a lieu dans l'intérieur de l'hôpital. — Les corps *non réclamés* des malades décédés dans les hôpitaux sont envoyés à l'amphithéâtre d'anatomie et à l'école de médecine pour servir aux travaux de *dissection* (Circ. direct. ass. publ. 5 oct. 1881, approuvée par le préfet de la Seine le 10 oct. 1881). V. Cros-Mayrevieille, p. 121 ; Ravarin, p. 167.

### CHAP. 4. — Service administratif et régime intérieur (*Rép.* n°s 237 à 300).

Sect. 1re. — Des agents de l'administration hospitalière. — Nomination. — Attributions. — Fonctions. — Révocation. — Retraites (*Rép.* n°s 238 à 297).

**154.** — I. Secrétaire (*Rép.* n° 241). — Le *secrétaire* est nommé par la commission, qui peut le révoquer avec l'approbation du préfet (art. 14, L. 7 août 1851 ; *Rép.* n° 239). Il n'y a pas incompatibilité absolue entre les fonctions de secrétaire et celles de receveur (*Rép.* n° 241). Aux termes de l'art. 6, L. 21 mai 1873 (D. P. 73. 4. 67), « le receveur peut, sur la proposition de la commission administrative, et avec l'autorisation du préfet, cumuler ses fonctions avec

celles de secrétaire de la commission ». Mais ce cumul ne peut être admis que lorsqu'une telle mesure est commandée par la situation financière de l'établissement et justifiée par les antécédents du receveur. Dans tous les autres cas, il est de l'intérêt de la bonne gestion et du contrôle sérieux des finances hospitalières, que les deux fonctions soient confiées à deux personnes distinctes. Par ses rapports constants avec la commission, le secrétaire est en effet appelé à participer indirectement à la surveillance des opérations du receveur (Circ. min. int. 25 juin 1873; *Bull. off. min. int.*, 1873, p. 317 ; Cros-Mayrevieille, p. 109). — Contrairement à ce que nous avons indiqué (*Rép.* n° 241), une décision du ministre de l'intérieur du 5 juill. 1862 avait déclaré les fonctions de secrétaire incompatibles avec celles d'économe. Mais, en présence de la disposition de la loi de 1873 que nous venons de rapporter, il ne semble pas que cette incompatibilité doive encore être maintenue. Le secrétaire pouvant cumuler ses fonctions avec celles de receveur, le cumul des fonctions de secrétaire et d'économe doit, à plus forte raison, pouvoir être admis.

**155.** — II. Receveur (*Rép.* n°s 242 à 258). — La disposition du paragraphe 2 de l'art. 14, L. 7 août 1851 (*Rép.* n° 242) a été remplacée par l'art. 6 de la loi du 21 mai 1873 (D. P. 73. 4. 97), dont les alinéas 1, 2 et 4 sont ainsi conçus : « Les receveurs des établissements charitables sont nommés par les préfets sur la présentation des commissions administratives. — En cas de refus motivé par le préfet, les commissions sont tenues de présenter d'autres candidats. — Les receveurs ne peuvent être révoqués que par le ministre de l'intérieur. — Ainsi qu'on l'a expliqué (*Rép.* n° 243), lorsque les revenus cumulés des hospices et des bureaux de bienfaisance n'excèdent pas 30000 fr., la gestion financière de ces établissements est confiée de droit au receveur municipal. Au-dessus de cette limite, la recette des établissements de bienfaisance peut être confiée à un receveur spécial (Conf. Décr. 31 mai 1862, art. 558 et 559; D. P. 62. 4. 104 ; Cros-Mayrevieille, p. 78). — Le receveur de l'hospice est, de droit, receveur du bureau de bienfaisance.

**156.** — Les receveurs doivent exercer personnellement leurs fonctions et ne peuvent se faire représenter par un fondé de pouvoir que temporairement et en cas d'absence autorisée (Instr. gén. 20 juin 1859, art. 1268 ; V. Cros-Mayrevieille, p. 84). — Ils ne peuvent cumuler leurs fonctions avec celles de maire, adjoint, conseiller municipal, membre du conseil de préfecture, des commissions administratives des établissements de bienfaisance, juge, notaire, avocat, avoué, huissier, commissaire-priseur, agent de change, courtier, secrétaire de mairie, commis de préfecture, sous-préfecture, trésorerie générale, recette particulière, receveur buraliste des contributions indirectes, débitant de tabac (Instr. gén. 20 juin 1859, art. 1273). — C'est une question controversée que celle de savoir si les receveurs des hospices ou des hôpitaux sont inéligibles aux fonctions de conseiller général dans le département où ils exercent leurs fonctions, par application de l'art. 8, § 13, de la loi du 10 août 1871, qui, à l'exemple de l'art. 3, § 2, de la loi du 22 juin 1833, frappe d'inéligibilité les agents et comptables employés au payement des dépenses publiques de toute nature (V. *Rép.* v° *Organ. adm.* n° 476.) La même difficulté se présente pour les fonctions de conseiller d'arrondissement, au point de vue de l'application de l'art. 5 précité de la loi du 22 juin 1833 et de l'art. 14 du décret du 3 juill. 1848: — Les receveurs des établissements hospitaliers ne peuvent ni exercer une profession, une industrie ou un commerce quelconque (Décr. 31 mai 1862, art. 18, D. P. 62. 4. 101), ni prendre un intérêt dans les adjudications, marchés, fournitures et travaux concernant les services de dépenses ou de recettes qu'ils effectuent (*Ibid.*, art. 19. V. *Rép.* n°s 248 et suiv.). — On a vu *suprà*, n° 154, que, dans certains cas, le receveur peut être également secrétaire de la commission. — Il n'y a pas non plus incompatibilité entre les fonctions d'économe et celles de receveur; le cumul, quoique devant être, en principe, évité, peut être autorisé, lorsqu'il est jugé utile aux intérêts de l'établissement (Instr. min. int. 20 nov. 1836).

**157.** Les receveurs ne peuvent entrer en fonctions qu'après avoir fourni un *cautionnement* (Décr. 31 mai 1862, art. 20,

D. P. 62. 4. 101; *Rép.* n° 244, 250 et suiv. V. aussi *suprà*, v° *Cautionnement de fonctionnaires*, n° 4; — *Rép.* eod. v°,n°19; *infrà*, *Trésor public; Rép.* eod. v°). — Ce cautionnement est fixé à sept fois et demie le montant du traitement, lorsque ce traitement excède 10,000 fr.; six fois et demie le montant du traitement, lorsque celui-ci excède 5,000 fr.; sans dépasser 10,000; et quatre fois et demie le montant du traitement, s'il est inférieur à 5,000 fr. (L. 27 févr. 1884, art. 2 et 5, D. P. 84. 4. 95). — V. *Rép.* n°s 250 et suiv.: Cros-Mayrevieille, p. 75.

**158.** Le cautionnement est fourni en numéraire. en immeubles ou en rentes sur l'Etat (Instr. gén. 20 juin 1859, art. 1226). — Le cautionnement *en numéraire* ne peut être réalisé qu'avec l'autorisation du préfet; le versement en est effectué aux caisses de caution, où il est productif d'un intérêt de 3 pour 100 au profit du comptable (Circ. min. int. 14 juin 1845, *Bull. off. min. int.* 1845, p. 135; V. *Rép.* v° *Cautionnement de fonctionnaires*, n°s 46 et suiv.). — Les *immeubles* offerts en cautionnement doivent être libres de tous privilèges et hypothèques, d'une valeur qui excède d'un tiers au moins la valeur du cautionnement en numéraire. Sur la justification de ces conditions faite par le comptable, la commission administrative accepte le cautionnement, puis le comptable consent, dans la forme ordinaire des actes de cautionnement, une hypothèque qui est inscrite au nom de l'établissement charitable. La délibération qui accepte le cautionnement doit être approuvée par le préfet (Instr. gén. 20 juin 1859, art. 1227; V. *Rép.* n°s 252 et suiv.). — Les cautionnements *en rentes sur l'Etat* doivent être réalisés en titres *nominatifs* (Même instruction, art. 1930); ils sont calculés au cours moyen du jour de la nomination (Décr. 31 janv. 1872, art. 12. V. Cros-Mayrevieille, p. 75).

**159.** Le cautionnement fourni par un comptable est un contrat purement civil, dont l'étendue et les effets ne peuvent être déterminés que par l'autorité judiciaire (Cons. d'Et. 21 déc. 1854, aff. Rosier, D. P. 55. 3. 74). — Les établissements de bienfaisance peuvent requérir inscription d'hypothèque légale sur les immeubles de leurs comptables, en vertu de l'art. 2121 c. civ.; mais ils ne sauraient invoquer le privilège établi au profit du Trésor sur les biens des comptables de l'Etat par la loi du 5 sept. 1807 (Trib. Seine, 3 janv. 1883, V. *infrà*, v° *Privilèges et hypothèques*; — *Rép.* n° 395).

**160.** Sur le cautionnement des percepteurs-receveurs, V. L. 27 févr. 1884, art. 2, D. P. 84. 4. 95. — V. aussi *infrà*, v° *Trésor public; — Rép.* eod. v°.

**161.** Sur la *restitution* du cautionnement, V. Instr. gén. 20 juin 1859, art. 1274 à 1279. — V. également *Rép.* n° 256; *suprà*, v° *Cautionnement de fonctionnaires*, n° 27; *Rép.* eod. v°, n°s 115 et suiv.; Cros-Mayrevieille, p. 77.

**162.** En ce qui concerne l'application du cautionnement aux *débets* et aux *déficits*, V. Instr. gén. 20 juin 1859, art. 1315; *infrà*, v° *Trésor public; — Rép.* eod. v°.

**163.** Sur la comptabilité des receveurs des hospices, V. *infrà*, n°s 202 et suiv.; — *Rép.* n°s 245, 308 et suiv.

**164.** Sur les devoirs et la responsabilité des receveurs relativement au recouvrement des produits et revenus, V. *Rép.* n°s 246 et suiv.

**165.** La formalité du *serment* devant le préfet ou le sous-préfet (*Rép.* n° 254) est maintenue par l'instruction du 20 juin 1859, art. 1234 (V. art. 196 c. pén.; Circ. dir. compt. publ. 30 juill. 1867, § 8; Cros-Mayrevieille, p. 74.)

**166.** Aussitôt après leur installation, les receveurs des hospices, qui sont justiciables de la cour des comptes (V. *suprà*, v° *Compétence administrative*, n° 389), doivent adresser au procureur général près cette cour des copies certifiées par le maire et visées par le préfet ou le sous-préfet: 1° de l'arrêté ou du décret portant leur nomination; 2° du certificat d'inscription de leur cautionnement; 3° de l'acte de prestation de serment; 4° du procès-verbal de leur installation

**167.** Depuis le 1er janv. 1877, et aux termes du décret du 27 juin 1876, art. 1 (D. P. 76. 4. 114), les receveurs des hospices et bureaux de bienfaisance, autres que ceux des villes de Paris et Lyon (art. 9, même décret), ont un *traitement* fixe, arrêté par le préfet, sur la proposition du trésorier général, d'après les bases établies par les art. 2, 3, 4 et 8 dudit décret (V. *suprà*, v° *Commune*, n° 302). Ce traite-

ment peut être élevé d'un dixième, par la commission administrative, avec l'approbation du préfet, et sur l'avis du trésorier général (*ibid.*, art. 5); mais cette augmentation est personnelle au receveur qui l'a obtenue; son successeur ne peut en profiter de plein droit (Circ. min. int. 1er août 1876, *Journ. off.* du 17 août 1876). Chaque fois que la moyenne ordinaire des revenus des cinq derniers exercices est supérieure ou inférieure à celle des exercices qui ont servi à l'établir, le traitement peut, sur la demande de l'établissement ou du receveur, être revisé par le préfet; celui-ci, après avoir pris l'avis du trésorier général, a la faculté de procéder à cette revision ou de l'ajourner, sauf recours des parties intéressées au ministre de l'intérieur (Décr. 1er août 1891, art. 2, D. P. 92, 4e part., Circ. min. int. 3 août 1891, *Bull. off. min. int.*, 1891, p. 168; Circ. min: int. 30 juin 1881, *ibid.*, 1881, p. 289). Tout traité entre les administrations hospitalières et les receveurs à l'effet de réduire les traitements de ceux-ci est nul, comme contraire à une disposition d'ordre public (Circ. min. int. 30 avr. 1843, *Bull. off. min. int.*, 1843, p. 65). V. Cros-Mayrevieille, p. 77 et suiv.

**168.** Les frais de bureau ne sont supportés par les receveurs que jusqu'à concurrence du quart de leur traitement, le surplus restant à la charge de l'établissement. En cas de désaccord entre le receveur et l'Administration sur le chiffre de ces frais, il est statué par le préfet, après avis du trésorier général, et sauf recours au ministre (Décr. 27 juin 1876, art. 6). Une circulaire du ministre des finances du 1er déc. 1865 (*Bull. off. min. int.* 1866, p. 46) donne la nomenclature des imprimés qui sont à la charge des receveurs des établissements de bienfaisance, comme étant compris dans leurs frais de bureau.

**169.** Les commissions administratives peuvent accorder des pensions de retraite à leurs employés (Ord. 6 sept. 1820), notamment aux receveurs (V. Décr. 7 févr. 1809, art. 12 et suiv., *Rép.* p. 70. V. aussi Décr. 29 mars 1862, *Bull. off. min. int.* 1862, p. 142).

**170.** Les trésoriers généraux et les receveurs particuliers des finances sont chargés de surveiller les caisses et la tenue des écritures des receveurs des établissements de bienfaisance (Ord. 17 sept. 1837, art. 1; Décr. 31 mai 1862, art. 564; Instr. gén. 20 juin 1859, art. 1317 et suiv. V. *infrà*, n°s 234 et suiv., et n° 292). — Sur la manière dont s'exerce cette surveillance, V. *infrà*, v° *Trésor public* (Cros-Mayrevieille, p. 83).

Les falsifications dont le receveur d'un hospice se rend coupable, dans les pièces destinées à constater ses opérations, constituent le crime de faux en écriture publique réprimé par l'art. 146 c. pén. (Crim. rej. 30 déc. 1838, aff. Brown, D. P. 64. 5. 186; Conf. *Rép.* v° *Faux*, n° 174).

**171.** — III. Contrôleurs (*Rép.* n° 259).

**172.** — IV. Economes (*Rép.* n°s 260 à 263). — Sur l'historique de l'institution des *économes* et la réglementation qui a été imposée aux hospices par l'ordonnance du 29 nov. 1831, V. *Rép.* n° 260. — En ce qui touche la nomination et la révocation des économes, V. *Rép.* n° 262. — Sur le point de savoir s'ils sont astreints au serment, V. *Rép.* n° 263. — Quant à leurs attributions, V. *Rép.* n° 261; Cros-Mayrevieille, p. 89. Conf. *suprà*, n° 91.

**173.** Le *traitement* de l'économe est déterminé par la commission administrative. Celle-ci prend généralement pour base les proportions déterminées pour la fixation du traitement du receveur (Cros-Mayrevieille, p. 89). Lorsque le traitement de l'économe a été fixé par la commission avec l'approbation du préfet, elle ne peut le réduire à un chiffre inférieur qu'avec la même approbation (*Revue des établissements de bienfaisance*, 1885, p. 355).

L'économe est généralement logé dans les bâtiments de l'hospice; mais aucune prescription n'impose cette charge aux établissements hospitaliers (Cros-Mayrevieille, p. 91).

**174.** On a vu *suprà*, n°s 154 et 156, qu'il n'y a pas *incompatibilité* absolue entre les fonctions d'économe et celles de secrétaire ou de receveur; mais il y a lieu d'appliquer aux économes les incompatibilités établies pour les receveurs par l'art. 1273 de l'instruction générale du 20 juin 1859 (Décis. min. int. 11 févr. 1860 et 27 juill. 1867, *Bull. off. min. int.* 1868, p. 17; Cros-Mayrevieille, p. 87. V. *suprà*, n° 156). Les fonctions d'économe sont également incompatibles avec l'exercice d'un commerce quelconque (Décis. min. int. 21 déc. 1852, Cros-Mayrevieille, p. 88).

**175.** Les économes sont, en ce qui concerne les actes de leurs fonctions, assimilés aux comptables de deniers publics; la falsification de pièces de comptabilité commise par un économe constitue donc le crime de faux en écriture publique réprimé par l'art. 146 c. pén. (Crim. cass. 6 nov. 1879, int. de la loi, aff. Boistot, D. P. 80. 1. 92, et réquisit. du procureur général, ibid.).

**176.** L'ordonnance du 29 nov. 1831, qui assujettit au *cautionnement* les économes des établissements hospitaliers où la valeur des denrées et objets de consommation atteint au moins 20000 fr. est toujours en vigueur (Rép. n° 261). On doit appliquer aux économes les règles posées par la loi précitée du 27 févr. 1884 (art. 3 et 5), pour le calcul du montant du cautionnement à fournir par les receveurs (Décis. min. fin. 14 mai 1884). V. *suprà*, n° 155.

**177.** Les comptes annuels de l'économe sont présentés par lui à la commission administrative qui est chargée de les apurer, sauf approbation du préfet (Ord. 26 nov. 1831, art. 1; Instr. 20 nov. 1836, et Instr. gén, 20 juin 1859, art. 1079, *infrà*, v° *Trésor public*). A Paris, c'est le directeur de l'assistance publique qui prononce, sauf approbation du préfet, et après avis du conseil de surveillance de l'assistance publique, sur l'apurement des comptes des économes (L. 10 janv. 1849, art. 5, D. P. 49. 4, 33). Les économes ne sont point placés sous la surveillance des receveurs des finances (Instr. gén. 20 juin 1859, art. 1327). Seuls les inspecteurs généraux des services administratifs (*infrà*, n° 285) et les préfets et sous-préfets ont qualité pour procéder à l'inspection des économats (Cros-Mayrevieille, p. 91).

**178.** — V. **Employés**. — V. *Rép*. n° 264.

**179.** — VI. **Chirurgiens, médecins, pharmaciens** (Rép. n°s 265 à 270). — On a exposé au Rép. n°s 239, 265 et suiv., les règles établies pour la nomination et la révocation des *médecins et chirurgiens* des hôpitaux. Il a été jugé que le médecin d'un hospice ne peut être révoqué par le préfet sans l'observation des formes déterminées par l'ordonnance du 31 oct. 1821 (Cons. d'Et. 14 juin 1852, aff. Dumoutier, *Rec. Cons. d'Etat*, p. 230). Un règlement de service intérieur pris par la commission administrative et approuvé par le préfet peut décider que le recrutement des médecins et chirurgiens attachés à l'établissement aura lieu

---

par voie de concours (art. 8, *in fine*, L. 7 août 1851). C'est ainsi que les choses se passent pour les hôpitaux de Paris.

**180.** Les médecins des hôpitaux et hospices sont-ils éligibles au conseil municipal? V. *suprà*, v° *Commune*, n° 103. — Sont-ils soumis à la patente? V. *infrà*, v° *Patente*. — Doivent-ils être considérés comme fonctionnaires publics dans le sens, soit de la loi du 21 vent. an 9 (V. *infrà*, v° *Saisie-arrêt*; V. aussi Cros-Mayrevieille, p. 104);... soit de l'art. 31 de la loi du 29 juill. 1881? V. *infrà*, v° *Presse-outrage*. — En cas de mobilisation de l'armée, les médecins et chirurgiens des hôpitaux et les médecins chefs de service des hospices sont mis à la disposition du ministre de la guerre et attendent ses ordres dans leurs situations respectives (L. 13 juill. 1889, art. 51 et tableau A, D. P. 89. 4. 101). Les médecins en chef des établissements nationaux de bienfaisance sont, en cas de mobilisation, autorisés à ne pas rejoindre leurs corps sans ordre spécial, s'ils n'appartiennent plus à la réserve de l'armée active (même article et tableau B). V. *infrà*, v° *Organisation militaire*. — On a indiqué supra, n° 29, que les médecins des établissements hospitaliers ne peuvent être membres des commissions administratives. Cette incompatibilité s'étend même au médecin rétribué qui est fils d'un administrateur (Décis. min. int. 21 avr. 1853; Conf. Mayrevieille, p. 103).

**181.** On admet généralement, suivant l'opinion formulée par nous au Rép. n° 239, que les règles posées par l'art. 14 de la loi du 7 août 1851, pour la nomination des médecins, sont aussi applicables aux *pharmaciens* des hôpitaux et hospices (Ravarin, p. 62; Cros-Mayrevieille, p. 106). — Sur la question de savoir si un pharmacien d'hôpital peut tenir une officine en ville, V. *infrà*, v° *Médecine*; Conf. Ravarin, p. 63. — Les hospices peuvent vendre des remèdes à l'extérieur (V. *infrà*, v° *Médecine*; — Rép. eod. v°, n° 159 et suiv.; Req. 17 avr. 1848, aff. Pharmaciens de Lyon, D. P. 48. 1. 147; Crim. rej. 31 mai 1862, aff. Pharmaciens du Puy, D. P. 62. 1. 493; Durieu et Roche, v° *Médicaments*, n° 4). Jugé que la loi du 2 mars 1791 a abrogé la disposition de l'art. 8 de la déclaration de 1777 qui défendait aux communautés séculières ou régulières, même aux hôpitaux, d'avoir des pharmacies, sauf pour leur usage particulier et intérieur (Crim. rej. 8 janv. 1891) (1); les dispositions légales portant qu'une pharmacie ne peut être tenue par un gérant, et

---

(1) (Patent et sœur Marie-Joseph Odoul.) — La cour; — Sur le moyen unique tiré de la violation de l'art. 8 de la déclaration du 25 avr. 1777, de l'art. 25 de la loi du 21 germ. an 6 et de l'art. 8 de la loi du 7 août 1851 : — Attendu, en premier lieu, que la loi du 21 germ. an 11, loin d'avoir abrogé la déclaration du 25 avr. 1777, qui avait force de loi, se l'est au contraire appropriée pour la compléter quant aux éléments constitutifs des contraventions et à la pénalité, ce n'est, toutefois, que relativement à la police de la pharmacie; mais que l'art. 8 de ladite déclaration, qui défendait aux communautés séculières ou régulières, même aux hôpitaux, d'avoir des pharmacies, si ce n'était pour leur usage particulier et intérieur, et de vendre ou délivrer aucunes drogues simples ou composées, n'était que la conséquence du monopole établi au profit de la corporation des pharmaciens; — Attendu que cette disposition a été abolie par la loi du 2 mars 1791; — Attendu que les restrictions apportées au libre exercice de la profession de pharmacien, provisoirement par la loi du 14 avr. 1791, et définitivement par la loi du 21 germ. an 11, l'ont été dans le but d'assurer des garanties à la santé publique, et non de favoriser un intérêt mercantile; qu'aussi la patente est expressément rappelée dans ces lois, à l'exclusion du droit de maîtrise, comme donnant droit à l'exercice, après justification de l'aptitude; — D'où il suit que l'art. 8 de la déclaration de 1777, qui a cessé d'exister et qui n'a été remis en vigueur par aucune loi, ne peut servir de base au moyen du pourvoi; — Attendu, d'autre part, que s'il résulte de la combinaison des art. 1, 2, 6 de la déclaration du 25 avr. 1777, des art. 21, 25, 26, 30 de la loi du 21 germ. an 11, et 41 de l'arrêté du 25 therm. an 11, qu'une pharmacie ne peut être tenue par un gérant, et que les pharmaciens doivent posséder et exercer personnellement leur charge ou profession, ces dispositions ne sont pas applicables aux pharmaciens régulièrement chargés du service des hospices; — Attendu, en effet, qu'aux termes de l'art. 8 de la loi du 7 août 1851, la commission des hospices arrête, mais avec l'approbation du préfet, les règlements du service tant intérieur qu'extérieur et de santé, et les contrats à passer pour le service avec les congrégations hospitalières; que le pharmacien d'un hospice peut donc légalement, quoique n'agissant pas pour son compte per-

---

sonnel, préparer et composer toutes sortes de médicaments; qu'on ne saurait, au point de vue de la police de la pharmacie et de la sûreté de la vie humaine, distinguer entre les destinations diverses que ces médicaments peuvent recevoir, soit dans l'intérieur de l'établissement, soit au dehors, gratuitement ou moyennant un prix quelconque; que les garanties doivent être et sont, en effet, les mêmes pour tous les cas; — Attendu que si la vente commerciale au dehors de médicaments composés même dans des conditions pleinement licites n'est pas prévue comme rentrant dans les attributions ordinaires des commissions administratives des hospices, de tels actes n'ont cependant rien d'incompatible avec ces attributions, pourvu que cette partie du service ait été, conformément à la loi, approuvée par le préfet, et que la pharmacie soit réellement gérée par un pharmacien muni de diplôme et préposé à cet effet; — Attendu que les pharmaciens établis dans la même localité ne pouvant critiquer la légalité d'une officine fonctionnant dans l'hospice, ne pourraient se plaindre du préjudice qu'ils prétendraient éprouver de la concurrence dans le débit des médicaments, que se prévalant d'un monopole qui n'existe pas à leur profit; — Attendu qu'il résulte des constatations de l'arrêt attaqué (Lyon, 3 juin 1890) que la pharmacie de l'hospice de Saint-Étienne est placée sous la direction du sieur Porteret, pharmacien diplômé, en vertu d'une commission émanée du préfet de la Loire, et que la dame Odoul, en religion sœur Marie-Joseph, lui prête simplement son assistance pour le débit des médicaments; qu'il est établi, en outre, que les médicaments sont préparés par ledit pharmacien, et qu'il n'a été décidé ni en première instance, ni en appel, que le débit et la vente de ces médicaments sont sérieusement faits par lui; — Attendu qu'en cet état aucune contravention à la loi du 21 germ. an 11 ne peut exister, ce qui, sans qu'il soit besoin d'examiner si, en cas d'ouverture illégale d'une officine, le fait serait imputable à la dame Odoul, justifie le dispositif de l'arrêt entrepris qui a renvoyé des poursuites les prévenus responsables; — Et attendu, d'ailleurs, que cet arrêt est régulier en la forme; — Rejette.

Du 8 janv. 1891.-Ch. crim.-MM. Lœw, pr.-Vételay, rap.-Baudouin, av. gén., c. conf.-Lesage et Lefort, av.

que les pharmaciens doivent posséder et exercer personnellement leur charge ou profession, ne sont pas applicables aux pharmaciens régulièrement chargés du service des hôpitaux; le pharmacien d'un hospice peut donc légalement, quoique n'agissant pas pour son compte personnel, préparer et composer toutes sortes de médicaments, et la vente au dehors de médicaments ainsi composés est pleinement licite, pourvu que cette partie du service ait été approuvée par le préfet, conformément à l'art. 8 de la loi du 7 août 1871 (Même arrêt). — V. *infrà*, v° *Médecine*.

**182.** Sur la nomination, les fonctions, le traitement. la durée de l'exercice des *élèves internes* et *externes*, V. *Rép.* n° 269; Conf. Ravarin, p. 63; Cros-Mayrevieille, p. 108; V. aussi *infrà*, v° *Médecine*. Les internes d'un hôpital ne peuvent être considérés ni comme des fonctionnaires publics, ni comme des citoyens chargés d'un service public; la diffamation commise à leur égard est de la compétence des tribunaux correctionnels (Crim. rej. 16 sept. 1886, aff. Geoffroy). V. *infrà*, v° *Presse-outrage*.

**183.** — VII. Aumôniers et chapelains (*Rép.* n° 271 à 273). — On a examiné au *Rép.* n° 271 et suiv. ce qui concerne la nomination et la révocation des *aumôniers*, leurs devoirs, leurs traitements (Conf. Ravarin, p. 71; Cros-Mayrevieille, p. 92). — Les aumôniers titulaires protestants, dans les hospices civils où ils n'ont pas été supprimés, sont nommés par le préfet, bien que les aumôniers catholiques de ces établissements soient nommés par l'évêque (Lehr, p. 44). — Le traitement des aumôniers constitue une dépense ordinaire de l'hospice ou hôpital auquel ils sont attachés. Ils sont payés de mois en mois par le receveur, sur un mandat spécial délivré par l'ordonnateur ou sur un état collectif d'émargement. La quittance de l'aumônier doit, si le traitement excède 300 fr. par an, être sur papier timbré, et, si la somme reçue dépasse 10 fr., être revêtue du timbre de 10 cent. (L. 23 août 1871, art. 20).

Pour faciliter la tâche des aumôniers, le ministre de l'intérieur a, par circulaire du 9 nov. 1846 (D. P. 47. 3. 79), prescrit que le culte des malades soit inscrit sur le registre des entrées, à la suite du nom, et avec indication de la salle et du numéro du lit.

**184.** A Paris, un arrêté du préfet de la Seine, du 23 juin 1883 a supprimé les aumôniers des hospices à partir du 1ᵉʳ juillet de la même année, sauf dans les établissements hospitaliers où ce service est rendu obligatoire en vertu de titres de fondation. Une seule exception a été faite pour l'hospice de Berck, à raison de l'éloignement de l'église paroissiale et de la situation spéciale des enfants traités dans cet établissement (*Bulletin des lois civiles et ecclésiastiques*, 1883, p. 170). Les directeurs des hôpitaux et hospices de Paris doivent recourir pour leurs administrés qui demanderont les secours de la religion catholique à l'église de la circonscription paroissiale dont dépend leur établissement. Ils doivent désigner, à cet effet, un employé spécialement chargé de se rendre immédiatement à l'église à toute demande de malade. L'hospice compris dans la circonscription paroissiale administrée par un prêtre ne doit à celui-ci aucune indemnité pour les secours religieux qu'il donne aux malades, sur leur demande, conformément à l'arrêté susvisé. Avant cet arrêté, les aumôniers des hospices de Paris ne pouvaient cumuler leurs fonctions avec celles de curé, desservant, vicaire, ou prêtre employé habituellement dans les paroisses du diocèse (*Code des hôpitaux*, n° 2409). Aujourd'hui, il est évident que cette interdiction ne saurait plus s'appliquer. En fait, le service de chaque hôpital est assuré par un prêtre désigné par l'archevêque parmi les ecclésiastiques non investis de fonctions paroissiales, et auquel l'assistance publique remet annuellement une somme de 600 fr. à titre de frais de chapelle. — Un règlement ultérieur a dû statuer sur les mesures spéciales que réclamaient l'importance et la situation particulière des hospices de vieillesse (Bicêtre pour les hommes, et la Salpêtrière, pour les femmes), des Incurables et des Ménages. — Les convois et services funèbres sont réglés directement par les familles, tant à la mairie qu'à l'église. Les baptêmes ont lieu à l'église paroissiale à la diligence de ces familles. — Quant aux aumôniers ainsi supprimés qui n'avaient pas le droit à la retraite, ils ont reçu la restitution des sommes par eux versées à la caisse de retraite.

**185.** — VIII. Sœurs hospitalières (*Rép.* n° 274 et suiv.). — On a étudié *suprà*, v° *Culte*, n° 271 et suiv; — *Rép.* eod. v°, n° 393 et suiv., les dispositions relatives à l'existence des *congrégations hospitalières* et autres.

**186.** Dans les hôpitaux de Lyon, le personnel secondaire se compose de sœurs hospitalières ayant un caractère semi-laïque et semi-religieux. Elles ne prononcent aucun vœu, mais s'engagent par un simple contrat civil. Elles se divisent en trois catégories. Les *novices* sont admises sur la présentation de l'aumônier, par l'administrateur de l'établissement hospitalier. Au bout d'un an, elles sont reçues comme *prétendantes* et touchent un traitement de 80 fr. par an. Après douze ou quinze ans d'exercice, elles peuvent demander à être *croisées*; c'est le conseil général des hôpitaux qui décide, sur la proposition de l'administrateur de l'hôpital, s'il y a lieu d'accorder la croix à la prétendante qui la sollicite. La sœur croisée est adoptée par les hospices, où elle a le droit de rester jusqu'à la fin de sa vie, si elle n'a pas démérité (Ravarin, p. 387 et suiv.; Rapport de M. Sabran inséré au procès-verbal de la séance du 28 janv. 1880 du conseil des hospices de Lyon).

**187.** On a dit, au *Rép.* n° 274, que les traités passés pour le service des hôpitaux entre ces établissements et les congrégations de sœurs hospitalières doivent être approuvés par les préfets (L. 7 août 1851, art. 8). Ces traités constituent de véritables contrats de droit civil dont l'interprétation rentre dans la compétence de l'autorité judiciaire (Ravarin, p. 69; Conf. anal. Limoges, 14 mars 1888, aff. Bureau de bienfaisance de Limoges, D. P. 89. 2. 105; V. aussi anal. *suprà*, v° *Compétence administrative*, n° 200; et *infrà*, n° 285). — Le modèle de convention à dresser pour ces traités, accepté par la supérieure générale de la congrégation de Saint-Vincent-de-Paul et adopté par la circulaire ministérielle du 26 sept. 1839 (*Rép.* n° 274) a été reproduit *in extenso* par M. Cros-Mayrevieille, p. 97 et suiv.

Les sœurs à qui leur âge ou leurs infirmités ne permettent plus de continuer leur service peuvent être conservées à titre de *reposantes*, à moins qu'elles n'aiment mieux se retirer, auquel cas il peut leur être accordé des pensions, si les revenus de l'hospice le permettent, et après dix ans au moins de service (Ord. 31 oct. 1821, art. 19).

**188.** Sur les attributions des sœurs dans les hôpitaux et hospices, V. *Rép.* n° 275 et suiv. Conf. Cros-Mayrevieille, p. 99; Ravarin, p. 68. — Sur les médicaments magistraux que les sœurs sont autorisées à préparer elles-mêmes (*Rép.* n° 277), V. *infrà*, v° *Médecine*. — Une décision ministérielle du 17 oct. 1859 a renouvelé l'interdiction de la vente par les sœurs de tous médicaments, déjà formulée par la circulaire du 31 janv. 1840 (*Rép.*, *ibid.*). Jugé toutefois que la contravention d'exercice illégal de la pharmacie peut ne pas être déclarée à la charge de la sœur de charité qui s'est reconnue n'avoir délivré aux malades indigents que des remèdes simples, surtout lorsque la partie civile n'a subi aucun préjudice ni moral ni matériel (Crim. rej. 14 août 1863, aff. Goulay, D. P. 64. 1. 399). — De même, ne commet pas une infraction aux lois sur l'exercice de la médecine la sœur qui, dans un cas urgent, pratique une saignée ou conseille une application de sangsues (Même arrêt). V. aussi, Crim. rej. 8 janv. 1891, *suprà*, n° 181).

**189.** — IX. Infirmiers et servants (*Rép.* n° 285).

**190.** — X. Révocation (*Rép.* n° 286). — On a exposé, sous les numéros qui précèdent, les règles posées par les lois et règlements pour la *révocation* des fonctionnaires et employés des établissements hospitaliers, en même temps que l'on a énoncé les règles à suivre pour leur nomination.

**191.** Les tribunaux civils ne pourraient connaître de l'action par laquelle l'employé d'un hospice demanderait à l'administration des dommages-intérêts pour avoir été privé brusquement de son emploi. La circonstance que l'emploi aurait été conféré à la suite d'un concours n'enlève pas à la nomination son caractère administratif et ne fait pas qu'elle doive être considérée comme un louage de service appartenant au droit commun (Conf. anal. Trib. confl. 27 déc. 1879, aff. Guidet, D. P. 80. 3. 89; 7 août 1880, aff. Le Gaff, D. P. 82. 3. 27; Civ. rej. 7 juill. 1880, aff. de Bovis, D. P. 80. 1. 368). Le ministre seul aurait compétence pour connaître de cette demande en dommages-intérêts (Anal. Décis. min. 13 janv. 1883, *Rev. gén. d'admin.* 1883, t. 2, p. 334; Conf.

D. P. 80. 3. 89, note 1). V. anal. *suprà*, v° *Commune*,
n° 238.

**192.** — RETRAITES (*Rép.* n° 287). — V. aussi, *infrà*, v°
*Pension.*

SECT. 2. — RÈGLEMENT DU SERVICE INTÉRIEUR. — RÉGIME ADMI-
NISTRATIF, MORAL ET DISCIPLINAIRE. — RÉGIME MATÉRIEL ET
ALIMENTAIRE (*Rép.* n°s 298 à 300).

**193.** Quelques-unes des indications du modèle de règlement du 31 janv. 1840 (*Rép.* n° 298) ne doivent plus être
suivies. Mais la plupart d'entre elles peuvent encore être
consultées utilement par les établissements hospitaliers.
M. Cros-Mayrevieille (p. 485) a annexé à son ouvrage un
modèle de règlement établi sur les bases fournies par la
circulaire du 31 janv. 1840, et modifié d'après les nouvelles
prescriptions administratives.
La disposition de l'art. 8, de la loi du 7 août 1851, qui porte
les règlements des hôpitaux et hospices sont arrêtés par les
commissions administratives avec approbation du préfet,
est toujours en vigueur. — Jugé que le préfet qui refuse
d'approuver la modification au règlement intérieur, votée par
la commission des hospices, statue dans la limite de ses
pouvoirs, et l'appréciation des motifs sur lesquels sont fondées sa décision et la décision confirmative du ministre de
l'intérieur, ne saurait être soumise au conseil d'Etat par la
voie contentieuse (Cons. d'Et. 11 mars 1887, aff. Hosp. de
Toulon, D. P. 88. 3. 7).

**CHAP. 5.** — Service des administrations de la justice
et de la guerre. — Détenus, militaires et marins
traités dans les hospices civils (*Rép.* n°s 301 à 304).

**194.** — I. DÉTENUS CIVILS (*Rép.* n°s 301 à 303). — Sur les
*détenus civils*, V. *Rép.* n°s 301 et suiv.; Cros-Mayrevieille,
p. 125. — Les frais d'entretien des détenus dans les hôpitaux sont remboursés par les entrepreneurs des services pénitentiaires (*ibid.*). — Il a été jugé que l'infirmier d'un hôpital aux soins duquel un condamné a été confié ne doit pas
être rangé dans la catégorie des préposés à sa garde et n'est
pas, dès lors, en cas d'évasion, soumis aux dispositions des
art. 237 et suiv. c. pén. (Nîmes, 15 nov. 1855, aff. Barty,
*suprà*, v° *Evasion*, n° 44).
**195.** — II. MILITAIRES ET MARINS (*Rép.* n° 304). — La
législation exposée au *Répertoire* a été modifiée par la loi du
7 juill. 1877 (D. P. 78. 4. 2). L'art. 1 de cette loi décide qu'il
doit y avoir, par région de corps d'armée, un hôpital, qui est
en même temps une école d'instruction pour le personnel de
santé et un dépôt du matériel d'infirmerie du corps. A l'exception de ces hôpitaux régionaux et des hôpitaux des gouvernements de Paris et de Lyon, tous les *hôpitaux militaires*
existants peuvent être supprimés, en vertu d'une disposition
de la loi annuelle de finances (art. 2). Dans les localités où
il n'y a pas d'hôpitaux militaires, et dans celles où ils sont
insuffisants, les hôpitaux civils sont tenus de recevoir et
traiter les malades militaires (art. 3). Les obligations imposées aux hospices civils par la loi de 1877 ne peuvent, en
aucun cas, porter préjudice au service des fondations et à
l'assistance publique (art. 5). L'Etat doit à ces établissements
une allocation égale aux frais qui leur incombent par suite
du traitement des malades militaires (art. 5).
**196.** L'art. 7 pose, avec raison, comme règle, qu'en principe le régime des malades militaires, les conditions et le
prix de leur traitement doivent être arrêtés par des conventions spéciales intervenues entre le représentant du ministre
de la guerre et la commission administrative, approuvées
par le conseil municipal, et ratifiées par les ministres de la
guerre et de l'intérieur. En cas de désaccord entre les deux
ministres, la commission administrative ou le conseil municipal, la rédaction définitive de l'art. 7 a substitué un règlement à intervenir dans les formes administratives, au règlement contentieux primitivement proposé ; mais l'attribution
ainsi conférée au chef de l'Etat constitue un véritable arbitrage entre des parties ayant des droits opposés. D'après les
termes mêmes de la loi, cet arbitrage ne peut être exercé
qu'en cas de désaccord. On s'est demandé si l'on ne pourrait pas conclure de ces termes qu'il ne peut s'exercer que
sur les points et dans les limites où existe le désaccord et

que, dès lors, quand l'administration de la guerre a reconnu
devoir un prix, le décret ne peut allouer un prix inférieur.
Il est bien entendu que, dans ce système, on ne pourrait
opposer à l'Administration que les offres formelles émanées
d'elle et dont le rejet dûment constaté a permis de porter
l'affaire devant le conseil d'Etat. L'Administration ne serait
pas liée par les propositions qu'elle a pu faire à titre de transaction en vue d'arriver à une convention amiable. Cependant
ce système a été repoussé par un arrêt du conseil d'Etat du
4 juin 1886 (aff. Hosp. de Saint-Malo, D. P. 87. 3. 119), qui
a décidé qu'un hospice n'est pas recevable à déférer au conseil d'Etat pour excès de pouvoir un décret rendu dans les
formes prescrites par l'art. 7 de la loi du 7 juill. 1877 pour
régler le prix du traitement des militaires, en se fondant
sur ce que le prix ainsi fixé serait inférieur à celui qui avait
été offert par l'Administration militaire. — Sur les difficultés
auxquelles peut donner lieu l'application de la loi du 7 juill.
1877 et du règlement d'administration publique du 1er août
1879, V. *Revue générale d'administration*, 1880, t. 2, p. 276
(article de M. Grange), et *Revue des établissements de bienfaisance*, 1885, p. 193 et 225. — M. Cros-Mayrevieille, p. 464
et suiv., reproduit des modèles de conventions entre les
hôpitaux et l'administration militaire, qui sont fournis par le
ministère de la guerre et qui sont généralement adoptés par
les intéressés.
**197.** En principe, d'après l'art. 6 de la loi du 7 juill. 1877,
les frais d'installation des salles militaires dans les hôpitaux
civils sont à la charge du Trésor, et les villes ne sont tenues
d'y contribuer que dans les cas et dans les proportions où
elles en ont pris l'engagement dans une convention librement consentie, à l'effet de s'assurer les avantages résultant
de la présence d'une garnison. — Il a été jugé que, dans le
cas où une ville qui, antérieurement à la loi du 7 juill. 1877,
s'était engagée à mettre à la disposition de l'autorité militaire, dans l'hospice civil, des salles convenablement ins-
tallées et isolées des autres malades, suffisantes pour recevoir le nombre de soldats et d'officiers en rapport avec la
garnison, a rempli cette obligation d'une manière qui a été
reconnue satisfaisante par l'autorité militaire, elle ne peut
être tenue de supporter ultérieurement les frais d'installations nouvelles prescrites par un décret rendu, à défaut
d'entente entre l'administration de la Guerre et la commission hospitalière, pour régler les conditions et le prix de
traitement des militaires (Cons. d'Et. 27 mai 1887, aff. Ministère de la Guerre, D. P. 88. 3. 96). En effet, si l'art. 7 confie
au chef de l'Etat, à défaut de convention amiable et par
une sorte d'arbitrage, le soin de régler les indemnités à
payer aux hôpitaux, par le 1er art article, ni aucune autre disposition de loi ne lui a conféré compétence pour déterminer les
travaux que les villes peuvent être obligées d'exécuter, en
vertu de leurs engagements, pour installer convenablement
les services militaires. En cas de contestation sur la portée
et l'exécution des conventions, l'art. 7 donne pleine compétence au conseil de préfecture. — Au surplus, en ce qui
regarde la construction et l'installation des salles militaires,
il convient de se reporter aux prescriptions de la circulaire
du ministre de l'intérieur en date du 15 oct. 1879 (*Bull. off.
min. int.*, 1879, p. 338).
**198.** Un décret portant règlement d'administration
publique a été rendu le 1er août 1879 (D. P. 80. 4. 55),
en vertu de l'art. 8 de la loi de 1877, pour pourvoir à l'exécution de ladite loi. Il règle l'organisation des services hospitaliers dans les hopitaux civils, en se conformant à la
division adoptée par l'art. 4 de la loi de 1877, en hospices
*mixtes* ou *militaires* et hospices *civils proprement dits*. Un
décret du 3 févr. 1880 a réparti dans chacune de ces deux
catégories les différents hôpitaux civils alors existants ;
M. Cros-Mayrevieille, p. 461 a reproduit le tableau contenant cette répartition. Sont classés dans la première catégorie, d'après l'art. 4 de la loi de 1877, les hôpitaux civils
où il y a des salles spécialement réservées aux malades
militaires, qui y sont, autant que possible, soumis au règlement en vigueur dans les hôpitaux militaires. Ce sont les
hôpitaux des villes dont la garnison atteint le chiffre d'au
moins 300 hommes. Dans les villes où l'effectif de la garnison est inférieur à 300 hommes, les malades militaires
sont soignés dans les salles communes ordinaires, s'il n'est
pas possible d'avoir des salles spéciales, et sont soumis au

régime de l'hôpital civil. Si l'effectif de la garnison atteint au moins 1000 hommes, le traitement des malades est confié à un médecin militaire n^os 313 et suiv. V. *infrà*, v^is *Organisation maritime* et *Organisation militaire*.

**199.** Dans les hôpitaux civils auxquels est attaché un personnel militaire, le médecin militaire, chef de service, exerce son autorité sur ce personnel dans les mêmes conditions que le médecin en chef d'un hôpital militaire (Décr. 27 mai 1882).

**200.** Il avait été jugé, avant la promulgation de la loi de 1877, que la décision par laquelle le ministre de la guerre fixe, pour une période déterminée d'avance, les prix de journée et les frais d'inhumation des malades traités dans un hospice civil, ne lie cet établissement qu'autant qu'il a accepté ces prix. Dans le cas contraire, elle ne fait pas obstacle à ce que l'hospice, lorsque l'Administration lui offrira le payement des sommes auxquelles il aurait droit d'après le tarif ainsi fixé, réclame un prix supérieur devant le ministre et, sur son refus, devant le conseil d'Etat; en conséquence, une telle décision n'est pas susceptible d'être déférée au conseil d'Etat (Cons. d'Ét. 29 janv. 1875, aff. Hospices du Havre, D. P. 75. 3. 98).

**201.** Jugé que le délit commis par un militaire, pendant son séjour dans un hôpital civil où il est en traitement, est un délit de droit commun, de la compétence des tribunaux ordinaires (Crim. règl. de jug. 29 avr. 1836, aff. Reiners, *Bull. crim. de la cour de cassation*, 1836, p. 145 ; V. *infrà*, v° *Organisation militaire*.

**CHAP. 6.** — **De la comptabilité, des écritures et de la responsabilité civile des agents des établissements charitables** (*Rép.* n^os 305 à 406).

Sect. 1^re. — Règles et divisions générales (*Rép.* n^os 306 à 392).

**202.** Ainsi qu'on l'a dit *Rép.* n° 306, la *comptabilité* des établissements hospitaliers est soumise aux règles de la comptabilité des communes (art. 12, L. 7 août 1851). Le décret du 31 mai 1862 (D P. 62. 4. 83), portant règlement général sur la comptabilité publique, a remplacé l'ordonnance sur la comptabilité du 30 mai 1838, dont nous avons exposé sommairement les principes généraux (*Rép.* n° 306 et suiv.). Ce décret comprend les deniers des établissements hospitaliers parmi les deniers publics (art. 1), et les soumet, par conséquent, aux règles posées dans ses art. 2 à 29; il rappelle, en outre, formellement le principe qui les soumet aux règles spéciales sur la comptabilité des communes (art. 457 et suiv.). Les nombreuses instructions ministérielles qui réglaient l'application des principes généraux sur la comptabilité publique ont été codifiées dans l'instruction générale du 20 juin 1859, citée *suprà*, n° 3, qui a remplacé celle du 17 juin 1840 citée au *Rép.* n° 306. — V. *infrà*, v° *Trésor public*.

§ 1^er. — *Des budgets* (*Rép.* n^os 308 à 319).

**203.** Les recettes et dépenses des hospices, on l'a dit au *Rép.* n° 308, ne peuvent être faites qu'en vertu du *budget* de chaque exercice (Instr. gén. 20 juin 1859, art. 1047).

**204.** L'exercice financier commence le 1^er janvier et finit le 31 décembre de l'année qui lui donne son nom. La période d'exécution des services d'un budget embrasse, outre cette année, un délai complémentaire accordé sur l'année suivante pour achever les opérations relatives au recouvrement des produits, à la constatation des droits acquis, à la liquidation, à l'ordonnancement et au payement des dépenses (L. 25 janv. 1889, D. P. 90. 4. 29, art. 3). Ce délai est fixé, pour les budgets des hospices, au 31 mars de l'année qui suit l'exercice (Cros-Mayrevieille, p. 366). V. *infrà*, v° *Trésor public*. — Les budgets de chaque exercice doivent être délibérés par les commissions dans leur session d'avril, afin qu'ils puissent être soumis aux conseils municipaux, lors de leur session de mai, et que ces conseils puissent délibérer sur les subventions à accorder par les communes (art. 551, Décr. 31 mai 1862). Comp. *Rép.* n° 309.

**205.** Un nouveau modèle de budget pour les établissements hospitaliers a été donné par la circulaire du 10 mai 1876

(*Bull. off. min. int.*, 1876, p. 279 et Cros-Mayrevieille, p. 367 et suiv.), et a remplacé le modèle contenu dans la circulaire du 25 sept. 1841 (*Rép.* n° 309).

**206.** Les recettes et dépenses des hôpitaux et hospices sont divisées en recettes et dépenses *ordinaires* et *extraordinaires*. Les art. 548 et suiv. du décret du 31 mai 1862 énumèrent les recettes et dépenses qui doivent être comprises dans chacune de ces catégories. — Toutefois, depuis la loi du 5 mai 1869 (*suprà*, n° 56), on ne doit plus comprendre dans les recettes ordinaires les *fonds alloués pour le service des enfants assistés* ; mais on ajoute au sous-chapitre *journées de militaires et de malades*, les *frais de séjour des enfants assistés* (Conf. Ravarin, p. 172).

**207.** Le décret du 31 mai 1862, art. 295, a confirmé les règles posées par l'instruction de 1840, relativement à l'inscription au budget et à l'emploi des crédits pour dépenses imprévues (*Rép.* n° 310).

**208.** L'instruction générale du 20 juin 1859, art. 1049, et la circulaire précitée du 10 mai 1876 ont maintenu les dispositions de la circulaire du 11 nov. 1836, relatives au cas où il existe plusieurs établissements hospitaliers dans une même commune (*Rép.* n° 311; Cros-Mayrevieille, p. 367).

**209.** Le conseil municipal est toujours appelé à donner son avis sur les budgets hospitaliers (L. 7 août 1851, art. 10; Décr. 31 mai 1862, art. 552; L. 5 avr. 1884, art. 70; *suprà*, v° *Commune*, n° 286). V. *Rép.* n° 312 et suiv. — Le budget de l'assistance publique à Paris est soumis à l'avis du conseil de surveillance de cette administration (L. 10 janv. 1849, art. 5).

**210.** En principe, les budgets des établissements hospitaliers sont définitivement réglés par les préfets (L. 7 août 1851, art. 9 et 10; Instr. gén. 20 juin 1859, art. 1048 ; Décr. 31 mai 1862, art. 553 ; L. 5 avr. 1884, art. 68 et 145. Conf. *Rép.* n° 315. Comp. 25 mars 1882, art 1^er et tableau A, § 35, dont la disposition a été reproduite par le décret du 13 avr. 1861, art. 1^er et tableau A, § 42, paragraphe qui a été formellement abrogé par l'art. 168, § 14, de la loi du 5 avr. 1884). — Cependant les budgets des établissements dont les revenus atteignent au moins trois millions doivent être réglés par décrets (L. 7 août 1851, art. 10 à 12, comb. av. L. 5 avr. 1884, art. 145, et en ce qui concerne l'assistance publique de Paris, L. 24 juill. 1867, art. 15 ; V. en sens contraire Ravarin, p. 169).

**211.** Les art. 1050 Instr. gén. 20 juin 1859 et 492 Décr. 12 mai 1862 ont reproduit la règle posée par l'art. 437 Ord. 31 mai 1838 (*Rép.* n° 316). Conf. L. 5 avr. 1884, art. 150, et *suprà*, v°, *Commune*, n° 406). Le receveur ne peut toutefois payer les mandats que dans la proportion des douzièmes jusqu'au moment où le budget est approuvé (Instr. gén. 20 juin 1859, art. 816).

**212.** On admet toujours que l'autorité supérieure ne peut pas inscrire d'office un crédit ou une dépense au budget des hôpitaux et hospices (*Rép.* n° 316. Conf. Block, v° *Hôpitaux*, n° 77 ; Durieu et Roche, v° *Budget*, n^os 31 et suiv.), à moins qu'il ne s'agisse de la dépense résultant du payement d'une dette et de la recette à provenir du prix de la vente de l'ordonnance du 6 juill. 1846, art. 2 (Comp. *Rép.* n° 333).

**213.** Les crédits supplémentaires rendus nécessaires par suite d'imprévision ou d'insuffisance des crédits ouverts au budget d'un exercice sont ouverts, après délibération de la commission administrative, par des décisions spéciales de l'autorité investie du droit de régler le budget (Instr. gén. 20 juin 1859, art. 1047; Décr. 31 mai 1862, art. 554 ; Circ. min. int. 4 et 10 mai 1876 ; Cros-Mayrevieille, p. 378. Conf. *Rép.* n° 317; Ravarin, p. 170);... sauf pour la Ville de Paris (Décr. 31 mai 1862, art. 534 et 566).

§ 2. — *Comptabilité espèces.* — *Recettes.* — *Dépenses obligatoires, attributions, remises, écritures, comptabilité des receveurs* (*Rép.* n° 320 à 365).

**214.** — I. Recettes (*Rép.* n^os 321 à 330). — Les receveurs des établissements hospitaliers ont seuls qualité pour recevoir et pour payer (*Rép.* n° 321 ; Instr. gén. 20 juin 1859, art. 812 et 1047 ; Décr. 31 mai 1862, art. 512 et 547, D. P. 62. 4. 83). Le débiteur d'un établissement hospitalier ne se libère donc pas valablement en payant entre les mains du président de la commission administrative (Trib. civ. Mont-de-Marsan, 11 nov. 1887).

**215.** Les receveurs doivent percevoir les revenus en nature comme les revenus en argent, et ils sont responsables de leur recouvrement (Instr. gén. 20 juin 1859, art. 1079 ; *Rép.* n° 324).

**216.** Sur la délivrance des quittances par les receveurs, V. *Rép.* n°s 325 et suiv. ; Conf. Décr. 31 mai 1862, art. 517; Cros-Mayrevieille, p. 386). — L'art. 1537 Instr. 20 juin 1859 a sanctionné les observations formulées au *Rép.* n° 328.

**217.** Lorsque le percepteur exerce les fonctions de receveur d'un établissement hospitalier, l'Etat n'est pas responsable, vis-à-vis de cet établissement, des détournements commis à son préjudice par ce percepteur (Cons. d'Et. 14 déc. 1836, aff. Commune de Fresnes).

**218.** — II. DÉPENSES (*Rép.* n°s 331 à 347). — Les administrateurs des hospices n'ont pas, pour les dépenses de ces établissements, le droit de requérir, sous leur responsabilité, qu'il soit passé outre au payement, malgré l'opposition du comptable (*Rép.* n° 344) ; ce droit de réquisition n'est accordé qu'aux agents de l'Etat, à l'égard des trésoriers généraux, pour assurer des services publics (Circ. min. int. 20 févr. 1870, *Bull. off. min. int.* 1870, p. 61. Conf. *Rép.* n° 344, *infrà*, v° *Trésor public*.

**219.** Sur la *liquidation des dépenses*, V. *Rép.* n° 335, et *infrà*, v° *Trésor public*. Conf. Décr. 31 mai 1862, art. 10.

**220.** En ce qui touche *l'ordonnancement des dépenses*, l'art. 555 Décr. 31 mai 1862 a reproduit les dispositions rapportées au *Rép.* n° 336. — De même, les art. 6, 8 et 506 et suiv. consacrent de nouveau les principes posés au *Rép.* n°s 338 et suiv. V. *infrà*, v° *Trésor public*.

**221.** Sur les cas où les receveurs peuvent exceptionnellement se refuser à acquitter les mandats et ordonnances (*Rép.* n° 343), V. Décr. 31 mai 1862, art. 520 et 547; *infrà*, v° *Trésor public*.

**222.** Sur la signature à exiger des titulaires des mandats ou de leurs fondés de procuration spéciale, V. *Rép.* n° 346 et suiv. Conf. *infrà*, v° *Trésor public*.

**223.** — III. CAISSE (*Rép.* n°s 348 et 349). — V. Décr. 31 mai 1862, art. 24; *infrà*, v° *Trésor public*.

**224.** — IV. SAISIES-ARRÊTS (*Rép.* n° 350) — V. *suprà*, n° 86 ; *infrà*, v° *Saisie-arrêt* ; — *Rép.* eod. v°, n°s 28 et suiv. ; *infrà*, v° *Trésor public* ; Cros-Mayrevieille, p. 359 et suiv.

**225.** — V. REMISES DES RECEVEURS (*Rép.* n° 351). — On a expliqué, *suprà*, n° 167, que, depuis 1877, les receveurs des hôpitaux et hospices, à l'exception de ceux de Paris et de Lyon, ont aujourd'hui un traitement fixe.

**226.** — VI. ÉCRITURES (*Rép.* n°s 352 à 359). — On a exposé sommairement au *Rép.* n°s 352 et suiv. les obligations spéciales imposées aux receveurs des établissements hospitaliers, indépendamment des devoirs généraux, auxquels sont soumis tous les comptables de deniers publics, en vertu des principes fondamentaux exposés *infrà*, v° *Trésor public*, et *Rép.* eod. v°. — Ces prescriptions spéciales, contenues dans l'instruction du 30 mars 1827, l'ordonnance du 31 mai 1828 et l'instruction du 17 juill. 1840, ont été, pour partie, reproduites sans changements notables dans l'instruction générale du 20 juin 1859, art. 1443 et 1576, et pour l'autre partie, sont encore en vigueur aujourd'hui. Nous ne pouvons donc que renvoyer à l'exposé que nous avons donné au *Rép.* n°s 353 et suiv.; Conf. Cros-Mayrevieille, p. 386 et suiv. V. aussi *infrà*, v° *Trésor public*.

**227.** L'ordonnateur doit tenir écritures de ses opérations d'ordonnancement, au fur et à mesure de chacune d'elles. Dans les établissements importants, les opérations doivent être consignées sur un journal et un grand-livre (Décr. 31 mai 1862, art. 509 et 547).

**228.** — VII. COMPTES DE GESTION DES RECEVEURS (*Rép.* n° 360). — Les prescriptions relatives au compte de gestion sont les mêmes pour les communes et pour les établissements hospitaliers (Décr. 31 mai 1862, art. 547, 561, 562 et 564). Nous renvoyons donc, sur ce point, à ce qui est dit *suprà*, v° *Commune*, n°s 448 et suiv., et *Rép.* eod. v°, n°s 619 et suiv., en faisant observer que l'instruction générale du 20 juin 1859, actuellement en vigueur et le décret du 31 mai 1862, art. 522 et suiv., remplacent l'instruction du 17 juin 1840, art. 1312 et suiv. V. aussi Ravarin, p. 174; Cros-Mayrevieille, p. 398 et suiv. — Les comptes des receveurs

hospitaliers sont soumis à l'examen de la commission administrative et aux délibérations du conseil municipal, avant d'être transmis à l'autorité chargée de les juger (Décr. 31 mai 1862, art. 560).

**229.** L'instruction du 20 juin 1859 a, comme celle du 17 juin 1840, donné un tableau des justifications à produire par les receveurs, à l'appui de leurs comptes (V. ce tableau dans Cros-Mayrevieille, p. 404). On y désigne par la lettre T les pièces qui, selon le ministre des finances, sont soumises au timbre. La controverse rapportée au *Rép.* n° 361, peut donc encore être soulevée aujourd'hui. V. *infrà*, v° *Timbre*.

**230.** — VIII. COMPTE EN MATIÈRES DU RECEVEUR (V. *Rép.* n° 362).

**231.** — IX. CESSATION DE FONCTIONS DU RECEVEUR (*Rép.* n°s 363 à 365). — Lorsqu'un changement de receveur s'opère dans le cours d'une année, le compte de cette année doit être divisé suivant la durée de la gestion de chacun des titulaires. Les règles à suivre, en ce cas, sont posées par l'instruction du 17 juin 1840 (*Rép.* n°s 364 et suiv.) et celle du 20 juin 1859 (Conf. Cros-Mayrevieille, p. 416 et suiv.).

### § 3. — Comptabilité matières. — Ecritures des économes
(*Rép.* n°s 366 et 367).

**232.** Les principes exposés au *Rép.* n°s 366 et suiv. relativement à la *comptabilité en matières* que doivent tenir les économes, sont toujours en vigueur. Les dispositions contenues dans l'instruction ministérielle du 20 nov. 1836 n'ont reçu aucune modification depuis la publication de notre recueil. M. Cros-Mayrevieille en a donné, p. 430 et suiv., un commentaire complet.

### § 4. — Compte d'administration. — Compte moral
(*Rép.* n°s 368 et 369).

**233.** Sur l'historique du *compte d'administration* et sa division en deux parties, *financière* et *morale*, V. *Rép.* n°s 368 et suiv. Conf. Cros-Mayrevieille, p. 381 et suiv., et *infrà*, n° 236.

Le compte financier annuel dressé par l'ordonnateur, après avoir été présenté à la commission administrative dans sa session d'avril et soumis ensuite à l'avis du conseil municipal (L. 7 août 1851, art. 10 ; L. 5 avr. 1884, art. 70), est arrêté par le préfet (Décr. 25 mars 1852, tabl A, § 35 ; Décr. 31 mai 1862, art. 556 et suiv. ; L. 5 avr. 1884, art. 61). — Les comptes financiers de l'Assistance publique à Paris et ceux des établissements ayant trois millions de revenus au moins, sont réglés par décret (Circ. min. int. 4 mai 1876, *Bull. off. min. int.* 1876, p. 333).

### § 5. — Surveillance, vérification et jugement de la comptabilité des établissements de bienfaisance. — Comptes des receveurs ; comptes des économes ; *quitus* (*Rép.* n°s 370 à 392).

**234.** — I. SURVEILLANCE (*Rép.* n°s 370 et 371). — On a exposé au *Rép.* n°s 370 et suiv., quels sont les divers agents qui sont chargés de *surveiller* la gestion des receveurs hospitaliers (Conf. *suprà*, n° 170, et *infrà*, n° 292). V. aussi Cros-Mayrevieille, p. 83 ; *infrà*, v° *Trésor public*. — Sur les inspecteurs généraux des services administratifs du ministère de l'intérieur, dont une section s'occupe spécialement des établissements de bienfaisance. V. *infrà*, v° 290.

**235.** Aux termes d'une circulaire du directeur de la comptabilité au ministère des finances, du 30 janv. 1866, c'est au plus tard le 15 avril de chaque année que les receveurs des finances doivent recevoir les comptes de gestion des receveurs hospitaliers (Comp. *Rép.* n° 371). — Sur les pénalités encourues par ces derniers, en cas de retard (*Rép.* n° 371 ; Décr. 31 mai 1862, art. 527; L. 5 avr. 1884, art. 159; Instr. gén. 20 juin 1859, art. 1556). V. *suprà*, v° *Commune*, n° 449; — *Rép.* eod. v°, n° 621; Conf. *infrà*, v° *Trésor public*.

**236.** — II. PRÉSENTATION ET JUGEMENT (*Rép.* n°s 372 à 392). — Le décret du 31 mai 1862 (art. 528, 529 et 561), la loi du 5 avr. 1884 (art. 157) et l'instruction générale du 20 juin 1859 (art. 1549) ont confirmé les règles de compétence posées pour le *jugement* des comptes des receveurs, par les dispositions citées au *Rép.* n° 372 (Conf. *suprà*, v° *Commune*, n°s 450 et suiv. ; *Rép.* eod. v°, n°s 621 et suiv.). — En ce qui concerne la procédure devant la cour des comptes, la notification et l'exécution de ses arrêts, les pourvois, etc., V. *infrà*, v° *Trésor public*.

**237.** Les règles exposées sous les n°ˢ 377 et 378 du *Rép.* sont toujours en vigueur. Les pièces justificatives des recettes et dépenses qui doivent appuyer les comptes de gestion sont déterminées par les lois et règlements cités dans les chapitres 1 et 2 du titre 5 de la 1ʳᵉ partie de l'instruction générale du 20 juin 1859. M. Cros-Mayrevieille (p. 404 et suiv.), reproduit, d'après cette instruction, le tableau des pièces justificatives à produire par les receveurs, à l'appui de leurs comptes de gestion.

**238.** Les receveurs doivent annexer à leur compte et signer une déclaration indiquant la nature de leur cautionnement, l'époque de sa réalisation, et s'il s'agit d'un cautionnement en immeubles, la date des inscriptions hypothécaires prises dans l'intérêt de l'établissement : cette déclaration est signée, en outre, par le receveur des finances (Instr. direct. comptab. publ. 30 janv. 1866).

**239.** Par dérogation au principe posé au *Rép.* n° 382, il a été jugé que la cour de comptes ne peut pas être directement saisie par un receveur des comptes qui étaient jusque-là justiciables du conseil de préfecture ; à défaut d'un arrêté préfectoral la saisissant de ces nouveaux comptes en vertu des art. 528 et 529, décret du 31 mai 1862, la cour en ordonne le renvoi pur et simple, sans statuer sur la question de compétence (Cour des comptes, 20 mai 1887, aff. Commune mixte de Lalla-Mag'hrnia, *Rec. cons. d'État*, p. 914).

**240.** Sur la production, la justification et le jugement des comptes des économes, V. *Rép.* n°ˢ 384 et suiv. ; Conf. Cros-Mayrevieille, p. 442.

**241.** Sur la délivrance du *quitus* au receveur, V. *Rép.* n° 387 et suiv. Les receveurs des finances ont le droit de ne délivrer leur *quitus* que lorsque les arrêtés ou arrêts rendus sur le compte du receveur ne sont plus susceptibles d'être attaqués par un pourvoi devant la cour des comptes ou le conseil d'État (Instr. gén. 20 juin 1859, art. 1274).

SECT. 2. — RESPONSABILITÉ CIVILE DES ADMINISTRATEURS ET DES AGENTS DES ÉTABLISSEMENTS DE BIENFAISANCE ; RESPONSABILITÉ DES COMPTABLES ; HYPOTHÈQUE LÉGALE (*Rép.* n°ˢ 393 à 406).

**242.** On a expliqué, *Rép.* n° 393 et suiv., que les *administrateurs* et *agents* divers des établissements hospitaliers sont susceptibles d'encourir la *responsabilité civile* des art. 1382 et 1383 c. civ. Les administrateurs remplissant une fonction gratuite, ne sont responsables que du dol et de la faute lourde (art. 1992 c. civ.) V. *infrà*, v° *Mandat ; — Rép.* eod. v°, n°ˢ 218 et suiv. Ils sont tenus solidairement entre eux de leur gestion et de ses suites (*Rép.* n° 393. V. pour anal. Req. 13 juill. 1857, aff. Bureau de bienfaisance de Crévecœur, D. P. 58. 1. 349. Conf. Demolombe, t. 26, n° 280 *bis*). Mais l'administrateur qui a été poursuivi a, contre chacun de ses collègues, un recours pour le montant de la part et portion virile de celui-ci (V. *infrà*, v° *Obligations*). — D'après l'art. 132 c. proc. civ., les administrateurs qui ont compromis les intérêts de leur administration peuvent être condamnés aux dépens en leur nom personnel et sans répétition. Cette disposition ne peut s'appliquer que si l'administrateur s'est rendu *personnellement* coupable d'une faute (V. pour anal. Civ. cass. 17 août 1853, D. P. 54. 1. 384; Req. 13 juill. 1857 précité; Req. 22 août 1871, aff. Fleury, D. P. 71. 1. 228). Quand au contraire il s'est borné à exécuter les décisions de la commission, en qualité de mandataire de celle-ci et dans la limite des pouvoirs à lui conférés, sa responsabilité disparaît derrière sa qualité de mandataire, et l'art. 232 ne peut lui être appliqué, parce qu'il n'a commis aucune faute (V. pour anal. Civ. cass. 21 mars 1883, aff. Gouville, 2° arrêt, D. P. 84. 1. 398). — Il appartient d'ailleurs à la cour de cassation de vérifier si les faits constatés constituent, en droit, une faute qui engage la responsabilité de son auteur (Civ. cass. anal. 12 janv. 1875, aff. Souvigny, D. P. 75. 1. 145).

**243.** Les administrateurs qui, sans autorisation, contracteraient un emprunt, ordonneraient des fournitures ou des travaux, n'engageraient pas l'établissement ; ils n'obligeraient qu'eux-mêmes, sur tous leurs biens. Conf. *suprà*, n° 214. V. *infrà*, v° *Obligation*.

**244.** On a fait ressortir (*Rép.* n° 394), l'intérêt qu'il y a, au point de vue de la compétence, à déterminer quelle est

la nature de la responsabilité que peut encourir un comptable. On a également expliqué (n° 395), que la responsabilité encourue par les administrateurs ou autres agents diffère selon qu'ils ont ou non été dépositaires ou manutentionnaires de fonds.

**245.** L'application du cautionnement d'un comptable au profit de l'établissement créancier a lieu dans deux cas principaux, que l'on a soigneusement distingués et définis, *Rép.* n° 396, le *débet* et le *déficit*. La circulaire rapportée *ibid*, est du 5 sept. 1821 ; les principes qu'elle pose sont toujours en vigueur.

**246.** Les règles posées par l'ordonnance du 6 juin 1830 (*Rép.* n° 397), qui est toujours en vigueur (L. 27 févr. 1884, art. 5, D. P. 84. 4. 95), ont été complétées par les dispositions suivantes de l'instruction générale du 20 juin 1859. En cas de débet, ou quand il y a lieu d'ordonner l'application du cautionnement au profit de l'établissement, l'administration fait signifier au receveur ou à ses ayants cause l'arrêté de compte qui fixe le débet, avec sommation d'en verser le montant, dans le délai de deux mois (art. 1313. Conf. *Rép. loc. cit.*). Faute par le comptable ou ses ayants droit d'avoir satisfait à cette sommation, le préfet prend un arrêté qui ordonne les mesures nécessaires pour l'application du cautionnement au débet (même article). L'art. 1325 prescrit, pour la réalisation du cautionnement, les procédés indiqués au *Rép. loc. cit.*, suivant qu'il s'agit de rentes sur l'État, de fonds déposés aux monts-de-piété, ou d'immeubles. V. aussi *infrà*, v° *Trésor public.*

**247.** L'art. 13 de la loi du 29 juin 1852, qui permet au chef de l'État de faire remise aux comptables des débets mis à leur charge, n'est pas applicable aux comptables hospitaliers (Av. Cons. d'Et. 6 août 1885 ; V. cependant Cons. d'Et. 18 févr. 1888). La commission administrative n'a pas davantage qualité pour accorder cette remise (Cour des comptes, 23 juill. 1886, aff. Bureau de bienfaisance de Lyon, *Rec. Cons. d'État*, p. 966; Cons. d'Et. 17 févr. 1888, V. *infrà*, v° *Trésor public*.

**248.** En ce qui concerne la responsabilité des receveurs des finances, en cas de débet ou de déficit des percepteurs-receveurs, V. *Rép.* n° 398.

**249.** Sur la surveillance que doit exercer et les mesures conservatoires que peut prendre l'Administration, en cas de déficit. V. *Rép.* n°ˢ 400 et suiv.

**250.** Les receveurs doivent non seulement percevoir tous les revenus des hospices, mais aussi veiller à la conservation des droits et biens de ces établissements. Il a été jugé, en conséquence, que le receveur qui n'a pas fait les diligences nécessaires pour assurer le recouvrement d'un legs est responsable vis-à-vis de l'hospice, dans le cas où ce legs n'est pas recouvré (Trib. Albertville, 28 mars 1883, aff. succession Rey, rapportée par Cros-Mayrevieille, p. 543).

**251.** On a expliqué au *Rép.* n°ˢ 404 et suiv. que le maniement des fonds des hospices par des personnes autres que le receveur constitue une comptabilité occulte. L'instruction générale du 20 juin 1859 a confirmé sur ce point les dispositions de l'ordonnance du 31 oct. 1821 et de la loi du 18 juill. 1837. L'autorité compétente pour juger les comptes doit, dès que des faits de comptabilité occulte lui sont signalés, déclarer leur auteur comptable de deniers publics et fixer le délai dans lequel il doit produire un compte en due forme. La compétence du conseil de préfecture ou de la cour des comptes, pour le jugement des comptabilités occultes, doit, d'après MM. Durieu et Roche, être déterminée non par le chiffre de la comptabilité occulte, mais par le chiffre de la comptabilité ordinaire de l'établissement. — La commission administrative doit, par délibération soumise à l'approbation préfectorale, donner son avis sur l'utilité des dépenses du comptable occulte (Circ. 20 mai 1876). V. *infrà*, v° *Trésor public.*

**252.** Les fonctionnaires et agents des établissements hospitaliers, autres que les receveurs, peuvent encore encourir un autre genre de responsabilité ; c'est la responsabilité qui résulte de négligences ou de fautes qu'ils commettent dans l'exercice des fonctions spéciales qui leur appartiennent. (V. *infrà*, v° *Responsabilité*). — Il a été jugé que le médecin ou le chirurgien d'un hôpital qui n'a pas réussi dans le traitement d'un malade ne peut pas être rendu responsable de cet insuccès, à moins qu'il ne soit prouvé qu'il s'est rendu coupable d'imprudence, de négligence ou de maladresse manifeste ; les tribunaux ne peuvent pas avoir à se prononcer sur l'opportunité d'une opération, sur la méthode préférable à employer, ni sur le meilleur traitement (Trib. Seine, 22 janv. 1889, aff. Gérard, *Gazette des tribunaux*, du 25 janv. 1889. Conf. *infrà*, v° *Responsabilité* ; — *Rép.* éod. v°, n°s 128 et suiv.). — Le tribunal civil est seul compétent pour statuer sur l'action en dommages-intérêts dirigée par un malade contre un interne, à raison d'accidents causés par la faute de celui-ci (Cons. d'Et. 10 mars 1858, aff. Gilles, D. P. 58. 3. 68). V. toutefois, *infrà*, n°s 254, 278 et 288. — Il a encore été jugé que la supérieure d'un hospice est responsable, même pénalement des actes rentrant dans le service auquel elle est préposée, et par exemple de la mauvaise direction donnée à l'écoulement des eaux de lavage (Crim. rej. 28 avr. 1865, aff. Sœur Louise, D. P. 65. 1. 243).

**253.** Les *hospices* eux-mêmes peuvent, en vertu de l'art. 1384 c. civ., encourir certaines responsabilités civiles,

soit à raison des fautes commises par leurs agents et préposés dans l'exercice de leurs fonctions (V. *infrà*, v° *Responsabilité*; — *Rép.* eod. v°, n° 638 et suiv.), soit à raison de l'imprévoyance de leurs règlements intérieurs (Conf. Trib. Seine, 13 mars 1877, aff. Administr. de l'assistance publique). — Les hospices ne sont, au contraire, tenus d'aucune responsabilité, si le préjudice causé à un tiers provient uniquement de la mission confiée à ces établissements. C'est ainsi que l'assistance publique n'est tenue d'aucuns dommages-intérêts envers la nourrice qui a contracté une maladie syphilitique en allaitant l'enfant assisté qui lui a été confié, si, conformément aux règlements en vigueur, cet enfant a été soumis, avant d'être remis à la nourrice, à une visite médicale qui n'a révélé aucune trace de la maladie contagieuse (Paris, 29 janv. 1876, aff. Epoux Jouhane; Paris, 8 nov. 1876, aff. Chargros; Riom, 8 mai 1878, aff. Epoux Thomas; Paris, 25 mars 1881, aff. Liénard; Trib. Seine, 5 avr. 1886, aff. Loi du 26 avr. 1886; Trib. Seine, 21 janv. 1889 (1). Mais

***

(1) (Femme Fort-Renaud *C*. Assist. publ. de Paris.) — Le 5 avr. 1886, le tribunal de la Seine avait rendu un jugement avant faire droit ainsi conçu : « Attendu qu'il résulte des documents de la cause et qu'il n'est point d'ailleurs contesté que la femme Fort-Renaud a été atteinte de la syphilis communiquée par un nourrisson de l'Assistance publique, mort ultérieurement de cette maladie ; — Attendu que cette administration, qui ignore le plus souvent l'origine des enfants dont elle accepte la garde, ne saurait encourir la même responsabilité que les parents, quant aux conséquences dommageables d'une semblable contagion ; — Attendu toutefois que le contrat qu'elle passe avec les nourrices auxquelles elle confie des nouveaux-nés lui impose comme condition tacite, mais essentielle, de vérifier avec le plus grand soin l'état sanitaire de ces enfants; que des exemples déjà fréquents de contagion ont rendu ce devoir plus particulièrement impérieux ; — Attendu que les agents du service médical de l'Assistance publique ne peuvent se fournir à eux-mêmes l'attestation qu'ils ont accompli exactement et complètement leur mission ; que, par suite, les certificats émanés du médecin en chef de l'hôpital des Enfants-Assistés et du médecin qui a visité le nourrisson de la femme Fort-Renaud à son arrivée à la campagne ne suffisent point pour prouver que cet enfant ne présentait, lors de ce double examen, aucun signe révélateur du mal héréditaire dont il était certainement atteint ; — Qu'il résulte même du rapport du médecin de X... que celui-ci a constaté dès l'origine, chez l'enfant, du corysa et du muguet; que s'il prétend que ce muguet aurait eu pour effet de masquer les symptômes syphilitiques qui pouvaient exister dans la bouche, organe de la transmission du mal, il est, d'autre part, allégué au nom des époux Fort-Renaud, qu'une recherche attentive de la cause de ces mêmes accidents aurait, au contraire, nécessairement fait découvrir les susdits symptômes ; — Attendu que ce même rapport établit que l'enfant remis à la femme Fort-Renaud, le 3 janvier, lui a été enlevé le 1er février, et que dès la fin de janvier il portait, ainsi que la nourrice, des ulcérations caractéristiques ; — Que la rapidité avec laquelle le mal s'est développé et transmis rend vraisemblable l'allégation des demandeurs que, dès la naissance de l'enfant, ou tout au moins dès les premières visites, l'existence d'une syphilis congénitale pouvait être constatée, et que dès lors il y aurait eu faute à confier ce nourrisson contaminé à une nourrice saine ; — Attendu que le tribunal n'a point, dès à présent, les éléments nécessaires pour apprécier, sur ce point spécial, les dires contradictoires des parties; qu'il y a lieu de recourir à une expertise; — Par ces motifs ; — Avant faire droit, commet Alfred. Fournier, Brouardel et d'Heurle, experts, lesquels, serment préalablement prêté, se feront représenter les certificats et rapports des médecins de l'Assistance publique, le livret de la nourrice, procéderont au nouvel examen médical de la femme Fort-Renaud, et diront si, d'après les documents de la cause et les données de la science, il peut être affirmé que l'enfant remis à la demanderesse le 5 janv. 1883 portait, dès ce jour, des signes révélateurs de la syphilis ou tout au moins des indices devant faire craindre l'existence de ce mal; si notamment le corysa et le muguet dont il était atteint étaient de nature à éveiller l'attention des médecins, ou s'ils constituaient, au contraire, un obstacle à la constatation du mal; si enfin un examen attentif et consciencieux eût dû déterminer l'homme de l'art à interdire provisoirement ou définitivement l'allaitement par une nourrice saine, et eût ainsi prévenu la contagion ; — Pour être sur le vu du rapport des experts, par les parties conclu et par le tribunal statué ce qu'il appartiendra ». — Il a été procédé à l'expertise et, sur le vu du rapport des experts, le tribunal a prononcé le jugement définitif suivant :

Le tribunal ; — Attendu que les experts commis par le précédent jugement ont déposé leur rapport; — Qu'ils ont constaté que, d'après les documents fournis par l'Assistance publique elle-même, l'enfant Moreau, confié à la femme Fort-Renaud

le 3 janvier 1883 à P. présentait à son arrivée dans cette localité des symptômes ainsi précisés dans le rapport du docteur X... : état chétif et malingre, coryza, muguet, difficulté à prendre le sein; — Qu'après avoir établi que chacun de ces symptômes pris isolément ne constituait point une manifestation spéciale de la syphilis, et que même le muguet pouvait être un obstacle à la constatation de lésions caractéristiques, les experts reconnaissent que l'état chétif et malingre, le coryza et le muguet sont de l'ordre des symptômes qu'il est le plus habituel de constater chez les enfants hérédo-syphilitiques, et que leur réunion sur un même enfant nouveau-né, pouvait constituer des indices de nature à faire craindre une infection de ce genre; — Qu'ils ajoutent que la suspension au moins provisoire de l'allaitement était une mesure de prudence que le médecin pouvait ordonner, mais se refusent à affirmer que ledit médecin dût prescrire cette suspension; — Qu'ils prétendent justifier cette réserve en signalant la délicatesse et la difficulté du problème en face duquel se trouve le médecin, ayant à tenir compte non seulement du danger incertain de la contamination, mais aussi du danger certain que ferait courir à l'enfant la suspension de l'allaitement; — Attendu que, quelle que soit la complexité des devoirs qui incombent au médecin en semblable occurrence, ceux qu'il a vis-à-vis de l'enfant ne sauraient lui faire oublier ceux qu'il a à l'égard de la nourrice; — Que celle-ci fait avec l'Assistance publique un marché de l'occasion duquel doivent être respectées toutes les règles essentielles à la validité des contrats, et notamment la bonne foi qui ne permet pas que l'une des parties soit tenue dans l'ignorance d'un risque inhérent non à la nature de l'engagement qu'elle va prendre, mais au cas spécial qui se présente; — Qu'au surplus les règles de la délicatesse professionnelle aussi bien que celles des contrats interdisent au médecin d'exposer, sous aucun prétexte, une personne saine au danger même hypothétique d'une contagion sans l'avoir préalablement avertie, et mise en demeure d'accepter ou de refuser le risque à courir ; — Attendu qu'il résulte des termes précités du rapport des experts que les symptômes constatés par le médecin de l'Assistance publique suffisaient par leur réunion sur un seul sujet, même en dehors des manifestations plus authentiques, pour faire craindre l'existence de la syphilis ; — Attendu que, néanmoins, ce médecin a remis à la femme Fort-Renaud un livret portant que l'enfant confié à cette femme pour l'allaiter était bien portant; qu'il n'est pas allégué que celle-ci ait reçu, en dehors du livret, aucun avis sur les dangers que cet allaitement pouvait présenter pour elle, ni aucune instruction particulière sur les précautions à prendre et sur les symptômes ultérieurs à surveiller; — Qu'il y a eu imprudence à exposer cette nourrice dans de semblables conditions à la contagion qui pouvait lui être communiquée par un enfant suspect; que, cette contagion s'étant produite, l'Assistance publique doit être déclarée responsable du dommage causé par la faute de ses agents; — Attendu que la communication de la syphilis par la femme Fort-Renaud à son mari, la naissance et la mort d'un enfant atteint du même mal, sont des conséquences directes de cette même faute et doivent être prises en considération pour fixer les dommages-intérêts dus aux époux Fort-Renaud ; — Qu'il y a lieu, d'autre part, de tenir compte des soins qui ont été déjà donnés et des secours fournis jusqu'à ce jour aux demandeurs ; — Que la demande est exagérée et que la somme de 7,000 fr. sera, en l'état de la cause, une réparation suffisante du préjudice éprouvé; — Entérinant en tant que de raison le rapport des experts ; — Condamne l'Assistance publique à payer aux époux Fort-Renaud la somme de 7000 fr. à titre de dommages-intérêts ; — Déclare ceux-ci mal fondés dans le surplus de leurs demandes, fins et conclusions, les en déboute ; — Condamne l'Assistance publique en tous les dépens, y compris ceux d'expertise.

Du 21 janv. 1889. -Trib. civ. Seine, 1re ch.-MM. Thureau, pr.-Bulot, subst.-Menuelle et Rendu, av.

si certains symptômes constatés sur l'enfant suffisent par leur réunion, même en dehors de manifestations plus authentiques, pour faire craindre l'existence de la syphilis, le médecin de l'établissement ne doit, sous aucun prétexte, exposer la nourrice au danger même hypothétique d'une contagion, sans l'avoir avertie et mise en demeure d'accepter ou de refuser le risque à courir. S'il ne le fait pas, il commet une imprudence, et au cas où la contagion se produit, l'établissement charitable doit être quasi-déclaré responsable du dommage causé par la faute de son agent (Trib. Seine, 5 avr. 1886 et 21 janv. 1889 précités). — Commet de même une faute engageant sa responsabilité et celle de l'établissement hospitalier, le médecin qui, chargé de visiter périodiquement l'enfant, s'abstient de le faire, alors qu'en s'acquittant de ce devoir, il eût pu constater l'existence de la syphilis qui ne s'est déclarée chez l'enfant que postérieurement à son placement (Trib. Seine, 9 déc. 1886, aff. Époux Patain). L'établissement charitable serait cependant exempt de toute responsabilité, si le délit ou le quasi-délit était imputé à un agent qui n'a pas été nommé par ses administrateurs et n'est pas leur subordonné; il en est ainsi, par exemple, des médecins et chirurgiens de certains hôpitaux dépendant de l'assistance publique de Paris, dont la nomination n'appartient pas au directeur de cette administration (Trib. Seine, 10 avr. 1856, aff. Uginet, V. *infrà*, v° *Responsabilité*).

**254.** L'appréciation des responsabilités encourues dans les cas qui viennent d'être examinés est évidemment de la compétence de l'autorité judiciaire; mais il a été jugé que l'interprétation du règlement de l'hospice, si elle est rendue nécessaire, est de la compétence de l'autorité administrative (Cons. d'Et. 10 mars 1858, aff. Gilles, D. P. 58. 3. 68); l'autorité judiciaire doit alors surseoir à statuer jusqu'à ce que cette question préjudicielle ait été examinée par la juridiction administrative (Même arrêt. V. *suprà*, v° *Compétence administrative*, n° 266; Conf. *infrà*, n°s 278 et suiv.).

**255.** Sur le délit commis par les agents hospitaliers qui révèlent les affections dont sont atteints les malades en traitement, V. *infrà*, v^is *Médecine*, *Révélation de secret*.

### CHAP. 7. — Du contentieux (*Rép.* n°s 407 à 465).

Sect. 1^re. — De l'autorisation d'ester en justice, soit en demandant, soit en défendant. — Actes conservatoires. — Comité consultatif. — Acquiescement. — Désistement. — Transactions (*Rép.* n°s 408 à 449).

**256.** On a exposé (*Rép.* n° 408), qu'aux termes d'une jurisprudence fort ancienne, ratifiée par l'art. 10 de la loi du 7 août 1851, les établissements hospitaliers ne peuvent *ester en justice*, soit en demandant, soit en défendant, sans y avoir été spécialement *autorisés* par le conseil de préfecture. On a dit que les art. 9 et 10 de la loi du 7 août 1851 assimilent implicitement les hôpitaux et hospices aux communes, au point de vue de l'autorisation de plaider. On doit donc aujourd'hui se référer sur ce point aux art. 121 et suiv. de la loi du 5 avr. 1884 (D. P. 84. 4. 59), qui ont remplacé les art. 49 et suiv. de la loi du 18 juill. 1837. Le législateur de 1884 s'est borné, sur ce point, à reproduire le système de la loi de 1837, en se contentant d'éclaircir sur plusieurs points les dispositions de cette loi par des expressions plus nettes et plus précises. Il n'a introduit qu'une seule innovation importante : dans l'art. 121, § 3, après avoir imparti au conseil de préfecture un délai de deux mois pour statuer, il décide que le silence du conseil *équivaudra à une autorisation*. Nous nous bornons ici à renvoyer à l'étude fort complète des dispositions des art. 121 et suiv. de la loi de 1884, qui a été donnée *suprà*, v° *Commune*, n° 867 à 971).

**257.** La nécessité de l'autorisation s'applique-t-elle aux contestations du ressort de la juridiction administrative et aux pourvois en cassation (*Rép.* n° 410. V. *suprà*, v° *Commune*, n°s 873, 880, 903; *Rép.* eod. v°, n°s 1539, 1616 et suiv.

**258.** Ainsi qu'on l'a indiqué, *Rép.* n° 412, la seule règle spéciale aux autorisations de plaider demandées par les établissements hospitaliers est la nécessité de soumettre l'affaire à l'examen préalable du *comité consultatif* établi par l'arrêté réglementaire du 7 mess. an 9 (art. 11 et 12). — On l'a

fait observer (*Rép.* n° 413), toutes les affaires contentieuses des hospices, quelle que soit leur nature, doivent être soumises à ce comité, pourvu toutefois qu'elles soulèvent un véritable litige (Conf. Cros-Mayrevieille, p. 355; *Rép.* n° 434. Comp. Nîmes, 19 mai 1858, aff. Montserret, D. P. 58. 2. 208).

**259.** L'avis du comité consultatif n'est nullement décisif pour le conseil de préfecture ou le conseil d'Etat (*Rép.* n° 414).

**260.** Les membres du comité consultatif doivent être nommés par le préfet (*Rép.* n° 416). Le nombre de trois membres, fixé par l'art. 11 de l'arrêté du 7 mess. an 9 est un *minimum*; il peut être dépassé, si le préfet le juge utile. C'est ainsi qu'à Paris, les membres du comité consultatif de l'assistance publique ont été portés successivement au nombre de cinq en 1822, sept en 1840, neuf en 1869, onze en 1879, douze en 1881; ils ne sont plus, en 1891, qu'au nombre de onze.

**261.** A quelle époque l'autorisation de plaider doit-elle être accordée ? (*Rép.* n°s 417 et suiv., 439 et suiv.). V. *suprà*, v°|*Commune*, n°s 905 et suiv. ; — *Rép.* eod. v°, n°s 1622 et suiv., 1765 et suiv.

**262.** L'art. 70 de la loi du 5 avr. 1884, comme l'art. 21 de la loi du 18 juill. 1837 (*Rép.* n° 419), prescrit de soumettre à l'avis du conseil municipal les demandes en autorisation de plaider formées par les établissements hospitaliers. — Comp. L. 7 août 1851, art. 10.

**263.** Sur le pourvoi devant le conseil d'Etat, contre les décisions des conseils de préfecture qui refusent l'autorisation de plaider (*Rép.* n°s 420 et suiv.), V. *suprà*, v° *Commune*, n°s 921 et suiv. ; *Rép.* eod. v°, n°s 1565 et suiv. — Sur la question de savoir si l'autorité de la chose jugée s'attache aux arrêtés d'autorisation (*Rép.* n° 424), V. *suprà*, v° *Compétence administrative*, n° 351 ; *Rép.* v° *Organisation administrative*, n° 465.

**264.** Celui qui veut former une demande en justice contre un établissement hospitalier est-il tenu, comme il le serait à l'égard d'une commune (V. *suprà*, v° *Commune*, n°s 811 et suiv., 912 et suiv.), de présenter préalablement un mémoire au préfet? La question est controversée. Mais, comme aucune loi n'ordonne le dépôt de ce mémoire, il ne semble pas que l'omission de cette formalité puisse entraîner déchéance et nullité (Cabantous et Liégeois, *Répétitions écrites de droit administratif*, n° 509).

**265.** Sur le cas où il peut être de l'intérêt de l'établissement hospitalier de ne pas résister à une demande formée contre lui, V. *Rép.* n°s 426 et suiv.

**266.** L'hospice autorisé à plaider devant une juridiction n'a besoin d'une nouvelle autorisation pour plaider devant la juridiction supérieure que s'il a succombé et s'il attaque la décision qui le condamne. Il est dispensé, au contraire, de demander une autorisation nouvelle, s'il s'agit seulement de procéder sur l'appel ou le pourvoi formé contre le jugement ou l'arrêt rendu à son profit (*Rép.* n° 432). La jurisprudence adoptée unanimement sur ce point à l'égard des communes s'applique également aux hospices (V. *suprà*, v° *Commune*, n°s 879 et suiv. et 894; *Rép.* eod. v°, n°s 1559 et suiv.; v° *Organisation administrative*, n° 461. Conf. Anal. *infrà*, v° *Mariage*; *Rép.* eod. v°, n°s 783 et suiv.). — Un hospice n'aurait pas besoin d'une autorisation nouvelle pour former opposition à un jugement par défaut prononcé contre lui (V. anal., *suprà*, v° *Commune*, n° 893; *Rép.* eod. v°, n° 1591).

**267.** L'autorisation peut-elle être générale et comprendre d'avance plusieurs degrés de juridiction? Contrairement à l'opinion que nous avons émise (*suprà*, v° *Commune*, n° 894 et *Rép.* eod. v°, n° 1606), la cour de cassation a décidé que l'autorisation d'ester en justice dans toutes les phases du procès est valable. « Attendu, dit-elle (Req. 10 mai 1859, aff. Hospices de Bordeaux, D. P. 59. 1. 422), que la commission administrative avait été formellement autorisée par arrêté du conseil de préfecture de la Gironde, du 16 août 1851, « à procéder sur l'action en nullité des actes d'opposition signifiés à la requête des héritiers Chaminade, des 10 juin et 17 juill. 1851, à procéder tant contre ces parties que contre celles qui interviendraient ou seraient appelés dans cette instance à plaider sur tous les incidents qui pourraient être soulevés, etc. »; — Qu'ayant obtenu gain de cause devant le tribunal de première instance de Bordeaux, elle a pu, sans autorisation nouvelle, se défendre devant la cour impériale, sur l'appel interjeté contre elle ; qu'en effet, le recours de ses adversaires à la juridiction supérieure *n'était que la continuation de l'action* qu'ils avaient dirigée contre elle et sur laquelle l'autorisation de plaider lui avait été accordée ; — Attendu qu'après la cassation de l'arrêt de la cour impériale de Bordeaux, les parties ont été renvoyées devant la cour impériale d'Agen, comme elles avaient comparu et procédé devant celle de Bordeaux, notamment la commission administrative en vertu de l'autorisation qui lui avait été précédemment accordée ». (Conf. anal. Civ. rej. 1er mars 1858, aff. de Brezet, D. P. 58. 1. 104). — En tout cas, il faut que l'autorisation soit *formellement* étendue à l'appel et au pourvoi en cassation (Anal. Civ. cass. 18 mai 1857, aff. Dame Picard, D. P. 57. 1. 333) ; aussi l'arrêt du 10 mai 1859, qui vise une autorisation manquant certainement de ce caractère de précision nous paraîtrait-il critiquable, s'il ne pouvait se défendre, en fait, par cette considération que, dans l'espèce, l'hospice étant intimé n'avait besoin d'aucune autorisation.

**268.** Jugé que l'autorisation donnée par le conseil de préfecture, à un hospice, de poursuivre pour avoir payement d'une créance inscrite tout tiers détenteur de l'immeuble affecté à ce payement, comporte non seulement celle de se rendre adjudicataire ou surenchérisseur dans la poursuite de saisie immobilière, mais aussi celle de former, préalablement à toute saisie, sur le prix du contrat d'acquisition notifié par le tiers détenteur, la surenchère du dixième, et, pour user de cette faculté de surenchérir, l'hospice est seulement tenu de faire régler, par une approbation préfectorale, les moyens à l'aide desquels il peut devenir acquéreur (Nîmes, 19 mai 1858, aff. Montserret, D. P. 58. 2. 208. Conf. *Rép.* n° 434. — V. aussi *infrà*, v° *Surenchère ; Rép.* eod. v°, n°s 64 et suiv.).

**269.** Sur les actes pour lesquels l'autorisation administrative n'est pas nécessaire, V. *Rép.* n°s 434 et suiv., et *suprà*, v° *Commune,* n° 900.

**270.** La nullité résultant du défaut d'autorisation est d'ordre public (*Rép.* n°s 439 et suiv. — V. aussi *suprà*, v° *Commune,* n°s 969 et suiv. ; *Rép.* eod. v°, n°s 1764 et suiv.).

**271.** Quoique l'arrêté du 7 mess. an 9 ne vise spécialement que les hospices communaux, on reconnaît généralement que, par identité de motifs, les mêmes règles doivent être suivies par les hospices départementaux, sauf évidemment celle qui exige l'avis du conseil municipal (Cabantous et Liégeois, *op. cit.,* n° 509). — En est-il de même pour les établissements nationaux ? Un arrêt (Paris, 9 avr. 1836, aff. Palluy, *Rép.* v° *Secours publics,* n° 61), a adopté la négative et décidé que, dans ce cas, l'avis du comité consultatif et l'autorisation du conseil de préfecture sont remplacés par un acte du pouvoir central. MM. Cabantous et Liégeois (*loc. cit.*) se prononcent pour la solution contraire : la pensée de l'arrêté de l'an 9 a été, selon eux, d'organiser un système particulier de tutelle, pour les procès de tous les hospices indistinctement.

**272.** Le droit d'ester en justice au nom des hospices et hôpitaux n'appartient pas aux receveurs de ces établissements, mais aux maires présidents des commissions administratives, ainsi qu'il résulte d'une instruction ministérielle du 22 mai 1828, interprétative de l'arrêté du 29 vend. an 12 et rapportée au *Rép.* n° 443. — Cette instruction renvoie à deux circulaires antérieures du ministre de l'intérieur, des 30 germ. an 12 et 8 févr. 1823, où cette règle était déjà posée. Ces principes ont été formellement confirmés par un arrêt de la cour de cassation (Req. 21 août 1871, aff. Hospice de Nancy, D. P. 71. 1. 213), et un arrêt de la cour de Nancy (17 juill. 1872, aff. Hospice de Pompey, D. P. 72. 5. 267). Ce dernier arrêt pose très nettement les principes : « Attendu, dit-il, qu'aucun texte de loi ne confère aux receveurs des hospices le droit de les représenter en justice ; — Que l'art. 1er de l'arrêté du 19 vent. an 12 le leur a même implicitement refusé, en ne les comprenant pas dans la longue et minutieuse énumération des devoirs qu'il entendait leur prescrire et les pouvoirs qu'il entendait leur accorder ; — Que les mots « et autres poursuites et diligences », qui terminent cet article, et dont la commission appelante excipe, se réfèrent évidemment aux actes purement conser-

vatoires et aux actes d'exécution, jusques et non compris ceux d'instance ; qu'on s'explique, du reste, à merveille que les receveurs des établissements hospitaliers ne soient point devant les tribunaux les représentants et les organes de commissions administratives dont ils ne font pas même partie... ».

**273.** Les demandes qui intéressent les établissements hospitaliers sont dispensées du préliminaire de conciliation (c. proc. civ. art. 49). Elles doivent être communiquées au ministère public (c. proc. civ. art. 83), qui, d'ailleurs, n'aurait nullement qualité pour former d'office une demande dans leur intérêt (Anal. Req. 26 avr. 1831, aff. Bureau de bienfaisance de Faye, D. P. 32. 1. 279). Les hospices ne peuvent pas plus que les particuliers se dispenser du ministère des avoués (*Rép.* n° 444, et v° *Avoué,* n°s 192 et suiv.).

**274.** Sur les pouvoirs de la commission administrative et les autorisations qui peuvent être nécessaires pour qu'un hospice puisse *acquiescer* (*Rép.* n° 446), V. *suprà*, v° *Commune,* n° 1220 et suiv. — *Rép.* eod. v°, n° 2489 ; ... ou se *désister* (*Rép.* n° 446), V. *suprà,* v° *Commune, loc. cit. ;* — *Rép. loc. cit.* — Conf. *suprà,* v° *Désistement,* n° 10 ; — *Rép.* eod. v°, n°s 30 et suiv.

**275.** On a dit, au *Rép.* n° 448, qu'un arrêté du 21 frim. an 12 (art. 1), dont l'application avait été étendue aux hospices en vertu d'instructions ministérielles et des art. 9 et 10 L. 7 août 1851, prescrivait que les délibérations des conseils municipaux relatives aux *transactions* fussent précédées de l'avis de trois jurisconsultes désignés par le préfet (Conf. *Rép.* v° *Commune,* n° 2472). L'art. 168-4° de la loi du 5 avr. 1884 a formellement abrogé l'arrêté de l'an 12. La formalité de l'avis des trois jurisconsultes n'est donc plus aujourd'hui que facultative pour les préfets, qui sont libres d'apprécier, suivant les circonstances, s'il convient d'inviter les commissions administrative à y recourir (Circ. min. int. 15 mai 1884, *Bull. off. min. int.* 1884, p. 244. Conf. *suprà,* v° *Commune,* n° 1216). — La réglementation ancienne est cependant restée en vigueur, croyons-nous, pour l'assistance publique de Paris, la loi du 5 avr. 1884 ne lui étant pas applicable (art. 168-28°). — Sur les pièces à produire par l'hospice à l'appui de sa demande d'autorisation. V. *Rép.* n° 448. — Le conseil municipal et le conseil de préfecture sont tous deux appelés à donner leur avis ; c'est le préfet qui prononce ou refuse l'approbation de la transaction (V. *suprà,* v° *Commune,* n° 1214 et suiv., et *infrà,* v° *Transaction.* Conf. Cros-Mayrevieille, p. 256 et suiv.).

**276.** On a dit *suprà,* n° 124, que les établissements hospitaliers ne peuvent jamais *compromettre.*

**277.** En matière de simple police ou de police correctionnelle, les hospices, de même que les autres établissements publics, sont, dans les procès suivis à leur requête ou dans leur intérêt, dispensés de faire l'avance des frais de procédure, c'est-à-dire des taxes à témoins et droits de timbre et d'enregistrement des jugements, procès-verbaux et autres actes de procédure. Ces actes doivent être enregistrés au comptant par les receveurs, à titre d'avance, sur les fonds de leur caisse (Décis. min. fin. 15 mai 1888 ; Circ. adm. enreg. 3 juin 1888. — V. *suprà,* v° *Enregistrement,* n° 2706 ; *Rép.* eod. v°, n°s 4846 et suiv. ; — *infrà,* v° *Timbre*). Mais les frais des exploits et autres actes d'instruction, ainsi que les frais de signification et d'exécution des jugements sont soumis aux règles du droit commun (Instr. dir. de l'enreg. n° 1195 ; Décis. min. fin. 6 déc. 1876, § 3 ; Circ. direct. comptab. publ. 6 juin 1888).

---

### Sect. 2. — De la compétence (*Rép.* n°s 450 à 465).

**278.** Le principe général qui détermine la *compétence* du pouvoir administratif et du pouvoir judiciaire, dans les contestations intéressant les hospices, c'est, avons-nous dit (*Rép.* n° 450), que l'autorité administrative est seule compétente toutes les fois qu'il s'agit d'interpréter un acte émané d'elle. Cette règle a été examinée en détail au *Rép.* n°s 450 et suiv., et *suprà,* v° *Compétence administrative,* n°s 297 et suiv., 264 et suiv.; *Rép.* eod. v°, n°s 226 et suiv., 171 et suiv. Nous croyons donc inutile de revenir sur les explications que nous avons fournies, et nous nous bornons à renvoyer pour l'exposé des principes généraux à ce qui a été dit *loc. cit.* (V. aussi *suprà,* n°s 186, 191, 200, 252 et 254).

**279.** Sur l'application des règles spéciales de compétence posées par la législation extraordinaire qui a modifié, soit pendant la Révolution, soit depuis, l'état de la propriété des établissements hospitaliers, V. *Rép.* nᵒˢ 451 à 460.

**280.** Jugé que l'autorité administrative est seule compétente pour déterminer l'étendue d'une affectation de biens faite à un hospice, en remplacement de ses biens aliénés (Trib. confl. 29 juill. 1851, aff. Saintourens, D. P. 52. 3. 1. Conf. Cons. d'Et. 30 juin 1846, aff. Royaux, D. P. 47. 3. 18);... mais que c'est à l'autorité judiciaire qu'il appartient d'interpréter la convention intervenue entre l'Etat et un hospice, quant au mode de payement d'une rente attribuée à ce dernier, en remplacement de ses biens aliénés, lorsqu'il s'agit uniquement d'apprécier les effets de cette convention d'après la loi civile (Trib. confl. 25 juill. 1874, aff. Hospice de Vichy, D. P. 75. 3. 89).

**281.** Sur la compétence, en matière d'actions relatives à la validité ou à l'exécution de libéralités faites aux hospices et hôpitaux, V. *Rép.* nᵒ 462. Conf. *suprà*, vᵒ *Commune*, nᵒˢ 1182 et suiv.

**282.** Sur la distinction à faire entrer les actes du préfet considéré comme tuteur d'un hospice, et ceux du préfet considéré comme agent administratif, V. *Rép.* nᵒ 464.

**283.** Jugé qu'il appartient au préfet d'apprécier s'il y a lieu d'approuver la délibération prise par la commission administrative d'un hôpital, relativement aux règlements du service tant intérieur qu'extérieur. Et l'acte par lequel il refuse son approbation, n'est pas susceptible d'être déféré au conseil d'Etat par la voie du recours pour excès de pouvoir (Cons. d'Et. 11 mars 1887, aff. Hospice de Toulon, D. P. 88. 3. 71. Conf. *suprà*, nᵒ 193).

**284.** Jugé que des arrêts de l'ancien conseil privé du roi et des lettres patentes confirmatives de ces arrêts et enregistrées au Parlement, qui ont réuni à un hospice les biens et revenus d'une ancienne maladrerie, à la charge de recevoir les pauvres malades de la commune dans laquelle cette maladrerie était située, constituent des actes purement administratifs, qui ont eu simplement pour effet de régler l'emploi et l'application aux pauvres malades de la commune des biens dont il s'agit, et non d'en transférer la propriété à l'hospice. En conséquence, un acte du chef de l'Etat (et, par exemple, un décret du président de la République) a pu, sans excès de pouvoir, déterminer de quelle manière cet emploi et cette application auraient lieu à l'avenir au profit des pauvres malades (Cons. d'Et. 28 juin 1855, aff. Hospice de Bar-sur-Aube. D. P. 36. 3. 23. Conf. Cons. d'Et. 12 juin 1851, aff. Hospice d'Arras; 7 juill. 1853, aff. Hospice d'Amiens; 25 janv. 1855, aff. Hospice d'Acy). Les décrets qui rapportent des arrêts du conseil et lettres patentes rendus en exécution de la déclaration du roi du mois d'août 1693, pour réunir les biens des anciennes maladreries à la dotation d'autres hospices, et qui règlent à nouveau la gestion de ces biens et l'affectation de leurs revenus, ne doivent pas nécessairement être soumis préalablement à l'assemblée générale du conseil d'Etat. On supposerait à tort qu'ils impliquent ou une concession du domaine de l'Etat, ou du moins une autorisation d'accepter un don ou un legs anciennement fait par les fondateurs des maladreries (Cons. d'Et. 3 déc. 1862, aff. Bureau de bienfaisance de Verberie, D. P. 68. 5. 250).

**285.** C'est l'autorité judiciaire seule qui est compétente pour connaître des difficultés auxquelles peuvent donner lieu les contrats du droit commun passés par les hospices (Cons. d'Et. 2 mars 1877, aff. Institut catholique de Lille, D. P. 77. 3. 35. Conf. *suprà*, nᵒ 280; et vᵒ *Compétence administrative*, nᵒˢ 152 et suiv., 191 et suiv., 237 et suiv.; *Rép.* eod. vᵒ, nᵒ 68);... notamment les contestations relatives aux marchés de fourniture passés par les hospices (*Rép.* nᵒ 465; V. pour anal. Cons. d'Et. 1ᵉʳ déc. 1853, aff. Hospice de Vannes, D. P. 64. 3. 10; 10 janv. 1861, aff. La Mothe, D. P. 61. 3. 14; 12 déc. 1868, aff. Clément, D. P. 69. 3. 100; 7 sept. 1869, aff. Commune de Maxey-sur-Vaise, D. P. 70. 3. 112; 3 janv. 1873, aff. Ville de Champagnole, D. P. 73. 3. 55; Req. 19 déc. 1877, aff. Ville de Bordeaux, D. P. 78. 1. 204; Trib. confl. 7 mai 1881, aff. Pérot, D. P. 82. 3. 106. Conf. *infrà*, vᵒ *Marchés de fournitures*);... alors même qu'une clause du cahier des charges porterait attribution de compétence au conseil de préfecture, cette clause étant

nulle comme contraire à l'ordre public (Cons. d'Et. 1ᵉʳ déc. 1853, précité). La compétence du tribunal de droit commun ne saurait d'ailleurs évidemment aller jusqu'à l'examen de savoir si l'entreprise devait ou non être mise en adjudication, ou de savoir si les actes passés ont reçu l'approbation de l'autorité compétente (Req. 30 nov. 1886, aff. Chaveron, *La Loi* du 4 déc. 1886).

**286.** Les travaux pour construction ou réparation de bâtiments *affectés au service public* des établissements hospitaliers sont des *travaux publics* (V. *suprà*, vᵒ *Compétence administrative*, nᵒ 363; *Rép.* eod. vᵒ, nᵒ 383). Les contestations relatives à ces travaux tombent par conséquent sous l'application de la loi du 28 pluv. an 8 et sont de la compétence exclusive des tribunaux administratifs (V. *suprà*, loc. cit. Conf. Req. 28 juin 1853, aff. Vart, D. P. 53. 1. 296; Cons. d'Et. 1873, aff. Grenier, D. P. 73. 3. 71; Cons. d'Et. 13 févr. 1874, aff. Dussausoy, D. P. 73. 3. 93; Cabantous et Liégeois, *op. cit.*, nᵒ 538; Ravarin, p. 132; Aucoc, p. 569; Ducrocq, *op. cit.*, nᵒ 315);... à moins que ces travaux ne soient que l'accessoire de fournitures qui ont fait l'objet d'un marché (Cons. d'Et. 21 nov. 1879, aff. Rolland, D. P. 80. 3. 51; Trib. confl. 7 mai 1881, cité *suprà*, nᵒ 285. V. *infrà*, vᵒ *Travaux publics*).

**287.** Les travaux qui n'intéressent que le domaine *patrimonial* des hospices, c'est-à-dire, ceux qui ont pour objet la construction ou la réparation de bâtiments dépendant de leur domaine productif de revenus ne sont pas des travaux publics (auteurs précités); en conséquence, les contestations auxquelles ils donnent lieu sont de la compétence des tribunaux de droit commun (V. anal. Civ. rej. 15 avr. 1872, aff. Commune de Saint-Pierre d'Albigny, D. P. 72. 1. 170; Cons. d'Et. 6 janv. 1888, aff. Hospice de Charlieu, *Rec. Cons. d'Etat*, 1888, p. 9). — V. *infrà*, vᵒ *Travaux publics*.

**288.** En principe, les tribunaux ordinaires sont seuls compétents pour connaître des demandes en dommages-intérêts formées contre les hospices à raison des délits ou quasi-délits imputables aux préposés ou agents dont ils peuvent être déclarés responsables (Conf. *suprà*, vᵒ *Compétence administrative*, nᵒˢ 172 et suiv.; — *Rép.* eod. vᵒ, nᵒˢ 98 et suiv.). — Jugé cependant, et avec raison, que lorsque les poursuites exercées contre le médecin en chef et les administrateurs d'un hôpital comme responsables des suites d'une opération qui a été mal pratiquée par un interne, font naître la question de savoir si le médecin en chef a pu régulièrement confier à cet interne l'exécution de l'opération, c'est à l'autorité administrative qu'il appartient de statuer préjudiciellement sur ce point par interprétation des règlements de service des hôpitaux (Cons. d'Et. 10 mars 1858, aff. Gilles, D. P. 58. 3. 68. V. *suprà*, nᵒ 252).

## CHAP. 8. — De l'action de l'autorité supérieure administrative sur les hôpitaux et hospices. — Inspecteurs généraux, départementaux et des finances (*Rép.* nᵒˢ 466 à 470).

**289.** L'Etat a, sur les hôpitaux, comme sur tous les établissements publics de bienfaisance, des pouvoirs de tutelle et de contrôle que nous avons énumérés au *Rép.* nᵒ 466. Son action s'exerce principalement par l'intermédiaire du ministre de l'intérieur et de ses agents. — Il existe au ministère de l'intérieur une direction de l'assistance publique composée de quatre bureaux dont la composition et les attributions sont réglées par le décret du 4 nov. 1886, art. 3 (*Journ. off.* 5 nov. 1886), rendu en exécution de la loi du 29 déc. 1882, art. 16 (Conf. Rapport du min. de l'int. sur ce décret, *Journ. off.* du 5 nov. 1886). Le nombre de ces bureaux doit être prochainement porté à cinq par suite du rattachement au ministère de l'intérieur de la plupart des services d'hygiène qui dépendaient jusqu'ici du ministère du commerce (Décr. 5 janv. 1889, D. P. 89. 4. 54). Par cette réunion du service de l'hygiène à celui de l'assistance, va enfin être constituée en France une *direction de la santé et de l'assistance publique*, depuis si longtemps réclamée (Rapport des min. des finances précité; V. du com. et de l'int. sur le décret précité, D. P. 89. 4. 54, note). — Nous devons aussi signaler l'institution, auprès du ministre de l'intérieur, d'un *conseil supérieur de l'assistance publique*. Nous étudierons, *infrà*, vᵒ *Secours publics*, la composition et les attributions de ce conseil de

et organisé par les décrets des 14 avr. 1888 (D. P. 88. 4. 44) et 11 mai 1888 (D. P. ibid.).

**290.** On a exposé au *Rép.* nos 467 et suiv. l'historique de l'institution des *inspecteurs généraux*. Depuis lors, l'inspection a subi de nombreuses péripéties que nous exposerons *infrà*, vo *Secours publics* (V. aussi *Rép. cod.* vo, nos 36 et 55). Actuellement son organisation est régie par le décret du 15 juin 1891 (D. P. 92, 4e partie), qui réorganise le service de l'inspection générale des services administratifs du ministère de l'intérieur et remplace le décret du 18 oct. 1887 (*Bull. des lois*, no 19255), lequel remplaçait lui-même le décret du 31 mars 1883 (D. P. 83. 4. 91). « Les fonctionnaires de l'inspection générale peuvent être appelés, par décisions expresses du ministre, à s'occuper, selon les cas, d'établissements et de services de diverses natures. Néanmoins, ils se partagent en deux sections répondant l'une aux établissements et services d'assistance publique, l'autre aux établissements et services pénitentiaires » (Décr. 15 juin 1891, art. 1 et 6). L'art. 4 du même décret soumet notamment au contrôle de l'inspection générale « ... les hôpitaux et hospices ; les asiles d'aliénés publics ou privés ; les établissements nationaux, départementaux ou communaux destinés aux sourds-muets et aux aveugles, les soins et l'enseignement qui sont donnés dans ces établissements ; les dépôts de mendicité, spécialement au point de vue de la charité publique et pour ce qui concerne les mendiants non retenus en vertu d'une condamnation ; les maisons de refuge ou d'asile et les orphelinats publics ou privés ; les sociétés de charité maternelle et les crèches... ». Le cadre complet de l'inspection générale comprend aujourd'hui treize inspecteurs généraux et une inspectrice générale (Décr. 15 juin 1891, art. 17 et 18). V. *infrà*, vo *Secours publics*.

**291.** L'inspection des enfants assistés dont l'organisation n'avait été qu'ébauchée par la circulaire ministérielle du 30 mess. an 10, le décret du 19 janv. 1811 et les circulaires ministérielles des 12 mars 1839 et 20 avr. 1856 (*Rép.* no 469), a été définitivement réglementée par la loi du 5 mai 1869 (D. P. 69. 4. 75) et par le décret du 31 juill. 1870 (D. P. 70. 4. 67), qui confient ce service à des inspecteurs et sous-inspecteurs nommés par le ministre, dont les traitements et frais de tournée sont à la charge de l'Etat. On étudiera, d'une façon complète, *infrà*, vo *Secours publics* (V. aussi *Rép. eod.* vo, nos 162, 203 et suiv.) l'organisation et le fonctionnement de cette institution (Comp. Béquet, *Assistance publique*, nos 323 et suiv.). Les inspecteurs départementaux des enfants assistés ont, en outre, été chargés : 1o par l'art. 16 du décret du 27 févr. 1877 (D. P. 77. 4. 36) rendu en exécution de la loi du 23 déc. 1874 (D. P. 75. 4. 79), de centraliser, sous l'autorité du préfet, tous les documents relatifs à la surveillance des *enfants du premier âge*; ... 2o par la loi du 24 juill. 1889, art. 24 (D. P. 90. 4. 17), de représenter, dans les départements, l'assistance publique pour l'exécution de cette loi (protection des *enfants maltraités ou moralement abandonnés*). — V. *infrà*, vo *Secours publics*.

**292.** On a indiqué, au *Rép.* nos 370 et suiv., et 470, quels sont les divers agents à qui est confiée la mission de surveiller *la comptabilité* des administrations hospitalières, qui est en général assimilée à la comptabilité des communes. Ainsi qu'on l'a expliqué au *Rép.* no 470, ce sont les trésoriers payeurs-généraux et les receveurs particuliers des finances qui sont chargés de surveiller les caisses et la tenue des écritures des receveurs des établissements hospitaliers (Conf. Décr. 31 mai 1862, art. 564; Instr. gén. 20 juin 1859 précitée, art. 1317), dans la limite des règlements qui déterminent les attributions respectives des ordonnateurs et des comptables (Ord. 17 sept. 1837, art. 2; Instr. gén. 1859, art. 1320 ; Cros-Mayrevieille, p. 83). Les receveurs des finances doivent vérifier à domicile au moins une fois par trimestre la caisse et la comptabilité des receveurs (*Ibid.*). Ils se font remettre par chaque receveur hospitalier : 1o tous les dix jours une situation sommaire des recettes et des dépenses effectuées, ainsi que le détail des valeurs en caisse; 2o tous les mois la balance des comptes ouverts au grand-livre et au moins tous les trois mois le bordereau détaillé des recettes et des dépenses (Instr. gén. 1859, art. 1318. — V. *infrà*, vo *Trésor public*).

**293.** Les receveurs des finances peuvent infliger une retenue de traitement aux receveurs hospitaliers, dans les circonstances où cette punition est prévue par l'art. 1311 de l'instruction générale de 1859 (Circ. min. 25 févr. 1865, *Bull. off. min. int.* 1865, p. 183). Ils peuvent requérir leur suspension ou même la prononcer d'office dans les cas prévus par l'art. 1321 de l'instruction. — Les inspecteurs des finances ont, de même, le droit de vérifier les receveurs des hospices ; ils peuvent les suspendre, dans le cas de déficit, en donnant immédiatement avis de cette décision à l'autorité compétente et au receveur des finances (*Rép.* no 470). Les mêmes droits appartiennent aux inspecteurs généraux et aux inspecteurs-adjoints préposés à la surveillance des établissements charitables (Instr. gén. 20 juin 1859, art. 1321. — V. *infrà*, vo *Trésor public*).

**294.** Jugé que les receveurs des finances ne sont pas responsables des déficits des comptables placés sous leur surveillance, lorsqu'ils ont pris toutes les mesures requises pour sauvegarder les droits des établissements lésés (Av. Cons. d'Et. 18 janv. 1853, *Rép.* vo *Trésor public*, no 890. — V. aussi *infrà*, eod. vo).

**295.** Les commissions administratives ont toujours le droit et le devoir de diriger les receveurs de leurs établissements, conformément aux règlements et de surveiller leur gestion (Instr. gén. 20 juin 1859, art. 1324 ; Circ. min. fin. 25 févr. 1865, *Bull. off. min. int.* 1865, p. 182).

**296.** Aujourd'hui encore, le receveur de l'assistance publique de Paris n'est pas soumis au contrôle des receveurs des finances (*Rép.* no 470. Conf. L. 24 juill. 1867, art. 17, *in fine*).

**CHAP. 9.** — **Des hôpitaux et hospices de Paris, et de l'assistance à domicile** (*Rép.* nos 471 à 491).

**297.** I. Dispositions communes aux hôpitaux et hospices de Paris (*Rép.* nos 471 à 482). — La loi du 10 janv. 1849, dont nous avons exposé sommairement les principes généraux (*Rép.* no 471 et suiv.) est toujours en vigueur et régit encore actuellement l'administration de l'assistance publique de Paris (V. L. 7 août 1851, art. 20). Une seule administration, l'*administration générale de l'assistance publique*, dirige toujours à la fois les services hospitaliers et les services de secours à domicile de la ville de Paris. Pour les détails de la réglementation de l'assistance publique de Paris, V. le *Recueil des lois, ordonnances et décrets applicables à l'administration de l'assistance publique à Paris*, publié le 1er sept. 1887.

**298.** L'organisation de l'assistance publique à Paris à souvent donné lieu à des critiques. On lui reproche notamment l'omnipotence qu'elle accorde au pouvoir central, chargé seul de nommer le personnel et de vérifier l'emploi des fonds votés par le conseil municipal (Ravarin, p. 360 et suiv.; Maxime du Camp, *Paris, ses fonctions, ses organes sa vie*, t. 4, p. 76). Un décret du gouvernement de la Défense nationale, du 29 sept. 1870 (D. P. 70. 4. 93), voulant « restituer aux représentants de la science et des intérêts municipaux leur légitime influence » et assurer « un contrôle sérieux » supprima la direction de l'assistance publique, confia exclusivement à l'autorité municipale le service des secours à domicile et constitua, pour les hôpitaux, une administration distincte placée sous l'autorité d'un *conseil général des hospices du département de la Seine*, dont les attributions et la composition provisoire étaient réglés par le décret lui-même. Un second décret (18 févr. 1871, D. P. 71. 4. 9), donna une nouvelle composition à ce conseil, en l'organisant sur la base du principe exclusivement électif. Un autre décret (28 janv. 1871, D. P. 71. 4. 4) avait décidé (art. 1), que « en attendant la présentation et l'approbation du budget de 1871, l'administration des hospices et hôpitaux du département de la Seine effectuera ses recettes et ses dépenses ordinaires, pendant l'année 1871, conformément au budget de l'assistance publique voté et approuvé pour l'exercice 1870 ». La nouvelle organisation créée par les décrets de 1870 et 1871 eut à peine le temps de fonctionner : Le 15 juin 1871, un arrêté du chef du pouvoir exécutif (D. P. 71. 4. 140), dont la légalité peut paraître douteuse, s'empressa de rapporter tous ces décrets et de remettre « provisoirement » en vigueur la loi du 10 janv. 1849 qui, depuis lors, n'a d'ailleurs reçu aucune modification. La loi du 24 mai 1873, art. 11, a consacré définitivement et légalement l'abrogation des décrets du gouvernement de la Défense nationale. Le règlement qui, en vertu de la loi de 1849 (art. 8), devait organiser l'assistance à domicile à Paris a seulement paru le 12 août 1886 (D. P. 87. 4. 41). V. *infrà*, v° *Secours publics.*

**299.** — 1° *Administration générale des hôpitaux et hospices de Paris; Ses attributions; Son personnel* (*Rép.* nᵒˢ 474 à 480). — Sur l'organisation de l'assistance publique à Paris avant 1849 et l'historique de la confection de la loi du 10 janv. 1849, V. *Rép.* nᵒˢ 474 et suiv. Conf. *Rép.* v° *Secours publics*, nᵒˢ 39 et suiv., 432 et suiv.; Ravarin, p. 357 et suiv.

**300.** Jugé que le régime intérieur des établissements hospitaliers de la ville de Paris est placé sous l'autorité du préfet de la Seine et du ministre de l'intérieur. En conséquence, le conseil municipal de la ville de Paris statue sur un objet étranger à ses attributions, lorsqu'en votant les crédits applicables aux dépenses de l'assistance publique, il subordonne cette allocation à la condition expresse qu'un certain nombre d'établissements seront laïcisés, dans le courant de l'année, un vote conçu en ces termes ayant le caractère d'une injonction et non d'un vœu; et un décret peut annuler la partie de la délibération contenant cette injonction, tout en laissant subsister le vote du crédit (Cons. d'Ét. 26 déc. 1885, aff. Ville de Paris, D. P. 87. 3. 41).

**301.** Les règles posées par la loi de 1849, relativement à la nomination et aux attributions du directeur de l'assistance publique à Paris (*Rép.* n° 476), sont toujours en vigueur; il en est de même des dispositions de cette loi et du règlement du 24 avr. 1849 (D. P. 49. 4. 95) qui ont organisé le conseil de surveillance et déterminé ses fonctions (*Rép.* n° 477). — La loi du 7 août 1851, qui n'a en rien dérogé à celle de 1849, en ce qui concerne l'organisation de l'assistance publique à Paris (L. 1851, art. 20), n'est-elle pas cependant applicable à l'administration de l'assistance publique dans celles de ses dispositions qui n'ont rien de contraire à celles de la loi de 1849 et qui sont relatives à des objets que n'a pas expressément réglés cette dernière? Deux dépêches ministérielles en date des 19 sept. 1852 et 12 août 1867 se sont prononcées dans le sens de l'affirmative. Le directeur de l'assistance publique de Paris exerce donc, outre les attributions qui lui sont confiées par la loi et le règlement de 1849, celles que la loi de 1851 confère aux commissions administratives des établissements hospitaliers (Conf. Ravarin, p. 362 et 367); mais il ne peut agir qu'après avis du conseil de surveillance dans les cas déterminés par l'art. 5 de la loi de 1849 (V. Paul Feillet, *De l'assistance publique à Paris, Revue générale d'administration*, 1886, t. 3, p. 49).

**302.** Sur la nomination et la révocation des médecins chirurgiens et pharmaciens, V. *Rép.* n° 478. Le concours auquel est subordonnée cette nomination a été réglementé par un arrêté du directeur en date du 12 avr. 1869 (Comp. Arrêté du cons. gén. des hosp. du 26 août 1839). — Les médecins et chirurgiens sont nommés d'abord au bureau central. Ils passent ensuite au fur et à mesure des vacances et par ordre d'ancienneté dans les divers hôpitaux. Ils donnent gratuitement leurs soins et ne reçoivent qu'une indemnité annuelle de 1200 ou de 1500 fr., suivant que l'hôpital auquel ils sont attachés est ou non considéré comme excentrique. Les médecins doivent cesser leurs fonctions à 65 ans, et les chirurgiens à 60 ans. Les accoucheurs sont nommés par un concours spécial (Arr. préf. Seine, 18 oct. 1881). Les sages-femmes sont nommées directement par le directeur de l'assistance publique.

**303.** Les *élèves* des hôpitaux sont nommés après un concours dont les conditions sont déterminées par l'arrêté du 12 avr. 1869. Les élèves externes ne peuvent rester en exercice plus de trois ans. Les internes peuvent rester quatre ans en fonctions. La durée du service des internes en pharmacie est de deux ans.

**304.** Des *prosecteurs*, nommés pour quatre ans à la suite d'un concours entre les élèves en médecine et en chirurgie, sont chargés, sous la direction du médecin en chef des travaux anatomiques, de surveiller et guider les élèves qui fréquentent l'amphithéâtre d'anatomie des hôpitaux.

**305.** Sur l'organisation particulière et le personnel de chaque établissement, V. *Rép.* n° 480.

**306.** — 2° *Gestion des biens et revenus; Comptabilité générale* (*Rép.* n° 481). — Actuellement le service ordinaire de l'assistance publique de Paris occasionne une dépense annuelle effective de 33538000 fr., dont 9355800 fr. pour les secours à domicile; la subvention de la Ville de Paris à

l'administration de l'assistance publique, a été en 1888 de 18176540 fr.

**307.** — 3° *Régime intérieur, surveillance et discipline; conservation du matériel; service économique, service de santé* (*Rép.* n° 482).

**308.** — II. Dispositions relatives spécialement soit aux hôpitaux, soit aux hospices considérés séparément (*Rép.* nᵒˢ 483 à 490). — 1° *Des hôpitaux* (*Rép.* nᵒˢ 484 à 487). — Les malades sont actuellement reçus dans treize hôpitaux généraux et onze hôpitaux spéciaux, dont six pour les adultes et cinq pour les enfants; ils renferment 11739 lits, qui reçoivent annuellement 138000 malades environ. Conf. *supra*, n° 7.

**309.** — Admission et séjour dans les hôpitaux (*Rép.* nᵒˢ 485 à 487). — L'admission des malades dans les hôpitaux est prononcée par le directeur de l'établissement, sur l'avis: 1° soit d'un médecin ou d'un chirurgien de l'établissement à sa consultation; 2° soit d'un médecin ou d'un chirurgien du bureau central; 3° soit, en cas d'urgence, d'un médecin ou d'un chirurgien de l'établissement, ou à leur défaut, de l'interne de garde (V. Ravarin, p. 370). Sur ce qui est relatif à la sortie des malades, à leur inhumation, à la dissection des cadavres, V. *supra*, nᵒˢ 151 et suiv.

**310.** — 2° *Des hospices* (*Rép.* nᵒˢ 488 à 490). — Quatre hospices gratuits reçoivent actuellement les vieillards et les incurables. En outre, l'hospice des enfants assistés reçoit: 1° les enfants recueillis à titre provisoire et dont les frais d'entretien incombent à l'assistance publique; 2° les enfants recueillis à titre définitif par le service départemental des enfants assistés, et dont les frais de séjour en attendant leur placement à la campagne sont remboursés à l'assistance publique par le département (V. *supra*, n° 56). Trois maisons de retraite reçoivent les vieillards moyennant un prix de pension. Huit autres maisons de retraite dues à des fondations charitables reçoivent certaines catégories de pensionnaires payants. Tous ces établissements réunis comptent 10938 lits et donnent asile à 12,500 administrés ou pensionnaires; 8,000 enfants en dépôt passent par l'hospice des enfants assistés. Conf. *supra*, n° 7.

**311.** — Admissions (*Rép.* n° 489). — Le règlement du 19 déc. 1829, qui posait les règles relatives à l'admission des malades et des incurables dans les hospices a été remplacé par un règlement en date du 27 août 1860, approuvé le 6 oct. 1860 par le ministre de l'intérieur (*Recueil des lois etc., applic.* à l'*assist. publ. à Paris*, p. 426), qui est encore en vigueur aujourd'hui. Une commission examine les demandes d'admission pour tous les lits autres que ceux pour lesquels les fondateurs se sont réservé le droit de désignation. Cette commission se compose d'un membre du conseil de surveillance de l'assistance publique nommé par le préfet, président, un maire ou adjoint, et quatre administrateurs du bureau de bienfaisance nommés par le préfet; deux inspecteurs de l'administration et un chef de division nommés par le directeur de l'assistance publique (Règl. de 1860, art. 1 et suiv.). Pour être admis comme vieillard, il faut être secouru par le bureau de bienfaisance, avoir son domicile de secours à Paris et être âgé de soixante-dix ans au moins. Pour être admis comme incurable, l'indigent doit être âgé de vingt ans au moins, être secouru par le bureau de bienfaisance, avoir son domicile de secours à Paris, justifier par un certificat médical son incurabilité et de l'incapacité où il est de travailler (Règl. de 1860, art. 4 et suiv.). La commission, après enquête, propose les admissions et classe les candidats admissibles par ordre d'ancienneté. Le directeur de l'assistance publique prononce les admissions, dont moitié au moins en suivant l'ordre de classement de la commission (Règl. de 1860, art. 11 et suiv.). Sur cinquante-deux vacances, le ministre a droit à quatre admissions, le préfet de la Seine à une et le préfet de police à une (Règl. de 1860, art. 13). Des admissions d'urgence peuvent être prononcées en faveur des octogénaires, des aveugles, des épileptiques et des cancéreux.

**312.** Sur les secours à domicile (*Rép.* n° 490), V. *infrà*, v° *Secours publics.* Conf. *supra*, nᵒˢ 147 et suiv.

**313.** — III. Du contentieux des hopitaux et hospices de Paris. — V. *Rép.* n° 491.

**314.** — IV. Hopitaux et hospices de Lyon. — Nous devons signaler que l'organisation hospitalière de la ville de *Lyon*, comme celle de Paris, sort-du droit commun et présente des particularités nombreuses, que M. Ravarin a exposées, p. 379 et suiv. — V. aussi *supra*, n° 185.

**CHAP. 10. — Des hôpitaux militaires** (*Rép.* n° 492).

**315.** Sur l'historique des *hôpitaux militaires*, V. *Rép.* n°s 492 et suiv.

**316.** Ainsi qu'on l'a fait observer au *Rép.* n° 493, les actes législatifs ou réglementaires relatifs aux hôpitaux militaires et aux hôpitaux maritimes se confondent presque toujours avec la législation relative au service de santé des armées et de la marine. — Aux lois, décrets et règlements que nous avons énumérés *ibid.*, on peut ajouter les suivants :

TABLEAU DES LOIS, DÉCRETS, ETC., RELATIFS AUX HOPITAUX MILITAIRES.

**11-14 avr. 1847.** — Loi qui ouvre un crédit extraordinaire pour la création d'un hôpital militaire à Vichy (D. P. 47. 3. 75).

**23 avr.-3 mai 1850.** — Décret supprimant les hôpitaux militaires d'instruction (D. P. 50. 4. 82).

**19 mars-22 août 1853.** — Décret portant création d'un corps d'infirmiers permanents qui fera partie de l'armée de mer (D. P. 53. 4. 101).

**23 mars-22 août 1853.** — Arrêté pour la mise à exécution du décret du 19 mars 1853, portant organisation du personnel des infirmiers maritimes à terre, et à la mer, et des divers agents du service des hôpitaux dans les ports (D. P. 53. 4. 162).

**7-11 juill. 1877.** — Loi relative à l'organisation des services hospitaliers de l'armée, dans les hôpitaux militaires et dans les hospices civils (D. P. 78. 4. 2).

**1er août-18 sept. 1879.** — Décret portant règlement d'administration publique pour l'exécution de la loi du 7 juill. 1877 (D. P. 80. 4.53).

**16-25 mars 1882.** — Loi sur l'administration de l'armée (art. 16 et suiv., relatifs au service de santé militaire) (D. P. 82. 4. 126).

**30-31 mars 1888.** — Loi de finances (art. 30 supprimant l'hôpital militaire de Valenciennes à partir du 1er janv. 1889) (D. P. 88. 4. 23).

**1er-3 juill. 1889.** — Loi qui modifie la loi du 16 mars 1882 sur l'administration de l'armée, et a pour but de donner une autonomie complète au service militaire de santé (D. P. 90. 4. 68).

**317.** Les hôpitaux militaires peuvent, ainsi que nous l'avons dit au *Rép.* n° 496, se diviser en trois classes. —La loi du 7 juill. 1877, précitée, a eu pour objet, ainsi que nous l'avons exposé *supra*, n°s 195 et suiv., de réduire le nombre des hôpitaux militaires permanents, en confiant dans un grand nombre de cas, les malades militaires aux hôpitaux civils. A l'avenir, chaque corps d'armée de l'intérieur doit avoir dans la région qu'il occupe, et autant que possible au chef-lieu du corps d'armée, un hôpital militaire destiné à l'instruction spéciale du personnel et à la préparation et à l'entretien du matériel (L. 7 juill. 1877, art. 1er). A l'exception des hôpitaux régionaux, des hôpitaux permanents de Paris et de Lyon, et des hôpitaux thermaux, tous les autres hôpitaux militaires existants peuvent être successivement supprimés par une disposition de la loi annuelle de finances, dans les villes où les hospices civils sont en état d'assurer le service médical militaire (L. 7 juill. 1877, art. 2). La loi de finances du 30 mars 1888, précitée, a, en exécution de cette disposition, supprimé l'hôpital militaire de Valenciennes.

Sur la division des hôpitaux civils en hôpitaux *mixtes* ou *militarisés* et en hôpitaux *civils proprement dits*, et sur l'organisation, le régime intérieur, les dépenses de ces hôpitaux, V. *supra*, *loc. cit.* V. aussi *infra*, v^s *Organisation maritime*, *Organisation militaire*.

**Table sommaire**

des matières contenues dans le Supplément et le Répertoire.

(Les chiffres précédés de la lettre *S* renvoient au Supplément; les chiffres précédés de la lettre *R* renvoient au Répertoire.)

## Table chronologique des Lois, Arrêts, etc.

31 juill. Décr.33 c.

**1807**

18 août.Décr.86 c.
5 sept. Loi, 159 c.

**1808**

21 déc. Av. Cons. d'Et. 42 c.

**1809**

7 févr. Décr. 3 è., 169 c.
14 oct. Av. Cons. d'Et. 73 c.
3 nov. Décr. 73 c.
3 nov. Av. Cons. d'Et. 78 c.

**1811**

19 janv. Décr. 291 c.

**1813**

23 août. Circ.min. int, 42 c.

**1816**

10 mai. Circ. min. int. 57 c.

**1817**

2 avr. Ord. 42 c.

**1819**

12 mai. Instr. min. int. 42 c.
17 mai. Loi. 31 c.
21 juin. Instr. min. int. 42 c.

**1820**

14 juill. Circ. min. int. 96 c.
6 sept. Ord. 169 c.

**1821**

31 oct. Ord. 22 c., 179 c., 251 c.
31 déc. Ord. 187 c.

**1823**

8 févr. Circ. min. int. 272 c.
23 févr. Instr. min. int. 34 c.
23 avr. Ord. 46 c.
30 déc. Ord. 58 c.

**1825**

24 mai. Loi. 79 c.

**1826**

21 oct. Circ. min. int. 96 c.

**1827**

30 mai.Instr. min. int. 226 c.
28 août. Colmar. 104 c.

**1828**

22 mai. Instr. min. int. 272 c.
31 mai. Ord. 226 c.

**1829**

19 déc.Règl.311 c.

**1830**

6 juin. Ord.246 c.

**1831**

22 janv. Ord. 46 c.
26 avr. Req.273 c.

26 nov. Ord. 176 c.
29 nov.Ord.172c.. 175 c.

**1832**

4 juill. Av. Cons. d'Et. 152 c.
21 sept. Loi. 144 c.

**1833**

22 juin. Loi,156 c.

**1834**

2 déc. Arr. Cons. gén. hosp. 158 c.

**1835**

13 sept. Circ. min. int. 20 c.

**1836**

9 avr. Paris. 271 c.
22 avr. Paris. 77 c.
29 avr. Crim. règl. de jug. 201 c.
21 mai, Loi. 88 c.
8 juill. Instr. min. int. 42 c.
10 août. Circ. 96 c.
11 nov.Circul. 208 c.
20 nov. Instr.min. int. 156 c., 176 c., 233 c.
14 déc. Cons. d'Et. 217 c.

**1837**

18 juill. Loi. 2 c., 19 c., 42 c., 53 c., 57 c., 58 c., 102 c., 251 c., 255 c., 262 c.
17 sept. Ordon.170 c., 292 c.
14 nov. Ordon.129 c.

**1838**

30 mai. Ordon.202 c.
31 mai.Ordon. 211 c.
31 mai. Ordon. comptabil. gén. 57 c.
30 juin. Loi. 36 c., 138 c.

**1839**

12 mars. Circ.min. 291 c.
26 août. Arr.cons. gén. des hosp. 202 c.
26 sept. Circ. min. int. 187 c.
6 déc. Ord. 36 c.

**1840**

21 janv. Circ. min. int. 188 c.
31 janv. Circ. min. int. 34 c.,66 c., 143 c.,193 c.
17 juin. Instr. gén comptabil.57 c., 228 c., 229 c., 231 c.
20 juin.Instr. gén. 143 c.
17 juill. Instr. 226 c.
27 nov. Crim. 31 c.

**1841**

3 mai. Loi. 109 c.

25 sept. Circ. min. int. 205 c.

**1842**

18 avr. Ord. 84 c.
8 juin. Cons. d'Et. 88 c.

**1843**

30 avr. Circ. min. int. 167 c.
6 déc. Ord. 64 c.

**1844**

3 mai. Loi. 61 c.
30 juin.Instr.adm. des douanes. 61 c.
24 oct. Décis.min. int. 11b c.

**1845**

5 mai. Circ. min. 96 c., 117 c.
14 juin. Circ. min. int. 158 c.

**1846**

30 juin.Cons d'Et. 88 c., 280 c.
6 juill. Ord. 83 c., 212 c.
9 nov. Circ. min. int. 183 c.

**1847**

11 avr. Loi. 3 c., 316 c.

**1848**

24 févr. Décr. 3 c.
17 avr. Req. 181 c.
3 juill. Décr. 156 c.

**1849**

10 janv. Loi. 3 c., 102 c., 118 c., 130 c., 131 c., 176 c., 209 c., 297 c., 298 c., 299 c., 301 c.
16 janv. Loi. 42 c.
20 févr. Loi. 86 c.
24 avr. Arr. prés. Rép. 3 c., 16 c.
24 avr. Règl. 301.
20 juin. Instr. gén. 91 c.

**1850**

13 avr. Loi. 3 c., 58 c.
23 avr. Décr. 3 c., 316 c.
6 juin. Décr 3 c.
15 juill. Circ. di-rect.assist.publ. 153 c.
31 août. Circ. di-rect. assist. pu-bl. 153 c.
10 sept. Cons. d'Et. 109 c.
5 nov. Req. 30 c., 31 c.
14 nov. Circ. 31 c.

**1851**

27 mars.Loi. 62 c., 85 c., 90 c., 102 c., 110 c., 117 c., 130 c., 131 c., 134 c., 136 c., 138 c., 139 c., 140 c., 141 c., 143 c., 147 c., 149 c., 154 c., 155 c., 186 c., 187 c., 193 c., 202 c., 209 c., 210 c., 236 c., 256 c., 262 c., 275 c., 297 c., 301 c.

12 juin.Cons. d'Et. 284 c.
24 juin. Loi. 63 c.
29 juill. Trib.confl. 38 c., 280 c.
7 août. Loi. 1 c., 15 c., 42 c., 53 c., 57 c.
16 août. Arr. cons. préf. de la Gi-ronde. 267 c.

**1852**

2 févr. Décr. 145 c.
15 mars. Décr.3 c.
23 mars.Décr. 2 c., 15 c., 25 c., 27 c.
25 mars. Décr. 3 c., 9 c., 42 c., 83 c., 90 c., 96 c., 102 c., 110 c., 117 c., 210 c., 236 c.
5 mai. Circ. min. int. 9 c., 15 c., 96 c., 117 c.
14 juin.Cons. d'Et. 179 c.
29 juin. Loi. 247 c.
19 sept.Décis.min. int. 301 c.
21 déc. Décis.min. int. 173 c.

**1853**

10 févr.Cons. d'Et. 88 c.
19 mars.Décr.3 c., 316 c.
22 mars. Arrêté. 316 c.
21 avr. Décis,min. int. 180 c.
6 mai.Décis.min. int. 27 c.
28 juin.Req.286 c.
7 juill. Cons.d'Et. 284 c.
26 juill. Circ. min. 143 c.
17 août. Civ. 242 c.
17 août.Bordeaux. 77 c.
15 nov. Décr. 314 c.
1er déc. Cons. d'Et. 285 c.
.. Décis. min. 109 c.

**1854**

10 juin. Circ. min. int. 142 c.
22 juin.Cons.d'Et. 54 c.
21 déc. Cons. d'Et. 159 c.

**1855**

18 janv. Av. Cons. d'Et. 294 c.
25 janv.Cons.d'Et. 284 c.
28 mars. Décr. 3 c.
5 juill.Décis.min. int. 3 c.
11 juill,Décis.min. fin. 3 c.
30 nov. Nîmes. 194 c.
6 déc. Cons. d'Et. 88 c.

**1856**

10 avr. Trib.Seine. 253 c.
30 avr. Circ. min. int. 291 c.

**1857**

8 janv.Cons.d'Et. 140 c.

21 janv.Cons.d'Et. 88 c.
31 janv.Cons.d'Et. 88 c.
18 mai. Civ.267 c.
6 juin. Décr. 3 c.
13 juill.Req.242 c.
28 oct. Décr. 3 c.
15 déc. Décr. 3 c.

**1858**

20 janv.Décr. 3 c.
15 févr.Décis.min. int. 115 c.
1er mars.Civ.267 c.
8 mars. Paris 143
10 mars.Cons.d'Et. 254 c.
16 mars.Cons.d'Et. 252 c.
18 mars. Cons. d'Et. 288 c.
3 mai. Circ. min. int.43 c ,111 c.
19 mai. Nîmes.268 c.
21 juin.Décis. min. 139 c.
24 juin. Décis.min. int. 120 c.
23 juin.Décis.min. fin. 72 c.
14 août. Circ.min. int.41 c., 43 c., 111 c.
28 août. Décr. 3 c.
25 oct. Circ. min. int.43 c., 111 c.
30 déc.Crim.170 c.

**1859**

10 mai. Req. 267 c.
20 juin. Instr. 46 c.
20 juin. Instr.gén. 48 c., 53 c., 57 c.
20 juin.Instr.gén. min. fin. 64 c., 73c.,77c.,115c., 129 c., 130 c., 131 c., 156 c., 158 c., 161 c., 162 c., 165 c., 166 c., 170 c., 173 c., 176 c., 202 c., 203 c., 206 c., 210 c., 214 c., 215 c., 216 c., 220 c., 228 c., 229 c., 231 c., 235 c., 236 c., 237 c., 241 c., 246 c., 251 c., 263 c., 295 c.

**1860**

11 févr.Décis.min. int. 173 c.
18 avr. Décr. 3 c.
6 juill. Loi. 121 c.
12 juill. Circ. min. int. 22 c.
11 août.Décis.min. int. 3 c.
27 août. Règl. 211 c.

**1861**

9 janv. Décr. 3 c.
10 janv.Cons.d'Et. 88 c.
13 avr. Décr. 3 c., 9 c., 42 c., 84 c., 90 c., 110 c., 117 c.
2 juill.Cons.d'Et. 88 c.

**1862**

26 févr. Loi 3 c., 121 c.
29 mars.Décr.3 c., 169 c.
31 mars. Décr.239 c.
27 mai. Crim. 31 c.
28 mai.Cons. d'Et. 88 c.
31 mai. Décr. 3 c. 34 c., 135 c., 156 c., 157 c., 170 c., 202 c., 204 c., 206 c., 207 c., 209 c., 210 c., 211 c., 213 c., 214 c., 215 c., 219 c., 220 c., 221 c., 227 c., 228 c., 235 c.
5 mai. Loi 3 c., 56 c., 58 c., 69 c., 206 c., 291 c.
24 mai.Cons.d'Et. Sect. de l'Int. 110 c.
5 juill.Décis.min. int. 154 c.
3 déc. Cons.d'Et. 284 c.
7 sept.Cons.d'Et. 285 c.

**1863**

11 janv.Cons.d'Et. 88 c.
23 mars. Arr. 3 c.
14 août. Crim. 188 c.
16 déc. Circ. 58 c.

**1864**

9 mai. Req. 145 c.
17 déc. Circ. min. 187 c.

**1865**

16 janv.Circ. min. int. 44 c.
25 févr. Circ. min. 203 c., 295 c.
1er mars. Circ. min. 3 c.
4 mars. Cons. d'Et. 88 c.
28 avr. Décis.min. 128 c.
28 avr. Crim. 252 c.
8 août.Décr. 3 c.
1er déc. Circ.min. fin. 168 c.

**1866**

27 janv. Décr. 3 c.
30 janv. Inst. min. compt. min.fin. 235 c.
30 janv. Instr. direct. Compt. publ. 238 c.
31 déc. Décr. 11 c.

**1867**

26 févr.Cons.d'Et. 88 c.
27 févr. Angers. 104 c.
1er avril. Agen.143
24 mai. Circ. min. 3 c.
30 juin. Circ. dir. comp. publ. 165 c.

3 août. Circ.min. int. 119 c.
12 août.Décis.min. 301 c.

**1868**

21 avr. Cons. d'Et. 88 c.
28 juin.Décis. min. int. 129 c.
27 nov. Trib. civ. Yvetot. 148.
12 déc. Cons. d'Et. 285 c.

**1869**

31 mars Av. Cons. d'Et. 85 c.
12 avr. Av.dir.as-sist.publ.303c., 303 c.
5 mai. Loi 3 c. 56 c., 58 c., 69 c., 206 c., 291 c.
24 mai.Cons.d'Et. Sect. de l'Int. 110 c.
5 juill.Décis.min. int. 154 c.
3 déc. Cons.d'Et. 284 c.
7 sept.Cons.d'Et. 285 c.

**1870**

20 févr. Circ. min. int. 213 c.
22 mars. Limoges. 104 c.
31 juill.Décr.291 c.
19 sept.Décr.80 c.
29 sept.Décr.298 c.

**1871**

28 janv. Décr. 298 c.
18 févr.Décr. 298 c.
15 juin. Arr.298 c.
7 août. Loi. 181 c.
10 août. Loi. 90 c., 17 c.
10 août. Civ. 143 c.
11 c., 52 c., 17, 156 c.
27 avr. Cons. d'Et. 88 c.
1er déc.Cons.d'Et. 88 c.

**1872**

31 janv.Décr.11 c.
16 mars. Crim. 31 c.
18 mars. Paris. 11 c.
15 avr. Civ. 287 c.
17 juill. Nancy. 272 c.

**1873**

3 janv.Cons. d'Et. 285 c.
21 févr.Cons.d'Et. 286 c.
21 mai. Loi. 2 c., 8 c., 16 c., 17, 22 c., 23 c., 25 c., 26 c., 27, 28 c., 33 c., 147 c., 154 c., 298 c.
25 juin. Circ. min. 3 c., 83 c., 154 c.
29 déc. Loi. 3 c.

**1874**

12 janv. Circ. 342 c.
13 févr. Cons. d'Et. 285 c.
12 juin. Loi. 20 c. 22 c., 23 c., 57 c., 150 c., 154 c.

23 déc. Loi. 3 c., 291 c.
12 août.Décis.min. 301 c.

**1875**

29 janv.Cons.d'Et. 200 c.
12 févr. Décr. 3 c.
7 juin. Décr. 3 c., 85 c., 106 c.
12 juill. Loi. 90 c.
7 août.Cons.d'Et.
30 nov. Loi.145 c.

**1876**

29 janv. Paris. 253 c.
4 mai. Circ. min. int. 213 c., 236 c.
10 mai.Circ. 205 c., 208 c., 213 c.
20 mai. Circ. 251 c.
20 juin. Décr. 167 c.
27 juin. Décr. 3 c. 168 c.
30 juin. Décr. 3 c.
1er août. Circ. min. int. 167 c.
23 août. Circ. min. int. 45 c.
31 oct. Décis. min. 90 c.
8 nov. Paris. 253 c.
6 déc. Décis. min. fin. 277 c.
.. Décr. 168 c.

**1877**

27 févr. Décr. 3 c., 291 c.
2 mars. Cons. d'Et. 90 c., 285 c.
13 mars. Trib. Seine. 253 c.
15 mars. Loi. 90 c.
24 avr. Civ. 143 c.
27 avr. Cons. d'Et. 88 c.
1er déc.Cons.d'Et. 88 c.
7 juill. Loi. 3 c., 193 c., 196 c., 197 c., 198 c., 209 c., 316 c.
19 déc. Req. 285 c.
20 déc. Dijon.12 c., 87 c.

**1878**

8 mai. Riom. 253 c.
4 juin. Circ. min. int. 22 c.
20 juin. Décr. 3 c.

**1879**

23 juin. Décr. 3 c., 122 c.
1er août.Règl.adm. publ. 196 c., 198 c.
1er août.Décr.316c.
6 août. Décr. 9 c.
8 août. Loi. 17 c., 18 c., 20 c., 24 c., 29 c.
31 oct. Circ. min. int. 21 c.,22 c., 29 c.
15 oct. Circ. min. int. 197 c.
6 nov. Circ. 174 c.
12 nov. Civ. 35 c.
14 nov. Décr. 35 c., 19 c., 29 c.
21 nov. Circ. d'Et. 286 c.
27 déc. Trib. confl c. 191

**1880**
23 janv.Décis.min. int. 152 o.
3 févr.Décr.198c.
27 févr. Loi. 3 c.
12 mars. Cons. d'Et. 88 c.
23 mars. Cons. d'Et. 83 c.
18 juin.Cons. d'Et. 88 c.
7 juill. Civ. 191 c.
7 août.Trib.confl. 191 c.
24 déc. Décis.min. int. 152 c.

**1881**
22 févr.Décis.min. int. 152 c.
25 mars. Paris.253 c.
9 avr. Loi. 49 c.
7 mai. Trib.confl. 285 c., 266 c.
11 juin.Décis.min. int. 167 c.
30 juin. Circ. min. int. 167 c.
29 juill.Loi. 31 c., 180 c.
5 oct.Circ.direct. ass.publ. 153 c.

10 oct. Arr. Préf. Seine. 153 c.
18 oct. Arr. préf. Seine. 302 c.

**1882**
13 janv.Cons.d'Et. 86 c.
19 mai. Cons.d'Et. 88 c.
27 mai.Décr.199 c.
28 juin.Décis.min. int. 152 c.
12 sept.Décis.min. int. 152 c.
29 déc. Loi.289 c.

**1883**
3 janv. Trib. Seine. 159 c.
13 janv.Décis.min. 191 c.
8 févr. Instr. 13 c.
21 mars.Civ. 242 c.
28 mars. Décr. 290 c.
11 avr. Décis.min. fin. 75 c., 77 c.
26 avr. Lyon.68 c.
5 juin. Toulouse. 81 c.

15 juin.Cons.d'Et. 88 c.
23 juin. Arr. préf. Seine 184 c.
7 août.Cons.d'Et. 88 c.
28 déc. Décr. 3 c., 316 c.

**1884**
14 janv.Décr.55 c.
13 févr. Trib. Meaux. 81 c.
27 févr.Crim. 31 c.
27 févr. Loi. 3 c., 157 c., 160 c., 175 c., 246 c.
5 avr. Loi. 2 c., 3 c., 19 c., 26 c., 42 c., 53 c., 57 c., 58 c., 84 c., 90 c., 96 c., 102 c., 117 c., 118 c., 147 c., 209 c., 210 c., 211 c., 235 c., 236 c., 256 c., 262 c., 275 c.
24 avr. Cons. d'Et. 11 c.
14 mai.Décis.min. fin. 175 c.
15 mai. Circ. min.

20 c., 29 c., 275 c.
31 déc.Délib.cons. mun.Paris.55 c.

**1885**
24 janv. Décr.55 c.
28 mars. Trib. Albertville. 250 c.
29 avr. Amiens. 83 c.
15 mai. Bordeaux. 81 c.
6 août. Av. Cons. d'Et. 247 c.
7 août.Décr.3 c., 316 c.
28 nov. Trib.confl. c.
26 déc. Cons. d'Et. 55 c., 800 c.

**1886**
7 janv. Trib. Seine. 32 c.
21 janv. Trib. Seine. 253 c.
3 avr. Décr. 9 c.
5 avr. Loi. 144 c.
5 avr. Trib. Seine. 253 c.
31 mai. Bourges. 31 c.

4 juin. Cons.d'Et. 196 c.
23 juill. C. des comptes. 247 c.
12 août. Règl. 298 c.
16 sept. Crim. 182 c.
4 nov. Décr. 3 c., c.
30 nov. Req. 90 c., 285 c.
9 déc.Trib.Seine. 253 c.

**1887**
11 mars. Cons. d'Et. 193 c., 283 c.
14 mars. Loi. 64 c.
25 avr.Délib.cons. mun. Paris. 64 c.
11 mai. Arr. préf. Seine. 64 c.
20 mai. C. des comptes. 239 c.
6 juin. Circ. dir. enreg. 277 c.
8 oct. Décr. 3 c., 197 c.
27 juin.Cons. préf. Seine. 145 c.

Mont-de-Mar-san. 214 c.
2 déc. Cons. d'Et. 88 c.

**1888**
6 janv.Cons. d'Et. 287 c.
17 févr.Circ. min. 247 c.
18 févr. Cons. d'Et. 247-c.
14 mars. Limoges. 187 c.
30 mars. Loi. 316 c.
14 avr. Décr. 3 c., c., 317 c.
16 avr. Arr. min. fin. 47 c.
9 mai. Circ. min. c.
11 mai.Décr.289 c.
15 mai. Décis.min. fin. 277 c.
3 juin. Circ. adm. enreg. 277 c.
6 juin. Circ. di-rect. comptab. publ. 277 c.
27 juin.Cons. préf. Seine. 145 c.

16 juill. Rennes. 70 c.
2 août. Crim. 68 c.
17 sept. Circ. min. 68 c.
18 oct. Décr. 290 c.
21 c.
30 nov. Circ. min. int. 46 c.

**1889**
5 janv. Décr. 3 c., 289 c.
11 janv. Paris. 86 c.
22 janv. Trib. Sei-ne. 252 c.
25 janv.Loi. 204 c.
27 avr. Décr. 152 c.
24 mai. Cons. d'Et. 10 c., 19 c.
25 mai.Décr. 19 c.
4 juill. Loi. 60 c.
15 juill.Loi. 180 c.
17 juill. Loi. 52

24 juill.Loi. 56 c., 58 c., 291 c.
2 août.Cons.d'Et. 26 c.
14 août. Loi. 62 c.
7 nov. Crim. 5 c.

**1890**
31 mars.Trib. Sei-ne. 1re ch. 82 c.
17 juill. Instr. gén. 202 c.
26 déc. Loi. 3 c., 52 c., 55 c.

**1891**
8 janv. Crim. 181, c.
23 févr. Trib. paix. Villers - Cotte-rets. 145 c.
1er mars.Circ.min. 145
8 mars.Circ.min. int. 290 c.
4 juill. Loi. 66 c.
1er août.Décr.167c.
3 août.Circ. min. int. 167 c.

---

**HOTEL-HOTELLERIE. — V.** *Commune,* n°s 716 et suiv., 815; *Compétence civile des tribunaux de paix,* n°s 82 et suiv.; *Compétence commerciale,* n° 736; *Contravention,* n°s 165 et suiv.; *Dépôt-séquestre,* n° 63 et suiv.; *Impôts directs; Impôts indirects; Industrie et commerce; Obligations; Privilèges et hypothèques; Responsabilité;* — *Rép.* vⁱˢ *Acte de commerce,* n° 130; *Aliéné,* n° 184; *Commerçant,* n° 169; *Commune,* n°s 1140 et suiv.; *Compétence civile des tribunaux de paix,* n°s 11 et 190; *Compétence commerciale,* n° 12; *Complicité,* n° 190; *Dépôt-séquestre,* n°s 157 et suiv., 162 et suiv.; *Contrainte par corps,* n° 839; *Contravention,* n°s 271 et suiv.; *Droit maritime,* n° 698; *Exploit,* n°s 222-3°, 271, 321; *Impôts directs,* n°s 190 et suiv.; *Impôts indirects,* n°s 165 et suiv., 286 et suiv.; *Industrie et commerce,* n° 226; *Responsabilité,* n°s 499, 538 et suiv.; *Privilèges et hypothèques,* n°s 216, 387 et suiv.

## HUISSIER.

### Division.

Art. 1. — Historique et législation (n° 1).
Art. 2. — Nomination. — Incompatibilité (n° 2).
Art. 3. — Caractère; attributions; costume; mandat; émoluments; actes (n° 7).
Art. 4. — Devoirs des huissiers (n° 23).
§ 1. — Des actes d'huissier. — Rédaction; copies; timbre; enregistrement; répertoire; ventes; versements à la caisse des consignations; droits litigieux (n° 23).
§ 2. — Obligation des huissiers de prêter leur ministère et de se renfermer dans leurs fonctions (n° 36).
§ 3. — Résidence (n° 43).
Art. 5. — Responsabilité des huissiers (n° 46).
Art. 6. — Chambre de discipline. — Mesures disciplinaires (n° 56).
Art. 7. — Bourse commune; Associations (n° 64).
Art. 8. — Des huissiers audienciers (n° 66).
§ 1. — Huissiers audienciers de la cour de cassation et du conseil d'Etat (n° 67).

§ 2. — Huissiers audienciers des cours d'appel et des cours d'assises (n° 68).
§ 3. — Huissiers audienciers des tribunaux de première instance (n° 69).
§ 4. — Huissiers audienciers des tribunaux de commerce (n° 70).
§ 5. — Huissiers des juges de paix et des tribunaux de simple police (n° 71).
Art. 9. — Des huissiers commis (n° 72).

### Art. 1ᵉʳ. — *Historique et législation* (*Rép.* n°s 2 à 13).

**1.** Nous avons donné *suprà,* v° *Exploit,* n°s 3 et suiv. quelques détails sur la manière dont les actes de procédure étaient signifiés dans les différents pays, et par conséquent sur les officiers chargés de cette signification. En France, la législation n'a pas subi, en cette matière de modification importante depuis la publication du *Répertoire.* — En exécution de l'art. 8 du décret du 14 juin 1813 (*Rép.* p. 157), divers décrets sont intervenus pour fixer le nombre des huissiers dans le ressort des tribunaux civils d'arrondissement. A ces documents, rapportés au *Recueil périodique,* il faut ajouter le décret des 13-26 oct. 1870, relatif à la nomination des syndics (1).

### Art. 2. — *Nomination. — Incompatibilité.* (*Rép.* n°s 14 à 19).

**2.** Sur les huissiers dans les colonies, V. *Rép.* n° 17, et *infrà,* vⁱˢ *Organisation de l'Algérie,* n°s 712 et suiv.; *Organisation des colonies;* — *Rép.* vⁱˢ *Organisation de l'Algérie,* n°s 712 et suiv.; *Organisation des colonies,* n°s 119-1°, 347, 478, 555, 817, 852, 869, 895.

**3.** On a dit au *Rép.* n° 18 que les fonctions d'huissier sont incompatibles avec celles de greffier; mais elles ne sont point incompatibles avec celles de maire (Décis. du garde des sceaux, 13 oct. 1876, *Bull. min. just.* 1876, p. 213).

**4.** L'usage s'était introduit dans certains ressorts de confier aux huissiers le recouvrement des effets de commerce por-

---

(1) 13-26 oct. 1870. — *Décret conférant aux chambres des huissiers la nomination de leurs syndics* (D. P. 70. 4. 120).

LES MEMBRES DU GOUVERNEMENT DE LA DÉFENSE NATIONALE; — Vu le décret du 14 juin 1813; — Considérant que le meilleur moyen de garantir l'autorité morale des chambres de discipline des compagnies d'huissiers et la force disciplinaire dont elles sont investies par la loi est de leur donner le droit de nommer leurs syndics; — Décrètent:

Art. 1. Les art. 55, § 1, et 56 du décret du 14 juin 1813 sont abrogés.
2. Les membres composant la chambre de discipline des compagnies d'huissiers nomment entre eux, au scrutin et à la majorité absolue, leur syndic, qui peut être réélu.
En cas de partage des voix, le scrutin est recommencé, et si le résultat est le même, le plus âgé des deux membres qui sont l'objet de ce partage est nommé de droit.
3. Toute disposition de loi contraire au présent décret est et demeure abrogée.

tant la mention de retour sans frais. Cet usage a été condamné déjà par diverses chambres de discipline d'huissiers (V. entre autres délib. chambre des huissiers de Tours du 14 avr. 1847, D. P. 47. 3. 111) et par la cour de cassation qui a vu une faute professionnelle dans le fait, par des huissiers, de s'associer à une personne pour recouvrer les effets de commerce « pour éluder les prescriptions qui leur interdisent de se charger de l'encaissement des effets de commerce, si ce n'est pour la présentation le lendemain du jour de l'échéance et pour dresser le protèt à défaut de payement » (Req. 12 févr. 1878, aff. Maxe et Cahen, D. P. 78. 1. 417). — Cet arrêt n'a pas suffi pour mettre fin à cet état de choses; plusieurs fois la chancellerie essaya d'intervenir. Le 2 janv. 1882 (Bull. min. just., 1882, p. 3), une circulaire déclarait que toute tolérance cesserait au 1er juillet suivant, les lois du 5 avr. et 17 juill. 1880 complétées par le décret du 15 févr. 1881 ayant permis à l'administration des Postes d'exercer le recouvrement, par son personnel, des valeurs commerciales payables sans frais et de celles susceptibles d'être protestées.

Mais les réclamations « des représentants du commerce et de l'industrie » furent vives, « le concours des huissiers semblant encore utile pour la présentation des traites souscrites par des débiteurs qui résident dans des localités éloignées et dépourvues, en général, d'institutions de crédit ». Aussi une circulaire en date du 20 juin 1882 (Bull. min. just. 1882, p. 47) revint en partie sur cette mesure. Désormais, l'encaissement par les huissiers des effets protestables continue d'être toléré dans les localités autres que les villes chefs-lieux de département ou d'arrondissement ou qui sont le siège d'un tribunal de commerce. La même circulaire cherché, d'ailleurs, à prévenir le retour des abus que cette tolérance avait fait naître; le parquet devra notamment s'assurer que les huissiers se font équitablement rémunérer de ce service, de peur que, pour se couvrir de leurs frais, ils ne poussent aux protèts, ou bien qu'ils ne s'assurent, par des remises déguisées sur le tarif, moyen déloyal de concurrence, la clientèle de certains banquiers. — Une communauté d'huissiers peut-elle tarifer les recouvrements faits en dehors de poursuites? V. infrà, n° 64.

**5.** Il a été jugé qu'une communauté d'huissiers ne peut interdire à ses membres de rechercher et de fournir, en vue d'une affaire ou sans indication de but, des renseignements ayant trait à la solvabilité, la capacité ou la moralité d'une personne commerçante ou non commerçante (Trib. civ. de Limoges, 16 janv. 1861, aff. Huissiers de Limoges, D. P. 61. 5. 258).

**6.** Aux termes d'une décision du garde des sceaux, en date du 1er juill. 1876, l'art. 18 de la loi du 25 mai 1838 est conçu dans des termes généraux et s'applique sans distinction à toutes les affaires soumises au juge de paix; par conséquent, les huissiers ne peuvent pas plus représenter les parties appelées en conciliation que celles qui comparaissent dans une instance débattue au fond (Bull. min. just., 1876, p. 124).

**ART. 3.** — Caractère; attributions; costume; mandat; émoluments; actes (Rép. n°s 20 à 55).

**7.** — 1° Caractère. — V. Rép. n°s 20 et 21.

**8.** — 2° Attributions (Rép. n°s 22 à 33). — Nous avons dit au Rép. n° 24 que, dans les affaires criminelles, un huissier peut, sur l'ordre du procureur général, se transporter non seulement hors de son canton, mais dans les divers départements du ressort de la cour; et nous ajoutions qu'à l'inverse du cas où, sur l'ordre du procureur de la République ou du juge d'instruction, l'huissier instrumente hors de son canton, le mandement exprès du magistrat doit être représenté pour la validité de la procédure. Il a, depuis, été jugé en sens contraire que la production de ce mandement n'est pas exigée par l'art. 33 du décret du 14 juin 1813, et que l'art. 84 du décret du 18 juin 1811 ne fait que subordonner à cette production le droit de l'huissier à des frais exceptionnels de transport (Crim. cass. 28 mai 1869, rapporté suprà, v° Appel en matière criminelle, n° 101).

**9.** On a dit au Rép. n° 27-3° que les huissiers ont seuls qualité, entre autres attributions, pour notifier les décisions administratives en matière contentieuse; mais déjà nous indiquions des tempéraments dans la jurisprudence; cette tendance s'est accentuée et le conseil d'Etat a décidé que les parties peuvent procéder par voie de notification administrative (V. suprà, v° Conseil d'Etat, n° 249); il en est de même des significations faites aux particuliers au nom des personnes morales à l'Etat (ibid., n°s 250 et suiv.); et enfin de celles qui sont faites au nom de l'Etat et de l'Administration (ibid., n° 256).

**10.** Nous avons énuméré parmi les exceptions que subit le droit exclusif d'exploitation des huissiers la citation des témoins appelés à la requête du ministère public devant les conseils de guerre (Rép. n° 32-13°). Aux termes de l'art. 102 de la loi du 4 juin 1857, le rapporteur devant un conseil de guerre cite les témoins par le ministère des agents de la force publique (V. infrà, v° Organisation militaire, n° 913 et suiv.). — Les maires (Rép. n° 32-8°) ne sont plus juges de simple police (L. 27 janv. 1873, D. P. 73. 4. 21) et ne peuvent plus, par conséquent, donner des citations en cette matière. — En matière de contrainte par corps (Rép. n° 32-15°) le ministère des huissiers n'est plus indispensable (L. 29 déc. 1873, art. 25, D. P. 74, 4, 26) lorsqu'il s'agit de l'exécution des condamnations qui sont prononcées au profit de l'Etat, cas auquel toutes les poursuites peuvent être faites par les porteurs de contraintes (V. suprà, v° Contrainte par corps, n° 100).

**11.** — 3° Costume. — V. Rép. n° 34.

**12.** — 4° Mandat (Rép. n°s 35 à 41). — Nous avons émis au Rép. n° 35 l'opinion qu'en dehors des deux cas prévus par l'art. 556 c. proc. civ. la remise d'un acte à un huissier vaut pouvoir d'instrumenter en conséquence de cet acte. Il a, depuis, été jugé en ce sens que la remise à l'huissier d'un acquiescement à un jugement pour en faire la signification à l'avoué de la partie gagnante, vaut pouvoir de faire offre à cet avoué des dépens dont il a obtenu la distraction (Bourges, 20 janv. 1855, aff. Semolet, D. P. 56. 2. 81). — Il a été jugé également que l'huissier auquel sont transmises des pièces pour une affaire qui rentre dans son ministère est réputé accepter le mandat que cette transmission lui confère, quand il garde un silence prolongé vis-à-vis de l'expéditeur des pièces, au lieu de les lui renvoyer en déclinant le mandat conféré (Civ. rej. 20 nov. 1888, aff. Raphel, D. P. 89. 1. 413). — Sur l'étendue qu'on doit donner au mandat de l'huissier dans de telles circonstances, V. Rép. n° 37. — Décidé encore que l'huissier chargé de saisir un immeuble soumis à l'hypothèque du créancier, à supposer qu'il n'ait pas par là même le pouvoir de subroger à cette hypothèque un tiers qui paye pour le saisi, peut du moins consentir une telle subrogation comme negotiorum gestor du créancier et en agissant dans l'intérêt bien entendu de celui-ci (Nancy, 3 mai 1856, aff. Coche, D. P. 56. 2. 261. — V. aussi suprà, v° Désaveu, n° 13).

**13.** L'huissier cesse d'obliger son mandant, quand il dépasse le mandat qui lui a été donné, et surtout quand il commet une faute envers un tiers dans l'exercice de ses fonctions. — Il a été jugé en ce sens que l'art. 1384 c. civ., qui déclare les commettants responsables du dommage causé par leurs préposés, n'est pas applicable aux rapports de l'huissier et de son requérant; que les particuliers qui recourent au ministère d'un huissier peuvent être recherchés à raison d'instructions abusives ou vexatoires données par eux à cet officier et constituant leur fait personnel, mais qu'ils n'ont point à répondre des délits ou quasi-délits commis par ledit huissier envers des tiers dans l'exécution d'ordres qui par eux-mêmes étaient légaux et réguliers; qu'en conséquence, la partie qui a chargé un huissier de saisir et vendre le mobilier d'un locataire n'est pas responsable de ce que cet huissier n'aurait pas procédé aux dispositions de l'art. 624 c. proc. civ. accordé aux adjudicataires un délai de trois mois pour se libérer et a par là causé un préjudice au saisi (Amiens, 8 déc. 1873 [1]. — V. au surplus, infrà, n°s 46 et suiv.).

---

[1] (Petit C. Levaillant.) — Le 17 févr. 1873, jugement du tribunal de Beauvais ainsi conçu : — Vu les demandes formées

**14.**—5°*Emoluments* (*Rép.* n°s 42 à 52; V. aussi *suprà*, vⁱˢ *Frais et-dépens*, n°s 232 et suiv., 320, 484 et suiv., 553 et suiv.; 654 et suiv., etc.). — Nous avons dit au *Rép.* n° 44 qu'il n'est jamais alloué qu'un seul droit de transport pour la totalité des actes que l'huissier a faits dans une même cause et dans le même lieu. Mais il a été jugé que l'art. 35 du décret du 14 juin 1813, qui établit cette règle, n'est pas applicable au cas où l'huissier a signifié plusieurs exploits en une même course, mais dans des communes différentes ; que cet article prononçant une pénalité, son application ne saurait être étendue d'un cas à un autre (Dijon, 28 avr. 1856, aff. Perrot, D. P. 56. 2. 266, et sur pourvoi, Civ. rej. 29 juin 1857, D. P. 57. 1. 250).

**15.** Aux termes d'une circulaire du 12 sept. 1855 (Gillet et Demoly, *Analyse des circulaires du ministère de la justice* de 1791 à 1875, t. 2, p. 249), les huissiers devront désormais inscrire, dans une colonne spéciale qu'ils ajouteront à leur répertoire, le montant du droit entier ou partiel de transport applicable à chaque acte. De leur côté, les receveurs de l'enregistrement mentionneront, en toutes lettres, dans l'enregistrement de chaque exploit, le montant du transport tel qu'il aura été liquidé dans le coût mis au bas de l'acte, et, à défaut de cette liquidation, ces préposés devront exiger l'amende édictée par l'art. 61 c. proc. civ.

**16.** Après avoir rappelé (*Rép.* n° 45) que la loi frappe d'amende l'huissier qui, pour se procurer un droit de transport charge un huissier d'une autre résidence d'instrumenter pour lui, nous avons ajouté (*Rép.* n° 46) que bien, que la loi punisse sévèrement le concert frauduleux des huissiers ayant pour objet d'augmenter les frais de transport, la partie n'en demeure pas moins entièrement libre de son choix. Et il a été de nouveau jugé, en ce sens, qu'un huissier établi au chef-lieu d'arrondissement peut faire des significations d'actes dans tout canton de cet arrondissement, même dans ceux où résident d'autres huissiers, et que le droit de transport lui est dû en entier ; que, par suite, ce droit doit être passé en taxe à la partie qui a eu recours au

---

par les époux Petit contre les sieur et dame Levaillant, par exploit de Fauquet, huissier à Formeries du 23 nov. 1872, et par lesdits sieur et dame Levaillant contre la veuve Michel par exploit de Barré, huissier audit Formeries du 4 décembre suivant ensemble l'intervention d'Ulysse Michel, ès qualité ; — En la forme, attendu que les deux instances sont connexes, et que ladite intervention est régulière et utile; — Au fond : — Sur la demande des époux Petit : — Attendu que si l'art. 1384 c. civ. déclare les commettants responsables du dommage causé par leurs préposés, cette règle a pour principe et pour raison que chacun ayant le libre choix des personnes dont il emploie les services doit s'assurer de la moralité de ces personnes et de leur aptitude aux fonctions qu'elles sont appelées à exercer; — Attendu que les huissiers sont, au contraire, des agents institués en nombre restreint, et surveillés par l'autorité publique, auxquels on ne peut refuser de s'adresser pour certains actes de la vie civile, et qui forcent la confiance par le caractère officiel dont ils sont revêtus; — Attendu que, dans ces conditions, les particuliers qui recourent au ministère d'un huissier peuvent bien être recherchés à raison d'instructions, abusives ou vexatoires, données par eux à cet officier, et constituant leur fait personnel; mais qu'ils n'ont point à répondre des délits ou quasi-délits, commis par ledit huissier envers des tiers, dans l'exécution d'ordres qui par eux-mêmes étaient légaux et réguliers; — Attendu qu'il n'est point établi que les sieur et dame Levaillant fussent créanciers d'une somme de 4250 fr. pour fermages échus, lorsqu'en vertu du bail passé devant Mᵉ Mantel, notaire à Romescamps, le 10 mars 1869, ils ont fait saisir le mobilier des époux Petit, suivant procès-verbal de Michel, huissier à Formeries, du 29 août 1871 ; — Attendu que s'ils ont reçu en septembre un acompte de 1600 fr., un nouveau terme de loyer de 1650 fr. est échu à leur profit le 25 décembre; que, d'autre part, c'est seulement le 27 mai 1872 que le tribunal, en déclarant le bail résilié, a statué sur les demandes respectives d'indemnités des propriétaires et des fermiers; que, par conséquent, la créance exigible et liquide des sieur et dame Levaillant s'élevait en principal au chiffre de 4300 fr., lorsque les 25 et 26 févr. 1872, il a été procédé à la vente aux enchères du mobilier saisi; — Attendu que lesdits sieur et dame Levaillant n'ont commis aucune faute appréciable, en chargeant de cette opération l'huissier Michel, dont le crédit n'avait subi aucune atteinte, et que les mieux informés considéraient alors comme un homme d'affaires exact et scrupuleux; — Attendu que si ledit Michel a cru devoir accorder aux adjudicataires un délai de trois mois pour se libérer, au lieu de vendre au comptant, conformément à l'art. 624 c. proc. civ., il n'est point établi que cette clause extralégale et dont l'effet devait être si désastreux ait été prescrite ni même approuvée par les saisissants; — Attendu qu'en effet, quel que fût le mode de vente, les sieur et dame Levaillant, créanciers privilégiés, ne pouvaient avoir aucun doute sur la suffisance de leur gage; que le terme accordé aux acquéreurs n'offrait donc pour eux aucun avantage, tandis qu'il servait tout à la fois les intérêts de l'huissier en lui donnant droit à de plus forts honoraires, et ceux de la partie saisie en lui permettant d'obtenir de son mobilier un prix plus élevé; — Attendu qu'en admettant même que les sieur et dame Levaillant eux-mêmes aient visé à augmenter, par cette combinaison, le produit des enchères, dans le but de garantir, outre les causes de leur saisie, le payement des indemnités pour lesquelles ils étaient en instance devant le tribunal, il appartenait aux parties saisies présentes à la vente, ainsi qu'elles le reconnaissent, de se pourvoir en référé contre une si flagrante violation de la loi; — Attendu que l'art. 622 c. proc. civ., ne mettait point obstacle à ce que ladite vente fût poursuivie jusqu'à épuisement du mobilier dont le prix s'est élevé au chiffre total de 6107 fr., alors qu'outre la somme de 4300 fr. due aux saisissants, l'existence d'autres

engagements faisait prévoir des oppositions dont une s'est en effet produite avant l'époque fixée pour l'exigibilité des prix d'adjudication ; — Attendu, au surplus, que si les époux Petit s'étaient considérés comme lésés par la reprise de la vente, après la première journée dont le produit était de 4985 fr. 55 cent., il leur eût été loisible de s'y opposer, non par la violence, comme ils prétendent avoir essayé de le faire, mais par la voie légale du référé ; — Attendu que, bien loin de protester soit contre les stipulations du procès-verbal, soit contre les agissements de l'huissier, les époux Petit ne méconnaissent point y avoir acquiescé d'une manière implicite en acceptant le vin ou pourboire, qui, d'après un usage local, s'ajoute au prix convenu de tout achat d'animaux ; — Attendu qu'il n'est pas allégué que le montant des enchères ait été versé en tout ou partie ès mains des sieur et dame Levaillant ; — Attendu qu'alors même qu'il ne serait survenu aucune opposition, l'on devrait considérer la recette desdites enchères comme opérée par l'huissier pour le compte de ses clients, en vertu de l'art. 556 c. proc., jusqu'à concurrence seulement de leur créance, et quant à l'excédent, pour le compte de la partie saisie, sans que le sieur et dame Levaillant fussent aucunement responsables de cet excédent ; — Mais attendu que l'opposition de la dame Villeret, créancière d'une somme principale de 2000 fr., ayant été formée par exploit de Duhamel, huissier à Feuquières, du 30 mars 1872, c'est-à-dire avant qu'aucun acquéreur fût libéré, l'huissier n'a pu rien encaisser comme mandataire particulier des saisissants ; — Qu'il a touché les deniers de la vente comme dépositaire public dans l'ordre de ses fonctions, résultant des art. 625, 656, 657, pour le compte et par conséquent aux risques de la partie saisie, seule chargée desdits deniers, jusqu'à ce qu'ils fussent distribués à l'amiable ou judiciairement entre les créanciers ; — Attendu que, faute par lesdits créanciers d'être convenus de cette distribution dans le délai d'un mois à compter du 25 mai, les sieur et dame Petit auraient pu tout aussi bien que les sieur et dame Levaillant exiger la consignation prescrite par l'art. 657, si les uns ou les autres avaient conçu des doutes sur la solvabilité de l'huissier ; — Attendu qu'en l'état le décès de Michel, survenu le 26 juill. 1872, et le déficit qui s'est révélé dans sa succession, ont le caractère d'un cas fortuit dont les conséquences sont déterminées par la règle *Res perit domino;* que ce fait étranger aux parties ne saurait modifier leur situation respective ; que, loin de donner ouverture à un recours contre les sieurs et dame Levaillant, il n'a pas même pour effet d'éteindre leur créance demeurée impayée par la faute de l'agent, que la loi préposait à la réalisation du gage dans l'intérêt commun des ayants droit ; — Sur la demande en validité de saisie-arrêt : — Attendu que la veuve Michel comme tutrice ne méconnaît point l'obligation qui lui incombe de rendre compte des produits de la saisie aux sieur et dame Petit ou à leurs créanciers ; — Attendu que l'actif de la succession est déjà frappé de plusieurs oppositions par suite desquelles une contribution est inévitable ; — Que les sieur et dame Levaillant déclarent consentir la mainlevée de leurs saisies-arrêts sous la réserve de produire à ladite contribution ; — Par ces motifs, déclare les sieur et dame Petit mal fondés dans leur demande ; donne acte aux sieur et dame Levaillant de ce qu'ils consentent la mainlevée de leur saisie-arrêt dont l'effet tiendra ès mains de l'administrateur judiciaire et de tous les dépositaires subséquents ; — Renvoie les sieur et dame Levaillant et les époux Petit à se pourvoir à la contribution Michel pour l'exercice de leurs droits contre ladite succession. »

Appel par les époux Petit.

LA COUR; — Adoptant les motifs des premiers juges; — Confirme etc.

Du 8 déc. 1878.-C. d'Amiens, ch. civ.-MM. Saudbreuil, 1ᵉʳ pr.-Babled, av. gén.-Deberly et Daussy, av.

ministère de cet huissier et qu'il n'y a point à distinguer, à cet égard, entre les actes, suivant leur plus ou moins d'importance (Civ. cass. 28 juin 1854, aff. Voisin, D. P. 54. 1. 307).

**17.** D'après une décision du garde des sceaux du 3 sept. 1855 (Gillet et Demoly, t. 2, p. 269), le décret du 23 mars 1848 relatif aux frais de protêt est conçu dans le même esprit que celui de 1807 ; il contient seulement le *tableau type* des droits perçus à Paris, et ces droits doivent subir pour la province la réduction établie comme règle générale par le décret de 1807.

**18.** Les huissiers n'ont pas le droit d'ajouter au coût des actes qu'ils signifient une somme de 0,10 cent. par remboursement du timbre du répertoire sur lequel ils doivent inscrire ces actes (Circ. 10 août 1876, *Bull. min. just.* 1876, p. 137).

**19.** Sur la question de savoir à qui, des huissiers ou des avoués, appartient le droit de copie de pièces (*Rép.* n° 47), V. *suprà*, v° *Copie de pièces*, n°s 11 et suiv. ; — *Rép.* eod. v°, n°s 46 et suiv.

**20.** L'huissier a le droit de retenir les actes qu'il a faits jusqu'à ce qu'ils soient payés, et les titres qui lui sont confiés seulement jusqu'au payement de ses déboursés (*Rép.* n° 49). Conformément à cette distinction, il a été jugé : 1° que l'expédition d'un jugement payée de ses deniers, et les actes de poursuite qui sont son ouvrage doivent être considérés comme appartenant à l'huissier; que celui-ci a donc le droit, même en présence d'un concordat accordé à son débiteur qui lui offre le dividende, de retenir lesdites pièces jusqu'à parfait payement de leur valeur, défalcation faite de la partie du dividende y afférente (Trib. civ. de Rouen, 11 févr. 1870(1); — que l'huissier qui a reçu d'un commerçant, depuis déclaré en faillite, des titres de créances pour en opérer le recouvrement, ne peut, à défaut de payement de ses frais,

exercer son droit de rétention indivisiblement sur tous les titres restés en sa possession, à raison des frais relatifs à quelques-uns d'entre eux; qu'en conséquence, il ne peut retenir ceux de ces titres que le syndic réclame en offrant de payer les frais qui y sont afférents (Bordeaux, 14 mai 1879, aff. Vignolles, D. P. 80. 2. 76-77).

**21.** Nous avons dit au *Rép.* n° 52 que la jurisprudence condamnait les rabais sur les tarifs que consentirait un huissier pour s'attirer la clientèle; nous avons ajouté qu'elle considérait comme nulles les conventions qui seraient passées entre avoués et huissiers. Il a depuis été jugé, dans le même ordre d'idée : 1° que l'exploitation en commun de deux offices d'huissiers constitue, de la part des titulaires, une faute à raison de laquelle ils peuvent être condamnés à des dommages-intérêts au profit des autres huissiers de la même localité (Req. 12 févr. 1878, aff. Maxe et Cahen, D. P. 78. 1. 447); — 2° Qu'une telle association est nulle (Toulouse, 18 janv. 1866, aff. Garès, D. P. 66. 2. 6).

**22.** Ainsi qu'on l'a vu *suprà*, v° *Frais et dépens*, n° 532 (V. aussi *suprà*, v° *Compétence civile des tribunaux d'arrondissement*, n° 107), une doctrine et une jurisprudence constantes attribuent au tribunal civil compétence exclusive pour connaître de la demande en payement de frais intentée par un huissier, quelle que soit la juridiction devant laquelle ces frais ont été exposés. *Adde :* Amiens, 18 mars 1882 (2).

Il a été jugé, à cet égard, que l'art. 42 du décret du 16 févr. 1807 donnant formellement compétence à un membre du tribunal pour taxer les frais des huissiers dans les ventes judiciaires de meubles, la taxe faite par un des juges du tribunal n'est pas simplement officieuse; et que, par suite, la partie qui a acquiescé à cette taxe ne peut exiger ensuite la taxe par le tribunal entier (Nancy, 29 déc. 1881) (3).

---

(1) (Levillain C. Peindre.) — Le tribunal; — Attendu que Levillain, huissier à Elbeuf, a assigné Peindre en validité d'une saisie-arrêt conduite le 8 mai 1869, entre les mains de Dezaubris, pour avoir payement d'une somme de 164 fr. 33 cent., montant des frais de poursuites qu'il a faits pour le compte de Peindre, et l'a également assigné en payement de ladite somme ; que Peindre déclaré en faillite par jugement en date du 27 mars 1867, oppose à cette demande que, par un concordat du 5 novembre suivant, il a obtenu de ses créanciers remise de toute sa dette, moyennant le payement de 21 pour 100; qu'il offre à Levillain de lui payer, en conséquence, 34 fr. 50 cent., plus les frais, jusques et y compris la saisie-arrêt dont s'agit, laquelle était nulle à cause de l'état de faillite du débiteur; mais que Levillain devait se croire fondé à pratiquer, ignorant, à ce moment, la situation de son débiteur; que Levillain consent à recevoir le dividende qui lui est offert et à donner mainlevée de la saisie, mais il demande à être autorisé à retenir, jusqu'à complet payement des frais faits contre Harang, débiteur de Peindre : 1° la grosse d'un jugement rendu le 3 mars 1863 contre Harang, dont il a payé l'enregistrement et l'expédition; 2° les actes de poursuites qu'il a faits, comme huissier, contre Harang; qu'à la vérité, il ne serait pas fondé à demander contre Peindre condamnation au payement d'une somme supérieure au dividende fixé par le concordat (art. 516 c. com.); mais que l'expédition du jugement qu'il a payée de ses deniers, ainsi que l'enregistrement, de même que les actes de poursuites qui sont son ouvrage, doivent être considérés comme lui appartenant, et il a droit de mettre à leur remise la juste condition qu'il sera préalablement payé en entier de ses déboursés et de ses salaires; que la somme dont Levillain reste créancier à raison de ses divers actes contre Harang, est de 61 fr. 64 cent, sauf taxe; mais il convient d'y appliquer, proportionnellement au chiffre de la créance totale, une partie des 34 fr. 50 cent. qu'il va recevoir pour son dividende; qu'il résulte de ce calcul qu'il ne sera plus créancier de Peindre, à raison des poursuites contre Harang, que de 48 fr. 68 cent., somme jusqu'au payement de laquelle seulement il sera autorisé à retenir les pièces et actes qu'il a aux mains; — Par ces motifs, — Du 11 févr. 1870-Trib. civ. de Rouen, 2e ch.-MM. Fouet, pr.-Marquet, subst.-Decorde et H. Frère, av.

(2) (Robert C. Guillot.) — La cour; — Considérant que, par jugement contradictoire du 11 mars 1881, le tribunal civil de Saint-Quentin a condamné Robert à payer à Guillot la somme de 175 fr. 56 cent., avec intérêts de droit, cette somme représentant, déduction faite de 72 fr. reçus en acompte, le montant des frais et dépens régulièrement taxés, dus par Robert à Guillot; — Considérant que Robert a relevé appel de cette décision; qu'il prétend que, loin d'être le débiteur de Guillot, il est au contraire, toutes compensations opérées, son créancier de 16 fr. 30 cent.;

qu'il soutient que le jugement frappé d'appel doit être réformé : 1° en raison de l'incompétence du tribunal civil et de la nullité des ordonnances de taxe ;... — Sur l'incompétence : — Considérant qu'il est de jurisprudence constante que les huissiers doivent assigner en payement de leurs frais devant le tribunal civil de leur domicile, que les frais aient été faits, soit devant un tribunal de paix, soit devant un tribunal de commerce; que l'art. 60 c. proc. civ., invoqué par l'appelant, prouve qu'il devait être appelé devant le tribunal civil; que c'est bien à bon droit que les premiers juges ont été saisis; — Considérant que, si Guillot a fait certains actes de son ministère en justice de paix, il est acquis que la majeure partie des actes figurant au compte de Robert ont été faits devant le tribunal civil qui, pour ce motif encore, devait connaître de la réclamation de l'intimé; — Considérant que le tribunal de Saint-Quentin était compétent pour statuer sur la demande, les frais ont été régulièrement taxés par un juge de ce siège; que Robert n'est donc pas fondé à demander la nullité des ordonnances de taxes qui lui ont été signifiées sans opposition de sa part; etc. — Du 18 mars 1882.-C. d'Amiens, 2e ch.-MM. de Cassières, pr.-Charmeil, av. gén.

(3) (Berville C. Moreau et Chavanne.) — La cour; — Attendu que l'art. 39, spécialement rédigé en vue des ventes mobilières sur saisies-exécutions, est applicable aussi aux ventes de mobilier dépendant, soit d'un actif social, soit d'un actif successif, puisque, pour le partage des sociétés, l'art. 1873 c. civ. renvoie expressément aux règles concernant le partage des successions et que l'art. 945 c. proc. civ. est ainsi conçu : « Lorsque la vente des meubles dépendant d'une succession aura lieu en exécution de l'art. 826 c. civ., cette vente sera faite dans les formes prescrites au titre des saisies-exécutions »; — Mais attendu que, si l'art. 39 du tarif doit recevoir son application dans la cause actuelle, il en est nécessairement de même des articles suivants, 40, 41 et 42, qui s'y rattachent et le complètent; — Attendu que l'art. 42, notamment, attribue une vacation à l'huissier « pour faire taxer ses frais par le juge sur la minute du son procès-verbal »; que cet art. 42 donne donc compétence à un membre du tribunal pour taxer les frais des huissiers dans les ventes judiciaires de meubles, comme l'art. 173 du même tarif lui donne compétence pour taxer les frais des notaires; que, en édictant une semblable disposition, les art. 173 et 42 établissent à l'égard des notaires et des huissiers une dérogation au principe de l'art. 9 du deuxième décret du 16 févr. 1807, d'après lequel les frais extrajudiciaires dus aux officiers ministériels en général, et même les frais d'instance dus à un avoué par son propre client, sont taxés par le tribunal, la taxe qui en serait faite par le président ou par un juge seul étant purement officieuse et dépourvue de toute autorité légale; — Attendu, en conséquence, que, dans

Art. 4. — *Devoirs des huissiers* (*Rép.* n°s 56 à 96).

§ 1. — Des actes d'huissier. — Rédaction; copies; timbre; enregistrement; répertoire; ventes; versements à la caisse des consignations; droits litigieux (*Rép.* n°s 57 à 80).

**23.** Sur la rédaction des exploits (*Rép.* n° 58), V. *suprà*, v° *Exploit*, n°s 17 et suiv.

Nous avons signalé à ce sujet (*Rép.* n° 59) la difficulté qui s'est élevée sur le point de savoir si les huissiers peuvent se refuser à signifier les exploits qui leur sont remis par les parties, rédigés d'avance et sur timbre. Depuis lors, il a encore été jugé que les huissiers n'ont pas ce droit (Trib. civ. de Nîmes, 20 mars 1861, aff. Laracine, D. P. 61. 2. 238 (sous Nîmes, 17 juin 1861); Trib. civ. de Nîmes, 8 avr. 1861, aff. Séguin, D. P. 62. 3. 12).

**24.** Mais la jurisprudence semble se fixer dans le sens contraire à l'opinion adoptée au *Rép.* n° 59, et il a été décidé : 1° qu'un huissier peut se refuser à signifier les actes et exploits de son ministère, autres que l'exploit d'ajournement en matière civile, qui lui sont remis tout rédigés et sur timbre par la partie, par son mandataire ou par son avoué, alors même qu'on lui offrirait de lui payer intégralement les émoluments alloués par le tarif (Montpellier, 29 nov. 1859, aff. Couderc, D. P. 61. 2. 237; Nîmes, 17 juin 1861, aff. Laracine, D. P. 61. 2. 237); — 2° Que, spécialement, un huissier peut se refuser à signifier un exploit de saisie-arrêt qui lui est remis tout préparé sur timbre par un avoué, alors même que cet exploit contiendrait assignation au débiteur saisi en validité de ladite saisie et au tiers saisi en déclaration affirmative, et qu'en outre il serait fait offre de lui payer le coût total de l'acte (Arrêt précité du 29 nov. 1859); — 3° Que, les huissiers ayant seuls le privilège absolu d'authentiquer par leur signature les copies de pièces signifiées en tête de leurs exploits, et étant d'ailleurs responsables de ces copies au point de vue tant du fond que de la forme, sont fondés à refuser d'authentiquer et de signifier les copies d'actes et de jugements qui leur sont remises, toutes préparées par les parties ou leurs mandataires ... Alors surtout que, faute d'avoir reçu en même temps les grosses ou expéditions, ils n'ont pu collationner ces copies et s'assurer de leur exactitude; et qu'ils ont ce droit même à l'égard des avoués, en dehors des cas où les copies de pièces se rattachent à une instance civile dans laquelle le ministère de ces officiers ministériels est forcé; que, notamment, ils peuvent refuser de signifier les copies faites à l'occasion d'actes extrajudiciaires, ou se rattachant à une procédure commerciale dans laquelle un avoué figurerait comme mandataire de la partie qui requiert la notification (Trib. civ. Nîmes, 13 mai 1861, aff. Bouchet, D. P. 62. 3. 13); — 4° Que si l'huissier, chargé de la signification d'un acte, ne peut pas refuser de reproduire dans son exploit la rédaction arrêtée par la partie ou son conseil, sauf pour des motifs graves à apprécier par la justice, la partie n'a pas le droit de lui imposer un exploit rédigé à l'avance sur timbre, et que cet huissier n'aurait plus qu'à signifier; qu'en conséquence, le refus de l'huissier de signifier cet exploit, avec offre de le faire lui-même, en se conformant à la rédaction proposée, est licite, et ne saurait, dès lors, le rendre passible de dommages-intérêts (Civ. rej. 20 janv. 1864, aff. Laracine, D. P. 64. 1. 79).

**25.** Le droit pour l'huissier de faire certaines copies n'est pas, d'ailleurs, un obstacle à ce qu'il accepte de signifier celles qui lui sont remises toutes faites par des avoués, sans qu'on puisse voir dans ce fait, alors qu'il n'est pas accompagné d'aucune circonstance de fraude et qu'il est conforme à l'usage local, une pactisation illicite, susceptible d'une répression disciplinaire (Trib. civ. de Nîmes, 11 mai 1861, aff. N..., D. P. 62. 3. 13).

**26.** On a dit au *Rép.* n° 61 que l'huissier doit remettre lui-même les exploits qu'il est chargé de signifier, et même faire viser lui-même ces actes, dans le cas où la loi exige cette formalité. Sur ce dernier point, la controverse paraît éteinte. — D'autre part, la jurisprudence est unanime à refuser aux huissiers le droit de faire signifier par leurs clercs les actes de leur ministère. Décidé : 1° que ce fait rend l'huissier passible de la peine disciplinaire prononcée par l'art. 45 du décret du 14 juin 1813 (8 janv. 1853, aff. Padovani, D. P. 53. 1. 152; 21 juin 1856, aff. Archer, D. P. 56. 1. 383; Crim. cass. 24 nov. 1883, aff. Roquette, D. P. 84. 1. 383); — 2° Que la signification ainsi faite est nulle (Nîmes, 3 août 1886, aff. Guischard, D. P. 87. 2. 101. V. *suprà*, v° *Exploit*, n°s 106 et suiv.); — 3° Que cette manière d'agir constitue à l'égard des autres huissiers une cause de préjudice pouvant servir de base à des dommages-intérêts (Toulouse, 18 janv. 1866, aff. Garès, D. P. 66. 2. 6; Req. 12 févr. 1878, aff. Maxe et Cahen, D. P. 78. 1. 417).

— V. ce qui a été dit *suprà*, v° *Exploit*, n° 2, d'un projet de loi aux termes duquel les huissiers pourraient s'adjoindre, pour la signification des exploits, des clercs assermentés.

**27.** Il a été jugé que, la disposition de l'art. 45 du décret du 14 juin 1813 portant une peine disciplinaire contre l'huissier qui ne remet pas lui-même à personne ou domicile l'exploit et les copies qu'il est chargé de signifier, est générale et doit être appliquée, quel que soit l'acte dont la signification lui est confiée, sans en excepter aucun, pas même les protêts; et que cet article déroge à l'art. 176 c. com. qui, disposant spécialement en matière de protêt, avait prononcé pour le cas la peine plus sévère de la destitution (Crim. cass. 24 nov. 1883, aff. Roquette, D. P. 84. 1. 383). — La dernière partie de la solution, discutable en droit, puisqu'elle revient à admettre, contrairement aux principes, qu'une loi générale déroge à une loi spéciale antérieure, donne lieu en fait à une anomalie singulière. Un notaire peut aussi dresser un protêt; mais il sera exposé, s'il le fait signifier par un tiers, à la destitution, tandis que pour la même faute, un huissier n'encourrait que trois mois de suspension et l'amende : en effet, l'art. 176 c. com. est resté le seul texte applicable au notaire, le décret de 1813 étant exclusivement relatif aux huissiers.

**28.** Vainement l'huissier qui a fait signifier un exploit par un tiers alléguerait-il sa bonne foi (*Rép.* n° 63; Crim. cass. 8 janv. 1853, aff. Padovani, D. P. 53. 1. 152; 27 juin 1856, aff. Archer, D. P. 56. 3. 383)...; ou ce motif que la partie l'aurait dispensé d'apporter en personne la copie de l'exploit (Arrêt précité du 8 janv. 1853).

**29.** L'huissier ne peut non plus échapper à l'action civile en dommages-intérêts que lui intentent les autres huissiers de la localité en invoquant la tolérance de la chancellerie et du parquet (Req. 12 févr. 1878, aff. Maxe et Cahen, D. P. 78. 1. 417).

**30.** Faut-il, nécessairement recourir à la procédure de l'inscription de faux pour établir que l'huissier a fait signifier un exploit par un de ses clercs, contrairement aux énonciations de cet acte authentique? La question est controversée (V. *suprà*, v° *Exploit*, n° 108). *Adde :* dans le sens de l'affirmative : Nîmes, 3 août 1880, aff. Guischard, D. P.

---

l'espèce, le magistrat, par lequel a été réglé le montant du mémoire de Berville, était compétent; que, sans doute, le règlement émané de lui pouvait n'être pas accepté par Moreau et Chavarine ès qualités; — Mais que ceux-ci ayant payé sans protestation ni réserve, et n'alléguant, d'ailleurs, aucune fraude commise à leur préjudice, se sont rendus par leur acquiescement non recevables à formuler des critiques ultérieures, car en cette matière, ce qui est d'ordre public, c'est que la taxe soit faite par un magistrat compétent, et non que le montant en soit déféré toujours au contrôle du tribunal, par une opposition de la partie débitrice ou par une assignation de l'officier ministériel. — Attendu que la cour de cassation, par un arrêt du 28 août 1867, a consacré cette solution dans le cas de l'art. 173, relatif aux notaires; que les mêmes raisons, évidemment, existent dans le cas analogue de l'art. 42 relatif aux huissiers, et que, vainement

les premiers juges se fondent, pour décider le contraire, sur un arrêt du 9 janv. 1872; que cet arrêt a été, en effet, rendu dans une espèce où il s'agissait, non pas de frais dus à un huissier en vertu de l'art. 42, ou à un notaire en vertu de l'art. 173, et compétemment taxés par le président ou par un juge seul, mais de frais qui, étant dus à un avoué par son propre client, ne pouvaient être taxés compétemment que par le tribunal lui-même (art. 9 du 2e décret du 16 févr. 1807); que la demande en répétition exercée par Moreau et Chavanne ès qualités était donc non recevable; — Par ces motifs; — Déclare Moreau et Chavanne non recevables dans leur demande, à raison de l'acquiescement par eux donné à la taxe du 1er oct. 1879, complétement faite par le juge qui y a procédé. Du 29 déc. 1881.-C. de Nancy.-MM. Ballot-Beaupré, pr.-Lexer, av. gén.-Mengin et Boulangé, av.

**87. 2. 101).** Aux termes de cet arrêt, les demandeurs prétendraient en vain, pour s'affranchir de cette nécessité, qu'ils n'ont en leur possession aucun des actes incriminés, cette considération ne pouvant prévaloir contre la règle précise posée par l'art. 1319 c. civ.

**31.** L'arrêt de la chambre criminelle de la cour de cassation du 1er avr. 1852, cité *Rép.* n° 65, a été sur nouveau pourvoi confirmé par un arrêt solennel qui a décidé qu'un huissier encourt les peines de suspension et d'amende établies dans l'art. 45 du décret du 14 juin 1813, par cela seul qu'il a chargé un tiers de remettre la copie d'un exploit à signifier, qu'il la lui a livrée, signée par avance, et que ce tiers s'est présenté à la partie en lui faisant connaître son intention de lui notifier l'acte; qu'il n'est pas nécessaire que la remise de la copie ait réellement été effectuée; qu'en conséquence, les peines de l'art. 45 du décret de 1813 sont applicables, quoique, sur le refus de la partie de recevoir la copie à elle présentée par le tiers qui l'avait reçue de l'huissier pour en faire la remise, ce tiers ait repris ou gardé cette copie, et qu'on objecterait vainement qu'il n'existe, en cas pareil, qu'une simple tentative de délit, non punissable aux termes de l'art. 3 c. pén. (Ch. réun. 5 avr. 1853, aff. Drion, D. P. 53. 1. 150).

**32.** Conformément à l'opinion émise au *Rép.* n° 68, il a été jugé que l'huissier qui omet de remettre copie de l'exploit qu'il a été chargé de signifier est, comme celui qui fait remettre ladite copie par un tiers, passible des peines portées par l'art. 45 du décret du 14 juin 1813 (Nîmes, 13 avr. 1877, aff. X..., D. P. 77. 2. 169; Crim. cass. 30 janv. 1879, aff. Proc. gén. de Montpellier, D. P. 79. 1. 383). Le premier de ces arrêts constate formellement que l'exploit mentionnait à tort la remise régulière de la copie; il semble que la même solution ne devrait pas être admise dans le cas où l'exploit serait muet sur cette remise, et que l'art. 45 du décret de 1813 devrait alors être écarté, ce qui n'empêcherait pas le requérant de demander des dommages-intérêts à l'huissier, mandataire infidèle ou négligent; il pourrait même y avoir lieu contre ce dernier à des poursuites disciplinaires.

**33.** Sur la manière dont doivent être écrits les exploits, V. *Rép.* nos 70 et suiv. et *supra*, v° *Exploit*, nos 105 et suiv. — L'Administration a déclaré que les registres de protêts, que les huissiers doivent tenir en exécution de l'art. 176 c. com., échappent à l'application des dispositions du décret du 30 juill. 1862, qui fixent le nombre de lignes et de syllabes toléré au maximum dans les copies de pièces (Délib. adm. enreg. 3 déc. 1862, D. P. 63. 3. 29).

**34.** Sur les obligations des huissiers en matière d'enregistrement (*Rép.* nos 75 et 76), V. *supra*, v° *Enregistrement*, nos 3012, 3029, 3236, et, en particulier, sur le répertoire que la loi de frimaire an 7 exige des huissiers et autres officiers publics (*Rép.* n° 77), V. *supra*, v° *Enregistrement*, nos 3033 et suiv. — Il a été jugé, relativement à ce répertoire, qu'un huissier n'est pas responsable du refus fait par son clerc de communiquer son répertoire et ses minutes au préposé de l'enregistrement, ce clerc ne pouvant être considéré comme le représentant légal de son patron; que l'huissier ne serait passible d'amende qu'autant que le refus du clerc, combiné avec les absences calculées de cet huissier, constituerait celui-ci en état de contravention personnelle (Civ. cass. 21 mars 1848, aff. Léger, D. P. 48. 1. 71).

**35.** Le ministère public, qui a sur la tenue de ce répertoire un droit de surveillance, a-t-il, comme les préposés de l'enregistrement, le droit de le viser? Il a été jugé que le visa apposé sur le répertoire d'un huissier par le juge de paix délégué à cet effet par le procureur de la République est régulier, et, que, par suite, si des actes portant des dates antérieures sont inscrits à la suite de ce visa, il y a autant de contraventions passibles d'amendes que d'actes (Trib. civ. Vannes, 26 janv. 1888, aff. Plunian, D. P. 89. 3. 103).

**§ 2.** — Obligation des huissiers de prêter leur ministère et de se renfermer dans leurs fonctions (*Rép.* nos 81 à 93).

**36.** On a dit au *Rép.* n° 84 que l'huissier ne peut instrumenter pour lui-même. Aux auteurs cités *ibid. adde* :

Rodière, *Traité de compétence et de procédure*, t. 1, p. 272. Et il a été jugé depuis que le principe d'ordre public consacré par l'art. 66 c. proc. civ. qui défend aux huissiers d'instrumenter pour leurs parents ou alliés jusqu'au degré indiqué par la loi, leur interdit, à plus forte raison, d'instrumenter dans leur propre cause à peine de nullité; et que ce principe s'oppose notamment à ce que l'huissier dresse lui-même l'acte de protêt d'un billet à ordre dont il est l'endosseur (Civ. cass. 19 juill. 1875, aff. Thuet, D. P. 75. 1. 408).

**37.** Ainsi qu'on l'a vu au *Rép.* n° 84, un huissier peut instrumenter pour une société anonyme dont il est membre. Il a, depuis, été décidé dans le même sens : 1° qu'un huissier peut instrumenter dans toute contestation où il n'est ni en cause, ni susceptible d'être mis en cause, bien qu'il puisse y avoir quelque intérêt; qu'ainsi l'huissier propriétaire d'actions nominatives dans une société en commandite par actions a le droit d'instrumenter pour le gérant de cette société, sa qualité d'actionnaire ne l'exposant pas à être mis en cause dans les contestations engagées par ce gérant ou contre lui (Civ. cass. 6 janv. 1862, aff. Debève, D. P. 62. 1. 89); — 2° Qu'un huissier peut, de même, instrumenter pour le gérant d'une société en commandite simple dont il fait partie en qualité d'associé commanditaire, « attendu que la société en commandite constitue un être moral ayant une personnalité civile distincte de celle de ses associés; que son administration et l'exercice des actions qui peuvent lui compéter appartiennent exclusivement à son gérant et que les associés commanditaires y demeurent étrangers » (Civ. cass. 22 janv. 1879, aff. Seray-Ducoureau, D. P. 79. 1. 159). V. en sens contraire les arrêts cassés (Douai, 28 juin 1860, sous l'arrêt précité du 6 janv. 1862, et Rouen, 30 avr. 1878, sous l'arrêt précité du 22 janv. 1879).

**38.** Les prohibitions édictées par l'art. 66 c. proc. civ. ne s'appliquent pas aux exploits concernant les affaires portées devant les tribunaux de paix. C'est l'art. 4, § 2, c. proc. civ. qui est applicable en pareil cas, et la défense faite aux huissiers d'instrumenter pour leurs parents est formellement restreinte par cet article aux actes intéressant leurs frères, sœurs ou alliés du même degré. Ainsi, une citation peut être valablement donnée en justice de paix à la requête de son oncle (V. Bioche, *Journal de procédure*, art. 5496; Dutruc, *Supplément aux lois de la procédure* de Carré et Chauveau, v° *Huissier*, n° 36). La même solution paraît applicable au cas de citation en conciliation devant le juge de paix.

**39.** Nous avons dit au *Rép.* n° 88, qu'un huissier fait sagement de s'abstenir de signifier des actes à la partie qui a élu domicile chez lui, mais qu'aucun texte de loi ne le lui défend. Allant plus loin, la cour de cassation a jugé que l'huissier qui, dans un exploit, fait élection de domicile chez lui-même pour la partie à la requête de laquelle il instrumente, se constitue ainsi le mandataire de cette partie à l'effet de recevoir les significations relatives à cet acte et de les faire parvenir à son client, et par suite ne peut, à peine de nullité, faire lui-même des significations à son client, à ce domicile élu et en parlant à sa propre personne; que, spécialement, lorsqu'un huissier, en signifiant un jugement avec commandement, a élu domicile, pour son client, en sa propre demeure, la signification qu'il fait à ce dernier, au domicile ainsi élu et en se parlant à lui-même, de l'appel de ce jugement interjeté par la partie adverse, est nulle (Civ. rej. 14 mars 1854, aff. Caffe, D. P. 54. 1. 114. V. en sens contraire Thomine-Demazures, t. 2, p. 313; n° 801).

**40.** Un huissier doit refuser de signifier un acte contraire au respect dû à la loi et aux bonnes mœurs. Déjà les solutions rapportées au *Rép.* n° 89 étaient, disions-nous, de nature à faire naître pour les huissiers des difficultés très sérieuses. Depuis il a été jugé, avec plus de rigueur encore, que, son ministère n'étant pas forcé quand son refus repose sur une cause valable, un huissier est responsable envers le saisi d'une saisie-arrêt qu'il a faite à la requête d'un créancier sans titre réel; et qu'il allèguerait vainement qu'il n'avait pas à se faire juge de la valeur ou de la régularité du titre apparent qui lui était présenté, alors que le plus simple examen aurait suffi pour l'apprécier (Rouen, 22 août 1878) (1).

**41.** Sur les jours et heures auxquels les huissiers ne peuvent instrumenter (*Rép.* n° 90), V. *suprà*, v° *Exploit*, n°s 27 et suiv., 37 et suiv., 54 et suiv.; — *Rép.* eod. v°, n°s 351 et suiv.; V. aussi *infrà*, v° *Jour férié*; — *Rép.* eod. v°, n°s 27 et suiv.

**42.** Les huissiers sont tenus de se renfermer dans les bornes de leur ministère (*Rép.* n° 91). Par application de cette règle, il a été jugé, que la convention par laquelle un huissier, s'associant avec un adjudicataire de créances, se charge de faire, pour le recouvrement de ces créances, tous actes de son ministère qui seraient nécessaires, avec stipulation qu'il recevra, outre le coût de ses actes, une certaine portion des bénéfices, est nulle, et que la nullité dont elle est frappée la fait tomber non seulement pour l'avenir, mais encore pour le passé; que, dès lors, les parties sont réciproquement sans action, même quant à la liquidation des faits accomplis (Req. 10 janv. 1865, aff. François, D. P. 65. 1. 290). Une pareille convention n'est, d'ailleurs pas seulement contraire à la règle qui interdit aux huissiers de sortir des bornes de leur ministère; elle constitue, en outre, une infraction à l'interdiction qui leur est faite d'instrumenter dans leur intérêt personnel et d'exiger d'autres droits que ceux alloués par le tarif. C'est ce qui ressort des motifs de l'arrêt.

## § 3. — Résidence (*Rép.* n°s 94 à 96).

**43.** Conformément à la jurisprudence rapportée au *Rép.* n° 95, et dont nous avons constaté l'autorité, tout en la critiquant, il a été de nouveau jugé : 1° que le droit de fixer la résidence des huissiers, attribué aux tribunaux de première instance par le décret du 14 juin 1813, emporte virtuellement le droit de la changer, et, pour opérer ce changement, de faire permuter entre eux deux huissiers de cantons différents; qu'une telle décision est souveraine, puisqu'elle est une mesure d'administration qui n'est pas entachée d'excès de pouvoir, et qu'elle ne saurait être attaquée par la voie du recours en cassation (Req. 8 juin 1874) (2); — 2° Que les tribunaux de première instance ont le droit absolu de changer la résidence des huissiers de leur arrondissement ; qu'en conséquence, le changement de résidence

---

(1) (X... C. Delplanque.) — La cour; — Sur l'appel principal; — Attendu que X..., huissier, oppose un double moyen à l'action en dommages-intérêts dirigée contre lui par Delplanque, tuteur des mineurs Broquet, à raison du préjudice causé à ceux-ci par les saisies-arrêts indûment faites sur tous les revenus de ces mineurs, par le ministère de cet officier ministériel agissant à la requête de Broquet père; que l'huissier soutient, d'une part, que son ministère étant forcé, il a dû satisfaire à la réquisition qui lui était adressée par Broquet; de l'autre, qu'un titre apparent de créance lui ayant été présenté par son requérant, il n'avait pas à se faire juge de la valeur ou de la régularité de ce titre, et que la condition prescrite par l'art. 557 se trouvant ainsi, au moins extérieurement remplie, il avait pu procéder aux actes qui lui étaient demandés; — Attendu qu'il n'y a lieu de s'arrêter ni à l'une ni à l'autre de ces moyens; que, d'abord, la raison et le bon sens indiquent que l'huissier ne peut être tenu d'obtempérer à une demande, même si même à une réquisition expresse, tendant à un acte illégal; qu'aussi l'art. 42 du décret du 14 juin 1813, qui impose à l'huissier, sous une sanction déterminée, l'obligation d'exercer son ministère toutes les fois qu'il en est requis, a-t-il soin de spécifier que cette sanction n'est pas applicable lorsque le refus d'instrumenter de l'officier ministériel repose sur une cause valable; — Attendu, en ce qui concerne le second moyen, qu'il est absolument inadmissible que l'huissier, qui connaît la loi et, plus spécialement celle qui régit les actes de son ministère, ne doive pas examiner, et ne soit pas capable d'apprécier si ce qu'on lui présente comme un titre doit être accepté comme tel et autoriser une saisie-arrêt en l'absence de permission de juge; qu'en effet, un officier ministériel ne peut ignorer qu'un titre, comme l'entend l'art. 557 c. proc. civ., c'est-à-dire de nature à autoriser la mesure souvent si préjudiciable de la saisie-arrêt, n'est pas un document quelconque sur lequel le requérant pourra s'appuyer avec plus ou moins de fondement pour faire valoir sa prétendue créance, mais que c'est un acte contenant obligation ou condamnation à la charge de la partie contre laquelle doit être dirigée la saisie-arrêt; — Or, attendu que le plus simple examen aurait suffi pour convaincre l'huissier X... que l'acte du 17 févr. 1873, dont Broquet lui présentait non la grosse, mais simplement une copie signifiée, ne pouvait constituer un titre de créance à son profit contre ses enfants mineurs; que cet acte, en effet, qui avait pour unique objet la liquidation de la succession Daliphard père, entre ses deux enfants, la dame Broquet et la demoiselle Eugénie Daliphard, sa sœur, ne contenait aucune disposition constituant un titre de créance au profit de Broquet contre sa femme; que de cette mention, insérée sous la rubrique du passif, que Broquet, pour dettes diverses, avait payé une somme totale de 4939 fr. 10 cent., on ne pouvait induire que ledit Broquet fût devenu créancier sur sa femme; de pareille somme, alors qu'au chapitre de l'actif il était constaté qu'il avait touché ou qu'il avait eu à sa disposition des sommes plus que suffisantes pour faire ces payements; que ce n'est pas, d'ailleurs, seulement pour les sommes ci-dessus que l'huissier X... a cru pouvoir faire les saisies-arrêts qui lui sont reprochées, mais, en outre, pour une autre somme de 9926 fr. 90 cent., sans autre production que celles de notes et de pièces informes, ne pouvant, sous aucun rapport, recevoir la qualification de titres; — Attendu, d'ailleurs, qu'avec un peu de réflexion, X... aurait compris que Broquet ne devait être créancier ni de sa femme, qui avait obtenu contre lui un jugement de séparation de biens, ni de ses enfants mineurs, de la tutelle desquels sa mauvaise gestion l'avait fait destituer; que le seul titre qui pût le constituer créancier de sa femme était la liquidation intervenue en suite de la séparation de biens, et que cette liquidation le constituait, au contraire, débiteur de 10000 fr.; qu'enfin, le seul acte en vertu duquel il pût apparaître créancier de ses enfants était le compte de tutelle s'il l'avait rendu et si, contre toute vraisemblance, il constatait des avances supérieures aux recettes qu'il avait pu faire ; — Attendu, en résumé, qu'en se prêtant à faire des saisies-arrêts à la demande d'un saisissant qui n'avait ni titre ni permission du juge, au mépris du texte formel des art. 557 et 558 c. proc. civ., X... a commis une faute professionnelle qui, en arrêtant toutes les ressources des mineurs Broquet, a causé à ceux-ci un sérieux préjudice dont, à bon droit, leur tuteur demande la réparation; — Sur l'appel incident : En ce qui concerne la nullité des saisies-arrêts; — Attendu que la mainlevée des saisies-arrêts ayant été prononcée, la déclaration de nullité est sans utilité, le principe des dommages-intérêts se puisant, d'ailleurs, dans l'art. 1382 c. civ., et sans qu'il soit besoin de recourir à l'art. 1031 c. proc. civ.; — Mais en ce qui concerne le chiffre des dommages-intérêts : — Attendu que, pour réparer complètement le préjudice causé, ce chiffre doit être notablement augmenté; qu'il y a d'autant plus lieu de le décider ainsi contre X... que cet huissier, se faisant l'instrument trop docile de Broquet, a multiplié abusivement les saisies-arrêts au point de paralyser toutes les ressources des mineurs, même celles qui pouvaient provenir de locations de minime importance; — Par ces motifs, statuant sur l'appel principal, le déclare mal fondé, le met à néant et confirme le jugement; — Faisant droit à l'appel incident, en ce qui concerne les dommages-intérêts seulement, élève leur chiffre à 500 fr.; condamne X... à payer cette somme à Delplanque, au nom qu'il agit.

Du 22 août 1878.-C. de Rouen, 2e ch.-MM. Lehucher, pr.-Bligny, av. gén.-Marais et Gosset, av.

(2) (Banquier.) — La cour ; — Sur le moyen unique tiré du pourvoi, pris d'un excès de pouvoir, en ce que le tribunal de Vesoul ne pouvait faire permuter deux huissiers de son ressort, ni par mesure de discipline, ni par mesure d'administration judiciaire; — Attendu que la délibération prise, le 7 août 1873, par le tribunal de première instance de Vesoul, réuni en assemblée générale, constitue non une décision disciplinaire, mais un acte d'administration judiciaire; que si une nouvelle résidence est assignée à l'huissier Banquier, qui permute avec l'huissier Poulet, ce n'est pas à titre de peine; qu'il est expliqué que cette mesure est dictée dans l'intérêt du service et des justiciables; — Attendu qu'aux termes des art. 16, 17 et 18 du décret du 14 juin 1813, il appartient aux tribunaux de première instance de fixer la résidence des huissiers, soit dans le chef-lieu d'arrondissement, soit dans l'un des chefs-lieux de canton, soit même dans l'une des communes les plus rapprochées de ces chefs-lieux de canton; que le droit de fixer la résidence emporte virtuellement le droit de la changer, et, pour opérer ce changement, de faire permuter entre eux, s'il est nécessaire, deux huissiers de cantons différents; — Attendu que les délibérations prises par les tribunaux de première instance en matière d'administration judiciaire et dans la limite de leurs pouvoirs sont souveraines et qu'elles ne sauraient être attaquées par la voie du recours en cassation; — Et, attendu que, dans l'espèce, le tribunal de Vesoul, en fixant par la délibération attaquée à Corre la résidence de l'huissier Banquier, en même temps qu'il fixait à Rioz celle de l'huissier Poulet, en faisant ainsi permuter entre eux ces deux officiers ministériels, n'a fait qu'user des pouvoirs qui lui étaient conférés par les articles précités du décret du 14 juin 1813; que, dès lors, le pourvoi n'est pas recevable ; — Rejette, etc.

Du 8 juin 1874.-Ch. req.-MM. Nachet, f. f. pr.-Petit, rap.-Reverchon, av. gén., c. conf.-Brugnon, av.

de l'un d'eux, ordonné par un tribunal, ne saurait donner à cet huissier le droit de réclamer en justice une indemnité (Lyon, 8 févr. 1882, aff. Bossut, D. P. 82. 2. 215).

Ce dernier arrêt décide avec raison, selon nous, que si, dans le but de faciliter le transfert de résidence de l'un de leurs collègues, les huissiers d'un canton s'engagent à payer une indemnité à celui dont la nouvelle résidence sera fixée en un certain lieu, il n'appartient pas au tribunal de modifier les termes de cet engagement et d'allouer l'indemnité offerte à un autre officier ministériel de l'arrondissement.

**44.** Une décision de la chancellerie du 12 déc. 1878 (*Bull. min. just.* 78, p. 131) reconnaît le pouvoir absolu des tribunaux en cette matière et en conclut qu'une cour d'appel qui défend à un huissier de se rendre dans la résidence qui lui a été assignée par le tribunal méconnaît les principes établis par l'art. 16 du décret du 14 juin 1813, et commet un excès de pouvoir qui pourrait motiver l'annulation de sa délibération. — Une autre décision en date du 16 nov. 1852 (Gillet et Demoly, t. 2, p. 207) avait déclaré qu'un huissier ne peut, dans le but de changer de résidence, céder son office et acquérir en même temps un autre office d'huissier dans le même arrondissement : ce serait porter indirectement atteinte aux prérogatives du tribunal, qui a spécialement dans ses attributions le droit de fixer la résidence de ses huissiers.

**45.** Contrairement à la solution adoptée par un arrêt de la cour de Rouen du 16 juin 1845 cité au *Rép.* n° 96, il a été depuis jugé que la stipulation entre deux huissiers d'un même arrondissement échangeant leurs résidences respectives, avec l'autorisation du tribunal, d'une soulte à payer par l'un d'eux à l'autre ne constitue pas un traité en matière de cession d'office soumis à l'approbation du Gouvernement ; qu'elle est licite et doit recevoir son exécution, alors même qu'elle n'aurait pas été soumise au tribunal qui a autorisé ce changement de résidence (Civ. rej. 15 mars 1865, aff. Laflèche, D. P. 65. 1. 87).

ART. 5. — *Responsabilité des huissiers* (*Rép.* n°⁵ 97 à 116).

**46.** Nous avons dit au *Rép.* n°⁵ 98, 107, 108, que si, en principe, l'huissier est responsable des vices de forme des actes par lui signifiés, la responsabilité peut parfois peser sur l'avoué qui l'a chargé de la signification. Il a été, depuis, jugé, en ce sens, que les huissiers sont tenus, à moins de motifs graves qu'il appartient à la justice d'apprécier, de transcrire, dans leurs exploits, la rédaction des actes introductifs d'instance ou tenant au fond du droit, telle qu'elle a été arrêtée et lui a été remise par la partie ; qu'en conséquence, lorsqu'un avoué remet à un huissier un exploit d'appel tout rédigé sur papier timbré, les vices de forme qui peuvent se rencontrer dans cet exploit et en ont entraîné la nullité, engagent la responsabilité de l'avoué, seul auteur de la rédaction vicieuse, et non celle de l'huissier dont le rôle s'est borné, en ce cas, à la signification de l'acte (Lyon,

5 août 1865, aff. M⁰. L..., D. P. 67. 2. 135). — Sur pourvoi contre cet arrêt, la cour de cassation a déclaré qu' « aux termes de l'art. 71 c. proc. civ. les conséquences de responsabilité à l'égard de l'officier ministériel dont l'exploit aurait été annulé, dépendent des circonstances et sont par conséquent abandonnées à l'appréciation du juge »; et que la cour de Lyon n'avait fait qu'user du droit d'appréciation souveraine que lui donnait la loi (V. au surplus sur cette même question *Rép.* n° 107).

**47.** L'huissier répondant du dommage qu'il cause lorsqu'il ne remplit qu'incomplètement son mandat (*Rép.* n° 100), il a été jugé que celui qui se borne à énoncer dans une assignation qu'il s'agit *d'un acte de dépaissance accompli dernièrement* peut être déclaré responsable des frais de cet exploit annulé par sa faute, comme n'indiquant pas suffisamment l'objet de la demande ainsi que de la procédure qui l'a suivi, et être condamné, en outre, à des dommages-intérêts, alors surtout qu'il a reçu, de la partie, les indications nécessaires pour la rédaction régulière de l'acte (Req. 15 févr. 1879, aff. Jacob, D. P. 80. 1. 198).

**48.** La responsabilité de l'huissier est, à plus forte raison, engagée quand il s'est purement et simplement abstenu de remplir son mandat. Il a été jugé que l'huissier qui, ayant reçu des pièces et faisant présumer par son silence qu'il a accepté de se charger des poursuites qui lui sont prescrites (V. *suprà*, n° 10), reste inactif, engage sa responsabilité comme n'accomplissant pas le mandat qu'il a reçu, et est tenu à des dommages-intérêts vis-à-vis du client, en raison de l'insolvabilité du débiteur survenue pendant son inaction, et que sa responsabilité est engagée, alors même que les pièces lui ont été envoyées sans provision, et avec l'ordre de procéder devant une juridiction incompétente, son devoir étant, soit de ne pas garder les pièces ici, à défaut de provision, s'il ne voulait pas agir, soit de faire connaître au client la question de compétence qui l'empêchait d'exécuter l'ordre, tel qu'il lui était donné (Civ. rej. 20 nov. 1888, aff. Raphel, D. P. 89. 1. 413).

**49.** D'autre part (*Rép.* n° 100), l'huissier ne doit pas non plus outrepasser son mandat ; c'est par application de cette règle que l'huissier qui, chargé de saisir-gager les meubles d'un locataire principal, saisit ceux d'un sous-locataire, malgré la production de la quittance du prix de la sous-location, a été jugé responsable envers le propriétaire, son commettant, du préjudice occasionné par cette faute (Req. 9 juill. 1879, aff. Blavier, D. P. 80. 1. 388).

**50.** Conformément aux principes généraux admis en matière de mandat, il a été jugé que l'huissier qui établit un gardien des objets saisis n'est pas tenu personnellement du salaire de ce gardien, quand bien même il n'aurait pas fait connaître le nom du créancier saisissant, la qualité d'officier ministériel en laquelle il agissait visiblement suffisant pour avertir le gardien qu'il n'agissait que comme mandataire d'un client (Bordeaux, 2 juill. 1868) (1).

**51.** Conformément à la jurisprudence rapportée au *Rép.*

---

(1) (Phelipot *C.* Maurin.) — LA COUR ; — Attendu, en fait, qu'à la suite d'un procès-verbal de saisie-exécution pratiquée le 10 déc. 1866, à la requête d'un sieur Martinaud, sur les meubles et effets appartenant au sieur Gallat, par l'huissier Phelipot, et après les formalités prescrites par la loi pour procéder à la vente des objets saisis, cet officier ministériel avait fait transporter lesdits objets, le 18 du même mois, sur la place publique de Cognac, où ils devaient être vendus le lendemain 19 ; — Attendu que, ce jour 19 décembre, un sieur Jeannaud, qui avait fait pratiquer précédemment une saisie immobilière au préjudice du sieur Gallat, fit opposition à la vente, sur le motif que plusieurs des objets saisis à la requête de Martinaud étaient des immeubles par destination ou immobilisés par la saisie, et assigna en référé, pour le même jour, Martinaud, pour voir prononcer des inhibitions provisoires à la vente, et devant le tribunal pour voir annuler la saisie-exécution en ce qu'elle portait sur les objets dont il vient d'être parlé ; — Attendu qu'à l'heure indiquée, les parties comparurent en personne devant le président, au moins en ce qui concerne Martinaud ; que ce magistrat ordonna qu'il serait sursis à la vente des objets saisis-exécutés, jusqu'à ce qu'il eût été statué par le tribunal sur le mérite de l'opposition ; qu'il ordonna de plus qu'il serait pris par Martinaud telles mesures qu'il aviserait pour la conservation desdits objets qui resteraient à ses risques et périls ; — Attendu qu'il paraît certain que Martineaud ne se conforma ni aux obligations que lui imposait sa

qualité de créancier saisissant, ni aux prescriptions de l'ordonnance du référé, et que les objets saisis restèrent abandonnés sur la place publique jusqu'à une heure assez avancée de la soirée, heure à laquelle, d'après les qualités du jugement dont est appel, les injonctions du président du tribunal lui-même, adressées à Phelipot, qui avait opéré la saisie, provoquèrent les mesures qui furent prises pour assurer leur conservation ; — Que c'est ainsi que ces objets furent confiés par Phelipot au sieur Maurin, qui consentit à s'en charger moyennant une salaire convenu ; — Attendu que c'est dans cet état de choses que se présente la question de savoir si, dans ces agissements, Phelipot a procédé en son nom personnel, ou bien si, ayant agi en non qualifié comme mandataire de Martinaud, il a le droit de renvoyer à ce dernier tout ce que le mandat entraîne de droits et d'obligations ; — Attendu qu'aux termes de l'art. 1997 c. civ., le mandataire qui a donné à la partie avec laquelle il contracte une suffisante connaissance de ses pouvoirs, n'est tenu personnellement à aucune garantie ; qu'il est reconnu par la jurisprudence et par la doctrine que cette connaissance suffisante de l'existence du mandat au nom duquel agit le mandataire peut résulter des faits et des circonstances, et que cette question de fait est abandonnée à l'appréciation des tribunaux ; — Attendu que le sieur Maurin est domicilié à Cognac, où demeure également l'huissier Phelipot ; qu'il est impossible d'admettre qu'il ait ignoré que les objets dont la garde lui était

n° 102, il a été de nouveau jugé : 1° que lorsque la nullité de l'acte d'appel provient de la faute de l'huissier, celui-ci doit supporter le coût de l'acte ; mais qu'il ne peut être condamné à de plus amples réparations, s'il est établi que le jugement frappé d'appel aurait dû être confirmé et que la nullité imputable à l'huissier n'a en réalité causé aucun préjudice (Bordeaux, 18 juin 1886, aff. Froidefond, D. P. 88. 2. 189) ; — 2° Que lorsqu'un acte d'appel est nul par la faute de l'huissier, celui-ci peut être mis en cause et être condamné à réparer le dommage conformément à l'art. 1382 c. civ. ; mais que, pour savoir s'il y a eu préjudice, les juges doivent rechercher si, sur un appel valable, le jugement eût été ou non confirmé (Limoges, 10 févr. 1888, aff. Caisse commerciale, D. P. 89. 2. 261, et sur pourvoi, Req. 17 juill. 1889, D. P. 90. 1. 485). — V. aussi dans le même sens : Grenoble, 25 juin 1875, aff. Labrot, D. P. 80. 2. 225, note ; Bourges, 15 avr. 1889, aff. Dumas, D. P. 91. 2. 43). Au coût de l'acte, un arrêt (Caen, 16 mars 1864, rapporté *suprà*, v° *Exploit*, n° 100) ajoute les frais de la mise en cause de l'huissier ; ce n'est que l'application de la règle qui met les dépens à la charge de la partie qui succombe.

**52.** Il a été jugé que les frais d'une procédure criminelle annulée et recommencée par suite des irrégularités dans les notifications sont à la charge de l'huissier qui les a commises (Crim. cass. 29 déc. 1882, aff. Aury, D. P. 83. 1. 288).

**53.** Indépendamment de la responsabilité spéciale édictée contre les huissiers, en cas de nullité par l'art. 1031 c. proc. civ. ou de la responsabilité qu'il contracte envers son mandataire (*suprà*, n°s 47 et suiv.), ces officiers ministériels sont tenus de la responsabilité générale résultant de leurs quasi-délits ; mais cette responsabilité est subordonnée, d'après le droit commun, à la preuve d'une faute, d'une imprudence ou d'une négligence. Il a été jugé qu'un huissier ne saurait être recherché à raison de ce qu'il a compris un même immeuble dans deux saisies immobilières successives, s'il a été induit en erreur par un ensemble de circonstances dont il serait injuste de lui imputer la responsabilité, spécialement par le silence ou l'inexactitude de la matrice cadastrale, et si, d'ailleurs, il n'a fait que se conformer de bonne foi aux instructions de son requérant (Riom, 28 nov. 1888, aff. Cornillon, D. P. 90. 2. 240).

**54.** Conformément au principe énoncé au *Rép.* n° 114, que la compétence des tribunaux civils de première instance, relativement aux demandes en dommages-intérêts ou restitutions dirigées contre les huissiers à raison de faits accomplis dans l'exercice de leurs fonctions, est exclusive et d'ordre public, il a été jugé que cette compétence existe encore bien que le taux de la demande n'excéderait pas celui de la compétence des juges de paix (Civ. cass. 25 avr. 1853, aff. Maupin, D. P. 53. 1. 273).

Toutefois, la jurisprudence admet que, lorsqu'un acte d'appel est annulé pour vice résultant de la faute de l'huissier, la cour d'appel est compétente pour statuer sur l'action en garantie dirigée contre lui (V. *Rép.* n° 115, et les arrêts cités *suprà*, n° 51, sol. impl.).

**55.** La contrainte par corps a été abolie d'une manière générale en matière civile et, par conséquent, pour les cas spéciaux aux huissiers (*Rép.* n° 116) par la loi du 22 juill. 1867, art. 1er et 10. — Quant aux faits de charge que leur cautionnement garantit, V. *suprà*, v° *Cautionnement de fonctionnaires*, n° 9 ; — *Rép. eod.* v°, n°s 63 et suiv.

ART. 6. — *Chambre de discipline.* — *Mesures disciplinaires* (Rép. n°s 117 à 124).

**56.** Rappelons d'abord que le décret des 13-26 oct. 1870 (*suprà*, n° 1) a confié la nomination du syndic à la chambre de discipline elle-même. La chambre doit choisir le syndic dans son sein et, par conséquent, l'huissier, qui a été déjà membre de la chambre pendant trois ans, ne pouvant plus en faire partie, ne saurait être nommé syndic (Décis. du garde des sceaux des 19 déc. 1876 et 3 janv. 1877, Bull. min. just., 1877, p. 5). — Doit être annulée l'élection du syndic qui a été faite, non par la chambre, mais par une assemblée générale (Décis. du 12 janv. 1877, ibid.).

**57.** Une délibération par laquelle des huissiers avaient nommé en 1877 membres de la chambre de discipline deux huissiers en en faisaient partie, l'un depuis 1872, l'autre depuis 1874, tandis qu'un autre huissier n'y avait pas été appelé depuis 1875, a été annulée comme violant les dispositions des art. 62, 63 et 64 du décret du 14 juin 1813, qui portent : 1° que les chambres de discipline des huissiers doivent être renouvelées par tiers tous les ans ; 2° que les membres sortants ne sont rééligibles qu'après une année d'intervalle ; 3° qu'aucun d'eux ne peut continuer à faire partie de la chambre pendant plus de trois ans ; 4° qu'enfin si le nombre des huissiers ne permet pas de se conformer à cette règle, le renouvellement doit se produire tout au moins jusqu'à concurrence du tiers restant (Arrêté du garde des sceaux du 21 déc. 1877, Bull. min. just., 1878, p. 2).

**58.** Relativement à la composition de la chambre de discipline, la chancellerie a encore décidé que, dans le cas où le nombre des huissiers du ressort étant de vingt au moins, la chambre doit être élue parmi les plus anciens huissiers qui forment la moitié du nombre total, l'ancienneté dans l'arrondissement où l'on est en exercice doit seule être prise en considération pour former la liste des membres de la compagnie ; qu'il n'est pas tenu compte de l'exercice des mêmes fonctions dans un autre arrondissement, ni même d'une première période d'exercice dans l'arrondissement suivie de la démission et du rachat d'un autre office (Décis. 22 déc. 1876, Bull. min. just. 1877, p. 6).

**59.** Nous n'avons que peu de chose à ajouter à ce qui a été dit au *Rép.* n°s 117 et suiv. sur les attributions de la chambre de discipline, et *Rép.* n°s 118 et suiv. sur le pouvoir disciplinaire des tribunaux. Il a été jugé, depuis : 1° que la chambre de discipline des huissiers qui se borne à déclarer qu'un huissier « a manqué gravement à l'ordre et à la discipline en pactisant et en prêtant son ministère à un notaire pour faire, de compte à demi, une vente exclusivement attribuée aux huissiers, en faisant à ce notaire, sans qualité, remise de moitié des honoraires accordés par la loi, et en enlevant, par ce procédé peu délicat, à l'huissier habituel du poursuivant, la vente dont il s'agit », se renferme dans ses attributions en prononçant contre cet huissier une peine disciplinaire à raison de ces faits (Civ. rej. 8 févr. 1869, aff. Samson, D. P. 74. 5. 285) ; — 2° Qu'une chambre de discipline des huissiers ne commet pas un excès de pouvoir en appliquant une peine disciplinaire à l'huissier qui, à la suite de débats avec sa servante, a refusé le payement des gages auxquels il a été condamné envers celle-ci, et qui, après des procédures inutiles et au mépris des engagements contractés par lui devant le délégué de la chambre, n'a pas voulu régler son compte avec cette femme (Req. 23 févr. 1887, aff. Amours, D. P. 87. 1. 396).

**60.** Une communauté d'huissier ne peut, en procédant

---

confiée, lesquels étaient demeurés exposés toute la journée sur la place publique, provinssent d'une saisie ; que la qualité officielle de Phelipot, qu'il devait connaître, lui remettant le soin de les conserver, l'avertissant suffisamment que cet acte, de sa part, n'était que la continuation du mandat judiciaire dont il avait été investi par un client quelconque ; que l'heure indue du dépôt, la précipitation avec laquelle il se faisait, ne permettaient pas de douter que cet homme eût été fournies par cet officier ministériel sur les circonstances et les incidents judiciaires de la journée ; — Que vainement Maurin prétend que Phelipot ne lui a pas fait connaître le nom de Martinaud ; qu'il n'est pas nécessaire que Phelipot lui ait fait connaître le nom et la personne de Martinaud, au nom duquel il agissait ; qu'il suffit qu'il

ait su qu'il n'agissait pas en son nom personnel ; qu'il est donc présumé avoir moins suivi la foi de Phelipot, pris en nom privé, que celle de l'officier ministériel qui, agissant en sa qualité, au nom d'un créancier saisissant, assurait une rentrée plus certaine aux salaires qui lui seraient dus comme gardien et séquestre des objets saisis ; que c'est à tort, par conséquent, et par une fausse appréciation des faits de la cause, que le jugement dont est appel a déclaré Phelipot responsable vis-à-vis du Maurin des frais de garde et de conservation des objets saisis à lui confiés, et l'a condamné à en payer le montant ; — Par ces motifs, réformant, etc.

Du 2 juill. 1868.-C. de Bordeaux, 4e ch.-MM. du Périer de Larsan, pr.-Descoubès et Trarieux, av.

au renouvellement de sa chambre de discipline, prendre une délibération dans laquelle elle tarife les démarches et diligences des huissiers dans certains cas, notamment en matière de transaction amiable et de recouvrement de créances en dehors de poursuites (Trib. civ. de Limoges, 10 janv. 1861, aff. Huissiers de Limoges, D. P. 61. 5. 256).

**61.** Il a été jugé : 1° que le rapporteur de la chambre de discipline des huissiers fait partie intégrante de la chambre et doit prendre part à ses délibérations, même dans les affaires qu'il lui a déférées d'office (Civ. rej. 8 févr. 1869, aff. Samson, D. P. 74. 5. 285); — 2° Que la décision prononcée sans que le rapporteur ait été entendu est nulle, cette formalité substantielle ne pouvant être remplacée par un simple exposé des faits par le syndic (Civ. cass. 22 janv. 1879) (1).

**62.** Sur les pouvoirs disciplinaires des tribunaux à l'égard des huissiers, V. *Rép.* n°s 118 et suiv., et *suprà*, v° *Discipline judiciaire*, n°s 22, 36 et suiv.

**63.** Il n'appartient pas au garde des sceaux de prononcer contre un huissier l'aggravation d'une peine résultant d'une délibération de la chambre syndicale, parce que ces délibérations ne lui sont pas déférées par le décret du 30 mars 1808 (Décis. 24 avr. 1852, Gillet et Demoly, t. 2, p. 196).

### Art. 7. — *Bourse commune; Associations* (*Rép.* n°s 125 à 137).

**64.** Après avoir exposé ce qu'était la bourse commune et de quelles ressources elle s'alimente (*Rép.* n° 126 et suiv.) nous avons dit (*Rép.* n° 135) que les obligations relatives à cette bourse sont sanctionnées par une amende de 100 fr. Il a été jugé à cet égard que l'huissier qui n'a pas effectué son versement à la bourse commune dans la quinzaine qui suit l'expiration du trimestre est passible de l'amende prononcée par l'art. 98 du décret du 14 juin 1813, cet article n'ayant pas été abrogé par l'ordonnance du 26 juin 1822 qui a seulement modifié les conditions de versement à la bourse commune et la destination qu'elle devait recevoir, et que le ministère public a le droit de poursuivre l'application de cette amende (Grenoble, 24 mars 1863, 3 arrêts, aff. X... Y... Z..., D. P. 63. 5. 203).

**65.** Nous avons dit au *Rép.* n° 132 que les huissiers audienciers ne versent à la bourse commune aucune portion de leur traitement, mais que pour leurs émoluments les dispositions de l'ordonnance de 1822 leur sont applicables. Toutefois, il a été jugé : 1° que l'ordonnance du 26 juin 1822, sur la bourse commune des huissiers, n'a pas abrogé les dispositions antérieures aux termes desquelles les émoluments afférents aux significations d'avoué à avoué appartiennent exclusivement aux huissiers audienciers de la cour ou du tribunal où ils ont été perçus, et doivent être partagés également entre eux tous; que ces dispositions ne comportent, d'ailleurs, aucune distinction, et s'appliquent aussi bien aux significations faites à l'extraordinaire et à l'heure datée, qu'à celles qui sont faites à l'ordinaire (Nîmes, 25 mars 1878, aff. Huissiers audienciers près la cour de Nîmes, D. P. 79. 2. 123); — 2° Que l'ordonnance du 26 juin 1822 n'a pas abrogé la disposition du décret du 14 juin 1813, d'après laquelle le produit total des émoluments réservés aux huissiers audienciers doivent être partagés entre eux; qu'ainsi, ces huissiers doivent partager entre eux les émoluments des appels de cause, des significations d'avoué à avoué, et des originaux et copies des actes relatifs aux poursuites criminelles et correctionnelles, autres que les significations à parties et assignations à témoins.... Sauf, pour les originaux des actes relatifs aux poursuites criminelles et correctionnelles, le prélèvement de la partie des émoluments qui, d'après l'ordonnance de 1822, doit être versée dans la bourse commune (Trib. de Céret, 21 juin 1882, aff.

(1) (Boissy.) — LA COUR ; — Sur le troisième moyen : — Vu l'art. 86 du décret du 14 juin 1813, ainsi conçu : « La chambre ne pourra prononcer ni émettre son avis sur aucune affaire qu'après avoir entendu le rapporteur » ; — Attendu qu'aux termes de l'article susvisé, la chambre de discipline des huissiers ne peut prononcer sur aucune action disciplinaire qu'après avoir entendu le rapporteur; que cette formalité, en vue des droits de la défense est substantielle; qu'elle ne peut être remplacée par un simple exposé des faits par le syndic dont le décret pré-

Pey, D. P. 83. 3. 87). En effet, cette ordonnance n'a apporté au décret de 1813, en ce qui concerne l'exemption de contribution à la bourse commune, qui est accordée aux huissiers audienciers, qu'une modification; son art. 2 ordonne à ces huissiers de verser à la bourse commune une quote-part des émoluments qui leur sont attribués pour les originaux des actes relatifs aux poursuites criminelles et correctionnelles, quote-part dont la fixation, dans certaines limites, est laissée à la communauté des huissiers.

### Art. 8. — *Des huissiers audienciers* (*Rép.* n°s 138 à 164).

**66.** Ainsi qu'on l'a vu au *Rép.* n° 139, les cours d'appel ainsi que les tribunaux civils d'arrondissement et les tribunaux de commerce, ont le droit de choisir les huissiers chargés du service intérieur de leurs audiences. L'exercice de ce droit a donné lieu entre le tribunal civil et le tribunal de commerce de Périgueux à un conflit qui a été tranché par un arrêt de la cour de cassation. Cet arrêt décide que la cour d'appel, le tribunal civil et le tribunal de commerce ne peuvent procéder au choix de leurs huissiers audienciers qu'au mois de novembre de chaque année et en suivant les règles de hiérarchie auxquelles ces corps judiciaires sont soumis, de telle sorte que celui d'entre eux qui est appelé à faire ce choix le dernier ne désigne que des huissiers non encore élus comme audienciers par les autres corps; que, par suite, est entachée d'excès de pouvoir la délibération par laquelle le tribunal de commerce désigne ses audienciers dès le mois d'octobre, sans attendre les choix du tribunal civil; enfin, que le choix des huissiers audienciers devant être fait par chaque tribunal au mois de novembre pour la durée de l'année judiciaire seulement, un tribunal ne peut décider, par voie de règlement, que les huissiers désignés par lui comme audienciers resteront attachés à son service d'une manière permanente et sans être soumis au renouvellement annuel (Req. 14 juill. 1873, aff. Trib. com. de Périgueux, D. P. 73. 1. 419).

#### § 1. — Huissiers audienciers de la cour de cassation et du conseil d'État (*Rép.* n°s 146 à 148).

**67.** Conformément à la jurisprudence rapportée au *Rép.* n° 147, et malgré les objections sérieuses qu'on peut faire à ce système (V. *ibid.*), il a été de nouveau jugé que les huissiers près la cour de cassation ont seuls le droit de faire, dans la ville où siège cette cour, les significations relatives aux affaires de sa compétence, et spécialement la signification d'un arrêt d'admission; qu'en conséquence, la signification d'un arrêt d'admission, faite à Paris par un huissier autre que ceux exerçant près la cour de cassation, est nulle, et que le demandeur doit être déclaré déchu de son pourvoi, si les délais de cette signification sont expirés avant qu'elle n'ait été réitérée d'une manière régulière; et qu'il en est ainsi, alors même que, s'agissant d'une signification faite à un syndic, l'huissier duquel elle émane aurait eu le pouvoir d'instrumenter à l'égard du failli non domicilié à Paris (Civ. rej. 8 mai 1850, aff. Nanin, D. P. 54. 5. 417).

#### § 2. — Huissiers audienciers des cours d'appel et des cours d'assises (*Rép.* n°s 149 à 152).

**68.** V. *Rép.* n°s 149 et suiv.

#### § 3. — Huissiers audienciers des tribunaux de première instance (*Rép.* n°s 153 à 156).

**69.** V. *Rép.* n°s 153 et suiv.

daté détermine les fonctions et les attributions; — Attendu, en fait, qu'il ne résulte d'aucune énonciation du procès-verbal qui précède la décision attaquée, ni de la décision elle-même, que le rapporteur ait été entendu par la chambre de discipline; que l'omission de cette formalité entraîne la nullité de la décision prononcée contre Boissy : — Par ces motifs, et sans qu'il soit besoin de statuer sur les autres moyens du pourvoi; — Casse, etc. Du 22 janv. 1879.-Ch. civ.-MM. Mercier, 1er pr.-Greffier, rap.-Desjardins, av. gén.-Aguillon, av.

§ 4. — Huissiers audienciers des tribunaux de commerce — (*Rép.* n°s 151 à 158).

**70.** Il résulte d'une décision de la chancellerie du 13 févr. 1878 (*Bull.* 1878, p. 7) que les huissiers attachés à un conseil de prud'hommes (*Rép.* n° 158) ne peuvent réclamer, pour chaque citation devant le conseil qu'un droit fixe de 1 fr. 25 cent., le paragraphe 13 de l'art. 21 du décret de 1807 qui alloue aux huissiers de justice de paix le quart de l'original pour chaque copie ne leur étant pas applicable.

§ 5. — Huissiers des juges de paix et des tribunaux de simple police (*Rép.* n°s 159 à 164).

**71.** V. *Rép.* n°s 159 et suiv.

ART. 9. — *Des huissiers commis* (*Rép.* n°s 165 à 169).

**72.** Parmi les cas où les significations doivent être faites par huissiers commis, nous avons cité celles des jugements par défaut (*Rép.* n° 103). On s'est demandé si l'art. 16 de la loi du 25 mai 1838, en attribuant d'une façon générale aux huissiers du canton le droit que le code de procédure civile réservait à l'huissier de la justice de paix, avait retiré au juge de paix le droit que lui reconnaissait l'art. 20 de commettre un huissier pour les significations des jugements par défaut au lieu de ses audiences. Mais, conformément à

une pratique universelle et constante, la cour de cassation a jugé que tous les jugements rendus par défaut par les juridictions civiles doivent être signifiés par huissiers commis; qu'en conséquence, et quelle que soit d'ailleurs la sanction de l'infraction à cette règle quant à la validité de l'acte, l'huissier qui signifie un jugement par défaut rendu par un juge de paix, alors qu'un autre huissier a été commis dans le jugement pour faire cette notification, commet une faute qui l'oblige à réparer le préjudice qu'il a ainsi causé à l'huissier commis (Req. 1er févr. 1882, aff. Heitz, Darcot et autres, D. P. 82. 1. 113).

**73.** Les cas où le juge peut et doit commettre un huissier pour une signification ne doivent pas être étendus par voie d'analogie ou autrement; c'est ainsi qu'il a été décidé que le juge de paix, requis de permettre la citation devant les membres d'un conseil de famille et de fixer le jour de la réunion, n'a pas le pouvoir de commettre; dans l'ordonnance rendue sur cette requête, un huissier (celui de la justice de paix, par exemple) par le ministère duquel seraient obligatoirement délivrées les citations, et qu'en pareil cas, le requérant est fondé, après une demande infructueuse de rétractation, à attaquer l'ordonnance par voie d'appel devant le tribunal civil pour faire respecter son droit de confier la signification des citations à un huissier de son choix (Trib. civ. Rouen, 26 mars 1866, aff. Desguées, D. P. 67. 3. 87).

## Table sommaire

des matières contenues dans le Supplément et le Répertoire.

(Les chiffres précédés de la lettre S renvoient au Supplément; les chiffres précédés de la lettre R renvoient au Répertoire.)

## Table chronologique des Lois, Arrêts, etc.

**IMAGE.** — V. *Presse-outrage* ; — *Rép.* eod. v°, n°⁸ 625 et suiv.

**IMMATRICULE.** — V. *Exploit*, n° 219; *Notaire* ; — *Rép.* v¹ˢ *Appel civil*, n°ˢ 200 et suiv.; *Cassation*, n°ˢ 1142 et suiv. ; *Consul*, n°ˢ 49 et suiv. ; *Exploit*, n°ˢ 17, 48, 56, 131, 138 et suiv., 655 ; *Huissier*, n°ˢ 10 et suiv.

**IMMIXTION.** — V. *Bourse de commerce*, n° 36 ; *Droit politique*, n°ˢ 544 et suiv. ; *Fonctionnaire public*, n°ˢ 24 et suiv. ; *Société; Succession* ; — *Rép.* v¹ˢ *Bourse de commerce*, n°ˢ 155 et suiv.; *Droit politique*, n°ˢ 987 et suiv. ; *Faux*, n° 162 ; *Fonctionnaire public*, n°ˢ 118 et suiv. ; *Société*, n°ˢ 569, 1350 et suiv.

**IMMOBILISATION.** — V. *Biens*, n°ˢ 15, 28 et suiv., 40 et suiv.; *Enregistrement*, n°ˢ 1398 et suiv.; *Ordre; Privilèges et hypothèques; Saisie immobilière* ; — *Rép.* v¹ˢ *Biens*, n°ˢ 68, 193,.221 et suiv.; *Contrat de mariage*, n° 139; *Enregistrement*, n°ˢ 2883 et suiv.

**IMMUNITÉS.** — V. *Agent diplomatique*, n°ˢ 32 et suiv.; *Avocat*, n°ˢ 94 et suiv. ; *Consul*, n°ˢ 7 et suiv. ; — *Rép.* v¹ˢ *Agent diplomatique*, n°ˢ 136 et suiv. ; *Avocat*, n° 347 ; *Consul*, n°ˢ 32 et suiv., 96.

**IMPENSES.** — *Contrat de mariage*, n°ˢ 557 et suiv. ; *Privilèges et hypothèques* ; *Propriété; Usufruit;* — *Rép.* v¹ˢ *Absent*, n° 621 ; *Contrat de mariage*, n°ˢ 1488 et suiv. ; *Domaine apanager*, n° 72 ; *Chose jugée*, n° 192 ; *Echange*, n° 39 ; *Privilèges et hypothèques*, n°ˢ 1945 et suiv., 2187 ; *Propriété*, n°ˢ 385 et suiv.; *Usufruit*, n°ˢ 248 et suiv., 504, 738 et suiv.

**IMPORTATION.** — V. *Arme*, n° 30; *Brevet d'invention*, n°ˢ 239 et suiv., 272 et suiv. ;. *Douanes*, n°ˢ 161 et suiv. ; *Sucre ; Vins et boissons* ; — *Rép.* v¹ˢ *Armes*, n° 24 ; *Brevet d'invention*, n°ˢ 17 et suiv., 264 et suiv. ; *Douanes*, n°ˢ 259 et suiv.

**IMPOSSIBILITÉ.** — V. *Acte de l'état civil*, n° 322; *Force majeure*, n°ˢ 2, 30, 34 et 44 ; *Obligations; Paternité et filiation;* — *Rép.* v¹ˢ *Actes de l'état civil*, n°ˢ 137 et 365 ; *Déni de justice*, n° 17 ; *Force majeure*, n°ˢ 3, 34-3°, 43 et suiv. ; *Mandat*, n° 483 ; *Paternité et filiation*, n°ˢ 13, 43, 63 et suiv., 112 et 181.

## IMPOTS.

### Division.

§ 1. — Notions économiques (n° 1).
§ 2. — Historique et législation (n° 2).
§ 3. — Droit actuel, principes généraux en matière d'impôts (n° 4).

---

### § 1ᵉʳ. — Notions économiques (*Rép.* n°ˢ 2 à 16).

**1.** Nous ne reviendrons pas sur ce qui a été exposé au *Rép.* n°ˢ 2 et suiv. au sujet du principe de l'impôt, de sa mesure, de son assiette, de sa distribution entre les fortunes privées. On consultera utilement sur ces questions les ouvrages suivants : de Parieu, *Traité des impôts*, 2ᵉ éd., quatre vol., in-8; Paul Leroy-Beaulieu, *Traité de la science des finances*, 2ᵉ éd., deux vol. in-8; Ed. Vignes, *Traité des impôts en France*, 4ᵉ éd., deux vol. in-8.

### § 2. — Historique et législation (*Rép.* n°ˢ 17 à 44).

**2.** Sur l'histoire des impôts en France sous l'ancien régime, V. Vuitry, *Etudes sur le régime financier de la France avant la révolution de* 1789, trois vol., in-8, et Clamageran, *Histoire de l'impôt en France*, trois vol., in-8.
**3.** Nous avons exposé au *Rép.* n°ˢ 38 et suiv., les principes généraux de la législation fiscale établie par l'Assemblée constituante et les .modifications successives apportées à cette législation jusqu'en 1852. Le système d'impôts en vigueur à cette époque a été maintenu sans changement pendant toute la durée du Second Empire. — A la suite des événements de 1870, l'Assemblée nationale fut saisie par le gouvernement de M. Thiers de projets d'augmentations d'impôts nouveaux destinés à faire face aux obligations résultant des charges et dépenses de la guerre (D. P. 71. 4. 77). Le Gouvernement déclarait, dans l'exposé des motifs,

qu'il n'avait voulu « ni remanier le système général des impositions ni tenter quelques réformes radicales ». Il proposait de demander à des droits de douane sur les matières premières une portion considérable des ressources nécessaires. Ces propositions donnèrent lieu à de très vives discussions: La commission du budget, par l'organe de son rapporteur M. Casimir Périer, se prononça contre les droits, sur les matières premières et en faveur d'un projet d'impôt sur le revenu (D. P. 71. 4. 90). Le projet, énergiquement combattu par M. Thiers, fut repoussé par l'Assemblée qui se borna à frapper d'un impôt le revenu des valeurs mobilières (D. P. 72. 4. 116). Le rapporteur de cette dernière loi, M. Deseilligny, fit observer que l'impôt qu'elle créait n'était nullement l'*impôt sur le revenu*, repoussé par l'Assemblée, mais un impôt sur certains revenus, impôt qui n'aurait rien d'inquisitorial et dont il ne résulterait aucune notoriété sur l'importance des fortunes particulières. — Depuis cette époque, le Parlement a été saisi de nombreux projets de réforme de l'impôt. La plus importante de ces propositions, présentée en 1876 par M. Gambetta, au nom d'une commission chargée d'étudier un plan de réforme générale du système financier, tendait à asseoir la contribution directe sur la seule base du revenu, « en éliminant de notre législation toutes les autres bases qui y avaient été introduites et qui répugnaient au principe supérieur de la proportionnalité de l'impôt au revenu ». Ce projet, adopté par la commission du budget de 1877, n'a pas été discuté. On doit également mentionner une proposition déposée le 13 janv. 1883 par M. Ballue et ayant pour objet la réforme de l'assiette de l'impôt. De même que la précédente, cette proposition, adoptée en 1883 dans ses principales dispositions par la commission de la Chambre des députés, n'a pas été mise en discussion (V. sur ces diverses propositions Chailly, *L'impôt sur le revenu*, p. 544 et suiv.). La commission du budget de 1887 a chargé M. Yves Guyot de la rédaction d'un rapport sur les questions soulevées par les différents projets d'impôts sur le revenu. (L'auteur de ce rapport, qui a été publié à part (1 vol. in-12, Guillaumin), se prononce, non en faveur de l'impôt sur le revenu, mais en faveur de l'impôt sur le capital. Son système se résume dans les propositions suivantes : transformation des trois premières contributions directes en impôt de quotité établi sur la valeur vénale des capitaux fixes; réduction immédiate des droits d'enregistrement sur la transmission des immeubles entre vifs à titre onéreux; modification du régime de la propriété foncière d'après les principes de l'*Act Torrens*, de manière à la rendre facilement échangeable ; mais ces propositions ne sont pas sorties du domaine de la théorie et n'ont pas été soumises à l'examen du Parlement. La seule modification importante qui ait été apportée à notre législation fiscale résulte des dispositions de la loi de finances du 8 août 1890 (D. P. 90. 4. 86), relative au dégrèvement de la contribution foncière des propriétés bâties et à la conversion de cette contribution en impôt de quotité. Nous étudierons ailleurs cette importante réforme (V. *infrà*, v° *Impôts directs*).

### § 3. — Droit actuel, principes généraux en matière d'impôts (*Rép.* n°ˢ 45 à 57).

**4.** — 1° *Etablissement des impôts* (*Rép.* n°ˢ 45 à 54). — Nous avons dit au *Rép.* n° 45 que les impôts ne peuvent être établis qu'en vertu d'une loi. Ce principe de notre droit public n'a pas cessé d'être en vigueur, quoiqu'il n'ait pas été explicitement rappelé dans les lois constitutionnelles. La loi du 24 févr. 1875, qui attribue au Sénat, concurremment avec la Chambre des députés, l'initiative et la confection des lois, exige que les lois de finances soient, en premier lieu, présentées à la Chambre des députés et votées par elle. On doit comprendre dans l'expression de *lois de finances*, toutes celles qui tendent à l'établissement d'impôts nouveaux ou à la modification d'impôts anciens (V. *supra*, v° *Droit constitutionnel*, n°ˢ 65 et suiv.).
**5.** Du principe qu'un impôt ne peut être établi qu'en vertu d'une loi, il résulte, avons-nous vu au *Rép.* n° 46, que ni le pouvoir exécutif, ni l'autorité administrative n'a le droit de faire des règlements qui assujettissent les citoyens à un impôt. Mais le législateur peut, par une délégation expresse,

autoriser le chef de l'État à déterminer, par un règlement d'administration publique, les formes à suivre pour l'assiette d'un impôt et les cas où l'infraction aux dispositions d'un règlement donnera lieu à un accroissement de taxe. Tel a été le caractère du règlement d'administration publique du 4 août 1855 pour l'exécution de la loi du 2 mai 1855, qui a établi une taxe municipale sur les chiens (D. P. 55. 4. 82). — Les communes ne peuvent établir des impôts pour faire face à leurs dépenses que sous forme de centimes additionnels au principal des quatre contributions directes. Le gouvernement de la Défense nationale a, par application de cette règle, annulé une délibération de la commission municipale de Lyon, portant vote d'un impôt sur les valeurs mobilières et immobilières (Décr. 27 oct. 1870, D. P. 72. 4. 129).

**6.** Dans les colonies, le sénatus-consulte du 4 juill. 1866 et le décret du 11 août suivant (D. P. 66. 4. 85 et 141) donnent aux conseils généraux, qui exercent une part très étendue du pouvoir législatif, le droit de voter les contributions et taxes locales et de délibérer sur le mode d'assiette et de perception desdites contributions, sauf approbation provisoire par arrêté du gouverneur et approbation définitive par décret (Cons. d'Et. 9 août 1870, aff. Crédit foncier colonial, D. P. 72. 3. 31; 8 déc. 1880, aff. Crédit foncier colonial, D. P. 90. 3. 18). Les délibérations que les conseils généraux prennent sur cette matière ne sont pas susceptibles d'être attaqués par la voie contentieuse, et le particulier qui croit avoir à les critiquer ne peut qu'adresser ses observations au chef du Gouvernement auquel il appartient d'approuver lesdites délibérations (Mêmes arrêts). Aucun délai n'étant imparti au Gouvernement pour approuver les délibérations du conseil général que le gouverneur a rendues provisoirement exécutoires, ces délibérations doivent recevoir leur exécution tant qu'il n'a pas été statué par le chef du Gouvernement (Arrêt précité du 9 août 1870).

**7.** Aucun impôt ne pouvant être augmenté ni diminué qu'en vertu d'une loi expresse, il en résulte que les administrations fiscales n'ont pas le droit d'exiger du contribuable en retard les intérêts moratoires. La jurisprudence en a conclu, par réciprocité, que le fisc ne peut davantage être tenu des intérêts des sommes qu'il est condamné à restituer. Cette solution a été appliquée notamment aux droits d'enregistrement (V. suprà, v° Enregistrement, n° 3121; — Rép. eod. v°, n° 5432); ... aux droits de douane (Req. 27 nov. 1867, aff. Fleurot, D. P. 68. 1. 267; Civ. rej. 19 févr. 1884, aff. Ravot, D. P. 84. 1. 332). La même règle est applicable aux droits d'octroi, qui ont également le caractère d'impôts (Civ. cass. 21 juin 1880, aff. Ville de Marseille, D. P. 80. 1. 309).

**8.** Les droits de péage dont la perception est annuellement autorisée par les lois de finances sont, comme les droits d'octroi et autres taxes locales, de véritables impôts, et il est, par suite, interdit, conformément à ce qui a été exposé au Rép. n° 46, de rien ajouter aux dispositions littérales des tarifs établis par l'autorité compétente (Crim. rej. 27 juill. 1878, aff. Danzer, D. P. 79. 1. 389). Il a été décidé, en conséquence, que les dispositions du tarif des droits de péage à percevoir sur un pont, relatives aux marchands qui conduisent des bestiaux leur appartenant et destinés au commerce, ne peuvent être appliquées à un cultivateur qui fait passer sur ce pont des bœufs lui appartenant (Même arrêt).

**9.** Le principe de l'annalité de l'impôt direct, rappelé au Rép. n° 51, est implicitement maintenu par les lois constitutionnelles actuelles, comme il l'était par les constitutions antérieures.

**10.** — 2° Diverses classes d'impôts (Rép. n°° 51 à 54). — Conformément à la méthode adoptée au Répertoire n° 52, nous exposerons au mot Impôts directs tout ce qui concerne les contributions foncière, personnelle et mobilière, la contribution des portes et fenêtres, et au mot Impôts indirects tout ce qui concerne les diverses espèces de contributions comprises sous ce nom.

**11.** Nous avons dit (Rép. n° 53) qu'indépendamment des impôts directs et des impôts indirects, il existait une sorte d'impôt additionnel, désigné sous le nom de décime de guerre et établi par la loi du 6 prair. an 7. Ce décime, que toutes les lois de finances ont maintenu, a été, ainsi qu'on l'a vu précédemment (V. suprà, v° Enregistrement, n° 173),

augmenté une première fois en 1855 d'un double décime qui a été supprimé en 1857, rétabli en 1862, puis réduit de moitié à compter du 1er juill. 1864, jusqu'en 1871. La loi du 23 août 1871 (D. P. 74. 4. 61) a remis en vigueur les dispositions de l'art. 14 de la loi du 2 juill. 1862, relatives à la perception d'un second décime sur les droits et produits dont le recouvrement est confié à l'administration de l'Enregistrement; et la loi du 30 déc. 1873 (D. P. 74. 4. 30) a ajouté aux impôts et produits de toute nature, déjà soumis aux décimes par les lois en vigueur, 5 pour 100 du principal pour les impôts et produits dont le principal seul est déterminé par la loi ainsi que pour les amendes et condamnations pécuniaires. Les droits d'enregistrement sont donc actuellement augmentés de deux décimes et demi (V. suprà, v° Enregistrement, n° 5).

**12.** Nous avons exposé (v° Commune, n°° 357, 391 et suiv.), et nous exposerons ailleurs (v° Organisation administrative) ce qui concerne les impositions extraordinaires que les communes et les départements sont autorisés, ainsi qu'on l'a vu, à lever sur leurs habitants au moyen de centimes additionnels.

**13.** — 3° Egalité devant l'impôt, proportionnalité. — V. Rép. n° 55.

**14.** — 4° Perception des impôts (Rép. n°° 56 et 57). — Comme on l'a exposé au Rép. n° 56, la principale règle à laquelle est soumise la perception des impôts consiste en ce qu'on ne saurait exiger un impôt qui n'aurait pas été légalement voté. Le budget des recettes de chaque année se termine par une disposition ainsi conçue : « Toutes contributions directes autres que celles qui sont autorisées par les lois de finances de l'exercice..., à quelque titre ou sous quelque dénomination qu'elles se perçoivent, sont formellement interdites, à peine, contre les autorités qui les ordonneraient, contre les employés qui confectionneraient les rôles et tarifs et ceux qui en feraient le recouvrement, d'être poursuivis comme concussionnaires, sans préjudice de l'action en répétition pendant trois années contre tous receveurs, percepteurs ou individus qui en auraient fait la perception » (V. notamment L. 26 déc. 1890, art. 64, D. P. 91. 4. 62).

**15.** Il est reconnu par la doctrine et la jurisprudence que cette disposition déroge au principe de la séparation des pouvoirs et que l'autorité judiciaire, saisie d'une action civile en répétition ou d'une poursuite en concussion contre la perception d'une contribution non autorisée par la loi, est compétente pour apprécier la légalité de cette imposition (Cons. d'Et. 14 déc. 1862, aff. Grelleau, D. P. 63. 11; 21 oct. 1871, aff. Lacave-Laplagne, D. P. 72. 3. 61. V. Conf. Serrigny Organisation et compétence administrative, 3e éd., t. 3, p. 130, n° 645; Aucoc, Conférence sur le droit administratif, 3e éd., t. 1er, n° 305). On comprend, en effet, que le pouvoir accordé aux tribunaux de statuer sur l'action en répétition serait complètement illusoire s'ils étaient obligés de s'arrêter devant un acte administratif et en renvoyer l'interprétation ou l'appréciation, au point de vue de la régularité, à l'autorité administrative qui l'a rendu (V. suprà, v° Compétence administrative, n° 359).

**16.** L'application de cette règle a toutefois donné lieu à d'assez sérieuses difficultés. Personne ne conteste à l'autorité judiciaire, saisie d'une demande en répétition d'un impôt qui aurait été indûment perçu, le droit de s'assurer que cette contribution a été autorisée par les pouvoirs compétents. Mais on a soutenu qu'il ne lui appartient pas de rechercher si une contribution a été perçue sans observation des règles édictées pour chaque impôt par les lois qui en ont établi les bases. Suivant les partisans de cette opinion, la disposition finale des lois annuelles de finances qui consacre le principe d'une responsabilité pénale et pécuniaire contre les percepteurs n'est applicable qu'autant qu'une faute est imputable à ces officiers publics, c'est-à-dire que s'ils ont perçu une taxe non autorisée par les pouvoirs publics compétents. Le percepteur serait donc tenu uniquement de s'assurer que la contribution dont il opère le recouvrement a été autorisée par le pouvoir compétent dans la limite de ses attributions et avec l'accomplissement de toutes les formalités légales; et si, lorsque la taxe perçue a été légalement autorisée, une fausse application en a été faite sur les rôles qui servent de base à la perception, le recours de la partie lésée ne peut s'exercer que devant les tribunaux administratifs dans les formes et délais prévus par les lois spéciales (Paris, 13 nov. 1885, aff. Delaperche; D. P. 86: 2: 273). V. en ce sens un article intitulé *De l'action des contribuables illégalement imposés, Gazette des tribunaux* des 23-24 avr. 1888. Décidé, spécialement, que, lorsqu'un contribuable conteste la légalité d'une taxe de pavage par le double motif qu'il n'existait pas dans la commune d'usage ancien mettant le pavage à la charge des riverains, et que les revenus ordinaires de ladite commune présentent des excédents, ces questions ne peuvent être soumises à l'examen des tribunaux civils, et qu'un receveur municipal ne saurait être poursuivi comme concussionnaire ni actionné en répétition pour ne pas les avoir pas résolues en fait et en droit (Arrêt précité du 13 nov. 1885).

**17.** Mais cette distinction n'a pas été admise par la cour de cassation qui a décidé, conformément à de savantes conclusions de M. l'avocat général Desjardins, que, lorsque l'autorité judiciaire est saisie d'une demande en répétition d'une taxe de pavage que des contribuables prétendent avoir été

indûment perçue, il lui appartient de vérifier si cette taxe a été légalement établie, et que sa décision ne saurait être subordonnée à l'appréciation, par l'autorité administrative, des actes qui ont servi de base à l'établissement de cette imposition (Civ. cass. 12 mars et 16 juill. 1888, aff. Delaperche, D. P. 88. 1. 369).

**18.** Il est, d'ailleurs, certain que la disposition annuelle des lois de finances qui accordent aux contribuables, au cas de poursuites exercées en payement d'une taxe illégale, une action contre les personnes ayant fait la perception, n'est pas applicable lorsque, le principe même et la légitimité de l'impôt étant admis, une erreur a été commise par l'autorité chargée d'établir ou d'approuver les rôles, dans l'application et le mode d'acquittement de cet impôt (Civ. rej. 21 mars 1887, aff. Bouvier, D. P. 88. 1. 85).

**19.** Les questions de compétence relatives à la perception des impôts directs et des impôts indirects seront examinées sous chacun de ces mots, conformément à la méthode adoptée au *Rép.*, n° 57.

## Table sommaire

### des matières contenues dans le Supplément et le Répertoire.

(Les chiffres précédés de la lettre *S* renvoient au Supplément; les chiffres précédés de la lettre *R* renvoient au Répertoire.)

## Table chronologique des Lois, Arrêts, etc.

## IMPOTS DIRECTS.

### Division.

**CHAP. 1.** — Historique et législation. — Droit comparé (n° 1).

**CHAP. 2.** — Des diverses espèces d'impôts directs (n° 17).

---

CHAP. 1er. — Historique et législation. — Droit comparé (*Rép.* n°s 1 à 7).

**1.** Le *Répertoire* (n°s 1 et suiv.) donne des détails suffisants sur la législation des impôts directs avant 1789, sur l'organisation financière de la France pendant la Révolution et sur les principales lois de la matière jusqu'au milieu du siècle. On ajoutera seulement ici l'énumération des lois postérieures qui seront analysées au cours du travail.

**2.** — I. CONTRIBUTION FONCIÈRE. — L'impôt foncier n'est plus comme autrefois un impôt de répartition. La loi du 8 août 1890 (D. P. 90. 4. 76) lui a enlevé ce caractère pour les propriétés bâties. A partir du 1er janv. 1891, il n'a plus été assigné de contingent aux départements, arrondissements et communes en matière de contribution des propriétés bâties, et celles-ci ont été taxées en raison de leur valeur locative. On trouvera plus loin (n°s 47 et suiv.) l'analyse des diverses dispositions ainsi que l'exposé des motifs qui la firent établir.

**3.** Sauf cette importante modification, rien n'a été changé aux autres grandes règles qui régissent la matière de l'impôt foncier. Pour les propriétés non bâties notamment, c'est toujours un impôt de répartition prélevé au moyen d'un cadastre (*Rép.* n° 4). Deux lois seulement ont légèrement modifié l'évaluation des propriétés non bâties : la loi du 21 mars 1874 (D. P. 74. 4. 57) à propos de l'évaluation et de la cotisation des terres incultes, et la loi du 29 déc. 1884 (D. P. 85. 4. 38) à propos de terrains non cultivés, employés à un usage commercial ou industriel. — La première de ces lois décide, en son art. 9, que les terres incultes seront évaluées et cotisées comme terres productives quand elles auront été mises en culture. La même mesure avait été prise à l'égard des propriétés bâties, par la loi du 17 août 1835 ; c'est par analogie que l'amendement Lanel demanda que les terres qui étaient taxées au moment de la confection du cadastre comme des terres vagues et incultes et qui, depuis, par le travail agricole, étaient devenues des terres de grande valeur, fussent imposées en raison de leur valeur actuelle (Rapport de M. Benoist d'Azy, D. P. 74. 4. 60). Cette loi n'a, d'ailleurs, jamais été appliquée, faute de moyens d'exécution (V. Cons. d'Et. 16 déc. 1887, aff. Laborie, D. P. 88. 3. 134). — La loi du 29 déc. 1884 décide, de son côté, en son art. 1er, que les terrains non cultivés, mais affectés à un usage industriel ou commercial, seront cotisés à raison de la superficie et d'après leur valeur locative. C'est également une application des principes généraux de la matière en vertu desquels on s'applique à chercher une répartition aussi juste que possible du contingent assigné à chaque commune.

**4.** Dans la matière des exemptions d'impôt, nous trouvons, relativement aux propriétés bâties, trois lois d'application temporaire et qui n'ont guère d'intérêt aujourd'hui. La première (Décr. des 13-19 juill. 1848) accorde une exemption d'impôt pendant dix ans aux constructions commencées avant le 1er janv. 1849; la seconde (L. 3-6 mai 1854)

accorde une exemption de trente ans aux maisons à façade régulière qui doivent être élevées sur la rue de Rivoli, la place du Palais-Royal et en regard de la colonnade du Louvre; la troisième (L. 29-30 déc. 1884) est relative à l'exemption antérieurement existante des constructions élevées sur la presqu'île Perrache à Lyon, exemption qu'elle supprime en principe (V. *infra*, n° 43). — La loi du 8 août 1890, art. 9, a réglementé à nouveau l'exemption temporaire accordée par l'art. 88 de la loi du 3 frimaire an 7 aux constructions nouvelles, lesquelles ne doivent être soumises à la contribution foncière que la troisième année de leur achèvement. Elle contient des prescriptions détaillées sur la façon dont cette exemption doit être appliquée (V. *infra*, n° 41). — Pour les propriétés non bâties, il faut citer la loi des 1er-20 déc. 1887, qui a exempté de l'impôt foncier dans les arrondissements phylloxérés les terrains plantés en vignes âgées de moins de quatre ans (V. *infra*, n° 47).

**5.** Enfin la matière de la répartition de l'impôt foncier a été modifiée sur quelques points, notamment en ce qui concerne la répartition individuelle qui a lieu au sein de la commune, par la loi du 24 juin 1880 ainsi que par la loi du 5 avr. 1884, art. 64 ; l'économie de ces lois est exposée (V. *infra*, n° 74). — La loi des 12-17 août 1876 a prévu le cas spécial où une commune ou section de commune est réunie à une autre commune et a spécifié la manière dont doit avoir lieu l'évaluation des propriétés et dont doivent être supportés les frais de l'opération (V. *infra*, n° 75).

**6.** — II. CONTRIBUTION PERSONNELLE ET MOBILIÈRE. — La loi du 21 avr. 1832 reste la loi organique de la matière. Aucune modification n'a été apportée à ses prescriptions générales sur l'assiette de cette contribution. — Relativement aux exemptions, l'art. 31 de la loi du 8 août 1890 a exonéré d'office les père et mère de sept enfants vivants, mineurs, légitimes ou reconnus, assujettis à une contribution personnelle mobilière égale ou inférieure à 10 fr. en principal. Cette disposition a abrogé l'art. 3, § 3, de la loi de finances pour l'exercice 1890 (D. P. 90. 4. 72), aux termes duquel l'exonération était accordée à tous les père et mère de sept enfants, sans qu'il fût fait mention de la minorité de ceux-ci ni du maximum de cote en principal. On verra *infra*, n° 110, la raison qui a fait substituer le plus récent de ces textes à l'autre. On trouvera également *infra*, n° 125, le texte de l'art. 5 de la loi du 3 juill. 1846, relative à l'imputation de la contribution personnelle et mobilière sur l'octroi, ainsi que la solution des difficultés qui peuvent s'élever sur l'application de ce texte et de l'art. 20 de la loi du 21 avr. 1832 (*Rép.* n° 244).

**7.** — III. CONTRIBUTION DES PORTES ET FENÊTRES. — Les lois promulguées depuis la publication du *Répertoire* n'ont apporté aucune modification aux règles fondamentales de cette contribution : celles des 4 frim. an 7 et 4 germ. an 11 restent les lois organiques de la matière. Il ne faut faire exception que pour la répartition de cet impôt; en cette matière, est à signaler le décret du 17 mars 1852, D. P. 52. 4. 72 (V. *infra*, n° 171) dont l'art. 10 autorise spécialement la Ville de Paris à établir, en vue de cette répartition, un tarif spécial combiné de façon à tenir compte à la fois de la valeur locative et du nombre des ouvertures. La loi du 5 mai 1883 (V. *infra*, n° 171) a accordé une faveur semblable à la ville de Bordeaux, qui a pu ainsi diviser sa taxe en un droit fixe et un droit proportionnel à la valeur locative des locaux.

**8.** — IV. CENTIMES ADDITIONNELS ET TAXES ASSIMILÉES. — La loi du 8 août 1890 rappelle, en son art. 12, qu'il continuera d'être perçu, par addition au principal de la contribution foncière, des propriétés bâties, un centime par franc, dont le produit sera affecté aux secours généraux et distribué entre les départements dans les cas d'incendie, inondation ou autres événements fortuits.

Un certain nombre de taxes assimilées ont été créées après 1871 pour faire face aux nécessités financières de la situation politique. Plusieurs ont été supprimées ; d'autres ont été réglementées à nouveau, telle que la taxe sur les cercles (V. *infra*, v° *Taxe*).

**9.** — V. ADMINISTRATION DES IMPOTS DIRECTS. — Les modifications aux lois fondamentales du 3 frim. an 8 et ordonnances du 8 janv. 1841 et 17 déc. 1844 sont plus nombreuses. On ne citera ici que les principales : Une ordonnance du 9 déc.

1845-10 janv. 1846 (D. P. 46. 3. 24) règle les conditions d'admission aux perceptions des impôts directs. Un décret du 30 avr. 1850 (D. P. 50. 4. 94) fixe l'âge requis. Le décret impérial du 14 nov.-17 déc. 1857 (D. P. 58. 4. 4) divise les perceptions en cinq classes et réglemente à nouveau les conditions d'admission. La loi de finances du 20 déc. 1872 (D. P. 73. 4. 1) supprime, par raison d'économie, un certain nombre de perceptions ; une loi du 25 juill. 1879 (D. P. 79. 4. 83) rétablit les perceptions de ville, et le décret du 15 nov. 1879 (D. P. 80. 4. 80) réglemente l'avancement des percepteurs. On trouvera des détails sur ces lois, notamment sur le décret de 1857 et la loi de 1879 infrà, nᵒˢ 180 et 181. — D'autres textes sont encore à signaler en cette matière ; ainsi, l'art. 98 de l'instruction du 17 juin 1840, l'art. 6 de la loi du 3 juill. 1846 (D. P. 46. 3. 115) et l'art. 16 de la loi du 22 juin 1854 (D. P. 54. 4. 116) tous trois relatifs aux cotes irrécouvrables. On trouvera infrà, nᵒˢ 184 et 185, des détails sur ce point.

**10.** — VI. Réclamations. — La loi du 8 août 1890 (D. P. 90. 4. 76), en son art. 7, a édicté des règles nouvelles en ce qui concerne le délai pendant lequel le propriétaire d'un immeuble bâti est admis à réclamer contre l'évaluation attribuée à cet immeuble (V. infrà, nᵒ 62). — La loi du 21 juill. 1887 (D. P. 87. 4. 96) a accordé des facilités nouvelles aux contribuables qui ont des demandes de dégrèvement à former. Antérieurement déjà, l'art. 4 de la loi du 29 déc. 1884 (D. P. 85. 4. 38) avait apporté de nombreuses exceptions à la règle qui fixait la publication du rôle comme point de départ du délai de trois mois, en décidant que dans le cas où, par suite de faux emploi ou de double emploi, une cote a été indûment imposée, le délai ne courrait que du jour où le contribuable a eu connaissance officielle des poursuites dirigées contre lui (V. infrà, nᵒ 194).

La loi du 21 avr. 1832 règle toujours les formalités auxquelles sont soumises les demandes en décharge ou en réduction. Dans cette matière, la loi précitée du 29 déc. 1884 (art. 4) a apporté une innovation en décidant qu'une tierce expertise pourrait être réclamée en cas de désaccord entre l'expert de l'Administration et celui du réclamant (V. infrà, nᵒ 240). Le même article règle aussi la façon dont doivent être supportés les frais d'expertise et de tierce expertise.

**11.** — VII. Poursuites. — Compétence. — En matière de poursuites, la principale modification a été apportée par la loi du 9 févr. 1877 (D. P. 77. 4. 32) qui a supprimé l'ancienne voie de garnison individuelle pour la remplacer par la sommation avec frais (V. infrà, nᵒ 262). En matière de compétence, il y a lieu de signaler la loi du 8 juill. 1852 (D. P. 52. 4. 184), qui a donné au conseil de préfecture compétence en matière de mutation de cote de ville et fenêtres.

Tableau chronologique des lois, décrets, etc., en matière d'impôts directs.

**3-6 mai 1854.** — Loi qui exempte, pendant trente années, de la contribution foncière et de celle des portes et fenêtres les maisons élevées sur les terrains aux abords du Louvre et des Tuileries (D. P. 54. 4. 78).

**22-26 juin 1854.** — Loi portant fixation du budget général des dépenses et des recettes de l'exercice 1855 (art. 15 et 16 relatifs aux énonciations que doit contenir l'avertissement délivré aux contribuables et aux cotes irrécouvrables directes (D. P. 54. 4. 116).

**19 nov.-17 déc. 1857.** — Décret impérial qui modifie la classification des perceptions des contributions directes (D. P. 58. 4. 4).

**16 juin-3 nov. 1859.** — Loi sur l'extension des limites de Paris (art. 8 contenant une disposition relative aux contributions directes dans les communes annexées à la ville de Paris) (D. P. 59. 4. 84).

**27 mars-19 mai 1869.** — Décret impérial portant répartition du produit des centimes affectés aux remises, modérations, dégrèvements et non-valeurs sur les contributions foncière, personnelle-mobilière et des portes et fenêtres de 1869 (D. P. 69. 4. 86).

**8-13 mai 1869.** — Loi portant fixation du budget général des dépenses et des recettes ordinaires de l'exercice 1870 (art. 7 portant que les bois et forêts de l'Etat doivent acquitter les cen-

times additionnels ordinaires et extraordinaires affectés aux dépenses des communes).

**13-17 sept. 1870.** — Décret qui fixe : 1º la répartition des contingents des contributions foncière, personnelle-mobilière et des portes et fenêtres, pour l'année 1871 ; 2º le nombre des centimes additionnels aux contributions directes de ladite année (D. P. 70. 4. 89).

**16 sept.-5 oct. 1870.** — Décret relatif à la confection et à la mise en recouvrement des rôles de contributions directes pour l'année 1871 (D. P. 70. 4. 111).

**4-20 sept. 1871.** — Loi portant fixation des contributions directes à percevoir pendant l'exercice 1872 (D. P. 71. 4. 88).

**29 sept. 1871-5 janv. 1872.** — Décret portant répartition du produit des centimes affectés aux remises, dégrèvements et non-valeurs sur les contributions foncière, personnelle-mobilière et des portes et fenêtres de 1871 (D. P. 72. 4. 1).

**27-28 mars 1872.** — Loi qui autorise la perception des revenus publics du 1ᵉʳ avr. au 31 déc. 1872 (D. P. 72. 4. 75).

**30 mars-24 mai 1872.** — Loi relative au droit de transmission sur les titres au porteur, au taux d'abonnement, au timbre des lettres de gage et obligations du Crédit foncier, aux droits sur les titres émis par les villes, provinces et établissements publics étrangers (art. 5 portant augmentation de la taxe des biens de mainmorte) (D. P. 72. 4. 83).

**23-28 juill. 1872.** — Loi relative aux contributions directes à percevoir en 1873 (D. P. 72. 4. 123).

**20-30 déc. 1872.** — Loi portant fixation du budget général des dépenses et des recettes de l'exercice 1873 (art. 18 et 19 relatifs aux percepteurs) (D. P. 73. 4. 1).

**21-22 déc. 1872.** — Décret qui approuve une délibération du conseil municipal de Paris relative à la répartition du contingent personnel et mobilier assigné à cette ville pour 1873 (D. P. 73. 4. 17).

**24-30 juill. 1873.** — Loi relative aux contributions directes à percevoir en 1874 (D. P. 73. 4. 95).

**21-22 mars 1874.** — Loi relative à des augmentations d'impôt et à l'établissement d'impôts nouveaux (art. 9 et 10 relatifs à l'évaluation et à la cotisation des terres incultes) (D. P. 74. 4. 57).

**1ᵉʳ-5 déc. 1874.** — Décret relatif à la répartition du contingent personnel et mobilier assigné à la ville de Paris pour 1875 (D. P. 75. 4. 75).

**14-29 déc. 1875.** — Loi qui exempte de la taxe établie par la loi du 20 févr. 1849 les sociétés anonymes ayant pour objet exclusif l'achat et la vente d'immeubles (D. P. 76. 4. 48).

**12-13 août 1876.** — Loi relative aux contributions directes à percevoir en 1877 (D. P. 76. 4. 123).

**12-17 août 1876.** — Loi concernant le transport de la contribution foncière dans le cas de réunion de communes (D. P. 76. 4. 124).

**9-10 févr. 1877.** — Loi qui abroge l'art. 3 de la loi du 17 brum. an 5, concernant le mode de poursuites par voie de garnison individuelle employé pour le recouvrement des contributions directes (D. P. 77. 4. 32).

**7-8 avr. 1879.** — Loi qui fixe à trente-six le nombre des receveurs-percepteurs de Paris (D. P. 79. 4. 51-52).

**25 juill.-1ᵉʳ août 1879.** — Loi relative au rétablissement des perceptions de ville (D. P. 79. 4. 83).

**15-22 nov. 1879.** — Décret concernant l'avancement des percepteurs (D. P. 80. 4. 80).

**24-25 juin 1880.** — Loi qui porte de cinq à sept le nombre des membres de la commission de répartition des contributions directes de la ville de Paris (D. P. 81. 4. 62).

**29-30 déc. 1884.** — Loi portant fixation du budget des recettes de l'exercice 1885 (art. 1ᵉʳ relatif à l'impôt foncier sur les terrains non cultivés employés à un usage commercial ou industriel ; art. 2, relatif à la taxe des biens de mainmorte ; art. 4, 5, 6 et 7, contenant diverses dispositions relatives aux contributions directes) (D. P. 85. 4. 38).

**29-30 déc. 1884.** — Loi portant fixation du budget des recettes de l'exercice 1885 (Bull., nᵒ 15044).

TIT. 1ᵉʳ. — Budget ordinaire.

Art. 1ᵉʳ. Les terrains non cultivés, employés à un usage commercial ou industriel, tels que chantiers, lieux de dépôt de marchandises et autres emplacements de même nature, soit que le propriétaire les occupe, soit qu'il les fasse occuper par d'autres à titre gratuit ou onéreux, seront cotisés à la contribution foncière.

1º A raison de leur superficie, sur le même pied que les terrains environnants ;

2º D'après leur valeur locative, déterminée à raison de l'usage auquel ils sont affectés, déduction faite de l'estimation donnée à leur superficie.

Les art. 82 et 88 de la loi du 3 frim. an 7 et généralement toutes les dispositions relatives aux propriétés bâties leur sont applicables en tant qu'elles ne sont pas contraires au présent article.

Dans les communes actuellement cadastrées, l'évaluation de la superficie des terrains dont il s'agit ne pourra être modifiée que si les opérations cadastrales sont renouvelées ou revisées.

Dans les mêmes communes, les propriétés imposées à la contribution foncière sous la dénomination de chantier ou sous toute autre désignation analogue correspondant à une destination commerciale ou industrielle conserveront également leur revenu matriciel, sauf dans le cas de renouvellement ou de revision des opérations cadastrales.

Seront imposés, conformément au présent article et en accroissement des contingents de la commune, de l'arrondissement et du département, les terrains se trouvant actuellement dans les conditions prévues au paragraphe 1er.

2. Les propriétés qui, dans le cours de l'année, deviennent imposables à la taxe représentative des droits de transmission entre vifs et par décès, créée par la loi du 20 févr. 1849, y sont assujetties à partir du premier du mois pendant lequel elles sont devenues passibles et sont cotisées par voie de rôle supplémentaire.

Sont imposables à la contribution sur les voitures et les chevaux, au moyen de rôles supplémentaires et sans préjudice de taxes dont ils seraient passibles pour défaut ou inexactitude de déclaration, les possesseurs de voitures, chevaux, mules ou mulets, pour ceux de ces éléments d'imposition qu'ils posséderaient une époque antérieure au 1er janvier et dont l'imposition aurait été omise dans les rôles primitifs. Les droits ne sont dus qu'à partir du 1er janvier de l'année pour laquelle le rôle primitif a été émis.

3. Dans le cas où, par suite de double emploi, des cotes seraient indûment imposées dans les rôles des contributions directes ou des taxes y assimilées, le délai pour la présentation des réclamations ne prendra fin que trois mois après que le contribuable aura pris connaissance officielle des poursuites dirigées contre lui par le percepteur pour le recouvrement de la cotisation indûment imposée.

4. Dans le cas d'expertise sur réclamation en matière de contributions directes ou de taxes assimilées, s'il y a désaccord entre l'expert de l'Administration et celui du réclamant, ce dernier ou l'Administration pourront réclamer une tierce expertise. Le tiers expert sera désigné sur simple requête de la partie la plus diligente et sans frais par le juge de paix du canton.

5. Le tiers expert devra déposer son rapport dans la quinzaine de sa nomination, faute de quoi le conseil de préfecture pourra refuser de le comprendre dans la liquidation des dépens.

Les frais d'expertise et de tierce expertise seront, comme tous les autres, supportés par la partie qui succombera, suivant l'appréciation du juge, dans les termes de l'art. 130 c. proc. civ.

6. A partir du 1er janv. 1887, les bâtiments et additions de constructions qui seront élevés à Lyon sur la presqu'île de Perrache seront soumis à la contribution foncière en accroissement des contingents de cette contribution, comme les autres propriétés de même nature, et suivant les lois qui régissent la matière.

Est par suite supprimée, à dater de la même époque, l'exemption temporaire de l'impôt foncier existant en vertu des dispositions combinées des lettres patentes des 12 août 1774 et des lois des 1er déc. 1799 et 3 frim. an 7, en faveur des constructions faites sur la presqu'île de Perrache.

Continueront toutefois de bénéficier de l'exemption dont il s'agit, dans les termes des lettres patentes et des lois précitées, les bâtiments actuellement existants et ceux qui seront construits ou agrandis avant le 1er janv. 1887, pourvu qu'à ladite époque, les constructions soient entièrement terminées.

7. A partir du 1er janv. 1885, les locaux destinés à l'habitation personnelle dans les bâtiments qui continueront de jouir de l'exemption de l'impôt foncier par application de l'article précédent, donneront lieu, conformément à l'art. 2 de la loi du 4 août 1844, à l'augmentation du contingent départemental dans la contribution personnelle-mobilière, jusqu'à l'achèvement des constructions remontera à plus de deux années.

**30 juill.-1er août 1885.** — Loi concernant les contributions directes et taxes y assimilées (art. 3, 4 et 5 contenant diverses dispositions relatives à l'impôt des portes et fenêtres) (D. P. 86. 4. 1).

**8-9 août 1885.** — Loi portant fixation du budget général des dépenses et des recettes de l'exercice 1886 (art. 34 portant qu'à partir du 1er janv. 1886, l'administration des contributions directes procédera au recensement de toutes les propriétés bâties, avec évaluation de la valeur locative actuelle de chacune d'elles, et art. 35 portant que les vacances de maisons ou de parties de maisons ne donneront lieu à une remise ou modération d'impôt foncier que lorsque l'inhabitation aura duré une année au moins (D. P. 86. 4. 42).

**7-11 mai 1887.** — Décret relatif aux conditions d'avancement des percepteurs (D. P. 87. 4. 77).

**21-23 juill. 1887.** — Loi concernant les contributions directes et taxes assimilées de l'exercice 1888 (D. P. 87. 4. 96).

**30-31 mars 1888.** — Loi portant fixation du budget général de l'exercice 1888 (art. 13 exemptant de la taxe établie par l'art. 9 de la loi du 16 sept. 1871 les associations d'étudiants des facultés de l'Etat) (D. P. 88. 4. 24).

**2-4 mai 1888.** — Décret relatif à l'exemption de l'impôt foncier accordé aux terrains plantés en vignes dans les départements phylloxérés (D. P. 88. 4. 43).

**18-19 juill. 1888.** — Loi relative aux contributions directes et aux taxes y assimilées de l'exercice 1889 (D. P. 88. 4. 50).

**13 févr.-24 juin 1889.** — Décret portant établissement d'un droit de 3 pour 100 sur la valeur locative des maisons situées dans les bourgs de la Guyane et ayant une valeur locative de 300 fr. et au-dessus (*Bulletin des lois*, n° 20649).

**17-18 juill. 1889.** — Loi portant fixation du budget général des dépenses et des recettes de l'exercice 1890 (art. 2 et suiv. relatifs à divers impôts directs) (D. P. 90. 4. 71).

**8-12 août 1890.** — Loi relative aux contributions directes et aux taxes y assimilées de l'exercice 1891 (*Journ. off.* du 12 août 1890).

### TIT. 1er. — BUDGET ORDINAIRE.

Art. 1er. Les contributions directes applicables aux dépenses générales de l'Etat seront établies, pour 1891, en principal et centimes additionnels, conformément à la première partie de l'état A annexé à la présente loi et aux dispositions des lois existantes. Ces contributions sont évaluées à la somme de 430111666 fr.

2. Les diverses taxes assimilées aux contributions directes, énoncées à la première partie de l'état B annexé à la présente loi, seront établies, pour 1891, au profit de l'Etat, conformément aux lois existantes.

Les taxes assimilées aux contributions directes, applicables aux dépenses ordinaires du budget de l'exercice 1891, sont évaluées, conformément à la première partie de l'état F annexé à la présente loi, à la somme de 29662700 fr.

3. Les contributions directes, taxes assimilées et contributions arabes à percevoir en Algérie, énoncées à la première partie de l'état G annexé à la présente loi, seront établies, pour 1891, au profit de l'Etat, conformément aux lois existantes. Ces contributions et taxes sont évaluées à la somme de 9114300 fr.

4. A partir du 1er janv. 1891, il ne sera plus assigné de contingents aux départements, arrondissements et communes en matière de contribution foncière des propriétés bâties.

5. La contribution foncière des propriétés bâties sera, à partir de la même date, réglée en raison de la valeur locative de ces propriétés telle qu'elle a été établie conformément à l'art. 34 de la loi du 8 août 1885, sous déduction d'un quart pour les maisons et d'un tiers pour les usines en considération du dépérissement et des frais d'entretien et de réparation.

Le bénéfice des dispositions de l'art. 85 de la loi du 3 frim. an 7 est étendu aux bâtiments qui servent à loger, indépendamment des bestiaux, des fermes et métairies, le gardien de ces bestiaux.

6. Le taux de la contribution foncière des propriétés bâties est fixé en principal, pour 1891, à 3,20 pour 100 de la valeur locative établie comme il est dit à l'article précédent et après les déductions spécifiées audit article.

Le taux ci-dessus ne sera appliqué que pour moitié dans le département de la Corse pendant cinq ans à partir du 1er janv. 1891.

7. Tout propriétaire de propriété bâtie est admis à réclamer contre l'évaluation attribuée à son immeuble pendant les six mois à dater de la publication du premier rôle dans lequel cet immeuble aura été imposé, et pendant trois mois à partir de la publication du rôle suivant.

En ce qui concerne les rôles subséquents, les propriétaires sont admis à réclamer pendant les trois mois de la publication de chaque rôle lorsque, par suite de circonstances exceptionnelles, leur immeuble aura subi une dépréciation.

En dehors des cas prévus aux deux paragraphes précédents, aucune demande en décharge ou en réduction ne sera recevable, sauf dans le cas où l'immeuble serait en tout ou en partie détruit ou converti en bâtiment rural.

Les réclamations sont présentées, instruites et jugées selon les règles suivies en matière de contributions directes.

8. Les évaluations servant de base à la contribution foncière des propriétés bâties seront revisées tous les dix ans.

Toutefois, si par suite de circonstances exceptionnelles, il se produit dans l'intervalle de deux revisions décennales une dépréciation générale des propriétés bâties, soit de l'intégralité, soit d'une fraction notable d'une commune, le conseil municipal aura le droit de demander qu'il soit procédé à une nouvelle évaluation des propriétés bâties de l'ensemble de la commune, à la charge pour celles-ci de supporter les frais de l'opération.

Les évaluations ainsi établies seront néanmoins renouvelées à l'expiration de la période décennale en cours.

9. Les constructions nouvelles, les reconstructions et les additions de construction seront imposées par comparaison avec les autres propriétés bâties de la commune où elles seront situées.

Elles ne seront soumises à la contribution foncière que la troisième année après leur achèvement.

Pour jouir de l'exemption temporaire spécifiée au deuxième paragraphe du présent article, le propriétaire devra faire à la mairie de la commune où sera élevé le bâtiment passible de la contribution, et dans les quatre mois à partir de l'ouverture des travaux, une déclaration indiquant la nature du bâtiment, sa destination et la désignation, d'après les documents cadastraux, du terrain sur lequel il doit être construit.

Sont considérées comme constructions nouvelles la conversion d'un bâtiment rural en maison ou en usine et l'affectation de terrains à des usages commerciaux ou industriels dans les conditions indiquées à l'art. 1er de la loi du 29 déc. 1884.

10. Les constructions nouvelles, les reconstructions et les additions de construction non déclarées ou déclarées après l'expiration du délai fixé par l'article précédent seront soumises à la contribution foncière à partir du 1er janvier de l'année qui suivra celle de leur achèvement.

Elles seront imposées au moyen de rôles particuliers, tant à la contribution foncière qu'à celles des portes et fenêtres, jusqu'à ce qu'elles aient été comprises dans les rôles généraux.

Leurs cotisations, tant en principal qu'en centimes additionnels, seront égales à celles que supporteront pour l'année en cours les immeubles de même nature et de même importance; mais elles seront multipliées par le nombre d'années écoulées entre celles où les constructions nouvelles, les reconstructions et les additions de construction auront été achevées et celle où elles auront été découvertes, y compris cette dernière année, sans toutefois pouvoir être plus que quintuplées.

Elles viendront en accroissement des contingents des contributions personnelle-mobilière et des portes et fenêtres. Toutefois, le contingent de la contribution personnelle-mobilière ne sera augmenté qu'à partir de l'année où lesdites constructions, reconstructions et additions de construction seront comprises aux rôles généraux, sous réserve, lorsqu'il y aura lieu, des dispositions de l'article 2 de la loi du 4 août 1844.

11. Le contrôleur des contributions directes, assisté du maire et des répartiteurs, assurera l'exécution des deux articles qui précèdent.

12. Il continuera d'être perçu, par addition au principal de la contribution foncière des propriétés bâties, un centime par franc, dont le produit sera affecté aux secours généraux et distribué entre les départements dans les cas d'incendie, inondation ou autres événements fortuits.

13. Sont, et demeurent abrogées toutes les dispositions contraires à celles des art. 4 à 12 de la présente loi.

14. Il est accordé sur le principal de la contribution foncière des propriétés non bâties un dégrèvement de 15267917 fr.

Ce dégrèvement est réparti entre les 82 départements désignés dans l'état B annexé à la présente loi, et conformément aux indications de cet état.

Les résultats des travaux d'évaluation exécutés par l'administration des contributions directes de 1879 à 1884, en vertu de la loi du 9 août 1879, serviront de renseignements aux conseils généraux et aux conseils d'arrondissement pour fixer les contingents en principal des arrondissements et des communes.

15. Le contingent de chaque département pour la contribution foncière des propriétés non bâties et pour les contributions personnelle-mobilière et des portes et fenêtres est fixé, en principal, pour 1891, aux sommes portées dans l'état C annexé à la présente loi.

TIT. III. — Dispositions diverses.

26. Pour le calcul du produit total des centimes départementaux et communaux à imposer dans les rôles de chaque année, en ce qui concerne la contribution foncière (propriétés bâties et propriétés non bâties), on prendra pour base le montant du principal inscrit aux rôles de 1890, en tenant compte toutefois des mouvements de la matière imposable. La part du produit total afférente à ce dernier principal sera répartie entre les contribuables en raison du principal de leurs cotisations individuelles, telles qu'elles auront été réglées en vertu de la présente loi.

Il sera ainsi procédé jusqu'à ce qu'il en soit autrement ordonné par une disposition législative spéciale.

27. Le fonds de non-valeurs de la contribution foncière des propriétés bâties et des propriétés non bâties est fixé pour 1891, savoir :

Pour la contribution foncière des propriétés bâties à 5 cent. par franc additionnels :

1° Au principal de cette contribution ;

2° Au produit des 8 cent. 12 centimes additionnels à ladite contribution, perçus pour les dépenses de l'instruction primaire en vertu de l'art. 27 de la loi du 19 juill. 1889 ;

3° Aux produits des centimes additionnels départementaux et communaux afférents à la même contribution.

En cas d'insuffisance du fonds de non-valeurs de la contribution foncière des propriétés bâties, le déficit sera prélevé sur le principal de la même contribution.

Pour la contribution foncière des propriétés non bâties, à 2 cent. et demi par franc additionnels :

1° Au principal de la contribution ;

2° Au produit des 8 cent. 12 centièmes additionnels à ladite contribution, perçus pour les dépenses de l'instruction primaire en vertu de l'art. 27 de la loi du 19 juill. 1889 ;

3° Au produit des centimes additionnels départementaux et communaux afférents à la même contribution.

20-22 juill. 1891. — Loi relative aux contributions directes et aux taxes y assimilées de l'exercice 1892 (D. P. 91. 4. 83).

12. Pour terminer l'historique des impôts directs, il sera dit un mot de quelques projets actuels (1891) qui présentent, comme caractère commun, la suppression complète de ces contributions. Le moins important de ces projets est celui qui est dit : projet Rabier. D'après le rapport de M. Jullien (Annexe au procès-verbal de la séance du 2 mars 1891, Chambre des députés, Journ. off., n° 1250), ce projet supprime non seulement les impôts directs, mais encore les droits sur les transmissions entre vifs à titre onéreux, le timbre, les droits fixes et gradués, de greffe et d'hypothèque, les droits sur les vins, cidres, bières, sels, vinaigre, huiles minérales, stéarine, bougies, tous les droits de transport. Pour récupérer les 892 millions ainsi perdus pour le budget, le projet propose une taxe de 5 pour 1000 sur la valeur vénale des immeubles, meubles immobilisés, bijoux et objets d'art et sur les créances hypothécaires, et une taxe de 3 pour 100 sur les arrérages des rentes sur l'État français ainsi que sur ceux des dettes d'États étrangers payés en France.

Un projet beaucoup plus important et mieux étudié est celui « présenté par M. Maujan, député, et un grand nombre de ses collègues » (Annexe au procès-verbal de la séance du 13 mai 1891, Journ. off., n° 1416). Ce projet consiste dans la suppression de tous les impôts directs et de toutes les taxes de consommation, ce qui représente environ 1200 millions. Cette perte est compensée par l'établissement d'un monopole sur l'alcool, l'accroissement des droits de succession et l'établissement d'un impôt mixte sur le capital et le revenu, ce qui, joint aux impôts conservés, donne le total de 3200 millions du budget actuel. Dans ce total, les impôts conservés entrent pour 1618 millions. Ce sont les taxes assimilées aux contributions directes (29 millions), les impôts arabes (7 millions), les droits d'enregistrement (251 millions) et de timbre (116 millions), les douanes (423 millions), diverses contributions indirectes (20 millions), les sucres (51 millions), les monopoles du tabac (373 millions), des poudres (11 millions), les postes et télégraphes, chemins de fer de l'État, revenus des domaines de l'État, ceux-ci moins importants. Le total, a-t-il été dit, est de 1618 millions. L'alcool, à lui seul, doit donner 1 milliard; le monopole ne porte que sur la rectification de l'alcool.

Les droits de succession qui produisent actuellement 200 millions seraient majorés et produiraient 380 millions. Le projet est un peu vague sur ce point et se contente d'indiquer les lignes générales : modification des droits d'héritage en ligne collatérale ; graduation des tarifs de l'impôt ; déduction des dettes ; exemption totale pour certaines successions.

L'impôt mixte sur le capital et le revenu demande de plus longues explications. Il doit produire non seulement les 200 millions qui manquent encore pour parfaire avec les impôts précédents le budget total de l'État de 3200 millions, mais encore 800 millions au profit des départements et communes, soit en tout 1 milliard. Divers tableaux sont nécessaires à l'intelligence de cet impôt. Voici d'abord le tableau des facultés imposables.

| Capital. | Cédule A | stérilisés (luxe) : hôtels, mobiliers luxueux, équipages, chasses. |
| — | B | utilisés directement (bien-être) : maisons occupées par leurs propriétaires et accessoires. |
| — | C | accumulés et exploités (produits industriels): établissements industriels, maisons de commerce, de rapport (et leur mobilier), machines et animaux. |
| — | D | naturels exploités (produits alimentaires) : domaines de rapport, instruments aratoires, etc. |

Revenus.   E spontanés permanents : actions, obligations, rentes, loyers des maisons de rapport.
—   —   F concours du capital et du travail : bénéfices industriels, commerciaux, agricoles, loyers des maisons ouvrières.
—   —   G travail : exercice d'un métier ou d'une profession libérale.
—   —   H louage de travail : traitements, salaires, pensions, retraites.

Le second tableau donne pour chaque cédule le total présumé du capital correspondant, le taux dont il devra être fait application, et le produit de l'impôt qui en résultera.

|  |  | milliards |  |  | millions |  |  |
|---|---|---|---|---|---|---|---|
| Capitaux : | Cédule A | 5 | 4 | 0/0 | 20 |  |  |
| — | — B | 9 | 2 | 0/0 | 18 | 166 m. |  |
| — | — C | 70 | 1 | 0/0 | 70 |  | 500 |
| — | — D | 116 | 0.50 | 0/0 | 58 |  | millions. |
| Revenus : | — E | 5 | 3 | 0/0 | 150 |  |  |
| — | — F | 6 | 2 | 0/0 | 120 |  |  |
| — | — G | 3 | 1 | 0/0 | 30 | 334 m. |  |
| — | — H | 6 | 0.50 | 0/0 | 30 |  |  |
| Valeurs étrangères, environ | | | | | 4 | | |

En appliquant ces divers taux à chaque cédule et en se basant sur la déclaration des contribuables, on obtient les cotes individuelles (il y a deux cotes distinctes par ménage). Le tableau suivant indique la répartition de ces cotes individuelles en neuf catégories suivant leur chiffre, la quantité et le total de chacune de ces catégories, le coefficient gradué qui doit leur être appliqué et enfin le total de l'impôt de chaque catégorie, ainsi obtenu :

| Cote jusqu'à | 10 fr. 16 | 0/0 | 80 millions × 0.50 | = 40 millions |
|---|---|---|---|---|
| — | 50 | 30 | 0/0 150 — × 1 | = 150 — |
| — | 100 | 22 | 0/0 110 — × 2 | = 220 — |
| — | 250 | 15 | 0/0 75 — × 3 | = 225 — |
| — | 500 | 9 | 0/0 45 — × 4 | = 180 — |
| — | 1000 | 4 | 0/0 20 — × 5 | = 100 — |
| — | 2000 | 2 | 0/0 10 — × 6 | = 60 — |
| — | 5000 | 1,4 | 0/0 7 — × 7 | = 49 — |
| Au-dessus de 5000 | | 0,6 | 0/0 3 — × 8 | = 24 — |
|  |  |  | 500 | 1048 |

Ce total est, on le voit, supérieur de 48 millions au chiffre demandé ; mais le projet Maujan prévoit une atténuation de 1/10 de la cote par enfant mineur dans les séries de cote 1, 2 et 3, c'est-à-dire inférieures à 100 fr. et 1/20 dans les séries 4, 5 et 6, c'est-à-dire inférieures à 1000 fr. ; ces atténuations sont présumées devoir atteindre, les premières, 13 millions 1/2, les secondes 20 millions 1/2, en y ajoutant 14 millions pour cotes irrecouvrables, non-valeurs, etc.; on obtient bien les 48 millions excédentaires.

Un dernier mot sur le projet Maujan; s'il supprime absolument les contributions directes, ce n'est point sans motiver cette innovation. Il constate, pour la contribution foncière, « l'inégalité et l'injustice d'une répartition qui depuis un siècle pèse sur l'agriculture et le paysan d'un poids écrasant » ; « pour la cote personnelle-mobilière », « la conception compliquée et étrange » de cet impôt; pour les portes et fenêtres « l'iniquité de cette taxe improportionnelle (monstrueuse, est-il dit plus loin, p. 75) qui mesure aux citoyens l'air et la lumière, c'est-à-dire les choses les plus indispensables avec une parcimonie odieuse qu'on n'a pas même songé à appliquer aux objets de luxe ». Enfin pour les patentes « la première qualité d'un impôt, dit le projet, est la simplicité; or rien n'est plus compliqué que l'assiette de la contribution des patentes ».

**13.** — Droit comparé. — 1° Angleterre. — L'impôt correspondant à notre impôt foncier porte le nom d'assessed taxes. Il comprend un impôt sur les propriétés non bâties et un impôt sur les propriétés bâties. — L'impôt sur les propriétés non bâties ou land tax remonte à 1692 ; il fut voté pour soutenir la guerre contre la France. Jusqu'en 1798, il fut l'objet d'un vote annuel du Parlement ; à cette date, il reçut le caractère d'un impôt définitif ; il reposait, à ce moment, sur des bases très anciennes et produisait un peu plus de 50 millions de francs. La loi qui rendit cet impôt définitif le rendit également rachetable pour les contribuables.

Le taux de ce rachat fut réduit en 1853, mais, avant comme après, il n'a pas donné d'excellents produits; aujourd'hui il rapporte environ 27 millions de francs. — L'impôt sur les propriétés bâties est aussi très ancien. Il présente cette singularité qu'il n'est dû que par le locataire et pour la maison qu'il habite; il n'est pas dû par le propriétaire pour la maison qu'il habite, ni pour sa maison non louée; il n'est pas davantage dû non plus par le locataire pour le locaux commerciaux qu'il n'habite pas ; enfin l'impôt ne pèse pas sur le locataire qui paye un loyer inférieur à 500 fr. Cet impôt ne s'applique pas à l'Irlande. La propriété foncière est, en outre, frappée par l'impôt sur le revenu (income tax) dont les cédules A et B frappent les bénéfices des propriétaires de maisons ou de terres et ceux des fermiers. En outre, les taxes locales pèsent d'un poids plus lourd encore sur la propriété foncière. Pour ces diverses causes, l'impôt foncier se trouve être en Angleterre légèrement plus élevé qu'en France.

Les cédules C, D et E de l'income tax atteignent le revenu mobilier; plus spécialement, la cédule D atteint les salaires et appointements des employés privés, et la cédule E les appointements des fonctionnaires publics. Le taux de la taxe, pour ces deux cédules, est d'environ 6 c. demi par livre, soit 2,708 pour 100.

L'Angleterre a connu un impôt des portes et fenêtres créé sous Guillaume III, il fut aboli en 1851. C'est le seul pays étranger, d'ailleurs, où cet impôt ait paru.

**14.** — 2° Prusse. — L'impôt foncier prussien a été doublé par la loi du 21 mai 1861. Un des deux impôts pèse sur les terres de culture (Grundsteuer), il est dû à raison du revenu et varie à raison de 9 à 10 pour 100 du revenu cadastral. Le revenu réel étant estimé au double du revenu cadastral, l'impôt est en réalité de 4 1/2 pour 100. L'autre impôt pèse sur les bâtiments et jardins (Gebäudesteuer); est réclamé au propriétaire ; les maisons louées payent pour 100 du loyer; les autres, 2 pour 100 de leur valeur locative. — Une loi du 11 févr. 1870 a réorganisé la matière de l'impôt foncier en Prusse. L'impôt foncier est un impôt de répartition : les domaines de l'Etat et les propriétés d'utilité publique en sont exempts.

En 1878, le Grundsteuer produisait 36 277 769 marks pour un revenu imposable de 378 138 170 marks ; le Gebäudesteuer produisait 17 751 231 marks pour 468 millions de marks environ de revenu imposable.

Les autres impôts directs prussiens sont le Gewerbesteuer, le Classensteuer et l'Einkommensteuer. Le premier qui correspond à nos patentes. Le Classensteuer est un impôt de capitation graduée qui a remplacé d'anciennes taxes sur le pain et la viande existant au 18e siècle. Il comprend douze classes de revenus à chacune desquelles est affecté un quantum; le taux de l'impôt s'élève de 3 marks pour la classe inférieure à 72 marks pour la plus haute (le mark 1 fr. 25). Les revenus inférieurs à 420 marks sont exonérés du Classensteuer. Le produit total a été, en 1875 de près de 52 millions de marks, mais ce revenu n'est pas en rapport avec la gêne que l'impôt cause aux contribuables, la rigueur de l'Administration et les nombreuses saisies qu'il entraîne le rendent très peu tolérable. L'Einkommensteuer est un impôt gradué et progressif sur le revenu. Il a été établi par la loi du 1er mai 1851 et atteint particulièrement les gros revenus; les contribuables qui en sont passibles sont répartis en quatre classes suivant la taxe de leurs revenus. Il faut ajouter que de nombreuses taxes locales et provinciales atteignent directement le contribuable.

**15.** — 3° Russie. — L'impôt foncier russe comprend aussi un impôt rural et un impôt urbain. L'impôt rural était une taxe locale, avant l'émancipation des serfs ; depuis 1870, il est devenu un impôt d'Etat; c'est un impôt de répartition qui a produit à l'Etat 11 millions et demi de roubles en 1884 l'impôt urbain n'a produit qu'un peu plus de 4 millions de roubles. — Quand les paysans auront fini de payer les annuités du rachat, l'impôt foncier sera une des principales ressources du budget russe. — En outre, la Russie a un impôt des patentes, inscrit au budget de 1887 pour un total de 27 millions de roubles, un impôt de 5 pour 100 sur le revenu des capitaux. — De très nombreuses taxes directes, provinciales et communales, viennent aggraver le poids de l'impôt perçu directement sur le contribuable.

**16.** — 4° *Italie.* — L'impôt foncier italien a été dédoublé en 1866. L'impôt des propriétés non bâties est un impôt basé, comme en France, sur un cadastre dont l'établissement a été ordonné par la loi du 4 mars 1886; cet impôt est un impôt de quotité et ne doit pas dépasser 7 pour 100. L'impôt des propriétés bâties est également un impôt de quotité; en 1886, il a rapporté 66 millions à l'Etat; les taxes locales doublent environ cet impôt; le revenu imposable déclaré est de 388 millions; si ce chiffre était exact, l'impôt italien serait de 33 pour 100. — Le budget italien a, en outre, un impôt sur le revenu qui est de vieille date, puisqu'on le retrouve déjà dans la plupart des républiques italiennes du moyen âge. En 1862, avant l'unification italienne, il donnait un total de 13 millions. L'impôt actuel sur le revenu a été inscrit au budget de 1888 pour 224 millions. Ce sont les lois organiques du 14 juill. 1864 et du 24 août 1877 qui l'ont institué. A l'origine, c'était un impôt de répartition: on l'a transformé en impôt de quotité pour rendre son produit plus fructueux. L'impôt est partagé entre l'Etat et les autorités locales; la part de l'Etat est de 13,20 pour 100, avec une surtaxe de recouvrement de 2.47 pour 100.

## CHAP. 2. — Des diverses espèces d'impôts directs
(*Rép.* n°s 8 à 858).

### Sect. 1re. — Impot foncier (*Rép.* n°s 9 à 170).

**17.** L'impôt foncier a été défini au *Rép.* n° 9. La loi organique de la matière est toujours celle du 3 frim. an 7. — V. sur l'impôt foncier, en général, Paul Leroy-Beaulieu, *Traité de la science des finances,* t. 1, chap. 6; Ducrocq, *Droit administratif,* t. 2, sect. 5, § 2; Félix Cohen, *Etudes sur les impôts et les budgets des principaux Etats de l'Europe;* Stourm, *Le budget,* 1890; Georges Dufour, *Traité de l'impôt foncier,* 1880; Gabriel Dufour, *Droit administratif,* t. 3.

### Art. 1er. — Assiette. — Evaluation. — Exemptions
(*Rép.* n° 10).

**18.** Il n'y a rien à ajouter aux explications données au *Rép.* n° 10, en ce qui concerne l'assiette de l'impôt foncier. — De même qu'au *Répertoire,* on traitera successivement: 1° du mode d'évaluation du revenu imposable; — 2° des exemptions d'impôt foncier.

#### § 1er. — Evaluation des propriétés bâties ou non bâties
(*Rép.* n°s 11 à 48).

**19.** — I. Propriétés non bâties (*Rép.* n°s 11 à 35). — Aux termes des articles 3 et 4 de la loi de frimaire an 7, le revenu imposable est le revenu net moyen calculé sur un nombre d'années déterminé, et le revenu net est ce qui reste au propriétaire déduction faite, sur le produit brut, les frais de culture, semences, récoltes et entretien.

Les art. 56 et suiv. de la loi de l'an 7 indiquent de quelle façon certaines terres doivent être évaluées. La plupart des règles qu'ils posent n'ont reçu aucune modification, et sur beaucoup de points, le conseil d'Etat n'a pas été appelé soit à confirmer, soit à modifier sa jurisprudence antérieure. On renvoie donc au *Répertoire* pour tout ce qui concerne le mode d'évaluation des terres labourables (*Rép.* n°s 12 et suiv.), jardins potagers, parterres, pièces d'eau, avenues (*Rép.* n°s 15-16), vignes (*Rép.* n° 17), prairies naturelles et artificielles, bâtis, palus, marais, bas prés (*Rép.* n°s 18-20), pépinières, vergers, cultures mêlées, tourbières (*Rép.* n°s 23-25), mines, carrières, salines, salins et marais salants (*Rép.* n°s 34-35).

Relativement aux terres incultes, l'art. 9 de la loi du 21 mars 1874 (D. P. 74. 4. 60) spécifie que les parcelles figurant sous des dénominations diverses sur les états de section des communes comme terres incultes ou improductives et cotisées comme telles, et qui ont été mises en culture ou sont devenues productives depuis la confection du cadastre, seront évaluées et cotisées comme les autres propriétés de même nature et d'égal revenu de la commune où elles sont situées, et accroîtront le contingent dans la contribution foncière de la commune, de l'arrondissement, du département ou de l'Etat. Le même article ajoute, par compensation: « Les parcelles qui, depuis la même époque, auront cessé d'être cultivées ou

productives feront l'objet d'un nouveau classement et d'une nouvelle cotisation. Elles feront l'objet d'un dégrèvement au profit des propriétaires desdites parcelles et dans la contribution foncière de la commune, de l'arrondissement, du département et de l'Etat ». — Mais comme on l'a dit *supra,* n° 3, ces dispositions n'ont pas reçu d'application.

**20.** Les règles relatives à l'évaluation des *bois* (*Rép.* n°s 21 et 22) n'ont pas été modifiées; il a été seulement jugé, sur ce point, que les forêts de l'Etat, n'étant pas imposables à la contribution foncière, aux termes de l'art. 1er de la loi du 21 vent. an 9, ne peuvent servir de point de comparaison pour asseoir la contribution foncière sur les bois d'un particulier (Cons. d'Et. 21 avr. 1858, aff. Moreau, D. P. 59. 5. 104). Il est à remarquer, d'ailleurs, que cette exonération d'impôt pour les bois de l'Etat a été restreinte par les lois du 18 juill. 1866 et 24 juill. 1867, qui ont soumis ces bois aux centimes ordinaires et extraordinaires destinés au payement des dépenses départementales et communales (V. *infra,* n° 31).

Relativement aux *terrains enclos,* il a été décidé que le terrain en nature de marais que le propriétaire a fait remblayer et clore de murs et qu'il loue pour servir de chantier ne prend pas le caractère d'une propriété bâtie et, par suite, que la contribution foncière afférente à ce terrain ne peut être établie d'après un allivrement supérieur au revenu cadastral qui lui était précédemment attribué (Cons. d'Et. 27 avr. 1883, aff. Légal, D. P. 84. 5. 126). Mais cette solution ne paraît plus applicable, sous l'empire de la loi du 29 déc. 1884 (V. *infra,* n° 24).

**21.** Les art. 6 et 104 de la loi de frimaire an 7, relatifs au revenu non imposable des *canaux* (*Rép.* n°s 29 et suiv.), ne visent que les canaux de navigation, d'une part, et les canaux servant aux moulins, forges ou autres usines, ou à l'irrigation, d'autre part. Aussi des difficultés se sont-elles élevées relativement aux canaux de desséchement construits par une société. Le conseil d'Etat, après avoir posé le principe de leur imposition à la contribution foncière, en tant que propriété collective de particuliers dont ils préservent le terrain contre les eaux, a refusé de les assimiler, soit aux canaux destinés à conduire les eaux aux moulins, forges ou autres usines, soit aux terres vaines et vagues; mais il les a imposés d'après le tarif applicable aux terrains habituellement couverts par les eaux et désignés aux états de section des communes sous la qualification d'*eaux et mares* (Cons. d'Et. 18 août 1862, aff. Association de desséchement de la vallée de la Scarpe, D. P. 63. 3. 66; 16 mars 1883, même partie, D. P. 84. 3. 109). Par analogie, il a été décidé qu'il fallait imposer à la taxe de mainmorte les ouvrages exécutés, pour assurer le desséchement et la mise en culture de marais, sur des terrains appartenant à une compagnie concessionnaire, car ces ouvrages ne font pas partie du domaine public (Cons. d'Et. 6 avr. 1889, aff. Compagnie du canal de Beaucaire, D. P. 90. 3. 77).

L'affectation de terrains à la construction de canaux ou de *chemins de fer* ne légitime pas une demande en diminution de contingent. Une circulaire du directeur général des contributions directes, en date du 6 mars 1847, a décidé qu'il y avait lieu seulement de faire imposer ces terrains au nom de leurs nouveaux possesseurs en raison de leur même revenu cadastral, leur évaluation ne pouvant être changée que quand il sera procédé au renouvellement du cadastre des communes traversées (D. P. 47. 3. 105). En vertu du même principe, l'Etat lui-même a été soumis à l'impôt foncier à raison des terrains qu'il a acquis pour y exécuter les travaux d'infrastructure d'un chemin de fer qu'il s'est engagé à livrer à une compagnie exploitante; il devra l'impôt jusqu'à ce qu'il ait livré les terrains à la compagnie (Cons. d'Et. 21 juill. 1881, aff. Chemin de fer de Mont-de-Marsan à Roquefort, *Rec. Cons. d'Etat,* p. 27 et suiv.). On verra *infra,* n° 28, à propos des propriétés bâties, la solution de diverses difficultés relatives à l'imposition ou à l'exonération de terrains appartenant à des compagnies de chemins de fer.

La matière est d'ailleurs régie, d'une façon plus générale, aujourd'hui par l'art. 1er de la loi du 29 déc. 1884 (D. P. 85. 4. 38). Aux termes de cet article, « les terrains non cultivés employés à un usage commercial ou industriel, tels que chantiers, lieux de dépôt de marchandises et autres emplacements de même nature, soit que le propriétaire les occupe, soit qu'il les fasse occuper par d'autres à titre gratuit ou onéreux, sont cotisés à la contribution foncière : 1° à raison de leur superficie, sur le même pied que les terrains environnants; 2° d'après leur valeur locative, déterminée à raison de l'usage auquel ils sont affectés, déduction faite de l'estimation donnée à leur superficie ». Le même article maintient les art. 82 et 88 de la loi du 3 frim. an 7, et décide, en outre, que « dans les communes actuellement cadastrées, l'évaluation de la superficie des terrains dont il s'agit ne pourra être modifiée que si les opérations cadastrales sont renouvelées ou revisées. Dans les mêmes communes, les propriétés imposées à la contribution foncière, sous la dénomination de chantier ou sous toute autre désignation analogue correspondant à une destination commerciale ou industrielle, conserveront également leur revenu matériel, sauf dans le cas de renouvellement ou de revision des opérations cadastrales. »

V. sur l'évaluation des propriétés non bâties : Fournier de Flaix, *Traité de critique et de statistique comparée sur les impôts des principaux Etats d'Europe*, 1re série, 1889, nos 19-35; Batbie, *Droit public et administratif*, t. 6, n° 108.

**22. — II. PROPRIÉTÉS BATIES,** (*Rép*. nos 36 à 48). — Des questions délicates se sont tout d'abord élevées sur ce qu'on devait entendre par *propriétés bâties*. La doctrine du conseil d'Etat, aujourd'hui bien fixée, considère comme propriété bâtie, imposable à la contribution foncière, toute construction élevée sur des fondations en maçonnerie; mais ce n'est pas sans tâtonnements que cette doctrine s'est établie.

La question s'est posée pour la première fois devant le conseil de préfecture de la Seine à propos des kiosques lumineux servant à la fois de boutiques pour la vente des journaux et de moyen d'affichage ; ces kiosques, fixés au sol par des travaux de maçonnerie, avaient été portés au rôle de la contribution foncière ; la société qui les possédait forma une demande en décharge, fondée sur le caractère essentiellement mobile de ces constructions légères qui pouvaient être déplacées à la volonté de l'administration municipale, et le conseil d'Etat, confirmant un arrêté du conseil de préfecture, décida qu'en raison de leur destination et de la nature de leur construction, ces kiosques ne *pouvaient* être considérés comme des immeubles, ni par suite, assujettis à la taxe foncière ou à celle des portes et fenêtres (Cons. préf. de la Seine, 2 juin 1864, aff. Comp. parisienne de publicité diurne et nocturne, D. P. 65. 3. 73; Cons. d'Et. 20 juin 1865, même aff., D. P. 65. 2. 276). Dans cette espèce, la circonstance que les kiosques étaient fixés au sol par des travaux en maçonnerie, circonstance dont se prévalait l'administration des Contributions directes, n'a pas été jugée déterminante par le conseil d'Etat. Au contraire, un autre arrêt, rendu à peu près à la même époque, a décidé qu'un bâtiment construit en planches, mais sur fondations, devait être considéré comme un immeuble ; il s'agissait, en effet, d'une construction fixe et permanente, qui ne pouvait être déplacée qu'après avoir été démolie (Cons. d'Et. 3 juin 1865, aff. Laurent, D. P. 66. 3. 20).

Conformément à cet arrêt, l'existence de fondations en maçonnerie est devenue, aux yeux de la jurisprudence, une des circonstances dont l'ensemble faisait reconnaître le caractère d'immeuble imposable à la contribution foncière. C'est ainsi que le conseil d'Etat rejeta une demande en décharge d'impôt relative à des serres fixées au sol à perpétuelle demeure et présentant une charpente en bois et en fer soutenue par des murs en maçonnerie, en un mot, ne se distinguant des constructions ordinaires que par les façades qui, au lieu d'être en maçonnerie, étaient en bois (Cons. d'Et. 30 juin 1869, aff. Paré, D.P. 74. 3. 30). De même, une glacière consistant en une cavité circulaire avec des parois de maçonnerie fut regardée comme constituant un bâtiment passible de la contribution foncière (Cons. d'Et. 19 mars 1880, aff. Delettre, D. P. 80. 5. 109).

C'est à propos des pavillons établis par une compagnie d'omnibus sur la voie publique que la difficulté s'est le plus souvent présentée. Conformément à son ancienne jurisprudence qui ne voyait dans l'existence de fondations maçonnées qu'une des circonstances qui peuvent faire imposer une construction à la taxe foncière, le conseil d'Etat avait d'abord repoussé une demande en décharge par les diverses raisons que ces pavillons reposaient sur des fondations en

maçonnerie, étaient établis sur le sol à perpétuelle demeure, servaient de bureaux aux employés de la compagnie et, par leurs dimensions et leur aménagement, devaient être considérés comme des immeubles imposables (Cons. d'Et. 4 juill. 1879, aff. Comp. lyonnaise des omnibus, D. P. 80. 3. 2). Mais cette solution était en contradiction avec les principes qui régissent la distinction des biens en droit civil, aux termes desquels les bâtiments établis sur fondations sont immeubles par nature, sans qu'il y ait à tenir compte d'autres circonstances. Aussi le conseil d'Etat finit-il par voir dans cette seule circonstance des fondations en maçonnerie une raison suffisante pour imposer la construction à la contribution foncière. La question fut tranchée précisément à propos de ces mêmes pavillons. Le conseil d'Etat décida qu'ils *devaient* être imposés quand ils étaient incorporés au sol au moyen d'assises en maçonnerie, et qu'ils ne devaient pas l'être quand ils reposaient sans fondations sur le sol de la voie (Cons. d'Et. 23 juin 1880, aff. Comp. générale des omnibus, D. P. 81. 3. 60 ; 5 janv. 1883, aff. Comp. des tramways sud de Paris, D. P. 84. 5. 125).

**23.** Aux termes des art. 34 et 35 de la loi du 15 sept. 1807, toute propriété bâtie est évaluée en deux parties : 1° la superficie, sur le pied des meilleures terres labourables ; 2° l'élévation, d'après la valeur locative, déduction faite de l'estimation de la superficie. Le revenu net imposable est alors tout ce qui reste au propriétaire, déduction faite, sur la valeur locative calculée sur un nombre d'années déterminé, de la somme nécessaire pour l'indemniser du dépérissement et des frais d'entretien et de réparations (L. 3 frim. an 7, art. 5 ; *Rép*. n° 36). — De là une première difficulté au sujet de la valeur estimative de la superficie que les bâtiments occupent. Comment fallait-il calculer cette valeur ? Fallait-il s'attacher à l'évaluation cadastrale de la superficie assimilée par la loi aux meilleures terres labourables, ou à la valeur locative du terrain dépourvu de constructions ? La question était très-importante ; car, l'évaluation cadastrale des terres labourables étant presque toujours inférieure à la valeur locative des terrains situés dans les villes, il s'ensuivait que l'adoption de cette valeur cadastrale diminuait la réduction à opérer, et augmentait d'autant l'impôt afférent aux constructions. La question se présenta d'abord à propos d'une construction bâtie sur un sol appartenant à une autre personne. Le réclamant soutenait que la contribution foncière dont il était passible devait être calculée sur la valeur locative de la maison, déduction faite de la valeur locative du sol. Le ministre des finances prétendait, au contraire, que la déduction à opérer était uniquement celle du revenu cadastral. Mais la commission faisant fonction de conseil d'Etat déclara, contrairement à ces conclusions, qu'il fallait déduire la valeur locative du sol de la valeur totale de la construction, et que la somme ainsi obtenue, déduction faite d'un quart pour dépérissement, formait la base d'après laquelle l'imposition devait être calculée (Com. f.f. Cons. d'Et. 4 juill. 1872, aff. Demoiselle Rabusson, D. P. 74. 3. 51). Cette solution peut s'expliquer par des raisons spéciales ; les conclusions du ministre aboutissaient à faire payer au propriétaire des constructions la majeure partie de la contribution afférente à la valeur locative du sol. Il est probable que c'est le peu d'équité de ce résultat qui amena le conseil d'Etat à admettre la thèse du réclamant. En tous cas, la question s'étant représentée, et dans une espèce où la superficie et les constructions étaient réunies dans les mêmes mains, le conseil d'Etat changea de jurisprudence et décida que, pour l'évaluation des constructions, on doit déduire, non la valeur locative du sol, mais l'évaluation cadastrale attribuée audit sol (Cons. d'Et. 3 juin 1881, aff. Dame Grenet Mény, D. P. 82. 3. 105). Le ministre avait présenté dans le sens de cette décision les observations suivantes : L'art. 2 de la loi de frimaire an 7 pose en principe que l'impôt foncier a pour base le revenu net des immeubles sans distinguer entre le revenu du sol net et celui des constructions seules. Cette distinction eût été arbitraire et sans relation avec la réalité, car la valeur locative d'une maison résulte non seulement des constructions, mais encore de la situation qu'elles occupent. La loi du 15 sept. 1807, en prescrivant que la matrice cadastrale de chaque commune serait divisée en deux cahiers, l'un pour les propriétés non bâties et la superficie des propriétés bâties, l'autre pour les propriétés bâties, déduction faite de la valeur de la superficie, n'a pas contredit la loi de frimaire an 7; elle n'a visé qu'à faciliter l'exécution du cadastre. — Depuis lors, le conseil d'Etat a confirmé cette jurisprudence (Cons. d'Et. 9 juin 1882, aff. Nau, D. P. 83. 5. 137; 13 févr. 1885, aff. Chambre de commerce du Havre, D. P. 86. 5. 122; 20 févr. 1885, aff. Ville de Paris (sol. impl.) D. P. 86. 3. 92).

D'autres difficultés se sont élevées sur le même point. Le conseil d'Etat a eu d'abord l'occasion de décider que l'irrégularité provenant de ce qu'il n'a pas été procédé à une estimation distincte pour le sol, d'une part, et pour les bâtiments de l'autre, ne doit pas faire rejeter l'évaluation du revenu, alors qu'il n'est même pas allégué par le propriétaire que le revenu de sa maison n'a pas été fixé proportionnellement à celui des autres contribuables (Cons. d'Et. 14 juin 1835, aff. Hautoy, D. P. 56. 3. 2).

On a vu ci-dessus la solution qui a été admise pour le cas où la construction soumise à l'impôt serait bâtie sur le sol d'autrui; une autre difficulté se présente lorsque la propriété est divisée. L'art. 395 du Recueil méthodique des lois et instructions sur le cadastre prévoit le cas où une maison appartiendrait à deux propriétaires dont l'un aurait le rez-de-chaussée et l'autre l'étage supérieur, et décide que le rez-de-chaussée serait évalué : 1° pour sa superficie ; 2° à raison de sa valeur locative ; et que l'étage supérieur serait évalué à raison de la valeur locative sans déduction pour la superficie.

**24.** Le revenu imposable des maisons d'habitation est déterminé d'après leur valeur locative sous déduction d'un quart de cette valeur locative en considération du dépérissement et des frais d'entretien et de réparation (L. 3 frim. an 7, art. 82); la déduction est du tiers lorsqu'il s'agit d'un établissement industriel. (Même loi, art. 87). V. Rép. n° 37. — En ce qui concerne les autres règles générales, il est seulement à noter qu'aux termes de l'art. 33 de la loi du 8 août 1885 (D. P. 86. 4. 42), les vacances de maison ou de partie de maison ne donneront lieu à remise ou modération d'impôt que lorsque l'inhabitation aura duré une année au moins. Pour les usines, il suffit que le chômage soit d'un trimestre (Circ. adm. Contr. dir. n° 674).

Aux termes du même art. 82 de la loi de frimaire an 7, la valeur locative sur laquelle doit être calculé l'impôt foncier d'une propriété bâtie est celle des dix dernières années (Rép. n° 37), et non celle qui résulte du bail en cours d'exécution. En fait, le conseil d'Etat semblait autrefois rechercher le plus souvent la valeur locative actuelle, et il ne constatait pas, dans la rédaction de ses arrêts, que cette valeur ne dépassait pas la moyenne des dix dernières années (Cons. d'Et. 27 févr. 1880, D. P. 81. 3. 36; 21 juill. 1882, D. P. 84. 3. 14; 4 janv. 1884, D. P. 85. 3. 87). Mais il a eu plus récemment l'occasion d'appliquer expressément l'art. 82, en rejetant une demande en déduction fondée sur ce que le bail en cours d'exécution donnait un prix de location inférieur à la moyenne des dix dernières années (Cons. d'Et. 23 mai 1884, aff. Paut, D. P. 85. 3. 110). — Aujourd'hui, d'après l'art. 5 de la loi du 8 août 1890, la valeur locative n'est plus calculée sur la moyenne des dix dernières années ; on s'attache à la valeur locative actuelle, c'est-à-dire à celle que la propriété comporte au moment de son évaluation.

Pour apprécier la valeur locative, l'Administration peut avoir recours à tous les documents propres à l'éclairer notamment aux baux des maisons ou fabriques dont le revenu est à évaluer (Rép. n° 43). Mais ces baux ne sont que des indices de la valeur locative, et le conseil d'Etat a décidé à plusieurs reprises qu'on pouvait refuser de prendre ce bail pour base d'évaluation, soit parce que ce document ne paraissait pas sincère (Cons. d'Et. 18 août 1886, aff. Donnadieu, Rec. Cons. d'Etat, p. 1036), soit parce que des travaux de construction postérieurs à l'entrée en jouissance avaient considérablement augmenté la valeur locative (9 juin 1868, aff. Burgault, Rec. Cons. d'Etat, 1868, p. 630), soit parce que des conditions spéciales avaient fait accorder par le propriétaire un prix de location différent de la valeur locative réelle. Dans ce dernier cas, l'Administration peut recourir aux baux des sous-locataires et à ceux des autres locataires et c'est, en effet, d'après cet indice qu'elle évalue habituellement le revenu de la propriété bâtie (Cons. d'Et. 27 févr. 1880, aff. Crédit viager, D. P. 81. 3. 36 ; 21 juill. 1882, aff. Montois et Blansini, D. P. 84. 3. 14 ; 4 janv. 1884, aff. Ville de Paris, D. P. 85. 3. 87 ; 29 janv. 1886, aff.

Ministre des finances, D. P. 87. 5. 129-130). De même, il a été décidé qu'à défaut de bail, la valeur locative d'une usine peut être fixée à raison de tant pour cent de la valeur vénale, si, dans la contrée où elle est située, cette façon d'évaluer est généralement usitée (Cons. d'Et. 27 avr. 1869, aff. Stéhelin, Rec. Cons. d'Etat, 1869, p. 394). Cet arrêt est revenu sur une jurisprudence antérieure, aux termes de laquelle la contribution foncière d'une propriété bâtie ne pouvait être basée sur la valeur des constructions (Cons. d'Et. 16 févr. 1866, aff. Sœurs de l'Instruction chrétienne, Rec. Cons. d'Etat, p. 110).

**25.** Si les divers travaux exécutés par le locataire d'une maison postérieurement à son entrée en jouissance doivent être pris en considération dans l'évaluation du revenu matriciel et motiver une augmentation de l'impôt foncier mis à la charge du propriétaire quand ils procurent à celui-ci une augmentation de revenu, par contre, l'impôt ne doit pas être augmenté quand les travaux de construction ou d'appropriation faits par le locataire ne procurent au propriétaire aucune augmentation de revenu, notamment quand il est établi que les ouvrages doivent être détruits à l'expiration du bail (Cons. d'Et. 14 juin 1861, aff. Sarget, D. P. 61. 3. 56)...; ou seulement quand il n'est pas établi que les ouvrages doivent, en fin de bail et sans indemnité, demeurer la propriété du bailleur, ni que le locataire se soit engagé envers lui à faire lesdits ouvrages (Cons. d'Et. 7 janv. 1857, aff. Ledieu, D. P. 57. 3. 59). Il en est de même si l'ouvrage (dans l'espèce, une machine posée par le locataire à ses frais) doit être, à la fin du bail, abandonné au propriétaire moyennant payement de sa valeur, le locataire supportant seul ainsi les frais d'établissement et d'entretien (Cons. d'Et. 17 sept. 1854, aff. Lazère, D. P. 55. 3. 73)...; ou encore si la machine à vapeur établie par le locataire ne doit pas être abandonnée au propriétaire (Cons. d'Et. 16 avr. 1868, aff. Maurice, Rec. Cons. d'Etat, 1868, p. 439).

Il a été également jugé que, pour le calcul du revenu net d'une maison d'habitation, il ne fallait par tenir compte de la plus-value procurée à cette maison par le voisinage du parc et des jardins qui en dépendent (Cons. d'Et. 4 août 1876, aff. Marchand, D. P. 77. 3. 3 ; 23 juin 1882, aff. Gufflet, D. P. 84. 3. 6). Ce serait en effet faire double-emploi, puisque les jardins d'agrément sont toujours estimés à part au taux des meilleures terres labourables. Il en est différemment, d'ailleurs si ce jardin doit être considéré comme une dépendance nécessaire de l'habitation (V. infra, n° 93).

Au cas d'expropriation pour cause d'utilité publique, il a été jugé qu'aucune déduction ne doit être faite dans l'évaluation du revenu net imposable en raison de la dépréciation subie par l'immeuble exproprié, destiné à être démoli, mais encore habité ; il y a donc lieu d'appliquer purement et simplement l'art. 82 de la loi de frimaire an 7 (Cons. d'Et. 4 janv. 1884, aff. Ville de Paris, D. P. 85. 3. 87).

**26.** Les bâtiments servant aux exploitations rurales ne sont soumis à la contribution foncière qu'à raison du terrain qu'ils enlèvent à la culture évalué sur le pied des meilleures terres labourables de la commune, ou de la commune voisine s'il n'y a pas de terres labourables dans la commune (Rép. n° 38). — Quand il s'agit de décider si des bâtiments doivent ou non être rangés dans la classe des bâtiments ruraux, c'est à la destination usuelle qu'il faut s'attacher (ibid.). C'est ainsi qu'il a été jugé qu'une serre affectée par un jardinier fleuriste à l'exercice de son industrie, alors surtout qu'elle était située à l'intérieur d'une grande ville, ne pouvait, en raison de cette destination tout individuelle, être considérée comme affectée au service de l'agriculture ni, par conséquent, bénéficier de la réduction accordée aux bâtiments servant à l'exploitation rurale (Cons. d'Et. 30 juin 1869, aff. Paré, D. P. 71. 3. 30). La même solution a été admise relativement : 1° à un bâtiment détaché du service d'une exploitation rurale et loué à un nourrisseur de chèvres et moutons pour l'exercice de sa profession (Cons. d'Et. 4 janv. 1884, aff. Rouch, D. P. 85. 3. 76) ; — 2° A une écurie louée par un cultivateur à un marchand de chevaux (Cons. d'Et. 25 avr. 1866, aff. Peyronnet, Rec. Cons. d'Etat, 1866, p. 401); — 3° Aux locaux dans lesquels un cultivateur distille les betteraves au moyen d'appareils à vapeur, même si ces betteraves proviennent de ses récoltes et sont destinées à la nourriture de ses bestiaux (Cons. d'Et. 30 avr. 1880, aff.

Sainte-Beuve, D. P. 84. 3. 6 ; 25 juill. 1884, aff. Brunet d'Evry, D. P. 85. 5. 124);... surtout si une partie de son outillage est fixé au sol, en ce cas, le fermier est personnellement imposable pour ce matériel fixe (Cons. d'Et. 9 déc. 1887; aff. Pithon, D. P. 88. 5. 131) ; — 4° A un moulin, même si le propriétaire n'en fait usage que pour moudre ses récoltes ou la nourriture de ses bestiaux (Cons. d'Et. 21 mars 1883, aff. Lefranc, D. P. 84. 5. 125 et 13 mai 1887, aff. Roucoux, D. P. 88. 5. 130-131) ; — 5° Aux bâtiments où sont installés des appareils hydrauliques qui servent non seulement à fournir l'eau nécessaire à une ferme, mais aussi à alimenter d'eau une maison d'habitation (Cons. d'Et. 6 nov. 1885, aff. Montéage, D. P. 87. 3. 32). — Au sujet des bâtiments ruraux, il y a lieu de signaler l'art. 5 de la loi du 8 août 1890, qui a expressément étendu le bénéfice de l'art. 85 de la loi du 3 frim. an 7 aux bâtiments qui servent à loger, indépendamment des bestiaux des fermes et des métairies, le gardien de ces bestiaux (D. P. 90. 4. 76).

**27.** En ce qui concerne les fabriques, manufactures, forges, moulins et autres usines, le revenu net imposable est déterminé d'après leur valeur locative, déduction faite d'un tiers de cette valeur en considération du dépérissement et des frais d'entretien et de réparation (L. 3 frim. an 7, *Rép.* n° 39). Le point de savoir quels sont au juste les objets que l'on doit comprendre dans l'évaluation locative de ces établissements industriels a soulevé plusieurs difficultés. On en a vu plusieurs exemples au *Rép.* n° 40. Depuis, il a été jugé : 1° que les machines et appareils d'une usine, qui en font partie intégrante, sont passibles de la contribution foncière (Cons. d'Et. 23 juin 1882, aff. Binet-Lefèvre, D. P. 84. 3. 10); — 2° Que les presses, turbines, chaudières et autres machines faisant partie intégrante d'une sucrerie doivent être comprises dans l'évaluation de son revenu imposable (Cons. d'Et. 10 févr. 1882, aff. Massignon et Dufour, D. P. 83. 3. 53); — 3° Que l'outillage fixe d'un atelier de montage faisant corps avec le bâtiment qui le renferme, doit entrer en compte pour l'évaluation de la valeur locative d'une gare (Cons. d'Et. 8 juill. 1887, aff. Compagnie d'Orléans, D. P. 88. 5. 130) ; — 4° Que la valeur locative du bouilleur d'une machine à vapeur doit entrer en compte pour le calcul de l'impôt foncier, bien que cet appareil ne soit pas scellé au sol et puisse être facilement détaché de la machine (Cons. d'Et. 2 nov. 1888, D. P. 89. 3. 120); — 5° Que les meules font partie intégrante d'un moulin et doivent par suite entrer en compte pour le calcul du revenu à imposer (Cons. d'Et. 14 nov. 1879, aff. Vachon, D. P. 80. 5. 109); — 6° Que la force motrice servant à un moulin doit être prise en considération pour la fixation de la valeur locative de l'immeuble sur laquelle est calculée la contribution foncière (Cons. d'Et. 26 mars 1886, aff. Truffaut, et même jour, aff. Brunet, D. P. 87. 3. 90) ; et qu'il n'y a pas lieu, pour déterminer l'impôt foncier dû par le propriétaire du moulin, de déduire du prix de location de ce moulin le montant de la redevance payée par le propriétaire pour la concession de la force motrice (Arrêt précité du 26 mars 1886, aff. Brunet). Il a été jugé également que les constructions servant à l'exploitation des mines (Cons. d'Et. 21 juill. 1858, aff. Houillères de Rives de Gier, D. P. 59. 3. 21), et plus spécialement les bâtiments placés au-dessus des fosses et des puits d'extraction pour les abriter et les bâtiments qui recouvrent les machines à vapeur servant à l'exploitation des mines sont imposables à la contribution foncière sur les mêmes bases que les autres propriétés bâties, aucune exception n'étant faite pour eux par la loi de l'an 7; mais les machines à vapeur servant à l'exploitation de la mine ne doivent pas être évaluées et imposées d'une manière spéciale à la contribution foncière, car elles ne produisent pas de revenu propre, et le revenu qu'elles peuvent indirectement donner se confond avec les produits de l'exploitation et est atteint par la redevance proportionnelle calculée sur le produit net que doivent payer les concessionnaires des mines (Cons. d'Et. 28 sept. 1871, aff. Denier, D. P. 72. 3. 24; 26 déc. 1871, aff. Denier, *Rec. Cons. d'Etat*, 1871, p. 174; 7 mai 1878, aff. Compagnie des mines d'Anzin, D. P. 78. 3. 70; et 7 juin 1878, même partie, *Rec. Cons. d'Etat*, 1878, p. 543). De même un terrain occupé par un hangar et des séchoirs dépendant d'une fabrique de faïences, doit être considéré comme affecté à un usage industriel et par suite imposé

à la contribution foncière d'après les bases établies par l'art. 1er de la loi du 29 déc. 1884 (Cons. d'Et. 23 nov. 1888, D. P. 90. 3. 1).

**28.** Le conseil d'Etat avait décidé, le 11 mai 1838 (*Rép.* n° 44) que les établissements industriels auxquels s'applique l'art. 87 de la loi de frimaire an 7 étaient limitativement désignés par cet article, et que, par suite, les théâtres, n'étant point visés par l'article, devaient être assimilés à des maisons d'habitation et non pas à des établissements industriels. Cette solution a été postérieurement confirmée par le conseil d'Etat qui a fait, dans l'évaluation de la valeur locative, la déduction du quart comme pour les maisons, et non celle du tiers, comme pour les établissements industriels (Cons. d'Et. 18 mars 1857, aff. Gymnase dramatique, D. P. 57. 5. 86).

D'après les cahiers des charges des compagnies des chemins de fer, c'est seulement pour la voie ferrée et ses dépendances que la contribution foncière n'est établie qu'à raison de la superficie; les bâtiments et magasins de l'exploitation sont assimilés aux propriétés bâties situées dans la localité (V. *Rép.* v° *Voirie par chemin de fer*, n° 514). Conformément à ces principes, le conseil d'Etat a décidé que les maisons des gardes-barrières chargés d'assurer la sécurité de la circulation, n'étant pas des dépendances de la voie ferrée, ne devaient pas être soumises à la contribution foncière seulement à raison de la superficie du terrain occupé, mais bien d'après les règles de droit commun (Cons. d'Et. 21 avr. 1882, aff. Chemin de fer d'Orléans, D. P. 83. 5. 136). De même, l'outillage fixe d'un atelier de montage faisant corps avec le bâtiment qui le renferme doit entrer en compte pour l'évaluation de la valeur locative d'une gare (Cons. d'Et. 13 mai 1887, aff. Chemin de fer d'Orléans, D. P. 88. 5. 130). Par contre, le conseil d'Etat a décidé que les voies de garage, étant des accessoires de la voie ferrée principale, ne doivent pas entrer en compte pour le calcul du revenu cadastral de la gare et de ses dépendances (Cons. d'Et. 13 mai 1887, aff. Chemin de fer d'Orléans, D. P. 86. 5. 130). — Le conseil d'Etat a également regardé comme une dépendance de la voie ferrée une construction renfermant l'appareil destiné à mettre en mouvement le système des changements de voies et des signaux d'une gare; cette construction a été, en conséquence, déchargée de la contribution foncière des propriétés bâties et de la contribution des portes et fenêtres et imposée à la contribution foncière seulement à raison de la superficie du terrain occupé (Cons. d'Et. 17 févr. 1888, aff. Chemin de fer de Lyon, D. P. 89. 5. 134). Dans une autre espèce, le conseil d'Etat, ayant considéré une maison à voitures et les pontons d'une gare maritime comme des bâtiments ordinaires et non comme des usines, en a logiquement conclu que, pour calculer le revenu net imposable, il fallait déduire non pas le tiers, mais le quart du revenu brut (Cons. d'Et. 8 juill. 1887, aff. Comp. d'Orléans, D. P. 88. 5. 130).

V. sur l'évaluation des propriétés bâties Fournier de Flaix, *op. cit.*, n°s 36-44; Georges Dufour, p. 9 et suiv. ; Gabriel Dufour, t. 3, n° 693.

### § 2. — Exemptions (*Rép.* n°s 49 à 81).

**29.** — I. Exemptions permanentes (*Rép.* n°s 49 à 65). — L'art. 103 de la loi de frimaire an 7 exempte d'abord les rues, les places publiques servant aux foires et marchés, les grandes routes, les chemins publics vicinaux et les rivières. Pour les rues, les règles générales rapportées au *Rép.* n° 49 n'ont pas été modifiées ; il faut notamment, pour qu'il y ait droit à l'exemption, que le terrain de la rue ne soit pas une propriété privée. Cette règle a été confirmée par le conseil d'Etat à propos d'une rue ouverte sur un terrain privé et non encore classée comme voie publique ; jusqu'à l'accomplissement des formalités de classement, le propriétaire de la rue n'est pas fondé à réclamer l'exemption (Cons. d'Et. 24 janv. 1884, aff. Collette-Payent, D. P. 79. 3. 56). — Relativement aux places publiques servant aux foires et marchés, le conseil d'Etat a rappelé à plusieurs reprises que l'exemption est restreinte aux foires et marchés établis sur les rues ou places publiques et ne doit pas, notamment, être étendue aux édifices que les communes affectent aux halles, marchés ou entrepôts, du moment où elles en tirent un revenu (Cons. d'Et. 5 août 1854, aff. Ville de Lille, D. P. 55. 3. 37;

20 nov. 1856, aff. Ville de Versailles, D. P. 57. 3. 26 ; 11 févr. 1857, aff. Ville de Mortagne, D. P. 57. 3. 76) ; ce revenu peut provenir notamment de la location des places ou des caves établies au-dessous des constructions.

Autrefois, la jurisprudence distinguait, suivant que les halles étaient closes ou non, et n'assujettissait à l'impôt que les premières (*Rép.* n° 50). Mais le conseil d'Etat a fini par supprimer cette distinction dont la justesse était contestable ; par un arrêt du 20 sept. 1865 (aff. Commune de Saint-Gaudens, *Rec. Cons. d'Etat*, p. 921), il maintenait la contribution imposée à une halle, bien que la commune se prévalût de ce que le bâtiment, n'ayant ni porte, ni fenêtre, ne constituait qu'un marché couvert ; plus tard, il imposait une ville à raison d'une halle ouverte, ne renfermant à l'intérieur ni magasin, ni logement et servant de passage aux habitants (Cons. d'Et. 26 juill. 1878, aff. Ville de Gap, D. P. 79. 3. 10). Enfin, un arrêt plus récent, par une large extension de doctrine, a refusé l'exemption, non plus à un bâtiment comme dans les espèces précédentes, mais à une simple toiture portée par des piliers en fonte reposant sur la voie publique et sous laquelle la circulation peut s'effectuer dans une rue (Cons. d'Et. 4 janv. 1884, aff. Ville de Paris, D. P. 85. 3. 87). Des abris de ce genre seraient imposables s'ils étaient élevés par un concessionnaire, car il est constant que, pour apprécier si une concession de ce genre constitue un immeuble passible de l'impôt foncier, il faut seulement vérifier s'il remplit les conditions desquelles le droit civil fait dépendre de caractère d'immeuble (Cons. d'Et. 25 janv. 1880, D. P. 81. 3. 60) ; le fait qu'ils appartiennent à la commune ne peut être un motif d'exemption, alors qu'ils sont productifs de revenus, seule condition exigée par l'art. 105 de la loi du 3 frim. an 7 pour que les propriétés communales soient imposables (V. *Rép.* n° 50 ; Gabr. Dufour, t. 3, n°s 683 et 684).

**30.** En principe, les propriétés de l'Etat payent l'impôt foncier ; le conseil d'Etat a confirmé à plusieurs reprises la règle de leur soumission à l'impôt foncier dans la même proportion que les autres immeubles de la commune où elles sont situées, la loi du 3 frim. an 7 n'ayant fait d'exception à cette règle que pour l'exercice de l'an 7 (Cóns. d'Et. 25 août 1848, aff. Administration des domaines, D. P. 50. 3. 8 ; 21 mars 1860, aff. Caisse d'épargne de Montpellier, D. P. 60. 3. 23 ; 21 avr. 1868, aff. Maison de secours de Sainte-Eugénie, D. P. 69. 3. 41).

**31.** Toutefois, l'art. 105 de la loi du 3 frim. an 7 exempte de la contribution foncière les propriétés nationales non productives de revenus.

Pour qu'il y ait exemption, il faut en premier lieu qu'il y ait affectation à un objet d'utilité générale ; il ne suffirait pas, par exemple, qu'une scierie, établie par l'Administration dans une forêt domaniale, fût abandonnée gratuitement et exclusivement aux adjudicataires des coupes de bois pour qu'on la considérât comme une dépendance de la forêt, comme affectée à un service public ; c'est donc à juste titre que l'administration des Forêts serait imposée à la contribution foncière à raison de cette scierie (Cons. d'Et. 18 juin 1860, aff. Conservateur des forêts de Besançon, D. P. 60. 3. 51). De même, il a été jugé qu'une fabrique appartenant au domaine de l'Etat et mise à la disposition de la compagnie concessionnaire du monopole de la fabrication et de la vente des allumettes chimiques, en exécution d'une des clauses du cahier des charges, ne peut être considérée comme un établissement dont la destination a pour objet l'utilité générale, et ne peut être, dès lors, exemptée de la contribution foncière (Cons. d'Et. 24 déc. 1880, aff. Min. des finances, D. P. 82. 3. 52-3). — La solution contraire, il est vrai, a été consacrée pour les bâtiments livrés gratuitement aux entrepreneurs des services des fils militaires (Cons. d'Et. 6 août 1863, aff. Min. de la guerre, 20 nov. 1874, D. P. 75. 3. 124). Mais cela tient à ce que l'intérêt public exigeait que les approvisionnements de la compagnie fussent sous la main de l'Administration, que, dès lors, ces magasins devenaient des dépendances du ministère de la guerre, et par là même des établissements d'utilité générale (*Rép.* n° 60).

Il faut, en second lieu, que la propriété de l'Etat ne produise pas de revenus (*Rép.* n° 58). Il a été décidé, en ce sens, que l'exemption ne s'applique pas à des parcelles qui ne sont pas encore productives de revenu, mais qui sont destinées à le devenir par suite des travaux en vue desquels elles ont été acquises, ces travaux consistant, en l'espèce, en terrassements et ouvrages d'art à livrer à une compagnie concessionnaire de chemins de fer conformément aux dispositions de son cahier des charges (Cons. d'Et. 29 juill. 1881, aff. Min. des finances, D. P. 83. 3. 5). A plus forte raison, un immeuble (dans l'espèce, un immeuble exproprié pour l'établissement d'un cimetière) restera-t-il passible de la contribution foncière, alors qu'au commencement de l'année, il n'est pas encore affecté au service public auquel il est destiné et n'a pas cessé d'être productif de revenus (Cons. d'Et. 27 janv. 1888, aff. Lebaudy, D. P. 89. 3. 34). — C'est pour le même motif que la loi du 19 vent. an 9, qui affranchissait de toute contribution les bois et forêts de l'Etat, a été abrogée, partiellement du moins, par les lois du 18 juill. 1866 et du 24 juill. 1867, aux termes desquelles ces bois et forêts doivent acquitter les centimes additionnels ordinaires et extraordinaires affectés aux dépenses des départements et des communes (D. P. 67. 4. 89).

**32.** Bien que la loi du 3 frim. an 7 (art. 105, 108 et suiv.) ne paraisse admettre d'exemption qu'en faveur des immeubles appartenant à l'Etat, la jurisprudence du conseil d'Etat a constamment assimilé à ces immeubles ceux qui appartiennent aux départements, aux communes, ou même à des établissements publics, tels que les hospices, les fabriques, etc... Elle a, du reste, pendant assez longtemps, appuyé cette solution, non seulement sur la loi de l'an 7, mais en outre sur un décret du 11 août 1808, dont le texte n'avait cependant pas la portée générale qui lui était attribuée (V. à ce sujet les renseignements contenus dans la note insérée D. P. 74. 3. 65). Depuis un certain nombre d'années, ce décret n'est plus visé par les arrêts relatifs à la matière ; mais l'exemption n'en a pas moins continué à être admise avec la même généralité qu'auparavant.

**33.** Pour les propriétés départementales, les conditions d'exemption sont les mêmes que pour les propriétés de l'Etat. Il faut : 1° que ces propriétés soient affectées à un service public ; 2° qu'elles ne soient pas productives de revenus (*Rép.* n° 51). — Cette seconde condition exige seule quelques développements. Ainsi, il y aura lieu à exemption quand un département cédera des terrains en vue de l'établissement soit d'un marché à bestiaux, soit d'une pépinière départementale (Cons. d'Et. 18 févr. 1854, aff. Département des Pyrénées-Orientales, D. P. 54. 3. 45) ; car il n'y aura pas là productivité de revenus. Mais par contre, comme on le verra plus loin, l'exemption sera refusée aux terrains en culture d'une étendue considérable dépendant d'un asile départemental d'aliénés (Cons. d'Et. 18 juin 1880, aff. Département de Vaucluse, D. P. 81. 3. 59).

Le mot *revenu* doit être entendu dans un sens assez précis ; on ne considérera pas comme revenu le produit d'une subvention de l'Etat. Il a été jugé, en ce sens, qu'une caserne départementale de gendarmerie doit être considérée comme non productive de revenus, alors même que le département reçoit une subvention de l'Etat pour y loger les officiers, et doit, par suite, être exemptée de la contribution foncière ; cette subvention n'est en effet qu'une combinaison destinée à assurer de la manière la plus convenable l'exécution d'un service public (Cons. d'Et. 30 avr. 1880, aff. Départements de Seine-et-Marne et de la Manche, D. P. 81. 3. 8). De même un département ne doit pas l'impôt foncier pour un immeuble affecté au service d'une division militaire, bien que cette affectation ait lieu en exécution d'un contrat à titre onéreux, comme condition de la cession faite au département d'immeubles appartenant à l'Etat (Cons. d'Et. 29 juill. 1857, aff. Ville de Lyon, *Rec. Cons. dEtat*, p. 590).

**34.** Les mêmes conditions sont encore exigées pour les immeubles communaux.

1° L'immeuble doit être affecté à un service public. C'est ainsi que l'exemption a été refusée à un théâtre appartenant à une ville, bien que la ville n'en retirât aucun revenu ; cette solution a précisé ainsi, en la confirmant, la jurisprudence du conseil d'Etat qui, par deux arrêts en date des 26 avr. 1846 et 10 mai 1851 (*Rép.* n° 51), avait refusé l'exemption aux théâtres, mais seulement parce que ce *n'étaient pas des établissements d'utilité générale*, motif qui pouvait prêter à la discussion (Cons. d'Et. 20 juill. 1864, aff. Ville de Nantes, D. P. 65. 3. 52). De même, une carrière appartenant à une ville et exploitée pour le pavage des rues de cette ville ne peut être considérée comme un immeuble affecté à un service public et non productif de revenus, et à ce titre, exemptée de la contribution foncière ; il en sera de même des bâtiments d'exploitation de la carrière (Cons. d'Et. 4 juill. 1868, aff. Ville de Paris, D. P. 70. 3. 93).

2° que l'immeuble ne soit pas productif de revenus. Outre l'arrêt [précité du 4 juill. 1868, il a été jugé, en ce sens, que les abattoirs communaux, quoiqu'ils aient une destination d'utilité générale, ne doivent pas être exemptés de la contribution foncière, parce qu'ils sont productifs de revenus susceptibles de produire un revenu pour la commune qui en est propriétaire (Cons. d'Et. 28 juin 1865, aff. Ville de Caen, D. P. 66. 3. 20). Puisqu'il suffit, aux termes de cet arrêt, que l'immeuble soit susceptible de produire un revenu, il s'ensuit qu'il n'est pas nécessaire que la commune recueille en définitive des bénéfices ; le fait même que la commune se trouve en perte n'entraîne pas exemption d'impôt. C'est ainsi qu'une ville sera imposée pour un canal destiné à amener les eaux dont elle disposera en partie pour faire des concessions, bien que le produit de ces concessions ne doive pas être suffisant pour couvrir les dépenses de l'exploitation (Cons. d'Et. 29 août 1867, aff. Ville de Paris, D. P. 68. 3. 53) ; et un établissement municipal qui fournit l'eau nécessaire à l'alimentation des fontaines publiques d'une commune, mais qui distribue en même temps aux habitants, moyennant des redevances annuelles, l'eau nécessaire à leurs besoins, devra être considéré comme productif de revenus, alors même que, malgré ces redevances il occasionnerait une perte à la commune (Cons. d'Et. 17 juill. 1867, aff. Ville de Châteauroux, D. P. 68. 3. 53 ; 23 avr. 1880, aff. Ville de Saint-Etienne, D. P. 81. 3. 8 ; 4 janv. 1884, aff. Ville de Paris, D. P. 85. 5. 135).

**35.** Comme on l'a dit *suprà*, n° 32, l'exemption de la contribution foncière a été étendue par la jurisprudence aux immeubles appartenant à certaines personnes morales chargées d'un service public ; et il est à remarquer à ce sujet que le conseil d'Etat, pour désigner les biens auxquels s'applique l'exemption, emploie le plus souvent l'expression de *propriété publique*, qui n'a point par elle-même une signification très précise, mais indique que le bénéfice de l'exemption n'est pas restreint aux seules propriétés de l'Etat, des départements et des communes. On indiquera *infrà*, n°s 36 et suiv., les principales applications qui ont été faites de ce principe. Il va de soi, d'ailleurs, et cela résulte de la jurisprudence qui va être analysée, que l'exemption reste toujours subordonnée aux deux conditions exigées quand il s'agit de propriétés nationales, départementales ou communales, à savoir : 1° que l'immeuble soit affecté à un service public ; 2° qu'il ne soit pas productif de revenus.

**36.** Le caractère de propriété publique est reconnu, d'abord, à certaines propriétés des *fabriques* (*Rép.* n° 53) ; ainsi le bénéfice de l'exemption est toujours accordé aux *presbytères*, qu'ils appartiennent à la commune, ou simplement à la fabrique (Cons. d'Et. 12 déc. 1851, aff. Fabrique de Frélinghien, D. P. 52. 3. 28). Elle s'applique, en outre, au jardin du presbytère (Cons. d'Et. 26 déc. 1873, aff. Carraud, D. P. 74. 3. 65) ; c'est l'affectation du jardin au presbytère qui légitimera l'exemption et non leur contiguïté ; ainsi l'exemption pourra être accordée à un jardin non contigu au presbytère, mais qui en est réellement une dépendance (Cons. d'Et. 28 janv. 1869, aff. Commune de Joinville, D. P. 70. 3. 95), comme elle pourra, au contraire, être refusée à la parcelle de terre appartenant au presbytère, contiguë au presbytère et même affectée à l'usage du desservant, mais ne formant pas cependant une véritable dépendance du presbytère (Cons. d'Et. 5 mai 1858, aff. Fabrique de Saint-Germain-Longue-Chaume, D. P. 62. 5. 87). — Mais l'exemption n'est pas accordée à toutes les propriétés des fabriques : c'est ainsi qu'elle a été refusée, comme on le verra plus loin, aux écoles gratuites et publiques leur appartenant (Cons. d'Et. 9 juin 1876, cité *infrà*, n° 39). Elle a été refusée également aux immeubles appartenant à des fabriques ou consistoires et où sont établis des dépôts de cercueils et des ateliers pour la confection des cercueils et voitures funèbres, parce que ces opérations sont à la fois

productives de revenus et ne rentrent pas dans le service public conféré par la loi aux fabriques et consistoires de l'Etat (Cons. d'Et. 4 juin 1886, aff. Fabriques et consistoires de Paris, D. P. 87. 3. 116). Décidé, de même, que les cryptes d'une église dans lesquelles la fabrique autorise le dépôt de marchandises, ne sont pas exemptées de la contribution, car elles ne sont pas affectées à un service public (Cons. d'Et. 16 juin 1876, aff. Fabrique de l'église Sainte-Marie-Madeleine de Besançon, D. P. 76. 5. 134). — Tous les presbytères ne bénéficient pas non plus de l'exemption. C'est ainsi qu'elle a été refusée aux bâtiments particuliers affectés, même gratuitement, à l'usage de presbytère (Cons. d'Et. 31 janv. 1855, aff. Veuve Clicquot et Comte de Chevigné, D. P. 55. 3. 67) ;... à une maison appartenant à l'évêque et à laquelle l'évêque a donné la destination de presbytère, car elle ne peut être considérée comme une propriété publique affectée à un service public (Cons. d'Et. 31 mars 1859, aff. Archevêque de Bordeaux, D. P. 59. 3. 74).

Le caractère de propriété publique a été reconnu aux petits séminaires (*Rép.* n° 54) ; le conseil d'Etat a continué à décider, même après la loi du 15 mars 1850, que ces établissements ne pouvant être fondés sans une autorisation du Gouvernement, et conservant comme but essentiel de préparer le recrutement du clergé, gardaient comme par le passé, leur caractère d'institution publique d'instruction (Cons. d'Et. 6 juin 1856, D. P. 57. 3. 9). Mais il a été décidé queces écoles ne jouissaient de l'exemption qu'autant qu'elles pouvaient être considérées comme affectées exclusivement à un service public d'instruction, et que, par suite, l'exemption devait être refusée à une institution où sont réunis un petit séminaire et une école primaire libre (Cons. d'Et. 29 juin 1870, aff. Institution de Saint-Cyr, D. P. 71. 3. 98). A plus forte raison faudrait-il refuser l'exemption aux bâtiments où est établie une école secondaire ecclésiastique, quand ces bâtiments constituent une propriété particulière (Cons. d'Et. 15 avr. 1872, aff. Evêque d'Amiens et Bridoux, *Rec. Cons. d'Etat*, 1872, p. 235).

**37.** On a encore reconnu le caractère de propriétés publiques aux établissements publics de charité (*Rép.* n° 57). Il en est, ainsi, en premier lieu, des *hospices* auxquels le conseil d'Etat continue à accorder l'exemption (*Rép.* n° 57) ; cette exemption est assez large pour que l'impôt ne soit pas établi sur un corps de bâtiment faisant partie d'un hospice public et où seraient logés des vieillards dont quelques-uns payent pension, alors d'ailleurs que cette admission moyennant rétribution n'est que l'exercice d'une faculté reconnue par la loi (Cons. d'Et. 10 févr. 1858, aff. Hospice de Rouen, D. P. 58. 3. 51). Les jardins de l'hospice jouissent de la même exemption, mais nno les terrains cultivés et productifs de revenus qu'un département affecte à son dépôt de mendicité, alors même que les travaux de culture seraient faits par les personnes admises dans l'établissement (Cons. d'Et. 5 janv. 1858, aff. Département de la Corrèze, D. P. 58. 3. 45). — Sont, de même, passibles de la contribution foncière : les terrains en culture, d'une étendue considérable, dépendant d'un asile départemental d'aliénés, même s'ils sont cultivés par les aliénés et si leurs produits sont consommés dans l'asile ; on ne peut, en effet, les considérer ni comme propriétés publiques affectées à un service d'utilité générale et improductives de revenus, ni comme jardins dépendant d'un hospice (Cons. d'Et. 18 juin 1880, aff. Département de Vaucluse, D. P. 81. 3. 59) ;... les établissements de bains, lavoirs et meunerie qui, bien qu'appartenant à un hospice, ne seraient pas exclusivement affectés à un service de bienfaisance et seraient productifs de revenus par suite de rétributions prélevées sur le public, et sur les boulangers se servant de la meunerie (Cons. d'Et. 21 sept. 1859, aff. Hospice de Saint-Omer, D. P. 60. 3. 70). — L'exemption est également refusée : 1° à une chapelle appartenant à un hospice ; non pas à la chapelle qui existe dans l'intérieur des bâtiments et destinée au service des malades et des employés, mais à une chapelle construite à la distance d'un kilomètre, avec des fonds provenant d'une souscription publique et ne servant qu'à des pèlerinages, alors surtout que cette chapelle n'a pas été légalement autorisée (Cons. d'Et. 28 mai 1862, aff. Hospice des Sables-d'Olonne, D. P. 63. 3. 82) ; — 2° A une maison de refuge formant une propriété privée où sont reçues des jeunes filles pensionnaires, encore qu'elle reçoive une subvention du département ou de la commune (Cons. d'Et. 13 avr. 1853, aff. Dame de Saint-Ambroise-Hulot, D. P. 53. 3. 51); — 3° Aux établissements de bienfaisance fondés par des particuliers sur des terrains ou dans des bâtiments dont ils sont propriétaires (Cons. d'Et. 29 juin 1853, aff. Bernard, D. P. 54. 3. 12); — 4° A un asile appartenant à un hospice où des vieillards sont reçus à condition de justifier de leur solvabilité et de s'engager à payer un prix de pension fixé par le règlement, alors même qu'on fait un certain nombre d'entre eux sont reçus à un prix très inférieur (Cons. d'Et. 1er juin 1877, aff. Hospice de Montargis, D. P. 77. 3. 76); — 5° A un maison de secours fondée par un évêque pour recevoir les malades qui se rendent dans un établissement thermal, encore que cette maison aurait été reconnue comme établissement d'utilité publique et serait administrée dans des conditions qui en feraient une œuvre de bienfaisance; il n'y a là en effet ni un service public ni une propriété publique (Cons. d'Et. 21 avr. 1868, aff. Maison de Secours de Sainte-Eugénie, D. P. 69. 3. 41); — 6° Aux bâtiments appartenant à un orphelinat même reconnu d'utilité publique, ces bâtiments, même improductifs de revenus, ne constituant pas une propriété publique (Cons. d'Et. 25 août 1858, aff. Orphelines protestantes du Gard, D. P. 66. 5. 98); — 7° A un établissement appartenant à l'administration de l'assistance publique à Paris et exclusivement destiné à recevoir des vieillards et infirmes qui n'y sont admis que moyennant un prix de pension payé d'avance, alors même que ce prix serait inférieur à la dépense effective causée par les pensionnaires (Cons. d'Et. 26 mars 1886, aff. Assistance publique de Paris, D. P. 87. 3. 87).

**38.** Aux hospices il faut, au point de vue de l'exemption, assimiler les *bureaux de bienfaisance.* C'est ainsi que le conseil d'Etat exempte la maison appartenant à un bureau de bienfaisance et servant à la distribution de secours aux pauvres et à l'entretien de jeunes orphelines (Cons. d'Et. 11 janv. 1853, aff. Bureau de bienfaisance de Villeneuve-sur-Lot, D. P. 53. 3. 41). Il n'en est pas de même pour les caisses d'épargne. La cour de cassation avait bien admis autrefois que les caisses d'épargne remplissaient un service d'utilité générale et même un service public; mais elle avait ajouté qu'elles constituaient des établissements privés (Cass. 5 mars et 8 juill. 1856, D. P. 56. 1. 121 et 278). L'exemption de la loi de frimaire an 7 étant limitée aux propriétés publiques, c'est avec raison que le conseil d'Etat l'a refusée à une maison appartenant à une caisse d'épargne et occupée par les bureaux de cette caisse; il importe peu qu'elle ne soit pas productive de revenus et qu'elle puisse être considérée comme affectée à un service public, puisqu'elle n'est pas une propriété publique (Cons. d'Et. 21 mai 1860, aff. Caisse d'épargne de Montpellier, D. P. 60. 3. 23). Par analogie, est imposable la maison donnée à bail par son propriétaire pour le service d'un mont-de-piété (Cons. d'Et. 7 juin 1855, aff. Mont-de-piété du Havre, D. P. 55. 3. 92). — Comp. Gabr. Dufour, 1n° 684.

**39.** En ce qui concerne les écoles, l'exemption est, d'après la jurisprudence actuelle, restreinte aux écoles qui sont la propriété des communes; mais la jurisprudence du conseil d'Etat n'a pas été toujours aussi restrictive. C'est ainsi qu'en 1851, elle était allée jusqu'à exempter de l'impôt foncier, contrairement à un arrêt du 25 août 1848 (D. P. 50. 3. 8), une maison appartenant aux Frères des écoles chrétiennes et affectée au service d'une école gratuite subventionnée par la commune (Cons. d'Et. 26 avr. 1851, aff. Frères des écoles chrétiennes de Vannes; 13 août 1851, aff. Frères de la doctrine chrétienne d'Auray, D. P. 52. 3. 2). Mais le conseil d'Etat, deux ans après, est revenu sur cette décision et a refusé l'exemption à une maison particulière affectée à la tenue d'une école dirigée par un frère de la doctrine chrétienne et subventionnée par la commune, par ce motif que les maisons d'écoles ne sont exemptées qu'autant qu'elles sont la propriété des communes (Cons. d'Et. 13 avr. 1853, aff. Frères de la doctrine chrétienne de Tours, D. P. 53. 3. 51).

Conformément à cette jurisprudence, l'exemption a été refusée ; 1° à l'école gratuite fondée par un particulier sur des terrains ou dans des bâtiments dont il est propriétaire (Cons. d'Et. 29 juin 1853, aff. Bernard, D. P. 54.

3. 12); — 2° A une maison de sœurs, appartenant à la communauté et où les enfants ne sont admis qu'en payant (Cons. d'Et. 22 août 1844, aff. Sœurs de charité de Bourges, D. P. 45. 3. 64); — 3° A une maison appartenant à l'institut des Frères de l'école chrétienne et affectée soit à une école primaire dirigée par lesdits frères (Cons. d'Et. 22 avr. 1857, aff. Frères de la doctrine chrétienne, D. P. 58. 3. 19), soit à une école gratuite communale (Cons. d'Et. 7 janv. 1857, aff. Fournier, D. P. 57. 3. 59); — 4° A la maison d'un particulier prise à loyer par une ville à l'effet d'y établir une école communale (Cons. d'Et. 25 août 1848, aff. Jeannin, D. P. 50. 3. 8); — 5° A la maison particulière où est établie une maison d'éducation (un établissement de sourds-muets) (Cons. d'Et. 8 août 1855, aff. Chazottes, D. P. 56. 3. 28); — 6° A un établissement d'éducation appartenant à une association de pères de familles, lorsqu'il reçoit une subvention communale, ne donne aucun revenu, et est affecté à l'éducation gratuite d'un certain nombre d'enfants de la classe peu aisée (Cons. d'Et. 27 juin 1855, aff. Jeannin, D. P. 56. 3. 9); — 7° A une école communale établie dans une maison appartenant à un consistoire protestant qui en cède gratuitement la jouissance à la commune (Cons. d'Et. 10 févr. 1882, aff. Consistoire d'Orpierre, D. P. 83. 3. 71) ; — 8° A une maison particulière où est établie une école libre (Cons. d'Et. 16 févr. 1884, aff. Ménans, D. P. 85. 5. 125) ; — 9° Enfin, bien que l'exception soit accordée, comme on l'a vu *suprà,* n° 36, aux presbytères appartenant à des fabriques (Cons. d'Et. 10 mars 1862, aff. Fabrique de Saint-Paterne, *Rec. Cons. d'Etat,* p. 175) et qu'elle l'ait même été à une école communale tenue dans un bâtiment appartenant à un hospice (quoi qu'il avait été donné à cette fin (Cons. d'Et. 25 nov. 1852, aff. Bureau de bienfaisance de Beaumont-en-Beine, *Rec. Cons. d'Etat,* p. 495), elle a été refusée à une école gratuite et publique, soumise au régime des écoles communales et subventionnée par la commune, mais établie dans un bâtiment appartenant à une fabrique ; le conseil d'Etat a en effet décidé, que l'exemption devait être restreinte aux seules écoles appartenant aux communes (Cons. d'Et. 9 juin 1876, aff. Fabrique de l'église de Perreux, D. P. 76. 3. 91).

**40.** Par application des mêmes principes, l'exemption a été refusée : 1° A des hangars qu'une chambre de commerce a été autorisée à établir sur un quai, alors qu'elle perçoit des taxes pour leur usage (Cons. d'Et. 7 févr. 1885, aff. Chambre de commerce du Havre, D. P. 86. 5. 122) ; car il y a dans ces cas production de revenus; — 2° A une église affectée à l'exercice du culte anabaptiste (Cons. d'Et. 1er déc. 1882, aff. Rich et consorts, D. P. 84. 3. 44); — 3° A une chapelle funéraire construite par un particulier près de son habitation et où plusieurs personnes peuvent se réunir (Cons. d'Et. 25 mai 1864, aff. Bavière, *Rec. Cons. d'Etat,* p. 489); — 4° à une propriété privée non productive de revenus, telle qu'un canal de desséchement appartenant collectivement aux riverains (Cons. d'Et. 10 déc. 1856, aff. Commiss. des Wateringues, D. P. 57. 3. 44, et 18 août 1862, aff. Association de desséchement de la vallée de la Scarpe, D. P. 63. 3. 66); dans ces divers cas, en effet, les propriétés dont il s'agissait n'étaient pas affectées à un service public. Enfin, ce serait à tort qu'on demanderait l'exemption pour des constructions servant à l'exploitation des mines en se basant sur le fait que les mines payent un impôt spécial nommé redevance proportionnelle (Cons. d'Et. 21 juill. 1856, aff. Houillère de Rive-de-Gier, D. P. 59. 3. 21).

Comp. sur les exemptions permanentes : Fournier de Flaix, *Traité des contributions directes,* nos 46 à 57; Fédou, *Traité pratique des contributions directes,* tit. 1er, p. 3 et suiv.; Batbie, *op. cit.,* t. 6, nos 110 et suiv.; Ducrocq, *op cit.,* t. 2, n° 928).

**41.** — II. Exemptions temporaires. — Ces exemptions sont de deux sortes : les unes ont trait à l'industrie, les autres sont dans l'intérêt de l'agriculture.

1° *Exemptions ayant trait à l'industrie.* — Aux termes de l'art. 88 de la loi de frimaire an 7, les édifices nouvellement construits ou reconstruits ne seront soumis à la contribution foncière que la troisième année de leur construction ; le terrain seul sera cotisé pendant les deux premières années. Tout récemment, la loi du 8 août 1890 (D. P. 90. 4. 76) est venue réglementer à nouveau la matière des constructions nouvelles et reconstructions. Aux termes de son art. 9, « les constructions nouvelles, les reconstructions et les additions de construction seront imposées par comparaison avec les autres propriétés bâties de la commune où elles seront situées. Elles ne seront soumises à la contribution foncière que la troisième année après leur achèvement. Pour jouir de l'exemption temporaire spécifiée au deuxième paragraphe du présent article, le propriétaire devra faire à la mairie de la commune où sera élevé le bâtiment, passible de la contribution, et dans les quatre mois à partir de l'ouverture des travaux, une déclaration indiquant la nature du bâtiment, sa destination et la désignation, d'après les documents cadastraux, du terrain sur lequel il doit être construit. Sont considérées comme constructions nouvelles la conversion d'un bâtiment rural en maison ou en usine, et l'affectation de terrains à des usages commerciaux ou industriels dans les conditions indiquées à l'art. 1er de la loi du 29 déc. 1884 ». Et l'art. 10 ajoute : « Les constructions nouvelles, les reconstructions et les additions de construction non déclarées ou déclarées après l'expiration du délai fixé par l'article précédent seront soumises à la contribution foncière à partir du 1er janvier de l'année qui suivra celle de leur achèvement. Elles seront imposées au moyen de rôles particuliers, tant à la contribution foncière qu'à celle des portes et fenêtres, jusqu'à ce qu'elles aient été comprises dans les rôles généraux. Leurs cotisations, tant en principal qu'en centimes additionnels, seront égales à celles que supporteront pour l'année en cours les immeubles de même nature et de même importance ; mais elles seront multipliées par le nombre d'années écoulées entre celle où les constructions nouvelles, les reconstructions et les additions de construction auront été achevées et celle où elles auront été découvertes, y compris cette dernière année, sans toutefois pouvoir être plus que quintuplées. Elles viendront en accroissement des contingents des contributions personnelle mobilière et des portes et fenêtres. Toutefois, le contingent de la contribution personnelle-mobilière ne sera augmenté qu'à partir de l'année où lesdites construction, reconstructions et additions de constructions seront comprises aux rôles généraux, sous réserve, lorsqu'il y aura lieu, des dispositions de l'art. 2 de la loi du 4 août 1844 ».

Dans l'exposé des motifs du projet de loi, le ministre des finances a présenté sur ces articles les observations suivantes : « L'article assure l'imposition des constructions nouvelles, additions de construction ou reconstruction. Il prescrit de les évaluer par comparaison avec les autres propriétés bâties de la commune où elles seront situées. C'est la conséquence de l'article aux termes duquel les évaluations ne doivent être renouvelées que tous les dix ans. Si, en effet, dans l'intervalle de deux revisions consécutives, on imposait les propriétés nouvellement construites d'après leur valeur locative réelle au moment où elles deviennent passibles de l'impôt, il pourrait arriver, en raison des fluctuations du cours des loyers, qu'elles fussent évaluées dans une proportion autre que les immeubles préexistants. Le même article contient une innovation. Les travaux effectués en vertu de la loi du 8 août 1885 ont démontré qu'un nombre relativement élevé de constructions échappent à l'impôt, malgré les recherches du service des contributions directes. Cela s'explique facilement par le fait que ce personnel est peu nombreux et que les opérations multiples dont il est chargé ne lui permettent pas toujours de se livrer aux recherches nécessaires pour découvrir les constructions peu apparentes ou élevées dans des quartiers ou hameaux écartés. L'intérêt du Trésor et la justice distributive exigent que chacun paye ce qu'il doit ; aussi, tout en maintenant pour les propriétés nouvellement construites l'exemption de deux ans accordée par la loi du 3 frim. an 7 (art. 88), nous la faisons dépendre d'une déclaration qu'il sera facile à tout propriétaire de faire à la mairie du lieu où sera érigée la construction ».

**42.** C'est sur le point de savoir de quel jour courrait l'exemption en cas de construction ou de reconstruction que se sont surtout présentées les difficultés. Le conseil d'État avait déjà eu l'occasion de décider que l'exemption d'un moulin composé de plusieurs corps de bâtiment courait non pas du jour de la construction complète du moulin, mais séparément pour chaque partie du jour où cette partie a été terminée et utilisée (Cons. d'Et. 24 déc. 1818, Rép. n° 71) ;

mais il est allé plus loin dans ce sens en décidant que l'exemption d'une maison d'habitation pouvait courir séparément pour chaque partie de la maison à partir de l'année dans laquelle cette partie a été terminée et occupée (Cons. d'Et. 5 avr. 1889, aff. Busseret, D. P. 90. 5. 132) et même chaque étage du jour où cet étage était terminé (Cons. d'Et. 17 févr. 1853, aff. Morlot, D. P. 54. 3. 17 ; 5 févr. 1875, aff. Flandin, D. P. 75. 3. 112). Qu'entend-on par étage terminé? L'arrêt du 17 févr. 1853 précité décide qu'on ne doit pas considérer comme terminée l'étage dans lequel il reste à faire des travaux de distribution pour le rendre habitable, ce qui est conforme à la jurisprudence antérieure exigeant pour l'exemption l'entier achèvement des travaux nécessaires pour rendre des lieux habitables (Rép. n° 70) ; l'exemption courra donc du jour où la partie de la maison est terminée et habitable ; à plus forte raison, du jour où elle est terminée et occupée (Cons. d'Et. 5 févr. 1875, précité). Relativement à une usine, il a été jugé que le délai datait de la réception des travaux et de l'époque où l'usine pouvait être exploitée au profit du propriétaire, ce qui en excluait le temps de l'exploitation d'essai faite par le constructeur à son compte et préalablement à la réception des travaux (Cons. d'Et. 6 déc. 1844, aff. Blanchard des Rosiers, D. P. 45. 3. 17).

Il faut rappeler, en outre, qu'aux termes de l'art. 38 de la loi du 15 sept. 1807, les propriétaires des propriétés bâties peuvent demander décharge ou réduction dans le cas de la destruction totale ou partielle de leurs bâtiments (V. sur ce point, Rép. n° 69 ; Gabr. Dufour, t. 3, n° 693).

**43.** A côté de cette règle générale d'exemptions pour les propriétés bâties, il y a lieu de noter certaines dispositions spéciales, de caractère temporaire, et n'ayant plus, en général, d'application aujourd'hui. — Une des exemptions a son origine dans les événements politiques de 1848. « Aucune industrie plus que celle du bâtiment et des divers corps d'état qui s'y rattachent, disait M. Godchaux, ministre des finances dans la séance du 3 juill. 1848, ne peut employer utilement un grand nombre d'ouvriers des ateliers nationaux ; à ce titre, elle mérite toute la bienveillance de l'Assemblée nationale ». Ce fut là le motif du décret des 13-19 juill. 1848 qui accorde aux bâtiments dont la construction serait commencée ou tout au moins arasée jusqu'au niveau du sol avant le 1er janv. 1849 une exemption de la contribution foncière et de la contribution des portes et fenêtres, pendant dix ans à partir de ladite époque, pourvu qu'ils aient été achevés au 1er juill. 1850 ; le même décret portait l'exemption à quinze ans pour les constructions consacrées à des logements d'ouvriers et accordait une exemption de cinq ans aux bâtiments dont la construction était commencée depuis le 24 févr. 1848 (D. P. 48. 4. 126). — Une autre exemption spéciale fut accordée, pour motif d'ordre tout différent, par la loi des 3-6 mai 1854 aux maisons qui devaient être élevées sur la rue de Rivoli, la place du Palais-Royal et en regard de la colonnade du Louvre, et dont les façades étaient assujetties à un système régulier de construction ; cette exemption s'appliquant aux maisons et à leurs dépendances a été de trente ans à partir de la promulgation de ladite loi. — Une troisième exemption, résultant des dispositions combinées des lettres-patentes du 12 août 1774 et des lois des 1er déc. 1790 et 3 frim. an 7, était relative aux constructions élevées sur la presqu'île Perrache à Lyon. Une loi postérieure (art. 6 de la loi des 29-30 déc. 1884, D. P. 85. 4. 39) a décidé relativement à ces constructions lyonnaises que les bâtiments et additions de constructions qui seront élevées à partir du 1er juill. 1887 seront soumises à la contribution foncière en accroissement des contingents de cette contribution comme les autres propriétés de même nature, et suivant les lois qui régissent la matière. L'exemption temporaire d'impôt foncier est par suite supprimée. Mais ajoute l'article, les bâtiments actuellement existants et ceux qui seront construits ou agrandis avant le 1er janv. 1887 continueront à bénéficier de l'exemption, pourvu qu'à ladite époque, les constructions soient entièrement terminées.

Enfin, aux termes de l'art. 7 de la même loi, « à partir du 1er janv. 1885, les locaux destinés à l'habitation personnelle dans les bâtiments qui continueront à jouir de l'exemption de l'impôt foncier par application de l'article précédent, donneront lieu, conformément à l'art. 2 de la loi du 4 août 1844, à l'augmentation du contingent départemental dans la contribution personnelle mobilière, lorsque l'achèvement des constructions remontera à plus d'une année ». Il faut appliquer relativement à ces exemptions spéciales les diverses règles que nous avons vues à propos de l'exemption générale des propriétés bâties. C'est ainsi qu'il a été décidé, en ce qui concerne l'application du décret du 13 juill. 1848, que l'exemption devait être refusée au propriétaire qui n'a pas achevé de construire dans le délai voulu, alors même qu'il allègue des circonstances indépendantes de sa volonté, par exemple un procès pour une question de mitoyenneté intenté contre lui par un voisin ; ce décret, en effet, pose une règle de rigueur à laquelle il n'admet aucune exception (Cons. d'Et. 25 avr. 1855, aff. Leray, D. P. 55. 5. 115).

**44.** — 2° *Exemptions ayant trait à l'agriculture.* — Les exemptions temporaires établies en faveur de l'agriculture ne sont que des encouragements destinés à faciliter la mise en valeur des terrains improductifs ou à favoriser certaines cultures. On étudiera successivement les exemptions pour desséchement, et celles pour défrichement ou plantation.

D'après l'art. 111 de la loi de frimaire an 7, la cotisation des marais qui seront desséchés ne pourra être augmentée pendant les vingt-cinq premières années après le desséchement (V. Rép. n° 77). Cette règle a donné lieu à quelques difficultés sur lesquelles le conseil d'Etat a été amené à statuer. C'est ainsi qu'il a décidé, confirmant son ancienne jurisprudence (Cons. d'Et. 9 janv. 1846, aff. Allonneau, D. P. 46. 3. 50; Rép. n° 77) que le point de départ des vingt-cinq ans est l'expiration de l'année où les desséchements ont été terminés, et non l'époque éloignée à laquelle ils ont commencé. On s'est demandé également quelle contribution foncière il faudrait appliquer au marais après desséchement, dans le cas où la matrice des rôles n'assignait aucun revenu net à ce marais; dans ce cas, le conseil d'Etat a implicitement dénié aux propriétaires de marais le droit de réclamer l'application du minimum de contribution fixé par l'art. 65 de la loi de frimaire an 7 en déclarant qu'il fallait s'attacher au revenu présumé et fixer la contribution d'après le revenu dont lesdits marais étaient susceptibles (Cons. d'Et. 26 mai 1864, aff. Tillette de Clermont-Tonnerre et autres, D. P. 65. 3. 28).

**45.** Les art. 111 et 112 de la loi du 3 frimaire an 7 subordonnent cette exemption à une déclaration faite avant le commencement du desséchement. Le conseil d'Etat a décidé à ce sujet, dans une espèce relative à l'aliénation de terrains domaniaux au profit d'acquéreurs particuliers, qu'un simple travail d'endiguement des lais de la mer, exécuté par l'Etat avant l'aliénation de terrains et pour la faciliter, ne peut être considéré comme ayant constitué un commencement de desséchement et par suite comme faisant obstacle à ce que les acquéreurs invoquent, pour obtenir l'exemption dont il s'agit, la déclaration qu'ils ont faite avant de commencer leurs propres travaux (Cons. d'Et. 26 mai 1864, cité suprà, n° 44).

L'exemption étant exceptionnelle doit être rigoureusement restreinte au cas prévu par la loi; c'est pour ce motif que le conseil d'Etat a refusé de considérer comme un desséchement des travaux d'endiguement exécutés par l'Etat dans l'intérêt de la navigation; les propriétaires de terrains d'alluvions desséchés par l'effet de ces travaux ne pourraient ni réclamer le bénéfice de l'exemption temporaire pour desséchement, ni demander que, par application de l'art. 62 de la loi de frimaire an 7, leurs terrains passés à l'état de prairies ne soient imposés à la contribution foncière que quinze ans après leur formation, ou du moins qu'ils ne soient classés d'après leur revenu moyen pendant les années écoulées depuis leur formation jusqu'au moment où il a été procédé aux opérations cadastrales. Cette décision, malgré la généralité du texte de l'art. 111 précité, est conforme à l'esprit de la loi, car l'exemption, étant un encouragement aux améliorations agricoles, doit être réservée au propriétaire qui dessèche à ses frais et ne saurait être étendue au propriétaire qui profiterait de travaux exécutés par l'Etat et dans un but tout autre que le desséchement (Cons. d'Et. 6 mars 1869, aff. Castillon et autres, D. P. 70. 3. 35). — Pour les terres incultes et vagues, V. Rép. n° 78; Gabr. Dufour, t. 3, n° 691.

**46.** La matière des plantations nécessite quelques développements particuliers.—Aux termes de l'art. 113, la cotisa-

tion des terres vaines et vagues depuis quinze ans, qui seront plantées ou semées en bois ne pourra être augmentée pendant les trente premières années de leur plantation. Aux termes de l'art. 116, le revenu des terres en valeur qui seront plantées ou semées en bois ne sera évalué pendant trente ans qu'au quart de celui des terres d'égale valeur non plantées. Enfin l'art. 225 c. for. exempte d'impôt pendant vingt ans les semis et plantations de bois sur le sommet et le penchant des montagnes, sur les dunes et dans les landes (Rép. n° 78).

Il ne faut pas appliquer à la matière prévue par le code forestier les règles spéciales édictées par la loi de frimaire an 7 pour les hypothèses auxquelles elle s'applique. On a vu suprà, n° 45, que la loi de frimaire, au cas de desséchement de marais, subordonne l'exemption à une déclaration faite par le propriétaire avant le commencement des travaux; cette déclaration est également exigée pour les travaux de semis et de plantations prévus par la même loi de l'an 7. C'est ainsi que le conseil d'Etat a refusé d'exempter un propriétaire qui n'avait pas fait la déclaration exigée, préalablement à la plantation; mais cette exemption lui aurait été accordée, s'il avait pu invoquer l'article du code forestier relatif aux plantations sur les dunes ou dans les landes (Cons. d'Et. 5 août 1854, aff. Merland, D. P. 55. 3. 36; 8 févr. 1865, aff. Landry, D. P. 66. 3. 33; 4 juill. 1884, aff. Vallerand de la Fosse, D. P. 85. 5. 125; 10 déc. 1886, aff. Morel, D. P. 88. 5. 129).

Des terrains qui étaient en nature de bois à l'époque de la confection du cadastre et qui ont été toujours imposés à la contribution foncière en cette qualité peuvent-ils être considérés comme des landes reboisées et être exemptés d'impôt foncier pendant trente ans, alors qu'ils ont été défrichés et après des essais infructueux de culture, replantés à nouveau en bois? Le conseil d'Etat a jugé négativement, et avec raison; ces terrains, étant déjà des bois, ne pouvaient être considérés comme des landes et, par conséquent, bénéficier de l'exemption accordée par le code forestier modifié par l'art. 226 de la loi du 18 juin 1859 (Cons. d'Et. 1er juin 1877, aff. de Metz-Noblat, D. P. 77. 3. 77; 10 déc. 1886, aff. Morel, D. P. 88. 5. 129); ils ne pouvaient non plus être considérés comme des terrains en valeur plantés ou semés en bois, et par suite bénéficier de la réduction accordée par l'art. 116 de la loi de frimaire (Cons. d'Et. 24 mai 1878, aff. Colas des Francs, D. P. 78. 3. 95; 24 mai 1878, aff. de Tristan, Rec. Cons. d'Etat, p. 501). — A plus forte raison faudrait-il refuser l'exemption aux bois qui ont été non pas même défrichés, cultivés et reboisés, comme dans les hypothèses précédentes, mais simplement plantés en essences mieux appropriées à la nature du sol; c'est ce qui a été décidé par le conseil d'Etat (12 mars 1880, aff. de Cossé-Brissac, D. P. 80. 3. 112). Toujours pour le même motif, que les dispositions exceptionnelles doivent être strictement réduites aux hypothèses visées, le conseil d'Etat a refusé d'accorder l'exemption du code forestier pour plantation de montagnes et dunes à des plantations faites, les unes sur des terrains plats, les autres sur des terrains situés sur le penchant d'une simple colline, alors surtout que ces terrains étaient en nature de terres labourables à l'époque de la confection du cadastre et n'étaient restés en friche que peu d'années (Cons. d'Et. 5 juill. 1884, aff. Vallerand de la Fosse, D. P. 85. 5. 125).

**47.** Une loi des 1er-20 déc. 1887 a exempté de l'impôt foncier, dans les arrondissements déclarés atteints par le phylloxéra et dans ceux qui le seront postérieurement, les terrains plantés ou replantés en vignes âgées de moins de quatre ans; cette exemption, qui concerne aussi les plantations à venir, cesse quand les vignes ont dépassé la quatrième année. La loi ajoute que ces dispositions seront indépendantes de la nature des plants et du mode de culture, mais que, dans aucun cas, la même parcelle de terre ne pourra jouir à deux reprises de ce bénéfice. Enfin la loi décide que les dégrèvements accordés en vertu de ce principe seront imputés sur les fonds de non-valeurs (D. P. 88. 4. 1). — Un décret accessoire du 2 mai 1888 fixe à quelles conditions les contribuables pourront se prévaloir de l'exemption accordée par la loi de décembre 1887 (D. P. 88. 4. 43).

V. sur la matière des exemptions temporaires Fournier de Flaix, op. cit., n° 58-66; Batbie, t. 6, n° 114 et suiv.

**Art. 2.** — *Des opérations cadastrales*
(*Rép.* n°ˢ 82 à 132).

§ 1ᵉʳ. — Confection et renouvellement du, cadastre
(*Rép.* n°ˢ 83 à 94).

**48.** L'impôt foncier est un impôt de répartition, c'est-à-dire que le contingent de chaque département est réparti entre les arrondissements, celui des arrondissements entre les communes, celui des communes entre les contribuables individuellement imposés. La loi des 8-12 août 1890 (D. P. 90. 4. 76) a apporté sur ce point une dérogation très importante en transformant en impôt de quotité la taxe des propriétés bâties, autrefois impôt de répartition : « A partir du 1ᵉʳ janv. 1891, dit l'art. 4 de cette loi, il ne sera plus assigné de contingents aux départements, arrondissements et communes en matière de contributions foncière de propriétés bâties ». Voici en quels termes le ministre défendait cette innovation, le 22 févr. 1890 : « Le produit des terrains bâtis est essentiellement mobile. D'un autre côté, la stabilité des cotisations n'est un encouragement que pour l'agriculture. Il est donc tout à la fois de l'intérêt des redevables et du Trésor que l'impôt suive les fluctuations des valeurs locatives ». Ce projet de loi fut l'objet de vives discussions à la Chambre et au Sénat, mais il finit par être voté et promulgué.

L'art. 5 décide que la contribution foncière des propriétés bâties sera, à partir de la même date (1ᵉʳ janv. 1891) réglée en raison de la valeur locative de ces propriétés telle qu'elle a été établie conformément à l'art. 34 de la loi du 8 août 1885, sous déduction d'un quart pour les maisons et d'un tiers pour les usines, en considération du dépérissement et des frais d'entretien et de réparation. « Le taux de la contribution foncière des propriétés bâties, continue l'art. 6, est fixé en principal, pour 1891, à 3 fr. 20 cent. pour 100 de la valeur locative établie comme il est dit à l'article précédent et après les déductions signifiées audit article. Le taux ci-dessus ne sera appliqué que pour moitié dans le département de la Corse pendant cinq ans à partir du 1ᵉʳ janv. 1891 ». D'après les explications fournies par le ministre, ce taux de 3 fr. 20 cent. pour 100 représentait une hausse sur le taux antérieur de 3 fr. 03 cent.; mais à son tour ce taux présentait une inégalité choquante avec le taux de 3 fr. 97 cent. des propriétés non bâties. Cet accroissement de la taxe des propriétés bâties permit à la loi de 1890 d'accorder en son art. 14 un dégrèvement de 15267977 fr. sur les propriétés non bâties ; et les deux taxes se trouvèrent ramenées à la même proportion, puisque la taxe des propriétés bâties, après les déductions spécifiées à l'art. 5, représente aussi 3 fr. 97 du principal.

**49.** Pour la propriété non bâtie, la répartition du contingent communal a toujours lieu au moyen du cadastre (*Rép.* n°ˢ 83-91). — Sur le renouvellement cadastral, V. *ibid.*, n° 91. — Signalons seulement, sur ce point, un arrêt aux termes duquel, quand, depuis l'époque où la propriété a été cotisée pour la première fois, il n'y a pas été procédé à la revision générale des opérations cadastrales pour les propriétés bâties dans la commune et où cette propriété n'a subi aucune transformation qui soit de nature à autoriser la revision du revenu cadastral qui lui a été alors assigné, la contribution foncière ne peut être établie sur un revenu cadastral supérieur (13 janv. 1888, aff. Gestrières, D. P. 89. 3. 136).

**50.** La loi du 8 août 1890 a également apporté sur ce point une règle spéciale à la propriété bâtie. Aux termes de son art. 8 « les évaluations servant de base à la contribution foncière des propriétés bâties seront revisées tous les dix ans. » Le ministre, dans son exposé des motifs, légitimait ainsi ce délai : « L'Administration est dans l'impossibilité de constater annuellement les changements qui surviennent dans la valeur locative des immeubles. L'expérience vient d'en être faite ; le recensement auquel elle a procédé en exécution de l'art. 34 de la loi du 8 août 1885 a exigé plus de deux ans de travail. D'un autre côté, malgré sa mobilité, la valeur locative des propriétés bâties ne présente que rarement de brusques soubresauts pouvant l'affecter d'une manière durable et définitive, de telle sorte que, sauf des circonstances spéciales pour lesquelles nous vous proposons des mesures particulières, il n'est pas nécessaire de procéder

fréquemment à des revisions générales ; d'ailleurs, les remaniements d'impôt trop rapprochés sont souvent mal vus des contribuables dont ils excitent la défiance. Enfin, l'Etat a besoin de connaître à l'avance avec autant de certitude que possible les rentrées sur lesquelles il lui est permis de compter. Pour ces divers motifs, il y a lieu de ne renouveler les évaluations qu'au bout d'un certain nombre d'années et de les maintenir fixes dans l'intervalle de deux revisions générales consécutives. C'est ce qui a lieu en Hollande, en Belgique, en Italie, en Prusse. Le délai de dix années paraît suffisant pour donner satisfaction à toutes les nécessités. C'est du reste celui qu'avait fixé, relativement aux opérations de l'espèce, l'art. 102 de la loi du 3 frim. an 7, alors que le cadastre devait être à la fois un instrument de répartition et de péréquation ». L'art. 8 précité continue, après avoir posé le principe : « Toutefois, si, par suite de circonstances exceptionnelles, il se produit dans l'intervalle de deux revisions décennales une dépréciation générale des propriétés bâties, soit de l'intégralité, soit d'une fraction notable d'une commune, le conseil municipal aura le droit de demander qu'il soit procédé à une nouvelle évaluation des propriétés bâties de l'ensemble de la commune, à la charge pour celle-ci de supporter les frais de l'opération. Les évaluations ainsi établies seront néanmoins renouvelées à l'expiration décennale en cours. C'est pour éviter les abus possibles que la revision doit être autorisée par l'Administration et ses frais supportés par la commune intéressée.

**51.** Il peut se faire que des parcelles imposables aient été omises sur le rôle de la contribution foncière, et soient plus tard rétablies sur le rôle; faut-il, dans ce cas, procéder à un nouvel arpentage sur le terrain en présence des parties intéressées? Le conseil d'Etat a admis implicitement la solution négative, en décidant que la contenance de ces parcelles pouvait être établie d'après le plan cadastral, sauf aux parties à réclamer contre l'exactitude de cette évaluation; il ne s'agit pas, en effet, ici d'une véritable revision cadastrale, mais seulement du rétablissement d'une parcelle omise. Pour le même motif, il n'est pas exigé que le tarif des évaluations appliquées à la parcelle rétablie soit préalablement communiqué au propriétaire (Cons. d'Et. 16 mai 1883, aff. Syndicat de la vallée de la Scarpe, D. P. 84. 3. 109). Le même arrêt a décidé que l'irrégularité qui consiste dans la réunion de diverses parcelles sous un même numéro à la matrice cadastrale, n'ayant aucune influence sur la fixation de la cote, ne peut entraîner décharge ou réduction de la contribution afférente à ces parcelles. De même, un contribuable imposé à la contribution foncière pour une taxe qui ne dépasse pas celle dont il est passible, ne peut se prévaloir, pour obtenir une réduction, de ce que d'après le rôle, cette taxe aurait été portée par erreur, comme étant afférente pour partie à une parcelle cadastrale dont il n'est propriétaire (Cons. d'Et. 12 mars 1886, aff. Beveraggi, D. P. 87. 3. 82). — D'ailleurs, les répartiteurs doivent donner leur avis sur les réclamations en matière d'impôts de répartition, sous peine de nullité de la décision à intervenir (Cons. d'Et. 2 juill. 1886, aff. Perrier-Cornet, D. P. 88. 3. 6).

Par décret du 30 mai 1891, une commission a été instituée au ministère des finances à l'effet d'étudier les diverses questions que soulève le renouvellement des opérations cadastrales non seulement au point de vue de l'assiette de l'impôt, mais encore pour la détermination juridique de la propriété foncière et pour la sécurité des hypothèques et des transmissions immobilières (V. *Bull. off.*, n° 23842).

§ 2. — Réclamations contre les opérations cadastrales
(*Rép.* n°ˢ 92 à 132).

**52.** Ces réclamations peuvent être de deux sortes; ou bien elles concernent les opérations cadastrales proprement dites, c'est-à-dire la délimitation des communes, la classification des propriétés et le tarif des évaluations, et dans ce cas, ces opérations, ayant un caractère purement administratif, les réclamations doivent être adressées aux agents de l'Administration ; ou bien elles concernent le classement et affectent directement les droits et les intérêts des contribuables; elles prennent alors un caractère contentieux.

**53.** — 1° *Réclamations contre les opérations d'art, la clas-*

*sification et le tarif (Rép.* n°s 93 et suiv.). — On a dit au *Rép.* n° 93 que ces réclamations sont exclusivement du ressort de l'autorité administrative. — A cet égard il avait été jugé, conformément à la jurisprudence antérieure (*Rép.* n° 93), que la connaissance des réclamations relatives à la classification et au tarif des évaluations, quand le réclamant n'est pas propriétaire de la totalité ou de la presque totalité d'une nature de culture (V. sur le sens de cette expression *Rép.* n° 105), appartenait non pas au conseil de préfecture, mais au préfet en conseil de préfecture, sauf recours au ministre des finances, et que le conseil de préfecture, saisi de pareilles réclamations en même temps que de réclamations contre le classement, ne pouvait sans excéder ses pouvoirs refaire la classification et le tarif des évaluations, et devait se borner à apprécier dans quelle classe chacune des parcelles doit être rangée eu égard à son revenu imposable (8 août 1855, aff. Marchant, D. P. 56. 3. 27). Par suite, d'après l'arrêt précité, le conseil de préfecture, saisi tout à la fois de réclamations de ce genre et de réclamations contre le classement, devait, préalablement à toute décision sur ces dernières qui sont seules de sa compétence, renvoyer les réclamants devant le préfet pour faire apprécier leurs réclamations relatives au tarif des évaluations. Mais cette décision a perdu toute son importance aujourd'hui par suite de l'art. 11 de la loi du 21 juin 1865 (D. P. 65. 4. 63), qui donne au conseil de préfecture la connaissance des litiges autrefois soumis au préfet jugeant en conseil de préfecture. Le même arrêt décidait, et cette solution est encore juste aujourd'hui, que le classement en matière cadastrale n'est régulier qu'autant que la classification et le tarif des évaluations ont été préalablement portés à la connaissance des propriétaires intéressés pour qu'ils soient à même de soumettre leurs réclamations contre le tarif des évaluations, même après la publication et la mise en recouvrement d'un premier rôle de cotisation.

Décidé également, sur la matière des réclamations contre la classification et le tarif, qu'on peut déférer au conseil d'Etat pour violation de la loi, la délibération par laquelle une commission départementale approuve ou modifie, en vertu de l'art. 87, § 1, de la loi du 10 août 1871, le tarif des évaluations cadastrales dans une commune. Mais la commune ne peut se baser sur ce fait que la commission a fait une évaluation insuffisante du prix moyen des bois exploités en coupes réglées (2 déc. 1887, D. P. 89. 3. 9).

**54.** — 2° *Réclamations contre le classement* (*Rép.* n°s 108 et suiv.). — Il faut distinguer entre les propriétés bâties et les propriétés non bâties.

Relativement aux propriétés non bâties, l'art. 9 de l'ordonnance du 3 oct. 1821 déclare que « tout propriétaire est admis à réclamer contre le classement de ses fonds pendant les six mois qui suivront la mise en recouvrement du rôle cadastral. Passé ce délai, aucune réclamation ne pourra être admise qu'autant qu'elle portera sur des causes postérieures et étrangères au classement ». Cette règle fondamentale, dont on trouvera de nombreuses applications au *Rép.* n° 108, a été depuis lors souvent confirmée par le conseil d'Etat (Cons. d'Et. 29 juill. 1847, arrêt. Comin, D. P. 48. 3. 5 ; 9 mars 1853, aff. Josserand, D. P. 53. 3. 34 ; 13 avr. 1853, aff. Jouffrault, D. P. 53. 3. 50 ; 23 juin 1865, aff Jal, D. P. 68. 3. 101 ; 23 févr. 1877, aff. Dupraux, D. P. 77. 3. 59) ; et l'arrêt précité du 23 juin 1865 spécifie qu'il n'y a pas lieu à cet égard de distinguer entre les réclamations qui ont pour but de contester à l'Administration le droit de faire un nouveau règlement et celles qui portent sur le classement lui-même.

Le délai ainsi fixé est de rigueur ; le conseil d'Etat a décidé, notamment, qu'un individu qui s'était rendu acquéreur d'une propriété non bâtie après l'expiration de ce délai, n'est pas fondé à prétendre qu'un nouveau délai de réclamation court en sa faveur à partir du jour de son acquisition (Cons. d'Et. 20 juin 1855, aff. Noury-Genty, D. P. 56. 3. 2).

D'autre part, le délai de six mois court à l'égard des incapables, par exemple à l'égard d'un vieillard infirme ne pouvant réclamer (*Rép.* n° 109), ou à l'égard de mineurs, alors du reste qu'ils se trouvent pourvus de tuteurs (Cons. d'Et. 21 févr. 1855, aff. Nodin, D. P. 55. 3. 50).

**55.** Une première difficulté s'est élevée sur ce point : que faut-il entendre par réclamation contre le classement? La

réclamation contre une erreur matérielle, par exemple une erreur de contenance, sera-t-elle soumise à ce délai de six mois? La jurisprudence, d'abord indécise (*Rép.* n° 115), s'était fixée dans le sens de l'affirmative, et le conseil d'Etat à plusieurs reprises avait décidé que les réclamations contre les erreur sde contenance, les plus fréquentes de ces erreurs matérielles, devaient être présentées dans le délai de six mois (Cons. d'Et. 9 mai 1853, aff. Josserand, D.P. 53. 3. 34 ; 20 juin 1855, aff. Noury, D. P. 56. 3. 2; 18 juill. 1855, aff. Martin, D. P. 56. 5. 116 ; 18 juin 1856, aff. Chabrol, D. P. 57. 3. 7). L'arrêt précité du 13 avr. 1853 (D. P. 53. 3. 50), avait même déclaré ce délai applicable à toutes les erreurs matérielles commises dans les opérations cadastrales. Ce point de jurisprudence était admis comme constant (Serrigny, *Questionnaire et traité de droit administratif*, p. 262), quand l'arrêt Herdelet, du 11 juill. 1864 (D. P. 65. 3. 54) vint renverser la solution admise relativement aux erreurs de contenance. Le conseil d'Etat, considérant que la dimension d'une parcelle était sans influence sur son classement, que la fixité des résultats des expertises cadastrales était une conséquence de la fixité des contingents fonciers, mais que la réparation des erreurs partielles commises dans l'évaluation des contenances ne pouvait porter atteinte à cette fixité, décida que le délai de six mois n'était pas applicable au cas où la réclamation portait sur une erreur de contenance. Les motifs de cet arrêt, très généraux, défendent de distinguer, comme on l'a proposé (*Bull. des contr. dir.*, janvier 1865, p. 8), entre les erreurs purement matérielles et les erreurs ayant pris leur source dans l'ensemble des opérations d'arpentage. Dans le même sens, il a été décidé que la déchéance, opposable aux réclamations contre le classement présentées après le délai réglementaire, ne s'appliquait pas à une réclamation par laquelle un contribuable, sans contester le classement, la contenance d'une parcelle ou le tarif des évaluations, se borne à demander la rectification d'une erreur matérielle commise dans le calcul de la cote à laquelle cette parcelle a été imposée (19 nov. 1880, aff. Ville de Salins, D. P. 82. 3. 15).

On ne regardera pas non plus comme une réclamation contre le classement la réclamation tendant à ce que la propriété soit cotisée conformément aux opérations cadastrales. Dès lors, cette réclamation sera recevable, bien qu'elle soit présentée plusieurs années après la mise en recouvrement de l'impôt établi en vertu d'un nouveau classement contraire aux données résultant de ces opérations (Cons. d'Et. 20 juill. 1888, aff. Roche, D. P. 89. 3. 100).

En principe, il ne court qu'à partir de la mise en recouvrement du premier rôle sur lequel le contribuable a été inscrit à raison de la parcelle non bâtie dont il est propriétaire ; il en est ainsi, spécialement, dans le cas où la propriété nouvellement imposée a été exempte en Savoie, comme bien noble, dans les années qui ont suivi la rédaction du cadastre, et lorsque, après l'abolition de cette exemption, l'impôt afférent à ladite propriété, considérée à tort comme communale, a été réparti entre tous les propriétaires fonciers de la commune (Cons. d'Et. 23 févr. 1877, aff. Dupraux, D. P. 77. 3. 59).

**56.** On a vu en quels termes était conçu l'art. 9 de l'ordonnance du 3 oct. 1821 : « Passé ce délai (de six mois), aucune réclamation ne pourra être admise qu'autant qu'elle portera sur des *causes postérieures et étrangères au classement* ». De là, la question de savoir si ces réclamations pour causes postérieures et étrangères n'étaient pas elles-mêmes soumises à un délai. L'art. 31 du règlement général sur le cadastre, en date du 10 oct. 1821, avait tranché la question dans le sens de la négative : « Les propriétaires sont admis à réclamer *à toute époque*, lorsque la diminution qu'ils éprouvent dans leur revenu imposable provient de causes postérieures et étrangères au classement... ». Cette solution, comme on l'a vu au *Rép.* n° 110, était admise d'une façon constante par le conseil d'Etat (Cons. d'Et. 20 nov. 1856, aff. Commune de Saint-Hélen, D. P. 57. 3. 26 ; 16 déc. 1863, aff. Sanial, *Rec. Cons. d'Etat*, 1863, p. 815). Mais cette doctrine a été abandonnée par le conseil d'Etat dès 1865 (Cons. d'Et. 11 janv. 1865, aff. Laurent, *Rec. Cons. d'Etat*, 1865, p. 28, et 7 août 1865, aff. Mignot, *Rec. Cons. d'Etat*, 1865, p. 741), et l'assemblée générale du conseil d'Etat a confirmé cette nouvelle jurisprudence par l'arrêt Beaumier en date du 28 févr. 1873 (Cons. d'Et. 28 févr. 1873, aff. Beaumier et autres, D. P. 73. 3. 88). En effet, le principe de la législation en matière cadastrale étant la permanence pour les propriétés non 'bâties, on pouvait bien conclure que la seconde phrase de l'art. 9 de l'ordonnance de 1821, relative à certaines réclamations contre le classement, se référait, pour le délai, à la première phrase du même article qui pose la règle générale pour les réclamations normales; toute la différence était que ce délai, pour les réclamations ultérieures, ne courrait plus de la mise en recouvrement du rôle cadastral, mais bien du fait qui donnait lieu à la réclamation, c'est-à-dire de l'événement qui avait donné lieu à la diminution. Cette nouvelle jurisprudence ˎpeut aujourd'hui être regardée comme constante Ajoutons que ce délai courra même au cas ˎoù, par suite d'une erreur dans un travail de mutation, la parcelle était, à l'époque de l'événement, inscrite au nom d'un particulier autre que le propriétaire; celui-ci verra donc sa réclamation rejetée s'il ne demande la rectification de l'erreur qu'après l'expiration des six mois à partir dudit événement (Cons. d'Et. 9 nov. 1883, aff. de Lafontaine, D. P. 85. 5. 126-127). Mais des difficultés peuvent encore se présenter au cas où la diminution du revenu provient non pas d'un événement isolé, mais d'une série d'événements ayant pu se prolonger par exemple, pendant plusieurs années; on admet alors que le délai court de l'époque où il est certain que ces faits ont causé à la valeur de la propriété une dépréciation permanente (Cons. d'Et. 1873 précité; 22 mars 1878, aff. Eydoux et autres, D. P. 78. 3. 69; 2 août 1878, aff. Hinard, D. P. 79. 3. 7). Il suit de là que le propriétaire pourra toujours réclamer contre le classement dans les six mois qui suivent le premier rôle émis après l'événement, isolé ou non, dont il entend se prévaloir (Cons. d'Et. 29 mai 1874, aff. Joubert, D. P. 75. 3. 48).

**57.** Ces premiers points posés, dans quels cas peut-il y avoir réclamation contre le classement? Soit d'abord le cas où la réclamation est formulée dans les six mois à partir de la mise en recouvrement du premier rôle cadastral. Sur ce point, le conseil a décidé que, lorsqu'une parcelle de terre a été divisée, et que l'un des copartageants conteste la part dans la contribution y afférente qui lui a été attribuée, sa demande ne constitue pas une réclamation contre le classement, devant être présentée dans le délai de six mois après la mise en recouvrement du premier rôle; c'est au conseil de préfecture à statuer sur cette demande contradictoirement avec les autres propriétaires de la parcelle (Cons. d'Et. 7 août 1874, aff. Chasal, D. P. 75. 3. 76). Par contre, il a été jugé que le propriétaire de marais desséchés qui, dans les six mois de l'émission du rôle cadastral, s'est borné à demander le bénéfice de l'exemption temporaire d'impôt établie par l'art. 111 de la loi du 3 frim. an 7, sans réclamer contre le classement de sa propriété, n'est pas recevable à présenter ultérieurement une réclamation de cette nature; il prétendrait à tort que le délai n'a pu courir à son égard qu'à partir de l'émission du premier rôle sur lequel il a été imposé (Cons. d'Et. 7 avr. 1858, aff. Mallet, D. P. 59. 3. 53).

**58.** Les difficultés sont plus nombreuses en ce qui concerne les réclamations contre le classement qui sont formées après les six mois de la mise en recouvrement du premier rôle, c'est-à-dire dérivant de causes postérieures et étrangères au classement. L'art. 31 du règlement du 10 oct. 1821 cite comme exemple de ces dernières causes « les démolition ou incendie de maison, cession de terrains à la voie publique, disparition de fonds par l'effet de corrosion ou d'envahissement par les eaux, enfin perte de revenu dans quelque propriété, dont la valeur, justement évaluée dans le principe, aura été détériorée par suite d'événements imprévus et indépendants de la volonté du propriétaire ». La réclamation contre le classement sera donc accueillie quand la cause de la disparition ou de la détérioration de la propriété sera à la fois imprévue, postérieure et indépendante au classement et indépendante de la volonté du propriétaire. C'est en vertu de ces principes que le droit de réclamer après les six mois de la mise en recouvrement du premier rôle a été accordé à raison d'une diminution de revenus résultant d'inondations qui ont été la conséquence de travaux publics, par exemple de l'établissement d'une voie ferrée ayant mis obstacle à l'écoulement naturel des eaux, cette diminution devant être attribuée à une cause imprévue et indépendante de la volonté du propriétaire (Cons. d'Et. 20 nov. 1856, aff. Commune de Saint-Hélen, D. P. 57. 3. 26; 4 nov. 1887, aff. veuve

Dupont, D. P. 88. 3. 131); ou encore résultant soit d'orages, soit d'inondations ayant recouvert le terrain de sable, de blocs de pierre, de marne noire et de troncs d'arbres (Cons. d'Et. 29 mai 1874, aff. Joubert, D. P. 75. 3. 48); ou encore provenant de la rigueur excessive de la gelée pendant un hiver : le délai courra à partir de l'époque où l'étendue des dommages a pu être connue (Cons. d'Et. 28 juin 1885, aff. d'Alayrac, D. P. 86. 5. 126). — On peut rapprocher de ces cas une espèce concernant un étang, alternativement mis en eau et en culture; cet étang avait été, lors des opérations cadastrales, soumis, en vertu de l'art. 80 de la loi de frimaire an 7, à une contribution foncière calculée d'après ce double rapport; il a été décidé que, si cet étang vient à être desséché par mesure d'utilité publique et ne comporte plus désormais que la jouissance en culture, il y a lieu de considérer cet événement comme équivalent à la disparition de la propriété dans le sens de l'art. 37 de la loi du 15 sept. 1807, et, par suite, d'admettre le propriétaire à demander une nouvelle évaluation et un nouveau classement de sa propriété (Cons. d'Et. 31 août 1860, aff. Brunet, D. P. 61. 3. 70). En revanche, ce droit de réclamer après les six mois de la mise en recouvrement du premier rôle cadastral sera refusé : au propriétaire de bois qui prétend que la diminution survenue dans le revenu de sa propriété provient de la substitution de la houille au bois dans le chauffage et du fer au bois dans la construction (Cons. d'Et. 6 juill. 1858, aff. Monneau, D. P. 61. 2. 13); cette solution s'explique facilement, car l'ordonnance de 1821 a entendu parler d'événements précis, faciles à saisir, ayant causé un dommage certain, et non de causes latentes, inappréciables à un moment donné, résultant des lois économiques; ni au propriétaire de marais salants, dont la réclamation est fondée sur une diminution survenue dans le produit de ses marais par suite de l'abaissement des droits de douane sur les sels étrangers (Cons. d'Et. 9 janv. 1861, aff. Turbé, D. P. 61. 3. 13). — Cette dernière décision a été critiquée, mais à tort semble-t-il. Il est vrai qu'il s'agit là d'un fait ˎsaisissable, immédiatement appréciable, imprévu, étranger et postérieur au classement et indépendant de la volonté du propriétaire. Mais il est également certain que la diminution des droits de douane ne constitue pas un fait susceptible de donner ouverture à une action en indemnité contre l'Etat; le propriétaire du marais salant ne pouvant invoquer un droit à la décharge de son imposition, sa réclamation ne soulevait plus qu'une question d'espèce que le conseil d'Etat pouvait examiner souverainement; l'intérêt fiscal, le succès des réformes douanières, etc., pouvaient donc lui sembler des motifs suffisants pour repousser la réclamation contre le classement. On pourrait croire qu'un motif analogue a conduit à refuser le droit de réclamer après le délai réglementaire au propriétaire réclamant à propos de la dépréciation résultant pour une prairie de la destruction d'un barrage, ordonnée par arrêté préfectoral, cette dépréciation étant, comme l'établissement des tarifs de douanes, un fait de l'autorité publique, et ne rentrant pas dans la catégorie des événements imprévus qui rendent les réclamations recevables hors du délai fixé (Cons. d'Et. 29 juin 1877, aff. Broutin, D. P. 77. 3. 91). Mais ce serait là une exagération : le conseil d'Etat a admis comme cause d'un nouveau classement les dégradations causées par les travaux d'une route stratégique (Rép. n° 110); les fouilles opérées pour établir la chaussée d'un chemin de fer (Cons. d'Et. 5 oct. 1857, aff. de Lafonta, Rec. Cons. d'Etat, 1857, p. 724; 15 juill. 1858, aff. Millet, ibid., 1858, p. 503). S'il n'a pas considéré de même la suppression ou la modification de barrages, c'est que l'emploi des eaux pour l'arrosage, au moyen d'ouvrages d'art, ne peut constituer qu'un procédé de culture soumis par la nature des choses à des variations dont l'éventualité peut toujours être prévue. Ce qui le prouve, c'est que, quand le résultat de ces travaux n'a pas ce caractère d'amélioration agricole, notamment quand les travaux de barrage exécutés par l'Etat sur une rivière ont eu pour effet la submersion permanente de la propriété du réclamant, il a été jugé qu'on devait procéder à un nouveau classement (Cons. d'Et. 2 août 1878, aff. Huiard, D. P. 79. 3. 7).

**59.** Le droit sera également refusé toutes les fois qu'il s'agira d'une dépréciation générale, et non d'une dépréciation spéciale à la propriété du réclamant; en effet la loi exige, pour qu'il soit dérogé au principe de la fixité du classement des propriétés, un fait nettement défini et ayant porté à la valeur d'une propriété particulière une atteinte telle que l'ancien classement constituerait une injustice flagrante vis-à-vis des autres contribuables de la commune; or, s'il s'agit d'une dépréciation générale, le déclassement ordonné au profit d'un contribuable ne ferait qu'aggraver la surtaxe imposée aux autres. Le droit de réclamer après les six mois réglementaires doit donc être refusé au propriétaire qui fonde sa réclamation sur un envahissement du sol par le sel, qui s'est produit d'une manière générale dans la contrée et y a fait disparaître toute végétation (Cons. d'Et. 1er juin 1870, aff. Dame d'Arriol et consorts, D. P. 74. 3. 75); ou sur la destruction de la vigne par le phylloxéra, destruction qui s'est également produite d'une façon générale dans la contrée (Cons. d'Et. 26 nov. 1880, aff. Saucerotte, D. P. 82. 3. 14, et 16 déc. 1887, aff. Laborie, D. P. 88. 3. 131). Dans les cas de ce genre, il doit être procédé non par voie de modifications individuelles au classement, mais par voie de revision générale du cadastre. A ce propos, il a été jugé qu'il n'appartenait pas au conseil d'Etat statuant au contentieux de décider si un fait qui s'est produit d'une manière générale dans la contrée doit donner lieu dans les communes intéressées à une revision du cadastre (Cons. d'Et. 26 nov. 1880, aff. Saucerotte, D. P. 82. 3. 14).

**60.** Enfin, de ce que le fait donnant ouverture à la réclamation, doit être indépendant de la volonté du propriétaire, il faut en conclure que l'on ne saurait admettre les réclamations basées sur une diminution de revenu provenant, par exemple, d'un dessèchement *volontaire* d'un étang dans les Dombes (Cons. d'Et. 7 nov. 1873, aff. Givord, D. P. 74. 3. 77). La solution aurait été naturellement contraire si le dessèchement avait été poursuivi par voie administrative en vertu des lois des 11 sept. 1791 et 21 juill. 1856. Il en serait de même, si la diminution résultait de ce qu'une terre est devenue improductive par suite de l'extraction de la pierre à chaux (Cons. d'Et. 21 avr. 1882, aff. Dernoncourt, D. P. 83. 5. 137), ou de la chaux qu'elle contenait (Cons. d'Et. 19 mai 1882, aff. Accart, D. P. 83. 5. 137-138); ou encore si l'improductivité résultait des dégradations que le défaut d'entretien a causées à un marais salant abandonné, alors que cet abandon a été la conséquence de la modification par l'autorité publique de règlements anciens (Cons. d'Et. 24 nov. 1882, aff. Delavau et Sion, D. P. 84. 3. 44). Il y a lieu de rappeler ici que ces deux dernières circonstances : dépréciation générale et fait volontaire du propriétaire, suffisent pour faire rejeter, *a priori* la réclamation contre le classement, sans qu'il soit nécessaire de distinguer si elle a lieu ou non dans les six mois de la mise en recouvrement du premier rôle ou de l'événement postérieur au classement qui a causé la dépréciation.

**61.** Il n'a été jusqu'ici parlé que des propriétés non bâties; le délai de six mois était, en effet, spécial à ces propriétés. En ce qui concerne les propriétés bâties, aucun délai n'était autrefois fixé; en conséquence, les réclamations contre la fixation du revenu cadastral étaient recevables, alors même que plus de six mois s'étaient écoulés depuis la mise en recouvrement du premier rôle cadastral (Cons. d'Et. 25 déc. 1845, aff. Changeur, D. P. 46. 3. 84). Mais la loi du 8 août 1890 a édicté, en son art. 7, des règles spéciales aux propriétés bâties, dans la matière du délai des réclamations : « Tout propriétaire de propriété bâtie est admis à réclamer contre l'évaluation attribuée à son immeuble pendant les six mois à dater de la publication du premier rôle dans lequel cet immeuble aura été imposé, et pendant trois mois à partir de la publication du rôle suivant. En ce qui concerne les rôles subséquents, les propriétaires sont admis à réclamer pendant les trois mois de la publication de chaque rôle lorsque, par suite de circonstances exceptionnelles, leur immeuble aura subi une dépréciation. En dehors des cas prévus aux deux paragraphes précédents, aucune demande en décharge ou en réduction ne sera recevable, sauf dans le cas où l'immeuble serait en tout ou en partie détruit ou converti en bâtiment rural. Les réclamations sont présentées, instruites et jugées selon les règles suivies en matière de contributions directes ». Il résulte de ces dispositions nouvelles que les réclamations, en ce qui concerne les propriétés bâties, ne sont plus recevables à

toute époque, comme elles l'étaient antérieurement. Mais il existe toujours une différence entre les propriétés bâties et les propriétés non bâties : pour les premières, les réclamations ne peuvent être formées que pendant les six mois qui suivent la publication du premier rôle; pour les secondes, elles peuvent l'être, en outre, pendant les trois mois qui suivent la publication du second rôle. D'après un amendement proposé devant le Sénat par M. Le Guen, les propriétaires d'immeubles bâtis auraient été admis à présenter des réclamations dans le délai de trois mois non seulement après la publication du second rôle, mais encore après celle de chacun des rôles suivants. Cet amendement n'a pas été adopté, M. Boutin, commissaire du Gouvernement, ayant fait observer qu'il en résulterait entre la propriété bâtie et la propriété non bâtie une différence qui ne saurait se justifier; le droit de réclamer après la publication des rôles autres que les deux premiers reste donc limité au cas où l'immeuble aurait subi une dépréciation par suite de circonstances exceptionnelles (V. D. P. 90. 4. 80, note).

**62.** Il ne reste qu'à indiquer quelques règles générales relatives au jugement des réclamations. Il a été décidé que le conseil de préfecture, qui avait rejeté une réclamation formée par un propriétaire contre le classement, ne peut, quand son arrêté avait acquis force de chose jugée, statuer sur une nouvelle demande du même propriétaire fondée sur les mêmes motifs, bien qu'elle s'applique aux contributions d'une autre année (Cons. d'Et. 10 déc. 1856, aff. Lauzun, D. P. 57. 3. 45). Par contre, il a été jugé que la diminution de revenu accordée à un propriétaire par un arrêté de conseil de préfecture passé en force de chose jugée profite à ce propriétaire non seulement pour l'exercice auquel se rapportait la demande en réduction, mais encore pour les exercices ultérieurs, tant qu'il n'était apporté aucun changement à la maison imposée ou qu'il n'était pro-cédé à une revision générale des propriétés bâties de la commune, alors même que la diminution accordée excéderait celle qui avait été demandée (Cons. d'Et. 18 juill. 1855, aff. Coiffier, D. P. 56. 3. 16). V. sur la matière des réclamations Batbie, t. 6, nos 130-131; Fournier de Flaix, nos 149-158; Ducrocq, t. 2, n° 961; Gabr. Dufour, t. 4, nos 31 à 38; Georges Dufour, p. 108 et suiv.

### Art. 3. — *Qui doit acquitter la contribution foncière* (Rép. nos 133 à 150).

**63.** La contribution foncière, étant une charge de la propriété, doit être, en principe, acquittée par le propriétaire. Le droit de contester les mutations de cote appartient exclusivement à celui au nom duquel la cote est inscrite et aux tiers qui prétendent avoir, à titre de propriétaires, le droit de réclamer cette mutation en leur propre nom. De là cette conséquence que les individus qui ne contestent une mutation qu'à titre d'électeurs et pour établir l'inéligibilité de la personne qui l'a demandée et obtenue ne sont pas recevables dans leur réclamation (Cons. d'Et. 23 mars 1870, aff. Elect. de Saint-Pierre-Eglise de Tocqueville, D. P. 70. 3. 66). De même : un percepteur serait sans qualité pour demander que la contribution foncière à raison de laquelle un contribuable a été inscrit au rôle fût mise, par mutation de cote, à la charge d'un particulier non inscrit audit rôle (Cons. d'Et. 26 janv. 1870, aff. de Roquemaurel et Bergès, *Rec. Cons. d'Etat*, 1870, p. 26). — D'ailleurs si la qualité de propriétaire est nécessaire, elle est également suffisante; la loi n'exige pas en outre que la réclamation porte sur le *quantum*, de la contribution même. C'est ainsi que deux propriétaires qui, par suite d'une double erreur, ont été imposés chacun à raison de la propriété de l'autre, peuvent demander une mutation de cote, encore même qu'ils ne se trouveraient pas surtaxés en fait (Cons. d'Et. 21 avr. 1858, aff. Taupin, D. P. 59. 3. 14). C'est en vertu du principe que le droit de réclamation appartient au seul propriétaire que la contribution foncière établie sur un canal de dessèchement qui est la propriété collective des propriétaires des terrains desséchés, doit être inscrite sur le rôle au nom de la commission administrative chargée de la conservation du dessèchement même et de la direction des intérêts communs (Cons. d'Et. 10 déc. 1856, aff. Commiss. des Wateringues, D. P. 57. 3. 44).

**64.** Il est bien entendu que lorsqu'un particulier soutient que l'immeuble à raison duquel il a été imposé appartient à une autre personne, le conseil de préfecture ne doit pas lui accorder simplement décharge, car le montant du dégrèvement se trouverait alors, contrairement à l'équité, reporté sur tous les autres contribuables, mais doit procéder par voie de mutation de cote après avoir mis en cause les véritables propriétaires (Cons. d'Et. 23 mai 1873, aff. Ministre des fin., D. P. 73. 3. 94). En ce cas, le contribuable réclamant doit fournir toutes les désignations nécessaires pour que la cote puisse être transférée au propriétaire actuel. Sa demande serait donc rejetée par le conseil de préfecture s'il ne donnait pas le nom du propriétaire actuel (Cons. d'Et. 22 mars 1872, aff. Henry; 6 juin 1879, aff. Migonney, D. P. 79. 3. 109 et 4 févr. 1887, aff. Metge, D. P. 88. 5. 131);... s'il n'indiquait pas exactement la parcelle pour laquelle il réclame une mutation de cote (Cons. d'Et. 19 déc. 1861, aff. Comte, *Rec. Cons. d'Etat*, 1861, p. 906)... ou encore, s'il se bornait à dire, relativement aux parcelles qui font l'objet de la réclamation, que la fixation de leur contenance donnait lieu vingt ans à des procès avec ses voisins (Cons. d'Et. 22 nov. 1878, aff. Verdellet, D. P. 79. 3. 37). — D'ailleurs, le réclamant qui n'a pas indiqué le propriétaire actuel devant le conseil de préfecture est recevable à le faire devant le conseil d'Etat qui peut, suivant les circonstances soit prononcer immédiatement la mutation de cote, soit renvoyer les parties devant le conseil de préfecture (Cons. d'Et. 4 févr. 1887, aff. Metge, D. P. 88. 5. 131).

Le conseil de préfecture ne peut, du reste, ordonner la mutation de cote que si les parties sont d'accord sur la propriété, ou si le litige, en cas de contestation, a été tranché par l'autorité compétente. Il doit appeler en présence du réclamant la personne désignée comme propriétaire et au nom de laquelle la mutation devrait être opérée (Cons. d'Et. 26 janv. 1870, aff. Commune de Massat et autres, *Rec. Cons. d'Etat*, 1870, p. 28). S'il ne l'avait pas fait, l'arrêté qu'il rendrait pour mettre la contribution à la charge de ce propriétaire prétendu serait rendu par défaut, et, par suite, ne pourrait pas être attaqué devant le conseil d'Etat par le nouvel imposé tant que la voie de l'opposition lui serait ouverte (Cons. d'Et. 20 sept. 1871, aff. Armand, *Rec. Cons. d'Etat*, 1871, p. 167).

**65.** Aux termes de l'art. 36 de la loi du 3 frim. an 7, les parties intéressées doivent fournir à l'Administration la note de chaque mutation de propriété, afin que cette note soit inscrite au livre des mutations. Dans la pratique, cette prescription n'est guère observée, et il arrive rarement que les acquéreurs de propriétés foncières, soit à titre particulier, soit à titre universel, fassent la déclaration exigée. Aussi l'administration des contributions directes est-elle obligée d'inviter ses agents à procéder eux-mêmes aux mutations de cote, toutes les fois qu'il relèvent dans les actes soumis à l'enregistrement la preuve que la propriété a changé de main (Circ. min. 9 nov. 1846, art. 21, D. P. 47. 3. 105; Instr. gén. 18 déc. 1853, art. 39). Opérée dans ces conditions, la mutation d'office ne soulève presque jamais de réclamations ; mais, dans les cas exceptionnels où le particulier inscrit au rôle par voie de mutation de cote conteste qu'il soit propriétaire, la juridiction contentieuse est tenue de déclarer que la mutation opérée d'office ne lui est pas opposable. Décidé, en effet, qu'à partir de l'émission des rôles, c'est au conseil de préfecture qu'il appartient de statuer sur les demandes en mutation de cote ; que, par suite, les agents de l'administration ne peuvent opérer d'office une mutation de cote (Cons. d'Et. 8 juin 1888, aff. Vuillerme, D. P. 89. 3. 84). Le préfet excède ses pouvoirs en accueillant une demande de cette nature, et son arrêté peut être régulièrement annulé par décision ministérielle, sans même que l'intéressé ait été mis en demeure de présenter préalablement ses observations (Cons. d'Et. 9 mars 1870, aff. Troplong, D. P. 70. 3. 65).

Il y a lieu de signaler, au sujet des mutations de cote, un jugement du tribunal civil de Montpellier du 26 mai 1882 (aff. Dellard, D. P. 83. 3. 87), d'où il résulte implicitement que l'acquéreur d'un immeuble n'est pas tenu de faire opérer, en vertu de son titre d'acquisition, la mutation de propriété sur la matrice cadastrale ; que, par suite, celui qui fait opérer la transcription n'est pas tenu de veiller à ce que ladite mutation soit accomplie.

**66.** En principe, la contribution foncière doit être acquittée par celui qui a la propriété utile, comme l'emphytéote, l'usufruitier, plutôt que par celui qui a la propriété directe, comme le nu-propriétaire. Relativement à l'emphytéote, il a été décidé que la contribution foncière due pour l'immeuble donné à bail emphytéotique doit, dans le cas même où le contrat ne s'en expliquerait pas, être payée par l'emphytéote. C'est donc à tort que celui qui a construit sur un terrain ainsi loué est déchargé de la partie de contribution afférente au sol, alors surtout que la redevance qu'il paye au bailleur a été stipulée exempte de la retenue de toutes contributions présentes et futures (Cons. d'Et. 14 juin 1855, aff. Hautoy, D. P. 56. 3. 2). — En ce qui concerne l'usager, le conseil d'Etat a jugé que le propriétaire d'une forêt, dans le cas où le revenu qui en retire est diminué par l'effet des droits d'usage, n'en doit pas moins la totalité de la contribution, sauf à lui à s'indemniser par des retenues sur les usagers (Cons. d'Et. 27 juill. 1855, aff. Didion, D. P. 54. 3. 12). Cette dérogation au principe général que la contribution foncière est acquittée par celui qui a la propriété utile et non la propriété directe, et dès lors, par l'usager, s'explique par les règles spéciales aux usages forestiers (*Rép.* n° 138). — De même, en matière de concessions de services publics (eaux, gaz, abattoirs, etc.), l'impôt foncier n'est plus considéré comme étant, d'une manière absolue, à la charge du concessionnaire, bien que la concession ait transporté à ce dernier le domaine utile (*Rép.* n° 139). Le plus souvent, il est vrai, la question est tranchée par les cahiers des charges ; c'est ainsi que les compagnies de chemin de fer sont tenues expressément du payement de l'impôt foncier. Quand elle ne l'est pas, le conseil de préfecture doit rechercher la nature exacte du contrat : les solutions peuvent donc être différentes. C'est ainsi qu'il a été jugé que la contribution foncière dont sont passibles les bacs et bateaux de passage concédés est due par l'Etat propriétaire, étant donné d'ailleurs que l'acte de concession ne l'a pas mise à la charge du concessionnaire (Cons. d'Et. 13 avr. 1853, aff. Ministre des finances, D. P. 53. 3. 51); et il a été décidé que, lorsqu'une ville a concédé à un entrepreneur l'installation et l'exploitation entière ou partielle du service des eaux sur son territoire, à charge d'acquérir les terrains et de construire les bâtiments, lesquels terrains et bâtiments seront, à l'expiration de la concession, remis à la ville en bon état et sans indemnité, c'est la ville, comme étant propriétaire dès maintenant, qui doit être assujettie à l'impôt foncier (Cons. d'Et. 29 juill. 1881, aff. Pasquet, D. P. 83. 3. 5; et 28 mai 1886, aff. Ville d'Issoudun, D. P. 87. 5. 128). Cette solution s'explique par la nature spéciale du contrat de concession, que la jurisprudence considère comme n'attribuant au concessionnaire qu'un simple droit de jouissance, temporaire et purement mobilier (Cass. 15 mai 1861, aff. Mancel, D. P. 61. 1. 235). Au contraire, il a été jugé que, l'établissement de chalets de nécessité dans une ville ne résultant que d'une permission de voirie, la circonstance que ces chalets seraient plus tard remis à la ville ne faisait pas obstacle à leur imposition au nom de l'exploitant considéré comme en étant le propriétaire actuel (Cons. d'Et. 29 nov. 1890, aff. Dorian).

**67.** Il est de principe que les fermiers et locataires sont tenus de payer à l'acquit des propriétaires ou usufruitiers la contribution des biens qu'ils tiennent à ferme ou à loyer. Pour les fermiers, il suffit de renvoyer aux diverses règles posées au *Rép.* n°s 140 et suiv.; mais quelques observations doivent être ajoutées relativement aux locataires de maisons.

Il est tout d'abord certain que c'est le propriétaire de la maison qui doit être nominativement imposé, même quand la contribution doit être, d'après les clauses du bail, supportée par le locataire, sauf alors bien entendu son recours contre ce dernier; la contribution foncière ne peut donc être mise par voie de mutation de cote à la charge du locataire (Cons. d'Et. 3 juin 1882, aff. Commune de Cambo, D. P. 52. 3. 42). En revanche, il est également admis que l'impôt foncier afférent à des machines et appareils doit être inscrit au nom du locataire qui les a établis lorsqu'ils doivent rester sa propriété pendant la durée du bail (Cons. d'Et. 23 juin 1882, aff. Binet-Lefèvre, D. P. 84. 3. 10). Il s'agit ici d'objets immobiliers qui sont la propriété du locataire de l'immeuble ; il y a donc lieu d'appliquer à ce dernier les règles relatives aux propriétaires et non celles concernant les locataires. De même, l'industriel qui a établi dans des bâtiments dont il est locataire des machines à vapeur fixées sur des socles en pierre, est personnellement imposable à la contribution foncière à raison de ces machines (Cons. d'Et. 8 févr. 1884, aff. Runel, D. P. 85. 5. 126). Mais si ces améliorations, par exemple des bâtiments construits par le locataire, doivent revenir au propriétaire à l'expiration du contrat de bail, l'augmentation d'impôt foncier qui en sera résultée sera à la charge du propriétaire, à moins qu'une clause spéciale n'ait mise à la charge du locataire (Cons. d'Et. 26 nov. 1872, aff. Noyelle et Martin, D. P. 73. 3. 104). — Décidé encore que, les propriétés bâties étant seules passibles de la contribution foncière en Algérie, lorsqu'un immeuble est construit par un locataire, aucune part de la cote ne peut être mise à la charge du propriétaire du fonds (L. 23 déc. 1884, art. 1er) (Cons. d'Et. 13 juill. 1889, aff. Vidal, D. P. 91. 3. 40).

En principe, le locataire a un recours contre le propriétaire à raison de la contribution foncière qu'il a payée à son acquit. Cette contribution peut, d'ailleurs, être mise à sa charge par une clause du bail. Mais, dans ce cas même, il est de règle que les impositions extraordinaires dont l'immeuble est frappé en cours de bail doivent être supportées par les propriétaires, à moins de clause contraire (Aubry et Rau, t. 4, § 367, p. 483; Rép. v° Louage, n°s 353-354). Cependant il a été jugé, et cette décision a été déclarée souveraine par la cour de cassation, que le fait qu'une taxe municipale destinée à pourvoir aux nécessités de l'occupation étrangère a été répartie sur les quatre contributions directes, lui donnait suffisamment le caractère d'imposition ordinaire et que, par conséquent, le locataire devait supporter et la portion de taxe ajoutée à la contribution des portes et fenêtres, et la portion de taxe ajoutée à la contribution foncière, si le bail avait mis à sa charge la contribution foncière elle-même (Cons. d'Et. 22 janv. 1873, aff. Lepiller, D. P. 73. 1. 261). Comp. Fournier Flaix, op. cit., n°s 361 et suiv.; Gabr. Dufour, t. 4, n°s 39 et suiv.

## Art. 4. — Répartition de la contribution foncière
### (Rép. n°s 151 à 170).

**68.** Le chiffre général de la contribution foncière adopté dans le principe (Rép. n°s 151 et suiv.) était celui de 240 millions (Décr. 17 mars 1791, art. 2) ; il a été l'objet de réductions successives jusqu'en 1821 (Rép. n° 152). Depuis lors, ce chiffre s'est relevé ; le budget de 1891 porte le principal de la contribution foncière à 169172000 fr., dont 103272000 pour les propriétés non bâties, et 65900000 pour les propriétés bâties. On ne peut pas précisément donner pour raison de cette augmentation l'annexion de la Savoie et de Nice, car l'accroissement de la matière imposable qui en a résulté a été plus que compensé par la perte de l'Alsace-Lorraine, et balancement fait, la perte définitive de la France pour l'impôt foncier a été d'environ 4 millions. Mais, les propriétés de l'État non productives de revenus n'étant pas assujetties à l'impôt, toute aliénation de bien national entraîne un accroissement du produit de l'impôt ; en outre, l'art. 2 de la loi du 17 août 1835 prescrit que les maisons et usines nouvellement construites ou reconstruites augmenteront le contingent fixé, tandis que les démolitions d'immeubles feront l'objet d'un dégrèvement ; comme les constructions sont de beaucoup plus nombreuses que les démolitions, c'est là, pour l'impôt, une source importante d'accroissement qu'on peut évaluer en moyenne à 800000 fr. par an.

L'impôt foncier ayant été converti en impôt de quotité par la loi du 8 août 1890, en ce qui concerne les propriétés bâties (V. suprà, n° 48), les règles relatives à la répartition et les explications qui suivent sur ce point ne s'appliquent plus qu'aux propriétés non bâties.

**69.** Comme il a été dit au Rép. n° 152, la répartition obtenue au moyen du cadastre n'est pas équitable. Elle ne l'est pas, d'abord, parce qu'elle ne suit pas de près les mutations et les changements de valeurs de propriétés ; mais pour tenir compte des modifications opérées dans les limites des propriétés à la suite d'aliénations ou de partages, il

faudrait recourir aux déclarations directes des propriétaires ; les revisions annuelles sont insuffisantes et les matrices cadastrales ne représentent plus l'état réel de la propriété. Encore la répartition basée sur le cadastre peut-elle se rapprocher de l'équité, mais le cadastre ne sert qu'à la répartition individuelle au sein de la commune ; les autres répartitions, entre les départements, les arrondissements et les communes se font sans règle bien précise, ce qui donne lieu à de grandes inégalités : les travaux effectués en exécution de la loi du 9 août 1879 (Bull. des lois, 8325), ont fait ressortir, en matière de contribution foncière des propriétés non bâties, les taux extrêmes de 0 fr. 95 cent. et de 7 fr. 21 cent. par 100 fr. de revenu net ; l'évaluation des propriétés bâties prescrite par l'art. 34 de la loi du 8 août 1885 (D. P. 86. 4. 40) a constaté les taux extrêmes de 0 fr. 97 cent. pour 100 dans la Corse et de 5 fr. 30 cent. pour 100 dans le département de Tarn-et-Garonne. En outre, les changements survenus par la force même des choses ont accru l'injustice de la répartition actuelle. Pour les propriétés non bâties, il faudrait tenir compte des changements dans le mode de culture et le revenu des terres ; on évalue à 6 millions le nombre d'hectares de terre figurant au cadastre comme friches et payant 2 fr., qui devraient être mis en 1re ou 2e classe et payer 15 fr., ce qui représenterait une plus-value de 80 à 90 millions ; pour les propriétés bâties, les inégalités étaient plus grandes encore, surtout dans les villes où malgré l'accroissement de valeur résultant des quartiers du centre de l'agglomération même, les constructions anciennes ne sont taxées que sur le pied du revenu qu'elles donnaient il y a cinquante ans, c'est-à-dire avant le développement de la ville. La loi des 8-12 août 1890, en transformant l'impôt foncier des propriétés bâties en impôt de quotité, a justement eu en vue de remédier à cet état de choses (V. suprà, n°s 48, 68).

**70.** On a proposé plusieurs moyens de remédier aux inégalités de répartition de la taxe foncière. Sans s'arrêter, soit aux propositions de suppression pure et simple (M. Léon Say ne voudrait conserver l'impôt foncier que l'impôt communal), soit à la théorie de M. Hippolyte Passy qui, considérant l'impôt foncier comme un prélèvement fait par l'État, veut que, de transmissions en transmissions, cette part prélevée devienne insensible, nous énumérons rapidement les principaux remèdes pratiques. Les uns ont proposé de transformer l'impôt foncier en un impôt de quotité, au moyen de la constatation de la valeur vénale des propriétés faite à l'occasion des mutations entre vifs ou à cause de mort. En réalité on ne percevrait que sur le revenu net, la valeur vénale n'étant que la capitalisation de ce revenu ; la Belgique, depuis 1867, a transformé en impôt de quotité sa contribution foncière. Il vient d'être rappelé qu'en France, la loi du 8 août 1890 a opéré cette transformation pour la taxe des propriétés bâties. D'autres, sans changer la nature actuelle de l'impôt, veulent simplement en améliorer la répartition. L'enquête de 1879 a montré que la moyenne de l'impôt par rapport au revenu est, en France, de 4 fr. 49 pour 100 ; et 46 départements dépassent cette moyenne et 41 restent en dessous ; on pourrait donc procéder à la péréquation entre les départements soit en répartissant la somme payée en plus par les 46 départements, et évaluée à 11 millions environ, entre les 41 autres départements, soit en accordant aux 46 départements surchargés un dégrèvement d'environ 11 millions. Cette dernière mesure a d'ailleurs, été adoptée, et d'une façon plus large encore, par la loi du 8 août 1890, dont l'art. 14 a accordé un dégrèvement de 15267977 fr. à 82 départements, ce qui a réduit la moyenne des dégrèvements à 4 pour cent. — Enfin on a proposé de refaire le cadastre ; ce serait peut-être, en effet, le meilleur moyen de rendre l'impôt équitable, à condition qu'il serve de base non seulement à la répartition entre les propriétaires d'une même commune, mais entre tous les contribuables, à condition aussi qu'il soit tenu continuellement au courant des changements survenus dans les limites des propriétés et le mode des cultures ; jusqu'ici on a reculé devant la dépense de cette réfection du cadastre au sujet de laquelle les évaluations varient de 40 à 300 millions, mais que l'on peut fixer approximativement à 100 millions. Cependant l'exemple, sur ce point, nous est donné par l'Italie qui vient de décider, par une loi du 1er mars 1886, qu'on ferait la péréquation au moyen d'un cadastre géométrique parcellaire dont la confection durera vingt ans ; par la Belgique qui entoure son cadastre de soins constants et le tient au courant presque jour par jour des modifications survenues à la propriété, en grattant simplement avec un grattoir le papier épais sur lequel est dressé le plan ; enfin par l'Alsace-Lorraine, où une loi du 31 mars 1884 a décidé la réfection du cadastre au double point de vue juridique de la constatation de la propriété, et financier de la péréquation de l'impôt foncier.

**71.** — 1° *Fixation des contingents départementaux.* — La loi des recettes assigne à chaque département son contingent particulier dans le contingent général fixé pour chaque nature de contribution. Le cadastre, la comparaison des baux et des ventes et tous autres renseignements au pouvoir de l'Administration ont servi de base à cette répartition entre les départements. Cette répartition n'est pas définitive ; les contingents ainsi assignés par les pouvoirs législatifs à chaque département, doivent être modifiés à raison des accroissements et des diminutions de la matière imposable (V. sur ce point les divers exemples spécifiés au *Rép.* nos 132 et suiv).

**72.** — 2° *Répartition de l'impôt foncier entre les arrondissements.* — C'est le conseil général qui répartit entre les arrondissements le contingent de contribution foncière mis à la charge du département par la loi annuelle de finances. Cette sous-répartition se fait d'après les mêmes bases que la répartition primitive ; le conseil général l'effectue après avoir statué sur les demandes en réduction de contingent délibérées par les conseils d'arrondissement, dans une première session qu'ils tiennent avant la réunion du conseil général (*Rép.* nos 157 et suiv.). Aucune modification n'a été apportée sur ce point à la loi du 10 mai 1838 (V. L. 10-29 août 1871, relative aux conseils généraux, art. 37, D. P. 71. 4. 124) ; les tribunaux administratifs ont eu seulement l'occasion de rappeler que cette répartition, effectuée par le conseil général entre les arrondissements, ne donnait pas lieu à un recours au conseil d'Etat par la voie contentieuse (Cons. d'Et. 20 nov. 1856, aff. Commune de Saint-Hélen, D. P. 57. 3. 26).

**73.** — 3° *Répartition entre les communes.* — Cette nouvelle répartition est faite par les conseils d'arrondissement dans une seconde session postérieure à la session du conseil général. Elle doit être basée sur les décisions que rend le conseil général relativement aux réclamations des communes, décisions qui sont souveraines et qui échappent à toute espèce de recours. On se reportera pour le développement de ce principe au *Rép.* nos 160-161.

**74.** — 4° *Répartition individuelle.* — Le contingent assigné à chaque commune est réparti, dans la localité même, entre tous les contribuables, et modifié, à raison des mouvements survenus dans la matière imposable, par une commission de répartiteurs composée de sept membres. De ces sept membres, deux sont désignés par la loi : ce sont le maire et l'adjoint. dans les communes au-dessus de 5000 âmes et, dans les autres, deux conseillers municipaux désignés à cet effet (*Rép.* n° 160). Les cinq autres sont des contribuables ainsi nommés : d'après l'art. 61 de la loi du 5 avr. 1884 (D. P. 84. 4. 25), le conseil municipal dresse chaque année une liste contenant un nombre double de celui des répartiteurs à nommer ; sur cette liste le sous-préfet doit choisir cinq répartiteurs et cinq suppléants ; la liste contient donc vingt noms ; deux des répartiteurs doivent être pris parmi les personnes domiciliées hors de la commune s'il y a des contribuables non domiciliés. — Décidé, en ce qui concerne la commission de répartition, que, lorsque l'installation du conseil municipal n'a pas encore eu lieu, le membre de l'ancienne municipalité qui exerçait les fonctions de maire peut valablement présider la réunion des répartiteurs (Cons. d'Et. 8 déc. 1888, aff. de la Valette, D. P. 90. 3. 21). Décidé également par le même arrêt que la circonstance qu'aucun des répartiteurs n'a été choisi parmi les propriétaires forains n'est pas une cause d'irrégularité des rôles quand il n'a pas été possible de désigner comme répartiteurs des propriétaires non domiciliés dans la commune. Pour les cas de dispense, et le mode de délibération, V. *Rép.* nos 163-164. A Paris, la loi du 24 juin 1880 a porté de cinq à sept le nombre des membres de la commission de répartition des contributions directes (D. P. 81. 4. 62).

**75.** Cette répartition individuelle doit se faire proportionnellement aux revenus fonciers de chaque contribuable (*Rép.*

n° 165 ; Cons. d'Et. 7 janv. 1876, aff. Pupil du Sablon, D. P. 76. 3. 68 ; 15 janv. 1878, aff. Guaidon et autres, D. P. 78. 5. 153). Par applicacation de cette règle, le conseil d'Etat a décidé que, lorsqu'une maison a été partagée en nature entre plusieurs héritiers, la contribution foncière assise sur cette maison doit être répartie entre eux proportionnellement à la fraction qui représente dans l'ensemble de la propriété, la part attribuée à chacun (Cons. d'Et. 14 déc. 1862, aff. Letourneur, D. P. 63. 5. 95).

**76.** Il résulte aussi de cette règle que la réclamation des contribuables ne sera justifiée que s'il est prouvé que la répartition n'a pas été faite proportionnellement aux revenus. C'est ainsi que, lorsqu'une loi ou un décret a réuni deux communes et, par suite, a entraîné la formation d'un seul contingent pour la commune nouvelle dans les répartitions de la contribution foncière, les propriétaires de la commune supprimée, dont la part contributive a été augmentée par l'effet de cette réunion, ne sont pas fondés à se plaindre de l'augmentation d'impôt, s'ils n'établissent pas que les règles de l'égalité proportionnelle ont été violées à leur égard (Cons. d'Et. 23 janv. 1864, aff. Giraud et cons., D. P. 65. 3. 27 ; 7 janv. 1876, aff. Pupil du Sablon, D. P. 76. 3. 68). C'est à tort qu'en sens contraire on invoquait dans l'espèce les art. 91 et 92 de la loi du 2 mess. an 7, aux termes desquels les administrations cantonales et départementales étaient tenues, quand une commune ou portion de commune était incorporée à une autre commune, de changer ses mandements de contribution foncière d'après les rôles existants. Ces articles signifient simplement que lorsqu'une commune est augmentée par la réunion d'une commune ou d'une portion de commune, on ne doit augmenter le contingent de la commune agrandie que de l'impôt que payait précédemment la commune réunie. Il n'en aurait été différemment que si une disposition formelle et spéciale de la loi ou du décret de réunion des communes avait décidé que les contingents dans la répartition de la contribution foncière resteraient séparés ; la réclamation des contribuables en ce cas aurait été fondée même en dehors de toute violation de l'égalité proportionnelle entre les contribuables des deux communes (V. en ce sens les décrets du 24 mars 1852, D. P. 52. 4. 93, du 13 oct. 1858, et la loi du 16 juin 1859 sur l'extension des limites des villes de Lyon, Lille et Paris, où l'exception à la règle générale des contributions est mentionnée ; Observ. du min. des fin. dans l'affaire du 23 janv. 1864, aff. Giraud et consorts, D. P. 65. 3. 27). De même, et par application des principes ci-dessus énoncés, le conseil d'Etat a décidé que lorsque, antérieurement au décret de réunion d'une section à une ville, la proportion d'atténuation du revenu cadastral était plus élevée dans la ville que dans la section, l'administration, en répartissant le contingent pour la nouvelle commune, ne pouvait conserver pour l'ancienne section la proportion d'atténuation autrefois appliquée (Cons. d'Et. 15 janv. 1868, aff. Chem. de fer d'Orléans, *Rec. Cons. d'Etat*, 1868, p. 1030) ; et que lorsque, postérieurement à ce décret de réunion, un contingent unique a été établi, les répartiteurs, pour conserver l'ancienne assiette de contribution dans une des sections, ne peuvent rehausser les revenus imposables dans l'autre section ; il faut en effet que les nouvelles évaluations portent sur la totalité des immeubles dépendant de la nouvelle commune (Cons. d'Et. 19 mai 1869, aff. Tiger de Rouffigny, *Rec. Cons. d'Etat*, 1869, p. 506).

Une loi spéciale des 12-17 août 1876 a, d'ailleurs, réglementé le transport de la contribution foncière dans le cas de réunion de communes. D'après cette loi « les évaluations cadastrales des propriétés bâties ou non bâties comprises dans les territoires réunis doivent être modifiées de manière à maintenir pour chaque parcelle le chiffre de la cotisation foncière en principal qu'elle supportait antérieurement, sans préjudice des changements que pourrait éprouver cette cotisation, soit par suite d'une nouvelle répartition des contingents entre les communes, soit par suite du renouvellement total ou partiel des opérations cadastrales ». Cette disposition était légitimée par les variations que présente, de commune à commune, le rapport des revenus cadastraux et des revenus réels. Les opérations cadastrales ayant été circonscrites par la loi du 31 juill. 1821 dans l'intérieur des communes, il en est résulté que des revenus identiques inscrits sur les matrices cadastrales de deux communes représentaient, par exemple, le tiers dans l'une, le quart dans l'autre, du revenu réel. Si donc on se bornait en cas de réunion de communes à transporter dans la matrice de la commune les bases de cotisation telles qu'elles figurent dans la matrice de la commune annexée, on arriverait par la fusion des contingents et l'application d'un facteur commun pour déduire la contribution du revenu, à créer pour chaque commune une situation contributive non seulement nouvelle, mais encore différente de celle de l'autre commune. Pour obvier à cet état de choses, on modifie les revenus matriciels de l'ensemble de la commune annexée, de manière à ce qu'ils se trouvent, avec l'impôt, dans le même rapport que les revenus matriciels de la commune qui prend, opération qui s'effectue par un simple calcul d'arithmétique (Exposé des motifs de la loi, D. P. 76. 4. 124). — La loi des 12-17 août 1876 ajoute que « les frais nécessités par les opérations effectuées en exécution de ces dispositions sont supportés par les communes auxquelles les territoires en question ont été annexés, à moins que le conseil général n'en autorise le prélèvement sur les fonds départementaux ».

Le conseil d'Etat a décidé que si une disposition de cette loi de 1876 l'a déclarée applicable dans les communes qui avaient fait l'objet de réunions antérieurement à sa promulgation, il ne saurait en être fait application pour la répartition de la contribution foncière de l'année 1876 qui avait été établie et mise en recouvrement antérieurement à la promulgation, et que la répartition de cette contribution doit avoir lieu d'après les règles en vigueur à l'époque où elle a été établie (Cons. d'Et. 25 janv. 1878, aff. Guaidon, D. P. 78. 5. 153).

**77.** C'est une règle fondamentale, en matière de contributions foncières afférentes aux propriétés non bâties, que les évaluations cadastrales ne peuvent être exhaussées qu'en cas de revision des opérations cadastrales dans toute la commune (Rép. nos 91, 167).

Il a été décidé, en conséquence, que les répartiteurs ne peuvent, lorsqu'il n'a pas été procédé à la revision des évaluations cadastrales de la commune, rehausser le revenu imposable afférent à une propriété d'après les opérations cadastrales, à raison de ce que cette propriété aurait été améliorée par l'inondation ou par tout autre événement (Cons. d'Et. 20 juill. 1888, aff. Roche, D. P. 89. 3. 100). Par le même motif, le conseil d'Etat a annulé deux arrêts du conseil de préfecture qui avaient admis, dans des circonstances semblables, le rehaussement du revenu imposable d'une maison (Cons. d'Et. 7 sept. 1848, aff. Poisson, D. P. 49. 3. 2) et d'une minoterie (22 mars 1855, aff. Pinel-Pages, D. P. 55. 3. 89).

**78.** La contribution foncière étant un impôt de répartition, il en résultait, avant l'innovation législative qui a transformé l'impôt foncier en impôt de quotité (V. supra, n° 48), en ce qui concerne les propriétés bâties, que les règlements que les propriétaires de propriétés bâties pouvaient obtenir en formant à toute époque une demande en décharge ou en réduction, retombaient sur la masse des contribuables dont les propriétés devaient être réimposées. Une seule exception était apportée à cette règle par l'art. 2 de la loi du 17 août 1835, duquel il résultait que le fonds spécial des dégrèvements pour constructions nouvelles devait être restreint aux dégrèvements afférents aux propriétés devenues non imposables et à ceux accordés sur des propriétés nouvellement imposées qui avaient été surévaluées la première année de leur imposition et avaient par suite donné lieu à un accroissement trop considérable des contingents. C'est donc avec raison que le conseil d'Etat avait déclaré que l'accroissement de contingent, résultant pour une commune de la contribution foncière assise conformément à l'art. 2 de la loi du 17 août 1835 sur une construction postérieure au 1er janv. 1836, était définitivement acquis à l'Etat, si le contribuable n'avait pas réclamé dans la première année de son imposition, et, par suite, avait décidé que la réduction accordée à celui-ci à raison de l'exagération de l'évaluation du revenu de la construction ne pouvait donner lieu à une diminution du contingent de la commune, mais devait être réimposée sur les autres contributions de la commune (Cons. d'Et. 22 janv. 1857, aff. Sébour, D. P. 57. 3. 49 et 4 déc. 1885, aff. Marie, D. P. 87. 3. 47).

Comp. sur la matière de la répartition de la contribution foncière : Fédou, op. cit., tit. 6, nos 120-121; Fournier de Flaix, op. cit., nos 162-165, 169; Gab. Dufour, t. 3, nos 697 et suiv.

### Sect. 2. — De la contribution personnelle et mobilière
*(Rép. nos 171 à 254).*

**79.** Ainsi qu'il a été dit au Rép. n° 171, la contribution personnelle et mobilière est destinée à atteindre tous les revenus épargnés par l'impôt foncier, à l'exception des revenus du commerce et de l'industrie que frappe une taxe spéciale, l'impôt des patentes. Cette contribution se compose toujours de deux taxes, l'une personnelle et égale, pour tous les contribuables d'une même commune, au prix de trois journées de travail, l'autre mobilière et proportionnée à la valeur des loyers d'habitation.

### Art. 1er. — *Assiette de la contribution personnelle*
*(Rép. nos 172 à 185).*

**80.** D'après l'art. 12 de la loi du 21 avr. 1832, la contribution personnelle est due par l'étranger comme par le Français. On trouvera au Rép. n° 172, diverses applications de cet article; il a été jugé depuis en ce sens que la qualité d'étranger réfugié ne dispense pas de la contribution personnelle et mobilière si le réclamant jouit de ses droits et n'a pas été porté sur la liste des contribuables réputés indigents. La loi n'exige pas en effet l'exercice effectif des droits, mais la simple faculté d'en jouir (Cons. d'Et. 12 mai 1847, aff. Bréanski, D. P. 47. 3. 172 ; 11 déc. 1864, aff. Saurine, D. P. 62. 3. 29). La même solution devrait être donnée lors même que l'étranger aurait déclaré à la mairie que son intention n'était pas de fixer son domicile en France et qu'il invoquerait la législation de son pays (les Etats-Unis d'Amérique) d'après laquelle les étrangers ne sont soumis à la taxe personnelle qu'autant qu'ils ont déclaré, après trois années de résidence, vouloir s'établir dans le pays (Cons. d'Et. 13 mai 1852, aff. Picot, D. P. 52. 3. 27).

**81.** La loi met sur la même ligne les enfants majeurs et mineurs, et assujettit les uns et les autres à l'impôt, lors même qu'ils habitent avec leurs parents, dès lors qu'ils ont des moyens suffisants d'existence soit par leur fortune personnelle, soit par la profession qu'ils exercent. Ce principe a été appliqué par la jurisprudence du conseil d'Etat, 26 juill. 1851, aff. Guidon, D. P. 51. 3. 67. Il importe peu, d'ailleurs, que le père de l'enfant avec lequel celui-ci habite, ou sa mère, après le décès du père, ait la jouissance légale de cette fortune (Cons. d'Et. 25 mars 1846, aff. Trumeau, D. P. 46. 3. 131 ; 22 juin 1848, aff. Demoiselle Lemaire, D. P. 49. 3. 52 ; 3 mai 1851, aff. Mahont, D. P. 51. 3. 56 ; 14 mai 1856, aff. Gal, D. P. 57. 3. 6 ; 7 août 1869, aff. Caminade, Rec. Cons. d'Etat, 1869, p. 753 ; 8 juin 1883, aff. Maubaillarcq, D. P. 84. 5. 127). Cet usufruit légal n'a été, en effet, réservé par la loi au père qu'à la charge par celui-ci de pourvoir à l'entretien et à l'éducation de ses enfants mineurs, proportionnellement à leur fortune.

La jurisprudence a également eu l'occasion d'appliquer le principe qu'il suffit que le mineur ait des moyens suffisants d'existence pour être assujeti à la taxe personnelle ; par exemple un mineur touchant un traitement de 600 fr. en qualité de clerc de notaire doit être considéré comme jouissant de ses droits dans le sens de l'art. 12 de la loi du 21 avr. 1832 (28 avr. 1882, aff. Gérard, D. P. 83. 3. 98; Rép. n° 174). Il n'est, d'ailleurs, pas nécessaire que la nature de ces moyens d'existence du mineur soit indiquée explicitement par l'arrêt. Le conseil d'Etat a eu plusieurs fois l'occasion de juger que le fait pour l'enfant d'avoir un établissement distinct de ses parents constituait une présomption suffisante que ces moyens existent (Cons. d'Et. 11 févr. 1887, aff. Hay, D. P. 88. 3. 67). Il importe peu, en ce cas, que la fonction de l'enfant soit gratuite, l'habitation distincte suffira pour justifier l'imposition (Cons. d'Et. 20 nov. 1856, aff. Blondel, D. P. 58. 3. 46 ; 13 févr. 1862, aff. Le Gorrec, Rec. Cons. d'Etat, 1862, p. 104) ; par contre, le mineur sera déchargé quand, exerçant une fonction gratuite, il habitera chez ses parents (Cons. d'Et. 5 janv. 1858, aff. Greterin, D. P. 58. 3. 46 ; 14 janv. 1858, aff. Lautard, D. P. ibid.).

De semblables arrêts, relatifs à des mineurs considérés comme ayant un établissement distinct, quoique logeant chez leurs parents, se trouvent au *Rép.* n° 175. En revanche, pour être affranchi de la contribution, il suffira, en ce qui concerne les mineurs, qu'il ne soit pas établi qu'ils aient des moyens suffisants d'existence, et l'on n'exigera pas qu'ils aient été dispensés de toute cotisation par le conseil municipal (Cons. d'Et. 8 déc. 1857, aff. Delisle, D. P. 58. 3. 56).

**82.** On a déjà posé au *Rép.* n° 177 le principe que les religieux et religieuses vivant en communauté n'en sont pas moins imposables à la contribution personnelle, ces personnes ne cessant pas, aux yeux de la loi, de s'appartenir complètement. Le conseil d'Etat a eu, depuis, l'occasion de confirmer sa jurisprudence en décidant que l'impôt atteint les religieuses attachées à un hospice, alors même qu'elles prétendraient que, ce service étant gratuit de leur part, elles ne peuvent être considérées comme ayant des moyens suffisants d'existence dans le sens de l'art. 12 de la loi du 21 avr. 1832 ; elles n'auraient droit à l'exemption qu'autant qu'elles auraient été portées sur la liste dressée à cet effet par le conseil municipal (Cons. d'Et. 21 avr. et 5 mai 1858, aff. Bonafé, D. P. 59. 3. 12; 30 août 1861, aff. Jolivet, D. P. 62. 3. 69).

**83.** Des difficultés se sont élevées sur le point de savoir si les membres d'une congrégation peuvent être portés collectivement pour l'impôt personnel, sous le nom du directeur. Le conseil d'Etat avait d'abord admis l'affirmative, soit expressément pour les membres proprement dits de la congrégation (Cons. d'Et. 5 mai 1858, aff. Bonafé, D. P. 59. 3. 12, et 6 nov. 1885, aff. Sœurs dominicaines de Saint-Nicolas, D. P. 87. 3. 35), soit implicitement pour des sœurs converses (Cons. d'Et. 4 juill. 1868, aff. Médier, *Rec. Cons. d'Etat,* p. 769. — *Contra* Arrêt préc. 20 janv. 1865, D. P. 65. 3. 42). Il s'agissait, dans toutes ces espèces, de communautés reconnues. Pour les communautés non autorisées, un arrêt avait décidé que les frères convers et les novices ne peuvent être imposés collectivement sous le nom du directeur (Cons. d'Et. 29 mai 1874, aff. Belon, D. P. 75. 3. 42). Mais postérieurement, un nouvel arrêt a décidé que les frères coadjuteurs attachés à l'établissement libre d'enseignement secondaire dirigé par une société civile peuvent, à raison de la situation qu'ils occupent vis-à-vis de la société, être l'objet d'une imposition collective, tandis que les professeurs attachés au même établissement doivent, dans les conditions de leur recrutement, être taxés individuellement (Cons. d'Et. 11 mai 1888, aff. Ecole de Notre-Dame-de-Mongré, D. P. 89. 3. 33) ; et cet arrêt prononce la décharge des taxes auxquelles la société a été imposée à raison de ces professeurs au moyen d'une cote collective. — Décidé aussi que des novices et des frères convers qui ne font pas encore partie de la communauté doivent être, s'ils ont des moyens d'existence propres, imposés individuellement (Cons. d'Et. 20 janv. 1865, aff. Communauté de Saint-Pern, D. P. 65. 3. 70; 29 mai 1874, aff. Belon, D. P. 75. 3. 42). — Comp. Gabr. Dufour, t. 4, n°ˢ 59 à 61.

**Art. 2.** — *Assiette de la contribution mobilière et personnes qui la doivent* (*Rép.* n°ˢ 186 à 212).

**84.** — *1° Bases de la contribution mobilière.* — Cette contribution est due pour toute habitation meublée ; elle à pour base la valeur locative de l'habitation (L. 21 avr. 1832, art. 9, 13 et 17) ; l'impôt mobilier ne peut pas être établi d'après les facultés présumées des contribuables ; la valeur locative seule doit être prise en considération (V. *Rép.* n° 186). Il a été jugé sur ce point qu'il ne faut s'attacher qu'à la valeur locative des bâtiments, et que c'est à tort qu'on considérerait en outre, pour asseoir la contribution mobilière, la valeur locative du matériel servant à une exploitation agricole (Cons. d'Et. 26 mars 1856, aff. Curtet, D. P. 56. 3. 58).

**85.** L'exemption accordée en matière de contribution foncière aux propriétaires de maisons nouvellement construites ne s'applique pas à la contribution mobilière (Cons. d'Et. 31 janv. 1866, aff. Hallais, *Rec. Cons. d'Etat,* 1866, p. 64) ; il n'y a pas lieu non plus de faire des distinctions entre ceux qui sont logés gratuitement et ceux qui payent

un loyer. Cette décision, déjà indiquée au *Rép.* n° 188, a été confirmée par un arrêt du conseil d'Etat (Cons. d'Et. 28 juill. 1849, aff. Cavallier de la Corée, D. P. 50. 3. 1).

L'art. 15 de la loi de 1832 assujettit expressément à l'impôt mobilier les fonctionnaires publics, ecclésiastiques et employés qui sont gratuitement logés dans des bâtiments publics. Par application de cette règle déjà posée au *Rép.* n° 188, il a été décidé : que le préfet doit être imposé au rôle de la contribution mobilière pour la totalité des bâtiments de la préfecture mis à sa disposition personnelle, encore qu'il n'en ferait ni son habitation, ni le siège de ses bureaux (Cons. d'Et. 31 mars 1848, aff. de Barante, D. P. 48. 3. 103); que le secrétaire particulier d'un préfet, rétribué sur les fonds d'abonnement, est sujet à la contribution mobilière pour l'habitation meublée par lui qu'il occupe à l'hôtel de la préfecture (Cons. d'Et. 7 sept. 1848, aff. Gohier, D. P. 49. 5. 2);... qu'il en est de même du concierge des bureaux d'une préfecture rétribué sur les fonds d'abonnement, pour le logement qu'il occupe (Cons. d'Et. 7 sept. 1848, aff. Fleury, D. P. 49. 3. 2);... ou du concierge d'un tribunal civil rétribué sur les fonds d'abonnement, pour le logement qu'il occupe dans les dépendances du palais de justice. Vainement prétendrait-il n'être que le domestique à gages du président du tribunal (Cons. d'Et. 3 juin 1865, aff. Pollet, D. P. 66. 3. 20).

**86.** Pour qu'il y ait imposition à la contribution mobilière, il faut et il suffit qu'un individu ait dans une commune une habitation meublée. Il suffit qu'il y ait habitation meublée; peu importe donc de savoir si l'appartement du contribuable appartient à lui ou à ceux avec qui il demeure; c'est ainsi qu'un gendre logé chez son beau-père ne peut réclamer contre son imposition, en se prévalant de ce que celui-ci est imposé à raison de la totalité de l'habitation commune (Cons. d'Et. 9 mars 1859, aff. Grassien, D. P. 59. 3. 60); qu'un vicaire logé au presbytère et auquel le curé fournit des meubles est également imposable, alors même que le curé payerait lui-même l'impôt à raison de la totalité des locaux d'habitation que renferme le presbytère : le curé aurait seulement le droit, comme le beau-père dans l'hypothèse précédente, de réclamer une réduction de sa cote (Cons. d'Et. 13 mars 1860, aff. Bouyer, D. P. 60. 3. 85 ; 15 juill. 1879, aff. Boubals, D. P. 80. 3. 2).

**87.** Mais il n'y a pas habitation meublée par suite, il n'y a pas lieu à imposition quand il n'y a pas d'appartement spécial. C'est ainsi que le père qui, ne possédant pas d'habitation meublée, s'est retiré chez son fils, ne doit être imposé à la contribution mobilière (Cons. d'Et. 14 mai 1856, aff. Thibaut, D. P. 57. 5. 86). De même, lorsque des frères sont logés dans un appartement loué au nom de leur mère et dans lequel ils n'occupent chacun qu'une chambre et un cabinet, ils ne peuvent être considérés comme ayant chacun une habitation meublée, et dès lors, ils ne sont pas fondés à demander que la contribution mobilière soit divisée entre eux et leur mère (Cons. d'Et. 10 juill. 1874, aff. Lambert des Cilleuls, D. P. 75. 3. 70). De même, quand un fils n'a pas, dans la maison de sa mère, une habitation distincte, le fait qu'il y occupe une chambre et un bureau pour son usage personnel et une chambre pour un enfant ne fait pas obstacle à ce que la mère soit imposée à la contribution mobilière d'après la valeur locative de la totalité de la maison (Cons. d'Et. 4 févr. 1881, aff. Dame de Saint-Ours, D. P. 82. 3. 68). — De même encore, des cellules de religieux ne seront pas considérées comme des appartements distincts (Cons. d'Et. 27 avr. 1877, aff. Henriot, D. P. 77. 3. 72).

**88.** Ainsi qu'il a été dit au *Rép.* n° 190, ceux qui occupent des appartements garnis sont assujettis, comme ceux qui sont dans leurs meubles, à la contribution mobilière du moment que cette occupation est de nature à constituer une résidence habituelle (Cons. d'Et. 13 mars 1860, aff. Bouyer, D. P. 60. 3. 85 ; 11 juill. 1879, aff. Boubals, D. P. 80. 3. 2). Ainsi en principe le logeur en garni et les personnes qui peuvent lui être assimilées, telles que l'exploitant d'une maison de tolérance, ne devront la contribution mobilière que pour la partie des locaux affectée à leur usage personnel (Cons. d'Et. 28 juin 1889, aff. Bélouin, D. P. 91. 3. 15). — Mais, dans les locations d'appartements meublés de peu de durée, c'est le propriétaire qui supporte la contribution personnelle et mobilière, surtout si le bail met à sa charge les impositions de toute nature (Paris, 17 nov. 1875) (1).

89. La loi n'exige pas que le fait réel d'habitation soit réuni à la possession d'une maison ou d'un appartement habitable pour qu'il y ait lieu à imposition; il suffit que l'on ait à sa disposition une habitation meublée dans une commune pour que l'on y soit imposable. C'est en vertu de ce principe, déjà vu au *Rép.* n° 191, que le contribuable qui a été imposé à la contribution personnelle et mobilière tant dans la commune de son domicile, que dans une autre commune où il possède une habitation meublée, est fondé à demander à être déchargé dans cette dernière de la contribution personnelle laquelle n'est due qu'une fois, mais non de la contribution mobilière, laquelle est due partout où le contribuable a une habitation meublée (Cons. d'Et. 21 juin 1854, aff. Prioret, D. P. 55. 3. 20). Par contre, il a été décidé implicitement que la contribution personnelle et mobilière est due dans la commune où le contribuable a sa résidence légale et non dans celle où il ne fait que de courts séjours et où il n'a pas d'habitation personnelle, alors même qu'il a fait dans cette dernière commune une déclaration de domicile dans les formes prescrites par l'art. 104 c. civ. (Cons. 3 nov. 1882, aff. Duchambon, D. P. 84. 5. 128).

90. De ce que la loi exige une habitation meublée, il suit que le contribuable qui, pendant les premiers mois de l'année, a cessé d'habiter sa maison dont il a enlevé tous les meubles pour cause de réparation, a occupé durant ce temps une autre habitation dans la même commune, doit être assujetti à la contribution mobilière à raison de cette dernière habitation et non à raison de celle qu'il a momentanément abandonnée (Cons. d'Et. 13 avr. 1853, aff. Lecarpentier de Sainte-Opportune, D. P. 53. 3. 52). Mais un particulier qui, avant le 1er janvier a cessé d'habiter plusieurs des pièces occupées par lui et les aurait même dégarnies de meubles, continue à être imposé à la contribution mobilière dans les mêmes conditions, c'est-à-dire en tenant compte de la valeur locative des pièces, lorsqu'elles font partie d'un appartement resté à l'entière disposition du contribuable et en forment une dépendance nécessaire (Cons. d'Et. 17 févr. 1882, aff. Fine, D. P. 83. 7. 138).

Toujours dans le même ordre d'idées, le conseil d'Etat a refusé de considérer comme une habitation donnant lieu à contribution mobilière l'appartement qu'un contribuable vient occuper pendant la saison d'été seulement, dans une commune rurale, qui n'est loué que pour cette saison et qui reste, avant comme après, le séjour du locataire, à la disposition du propriétaire (Cons. d'Et. 2 sept. 1863, aff. Audigane, D. P. 66. 5. 99); peu importe que la location ait eu lieu plusieurs années de suite, le particulier, ne serait pas considéré comme ayant au 1er janvier une habitation meublée dans la commune, et par suite, ne serait pas

imposé à la contribution mobilière (Cons. d'Et. 20 mai 1881, aff. Aldrophe, D. P. 82. 5. 133 ; 3 juill. 1885, aff. Gaudry, D.P. 86. 5. 123). — Mais, par contre, l'impôt serait dû pour une maison de campagne dont un individu aurait la disposition en vertu d'un bail et qu'il habiterait chaque année pendant plusieurs mois; peu importerait en ce cas que chaque année, pendant l'hiver, il enlevât momentanément tout ou partie des meubles garnissant ladite maison (Cons. d'Et. 9 déc. 1887, aff. Duber, D. P. 88. 5. 132). En effet, dans cette espèce, le contribuable garde toute l'année la maison à sa disposition, ce qui constitue bien l'habitation, tandis qu'il n'y a pas habitation quand il n'y a bail que pour la saison d'été (Cons. d'Et. 3 juill. 1885, aff. Gaudry, D. P. 86. 5. 123).

91. Quel est le sens du mot habitation? Le conseil d'Etat continue à l'appliquer (V. *Rép.* n° 194) à tout local meublé possédé par le contribuable et servant à sa jouissance personnelle.

Tout d'abord, il n'y a pas lieu de distinguer, à cet égard, entre les locaux affectés au service d'un individu et les locaux occupés par un être collectif tel qu'une société. On n'exige même plus, comme on semblait le faire autrefois (*Rép.* n°s 208 et 209), que les locaux forment, par leur destination, une annexe à l'habitation personnelle des sociétaires. C'est ainsi qu'on soumettra à l'impôt les locaux servant de lieu de réunion et d'études aux membres d'une chambre de notaires (Cons. d'Et. 17 juill. 1874, D. P. 75. 3. 68), qu'on exemptait autrefois sous prétexte qu'ils ne faisaient pas partie de l'habitation personnelle des notaires et étaient destinés à un objet d'utilité générale (Instr. min. 30 mars 1831 ; — *Rép.* n° 209). La contribution sera due pour les locaux d'une société quand ils seront affectés à l'usage exclusif des membres de cette société ; ainsi elle sera due pour les locaux servant à l'usage des bureaux d'un journal (*Rép.* n° 208 ; Cons. d'Et. 12 déc. 1866, aff. *Le Constitutionnel* et six autres journaux, D. P. 68. 3. 55; 5 mars 1886, aff. *Le Journal amusant,* D. P. 87. 5. 430); ... pour le local loué par une loge maçonnique pour servir à ses réunions et meublé conformément à sa destination (*Rép.* n° 209; Cons. d'Et. 13 juill. 1883, aff. Loge maçonnique de Versailles, D. P. 85. 3. 43); pour le local tenu à la disposition d'une société dite *Armée du salut,* affecté à ses réunions et meublé conformément à sa destination (Cons. d'Et. 9 juill. 1886, aff. Maurin, D. P. 87. 5. 134); ... pour les locaux dont les membres d'un cercle ont la jouissance exclusive (Cons. d'Et. 19 nov. 1880, aff. Darquié et comp., D. P. 82. 3. 14; 15 déc. 1888, aff. Raymond, Cercle des officiers du 12e corps, D. P. 90. 3. 19); ... pour les cellules occupées par des religieux, même appartenant à une congrégation non reconnue (Cons. d'Et. 27 avr. 1877, aff. Henriot, D. P. 77. 3. 72).

Ainsi la supérieure d'une communauté religieuse même non reconnue est imposable à raison de la valeur locative des locaux à l'usage exclusif des sœurs et des élèves

(1) (De Seeback C. Hubner.). — La cour; — Attendu que Hubner, locataire pour quatre mois, avec faculté de prolongation de un ou deux mois d'un hôtel meublé, appartenant au comte de Seeback, moyennant 2000 fr. par mois, ne conteste pas, conformément aux dispositions de la loi que, les contributions personnelles-mobilières sont à la charge du locataire; mais qu'il soutient qu'en vertu d'une clause spéciale de son bail, non enregistré, lesdites impositions personnelles-mobilières doivent rester à la charge de Seeback, la clause du bail étant ainsi conçue : « Les impositions de quelque nature qu'elles soient sont à la charge du propriétaire; ». — Attendu que Seeback prétend que la clause n'a pas la portée que lui donne Hubner et ne peut se rapporter aux impositions qui, de droit, sont à la charge du locataire; — Attendu qu'en présence des prétentions contradictoires des parties, il y a lieu, par le tribunal, d'interpréter la clause du bail; — Attendu que la clause dont il s'agit est conçue dans les termes les plus généraux, et en même temps les plus formels; — Qu'il y avait que les impositions, de quelque nature qu'elles soient, sont à la charge du propriétaire; — Qu'en l'état, il n'y a pas lieu de faire de distinction entre la cote personnelle et les impositions relatives aux portes et fenêtres; — Que, restreindre l'application de la clause à la cote personnelle, ce serait même évidemment lui donner un sens contraire à l'intention des parties; — Attendu qu'il ne s'agissait pour Hubner que d'une location de peu de durée, pendant les réparations effectuées à son hôtel; — Qu'on comprend qu'en payant un prix élevé de location il ait voulu s'affranchir de toute imposition; — Attendu que pendant le temps de cette location momentanée, Hubner

restait chargé de ses impositions personnelles-mobilières à l'occasion de son habitation dans son hôtel, rue de Téhéran; — Que son occupation momentanée de l'hôtel de la rue de Courcelles ne pouvait être considérée comme sa résidence habituelle; — Attendu, d'autre part, que d'après l'usage, dans ces sortes de locations de peu de durée d'appartements meublés, les impositions et charges de ville, quelle que soit leur nature, par suite de conventions, restent à la charge du propriétaire; — Qu'il ne peut, en effet, en être autrement, alors que, dans le cours d'une même année, l'appartement meublé change ou peut changer plusieurs fois d'occupants; — Que cet usage résulte même du bail produit, dans lequel la clause dont s'agit est imprimée; — Qu'autrement le payement des impositions personnelles-mobilières, effectué pour l'occupant du mois de janvier, pourrait être la source d'un profit pour le propriétaire, lors de locations ultérieures; — Attendu que Hubner, sur commandement, a été contraint de payer à l'administration des contributions la somme de 1726 fr., pour les impositions personnelles-mobilières à l'occasion de son occupation de l'hôtel de la rue de Courcelles; que, pour obtenir de Seeback la restitution de cette somme, il a formé entre les mains de John Arthur suivant exploit de Rodez, huissier, du 5 déc. 1878, une opposition; que cette opposition est régulière; —

Par ces motifs; — Condamne Seeback à payer à Hubner la somme de 1726 fr. avec les intérêts de droit, à partir de la demande, etc.

Du 17 nov. 1875. -Ç. de Paris, 4e ch.-MM. Delaborde, f. f, pr.-Choppin d'Arnouville, av. gén.-Colmet-d'Aâge et Pinvert, av.

(Cons. d'Et. 16 déc. 1887, aff. Dame Ragut, D. P. 89. 3. 33) et une société civile qui exploite un établissement libre d'enseignement secondaire doit être imposée pour les locaux servant à l'habitation personnelle des professeurs, alors que ces locaux n'ont pas été distraits de la jouissance générale pour être affectés en propre au logement desdits professeurs (Cons. d'Et. 11 mai 1888, aff. École de Notre-Dame de Mongré, D. P. 89. 3. 33). Ce dernier arrêt est assez obscur et l'on comprend peu comment le même local peut être à la fois habitation personnelle et objet de la jouissance générale. Mais les deux arrêts précités décident que, pour l'établissement de l'impôt, il y a lieu de tenir compte de la partie des locaux mixtes dont le personnel enseignant jouit en commun avec les élèves. Par contre, il n'y aurait pas imposition à la contribution mobilière, s'il n'y avait pas jouissance exclusive des membres composant l'être collectif; ainsi une chapelle devrait être imposée si elle servait aux réunions d'une œuvre de piété sans être légalement consacrée au culte (Cons. d'Et. 4 juill. 1843, D. P. 43. 5. 116), tandis qu'elle ne le serait pas si elle était ouverte au public (Cons. d'Et. 20 juill. 1858, aff. Lemaire, D. P. 59. 3. 74).

**92.** Les locaux réellement occupés sont imposables, comme il a été dit au *Rép.* n° 198, sans qu'il y ait lieu à s'arrêter au sens grammatical et usuel du mot *habitation*. C'est ainsi que la bibliothèque et les salles de l'hôtel de la compagnie des notaires de Paris sont passibles de la contribution, bien qu'elles ne soient pas précisément habitées ; il suffit qu'elles soient constamment à la disposition des notaires et ne soient pas exclusivement affectées à l'exercice de leur profession (Cons. d'Et. 17 juill. 1874, aff. Comp. des notaires de Paris, D. P. 75. 3. 68). On verra de même que le calcul de la contribution peut embrasser des écuries et remises, qui sont encore moins des locaux d'habitation (V. *infra*, n° 96).

**93.** Quant aux jardins, on décidait autrefois qu'ils ne donnaient lieu à aucune augmentation de la valeur locative des habitations desquels ils pouvaient dépendre, que ce fussent des jardins potagers ou d'agrément, et qu'ils fussent ou non réunis aux habitations (*Rép.* n° 199). Mais la jurisprudence du conseil d'Etat, tout en maintenant le principe général que la plus-value procurée à la maison par le voisinage du parc ou du jardin d'agrément qui en dépend, ne doit pas entrer en compte dans le calcul de la valeur locative servant de base à la contribution mobilière (Cons. d'Et. 4 août 1876, aff. Marchand, D. P. 77. 3. 3 ; 23 juin 1882, aff. Gufflet, D. P. 84. 3.6), a apporté à cette règle une grave modification en décidant qu'elle cesserait d'être applicable quand le jardin devrait être considéré comme une dépendance nécessaire de l'habitation (Cons. d'Et. 23 juin 1882, aff. Lanna, D. P. 84. 3.6). La question de savoir quelles sont, dans un jardin, les parties qui ont le caractère de dépendance nécessaire dépend, d'ailleurs, d'une appréciation de fait parfois assez délicate de la part du conseil d'Etat (Cons. d'Et. 28 mars 1884, aff. Lecoq, D. P. 85. 3. 124 ; 1er mai 1885, aff. Boursaud, D. P. 86. 5. 123 ; 17 juin 1887, aff. Ville de Paris, D. P. 88. 5. 133).

**94.** Du principe que les locaux servant à la jouissance personnelle du contribuable doivent seuls être cotisés, il suit qu'il faut déduire de la valeur locative les locaux relatifs à la fonction, au commerce ou à l'industrie que le contribuable exerce (*Rép.* n° 201 et suiv.).

Le conseil d'Etat avait d'abord exigé pour cela que ces locaux fussent complètement distincts de l'habitation, et avait, en de nombreuses circonstances, appliqué ce principe. C'est ainsi que, relativement aux fonctions publiques et aux professions libérales, d'abord, le conseil d'Etat a déchargé de toute part contributive un local où le contribuable a établi le bureau de la fonction publique qu'il exerce (Cons. d'Et., 31 mai 1859, aff. Goujet-Desfontaines, D. P. 63. 3. 83) ; ou l'étude de l'office ministériel dont il est pourvu (17 juill. 1861, aff. Jacotot, D. P. 63. 3. 83 ; 26 mars 1863, aff. Bigeat, D. P. 63. 3. 83) ; une étude de notaire par exemple (Cons. d'Et. 22 mars 1855, aff. Mathieu-Saint-Laurent, D. P. 55. 3. 53 ; 31 août 1863, aff. Durandeau, D. P. 66. 5. 99) ; ou encore un cabinet d'avocat (Cons. d'Et. 12 août 1861, aff. L..., D. P. 65. 5. 92). Dans tous ces cas, le conseil d'Etat avait expressément constaté que les locaux étaient distincts de l'habitation. Par contre il avait assujetti à la contribution les locaux pro-

fessionnels, cabinet d'avocat, études d'huissier, de notaire et d'avoué, cabinet de travail d'un ingénieur des ponts et chaussées, qui faisaient partie de l'habitation personnelle (Cons. d'Et. 29 juill. 1857, aff. Marc, Trébutien, Besnard et Villet-Desmezoret, avocats. Longuemarre, notaire ; Lumière, avoué, Legouix, huissier, D. P. 58. 3.25 ; 24 mars 1859, aff. Rougeul, ingénieur, D. P. 59.3. 59). — Ce système rencontra de vives résistances. Le conseil d'Etat sembla même élargir son critérium en déclarant, dans une espèce, que les « parties de bâtiments consacrées à l'habitation personnelle devaient seules être comprises dans l'évaluation des loyers qui servent de base pour l'assiette de la contribution mobilière », supprimant ainsi toute différence entre les locaux professionnels distincts de l'habitation et ceux en faisant partie (Cons. d'Et. 22 mars 1855, D. P. 55. 3. 53). L'instruction ministérielle de 1831 avait prescrit ce dernier mode de calculer la taxe mobilière pour les fonctionnaires publics qui, en général, tiennent leurs bureaux chez eux ; une pratique semblable s'était établie pour les commerçants obligés d'avoir leur boutique dans les dépendances de leur boutique, et le besoin de mettre en harmonie toutes les dispositions de la loi avait conduit l'administration centrale à estimer qu'on ne pouvait procéder autrement à l'égard des professions libérales (Avis du ministre des finances dans les affaires Marc, etc.) Cela était juste et, du moment que l'importance de l'habitation est prise comme signe des facultés d'un contribuable, il faut bien convenir que le fait d'établir dans un même corps de logis son habitation et la pratique de sa profession fait présumer des moyens d'existence plus limités que le fait de consacrer le même corps de logis tout entier à son habitation et de se procurer en dehors un autre local pour y exercer sa profession. Or, contrairement à cette remarque, l'ancienne jurisprudence du conseil d'Etat ne faisait entrer dans le calcul de la taxe que les locaux professionnels faisant partie de l'habitation.

**95.** Les nombreuses critiques soulevées par cette jurisprudence, et la gravité que présentait son extension aux autres professions patentées, amenèrent le conseil d'Etat à modifier sa jurisprudence. Dès 1860, il décidait que, pour l'imposition d'un avocat à la contribution mobilière, il y avait lieu, comme pour les autres contribuables patentés, d'excepter de l'évaluation de la valeur locative de son habitation les parties de celles-ci qui seraient affectées à l'exercice de sa profession (Cons. d'Et. 23 janv. 1860, aff. X..., D. P. 65. 5. 92). Plus tard, il décidait expressément que la pièce servant exclusivement à la profession du contribuable (un médecin) ne devait pas être comprise dans l'évaluation du loyer servant de base à la taxe mobilière, alors même qu'elle ne serait pas séparée de l'habitation personnelle du contribuable (Cons. d'Et. 1er juin 1869, aff. Primaire, D. P. 70. 3. 92). D'ailleurs, l'imposition serait due pour les pièces de l'appartement qui serviraient à la fois à l'usage personnel et à l'exercice de la profession du contribuable, par exemple, un salon et une salle à manger servant fréquemment de salle d'attente pour les clients d'un avoué ;... un vestibule où est placée la bibliothèque mais desservant plusieurs pièces de l'habitation ;... un local servant de dépôt des archives, mais faisant partie du grenier de l'habitation et auquel on ne peut accéder que par l'escalier commun (Cons. d'Et. 9 mars 1883, aff. Person, D. P. 84. 5.127). — Ce sont là, d'ailleurs, des questions d'appréciation sur lesquelles la jurisprudence du conseil d'Etat peut varier d'espèce à espèce. C'est ainsi qu'il a été décidé qu'un industriel habitant une commune autre que celle où est situé son établissement ne peut être considéré comme ayant dans cette dernière commune une seconde habitation passible de l'impôt mobilier à raison de ce qu'il prend ses repas dans une pièce servant également à l'usage de son industrie, bien qu'une petite cuisine et un cabinet de toilette dépendent de cette pièce (Cons. d'Et. 5 déc. 1884, aff. Lobin, D. P. 86. 3. 58) ; en effet, bien que la jurisprudence du conseil d'Etat refuse d'exempter les pièces servant à la fois à l'habitation et à l'exercice de la profession, elle peut, dans certains cas, considérer un local comme une dépendance de l'établissement professionnel et non comme une seconde habitation donnant lieu à la taxe mobilière. Ajoutons qu'on ne pourrait pas considérer comme locaux industriels les locaux servant à l'habitation des personnes employées par un industriel, par exemple par la société qui exploite un journal (Cons. d'Et. 5 mars 1880, aff. *Le Journal amusant*, D. P. 87. 5. 130). De même, les bâtiments affectés aux novices devraient entrer dans le calcul de la contribution mobilière payée par une congrégation religieuse, mais non les locaux employés à la tenue d'une école communale (Cons. d'Et. 16 févr. 1886, aff. Sœurs de l'Instruction chrétienne).

**96.** On a dit *suprà*, n° 92, que le mot *habitation* doit être pris dans son sens-large de jouissance personnelle. C'est ainsi, par exemple, que les fonctionnaires, et spécialement les officiers supérieurs logés dans les bâtiments de l'Etat, doivent être imposés à la contribution mobilière même à raison des locaux qui peuvent être considérés comme appartements de réception, s'ils ne justifient pas que ces locaux ne servent point à leur habitation personnelle (Cons. d'Et. 28 nov. 1855, aff. général Gudin, D. P. 56. 3. 33). Il a été aussi décidé que le contribuable qui, outre son appartement, possède dans la maison voisine ou dans la rue voisine une écurie et une remise formant dépendances de son habitation, doit être imposé à la contribution mobilière d'après la valeur totale de ces locaux, et non d'après la valeur locative de son appartement seul (Cons. d'Et. 12 juin 1860, aff. Daudin, D. P. 60. 3. 70 ; 6 déc. 1865, aff. Clapier, D. P. 67. 5. 104-105 ; 28 mars 1884, aff. Dame de Salinis, D. P. 85. 5. 127). Par contre, il n'y aurait pas lieu à imposition si le local n'était nullement affecté à une habitation personnelle. C'est en vertu de ce principe qu'une succursale de la Banque de France ne peut être imposée à la contribution mobilière à raison de locaux exclusivement affectés à l'exploitation financière de l'établissement (Cons. d'Et. 9 mars 1859, aff. Banque de France, D. P. 59. 5. 102) ; ni une société, à raison des locaux affectés à ses bureaux et pour lesquels elle est déjà imposée au droit proportionnel de patente ; elle devrait d'ailleurs l'imposition si, à raison de son objet, elle ne payait pas l'impôt de patente (Cons. d'Et. 21 mars 1866, aff. Comp. immobilière, D. P. 67. 3. 26).

**97.** — 2° *Par qui est due la contribution mobilière.* — Comme la taxe personnelle, la contribution mobilière est due par tout habitant, français ou étranger, jouissant de ses droits (L. 21 avr. 1832 art. 12). V. *Rép.* n°s 210 et suiv.

De cette formule il résulte en premier lieu que la taxe mobilière ne frappe pas les domestiques logés et nourris chez leurs maîtres et exclusivement consacrés au service de la personne, du ménage ou de l'exploitation rurale (Instr. min. 30 sept. 1831, *Rép.* n°s 177 et 210). Ce principe a été appliqué par le conseil d'Etat dans son arrêt du 7 déc. 1860 (aff. Delles, D. P. 61. 3. 45).

**98.** Des questions délicates peuvent s'élever au sujet de l'assimilation de diverses personnes à des domestiques. Ainsi le conseil d'Etat a considéré comme serviteurs à gages, et par suite non imposables à la contribution mobilière, un jardinier recevant des gages mensuels et logé dans les dépendances de son maître (Cons. d'Et. 6 nov. 1880, aff. Coutard, D. P. 82. 3. 54) ; .. le concierge d'un archevêché qui reçoit ses gages, en qualité de domestique, sur les fonds personnels de l'archevêque (Cons. d'Et. 19 juill. 1867, aff. Ville de Bourges, *Rec. Cons. d'Etat*, 1867, p. 665) ;... l'individu dirigeant l'exploitation de plusieurs domaines et recevant des denrées pour sa nourriture (Cons. d'Et. 12 sept. 1853, aff. Armand), même s'il doit avec ces denrées nourrir d'autres ouvriers sous ses ordres (Cons. d'Et. 31 mai 1854, aff. Soulier, *Rec. Cons. d'Etat*, 1854, p. 497) ;... l'individu logé et nourri aux frais d'un meunier, qui reçoit de lui un salaire annuel et qui est employé à différents travaux relatifs à l'exploitation du moulin (Cons. d'Et. 13 juill. 1883, aff. Guilbreton-Bresson, D. P. 84. 5. 128) ;... l'entrepreneur d'une exploitation agricole qui, comme ceux nommés *payres* dans certaines provinces du Midi, occupe dans la maison du maître un logement distinct garni de mobilier. Ces sortes d'entrepreneurs agricoles seront passibles de la contribution mobilière (Cons. d'Et. 8 mars 1889, aff. Soubeyran, D. P. 90. 3. 60). Par contre, les employés d'un commerçant, lorsqu'ils jouissent de leurs droits et ont des moyens suffisants d'existence, doivent être imposés à la contribution mobilière, et il n'y a pas lieu d'y assujettir de leur chef ce commerçant (Cons. d'Et. 29 janv. 1862, aff. Japy, D. P. 62. 3. 44).

**99.** D'ailleurs, en parlant de personnes jouissant de leurs droits, la loi n'a entendu parler que des droits civils et non

des droits politiques. C'est ainsi que la contribution mobilière serait due par une fille majeure ayant des moyens suffisants d'existence, bien qu'elle ne jouisse d'aucun droit politique (Cons. d'Et. 8 avr. 1881, aff. Hubertine Auclerc, D. P. 82. 3. 78). Il a été décidé, dans le même sens, que l'interdiction ne fait pas obstacle à ce qu'une personne soit considérée comme jouissant de ses droits et, par suite, comme imposable à la contribution mobilière (21 avr. 1882, aff. Delcenserie, D. P. 83. 3. 99-100) ; et encore, qu'un individu résidant dans une ville parce qu'il est interné serait également considéré comme jouissant de ses droits et ne pourrait être assimilé à un détenu (Cons. d'Et., 17 mars 1858, aff. Gros, D. P. 1858. 3. 67).

**100.** En principe, l'obligation à la taxe personnelle implique obligation à la taxe mobilière ; il n'y a entre elles que cette différence que la taxe personnelle n'est due qu'une fois, tandis que la contribution mobilière est due pour toute habitation meublée qu'on possède, soit dans la commune du domicile réel, soit dans toute autre commune (art. 13 de la loi du 21 avr. 1832, *Rép.* n° 212).

**101.** Relativement au mineur, il a été décidé que le mineur, assujetti à la contribution personnelle et mobilière à raison de sa fortune ou de son travail, devait la contribution personnelle au domicile de son père ou de sa mère, mais n'y devait pas la contribution mobilière, s'il n'y possédait aucune habitation meublée (Cons. d'Et. 26 juill. 1851, aff. Guidon, D. P. 51. 3. 67).

**102.** Il a été dit au *Rép.* n° 211, par application de l'art. 12 de la loi du 21 avr. 1832, que la contribution mobilière n'est due par la femme pour son habitation distincte de celle de son mari que lorsqu'elle est séparée de corps et non pas seulement séparée de biens. En conformité de cette décision, il a été jugé avec raison que le mari occupant un appartement en commun avec sa femme séparée de biens, au nom de laquelle est faite la location et à laquelle appartiennent les meubles, doit pourtant être imposé à la contribution mobilière d'après la totalité de la valeur locative de cet appartement (Cons. d'Et., 23 janv. 1880, aff. Carvalho, et 12 mars 1880, aff. Phily, D. P. 80. 3. 101). L'art. 12 précité doit, en effet, être restreint aux femmes séparées de corps de leurs maris, ou à celles qui, sans être séparées judiciairement de corps, sont séparées de fait et occupent une habitation meublée distincte de celle de leur mari par suite de circonstances spéciales ; par exemple du refus de la femme de quitter un immeuble où elle n'avait plus aucun droit d'habitation, malgré les sommations à elle faites d'avoir à réintégrer le domicile conjugal (Cons. d'Et. 24 avr. 1882, aff. Héluisse, D. P. 83. 3. 99 ; 10 nov. 1882, même partie, D. P. 84. 3. 19). Comp. Gabr. Dufour, t. 4, n°s 70 et suiv., 86 et suiv.

**Art. 3.** — *Règles communes à l'assiette des deux contributions* (*Rép.* n°s 213 à 229).

**103.** Ces deux contributions sont dues pour l'année entière (art. 21 de la loi du 21 avr. 1832). C'est au 1er janvier, époque de l'ouverture de chaque exercice, que cette obligation prend naissance (*Rép.* n° 213). En vertu de ce principe, il a été décidé que la contribution mobilière est due pour l'année à raison d'un appartement dont la location a commencé le 1er janvier, bien que, conformément à l'usage, le locataire ne soit entré en jouissance que le 15 (Cons. d'Et. 28 avr. 1876, aff. Helle, D. P. 76. 3. 83 ; 2 mars 1877, aff. de Kermaingant, D. P. 77. 5. 129) ;... qu'un particulier qui occupe encore au 1er janvier un appartement dont le bail est expiré le 31 décembre précédent, et qui, à partir de ce même jour, a un autre appartement à sa disposition, doit l'impôt mobilier pour le second et non pour le premier de ces appartements (Cons. d'Et., 5 mars 1880, aff. Chambon, D. P. 80. 3. 98) ; en effet, la tolérance plus ou moins grande accordée par les usages locaux pour l'évacuation des habitations ne peut influer sur l'assiette de l'impôt, et dans l'espèce c'était bien le second appartement et non le premier qui devait être occupé au 1er janvier par le contribuable.

Il a été jugé aussi qu'un particulier qui avait, au 1er janvier, un appartement, ne peut obtenir décharge à raison de ce qu'il a déménagé dans le courant de ce mois, alors surtout qu'il a continué à habiter dans la même commune et que son appartement n'a cessé d'être à sa disposition qu'à partir du mois de juillet (Cons. d'Et. 19 mars 1886, aff. Demoiselle Vaugarni, D. P. 87. 5. 131). Mais, par contre, on déchargera le contribuable qui a quitté la commune avant le 1er janvier et sans y laisser d'habitation meublée, surtout lorsqu'il justifie que le directeur de la maison de retraite où il est entré, paye la contribution mobilière pour la totalité des locaux occupés par ses pensionnaires (Cons. d'Et. 6 août 1886, aff. de Lavouër, D. P. 87. 3. 18). C'est encore ainsi qu'il a été jugé qu'un contribuable imposé à la contribution mobilière dans la ville où il résidait le 1er janvier doit la contribution pour l'année entière, alors même que, nommé sous-préfet dans le courant de l'année, il a payé dans la ville où il a été appelé à résider, et pour se conformer aux règlements du ministère de l'intérieur, une partie des contributions imposées au nom de son prédécesseur (Cons. d'Et. 20 janv. 1882, aff. Guignard, D. P. 83. 3. 47). De même un fonctionnaire qui a exercé ses fonctions dans une commune jusqu'au 15 janvier est avec raison imposé à la contribution mobilière dans cette commune, bien qu'il ait loué antérieurement un logement dans une autre commune où il a été également imposé (Cons. d'Et. 20 nov. 1885, aff. Dame de Livry, D. P. 86. 3. 51). De même enfin, un fonctionnaire qui, pour l'exercice de ses fonctions, a occupé un appartement dans une commune jusqu'au 11 janvier, jour où il a été appelé à une autre résidence, doit être maintenu à la contribution mobilière, bien qu'il fût imposé pour la même année dans une autre commune à raison de l'habitation occupée par sa famille (Cons. d'Et. 19 mars 1886, aff. Serciron, D. P. 87. 5. 130. Conf. Rép. nos 214).

**104.** Des règles spéciales visent le cas du contribuable qui a quitté la commune qu'il habitait avant le 1er janvier, mais après la confection des rôles. Pour obtenir décharge de la contribution mobilière dans son ancienne commune, comme il a été dit au Rép. n° 216, il lui faudra justifier qu'il est imposé dans la commune de sa nouvelle résidence (Cons. d'Et. 3 avr. 1856, aff. Conquet, D. P. 56. 3. 50, et 30 juin 1869, aff. Le Marchand, Rec. Cons. d'Etat, 1869, p. 488). Mais cette règle n'est applicable... ni à celui qui a quitté la commune avant la confection des rôles : il ne sera point tenu, pour se faire décharger, de justifier de sa nouvelle imposition (Cons. d'Et. 3 avr. 1856, aff. Clareno, D. P. 56. 3. 50);... ni à celui qui, ayant été exempté de la contribution, ne peut pas justifier de son imposition dans sa nouvelle résidence, par exemple à celui qui est venu occuper un logement à Paris, et qui, à raison du taux de son loyer, a été exonéré de la contribution personnelle et mobilière dans cette ville, en vertu d'une délibération prise par la commission municipale (Cons. d'Et. 9 juill. 1856, aff. Vomarne, D. P. 57. 3. 15). Il en serait de même de celui qui, soit ayant logé successivement chez plusieurs personnes, soit ayant occupé successivement des hôtels garnis et des chambres meublées, n'a pas encore eu d'habitation personnelle; bien qu'il ne puisse justifier de son imposition dans sa nouvelle résidence, il ne sera pas maintenu au rôle de la contribution mobilière dans son ancienne commune (Cons. d'Et. 8 mai 1866, aff. Abbé Million, D. P. 67. 5. 105; 25 mai 1865, aff. Godot, D. P. 65. 2. 23). — Décidé aussi que le propriétaire qui, par erreur, se trouve inscrit dans une commune au rôle de la contribution mobilière à raison d'une maison dont il faisait son habitation, et pour laquelle il payait l'impôt mobilier, mais qui a été démolie avant la fin de l'exercice précédent, n'a pas besoin de justifier qu'il paye l'impôt mobilier dans une autre commune (Cons. d'Et. 18 févr. 1854, aff. Durosail, D. P. 54. 3. 45).

Mais, en principe, le contribuable qui a quitté la commune après la confection des rôles sera maintenu au rôle de son ancienne commune; il en sera ainsi surtout quand, loin de demander à payer l'impôt dans sa nouvelle résidence, il réclame décharge de toute imposition (Cons. d'Et. 11 févr. 1859, aff. Jeannaire, D. P. 59. 3. 54). De même on maintiendra au rôle de son ancienne commune le contribuable qui, ayant changé de résidence dans le cours d'un exercice, a néanmoins conservé dans son ancienne commune, après le commencement de l'exercice, suivant une habitation meublée et occupée par sa famille (Cons. d'Et. 6 août 1855, aff. Hebray, D. P. 56. 3. 28).

**105.** Le contribuable qui, après la confection des rôles, a quitté son habitation alors surtout qu'il en a pris une autre située dans la même commune et dont la valeur locative est

plus élevée, n'est pas fondé à demander ni la décharge, ni la réduction de sa taxe mobilière (Cons. d'Et. 9 juill. 1856, aff. Tirard, D. P. 57. 3. 14). De même, la circonstance qu'au 1er janvier un contribuable a été obligé de loger des soldats d'une armée ennemie dans son habitation n'empêche pas qu'il soit tenu de la contribution mobilière afférente à cette habitation (Cons. d'Et. 23 mai 1873, aff. Audifred, D. P. 73. 3. 94); il n'y a pas là, en effet, une véritable dépossession de l'usage des lieux. Il en serait autrement si la maison avait été réquisitionnée par l'Administration pour y installer des officiers de l'armée d'occupation (Trib. confl. 14 déc. 1872, D. P. 72. 3. 10).

**106.** La loi du 26 mars 1831, art. 17, et celle du 21 avr. 1832, art. 21, ont disposé que si un contribuable vient à décéder dans le courant de l'année, ses héritiers sont tenus d'acquitter le montant de sa cote (Rép. n° 217). Il a été jugé, en conséquence, que des héritiers ne peuvent se refuser au payement de la contribution mobilière imposée à leur auteur avant l'ouverture de l'exercice, alors surtout qu'après le décès de celui-ci, qui a eu lieu postérieurement au travail des mutations pour la confection des rôles, ils ont conservé, garni de meubles, le logement qu'il occupait (Cons. d'Et. 28 févr. 1856, aff. Durand, D. P. 56. 3. 69). A plus forte raison la veuve qui continue d'habiter la maison qu'elle occupait avec son mari décédé avant le 1er janvier est tenue d'acquitter la cote mobilière inscrite pour l'année nouvelle sous le nom du mari (Cons. d'Et. 7 janv. 1857, aff. Perodeau, D. P. 57. 3. 59), et ne peut se prévaloir de ce que la taxe mobilière a été inscrite au nom de son mari au lieu de l'être au sien, pour se refuser au payement de cette taxe (Cons. d'Et. 28 févr. 1856, aff. Renard, D. P. 56. 3. 69).

**107.** Les propriétaires, comme il a été dit au Rép. n° 219, sont soumis à une responsabilité spéciale relativement à la contribution mobilière. D'après l'art. 22 de la loi du 21 avr. 1832, « les propriétaires et, à leur place, les principaux locataires devront, un mois avant l'époque du déménagement de leurs locataires, se faire représenter par ces derniers les quittances de leur contribution personnelle et mobilière. Lorsque les locataires ne présenteront point ces quittances, les propriétaires ou principaux locataires seront tenus, sous leur responsabilité personnelle, de donner dans les trois jours avis du déménagement au percepteur. En cas de déménagement furtif, les propriétaires, et à leur place les principaux locataires, deviendront responsables des termes échus de la contribution de leurs locataires s'ils n'ont pas fait constater dans les trois jours ce déménagement par le maire, le juge de paix ou le commissaire de police. Dans tous les cas, et nonobstant toute déclaration de leur part, les propriétaires ou principaux locataires demeureront responsables de la contribution des personnes logées par eux en garni » (art. 23 de la même loi). — V. Durieu, Poursuites en matière de contributions directes, éd. 1876, n° 310).

**108.** Par application de ces règles, il a été jugé que le propriétaire qui, devant s'absenter, a prévenu le percepteur de l'intention où était son locataire de déménager à une époque indiquée, n'en répond pas moins, en cas de déménagement furtif de celui-ci, s'il ne l'a fait constater dans les trois jours, des termes échus de son imposition mobilière, alors surtout que le déménagement s'est fait avant l'époque indiquée (Cons. d'Et. 18 nov. 1863, aff. Mallet, D. P. 64. 3. 11); que l'enlèvement des meubles du locataire par des créanciers saisissants doit être assimilé à un déménagement et le propriétaire ou principal locataire qui n'a pas fait constater dans les trois jours le déménagement est responsable envers le Trésor de la contribution mobilière due par ce locataire (Cons. d'Et. 26 déc. 1879, aff. Floret, D. P. 80. 3. 101). Mais, à un déménagement n'est pas assimilée la vente judiciaire des meubles; le propriétaire qui aura fait vendre les meubles de son locataire ne sera pas tenu d'en faire la déclaration au percepteur sous peine d'être déclaré responsable de la contribution mobilière de ce locataire (Cons. d'Et. 26 janv. 1889, aff. De Cerjat, D. P. 90. 3. 47). Décidé aussi que, comme la contribution mobilière ne devient immédiatement exigible pour toute l'année qu'en cas de déménagement hors du ressort de la perception ou en cas de vente, le propriétaire n'encourt aucune responsabilité lorsque le locataire ne déménage pas hors du ressort de la perception et qu'il a payé les termes échus à l'époque où il a déménagé; s'il ne les avait pas payés, le propriétaire aurait été tenu des termes exigibles au moment du déménagement (Cons. d'Et. 8 nov. 1878, aff. Pierlot, D. P. 79. 3. 37). Enfin il a été jugé que le propriétaire n'est responsable que de la contribution de son locataire et non de celle imposée au nom d'une personne à qui ce locataire avait cédé la jouissance des lieux loués; il est de règle, en effet, qu'une obligation fiscale ne peut être étendue par analogie à des cas autres que ceux expressément prévus par la loi (Cons. d'Et. 7 juill. 1882, aff. Barabino, D. P. 84. 3. 12). De même le propriétaire n'est pas responsable des contributions personnellement imposées à un individu que le fermier, en quittant les lieux loués après avoir acquitté les contributions à sa charge, a commis à la garde de l'immeuble jusqu'à l'expiration du bail (Cons. d'Et. 11 janv. 1889, aff. Bulliard, D. P. 90. 3. 34). — Comp. Gabr. Dufour, t. 4, n° 226.

Art. 4. — *Exemptions* (*Rép.* n°ˢ 230 à 243).

**109.** La loi n'exempte de la contribution mobilière que certaines classes strictement désignées de contribuables; ce sont : 1° les indigents; 2° les membres de l'armée active et de certains services organisés militairement; 3° les représentants des nations étrangères; 4° les père et mère de sept enfants vivants. On parlera d'abord de ces deux dernières exemptions qui nécessitent de moindres développements.

**110.** L'exemption admise en faveur des père et mère de sept enfants résulte de la loi du 8 août 1890 (D. P. 90. 4. 76) dont l'art. 31 s'exprime ainsi : « Le troisième paragraphe de l'art. 3 de la loi de finances du 17 juill. 1889 est modifié ainsi qu'il suit : Les père et mère de sept enfants vivants, mineurs, légitimes ou reconnus, assujettis à une contribution personnelle mobilière égale ou inférieure à 10 fr. en principal seront exonérés d'office de cette contribution. Les dégrèvements seront imputés sur le fonds de non-valeurs. » Voici en quels termes M. Boulanger, rapporteur, s'expliquait au sujet de cet article devant le Sénat (séance du 30 juill. 1890). « La loi de finances pour l'exercice 1890 (art. 3, § 3, D. P. 90. 4. 71), avait exempté de la contribution personnelle mobilière les père et mère de sept enfants. L'expérience n'a pas tardé à démontrer l'impossibilité de maintenir cette exemption dans les termes où elle avait été votée. En effet la loi avait voulu favoriser les familles nombreuses mais pauvres; or sur 148808 contribuables exonérés en vertu de cette loi, 35172 pouvaient être considérés comme, en raison de leur richesse, n'ayant pas besoin de faveur, et de leur chef la somme remise s'élevait à 1273870 fr., plus de la moitié du dégrèvement total, évalué à 2549234 fr. ». En outre, continue M. Boulanger, « on désirait favoriser les familles pauvres. Mais la législation y avait déjà pourvu, puisque la contribution personnelle mobilière n'est pas imposée à ceux que les répartiteurs jugent sans ressources, et c'est ainsi que, sur les 232000 familles ayant sept enfants et plus, il n'y en avait d'imposées que 149000. Les 83000 autres ne payaient, en réalité, aucune contribution. Ils n'avaient donc pas besoin du texte spécial, voté en 1889, pour profiter de cette faveur. Ce qu'il faut obtenir, c'est, essentiellement que la faveur soit réservée aux familles qui sont dans la gêne; on peut arriver dans la presque totalité des cas à ce résultat en limitant l'application de la loi aux familles qui ont une cote personnelle mobilière ne dépassant pas 10 fr., alors surtout que tous les enfants qui la composent sont mineurs ».

**111.** La seconde exception, en faveur des ambassadeurs et chargés d'affaires des nations étrangères qui résident en France, résulte de l'art. 17 de la loi du 7 therm. an 3. « Les ambassadeurs et envoyés ou chargés d'affaires des nations amies ou alliées en seront complètement exemptés (de la contribution mobilière et de diverses taxes somptuaires depuis abolies) quel que soit le temps de leur séjour ». Depuis la publication du *Répertoire* (V. n° 230), deux difficultés se sont élevées sur l'application de ce texte. — En premier lieu, on s'est demandé si les consuls étrangers devaient être assimilés aux ambassadeurs, envoyés et chargés d'affaires, et la solution a été qu'ils devaient être exempts toutes les fois qu'ils peuvent se prévaloir d'une convention diplomatique ou simplement de la réciprocité (Cons. d'Et. 7 sept. 1848, aff. Westphal-Castamau, D. P. 49. 3. 2; Cons. préf. de la Seine, 26 sept. 1878, et Circ. 9 janv. 1875, D. P. 78. 5. 156). Le conseil d'Etat a appliqué ce principe en refusant d'exempter les consuls d'Angleterre en France qui ne peuvent se

prévaloir ni de l'une ni de l'autre (Cons. d'Et. 28 janv. 1881, aff. Vereker, D. P. 82. 3. 54). — En second lieu, on s'est demandé dans quelle mesure l'exemption devait être accordée aux agents diplomatiques et consulaires étrangers. En général, on exige que les agents soient de la nationalité du pays qu'ils représentent; cependant la convention diplomatique avec les Etats-Unis accorde toujours l'exemption aux consuls des Etats-Unis, quelle que soit leur nationalité (Circul. 2 avr. 1878, D. P. 78. 5. 156). Il n'est fait d'exception que pour le cas où le consul étranger est de nationalité française (Cons. d'Et. 8 janv. 1867 (non résolu) D. P. 67. 3. 92; Circ. préc. 2 avr. 1878). D'ailleurs, et à supposer que le contribuable devenu consul d'une puissance étrangère soit exempté, en cette qualité, de la contribution personnelle mobilière, il a été décidé qu'en vertu du principe de l'annualité de l'impôt, il devrait toujours acquitter les douzièmes de sa cotisation qui restent à courir (Cons. d'Et. 8 janv. 1867, aff. Langer, D. P. 67. 3. 92). L'exemption est également refusée aux agents qui font le commerce ou exercent quelque industrie, et elle n'est accordée que pour la résidence officielle des consuls et non pour les immeubles qu'ils peuvent posséder (Cons. d'Et. 20 sept. 1865, aff. Boozo, *Rec. Cons. d'Etat*, 1865, p. 917).

**112.** Aux termes de l'art. 12 de la loi du 21 avr. 1832, « la contribution personnelle et mobilière est due par chaque habitant *non réputé indigent* ». Le principe général en cette matière, comme il est dit au *Rép.* n°ˢ 231 et suiv., est que le conseil municipal jouit d'un pouvoir discrétionnaire (V. toutefois *infrà*, n° 116) et qu'on ne peut être réputé indigent que si on a été désigné par lui comme tel lors de la formation des rôles annuels (Cons. d'Et. 22 juin 1848, aff. Tison-Guittier, D. P. 49. 3. 68; 29 juin 1848, aff. Sapin, D. P. 49. 3. 68; 20 avr. 1849, aff. Saint-Parise-le-Châtel, D. P. 49. 3. 67; 30 juin 1858, aff. Percepteur de Lamballe, D. P. 59. 3. 1; 30 juin 1858, aff. Percepteur de Lannion, D. P. 59. 3. 2; 10 déc. 1870, aff. Commune de Boulzicourt, D. P. 73. 3. 51). Il importe peu d'ailleurs que le conseil municipal n'ait pas été appelé, lors de la formation de l'état des mutations annuelles, à désigner les habitants qui seraient exemptes de l'impôt; cette circonstance ne suffirait pas pour admettre le contribuable qui n'a pas été inscrit comme indigent à fournir, devant le conseil de préfecture, la preuve de cette indigence (Cons. d'Et. 20 janv. 1869, aff. Brochard, *Rec. Cons. d'Etat*, 1869, p. 58). Les individus que le conseil municipal n'a pas désignés comme indigents sont dûment imposés et, dès lors, s'ils peuvent demander remise ou modération de leurs cotes, ils ne peuvent s'adresser au conseil de préfecture pour en faire prononcer la décharge ou la réduction, sous prétexte que l'indigence serait une cause légale d'exemption; les percepteurs ne sont également pas recevables à porter les cotes de ces individus sur les états des cotes indûment imposées; ils ne peuvent les porter, s'il y a lieu, sur les états de cotes irrecouvrables (Cons. d'Et. 24 janv. 1872, aff. Delaruelle, D. P. 73. 3. 51). — Comp. Gabr. Dufour, t. 4, n° 95.

**113.** C'est en ce sens que le conseil d'Etat a définitivement tranché cette difficulté qui fut longtemps l'objet d'une vive discussion de la part du ministre des finances : celui-ci faisait remarquer les avantages qu'il y avait à permettre aux contribuables non portés sur la liste d'indigence de réclamer leur dégrèvement par une demande en décharge ou réduction adressée au conseil de préfecture, aussi bien que par une demande en remise ou modération adressée au préfet. Le résultat obtenu n'est pas le même : en effet, dans le cas de décharge, il y a lieu à une réimposition sur la commune à l'exercice suivant ; dans le cas de remise, il y a simplement lieu à imputation sur le fonds des non-valeurs. En négligeant de dresser des listes d'indigents ou en les dressant incomplètement, le conseil municipal peut indirectement accroître le nombre des demandes en remise, puisque la jurisprudence ne permet que cette voie de réclamation aux indigents non inscrits, et détourner ainsi les fonds de non-valeur de leur destination véritable. Le ministre des finances aurait voulu, par suite, considérer l'omission d'un indigent sur la liste comme une véritable décision du conseil municipal, autorisant le réclamant à recourir par la voie contentieuse, alors qu'il peut établir que son état d'indigence existait avant l'ouverture de l'exercice, et réserver la faculté de demander la remise à ceux qui sont tombés dans l'indigence après l'ouverture de l'exercice. Mais le conseil d'Etat a refusé d'admettre cette théorie qui, si elle avait l'avantage de conserver au fonds des non-valeurs sa véritable destination, avait l'inconvénient de faire réimposer à l'exercice suivant les cotes indûment imposées et par suite de permettre aux conseils municipaux, par des omissions arbitraires, de faire supporter à la masse des contribuables une plus forte part dans la réparation de la somme à fournir (Arrêts préc. du 30 juin 1858 et du 24 janv. 1872).

**114.** Du principe général que nous avons posé, il résulte qu'il ne suffit pas que des cotes de contribution personnelle et mobilière soient devenues irrecouvrables · pour qu'elles doivent être considérées comme indûment imposées à raison de l'indigence des contribuables (Cons. d'Et. 28 nov. 1855, aff. Séron, D. P. 56. 3. 33), et que, lorsque des habitants jouissant de leurs droits ont été omis sur le rôle par les répartiteurs sans que le conseil municipal ait été appelé à décider s'ils devaient être réputés indigents, tout contribuable est recevable et fondé à demander décharge de la surtaxe résultant pour lui de la non-inscription au rôle de ces habitants (Cons. d'Et. 10 déc. 1870, aff. Commune de Boulzicourt, D. P. 73. 3. 51). Il résulte aussi que la dispense de cotisation accordée à un habitant par le conseil municipal n'a aucun effet à l'égard de l'imposition résultant de rôles déjà publiés au moment où elle est intervenue (Cons. d'Et. 5 mai 1858, aff. Bonafé, D. P. 59. 3. 12).

**115.** Il est bien entendu que la gratuité des fonctions ne doit pas être considérée comme équivalant à l'indigence. C'est ainsi que l'exemption sera refusée : à la directrice d'un établissement charitable qui prétend à l'exemption par cela seul que ses fonctions sont ·gratuites, (Cons. d'Et. 19 juill. 1854, aff. Dame Houttement, D. P. 55. 3. 20); aux sapeurs-pompiers d'une commune, (Cons. d'Et. 9 juin 1869, aff, Petit-Jean, D. P. 71. 3. 30); aux personnes faisant partie d'une congrégation religieuse et remplissant dans un établissement public un service hospitalier (Cons. d'Et. 10 sept. 1855, aff. Petit-Poisson, D. P. 56. 3. 32; aux arrêts de 1858, aff. Rozières, Petit, Fervel et Sœurs de Saint-Charles, D. P. 59. 3. 13; 30 août 1861, aff. Jolivet, et Burdin (deux espèces) D. P. 62. 3. 69 ; 15 juin 1883, aff. Sœurs de l'hospice de Beaune, D. P. 84. 5. 127); à des sœurs converses (Cons. d'Et. 6 nov. 1885, aff. Sœurs dominicaines de Saint-Nicolas, D. P. 86. 3. 35; 6 déc. 1887, aff. Dame Ragut, D. P. 89. 3. 35); à des frères coadjuteurs (Cons. d'Et. 11 mai 1888, aff. Société civile de l'école libre de Notre-Dame de ·Mongré, D. P. 89. 3. 33); à des religieuses, majeures et mineures, donnant l'enseignement gratuit (Cons. d'Et. 5 mai 1858, aff. Bonafé, D. P. 59. 3. 13). L'imposition doit d'ailleurs être restreinte à leur habitation personnelle, · aux locaux dont l'usage ne leur est pas commun avec les élèves de la maison (Cons. d'Et. 31 janv. 1856, aff. Daussy, D. P. 56. 3. 71); mais elle est toujours encourue et le fait que les personnes religieuses attachées au même établissement ont été inscrites collectivement au rôle sous le nom de leur directeur n'entraîne pas sa nullité (Cons. d'Et. 5 mai 1858, aff. Bonafé, D. P. 59. 3. 13; 30 août 1861, aff. Jolivet et Baudin (deux espèces) D. P. 62. 3. 69). L'exemption serait aussi refusée aux sœurs employés au service d'un fourneau économique (Cons. d'Et. 16 mai 1884, aff. Sœurs de Saint-Vincent-de-Paul de Vesoul, D. P. 85. 5. 128). Dans tous ces cas, l'exemption ne serait acquise qu'autant que les réclamants auraient été compris par le conseil municipal au nombre des personnes qui ne doivent pas être cotisées pour l'avenir comme indigentes (V. les arrêts précités, et de plus, Cons. d'Et. 9 juin 1869, aff. Petit-Jean, D. P. 71. 3. 30).

**116.** Dans sa confection des listes d'indigents, un conseil municipal peut, au lieu de procéder par voie de désignation individuelle, prendre pour base de son appréciation le payement d'un loyer inférieur à une somme déterminée en stipulant les circonstances dans lesquelles les contribuables, bien que payant un loyer inférieur à cette somme, ne seront pas réputés indigents. En effet, dans les grands centres de population, il y a une véritable impossibilité matérielle à faire annuellement une enquête sur la situation de chaque habitant, et à faire délibérer le conseil municipal sur les résultats de cette enquête. C'est ainsi que, dans la ville de Paris, le conseil municipal a pu, sans excéder ses pouvoirs, déclarer indigents, sauf certaines exceptions, les personnes dont l'habitation a une valeur matricielle inférieure à 400 fr.

(valeur réelle 500 fr.) (Cons. d'Et. 11 juin 1880, aff. Lamy, D. P. 81. 3. 42. Comp. Cons. préf. de la Seine, 11 juill. 1878, D. P. 78. 3. 74-75). Mais le conseil d'Etat a refusé de reconnaître en cette hypothèse, au conseil municipal, un pouvoir aussi discrétionnaire que celui qui lui appartient en matière de désignations individuelles, et il a déclaré qu'en exemptant comme indigents des propriétaires ayant jusqu'à 299 fr. d'impôt foncier. (ce qui équivaut à un revenu de 2500 fr.) le conseil municipal avait usé du droit que lui conférait la loi de 1832 « dans un but autre que celui en vue duquel il lui avait été donné et qu'il avait par suite excédé ses pouvoirs ». Cette rédaction, ainsi que l'approbation donnée à la présomption d'indigence de ceux qui avaient moins de 400 fr. de loyer matriciel, indiquent dans quelles limites le conseil d'Etat entend exercer son contrôle de façon à maintenir les conseils municipaux dans le respect de la loi sans se substituer à eux pour l'accomplissement d'une mission qui leur a été exclusivement réservée (Cons. d'Et. 11 juin 1880, aff. Lamy, D. P. 81. 3. 42; 1er déc. 1882, aff. Leclercq, D. P. 88. 4. 3. 44). Toutefois, il a été jugé (V. également Rép. n° 232) qu'un contribuable ne pourrait se prévaloir de l'irrégularité ainsi commise pour demander réduction de sa cote, lorsqu'il est constant que la rectification de cette irrégularité ne peut avoir aucune influence appréciable sur le taux qui a servi de base à la répartition de la contribution (Arrêt préc. 1er déc. 1882).

**117.** Aux termes de l'art. 14 de la loi du 21 avr. 1832, « les officiers de terre et de mer ayant des habitations particulières soit pour eux, soit pour leurs familles, les officiers sans troupe, officiers d'état-major, officiers de gendarmerie· et de recrutement, les employés de la guerre et de la marine dans les garnisons ·et, dans les ports, les préposés des douanes sont imposables à la contribution personnelle et mobilière d'après le même mode et dans la même proportion que les autres contribuables ». Il y a donc exception formelle pour tout le surplus de l'armée. Cette exception ne concerne d'ailleurs que les militaires en activité et non les officiers en disponibilité, qui sont passibles de l'impôt comme tous les individus domiciliés et jouissant de leurs droits (Rép. n° 233).

**118.** La loi exige pour première condition d'exemption de ne pas avoir d'habitation particulière; comme il a été dit au Rép. n° 235, ceci ne doit pas être entendu dans ce sens rigoureux que l'officier doit, pour être exempté, habiter dans un bâtiment de l'Etat; l'exemption lui reste acquise quand il prend logement chez un particulier au moyen de l'indemnité qui lui est accordée à cet effet et pourvu que l'importance du loyer n'excède pas le montant de l'indemnité (Instr. min. 30 mars 1831). Cette règle est appliquée avec largeur par la jurisprudence ; c'est ainsi qu'il a été jugé que l'habitation particulière d'un officier n'est imposable que si sa valeur locative excède sensiblement celle des locaux qu'il aurait pu obtenir pour son logement dans les bâtiments de l'Etat (Cons. d'Et. 18 févr. 1854, aff. Lambinet, D. P. 54. 5. 195), même si le loyer dépassait l'indemnité de logement allouée à l'officier (Cons. d'Et. 25 mai 1850, aff. André, D. P. 50. 3. 70); il peut, en effet, arriver que dans les villes de guerre, où les loyers sont élevés, parce que ces villes ne peuvent pas toujours s'étendre suivant les besoins de la population, l'indemnité de logement soit insuffisante pour permettre aux officiers de se loger aussi convenablement que dans les bâtiments militaires. Mais, si la valeur locative de la maison particulière excède d'une façon sensible l'indemnité de logement allouée par l'Etat, ou la valeur locative du logement qu'il pourrait occuper dans un bâtiment de l'Etat, l'officier doit payer la taxe mobilière, seulement d'ailleurs sur le chiffre dont cette valeur locative excède son indemnité de logement (Cons. d'Et. 31 mai 1854, aff. Lucas, D. P. 54. 5. 195), ou la valeur locative des bâtiments de l'Etat (Cons. d'Et. 1er avr. 1881, aff. Targe, D. P. 82. 3. 77), Il a été jugé, à ce propos, que le décret du 25 déc. 1875, qui a réuni à la solde l'indemnité de logement, n'a pas modifié le montant de cette indemnité, et que l'indemnité spéciale dite de rassemblement allouée à un officier en vertu du même décret et qui n'est motivée que sur la cherté des vivres, ne constitue pas davantage un complément de l'indemnité de logement (Cons. d'Et. arrêt. précité du 1er avr. 1881).

**119.** A quels officiers l'exemption est-elle réservée? L'art. 14 de la loi de 1832 la refuse aux officiers sans troupes (V. Rép. n° 236). Elle sera donc refusée : au général commandant une brigade d'une subdivision de région, car il appartient au cadre de l'état-major de l'armée (Cons. d'Et. 11 juill. 1879, aff. Péan, D. P. 79. 3. 109);... aux officiers du cadre administratif permanent et soldé de l'armée territoriale, que l'art. 24 du décret du 25 déc. 1875 classe parmi les officiers sans troupes; ils seront imposés d'après la valeur locative des locaux qu'ils occupent, déduction faite de la portion de ces locaux affectée aux bureaux de l'armée territoriale. (Cons. d'Et. 25 juin 1877, aff. Crochon, D. P. 78. 5. 154);... aux officiers du service du recrutement, alors même qu'ils commandent des sections de secrétaires d'état-major et du recrutement (Cons. d'Et. 8 nov. 1878, aff. Roy, D. P. 79. 3. 27); ou qu'ils continuent à être portés comme surnuméraires sur les contrôles d'un régiment (Cons. d'Et. 29 juill. 1881, aff. Lefebvre, D. P. 83. 3. 24; 5 mai 1882, aff. Tristani, D. P. 83. 5. 139; 18 juill. 1884, aff. Joncour, D. P. 85. 5. 127).

Cette jurisprudence, basée sur le décret du 25 janv. 1875 (V. infra, v° Organisation militaire), qui classe tous les officiers de recrutement parmi les officiers sans troupes, a fait retour au régime de la loi de 1832, sous lequel les officiers de recrutement étaient passibles de la contribution mobilière, mais que diverses ordonnances avaient abandonné par la suite (V. Rép. n° 238). De même encore, l'exemption doit être refusée à un officier de l'état-major particulier du génie, le décret de 1875 rangeant ces officiers, jusqu'au grade de colonel inclusivement, dans la catégorie des officiers sans troupes (Cons. d'Et. 28 avr. 1882, aff. Tock, D. P. 83. 5. 139);... à un sous-commissaire de la marine, alors même qu'il est chargé de l'emploi de trésorier des équipages de la flotte, car il reste officier sans troupes (Cons. d'Et. 19 juill. 1878, aff. Fournier, D. P. 79. 3. 19);... aux officiers d'administration, même quand ils commandent une section de commis et ouvriers militaires (Cons. d'Et. 27 janv. 1888, aff. Béranger, D. P. 89. 5. 137);... aux officiers de gendarmerie (Cons. d'Et. 9 nov. 1889, aff. Desloy, D. P. 91. 3. 34). L'officier sans troupes sera, d'ailleurs, assujetti à la contribution mobilière même quand il occupera un logement gratuit dans un bâtiment de l'État, et sa contribution sera alors fixée d'après la valeur locative de ce logement comparativement aux habitations des autres contribuables de la commune et non d'après l'indemnité de logement allouée aux officiers de son grade (Cons. d'Et. 20 juin 1855, aff. Humbel, D. P. 55. 5. 117; 10 sept. 1856, aff. Batbédat, D. P. 57. 3. 32; Arrêt précité du 9 nov. 1889).—D'après l'art. 14 de la loi de 1832, les officiers d'état-major étaient, comme les officiers sans troupes, assujettis à la contribution mobilière : ils ne jouissaient de l'exemption que s'ils étaient attachés à une armée active (V. notamment : Cons. d'Et. 11 juill. 1866, aff. Fayet, et 15 nov. 1866, aff. Limet, D.P. 67. 3. 41; 24 déc. 1866, aff. Poitevin, D. P. 88. 3. 74). Mais aujourd'hui, en vertu de l'art. 60 de la loi du 26 déc. 1890 (D. P. 91. 4. 62), les officiers appartenant au service d'état-major « sont traités, au point de vue de l'assiette de la contribution personnelle-mobilière, sur le même pied que les officiers des corps de troupe ».

**120.** Par contre (Comp. Rép. n° 237), l'exemption sera accordée à un chef d'escadron d'artillerie temporairement détaché de son régiment pour occuper dans une place de guerre l'emploi de commandant d'artillerie, mais sans cesser de compter au corps auquel il appartient (Cons. d'Et. 25 mai 1850, aff. Noizet Saint-Paul, D. P. 50. 3. 70, et 1er avr. 1881, aff. Courtois, Rec. Cons. d'Etat, 81, p. 376);... aux officiers instructeurs de l'école de Saumur, sans qu'il y ait à examiner s'ils ont une résidence fixe puisqu'ils sont officiers avec troupes (Cons. d'Et. 23 fév. 1877, aff. de Witte et autres, D. P. 77. 3. 58);... à un officier du génie détaché momentanément de son régiment, mais sans cesser d'y appartenir, pour coopérer dans un camp aux travaux du génie de la place (Cons. d'Et. 19 mars 1886, aff. Cavarrot, D. P. 87. 5. 131);... à un officier détaché dans les mêmes conditions de son régiment pour être employé en qualité d'officier acheteur dans un dépôt de remonte (Cons. d'Et. 4 juin 1886, aff. Nemann, D. P. 87. 5. 131) ; en effet, cet officier, bien qu'affecté à un service permanent, devait, au cas de mobilisation, rejoindre dans les trois jours son régiment, dont il continuait à faire partie; à un officier de marine attaché comme officier chargé de l'habillement, du casernement et de l'arme-

ment à l'administration des équipages de la flotte dans un port (Cons. d'Et. 15 juill. 1868, aff. Pigeard, D. P. 70. 3. 93), aux vétérinaires, mais il a été décidé, contrairement à une jurisprudence antérieure (Cons. d'Et. 23 mars 1845, aff. Noirot, D. P. 45. 3. 127), que les vétérinaires attachés aux dépôts de remonte doivent être considérés comme ayant une résidence fixe, aux termes de l'art. 14 de la loi du 21 avr. 1832, et être imposés à la contribution mobilière (Cons. d'Et. 23 janv. 1880, aff. Foucher, D. P. 80. 5. 109).

**121.** De ce que certains officiers et employés sont seuls soustraits à l'exemption de la contribution accordée par la loi aux militaires, il s'ensuit qu'on imposerait à tort un simple soldat appartenant au corps de la gendarmerie maritime et logé gratuitement dans une caserne appartenant à l'Etat (Rép. n° 242; Cons. d'Et. 30 mai 1868, aff. Durel, D. P. 71. 5. 96). L'exemption étant, d'ailleurs, restreinte aux militaires en activité, elle a bien été accordée à celui qui faisait partie, au 1er janv. 1871, de la garde nationale mobile appelée à l'activité (Cons. d'Et. 28 mai 1872, aff. Chalon, D. P. 73. 3. 49), mais non à celui qui, à cette date, faisait partie de la garde nationale mobilisée (Cons. d'Et. 24 juill. 1872, aff. Malafosse, D. P. 73. 3. 49), sauf au cas où le corps auquel il appartenait avait été incorporé à l'armée active (Cons. d'Et. 18 juin 1872, aff. Colas, D. P. 73. 3. 49).

**122.** Enfin la contribution est due pour toute l'année, soit par celui qui a été appelé sous les drapeaux dans le courant de l'année (Comm. f. f. Cons. d'Et. 18 juin 1872, aff. Colas, et Cons. d'Et. 8 nov. 1872, aff. Le Plé, D. P. 73. 3. 49), soit par celui qui, étant sous les drapeaux au 1er janvier, avait conservé à cette date, au lieu de sa résidence habituelle, une habitation meublée à la disposition et à celle de sa famille (Cons. d'Et. 8 nov. 1872, aff. Le Plé, D. P. 73. 3. 49).

**123.** La loi soumet expressément à la contribution les employés de la guerre et de la marine. Par application de cette règle, il a été jugé qu'il y avait lieu d'imposer les sous-officiers de la justice militaire, que le décret du 25 déc. 1875 considérait comme employés militaires (Cons. d'Et. 28 juin 1878, aff. Deyris, D. P. 78. 5. 154 et 10 déc. 1886, aff. Farrer, D. P. 88. 5. 132). Mais ces militaires sont aujourd'hui classés parmi les sous-officiers avec troupes (Décr. 9 juin 1883), et jouissent, à ce titre, de l'exemption. Sont assujettis à la contribution les sous-officiers stagiaires remplissent les fonctions d'adjoints du génie visés également par le décret de 1875, sans qu'ils puissent se prévaloir, pour obtenir décharge, de ce qu'ils continuent à figurer comme adjudants sous-officiers sur les contrôles du régiment d'où ils sont détachés (Cons. d'Et. 6 nov. 1880, aff. Mignet, D. P. 81. 5. 99);... un portier-consigne en résidence fixe dans une ville, car il n'appartient à aucun corps de troupe (Cons. d'Et. 7 juill. 1852, aff. Jouin, D. P. 83. 5. 139; 26 mars 1856, aff. Renaud, D. P. 56. 3. 58). Enfin l'exemption serait refusée à des sapeurs-pompiers d'une commune qui ne sont pas militarisés (Cons. d'Et. 9 juin 1869, aff. Petit-Jean, D. P. 71. 3. 30).

**124.** La question s'est présentée d'une façon générale pour tous les sous-officiers de l'armée active depuis la loi du 23 juill. 1881 (D. P. 82. 4. 46) dont l'art. 6 autorise les sous-officiers mariés à avoir une habitation particulière et leur alloue une indemnité de logement. Faut-il les assimiler aux officiers, ou les exempter complètement? Un arrêt du 26 déc. 1885 (D. P. 87. 3. 44) avait déjà décidé qu'un sous-officier marié et autorisé à loger en ville était imposable dans les mêmes conditions qu'un officier avec troupes, c'est-à-dire dans le cas où la valeur locative de son habitation excédait le montant de l'indemnité de logement, et pour ce montant. Un autre arrêt (Cons. d'Et. 4 juin 1886, aff. Simon, D. P. 88. 3. 7), accorda la décharge par ce motif que, étant sous-officier, il n'était pas passible de la taxe. Dans cette espèce, la solution était justifiée suffisamment par cette remarque incidente que le sous-officier était logé en ville, faute de local disponible à la caserne. Mais, la question s'étant représentée, le ministre des finances insista pour faire reconnaître aux sous-officiers le droit à l'exemption totale; il faisait remarquer que l'art. 12 de la loi du 21 avr. 1832 n'impose à la contribution que l'habitant non indigent, et que ce mot habitant (par opposition au mot d'individu employé par les lois sur les patentes des 25 avr. 1844 et 15 juill. 1880) doit être pris dans son sens étroit, car les militaires ne font pas partie de la population normale; ne sont pas électeurs, donc ne sont pas habitants. C'est par exception à ce principe, ajoutait le ministre, que la loi restreint l'exemption des officiers avec troupe ayant des habitations particulières et la supprime pour certains autres officiers; mais les autres catégories de militaires, c'est-à-dire les sous-officiers et les soldats, doivent être totalement exemptés. Toutefois, le conseil d'Etat repoussa cette théorie; il admit que le mot *habitant* était pris dans un sens large, et, en conséquence, assimila les sous-officiers aux officiers au point de vue de l'exemption. C'est ainsi qu'il décida qu'ils étaient imposables à la contribution mobilière, mais seulement pour la part dont la valeur locative de leur habitation particulière excéderait l'indemnité de logement (Cons. d'Et. 16 mars 1888, aff. Lecocq; 4 mai 1888, aff. Méric; 8 juin 1888, aff. Suchon, D. P. 89. 3. 41), et qu'aucune contribution ne serait due si cette valeur locative n'excédait pas l'indemnité de logement (Cons. d'Et. 16 mars 1888, aff. Ville de Lorient, D. P. 89. 3. 41).

Art. 5. — *Imputation de la contribution personnelle et mobilière sur l'octroi (Rép. n° 244).*

**125.** Aux termes de l'art. 20 de la loi du 21 avr. 1832, « dans les villes ayant un octroi, le contingent personnel et mobilier pourra être payé en totalité ou en partie par les caisses municipales sur la demande qui en sera faite aux préfets par les conseils municipaux. Ces conseils détermineront la portion du contingent qui devra être prélevée sur les produits de l'octroi. » En outre, d'après l'art. 5 de la loi du 3 juill. 1846, « la portion du contingent restant à percevoir au moyen d'un rôle pourra, déduction faite des faibles loyers qui seront jugés devoir être exemptés de toute cotisation, être répartie en vertu des délibérations desdits conseils, soit au centime le franc des loyers d'habitation, soit d'après un tarif gradué en raison de la progression ascendante de ces loyers ». Les conseils municipaux peuvent ainsi, soit exonérer tous les habitants de la contribution personnelle et mobilière au moyen d'un prélèvement sur l'octroi, soit exempter seulement les faibles loyers au moyen d'un prélèvement partiel, et alors répartir le surplus soit d'une manière uniforme entre tous les contribuables riches et pauvres, soit progressivement d'après des catégories basées sur l'importance des loyers (*Rép.* n° 244).

**126.** Le conseil d'Etat a eu l'occasion d'appliquer ces textes à propos d'un arrêté du 1er févr. 1871 par lequel le membre du Gouvernement délégué à l'administration du département de la Seine et à la mairie de Paris, usant du droit que les lois ci-dessus visées accordaient aux conseils municipaux, adoptait un nouveau tarif pour la répartition du contingent personnel et mobilier de 1871. Le conseil d'Etat décida que le décret du 15 nov. 1870, qui avait délégué un membre du Gouvernement à la mairie centrale de Paris, ne lui avait pas conféré les attributions du conseil municipal; que la proposition de ce délégué, relativement à l'établissement d'un tarif gradué, n'aurait pu être valablement approuvée que par une loi, et que le caractère de loi ne pouvait être attribué à l'acte en date du 8 févr. 1871 par lequel le gouvernement de la Défense nationale a approuvé cette proposition (Cons. d'Et. 31 juill. 1874, aff. Périac, D. P. 76. 3. 57). — Ces questions étaient fort délicates. Il est souvent difficile de préciser le caractère véritable des actes d'un pouvoir qui a réuni en ses mains le pouvoir exécutif et le pouvoir législatif; il faut alors rechercher si la matière était du domaine du décret ou de celui de la loi; or, dans l'espèce, l'acte du 8 févr. 1871 était bien un décret dans la forme et dans le fond : dans la forme, puisqu'il visait les lois de 1832 et 1846; dans le fond, puisqu'il se bornait à approuver une délibération d'une autorité remplaçant le conseil municipal. Mais, cette autorité avait-elle les attributions du conseil municipal qu'elle remplaçait? Le commissaire du Gouvernement, M. Braun, se prononça pour l'affirmative; d'un côté, il résultait, à ses yeux, de la discussion de la loi de 1846, que cette loi avait donné une véritable délégation législative au conseil municipal, sous l'approbation du Gouvernement, de l'autre côté, le décret du gouvernement de la Défense nationale, en date du 15 nov. 1870, lui semblait avoir, non pas nommé un maire, mais bien organisé un véritable pouvoir municipal, délégation du Gouvernement même, et cela dans un but d'intérêt public,

donc légalement. Mais cette théorie ne prévalut pas devant le conseil d'Etat.

**127.** Il a été également jugé que, lorsqu'un conseil municipal a usé de la faculté que lui donnait l'art. 3 de la loi de 1846, les contribuables sont recevables à demander réduction de la taxe à laquelle ils ont été imposés par le motif que le tarif aurait mis à leur charge une contribution supérieure à celle qu'ils auraient eu à payer si la totalité du contingent avait été répartie au centime le franc; et qu'aucune catégorie de loyers ne peut être imposée à une contribution supérieure à celle qui lui aurait été attribuée si le contingent mobilier restant à répartir après déduction des cotes personnelles était réparti proportionnellement aux valeurs locatives d'habitation entre tous les contribuables, y compris ceux auxquels le conseil munipale a accordé exonération complète et ceux qui n'ont profité que d'une atténuation de taxe (Cons. d'Et. 21 juill. 1874, aff. Bayard, D. P. 76. 3. 57). — Comp. Gabr. Dufour, t. 4, n° 96.

Art. 6. — *Répartition de la contribution personnelle et mobilière (Rép. nos 245 à 254).*

**128.** Cette répartition est faite, comme celle de la contribution foncière : au premier degré entre les départements par le pouvoir législatif; au second degré entre les arrondissements par les conseils généraux; au troisième degré entre les communes par les conseils d'arrondissement; au quatrième degré par les conseils municipaux assistés de répartiteurs (*Rép.* n° 245).

**129.** En ce qui concerne la répartition législative et la répartition entre les arrondissements et les communes, V. ce qui a été dit sur ce point au *Rép.* nos 246 à 251. — Quant à la répartition individuelle entre les contribuables, elle est faite dans chaque commune par les répartiteurs de la contribution foncière, d'après une matrice indiquant tous les habitants jouissant de leurs droits et non réputés indigents, ainsi que les loyers sur lesquels doit porter la contribution mobilière (*Rép.* nos 251 et suiv.).

**130.** Comme pour la contribution foncière, les termes de comparaison pour fixer la cote mobilière d'un contribuable ne peuvent être pris que dans les limites de la commune où celui-ci se trouve imposé. L'appréciation des valeurs locatives se fera d'après tous les éléments susceptibles de faire connaître le prix de chaque loyer, tels que baux authentiques, comparaison avec les loyers dont le prix est connu et tous autres éléments d'appréciation équitable, même la situation topographique. Il a été jugé en ce sens qu'on pouvait attribuer à une maison isolée et éloignée de trois kilomètres de l'agglomération communale une valeur locative inférieure aux autres (Cons. d'Et. 18 nov. 1887, aff. Verniolle, D. P. 88.5.133). — Par application de ces règles, il a été jugé qu'il ne suffit pas, pour obtenir un rapport moyen servant à évaluer le loyer matriciel d'une habitation, de comparer la valeur locative matricielle et la valeur locative réelle de plusieurs maisons situées dans la même ville; qu'il fallait de plus que la maison litigieuse fût comparée avec celles de ces maisons qui pouvaient présenter des conditions analogues (Cons. d'Et. 11 déc. 1856, aff. Lamure, D. P. 57. 3. 46). Le contribuable n'est donc pas fondé à réclamer une réduction de sa cote mobilière, s'il n'indique pour points de comparaison que des maisons se trouvant dans une situation exceptionnelle, et alors surtout qu'il reconnaît que la valeur locative attribuée à sa maison est proportionnelle à celle qui a été assignée à la généralité des maisons de même nature dans la commune (Cons. d'Et. 4 juill. 1868, aff. Coste-Foron, D. P. 71. 5. 97). De même, si les maisons désignées par le contribuable comme termes de comparaison sont elles-mêmes imposées au-dessous de leur valeur locative, les répartiteurs peuvent prendre pour base de leur appréciation la masse des habitants de la commune (Cons. d'Et. 9 juill. 1846, aff. Dagoul, D. P. 47. 3. 50). Décidé aussi que le contribuable ne peut pas se prévaloir de circonstances spéciales pour réclamer une réduction, quand la valeur locative attribuée à sa maison par rapport à celles des autres habitations de la localité n'est pas exagérée (Cons. d'Et. 2 déc. 1887, aff. Lanjony, D. P. 87. 5. 132-133). Dans cette espèce, le réclamant était un employé d'une compagnie de chemin de fer qui était logé dans un immeuble appartenant à ladite compagnie, moyennant un prix très inférieur à la valeur réelle de l'appartement.

**131.** De ce que, dans chaque commune, la répartition doit se faire pour tous les contribuables d'après la valeur locative de leurs habitations respectives, il résulte que les répartiteurs ne peuvent établir une différence entre les diverses habitations d'une commune pour fixer la proportion d'atténuation entre la valeur locative réelle et la valeur matricielle (Cons. d'Et. 26 mars 1863, aff. Bigeat, D. P. 63. 3. 83). Mais ils ne sont pas assujettis à prendre dans toutes les communes d'un département la même proportion entre la valeur locative réelle et le loyer imposable; il suffit que la même proportion soit établie entre les contribuables d'une même commune (Cons. d'Et. 9 mars 1859, aff. Bouveret, D. P. 59.3.58); par suite, un contribuable ne peut se plaindre d'être imposé à une taxe mobilière plus forte que celle qu'il payerait pour le même loyer dans une commune désignée du même département ; son droit de réclamer est limité au cas où la valeur locative de son habitation serait exagérée par comparaison avec celle de la généralité des habitations de la commune où il est imposé (Même arrêt). Ajoutons enfin qu'aux termes d'un arrêt du conseil d'Etat, aucune disposition de loi n'autorise les mutations de cote en matière de contribution mobilière (Cons. d'Et. 16 avr. 1886, aff. Henry, D. P. 88. 3 94). — V. Gabr. Dufour, t. 4, nᵒˢ 73 et suiv.; Durieu, t. 1, p. 65.

Sect. 3. — De la contribution des portes et fenêtres
(*Rép.* nᵒˢ 255 à 339).

**132.** Comme il a été expliqué au *Rép.* nᵒ 255, la contribution des portes et fenêtres a un caractère mixte ; elle est à la fois un impôt de quotité et un impôt de répartition : un impôt de quotité, en ce sens que le tarif établi par la loi est proportionné à la population de la commune, au nombre des ouvertures, à l'étage auquel elles se trouvent placées ; un impôt de répartition en ce sens que, si l'application du tarif aux ouvertures des maisons de la commune donne un produit inférieur au contingent fixé pour la commune, la taxe devra être augmentée de la différence.

Art. 1ᵉʳ. — *Assiette de la contribution.* — *Portes et fenêtres imposables* (*Rép.* nᵒˢ 256 à 275).

**133.** — 1ᵒ *Dispositions communes à toutes les ouvertures* (*Rép.* nᵒˢ 257 à 263). — En principe, la contribution atteint toutes les ouvertures qui établissent une communication quelconque de l'intérieur des habitations au dehors, et plus spécialement, pour employer les expressions de la loi du 4 frim. an 7 (art. 2) « les portes et fenêtres donnant sur les rues, cours et jardins des bâtiments et usines sur tout le territoire français » (*Rép.* nᵒ 256). — Pour qu'une ouverture soit imposable, il faut qu'elle constitue une porte ou une fenêtre ; la taxe ne pèse donc ni sur les ouvertures dégarnies, ni sur les ouvertures murées, ni sur les ouvertures des locaux inachevés, mais elle pèse sur les portes simplement condamnées dont le propriétaire n'a pas changé la destination d'une façon définitive, et qui constituent toujours une ouverture donnant accès à l'habitation (Cons. d'Et. 26 nov. 1886, aff. Courty, D. P. 88. 5. 135). On trouvera plus loin de nombreuses solutions d'espèces à ce sujet.

**134.** Les exemptions que la loi accorde, en matière de contribution foncière, aux maisons nouvellement construites ou reconstruites et aux maisons vacantes ne s'appliquent pas à la contribution des portes et fenêtres (*Rép.* nᵒ 261) (Cons. d'Et. 11 janv. 1853, aff. Harivel, D. P. 53. 3. 42). A plus forte raison ne pourrait-on invoquer ici, pas plus qu'en matière de contribution foncière, un chomage momentané qui n'aurait pas endommagé l'usine de façon à remettre en activité (Cons. d'Et. 30 déc. 1869, aff. Moreau, *Rec. Cons. d'Etat*, 1869, p. 1029).

**135.** La loi du 4 frim. an 7 restreint la taxe aux portes et fenêtres des « bâtiments et usines ». C'est que, ainsi qu'il a été dit au *Rép.* nᵒ 259, c'est une véritable taxe d'habitation. De là la question de savoir quels sont les immeubles qui doivent être soustraits à cette contribution. On exposera plus loin les exemptions relatives à l'agriculture, aux manufactures et aux locaux destinés à des services publics.

**136.** Mais la question peut se présenter, d'une façon générale, pour toute construction dont le caractère immobilier est douteux, et le caractère d'habitation aussi. C'est parce que le caractère immobilier faisait défaut que la contribution n'a pas été imposée aux kiosques lumineux et mobiles établis à Paris sur le sol de la voie publique (Cons. d'Et. 2 juin 1864, aff. Comp. de publicité diurne et nocturne, D. P. 65. 3. 73); tandis qu'il a été jugé qu'un pavillon établi par une compagnie d'omnibus sur la voie publique et reposant sur des fondations en maçonnerie pouvait, à raison de ses dimensions et de son aménagement, être considéré comme immeuble passible de la contribution des portes et fenêtres (Cons. d'Et. 4 juill. 1879, aff. Comp. lyonnaise des omnibus, D. P. 80. 3. 2. Comp. *suprà*, nᵒ 22), et qu'il devrait être considéré comme tel toutes les fois qu'il serait incorporé au sol, au moyen d'assises en maçonnerie (Cons. d'Et. 25 juin 1880, aff. Comp. générale des omnibus, D. P. 81. 3. 60 ; 5 janv. 1884, aff. Comp. des tramways-sud de Paris, D. P. 84. 3. 125).

De même, le conseil d'Etat a accordé décharge à des guérites construites en planches et non à perpétuelle demeure sur la voie ferrée (Cons. d'Et. 19 juill. 1867, aff. Comp. du Nord, *Rec. Cons. d'Etat*, 1867, p. 659) ; mais il a imposé les maisons des gardes-barrières qui ne pouvaient être considérées comme des dépendances de la voie ferrée (Cons. d'Et. 21 avr. 1882, aff. Chemin de fer d'Orléans, D. P. 83. 5. 136). Il a refusé de taxer des hangars et magasins élevés par un entrepreneur sur un terrain appartenant à l'Administration, susceptibles d'être déplacés et devant disparaître à la fin des travaux (Cons. d'Et. 20 déc. 1878, aff. Candas, D. P. 79. 3. 37) ; mais il a imposé un hangar attenant à une gare de chemin de fer et destiné à recevoir même temporairement des marchandises (Cons. d'Et. 34 mars 1870, aff. Chemin de fer d'Orléans, D. P. 71.3.31. Conf. 13 févr. 1885, aff. Chambre de commerce du Havre, D. P. 86. 5. 112-113) ;... une halle dépendant d'une gare et servant à la fois au service de la douane et à diverses opérations se rattachant à l'industrie du concessionnaire (Cons. d'Et. 26 juill. 1878, aff. Chemin de fer du Midi, D. P. 79. 3. 28),... et à plus forte raison la gare du chemin de fer elle-même avec toutes ses dépendances (Cons. d'Et. 17 août 1864, aff. Chemin de fer de Lyon, *Rec. Cons. d'Etat*, p. 785). Il a de même imposé un bâtiment en bois à huit ouvertures servant d'atelier de photographie, d'ailleurs bétonné et installé de telle façon qu'il ne pouvait être considéré comme mobile (Cons. d'Et. 9 avr. 1886, aff. Chandeysson, D. P. 87.5.132), et même une simple échoppe d'écrivain public, parce qu'elle était installée à perpétuelle demeure (Cons. d'Et. 6 juin 1866, aff. Vallette, *Rec. Cons. d'Etat*, 1866, p. 602).

**137.** Quant au point de savoir si un local est ou non habitable, c'est là une question d'espèce dont la solution peut varier. C'est ainsi que le conseil d'Etat n'a pas imposé des ouvertures servant à éclairer un grenier où un marchand de vin dépose ses bouteilles, et ses tonneaux vides et une cave appartenant au même industriel (Cons. d'Et. 24 nov. 1882, aff. Cormerais, D. P. 84. 5. 129), mais qu'il a imposé des greniers où étaient déposés des modèles de fonderie et où les ouvriers avaient continuellement accès (Cons. d'Et. 8 juin 1883, aff. Lefèvre, D. P. 84. 5. 129). Dans le premier cas, les locaux étaient considérés comme inhabitables, dans le second, comme formant dépendance de l'établissement industriel. De même, le conseil d'Etat a regardé comme habitable un bâtiment construit en planches pour servir de vestiaire et de lieu de repos à un jeu de paume (Cons. d'Et. 3 juin 1865, aff. Laurent, D. P. 66. 3. 20) ;... un bâtiment en bois à six ou huit ouvertures servant d'atelier de photographie (Cons. d'Et. 1ᵉʳ déc. 1882, aff. Vigne, D. P. 84. 5. 129 ; 9 avr. 1886, aff. Chandeysson, D. P. 87. 5. 132) ;... un théâtre (Cons. d'Et. 12 janv. 1865, aff. Ville de Nantes, D. P. 65. 5. 93). Mais il a considéré comme inhabitable et déchargé de la contribution une glacière consistant en une cavité circulaire dont les parois de maçonnerie (Cons. d'Et. 19 mars 1880, aff. Délettre, D. P. 80. 5. 109) ;... une chapelle appartenant à un hospice, mais entièrement distincte et indépendante de la chapelle affectée au service des malades, et ne servant qu'à des pèlerinages, alors surtout qu'elle n'a pas été légalement autorisée (Cons. d'Et. 28 mai 1862, aff. Hospice des Sables-d'Olonne, D. P. 63. 3. 82). — Décidé, au contraire, qu'une chapelle funéraire, même légalement autorisée, ne peut être exemptée de la contribution des portes et fenêtres (Cons. d'Et. 16 juill. 1863, aff. Tudoux, D. P. *ibid.;* 20 mars 1866, aff. Naboeulix, *Rec. Cons. d'Etat,* p. 248).

**138.** — 2° *Régles relatives à la taxe des portes* (*Rép.* n°s 264 à 268). — En principe, la taxe est due pour les portes établissant des communications entre des maisons d'habitation, ou des cours et jardins y attenant, et l'extérieur. C'est en vertu de ce principe, déjà posé au *Rép.* n° 264 qu'une porte de jardin sera imposée quand le jardin donnera accès d'un côté à la voie publique, de l'autre à la maison du propriétaire (Cons. d'Et. 23 avr. 1862, aff. Degeorges, D. P. 63. 5. 97; 4 juill. 1868, aff. de Brives, *Rec. Cons. d'Etat,* 1868, p. 767), et ne le sera pas si elle ne donne pas directement accès à l'habitation et si cette habitation est mise en communication avec la voie publique par d'autres portes régulièrement imposées (Cons. d'Et. 28 mai 1867, aff. Ardy, D. P. 69. 3. 44). Il faudrait décider de même relativement à une porte de remise ou de grange qui serait dans les mêmes conditions (Cons. d'Et. 23 avr. 1875, aff. Brémond, D. P. 75. 3. 101; 3 févr. 1865, aff. Lallour, *Rec. Cons. d'Etat,* 1865, p. 138; 7 avr. 1870, aff. Dalod, *Rec. Cons. d'Etat,* 1870, p. 425). Pour la même raison : il faudrait imposer, la porte d'un magasin donnant sur un passage, si ce passage ne peut être considéré comme une cour intérieure d'habitation et doit, quoique non classé parmi les rues de la ville, être assimilé à une voie publique; peu importe, en ce cas, que les grilles qui ferment les deux bouts du passage aient été taxées comme portes cochères (Cons. d'Et. 18 mars 1857, aff. Bruyas, D. P. 57. 3. 86); les portes d'entrée des pavillons d'une villa donnant sur une allée qui forme impasse, appartenant en propre à chacun des riverains dans des proportions déterminées et établissant une communication entre les pavillons et la voie publique (Cons. d'Et. 29 mars 1878, aff. Veuve Liébart, Baubant et Floriet, D. P. 78. 5. 157). A plus forte raison faudrait-il imposer les deux portes cochères du vestibule d'une maison d'habitation donnant l'une sur la voie publique, l'autre sur une cour intérieure et livrant continuellement passage aux chevaux et aux voitures (Cons. d'Et. 4 févr. 1881, aff. Pochet, D. P. 82. 5.135); ou encore la porte cochère donnant sur un passage indivis entre riverains et constamment ouvert à la circulation; on appliquera alors le tarif des portes cochères donnant sur la voie publique (Cons. d'Et. 6 févr. 1885, aff. Hannoyé, D. P. 86. 3. 92). — Cette dernière espèce soulevait une difficulté : à Paris, où l'affaire se présentait, le tarif spécial d'après lequel la Ville de Paris, autorisée par un décret-loi du 17 mars 1852, établissait la répartition de son contingent dans la contribution des portes et fenêtres différenciait le droit à payer suivant que la porte donnait ou non sur une voie publique; d'autre part, la jurisprudence des conseils de préfecture s'était établie en ce sens que les voies privées et non classés ne pouvaient être assimilées à des voies publiques; dans l'espèce, il s'agissait bien d'un passage privé; cependant le conseil d'Etat estima que les mots « voies publiques » ne devaient pas être entendus dans un sens restrictif, et décida que, le tarif étant calculé de manière à proportionner la taxe à la valeur locative des immeubles, il y avait lieu de s'attacher au fait de la circulation de la voie à la circulation publique plutôt qu'au caractère légal de cette voie.

**139.** Du principe posé en matière de contribution des portes, il résulte que la taxe ne sera pas due pour les portes qui ne conduisent pas à une maison d'habitation, telles que celles qui donneraient accès à un champ ou à un enclos ainsi que pour les portes qui ne servent qu'à des communications intérieures. C'est ainsi qu'il faudrait exempter les portes donnant sur un corridor du rez-de-chaussée qui ne serait clos que du côté de la rue et serait ouvert du côté de la cour (Cons. d'Et. 7 août 1883, aff. Milon, D. P. 84. 5. 128); mais par contre il faudrait imposer les portes donnant accès sur la cour intérieure d'une maison, bien que cette cour fût couverte d'un vitrage; il n'y en aurait pas moins là une communication de l'intérieur d'une habitation avec le dehors (Cons. d'Et. 9 févr. 1869, aff. Ottonin, *Rec. Cons. d'Etat,* 1869, p. 127).

**140.** — 3° *Régles relatives à la taxe des fenêtres* (*Rép.* n°s 269 à 275). — Toutes les fenêtres des locaux d'habitation sont imposables (V. *Rép.* n°s 269 et suiv.). Ce mot *fenêtre*

doit être pris dans un sens large, car il désigne toute ouverture donnant du jour ou de la lumière aux habitations. Même observation pour le mot d'habitation. C'est ainsi que les escaliers et les cabinets d'aisances sont considérés comme faisant partie des bâtiments destinés à l'habitation (Cons. d'Et. 8 août 1884, aff. Chambre de commerce de Bordeaux, D. P. 85. 5. 128). Peu importe, en ce cas que les ouvertures des cabinets d'aisances donnent sur des galeries non closes et ouvrant sur la cour de la maison (Cons. d'Et. 9 avr. 1886, aff. Dubeuf, D. P. 87. 5. 132); ou que les fenêtres de l'escalier ne prennent jour qu'au-dessus de la toiture (Cons. d'Et. 6 janv. 1869, aff. Dupouy, *Rec. Cons. d'Etat,* 1869, p. 7), et de plus, ne puissent pas s'ouvrir (Cons. d'Et. 7 avr. 1881, aff. Armaingaud, D. P. 82. 5. 134); il est, en effet, unanimement admis, et depuis longtemps (*Rép.* n° 269), que la loi du 4 frim. an 7, quand elle a parlé des fenêtres donnant sur les rues, cours et jardins, n'a pas fait une énumération limitative. D'ailleurs il a été jugé qu'il faudrait exempter les fenêtres d'escalier donnant sur une courette d'un mètre de largeur sur 80 cent., mais recouverte d'un vitrage soumis lui-même à l'impôt comme fenêtre, car alors les ouvertures de l'escalier ne sont que des ouvertures intérieures (Cons. d'Et. 7 août 1883, aff. Milon, D. P. 85. 5. 128). Mais, de même que pour les portes, le fait que la cour intérieure est garnie d'un vitrage ne suffirait pas pour exempter de la taxe les fenêtres qui y donnent (Cons. d'Et. 25 août 1865, aff. Savournin, D. P. 66. 5. 100; 7 nov. 1884, aff. Carraud, D. P. 85. 5. 128).

**141.** En principe, on ne considère comme fenêtres que les ouvertures non murées et garnies d'une clôture (*Rép.* n°s 271 et 272). On ne pourrait pas considérer comme murée ou définitivement supprimée une fenêtre fermée au moyen d'un volet retenu seulement par des clous (Cons. d'Et. 26 févr. 1875, aff. Médus, D. P. 75. 5. 124). Quant à la clôture, peu importe qu'elle soit fixe ou mobile; ainsi le conseil d'Etat a soumis à l'impôt les ouvertures des séchoirs de tannerie (31 mars 1847, aff. Auguste Bernard, Philippe Bernard, Paul Magy, Philippe Magy (4 arrêts), D. P. 47. 3. 100), que ces ouvertures fussent à clôture fixe ou à clôture mobile consistant soit en volets et en persiennes (Cons. d'Et. 3 mai 1861, aff. Gilliard, D. P. 62. 3. 56); soit en lames mobiles en bois (Cons. d'Et. 9 nov. 1877, aff. Ministère des finances, D. P. 78. 3. 39); de même faudrait-il imposer les ouvertures éclairant des ateliers fermées par des vitrages fixes à chassis dormants (Même arrêt). — Mais il a été jugé que les vitrages formant toiture au-dessus des ateliers, hangars et magasins d'une gare de chemin de fer ne doivent pas être imposés, parce qu'ils formaient *toiture entière,* et non pas *ouvertures* dans cette toiture (Cons. d'Et. 17 août 1864, aff. Chemin de fer de Lyon, *Rec. Cons. d'Etat,* 1864, p. 784; 19 mars 1870, aff. Comp. de chemins de fer d'Orléans, D. P. 71. 3. 31).

**142.** Il est parfois délicat de savoir si certaines ouvertures doivent être taxées comme ouvertures uniques, ou ouvertures multiples. Il a été décidé à ce sujet qu'il faut considérer comme ouvertures distinctes des baies séparées par des poteaux fixes (Cons. d'Et. 9 nov. 1877, aff. Blot, D. P. 78. 3. 39);... ou les deux parties d'une baie séparées par un mur en carreaux de plâtre et munies chacune d'un système indépendant de fermeture (Cons. d'Et. 22 déc. 1876, aff. Masselin, D. P. 77. 5. 130); ou encore les ouvertures existant dans la façade d'un stand, séparées entre elles par des piliers en maçonnerie et munies d'un volet mobile servant à abriter les tireurs, lesdites ouvertures servant à éclairer l'intérieur du stand (Cons. d'Et. 27 mai 1887, aff. Société des tireurs maconnais, D. P. 88. 5. 135); mais de simples morceaux de bois ou de maçonnerie ne séparent l'ouverture qu'à l'intérieur seulement ne suffisent pas pour faire imposer chaque baie comme une fenêtre distincte (Cons. d'Et. 3 mai 1851, aff. de Civrac, *Rec. Cons. d'Etat,* p. 315; 27 janv. 1865, aff. Chemins de fer de l'Ouest, *ibid.,* p. 115; 5 juill. 1865, aff. Duhomme, *ibid.,* p. 684; V. *Rép.* n° 271).

## Art. 2. — *Exemptions* (*Rép.* n°s 276 à 314).

**143.** — 1° *Exemptions concernant l'agriculture et les locaux non destinés à l'habitation* (*Rép.* n°s 277 à 289). — Aux termes de l'art. 5 de la loi du 4 frim. an 7, déjà cité au *Rép.* n° 276, ne sont point imposables les portes et fenêtres servant à éclairer ou à aérer les granges, bergeries, étables, greniers, caves et autres locaux non destinés à l'habitation des hommes. De nombreux arrêts ont appliqué ce texte et en ont précisé le sens; c'est ainsi qu'il a été jugé, contrairement à ce qui avait d'abord été admis (Rép. nº 285), que l'exemption des greniers n'était pas applicable à des locaux construits et disposés pour servir à l'habitation des hommes et qui seraient momentanément inhabités et employés à serrer des récoltes ou des fourrages (Cons. d'Et. 15 déc. 1852, aff. Colomb, D. P. 53. 3. 21 ; 3 avr. 1856, aff. Gosselin, D. P. 56. 3. 51 ; 25 juill. 1860, aff. Dupray-Beuzeville, D. P. 60. 3. 83) ; mais il en serait autrement si le bâtiment avait cessé d'être habité et était employé à serrer des récoltes depuis un temps assez long pour que sa destination pût être considérée comme définitivement changée (Cons. d'Et. 22 mars 1855, aff. Farnoux, D. P. 60. 3. 83). De même (V. Rép. nº 283) il faudra exempter de la contribution des portes et fenêtres une serre indépendante d'une maison d'habitation et n'en formant pas une dépendance ou un annexe (Cons. d'Et. 18 janv. 1862, aff. Prudhomme, D. P. 62. 3. 68) ; ... ou un pavillon de jardin qui ne peut pas servir à l'habitation à cause de son exiguïté qui ne permet d'y placer ni lit ni cheminée (Cons. d'Et. 23 juin 1865, aff. Ferrand, D. P. 66. 3. 20). Mais, si le pavillon a la superficie d'une pièce d'appartement, et si la porte et les fenêtres sont garnies de clôtures, il y aura lieu à imposition (Cons. d'Et. 21 mars 1860, aff. Cacheux, D. P. 60. 3. 78), et de plus s'il contient une cheminée ornée d'une glace et un mobilier (Cons. d'Et. 28 nov. 1879; aff. Thévenin, D. P. 80. 3. 51. V. Rép. nº 286). Pour que les pièces d'un immeuble précédemment habité cessent, en raison d'une destination nouvelle qui leur est donnée par le propriétaire, par exemple de leur affectation à l'éducation des vers à soie, de donner lieu à l'imposition des portes et fenêtres, il faut que cette destination enlève à l'immeuble son caractère de maison d'habitation. Aussi le conseil d'Etat a-t-il refusé la décharge quand la destination nouvelle n'a pas un caractère définitif et que les pièces auxquelles elle s'applique, bien que n'étant plus habitées, n'en continuent pas moins d'être habitables et disposées pour l'habitation (Cons. d'Et. 21 févr. 1855, aff. Dannonay, D. P. 55. 3. 49).

**144.** Le conseil d'Etat a eu l'occasion de restreindre aux seuls bâtiments ruraux l'exemption accordée par la loi en faveur de l'agriculture. C'est ainsi qu'il a refusé de considérer comme bâtiments ruraux et qu'il a, par suite, assujetti à l'impôt les locaux dans lesquels un cultivateur distille des betteraves au moyen d'appareils à vapeur, même si ces betteraves ne proviennent que de ses récoltes (Cons. d'Et. 30 avr. 1880, aff. Sainte-Beuve, D. P. 81. 3. 6 ; 25 juill. 1884, aff. Brunet d'Evry, D. P. 85. 5. 124; 5 févr. 1886, aff. Cuvillier, D. P. 87. 5. 132); ainsi que le moulin muni de la plus grande partie de son outillage et pouvant facilement être mis en état de fonctionner, et dont le propriétaire fait usage pour moudre des récoltes ou la nourriture de ses bestiaux, et pour mettre en mouvement divers instruments agricoles (Cons. d'Et. 21 mars 1883, aff. Lefranc, D. P. 84. 5. 125; 13 mai 1887, aff. Roucoux, D. P. 88. 5. 130).

**145.** — 2º Exemptions concernant les manufactures (Rép. nºs 290 à 298). — Aux termes de l'art. 19 de la loi du 4 germ. an 11, les propriétaires des manufactures ne seront taxés que pour les fenêtres de leurs habitations personnelles et de celles de leurs concierges seulement. Cette exemption se justifie, comme il a été dit au Rép. nº 290, par la lourdeur qu'aurait présenté l'impôt pour les manufactures qui, ayant besoin d'une grande lumière et occupant de nombreux ouvriers, sont obligées de multiplier leurs ouvertures. La jurisprudence a continué (V. Rép. nº 293) à restreindre l'exemption strictement aux manufactures, c'est-à-dire aux établissements industriels où de nombreux ouvriers sont employés à fabriquer eux-mêmes les produits ou à activer les machines et les métiers destinés à les façonner, et à refuser l'exemption aux usines, c'est-à-dire aux établissements industriels qui fonctionnent principalement à l'aide des éléments. Cette distinction théorique sera d'ailleurs mieux éclairée par les nombreuses solutions d'espèce intervenues sur ce point.

**146.** C'est ainsi que le conseil d'Etat a considéré comme manufacture et, par suite, a excepté de la contribution : 1º l'établissement industriel qui emploie un grand nombre d'ouvriers et où le travail manuel exécute la plus grande partie des travaux de fabrication (Cons. d'Et. 21 févr. 1855, aff. Marcot et comp., D. P. 55. 3. 53) ; — 2º Une fabrique de papier à la cuve comptant 37 ouvertures et employant habituellement 42 ouvriers (Cons. d'Et. 28 févr. 1856, aff. Avot, D. P. 56. 3. 48 ; 6 déc. 1865, aff. Zuber et Rieder, Rec. Cons. d'Etat, 65, p. 917). Le conseil d'Etat avait antérieurement considéré comme usine une fabrique de papier ayant 162 ouvertures et 138 ouvriers (Cons. d'Et. 29 juin 1844, aff. Lecomte, Rép. nº 293-6º) ; — 3º Une fabrique de conserves alimentaires employant des machines à vapeur pour la préparation des conserves, mais occupant aussi un grand nombre d'ouvriers, 90 à 100 pour 89 ouvertures, n'évaluassent le produit du travail manuel qu'à une vingt-quatrième de la production totale (Cons. d'Et. 18 juin 1856, aff. Prélard, D. P. 57. 3. 12); — 4º Une fabrique de drap dont les machines et les métiers sont mus par un service hydraulique et servis par des ouvriers, alors que les matières ne subissent aucune transformation nécessitant l'intervention intime des éléments, et que les travaux exécutés ne sont que des travaux de façon ou de main-d'œuvre (Cons. d'Et. 8 août 1856, aff. Banon, D. P. 56. 3. 27) ; — 5º Un établissement de carrosserie composé d'une réunion d'ateliers dont chacun isolément serait passible de la contribution, ledit établissement occupant en tout 90 à 100 ouvriers et comptant 102 ouvertures (Cons. d'Et. 11 févr. 1857, aff. Cliquennois, D. P. 57. 3. 75); — 6º Une fabrique de cadres et de moulures où l'on emploie une machine à vapeur, mais où le travail de la dorure et de l'ornementation exige des ateliers très aérés et un très grand nombre d'ouvriers (Cons. d'Et. 21 avr. 1858, aff. Rousseau, D. P. 59. 3. 14) ; — 7º Une fabrique de conserves ayant 18 ouvertures et occupant de 13 à 33 ouvriers (Cons. d'Et. 10 janv. 1872, aff. Cornillier, D. P. 73. 3. 53) ; — 8º Une corroierie comprenant 49 ouvertures, ses séchoirs et dépendances (Cons. d'Et. 14 févr. 1872, aff. Farrien, D. P. 73. 3. 53) ; — 9º Une fabrique de chaussures avec ses ateliers, ses accessoires et ses locaux destinés à des services généraux lorsqu'elle occupe un grand nombre d'ouvriers (Même arrêt) ; — 10º Une imprimerie comprenant 29 ouvertures et où 80 ouvriers sont employés à la composition, à la préparation des brochures et à l'expédition des imprimés (Cons. d'Et. 29 mai 1874, aff. Rouillé, D. P. 75. 5. 123) ; — 11º Des ateliers où de nombreux ouvriers, au nombre de 95, sont occupés à trier, découdre, découper, classer et épurer des chiffons (Cons. d'Et. 5 déc. 1879, aff. Brunet, D. P. 80. 3. 64). Il en serait autrement s'il s'agissait d'un moulin à chiffons occupant peu d'ouvriers (Cons. d'Et. 26 déc. 1865, aff. Zuber, Rec. Cons. d'Etat, p. 957). Dans tous les cas précités, il y a bien prédominance du travail manuel sur le travail des machines à vapeur ou autres et, par suite, l'établissement industriel a droit au nom de manufacture et à l'exemption de la taxe (V. d'autres espèces au Rép. nº 294 et suiv.).

**147.** Par contre, le conseil d'Etat a considéré comme usine et assujetti à la contribution des portes et fenêtres : 1º une papeterie à la mécanique comprenant 18 ouvertures et n'occupant que 2 ouvriers (Cons. d'Et. 28 févr. 1856, aff. Mervant, D. P. 56. 3. 48; V. Rép. nº 293, § 6); — 2º Les séchoirs d'une tannerie où travaillent seulement 4 ouvriers sur 80 employés dans la tannerie (Cons. d'Et. 26 déc. 1856, aff. Purget, D. P. 57. 3. 50); — 3º Le séchoir dépendant d'un établissement de blanchisserie (Cons. d'Et. 14 janv. 1858, aff. Cambeaux, D. P. 58. 5. 102; Rép. nº 293 § 5); — 4º Les constructions servant à l'exploitation des mines (Cons. d'Et. 21 juill. 1858, aff. Houillères de Rive-de-Gier, D. P. 59. 3. 21); — 5º Les tanneries en général (Rép. nº 293, § 8) qui sont plutôt des usines que des manufactures (Cons. d'Et. 3 mai 1861, aff. Gillard, D. P. 62. 3. 56); spécialement la tannerie qui n'occupe qu'un petit nombre d'ouvriers (Cons. d'Et. 1er juin 1869, aff. Moulx, D. P. 70. 3. 94); par exemple 12 ouvriers, quand elle a 42 ouvertures (Cons. d'Et. 14 févr. 1872, aff. Fanien, D. P. 73. 3. 53); ou 20 ouvriers quand elle a 176 ouvertures (Cons. d'Et. 9 nov. 1877, aff. Blot, D. P. 78. 3. 39); — 6º Une faïencerie, bien que cet établissement soit dénommé manufacture dans les tableaux annexés à la loi du 25 avr. 1844 relative à la contribution des patentes, si elle compte 45 ouvertures et occupe de 15 à 20 ouvriers (Cons. d'Et. 15 juin 1866, aff.

Bonnet, D. P. 68. 5. 106); — 7° Des fabriques de poterie, l'une ayant 77 ouvertures et occupant 40 ouvriers (Cons. d'Et. 31 mars 1870, aff. Godin, D. P. 71. 3. 30), l'autre ayant 20 ouvriers travaillant habituellement sous des hangars couverts et 199 ouvertures, même si elle contient une machine à vapeur (Cons. d'Et. 22 déc. 1876, aff. Masselin, D. P. 77. 5. 130); — 8° Un établissement d'apprêteur de tulles composé de trois étages éclairés par 96 fenêtres et où travaillent seulement 10 ouvriers (Cons. d'Et. 2 juill. 1875, aff. Sergeant, D. P. 75. 5. 123); — 9° Un établissement de teinturerie ayant plus de 800 ouvertures et occupant habituellement 180 ouvriers (Cons. d'Et. 18 janv. 1878, aff. Motte, D.P. 78.5.157); — 10° Une fabrique de boutons de nacre dont les ateliers sont éclairés par 48 ouvertures et emploient moins de 50 ouvriers, bien qu'ici le travail ne fût que manuel et que le nombre des ouvriers fût sensiblement égal au nombre des ouvertures (Cons. d'Et. 1er mai 1885, aff. Chevallier, D. P. 86. 5. 124); — 11° Un atelier pour la mise en plomb de câbles téléphoniques éclairé par 61 châssis et où travaillent seulement 16 ouvriers (Cons. d'Et. 6 nov. 1885, aff. Oriol, D. P. 86. 5. 124); — 12° Des ateliers de tourneurs, menuisiers, dessinateurs, sculpteurs, ébénistes, tapissiers et des magasins de vente, comptant au total 249 ouvertures et occupant seulement 188 ouvriers (Cons. d'Et. 17 janv. 1879, aff. Mazaroz-Ribalier, D. P. 80. 5. 111); — 13° Des ateliers de réparation dépendant d'une gare de chemin de fer (Cons. d'Et. 17 août 1864, aff. Chemin de fer de Lyon, Rec. Cons. d'Etat, 1864, p. 784); — 14° Les locaux éclairés par 79 ouvertures, occupant en moyenne 86 ouvriers répartis sur une surface de 690 mètres carrés, comprenant divers ateliers de taille de pierre, serrurerie, menuiserie, gravure et montage, moulage, marbrerie, sculpture, dorure et tournage de la pierre (Cons. d'Et. 5 nov. 1886, aff. Jacquier frères, D. P. 88. 5. 134); — 15° L'atelier d'un blanchisseur-teinturier, d'une superficie de 6272 mètres carrés, ayant 152 ouvertures et occupé en moyenne par 152 ouvriers (Cons. d'Et. 24 janv. 1887, aff. Société de blanchiment-teinture, D. P. 88. 5. 134); — 16° La fabrique de tissus composée de trois ateliers, comptant 50 ouvertures et occupant 112 ouvriers et ouvrières (Cons. d'Et. 10 févr. 1888, aff. Jonquoy-Estiévenard, D. P. 89. 5. 139).

**148.** Sans s'attacher à la relation des ouvriers et des ouvertures, mais en se basant sur la nature seule des locaux visés, le conseil d'Etat a refusé d'exempter : 1° les bureaux et logements de concierge et contre-maîtres (Cons. d'Et. 14 févr. 1872, aff. Fanien, D. P. 73. 3. 53; V. Rép. n° 298); — 2° Des magasins de dépôt et d'emballage où les ouvriers ne séjournent pas (Cons. d'Et. 6 déc. 1876, aff. Brunet, D. P. 80. 3. 64); — 3° Des râperies de betteraves et des fabriques de sucre (Rép. n° 293, § 2, art. Niay et comp., D. P. 82. 3. 18), car il n'y a pas la agglomération d'hommes réunis pour un travail permanent dans les mêmes locaux; — 4° Une fabrique de machines et une fonderie (Rép. n° 293, § 2), où le travail de fabrication est principalement opéré au moyen de deux machines à vapeur actionnant d'autres machines (Cons. d'Et. 24 mai 1878 et 2 mai 1879, aff. Lefèvre, D. P. 80. 5. 111-112); — 5° Les bâtiments dépendants d'une manufacture de papier exemptée, mais où se trouvent les machines à vapeur, le gazomètre, les turbines, la halle de dépôt des chiffons et où fonctionnent les machines à papier; de même la fabrique de papiers qui occupe une machine à vapeur de 110 chevaux et seulement 45 ouvriers (Cons. d'Et. 6 mai 1881, aff. Firmin-Didot, D. P. 82. 5. 135); — 6° Les locaux servant de magasin et bureau, de forge et menuiserie, de cage à la machine à vapeur et de remise pour le matériel, qui n'ont pas le caractère de manufactures (Cons. d'Et. 10 févr. 1888, aff. Jonquoy Estiévenard, D. P. 89. 5. 139).

**149.** D'ailleurs, quand un établissement comprend plusieurs ateliers distincts, il y a lieu d'examiner chaque nature d'ateliers et de déterminer quels sont ceux qui peuvent être dénommés manufactures et participer à l'exemption; en conséquence, quand des ateliers servant au blanchiment et à la teinture des tissus ne peuvent être considérés comme manufactures (Rép. n° 293, § 5), le contribuable n'est pas fondé à se prévaloir, pour obtenir l'exemption, de ce que ces ateliers formeraient partie intégrante d'une fabrique de coutils à laquelle le caractère de

manufacture n'est pas contesté (Cons. d'Et. 29 juill. 1881, aff. Boissard, D. P. 82, 5. 133).

**150.** — 3° Exemptions relatives aux locaux affectés à un service public (Rép. nos 299 à 314). — L'art. 5 de la loi du 4 frim. an 7, déjà cité au Rép. n° 299, exempte de la contribution des portes et fenêtres « les bâtiments employés à un service public civil, militaire ou d'instruction, et les hospices ». Il n'y a pas de distinction à faire suivant que ces bâtiments appartiennent à l'Etat, au département ou à la commune, ou même à un particulier (V. infrà, n° 157); l'exemption leur reste acquise dans tous les cas. On va parcourir les espèces qui ont été tranchées par le conseil d'Etat en les groupant suivant la nature du service public auquel sont affectés les bâtiments.

**151.** Parmi les locaux affectés aux divers services fiscaux (V. Rép. n° 309), le conseil d'Etat a considéré comme servant à un service public et par suite comme non imposable à la contribution : 1° les bâtiments occupés par la direction des contributions indirectes d'une ville (Cons. d'Et. 30 juill. 1847, aff. de Montfort, D. P. 48. 3. 6); — 2° Les locaux où sont établis les bureaux et les magasins d'un directeur de l'enregistrement, même dans le cas où la location a été faite par ce fonctionnaire, si d'ailleurs les conditions en ont été approuvées par l'administration supérieure (Cons. d'Et. 27 mai 1857, aff. Vieillard, D. P. 58. 3. 60; — 3° Les locaux dans lesquels un receveur principal, entreposeur des contributions indirectes, a établi ses bureaux et magasins, quand ils ne sont pas loués pour son compte personnel, mais pour celui de l'administration qui supporte les frais du loyer (Cons. d'Et. 25 avr. 1855, aff. Dame Paquelin, D. P. 55. 3. 81); — 4° Les bâtiments pris à loyer par l'administration des Contributions indirectes et affectés par elle à la manutention des tabacs, même si ces bâtiments sont une propriété particulière (Cons. d'Et. 6 mai 1857, aff. Kuhlmann, D. P. 58. 3. 21); — 5° Les ouvertures des bâtiments spécialement employés à l'entrepôt des douanes (Cons. d'Et. 8 juin 1877, aff. Comp. des entrepôts et magasins généraux de Paris, D.P.77. 3. 89).

**152.** Il a été dit au Rép. n° 150 que l'affectation à un service public communal suffisait pour justifier l'exemption. C'est ainsi que le conseil d'Etat a déclaré non imposables : 1° des abattoirs communaux (Cons. d'Et. 28 juin 1865, aff. Ville de Caen, D. P. 66. 3. 20; — 2° L'établissement municipal qui fournit l'eau aux fontaines publiques et délivre, moyennant des redevances annuelles, l'eau nécessaire aux besoins des habitants (Cons. d'Et. 17 juill. 1867, aff. Ville de Châteauroux, D. P. 68. 3 53); — 3° Un canal destiné à amener des eaux dont la ville disposera pour faire des concessions (Cons. d'Et. 29 août 1867, aff. Ville de Paris, D. P. 68. 3. 53-54). — Mais une carrière appartenant à une ville et exploitée par elle-même pour le pavage de ses rues ne saurait être considérée comme affectée à un service public et les ouvertures de ses bâtiments devraient être imposées (Cons. d'Et. 4 juill. 1868, aff. Ville de Paris, D. P. 70. 3. 93); de même un théâtre, même appartenant à une commune, ne saurait être considéré comme affecté à un service public ou comme local non destiné à l'habitation des hommes (Cons. d'Et. 12 janv. 1865, aff. Ville de Nantes, D. P. 65. 5. 93). L'exemption est acquise aux églises affectées à un service public, mais à celles-là seulement (Rép. n° 300); elle serait donc refusée à un édifice affecté à l'exercice du culte anabaptiste (Cons. d'Et. 1er déc. 1882, aff. Ministre des finances contre Riche et cons. D. P. 84. 3. 44), ainsi qu'à une chapelle funéraire privée même légalement autorisée (Cons. d'Et. 16 juill. 1863, aff. Tudoux, D. P. 63. 3. 82, et 25 mai 1864, aff. Bavière, Rec. Cons. d'Etat, 1864, p. 489). Toutefois, comme on l'a vu suprà, n° 137, l'exemption a été accordée à une chapelle attenant à un hospice et affectée à des pèlerinages, même qu'elle ne fût pas destinée à un service public (Cons. d'Et. 28 mai 1862, aff. Hospice des Sables-d'Olonne, D. P. 63. 3. 82); dans cette espèce, le fait que ladite chapelle ne servait pas à l'habitation des hommes a été jugé suffisant pour motiver son exemption.

**153.** En tant qu'affecté à un service public militaire, le conseil d'Etat a exempté : 1° une maison occupée par la gendarmerie à titre de bail ou autrement (Cons. d'Et. 20 févr. 1861, aff. Dauty, D. P. 61. 3. 78); 2° un local loué à l'Etat, fourni par lui pour le service des lits militaires et compris dans le tableau général de l'assiette du casernement arrêté chaque année par le ministre de la guerre, ce service pouvant être considéré, dans les conditions où il s'effectue, comme un service public de la guerre (Cons. d'Et. 20 nov. 1874, aff. Cauchoix, D. P. 75. 5. 124). Mais si le service des lits militaires était exploité par un entrepreneur à ses risques et périls, le local loué par un particulier au département et à la ville pour ce service serait imposable à la contribution des portes et fenêtres (Cons. d'Et. 14 févr. 1872, aff. Mader, D. P. 75. 5. 124).

**154.** Les arrêts du conseil d'Etat sont plus nombreux en matière de bâtiments affectés à un service public d'instruction; on en a déjà vu un grand nombre au *Rép.* n°s 301-304; depuis lors il a été décidé que l'exemption serait acquise aux établissements suivants : 1° une école secondaire ecclésiastique ou petit séminaire (Cons. d'Et. 6 juin 1856, aff. Asseline, D. P. 57. 3. 11 ; V. *Rép.* n° 304) ; — 2° Une maison prise à loyer par une ville pour y établir une école communale (Cons. d'Et. 25 août 1848, aff. Jeannin, D. P. 50. 3. 8 ; 21 juin 1854, aff. Carlet, D. P. 55. 3. 12) ; — 3° Une école des Frères de la doctrine chrétienne subventionnée par l'Etat (Cons. d'Et. 6 déc. 1848, aff. Barry, D. P. 49. 3. 39) ; — 4° Le bâtiment particulier loué par une commune pour le service d'une salle d'asile publique (Cons. d'Et. 7 juin 1855, aff. Fouques-Beauvilliers, D. P. 55. 5. 119) ; — 5° Un orphelinat reconnu comme établissement d'utilité publique, subventionné par le département et la commune, et pouvant être considéré comme employé à un service public d'instruction et de bienfaisance (Cons. d'Et. 25 août 1858, aff. Orphelines protestantes du Gard, D. P. 66. 5. 100).

**155.** Par contre, l'exemption a été refusée à plusieurs établissements qui ne présentaient pas le caractère d'affectation à un service public, ainsi : 1° la maison où se tient l'établissement d'éducation fondé par des pères de famille, où certains enfants sont élevés gratuitement et qui est subventionné par la commune (Cons. d'Et. 27 juin 1855 aff. Barthe, D. P. 56. 3. 9) ; — 2° Les bâtiments particuliers où est établie une maison libre d'éducation (Cons. d'Et. 8 août 1855, aff. Chazottes, D. P. 56. 3. 28 ; — 3° Un local où des frères ont installé une école qui n'a reçu pendant l'année aucune subvention, quand même les actes qui leur avaient retiré le caractère d'instituteurs communaux et les avaient obligés à quitter l'établissement qu'ils occupaient en cette qualité auraient été ultérieurement annulés (Cons. d'Et. 18 juin 1875, aff. Granjux, D. P. 76. 3. 20 ;) — 4° L'institution où sont réunis un petit séminaire et une école primaire libre, car en présence de l'impossibilité de distinguer les locaux affectés à l'un et à l'autre de ces établissements d'instruction, l'existence de l'école libre fait perdre au petit séminaire l'exemption d'impôt auquel il aurait droit s'il était seul (Cons. d'Et. 29 juin 1870, aff. Institution de Saint-Cyr, D. P. 71. 3. 98 ; — 5° Une école ouverte par un curé à titre d'école libre qui ne reçoit aucune subvention du département ni de la commune et dans laquelle la plupart des élèves ne sont admis qu'en payant une rétribution (Cons. d'Et. 20 avr. 1868, aff. Dorgueilh, D. P. 69. 3. 40).

**156.** L'exemption accordée par la loi d'une façon expresse aux hospices est étendue par la jurisprudence aux autres établissements analogues, mais à eux seuls (*Rép.* n° 305). C'est pour ce motif que le conseil d'Etat a exempté : 1° une maison de secours pour les pauvres, appartenant à un bureau de bienfaisance (Cons. d'Et. 11 janv. 1853, aff. Bureau de bienfaisance de Villeneuve-sur-Lot, D. P. 53. 3. 41) ; — 2° Un orphelinat reconnu comme établissement d'utilité publique et subventionné par le département et la commune, (Cons. d'Et. 25 août 1858, aff. Orphelines protestantes du Gard, D. P. 66. 5. 100). C'est pour le même motif que, par contre, le conseil d'Etat a maintenu à la contribution : 1° un établissement de bienfaisance, même subventionné par le département mais dirigé par un particulier et ne constituant pas un établissement public (Cons. d'Et. 9 mars 1853, aff. Salmon, D. P. 53. 3. 34) ; — 2° Une colonie pénitentiaire où les jeunes gens sont reçus moyennant un prix de journée payé par l'Etat et sont employés à l'exploitation du domaine au profit du directeur (Cons. d'Et. 17 janv. 1873, aff. de la Mardière, D. P. 74. 3. 35) ; — 3° Un établissement privé dans lequel sont reçues des jeunes filles dont quelques-unes payent pension et qui pour la plupart travaillent au profit de la maison (Cons. d'Et. 4 juill. 1879, aff. Dame Vissoux, D. P. 80. 3. 3) ; — 4° Un asile appartenant à un hospice et

destiné à recevoir des vieillards, moyennant un prix de pension fixé par le règlement de cet établissement, alors même que quelques admissions auraient lieu de fait à un prix inférieur (Cons. d'Et. 1er juin 1877, aff. Hospice de Montargis, D. P. 77. 3. 76) ; — 5° Un établissement appartenant à l'Assistance publique et recevant des vieillards et des infirmes moyennant un prix fixé d'avance, même si ce prix est inférieur à la dépense effective causée par les pensionnaires (Cons. d'Et. 26 mars 1886, aff. Assistance publique, D. P. 87. 3. 87).

**157.** Il a été constaté à plusieurs reprises que le conseil d'Etat se basait, pour accorder l'exemption à un local, sur l'affectation de ce local à un service public, et non sur la qualité de propriété publique ou privée (V. *suprà*, n° 150). Ce principe, dont on a rencontré de nombreuses applications d'espèce, a été confirmé d'une façon générale par le conseil d'Etat, qui a décidé (V. aussi *Rép.* n° 306) que l'exemption établie en faveur des bâtiments employés à un service public civil, militaire ou d'instruction, existe alors même que ces bâtiments ne sont pas une propriété publique, mais appartiennent à des particuliers (Cons. d'Et. 28 févr. 1856, aff. Bourlet, D. P. 56. 3. 49. Conf. Cons. d'Et. 25 août 1848 ; 21 juin 1854 ; 7 juin 1855, cités *suprà*, n° 154, et Cons. d'Et. 6 mai 1857, cité *suprà*, n° 151).

**158.** Mais l'exemption devra être rigoureusement refusée à tout établissement civil, militaire ou d'instruction, qui ne présentera pas ce caractère d'affectation à un service public ; peu importe alors que l'établissement appartienne à l'état, à un hospice ou à une compagnie de chemins de fer. C'est pour ce motif que le conseil d'Etat a refusé d'exempter de la taxe : 1° une scierie établie par l'Administration dans une forêt domaniale, même si elle est abandonnée gratuitement à l'adjudicataire des coupes (Cons. d'Et. 18 juin 1860, aff. Conservateur des forêts de Besançon, D. P. 60. 3. 51) ; — 2° La meunerie et le lavoir établis pour l'utilité d'un hospice et d'établissements de bienfaisance et dont ces établissements retirent un revenu (Cons. d'Et. 21 sept. 1859, aff. Hospice de Saint-Omer, D. P. 60. 1. 70) ; — 3° Les maisons des gardes-barrières qui ont pour mission d'assurer la sécurité de la circulation, ne se peut les considérer comme des dépendances de la voie ferrée (Cons. d'Et. 2 avr. 1882, aff. Chemins de fer d'Orléans, D. P. 83. 5. 136 ; — 4° Les hangars qu'une chambre de commerce a fait élever sur un quai et qui, n'étant qu'à la disposition des armateurs pour le dépôt de leurs marchandises, ne peuvent être considérés comme affectés à un service public pas plus d'ailleurs que comme locaux destinés à l'habitation (Cons. d'Et. 13 févr. 1885, aff. Chambre de commerce du Havre, D. P. 86. 5. 125) ; — 5° Une fabrique appartenant à l'Etat et mise à la disposition d'une compagnie concessionnaire du monopole de la fabrication et de la vente des allumettes chimiques, en exécution d'une clause du cahier des charges (Cons. d'Et. 24 déc. 1880, aff. Ministre des finances, D. P. 82. 3. 52-53) ; — 6° Les locaux qu'une ville donne en location, soit à des commerçants dans l'enceinte d'un entrepôt d'octroi (Cons. d'Et. 29 avr. 1887, aff. Ville de Paris, D. P. 88. 3. 79), soit à des industriels dans l'enceinte d'un abattoir (Cons. d'Et. 4 nov. 1887, aff. Ville de Paris, D. P. 88. 3. 79) ; — 7° Les locaux appartenant aux fabriques et consistoires, où sont établis des ateliers pour la confection des cercueils et voitures funèbres, opérations qui ne rentrent pas dans l'exercice du service public conféré par la loi à ces établissements (Cons. d'Et. 4 juin 1886, aff. Fabriques et Consistoires de Paris, D. P. 1887. 3. 116). La jurisprudence va même plus loin et décide, d'une façon générale, que la contribution est due pour toute ouverture servant simultanément à un service public et à l'exercice d'une industrie (Cons. d'Et. 13 févr. 1880, aff. Comp. des entrepôts et magasins généraux de Paris, D. P. 80. 3. 98).

**159.** Cette question peut se présenter sous une autre forme à propos des ouvertures qui servent à la fois à un service public et à l'habitation personnelle des fonctionnaires préposés à ce service public (*Rép.* n° 314). Depuis, il a été décidé, d'une part, que s'il s'agissait d'une habitation particulière, la porte servant d'entrée à la fois à un local particulier et à un local affecté à un service public, spécialement à un bureau de télégraphe et à l'habitation du directeur de ce service, serait imposable (Cons. d'Et. 13 févr. 1874, aff. de Cantel, D. P. 74. 3. 103), tandis qu'elle ne le serait pas s'il s'agissait d'une maison appartenant à une commune, par exemple, et où le fonctionnaire occuperait une habitation gratuite, d'ailleurs imposable elle-même, et encore bien qu'il fût obligé de passer par ladite porte pour entrer dans son logement personnel (Cons. d'Et. 29 juin 1883, aff. Beneythou, D. P. 85. 3. 20).

**160.** Quant aux ouvertures éclairant l'habitation distincte du fonctionnaire, elles sont imposables sans hésitation ni distinction (*Rép.* nos 307 et suiv.) (Cons. d'Et. 25 août 1848 et 6 déc. 1848, cités *suprà*, nº 154). C'est ainsi qu'il faudrait imposer : 1º le logement personnel des frères dans une école exemptée (Cons. d'Et. 13 avr. 1853, aff. Frères de la doctrine chrétienne, D. P. 53. 3. 51); — 2º Celui des religieuses attachées à la maison impériale d'éducation d'Ecouen (Cons. d'Et. 31 janv. 1856, aff. Daussy, D. P. 56. 3. 71); — 3º Celui des instituteurs (*Rép.* nº 310; Cons. d'Et. 21 juin 1854, aff. Carlet, D. P. 55. 3. 122; 27 févr. 1880, aff. Fabre-Desmollins, D. P. 80. 3. 112); — 4º La maison du garde d'une promenade publique (Cons. d'Et. 2 juill. 1886, aff. Ville de Bordeaux, D. P. 87. 3. 116); — 5º L'appartement et même les pièces de réception (*Rép.* nº 307), à moins qu'il ne soit justifié que ces pièces ne servent pas à l'habitation personnelle des fonctionnaires et spécialement des officiers supérieurs logés dans les bâtiments de l'Etat (Cons. d'Et. 28 nov. 1855, aff. Gudin, D. P. 56. 3. 53), sans qu'il soit nécessaire de distinguer si ces bâtiments appartiennent à l'Etat ou seulement sont loués par lui (Cons. d'Et. 25 août 1865, aff. Puichaud, D. P. 66. 3. 44). — Il a été aussi décidé que si un fonctionnaire occupait dans une maison affectée à un service public un logement ayant *moins de six ouvertures,* l'impôt serait établi d'après le tarif applicable aux *maisons ayant moins de six ouvertures,* bien que la maison dans son ensemble en ait un plus grand nombre (Cons. d'Et. 29 juin 1883, aff. Beneythou, D. P. 85. 3. 20). Mais la doctrine contraire est suivie par l'Administration (V. Circ. nº 617).

**161.** D'ailleurs tous les fonctionnaires et préposés à des services publics ne sont pas imposables ; on a dit que les cas d'exemption déjà vus pour la contribution mobilière s'appliquent à la contribution des portes et fenêtres.

C'est ainsi que l'impôt ne frappe pas sur les ouvertures de l'hôtel d'un ambassadeur étranger en France (Cons. préf. de la Seine, 13 août 1878, aff. Dame d'Hamilton, D. P. 78. 5. 156); ni sur celles de l'habitation d'un consul étranger sujet de la nation qu'il représente, si les consuls français jouissent d'un privilège égal dans ce pays étranger (Cons. d'Et. 26 sept. 1878, aff. Brelay et Spagnolini, D. P. 78. 5. 156). On exemptait de même autrefois le logement d'un vétérinaire temporairement détaché de son corps pour être attaché à un dépôt de remonte, car on ne le considérait pas comme ayant de ce chef une résidence fixe (Cons. d'Et. 23 mars 1845, aff. Noirot, D. P. 45. 3. 127); la jurisprudence a changé sur ce point (Cons. d'Et. 23 janv. 1880, D. P. 80. 5. 109).

**162.** Il faudrait également imposer à la taxe des portes et fenêtres l'habitation qu'un portier consigne ou qu'un officier d'administration attaché à un hôpital militaire occupe dans les bâtiments de l'Etat, car le portier et cet officier ne sont pas des hommes de troupe (Cons. d'Et. 26 mars 1856, aff. Renaud, D. P. 56. 3. 58, et 4 avr. 1867, aff. Ceccaldi, *Rec. Cons. d'Etat,* 1867, p. 347) et le local qu'un ecclésiastique occupe gratuitement dans une maison appartenant à la commune; en ce cas l'ecclésiastique serait tenu personnellement, alors même que cette maison a été donnée à la commune sous la condition d'en acquitter les contributions de toute nature (Cons. d'Et. 15 août 1860, aff. Maitre, D. P. 61. 3. 23).

**163.** Par analogie avec ce qui a été dit en matière de contribution personnelle et mobilière, la contribution des portes et fenêtres pèse non seulement sur les locaux habités réellement, mais aussi sur ceux que l'on peut habiter. C'est ainsi qu'un curé qui dessert deux églises et a droit à la jouissance des deux presbytères devra la contribution des portes et fenêtres pour celui où il ne réside pas habituellement; il suffit que le presbytère ait été mis à sa disposition et qu'il en conserve la jouissance (Cons. d'Et. 10 févr. 1888 aff. Cancoin, D. P. 89. 3. 48). Cette décision contredit un arrêt antérieur du 22 juin 1848 (D. P. 49. 3. 20).

**164.** Bien que la contribution des portes et fenêtres, étant destinée à atteindre la fortune mobilière, soit naturellement à la charge de ceux qui occupent les habitations dont dépendent les ouvertures imposables, elle est pourtant, comme il a été dit au *Rép.* nº 315, inscrite au nom des propriétaires et usufruitiers, fermiers et locataires principaux seulement, ceci pour éviter les difficultés de perception. « La contribution, dit l'art. 12 de la loi de frimaire an 7, sera exigible des propriétaires et usufruitiers, fermiers et locataires principaux des maisons, bâtiments et usines, sauf leur recours contre les locataires particuliers pour le remboursement de la somme due à raison des locaux occupés ».

C'est ainsi qu'il a été décidé que les instituteurs communaux logés dans une maison particulière ne sont pas imposables nominativement, et que la contribution doit être inscrite au nom du propriétaire, sauf l'action en remboursement de celui-ci contre le locataire (Cons. d'Et. 27 févr. 1880, aff. Fabre-Desmolins, D. P. 80. 3. 110); de même il a été jugé que le bailleur qui acquitte la contribution a, en principe, un recours contre le fermier ou son locataire qui ne peut lui opposer d'autre prescription que celle du droit commun (Caen, 14 août 1869, aff. Guillon, D. P. 74. 5. 141, et Paris, 22 juin 1876, aff. Esnault, D. P. 79. 5. 103).

**165.** Cet impôt étant dû en principe par le locataire, le propriétaire n'a pas besoin d'insérer des réserves dans son bail pour conserver son droit de se faire rembourser les sommes avancées pour l'acquittement de la somme avancée, alors surtout que dans la localité il n'est pas d'un usage fréquent que le bailleur en prenne le payement à sa charge (Trib. Lyon, 23 févr. 1870, aff. Targe, D. P. 71. 3. 38). Mais cela indique bien que l'usage local peut déroger à la règle et affranchir le locataire de la contribution ; dans ce cas les tribunaux pourront considérer la contribution comme due par le propriétaire, quand il se sera abstenu pendant plusieurs années de se faire rembourser l'impôt par son locataire (Trib. Seine, 16 avr. 1866, aff. Dame Blondiaux, D. P. 66. 3. 63; Req. 23 mars 1869, aff. Treeby et comp., D. P. 70. 1. 104).

C'est toujours en vertu du même principe que, lorsqu'une taxe municipale destinée à pourvoir aux nécessités de l'occupation étrangère a été répartie sur les quatre contributions directes, la portion ajoutée à la contribution des portes et fenêtres est à la charge du locataire (Req. 22 janv. 1873, aff. Lepiller, D. P. 73. 1. 261).

**166.** Quand un immeuble appartient en commun à plusieurs propriétaires, il y a lieu à répartir entre eux la contribution des portes et fenêtres (*Rép.* nº 318). Ainsi, si une maison a été partagée en nature entre plusieurs cohéritiers, chaque héritier supportera la contribution à raison des ouvertures comprises dans son lot (Cons. d'Et. 24 déc. 1862, aff. Letourneur, D. P. 63. 5. 95); d'ailleurs si cette maison possédée en commun a moins de six ouvertures, l'impôt devra être calculé d'après le tarif applicable au nombre total d'ouvertures (art. 24 de la loidu 21 avr. 1832) et non d'après le tarif applicable au nombre des ouvertures porté sur la côte de chaque copropriétaire (Cons. d'Et. 16 juin 1882, aff. Lagarde, D. P. 83. 5. 141). Mais si un immeuble comprenant plusieurs maisons distinctes, la contribution serait établie d'après le tarif applicable aux ouvertures de chacune des maisons (Cons. d'Et. 25 juin 1875, aff. Guyennet, D. P. 75. 5. 124). Par application de ce qui précède, lorsqu'une porte cochère appartient par moitié à une ville et à un particulier, le particulier ne doit que la moitié de la contribution, même si la ville est dispensée de l'autre moitié, par ce motif que la porte donne accès à un bâtiment affecté à un service public (Cons. d'Et. 9 nov. 1877, aff. Martin, D. P. 78. 3. 14) (V. une espèce analogue au *Rép.* nº 319).

Lorsqu'un particulier soutient qu'un immeuble à raison duquel il a été imposé à la contribution des portes et fenêtres appartient à une autre personne, le conseil de préfecture ne doit pas lui accorder simple décharge, il doit procéder par voie de mutation de cote après avoir mis en cause le véritable propriétaire (Cons. d'Et. 23 mai 1873, aff. Min. des fin., D. P. 73. 3. 94).

**167.** Décidé enfin qu'un contribuable qui quitte un

logement n'est pas fondé à demander que les douzièmes restant à courir sur la contribution soient transférés à la personne qui le remplace (Cons. d'Et. 19 juill. 1854, aff. de Beaufond, D. P. 55. 3. 18).

Art. 4. — *Du tarif et de son application* (*Rép.* n<sup>os</sup> 320 à 337).

**168.** Le taux de la contribution des portes et fenêtres varie, d'un côté, suivant la nature et la position des ouvertures, de l'autre, suivant l'importance de la localité. D'après le tableau annexé à la loi du 21 avr. 1832, art. 24, les maisons à cinq ouvertures et au-dessous sont frappées d'une taxe unique, quelle que soit la position de ces ouvertures, et cette taxe ne subit d'autre variation que celle qui résulte du chiffre de la population. Dans les maisons à six ouvertures et au-dessus, les fenêtres du rez-de-chaussée, de l'entresol, du premier et du second étage forment une première catégorie ; celles du troisième étage et des étages supérieurs en forment une seconde (*Rép.* n° 320).

**169.** Le même article dispose, en outre, que dans les villes et communes au-dessus de 5000 âmes, la taxe correspondante au chiffre de leur population ne s'applique qu'aux habitations comprises dans les limites intérieures de l'octroi et que les habitations dépendantes de la banlieue sont portées dans la classe des communes rurales (*Rép.* n° 321). Le conseil d'Etat a décidé, par application de cette règle, que dans les communes qui comprennent qu'un seul mur de perception, la disposition n'était applicable qu'aux habitations situées au delà des limites de l'octroi ; dans les limites mêmes, les ouvertures des habitations sont imposées d'après le tarif réglé sur la population de la ville, alors même qu'elles sont isolées et distantes de l'agglomération (Cons. d'Et. 10 nov. 1882, aff. Lagrange, D. P. 84. 5. 129), et il en est de même quand les limites de l'octroi comprennent la totalité du territoire de la commune (Cons. d'Et. 29 juin 1883, aff. Mulle-Wateau, D. P. 84. 5. 129).

L'art. 3 de la loi du 30 juill. 1885 a modifié l'art. 24 de la loi de 1832, en substituant les mots : « dans la partie agglomérée » à ceux-ci : « dans les limites de l'octroi ». V. sur les motifs de ce changement, D. P. 86. 4. 2, note.

**170.** Le tarif place dans une catégorie particulière les portes cochères et charretières (*Rép.* n° 327) ; leur taxe dans les différentes classes établies en raison de la population est plus élevée que celle des portes simples, excepté dans les maisons de une à cinq ouvertures où elles ne comptées et taxées que comme portes ordinaires (art. 27 de la loi du 21 avr. 1832). Par porte cochère ou charretière on doit entendre toutes les portes qui donnent accès aux voitures quelles que soient d'ailleurs leur forme et leur dimension. Peu importe, qu'en fait, elles ne servent qu'à laisser passer une voiture à bras (Cons. d'Et. 11 déc. 1885, aff. Dargnat, D. P. 87. 3. 48. V. *Rép.* n° 330). Les portes des magasins établies dans des maisons ayant six ouvertures et au-dessus, sont assujetties à une taxe égale à celle des portes cochères et charretières, quelles que soient leurs dimensions (*Rép.* n° 333). Le conseil d'Etat a décidé sur ces divers points que les portes des magasins devaient payer le droit des portes cochères, sans qu'il fût examiné si elles pouvaient ou non donner passage à des voitures, par suite, par exemple de l'exhaussement du sol du bâtiment au-dessus de la rue (Cons. d'Et. 27 juin 1858, aff. Coutures, D. P. 59. 3. 3) ; il a même généralisé cette opinion en l'étendant à toutes les portes cochères, charretières et de magasins (Cons. d'Et. 31 mars 1870, aff. Comp. du chemin de fer d'Orléans, D. P. 71. 3. 31). Mais, récemment, il est revenu sur cette opinion et a décidé qu'une porte, malgré ses dimensions, ne serait pas imposée comme porte cochère si l'existence d'une marche ou l'exhaussement du sol à l'intérieur du magasin rendait impossible le passage des voitures (Cons. d'Et. 8 août 1884, aff. Ville d'Aurillac, D. P. 86. 3. 24 ; 12 juin 1885, aff. Tessier, D. P. 86. 5. 125). De même, on n'imposera pas comme porte charretière une barrière à claire voie servant de communication intérieure entre la cour d'un propriétaire et la cour de son fermier, qu'il faut traverser ainsi qu'une avenue y aboutissant, pour arriver à la voie publique (Cons. d'Et. 20 nov. 1856, aff. Cosnard, D. P. 57. 3. 26). On a vu au *Rép.* n° 334 que

les portes des magasins établis dans les maisons n'ayant que cinq ouvertures et au-dessous étaient passibles, en vertu de l'art. 3 de la loi du 4 frim. an 7, d'un double droit. Sur ce point, le ministre des finances avait émis l'avis qu'il n'était dû qu'un droit simple, en s'appuyant sur l'art. 27 de la loi du 21 avr. 1832 qui avait réduit à un droit simple le droit double que supportaient les portes charretières des maisons à plus de cinq ouvertures. Mais le conseil d'Etat a jugé qu'on ne pouvait pas décider ainsi par analogie et a confirmé le principe de l'application du double droit (Cons. d'Et. 28 avr. 1876, aff. Bucaille, D. P. 76. 3. 82).

**171.** Il se rencontre parfois, en cette matière, des règles spéciales à une ville. Ainsi, à Paris, l'impôt des portes et fenêtres n'est pas établi d'après le tarif général : le décret du 17 mars 1852, art. 10, autorise, en effet, la ville de Paris à établir un tarif spécial combiné de façon à tenir compte à la fois de la valeur locative et du nombre des ouvertures. La loi du 5 mai 1885 a accordé une faculté analogue à la ville de Bordeaux. La taxe a été ainsi divisée en un droit fixe et un droit proportionnel à la valeur locative des locaux. Le conseil d'Etat a eu l'occasion de déclarer, à ce sujet, que le revenu de la maison servant de base au droit proportionnel sur les portes et fenêtres d'après le tarif applicable à la ville de Bordeaux est le revenu cadastral servant à l'établissement de la contribution foncière des constructions, c'est-à-dire la valeur locative sous la déduction de l'évaluation cadastrale attribuée au sol (Cons. d'Et. 20 févr. 1885, aff. Berthoumieux, D. P. 86. 3. 92).

Art. 5. — *Répartition de la contribution des portes et fenêtres* (*Rép.* n<sup>os</sup> 338 et 339).

**172.** La répartition de la contribution des portes et fenêtres s'opère comme celle de la contribution mobilière ; les détails sur ce point sont donnés au *Rép.* n° 338.

**173.** Comme pour les autres contributions, le principe est que la taxe imposée au 1<sup>er</sup> janvier aux portes et fenêtres d'un immeuble est due pour toute l'année ; le contribuable n'a droit à aucune réduction en cours d'exercice pour le cas où il aurait supprimé quelques-unes des ouvertures depuis la publication du rôle (Cons. d'Et. 20 juin 1855, aff. Delisle, D. P. 55. 3. 92), ni pour le cas où il aurait changé la destination du local qu'éclairent ces ouvertures, pour le transformer en bâtiment rural (Cons. d'Et. 7 juin 1855, aff. Terpan, D. P. 55. 3. 92). De même un employé logé dans un hospice, qui avant le 1<sup>er</sup> janvier a cessé d'habiter des pièces, et même les a dégarnies de meubles, doit toujours l'impôt si les pièces font partie de l'appartement resté à son entière disposition (Cons. d'Et. 17 févier et 16 juin 1882, aff. Fine, D. P. 83. 5. 141). Enfin le propriétaire d'une maison n'est pas fondé à demander la décharge de sa contribution sous prétexte que la maison est en démolition, si cette démolition n'est pas commencée avant le 1<sup>er</sup> janvier (Cons. d'Et. 9 juill. 1856, aff. Tirard, D. P. 57. 3. 14) ; ou sous prétexte que, dans le courant de l'année, une portion de son immeuble a été affectée à un service public (Cons. d'Et. 20 avr. 1883, aff. Maës, D. P. 84. 5. 128). — V. Gabr. Dufour, t. 4, n<sup>os</sup> 128 et suiv. ; Durieu, t. 1, p. 68 et 412.

Sect. 4. — De la contribution des patentes (*Rép.* n° 340).

**174.** V. *infrà*, v° *Patente*.

Sect. 5. — Des centimes additionnels (*Rép.* n<sup>os</sup> 341 à 347).

**175.** Sur cette matière, on se bornera à renvoyer au *Rép.* v° *Impôts directs*, n<sup>os</sup> 341 à 348. Il est à noter seulement que la loi du 8 août 1890, relative à la taxe foncière des propriétés bâties, rappelle, en son art. 12, qu'il continuera d'être perçu, par addition au principal de la contribution foncière des propriétés bâties, un centime par franc, dont le produit sera affecté aux secours généraux et distribué entre les départements dans les cas d'incendie, inondation ou autres événements fortuits. — Signalons aussi un arrêt, aux termes duquel un contribuable n'est pas recevable à demander décharge des centimes additionnels auxquels il a été imposé, en se fondant sur ce que le conseil municipal aurait pris une délibération à l'effet de renoncer à la dépense au payement de laquelle le produit de ces centimes était affecté, alors que, par la même délibération, le conseil a voté le maintien desdits centimes pour subvenir à une autre dépense (Cons. d'Et. 8 nov. 1889, aff. Gaillard, D. P. 91. 3. 36; Conf. Cons. d'Et. 28 juin 1889, aff. Loppin de Gémaux, D. P. 91. 3. 14.

### Sect. 6. — Taxes assimilées sous certains rapports aux contributions directes (Rép. n⁰ˢ 348 à 358).

**176.** Aux diverses taxes énumérées au *Rép.* n° 348, on peut ajouter les taxes municipales, les taxes de curage, la taxe sur les chiens, sur les chevaux et les voitures, sur les billards, sur les cercles, les sociétés et les lieux de réunion, les taxes de pavage, etc. — Pour ces diverses taxes, nous renvoyons au *Rép.* v° *Taxes;* elles seront étudiées de nouveau *infrà*, eod. v°. — V. aussi, sur les diverses taxes communales, *suprà*, v° *Commune*, n⁰ˢ 347 et suiv., 386 et suiv., etc.; et mentionnerons seulement certaines décisions du conseil d'Etat, relatives à des taxes qui ne rentrent dans aucune des catégories étudiées v° *Taxe.* — Une de ces décisions assimile aux rôles des contributions directes les mandats de frais rendus exécutoires par les préfets, notamment en matière d'essai d'appareils à vapeur, chez des particuliers par des ingénieurs du Gouvernement, en ce sens que les réclamations, dans les deux cas, doivent être présentées dans les mêmes formes et également sans frais (Cons. d'Et. 4 mai 1854, aff. Rousselle, D. P. 54. 3. 65). Un autre arrêt décide implicitement que le recouvrement des allocations dues par des particuliers aux ingénieurs de l'Etat à raison d'actes de leurs fonctions s'opère comme en matière de contributions directes (Cons. d'Et. 28 mars 1879, aff. Lemoigne-Dutaillis, D. P. 79. 3. 51); — V. aussi Cons. d'Et. 7 déc. 1877, aff. Despagne, D. P. 78. 3. 37).

**177.** En ce qui concerne la taxe des biens de mainmorte, V. *infrà*, v° *Taxes;* — *Rép.* eod. v°, n⁰ˢ 3 et suiv.

### CHAP. 3. — De l'administration des Contributions directes (Rép. n⁰ˢ 359 à 415).

Sect. 1ʳᵉ. — Fonctionnaires chargés de l'assiette et de la répartition de l'impot (Rép. n⁰ˢ 360 à 370).

**178.** L'administration des Contributions directes comprend deux classes distinctes de fonctionnaires; l'une est celle des agents chargés d'établir l'assiette et la répartition de l'impôt, l'autre, celle des agents chargés de la perception de l'impôt (*Rép.* n° 359). Aucune modification n'a été apportée aux lois (L. 3 frim. an 8; Ordon. 8 janv. 1841 et 17 déc. 1844) qui organisent la première de ces deux classes. Nous ne pouvons donc que nous référer aux explications contenues sur ce point, au *Rép.* n⁰ˢ 359 à 371.

Sect. 2. — Fonctionnaires chargés de la perception de l'impot. — Agents des poursuites (Rép. n⁰ˢ 371 à 415).

**179.** On a exposé au *Rép.* n° 371 qu'il y a dans chaque département une agence de perception des impôts directs qui comprend un receveur général, des receveurs particuliers, des percepteurs et des porteurs de contrainte (*Rép.* n° 371). — Tout ce qui concerne les fonctions des receveurs généraux et particuliers, le mode de nomination de ces fonctionnaires, leur traitement, le cautionnement auquel ils sont assujettis a été exposé au *Rép.* n⁰ˢ 372 et suiv., et v° *Trésor public*, n⁰ˢ 732 et suiv. Les modifications survenues en cette matière depuis la publication du *Répertoire* seront exposées *infrà*, v° *Trésor public*.

**180.** Aux termes des art. 9 à 11 de la loi du 5 vent. an 12, tous les percepteurs sont à la nomination du Gouvernement. Plusieurs ordonnances ou lois ont prévu divers cas relatifs à la nomination de ces fonctionnaires.

C'est ainsi qu'une ordonnance en date des 9 déc. 1845-10 janv. 1846 (D. P. 46. 3. 24) a déclaré admissibles aux perceptions des contributions directes les employés, placés sous les ordres des payeurs, qui justifieront de sept années, au moins, de service, « considérant, dit cette ordonnance,

que si ces employés ne sont pas directement rétribués par le Trésor public, ils se rattachent par leur position au personnel général chargé de l'acquittement des dépenses publiques et ont pu ainsi acquérir les connaissances nécessaires en comptabilité ».

Un décret du 30 avr. 1850 (D. P. 50. 4. 184) est relatif à l'âge des candidats aux places de percepteurs des contributions directes.

Le décret impérial des 19 nov.-17 déc. 1857 modifie la classification des perceptions de contributions directes en les divisant en cinq classes ; la première comprenant les emplois d'un produit supérieur à 8000 fr., la deuxième de 5001 à 8000 fr., la troisième de 3601 à 5000 fr., la quatrième de 2401 à 3600 fr., la cinquième de 2400 fr. et au-dessous; le même décret décide que les percepteurs surnuméraires ne sont admissibles qu'aux perceptions de la cinquième classe, et que dans les départements où ces perceptions ne formeraient pas le quart du nombre total des perceptions, cette proportion des emplois accessibles aux surnuméraires sera complétée par les perceptions du produit le moins élevé dans la classe immédiatement supérieure; les percepteurs ainsi promus n'ayant néanmoins pour l'avancement ultérieur d'autres titres que ceux inhérents à l'emploi de percepteur de cinquième classe.

**181.** Une loi du 20 déc. 1872 (D. P. 73. 4. 1) statue sur les fonctions des percepteurs.

Une loi du 25 juill. 1879 (D. P. 79. 4. 83) est relative au rétablissement des perceptions de villes que l'art. 18 de la loi de finances du 20 déc. 1872 avait supprimées dans les chefs-lieux de département et d'arrondissement, dans un double but de simplifier du nombre des fonctionnaires et d'économie des charges publiques. — Le décret du 15 nov. 1879 concernant l'avancement des percepteurs décide que les percepteurs, qui auront passé six années consécutives dans la même classe pourront à titre exceptionnel être promus à la classe supérieure à celle qui aurait pu leur être attribuée après trois années d'exercice (D. P. 80. 4. 80).

Un autre décret, du 7 mai 1887 (D. P. 87. 4. 77) modifie, en ce qui concerne les percepteurs de deuxième et de troisième classe, les conditions d'avancement déterminées par l'art. 6 de l'ordonnance du 31 oct. 1839 (*Rép.* n° 272). Aux termes de l'art. 1ᵉʳ de ce décret, « ne pourrait être promus, soit par voie de mutation, soit sur place : à la première classe, que les percepteurs de deuxième classe comptant au moins cinq années de grade ; à la deuxième classe, que les percepteurs de troisième classe comptant au moins quatre années de grade ». Le même décret (art. 2) modifie, ainsi qu'il suit, en ce qui concerne les percepteurs de quatrième et de troisième classe, les dispositions du décret du 15 nov. 1879 : « Ne pourront être exceptionnellement promus en vertu de ce décret : à la deuxième classe, que les percepteurs de quatrième classe comptant au moins sept années de grade ; à la première classe, que les percepteurs de troisième classe comptant au moins neuf années de grade ».

À Paris, l'ordonnance des 5-24 mai 1832 établissait deux percepteurs des contributions directes dans chacun des douze arrondissements municipaux. L'art. 19 de la loi de finances du 20 déc. 1872 (D. P. 73. 4. 1) avait réduit le nombre des receveurs-percepteurs de Paris, alors de quarante-deux, devait être réduit successivement à vingt. En 1879, par suite de suppressions, leur nombre était réduit à trente-six; à ce moment-là, une loi des 7-8 avr. 1879, considérant qu'il était difficile, sans gêner considérablement les contribuables, de réaliser des nouvelles suppressions dans les quartiers du centre et d'opérer de nouvelles concentrations dans les quartiers excentriques, fixa définitivement le nombre des receveurs-percepteurs de Paris à trente-six (D. P. 79. 4. 51).

**182.** Il y a, autant que possible, un percepteur pour chaque commune. Toutefois, les préfets peuvent proposer un percepteur pour plusieurs communes pourvu que le montant des rôles des communes réunies n'excède pas 20000 fr. D'ailleurs, le conseil d'Etat a décidé, sur ce point, que, si l'Administration peut nommer un seul percepteur pour plusieurs communes, elle ne saurait dispenser ce percepteur de se rendre à des époques déterminées dans chacune de ces communes, ni obliger les contribuables à se transporter dans celle qu'habite cet agent (Cons. d'Et. 18 juin 1868, aff. Jousnet, D. P. 69. 3. 13 ; — V. *Rép.* n⁰ˢ 387 et suiv.); car il est de principe que les contributions directes doivent être acquittées par les contribuables dans les communes où ils sont imposés. A ce point de vue, elles sont *quérables*. Au contraire, elles sont *portables*, en ce sens que les contribuables sont tenus d'aller payer dans la maison où le percepteur a établi son bureau de recette (Durieu, t. 1, p. 454). Toutefois, aux termes de l'art. 58 de l'instruction générale du 20 juin 1858, les percepteurs doivent se transporter chez les redevables lorsque, dans des circonstances extraordinaires, les receveurs des finances jugent cette mesure utile.

**183.** Les percepteurs ayant reçu de la loi ou de leurs supérieurs, en vertu de la loi, la mission d'opérer le recouvrement des contributions directes ou des taxes assimilées, ne peuvent, de leur propre autorité, déléguer cette mission à un tiers (art. 98 de l'instr. du 17 juin 1840) dresser un tiers qui s'immiscerait sans droit dans le recouvrement des impôts, ce qui constitue une usurpation de fonctions, de la compétence des tribunaux civils (Cons. d'Et. 28 mai 1868, aff. Duval et autres, D. P. 69. 3. 73. Conf. *Journ. de droit admin.*, *Dissertation*,1869, p. 206 et suiv.).

**184.** Les percepteurs sont responsables de la non-rentrée des sommes qu'ils ont été chargés de percevoir (*Rép.* n⁰ 395). Pour obtenir la décharge de toute responsabilité à l'égard des cotes devenues irrecouvrables, le percepteur doit (art. 98 de l'instr. du 17 juin 1840) dresser un état de ces cotes par nature de contributions dans les deux premiers mois de la seconde année de chaque exercice et le remettre, le 1ᵉʳ mars au plus tard, au receveur des finances qui le fait parvenir au préfet (*Rép.* n⁰ 398). Par application de cette règle, le percepteur nouvellement nommé n'est pas tenu de dresser l'état des sommes restant à recouvrer sur l'année précédente, quand il est entré en fonctions postérieurement au 1ᵉʳ mars; dans le cas contraire, il serait tenu de dresser cet état dans les deux mois de son entrée en fonctions, sous peine de voir sa responsabilité substituée à celle de son prédécesseur (Cons. d'Et. 29 mars 1855, aff. Vivès, D. P. 55. 3. 89). V. Durieu, t. 1, p. 420 et suiv.

**185.** Les percepteurs ne sont autorisés à porter, sur les états qu'ils dressent au commencement de la seconde année, en vertu de l'art. 16 de la loi du 22 juin 1854, à l'effet d'obtenir décharge de leur responsabilité, que les taxes qui sont à la fois indûment imposées et irrecouvrables (Cons. d'Et. 7 janv. 1857, aff. Perodeau, D. P. 57. 3. 59 ; 7 mai 1880, aff. Echelard, percepteur de Baume-les-Dames, D. P. 81. 3. 6). Il suit de là qu'un percepteur n'est pas fondé à demander décharge d'une cote mobilière à un individu qui a quitté la commune avant le 1ᵉʳ janvier, mais dont le lieu de résidence actuelle est connu, cette cote n'étant pas irrecouvrable; mais s'il s'agit, dans la commune où il est censé résider, aucun individu connu sous le nom inscrit sur une cote, le percepteur est fondé à demander décharge de cette cote (Cons. d'Et. 12 mai 1882, aff. Pelte, percepteur de Spincourt, D. P. 83. 5. 140).

D'ailleurs, l'obligation pour le percepteur de dresser un état des cotes indûment imposées ne dispense pas les contribuables qui ont des réclamations à faire valoir de présenter eux-mêmes ces réclamations dans les formes et dans les délais prescrits par la loi (Cons. d'Et. 18 mars 1857, aff. Taquet, D. P. 57. 3. 85).

Il faut noter, en outre, que l'art. 6 de la loi du 3 juill. 1846 (D. P. 46. 3. 115) charge les percepteurs de signaler les cotes qui leur paraissent indûment imposées, et d'en dresser un état annuel.

**186.** Aux termes de l'art. 28 du règlement général du 21 déc. 1839, les poursuites en matière de contribution étaient exercées par des porteurs de contraintes et par des garnisaires, les premiers agissant dans tous les degrés de poursuites, les seconds employés seulement pour la garnison individuelle ou collective (*Rép.* n⁰ˢ 403-416). La loi des

9-10 févr. 1877 (D. P. 77. 4. 32) a abrogé l'art. 3 de la loi du 17 brum. an 5 concernant le mode de poursuites par voie de garnison individuelle employé pour le recouvrement des contributions directes, et décidé que le mode de poursuites désigné sous la dénomination de *garnison collective* prendrait le nom de *sommation avec frais*. Les motifs de cette innovation sont indiqués en ces termes dans l'exposé des motifs du Sénat : « La loi du 17 brum. an 5 a entendu, par son art. 3, remettre entre les mains des agents du recouvrement, responsables de la rentrée de leurs rôles, un moyen d'intimidation à l'égard des redevables récalcitrants, à une époque où le recouvrement de l'impôt était loin de s'effectuer avec la même régularité qu'aujourd'hui. Or il nous est démontré, d'après les résultats constatés en dernier lieu, que, s'il est utile de maintenir la garnison collective, dont le coût est fort minime, et qui a surtout pour objet de rappeler au contribuable ses obligations envers le Trésor, il n'en serait pas absolument de même de la garnison individuelle, dont l'emploi est relativement peu fréquent. Aujourd'hui que le recouvrement de l'impôt s'opère avec une facilité qui témoigne de l'aisance générale et de la bonne volonté des contribuables, il nous paraît opportun de faire disparaître un mode de poursuites dont le caractère vexatoire n'est plus justifié par nos mœurs administratives ». — En ce qui concerne les porteurs de contrainte, V. *Rép.* n⁰ˢ 403-415. Comp. Durieu, t. 1, p. 465 et suiv.

## CHAP. 4. — Du recouvrement des contributions directes ( *Rép.* n⁰ˢ 416 à 431).

**187.** Quoique les percepteurs, aux termes de l'art. 8 du règlement du 21 déc. 1839, aient seuls titre pour effectuer et poursuivre le recouvrement des contributions directes, ils sont autorisés par l'Administration à se faire suppléer par des fondés de pouvoirs agréés par le receveur particulier; ceux-ci se trouvent alors assujettis à toutes les dispositions des lois et règlements relatifs aux comptables publics (*Rép.* n⁰ 416) ; ils doivent notamment donner quittance aux contribuables des sommes reçues, et extraire ces quittances d'un registre à souche, croiser les articles entièrement soldés, et émarger en toutes lettres sur leurs rôles, à côté des articles respectifs, les différents payements qui leur sont faits. Par application de ces règles, il a été décidé qu'on ne pouvait considérer comme libéré à l'égard du Trésor le contribuable qui se borne à alléguer qu'il aurait remis le montant de ses contributions au père du fondé de pouvoirs du percepteur qui se serait chargé de le remettre à celui-ci, sans établir ni par la production d'une quittance réglementaire ni par aucun autre acte, le prétendu payement qui n'a pas été inscrit sur les registres de la perception (Cons. d'Et. 21 juill. 1876, aff. Ducatel, D.P. 77. 3. 2). On peut remarquer que dans cette espèce, le conseil d'État a repoussé la prétention du contribuable non par une fin de non-recevoir tirée du défaut de quittance et de mention sur les registres, mais pour défaut de justification; il a en effet pensé, d'une part, que le contribuable ne peut être astreint à vérifier l'identité et les pouvoirs de l'individu qu'il trouve établi dans le bureau et ayant à sa disposition les papiers et registres, d'autre part, que, même s'il a commis la négligence de ne pas exiger l'accomplissement des formalités réglementaires, il peut toujours établir par des preuves de droit commun qu'il a payé, et que c'est par suite d'une manœuvre ou fraude que les prescriptions des règlements n'ont pas été observées.

**188.** Les contributions directes sont payables en douze portions payables de mois en mois (*Rép.* n⁰ 419). Par exception, la contribution personnelle et mobilière est exigible pour la totalité au cas de déménagement hors du ressort de la perception, de décès, de faillite et déconfiture du contribuable, enfin de vente volontaire ou forcée. L'exception relative à la faillite est une application de l'art. 1188 c. civ. qui déclare déchu du bénéfice du terme le débiteur qui a fait faillite. — Sur ces diverses exceptions et sur les règles relatives à l'acquittement des contributions par les héritiers et les femmes veuves ou séparées de biens, à l'imputation des payements, au mode et au lieu des payements, V. *Rép.* n⁰ˢ 420-431. *Adde* : Gabr. Dufour, t. 4, n⁰ˢ 220 et 221; Durieu, t. 1, p. 457 et suiv.

**CHAP. 5. — Réclamations** (*Rép.* n°s 432 à 496).

SECT. 1re. — RÈGLES RELATIVES AUX DEMANDES EN DÉCHARGE OU EN RÉDUCTION (*Rép.* n°s 433 à 489).

**189.** Le contribuable forme une demande en décharge quand il a été porté à tort sur le rôle d'une contribution, et une demande en réduction quand il prétend que sa cote est trop élevée; dans ces deux cas il agit en vertu d'un droit. Dans une autre catégorie de réclamations, il se borne à demander une faveur; ce sont les demandes en remise, quand il perd la totalité des facultés imposables pour lesquelles il avait été justement taxé, et les demandes en modération, quand il n'a perdu qu'une partie des revenus objet de la taxe (*Rép.* n° 432).

ART. 1er. — *Causes de dégrèvement, c'est-à-dire de décharge ou de réduction* (*Rép.* n°s 434 à 437).

**190.** Les demandes en décharge ou réduction formées pour obtenir le dégrèvement total ou partiel d'un impôt ne peuvent porter que sur faux emploi, double emploi, surtaxe ou destruction de la matière imposable. — Ainsi qu'il a été dit au *Rép.* n° 435, il y a faux emploi quand un individu est imposé pour un bien qu'il n'a pas ou quand il est porté sur le rôle de la contribution personnelle mobilière dans une commune où il n'a pas d'habitation. Il y a double emploi quand un même bien est cotisé deux fois, ou une même personne taxée deux fois. Ces deux cas donnent lieu à une demande en décharge. La surtaxe donne lieu à une demande en réduction; elle peut provenir du défaut d'égalité proportionnelle, d'erreur de cotisation ou d'erreur de calcul. Enfin une demande en décharge ou réduction peut être basée sur la destruction totale ou partielle des propriétés bâties ou non bâties qui sont l'objet de la taxe (art. 37 et 38 de la loi du 15 sept. 1807). Mais, en vertu du principe général qu'on ne peut intenter une demande en décharge ou réduction que quand il y a préjudice, il a été décidé par un préfet, dans une espèce soumise au conseil d'État qui n'a pas eu à l'examiner, que le propriétaire qui a été couvert par une compagnie d'assurances des pertes résultant de la destruction de son immeuble par un incendie, ne peut réclamer la décharge ou la réduction des contributions auxquelles il a été imposé à raison de cet immeuble (Cons. d'Ét. 27 mai 1857, aff. Delermoy, D. P. 58. 3. 60).

Par application de la règle sur le faux emploi, décharge devra être accordée au contribuable inscrit au rôle de l'impôt mobilier sous un nom autre que celui qui est porté sur la matrice générale (Cons. d'Ét. 10 juill. 1888, aff. Francastel, D. P. 89. 5. 137). Toujours en vertu du faux emploi, un contribuable a qualité pour demander que son nom soit substitué sur le rôle de la contribution mobilière à celui d'un autre contribuable qui y a été porté par erreur, alors même qu'il joint à cette réclamation une demande en réduction fondée sur l'exagération du chiffre de la valeur locative qui a été prise pour base de la taxe (Cons. d'Ét. 25 avr. 1855, aff. Souchon, D. P. 55. 3. 60). Ainsi le particulier qui est locataire d'un terrain et propriétaire de constructions élevées sur ce terrain et occupées par des tiers, sera recevable à demander décharge de contributions inscrites par erreur au nom de ces tiers (Cons. d'Ét. 24 nov. 1882, aff. Dame Mazin, D. P. 84. 3. 43). De même, le particulier qui a payé par erreur une contribution qu'il croyait inscrite à son nom et qui en fait était inscrite au nom d'un tiers est fondé à demander le remboursement de la somme ainsi versée entre les mains du percepteur (Cons. d'Ét. 19 nov. 1880, aff. Beaugé, D. P. 82. 3. 18). Il en serait de même si le particulier avait payé non pas par erreur, mais pour éviter des poursuites, ayant été mis en demeure d'acquitter cette contribution d'un autre (Cons. d'Ét. 16 avr. 1886 aff. Henry, D. P. 87. 3. 94). — Ajoutons sur ce point que les actions en restitution d'impôts indûment exigés doivent être intentées contre l'administration des Contributions directes représentée par le percepteur qui a perçu les impôts, que le préfet n'a pas qualité pour y défendre (Trib. Seine, 7 janv. 1875, aff. Hécaën, D. P. 77. 3. 6).

Mais il n'y aura pas faux emploi si le contribuable reconnaît avoir été régulièrement imposé à la taxe de prestation à raison d'une voiture et d'animaux lui appartenant, et ne réclame que pour l'imposition à raison de sa personne; en conséquence, il ne pourra pas se prévaloir de l'art. 4 de la loi du 29 déc. 1884 (V. *infra*, n° 193) aux termes duquel, en cas de faux emploi, le délai de réclamation ne prend fin que trois mois après que le contribuable a eu connaissance officielle des poursuites dirigées contre lui (Cons. d'Ét. 3 févr. 1888, aff. Lyonne, 89. 5. 141). Il n'y aura pas non plus faux emploi si le réclamant qui prétendait n'être pas propriétaire de l'immeuble à raison duquel il a été imposé à la taxe de mainmorte, a été reconnu passible de cette taxe; en ce cas il ne pourra pas se prévaloir du délai de l'art. 4 de la loi de 1884, mais de celui de l'art. 28 de la loi du 21 avr. 1832 (Cons. d'Ét. 29 juin 1888, aff. Ville de Pontarlier, D. P. 89. 3. 86).

**191.** En dehors de ces cas limitativement prévus, toute demande en décharge ou réduction serait mal fondée et devrait être repoussée. C'est en vertu de ce principe qu'il a été décidé : 1° qu'on ne peut pas baser une demande de ce genre sur l'art. 149 de la loi de frimaire an 7, qui déclare déchu de tout recours le percepteur qui n'a pas exercé de poursuites dans les trois ans de la publication des rôles; cet article ne peut être invoqué que par voie d'opposition aux poursuites dirigées contre le contribuable; en effet, la décharge ferait retomber sur l'Administration les conséquences du défaut de poursuites, tandis que la déchéance opposée au percepteur laisse celui-ci responsable des conséquences de sa négligence (Cons. d'Ét. 14 nov. 1879, aff. Comp. des entrepôts et magasins généraux, D. P. 80. 3. 29); — 2° Qu'une demande en décharge ne peut non plus se fonder sur la délibération par laquelle un conseil municipal aurait en cours d'exercice a voté qu'un contribuable devait être exempté comme indigent, alors que ce contribuable n'a pas été désigné comme indigent par le conseil municipal lors de la formation de la matrice (Cons. d'Ét. 2 déc. 1881, aff. Carlot, D. P. 83. 3. 29); — 3° Enfin qu'une demande en remboursement de sommes payées ne peut se baser sur la renonciation à une succession faite par un légataire universel après l'expiration du délai fixé par l'art. 795 c. civ., quand ce légataire ayant accepté la succession sous bénéfice d'inventaire a, en cette qualité, acquitté les contributions directes de son auteur; il est en effet constant que cette renonciation n'enlève pas au légataire sa qualité d'héritier et n'a que les effets d'un abandon des biens aux créanciers (Aubry et Rau, *Droit civil français*, 4e éd., t. 6, § 618, p. 449; Cons. d'Ét. 18 juill. 1884, aff. Dame Veyret, D. P. 86. 3. 19).

**192.** Par réduction ou décharge, il ne faut pas entendre réfection du classement. Décidé, en ce sens, que le contribuable qui soutient que sa propriété est d'un type inférieur à la dernière des catégories établies par le classement cadastral ne peut demander par la voie contentieuse la création d'une nouvelle catégorie moins imposée, dans laquelle sa propriété serait rangée (Cons. d'Ét. 18 avr. 1869, aff. Perrier, D. P. 70. 3. 96). De même, le conseil d'État a décidé qu'un propriétaire ne peut se prévaloir, pour obtenir un nouveau classement, de l'art. 9 de la loi du 21 mars 1874 portant sur les parcelles qui, depuis la confection du cadastre, ont cessé d'être cultivées ou productives seront de nouveau classées et cotisées, car l'art. 10, qui chargeait le ministre des finances de prendre les mesures nécessaires pour assurer l'application de cette réforme, n'a reçu aucune exécution (Cons. d'Ét. 4 nov. 1887, aff. Dupont, et 16 déc. 1887, aff. Laborie, D. P. 83. 3. 131).

ART. 2. — *Délai des réclamations en décharge ou en réduction* (*Rép.* n°s 438 à 442).

**193.** Aux termes de l'art. 8 de la loi du 4 août 1884, le délai de trois mois imparti aux contribuables pour demander au conseil de préfecture la décharge ou la réduction de leurs cotes court de la publication des rôles (*Rép.* n° 438). — Cette disposition, très rigoureuse pour les contribuables, puisque la publication consiste uniquement dans l'apposition d'affiches annonçant que les rôles ont été rendus exécutoires et sont déposés chez le percepteur, était conçue en termes généraux qui ne semblaient comporter aucune exception. Toutefois la jurisprudence écartait l'application de cet article dans les cas où il était impossible d'admettre que la mise en demeure résultant de la publication ainsi faite eût atteint le contribuable. Ainsi il a été décidé que le délai courait seulement du jour où le contribuable a eu connaissance de son imposition quand il habite une section de commune différente de celle où il est imposé, si des rôles distincts sont dressés et publiés annuellement dans les sections composant la commune (Cons. d'Et. 23 janv. 1872, aff. Baugnier, D. P. 72. 3. 65)... ou quand le tuteur, qui seul a qualité pour réclamer contre les impositions mises à la charge du mineur, habite une commune autre que celle où le mineur est imposé (Cons. d'Et. 5 nov. 1875, aff. Lesueur, D. P. 76. 5. 137);... ou encore lorsque le contribuable a cessé avant le 1er janvier de résider dans la commune (Rép. n° 439; Cons. d'Et. 20 févr. 1846, aff. Martin, D. P. 46. 3. 67; 31 mars 1847, aff. Marchand, D. P. 47. 3. 100; 20 juin 1855, aff. Dame Gallien, D. P. 56. 3. 7). Mais on maintenait le point de départ du délai au jour de la publication dans le cas où le contribuable qui a cessé d'habiter la commune est resté principal locataire d'une maison dans ladite commune (Cons. d'Et. 20 avr. 1868, aff. Barbier, D. P. 69. 2. 64);... ou quand il n'a quitté son logement que pour en prendre un autre dans la même commune (Cons. d'Et. 30 avr. 1862, aff. Guibert, Rec. Cons. d'Etat, p. 350). On admettait également que la mise en demeure du contribuable est nécessaire pour faire courir le délai, lorsqu'il s'agit d'une demande en restitution formée par le contribuable qui, sur les poursuites du percepteur, a soldé une cote de contribution inscrite sous le nom d'un tiers (Cons. d'Et. 4 août 1868, aff. Chatenet, D. P. 69. 2. 248), notamment d'un associé (Cons. d'Et. 30 janv. 1869, aff. Jammes, Rec. Cons. d'Etat, p. 663). De même, au cas où un contribuable meurt avant le 1er janvier, on décidait que le délai pour demander décharge d'une contribution inscrite à son nom ne courait, à l'encontre de son héritier ou de sa veuve, que du jour où il a eu connaissance de l'imposition (Cons. d'Et. 10 déc. 1875, aff. Martenel, et 28 avr. 1876, aff. Mondot, D. P. 77. 3. 50; 16 févr. 1878, aff. Jaunet, D. P. 78. 5. 159), notamment du jour où il a reçu sommation de payer, s'il n'avait pas eu auparavant connaissance de la contribution (Cons. d'Et. 16 févr. 1883, aff. Veuve Perrin, D. P. 84. 5. 130). Mais, dans le cas où le décès est postérieur au 1er janvier, on faisait courir le délai contre l'héritier à partir de la publication du vote, alors même que cette publication n'avait eu lieu qu'après le décès (Cons. d'Et. 26 janv. 1877, aff. Sabattié, D. P. 77. 3. 50).

**194.** La loi du 29 déc. 1884 a amélioré la situation des contribuables en décidant (art. 4) que, toutes les fois que, par suite de faux ou double emploi, des cotes seraient indûment imposées, le délai pour la présentation des réclamations ne courrait que du jour où le contribuable aurait eu officiellement connaissance des poursuites. L'application de cette nouvelle règle a été faite, notamment au cas où la réclamation est motivée sur ce que le contribuable ne possédait, au 1er janvier, aucun élément de cotisation pouvant donner lieu à la taxe pour laquelle il a été porté au rôle (Cons. d'Et. 19 nov. 1886, D. P. 87. 1. 41; 25 févr. 1887, aff. Sottiau, D. P. 87. 1. 42);... ou sur ce qu'il avait cessé, avant le 1er janvier, l'exercice de la profession à raison de laquelle il avait été assujetti à la patente (Cons. d'Et. 28 janv. 1887, aff. Lacoste; 11 févr. 1887, aff. Crapard; 13 mai 1887, aff. Parailloux; 1er juill. 1887, aff. Bérard; 24 juin 1887, aff. Lamarque, D. P. 88. 3. 41). Mais la disposition précitée suppose que le réclamant ne pouvait savoir qu'il était inscrit sur les rôles, et dès lors, elle est inapplicable aux demandes en réduction. Ainsi il a été jugé que la règle générale reprend son empire, c'est-à-dire que le délai court du jour de la publication, lorsque la réclamation est basée sur l'exagération de la contribution mobilière (Cons. d'Et. 13 mai 1887, aff. Dumont, D. P. 88. 3. 42);... ou sur ce que le contribuable a été assujetti à l'impôt des portes et fenêtres, pour un nombre d'ouvertures supérieur à celui des ouvertures légalement imposables (Cons. d'Et. 10 juin 1887, aff. Belleveau, D. P. 87. 3. 42);... ou sur le fait que la patente est due pour une profession autre que celle pour laquelle elle a été établie (Cons. d'Et. 10 juin 1887, aff. Portafaix, D. P. 87.3. 42).

**195.** Dans le cas où l'art. 4 de la loi du 29 déc. 1884 est applicable, il a été jugé que le délai pour réclamer court de la sommation avec frais (Cons. d'Et. 24 juin 1887, aff. La-

marque, D. P. 88. 3. 42; 17 juin 1887, D. P. ibid.; 12 mai 1887, aff. Curtelin, D. P. ibid.);... et même, en l'absence de toute poursuite, du jour du payement effectué par le contribuable (Cons. d'Et. 27 mai 1887, aff. Bougardier, D. P. 87. 3. 42).

**196.** La jurisprudence a toujours admis que le délai court seulement du jour où le contribuable a reçu un avertissement individuel quand il y a incertitude sur la date de publication des rôles dressés pour le recouvrement de contributions directes et de taxes assimilées, comme la taxe de pavage (Cons. d'Et. 24 févr. 1870, aff. Duwast, Rec. Cons. d'Etat, 1870, p. 171);... ou quand le rôle dressé pour le recouvrement de ces contributions ou taxes n'a pas été publié (Comm. f. f. Cons. d'Et. 29 déc. 1870, aff. Duval, D. P. 72. 3. 36); ou quand il a été publié, mais non conformément à la loi, par exemple, à son de caisse au lieu de l'être par voie d'affiche; dans ce cas, il en est des rôles supplémentaires comme du rôle principal (Cons. d'Et. 4 août 1868, aff. Roze, D. P. 70. 3. 93; 4 déc. 1874, aff. Louchet, D. P. 75. 5. 125). — Enfin, il a été décidé que, si la publication du rôle dans une commune avait précédé l'ouverture de l'exercice, le délai ne courrait qu'à partir de l'ouverture de l'exercice, et non à partir de la publication (Cons. d'Et. 27 avr. 1854, aff. Mauduit; D. P. 55. 3. 33; 6 août 1864, aff. Roger, Rec. Cons. d'Etat, p. 738).

**197.** Pour les réclamations contre la décision prise par un préfet relativement à une demande de mutation de cote, qui ont le caractère d'une demande en décharge, le point de départ ne peut être que le jour de la notification de la décision préfectorale (Cons. d'Et. 18 juill. 1855, aff. Soubeyran, D. P. 56. 3. 19). Il en est de même à l'égard du contribuable auquel est adressé un commandement de payement de l'impôt foncier grevant un immeuble dont l'Administration prétend que la mutation s'est opérée à son profit, et qui soutient n'avoir pas été propriétaire; le délai ne court qu'à partir du commandement (Cons. d'Et. 15 juin 1866, aff. Cavex, D. P. 67. 5. 106). — Décidé aussi que le particulier auquel on réclame le payement d'une cote qui n'est pas inscrite en son nom, n'est tenu de former sa réclamation que les trois mois à partir du jour où il a été mis en demeure d'acquitter cette cote (Cons. d'Et. 6 mars 1885, aff. Pinelle, D. P. 86. 3. 93).

**198.** En ce qui concerne le point d'expiration du délai de trois mois, il a été décidé qu'il fallait s'attacher non pas à la date de l'enregistrement d'une réclamation adressée par la poste à la sous-préfecture, mais à la date de l'arrivée de cette réclamation à la sous-préfecture, date qui est fournie soit par une mention à la main portée sur la réclamation et dont l'exactitude est confirmée par les explications du préfet (Cons. d'Et. 7 déc. 1883, D. P. 85. 3. 74); soit par les timbres de la poste (Cons. d'Et. 26 févr. 1867, aff. Chanal, 5 mars 1886, aff. Huet, D. P. 87. 3. 62). Il a été décidé aussi qu'une réclamation est recevable quand elle a été présentée dans le délai légal, même si elle est alors renvoyée au contribuable pour qu'il y joigne la quittance des termes échus, et si elle ne revient à la sous-préfecture qu'après l'expiration du délai (Cons. d'Et. 24 juin 1884, aff. Heurtebize, D. P. 82. 3. 118).

**199.** La sanction de la règle qui oblige les contribuables à réclamer dans un délai de trois mois est la déchéance (Rép. n° 439). Peu importe, en ce cas, que la date de la publication du rôle n'ait pas été indiquée sur l'avertissement délivré par l'Administration (Cons. d'Et. 17 mai 1859, aff. Lacollonge, D. P. 65. 5. 93),... ou que le réclamant ne soit devenu propriétaire de la maison imposée que postérieurement à la publication (Cons. d'Et. 19 mai 1869, aff. Lagarde, Rec. Cons. d'Etat, 1869, p. 503);... ou que le contribuable soit un mineur, puisque, même dans le droit commun, les courtes prescriptions courent en général contre le mineur (Cons. d'Et. 18 nov. 1863, aff. Simonet, D. P. 64. 3. 10). Pas plus que par la minorité, le délai n'est suspendu, relativement aux biens d'une succession vacante laissée sous séquestre, par le fait que personne n'avait été nommé administrateur du séquestre, et que l'adjudicataire des biens de la succession n'avait été nommé qu'après l'expiration du délai car cette déchéance est une mesure d'ordre public (Cons. d'Et. 21 avr. 1882, aff. Marcoz, D. P. 83. 3. 99); il n'est pas davantage suspendu par le recours pour excès de pouvoir dirigé contre l'arrêté préfectoral qui a rendu exécutoire l'état de répartition d'une taxe établie pour la construction de trottoirs (Cons. d'Et. 6 mai 1881, aff. Godard et Carré, D. P. 82. 3. 103). — Le contribuable n'est également dispensé de former sa réclamation dans les formes et les délais prescrits, ni par la promesse faite par un agent des contributions directes de porter ledit contribuable sur l'état des cotes indûment imposées, cette promesse ne dispensant pas le contribuable de l'obligation de réclamer dans les délais (Cons. de préf. de la Seine, 1er déc. 1876, aff. Carle, D. P. 78. 5. 158); ni par un acte d'huissier par lequel ledit contribuable proteste contre la taxe à laquelle il a été assujetti et déclare ne la payer que contraint et forcé et sous réserves, cet acte d'huissier ne constituant pas davantage une réclamation (Cons. d'Et. 3 déc. 1886, aff. Société centrale des briqueteries de Vaugirard, D. P. 88. 5. 136); ni par une note adressée au contrôleur des contributions directes, cette note ne pouvant être considérée comme une requête régulièrement introduite (Cons. d'Et. 13 janv. 1882, aff. Maillet-Guy, D. P. 83. 5. 141); ni enfin par la déclaration faite à la mairie par le contribuable avant l'émission du rôle qu'il a cessé de posséder aucun élément de cotisation (Cons. d'Et. 10 juin 1887, aff. Mellereau, D. P. 88. 3. 41). De même, la circonstance que la taxe des biens de mainmorte doit être établie proportionnellement au chiffre de la contribution foncière n'autorise pas le contribuable à attendre pour réclamer le résultat de la décision à intervenir au sujet de la contribution foncière; le défaut de réclamation contre la taxe de mainmorte dans les trois mois de la publication du rôle de cette taxe entraîne déchéance de son droit de réclamation (Cons. d'Et. 24 déc. 1862, aff. Comp. La Providence, D. P. 63. 5. 97). L'obligation du délai s'applique même aux réclamations fondées sur un double emploi (Cons. d'Et. 26 mars 1870, aff. Dussine, Rec. Cons. d'Etat, 1870, p. 349); et il a été décidé sur ce point que la déchéance est encourue par le contribuable qui a présenté un recours fondé sur un double emploi dans le délai légal, mais devant un conseil de préfecture incompétent ratione loci, et qui, éclairé trop tard, n'a saisi le conseil compétent qu'après l'expiration du délai (Cons. d'Et. 19 juill. 1854, aff. Causse et Gariot, D. P. 55. 3. 10). — Mais le contribuable qui, après avoir présenté une demande en décharge, forme subsidiairement une demande en réduction, n'introduit pas une demande nouvelle; et c'est à tort, dès lors, que le conseil de préfecture déclare cette demande subsidiaire non recevable comme ayant été présentée plus de trois mois après la publication des rôles (Cons. d'Et. 22 déc. 1863, aff. Piquemal, D. P. 65. 3. 11).

**200.** La demande en décharge ou réduction n'a d'effet que pour les contributions de l'année courante. Ainsi un contribuable ne peut, à l'occasion de la réclamation régulièrement formée par lui au sujet de son imposition de l'année, réclamer en même temps pour les impositions des années précédentes (Cons. d'Et. 20 févr. 1860, aff. Danty, D. P. 61. 3. 78); il ne peut pas davantage, alors qu'il se reconnaît régulièrement imposé pour l'exercice courant, motiver une demande en réduction de son imposition sur ce qu'il était surtaxé l'année précédente (Cons. d'Et. 4 mars 1868, aff. Guinot, D. P. 69. 5. 94). Si l'exercice suivant vient à s'ouvrir avant qu'il ait obtenu une décision, le fait que son pourvoi est encore pendant devant le conseil d'Etat ne le dispense pas de réclamer par une nouvelle demande dans les délais contre l'inscription qui serait l'objet au rôle du nouvel exercice (Cons. d'Et. 17 sept. 1854, aff. Laroulle, D. P. 55. 3. 36; 10 déc. 1856, aff. Condamy, D. P. 57. 3. 44).

**201.** La déchéance ainsi encourue est définitive. Le conseil de préfecture ne peut en relever ni les particuliers (Cons. d'Et. 20 févr. 1846, aff. Buisson, D. P. 46. 2. 67; 17 sept. 1854, aff. Ministre des finances, D. P. 55. 3. 37), ni les percepteurs qui sollicitent la radiation de cotes indiquées par eux comme indûment imposées (Cons. d'Et. 17 sept. 1854, aff. Simon, D. P. 55. 3. 37); le conseil d'Etat n'a pas droit à cet égard, et la partie peut seulement se pourvoir devant le préfet pour obtenir, à titre de remise, le dégrèvement de la contribution à laquelle elle prétend avoir été injustement imposée (Cons. d'Et. 1er juin 1853, aff. Dame Macdonald, D. P. 55. 5. 121). Ajoutons enfin qu'un propriétaire n'est pas recevable à demander le remboursement des sommes qu'il a payées à la décharge de son locataire plus

de trois mois après le payement qu'il a fait desdites sommes (Cons. d'Et. 3 juill. 1885, aff. Guégné, D. P. 86. 3. 93).

**202.** Quand un rôle spécial d'imposition extraordinaire est publié dans une commune, les contribuables sont recevables à contester dans les trois mois la légalité ou la quotité des centimes additionnels portés à ce rôle, mais ils ne sont pas recevables à protester contre les éléments de cotisation portés au rôle primitif contre lequel ils n'ont pas réclamé en temps utile (Cons. d'Et. 2 juill. 1880, aff. Contamin, D. P. 80. 5. 113). Pour une raison analogue, le contribuable qui n'a formé dans le délai qu'une demande en réduction de sa taxe, n'est pas recevable à demander décharge entière après l'expiration des trois mois (Cons. d'Et. 28 juill. 1876, aff. Comp. Paris-Lyon-Méditerranée, D. P. 77. 3. 48; 12 juill. 1878, aff. Bossis et Pillet, D. P. 79. 3. 9-10). — Mais si le contribuable avait été déchargé précédemment par le conseil de préfecture du principal de la contribution, il devrait être exonéré des centimes additionnels à cette contribution auxquels il aurait été imposé par un rôle spécial même s'il n'avait réclamé contre ces centimes qu'après l'expiration du délai légal (Cons. d'Et. 14 août 1869, aff. Souquet, Rec. Cons. d'Etat, 1869, p. 809).

**203.** La règle d'après laquelle les réclamations, en matière de contributions directes, doivent être présentées dans les trois mois à partir de la publication des rôles s'applique aux demandes en décharge ou en réduction des taxes assimilées aux contributions directes. Et il en est ainsi encore bien que la demande soit fondée sur ce que la taxe manquerait de base légale (Cons. d'Et. 6 nov. 1880, aff. Heilmann, D. P. 82. 3. 32). Le contribuable peut aussi, dans ce dernier cas, exercer une action judiciaire contre les agents personnellement; cette action doit être intentée devant les tribunaux ordinaires dans un délai de trois ans (Même arrêt).

**204.** L'art. 28 de la loi du 21 avr. 1832 dispose que les demandes en décharge ou réduction doivent être jugées définitivement dans les trois mois de leur présentation; mais cet article ne prononce pas la nullité des décisions rendues après ce délai par les conseils de préfecture; ces décisions sont donc valables (Cons. d'Et. 7 août 1869, aff. Cabissole, Rec. Cons. d'Etat, 1869, p. 751). La seule sanction de la disposition précitée est la faculté donnée par l'art. 28 au contribuable de refuser le payement des douzièmes qui viennent à échoir après l'expiration dudit délai de trois mois (Même arrêt; Cons. d'Et. 14 avr. 1870, aff. Faultrier, D. P. 71. 3. 61).

**205.** Comme on l'a vu suprà, n° 53, à propos des opérations cadastrales, le délai des réclamations contre la fixation du revenu cadastral est de six mois. Ce délai s'applique aux réclamations pour erreurs de contenance, comme à celles pour erreurs dans l'évaluation des parcelles (Cons. d'Et. 3 avr. 1861, aff. Gonnet, Rec. Cons. d'Etat, 1861, p. 224), et pour diminution de revenu imposable provenant de causes postérieures, étrangères au classement et indépendantes de la volonté du propriétaire (Cons. d'Et. 11 janv. 1865, aff. Laurent, Rec. Cons. d'Etat, 1865, p. 28; 24 nov. 1869, aff. Polonnier, ibid., 1869, p. 914).

**206.** Une innovation considérable a été introduite en cette matière par la loi du 21 juill. 1887 (D. P. 87. 4. 96). Aux termes de l'art. 2 de cette loi, tout contribuable qui se croira imposé à tort ou surtaxé, soit dans les rôles généraux des quatre contributions directes, soit dans ceux de la taxe des prestations en nature, pourra en faire la déclaration à la mairie du lieu de l'imposition dans le mois qui suivra la publication desdits rôles. Cette déclaration sera reçue, sans frais ni formalités, sur un registre tenu à la mairie; elle sera signée par le réclamant ou son mandataire. Celles de ces déclarations qui, après examen sommaire, auraient pu être immédiatement reconnues fondées, seront analysées par les agents des contributions directes sur un état qui sera revêtu de l'avis du maire ou des répartiteurs, suivant le cas, ainsi que de celui du contrôleur et du directeur. Le conseil de préfecture prononcera les dégrèvements; il s'abstiendra toujours de statuer sur les cotes ou portions de cotes qui lui auraient paru devoir être maintenues au rôle. Les contribuables dont les déclarations n'auraient pas été portées ou maintenues sur l'état dont il s'agit, et ceux sur la cote desquels le conseil de préfecture n'aurait pas eu à statuer, en seront avisés, et ils auront la faculté de présenter des demandes en dégrèvement dans les formes ordinaires dans un délai d'un mois à partir de la date de la notification, sans préjudice des délais fixés par les lois du 21 avr. 1832, art. 28, et du 29 déc. 1884, art. 4 ». — Ces dispositions accordent des facilités nouvelles et importantes aux contribuables qui ont des demandes en dégrèvement à former. Ainsi que l'exposait M. Loubet, dans son rapport au Sénat sur la loi du 21 juill. 1887, « les travaux préparatoires à la confection des rôles sont commencés dès les premiers mois de l'année qui précède ; il s'y glisse des inexactitudes résultant des modifications survenues dans la matière imposable, entre le travail des mutations et la fin de l'année. En l'état actuel, les contribuables qui se croient indûment imposés ou surtaxés sont tenus de présenter des réclamations individuelles, rédigées sur papier timbré quand les cotes sont de 30 fr. et au-dessus, et d'y joindre la quittance des termes échus de leur cotisation. Ces réclamations, transmises à la préfecture et renvoyées ensuite dans les communes pour y être instruites, ne peuvent souvent être jugées qu'après un délai assez long. Cette procédure peut être simplifiée lorsqu'il s'agit d'erreurs en quelque sorte évidentes et de nature à être clairement reconnues après un examen sommaire. L'art. 2 supprime la nécessité d'une réclamation individuelle ».

**Art. 3.** — *Des personnes admises à réclamer la décharge ou la réduction, ou à se pourvoir contre les décisions qui admettent les réclamations (Rép. nos 443 à 453).*

**207.** En principe, le droit de demander décharge ou réduction n'appartient qu'au contribuable inscrit sur le rôle (Cons. d'Et. 15 mars 1844, aff. Ponty, D. P. 45. 3. 148 ; 22 déc. 1863, aff. Billot, D. P. 64. 3. 19), et l'on ne peut réclamer pour un autre contribuable que si on justifie du mandat de celui-ci (*Rép.* n° 446). La jurisprudence du conseil d'Etat a fait de nombreuses applications de ces deux règles.

**208.** Ainsi ce n'est pas au directeur d'une école normale primaire, mais au préfet, à réclamer contre les contributions auxquelles l'école a été imposée au nom du département (Cons. d'Et. 26 mai 1863, aff. Ecole normale de Carcassonne, D. P. 63. 3. 55) ; ce n'est pas au desservant à réclamer contre l'imposition foncière établie sur la cure dépendant du presbytère, quand la cote est inscrite au nom de la commune et que celle-ci ne lui a donné aucun pouvoir pour élever une contestation (Cons. d'Et. 20 juill. 1858, aff. Lesongeur ; 14 janv. 1858, aff. Germond, D. P. 59. 3. 74). Il en serait différemment si ce pouvoir avait été donné. C'est ainsi qu'un capitaine de gendarmerie qui n'a pas qualité pour réclamer d'office dans l'intérêt d'un de ses subordonnés contre l'imposition de celui-ci à la contribution mobilière, peut réclamer quand il établit qu'il avait reçu de celui-ci mandat de former la réclamation et qu'il n'a fait que la transmettre par voie hiérarchique (Cons. d'Et. 30 mai 1868, aff. Durel, D. P. 71. 5. 99). Le syndic d'une faillite n'est pas recevable à demander, en cette qualité, décharge d'une contribution à laquelle le failli a été imposé pour une année postérieure à sa mise en faillite (Cons. d'Et. 1er mars 1878, aff. Ferry, et 12 août 1879, aff. Gaudin, D. P. 80. 3. 2 ; 30 juill. 1880, aff. Pinet, D. P. 81. 5. 100 ; 25 mars 1881, aff. Bouquereau, D. P. 82. 5. 137).

Enfin il a été décidé qu'un avoué ne pourrait, en sa seule qualité d'avoué et sans être muni d'un pouvoir spécial et régulier, former au nom d'un contribuable une demande en décharge ou réduction de contributions (Cons. d'Et. 11 janv. 1853, aff. Gérardin-Bailly, D. P. 53. 3. 44 ; 22 juin 1858, aff. Sorrel, D. P. 59. 3. 12). Mais cette dernière solution ne paraît plus applicable aujourd'hui, en présence de l'art. 8 de la loi du 22 juill. 1889 sur la procédure à suivre devant les conseils de préfecture, d'après lequel les avoués sont dispensés de produire un mandat devant le conseil de préfecture, lorsqu'ils exercent leur profession dans le département.

**209.** Des solutions diverses ont été données relativement à l'acquéreur d'un immeuble. Dans une première espèce, il a été jugé que l'acquéreur d'un terrain couvert d'une construction ne peut demander le dégrèvement de contribution foncière accordé, par l'art. 88 de la loi de frimaire an 7, aux bâtiments nouvellement construits, quand le terrain et par conséquent la maison construite ont continué, après la muta-

tion, à être portés au rôle sous le nom du vendeur (Cons. d'Et. 19 janv. 1850, aff. Bouquet, D. P. 51. 3. 11). Mais dans des espèces plus récentes il a été jugé que, même si les cotes sont restées inscrites sous le nom du vendeur, l'acquéreur de l'immeuble peut réclamer la décharge ou réduction des contributions (Cons. d'Et. 22 avr. 1857, aff. Pagart-Defrance, D. P. 58. 3. 19). C'est ainsi que celui qui, avant le 1er janvier d'une année, a acquis d'un hospice un immeuble sur lequel a été néanmoins assis pour cette année un impôt personnel au vendeur (la taxe représentative des droits de mutation établie par la loi du 20 févr. 1849) a qualité pour demander en son propre nom décharge de cette taxe (Cons. d'Et. 31 janv. 1856, aff. Guérin, D. P. 56. 3. 69). — Au cas d'expropriation, il a été décidé implicitement que l'exproprié peut réclamer la translation de la contribution foncière au nom de l'expropriant par voie de mutation, à partir du commencement de l'année qui suit le jugement de l'expropriation, alors même que l'indemnité n'a été payée et que l'expropriant n'a pris, en fait, possession de l'immeuble que dans le cours de ladite année (Cons. d'Et. 27 janv. 1888, aff. Lebaudy, D. P. 89. 3. 34).

**210.** C'est en vertu du même principe général qu'un mari n'a pas qualité, en l'absence de mandat, pour demander décharge de la contribution due par sa femme séparée de biens (Cons. d'Et. 8 janv. 1875, aff. Denave, D. P. 76. 5. 137). Mais les tuteurs et subrogés-tuteurs ont qualité pour réclamer contre les impositions exigées du mineur ; et le subrogé tuteur peut, même sans le concours du tuteur, demander décharge ou réduction de la patente à laquelle le père défunt du mineur aurait par erreur été imposé sur le rôle de l'exercice ouvert après son décès ; et si sa demande est repoussée par le conseil de préfecture pour défaut de justification de la qualité en laquelle il agit, il peut encore utilement faire cette justification devant le conseil d'Etat (Cons. d'Et. 18 juin 1859, aff. Beurry, D. P. 60. 3. 22). De même, le tuteur, au cas où une partie des contributions aurait été payée par le notaire chargé de la liquidation de la succession, peut, s'il n'est pas domicilié dans la commune, réclamer dans les trois mois du jour où il a eu connaissance de ces impositions et non dans les trois mois du payement ainsi fait (Cons. d'Et. 5 nov. 1875, aff. Lesueur, D. P. 76. 5. 137).

**211.** Le fermier n'a qualité pour réclamer contre l'imposition inscrite au nom du propriétaire qu'autant qu'il justifie d'un pouvoir spécial de celui-ci (Cons. d'Et. 5 janv. 1858, aff. Nicoullaud, D. P. 58. 3. 69). Spécialement le fermier d'un bac, bien que chargé par son bail du payement de la contribution foncière, n'a pas qualité pour le réclamer la réduction lorsque la cote foncière est inscrite au rôle sous le nom de l'Etat (Cons. d'Et. 22 déc. 1863, aff. Billiot, D. P. 64. 3. 19). Peu importe que le propriétaire soit intervenu sur le recours formé contre la décision du conseil de préfecture et se soit approprié la demande présentée dans son intérêt : la décision du conseil de préfecture qui aurait admis la réclamation du fermier seul serait toujours annulable (Cons. d'Et. 5 janv. 1858, aff. Nicoullaud, D. P. 58. 3. 69).

**212.** De même que le fermier, le locataire n'a pas qualité pour réclamer la réduction de la contribution inscrite sous le nom du propriétaire. Il avait été autrefois décidé, par exception à ce principe, que le locataire pouvait, à défaut du propriétaire, former une réclamation contre la contribution des portes et fenêtres portée au rôle au nom du propriétaire (Cons. d'Et. 14 déc. 1853, aff. Delépine et Cauchy, D. P. 54. 3. 85), surtout si le locataire justifiait avoir payé les douzièmes échus de cette contribution (Cons. d'Et. 21 févr. 1855, aff. Ponsard, D. P. 55. 3. 49). On justifiait cette décision par cette remarque que, si la contribution des portes et fenêtres (à raison, bien entendu, des ouvertures de l'appartement occupé par le locataire) était exigible contre le propriétaire, elle était en définitive à la charge du locataire. Mais le conseil d'Etat n'a tardé pas à juger cette raison insuffisante ; il revint à la règle générale et décida que le locataire n'a pas qualité pour réclamer contre la contribution inscrite au nom du propriétaire, même si le payement de cette contribution est mis à sa charge par une clause du bail (Cons. d'Et. 7 janv. 1857, aff. Herculan, D. P. 57. 3. 59 ; 6 nov. 1885, aff. Genteur, D. P. 86. 5. 126) ; même si, de plus, le locataire a été désigné au percepteur par le propriétaire, conformément à l'art. 6 de la loi du 4 août 1844, comme chargé d'acquitter en son nom les contributions directes (Cons. d'Et. 4 févr. 1887, aff. Duroyon, D. P. 88. 5. 141).

**213.** Si le locataire ne peut réclamer au sujet des contributions du propriétaire, le propriétaire ne peut davantage réclamer au sujet des contributions du locataire. Le conseil d'Etat avait fait une application très rigoureuse de cette règle à l'époque où il reconnaissait au locataire qualité pour réclamer contre la contribution des portes et fenêtres, en décidant que le propriétaire ne pouvait pas demander décharge ou réduction de la contribution assise sur les ouvertures des appartements occupés par ses locataires, bien que cette contribution, supportée il est vrai en définitive par les locataires, fût inscrite au rôle à son propre nom (Cons. d'Et. 28 févr. 1856, aff. Bruneau, D. P. 56. 3. 49). Plus récemment, il a été décidé qu'un propriétaire ne peut pas réclamer décharge de la contribution d'un locataire dont il n'est pas responsable, par exemple, de la contribution d'un locataire déménagé avant le 1er janvier et qu'il aurait payée volontairement et sans qu'aucune poursuite ait été exercée contre lui par le percepteur (Cons. d'Et. 28 janv. 1887, aff. Cotard, D. P. 88. 5. 142).

**214.** Quand un propriétaire a fait vendre le mobilier et le matériel de son fermier et que le Trésor a fait prélever sur le produit de cette vente le montant des contributions dues par ce fermier, le propriétaire a qualité pour demander, en son nom personnel, décharge de ces contributions (Cons. d'Et. 22 mai 1874, aff. Gripon, D. P. 75. 3. 42 ; 14 mai 1886, aff. Riverin, D. P. 87. 3. 93). De même, quand un propriétaire a fait procéder à la saisie et à la vente du mobilier et du matériel appartenant à son locataire et que la somme ainsi obtenue est insuffisante pour couvrir le montant de sa créance, il a qualité pour réclamer contre l'imposition de son locataire à un droit de patente que le percepteur, en vertu du privilège concédé au Trésor par la loi des 12-22 nov. 1808, serait en droit de prélever sur le produit de la vente du mobilier et du matériel qui forment le gage du propriétaire (Cons. d'Et. 14 mars 1884, aff. Charpin, D. P. 85. 5. 131-132). Par contre, le propriétaire n'a pas qualité, quand un commissaire-priseur a, sur les deniers provenant de la vente d'objets saisis à la requête de ce propriétaire, payé les contributions du locataire saisi, pour demander au conseil de préfecture le remboursement des sommes ainsi payées en se fondant sur ce que la contribution aurait été indûment imposée (Cons. d'Et. 4 juill. 1879, aff. Dame Erhard, D. P. 79. 3. 109 ; 14 mai 1886, aff. Riverin, D. P. 87. 3. 93) ; ni pour demander, au nom du locataire, décharge de ces contributions, car il n'a pas été personnellement l'objet de poursuites en payement de ces contributions imposées à son locataire (Cons. d'Et. 16 juill. 1886, aff. Bernard, D. P. 87. 3. 120).

En matière de faillite, il a été jugé que les contributions directes imposées à un failli postérieurement à la faillite constituant pour lui des dettes personnelles dont l'exécution ne peut être poursuivie sur l'actif de la faillite, le syndic est sans qualité pour demander décharge au nom de la masse des créanciers (Cons. d'Et. 9 avr. 1886, aff. Delamorinière, D. P. 87. 3. 93).

**215.** Un tiers qui ne justifierait pas d'un mandat régulier ne pourrait pas réclamer contre la contribution imposée au nom d'un autre, alors même qu'il aurait été judiciairement condamné à acquitter la contribution dont il s'agit (Cons. d'Et. 22 janv. 1868, aff. Louvet-Dorchin, D. P. 68. 2. 103). D'ailleurs, le tiers qui présente une réclamation au nom d'un autre contribuable n'est pas tenu, à peine de non-recevabilité, de justifier dans sa requête même du pouvoir qu'il a dû recevoir à cet effet ; cette justification peut être utilement faite tant que la décision du conseil de préfecture n'est pas intervenue et par la simple production d'une lettre autorisant le réclamant à agir (Cons. d'Et. 21 févr. 1855, aff. Ponsard, D. P. 55. 3. 49). Et cette justification peut même être faite devant le conseil d'Etat (Cons. d'Et., 21 févr. 1855, aff. Veuve Durot, D. P. 55. 3. 49). Comp. supra, n° 210.

**216.** Les percepteurs n'ont qualité pour demander la décharge des cotes indûment imposées soit en matière de contribution personnelle et mobilière, soit en matière de patente, que lorsque les contribuables qu'elles concernent ne peuvent réclamer eux-mêmes, soit parce qu'ils sont décédés, soit parce qu'ils sont allés habiter un lieu inconnu, soit parce qu'ils sont dénués de ressources ; il n'en est plus

ainsi quand les contribuables peuvent réclamer ou quand leur nouvelle résidence est connue et qu'on peut y adresser un avertissement (Cons. d'Et. 27 avr. 1854, aff. Mauduit, D. P. 55. 3. 33). Dans ces derniers cas, il y a lieu non seulement de déclarer non recevable la demande soutenue d'office par le percepteur, mais même d'annuler la décision par laquelle le conseil de préfecture, faisant droit à la demande, aurait prononcé la décharge (Cons. d'Et. 12 sept. 1853, aff. Mandet et aff. du Tillet, percepteur de Sèvres ; 22 mars 1854, aff. Baurel et autres, D. P. 54. 3. 87). A plus forte raison ce droit de réclamer est-il refusé au percepteur quand le contribuable a formé lui-même une demande en décharge ou réduction (Cons. d'Et. 27 avr. 1854, aff. Mauduit, D. P. 55. 3. 33). De même le maire n'a pas qualité pour présenter d'office et sans mandat, au nom d'un contribuable absent, une demande en décharge de contributions directes (Cons. d'Et. 31 févr. 1856, aff. Courteix, D. P. 56. 3. 45).

**217.** On a exposé au Rép. n° 449 que, d'après la jurisprudence du conseil d'Etat, les contribuables sur lesquels doit être reporté le montant des décharges ou des réductions n'ont pas qualité pour attaquer ut singuli les décisions du conseil de préfecture qui accordent ces décharges ou ces réductions.

Au contraire, les contribuables surtaxés par suite de dispenses illégalement accordées par l'autorité municipale sont recevables à réclamer devant le conseil de préfecture (Cons. d'Et. 9 juin 1869, aff. Petit-Jean, D. P. 71. 3. 30). On a vu supra, n° 113, des applications de cette règle au sujet des exemptions admises en matière de contribution mobilière par le conseil municipal de Paris.

**Art. 4.** — Formalités auxquelles les réclamations en décharge ou réduction sont soumises. — Expertise (Rép. nos 454 à 480).

**218.** — I. Forme des réclamations. — Les réclamations doivent être formées par pétition adressée au sous-préfet et rédigée sur papier libre, si la réclamation a pour objet une cote inférieure à 30 fr., sinon sur papier timbré (Rép. n° 454, V. infrà, v° Timbre). Est d'ailleurs recevable la réclamation qui, présentée dans le délai légal sur papier non timbré, a été reproduite sur papier timbré après l'expiration de ce délai, mais avant la décision du conseil de préfecture (Cons. d'Et. 7 avr. 1870, aff. Seguin, Rec. Cons. d'Etat, 1870, p. 433).

**219.** Les contribuables ne sont pas obligés de présenter des pétitions pour chaque cote. Par suite, c'est à tort qu'une réclamation serait rejetée comme non recevable sous les divers prétextes qu'elle porterait à la fois sur les cotisations de deux années consécutives, si d'ailleurs elle avait été présentée dans le délai légal (Cons. d'Et. 7 juin 1855, aff. Maillard-Vathelet, D. P. 56. 3. 3) ;... ou qu'elle porterait sur des cotisations payables dans diverses communes (Cons. d'Et. 14 mai 1870, aff. d'Hérisson, D. P. 71. 3. 78 ; 1er mai 1874, aff. Fournez, D. P. 75. 5. 124) ;... ou enfin qu'elle porterait sur plusieurs contributions (Cons. d'Et. 23 janv. 1880, aff. Mongel-Coudray, D. P. 80. 5. 114). Mais il faut que ces contributions se rapportent à la même personne, et plusieurs personnes inscrites séparément au rôle pour des cotes supérieures à 30 fr. (Rép. n° 455) ne pourraient se réunir à l'effet de former sur une seule feuille de papier timbré une réclamation collective contre l'impôt qu'elles supportent ; dans ce cas, la réclamation ne vaudrait que pour celui des contribuables dont le nom figure le premier sur la pétition (Cons. d'Et. 24 déc. 1863, aff. Magnier-Monchaux et autres, Rec. Cons. d'Etat, 1863, p. 875).

**220.** L'art. 28 de la loi du 21 avr. 1832 prescrit à tout contribuable de joindre à sa réclamation la quittance des termes échus (Rép. n° 456). Cette obligation est générale et s'applique même aux demandes présentées par le ministre des finances dans l'intérêt de l'Etat (Cons. d'Et. 6 mars 1861, aff. Min. des fin., D. P. 61. 3. 26 ; 24 déc. 1880, aff. Min. des fin., D. P. 82. 3. 52-53) ; ou aux demandes présentées au nom d'une commune (Cons. d'Et. 15 mai 1857, aff. Ville de Paris, D. P. 61. 3. 26) ; même à celles qui contestent le principe même de l'imposition, comme la demande en décharge formée par une mère en qualité de tutrice de ses filles mineures imposées à la patente conjointement avec elle et fondée sur ce que celles-ci n'ont pu, à raison de leur état de minorité, être soumises à la patente (Cons. d'Et. 28 févr. 1856, aff. Peyte, D. P. 56. 3. 4). Bien entendu, la quittance doit s'appliquer à la cotisation objet de la réclamation. Ainsi le contribuable qui demande, à raison d'un changement de résidence, décharge de la contribution mobilière dans son ancienne résidence, ne satisfait pas à l'obligation de l'art. 28 de la loi de 1832 en produisant quittance des termes échus dans sa nouvelle résidence (Cons. d'Et. 18 nov. 1887, aff. Landelle, D. P. 88. 5. 142).

Cette obligation correspond à la division de la perception par douzièmes, et à la faculté que le même art. 28 accorde au contribuable, s'il n'a pas été statué sur sa réclamation dans le délai de trois mois, de différer le payement des termes qui viennent à échoir ensuite. Donc l'obligation de joindre la quittance des termes échus ne sera pas applicable à une taxe assimilée aux contributions directes, spécialement en matière de desséchement de marais, de construction de trottoirs, de travaux défensifs ou de pavage, si cette taxe n'est pas payable par douzièmes et si, en fait, la totalité en a été réclamée en un seul payement (Cons. d'Et. 24 déc. 1863, aff. Magnier-Monchaux et autres ; 1er mars 1866, aff. Cosmao et autres, D. P. 67. 3. 4 ; 28 juin 1869, aff. Synd. de l'Agly et autres, D. P. 71. 3. 16 ; 3 août 1877, aff. Ville de Paris, D. P. 78. 3. 28). De même le réclamant n'a aucune quittance à produire quand il forme sa demande au commencement de l'année, avant l'échéance du premier terme de sa cotisation (Cons. d'Et. 13 janv. 1858, aff. Vergne, D. P. 58. 3. 59 ; 2 août 1878, aff. Chovet, D. P. 78. 5. 160). Mais il devra joindre la quittance des termes échus quand il réclame contre le rôle supplémentaire ou le quatrième trimestre d'une année, même si ce rôle n'a été publié qu'après le commencement de l'année suivante (Cons. d'Et. 16 déc. 1887, aff. Leyer, D. P. 88. 5. 142-143).

**221.** Quand une demande non accompagnée de quittance a été jugée non recevable par un conseil de préfecture, le conseil d'Etat peut relever de la déchéance le contribuable s'il justifie devant lui du payement de ces termes effectué antérieurement à la décision du conseil de préfecture (Cons. d'Et. 7 août 1859, aff. Rousseaux, D. P. 63. 3. 28 ; 20 juin 1855, aff. Gallien, D. P. 56. 3. 5 ; 28 févr. 1856, aff. Revol, D. P. 56. 3. 47 ; V. aussi Cons. d'Et., 2 févr. 1859, aff. Lecoq, et 24 févr. 1864, aff. Sigaud, D. P. 65. 5. 377). S'il renvoie le réclamant devant le conseil de préfecture pour être statué après une instruction réglementaire, le conseil d'Etat ne peut d'ailleurs pas lui accorder un sursis pour le payement des douzièmes restant dus (Cons. d'Et. 27 mai 1887, aff. Husson, D. P. 88. 5. 142).

Les sommes versées par les contribuables pour le payement de leurs contributions sont présumées avoir été payées pour l'acquit des termes échus de toutes les contributions auxquelles ils sont imposés, à moins qu'une imputation spéciale ne résulte de la quittance. Par suite, quand un contribuable a acquitté l'ensemble de ses contributions sans imputation spéciale, la demande en décharge ou réduction qu'il intente ne peut être déclarée irrecevable sous prétexte que la quittance ne spécifie pas que la somme payée l'a été pour l'acquit des termes échus de la contribution objet de la réclamation (Cons. d'Et. 12 juin 1860, aff. Roussel, D. P. 60. 3. 59 ; 17 févr. 1888, aff. Chamaillard, D. P. 89. 5. 142) ; on serait également mal venu à prétendre qu'il résulte des circonstances que le payement ne devait pas s'appliquer à ladite contribution (Cons. d'Et. 30 avr. 1875, aff. Martineau, D.P. 75. 3. 104). Mais par contre, la demande ne serait pas recevable s'il résultait d'imputations portées sur la quittance que le réclamant n'a pas payé avant sa réclamation la totalité des douzièmes échus de la contribution dont il demandait la réduction, sans qu'il puisse se prévaloir de ce que la somme totale par lui payée dépasse les douzièmes échus de l'ensemble de ses contributions (Cons. d'Et. 6 mai 1881, aff. Pelletier, D. P. 82. 3. 104). Le contribuable qui n'a pas joint à sa demande les quittances réglementaires ne peut pas, pour sa justification, alléguer que le percepteur aurait refusé d'imputer ses acomptes sur l'imposition contestée, car il aurait dû faire redresser ce fait du comptable par l'autorité compétente (Cons. d'Et. 11 févr. 1859, aff. Bonnefond, D. P. 59. 3. 53). Mais s'il était établi que le percepteur a refusé de recevoir les acomptes dont le payement était offert par le contribuable, le conseil de préfecture ne

pourrait rejeter la demande de celui-ci pour défaut de production de la quittance des termes échus (Cons. d'Et. 3 mai 1878, aff. Grandperrier, D. P. 78. 5. 160).

**222.** Une demande qui n'a pas été tout d'abord accompagnée de la quittance des termes échus est néanmoins recevable si la quittance a été produite au moment même où la réclamation était soumise au conseil de préfecture (Cons. d'Et. 21 mai 1862, aff. Bourgeois, Rec. Cons. d'Etat, p. 400). Mais une fois l'arrêté du conseil de préfecture rendu, le contribuable ne pourrait pas se prévaloir devant le conseil d'Etat, pour faire déclarer sa réclamation recevable, d'une quittance postérieure à cet arrêté (Cons. d'Et. 23 nov. 1883, aff. Leneveu, D. P. 85. 3. 70). Par contre, le conseil d'Etat annule pour un autre vice de formes l'arrêté du conseil de préfecture qui déclare une demande non recevable pour défaut de production de quittance et renvoie le contribuable devant le conseil de préfecture, le payement effectué par le contribuable postérieurement à la décision du conseil d'Etat, mais avant que le conseil de préfecture ait statué à nouveau, suffit pour que la fin de non-recevoir ne puisse lui être opposée (Cons. d'Et. 8 févr. 1884, aff. Trautwein, D. P. 85. 3. 70). Et il en est ainsi au cas où le conseil d'Etat, après avoir annulé l'arrêté du conseil de préfecture, évoque l'affaire (Cons. d'Et. 7 nov. 1884, aff. Letouzé, D. P. 86. 3. 51; 13 févr. 1885, aff. Monin, D. P. 86. 5. 126-127).

**223.** Les contribuables étant obligés, en matière de contributions directes et de taxes assimilées, d'acquitter, même en cas de recours, les termes échus de leurs impositions, aucune fin de non-recevoir ne peut être tirée contre les réclamations par eux formées de ce qu'ils auraient acquitté sans réserves le montant des impositions contestées (Cons. d'Et. 12 août 1859, aff. Lacave et autres, D. P. 60. 3. 69; 22 févr. 1866, aff. Ville d'Estaing, D. P. 66. 3. 88).

Il a été jugé que le contribuable n'est pas tenu de joindre à sa demande en décharge ou réduction l'avertissement de l'imposition pour laquelle il est compris au rôle; ce serait donc à tort qu'un conseil de préfecture se fonderait sur ce prétexte pour déclarer sa demande non recevable (Cons. d'Et. 6 déc. 1862, aff. Meynial, Rec. Cons. d'Etat, 1862, p. 748. — V. toutefois, L. 22 juill. 1889, art. 2, in fine (D. P. 90. 4. 1).

**224.** — II. Instruction. — Aux termes de l'art. 29 de la loi du 21 avr. 1832, la demande en décharge ou réduction est renvoyée au contrôleur des contributions directes qui vérifie les faits et donne son avis après avoir pris celui des répartiteurs. Il a été jugé que l'inspecteur des contributions directes pouvait être désigné par le directeur, pour représenter l'Administration au lieu et place du contrôleur (Cons. d'Et. 24 févr. 1866, aff. Levallois, Rec. Cons. d'Etat, 1866, p. 141). Puis, la demande est transmise au directeur des contributions directes qui donne également son avis. Si cet avis est favorable à la demande, le directeur fait son rapport et le conseil de préfecture statue ; sinon, le directeur transmet le dossier à la sous-préfecture et invite le réclamant à en prendre connaissance (Rép. n° 457).

Il a été jugé que l'obligation de communiquer au réclamant, à peine de nullité, l'avis du directeur des contributions lorsqu'il est défavorable, ne s'étend pas aux observations en réplique que celui-ci peut fournir après la réponse à son avis ; cette communication serait sans doute utile et même conforme à l'esprit de la loi au cas où les nouvelles observations différeraient des premières, mais ce serait alors faire dépendre la nécessité de cette communication d'une appréciation parfois délicate et même créer une nouvelle cause de nullité (Cons. d'Et. 19 avr. 1854, aff. Bonnefond et Couratier, D. P. 54. 3. 54). Décidé aussi que, dans le cas où la contre-vérification faite par un inspecteur n'est qu'un acte d'instruction prescrit par l'Administration et destiné à préparer l'avis de ses agents, l'inspecteur n'est pas tenu de suivre les formalités prescrites par l'art. 29 de la loi du 26 mars 1831 pour les contre-vérifications ordonnées par le conseil de préfecture (Cons. d'Et. 10 mai 1860, aff. Legendre, Rec. Cons. d'Etat, p. 298 ; 17 juill. 1887, aff. Ollivier, D. P. 88. 5. 138).

**225.** Un conseil de préfecture saisi de la demande d'un contribuable tendant à obtenir la division de la cote inscrite à son nom, ne peut rejeter cette demande sans avoir fait procéder à l'instruction de l'affaire dans les formes prescrites par l'art. 2 de l'arrêté du Gouvernement du 24 flor. an 8 (Cons. d'Et. 22 nov. 1878, D. P. 79. 3. 37). Quand l'avis du directeur est favorable à la réclamation, le conseil de préfecture n'est pas tenu de communiquer cet avis au réclamant et peut statuer aussitôt (Cons. d'Et. 18 juill. 1884, aff. Coindre, D. P. 86. 3. 15) ; mais il est tenu à cette communication, si l'avis du directeur est contraire (Cons. d'Et. 9 mai 1879, aff. Blain, D. P. 80. 3. 1 ; 6 févr. 1880, aff. Jullien, D. P. 80. 3. 87) ; peu importe alors que l'avis du directeur soit fondé sur ce que la demande était irrégulière en la forme, comme non écrite sur papier timbré ou non accompagnée de la quittance des termes échus; l'arrêté intervenu sans communication préalable doit toujours être annulé et le réclamant renvoyé devant le conseil de préfecture (Arrêts précités des 9 mai 1879 et 6 févr. 1880). — Il a été décidé, d'ailleurs, qu'une réclamation tardive peut être rejetée par le conseil de préfecture, sans qu'il soit procédé à l'instruction prescrite par les art. 28 et 29 de la loi du 21 avril 1832 (Cons. d'Et. 29 janv. 1886, aff. Roullier, D. P. 87. 4. 69).

**226.** Alors même qu'un contribuable déclare élire domicile chez un mandataire chargé de former en son nom une demande en décharge ou réduction, l'Administration n'est pas tenue de faire au domicile élu, et peut valablement faire au domicile réel du réclamant, les notifications prescrites par la loi et notamment par l'art. 29 de la loi du 21 avr. 1832 (Cons. d'Et. 17 déc. 1880, aff. Aurégan, D. P. 82. 3. 54 ; 9 nov. 1883, aff. Merlet, D. P. 83. 3. 68). — Sur un point analogue, il a été décidé que l'avertissement donné au réclamant que l'avis du directeur est contraire à la réclamation (formée par une société à raison d'une succursale) et est déposé à la sous-préfecture, peut être valablement donné soit au siège de la succursale, bien que la société réclamante ait déclaré faire élection de domicile au siège social, soit au siège de ladite succursale (Cons. d'Et. 1er août 1884, aff. Banque de prêts à l'industrie, succursale de Boulogne ; même jour, succursale d'Epinal, D. P. 86. 3. 22 ; 2 déc. 1887, aff. François, D. P. 88. 3. 94). Relativement à l'avis même, il a été jugé qu'aucune disposition législative ne prescrivait que cet avis, invitant le réclamant à prendre communication du dossier déposé à la sous-préfecture, énonçât les motifs par lesquels le directeur des contributions directes proposait le rejet de la requête (Cons. d'Et. 2 mars 1877, aff. de Kermaingant, D. P. 77. 5. 132).

**227.** Relativement aux répartiteurs, plusieurs difficultés de détail ont été tranchées par la jurisprudence. C'est ainsi qu'il a été jugé que la condition que les répartiteurs présents doivent être au nombre de cinq au moins pour délibérer et donner leur avis, est une condition nécessaire; par suite, est entachée de nullité radicale la décision prononcée par un conseil de préfecture sur le vu d'un avis signé seulement de trois répartiteurs (Cons. d'Et. 7 juin 1855, aff. Micaud, D. P. 56. 3. 4). Dans ce cas, le directeur des contributions directes peut provoquer d'office une seconde délibération des répartiteurs sans être tenu de faire annuler la première par le conseil de préfecture ; et le maire, les répartiteurs, les contrôleurs et directeurs qui ont pris part à la première instruction ne sont pas tenus de s'abstenir de participer à la seconde (Cons. d'Et. 23 déc. 1845, aff. Cormier, D. P. 46. 3. 84). Décidé également que la communication aux répartiteurs des observations des contribuables en réponse à l'avis défavorable du directeur n'est pas prescrite à peine de nullité; l'omission de cette communication ne peut donc être une cause de nullité de la décision du conseil de préfecture (Cons. d'Et. 30 oct. 1848, aff. Druet-Desvaux, D. P. 49. 3. 38). De même, le délai de dix jours à partir de la communication dans lequel l'art. 20 de la loi du 2 mess. an 7 veut que les répartiteurs donnent leur avis sur une réclamation en matière de contributions directes n'est pas prescrit à peine de nullité; l'inobservation de ce délai ne peut donc faire déclarer nulle ni l'instruction sur la réclamation, ni la décision qui la suivie (Cons. d'Et. 16 août 1865, aff. Paradis, D. P. 66. 5. 101). Par contre, c'est à peine de nullité de la décision à intervenir que les répartiteurs doivent être appelés à donner leur avis sur les réclamations en matière d'impôts de répartition (Cons. d'Et. 2 juill. 1886, aff. Perrier-Cornet, D. P. 88. 3. 6). — Enfin il a été décidé que les répartiteurs nommés antérieurement à la loi du 5 avr. 1884

ont conservé leurs pouvoirs nonobstant l'art. 61 de ladite loi qui a prescrit, pour la désignation des répartiteurs, un nouveau mode de nomination (Cons. d'Et. 8 nov. 1889, aff. Gailhard, D. P. 91. 3. 36).

**228.** Quand le conseil de préfecture a, sur l'avis défavorable du directeur, provoqué une nouvelle délibération des répartiteurs, il n'est pas nécessaire que le dossier soit de nouveau déposé à la sous-préfecture pour être communiqué au réclamant (Cons. d'Et. 13 avr. 1877, aff. Sengeusse, D. P. 77. 3. 70).

**229.** Dans les communes de moins de 5000 âmes, le fait qu'un des répartiteurs seulement a été choisi parmi les contribuables fonciers non domiciliés dans la commune n'est pas une cause de nullité, s'il résulte de la déclaration du maire que l'Administration s'est trouvée dans l'impossibilité de désigner deux répartiteurs forains (Cons. d'Et. 13 avr. 1877, cité *supra*, n° 228).

Il a été décidé que le maire et l'adjoint font partie, sous l'empire des art. 12 et 13 de la loi du 28 pluv. an 8, de la commission des répartiteurs, même dans les communes de plus de 5000 âmes, où, avant cette loi, deux officiers municipaux devaient être désignés pour faire partie de cette commission (Cons. d'Et. 24 nov. 1882, aff. Rouget de Lisle, D. P. 84. 2. 39). Aux termes du même arrêt, aucune disposition législative n'exige, à peine de nullité, que les avis des répartiteurs soient motivés.

**230.** — III. Expertise. — Aux termes de l'art. 29 de la loi du 21 avr. 1832, le directeur dont l'avis a été défavorable à la réclamation doit inviter le réclamant à en prendre communication et à faire connaître s'il veut fournir de nouvelles observations ou recourir à la vérification par experts (*Rép.* n° 461). Il a été jugé à plusieurs reprises que l'inobservation de cette règle n'est point prescrite à peine de nullité de l'arrêté du conseil de préfecture (Cons. d'Et. 20 juin 1855, aff. Delernoy, D. P. 56. 3. ; 22 avr. 1857, aff. Duverdier, D. P. 58. 3. 18). Ce droit de réclamer l'expertise appartient à tout contribuable qui demande réduction de l'impôt direct auquel il est imposé, même si la réclamation porte, non sur l'évaluation du revenu net, mais sur la détermination de la proportion d'atténuation à établir entre le revenu net et le revenu matériel (Cons. d'Et. 31 août 1860, aff. Godin et autres, *Rec. Cons. d'Etat*, 1860, p. 680).

**231.** La question s'est présentée de savoir si ce droit devait être reconnu au contribuable qui fonde sa réclamation sur ce que la division de la cote foncière afférente à une propriété qu'il aurait acquise en partie seulement n'aurait pas été faite exactement ; en réalité, c'est là non pas une demande en réduction, mais une demande en mutation de cote. Cependant le conseil d'Etat n'a pas fait d'exception et, appliquant à ce cas la règle générale sur les demandes en réduction, a décidé que l'expertise pouvait être réclamée (Cons. d'Et. 13 avr. 1883, aff. Commune de Sainte-Blandine et sieurs Malleton et Rabatel, D. P. 84. 3. 115. — V. la note sur cet arrêt. D. P. *ibid.*)

**232.** Il faut d'ailleurs que le contribuable demande réellement une expertise ; il a été jugé, avec quelque rigueur d'ailleurs, que s'il se bornait à déclarer dans sa réclamation qu'une « enquête » démontrera l'exactitude de ses affirmations, il ne pourrait être considéré comme ayant demandé l'expertise, et par suite le conseil de préfecture ne serait pas tenu de l'ordonner (Cons. d'Et. 22 mai 1885, aff. Vigneron, D. P. 86. 3. 133) ; à plus forte raison en serait-il de même s'il avait complètement négligé de demander l'expertise, sans manifester aucune intention analogue comme dans l'espèce précédente ; dans ce cas il n'aurait plus le droit d'exiger l'expertise devant le conseil d'Etat (Cons. d'Et. 19 avr. 1854, aff. Granjon, D. P. 55. 5. 106; 4 juin 1867, aff. Designorio, D. P. 68. 5. 107 ; 13 janv. 1888, aff. Bonjour, D. P. 88. 5. 140 ; 1er juill. 1887, aff. Bellordre, D. P. 88. 3. 112).

**233.** La demande d'expertise, comme on l'a vu au *Rép.* n° 463, est soumise à un délai ; aux termes de l'art. 29 de la loi de 1832, le réclamant est tenu de faire connaître dans les *dix jours* s'il veut fournir de nouvelles observations ou recourir à la vérification par voie d'experts. Il a été décidé à ce propos que l'arrêté du conseil de préfecture doit être annulé si le dossier n'est pas resté déposé à la sous-préfecture pendant dix jours à partir du moment où le réclamant a été invité à présenter ses observations ou à demander l'expertise (Cons. d'Et. 7 août 1856, aff. Millard, D. P. 57. 3. 20); d'ailleurs si le réclamant ne se plaint pas d'avoir été privé de la faculté d'expertise, le conseil d'Etat peut, tout en annulant l'arrêté, statuer lui-même au fond (Même arrêt). De même, la décision du conseil de préfecture est frappée de nullité quand l'expertise a été demandée en temps utile par le contribuable et n'a pas eu lieu ; il y a lieu alors de renvoyer le contribuable devant le même conseil de préfecture pour, après l'expertise, être statué à nouveau ce qu'il appartiendra (Cons. d'Et. 31 mai 1854, aff. Dassieu, D. P. 54. 3. 84). De même, l'arrêté du conseil de préfecture serait nul comme ayant été rendu après une instruction irrégulière, s'il n'avait pas été procédé à l'expertise régulièrement demandée par le réclamant, sous prétexte que le fils du réclamant y a renoncé, alors que le réclamant déclare n'avoir donné aucun mandat à son fils à cet effet (Cons. d'Et. 1er juill. 1887, aff. Ali-ben-Barch, D. P. 88. 5. 80). D'ailleurs le conseil de préfecture peut, sans commettre de nullité, s'abstenir de faire procéder à l'expertise demandée, quand il fonde sa décision sur les faits même qui sont articulés par le réclamant (Cons. d'Et. 3 oct. 1857, aff. Forquet, D. P. 58. 3. 66 ; 4 nov. 1887, aff. Bourguignon, D. P. 88. 3. 133).

Si le contribuable n'a formé sa demande d'expertise qu'après les dix jours accordés par la loi, et s'il ne formule, comme devant être soumis aux experts, aucun moyen de nature à faire obstacle à l'application de la déchéance, le conseil de préfecture n'est pas tenu de faire procéder à l'expertise (Cons. d'Et. 21 juin 1854, aff. Hébrad, D. P. 55. 3. 42 ; 9 mai 1860, aff. Besuchet, Rec. Cons. d'Etat, 1860, p. 369 ; 14 mars 1884, aff. Bonyala, D. P. 85. 3. 96). Dans ce cas d'ailleurs, le conseil de préfecture conserve toujours la faculté d'ordonner l'expertise, même après le délai, si elle lui paraît nécessaire ou utile (Cons. d'Et. 22 janv. 1864, aff. Lesimple et aff. Perruchot, D. P. 64. 3. 43 ; 11 mai 1864, aff. Cros-Mayrevieille, D. P. 65. 3. 20).

Le contribuable peut, dans ses demandes en décharge ou réduction, déclarer par anticipation qu'il entend, au cas d'avis défavorable du directeur, avoir recours à l'expertise ; et c'est à tort que le conseil de préfecture ne ferait droit à cette déclaration que dans le cas où elle aurait été renouvelée après communication de l'avis du directeur (Cons. d'Et. 26 juill. 1854, aff. Brivot, D. P. 55. 3. 48 ; 26 juill. 1854, aff. Tainturier, D. P. 55. 3. 48 ; 6 mai 1857, aff. Boyer, D. P. 58. 3. 24).

**234.** Quand l'expertise est demandée, deux experts sont nommés, l'un par le sous-préfet, l'autre par le réclamant, et se rendent sur les lieux avec le contrôleur, en présence de deux répartiteurs et du réclamant, pour procéder à la vérification (Rép. n° 466). — Sur les conditions requises pour être expert, V. Rép. n° 468.

Relativement à l'expert du réclamant, il a été décidé que le mandataire choisi par le réclamant pour suivre en son nom la demande en réduction ne peut être désigné comme expert (Cons. d'Et. 31 août 1871, aff. Alizard et Jousserand, D. P. 72. 3. 60) ; il a été aussi jugé que c'est au conseil de préfecture et non au préfet qu'il appartenait de prononcer sur la récusation proposée par l'Administration, de l'expert du réclamant, et de désigner d'office un expert au cas de refus par le réclamant de remplacer l'expert récusé (Même arrêt).

Relativement à l'expert de l'Administration, il a été décidé qu'aucune disposition de loi ne s'oppose à ce que cet expert soit un agent de l'Administration, comme par exemple, un vérificateur des poids et mesures (Cons. d'Et. 5 oct. 1857, aff. Othon, D. P. 58. 3. 26); un agent-voyer (Cons. d'Et. 14 juin 1861, aff. Sarget, D. P. 61. 3. 56) ; un secrétaire de mairie (Cons. d'Et. 8 août 1884, aff. Grasset, D. P. 86. 3. 30) ; cette circonstance ne peut donner lieu à aucune récusation, et les conseils de préfecture peuvent, en l'absence de toute disposition prohibitive à cet égard, admettre ou désigner comme experts des agents de l'Administration (Arrêts précités). Mais, aux termes de l'art. 17 de la loi du 22 juill. 1889 sur la procédure à suivre devant les conseils de préfecture (D. P. 90. 4. 1), la mission d'expert ne pourrait être confiée à des fonctionnaires ayant exprimé une opinion au sujet du litige.

**235.** En matière de contributions directes, les experts des deux parties ne sont pas obligés de prêter serment (Rép. n° 469 ; V. infrà, v° Serment). Le réclamant ne peut se faire un grief de ce que le nom et la qualité de l'expert de l'Administration ne lui ont pas été notifiés avant l'expertise, si, en ayant eu connaissance au moment de la réunion, il n'a fait alors ni protestation ni réserve quant à son droit de récusation (Cons. d'Et. 5 oct. 1857, aff. Othon, D. P. 58. 3. 27). Quant au contrôleur qui assiste à l'expertise, il agit comme représentant de l'Administration ; il suit de là que le directeur des contributions directes peut désigner l'inspecteur pour assister à l'expertise à la place du contrôleur (Cons. d'Et. 25 avr. 1879, aff. Pagès-Viala, D. P. 80. 5. 114).

**236.** Aux termes de l'art. 107 de la loi du 2 mess. an 7, à défaut par le réclamant de se trouver sur les lieux aux jours et heures indiqués, ou de s'y faire remplacer par un fondé de pouvoirs, les experts doivent procéder nonobstant l'absence du non-comparant (Rép. n° 470). — Décidé, en conséquence, que le contribuable qui ne peut assister à l'expertise a la faculté de se faire remplacer par un mandataire, mais il ne peut exiger que le jour de l'expertise soit changé (Cons. d'Et. 4 mars 1881, aff. Fauthoux, D. P. 82. 3. 100).

C'est l'Administration qui, aux termes de l'art. 23 de la loi du 2 mess. an 7, fixe le jour et l'heure de la descente des experts sur les lieux ; les experts et le réclamant doivent en être prévenus dix jours à l'avance ; par suite, si le réclamant a été averti moins de dix jours à l'avance, alors même qu'il se serait présenté à la mairie au jour et à l'heure fixés pour l'expertise, s'il a refusé de prendre part aux opérations de l'expertise, et si, à la suite de cette opposition, l'expertise n'a pas été faite par lequel le conseil de préfecture a statué au fond sur le mérite de sa réclamation doit être annulé (Cons. d'Et. 21 déc. 1877, aff. Goullay, D. P. 78. 5. 160). Quant aux experts, ils doivent se rendre sur les lieux, à peine de nullité, pour y vérifier les faits et notamment la valeur locative des lieux imposés (Cons. d'Et. 29 juin 1877, aff. Lannoy-Broyon, D. P. 77. 3. 86 ; 23 janv. 1880, aff. Aubry, D. P. 80. 5. 114). Si l'expert du contribuable est absent, notamment pour cause de maladie, ne peut-être procédé à l'expertise réclamée sans que le contribuable ait nommé un autre expert pour le remplacer (Cons. d'Et. 10 sept. 1856, aff. Grand, D. P. 57. 3. 32). Mais un contribuable ne peut se faire un moyen de nullité, contre l'arrêté du conseil qui a rejeté sa demande en décharge, de ce que cet arrêté aurait été rendu d'après une expertise effectuée hors de sa présence, s'il est établi qu'il a été prévenu à l'avance du jour de l'opération et que son expert y a assisté (Cons. d'Et. 19 avr. 1854, aff. Cottenest, D. P. 55. 5. 203). Dans le cas où c'est l'expert du contribuable, désigné par le sous-préfet et non le contrôleur qu'il appartient de pourvoir à son remplacement. Par suite, le remplacement fait par le contrôleur lui-même au moyen d'une substitution de nom sur la minute de l'arrêté du sous-préfet, vicie l'expertise, fait tomber les frais à la charge de l'Administration, et fait annuler la décision fondée sur les résultats de cette expertise (Cons. d'Et. 19 janv. 1859, aff. Trarieux, D. P. 59. 3. 39).

**237.** L'expertise consiste en général dans la vérification du revenu de la cote du réclamant et des autres cotes prises pour termes de comparaison. Il a été jugé qu'il y a nullité de l'expertise et de la décision du conseil de préfecture qui l'a suivie, quand les experts ont omis de vérifier la valeur locative d'un certain nombre des habitations indiquées par le contribuable (Cons. d'Et. 8 août 1856, aff. Demenu, D. P. 56. 3. 26). Cependant il a été admis que, dans le cas où le contribuable a désigné comme points de comparaison, 99 maisons, et où les experts n'ont procédé à l'estimation de 35 d'entre elles, le réclamant n'est pas fondé à se prévaloir de ce que les 64 autres n'auraient pas été visitées, pour soutenir que l'expertise est irrégulière (Cons. d'Et. 8 oct. 1887, aff. Fabre de Cahusac, D. P. 88. 5. 140). De même, il n'y aura pas lieu à nullité si le sous-préfet n'a pas joint son avis au procès-verbal de l'expertise, car cette formalité n'est pas prescrite à peine de nullité (Cons. d'Et. 5 oct. 1857, aff. Othon, D. P. 58. 3. 27).

**238.** Relativement à la nomination et à la récusation des experts, il a été jugé, d'une part, qu'aucune loi actuellement en vigueur n'oblige l'Administration à notifier au contribuable la nomination de son expert (Cons. d'Et. 2 déc. 1887, aff.

François, D. P. 88. 3. 94); d'autre part, qu'il appartient au conseil de préfecture de statuer sur la récusation soit de l'expert d'un contribuable, proposée par l'Administration au cours de l'instruction d'une demande en mutation de cote (Cons. d'Et. 27 mai 1887, aff. Berthier, D. P. 88. 3. 94); soit de l'expert de l'Administration, proposée par le contribuable avant le commencement des opérations (Cons. d'Et. 2 déc. 1887, aff. François, D. P. 88. 3. 94); mais que le conseil de préfecture ne peut nommer d'office d'expert en remplacement de l'expert récusé que dans le cas où la partie a refusé de faire cette désignation (Cons. d'Et. 27 mai 1887, aff. Berthier, D. P. 88. 3. 94). Il a été également jugé, sur ce point, qu'un expert peut être récusé à raison de son attitude prise pendant l'expertise et des injures par lui adressées à l'inspecteur des contributions directes (Arrêt précité du 27 mai 1887) ; le fait que, dans des circonstances antérieures et étrangères à l'affaire, l'expert de l'Administration aurait eu des difficultés avec l'expert de la partie, n'est pas un motif de récusation (Arrêt précité du 2 déc. 1887).

**239.** Le procès-verbal des experts n'est qu'un avis que le conseil de préfecture est libre d'accepter ou de rejeter (*Rép.* n° 471); l'expertise n'est qu'un élément nécessaire, il est vrai, de l'instruction. Si le conseil de préfecture ne trouve pas dans l'expertise les renseignements dont il a besoin, il peut demander aux mêmes experts un rapport supplémentaire (Cons. d'Et. 18 juin 1880, aff. Dermigny, D. P. 81. 3. 69).

Le conseil de préfecture peut aussi, dans le même cas, recourir à une contre-vérification, qui sera faite par l'inspecteur des contributions directes ou, à son défaut, par un contrôleur autre que celui qui a procédé à la première instruction en présence du maire et du réclamant (L. 26 mars 1831, art. 29 ; Cons. d'Et. 16 avr. 1886, aff. Chemin de fer de Lyon, D. P. 87. 3. 80). Il a été décidé que cette contre-vérification ne peut avoir lieu que dans la forme prescrite par l'art. 29 précité ; spécialement, qu'elle est irrégulière dans les cas où le conseil de préfecture a délégué, à l'effet d'y procéder, le maire (Cons. d'Et. 13 sept. 1864, aff. de Beurges, *Rec. Cons. d'État*, p. 920 ; 28 mai 1870, aff. Fallot, D. P. 71. 3. 48) ;... ou, à plus forte raison, un simple particulier (Cons. d'Et. 23 mars 1865, aff. Duchaussy, *Rec. Cons. d'État*, p. 290). — Que le conseil de préfecture ne pourrait en charger un ingénieur, ni en régler les frais conformément aux art. 17 et 18 de l'arrêté du 24 flor. an 8 (Cons. d'Et. 15 mars 1872, aff. Simon Lemuttc, D. P. 75. 3. 115). — Les résultats de cette contre-vérification ne peuvent, d'ailleurs, servir de base à une nouvelle discussion. Ainsi, il a été décidé que le réclamant ne pourrait exiger communication du rapport de l'Administration pour présenter de nouvelles observations en défense (Cons. d'Et. 13 avr. 1853, aff. Armand ; 31 mai 1854, aff. Pirel Pagès, D. P. 54. 3. 86);... Que, s'il a eu connaissance de rapport et si son avocat en a discuté les conclusions, il ne peut davantage se fonder, pour demander l'annulation de l'arrêté du conseil de préfecture qui a rejeté sa réclamation, sur le fait qu'il n'a pas été mis en demeure d'assister à la contre-vérification (Cons. d'Et. 14 mai 1886, aff. Société des producteurs de fromage de Roquefort, D. P. 87. 3. 91).

**240.** Aux termes des art. 31 et 32 de la loi du 2 mess. an 7, la partie qui se croyait lésée par le résultat de l'expertise pouvait elle-même demander au conseil de préfecture d'ordonner la contre-vérification. Mais le conseil n'était pas tenu de faire droit à sa demande ; il lui appartenait toujours d'apprécier s'il convenait ou non de recourir à cette mesure (Cons. d'Et. 5 janv. 1856, aff. Hochet, D. P. 58. 5. 100; 16 juill. 1862, aff. Lemaître, D. P. 65. 5. 94). D'autre part, le réclamant ne pouvait se faire un grief de ce que le rapport de l'expert ne lui avait pas été communiqué, pour le mettre en mesure de réclamer une contre-vérification (Arrêt précité du 16 juill. 1862).

La loi du 29 déc. 1884 (D. P. 85. 4. 38) a consacré en cette matière une importante innovation, en autorisant la tierce expertise. « Dans le cas d'expertise sur réclamation en matière de contributions directes ou de taxes assimilées, dit-elle en son art. 5, s'il y a désaccord entre l'expert de l'Administration et celui du réclamant; ce dernier ou l'Administration pourront réclamer une tierce expertise. — Aux termes de la nouvelle loi, l'expertise doit être ordonnée dès qu'elle est réclamée soit par le contribuable,

soit par l'Administration ; et le conseil de préfecture ne peut refuser de surseoir à statuer par le motif que l'état de l'instruction rend la tierce expertise inutile (Cons. d'Et. 29 juin 1888, aff. Nachbaur, D. P. 89. 3. 86). — Par contre, le conseil de préfecture ne peut ordonner d'office la tierce expertise. Si, en l'absence d'une demande de tierce expertise formée par les intéressés, il juge nécessaire un supplément d'instruction, il ne peut ordonner qu'une contre-vérification dans les formes prescrites par l'art. 29 de la loi du 26 mars 1831. Le conseil d'Etat s'est formellement prononcé en ce sens par plusieurs arrêts (19 mars 1886, aff. Castillon; 4 juin 1886, aff. Mayeur ; 16 avr. 1886, aff. Chemin de fer de Lyon, D. P. 87. 3. 84). Cette solution est conforme à la jurisprudence antérieure à la loi de 1884. Le conseil d'Etat avait constamment jugé que le conseil de préfecture ne pouvait légalement prescrire aucune autre mesure d'instruction que la contre-vérification à laquelle il était autorisé à recourir par l'art. 29 de la loi du 26 mars 1831 (V. notamment Cons. d'Et. 28 févr. 1870, aff. Fallot, D. P. 71. 3. 48 ; 15 mars 1872, aff. Simon Lemuth, D. P. 75. 3. 115). Mais il semble que la contre-vérification ne saurait être ordonnée dans le cas où la tierce expertise aurait été demandée par l'une des parties.

**241.** L'art. 5 de la loi de 1884 ajoute : « Le tiers expert sera désigné sur simple requête de la partie la plus diligente et sans frais par le juge de paix du canton. — Le tiers expert devra déposer son rapport dans la quinzaine de sa nomination, faute de quoi le conseil de préfecture pourra refuser de le comprendre dans la liquidation des dépens ». Par application de cet article, il a été décidé que la partie qui veut une tierce expertise devant s'adresser au juge de paix, il n'appartient ni au conseil de préfecture ni au conseil d'Etat d'ordonner, sur la demande d'une partie, qu'il sera procédé à une tierce expertise, et que, lorsque la partie a fait désigner un expert par le juge de paix, le conseil de préfecture ne peut se dispenser de surseoir à statuer en se fondant sur ce qu'il n'y avait pas lieu à tierce expertise (Cons. d'Et. 1er avr. 1887, aff. Arnaud et Germain Duforestel, D. P. 88. 3. 75). Décidé également qu'une lettre par laquelle le contribuable demande au conseil de préfecture un sursis d'un mois, pour qu'il puisse user du bénéfice de l'art. 5 de la loi de 1884, n'équivaut pas à la demande de tierce expertise qui, d'après l'article précité, doit être adressée au juge de paix, et, par suite, ne fait pas obstacle à ce que soit statué immédiatement sur la réclamation (Cons. d'Et. 15 mars 1889, aff. Fieschi, D. P. 90. 3. 63). En effet la requête sans frais à adresser au juge de paix pour obtenir la nomination du tiers expert est une formalité tellement simple que les parties ne peuvent avoir un motif légitime pour solliciter du conseil de préfecture une remise à l'effet de présenter cette requête.

Il a été jugé que le contribuable qui, en cas de désaccord des experts, n'a pas demandé une tierce expertise avant la décision du conseil de préfecture n'est pas recevable à demander qu'il soit procédé devant le conseil d'Etat à cette mesure d'instruction (Cons. d'Et. 5 août 1887, aff. Ruelle, D. P. 88. 3. 112). C'est pour le même motif que le contribuable qui n'a pas demandé l'expertise devant le conseil de préfecture, n'est pas recevable à la demander devant le conseil d'Etat (Cons. d'Et. 1er juill. 1887, aff. Bellordre, D. P. 88. 3. 112 ; 13 janv. 1888, aff. Bonjour, D. P. 88. 5. 140). Relativement à l'art. 5 de la loi de 1884, il a encore été décidé que le principe de la non-rétroactivité ne lui est pas applicable (Cons. d'Et. 19 mars 1886, aff. Castillon, D. P. 87. 3. 84) et que ce même principe ne fait pas obstacle à ce que le conseil de préfecture, après avoir fait procéder, antérieurement à la loi de 1884, à une expertise, ordonne, sur la demande du contribuable, une tierce expertise dans les conditions prescrites par l'art. 5 de cette loi (Cons. d'Et. 19 nov. 1886, aff. Laroussarie, D. P. 88. 5. 139).

**242.** Il reste à dire quelques mots des frais d'expertise et de tierce expertise. Aux termes de l'art. 18 de l'arrêté du Gouvernement du 24 flor. an 8, les frais ne devaient être mis à la charge du contribuable qu'au cas où sa réclamation était rejetée. C'était là une règle spéciale qui dérogeait au principe général édicté par l'art. 130, c. proc. civ. ; la totalité des frais restait à la charge de l'Administration, alors même que la réduction accordée ne dépassait pas celle qui avait été proposée avant l'expertise par les répartiteurs et par les agents de l'Administration (Cons. d'Et. 5 oct. 1857, aff. Arnal, D. P. 58. 3. 27; 22 févr. 1878, aff. Louis, D. P. 78. 5. 159; 6 juin 1879, aff. Commune du Vals, D. P. 80. 3. 1; 19 nov. 1880, aff. Dame Guilhem-Puylagarde, D. P. 82. 3. 19; 6 mai 1881, aff. Marrast, D. P. 82. 5. 136; 12 mai 1882, aff. Caman, D. P. 83. 3. 123).

La règle dont il s'agit était appliquée au cas où la demande en réduction, relative à plusieurs immeubles compris dans le même article du rôle, n'avait été reconnue fondée qu'en ce qui concerne un seul immeuble; la demande, en pareil cas, ne pouvait être divisée, et comme elle n'était rejetée qu'en partie, l'Administration devait supporter la totalité des dépens (Cons. d'Et. 6 nov. 1879, aff. Commune de Vals, D. P. 80. 3. 1). Au contraire, si l'expertise avait porté sur plusieurs natures de contributions et si la réclamation avait été jugée fondée en ce qui concerne une partie seulement de ces contributions, on décidait que les frais devaient être partagés entre le réclamant et l'Administration (Cons. d'Et. 19 nov. 1880, aff. Dame Guilhem-Puylagarde, D. P. 82. 3. 19); ... que les frais afférents aux contributions maintenues devaient être supportés par le contribuable (Cons. d'Et. 12 mai 1882, aff. Caman, D. P. 83. 3. 123). La totalité des frais était, d'ailleurs, à la charge du contribuable s'il était seul en faute; par exemple, si lui et son expert ne s'étaient pas présentés à l'expertise et si l'expert de l'Administration, trouvant porte close, n'avait pu procéder à l'opération, le contribuable devait supporter tous les frais, sans pouvoir exiger une nouvelle expertise (Cons. d'Et. 4 mars 1881, aff. Fauthoux, D. P. 82. 3. 100). De même, si le contribuable n'avait fait connaître au contrôleur des contributions directes et à l'expert de l'Administration qu'il renonçait à l'expertise demandée, qu'au moment où ils s'étaient présentés pour procéder à cette vérification, il a été jugé que le conseil de préfecture, après avoir rejeté la réclamation, mettait avec raison à sa charge le payement des honoraires dus à l'expert de l'Administration (Cons. d'Et. 13 juin 1884, aff. Crédit lyonnais, D. P. 85. 5. 131).

**243.** Une grave innovation a été introduite, en cette matière par la loi du 29 déc. 1884. L'art. 5 de cette loi est ainsi conçu : les frais de l'expertise et de la tierce expertise seront, comme tous autres, supportés par la partie qui succombera, suivant l'appréciation du juge, dans les termes de l'art. 130 c. proc. civ. C'est l'application pure et simple du droit commun. Les solutions admises par la jurisprudence analysée *suprà*, n° 242, n'étaient plus dès lors, applicables. Aussi a-t-il été décidé, depuis, contrairement à cette jurisprudence : 1° que les frais doivent être supportés par le contribuable quand la réduction accordée par le conseil de préfecture ne dépasse pas celle offerte par le directeur des contributions directes (Cons. d'Et. 25 févr. 1885, aff. Redier, D. P. 88. 3. 59; 2 déc. 1887, aff. Moisan, D. P. 89. 3. 26); — 2° Que le contribuable qui n'obtient qu'une partie de la réduction réclamée par lui peut être condamné à supporter la moitié des frais d'expertise (Cons. d'Et. 1er juin 1888, aff. Société Menior, D. P. 89. 3. 95). Mais si l'expertise avait été terminée antérieurement à la promulgation de la loi de 1884, ce serait l'arrêté de floréal an 8, et non ladite loi, qui devrait être appliquée (Cons. d'Et. 1er juill. 1887, aff. Thomas, D. P. 88. 3. 124).

**244.** L'art. 17 de l'arrêté consulaire du 24 flor. an 8 (*Rép.* p. 260), donnait au préfet pouvoir de liquider les frais d'expertise en matière de contributions directes. Cet article a été implicitement abrogé par l'art. 23 de la loi du 22 juill. 1889 sur la procédure à suivre devant les conseils de préfecture, aux termes duquel la liquidation et la taxe des vacations, frais et honoraires des experts sont faites par arrêté du président du conseil de préfecture, *même en matière de contributions directes*. D'après le même article, les experts ou les parties peuvent, dans le délai de trois jours à partir de la notification qui leur est faite dudit arrêté, contester la liquidation devant le conseil de préfecture, statuant en chambre du conseil (V. *suprà*, v° *Frais et dépens*, n° 728). Sous l'empire de la législation antérieure, il a été décidé que les dispositions qui fixent à trois mois le délai pendant lequel les réclamations en matière de contributions doivent être portées devant le conseil de préfecture étaient applicables aux réclamations des experts qui ont donné leur avis en cette matière contre les arrêtés préfectoraux réglant

leurs honoraires (Cons. d'Et. 9 avr. 1886, aff. Dangla, D. P. 87. 3. 95). Par contre, il a été jugé que les formes exigées pour l'instruction des réclamations en matière de contributions directes devant le conseil de préfecture n'étaient pas applicables aux réclamations contre la liquidation des frais d'expertise (Cons. d'Et. 17 juill. 1885, aff. Carraud, D. P. 87. 3. 3).

Les allocations dues aux experts ont été réglées par un décret du 18 janv. 1890 (D. P. 90. 4. 7), dont les dispositions sont applicables en matière de contributions directes comme en toute autre (V. *suprà*, v° *Frais et dépens*, n°s 728, 733). — Sur la question de savoir si les experts peuvent réclamer en matière de contributions directs les intérêts de leurs honoraires, V. *ibid.*, n° 729

**245.** Le recours au conseil d'Etat n'étant pas suspensif, il a été décidé que les frais de poursuite auxquels a donné lieu le refus de payer, dans les conditions prescrites par l'art. 225 de la loi du 2 mess. an 7, les frais d'expertise liquidés par le conseil de préfecture, doivent rester à la charge du contribuable, alors même qu'il obtient ultérieurement décharge desdits frais d'expertise (Cons. d'Et. 17 juill. 1885, aff. Carraud, D. P. 87. 3. 3). Enfin, il a été jugé qu'il n'y a pas lieu pour le conseil d'Etat de statuer sur le recours dirigé contre l'arrêté du conseil de préfecture liquidant les frais d'expertise mis à la charge d'un contribuable par un arrêté antérieur alors qu'une décision du conseil d'Etat a déchargé ce contribuable desdits frais (Même arrêt).

**Art. 5.** — *Effets de l'admission des réclamations en décharge ou en réduction* (*Rép.* n°s 481 à 486).

**246.** — **I. Décision sur la réclamation.** — Le conseil de préfecture qui décide au sujet de la réclamation qui lui est soumise rend un véritable jugement; il doit donc observer toutes les règles de procédure relatives aux motifs, aux frais, aux délais, etc. C'est ainsi qu'il a été jugé, par application de l'art. 7 de la loi du 20 avr. 1810, que le conseil de préfecture motive suffisamment son arrêté en se référant aux avis des agents de l'Administration (Cons. d'Et. 21 juin 1851, aff. Lépreux-Jarlot, D. P. 52. 3. 10); mais qu'il n'en est pas de même quand il s'est borné à viser ces avis (Cons. d'Et. 14 juin 1851, aff. Vallette, D. P. 52. 3. 10). Il y aurait excès de pouvoirs si le conseil de préfecture, saisi d'une demande en réduction du chiffre d'une imposition, accordait la décharge de la totalité de celle-ci (Cons. d'Et. 28 mars 1860, aff. Dezamaud, D. P. 61. 3. 77); ou encore, si, saisi d'une demande en décharge, il étendait d'office le bénéfice de la décharge à des impositions autres que celles qui font l'objet de la réclamation (Cons. d'Et. 23 juin 1853, aff. Bernard, D. P. 54. 3. 12); ou si, dans le même *cas*, il accordait décharge à un contribuable ayant quitté la commune, lui substituait le particulier qui a occupé son logement, et rendait exécutoire contre ce dernier la cote ouverte au nom du premier (Cons. d'Et. 22 août 1844, aff. Belin, D. P. 45. 3. 71; 9 janv. 1846, aff. Simon. D. P. 46. 3. 50).

Pas plus qu'à des impositions non visées dans la réclamation, le conseil de préfecture ne peut étendre son arrêté à une autre année que l'année du litige soulevé. Il a été jugé sur ce point qu'un conseil de préfecture ne pouvait ni déclarer d'avance qu'une décision qui décharge un contribuable d'une imposition de l'année courante serait applicable aux autres contributions de même nature auxquelles il serait imposé à raison des mêmes faits aux rôles des années suivantes (Cons. d'Et. 9 févr. 1854, aff. Comp. de l'éclairage au gaz de Nevers, D. P. 54. 3. 54; 22 mars 1855, aff. Nicaud, D. P. 55. 5. 119. Comp. *Rép.* v° *Compétence administrative*, n° 71); ni se baser, pour apprécier une réclamation contre une imposition au rôle des contributions directes, sur une décision relative à une réclamation pour l'année précédente (Cons. d'Et. 11 déc. 1856, aff. Lamure, D. P. 57. 3. 46).

Par application de ces principes, il a été décidé à plusieurs reprises que les décisions rendues pour un exercice ne peuvent constituer un droit acquis en faveur des contribuables pour les exercices suivants (Cons. d'Et. 22 janv. 1849, aff. Yvernault, D. P. 49. 3. 19; 31 mai 1854, aff. Saillière, D. P. 54. 3. 83); et que, par suite, le contribuable qui réclame contre le chiffre plus élevé auquel sa cotisation a été portée dans le dernier rôle ne peut obtenir de réduction qu'autant qu'il justifie que l'appréciation de la valeur locative de son habitation, d'après laquelle ce chiffre a été fixé, est exagérée en comparaison de celle qui est assignée à la généralité des autres habitations de la commune (Arrêt précité du 31 mai 1854).

**247.** En conséquence des règles exposées *suprà* nᵒˢ 64 et suiv. sur les mutations de cote, si, par suite d'une erreur commise dans un travail de mutation cadastrale opéré d'office, la part afférente à un contribuable dans une propriété ayant fait l'objet d'un partage a été inscrite pour une contenance supérieure à sa contenance réelle, il y a lieu pour le conseil de préfecture d'accorder à ce contribuable la réduction de la cote à laquelle il a droit, et de procéder à la mutation de cote correspondante, après avoir mis en cause les propriétaires intéressés (Cons. d'Et. 3 août 1883, aff. Janvier, D. P. 84. 3. 116).

**248.** — II. Recours au conseil d'État. — Les parties, en matière de contributions directes, sont autorisées à former leur recours contre les arrêtés du conseil de préfecture, par l'intermédiaire du préfet et sans le ministère d'avocats au conseil (V. *suprà*, vᵒ *Conseil d'État*, nᵒˢ 340, 349. *Adde :* Cons. d'Et. 21 juill. 1876, aff. Ducatel, D. P. 77. 3. 2). Décidé, sur ce point, que la règle que le pourvoi est transmis sans frais par l'intermédiaire du préfet autorise bien le contribuable à ne produire rien aucune chose que la notification de la décision qui lui a été adressée, mais non à demander le remboursement du coût des expéditions de pièces qu'il aurait jugé utile de joindre à son recours (Cons. d'Et. 5 oct. 1857, aff. Othon, D. P. 58. 5. 100).

Le recours doit être formé dans le délai fixé par le droit commun pour les pourvois contre les arrêtés des conseils de préfecture. Ce délai était autrefois de trois mois ; et il devait être observé à peine de déchéance (Cons. d'Et. 25 juill. 1860, aff. Société des forges de Châtillon, D. P. 60. 3. 82). Mais il a été réduit à deux mois par la loi du 22 juill. 1889 (D. P. 90. 4. 1).

De ce que les parties sont autorisées en cette matière à former leur recours par l'intermédiaire du préfet, la jurisprudence a conclu que la requête prend date, par exception, du jour où elle est déposée à la préfecture, et non du jour où elle est reçue au secrétariat du conseil d'État (Cons. d'Et. 22 mars 1855, aff. Raynault, D. P.55. 3. 57 ; 26 déc. 1861, aff. Launay, D. P. 63. 5. 97). Décidé, en conséquence, que le recours est non recevable comme tardif, si la pétition du réclamant n'est arrivée à la préfecture que plus de trois mois après la notification de la décision attaquée (Cons. d'Et. 8 déc. 1864, aff. Fontaine, D. P. 66. 3. 89 ; 7 févr. 1865, aff. Pasqualini, D. P. 66. 3. 89 ; 20 mars 1866, aff. Tusson, D. P. 66. 3. 89). Une décision isolée (Cons. d'Et. 14 déc. 1856, aff. de Martinville, *Rec. Cons. d'État*, p. 702), avait autrefois considéré comme recevable une demande déposée dans une des mairies de Paris ; cette décision, non motivée, pouvait s'expliquer par le caractère spécial de l'administration de la ville de Paris où les maires, privés de presque toute autorité propre, sont les auxiliaires du préfet, et où les mairies peuvent être considérées comme des auxiliaires de la préfecture. Mais, depuis, le conseil d'État s'est montré plus rigoureux et a décidé qu'il importait peu, en ce cas, qu'avant l'expiration du délai, la pétition eût été adressée au chef du pouvoir exécutif, dans l'espèce, à l'empereur (Arrêt précité du 7 févr. 1865),... ou présentée au secrétariat du contentieux du conseil d'État (Cons. d'Et. 2 août 1874, aff. Lacroix, D. P.73. 3. 72)... ou déposée à la sous-préfecture (Cons. d'Et. 22 mars, aff. Raynaud, D. P. 55. 3. 52 ; 18 août 1855, aff. Launay, D. P. 63. 5. 97 ; 8 déc. 1864, aff. Fontaine, et 20 mars 1866, aff. Tusson, D. P. 66. 3. 89). Il a encore été décidé que l'envoi de la requête au ministère des finances (Cons. d'Et. 11 févr. 1859, aff. Plagnieu, D. P. 59. 3. 53) ou au ministère de la justice (Cons. d'Et. 5 déc. 1879, aff. Deguay, D. P. 80. 3. 88) ou à une préfecture autre que celle du département où l'arrêté a été rendu (Cons. d'Et. 27 févr. 1880, aff. Hirsch, D. P. 80. 3. 88) n'équivaudrait pas davantage au dépôt au secrétariat de la préfecture. Peu importe, en ce cas, que ce soit par le fait de l'Administration que le réclamant n'ait pas été mis en demeure de réparer avant la fin du délai son erreur en déposant son pourvoi à la préfecture convenable (Arrêt précité du 27 févr. 1880). — Ces règles ont, d'ailleurs, été modifiées par l'art. 61 de la loi du 22 juill. 1889, sur la procédure à suivre devant le conseil de préfecture (D. P. 90. 4. 1), aux termes duquel le recours, dans les cas où l'in-

tervention d'un avocat au conseil d'Etat n'est pas nécessaire, notamment en matière de contributions directes, peut être déposé, soit au secrétariat général du conseil d'Etat, soit à la préfecture, soit à la sous-préfecture.

Les préfets ne sont pas juges du bien fondé, ni de la régularité des pourvois adressés par leur intermédiaire au conseil d'Etat, soit en matière de contributions directes, soit en matière de taxes assimilées ; ils doivent donc se borner à transmettre les requêtes telles qu'ils les reçoivent des contribuables, même dans le cas où elles ne sont pas rédigées sur papier timbré (Circ. min. int. 26 janv. 1863, D. P. 63. 3. 30). Au cas où une commune attaque la délibération d'une commission départementale au sujet d'un tarif d'évaluation cadastrale, le délai du pourvoi courra non de la première délibération mais de la délibération par laquelle la commission statuera définitivement après avoir pris connaissance des observations du conseil municipal (Cons. d'Et. 2 déc. 1887, D. P. 89. 3. 9).

**249.** Les pourvois en matière de contributions directes sont assujettis au timbre, quand il s'agit d'une cote dépassant 30 fr. (L. 21 avr. 1832, art. 28). — Il a été décidé, sur ce point, que la requête d'un contribuable au conseil d'Etat doit être formée sur papier timbré, lorsque la cote portée au rôle est supérieure à 30 fr., alors même que l'arrêté du conseil de préfecture contre lequel est dirigé le pourvoi a réduit l'imposition à une somme inférieure (Cons. d'Et. 29 juin 1888, aff. Giraud, D. P. 89. 3. 85).

**250.** En principe, le droit de se pourvoir devant le conseil d'Etat n'appartient qu'au contribuable ou à son mandataire. Il a été jugé à ce propos que la parenté ne donne pas qualité à un contribuable pour se pourvoir devant le conseil d'Etat au nom d'un autre contribuable (Cons. d'Et. 21 juin 1851, aff. Vittu, D. P. 51. 3. 64) ; et qu'une requête non signée et présentée au nom d'un contribuable illettré ne peut saisir le conseil d'Etat d'un recours contre une décision du conseil de préfecture concernant ce contribuable, s'il est établi par l'instruction qu'il n'avait donné à personne mandat de réclamer (Cons. d'Et. 11 févr. 1859, aff. Gratteau, D. P. 59. 3. 54). L'illettré est dans une situation très défavorable ; il ne peut profiter de la jurisprudence qui admet une simple lettre missive comme preuve suffisante du mandat (Cons. d'Et. 21 févr. 1855, aff. Veuve Durot, D. P. 55. 3. 49), et, quant au mandat authentique, les frais de ce mandat, qui ne sont jamais remboursés au contribuable, peuvent enlever tout intérêt à la réclamation. Toutefois, l'arrêt précité laisse entendre qu'une pétition écrite par le contribuable illettré pourrait être jugée comme un pourvoi régulier, s'il était établi par une attestation administrative qu'elle est, quoique non signée de lui, l'expression de son intention. — Il a été jugé aussi que, quand un contribuable (dans l'espèce une religieuse desservant un hospice) a demandé décharge de la cote personnelle et mobilière inscrite en son nom, il ne suffit pas qu'un tiers (dans l'espèce la commission administrative de cet hospice) ait manifesté l'intention d'acquitter lui-même cette cote en cas de rejet de la demande en décharge, pour que ce tiers ait le droit d'intervenir dans le pourvoi formé devant le conseil d'Etat par le contribuable contre l'arrêté du conseil de préfecture qui a rejeté sa réclamation (Cons. d'Et. 10 sept. 1855, aff. Petit-Poisson, D. P. 56. 3. 32).

**251.** Les incapables, par application des règles du droit civil, doivent être autorisés pour agir en justice. C'est ainsi que le mineur imposé à la taxe personnelle n'est pas recevable à se pourvoir sans l'intervention de son tuteur devant le conseil d'Etat contre l'arrêté qui a rejeté sa demande en décharge (Cons. d'Et. 17 juin 1852, aff. Joyaux, D. P. 52. 3. 44). De même, le maire d'une commune ne peut, en matière de contributions directes comme en toute autre matière, se pourvoir devant le conseil d'Etat qu'avec l'autorisation du conseil municipal. Quant aux répartiteurs, aucune loi ne les autorise à se pourvoir devant le conseil d'Etat contre les décisions des conseils de préfecture qui ont statué sur des demandes en décharge ou en réduction (Cons. d'Et. 12 août 1861, aff. Répartiteurs de Sainte-Geneviève-des-Bois, D. P. 64. 5. 79). Un receveur municipal n'a pas davantage le droit de déférer au conseil d'Etat un arrêté par lequel le conseil de préfecture a annulé une contrainte, à moins que cette annulation n'ait eu pour effet de mettre à sa charge la somme acquittée par le contribuable, ou encore à moins que l'arrêté n'ait mis à sa charge les dépens de l'instance engagée par le contribuable ; en ce dernier cas, il peut déférer au conseil d'Etat la disposition de l'arrêté relative aux dépens (Cons. d'Et. 27 avr. 1877, aff. Berge, D. P. 77. 3. 71). Quant au percepteur, il a qualité pour déférer au conseil d'Etat un arrêté par lequel le conseil de préfecture annule la contrainte en se fondant sur ce que le payement, dans les conditions où il a été fait, a libéré le contribuable (Cons. d'Et. 21 juill. 1876, aff. Ducatel. D. P. 77. 3. 2). Dans cette espèce, le contribuable soutenait avoir remis le total de son imposition au père du fondé de pouvoirs du percepteur, mais ne pouvait invoquer aucune quittance ni aucune inscription sur les registres de perception ; par suite, l'arrêté du conseil de préfecture déclarant libératoire un tel payement d'une somme qui n'était pas entrée dans les caisses de l'Etat avait pour effet de rendre le comptable responsable de cette somme. Par contre, le percepteur n'a pas qualité pour se pourvoir contre un arrêté qui a déclaré un propriétaire non responsable des contributions dues par un locataire ayant déménagé, alors qu'aucune disposition de l'arrêté ne met ces contributions à la charge dudit percepteur, et ne fait obstacle à ce qu'il se pourvoie devant l'autorité compétente pour les faire imputer sur le fonds de non-valeur à titre de cote irrecouvrable (Cons. d'Et. 1er juill. 1881, aff. de Lestapis, D. P. 82. 3. 118. Comp. Cons. d'Et. 24 mai 1890, aff. Legentil, Rec. Cons. d'Etat, p. 547).

**252.** Le ministre des finances, représentant l'Etat, est recevable à demander au conseil d'Etat, par la voie contentieuse, décharge d'une contribution directe à laquelle l'Etat a été imposé à raison d'une propriété domaniale (Cons. d'Et. 24 déc. 1880, aff. Ministre des finances, D. P. 82. 3. 52-53 ; ce droit n'appartient, d'ailleurs, qu'au ministre, et les conservateurs des forêts, par exemple, n'auraient point qualité pour se pourvoir contre un arrêté du conseil de préfecture rendu au préjudice de l'Etat ; toutefois le ministre pourrait, sur la connaissance qui lui aurait été donnée du pourvoi du conservateur, s'approprier ce pourvoi (Cons. d'Et. 18 juin 1860, aff. Conservateur des forêts de Besançon, D. P. 60. 3. 51). Mais le ministre des finances n'est pas recevable à se pourvoir devant le conseil d'Etat, et dans l'intérêt d'un contribuable, contre un arrêté du conseil de préfecture qui a rejeté la demande de celui-ci en décharge ou en réduction d'une contribution (Cons. d'Et. 14 déc. 1853, aff. Piénon, D. P. 54. 3. 87 ; 28 nov. 1855, aff. Leroyer, D. P. 56. 3. 38), ou contre un arrêté par lequel le conseil de préfecture s'est déclaré incompétent pour statuer sur une demande en décharge ou en réduction formée par un contribuable, et que le conseil a considérée comme ne constituant qu'une demande en remise ou en modération (Cons. d'Et. 22 déc. 1863, aff. Dahot, D. P. 64. 3. 19).

Quand le ministre des finances se pourvoit, son recours doit être communiqué au même ministre pour avoir, par son intermédiaire, l'avis de l'administration des Contributions directes (Arrêt précité du 24 déc. 1880). La procédure présente donc la singularité que le ministre se trouve à la fois demandeur et défendeur, et peut être amené à approuver au rejet même du recours signé par lui ; cette singularité est la conséquence nécessaire du principe que, devant le conseil d'Etat, le ministre seul a qualité pour représenter les divers services ressortissant à son département. Ce serait à tort, d'ailleurs, qu'on soutiendrait que le ministre des finances peut, par des instructions données par la voie hiérarchique, mettre fin au conflit entre l'administration des Domaines et celle des Contributions directes, sous prétexte que la question de savoir si le montant d'une cote doit rester dans une des caisses du Trésor ou passer dans une autre, ne présente pas pour l'Etat un intérêt de nature à être débattu par la voie contentieuse ; cela serait exact si le Trésor seul percevait le montant des contributions ; mais l'imposition à une contribution directe a pour conséquence nécessaire le payement de centimes départementaux et communaux, et, pour les besoins de répartition, l'exemption des uns se traduit par une surcharge des autres. Il suit de là, d'une part, que l'administration des Domaines défend l'intérêt du Trésor en s'opposant au versement d'une somme lui appartenant dans les caisses départementale et communale, d'autre part que l'administration des Contributions directes a le devoir de s'opposer à

l'admission de prétentions qui troubleraient la bonne répartition des impôts au préjudice des départements, des communes ou des contribuables.

**253.** Les art. 84, 89, 92 et 93 de l'instruction ministérielle du 10 mai 1849 décrivent la façon dont les décisions du conseil de préfecture sont portées à la connaissance des réclamants. Les contrôleurs communiquent officiellement la décision aux maires et ce sont les maires qui sont chargés de notifier ces décisions aux réclamants de leur commune. Et il est de jurisprudence constante que cette notification faite par l'Administration au contribuable fait courir contre ce dernier le délai de trois mois (aujourd'hui deux mois). — S'il s'agit d'une réclamation d'un contribuable faite contre une cote mobilière imposée sur le rôle d'une commune, on admettra, au cas où cette réclamation a été admise, que le délai courra contre la commune du jour où la notification a été faite par le maire au contribuable (Cons. d'Et. 14 nov. 1873, aff. Ville de Marseille, D. P. 74. 3. 65). Il est vrai que le maire agit non comme représentant de la commune, mais comme représentant de l'Etat en vertu des articles de l'instruction ministérielle de 1849 ; on pourrait donc dire que, le maire étant demeuré étranger à la notification en tant que représentant de la commune, le délai n'a pas commencé de courir ; mais cette subtilité aboutirait à ce résultat inadmissible que la commune n'encourrait jamais de déchéance. Que si le délai ne court pas de la communication de la décision intervenue au maire par le contrôleur, c'est que cette communication est une simple mesure d'administration intérieure ayant pour but de mettre le maire en mesure de faire un acte de ses fonctions, tandis que cette notification est en effet un acte officiel dont le maire constate régulièrement la date. — A l'égard de l'Etat, le délai ne court que de la réception du dossier au ministère (Cons. d'Et. 9 nov. 1877, aff. Martin, Rec. Cons. d'Etat, p. 860).

**254.** Le recours au conseil d'Etat ne peut avoir au fond une base différente de la demande devant le conseil de préfecture. Ainsi le contribuable qui s'est borné devant le conseil de préfecture à demander la réduction de son imposition à une contribution directe n'est pas recevable, dans son recours au conseil d'Etat, à demander pour la première fois décharge de l'imposition entière (Cons. d'Et. 22 juill. 1859, aff. Clouet, D. P. 61. 5. 146 ; 12 juill. 1878, aff. Bossies et Pillet, D. P. 79. 3. 9). De même le contribuable qui, devant le conseil de préfecture, a demandé décharge d'une taxe qu'il prétendait lui être indûment imposée et qui n'avait demandé ni l'expertise ni la réduction de la taxe, n'est pas recevable à porter directement devant le conseil d'Etat, pour le cas où sa demande en décharge serait définitivement rejetée, une demande subsidiaire tendant à être renvoyée devant le conseil de préfecture pour y être procédé à une expertise à fin de déterminer le montant de la taxe (Cons. d'Et. 20 janv. 1882, aff. Manuel, D. P. 83. 5. 124). Mais une simple inexécution de forme ne pourra faire obstacle à la validité du pourvoi. Ainsi une réclamation en matière de contributions directes que le conseil de préfecture a dû rejeter comme ne portant pas de signature pourra cependant être examinée par le conseil d'Etat en cas de pourvoi régulièrement formé (Cons. d'Et. 30 janv. 1866, Challier, D. P. 67. 5. 106).

**255.** — III. Effets de l'admission de la réclamation. (Rép. nos 481 et suiv.). — Il a été décidé, relativement aux réclamations admises, que le montant d'une décharge accordée en matière de contribution personnelle ne doit pas être imputé sur les fonds de non-valeurs, mais être réimposé l'année suivante (Cons. d'Et. 20 janv. 1865, aff. Commune de Saint-Pern, D. P. 65. 3. 70). — Il y a lieu de rappeler enfin que les contributions indûment imposées que l'Administration est condamnée à restituer ne portent pas d'intérêts (V. suprà, vo Impôts, no 7).

**Art. 6.** — Des frais occasionnés par les réclamations
(Rép. nos 487 à 489).

**256.** Il est de règle, en matière de contributions directes, que la condamnation aux dépens ne peut comprendre que les frais d'expertise (Rep. no 487). — Tout ce qui concerne ces frais a été étudié, suprà, nos 242 et suiv. V. aussi suprà, vo Frais et dépens, nos 728 et suiv.

Il a été décidé que le conseil de préfecture ne peut mettre à la charge du receveur municipal les frais auxquels a donné lieu l'instance en annulation de la contrainte (Cons. d'Et. 27 avr. 1877, aff. Berge). Cette solution ne pouvait faire difficulté, puisque le receveur municipal n'était point partie dans l'instance. Au reste, même à l'encontre de la commune, les frais de l'instance n'auraient pu être alloués au requérant, les seuls dépens qui puissent être mis à la charge de l'Administration étant ceux d'expertise, ainsi qu'on vient de le rappeler.

SECT. 2. — DES DEMANDES EN REMISE OU MODÉRATION
(*Rép.* n°s 490 à 496).

**257.** V. *Rép.* n°s 490 à 496.

CHAP. 6. — **Poursuites et privilèges du Trésor**
(*Rép.* n°s 497 à 591).

SECT. 1re. — POURSUITES (*Rép.* n°s 498 à 569).

**258.** On distinguait autrefois quatre degrés de poursuites : la garnison collective ou individuelle, le commandement, la saisie et la vente (*Rép.* n° 498). Aujourd'hui le premier de ces degrés a été remplacé par la sommation avec frais. On va reprendre chacun de ces degrés.

ART. 1er. — *Règles préliminaires* (*Rép.* n°s 499 à 507).

**259.** Le contribuable qui n'a pas acquitté au 1er du mois le douzième échu pour le mois précédent est dans le cas d'être poursuivi (*Rép.* n° 499). Le percepteur ne peut poursuivre que ceux dont les noms sont portés sur les rôles (*Rép.* n° 500). Il a été décidé sur ce point que les contribuables dont l'inscription a été omise sur les rôles dressés annuellement ne peuvent être portés sur un rôle supplémentaire pour les trois années pendant lesquelles les contribuables en retard peuvent être poursuivis, aux termes de l'art.149 de la loi du 3 frim. an 7, cet article ne concernant que les contribuables régulièrement inscrits (Cons. d'Et. 22 déc. 1852, aff. Min. des fin., D. P. 53. 3. 22).
**260.** Les percepteurs peuvent exercer des poursuites après l'expiration des dix jours qui suivent l'échéance de chaque douzième (*Rép.* n° 501). Ces poursuites ne peuvent être commencées qu'après que le percepteur a prévenu le contribuable retardataire par une sommation gratuite (*Rép.* n° 502). Cette sommation doit être donnée à domicile, et remise huit jours francs avant le premier acte de poursuite. Il a été jugé qu'elle n'était soumise à aucune forme spéciale (*Rép.* n° 503), et pouvait notamment être adressée au contribuable sous forme d'une lettre missive où la signature du percepteur serait même imprimée (Cons. d'Et. 3 déc. 1886, aff. Léchelle, D. P. 88. 3. 14); d'ailleurs, le contribuable ne peut, en cas de contestation sur la validité des poursuites, critiquer devant la cour de cassation la décision par laquelle le tribunal civil a reconnu le caractère de sommation à une lettre du percepteur contenant invitation de payer, s'il ne produit cette lettre à l'appui de son recours (Req. 19 mars 1873, aff. Legoubey, D. P. 73. 1. 275). Cette solution semble contredire tout d'abord le principe général qui attribue les contestations sur les actes de poursuite à l'autorité administrative, s'ils sont antérieurs au commandement, sinon à l'autorité judiciaire; mais en l'espèce l'acte de poursuite n'appartenait pas à la procédure administrative, car la saisie-arrêt qui était intervenue ensuite n'était qu'une saisie-arrêt ordinaire, et non un acte conservatoire, et non un acte administratif de poursuite. Le même arrêt a décidé que le contribuable poursuivi pour le payement de contributions en retard ne peut prétendre rejeter la responsabilité de ce retard et des poursuites auxquelles il a donné lieu sur le percepteur lui-même, à raison de ce seul fait que, à un jour antérieur où il se serait présenté pour payer, le percepteur se serait trouvé absent de son bureau ; ceci est une application des règles générales sur la responsabilité.
**261.** Il a été décidé que le payement d'une taxe assimilée pour le recouvrement aux contributions directes, mais non recouvrable par douzièmes, telle que la taxe de pavage, peut être poursuivi par l'Administration nonobstant toute

réclamation devant le conseil de préfecture ; mais l'Administration agit à ses risques et périls, et si la réclamation est reconnue fondée, elle doit rembourser les frais de poursuite (Cons. d'Et. 9 mars 1877, aff. Veuve Nicard, et 3 août 1877, aff. Leblond, D. P. 78. 3. 28).

ART. 2. — *Sommation avec frais* (*Rép.* 508 à 516).

**262.** C'est la loi du 9 févr. 1877 qui a abrogé l'art. 3 de la loi du 17 frim. an 5 concernant le mode de poursuite par voie de garnison individuelle pour le recouvrement des contributions directes, et qui a donné le nom de *sommation avec frais* au mode de poursuites auparavant désigné sous le nom de garnison collective. Voici en quels termes l'exposé des motifs du Sénat justifiait la nouvelle loi : « La loi du 17 brum. an 5 a entendu, par son art. 3, remettre entre les mains des agents du recouvrement, responsables de la rentrée des rôles, un moyen d'intimidation à l'égard des redevables récalcitrants, à une époque où le recouvrement de l'impôt était loin de s'effectuer avec la même régularité qu'aujourd'hui. Or, il nous est démontré d'après les résultats constatés en dernier lieu que s'il est utile de maintenir la garnison collective dont le coût est fort minime et qui a surtout pour objet de rappeler au contribuable ses obligations envers le Trésor, il n'en serait pas absolument de même de la garnison individuelle dont l'emploi est relativement peu fréquent puisque le nombre d'actes qu'elle représente ne s'est élevé en 1874 qu'à 3491 sur 1366838 actes de poursuite et en 1875 à 3443 sur 1326027. Aujourd'hui que le recouvrement de l'impôt direct s'opère avec une facilité qui témoigne de l'aisance et de la bonne volonté des contribuables (sur les douze douzièmes de 1875 exigibles le 31 janv. 1876, il ne restait à recouvrer que 16390800 fr. ou 28 centièmes de douzième), il nous paraît opportun de faire disparaître un mode de poursuite dont le caractère vexatoire n'est plus justifié par nos mœurs administratives » (D. P. 77. 4. 32).
Cette loi nouvelle enlève tout intérêt aux anciennes difficultés qui se présentaient autrefois à propos de garnison, par exemple quant au point de savoir si le percepteur pouvait poursuivre par voie de garnison les dépositaires ou débiteurs de fonds appartenant aux redevables et affectés au Trésor aussi bien que les redevables eux-mêmes, ou s'il n'avait que le droit de faire des saisies-arrêts ou oppositions entre les mains de ces dépositaires ou débiteurs (Cons. d'Et. 3 avr. 1856, aff. Vuillemenot, D.P. 56. 3. 50).
**263.** Relativement à la sommation avec frais, il a été décidé par de récents arrêts qu'aucune disposition de loi ne déterminant ses formes, le contribuable ne pouvait se faire un moyen de nullité de ce que le bulletin de sommation ne porterait pas la date de la contrainte en vertu de laquelle ladite sommation a été délivrée, ni l'indication de la somme due, ni le nom de la personne à qui il a été remis, de ce que la somme qu'il porte différerait, à raison d'une ordonnance de dégrèvement, de celle qui est portée sur la sommation sans frais, ou de ce qu'il indiquerait le chiffre total de l'imposition et non celui des douzièmes exigibles, alors qu'en fait l'Administration n'a jamais exigé que le payement de ces douzièmes (Cons. d'Et. 6 août 1886, aff. Giraud, et 3 déc. 1886, aff. Léchelle, D. P. 88. 3. 14). Enfin, il a été jugé dans le même sens que le délai de huit jours qui, aux termes de l'art. 51 de la loi du 15 mai 1858, doit séparer la sommation sans frais de la sommation avec frais étant un minimum, le contribuable ne peut invoquer comme moyen de nullité de sommation, la circonstance que ce délai a été dépassé (Arrêt précité du 6 août 1886).

ART. 3. — *Du commandement* (*Rép.* n°s 517 à 522).

**264.** Le commandement, aux termes de l'art. 55 du règlement de 1849, a lieu trois jours après la sommation avec frais. — Sur tous les points relatifs à ce degré de poursuite, V. *Rép.* n°s 517 à 522. La jurisprudence a eu seulement l'occasion de décider, depuis, qu'un commandement est conforme à l'art. 583 c. proc. civ. lorsqu'il est précédé de l'article du rôle, bien qu'il ne contienne que le montant et non la copie de la contrainte (Civ. cass. 12 févr. 1845, aff. Chesnel, D. P. 45. 1. 161). — V. Durieu, t. 1, p. 524 et suiv.; t. 2, p. 175.

Art. 4. — *Saisie (Rép. n⁰ˢ 523 à 534).*

**265.** La saisie ne peut avoir lieu que trois jours après la signification du commandement (*Rép.* n⁰ˢ 523 et suiv.). La procédure de cette saisie-exécution est soumise aux règles du droit commun (Grenoble, 25 févr. 1882, aff. Morel, D. P. 82. 2. 230). Par application de cette règle générale, il a été décidé que le commandement doit énoncer la somme due pour laquelle la saisie est pratiquée; ainsi la saisie pratiquée tant pour les douzièmes d'un service clos, que pour ceux de l'exercice courant est nulle quant ces derniers, si le commandement ne comprenait que ceux-là (Paris, 20 janv. 1848, aff. de Genoude, D. P. 49. 2. 167). Peu importe en ce cas que le règlement du 26 août 1824, relatif aux poursuites à exercer par les agents des contributions directes, porte que la saisie doit être faite pour tous les douzièmes exigibles au jour de la vente, lors même que le commandement aurait exprimé une somme moindre; ce règlement n'a pas force de loi (Grenoble, 25 févr. 1882, aff. Morel, D. P. 82. 2. 230). Pour les points relatifs à la saisie, V. *Rép.* n⁰ˢ 523-534. Pour la vente, V. *Rép.* n⁰ˢ 533-543.

Art. 5. — *Vente (Rép. n⁰ˢ 535 à 542).*

**266.** V. *Rép.* n⁰ˢ 535 et suiv.; Durieu, t. 2, p. 90 et suiv.

Art. 6. — *Mesures conservatoires. — Saisie-arrêt (Rép. n⁰ˢ 543 à 547).*

**267.** V. *Rép.* n⁰ˢ 543 et suiv.; Durieu, t. 2, p. 122 et suiv.

Art. 7. — *Dispositions communes aux divers degrés de poursuites (Rép. n⁰ˢ 548 à 558).*

**268.** Les frais de poursuite exercées contre un contribuable doivent rester à sa charge bien qu'à la suite d'une réclamation postérieure à ces poursuites, il ait obtenu décharge de la taxe à laquelle il avait été imposé (Cons. d'Et. 23 janv. 1885, aff. Vébert, D. P. 86. 3. 74; 20 avr. 1883, aff. Ducrest, D. P. 84. 3. 114). Le préjudice que causent au Trésor les obstacles apportés sans fondement au recouvrement des contributions, quelque minime qu'il soit, doit être réparé; et par exemple, bien que dans la contestation née de cette résistance, le Trésor ait succombé sur une exception de compétence mal à propos soulevée par lui, au fond ses prétentions sont reconnues justifiées, la partie poursuivie peut, à titre de dommages-intérêts, être condamnée à tous les dépens de première instance et d'appel (Riom, 4 mai 1852, aff. Lamouroux, D. P. 52. 2. 229).

Quand un contribuable en retard de payer ses contributions a deux résidences, la circonstance que la demande en nullité de la saisie-exécution pratiquée dans l'une de ces résidences est portée devant le tribunal d'arrondissement du ressort ne fait pas obstacle à ce que le tribunal de l'autre arrondissement statue sur la demande en nullité formée dans l'autre résidence (Paris, 20 janv. 1848, aff. de Genoude, D. P. 49. 2. 167).

Enfin il a été décidé que le percepteur seul a qualité pour recevoir des offres réelles ou un payement (Arrêt précité, Grenoble, 25 févr. 1882, aff. Morel, D. P. 82. 2. 230).

Art. 8. — *De la prescription (Rép. n⁰ˢ 559 à 569).*

**269.** V. *Rép.* n⁰ˢ 559 et suiv.; Durieu, t. 1, p. 344.

Sect. 2. — Privilèges et droits du Trésor (*Rép.* n⁰ˢ 570 à 591).

**270.** — I. Privilège du Trésor en matière de contribution foncière. — Le Trésor public a un privilège pour la contribution foncière de l'année échue et de l'année courante, sur les récoltes, fruits, loyers et revenus des biens immeubles sujets à la contribution (*Rép.* n⁰ 571). Il a été jugé que ce privilège affecte lesdits fruits et revenus, encore que l'immeuble assujetti ait cessé d'appartenir au contribuable et ait passé par une vente à un nouveau propriétaire (Req. 6 juill. 1852, aff. Bourdeaux, D. P. 52. 1. 165; 26 mai 1886, aff. d'Aviau de Piolant et cons., D. P. 87. 1. 196).

Si les effets, fruits et récoltes ont été saisis par des créanciers et vendus, le Trésor peut exercer son privilège sur les deniers provenant de la vente, car le rôle des contributions directes, quand il a été rendu exécutoire par le préfet, forme un titre incontestable non seulement à l'égard des débiteurs de l'impôt, mais encore à l'égard des tiers. C'est à tort, en ce cas, que l'huissier détenteur de ces deniers prétendrait, pour ne pas obtempérer au commandement, que les poursuites du Trésor faites en opposition à celle des créanciers, le mettait dans la nécessité de faire la consignation exigée par l'art. 657 c. proc. civ. ce qui ferait disparaître la qualité de détenteur en laquelle on pouvait poursuivre contre lui le recouvrement de l'impôt dû par le saisi. Il ne pourrait pas davantage soutenir que la possibilité pour les créanciers d'invoquer sur ces deniers soit un droit de propriété par suite d'immobilisation des fruits saisis, soit un privilège primant celui du Trésor fait obstacle à ce qu'il se dessaisisse; son droit est seulement en pareil cas de mettre en cause les intéressés, et non d'exciper des moyens qui leur sont personnels (Cons. d'Et. 4 mai 1852, aff. Lamouroux, D. P. 52. 2. 229).

Pour les autres questions pouvant se présenter relativement au privilège du Trésor en matière de contribution foncière, V. *Rép.* n⁰ˢ 571-578. — *Adde :* Dumesnil, *Législation spéciale du Trésor en matière litigieuse,* p. 327 et suiv.

**271.** — II. Privilège des contributions personnelle et mobilière et des portes et fenêtres (*Rép.* n⁰ˢ 578-580). — Le principe qui domine la matière est que les effets appartenant aux contribuables sont seuls soumis au privilège du Trésor. Il a été décidé sur ce point que, bien que le privilège du Trésor atteigne les meubles des contribuables au 1ᵉʳ janvier de l'année pour laquelle l'impôt a été établi, il ne peut pourtant s'exercer sur ces meubles qu'autant qu'ils sont en leur possession au jour des poursuites (Civ. cass. 17 août 1847, aff. Quentin, D. P. 47. 1. 311). — *Adde :* Dumesnil, p. 330.

**272.** — III. Ordre dans lequel s'exercent les privilèges du Trésor. — Le privilège du Trésor s'exerce avant tous les autres, à l'exception, toutefois, du privilège des frais de justice (*Rép.* n⁰ˢ 580-590).

**273.** — IV. Droits du Trésor vis-à-vis des receveurs des communes, hospices et autres établissements publics. — V. *Rép.* n⁰ˢ 587 et suiv.

**274.** — V. Droits du Trésor vis-à-vis des dépositaires et des débiteurs de deniers appartenant aux redevables. — V. *Rép.* n⁰ˢ 590 et suiv. *Adde :* Durieu, t. 1, p. 284 et suiv.; Dumesnil, p. 333. Une difficulté s'est élevée en cette matière au sujet de la conciliation des 5-18 août 1791 et de la loi du 12 nov. 1808. Aux termes de la loi de 1791, « tous huissiers-priseurs, receveurs de consignations, commissaires aux saisies réelles, notaires-séquestres et tous autres dépositaires de deniers, ne remettront aux héritiers, créanciers et autres personnes ayant droit de toucher les sommes séquestrées et déposées, qu'en justifiant du payement des impositions mobilières et contributions patriotiques dues par les personnes du chef desquelles lesdites sommes seront provenues. Seront même autorisés, en tant que de besoin, lesdits séquestres et dépositaires à payer directement les contributions qui se trouveraient dues avant de procéder à la délivrance des deniers et les quittances desdites contributions leur seront passées en compte ». D'après cet article, les dépositaires n'étaient tenus que d'une seule chose, de ne pas se dessaisir des deniers; quant aux payements des contributions au moyen de ces deniers, ce n'était qu'une mesure facultative et non obligatoire. Cela était insuffisant. Aussi la loi du 12 nov. 1808 eut-elle soin de spécifier. « Les dépositaires et débiteurs de deniers provenant du chef des redevables et affectés au privilège du Trésor public *seront tenus,* à la demande qui leur en sera faite, de payer en acquit des redevables et sur le montant des fonds qu'ils doivent ou qui sont entre leurs mains, jusqu'à concurrence de tout ou partie des contributions dues par ces derniers. Les quittances des percepteurs pour les sommes légitimement dues leur seront allouées en compte ».

**275.** Mais alors s'est présentée la question de savoir si cette loi de 1808 a abrogé le décret du 5 août 1791, et si, par suite, l'obligation de ne pas se dessaisir des deniers subsiste toujours concurremment avec l'obligation de payer les contributions. La jurisprudence a varié sur ce point. C'est ainsi qu'il a été jugé, d'un côté, qu'un notaire qui a vendu des objets mobiliers affectés au privilège du Trésor public, n'est pas tenu, avant de s'en dessaisir, de se faire justifier du payement intégral des contributions de ceux-ci, mais seulement d'obtempérer, lorsqu'elle lui est adressée en temps utile, à la demande du percepteur tendant à avoir payement, sur ces deniers, des douzièmes en retard ; cette décision implique bien que la loi de 1791 a été abrogée par celle de 1808, puisque, d'après elle, l'obligation de ne pas se dessaisir aurait disparu et que l'obligation de payer subsisterait seule (Trib. de la Châtre, 28 janv. 1858, aff. Bourgault, D. P. 66. 3. 78 ; Trib. de Bruxelles, 7 févr. 1866, aff. Vermeulen, D. P. 66. 3. 110 ; Trib. de Lisieux, 31 mars 1870, aff. Quesnoy, D. P. 71. 3. 39. V. aussi Trib. Seine, 7 janv. 1876, aff. Hécaën, D. P. 77. 3. 6). Mais il a été jugé, au contraire, que l'huissier ou le commissaire-priseur qui, ayant procédé à une vente publique de meubles, en a versé le prix entre les mains de ses ayants droit sans s'être fait préalablement justifier du payement des contributions à la charge du redevable du chef duquel provenaient les deniers est à bon droit poursuivi comme responsable vis-à-vis du Trésor public dont il a laissé périr le gage, en payement des douzièmes que ce redevable se trouvait devoir encore sur lesdites contributions. On estimerait à tort, dans ce cas, que la loi de 1808 a abrogé celle de 1791 (Trib. Douai, 12 févr. 1864, aff. Magnan, D. P. 66. 1. 110 ; Trib. Blois, 10 avr. 1866, aff. S..., D. P. 66. 3. 109 ; Trib. Foix, 7 août 1866, aff. Laffont, D. P. 66. 3. 79). D'après les motifs de ce dernier jugement, la loi de 1791 n'impose à l'officier ministériel l'obligation de faire, auprès du percepteur, avant de se dessaisir des deniers, une démarche destinée à assurer le payement des contributions encore dues, que lorsque le versement doit être effectué entre les mains des créanciers ou autres ayant droit de toucher, et non lorsqu'il doit être fait à la caisse des dépôts et consignations, où les deniers continueront à être soumis au privilège du Trésor ; enfin, toujours d'après le même jugement, l'obligation pour l'officier ministériel de verser les impositions dues par un redevable, n'existe qu'autant que la demande dont il s'agit s'est produite en une forme régulière et légale, et non lorsque le percepteur n'a donné, relativement aux sommes encore dues pour impositions, qu'une indication purement officieuse, alors surtout que le chiffre indiqué était contesté par le redevable et les créanciers, et qu'il a été en effet ultérieurement réduit par l'Administration.

La cour de cassation a fixé la jurisprudence dans ce sens que la loi de 1808 n'a pas abrogé la loi de 1791 et que, par suite, l'obligation de ne pas se dessaisir des deniers subsiste. Un arrêt de la chambre civile a décidé, en conséquence, que le syndic d'une faillite qui a versé entre les mains des ayants droit les deniers provenant de la réalisation de l'actif de la faillite sans s'être préalablement assuré du payement des contributions du failli, est tenu des versements restant à effectuer vis-à-vis du Trésor public (Civ. cass. 21 mai 1883, aff. Montsarrat, D. P. 84. 1. 271). Le tribunal de Lons-le-Saulnier avait décidé, peu de temps auparavant, qu'un huissier chargé de procéder à une vente publique de meubles n'est pas seulement tenu d'obtempérer à la demande du percepteur faite en temps utile ; il doit encore, avant de se dessaisir, se faire justifier du payement intégral des impôts dus par les contribuables ; et que sa responsabilité s'étendait à la totalité des contributions personnelle mobilière, des patentes et des prestations dues pour l'année courante, si le contribuable a déménagé hors du ressort de la perception (Trib. Lons-le-Saulnier, 11 déc. 1882, aff. Bourgeois, D. P. 85. 5. 129).

**276.** La question s'est présentée de savoir si le privilège du Trésor peut être exercé par voie de contrainte contre un débiteur du contribuable, nonobstant toutes saisies-arrêt pratiquées entre les mains de ce débiteur ; elle paraît devoir être résolue dans le sens de l'affirmative. Il résulte en effet des lois du 18 août 1791, 12 nov. 1808 et du règlement du 24 déc. 1839 que le percepteur peut, par un simple commandement au débiteur du contribuable, l'obliger à payer entre ses mains sans recourir à la saisie-arrêt ni mettre en cause le contribuable ; le fait que des saisies-arrêts ont été antérieurement pratiquées entre les mains de ce débiteur ne peut faire obstacle aux poursuites de la Régie (D. P. 80. 1. 443, note 1). En tout cas, l'action du Trésor n'est pas recevable en présence d'une opposition fondée sur ce que la créance objet des poursuites ne serait pas la propriété exclusive du contribuable, mais dépendrait d'une succession qu'il

a recueillie concurremment avec les opposants ; la régie devrait alors déterminer par les voies légales la part revenant à son débiteur dans ladite créance, afin d'exercer ultérieurement ses droits sur cette part (Civ. rej. 16 juin 1880, aff. Ouvré de Saint-Quentin, D. P. 80. 1. 443).

## CHAP. 7. — Compétence en matière de contributions directes (*Rép.* nᵒˢ 592 à 664).

SECT. 1ʳᵉ. — COMPÉTENCE ADMINISTRATIVE (*Rép.* nᵒˢ 593 à 640).

ART. 1ᵉʳ. — *Compétence administrative en général (Rép.* nᵒˢ 594 à 615).

**277.** V. *Rép.* nᵒˢ 594 et suiv. ; Durieu, t. 1, p. 362 et suiv.

ART. 2. — *Compétence du préfet (Rép.* nᵒˢ 616 à 620).

**278.** Pour la compétence du préfet en matière de cadastre, V. *Rép.* nᵒ 616. La principale attribution du préfet en matière de contributions directes, est relative aux demandes en remise ou en modération ; sur ces demandes, il est seul investi du droit de prononcer (*Rép.* nᵒˢ 617 et suiv.). La jurisprudence a fait de nombreuses applications de ce principe. C'est ainsi que le préfet a été déclaré seul compétent pour statuer : 1ᵒ sur la demande en modération d'impôts établis sur une usine qui a eu à subir un temps de chômage (Cons. d'Et. 5 janv. 1858, aff. Jobier, D. P. 58. 3. 44 ; 7 janv. 1858, aff. Jackson, D. P. 58. 3. 44) ; — 2ᵒ Sur la demande tendant à faire cesser par le renouvellement du cadastre ou l'admission du réclamant à participer aux remises, la surtaxe qui existerait dans l'imposition du terrain de celui-ci et contre laquelle il n'a pas été réclamé en temps utile (Cons. d'Et. 6 janv. 1858, aff. Garnier, D. P. 58. 3. 44) ; — 3ᵒ Sur une demande motivée sur le fait qu'une maison est restée inhabitée pendant tout ou partie de l'année (Cons. d'Et. 13 avr. 1853, aff. Lecarpentier, D. P. 53. 3. 52 ; 19 juill. 1854, aff. Calsours, D. P. 55. 5. 120 ; 22 avr. 1857, aff. Delborne, D. P. 58. 3. 19) ;... — 4ᵒ Ou encore motivée sur le défaut de travail ou l'état de gêne du contribuable (Cons. d'Et. 25 janv. 1851. aff. Barré, D. P. 51. 3. 43).

**279.** Les décisions du préfet en matière de demandes en remise ou modération ne sont pas susceptibles de recours au conseil d'État par la voie contentieuse ; elles ne peuvent être attaquées que devant le ministre des finances (*Rép.* nᵒ 620 ; Cons. d'Et. 22 juin 1848, aff. Sénequier, D. P. 49. 3. 51; 25 janv. 1851, aff. Ferraud, D. P. 51. 3. 44 ; 19 juill. 1854, aff. Calsœurs, D. P. 55. 5. 120 ; 5 janv. 1858, aff. Delgutte, aff. Jobier, D. P. 58. 3. 44 ; 7 janv. 1858, aff. Jackson, et 6 janv. 1858, aff. Garnier, D. P. 58. 3. 44).

Mais on devrait considérer non comme des demandes en remise ou modération, mais comme des demandes en décharge ou réduction, rentrant dans la compétence des conseils de préfecture, et non plus du préfet : 1ᵒ la demande de dégrèvement des contributions foncière et des portes et fenêtres basée sur la destruction totale ou partielle, par un cas de force majeure, notamment un incendie des bâtiments imposés (Cons. d'Et. 27 mai 1857, aff. Delarmoy, D. P. 58. 3. 60) ; 2ᵒ la demande en dégrèvement de la contribution des portes et fenêtres à laquelle a été imposé un établissement de bienfaisance, fondée non pas seulement sur la pauvreté de cet établissement, mais sur ce qu'il aurait un caractère d'utilité publique (Cons. d'Et. 9 mars 1853, aff. Salmon, D. P. 53. 3. 44).

Certains cas ont fait difficulté ; ainsi on s'est demandé si la démolition d'une maison durant le cours de l'exercice pour lequel elle a été imposée à la contribution foncière donnait lieu à une demande en remise ou modération, ou bien à une demande en décharge ou réduction. Le conseil d'État avait d'abord décidé en faveur de celle-ci, ce qui entraînait la compétence du conseil de préfecture (Cons. d'Et. 9 avr. 1849, aff. Guest, D. P. 49. 3. 51). Mais, peu après, le comité de législation, investi provisoirement du contentieux en matière de contributions directes par un arrêté du 15 mars 1848, et après lui la section du contentieux du conseil d'Etat, décidèrent que c'était là une demande en remise ou modération, et par conséquent que le préfet était seul compétent (Cons. d'Et. 22 juin 1848, aff. Perchain, D. P. 49. 3. 51 ; 1ᵉʳ déc. 1849, aff. Taffin et aff. Berroyer, D. P. 50. 3. 26 ; 11 janv. 1853, aff. Zéder Cottant, D.P. 53. 3. 42 ; 16 févr. 1854, aff. Bonnet, D. P. 54. 5. 197 ; 29 nov. 1854, aff. Berloud, D. P. 55. 5. 116 ; 5 janv. 1858, aff. Delgutte, D.P. 58. 3. 44).

**280.** Le préfet est seul compétent, sauf recours au ministre des finances, pour statuer sur les demandes des percepteurs tendant à faire imputer des *cotes irrecouvrables* sur les fonds de non-valeurs (Cons. d'Et. 30 juin 1858, aff. Percepteur de Lannion, D. P. 59. 3. 2) ; cette imputation, en effet, n'exige qu'une vérification de faits, et le préfet, déjà juge des remises et modérations, était indiqué pour statuer sur ce point analogue. Les états de cotes irrecouvrables doivent donc être présentés au préfet et non au conseil de préfecture (Cons. d'Et. 17 mars 1853, aff. Leharivel, aff. Rouilly, et aff. Puymirol, D. P. 55. 3. 53 ; 17 sept. 1854, aff. Percepteur de Périgueux, D. P. 55. 3. 35). Les décisions des conseils de préfecture prises en cette matière sont nulles, même si elles sont relatives au point de savoir si, à l'époque à laquelle elle a été faite, la demande d'imputation était encore recevable (Cons. d'Et. 17 mars 1853, aff. de Puymirol, D. P. 55. 3. 53). Décidé aussi qu'un conseil de préfecture ne devrait pas statuer sur la demande formée par un percepteur à l'effet de se faire décharger de la responsabilité des cotes qu'il allègue n'avoir pu recouvrer à raison du défaut de ressources des contribuables (Cons. d'Et. 29 juill. 1847, aff. Laurent, D. P. 48. 3. 5). Mais le conseil de préfecture deviendrait compétent s'il s'agissait non plus de cotes irrecouvrables, mais de cotes indûment imposées, car en ce cas, la demande soulève une question de droit, celle du bien fondé de l'imposition. D'ailleurs un percepteur ne pourrait pas, sur la demande en décharge d'une cote présentée comme indûment imposée, conclure subsidiairement devant le conseil de préfecture ou le conseil d'Etat à l'imputation de cette cote sur les fonds de non-valeur (Cons. d'Et. 30 juin 1858, aff. Percepteur de Lannion, D. P. 59. 3. 2). Dans un cas spécial, il a été jugé que la cotisation pour laquelle un indigent a été inscrit au rôle de la contribution personnelle et mobilière doit être réputée dûment imposée, si l'indigent n'avait pas été compris dans les listes d'exemption dressées par le conseil municipal ; dès lors, la cote n'étant pas indûment imposée, son dégrèvement ne peut être obtenu que sur une demande en remise adressée au préfet (Cons. d'Et. 30 juin 1856, aff. Percepteur de Lamballe, D. P. 59. 3. 1 ; même jour aff. Percepteur de Lannion, D. P. 59. 3. 2).

**281.** Le préfet est compétent pour statuer sur la demande tendant à faire rembourser à un propriétaire les sommes que, depuis la vente de son immeuble à l'Etat, il aurait payées en acquit de la contribution foncière par suite du maintien de son nom sur le rôle (Cons. d'Et. 21 juin 1854, aff. Dionis, D. P. 55. 3. 53). Mais il ne peut, après l'émission des rôles, prononcer des mutations de cote soit en matière de contribution mobilière (Cons. d'Et. 17 juill. 1852, aff. Jacquet, D. P. 52. 3. 44) ; soit en matière de contribution foncière (Cons. d'Et. 9 mars 1870, aff. Troplong, D. P. 70. 3. 65).

**282.** Comme on l'a vu *supra*, n° 244, il appartient au préfet, aux termes de l'art. 17 de l'arrêté du 24 flor. an 8, de régler les frais de vérification et d'expertise auxquels peuvent donner lieu les réclamations en matière de contributions directes. Sa décision était susceptible d'un recours devant le ministre des finances, indépendamment du droit qui appartenait au contribuable de porter devant le conseil de préfecture ses réclamations contre ce règlement (Cons. d'Et. 16 juill. 1863, aff. Féchoz, D. P. 63. 3. 82, et aff. Mongauzy, D. P. 63. 3. 83). Comp. *infrà*, n° 289. D'après l'art. 23 de la loi du 22 juill. 1889, c'est au président du conseil de préfecture qu'il appartient de régler les frais d'expertise (V. *supra*, n° 244).

**283.** Enfin c'est au préfet que doit être remis le mémoire que les parties intéressées dans une instance en revendication de meubles saisis pour le payement des contributions directes doivent, en vertu de l'art. 4 de la loi du 12 nov. 1808, soumettre à l'autorité administrative préalablement à la décision du tribunal civil. Le conseil de préfecture à qui ce mémoire a été remis par erreur excède ses pouvoirs, soit en déclarant mal fondée l'opposition à la vente des objets saisis, soit en autorisant le percepteur à donner suite à la saisie et à ester en justice pour le maintien de cette saisie (Cons. d'Et. 28 févr. 1856, aff. Peyte, D. P. 56. 3. 47).

**Art. 3.** — *Compétence du ministre des finances* (*Rép.* nᵒˢ 621 à 622).

**284.** V. *Rép.* nᵒˢ 621 et 622.

**Art. 4.** — *Compétence des conseils de préfecture* (*Rép.* nᵒˢ 623 à 633).

**285.** Aux termes de l'art. 4 de la loi du 28 pluv. an 8, le conseil de préfecture connaît de toutes les affaires contentieuses qui en matière de contributions directes, sont de la compétence administrative.

En premier lieu les conseils de préfecture, chargés de statuer sur les demandes en décharge ou en réduction, ont nécessairement le pouvoir de vérifier, sur la réclamation du contribuable qui soulève ce moyen, si l'impôt a une base légale (Cons. d'Et. 22 déc. 1863, aff. Piquemal, D. P. 65. 3. 11 ; 23 janv. 1864, aff. Giraud, D. P. 65. 3. 27). C'est donc à tort qu'un conseil de préfecture se déclarerait incompétent pour apprécier la légalité contestée par le réclamant des actes administratifs qui ont établi une taxe de pâturage dite *droit de foraine* (Arrêt du 22 déc. 1863 précité), ou pour décider si les impositions extraordinaires votées par un conseil municipal l'ont été dans les limites fixées par la loi (Cons. d'Et, 26 juill. 1854, aff. Laurentie, D. P. 55. 3. 48) ; ou encore pour apprécier une réclamation qui soulève la question de savoir si une loi spéciale qui a réuni deux communes en une seule a entendu introduire dans la répartition de la contribution foncière la formation d'un seul contingent pour la commune nouvelle ou maintenir la séparation des deux contingents antérieurs (Arrêt du 23 janv. 1864, précité). C'est donc devant lui que doit être portée l'action formée par un contribuable contre une commune en répétition d'impôts qu'il prétend avoir été illégalement établis et perçus (Civ. cass. 25 mars 1874, aff. Ville de Chaumont, D. P. 74. 1. 201). Mais le droit des conseils de préfecture de vérifier, dans l'intérêt des contribuables qui réclament, si les contributions ont été assises conformément aux lois et règlements, ne va pas jusqu'à leur permettre, en matière de contribution mobilière, de contrôler la régularité des recensements qui ont servi de base à la répartition (Cons. d'Et. 7 janv. 1858, aff. Ville d'Alger, D. P. 58. 3. 49). En effet il s'agit là d'un acte purement administratif, relevant directement de l'autorité administrative, et la prétention du conseil de préfecture, en l'espèce, aurait constitué un empiétement flagrant sur le domaine de l'autorité administrative. — On verra plus loin (n° 287) que les tribunaux judiciaires sont également compétents pour apprécier la légalité des impôts. C'est en se référant à cette double compétence qu'un arrêt du conseil d'Etat a décidé que le contribuable, au cas où il soutiendrait qu'un impôt extraordinaire a été illégalement établi par un simple arrêté préfectoral, pouvant proposer ce moyen, soit devant l'autorité judiciaire à l'appui d'une demande en restitution des contributions indûment payées, soit devant le conseil de préfecture en formant une demande en décharge ou réduction, n'est pas recevable à attaquer devant le conseil d'Etat cet arrêté préfectoral ou la décision ministérielle qui l'a confirmée (Cons. d'Et. 12 févr. 1863, aff. Grelleau, D. P. 63. 3. 13).

**286.** Le conseil de préfecture est compétent pour prononcer sur la demande des particuliers tendant à obtenir la décharge ou la réduction de leur cote de contributions directes (Cons. d'Et. 20 févr. 1861, aff. Dauty, D. P. 61. 3. 78). C'est la principale attribution du conseil de préfecture, et la jurisprudence du conseil d'Etat a fait de nombreuses applications du principe. C'est ainsi qu'il y a lieu de porter devant le conseil de préfecture la réclamation formée par un contribuable contre son omission à l'état des imposables (Cons. d'Et. 25 janv. 1851, aff. Briffault, D. P. 51. 3. 44) ; ... la demande en réduction fondée sur l'exagération du revenu d'une construction donnant lieu à une augmentation du contingent de la commune, comme postérieure au 1ᵉʳ janvier (L. 17 août 1835) ; en ce cas, le conseil de préfecture pourra bien décider si le montant du dégrèvement qu'il reconnaît être dû au contribuable devra ou non être réimposé sur les autres contribuables de la commune; mais il ne pourra pas décider qu'il devra être imposé sur l'un des fonds de non-valeurs mis à la disposition du ministre des finances (Cons. d'Et. 22 janv. 1857, aff. Sibour, D. P. 57. 3. 49).

Par contre, le conseil de préfecture serait incompétent dans les cas où il ne s'agirait pas d'une demande en décharge ou réduction; ainsi la question de savoir si le préfet a eu ou non raison de refuser de donner acte à un propriétaire d'une déclaration de reboisement faite en vue du droit éventuel que ce propriétaire prétendait avoir à exemption temporaire de la contribution foncière pour reboisement, n'a pas été jugée de la compétence du conseil de préfecture, parce qu'une demande en décharge ou réduction ne peut s'appuyer sur un fait éventuel (Cons. d'Et. 3 déc. 1880, aff. Porteu, D. P. 82. 3.18). De même le propriétaire qui, sans réclamer aucune réduction de sa contribution foncière, se borne à faire, conformément à l'art. 117 de la loi du 3 frim. an 7, et à l'effet de jouir de la modération temporaire édictée par l'art. 116 de ladite loi, la déclaration détaillée des terrains qu'il se propose de reboiser, ne fait pas une réclamation de la compétence du conseil de préfecture, et l'arrêté par lequel un conseil repousserait sa demande doit donc être annulé pour incompétence (Cons. d'Et. 30 juin 1882, aff. Commission administrative des hospices de Compiègne, D. P. 83. 5. 138). De même enfin, le conseil de préfecture, et après lui le conseil d'Etat, seraient sans droit pour fixer, à propos d'une demande en décharge ou en réduction, les bases d'après lesquelles doivent être imposées les contributions (Cons. d'Et. 4 déc. 1885, aff. Rouganne de Chanteloup, D. P. 87. 5. 127).

**287.** En matière de mutation de cote, le conseil de préfecture est compétent toutes les fois qu'il y a un texte formel. Ce texte existait pour l'impôt foncier (L. 2 mess. an 7, art. 5, Arr. des consuls, 24 flor. an 8, art. 2), mais pour la taxe des portes et fenêtres antérieurement à la loi du 8 juill. 1852 (Exposé des motifs, D.P. 52. 4. 135). — Jugé que le conseil de préfecture est compétent, lorsqu'un particulier soutient qu'un immeuble à raison duquel il a été imposé à l'impôt foncier et à la contribution des portes et fenêtres appartient à une autre personne, pour effectuer la mutation après avoir mis en cause les véritables propriétaires (Cons. d'Et. 23 mai 1873, aff. Nougué, D. P. 73. 3. 94). Mais, en l'absence de texte formel, le conseil de préfecture ne peut prononcer de mutation de cote, en matière de contribution mobilière Cons. d'Et. 9 juin 1876, aff. Mercier, D. P. 76. 3. 95), de prestations en nature pour les chemins vicinaux (Cons. d'Et. 29 juill. 1859, aff. Baudesson, D. P. 60. 3. 54), et de taxe de balayage à Paris (Cons. d'Et. 30 juin 1876, aff. Ville de Paris, D. P. 76. 3. 95).

**288.** En matière de restitution, le conseil de préfecture est compétent pour connaître de la demande d'un contribuable en nullité d'une contrainte fondée sur ce qu'il se serait valablement libéré par un payement antérieur (Cons. d'Et. 21 juill. 1876, aff. Duratel, D. P. 77. 3. 2); et pour statuer sur la demande d'un contribuable, qui a payé la somme réclamée par un percepteur par voie de commandement, en restitution de la somme ainsi payée alors que la contestation a pour objet la fixation de la somme dont le contribuable restait débiteur envers l'Etat sur le montant de ses impôts au moment où le commandement lui a été adressé (Cons. d'Et. 18 nov. 1881, aff. de Saint-Ours, D. P. 83. 5. 136). De même encore, le conseil de préfecture est compétent pour statuer sur la question de savoir si le propriétaire est responsable des contributions de son locataire, alors même que la réclamation est présentée sous forme d'une demande en restitution des sommes payées à ce titre par ledit propriétaire (Cons. d'Et. 21 janv. 1887, aff. Bonnier, D. P. 88. 3. 50 ; 26 janv. 1889, aff. De Cerjat, D. P. 90. 3. 47); mais il est incompétent pour connaître de l'action par laquelle un contribuable qui a vendu son immeuble à l'Etat dans le cours de l'année, réclame le remboursement de l'impôt foncier payé par lui en vertu d'un rôle dont il ne conteste pas la régularité pour la partie de l'année pendant laquelle l'immeuble avait cessé de lui appartenir (Cons. d'Et. 7 juill. 1882, aff. Héritiers de Pange, D. P. 84. 3. 4). Il est de même incompétent pour statuer sur une demande en dommages-intérêts formée par un contribuable, même accessoirement à une demande en

restitution du montant d'une contribution dont il n'était pas débiteur (Cons. d'Et. 21 janv. 1877, aff. Bonnier, D.P. 88.3.50).

**289.** Enfin il a été jugé que le conseil de préfecture est compétent pour apprécier si les frais d'une expertise à laquelle a donné lieu une réclamation en matière de contributions directes, frais taxés par arrêté préfectoral, sont exagérés ; mais qu'il n'est pas obligé, pour faire cette appréciation, de se conformer au tarif des dépens en matière civile (Cons. d'Et. 16 juill. 1863, aff. Féchoz et aff. Montgauzy, D. P. 63. 3. 83 ; Cons. préf. de la Seine, 6 nov. 1878, aff. Binet, D. P. 79. 3. 48 ; Conf. Chauveau et Tambour, *Code d'instruction administrative*, 5e éd., t. 2, n° 1020, note 1). — Aujourd'hui, la loi du 22 juill. 1889 donne expressément au conseil de préfecture la mission de statuer, en chambre du conseil, sur les contestations auxquelles donne lieu la liquidation des frais d'expertise faite par le président du conseil de préfecture (V. *suprà*, n°s 244).

Art. 5. — *Compétence du conseil d'Etat* (Rép. n°s 634 à 640).

**290.** Le conseil d'Etat connaît des appels formés contre les arrêtés définitifs des conseils de préfecture (*Rép.* n° 634). En principe, aucune demande en matière de contributions ne peut être soumise directement au conseil d'Etat (Cons. d'Et. 11 janv. 1851, aff. Béatrix, D. P. 51. 3. 31). Il en est ainsi spécialement d'une demande en décharge de contributions (Cons. d'Et. 13 avr. 1853, aff. Préverez Compans, D. P. 53. 3. 50). Cette règle a été appliquée dans une espèce où le préfet avait refusé à un contribuable qui voulait replanter un bois l'exemption accordée pendant vingt ans par l'art. 225 c. for. Le conseil d'Etat, auquel était déféré l'arrêté du préfet, tout en reconnaissant qu'il avait été incompétemment rendu, a refusé de l'annuler et de statuer *de plano* sur la réclamation, et il a renvoyé le demandeur à se pourvoir devant le conseil de préfecture (Cons. d'Et. 14 févr. 1845, aff. de Schulembourg, D. P. 45. 3. 112). Toutefois, dans une autre espèce, le conseil d'Etat, après avoir annulé, pour excès de pouvoir, l'arrêté d'un préfet rendu sur une demande en décharge, a retenu la cause en se fondant sur ce que l'état de l'instruction permettait de statuer immédiatement sur le fond (Cons. d'Et. 10 févr. 1861, aff. Danty, D. P. 61. 3. 78). — Décidé aussi que les contestations relatives aux règlements des frais d'expertise ne peuvent être portées directement devant le conseil d'Etat (Cons. d'Et. 4 avr. 1873, aff. Debaigt, *Rec. Cons. d'Etat*, p. 276).

**291.** Il n'y a pas de recours par la voie contentieuse en matière d'administration pure. Ainsi n'est pas recevable le recours d'un percepteur devant le conseil d'Etat contre la décision du préfet qui refuse d'imputer sur les fonds de non-valeurs les cotes signalées dans son état de fin d'année comme irrecouvrables (Cons. d'Et. 27 juill. 1853, aff. Remaury, D. P. 54. 3. 62) ; ou contre la décision par laquelle le préfet, statuant sur un état de cotes irrecouvrables, refuse d'imputer sur le fond de non-valeur des frais de poursuite dont le remboursement ne peut être effectué (Cons. d'Et. 6 janv. 1858, aff. Magisson, D. P. 58. 3. 42).

Sect. 2. — Compétence de l'autorité judiciaire (Rép. n°s 641 à 664).

**292.** Les tribunaux civils sont d'abord compétents pour apprécier la légalité d'un impôt (V. *Rép.* n° 641; Angers, 21 janv. 1847, aff. Deschères, D. P. 47. 2. 104). Ainsi, il appartient à l'autorité judiciaire de décider, sans que l'autorité administrative ait à élever aucune question préjudicielle, si l'imposition extraordinaire dont un contribuable demande la restitution en ce qui le concerne, a été illégalement établie, et, notamment, si cette imposition pouvait être perçue en vertu d'un simple arrêté préfectoral ou si un décret impérial n'aurait pas dû intervenir (Cons. d'Et. 14 déc. 1862, aff. Grolleau, D. P. 63. 3. 11). On a vu que les conseils de préfecture sont également compétents pour apprécier la légalité d'un impôt (V. *suprà*, n° 279). — Il appartient aussi à l'autorité judiciaire d'apprécier la légalité des actes administratifs qui établissent des perceptions, à quelque titre et sous quelque dénomination que ce soit, et spécialement la légalité d'un arrêté du préfet de police prescrivant la formation d'un fonds de retraite en faveur des garçons bouchers au moyen d'une augmentation des droits imposés aux maîtres bouchers pour la conduite des bestiaux (Cons. d'Et. 5 avr. 1853, aff. Paris, D. P. 54. 5. 152).

**293.** Les questions de propriété sont du ressort des tribunaux civils (*Rép.* n° 646). C'est ainsi que, lorsqu'un individu demande à être porté au rôle de la contribution foncière comme propriétaire d'un immeuble inscrit au nom d'un autre contribuable et que celui-ci conteste le prétendu droit de propriété du premier, il y a nécessité, pour le conseil de préfecture, de surseoir à statuer jusqu'à ce que la question de propriété ait été tranchée par les tribunaux (Cons. d'Et. 9 mai 1860, aff. Choppin, D. P. 60. 3. 47) ; il importerait peu en ce cas que la cote dont la mutation est demandée ait été établie de cette manière depuis plusieurs années. Par application du principe général, les tribunaux civils sont compétents pour statuer sur la question de savoir comment, entre les diverses personnes qui se partagent les fruits d'un immeuble, doivent se répartir les charges éventuelles de la propriété et notamment les impôts (Metz, 26 févr. 1850, aff. Commune de Vitry, D. P. 50. 2. 124), ainsi que pour trancher la question préjudicielle de propriété, quand une société prétend n'être pas propriétaire de l'immeuble pour lequel elle a été imposée à la taxe de mainmorte (Cons. d'Et. 27 juill. 1888, aff. Soc. des usines à noirs et briquettes de Carvin-Libercourt, D. P. 89. 3. 96).

**294.** Les questions d'ordre et de privilège sont également de la compétence exclusive des tribunaux ordinaires (*Rép.* n° 649). Cela concerne toutes les contestations relatives au privilège établi au profit du Trésor par l'art. 2 de la loi du 12 nov. 1808. Ainsi la juridiction civile est compétente pour statuer, par exemple, sur la question de savoir si le propriétaire qui a fait saisir et vendre à son profit les meubles apportés dans l'usine par son fermier, est passible de l'application du privilège dont il s'agit, alors que le percepteur des contributions n'est point intervenu dans la procédure et n'a point formé opposition à la distribution des deniers provenant de cette saisie et de cette vente (Cons. d'Et. 19 févr. 1863, aff. Calvière, D. P. 63. 3. 19). De même à l'autorité judiciaire seule il appartiendrait de décider si le Trésor peut exercer sur les fonds entre les mains du liquidateur d'une société les privilèges appartenant au Trésor en vertu de la loi de 1808 (Cons. d'Et. 22 déc. 1882, aff. Percepteur de la 2e division de Lille, D. P. 84. 3. 87) ; et elle pourrait seule statuer sur la réclamation d'un commissaire-priseur qui, ayant vendu les meubles d'un contribuable, soutient qu'il a pu, cette vente étant volontaire, en verser valablement le produit entre les mains du vendeur sans acquitter les contributions dont celui-ci était redevable (Cons. d'Et. 14 mai 1886, aff. Boutet, D. P. 87. 5. 128). De même encore, l'autorité judiciaire est seule compétente pour décider si, en vertu des lois relatives au privilège du Trésor public pour le recouvrement des contributions directes, les revenus d'un immeuble peuvent être saisis entre les mains d'un acquéreur, pour le payement de la contribution foncière due antérieurement à son acquisition (Cons. d'Et. 6 déc. 1889, aff. Grou, D. P. 91. 3. 50).

**295.** Les difficultés qui peuvent naître à l'occasion d'une faillite sont également du ressort de l'autorité judiciaire. C'est ainsi qu'un conseil de préfecture serait incompétent pour apprécier à quelles conditions le percepteur peut poursuivre contre le syndic d'une faillite le payement des contributions dues par le failli (Cons. d'Et. 4 juin 1870, aff. Cristophe, D. P. 71. 3. 76), ainsi que pour apprécier, même sur la proposition du directeur des contributions directes, la responsabilité que le syndic pourrait avoir encourue vis-à-vis du Trésor au cas où le failli aurait formé une demande en décharge de contributions ; le conseil de préfecture ne pourrait pas davantage; en ce cas, mettre à la charge dudit syndic les contributions inscrites au nom du failli (Cons. d'Et. 4 juin 1867, aff. Ehrmann, D. P. 68. 3. 59).

**296.** Les tribunaux de droit commun sont compétents pour connaître de la régularité et de la validité des poursuites exercées par les voies judiciaires pour opérer le recouvrement des contributions directes ou des taxes qui leur sont assimilées (*Rép.* n° 660 ; Cons. d'Et. 9 déc. 1858 (motifs), aff. Association du syndicat de la Chalaronne, D. P. 59. 3. 43 ; 25 déc. 1862, aff. Dufour, D. P. 63. 3. 10 ; Trib. confl. 2 avr. 1881, aff. Préfet de la Dordogne, D. P. 82. 3. 75 ;

3 déc. 1886, aff. Lechelle et 24 déc. 1886, aff. Dame Laval, D. P. 88. 3. 4). La jurisprudence a fait, dans de nombreuses espèces, l'application de ce principe général. C'est ainsi que, lors des poursuites exercées par le Trésor pour le recouvrement de l'impôt, les contestations au sujet soit de la régularité de ses poursuites, soit de la propriété des valeurs sur lesquelles le Trésor prétend obtenir son payement, soit encore du droit qu'il revendique de primer certains créanciers du contribuable, sont de la compétence des tribunaux civils ; on arguerait vainement, en faveur de l'autorité administrative, du droit attribué à elle de statuer sur le contentieux des contributions (Riom, 4 mai 1862, aff. Lamouroux, D. P. 52. 2. 229). De même les tribunaux civils seraient compétents pour connaître de l'opposition formée aux poursuites en recouvrement d'une taxe d'endiguement, et fondée sur ce que ces poursuites seraient nulles, soit en l'absence d'une loi spéciale qui ait créé l'impôt, soit sous le rapport des formes ou de la qualité des personnes qui les ont autorisées et dirigées (Angers, 21 janv. 1847, aff. Deschères, D. P. 47. 2. 104-105), soit parce que le receveur, faute d'avoir exercé les poursuites dans le délai fixé par l'art. 149 de la loi du 3 frim. an 7, était déchu de toute action par l'application dudit article (Cons. d'Et. 17 févr. 1888, aff. Mathieu, D. P. 89. 5. 133-134). Dans une espèce analogue il a été décidé que l'opposition à des poursuites exercées en matière de taxe d'arrosage, opposition fondée sur ce que la signification du commandement aurait été faite par un agent n'ayant pas qualité, est de la compétence du tribunal civil (Cons. d'Et. 19 déc. 1861, aff. Fruitet, D. P. 62. 3. 75). Il en serait de même si la réclamation des contribuables était basée sur ce que les poursuites avaient été dirigées non pas par l'agent qui a reçu de la loi ou de ses supérieurs, en vertu de la loi, la mission d'opérer le recouvrement de la contribution (en l'espèce une taxe assimilée), mais par un tiers délégué par cet agent, ce tiers fût-il d'ailleurs fonctionnaire public (Cons. d'Et. 28 mai 1868, aff. Duval et autres, D. P. 69. 3. 73).

**297.** Le tribunal civil serait encore compétent si le particulier poursuivi comme héritier d'un contribuable en payement d'une contribution inscrite au nom de celui-ci prétendait qu'il n'a pas cette qualité (*Rép.* n° 646 ; Cons. d'Et. 3 août 1877, aff. Dame Villain-Moisnel, D. P. 78. 3. 10) ; ou encore si l'individu poursuivi par le percepteur comme détenteur de fruits, loyers ou revenus des immeubles d'un contribuable affectés au privilège du Trésor, contestait cette qualité de détenteur et soutenait, par exemple, que s'il a antérieurement acquitté les impôts du contribuable, ce n'était que comme mandataire de celui-ci ; en ce cas, la nature des rapports de cet individu avec le contribuable ne pourrait être appréciée que suivant les formes et les règles du droit civil, et le conseil de préfecture, saisi par l'individu ainsi poursuivi, devrait le renvoyer devant l'autorité judiciaire pour faire statuer sur son exemption (Cons. d'Et. 3 avr. 1856, aff. Vuillemenot, D. P. 56. 3. 50).

**298.** D'ailleurs, si les conclusions d'un réclamant pour obtenir annulation d'un commandement en vertu duquel les poursuites ont lieu, soulèvent des questions qui se rattachent les unes à la compétence judiciaire, les autres à la compétence administrative, le tribunal des conflits a jugé que le tribunal civil, devant qui la réclamation était portée, devait, sans se dessaisir immédiatement, renvoyer au conseil de préfecture la connaissance des questions de sa compétence lesquelles avaient un caractère préjudiciel (Trib. confl. 2 avr. 1881, aff. Préfet de la Dordogne et Busselet, D. P. 82. 3. 75 ; 3 déc. 1886, aff. Léchelle, et 24 déc. 1886, aff. Dame Laval, D. P. 88. 3. 14). Le tribunal civil devrait se déclarer incompétent, si le demandeur en nullité d'un commandement ne précisait aucun vice de forme de nature à entraîner la nullité des actes de ce commandement (Trib. confl. 12 juin 1880, aff. Pagès-Raymond et autres, D. P. 82. 3. 26-27). Enfin les tribunaux administratifs, incompétents pour prononcer sur la validité des poursuites exercées contre un contribuable par voie de commandement (Trib. confl. 24 déc. 1886, aff. Dame Laval, D. P. 88. 3. 14), ne peuvent statuer sur l'application de la déchéance encourue par le receveur faute d'avoir exercé ces poursuites dans le délai fixé par l'art. 149 de la loi du 3 frim. an 7 (Cons. d'Et. 5 mai 1876, aff. Mosnier, D. P. 76. 3. 81 ; 2 août 1878, aff. de Béarn, D. P. 79. 3. 37).

**299.** La saisie-arrêt formée par le percepteur des contributions directes entre les mains du débiteur d'un contribuable en retard (du fermier de celui-ci par exemple) est un acte conservatoire dont l'appréciation appartient exclusivement, s'il y a contestation, à l'autorité judiciaire (*Rép.* n° 653). Il pourrait être fait renvoi à l'autorité administrative des questions préjudicielles élevées soit sur l'existence ou la quotité de la dette, soit sur la valeur du titre administratif sur laquelle elle repose, mais non de la question de savoir si la saisie-arrêt aurait dû être précédée d'une sommation sans frais (Req. 19 mars 1873, aff. Legoubay, D. P. 73. 1. 276). C'est ainsi qu'il a été décidé que l'autorité judiciaire est seule compétente pour statuer sur la demande d'un contribuable en annulation d'une saisie, fondée sur ce qu'un arrêté du conseil de préfecture lui avait accordé décharge de la contribution dont le payement lui était réclamé, et que le conseil de préfecture, à tort saisi, ne peut, tout en se déclarant incompétent, décider que le contribuable était tenu de payer la contribution en vertu du privilège accordé au Trésor par la loi de 1808 (Cons. d'Et. 30 juill. 1880, aff. Maurel, D. P. 81. 3. 95). L'autorité judiciaire d'ailleurs, devrait surseoir à statuer au cas où il y aurait lieu à interprétation préjudicielle d'actes administratifs (Cons. d'Et. 12 mars 1880, aff. Dame Salin, D. P. 80. 3. 115).

**300.** Enfin les tribunaux judiciaires sont seuls compétents pour trancher des questions de revendication, d'indemnités et de dommages-intérêts (*Rép.* n° 661 ; Cons. d'Et. 3 déc. 1886, aff. Léchelle, D. P. 88. 5. 14). C'est ainsi qu'il a été décidé que la demande en revendication d'objets compris dans une saisie qui a pour objet le recouvrement de contributions directes ne peut être jugée que par les tribunaux ordinaires, mais doit être préalablement soumise au préfet par la partie qui l'intente (Cons. d'Et. 17 févr. 1853, aff. Brosse et comp., D. P. 54. 3. 18) ; que l'autorité judiciaire est compétente pour connaître d'une demande en indemnité formée par un contribuable à raison d'une saisie opérée à la suite d'un refus de payer une taxe assimilée pour le recouvrement des contributions directes (Cons. d'Et. 25 janv. 1884, aff. Edoux, D. P. 85. 3. 78) ; pour statuer sur la demande d'un contribuable en restitution des sommes qu'il a déboursées pour frais de commandement, saisie et vente mobilière (Cons. d'Et. 3 août 1877, aff. Dame Villain-Moisnel, D. P. 78. 3. 10) ; pour connaître de l'action en dommages-intérêts exercée par un contribuable contre un percepteur des contributions directes, à raison du refus de celui-ci de restituer une somme dont le dégrèvement a été obtenu (Trib. de paix de Marseille, 14 oct. 1869, aff. Castella et Darbon, D. P. 71. 3. 21 ; Trib. confl. 2 avr. 1881, aff. Préfet de la Dordogne, etc., D. P. 82. 3. 75) ; ainsi que pour prescrire, en matières de poursuites, telles mesures qu'elle juge opportun d'ordonner, pour connaître de l'action intentée par un contribuable contre un percepteur en remboursement d'une somme qu'il avait remise à titre de dépôt entre les mains de la femme dudit percepteur pour servir à payer ses impôts et qui n'aurait pas reçu cette destination. En ce cas, il n'existe aucune question préjudicielle de la compétence de l'autorité administrative en ce qui concerne une pièce constatant ce versement, alors que le demandeur invoque cette pièce non comme constituant une quittance libératoire à l'égard du Trésor, mais comme constituant un commencement de preuve par écrit du versement opéré entre les mains de la femme du percepteur (Trib. confl. 15 déc. 1888, aff. Moreau, D. P. 90. 3. 22). — Comp. Dufour, t. 4, n°s 222, et suiv. ; Durieu, t. 1, p. 393 et suiv. ; Dumesnil, p. 335.

## Table sommaire

### des matières contenues dans le Supplément et le Répertoire.

(Les chiffres précédés de la lettre S renvoient au Supplément ; les chiffres précédés de la lettre R renvoient au Répertoire.)

— opérations d'art S. 53 ; R. 93 s. ; (compétence) S. 54 ; R. 03 ; (délai) S. 54 ; R. 108.
— quittance, production S. 220 s. ; R. 456.
— répartition individuelle S.74,76 ;103 s.
Recouvrement S. 187 s. ; R. 416 s.
— décès R. 426 s.
— époques de payements S. 188 ; R. 419 s.
— faillite S. 188 ; R. 422.
— percepteur R. 416 ; (rôle) R.417 ; (tournée de communes) R. 429 s. ; (versement) R. 431.
Répartiteur
— dégrèvement, conseil d'Etat, recours S. 250 ; (instruction) S. 227, 229.
— impôt foncier, répartition individuelle S. 74 ; R. 163 s. ; (attributions) R. 167, 169.

Répartition
— compétence administrative R. 595.
— impôt foncier S. 68 s. ; R. 151 s.
Rue
— exemption S. 29 ; R. 49.
Saisie
— compétence judiciaire R. 647, 654.
— insolvabilité, absence R. 534.
— objets à saisir R. 533.
— opposition R. 520.
— porteur de contrainte R. 528, 530 s.
— poursuites S. 265 ; R. 523 s.
— procédure R. 523 s.
— procès-verbal R. 532.
— sous-préfet R. 526 s.
Saisie-arrêt
— compétence judiciaire S. 300 ; R. 653 ;
— poursuites S. 267 ; R. 543 s.

Saisie-exécution
— poursuites S. 267 ; R. 545.
Saisie-revendication
— poursuites S. 267 ; R. 546.
Service public
— impôt des portes et fenêtres,exemption (bâtiments communaux) S. 152 ; (bâtiments d'instruction) S. 154 s. ; R. 301 s. ; 310 ; (bâtiments, fonctionnaires publics) S. 151 ; (bâtiments d'intérêt) S. 153 ; (églises et chapelles) S. 152 ; R. 300 ; (établissements de bienfaisance, espèces) S. 156 ; R. 305 ; (fonctionnaires, habitation privée) S. 159 s. ; R. 307 s. ; (hospice) S. 156 ; R.305, 312 ; (presbytère) R. 311 ;

(refus, espèces) S. 158.
Société
— impôt mobilier, base S. 91 ; R. 209.
Sommation
— poursuites S. 260, 262 s. ; R. 502 s., 508 s.
Sous-officier
— impôt mobilier, exemption S. 124 ; R. 236.
Taxes assimilées S. 176 s. ; R. 348 s.
— biens de mainmorte S. 177.
— dégrèvement,réclamation, délai S. 203.
— digues et curage R. 352.
— eaux minérales R. 353.
— entretien des bourses et chambres de commerce R. 358.
— prestation des che-

mins vicinaux R. 349.
— redevance sur les mines R. 350.
— rétribution universitaire et scolaire R. 354.
— travaux de desséchement R. 351.
— vérification des poids et mesures R. 356.
— visites chez les pharmaciens, droguistes R. 357.
Théâtre
— propriété communale, exemption S. 33.
Tierce expertise S. 240 s.
— caractère S. 240.
— conseil de préfecture S. 240.
— demande S. 241.
— frais S. 242.
Usine
— classement, réclamation R. 102, 116.

— impôt des portes et fenêtres, exemption R. 293
Usufruitier
— impôt foncier, payement S. 60 ; R. 133.
Valeur locative
— expertise, vérification S. 237.
— impôt mobilier (base) S. 82 ; R. 186, 197 s. ; (répartition) S. 130 s.
Vente
— autorisation spéciale, sous-préfet R. 535.
— frais d'annonce R. 541.
— percepteur R. 537 s.
— poursuites S. 266 ; R. 535 s.
Visite des lieux
— expertise S. 236 ; R. 466 ; (frais) S. 244.
Trésor public, privilège R. 542.

## Table chronologique des Lois, Arrêts, etc.

**1774**
12 août. Lettres patentes. 43 c.

**1780**
1er déc. Loi. 43 c.

**1791**
17 mars.Décr.68 c.
5 août. Décr. 188 c., 274 c., 275 c., 276 c.

**1792**
11 sept. Loi. 60 c.

**An 3**
7 therm.Loi.111c.

**An 5**
17 brum.Loi.186c.

**An 7**
3 frim. Loi. 4 c., 19 c., 23 c., 26 c., 27 c., 29 c., 30 c., 31 c., 32 c., 38 c., 41 c., 43 c., 44 c., 45 c., 50 c., 57 c., 58 c., 65 c., 191 c., 209 c.,259 c., 286 c., 293 c., 296 c., 298 c.
4 frim. Loi.133 c., 135 c., 140 c., 142 c., 150 c., 164 c. 170 c.
2 mess.Loi.76 c., 227 c., 236 c., 239 c., 245 c., 287 c.

**An 8**
3 frim. Loi. 9 c., 178 c.
28 pluv.Loi.229 c., 285 c.
24 flor. Arr. 225 c., 239 c., 242 c., 244 c., 262 c., 287 c.

**An 9**
19 vent. Loi. 30 c.
21 vent. Loi. 18 c.

**An 10**
3 frim. Loi. 22 c.

**An 11**
4 frim. Loi. 7 c.
4 germ. Loi. 7 c., 145 c.
7 germ.Loi. 7 c.

**An 12**
5 vent. Loi.180 c.

**1807**
13 sept. Loi. 23 c., 41 c., 52 c., 58 c., 190 c.

**1808**
11 août. Décr.32 c.
12 nov.Loi. 214 c.,

**1810**
20 avr. Loi. 246 c.

**1811**
2 oct. Ord. 57 c.

**1818**
24 déc.Cons. d'Et. 42 c.

**1821**
31 juill. Loi. 75 c.
3 oct.Ordon.56 c., 58 c.
10 oct. Règl. 56 c., 58 c.

**1831**
26 mars.Loi.106 c., 224 c., 239 c.
30 mars.Instr.min. 91c.,94 c.,119 c.
30 sept.Instr. min. 97 c.

**1832**
24 avr. Loi. 6 c., 40 c., 84 c., 97 c.,100 c.,102 c., 103 c., 106 c., 107 c., 112 c., 117 c., 119 c., 120 c., 124 c., 125 c., 126 c., 166 c., 168 c., 169 c.,170c.,190 193 c., 202 c.
25 mars. Cons. d'Et. 81 c.
26 avr. Cons. d'Et. 34 c.
3 juill. Loi. 6 c., 126 c.,1 27 c., 185 c.
9 juill.Cons.d'Et. 130 c.

**1835**
17 août. Loi. 3 c., 68 c.,78 c.,286 c.

**1838**
10 mai. Loi. 72 c.
11 mai.Cons.d'Et. 28 c.

**1839**
31 oct. Ord.161 c., 293 c.
21 juill. Règl. gén. 186 c., 187 c., 276 c.

**1840**
17 juin. Instr. 9 c., 184 c.

**1841**
8 janv. Ordon. 9 c., 178 c.

**1843**
4 juill.Cons. d'Et. 81 c.

**1844**
15 mars. Cons. d'Et. 207 c.
25 avr. Loi. 124 c., 147 c.
29 juin.Cons. d'Et 268 c.
4 août.Loi. 41 c., 43 c.,193 c.,212
22 août.Cons.d'Et. 39 c., 246 c.
6 déc. Cons. d'Et. 42 c.
17 déc. Ordon. 9 c., 178 c.

**1845**
12 févr.Cons.d'Et. 264 c.
14 févr.Cons.d'Et. 290 c.
23 mars. Cons. d'Et.120 c.,162.c.
9 déc. Ordon. 9 c., 180 c.
23 déc.Cons.d'Et. 227 c.
25 déc.Cons. d'Et. 61 c.

**1846**
9 janv.Cons.d'Et. 44 c., 246 c.
10 janv. Ordon. 9 c., 193 c.
20 févr.Cons.d'Et. 193 c., 202 c.
25 mars. Cons. d'Et. 81 c.
26 avr. Cons. d'Et. 34 c.
4 juill. Loi. 6 c., 126 c.
26 avr. Cons. d'Et. 34 c.
3 juill. Loi. 6 c., 112 c.,
10 mai. Instr. min. 253 c.

**1847**
21 janv.Cons.d'Et. 293 c.
21 juill. Angers. 296 c.
6 mars. Circ. dir.

gén. contr. dir. 21 c.
31 mars. Cons. d'Et. 141 c., 193 c.

**1848**
8 janv.Cons.d'Et. 80 c.
29 juill.Cons.d'Et. 54 c., 280 c.
30 juill.Cons.d'Et. 151 c.
17 août.Cons.d'Et. 271 c.
20 août.Cons.d'Et. 34 c.

**1848**
20 janv.Cons.d'Et. 268 c.
31 mars. Cons. d'Et. 85 c.
22 juin.Cons.d'Et. 81 c., 112 c., 163 c., 279 c.
12 juill.Décr. 4 c., 43 c.
20 juill.Cons.d'Et. 74 c.
25 août.Cons.d'Et. 30 c., 39 c., 157 c.. 160 c.
26 août.Cons.d'Et. 154 c.
7 sept. Cons. d'Et. 77 c., 85 c., 111 c.
30 oct. Cons. d'Et. 227 c.
6 déc. Cons. d'Et. 154 c., 100 c.

**1849**
22 janv.Cons.d'Et. 246 c.
24 janv.Cons.d'Et. 30 c.
20 févr. Loi. 209 c.
9 avr. Cons. d'Et. 279 c.
20 avr. Cons. d'Et. 112 c.
10 mai. Instr. min. 253 c.
1er déc. Cons. d'Et. 279 c.

**1850**
19 janv.Cons.d'Et. 205 c.
20 févr.Metz.293 c.
30 avr. Décr. 9 c., 180 c.
25 mai. Cons. d'Et. 118 c., 120 c.

8 août. Loi. 8 c.

**1851**
11 janv.Cons.d'Et. 290 c.
12 mai. Cons. d'Et. 278 c., 279 c., 286 c.
26 avr. Cons. d'Et. 39 c.
3 mai. Cons. d'Et. 81 c., 142 c.
10 mai.Cons. d'Et. 34 c.
14 juin. Cons.d'Et. 246 c.
21 juin.Cons.d'Et. 246 c., 250 c.
15 août.Cons.d'Et. 279 c.
18 août.Cons.d'Et. 81 c., 101 c.
18 nov.Cons.d'Et. 39 c.
12 déc.Cons. d'Et. 36 c.

**1852**
17 mars. Décr. 7 c., 138 c.,171 c.
24 mars.Décr.76 c.
4 mai. Cons.d'Et. 268 c., 270 c.
13 mai. Cons. d'Et. 80 c.
3 juin. Cons.d'Et. 67 c.
17 juin.Cons.d'Et. 253 c.
6 juill.Cons.d'Et. 270 c.
7 juill.Cons.d'Et. 287 c.
7 juill.Cons.d'Et. 279 c.
25 nov.Cons.d'Et. 39 c.
15 déc. Cons. d'Et. 143 c.
22 déc. Cons.d'Et. 259 c.

**1853**
11 janv.Cons.d'Et. 88 c.,134 c.,156 c.,208 c.,279 c.
17 févr. Cons.d'Et. 42 c.
9 mars. Cons. d'Et.54 c., 156 c.,270 c.
17 mars. Cons. d'Et. 280 c.
18 avr. Cons. d'Et. 37 c., 39 c., 54 c., 55 c., 66 c., 90 c., 160 c., 240 c., 278 c., 290 c.
9 mai. Cons.d'Et. 55 c.

1er juin. Cons. d'Et. 202 c.
29 juin. Cons. d'Et. 37 c., 39 c., 246 c.
27 juill. Cons.d'Et. 291 c.
12 sept.Cons.d'Et. 98 c., 216 c.
14 déc. Cons. d'Et. 212 c., 252 c.
18 déc. Instr. gén. 65 c.

**1854**
9 févr. Cons.d'Et. 193 c., 221 c.
22 févr.Cons.d'Et. 230 c.
27 juin.Cons.d'Et. 39 c., 155 c.
18 juill.Cons.d'Et. 55 c., 62 c., 198 c.
27 juill.Cons.d'Et. 66 c.
19 avr. Cons. d'Et. 224 c., 232 c.,
27 avr. Cons. d'Et. 196 c., 216 c.
3 mai. Loi. 4 c., 43 c.
4 mai.Cons.d'Et. 176 c.
31 mai. Cons.d'Et. 98 c., 118 c.,
17 juin.Cons.d'Et. 283 c., 239 c., 240 c.
11 juin. Cons.d'Et. 270 c.
89 c., 154 c., 157 c., 160 c. 287 c.
19 juill.Cons.d'Et. 115 c., 199 c. 279 c., 279 c. 24 déc., 285 c.
5 août.Cons.d'Et. 29 c., 46 c.
17 sept.Cons.d'Et. 25 c., 200 c., 202 c., 280 c.
29 nov. Cons. d'Et. 279 c.

**1855**
31 janv.Cons.d'Et. 36 c.
21 févr. Cons. d'Et. 54 c., 143 c., 146 c., 212 c., 225 c., 250 c.
22 mars. Cons. d'Et.77 c.,94 c., 143 c., 246 c., 248 c.
29 mars. Cons. d'Et. 184 c.

25 avr. Cons. d'Et. 190 c.
7 juin. Cons. d'Et. 157 c., 173 c., 219 c., 227 c.
14 juin.Cons.d'Et. 23 c., 66 c.
18 juin.Cons.d'Et. 146 c.
9 juill.Cons.d'Et. 54 c., 55 c. 119 c., 178 c. 193 c., 221 c. 230 c.
27 juin.Cons.d'Et. 39 c., 155 c.
18 juill.Cons.d'Et. 55 c., 62 c., 198 c.
27 juill.Cons.d'Et. 66 c.

**1856**
5 janv. Cons. d'Et. 240 c.
31 janv.Cons.d'Et. 115 c., 160 c., 209 c.
13 févr.Cons.d'Et. 216 c.
5 mars. Civ. 38 c.
26 mars. Cons. d'Et. 84 c., 123 c., 162 c.
3 avr. Cons. d'Et. 104 c., 143 c. 262 c., 297 c.
14 mai.Cons.d'Et. 81 c., 87 c.
18 juill.Cons.d'Et. 55 c.
20 juin.Cons.d'Et. 54 c.
3 juin. Loi. 54 c.
30 juin.Cons.d'Et. 280 c.
8 juill. Civ. 38 c.
9 juill.Cons.d'Et. 184 c.

104 c., 105 c., 173 c.
21 juill. Cons. d'Et. 39 c.
7 juill. Loi. 60 c. 233 c.
8 août.Cons.d'Et. 146 c., 237 c.
10 sept. Cons.d'Et. 119 c., 236 c.
1er sept. Loi. 61 c.
20 nov. Cons. d'Et. 29 c., 56 c., 58 c., 72 c., 81 c., 170 c.
10 déc.Cons.d'Et. 39 c., 62 c., 63 c., 200.
11 déc.Cons.d'Et. 130 c., 246 c., 248 c.
26 déc. Cons. d'Et. 147 c.

**1857**
7 janv.Cons.d'Et. 25 c., 39 c.,106 c.,183 c., 212 c.
22 janv.Cons. d'Et. 78 c., 286 c.
11 févr. Cons. d'Et. 29 c., 146 c.
9 mars.Cons.d'Et. 55 c.
18 mars. Cons. d'Et.84 c., 138 c., 185 c.
22 avr. Cons.d'Et. 39 c., 209 c., 230 c., 278 c.
6 mai. Cons. d'Et. 151 c., 157 c.
27 mai.Cons.d'Et. 151 c., 190 c., 279 c.
29 juill.Cons.d'Et. 33 c., 94 c.
3 oct. Cons. d'Et. 233 c.
18 nov. Cons. d'Et. 55 c., 234 c., 258 c., 237 c., 279 c.
14 nov. Décr. 9 c.
19 nov.Décr.180 c.
8 déc. Cons. d'Et. 9 c.
17 déc. Décr. 9 c., 180 c.

**1858**
5 janv.Cons.d'Et. 37 c., 81 c., 211 c., 276 c.,279 c.
6 janv.Cons.d'Et.

4 mars.    Cons. d'Et. 140 c., 335 c., 242 c.
25 mars.    Cons. d'Et. 208 c.
1ᵉʳ avr. Cons. d'Et. 118 c., 120 c.
2 avr. Trib. confl. 296 c., 298 c.
300 c.
8 avr. Cons. d'Et. 99 c.
6 mai. Cons. d'Et. 148 c., 199 c., 221 c., 242 c.
20 mai. Cons. d'Et. 90 c.
3 juin.Cons. d'Et. 23 c.
24 juin. Cons. d'Et. 198 c.
1ᵉʳ juill.Cons. d'Et. 231 c.
21 juill. Cons. d'Et. 21 c.
23 juill. Loi.124 c.
29 juill. Cons. d'Et. 31 c., 66 c., 119 c., 149 c.
18 nov. Cons. d'Et. 268 c.
2 déc. Cons. d'Et. 191 c.

**1882**
13 janv.Cons.d'Et. 199 c.
20 janv.Cons. d'Et. 103 c., 234 c.
10 févr.Cons. d'Et. 27 c., 59 c.
17 févr. Cons. d'Et. 90 c., 173 c.
25 févr.Cons. d'Et. 265 c., 268 c.
2 avr. Cons. d'Et. 155 c.
21 avr. Cons. d'Et. 28 c., 60 c., 99 c., 102 c., 126 c., 199 c.
23 avr. Cons. d'Et. 81 c., 119 c.
5 mai. Cons. d'Et. 119 c.
12 mai. Cons. d'Et. 185 c., 242 c.

19 mai. Cons. d'Et. 60 c.
26 mai. Montpellier. 65 c.
9 juin.Cons. d'Et. 23 c.
16 juin. Cons. d'Et. 166 c., 173 c.
28 juin.Cons. d'Et. 27 c.,67 c.,93 c.
30 juin.Cons. d'Et. 286 c.
7 juill.Cons. d'Et. 108 c., 123 c., 288 c.
21 juill.Cons.d'Et. 24 c.
3 nov. Cons. d'Et. 89 c.
10 nov. Cons. d'Et. 132 c., 169 c.
24 nov.Cons. d'Et. 60 c., 137 c.
190 c., 227 c.
1ᵉʳ déc. Cons. d'Et. 89 c., 116 c.
137 c., 152 c.
11 déc.Trib.Lonsle-Saulnier.275 c.
22 déc. Cons. d'Et. 294 c.

**1883**
5 janv.Cons.d'Et. 193 c.
16 févr. Cons. d'Et. 198 c.
17 mars.    Cons. d'Et. 95 c.
16 mars. Cons. d'Et. 21 c.
24 mars.    Cons. d'Et. 26 c.,144 c.
13 avr. Cons. d'Et. 231 c.
20 avr. Cons. d'Et. 173 c., 268 c.
20 c.
16 mai.Cons. d'Et. 51 c.
21 mai. Civ. 275 c.
8 juin.Cons.d'Et. 81 c., 137 c.
9 juin.Décr.123c.

15 juin.Cons. d'Et. 115 c.
29 juin.Cons. d'Et. 159 c., 160 c., 169 c.
13 juill.Cons. d'Et. 91 c., 98 c.
3 août.Cons. d'Et. 247 c.
7 août.Cons. d'Et. 139 c., 140 c.
56 c., 226 c.
28 nov.Cons. d'Et. 222 c.
7 déc. Cons. d'Et. 198 c.

**1884**
4 janv.Cons.d'Et. 24 c., 25 c., 26 c., 29 c., 34 c.
5 janv.Cons.d'Et. 186 c.
25 janv.Cons.d'Et. 300 c.
8 févr. Cons.d'Et. 67 c., 222 c.
10 févr.Cons. d'Et. 300 c.
14 mars.    Cons. d'Et.214 c.,238 c.
28 mars.    Cons. d'Et. 93c., 96 c.
31 mars. Loi. 70 c.
5 avr. Loi. 74c., 227 c.
16 mai. Cons.'d'Et. 115 c.
18 mai. Cons. d'Et. 72 c.
13 juin.Cons. d'Et. 242 c.
4 juill.Cons. d'Et. 46 c.
5 juill.Cons. d'Et. 46 c.
18 juill. Cons.d'Et. 110 c., 191 c., 225 c.
19 juill.Cons.d'Et. 167 c.
26 juill. Cons.d'Et. 226 c.

8 août.Cons. d'Et. 140 c., 170 c., 234 c.
7 nov. Cons. d'Et. 140 c., 222 c.
5 déc. Cons. d'Et. 95 c.
29 déc. Loi. 3 c., 4 c., 10 c., 16 c., 21 c., 27 c., 41 c., 43 c., 190 c.,194c.,195 c., 206 c., 239 c., 240 c., 243 c.

**1885**
23 janv.Cons.d'Et. 268 c.
6 févr. Cons. d'Et. 138 c.
13 févr. Cons. d'Et. 25 c., 89 c.,136 c.,138 c.,222 c.
20 févr. Cons.d'Et. 23 c., 171 c.
25 févr. Cons.d'Et. 243 c.
6 mars. Cons. d'Et. 197 c.
1ᵉʳ mai.Cons. d'Et. 93 c., 147 c.
5 mai. Loi. 7 c., 173 c.
22 mai.Cons. d'Et. 232 c.
12 juin.Cons. d'Et. 170 c.
28 juin. Cons. d'Et. 58 c.
3 juill.Cons. d'Et. 90 c., 102 c.
17 juill.Cons.d'Et. 245 c.
30 juill.Loi.132 c.,
169 c.
16 août. Loi. 24 c., 41 c., 48 c.,50 c.
12 nov. Cons. d'Et. 81 c.
20 nov.Cons. d'Et. 224 c.
4 déc. Cons. d'Et. 78 c., 286 c.

11 déc. Cons. d'Et. 170 c.
26 déc.Cons. d'Et. 124. c., 146 c.

**1886**
29 janv.Cons. d'Et. 24 c., 225 c.
31 janv.Cons. d'Et. 83 c.
5 févr. Cons. d'Et. 144 c.
16 févr. Cons. d'Et. 95 c.
1ᵉʳ mars. Loi. 70 c.
4 mars. Loi. 13 c.
5 mars.    Cons. d'Et.91 c., 95 c., 198 c.
28 mars. Loi. 51 c.
19 mars.    Cons. d'Et.103 c., 120 c., 240 c., 241 c.
26 mars.    Cons. d'Et. 27 c., 37 c., 156 c.
5 avr.Cons. d'Et. 136c.,137 c.,140 c., 214 c., 244 c.
16 avr. Cons. d'Et. 131 c., 190 c.
12 mai.Cons. d'Et. 232 c.
14 mai.Cons. d'Et. 214 c., 239 c.
26 mai.Cons. d'Et. 294 c.
28 mai.Cons.d'Et. 270 c.
28 mai. Cons. d'Et. 60 c.
4 juin.Cons. d'Et. 36 c., 120 c., 124 c., 158 c., 240 c.
2 juill.Cons. d'Et. 51 c., 160 c., 227 c.
9 juill.Cons. d'Et. 91 c.
6 août.Cons. d'Et. 103 c., 263 c.
5 nov. Cons. d'Et. 147 c.

19 nov. Cons. d'Et. 194 c.
4 nov. Cons. d'Et. 133 c.
3 déc. Cons. d'Et. 199 c., 296 c., 300 c.
3 déc. Trib. confl. 260 c., 296 c., 298 c.
10 déc. Cons. d'Et. 46 c., 123 c.
24 déc. Trib. confl. 296 c., 298 c.

**1887**
21 janv.Cons.d'Et. 288 c.
24 janv.Cons. d'Et. 147 c.
28 janv.Cons.d'Et. 194 c., 213 c.
4 févr.Cons. d'Et. 64 c., 212 c.
11 févr. Cons. d'Et. 81 c., 194 c.
25 févr.Cons. d'Et. 194 c.
1ᵉʳ avr. Cons. d'Et. 81 c.,119c.,209c.
5 avr. Cons. d'Et. 158 c.
7 mai.Décr.181 c.
26 c., 28 c., 144 c., 194 c., 195 c.
27 mai. Cons. d'Et. 142 c., 195 c.
24 juin.Cons. d'Et. 194 c., 195 c.
1ᵉʳ juill.Cons. d'Et. 194 c., 195 c.
8 juill.Cons.d'Et. 27 c., 28 c.
17 juill.Cons. d'Et. 214 c.
16 août.Cons.d'Et. 103 c., 263 c.
5 nov. Cons. d'Et. 206 c.

5 août.Cons. d'Et. 241 c.
4 nov. Cons. d'Et. 58 c., 158 c.
102 c., 233 c.
18 nov. Cons. d'Et. 130 c., 220 c.
26 nov. Cons. d'Et. 59 c.
1ᵉʳdéc.Loi.4c.,46c.
2 déc.Cons. d'Et. 53 c., 130 c.
226 c., 288 c.
243 c., 248 c.
6 déc. Cons. d'Et. 115 c.
9 déc. Cons. d'Et. 26 c., 89 c.
14 déc. Cons. d'Et. 60 c.
3 c., 59 c., 91 c., 116 c., 192 c., 220 c.

**1888**
18 janv. Cons. d'Et. 49c.,223c.,241c.
27 janv. Cons.d'Et. 31c.,119c.,209c.
3 févr. Cons.d'Et. 194 c.
10 févr.Cons. d'Et. 147 c., 148 c., 163 c.
17 févr.Cons.d'Et. 26c.,221c.,296c.
8 mars. Cons. d'Et. 124 c.
2 mai.Décr. 46 c.
10 mai.Cons. d'Et. 104 c., 199 c.
11 mai.Cons. d'Et. 83 c.,91c.,115 c.
1ᵉʳ juin.Cons.d'Et. 243 c.
5 juin.Cons.d'Et. 35 c., 124 c.
29 juin.Cons. d'Et. 67 c., 190 c.
10 juill.Cons. d'Et. 240 c., 249 c.
10 juill.Cons.d'Et. 190 c.
27 juill.Cons.d'Et. 55 c., 77 c.
293 c.

2 nov. Cons.d'Et. 27 c.
3 déc.Cons. d'Et. 27 c.
8 déc. Cons. d'Et. 74 c.
15 déc. Cons d'Et. 91 c.
15 déc. Trib. confl. 300 c.

**1889**
11 janv. Cons.d'Et. 108 c., 288 c.
26 janv.Cons. d'Et. 108 c., 288 c.
8 mars.    Cons. d'Et. 98 c.
15 mars.    Cons. d'Et. 241 c.
5 avr. Cons. d'Et. 42 c.
21 c.
28 févr.Cons. d'Et. 17 c., 88 c.
13 juill.Cons. d'Et. 67 c.
17 juill. Loi. 110 c.
22 juill. Loi.108 c., 223 c., 234 c., 244 c., 248 c.
282 c., 289 c.
6 nov. Cons.d'Et. 173 c., 287 c.
119 c.
6 déc. Cons. d'Et. 294 c.

**1890**
24 mai.Décr.244c.
24 mai.Cons. d'Et. 251 c.
8 août.Loi.188c.
4 c., 6 c., 10 c., 24 c., 26 c., 41 c., 48 c., 50 c., 51 c., 69 c., 70 c.,110 c.,175 c.
29 nov.Cons.d'Et. 66 c.
26 déc. Loi. 119 c.

**1891**
30 mai.Décr. 51 c.

---

**IMPOTS INDIRECTS.** — **1.** On a vu au *Rép.* n° 1 la définition de ce mot qui comprend, outre les contributions indirectes proprement dites, un grand nombre d'autres branches du revenu de l'Etat. Pour ces dernières, nous renvoyons *suprà* et *infrà*, vᵉˢ *Chasse, Douanes, Enregistrement, Faux incident civil. Matières d'or et d'argent, Navigation, Pêche et francs bords, Ponts, Poudres, Procès-verbaux, Sels, Sucre, Voirie par terre, Voirie par eau.* Nous renvoyons également au *Répertoire*, v° *Impôts indirects*, nᵒˢ 18 et suiv., et *infrà*, v° *Vins et boissons*, pour l'histoire générale, la législation et le contentieux de l'impôt indirect, dont les boissons forment, comme on sait, le principal objet. Les modifications au régime des boissons proposées par les projets de loi dont le Parlement est saisi en ce moment et qui tendent à transformer profondément l'assiette et le mode de perception de l'impôt nous obligent, sous peine de présenter à nos lecteurs l'exposé d'une législation et d'une jurisprudence menacées de disparaître, à reporter à cette date la publication et l'interprétation des documents relatifs à cette nature d'impôts. Nous avons donc traité seulement ici de ceux qui peuvent être étudiés à part, et pour lesquels il n'est pas actuellement proposé de modifications. Les premiers impôts étudiés sont les monopoles d'Etat : *tabacs, allumettes, cartes.* Nous y avons ajouté les *bougies* et les *huiles.*

**2.** D'autres impôts, créés en 1871 et dans les années suivantes à titre extraordinaire et temporaire, ont été abrogés depuis; tels les impôts sur la chicorée et le papier, établis par la loi du 4 sept. 1871 (D. P. 71. 4. 79) et divers décrets postérieurs, et supprimés par les lois des 22 déc. 1878 (D. P. 79. 4. 10) pour la chicorée, et 8 août 1885 (D. P. 86. 4. 40) pour le papier; la taxe de consommation intérieure sur le savon, établie par la loi du 30 déc. 1873 (D. P. 74. 4. 30), supprimée par la loi du 26 mars 1878 (D. P. 78. 4. 44).

**Division.**

**CHAP. 1ᵉʳ. — Impôt des tabacs** (*Rép.* nᵒˢ 545 à 610).

SECT. 1ʳᵉ. — HISTORIQUE ET LÉGISLATION; DROIT COMPARÉ.

**3.** — I. HISTORIQUE ET LÉGISLATION (*Rép.* nᵒˢ 545 et 546). — Le monopole des tabacs n'a pas subi de changements fondamentaux dâns son organisation depuis la publication du *Répertoire*. Extension de la vente à l'Algérie, autorisation de culture dans divers départements et règlement de cession des permis de culture, modification des zones de vente à prix réduit, séparation de l'administration des Tabacs de celle des Contributions indirectes, enfin, en ce qui concerne le personnel, réglementation du choix des entrepreneurs et ,des débitants de tabac : telles sont les principales dispositions nouvelles mises en vigueur depuis 1852. Il faut y ajouter les quatre lois de prorogation décennale du monopole, de 1852 à 1882, en vertu desquelles il a été de nouveau attribué à l'Etat jusqu'en 1893. Signalons seulement l'énorme progression du produit de l'impôt qui, malgré la perte de territoires très importants au point de vue de la consommation, s'est élevé en vingt ans de 169285302 fr. (1870) à 372144000 en 1890. En 1790, le prix de la ferme des tabacs était de 32 millions. Le produit de l'impôt est donc à ce qu'il était à cette époque comme 13 est à 1. Les frais sont d'environ 20 pour 100. Aucune autre source de revenu de l'Etat, même l'alcool, ne donne l'exemple d'un pareil accroissement. Aussi a-t-on dit justement que « si la France devait supprimer des impôts et choisir celui qui seul devrait être conservé, il n'y aurait pas à hésiter, c'est l'impôt du tabac qui devrait être maintenu » (Rapport de M. Siméon à l'Assemblée législative, le 5 août 1851).

TABLEAU CHRONOLOGIQUE DE LA LÉGISLATION RELATIVE AUX TABACS

**28 juin.-8 sept. 1846.** — Ordonnance du roi qui autorise la vente de deux nouvelles espèces de cigares (Havane et Manille) (D. P. 46. 3. 170).

**24 déc. 1846-20 janv. 1847.** — Ordonnance du roi portant concession de logements dans des bâtiments du domaine de l'Etat aux agents du service des tabacs de Tonneins, Bordeaux, Souillac et Béthune, en raison des nécessités de la surveillance qui doit s'exercer de jour et de nuit (D. P. 47. 3. 41).

**3 oct.-5 nov. 1847.** — Ordonnance du roi qui réduit le prix des cigarettes de fabrication française, et autorise la vente de cigarettes fabriquées à l'étranger (D. P. 47. 3. 195).

**2-6 mai 1848.** — Décret relatif au prix de vente du tabac ordinaire (D. P. 48. 4. 87).

**11 mai-14 juin 1849.** — Arrêté qui fixe le prix de vente des cigares de la Havane, de Manille et celui des cigarettes fabriquées à l'étranger et des cigarettes de fabrication française (*Bulletin des lois*, CLXVIII, n° 1358).

**4-30 janv. 1851.** — Arrêté qui fixe le prix de vente de diverses espèces de cigares de la Havane (D. P. 51. 4. 34).

**3 juill. 1852.** — Loi portant prorogation du monopole des tabacs jusqu'au 1er janvier 1863 (D. P. 52. 4. 177).

**26 juill.-12 août 1852.** — Décret qui rétablit la culture du tabac dans les départements des Bouches-du-Rhône et du Var à titre de nouvel essai (D. P. 52. 4. 188).

**29 juin 1853-21 janv. 1854.** — Décret impérial qui autorise la livraison de tabac de cantine aux troupes de l'armée de terre (D. P. 54. 4. 18).

**10 août 1853-21 janv. 1854.** — Décret impérial qui autorise la livraison de tabac de cantine aux troupes de l'armée navale (D. P. 54. 4. 18).

**31 mai-20 juin 1854.** — Décret impérial qui établit en Algérie des entrepôts de tabacs fabriqués dans les manufactures impériales de France (D. P. 54. 4. 116).

**17 nov.-1er déc. 1854.** — Décret impérial qui autorise la culture du tabac dans le département de la Gironde (D. P. 55. 4. 2.)

**1er-12 sept. 1856.** — Décret impérial portant que le droit *ad valorem* perçu sur les tabacs importés en Algérie sera remplacé par un droit au poids (D. P. 56. 4. 136).

**12-26 mars 1860.** — Décret impérial portant que l'administration des Tabacs sera séparée de l'administration des Douanes et des contributions indirectes, et formera une direction générale.

**14-23 juill. 1860.** — Décret impérial qui fixe le prix de vente des cigares de la Havane, de Manille et de France (D. P. 60. 4. 95).

**19-22 oct. 1860.** — Décret impérial qui modifie le prix de diverses espèces de tabacs (D. P. 60. 4. 153).

**26 déc. 1860-14 janv. 1861.** — Décret impérial portant que le directeur général des tabacs, les directeurs des tabacs, les directeurs des manufactures, les directeurs de la culture et des magasins, etc., seront, à l'avenir, ordonnateurs secondaires pour les dépenses ressortissant à leur administration (D. P. 61. 4. 19).

**22-28 juin 1862.** — Loi portant prorogation, jusqu'au 1er janv. 1873, de la loi du 3 juill. 1852, qui attribue à l'Etat le monopole des tabacs (D. P. 62. 4. 57).

**16 août-6 sept. 1862.** — Décret impérial qui autorise la régie à vendre directement aux consommateurs les cigares de la Havane, par caissons entiers, et même par paquets contenant au moins six cigares (D. P. 62, 4. 114).

**22 avr.-7 mai 1863.** — Décret impérial qui autorise, dans l'arrondissement de Chambéry, la culture du tabac pour l'approvisionnement des manufactures impériales (D. P. 63. 4. 51).

**29 juin-23 sept. 1863.** — Décret impérial qui autorise la régie à mettre en vente, dans les débits, de nouvelles espèces de cigares fabriqués à la Havane, et à vendre directement aux consommateurs des tabacs étrangers de fantaisie et des tabacs fabriqués de différentes sortes dont il y aurait intérêt à faire l'essai (D. P. 63. 4. 145).

**6-13 févr. 1864.** — Décret impérial qui autorise la régie à mettre en vente dans les débits une nouvelle espèce de cigares fabriqués en France (D. P. 64. 4. 25).

**31 août-14 oct. 1867.** — Décret impérial qui autorise la régie à mettre en vente, dans les débits, de nouvelles espèces de cigares fabriqués en France (D. P. 67. 4. 135).

**28 juill.-7 août 1868.** — Décret impérial autorisant la régie à mettre en vente, dans les débits, une nouvelle espèce de cigarettes fabriquées en France (D. P. 68. 4. 118).

**19 déc. 1868-3 févr. 1869.** — Décret impérial qui autorise, dans l'arrondissement de Saint-Jean-de-Maurienne, la culture du tabac pour l'approvisionnement des manufactures impériales (D. P. 69. 4. 19).

**26 mars-26 avr. 1870.** — Décret impérial qui autorise la régie à faire vendre par les débitants des cigares de la Havane de qualité supérieure, dits *conchas* (D. P. 70. 4. 46).

**14-25 juill. 1870.** — Décret impérial autorisant la Régie à mettre en vente, tant dans les débits que dans les locaux qui seront désignés par le ministre des finances, des cigares fabriqués en France avec des tabacs de la Havane, aux prix et suivant le mode de livraison adoptés pour les espèces similaires de provenance havanaise (D. P. 70. 4. 57).

**4-16 sept. 1871.** — Loi portant augmentation des impôts concernant les contributions indirectes (D. P. 71. 4. 79). — Art. 1 et 2 concernant les tabacs.

**22 déc. 1871-9 janv. 1872.** — Décret qui augmente le prix des cigares de la Havane et autorise la régie à en fabriquer une nouvelle espèce avec des tabacs étrangers (D. P. 72. 4. 9).

**17-18 févr. 1872.** — Décret qui : 1° autorise la régie à fabriquer de nouvelles qualités de tabacs supérieurs à priser, à fumer et à mâcher; 2° fixe le prix de vente des cigares de la Havane de qualité supérieure dits *londrès extra* (D. P. 72. 4. 46).

**29 févr.-1er mars 1872.** — Loi concernant les tabacs (D. P. 72. 4. 40).

Art. 4. Les art. 174 et 175 de la loi du 28 avr. 1816 sont abrogés.

**11-14 mars 1872.** — Décret qui autorise la régie à mettre en vente, dans les débits, de nouvelles espèces de cigares et de cigarettes fabriqués en France (D. P. 72. 4. 119).

**17 août-3 sept. 1872.** — Décret qui détermine la délimitation des zones dans lesquelles aura lieu la vente des tabacs à fumer dits *de cantine* (D. P. 73. 4. 8).

**17 août-3 sept. 1872.** — Décret qui fixe le prix du scaferlati et des rôles dits *de cantine* (D. P. 73. 4. 8).

**1er oct.-20 nov. 1872.** — Décret qui modifie l'ordonnance du 31 déc. 1817, concernant la saisie des tabacs de fraude.

Art. 1er. Les art. 2 et 3 de l'ordonnance susvisée du 31 déc. 1817 sont modifiés ainsi qu'il suit :

« Art. 2. Les tabacs saisis seront expertisés, en présence des saisissants, s'il est possible, par un conseil composé du directeur de l'arrondissement, de l'entreposeur et du délégué du service spécial des tabacs, ou, à défaut de ce délégué, d'un troisième agent de la régie, désigné par le directeur du département. Lorsque la saisie aura été opérée par des agents du service des douanes, l'expertise aura lieu en présence d'un délégué de ce service.

« Le dépôt des tabacs saisis doit être effectué à l'entrepôt de la circonscription où la saisie aura été opérée, excepté s'il s'agit de tabacs en feuilles vertes, qui, devant toujours être détruits, seront dirigés sur le bureau de la régie le plus rapproché du lieu de la saisie (entrepôt, recette sédentaire, recette ambulante, simple poste d'employés), où la destruction en sera opérée en présence d'un agent supérieur du service des contributions indirectes, délégué par le directeur du service et assisté de deux agents de la régie des contributions indirectes ou du service spécial des tabacs.

« Art. 3. Ce service d'expertise jugera si les tabacs saisis sont ou ne sont pas susceptibles d'être employés dans la fabrication.

« Si les tabacs sont jugés propres à la fabrication du tabac ordinaire, ils seront payés à raison de 200 fr. par 100 kilos. S'ils consistent en tabacs de cantine propres à être vendus sans préparation nouvelle, ils seront payés à raison de 150 fr. par 100 kilos.

« S'ils sont simplement jugés susceptibles d'être employés dans la fabrication du tabac de cantine, ils seront payés à raison de 125 fr. les 100 kilos.

« Ces primes, sous déduction de la part d'un tiers, réservée aux indicateurs, seront attribuées, savoir :

« Un quart au Trésor;

« Un quart à la caisse des pensions;

« Et la moitié aux saisissants.

« Quant aux tabacs qui ne seront pas jugés propres à la fabrication, ils seront détruits en présence des saisissants, et il sera accordé, à titre de prime, 50 fr. par 100 kilos.

« Cette prime, sous déduction de la part d'un tiers, réservée aux indicateurs, appartiendra intégralement aux saisissants ».

**21-29 déc. 1872.** — Loi qui proroge jusqu'au 1er janv. 1883 les lois attribuant à l'Etat, l'achat, la fabrication et la vente du tabac, et règle la cession des permis de culture (D. P. 73. 4. 9).

**28 nov.-13 déc. 1873.** — Décret qui institue une commission chargée d'établir des listes de candidature aux débits de tabac.

Art. 1er. Il sera institué auprès du ministre des finances, sous la présidence d'un membre de l'Assemblée nationale, une commission de neuf membres renouvelable chaque année et composée de députés, de conseillers d'Etat en service ordinaire ou extraordinaire.

Le président sera nommé par le ministre, et les fonctions de secrétaire seront remplies par un maître des requêtes au conseil d'Etat.

Cinq membres au moins devront être présents aux délibérations.

2. Chaque commission sera chargée d'établir des listes de candidature aux débits de tabac.

Les titulaires des débits d'un produit supérieur à 1000 fr. seront nommés par le ministre des finances, au vu des présentations faites par la commission.

Les titulaires des débits d'un produit ne dépassant pas 1000 fr. seront nommés par les préfets, qui les choisiront de préférence parmi les candidats qui leur seront désignés par la commission.

Ces listes seront dressées, suivant l'importance des services rendus à l'Etat, dans l'ordre des catégories indiquées au tableau A annexé au présent décret. Elles seront appuyées de pièces justificatives énumérées au tableau B.

La commission fera connaître, en outre, pour chaque candidat, s'il y a lieu de lui accorder la dispense de gérer personnellement le débit dont il aura été nommé titulaire.

3. La même commission donnera son avis :

1o Sur les demandes formées à titre de survivance;

2o Sur celles tendant à faire autoriser, dans des circonstances exceptionnelles, le transfert du débit du vivant du titulaire;

3o Enfin sur celles des titulaires déjà en possession de débits qui se marieront ou se remarieront en justifiant de ressources insuffisantes.

4. Sont abrogées les dispositions antérieures contraires à celles du présent décret, lequel sera inséré au *Bulletin des lois* et recevra son exécution dans le délai d'un mois, à partir de sa publication.

TABLEAU A. — Candidatures qui pourront figurer sur les listes.

*Première catégorie.*

Les anciens officiers ayant occupé un grade supérieur, leurs femmes, leurs veuves ou leurs enfants;

Les officiers des grades inférieurs qui se seraient signalés par des actions d'éclat, leurs femmes, leurs veuves ou leurs enfants;

Les anciens fonctionnaires ou employés supérieurs de services publics, leurs femmes, leurs veuves ou leurs enfants.

*Deuxième catégorie.*

Les anciens officiers des grades inférieurs, leurs femmes, leurs veuves ou leurs enfants;

Les anciens fonctionnaires ou agents civils inférieurs, leurs femmes, leurs veuves ou leurs enfants.

*Troisième catégorie.*

Les anciens militaires de tout grade qui, n'étant pas restés sous les drapeaux au delà du temps fixé par la loi du recrutement, auront été mis hors de service par suite de blessures graves.

*Quatrième catégorie.*

Les personnes qui auront accompli, dans un intérêt public, des actes de courage et de dévouement dûment attestés.

TABLEAU B. — Pièces justificatives a fournir.

1o Demande au ministre des finances, formée sur papier timbré, indiquant l'âge, le domicile et les titres des postulants;

2o Etat authentique ou copie dûment certifiée des services militaires ou civils, indiquant leur durée et leur importance;

3o Certificat délivré par l'autorité municipale du lieu où le pétitionnaire est domicilié, attestant sa moralité, sa situation de famille et faisant connaître quels sont ses moyens d'existence;

4o Un extrait des rôles indiquant le montant des contributions payées par le postulant ou un certificat de non-inscription sur les rôles.

**29 oct.-17 nov. 1875.** — Décret concernant les entreposeurs des tabacs.

Art. 1er. Les deux tiers des emplois d'entreposeur des tabacs seront exclusivement attribués aux agents supérieurs des contributions indirectes.

Ces entreposeurs seront nommés par le ministre des finances, sur la présentation du directeur général des contributions indirectes.

Le dernier tiers demeure réservé au choix direct du ministre.

**1er-10 déc. 1875.** — Loi relative à l'établissement des zones et à la fixation des tarifs des tabacs de cantine (D. P. 76. 4. 48).

**27 avr.-15 juin 1877.** — Décret qui établit un tarif de remises proportionnelles pour la rémunération des entreposeurs des contributions indirectes chargés de la vente des tabacs et cigares de luxe (D. P. 77. 4. 48).

**13-14 juin 1878.** — Loi qui modifie les droits d'entrée sur les tabacs dont l'importation est autorisée par l'Administration pour le compte des particuliers (D. P. 78. 4. 87).

**28 mai-7 juin 1879.** — Décret qui détermine l'étendue et la classification des zones dans lesquelles le scarlatis de cantine est autorisée, et fixe pour chacune d'elles les prix auxquels les tabacs sont livrés aux consommateurs (D. P. 79. 4. 74).

**28 mai-7 juin 1879.** — Décret qui fixe le prix de vente, aux débitants, du scarlati dit *de cantine* (D. P. 79. 4. 74).

**11-18 août 1881.** — Décret qui modifie la délimitation des zones pour la vente des tabacs de cantine (D. P. 82. 4. 48).

**26 juill.-24 août 1882.** — Décret qui modifie la délimitation des zones pour la vente des tabacs de cantine (D. P. 83. 4. 77).

**29-30 déc. 1882.** — Loi portant fixation du budget des dépenses et des recettes ordinaires de l'exercice 1883.

Art. 17. La loi du 21 déc. 1872, relative à la prorogation des lois des 23 avr. 1840, 12 févr. 1835 et du titre 5 de la loi du 28 avr. 1816, qui attribue à l'Etat l'achat, la fabrication et la vente des tabacs dans toute l'étendue du territoire continuera d'avoir son effet jusqu'au 1er janv. 1893 (D. P. 83. 4. 81).

**25 janv.-12 mars 1883.** — Décret qui détermine le mode d'approvisionnement des tabacs exotiques employés dans les manufactures de l'Etat (D. P. 83. 4. 88).

**30 janv.-25 mars 1884.** — Décret portant :

Art. 1er. L'art. 1er du décret du 28 nov. 1873 est modifié comme suit : Il sera institué auprès du ministre des finances une commission de dix membres, nommée par le ministre, renouvelable chaque année, et composée de la manière suivante : deux sénateurs, deux députés, deux conseillers d'Etat en service ordinaire, un conseiller d'Etat en service extraordinaire, le directeur général des contributions indirectes, un chef de service de l'administration des finances et un maître des requêtes au conseil d'Etat, faisant fonctions de secrétaire, pour vérifier les titres aux débits de tabac.

Le président de cette commission est nommé par le ministre.

Six membres au moins devront être présents aux délibérations de ladite commission.

**15 avr.-20 mai 1884.** — Décret qui fixe les prix de vente des cigarettes sans papier, dites *niñas, señoritas* et *damitas* (D. P. 84. 4. 88).

**4-7 nov. 1886.** — Décret qui autorise la vente de deux nouvelles espèces de scaferlati fabriquées avec des tabacs d'Orient et de cigarettes confectionnées avec ces tabacs (*Bulletin des lois*, MLI, no 17253).

**24 mars 1888.** — Décret relatif à la vente de cigares, cigarettes et tabacs de luxe (*Bulletin des lois*, no 19156).

**31 mars-19 mai 1888.** — Décret qui fixe la rétribution allouée aux consuls chargés d'acheter des tabacs sur les marchés de l'étranger (D. P. 88. 4. 44).

**29 oct.-11 déc. 1888.** — Décret qui autorise tous les débits à vendre des cigares, cigarettes et scaferlatis de luxe (*Bulletin des lois*, no 19918).

**29 juill.-29 sept. 1890.** — Décret qui autorise la culture du tabac dans l'arrondissement de Vienne (Isère) (*Bulletin des lois*, no 22454).

**2 avr.-4 juin 1891.** — Décret modifiant le tarif des remises allouées aux entreposeurs par la vente des cigares et tabacs de luxe dits exceptionnels (*Bulletin des lois*, no 23467).

**4. — II. Droit comparé.** — 1o *Allemagne.* — La culture, la fabrication et la vente du tabac y sont libres, mais soumises par diverses lois à des taxes qui, d'après la loi de 1882, sont de 45 marks (56 fr., 25) par 100 kilos de tabac indigène. Pour les plantations inférieures à 4 ares, il a été établi un droit, non plus au poids, mais au mètre carré de surface, 4 marks par mètre. Le monopole proposé en 1882 a été rejeté; mais cette idée paraît ne pas avoir été abandonnée dans les conseils du Gouvernement, et sans doute elle se reproduira à la présentation d'une loi de budget. L'impôt intérieur a produit seulement 11782000 marks pour l'exercice 1887-1888, l'impôt de douane environ 38 millions (le tabac introduit de l'étranger paye 270 marks de droits par 100 kilos); au total environ 60 millions de francs. Le tabac expédié au dehors est franc de droits. Les peines en matière de contravention, très rigoureuses, peuvent aller de 30 à 3000 marks d'amende; elles sont prononcées par la juridiction administrative. En cas de récidive, l'amende peut être élevée jusqu'à l'octuple et aggravée d'une peine de prison qui peut aller jusqu'à deux ans.

Il y a lieu de noter, dans le régime de l'impôt allemand,

la lettre de crédit circulaire, qui permet l'importation par tout bureau jusqu'à concurrence du crédit.

2° *Autriche-Hongrie.*— C'est le pays d'Europe où la production agricole et manufacturière du tabac atteint le chiffre le plus élevé. La forme d'impôt est le monopole, confié à deux administrations distinctes, dont l'une siège à Vienne et l'autre à Pesth. La plantation doit vendre à-l'État, sauf une légère faveur personnelle accordée aux planteurs hongrois. Le tabac de l'extérieur est soumis aux droits de douanes. D'après M. Th. Larchevêque (*Du régime des tabacs en France et à l'étranger*), le produit du monopole en Autriche aurait été, en 1886, de 394683000 fr., sur lesquels il faudrait préimputer 126534000 fr. de frais d'exploitation. C'est près d'un tiers du produit, chiffre énorme si on le compare aux frais d'administration de la France, qui ne sont que d'un cinquième.

3° *Angleterre.*—Les trois États du Royaume-Uni de Grande-Bretagne et d'Irlande sont soumis au régime prohibitif au point de vue de la culture. Le tabac, qui ne vient donc que par importation, y est soumis à des droits de douanes pour le tabac fabriqué, à des droits de douanes et d'accise pour le tabac introduit brut et livré ensuite à la consommation par les fabricants; enfin ces derniers et les détaillants sont soumis au payement de licences variant de 5 à 31 livres sterling. Il est interdit d'établir des manufactures à moins de 7 kilomètres des côtes. Le tabac transporté à l'intérieur doit être, au-dessus d'un certain poids, accompagné de laissez-passer de l'accise. Les peines sont, outre la confiscation, des amendes qui peuvent aller à 5000 fr., et pour les contrefacteurs et contrebandiers, la déportation. On calcule que le tabac est taxé en Angleterre à 900 pour 100 de sa valeur, et que le tabac ordinaire, livré au consommateur à 12 fr. 50 cent. en France, revient en Angleterre à 13 fr. 30 cent. le kilogramme (Th. Larchevêque, *op. cit*). D'après le même auteur, le tabac donnait en Angleterre un revenu de 234000000 fr. en 1884-85.

4° *Belgique.*— La Belgique a soumis la tabac d'importation à un droit de 300 fr. pour les cigares et cigarettes, les tabacs non fabriqués et autres à 100 fr. les 100 kilos. Les tabacs indigènes payent un droit d'accise de 3 cent., 2 cent. 1/2 ou 2 cent. par plant, suivant l'estimation du rendement en poids par pied. L'accise du tabac a donné en 1886 un peu moins d'un million (1).

5° *États scandinaves (Danemark, Suède et Norvége).* — Le tabac n'y est frappé que d'un simple droit de douane.

6° *États-Unis.* — Le tabac y est soumis à un impôt de fabrication entouré de formalités nombreuses : déclaration de fabrication, inscription de quantités, contrôle, approvisionnement, apposition de vignettes, cautionnement de 2 à 20000 dollars. L'impôt a rapporté en 1877 46 millions de dollars (soit en francs 230 millions); de plus, les États-Unis exportent chaque année des centaines de millions de cigares et cigarettes qui sont affranchis de l'impôt. C'est une des grandes richesses des États de Maryland et de Virginie, à laquelle participent également les États limitrophes de ces deux pays producteurs. Les lois financières des États-Unis contiennent souvent des dispositions de moralité publique. Dans cet ordre d'idées, il faut signaler une loi de 1887 du Massachusetts, par laquelle il est interdit de vendre du tabac aux enfants de moins de treize ans. Les planteurs de tabac sont astreints au payement de l'impôt par pied, sur une déclaration avec serment contrôlée par un inspecteur. Les condamnations sont prononcées par les tribunaux fédéraux dans chaque État.

7° *Espagne.*— Le monopole de la régie de la fabrication et de la vente du tabac a été établi en Espagne par une loi du 22 avr. 1887. Le revenu y était en 1886 de 54 millions de francs, chiffres ronds.

8° *Grèce.* — La culture, la fabrication et la vente sont permises, mais le tabac est soumis à un impôt de consommation dont le chiffre s'élève progressivement d'année en année. Le tabac doit être déclaré à la récolte; il ne peut circuler que sous acquit-à-caution. Le droit est de 1 fr. 55 cent. par kilo. Pour les tabacs étrangers, il est surmonté d'un droit de 2 fr. 55 cent. à 2 fr. 75 cent. Le produit est d'environ 6 millions.

9° *Italie.* — La dynastie de Savoie, en formant le royaume

d'Italie, y a établi le monopole du tabac par une loi d'avril 1862. La Sicile en était exceptée et ne payait qu'un impôt à la culture; elle y est comprise aujourd'hui. Organisé par voie de concession à une société fermière, le monopole a été repris par l'État en 1883. Il a donné, en 1885-1886 un produit évalué à 176 millions de francs, avec 44 millions de frais, c'est-à-dire 25 pour 100 environ.

10° *Pays-Bas.* — Il n'y existe sur le tabac qu'un droit de douane.

11° *Portugal.*—La loi du 22 mai 1888 a institué la régie et le monopole des tabacs. Jusqu'à cette date, la liberté de la fabrication avait subsisté, sauf au gouvernement à la réglementer. Une association formée par les fabricants pour garantir à l'État le produit de l'impôt n'a pas donné de bons résultats; de là, le projet converti en loi à la date dont nous venons de parler. Le gouvernement est autorisé à emprunter les sommes nécessaires à l'expropriation et à la constitution du capital fixe et du fonds de roulement de la fabrication. Cet emprunt se fera sous forme d'émission d'obligations spéciales.

12° *Roumanie.*—Le tabac y est l'objet d'un monopole d'État depuis 1872. Affermé d'abord, il a été repris par l'État en 1879 et produit un revenu d'environ 20 millions de francs.

13° *Serbie.* — Depuis le 22 sept. 1887, le tabac est dans ce pays l'objet d'un monopole d'État.

14° *Russie.* — L'impôt est à la fois un impôt de douane, un impôt de fabrication et un impôt à la vente. La culture est libre, sans contrôle ni taxe, mais les tabacs ne peuvent être vendus qu'aux fabricants ou à d'autres planteurs non vendeurs de tabac. Le transport des tabacs doit être déclaré et contrôlé par des certificats. Les manufactures ne peuvent être établies que dans de grandes villes, chefs-lieux ou ports de mer. Les fabricants sont soumis à des patentes variant de 100 à 300 roubles; de plus, ils doivent payer un droit de fabrication perçu à l'aide de vignettes dont ils doivent annuellement prendre en charge une certaine quantité. Les débitants de tabac sont également soumis à des patentes spéciales. L'impôt a produit environ 20 millions de roubles en 1885, soit 83 millions de francs.

15° *Suisse.* — Le tabac n'est assujetti qu'à un droit de douane, sauf dans le canton de Vaud, où l'impôt est l'objet d'un monopole affermé.

Sect. 2. — Organisation; Agents des manufactures; Agents chargés de la vente (*Rép.* n°* 547 à 552).

5. — I. Agents des manufactures de l'État. — L'ordonnance de 1831 avait détaché du service des contributions indirectes l'administration des tabacs (n° 547). Réunies plus tard, en 1848, elles ont été de nouveau séparées par le décret du 12 mars 1860 (art. 1er, V. supra, n° 3), encore en vigueur aujourd'hui.

L'administration des Tabacs forme actuellement, avec celle des Allumettes, l'une des branches des manufactures de l'État. D'après la lettre du 15-janv. 1861 du secrétaire général des finances, la direction générale des tabacs a dans son ressort la fabrication du tabac, les approvisionnements, et en général les travaux qui en dépendent. Elle comprend un service central et des services extérieurs. Le service central est établi au ministère des finances et comprend un directeur général, assisté d'ingénieurs en chef inspecteurs, et deux administrateurs. Le directeur général a sous ses ordres immédiats le bureau central et du personnel, en même temps que les ingénieurs en chef inspecteurs. Les administrateurs sont placés chacun à la tête d'une division comprenant deux bureaux. Dans la première division, le premier bureau a pour attributions les achats, magasins de transit, répartitions ainsi que la construction et les grosses réparations des magasins de tabacs en feuilles; le deuxième bureau a le service de la culture. Dans la deuxième division, le premier bureau est à la tête des manufactures et du transport des tabacs, le deuxième de la comptabilité matières et deniers. Les divisions, autrefois au nombre de trois, ont été réduites à deux par une nouvelle répartition du travail datant de mars 1882.

6. L'organisation du service extérieur a été réglée par l'art. 1er de l'arrêté ministériel du 9 nov. 1860. Elle comprend : 1° Le service des manufactures, fabrications et constructions, composé de : directeurs des tabacs, directeurs

(1) Ces renseignements, sont dus à l'obligeance de M. F. Wairy, chef de bureau au ministère des finances de Belgique.

des manufactures, ingénieur en chef du service central des constructions, experts; directeurs des études de l'école d'application, ingénieurs du service central des constructions, ingénieurs des manufactures, sous-ingénieurs, sous-ingénieurs stagiaires, élèves-ingénieurs. — 2° Le service des manufactures, contrôle et comptabilité, composé de : contrôleurs des manufactures, gardes-magasins des manufactures et des échantillons, premiers commis, seconds commis, commis aux écritures, surnuméraires. — 3° Le service de la culture et des magasins en France et en Algérie, composé de : directeurs de la culture et des magasins, inspecteurs de la culture et des magasins, entreposeurs de tabacs en feuilles, contrôleurs de magasins, contrôleurs de culture, commis de magasin, vérificateurs de culture, surnuméraires.

La première catégorie d'emplois se recrute exclusivement à l'École polytechnique, les deux autres par la voie du surnumérariat. Les titulaires d'emplois de la première catégorie sont nommés par le ministre, sur la proposition du directeur général. Il faut y ajouter les directeurs et inspecteurs de la culture et des magasins et les contrôleurs des manufactures (Sur les attributions de service et les obligations des employés de l'administration des Tabacs, V. Trescaze, *Dictionnaire des contributions indirectes*, v° *Tabacs*, n°ˢ 73 à 267; *ibid.*, v° *Cautionnement*, n° 31).

**7.** — II. Agents chargés de la vente des tabacs. — Le service de la vente, qui concerne plus spécialement l'administration des Contributions indirectes, est confié à deux catégories d'agents : les entreposeurs chargés de l'approvisionnement en gros et de la vente aux débitants, et les débitants qui vendent aux consommateurs.

**8.** — 1° *Entreposeurs.* — Les entreposeurs sont nommés par le ministre des finances, sur la présentation du directeur général des contributions indirectes; les deux tiers des emplois d'entreposeur sont réservés exclusivement aux agents supérieurs des contributions indirectes (art. 1ᵉʳ du décret du 29 oct. 1875). Le traitement des entreposeurs est, à Paris, de 8000 à 9000 fr.; dans les départements, de 3000 à 6000 fr.; ils ont en outre des allocations de centimes pour les plombs et les frais de démolition des colis renvoyés en manufactures et, de plus, des frais de bureau; enfin, des remises pour vente de tabacs et des indemnités pour classement des tabacs saisis (Décr. 27 avr. 1877, art. 1ᵉʳ).

Ils s'approvisionnent aux manufactures, sont soumis de ce chef au contrôle de l'administration des Tabacs, et en même temps à celui de l'administration des Contributions indirectes. Ils sont également, en leur qualité de comptables publics, soumis à la juridiction de la Cour des comptes, à laquelle ils doivent un compte finances et un compte matières. Et une cour d'appel commet un excès de pou-

voirs lorsqu'elle statue sur des faits de détournements imputés à un entreposeur sans que la juridiction administrative ait d'abord statué sur sa comptabilité (Crim. cass. 9 janv. 1852) (1).

Enfin ils sont astreints à verser un cautionnement fixé par le décret du 24 janv. 1879 (V. Trescaze, *Dictionnaire des contributions indirectes*, v° *Cautionnement*, n° 23).

**9.** — 2° *Débitants.* — La seconde catégorie d'agents chargés de la vente est celle des débitants de tabac, placés directement sous la direction et la surveillance de l'administration des Contributions indirectes. Leur recrutement a été réglé par différents décrets de 1848, 1852 (V. *Rép.* n° 548) et en dernier lieu des 28 nov. 1873 et 30 janv. 1884 (V. *suprà*, n° 3). Ils sont désignés par une commission de dix membres, pris dans le Sénat, la Chambre des députés, le conseil d'Etat, le ministère, et dont fait partie le directeur général des contributions indirectes. Le ministre des finances, pour les débits au-dessus de 1000 fr., les préfets pour les débits inférieurs à ce chiffre, choisissent les candidats : le ministre sur la présentation de la commission, les préfets sur la désignation de la commission départementale installée auprès d'eux. Il y a quatre catégories de candidats (Décr. 28 nov. 1873).

**10.** D'après les dispositions de l'arrêté du ministre des finances du 16 sept. 1848 (D. P. 48. 3. 113), encore en vigueur, les débitants sont tenus de gérer personnellement, sauf les personnes nommées dans le département de la Seine, ou les titulaires infirmes ou d'âge trop avancé; mais ils sont tenus à la résidence. (Même arrêté). — Bien qu'il y ait été établi en principe que les débits de tabac ne sont pas cessibles et qu'ils reviennent de droit à l'Administration par le décès ou même par l'impossibilité de gérer du titulaire, en fait leur cession a toujours été tolérée par l'Administration, et diverses décisions judiciaires intervenues à ce sujet ont traité la cession comme un contrat légitime. Jugé que la cession qui a pour objet, non un débit de tabac, mais la gérance d'un débit de tabac est valable (Paris, 1ᵉʳ févr. 1859, aff. Rollin, D. P. 71. 5. 374; 6 mars 1845, D. P. 45. 4. 495);... quoique cette cession ne puisse avoir lieu qu'avec l'agrément de la régie. Par suite, au cas d'inexécution du traité par le titulaire, il est passible de dommages-intérêts (Arrêt préc. du 6 mars 1845). — Jugé encore que, bien qu'un débit de tabac ne soit pas cessible, la gérance de ce débit peut être valablement cédée par le titulaire, mais à charge toutefois pour les parties de se munir de l'agrément de la régie (Paris, 21 nov. 1853, aff. Poirier, D. P. 55. 2. 172). Un récent arrêt (Caen, 4 août 1891) (2) maintient la faculté de cession, mais à titre de tolérance administrative seulement, en réservant le principe du droit absolu de disposition du Gouvernement en ce

(1) (Vocances.) — Arrêt (après délib. en la ch. du cons.). — La cour; — ...Sur le troisième moyen, tiré de la prétendue violation : 1° dudit art. 423, en ce que l'arrêt n'a pas ordonné la confiscation et le bris des faux poids; 2° de l'art. 35 de l'ordonnance du 19 avr. 1839, en ce qu'il a été statué sur une prévention de tromperie à l'aide de faux poids, bien que les faux poids n'eussent pas été saisis : — Attendu que le législateur n'a point entendu subordonner l'application de la peine à une saisie qui, comme dans l'espèce, aurait pas été opérée; d'où il résulte qu'il n'y avait lieu d'ordonner ni la confiscation, ni le bris des faux poids, qui ne se trouvaient pas sous la main de la justice; — Rejette les deuxième et troisième moyens; — Mais, sur le premier moyen, tiré de la violation des lois des 16-24 août 1790 et 16 fruct. an 3, relatives à la séparation des pouvoirs administratif et judiciaire, en ce que la cour d'appel de Nancy a déclaré le demandeur coupable d'avoir détourné ou soustrait, au préjudice de l'Etat, une certaine quantité de tabacs de différentes natures, qui lui avaient été confiés, en qu'il étaient entre ses mains en sa qualité d'entreposeur et de dépositaire comptable, sans qu'il soit préalablement intervenu une décision administrative sur l'état de sa comptabilité : en ce qu'il n'est pas admissible que ces mêmes tribunaux puissent constater les détournements avant que les comptes desdits préposés ou employés aient été vérifiés et arrêtés par l'Administration : — Attendu, en effet, que les tribunaux ne peuvent, sans excès de pouvoir, s'immiscer dans l'examen d'une comptabilité administrative et procéder ainsi à des jugements dont les résultats pourraient être d'amener des décisions contradictoires entre l'autorité administrative et l'autorité judiciaire; — Attendu qu'en admettant que les détournements prévus par les art. 169 et 171 c.

pén. puissent exister, même avec une comptabilité régulière en apparence, l'arrêt attaqué n'a point constaté que la comptabilité du demandeur ait été vérifiée par l'Administration, et n'a point précisé les moyens à l'aide desquels il serait parvenu à dissimuler, dans ses comptes, les détournements qui lui sont imputés; — Attendu, dès lors, que la cour d'appel de Nancy, en déclarant le demandeur coupable de détournements sans énoncés, sans décision préalable de l'Administration sur sa comptabilité, a commis un excès de pouvoir et violé expressément les lois précitées. — Casse, etc.
Du 9 janv. 1852.-Ch. crim.-MM. Laplagne-Barris, pr. de Glos, rap.-Plougoulm, av. gén.-Bosviel, av.

(2) (Demoiselle Barnabé C. Veuve Letenneur.) — La cour; — Attendu que la dame Liaudon, titulaire d'un bureau de tabac situé à Caen, rue Saint-Jean, a, le 29 sept. 1884, cédé, avec l'agrément de l'administration des Contributions indirectes, la gérance de ce débit à la veuve Letenneur, moyennant une redevance annuelle de 600 fr.; — Attendu qu'en 1886, la dame Letenneur a rétrocédé la gérance à la demoiselle Barnabé aux mêmes prix et conditions; que l'administration des Contributions indirectes a également accepté cette rétrocession; — Attendu qu'à la même époque, la veuve Letenneur, à l'insu de l'Administration, a par acte sous seing privé du 9 nov. 1886, enregistré, stipulé, en outre, à son profit, une somme de 4000 fr., et a vendu à la demoiselle Barnabé le matériel et le mobilier du débit, non compris les marchandises, pour le prix de 2000 fr.; — Attendu que la veuve Letenneur n'étant pas payée d'une somme de 1913 fr., restant due sur la somme totale convenue, a, le 18 déc. 1890, introduit une demande judiciaire en payement de cette somme; que la demoi-

qui concerne les bureaux de tabacs, qui ne sont pas dans le commerce. La régie doit donc recevoir une copie de la convention ; cette prescription est d'ordre public, et par suite est nulle et illicite toute convention formée à l'insu de l'Administration et qui soumet le gérant à des charges nouvelles occultes.

**11.** La cession de la gérance d'un bureau de tabac a un caractère essentiellement civil, et cela, quand même les détenteurs des bureaux y vendraient de menus objets en dehors de la vente même du tabac, tels que des pipes, ces objets n'étant qu'un accessoire de la gestion du bureau (V. *suprà*, v° *Acte de commerce*, n° 59. *Adde :* Lyon, 29 août 1880) (1).

**12.** La question de savoir si le loyer de la gérance d'un débit de tabac est insaisissable, en totalité, à titre d'aliment

ou tout au moins pour une certaine quotité, par assimilation à un traitement, a donné lieu à des décisions diverses. Il a été jugé que le produit de la location du droit de gérer ou d'exploiter un bureau de tabac peut être saisi pour la totalité (Douai, 17 janv. 1872, 1re ch.). Cet arrêt se fonde sur ce qu'il n'y a là qu'un fruit civil tombant dans les biens du titulaire et qu'il n'y a pas en cette matière de dérogation au principe général qui veut que « chacun réponde sur ses biens de ses obligations ». La cour d'Amiens a statué dans le même sens par deux arrêts (27 nov. 1877, aff. Rains.-MM. Demeyer, pr.-de Beaulieu, av., D. P. 78. 2. 9, et 21 nov. 1877) (2) qui dénient au produit du bureau de tabac le caractère d'un traitement.

Un jugement du tribunal de Villefranche du 27 avr. 1877 (3) a décidé, au contraire, qu'étant donnés, d'une part,

---

selle Barnabé a demandé le rejet de l'action et a conclu reconventionnellement à la répétition des sommes par elle payées, avec intérêts pour tout ce qui excède le prix du mobilier et des marchandises; — Attendu qu'un bureau de tabac n'est pas dans le commerce; que le Gouvernement seul dispose, comme il lui plaît, des débits de tabac au profit d'un titulaire qui, soumis à certains devoirs et obligations, devient un véritable préposé de la régie et n'a pas le droit de disposer du bureau comme d'une chose à lui appartenant; — Attendu, néanmoins, que l'Administration tolère une cession de ce genre ou une location, mais qu'elle met à son consentement les conditions qu'elle juge convenables; qu'elle se réserve le droit d'agréer le gérant proposé et de le révoquer quand il lui plaît; qu'aux termes d'une circulaire, en date du 31 août 1869, du directeur général, agissant en vertu du droit absolu de l'Administration, et qui n'a fait d'ailleurs qu'appliquer la législation antérieure, « les directeurs départementaux sont chargés d'agréer les gérants, de s'assurer que les traités sont réguliers, que le prix de location est proportionné au produit du débit, et qu'il n'est pas payable plus de trois mois d'avance; que les directeurs doivent, à cet effet, se faire remettre une copie de toutes les conventions et veiller à ce que, lors du renouvellement des traités, les titulaires ne se fassent faire, en dehors des conventions écrites, aucune remise d'argent, à quelque titre que ce soit »; — Attendu que les prescriptions sont essentiellement d'ordre public; qu'elles ont pour but d'empêcher que le gérant soit grevé de charges trop lourdes, qui l'empêcheraient de fournir à l'Administration le concours qu'il lui doit, et l'exposeraient à des tentations dangereuses et à des malversations; — Attendu qu'on doit, dès lors, considérer comme contraires à l'ordre public, illicites et nulles, les conventions formées à l'insu de la régie, en dehors des conditions par elle approuvées, et qui soumettent le gérant à des charges nouvelles occultes; — Attendu que la demoiselle Barnabé n'était, par suite, tenue qu'à la redevance annuelle de 600 fr., agréée par l'Administration, et qu'elle ne doit rien en plus sur les 4000 fr., stipulés, en outre, à l'insu de la régie, comme prix de la clientèle et de l'achalandage du débit; qu'elle est conséquemment en droit d'exercer la répétition de l'indu à l'occasion de toutes sommes par elle versées pour cette cause, avec intérêts de droit;

Par ces motifs, confirme etc.
Du 4 août 1891.-C. de Caen.-MM. Houyvet, 1er pr.-Lerebours-Pigeonnière, av. gén., c. conf.-Bénard et Legost, av.

(1) (Fauton C. Vuillemain.) — La cour ; — Attendu que, dans l'état actuel de notre législation, les tabacs ne sont pas dans le commerce; que l'Etat s'en est réservé la culture, l'achat, la préparation ou fabrication et la vente; — Attendu que l'Etat fait vendre pour son compte le tabac, dans des bureaux dont il détermine le nombre et la situation suivant les besoins des populations et les habitudes de la consommation de la population, par des préposés qu'il a le droit de nommer et de révoquer; — Attendu que ces préposés reçoivent les tabacs qu'ils doivent débiter, des mains de la Régie, à des prix tarifés à l'avance, et les vendent également à des prix qui leur sont imposés et qu'ils ne peuvent pas dépasser, et que leurs bénéfices ne consistent que dans des remises qui leur tiennent lieu de traitement; — Qu'ainsi on ne peut assimiler ces préposés à des commerçants auxquels appartiennent l'initiative et la liberté de leurs opérations; — Que si un intérêt auquel, à toutes les époques, l'Administration a dû obéir, l'a portée à tarifer quelques denrées de première nécessité, comme le pain, quelquefois la viande, les bouchers et les boulangers n'en sont pas moins les propriétaires des marchandises qu'ils vendent, et conservent une entière liberté sur leur provenance et sur leur prix d'achat; — Qu'il n'y a donc aucune assimilation à faire entre les commerçants et les préposés aux débits de tabac; — Attendu que, si la Régie tolère la transmission des bureaux de tabac, leur location, ou des changements de gestion, et ferme les yeux sur les prix auxquels de semblables conventions peuvent se conclure, on ne saurait en conclure que ces conventions soient des ventes de fonds de commerce; — Attendu qu'à la

vérité, l'usage s'est établi, de la part de ceux auxquels sont confiés les bureaux de tabac, d'y vendre des pipes et autres objets nécessaires aux consommateurs; mais que ce n'est là qu'un accessoire de la gestion du bureau, et qui ne peut en être séparé; — Attendu qu'il devient dès lors inutile de se livrer à l'examen de la question de savoir si la vente d'un fonds de commerce est un acte de commerce, et de suivre sur ce point la jurisprudence dans ses variations ; — Dit qu'il a été bien jugé, etc.
Du 29 août 1880.-C. de Lyon, 2e ch.-MM. Desprez, pr.-Onofrio, av. gén.-de Bornes et Desprez, av.

(2) (Swanepoël C. Caplain-Gendré.) — Le 29 juin 1877, le tribunal de Saint-Quentin a rendu le jugement suivant : — « Attendu que la concession d'un bureau de tabac, comme tout autre emploi accordé par le Gouvernement à d'anciens serviteurs de l'Etat, constitue l'octroi d'une faveur plus ou moins productive, mais qu'elle n'a pas le caractère d'une pension alimentaire ; — Qu'en effet, toute pension, soit civile, soit militaire, est de sa nature essentiellement viagère; qu'une fois fixée, elle ne peut plus être ni diminuée, ni supprimée; — Qu'il n'en est pas ainsi de la concession d'un bureau de tabac dont le brevet peut toujours être retiré par l'Administration, pour être accordé à un autre titulaire; — Qu'il n'y a donc aucune assimilation à faire entre les produits d'un bureau de tabac et les pensions qui ont été déclarées insaisissables par l'art. 580 c. proc. civ. ; — Par ces motifs, le tribunal déclare bonne et valable la saisie-arrêt ».

Appel par la dame Swanepoël.
La cour; — Adoptant les motifs des premiers juges; — Considérant, en outre, que dans le silence de son titre, l'appelante ne peut prétendre qu'il lui a été concédé pour aliment ; — Considérant que l'appelante n'est pas plus recevable à invoquer en sa faveur l'art. 580 c. proc. civ., et la loi du 21 nov. an 9; — qu'il résulte des termes d'une circulaire de l'administration des Contributions indirectes, en date du 23 juill. 1877, que les bénéfices des bureaux de tabacs n'ont pas le caractère de traitement; qu'en effet, ils consistent uniquement pour le débitant dans la différence entre le prix d'achat et le prix de revente; qu'un débit de tabac, par cela même qu'il n'est pas dans le commerce, est insaisissable, mais qu'il n'en est pas de même des produits qu'avec l'autorisation de l'Administration, le titulaire peut réaliser, qui font partie de ses biens et sont le gage de ses créanciers; — Considérant que, par suite de la location du droit de gérer, conduire et exploiter le débit de tabac dont est titulaire, le bénéfice se résout pour l'appelante en un loyer qui, comme tel, est soumis au droit commun, et que rien n'autorise à réduire dans une proportion quelconque la saisie-arrêt dont il est frappé; — Par ces motifs, confirme.
Du 21 nov. 1877.-C. d'Amiens, ch. civ.-MM. de Roquemont, pr.-Marlier, av. gén.

(3) (Muchielli.) — Le tribunal; — Attendu que la veuve Chardin, épouse Muchielli, est bénéficiaire, à Amplepuis, d'un bureau de tabac, loué par elle 500 fr. par an à la dame veuve Fouillat; — Que ladite dame a souscrit de nombreux billets demeurés impayés, et pour lesquels des saisies-arrêts ont été pratiquées sur la location du bureau de tabac; — Que la seule question du litige actuel est celle de savoir quel est le caractère des revenus d'un bureau de tabac et conséquemment quelle est la quotité saisissable; — Attendu, en droit, que les redevances pour débits de tabac sont assimilées aux traitements des fonctionnaires et peuvent être saisies dans les mêmes conditions; — Que cette décision est conforme à la jurisprudence et à un jugement rendu récemment par le tribunal dans une espèce analogue; — Qu'il paraît rationnel, en effet, d'assimiler les débitants de tabac aux percepteurs des contributions, puisque, comme eux, ils profitent d'une remise fixe sur les sommes qu'ils encaissent pour l'Etat, en vendant du tabac et des timbres-poste; — Qu'il y a donc lieu de leur appliquer la loi du 21 vent. an 9, qui déclare saisissables, dans certaines proportions, les traitements de tous les fonctionnaires publics; — Que vainement soutiendrait-on que

la loi de ventôse an 9, qui détermine la limite du droit de saisir les traitements, d'autre part, le caractère des bureaux de tabacs, qui ont encore plus que le traitement, une destination alimentaire, le revenu de ces bureaux n'est saisissable que dans une limite laissée à l'appréciation des tribunaux juges du fait. La cour de Douai, revenant sur sa jurisprudence antérieure, s'est prononcée dans le même sens par un arrêt du 17 févr. 1890 (*Journal des contributions indirectes*, 1891, n° 37, p. 508). Nous croyons avec M. Larchevêque (*Du régime des tabacs*), que ces dernières décisions sont plus conformes à l'esprit de la loi.

**13.** L'autorisation de vendre des tabacs, donnée par la régie à un particulier, a pour effet de rendre licite de sa part l'exercice d'un commerce prohibé en France. Elle crée donc, en sa faveur, un privilège qui, par sa nature même, est opposable à tous ceux qui n'ont obtenu aucune concession de l'Administration. Jugé en ce sens qu'on peut opposer sur le traité par lequel l'Administration a concédé à un débitant le droit exclusif de vendre en France certaines qualités de tabacs (c. civ. art. 1119), et réclamer en vertu de ce traité des dommages-intérêts par voie d'action civile (Req. 30 juill. 1872, aff. Béal, D. P. 74. 1. 164).

**14.** Les débitants, ne recevant aucun traitement et devant payer comptant les tabacs qu'ils prennent dans les magasins des entreposeurs, n'ont pas de maniement de deniers ni de matières et ne sont, par conséquent, assujettis ni au cautionnement, ni à la juridiction de la cour des comptes.

**15.** Les bureaux de tabac ont toujours été, jusqu'à présent l'objet de concessions gratuites. Cependant on a fait observer que les gros débits de tabac, dont le produit dépasse 1000 fr., pourraient être mis en adjudication, et, aux différentes législatives, des projets tendant à la mise en adjudication des débits ont été déposés, en 1881 par M. Legrand, en 1882 par M. Peyre, en 1884 par M. Salis, en 1887 par M. Escande. Jusqu'ici, ces projets n'ont pas abouti à une réforme.

SECT. 3. — CULTURE DU TABAC (*Rép.* n°ˢ 559 à 571).

**16.** — 1° *Permis de culture.* — La culture du tabac, autorisée par l'art. 180 de la loi de 1816 dans un petit nombre de départements, s'étend aujourd'hui à vingt-deux (V. Trescaze, *op. cit.*, v° *Tabacs*, n° 2). Tout cultivateur est tenu de faire une déclaration et d'obtenir une autorisation, sous peine d'une amende de 50 fr. ou 150 fr. par cent pieds de tabac, suivant qu'il est en terrain ouvert ou clos de murs (art. 181 de la loi de 1816). — Les permissions de culture sont conférées par une commission composée du préfet ou de l'un de ses délégués, président, du directeur des contributions indirectes, d'un agent supérieur de culture, d'un membre du conseil général et d'un membre du conseil d'arrondissement (L. 12 févr. 1835, art. 2 et 3).

**17.** La loi du 21 déc. 1872 (D. P. 73. 4. 9) a permis aux propriétaires de céder à leurs fermiers les permis de culture qu'ils ont obtenus, mais sous la condition expresse de l'agrément de ces fermiers par la régie. Il en est de même pour les colons, et pour les fermiers des colons. Les entrepreneurs à façon ne sont pas compris parmi ces derniers; mais le propriétaire reste, par suite, responsable de leurs actes, ce qui implique l'absence de responsabilité dans les autres cas, c'est-à-dire quant aux actes des fermiers et colons. Enfin la loi fixe le minimum des pièces de terre à cultiver à cinq ares, mais à condition que la déclaration d'ensemble soit au moins de dix ares.

**18.** — 2° *Obligations des planteurs.* — D'après l'art. 182

de la loi du 28 avr. 1816, les cultivateurs sont tenus de représenter le produit de leur récolte, à peine de payement du droit calculé sur le prix du tabac de cantine pour les manquants (V. *Rép.* n° 567). Par contre, ils sont admis à soumissionner aux adjudications qui doivent assurer l'approvisionnement des manufactures de l'Etat, pour les quatre cinquièmes du montant total des fournitures. Le surplus est acheté à l'étranger (L. 28 avr. 1816, art. 190. V. *Rép.* n° 569). — L'art. 196 de la loi de 1816 prescrit aux cultivateurs l'arrachage et la destruction des tiges et souches immédiatement après la récolte. Cette disposition a-t-elle une sanction autre que celle de l'arrachage de ces tiges aux frais des cultivateurs? Il a été jugé que l'art. 196 de la loi du 28 avr. 1816, qui prescrit l'arrachage et la destruction, immédiatement après la récolte, des tiges et souches de tabac, n'a d'autre sanction que la destruction de ces tiges et souches aux frais des cultivateurs, à la diligence de l'Administration (L. 28 avr. 1816, art. 196, 181). La contravention à un arrêté préfectoral pris au sujet d'un fait prévu par une loi ne peut, en effet, entraîner une peine que cette loi ne prononce pas (Crim. rej. 5 juin 1890, aff. Bordes, D. P. 90. 1. 495-496).

**19.** — 3° *Recouvrement des droits. Caractère.* — Les réclamations de droits sur les manquants sont faites et poursuivies par voie d'états de recouvrement dressés par les agents du service des tabacs (Circ. n° 8 du 28 févr. 1861 ; Olibo, t. 2, p. 277; L. 28 avr. 1816, art. 200 et 213).

**20.** L'art. 199, qui fait en réalité double emploi avec l'art. 182 de la même loi de 1816, décide que, lors de la livraison, le compte de culture du planteur doit être balancé par le compte de produit, à charge de payer le manquant au prix du tabac de cantine. Quelle est la nature de cette obligation? Est-ce un droit de créance ou une amende? La question, qui a de l'intérêt à divers points de vue, notamment sous le rapport de la juridiction et de la prescription, a été indiquée au *Rép.* n° 570. Une décision de la régie du 29 mars 1821 (*Rép. ibid.*) l'a tranchée dans le sens d'un droit de créance. Les raisons de décider, qui ont, croyons-nous, conservé toute leur autorité, sont « que l'amende est une disposition pénale; que, pour l'établir, il faut une disposition expresse de la loi, que cette disposition ne se trouve pas dans les articles visés, et que, d'autre part, la loi qui prévoit un contrat synallagmatique entre le cultivateur et l'Administration, a prévu et estimé le quantum des dommages-intérêts dus par le premier dans le cas d'inexécution de ses obligations. Par suite, l'action de la régie est, en pareille circonstance, une action civile et sa procédure, celle de la transaction civile sur autorisation du roi ».

Cette doctrine a été, depuis, soutenue par l'Administration devant le conseil d'Etat. Dans l'espèce, en même temps que le décompte avait constaté l'absence d'une partie des feuilles de tabac qui devaient être représentées par le planteur, un procès-verbal avait constaté la présence et opéré la saisie de 20 kilos de tabac en feuilles chez ce même cultivateur. Une transaction avait mis fin au procès-verbal. Le planteur soutenait, comme l'Administration, que le règlement du décompte pouvait donner lieu à des dommages-intérêts ; mais il niait que ces dommages pussent être dus, par le motif que l'Administration, ayant saisi les tabacs, puis transigé sur la saisie, les avait entre les mains non à titre de confiscation, mais en nature. Ce motif de fait a été adopté par le conseil d'Etat (28 déc. 1877, aff. Pinaud, D. P. 78. 3. 38). Ainsi a été résolue implicitement, les parties étant d'accord sur ce point, la question de la nature des sommes à payer pour les manquants. C'est une créance civile, non une amende.

la remise du bureau de tabac n'établit, au profit du bénéficiaire, qu'une faveur toute personnelle qui n'est soumise à aucune de règles déterminées en matière de traitement ou de pension; — Attendu que les motifs de la loi de ventôse doivent, *à fortiori*, s'appliquer en ce qui concerne les revenus des bureaux de tabac qui ont encore, plus que le traitement, un caractère essentiellement alimentaire; — Mais attendu que le chiffre de la quotité saisissable est entièrement laissé à l'appréciation des tribunaux, juges du fait; — Que la retenue du cinquième constitue l'usage généralement suivi, mais ne s'impose pas comme un droit; — Attendu que, dans l'espèce actuelle, le tribunal ne saurait oublier que la situation de la dame Muchielli n'est pas celle qu'elle avait

du vivant de son premier mari ; — Que veuve sans enfants et remariée, le débit de tabac peut être considéré comme sa seule ressource; — Que la situation des créanciers qui lui ont fait des avances considérables est non moins intéressante; — Que le tribunal estime concilier les intérêts respectifs qui sont en jeu dans le procès actuel, en autorisant la saisie-arrêt jusqu'à concurrence des trois cinquièmes ;

Par ces motifs;

Le tribunal dit que les saisies-arrêts pratiquées par les créanciers Muchielli frapperont sur les trois cinquièmes des revenus du débit de tabac dont s'agit.

Du 27 avr. 1877.-Trib. civ. de Villefranche.

**21.** — 4° *Contestations.* — D'après les art. 201 et 214 de la loi du 28 avr. 1816, les contestations sur les états de recouvrement doivent être portées devant les conseils de préfecture dans le délai d'un mois. Ces tribunaux doivent statuer dans le délai de deux mois. Mais ce délai n'est pas prescrit à peine de nullité; l'art. 201 de la loi du 28 avr. 1816, en effet, ne prononce pas cette sanction (Cons. d'Et., 10 févr. 1882, aff. Ministre des finances, D. P. 83. 5. 422).

**22.** D'après divers arrêts du conseil d'Etat, et bien que les recouvrements de droits sur les tabacs manquants aient lieu dans la forme des recouvrements de contributions directes, les conseils de préfecture n'ont pas, en cette matière, le droit d'accorder des remises ou modérations, fondées sur des considérations d'équité. La loi, qui appelle la juridiction administrative à trancher les débats en matière de culture ne lui laisse le droit d'appréciation qu'en ce qui concerne la force majeure. Il a été ainsi jugé que le conseil de préfecture, compétent, aux termes de l'art. 201 de la loi du 28 avr. 1816, pour juger des réclamations formées contre le résultat et la régularité du décompte, n'a pas le droit, lorsque le décompte est régulier, d'accorder à un planteur constitué en manquant d'un certain nombre de feuilles de tabac une réduction de la somme mise à sa charge, en se fondant sur des considérations qui ne sont pas de nature à affecter le résultat matériel du décompte, telles que les bons antécédents du planteur (Cons. d'Et., 23 janv. 1837, *Rép.* v° *Impôts indirects*, n° 569; 15 déc. 1876, aff. Boudey, D. P. 77. 3. 23; 10 févr. 1882, aff. Vuillemot, D. P. 83. 5. 422). Pareillement le conseil de préfecture ne peut accorder à la caution du planteur une réduction sur les manquants pour des motifs tels que la confiance que pouvaient lui inspirer les bons antécédents du planteur (Même arrêt);... ou les démarches faites par la caution à la suite de la disparition du planteur, pour aviser l'Administration et parer à toutes les éventualités ;... ou l'inexpérience des enfants par lesquels a été faite la cueillette des feuilles (Cons. d'Et. 28 déc. 1877, aff. Cousin, D. P. 78. 5. 437). Décidé de même encore que lorsqu'un planteur n'a ni déclaré ni fait constater dans les formes prévues par l'art. 197 de la loi du 28 avr. 1816 et par un arrêté préfectoral relatif à la culture du tabac dans le département, les accidents de force majeure qui auraient détruit ou avarié une partie de sa récolte, le conseil de préfecture ne peut l'exonérer d'une partie de la somme mise à sa charge comme représentant la valeur des feuilles dont il avait été constitué en manquant, en se fondant sur les bons antécédents du planteur et sur l'invraisemblance d'aucune fraude (Cons. d'Et. 17 janv. 1879, aff. Mourot, D. P. 80. 5. 357).

**23.** Cependant il y a des circonstances de fait tellement constitutives de force majeure que la loi elle-même a dû les prévoir et en faire bénéficier les planteurs. L'art. 197 de la loi du 28 avr. 1816 est ainsi conçu : « Les planteurs de tabac seront admis à faire constater par les employés de la régie, en présence du maire et de concert avec lui, les accidents que leurs récoltes, encore sur pied, auraient éprouvé *par suite de l'intempérie des saisons* ». Quoique ces dernières expressions paraissent avoir un caractère limitatif et qu'aucune disposition de loi ne prévoie d'autre cas de force majeure dans lequel le planteur puisse obtenir réduction du nombre des feuilles qu'il doit représenter, aux termes de l'art. 182 de la loi de 1816, comme il y avait là une lacune évidente, il était impossible, en équité, de laisser au compte du cultivateur les produits qui auraient été enlevés par des voleurs dans des conditions telles qu'aucune faute ou négligence ne lui serait imputable. Aussi les arrêtés pris par les préfets pour régler les détails d'exécution des art. 197 et suiv. ont-ils prévu le vol en déterminant les formalités que les planteurs devront observer pour le faire constater. Il a été jugé, dans ce sens, que le vol de feuilles de tabac sur pied, alors qu'il n'est pas imputable à la faute du planteur, rentre dans les cas de force majeure, à raison desquels décharge de la valeur des feuilles de tabac non représentées peut être accordée (Cons. d'Et. 17 janv. 1879, aff. Richat, D. P. 79. 3. 47). Il est, d'ailleurs, à remarquer que, dans cette affaire, le ministre, tout en étant en désaccord avec le conseil de préfecture sur des points de fait, ne contestait pas que le préfet eût pu admettre les planteurs au bénéfice de l'art. 197. Le conseil d'Etat a

admis implicitement, en maintenant la décharge accordée, que cet article est applicable au cas de vol (Cons. d'Et. 5 déc. 1879, aff. Juan, D. P. 80. 3. 52).

**24.** — 5° *Exportation.* — La culture pour l'exportation est régie par les art. 202 à 214 de la loi de 1816. Elle est permise dans les départements où la culture est maintenue, sous la double condition d'autorisation et de solvabilité des cultivateurs. Les tabacs sont pris en charge et doivent être exportés avant le 1er août, sauf prolongation qui ne peut dépasser le 1er septembre. Après ce délai, les tabacs doivent être exportés ou mis en entrepôt de la régie. Ils doivent être accompagnés du laissez-passer de la régie dès qu'ils sortent de chez le cultivateur. Les décomptes des planteurs pour l'exportation sont réglés comme ceux des autres cultivateurs. Les tabacs qui n'ont été ni exportés, ni mis en entrepôt dans les délais sont saisis et confisqués ; il en est de même de ceux qui seraient enlevés sans laissez-passer ou sans acquit-à-caution.

SECT. 4. — CIRCULATION DES TABACS (*Rép.* n°s 572 à 574).

**25.** Ainsi qu'on l'a vu au *Rép.* n° 572, les tabacs en feuilles ne peuvent circuler sans acquit-à-caution, sauf ceux qui proviennent de chez le cultivateur à destination de la régie ou de l'exploitation et qui doivent être accompagnés d'un laissez-passer. Les tabacs fabriqués ne peuvent circuler sans laissez-passer dans la proportion de 1 à 10 kilos, sans acquit-à-caution au delà de 10 kilos. La loi du 12 févr. 1835 a étendu, par son art. 5, cette même disposition au tabac factice ou à toute autre matière préparée pour être vendue comme tabac. Elle avait laissé subsister pour le tabac de caution la faculté de circuler sous marques et vignettes de la régie; la loi du 23 avr. 1840 a interdit également cette facilité pour les quantités supérieures à 1 kilo.

**26.** D'après l'art. 216 de la loi de 1816, les contraventions sont punies de la saisie et de la confiscation des tabacs, ainsi que des moyens de transport et chevaux, et en outre d'une amende de 100 à 1000 fr. L'amende s'étend à la personne convaincue d'avoir fourni le tabac en fraude. On a cité au *Rép.* n°s 571 et 574 de nombreuses applications de cet article. Il a été décidé depuis, et dans le même sens, qu'en admettant que l'individu trouvé porteur de tabac de fraude puisse s'affranchir des peines portées par l'art. 216 de la loi du 28 avr. 1816 en faisant connaître le propriétaire des tabacs saisis, il reste passible de ces peines s'il désigne comme tel à l'Administration une personne inconnue contre laquelle aucune action ne peut être efficacement exercée (Crim. cass. 28 août 1851, aff. Guiranton, D. P. 53. 5. 112), et cette théorie concorde exactement avec le sens de l'art. 13 de la loi du 24 juin 1873.

**27.** Sous l'empire de cette dernière disposition, la cour de Dijon a décidé par arrêt du 7 janv. 1880 (Trescaze, *Recueil chronologique des contributions indirectes*, à sa date) qu'un individu qui se présente dans la salle des bagages d'une gare, muni d'un bulletin de bagage pour retirer un colis saisi comme contenant du tabac circulant sans acquit-à-caution est un transporteur au sens de la loi et comme tel responsable de plein droit de la contravention. L'indication du lieu de la remise, sans désignation de commettant, ne pourrait suffire à l'exonérer. Mais là ne se bornent pas les interdictions et les sanctions en matière de transport de tabac; celles dont on parle ici ne s'appliquent qu'aux particuliers, d'autres, plus rigoureuses, atteignent les vendeurs et colporteurs (V. *infrà*, v° n°s 36 et suiv.).

**28.** Lorsque dans le chargement d'un voiturier ou d'un patron de bateau se trouve une quantité de tabac transportée illicitement, il ne s'ensuit pas qu'il y ait lieu de ce chef à la saisie des chevaux, voitures ou bateaux. La jurisprudence ne paraît pas avoir eu à se prononcer sur ce point. Une seule fois, la cour de cassation, par un arrêt cité sans date par Olibo, 5e édit., t. 2, p. 413, a décidé qu'il y avait lieu à saisie de ces moyens de transports ; mais il s'agissait d'une voiture de roulage entièrement chargée de tabac.

D'après Olibo, *loc. cit.*, « il est raisonnable de penser que le législateur n'a eu en vue que les chevaux et voitures qui ne transporteraient que du tabac, ou du moins les voitures qui seraient en grande partie affectées à ce transport ». Le même auteur cite ensuite un arrêt, qui, en matière de douanes, a maintenu la saisie d'un cheval dont le cavalier portait sur sa personne des objets de contrebande, et il ajoute : « L'art. 41 de la loi sur les douanes (28 avr. 1816) qui sert de base à cet arrêt, est ainsi conçu : Toute importation d'objets mobiliers donnera lieu à l'arrestation des contrevenants et à leur traduction devant le tribunal, qui prononcera, outre la confiscation de l'objet de contrebande et des moyens de transport... Ce dernier article offrant de l'analogie avec l'art. 216, en ce que, comme ce dernier, il dispose d'une manière générale et sans exception, on pourrait en induire que la cour suprème ayant prononcé la confiscation du cheval, qui n'était qu'un moyen indirect et surabondant de transport, elle déciderait de même dans le cas de tabac saisi sur un voyageur en voiture publique, le conducteur de la voiture, ou le postillon, qu'il y a lieu de saisir la voiture et les chevaux, puisqu'ils servent également au transport d'une manière indirecte et surabondante ».

Nous croyons qu'il y a contradiction entre ces dernières considérations et l'opinion exprimée au début de cette citation, et l'analogie invoquée nous paraît, d'ailleurs, faire défaut. Il serait, à notre avis, tout à fait contraire à l'intention du législateur de saisir une voiture publique, parce que l'un des voyageurs ou même le conducteur transporterait sur lui une quantité quelconque de tabac. Si le fait que le tabac ne compose pas le chargement principal de la voiture ne la rend pas saisissable, à plus forte raison en sera-t-il ainsi quand le tabac sera transporté par une personne sur elle-même. Le motif de la saisie résidant dans la présomption de fraude à la charge du propriétaire de la voiture; cette présomption disparaît ici, puisqu'on se trouve en face du transporteur lui-même qui n'est pas propriétaire des moyens de transport.

En somme, la conclusion à tirer de ce qui vient d'être dit est que, s'il peut y avoir amende dans ce cas de transport sans acquit, il y a lieu d'être très circonspect en matière de confiscation des chevaux et voitures. C'est là une mesure grave et qui ne peut être justifiée que par des présomptions fortes et concordantes. — Ce que l'on vient de dire s'applique, à plus forte raison, aux trains de chemin de fer et aux locomotives; jamais, d'ailleurs, il n'a pu entrer dans l'esprit de personne de leur appliquer les prescriptions de l'art. 216.

Sᴇᴄᴛ. 5. — Dᴇ ʟᴀ ꜰᴀʙʀɪᴄᴀᴛɪᴏɴ, ᴅᴇ ʟ'ɪᴍᴘᴏʀᴛᴀᴛɪᴏɴ ᴇᴛ ᴅᴇ ʟᴀ ᴠᴇɴᴛᴇ ᴅᴇs ᴛᴀʙᴀᴄs. — Exᴄᴇᴘᴛɪᴏɴs ᴀᴜ ᴍᴏɴᴏᴘᴏʟᴇ (*Rép.* nᵒˢ 553 à 558).

**29.** On a vu au *Rép.* vᵒ *Impôts indirects*, nᵒ 553, que par les art. 172 et 173 de la loi du 25 avr. 1816, l'achat, la fabrication et la vente des tabacs dans toute l'étendue du royaume appartiennent à la Régie exclusivement, au profit de l'État, et que les tabacs fabriqués à l'étranger sont prohibés, sauf le cas où ils seraient achetés pour le compte de la Régie. — Pour les contraventions, V. *infrà*, nᵒˢ 38 et suiv.; — *Rép. eod.* vᵒ, nᵒˢ 584 à 590.

**30.** Le principe absolu posé par l'art. 172 a subi diverses exceptions. Tout d'abord il résulte de l'arrêt (Req. 30 juill. 1872) cité *suprà*, nᵒ 13, que la Régie a pu se dessaisir partiellement de son monopole au profit d'un particulier et que ce traité est opposable aux tiers qui feraient le même commerce sans autorisation. On peut se demander, sur ce point, si les termes formels de la loi et le monopole exclusif attribué à la Régie peuvent être modifiés par une simple convention administrative: l'argument n'a pas été produit en justice, au moins en tant qu'il résulte des termes de l'arrêt précité; il nous semble cependant qu'il n'aurait pas été sans intérêt. Quoi qu'il en soit, la vente serait, en l'état actuel, permise à ceux qui en auraient obtenu la concession. Mais nous croyons qu'il y a là un titre précaire et que c'est là la limite de cette première exception.

**31.** La seconde exception consiste dans le droit d'importation. — Sur les formalités à l'importation, V. *Rép.* nᵒ 553, et *suprà*, vᵒ *Douanes*, nᵒˢ 186 et suiv.; — *Rép. eod.* vᵒ, nᵒˢ 288 et suiv. On a exposé au *Rép.* nᵒ 553, que les lois de douanes du 7 juin 1820 et 2 juill. 1836 avaient autorisé l'importation, au profit des particuliers, de petites quantités

de tabac étranger dit de santé ou d'habitude. Cette faculté a été maintenue par la loi du 13 juin 1878 (D. 78. 4. 87), jusqu'à concurrence de 10 kilos par destinataire, moyennant le payement d'un impôt de douanes variant de 36 à 15 fr. le kilo. — Il est à remarquer que tous les tabacs, qu'ils viennent de France ou de l'étranger, qu'ils soient introduits pour le compte de l'Administration ou des particuliers, doivent être revêtus des marques et vignettes de nationalité. L'absence de ces marques sur les tabacs circulant en quantité supérieure à 1 kilo, en l'absence d'acquits-à-caution, constitue à elle seule une contravention qui est punie, par application de l'art. 216 de la loi de 1816, d'une amende de 100 à 1000 fr. et de la confiscation des tabacs saisis (V. *infrà*, nᵒˢ 40 et suiv.).

Lorsque l'importation ou l'origine étrangère des tabacs sont flagrantes, la poursuite de l'importation frauduleuse appartient à la douane. Dans les autres cas, fût-ce même dans le rayon de frontière, la poursuite des tabacs circulant en fraude appartient aux contributions indirectes.

**32.** La vente peut être effectuée directement par la régie, pour certains tabacs, dans les grandes villes ou les villes de luxe. L'Administration vend également et directement en Algérie et en Corse. Mais le monopole n'existe pas en Algérie; en Corse, la surveillance de la circulation des tabacs est confiée au service des douanes. — Quant aux tabacs destinés à l'exportation, V. *Rép.* nᵒ 556.

**33.** Une troisième et très considérable restriction au monopole, non plus au point de vue de la vente, mais de la quotité du prix, et basée sur la nécessité de combattre la contrebande à la frontière, est la création des zones, dont la première origine remonte aux chartes d'union de la Flandre, de l'Alsace, de la Franche-Comté. Les traités de 1815 y ajoutèrent le pays de Gex et celui de 1860, la Savoie et le comté de Nice. La vente du tabac de cantine est autorisée à des prix réduits dans les zones déterminées par diverses dispositions prises en application de la loi du 1ᵉʳ déc. 1875, art. 1ᵉʳ. Cet article autorise « la vente du tabac de cantine sur toutes les parties du territoire qui sont les plus exposées à la fraude ». — La détermination des zones doit être faite par des règlements d'administration publique. D'après l'article précité, la frontière a été, par décrets successifs des 28 mai 1879, 11 août 1881 et 26 juill. 1882 (V. *suprà*, nᵒ 3), répartie entre trois zones dans lesquelles les prix des tabacs sont de 1 fr. 50 et 3 fr. pour les deux subdivisions de la première zone, 5 fr. pour la deuxième et 8 fr. pour la troisième, pour le scaferlatis de cantine qui sont vendus 12 fr. 50 le kilo dans le reste de la France (Circ. de l'Admin. des contributions indirectes des 11 août 1881 et 12 août 1882, *Recueil chronologique*, à la date). En ce qui concerne les contraventions, V. *infrà*, nᵒ 42.

La division des zones a été vivement critiquée au double point de vue de l'égalité devant l'impôt et de la répression de la fraude, qui s'exerce ainsi non plus seulement à la frontière à l'intérieur, mais à l'intérieur même, de zone à zone où les agents sont moins nombreux et moins armés contre la contrebande (V. Larchevêque, *Du régime des tabacs en France et à l'étranger.* Chap. *Du régime des zones*).

Sᴇᴄᴛ. 6. — Fᴀʙʀɪᴄᴀᴛɪᴏɴ; Vᴇɴᴛᴇ ᴇᴛ ᴄᴏʟᴘᴏʀᴛᴀɢᴇ ɪʟʟɪᴄɪᴛᴇs; Iᴍᴘᴏʀᴛᴀᴛɪᴏɴ ꜰʀᴀᴜᴅᴜʟᴇᴜsᴇ (*Rép.* nᵒˢ 584 à 591).

**34.** — 1ᵒ *Fabrication illicite* (*Rép.* nᵒˢ 584 à 586). — La Régie seule ayant le droit de fabriquer du tabac en France, aux termes des lois constitutives du monopole (V. *suprà*, nᵒ 29), il y a toujours contravention de la part des particuliers qui fabriquent du tabac. Ces contraventions sont réprimées par les art. 221 et suiv. de la loi du 21 avr. 1816. D'après l'art. 221, il y a fraude dès lors qu'on trouve sur ou chez les particuliers, des ustensiles, machines ou mécaniques propres à la fabrication et à la pulvérisation, et en même temps des tabacs en feuilles ou en préparation, quelle qu'en soit la quantité, ou plus de 10 kilos de tabac fabriqués non revêtu des marques de la Régie (Pour les tabacs factices, V. *infrà*, nᵒ 61).— Outre la confiscation des tabacs et ustensiles, les contrevenants encourent une amende de 1000 à 3000 fr., doublée en cas de récidive (V. *Rép.* nᵒˢ 584 et 585).

**35.** Mais, d'après ce qui précède, il faut distinguer entre le cas où les objets trouvés seraient des ustensiles de fabrication, sans tabacs, ou des tabacs sans ustensiles de fabrication, ou enfin les uns et les autres. Au premier cas, s'applique l'art. 220, qui ne prononce que la saisie et la confiscation ; au second, les art. 218 à 219 qui prononcent l'amende, la saisie et la confiscation ; c'est au troisième seulement que s'applique l'amende simple ou double de l'art. 221. On trouve au *Rép.* nᵒˢ 585 et 586 des applications de l'art. 221 dans le sens que nous venons d'exposer.

**36.** — 2ᵒ *Vente illicite* (*Rép.* nᵒ 587). — L'art. 222 de la loi de 1816 condamne à une amende de 300 à 1000 fr. ceux qui seront trouvés vendant en fraude du tabac à leur domicile ou ceux qui en colporteraient, outre la confiscation des tabacs saisis, des ustensiles servant à la vente et, en cas de colportage, des moyens de transport. — Les deux art. 221 et 222 doivent-ils être combinés dans le cas de saisie portant à la fois et sur des ustensiles de fabrication et sur des tabacs mis en vente ; en d'autres termes, les peines de l'art. 221, prononcées pour la fabrication, doivent-elles s'ajouter aux peines de l'art. 222, qui vise la vente ? L'affirmative nous semble devoir être admise ; il s'agit là, en effet, de deux infractions différentes, contre lesquelles des peines distinctes sont édictées par la loi. Mais la jurisprudence ne paraît pas avoir eu à se prononcer sur ce point, et l'Administration n'a jamais, que nous sachions, invoqué, contre les délinquants prévenus de fabrication et de vente, la condamnation à d'autres peines que celles applicables à la vente, d'après l'art. 222.

**37.** Par quels moyens reconnaîtra-t-on la vente, telle que l'entend cet article ? Elle est facile à constater lorsque son auteur est pris en flagrant délit ; mais l'art. 222 s'exprime en ces termes : « qu'ils soient ou non surpris à le vendre ». Ici, contrairement aux principes généraux de la criminalité, l'intention de vendre constitue à elle seule le délit punissable. — Cette intention s'induira de circonstances diverses. Ainsi, à défaut de l'aveu, l'intention de vendre pourra résulter du port du tabac, en même temps que d'ustensiles propres à le mesurer, tels que balances, poids, mesures, du transport de tabacs de différentes sortes, et en quantité qui excède les besoins d'un particulier (Olibo, 8ᵉ éd. t. 2, p. 421). On ne peut cependant se dissimuler que, lorsqu'il s'agit d'une simple conviction morale, les chances d'erreur se multiplient ; et, à moins de récidive, il faut reconnaître que l'application sur ce point de l'art. 222 ne laisse pas que d'offrir des dangers.

**38.** Non seulement la vente, mais même la revente des tabacs est interdite à tous ceux qui ne sont pas débitants de tabac. Jugé, dans ce sens, que la revente, par un particulier non débitant, des tabacs achetés par l'Administration constitue le délit prévu par les art. 172 et 222 de la loi du 28 avr. 1816, alors surtout que cette revente est l'objet d'un commerce (Grenoble, 18 juill. 1861, aff. Bouvier, D. P. 62. 5. 312).

**39.** Il a été jugé qu'il y a vente frauduleuse de tabac dans le fait de vendre des cigarettes faites à la main, dès lors

qu'elles sont en paquets non revêtus de l'estampille de l'État (Crim. cass. 16 juill. 1886, et sur renvoi, Amiens, 4 févr. 1887, V. *infrà,* nᵒ 58). En sens inverse, la cour de cassation a jugé qu'il n'y a pas atteinte aux lois du monopole, mais seulement un mode de préparation plus agréable au goût de certains consommateurs, dans le fait de préparer des cigarettes, à la condition d'y employer du tabac dont l'origine ne puisse être suspecte de fraude (Crim. cass. 13 nov. 1890, aff. Dauzou, D. P. 91. 1. 286. Mais il a été décidé que le fait de décomposer des cigares achetés de la Régie, pour en confectionner d'un format plus petit et les vendre à des prix autres que le prix d'achat, constitue le délit de débit clandestin de tabac prévu par l'art. 222 de la loi du 28 avr. 1816 (Crim. cass. 21 juin 1844, *Rép.* nᵒ 587-3ᵒ ; Paris, 19 mars 1891, *Gaz. Trib.* 7 avr. 1891 ; Toulouse, 1ᵉʳ mai 1891, *Gaz. Trib.* 22 juin 1891. — *Contrà :* Trib. corr. Seine, 8ᵉ ch., 13 juin 1891, *Gaz. Trib.* 26 juin 1891 ; Rennes, 3 juin 1891 (1).

**40.** — 3ᵒ *Colportage* (*Rép.* nᵒˢ 588 à 590). — Le colportage est réuni par l'art. 222 à la vente, parce qu'en fait l'un et l'autre sont presque toujours connexes. Cependant, en droit, il y a cette différence qu'en outre de la vente, le colportage implique le transport ou le port frauduleux du tabac. — A quel signe distinguer le délit de colportage de la simple contravention de circulation sans acquit-à-caution, prévue et punie par l'art. 216 de la loi de 1816 ? C'est là encore, une question de fait très délicate. Au *Rép.* nᵒ 588, on renvoie à la distinction faite dans l'ouvrage d'Olibo, qui indique quelques circonstances de fait caractéristiques du transport avec l'intention de vendre. Au premier chef, l'aveu (*Rép.* nᵒ 589), l'offre faite à des tiers, et ensuite toutes les circonstances que nous avons rappelées *suprà,* nᵒ 39, jointes au fait du port de tabac, constituent le colportage. Mais, d'après Giraud (*Manuel des contributions indirectes,* nᵒˢ 294 et 300), le fait seul que du tabac de fraude est trouvé dans le chargement d'un patron de bateau ou roulier ne constitue pas à sa charge le délit de colportage, s'il n'est pas surpris à en vendre. M. Olibo, p. 412, adopte cette interprétation qui nous paraît tout à fait conforme au texte et à l'esprit de l'art. 216 (V. *suprà,* nᵒ 28). Il semble, en effet, si l'on rapproche l'art. 216 de l'art. 222, qu'en vertu du premier de ces textes, il y ait présomption légale de simple contravention, en faveur du roulier ou du patron de bateau, et en vertu du second, présomption de délit contre le porteur ou transporteur du tabac.

**41.** Dans le cas de colportage, aucun doute ne s'élève sur la confiscation des moyens de transport. Ainsi, lorsqu'un individu a été arrêté conduisant une voiture attelée d'un cheval sur lequel il était monté, portant sous ses vêtements des objets de contrebande, les tribunaux ne peuvent se refuser à ordonner la confiscation du cheval. La cour de cassation l'a ainsi décidé en matière de douane (Crim. cass. 23 oct. 1827 ; *Rép.* vᵒ *Douanes,* nᵒ 983), et cette décision est applicable aux contributions indirectes.

La cour de Pau, s'inspirant de ce principe, a décidé que

---

(1) (Admin. des Contrib. indir. C. X...) — La cour ; — Attendu qu'il résulte d'un procès-verbal régulièrement dressé, le 4 nov. 1890, en la ville de Nantes, par les sieurs X. et N., le premier contrôleur, le second commis des contributions indirectes à la résidence de Nantes que, ce jour, en ladite ville, le nommé M... a été rencontré porteur d'une boîte renfermant 580 cigarettes faites à la main et non revêtues du timbre de la Régie, au moment où il venait offrir cette marchandise à la dame B. limonadière ; qu'il a reconnu les avoir fabriquées en vue de les livrer au public au prix de 45 centimes le paquet de 25 cigarettes ; qu'une perquisition ayant été faite à son domicile, les agents y ont trouvé trois paquets de cigarettes fabriquées à la main, non revêtus du timbre de la Régie, ainsi que 200 grammes de tabac à fumer en vrac ; — Attendu qu'il est certain que ces trois paquets de cigarettes étaient destinés à la vente et que les 200 grammes en vrac de tabac à fumer devaient servir à la fabrication de cigarettes également destinées à la vente ;

En droit : — Attendu que l'art. 222 de la loi du 28 avr. 1816 ne vise pas exclusivement les tabacs qui auraient été fabriqués frauduleusement dans les conditions spécifiées sous l'art. 221 ; qu'il est applicable à tous ceux qui seront trouvés vendant en fraude du tabac à leur domicile ou à ceux qui en colporteront ; — Que l'expression *en fraude* se réfère, non pas à la provenance ou à la fabrication du tabac, mais bien au fait d'avoir vendu un

tabac quelconque sans avoir été commissionné ou autorisé par l'Administration ; — Que cette interprétation est commandée par le texte de l'art. 219 de la même loi où il est dit que les tabacs vendus par la Régie comme tabacs de *cantine* seront saisis comme étant en contravention lorsqu'ils seront trouvés dans les lieux où la vente n'en sera pas autorisée ; — Attendu que si les particuliers ont incontestablement le droit de fabriquer, ou de faire fabriquer par autrui, moyennant salaire, des cigarettes avec le tabac à fumer qu'ils achètent dans les bureaux établis par la Régie, il ne s'ensuit pas qu'ils soient autorisés à vendre les cigarettes ainsi fabriquées, ni que ceux qui ont fabriqué pour eux les cigarettes puissent légalement les vendre au public ou les colporter en vue de les vendre ; — Qu'aux termes de l'art. 172 de la loi dont il s'agit, la Régie des contributions indirectes est investie du monopole de la vente des tabacs en France et qu'il n'y a lieu de distinguer entre la vente et la revente ; — Par ces motifs ; — Faisant droit à l'appel interjeté par la Régie des contributions indirectes ; — Vu les art. 172 et 222 de la loi du 28 avr. 1816 ; — Vu également les art. 194 c. instr. crim. et 157 du décret du 18 juin 1811 ; — Déclare M... convaincu d'avoir à Nantes, le 4 nov. 1870, été trouvé colportant du tabac et l'offrant en vente ; — Lui faisant application de l'art. 222, le condamne à 300 fr., d'amende ; — Déclare confisqués les tabacs saisis, etc. ;

Du 3 juin 1891.-C. de Rennes, 3ᵉ ch.-M. Adam, pr.

dans le cas de délit de colportage de tabacs de contrebande, la confiscation des moyens de transport doit être prononcée bien qu'ils n'aient pu être saisis ; et qu'il en est ainsi, alors même qu'aucune demande formelle de confiscation n'aurait été formée par l'Administration devant le tribunal (Pau, 13 avr. 1889, aff. Meller, D. P. 90. 2. 271). Cette dernière solution est conforme au principe, constamment appliqué par la jurisprudence de la cour de cassation, d'après lequel le juge chargé de la répression du délit doit appliquer d'office les règles édictées par la loi. — L'arrêt décide ensuite que la confiscation des moyens de transport doit être prononcée, encore qu'ils aient été soustraits à la saisie par la fuite précipitée du délinquant; et sur ce point encore il invoque la jurisprudence de la cour de cassation. Un arrêt du 19 août 1858, aff. Huart, D. P. 58. 1. 475, s'est, en effet, prononcé en ce sens (V. suprà, v° Douanes, n°s 698 et suiv.). Enfin, en se fondant sur le même arrêt de cassation de 1858, la cour de Pau déclare que le tribunal ne peut, à défaut de saisie, substituer à la confiscation la condamnation du prévenu à une amende représentative de la valeur des objets de fraude (sauf le cas où il y aurait eu commencement de saisie. Il en résulte que le seul moyen d'action de l'Administration est de rechercher les objets de fraude confisqués et de s'en emparer, à charge de prouver leur identité. Il en est autrement, bien entendu, du tabac lui-même qui doit, dans tous les cas, être saisi et confisqué, lorsqu'il y a circulation frauduleuse, sauf, dans le cas où personne ne serait mis en cause, à imputer les frais du jugement sur la valeur des tabacs saisis.

**42.** — 4° *Importation frauduleuse.* — L'importation frauduleuse est distincte du délit de colportage en ce que la première suppose la capture, soit dans le rayon frontière, soit après une poursuite à vue non interrompue à l'intérieur en dehors de ce rayon (V. suprà, v° Douanes, n° 572). Le colportage, au contraire, s'entend du transport sur le territoire français. Dans le premier cas, la poursuite du délit appartient à l'administration des Douanes, dans le second, à celle des Contributions indirectes. Mais, dans l'hypothèse d'une poursuite intentée par l'administration des Douanes, sans justification suffisante que le tabac ait été suivi depuis la frontière, les juges doivent-ils débouter simplement l'administration des Douanes sans se prononcer sur le fait de fraude? Il a été jugé, en ce sens, que, alors même que l'individu contre lequel on saisit du tabac de fraude reconnaît l'avoir importé de l'étranger, dès lors que le lieu de la saisie est situé en dehors du rayon frontière, la douane a perdu toute action contre le délinquant, si elle ne justifie pas d'une poursuite à vue non interrompue depuis ce rayon (Douai, 24 mars 1890) (1).

En sens inverse, il a été jugé que, si l'administration des Douanes doit être déboutée, il y a lieu, néanmoins, d'appliquer au prévenu les dispositions relatives au délit de colportage et de le condamner, comme coupable de ce chef, à une amende de 1000 fr. outre la confiscation des tabacs saisis (Amiens, 12 août 1886) (2).

### Sect. 7. — Détention illicite des tabacs
(*Rép. n°s 575 à 583*).

**43.** — 1° *Tabac français.* — D'après l'art. 217 de la loi de 1816, « nul ne peut avoir en sa possession du tabac en feuilles, s'il n'est cultivateur autorisé. — Nul ne peut avoir en provision du tabac fabriqué autre que celui des manufactures royales, et cette provision ne peut excéder 10 kilos, à moins que ces tabacs ne soient revêtus des marques et vignettes de la régie » (*Rép.* n° 575).

**44.** — 2° *Tabac étranger.* — L'application du second paragraphe de l'art. 217 a donné lieu à des difficultés assez nombreuses. Il n'est pas permis, dit la loi, d'avoir du tabac étranger en provision. Qu'entend-on par *provision ?* quelle quantité la constitue; au-dessous de quelle quantité peut-on échapper aux prescriptions de l'art. 217? La loi ne le disant pas, l'interprétation a dû y suppléer, et cette interprétation a été contradictoire.

Ces variations ont été relatées au *Rép.* n°s 575 et 576 : deux arrêts de la cour de cassation de 1835 et 1836 (V. *loc. cit.*) avaient décidé qu'une petite quantité de tabac, et même la plus petite quantité, constituaient la provision interdite. Un arrêt des chambres réunies du 5 nov. 1838 (*eod. loc.*) est revenu sur cette décision rigoureuse en admettant qu'un demi-kilogramme avait pu être considéré comme ne constituant pas une provision. Un autre arrêt (Crim. cass. 7 févr. 1863, aff. Banget-Lingrat, D. P. 63. 1. 206) s'est replacé dans les termes de la jurisprudence antérieure. Enfin, et nous croyons que cette fois la solution est conforme à la vérité, la cour de cassation a décidé qu'il appartient au juge du fait d'apprécier, d'après les circonstances de la cause, si la quantité de tabac d'origine étrangère dont la saisie a été opérée constitue ou non une provision (Crim. cass. 18 août 1877, aff. Mermet, D. P. 78. 1. 192).

**45.** Par application de la première théorie, il a été jugé que l'art. 217 de la loi du 28 avr. 1816, qui interdit d'avoir en provision des tabacs de fabrication étrangère, atteint toute quantité de tabac, quelque faible qu'elle soit, par exemple cinq cents grammes, alors surtout que cette provision n'était pas destinée à l'usage actuel du détenteur, mais doit être présumée, à raison des antécédents de ce prévenu, destinée à un commerce frauduleux (Chambéry,

---

(1) (Paris C. Admin. des Douanes.) — La cour ; — Attendu que la poursuite intentée par l'administration des Douanes contre l'appelant Paris a pour objet un fait d'importation par terre d'objets prohibés, que réprime l'art. 41 de la loi du 28 avr. 1816 ; — Attendu que, s'il est constaté par le procès-verbal du 16 févr. 1890, qui sert de base à cette poursuite, que, la veille, des préposés des douanes ont arrêté et saisi une voiture conduite par l'appelant, et chargée de tabacs étrangers, marchandise prohibée à l'entrée, que ledit appelant a reconnu avoir importée de l'étranger, il résulte également du même procès-verbal que l'arrêt et la saisie de cette marchandise ont eu lieu à l'intérieur du village de Cheverny (Aisne) ; — Attendu que ce village est situé à une distance de 65 kilomètres de la frontière belge, et se trouve, par suite, en dehors du territoire déterminé par la loi comme constituant le rayon des frontières ; — Attendu qu'aux termes des art. 38 et 39 de la loi du 28 avr. 1816, l'administration des Douanes a perdu toute action contre les mandataires ou agents directs d'une importation de marchandises de contrebande, à l'égard desquelles disposent les art. 41 à 51 de la loi précitée, alors que ces marchandises ont franchi le rayon des frontières sans avoir été l'objet d'une capture dans l'étendue de ce rayon ou d'une poursuite à vue non interrompue en dehors dudit rayon ; — Attendu qu'en l'espèce, les marchandises importées n'ayant été ni capturées dans le rayon des frontières, ni poursuivie à vue en dehors de ce rayon jusqu'au lieu où elles ont été trouvées, l'administration des Douanes était sans qualité pour en poursuivre le conducteur ; — Par ces motifs ; — Déclare l'administration des Douanes non recevable en son action, l'en déboute, etc.

-. Du 24 mars 1890.-C. de Douai, 2e ch.-MM. le cons. Lemaire, pr.-Tainturier, av. gén. de Prat, av.

(2) (Lassue C. Admin. des Douanes). — Le 21 juill. 1886, jugement du tribunal correctionnel d'Abbeville, ainsi conçu : — « Attendu qu'il résulte des débats et d'un procès-verbal régulier la preuve que, le 16 juill. 1886, dans l'arrondissement d'Abbeville, sur la route de Pont-Remy à Saint-Riquier, les préposés des douanes ont saisi à l'importation, sur le prévenu Lassue, 257 kilogr. 28 décagr. de tabac à fumer étranger, et 1 kilogr. 92 décagr. de tabac en poudre, également d'origine étrangère, plus un cheval et une voiture servant au transport desdits tabacs ; — Attendu que ce fait constitue la contravention prévue et punie par les art. 41, 42 et 43 de la loi du 28 avr. 1816 ; — Par ces motifs ; — Condamne le prévenu à 3240 fr. d'amende et aux décimes, à trois mois d'emprisonnement et aux frais, etc. ». — Appel. La cour; — Considérant que le nommé Lassue a été surpris, le 15 juill. 1886, sur la route de Pont-Remy à Saint-Riquier, entre le bois de Francières et celui de Pont-Remy, transportant 257 kilogr. 28 décagr. de tabac étranger ; que l'endroit où il se trouvait est en dehors du rayon des frontières, où le fait qui lui est imputé peut constituer le délit d'importation ; que l'administration demanderesse ne prouve pas qu'elle poursuivait le délinquant depuis la frontière et exerçât un droit de suite sur la marchandise importée ; qu'à défaut de cette justification, le fait reproché au prévenu constitue le délit de colportage prévu et puni par l'art. 222 de la loi du 28 avr. 1816 ; — Par ces motifs, — Infirme ; — Décharge le prévenu des condamnations prononcées ; — Et faisant ce que les premiers juges auraient dû faire; — Condamne Lassue à 1000 fr. d'amende ; — Prononce la confiscation, etc.

. Du 12 août 1886.-C. d'Amiens, 2e ch.-MM. de Vaulx d'Achy, pr.-Ninard, subst.-Dubos, av.

12 déc. 1874, aff. Conseil, D. P. 75. 2. 132; Conf. Amiens, 28 janv. 1876, aff. Pointiers, D. P. 78. 5. 438). Nous croyons, conformément à la doctrine de l'arrêt de cassation du 18 août 1877, que les deux cours d'appel auraient pu se borner aux circonstances de fait qui justifiaient suffisamment leur décision, sans recourir à une affirmation de principe des plus contestables. Sur ce point, notre interprétation est confirmée d'abord par une circulaire administrative du 25 avr. 1881, n° 313, conçue dans les termes suivants : « Il n'est rien changé aux conditions d'importation pour ce qui concerne *les restants de provision* déclarés par les voyageurs. Les formalités de l'autorisation préalable et de l'acquit-à-caution ne leur sont point applicables ». Cette disposition serait incompréhensible si la possession d'une quantité quelconque de tabac étranger constituait la provision interdite par l'art. 217 de la loi de 1816. En second lieu, la loi de douanes du 7 juin 1820, confirmée par celle du 13 juin 1878 (D. P. 78. 4. 87) et en dernier lieu par celle du 7 mai 1881 (D. P. 82. 4. 64) (V. *supra*, v° *Douanes*, n° 162), autorisent l'importation, pour le compte des particuliers, des tabacs étrangers, de santé et d'habitude, jusqu'à concurrence de 10 kilos par an. Nous sommes d'avis qu'il y a là une abrogation tacite de l'interdiction du deuxième paragraphe de l'art. 217 de la loi de 1816. Mais, bien entendu, cette interdiction n'est levée qu'à la double condition que les tabacs soient conservés par l'introducteur et non mis en vente, ce qui l'exposerait à des poursuites et à des pénalités spéciales (V. *infra*, n° 49), et que les droits en aient été payés à l'importation, sinon il y aurait une fraude aux droits de douane.

**46.** — 3° *Tabac de cantine.* — En ce qui concerne le tabac de cantine, la loi du 24 juill. 1843, plus précise que celle de 1816, a fixé par son art. 5 à trois kilos la provision maxima des particuliers dans les lieux où la vente est autorisée, sous les peines de l'art. 218 de la loi de 1816, c'est-à-dire de 10 fr. par kilo de tabac saisi, avec un minimum de 100 fr. et un maximum de 3000 fr. outre la confiscation (*Rép.* n° 383). De plus, et d'après l'art. 219 de la loi de 1816, lorsqu'il s'agit de tabac de cantine, il n'est pas permis d'en détenir une quantité quelconque hors de la zone où la vente en est autorisée à la différence de l'art. 217 de la même loi (Amiens, 27 mars 1884) (1).

Il a été décidé que les tabacs *scaferlati*, vendus à prix réduits dans les zones frontières, étant assimilés aux tabacs de cantine, la détention de ces tabacs en dehors des zones indiquées tombe sous l'application de l'art. 219 de la loi du 28 avr. 1816 (Amiens, 28 déc. 1876, aff. Vasseur, D. P. 78. 5. 137).

**47.** La détention frauduleuse suppose la possession *animo domini* (Amiens, 28 déc. 1876, aff. Vasseur, D. P. 78. 5. 437). Le fait matériel de la présence du tabac de fraude chez un particulier n'établit pas complètement ni irréfragablement contre lui la détention; il ne constitue qu'une présomption qui peut rester à sa charge, peut

aussi être combattue par toute espèce de preuve. Bien qu'en cette matière il s'agisse purement de circonstances de fait, à notre avis du moins, la cour de cassation a cependant rendu de nombreux arrêts qui ont fixé la jurisprudence sur ce point. On en a cité plusieurs au *Rép.* n° 577 à 580. Depuis lors, il a été jugé que la détention du tabac de fraude constitue seule la contravention prévue par l'art. 219 de la loi du 28 avr. 1816. On ne saurait considérer comme détenteur de tabac de fraude, le propriétaire de la maison où ce tabac a été découvert, lorsqu'il est établi qu'il avait depuis longtemps concédé à un tiers la libre disposition de cette maison, qu'il lui en avait remis la clef, et que ce tiers, usant de son droit de jouissance, y avait déposé, à l'insu du propriétaire, le tabac saisi. Il importe peu que la convention par laquelle a été ainsi cédée la jouissance du local où a été saisi le tabac ait jamais été constatée par écrit, dès l'instant que l'existence en est démontrée, et alors surtout qu'elle a été, antérieurement à la poursuite, dénoncée à l'Administration. (Nîmes, 22 avr. 1887, aff. Guérin, D. P. 88. 2. 210). Deux arrêts de cassation des 5 déc. 1817 et 10 févr. 1844, cités au *Rép.* n° 579, avaient déjà été rendus dans le même sens.

Par application du même principe, mais en sens inverse, la chambre criminelle a décidé, par un arrêt du 5 janv. 1848 (aff. Dujardin, D. P. 48. 5. 339) que le maître des bâtiments dans lesquels des tabacs étrangers de contrebande ont été cachés, est responsable de la fraude, lorsqu'il résulte de la situation des lieux que ce tabac n'a pu être déposé dans l'endroit où il a été trouvé sans sa participation, encore bien que les bâtiments, mal fermés, fussent d'un abord facile pour les passants. Il y a d'ailleurs des circonstances de fait où l'appréciation des tribunaux peut être plus large, par exemple, lorsqu'il s'agit d'un aubergiste ou d'une personne dont l'habitation est, par des motifs professionnels, accessible au public (Crim. rej. 10 févr. 1844, aff. Gremailly, V. *Rép.* n° 579).

**48.** Pas plus en matière de tabac qu'en toute autre matière d'impôts indirects, la constatation matérielle de la fraude n'est pas nécessaire, dès lors qu'elle résulte manifestement de faits relatés au procès-verbal. En ce sens, la cour de cassation a décidé, par un arrêt du 8 mars 1889, que la détention de tabac de fraude ne doit pas nécessairement être actuelle et flagrante et qu'il suffit qu'elle résulte de l'aveu du prévenu (2).

SECT 8. — VISITES. — MODE DE CONSTATER ET DE POURSUIVRE LES CONTRAVENTIONS. — RESPONSABILITÉ. — CONTRAINTE PAR CORPS (*Rép.* n°s 591 à 604).

**49.** — 1° *Visites.* — *Modes de constatation et de poursuite des contraventions* — Les dispositions de la loi du 28 avr. 1816 visées au *Rép.* n° 591 et suiv., les attributions dont les employés assermentés préposés aux octrois, douanes, etc., sont investis, en ce qui concerne la constatation

(1) (Contrib. indir. C. Landrieu.) — LA COUR ; — Attendu que le prévenu a été trouvé détenteur à son domicile d'une quantité de 90 grammes de tabac dit de cantine, et cela hors de la région où l'usage de ce tabac est licite ; — Attendu que le prévenu a, devant le tribunal de première instance, bénéficié d'un jugement qui le renvoyait des fins de la poursuite, par le motif que la quantité saisie n'excéderait pas celle d'une provision, de l'importance de laquelle le juge de l'infraction serait souverain appréciateur ; — Mais attendu qu'une pareille solution est inconciliable avec les termes de l'art. 219 de la loi du 28 avr. 1816 ; que ce texte, à la différence de l'art. 217 de la même loi, n'admet pas que le consommateur puisse détenir une quantité quelconque de tabac de cantine, à titre de provision, hors de la zone où la vente en est autorisée ; que rien ne permet d'interpréter les dispositions de l'art. 219 par celles de l'art. 217 ; — Par ces motifs ; — Infirme ; — Condamne, etc. —

Du 27 mars 1884.-C. d'Amiens, ch. corr.-M. de Vaulx d'Achy, pr.

(2) (Contributions indirectes C. Bordérieux.) — LA COUR ; — Sur le premier moyen, pris de la violation des art. 217 et 218 de la loi du 28 avr. 1816, en ce que l'arrêt aurait admis l'existence d'une contravention ne résultant pas de la détention actuelle du tabac de fraude à la charge du prévenu : — Attendu que Bordérieux a été poursuivi et puni pour avoir eu en sa possession 92 kilos de tabac de fraude, d'après son aveu, constaté par le procès-verbal

de gendarmerie du 28 avr. 1888 ; — Attendu que l'art. 217 de la loi du 28 avr. 1816 n'exige pas que la détention du tabac de fraude soit actuelle et flagrante ; qu'il suffit que cette détention résulte de l'aveu du prévenu ; — Sur le second moyen, pris de la violation de l'art. 218 de la loi susvisée, en ce que l'arrêt aurait condamné le contrevenant à une amende de 920 fr., calculée à raison de 10 fr. par kilo de tabac saisi, alors qu'aucune saisie n'avait eu lieu ; — Attendu que, fallût-il admettre que l'amende proportionnelle de l'art. 218 suppose nécessairement que le tabac de fraude ait été saisi, soit réellement, soit fictivement, le taux de l'amende appliquée, dans l'espèce, ne dépasse pas le taux de l'amende fixe prononcée par la seconde disposition du même article susvisé, et qu'ainsi la peine appliquée a une base légale ; — Sur le troisième moyen, pris de la violation des règles sur la preuve, en ce que l'arrêt se serait fondé sur l'aveu du prévenu, alors que cet aveu aurait été rétracté par le contrevenant : — Attendu que le procès-verbal de gendarmerie constatait l'aveu du prévenu au sujet de la détention de 92 kilos de tabac de fraude ; que cet aveu ne pouvait être rétracté par le contrevenant sans que la preuve contraire eût été offerte ; qu'en l'état des faits constatés par le procès-verbal, l'arrêt attaqué, en condamnant le prévenu à l'amende, n'a violé aucune loi ; — Et attendu que l'arrêt est régulier en la forme ; — Rejette, etc.

Du 8 mars 1889.-Ch. crim.-MM. Loew, pr.-Chambareaud, rap.-Bertrand, av. gén.-Arbelet, av.

de la vente frauduleuse des tabacs et l'incarcération des fraudeurs, n'ont pas été modifiées. Seulement l'art. 3 de la loi du 29 févr. 1872 (D. P. 72. 4. 47) a donné force aux procès-verbaux et actes divers concernant l'exécution des lois sur les tabacs, lorsqu'ils sont établis par un seul employé ; mais, dans ce cas, ils ne font foi que jusqu'à preuve contraire.

**50.** Les contrevenants, colporteurs de tabac, peuvent être constitués prisonniers par les mêmes agents ; une prime de 15 francs par fraudeur arrêté leur est allouée, en outre d'une prime et d'une indemnité pour les tabacs saisis (V. Olibo, 5ᵉ éd. p. 431 et suiv.). — En ce qui concerne les formalités relatives à la saisie des tabacs de fraude, V. Ord. 31 déc. 1817. (*Rép.* p. 608). Les art. 2 et 3 de cette ordonnance ont, d'ailleurs, été modifiés par le décret du 1ᵉʳ oct. 1872 (*supra*, nᵒ 3). V. aussi Circ. adm. contr. ind., nᵒ 71, analysée par Olibo, p. 431, note 2.

**51.** Les visites à l'effet de constater la fraude chez les particuliers sont soumises aux formalités de l'art. 237 de la loi de 1816 (ordre d'un employé supérieur, présence du maire ou du juge de paix) (V. *Rép.* nᵒ 417). — Décidé que la présence dûment constatée d'un employé supérieur des contributions indirectes (un contrôleur de la culture des tabacs, dans l'espèce), lors de la visite effectuée avec le concours du maire, à l'effet de constater une contravention, équivaut à l'ordre de visite ; la loi ne prescrit pas que cet employé supérieur fasse, en outre, connaître une qualité qui ne lui est contestée par personne au moment de la visite (Crim. cass. 22 févr. 1889, aff. Baron, D. P. 90. 1. 47).

**52.** La preuve, en matière de fraude, peut être faite par tous les moyens, c'est là une jurisprudence qui s'applique à toutes les matières de contributions indirectes. La preuve des fraudes sur le tabac peut être établie, conformément aux règles du droit commun, soit par procès-verbaux, soit par témoins, soit par l'aveu du prévenu, à défaut de rapports et de procès-verbaux. C'est là une règle générale en matière de contributions indirectes (Conf. Crim. rej. 12 juill. 1879, aff. Nézard, D. P. 79. 1. 381 ; 5 juin 1880, aff. Masson-Boyer, D. P. 81. 1. 494 ; 30 juill. 1880, aff. Estrade, D. P. 81. 1. 493 ; 11 févr. 1887, aff. Châtelet, D. P. 87. 1. 459). L'aveu du prévenu constaté dans un procès-verbal ne peut, d'ailleurs, être rétracté par lui sans que la preuve contraire ait été offerte (Crim. rej. 8 mars 1889, *supra*, nᵒ 48). Spécialement, la condamnation à l'amende n'est point subordonnée à l'existence, ni à la régularité du procès-verbal, et doit être prononcée lorsque les prévenus ont reconnu, dans leurs interrogatoires, l'existence des actes de fraude (*Rép.* nᵒ 590; Crim. cass. 22 févr. 1889, cité *supra*, nᵒ 51 ; Olibo, t. 2, p. 425-6ᵉ).

**53.** On a vu *supra*, nᵒ 44, que les tabacs d'origine étrangère peuvent être importés moyennant le payement de droits de douanes et l'observation de formalités de régie

(L. de douanes du 13 juin 1878). Une amende proportionnelle est édictée par l'art. 218 de la loi de 1816 contre l'importation frauduleuse. Quel doit être le mode de calcul de l'amende ? La cour de cassation a décidé que, dans le cas d'importation de tabac en fraude, l'amende doit, pour tout le territoire, être basée nécessairement sur le prix du tabac ordinaire tel qu'il est fixé par la loi, bien que la vente du tabac de cantine à un prix inférieur soit autorisée dans le rayon des zones frontières (Crim. cass. 23 janv. 1874, aff. Finot et Marguier, D. P. 75. 1. 238).

**54.** Mais faut-il que le tabac ait été réellement saisi ? La cour de cassation (Crim. rej. 8 mars 1889, *supra*, nᵒ 48) semble admettre que l'amende peut être appliquée même sans saisie effective, dès lors que, d'une part, la fraude et, d'autre part, la quantité du tabac de fraude, résultaient de l'aveu du prévenu. Cependant on ne saurait méconnaître que cette solution a contre elle le texte de la loi (art. 218) qui parle de tabac *saisi*. — Sur la question de savoir si, en général, la confiscation ne peut être prononcée qu'autant que les objets ont été réellement saisis, V. *infra*, vᵒ *Peine*; *Rép.* eod. vᵒ, nᵒ 834. — V. aussi *supra*, vᵒ *Douanes*, nᵒ 698.

**55.** La confiscation ne peut être prononcée, même contre le possesseur de tabac de fraude, spécialement de tabac étranger, dès lors qu'il n'a été reconnu coupable d'aucune contravention (Crim. rej. 18 août 1877, aff. Mermet, D. P. 78. 1. 192). — Une décision contraire a été rendue antérieurement dans une espèce où la poursuite avait pour objet un fait de fabrication illicite de poudre (Toulouse, 16 nov. 1849, aff. Mayssonnié, D. P. 51. 2. 46). — V. *infra*, vᵒ *Poudres et salpêtres*.

**56.** Rien n'est changé aux dispositions des art. 224 et 225 de la loi du 28 avr. 1816, d'après lesquels les contrevenants qui ne consigneraient pas l'amende ou n'offriraient pas caution suffisante, doivent être conduits devant le juge qui statue de suite sur leur emprisonnement ou leur mise en liberté, et les condamnés pour fraude doivent être détenus jusqu'à ce qu'ils aient versé le montant des amendes dans une limite de six mois ou d'un an, s'il y a récidive (*Rép.* nᵒˢ 596 et 602). — Sur la contrebande à main armée et la prévarication, V. *Rép.* nᵒ 603.

**57.** — 2ᵒ *Responsabilité.* — La responsabilité civile édictée d'une manière générale en matière de contributions indirectes par l'art. 35 du décret du 5 germ. an 13 contre les propriétaires des marchandises saisies a été appliquée, en matière de tabacs, au patron d'un café considéré, par le fait de sa propriété de l'établissement, comme propriétaire des marchandises qui y étaient vendues (Crim. cass. 16 juill. 1886) (1). Lorsque les tabacs de contrebande sont saisis dans un café, où des cigarettes sont vendues ou mises en vente par les garçons, le propriétaire de l'établissement doit être

---

(1) (Léon Hirsch.) — LA COUR ; — Sur le premier moyen, pris de la violation des art. 172 et 222 de la loi du 28 avr. 1816, en ce que l'arrêt aurait décidé que le prévenu ne pouvait être tenu que comme responsable du délit de vente frauduleuse de tabac faite dans son établissement par son préposé : — Vu lesdits articles, ainsi que les art. 35 et 39 du décret du 1ᵉʳ germ. an 13 ; — Attendu qu'il résulte tant du procès-verbal du 5 avr. 1884, dressé par les employés de la Régie, que dans une petite armoire placée à côté de la caisse du café tenu par Hirsch, à venue de l'Opéra, trouvé soigneusement cachée une boîte en carton entamée renfermant encore des paquets de vingt cigarettes chacun, non revêtus des marques légales et dont un des garçons, Rameau (Athanase), a revendiqué la propriété en reconnaissant que ces cigarettes, qu'il déclarait revendre 1 fr. 50 cent. et 0 fr. 60 cent. le paquet aux clients qui lui en demandaient, ne sortaient pas des manufactures de l'État, mais provenaient de fabrication frauduleuse » ; que ce fait constitue la contravention prévue par l'art. 222 de la loi du 28 avr. 1816 ; — Attendu que Hirsch ayant été cité soit comme personnellement tenu, soit comme civilement responsable du fait de son employé, la cour d'appel de Paris a cru pouvoir l'exonérer des poursuites, par le motif que Hirsch interdisait à ses garçons, sous peine d'exclusion de sa maison, toute vente de tabacs non revêtus des marques de la Régie, et encore, par le motif que l'Administration avait été, dès l'origine, en mesure de poursuivre le véritable auteur de la vente frauduleuse ; — Mais attendu, en droit, que d'après l'art. 39 du décret du 1ᵉʳ germ. an 13 il est interdit aux juges de modérer les peines de contra-

ventions, en tenant compte de circonstances qui ne sont point admises comme excuses par les lois ; — Attendu que, si l'aubergiste ou le cafetier, qui auraient reçu, à leur insu, des objets prohibés, pourraient être affranchis des conséquences pénales du fait d'autrui, ils ne pourraient cependant, en les supposant à l'abri de tout soupçon de complicité, être affranchis de toute responsabilité personnelle en désignant le véritable auteur de la fraude, lorsque, comme dans l'espèce, ce véritable auteur est l'employé du prévenu, puisque, aux termes de l'art. 35 du décret du 1ᵉʳ germ. an 13, les maîtres sont responsables, en ce qui concerne les droits, amendes, confiscations et dépens, du fait de leurs facteurs, agents ou domestiques ; que le fait reconnu et avoué de vente habituelle de tabac dans un établissement ouvert au public engage nécessairement la responsabilité pénale du maître de l'établissement, soit qu'il n'ait pas interdit cette vente, soit qu'il n'ait pas exercé une surveillance suffisante pour la rendre impossible ; qu'en décidant, par suite, que Hirsch ne pouvait être tenu que civilement du fait de Rameau, et en l'affranchissant en outre de cette même responsabilité, l'arrêt attaqué a formellement violé les articles ci-dessus visés ; — Sans qu'il soit besoin de statuer sur le second moyen pris de la violation des art. 217 et 218 de la loi du 28 avr. 1816 ; — Casse et annule l'arrêt de la cour d'appel de Paris, chambre correctionnelle, en date du 21 janv. 1886 ; et, pour être statué à nouveau, conformément à la loi, renvoie la cause et les parties devant la cour d'appel d'Amiens, ce désignée par délibération spéciale prise en la chambre du conseil ; — Ordonne, etc.

Du 16 juill. 1886.-Ch. crim.-MM. Chambareaud, rapp.-Loubers, av. gén.-Arbelet et Aguillon, av.

considéré comme le véritable vendeur, par application des règles de responsabilité des art. 35 et 39 du décret de germinal an 13, et il ne saurait exciper de son ignorance de la fraude (Amiens, 4 févr. 1887) (1). V. aussi Lyon, 4 juin 1891 (2).

**58.** Le principe de la responsabilité civile pourrait également s'appliquer au mari, dans le cas où la femme serait poursuivie pour fabrication de cigarettes de contrebande (Comp. cass 15 janv. 1820, *Rép.* v° *Contrat de mariage*, n° 991). — Toutefois, la solution serait différente si le mari, séparé de sa femme, n'avait pu participer au délit (Bordeaux, 29 janv. 1845) (3).

**59.** Quelle est l'étendue de la responsabilité civile en ce qui concerne les père et mère d'enfants mineurs ? Nous renverrons, pour l'étude de cette question très controversée en matière d'impôts indirects, *infrà*, v° *Vins et boissons*, et dirons seulement ici que les art. 35 et 36 du décret de germinal an 13 ne parlent pas des père et mère, et que les principes déjà exposés *suprà*, v° *Douanes*, n° 739, s'appliquent à plus forte raison en matière d'impôts indirects, pour interdire d'étendre la responsabilité, mesure exceptionnelle, à des personnes qui ne sont pas comprises dans les textes par une disposition formelle.

**60.** — 3° *Contrainte par corps.* — L'art. 225 de la loi du 28 avr. 1816 a-t-il été abrogé par les lois du 17 avr. 1832 et du 27 juill. 1867 ? La question avait été résolue affirmativement sous l'empire de la loi de 1832 (V. *Rép.* n° 602). Au contraire, une note du garde des sceaux postérieure à la loi de 1867 (*Bull. off. du ministère de la justice*, p. 1877, a considéré que l'art. 225 était encore en vigueur, sauf dependant quant à la durée de la contrainte par corps. Cette note se réfère à l'art. 5 de la loi du 12 févr. 1835 sur les tabacs, qui dispose en ces termes : « Les dispositions des art. 222 à 225 de la loi de 1816 sont applicables en matière de tabacs sans qu'il soit dérogé aux dispositions contenues dans la loi du 17 avr. 1832 concernant la durée de la contrainte par corps ». La note ajoute que « si l'on compare les dispositions abrogatives contenues dans l'art. 18 de la loi de 1867 à celles qui figurent dans l'art. 46 de la loi du 17 avr. 1832, il est facile de se convaincre que la loi actuelle-

ment en vigueur sur la contrainte par corps n'a pu exercer, à l'égard de l'art. 225, une influence plus complète que la loi précédente. Sous l'empire de la loi du 22 juill. 1867, comme sous l'empire de la loi de 1832, la disposition exceptionnelle qui forme le premier alinéa de l'art. 225 de la loi de 1816 est restée en vigueur. Le deuxième alinéa du même article a seul été modifié successivement par les lois de 1832 et de 1867, en ce sens qu'actuellement, pour déterminer la durée maxima de la détention, c'est à l'art. 9 de la loi de 1867 qu'il convient de se référer ».

**61.** L'art. 5 de la loi du 12 févr. 1835 interdit la fabrication et le commerce de toute préparation qui serait mise en vente pouvant servir à la même destination que le tabac, alors même qu'elle n'aurait aucunement l'apparence du tabac. Il a été jugé, par suite, que la vente de cigarettes hygiéniques, dans la préparation desquelles n'entrent que des feuilles de menthe desséchées, si ces cigarettes sont vendues pour être fumées comme le seraient des cigarettes de tabac, constitue une contravention à la loi précitée (Crim. rej. 6 juill. 1877, aff. Roger, D. P. 78. 1. 185).

## CHAP. 2. — Impôt des allumettes.

**62.** — I. Historique et législation. — Droit comparé. — L'impôt sur les allumettes chimiques date des événements de 1870-1871, il est le résultat des nécessités financières de cette époque. Cependant le projet en était plus ancien ; déjà étudié par l'administration des Finances dans une enquête approfondie en 1860 et 1862, cet impôt avait été réclamé par un grand nombre de conseils généraux dans l'intérêt de la sécurité publique. On avait, d'ailleurs, calculé que, le prix de fabrication étant de 9 millions, le produit de la vente au consommateur était de 26 millions, sur lesquels les fabricants prélevaient environs 2 millions, les divers intermédiaires 17 millions, c'est-à-dire 300 pour 100. Environ 150 grandes fabriques et un millier de petites

---

(1) (Contributions indirectes C. Hirsch.) — La cour ; — Statuant par suite de l'arrêt de la cour de cassation du 16 juill. 1886 ; — Considérant que, d'un procès-verbal régulièrement dressé, le 5 avr. 1884, par les agents des contributions indirectes, il résulte que dix paquets de cigarettes non revêtus de l'estampille de l'État ont été saisis au domicile du sieur Hirsch, dans le café qu'il dirige, avenue de l'Opéra, 41, à Paris ; — Considérant que ces cigarettes, dont un sieur Rameau, garçon de cet établissement, revendiquait la propriété, en reconnaissant qu'elles provenaient d'une fabrication frauduleuse, étaient vendues aux clients moyennant 50 ou 60 cent. le paquet ; que cette mise en vente équivaut à la vente prévue par l'art 222 de la loi du 28 avr. 1816 ; que le sieur Hirsch, dans l'établissement public duquel sont vendus à son profit des tabacs divers, doit être considéré comme le véritable vendeur des cigarettes saisies, à moins qu'il ne détruise cette présomption par les moyens légaux ; qu'à la vérité, pour s'exonérer de la responsabilité pénale résultant de cette contravention, Hirsch invoque sa bonne foi, son ignorance du fait contraventionnel commis par ses employés, et enfin la répression de cette fraude toutes les fois qu'elle s'est révélé ; — Considérant qu'en supposant toutes ces circonstances établies, elles seraient inopérantes ; qu'en matière de contravention, en effet, le juge ne peut admettre d'autre excuses que celles indiquées par la loi ; et que la bonne foi, l'ignorance, et même la répression de la fraude, dès qu'elle est insuffisante pour en empêcher le retour, ne sont pas au nombre des causes d'excuses admises par l'art. 64 c. pén. ; — Par ces motifs ; — Infirme ; — Condamne, etc. Du 4 févr. 1887.-C. Amiens, ch. corr.-MM. Delpech, pr.-Van Cassel, av. gén.-Prouvost et Doumerc (du barreau de Paris), av.

(2) (Appel interjeté par l'administration des Contributions indirectes.) — La cour ; — Considérant qu'il résulte d'un procès-verbal régulier dressé par deux employés compétents des contributions indirectes, le 20 oct. 1890, que la veille dudit jour, ces mêmes employés ont découvert dans un placard, situé près du comptoir de l'établissement du sieur Girerd, cafetier à Lyon, douze paquets de vingt cigarettes non fabriquées dans les manufactures de l'État ; — Qu'au moment de cette découverte, Girerd a déclaré aux rédacteurs du procès-verbal que ces cigarettes étaient vendues par son garçon Antoine ; qu'une telle déclaration implique l'aveu que des cigarettes étaient habituellement vendues dans le café de Girerd par un de ses garçons ; — Considé-

rant que ce fait reconnu de vente habituelle de cigarettes dans un établissement ouvert au public engage la responsabilité pénale du maître de l'établissement, soit qu'il n'ait pas autorisé cette vente, soit qu'il n'ait pas exercé une surveillance suffisante pour l'empêcher ; qu'il constitue la contravention prévue par l'art. 222 de la loi du 28 avr. 1816 ; — Considérant d'ailleurs qu'il n'est pas nécessaire, comme l'ont pensé les premiers juges, que les infracteurs soient surpris en flagrant délit pour que ledit article puisse leur être appliqué ; que les mots « ceux qui seront trouvés vendant » ne sont pas limitatifs et ne font pas obstacle à ce que la contravention puisse être établie par la preuve convaincante de l'aveu aussi bien que par la constatation du flagrant délit ; — Considérant qu'il existe en faveur du prévenu des circonstances atténuantes ;
Par ces motifs ; — Vu les art. 172 et 222 de la loi du 28 avr. 1816 ; — Infirme, etc.
Du 4 juin 1891. C. de Lyon, ch. corr.-M. Ollivier, pr.-Ménard, av.-gén.-Rongier et Robin, av.

(3) (Contrib. indir. C. Niblats.) — La cour ; — Attendu que, s'il a été constaté par le procès-verbal des employés de l'administration des Contributions indirectes que, s'étant transportés le 30 déc. 1843, dans la demeure de Jeanne Mano, épouse Niblats, située au village d'Assoubin, commune de Portets, ils y découvrirent une fabrique de cigares de tabac de contrebande avec les ustensiles nécessaires de la fabrication, il résulte des divers documents produits par Niblats que, depuis plusieurs années, il existe entre lui et sa femme une séparation de fait ; que, depuis cette séparation il habite Bordeaux avec l'un de ses enfants issus de son mariage ; qu'il exerce dans cette ville une industrie, celle de tonnelier ; que ce n'est qu'accidentellement qu'il a été vu à Portets où il ne paye aucune espèce d'impôts ; qu'enfin c'est sa femme qui seule a loué la partie de maison qu'elle occupe et qui en acquitte les loyers au propriétaire ; — Attendu que Niblats ne peut être déclaré responsable d'une contravention qui lui est étrangère, et à laquelle rien n'établit qu'il ait participé ; que c'est, dès lors, contre l'auteur de la fraude commiso, c'est-à-dire contre l'épouse Niblats que les poursuites auraient dû être dirigées ; — Met au néant l'appel interjeté par l'administration des Contributions indirectes, etc.
Du 29 janv. 1845.-C. de Bordeaux, ch. corr.-MM. Gerbaud, pr.-Foureau, av. gén.-Lulé-Desjardins et Girardeau, av.

alimentaient cette consommation d'environ 50 milliards d'allumettes. Tel était le fond du projet de loi présenté à la Chambre le 12 juin 1871. Un rapport de M. Bocher, du 28 du même mois, concluait à l'expropriation des fabricants et à l'établissement du monopole de l'Etat. Mais cette idée ne fut pas adoptée à cette époque. La loi du 4 sept. 1871 fixait un droit de fabrication sur les allumettes chimiques perçu, à peu près comme le droit de fabrication de la bière, par l'exercice dans ces fabriques, soumises désormais à la déclaration. La perception fut réglementée par des décrets en date des 29 nov. 1871 et 28 févr. 1872 (D. P. 72. 4. 39). Mais le résultat n'ayant pas répondu à ces prévisions, l'impôt ne rendant guère plus de 5 millions, la moitié environ de ce qu'on en espérait, on revint à l'idée de M. Bocher et, par la loi du 2 août 1872 (D. P. 72. 4. 131), l'Assemblée nationale attribua à l'Etat le monopole de l'achat, de la fabrication et de la vente des allumettes.

L'art. 2 de la loi autorisait le ministre à concéder le monopole à des tiers ; en vertu de cette dernière faculté, l'adjudication fut faite à une compagnie fermière. Nous passerons sur les clauses du cahier des charges du 5 sept. 1872, la compagnie étant aujourd'hui déchue de son monopole. Notons seulement qu'aux termes de cet acte, les deux parties pouvaient, à chaque période quinquennale, dénoncer le traité. La loi du 15 mars 1873 (D. P. 73. 4. 36-37), prohiba l'importation des allumettes étrangères, sauf les exceptions résultant de traités internationaux et pour les allumettes importées à destination de simples consommateurs pour leurs besoins personnels. La loi du 28 janv. 1875 (D. P. 75. 4. 89), limita cette importation à destination des consommateurs à la quantité maxima de 5 kilos par personne et par an et assujettit ces allumettes à la formalité de l'acquit-à-caution ; elle appliqua au colportage des allumettes les peines infligées pour le colportage des tabacs. Enfin, la loi du 28 juill. 1875 (D. P. 76. 4. 20) appliqua au fait de détention des allumettes chimiques les mêmes peines qu'à la détention des tabacs et limita à un kilo la détention par les seuls particuliers d'allumettes non revêtues de marques légales. L'art. 2 prononçait, en outre de l'amende, une peine de six jours à six mois de prison contre le fabricant d'allumettes de fraude, au cas de récidive.

**63.** A la fin de l'année 1889 expirait une des périodes quinquennales prévues au traité de 1875 ; le ministre des finances, usant de la faculté qui lui était laissée par le cahier des charges, avait dénoncé la convention. Une proposition déposée par MM. Leydet et Peytral, tendant à supprimer le monopole et à le remplacer par un droit de 400 fr. par 100 kilos de phosphore et un droit de licence et de fabrication sur les allumettes chimiques fut rejetée par la Chambre. Le ministre déclara alors qu'au 31 déc. 1889, date de l'expiration de la concession, l'Etat reprendrait la possession des fabriques et de l'outillage et l'exploitation directe. La loi du 27 déc. 1889 (D. P. 90. 4. 125) a sanctionné cette déclaration ; le décret du 30 déc. 1889 (D. P. 90. 4. 126) en a fait l'application et a fixé un nouveau tarif de vente et les conditions de vente par les manufactures de l'Etat.

La reprise de possession par l'Etat a donné lieu à une instance devant le conseil d'Etat, motivée par la réclamation du ministre des finances à la Compagnie des allumettes d'une somme de 7251833 fr. L'argument du ministre était celui-ci : l'art. 5 du cahier des charges oblige le concessionnaire à payer sur toute quantité dépassant le chiffre de 35 milliards, composé du stock des produits confectionnés et des quantités mises en consommation, la redevance proportionnelle majorée de 40 pour 100. Les procès-verbaux relevant les quantités constatées chez les concessionnaires régionaux donnaient une quantité qui, jointe au stock et aux mises en consommation, constituaient un total de 45658 millions d'allumettes, soit plus de 10 milliards en plus de 35 milliards. La redevance était donc exigible sur cette quantité. La compagnie répondait que l'art. 2 ne faisait pas mention des produits confectionnés existant chez les concessionnaires régionaux et provenant d'actes faits par eux et d'approvisionnements antérieurs à la date du règlement. Le conseil d'Etat a donné gain de cause à la Compagnie des allumettes par un arrêt du 31 juill. 1891 (1) : il s'est fondé pour cela sur ce que les allumettes existant chez les concessionnaires avaient été comprises dans les règlements de comptes antérieurs et que les comprendre dans le calcul du payement de la redevance au moment de la reprise serait leur faire payer deux fois la redevance.

**64.** — II. Organisation. — L'organisation du service est la suivante. La France est divisée en cinq régions ressortissant aux cinq manufactures de Pantin-Aubervilliers (Seine), Marseille (le Prado), Trélazé (Maine-et-Loire), Blénod-les-Pont-à-Mousson, Bordeaux (Bègles). Ces établissements sont gérés par le service des manufactures de l'Etat. L'administration des Contributions indirectes est chargée du recouvrement de la valeur des allumettes et de la surveillance de la fraude. On voit que cette organisation est calquée sur celle des tabacs. Tout négociant patenté peut faire la vente en gros et en détail des allumettes, à condition d'en faire la déclaration, de présenter une caution solvable, de s'approvisionner aux magasins de l'Etat, et enfin de se soumettre aux règlements et ordres de l'Administration soit des manufactures, soit de la régie. Le pays de Gex et la Haute-Savoie ont, en matière d'allumettes, le bénéfice d'un tarif spécial depuis le décret du 19 juin 1890 (V. infra, n° 66), qui se réfère aux traités de 1815 et de 1860 pour trancher la question controversée de savoir si les lois nouvelles fiscales étaient applicables dans ces deux pays. La cour de Lyon avait, à la date du 5 janv. 1881, rendu une décision en sens inverse (aff. Bertillet, D. P. 81. 2. 105), et sa doctrine avait été adoptée par la cour de cassation (Crim. cass. 27 avr. 1882, aff. Bompart, D. P. 82. 1. 326).

**65.** Le monopole des allumettes, qui, lorsqu'il était

---

(1) (Min. des fin. C. Comp. des allumettes chimiques ) — Le conseil d'Etat ; — Considérant que, pour déclarer la compagnie des allumettes chimiques redevable envers l'Etat d'une somme de 7251833 fr. 62 cent., à titre de redevance proportionnelle, par application de l'art. 5, § 10, du cahier des charges du 7 juill.1884, le ministre des finances se fonde sur ce que, pour établir le chiffre de la consommation qui, avec le stock des produits confectionnés à reprendre (s'élevant à 9656610320 allumettes), doit servir de base à la redevance pour l'année 1889, dernière année de la concession, il y a lieu d'ajouter aux 25048157723 allumettes expédiées des usines de la compagnie en 1889, 10953423620 allumettes existant au 31 déc. 1888 chez les concessionnaires régionaux, par le motif que ces allumettes seraient nécessairement entrées dans la consommation effective en 1889 ; — Que, d'ailleurs, à raison des conditions spéciales dans lesquelles la livraison en avait été faite auxdits concessionnaires, en vertu des marchés passés avec eux, elles ne sauraient être considérées comme mises en consommation en 1888, dans le sens du cahier des charges ; — Considérant que, si l'on oppose que le cahier des charges se borne à stipuler que, en cas de dénonciation du traité par l'Etat, le stock des produits confectionnés à reprendre sera joint aux quantités mises en consommation (qui seules, dans les années précédentes, entrent en compte) devant servir de base à l'établissement de la redevance ; — Que, pour le surplus, ledit article renvoie à l'art. 5 du même cahier des charges ; — Considérant que, aux termes de ce dernier article, la redevance est annuelle, et que, aussi bien pour l'établissement de la redevance fixe que pour la redevance proportionnelle, la base déterminée est la consommation sur le territoire français constatée par les expéditions des fabriques ; — Considérant qu'il n'est pas contesté que, au cours de la concession, la redevance a été calculée, chaque année, d'après ces bases, d'accord entre les parties et, conformément, du reste, à un arrêté pris par le ministre des finances, en vertu de l'art. 7, § 2, du cahier des charges, et dont les dispositions, en ce qui touche la constatation de la mise en consommation, concordent avec l'article précité ; — Considérant que, par suite de ce mode de calcul, les 10 milliards d'allumettes constatés au 31 déc. 1888 chez les concessionnaires régionaux, qui d'ailleurs n'étaient pas de simples entrepositaires, avaient figuré dans le montant des allumettes sorties de fabriques antérieurement à 1889, et avaient contribué à former le total de la consommation servant de base à l'établissement de la redevance ; que, dès lors, il n'est possible de comprendre à nouveau ces allumettes dans le compte de 1889, sans méconnaître les dispositions précitées du cahier des charges, l'exécution qu'elles ont reçue, et sans faire supporter deux fois à ces allumettes la part de redevance à elles afférente ; — Considérant que, de ce qui précède, il résulte qu'il n'y a pas lieu, pour l'année 1889, à la redevance proportionnelle par application de l'art. 2, § 10, du cahier des charges ; — Décide :
Art. 1er. La décision ci-dessus visée du ministre des finances, en date du 27 mai 1890, est annulée, etc
Du 31 juill. 1891.-MM. Laferrière, pr.-Braun, rap.-Le Vavasseur de Précourt, concl.-Lehmann, Sabatier et Arbelet, av.

affermé, donnait à l'Etat une redevance de 16030000 fr., a été porté au budget de 1892 comme devant donner une recette de 26500000 fr., le stock d'allumettes laissé à la consommation par la compagnie fermière devant être épuisé à cette date.

**66.** La fabrication des allumettes au phosphore ordinaire, telle qu'elle se pratique actuellement en France, offre de graves inconvénients; elle met, en effet, en péril la santé, et même la vie des ouvriers qui y sont employés. Aussi est-il à désirer que le législateur intervienne, comme il l'a fait dans d'autres pays (V. *infra*, n° 67), pour rendre cette fabrication moins dangereuse. L'usage exclusif du phosphore amorphe, dans les manufactures de l'Etat, serait, à cet égard, une mesure des plus utiles.

TABLEAU DE LA LÉGISLATION SUR LES ALLUMETTES

**4-16 sept. 1871.** — Loi portant augmentation des impôts indirects (D. P. 71. 4. 79).

Art. 3. Al. 1. Abrogé (Loi du 2 août 1872).

Sont considérés comme allumettes chimiques passibles de l'impôt tous les objets quelconques amorcés ou préparés de manière à pouvoir s'enflammer ou produire du feu, par frottement ou par tout moyen autre que le contact direct avec une matière en combustion.

Les allumettes disposées de manière à pouvoir s'enflammer ou à prendre feu plusieurs fois seront taxées proportionnellement au nombre de leurs amorces. Les allumettes exportées seront affranchies de l'impôt.

4. Al. 1. Abrogé (Loi du 2 août 1872).

Les allumettes chimiques fabriquées à l'intérieur ou importées ne pourront circuler ou être mises en vente qu'en boîtes ou paquets fermés et revêtus d'une vignette timbrée constatant la perception du droit.

5. Al. 1. Abrogé (Loi du 2 août 1872).

Al. 2. Abrogé (Art. 2 de la loi du 21 juill. 1873).

Toute autre contravention, soit du fabricant, soit du débitant, sera puni d'une amende de 100 fr. à 1000 fr., sans préjudice de la confiscation des objets saisis et du remboursement du droit fraudé.

6 et 7 abrogés.

8. Sont applicables aux visites et exercices des employés des contributions indirectes dans les fabriques d'allumettes, de chicorée et de papier, ainsi que dans les imprimeries des journaux et autres publications périodiques, les dispositions énoncées aux art. 235, 236, 237, 288, 245 de la loi du 28 avr. 1816.

**29 nov.-1er déc. 1871.** — Décret relatif à la perception de l'impôt sur les allumettes chimiques (D. P. 71. 4. 83).

Tit. I. — (Art. 1 à 13, 16 à 20). Abrogés par la loi du 2 août 1872, sauf les art. 14, 15 et de l'art. 21 à la fin.

14. Les marchands en gros et les commissionnaires peuvent obtenir de l'Administration le crédit de l'impôt dans les mêmes conditions que les fabricants, à la charge de se munir d'une licence de fabricant, de se soumettre à l'exercice et de fournir une caution qui s'engage solidairement avec eux à payer les droits sur les quantités imposables.

15. Lorsqu'il s'agit d'envois à destination de l'étranger, ou d'envois de fabrique à fabrique ou magasin, avec transport du crédit de l'impôt, les allumettes peuvent être expédiées même en vrac; mais elles doivent être placées dans des colis fermés hermétiquement, et elles ne peuvent être transportées que sous la garantie du plomb de l'administration des Contributions indirectes, qui perçoit 10 centimes à titre de remboursement des frais de l'opération.

Dans ce cas, la déclaration peut indiquer le poids au lieu du nombre pour chaque espèce d'allumettes, y compris l'amadou amorcé.

Pour les envois à destination de l'étranger, comme pour les envois de fabrique à fabrique, l'expéditeur est tenu de se munir d'un acquit-à-caution.

21. L'Administration peut accorder, par voie de décharge ou de restitution, la remise des droits afférents aux allumettes chimiques qui, par accident, seraient détruites ou mises hors d'usage, soit chez les fabricants et chez les marchands en gros ou commissionnaires pourvus de la licence de fabricant, soit en cours de transport.

22. L'Administration règle, de quinzaine en quinzaine, ou de mois en mois, selon l'importance des ventes à l'intérieur, les sommes dues par les fabricants, marchands en gros et commissionnaires.

Lorsque le décompte s'élève à plus de 300 fr., les sommes dues peuvent être payées en une obligation cautionnée à quatre mois de terme, sous la condition que l'obligation souscrite sera au plus tard cinq jours après le règlement de quinzaine ou de mois.

Toutefois, les fabricants, les marchands en gros et commissionnaires ont alors à payer la remise de 1/3 p. 100, qui est imposée aux fabricants de sucre.

Si le payement des sommes supérieures à 300 fr. est effectué au comptant en numéraire, il est alloué un escompte qui est déterminé par arrêté du ministre des finances, mais à la condition que le payement des droits soit effectué au plus tard cinq jours après le règlement de quinzaine ou de mois. Dans ces limites, l'ajournement de la perception n'entraîne aucune réduction dans le calcul de l'escompte.

23. A défaut de payement en obligations cautionnées ou au comptant avec escompte, le recouvrement des droits est poursuivi par voie d'avertissement et de contrainte, dans les conditions fixées par la législation des contributions indirectes.

24. En cas de non-accomplissement des conditions inhérentes aux acquits-à-caution, les soumissionnaires ou cautions ont à payer le double du droit garanti par les acquits.

25. Seront prises en charge comme passibles de l'impôt toutes quantités d'allumettes qui seront inventoriées, en vertu de l'art. 5 de la loi du 4 sept. 1871, chez les fabricants et chez les marchands en gros et commissionnaires pourvus de la licence de fabricant.

Ces fabricants, marchands en gros et commissionnaires jouiront du crédit des droits aussi bien pour les quantités inventoriées que pour les fabrications ultérieures.

En cas de déclaration de cesser, ils devront payer immédiatement l'impôt sur les quantités formant leurs charges.

TIT. 2. — DES MARCHANDS EN GROS ET EN DÉTAIL NON POURVUS DE LA LICENCE DE FABRICANT.

26. Les marchands en gros ou en détail d'allumettes chimiques, non pourvus de la licence de fabricant, devront faire au bureau de l'administration des Contributions indirectes le plus voisin de leur établissement et dans le délai de cinq jours, à dater de la promulgation du présent décret, une déclaration dont il leur sera délivré ampliation et qui aura le caractère d'une commission.

A l'avenir, nul ne pourra entreprendre le commerce en gros ou en détail des allumettes chimiques avant d'avoir accompli la même formalité.

Tant qu'ils n'ont pas fait au même bureau une déclaration de cesser, les marchands en gros et en détail demeurent soumis à l'exercice des employés de l'Administration et à l'obligation de leur représenter, à toute réquisition, les allumettes chimiques formant leur approvisionnement.

27. Les employés de l'Administration apposeront gratuitement des timbres ou vignettes sur les boîtes ou paquets existant au moment où ils feront leur première visite dans les magasins des marchands en gros ou détaillants non pourvus de la licence de fabricant.

Postérieurement à cette visite, ces commerçants ne pourront plus recevoir ni avoir chez eux que des allumettes chimiques en boîtes ou en paquets revêtus des timbres ou des vignettes de l'Administration.

28. Les dispositions du présent règlement ne sont pas applicables aux provisions de ménage, limitées à 1 kilogramme.

29. Le produit net des amendes et des confiscations est réparti conformément aux dispositions de l'art. 126 de la loi du 25 mars 1817.

**22-23 janv. 1872.** — Loi concernant les sucres, la statistique commerciale et les allumettes (Art. 4 fixant le droit intérieur sur les allumettes en boîtes (Art. 4. 14).

**29 févr.-1er mars 1872.** — Décret qui modifie les art. 8 et 27 du règlement d'administration publique du 29 nov. 1871, pour l'exécution de la loi relative à l'impôt sur les allumettes chimiques (D. P. 72. 4. 47).

**2 août-10 nov. 1872.** — Loi qui attribue à l'Etat le monopole de la fabrication et de la vente des allumettes chimiques.

Art. 1er. A partir de la promulgation de la présente loi, l'achat, la fabrication et la vente des allumettes chimiques sont attribués exclusivement à l'Etat dans toute l'étendue du territoire.

2. Le ministre des finances est autorisé, soit à faire exploiter directement par les administrations des manufactures de l'Etat et des contributions indirectes, soit à concéder par voie d'adjudication publique ou à l'amiable, le monopole des allumettes.

3. Il sera procédé à l'expropriation des fabriques d'allumettes chimiques actuellement existantes dans la forme et dans les conditions déterminées par la loi du 3 mai 1841. A cet effet, le ministre des finances est autorisé à avancer la somme qui sera nécessaire pour pourvoir aux indemnités d'expropriation.

Cette avance sera régularisée au moyen d'un prélèvement annuel sur le produit du monopole. Elle fera l'objet d'un nouveau compte, classé parmi les services spéciaux du Trésor.

4. Abrogé (Décret du 30 déc. 1889).

5. Les stipulations financières à intervenir dans le cas de la mise en ferme de l'impôt des allumettes chimiques seront soumises à l'approbation de l'Assemblée nationale.

6. Quel que soit le mode adopté pour l'exploitation du monopole, l'importation, la circulation et la vente des allumettes demeurent assujetties au régime et aux pénalités établis par les lois des 4 sept. 1871 et 22 janv. 1872.

7. Sont abrogées toutes les dispositions contraires à la présente loi.

**15-25 mars 1873.** — Loi relative à l'exercice du monopole et à la vente des allumettes chimiques (D. P. 78. 4. 36-37).

2. L'administration des Contributions indirectes ou le commissionnaire du monopole des allumettes chimiques pourra fabriquer et vendre des allumettes dites de luxe dont le prix sera fixé par décret du président de la République.

3. L'importation des allumettes chimiques de fabrication étrangère est prohibée en France, sauf les exceptions résultant des traités internationaux actuellement en vigueur. Les allumettes importées en vertu de ces traités à destination de simples consommateurs, exclusivement pour leurs besoins personnels, acquitteront, indépendamment du droit de douane, les taxes établies par les lois des 4 sept. 1871 et 29 janv. 1872. Le ministre des finances pourra autoriser le commissionnaire du monopole à importer avec exemption de ces dernières taxes, mais moyennant le payement en droit de douane, des allumettes fabriquées à l'étranger qui seront considérées comme allumettes de luxe.

4. Les actes relatifs à l'adjudication de l'exploitation du monopole des allumettes ne sont assujettis, pour l'enregistrement, qu'au droit fixe de 1 fr. 50 cent.

5... (Abrogé par la loi du 30 déc. 1889).

**30 déc. 1874-1er janv. 1875.** — Décret qui fixe le prix de vente des allumettes chimiques dites *de luxe* (D. P. 75. 4. 77).

Abrogé (Décret du 30 déc. 1889).

**28 janv.-7 févr. 1875.** — Loi relative au monopole des allumettes chimiques (D. P. 75. 4. 89).

Abrogée par le retrait de l'exploitation aux termes du cahier des charges du 5 sept. 1872 et le retour au monopole à l'Etat (Loi du 27 déc. 1889, art. 1er, § 3).

**1er-7 févr.** — Décret qui fixe le prix de vente des allumettes de luxe (D. P. 75. 4. 88).

Abrogé (Décret du 30 déc. 1889).

**28-31 juill. 1875.** — Loi relative à la répression de la fraude dans la fabrication et la vente des allumettes chimiques (D. P. 75. 4. 20).

Art. 1er. Les art. 217, 218 et 237 de la loi du 28 avr. 1816 sont applicables à la détention des allumettes chimiques. Toutefois, la quantité admise à titre de provision ne peut excéder un kilogramme, à moins que les allumettes chimiques ne soient revêtues des marques légales.

Cette limite d'un kilogramme n'est pas applicable aux débitants de boissons, cafetiers, aubergistes, hôteliers, ni aux commerçants mettant gratuitement à la disposition de leurs clients, à l'égard des produits tenus ostensiblement à la disposition du consommateur; mais ceux qui sont trouvés détenteurs d'allumettes chimiques de provenance frauduleuse sont passibles des peines édictées par l'art. 222 de la loi du 28 avr. 1816, rendu applicable à la vente et au colportage des allumettes chimiques par l'art. 3 de la loi du 28 janv. 1875.

2. Tout individu convaincu de fabrication frauduleuse d'allumettes chimiques est puni d'une amende de 300 à 1000 fr.

Les allumettes ainsi que les instruments, ustensiles et matières servant à la fabrication, seront saisis et confisqués.

En cas de récidive, le contrevenant sera condamné à un emprisonnement de six jours à six mois.

3. La détention des ustensiles, instruments ou mécaniques affectés à la fabrication des allumettes chimiques, et, en même temps, des matières nécessaires pour cette fabrication, ou la détention des pâtes phosphorées propres à la fabrication des allumettes chimiques, est punie des mêmes peines.

**10 août-14 sept. 1875.** — Décret portant fixation de la prime à accorder aux préposés dénommés en l'art. 223 de la loi du 28 avr. 1816, qui arrêteront des individus vendant des allumettes en fraude.

Art. 1er. Les préposés dénommés en l'art. 223 de la loi du 28 avr. 1816, qui arrêteront des individus vendant en fraude des allumettes à leur domicile, ou qui en colporteront, qu'ils soient ou non surpris à les vendre, recevront une prime de 10 fr. par chaque personne arrêtée, quel que soit le nombre des saisissants.

2. La prime accordée par l'article précédent ne sera due qu'autant que les contrevenants auront été constitués prisonniers, ou qu'amenés soit devant le directeur des contributions indirectes, soit devant le représentant de la compagnie concessionnaire du monopole, ils auront fourni caution ou auront été admis à transaction. Elle sera toujours partagée par tête, sans acception de grade et sans que, sur le montant, il puisse être fait déduction d'aucuns frais.

3. Abrogé (Loi du 27 déc. 1869).

**30 août-4 nov. 1880.** — Décret relatif à la répression de la fraude sur les allumettes chimiques en Corse.

Art. 1er. Les procès-verbaux rapportés en Corse par des agents ou préposés autres que ceux de la compagnie générale des allu-

mettes chimiques, pour constater des fraudes ou des contraventions en matière d'allumettes, seront dressés à la requête de l'administration des Contributions indirectes et portés, le cas échéant, devant les tribunaux correctionnels par les soins des receveurs et receveurs principaux des douanes.

2. Le droit de transaction, dont est investie l'administration des Contributions indirectes, est attribué, en Corse, aux receveurs et receveurs principaux des douanes.

3. Les inspecteurs, les receveurs principaux et les capitaines des douanes en Corse, sont investis du droit de délivrer, à tous les agents préposés ou employés ayant qualité pour rechercher la fraude au domicile des simples particuliers, l'ordre de visite dont la production est prescrite par l'art. 237 de la loi du 28 avr. 1816.

**22-27 nov. 1887.** — Décret qui autorise la compagnie concessionnaire du monopole des allumettes chimiques à fabriquer et à mettre en vente des allumettes dites *Tisons amorphes* (*Journ. off.* du 27 novembre; *Bull.* n° 18603).

Abrogé (Décret du 30 déc. 1889, D. P. 90. 4. 126).

**27-28 déc. 1889.** — Loi portant modification au budget de 1890 (fabrication par l'Etat des allumettes chimiques) et ouverture d'un crédit extraordinaire sur l'exercice 1889 (D.P. 90. 4. 125).

Art. 1er. Les prévisions de recettes de l'exercice 1890 fixées par l'art. 14 de la loi de finances du 17 juill. 1889 et l'Etat H y annexé sont modifiées comme suit :

§ 3. Produits de monopoles et exploitations industrielles de l'Etat.

1° Produits recouvrés par les receveurs des contributions indirectes :

A déduire :
Droit de fabrication des allumettes chimiques... 17011500 fr₂
A ajouter :
Produit de la vente des allumettes chimiques... 25500000 fr.

4. Il sera publié chaque année par le ministre des finances un compte d'exploitation du monopole des allumettes chimiques faisant ressortir l'ensemble des opérations en recette et en dépense effectuées pendant l'exercice tombé en clôture dans le courant de ladite année.

**30 déc. 1889-1er janv. 1890.** — Décret relatif à l'exploitation par l'Etat du monopole, de la fabrication et de la vente des allumettes chimiques.

Art. 1er. A partir du 1er janv. 1890, le monopole de la fabrication et de la vente des allumettes chimiques sera exploité directement par l'Etat.

2. Conformément aux dispositions de l'art. 4 de la loi du 4 sept. 1871, les allumettes chimiques ne pourront circuler ou être mises en vente qu'en boîtes ou paquets fermés et revêtus d'une vignette timbrée.

En ce qui concerne les quantités composant, au 31 déc. 1889, les approvisionnements du commerce, un décret déterminera ultérieurement le délai pendant lequel l'écoulement pourra en être autorisé.

3. Les allumettes chimiques seront vendues par les manufactures de l'Etat, en gros, par caisses entières composant, pour chaque commande, un poids minimum de 500 kilogr. Cette vente aura lieu aux prix mentionnés dans les colonnes 2 et 3 du tableau ci-après. Les prix de vente en détail, aux consommateurs, ne pourront excéder les fixations inscrites colonne 4 du même tableau.

| ESPÈCES D'ALLUMETTES. | PRIX NET A PAYER PAR 100 BOITES ou paquets | | PRIX de VENTE aux consommateurs par boîtes ou paquets |
|---|---|---|---|
| | Pour les achats formant un poids total de 5000 kil. et au-dessus, emballage compris. | Pour les achats formant un poids total inférieur à 5000 kilogrammes. | |
| 1° ALLUMETTES DITES RÉGLEMENTAIRES. | fr. c. | fr. c. | fr. c. |
| En bois, au phosphore ordinaire : | | | |
| Par kilog. contenant au moins 3500 allumettes. | 168 00 | 172 00 | 2 00 |
| Par paquet de 500. | 25 20 | 25 80 | 0 30 |
| Par boîte de 150. | 8 40 | 8 60 | 0 10 |
| Par boîte de 60. | 4 20 | 4 30 | 0 05 |
| En bois au phosphore amorphe, par boîte de 100. | 8 40 | 8 60 | 0 10 |
| En bois au phosphore amorphe, par boîte de 50. | 4 20 | 4 30 | 0 05 |
| En cire au phosphore ordinaire, par boîte de 40. | 8 40 | 8 60 | 0 10 |
| En cire au phosphore amorphe, par boîte de 30. | 8 40 | 8 60 | 0 10 |

| ESPÈCES D'ALLUMETTES. | PRIX NET A PAYER PAR 100 BOITES ou paquets. | | PRIX de VENTE aux consommateurs par boîtes ou paquets. |
|---|---|---|---|
| | Pour les achats formant un poids total de 5000 kil. et au-dessus, emballage compris. | Pour les achats formant un poids total inférieur de 500 à 5000 kilogrammes. | |
| **2° ALLUMETTES DITES DE LUXE.** | fr. c. | fr. c. | fr. c. |
| En bois carré, trempé en presse, paquet. de 500. | 33 60 | 34 40 | 0 40 |
| En bois carré, trempé en presse, portefeuille de 100 | 8 40 | 8 60 | 0 10 |
| En bois carré, trempé en presse, portefeuille de 50 | 4 20 | 4 30 | 0 05 |
| En bois rond, trempé en presse. Boîte ménagère de 500. | 37 80 | 38 70 | 0 45 |
| En bois rond, trempé en presse. Portefeuille de 100 | 8 40 | 8 60 | 0 10 |
| En bois rond, trempé en presse. Portefeuille de 50 | 4 20 | 4 30 | 0 05 |
| En bois, dites suédoises paraffinées au phosphore amorphe : | | | |
| Paquet par 1000 allumettes .................... | 92 40 | 94 60 | 1 10 |
| Boîte munie d'un frottoir, par 250 allumettes .... | 29 40 | 30 10 | 0 35 |
| Boîte munie d'un frottoir, par 50 allumettes..... | 8 40 | 8 60 | 0 10 |
| Tisons amorphes, boîte munie de deux frottoirs, par 40 .............. | 8 40 | 8 60 | 0 10 |
| En bois strié ou cannelé, paraffinées, dites viennoises, par boîte de 500... | 67 20 | 68 80 | 0 80 |
| En cire, boîtes illustrées en trois couleurs et au-dessus, boîte de 50............ | 12 60 | 12 90 | 0 45 |
| En cire, boîtes illustrées en trois couleurs et au-dessus, boîte de 50............ | 100 80 | 103 20 | 1 20 |
| En cire, allumettes dites cinq minutes, boîtes de 40 | 21 00 | 21 50 | 0 25 |
| Amadou chimique, boîte de 50.................. | 12 60 | 12 90 | 0 45 |

4. Les prix de vente en gros indiqués dans le tableau ci-dessus comprennent la valeur des emballages, ainsi que le montant des frais de transport par voie ferrée, de la manufacture expéditrice jusqu'à la gare où l'acheteur aura déclaré vouloir prendre livraison.

**10-12 avr. 1890.** — Décret relatif à la fabrication et à la vente de la poudre spéciale et des frottoirs pour allumettes ou au phosphore amorphe (D. P. 91. 4. 48).

**19-20 juin 1890.** — Décret relatif à la vente des allumettes à prix réduit dans le pays de Gex et dans la Haute-Savoie.

Art. 1er. La régie est autorisée à mettre en vente dans le pays de Gex et la zone neutralisée de la Haute-Savoie des allumettes chimiques à des prix inférieurs à ceux fixés par l'art. 3 du décret du 30 déc. 1889.

2. Ces allumettes seront renfermées dans des boîtes ou paquets portant les marques spéciales pour les produits d'exportation.

3. Le ministre des finances fixera les prix auxquels seront vendues les diverses allumettes dans ce pays de Gex et la zone neutralisée de la Haute-Savoie.

**30 sept.-1er oct. 1890.** — Décret relatif à la vente des allumettes en bois (D. P. 91. 4. 104).

**7-28 avr. 1891.** — Décret relatif à la vente des allumettes dites suédoises, de la dimension réduite, marquées du numéro de type 101P (D. P. 91. 4. 112).

**11-15 avr. 1891.** — Décret qui autorise l'administration des manufactures de l'Etat à fabriquer et à mettre en vente une nouvelle espèce d'allumettes (D. P. 91. 4. 112).

**67.** — III. LÉGISLATION ÉTRANGÈRE. — La fabrication des allumettes, libre dans tous les Etats de l'Europe avant 1870, a été soumise, depuis que la France en a donné l'exemple, à des impôts dans plusieurs pays de l'Europe. Ceux qui n'ont pas taxé les allumettes ont soumi les fabriques à une surveillance sévère. Ce sont les pays du Nord ; dans les pays du Midi et en Russie, c'est le système de taxation qui a prévalu. Nous allons parcourir la législation des différents Etats où la surveillance d'une part, la taxation de l'autre, ont été établies.

*Allemagne, Autriche-Hongrie, Belgique.* — Les allumettes n'y sont soumises qu'à des droits de douane, la fabrication en est exempte d'impôt ; mais elle est astreinte à des règlements très précis en ce qui concerne l'hygiène et les dangers d'incendie résultant de l'emploi du phosphore blanc. En Allemagne, notamment, il est interdit d'employer dans les ateliers de fabrication, suivant leur nature, des jeunes gens ou des enfants. Toutes ces dispositions ont été empruntées à des mesures prises par les nations du Nord, Danemark, Suède et Norvège. C'est la Suède qui eut, en 1870, le mérite d'inaugurer les mesures protectrices des ouvriers des fabriques.

*Suisse.* — La Suisse l'a suivie dans cette voie et, en 1886, l'inspectorat suisse proposait le monopole comme le seul moyen d'arriver à la suppression de l'emploi du phosphore blanc.

*Grèce.* — La loi du 28 mars 1884 réserve à l'Etat le droit d'importer, de fabriquer et vendre des allumettes chimiques de toute espèce dans l'étendue du territoire. L'Etat les achète au commerce, les fabriques étant soumises à une surveillance, ou les fabrique lui-même. Il les vend à un taux très élevé. Les boîtes portent des marques diverses, des photographies et des images. Elles sont closes par des timbres adhésifs du montant de leur prix.

*Italie.* — Le gouvernement a étudié à plusieurs reprises, dans ces dernières années, l'impôt sur les allumettes. Le dernier ministère avait paru vouloir recourir à cette ressource pour équilibrer ses finances ; il est tombé avant d'avoir pu donner suite à ses projets, qui paraissent abandonnés aujourd'hui.

*Roumanie.* — L'impôt sur les allumettes y existe sous la forme d'un monopole d'Etat, créé par une loi depuis 1886 et qui a donné, en 1889, 2105461 fr.

*Russie.* — Sur un avis du conseil de l'Empire approuvé par le czar, l'impôt sur les allumettes a été établi le 4 janv. 1888. Les allumettes sont soumises au droit de fabrication de 1/4 de kopeck (1 cent.) par boîte de 75 allumettes au plus et 1 kopeck par boîte de 75 à 300 allumettes. Les allumettes de provenance étrangère payent le double de ce droit à l'importation. De plus, les fabriques sont soumises à des droits de patente variables. L'impôt est assuré au moyen de l'exercice.

*Turquie.* — La Turquie a songé à créer un monopole des allumettes. Ce projet était à l'étude en 1891.

**68.** — IV. ASSIETTE DE L'IMPÔT. — DÉFINITION DU MONOPOLE. — Les allumettes soumises au monopole sont exclusivement les allumettes chimiques, c'est-à-dire celles qui sont munies d'une préparation destinée à produire du feu par frottement (C'est la définition contenue dans l'art. 3 § 3 de la loi du 4 sept. 1871) ; il faut, d'ailleurs, entendre par là non seulement les petits morceaux de bois soufrés et phosphorés, mais tous les appareils qui donnent du feu par le même procédé (Même article). Il a été jugé, en vertu de ce principe, que des briquets renfermant dans une boîte métallique une bande de papier sur laquelle sont disposées des amorces chimiquement préparées, devant éclater successivement au moyen d'un ressort qui détermine un choc ou frottement, rentrent dans le monopole concédé par l'Etat à la compagnie. La circonstance que le choc ou frottement procède d'un ressort mécanique ne saurait modifier leur caractère (Crim. cass. aff. Coulange, 26 mai 1883, D. P. 83. 1. 322 ; Nîmes, 28 déc. 1882, aff. Signonney, D. P. 83. 1. 32, note ; Bourges, 18 janv. 1883, aff. Launay, *ibid.* — Contra : Dijon, 18 avr. 1883, aff. Milliet). Ce dernier arrêt se fonde sur ce que ni la loi qui impose les allumettes chimiques, ni la loi de 1872, qui établit le monopole, ni le cahier des charges de la compagnie concessionnaire, n'avaient étendu le droit « aux similaires » ; que ces mots, n'étant pas dans la loi, ne pouvaient y être ajoutés par voie d'analogie. V. aussi Besançon, 1er févr. 1883 (D. P. 83. 1. 322), arrêt cassé par l'arrêt précité du 26 mai 1883.

**69.** Mais la définition de l'art. 3 ne s'étend pas aux objets qui produisent du feu mécaniquement : la loi de 1871 qui vise les allumettes chimiques, ne les a pas compris dans l'énumération, non plus que les lois suivantes de 1872 et de 1875. Aussi il a été décidé que la compagnie des allumettes, investie à cette époque du monopole, qu'un briquet composé d'une lame d'acier, d'un silex et d'une mèche en coton, réunis dans une boîte ne constitue pas un objet tombant sous l'application de la loi du monopole (Paris, 13 mars 1878) (1). L'administration des Contributions indirectes avait, d'ail-

(1) (Compagnie générale des allumettes C. Vaudaine.) — La
coup ; — Statuant sur l'appel interjeté par Monchicourt, ès qua-

leurs, abandonné la poursuite. La compagnie des allumettes s'est pourvue en cassation, et la chambre criminelle a confirmé l'arrêt de la cour de Paris par les mêmes motifs (Crim. réj. 5 juill. 1878, aff. Vaudaine, D. P. 78. 1. 391).

70. Le monopole ne s'applique pas non plus aux lampes dites *pyrophores* qui, produisant du feu par des procédés chimiques et mécaniques, diffèrent essentiellement des allumettes chimiques par leur nature, leurs dimensions, leur prix, leur destination et leur usage ordinaire (Crim. réj. 14 mars 1879, aff. Simondet, D. P. 80. 1. 91)... ni, de même, aux allumettes simplement *soufrées* (Bordeaux, 5 mai 1879, aff. Ferrasson, D. P. 80. 2. 56). On s'explique assez difficilement comment un procès avait pu s'engager sur un point qui avait été nettement établi lors de la discussion de la loi de 1875. Le ministre des finances avait, en effet, formellement déclaré, lors de la discussion de l'art. 1er de la loi du 28 janv. 1875, que les simples allumettes soufrées n'étaient pas comprises dans le monopole relatif à la fabrication et à la vente des allumettes chimiques (D. P. 76. 4. 21, col. 2, note). Une circulaire du 2 août 1875 avait décidé, conformément à cette déclaration, que des poursuites ne peuvent être dirigées contre les individus qui préparent des allumettes soufrées (Olibo, *Code des contributions indirectes*, 5e édit., t. 3, p. 377).

71. — V. Exercice du monopole. — Fabrication et vente. — Droit de l'État. — Nous avons dit *supra*, n° 63) que l'État a le monopole de la vente des allumettes chimiques. Cette disposition, qui résulte de la loi du 2 août 1872, lui attribue exclusivement la fabrication et la vente de ce produit.

Les mêmes lois autorisaient, en outre, l'expropriation par l'État des fabriques en exercice. Nous passerons sur les difficultés, aujourd'hui sans intérêt, qui sont nées de cette expropriation, et citerons seulement les dates des principales décisions de la jurisprudence sur la matière (Crim. rej. 21 août 1874, aff. Allios, D. P. 76. 1. 89; Chambéry, 27 janv. 1877, aff. Moulin, D. P. 79. 2. 150 ; Paris, 15 janv. 1878, aff. Valterperger ; Cons. d'Ét. 4 déc. 1879, aff. Laumonier, D. P. 80. 3. 41 ; Req. 19 févr. 1879, aff. Morin, D. P. 79. 1. 334).

72. — 1° *Marchands en gros et détaillants*. — On a déjà brièvement indiqué (V. *supra*, n° 64) quelles sont les conditions imposées aux marchands en gros et détaillants soit pour la fourniture, soit pour la vente des allumettes. Une demande doit être adressée au chef de service local des contributions indirectes, sous la condition : 1° d'être patenté ; 2° de fournir une caution ou de consigner les droits ; 3° de se soumettre aux visites et vérifications ; 4° de tenir un registre détaillé des entrées et sorties et de le représenter à toute réquisition ; 5° d'avoir en magasin un approvisionnement suffisant ; 6° d'assurer au détaillant un exercice de 10 pour 100 au minimum ; 7° de se conformer aux instructions et règlements administratifs (Décr. 29 nov. 1871, V. *supra*, n° 66). Les débitants ou détaillants sont soumis aux mêmes obligations. Tout débitant de tabac est tenu d'être débitant d'allumettes. L'infraction à ces dispositions entraîne le retrait de l'autorisation de vendre, en outre des pénalités qui peuvent être encourues (Circ. adm. contr. ind. 30 déc. 1889) (1).

---

lité, du jugement contre lui rendu par le tribunal correctionnel de la Seine, le 12 déc. 1877 ; — Considérant que l'impôt établi par la loi du 4 sept. 1871 n'est applicable qu'aux allumettes chimiques fabriquées ou importées en France, quelle que soit la substance qui les compose, bois, cire, papier, tissus ou autres; — Considérant que l'État, investi par la loi du 2 août-10 nov. 1872, du monopole de la fabrication et de la vente des allumettes chimiques sur toute l'étendue du territoire français, en a adjugé l'exploitation exclusive à une compagnie dénommée : *Compagnie générale des allumettes chimiques* ; — Considérant que, depuis l'adjudication dont s'agit, cette compagnie, subrogée aux droits de l'État, n'a fabriqué et vendu en France, conformément aux tarifs fixés par la loi des 15-25 mars 1873, et par le décret des 30 déc. 1874-1er janv. 1875, que les allumettes chimiques et leurs similaires, que les allumettes amorphes et l'amadou chimique, et n'a exproprié que les fabriques d'allumettes existantes; — En conséquence il résulte de l'ensemble de ces dispositions législatives et réglementaires, ainsi que de leur exécution par l'État d'abord et par la compagnie concessionnaire ensuite, que les allumettes et l'amadou chimique seuls ont été l'objet de l'exploitation du monopole, les allumettes soufrées en ayant été affranchies par une déclaration formelle du Gouvernement, et les briquets en acier, d'origine plus ancienne que les allumettes chimiques, n'ayant pas été compris dans le monopole par une disposition expresse de la loi ; — Considérant que la compagnie générale, reprenant à sa requête une poursuite abandonnée par l'administration des Contributions indirectes, et s'appuyant sur l'un des paragraphes de l'art. 3 de la loi de 1871, ainsi conçu : « Sont considérés comme allumettes chimiques soumises à l'impôt, tous les objets quelconques amorcés ou préparés de manière à pouvoir s'enflammer ou produire du feu par frottement ou par tout autre moyen que le contact direct avec une matière en combustion », a fait procéder à la saisie, chez Vaudaine, des briquets en acier fabriqués par lui ou en cours de fabrication, ainsi que des matières et ustensiles par lui employés comme étant des similaires des allumettes chimiques, passibles de l'impôt; — Considérant qu'il résulte des dispositions de la loi de 1871, et de l'induction que l'on doit tirer du rapport et des discussions qui l'ont accompagnée, que les termes de la disposition légale précitée, loin de devoir être interprétés dans leur généralité absolue, doivent l'être exclusivement dans leurs rapports avec le principe de la loi a déterminé le matière imposable, le domaine du monopole et son exploitation; — Qu'en effet, si en vue de garantir l'exploitation du monopole dont s'agit, contre les concurrences éventuelles que pouvait lui susciter l'industrie, la loi considère comme allumettes chimiques, passibles de l'impôt, les objets quelconques définis dans l'art. 3, elle ne fait cette assimilation qu'autant que ces objets ont été préparés ou amorcés ; — Que ces mots « préparés ou amorcés », loin d'avoir la signification absolue que leur prête la compagnie du monopole, n'ont qu'une signification relative, puisque la loi n'a établi l'impôt que sur les allumettes amorcées ou préparées chimiquement, quelle que soit la substance qui les compose, et non sur les boîtes et les lames en acier, sur les pierres de silex et les mèches en coton non amor-

cées et non préparées chimiquement; — Considérant que le briquet Vaudaine n'est qu'un perfectionnement du briquet ordinaire composé d'une lame en acier, d'un bloc de silex et d'un morceau d'amadou ; — Que ce perfectionnement consiste dans la réunion de ces trois corps dans une boîte en acier : — Considérant que l'étincelle qui en jaillit et enflamme la mèche est le produit de la combinaison de l'oxygène de l'air avec la parcelle d'acier qui est détachée de la lame d'acier, par son frottement ou par la percussion sur le bloc de silex; — Que cette production du feu est la manifestation d'un phénomène physique obtenu par un moyen mécanique, et non celle d'une amorce ou d'une préparation chimique due à l'industrie de la compagnie générale ou de toute autre fabrique de produits chimiques; — Qu'il en résulte que, dans son ensemble et dans ses parties, le briquet Vaudaine, n'ayant pas été compris par la loi dans les matières imposables ni dans le monopole de l'État, ne peut y être ajouté par la compagnie concessionnaire du monopole dans l'intérêt exclusif de son exploitation, en qualité de similaire des allumettes chimiques ; — Considérant enfin que la compagnie des allumettes invoque à tort à son profit, dans l'espèce, la jurisprudence sur les similaires ou sur les équivalents du tabac ; — Qu'il n'y a aucune identité entre la disposition précitée de la loi de 1871, et celle contenue dans l'art. 3 de la loi du 28 janv. 1875, qui rend expressément applicables les pénalités de la loi de 1816 relatives « au tabac factice et à toute autre matière préparée pour être vendue comme tabac »; — Qu'en conséquence, c'est abusivement que Montchicourt a fait procéder à la saisie des briquets Vaudaine, en a interrompu la fabrication et la vente, et que c'est justement que les premiers juges l'ont déclaré mal fondé dans ses demandes, fins et conclusions et l'ont condamné à payer à Vaudaine des dommages-intérêts, et ont ordonné au profit de ce dernier la restitution des objets saisis ; — Confirme, etc.

Du 13 mars 1878.-C. de Paris.-MM. Legendre, pr.-Fourchy, av. gén.-Arrighi, Nicolet et Trolley de Recques, av.

(1) *Circulaire* n° 575, du 30 déc. 1889.-3e division. — 1er Bureau. — *Allumettes chimiques*. — *Exploitation du monopole par l'État à partir du 1er janv. 1890*. — *Instructions générales*.

À partir du 1er janv. 1890, le monopole de la fabrication et de la vente des allumettes sera exploité directement par l'État.

C'est le service des manufactures de l'État qui aura la part prépondérante dans l'exercice du monopole, parce que c'est lui qui aura la charge de la fabrication et de la vente au commerce en gros.

La vente se fera, à peu près comme aujourd'hui, en gros et par caisses complètes ; les manufactures expédieront ces caisses à tous les marchands en gros sur leurs demandes.

L'administration des Contributions indirectes est simplement chargée du recouvrement de la valeur des allumettes, ainsi que de la surveillance et de la répression de la fraude.

## CIRCONSCRIPTIONS DES FABRIQUES

| BORDEAUX (Fabrique DE BÈGLES) | MARSEILLE (Fabrique DU PRADO). | PARIS (Fabrique DE PANTIN). | TRÉLAZÉ (Maine-et-Loire). | PONT-À-MOUSSON (Fabrique DE BLÉNOD). |
|---|---|---|---|---|
| Arlège. | Ain. | Aisne. | Calvados. | Ardennes. |
| Aveyron (arrondissements de Rodez, Villefranche et Espalion). | Alpes (Basses-) | Allier. | Côtes-du-Nord | Aube. |
| | Alpes (Hautes-) | Eure. | Finistère. | Côte-d'Or. |
| | Alpes-Maritimes. | Eure-et-Loir. | Ille-et-Vilaine. | Doubs. |
| Cantal. | Ardèche. | Loiret. | Indre. | Jura. |
| Charente. | Aude. | Nièvre. | Indre-et-Loire. | Marne. |
| Charente-Inférieure. | Aveyron (arrondissements de Saint-Affrique et Milhau). | Nord. | Loir-et-Cher. | Haute-Marne. |
| Corrèze. | | Oise. | Loire-Infér. | Meurthe-et-Moselle. |
| Creuse. | | Pas-de-Calais. | Maine-et-Loire | Meuse. |
| Dordogne. | B.-du-Rhône. | Seine. | Manche. | Haut-Rhin. |
| Garonne (Hte-). | Drôme. | Seine-Inférieure. | Mayenne. | Saône-et-Loire |
| Gers. | Gard. | S.-et-Marne. | Morbihan. | Haute-Saône. |
| Gironde. | Hérault. | Seine-et-Oise. | Orne. | Vosges. |
| Landes. | Isère. | Somme. | Sarthe. | |
| Lot. | Haute-Loire. | Yonne. | Sèvres (Deux-). | |
| Lot-et-Garonne | Lozère. | | Vendée. | |
| Puy-de-Dôme (arrondissement de Clermont-Ferrand. | Puy-de-Dôme arrondissements d'Ambert, Issoire, Riom et Thiers. | | Vienne. | |
| Pyrénées (Basses-). | Pyrén.-Orientales. | | | |
| Pyrénées (Hautes-). | Rhône. | | | |
| Tarn. | Savoie. | | | |
| Tarn-et-Garonne. | Savoie (Haute-) | | | |
| Vienne (Haute-). | Var. | | | |
| | Vaucluse. | | | |

**73.** — 2° *Contrôle des allumettes, marques et vignettes.* — La constatation de l'identité des allumettes est faite au moyen de timbres-vignettes apposés sur les boîtes, de manière que celles-ci ne puissent être ouvertes sans déchirure des vignettes. Toute boîte non entamée doit être revêtue de vignettes intactes. L'apposition de vignettes avait eu lieu gratuitement chez les marchands et détaillants lors de l'établissement de l'impôt, en vertu de l'art. 27 du décret du 27 nov. 1871 ; le décret du 29 févr. 1872 supprima cette immunité ; les difficultés qui résultèrent de cette modification donnèrent lieu à quatre arrêts de la cour de cassation aujourd'hui sans intérêt, dont nous citons seulement les dates (Civ. cass. 4. avr. 1876, aff. Levassor-Mariette et aff. Rossignol; 13 juin 1876, aff. Soulard, D. P. 76. 1. 316).

**74.** — VI. IMPORTATION. — EXPORTATION. — L'importation des allumettes chimiques est aujourd'hui prohibée. Cette prohibition a été édictée par l'art. 3 de la loi du 15 mars 1873 (D. P. 73. 4. 37). Ainsi que l'a exposé le rapporteur de cette loi, elle était la conséquence nécessaire de l'institution du monopole au profit de l'État. On ne comprendrait pas que l'industrie étrangère pût être traitée en France autrement que l'industrie française ; que le droit de fabriquer, de colporter, de vendre, fût retiré aux commerçants nationaux, et conservé à ceux des autres pays. Il a été jugé, en ce sens, que, quelle qu'ait été la tolérance de l'administration des Douanes, la prohibition de l'importation des allumettes chimiques n'était soumise à l'exécution d'aucune mesure préalable, et était applicable du jour de la promulgation de la loi du 15 mars 1873 (Civ. rej. 8 nov. 1875, aff. Desrusneaux, D. P. 75. 1. 451. — V. la note sur cet arrêt).

L'art. 3 de la loi du 15 mars 1873 contenait une réserve en ce qui concerne les exceptions résultant des traités internationaux en vigueur, et il ajoutait : « les allumettes importées en vertu de ces traités à destination de simples consommateurs, exclusivement pour leurs besoins personnels, acquitteront, indépendamment du droit de douane, les taxes établies par les lois des 4 sept. 1871 et 29 janv. 1872 ». La loi du 28 janv. 1875 (art. 2) a limité à cinq kilogrammes par consommateur et par année, la quantité d'allumettes dont l'art. 3 précité autorisait l'importation.

**75.** Au contraire, l'exportation des allumettes chimiques par les marchands ou détaillants reste permise, à la condition que les chargements soient expédiés dans des cais-

---

Dans cette organisation, la France a été divisée en cinq régions ressortissant aux cinq manufactures ci-après désignées :
Pantin-Aubervilliers ;
Marseille (le Prado) ;
Trélazé (Maine-et-Loire) ;
Blénod-les-Pont-à-Mousson ;
Bègles (Bordeaux).
Chacune de ces manufactures expédiera directement les allumettes au commerce en gros.
Les prix à payer pour les livraisons faites en gros, directement, par les manufactures ont été fixés, pour chaque espèce d'allumettes, par un décret en date du 30 déc. 1889 dont le texte est reproduit ci-après. Ces prix présentent, sur le caractère de la vente au public, une atténuation de 16 pour 100 lorsqu'il s'agit d'achats formant un poids brut total de 5000 kilos. L'atténuation n'est que de 14 pour 100 pour les achats par quantités de 500 kilos (minimum des livraisons) à 5000 kilos exclusivement.
Les prix fixés comprennent la valeur des emballages, ainsi que les frais de transport, par chemin de fer, jusqu'à la gare indiquée par l'acheteur (art. 4 du décret).
L'exploitation directe du monopole des allumettes n'impose ainsi que peu d'obligations nouvelles aux agents de la Régie. Ils auront mission :
1° De recevoir et d'enregistrer les déclarations des commerçants qui désireront se livrer à la vente en gros des allumettes;
2° De transmettre aux établissements des manufactures de l'État les commandes faites par ces commerçants, et de recouvrer le prix de ces commandes ;
3° De recevoir les déclarations des détaillants et de procéder, tant dans les débits que dans les magasins, aux visites et vérifications prescrites.
Je vais résumer, pour chacun de ces points, les dispositions qui ont été approuvées par M. le ministre des finances et auxquelles le service aura à se conformer.

*Vente en gros et en détail des allumettes chimiques.*

Aux termes de l'art. 16 du règlement du 29 nov. 1871, les marchands en gros ou en détail des allumettes chimiques doivent faire au bureau de la Régie une déclaration dont il leur délivré une ampliation ayant le caractère d'une commission.
Pendant la durée de l'exploitation par une compagnie il a été suppléé à cette déclaration au moyen d'une commission que la compagnie délivrait elle-même. Mais les dispositions précitées reprennent, sous le régime de l'exploitation directe, leur entier effet.

*Vente en gros. — Déclarations. — Obligations des marchands en gros. — Commandes d'allumettes. — Transmissions. — Recouvrements.*

Moyennant une demande adressée au chef de service local des contributions indirectes, tout négociant patenté pourra être admis à exercer le commerce en gros des allumettes et à s'approvisionner directement aux manufactures de l'État.
Les demandes seront rédigées sur papier timbré, conformément au modèle ci-joint (annexe n° 1), et contiendront l'engagement par les négociants :
1° De se soumettre aux visites et vérifications des inspecteurs des finances et des fonctionnaires et employés des contributions indirectes ;
2° De tenir, dans la forme prescrite par l'Administration, un registre d'entrées et de sorties et de représenter ce registre à toute réquisition des fonctionnaires et employés précités ;
3° D'avoir constamment en magasin un approvisionnement de tous les types d'allumettes dites réglementaires, et des types d'allumettes dites de luxe demandées par les consommateurs de la région ;
4° D'assurer aux détaillants une remise de 10 pour 100 au minimum, calculée sur les prix fixés pour la vente aux consommateurs, et d'attribuer une remise d'un taux uniforme à tous les détaillants d'une même commune ;
5° De se conformer à tous les règlements ou instructions émanant de l'Administration et relatifs à la vente des allumettes.
Les signataires des demandes seront prévenus que toute infraction à l'une des conditions énoncées ci-dessus pourra entraîner le retrait de l'autorisation de vente, sans préjudice des pénalités encourues et, le cas échéant, des dommages et intérêts que l'Administration pourrait être fondée à réclamer.

ses plombées par les agents de la régie et en vertu d'acquitté-à-caution garantissant, à défaut de décharge, la double taxe établie par les lois du 4 sept.-1871 et du 2 août 1872.

**76.** — VII. Contraventions. — Sous l'empire de la législation de 1871, la fraude sur la fabrication, le colportage et la vente des allumettes était seule réprimée en principe. Quant aux approvisionnements illicites, ils n'étaient visés que par le décret du 29 nov. 1871, qui interdisait aux marchands en gros ou en détail de recevoir ou d'avoir chez eux des allumettes chimiques autres que celles en boîtes ou en paquets revêtus des timbres ou des vignettes de l'Administration (art. 27), en exceptant toutefois de cette prohibition les provisions de ménage limitées à 1 kilogramme. La cour de cassation avait décidé que cette limitation ne s'appliquait pas aux particuliers ; que ceux-ci, en conséquence, ne pouvaient être poursuivis pour avoir été trouvés détenteurs d'une quantité supérieure à 1 kilogramme d'allumettes chimiques non contenues dans des boîtes ou

paquets fermés et revêtus des timbres ou des vignettes de l'Administration (Crim. rej. 9 avr. 1875, aff. Ducroux et aff. Gauthier, D. P. 76. 4. 20, note a). Et cette immunité a été déclarée applicable même au débitant de boissons qui mettait à la disposition des consommateurs des allumettes chimiques destinées à leurs besoins du moment (Arrêt précité du 9 avr. 1875, aff. Ducroux. — *Contrà* : Bourges, 27 mars 1874, aff. Cerf, D. P. 75. 2. 56). Il n'en est plus ainsi depuis la loi du 28 juill. 1875 (D. P. 76. 4. 20). L'art. 1er de cette loi, en déclarant les art. 217, 218 et 237 de la loi du 28 avr. 1816 applicables à la détention des allumettes chimiques, a généralisé les dispositions des art. 27 et 28 du décret du 29 nov. 1871. Les allumettes ne peuvent donc plus aujourd'hui se trouver, même chez les particuliers, qu'en provision ne dépassant pas 1 kilogramme, à moins qu'elles ne soient en boîtes revêtues des marques légales. Toutefois une exception est admise, par le même article, en faveur des aubergistes, débitants, hôteliers, et, en général, de tous ceux qui mettent

---

Chaque déclaration fera l'objet d'un enregistrement à un registre n° 16 spécial, auquel on fera subir à la main les corrections nécessaires. Le déclarant payera le timbre de l'ampliation qui lui sera remis à titre de récépissé et pour servir de commission. La déclaration sur papier timbré souscrite et remise par l'intéressé restera annexée à la souche de ce registre spécial qui, après épuisement, sera conservé dans les bureaux du directeur ou du sous-directeur.

Le Gouvernement n'entend, en aucune façon, limiter le nombre des commerçants en gros d'allumettes : le service devra donc recevoir et enregistrer toutes les déclarations qui lui sont seront présentées, sous une forme régulière, par des négociants patentés.

Tout marchand en gros ou en demi-gros dont la déclaration aura été présentée et enregistrée dans les conditions sus-indiquées sera admis à s'approvisionner directement, par caisses entières, auprès de la manufacture de l'État dont il relèvera, sous la seule réserve que chaque commande représentera un poids total, emballages compris, de 500 kilos au minimum. Les commerçants autorisés conserveront néanmoins la faculté de tirer tout ou partie de leurs approvisionnements des magasins de leurs confrères. Les quantités ainsi transportées de magasin à magasin seront accompagnées de laissez-passer du registre n° 65 A. Elles seront inscrites aux sorties sur le registre du vendeur et figureront aux entrées sur celui de l'acheteur.

Les marchands en gros devront se pourvoir, à leurs frais, les registres d'entrées et de sorties dont la tenue leur est imposée. L'Administration ne voit pas d'inconvénient à ce que, au moins pour le moment, ces registres soient conformes à ceux qui étaient tenus par les concessionnaires et sous-concessionnaires de la compagnie.

Les commandes d'allumettes seront établies sous des formules manuscrites ou imprimées conformes au modèle reproduit ci-après (annexe n° 2). Ces formules ne seront pas fournies par l'Administration. Les marchands en gros auront à les faire imprimer à leurs frais. Les commandes devront reproduire très exactement, pour chaque espèce d'allumettes demandées les indications portées colonnes 1 à 6 du tableau représentant les divers type d'allumettes que les manufactures seront en mesure de livrer au commerce (annexe n° 3). Au point de vue des indications à consigner, colonnes 7 à 9 des formules de demandes, les marchands en gros ne devront pas perdre de vue que chaque caisse ne renferme que des allumettes d'un seul et même type.

Chaque demande devra présenter le décompte de la valeur des allumettes y énoncées ; elle sera remise en double expédition au receveur local, sédentaire ou ambulant, qui vérifiera avec soin toutes indications inscrites par le négociant. En la remettant, celui-ci devra souscrire entre les mains du comptable l'engagement dûment cautionné d'acquitter le prix des allumettes commandées, dans les huit jours qui suivront la date de l'expédition. En attendant qu'un modèle spécial ait été créé, si toutefois cette création paraît nécessaire, l'engagement cautionné sera souscrit au registre n° 52 C dont on aura à modifier à la main certaines indications.

Il pourra être suppléé à cet engagement cautionné par la consignation du prix.

Les marchands en gros qui désireraient se soustraire à l'obligation de souscrire un nouvel engagement cautionné pour chaque nouvelle demande auraient à se mettre en instance auprès du receveur principal, et à lui présenter une caution qui garantirait, solidairement avec le principal intéressé, le payement des commandes qui seraient faites par ce dernier pendant toute la durée d'une année. Ce cautionnement annuel serait également reçu au registre n° 52 C (voir annexe n° 5).

Le receveur principal fixerait le chiffre maximum pour lequel la caution peut être acceptée ; tant que le marchand en gros ne deviendrait pas, dans le courant d'une même année, débiteur

d'une somme supérieure au chiffre fixé, il n'y aurait pas lieu de lui faire souscrire un nouvel engagement ni d'exiger une nouvelle caution.

La situation une fois régularisée par la consignation du montant de la demande ou par la souscription d'un engagement cautionné, spécial ou annuel, le receveur local annotera au bas de la commande le numéro et la date, soit de la soumission cautionnée, soit de la quittance du registre 74, et transmettra d'une des expéditions de la demande au directeur de la manufacture d'allumettes désignée pour l'approvisionnement de la région, qui lui en accusera réception (V. annexe n° 4. — Circonscriptions des manufactures).

La seconde expédition sera adressée au chef de la circonscription administrative (directeur ou sous-directeur). D'un autre côté, ce chef de service sera avisé de l'envoi des marchandises par la manufacture expéditrice. Après avoir rapproché l'avis d'expédition du duplicata de la demande, il arrêtera le décompte définitif de la somme à encaisser et fera parvenir ce décompte au receveur. Ce comptable en inscrira aussitôt le montant au registre n° 75, sur lequel un compte sera ouvert à chaque marchand en gros d'allumettes.

Si le prix des allumettes n'a pas été consigné, le receveur invitera aussitôt le débiteur à régulariser son compte, et si la somme due n'est pas payée à la date de l'expiration du délai de huit jours, le recouvrement en sera immédiatement poursuivi par voie de contrainte et de saisie, comme en matière de taxes indirectes. S'il y a eu consignation du prix, le montant du décompte sera simplement converti en perception définitive.

Toutes les sommes inscrites pendant un trimestre aux comptes des marchands en gros d'une même recette figureront, qu'elles aient ou non été recouvrées, à un état de produit spécial n° 51 G. Ces constatations seront naturellement reportées aux relevés n°s 76, 81, 102, 104, etc.

Par application des dispositions de l'art. 22 du décret du 29 nov. 1871 et de l'art. 2 de la loi du 15 févr. 1875, les acheteurs d'allumettes en gros seront admis à en payer le prix soit en numéraire, au comptant, soit en obligations cautionnées à quatre mois de terme, dans les conditions prescrites par ladite loi du 15 févr. 1875, c'est-à-dire lorsque le décompte s'élèvera à 300 fr. au moins et sous la réserve que le débiteur payera l'intérêt de retard au taux fixé (3 pour 100, arrêté du 17 févr. 1875) ainsi que la remise spéciale d'un tiers pour 100, laquelle sera répartie dans les conditions réglementaires.

L'administration des manufactures de l'État se trouvant déchargée par le fait même de la livraison au chemin de fer des colis demandés par le négociant, il appartient au destinataire d'accomplir, à ses risques et périls, toutes les formalités à l'arrivée, et d'exercer, le cas échéant, son recours contre la compagnie chargée du transport, suivant les usages commerciaux.

*Vente en détail.*

Selon les dispositions de l'art. 1er de la loi du 15 mars 1873, tout commerçant patenté doit, moyennant la déclaration prescrite par l'art. 26 du règlement du 29 nov. 1871, être admis à faire le débit des allumettes aux consommateurs en se conformant aux lois et règlements sur la matière.

La vente en détail des allumettes est obligatoire pour les débitants de tabacs.

Le service devra donc veiller à ce qu'ils soient toujours approvisionnés, en quantités suffisantes, des différents types d'allumettes demandés par les consommateurs de la localité.

Sous le régime de l'exploitation directe par l'État, des détaillants ont la faculté de s'approvisionner chez tel négociant en gros ou demi-gros commissionné qu'ils jugeront convenable, soit dans le département même, soit en dehors du département dans lequel ils résident. Il conviendra de les en prévenir.

gratuitement et ostensiblement des allumettes à la disposition du public ; la limite de 1 kilogramme n'est pas applicable à cette catégorie de personnes, sauf les peines portées contre ceux qui seraient détenteurs d'allumettes de provenance frauduleuse.

**77.** Que faut-il entendre par *allumettes de fraude ?* La jurisprudence fournit la réponse à cette question. Sont allumettes de fraude toutes celles qui ne proviennent pas des boîtes et paquets de l'Etat (autrefois, de la compagnie concessionnaire du monopole). C'est à ces dernières seules que s'applique la faculté de détention des allumettes, dans la limite de 1 kilogramme attribuée ainsi qu'on l'a vu *suprà*, n° 76, aux particuliers et, sans limitation de quantité, aux commerçants qui les livrent gratuitement à leurs clients (Crim. cass. 23 nov. 1876, aff. Potestat, D. P. 78. 1. 44; 10 févr. 1877, aff. Aubier, D. P. 78. 5. 33 ; et, sur renvoi, Poitiers, 17 mars 1877) (1).

**78.** Dès lors que les allumettes sont de provenance frauduleuse, la détention n'en saurait être excusée, la quantité en fût-elle minime (dans l'espèce, cinquante allumettes) (Nîmes, 24 août 1876) (2).

---

(1) (Comp. gén. des allumettes C. Aubier et autres.) — La cour ; — En ce qui touche la nullité des procès-verbaux qui forment la base des poursuites ; — Attendu que Blage, contrôleur de la compagnie concessionnaire, a procédé régulièrement à la constatation des contraventions relevées dans divers procès-verbaux qu'il a rédigés ; — Qu'en effet, pour se livrer aux visites domiciliaires qui ont amené la saisie des allumettes, il était accompagné du commissaire de police, conformément aux prescriptions des lois de 1875 et 1816 ; — Que, revêtu de la fonction de contrôleur de la compagnie concessionnaire, par décision du directeur général des contributions indirectes, et ayant régulièrement prêté le serment exigé par la loi, il avait qualité pour instrumenter sur tout le territoire de la France, sans être obligé de faire viser sa commission aux greffes des tribunaux dans le ressort desquels il pouvait avoir à rechercher les contraventions commises, la loi sur le mode de nomination des employés de la compagnie n'ayant prescrit aucune mesure de ce genre ; — Que, s'il est vrai que les procès-verbaux constatent, par erreur, que le rédacteur était en résidence au Blanc, de même qu'ils omettent d'indiquer le poids des allumettes saisies, et l'acceptation, par le gardien, de la quantité des allumettes qui lui ont été confiées, ces énonciations ne constituent pas des formalités essentielles prescrites à peine de nullité ; — Attendu que l'art. 1er de la loi du 28 juill. 1875, relative à la répression de la fraude dans la fabrication et la vente des allumettes chimiques, ne statuant au sujet de la détention de ce produit que par relation aux art. 217, 218 de la loi du 28 avr. 1816, qu'il déclare leur être applicables, il y a nécessité, pour expliquer cet article, de le combiner avec ces dernières dispositions législatives ; — Qu'il résulte manifestement de cette combinaison que cet article punit des peines édictées par l'art. 218 de la loi de 1816, toute détention quelconque d'allumettes chimiques qui ne proviendraient pas de la fabrication de la compagnie générale mise aux droits créés au profit de l'Etat par la loi du 2 août 1872 ; que sa prohibition, en ce qui concerne ces allumettes de provenance réputée frauduleuse, est absolue, et n'admet ni tempérament ni réserve ; — Que l'autorisation accordée par cet article, aux particuliers d'abord, aux débitants de boissons, cafetiers, aubergistes, hôteliers et commerçants ensuite, de détenir à titre de provision, les premiers jusqu'à concurrence d'un kilo, les seconds, une quantité indéterminée d'allumettes chimiques dépourvues de *toute marque légale*, à la condition, par ces derniers, de les remettre gratuitement à la disposition de leur clientèle, ne s'applique évidemment qu'aux seules allumettes de provenance légitime, qu'au produit des fabriques de la compagnie concessionnaire de l'Etat, mais dépouillées, à titre de tolérance, de leurs enveloppes, et des signes auxquels se reconnaît, d'ordinaire, leur légitimité ; — Que la preuve de cette vérité ne résulte pas seulement de la combinaison de l'art. 1er de la loi de 1875 avec l'art. 217 de celle du 28 avr. 1816 ; qu'elle se déduit, plus particulièrement encore, du paragraphe 2 de cette disposition législative elle-même, qui, après avoir fait état de la tolérance dont il vient d'être parlé, ajoute aussitôt que ceux qui seront trouvés détenteurs d'allumettes chimiques de *provenance frauduleuse* sans distinction de quantité, seront passibles des peines édictées par l'art. 222 de la loi du 28 avr. 1816, ce qui implique que la tolérance n'a d'application qu'à des produits de provenance licite ; que cette démonstration, déjà si complète, trouve un élément de plus dans l'exposé des motifs de la loi de 1875, et dans le rapport et la discussion auxquels cette loi a donné lieu, et desquels il résulte que la loi a été faite pour combler une lacune de la législation précédente, laissant impunie la simple détention d'allumettes de provenance autre que celle des fabriques de la compagnie concessionnaire du monopole ; — Attendu qu'il résulte de procès-verbaux réguliers, en date du 27 mars 1876, et des aveux mêmes des prévenus, qu'ils ont été trouvés détenteurs d'allumettes chimiques de provenance étrangère à la fabrication de la compagnie concessionnaire du monopole ; que le seul fait de cette détention constitue une contravention aux dispositions qui viennent d'être rappelées ; — Qu'il est vainement allégué que ces produits n'avaient rien d'illicite, en ce qu'ils provenaient de la fabrication d'un sieur Barbarin, en possession depuis dix-huit années, au Blanc, d'une fabrique d'allumettes chimiques et qui, jusqu'au jour où l'expropriation en avait été consommée par le payement de l'indemnité qui en devait représenter la valeur, avait été autorisé à fabriquer, et conséquemment à écouler ses produits ; — Que, sans qu'il soit besoin d'entrer dans l'examen de la question de savoir si Barbarin était effectivement autorisé à continuer l'exercice de son industrie jusqu'au payement de l'indemnité à laquelle il pouvait avoir droit, et en prenant même ce fait pour constant, il suffit, pour placer les prévenus sous l'application des art. 1er, § 1 et 2 de la loi du 28 juill. 1875, 218 et 222 de celle du 28 avr. 1816, combinés, de cette simple constatation matérielle que les produits saisis au domicile de chacun d'eux ne portaient pas la vignette timbrée exigée par l'art. 4 de la loi du 28 juill. 1874 comme constatation de la perception du droit, la légitimité de ces produits ne pouvant exister qu'à cette condition ; — Par ces motifs, sans s'arrêter ni avoir égard aux faits cotés dont la preuve est inutile, statuant sur la nullité des procès-verbaux, les déclare réguliers en la forme ; et statuant au fond, dit qu'il a été mal jugé par les sous jugements du tribunal correctionnel du Blanc, en date du 27 juin 1876, bien appelé de ces jugements, réformant en conséquence et faisant ce que les premiers juges auraient dû faire : déclare les prévenus atteints et convaincus d'avoir été trouvés détenteurs d'allumettes chimiques de provenance illicite, les condamne à l'amende fixée à..., ordonne la confiscation des allumettes saisies chez chacun des onze prévenus.

Du 17 mars 1877.-C. de Poitiers.-MM. Bonnet, pr.-Sergent, av. gén.

(2) (Comp. des allumettes C. Cavalier.) — La cour; — Attendu que, suivant procès-verbal en date du 1er févr. 1876, affirmé dans les vingt-quatre heures et enregistré, deux agents assermentés de la compagnie générale des allumettes chimiques, tous deux en résidence à Marseille, ont, avec l'assistance du commissaire de police du canton, procédé à une perquisition au domicile de Joseph Cavalier, restaurateur à Pertuis (arrondissement d'Apt) et y ont trouvé et saisi, dans une boîte en fer-blanc, suspendue dans sa cuisine, cinquante allumettes chimiques, que ledit Cavalier a déclaré avoir achetées d'un nommé Ferdinand, chiffonnier à Pertuis ; — Qu'à raison de ce fait, la compagnie a, le 28 avril dernier, cité Cavalier à comparaître devant le tribunal de police correctionnelle d'Apt, sous la prévention d'avoir, détenant des allumettes de provenance illicite, contrevenu à l'art. 1er de la loi du 28 juill. 1875, et a demandé la condamnation du contrevenant à 1000 fr. d'amende, 100 fr. de dommages-intérêts et la confiscation des allumettes saisies ; — Que le tribunal ayant renvoyé le prévenu des fins de la citation, la compagnie a émis appel de cette décision et reproduit devant la cour les conclusions qu'elle a prises en première instance ; — Attendu qu'il résulte du procès-verbal que le prévenu a assisté à la visite domiciliaire et à la saisie pratiquée chez lui ; qu'il a déclaré avoir acheté les allumettes dont il était détenteur d'un chiffonnier de Pertuis, reconnaissant ainsi qu'elles avaient une provenance frauduleuse ; qu'il a signé, sans réserves ni protestations, le procès-verbal avec la constatation de police qui assistait les agents de la compagnie du monopole dans leur opération ; que le prévenu n'a comparu ni ne s'est fait présenter ni en première instance, ni devant la cour, pour contester la matérialité de ces faits ; qu'il s'ensuit qu'il est établi, dès à présent, que le prévenu Joseph Cavalier a été trouvé le 1er février dernier, détenteur de cinquante allumettes chimiques de provenance illicite ; qu'il ne reste plus qu'à examiner si cette détention d'allumettes constitue une contravention et tombe sous le coup de la loi pénale; — Sur l'existence de la contravention : — Attendu que la loi du 4 sept. 1871 et le décret du 29 novembre suivant, réglementant, non point la détention, mais la fabrication, le colportage et le commerce des allumettes chimiques ; que, sous l'empire de ces dispositions, la cour de cassation a décidé qu'un individu qui n'était pas marchand d'allumettes, en gros ou en détail, ne commettait aucune contravention punissable en détenant plus d'un kilogramme d'allumettes chimiques non contenues dans des boîtes ou paquets fermés et revêtus des timbres et vignettes de l'Administration ; qu'en effet, la loi fiscale du 4 sept. 1871 devant être interprétée limitativement, la simple détention qu'elle ne prévoyait pas, échappait à toute répression ; — Mais attendu qu'il résulte du rapport de M. Wolowski et la discussion qui a précédé le vote de la loi du 28 juill. 1875 sur les allumettes chimiques, que le projet de loi présenté à l'Assemblée nationale par le Gouvernement pour assurer d'une manière plus

**79.** Il a été décidé que la détention, à titre de provision, de toute quantité d'allumettes chimiques ne provenant pas des fabriques de la compagnie concessionnaire du monopole (aujourd'hui de l'Etat), est punissable, quel que soit l'endroit du domicile privé ou des magasins et autres locaux destinés au public où la constatation a été faite ; et cela quand bien même elles n'ont pas été mises ostensiblement à la disposition des voyageurs dans un hôtel (Crim. cass. 23 nov. 1876, aff. Potestat, et aff. Massé, D. P. 78. 1. 44).

**80.** Le propriétaire de l'immeuble dans lequel sont trouvées des allumettes ou des objets de fabrication illicite est sous le coup d'une présomption de fraude qui le rend passible des peines applicables à la détention illicite. Cette présomption tombe lorsque le propriétaire peut invoquer un cas de force majeure dûment constatée (Crim. cass. 21 déc. 1888, aff. Bouvier, D. P. 89. 1. 176). — Mais, d'après un autre arrêt (Crim. cass. 1er juin 1877, aff. Durand, D. P. 78. 1 391), le jugement qui constate que les allumettes de fabrication frauduleuse trouvées chez le détenteur y ont été déposées à son insu, par un colporteur inconnu, ne peut acquitter le prévenu par le motif que cette détention serait le résultat d'une force majeure ; une telle appréciation ne repose que sur des circonstances de fait établissant la bonne foi ou l'ignorance du détenteur et ne constituant point, en réalité, un cas de force majeure. V. aussi Dijon, 11 mars 1879, aff. Chemarin, D. P. 79. 2. 131.

La présomption de provenance frauduleuse qui pèse sur le propriétaire chez lequel sont trouvées les allumettes de fraude serait encore écartée par la preuve, administrée, même par témoins, que le propriétaire s'est dessaisi, par un bail sincère, de la jouissance des lieux (Arrêt précité du 21 déc. 1888).

**81.** La loi de 1875 (art. 2 et 3) interdit, outre la détention des allumettes : 1° la fabrication des allumettes chimiques ; 2° la détention d'appareils, d'instruments, ou de pâtes phosphorées propres à cette fabrication. Ces dispositions ne paraissent avoir soulevé aucune difficulté dans la pratique.

**82.** — VIII. Visites chez les particuliers. — La loi du 28 juill. 1875, en interdisant (art. 1er) la détention par les particuliers d'une quantité d'allumettes supérieure à 1 kilo, lorsque ces allumettes ne sont pas contenues dans des boîtes revêtues des marques et vignettes de la régie, s'est référée aux art. 217, 218 et 237 de la loi de 1816. Ce dernier article a donné lieu à des difficultés quant au droit des agents des contributions de pénétrer dans le domicile des particuliers. Il a été jugé : 1° que les lois sur les allumettes chimiques ne soumettent à l'exercice et à la visite des employés des contributions indirectes que les marchands en gros ou commissionnaires et les marchands en détail ; par suite, la fraude dans la fabrication ou la vente, commise par toute autre personne, ne peut être constatée que dans les formes prescrites par l'art. 237 de la loi du 28 avr. 1816,

et notamment au moyen de visites faites avec l'assistance d'un magistrat ou officier de police. Dans ce dernier cas, est nul le procès-verbal rédigé à la suite d'une visite faite chez un particulier avec l'assistance d'un officier de police n'ayant pas qualité pour instrumenter dans le canton ; peu importe que le prévenu n'ait fait aucune protestation, s'il a pu être induit en erreur par la qualité de commissaire de police pour l'arrondissement prise par l'officier de police (Toulouse, 17 juin 1875, aff. Hustel, D. P. 75. 2. 239) ; — 2° Que les employés de la régie, autorisés exceptionnellement à faire les visites chez les simples particuliers s'ils sont assistés du juge de paix, du maire, de son adjoint, ou du commissaire de police, ne peuvent procéder valablement auxdites visites, avec l'assistance d'un conseiller municipal, qu'autant que l'absence ou l'empêchement du maire et de l'adjoint est constaté, et le procès-verbal est nul à défaut de cette constatation (Crim. rej. 6 mars 1879, aff. Sarret, D. P. 79. 1. 317) ; — 3° Que les agents de la compagnie concessionnaire des allumettes chimiques ne peuvent pénétrer chez un particulier pour y constater les contraventions sans l'officier de police judiciaire, alors même que le lieu dans lequel ce particulier exerce son industrie et dans lequel la contravention est constatée est ouvert à tous les clients qui se présentent (Trib. corr. Lille, 9 mai 1883, aff. Robert, D. P. 84. 3. 15). — Cette décision est restée isolée. La cour de cassation a décidé, au contraire, que l'assistance d'un officier de police judiciaire n'est obligatoire, aux termes de l'art. 237, que lorsqu'il s'agit de visites chez des particuliers, en vue de l'inviolabilité du domicile, et qu'il en est autrement dès lors que les préposés se présentent dans un local ouvert à tout le monde (Crim. cass. 27 avr. 1882, aff. Bompart, D. P. 82. 1. 326. Conf. Bourges, 30 nov. 1882, aff. Beauvais, D. P. 83. 2. 156).

**83.** — IX. Poursuites ; Procès-verbaux. — D'après l'art. 8 de la loi du 4 sept. 1871, les contraventions sont poursuivies, et les amendes et confiscations réparties, comme en matière de contributions indirectes. Ce sont donc les formes du décret du 1er germ. an 13 qui s'appliquent ici (Bourges, 30 nov. 1882, cité suprà, n° 82). Il a été jugé par suite : 1° qu'il n'y a pas nullité du procès-verbal qui indique inexactement la résidence du rédacteur, mais qui omet de mentionner le poids des allumettes saisies, et l'acceptation par le gardien de la quantité des allumettes à lui confiées (L. 1er germ. an 13, art. 21 ; Poitiers, 17 mars 1877, suprà, n° 77, note) ; — 2° Qu'en cas d'infraction aux lois sur les allumettes chimiques, les poursuites contre les contrevenants se prescrivent par trois mois à compter du procès-verbal, comme en matière de contributions indirectes, par application de l'art. 8 de la loi du 4 sept. 1871 (Agen, 18 janv. 1884) (1).

**84.** Les procès-verbaux des employés des contributions indirectes font foi jusqu'à inscription de faux, tant du fait

---

complète la répression de la fraude, en pareille matière avait précisément pour objet de combler la lacune signalée par la jurisprudence des cours d'appel et de la cour suprême ; qu'on ne pouvait tolérer plus longtemps qu'il fût permis de détenir impunément une quantité quelconque, des allumettes fabriquées clandestinement, et qu'il fallait, pour sauvegarder les intérêts du Trésor et de la compagnie concessionnaire du monopole, gravement compromis par l'insuffisance de la loi du 4 sept. 1871, atteindre la détention d'allumettes chimiques de provenance illicite, quelque minime que fût d'ailleurs la quantité d'allumettes détenues ; que ces considérations avaient déterminé l'Assemblée nationale à accorder au Gouvernement le complément de pénalités qu'il lui demandait ; que, par suite, le prévenu Cavalier, trouvé détenteur de cinquante allumettes chimiques de provenance frauduleuse, a contrevenu à la loi du 28 juill. 1875 et encouru les peines édictées par l'art. 222 de la loi du 28 avr. 1816 ; — Par ces motifs, déclare Joseph Cavalier atteint et convaincu d'avoir été, le 1er févr. 1876, à Pertuis, trouvé détenteur de cinquante allumettes chimiques de provenance frauduleuse ; et, pour la répression, le condamne à 300 fr. d'amende ; — Ordonne la confiscation des allumettes saisies, etc. Du 24 août 1876.-C. de Nîmes.-MM. Fayer, pr.-de Neyremand, rap.-Clappier, av. gén.-Pascal, av.

(1) (Sauvage C. Compagnie des allumettes chimiques.) — La cour ; — Attendu qu'aux termes de l'art. 8 de la loi du 4 sept.

1871, portant augmentation des impôts concernant les contributions indirectes, les contraventions prévues par cette loi, notamment en matière d'allumettes chimiques, doivent être « poursuivies comme en matière de contributions indirectes » ; que la loi du 2 août 1872, en substituant à la première forme de l'impôt sur les allumettes chimiques le monopole de l'Etat, porte, dans son art. 6, que « quel que soit le mode adopté pour son exploitation, la circulation et la vente des allumettes chimiques demeurent assujetties au régime et aux pénalités établi par les lois des 4 sept. 1871 et 29 janv. 1872 » ; que, lorsque l'Etat eut concédé son monopole à la compagnie générale, la loi du 15 mars 1873, tout en édictant que les agents de cette compagnie, dûment agréés par l'administration des Contributions indirectes, « pourraient, dans les mêmes conditions que les préposés des octrois, constater les contraventions », a si peu voulu modifier la législation antérieure, qu'elle a déclaré que « les contraventions donneraient lieu à l'application des peines édictées par la loi du 4 sept. 1871 » ; que, de l'ensemble de ces dispositions législatives, il résulte que la répression des contraventions en matière d'allumettes chimiques n'a cessé d'être et reste soumise au régime des contributions indirectes, y compris la règle générale posée dans l'art. 638 c. instr. crim., fixant à trois ans la durée de la prescription, n'est pas plus applicable à la matière des allumettes chimiques qu'à la matière des contributions indirectes ; — Attendu que, si la cour de cassation, par ses arrêts des 18 janv. 1861 et 21 août 1863 en a décidé autrement pour les contraventions en matière d'octroi, c'est parce que la législation sur cette dernière

de la saisie des allumettes chimiques non timbrées que de la qualité des objets saisis ; par suite, le. tribunal ne peut pas déclarer, contrairement aux termes d'un procès-verbal, que les allumettes saisies n'étaient pas chimiques (Crim. rej. 9 avr. 1875, aff. Gauthier, D. P. 78. 4-20, note a).

**85.** La loi du 28 janv. 1875 (art. 3) déclare applicable en matière d'allumettes chimiques les art. 222 et 223 de la loi du 28 avr. 1816. Il en résulte que, outre les employés de la régie, des douanes et des octrois, les gendarmes, préposés forestiers, gardes champêtres et tous employés assermentés ont le droit d'instrumenter dans les termes de l'art. 222. Les vendeurs et colporteurs d'allumettes de fraude doivent être arrêtés et constitués prisonniers. — Bien que la loi précitée n'ait parlé que des art. 222 et 223 de la loi du 1816, l'art. 224 de la même loi, qui contient une disposition adoucissant celle de l'art. 222, y est implicitement visé. Il a été jugé, en ce sens, que l'art. 224 de la loi du 28 avr. 1816 s'applique à la vente et au colportage frauduleux d'allumettes chimiques; qu'en conséquence, le fraudeur arrêté en flagrant délit doit être conduit devant le juge compétent, qui statue de suite, par une décision motivée, sur son emprisonnement ou sur sa mise en liberté. Et il y a lieu de maintenir l'incarcération du prévenu lorsqu'il est insolvable et sans domicile fixe (Poitiers, 27 janv. 1881, aff, Meillat, D. P. 81. 2. 83).

**86.** En Corse, la répression de la fraude a été confiée au service des douanes par le décret du 30 août 1880 (D. P. 81. 4. 92).

**87.** Il résulte d'une jurisprudence constante que l'Administration seule a le droit de poursuivre en matière de contributions indirectes, sauf le cas où la loi prononce la peine d'emprisonnement (V. *Rép.* nos 487 et suiv., et *infra*, vo *Vins et boissons*). La raison en est dans le droit de transaction dont l'Administration est investie, d'une part, et, d'autre part, dans la responsabilité pécuniaire qui lui incombe au cas de saisie mal fondée. Cette règle a été appliquée en ce qui concerne les allumettes chimiques. Jugé que la contravention consistant dans le colportage d'allumettes chimiques de contrebande, n'étant passible que d'une amende, ne peut être poursuivie par le ministère public (Agen, 7 janv. 1880, aff. Catala, D. P. 80. 2. 84). Et il en est ainsi alors même que le contrevenant serait en état d'arrestation préventive, et qu'il y aurait connexité entre la contravention et un délit de droit commun pour lequel le contrevenant aurait été poursuivi en même temps et condamné; le fait de l'arrestation ne peut avoir aucune influence, puisqu'elle n'est que préventive. et qu'il n'y a d'autre sanction que l'amende et la contrainte par corps; d'autre part, on ne peut invoquer ici la connexité, le fait dont il s'agit ne constituant pas un délit d'ordre public, mais purement fiscal. — Mais la poursuite exercée par le ministère public est régularisée, du moment que la régie est intervenue dans l'instance (Dijon, 29 janv. 1877, aff. Bouillié, et 31 janv. 1877, aff. Belleterre, D. P. 77. 2. 102).

A l'inverse, le ministère public a qualité pour poursuivre lorsque le délinquant est passible de la peine d'emprisonnement (Mêmes arrêts).

**88.** — X. Pénalités. — Les peines en matière d'infraction aux lois sur le monopole des allumettes sont les suivantes : l'art. 5 de la loi du 4 sept. 1871 punit d'une amende de 100 à 1000 fr. les infractions des débitants (et par débi-

tants, il faut entendre les marchands en gros et en détail), en outre de la confiscation. Cet article reste applicable aux contraventions qui ne sont pas visées par les articles des deux lois de 1875. — L'art. 3 de la loi du 28 janv. 1875 ayant rendu applicable en matière d'allumettes les art. 222 et 223 de la loi du 28 avr. 1816 (V. *supra*, no 85); il s'ensuit que les vendeurs et colporteurs d'allumettes de fraude encourent une amende de 300 à 1000 fr., indépendamment de la confiscation des allumettes, des ustensiles servant à la vente et des moyens de transport.

**89.** L'art. 1er de la loi du 28 juill. 1875 réprime la détention d'allumettes chimiques non revêtues des marques légales. D'après cet article, qui vise les art. 217 et 218 de la loi du 28 avr. 1816, il est infligé une amende de 10 fr. par kilogramme d'allumettes saisies, sans que la condamnation puisse être inférieure à 100 fr. ni supérieure à 3000 fr. L'art. 2 de la même loi punit d'une amende de 300 à 1000 fr. la fabrication frauduleuse, en outre de la confiscation des allumettes. L'art. 3 punit de la même peine la détention des instruments ou ustensiles propres à la fabrication des allumettes chimiques, et celle des pâtes phosphorées propres à cette fabrication.

La récidive des contraventions prévues par ces deux articles est frappée d'un emprisonnement de six jours à six mois (art. 2, al. 3). — Décidé que la peine de l'emprisonnement prononcée, en cas de récidive, par l'art. 2, al. 3 de la loi du 28 juill. 1875, relative à la répression de la fraude dans la fabrication et la vente des allumettes chimiques, n'est applicable qu'autant que les deux contraventions successives constituent, l'une et l'autre, des infractions, soit à l'art. 3, soit à l'art. 3 de ladite loi (Dijon, 29 janv. 1877, aff. Bouillié, et 31 janv. 1877, aff. Belleterre, D. P. 77. 2. 102).

**90.** Il a été jugé que la disposition de l'art. 42 de la loi du 30 mars 1888, qui a étendu la faculté, pour les tribunaux, de modérer la peine par l'admission des circonstances atténuantes, à tous les délits et contraventions en matière de contributions indirectes, est applicable aux délits et contraventions prévus par les dispositions légales relatives au monopole des allumettes chimiques, spécialement à la détention d'allumettes de fraude (Crim. rej. 8 mars 1889, aff. Jouhanaud, D. P. 89. 1. 433).

**91.** En matière de contravention aux lois qui réservent à l'État le monopole de la fabrication des allumettes chimiques, la confiscation des objets saisis doit être prononcée, nonobstant la nullité du procès-verbal et l'acquittement des prévenus qui en est la suite, si l'infraction se trouve d'ailleurs suffisamment établie (Crim. rej. 6 mars 1879, aff. Sarret, D. P. 79. 1. 317. V. dans le même sens : Trib. corr. Lille, 9 mai 1883, aff. Robert, D. P. 84. 3. 15).

**92.** La durée de la contrainte par corps applicable au cas de condamnation pour fraude au monopole des allumettes chimiques doit être fixée conformément à la loi du 22 juill. 1867, dont l'art. 9 a, sous ce rapport, abrogé l'art. 225 de la loi du 28 avr. 1816. Elle a pour point de départ la date de l'arrestation du prévenu antérieure au jugement (Dijon, 29 et 31 janv. 1877, cités *supra*, nos 87 et 89).— Une autre disposition de l'art. 225 précité est inapplicable en matière d'allumettes chimiques ; c'est celle qui porte que le condamné sera maintenu en état de détention jusqu'à parfait payement des condamnations ou jusqu'à l'expiration du délai fixé par la contrainte par corps. Il y a lieu, sur ce

---

matière (V. art. 164 du décret du 19 mai 1809) ne la soumet au régime des contributions indirectes que restrictivement, pour le cas où il s'agit de contraventions ayant pour objet les octrois en même temps que les contributions indirectes, et non pas d'une manière générale, ainsi que cela existe pour les contraventions en matière d'allumettes chimiques; — Attendu, en conséquence de ce qui précède, que la loi des 15 et 17 juin 1835, qui a eu précisément pour but de mettre fin aux divergences de la jurisprudence sur la durée de la prescription en matière de contributions indirectes, doit seule être appliquée; — Attendu qu'aux termes de cette loi « l'assignation à fin de condamnation doit être donnée dans les trois mois du procès-verbal, à peine de déchéance »; — Attendu que les expressions de cette loi sont limitatives, puisque c'est dans les trois mois que l'assignation doit être donnée; qu'il suffit de laisser à l'Administration les trois mois francs pour que ses droits soient pleinement respectés;

— Attendu que c'est ainsi, dans la matière même des contributions indirectes, que la cour de cassation a, le 27 avr. 1821, interprété l'art. 32 du décret du 1er germ., an 13; — Attendu, en fait, que le procès-verbal dressé contre la veuve Sauvage est sous la date du 28 mars 1882, et qu'elle n'a été assignée que le 29 juin suivant; — Attendu que, sans entrer en ligne de compte le jour de la rédaction du procès-verbal, il existe du 29 mars au 28 juin inclusivement une période complète de trois mois, et que nécessairement le 29 juin est en dehors de cette période;

Par ces motifs; — Faisant droit à l'appel de la veuve Sauvage contre le jugement du tribunal d'Agen du 6 juill. 1882; — Déclare prescrite la contravention relevée contre elle; — Renvoie la prévenue des poursuites.

Du 18 janv. 1884.-C. d'Agen, ch. corr.-MM. Douarch, pr. Mazeau, av. gén.-Aymard et Montels.

point, de se conformer aux prescriptions de l'art. 3 de la loi du 24 juill. 1867, aux termes duquel la voie de la contrainte par corps ne peut-être employée que moyennant l'accomplissement des formalités qu'il prescrit, notamment après un commandement notifié au débiteur détenu et en exécution d'un réquisitoire du procureur de la République (Crim. cass. 21 nov. 1878) (1).

**93.** — 4° *Noms commerciaux et marques de fabrique.* — Si la loi qui a établi le monopole a eu pour effet d'interdire en France la fabrication des allumettes, a-t-elle privé les fabricants de la propriété de leurs marques et de leurs noms? Il a été jugé que les expropriations poursuivies au nom de l'Etat en vertu de la loi du 2 août 1872, relative au monopole de la vente et de la fabrication des allumettes chimiques, et les indemnités correspondantes n'ont porté que sur les fabriques, c'est-à-dire sur ce qui constituait les établissements industriels et commerciaux de fabrication et de vente en tant que leur exploitation devenait désormais interdite dans toute l'étendue du territoire; que les marques industrielles et les noms commerciaux des fabricants expropriés, sont restés en dehors de l'expropriation qui ne pouvait les frapper; que, dès lors, ces fabricants ont conservé la propriété et l'usage de leurs noms et marques en vue de l'industrie qu'ils pourraient transporter à l'étranger; que, par suite, la compagnie concessionnaire du monopole des allumettes chimiques qui a apposé sur les objets de sa fabrication les noms et marques de fabricants expropriés, a commis une usurpation et un acte de concurrence illicite qui pouvaient la rendre passible de dommages-intérêts (Req. 8 nov. 1880) (2).

**CHAP. 3.** — **Impôt des cartes à jouer** (*Rép.* n°^ 611 à 629).

**94.** — I. HISTORIQUE ET LÉGISLATION. — Les cartes à jouer sont, d'après tous les écrivains qui se sont occupés de finances, un des objets d'impôts les plus légitimement frappés. Cet impôt constitue en France ce qu'on pourrait appeler un demi-monopole, par l'obligation où sont les fabricants de se fournir, auprès de la régie, de papier filigrané et de feuilles de moulage; toute contrefaçon en étant interdite sous peine de contravention. Les fabricants sont, de plus, soumis, en vertu de l'art. 164 de la loi de 1816, à un droit annuel de licence qui a été porté à 100 fr. par la loi du 1er sept. 1871.

**95.** On a donné au *Rép.*, n° 611, un aperçu de l'histoire de la législation en matière de cartes jusqu'en 1852. Depuis cette époque, les modifications législatives ont porté surtout sur la quotité de l'impôt.

Sous le régime de la loi du 7 août 1850 (D. P. 50. 4. 184), les jeux de cartes étaient soumis à des taxes différentielles, suivant qu'il s'agissait de cartes à portrait français ou à portrait étranger. Les dernières payaient un supplément

de taxe de 15 cent. La loi du 1er sept. 1871 (D. P. 71. 4. 78) établit un droit unique de 50 cent. par jeu, quel que fût le nombre des cartes et le dessin de la figure. Cette disposition, en mettant sur le même pied la fabrication des cartes à portrait français et à portrait étranger (belge, russe, etc.) fournissait, en réalité, un aliment à la fraude. C'est, en effet, par le contrôle du papier filigrané qui sert de dos à la carte française que la régie pouvait apprécier le nombre de jeux fabriqués, en déduisant le compte des cartes sorties de la quantité du papier livré; mais les cartes à portrait étranger, fabriquées sur papier libre, échappaient à tout contrôle. Pour remédier à cet inconvénient, signalé dans le rapport de M. A. Lefebvre-Pontalis, la loi du 21 juin 1873 (D. P. 73. 4. 88) a rétabli l'écart entre les cartes à portrait français et à portrait étranger en forçant le droit sur ces dernières et en le portant à 0 fr. 825 par jeu. En même temps, le droit sur les cartes françaises a été porté à 0 fr. 625 par jeu, décimes compris.

**96.** Aujourd'hui la législation distingue trois espèces de cartes : 1° les cartes à portrait français intérieur fabriquées avec le papier filigrané et les moulages de la régie, pour l'impression des points et les feuilles de figures et d'as de trèfle. Ces derniers portent, outre la couronne de feuilles de chêne, le timbre créé par le décret du 12 avr. 1890; — 2° Les cartes à portrait français extérieur qui ne diffèrent que par l'absence du timbre et l'impression du mot « extérieur » sur la carte; — 3° Les cartes à portrait étranger, dont la fabrication est permise surtout en vue de l'exportation et fabriquées avec des moules et sur du papier libre, mais à condition d'être déposées dans les bureaux, désignées par l'Administration, et si elles sont destinées à la France, timbrées, et imprimées au nom du fabricant. Cet impôt, en 1890, a donné au Trésor 2035900 fr.

TABLEAU DE LA LÉGISLATION SUR LES CARTES A JOUER

**1er-3 sept. 1871.** — Loi portant augmentation des impôts indirects (D. P. 71. 4. 78).

Art. 5. Les droits de 25 centimes et de 40 centimes actuellement perçus par chaque jeu de cartes à jouer sont remplacés par un droit unique de 50 centimes, en principal, par jeu, quel que soit le nombre de cartes dont il se compose et quels que soient la forme et le dessin des figures.

Le supplément de taxe sera payé par les fabricants de cartes, sur les quantités reconnues en leur possession et déjà imposées d'après le tarif qui est modifié.

6. A partir du 1er oct. 1871, les droits de licence seront perçus d'après le tarif suivant les assujettis qui y sont dénommés : .. Fabricants de cartes, dans tous les lieux : 100 fr.

**21-24 juin 1873.** — Loi sur les contributions indirectes (D. P. 73. 4. 88).

Art. 19. Le droit unique de 50 cent. en principal, actuellement

---

(1) (Cologne C. Contributions indirectes). — LA COUR ; — Attendu que la cour d'appel a décidé que conformément à l'art. 223, le condamné sera maintenu en état de détention jusqu'au parfait payement des condamnations prononcées ou jusqu'à l'expiration du délai de deux années, fixé pour la contrainte par corps; — Attendu que la cour d'appel avait déterminé la durée de la contrainte par corps d'après les règles posées par l'art. 9 de la loi du 22 juill. 1867; mais que, aux termes de l'art. 3 de la même loi, ce mode d'exécution des condamnations pécuniaires ne pouvait être employé que moyennant l'accomplissement des formalités prescrites par ce dernier article, notamment après un commandement notifié au débiteur détenu et en exécution d'un réquisitoire du procureur de la République; qu'en ordonnant le maintien en prison du condamné, après l'exécution de la peine corporelle, sans le subordonner à l'accomplissement préalable des formalités indiquées dans l'art. 3 précité, l'arrêt attaqué a méconnu les dispositions de cet article, et a faussement appliqué et violé celles de l'art. 225 de la loi du 28 avr. 1816, lequel a statué uniquement en matière de contrebande de tabacs, sans que les lois des 4 sept. 1871, 2 août 1872, 15 mars 1873 et 28 janv. 1875 aient rendu applicable aux faits de fabrication et de détention illicite d'allumettes chimiques, la disposition spéciale de l'art. 225 précité; — Casse, etc.
Du 21 nov. 1878.-Ch. crim.-MM. de Carnières, pr.-Saint-Luc Courborieu, cons. rapp.-Benoist, av. gén.

(2) (Compagnie des allumettes C. Roché.) LA COUR; — Sur le moyen unique de cassation, tiré de la violation de l'art. 3 de

la loi du 2 août 1872 et des principes en matière de cession d'industrie : — Attendu que la loi du 2 août 1872, art. 1er et 3, en attribuant à l'Etat le monopole de l'achat, de la vente, de la fabrication des allumettes chimiques, a prononcé l'expropriation des fabriques actuellement existantes; que ces expressions limitatives montrent suffisamment que le principe et les effets de l'expropriation ne s'étendent pas au delà de ce qui constitue les établissements de fabrication proprement dits, c'est-à-dire les immeubles, le matériel et l'outillage servant à l'exploitation; qu'en cette matière essentiellement fiscale, on ne saurait, par voie d'analogie, appliquer les mêmes dispositions à l'industrie elle-même et aux marques distinctives et au nom accessoire naturel; — Attendu que, si des indemnités ont été accordées aux fabricants dépossédés du droit d'exercer leur industrie sur le territoire de la République française, le payement de ces indemnités n'implique, de ce chef, aucune cession de droits au profit de l'Etat ou de la compagnie concessionnaire; que les fabricants ont conservé, après comme avant, leur personnalité commerciale, et que, maîtres de porter leurs établissements à l'étranger, ils ont gardé en même temps la propriété exclusive des signes extérieurs qui en signalent les produits; — Attendu qu'il suit de là que, en refusant à la compagnie demanderesse la faculté de se servir des marques et noms commerciaux des industriels expropriés en vertu de la loi du 2 août 1872, l'arrêt attaqué a fait une juste application des règles de la matière ; — Rejette, etc.
Du 8 nov. 1880.-Ch. req.-MM. Bédarrides, pr.-Alméras-Latour, rap.-Rivière, av. gén. c. conf.-Lehmann, av.

perçu, en vertu de la loi du 1er sept. 1871, par jeu de cartes à jouer, quel que soit le nombre des cartes dont il se compose, et quels que soient la forme et le dessin des figures, est porté à 70 cent. par jeu pour les cartes dites *au portrait étranger*.

Le nouveau tarif est donc ainsi fixé :
Cartes à jouer, au portrait français, 50 cent. par jeu ;
Cartes à jouer, au portrait étranger, 70 cent. par jeu.
Ces taxes sont frappées du double décime.

Le supplément de taxe sera payé par les fabricants de cartes et les débitants commissionnés, sur les quantités reconnues en leur possession et déjà imposées, d'après le tarif ainsi modifié.

**26-28 mars 1889.** — Décret relatif à la fabrication des cartes à jouer.

Art. 1er. Les formes, dimensions, figures et dessins des cartes à jouer, que les fabricants voudraient confectionner avec des moulages autres que les moulages officiels, doivent être préalablement agréés par la régie.

2. A cet effet, il est interdit aux graveurs et à tous autres de graver ou confectionner aucun moule ou aucune planche propre à imprimer des cartes à jouer, avant d'avoir soumis à l'administration des Contributions indirectes les dessins et figures des cartes et obtenu d'elle l'autorisation de les reproduire.

Il est également interdit aux fabricants, aux imprimeurs et à tous autres de fabriquer des cartes avec des moules non autorisés.

**12-17 avr. 1890.** — Décret relatif au timbre des cartes à jouer.

Art. 1er. L'as de trèfle des jeux au portrait français intérieur sera frappé d'un timbre spécial, dont l'empreinte sera déposée au greffe de la cour d'appel de Paris. Le même timbre sera apposé, pour chacun des jeux de cartes au portrait étranger destinés à l'intérieur, sur une carte, toujours la même pour chaque portrait, dont la désignation sera faite par la régie des Contributions indirectes.

La carte marquée du timbre sera placée la première du côté opposé à la bande de contrôle. Une découpure pratiquée dans l'enveloppe devra permettre de constater la présence du timbre sans rompre la bande.

2. Les jeux, tant au portrait français qu'au portrait étranger, envoyés à l'exportation ne devront pas porter le timbre institué par le présent décret.

3. Il est accordé aux fabricants jusqu'au 1er janv. 1891, et aux marchands jusqu'au 1er juillet de la même année, pour écouler les cartes fabriquées antérieurement. Passé ce délai, la vente des cartes qui ne seraient pas en règle sera interdite.

A compter du 1er janv. 1892, seront considérés comme fabriqués en fraude et saisis les jeux non conformes aux dispositions du présent décret qui seraient trouvés chez ceux qui tiennent des cercles, cafés, auberges, débits, et en général des établissements où le public est admis.

**97.** — II. DROIT COMPARÉ. — *Allemagne.* — L'impôt sur les cartes à jouer consiste en un timbre apposé sur chaque jeu de trente-six cartes du prix de 20 pfennigs et de 50 sur tout jeu contenant plus de trente-six cartes (Loi d'Empire du 3 juill. 1878). Il a remplacé les impôts locaux qui existaient dans la plupart des États confédérés. L'impôt se perçoit à la fabrique ou à la frontière. La carte marquée du timbre est l'as de cœur. — Les fabriques sont soumises à l'exercice. L'ouverture, le montage des appareils, la fabrication sont soumises à la surveillance. Les peines sont des amendes de 1500 marks (1875 fr.), et, s'il y a plus de 50 jeux, 30 marks d'amende en plus. L'enlèvement des moules est puni d'une amende de 30 à 150 marks. Le commerce est libre, mais les marchands doivent laisser vérifier chez eux si les cartes ont payé l'impôt. Quiconque vend, achète ou détient des jeux de cartes non timbrées, ou s'en sert, ou les introduit de l'étranger sans les soumettre au timbre est passible d'une amende de 30 marks (37 fr. 50) par jeu, au minimum, 500 marks pour les marchands. Les hôteliers ou aubergistes sont responsables. Le tout, outre la confiscation (*Woerterbuch des Deutschen Verwaltungsrechts*, par M. le baron von Stengel, Fribourg-en-Brisgau, 1890; Mohr, v° *Spielkartenstempel*). L'Allemagne avait fabriqué, en 1884-85, 3552900 jeux de cartes de trente-six, et 1286239 de plus de trente-six cartes.

*Autriche.* — La loi autrichienne du 1er janv. 1882 a établi l'impôt sur les cartes d'après le système de la France.

*Grande-Bretagne.* — Le système du timbre appliqué sur une carte est le même que celui de l'Allemagne.

*Italie.* — La loi du 13 sept. 1874 y impose les cartes.

*Grèce.* — Une loi du 3 avr. 1884 y a établi le monopole des cartes à jouer au profit de l'État.

**98.** — III. OBLIGATIONS DES FABRICANTS DE CARTES. — PÉNA-

---

LITÉS. — Les obligations des fabricants et débitants de cartes déclaration, obtention d'une commission que la régie ne peut refuser, ni retirer qu'en cas de fraude constatée, de tenir un registre, etc, sont énumérées au *Rép.*, nos 612 et 613. L'obligation de se fournir de papier filigrané et de feuilles de moulage est examinée aux nos 613 et 614; nous avons dit que c'était là, un troisième monopole de la régie. L'obligation de se soumettre à la surveillance, de rendre compte de l'emploi des filigranes et des feuilles de moulage aux jeux portés au registre fait l'objet des nos 616 et 617. Aucune allocation de déchets n'est accordée. Les cartes dont la vente est autorisée sont énumérées au *Rép.* nos 618 et 619; ce dernier contient en outre la description des cartes dont la vente est prohibée. Les cafetiers, aubergistes, maîtres d'hôtel, débitants sont soumis aux formalités (visite et surveillance) énoncées au *Rép.* n° 626). — Les fabricants de cartes sont aujourd'hui soumis au payement d'une licence de 100 fr. par an (L. 1er sept. 1871, art. 6).

**99.** Les dispositions des art. 223 à 226 de la loi de 1816 sur les tabacs sont applicables en matière de cartes à jouer. Les fabricants peuvent-ils être atteints par ces articles ? Au *Rép.* n° 627, on a soutenu la négative, enseignée par MM. Saillet et Olibo. Dans la dernière édition de leur ouvrage, t. 2, p. 270, ces auteurs ont reproduit la même opinion, et nous croyons qu'il y a lieu d'y persister. Les articles dont il s'agit visent en effet la contrebande et le colportage. La fabrication est un délit distinct, puni par l'art. 166 de la peine d'amende et d'un mois de prison ; mais rien n'autorise à l'appliquer préventivement.

**100.** Les peines sont la confiscation et une amende de 1000 à 3000 fr. ; ce dernier chiffre doit toujours être adopté en cas de récidive (*Rép.* n° 625). La vente de cartes recoupées et réassorties, défendue par l'art. 11 de l'arrêté du 19 flor. an 6, donne lieu à l'application des mêmes peines (*Rép.* n° 615); nous ajouterons qu'il en est ainsi, qu'il s'agisse d'un particulier ou d'un débitant.

**101.** L'art. 13 de la loi du 21 juin 1873 s'applique-t-il en matière de cartes à jouer ? Il a été jugé dans le sens de l'affirmative que l'immunité établie par l'art. 13 de la loi du 21 juin 1873 s'applique au transporteur de bonne foi, mais sous la condition que, par la désignation exacte et régulière de son commettant, il mette la régie en mesure d'exercer des poursuites contre le véritable auteur de la fraude, et que, dès lors, est nul l'arrêt qui relaxe un individu prévenu de réimportation frauduleuse, en France, de cartes exportées, par l'unique motif qu'il a indiqué un tiers comme étant le propriétaire de la malle où les cartes étaient dissimulées (Crim. cass. 12 nov. 1880, aff. Favre, D. P. 81. 1. 96). Un arrêt de la cour de Lyon du 12 févr. 1879 (*Recueil chronologique des contributions indirectes*, à sa date), admet le transporteur de bonne foi à bénéficier de l'excuse légale ; il faut ajouter que, dans l'espèce, on trouvait les conditions qui faisaient défaut dans la précédente affaire.

## CHAP. 4. — Impôt des bougies.

**102.** — I. HISTORIQUE ET LÉGISLATION. — L'impôt sur les bougies a été créé par la loi du 30 déc. 1873, qui a établi diverses taxes additionnelles aux impôts indirects (art. 9). « La nécessité de demander encore des ressources budgétaires à des taxes de consommation étant admise, a dit le rapporteur de la loi, l'impôt sur la bougie, déjà recommandé par le conseil supérieur du commerce, devra être bien accueilli par l'opinion publique. En fait, cet impôt serait supporté par les classes riches ou aisées, et on trouverait anormal qu'il n'existât point en présence des taxes sur les huiles minérales et végétales ». — Nous ne connaissons pas de pays étranger où cette matière ait fait l'objet d'un impôt, sauf peut-être l'Espagne, où les bougies pourraient être atteintes par l'impôt dit de *consumos* (consommation).

TABLEAU DE LA LÉGISLATION SUR LES BOUGIES

**30-31 déc. 1873.** — Loi qui établit des taxes additionnelles aux impôts indirects (D. P. 74. 4. 30).

Art. 9. Il est établi sur l'acide stéarique et autres matières à l'état de bougies ou de cierges un droit de consommation intérieure, fixé en principal à 25 fr. les 100 kilos.

Cette taxe ne sera point soumise au demi-décime établi par la présente loi.

Sont imposables comme bougie stéarique tous les mélanges ou composés factices d'acide stéarique et autres substances.

Quelle qu'en soit la composition, les chandelles et bougies à mèche tissée, ou tressée ou moulinée, ayant subi une préparation chimique, sont passibles de la même taxe.

10. Le tarif des douanes, en ce qui concerne l'acide stéarique et les bougies, est modifié en ces termes :

Acide stéarique, 5 pour 100 de la valeur; bougies de toutes sortes et chandelles comme elles sont définies par l'article précédent, 10 pour 100.

11. Le droit établi par l'art. 9 est assuré sur les produits fabriqués à l'intérieur au moyen de l'exercice des fabriques d'acide stéarique, de bougies ou de produits assimilés, par l'administration des Contributions indirectes.

En ce qui concerne les produits importés, ce droit est perçu ou garanti à l'importation, indépendamment des droits de douane.

Les produits exportés sont affranchis de l'impôt par voie de décharge au compte des fabricants.

Les fabricants d'acide stéarique, de bougies ou de produits assimilés sont soumis à un droit annuel de licence de 20 fr. en principal par établissement.

12. L'acide stéarique en masses, blocs, plaques ou tablettes, ne peut circuler que sous le plomb de la douane ou de l'administration des Contributions indirectes, en vertu d'acquits-à-caution garantissant, sur les quantités y énoncées, le quadruple du droit afférent à un poids égal de bougie pour le cas de non-représentation de la marchandise.

L'acide stéarique à l'état de bougie et les autres produits assimilés à la bougie stéarique ne peuvent circuler qu'en boîtes ou paquets fermés dans les conditions fixées par le règlement d'administration publique mentionné à l'art. 15 ci-après.

13. Dans le délai de trois jours à partir de la promulgation de la présente loi, les fabricants et les marchands d'acide stéarique, de bougie et autres produits assimilés, sont tenus de faire la déclaration de leur industrie dans un bureau de la régie, et de désigner les espèces et quantités qu'ils ont en leur possession. Une déclaration doit être également faite, dans un délai de dix jours, avant le commencement des travaux par les fabricants nouveaux.

14. Sont applicables aux visites et vérifications des employés des contributions indirectes dans les fabriques d'acide stéarique, de bougies et de produits assimilés, les dispositions des art. 235, 236, 237, 238 et 245 de la loi du 28 avr. 1816, ainsi que celle de l'art. 24 de la loi du 21 juin 1873.

15. Il sera statué par un règlement d'administration publique sur les mesures que nécessitera l'exécution des art. 9 à 14.

Dans le cas où le règlement prescrirait de revêtir les boîtes ou paquets fermés mis en circulation d'une vignette constatant la perception de l'impôt, cette vignette sera apposée aux frais du fabricant ou de l'importateur.

16. Toute fabrication d'acide stéarique, de bougies ou de produits assimilés, sans déclaration, est punie d'une amende de 800 à 3000 fr., sans préjudice de la confiscation des objets saisis et du remboursement du droit fraudé.

Le produit des amendes et confiscations est réparti conformément aux dispositions de l'art. 126 de la loi du 25 mars 1817.

17. Les taxes sur les savons, l'acide stéarique et les bougies, seront perçues par voie d'inventaire sur les quantités existant au moment de la promulgation de la présente loi dans les fabriques ou magasins, ou dans tout autre lieu en la possession des fabricants et commerçants.

**8-11 janv. 1874.** — Décret portant règlement d'administration publique pour l'exécution de la loi du 30 déc. 1873, qui établit une taxe de consommation intérieure sur l'acide stéarique à l'état de bougie et les produits similaires (D. P. 74, 4. 33).

**103.** — II. Assiette et perception du droit. — La loi du 30 déc. 1873, qui organise le régime de l'impôt sur les bougies, a été complétée par le règlement du 8 janv. 1874. L'art. 9 de la loi détermine l'objet et la matière de l'impôt. C'est un droit de consommation intérieure. Il porte : 1° sur les matières de fabrication des bougies et cierges, notamment

sur l'acide stéarique. D'après la généralité des expressions de la loi et les termes du règlement, il faut y comprendre aussi *la cire;* — 2° Sur les chandelles et bougies, même de suif à mèche tissée, tressée ou moulinée ayant subi une préparation chimique. L'impôt est, en principal, de 25 fr. les 100 kilos, plus deux décimes des anciennes lois de régie, soit au total 30 fr. L'art. 10 établit un droit de douane *ad valorem*, et l'art. 11 soumet, en outre, les fabricants à un droit de licence de 20 fr. en principal, plus deux décimes et demi des lois anciennes et de celle de 1873, au total 25 fr.

**104.** L'art. 12 de la loi règle la circulation. Il dispose que l'acide stéarique ne peut circuler en masse, blocs, plaques ou tablettes que revêtu des plombs de la douane ou de la régie, et en vertu d'acquits-à-caution garantissant le quadruple du droit, et qui sont régis, d'après l'art. 18 du règlement de 1874, par la législation générale des contributions indirectes. Il en résulte que les acquits, pour libérer les soumissionnaires, doivent être représentés après décharge dans les quatre mois. Les produits exportés, dont la sortie par les bureaux de douane désignés à cet effet a été justifiée, sont affranchis de l'impôt par voie de décharge au compte des fabricants.

**105.** Les art. 13 et 14 de la loi prescrivent des mesures de surveillance. D'après le premier de ces textes, les fabricants doivent déclarer leur industrie et les marchands leur commerce de produits imposés, dans les trois jours de la promulgation. Tout fabricant nouveau doit faire la même déclaration dans les huit jours (art. 13). Les dispositions des art. 235 (droit de pénétrer dans l'établissement déclaré en activité, même de nuit), 236 (heures des visites de jour), 237 (formes de perquisition à domicile), 238 (rébellion et peines), et 245 de la loi de 1816 (concours de la force armée) sont rendues applicables en cette matière par l'art. 14 de la loi de 1873.

**106.** Le règlement du 8 janv. 1874 vise surtout l'application des art. 13 et 14. Aux termes de l'art. 1er, les fabricants doivent, au moment où ils font la déclaration prescrite par l'art. 13, payer le prix de la licence dont ils sont tenus de se munir. L'art. 2 détermine la nature de la déclaration prescrite par le même art. 13 et qui comprend la description de la fabrique, celle des procédés de fabrication et des produits en même temps que le nombre des appareils, l'indication des jours et heures de travail. Toute modification des appareils doit être déclarée vingt-quatre heures d'avance. Tout autre changement doit être également précédé d'une déclaration. Il en est de même de la suspension ou cessation. Les appareils sont numérotés. Les fabriques doivent être désignées en caractères apparents par les inscriptions à l'extérieur : *Fabriques de bougies, d'acide stéarique* (art. 3). L'art. 4 permet à l'Administration d'exiger la clôture ou l'entreillagement des jours et fenêtres donnant sur la voie publique et l'interdiction de toute communication avec le voisinage. La régie peut, d'après l'art. 5, exiger, en payant le loyer, un local convenable pour servir de bureau aux employés dans l'intérieur des bâtiments.

**107.** — III. Mise en vente. — L'art. 6 détermine les types ou modèles des bougies qui peuvent être livrées au commerce. Elles sont par paquets de 200 de 500 ou de 1000 grammes. Les cierges ne sont pas réglementés. Les uns et les autres doivent être revêtus de vignettes timbrées aux frais des fabricants. Pour la vente au détail, un seul paquet peut être ouvert à la fois. — Il a été jugé que l'extraction de bougies pesant 100 grammes chacune des paquets dans lesquels elles sont contenues constitue une contravention à l'art. 6 du règlement du 8 janv. 1874 (Agen, 17 août 1876) (1). Il a été encore décidé par application du même article que

---

(1) (Defons C. Administration des contributions indirectes.) — La cour; — Attendu qu'il est établi par un procès-verbal régulier, en date du 14 février dernier, et qu'il est même reconnu par Defons, que les employés de la Régie ont, ledit jour, trouvé dans une dépendance de sa maison, quatre-vingts bougies stéariques du poids de 100 grammes chacune et formant un poids total de huit kilogrammes; — Attendu que ces bougies, privées de leurs enveloppes, étaient dissimulées sous du papier et cachées par une table recouverte d'un long tapis, et qu'il y a lieu de penser que, destinées à la vente au détail, elles avaient été ainsi placées pour échapper aux investigations des employés de la Régie; — Attendu que les bougies, provenant de l'ouverture des

paquets dans lesquelles elles avaient pu être renfermées primitivement, il y avait lieu de constater une contravention à l'art. 6 du règlement du 8 janv. 1874, qui défend aux marchands de fractionner pour la vente au détail plus d'un paquet à la fois de chacun des types prévus audit article; — Attendu que c'est en vain que Defons prétend que les bougies n'étaient pas destinées à la vente au détail qu'elles avaient été extraites des paquets, afin de procurer du papier de soie à un médecin pour le traitement d'un enfant malade; — Que, sur le premier point, il n'est pas admissible que pour sa consommation personnelle, Defons ait ouvert à la fois seize paquets de bougies; — Sur le second point : que Defons pour la première fois devant la cour a produit un sys-

---

lorsque des chandelles-bougies expédiées à l'acheteur, ont été refusées par lui à raison du non-payement de la taxe et qu'elles ont été consignées, sous passe-debout de l'octroi, chez un particulier au domicile duquel elles ont été saisies par les employés des contributions indirectes, l'acheteur et le consignataire ne sont passibles d'aucune poursuite. Mais l'expéditeur doit être condamné à l'amende pour non-payement préalable de la taxe légale (Crim. rej. 7 août 1875, aff. Lasalle, D. P. 76. 1. 240). Il a été jugé par le même arrêt, d'après les règles générales de la matière, que la constatation d'un procès-verbal en matière de contributions indirectes, d'après laquelle l'expéditeur aurait déclaré qu'il avait chargé l'acheteur de payer les droits, avouant ainsi qu'ils n'avaient pas été acquittés, ne pourrait être détruite que par une inscription de faux ou par des actes authentiques ; en conséquence, le juge ne peut relaxer le contrevenant en déclarant qu'il résulte des reconnaissances écrites de la régie que l'expéditeur a acquitté ces droits ; et, enfin, que l'expéditeur doit également être condamné pour défaut d'apposition des vignettes réglementaires, bien que le décret ordonnant cette formalité ait été rendu seulement dans l'intervalle entre le jour de l'expédition des chandelles et le jour de leur saisie chez le consignataire, lorsque, dans cet intervalle, la consignation a été faite à son compte.

**108.** — IV. Obligations des fabricants. — L'art. 7 du règlement exige à la fin de chaque journée le contrôle sur un registre des quantités fabriquées, leur prise en charge et l'apposition de vignettes sur les boîtes et paquets. Le crédit de l'impôt est accordé jusqu'à l'enlèvement (art. 7). Il est encore accordé pour l'acide stéarique à destination des fabriques, soit de l'extérieur, soit de l'intérieur, sous condition de voyager avec acquits-à-caution et sous plomb de l'Administration (art. 8). L'emploi de l'acide stéarique ou de la cire doit être justifié en produits correspondants ; un déchet de 2 pour 100 est accordé, mais à la condition que l'acide stéarique et la cire pure soient seuls employés. Les manquants qui ressortent sur les quantités d'acides ou de cires reçues ou prises en compte donnent lieu au payement du quadruple du droit afférent à la bougie, si la fabrique est restée inactive depuis l'arrêté de compte ou la réception de l'acide stéarique (Même article). — Les art. 9 et 10 règlent le crédit d'exportation et les formalités d'enlèvement et de sortie (plombage). L'art. 12 est le plus important ; il prescrit les formalités à l'enlèvement, l'inscription des quantités enlevées sur un registre à souche et les mentions qui doivent y figurer, sous peine, en matière de pénalités ordinaires, de l'enlèvement du registre. Les articles suivants sont relatifs à la comptabilité, dont les taxes et à l'emploi des vignettes, sauf l'art. 18 dont il a été parlé *suprà*, n° 104.

**109.** — V. Pénalités. — La fabrication d'acide stéarique, de bougies ou de produits assimilés est punie, outre la confiscation, d'une amende de 300 à 3000 fr. Toute autre contravention, soit à la loi, soit aux dispositions du règlement précité, est punie, outre la confiscation, d'une amende de 100 à 1000 fr. (L. 30 déc. 1873, art. 16). Il est à noter, d'ailleurs, que la surveillance, réglementée par le décret du 8 janv. 1874, ne s'exerce que chez les fabricants et ne s'étend ni aux marchands de cire, d'acide stéarique ou de bougie, ni aux blanchisseurs et raffineurs qui ne fabriquent pas (Circulaires n°s 109 du 11 janv., et 115 du 14 févr. 1874).

## CHAP. 5. — Huiles végétales.

**110.** — I. Historique et Législation. — La loi du 31 déc. 1873 (D. P. 74. 4. 30) a fait revivre le droit d'entrée sur les huiles de toute sorte, à l'exception des huiles minérales. Établi par la loi du 25 mars 1817 (*Rép.* p. 419), ce droit avait été supprimé par celle du 17 août 1822. Il a été rétabli par la loi du 31 déc. 1873, qui a remis en vigueur un certain nombre des articles de la loi de 1817. La loi du 22 décembre 1878 (D. P. 79. 4. 11), a partiellement dégrevé les huiles, en supprimant l'impôt dans les villes où n'existe pas de droit

d'octroi. Les projets de revision de l'impôt indirect actuellement soumis à l'examen des Chambres ont prévu la suppression totale du droit d'entrée sur les huiles, qui a toujours été très critiqué. — Il ne faut pas confondre cet impôt avec celui qui est perçu sur les huiles minérales ou huiles de schiste et qui est un droit de fabrication dont on parlera plus loin (V. *infrà*, n° 123 et suiv.).

**111.** — II. Droit comparé. — Nous ne connaissons pas de pays étranger, sauf l'Espagne, où les huiles végétales soient frappées d'un impôt. La loi de 1845, dite de *consumos* a soumis les huiles, en Espagne, à une taxe à la fois générale et municipale.

Tableau de la législation concernant les huiles végétales

**25-26 mars 1817.** — Loi sur les finances.
Art. 90 à 108 relatifs à l'impôt sur les huiles (V. *Rép.* p. 419).
**17 août 1822.** — Loi relative à la fixation du budget des dépenses et des recettes de 1823 (7, Bull. 549, n° 13207).
... Art. 15. Continuera d'être faite en 1823, conformément aux lois existantes, la perception :
... Des contributions indirectes, à l'exception du droit de consommation sur les huiles, des postes, des loteries, des monnaies et droits de garantie...
**31 déc. 1873-17 janv. 1874.** — Loi qui établit un droit d'entrée sur les huiles et une augmentation d'impôts sur les boissons (D. P. 74. 4. 30).
Art. 1 à 3...
4. Il est perçu, au profit du Trésor public, sur les huiles de toute sorte, à l'exception des huiles minérales qui seront introduites ou fabriquées dans les communes ayant au moins 4000 âmes de population agglomérée, un droit fixe en principal conformément au tarif ci-après :

| POPULATION AGGLOMÉRÉE. | HUILES et autres liquides pouvant être employés comme huile, à l'exception des huiles minérales. |
| --- | --- |
|  | les 100 kilogr. |
| De 4000 à 10000.... | 6 fr. |
| De 10001 à 20000.... | 7 |
| De 20001 à 50000.... | 8 |
| De 50001 à 100000.... | 10 |
| Au-dessus de 100000.... | 12 |

Ce droit est perçu dans les faubourgs des lieux sujets, mais les habitations éparses et les dépendances rurales entièrement détachées du lieu principal en sont exemptées.
5. Sont remises en vigueur, pour la perception du droit d'entrée sur les huiles, les dispositions des art. 90, 91, 92, 93, 94, 95, 96, 97, 98, 99, 100, 101, 102, 103, 104, 105, 106, 107, 108 de la loi du 25 mars 1817, sauf les modifications suivantes :
Les filateurs de laine, les fabricants de tissus de laine, de toile cirée ou de taffetas ciré, les teinturiers, les tanneurs, corroyeurs, mégissiers et autres industriels peuvent recevoir en entrepôt les huiles qui sont nécessaires à leur fabrication ou à l'entretien de leurs machines, et elles sont exemptes de droit.
Les frais de surveillance des employés pour éviter qu'il ne soit fait abus de cette exception seront à la charge de ceux qui réclameront le droit d'en faire usage.
Aux entrées des villes sujettes, les employés peuvent, après interpellation, faire sur les bateaux, voitures et autres moyens de transport, toutes les visites et recherches nécessaires.
Les marchands autres que les fabricants d'huiles à l'intérieur ne peuvent réclamer l'admission en entrepôt que s'ils ont en magasin au moins 5000 kilos d'huiles diverses passibles de l'impôt.
Les fabricants et marchands d'huiles admis à jouir de la faculté de l'entrepôt sont tenus de se munir d'une licence au taux fixé pour les débitants de boissons par l'art. 6 de la loi du 1er sept. 1871.
Lorsque les droits afférents aux quantités d'huiles fabriquées ou introduites s'élèvent à 300 fr., les fabricants ou commerçants qui renoncent à l'entrepôt sont admis, dans les mêmes conditions que les fabricants de sucre, à les acquitter en une obligation cautionnée à quatre mois de terme.

Par ces motifs, déclare Defons coupable d'avoir fractionné plus d'un paquet de bougies du même type, le condamne, etc.
Du 17 août 1876.-C. d'Agen, ch. corr.-MM. le cons. Lesueur de Pérès, pr.-Habasque, av. gén.-Gladi et Jouitou, av.

---

tème de défense, et que sa femme, présente lors de la visite des employés de la Régie, n'a pas fait connaître la circonstance invoquée aujourd'hui par lui ; — Attendu, d'ailleurs, qu'en matière de contravention, la bonne foi du prévenu ne saurait constituer une excuse ;

Il sera facultatif aux villes frappées de l'impôt sur les huiles de le payer par voie d'abonnement.

En cas d'abonnement, seront applicables à l'impôt sur les huiles les art. 73, 74 et 75 de la loi du 28 avr. 1816.

Dans les villes où l'abonnement sera accordé, l'entrée et la fabrication des huiles seront affranchies de toute formalité.

6. Les contraventions aux dispositions édictées ou remises en vigueur par les art. 4 et 5 sont punies de la confiscation des huiles saisies et d'une amende de 200 à 1000 fr., suivant la gravité du cas.

Si la fraude a lieu en voiture suspendue, l'amende est de 1000 à 3000 fr.

En cas de fraude au moyen d'engins disposés pour l'introduction frauduleuse, les contrevenants encourent, indépendamment de l'amende et de la confiscation, une peine correctionnelle de six jours à six mois d'emprisonnement.

En cas de fraude par escalade, par souterrain ou à main armée, il est infligé aux contrevenants une peine correctionnelle de un mois à un an d'emprisonnement, outre l'amende et la confiscation.

Sont considérés comme complices de la fraude, et passibles, comme tels, des peines ci-dessus déterminées, tous individus qui auraient concerté, organisé ou sciemment procuré les moyens à l'aide desquels la fraude a été commise.

Le produit des amendes et confiscations est réparti conformément à l'art. 126 de la loi du 25 mars 1817.

**22-23 déc. 1878.** — Loi portant fixation du budget des recettes de l'exercice 1879 (D. P. 79. 4. 11).

............................................................

Art. 3. Dans les villes ayant une population agglomérée de 4000 âmes et au-dessus, qui n'ont aucune taxe d'octroi sur les huiles autres que sur les huiles minérales, l'impôt établi par la loi du 31 déc. 1873 sur les huiles de toutes sortes, à l'exception des huiles minérales, est supprimé à partir du 1er janv. 1879.

4. Les villes d'une population agglomérée de 4000 âmes et au-dessus, qui conservent ou établissent une ou diverses taxes d'octroi sur les huiles spécifiées au précédent article, sont admises, sur la demande de leurs conseils municipaux, à s'affranchir des droits établis par la loi du 31 déc. 1873, au moyen du versement au Trésor d'une redevance égale à la moyenne des perceptions effectuées par le Trésor pendant les deux derniers exercices, sans toutefois que cette redevance puisse dépasser le montant du produit des taxes d'octroi sur lesdites huiles. A cet effet, ces communes sont autorisées à augmenter leurs taxes d'octroi sur les huiles autres que les huiles minérales, jusqu'à concurrence du double des taxes actuelles.

Le versement de cette redevance a lieu par vingt-quatrième, de quinzaine en quinzaine.

5. Les villes qui payent l'impôt sur les huiles par voie d'abonnement, conformément à l'art. 5 de la loi du 31 déc. 1873, ont la faculté, pour se récupérer, de percevoir des taxes d'octroi dépassant le maximum fixé par l'art. 108 de la loi du 25 mars 1817.

6. Les dispositions de la loi du 31 déc. 1873 demeurent applicables dans les cas autres que ceux prévus par la présente loi.

............................................................

_112._ — III. ASSIETTE ET PERCEPTION DU DROIT. — L'art. 4 de la loi du 31 déc. 1873 établit le principe de l'impôt sur les huiles. C'est un droit d'entrée, il est établi sur celles qui sont introduites ou fabriquées dans les villes ayant une population agglomérée de 4000 âmes au moins, les mêmes qui sont assujetties au droit d'entrée sur les boissons.

**113.** La règle établie par l'art. 4 comporte plusieurs exceptions :

1° L'art. 3 de la loi du 22 déc. 1878 affranchit de l'impôt toutes les villes de 4000 âmes et au-dessus qui n'ont aucune taxe d'octroi sur les huiles non minérales.

2° Une _seconde exception_ consiste dans la déduction sur les lies en fèces, accordée par l'art. 99 de la loi de 1817 sur les huiles fabriquées à l'intérieur. Il est à remarquer qu'à la différence de ce qui a lieu pour les boissons, aucune décharge n'est accordée pour ouillage ou coulage. La déduc-

tion pour compte de pressoir est fixée par arrêté de préfet (Même article et même circulaire, n° 107, du 31 déc. 1873).

3° Une _troisième exception_ a été faite par l'art. 5, § 2, de la loi même de 1873, en faveur des filateurs de laine, fabricants de tissus, de toile cirée ou de taffetas ciré, les teinturiers, tanneurs, corroyeurs, mégissiers et autres industriels, lorsqu'ils emploient l'huile comme matière première ou pour l'entretien de leurs machines (Circ. n° 107 du 31 déc. 1873). Mais elle est subordonnée à la condition que ces fabricants demandent l'entrepôt et payent les frais de surveillance des employés.

4° L'entrepôt est accordé aux autres marchands, à la condition d'avoir au moins 500 kilogrammes d'huile en magasin (L. 25 mars 1817, art. 9 ; L. 31 déc. 1873, art. 5).

5° L'entrepôt est accordé, en outre, d'après la loi de 1817, pour une durée illimitée, à tout propriétaire qui fait conduire des huiles (au moins un hectolitre) dans un lieu sujet au droit d'entrée; qu'il les y fasse séjourner pour une durée illimitée, il n'est tenu que du payement des manquants, à condition, bien entendu, de déclarer l'introduction (art. 97 et 100 de la loi de 1817).

6° Enfin les huiles qui sont conduites dans un lieu sujet, soit pour le traverser, soit pour y être vendues à un marché, soit pour y séjourner moins de vingt-quatre heures, ne sont pas tenues du droit, mais sous la condition de caution, de passe-debout ou d'escorte. Le transit n'existe pas pour les huiles, ce qui s'explique par ce fait qu'elles sont en passe-debout ou en entrepôt (L. 25 mars 1817, art. 95).

**114.** Ceux qui obtiennent le bénéfice de l'entrepôt sont tenus au payement de la licence établie par l'art. 6 de la loi du 1er sept. 1871 (L. 31 déc. 1873, art. 5). — Le taux de cette licence varie de 20 à 50 fr. suivant l'importance des communes.

**115.** D'après la circulaire n° 107, du 31 déc. 1873, le droit doit être perçu sur tous les corps gras qui ont le nom ou la propriété de l'huile, telles les huiles de pied de bœuf, de poisson, les huiles concrètes de palme, de coco, de palmiste, de copra, de touloucouna (Circ. n° 209, du 7 avr. 1877). Cependant il n'en serait pas de même de l'huile de térébenthine, des huiles essentielles et du produit improprement nommé huile de vitriol, qui sont des produits d'opérations chimiques (Circ. n° 107, _Rép. chronol._).

**116.** On peut se demander si, par exemple, la vaseline, corps gras qui est le produit d'une opération chimique, et qui n'a pas le nom d'huile, tombe sous l'application de la loi. Rien n'a été décidé sur ce point, sans doute parce que la vaseline est, jusqu'à présent, employée surtout comme produit pharmaceutique.

**117.** Les conserves de poisson ne sont taxées que pour la proportion d'huile qu'elles contiennent et qui a été fixée à 20 pour 100 (Lettre cons. du 31 juill. 1874). Mais lors même que du poisson mariné aurait été saisi pour défaut de déclaration, le juge, en l'absence de constatation précise du procès-verbal, ne pourrait condamner en ce qui concerne le droit d'entrée, sur le simple fait qu'il y avait un saisi de poisson mariné, dès lors que la régie même a fait vendre les objets saisis, la quantité d'huile qu'auraient contenue les boîtes n'est plus appréciable (Crim. cass. 21 mars 1890) (1).

**118.** — IV. PERCEPTION. — Le droit est perçu, soit sur une déclaration à l'entrée, soit par voie de redevance ou d'abonnement. Dans le premier cas, le conducteur est tenu d'en faire la déclaration au bureau central et d'acquitter le droit immédiatement, avant tout déchargement (L. 25 mars

---

(1) (Contr. ind. C. Y...); — LA COUR; — Sur le moyen pris de la violation des art. 91, 94 de la loi du 25 mars 1817, 4, 5, 6 de la loi du 31 déc. 1873, 26 du décret du 4er. germ. an 13, 4 de la loi du 21 juin 1873, en ce que l'on a refusé de tenir compte de l'huile introduite dans des boîtes de sardines et de poissons marinés ; — Attendu que l'arrêt constate, en fait, que toutes les boîtes de poissons marinés, saisies sur les inculpés par le procès-verbal le 4er déc. 1888, ont été vendues dès le 6 du même mois; qu'il est ainsi devenu impossible (en l'absence d'aucune constatation précise du procès-verbal) de vérifier si les boîtes de sardines ou de poisson mariné contenaient une quantité appréciable d'huile distincte de celle dont les poissons marinés doivent être impré-

gnés pour constituer l'objet soumis aux droits d'octroi (art. 30 du tarif d'octroi de la Ville de Paris) ; — Qu'ainsi, la poursuite de la Régie dans l'exercice des contributions indirectes, en ce qui concerne les droits du Trésor établis par la loi du 30 déc. 1873, n'étant dans la cause assortie d'aucune preuve légale, par le fait même de la Régie qui avait fait vendre les objets saisis, l'arrêt attaqué a pu, sans violer les textes précités, refusé de condamner les défendeurs à raison de cette seconde contravention relevée contre eux ;

Par ces motifs;

Rejette, etc.

Du 21 mars 1890. — MM. Lœw, pr.-Chambareaud, rap.-Loubers, av. gén.-Arbelet, av.

1817, art. 91 et 92) sous peine de saisie (art. 94 de la même loi). Pour les tarifs (V. L. 31 déc. 1873, art. 4).

**119.** Le droit de redevance établi par l'art. 4 de la loi du 22 déc. 1878, permet aux villes qui conservent ou établissent des droits d'octroi sur les huiles de s'affranchir du droit d'entrée, en versant au Trésor une redevance égale à la moyenne du produit de ce droit pendant les deux dernières années, sans cependant que ce produit puisse dépasser le montant des taxes d'octroi. A cet effet, les villes sont autorisées à porter leurs taxes d'octroi jusqu'au double du chiffre actuel. — Le droit d'abonnement établi par l'art. 5 de la loi du 31 déc. 1873 est maintenu par la loi de 1878, mais l'art. 5 de cette loi permet aux communes qui payent ce droit sous cette forme de se récupérer en élevant le droit d'octroi au-dessus du droit correspondant pour l'entrée (dérogation à l'art. 108 de la loi de 1817). La circulaire du 27 déc. 1878, n° 253, commente ces dispositions et en règle l'application.

**120.** — V. Fabrication, surveillance. — Dans les villes où l'abonnement est établi, l'entrée et la fabrication des huiles sont affranchies de toute formalité. Dans les autres, les visites des employés peuvent avoir lieu de jour et de nuit pour constater les produits de la fabrication, pendant le moment de cette fabrication et sans l'assistance d'un officier public. Il en serait autrement hors de la période de fabrication ; les formes de l'art. 237 de la loi de 1816 devraient alors être observées (L. 25 mars 1817, art. 98).

**121.** Les marchands et fabricants sont soumis aux mêmes obligations qu'impose aux marchands en gros de boissons la loi de 1816 (L. 25 mars 1817, art. 101). Cela ne doit s'entendre, naturellement, que des dispositions de cette loi qui trouvent ici leur application, c'est-à-dire, les art. 97, relatifs à la déclaration de commerce et de quantités en magasin 101, relatif aux vérifications trimestrielles et autres, 104, relatif au payement du droit sur les manquants et 105, relatif à la déclaration de cesser le commerce. De plus, ils doivent produire des certificats de sortie ou des quittances de droit d'entrée pour les quantités d'huile sorties de leurs magasins.

Il a été jugé, par application de ces articles, que l'entrepositaire d'huile est civilement responsable de l'opposition faite par sa femme, en son absence, à l'exercice des employés de la régie (Crim. cass. 15 janv. 1820, *Rép.* v° *Contrat de mariage*, n° 991). Cet arrêt visait le décret du 1er germin., an 8. La même solution s'appuierait aujourd'hui sur un texte de loi formel, l'article unique de la loi du 23 avr. 1836 (*Rép.* p. 426), d'après lequel les marchands doivent être en mesure, soit par eux-mêmes, soit par leurs préposés, s'ils sont absents, de déférer aux réquisitions des employés.

**122.** La loi de 1817, qui soumet les marchands et fabricants d'huiles aux obligations des marchands en gros, les soumet-elle aux sanctions dont ces derniers sont passibles ? Nous ne le croyons pas, les art. 5 et 6 de la loi de 1873 établissant des pénalités spéciales pour la matière (V. *infra*, n° 124). L'art. 5 de la loi de 1873 accordait aux fabricants dont le décompte s'élevait à 300 fr. au moins la faculté de se libérer par obligations cautionnées à quatre mois de terme avec intérêt de retard et remise. Cette disposition a été maintenue par l'art. 2 de la loi du 15 févr. 1873.

**123.** L'Administration avait cru pouvoir remplacer, pour les fabricants d'huile à l'intérieur de Paris, les formalités ordinaires de surveillance par un registre à souche délivré par l'octroi et sur lequel devaient figurer les sorties avec mention de l'heure. Un négociant pouvait-il être poursuivi pour irrégularité dans l'usage de ce registre ? La cour de cassation ne l'a pas admis, en vertu de ce principe que la peine ne peut être étendue hors des cas pour lesquels elle a été prononcée. En effet, les dispositions prises par la loi en vue d'infractions déterminées, ne sauraient être étendues, en dehors de ces infractions, à la violation d'un pacte conventionnel entre l'Administration et un entrepositaire (Crim. cass. 2 févr. 1888, aff. Gagny-Letureq, D. P. 88. 1. 446).

**124.** — VI. Pénalités. — D'après l'art. 6 de la loi du 31 déc. 1873, les contraventions aux dispositions édictées ou remises en vigueur par les art. 4 et 5 de la même loi sont punies, outre la confiscation, d'une amende de 200 à 1000 fr. Si la fraude a lieu en voiture suspendue, l'amende

est de 1000 à 3000 fr. La fraude au moyen d'engins disposés est punie, en outre, d'un emprisonnement de six jours à six mois, celle par escalade, souterrain ou à main armée, d'un emprisonnement d'un mois à un an. La loi définit la complicité en cette matière. Sont complices tous ceux qui ont concerté, organisé ou sciemment procuré les moyens à l'aide desquels la fraude a été commise ; ils sont passibles des mêmes peines. Il suit de là que toute décision qui condamne un individu comme complice de la fraude doit établir qu'il a fourni, organisé ou concerté les moyens de fraude, sinon la condamnation ne serait pas légale.

## CHAP. 6. — Huiles minérales.

**125.** — I. Historique et législation. — Les huiles minérales ont été pour la première fois imposées par la loi du 16 sept. 1871 (art. 5). Cette loi fixait un tarif général pour trois catégories de produits, les huiles brutes, les huiles épurées, les essences. On fit observer que le traitement était inégal et soumettait au même impôt des huiles de valeur très différente en raison de la différence de leur pouvoir éclairant. La loi du 29 déc. 1873 donna satisfaction aux réclamants en établissant la taxe pour les huiles brutes proportionnellement à la quantité d'essence qu'elles contiennent. Les taxes furent d'ailleurs relevées par la même loi dans une forte proportion, le quadruple environ de ce qu'elles étaient antérieurement.

**126.** — II. Législation étrangère. — *Espagne.* — Le pétrole a été imposé en Espagne par une loi récente.

*Grèce.* — La loi du 3 mars 1884 attribue à l'État le monopole de la vente du pétrole.

*Russie.* — On sait que les grandes sources européennes d'huile de naphte et de pétrole sont situées dans le Caucase. L'huile de naphte a été soumise à un droit d'accise par avis du conseil de l'Empire approuvé par l'empereur, suivant décret du 21 déc. 1887.

*Serbie.* — La loi du 31 juill. 1886 a établi des droits d'importation et de production sur le pétrole.

TABLEAU DE LA LÉGISLATION CONCERNANT LES HUILES MINÉRALES

**16 sept.-2 oct. 1871.** — Loi portant fixation du budget rectificatif de 1871 (D. P. 71. 4 89).

......................................................................

Art. 5. Il est établi un droit de fabrication sur l'huile de schiste.

Ce droit, dont la perception s'effectuera à l'enlèvement, est fixé ainsi qu'il suit, décimes non compris :
Huile à l'état brut, en principal, les 100 kilos 5 fr.
Huile épurée, en principal, les 100 kilos 8 fr.
Essence, en principal, les 100 kilos 10 fr.
Les dispositions de l'art. 5 de la loi du 4 sept. 1871 sont applicables aux fabricants de schiste.

**22-23 déc. 1871.** — Décret portant règlement d'administration publique pour l'exécution de l'art. 5 de la loi du 16 sept. 1871, relatif à l'impôt sur les huiles et les essences de schiste (D. P. 72. 4. 1).

**29-30 déc. 1873.** — Loi qui fixe les droits sur les huiles minérales de production française.

Art. 1er. A dater du 1er janv. 1874, les huiles de schiste et toutes autres huiles minérales propres à l'éclairage sont soumises aux droits intérieurs ci-après, décime compris :

| | |
|---|---|
| Essence à 700 degrés de densité et au-dessous à la température de 15 degrés, les 100 kilog. | 44 fr. 50 |
| Huiles raffinées à 800 degrés de densité et au-dessus, à la température de 15 degrés, les 100 kilog. | 34 fr. 50 |
| Huiles brutes : | |
| Pour chaque kilogramme d'huile pure à 800 degrés qu'elles contiennent, à la température de 15 degrés. | 00 fr. 22 |
| Pour chaque kilogramme d'essence à 700 degrés qu'elles contiennent, à la température de 15 degrés. | 00 fr. 32 |

Les résidus liquides et les huiles à l'état imparfait, provenant d'huiles brutes non libérées de droit, seront taxés d'après les bases admises pour l'huile brute.

2. Le droit de 34 fr. 50 cent. par 100 kilogr. sur les huiles raffinées s'appliquera d'une manière fixe à l'huile qui sera présentée sous forme de raffinée à l'acquit des droits, chaque fois que la densité ne sera pas inférieure à 800 degrés. Dans le cas où la densité serait au-dessous de 800 degrés, ce droit sera augmenté de 10 cent. par degré de densité en moins.

3. Les fabricants français continueront à avoir la faculté d'acquitter les droits exclusivement sur les huiles brutes d'après la base indiquée à l'art. 1er.

4. Une circulaire ministérielle fixera les procédés à suivre pour la détermination du degré de richesse des différents produits soumis à l'impôt.

Les contestations relatives à l'espèce, à la qualité ou à la teneur des huiles minérales seront déférées aux commissaires experts institués par l'art. 19 de la loi du 27 juill. 1822.

**10-13 juill. 1878.** — Décret qui fixe la tare légale sur les huiles et les essences de pétrole et de schiste importées dans les fûts dits à *pétrole*.

Art. 1er. La tare légale sur les huiles et les essences de pétrole et de schistes importées dans des fûts dits *à pétrole* est fixée ainsi qu'il suit :

Huiles de pétrole ou de schiste brutes ou épurées, 20 pour 100 ;

Essences de pétrole ou de schiste, 21 pour 100.

**24-23 févr. 1890.** — Décret qui ouvre le bureau de douane de Saint-Valéry-sur-Somme à l'importation des huiles minérales raffinées (*Bulletin des lois*, n° 21920).

**11-13 févr. 1894.** — Décret qui ouvre le bureau de douane de Rochefort à l'importation des huiles minérales brutes ou raffinées (*Bulletin des lois*, n° 23628).

**127.** — III. Assiette et perception du droit. — L'art. 5 de la loi du 16 sept. 1871 établit sur l'huile de schiste un droit de fabrication ; ce droit est perçu à l'enlèvement. Nous avons dit *supra* n° 125, que la quotité en avait été fixée par trois tarifs spéciaux, établis en dernier lieu par la loi du 29 déc. 1873. Toutes les huiles provenant de la distillation de substances minérales de la nature du charbon sont comprises sous la dénomination d'huile de schiste.

**128.** — IV. Fabrication.— Surveillance. — Le régime des fabriques d'huile minérale est fixé par le décret du 22 déc. 1871 (D. P. 72. 4. 1). Il est identique au régime de surveillance des fabriques de bougies : obligation de déclarer les quantités ou produits, les ateliers, les puits, les procédés, le régime d'exploitation, le numérotage des appareils (art. 1er), les modifications de régime, la suspension, la cessation (art. 2), de fournir un local pour les employés (art. 3), d'inscrire en marge des produits bruts et de noter sur un registre spécial à souche les quantités enlevées (art. 4, 5 et 10), obtention du crédit des droits pour les obligations supérieures à 300 fr. pour le moins sous condition de cautionnement.

**129.** Les dispositions spéciales aux fabricants de schiste sont : 1° la déduction de 6 pour 100 allouée pour couvrir leurs déchets d'évaporation (art. 5 du règlement) et à laquelle peut s'ajouter une déduction supplémentaire lorsqu'il est reconnu que le déchet dépasse le 6 pour 100, ainsi qu'une décharge pour pertes matérielles dûment constatées. Il a été jugé, sur ce point, que la prise en charge à laquelle sont assujetties les huiles de schiste ne comporte d'autres déductions que celles ayant pour cause les déchets d'évaporation et les pertes matérielles (Décr. 22 déc. 1871, art. 5) ; que, par suite, un fabricant ne peut demander la réduction des droits acquis au Trésor sur les huiles de schiste mises à sa charge comme huiles épurées et se trouvant dans son usine au moment où

il déclare cesser sa fabrication, sous le prétexte que ces huiles ont été altérées à la suite d'un long séjour de magasin et ne seraient utilisables qu'après une nouvelle épuration (Civ. cass. 2 avr. 1879, aff. Queulain, D. P. 79. 1. 208). Cet arrêt se fonde sur ce que la déduction est, non une déduction en magasin, mais une déduction de fabrication ; que, dès lors, que le fabricant a obtenu son produit, il est comptable du droit qui s'y réfère et ne saurait être déchargé de sa prise en charge lorsqu'il conserve en magasin la matière qui en est l'objet. Nous ne croyons pas qu'il y ait là une juste application de l'art. 5, visé par l'arrêt. La déduction ou la décharge de pertes matérielles (et la perte de la qualité marchande en est une) se rattache au séjour en magasin et non à la fabrication seulement, que le même art. 5 dispose, dans un paragraphe précédent, que la déduction de 6 pour 100 accordée pour évaporation, est calculée *sur la durée du séjour en magasin, et cela chez le fabricant*.

2° L'institution de commissaires experts pour trancher les différends relatifs à l'espèce, à la qualité ou à la teneur des huiles minérales de L. du 29 déc. 1873 (art. 4.) Les vases d'une contenance d'un litre au moins devront être au nombre de deux, revêtus du cachet de la régie et de celui du fabricant ; — 3° L'établissement d'une zone de circulation de 5 kilomètres de rayon autour de chaque fabrique ou atelier dans laquelle les ampliations de déclaration d'enlèvement doivent être représentées aux employés ; (Décr. 22 déc. 1871, art. 14). — 4° Enfin l'obligation au payement du double droit pour les soumissionnaires d'acquits-à-caution qui ne seraient pas réguliers (Même décret, art. 17).

**130.** Les envois de fabrique à fabrique avec transfert des droits, les expéditions de résidus liquides des opérations, les expéditions de produits non libérés à destination de l'étranger, ne peuvent avoir lieu qu'en vertu d'acquits-à-caution. La route pour sortir des dépendances de l'exploitation doit être fixée d'un commun accord entre l'Administration et les fabricants. En cas de désaccord, le préfet statue (Décr. 22 déc. 1871, art. 6 à 13).

**131.** — V. Epurateurs. — Les épurateurs ont le choix du régime de perception. Ou ils payent les droits dans les mêmes conditions que les fabricants et se soumettent au même régime ; ou ils ne mettent en œuvre que des produits libérés de l'impôt et sont alors dispensés de toute formalité. Ils peuvent, d'ailleurs, avec autorisation, passer de l'un à l'autre régime (Circ. n° 189 du 15 mai 1876).

**132.** — VI. Pénalité. — La pénalité, seulement applicable aux fabricants d'huile de schiste, d'après l'art. 5 de la loi du 16 sept. 1871 est celle de l'art. 5 de la loi du 4 sept. 1871 (quatre premiers paragraphes) qui vise le défaut des diverses déclarations prescrites, et celle du 15e paragraphe qui s'applique à toute autre contravention aux prescriptions de l'espèce. Dans tous les cas, l'amende est de 100 à 1000 fr. outre la confiscation. — Il est à remarquer qu'en cette matière il n'y a pas d'autres pénalités que celles relatives à la fabrication irrégulière.

## Table sommaire

des matières contenues dans le Supplément et le Répertoire.

(Les chiffres précédés de la lettre S renvoient au Supplément ; les chiffres précédés de la lettre R renvoient au Répertoire.)

## Table chronologique des Lois, Arrêts, etc.

| | | | | | | | |
|---|---|---|---|---|---|---|---|
| **1845**<br>29 janv. Bordeaux. 58. c.<br>6 mars. Paris. 10 c.<br><br>**1848**<br>5 janv. Crim. 47 c.<br>16 sept. Avr. min. fin. 10 c.<br><br>**1849**<br>16 avr. Toulouse. 55 c.<br><br>**1850**<br>7 août. Loi. 95 c.<br><br>**1851**<br>28 août. Crim. 36 c.<br><br>**1852**<br>9 janv. Crim. 8,<br><br>**1853**<br>19 août. Crim. 41 c.<br><br>**1859**<br>1er févr. Paris. 10 c,<br><br>**1860**<br>12 mars. Décr. 5 c.<br>9 nov. Arr. min. 6 c. | **1861**<br>28 févr. Circ. 19. c<br>18 juill. Grenoble. 33 c.<br><br>**1863**<br>7 févr. Crim. 44 c.<br><br>**1867**<br>22 juill. Loi. 60 c., 92 c.<br>27 juill. Loi. 60 c.<br><br>**1871**<br>1er sept.Loi. 94 c., 93 c., 114 c.<br>4 sept. Loi. 2 c., 59 c., 62 c., 66 c.,69 c.,74 c., 75 c., 83 c., 88 c., 132 c.<br>16 sept. Loi. 125 c., 127 c., 132 c.<br>27 nov. Décr. 73 c.<br>29 nov.Décr.62 c., 76 c.<br>1er déc. Décr. 72 c.<br>22 déc. Décr. 128 c.,129 c.,130 c.<br><br>**1872**<br>17 janv. Douai. 12 c.<br>29 janv. Loi. 74 c.<br>28 févr. Décr. 62 c.<br>29 févr. Loi. 49 c., 53 c. | 29 févr. Décr. 73 c.<br>2 août.Loi. 62 c.. 68 c., 69 c., 71 c., 74 c., 103 c.<br>28 nov. Décr. 9<br>21 déc. Loi. 16 c.<br><br>**1873**<br>15 mars. Loi. 62 c., 74 c.<br>21 juin. Loi. 26 c., 95 c., 101 c.<br>30 déc. Loi. 102 c., 103 c., 104 c., 105 c., 109 c.<br>31 déc.Circ.118 c., 113 c., 112 c., 113 c., 114 c., 115 c., 118 c., 122 c., 124 c.<br><br>**1874**<br>8 janv. Décr. 103 c., 104 c., 106 c., 107 c., 108 c.<br>11 janv. Circ. 109 c.<br>23 janv. Crim. 53 c.<br>14 févr. Circ. 109 c.<br>27 mars. Bourges. 78 c. | 31 juill.Lettr.cons. 117 c.<br>21 août. Civ. 71 c.<br>12 déc. Chambéry. 45 c.<br><br>**1875**<br>28 janv. Loi. 62 c., 70 c., 85 c.<br>15 févr. Loi. 122 c.<br>19 févr. Grenoble. 82 c.<br>9 avr.Crim.76 c., 84 c.<br>17 juin. Toulouse. 82 c.<br>28 juill. Loi. 62 c., 60 c., 76 c., 81 c., 82 c., 85 c., 89 c.<br>2 août. Circ. 70 c.<br>7 août. Crim. 107 c.<br>20 oct. Décr. 7 c.<br>8 nov. Crim. 74 c.<br>1er déc. Loi. 33 c.<br><br>**1876**<br>28 janv. Amiens. 45 c.<br>4 avr. Civ. 78 c.<br>15 mai. Circ. 131 c.<br>3 juin. Civ. 73 c.<br>17 août. Agen. 107.<br>14 juin. Loi. 31 c.<br>24 août.Nîmes.76 c. | 23 nov. Crim. 77 c., 79 c.<br>28 déc. Amiens. 46 c., 47 c.<br><br>**1877**<br>27 janv.Chambéry. 71 c.<br>29 janv. Dijon. 87 c., 89 c., 92<br>31 janv. Dijon. 87 c., 89 c., 92<br>17 mars. Poitiers. 77, 83 c.<br>7 avr. Circ. 115 c.<br>27 avr. Décr. 7<br>27 avr. Trib. Villefranche. 12.<br>1er juin. Crim. 80 c.<br>6 juill. Crim. 61 c.<br>18 août. Crim. 44 c., 45 c., 55 c.<br>24 nov. Amiens. 12.<br>27 nov. Amiens. 12.<br>28 déc. Cons. d'Et. 20 c., 22 c.<br><br>**1878**<br>15 janv. Paris. 71 c.<br>13 mars. Paris. 69.<br>20 mars. Loi. 2 c., 102 c.<br>15 juin. Loi. 45 c., 51 c.<br>30 juill. Crim. 52 c. | 5 juill. Crim. 69 c.<br>21 nov. Crim. 93.<br>22 déc. Loi. 2 c., 110 c., 113 c., 119 c.<br>27 déc. Circ. 119 c.<br><br>**1879**<br>17 janv.Cons. d'Et. 23 c.<br>24 janv. Décr. 8 c.<br>12 févr. Lyon. 101 c.<br>19 févr. Req. 71 c.<br>6 mars. Crim. 82 c., 91 c.<br>14 mars. Crim. 70 c.<br>2 avr. Civ. 130 c.<br>5 mai. Bordeaux. 70 c.<br>7 juin. Décr. 33 c.<br>12 juill. Crim. 52 c.<br>4 déc. Cons. d'Et. 71 c.<br>5 déc. Cons. d'Et. 23 c.<br><br>**1880**<br>7 janv. Agen. 82 c.<br>7 janv. Dijon. 27 c.<br>27 févr. Paris. 103 c.<br>5 juin. Crim. 16 c.<br>6 juin.Loi. 45 c., 52 c.<br>30 juill. Crim. 52 c.<br>29 août. Lyon. 11.<br>4 nov. Décr. 86 c. | 8 nov. Req. 93.<br>12 nov. Crim. 101 c.<br><br>**1881**<br>5 janv.Lyon.64 c.<br>27 janv. Poitiers. 85 c.<br>23 avr. Circ. 45 c.<br>7 mai. Loi. 45 c.<br>11 août. Circ. contrib. indir. 33 c.<br>11 août. Décr. 33 c.<br><br>**1882**<br>10 févr. Cons. d'Et. 21 c.<br>27 avr. Crim. 64 c.<br>12 août. Décr. 33 c.<br>12 août. Circ. contrib. indir. 33 c.<br><br>**1883**<br>18 janv. Bourges. 68 c.<br>1er févr. Besançon. 68 c.<br>18 avr. Dijon. 68 c.<br>9 mai. Lille.82 c.<br>91 c.<br>26 mai. Crim. 68 c.<br><br>**1884**<br>18 janv. Agen. 83 c.<br>3 janv. Décr. 9 c.<br>27 mars. Amiens. 46.<br><br>**1885**<br>8 août. Loi. 2 c. | **1886**<br>16 juill. Crim. 39 c., 57.<br>12 août. Amiens. 42.<br><br>**1887**<br>4 févr. Amiens. 39 c., 57.<br>11 févr. Crim. 52 c.<br>22 avr. Loi. 4 c.<br>22 avr.Nîmes.47 c.<br><br>**1888**<br>30 mars. Loi. 90 c.<br>21 déc.Crim. 80 c.<br><br>**1889**<br>22 févr. Crim.51 c., 52 c.<br>8 mars. Crim. 48 c., 52 c.,53 c., 90 c.<br>27 déc. Loi. 63 c.<br>30 déc. Décr. 63 c.<br>30 déc. Circ. 72 c.<br><br>**1890**<br>21 mars.Crim. 117.<br>24 mars.Douai. 62.<br>12 avr. Décr. 96 c.<br>19 juin.Décr. 64 c.<br>13 nov. Crim. 39 c.<br><br>**1891**<br>19 mars. Paris. 39 c.<br>1er mai. Toulouse. 39 c.<br>3 juin.Rennes, 39 c.<br>5 juin. Lyon. 57. c.<br>13 juin. Trib. corr. Seine. 39. |

## INCIDENT.

**1.** Suivant la méthode adoptée au *Rép.* no 3, on ne s'occupera ici que des demandes incidentes. On traitera *infrà*, vo *Intervention*, des incidents auxquels donne lieu l'intervention d'un tiers.

### Division.

Art. 1. — Historique et législation (no 2).
Art. 2. — Ce qu'on entend par demandes incidentes. — De la recevabilité de ces demandes (no 3).
Art. 3. — Comment les demandes incidentes sont formées et jugées (no 8).

### Art. 1er. — *Historique et législation* (Rép. nos 5 à 15).

**2.** Le projet de loi portant revision du code de procédure civile, actuellement soumis aux chambres (V. *suprà*, vo *Enquête*, no 2), renferme sous le titre: *Des incidents*, les dispositions suivantes, destinées à remplacer les art. 337 et suiv. du code de 1806: « Art. 1er. Les demandes reconventionnelles ne sont reçues que dans los cas suivants : si elles procèdent de la même cause que la demande principale; si elles forment une défense contre cette demande; si elles tendent à obtenir le bénéfice de la compensation. — Art. 2. Si le tribunal est incompétent pour connaître de l'objet de la demande reconventionnelle dans les cas prévus par l'art. 4 du titre des exceptions, il est statué seulement sur la demande principale. — Art. 3. Lorsque chacune des demandes principale et reconventionnelle n'excède pas les limites de leur compétence en dernier ressort, les tribunaux civils ou de commerce prononcent sans appel. Si l'une des demandes n'est susceptible d'être jugée qu'à charge d'appel, les tribu-

344 INCIDENT. — Art. 2.

naux prononcent sur toutes en premier ressort. — Art. 4. Les demandes incidentes et les demandes reconventionnelles sont formées par acte de conclusion motivée, avec offre de communiquer les pièces justificatives sur récépissé ou par dépôt au greffe. Le défendeur signifie sa réponse par un simple acte. — Art. 6. Toutes les demandes incidentes ou reconventionnelles sont formées en même temps. Les frais de celles qui sont produites postérieurement et dont les causes existaient à l'époque où les premières ont été formées ne peuvent être répétés ».

**Art. 2.** — *Ce qu'on entend par demandes incidentes.* — *De la recevabilité de ces demandes (Rép. nos 16 à 33).*

**3.** La demande incidente a été définie au *Rép.* n° 16, une demande nouvelle formée au cours d'un procès, soit par le demandeur, soit par le défendeur. Le caractère d'une demande incidente est d'être formée à l'occasion et dans le cours d'une demande principale pour s'y joindre, en suspendre la marche, en modifier la solution ou même l'écarter entièrement (Req. 24 mai 1859, aff. Choquet, D. P. 57. 1. 376 ; Civ. cass. 9 juin 1886, aff. Arnault, D. P. 87. 1. 63 ; Req. 22 avr. 1890, aff. Rambaud, D. P. 91. 1. 208. V. Conf. Boitard, Colmet-Daäge et Glasson, *Leçons de procédure civile*, 4e éd., t. 1, nos 525 et suiv. ; Rousseau et Laisney, *Dictionnaire de procédure*, vo *Incident*, t. 5, p. 359).

Par application de cette doctrine, il a été jugé : 1° qu'une demande formée à l'occasion et dans le cours d'un procès, dans les conditions qui viennent d'être indiquées, a le caractère d'une demande incidente alors même qu'elle est basée sur un moyen tiré du fond du droit. Ainsi la demande formée dans le cours d'une instance en validité de surenchère, à fin de nullité de la vente frappée de surenchère et, par suite, d'annulation de la surenchère elle-même constitue un incident de cette instance (Arrêt précité du 24 mai 1859) ; — 2° Qu'une demande en règlement de compte intentée par une partie au cours de l'opposition par elle faite à des poursuites en payement doit également être mise au rang des demandes incidentes sur lesquelles le juge, saisi de l'action principale, est tenu de statuer (Arrêt précité du 9 juin 1886).

**4.** Ainsi qu'on l'a exposé au *Rép.* n° 22, la demande incidente, pour être recevable, doit être connexe à la demande principale; sinon, elle devient elle-même principale et doit faire l'objet d'une demande spéciale. — Décidé, à cet égard, que lorsque, dans le cours d'une demande en nullité, pour cause de dol, d'un prêt contracté par intermédiaire, le demandeur, par simples conclusions signifiées, demande que l'intermédiaire soit condamné à rendre compte de sa gestion, cette seconde demande qui invoque l'existence d'un mandat jusqu'alors contesté, à une cause différente de la première et n'ont point pas modifier la solution ; par suite, elle ne constitue pas une demande incidente pouvant être formée, d'après l'art. 337 c. proc. civ. par un simple acte d'avoué, et c'est dès lors, à bon droit qu'elle est déclarée non recevable (Req. 22 avr. 1890, cité *supra* n° 3).

Il a été jugé aussi que la mère naturelle qui a intenté au nom de son enfant contre le père de ce dernier une action en reconnaissance de filiation n'est pas recevable à former incidemment, en son nom personnel, une demande en dommages-intérêts contre l'une des parties en cause, à raison du préjudice que lui a causé une dénonciation calomnieuse en supposition de part, encore que, dans leur origine et leurs causes premières, il y ait des faits communs aux deux instances ; c'est la demande principale qui doit être introduite et poursuivie séparément devant les juges compétents pour en connaître (Bourges, 6 juin 1860, aff. Chevrier, D. P. 61. 2. 9).

**5.** En cas de renvoi par une juridiction devant une autre pour y faire trancher une question préjudicielle, le débat est restreint, devant le tribunal de renvoi, aux points réservés et sur lesquels il a été sursis à statuer. (V. *Rép.* 1o *Question préjudicielle*, n° 168). Mais il est évident que le juge de renvoi doit statuer sur tous les incidents qui se rattachent directement à la question principale. Ainsi, lorsqu'un individu poursuivi devant le tribunal de police pour avoir entravé la circulation par des travaux faits sur la voie publique a soulevé une question préjudicielle de propriété à

raison de laquelle il a été renvoyé à se pourvoir devant le tribunal civil, la commune est recevable à saisir ce tribunal, par simple requête et sans avoir besoin de se munir d'une autorisation spéciale, d'une demande tendant à faire reconnaître l'existence d'un droit de servitude sur le terrain de l'inculpé et constituant ainsi une défense à l'action principale dirigée contre elle par ce dernier (Req. 15 janv. 1879, aff. Lambert, D. P. 79. 1. 104).

**6.** Conformément à l'ordre suivi au *Répertoire* (V. n° 30) nous avons examiné *supra* vo *Demande nouvelle*, nos 12 et suiv. dans quels cas, par dérogation à l'art. 464 c. proc. civ. les demandes additionnelles peuvent être formulées pour la première fois en appel, et dans quelles conditions des demandes reconventionnelles peuvent être également pour la première fois portées devant le juge d'appel (cod. vo, nos 89 et suiv.).

**7.** D'après la même méthode (*Rép.* nos 31 et 33), les règles relatives à la compétence du tribunal par rapport tant aux demandes reconventionnelles qu'aux demandes additionnelles ont été exposées précédemment, vo *Compétence civile des tribunaux d'arrondissement*, nos 142 et 144).

**Art. 3.** — *Comment les demandes incidentes sont formées et jugées (Rép. nos 34 à 45).*

**8.** On a vu au *Rép.* n° 34, qu'aux termes de l'art. 337 c. proc. civ. les demandes incidentes additionnelles ou reconventionnelles sont formées par un simple acte contenant les moyens et les conclusions, avec offre de communiquer les pièces justificatives sur récépissé, ou par dépôt au greffe. Ainsi que nous l'avons dit au *Rép.* n° 35, il est généralement admis que les demandes incidentes peuvent être valablement formées à la barre du tribunal par de simples conclusions verbales. L'inobservation des art. 337 et 406 c. proc. civ. qui veulent que les demandes soient formées par acte d'avoué à avoué n'emporte pas nullité (Rousseau et Laisney, *Dictionnaire de procédure civile*, vo *Incident*, n° 43; Bourbeau, *Théorie de la procédure*, t. 5, p. 27 ; Rodière, *Compétence et procédure*, 4e éd., t. 2, p. 18; Boitard, Colmet-Daäge et Glasson, *op. cit.*, n° 528; Garsonnet, *Traité de procédure*, t. 2, p. 664).

**9.** La jurisprudence admet qu'en matière commerciale cette règle doit être appliquée aux demandes reconventionnelles ou en compensation, et que ces demandes ne tombent pas sous l'application de l'art. 415 c. proc. civ. aux termes duquel toute demande devant les tribunaux de commerce doit être introduite par exploit d'ajournement. En conséquence, ces demandes peuvent être formées par conclusions déposées dans une instance liée contradictoirement entre les deux parties à la barre du tribunal de commerce (Caen, 19 mai 1880, aff. Mexcuts, D. P. 81. 2. 178 et Civ. rej. 2 juill. 1884, aff. Bourguignon, D. P. 85. 1. 148. V. Conf. Rodière, *op. et loc. cit.*; Thomine, *Procédure civile*, t. 1, p. 541 ; Carré et Chauveau, *Lois de la procédure*, t. 3, quest. 1267). Il n'y a en effet aucune raison, lorsque les parties sont présentes, pour ne pas autoriser cette procédure rapide qui consiste en un dépôt de conclusions devant le tribunal par les parties ou par leurs mandataires, puisqu'elle suffit pour mettre l'intéressé en mesure de connaître et de discuter la prétention de son adversaire. Mais dans le cas où la partie ne comparaîtrait pas en personne ou par fondé de pouvoirs, un ajournement semblerait indispensable (V. Orillard, *Compétence et procédure des tribunaux de commerce*, n° 742 p. 790).

**10.** Lorsqu'il s'agit non plus d'une demande reconventionnelle formée par le défendeur contre le demandeur, mais d'une demande distincte formée par un codéfendeur contre son codéfendeur, l'instance ne pourrait être liée par de simples conclusions déposées à la barre, et il faudrait un exploit d'ajournement pour saisir le tribunal (Paris, 21 juill. 1875, aff. Bénier, D. P. 81. 2. 178).

La jurisprudence exige également que les demandes en intervention et en garantie formées devant les tribunaux de commerce soient introduites par un exploit régulier. V. *infrà*, vo *Intervention*.

**11.** Ainsi que nous l'avons dit au *Rép.* n° 37, l'art. 33 c. proc. civ. ne peut recevoir son application lorsque la partie adverse n'a pas constitué avoué. (Aux autorités citées au *Rép.*, *Adde* : Rousseau et Laisney, *op. et vᵒ cit.*, nᵒ 14).

**12.** On a vu au *Rép.* nᵒ 42 que l'art. 338 c. proc. civ. dispose que les demandes incidentes seront jugées par préalable, s'il y a lieu. Il résulte des termes de cet article, comme nous l'avons dit au *Rép.* nᵒ 43, qu'il appartient aux tribunaux d'apprécier souverainement s'il y a lieu de statuer sur un incident par un jugement séparé et distinct ou de le joindre au fond (Lyon, 6 mars 1883, aff. Bouvier, D. P. 85. 2. 191). Pour qu'ils puissent joindre au fond un incident étranger à la compétence, il suffit que la jonction de cet incident leur paraisse nécessaire à l'éclaircissement de la difficulté qui leur est soumise (Civ. rej. 7 mai 1857, aff. Fontaine, D. P. 57. 1. 318). Il a été décidé, spécialement : 1ᵒ que la déclaration par un tribunal qu'une demande incidente tendant à empêcher la production de lettres missives

doit être jugée en même temps que le fond de l'affaire est souveraine (Req. 3 févr. 1873, aff. Dumolin, D. P. 73. 1. 467) ; — 2ᵒ Que lorsqu'un particulier qui a exercé une action en recherche de maternité demande à prouver par témoins tous faits établissant sa filiation naturelle, en prétendant tirer un commencement de preuve par écrit de lettres adressées à un tiers par la partie adverse et à la production desquelles s'oppose celle-ci, les juges peuvent joindre au fond l'incident relatif aux lettres (Req. 8 mars 1880, aff. Bédel, D. P. 80. 1. 260).

**13.** Nous avons dit précédemment (vᵒ *Défense*, nᵒ 61) que les avoués ont devant tous les tribunaux, aux termes du 27 févr. 1822, le droit de plaider : 1ᵒ les demandes incidentes qui sont de nature a être jugées sommairement ; 2ᵒ tous les incidents relatifs à la procédure.

## Table sommaire

### des matières contenues dans le Supplément et le Répertoire.

(Les chiffres précédés de la lettre S renvoient au Supplément ; les chiffres précédés de la lettre R renvoient au Répertoire.)

Avoué
— demande en sursis *R.* 45.
— droit de plaider *S.* 13; *R.* 37.
— non constitué *S.* 11, *R.* 37.

Caractères *S.* 3 s.; *R.* 2 s.
— caractère provisoire *R.* 19 s.
— conciliation *R.* 22.

— demande en nullité *S.* 3 ; *R.* 24 s.
— instance en partage *R.* 56.
— modification de la demande *R.* 18.
— procédure d'ordre *S.* 25.
— question préjudicielle *S.* 5.
— règlement de compte *S.* 3.
— surenchère, vente, nullité *S.* 3.

Compétence *S.* 8 ; *R.* 31 s.
Définition *S.* 3 ; *R.* 1, 16.
Demande additionnelle *S.* 6 ; *R.* 17, 24, 29 s.
Demande distincte *S.* 10.
Demande en garantie
— formation *S.* 10 ; *R.* 36.

Demande en intervention *S.* 10.
Demande incidente
— formes *S.* 8 s. ; *R.* 34 s. ; (audience) *R.* 35 ; (matière commerciale) *S.* 9.
— jugement *S.* 12 s. ; *R.* 42 s.
— réponse, délai *R.* 40
Demande reconventionnelle *S.* 6 ; *R.* 17, 30 s.

Dommages - intérêts *R.* 19, 23.
Historique et législation *S.* 2 ; *R.* 5
— ancien droit français *R.* 9 s.
— droit romain *R.* 5 s.
Jugement *R.* 42 s.
— avoué *S.* 11 13 ; *R.* 16 s.

— instruction par écrit *R.* 44.
— lettre missive *S.* 12.
— recherche de maternité *S.* 12.
Matière administrative *R.* 28.
Matière commerciale *S.* 9.
Recevabilité *S.* 3 s. *R.* 16 s.

## Table chronologique des Lois, Arrêts, etc.

## INDUSTRIE ET COMMERCE.

### Division.

CHAP. 1. — Historique et législation. — Répartition des matières (nᵒ 1).

CHAP. 2. — Des travailleurs, apprentis et ouvriers. — De l'apprentissage et de l'éducation professionnelle (V. *infra*, vᵒ *Travail*).

CHAP. 3. — Des entrepreneurs et des industries libres et réglementées (nᵒ 2).

SECT. 1. — Des entrepreneurs et des industries libres (nᵒ 3).

ART. 1. — Des conditions personnelles requises pour pouvoir exercer une industrie (nᵒ 3).

ART. 2. — Du cumul de plusieurs industries (nᵒ 10).

ART. 3. — Conditions de lieu, de temps, de fabrication (nᵒ 12).

SECT. 2. — Des industries réglementées (nᵒ 17).

ART. 1. — Des conditions mises à l'exercice de certaines professions. — De la déclaration et de l'autorisation préalable. — Du cautionnement (nᵒ 19).

ART. 2. — Des restrictions à la liberté industrielle relatives au temps, au lieu, au mode d'exercice de certaines industries (nᵒ 72).

ART. 3. — Du droit exclusif d'exercer certaines industries, ou des monopoles (nᵒ 88).

ART. 4. — Restrictions mises à la liberté d'industrie dans un intérêt privé. — Droit de propriété. — Conventions (nᵒ 101).

SECT. 3. — De la liberté d'industrie considérée par rapport aux consommateurs (nᵒ 127).

SECT. 4. — Liberté des rapports entre le producteur et le consommateur (nᵒ 135).

ART. 1. — Droit de vendre ou de ne pas vendre (nᵒ 135).

ART. 2. — Droit de fixer les conditions du marché, le prix. — Lois de maximum, taxes, tarifs et autres conditions (nᵒ 140).

ART. 3. — De certaines mesures destinées à faciliter les rapports des consommateurs et des producteurs et à en assurer la loyauté. — Poids public. — Lois sur les falsifications (nᵒ 147).

CHAP. 4. — De la propriété industrielle (nᵒ 159).

SECT. 1. — Dispositions générales (nᵒ 159).

ART. 1. — Notions préliminaires. — Historique. — Droit comparé (nᵒ 159).

ART. 2. — Nature de la propriété industrielle. — Sa transmissibilité (nᵒ 193).

ART. 3. — En faveur de quelles personnes est reconnue la propriété industrielle. Questions internationales (nᵒ 199).

SECT. 2. — Dessins de fabrique (nᵒ 232).

ART. 1. — Que doit-on entendre par dessin de fabrique (nᵒ 232).

ART. 2. — Des qualités requises d'un dessin de fabrique pour

## CHAP. 1er. — Historique et législation. — Réparti-tion des matières (*Rép.* n°s 2 à 45).

**1.** L'introduction qui, au *Répertoire*, fait l'objet du cha-pitre 1er du présent traité, est consacrée à l'historique de la législation relative à l'organisation du travail. Depuis la publication de cet ouvrage, et surtout au cours de ces der-nières années, des réformes considérables ont été proposées en cette matière; et d'importants projets, dont la plupart sont encore à l'étude, ont été soumis au Parlement. En outre, les chapitres qui suivent, dans le *Répertoire*, n'em-brassent pas toute cette législation, dont une grande partie a été traitée v° *Ouvriers*. En conséquence, il nous a paru opportun de renvoyer au mot *Travail*, d'une part, l'exposé des divers problèmes qui ont été agités depuis 1852, exposé qui fera suite à l'introduction historique du *Répertoire*; d'autre part, l'étude des matières concernant les apprentis et les ouvriers, qui y sont traitées concurremment v^ls *Indus-trie et commerce* et *Ouvriers*, indépendamment de celles qui ont leur place plus spéciale v^ls *Louage d'ouvrage, Organisa-tion économique, Prud'hommes, Secours publics*.

Ce renvoi trouve ici son application pour le chap. 2 (*Des travailleurs, apprentis et ouvriers*), pour la sect. 1re du chap. 5 (*Des coalitions de patrons et d'ouvriers*), et pour le chap. 6 (*Du travail des enfants dans les manufactures*).

Il a aussi pour conséquence, dans la nomenclature des actes législatifs postérieurs au *Répertoire*, l'omission de ceux qui concernent spécialement la législation ouvrière. Cette nomenclature se réduit ainsi aux actes concernant la pro-priété industrielle, législation spéciale dont l'historique et le commentaire sont placés *infrà*, chap. 4, et elle trouvera sa place dans le même chapitre.

## CHAP. 2. — Des travailleurs, apprentis et ouvriers — De l'apprentissage et de l'éducation profession-nelle (*Rép.* n°s 46 à 156).

V. *infrà*, v° *Travail*.

**2.** Le principe constitutionnel de la liberté d'entre-prise sert toujours de base à notre régime économique et à notre législation industrielle. Il a même gagné du terrain par la diminution du nombre des restrictions et des mono-poles fondés sur des considérations d'ordre public. Pourtant quelques restrictions nouvelles ont apparu; mais elles sont loin de compenser la disparition des autres.

Sect. 1re. — Des entrepreneurs et des industries libres
(*Rép.* n°s 158 à 172).

Art. 1er. — Des *conditions personnelles requises pour pouvoir exercer une industrie* (*Rép.* n°s 159 à 163).

**3.** Les conditions d'âge, d'émancipation, d'autorisation paternelle et de publication dont la réunion est imposée par l'art. 3 c. com. aux *mineurs* qui veulent embrasser une profession commerciale ont été suffisamment décrites au *Rép.* n° 159 et v° *Commerçant*, n°s 130 et suiv., et en dernier lieu *suprà*, eod. v°, n°s 44 et suiv.

**4.** Il en est de même du consentement marital néces-saire dans le même cas aux *femmes mariées* (*Rép.* n° 160, et v° *Commerçant*, n°s 160 et suiv. V. *suprà*, eod., v°, n°s 79 et suiv.), le sexe à lui seul n'étant pas suffisant pour écarter les femmes des professions commerciales et industrielles qui ne tiennent pas à l'ordre public.

**5.** Les *étrangers* en ont également l'accès sans distinc-tion, comme autrefois, de villes et de territoires (*Rép.* n° 161), qu'ils soient ou non autorisés à fixer leur domicile en France, à charge toutefois de remplir les mêmes conditions que nos nationaux, par exemple, au point de vue de la patente. Il est vrai qu'à défaut d'habitation en France le marchand étranger échappe au droit proportionnel qui est assis sur l'habitation; ainsi en est-il des marchands forains domiciliés à l'étranger, et pour lesquels un député a pro-posé le doublement du droit fixe à titre de compensation (29 mai 1886, *Journ. off.*, Doc. parl. 1886, p. 624). On s'est plaint surtout de ce qu'ils échappent à tout contrôle pour le payement de ce droit, aucune autorité n'en étant spéciale-ment chargée. M. Maxime Lecomte a proposé (20 janv. 1890, *Journ. off.*, Doc. parl. 1890, p. 118) d'en charger spéciale-ment le service des douanes, ce qui a été fait par circulaire de la direction générale des contributions directes en date du 27 janv. 1890. V. *infrà* v° *Patentes*.

**6.** Nous avons comparé (*Rép.* n° 163) le principe si large qui fixe la situation des étrangers au point de vue du commerce dans notre droit français à celui des législations anglaise, espagnole et russe, qui, sur ce point, n'a pas été changé. — L'acte anglais du 12 mai 1870 maintient, notam-ment par son art. 3, la faculté pour la reine d'accorder des lettres de *denization* (*Annuaire de législation étrangère*, 1872, p. 1). — A Genève, une loi du 8 mars 1879 exige un permis d'établissement pour être chef d'industrie ou de commerce (*Ibid.*, 1880, p. 629). — En Suède, une loi du 18 juin 1864 supprime l'interdiction à peu près absolue qui frappait les étrangers à ce point de vue, mais les soumet encore au régime de l'autorisation préalable (*Ibid.*, 1880, p. 662). — En Danemark, une loi du 23 mai 1873 permet aux étrangers d'exercer un métier ou de faire le commerce dans une ville danoise, à la seule condition de prévenir l'autorité com-munale qu'en cas de détresse ils ne seraient pas à la charge de la commune et pourraient trouver des secours au dehors pour eux et leurs familles. Un séjour de cinq ans dans le royaume n'est plus nécessaire comme autrefois (*Ibid.*, 1874, p. 420).

**7.** L'établissement d'un commerce ou d'une industrie, loin de supposer la naturalisation préalable, peut faciliter son obtention en réduisant à un an la durée de la résidence requise (L. 29 juin 1867, D. P. 67. 4. 70). L'étranger est même affranchi dans l'exercice de ses droits commerciaux d'une entrave de procédure, la caution *judicatum solvi*, sans laquelle il ne peut, en d'autres matières, poursuivre un Français. Il est assimilé au Français pour l'obtention d'un brevet d'invention (V. *suprà* v° *Brevet d'invention*, n°s 197 et suiv.; *Rép.* eod. v°, n°s 234 et suiv.) et pour l'appropriation d'une marque de fabrique ou de commerce, lorsqu'il s'agit des produits des établissements qu'il possède en France (V. *infrà*, n°s 199, 203 et suiv.). Mais la protection de la propriété industrielle au moyen de poursuites pénales, n'ayant point par elle-même le caractère d'un droit naturel, ne profite aux étrangers, pour ces deux objets, qu'en vertu des dispositions spéciales des lois de 1844 et de 1857.

En ce qui concerne les autres éléments de cette propriété, tels que les dessins de fabrique et les noms commerciaux, ils ne peuvent y prétendre, à cause du silence des lois qui les régissent (V. *infrà*, n°s 200 et 205 et *Rép.* n° 271), qu'en cas de conventions internationales ou de lois étrangères assurant à nos nationaux la réciprocité exigée par l'art. 11 c. civ. Ces conventions et ces lois sont, d'ailleurs, intervenues en grand nombre, tant pour leur donner les droits qui leur manquaient en matière de dessins et de noms que pour consacrer et étendre ceux qu'ils tenaient déjà des lois de 1844 et de 1857 en matière de brevets et de marques (V. *infrà*, n°s 168 et suiv. pour les lois étrangères, 211 et suiv. pour les traités).

**8.** Ce libre accès des étrangers aux professions commerciales ou industrielles ne va pas jusqu'à leur ouvrir celles qui se rattachent aux fonctions publiques, celles d'agent de change ou de courtier, par exemple (V. *suprà*, v° *Bourse*, n°s 182 et suiv.)... ou à l'ordre public, telles que la gérance d'un journal ou écrit périodique (V. *infrà*, v° *Presse*)... la possession pour plus de moitié d'un navire de commerce français (*Rép.* v° *Droit maritime*, n° 66 ; Comp. *suprà*, v° *Commerçant*, n°s 110 et 111 ; *Rép.* eod. v°, n° 223).

**9.** Enfin les incompatibilités résultant de certaines fonctions ont déjà été indiquées (*suprà*, v° *Commerçant*, n°s 36 et suiv. et *Rép.* eod. v°, n°s 112 et suiv.). Et nous avons dit au *Rép.* n° 162, qu'il n'en existe aucune pour distinction de naissance ou pour cause de religion.

### Art. 2. — *Du cumul de plusieurs industries*
(*Rép.* n°s 164 à 166).

**10.** Nous avons suffisamment insisté au *Répertoire* sur le droit reconnu par l'art. 14 de la loi du 2 mars 1791 de cumuler plusieurs industries, et sur l'abrogation des anciens règlements contraires qui reposaient sur la division officielle des professions, spécialement en ce qui concerne le commerce de la boulangerie et de la boucherie (*Rép.* v°s *Boulanger*, n°s 20 et 90 et *Boucher*, n° 76). L'adjonction d'une profession à une autre oblige seulement à l'observation des obligations de cette profession, si elle est réglementée. Les lois ou règlements peuvent même établir certaines incompatibilités qui rendent cette adjonction impossible. Ainsi un pharmacien ne peut, dans les mêmes lieux ou officines, faire aucun autre commerce ou débit que celui des drogues et préparations médicinales (L. 21 germ. an 11, art. 32).

On ne peut pas non plus se servir d'un monopole ou d'une autorisation concédée, pour exercer une autre industrie cumulativement avec celle qui en est l'objet. C'est ainsi qu'une compagnie de chemin de fer ne peut faire le commerce des charbons (Civ. rej. 5 juill. 1865, aff. Chemin de fer de l'Est, D. P. 65. 1. 348), mais seulement les actes qui se rattachent étroitement à l'œuvre du transport ou qui la complètent utilement. Parmi ces actes, on peut citer le camionnage au départ, l'exploitation des buffets (Crim. rej. 29 déc. 1860, aff. Brunet, D. P. 61. 5. 71), et même l'exploitation, dans une gare, d'un hôtel destiné à recevoir les voyageurs qui s'y reposent au milieu d'un voyage trop long pour être achevé sans interruption : il a été jugé que l'exploitation de cet hôtel, loin d'être une violation de la concession faite à la compagnie, n'était, au contraire, que le développement naturel et l'amélioration du service du transport des voyageurs (Req. 19 déc. 1882, aff. Jullien et Blanc, D. P. 83. 1. 57). — Les commerçants auxquels l'entreprise indûment jointe a fait une concurrence nuisible peuvent réclamer à la compagnie des dommages-intérêts (Arrêt précité du 5 juill. 1865); toutefois cette solution, suppose non seulement l'absence d'autorisation pour l'entreprise jointe, mais un abus ou détournement de monopole, en vue duquel cette jonction est interdite au nom et dans l'intérêt des concurrents, par les termes ou la nature de la concession (V. le rapport de M. le conseiller Féraud-Giraud sous l'arrêt précité du 19 déc. 1882).

**11.** En ce qui concerne les droits de patente, la loi du 15 juill. 1880 art. 7 et 15 (D. P. 81. 4. 1), comme celle du 25 avr. 1844, art. 7 et 11, n'attache à l'ensemble des professions cumulées qu'un seul droit fixe de patente (le plus élevé de ceux qu'imposeraient ces professions diverses), et un seul droit proportionnel, dont le taux se règle sur la profession assujettie au droit fixe, et dont le montant suit les accroissements des locaux. Mais le bénéfice de l'unité de droit fixe disparaît si les locaux sont distincts (L. du 15 juill. 1880, art. 8). Et même pour un local unique, le droit fixe, ou une partie du droit fixe est assise sur le nombre d'employés, d'ouvriers, de machines ou autres éléments d'imposition, et dans ce calcul on doit comprendre les éléments d'imposition de toutes les professions cumulées (art. 9). V. *infrà*, v° *Patente*.

Malgré ces exceptions, l'unité de droit fixe a soulevé, de la part du petit et du moyen commerce, de vives protestations dont plusieurs députés se sont faits les interprètes dans diverses propositions de lois. Pour y donner satisfaction dans une certaine mesure, la loi de finances du 17 juill. 1889 (D. P. 90. 4. 71) a modifié celle du 15 juill. 1880 en portant les taxes par employé au double quand le nombre des employés dépasse deux cents, au triple, lorsqu'il dépasse mille. Mais ce système, que le Sénat n'avait voté qu'avec répugnance et après l'avoir rejeté une première fois, parce qu'il introduisait dans notre législation fiscale quelque chose de l'impôt progressif, fut changé, sur l'initiative du Gouvernement, par la loi du 8 août 1890 (D. P. 90. 4. 76), en un autre, équivalant comme rendement, mais écartant le triplement au-dessus de mille employés et appliquant le doublement dès qu'il en existe cent. Le Gouvernement avait même proposé, mais en prenant comme base le nombre de trois cents employés, de doubler au-dessus de ce chiffre non seulement le droit fixe, mais même le droit proportionnel, ce que la commission du budget ne put admettre.

La Chambre était en outre, et est encore, saisie de diverses propositions qui arriveraient à des charges bien plus considérables pour les grands magasins : — proposition Mesureur et autres du 24 févr. 1890, appliquant des patentes multiples aux magasins à commerces multiples (*Journ. off.*, Doc. parl. 1890, p. 379) ; — proposition Haussmann du 23 juin 1890, considérant comme établissement et imposant conformément aux art. 8, 9 et 14 de la loi du 15 juill. 1880 le fait d'avoir, dans une commune, un bureau de correspondance ou un service de voitures régulièrement organisé (*Ibid.*, p. 1264) ; — proposition Le Veillé du 20 déc. 1890 (*Ibid*, sess. extr. p. 506), ajoutant aux taxes actuelles pour les magasins réunissant plusieurs commerces ou industries un droit gradué d'après le nombre des employés ou d'après le nombre des voitures, à moins que ces magasins ne soient formés en société, auquel cas la patente serait remplacée par une taxe de tant pour cent sur les bénéfices nets. — V. *infrà*, v° *Patente*.

### Art. 3. — *Conditions de lieu, de temps, de fabrication*
(*Rép.* n°s 167 à 172).

**12.** Le régime actuel du commerce et de l'industrie n'admet ni attache ni séparation officielle des professions au point de vue de leur lieu d'exercice. L'assignation ou l'interdiction d'un emplacement ou d'un quartier aux diverses industries par l'autorité municipale excède ses pouvoirs ; enfin tout établissement peut être librement transféré d'un lieu dans un autre. Tel est le droit commun. — On peut y être dérogé pour certaines professions, — soit pour les professions bruyantes, comme celles des chaudronniers, ferblantiers, serruriers, forgerons et autres dites *à marteau*, et plus généralement pour les établissements dangereux, insalubres ou incommodes, — soit pour le commerce de la boucherie et des denrées alimentaires, en vue d'assurer leur salubrité et la fidélité de leur débit, — soit pour le commerce forain en général, — soit pour les professions qui s'exercent sur la voie publique, en vue d'assurer la sécurité et le bon ordre ? Ce sont autant de questions qui concernent spécialement des industries réglementées et se placeront dans la section suivante.

**13.** Une autre liberté reconnue au commerce et à l'industrie en général est celle de s'exercer en tout temps, de nuit comme de jour, et les jours fériés comme les autres. On verra toutefois, dans la section suivante, les restrictions qui peuvent atteindre les professions bruyantes, au point de vue du travail de nuit. Même dans les industries libres, la loi restreint le travail de nuit, ainsi que celui des dimanches et fêtes, pour les enfants et les filles mineures. La loi du 19 mai 1874 (D. P. 74. 4. 88) défend d'employer à aucun travail de nuit les enfants au-dessous de seize ans dans les manufactures, fabriques, usines, mines, chantiers et ateliers, et les filles mineures de 16 à 21 ans dans les usines et manufactures (art. 4). Elle défend aussi aux patrons d'employer les enfants de moins de 16 ans et les filles de moins de 21 ans à aucun travail les dimanches et fêtes reconnues par la loi (art. 5). Un projet de loi dont le Parlement est saisi étend cette double protection aux femmes de tout âge, tout en s'abstenant de fixer le jour du repos légal hebdomadaire. — Sur la protection des ouvriers contre l'abus du travail, V. *infrà*, v° *Travail*.

**14.** La loi du 18 nov. 1814, qui prohibait, les dimanches et fêtes, les travaux ordinaires et extérieurs, sans distinction de personnes, ici que la cour de cassation n'avait pas cessé de considérer comme en vigueur (V. notamment : Crim. 20 avr. 1866, aff. Belin, D. P. 66. 1. 185, et la note ; Crim. 19 déc. 1872, aff. Théroulde, D. P. 72. 5. 280), a été abrogée par celle du 12 juill. 1880 (D. P. 80. 4. 92) comme portant atteinte à la liberté de conscience et à la liberté du travail (V. *suprà*, v° *Culte*, n° 27). Mais cette abrogation n'a pas atteint les dispositions de la loi de 1874 tendant à préserver les enfants et filles mineures d'un travail ininterrompu, dispositions, d'ailleurs, rendues plus sévères et étendues aux femmes de tout âge par un projet de loi actuellement soumis aux Chambres (V. *infrà*, v° *Travail*).

**15.** L'abrogation de la loi de 1814 n'empêcherait pas non plus les autorités municipales de prohiber le travail du dimanche dans certains lieux déterminés soumis à leur surveillance, en vue d'y assurer le bon ordre, la salubrité ou la sécurité, notamment dans les abattoirs (Crim. rej. 22 juill. 1882, aff. Durbec, D. P. 83. 1. 367. V. *suprà*, v° *Commune*, n° 817). La même mesure a été reconnue légale, pour les carrières à ciel ouvert, par un arrêt du 26 mars 1847 (Crim. cass. aff. Loiseleur, Arrouin, Dauphin, D. P. 47. 4. 315) rendu, il est vrai, sous l'empire de la loi de 1814, mais sans que cette loi fût visée ni dans l'arrêt, ni dans le règlement municipal, ce règlement ayant été pris comme mesure d'ordre et de sûreté indépendante de tout motif religieux et en vertu seulement des lois du 24 août 1790 et du 21 avr. 1810.

**16.** Indépendamment du lieu et du temps, la liberté de l'industrie, quant au mode d'exercice, aux procédés de fabrication, au droit de marquer ou non ses produits, ne soulève aucune réflexion nouvelle, sauf ce qui sera dit à la section suivante sur les industries réglementées, au chap. 4 sur la propriété des dessins et des marques, et *infrà*, v° *Vente publique de meubles*, sur le droit de vendre des marchandises neuves aux enchères publiques. Est à signaler cependant un arrêt du 12 mars 1858 (Crim. rej. aff. Gleyses et autres, D. P. 58. 1. 337), qui applique au mécanisme intérieur des moulins le principe de la liberté des procédés industriels, en refusant à l'autorité municipale le pouvoir qu'elle avait, avant 1789, de réglementer ce mécanisme pour prévenir certaines fraudes dont les lois, d'ailleurs, permettent de poursuivre la répression.

### Sect. 2. — Des industries réglementées
(*Rép.* n°⁵ 173 à 218).

**17.** Le nombre des industries réglementées ou susceptibles de l'être par l'autorité administrative centrale ou locale est considérable, comme le fait apparaître la classification présentée *suprà*, v° *Commerçant*, n°⁵ 135 et suiv. Mais il faut tout d'abord poser ce principe, que les règlements doivent s'interpréter étroitement quant aux restrictions qu'ils établissent, et largement quant aux libertés qu'ils réservent. Tant de sens, il a été jugé : 1° qu'un arrêté fixant, dans l'intérêt du repos des habitants, les heures de cessation du travail « pour les serruriers, forgerons, taillandiers, ferblantiers, chaudronniers, maréchaux ferrants, et générale-

ment tous ceux qui exercent une profession bruyante », est réputé n'avoir eu en vue que les industries à *marteau* ou employant des appareils à percussions retentissantes, et ne peut, dès lors, être appliqué à une imprimerie dont les presses sont mises en mouvement par la vapeur, alors, d'ailleurs, qu'en fait, on ne reproche à cette industrie d'autre bruit qu'un bourdonnement modéré et uniforme (Crim. rej. 3 mars 1865, aff. Maisonville, D. P. 68. 1. 235) ; — 2° Que lorsqu'un règlement concernant les entreprises de bains de mer, dans une commune du littoral maritime, soumet ces entreprises à la nécessité d'une permission municipale, sans leur imposer, en outre, l'obligation de se faire désigner un emplacement pour le stationnement de leurs voitures, le propriétaire d'une entreprise de cette sorte, traduit devant le tribunal de police uniquement pour un fait de stationnement de ses voitures sur une partie de la plage qui ne lui aurait pas été désignée par l'Administration, est avec raison renvoyé de la poursuite, bien qu'on eût pu lui reprocher en même temps de ne s'être pas pourvu pour son exploitation de l'autorisation requise (Crim. rej. 29 août 1861, aff. Bourgeois, D. P. 63. 1. 480) ; — 3° Que l'arrêté municipal qui défend de vendre certaines marchandises d'approvisionnement, du poisson, par exemple, « sur aucun point de la commune autre que le marché ni dans les maisons particulières », est réputé avoir voulu s'opposer seulement au colportage sur la voie publique et au domicile des acheteurs, mais non à la vente en boutique de ces mêmes marchandises, laquelle est de droit tant qu'elle n'a pas été l'objet d'une prohibition expresse (Crim. rej. 16 juin 1854, aff. Reynes, D. P. 54. 5. 469) ; — 4° Que le règlement dispensant de l'obligation de l'apport au marché les denrées expédiées à des destinations particulières fait profiter de cette dispense les destinataires commerçants eux-mêmes achetant pour revendre (Cass. ch. réun. 24 mars 1858, aff. Lesage, D. P. 58. 1. 139).

**18.** Les professions monopolisées aux mains de l'État viendront sous l'art. 3 de la présente section (V. *infrà*, n°⁵ 88 et suiv.). Celles dont les titulaires sont nommés ou commissionnés par le Gouvernement avec monopole résultant de la limitation de leur nombre sont, en général, étrangères au commerce et à l'industrie. Quelques-unes sont pourtant commerciales, comme celles d'agent de change et de courtier. Le monopole des agents de change nommés officiellement subsiste encore dans nos lois, bien qu'il soit peu respecté, et que sa suppression, déjà opérée en Belgique par la loi du 30 déc. 1867 (V. *suprà*, v° *Bourse*, n° 12), ait été demandée chez nous (Proposition de M. Ménard-Dorian prise en considération par la Chambre des députés le 28 mars 1882 et devenue caduque par l'expiration des pouvoirs de cette Chambre, *Journ. off.* Doc. dép. p. 432. V. aussi Thaller, *De la faillite des agents de change*, p. 14). Pour les courtiers, nous avons indiqué *suprà*, v° *Bourse* (n°⁵ 16 et suiv.), l'exception considérable qu'apporte à leur monopole la loi du 18 juill. 1866 en déclarant libre le courtage des marchandises, sauf certains privilèges réservés aux courtiers inscrits ou assermentés. — Sont aussi commissionnés et privilégiés par l'État ceux qui débitent les produits soumis à son monopole, tels que les tabacs et les poudres ; ceux qui sont préposés au pesage et au mesurage publics dans les villes où le Gouvernement a approuvé la création de ce monopole et dans les limites qui seront précisées *infrà*, n°⁵ 147 et suiv. — Peuvent également être commissionnés et privilégiés par l'autorité municipale certains individus pour le transport des fardeaux dans les marchés, halles et ports, comme on le verra *infrà*, n° 132. Quant aux professions de boulanger et d'imprimeur, que nous indiquions au *Rép.* n° 173, comme réservées à un nombre limité de titulaires, on le verra ici, nous le verrons, a fait place à une liberté que restreint seulement, pour la première la pouvoir réglementaire des maires, pour la seconde la nécessité d'une déclaration préalable.

### Art. 1er. — Des conditions mises à l'exercice de certaines professions. — De la déclaration et de l'autorisation préalable. — Du cautionnement (*Rép.* n°⁵ 176 à 194).

**19.** Nous avons dit au *Rép.* n° 176 que certaines professions, étant soumises à une surveillance particulière de l'autorité municipale par la loi des 16-24 août 1790, tit. 11, art. 3, avaient pu, en vertu de ce pouvoir, être astreintes à l'obligation de la déclaration préalable. La loi du 5 avr. 1884, tout en abrogeant cette disposition de la loi de 1790 (art. 168) n'a rien retranché à ce pouvoir, qu'elle réorganise à peu près dans les mêmes termes (art. 97).

**20.** — I. BOUCHERIE. BOULANGERIE. — Dans cette catégorie, nous avons placé tout d'abord la profession de boucher ou de charcutier (*Rép.* n°s 176 et 177). Le commerce de la boucherie, bien qu'un décret du 24 févr. 1858, postérieur à la publication du *Répertoire* (D. P. 58. 4. 16), l'ait déclaré libre à Paris, est toujours soumis, soit à Paris, soit ailleurs, à la police municipale, qui comprend notamment en vue de la sûreté et de la salubrité publiques : « ... 5° L'inspection sur la fidélité du débit des denrées qui se vendent au poids ou à la mesure, et sur la salubrité des comestibles exposés en vente ; — 6° Le soin de prévenir par des précautions convenables les accidents et les fléaux calamiteux, tels que les maladies épidémiques ou contagieuses, les épizooties ;... — 8° Le soin d'obvier aux événements fâcheux qui pourraient être occasionnés par la divagation des animaux malfaisants ou féroces » (L. du 5 avr. 1884, art. 97, D. P. 84. 4. 25. V. *suprà*, v° *Boucher*, n°s 9 et suiv.). De là, l'obligation qui peut être et qui est généralement imposée aux bouchers de faire une déclaration à l'autorité municipale (V. *suprà*, v° *Boucher*, n° 5 ; Ruben de Couder, *Dictionnaire de droit commercial, industriel et maritime*, v° *Boucher*, n° 7). Le décret de 1858 (art. 2) a soin d'exiger pour Paris une déclaration à la préfecture de police. Il abroge seulement l'ordonnance du 18 oct. 1829 (*Rép.* v° *Boucher*, n° 94) qui, à Paris exceptionnellement, soumettait la profession de boucher au régime de l'autorisation préalable avec limitation du nombre, syndicat et cautionnement (V. *suprà*, v^is *Boucher*, n°s 48 et suiv. et *Commune*, n° 774 ; *Rép.* n° 193, v^is *Boucher*, n° 94 et suiv. et *Commune*, n° 1252), régime qui, nous l'avons dit, ne pouvait, même à cette époque, être établi sans excès de pouvoir par l'autorité municipale (*Rép.* n° 177. Circ. min. du 22 déc. 1825. — *Rép.* v° *Boucher*, n° 9). — Il faut, d'ailleurs, distinguer les boucheries des abattoirs, qui sont classés comme établissements dangereux et insalubres, et soumis, comme tels, à la nécessité d'une autorisation administrative.

**21.** L'autorité municipale pourrait aussi astreindre les boulangers à une déclaration préalable, comme moyen d'exercer la surveillance dont elle est chargée par la loi sur la fidélité du débit des denrées, leur salubrité et l'approvisionnement régulier de la commune. Elle ne pourrait leur imposer, pas plus qu'aux bouchers, ni autorisation préalable ni limitation de nombre. Des décrets et ordonnances du Gouvernement avaient un pouvoir le faire dans un si grand nombre de villes que nous avions dû, au *Rép.* n° 179, rattacher la boulangerie au régime de l'autorisation préalable. Mais un décret du 22 juin 1863 (D. P. 63. 4. 127) est venu révoquer ces mesures restrictives (V. *suprà*, v° *Boulanger*, n°s 1 et 2) et replacer cette profession dans le droit commun de la liberté industrielle tempérée par le droit de police municipale. Sur les syndicats de la boulangerie et les marchés autrefois passés par eux en vue de limiter le nombre des boulangers, V. *Boulanger*, n°s 20 et 21.

**22.** Plus que jamais, sous ce régime nouveau, nous persisterons dans la thèse déjà soutenue au *Rép.*, v° *Boulanger*, n° 26, en refusant à l'autorité municipale ou administrative le droit d'imposer aux boulangers, pour *cesser* leur profession, une déclaration suivie d'un délai réglementaire, et en lui reconnaissant seulement le droit d'interdire une brusque interruption capable, en fait, de compromettre l'approvisionnement de la commune. La question est la même pour les bouchers. Pour les uns et les autres, on trouve cette prescription dans des actes du Gouvernement, spéciaux à certaines villes et abrogés par les ordonnances ou décrets postérieurs (Pour les bouchers de Paris : Arrêté du 8 vend. an 11, art. 13, abrogé par l'ordonnance du 12 janv. 1825. Pour les boulangers de Paris : Arrêté des consuls du 19 vend. an 10 abrogé par le décret du 22 juin 1863, etc...). Mais on la trouve aussi pour les professions de boucher, boulanger et autres ayant pour objet la subsistance publique, dans l'ancien édit de février 1776 applicable à toute la France et qui n'a pu être abrogé que par une loi. Cet édit était appliqué à la boulangerie par une jurisprudence que

nous critiquions déjà au *Rép.*, v° *Boulanger*, n° 26, et qui s'est affirmée encore depuis sa publication (V. *suprà*, v° *Boulanger*, n° 18 et les arrêts cités. *Adde* : Crim. rej. (2 moyens) 2 mars 1857, aff. Rolland, D. P. 58. 1. 335 ; Trib. Seine, 14 avr. 1858, aff. Leduc, D. P. 58. 3. 63). Elle n'a pas eu à se prononcer depuis le décret de 1863. Mais nous ne pouvons, sous l'empire de ce décret, que persister dans notre doctrine qui considère l'édit de février 1776, supprimant les corporations, comme abrogé par celui du mois d'août de la même année qui les rétablissait. Nous ferons remarquer, d'ailleurs, que l'arrêt de l'an 10 et d'autres ordonnances spéciales ont pu déroger à l'édit de février en réduisant d'un an à 6 mois le délai qu'il impose, comme la jurisprudence a semblé l'admettre (Trib. Seine, 14 avr. 1858, aff. Leduc, D. P. 58. 3. 63), le décret de 1863 a dû avoir la force d'abroger l'édit de 1863 tout ensemble. — Sur la taxe du pain et de la viande qui rentre encore dans le pouvoir des maires en vertu de l'art. 30 de la loi des 19-22 juill. 1791 resté en vigueur, V. *infrà*, n°s 141 et 162.

**23.** — II. BROCANTEURS. — La profession de brocanteur, fripier, revendeur d'objets d'occasion, peut procurer l'impunité à un grand nombre de vols. Exercée sur la voie publique, elle tombe sous le pouvoir réglementaire de l'autorité municipale ou administrative qui peut, notamment l'astreindre à une déclaration ou inscription sur les registres de la police. Elle est même, dans le cas d'exercice sur la voie publique, régie de plein droit par la déclaration royale du 29 mars 1778 applicable à tout le royaume (Isambert, *Rec. gén. des lois françaises*, t. 25, p. 255) et par l'art. 3 de l'ordonnance de police du 8 nov. 1780 applicable seulement à Paris et au ressort du Châtelet (Isambert, *op. cit.*, t. 26, p. 391). Ces textes sont maintenus en vigueur par l'art. 484 c. pén. comme applicables à des matières non réglées par ce code ; et ils sont susceptibles d'être publiés de nouveau par l'autorité municipale en vertu du paragraphe 2 de l'art. 46 de la loi des 19-22 juill. 1791 et du paragraphe 1er de l'art. 94 de la loi du 5 avr. 1884. C'est ce qui a été fait pour Paris par diverses ordonnances de police, et en dernier lieu, par celle du 15 juin 1831 (V. l'analyse ou le texte des ordonnances de 1778, 1780 et 1831 au *Rép.* n° 178).

Mais la déclaration de 1778 pour tout le royaume ne vise que les brocanteurs *ambulants*, l'édit du mois d'août 1776 ayant réorganisé en communautés privilégiées les fripiers travaillant en boutique ou en échoppe. Aussi avons-nous dit que la profession de fripier, brocanteur ou revendeur *en boutique*, aussi bien que celles d'horloger et de bijoutier, échappant à la fois à cet ancien règlement de 1778, et à tout pouvoir réglementaire autre que celui du législateur, ne peuvent, à moins d'une loi nouvelle, se trouver soumises à des obligations spéciales, telles qu'inscription préalable, tenue de registres, etc., que dans les villes où elles résulteraient d'anciens règlements locaux, comme l'ordonnance du 8 nov. 1780 pour Paris, le règlement du 12 juin 1759 pour Bordeaux, mais non dans les autres (Crim. rej. 29 nov. 1890, aff. Lacour, *Gaz. des trib.* du 1er déc. 1890 ; Trib. corr. Rouen, 4 janv. 1876, *Rec. de Rouen*, 1876, 11, cité par Ruben de Couder, *op. cit.*, v° *Brocanteur*, n° 2 ; Trib. corr. Seine, 21 avr. 1877, *Le Droit* du 2 mai, cité par Ruben de Couder, *ibid.*).

Dans les villes même où existent d'anciens règlements, le maire ou le préfet de police ne peut prendre d'arrêtés concernant les brocanteurs en boutique que par rappel et application de ces textes, si bien que la peine et la compétence doivent être déterminées par eux et non par l'art. 471, § 15, c. pén. sur les contraventions de simple police. Aux arrêts cités dans ce sens (*Rép.* n° 178, v° *Commune*, n° 696 et *suprà*, eod. v°, n° 484), nous pouvons ajouter les suivants qui, supposant le métier de brocanteur exercé en boutique, mais à Paris, lui déclarent applicables les prescriptions et les peines de l'ancienne ordonnance de 1780 et refusent de considérer les ordonnances nouvelles du préfet de police comme ayant pu se substituer à elles et transformer l'infraction en contravention de simple police : Paris, 6 déc. 1861, aff. Perron ; 21 août 1868, aff. Michel, D. P. 68. 2. 181 ; Crim. cass. 18 févr. 1878, aff. Delion, D. P. 78. 1. 489 ; 17 févr. 1883, aff. Chauvet D. P. 83. 1. 488. V. sous l'arrêt de 1878 les remarquables conclusions de M. l'avocat général Lacointa sur la portée de cette réglementation, les phases qu'elle a traversées et la restriction aux seuls brocanteurs ambulants du pouvoir propre de surveillance attribué au préfet de police par l'arrêté consulaire du 12 mess. an 8, art. 32.

Les préfets, d'ailleurs, pas plus que les maires, ne peuvent, en l'absence d'anciens règlements locaux, imposer la tenue d'un registre aux brocanteurs, exerçant à domicile (Crim. rej. 16 juill. 1870, aff. Feillon, D. P. 71. 1. 187).

**24.** L'ancienne ordonnance de 1780, applicable à l'ancienne banlieue de Paris comprise dans le ressort du Châtelet, ne s'étend pas au territoire d'Asnières (Paris, 9 mars 1878, aff. Raynal, D. P. 78. 2. 247), mais comprend ceux de Pantin et du Pré-Saint-Gervais (Crim. cass. 17 févr. 1883, cité suprà, n° 23). Elle oblige aujourd'hui tous ceux qui habitent le territoire des communes annexées en 1860 à la ville de Paris, bien que le territoire de ces communes, n'étant pas compris dans la « ville et les faubourgs de Paris » à l'époque de la publication de l'ordonnance, celle-ci, n'y fût pas applicable à cette époque (Trib. corr. Seine, 15 avr. 1882, Revue d'adm., 1882, t. 2, p. 81).

Les termes et l'esprit de cette ordonnance supposent, comme condition nécessaire de son application, la détention matérielle des objets par des marchands achetant et revendant des effets et marchandises de hasard; et elle ne peut, en conséquence, s'appliquer à un commerce tel que celui des achats et ventes de reconnaissances du mont-de-piété (Paris, 29 janv. 1890, aff. Fournier., D. P. 90. 2. 316). — Nous avons réservé (Rép. n° 178) l'application contre les brocanteurs, comme contre tous autres, des textes du code pénal ou des dispositions de sûreté, maintenues par la loi du 22 juill. 1791 (tit. 1, art. 29), concernant l'achat et la vente des matières d'or et d'argent ou des objets de serrurerie (Comp. sur la profession de brocanteur, Ruben de Couder, Dictionnaire, v° Brocanteur; Vivien, Revue des Deux Mondes, 1842, p. 800). .

**25.** Sur la déclaration et le registre imposés aux fabricants et marchands d'ouvrages d'or et d'argent, ainsi que sur les titres ou proportions de métal fin prescrites dans ces ouvrages et sur la garantie de ces titres par le poinçon de l'Etat, V. la loi du 19 brum. an 6 (Rép. v° Matières d'or et d'argent). V. aussi la loi du 25 janv. 1884 (D. P. 84. 4. 85), qui, pour permettre à l'industrie française de soutenir la concurrence sur les marchés étrangers, crée un quatrième titre plus bas pour les boîtes de montre en or destinées à l'exportation et permet la fabrication à tout titre, mais sans garantie, d'objets d'or ou d'argent exclusivement destinés à l'exportation. Un règlement d'administration publique du 6 juin 1884 (D. P. 84. 4. 87) pourvoit à l'exécution de cette dernière loi (V. infrà, v° Matières d'or et d'argent).

**26.** — III. Industries s'exerçant dans les lieux publics. — Nous avons dit au Rép. n° 180 que les industries qui s'exercent sur la voie publique ou dans les lieux publics sont soumises à l'autorisation préalable des maires. Toutefois il n'en est ainsi que dans la mesure où elles peuvent compromettre soit le bon ordre, la sûreté ou la commodité du passage, soit la salubrité publique ou un autre intérêt confié à la police municipale, et si elles n'ont pas été affranchies par une législation spéciale.

**27.** — IV. Voitures. — L'industrie des loueurs de voitures de place ou de remise, à l'heure ou à la course est libre, mais sous la condition d'une déclaration à l'Administration, qui peut restreindre leur stationnement en vue de la commodité du passage dans les rues et places, et y mettre comme condition l'observation d'un tarif fixé par elle (Décret du 23 mai 1866, D. P. 66. 4. 52; Ordonnance de police du 23 juill. 1833. V. infrà, v° Voiture-voiture publique). — Il a même été jugé que l'entreprise d'omnibus reliant les diverses parties d'une ville et s'arrêtant pour prendre ou déposer les voyageurs sur tous les points de leur parcours peut être réservée par l'autorité municipale à un nombre limité d'entrepreneurs autorisés par elle, à cause de l'encombrement excessif qui résulterait de la dimension de ces voitures et de leurs arrêts multipliés si leur concurrence n'était pas restreinte (Ch. réun. cass. 24 févr. 1858. aff. Anjouvin, D. P. 58. 1. 256, et le rapport de M. le conseiller Férey; Crim. cass. 14 nov. 1868, aff. Roux, D. P. 69. 1. 382; Cons. d'Et. 7 déc. 1888, aff. Ponthas, D. P. 90. 3. 9, et les

conclusions de M. Gauvain, commissaire du Gouvernement dans cette dernière affaire).

L'autorisation du préfet est d'ailleurs nécessaire pour entreprendre sur les routes un service régulier de voitures publiques (art. 18 du décret du 10 août 1852). — Nous ne parlons pas ici des déclarations et autres formalités qu'exige au point de vue de l'impôt la mise en circulation des voitures à service régulier ou non (V. infrà, v° Voiture-voiture publique). — Les entreprises de transport par navires et bateaux sont soumises non à l'autorisation, mais au pouvoir réglementaire des préfets (V. infrà, v° Voirie par eau). — Quant aux entreprises de chemin de fer, elles ne peuvent être concédées que par une loi (V. infrà, v° Voirie par chemin de fer).

**28.** — V. Colporteurs. Crieurs. — Le colportage des marchandises est libre (V. Rép. n°s 169 et 170; Dictionnaire de Ruben de Couder, v° Colporteur, n°s 30 et suiv.), sauf des obligations spéciales au point de vue de la patente, qui est personnelle et doit être payée en bloc (L. 15 juill. 1880, art. 23 et 29, D. P. 84. 4. 1); sauf aussi les interdictions dont pourraient être frappé le colportage des viandes et denrées comestibles dans un intérêt de salubrité publique (V. infrà, n° 74).

**29.** Mais les maires peuvent subordonner à leur autorisation la profession de crieur public, crieur de vente, d'objets perdus ou d'annonces diverses (Crim. cass. 12 nov. 1847, aff. Pappais, D. P. 48. 5. 254; Cons. d'Et. 18 janv. 1884, aff. Belleau, D. P. 85. 3. 73 et nos observations). Ils peuvent même interdire les cris d'annonce et interpellations aux passants, qui seraient proférés de l'intérieur des boutiques (Crim. cass. 24 juin 1875, aff. Sarthou, D. P. 76. 1. 334. V. supra, v° Commune, n°s 649 et 650; Rép. eod. v°, n° 1057). Les lois qui ont régi successivement dans un sens restrictif ou libéral la profession de crieurs de journaux ou d'écrits quelconques n'ont dérogé, au droit commun de la police municipale que pour ces seuls objets et l'ont laissé intact pour les autres (Crim. cass. 12 nov. 1847 et Cons., d'Et. 18 janv. 1884 précités).

**30.** Les colporteurs, distributeurs et crieurs d'écrits, de livres, brochures, journaux ou imprimés, dessins, gravures, lithographies et photographies ont été, au contraire à différentes époques, régis diversement par des lois spéciales qui abrogeaient ainsi, quant à eux, les lois générales sur la police municipale. — Au moment de la publication du Répertoire, les lois en vigueur sur cette matière exigeaient, pour les colporteurs et distributeurs, l'autorisation du préfet (Loi du 27 juill. 1849, sur la presse), et pour les crieurs du maire (Loi du 16 févr. 1834, art. 1) (Rép. v° Presse, n°s 442, 456, 462). Ces lois qui ne nommaient pas les journaux, leur étaient cependant appliquées par la jurisprudence (Rép. v° Presse, n° 428; Adde Montpellier 4 avr. 1876, aff. Rivière et Cau, et Dijon, 24 avr. 1876, aff. Monnod, Robert, Landa, D. P. 76. 2. 73; Crim. rej. 16 nov. 1877, aff. Prunière, D. P. 78. 1. 282. — Contra: Trib. de paix, de Tarbes, 24 juill. 1877, Le Droit du 26 août). — Elle avait même permis aux préfets de limiter l'autorisation de colportage à certains journaux ou d'en excepter tel ou tel journal (Douai, 26 nov. 1873, aff. Naepels, journal Le Phare de Dunkerque, D. P. 74. 2. 4; Toulouse, 22 nov. 1873, aff. Delmas, journal La Dépêche, D. P. 74. 2. 1, et la dissertation jointe à cet arrêt; Trib. corr. Reims, 31 déc. 1873, aff. Lemineur, journal L'Indépendant rémois, Gaz. des trib. 4 janv. 1874; Trib. corr. Avignon, 4 févr. 1874, aff. Gassan, D. P. 74. 2. 65). — Cette faculté leur fut retirée par l'art. 3 de la loi du 29. déc. 1875 (D. P. 76. 4. 30). — En outre, certains arrêts avaient qualifié de colportage et soumis à ces interdictions le fait de porter un journal aux abonnés, c'est-à-dire, en exécution d'un achat préexistant (Arrêts et jugements précités; M. Lacointa, Revue critique, 1874, p. 65 et suiv.). Mais cette interprétation n'avait pas triomphé (Crim. cass. 5 févr. 1874, aff. Delmas, D. P. 74. 1. 89, cassant l'arrêt de Toulouse sur un remarquable rapport de M. le conseiller Guyho; Paris, 18 févr. 1874, Gaz. des trib. 4 mars 1874, infirmant le jugement de Reims précité; Nîmes, 12 mars 1874; D. P. 74. 2. 65 et la note, infirmant le jugement précité d'Avignon; Toulouse, 3 déc. 1874, aff. Sabin et Rigal, D. P. 76. 5. 351; Crim. rej. 12 mai 1876, aff. Moriccio, D. P. 78. 1. 394). — Quant à la distribution de primes envoyées par les journaux à leurs abonnés anciens ou actuels, V. Douai 10 mars 1874, aff.

Crépin, appliquant la loi de 1 9 au cas d'anciens abonnés, et Trib. corr. de Douai 11 févr. 1874, même affaire, l'admettant, même pour les abonnés actuels, s'ils n'ont pas demandé la prime (D. P. 74. 2. 153 et la note). — V. *infrà*, v° *Presse*.

Ce régime de l'autorisation administrative s'est transformé, depuis lors, en une simple déclaration à faire au maire ou au sous-préfet pour les journaux ou écrits périodiques (Loi du 9 mars 1878, art. 1, D. P. 78. 4. 9), au préfet pour les autres écrits (Loi du 17 juin 1880, art. 1, D. P. 80. 4. 89); déclaration dont le récépissé doit être représenté à toute réquisition d'un agent de l'autorité, mais sans que cette dernière obligation ait aucune sanction pénale et qu'il y puisse être suppléé par les rapport de simple police (Crim. rej. 11 janv. 1879, aff. Peffer et Deschaumes, D. P. 80. 1. 143). C'est ce dernier système, avec sa distinction, qui a pris place dans l'art. 18 de la loi du 29 juill. 1881 sur la presse, loi applicable à l'Algérie et aux colonies (D. P. 81. 4. 65). Il a été jugé que cette dernière loi, en abrogeant les précédentes, n'a pas fait revivre, sur les objets qu'elle règle, c'est-à-dire sur les journaux, les écrits ou les imprimés, le pouvoir de réglementation que les maires, sans ces lois spéciales, auraient puisé dans le droit commun de la police municipale, et que la dernière loi municipale du 5 avr. 1884 ne l'a pas fait revivre davantage.

Par application de ce principe, la cour de cassation a déclaré illégaux les arrêtés interdisant aux colporteurs de journaux de les annoncer autrement que par leur titre et leur prix (V. *supra*, v° *Commune*, n° 651 ; Crim. cass. 30 oct. 1885, aff. Enault, D. P. 86. 1. 177 et la note; *Adde* Crim. cass. 16 févr. 1888, aff. Toulotte et Adam, D. P. 88. 1. 137. — *Contrà* : Trib. de cassation pour. Besançon, aff. Journal *La Démocratie franc-comtoise*, 3 août 1882, D. P. 83. 3. 30 et la note. V. la dissertation de M. Ernest Benoît sur ce point de jurisprudence (*Gaz. des trib.* du 18 janv. 1890). Mais cette interdiction a trouvé place dans la loi du 19 mars 1889 (D. P. 89. 4) relative aux annonces sur la voie publique et dont nous avions signalé le projet (*supra*, v° *Commune* n° 651) et dont l'art. 1er est ainsi conçu : « Les journaux et tous les écrits ou imprimés distribués ou vendus dans les rues et lieux publics ne pourront être annoncés que par leur titre, leur prix, l'indication de leur opinion et les noms de leurs auteurs ou rédacteurs » (V. *infrà*, v° *Presse*). Cette loi, d'ailleurs, n'interdit pas au crieur d'annoncer son passage à son de trompe; et ce fait demeure licite, à moins d'être prohibé par arrêté municipal comme usage d'instruments bruyants ou de dégénérer en bruit injurieux ou nocturne troublant la tranquillité des habitants (Crim. rej. 17 mai 1889, aff. Descamp, D. P. 90. 1. 143).

**31.** — VI. CHANTEURS. — La profession de *chanteur* sur la voie publique était désignée par la loi du 16 févr. 1834, comme soumise aussi à l'autorisation préalable des maires. L'abrogation de cette loi, sans autre loi sur la matière, fait disparaître la nécessité absolue de l'autorisation administrative, mais laisse intact le pouvoir réglementaire des maires et des préfets qui peuvent l'exiger en vue du bon ordre et de la sûreté publique (V. *infrà*, n° 45).

**32.** — VII. AFFICHEURS. — La profession d'afficheur, visée non par les lois de 1834 et de 1849, mais par celle du 10 déc. 1830, n'était soumise par elle qu'à la nécessité d'une déclaration au maire (art. 2), sauf interdiction absolue des affiches politiques (art. 1er). Néanmoins la jurisprudence, considérant tout l'ensemble de cette loi comme spécial aux matières politiques, déclarait intact pour les annonces étrangères à la politique le droit commun de la police municipale et le pouvoir des maires de soumettre la profession d'afficheur à leur autorisation. Quoi qu'il en soit, la loi de 1881 sur la presse, qui s'occupe de l'affichage et abroge sur cet sujet la législation antérieure, se borne à des mesures de police sur le fait même de l'affichage sans imposer aucune condition à la profession. C'est la liberté absolue de l'affichage, sans distinction entre les affiches politiques ou non. C'est la suppression, et du droit de réglementation fondé sur les lois municipales, et de la formalité de la déclaration autrefois prescrite par la loi de 1830. Le rapport de M. Lisbonne sur le projet de loi, et la circulaire du garde des sceaux du 9 nov. 1881, sont formels en ce sens (Crim. rej. 14 janv. 1885, aff. Cunéo d'Ornano, D. P. 85. 1. 384). — V. *supra*, v° *Affiche*, n°s 27, 69, et suiv.

L'exposition d'emblèmes et de châssis transparents peut-elle être traitée autrement que l'affichage et être interdite par le maire dans l'intérêt de la tranquillité publique en vertu des art. 91 et 97 de la loi du 5 avr. 1884? Le conseil d'Etat (6 juill. 1888, aff. Albert-Armand et Chenavaz D. P. 89. 3. 105 et concl. de M. le commissaire du Gouvernement Gauvain) a réservé à cet égard le pouvoir des maires. Mais la cour de cassation (Crim. rej. 7 déc. 1889, aff. Croze et Audibert) a décidé que si, en vertu des pouvoirs de police qui leur sont conférés par la loi du 5 avr. 1884, les maires ont le droit de réglementer les exhibitions faites dans les rues, places ou autres lieux publics et ayant le caractère d'un spectacle ou d'une mascarade, ils n'ont pas le même pouvoir sur les exhibitions ayant le caractère d'affiches, c'est-à-dire portant une annonce ou nouvelle à la connaissance du public à l'aide d'un placard soit écrit à la main, soit gravé, soit imprimé ou lithographié, et que cette distinction doit servir à limiter le pouvoir des maires sur les transparents lumineux, un placard ne perdant pas son caractère d'affiche par cela seul que pour le rendre visible on a fait usage d'un appareil lumineux quelconque (V. cet arrêt et le rapport de M. le conseiller Sallantin, *Gazette des tribunaux*, du 9 déc. 1889).

**33.** Il faut, d'autre part, tant au point de vue du colportage que de l'affichage, tenir compte d'une loi du 2 août 1882 (D. P. 82. 4. 105) qui punit d'un emprisonnement d'un mois à deux ans et d'une amende de 16 à 3000 fr. l'outrage aux bonnes mœurs par la vente, l'offre, l'exposition, l'affichage ou la distribution gratuite sur la voie publique ou dans les lieux publics, d'écrits, d'imprimés autres que le livre, d'affiches, dessins, gravures, peintures, emblèmes ou images obscènes. — Enfin il faut remarquer que la loi 29 juill. 1881 sur la liberté de la presse n'a supprimé, des lois et règlements relatifs à l'affichage, que les dispositions relatives à la nécessité d'une autorisation préalable, a laissé subsister les dispositions d'un caractère fiscal (Amiens, 3 févr. 1887, aff. Claisse, D. P. 88. 2. 24); dispositions dont la violation constitue une contravention fiscale et entraîne une amende minima de 100 fr., sans préjudice de la pénalité de l'art. 464 c. pén. s'il a été commis une contravention de simple police (Même arrêt, et Amiens, 3 févr. 1887 aff. Fouquet, D. P. 88. 2. 23).

**34.** — VIII. IMPRIMEURS. — LIBRAIRES. — Les imprimeurs et les libraires, lors de la publication du *Répertoire*, devaient être brevetés et assermentés. Le nombre des imprimeurs était même limité. Tout imprimé devait être l'objet d'une déclaration préalable et d'un dépôt au ministère de l'intérieur où à la préfecture et porter le nom et la demeure de l'imprimeur. Les libraires devaient enregistrer leurs achats et ventes de livres d'occasion et s'abstenir de posséder ou vendre aucun ouvrage sans nom d'imprimeur, et d'acheter aux enfants de famille, écoliers et domestiques, sans autorisation de leur pères, mères tuteurs, ou maîtres, ou à des inconnus sans attestation d'un répondant sérieux (*Rép.* n°s 190 et 191 et *infrà*, v° *Presse*). Un décret du 10 sept. 1870 (D. P. 70. 4. 88) rendit ces professions libres sous la seule condition d'une déclaration au ministère de l'intérieur et de l'apposition du nom de l'imprimeur. La loi du 29 juill. 1881 supprime la déclaration elle-même et n'exige plus des imprimeurs que le dépôt de leurs imprimés et l'indication sur ces imprimés de leur nom et de leur domicile (V. *infrà*, v° *Presse*). — Les libraires étalagistes, c'est-à-dire qui usent de la voie publique pour étaler leurs livres, n'ont jamais été soumis au régime du brevet, mais seulement aux mesures locales prises par les municipalités.

**35.** Quand la loi distingue le libraire du colporteur, elle entend évidemment par libraire celui qui vend à son propre domicile au lieu d'aller au-devant de l'acheteur. Les journaux rentrent-ils dans cette distinction, de façon qu'on eût pu, sur un brevet de libraire avant 1870, sur simple déclaration avant 1881, et qu'on puisse sans déclaration depuis cette dernière date, être marchand de journaux chez soi? Nous avons fait connaître au *Rép.* (v° *Presse*, n° 434) la jurisprudence qui, dès 1830, appliquait la loi 1849 sur le colportage aux individus vendant des journaux chez eux, et le vote de l'Assemblée législative du 28 nov. 1850 repoussant une proposition contraire de M. Pascal Duprat. Il est à remarquer que les individus condamnés par ces décisions n'avaient pas plus le brevet de libraire que l'autorisation de colportage et que la nécessité existant alors d'être ou breveté pour la librairie ou autorisé pour le colportage laissait peu d'intérêt à la question; elle en a présenté un très grand après le décret du 10 sept. 1870, remplaçant le brevet de libraire par une déclaration au ministre de l'intérieur, et avant la loi du 29 juill. 1881 qui, remplaçant l'autorisation de colportage par une déclaration au maire ou au préfet, ne laisse subsister cet intérêt qu'au point de vue de l'autorité appelée à recevoir la déclaration. — Les arrêts intervenus dans cette période ont admis, au moins dans leurs motifs, qu'un libraire pouvait vendre chez lui des journaux sans autorisation préfectorale. Mais ils n'ont pas admis qu'on fût libraire en ne vendant que des journaux, et la déclaration de librairie pour ce genre de vente leur a paru une fiction déguisant un colportage (Crim. rej. 3 déc. 1875, aff. Simon, D. P. 76. 5. 349; 3 déc. 1875, aff. Moitoiret, D. P. 77. 1. 414; Trib. corr. Saint-Etienne, 14 juill. 1877, aff. Villard, *Gaz. trib.* 21 juill. 1877; Montpellier, 23 juill. 1877, aff. Baudoin, *ibid.*, 28 juill. 1877; Trib. corr. de Rouen, 24 juill. 1877, aff. Pineau, *ibid.;* Trib. corr. de Meaux, 27 juill. 1877, aff. Peloux, *ibid.*, 2 août 1877; Toulouse, 4 août 1877, aff. Simon, *ibid.,* 10 et 13 août 1877; Trib. corr. d'Alais, 10 août 1877, aff. Crotte, *ibid.*, 23 août 1877; Trib. corr. de Bordeaux, 22 août 1877, aff. Saux, *ibid.*, 25 août 1877; Limoges, 31 août 1877, aff. Rossignol, *ibid.*, 10 sept. 1877; — *Contrà :* Trib. corr. Rouen, 24 juill. 1877, aff. Dubuc, *ibid.*, 28 juill. 1877. — V. *infrà*, v° *Presse*). Cette distinction est-elle possible? Si vendre des journaux chez soi n'est pas acte de colporteur, mais de libraire, pour celui qui vend aussi des livres, comment cet acte de libraire deviendrait-il acte de colporteur chez celui qui se consacre à cette seule application de la librairie? Le libre commerce soit des livres, soit des journaux avec les livres, ne suppose-t-il pas que « le premier caractère de la distribution illicite consiste à ne pas attendre les acheteurs ou les lecteurs, mais à aller au-devant d'eux et à les provoquer (Crim. cass. 5 févr. 1874, aff. Delmas, D. P. 74. 1. 89)? Par suite, ne suppose-t-il pas libre le commerce, même exclusif, des journaux fait chez celui qui vend? Et la généralité des dispositions relatives au colportage, comprenant outre la voie publique tout autre lieu public ou privé, vise-t-elle autre chose que la poursuite de l'acheteur dans les lieux même privés où l'on peut l'atteindre? ne s'arrête-t-elle pas devant le domicile du marchand lui-même où l'acheteur serait seulement attendu? (V. *infrà*, v° *Presse*). — Il faut admettre, en tout cas, qu'une boutique, kiosque ou autre abri sur la voie publique, n'empêche pas de qualifier colportage le fait de se porter ainsi au-devant de l'acheteur en s'installant sur la voie publique.

**36.** — IX. Journalistes. — La publication d'un journal ou écrit périodique traitant de matières politiques ou sociales était subordonnée, entre autres conditions, à l'autorisation préalable du Gouvernement et au versement préalable d'un cautionnement (*Rép.* n° 194). La loi du 29 juill. 1881 écarte ces deux conditions dont la première avait été déjà supprimée par la loi du 11 mai 1868. Elle n'exige plus qu'une déclaration préalable au parquet, un gérant responsable et le dépôt de chaque numéro au parquet et à la préfecture. Elle a même rendu libres de toute censure ou autorisation préalable les publications illustrées qui y étaient restées soumises depuis le décret du 17 févr. 1852. Enfin le décret du 5 sept. 1870 (D. P. 70. 4. 86) a supprimé l'impôt du timbre que payaient, en vertu de la loi du 11 mai 1868 (D. P. 68. 4. 52 et 64), les publications périodiques et les écrits non périodiques traitant de matières politiques ou sociales et ayant moins de six feuilles d'impression. Et la loi du 8 août 1885 (D. P. 86. 4. 40) a supprimé l'impôt sur les papiers institué par la loi du 4 sept. 1871 art. 7 (D. P. 71. 4. 79). — V. *suprà*, v° *Impôts indirects*, n° 2 ; *infrà*, v° *Presse*.

**37.** — X. Débits de boissons. — Les cafés, cabarets et débits de boissons à consommer sur place, lieux publics capables de nuire à l'ordre, à la santé et aux mœurs, ne pouvaient, sous la loi du décret du 29 déc. 1851 (D. P. 52. 4. 23), s'ouvrir sans l'autorisation du préfet qui pouvait aussi ordonner leur fermeture pour contravention aux lois et règlements concernant ces professions ou par mesure de sûreté publique (*Rép.* n°s 177 et 181). Ce décret, qui précéda de très peu la publication du

*Répertoire,* fut appliqué tantôt avec sévérité, tantôt avec indulgence. V. notamment les circulaires du ministre de l'intérieur du 27 janv. 1852 (D. P. 52. 3. 5), du ministre de la police générale du 4 sept. 1852 (D. P. 53. 3. 29), du ministre de l'intérieur du 7 févr. 1865 (D. P. 65. 3. 39).

La dernière de ces circulaires invitait les préfets à ne pas faire dégénérer ce régime en un monopole en limitant d'avance le nombre des cabarets d'après la population de chaque commune, à ne pas multiplier non plus dans leurs arrêtés les conditions à remplir pour le choix des locaux et des emplacements, pour les précautions d'ordre et d'hygiène, enfin à ne pas assimiler les auberges aux cabarets, sauf à user du droit de fermeture contre les débitants qui s'associeraient à des menées dangereuses ou se prêteraient à des actes contraires à la morale.

**38.** D'autre part, la jurisprudence fixait sur quelques points l'interprétation du décret. Elle le déclarait inapplicable aux restaurants et auberges (Caen, 21 avr. 1853, aff. Billot, D. P. 53. 2. 229). Mais elle l'appliquait aux débits de boissons pratiqués accidentellement (Crim. cass. 12 févr. 1857, aff. Delaisie, D. P. 57. 1. 135), aux débits forains 'et temporaires (Crim. cass. 29 août 1857, aff. Cretin, D. P. 57. 1. 449), et cela malgré la bonne foi du débitant (Même arrêt). Elle l'appliquait aussi aux mutations opérées soit dans la personne du débitant (Crim. cass. 26 mai 1859, aff. Abensour, D. P. 60. 1. 52), soit dans l'emplacement du débit, même sans changement de commune (Besançon, 2 juill. 1879, aff. Messagier), ou de rue (Crim. cass. 6 janv. 1854, aff. Truchet, D. P. 54. 1. 133). V. d'autres solutions (*infrà*, n° 41).

**39.** Ce décret a été abrogé par la loi du 17 juill. 1880, art. 1 (D. P. 80. 4. 93). Mais cette loi, qui maintient, d'ailleurs (art. 11), le pouvoir de police et de surveillance des maires, maintenu après elle par la loi municipale de 1884 (art. 97, § 3), précise les conditions d'existence de ces établissements. — Elle exige, sous peine de 16 à 100 fr. d'amende, une déclaration à l'autorité municipale quinze jours avant leur ouverture, huit jours avant toute translation d'un lieu à un autre, et quinze jours après tout changement de propriétaire ou de gérant (art. 2 et 3). — Elle en interdit l'exploitation, sous la peine de 16 à 100 fr. d'amende, susceptible en cas de récidive d'être portée au double et d'être accompagnée de celle de six jours à un mois d'emprisonnement (art. 8), aux mineurs non émancipés et aux interdits (art. 5), aux individus condamnés pour crimes de droit commun, ou condamnés à un emprisonnement d'un mois au moins pour vol, recel, escroquerie, filouterie, abus de confiance, recel de malfaiteurs, outrage public à la pudeur, excitation de mineurs à la débauche, tenue d'une maison de jeu, vente de marchandises falsifiées et nuisibles à la santé, ou pour infraction, étant débitant de boissons, aux art. 1 et 2 de la loi du 23 janv. 1873 pour la répression de l'ivresse publique (art. 6 et 7). Cette incapacité est perpétuelle en cas de condamnations pour crime. Elle cesse cinq ans après l'expiration de la peine en cas de condamnation pour délit, si pendant ces cinq ans n'est survenue aucune condamnation correctionnelle à l'emprisonnement (art. 6). Le débitant exclu de cette profession par suite des condamnations prévues par les art. 6 et 7 « ne peut être employé à quelque titre que ce soit dans l'établissement qu'il exploitait, comme attaché au service de celui auquel il aurait vendu ou loué, ou par qui il ferait gérer ledit établissement, ni dans l'établissement qui serait exploité par son conjoint même séparé » (art. 7). Et cette dernière prohibition doit s'appliquer quel que soit le mode de transmission en vertu duquel le débit est passé aux mains d'un tiers, et sans que le juge ait besoin, dans sa condamnation, d'énoncer par suite de quelles circonstances s'est opérée cette transmission (Crim. rej. 20 févr. 1891, aff. Gane, D. P. 91. 2. 240).

La loi permet aux maires, les conseils municipaux entendus, et sans préjudicier aux droits acquis, de déterminer les distances auxquelles les établissements ne pourront être installés autour des édifices consacrés au culte ou à l'instruction, autour des cimetières et des hospices (art. 3). — V. *suprà*, v° *Commune*, n° 699.

L'ouverture accidentelle d'un café ou débit à l'occasion d'une foire, d'une vente ou d'une fête publique est subordonnée, non à une déclaration, mais à une autorisation de l'autorité municipale, sous peine de fermeture immédiate et d'une amende de 16 à 100 fr. (art. 10) — V. *infrà,* v° *Commune,* n° 698.

**40.** Enfin les règlements de police municipaux ou préfectoraux, réservés par l'art. 11, peuvent fixer les heures de fermeture et d'ouverture, prescrire des mesures d'ordre et de salubrité, défendre aux cafetiers ou cabaretiers de recevoir des consommateurs au-dessous d'un certain âge, ou des filles publiques, ou d'employer pour servir les consommateurs des femmes ou filles étrangères à leur famille (V. *suprà,* v° *Commune,* n° 728 et les arrêts cités ; *Adde* Crim. cass. 23 mai 1889, aff. Hédin, *Rev. gén. d'adm.,* 1889, t. 2, p. 444), interdire dans les cafés et lieux publics tous jeux de cartes ou de hasard, ainsi que les danses et les bals publics. — Sur ces divers points, V. *suprà,* v° *Commune,* n°ˢ 692 et suiv., 700 et suiv., 725 et suiv.

**41.** Pour l'extension à donner soit à ces divers règlements, soit à la nécessité de la déclaration, il faut évidemment s'inspirer de la jurisprudence déjà établie sous le régime de l'autorisation, notamment dans les solutions suivantes : — Le débit du café aux consommateurs sur place, même à l'exclusion de toute autre boisson, tombe sous l'un comme sous l'autre régime (Lyon, 17 nov. 1875 ; Chambéry, 9 mars 1889, *Rev. gén., d'adm.* 1882, t. 3, p. 78), et n'est pas affranchi que des charges fiscales relatives aux boissons. — Un débit de boissons, s'il est ouvert au public, subit le même régime et les mêmes règlemens de police, quoique uni à une autre profession, comme celle de logeur ou d'aubergiste (V. *Commune,* n° 716 et les arrêts cités) ; — ou quoique ouvert pour l'utilité d'une société privée, chorale ou autre, dont on a la direction (Crim. cass. 6 avr. 1861, aff. Argelliès, D. P. 62. 1. 97. V. *supra,* v° *Commune,* n° 724). — A plus forte raison, les cafés-restaurants ne peuvent-ils être assimilés aux hôtels et auberges et sont-ils soumis aux mesures de police établies pour les cafés (Crim. cass. 9 août 1888, *Rev. gén. d'adm.,* 1889, t. 1, p. 75). — Il en est autrement d'une vente de boissons qu'un commerçant (aubergiste, restaurant, charcutier) a faite à des personnes logées ou établies chez lui, ou se reposant seulement chez lui, dans des circonstances qui font de cette vente un élément accessoire de sa profession (V. *supra,* v° *Commune,* n°ˢ 717 à 721; Crim. rej. 28 mars 1856, aff. Weiss, D. P. 56. 5. 269),... ou d'une vente de boissons faite dans l'intérieur d'une société privée aux seuls membres de cette société (V. *supra,* v° *Commune,* n° 723).

**42.** Les législations européennes relatives aux débits de boissons alcooliques sont exposées dans une étude de M. Metman, avocat général à Orléans, présentée à l'académie des sciences morales et politiques par M. Ch. Vergé en 1880. Les ravages de l'alcoolisme ont fait l'objet d'une monographie du Dr Jules Rochard, de l'académie de médecine dans la *Revue des Deux Mondes* du 15 avr. 1886. Enfin on trouvera une mine abondante de renseignements dans les deux remarquables rapports : l'un de M. Claude (des Vosges) au Sénat au nom d'une commission d'enquête sur la consommation de l'alcool tant au point de vue de la santé et de la moralité publiques qu'au point de vue du Trésor (*Journ. off.* Doc. parl., 1887, p. 34), l'autre de M. Léon Say au nom de la commission instituée au ministère des finances par décret du 18 sept. 1887 à l'effet d'étudier les réformes qu'il convient d'apporter à la législation de l'alcool et en général au régime des boissons (*Journ. off.,* 1888, p. 2924).

**43.** — **XI. Théâtres.** — La législation des théâtres a subi dès 1864 une réforme analogue à celle qui s'est accomplie en 1880 dans la législation des cafés. Ces établissements étaient soumis à l'autorisation préalable du ministre de l'intérieur à Paris, ou des préfets dans les départements (*Rép.* n° 184 et *infra,* v° *Théâtre,* n° 27 et suiv.). Le décret du 6 janv. 1864 (D. P. 64. 4. 17) n'exige plus qu'une déclaration au ministre des beaux-arts et au préfet de police pour Paris, au préfet dans les départements (art. 1er). L'autorisation du ministre ou du préfet est seulement nécessaire pour l'œuvre dramatique qu'on veut y représenter (art. 3).

**44.** Sont, d'ailleurs, maintenus les ordonnances, décrets et règlements pour tout ce qui concerne l'ordre, la salubrité et la sécurité dans les lieux ouverts au public (art. 2). — V. *infra,* v° *Théâtre.* — V. aussi sur le droit de police des maires en cette matière *supra,* v° *Commune,* n°ˢ 810 et suiv.).

**45.** Il importe de ne pas confondre avec les théâtres, qui sont les spectacles consacrés au chant, à la déclamation ou à la danse, les autres spectacles dits de curiosités, ainsi que les cafés chantants ou cafés-concerts, lesquels restent soumis aux règlements alors en vigueur (art. 6), c'est-à-dire à l'autorisation du maire ou du préfet (V. *supra,* v° *Commune,* n° 814 ; — *Rép.* eod. v°, n° 1336). Ainsi en est-il notamment de tous les spectacles forains qui n'ont pas d'emplacement durable, et de l'industrie des saltimbanques, bateleurs, joueurs d'orgues et musiciens ambulants, qui doivent être munis d'une autorisation du préfet et de passeports mentionnant les personnes et les enfants avec lesquels ils voyagent (Instr. min. int. 6 janv. 1863, D. P. 63. 3. 72 ; Riom, 15 avr. 1863, aff. Dumas, D. P. 63. 2. 90. *Adde* sur la profession de saltimbanque à Paris, l'ordonnance de police du 28 févr. 1863. V. *supra,* v° *Commune,* n° 661).

**46.** Les théâtres d'acteurs enfants continuent d'être interdits (art. 5). Et les enfants employés dans les professions ambulantes sont protégés par la loi du 7 déc. 1874 (D. P. 75. 4. 55) qui sera étudiée *infra,* v° *Théâtre.*

**47.** — **XII. Bains de mer.** — Les entreprises de bains de mer peuvent aussi être soumises à la nécessité d'une permission municipale (Civ. rej. 2 août 1861, aff. Bourgeois, D. P. 63. 1. 480).

**48.** — **XIII. Établissements dangereux, insalubres et incommodes.** — Le régime de l'autorisation préalable est celui de tous les établissements industriels classés comme dangereux, insalubres ou incommodes par le décret du 15 oct. 1810 et les divers décrets ou ordonnances qui l'ont complété ou modifié. Nous avons dit au *Rép:* n° 182, qu'ils sont divisés en trois classes suivant la gravité de leurs inconvénients, et que le décret de décentralisation du 25 mars 1852 a remis le droit d'autorisation au préfet pour les deux premières, au sous-préfet pour la troisième, en l'entourant d'un ensemble de formalités qui varient de l'une à l'autre. Nous nous contenterons d'ajouter (cette matière devant être développée *infra,* v° *Manufactures et ateliers dangereux*) qu'après diverses modifications et additions au classement existant lors de la publication du *Répertoire* (Décrets des 19 févr. 1853, D. P. 53. 4. 16 ; 21 mai 1862, D. P. 62. 4. 54 ; 26 août 1865, D. P. 65. 4. 137 ; 18 avr. 1866, D. P. 66. 4. 40), un décret du 31 déc. 1866 (D. P. 67. 4. 25) a promulgué un nouveau tableau général de classement supprimant ou abaissant le classement d'un grand nombre d'industries à cause des perfectionnements introduits dans leurs procédés, et n'en introduisant ou élevant qu'un très petit nombre. Ce tableau lui-même a été complété : 1° le 31 janv. 1872 (D. P. 72. 4. 23) par un tableau supplémentaire augmentant le nombre des industries classées et étendu à l'Algérie le 16 juin 1873 (D. P. 73. 4. 76) ; 2° le 19 mai 1873 (D. P. 73. 4. 69) par des dispositions nouvelles, modifiées elles-mêmes le 12 juill. 1884 (D. P. 84. 4. 136), le 20 mars 1885 (D. P. 85. 4. 80) et le 5 mars 1887, (D. P. 87. 4. 74), à l'égard de la fabrication, de l'emmagasinage et de la vente en gros ou en détail du pétrole et de ses dérivés qui y figuraient déjà ; 3° le 8 mars 1875 (D. P. 75. 4. 97) par une loi déclarant établissements dangereux de première classe les fabriques particulières de dynamite et d'explosifs à base de nitro-glycérine, désormais admises sous la réserve d'une autorisation du gouvernement, d'un cautionnement, d'un impôt, et de prescriptions multiples indiquées dans un décret du 24 août 1875 (D. P. 76. 4. 49); 4° le 7 mai 1878 (D. P. 79. 4. 2), le 22 avr. 1879 (D. P. 82. 4. 55), le 26 févr. 1881 (*ibid.*), le 20 juin 1883 (D. P. 84. 4. 4), et pour l'Algérie le 14 nov. 1884 (D. P. 85. 4. 37). Mais ces nombreux décrets ont été rapportés par un décret du 3 mai 1886 (D. P. 87. 4. 32) qui a fixé à nouveau la nomenclature et la classification des établissements dangereux, insalubres ou incommodes, et qui à son tour a été complété et modifié par un décret du 15 mars 1890 (D. P. 91. 4. 87). — La Chambre des députés a été saisie le 19 nov. 1889 d'une proposition de M. Lockroy ayant pour objet d'assurer la répression des contraventions aux règlements sur les établissements dangereux, insalubres ou incommodes (*Journ. off.,* Doc. parl. sess. extraord. de 1889, p. 52).

**49.** — 1° *Gaz.* —Les usines à gaz d'éclairage, placées depuis le 10 août 1824 dans la deuxième classe d'établissements dangereux ou insalubres (*Rép.* n° 183), sauf les petits appareils domestiques placés dans la troisième, étaient réglementées en outre par une ordonnance des 27 janv.-12 févr. 1846 (*Rép.* v° *Manufactures et établissements dangereux*, n°s 111 et suiv.). Un décret du 17 mai 1865 (D. P. 65. 4. 32) abrogea l'art. 6 de cette ordonnance qui défendait l'emploi des matières animales. Une nouvelle réglementation, par décret du 9 févr. 1867 (D. P. 67. 4. 31), étendue à l'Algérie le 11 juill. 1873 (D. P. 73. 4. 78), a même abrogé cette ordonnance dans son entier (V. *infrà*, v° *Manufactures*).

**50.** — 2° *Vapeur*. — L'établissement, l'emploi et la circulation des machines à vapeur soit fixes, soit locomobiles, soit locomotives, étaient soumis, par l'ordonnance des 22 mai-23 août 1843, à l'autorisation préfectorale, à un système d'épreuves, et à diverses règles sur leur emplacement, leurs appareils de sûreté, etc. (V. le texte au *Rép.* v° *Machines à vapeur*). Une loi du 21 juill. 1856 (D. P. 56. 4. 118), punissait les contraventions à ces règlements. Un décret du 25 janv. 1865 (D. P. 65. 4. 13) substitua un nouveau règlement à celui de 1843, et une simple déclaration à l'autorisation. Ce décret a été remplacé à son tour par celui du 30 avr. 1880 (D. P. 81. 4. 55) qui sera étudié *infrà*, v° *Machines à vapeur*. — On trouvera au même mot les prescriptions qui régissent les bateaux à vapeur naviguant sur les fleuves, rivières, canaux, lacs ou étangs d'eau douce (Ordonnance du 23 mai 1843, et décret du 9 avr. 1883 qui la remplace D. P. 83. 4. 99).

**51.** — 3° *Electricité*. — Les dangers de l'électricité ont aussi attiré l'attention du législateur depuis que son emploi au transport de la force ou à la production de la lumière s'est répandu dans l'industrie. Un décret du 15 mai 1888 (D. P. 88. 4. 47), ne permet d'établir les conducteurs électriques destinés au transport de la force ou à la production de la lumière qu'après une déclaration faite deux mois à l'avance au préfet du département ou au préfet de police ; il prescrit pour leur établissement certaines dispositions matérielles destinées à les isoler soit des personnes, soit des masses conductrices tels que tuyaux d'eau ou de gaz, et à empêcher les phénomènes dangereux d'induction ; il en attribue la surveillance aux ingénieurs et agents des postes et télégraphes sous l'autorité des préfets. — Sur l'autorisation des lignes télégraphiques d'intérêt privé et des entreprises téléphoniques V. *infrà*, n° 91.

**52.** Nous avons indiqué (v° *Commune*, n°s 595 et suiv. et *Rép.* v° *Manufactures*, n°s 186, 190 et 196) les pouvoirs de la police municipale à l'égard des établissements classés comme dangereux, insalubres ou incommodes, soit qu'ils aient ou non obtenu l'autorisation nécessaire, et à l'égard des établissements qui, sans être classés, seraient susceptibles de l'être ; — pour les établissements classés et autorisés, droit de prendre toutes les mesures, même individuelles, conciliables avec l'arrêté d'autorisation ; — pour les établissements classés et non autorisés, droit pouvant aller, suivant les circonstances, jusqu'à ordonner leur suppression, sauf au juge de police à surseoir, sur la question préjudicielle de savoir si l'établissement est classé et s'il n'est pas autorisé, dans le cas où cette question est soulevée ; — quant aux établissements non classés, quoique dangereux ou incommodes à un degré quelconque, droit de prendre seulement les mesures qui ne mettent pas en question les conditions essentielles de leur existence. Aux arrêts déjà cités dans ce sens, *suprà*, v° *Commune*, n°s 598 et 599, on peut ajouter les suivants : Cons. d'Et. 25 mars 1887, aff. Syndicat professionnel des propriétaires des bains de Paris et du département de la Seine, D. P. 88. 3. 57; Crim. cass. 26 mars 1887, aff. Castéros D. P. 88. 1. 240 ; Cons. d'Et. 26 juill. 1889, aff. Galy, D. P. 91. 3. 16; et au point de vue de l'industrie agricole et de la police rurale un arrêt du conseil d'Etat du 13 mars 1885 (aff. Vignet, D. P. 86. 3. 115) reconnaissant au préfet de police le droit d'édicter, relativement à l'élevage des abeilles, toutes les mesures qui lui semblent commandées par l'intérêt de la sécurité publique, mais non de soumettre l'exercice de cette industrie à la nécessité d'une autorisation préalable émanant du pouvoir discrétionnaire de l'Administration (V. *suprà*, v° *Droit rural*, n° 111);

**53.** — XIV. Professions bruyantes. — On peut aussi rattacher à ces principes les solutions que nous avons déjà fait connaître (v° *Commune*, n°s 485, 638 et 639) sur le droit des maires, relativement aux professions bruyantes ou à marteau, droit d'interdire le travail de nuit en fixant les heures (Crim. rej. 3 mars 1865, aff. Maisonville, D. P. 68. 1. 235); de ne permettre le travail que dans les ateliers clos et couverts (Crim. cass. 4 août 1853, aff. Leguay, D. P. 53. 1. 262. — *Contrà*. Crim. cass. 28 févr. 1867, aff. Blanc, D. P. 67. 1. 511), mais non de prescrire des conditions trop gênantes, certains modes de construction et de clôture, tels que murs en maçonnerie, jours vitrés et hermétiquement clos (Crim. rej. 29 janv. 1858, aff. Mouquet, D. P. 58. 1. 294), ni d'exclure ces professions de certains quartiers ou de les soumettre dans un quartier à la nécessité d'une autorisation (Crim. rej. 18 mars 1847, aff. Laplace et Martel, D. P. 47. 4. 315 ; 9 janv. 1857, aff. Vastel, D. P. 57. 5. 202; Comp. *Rép.* n°s 167 et 168). — Quant aux recours des voisins pour dommages causés par l'établissement industriel, V. *infrà*, n°s 102 et suiv.

**54.** — XV. Entreprises de vidange. — Ce sont encore les mêmes principes qui déterminent les pouvoirs des maires sur la profession d'entrepreneur de vidange en raison de son insalubrité. Ils ne peuvent, en s'attribuant un pouvoir d'autorisation à l'égard de cette profession, s'arroger un pouvoir arbitraire qui permettrait la concession d'un monopole, mais seulement fixer avec précision les conditions de matériel ou autres requises pour l'obtenir, et n'en motiver le refus qu'avec l'indication précise de ce qui manque pour cette obtention (Crim. rej. 23 juill. 1869, aff. Baron, D. P. 70. 1. 47. V. *Commune*, n° 680 et *Rép.* eod. v°, n° 943, V. *infrà*, n°s 47 et 79. Comp. le rapport de M. le conseiller Bertrand sous Crim. cass. 12 févr. 1881, aff. Chesnier-Duchesne, D. P. 81. 1. 185).

**55.** — XVI. Monts-de-piété. — Magasins généraux. — Salles de ventes. — Les monts-de-piété ou maisons de prêt sur nantissement sont restés soumis au régime des autorisations par décrets, en vertu de la loi du 24 juin 1851 (D. P. 51. 4. 134) qui n'a pas été modifiée.

Le trafic des reconnaissances du mont-de-piété, représentant le boni éventuel de l'objet en cas de vente par rapport à la somme prêtée par le mont-de-piété, a été représenté comme constituant une concurrence détournée à cet établissement et diverses propositions ont eu pour objet d'y remédier. Deux projets de loi du Gouvernement tendent, l'un à autoriser le mont-de-piété de Paris à faire des prêts sur les titres mobiliers, l'autre à permettre la diminution du taux de l'intérêt perçu par cet établissement et à supprimer les cessions ou engagements de reconnaissances (V. *infrà*, v° *Mont-de-piété* et *Prêt sur gage*).

**56.** Les magasins généraux ou docks devaient aussi obtenir l'autorisation du Gouvernement (Décr. 21 mars 1848, D. P. 48. 4. 55 ; L. 28 mai 1858, D. P. 58. 4. 69 ; Décr. 12 mars 1859, D. P. 59. 4. 20). Actuellement ils peuvent s'établir avec autorisation préfectorale (L. 31 août 1870, D. P. 70.4.81). — La même autorisation est nécessaire pour la cession de l'établissement (Décr. 21 avr. 1888 modifiant l'art. 12 du décret du 12 mars 1859, D. P. 88. 4. 45). — En autorisant un magasin général, le Gouvernement pouvait imposer un cautionnement ; l'autorité préfectorale qui donne aujourd'hui l'autorisation doit exiger le cautionnement et le fixer entre 20000 et 100000 fr. — Les exploitants de magasins généraux peuvent, depuis 1870, prêter sur nantissement des marchandises à eux déposées et en négocier les warrants. Le commerce et la banque ayant été troublés par des émissions importantes de warrants et de récépissés sans représentation effective en marchandises, dans deux magasins généraux agréés par l'Etat, plusieurs députés (MM. Emile Ferry et autres) ont proposé, le 18 mars 1890, l'abrogation des lois de 1858 et de 1870 (*Journ. off.* Doc. parl. 1890, p. 461) sur les magasins généraux comme constituant un monopole devenu dangereux faute de la surveillance de l'Etat que la seconde de ces lois a fait disparaître et qu'il est impossible de rétablir (V. *infrà*, v° *Warrants*).

**57.** Les salles de ventes publiques sont comprises dans le décret du 12 mars 1859. Il faut, pour les établir, justifier de ressources suffisantes et obtenir l'autorisation du Gouvernement qui peut exiger un cautionnement. Même autorisation pour la cession de l'entreprise. Pour les conditions à observer dans les ventes, V. *infrà*, v° *Ventes publiques de meubles*.

**58.** La législation des maisons de prêt sur gage et des magasins généraux a donné lieu à certaines difficultés sur l'application de l'art. 411 c. pén., qui punit les maisons de prêt sur gage non autorisées. — Il a été jugé que le fait de prêter habituellement sur les reconnaissances du mont-de-piété constitue le délit prévu par l'art. 411 (Crim. rej. 19 mai 1876, aff. Caen, dit Samson, D. P. 76. 1. 406 ; Alger, 17 mars 1877 (1), bien que cet article ne vise que le prêt sur choses corporelles (Crim. cass. 1er avr. 1876, aff. Mesquida, D. P. 76. 1. 404, avec le rapport de M. le conseiller Dupré-Lasalle), la reconnaissance n'étant que la représentation de la chose corporelle engagée. — Quant au prêt sur warrant, il est trop dans l'esprit des lois et décrets qui ont institué les magasins généraux avec récépissés et warrants susceptibles d'endossements pour qu'il puisse, en principe, être considéré comme délictueux. Mais la cour de cassation (Crim. rej. 24 janv. 1884, aff. Picq, D. P. 84. 1. 425 et la note) a décidé que l'usage habituel du prêt sur warrants lorsque sous l'art. 411 c. pén. lorsqu'il a pour but, non de répondre aux besoins d'un commerce régulier, mais de couvrir les agissements prévus par cet article, notamment s'il s'agit d'une maison qui prête ainsi sur des denrées étrangères au trafic de l'emprunteur, ou bien à des gens du monde qu'elle sait étrangers au commerce et pour qui l'engagement de marchandises achetées dans des conditions équivoques n'est qu'un moyen désespéré de subvenir à leurs dissipations. — Un autre arrêt (Crim. rej. 2 janv. 1890, aff. Bloch et Dreyfus D. P. 90. 1. 191) décide qu'il n'a été dérogé à l'art. 411 c. pén. ni par la loi de 1858 sur les magasins généraux, ni par celle de 1863 sur le gage commercial, et que, sans distinguer les maisons dont les prêts auraient un caractère commercial et celles dont les opérations seraient purement civiles, le juge peut appliquer l'art. 411 en constatant, par exemple, que les prévenus ont fait, sous l'apparence de ventes à la commission, de nombreux prêts sur marchandises déposées à titre de gage entre leurs mains et que leurs opérations ont constitué non des contrats de commission, mais de véritables prêts sur gages (V. *infrà*, v° *Prêt sur gage* et *Warrants*).

**59.** — XVII. SOCIÉTÉS ANONYMES. — Les sociétés anonymes n'ont plus à se munir d'une autorisation du Gouvernement, mais seulement à observer certaines prescriptions réglementaires (L. 24 juill. 1867, D. P. 67. 4. 98. V. *infrà*, v° *Sociétés*).

**60.** — XVIII. TONTINES, ASSURANCES SUR LA VIE. — Les associations de la nature des tontines et les sociétés d'assurances sur la vie, mutuelles ou à primes, sont encore aujourd'hui sous le régime de l'autorisation et de la surveillance du Gouvernement (L. 24 juill. 1867, citée *suprà*, n° 59, art. 66). Pour les sociétés d'assurances sur la vie à primes fixes, cette surveillance n'est pas très sérieuse, ne pouvant se traduire par aucune mesure permanente et aucune vérification directe, mais seulement par la production d'états semestriels et le droit de révoquer l'autorisation pour violation des statuts (Cons. d'Et. 14 mai 1880, aff. *L'Union*, D. P. 81. 3. 93). Aussi le conseil d'État avait-il adopté sur cette matière un projet de loi admettant des vérifications facultati-

ves et accidentelles du Gouvernement dans le cas précis de violation des statuts, et exigeant aussi des états de situation et des documents de tout genre pour éclairer le public. — Une autre proposition présentée par M. Lockroy, le 19 nov. 1889 (*Journ. off.* Doc. parl. sess. extr. de 1889, p. 55) remplacerait l'autorisation et la surveillance du Gouvernement par un système de publicité spécial, obligerait à publier des comptes rendus et tableaux annuels, à subir des vérifications judiciaires sur la demande de tout actionnaire ou assuré moyennant caution. Les compagnies étrangères ne seraient admises qu'en cas de réciprocité et en vertu d'une autorisation collective pour leur pays d'origine. Elles auraient en outre l'obligation de placer leurs réserves en valeurs garanties par l'Etat français, en obligations des départements et des communes, du Crédit foncier de France et des compagnies françaises de chemins de fer auxquelles l'Etat garantit un minimum d'intérêt, ou en immeubles situés en France ; un privilège serait attribué sur ces valeurs aux assurés français. Une autre proposition, déposée par M. Saint-Germain, le 18 nov. 1890 (*Journ. off.* Doc. parl. sess. extr. de 1890, p. 426) vise uniquement les sociétés étrangères, les soumet à l'autorisation du Gouvernement, les oblige à employer en rentes sur l'Etat la moitié des sommes perçues pour les assurances contractées en France et les intérêts produits par les titres, à tenir ces titres à la Caisse des dépôts pour la garantie privilégiée des opérations faites en France, enfin à publier des comptes rendus annuels.

**61.** — XIX. CAISSE D'ÉPARGNE. — Les caisses d'épargne sont soumises aussi à l'autorité et à la surveillance du Gouvernement (V. *suprà*, v° *Etablissements d'épargne et de prévoyance*, n° 13).

**62.** — XX. AGENCES. — Il n'y a plus à s'occuper des agences de remplacement militaire et du doute que pouvait faire naître leur situation, le remplacement n'étant pas admis dans l'armée française depuis la loi du 27 juill. 1872 (D. P. 72. 4. 47) sur le recrutement de l'armée. Les agences d'affaires sont d'ailleurs d'une façon générale exemptes de toute restriction. Un député a demandé en 1886 qu'elles fussent soumises à une réglementation sévère : conditions de capacité, cautionnement, autorisation préfectorale publiée, limitation des provisions, des bénéfices sur les opérations à forfait, etc... (*Journ. off.* 1887, p. 1003).

**63.** — XXI. BUREAUX DE PLACEMENT. — Les bureaux de placement sont toujours soumis au décret du 25 mars 1852 (D. P. 52. 4. 101), c'est-à-dire à l'autorisation et à la surveillance de l'autorité municipale. Nous avons, au *Commune* (n° 751), précisé le pouvoir de cette autorité à leur égard, et distingué ce qui est ou non un bureau de placement. Aux arrêts cités, il y a lieu d'ajouter celui de la cour de cassation (Crim. rej. 16 juin 1883, aff. Blanc-Duquesnay, D. P. 84. 1. 140), d'après lequel l'individu qui se rend intermédiaire moyennant rétribution entre les chercheurs d'emplois et les chercheurs d'employés doit être considéré comme exploitant un véritable bureau de placement, quelle que soit la dénomination dont il couvre son industrie et encore qu'il y joigne la publication d'un journal spécial. Si

---

(1) (Richau.) — LA COUR ; — Sur la prévention de délit de tenue de maison de prêts sur gages sans autorisation : — Considérant que Richau, déjà condamné par le tribunal correctionnel d'Alger, le 21 avr. 1875, à 25 fr. d'amende pour tenue d'une maison de prêts sur gages sans autorisation, a, depuis cette époque, continué à pratiquer habituellement les opérations pour lesquelles il avait été condamné ; — Qu'il a, en effet, du 8 mai 1875 au 8 avr. 1876, prêté à seize emprunteurs différents diverses sommes, au total 248 fr., sur nantissement, consistant en reconnaissances du prêt, qui ont pu être constatées ; — Considérant que Richau soutient n'avoir pas fait de nouveaux prêts postérieurement au jugement du 21 avr. 1875, mais s'être borné à recevoir des nouvelles reconnaissances en nantissement des anciens prêts qui avaient motivé le jugement du 21 avr. 1875, et en échange des anciennes reconnaissances qui étaient venues à échéance ; — Que, sans qu'il soit besoin de rechercher si l'opération telle que la décrite le prévenu est licite, il est établi par l'instruction et les débats, que tous les témoins, sauf deux, ont, non seulement liquidé leurs anciennes dettes envers Richau, mais encore contracté de nouveaux emprunts sur nantissement de nouvelles reconnaissances ; — Considérant que suivant le prévenu, les nouvelles opérations constitueraient non des prêts sur gages, mais des achats à réméré ; — Mais qu'il est établi que ceux qui traitaient avec lui n'ont jamais entendu qu'obtenir de lui des avances sur le

dépôt de reconnaissances, et qu'il n'a, en réalité, entendu leur faire que des avances ; — Qu'il stipulait des intérêts de 10 pour 100 par mois, retenant même, au moment du prêt les intérêts du premier mois et déclarant qu'en cas de non-payement d'un mois d'intérêt, il disposerait des reconnaissances, sans attendre l'échéance du prétendu réméré ; d'où il suit que ses opérations, sous une apparence mensongère, n'étaient en réalité que des prêts sur gages ; — Considérant, que Richau soutient qu'en tous cas les reconnaissances du mont-de-piété étant des meubles incorporels, les prêts par lui consentis ne tomberaient pas sous l'application de l'art. 411 c. pén. ; — Qu'il a fait admettre ce système par les premiers juges ; — Mais, considérant que les reconnaissances du mont-de-piété sont au porteur et investissent leurs détenteurs de tous les droits des disposants sur les objets engagés ; — Que, par suite, leur réception en gage, équivaut à la réception même du meuble corporel y désigné, ce qui la fait tomber sous l'application de l'art. 411 c. pén. ; — Considérant, par suite, qu'il y a lieu d'infirmer le jugement qui a acquitté Richau sur le chef de tenue de maison de prêts sur gages sans autorisation et de lui faire, de ce chef, application de la loi pénale ; — Par ces motifs, etc.

Du 17 mars 1877.-C. d'Alger, ch. corr.-MM. Bastien, pr.-Valette, av. gén.-Mallarmé, av.

étendus, d'ailleurs, que soient les pouvoirs de l'autorité municipale sur les bureaux de placement, elle ne peut, en instituant elle-même un bureau de ce genre, obliger les ouvriers de telle ou telle profession (boulangers, par exemple) venant travailler dans la localité, à obtenir un bulletin de placement du buraliste préposé par elle (Crim. cass. 19 févr. 1864, aff. Féré, D. P. 64. 1. 241). — Comp. *suprà*, v° *Boulanger*, n° 19. V. *infrà*, v° *Travail*, tout ce qui concerne l'ancienne obligation du livret d'ouvrier.

L'agitation qui s'est produite à Paris en 1888 contre les bureaux de placement, accusés d'exploitation abusive sur les ouvriers et employés, a eu pour conséquence deux propositions de loi déposées à la Chambre des députés, l'une le 12 déc. 1889 par MM. Dumay et autres (*Journ. off.* Doc. parl. sess. extr. 1889, p. 341), l'autre le 17 déc. 1889 par MM. Mesureur et Millerand (*Ibid.*, p. 371). La première abroge le décret et l'ordonnance de police de 1852 et décide que le placement gratuit des employés et ouvriers sera fait de l'entremise des bourses de travail, syndicats ouvriers et groupes corporatifs, ou à leur défaut par les municipalités qui y sont du reste autorisées par les art. 70 et 94 de la loi municipale de 1884. La seconde impose la gratuité aux bureaux de placement autorisés, à mesure que le placement gratuit sera assuré par un bureau municipal ou par la bourse du travail. — V. *infrà*, v° *Travail*.

**64.** — XXII. Armes. — Nous avons dit au *Rép.* n° 187 que la fabrication des armes de guerre ne pouvait avoir lieu hors des manufactures nationales sans l'autorisation préalable du ministre de la guerre. La loi du 14 juill. 1860 (D. P. 60. 4. 86), traçant à nouveau les règles de cette matière, persista dans cette exigence, qui, supprimée par le décret du 4 sept. 1870 (D. P. 70. 4. 85), reparut dans la loi du 19 juin 1871 abrogeant le susdit décret (D.P. 71.4. 101). Elle a définitivement disparu dans la loi du 14 août 1885 (D. P. 85. 4. 77) qui déclare libres la fabrication, le commerce, l'importation l'exportation et le transit des armes de toutes espèces non réglementaires et de leurs munitions non chargées (art. 1 et 7), et n'exige pour la fabrication et le commerce des armes des modèles réglementaires (c'est-à-dire en service dans les armées de terre et de mer) et de leurs munitions non chargées, qu'une déclaration au préfet du département et la tenue d'un registre indiquant jour par jour l'espèce et le nombre des armes fabriquées, achetées ou vendues, leur destination et les noms et domiciles des vendeurs ou acheteurs (art. 3 et 4). L'importation et l'exportation des armes réglementaires se font aussi sur déclaration au préfet; et encore n'est-elle pas nécessaire pour les armes blanches et les revolvers même réglementaires (art. 7 et 8).

Le port d'armes prohibées, la détention d'armes et munitions de guerre, continuent d'être punissables en vertu de la loi du 24 mai 1834, les distinctions n'étant écartées par la loi du 14 août 1885 qu'au point de vue de la fabrication et de la vente, de l'importation et de l'exportation commerciales (V. *suprà*, v° *Armes*, n°s 7 et 10. *Adde* Trib. corr. d'Orléans, 26 juin 1888, *Lois nouvelles*, 1888, 3° partie, p. 177).

Sont aussi maintenus les lois et règlements antérieurs sur les munitions confectionnées et les substances explosives (V. *infrà*, v° *Poudres et salpêtres*).

Les armes à feu portatives sont soumises à des opérations d'épreuve et de marque destinées à garantir les acquéreurs contre les accidents pouvant résulter d'une fabrication défectueuse (Décret du 22 avr. 1868, D. P. 68. 4. 80, remplaçant ceux du 14 déc. 1810 et du 19 juin 1865). — V. *infrà*, v° *Armes*, n° 27 et suiv.

**65.** — XXIII. Echelles du Levant. — Emigrants. — Ce qui a été dit au *Rép.* n° 188 sur l'autorisation de former des maisons de commerce dans les Echelles du Levant, et sur le cautionnement à fournir dans ce cas à la chambre de commerce de Marseille, doit être complété par l'ordonnance du 18 avr. 1835, qui supprime à l'avenir cette exigence (V. *Rép.* v° *Echelles du Levant.* n° 7). En revanche les entreprises d'engagement ou de transport d'émigrants ne sont possibles qu'avec l'autorisation du ministre de l'agriculture, du commerce et des travaux publics, moyennant un cautionnement de 15000 à 40000 fr., et sous la réserve d'obligations nombreuses (Loi du 15 janv. 1855, D. P. 55. 4. 13; du 28 avr. 1855, D. P. 55. 4. 66; Loi du 18 juill. 1860, D. P. 60. 4. 92; Décrets du 9 mars et du 15 mars 1861,

D. P. 61.4. 45; du 15 janv. 1868, D. P. 68. 4. 15; du 14 mars 1874 D. P. 74. 4. 73). — V. *infrà*, v° *Transport des émigrants*.

**66.** — XXIV. Mines, minières et carrières. — L'exploitation des mines, sauf les modifications introduites par la loi du 27 juill. 1880 (D. P. 81. 4. 33) continue d'être soumise au droit de concession et de surveillance de l'Etat mentionné au *Rép.* n° 189. — Celle des minières a lieu sur permission du préfet, ou simple déclaration au préfet, suivant qu'elle est souterraine ou à ciel ouvert. La loi du 9 mai 1866 (D. P. 66. 4. 42), a ainsi modifié les art. 57 et 58 de la loi de 1810. La même loi supprime la servitude légale qui obligeait les propriétaires des minières à alimenter les forges et hauts fourneaux voisins sous peine d'être remplacés dans leur exploitation par les propriétaires des forges. Elle abroge aussi les art. 73 à 78 de la loi de 1810, qui subordonnaient à une permission préalable l'établissement des fourneaux, forges et usines. — L'exploitation des tourbières, soit par le propriétaire, soit par des tiers sur son consentement, doit faire l'objet d'une déclaration à la sous-préfecture et d'une autorisation par un règlement d'administration publique qui en détermine le mode (art. 83 à 86 de la loi de 1810). — Les carrières à galeries souterraines sont exploitées sous la surveillance de l'administration des mines (sauf interdiction absolue dans l'intérieur de Paris). Les carrières à ciel ouvert sont exploitées sur simple déclaration faite au maire et transmise au préfet, en observant les lois et règlements et sous la surveillance de l'Administration (L. du 27 juill. 1880 modifiant les art. 81 et 82 de la loi de 1810 par l'addition de la déclaration). La loi du 1880 décide en outre que les règlements généraux sur les carrières seront remplacés, dans les départements où ils sont en vigueur, par les règlements locaux faits sous forme de décrets en conseil d'Etat, et elle abroge ainsi les décrets des 22 mars et 4 juill. 1813 réglant l'exploitation des carrières dans les départements de la Seine et de Seine-et-Oise. — Pour la législation des mines et carrières, V. *infrà*, v° *Mines, Minières et Carrières*. — Sur les projets de réforme et de codification de cette législation, V. le rapport présenté par M. Jacques Piou le 21 avr. 1889 à la Chambre (députés au nom d'une commission parlementaire (*Journ. off.* 1889, Doc. parl. p. 379, annexe 3432). V. aussi, depuis le renouvellement de la Chambre, la proposition Ferroul et autres (19 nov. 1889) sur les concessions minières (*Journ. off.* Doc. parl. sess. extr. 1889, p. 102), et la proposition Francis Laur (4 juill. 1890) sur la révision du code minier (*Journ. off.* Doc. parl. 1890, p. 1466). — Sur le régime des mines au Tonkin, V. un décret du 16 oct. 1888 (*Journ. off.* du 17 oct. 1888).

**67.** — XXV. Eaux minérales. — Les sources d'eaux minérales ne peuvent être exploitées sans une autorisation du ministre de l'intérieur (Arrêt du conseil du 5 mai 1781, art. 18; arrêté du 29 flor. an 7, art. 12; Ordon. du 18 juin 1823, art. 1er; *Rép.* v° *Eaux minérales*, n°15). Mais, outre l'autorisation, elles peuvent, à certaines conditions, obtenir un décret les déclarant d'intérêt public et fixant autour d'elles un périmètre de protection dans lequel aucun sondage ou travail souterrain ne peut être fait sans autorisation préalable du ministre des travaux publics, et aucune fouille à ciel ouvert sans déclaration un mois à l'avance au préfet qui peut même, sur la demande du propriétaire de la source, interdire les travaux entrepris sur autorisation ou déclaration qui altèrent ou diminuent la source (Loi du 14 juill. 1856, D. P. 56. 4. 84; Décret du 8 sept. 1856, D. P. 56. 4. 137; Arrêté du chef du pouvoir exécutif du 30 août 1871; Décret du 11 avr. 1888, D. P. 88. 4. 45). Cette faveur était jadis attribuée de plein droit à toute exploitation autorisée (Décret du 8 mars 1848, D. P. 48. 4. 45). — V. *suprà*, v° *Eaux minérales*, n°s 50 et suiv.

La fabrication et l'exploitation d'eaux minérales *artificielles* doit aussi être autorisée en vertu de l'art. 1er de l'ordonnance précitée du 18 juin 1823, dont l'art. 13 exige, en outre, pour cette fabrication, la preuve des connaissances nécessaires ou la garantie d'un pharmacien légalement reçu. — L'autorisation est également nécessaire pour le dépôt et la mise en vente des eaux minérales, soit naturelles, soit artificielles, hors des pharmacies ou des lieux de provenance ou de fabrication (art. 1 et 15). — Enfin une inspection est organisée pour l'exploitation ou la fabrication de ces eaux (V. *suprà*, v° *Eaux minérales*, n°s 7, 52 et suiv.). —

Pour les eaux minérales importées de l'étranger, soit en bouteilles, soit en vases, les agents des douanes doivent se faire représenter le certificat de provenance délivré et attesté par l'autorité locale (Circ. de la direct. gén. des douanes du 17 janv. 1891, *Rev. gén. d'adm.*, mars 1891, p. 374).

**68.** — XXVI. MÉDICAMENTS, DROGUES, SUBSTANCES VÉNÉNEUSES. — Comme on l'a vu au *Rép.* n° 192, la fabrication, la vente et le débit des médicaments et la vente des drogues simples elles-mêmes au poids médicinal, sont interdits, sauf deux exceptions, à tous autres qu'aux pharmaciens reçus légalement; de même, la vente des plantes médicinales indigènes est interdite à tous autres qu'aux herboristes pourvus d'un certificat sur examen de leurs connaissances (L. 21 germ. an 11 art. 25, 33 et 37, dont le texte est reproduit au *Rép.* v° *Médecine et pharmacie*, n° 111).

Les pharmaciens eux-mêmes ne doivent livrer des médicaments que sur prescription signée d'un docteur en médecine ou en chirurgie ou d'un officier de santé. Ils ne doivent vendre aucun remède secret, et doivent se conformer, pour les compositions qu'ils tiennent préparées d'avance dans leurs officines, aux formules du codex pharmaceutique (art. 32 et 38. — *Rép.* v° *Médecine*, n° 203).Mais un décret du 3 mai 1850, promulgué le 21 juin 1852 (D. P. 52. 4. 163) a déclaré non secrets et susceptibles d'être vendus librement par les pharmaciens, en attendant que la recette en soit insérée dans une nouvelle édition du codex, les remèdes reconnus nouveaux et utiles par l'Académie nationale de médecine, et dont les formules, approuvées par le ministre de l'agriculture et du commerce, conformément à l'avis de cette compagnie savante, auront été publiées dans son bulletin avec l'assentiment des inventeurs ou possesseurs.

Les officines et boutiques des pharmaciens et droguistes sont soumises à une inspection (L. du 21 germ. an 11, art. 29, 30 et 31) qui peut s'étendre aux substances alimentaires susceptibles de falsification (Circ. min. agr. et comm. 14 janv. 1879, 17 avr. 1889). Elle a fait l'objet d'un projet de loi déposé à la Chambre des députés le 24 janv. 1884, mais demeuré sans suite (*Journ. off.* Doc. parl. 1884, p. 58).

Les pharmaciens et droguistes sont seuls soumis aux prescriptions du codex. Elles ne lient pas, par exemple, les confiseurs, liquoristes et distillateurs, pour ceux de leurs produits, tels que sirops, dont la pharmacie s'occupe également. L'absence dans ces produits de certains éléments indiqués au codex ne peut les rendre punissables que si elle constitue, au point de vue général de la loi, la tromperie prévue et punie par l'art. 423 c. pén. et la loi du 27 mars 1851 (D. P. 51. 4. 57) (Orléans, 2 avr. 1851, aff. Rouillé-Pavis et autres, D. P. 51. 2. 222).

**69.** On a vu au *Rép.* n° 192, que les pharmaciens de deuxième classe ne peuvent exercer que dans le département pour lequel ils ont été reçus. Un décret du 22 août 1854, art. 19 (D. P. 54. 4. 155) leur permet d'exercer dans un autre département sur de nouveaux examens et un autre certificat d'aptitude. Un autre décret du 24 août 1873 (D. P. 74. 4. 12) permet, en ce cas, au ministre de réduire à un seul les trois examens requis.

**70.** Le commerce des substances vénéneuses (jadis interdit en principe par l'édit de juillet 1682) oblige à faire une déclaration préalable au maire. Il en est de même de leur emploi par les chimistes, fabricants ou manufacturiers. Elles ne peuvent être vendues ou livrées qu'aux commerçants, chimistes, fabricants ou manufacturiers ayant fait la déclaration prescrite, ou aux pharmaciens et sur leur demande écrite et signée. Un registre est tenu des achats et ventes dont elles sont l'objet. Leur vente pour l'usage de la médecine ne peut être faite que par les pharmaciens et sur la prescription d'un médecin, chirurgien, officier de santé, ou vétérinaire breveté, et avec certaines précautions. Les officines des pharmaciens, les boutiques et magasins des commerçants et manufacturiers vendant ou employant des substances vénéneuses sont soumises à une inspection distincte de celle que prescrit la loi du 21 germ. an 11 (L. du 19 juill. 1845, D. P. 45.3. 163; Ordonnance du 29 oct. 1846, D. P. 47. 3. 8; Circ. min. agr. 10 nov. 1846. D. P. 47. 3. 19; Décr. du 8 juill. 1850, D. P. 50.4. 154, contenant nomenclature des substances réputées vénéneuses. — V. *infrà*, v° *Substances vénéneuses*).

**71.** Une commission de la Chambre des députés a été saisie : 1° d'une proposition de M. Lockroy sur l'exercice de la pharmacie (19 nov. 1889, *Journ. off.* Doc. parl. sess. extr. 1889, p. 31) ; — 2° D'une proposition de M. Ricard sur la préparation, le dépôt et la délivrance des médicaments dans les établissements de l'assistance publique (19 mai 1890, *Journ. off.* compte rendu de la séance) ; — 3° D'un projet du Gouvernement relatif à la préparation et à la distribution, dans les établissements de bienfaisance, des médicaments destinés aux indigents (30 juin 1890, *Journ. off.* Doc. parl. 1889, p. 1435). — Elle a déposé son rapport le 18 juill. 1890 (*Journ. off.* Doc. parl. 1890, p. 1596). — V. *infrà*, v° *Médecine et pharmacie.*

ART. 2. — *Des restrictions à la liberté industrielle relatives au temps, au lieu, au mode d'exercice de certaines industries* (*Rép.* n°s 195 à 205).

**72.** Plusieurs industries, qu'elles soient ou non soumises à la nécessité d'une autorisation ou d'une déclaration préalable, subissent des restrictions quant au temps, au lieu ou au mode d'exercice.

**73.** — 1° *Temps* (*Rép.* n°s 195 et 196). — L'autorité municipale, gardienne du bon ordre, de la sûreté et de la salubrité publiques (L. 5 avr. 1884. art. 97) peut fixer les heures de fermeture des cafés, cabarets, auberges (V. *suprà*, v° *Commune*, n°s 701 et suiv.), d'ouverture et de clôture des représentations théâtrales (*Ibid.* n° 685), des halles et marchés (*Ibid.*, n° 685), et spécialement interdire l'entrée du marché jusqu'à une certaine heure aux revendeurs (Crim. cass. 3 mai 1877, aff. Roussel, D. P. 77. 1. 438), aux marchands de grains, meuniers, commerçants, commissionnaires, pour faciliter l'approvisionnement des petits consommateurs (V. *suprà*, v° *Commune*, n° 686) ; interdire à certaines heures le travail soit dans les professions bruyantes (*Ibid.* n°s 638, 639), soit dans celle de vidangeur (*Ibid.*, n° 582), limiter enfin à un certain temps les professions qui s'exercent sur la voie publique, comme celle de crieur, vendeur et distributeur d'écrits, dessins et lithographies, chanteur, musicien ambulant, saltimbanque, etc. (*Ibid.*, n°s 649, 652, 661), défendre à certains jours les bals publics (*Ibid.*, n° 731). — Sur les bans de fauchaison, de vendanges ou autres, V. *suprà*, v° *Commune*, n°s 528 et suiv. L'art. 13 de la loi du 9 juill. 1889, sur le code rural n'admet l'établissement ni le maintien des bans de vendanges qu'en vertu d'une délibération approuvée par le conseil général (D. P. 90. 4. 20).

**74.** — 2° *Lieu* (*Rép.* n°s 197 à 200). — L'autorité municipale peut surtout assigner un emplacement aux entreprises de bals publics (*Ibid.*), aux débits et spectacles forains (*Ibid.*), aux entreprises de bains de mer (Crim. rej. 29 août 1861, aff. Bourgeois, D. P. 63. 1. 480); éloigner, comme on l'a vu *supra* (n° 39), tout débit de boissons soit des édifices consacrés au culte ou à l'instruction, soit des cimetières et des hospices ; régler la circulation et le stationnement des voitures (*suprà*, n° 27), spécialement aux abords des théâtres (V. *suprà*, v° *Commune*, n° 812) ; interdire aux bouchers et charcutiers d'abattre ailleurs qu'à l'abattoir communal (V. *suprà*, v° *Boucher*, n° 23), quand même cette mesure tendrait à établir un monopole pour cet abattoir, et des taxes d'abattoir sur les forains (Crim. cass. 31 janv. 1890, aff. Dame Bournac, D. P. 90. 1. 493). Un avis du conseil d'Etat du 2 mai 1888 (*Revue gén. d'administr.* 1888, 2° partie, p. 463) a cependant résolu négativement la question de savoir si les communes peuvent, en s'autorisant de la nécessité d'assurer la salubrité publique et de ne pas favoriser les bouchers forains aux dépens de ceux de l'intérieur, établir sur les viandes foraines une taxe égale aux droits d'abattoir et d'octroi ou d'abattoir seulement que supportent les viandes des animaux tués à l'intérieur. — En tout cas, l'autorité municipale peut défendre le colportage ou la vente sur la voie publique des viandes (V. *suprà*, v° *Boucher*, n° 34), ou des autres denrées d'approvisionnement, telles que le poisson (Crim. rej. 16 juin 1854, aff. Reynes, D. P. 54. 5. 469) ; assigner pour l'entrée et la vente des viandes foraines une porte et des lieux déterminés (*Ibid.*, n°s 34 et 37), sans pouvoir interdire leur introduction d'une manière absolue, sauf en temps d'épizootie (*Ibid.* n° 36), et sans pouvoir non plus interdire aux bouchers de la ville de vendre des viandes foraines en concurrence avec les bouchers forains et sous les mêmes conditions d'inspection (V. *suprà*, v° *Boucher*, n° 37 ; Crim. cass. 26 juill. 1890, aff. Frébourg, D. P. 91. 1. 190 ; Crim. rej. 10 juill. 1890, aff. Dano et Chevillon, D. P. 91. 1. 95).

**75.** D'une manière plus générale, elle peut fixer le jour et l'emplacement où les marchands forains pourront vendre leurs marchandises même non alimentaires, leur interdire notamment de les vendre ailleurs qu'au marché (*Rép.* n°ˢ 169 et 200. — *Adde.* Crim. rej. 26 janv. 1856, aff. Bidault, D. P. 56. 1. 112 ; Crim. cass. 23 déc. 1859, aff. Poujol, D. P. 59. 5. 212 ; 20 nov. 1863, aff. Metz, D. P. 64. 5. 205 ; 18 août 1864, aff. Mazarguil, D. P. 67. 5. 231 ; Crim. rej. 18 juill. 1867, aff. Durand, D. P. 69. 5. 233),... et interdire aux habitants de les acheter hors du marché, soit sur la voie publique, soit à leur domicile (Crim. rej. 27 févr. 1858, aff. Maulbon, D. P. 59. 5. 213 ; Crim. cass. 21 avr. 1860, aff. Moreau, D. P. 60. 5. 205 ; 2 janv. 1864, aff. Granier, D. P. 65. 5. 216 ; 26 mars 1868, aff. Reinier, D. P. 68. 5. 247),... même en vue de l'exportation (Crim. rej. 24 déc. 1880, aff. Le Moal, D. P. 81. 1. 496. — *Contrà :* Crim. rej. 28 févr. 1858, aff. Guyonnard, D. P. 58. 5. 34 ; 22 mars 1872, aff. Paris, D. P. 72. 1. 47). — Et le marchand forain ne peut échapper au règlement qui le vise, en louant un magasin dans la ville pour y déposer et vendre ses marchandises, s'il est constaté en fait qu'il n'ouvre ce magasin que les jours de foires et marchés et n'en est pas moins resté marchand forain (Crim. rej. 26 janv. 1856, aff. Bidault, D. P. 56. 1. 112 ; Crim. cass. 5 févr. 1859, aff. Guérin, D. P. 59. 1. 429 et nos observations critiques). — Jugé aussi qu'un arrêté ayant valablement interdit d'acheter et de vendre les denrées hors du marché les jours de marché, un autre arrêté peut valablement, comme sanction du premier et pour l'empêcher d'être illusoire, défendre aux marchands faisant des approvisionnements de beurre, par exemple, de se faire livrer dans des dépôts situés hors des limites du marché (Crim. rej. 1ᵉʳ août 1889, aff. Thuau, *Revue gén. d'adm.* 1890, 1ʳᵉ partie, 332).

**76.** Mais l'autorité municipale ne peut assigner aux marchands établis dans la commune un lieu de vente à l'exclusion de leur domicile ou boutique, même les jours de marché (*Rép.* n° 200 ; Crim. rej. 16 juin 1854, aff. Reynes, D. P. 54. 5. 469 ; 29 mars 1856, aff. Villemin, D. P. 56. 1. 232 ; 1ᵉʳ juill. 1859, aff. Guérin, D. P. 59. 1. 429 ; Cons. d'Et. 9 avr. 1886, aff. Argelliés, D. P. 88. 3. 20)..., ni leur interdire la livraison directe de denrées ou marchandises en vertu d'achats déjà conclus antérieurement en dehors de la commune (Req. 5 mars 1860, aff. Burcklen, motifs, D. P. 60. 1. 178 ; Crim. cass. 29 août 1861, aff. Mohamed-ben-Mami, D. P. 61. 5. 254 ; 17 juin 1864, aff. Mohamed-Oul-el-Hadj, D. P. 65. 1. 317 ; 17 juin 1881, aff. Cosma, D. P. 82. 1. 324 et la note ; — *Contrà :* Crim. cass. 12 nov. 1830, D. P. 31. 1. 18 ; 13 déc. 1844, aff. Dame Journée, D. P. 45. 1. 69).

**77.** Il ne faut pas, d'ailleurs, confondre avec la vente à la halle, le simple apport à la halle en vue d'une vérification de la salubrité des denrées. Cette dernière mesure peut être prescrite pour les denrées entrant dans la commune et destinées à y être consommées ou mises en circulation et elle est obligatoire pour les marchands domiciliés comme pour les marchands forains (Crim. rej. 22 juill. 1859, aff. Mallet, D. P. 59. 1. 428), pour les marchandises achetées à domicile et de gré à gré comme pour les marchandises publiquement vendues (Req. 5 mars 1860, aff. Burcklen D. P. 60. 1. 178). Ce dernier arrêt déclare assujettis à cette vérification, et par suite au payement des droits de place, les farines et les blés achetés directement au dehors par un boulanger (V. sous cet arrêt le rapport de M. le conseiller d'Ubexi). Un autre arrêt (Crim. rej. 6 déc. 1873, aff. Gogué, D. P. 74. 1. 179) déclare obligatoire, même pour les négociants domiciliés dans la commune, un arrêté prescrivant le dépôt à la halle des grains introduits en ville pour la vente un jour de marché ; mais sans doute, il ne vise ainsi que l'apport préalable et non la vente en halle. — (*Adde* Cons. d'Et. 18 mars 1887, aff. Martin, D. P. 88. 3. 20. — Comp. *suprà*, v° *Commune*, n° 486). — Sur les pouvoirs de l'autorité municipale en vue d'assurer le bon ordre dans les marchés, leur approvisionnement, l'inspection des denrées et la perception des droits de place, V. *suprà*, v° *Halles et marchés*. — Sur l'inspection sanitaire des viandes fraîches abattues avant leur entrée en France en vertu des lois du 5 avr. 1887

(D. P. 87. 4. 87), et du 24 juin 1889 (D. P. 90. 4. 93), V. *suprà*, v° *Douanes*, n° 278.

**78.** On a vu (*suprà*, n° 75), que l'autorité municipale qui peut interdire à certaines heures les travaux bruyants, ne peut les exclure de certains quartiers, ou les soumettre, dans ces quartiers, à la nécessité d'une autorisation.

**79.** Elle peut aussi interdire aux entrepreneurs d'enlèvement de vidanges non seulement de les déverser sur la voie publique (Crim. rej. 7 déc. 1872, aff. Tarrieu, D. P. 72. 1. 427), mais encore d'en opérer dans l'intérieur de la ville le déchargement et rechargement sur bateaux (Crim. rej. 13 mars 1868, aff. Lesage, D. P. 68. 1. 508), sans pouvoir, comme on l'a vu au *Rép.* n° 200, imposer d'une manière précise le déchargement dans une fosse commune de manière à assurer un monopole au fermier de cette fosse.

**80.** Nous n'avons rien à ajouter à ce qui a été dit au *Rép.* n° 197 et suiv. sur les prohibitions que rencontrent l'industrie et le commerce dans le voisinage des douanes, des places de guerre et des forêts.

**81.** — 3° *Mode* (*Rép.* n°ˢ 201 à 205). — On ne peut entrer ici dans le détail des modalités et des prescriptions de toutes sortes que les lois ou règlements introduisent dans l'exercice de certaines industries, indépendamment des questions de temps et de lieu, d'autorisation, de déclaration et de cautionnement. Pour les industries comprises dans l'article précédent, à propos de l'autorisation ou de la déclaration préalable, on a mentionné incidemment quelques mesures de police et de surveillance, dont elles ont l'objet. On en trouvera le complément soit dans les textes législatifs que nous y avons visés, soit *suprà*, v° *Commune*, soit aux mots correspondant spécialement à ces industries. — Pour celles qui ne soulèvent aucune question d'autorisation, de déclaration, de cautionnement, de temps ou de lieu, la réglementation qu'elles peuvent subir à d'autres points de vue est exposée sous les mots qui leur sont propres (V. *suprà*, vˡˢ *Afficheurs, Armes, Boucher*, n°ˢ 9 et suiv., 34 et suiv. ; *Boulanger*, n°ˢ 14 et suiv., 22 et suiv., 42 et suiv., *Eaux minérales, Echelles du Levant, Halles et marchés*, et *infrà*, vˡˢ *Manufactures et ateliers dangereux, Machines à vapeur, Mont-de-piété, Prêt sur gages, Presse, Théâtre, Mines et carrières, Médecine et pharmacie, Warrants*, etc... V. aussi *suprà*, v° *Commune*, n°ˢ 580 et suiv., 623 et suiv., 636 et suiv., 660 et suiv., 671 et suiv., 692 et suiv., 736 et suiv., 770 et suiv., 810 et suiv.).

**82.** On a indiqué au *Rép.* n°ˢ 202 et 203 les anciens règlements de police auxquels doivent se conformer les maîtres et ouvriers serruriers, taillandiers et ferrailleurs pour ne pas aider dans le savoir à l'accomplissement des vols.

**83.** Les obligations des aubergistes, hôteliers et logeurs au point de vue des personnes qu'ils logent et du registre qu'ils doivent tenir, ont été indiquées au *Rép.* n° 204 et étudiées depuis avec plus de détail *suprà*, v° *Commune*, n°ˢ 736 à 749. — En ce qui touche leur responsabilité comme dépositaires envers les voyageurs aux termes des art. 1952, 1953, 1954 c. civ., responsabilité qu'une loi du 18 avr. 1889 (D. P. 89.4. 47) a limitée à 1000 fr. pour les espèces monnayées, valeurs et titres au porteur de toute nature non déposées réellement entre leurs mains, V. *suprà*, v° *Dépôt-séquestre*, n° 65.

**84.** Nous renvoyons aussi au *Rép.* n° 201 pour ce qui concerne l'autorisation à demander, soit pour faire usage de presses, moutons, laminoirs, balanciers, coupoirs, etc., soit pour frapper des médailles, jetons ou autres pièces de plaisir d'or, d'argent ou d'autres métaux (V. Ducrocq, *Cours de droit admin.* 6ᵉ éd. n° 797 ; et Circ. min. du 10 avr. 1873). — Quant à l'autorisation qui devait être obtenue, aux termes du décret du 22 mars 1852 (art. 2) pour être possesseur ou faire usage de presses de petite dimension pour les impressions privées (*Rép.* n° 201 *in fine*, elle a cessé d'être nécessaire, le décret précité ayant été abrogé par la loi du 29 juill. 1881 sur la presse (V. *infrà*, v° *Presse*). — Cette abrogation a fait disparaître également les obligations imposées par l'art. 4 du même décret aux fabricants ou marchands d'ustensiles d'imprimerie.

**85.** On peut rapprocher de ces restrictions l'interdiction de fabriquer, colporter, ou distribuer tous imprimés ou formules simulant des billets de banque et autres valeurs fiduciaires (L. 11 juill. 1885, D. P. 85. 4. 83. V. *suprà*, v° *Faux*, n° 82). Une loi belge du 11 juin 1889 (*Moniteur* du 15) dispose dans le même sens (*Rev. gén. d'adm.* 1889. 2. 365).

**86.** La loi      mess. an 3, qui prohibait la vente des blés en vert, et dont l'abrogation tacite était l'objet de controverses (*Rép.* v° *Grains*, n°ˢ 48 et suiv.), est expressément abrogée par l'art. 14 de la loi du 9 juill. 1889 sur le code rural (D. P. 90. 4. 22.) V. *suprà*, v° *Grains*, n° 4.

**87.** Quant aux restrictions douanières qui frappent le commerce et aux inspections sanitaires qui frappent notamment les viandes étrangères à la frontière (L. des 5 avr. 1887, D. P. 87. 4. 87; 24 juill. 1888 (D. P. 88. 4. 53) et 24 juin 1889 (D. P. 90. 4. 93), V. *suprà*, v° *Douanes*, n° 278.

Art. 3. — *Du droit exclusif d'exercer certaines industries, ou des monopoles* (*Rép.* n°ˢ 206 à 209).

**88.** Le monopole de l'Etat, en ce qui touche la monnaie, la poudre, le transport des dépêches, le tabac et les cartes à jouer, a été indiqué au *Rép.* n° 206 (V. *suprà*, v° *Impôts indirects*, n°ˢ 3 et suiv.; 94 et suiv., et *infrà*, v°ˢ *Monnaie, Poudres, Postes.*

**89.** Le monopole de la fabrication des monnaies s'exploite maintenant par le système de la régie substitué au régime de l'entreprise par la loi du 31 juill. 1879 (D. P. 80. 4. 7).

**90.** Il a été dérogé au monopole de la fabrication de la poudre par la loi du 8 mars 1875 (D. P. 75. 4. 97), qui permet la fabrication particulière de la dynamite et des explosifs à base de nitro-glycérine, sous la réserve d'une autorisation du Gouvernement, d'un cautionnement, d'un impôt, du régime des établissements dangereux de première classe et de quelques prescriptions spéciales. Cette loi assimile les fabricants et débitants de dynamite aux débitants de poudre commissionnés et surveillés par l'administration des Contributions indirectes. Elle est complétée par un décret du 24 août 1875 (D. P. 76. 4. 49). — Un projet du Gouvernement déposé à la Chambre des députés le 28 juin 1887 (*Journ. off.* 1887, p. 940) avait proposé l'abrogation plus complète du monopole de la fabrication et de la vente des poudres de toute nature, et son remplacement comme pour la dynamite, par une réglementation en vue de la sécurité publique et par des droits et cautionnement dans l'intérêt du Trésor. Mais ce projet fut bientôt abandonné. Repris le 29 mars 1890, par M. Adrien Bastid (*Journ. off.* Doc. parl. 1890, p. 722), il fut l'objet d'un rapport défavorable sur la prise en considération (*Journ. off.* Doc. parl. 1890, p. 1464. — V. *infrà*, v° *Poudre.*

**91.** Au monopole des postes est venu s'ajouter celui des télégraphes. « Aucune ligne télégraphique ne peut être établie ou employée à la transmission des correspondances que par le Gouvernement ou avec son autorisation » (Décret du 27 déc. 1851, art. 1, D. P. 52. 4. 24). Ce texte, qui sert de base également au régime des téléphones, admet à côté de l'exploitation de l'Etat l'exploitation privée de lignes autorisées par lui. Telles sont les lignes télégraphiques d'intérêt privé, régies par le décret du 13 mai 1879 (D. P. 79. 4. 42) qui en réserve la construction, l'entretien et la propriété à l'Etat, lorsqu'elles rattachent un établissement au réseau de l'Etat, et même, en dehors de ce cas, si le ministre des postes et télégraphes les déclare spécialement soumises à ce régime (V. *infrà*, v° *Postes et télégraphes*). Telles sont aussi les entreprises téléphoniques privées, dont les conditions (installation par l'Etat aux frais des permissionnaires, durée de la concession, tarifs, impôts, contrôle de l'Etat et réserve du droit de rachat de l'Etat), sont réglées par un arrêté du ministre des postes et des télégraphes du 26 juin 1879 (*Revue gén. d'adm.* 1880, 1ʳᵉ partie, p. 209). Les réseaux exploités par la société générale des téléphones, ont été rachetés par l'Etat au moyen d'emprunts à la Caisse des dépôts et consignations en vertu d'une loi du 16 juill. 1889, (D. P. 90. 4. 90) qui l'autorise en même temps à traiter avec les villes pour l'établissement de réseaux téléphoniques d'intérêt local.

**92.** Le monopole de la fabrication et de la vente des tabacs a été prorogé par des lois successives jusqu'en 1893. Et il a été jugé qu'il s'étend à toute préparation pouvant avoir la même destination que le tabac sans même en avoir l'apparence, telles que les cigarettes de menthe (Crim. cass. 6 juill. 1877, aff. Roger, D. P. 78. 1. 185. V. *suprà*, v° *Impôts indirects*, n° 61) ... de même que le monopole de la fabrication de la poudre embrasse toute agrégation de ma-

tières susceptibles d'explosion et non exceptées par des lois spéciales (V. *infrà*, v° *Poudres et salpêtres*).

**93.** A ces divers monopoles s'est ajouté, en vertu de la loi du 2 août 1872 (D. P. 72. 4. 131), celui de l'achat, de la fabrication, et de la vente des allumettes chimiques, c'est-à-dire amorcées ou préparées de manière à pouvoir s'enflammer ou produire du feu par frottement ou par tout moyen autre que le contact direct avec une matière en combustion (L. du 4 sept. 1871, art. 3, D. P. 71. 4. 79).

Ce monopole n'a été institué que pour mieux assurer le recouvrement de l'impôt dont la loi du 4 sept. 1871 frappait ce produit pour la première fois. Il était affermé, depuis le 1ᵉʳ janv. 1875, à une compagnie concessionnaire par voie d'adjudication. L'Etat en a repris l'exploitation directe, en vertu d'une loi du 27-28 déc. 1889 (D. P. 90. 4. 125). V. *suprà*, v° *Impôts indirects.* — Son abrogation avait même été proposée par M. Leydet, et plusieurs autres députés le 19 nov. 1889 (*Journ. off.* Doc. parl. 1889, p. 87). — Signalons aussi une proposition de MM. Baudin et autres sur les conditions du travail dans les fabriques d'allumettes chimiques (25 nov. 1889, *Journ. off.* Doc. parl. sess. extr. de 1889, p. 236): elle prohiberait l'emploi du phosphore blanc, l'admission des enfants au-dessous de seize ans, la prolongation de la journée au delà de huit heures, et garantirait un « maximum » de salaire déterminé par une commission composée pour moitié de délégués des syndicats ouvriers.

**94.** Le monopole réservé par l'arrêté du 23 prair. an 12 aux fabriques et consistoires quant aux fournitures nécessaires pour les enterrements et pour la décence et la pompe des funérailles, a été étudié *suprà*, v° *Culte*, n°ˢ 889 et suiv. Il a été jugé, depuis lors, que ce monopole s'applique aux mixtures sanitaires répandues à l'intérieur des cercueils, qu'elles soient prescrites par l'autorité, ou que leur usage soit consacré par de prudentes habitudes, l'expression « nécessaires » de l'arrêté de prairial devant s'entendre non d'une nécessité absolue, mais d'un emploi se rapportant naturellement aux enterrements (Trib. civ. Seine, 11 déc. 1890, aff. Société des pompes funèbres générales de France, *Gaz. des trib.* du 27 déc. 1890).

**95.** Il n'est pas question ici des taxes imposées sous le nom de contributions indirectes aux produits de certaines industries, ni des déclarations et des vérifications imposées en vue de leur perception. Tel est notamment le régime des boissons et des sucres. L'idée d'introduire en France le monopole des alcools, qui existe en Suisse (L. fédérale du 23 déc. 1886, *Ann. de législ. étr.* 1887, p. 530), et que M. de Bismarck voulait établir en Allemagne (Projet de loi présenté au Reichstag au commencement de 1886 et repoussé par lui ; V. *Revue gén. d'adm.* 1886, 1ʳᵉ partie, p. 473), n'a point paru justifiée. V. le rapport de M. Léon Say au nom de la commission instituée au ministère des finances par décret du 18 sept. 1887 pour étudier la réforme de la législation de l'alcool et du régime des boissons (*Journ. off.* 1888, p. 2924).

**96.** D'une manière générale d'ailleurs, l'idée du monopole exercé ou concédé par l'Etat, dont on a indiqué au *Rép.* n° 208 la large pratique sous l'ancien régime, et les fâcheuses conséquences, n'a cessé de rencontrer, parmi les économistes, des adversaires déclarés, ou du moins résolus à le restreindre à des cas exceptionnels (V. notamment MM. Leroy-Beaulieu, *L'Etat moderne et ses fonctions ;* Cauwès, *Précis du cours d'économie politique ;* E. Villey, *Du rôle de l'Etat dans l'ordre économique ;* Jourdan, *Du rôle de l'Etat dans l'ordre économique*).

**97.** Un intérêt public ou fiscal peut justifier quelques monopoles. La nature même peut en imposer la concession dans certaines industries, comme celle des mines et des chemins de fer. Mais, comme on l'a vu au *Rép.* n° 209, et comme la jurisprudence l'a encore affirmé depuis, ils doivent être exceptionnels et en tout cas fondés sur les lois, sans pouvoir résulter de simples règlements de police. Un maire, par exemple, ne pourrait se réserver, avec le droit d'autorisation sur une industrie, comme celle de l'enlèvement des vidanges, le droit de la refuser arbitrairement (Crim. rej. 23 juill. 1869, aff. Baron, D. P. 70. 1. 47, V. *suprà*, n°54) ; ni combiner ses prescriptions de manière à favoriser un individu, fermier d'une fosse destinée à recevoir les vidanges (*suprà*, n° 79 et *Rép.* n° 200); ni limiter le nombre des titulaires d'une industrie dans une ville, comme cela se pratiquait pour les bouchers et les boulangers lors de la publication du *Répertoire* (V. *suprà*, n°s 20 et suiv.). — Mais la désignation d'un marbrier comme fossoyeur, si elle peut favoriser son industrie de marbrier au détriment de ses concurrents, ne crée en sa faveur aucun monopole sur cette industrie, et les concurrents ne peuvent le faire révoquer par voie de pétition au conseil d'Etat, exposant que le bénéficiaire abuse de sa situation officielle pour imposer aux familles l'obligation de lui faire exécuter tous les travaux relatifs aux sépultures (Cons. d'Et. 12 juill. 1889, aff. Couenne-Cléret, D. P. 91. 3. 18).

**98.** Par application du même principe il a été jugé : — que si l'autorité municipale peut, en vertu des art. 97 et 98 de la loi du 5 avr. 1884 et dans le but d'assurer le bon ordre de la fête patronale d'une commune, prescrire qu'il n'y aura qu'un seul bal public dans la commune à l'occasion de cette fête (Crim. cass. 23 févr. 1889, aff. Armand Rendu, D. P. 90.1. 187), elle ne peut confier l'organisation de ce bal au directeur d'une fanfare dite municipale, excluant ainsi toutes autres fanfares et créant un véritable monopole par les deux dispositions indivisibles de son arrêté (Crim. rej. 23 févr. 1889, aff. Rémy Rendu, D. P. 90. 1. 187); — Que l'ouverture d'un bal public sans autorisation ne peut faire condamner le contrevenant à des dommages-intérêts, ni au profit de la commune, ni au profit d'un entrepreneur autorisé par elle à charge de redevance (Crim. cass. 4 mai 1886, aff. Robelin, D. P. 67. 1. 363). — Jugé aussi que le préfet ne peut réserver à un seul entrepreneur la faculté de faire entrer les voitures dans la cour d'une gare de chemin de fer (Cons. d'Et. 25 févr. 1864, aff. Lesbats, D. P. 64. 3. 25)... ni subordonner ce droit à la condition de desservir tous les trains et de ne recevoir que des voyageurs à destination de l'hôtel dont cet entrepreneur est en même temps propriétaire (Cons. d'Et. 17 juin 1865, aff. Lesbats, D. P. 66. 3. 29). — Décidé encore que l'arrêté par lequel le maire interdit *aux voitures de remise* se trouvant régulièrement sur la voie publique de satisfaire aux réquisitions des voyageurs doit être annulé, pour détournement de pouvoirs, s'il a été pris non en vue de la sûreté et de la commodité de la circulation, mais pour protéger l'adjudicataire du service des voitures de place contre la concurrence qui lui était faite (Cons. d'Et. 9 août 1889, aff. Ribbon et Comp., D. P. 91. 3. 30).

Mais on a vu *suprà*, n° 27 qu'un service d'omnibus prenant et déposant les voyageurs sur tous les points de son parcours peut être réservé par le maire à un nombre limité d'entrepreneurs pour éviter l'encombrement des rues.

**99.** On verra *infrà* (sect. 3, n°s 127 et suiv.) quels droits exclusifs peuvent concéder les maires dans un intérêt d'ordre ou de sécurité à des entreprises d'éclairage par le gaz ou de distribution d'eau, ou à des portefaix commissionnés par eux, ou à des facteurs commissionnés pour les ventes à la criée dans les halles. V. *suprà*, v° *Halles*, n°s 31 et suiv. Nous préciserons aussi (*infrà*, n°s 147 et suiv.), les conditions et l'étendue du privilège des peseurs et mesureurs publics dans les marchés, halles et ports des villes où ils sont établis en vertu de lois spéciales (L. du 29 flor. an 10 ; arrêtés du 7 brum. an 9 et du 2 niv. an 12).

**100.** Enfin les abus que pourrait produire la concession d'un monopole industriel sont ordinairement évités par des obligations envers le public, par des taxes ou tarifs imposés (V. *infrà*, n°s 140 et suiv.) et par l'interdiction du cumul d'autres industries, contrairement au principe posé plus haut (n°s 10 et suiv.). Une compagnie de chemin de fer, notamment, ne peut faire le commerce des charbons (Civ. rej. 5 juill. 1865, aff. Chem. de fer de l'Est, D. P. 65. 1. 348. *suprà*, n° 10).

**Art. 4.** — *Restrictions mises à la liberté d'industrie dans un intérêt privé. — Droit de propriété. — Conventions.* — (*Rép.* n°s 210 à 218).

**101.** — I. Restrictions dérivant du droit de propriété. — Comme on l'a vu au *Rép.* n° 210, le droit de propriété des voisins impose certaines limites à la liberté du commerce et de l'industrie. D'une manière générale, l'exploitation d'une maison de commerce ou d'industrie doit se faire de manière à ne pas priver les voisins des avantages de leur propriété. Par application de ce princip¨ ¨ été jugé (Metz, 25 août 1863, aff. Mineur, D. P. 64. 2. 1¨¨¨¨que, malgré les tolérances dont l'exercice d'une industrie spéciale à une ville doit être l'objet dans cette ville, et malgré l'impossibilité de limiter à la largeur d'une porte d'entrée de trois ou quatre mètres le stationnement des voitures à charger ou décharger devant un magasin, ce stationnement ne doit pas obstruer les issues des maisons voisines et en empêcher complètement l'accès par de longues files de voitures sans solution de continuité, et que ce chargement et déchargement ne doit pas occasionner un bruit intolérable pour les voisins, bruit retentissant, par exemple, jusque dans l'étude ou cabinet d'un avoué, de manière à le gêner absolument dans ses travaux.

**102.** Quand un établissement industriel est classé comme dangereux, insalubre ou incommode, le fait de l'autorisation administrative obtenue par lui ne le met pas à l'abri des recours des propriétaires voisins pour dommages causés à leurs propriétés. Ce principe posé au *Rép.* n° 211, a été de nouveau consacré (Req. 8 mai 1850, aff. Cartier fils, D. P. 54. 5. 655), mais avec la distinction déjà développée au *Rép.* (*ibid.*) entre les inconvénients *généraux* de l'industrie autorisée et ses inconvénients *personnels et particuliers*, ces derniers seuls pouvant motiver, de la part des tiers lésés, une action en dommages-intérêts (Req. 17 juill.1843, aff. Comp. du gaz de Saône-et-Loire, D. P. 45. 1. 428 ; Civ. cass. 28 févr. 1848, aff. Rivoire, D. P. 48. 1. 122 ; Req. 20 févr. 1849, aff. Derosne, D. P. 49. 1. 148).

**103.** La jurisprudence a posé encore ce principe que les chefs d'établissements industriels ne peuvent être condamnés à des dommages-intérêts au profit de leurs voisins que s'il est justifié de préjudices réels et appréciables, imputables à des torts et abus d'exploitation, portant atteinte à des droits, excédant la mesure des obligations ordinaires du voisinage, et n'étant ni causés en partie, ni rendus plus considérables par le fait même du voisin. C'est ce qu'ont jugé : la cour de Douai, le 30 mai 1854 (aff. Morel, D. P. 55. 2. 26) en ce qui touche l'inconvénient de la fumée, avec cette circonstance, il est vrai, que l'expiration d'un délai de vingt ans sans réclamation sous l'empire de la coutume d'Artois, avait constitué par prescription une servitude dont l'aggravation seule se trouvait en question ; la cour de Paris, le 28 avr. 1860 (aff. Lainé, D. P. 60. 2. 117), en ce qui touche l'inconvénient du bruit ; la cour d'Agen, le 7 févr. 1855 (aff. Albareil, D. P. 55. 2. 282), en ce qui touche l'inconvénient de l'odeur dégagée par une tuerie d'animaux. — Jugé de même que l'établissement d'une pompe dont le bruit peut être assimilé à celui du marteau d'un forgeron dans une ville où les forgerons exercent librement leur industrie, n'excède pas les obligations ordinaires du voisinage, et qu'en conséquence le propriétaire voisin de l'usine où cette pompe fonctionne ne peut en demander la suppression alors que ce n'est qu'accidentellement qu'elle est mise en activité pendant la nuit, et alors surtout que le demandeur, ayant diminué l'épaisseur du mur mitoyen, a aggravé par son propre fait l'inconvénient du voisinage de la pompe (Montpellier, 20 févr. 1850, aff. Escaude, D. P. 50. 2. 56).

**104.** Mais si le préjudice excède la mesure des obligations ordinaires du voisinage, eu égard aux localités où l'établissement industriel est situé, le propriétaire de cet établissement en est responsable. Il doit en être ainsi, notamment, pour le bruit intense et continu résultant de l'industrie exercée dans l'établissement (Paris, 18 mai 1860, aff. Robin, D. P. 60. 2. 116),... pour le bruit continuel et considérable que causent les lourds marteaux employés dans une fabrique d'ustensiles de grosse chaudronnerie, lorsqu'ils impriment des secousses aux murs (Dijon, 10 mars 1865, aff. Gagey-Seguin, D. P. 65. 2. 144),... pour l'ébranlement imprimé aux murs des maisons voisines (Bordeaux, 22 janv. 1845, aff. Bordes, D. P. 45. 4. 344), ... pour les exhalaisons qui s'échappent de l'établissement industriel (Req. 17 juill. 1843, aff. Comp. du gaz de Saône-et-Loire, D. P. 45. 1. 428).

**105.** En ce qui touche la condamnation, il a été jugé que le propriétaire de l'atelier peut, indépendamment des dommages-intérêts dûs pour le passé, être, en outre, condamné à prendre les mesures nécessaires pour faire cesser l'incommodité (Dijon, 10 mars 1865, aff. Gagey-Seguin,

D. P. 65. 2. 144), et que l'autorité judiciaire est compétente notamment pour ordonner des travaux complémentaires, pourvu que ces travaux ne soient pas en contradiction avec ceux prescrits par l'autorité administrative dans un intérêt général (Civ. cass. 26 mars 1873, aff. Senac, D. P. 73. 1. 353; Req. 11 juin 1877, aff. Décroix, Viéville et comp., D. P. 78. 1. 409; 18 nov. 1884, aff. Demouy, D. P. 85. 1. 71. V. les conclusions de M. l'avocat général Reverchon sur Req. 16 avr. 1873, aff. Lassalle, D. P. 73. 1. 378).

S'il n'y a aucun moyen de faire cesser l'incommodité, les propriétaires voisins doivent être indemnisés, non seulement du dommage matériel que leur cause l'établissement, mais aussi de la dépréciation et de la moins-value que cet établissement leur fait souffrir (Req. 8 mai 1850, aff. Cartier, D. P. 54. 5. 655),... notamment de la diminution de valeur locative, par une indemnité payable annuellement tant que l'établissement subsistera (Paris, 18 mai 1850, aff. Robin, D. P. 60. 2. 116). La moins-value produite par l'exploitation industrielle peut être calculée en considération de la destination que la propriété dépréciée a reçue, même postérieurement à l'établissement de l'usine, si d'ailleurs il n'est pas établi que le propriétaire ait agi de mauvaise foi, et dans l'intention de spéculer sur le voisinage de l'usine (Req. 8 mai 1850, aff. Cartier, D. P. 54. 5. 655). De même, l'action est recevable, bien que le réclamant ne soit devenu propriétaire de la maison dépréciée que postérieurement à l'établissement des ateliers (Dijon, 10 mars 1865, aff. Gagey-Seguin, D. P. 65. 2. 144). Mais cette circonstance doit entrer en considération comme un motif d'atténuation dans le chiffre des dommages-intérêts (Même arrêt). — V. sur toutes ces questions *infrà*, v° *Manufactures et ateliers dangereux*, etc.

**106.** L'établissement d'une maison de tolérance engage vis-à-vis des propriétaires voisins la responsabilité du propriétaire et du locataire de cette maison, sauf appréciation du préjudice éprouvé (Aix, 19 nov. 1878, aff. Liotardi, D. P. 79. 2. 219-220; Req. 5 juin 1882, aff. Linossier, D. P. 83. 1. 291; 8 juill. 1884, aff. Frémont, D. P. 85. 1. 231); mais la simple obtention de l'autorisation de l'établir ne suffit pas pour donner ouverture à l'action avant que l'établissement soit créé (Bourges, 9 déc. 1889, aff. Serin, D. P. 91. 2. 118). L'autorité judiciaire est d'ailleurs compétente pour en connaître (V. *suprà*, v° *Compétence administrative*, n° 190).

**107.** — II. Restrictions conventionnelles. — Sont nulles, comme on l'a vu au *Rép.* n° 214, les conventions qui tendent, non à modifier, mais à détruire la liberté du commerce ou de l'industrie dans un intérêt privé. Nous verrons *infrà*, n°s 529 et suiv. et v° *Travail*, dans quelle mesure ce principe s'applique aux coalitions. Nous devons ici mentionner les applications qu'il a reçues à propos de renonciations, même individuelles, au droit d'exercer une industrie déterminée. — Ces renonciations sont nulles, lorsqu'elles sont absolues au point de vue du temps et du lieu (Civ. rej. 30 mars 1885, aff. Lippens, D. P. 85. 1. 247). Et, par exemple, la convention par laquelle le vendeur d'un fonds de commerce s'interdit, d'une façon

illimitée, quant au temps et quant au lieu, d'exercer un commerce semblable, est nulle comme contraire à la liberté de l'industrie, principe d'ordre public (Paris, 14 janv. 1889, aff. Lange, D. P. 90. 2. 289). En vertu du même principe, l'ouvrier, non seulement ne peut engager ses services qu'à temps ou pour une entreprise déterminée (c. civ., art. 1780), mais encore ne peut prendre l'engagement négatif de ne jamais et en aucun lieu travailler chez un autre patron (Civ. rej. 11 mai 1858, aff. Gilbert, D. P. 58. 1. 219), sauf restitution des sommes reçues par lui comme prix de cette interdiction. — Jugé aussi que l'inspecteur démissionnaire d'une compagnie d'assurances qui a reçu de la caisse de prévoyance de la société une certaine somme en s'engageant à ne pas porter ses services à une autre compagnie, peut s'affranchir de cet engagement, mais en restituant la somme reçue (Cass. req. 2 mai 1882, aff. Spicrenaël, D. P. 83. 1. 168).

**108.** Mais si la restitution du prix de l'engagement est due comme conséquence de la nullité de cet engagement, qui rend sa perception sans cause, on ne saurait être condamné à payer un dédit stipulé comme sanction de l'engagement nul. Le contraire a été jugé à propos d'un employé qui s'était engagé à n'entrer dans aucune autre maison similaire à peine d'un dédit de 1000 fr. (Trib. com. Seine, 17 janv. 1888) (1). Mais, dans l'espèce, le tribunal a cru pouvoir, par interprétation de la convention, considérer la convention de dédit, moyen d'échapper à l'interdiction, comme empêchant cette interdiction d'être absolue, et la somme stipulée comme des dommages-intérêts convenus à forfait, en tenant compte de cette circonstance que l'employé faisait concurrence à son ancien patron auprès d'une clientèle et dans une industrie auxquelles ce patron l'avait initié.

**109.** La cour de cassation a jugé qu'on ne peut valablement, vis-à-vis de son patron, s'interdire de s'immiscer dans un commerce similaire, ni comme chef, ni comme commanditaire, ni comme employé, et que le juge ne peut, à moins d'interpréter les termes de la convention d'après la volonté des parties, valider cette interdiction en la restreignant à une ville déterminée (Civ. cass. 25 mai 1868, aff. Drevet, D. P. 69. 1. 277). Mais les termes de la convention, quoique généraux en eux-mêmes, peuvent être interprétés par le juge du fait dans le sens d'une interdiction limitée à une circonscription territoriale, de manière que la validité puisse en être prononcée sans pourvoi possible devant la cour de cassation (Req. 21 févr. 1862, aff. Caumont, D. P. 62. 1. 185). On peut valider, de même, la promesse de ne pas s'établir ou voyager pour un commerce similaire à celui qu'on cède, en interprétant cette promesse comme devant, dans l'intention des parties, prendre fin le jour où le cessionnaire cesserait ce commerce, ou lors d'un événement quelconque par suite duquel l'exercice d'une industrie semblable ne serait plus une concurrence pour le cessionnaire (Civ. rej. 30 mars 1885, aff. Lippens, D. P. 85. 1. 247; V. *infrà*, n°s 117 et suiv.). — Jugé, en sens inverse, que la clause d'un acte d'association entre ouvriers, portant que tout membre de la société qui s'en retirera, ou en sera exclu, ne pourra exercer la même industrie

(1) (Le Gorrec C. Passetemps.) — Le tribunal ; — Attendu que les débats établissent que Passetemps est entré chez Le Gorrec, en qualité d'employé placier, le 1er mars 1885 ; qu'il a été alors convenu entre son patron et lui, ainsi que la preuve en ressort d'une lettre du défendeur en date dudit jour, laquelle sera enregistrée avec le présent jugement, « qu'il prenait l'engagement de ne jamais entrer à quelque titre que ce soit comme employé dans une autre maison de robinetterie ou appareils ; que cet engagement était pris de plein gré en garantie qu'il ne porterait pas ailleurs la clientèle et les connaissances qu'il acquerrait chez Le Gorrec; qu'enfin, dans le cas où il viendrait à manquer, il devrait à ce dernier une somme de 1000 fr. payée sur les appointements fixes ou droits qu'il recevrait dans sa nouvelle maison; — Attendu qu'il est justifié qu'à la suite d'une rupture avec son patron survenue en janvier 1886, Passetemps est entré dans une maison exerçant la même industrie que celui-ci et pour les affaires de laquelle il est en rapports avec des clients qu'il a connus par Le Gorrec; qu'il a donc ainsi, contrairement à ses allégations, manqué à l'engagement qu'il a auparavant librement consenti ; — Et attendu qu'on ne saurait voir, ainsi qu'il est soutenu, dans l'interdiction précitée, une atteinte à la liberté de l'industrie telle que l'a définie la loi des 2 et 17 mars 1791; qu'en effet il ne s'agirait pas

pour Passetemps d'une interdiction absolue d'exercer une industrie déterminée, mais seulement d'une interdiction qu'il pourrait faire cesser à toute époque moyennant le payement d'une somme fixée à forfait et d'un commun accord avec Le Gorrec; qu'une semblable convention, quelque rigoureuse qu'elle puisse paraître, s'explique parfaitement si l'on considère que Passetemps était absolument étranger au genre de commerce du demandeur alors que ce dernier l'a pris à son service et que par suite, Le Gorrec avait intérêt à se prémunir contre la concurrence possible de son employé auprès d'une clientèle et dans une industrie auxquelles il l'initiait; qu'il y a donc lieu d'obliger Passetemps au payement des 1000 fr. et intérêts; mais que toutefois dans un délai à impartir, les conventions qui ont servi de base à la demande ayant, ainsi qu'il a été expliqué ci-dessus, stipulé que la somme convenue serait payable sur les appointements ou intérêts que le défendeur recevrait dans sa nouvelle maison, et ce sans intérêts; la demande, ainsi qu'il appert des termes de l'exploit introductif d'instance, tendant au payement de ladite somme à titre de dommages-intérêts; Par ces motifs; — Condamne Passetemps à payer à Le Gorrec la somme de 1000 fr. à titre de dommages-intérêts, etc. Du 17 janv. 1888.-Trib. com. de la Seine.-M. Droin, pr.

pendant toute la durée de l'association fixée à 30 ans, est nulle si cette clause, rapprochée d'une autre stipulation, ajournant pour chaque associé jusqu'à l'expiration de la société la restitution de ses apports et l'attribution de sa part dans le fonds de réserve, même en cas de décès ou de retraite volontaire, a pour but d'enchaîner chaque travailleur à la société d'une manière indissoluble, et équivaut ainsi, eu égard aux facultés de travail des associés et à la durée de l'association, à l'engagement illimité que prohibe l'art. 1780 c. civ. (Civ. rej. 19 déc. 1860, aff. Dreville et Thibault, D. P. 61. 1. 115).

**110.** Si la jurisprudence n'a eu que de rares occasions d'annuler des renonciations générales et absolues, elle a été au contraire bien souvent appelée à valider des renonciations limitées au point de vue du temps ou du lieu. Quelle que soit celle de ces deux limites qui se rencontre dans l'engagement, elle suffit pour entraîner sa validité, ainsi qu'on l'a déjà vu au *Rép.*, n° 215. — C'est ainsi que la cour de cassation non seulement valide l'engagement pris par un employé, au cas où il sortirait de chez son patron, de ne pas travailler pendant un temps déterminé pour un autre patron de la même localité vendant les mêmes articles (Req. 6 août 1878, aff. Thibault, D.P. 79. 1. 400), ou même dans une maison du dehors vendant à la clientèle du patron (Douai, 31 août 1864, aff. Mascaux, D. P. 64. 2. 225), ou de ne pas exercer une industrie similaire dans l'étendue du département pendant la durée de l'établissement (Req. 5 juill. 1865, aff. Meurice, D. P. 65. 1. 425); mais encore elle décide que l'interdiction que s'impose un employé envers son patron, d'exercer une industrie similaire à celle de ce dernier dans le cas où il sortirait de son établissement est valable et obligatoire, quoiqu'elle ne soit pas restreinte à un temps déterminé, si elle est limitée à un certain lieu, par exemple à la ville où est situé cet établissement et à ses environs (Civ. cass. 24 janv. 1866, aff. Martinet, D. P. 66. 1. 8, cassant un arrêt contraire de Metz 16 juin 1863, D. P. 64. 2. 14). — Ce principe a été encore proclamé par la cour de Paris, le 11 févr. 1887 (aff. Maranne, Billard et Pain, D. P. 87. 2. 140); elle a validé, comme limitée, quant au lieu, quoique illimitée quant au temps, la renonciation par un commis, au cas où il sortirait de la maison soit à l'expiration des quinze années pour lesquelles il était engagé, soit avant l'expiration de ce délai pour une cause quelconque, à prendre aucun intérêt direct ou indirect dans une maison de commerce du même genre et faisant des affaires avec la même clientèle, et à voyager pour son compte dans cette clientèle, ou à tenir une maison de gros semblable dans un rayon déterminé. La même cour de Paris (31 mai 1873 aff. Guérain, D. P. 76. 2. 202) a déclaré licite et valable la clause par laquelle un employé s'engage, pour le cas où il viendrait à se retirer, à ne pas fonder un établissement de même genre en France, tant que subsisterait celui dans lequel il entre. Elle avait jugé, de même, le 26 janv. 1867 (aff. John Arthur, *Gaz. des trib.* du 3 mars 1867), qu'un employé louant ses services à une maison de commerce peut valablement s'interdire pour le cas où il viendrait à quitter cette maison, le droit de s'établir ou de prendre un intérêt dans aucune maison exerçant dans la même ville une industrie du même genre, alors même que le patron aurait valablement stipulé à son profit la faculté de congédier à son gré cet employé.

**111.** Jugé enfin qu'une stipulation ainsi valable, à raison des limites de temps ou de lieu qui lui sont assignées, ne se trouve pas affectée d'une condition potestative et frappée de nullité par l'art. 1174 c. civ., sous prétexte que l'application en serait subordonnée au renvoi du commis, et que le patron serait toujours libre de congédier ou non ce dernier; car la condition ici ne serait potestative que pour le créancier, à l'inverse du cas prévu par l'art. 1174; et, d'ailleurs, dans l'espèce, l'interdiction n'était pas stipulée pour le cas de renvoi arbitraire, mais pour le cas de faute rendant ce renvoi nécessaire (Bordeaux, 22 août 1883 aff. Bounaud D. P. 84. 2. 225). La cour de Bordeaux avait déjà décidé le 2 août 1849 (aff. Bermond, D. P. 52. 2. 55) qu'une clause de ce genre doit recevoir son exécution encore que des motifs légitimes, provenant du fait même du patron, auraient déterminé le commis à demander lui-même la rupture de son traité.

**112.** Une renonciation spéciale et relative peut intervenir valablement, non seulement de la part d'un commis envers son patron, mais aussi entre deux commis se retirant de chez leur patron et s'obligeant réciproquement, sous la sanction d'une clause pénale, à n'y pas rentrer isolément. Il y a lieu alors à l'application de la clause pénale contre celui des contractants qui, sans l'assentiment de l'autre, est rentré chez le patron, même à titre de simple commis non intéressé, bien qu'ils y fussent précédemment en qualité de commis intéressés (Lyon, 21 juill. 1873, aff. Rossi D. P. 77. 5. 278). — On peut supposer encore une renonciation valable, à raison de son caractère spécial et relatif : soit entre un fabricant et un commerçant, le premier s'obligeant à fabriquer pour le second un certain article conforme à un type remis, et lui en réservant l'exclusivité, c'est-à-dire s'interdisant d'en fabriquer pour d'autres (Trib. com. Seine, 19 avr. 1890, aff. Lancelin et Périer, *Gaz. des trib.*, 15 mai 1890) ; ... soit entre concessionnaires de mines contiguës s'attribuant réciproquement, dans l'étendue de leurs concessions respectives, le droit exclusif de fabriquer certains produits déterminés, et s'interdisant réciproquement aussi le droit d'établir ou de laisser établir, dans la zone de ces mêmes concessions, des fabrications similaires aux produits qu'ils ont réservés à chacun d'eux, l'un des concessionnaires s'engageant en outre à ne pas vendre à une certaine classe de personnes (Colmar, 23 mars 1863, aff. Soc. Latil et comp. D. P. 63. 2. 113) ; ... soit entre les boulangers d'une ville, qui, pour arriver à l'amortissement des fonds de boulangerie excédant le nombre à fixer par un décret ultérieur à une époque où cette intuition n'était pas libre, se sont interdits de vendre leur établissement à un autre qu'à un boulanger de la ville, sous peine d'une indemnité à verser dans la caisse syndicale (Civ. rej. 16 mars 1863 (2 espèces) aff. Gypteau et aff. Vincent, D. P. 63. 1. 169) ; et les cotisations que le décret concernant ce amortissement a imposées aux boulangers dans le même but d'amortissement laissent subsister cet engagement, avec lequel elles ne doivent pas être confondues (Mêmes arrêts).

**113.** Lorsqu'il s'est agi des courtiers d'une ville, investis d'un caractère public avant la loi du 18 juill. 1866 (D. P. 66. 4. 118), il a été jugé qu'ils n'avaient pu légalement convenir de ne pas exercer leurs fonctions à certains jours de l'année, tels que les dimanches et fêtes, parce que la loi de leur institution les oblige à prêter leur ministère quand il est requis, et à ne faire aucun règlement de discipline sans l'approbation du Gouvernement (Rouen, 23 févr. 1842, aff. Cardine, D. P. 45. 4. 338). Mais si le caractère public de la fonction la rend obligatoire, n'entraîne-t-il pas l'application de l'art. 57 de la loi du 18 germ. an 10 qui fixe le repos des fonctionnaires publics au dimanche, et que n'a pas abrogé la loi du 12 juill. 1880 (D. P. 80. 4. 92) ? — En tout cas, et à moins d'irrégularité tenant à des causes spéciales, une convention réciproque entre chefs d'industries similaires peut leur interdire valablement de se faire concurrence les dimanches et jours de fêtes (V. *Rép.* n° 215), et l'abrogation de la loi du 18 nov. 1814 par celle du 12 juill. 1880, ayant supprimé l'obligation, mais non la licéité du repos dominical, ne peut changer cette solution, qui consiste à valider une restriction purement partielle fondée sur un intérêt évident (Lyon, 23 nov. 1889, aff. Thollet-Dessagne, D. P. 91. 2. 80).

**114.** Plus ordinairement, c'est comme condition de vente ou cession de fonds de commerce, soit à la charge du vendeur, soit à titre réciproque quand le vendeur conserve un autre fonds du même genre, que sont stipulées valablement des interdictions locales de commerces similaires. — Ainsi la clause d'un acte de vente de carrières qui interdit au vendeur de se livrer, dans le département où sont situées les carrières, non seulement à l'exploitation de carrières de même nature, mais encore au commerce des pierres d'une certaine espèce, a été jugée licite et obligatoire, étant limitée quant à son objet et quant au lieu pour lequel elle a été stipulée (Req. 1er juill. 1867, aff. Lepelletier, D. P. 68. 1. 21). — De même, celui qui vend l'un des deux moulins qu'il possède sur les deux rives d'un cours d'eau, peut valablement stipuler que son acquéreur ne moudra pour aucun des habitants de la rive opposée et ne leur vendra pas de farine, en prenant lui-même un engagement semblable relativement aux habitants de l'autre rive (Agen, 11 déc. 1861, aff. Lasserre, D. P. 63. 2. 115). — De même, on peut vendre à trois acquéreurs distincts, un moulin à blé, un foulon et une filature, avec interdiction pour eux et leurs successeurs de se faire mutuellement concurrence par la transformation de leurs usines respectives (Req. 31 mars 1884, aff. Vallet, D. P. 84. 1. 366).

**115.** On peut aussi, dans un acte de société, stipuler valablement qu'au cas d'abandon du fonds social à l'un des associés après dissolution de la société, l'autre associé ne pourra pas placer dans des localités déterminées et avec la même destination, les produits industriels pour l'exploitation desquels la société avait été formée (Req. 3 mars 1868, aff. Pinet, D. P. 68. 1. 481). — La licitation d'un fonds de commerce appartenant à une société peut aussi être faite avec interdiction, consentie par toutes les parties colicitantes, d'exercer une industrie similaire à celle du fonds licité, si cette interdiction, illimitée quant à sa durée, est restreinte à un seul département. Et la convention par laquelle les juges du fond reconnaissent l'existence d'une semblable interdiction, se fondant sur la commune intention des parties, qu'ils font résulter tant des clauses du cahier des charges que des actes de procédure faits pour arriver à l'adjudication, ainsi que de la nature spéciale, de l'importance et des conditions particulières d'existence et d'exploitation du fonds de commerce vendu par licitation, est souveraine et ne peut tomber sous la censure de la cour de cassation (Civ. rej. 16 mars 1886, aff. P. Dupont, D. P. 86. 1. 377). — Il a même été jugé que les tribunaux, ayant en matière de liquidation de société le devoir de maintenir le principe de l'égalité entre les associés, et de protéger l'intérêt général de tous contre l'intérêt particulier de l'un d'eux, peuvent ordonner que la vente du fonds de commerce social aura lieu sous la condition que les vendeurs ne pourront faire le même commerce à une certaine distance du magasin vendu pendant la durée du bail de ce magasin (Civ. rej. 9 janv. 1884, aff. Plancke, D. P. 85. 1. 32, et Paris, 17 janv. 1883, même affaire, D. P. 84. 2. 60).

**116.** L'un des communistes vendeurs peut avoir attaché son nom au fonds de commerce social. Le juge alors peut seulement lui interdire de continuer la fabrication et la vente de produits de même nature dans des conditions qui constitueraient une rivalité abusive et une violation certaine des principes de la garantie, mais non de continuer sous son nom, en quelque lieu que ce soit, pendant un nombre d'années déterminé, l'industrie exercée dans le fonds à liciter, la cession du nom avec l'établissement commercial ne pouvant être suppléée par le juge (Civ. cass. 28 avr. 1884, aff. Alphonse Reine, D. P. 84. 1. 329 et la note). Mais si le colicitant opposant se trouve simplement porter les nom et prénoms attachés au fonds de commerce par l'auteur commun, et à avoir été son employé pendant de longues années, c'est en vain qu'il objecterait le droit qu'a tout citoyen d'user de son nom patronymique et de tirer parti de sa profession; il ne doit pas perdre de vue

qu'il doit, comme vendeur, la garantie de tout trouble à l'acheteur et, comme copropriétaire, l'égalité absolue à ses copartageants; et le tribunal pourra ordonner l'insertion au cahier des charges d'une clause interdisant à tous les colicitants de se rétablir dans la même industrie en restreignant cette clause, quant au lieu et quant à la durée, dans les limites strictement nécessaires pour la protection des droits communs et l'usage le plus large possible des droits particuliers de l'opposant (Paris, 7 mars 1891, aff. cons. Gesta, Gaz. trib. 26 mars 1891, réformant un jugement du tribunal civil de la Seine du 30 déc. 1890, Gaz. trib. 15 janv. 1891), — V. infrà, nos 425 et suiv. pour l'usage des noms.

**117.** L'interprétation des clauses du contrat peut amener les juges du fond à limiter ou étendre les effets de la restriction qu'il contient. C'est ainsi qu'il a pu être jugé que, lorsqu'un commis-voyageur a pris le double engagement de voyager pour une maison de commerce, et de ne voyager pour aucune autre maison pendant un temps déterminé, le second de ces deux engagements ne cesse pas d'avoir effet à raison de la résiliation du premier prononcée contre le commis, mais que l'infraction à cet engagement ne peut que se résoudre en dommages-intérêts (Caen, 20 juin 1864) (1). — Jugé aussi que le vendeur d'un fonds de commerce qui s'est interdit d'exercer dans un certain rayon la même industrie que celle qu'il cédait, n'est pas affranchi de cette obligation à raison de ce fait que l'établissement vendu a été exproprié pour cause d'utilité publique (Paris 18 août 1869, aff. Lefebvre, D. P. 74. 5. 536); décision facile à justifier par la faculté que laisse l'expropriation de rétablir le même commerce dans un autre immeuble du même quartier.

**118.** Les effets des conventions s'étendent activement et passivement aux héritiers et successeurs universels des parties, à moins que le contraire ne résulte de la loi, de la convention ou de la nature même du contrat. Ce principe a été appliqué à l'héritier du vendeur d'un fonds de commerce qui s'était interdit de faire concurrence à son acquéreur (Paris, 19 mai 1849, aff. Malingre, D. P. 50. 2. 51). — Il a même été jugé que la promesse de ne pas faire concurrence peut être invoquée non seulement par celui à qui elle a été faite et par ses successeurs universels, mais encore par l'acquéreur particulier de l'établissement, s'il est déclaré en fait que, dans l'intention des parties, elle devait profiter à tous les possesseurs de cet établissement (Req. 5 juill. 1865 aff. Meurice D. P. 65. 1. 425; 18 mai 1864, aff. Diconne, D. P. 69. 1. 366). Et de même, l'interdiction imposée à l'acquéreur d'un fonds de commerce par son vendeur, resté à la tête d'une branche spéciale de commerce, a pu être déclarée opposable à tous les acquéreurs successifs du fonds de commerce, ainsi grevé d'une sorte de servitude réelle (Angers, 20 juin 1888, aff. Bontemps, Ann. de dr. commercial, 1888, 1re partie, p. 231). — Jugé encore que la convention par laquelle un locataire s'engage, pour le cas où il quitterait les lieux loués, à n'établir son industrie

---

(1) (Mesnager-Aumont C. Doyen.) — La cour; — Considérant que la convention verbale du 10 janv. 1862 contient deux dispositions bien distinctes et indépendantes l'une de l'autre; par la première, Doyen s'engage à voyager pour le compte et au nom de Mesnager-Aumont, à partir du 10 janv. 1862 jusqu'au 10 janv. 1866; par la seconde, il est formellement stipulé que Doyen ne pourra, pendant cette période, voyager pour une autre personne que pour Mesnager-Aumont, s'interdisant le droit de placer ou de représenter pour le compte d'aucune autre maison, sans l'assentiment formel et manuscrit de Mesnager-Aumont, sous une contrainte de 500 fr., et que ce jugement a été confirmé par un arrêt de la cour du 28 août 1863, sauf pour le chiffre de la contrainte qui a été élevé à 1000 fr.; — Considérant que Doyen, ayant payé la contrainte, il en résulte que l'une des obligations prises par Doyen, celle de voyager pour Mesnager-Aumont, n'existe plus; mais qu'il en est différemment de l'autre, celle de ne pas voyager, placer ou représenter pour une autre maison, pendant la période déterminée par la convention; que Mesnager-Aumont est parfaitement en droit d'exiger l'exécution de cette partie de la convention, qui avait pour but de garantir sa maison d'une concurrence déloyale qui aurait pu être faite par un commis-voyageur, dans l'intérêt d'une maison rivale, au préjudice de celui qui lui avait donné sa confiance; qu'il importe peu que Doyen ait cessé avant l'expiration du terme fixé d'être le voyageur de la maison Mesnager-Aumont, parce que la prohibition de

voyager, placer ou représenter une autre maison que la maison Mesnager-Aumont existait pour tout le temps qui avait été déterminé par la convention, sans distinction entre le cas où il aurait cessé d'être voyageur et celui où il aurait accompli en entier sa commission; — Considérant qu'il est constant au procès qu'à la date du 5 déc. 1863, Doyen s'est associé avec un sieur Noché pour la fabrication et la vente des mêmes articles que ceux qui étaient fabriqués et vendus par la maison Mesnager-Aumont, et qu'il était chargé de placer comme voyageur; qu'en faisant naître cette association plusieurs années avant l'expiration du délai fixé par la convention du 10 janv. 1862, et en ayant recours à tous les moyens de publicité pour faire le placement des articles fabriqués par la société, il est contrevenu à la convention du 10 janvier, dont Mesnager-Aumont est bien fondé à demander l'exécution; — Mais considérant que les moyens proposés par Mesnager-Aumont pour atteindre ce but ne peuvent être accueillis par la cour, soit parce qu'ils imposeraient des obligations qui ne résultent pas du contrat, soit parce que, s'agissant d'une obligation de faire, elle ne pourrait donner lieu, en cas d'inexécution, qu'à des dommages-intérêts, et qu'il est plus dans l'intérêt des parties de prononcer dès à présent la résolution de la convention du 10 janvier, cette résolution étant la conséquence de son inexécution par Doyen; — Par ces motifs, etc. Du 20 juin 1864.-C. de Caen, 4e ch.-MM. Daigremont-Saint-Mauvieux, pr.-Nicias-Gaillard, av. gén.-Postal et Carel, av.

qu'à une certaine distance et après un délai déterminé, constitue une charge du fonds de commerce, qui doit être respectée de tous les acquéreurs successifs de ce fonds; et la personne obligée primitivement est responsable de la violation de cette clause par les acquéreurs réels ou fictifs du fonds de commerce (Aix, 1er févr. 1873, aff. Epoux Moin, D. P. 74. 5. 309). — Jugé encore que les limitations à la liberté de l'industrie ne doivent pas être réputées personnelles, mais doivent, en vertu du principe général écrit dans l'art. 1122 c. civ., engager les successeurs et ayants cause, à moins de convention contraire (Paris 13 nov. 1883) (1). Mais jugé en fait qu'une limitation réciproque entre deux propriétaires de fonds de commerce, ayant été déterminée par la communauté de local, doit cesser de produire son effet quand l'un d'eux va habiter un autre quartier (Même arrêt).

**119.** Quand l'engagement de ne pas faire concurrence est pris par un employé envers son patron, au lieu de l'être entre vendeur et acquéreur d'un fonds de commerce, on conçoit que son effet s'étende encore activement aux ayants cause, même particuliers, du patron (Req. 5 juill. 1865, aff. Meurice, D. P. 65. 1. 425). Mais il doit, en général, au point de vue passif, être considéré comme déterminé par les connaissances acquises et les relations formées dans l'établissement du patron, et, par suite, comme personnel à l'employé, sans pouvoir limiter la liberté de ses héritiers. Toutefois, on ne saurait admettre que l'employé sortant, ou le vendeur du fonds de commerce, aidât une autre personne, un de ses parents, par exemple, à faire la concurrence qu'il s'est interdite à lui-même, sauf à ne tenir compte que de la portion du préjudice qui provient de l'intervention personnelle du vendeur ou de l'employé (Bordeaux, 4 mai 1859, aff. Lacarrière, D. P. 60. 2. 19; 6 juin 1873, aff. Rapin, D. P. 74. 2. 80).

De même le vendeur d'un fonds de commerce, qui s'est interdit d'exploiter dans la même ville un établissement du même genre, ne viole pas cet engagement par le fait de louer, avec destination à ce genre de commerce, une maison ou partie de maison qu'il possède dans la ville (Req. 10 juin 1879, aff. Epoux Contet, D. P. 80. 1. 38), surtout si le locataire joint à ce commerce une autre exploitation et n'est accusé d'aucun fait de détournement de clientèle. Mais il manque à son engagement s'il concourt à former l'établissement rival et s'il y prend un intérêt (Arrêt précité de Bordeaux, 4 mai 1859);... ou s'il fournit à son gendre et à sa fille les fonds nécessaires à l'acquisition et à l'exploitation d'un semblable établissement (Paris, 11 déc. 1889, aff. Desnoyers, D. P. 90. 2. 23).

A plus forte raison, l'individu qui a fait apport d'un fonds de commerce à une société en s'interdisant d'exploiter tout établissement similaire, se rend coupable d'un acte de concurrence déloyale dont il doit la réparation, lorsqu'il crée dans la même ville, sous le nom de son fils, un établissement de même nature, qu'il en prend personnellement la direction et la gérance et qu'il résulte de tous les documents de la cause que son fils, qui n'avait aucun intérêt dans l'affaire, et qui était alors au service militaire, lui a simplement servi de prête-nom (Paris, 26 déc. 1889, aff. Société générale de laiterie, D. P. 90. 2. 318. V. la note et les renvois).

**120.** C'est encore par interprétation du contrat qu'il a été jugé : que la clause d'un acte de société commerciale portant que, dans le cas de dissolution, celui des associés qui n'aura pas conservé la clientèle de l'entreprise faisant l'objet de la société ne pourra former aucun établissement semblable dans le même département, ni y prendre part ou

intérêt directement ou indirectement, n'emporte pas interdiction de travailler en qualité de simple ouvrier dans un tel établissement,... ni même d'y être employé comme contre-maître (Poitiers, 23 janv. 1854, aff. Quentin-Aubineau, D. P. 55. 5. 418); — mais qu'au contraire, le vendeur d'un fonds de commerce, qui s'est interdit d'exploiter un commerce analogue, directement ou indirectement, contrevient à cette obligation en étant ou restant représentant de maisons concurrentes (Trib. com. Seine, 18 avr. 1888, aff. Benjamins, *Annales de droit commercial*, 1888, p. 145).

Ainsi encore, la cour de cassation (Req. 10 août 1869, aff. Malbo, D. P. 70. 1. 115) a jugé que le vendeur d'un hôtel meublé, qui s'est interdit l'exercice d'un commerce du même genre dans un rayon déterminé, peut y avoir, sans contrevenir à cette interdiction, une maison louée en appartements meublés, si les deux établissements présentent, quant au mode de location et quant à la nature de la clientèle, des différences notables, qui ne permettent pas de les considérer comme constituant des établissements de même genre rentrant dans les prévisions de la convention. Mais, dans une autre espèce, il a été jugé que, bien que le commerce de fabricant de gants et celui de marchand de gants en détail soient deux industries différentes, celui qui a vendu son établissement de fabricant de gants, en s'interdisant de s'intéresser dans aucun commerce du même genre, contrevient à cette interdiction s'il apporte à une maison de parfumerie vendant des gants, son nom, sa notoriété spéciale, et les avantages de son habileté comme fabricant de gants (Paris, 15 avr. 1875, aff. Marcault, D. P. 76. 2. 95).

**121.** Des difficultés peuvent s'élever sur la manière d'interpréter l'indication, soit de la nature des opérations prohibées, soit de la circonscription interdite. Jugé, notamment : 1° que la clause par laquelle, en cédant son fonds, un grainetier s'est interdit de vendre aucuns grains dans un certain rayon, si ce n'est « par échantillon au gros commerce ou par suite d'adjudication publique », peut être entendu par le juge du fait en ce sens que ledit commerçant, pour le rayon indiqué, a contracté l'obligation de ne vendre qu'aux marchands en gros et s'abstenant de tenir un magasin approvisionné (Req. 9 mai 1888, aff. Denance, D. P. 89. 1. 76); — 2° Qu'il n'y a pas analogie d'industrie entre une maison de teinturerie à façon pour les tiers et l'établissement d'ateliers de teinturerie spécialement affectés, dans une usine, à la teinture des produits qui y sont fabriqués; et qu'un ouvrier teinturier, précédemment associé à un négociant pour l'exploitation d'une teinturerie à façon pour des tiers, a pu sans manquer aux stipulations par lesquelles, à la dissolution de la société, il s'est interdit vis-à-vis de son ancien associé, resté seul maître du fonds, la création ou l'exploitation d'une industrie similaire, accepter et prendre la direction d'ateliers de teinturerie spécialement affectés à la teinture des soies retorses travaillées dans une usine destinée à cette fabrication spéciale, sauf réparation du préjudice qu'il a pu lui causer en facilitant par ce nouvel engagement, avant même la fin de la société, l'installation de ces ateliers spéciaux au profit de fabricants dont la clientèle était pour elle une source importante de bénéfices (Paris, 1er févr. 1890, aff. Mathieu, *Gaz. trib.*, 23 avr. 1890); — 3° Qu'ayant cédé un fonds de marchand de vins traiteur en s'interdisant « de s'établir dans un même commerce dans un rayon déterminé », un négociant ne peut, sans infraction à cette clause, opérer, dans ce rayon, des ventes de vins pour un commerce en gros dont il a

(1) (Ledoux C. Herlin.) — LA COUR; — Statuant sur l'appel interjeté par la veuve Ledoux-Debray d'un jugement rendu par le tribunal de commerce de la Seine le 1er juin 1881 : — Considérant que c'est à tort que les premiers juges ont déclaré, dans la sentence dont est appel, qu'en matière commerciale les limitations à la liberté de l'industrie devaient être réputées personnelles; qu'il faut, au contraire, décider qu'en vertu du principe général écrit dans l'art. 1122 c. civ., les stipulations limitant l'industrie engagent les successeurs et ayants cause, à moins d'une convention contraire, qui ne se rencontre pas dans l'espèce; — Mais attendu qu'en fait, les circonstances dans lesquelles la convention de 1867 a été formée démontrent que l'interdiction de concurrence, sans limitation de durée, était, pour les parties, la

conséquence nécessaire de l'habitation commune; que cette limitation devait, dans leur intention, cesser avec la communauté de local qui l'avait fait naître; qu'elle devenait sans intérêt à partir du moment où l'une d'elles, le sieur Ledoux, allait habiter un autre quartier; qu'aussi, à partir de ce moment, ni l'une ni l'autre des parties ne s'est inquiétée de cette convention qu'elles ont considérée comme étant sans objet et ne les obligeant plus l'une vers l'autre; que c'est dès lors avec raison que les premiers juges ont déclaré la veuve Ledoux-Debray non recevable dans son action; — Par ces motifs; — Met l'appellation à néant; — Ordonne que ce dont est appel sortira son plein et entier effet.
Du 13 nov. 1883.-C. de Paris, 7e ch.-MM. Rémond, pr.-Banaston, subst.-Chaumat et Lecointe, av.

placé le siège hors de ce rayon (Req. 11 nov. 1873) (1) ; — 4° Que le propriétaire d'un moulin, qui s'engage à ne pas vendre de farines aux habitants de certaines communes, s'interdit par là toutes ventes de cette nature à l'égard de ces habitants, même celles pour lesquelles le marché serait conclu et la marchandise serait livrée en dehors de la circonscription des communes dénommées (Paris, 2 juin 1883, aff. Vallet, D. P. 84. 1. 366), et que cette décision échappe à la censure de la cour de cassation (Req. 31 mars 1884, mêmes parties, *Ibid.*) ; — 5° Que l'obligation imposée par un maître de forges à un commerçant, auquel il vend un magasin situé dans une ville, de ne débiter que les fontes du vendeur dans les magasins qu'il pourrait ouvrir soit dans cette ville, soit dans le voisinage, doit s'entendre dans un sens restreint et seulement dans les communes voisines, soit parce que les restrictions à la liberté du commerce sont de droit étroit, soit parce que toute clause ambiguë doit s'interpréter en faveur de l'obligé contre le vendeur (Besançon, 11 janv. 1865, aff. Monnier, D. P. 65. 2. 20) ; — 6° Que la clause de l'acte de vente d'un fonds de commerce par laquelle le vendeur s'interdit d'exploiter un commerce de même genre à moins d'une distance de mille mètres du fonds vendu, s'entend en ce sens que la distance doit être calculée en suivant la ligne la plus courte par les rues ; et que l'expression isolée *distance* ne saurait être considérée comme l'équivalent des mots *rayon*, *périmètre* ou *distance à vol d'oiseau*, qui impliquent l'idée d'une mesure en ligne droite (Paris, 19 juill. 1883 (2) ; Trib. com. Seine, 25 oct. 1865, aff. Massenet, D. P. 71. 5. 400) ; — 7° Que si, outre la prohibition de se rétablir dans un rayon de mille mètres, le vendeur d'un fonds de commerce s'est engagé à ne pas porter de marchandises dans toute la clientèle dépendant du fonds vendu au moment de la vente, il faut, en isolant ces deux

prohibitions, et sans appliquer la limite de mille mètres imposée pour un nouvel établissement aux simples livraisons de marchandises, permettre au vendeur de faire porter sa marchandise chez de nouveaux clients, même habitant ce rayon, si on ne prouve pas que ce sont des clients de l'ancien établissement (Paris, 13 nov. 1889, aff. Merchadier, *La Loi* du 1er déc. 1889).

**122.** Quant à la nature des condamnations que peut prononcer le juge à raison de l'inexécution de ces sortes d'engagements, elle varie suivant que l'engagement contient ou non la stipulation d'une clause pénale.

En cas de clause pénale, le créancier ne peut, en principe, poursuivre à la fois l'exécution de l'obligation principale et la peine, celle-ci étant la compensation, fixée par les parties elles-mêmes, de tout le préjudice résultant de l'inexécution de l'obligation (V. *Rép.* v° *Obligations*, n° 1611), et ayant pour effet de faire disparaître l'interdiction dès qu'elle est payée (Paris, 20 févr. 1857, *Annales de la propr. litt.*, 1861, p. 242).

Et il a été jugé que la clause par laquelle on se soumet d'avance à une indemnité qui sera fixée, soit à l'amiable, soit par le juge, doit avoir, à ce point de vue, l'effet d'une clause pénale donnant une sorte d'option, et qu'en ce cas, le juge ne peut, en condamnant le délinquant à des dommages-intérêts pour le préjudice souffert, ordonner en même temps la fermeture immédiate de l'établissement à peine de nouveaux dommages-intérêts par chaque jour de retard pendant un délai déterminé, après quoi il sera statué à nouveau et définitivement ; mais qu'il doit seulement, après l'avoir condamné à des dommages-intérêts pour le préjudice causé, lui impartir un délai pour opter entre la cessation de son commerce et une indemnité à payer pour le préjudice résultant de sa continuation dans l'avenir (Paris, 23 juin 1882) (3).

---

(1) (Usclos *C.* Rue.) — Le 2 mai 1864, le sieur Usclos prit à bail, rue Balagny (17e arrondissement), une boutique et ses dépendances, à l'effet de s'y établir comme marchand de vins traiteur. Il céda au sieur Rue son commerce et son droit au bail par un acte du 19 juill. 1870 dans lequel il était dit : « Pour ne pas nuire à leurs acquéreurs, les vendeurs s'interdisent de s'établir dans un même commerce de 17e arrondissement ». Malgré cette clause, le sieur Usclos fonda à Bercy, postérieurement à l'entrée en jouissance du sieur Rue, une maison de marchand de vins en gros, cercles et bouteilles, et exerça son commerce dans toute l'étendue de Paris, y compris le 17e arrondissement. Prétendant que cet exercice constituait à son égard une concurrence déloyale, le sieur Rue assigna le sieur Usclos pour faire cesser ledit commerce, lui réclamant en outre 60000 fr., à titre de dommages-intérêts. Cette demande fut accueillie par deux jugements par défaut du tribunal de la Seine des 16 janv. et 26 févr. 1872 qui furent, sur appel, confirmés le 27 févr. 1873 par arrêt de la cour de Paris, ainsi conçu : — « En ce qui touche le premier chef : — Considérant qu'il est établi que l'appelant, après avoir vendu son fonds de commerce à l'intimé, a fait, dans le 17e arrondissement de Paris, des ventes de vins en cercles et en bouteilles qui ont porté préjudice audit intimé et qui constituent des infractions à l'engagement pris par l'appelant envers l'acheteur de son fonds de commerce ; qu'il n'y a lieu, en cet état, de recourir à l'enquête demandée par les conclusions subsidiaires de l'intimé, la cour étant suffisamment éclairée par l'existence de la concurrence illicite, sur le préjudice souffert, et sur la réparation due : — Confirme, réduit néanmoins la condamnation à 4000 fr. etc. » — Pourvoi en cassation par le sieur Usclos : — 1° Violation de l'art. 7 de la loi du 17 mars 1791, qui a consacré le principe de la liberté du travail et de l'industrie, et des art. 1134 et 1165 c. civ., et excès de pouvoir, en ce que, en présence de la clause d'un acte de vente qui interdisait au vendeur d'un fonds se rattachant à un commerce déterminé, d'exercer le même commerce, les juges avaient vu un acte de concurrence illicite dans l'exercice, par ce vendeur, d'un autre commerce complètement distinct. — 2° Violation de l'art. 7, loi du 20 avr. 1810, et fausse application des art. 1382 et 1383 c. civ., en ce que l'exposant avait été condamné à des dommages-intérêts pour concurrence illicite, sans qu'il résultât d'aucun des motifs de l'arrêt qu'il eût agi de mauvaise foi.

LA COUR ; — Sur le premier moyen, tiré de la violation de l'art. 7 de la loi du 17 mars 1791 et des art. 1134 et 1165 c. civ., ainsi que d'un excès de pouvoir : — Attendu qu'en décidant, par interprétation des conventions intervenues entre les parties, que les ventes de vin, opérées par le demandeur dans le 17e arrondissement de Paris, constituaient tout à la fois des infractions à l'engagement contracté par lui envers l'acquéreur de son fonds

de commerce de marchand de vin traiteur dans ledit arrondissement, et des actes de concurrence illicite qui engageaient sa responsabilité, l'arrêt attaqué n'a commis aucun excès de pouvoir, n'a fait qu'user du droit souverain d'appréciation et n'a violé aucun des textes invoqués par le pourvoi ; — Sur le deuxième moyen, tiré de la violation des art. 1382 et 1383 c. civ. et de l'art. 7 de la loi du 20 avr. 1810 : — Attendu que l'arrêt attaqué constate, d'une part, que la concurrence illicite reprochée au demandeur résulte d'une infraction aux obligations qu'il avait contractées, et, d'autre part, que cette concurrence a causé au défendeur éventuel un préjudice sur l'existence duquel, ainsi que sur la réparation due, les juges du fond déclarent être suffisamment éclairés ; — Attendu que, dans ces circonstances, la condamnation à des dommages-intérêts prononcée contre le demandeur est suffisamment motivée et n'est d'ailleurs que la juste application des art. 1382 et suiv. c. civ. ; — Rejette, etc.

Du 11 nov. 1873.-Ch. req.-MM. de Raynal, pr.-Dagallier, rap.-Babinet, av. gén., c. conf.-Costa, av.

(2) (Calmels *C.* Bœgnier.) — LA COUR ; — Statuant sur l'appel interjeté par Calmels du jugement du tribunal de commerce de la Seine du 28 sept. 1881 : — Considérant que, par un acte sous seing privé, du 11 mai 1880, enregistré le 19 août suivant, les époux Bœgnier ont vendu à Calmels un fonds de commerce de marchand de vin traiteur qu'ils exploitaient à Paris, rue Notre-Dame-de-Nazareth, n° 79 ; qu'ils se sont interdit d'exploiter directement ou indirectement un commerce du même genre à moins d'une distance de 1000 mètres du fonds vendu ; — Considérant que cette expression *distance* ne peut, à moins d'une manifestation contraire de l'intention des parties, être entendue que dans son acception usuelle, qui applique au parcours à faire entre deux points en suivant la ligne la plus courte par les rues ou chemins qui y conduisent ; qu'elle ne saurait être considérée comme l'équivalent des mots *rayon*, *périmètre*, ou *distance à vol d'oiseau*, qui impliquent l'idée d'une mesure géométrique en ligne droite ; — Considérant qu'il s'ensuit que les époux Bœgnier, en créant postérieurement, à Paris, rue Maubuée, n° 1, un fonds de commerce qui offre avec celui qu'ils ont cédé à Calmels, certaines analogies, n'ont pas contrevenu à la clause prohibitive de leur contrat, puisqu'il est établi que la distance qui sépare ces deux fonds excède 1000 mètres ; — Ordonne que ce dont est appel sortira son plein et entier effet, etc.

Du 19 juill. 1883.-C. de Paris, 4e ch.-MM. Senart, pr.-Pradines, av. gén.-Moysen et Quignard, av.

(3) (Maille *C.* Renault et Jorré.) — LA COUR ; — Sur la nullité de la convention : — Considérant que la convention verbale aux termes de laquelle Maille était entré au service de Renault et

Mais en l'absence de toute clause pénale pouvant laisser une option, le juge peut condamner à la fermeture de l'établissement tout en allouant des dommages-intérêts à raison du préjudice passé. La première de ces deux condamnations, ne fixant pas de dommages-intérêts pour le cas où elle ne serait pas exécutée, mais disposant seulement qu'en ce cas *il sera fait droit*, ne viole pas la règle *nemo cogi potest precise ad factum*. Et la seconde n'est que la réparation du préjudice causé par l'infraction à l'obligation de ne pas faire, par application, non d'une clause pénale mais de l'art. 1129 c. civ. (Req. 21 févr. 1862, aff. Caumont, D. P. 62. 1. 185).

**123.** Si l'interdiction de faire concurrence peut se déduire par voie d'interprétation des termes et des circonstances du contrat, s'il a même été jugé que les tribunaux peuvent en ordonner l'insertion dans le cahier des charges d'une licitation, c'est une autre question de savoir si le principe de la garantie en matière de vente suffit pour entraîner cette interdiction de plein droit et sans convention, dans la vente ou dans la licitation d'un fonds de commerce.

On a vu déjà au *Rép.* n° 217, la jurisprudence partagée sur

ce point, inclinant vers la négative lorsqu'il s'agit d'une vente par licitation, qui est forcée (Paris, 14 oct. 1833), ou d'une vente d'usine ne comprenant pas une clientèle ou achalandage (Cass. 17 juill. 1844), mais décidant que les ventes d'établissements à achalandage, tels que cafés, hôtels garnis, fonds de commerce de détail, emportent par elles-mêmes interdiction au vendeur de s'établir dans le voisinage, (*Adde* : Nîmes, 16 déc. 1847, aff. Philippon, D. P. 49. 2. 14).

Certaines cours ont continué de juger que l'obligation de garantie, dans la vente d'un établissement à achalandage, comprend de plein droit cette interdiction : — la cour de Bordeaux, (13 juill. 1859, aff. Labat, D. P. 59. 2. 119), en cas d'abandon par un associé à l'autre après dissolution; — la cour d'Angers (20 juin 1860, aff. Farges, D. P. 60. 2. 176), en cas d'ouverture d'un nouvel établissement sous le nom d'un tiers, lequel prête-nom a pu, outre la fermeture de l'établissement, se voir interdire, à titre de dommages-intérêts, d'en ouvrir à l'avenir d'un semblable dans la même ville; — la cour d'Aix (6 août 1863) (1), contre le locateur d'un établissement commercial, même non encore achalandé; — la cour d'Alger (24 avr. 1878, aff. Legey, D. P.

---

Jorré comme ouvrier coupeur, et les engagements accessoires qu'il avait pris à leur égard à ce sujet, étaient corrélatifs aux appointements mensuels que ceux-ci lui assuraient dès l'abord et qu'ils ont ensuite augmentés; qu'il ne peut donc alléguer que les obligations par lui souscrites aient été sans cause; — Considérant qu'il n'est pas fondé à prétendre que cette convention était illicite comme constituant un louage de services d'une durée indéterminée, et comme contenant en outre à sa charge une interdiction qui portait une atteinte indéfinie à la liberté de son industrie; — Considérant, en effet, sur le premier point, que l'engagement qu'il avait contracté envers Renault et Jorré n'était aucunement perpétuel; que les parties, si elles n'y avaient pas assigné de terme fixe, avaient stipulé pour chacun le droit réciproque de rompre le contrat qui les unissait en se prévenant trois mois à l'avance à deux époques de l'année, soit en juin, soit en décembre; que, dès lors, loin de pouvoir être enchaîné à toujours et contre son gré, Maille était libre de se dégager quand bon lui semblait sous la seule condition ci-dessus indiquée; — Considérant, sur le deuxième point, que le principe de la liberté du travail ne fait point obstacle à ce que les parties contractantes en limitent l'application dans leur intérêt privé; que leurs stipulations à cet égard ne sauraient être considérées comme illicites qu'autant qu'elles seraient générales et absolues; que, dans l'espèce, l'interdiction que Maille s'était imposée de ne pas s'établir comme tailleur et de ne pas travailler soit comme coupeur, soit comme ouvrier, dans un rayon moindre de 20 kilomètres de Nemours, n'avait qu'un caractère limité; — Sur la recevabilité de la convention : — Considérant qu'il ne saurait être méconnu que Renault et Jorré, en stipulant avec Maille le louage de ses services et en y ajoutant l'interdiction dont il s'agit, n'aient eu en vue l'intérêt de l'établissement commercial qu'ils dirigeaient comme associés, et n'aient voulu procurer à cet établissement les avantages qui résultaient de ces deux engagements; qu'il s'ensuit que Jorré, en cédant postérieurement à Renault sa part dans le fonds de commerce qui leur était commun, et Renault en faisant l'apport dans la société créée entre lui, Drouet et Gogois, ont transporté à cette société les bénéfices et charges de leur convention envers Maille et en ont fait leur ayant cause vis-à-vis de celui-ci; que Maille lui-même l'a implicitement reconnu, puisqu'au lieu de se retirer à la date du 30 juin 1880, époque de la dissolution de la société Renault et Jorré, il a, conformément à ladite convention, prévenu la nouvelle société de son intention de la quitter et ne l'a quittée qu'à l'expiration du terme fixé de trois mois; — Considérant, en conséquence, que les obligations de Maille, loin de pouvoir être réputées essentiellement personnelles à Renault et Jorré avec qui elle avait pris l'intérêt intervenues et de défaillir avec leur société, se rattachaient au contraire, dans la commune intention des parties comme par leur nature et leur objet, à l'établissement commercial lui-même et l'ont suivi dans les mains de ses cessionnaires; — Sur la sanction de l'interdiction : — Considérant que la liberté du travail est de droit; que les stipulations par lesquelles il peut être permis de la limiter doivent être interprétées dans le sens qui lui porte l'atteinte la moins grave; que c'est le cas d'appliquer la disposition de l'art. 1162 c. civ., qui veut que, dans le doute, la convention s'interprète contre celui qui a stipulé et en faveur de celui qui a contracté l'obligation; — Considérant que, dans l'espèce, les contractants, après qu'ils s'étaient engagés réciproquement à se prévenir trois mois à l'avance s'ils voulaient se séparer et après que Maille s'était engagé, pour le cas de cette séparation, à ne pas s'établir comme tailleur et à ne pas travailler comme coupeur ou ouvrier à une distance de Nemours moindre de vingt kilomètres, ont déclaré que, faute de ce faire, ils se soumettaient

d'avance à une indemnité qui serait fixée soit à l'amiable, soit par le tribunal compétent; — Considérant que cette clause réfléchit évidemment sur l'un comme sur l'autre les engagements qui précèdent et qu'il y a lieu de la leur appliquer; qu'il s'ensuit que la sanction pénale imposée à l'interdiction acceptée par Maille doit se résoudre à une indemnité qui, à défaut d'un accord entre les parties, doit être déterminée judiciairement; que c'est donc à tort que les premiers juges, exagérant les effets de la stipulation, ont condamné Maille à cesser le commerce qu'il exerce à Nemours sous une peine de dommages-intérêts pouvant être renouvelée et devenir définitive; — Considérant qu'il échet pour la cour de réformer ce point le jugement, de fixer une indemnité pour le préjudice causé jusqu'à ce jour par la violation de la clause d'interdiction, comme aussi d'impartir à Maille un délai pour opter entre la cessation de son commerce et une indemnité à payer pour le préjudice résultant de sa continuation dans l'avenir; — Par ces motifs; — Infirme le jugement dont est appel, en ce qu'il a dit que Maille devrait dans la huitaine de la signification du jugement cesser le commerce qu'il exerce à Nemours, sous peine de 20 fr. par chaque jour de retard pendant le mois, après quoi il serait statué à nouveau et fait droit aux demandes nouvelles des intimés; — Emendant quant à ce; — Décharge Maille de la disposition et de la condamnation ainsi prononcées; — Statuant à nouveau; — Dit que c'est contrairement à une interdiction licite et valablement acceptée par Maille qu'il s'est établi comme tailleur et marchand à Nemours; que, par ce fait qui lui était défendu, il a occasionné un préjudice aux intimés; — Le condamne, pour le préjudice qu'il leur a causé depuis octobre 1880 jusqu'à ce jour à leur payer 1500 fr. à titre de dommages-intérêts; — Dit et ordonne que, dans les trois mois à compter de la signification du présent arrêt, il devra cesser le commerce qu'il exerce à Nemours, sinon, et faute par lui de ce faire, qu'il payera aux intimés à titre d'autres dommages-intérêts la somme de 5000 fr.; — Ordonne que, pour le surplus, le jugement sortira effet, etc.

Du 28 juin 1882.–C. de Paris, 4e ch.-MM. Senart, pr.-Pradines, av. gén.-Johanet et Dupuich, av.

(1) (Velten C. Suriau.) — La cour; — « Attendu que, par convention du 14 janv. 1858, les sieurs Velten père et fils ont sous-loué au sieur Demolins le local situé à Marseille, sur le cours Belzunce, n° 42, affecté par eux à l'exploitation d'un café-concert sous le nom d'*Alcazar lyrique*, avec toutes les constructions et changements qu'ils y avaient faits pour le rendre propre à sa nouvelle destination; Que la convention porte qu'il sera débité dans ce local de la bière et d'autres consommations; qu'il a été interdit au sieur Demolins d'en changer la destination, et que les sieurs Velten père et fils se sont réservé la fourniture exclusive des bières et boissons gazeuses qui se débitaient dans l'établissement et dans ses dépendances; — Attendu que les sieurs Velten père et fils viennent de fonder dans un local presque contigu au n° 42, sur le cours Belzunce, un débit de bières et boissons gazeuses; — Que le sieur Suriau, cessionnaire du sieur Demolins, a formé contre eux une demande en fermeture de ce nouvel établissement, avec des dommages-intérêts; — Attendu que les sieurs Velten père et fils, n'ont pas sous-loué seulement un immeuble au sieur Demolins; qu'ils ont loué un local affecté et préparé par eux pour une destination spéciale, un local destiné à être un débit de bières et d'autres boissons, et où les spectacles et les chants devaient attirer les consommateurs; — Attendu que s'il n'y avait pas encore de clientèle attachée à ce local, les sieurs Velten père et fils n'ont pas moins loué un fonds de commerce, puisqu'ils ont loué un établissement installé pour

**80.** 2. 7), contre un failli, à raison d'une vente faite par le syndic de sa faillite, avec son adhésion, il est vrai ; — la cour de Paris (7 janv. 1890, aff. Veyrac, D. P. 90. 2. 290), en condamnant à une réduction de prix le vendeur qui crée à proximité du fonds vendu un établissement similaire et détourne à son profit une partie de la clientèle attachée à son premier établissement. *Adde :* Bourges, 12 nov. 1889, aff. Daumy, D. P. 91. 2. 267).

Mais la cour de cassation a jugé plutôt dans le sens contraire, ou, tout au moins, elle n'a pas admis que la vente entraînait nécessairement, en l'absence de conventions spéciales, l'interdiction dont s'agit, reconnaissant seulement aux juges du fond le droit d'apprécier souverainement, à cet égard, l'intention des parties (Req. 5 févr. 1855, aff. Cartier, D. P. 55. 1. 440 ; Civ. cass. 2 mai 1860, aff. Péry, D. P. 60. 1. 218 ; Req. 21 juill. 1873, aff. Videau, D. P. 76. 1. 70 ; 19 août 1884) (1). Dans le même sens : Paris ; 30 juin 1854, aff. Pettmann, D. P. 55. 5. 367 ; Angers, 7 mai 1869, aff. Bouttier, D. P. 69. 2. 168).

**124.** L'arrêt du 2 mai 1860, cité *suprà* n° 123, casse, il est vrai, des décisions qui refusaient au vendeur le droit de s'établir d'une manière absolue et en dehors même du voisinage de l'établissement vendu. Tous les arrêts, cités également *suprà*, n° 123, d'ailleurs, admettent qu'il est interdit de créer une maison dont la désignation l'enseigne ou la proximité auraient pour but ou pour résultat, par une rivalité abusive,

et malgré la garantie due par le cédant au cessionnaire, de nuire à l'établissement cédé (Même arrêt du 2 mai 1860; Lyon, 23 mai 1872, aff. Martin, D. P. 72. 2. 211 ; Civ. cass. 28 avr. 1884, aff. Alphonse Reine, D. P. 84. 1. 329) ; et qu'il est défendu en général de rien faire qui puisse détourner directement ou indirectement la clientèle attachée à l'établissement cédé (Riom, 20 mars 1876, aff. Weltz, D. P. 79. 2. 230) spécialement, il est interdit au vendeur d'une brasserie, de donner son concours et de fournir des fonds à son fils pour la fondation d'une nouvelle brasserie dans la même ville et de lui communiquer les livres de commerce renfermant les noms des clients de la brasserie vendue (Même arrêt). Jugé encore qu'ayant cédé avec le fonds de commerce le droit de conserver comme enseigne le nom du vendeur, le cédant ne peut établir sous le même nom un commerce similaire dans le voisinage (Paris, 9 nov. 1885) (2), quoique s'étant réservé d'une manière générale le droit de se remettre dans ce genre de commerce.

Enfin la cour de Paris (3 déc. 1890, aff. Comptoir commercial et immobilier, *Gaz. trib.* 12 déc. 1890) a jugé, par application des art. 1615, 1626 et 1628 c. civ. sur la garantie, que le vendeur d'une agence commerciale ne peut se livrer à aucune entreprise de nature à troubler son acheteur dans la paisible possession du fonds vendu, ou à en détourner à son profit tout ou partie de la clientèle, et qu'en raison des faits de la cause et de cette circonstance que la clientèle du fonds

---

une exploitation commerciale, que, seulement, ce fonds n'était pas encore achalandé ; — Attendu que la location d'un fonds de commerce oblige le bailleur à en faire jouir le preneur ; que, pour celui-ci, l'usage naturel du fonds, c'est de l'exploiter pour la vente d'objets de consommation, et que le bailleur apporte un trouble à cette exploitation en lui faisant concurrence dans un établissement contigu ; — Attendu que l'absence de toute clause d'interdiction d'une pareille concurrence dans la convention de bail donne lieu seulement à l'appréciation du point de savoir si le nouvel établissement porte préjudice au preneur ; que cette appréciation ne présente pas de doute à raison de la proximité du nouvel établissement ; — Que les sieurs Velten père et fils ont insisté, il est vrai, sur les différences existant entre un café-concert et un simple débit de boissons, mais que le débit de boissons est l'objet final des deux établissements ; — Attendu que l'obligation des sieurs Velten père et fils de s'abstenir d'une concurrence préjudiciable au preneur, est d'autant plus étroite que, par une clause inhérente au bail, ils sont les fournisseurs exclusifs des bières et des boissons gazeuses qui se consomment à l'*Alcazar* ; — Attendu, conformément aux conclusions principales du sieur Surian, que le meilleur moyen d'assurer l'exercice de ses droits est d'ordonner la fermeture ou la cessation de l'exploitation de l'établissement qui porte préjudice, sous peine de dommages-intérêts ; — Que, d'après les éléments du procès, ces dommages-intérêts doivent être fixés, en l'état, à 30 fr. par jour, sauf autre indemnité ; — Par ces motifs, ordonne que les sieurs Velten père et fils fermeront le débit de bières et de boissons gazeuses au cours Belzunce, n° 42, ou cesseront d'exploiter ce genre de commerce, etc. ».

Du 6 août 1868.-C. d'Aix, 1re ch.-MM. Poilroux, pr.-de Gabrielli, 1er av. gén.-P. Roux, Bessat et J. Jassy, av.

(1) Bertrand *C*. Devaux.) — LA COUR ; — Sur le moyen unique du pourvoi, tiré de la violation des art. 1135, 1602, 1615 et 1626 c. civ., et fausse application du principe de la liberté de l'industrie ; — Attendu qu'il résulte de l'arrêt attaqué que les sieurs Devaux père et fils, Player et Bertrand, propriétaires d'une agence de publicité à Marseille, ayant mis cet office en adjudication, il fut acquis au prix de 100000 fr. par l'un d'eux, le sieur Bertrand, demandeur au pourvoi ; que celui-ci, peu de temps après, le 18 nov. 1882, actionna les sieurs Devaux devant le tribunal de commerce de Marseille, leur imputant de continuer à s'occuper de publicité dans cette ville et de lui faire ainsi une concurrence qui leur était interdite par l'adjudication ; qu'il a pris contre eux des conclusions tendant aux fins suivantes : « Dire qu'il est fait défense au sieur Henri Devaux de faire les dites annonces, de s'occuper de publicité, de distributions ou d'affichage, de faire aucune concurrence au demandeur » ; — Attendu qu'après avoir constaté que le cahier des charges était absolument muet quant à l'interdiction des cédants d'établir à Marseille, après l'adjudication, des établissements de publicité, l'arrêt attaqué se livre à une appréciation générale des faits et circonstances de la cause, d'où il conclut que, par l'adjudication du 17 févr. 1881, Bertrand n'a point acquis le droit d'interdire à Henri Devaux toute industrie similaire, à la condition, toutefois, pour ledit Henri Devaux de s'abstenir de toute dénomination, énonciation ou démarche qui serait susceptible d'amener une confusion avec l'office exploité par Bertrand ; — Attendu que ces appréciations sont souveraines et échappent au contrôle

de la cour de cassation ; — Attendu que le pourvoi n'était pas fondé à viser les dispositions de l'art. 1602, c. civ., puisque le sieur Bertrand, qui est devenu adjudicataire de l'agence, était l'un des copropriétaires qui la mettaient en vente ; — Rejette, etc. — Du 19 août 1884.-Ch. req.-MM. Alméras-Latour, pr.-Bécot, rap.-Ballot-Beaupré, f. f. d'av. gén.-c. conf. Morillot, av.

(2) (Gamain-Griffon *C*. Degand.) — Le 2 mai 1884, jugement du tribunal de commerce de Reims, conçu en ces termes : — « Considérant que suivant acte sous seings privés du date du 4 mars 1879, Germain-Griffon a cédé à Degand le commerce d'épicerie, de vins spiritueux, qu'il exploitait à Reims, rue Tailleyrand ; que le pas de porte et la clientèle ont été vendus 12000 fr., qui ont été payés par Degand ; que dans l'acte même il a été dit que, pendant cinq années, Gamain-Griffon s'interdisait directement ou indirectement toute industrie similaire ; que, pour une coopération qui demeurait facultative à Gamain-Griffon, il lui était attribué une part dans les bénéfices, et un appointement mensuel jusqu'en 1885 ; qu'à ce même acte est stipulé un dédit de 20000 fr., auquel serait tenu celui qui voudrait rompre son engagement ; — Considérant que, le 3 oct. 1883, Gamain-Griffon qui avait déjà résolu de fonder à nouveau une maison, et qui cherchait le moyen d'éluder, au moins en partie, le payement du dédit stipulé, a, par une manœuvre habile, obtenu de Degand l'annulation de toutes les clauses, à partir du mois de juillet précédant du traité passé le 4 mars 1879 ; que la résiliation de ce traité a été obtenue moyennant une somme de 11000 fr. qui, d'un commun accord, a été ajoutée à la somme qui restait due par Degand, pour le cas de nouvelles époques de payement ; que, dans le cas où Gamain-Griffon se remettrait dans une entreprise industrielle ou commerciale d'une nature similaire à celle qu'il a cédée à Degand, il s'engage à payer à celui-ci une indemnité de 20000 fr. ; — Considérant qu'au moyen de cette indemnité, payée par lui le 29 janv. 1884, Germain-Griffon s'est cru en droit de fonder une nouvelle maison de commerce d'épicerie, vins et spiritueux sous son nom personnel ; qu'il a établi cette maison rue Thiers, 20, à peu de distance de celle qu'il avait cédée à Degand ; — Considérant que, par des circulaires rédigées de manière à faire croire, qu'il n'avait eu avec Degand qu'un simple arrangement, Gamain-Griffon faisait part à toute sa clientèle qu'il venait de fonder à nouveau, 20, rue Thiers, une maison de commerce d'épicerie, vins et spiritueux ; qu'il serait secondé par M. Clot, ancien voyageur de la maison, qu'il prenait pour associé, ajoutant qu'il osait espérer la continuation de la confiance qui lui avait été accordée autrefois ; — Considérant que Gamain-Griffon, qui avait depuis plusieurs années cédé à Degand la maison de commerce exploitée rue de Talleyrand, qui avait reçu le prix de la clientèle (12000 fr.), qui, depuis cette époque, avait autorisé Degand à prendre pour enseigne : *Maison Gamain-Griffon, Degand, successeur*, ne peut avoir le droit de fonder à nouveau, comme il le dit, une maison d'épicerie, vins et spiritueux, portant le même nom ; que les mots « se remettre dans une entreprise industrielle et commerciale d'une nature similaire à celle qu'il a cédée », ne l'autorisent pas à fonder, en son nom de Gamain-Griffon, une maison faisant concurrence au même commerce que celui qu'il a vendue, et en s'adressant, comme il l'a fait, à la même clientèle, par une circulaire capable de lui donner le change ; — Considérant qu'il a, par toutes ces ma-

vendu n'était point circonscrite dans un rayon déterminé de la ville de Paris, mais était au contraire disséminée dans la ville tout entière et à l'étranger, il serait illusoire et contraire à la commune intention des parties, comme au principe de la garantie en matière de vente, de ne pas interdire au vendeur d'ouvrir dans l'enceinte de Paris une agence similaire à celle qu'il a vendue et dont il a touché le prix (V. *infrà*, n°s 497 et suiv. sur les ventes de fonds de commerce).

**125.** En cas de vente de l'établissement, le prix est censé correspondre à toutes ces obligations. Mais un individu qui, ayant acquis de bonne foi du propriétaire apparent un établissement industriel, a été obligé de l'abandonner par suite d'une demande de licitation provoquée par les coïntéressés du vendeur, excède-t-il ses droits en s'établissant pour l'exercice de la même industrie, dans la maison contiguë à celle où se trouve l'établissement qu'il a dû quitter, et en faisant des affaires avec des clients de cet établissement, sans user d'ailleurs de manœuvres frauduleuses pour attirer les clients dans la nouvelle maison? La négative à été jugée (Paris, 3 août 1866 et Req. 12 févr. 1868, aff. Borgnis, D. P. 68. 1. 274). Mais, comme la remarque en a été faite sous cet arrêt, l'obligation de restituer le fonds, qui s'impose à l'acquéreur évincé vis-à-vis des acquéreurs définitifs, exige l'assimilation de ce cas à celui de vente, c'est-à-dire l'interdiction à l'acquéreur évincé de fonder un établissement contigu rendant illusoire la restitution de l'autre, sauf son recours contre son vendeur, pour le préjudice qu'il en éprouve lui-même; et l'arrêt ci-dessus n'a pu donner gain de cause à l'acquéreur évincé vis-à-vis des acquéreurs définitifs que parce qu'ils étaient en même temps obligés de l'indemniser comme héritiers du vendeur.

**126.** Bien entendu, la cession d'un nom, d'une marque, d'un modèle, d'une propriété industrielle ou commerciale quelconque, oblige le vendeur à en laisser la jouissance exclusive à l'acheteur, mais sans restreindre sa liberté pour les autres éléments de son industrie ou de son commerce. C'est ainsi que la mise en vente, par un fabricant, de ses modèles « pour cause de cessation de fabrication » n'empêche pas le vendeur, s'il rachète une partie de ces modèles, de les exploiter en se livrant de nouveau à son industrie, l'annonce d'une cessation de fabrication expliquant seulement la mise en vente des modèles, mais ne pouvant valoir promesse d'abstention que relativement aux modèles qui seraient vendus (Paris, 24 nov. 1886, aff. Hottot, D. P. 87. 2. 159). — V. *infrà*, chap. 4, n°s 196, 268 et suiv.).

Sect. 3. — De la liberté d'industrie considérée par rapport aux consommateurs (*Rép.* n°s 219 à 225).

**127.** La liberté d'industrie et de commerce intéresse au plus haut point les consommateurs. Nous n'avons rien à ajouter aux explications données sur ce point au *Rép.* n°s 219 et 220, et sur les anciennes banalités de four, moulin, ou autres, qui ne sauraient aujourd'hui être constituées valablement, et qui, constituées sous l'ancien régime, n'auraient de valeur actuellement que pour obliger à des dommages-intérêts les communes qui les ont constituées, faute par elles de pouvoir leur donner effet contre les concurrents et les consommateurs.

**128.** On a vu également au *Rép.* n°s 221 et 222, qu'un intérêt de salubrité, de sécurité ou d'ordre public, en permettant à une ville qui traite avec une compagnie pour l'éclairage par le gaz des rues, édifices publics et maisons particulières, d'obliger les abonnés pour la fourniture du gaz à ne s'adresser qu'à cette compagnie elle-même pour la pose des appareils (Lyon, 4 mai 1843, aff. Comp. du gaz de Perrache. V. *Rép.* v° *Commune*, n° 679-2°); mais qu'en l'absence de toute clause dans le traité, la compagnie n'a pas le droit

d'imposer aux consommateurs, sous peine de refus de livraison, certaines conditions arbitraires, comme d'avoir des appareils exactement conformes à ceux qu'elle emploie, si celui de l'abonné est d'ailleurs approuvé par l'autorité municipale (Paris, 5 mars 1846, aff. Dubochet, D. P. 46. 4. 354; Crim. rej. 34 mars 1846, aff. Mille, D. P. 46. 1. 177).

Ces dernières décisions tendent à considérer l'entreprise d'éclairage au gaz par une compagnie concessionnaire comme un service public plutôt que comme une industrie libre, ou du moins, comme grevée d'une obligation corrélative au privilège concédé, soit sous les conditions du traité, soit, s'il se tait, sous des conditions justes et raisonnables, conformes aux principes généraux de l'interprétation des conventions (c. civ. art. 1156). Il convient d'en rapprocher celles qui ont été citées au *Rép.* n° 241 : — 1° Un arrêt de la cour d'Aix (19 févr. 1846, aff. Comp. du Midi, D. P. 46. 2, 176) décidant que les entreprises d'éclairage au gaz admises à l'éclairage d'une ville exercent une industrie libre, et qu'elles peuvent imposer aux consommateurs le prix et les conditions qui leur conviennent, sauf à ceux-ci à s'abstenir de traiter s'ils ne veulent pas s'y soumettre, et que, dans le silence du cahier des charges sur la durée des abonnements, la compagnie d'éclairage au gaz peut déterminer à son gré le minimum de durée de ces abonnements; mais qu'elle doit pourtant, avant de retirer le gaz au consommateur, l'avertir de cette résolution assez longtemps à l'avance pour qu'il puisse se procurer un autre mode d'éclairage, et que la discontinuation soudaine des fournitures de gaz oblige la compagnie à des dommages-intérêts envers le consommateur pris au dépourvu; — 2° Un arrêt de la cour de Rouen (5 mai 1846, aff. Pauwels et Visinet, D. P. 46. 2. 175) jugeant que les entreprises d'éclairage au gaz remplissent, lorsqu'elles sont admises à l'éclairage d'une ville, un service public dont l'accomplissement ne peut être subordonné aux conditions qu'il plairait aux entrepreneurs d'imposer aux consommateurs, et que la compagnie concessionnaire ne peut, dans le silence du cahier des charges sur la durée des abonnements, fixer un minimum de durée arbitraire, cinq ans par exemple, et au refus du consommateur de souscrire à cette condition, discontinuer la fourniture du gaz; qu'elle n'est pas tenue, il est vrai, de subir un abonnement dont la durée descendrait à des limites qui ne seraient ni justes ni raisonnables, en ce qu'elles auraient pour résultat de déprécier le gaz pendant certaines époques de l'année, mais qu'un abonnement dont la durée ne présente pas cet inconvénient de dépréciation, tel qu'un abonnement de six mois (du 1er janvier au 30 juin) qui compense les jours longs par les jours courts et laisse au prix du gaz sa valeur moyenne, ne peut être refusé au consommateur sans que ce refus rende la compagnie passible de dommages-intérêts envers ce dernier.

**129.** Les mêmes principes conduisent à légitimer les privilèges concédés par une ville à une compagnie pour la distribution des eaux, non seulement pour l'exécution des travaux intérieurs à faire sous les voies publiques, mais encore pour les mesures d'installation à prendre dans l'intérieur des maisons. Jugé notamment que la compagnie générale des eaux à Paris peut subordonner les concessions particulières, à la condition qu'elle fera exécuter par ses ouvriers les travaux d'établissement des réservoirs et de pose des tuyaux de conduite dans l'intérieur des propriétés des concessionnaires (Req. 21 févr. 1872, aff. Pradier, D. P. 72. 1. 365, et le rapport de M. le conseiller Woirhaye).

**130.** Mais, qu'il s'agisse d'un éclairage au gaz ou de distribution d'eau, les actes conférant un privilège ou monopole, doivent être interprétés dans le sens le plus strict; la compagnie ne saurait revendiquer de privilège pour les travaux et fournitures intérieurs lorsqu'il ne lui en a été concédé que pour les travaux extérieurs. — Jugé notamment qu'une

___

nœuvres, causé un préjudice considérable à son successeur Degand, préjudice dont il lui doit réparation, et que le tribunal est à même d'apprécier, par les éléments en sa possession; — Par ces motifs; — Condamne Gamain-Griffon à payer à Degand à titre de dommages-intérêts la somme de 6000 fr.; — Fait défense à Gamain-Griffon de continuer ces deux noms la maison de commerce qu'il a créée, et qu'il exploite depuis quatre mois sous la raison de commerce Gamain-Griffon; — Dit

qu'il devra supprimer le nom de Griffon de ses factures et de ses circulaires; — Autorise Degand à conserver sur sa maison et sur ses factures les mots : « Maison Gamain-Griffon-Degand, successeur », etc.; — Appel par Gamain-Griffon.

La cour; — Adoptant les motifs des premiers juges; — Confirme, etc.

Du 9 nov. 1885.-C. de Paris.-2e ch.-MM. Ducreux, pr.-Harel, av. gén.-Vallé et Lantiaume, av.

compagnie d'éclairage au gaz qui, en vertu du traité conclu par elle avec une ville, a le droit exclusif d'établir sous les terrains dépendant de la voie publique les conduits nécessaires pour la distribution du gaz aux particuliers n'est pas investie du privilège de la fourniture et de la pose des compteurs dans les maisons particulières ; que, par suite, elle ne peut, dans ses circulaires, déclarer qu'elle ne fournira le gaz qu'aux particuliers qui prendront leurs compteurs dans ses magasins et les feront poser par ses ouvriers ; et que les industriels tenant dans la commune magasin d'appareils d'éclairage et de chauffage par le gaz ont le droit d'exiger la suppression d'une pareille déclaration dans les circulaires de la compagnie, et peuvent en outre réclamer des dommages-intérêts à titre de réparation du préjudice que leur a causé cette déclaration (Nancy, 6 déc. 1876, aff. Société du gaz de Sedan, D. P. 79. 2. 59). — Décidé encore que la Compagnie parisienne d'éclairage et de chauffage par le gaz est libre de conclure, pour la location et l'entretien des conduites et des robinets intérieurs à chaque étage des maisons, des abonnements à prix débattu entre les intéressés. De telles conventions ont une cause parfaitement licite ; en effet, le traité du 7 févr. 1870, entre la Ville de Paris et ladite Compagnie, oblige celle-ci à fournir et entretenir aux conditions déterminées par une police, dont le modèle devra être approuvé et l'a été en effet par le préfet de la Seine, le branchement sur la conduite de la rue à l'extérieur des immeubles particuliers et le robinet mettant du dehors le gaz en communication avec ces immeubles; mais, aucun acte émané de l'Administration n'ayant réglementé l'établissement des conduites et des robinets intérieurs à chaque étage des maisons, la pose de ces appareils est étrangère au monopole de la compagnie. En conséquence, un abonné a pu être déclaré lié par les engagements qu'il reconnaît avoir souscrits pour la location et l'entretien des appareils intérieurs le concernant, et non recevable à demander une réduction des prix qu'il a contractuellement et librement acceptés (Req. 28 janv. 1890, aff. Victor Goupy, D. P. 90. 1. 486, et le rapport de M. le conseiller Cotelle).

**131.** Dans les restrictions précédentes, apportées à la liberté des consommateurs pour les fournitures et travaux d'installations accessoires à la fourniture du gaz ou de l'eau, on peut ne voir que le respect des conditions stipulées et acceptées au nom des habitants par la commune qui les représente, conditions dont ils n'ont à subir l'application que s'ils veulent profiter des fournitures d'eau ou de gaz promises par la compagnie. Mais cette fourniture d'eau ou de gaz, considérée en elle-même, peut-elle faire l'objet d'un monopole concédé par la commune à l'exclusion de tous autres entrepreneurs? La réponse doit être négative, et il a été jugé que les communes, pour les concessions de ce genre, ne confèrent pas sur ces fournitures un monopole qu'elles seraient sans droit à revendiquer pour elles-mêmes.

Sans doute, comme les entreprises de ce genre supposent une canalisation usant de la voie publique, laquelle ne peut s'établir sans une autorisation du conseil municipal, il faut dire et il a été jugé qu'une commune qui, comme condition d'un traité avec une compagnie, concède à cette compagnie le droit exclusif d'établir sa canalisation dans les rues et places de la voirie urbaine, s'interdit par là même la faculté d'autoriser une canalisation rivale (Cons. d'Et. 15 mai 1874, aff. Ville de Lille, Rec. Cons. d'Et. p. 434 ; 14 févr. 1879, aff. Ville de Melun, ibid., p. 125) ; qu'elle interdit même d'autoriser ou de favoriser indirectement l'établissement sur sa propriété de toute société rivale pouvant nuire aux intérêts du concessionnaire, par exemple la pose, par une société électrique, sur les voies et places de la voirie urbaine, de fils conducteurs pour la distribution de la lumière aux particuliers, en concurrence avec la compagnie concessionnaire de l'éclairage par le gaz (Cons. de préf. de l'Allier, 2 avr. 1890, aff. Ville de Montluçon, Revue gén. d'admin., 1890, 3e partie, p. 195). Les communes sont liées, en cette matière comme dans les autres, par le droit commun des contrats (c. civ. art. 1134, 1628, 1719).

Mais elles ne peuvent conférer aucun monopole sur la fourniture elle-même, et une autre compagnie, par exemple, peut entreprendre, au moyen d'une canalisation sous une route nationale ou départementale traversant la commune,

la fourniture aux propriétaires riverains, grâce à une permission de voirie émanée de l'Etat ou du département, qui à cet égard ne peuvent être liés par la concession municipale (Req. 25 juill. 1882, aff. Comp. des eaux de Maisons-sur-Seine, D. P. 83. 1. 106-107 ; Cons. d'Et. 17 nov. 1882, aff. Comp. gén. des eaux et Ville de Paris, D. P. 84. 3. 17 ; Req. 7 août 1883, aff. Société d'éclairage de la ville de Tours, Revue gén. d'admin., 1883, 3e partie, p. 73), mais qui doivent cependant user de ce droit avec une grande circonspection tant au point de vue de l'intérêt bien entendu des populations et des villes, que du bon état des routes, lequel peut être compromis par des canalisations multiples (Circ. min. des trav. publ. du 22 juin 1882).

L'autorité municipale elle-même pourrait d'ailleurs faire une concession au préjudice d'une entreprise déjà établie si cette dernière ne l'a été en vertu d'aucun contrat avec la commune et a seulement obtenu du maire, pour la canalisation, une autorisation de voirie, simple mesure de police qui n'a rien d'irrévocable ni de perpétuel (Cons. d'Et. 2 mai 1861, aff. Comp. du gaz de Londres, D. P. 61. 3. 65 ; 15 juin 1864, aff. Ployer, Rec. Cons. d'Etat, 1864, p. 569 ; 14 janv. 1865, aff. Comp. contin. de l'éclairage au gaz, D. P. 65. 3. 55). — V. sur ces questions un article de M. Toutain, Revue gén. d'admin., 1882, 2e partie, p. 261.

**132.** Il y a peu de chose à ajouter aux indications de jurisprudence déjà données au Rép. nos 223 à 225, sur les règlements municipaux attribuant à des portefaix commissionnés le monopole du transport des fardeaux ou marchandises sur les halles ou ports et autres lieux publics, et interdisant aux maîtres de ces marchandises d'en faire opérer le déchargement ou le transport par d'autres que par eux, si ce n'est par leurs intermédiaires ou par leurs gens de service habituels. Après quelques hésitations, la cour de cassation, comme on l'a vu, a déclaré légaux de pareils règlements, décision qu'on ne peut qu'approuver quant au droit de stationner dans les lieux publics et d'y solliciter ce genre d'emploi, mais qui soulève quelques objections en ce qui touche l'interdiction aux consommateurs d'employer à la journée, en dehors de leurs gens de service habituels, des travailleurs de leur choix. Cette jurisprudence a reçu une nouvelle consécration dans un arrêt décidé que l'arrêté enjoignant aux individus qui veulent exercer la profession de portefaix de se faire inscrire à la mairie, en réservant aux voyageurs le droit d'employer les personnes à leur service, est légal et obligatoire, comme ayant pour objet le maintien du bon ordre ; et que les mariniers employés sur les bateaux à vapeur qui amènent les voyageurs ne peuvent faire concurrence, pour le transport des bagages, aux portefaix inscrits, l'acceptation de leurs services par les voyageurs n'ayant pas pour effet de les faire comprendre parmi les personnes exceptées de l'interdiction (Crim. cass. 26 janv. 1867, aff. Ferrand, D. P. 67. 5. 258). — On remarquera que, dans cette espèce, comme dans plusieurs de celles signalées au Répertoire, l'exercice de la profession n'était pas subordonné à une nomination arbitraire de la municipalité, mais à une simple formalité d'inscription, insuffisante pour constituer un monopole.

**133.** Nul règlement, même obligeant les bouchers d'une commune à être suffisamment approvisionnés (Rép. n° 224 ; et v° Boucher, nos 71 et 31), ne saurait empêcher les consommateurs de s'approvisionner de viande hors de la commune, et les viandes foraines d'y être introduites, sauf les mesures commandées par l'intérêt de la salubrité publique (V. suprà, n° 74, et v° Boucher, nos 11 et 36). — Sur la profession de peseur ou de mesureur public, et le monopole dont elle peut être l'objet, V. infrà, nos 147 et suiv.

**134.** Si, en dehors des cas exceptionnels qui justifient de pareils règlements, les consommateurs sont libres de s'adresser à tel ou tel producteur, à plus forte raison sont-ils libres de ne pas consommer tel genre de produits, et notamment de ne pas s'éclairer au gaz, s'ils n'acceptent pas les conditions auxquelles ce produit leur est livré. Mais peuvent-ils s'interdire mutuellement d'user de ce produit aussi longtemps que le prix n'en aura pas été abaissé ? La question demande à être résolue, d'abord, dans les rapports des contractants, au point de vue de la valeur du lien contracté et des clauses pénales stipulées contre ceux qui se dégageraient ; puis dans les rapports des contractants avec le producteur lésé par cet accord; enfin au point de vue de l'application de l'art. 419 c. pén. sur le délit de coalition: — Il est certain, d'abord, que l'art. 419 c. pén. ne saurait être applicable à l'espèce qu'en cas d'emploi de moyens frauduleux; car cet article punit seulement ceux qui ont opéré la hausse ou la baisse du prix d'une marchandise, par voies ou moyens frauduleux quelconques, ou par réunion ou coalition entre les principaux détenteurs de cette marchandise, mais non par réunion ou coalition entre les consommateurs. — Quant à un quasi-délit donnant lieu à dommages-intérêts en faveur du producteur lésé; on n'en peut reconnaître l'existence; en l'absence de manœuvre dolosive, que s'il y a, non-seulement préjudice, mais faute, c'est-à-dire autre chose que l'usage d'un droit. La cour de Paris (13 janv. 1887, aff. Société du gaz de Rambouillet, D. P. 87. 2. 151) a refusé de reconnaître le quasi-délit dans un accord de ce genre qu'on pouvait considérer comme un moyen de libre défense contre un producteur investi d'un monopole. Elle aurait, sans doute, statué autrement si la coalition eût été spécialement dirigée contre l'un des producteurs concurrents, sans abus ni coalition de sa part pouvant appeler une semblable défense.—Enfin, en ce qui touche la valeur légale et la force obligatoire, entre les consommateurs coalisés, de leur engagement réciproque et des clauses pénales qui y sont attachées, la cour de Paris a écarté cette question en la déclarant étrangère au producteur, qui lui demandait pourtant de prononcer la nullité, et qui, certes, y était intéressé. Mais, comme le faisait remarquer le tribunal de Rambouillet, dans le jugement qui a été confirmé, on ne pouvait déclarer attentatoire à la liberté commerciale une entente qui avait pour but de protéger les consommateurs contre le monopole d'un producteur unique, en permettant à ces consommateurs de faire valoir leurs propositions à l'égal des conditions imposées par le producteur (Sur tous ces points, V. *infra*, chap. 5, sect. 2, n° 545).

SECT. 4. — LIBERTÉ DES RAPPORTS ENTRE LE PRODUCTEUR ET LE CONSOMMATEUR (*Rép.* n°s 226 à 356).

ART. 1er. — *Droit de vendre ou de ne pas vendre.* — (*Rép.* n°s 226 à 230).

**135.** — Le droit de ne pas vendre, conséquence de la liberté commerciale, comme le droit de ne pas acheter, a donné lieu à de nouvelles solutions de jurisprudence, soit dans ses applications, soit dans les dérogations qui peuvent y être apportées. — La cour de cassation a persisté dans sa jurisprudence, signalée au *Rép.*, n°s 226 et 227, en jugeant que l'ordonnance du 20 janv. 1568, relative aux hôteliers est maintenant abrogée, non seulement dans sa disposition principale, chargeant les autorités locales de leur imposer des tarifs, mais encore dans son art. 19, leur défendant de se refuser sans cause légitime à recevoir des voyageurs dans leur hôtellerie (Crim. rej. 2 juill. 1857, aff. Desriège, D. P. 57. 1. 376; 3 oct. 1857, aff. Richard; D. P. 57. 1. 452; Crim. cass. 18 juill. 1862, aff. Léchaudet, D. P. 63. 1. 485 et la note). Elle juge aussi que le refus d'un aubergiste de recevoir un malade ou un blessé qui lui est amené par le commissaire de police, avec offre de payer sa dépense, ne constitue pas le principe le refus d'assistance et de secours puni par l'art. 475, n° 12, c. pén. (Crim. rej. 2 juill. 1857, aff. Desriège, D. P. 57. 1. 376; 7 janv. 1859, aff. Gayte; D. P. 59. 1. 46); sauf à reconnaître, avec le second de ces arrêts, que le fait d'avoir reçu et accueilli ce malade, en l'aidant à descendre de voiture, et en le faisant asseoir sur un banc, oblige l'aubergiste à lui fournir

le lit et les soins que son état réclame, et permet de lui appliquer l'art. 319 c. pén. pour homicide involontaire, s'il le laisse ensuite sur le banc extérieur de son établissement, lui refusant inhumainement un lit et des boissons, et occasionnant ainsi sa mort. (Comp. *Rép.* n° 230). — A plus forte raison, l'administration d'un casino peut-elle refuser l'entrée de cet établissement à une personne qui la demande, sans que les tribunaux aient à apprécier les motifs de ce refus (Trib. de Pont-l'Evêque, 25 juin 1878, aff. Fourneau; D. P. 80. 3. 22; Trib. corr. Saint-Gaudens, 24 août 1881) (1). Ce droit est une conséquence de la liberté commerciale pour ceux mêmes qui exploitent un établissement ouvert au public, tel que café, restaurant, salle de bal. — Il en est autrement des établissements d'eaux thermales. V. *infra*, n° 139.

**136.** — L'application des mêmes principes a été faite à l'industrie des transports. La cour de cassation (Req. 3 janv. 1882, aff. Caillol et Saint-Pierre, D. P. 83. 1. 105), a jugé qu'une compagnie de transports maritimes peut se refuser à transporter une marchandise présentée dans ses bureaux en temps utile, bien qu'elle ait annoncé au public, par des affiches, les jours et heures du départ de ses navires si elle n'a pas indiqué dans ses publications le taux du fret, qui reste soumis à la discussion des parties, aux chances de la hausse et de la baisse, aux variations résultant de la concurrence. Cet arrêt relève deux circonstances de fait qui le justifient pleinement; à savoir l'existence d'entreprises concurrentes, et l'absence de toute publication de tarif, capable de lier la compagnie dès qu'une personne en demanderait l'application. — La réunion de ces deux faits contraires, à savoir l'exercice d'un monopole et la publication de tarifs, soumet, sans nul doute, l'entrepreneur privilégié à l'obligation, sauf motifs légitimes, d'accepter les demandes du public dans les termes de ses tarifs et de ses règlements. Ainsi en est-il pour les entreprises de chemins de fer (Req. 21 avr. 1857, aff. Chemin de fer de l'Est, D. P. 57. 1. 176; V. *infra*, v° *Voirie par chemins de fer*). Le fait du monopole suffit même, à lui seul, pour entraîner cette conséquence, du moins s'il s'agit d'un monopole officiel ou légal; et non d'un simple monopole de fait résultant de ce que le droit de concurrence n'est pas exercé, et de ce qu'on se trouve être le seul à exploiter telle industrie dans telle ville. Mais ce monopole de pur fait; s'il est accompagné de publication avec prix fixé, surtout pour un service régulier de transports, oblige à satisfaire aux demandes du public; ainsi que l'ont jugé le tribunal de Périgueux (26 août 1879, aff. Burguet, D. P. 81. 3. 84), la cour de Bordeaux (8 mars 1884, aff. Beau, D. P. 82. 2. 208), la cour d'Aix (8 févr. 1853, aff. Hernandez et Estarito, D. P. 55. 2. 329), la cour de cassation elle-même (Civ. rej. 3 déc. 1867, aff. Bouvet, D. P. 67. 1. 471). Quant au simple fait d'annoncer au public son entreprise et ses prix, sans être en possession d'un monopole, même de fait, ce serait s'exposer à aller bien loin que d'y attacher la même obligation (*Rép.* n° 229. V. la note sous Req. 3 janv. 1882, D. P. 83. 1. 105).

**137.** Le fait de stationner sur une place à ce destinée constitue aussi, de la part du conducteur d'une voiture publique, une offre à tout venant et met sa voiture à la disposition de quiconque y veut monter. Il a même été jugé que le voyageur a le droit de s'introduire dans la voiture ainsi disponible et à l'état de stationnement, sans que cet acte puisse être considéré comme une voie de fait, ni autoriser le cocher à user de violences pour l'en faire sortir, ni décharger le cocher de la responsabilité qu'il encourt pour le préjudice ainsi causé au voyageur (Trib. de paix du 14e arrondissement de Paris, 5 janv. 1882, aff. Ridel, D. P. 82. 3. 110).

(1) (X... C. Casino de Luchon.) — LE TRIBUNAL; — Attendu que, le 26 juillet dernier, X..., muni d'une carte d'entrée, ayant pénétré dans le casino de Luchon, fut invité à sortir, et, sur son refus et sa résistance, expulsée par ordre de N..., régisseur, qui requit les sergents de ville, en s'écriant : « Enlevez-moi cette femme! »; — Attendu qu'elle prétend que ces paroles constituent un outrage et renferment l'imputation d'un vice déterminé, tel que le vol ou la mauvaise vie; — Mais attendu que sa poursuite est sans fondement ; — Attendu, en effet, qu'en principe la liberté de l'industrie autorise le propriétaire d'un établissement ouvert au public à n'y donner accès qu'aux personnes qu'il lui conviendra d'y recevoir; — Attendu que l'administration du casino peut et doit même exercer ce droit dans l'intérêt de son

établissement et de ses abonnés; qu'à cet égard, son contrôle, reposant sur des conditions de moralité et de convenance, doit être souverain; — Attendu dès lors que N..., comme régisseur du casino, n'a fait qu'user de cette liberté d'appréciation en expulsant X...; que, par suite de la résistance de celle-ci et de son refus de sortir, il a dû ordonner son expulsion, et que l'expression dont il s'est servi, dans ces circonstances, pour formuler son injonction aux agents, ne constitue pas la diffamation ni une injure; d'où il suit qu'il est en voie de relaxe; — Par ces motifs; — Déclare mal fondée la poursuite de la plaignante; etc.

— Du 24 août 1881. Trib. corr. de Saint-Gaudens. MM. Nolé, pr.; Balmary, proc.; Lacroix et Sacaze, av.

**138.** Le régime auquel étaient autrefois soumis les bouchers et les boulangers, au point de vue du monopole et de la taxe, entraînait également pour eux l'obligation de vendre, comme on l'a vu au *Rép.* n° 227, et comme l'a jugé de nouveau la cour de cassation (Crim. cass. 12 mai 1854, aff. Sauzet, D. P. 54. 1. 208). Et même depuis que ces deux industries sont devenues libres, le régime de la taxe, qui peut encore leur être imposé par règlement municipal (art. 30 de la loi des 19-22 juill. 1791, resté en vigueur, V.*infrà*, n° 141), entraîne pour elles l'obligation de vendre à quiconque offre de payer comptant le prix de la taxe (Crim. cass. 2 août 1856, aff. Drevalle, D. P. 61. 1. 379; Crim. rej. 26 avr. 1861, aff. Arobes, D. P. 61. 1. 503); V. *suprà*, v° *Boucher*, n° 42, et *Boulanger*, n° 62. Mais le boulanger ne commet pas de contravention si son refus de vendre à un consommateur provient, non de l'intention de se soustraire à l'application de la taxe, mais de l'interdiction par lui signifiée à ce consommateur de pénétrer dans son magasin pour des motifs de convenance personnelle (Crim. cass. 11 janv. 1889, aff. Fouque, D. P. 89. 1. 222). — Sur l'obligation qui peut être imposée aux bouchers et aux boulangers d'être constamment approvisionnés de viande ou de pain en certaines quantités, même depuis les nouveaux décrets relatifs à ces professions et la nouvelle loi municipale, V. *suprà* v° *Boucher*, n° 10, et *Boulanger*, n°s 44, 66 et 80.

**139.** Jugé, dans le même ordre d'idées, que l'administration d'un établissement d'eaux thermales ne peut refuser l'usage des eaux à un malade, à moins de motifs dont la légitimité doit être judiciairement constatée, l'art. 8 de l'ordonnance du 18 juin 1823 ayant d'ailleurs affirmé le principe du libre usage de ces eaux, aussi bien pour les établissemens privés que pour les établissements publics, et n'ayant pas été abrogé sur ce point par la loi du 14 juill. 1856 (D. P. 56. 4. 85), mais ayant été au contraire confirmé par le décret du 28 janv. 1860 (D. P. 60. 4. 13) (Caen, 12 juin 1869, aff. Richard et Moulin de Torbéchet, *Recueil de Caen*, 1869, p. 135).

ART. 2. — *Droit de fixer les conditions du marché; le prix. — Lois de maximum, taxes; tarifs, autres conditions* (Rép. n°s 231 à 241).

**140.** Nous ne reviendrons pas sur les lois de maximum et leur abrogation, dont les conséquences ont été exposées au *Rép.* n°s 231 à 237. Nous devons nous borner à signaler ici les applications nouvelles, qui ont été faites, soit du principe de la liberté des conventions, soit du pouvoir réglementaire de l'autorité publique, à la fixation des prix et autres conditions dans les transactions commerciales. Un arrêt important de la cour de cassation (Crim. cass. 20 nov. 1885, aff. Desfonds, D. P. 86, 1. 349) et le rapport de M. le conseiller Poux-Franklin, reproduit avec cet arrêt, fixent très clairement les principes à suivre et les distinctions à faire en cette matière. L'autorité municipale ou administrative ne peut imposer une taxe ou un maximum à une industrie qu'en vertu d'une loi spéciale, ou comme conséquence du pouvoir qu'elle aurait d'autoriser arbitrairement l'exercice de cette industrie.

**141.** La tarification en vertu de lois spéciales peut exister dans l'industrie de la boucherie et de la boulangerie. L'art. 30 de la loi des 19-22 juill. 1791, qui, antérieur aux lois de maximum, a survécu à leur abrogation (*Rép.* n°s 231 et 238), donne à l'autorité municipale le droit de taxer le pain et la viande; et l'art. 479 c. pén., § 6, 2e alinéa, punit les bouchers et boulangers qui vendent au-dessus de cette taxe. Ces textes sont en vigueur, même sous l'empire des décrets du 24 févr. 1858 et 22 juin 1863 qui soustraient complètement la boucherie et la boulangerie au régime de l'autorisation préalable et du monopole (V. *suprà*, v° *Boucher*, n°s 38 et suiv., *Boulanger*, n°s 54 et suiv.). Les circulaires du ministre de l'agriculture et du commerce du 27 déc. 1864 (D. P. 65. 3. 46) pour la boucherie et du 22 août 1863 (D. P. 63. 4. 124, note 2), pour la boulangerie, maintiennent le droit pour les autorités municipales d'établir ces taxes, tout en invitant les préfets à les engager à n'en plus user (V. *suprà*, v° *Boucher*, n° 45, *Boulanger*, n° 55). Et un maire peut toujours rétablir la taxe du pain ou de la viande,

là où elle aurait été supprimée depuis ces décrets (*Ibid.*; Crim. cass. 21 nov. 1867, aff. Bérard, aff. Synthère, D. P. 68. 1. 89; 29 nov. 1867, aff. Carrère, D. P. 68. 1. 89; 3 janv. 1878, aff. Sergent, D. P. 78. 1. 392; 17 mai 1878, aff. Sergent, D. P. 78. 5. 66). Une proposition de loi de M. Yves Guyot, déposée à la Chambre des députés le 22 juin 1886 (*Journ. off.* Doc. parl., p. 306) demandant l'abrogation de l'art. 30 de la loi des 19-22 juill. 1791, fondement de ce droit, et de l'art. 479, § 6, 2° alinéa, c. pén. Prise en considération le 16 oct. 1888, elle est devenue caduque par la fin de la législature. Il en a été de même de deux propositions en sens inverse : l'une de M. Sourigues (25 nov. 1884, *Journ. off.* Doc. parl., p. 2130); tendant à l'obligation d'une taxe sur le pain comme correctif de l'élévation du droit d'entrée sur les blés, l'autre de M. Léon Sevaistre (11 déc. 1888, *Journ. off.* Doc. parl., p. 664, annexe 3322) tendant au rétablissement de la taxe obligatoire sur le pain.

**142.** On a vu *suprà*, v° *Boucher*, n°s 38 et suiv., et *Boulanger*, n°s 60 et suiv., la portée et les conséquences des règlements taxant le prix du pain ou de la viande : en principe, ils interdisent, non seulement la vente au-dessus de la taxe; mais encore le refus de vendre au prix taxé. D'autre part, il a été décidé que, si l'arrêté municipal taxe le pain de première et de deuxième qualité sans contenir aucune prohibition de fabriquer et vendre du pain de qualité différente, on peut, sans contravention, vendre à un prix plus élevé du pain de qualité supérieure au prix taxé (Crim. cass. 9 nov. 1889, aff. Noret, *Rev. gén. d'adm.*, 1889, t. 3, p. 433); surtout quand les différents prix et qualités du pain sont tous affichés dans la boutique (Crim. rej. 12 déc. 1890, aff. Espagnol et autres, D. P. 91. 1. 288).

**143.** La tarification peut aussi être la conséquence du droit donné à l'autorité législative, préfectorale ou municipale, d'accorder ou de refuser arbitrairement l'autorisation d'exercer une industrie. Elle prévient alors l'abus du monopole concédé. Ainsi en est-il de l'exploitation d'un chemin de fer ou d'un canal et de l'établissement d'un pont ou d'un bac (*Rép.* n° 240). — Sur les tarifs des chemins de fer et l'autorité de l'Etat, V. d'intéressants articles de M. Léon Aucoc, *Bull. de l'Académie des sciences morales et politiques*; t. 114, p. 642 et 723; V. aussi *infrà*, v° *Voirie par chemin de fer*). — Les entreprises d'omnibus dans l'intérieur des villes sont dans le même cas (V. *suprà*, n° 27 et le rapport précité de M. Poux-Franklin). — Quant aux prix des voitures de place, le droit de l'autorité municipale, indiqué au *Rép.* n° 240 comme conséquence de son droit de mettre à leur stationnement sur la voie publique les conditions qu'elle veut, a été encore affirmé par le décret du 23 mai 1860 (D. P. 66. 4. 52). La cour de cassation a déclaré légal et obligatoire le règlement municipal qui fixe le prix des places dans les voitures mises à la disposition du public, soit sur la voie publique, soit dans des lieux ouverts attenant à la voie publique, comme celles, par exemple, faisant le service de la gare aux hôtels, et qui ordonne, en outre, l'apposition dans l'intérieur desdites voitures d'une plaque indiquant le tarif (Crim. cass. 11 févr. 1888, *Rev. gén. d'adm.*; 1888; t. 1; p. 436).

**144.** Mais lorsque la tarification par l'autorité administrative ou municipale ne peut s'appuyer, ni directement sur une loi spéciale, ni indirectement sur un pouvoir discrétionnaire d'autorisation spécial à une industrie, elle est illégale et sans force obligatoire. C'est ce qu'a jugé l'arrêt précité (Crim. cass. 20 nov. 1885, aff. Desfonds, D. P. 86. 1. 349), sur le rapport de M. Poux-Franklin, à propos d'une entreprise de vidanges. Ces entreprises, comme on l'a vu *suprà*, n°s 54, 79, 97, peuvent être soumises à des prescriptions précises dans l'intérêt de l'hygiène et de la salubrité, mais non subordonnées à une autorisation arbitraire de l'autorité municipale. D'autre part, la loi des 2-17 mars 1791 art. 7, réservant les règlements de police comme correctifs de la liberté commerciale qu'elle proclame, ne vise que les règlements destinés à prévenir les inconvénients de cette liberté et non ceux qui tendraient à la supprimer, et les art. 94 et 97 de la loi municipale du 5 avr. 1884, comme l'art. 46 de la loi des 19-22 juill. 1791, n'autorisent le maire à faire des règlements de police qu'en vue des objets confiés à sa vigilance, tels que le bon ordre, la sûreté, ou la salubrité publique, objets auxquels ne se rattache nullement la fixation arbitraire des prix entre le producteur et le consommateur.

**145.** Les compagnies admises par une ville à faire le service de l'éclairage par le gaz. ou de la distribution des eaux doivent. fournir l'eau ou le gaz aux particuliers dans les conditions stipulées par la ville en leur faveur. On a vu au *Rép.* n° 241 et *suprà*, n°s 128 et suiv. les décisions par lesquelles la jurisprudence a consacré leurs obligations à cet égard, tout en évitant d'étendre leur monopole, et la tarification corrélative, au delà des termes du traité intervenu entre elles et la ville.

**146.** On a vu également *suprà*, n° 135, que l'ordonnance de 1563, chargeant les autorités locales d'imposer des tarifs aux hôteliers, est considérée comme abrogée.

Art. 3. — *De certaines mesures destinées à faciliter les rapports des consommateurs et des producteurs et à en assurer la loyauté.* — *Poids public.* — *Lois sur les falsifications* (*Rép.* n°s 242 à 251).

**147.** Sans entrer ici dans aucun détail nouveau sur le système actuel des poids et mesures (V. à cet égard *infrà*, v° *Poids et mesures*), nous devons indiquer le travail de la jurisprudence sur la portée des lois et règlements qui assurent un monopole aux peseurs, jaugeurs et mesureurs publics, en vue d'assurer la loyauté de ces opérations.

Les art. 1 et 4 de l'arrêté du 7 brum. an 9 réservent l'exercice de cette profession, dans l'enceinte des marchés, halles et ports, à des personnes choisies par le préfet et assermentées. Et l'art. 1er de la loi du 29 flor. an 10 prescrit aux communes que le Gouvernement en jugera susceptibles, l'établissement de bureaux de pesage, mesurage et jaugeage publics, dont nul ne sera contraint de se servir, si ce n'est dans le cas de contestation. Les règlements municipaux qui établissent un bureau de pesage ou mesurage public, outre qu'ils doivent être approuvés par l'autorité compétente (V. *infrà*, n° 153), ne peuvent pas étendre le monopole et restreindre la liberté du public, plus que ne le permettent les textes (Crim. rej. 29 août 1850, aff. Bousquet, D. P. 51. 5. 398 ; 7 nov. 1851, aff. Lambert, D. P. 51. 1. 329 ; 22 févr. 1856, aff. Hébert-Duthuit, D. P. 56. 1. 351 ; 13 nov. 1879, aff. Beer, D. P. 80. 1. 358).

Or la première faculté que laisse au public la saine interprétation de ces textes, c'est de procéder ou faire procéder librement au pesage, mesurage ou jaugeage des marchandises, pour soi ou pour autrui, en dehors des halles, marchés, places et ports, même pour la fixation ou la vérification des conditions d'une vente ou autre opération contradictoire, et alors même que cette opération aurait été faite sur le marché, s'il n'y a pas contestation, l'obligation étant limitée à ce dernier cas seulement, par la loi du 29 flor. an 10 (Crim. rej. 7 nov. 1851, aff. Lambert, D. P. 51. 1. 329 ; 4 févr. 1853, aff. Mousset, D. P. 53. 5. 289 ; 20 févr. 1880, aff. Chaulier et Accarie, *Bull. crim.* n° 44 ; Toulouse, 21 août 1881, aff. Alabert, D. P. 82. 2. 144 ; Crim. cass. 24 mars 1882, aff. Dumans et Lamarre, D. P. 83. 1. 142 ; Crim. rej. 25 févr. 1886, aff. Machard, *Bull. crim.* n° 67. V. *suprà*, v° *Commune*, n° 759). — Au contraire, sur les halles, marchés, places et ports, le ministère du peseur ou mesureur public s'impose, même en l'absence de contestation. La loi du 29 flor. an 10 entend subordonner au cas de contestation, non l'obligation déjà édictée en termes absolus par l'arrêté de brumaire an 9 pour « l'enceinte des marchés, halles et ports », mais l'obligation ajoutée par elle pour les opérations faites hors de cette enceinte (V. *Rép.* n° 242. *Adde* : 7 nov. 1851, aff. Lambert, D. P. 51. 1. 329 ; Crim. rej. 2 juin 1854, aff. Descout, D. P. 54. 5. 64 ; Crim. rej. 11 avr. 1863, aff. Thébaut, D. P. 66. 5. 358 ; 23 févr. 1877, aff. Blanchon, D. P. 1. 355 ; 25 févr. 1886, aff. Machard, *Bull. crim.*, n° 67). V. *suprà*, v° *Commune*, n° 757). — Et de même, il faut interpréter l'arrêté municipal qui dispense de recourir aux bureaux publics de mesurage, si ce n'est dans le cas de contestation, comme ne s'appliquant pas aux mesurages faits dans les halles, ports et marchés, quand même ils auraient simplement pour but la fixation, entre le consignataire et le capitaine du navire de transport, du montant du fret (Crim. cass. 14 août 1852, aff. Lesire, D. P. 53. 5. 287).

**148.** Toutefois, même dans l'enceinte des marchés, halles et ports, l'obligation de recourir au peseur public n'est pas encore aussi absolue qu'on pourrait le croire. Sans doute, la jurisprudence, après quelque hésitation, a vu dans l'arrêté de l'an 9 la défense pour les vendeurs ou acheteurs, non seulement d'employer des tiers autres que le peseur public, mais encore de peser eux-mêmes dans l'enceinte des marchés, halles et ports (Crim. cass. 2 juin 1854, aff. Descout, D. P. 54. 5. 64 ; Crim. rej. 11 avr. 1863, aff. Thébaut, D. P. 66. 5. 358). Mais elle a admis que, même dans les limites de cette enceinte, tout propriétaire de marchandises a le droit de les peser ou faire peser librement, quand ce pesage est fait dans son intérêt exclusif, en l'absence de toute contestation et en dehors de toute vérification contradictoire (Crim. cass. 27 mars 1863, aff. Trystram, D. P. 63. 1. 482 ; Crim. rej. 13 nov. 1879, aff. Beer, D. P. 80. 1. 358). Il a été reconnu également que les directeurs des entrepôts des magasins généraux peuvent effectuer le pesage des marchandises à l'entrée et à la sortie, lorsque cette opération se rattache au dépôt des marchandises dans les entrepôts, et non point à une vente ; les entrepôts doivent d'ailleurs, à ce point de vue, être assimilés à des magasins particuliers (Bordeaux, 11 mai 1876, aff. Rodes, D. P. 77. 2. 22). La cour de cassation a ainsi fixé sa jurisprudence dans un sens opposé à son arrêt du 2 août 1820, reproduit au *Rép.* n° 243, et qui, au surplus, statuait au civil et en présence d'un arrêté interprétatif du conseil de préfecture échappant à la censure de la cour de cassation (V. *suprà*, v° *Commune*, n°s 755 et suiv.).

**149.** Les règlements qui établissent des bureaux de pesage peuvent, d'ailleurs, restreindre leurs privilèges en deçà même des limites que comporte l'interprétation pure et simple des lois de l'an 9 et de l'an 10 : limiter, par exemple, l'intervention des peseurs publics aux ventes et achats et aux débats entre acheteurs et vendeurs (Crim. rej. 22 févr. 1856, aff. Hébert-Duthuit, D. P. 56. 1. 351), ou bien encore réserver aux négociants le droit de faire procéder par des hommes de leur choix, en présence des agents de la douane, au pesage des marchandises importées à leur consignation et déchargées sur les quais et cales du port, pour déterminer le montant des droits d'entrée auxquels elles sont assujetties (Crim. cass. 14 août 1852, aff. Véraz et Barbonneau, D. P. 53. 5. 286 ; 26 nov. 1852, aff. Jouvellier, deux arrêts, D. P. 53. 1. 318). Et la dispense, ainsi formulée, rend licites les opérations de pesage, même faites à bord de ces navires, pourvu qu'elles aient lieu en présence des employés de la douane (Crim. cass. 26 nov. 1852, aff. Jouvellier, 1re espèce, D. P. 53. 1. 318). — Jugé, d'ailleurs, par les arrêts Jouvellier précités, que le pesage des marchandises sujettes aux droits de douane, qui doit être fait, aux termes d'un arrêté municipal, par des agents spéciaux, à la nomination de la direction des douanes, peut être fait par des personnes du choix des particuliers, mais agréées par l'administration des Douanes.

Mais les dispenses ou réserves de ce genre doivent être interprétées, en général, d'une façon étroite (Crim. cass. 14 août 1852, aff. Lesire, D. P. 53. 5. 287). Ainsi, celles édictées en faveur des consignataires ne peuvent profiter à ceux auxquels les consignataires ont transféré le connaissement par voie d'endossement (Crim. cass. 14 août 1852, aff. Véraz et Barbonneau, D. P. 53. 5. 286). — V. *suprà*, v° *Commune*, n° 762.

**150.** Inversement, il peut y avoir, dans certaines villes, des règlements plus restrictifs en vertu de décrets spéciaux. Tels sont les décrets du 21 avr. 1811 pour la ville de Bordeaux, du 11 juill. 1812 pour la ville de Rouen, du 26 déc. 1813 pour la ville de Toulouse, ces deux derniers obligeant à recourir aux peseurs publics pour les marchandises même vendues chez les particuliers, si le pesage n'est pas fait par l'un des intéressés (Crim. cass. 24 févr. 1855, aff. Galeppe, D. P. 55. 1. 208 ; 13 juin 1857, aff. Goscan, D. P. 61. 5. 363). Ces décrets, rendus sous la constitution de l'an 8, ont force de loi, faute d'avoir été annulés par le Sénat dans les délais fixés par cette constitution (Bordeaux, 11 mai 1876, aff. Rodes, D. P. 77. 2. 22). Publiés dans les villes auxquelles ils s'appliquent, ils ont force de loi, bien qu'ils n'aient pas été insérés au *Bulletin officiel* (Arrêt Galeppe précité pour la ville de Toulouse ; Crim. rej. 25 mars 1854, aff. Constantin, D. P. 54. 5. 568, pour la ville de Bordeaux). — Un décret du 16 juin 1808, pour la ville de Paris, contenait aussi des restrictions exceptionnelles, notamment, par son art. 7, l'obligation de recourir aux peseurs publics dans tous les lieux soumis à la surveillance de la police municipale, pour toutes les ventes en gros qui se font au poids avec de grandes balances, obligation qui a été jugée applicable aux facteurs de la halle faisant de telles ventes dans un pavillon des halles centrales (Crim. rej. 3 janv. 1880, aff. Augeron, D. P. 80. 1. 287). Mais ce décret a été abrogé par la loi du 20 avr. 1881 (D. P. 81. 4. 119).—V. *suprà*, v° *Commune*, n°ˢ 758 et 760.

**151.** Enfin des lois et décrets spéciaux, au lieu d'étendre le droit des peseurs publics hors de l'enceinte des marchés, halles et ports, peuvent empêcher certaines parties de cette enceinte d'y être assujetties. C'est ainsi qu'en vertu d'une loi du 10 juin 1854 (D. P. 54. 4. 102), approuvant la cession faite à la ville de Marseille de terrains domaniaux à la charge d'y créer des docks-entrepôts, mais réservant à l'État la réglementation et les tarifs de ces docks, le Gouvernement, autorisé par là même à déroger aux lois et arrêtés sur le pesage et le mesurage publics dans cette ville, a pu, par un décret du 23 oct. 1856 (D. 57. 4. 17), et par le cahier des charges y annexé, affranchir les docks de l'obligation d'employer les peseurs publics, et attribuer au concessionnaire de ces mêmes docks le droit d'y peser, mesurer et jauger les marchandises (Crim. cass. 30 mars 1876, aff. Ville de Marseille, D. P. 76. 1. 407, et les conclusions de M. l'avocat général Thiriot ; Crim. rej. 23 févr. 1877, mêmes parties, D. P. 78. 1. 335). — Jugé d'ailleurs que les entrepôts des magasins généraux doivent, à ce point de vue, être assimilés à des magasins particuliers (Bordeaux, 11 mai 1876, aff. Rodes, D. P. 77. 2. 22).

**152.** L'enceinte des marchés, halles et ports, au point de vue des prérogatives des peseurs publics, ne peut être étendue au delà des limites déterminées par l'autorité administrative. Les abattoirs ne peuvent leur être assimilés, quelle que soit leur proximité (*Rép.* n° 242), à moins que les ventes et achats à la cheville, s'y pratiquant en vertu d'une autorisation, ne leur donnent le caractère (Crim. rej. 29 juill. 1882, aff. Durbec, D. P. 83. 1. 367). Les rues aboutissant au marché, ou adjacentes, ne peuvent lui être assimilées que si elles y sont comprises administrativement (Civ. cass. 17 juill. 1855, aff. Bouland, D. P. 55. 1. 287). Le règlement qui leur étend le privilège des peseurs publics ne doit s'entendre que de la durée des foires et des marchés (Crim. rej. 26 mai 1854, aff. Gras, D. P. 54. 5. 64). Il en est de même des règlements qui étendent ce privilège à toutes les voies situées dans le rayon de l'octroi, et qui n'ont de valeur, à ce point de vue, que comme reculant, pour ces jours-là seulement, l'enceinte du marché (Crim. av. faire droit, 16 mai 1857, aff. Nielly, D. P. 57. 1. 314; Crim. cass. 30 mars 1860, aff. Buldy, D. P. 60. 5. 280).— Jugé enfin qu'on empiète sur les droits des peseurs publics en opérant sur une voie publique comprise dans leur monopole, même à l'aide d'instruments adossés à son magasin et n'exprimant le poids qu'à l'intérieur de ce magasin (Crim. cass. 23 mai 1856, aff. Frèche, D. P. 56. 1. 372),... ou en opérant sur une propriété privée qui, par l'adhésion ou la tolérance du propriétaire, et par l'absence de clôture, forme en fait une annexe du marché, soumise aux mêmes mesures de police (Crim. cass. 9 mai 1867, aff. Alivon, D. P. 68. 1. 140, et sur nouveau pourvoi, Ch. réun. cass. 24 déc. 1867, D. P. 68. 1. 140). — V. *suprà*, v° *Commune*, n°ˢ 764 et suiv.

**153.** L'autorité compétente pour approuver et rendre obligatoires les règlements municipaux établissant un bureau public de pesage, mesurage, et jaugeage et fixant ses tarifs et ses droits, est l'autorité préfectorale. Le décret de décentralisation du 25 mars 1852 (D. P. 52. 4. 90) art. 1 et 2 (tabl. A n° 34, tabl. B n° 7), les dispense de l'approbation du ministre de l'intérieur autrefois requise par la loi du 29 flor. an 10 et l'arrêté du 2 niv. an 12 (Crim. rej. 12 mars 1847, aff. Roucou, D. P. 47. 4. 374 ; 16 mai 1857, aff. Nielly, D. P. 57. 1. 314; Crim. cass. 17 nov. 1860, aff. Michel, D. P. 61. 5. 362). Les sous-préfets sont mêmes compétents pour homologuer les tarifs, lorsqu'ils sont établis d'après les conditions fixées par arrêté préfectoral (Décr. 13 avr. 1861, art. 6, n° 11 ; D. P. 61. 4. 49). — Jugé, d'ailleurs, qu'un arrêté du maire, bien qu'insuffisant pour établir dans une ville l'institution des peseurs et mesureurs jurés, est légal et obligatoire lorsqu'il se borne à rappeler à l'observation d'un

précédent arrêté approuvé par le Gouvernement, qui avait pourvu à cette institution, et dont quelques dispositions étaient méconnues et négligées (Crim. rej. 11 avr. 1863, aff. Thébaud, D. P. 66. 5. 358). Jugé aussi qu'un bureau public de pesage et mesurage étant établi dans une ville, la publication régulière du cahier des charges et de l'adjudication de la mise en ferme des droits de pesage et de mesurage, nécessaire sans doute pour empêcher le libre exercice de la profession de mesureur public, en cas de contestation, hors de l'enceinte du marché, dans l'application de la loi de l'an 10 et de l'art. 471, § 15 c. pén., ne l'est pas pour rendre passible de la peine portée par l'art. 4 de l'arrêté de l'an 9 celui qui a fait fonction de mesureur public sur le marché, alors même qu'il aurait été poursuivi seulement pour atteinte aux droits concédés au fermier du poids public par l'adjudication non publiée (Crim. cass. 21 juin 1873, aff. Aifre, D. P. 73. 1. 307).

**154.** Quant à la compétence pour connaître des contraventions à ces règlements, elle appartient au juge de police, la peine applicable étant celle de 1 à 5 fr. d'amende, portée par l'art. 471, § 15 c. pén. (Crim. rej. 13 févr. 1875, aff. Reinaud, D. P. 75. 1. 391; 23 févr. 1877, aff. Blanchon, D. P. 78. 1. 335). La juridiction correctionnelle peut, il est vrai, se trouver compétente, en vertu d'une attribution spéciale, pour certains faits de pesage illicite prévus par des textes législatifs spéciaux, comme les art. 12 et 22 du décret du 26 déc. 1813, concernant la ville de Toulouse (Crim. cass. 7 nov. 1856, aff. Goscan, D. P. 56. 5. 341), et comme le décret actuellement abrogé du 16 juin 1808 pour la ville de Paris (Crim. rej. 3 janv. 1880, aff. Augeron, D. P. 80. 1. 287). Mais il faut restreindre à ses termes cette attribution de compétence, et si elle ne vise, comme pour la ville de Toulouse, que certains faits de pesage illicites commis par des individus agissant pour le compte d'autrui, la compétence du juge de police reprend son empire pour les faits de pesage des individus attachés au service des vendeurs et acheteurs (Crim. cass. 23 mai 1856, aff. Frèche, D. P. 56. 1. 372). Et encore faut-il que ces textes spéciaux n'aient rien d'équivoque sur la nature de la peine et de la compétence, et qu'en parlant de poursuites par voie de police correctionnelle, conformément à l'arrêté du 7 brum. an 9, ils n'aient pas voulu simplement s'en référer aux dispositions de l'arrêté de l'an 9 qui admettent les peines de simple police par opposition aux poursuites par la voie civile, ainsi que l'a jugé l'arrêt précité du 13 févr. 1875 (Crim. rej. aff. Reinaud, D. P. 75. 1. 391). — Le fermier des droits de pesage public n'a, d'ailleurs, qualité pour exercer des poursuites qu'après avoir prêté le serment prescrit par la loi (Req. 26 avr. 1869, aff. Chaîne, D. P. 69. 1. 477) ; et les poursuites primitivement exercées par lui restent nulles, alors même que ce serment, s'il a prêté ce serment (Crim. cass. 4 nov. 1875, aff. Coquelin, D. P. 77. 5. 334). — Sur la législation du poids public, V. *infrà*, v° *Poids et mesures*; et sur la police des marchés, V. *suprà*, v° *Halles, foires et marchés*, n°ˢ 40 et suiv. — Sur le caractère civil ou commercial d'une société formée pour l'exploitation de la ferme des droits de pesage public, V. *infrà*, v° *Société*.

**155.** La loyauté dans les transactions commerciales est encore garantie par des lois pénales contre les tromperies sur le titre des matières d'or ou d'argent, sur la qualité des pierres vendues pour fines, sur la nature, le poids ou la mesure des marchandises, enfin contre les falsifications des boissons, des substances ou denrées alimentaires ou médicamenteuses destinées à être vendues, la vente ou la mise en vente de ces boissons, substances ou denrées (C. pén. art. 423 ; Lois du 7 mars 1851 et du 5 mai 1855). Le commentaire de ces textes a été donné au *Rép.* (n°ˢ 244 à 249). Mais comme il fera la matière d'un traité spécial plus important *infrà*, v° *Vente de substances falsifiées*, nous renvoyons à ce mot pour les explications nouvelles qu'il comporte. Nous ne ferons que mentionner certaines lois récentes et spéciales sur cette matière.

Une loi du 14 mars 1887 (D. P. 87. 4. 48) est venue réprimer spécialement les fraudes commises dans la vente des beurres ; et un règlement d'administration publique du 8 mai 1888 (*Journ. off.* du 16), fait en exécution de cette loi, a déterminé le mode et les conditions de leur vérification.

Une loi du 4 févr. 1888 (D. P. 88. 4. 9) est venue réprimer d'une façon spéciale les fraudes commises dans le commerce des engrais; et un décret des 10 mai-22 juin 1889 (D. P. 90. 4. 67), rendu en exécution de cette loi, a prescrit les formalités d'analyse à suivre pour la détermination des matières fertilisantes des engrais; une circulaire du ministre de l'agriculture du 15 janv. 1890 contient en outre des instructions aux préfets pour la répression de ces fraudes.

Enfin une loi du 14 août 1889 (D. P. 89. 4. 110) renferme diverses prescriptions ayant pour objet d'indiquer au consommateur la nature du produit livré à la consommation sous le nom de vin, et de prévenir les fraudes dans la vente de ce produit. Cette loi a reçu une application intéressante dans un arrêt de Montpellier (30 oct. 1890, aff. Aubeuque, D. P. 91. 2. 45) et dans l'arrêt de rejet de la cour de cassation sur la même affaire (Crim. rej. 30 janv. 1891, D. P. 91. 1. 287), lesquels ont déclaré les art. 1 et 6 de cette loi applicables au fait d'expédier, sous le nom de vin, de la piquette alcoolisée, ou du vin étendu d'une forte proportion d'eau et d'alcool, produit autre que celui de la fermentation des raisins frais, bien que les art. 2, 3, 4 et 5 de la même loi n'édictent des mesures spéciales que pour l'expédition des vins de sucre, des vins de raisins secs et du mélange de ces vins.

**156.** Postérieurement à la promulgation de cette loi, la Chambre des députés et le Sénat se sont trouvés saisis de diverses propositions relatives à la fabrication et à la circulation de toutes sortes de vins obtenus par des procédés artificiels. L'une d'entre elles (proposition Jacques et autres, du 10 mars 1890 à la Chambre, *Journ. off.* Doc. parl. 1890, p. 470) tendait à abroger la loi nouvelle faute d'avoir, dans l'état actuel de la science, un moyen de reconnaître la présence des vins de raisins secs dans les vins de vendange. Les autres tendaient à compléter cette loi par une surveillance plus effective (Proposition Griffe au Sénat, 19 nov. 1889, *Journ. off.* Doc. parl., sess. extr. 1889, p. 4; proposition Emile Brousse et autres du 13 mars 1890 à la Chambre, *Journ. off.* Doc. parl. 1890, p. 485; proposition Emile Jamais du 24 mars 1890, *ibid.*, p. 521; projet du Gouvernement du 10 mai 1890, *ibid.*, p. 699).

Les deux dernières, concernant la *fabrication* et l'*imposition* des vins de raisins secs, ont fait l'objet d'un premier rapport de M. Emile Jamais à la Chambre (5 juin 1890, *Journ. off.* Doc. parl. 1890, p. 944), de M. Griffe au Sénat (*Journ. off.* Doc. parl. 1890, p. 191), d'où est sortie la loi du 26 juill. 1890 (D.P. 90. 4. 109), loi « réglementant la surveillance des fabriques de vin de raisins secs et grevant d'un droit modéré la fabrication de ce produit, afin de prévenir les fraudes dans l'intérêt du consommateur et du Trésor, et de protéger dans une certaine mesure la viticulture française contre une concurrence illégitime » (Rapport de M. Griffe). Un décret du 7 oct. 1890 (D. P. 91. 4. 81) a pourvu à son application en « déterminant les conditions des comptes des fabricants et les conditions qui leur sont imposées ».

Les autres propositions, objet d'un rapport de M. Brousse à la Chambre (1er déc. 1890, *Journ. off.* Doc. parl. 1890, sess. extr., p. 455) et de M. Donnet au Sénat (*Ibid.*, 1891, p. 196) ont abouti à la loi du 11 juill. 1891 (D. P. 91. 4. 65), réprimant comme falsification l'addition de certaines substances, et prescrivant : 1° pour les vins de marc ou de sucre, comme pour les vins de raisins secs, l'indication de leur nature dans l'expédition, la vente ou la mise en vente; 2° des limites au plâtrage des vins et l'indication de ce plâtrage; 3° la séparation des vins, des vins de marc ou de sucre et des vins de raisins secs, tant dans les comptes des marchands et entrepositaires avec la régie, que dans leurs magasins, et la conservation par la régie, pour être communiquées au public, des diverses pièces, demandes et déclarations, indiquant les matières reçues par les fabricants, moyens pouvant aider, à défaut de l'analyse chimique, à reconnaître les vins artificiels. Une déclaration finale déclare cette loi, ainsi que celle du 14 août 1889 qu'elle complète, applicables à l'Algérie et aux colonies.

L'explication détaillée de ces lois et de celles mentionnées au numéro précédent, trouvera place *infrà*, v^is *Vente de substances falsifiées* et *Vins et boissons.*

**157.** Remarquons enfin que, si la loi réprime les tromperies commises dans la vente des marchandises, et si, d'autre part, les maires peuvent ordonner l'apport des denrées sur le marché, afin de mieux assurer la fidélité de leur débit et leur inspection en vue de la salubrité publique, ils ne peuvent pas obliger les marchands à marquer les défectuosités des marchandises qu'ils exposent dans la halle au libre examen de l'acheteur.

**158.** Nous n'avons rien à ajouter ici en ce qui concerne soit les marques significatives obligatoires destinées à éclairer les acheteurs sur la matière de certains produits, tels que les ouvrages d'or et d'argent, les étoffes fabriquées avec or ou argent fin ou mi-fin, les velours, les savons (*Rép.* n° 250; — V. *infrà*, v° *Or. et argent*), soit les modes de dévidage et d'enveloppe prescrits pour les cotons filés, soit les règlements de fabrication qu'annonçait la loi de germinal an 11, et que sanctionnait par avance l'art. 413 c. pén., pour les produits destinés à l'exportation étrangère (*Rép.* n° 251). — V. *infrà*, chap. 4, sect. 3, art. 1, n° 304).

### CHAP. 4. — De la propriété industrielle
(*Rép.* n°s 252 à 380).

Sect. 1re. — Dispositions générales (*Rép.* n°s 252 à 278).

Art. 1er. — Notions préliminaires. — Historique. — Droit comparé (*Rép.* n°s 252 à 256).

**159.** Nous ne parlerons pas ici de la propriété des inventions et des découvertes industrielles, auxquelles est consacré un traité spécial (V. *suprà*, v° *Brevet d'invention*, n°s 22 et suiv., 138 et suiv., et 317 et suiv.), sauf pour quelques indications de faits, ou de lois étrangères survenues depuis sa publication (V. *infrà*, n°s 167 et 168).

Mais la propriété industrielle ou commerciale peut s'étendre à d'autres éléments : dessins et modèles industriels, marques de fabrique ou de commerce, noms commerciaux, enseignes, désignations quelconques, fonds de commerce et achalandage, médailles, récompenses et autres distinctions industrielles. Il convient de reprendre ici, au point où l'avait laissée le *Répertoire*, la législation protectrice de ces divers droits, et d'en étudier les progrès.

**160.** — I. Dessins et modèles. — On a vu au *Rép.* n° 253, comment un projet de loi, déposé en 1845 par M. Cunin-Gridaine à la Chambre des pairs, mettait la protection des dessins et modèles industriels en harmonie avec celle des inventions, telle que venait de l'organiser la loi de 1844. Ce projet n'ayant pas abouti, les dessins et modèles industriels continuèrent à n'être régis que par six articles (14 à 19) de la loi du 18 mars 1806, particulière à l'industrie lyonnaise, mais susceptible de s'étendre à toutes les localités où seraient institués des conseils de prud'hommes, par quatre articles du code pénal (art. 425, 426, 427, 429) sur la contrefaçon des œuvres de l'esprit, par l'ordonnance du 17 août 1825 sur le dépôt des dessins pour les fabriques situées hors du ressort d'un conseil de prud'hommes, enfin par la loi du 19 juill. 1793 dans ses dispositions non contraires à celles de 1806, ou pour les œuvres d'art auxquelles cette dernière loi ne serait pas applicable. Cette législation laissant indécises un grand nombre de questions, sa révision fut de nouveau l'objet de projets législatifs en 1856, en 1869, et 1877.

Bien que le projet de 1869 ait dû être retiré par le Gouvernement devant l'opposition des chambres et tribunaux de commerce et des conseils de prud'hommes et devant la difficulté de séparer nettement l'art de l'industrie, la proposition analogue, présentée le 11 janv. 1877 au Sénat par M. Bozérian, y fut adoptée sur la suite d'un rapport étendu de son auteur (V. ce rapport, *Journ. off.* des 25, 26, 27, 28 févr., 1, 2, 3, 4 mars 1879). — Elle fut ensuite l'objet d'un rapport et d'une discussion devant la Chambre des députés. Mais, renvoyée à la commission pour l'examen d'un amendement, elle y resta jusqu'à l'expiration des pouvoirs de cette Chambre. Elle vit expirer les pouvoirs de celle qui lui succéda. — Transmise à une troisième Chambre le 19 nov. 1885, elle y fut attaquée dans son principe même (la séparation d'avec l'œuvre d'art et l'assimilation à l'invention brevetable quant à la durée du droit) par quelques-uns des membres de la commission chargée de l'examiner, et la Chambre ordonna son renvoi à une autre commission, formée pour l'examen d'une proposition de loi relative à la propriété-littéraire et artistique, déposée le 29 mai 1887 par M. Philipon. Cette dernière commission, s'inspirant de la difficulté qu'il y a à distinguer les dessins et modèles industriels des dessins et modèles artistiques, s'inspirait aussi des réclamations de l'industrie lyonnaise et des fabricants bronziers, comprit les dessins et modèles industriels dans la proposition dont elle était principalement saisie concernant la propriété littéraire et artistique. Elle eut pour rapporteur M. Philipon (8 mars 1888). V. Journ. off., Doc. parl. 1888, p. 317. — Le renouvellement de la Chambre étant encore survenu avant la solution législative, la Chambre élue en 1889 se trouve en présence : 1° de la proposition Bozérian, adoptée en 1879 par le Sénat, et encore une fois transmise (25 nov. 1889), sur les dessins et modèles industriels ; 2° de la proposition Philipon, déposée à nouveau le 21 nov. 1889 à la Chambre (Journ. off. Doc. parl., sess. extr. 1889, p. 189), proposition sur laquelle son auteur a de nouveau présenté un rapport le 3 juill. 1890 au nom de la commission parlementaire, et dont le texte a été rectifié depuis (7 déc. 1890, Journ. off. Doc. parl., sess. extr. 1890, p. 524 et suiv.).

**161.** L'écueil auquel devait se heurter la première de ces deux propositions, comme toute proposition séparant le dessin ou modèle industriel du dessin ou modèle artistique, c'était la difficulté d'une définition limitant nettement le domaine de ces deux législations différentes. La loi de 1806 qui la première avait introduit cette séparation, mais seulement pour l'industrie lyonnaise des soieries, n'avait pas eu à tracer cette démarcation difficile entre l'art et l'industrie. La difficulté se révéla au fur et à mesure que la loi de 1806 s'étendait à d'autres localités et d'une manière générale aux autres industries. Il fallut trouver un critérium, et tous ceux qu'on proposait prêtaient à critique. — Est-ce le mode de reproduction, industriel ou artistique, mécanique ou manuel ? Mais les gravures et lithographies les plus artistiques sont reproduites par la machine, tandis que les dentelles et broderies exécutées à la main le sont cependant sur dessin de fabrique. — Est-ce, comme le voulait le congrès de la propriété industrielle tenu à Paris en 1878, la valeur artistique de l'œuvre en elle-même, l'effet que sa contemplation peut produire ? Mais il est impossible, soit à la loi, soit aux tribunaux dans la science de la loi, de dire nettement à quoi se reconnaît la valeur artistique, et de ne pas laisser la question insoluble dans une foule de cas où cette valeur dépend d'une appréciation toute personnelle, et où l'on ne sait si le beau l'emporte sur l'utile, l'idée sur la matière. — Est-ce enfin la destination de l'œuvre, soit destination proprement dite, soit destination principale, à former un objet industriel ou à entrer dans sa composition ? Rien de plus irrationnel, puisque, destinée ou non à orner un objet industriel, l'œuvre a pu demander le même effort intellectuel, le même travail de création, sans compter les difficultés d'appréciation où l'on retombe, s'il s'agit de dire quelle destination de l'œuvre doit être considérée comme la principale et si l'objet auquel elle s'unit n'est pas lui-même artistique. M. Bozérian, au congrès international de la propriété industrielle, en 1878, soutint mais ne put faire prévaloir, ce dernier système, combattu victorieusement par M. Pouillet, bien qu'il fût à peu près celui du projet de 1845 (V. Rép. n° 279). La commission sénatoriale chargée, à la même époque, d'examiner sa proposition de loi, le rejeta également, mais pour s'attacher à la prédominance du caractère industriel sur le caractère artistique, en laissant aux tribunaux le soin de le reconnaître, c'est-à-dire en renonçant à définir l'objet de la loi proposée et en obligeant, dans une foule de cas, les auteurs de dessins ou modèles à chercher la sécurité dans l'observation cumulée des deux législations différentes (V. Journ. off. Doc. parl. 1879, p. 1431), sans le mettre à l'abri de procès chanceux quant à la durée de leur droit, que la proposition limite à quinze ans comme celui des inventeurs s'il est industriel, et qui leur survivrait pendant cinquante ans s'il était artistique.

De là le parti qui prévalut dans la commission de la Chambre des députés, saisie à la fois de la proposition Bozérian sur les dessins et modèles industriels et de la proposition Philipon sur la propriété littéraire et artistique, d'assimiler à cette dernière propriété celle des dessins et modèles industriels. Elle a considéré, d'ailleurs, que la lon-

gue durée du droit artistique, appliquée à ces dessins et modèles, n'a rien de choquant, puisqu'ils ont pu, jusqu'ici, en vertu de la loi de 1806, être même l'objet d'un droit perpétuel sans qu'aucune plainte ait été élevée à ce sujet, et qu'il y a pour la justifier cette différence capitale entre un dessin et une invention brevetable, que, s'il est à présumer que d'autres se seraient rencontrés avec l'inventeur au bout d'un certain temps pour trouver le même procédé que lui en vue d'un résultat industriel qu'il s'agissait de produire et dont la société a besoin de n'être pas privée, au contraire, la variété qui se remarque dans la conception des dessins et modèles, empêche de présumer cette rencontre et laisse au domaine public un champ assez vaste pour y suppléer. En cela, d'ailleurs, on ne fit que céder aux réclamations des représentants des industries artistiques, notamment des fabricants bronziers, contre l'insuffisance du délai de quinze ans en ce qui les concerne. De son côté, le congrès international de la propriété industrielle, tenu en 1889, s'est prononcé contre la recherche d'un critérium et d'une législation distincte pour les dessins et modèles industriels en regard des œuvres artistiques (Journal du droit international privé, 1890, p. 173).

**162. — II. MARQUES ET NOMS.** — Il est un autre élément de la propriété industrielle et commerciale, qui se distingue à la fois des inventions brevetables et des dessins ou modèles. C'est la marque de fabrique ou de commerce, ainsi que le nom ou la raison de commerce, et le nom du lieu de provenance. — On a vu au Rép. (n°s 254 et 255), l'esprit qui animait, d'une part, la loi du 22 germ. an 11 et l'art. 142 c. pén. protégeant par la peine de la réclusion les marques de fabrique en général, et d'autre part, le décret du 5 sept. 1810 protégeant par de simples peines correctionnelles les marques de coutellerie et de quincaillerie en particulier ; on a vu l'incohérence de cette législation, son insuffisance contre certaines manœuvres destinées à tromper l'acheteur sur le lieu de fabrication, la réforme opérée par la loi du 28 juill. 1824 pour atteindre ces manœuvres, et aussi pour mesurer plus sagement la peine en ce qui concerne les suppositions de noms. Mais on a relevé aussi l'illogisme qui présentait encore cette différence de régime entre les noms protégés correctionnellement et les marques protégées criminellement sauf celles de quincaillerie et de coutellerie protégées encore moins sévèrement que les noms. — Le projet de loi déposé par M. Cunin-Gridaine à la Chambre des pairs le 8 avr. 1845 remaniait cette législation en même temps que celle des dessins et modèles industriels. Mais, comme on l'a vu, il n'aboutit que, et ce fut la loi du 23 juin 1857 (D. P. 57. 4. 97) qui vint renouveler la législation des marques en simplifiant la formalité du dépôt et en traitant l'usurpation comme un délit puni de peines correctionnelles. Il fut pourvu à son exécution par un règlement d'administration publique du 26 juill. 1858 (D. P. 58. 4. 149); une autre loi du 26 nov. 1873, applicable aux colonies, la compléta en permettant aux fabricants et commerçants de s'assurer, par l'apposition du timbre ou poinçon de l'Etat, la protection des peines criminelles, protection plus efficace, surtout contre les usurpations étrangères. V. infra, n°s 305, 335. Un décret du 8 août 1879 (D. P. 74. 4. 8) étendit en même temps aux colonies la loi de 1857 et le décret de 1858.

**163.** La loi de 1857, qui forme la législation actuellement en vigueur, ne s'est occupée que des marques, à l'exclusion des noms, laissés sous l'empire de la loi du 28 juill. 1824. — On a fait ressortir les nombreuses discordances que présentent ces deux lois, et dont la plupart sont dénuées de raisons (Lyon-Caen, Revue critique, 1878, p. 693). Une seule des dispositions de la loi de 1857, l'art. 19, vise indistinctement l'apposition frauduleuse d'un nom ou d'une marque, mais seulement lorsqu'elle tend à faire passer pour français un produit fabriqué à l'étranger et introduit en France ou y faisant transit. Une proposition déposée au Sénat par M. Bozérian le 26 mai 1879 (Journ. off. du 4 juin 1879, p. 4612), et transmise à la Chambre des députés le 1er avr. 1885, après adoption par le Sénat, tendait à reviser la loi de 1824 sur les noms, et à combler ses lacunes, en même temps qu'à réprimer pour la première fois l'usurpation des médailles et récompenses industrielles honorifiques. Cette dernière partie de la proposition, paraissant n'avoir aucun rapport avec la première, en fut détachée et devint la loi du 30 avr. 1886 (D. P. 86. 4. 65). L'autre fut retirée par son auteur.

A ce moment, d'ailleurs, les difficultés d'interprétation soulevées par l'art. 19 de la loi de 1857, sur les noms et marques donnant une apparence française à des produits étrangers, venaient d'être l'occasion d'une autre proposition de loi, déposée au Sénat par M. Bozérian et plusieurs de ses collègues, tendant à réprimer spécialement ce genre de fraudes. Cette proposition fut élargie par la commission parlementaire chargée de l'examiner, au point de remplacer, en les abrogeant, les lois de 1857 et de 1824, et de présenter une législation complète sur les marques, les noms et raisons de commerce, et les désignations de provenance. Elle fut l'objet: 1° d'un rapport de M. Dietz-Monnin, au nom de cette commission, le 4 nov. 1886 (*Journ. off.* Doc. parl. 1886, p. 349); 2° d'un rapport supplémentaire avec texte rectifié le 16 déc. 1887 (*Journ. off.* Doc. parl., 1887, p. 57, et 1888, p. 446); 3° d'un nouveau rapport et d'un nouveau texte le 11 nov. 1890, à la suite d'une vaste enquête ouverte près des cours et tribunaux, ainsi que des corps représentatifs des intérêts commerciaux et industriels (Circ. min. com. du 28 mars 1888, *Journ. off.* du 30). Ce rapport et ce texte (V. *Journ. off.*, Doc. parl. Sénat, sess. extr. 1890, p. 14), attendent la discussion.

**164.** Mais un point tout spécial de la législation relative aux marques de fabrique a été l'objet d'une modification législative. C'est celui qui concerne la forme du dépôt. A la suite d'un projet du Gouvernement déposé d'abord à la Chambre des députés le 2 juill. 1887 (V. le rapport de M. Philipon. du 22 nov. 1888, *Journ. off.* Doc. parl. 1888, p. 578), puis à la nouvelle Chambre le 23 nov. 1889 (V. le nouveau rapport de M. Philipon du 17 déc. 1889, *Journ. off.* Doc. parl., sess. extr. 1889, p. 372), une loi du 3 mai 1890 (D. P. 90. 4. 114) prescrivit, outre le dépôt des deux exemplaires déjà requis, le dépôt d'un troisième exemplaire destiné à être remis au déposant lui-même, avec visa du greffier, pour servir, comme pièce justificative, à l'exercice de ses droits, et le dépôt du cliché typographique de la marque pour faciliter et rendre moins coûteuse l'insertion d'un fac-similé au *Bulletin de la propriété industrielle et commerciale*. La fixation du crédit affecté à l'impression de ce bulletin, fixation faite en prévision du vote de cette loi, l'avait rendue urgente. La loi du 3 mai 1890 eut pour conséquence un nouveau règlement d'administration publique du 27 févr. 1891 (*Journ. off.* du 28) qui remplace, en l'abrogeant, celui des 26 juill.-26 août 1858, sur le dépôt et la publication des marques.

**165.** — III. Participation aux expositions internationales. — Il faut encore noter les lois transitoires successives rendues à l'occasion des expositions internationales, pour empêcher la participation à ces expositions d'être l'occasion de certaines déchéances ou de certaines procédures rigoureuses qu'eût autorisées le droit commun. Deux d'entre elles ont été généralisées et rendues applicables d'une manière permanente aux expositions futures. — La loi du 23 mai 1868, généralisant ce qui avait été édicté pour les expositions de 1855 et de 1867 (D. P. 68. 4. 67), relève les inventeurs de dessins (comme d'inventions brevetables) de la nullité que le fait d'exposer, envisagé comme fait de divulgation, aurait fait encourir, d'après le droit commun, au dépôt ultérieur du dessin (comme à la demande ultérieure de brevet). — Puis une loi du 30 oct. 1888 (D. P. 89. 4. 51), faisant pour l'exposition universelle de 1889 ce qui avait été fait par deux lois antérieures pour l'exposition universelle de 1878, et pour l'exposition internationale d'électricité de 1881 (L. 8 avr. 1878, D. P. 78. 4. 50; 5 juill. 1881, D. P. 82. 4. 54) relève les exposants brevetés de la déchéance produite par l'introduction en France d'objets étrangers similaires pour figurer à l'exposition; elle considère même ce fait comme valant exploitation en France pour écarter la déchéance résultant du défaut d'exploitation en France pendant deux années consécutives. Sur ces deux causes de déchéance, elle ne parle que des brevets, sans mentionner les dessins et modèles, ce qui semble indiquer qu'elle ne les en croit pas susceptibles. Enfin, s'inspirant d'une innovation de la loi de 1881, elle défend, dans l'intérieur de l'exposition, la saisie autrement que par description, pour contrefaçon d'invention brevetée ou de dessin ou de marque déposée (V. *infrà*, n° 396).

**166.** — IV. Bureau et bulletin officiel de la propriété industrielle et commerciale. — Comme on l'a indiqué plus haut, le ministère du commerce, de l'industrie et des colonies publie depuis le 1er janv. 1884 un *Bulletin officiel de la propriété industrielle et commerciale*, moyen plus sûr et plus commode de prémunir les tiers contre les contrefaçons inconscientes, soit d'inventions brevetées, soit de marques de fabrique, que la recherche qu'on devait faire jusque-là, soit dans tous les greffes ou toutes les préfectures de France, soit au Conservatoire des arts et métiers de Paris ou au ministère du commerce, avec le risque de n'y pas trouver encore une marque déjà déposée dans un greffe, un brevet déjà demandé dans une préfecture. — Cette feuille officielle se rattache à une création d'une portée plus large encore, et qui date de la fin de 1882, celle d'un *Bureau de la propriété industrielle* au ministère du commerce, sur le modèle du *Patent Office* de Londres, de celui de Washington et du *Patent-Amt* de Berlin.

Il faut signaler, enfin, parmi les institutions récentes qui intéressent la propriété industrielle, un office institué par la convention internationale du 20 mars 1883 sous le nom de *Bureau international de l'union pour la protection de la propriété industrielle*. Ce bureau, dont les frais sont supportés par tous les Etats qui ont adhéré à l'union du 20 mars 1883, est placé sous l'autorité de l'Administration supérieure de la Confédération suisse, et fonctionne sous sa surveillance; il centralise les renseignements de toute nature relatifs à la propriété industrielle, et les réunit en une statistique générale; il publie une feuille périodique en langue française sur les questions concernant l'objet de l'union. Nous étudierons à propos des droits des étrangers (*infrà*, n° 212 et suiv.) les dispositions de la convention du 20 mars 1883, en ce qui touche la protection internationale de la propriété industrielle.

**167.** — V. Congrès international de 1889 sur la propriété industrielle. — L'exposition universelle de 1889 a été l'occasion d'un congrès international sur la propriété industrielle. Nous rapprocherons les résolutions de ce congrès des diverses parties de cette législation auxquelles elles se rapportent. Mais en ce qui touche les *brevets d'invention*, qui ont déjà fait l'objet d'un traité spécial (V. ce mot), il nous semble utile d'en grouper ici les plus importantes, comme indication complémentaire. Le congrès de 1889 s'est prononcé: 1° contre l'examen préalable soit de la nouveauté, soit de l'utilité, soit de la moralité de l'invention, soit de la suffisance de la description et des dessins, soit de la complexité de la demande; — 2° Pour la discussion contradictoire avec le demandeur du brevet, avant tout rejet pour irrégularité dans la forme de la demande; — 3° Pour le secret pendant six mois de la description, si l'inventeur le demande, sans préjudice, en tout cas, du droit de préférence pendant un an pour les perfectionnements; — 4° Pour le droit des tiers qui exploiteraient secrètement l'invention avant le dépôt de la demande de brevet et dans le pays même où le brevet a été pris; — 5° Pour le principe de l'expropriation pour cause d'utilité publique; — 6° Contre le principe des licences obligatoires; — 7° Pour une durée de vingt ans et contre l'idée d'une durée variable suivant la nature des produits, ou d'une durée fractionnée, comme elle l'est chez nous, en Espagne ou ailleurs; — 8° Pour l'admission au brevet des produits chimiques ou pharmaceutiques et des procédés propres à les obtenir; — 9° Pour la compétence des tribunaux ordinaires, avec assistance d'un expert et d'un jury industriel; — 10° Pour le droit des étrangers, sans condition de réciprocité, mais avec constitution d'un représentant jusqu'à la délivrance du brevet à défaut de domicile réel ou élu dans le pays; — 11° Pour le privilège de l'inventeur déjà breveté à l'étranger ou de ses ayants droit; — 12° Pour l'indépendance des droits résultant des brevets demandés dans divers pays pour un même objet; — 13° Pour un délai de priorité d'un an dans les divers pays après un premier dépôt fait dans l'un d'eux et notifié en termes précis à un bureau international; — 14° Contre l'interdiction d'introduire des objets similaires fabriqués à l'étranger; — 15° Contre l'exigence d'une fabrication dans aucun des pays où l'on a obtenu le brevet; — 16° Contre tout caractère illicite attribué au passage en transit (*Journal du droit international privé*, 1890, p. 171).

Tableau de la législation relative a la propriété
industrielle.

**2-5 mai 1855.** — Loi qui garantit jusqu'au 1er mai 1856
les inventions industrielles et les dessins de fabrique admis à
l'Exposition universelle de 1855 (D. P. 55. 4. 52).
**23-27 juin 1857.** — Loi sur les marques de fabrique et de
commerce (D. P. 57. 4. 97).

### Tit. 1. — Du droit de propriété des marques.

Art. 1. — La marque de fabrique ou de commerce est facultative.
Toutefois, des décrets, rendus en la forme des règlements d'administration publique, peuvent exceptionnellement la déclarer
obligatoire pour les produits qu'ils déterminent.
Sont considérés comme marques de fabrique et de commerce
les noms sous une forme distinctive, les dénominations, emblèmes, empreintes, timbres, cachets, vignettes, reliefs, lettres,
chiffres, enveloppes et tous autres signes servant à distinguer
les produits d'une fabrique ou les objets d'un commerce.
2. Nul ne pourra revendiquer la propriété exclusive d'une
marque s'il n'a déposé au greffe du tribunal de commerce de
son domicile : 1° trois exemplaires du modèle de cette marque;
2° le cliché typographique de cette marque.
En cas de dépôt de plusieurs marques appartenant à une
même personne, il n'est dressé qu'un procès-verbal, mais il doit
être déposé autant de modèles en triple exemplaire et autant de
clichés qu'il y a de marques distinctes.
L'un des exemplaires déposés sera remis au déposant, revêtu
du visa du greffier et portant l'indication du jour et de l'heure
du dépôt.
Les dimensions des clichés ne devront pas dépasser 12 centimètres de côtés.
Les clichés seront rendus aux intéressés après la publication
officielle des marques par le département du commerce, de l'industrie et des colonies (Ainsi modifié par la loi du 3 mai 1890,
D. P. 90. 4. 114).
3. Le dépôt n'a d'effet que pour quinze années.
La propriété de la marque peut toujours être conservée pour
un nouveau terme de quinze années au moyen d'un nouveau
dépôt.
4. Il est perçu un droit fixe de 1 fr. pour la rédaction du procès-
verbal de dépôt de chaque marque et pour le coût de l'expédition, non compris les frais de timbre et d'enregistrement.

### Tit. 2. — Dispositions relatives aux étrangers.

5. Les étrangers qui possèdent en France des établissements
d'industrie ou de commerce jouissent, pour les produits de leurs
établissements, du bénéfice de la présente loi, en remplissant
les formalités qu'elle prescrit.
6. Les étrangers et les Français dont les établissements sont
situés hors de France jouissent également du bénéfice de la présente loi, pour les produits de ces établissements, si, dans les
pays où ils sont situés, des conventions diplomatiques ont établi
la réciprocité pour les marques françaises.
Dans ce cas, le dépôt des marques étrangères a lieu au greffe
du tribunal de commerce du département de la Seine.

### Tit. 3. — Pénalités.

7. Sont punis d'une amende de 50 fr. à 3000 fr. et d'un emprisonnement de trois mois à trois ans, ou de l'une de ces peines
seulement :
1° Ceux qui ont contrefait une marque ou fait usage d'une
marque contrefaite ;
2° Ceux qui ont frauduleusement apposé sur leurs produits ou
les objets de leur commerce une marque appartenant à autrui ;
3° Ceux qui ont sciemment vendu ou mis en vente un ou plusieurs produits revêtus d'une marque contrefaite ou fraduleuse-
ment apposée.
8. Sont punis d'une amende de 50 fr. à 2000 fr. et d'un emprisonnement d'un mois à un an ou de l'une de ces peines seulement :
1° Ceux qui, sans contrefaire une marque, en ont fait une imitation frauduleuse de nature à tromper l'acheteur, ou ont fait
usage d'une marque frauduleusement imitée ;
2° Ceux qui ont fait usage d'une marque portant des indications propres à tromper l'acheteur sur la nature du produit ;
3° Ceux qui ont sciemment vendu ou mis en vente un ou
plusieurs produits revêtus d'une marque frauduleusement imitée
ou portant des indications propres à tromper l'acheteur sur la
nature du produit.
9. Sont punis d'une amende de 50 fr. à 1000 fr. et d'un emprisonnement de quinze jours à six mois ou de l'une de ces peines seulement :

1° Ceux qui n'ont pas apposé sur leurs produits une marque
déclarée obligatoire ;
2° Ceux qui ont vendu ou mis en vente un ou plusieurs produits
ne portant pas la marque déclarée obligatoire pour cette espèce
de produits ;
3° Ceux qui ont contrevenu aux dispositions des décrets rendus
en exécution de l'art. 1er de la présente loi.
10. Les peines établies par la présente loi ne peuvent être
cumulées.
La peine la plus forte sera seule prononcée pour tous les faits
antérieurs au premier acte de poursuite.
11. Les peines portées aux art. 7, 8 et 9 peuvent être élevées
au double en cas de récidive.
Il y a récidive lorsqu'il a été prononcé contre le prévenu, dans
les cinq années antérieures, une condamnation pour un des délits
prévus par la présente loi.
12. L'art. 463 c. pén. peut être appliqué aux délits prévus par
la présente loi.
13. Les délinquants peuvent, en outre, être privés du droit de
participer aux élections des tribunaux et des chambres de commerce, des chambres consultatives des arts et manufactures, et
des conseils de prud'hommes, pendant un temps qui n'excédera
pas dix ans.
Le tribunal peut ordonner l'affiche du jugement dans les lieux
qu'il détermine, et son insertion intégrale ou par extrait dans
les journaux qu'il désigne, le tout aux frais du condamné.
14. La confiscation des produits dont la marque serait reconnue
contraire aux dispositions des art. 7 et 8 peut, même en cas
d'acquittement, être prononcée par le tribunal, ainsi que celle
des instruments et ustensiles ayant spécialement servi à commettre le délit.
Le tribunal peut ordonner que les produits confisqués soient
remis au propriétaire de la marque contrefaite ou fraudulense-
ment apposée ou imitée, indépendamment de plus amples dommages-intérêts, s'il y a lieu.
Il prescrit, dans tous les cas, la destruction des marques
reconnues contraires aux dispositions des art. 7 et 8.
15. Dans le cas prévu par les deux premiers paragraphes de
l'art. 9, le tribunal prescrit toujours que les marques déclarées
obligatoires soient apposées sur les produits qui y sont assujettis.
Le tribunal peut prononcer la confiscation des produits, si le
prévenu a encouru, dans les cinq années antérieures, une condamnation pour un des délits prévus par les deux premiers paragraphes de l'art 9.

### Tit. 4. — Juridictions.

16. Les actions civiles relatives aux marques sont portées
devant les tribunaux civils et jugées comme matières sommaires.
En cas d'action intentée par la voie correctionnelle, si le prévenu soulève pour sa défense des questions relatives à la propriété de la marque, le tribunal de police correctionnel statue
sur l'exception.
17. Le propriétaire d'une marque peut faire procéder par tous
huissiers à la description détaillée, avec ou sans saisie, des produits qu'il prétend marqués à son préjudice en contravention
aux dispositions de la présente loi, en vertu d'une ordonnance
du président du tribunal civil de première instance ou du juge
de paix du canton, à défaut de tribunal dans le lieu où se trouvent les produits à décrire ou à saisir.
L'ordonnance est rendue sur simple requête et sur la présentation du procès-verbal constatant le dépôt de la marque. Elle
contient, s'il y a lieu, la nomination d'un expert, pour aider l'huissier dans sa description.
Lorsque la saisie est requise, le juge peut exiger du requérant un cautionnement, qu'il est tenu de consigner avant de
faire procéder à la saisie.
Il est laissé copie, tant des objets décrits ou saisis, de
l'ordonnance et de l'acte constatant le dépôt du cautionnement,
le cas échéant, à peine de nullité et de dommages-intérêts contre l'huissier.
18. A défaut par le requérant de s'être pourvu, soit par la voie
civile, soit par la voie correctionnelle, dans le délai de quinzaine,
outre un jour par cinq myriamètres de distance entre le lieu où
se trouvent les objets décrits ou saisis et le domicile de la partie
contre laquelle l'action doit être dirigée, la description ou saisie
est nulle de plein droit, sans préjudice des dommages-intérêts
qui peuvent être réclamés, s'il y a lieu.

### Tit. 5. — Dispositions générales ou transitoires.

19. Tous produits étrangers portant soit la marque, soit le
nom d'un fabricant résidant en France, soit l'indication du nom
ou du lieu d'une fabrique française, sont prohibés à l'entrée et
exclus du transit et de l'entrepôt, et peuvent être saisis, en quelque lieu que ce soit, soit à la diligence de l'administration des
douanes, soit à la requête du ministère public ou de la partie
lésée.

Dans le cas où la saisie est faite à la diligence de l'administration des douanes, le procès-verbal de saisie est immédiatement adressé au ministère public.

Le délai dans lequel l'action prévue par l'art. 18 devra être intentée, sous peine de nullité de la saisie, soit par la partie lésée, soit par le ministère public, est porté à deux mois.

Les dispositions de l'art. 14 sont applicables aux produits saisis en vertu du présent article.

20. Toutes les dispositions de la présente loi sont applicables aux vins, eaux-de-vie et autres boissons, aux bestiaux, grains, farines, et généralement à tous les produits de l'agriculture.

21. Tout dépôt de marques opéré au greffe du tribunal de commerce antérieurement à la présente loi aura effet pour quinze années, à dater de l'époque où ladite loi sera exécutoire.

22. La présente loi ne sera exécutoire que six mois après sa promulgation. Un règlement d'administration publique déterminera les formalités à remplir pour le dépôt et la publicité des marques et toutes les autres mesures nécessaires pour l'exécution de la loi.

23. Il n'est pas dérogé aux dispositions antérieures qui n'ont rien de contraire à la présente loi.

**26 juill.-11 août 1858.** — Décret portant règlement d'administration publique pour l'exécution de la loi du 23 juin 1857 sur les marques de fabrique et de commerce (D. P. 58. 4. 149).

**5-9 juin 1864.** — Décret concernant le dépôt des dessins et modèles de fabrique étrangers (D. P. 64. 4. 79).

**3-5 avr. 1867.** — Loi qui garantit jusqu'au 1er avr. 1868 les inventions susceptibles d'être brevetées et les dessins de fabrique qui seront admis à l'exposition universelle de 1867 (D. P. 67. 4. 40).

**23-25 mai 1868.** — Loi relative à la garantie des inventions susceptibles d'être brevetées et des dessins de fabrique qui seront admis aux expositions publiques, autorisées par l'Administration dans toute l'étendue de la France (D. P. 68. 4. 67).

**8 août-3 sept. 1873.** — Décret déclarant applicables aux colonies la loi du 23 juin 1857 sur les marques de fabrique et de commerce et le décret du 26 juill. 1858 portant règlement d'administration publique pour l'exécution de ladite loi (D. P. 74. 4. 40).

**25 juin.-3 août 1874.** — Décret portant règlement d'administration publique pour l'exécution de la loi du 26 nov. 1873, relative à l'établissement d'un timbre ou signe spécial destiné à être apposé sur les marques commerciales et de fabrique (D. P. 75. 4. 20).

**25 juin.-3 août 1874.** — Décret portant création de types destinés à timbrer les étiquettes bandes ou enveloppes en papier sur lesquelles figurent des marques de fabrique ou de commerce (D. P. 75. 4. 22).

**26 nov.-2 déc. 1874.** — Loi relative à l'établissement d'un timbre ou signe spécial destiné à être apposé sur les marques commerciales et de fabrique (D. P. 74. 4. 21).

**30 avr.-12 mai 1886.** — Loi relative à l'usurpation des médailles et récompenses industrielles (D. P. 86. 4. 65).

**30 oct.-1er nov. 1888.** — Loi portant dérogation à la loi du 5 juill. 1844 sur les brevets d'invention et à la loi du 23 juin 1857 sur les marques de fabrique pour les produits admis à l'exposition universelle de 1889 (D. P. 89. 4. 51).

**3-4 mai 1890.** — Loi portant modification à l'art. 2 de la loi du 23 juin 1857 sur les marques de fabrique et de commerce (D. P. 90. 4. 114).

**27-28 févr. 1891.** — Décret portant règlement d'administration publique pour l'exécution de la loi du 23 juin 1857 modifiée par celle du 3 mai 1890 sur les marques de fabrique et de commerce (Journ. off. du 28 févr. 1891).

**168.** — VI. DROIT COMPARÉ. — Les indications de droit comparé déjà données en ce qui concerne les brevets d'invention (V. ce mot, n[os] 8 et suiv.) comportent, par suite du temps écoulé depuis leur publication, une sorte de complément qui trouvera naturellement sa place dans le tableau suivant des lois étrangères sur la propriété industrielle en général.

**169.** — ALLEMAGNE. — 1° Dessins et modèles. — La loi du 11 janv. 1876 a inauguré leur protection, sauf pour la Prusse rhénane et l'Alsace-Lorraine, où elle existait déjà, la législation française y étant restée en vigueur. — Sans définir les dessins et modèles industriels, elle les protège dans la personne de l'auteur, de son héritier ou de son cessionnaire, en considérant comme auteur de l'industriel sur l'ordre et pour le compte duquel ils ont été exécutés par un dessinateur, peintre ou sculpteur employé dans son établissement. — Elle punit la contrefaçon, même obtenue par des procédés différents, ou pour une autre branche d'industrie, ou indirectement sur une reproduction de l'œuvre originale, ou encore malgré des différences de proportions ou de couleurs ou des

changements impossibles à discerner sans une attention particulière ; — mais non la copie faite à la main, sans destination industrielle, ni la reproduction, dans l'industrie plastique, de dessins destinés à l'industrie textile, et réciproquement, ni la reproduction dans le corps d'un écrit, ni le fait d'utiliser quelques parties d'un dessin ou modèle pour en produire un nouveau. — Comme condition de sa protection, elle exige une déclaration et un dépôt d'un exemplaire ou d'une représentation figurative, au tribunal du principal établissement où à celui du domicile, si l'on n'a aucune raison commerciale inscrite, ou au tribunal de commerce de Leipzig, si l'on n'a ni établissement ni domicile en Allemagne. Ce dépôt doit être antérieur à toute mise en circulation d'objets fabriqués. Il conserve son effet depuis un an jusqu'à trois ans. On peut le faire prolonger jusqu'à quinze ans. La taxe annuelle est de 1 mark pour les trois premières années, 2 marks pour une prolongation de trois à dix ans, 3 marks au delà de dix ans. Le registre des dessins est tenu par les autorités chargées de tenir les registres du commerce. Les modèles sont déposés ouverts ou cachetés, isolément ou en paquets limités pourtant à cinquante dessins ou modèles et à dix kilog. Ils sont ouverts, en tout cas, au bout de trois ans, ou à l'expiration du délai de protection, s'il est plus court. Les enregistrements et prolongations de délai sont publiés au journal officiel dans le délai d'un mois, aux frais du déclarant. L'enregistrement a lieu sans examen préalable du droit du déclarant, ni de l'exactitude de sa déclaration. Il fait présumer le déclarant propriétaire jusqu'à preuve contraire. Toute personne peut obtenir communication du registre et des dessins ou modèles ouverts. — Les poursuites, expertises et peines sont réglées par renvoi à la loi du 11 juin 1870 sur la contrefaçon des écrits. Mais la destruction est remplacée par la transformation ou la mise en dépôt au choix du propriétaire des objets contrefaits. Les procès civils en indemnité sont considérés comme affaires commerciales dans les termes du droit commun. Les dessins et modèles d'auteurs allemands ne sont protégés que si les objets fabriqués l'ont été en Allemagne, mais sans distinguer où ils se débitent. Les auteurs étrangers ayant leur établissement industriel en Allemagne sont protégés pour les objets fabriqués en Allemagne. Dans les autres cas, la protection des étrangers se règle sur les traités internationaux (V. pour plus de détails, la traduction et les notes de M. Morillot, Ann. de lég. étr., 1877, p. 114).

2° Marques. — La loi du 30 nov. 1874 a donné à l'Empire une législation uniforme et complète sur les noms, les raisons de commerce et les marques. Elle s'est substituée à l'art. 287 c. pén. de 1870, qui ne pouvait suffire, car il ne visait que les noms et raisons de commerce, bien qu'ayant amené l'abrogation des lois des divers pays allemands sur les marques. En Alsace-Lorraine, elle se substitua à la loi française de 1857, qui y était jusque-là demeurée applicable.

Les commerçants et industriels dont la raison commerciale est enregistrée au registre de commerce (ce qui ne peut comprendre les produits agricoles, mais ce qui peut s'étendre à certaines personnes non commerçantes, comme les exploitants de mines, admis par le code de commerce à cet enregistrement) peuvent seuls faire protéger une marque emblématique par une déclaration avec dépôt de la marque et du cliché, suivie d'enregistrement sur le registre de commerce du lieu de leur principal établissement. La déclaration doit indiquer les espèces de marchandises auxquelles la marque est destinée. L'enregistrement est refusé (sauf pour une marque déjà considérée avant 1875 comme appartenant au requérant) si la marque consiste exclusivement en chiffres, lettres ou mots, ou reproduit des armes publiques, ou contient des images scandaleuses. Les marques enregistrées sont publiées au Moniteur de l'Empire aux frais de l'intéressé, et de même loin radiation, laquelle a lieu d'office quand une condition de l'enregistrement vient à manquer, ou quand dix ans sont écoulés sans demande de maintien, auquel cas le droit acquis par le dépôt s'éteint. Le dépôt est considéré comme attributif du droit lui-même. Un droit de 50 marks est perçu pour le premier enregistrement des marques que les lois anciennes du pays ne protégeaient pas avant 1875.

L'apposition par un tiers, sur des marchandises ou sur leur enveloppe, d'une marque enregistrée, d'un nom ou d'une raison de commerce d'un producteur ou commerçant résidant en Allemagne, ainsi que la vente ou l'exposition de ces marchandises, ouvre une action en dommages-intérêts, et en outre, si le fait a eu lieu sciemment, une action pénale, qui ne peut être intentée que sur la plainte de la partie lésée. Peu importent les changements qui exigent pour être aperçus une attention spéciale. Une composition fixée à forfait par le juge, au maximum de 5000 marks peut remplacer l'estimation du dommage, sur la demande de la partie lésée, mais seulement en cas de condamnation pénale et accessoirement à la peine. Le juge peut ordonner la destruction des marques et, s'il le faut, celle des enveloppes et marchandises. La condamnation au criminel donne à la partie lésée le droit de publier le jugement aux frais du condamné. Les procès privés concernant la protection des marques, noms et raisons de commerce, sont considérés comme affaires commerciales. Les producteurs, commerçants et industriels non établis en Allemagne peuvent y faire protéger leurs marques, noms et raisons de commerce, si ceux des Allemands jouissent dans le pays où ils sont établis d'une protection constatée par un avis publié dans le *Bulletin des lois de l'Empire*, mais sous la condition de déclarer la marque au tribunal de commerce de Leipzig, en acceptant sa compétence, et de prouver qu'on a rempli dans le pays étranger les conditions nécessaires pour y être protégé, la protection allemande ne pouvant dépasser la mesure et la durée de la protection étrangère (V. pour plus de détails, la traduction et les notes de M. Lyon-Caen, *Ann. de lég. étr.*, 1875, p. 140).

**170.** — Angleterre. — 1° *Inventions.* — La loi du 25 août 1883, qui a amendé et codifié la législation sur les brevets d'invention, les dessins et les marques de fabrique, a donné lieu à une loi d'interprétation du 25 juin 1886, décidant que la spécification complète qui accompagne une demande de brevet peut se référer aux dessins joints à la spécification provisoire; au lieu de présenter comme annexes des dessins nouveaux (*Ann. de lég. étr.*, 1887, p. 52).

2° *Dessins et modèles.* — Les dessins et modèles industriels autrefois régis par la loi du 10 août 1842, sont maintenant compris dans celle du 25 août 1883, qui codifie les règles concernant les divers éléments de la propriété industrielle. Elle modifie peu, d'ailleurs, la loi de 1842 ; mais elle ne vise, au point de vue du dépôt, que les dessins dits d'*ornement* qui correspondent à nos dessins de fabrique, par opposition aux dessins d'*utilité* qui correspondent à nos modèles. La sculpture industrielle reste protégée par la loi du 18 mai 1814. Il est tenu pour les dessins un registre semblable à celui des brevets. D'après sa définition, la loi de 1883 comprend tous genres de dessins applicables à un article fabriqué, soit qu'il indique la nature ou la configuration de l'article, soit qu'il doive l'ornementer, et quel que soit le procédé (manuel, mécanique ou chimique) employé pour son application. La durée de la protection est de cinq ans. Le dessin ne peut avoir reçu aucune publicité dans le royaume avant le dépôt. Le contrôleur chargé de recevoir le dépôt peut le refuser sauf appel devant le *Board of Trade*. Le dépôt reste secret pendant toute sa durée, excepté pour le déposant et les personnes munies de son autorisation écrite. Cependant on peut être autorisé, en payant une taxe, à examiner un dessin, non à le copier, ce qui n'est permis qu'à l'expiration du terme du dépôt. Le dépôt est annulé si, dans les six mois qui suivent l'enregistrement, le dessin est appliqué à l'étranger sans l'être en Angleterre. Les articles mis en vente doivent porter la marque de l'enregistrement du dessin appliqué sur eux (V. *Ann. de lég. étr.*, 1884, p. 91).

3° *Marques.* — La protection spéciale des marques de fabrique, déjà admise en Angleterre par un acte du 7 août 1862, fut subordonnée pour la première fois à un dépôt et à un enregistrement par la loi du 13 août 1875, actuellement remplacée par celle du 25 août 1883, qui codifie toutes les règles relatives à la propriété industrielle. — Une marque ne peut être enregistrée que si elle contient un ou plusieurs des éléments suivants : 1° le nom d'un individu ou une raison sociale, imprimé, timbré ou tissé d'une manière spéciale ; 2° la signature autographe ou reproduite de la personne ou de la raison sociale qui demande l'enregistrement ; 3° un emblème, marque, empreinte, en-tête, étiquette, un ou plusieurs mots de fantaisie n'appartenant pas au langage usuel.

Les lettres, chiffres ou mots du langage usuel peuvent s'y ajouter, mais non la composer exclusivement, à moins d'avoir été employés comme marques avant la loi du 13 août 1875. On ne peut employer les armoiries ou insignes de l'autorité publique. La demande doit être accompagnée du dépôt de la marque et d'un cliché de cette marque. Elle doit indiquer à quels genres particuliers de produits la marque est destinée. Peuvent être enregistrées plusieurs marques semblables, mais différant quant aux produits auxquels elles sont destinées, ou par les indications spéciales aux prix, qualités, numéros, etc. Le contrôleur à qui est demandé l'enregistrement peut le refuser, sauf appel au *Board of Trade*, qui peut renvoyer l'affaire devant la cour. Les demandes sont portées à la connaissance du public, qui peut, dans les deux mois de cette publication, faire opposition à l'enregistrement. La personne dont la marque est enregistrée est réputée *à priori* avoir sur elle un droit exclusif, qui devient indiscutable 5 ans après l'enregistrement. L'effet de l'enregistrement dure 14 ans, sauf renouvellement pour une nouvelle période. Le requérant paye une taxe fixée par le *Board of Trade* (V. *Ann. de lég. étr.*, 1884, p. 92). — Une autre loi du 23 août 1887 *pour consolider et amender la législation relative aux marques frauduleuses sur les marchandises* est venue remplacer celle du 7 août 1862 sur le même sujet, qui péchait par une procédure coûteuse et compliquée et par la nécessité d'une preuve souvent impossible d'intention frauduleuse. Elle défend de marquer inexactement : 1° le nombre, la quantité, mesure ou contenance, ou le poids ; 2° la place ou région de production ; 3° le moyen de production ou de fabrication ; 4° la matière ; 5° l'existence d'un brevet, privilège ou droit d'auteur. Elle punit l'usage frauduleux de toute marque de fabrique protégée par la loi en Angleterre, ou dans une possession britannique, ou dans un État étranger faisant partie de l'union pour la protection de la propriété industrielle. Les marques indiquant un lieu d'origine ne doivent être employés pour des marchandises fabriquées ailleurs, qu'avec une addition capable d'empêcher l'erreur. Les officiers de la douane doivent saisir les colis marqués frauduleusement (V. pour plus de détails sur les dispositions et l'origine de cette loi, la traduction et la notice de M. Barclay dans l'*Annuaire de législation étrangère*, 1888, p. 53).

La loi du 25 août 1883, qui ne fait aucune distinction de nationalité (Pouillet, *Marques*, 3° éd., p. 965), donne à la reine le pouvoir de conclure des conventions avec les États étrangers en vue de la protection réciproque des inventions, des dessins et des marques de fabrique. En conséquence de ces conventions, toute personne ayant obtenu la protection d'une invention, d'un dessin ou d'une marque dans un État avec lequel un traité aurait été conclu, pourra se faire délivrer un brevet ou faire admettre un dessin ou une marque à l'enregistrement en Angleterre, de préférence à tout autre, et ce brevet ou cet enregistrement aura la même date que celle fixée dans le pays d'origine. La demande devra être faite en Angleterre dans un délai de sept mois pour un brevet, et de quatre mois pour un dessin ou une marque de fabrique. Toute marque de fabrique régulièrement déposée dans son pays d'origine sera alors admise à l'enregistrement en Angleterre (*Ibid.*, 1884, p. 93).

**171.** — Autriche-Hongrie. — 1° *Dessins et modèles.* — La loi du 7 déc. 1858 (*Annales de la propr. ind.*, 1859, p. 197) complétée par une instruction ministérielle du 24 déc. 1858, et modifiée dans deux de ses articles par la loi du 23 mai 1865, entend par dessin ou modèle de fabrique tout type se rapportant à la forme d'un produit industriel et pouvant être identifié avec lui. Elle subordonne la protection à un dépôt fait soit à découvert, soit sous enveloppe cachetée. Ce dépôt est frappé d'une taxe annuelle. Il est nul si le dessin ou modèle a été déjà décrit dans quelque publication imprimée. Celui au nom de qui le dessin est enregistré est considéré comme propriétaire jusqu'à preuve contraire. La durée de la protection est de trois ans au plus. Elle consiste en une action civile, et, si l'usurpation a eu lieu sciemment, en une action pénale, formée, soit d'office, soit à la requête de la partie lésée, qui peut, avant même toute décision, demander la saisie des produits incriminés. Aucune distinction n'est faite entre les nationaux et les étrangers domiciliés en Autriche ou y possédant un établissement d'industrie ou de commerce. Le droit s'éteint faute d'exploitation en Autriche dans l'année, ou pour introduction en Autriche d'objets fabriqués à l'étranger d'après le dessin.

2° *Marques.* — Une loi du 6 janv. 1890, modifiant celle du 7 déc. 1858, règle en Autriche la protection des marques de fabrique, comprenant sous ce mot « tous les signes particuliers qui distinguent les objets servant au commerce et les marchandises, des autres objets et marchandises semblables, tels qu'images, chiffres, vignettes, etc. Elle exige l'enregistrement sur demande accompagnée d'un cliché long de 20 cent., large de 13 cent. et haut de 25 millim. Cet enregistrement peut être refusé pour certains motifs dont il doit être donné connaissance à l'intéressé qui a le droit, dans les trente jours, de déposer à la chambre de commerce une plainte au ministre. Ne peuvent être employés dans les marques les portraits de l'empereur et des membres de la famille impériale, les armoiries, chiffres, lettres ou devises, exclusivement affectés à l'État ou autres personnes publiques, les images immorales ou choquantes ou contraires à l'ordre public, ou les devises ne répondant pas à la vérité ou à l'objet qu'elles désignent ou de nature à tromper le consommateur. On ne peut appliquer les marques à distinguer des marchandises qui rentrent dans le commerce général. L'usage des marques est facultatif, mais peut être déclaré obligatoire par le ministre du commerce pour certaines catégories de marchandises. Il est spécial au genre d'objets pour lequel la marque a été choisie et n'exclut pas l'emploi des mêmes marques par d'autres pour d'autres genres d'objets. L'enregistrement doit être renouvelé de dix en dix ans sous peine de déchéance. La protection des marques étrangères doit être réglée par les conventions diplomatiques (V. *Rev. gén. d'adm.*, 1890, t. 2, p. 98 et 495).

En *Hongrie*, le code pénal du 29 mai 1878 chap. 34, punit la falsification des sceaux ou poinçons de l'État, leur usage, et la falsification de marques de fabrique. Ce dernier délit ne peut être poursuivi que sur la dénonciation de la partie lésée (*Ann. de lég. étr.*, 1879, p. 286).

**172.** — Belgique. — 1° *Inventions.* — A l'arrêté royal du 24 mai 1854 (V. *suprà*, v° *Brevet d'inventions*, n° 12), réglant l'exécution de la loi belge sur les brevets d'invention, il faut ajouter ceux du 12 sept. 1861 et du 23 juin 1877 (V. *France judiciaire*, 1878, t. 1, p. 323, un résumé de la législation belge sur la matière).

2° *Dessins et modèles.* — Cette matière est encore, comme chez nous, régie par la loi de 1806. Elle fit l'objet, en 1863, d'un projet de loi qui devint caduc par la dissolution des chambres, puis, en 1876, d'un autre projet qui n'a pas abouti. Mais la loi du 22 mars 1886 sur la propriété littéraire et artistique déclare s'étendre aux œuvres d'art même reproduites par des procédés industriels ou appliquées à l'industrie (art. 21, *Ann. de lég. étr.*, 1887, p. 462).

3° *Marques.* — La loi du 1er avr. 1879 est venue combler les lacunes et faire disparaître les divergences de la législation antérieure composée à peu près comme l'était la nôtre avant 1857. — Elle protège comme marque de fabrique ou de commerce tout signe servant pour désigner les produits d'une industrie ou les objets d'un commerce (y compris l'industrie agricole d'après les explications échangées dans la discussion), le nom de personne ou la raison sociale dans la forme distinctive qui lui est donnée par l'intéressé. — Pour en prétendre l'usage exclusif (même en vertu de l'art. 1382 c. civ., d'après la discussion), il faut en déposer le modèle en triple, avec le cliché, au greffe du tribunal. Le dépôt, en ce sens, est attributif du droit d'action. Mais il est simplement déclaratif de la propriété de la marque, en ce sens qu'il ne peut émaner que du premier possesseur de cette marque. Le droit ne s'étend qu'au genre de commerce ou d'industrie pour lequel le déposant a déclaré l'intention de se servir de la marque. Le dépôt est suivi d'enregistrement et de publication dans un recueil spécial. Il donne lieu à une taxe de 10 fr. Ses effets sont perpétuels, sans condition de renouvellement. — Le bénéfice de la loi s'étend aux étrangers exploitant en Belgique. Les étrangers ou Belges exploitant hors de Belgique y ont droit aussi s'il y a réciprocité diplomatique avec le pays où ils exploitent. Le dépôt se fait alors au tribunal de commerce de Bruxelles. — La transmission de la marque n'a lieu qu'avec celle de

l'établissement et n'a d'effet, à l'égard des tiers qu'après un dépôt taxé aussi à 10 fr. — Les faits délictueux sont déterminés, à quelques nuances près, comme dans la loi française. Les peines sont l'emprisonnement et l'amende. La confiscation des produits et des instruments peut être ordonnée, et les objets confisqués peuvent être adjugés au plaignant qui s'est constitué partie civile, à compte ou à concurrence de ses dommages-intérêts. La destruction des marques peut être ordonnée dans tous les cas, ainsi que l'affichage et l'insertion du jugement, aux frais du condamné. L'action publique ne peut être intentée que sur la plainte de la partie lésée. L'action civile, intentée séparément de l'action publique, est de la compétence des tribunaux de commerce ou des tribunaux civils, suivant les distinctions établies par le droit commun (V. pour plus de détails la traduction et les notes de M. Lyon-Caen, *Ann. de lég. étr.*, 1880, p. 467; Georges de Rô, *Commentaire de la loi du 1er avril 1879, sur les marques de fabrique et de commerce;* Braun, *Nouveau traité des marques de fabrique et de commerce,* 1880).

**173.** — Brésil. — 1° *Inventions.* — La loi du 28 août 1830 dont nous avions donné le résumé (*suprà*, v° *Brevet d'invention*, n° 13), a été remplacée par celle du 14 oct. 1882, complétée par un règlement du 30 décembre suivant. D'après cette nouvelle législation, la durée du brevet ne peut dépasser quinze ans. Les étrangers sont assimilés aux nationaux sans condition de réciprocité. Le titulaire d'un brevet étranger peut en obtenir au Brésil une confirmation donnant les mêmes droits que le brevet accordé au Brésil sans pouvoir durer plus que le brevet étranger. Il a un droit de priorité sur toute autre demande, si la sienne est formée dans les sept mois de la demande faite par lui à l'étranger. Des titres temporaires sont délivrés pour l'essai ou pour les expositions officiellement reconnues. Les brevets sont délivrés sans examen préalable, moyennant une taxe annuelle progressive. Les descriptions et brevets sont centralisés aux archives nationales et sont publiés au journal officiel. Le brevet est périmé, entre autres causes, faute d'exploitation dans les trois ans et pour interruption pendant un an, sauf le cas de force majeure justifiée. Le brevet peut être exproprié pour cause d'utilité publique. (*Ann. de lég. étr.*, 1883, p. 1068).

2° *Marques.* — La loi du 14 oct. 1887 a refondu, de manière à y comprendre les noms, celle du 23 oct. 1875, qui, la première s'était occupée des marques. Elle garantit l'usage exclusif des marques d'industrie ou de commerce sous la condition d'un dépôt de la marque et de son cliché et d'un enregistrement soumis à une taxe, enregistrement dont le certificat doit être publié dans les trente jours au journal officiel. Elle punit aussi l'usurpation d'un nom ou d'une forme commerciale faisant ou non partie d'une marque enregistrée; — Elle admet comme marque tout ce qui fait distinguer les objets : nom, dénomination nécessaire ou vulgaire, forme ou raison sociale, lettres ou chiffres, pourvu qu'ils revêtent une forme distinctive. Elle exclut les armoiries et autres signes distinctifs publics ou officiels, nationaux ou étrangers, les noms commerciaux et formes sociales dont le requérant ne pourrait légitimement se servir, les noms de lieux ou d'établissement autres que ceux de provenance, les marques offensantes pour les tiers ou pour les bonnes mœurs, celles qui reproduisent ou imitent une marque déjà déposée pour un objet de la même espèce. Elle admet l'examen préalable du défaut de nouveauté. L'effet de l'enregistrement dure quinze ans, sauf renouvellement. Le non-usage pendant trois ans consécutifs entraîne déchéance. — La transmission de la marque n'a lieu qu'avec celle de l'entreprise et doit être mentionnée au registre et publiée. — Le concurrent lésé peut provoquer l'action pénale et réclamer des dommages-intérêts; mais il doit faire publier le jugement de condamnation pour le rendre exécutoire. On peut demander encore la perquisition ou expertise, la saisie et la destruction des marques délictueuses non encore utilisées, l'enlèvement des marques déjà apposées, la saisie et le dépôt des marchandises marquées, pour garantir le payement de l'amende et des dommages-intérêts, saisie et dépôt qui perdent leur effet faute d'action dans les trente jours. — La loi ne protège les étrangers non établis au Brésil que sous condition de réciprocité diplomatique d'enregistrement, de dépôt et de publication au Brésil (V. pour plus de détails le texte et les notes, *Ann. de lég. étr.*, 1888, p. 973).

3° Il n'existe pas de loi sur les *dessins et modèles de fabrique*.

**174.** — Canada. — 1° *Inventions*. — Un acte du 22 mai 1888, chap. 18, modifie l'acte sur les brevets d'invention (*Ann. de lég. étr.*, 1889, p. 952).

2° *Dessins et modèles*. — Le chap. 22 du statut du 15 mai 1879, protège, en même temps que les marques, les dessins industriels, mais ne paraît pas s'étendre aux modèles. D'après cet acte, combiné avec un acte de 1876, les dessins sont déposés à découvert et enregistrés au ministère de l'agriculture pour cinq ans au maximum. Le ministre peut refuser l'enregistrement pour défaut de nouveauté ou par immoralité, sauf appel au gouverneur statuant en conseil privé. La taxe est de cinq dollars. Les cessions et licences d'exploitation doivent être enregistrées également au ministère avec payement d'une taxe de deux dollars. Tout objet sur lequel le dessin est appliqué doit porter la marque de l'enregistrement (Rd) (Pouillet, *Dessins et modèles*, 2° éd. p. 192; Rapport de M. Bozérian au Sénat, *Journ. off.* du 25 févr. 1879, p. 1409; *Ann. de lég. étr.*, 1880, p. 895).

3° *Marques*. — Le chap. 22 du statut précité du 15 mai 1879, assimilant les étrangers aux nationaux, organise l'enregistrement des marques de commerce sur dépôt de ces marques et d'un cliché typographique comme condition de leur protection, et permet de refuser cet enregistrement pour diverses causes parmi lesquelles figurent le défaut de nouveauté et le caractère immoral. Sans préjudice des poursuites qui peuvent être intentées en l'absence même d'enregistrement contre quiconque marque frauduleusement des marchandises, en vertu de l'acte du 14 juin 1872 (*Ann. de lég. étr.*, 1873, p. 56) modifié par un acte du 22 mai 1888, chap. 41 (*Ann. de lég. étr.*, 1889, p. 960).

**175.** — Chili. — *Marques*. — La loi du 12 nov. 1874, sur les marques de fabrique, le nom commercial et le lieu de fabrication exige dans la marque l'addition des lettres M de F ou M de C pour distinguer les marques de fabrique des marques de commerce, elle prescrit le dépôt d'un cliché, et assimile les étrangers aux nationaux sans condition de réciprocité (Pouillet, *Marques*, 3° éd. p. 970; Rapport suppl. n° 101 de M. Dietz-Monnin au Sénat, *Journ. off.* Doc. parl., sess. extr. 1887, p. 62).

**176.** — Congo. — *Marques*. — Dans un ensemble de lois intéressant l'Etat indépendant du Congo figure un décret du 26 avr. 1888 et un arrêté administratif du 27, concernant les marques de fabrique et de commerce (*Ann. de lég. étr.*, 1889, p. 892).

**177.** — Espagne. — Une loi du 2 nov. 1850, après l'art. 217 c. pén., protège les marques de fabrique (Pouillet, p. 842) en exigeant le dépôt non seulement de la marque, mais du cliché typographique, Il n'existe aucune loi spéciale sur les dessins de fabrique. Mais la loi du 10 janv. 1879 sur la propriété littéraire et artistique reconnaît à l'auteur d'une œuvre des arts du dessin, un droit exclusif comprenant tous les modes de reproduction et le droit d'exposition publique (Rapport de M. Philipon à la Chambre (*Journ. off.* Doc. parl., 1888, p. 344).

**178.** — Etats scandinaves. — 1° *Inventions*. — Une ordonnance du 26 juin 1885 a modifié la loi *suédoise* du 16 mai 1884 sur les brevets d'invention, en ce sens: 1° que la rétroactivité de la demande de brevet faite en Suède jusqu'à la date de la demande faite à l'étranger dans les six mois qui précédent, rétroactivité reconnue seulement sous condition de réciprocité avec le pays étranger, est admise toutes les fois qu'il s'agit d'un pays compris dans la convention du 20 mars 1883 pour la protection de la propriété industrielle; — 2° Que le délai est porté à sept mois pour les pays hors d'Europe (*Ann. de lég. étr.*, 1886, p. 518).

La *Norvège*, qui n'avait sur les brevets d'invention, quand nous avons traité cette matière, que l'art. 82 de la loi du 15 juill. 1839 sur l'industrie, s'est donnée le 16 juin 1885 une loi complète ressemblant sur beaucoup de points à la loi suédoise du 16 mai 1884. Les brevets sont de quinze ans. Ils sont délivrés après examen préalable de la régularité de la demande, de la brevetabilité et de la nouveauté même de l'invention. Un avis à l'intéressé doit le mettre à même de réparer les irrégularités de sa demande. Un avis publié

ouvre à toute personne intéressée un droit d'opposition. La publication par voie d'impression, ou dans des expositions universelles, n'empêche la délivrance du brevet qu'après en pays étranger ne l'empêche en Norvège qu'après un délai de sept mois. La demande d'un brevet en pays étranger ne l'empêche en Norvège qu'après un délai de six mois. La demande d'un brevet en pays étranger est alors censée, à l'égard de toutes autres, avoir été faite en même temps que celle faite à l'étranger, mais sous condition de réciprocité de la part de l'Etat étranger. Une invention brevetée peut être l'objet d'une expropriation au profit de l'Etat ou au profit du public, à charge d'indemnité. Un droit de préférence est donné au principal inventeur pendant deux ans pour les brevets de perfectionnement (V. la traduction, *Ann. de lég. étr.*, 1886, p. 509).

2° *Marques*. — La protection des marques de fabrique est organisée en Suède et en Norvège par une même loi promulguée en Norvège le 26 mai et en Suède le 5 juill. 1884 avec de légères différences de texte. Elle n'était auparavant l'objet d'aucun texte en Suède; un article du code pénal y pourvoyait seul en Norvège.

Tous fabricants, agriculteurs, possesseurs de mines, commerçants et toutes personnes exerçant une profession quelconque, peuvent, outre le droit qui leur appartient de faire usage de leur nom ou raison sociale ou du nom d'une de leurs propriétés comme marque de fabrique ou marque de marchandises, acquérir, par un enregistrement soumis à une taxe de quarante *kroner* et moyennant un dépôt qui doit comprendre un cliché typographique, le privilège de se servir de marques spéciales pour distinguer leurs marchandises. Ce droit s'applique à toutes espèces de marchandises, quand, lors de l'enregistrement, il n'a pas été restreint à certaines d'entre elles. Il est garanti, outre l'action en dommages-intérêts, par des peines d'emprisonnement et d'amende en cas de mauvaise foi du contrefacteur.» L'enregistrement est inséré dans les feuilles d'annonces publiques et dans le journal d'enregistrement, publié par les soins de l'autorité. L'enregistrement peut être refusé : 1° si la marque se compose de chiffres, lettres ou mots n'ayant pas une forme assez particulière pour être une marque figurée; 2° ou d'un nom d'individu ou de propriété dont le requérant n'a pas le droit de se servir; 3° ou d'armes ou marques publiques; 4° ou de dessins scandaleux; 5° ou si elle est facile à confondre avec une marque déjà enregistrée au profit d'un tiers. La marque ne peut être cédée qu'avec le fonds de commerce, et la cession du fonds vaut cession de la marque. L'enregistrement produit ses effets pendant une période de dix ans renouvelable. Des ordonnances royales peuvent, sous la condition de la réciprocité, étendre aux étrangers le bénéfice de cette loi; mais le requérant doit avoir un mandataire domicilié dans le royaume. La protection d'une marque déjà enregistrée à l'étranger ne lui assure qu'une protection limitée, dans ses effets et sa durée, à celle déjà acquise en pays étranger; il est censé avoir la même date que l'enregistrement étranger si celui-ci ne remonte pas à plus de six mois; l'enregistrement de la même marque au profit d'un tiers dans cet intervalle doit céder devant la preuve d'une antériorité d'usage et de la mauvaise foi de ce tiers (V. pour plus de détails, *Ann. de lég. étr.*, 1885, p. 602).

Préparée par une commission internationale des trois Etats scandinaves, cette loi était destinée aussi au Danemark. Elle n'y fût reçue que le 11 avr. 1890 (Rapport de M. Dietz-Monnin sur la proposition Bozérian, *Journ. off.* Doc. parl., p. 100). La matière y était d'ailleurs réglée jusque là par une loi du 2 juill. 1880 (*Annuaire de législation étrangère*, 1881, p. 540) présentant avec celle-ci une grande analogie.

3° Il n'existe pas dans les Etats scandinaves de loi sur les *dessins et modèles* de fabrique (Rapport de M. Philippon à la Chambre *Journ. off.* parl. 1888, p. 347; Pouillet, *Dessins et modèles*, 2° éd., p. 196).

**179.** — Etats-Unis. — 1° *Dessins et modèles*. — La loi fédérale du 8 juill. 1870 (remplaçant celles des 29 août 1842 et 4 mars 1861) procède plutôt par énumération que par définition des dessins et modèles de fabrique ou d'art. Ces dessins donnent lieu à des patentes de trois ans et six mois de sept ans ou de quatorze ans, suivant la demande de l'intéressé. La taxe est de dix, quinze ou trente dollars par dessin, suivant celle de ces trois périodes qui est demandée.

Le dépôt a lieu au *Patent Office* de Washington et à découvert. Il est nul si le dessin ou modèle a été déjà décrit dans une publication imprimée (Rapport de M. Bozérian au Sénat, *Journ. off.* 25 févr. 1879, p. 1409 ; Pouillet, *Dessins et modèles* 2 éd., p. 193).

2° *Marques*. — La *common law* des Etats-Unis a toujours reconnu la propriété des marques au point de vue de la réparation du préjudice causé par leur usurpation; et plusieurs lois particulières des Etats de l'Union prononcent même des peines contre ces usurpations. Mais il n'y eut pas de loi fédérale sur cette matière avant celle du 8 juill. 1870, qui, embrassant les brevets d'invention, les dessins et modèles de fabrique et d'art, les marques de fabrique et de commerce, subordonnait la propriété des marques à leur enregistrement au *Patent Office* de Washington, et celle du 14 août 1876 qui punissait de l'amende et de la prison l'emploi frauduleux, la mise en vente et la contrefaçon des marques régulièrement enregistrées. Encore ces lois furent-elles déclarées inconstitutionnelles par la cour suprême des Etats-Unis, la constitution ne donnant au congrès le pouvoir de légiférer que sur les droits des auteurs et inventeurs, ou sur la réglementation du commerce avec les nations étrangères ou entre les divers Etats de l'Union et en outre avec les tribus indiennes, mais non entre les citoyens d'un même Etat comme l'avaient fait ces lois. Cette décision ayant eu pour résultat de rendre incertain le sort des traités faits par les Etats-Unis avec d'autres nations, et notamment avec la France en 1869 pour la protection réciproque des marques, on proposa, soit une addition à la constitution complétant les pouvoirs du congrès, soit une nouvelle loi fédérale où il ne serait pas question du commerce entre citoyens d'un même Etat pour rester dans les termes de la constitution. Ce dernier parti prévalut dans une loi du 3 mars 1881, visant seulement les marques de fabrique et de commerce en usage dans les relations avec les nations étrangères ou avec les tribus indiennes, et supposant d'autre part que les propriétaires de ces marques sont domiciliés aux Etats-Unis ou résident dans un pays ou dans une tribu donnant par un traité, une convention ou une loi des droits semblables; aux citoyens des Etats-Unis.

Cette loi admet l'enregistrement de la marque moyennant le dépôt de la marque, du cliché et de certaines pièces, l'accomplissement de certaines formalités et le payement d'une somme de 25 dollars. L'enregistrement de la marque a pour effet d'en prouver *à priori* la propriété, et de conférer au propriétaire une action en dommages-intérêts contre les usurpateurs. Il conserve ses effets pendant trente ans, sauf renouvellement toujours possible dans les dix derniers mois pour une égale période.

L'enregistrement est refusé si la marque n'est pas l'objet de l'emploi prévu par la loi, ou si elle consiste exclusivement dans le nom du requérant, ou si elle peut être confondue avec la marque d'une autre personne déjà enregistrée pour une même espèce de marchandises. La loi enfin déclare ne porter aucune atteinte aux droits qu'on aurait eus sans elle, par conséquent au droit de propriété déjà reconnu par la coutume, ou à la protection déjà établie par les lois particulières de plusieurs Etats. — Pour plus de détails, V. la traduction de cette loi et la notice de M. Lyon-Caen, *Ann. de lég. étr.*, 1882, p. 776.

**180.** — GRÈCE: — L'art. 432 c. pén. du 30 déc. 1833 protège les œuvres qui peuvent être reproduites par l'impression, la gravure ou tout autre procédé analogue. Cette protection est limitée à quinze années. Les dessins de fabrique peuvent en bénéficier. Quant aux marques, à moins de rentrer dans les termes de cette protection, comme, par exemple, lorsqu'elles consistent en étiquettes, vignettes, etc., elles ne donnent lieu qu'à l'application des règles de la concurrence déloyale: Le principe de la réciprocité est appliqué aux étrangers (Pouillet, *Marques de fabrique*, 3e éd. p. 973 ; Bozérian, rapport au Sénat, *Journ. off.* du 26 févr. 1879, p. 1429).

**181.** — INDES ANGLAISES. — Une loi du 16 mars 1888 modifie la législation sur la protection des inventions et dessins de fabrique.

1° *Inventions.* — Les inventeurs peuvent, au moyen d'une demande adressée au gouverneur général, avec descriptions et dessins, obtenir un privilège qui dure quatorze ans, sauf

prolongation possible pour sept ans. Une taxe est due pour le privilège et pour la prolongation. Le registre des inventions est communiqué au public. L'invention peut être utilisée par un fonctionnaire de l'Etat, pour le bien du service public, moyennant indemnité. Et le privilège peut être retiré pour usage préjudiciable à l'Etat ou à l'intérêt public.

2° *Dessins.* — Leur protection ressemble à celle des inventions. Par dessins on entend les figures, formes ou configurations données à un objet, ou les combinaisons de lignes effectuées sur ou avec cet objet, mais non l'objet lui-même. L'auteur du dessin en est réputé propriétaire, à moins qu'il ne l'ait exécuté sur l'ordre d'un tiers avec juste rémunération (V. l'analyse de cette loi *Ann. de lég. étr.*, 1889, p. 1051).

**182.** — ITALIE. — 1° *Dessins et modèles.* — Ils sont protégés par la loi du 30 août 1868 et le décret du 7 févr. 1869; mais sans être définis. La protection est limitée à deux ans. Le dépôt est fait à la préfecture qui transmet dessin et demande au ministère de l'agriculture, du commerce et du commerce. Il est secret. La taxe est de 10 fr. Les poursuites et peines sont réglées par application de la loi du 30 oct. 1859 sur les brevets d'invention (Rapport de M. Bozérian au Sénat, *Journ. off.* du 26 févr. 1879, p. 1429; Fauchille, p. 275 ; Pouillet, *Dessins et modèles*, 2e éd., p. 194).

2° *Marques et noms.* — La loi du 30 août 1868, remplaçant celle du 12 mars 1855, et complétée par un règlement d'administration publique, protège les marques, même au profit des étrangers s'ils ont en Italie des magasins, dépôts et succursales. Les étrangers qui n'y ont aucun établissement ne sont protégés qu'en cas de réciprocité. La protection de la marque est subordonnée au dépôt de cette marque et d'un cliché. Pour les noms et raisons sociales, le dépôt n'est pas nécessaire, et les étrangers sont protégés sans condition de réciprocité (Pouillet, *Traité des marques de fabrique*, 3e éd., p. 974; *Ann. de la propr. ind.*, 1880, p. 289).

**183.** — JAPON. — 1° *Inventions.* — La loi du 18 avr. 1885 admet le système de l'examen préalable, et aussi le droit pour l'Etat d'exproprier l'inventeur, moyennant indemnité, si son invention est nécessaire au service de l'armée ou répond à un besoin général. Elle permet au ministre de transporter à l'inventeur d'un perfectionnement la propriété de l'invention brevetée, sauf indemnité, si le breveté lui refuse les moyens d'exploiter son perfectionnement. Les produits doivent porter la marque du brevet. Il y a déchéance pour défaut d'exploitation pendant deux années consécutives, ou pour importation d'objets similaires de l'étranger, comme en France (*Ann. de droit comm.*, 1887, t. 2, p. 339).

2° *Marques.* — La loi du 7 juin 1884, inspirée par la législation allemande, fait du dépôt et de l'enregistrement, non seulement la condition essentielle de la protection, mais un acte constitutif de la propriété elle-même; car il l'emporte sur l'antériorité d'usage qu'invoquerait un second déposant. De plus, l'enregistrement n'a lieu que sur examen préalable, et peut être refusé pour défaut de nouveauté, pour marque consistant exclusivement en un nom de lieu ou de personne, en une dénomination de produits, en armoiries nationales ou étrangères, en un signe répandu sur le marché, en mots ou en lettres. Les oppositions sont reçues pendant trois mois. Le dépôt se périme par un délai de quinze ans, à moins d'être renouvelé dans les trois derniers mois. La taxe est de 10 *yen* pour le dépôt, 5 pour le renouvellement, ou pour l'extension à un autre genre d'articles. Les contrefaçons sont punies d'emprisonnement et d'amende sur la plainte de la partie lésée, indépendamment de l'action en dommages-intérêts. La marque est confisquée, mais la marchandise. Celle-ci pourtant est détruite, si c'est nécessaire (*Ann. de droit comm.*, 1888, t. 2, p. 52).

**184.** — LUXEMBOURG. — 1° *Marques.* — La loi du 28 mars 1883 inspirée surtout par la loi belge de 1879, est venue combler les nombreuses lacunes de la législation antérieure, principalement composée d'anciens textes français aujourd'hui abrogés. Elle admet comme marque tout signe distinctif, et le nom d'une personne ou une raison sociale, pourvu que ce soit sous une forme distinctive et caractéristique. Au rebours de la loi allemande, elle admet le principe du dépôt déclaratif, laissant à la propriété, non au seul fait du dépôt, mais à la priorité d'usage. Le droit exclusif est d'ailleurs limité au genre d'objets désigné dans l'acte de dépôt. Elle ordonne la publication au *Mémorial* des marques déposées; mais sans fixer de délais. Elle écarte tout examen préalable, sauf celui du payement de la taxe, qui est de 10 fr. L'effet du dépôt est limité à dix ans, sauf renouvellement. Les étrangers exploitant dans le Grand-Duché jouissent du bénéfice de la loi en remplissant ses formalités; Il en est de même, sous condition de réciprocité diplomatique, pour les étrangers et Luxembourgeois exploitant hors du Grand-Duché, sans que la protection, dans ce cas, puisse dépasser, en effet ou en durée, celle dont la marque est déjà l'objet dans le pays d'origine. La transmission de la marque n'est possible qu'avec celle de l'établissement, et n'a d'effet, à l'égard des tiers, qu'après le dépôt. Les délits sont déterminés comme dans la loi française. Sont facultatifs pour le juge la confiscation des produits délictueux et leur adjudication au plaignant à compte sur les dommages-intérêts, la destruction des marques contrefaites, l'affichage et l'insertion du jugement. Les actions intentées par la voie civile sont portées exclusivement devant les tribunaux d'arrondissement siégeant en matière de commerce, quelle que soit la qualité du demandeur ou du défendeur (V. pour plus de détails la traduction et la notice de M. Rabaroust, *Ann. de lég. étr.*, 1884, p. 556).

2° Il n'existe pas de loi sur les dessins et modèles de fabrique.

**185.** — Pays-Bas. — 1° *Marques.* — La loi du 25 mai 1880 est venue combler les lacunes de la législation antérieure, composée uniquement des art. 142 et 143 c. pén., des art. 16 et 18 de la loi française du 22 germ. an 11, et de l'arrêté du 23 niv. an 9 sur les marques de quincaillerie et de coutellerie. Comme la loi anglaise, elle assimile les étrangers aux nationaux sans condition de réciprocité. Elle subordonne la protection à un dépôt coûtant 10 gulden et suivi d'enregistrement: Ce dépôt, fait au greffe du tribunal d'arrondissement, est publié à la fois par les ministres de la justice et de l'intérieur; tout intéressé a six mois pour faire une opposition sur laquelle le tribunal refuse ou ordonne l'enregistrement: Cet enregistrement, publié à son tour, a effet que pour quinze ans, sauf renouvellement. Sont exclus les lettres, chiffres ou mots ordinaires, les armoiries et insignes de l'autorité publique. Les peines sont l'emprisonnement et l'amende. La loi admet la saisie et la confiscation ainsi que le jugement du jugement (V. pour plus de détails, *Ann. de lég. étr.*, 1881, p. 395).

2° Il n'existe pas de loi sur les dessins et modèles de fabrique (Rapport de M. Philipon à la Chambre, *Journ. off.* Doc. parl. 1888, p. 347; Pouillet, *Dessins et modèles*, 2° éd. p. 195).

**186.** — Portugal. — 1° *Dessins et modèles.* — La propriété des dessins et modèles de fabrique est protégée par le code pénal sous la condition d'un dépôt au greffe du tribunal de première instance à Lisbonne (Rapport de M. Bozérian au Sénat, *Journ. off.* du 26 févr. 1879, p. 1429; Pouillet, *Dessins et modèles*, 2° éd. p. 195; Thirion, *Dessins et modèles*, p. 57).

2° *Marques.* — La loi du 4 juin 1883 rappelle beaucoup les dispositions de la loi française par le principe de la marque facultative, par le droit donné aux industriels et commerçants de faire estampiller leurs marques par l'Etat, par la nécessité du dépôt et de l'enregistrement, par les divers faits qu'elle frappe d'emprisonnement ou d'amende, par le droit de saisir et par la publication des jugements. Elle exclut les simples mots, lettres ou chiffres tracés sans forme distinctive, les armoiries et insignes de l'autorité publique. Elle assimile aux nationaux les étrangers exerçant en Portugal un commerce ou une industrie; et donne aux autres les droits et garanties accordés aux sujets portugais par la législation de leur pays. — Elle ordonne de saisir, dès leur arrivée dans l'une des douanes portugaises, les produits étrangers portant une marque portugaise ou une marque contenant le nom ou la raison sociale d'un industriel ou commerçant résidant en Portugal, ou d'un établissement de commerce ou d'industrie ayant son siège en Portugal, ou l'indication d'une localité de ce pays. Mais elle excepte le cas où il est présenté un document authentique ou légalisé prouvant que c'est du consentement de l'intéressé qu'il est fait usage de cette marque, de ce nom ou de cette raison sociale (V. pour plus de détails *Ann. de lég. étr.*, 1884, p. 479).

**187.** — Roumanie. — Les marques de fabrique sont régies par une loi du 14 avr. 1879, analogue à la loi française. L'art. 10 exige la réciprocité diplomatique pour la protection des marques étrangères (Pouillet, *Marques*; 3° éd. p. 977; *Ann. de la propr. ind.*, 1880; p. 320).

**188.** — République Argentine. — Il existe une loi du 19 août 1876 sur les marques de fabrique. L'art. 42 assimile les étrangers sans condition de réciprocité (Pouillet, *Marques*, 3° éd. p. 966; *Ann. de la propr. ind.*, 1876, p. 341).

**189.** — Russie. — 1° *Dessins et modèles.* — La loi du 11 juill. 1864 garantit la propriété des dessins et modèles destinés à la reproduction dans les fabriques, usines et autres ateliers industriels. La protection dure d'un à dix ans au choix du déposant. Le dépôt se fait à Saint-Pétersbourg ou à Moscou, au ministère des finances, section des manufactures et du commerce. Il est secret pendant un an, et peut l'être jusqu'à trois ans, si on le demande. La taxe est de 2 fr. par an et par dessin. Les plaintes en contrefaçon sont soumises à l'examen préalable du département des manufactures à Moscou; la condamnation rentre dans le domaine de la justice. Les ouvrages reproduisant le dessin ou modèle doivent porter une marque apparente indiquant la date d'expiration du privilège. Les mutations, dans la propriété doivent être déclarées et enregistrées au département des manufactures (Rapport de M. Bozérian au Sénat, *Journ. off.* du 26 févr. 1879; p. 966; *Ann. des dessins et modèles de fabrique en France et à l'étranger*, 1877; p. 57).

2° *Marques.* — La loi russe punit de la peine du faux l'usurpation des marques de fabrique commise au préjudice d'un sujet russe, avec confiscation de la marchandise revêtue de la marque contrefaite au profit du propriétaire de la marque (Schmoll, *Traité pratique des brevets d'invention, dessins, modèles et marques de fabrique*, 1875, p. 564).

**190.** — Serbie. — Une loi des 30 mai-11 juin 1884 organise la protection des échantillons et modèles industriels. Une loi de même date organise la protection des marques de fabrique (*Ann. de lég. étr.*, 1885, p. 705).

**191.** — Suisse. — A l'époque où nous traitions des *brevets d'invention* (V. ce mot n° 8), les inventions étaient encore dépourvues de toute protection en Suisse, ce qui tenait en partie à l'absence de dispositions constitutionnelles permettant à la Confédération de légiférer sur la matière. Il en était de même pour les dessins et modèles industriels. Il fallut que l'art. 64 de la constitution fût revisé à ce double point de vue (10 juill. 1867), pour qu'une loi fédérale du 29 juin 1888 vint protéger les inventions, et une autre du 21 déc. 1888 les dessins et modèles. Quant aux marques de fabrique et de commerce, elles furent, dès le 19 déc. 1879, l'objet d'une loi fédérale; nul n'ayant contesté sur ce point les pouvoirs de la Confédération.

1° *Inventions.* — La loi du 29 juin 1888, complétée par des règlements d'exécution des 12 oct. et 24 juin 1889, se fait surtout remarquer par les points suivants que signale M. Lyon-Caen (*Ann. de lég. étr.*, 1889, p. 637). L'invention n'est brevetable que si elle est représentée par un modèle. Sa nouveauté est compromise par les faits survenus à l'étranger, s'il en est résulté une publicité suffisante en Suisse. Le brevet dure quinze ans. La taxe est annuelle et progressive. Des facilités de payement sont données aux brevetés sans ressources. Il y a déchéance, entre autres causes, pour défaut d'exploitation pendant trois ans, et pour importation d'objets brevetés de l'étranger si, en même temps, le propriétaire du brevet a refusé des demandes de licences suisses présentées sur des bases équitables. Le propriétaire d'un brevet pour une invention d'une réelle importance, s'il ne peut l'exploiter sans utiliser une autre invention déjà brevetée sur demande faite depuis trois ans, peut exiger du propriétaire de cette dernière invention l'octroi d'une licence; à charge de lui en accorder une pour la seconde invention, si elle est aussi en connexité avec la première. Les brevets sont susceptibles d'expropriation pour cause d'utilité publique. Ils sont délivrés sans examen préalable, mais non sans un avis préalable et secret donné à l'intéressé si son invention ne paraît pas brevetable, afin qu'il puisse modifier ou abandonner sa demande. On peut demander un brevet provisoire, qui assure pendant deux ans le droit d'obtenir un brevet définitif, malgré la publicité donnée à l'invention dans l'intervalle, mais qui 'ne permet pas encore d'agir en contrefaçon. Le brevet définitif, bien que sa durée se calcule de la date du brevet provisoire, n'a point d'effet rétro-actif. La simple faute, l'imprudence et la négligence n'encourent point les peines de la contrefaçon. Les contrefacteurs ne peuvent être poursuivis que sur la plainte de la partie lésée. Ils ne peuvent l'être si le breveté a négligé de marquer ses produits de la croix fédérale et du numéro du brevet (V. la traduction et les notes de M. Lyon-Caen, *Ann. de lég. étr.*, 1889, p. 633 et 637).

2° *Dessins et modèles.* — La loi fédérale du 21 déc. 1888, complétée par un règlement d'exécution du 24 mai 1889, était devenue d'autant plus nécessaire que divers traités, notamment le traité franco-suisse du 24 févr. 1882, étaient venus donner aux Français et aux étrangers de divers pays le droit de faire protéger en Suisse leurs dessins et modèles, tandis que les citoyens suisses, investis du même droit dans ces mêmes pays étrangers, n'avaient aucune protection dans leur propre pays. — Cette loi ne s'applique qu'aux dessins et modèles industriels, non aux œuvres artistiques protégées par la loi fédérale du 23 avr. 1880 sur la propriété littéraire et artistique (V. *Ann. de lég. étr.*, 1884, p. 569 et suiv.), ni aux inventions brevetables régies par la loi du 29 juin 1888 (*suprà*); mais elle ne donne pas de critérium pour les distinguer. Elle traite sur beaucoup de points les dessins et modèles comme les inventions: Elle admet en cette matière la transmission, la cession, le nantissement, la licence, mais avec enregistrement à l'égard des tiers. Le droit exclusif dure deux, cinq, dix ou quinze ans au choix de l'intéressé; la taxe est fixe, mais progresse suivant sa période d'application. Il y a déchéance pour défaut de payement de la taxe dans les deux mois de son échéance, et pour exploitation insuffisante. Il y a nullité pour défaut de nouveauté, pour publicité industrielle antérieure au dépôt, ou si le déposant n'est pas l'auteur ou son ayant cause, ou s'il est convaincu de fausse déclaration faite sous enveloppe cachetée. La demande d'enregistrement, avec dépôt d'un exemplaire ou d'une représentation suffisante du dessin ou modèle, est présentée au bureau fédéral de la propriété industrielle. Le dépôt peut être fait à découvert ou sous enveloppe cachetée, isolément ou en paquets, mais limités à cinquante dessins ou modèles et à 10 kilogrammes. L'enregistrement a lieu sans examen préalable des droits du déposant, ni de l'exactitude de ses déclarations, mais il peut être refusé, s'il s'agit d'une œuvre d'art ou d'une invention brevetable ou d'un dessin ou modèle de nature scandaleuse. L'enregistrement est suivi de publication. Les dépôts ouverts sont communiqués au public. Les dépôts cachetés sont ouverts au bout de deux ans. Les pénalités ne sont pas applicables au cas de simple faute, imprudence ou négligence. La répression pénale n'a lieu que sur la plainte de la partie lésée. Sont à l'abri de toute poursuite l'emploi de motifs figurant dans le dessin pour en produire un nouveau, ainsi que les modifications d'armures ou des dispositions de couleurs du tissu, s'il ne s'agit pas du métier Jacquard. La plainte peut donner lieu à des mesures conservatoires, à la description et au besoin à la saisie avec ou sans cautionnement. Le tribunal peut ordonner la confiscation des objets saisis, à compte ou à concurrence des dommages-intérêts et des amendes, ainsi que la publication de son jugement. Il prescrit la destruction des instruments et ustensiles, même en cas d'acquittement. Est encore punie la fausse indication d'un dépôt sur les papiers de commerce, annonces et produits. Un premier dépôt fait dans un pays ayant à cet égard une convention avec la Suisse, par un citoyen de ce pays ou de la Suisse, lui donne le droit de faire, dans les quatre mois, un dépôt en Suisse sans avoir à souffrir d'un autre dépôt ou d'un fait de publicité survenu dans l'intervalle (V. traduction et notes de M. Lyon-Caen, *Ann. de lég. étr.*, 1889, p. 662 et suiv.).

3° *Marques.* — Avant 1879, les lois particulières d'un petit nombre de cantons réglaient seules cette matière, alors que des traités assuraient aux étrangers de plusieurs pays la protection de leurs marques dans toute la Suisse, à titre de réciprocité, il est vrai, mais sans réciprocité effective dans les pays qui exigeaient, comme l'Allemagne, la preuve de la protection de la marque étrangère au lieu d'origine. La loi

fédérale du 19 déc. 1879 combla cette lacune. — Elle définit les marques de fabrique et de commerce en y comprenant les raisons de commerce, mais en excluant les initiales d'une raison de commerce, les signes exclusivement composés de chiffres, lettres ou mots, ceux contraires aux bonnes mœurs, et les armoiries publiques. — Elle subordonne la protection au dépôt de la marque et de son cliché, suivi d'un enregistrement rendu public, avec présomption en faveur du premier déposant jusqu'à preuve contraire, le dépôt étant déclaratif et non attributif du droit. Il faut avoir en Suisse le siège de sa production industrielle ou agricole ou une mai son de commerce régulièrement établie, ou être établi dans un Etat donnant aux Suisses la réciprocité et prouver que la marque ou raison de commerce y est suffisamment protégée. Le dépôt doit comprendre un cliché destiné à la reproduction typographique. L'enregistrement peut être refusé pour certaines causes, mais non pour défaut de nouveauté, lequel doit seulement être signalé préalablement au déposant. La transmission de la marque ne peut avoir lieu qu'avec celle de l'entreprise, et n'a d'effet à l'égard des tiers qu'après l'enregistrement et la publication. Tout enregistrement ou renouvellement donne lieu à une taxe de 20 fr. Le non-usage pendant trois années consécutives, entraîne déchéance. — La poursuite peut être civile ou pénale, mais se prescrit par deux ans et ne peut avoir lieu pour des faits antérieurs à l'enregistrement. L'action civile peut être ouverte par l'acheteur trompé comme par l'ayant droit à la marque. La répression pénale n'a lieu que sur la plainte de la partie lésée. Le tribunal peut ordonner la description et au besoin la saisie des marques litigieuses, instruments et ustensiles, produits ou marchandises, la confiscation des objets saisis à compte ou à concurrence des dommages-intérêts et des amendes, la destruction même en cas d'acquittement, et la publication du jugement. — La loi ne s'applique aux raisons de commerce qu'en tant qu'elles seraient employées comme marques. Leur emploi dans les enseignes, factures, annonces, etc., est réglé par la loi fédérale sur les obligations et le droit commercial. La reconnaissance en a lieu conformément à cette dernière loi (V. pour plus de détails la traduction, la notice et les notes de M. Lyon-Caen dans l'*Ann. de lég. étr.*, 1880, p. 609).

**192.** — Uruguay. — En vertu d'une loi du 11 nov. 1885, des brevets d'invention sont délivrés pour trois, six ou neuf ans, sans garantie du Gouvernement. Les inventions brevetées à l'étranger ne peuvent l'être dans le pays que dans le terme du brevet étranger. Les brevets de perfectionnement ne sont admis que sous la réserve d'une rétribution au propriétaire breveté de l'invention perfectionnée. Le brevet est caduc, s'il n'est exploité dans le pays dans le délai fixé par le brevet (*Ann. de lég. étr.*, 1886, p. 735).

Art. 2. — *Nature de la propriété industrielle.* — *Sa transmissibilité* (*Rép.* n°s 257 à 268).

**193.** Il serait superflu d'insister longuement sur la nature de la propriété industrielle. Ce sujet a reçu d'assez longs développements au *Rép.* n°s 257 à 262; et nous avons indiqué en matière de *brevets d'invention* (V. ce mot n° 22), la continuation de cette controverse et l'opinion émise contre cette propriété par M. Michel Chevalier, par MM. Picard et Olin, et en sa faveur, au contraire, par le congrès international de 1878. Les considérations qui justifient cette propriété en matière d'inventions, la justifient mieux encore en matière de dessins et modèles, et surtout en matière de noms et de marques. — Tous s'accordent à reconnaître que le droit des inventeurs ou auteurs, quelle que soit son origine philosophique, doit être limité dans sa durée; et la loi de 1844 s'est inspirée de ces idées, comme l'ont fait, dans une autre mesure, il est vrai, les lois de 1793, de 1810, de 1854, et de 1866 sur la propriété littéraire et artistique. La loi de 1806, au contraire, admet la perpétuité du droit sur les dessins industriels; et les lois de 1824 et de 1857, à juste titre, d'ailleurs, ne limitent point la propriété des noms et des marques, sauf l'accomplissement et le renouvellement des formalités prescrites pour ces dernières. La même pensée de perpétuité domine dans le projet de 1887 sur les marques et noms. Quant aux dessins et modèles industriels, on a vu le différend que soulève la question de leur durée dans les divers projets législatifs, dont aucun, d'ailleurs, n'admet leur perpétuité. — Le mot de *propriété* n'a rien d'inexact pour un droit propre et exclusif, ainsi reconnu et sanctionné par la loi, qu'il soit perpétuel ou temporaire. Une idée nouvelle, envisagée au point de vue abstrait, devient commune et publique par sa divulgation, et échappe, en conséquence, à toute appropriation. Mais rien n'empêche de considérer son application pratique comme réservée en propre à l'inventeur ou à l'acheteur, comme étant l'objet de sa propriété et de ses revendications; et c'est ainsi que ces termes sont employés par la loi de 1806 pour les dessins, par la loi de 1857 pour les marques, et par les projets de loi relatifs à ces deux matières. — La discussion ne peut donc porter que sur l'origine et le caractère philosophique de cette propriété, soit qu'on la considère comme naturelle, soit qu'on y voie une création ou concession artificielle de la loi; et l'on incline de plus en plus à la considérer comme naturelle, sauf l'intervention nécessaire de la loi pour la reconnaître et la sanctionner. Le congrès international de 1889 témoigne d'une tendance plus générale encore qu'en 1878 vers les principes les plus favorables à la propriété industrielle.

Une opinion s'est fait jour, selon laquelle le droit d'auteur serait un droit naturel comme la propriété, sans être une propriété ni même un droit réel. Il ferait partie d'une classe nouvelle de droits, dits *droits intellectuels*, dans laquelle rentreraient les inventions, dessins et modèles nouveaux. Cette théorie a été développée pour la première fois par un savant avocat belge, M. Edmond Picard (*Pandectes belges*, t. 2, p. 26. *Rev. intern. dr. pr.*, 1884, p. 106 et suiv.). Elle a été proposée et contredite dans le sein de la Chambre des représentants de Belgique, lors de la discussion de la loi du 22 mars 1886 sur le droit d'auteur, et cette dernière expression a été préférée dans la loi à celle de droits intellectuels. Celle-ci exprime assurément une idée juste. Mais elle n'exclut pas l'emploi du mot de propriété pour désigner un droit exclusif, c'est-à-dire propre à une personne.

**194.** Quelque nom qu'on lui donne, quelqu'origine qu'on lui attribue, ce droit est susceptible de transmission, ainsi qu'on l'a vu au *Rép.* n°s 204 et suiv.; et de même qu'on a fait remarquer (*Ibid*) l'absence de toute formalité spéciale pour l'efficacité de la cession, à moins qu'il s'agisse d'inventions brevetées, de même il convient de signaler ici l'innovation qui consisterait, dans le projet de loi rectifié de 1887 et de 1890 sur les marques et noms ou raisons de commerce, à exiger pour l'efficacité de la cession à l'égard des tiers le dépôt et la publication d'un extrait de l'acte qui la constate dans les mêmes formes que pour le dépôt de la marque ou de la déclaration du nom commercial ou de la raison de commerce (art. 18). (V. *Journ. off. Doc. parl.* 1888, p. 447).

**195.** En ce qui concerne les dessins et modèles, rien de ce genre n'a été proposé, ni par M. Bozérian, ni par M. Philipon. Il importe de remarquer, d'ailleurs, que sous la législation actuelle, la formalité de l'enregistrement n'est pas inutile pour donner date certaine aux cessions vis-à-vis des tiers, et régler, par exemple, le conflit entre deux cessionnaires successifs. C'est ce qui a été jugé au profit d'un second cessionnaire, dont le titre avait été enregistré avant celui du premier cessionnaire, quoique postérieurement à des saisies que le premier cessionnaire avait fait pratiquer sur lui (Trib. civ. Seine, 23 déc. 1868, aff. Pisani, *Ann. de la propr. ind.*, 1869, p. 52). — La proposition de M. Philipon porte que la propriété artistique est un droit mobilier transmissible et cessible suivant les règles du code civil, que ce droit, toutefois, reste propre à l'époux auteur, quel que soit le régime matrimonial adopté; qu'il s'éteint quand la succession est dévolue à l'État, sauf les droits des créanciers et l'exécution des traités de cession déjà consentis par l'auteur ou ses représentants (art. 3); que la cession de l'œuvre originale n'emporte pas cession du droit de reproduction (art. 22), et que la cession de ce droit est spéciale à l'art ou à l'industrie en vue de laquelle elle a été consentie (art. 23). — Ces règles d'interprétation sur la cession de l'œuvre et sur la cession du droit de reproduction sont d'ailleurs consacrées par la jurisprudence. (V. diverses solutions *infrà*, n° 268).

**196.** La propriété d'un dessin ou d'un modèle peut être

cédée isolément du fonds de commerce auquel se rattache son exploitation. Il en est tout autrement de la propriété du nom commercial, ainsi qu'on l'a vu au *Rép.* n°s 265 et 266. Mais de même qu'on peut abandonner sa marque au domaine public ou la discréditer peu à peu en l'appliquant soi-même à des produits inférieurs, on peut aussi, comme on l'a vu au *Rép.* n°s 267 et 268, et quoique l'idée contraire ait inspiré la commission sénatoriale dans l'art. 18 de son projet de loi (V. le rapport du 11 nov. 1890 après enquête, *Journ. off. Doc. parl.* 1890, p. 93), céder sa marque sans céder le fonds de commerce ou l'exploitation du produit. L'intérêt du consommateur a pour unique sauvegarde l'intérêt qu'a le propriétaire, quel qu'il soit, de la marque, à lui conserver sa renommée; et c'est précisément un des caractères saillants de la proposition nouvelle de chercher à assurer au consommateur une protection plus directe. — On peut même, ayant adopté des marques et désignations diverses pour ses produits, céder valablement à un tiers la propriété de l'une de ses marques (Paris, 27 juill. 1866 et Crim. rej. 27 juill. 1866, aff. Abadie, *Ann. de la propr. ind.*, 1866, p. 343). — On peut ainsi envisager la propriété de la marque isolément du droit de fabriquer et vendre le produit pour lequel elle a été composée. Elle peut appartenir à une personne qu'un obstacle légal empêche de fabriquer et vendre ce produit, s'il s'agit, par exemple, d'un produit pharmaceutique, et d'un héritier du propriétaire de la marque. Rien ne s'oppose à ce que cette personne revendique l'usage exclusif de cette marque, soit en vue de la cessation éventuelle de l'obstacle légal qui l'empêche de fabriquer et vendre elle-même ce produit, soit en vue de la cession qu'elle peut faire de cette marque à un fabricant ou vendeur ayant l'aptitude légale (Crim. rej. 8 mai 1868, aff. Eugène Boyer, D. P. 68. 1. 507). — La cession de la marque n'enlèverait pas d'ailleurs au cédant le droit d'en faire valoir la propriété par des poursuites contre le contrefacteur, soit à cause de la garantie à laquelle il est tenu envers son cessionnaire, soit si la cession n'est que temporaire, en vue de conserver un droit dont l'exercice n'est que suspendu dans ses mains (Crim. rej. 22 mars 1864, aff. Charpentier et comp., D. P. 64. 1. 334).

**197.** La cession du fonds de commerce emporte par elle-même cession de la marque, puisque c'est elle qui assure la conservation de la clientèle (Trib. com. Seine, 12 sept. 1867, aff. Bourg, *Ann. de la propr. ind.*, 1867, p. 350; Paris, 13 juin 1854, et Crim. rej. 3 févr. 1855, aff. Bajou, *Journ. des trib. de commerce*, 3, 405). Elle emporte même cession du nom ou plutôt autorisation d'en user, mais dans la mesure seulement où l'exige la transmission de la clientèle, c'est-à-dire pour un temps dont les tribunaux doivent apprécier la durée, à charge, d'ailleurs, pour le successeur, de distinguer suffisamment sa personne de celle du prédécesseur, et enfin sans interdiction pour le vendeur d'en user lui-même commercialement dans toute exploitation qui ne lui serait pas interdite expressément ou tacitement par la vente (V. sur tous ces points *infrà*, n°s 434 et suiv., 473 et suiv. 499; Pouillet, *Traité des marques de fabrique*, 2ᵉ éd., n°s 548 et suiv., 552 et suiv.; Comp. l'art. 18 du projet de loi et le rapport de M. Dietz-Monnin du 11 nov. 1890 au Sénat, *Journ. off. Doc. parl.*, 1890, p. 93).

La cession de la marque (et, à plus forte raison, celle du fonds) implique la cession des récompenses obtenues aux expositions, et notamment des diplômes d'honneur, alors surtout que ces distinctions paraissent avoir été obtenues bien plus par la maison de commerce que par le cédant personnellement; et le cessionnaire peut en maintenir l'indication sur la marque de fabrique (Bordeaux, 1ᵉʳ juin 1887, aff. Croizet, D. P. 88. 2. 287. *Adde*, dans le même sens pour l'acquéreur d'une maison de commerce, Trib. corr. Seine, 3 août 1888, *Lois nouvelles*, 1888. 3. 175; Cass. 16 juill. 1889, *Lois nouvelles*, 1890. 2. 152. — Sur l'usurpation des médailles et récompenses industrielles, V. *infrà*, n°s 519 et suiv.).

**198.** Si la cession d'un fonds et de son achalandage emporte cession de la marque, il n'en résulte pas que l'institution d'un monopole, en vertu duquel certains fabricants seraient dépossédés du droit d'exercer leur industrie en France, enlève à ces fabricants la propriété de leurs marques. Les indemnités qui leur sont accordées n'impliquent aucune cession de droits de leur part au profit de l'État ou de la compagnie concessionnaire du monopole. Ils conservent leur personnalité commerciale, et; maîtres de porter leurs établissements à l'étranger, ils gardent la propriété exclusive des signes extérieurs qui en signalent les produits. Ainsi jugé pour les fabricants d'allumettes chimiques expropriés en vertu de la loi du 2 août 1872 (Paris, 27 févr. 1880, aff. Compagnie générale des allumettes chimiques, D. P. 80. 2. 172; Req. 8 nov. 1880, même affaire, Ann. de la propr. ind., 1881, p. 280).

Art. 3. — *En faveur de quelles personnes est reconnue la propriété industrielle. — Questions internationales (Rép. n^os 269 à 278).*

**199.** On a vu au *Rép.* n^os 269, 271 et suiv., les principes qui réglaient la situation des étrangers en France, au point de vue de la propriété industrielle.

I. Brevets d'invention. — Pour les brevets d'invention, ces principes, tels qu'ils ont été fixés par la loi de 1844, n'ont pas changé (V. *suprà*, v° *Brevet d'invention*, n° 197). Les étrangers à cet égard ont en France les mêmes droits que les Français, mais en observant les mêmes conditions, parmi lesquelles se trouve celle d'exploiter en France dans les deux ans, de ne pas discontinuer pendant deux années cette exploitation, et de ne pas importer d'objets similaires fabriqués à l'étranger. Quant aux autres éléments de la propriété industrielle, le *Répertoire* a fait ressortir le caractère national et intérieur des lois qui les régissaient alors.

**200.** — II. Dessins et modèles. — Pour les dessins et modèles industriels, la jurisprudence, leur appliquant, dans le silence de la loi de 1806, les dispositions des art. 11 et 13 c. civ., ne protégeait que les étrangers résidant en France en vertu d'une autorisation officielle d'y fixer leur domicile ou ceux dont la nation accordait par ses traités la réciprocité aux Français. Elle n'avait pas admis l'opinion, soutenue notamment par M. Pouillet (*Traité des dessins de fabrique*, 1re éd., n° 80), qui étendait aux dessins et modèles industriels le décret du 28 mars 1852 (D. P. 52. 4. 93), lequel déclarait délictueuse la contrefaçon, sur le territoire français, d'ouvrages publiés à l'étranger et mentionnés en l'art. 425 c. pén., et qui subordonnait seulement la poursuite aux mêmes conditions que pour les ouvrages publiés en France. Elle considérait à bon droit ce décret comme visant uniquement les ouvrages scientifiques et littéraires (V. Fauchille, p. 295). Tout au plus pourrait-elle admettre son application aux sculptures et ciselures industrielles, si elle admettait pour elles le régime de la loi de 1793 sur la propriété artistique par préférence à celui de la loi de 1806. Mais, comme on le verra *infrà*, n° 235 et suiv., c'est ce dernier régime qui devait l'emporter Par suite, la protection des étrangers, tant pour leurs dessins industriels que pour leurs modèles, ne pouvait toujours résulter que d'une autorisation de domicile ou d'une réciprocité diplomatique. L'art. 9 de la loi du 26 nov. 1873 (D. P. 74. 4. 21) vint seulement admettre la réciprocité équivalente à ce point de vue, la réciprocité simplement législative; mais, par là même, elle suppose la nécessité d'une réciprocité, c'est-à-dire la non-application du décret beaucoup plus libéral de 1852 (V. Pouillet, 2e éd., n° 123, et Philipon, *Dessins et modèles*, 1880, n° 103 et suiv., pour la critique de cette partie de la loi, et le caractère de droit naturel qui devrait être reconnu à la propriété des dessins).

D'ailleurs, comme on le verra, il suffit, indépendamment de toute question de nationalité, que l'exploitation ait lieu à l'étranger et non en France pour que l'exploitant, même Français, ne puisse faire protéger son dessin en France. Nous rencontrerons plus bas cette jurisprudence et les critiques qui lui ont été faites, ainsi que les dispositions analogues de la loi projetée (V. *infrà*, n° 249). Il est clair que ce fait seul met obstacle à plus forte raison à la protection de l'étranger exploitant à l'étranger seulement. Mais l'étranger, eût-il même son exploitation en France, ne peut, à moins d'une autorisation officielle de domicile, réclamer la protection de son dessin en France, que si les Français trouvent la réciprocité dans son pays, ce qui est maintenant le cas de la plupart des nations (V. *infrà*, n^os 211 et suiv.).

**201.** Un décret du 5 juin 1861 (D. P. 61.4.79), prévoyant le cas où la réciprocité assure à un étranger non domicilié en France la protection d'un dessin industriel, détermine le lieu où doit en être fait le dépôt comme condition de cette protection; il prescrit de le faire au secrétariat de tel ou tel des conseils de prud'hommes de Paris, suivant la nature des industries. Cette disposition devrait s'appliquer depuis 1873 au cas de réciprocité législative comme au cas de réciprocité diplomatique. — Mais les traités particuliers de certaines nations avec la France peuvent y déroger sur tel ou tel point. C'est ainsi que la convention franco-suisse du 23 févr. 1882, art. 5, prescrit sans distinction le dépôt des dessins de fabrique suisses au secrétariat du conseil des prud'hommes des tissus à Paris, lequel est chargé de transmettre aux conseils compétents ceux qui relèvent d'une autre industrie. Et nos traités de commerce avec l'Italie (traité du 3 nov. 1881-14 mai 1882, art. 15 renvoyant pour le dépôt à l'art. 13 de celui du 29 juin 1862) prescrivent le dépôt de deux exemplaires à Paris, au greffe du tribunal de commerce de la Seine, transportant ainsi aux dessins de fabrique le système des marques (V. *infrà*, n° 262).

Quant aux effets et à la durée du dépôt d'un dessin fait en France par l'étranger, ils sont absolument régis par la loi française, à moins de clause contraire dans les traités. Le dépôt peut n'être fait qu'en France, et alors le doute n'est pas possible : l'étranger est traité comme un Français, comme lui protégé à perpétuité, s'il le demande, comme lui protégé malgré la vulgarisation antérieure du dessin dans le pays d'origine. Mais alors même que le dessin a été déposé préalablement par son auteur à l'étranger, le dépôt fait en France est absolument indépendant quant à ses effets et à sa durée, la loi de 1806 n'ayant pas reproduit la disposition contraire de la loi de 1844 (Pouillet, *Traité des dessins de fabrique*, 2e éd., n° 124. — *Contrà* : Fauchille, p. 304). — V. sur les droits des étrangers en matière de dessins de fabrique l'exposé de la législation et de la jurisprudence par M. Bozérian dans son rapport sur la proposition de loi relative aux dessins et modèles industriels (*Journ. off.* du 25 févr. 1879, p. 1398).

**202.** La proposition de loi de M. Bozérian sur les dessins et modèles industriels, s'inspirant d'une juste sollicitude pour l'industrie nationale, conserve la condition de la réciprocité pour les étrangers résidant hors de France. S'attachant même à la nationalité du dessin plutôt qu'à celle de la personne, elle exige cette même réciprocité pour les Français résidant hors de France. Mais elle donne aux étrangers résidant en France une protection ferme, quoique subordonnée à l'accomplissement des formalités légales, et, par exemple, à un dépôt au greffe du tribunal civil de la Seine. Elle étend ainsi à la matière des dessins de fabrique la distinction adoptée pour les marques des étrangers par la loi de 1857, sauf le reproche qu'on pourrait lui adresser de paraître plutôt s'attacher au lieu de la résidence personnelle qu'à celui de l'exploitation. — Une pensée analogue anime la proposition de loi de M. Philipon sur la propriété littéraire et artistique : elle adopte le principe de la réciprocité diplomatique ou légale, mais protège sans condition les œuvres d'auteurs étrangers éditées en France, ce qui, dit le rapporteur, doit s'étendre aux dessins et modèles de fabrique exploités sur le territoire français par des étrangers (*Journ. off.* Doc. parl. 1888, p. 329, col. 2, et sess. extr. de 1890, p. 525).

**203.** — III. Marques. — Pour la propriété des marques, on a vu au *Rép.* n° 270, les raisons qui avaient fait prévaloir, dans la jurisprudence, la qualification de droit civil et le refus de ce droit aux étrangers, même résidant en France, à moins d'autorisation de domicile ou de réciprocité diplomatique, contrairement à l'opinion d'auteurs éminents, qui voulaient que cette propriété fût classée dans le droit des gens, dont l'exercice du commerce et de l'industrie auquel elle se rattache. L'arrêt solennel du 11 juill. 1848 (aff. Guesnot, D. P. 48. 1. 140), qui trancha la question contre l'étranger, même au point de vue de la réparation du préjudice, fut suivi d'autres décisions conformes (Bordeaux, 20 juin 1853, aff. Kirby, Beard et comp., D. P. 54. 1, et sur pourvoi Req. 12 avr. 1854, même affaire, D. P. 54. 1. 206; Civ. cass. 16 nov. 1857, aff. Klug, D. P. 58. 1. 55). Et il en fut ainsi jusqu'à la loi du 23 juin 1857, qui, reprenant en ce point le système du projet de loi de 1843, décide que les étrangers possédant en France des établissements d'industrie ou de commerce jouissent de sa protection pour les produits de leurs établissements en remplissant les formalités qu'elle prescrit (art. 5). La nationalité du propriétaire de la marque a désormais moins d'importance que la situation de l'établissement, c'est-à-dire la nationalité supposée des ouvriers employés à la production. Et ce nouvel esprit s'affirme non seulement par la protection donnée à l'étranger qui exploite en France, mais aussi dans le refus de protection au Français comme à l'étranger dont les établissements sont situés hors de France, à moins de réciprocité diplomatique en faveur des marques françaises dans le pays où ils sont situés (art. 6), réciprocité qui peut être simplement légale depuis la loi du 26 nov. 1873 (art. 9) laquelle doit en ce point profiter, non seulement aux étrangers qu'elle vise, mais à plus forte raison aux Français exploitant hors de France et réduits depuis 1857 à invoquer la réciprocité (Pouillet, *Traité des marques de fabrique*, n° 328).

On a vu au contraire au *Rép.* n° 275, qu'avant 1857 le droit du Français sur sa marque ne se ressentait pas plus du fait d'exploiter à l'étranger, que le droit de l'étranger ne s'augmentait par le fait d'exploiter en France. Et l'on peut dire en outre que le droit de l'étranger n'exploitant pas en France est aussi diminué depuis la loi de 1857, en ce sens que cet étranger ne serait plus dispensé de la condition de réciprocité par une autorisation de domicile en France, puisque la nationalité française elle-même, en l'absence d'exploitation en France, ne dispense pas de cette réciprocité avec le pays d'exploitation.

**204.** Les art. 19 et 20 de la proposition de loi de M. Bozérian sont conçus dans le même esprit que la législation actuelle. Et leur rédaction dernière ils appliquent ce système, non seulement aux marques, mais aussi aux titres commerciaux, c'est-à-dire aux noms et aux raisons de commerce (V. *Journ. off.*; Doc. parl. 1890, p. 97).

**205.** — IV, Noms. — Le nom commercial, qui est la plus personnelle des marques, mérite assurément plus encore que la marque emblématique, d'être rattaché au droit des gens. Mais on a vu au *Rép*, n°s 276 et 277, la doctrine contraire, même au point de vue de la réparation du préjudice, prévaloir dans l'arrêt solennel de la cour de cassation du 11 juill. 1848, et l'étranger, même exploitant en France, privé de la protection de son nom, à moins d'autorisation de domicile ou de réciprocité diplomatique. Les arrêts indiqués plus haut comme ayant maintenu cette jurisprudence en matière de marques en 1853, 1854, 1857 (aff. Kirby-Beard, et aff, Klug), ont été rendus sur des marques composées du nom. Il est vrai qu'un arrêt de Paris du 7 août 1852 (aff. Schmidt-Born (*Rép.* n° 273) distingue le nom de la marque emblématique, sinon pour la répression pénale, au moins pour la réparation du préjudice.

**206.** La loi de 1857 ayant inauguré pour les marques un système plus libéral, a fait naître là question de savoir si les noms devaient en profiter, même en l'absence d'une forme distinctive qui en aurait fait des marques au sens de cette loi. La question d'intérêt pour les étrangers que dans le cas de l'art. 5 (étrangers possédant en France des établissements d'industrie ou de commerce et protégés sans condition de réciprocité, pour les produits de ces établissements. M. Pouillet (*Traité des marques de fabrique*, 2e éd., n°s 453 et 454) la résout affirmativement, trouvant illogique de protéger plus une marque ordinaire qu'une marque nominale. On peut en effet protester contre une différence de protection qui serait au désavantage du nom. Mais il faut reconnaître que les art. 5 et 6 de la loi de 1857 visent seulement la protection des marques telles que cette loi les a définies et la subordonnent aux formalités qu'elle prescrit, c'est-à-dire au dépôt prescrit pour les marques seules ; il est loisible d'ailleurs à l'étranger exploitant en France d'assurer à son nom cette protection en le déposant comme marque sous une forme distinctive.

**207.** Quant à l'étranger exploitant hors de France et que l'art. 6 ne protège que sous condition de réciprocité diplomatique, il trouvait déjà cette protection dans l'art. 11 c. civ., aussi bien pour son nom que pour sa marque. On peut seulement se demander si un traité stipulant la réciprocité en matière de marques sans parler distinctement des noms (ce qui est le cas de la plupart de nos traités) vaut réciprocité en matière de noms et permet à l'étranger de poursuivre en France l'usurpateur de son nom. La question s'est présentée pour les sujets anglais, et la cour de cassation a décidé que le traité de commerce du 23 janv. 1860 avec la Grande-Bretagne, promulgué en France le 10 mars et visant dans son art. 12 les marques de commerce de toutes sortes, s'étend virtuellement aux noms, et qu'ainsi appliquée au nom, la réciprocité anglaise peut être invoquée sans l'accomplissement d'un dépôt en France, bien que la loi de 1857 ne permette de l'invoquer qu'à cette condition pour les marques (Crim. rej. 27 mai 1870, aff. Marchand, D. P. 71. 1. 180 ; 18 nov. 1876, aff. *The Howe Machine Company*, D. P. 78. 1. 492). L'arrêt de la cour de Paris du 18 nov. 1875, rendu dans cette dernière affaire, interprète de même le traité américain du 28 juill. 1869, relatif aux marques. V. dans le même sens pour le traité franco-allemand de 1862 : Trib. régional de Hambourg, 11 déc. 1886, aff. Comp. coloniale Vinit comp. et Union des fabricants français pour la protection internationale de la propriété industrielle et artistique, D. P. 88. 2. 201, et dissertation de M. Cohendy). M. Pouillet (n°s 453 et 454) invoque les décisions précitées de 1870 et 1876 à l'appui de l'extension qu'il donne à la loi de 1857 par rapport aux noms (V. *suprà*, n° 206). Mais elles n'interprètent que la formule de l'acte diplomatique, en donnant au mot « marques » employé par lui, un sens large qu'il a pu avoir dans la pensée des parties contractantes l'avoir dans la pensée du législateur de 1857 ; par suite, elles ne supposent pas nécessairement l'extension aux noms de l'art. 5 de cette loi qui ne se borne pas à confirmer les effets d'une réciprocité étrangère livrée aux interprétations, mais qui constitue, en l'absence de réciprocité, le seul titre de l'étranger exploitant en France.

Une autre question, qui pourrait être soulevée à propos de l'art. 6, est de savoir s'il faut étendre aux noms la restriction qu'il inaugure, lorsqu'il subordonne à la réciprocité la protection du Français dont l'établissement est à l'étranger. Nul interprète ne l'a soutenu. Cette solution négative confirme celle qui précède ; car on ne peut étendre aux noms la faveur faite à l'étranger par l'art. 5 sans l'étendre aussi la restriction imposée au Français par l'art. 6, faveur et restriction fondées sur le principe de la territorialité.

Enfin, un point qui est certain, c'est que l'art. 9 de la loi du 26 nov. 1873, assimilant la réciprocité légale à la réciprocité diplomatique pour la protection de l'étranger exploitant hors de France, vise aussi bien les noms que les marques et que les dessins et modèles industriels.

**208.** M. Pouillet (*Marques*, n° 455) admet encore, avec M. Gastambide, qu'en l'absence de toute protection du nom étranger, faute de réciprocité ou d'exploitation en France, les tribunaux correctionnels ont le droit de condamner ceux qui usurpent ce nom, la loi de 1824 déclarant délictueux l'emploi des faux noms sans faire aucune distinction, et l'intérêt de l'acheteur trompé sur la nature ou l'origine du produit lui paraissant suffisant pour servir de base à l'action publique. Il renvoie à un jugement du tribunal correctionnel de la Seine du 28 juin 1853, aff. Spencer (*Le Droit* du 30 juin), et à un jugement du tribunal de commerce de la Seine du 16 nov. 1844, aff. Trelon et comp. (*Gaz. des Trib.* du 21 novembre). Mais on a suffisamment démontré au *Rép.* n° 278 que la loi de 1824, tout en modelant la pénalité sur celle de l'art. 423 c. pén., n'a visé l'intérêt du consommateur qu'à travers celui du fabricant, et qu'il faut, pour motiver une poursuite indépendante du droit du fabricant, une tromperie sur la nature et non pas seulement sur l'origine de la marchandise.

**209.** Quelque opinion qu'on adopte sur l'étendue de la loi de 1857 par rapport aux noms, il faut remarquer que la protection qu'elle donne à l'étranger exploitant en France ne s'étend pas aux produits des autres établissements que ce même étranger peut avoir hors de France (art. 5 ; Pouillet, *Marques*, n° 327).

**210.** — V. Dépôt. — Il faut remarquer encore que l'étranger admis au bénéfice de la loi de 1857 à raison d'une exploitation en France ou d'une réciprocité, ne peut l'invoquer en faveur de sa marque sans en avoir effectué le dépôt, sauf à lui reconnaître, en l'absence de ce dépôt, le droit d'agir par la voie civile (Pouillet, *Marques*, n° 332), puisque ce droit appartient sans dépôt aux Français auxquels on déclare dans ce cas l'assimiler. L'accomplissement du dépôt pour l'étranger ou le Français dont les établissements sont situés hors de France est l'objet d'une réglementation spéciale. Il ne peut avoir lieu qu'au greffe du tribunal de commerce de la Seine (art. 15 du décret du 27 févr. 1891). — La proposition de loi de M. Bozérian prescrit en ce cas une formalité de plus : l'indication d'un domicile en France ou une élection de domicile à Paris (art. 20).

**211. — VI. Traités internationaux.** — La protection en France des étrangers exploitant hors de France est devenue extrêmement pratique par suite de l'extension à peu près universelle de la réciprocité diplomatique ou légale en matière de propriété industrielle. Outre les lois étrangères plus ou moins récentes, dont nous avons donné l'indication (V. *suprà*, n°⁵ 168 et suiv.), et qui assure toutes protègent les dessins et modèles, marques et noms des étrangers, sous condition de réciprocité, quelques-unes même sans cette condition (V. les lois anglaise, italienne, néerlandaise, canadienne, chilienne, et argentine, *suprà*, n°⁵ 170, 182, 185, 174, 175, 188, et dans le même sens le congrès de 1889, *Journ. du droit int. privé*, 1890, p. 174), la France est liée maintenant à presque toutes les nations du monde par des conventions spéciales ou par des clauses de traités de commerce stipulant cette réciprocité. Nous croyons utile de donner ici l'indication précise de la plupart de ces conventions. — Le mot de *convention* suppose d'ailleurs la nécessité de l'intervention des chambres (V. en ce sens : Clunet, *Du défaut de validité de plusieurs conventions diplomatiques*, *Journ. du droit int. privé*, 1880, p. 34; Renault, *La Propriété industrielle*, 1880, t. 1, p. 114; Renault, *Le Droit du 26 mai 1880*; Auger, *De la protection internationale des inventions brevetées, marques de fabrique, etc.*, 1882, p. 106. — *Contrà :* Bozérian, *Journ. du droit int. privé*, 1880, p. 3. — V. aussi *infrà*, v° *Traité international*). Lorsque cette intervention fait défaut, il ne peut y avoir que de simples déclarations (V. *infrà*, n° 221-8°, 11°, 21°).

**1°** *Allemagne.* — Art. 28 du traité de commerce conclu avec le *Zollverein* le 2 août 1862, promulgué le 10 mai 1865 (D. P. 65. 4. 22), et remis en vigueur par une convention signée à Francfort le 12 oct. 1871 (D. P. 74. 4. 162) confirmée elle-même par une déclaration du 8 oct. 1873 (D. P. 74. 4. 15): Assimilation aux nationaux pour les dessins et marques de fabrique ou de commerce. V. sur l'interprétation de ce texte un article de M. Brégeaud, *Journ. du droit int. privé*, 1879, p. 358. L'insertion de l'art. 11 de la convention du 12 oct. 1871 au *Bulletin des lois de l'Empire allemand* (année 1871, p. 365), réalisant pour les marques françaises la condition prescrite par l'art. 20 de la loi allemande du 30 nov. 1874, assure aux marques françaises le bénéfice de cette réciprocité en Allemagne. — Sur l'étendue de cette réciprocité, notamment en matière de noms, et sur son application par la jurisprudence allemande, V. Trib. rég. de Hambourg, 11 déc. 1886, cité *suprà*, n° 207 et une dissertation étendue de M. Cohendy, aff. Comp. coloniale Vinit et Comp. et Union des fabricants français pour la protection internationale de la propriété industrielle et artistique (D. P. 88. 2. 201).

**2°** *Angleterre.* — Convention du 28 févr. 1882 approuvée le 11 mai suivant (D. P. 83. 4. 34), concernant les relations commerciales et maritimes. L'art. 10 stipule l'assimilation aux nationaux pour les dessins et modèles industriels, pour les marques de fabrique et de commerce, et pour les noms commerciaux ou autres marques particulières indiquant l'origine ou la qualité des marchandises. Ce traité remplace celui du 23 juill. 1873 (L. 29 janv. 1874, D. P. 74. 4. 55), qui avait remis en vigueur celui du 23 janv. 1860 (L. 10 mars 1860, D. P. 60. 4. 20).

**3°** *Autriche-Hongrie.* — Traité de commerce du 18 févr. 1884 (L. 8 mars 1884, D. P. 84. 4. 111). Art. 2 : Assimilation aux nationaux pour la protection des marques de fabrique et de commerce, des dessins et modèles industriels.

**4°** *Belgique.* — Traité du 6 févr. 1882 (L. 13 mai 1882, D. P. 83. 4. 31), remplaçant celui du 1ᵉʳ mai 1861 (L. 27 mai 1861, D. P. 61. 4. 63), pour la garantie réciproque de la propriété littéraire, artistique et industrielle. Art. 14 et 15 : Assimilation aux nationaux pour la nature et la durée de la protection en ce qui concerne les marques de fabrique ou

de commerce, les dessins ou modèles industriels ou de fabrique de toute espèce, sous la condition que la marque soit légitimement acquise à celui qui en use, par des caractères conformes à la loi du pays d'origine, qu'elle ait satisfait aux formalités prescrites par la législation respective des deux Etats, et qu'elle n'appartienne pas au domaine public dans le pays d'origine.

**5°** *Bolivie.* — Convention du 8 sept. 1887 promulguée le 30 juin 1890 (*Journ. off.* du 1ᵉʳ juill. 1890) pour la protection de la propriété littéraire, artistique et industrielle, des dessins et modèles, marques et noms.

**6°** *Brésil.* — Déclaration du 12 avr. 1876, promulguée le 20 mai 1876 (D. P. 76. 4. 110) relative à la protection des marques de fabrique et de commerce.

**7°** *Espagne.* — Traité de commerce du 6 févr. 1882 (L. du 11 mai, Décr. du 13 mai 1882, D. P. 83. 4. 34). Art. 7 et 8 : Mêmes dispositions que dans le traité franco-belge.

**8°** *Etats scandinaves.* — A. *Suède et Norvège.* — Traité de commerce du 30 déc. 1881 (L. 11 mai, Décr. 13 mai 1882, D.P. 83. 4. 35). Art. 13 et 14 : Mêmes dispositions que dans le traité franco-belge, plus le droit pour l'autorité compétente dans chaque Etat de refuser la marque comme contraire à la morale ou à l'ordre public.

B. *Danemark.* — Convention du 7 avr. 1880 (D. P. 81. 4. 40) pour la protection des marques de fabrique et de commerce. Assimilation aux nationaux en se conformant aux conditions et formalités prescrites par les lois et règlements en vigueur dans les Etats contractants. La validité de cette convention a été contestée faute d'approbation par les Chambres (Darras, *Du droit des auteurs et des artistes dans les rapports internationaux*, 1886, n° 11, p. 548).

**9°** *Etats-Unis.* — Convention du 16 avr. 1869 pour la protection réciproque des marques de fabrique ou de commerce, promulguée le 28 juill. 1869 (D. P. 69. 4. 94).

**10°** *Italie.* — Traité de commerce du 3 nov. 1881 (L. 20 avr. 82, Décr. 14 mai 82, D.P. 83. 4. 29). Art. 15, rappelant et caractérisant le dépôt prescrit par l'art. 13 de la convention du 29 juin 1862 (D. P. 62. 4. 115) pour la protection réciproque des marques de fabrique ou de commerce et des dessins ou modèles industriels et de fabrique. — Déclaration du 10 juin 1874 (Décr. 3-7 juill. 1874, D. P. 75. 4. 19) interprétant cet art. 13 en ce sens que la marque doit être appréciée d'après sa loi d'origine.

**11°** *Luxembourg.* — Convention de réciprocité du 27 mars 1880, pour la garantie des marques de fabrique et de commerce, promulguée le 24 avr. 1880 (D. P. 81. 4. 41), sans approbation des Chambres françaises.

**12°** *Mexique.* — Traité du 27 nov. 1886 (L. 1ᵉʳ 5 févr., Décr. 23-25 avr. 1888, D. P. 88. 4. 35); assimilation aux nationaux pour les brevets d'invention, étiquettes, marques de fabrique et dessins, dont l'établissement est en pays étranger.

**13°** *Pays-Bas.* — Traité de commerce du 7 juill. 1865 (Décr. 15 août 1865, D. P. 65. 4. 127); Convention du 29 nov. 1888 promulguée par décret du 10 août 1889 au *Journ. off.* du 13.

**14°** *Portugal.* — Traité de commerce du 19 déc. 1881. Art. 7 : Assimilation aux nationaux pour les dessins et les marques de fabrique ou de commerce (L. 13 mai, Décr. 14 mai 1882, D. P. 83. 4. 38).

**15°** *Roumanie.* — Convention du 12 avr. 1889 (L. 18 juill. Décr. 10 août 1889, D. P. 90. 4. 91) pour la protection des marques de fabrique et de commerce.

**16°** *Russie.* — Traité de commerce du 14 juin 1857 (Décr. 30 juill. 1857, D. P. 57. 4. 165) stipulant la protection réciproque des marques de fabrique.

**17°** *Serbie.* — Traité de commerce du 18 janv. 1883 (L. 17 juill., Décr. 18 juill. 1883, D. P. 83. 4. 36) : Assimilation aux nationaux pour les marques de fabrique et de commerce, les dessins ou modèles industriels, les noms commerciaux.

**18°** *Suisse.* — Convention du 23 févr. 1882 (L. 11 mai, Décr. 13 mai 1882, D. P. 83. 4. 35 et 36). Assimilation aux nationaux pour les marques de fabrique et de commerce, les noms commerciaux et raisons de commerce, les dessins et modèles industriels. La marque doit remplir les formalités prescrites par la législation respective des deux pays, être légitimement acquise, c'est-à-dire présenter les caractères requis, d'après la loi du pays d'origine. Les noms sont affranchis de tout dépôt, qu'ils fassent ou non partie d'une marque. Les dessins et modèles ne doivent pas appartenir au domaine public dans le pays d'origine.

19° *Turquie.* — Il existe un traité pour la protection des marques ; mais il ne permet de poursuivre que les sujets ottomans, les étrangers en Turquie bénéficiant du régime des capitulations ; de là, l'usage de contrefaire les marques françaises en s'abritant derrière un sujet grec (Lettre de la chambre de commerce de Constantinople, *Journal du droit international privé,* 1890, p. 543).

20° *Vénézuela.* — Une convention de réciprocité pour les marques, dessins et modèles de fabrique, du 3 mai 1879, a été promulguée par décret des 30 juin 1879-27 juin 1880 (D. P. 81. 4. 62) sans l'approbation des Chambres.

21° *Républiques dominicaine et sud-africaine.* — Des déclarations ont été échangées, le mot de *convention* impliquant la nécessité de l'approbation des Chambres, avec la République dominicaine le 9 sept. 1882 (Décr. 23 juin 1887, D. P. 87. 4. 79), et avec la République sud-africaine le 10 juill. 1885 (Décr. 23 août 1887, D. P. 88. 4. 3).

**212.** —VII. Convention du 20 mars 1883. — Mais, au milieu de ces divers traités particuliers, il faut mentionner surtout la convention du 20 mars 1883 (L. 25 janv., Décr. 6. juill. 1884, D. P. 84. 4. 116 et 117) entre la France, la Belgique, le Brésil, l'Espagne, le Guatémala, l'Italie, les Pays-Bas, le Portugal, le Salvador, la Serbie et la Suisse, établissant une union internationale pour la protection de la propriété industrielle, à laquelle ont accédé la Grande-Bretagne et l'Irlande, la Tunisie et l'Equateur, le gouvernement des Etats-Unis, la Suède et la Norvège, la Turquie et la République de Saint-Domingue. Tous les autres Etats, d'ailleurs, peuvent y adhérer par une demande notifiée au gouvernement de la Confédération suisse et par lui aux autres Etats adhérents (art. 16). — La convention stipule en outre la formation d'un service spécial de la propriété industrielle dans chaque Etat de l'union, et d'un office international sous le nom de « Bureau international de l'union pour la protection de la propriété industrielle », sous l'autorité de la Confédération suisse à Berne (art. 12 et 13). Depuis 1884, le bureau international fonctionne et a pour organe officiel le journal *La Propriété industrielle* de Berne ; en France depuis la même date un bureau spécial de la propriété industrielle fonctionne et publie un bulletin de la propriété industrielle qui fait toutes les publications légales relatives aux divers éléments de cette propriété. — La convention est enfin soumise à des revisions périodiques et les conférences entre les délégués des Etats de l'union se réunissent successivement dans l'un de ces Etats pour étudier et proposer les réformes à y introduire. Ainsi ont eu lieu les conférences de Rome en 1885 et de Madrid en 1890. Les projets et les vœux émis par cette dernière ont été publiés dans le *Journal du droit international privé,* 1890, p. 984. On y voit figurer la proposition déjà émise par le congrès international de 1889, d'un dépôt international unique, qui pourrait tenir lieu du dépôt multiple à effectuer dans les divers Etats de l'union.

**213.** La convention de 1883, stipule dans chaque Etat, l'assimilation aux nationaux des sujets des autres, tant pour les conditions à remplir que pour la protection à obtenir, en tout ce qui concerne les brevets d'invention, les dessins ou modèles industriels, les marques de fabrique ou de commerce et le nom commercial ; elle assimile même des Etats de l'union ceux des autres Etats qui y ont leur domicile ou des établissements industriels et commerciaux (art. 1 et 2). — Elle institue un droit de priorité, en faveur de celui qui a fait un dépôt régulier dans l'un des Etats, pour faire le même dépôt dans les autres, qu'il s'agisse d'une demande de brevet d'invention, ou d'un dessin ou modèle industriel ou d'une marque de fabriqué ou de commerce. Ce droit limité à un délai de six mois pour les brevets d'invention, de trois mois pour les dessins modèles et marques, plus un mois pour les pays d'outre-mer, permet au second dépôt, fait dans ces délais, de n'être pas invalidé par les faits accomplis dans l'intervalle d'un dépôt à l'autre, que ce soit par exemple un autre dépôt fait par un tiers, ou la publication de l'invention, ou son exploitation par un tiers ou la mise en vente d'exemplaires du dessin ou du modèle, ou l'emploi de la marque (art. 4). — Elle soustrait à toute déchéance le breveté qui in-

troduit dans le pays du brevet des objets similaires fabriqués dans les autres pays de l'union, sauf l'obligation d'exploiter dans les pays du brevet conformément aux lois de ce pays (art. 5). — Les marques régulièrement déposées dans le pays d'origine, c'est-à-dire du principal établissement, ou du déposant, si cet établissement est situé hors de l'union, sont admises au dépôt et protégées telles quelles dans les autres, sauf refus si l'objet est considéré comme contraire à la morale ou à l'ordre public (art. 6) ; et la nature du produit ne peut faire obstacle au dépôt de la marque (art. 7). — Le nom commercial est protégé sans dépôt, qu'il fasse ou non partie d'une marque (art. 8). — La protection de la marque ou du nom a pour conséquence la saisie à l'importation dans ceux des Etats de l'union où cette protection [est acquise, à la requête du ministère public ou de la partie intéressée, conformément à la législation intérieure de chaque Etat (art. 9). — Même saisie pour les produits portant faussement comme indication de provenance le nom d'une localité déterminée avec un nom commercial fictif ou emprunté dans une intention frauduleuse (art. 10). — Enfin une protection temporaire est promise aux inventions brevetables, aux dessins ou modèles industriels ainsi qu'aux marques de fabrique ou de commerce pour les produits qui figureront aux expositions internationales officielles ou officiellement reconnues (art. 11). — Un protocole de clôture explique le sens de certaines dispositions de la convention et règle certains détails d'organisation de l'union et de son bureau international. — Il est, d'ailleurs, à remarquer que cette convention réserve, entre les Etats, tous autres arrangement particuliers qui n'y contreviendraient point, et qu'elle constitue un minimum de protection qui n'empêche pas chaque Etat, dans sa législation particulière, d'assurer à ses nationaux (et à ceux des autres par assimilation) une protection plus énergique (Rapport supplémentaire de M. Dietz-Monnin sur la proposition de loi de M. Bozérian concernant les marques de fabrique (*Journ. off.* Doc. parl. 1887, p. 59, V. *infrà,* n° 420). — Tels sont les divers éléments du droit conventionnel international en matière de propriété industrielle. V. *infrà,* v° *Traité international.*

**214.** — VIII. Effets de la réciprocité. — Ces indications sont utiles pour l'intelligence des questions que soulève le droit des étrangers lorsque, à défaut d'exploitation en France, il s'appuie sur la réciprocité. L'assimilation aux nationaux par les traités et par la loi de 1857 en cas de réciprocité peut-elle assurer, en France, à la marque d'un étranger dont l'établissement est en pays étranger, une protection à laquelle elle n'a pas droit dans ce pays même, soit qu'elle n'y ait pas été régulièrement déposée, soit que la loi de ce pays repousse le genre de signes qui compose cette marque?

Ainsi posée, la question vise les conditions de la reconnaissance du droit de l'étranger, ni sa nature et l'énergie de la protection donnée au droit, ni ses conditions d'exercice, ni la détermination des faits punissables, toutes choses qui, sans controverse possible, dépendent de la loi du pays où la protection est demandée, du pays d'importation. Jugé notamment que la convention du 20 mars 1883 ne supprime pas l'obligation pour un étranger demandeur en contrefaçon de fournir la caution *judicatum solvi,* si, d'ailleurs cette obligation résulte des lois de procédure de l'Etat où il plaide (C. cass. de Belgique, 5 avr. 1888, aff. A... *Ann. de droit com.,* 1889, 1. 46 et la note). Plusieurs tribunaux, en France et en Belgique, avaient auparavant décidé le contraire (V. le rapport suppl., n° 101 de M. Dietz-Monnin sur la proposition de loi de M. Bozérian, *Journ. off.,* Doc. parl. 1887, p. 81).

Mais au point de vue de la reconnaissance du droit, M. Pouillet affirme comme absolu ce principe, que l'étranger ne peut, au moyen de l'art. 6 de la loi de 1857, avoir en France plus de droit qu'en son pays (n° 333 *bis*), bien qu'au n° 339 (1re éd.) il admette pour les Allemands une solution toute contraire. Et M. Cohendy, dans une dissertation jointe au jugement du tribunal régional de Hambourg, du 11 déc. 1886 cité *suprà,* n°s 207 et 211, admet aussi que c'est la loi du pays d'origine qui doit décider de la reconnaissance d'une marque étrangère au point de vue des signes qui la constituent. Il croit lire cette solution dans le mot « marques étrangères » dont se sert le paragraphe 2 de l'art. 6 de la loi de 1857 pour rappeler les marques des établissements situés hors de France, dont vient de parler le paragraphe 1er, et pour organiser leur dépôt à Paris. Il y voit l'exigence d'une reconnaissance préalable par la loi étrangère. N'est-il pas plus simple d'y voir une abréviation qui s'imposait au législateur pour désigner les marques des établissements situés hors de France dont il venait de parler? Il invoque encore la loi allemande du 30 nov. 1874, dont l'art. 20, il faut le reconnaître, exprime très clairement cette condition, et ne protège la marque étrangère qu'en tant et aussi longtemps que le déposant est protégé dans l'Etat étranger. Mais cette loi règle uniquement l'application en Allemagne du droit allemand aux marques étrangères, et la restriction qu'elle pose fait contraste avec les termes au contraire absolus de la loi française à l'égard des marques étrangères.

**215.** Il est vrai que, tout en écartant de la discussion la législation interne des autres pays, il faut au contraire tenir un grand compte des traités qui nous lient à eux et qui s'imposent à nos tribunaux absolument comme des lois françaises. Or un certain nombre de traités (notamment avec la Belgique, l'Espagne, l'Italie, la Suède, la Norvège, la Suisse) exigent formellement que la marque étrangère soit légitimement acquise à celui qui en use, et soit jugée, quant à ses caractères, d'après la loi du pays d'origine. Ces mêmes traités refusent la protection aux dessins et modèles s'ils appartiennent au domaine public dans le pays d'origine (et de même pour les marques, sauf dans le traité suisse). Enfin la convention du 20 mars 1883, qui nous lie à ces mêmes Etats et à beaucoup d'autres, stipule que « toute marque régulièrement déposée dans le pays d'origine sera admise au dépôt et protégée telle quelle dans les autres pays de l'union »; ce que le protocole explique en ce sens « qu'aucune marque ne peut être exclue de la protection dans l'un des Etats de l'union par le fait seul qu'elle ne satisferait pas au point de vue des signes qui la composent aux conditions de la législation de cet Etat, pourvu qu'elle satisfasse sur ce point à la législation du pays d'origine, et qu'elle ait été, dans ce dernier pays, l'objet d'un dépôt régulier », et que, « sauf cette exception qui ne concerne que la forme de la marque, et sous réserve des dispositions des autres articles de la convention, la législation intérieure de chacun des Etats recevra son application ».

Ces textes ont reçu une application très juste lorsqu'il a été décidé, par exemple, par la cour de justice civile de Genève, le 14 mai 1888, et par le tribunal fédéral suisse le 29 sept. 1888 (aff. Randon, D. P. 90.2. 297), qu'une marque française composée d'une simple dénomination doit être admise au dépôt en Suisse malgré les dispositions de la loi suisse excluant ce genre de marque.

Mais on a cru pouvoir déduire de ces textes la nécessité absolue, entre les Etats contractants, d'un dépôt régulier dans le pays d'origine, même pour une marque satisfaisant, au point de vue des signes, à la législation intérieure du pays d'importation (Trib. civ. Seine, 30 avr. 1888, aff. Léonard et comp, D. P. 88. 2. 201). Ce jugement a été confirmé en appel (Paris, 24 janv. 1890), mais par de pures considérations de fait et sans abrogation des motifs des premiers juges (Journ. du droit int. privé, 1890, p. 113 et 203); il a été au contraire presque textuellement reproduit par un arrêt d'Aix (7 févr. 1889, aff. Speich, Yarid et comp., La propriété industrielle, 1890, p. 28).

M. Bozérian, qui fut l'un des auteurs de la convention de 1883, s'élève contre cette interprétation exagérée. Un texte qui admet la marque étrangère telle quelle, c'est-à-dire quoique non conforme à la législation intérieure, pourvu qu'elle soit conforme à la loi du pays d'origine et qu'un dépôt fait dans ce pays atteste cette conformité, ne dit pas que la conformité à la législation intérieure soit insuffisante et doive encore se trouver doublée d'un dépôt dans le pays d'origine, ni même de la conformité à la loi de ce pays. La conformité à la loi d'origine est indiquée seulement comme pouvant suppléer à la non-conformité de la loi du pays dont on demande la protection. M. Bozérian confirme cette interprétation par les explications échangées dans la discussion, desquelles il résulte qu'on a voulu surtout empêcher une marque admise au dépôt dans son pays d'origine d'être exclue d'un autre pays à raison des lois particulières de ce dernier, de même que la France avait déjà obtenu de la

Russie, par exemple, la protection des marques françaises régulièrement déposées en France, quoique libellées en caractères français et malgré l'exigence de caractères russes par la loi russe (Journ. du droit int. privé, 1890, p. 201). Dans la pratique, ajoute M. Bozérian (eod. loc.), les fonctionnaires chargés de recevoir les dépôts de marques n'exigent jamais la preuve d'un dépôt fait dans le pays d'origine si la marque satisfait aux conditions de la législation locale. — C'est dans ce sens que le traité franco-belge de 1881, pourtant plus absolu, en apparence, que la convention de 1883, a été interprété par le tribunal correctionnel d'Angoulême, le 26 janv. 1884 (aff. la Vieille-Montagne, Journ. du droit int. privé, 1884, p. 294). « En exigeant, dit le tribunal, l'accomplissement des formalités prescrites par la législation respective des deux Etats, le traité n'entend exiger que l'accomplissement de celles prévues par les lois du pays où l'étranger désire s'assurer la propriété de la marque ».

**216.** Dans l'opinion qui interprète non seulement pour, mais contre l'étranger, les clauses stipulant (comme dans les traités belge, espagnol, italien, suédois, norvégien, et suisse) l'appréciation de la marque d'après la loi du pays auquel appartient le fabricant, on doit d'ailleurs concéder qu'elles ne pourraient restreindre en France, les droits des étrangers exploitant en France, et qui, aux termes de l'art. 5 de la loi de 1857, ont le bénéfice de cette loi sans condition de réciprocité. Les traités stipulant que les étrangers n'ont pu vouloir leur enlever le bénéfice à eux déjà concédé en France par cet art. 5. La loi française est d'ailleurs la loi d'origine pour la marque d'un établissement exploité en France, quoique par un étranger. C'est ce qui a été jugé, à propos de la convention franco-belge du 31 oct. 1881, par la cour de cassation dans un arrêt (Crim. rej. 17 janv. 1885, aff. Morin, D. P. 85. 1. 428) qui décide que l'art. 15 de cette convention, portant que le caractère des marques de fabrique devra être apprécié d'après les lois de France ou de Belgique selon que les fabricants appartiendront à l'un ou l'autre de ces pays, ne s'applique que par prévu par l'art. 6 de la loi du 23 juin 1857, c'est-à-dire lorsque les fabricants n'ont pas d'établissement dans le pays où ils revendiquent la propriété exclusive de leur marque de fabrique; mais qu'une société belge ayant ses établissements en France, sans avoir d'ailleurs à renouveler le dépôt qu'elle avait régulièrement effectué en France avant la convention, est suffisamment protégée par le dépôt fait à Paris, siège de son principal établissement, sans avoir en outre à faire un dépôt au greffe du tribunal étranger dans le ressort duquel elle a son siège, ni au greffe des divers tribunaux de commerce de France dans le ressort desquels ses usines sont situées. — Ainsi l'étranger dont parle l'art. 5 est exempt de la nécessité d'un dépôt étranger, quand même la clause du traité l'exprimerait, parce qu'il n'est pas visé par cette clause. Mais la clause exprime-t-elle cette nécessité pour les étrangers mentionnés à l'art. 6 et qu'elle vise? C'est une question sur laquelle on peut hésiter; il nous paraît plus conforme à l'esprit de cette clause de l'interpréter dans le sens de la plus large protection.

**217.** Mais on ne saurait hésiter à admettre cette protection par la loi française d'une marque étrangère conforme à cette loi et contraire à la loi d'origine, quand il n'y a, dans les traités conclus avec cette nation, aucune clause analogue à celle de la convention de 1883 ou des traités susindiqués en faveur de la loi d'origine. Ainsi en est-il notamment pour l'Allemagne. Il a été jugé qu'un négociant allemand peut faire protéger en France une marque formée de la simple dénomination Philadelphia sans qu'il y ait à examiner s'il pourrait, en Allemagne, faire respecter une marque de ce genre (Trib. civ. Seine, 5 déc. 1884, aff. Biernatzki et comp., Ann. de la propr. ind. 1885, p.155, et Journ. du droit int. privé, 1890, p. 204). M. Pouillet lui-même (1re éd., n° 339) interprète ainsi le traité franco-allemand qui se borne à promettre aux étrangers la même protection qu'aux nationaux. On ne peut interpréter autrement la loi de 1857 qui leur promet, en cas de réciprocité, « le bénéfice de la présente loi ». Ces expressions entraînent l'application aux étrangers de la loi du pays d'importation, dût-elle leur faire reconnaître un droit qu'ils ne pourraient pas se faire reconnaître chez eux. Les principes généraux du droit international n'y sont pas contraires, car c'est bien ce qu'on admet (sauf clause diplomatique contraire) pour les dessins et modèles étrangers, dont le dépôt et la protection en France, dans les cas prévus par l'art. 11 c. civ., sont indépendants de leur dépôt et de leur protection à l'étranger, la loi de 1806 n'ayant pas, comme celle de 1844, une disposition spéciale pour établir cette subordination (V. *supra*, n° 201; Pouillet, *Dessins et modèles*, n° 124). M. Pouillet, cite, en faveur de la thèse qui fait dépendre la protection française de la protection étrangère, l'arrêt de la cour de cassation (Crim. rej. 23 mai 1874, aff. Welhoff, D. P. 75, 1. 137) qui refuse à un Anglais la protection, comme marque exclusive, de la dénomination *phospho-guano* tombée dans le domaine public en Angleterre. Mais, comme le fait remarquer M. Bozérian (*loc. cit.*), l'arrêt s'appuie sur ce que la vulgarisation de la marque en Angleterre, pays de réciprocité, empêchait l'appropriation en France, même par un Français, solution qui entraînait le même obstacle pour un Anglais. La même remarque peut s'appliquer à un autre arrêt analogue (Paris, 12 août 1881, aff. du Linoleum, *Ann. de la propr. ind.* 1881, p. 289). Sur l'impossibilité, même pour un Français, de s'approprier, comme nouvelle en France, une marque vulgarisée en pays étranger, même de non-réciprocité (V. *infrà*, n° 312 et Beauchet, *Journ. du droit int. privé*. 1890, p. 433).

**218.** Un principe certain, et qui confirme l'interprétation favorable à la loi d'importation, c'est que, sauf clause contraire, un traité promettant aux étrangers la même protection qu'aux nationaux ne peut avoir pour effet de les favoriser au détriment de ces derniers, et oblige à les traiter, dans la revendication de leur marque ou de leur nom, comme s'ils étaient français, et, par exemple, à repousser leur action si la marque revendiquée est tombée en France dans le domaine public avant tout dépôt (Req. 13 janv. 1880, aff. Veuve Etienne Beissel et fils, D. P. 80, 1. 225). La cour de Paris 20 déc. 1878, (*eod. loc.*), avait seulement le tort, dans cette affaire, de faire intervenir comme motif de sa décision le paragraphe 2 de l'art. 28 du traité franco-allemand de 1862, applicable à une toute autre hypothèse, comme on va le voir, *infrà*, n° 220 et suiv. C'est en vertu de la même interprétation qu'on demandait au tribunal régional de Hambourg, contre une marque française composée uniquement de mots, l'application de la loi allemande de 1874 exclusive de ces sortes de marques; et le tribunal, sans condamner cette théorie, déclare simplement qu'en la supposant exacte, il est inutile d'examiner ce moyen, parce qu'il s'agit pas, dans l'espèce, d'une marque de fabrique ou de commerce, mais d'un nom, qui, d'ailleurs, faute d'appartenir à un commerçant, ne peut se défendre que par une action en réparation de préjudice fondée sur le droit commun et admise de plein droit d'un pays à l'autre (Trib. rég. de Hambourg, 11 déc. 1886, aff. Comp. coloniale Vinit et comp. et Union des fabricants français pour la protection internationale de la propriété industrielle, D. P. 88. 2. 201).

**219.** Le projet de loi élaboré par la commission sénatoriale sur les marques de fabrique tranche tout autrement que nous ne venons de le faire le conflit entre la loi du pays d'origine et celle du pays d'importation. Il décide (art. 22) que l'établissement situé à l'étranger ne peut avoir en France, pour ses marques et titres commerciaux plus de droit qu'il n'en a dans le pays où il est établi, au point de vue de la constitution, validité, étendue et conservation du droit de propriété. Il ne protège en un mot qu'un droit préalablement constitué à l'étranger, mais n'offre point, même en cas de réciprocité, un droit qui serait uniquement constitué en France (*Journ. off.* Doc. parl. 1890, p. 99). C'est aussi dans ce sens que s'est prononcé le congrès international de 1889 (*Journ. du droit int. privé*, 1890, p. 174). Et en matière de dessins ou de propriété artistique, la proposition Philipon, contient dans son art. 26 une disposition analogue (*Journ. off.* Doc. parl. 1890, p. 525).

**220.** Le traité franco-allemand de 1862, qu'il s'agissait d'appliquer dans l'arrêt précité du 13 janv. 1880, contient une clause particulière, qui a fait naître certaines difficultés intéressantes à signaler. L'art. 28, après avoir procuré aux sujets de chaque État la même protection qu'aux nationaux, contient un second paragraphe ainsi conçu : « Il n'y aura lieu à aucune poursuite à raison de l'emploi dans l'un des deux pays, des marques de fabrique de l'autre, lorsque la création de ces marques, dans le pays de provenance des

produits, remontera à une époque antérieure à l'appropriation de ces marques par dépôt ou autrement dans le pays d'importation »; clause destinée à empêcher qu'une marque créée dans un pays, puis devenue dans l'autre, au profit d'un imitateur, l'objet d'une appropriation exclusive, puisse à son entrée dans le second, être saisie comme une contrefaçon à la requête de celui qui en est au contraire l'imitateur. Ce n'est pas, pour le créateur de la marque, le droit d'en interdire l'usage dans l'autre pays à l'imitateur qui a pu se l'approprier avant le traité, mais seulement le droit d'en user lui-même sans crainte de passer pour contrefacteur. Ce texte, d'ailleurs, pouvait paraître superflu en présence du principe posé *Rép.* n° 325, à savoir que l'imitation d'une marque étrangère, fût-elle libre en France faute de traité diplomatique, ne peut pas former la matière d'un droit exclusif pour le premier imitateur (Pouillet, *Marques*, n° 335). C'est par application de ce texte qu'un fabricant prussien a pu triompher d'une plainte en usurpation ou imitation de marque, intentée contre lui par un Français, en justifiant qu'il avait personnellement fait usage de cette marque antérieurement au dépôt fait en France (Paris, 26 mai 1868, aff. Jacob Noltzer et comp. *Ann. de la propr. ind.*, 1868, p. 167).

**221.** Mais il ne suffit pas, pour résister en vertu de ce texte aux poursuites du fabricant français, que le fabricant allemand important la même marque en France prouve avoir fait usage de cette marque anciennement, mais bien l'avoir créée en Prusse *antérieurement* à son appropriation par le Français en France. C'est faute de l'offrir cette preuve que le tribunal civil de la Seine (4 mai 1877) et la cour de Paris (12 juill. 1878) ont pu condamner l'importateur allemand et la cour de cassation rejeter le pourvoi (3 août 1880) dans l'affaire de la marque J.-M. *Farina* (Mulhens et Raiband, D. P. 81. 1. 429).

Il est vrai qu'en outre et subsidiairement, le juge du fait s'appuyait sur le caractère illégitime et frauduleux de la possession du défendeur en Prusse, pour repousser sa défense en déclarant qu'il faudrait de sa part prouver une propriété légitime en Prusse. Cette proposition est vraie dans le sens où la prend le tribunal et dans l'ordre de faits par lesquels il l'explique, c'est-à-dire au point de vue des actes frauduleux, des faits d'usurpation ou de dissimulation qui viciaient la possession du défendeur à son origine en Prusse vis-à-vis de la possession antérieure du demandeur; car cette fraude contre la possession antérieure du demandeur est précisément l'inverse du cas réservé par le paragraphe 2 du traité. Mais la proposition serait inexacte, et on l'a fait remarquer (Brégeault, *Journ. du droit int. privé*, 1879 p. 360), si elle tendait à exiger de l'importateur allemand la preuve d'une appropriation par *dépôt légal* en Allemagne avant l'appropriation française par dépôt ou autrement en France. Le texte du traité, en effet, n'exige de l'importateur que la preuve de la *création* de la marque dans le pays de provenance avant l'appropriation par dépôt ou autrement dans le pays d'importation. Dans l'examen des dates, il s'attache, pour l'importateur dans le pays de provenance, à un pur élément de fait (la création de la marque). C'est seulement pour le concurrent dans le pays d'importation qu'il s'attache un élément de droit (l'appropriation par dépôt ou autrement). Le traité de 1862 ne pouvait d'ailleurs viser l'antériorité en Allemagne d'un dépôt dont la nécessité légale n'existait pas alors et n'est survenue qu'en 1874 par la loi du 30 novembre. Et la survenance de cette loi ne saurait modifier l'interprétation et les faits prévus par lui comme rendant licite l'usage d'une marque dans l'autre pays.

**222.** Il resterait à se demander si le texte du traité, combiné avec la législation française, empêche le concurrent français de poursuivre l'importateur allemand, en vertu d'un dépôt fait en France, postérieurement à l'usage de la marque en Prusse, quoique lui-même, ait usé de la marque avant que l'importateur en eût usé en Prusse. La question paraît, dans cette hypothèse, devoir se résoudre en faveur du Français, bien qu'à son égard on considère un élément de droit « l'appropriation par dépôt ou autrement ». Car, dans l'hypothèse, l'Allemand, dans cette hypothèse, n'a été en Prusse que l'imitateur, non le créateur de la marque, comme le voudrait le traité; d'autre part, c'est l'antériorité d'usage qui attribue en France la propriété de la marque, et le dépôt ne fait que la déclarer en vue de l'exercice des actions. Le caractère déclaratif du dépôt doit être pris en considération même dans les rapports internationaux, et il a été jugé, par application de ce principe, qu'un second déposant peut revendiquer la marque pour antériorité d'usage contre le premier déposant, encore bien que les déposants soient de nationalité étrangère et que l'usage de la marque ait eu lieu à l'étranger (Lyon, 3 févr. 1885, aff. Knop, *Journ. du droit int. privé*, 1885, p. 441).

Jugé encore, par application du caractère déclaratif du dépôt, dans les rapports internationaux, qu'un négociant français a pu valablement déposer en France une marque dont il faisait usage depuis de longues années, malgré le dépôt antérieur de la même marque par une maison de commerce étrangère dans un pays étranger qui n'avait pas de convention diplomatique avec la France, et que, dans ce cas, une saisie et une poursuite sont possibles en vertu du dépôt français, alors même, d'ailleurs, d'ailleurs, l'arrêt ne constate pas que la maison étrangère qui agit en France pour le compte de la maison étrangère était de bonne foi, la bonne foi ne pouvant le soustraire aux réparations civiles (Riom, 13 juin 1888, aff. Grange, D. P. 90. 2. 126). Jugé pourtant que l'emploi de la marque en pays étranger, à quelque époque qu'il remonte, ne peut pas être invoqué par l'étranger qui introduit en France la marque d'un fabricant déposée par ce dernier, pour se défendre contre ses poursuites (Trib. civ. Seine, 22 juin 1865 et 6 avr. 1866, aff. de la marque *Royal Victoria*, Sargent, *Ann. de la propr. ind.*, 1866, p. 170). Jugé aussi que le négociant français qui a déposé sa marque en France ne peut être débouté de son action en contrefaçon contre le représentant d'un négociant étranger sous prétexte que cet étranger aurait eu l'usage antérieur de la marque, si, d'ailleurs, l'arrêt ne constate pas que la maison étrangère fût dans aucun des cas où la loi de 1857 peut profiter aux étrangers, et, d'autre part, ne conteste pas que le négociant Français fût seul propriétaire de la marque dans le pays de cet étranger lequel ne s'en était servi en France que pour l'exportation de ses produits (Req. 13 janv. 1890, aff. Barnett et fils, *Gaz. des Trib.* du 17 janv. 1890).

**223.** — IX. Situation des étrangers en l'absence de réciprocité. — La situation des étrangers à défaut de réciprocité soulevé, en matière de marques, une question qui a fait l'objet d'une sérieuse controverse. Une marque étrangère, librement usurpée, faute de réciprocité diplomatique ou légale, doit-elle être considérée comme tombée par ce fait dans le domaine public, en sorte que, survenant ensuite un traité ou une loi de réciprocité, elle ne puisse être appropriée par dépôt au profit de l'étranger dans le pays d'importation ? Ainsi l'ont jugé plusieurs cours par une appréciation que la cour de cassation a déclarée souveraine (Paris, 20 déc. 1878 et Req. 13 janv. 1880, aff. Veuve Etienne Beissel et fils, D. P. 80. 1. 225 ; Rouen, 5 juin 1883 et Req. 30 juill. 1884, aff. Lanmann et Kemp, D. P. 84. 2. 177, et 85. 1. 448 ; Paris, 18 nov. 1875 et Crim. rej. 18 nov. 1876, aff. The Howe Machine Company, D. P. 78. 1. 492 ; Trib. Seine, 12 déc. 1885 et Paris, 27 janv. 1886, aff. Vautier, *Journ. du droit int. privé* 1886, p. 449). D'autres arrêts de la cour suprême avaient déjà établi cette jurisprudence (Paris, 16 déc. 1863, et Crim. rej. 30 avr. 1864, aff. Spencer, D. P. 84. 1. 451 ; Paris, 29 avr. 1864 et Crim. rej. 4 févr. 1865, aff. Stubs, D. P. 65. 1. 197). — Dans cette dernière affaire, cependant le tribunal correctionnel de la Seine s'était prononcé en sens contraire (26 janv. 1864, *Ann. de la propr. ind.* 1864, p. 212), et M. l'avocat général Bédarride s'était rallié à sa thèse devant la cour de cassation (V. Pouillet, *Marques*, n° 336). En sens contraire aussi on peut citer d'autres autorités considérables (Pataille, *Ann. de la propr. ind.* 1864, p. 208 ; Pouillet, n° 336 ; Calmels, n° 238 ; Lyon-Caen, à son cours ; la jurisprudence belge : Rej. 20 juin 1865, aff. Gilbert, *Ann. de la propr. ind.* 1866, p. 427). — Il faut signaler aussi le tempérament admis par un jugement du trib. civ. de la Seine du 8 mai 1878 (aff. Rowland, D. P. 79. 3. 61) qui décide qu'en admettant que la marque de fabrique d'un industriel étranger ait pu tomber dans le domaine public par un fait d'usurpation et une sorte de prescription acquise contre lui, à une époque où il était dans l'impossibilité légale de faire respecter son droit de propriété, cet industriel ne peut être réputé avoir abandonné sa marque au commerce français, lorsqu'il a manifesté l'intention de maintenir son droit en exerçant de nombreuses poursuites contre les usurpateurs et en effectuant le dépôt de sa marque ; et qu'alors même qu'une marque étrangère aurait pu tomber dans le domaine public par un long abandon, l'usage de cette marque, quelque prolongé qu'il ait été, n'a pu faire acquérir aux négociants français le droit de marquer leurs produits d'un lieu et d'un nom mensongers.

**224.** On ne saurait blâmer la jurisprudence française de refuser à un étranger l'appropriation exclusive d'une marque tombée en France dans le domaine public. Mais la critique s'adresse aux appréciations souveraines des cours d'appel qui ont vu dans la libre usurpation d'une marque non protégée la source d'un droit pour le public contre la victime désarmée de ces usurpations. L'impossibilité d'agir, qui empêche ordinairement la prescription de courir, n'empêche-t-elle pas d'interpréter comme un abandon le silence de l'étranger à l'égard des imitateurs, et ne faut-il pas un abandon, un consentement au moins tacite pour faire entrer dans le domaine public une marque particulière ? Peut-être convient-il de remarquer, pour expliquer la jurisprudence française, que si, faute de droit à faire valoir, les faits accomplis n'ont pu avoir la signification d'un abandon, faute de droit aussi, il n'était pas besoin d'abandon pour que la marque étrangère, non protégée en France et devenue en France d'un usage vulgaire, appartînt au domaine public en France. Dans cette façon de traiter la question, les faits d'usage de la part du public, pris en eux-mêmes, et isolés de toute interprétation du silence de l'étranger, feraient apparaître en France une marque vulgaire, que nul, faute de nouveauté désormais, ne pourrait s'approprier, ni un Français, ni l'étranger, rendu habile, il est vrai, par la survenance d'un traité, à s'approprier une marque en France, mais non à s'attribuer sur cette marque en France des droits antérieurs au traité, capables de vicier la possession du public et de la faire considérer comme une usurpation. Cette argumentation, il est vrai, n'est possible que si l'on refuse à l'étranger, en l'absence de traité, tout droit même à la réparation du préjudice causé par la concurrence déloyale faite au moyen d'une similitude de marque ou de nom. Que si on lui reconnaît ce droit, il faut alors pouvoir lui opposer un abandon. Mais alors aussi, tout dépendra de l'usage qu'il en aura fait ; cet usage aura conservé le droit en vue de la protection plus grande qu'admet le traité ultérieur ; au contraire, le non-usage, valant abandon, l'aura éteint, laissant l'étranger dans l'impossibilité d'acquérir le droit, faute de nouveauté (V. dans ce sens, Beauchet, *Journ. du droit int. privé*, 1890, p. 430).

**225.** Le congrès international de 1889 déclare que l'impossibilité d'agir, faute de traité de réciprocité, doit constituer un obstacle à toute prescription contre l'étranger (*Journ. du droit int. privé*, 1890, p. 174). Mais ce principe ne saurait empêcher la prescription à défaut d'action civile (en admettant l'action civile comme un droit naturel indépendant de tout traité, V. *infrà*, n° 227). — Quant au projet de loi de la commission sénatoriale, dans sa dernière rédaction, il tranche le conflit dont nous venons de parler par un art. 21 ainsi conçu : « Lorsque, pour établir la propriété exclusive des marques et titres étrangers, l'intéressé invoquera des faits antérieurs à la réciprocité, les tribunaux apprécieront, suivant les circonstances si ces faits sont de nature à être opposés au droit de propriété des mêmes marques et titres que des établissements situés en France ont pu licitement acquérir ». Une fois la réciprocité établie, les faits d'usage en pays étranger sont réglés de la manière suivante par le même projet, quant à leur effet sur la nouveauté de la marque en France : « Quand les faits invoqués seront postérieurs au jour où la réciprocité s'est produite, l'acte de dépôt ou de déclaration des marques et titres étrangers régulièrement effectués et conservés conformément à leur loi d'origine, sera considéré comme un fait d'usage public à l'égard des établissements français ; à défaut de déclaration ou de dépôt, ou pour les faits qui leur sont antérieurs, l'usage public sera interprété suivant les circonstances, sans que jamais la contrefaçon volontaire ou l'imitation frauduleuse d'une marque ou d'un titre puisse servir de base à l'établissement du droit » (*Journ. off. Doc. parl.*, 1890 p. 98).

**226.** On remarquera l'analogie que présente avec la survenance de la réciprocité, la survenance de la naturalisation ou de l'admission à domicile. On a vu au *Rép.* n° 274 que ces faits n'ont rien de rétroactif, et donnent droit pour l'avenir seulement à la protection légale. Mais l'usage public antérieur doit-il logiquement produire contre les effets de la naturalisation ou de l'admission à domicile, le même obstacle qu'il pourrait produire contre les effets d'un traité.

**227.** Il y a controverse sur la question qui apparaissait incidemment à propos de la précédente, à savoir si l'étranger, en l'absence de réciprocité, jouit au moins de l'action civile en concurrence déloyale. On admet l'action civile sans dépôt pour l'étranger qu'un traité assimile au Français. Faut-il donner l'action civile à l'étranger non admis au dépôt, c'est-à-dire à celui qu'aucun traité n'assimile au Français et qui ne peut invoquer que l'art. 11 c. civ?

Avant la loi de 1857, la jurisprudence rigoureuse que nous avons citée plus haut n° 203 et dont les premiers éléments étaient déjà indiqués au *Rép.* n°ˢ 274 et 277), repoussait aussi bien l'action en réparation du préjudice que l'action en répression pénale, et cela même en matière de nom commercial (n° 205), bien qu'un arrêt antérieur (Paris, 7 août 1832, aff. Schmidt-Born, *Rép.* n° 273) impliquât en matière de nom la solution contraire. Le système de la réciprocité, maintenu par la loi de 1857 sans aucune réserve expresse de l'action civile, a paru à certains auteurs consacrer cette jurisprudence, d'autant plus, ajoutent-ils, que la concession de cette action civile sans réciprocité rendrait moins utile aux étrangers, et partant moins facile à obtenir d'eux, la conclusion d'un traité (Huard, dans *La Propriété industrielle*, n° 146 ; Ruben de Couder, *Dictionnaire*, v° *Concurrence déloyale*, n° 171 ; Aubry et Rau, t. 1, § 78, note 67; Paris, 5 juin 1885, aff. Kemp, *Ann. de la propr. industr.*, 1867, p. 298). — M. Pouillet (n° 694) donne l'action civile sans dépôt et sans condition de réciprocité à l'étranger exploitant en France, et à qui l'art. 5 de la loi de 1857 attribue en cas de dépôt le bénéfice de la loi sans réciprocité. Par là, cet étranger lui semble placé en dehors de l'art. 11 c. civ., tant pour l'action civile sans dépôt, que pour l'action pénale avec dépôt. Mais pour l'étranger exploitant hors de France, l'art. 6 subordonnant à la réciprocité le bénéfice de la loi le laisserait sous l'empire du code civil, interprété lui-même comme subordonnant à la réciprocité les actions même civiles en concurrence déloyale.— L'art. 6 de la loi de 1857 laisse bien, en effet, la question entière ; mais il est permis, sans sortir de l'art. 11 c. civ., de la résoudre en faveur de l'étranger. Le droit pour un fabricant étranger de vendre ses produits en France se rattache au droit des gens et ne dépend point de la réciprocité. Par suite, il faut admettre dans les mêmes termes la protection de ce droit, sinon par les moyens spéciaux et variables que chaque État organise à sa façon, du moins par le principe universel de la réparation du préjudice que les fraudes qui entravent l'exercice de ce droit. Quant à la crainte d'enlever, par cette doctrine, tout intérêt à la conclusion des traités, elle est mal fondée, puisque l'action civile en concurrence déloyale a paru au législateur français lui-même une protection insuffisante qui ne le dispensait pas d'édicter des peines par une loi spéciale : la même considération doit pousser les États étrangers à s'assurer par un traité ce complément de protection (Paris, 22 mars 1855, aff. Warton, *Ann. de la propr. ind.*, 1855, p. 40; Colmar, 9 avr. 1873, aff. Say, *Ibid.*, 1873, p. 148 ; Trib. Seine, 8 mai 1878, aff. Rowland, D. P. 79. 3. 61 et M. Bozérian sans consultation sur cette affaire ; Civ. cass. 3 et 5 juill. 1865, aff. Robinson, aff. Chemin de fer de l'Est, D. P. 65. 1. 347 ; Pataille, *Ann. de la prop. industr.*, 1857, p. 362; Rendu, *Marques de fabrique*, n° 280; Lyon-Caen et Renault, *Précis de droit commercial*, t. 2, p. 1038 ; Mesnil, *Des marques de fabrique dans les rapports internationaux*, p. 123 ; Barberot, *De la propriété industrielle dans les rapports internationaux*, p. 153 ; Weiss, *Traité de droit int. privé*, p. 398, note 3 ; Beauchet, *Journ. du droit int. privé*, 1890, p. 430).

Il a été jugé qu'une marque française peut s'y faire protéger par une action en dommages-intérêts, sans avoir satisfait aux prescriptions du traité franco-genevois du 30 oct. 1858, notamment sans avoir été déposée à Genève

comme ce traité paraît l'exiger, ce dépôt n'étant pas prescrit par le traité franco-suisse du 30 juin 1864 (D. P. 65. 4. 1), qui abroge le traité franco-genevois ci-dessus (Trib. féd. suisse, 29 sept. 1888, aff. Randon, D. P. 90. 2. 297; 27 mai 1881, aff. Milly, *Journ. du droit int. privé*, 1883, p. 550).

**228.** On a pu se demander aussi, mais au point de vue de l'action pénale, si l'usurpation d'un nom étranger ne constitue pas un délit susceptible d'être poursuivi par le ministère public dans l'intérêt du public acheteur, alors même que l'étranger n'aurait pas lui-même, faute de réciprocité, le droit d'intenter cette action. Ainsi pensent MM. Pouillet (n° 455) et Gastambide (p. 426 et 456); et ainsi statue un jugement du tribunal de la Seine du 28 juin 1853 (aff. Spencer, *Le Droit* du 30 juin), et cette opinion paraît inspirer l'un des motifs du jugement précité du même tribunal (8 mai 1878, aff. Rowland, D. P. 79. 3. 61). Mais, à moins que le fait ne constitue une tromperie sur la nature autant que sur l'origine du produit, on ne peut admettre en ce cas l'application de la loi de 1824 qui ne vise l'intérêt du consommateur qu'à travers celui du fabricant (*Rép.* n° 355).

**229.** L'étranger privé de protection faute de réciprocité peut avoir pour représentant en France, chargé de la vente, un Français. Ce représentant ne peut, pas plus que lui, faire protéger la marque de fabrique étrangère, malgré l'intérêt qu'il pourrait avoir dans sa vente (Pouillet, n° 457). Mais celui qui achèterait et vendrait les produits pour son propre compte pourrait seulement déposer et faire protéger en France une marque distincte adoptée par lui comme marque de commerce.

**230.** Mais si un représentant même français ne peut faire protéger la marque de fabrique étrangère, un cessionnaire français le pourrait. Le cédant, il est vrai, n'a pu transmettre que les droits qu'il a ; mais au droit non protégé que l'étranger a pu transmettre s'ajoute le droit propre et plus énergique que le français puise en lui-même sur la marque devenue sienne et devenue en même temps Française (En ce sens : Paris, 11 déc. 1856, aff. Farina, *Journal des trib. de commerce*, 6. 143 ; Crim. rej. 18 nov. 1876, aff. *The Howe Machine Company*, D. P. 78. 1. 492, jugeant que la cession faite par un Américain à un Anglais rend inutile l'examen des traités américains, si les traités anglais assurent protection en France aux sujets anglais).

**231.** — Une *Union de fabricants français pour la protection internationale de la propriété industrielle* s'est fondée et a été déclarée d'utilité publique en 1877 (V. *infrà*, n° 306). Son président, M. le comte de Maillard de Marafy, a commencé la publication d'une œuvre considérable, sous ce titre : *Grand dictionnaire international de la propriété industrielle*.

Sect. 2. — Dessins de fabrique (*Rép.* n°ˢ 279 à 313).

Art. 1ᵉʳ. — *Que doit-on entendre par dessin de fabrique?* (*Rép.* n°ˢ 279 à 283).

**232.** — I. Propriété artistique et propriété industrielle. — On a dit au *Rép.* n°ˢ 279 à 281, comment peut se régler le conflit entre les lois de la propriété artistique et de la propriété industrielle, et ce qu'il faut penser, à ce point de vue, d'un dessin artistique en lui-même, mais appliqué à un emploi industriel. On a posé ce principe que l'application industrielle n'enlève pas à l'artiste le bénéfice de la loi de 1793, qui protège l'œuvre d'art, indépendamment de tout dépôt au conseil des prud'hommes, contre tout emploi ou reproduction aussi bien dans l'industrie que dans les arts, malgré le consentement que l'artiste aurait donné à l'application industrielle de son œuvre; mais qu'elle donne au fabricant ou manufacturier par qui elle est légitimement faite, par exemple, en vertu d'un droit cédé par l'auteur, une propriété industrielle protégée par la loi de 1806, sous la condition d'un dépôt au secrétariat du conseil des prud'hommes (Comp. *Rép.* v° *Propriété littéraire et artistique*, n° 409). — D'après M. Pouillet (*Traité des dessins de fabrique*, 2ᵉ éd. n° 21), le fabricant auquel l'artiste a cédé le droit d'appliquer son œuvre comme dessin de fabrique acquiert lui-même, pour cette application de l'œuvre, non seulement le droit prévu par la loi de 1806, sous la condition d'un dépôt au secrétariat des prud'hommes, mais encore, sans remplir cette formalité, le droit conféré à l'artiste par la loi de 1793, et transmis par l'effet de la cession, sauf à voir ce droit s'éteindre au terme fixé par cette loi, et à recourir alors à la propriété industrielle en vertu de la loi de 1806 s'il n'en a pas encouru la déchéance, la loi de 1806 étant la seule source de propriété privée pour l'application industrielle d'une œuvre d'art tombée comme telle dans le domaine public (V. dans le même sens, Philipon, *De la propriété des dessins de fabrique*, nos 48 et 49). Nous ne pouvons qu'adhérer à ces solutions.

**233.** — II. Emploi industriel d'une œuvre artistique. — De nombreuses décisions de jurisprudence ont admis, en effet, l'application de la loi de 1806 pour l'emploi industriel d'une œuvre artistique en elle-même. La cour de cassation, le 30 déc. 1865 (Crim. cass. aff. Romain et Palyart, D. P. 66. 1. 143), a jugé que les dessins artistiques destinés à entrer dans la fabrication des étiquettes de luxe, ou en général à être appliqués à l'industrie par un moyen industriel deviennent ainsi des dessins de fabrique relevant de la loi de 1806 pour la conservation de leur propriété et les formalités à remplir. La cour de Limoges s'est conformée à cette solution dans une espèce absolument semblable (3 déc. 1881, aff. Palyart, *Ann. de la propr. ind.*, 1883, p. 362). La cour de Paris (22 avr. 1875, aff. Tiersot-Zeigler, *Ann. de la propr. ind.*, 1883, p. 206) a statué dans le même sens pour des dessins destinés à être découpés sur bois au moyen d'une scie mécanique, déclarant indifférents, en présence de cette application industrielle, le mérite artistique de ces dessins et le fait qu'ils se rattachent à une publication imprimée ou périodique. On peut joindre à ces décisions celle du tribunal civil de Lunéville (21 avr. 1880, aff. Gallé, *Ann. de la propr. ind.*, 1880, p. 235) qui déclare non recevables, faute du dépôt prescrit par la loi de 1806, la revendication et l'action en contrefaçon de dessins, même purement artistiques, destinés à être reproduits industriellement sur les objets de porcelaine ou de faïence.

**234.** Cette application de la loi de 1806 aux dessins, même artistiques, faits pour un emploi industriel, dispense le juge, en ce cas, de se prononcer sur le caractère artistique du dessin isolé, si l'on admet, comme le jugement ci-dessus, la non-recevabilité de l'auteur du dessin à agir comme artiste en vertu de la loi de 1793, c'est-à-dire l'exclusion de cette dernière loi par celle de 1806. Cette appréciation, au contraire, conserve son utilité si, comme on l'a dit au *Rép.* no 279, l'application industrielle donne au fabricant le bénéfice de la loi de 1806 sans préjudice, pour l'auteur, et, selon M. Pouillet, pour le fabricant cessionnaire lui-même, du bénéfice de la loi de 1793. Dans cette appréciation d'ailleurs, le juge du fait est souverain. La cour suprême l'a reconnu pour des ornements et incrustations employés dans la confection de meubles et objets d'orfèvrerie et que le juge du fait avait déclarés dépourvus du caractère d'œuvre d'art au sens de la loi de 1793 pour les placer sous le régime de la loi de 1806 (Crim. rej. 8 juin 1860, aff. Thonus-Lejay, D. P. 60. 1. 293). Et c'est en usant de ce pouvoir d'appréciation que la cour de Paris a aussi refusé de reconnaître le caractère artistique et d'appliquer la loi de 1793 à des ornements en feuillages tracés sur des pipes pour les décorer (Paris, 9 mai 1853, aff. Crétal, D. P. 54. 2. 49). Il n'est pas douteux que la protection des dessins de fabrique qui est restée spéciale aux produits de l'industrie lyonnaise tant que Lyon fut seule à posséder des prud'hommes, s'étendit à toutes les villes et à toutes les industries en vertu même de la loi de 1806, qui prévoyait l'extension des conseils de prud'hommes à toute autre ville avec les mêmes attributions; et que la matière, le procédé, le mode de fabrication employés pour l'exploitation d'un dessin de fabrique nouveau, sont indifférents au point de vue de l'application de la loi (Pouillet. 2e éd., nos 9, 12, 15; Trib. corr. Seine, 15 janv. 1862, et Paris, 27 mars 1863, aff. Desfossé, *Ann. de la propr. ind.*, 1863, p. 42 et 1864, p. 254).

**235.** — III. Modèles en relief. — Mais une autre question fondamentale que soulève la notion du dessin de fabrique et la portée de la loi de 1806, est de savoir si elle doit être étendue aux *modèles* de fabrique, c'est-à-dire aux dessins

en relief, aux sculptures et aux formes industrielles, soit pour protéger les modèles que la loi de 1793 ne peut protéger faute de caractère artistique, soit pour exclure la loi artistique et rendre nécessaire le dépôt au secrétariat des prud'hommes pour des modèles ou sculptures doués de qualités artistiques, mais livrés à l'industrie en vue d'une reproduction mécanique ou d'une application à des objets usuels. La question a été présentée au *Rép.* no 282 comme controversée et divisant la jurisprudence, mais comme plus généralement résolue dans le sens de l'application de la loi industrielle. C'est dans ce sens que la jurisprudence paraît actuellement fixée, malgré les nuances qu'elle présente encore sur cette question délicate et complexe.

On peut citer, il est vrai, depuis la publication du *Répertoire*, quelques arrêts de la cour de Paris refusant aux modèles en relief tout espèce de protection, même après dépôt au conseil des prud'hommes (Paris, 11 août 1852, aff. Morel, D. P. 54. 2. 225, cassé le 2 août 1854, D. P. 54. 1. 395, pour des poêles en fonte; Paris, 31 mars 1857, aff. Tronchon, *Ann. de la propr. ind.*, 1857, p. 248, pour des sièges en fer; Paris, 19 déc. 1862, aff. Delaunay, *ibid.*, 1862, p. 438, pour une médaille de religion; Paris, 31 mars 1881, aff. Pérille, *ibid.*, 1882, p. 130, cassé le 25 nov. 1881, D. P. 85. 1. 181, pour un modèle de tire-bouchon). D'autres décisions, écartant aussi la loi de 1806, mais ne pouvant se résoudre à refuser toute protection, ont appliqué la loi de 1793 aux modèles en relief faits pour l'industrie, lorsqu'il a paru possible de les rattacher à la sculpture, et les ont protégés comme elle sans leur imposer d'ailleurs la condition du dépôt à la bibliothèque nationale prescrite par cette loi pour les œuvres de la littérature et de la gravure seulement (Civ. cass. 2 août 1854, aff. Vivaux, D. P. 54. 1. 395, cassant l'arrêt de Paris de 1852 précité pour les poêles en fonte; Crim. cass. 21 juill. 1855, aff. Saunières et Piron, D. P. 55. 1. 335, pour des sculptures d'ornementation appliquées à des cafetières, théières, réchauds, etc.; Paris, 12 déc. 1861, aff. Delacour, *Ann. de la propr. ind.*, 1862, p. 61); pour des poignées de sabres, d'épées et de couteaux de chasse présentant un cachet artistique; *Adde*: Metz, 5 mai 1858, aff. Thonus-Lejay, D. P. 58. 2. 174. — Mais l'application de la loi de 1806 a prévalu avec d'autant plus de raison qu'il est assez logique de considérer les formes en relief comme relevant de l'art du dessin et que le système de la loi de 1806 était déclaré par cette loi elle-même (art. 34 et 35) susceptible d'extension à toutes les villes et implicitement à toutes les industries.

**236.** Jugé notamment que la loi de 1806 protège les modèles déposés au secrétariat des prud'hommes (Crim. cass. 25 nov. 1881, aff. Pérille, D. P. 85. 1. 181, cassant l'arrêt de Paris du 31 mars 1881 précité, pour un nouveau modèle de tire-bouchon; Paris, 17 janv. 1883, aff. Aucoc, D. P. 84. 2. 182 et Crim. rej. 21 mars 1884 même affaire, D. P. 85. 1. 181, pour des modèles de bijouterie; Nancy, 26 mai 1883, aff. Braquier-Simon, D. P. 84. 2. 182, pour un modèle d'enveloppe à bonbons en forme d'obus explosible; Paris, 19 janv. 1887, aff. Leboullanger, D. P. 87. 2. 204), pour un modèle de tire-boutons. *Adde*: Paris, 5 juill. 1864, aff. Lobjois et 18 août 1868, aff. Lion et comp., *Ann. de la propr. ind.* 1865, p. 79 et 1869, p. 191, pour la bijouterie; Aix, 23 janv. 1867, aff. Rochette, *ibid.* 1868, p. 107), pour des balcons et ornements de fonte; Trib. corr. Seine, 21 mars 1877, aff. Dame Schweich, *ibid.* 1877, p. 179, pour un modèle d'éventail consistant en une réunion de feuilles d'arbres ou de plantes imitées ; Paris, 15 mars 1879 et cass. 27 juin 1879, aff. Sautter, *ibid.* 1879, p. 360, pour un modèle de vase; Trib. corr. Seine, 20 déc. 1881, aff. Lothon, *ibid.*, 1883, p. 364, pour un pot à confiture sucrier; Trib. corr. Seine, 12 févr. 1885, aff. Faye, *ibid.* 1885, p. 214, déclarant indifférents l'importance, le mérite ou la valeur artistique du modèle).

Jugé, d'autre part, que le dépôt au secrétariat des prud'hommes est nécessaire, en vertu de la loi de 1806, pour les modèles comme pour les dessins (Paris, 9 mai 1853, aff. Crétal, D. P. 54. 2. 49, pour les ornements en feuillages destinés à décorer des pipes V. *suprà*, no 234 ; Paris, 3 août 1854, et Civ. rej 28 juill. 1856, aff. Fouré, D. P. 56. 1. 171 et 4. 276, pour des vases de porcelaine enrichis de fleurs et sujets en relief; Trib. com. Seine, 13 oct. 1859, aff. Gilles. D. P. 60. 3. 39, pour des statuettes en porcelaine ; Crim.

rej. 8 juin 1860, aff. Thonus-Lejay, D. P. 60. 1. 293 précité, pour des sculptures, ornements et incrustations sur meubles et objets d'orfévrerie ; Paris, 12 mars 1870, aff. Lairy et comp., *Ann. de la propr. ind.*, 1870, p. 260, pour des encriers, pelotes et poudrières susceptibles d'une reproduction indéfinie par le moulage ; Paris, 19 mai 1879, aff. Pautrot et Vallon et Civ. rej. 17 janv. 1882, même affaire, D, P. 83. 1. 119, pour des surmoulages de modèles originaux livrés par grandes quantités au commerce et destinés à être les accessoires d'objets usuels, tels qu'encriers, coupes, plateaux, etc., ou à entrer dans les emplois courants de la vie ordinaire comme fournitures de bureau ou objets d'étagère).

Les arrêts cités dans l'alinéa qui précède se livrent à une appréciation de fait ou déclarent souveraine cette appréciation au sujet du caractère industriel et non artistique de l'œuvre, et motivent la non-recevabilité de l'action par l'absence du caractère d'œuvre d'art. Mais quelques-uns d'entre eux trouvent dans la destination de l'œuvre à l'ornementation de produits industriels ou aux emplois courants de la vie ordinaire un élément suffisant pour lui refuser la dignité d'œuvre d'art et le bénéfice de la loi de 1793, contrairement aux arrêts cités au n° 235 qui assimilent la sculpture industrielle à la sculpture artistique (V. sur la question, *infrà*, v° *Propriété littéraire et artistique*. Comp. *Rép.* eod. v°, n° 394). — Il en est enfin qui, en déclarant non recevable l'action de dépôt, l'action en contrefaçon ou en concurrence déloyale pour les modèles de sculpture industrielle, et en les séparant ainsi de la sculpture artistique, ont admis que le droit aurait pu être conservé, soit par le dépôt d'un exemplaire des modèles en conformité de l'art. 6 de la loi de 1793, soit par le dépôt des dessins en exécution de l'art. 15 de la loi de 1806 (Paris, 13 juill. 1865, aff. Bauchot, D. P. 66. 5. 391, pour un modèle de pendule Louis XV).

**237.** La tendance de certains arrêts à exclure de la loi de 1806 la sculpture industrielle pour la placer soit en dehors de toute protection, soit dans le domaine de la loi de 1793 sur le même pied que la sculpture artistique, c'est-à-dire sans condition de dépôt, peut s'expliquer par la difficulté pratique qui s'opposerait souvent au dépôt des modèles en relief. Mais cette difficulté peut être résolue par le dépôt d'un dessin ou d'une photographie reproduisant la physionomie du modèle à protéger. Ce dépôt par équivalent une fois admis comme suffisant et comme nécessaire, rien n'empêche l'application de la loi de 1806 à la sculpture industrielle et aux modèles de fabrique, puisqu'on reconnaît qu'il faut élargir l'application de cette loi hors du cercle de l'industrie lyonnaise et du dessin sur étoffes, sans se préoccuper de la matière ni du procédé employé. Et la jurisprudence, dans l'application qu'elle en fait aux modèles de fabrique paraît bien admettre cette équivalence d'une reproduction du modèle par le dessin ou la photographie. C'est sur ce dépôt d'un dessin que la protection de la loi de 1806 est accordée à des modèles de bijouterie (Paris, 17 janv. 1883 et Crim. rej. 21 mars 1884, aff. Matheret, D. P. 84. 2 182 et 85. 1. 181); à des modèles de balcons et ornements de fonte (Aix, 24 janv. 1867, aff. Rochette, *Ann. de la propr. ind.*, 1868, p. 1.107, *suprà*, n° 236). Et les arrêts qui ont refusé cette protection faute de dépôt laissent voir souvent qu'ils se seraient contentés du dépôt d'un dessin : ils disent que la loi veut une formalité telle que la permet la nature des choses, et relèvent ce fait qu'on n'a déposé ni modèle ni dessin (Civ. rej. 28 juill. 1836, aff. Richoch, D. P. 56. 1. 276), ou qu'on n'a pas opéré *au moins par équivalent* le dépôt prescrit (Trib. civ. Seine, 27 nov. 1877, aff. Pautrot et Vallon, sous Civ. rej. 17 janv. 1882, D. P. 83. 1. 119, *suprà*. n° 236. — V. *infrà*, n°ˢ 264 et suiv. sur la manière dont le dépôt doit être effectué).

**238.** Divers documents législatifs ou administratifs sont venus, d'ailleurs, depuis la publication du *Répertoire*, à l'appui de cette assimilation des modèles aux dessins de fabrique : Décret du 5 juin 1861 créant le conseil des prud'hommes de Sarreguemines et autorisant le dépôt des poteries aux archives de ce conseil ; Décret du 5 juin 1861 décidant d'une manière générale que le dépôt des dessins *et modèles* étrangers doit être fait au conseil des prud'hommes de Paris (V. *suprà*, p. 378); Loi du 26 nov. 1873, art. 9, appliquant aux étrangers, en cas de réciprocité diplomatique ou législative « les lois en vigueur touchant les dessins ou modèles de fabrique » (D.P. 74.4.21); Loi du 5 juill. 1884 (D. P.

82. 4. 53) sur l'exposition d'électricité, appliquant par son art. 3 la loi du 23 mai 1868 aux modèles et dessins industriels des Français et étrangers prenant part à l'exposition ; Loi du 30 oct. 1888, art. 4 (D. P. 89. 4. 51) sur les objets figurant à l'exposition universelle de 1889 et pour lesquels il aurait été effectué un dépôt « de dessin *ou de modèles* de fabrique, conformément à la loi du 17 mars 1806 ». Enfin, le projet de loi voté par le Sénat en 1879 consacrait aussi cette assimilation.

**239.** — IV. DISTINCTION DU MODÈLE OU DESSIN ET DE L'INVENTION BREVETÉE. — Le dessin ou modèle de fabrique, protégé par la loi de 1806, demande à être distingué de l'invention brevetable que protège, sous des conditions différentes, la loi de 1844. Lorsque l'innovation fait apparaître à la fois la création d'une forme nouvelle pouvant être recherchée pour elle-même et celle d'un procédé nouveau ou d'un résultat ou produit industriel nouveau, les deux législations lui sont applicables distinctement, l'une pour la protection du dessin ou modèle, l'autre pour la protection du procédé, du produit, du résultat industriel (Crim. cass. 25 nov. 1884, aff. Pérille, D. P. 85. 1. 181 ; pour un nouveau système de tire-bouchon ; Caen, 30 août 1859, aff. Veniart-Vardon, *Ann. de la propr. ind.*, 1862, p. 236, pour un dessin nouveau obtenu par une combinaison nouvelle de la chaîne et des lames ; Lyon, 20 mars 1852, aff. Janvier, D. P. 54. 2. 141, pour une invention consistant à la fois en un nouveau mode de confection de rubans et de nouveaux dessins obtenus par la disposition des fils). — Mais on ne considère pas comme invention brevetable une simple disposition ou combinaison des fils servant au tissage, disposition et combinaison qu'en termes de fabrique on appelle une *armure*. Tout se réduit alors à un dessin de fabrique susceptible de se conserver seulement par un dépôt en vertu de la loi de 1806 (Lyon, 17 janv. 1862, aff. Chanas, D. P. 62. 5. 366), sauf ce qui sera dit *infrà* n° 241) de cette qualification légale de dessin et de ce refus du caractère brevetable pour les armures produisant, comme dans le cas de l'arrêt précité, un aspect général nouveau, velouté ou autre, au lieu d'une configuration distincte ou distribution de lignes ou de couleurs (Comp. *suprà*, v° *Brevet d'invention*, n°ˢ 27 et 31).

Au contraire, il faut, écartant la loi de 1806, considérer seulement comme invention brevetable tout procédé ou résultat nouveau qui ne se présente pas comme un changement de forme ou de configuration ou dans lequel la forme n'est recherchée par l'auteur qu'à raison du résultat industriel obtenu à l'aide de cette forme, notamment l'introduction, dans la confection des rubans et galons, de certains fils appelés *tirés* qui permettent, par leur jeu mécanique, de produire instantanément une plissure régulière, dite tuyautement, de l'effacer et de la reproduire à volonté (Req. 20 avr. 1853, aff. Fontaine, D. P. 53. 1. 209). — Jugé de même pour un mode particulier de pliage et de pelotonnage des soies à coudre (Lyon, 25 mars 1863, aff. Jaricot, *Ann. de la propr. ind.*, 1863, p. 245); pour un procédé donnant au cuivre l'apparence de l'émail ou de l'écaille fondue (Paris, 16 août 1866, aff. Wyns, *ibid.*, 1867. 273); pour un genre de feuillage artificiel fait avec de la gaze d'argent au lieu de gaze ordinaire (Trib. corr. Seine, 20 juill. 1868, aff. Salomon et Ternus); pour l'application de gouttes de rosée sur les tissus de vêtements par l'emploi de substances gommeuses présentant l'éclat du cristal, du diamant et des pierreries (Paris, 1ᵉʳ juill. 1870, aff. Agnellet et Meyer, *Ann. de la propr. ind.* 1871, p. 75); pour un nouveau genre de dentelle obtenu par un emploi particulier du galon et de la barette en fil (Paris, 27 nov. 1873, aff. Demoiselle Marquiset, *ibid.*, 1874. 78) ; pour une forme de lanterne grossissant la lumière (Civ. cass. 10 mars 1858, aff. Chrétien, D. P. 58. 1. 100) ; pour un genre de boules en verres disposées de façon à produire certains phénomènes d'optique (Paris, 15 févr. 1854, aff. Pigoizard, *Journ. des trib. de comm.*, 1854, p. 134); pour une disposition nouvelle de porte-monnaie consistant à placer le fermoir dans une cavité dont les rebords le protègent (Trib. corr. Seine, 7 févr. 1877, aff. Girardin, *Ann. de la propr. ind.*, 1877, p. 183) ; pour une table scolaire se distinguant par sa construction spéciale (Trib. civ. Grenoble, 27 mai 1881, aff. Lecœur, *ibid.*, 1883, p. 238) ; pour un fer à cheval dont la forme particulière présente des avantages spéciaux pour la marche des chevaux (Paris, 6 juill. 1878, aff. Rondeau, *ibid.* 1878, p. 284).

Il peut arriver enfin qu'un même objet se compose de deux parties, dont l'une, ne constituant qu'une forme nouvelle, donne lieu à l'application de la loi de 1806, et dont l'autre, formant un nouveau résultat industriel ou invention brevetable, n'admette que le régime de la loi de 1844. Jugé notamment qu'une plaque formant écaille et destinée à une ceinture de femme relève de la loi de 1806 pour le dessin et les ornements de cette écaille, mais non pour son système d'attache, formée de griffes ménagées par le découpoir et destinées à la fixer à la ceinture, attache formant une invention brevetable (Paris, 11 févr. 1875, aff. Charles, *Ann. de la propr. ind.*, 1875, p. 273). — Comp. : Pouillet, nᵒˢ 32 et suiv.; Fauchille p. 61 et suiv.; Philipon, nᵒˢ 24 et suiv.

**Art. 2.** — *Des qualités requises d'un dessin de fabrique pour qu'il puisse faire l'objet de la propriété industrielle* (Rép. nᵒˢ 284 à 287).

**240.** — 1ᵒ *Nécessité d'une configuration par combinaison de figures, de formes ou de couleurs.* — Il faut, avant tout, pour qu'un dessin profite des dispositions de la loi de 1806, qu'il constitue un véritable dessin, une combinaison de lignes, de formes ou de couleurs, une configuration distincte et reconnaissable. La jurisprudence, bien qu'on puisse trouver quelque peu arbitraire cette distinction, n'a pas cru pouvoir reconnaître un dessin de fabrique dans le chinage appliqué sur un fil (Rép. nᵒ 284), ni dans la transformation de la chenille ordinaire à poils hérissés en chenille dite *peluche* à poils *couchés*, par son passage dans une filière chauffée (Trib. civ. Seine, 18 avr. 1879, aff. Depouilly, *Ann. de la propr. ind.*, 1881, p. 303), tandis qu'elle en a vu un dans la forme spirale donnée par torsion à la chenille (Même décision), ou dans une disposition de la chenille en forme de clochettes ou fleurs de muguet distancées le long d'une tige soyeuse (Paris, 22 févr. 1882, aff. Trollé, *Ann. de la propr. ind.*, 1882, p. 345). L'idée de dessin lui a paru impliquer celle d'une surface et non d'une simple ligne ou d'un simple fil. Mais, cette condition même étant remplie, toute particularité d'aspect ne constitue pas un dessin de fabrique. Cela ne peut même pas faire question pour les particularités qui n'apparaissent qu'au toucher et au maniement, comme le moelleux, la solidité, l'épaisseur. Mais il en doit être de même pour celles qui, bien que perceptibles à l'œil, constituent plutôt des qualités que des distributions de lignes ou de couleurs : ainsi de l'aspect mat ou brillant, ou du contraste entre ces deux aspects; ainsi du velouté et du grain particulier que peut présenter une étoffe. C'est ce qu'on jugé à la cour de Lyon, le 9 mars 1875 (aff. Graissot, D. P. 76. 2. 12), et le tribunal de commerce de Lyon dans la même affaire (*Ibid.*). Il est vrai que l'aspect particulier, qui consistait dans l'espèce en un contraste entre le mat et le brillant, était déclaré par la cour n'être pas nouveau dans son application à ce genre de tissus, et le tribunal, de son côté, constatait que l'aspect, le toucher, le maniement donnés au tissus, n'étaient point le résultat ni d'une combinaison de lignes, de formes, de nuances, ni d'un procédé de tissage ou d'impression, mais uniquement celui de procédés successivement appliqués et employés par le filateur et le teinturier, d'abord dans le décreusage, le blanchiment et la teinture du coton par l'apprêteur, ensuite dans les apprêts et le cylindrage.

**241.** De ces constatations, on pourrait être tenté de conclure que cet effet d'aspect eût été assimilé aux dessins de fabrique, bien que n'offrant pas une combinaison de lignes ou de couleurs, s'il eût été le résultat d'un procédé de tissage ou de ce qu'on nomme une *armure*, c'est-à-dire d'un certain ordre fixé pour l'entrecroisement des fils de chaîne

et des fils de trame, cette armure nécessitant chez celui qui l'invente un certain travail de dessin. Et c'est, en effet, la théorie qui se dégage des anciens arrêts de la cour de Lyon, que l'armure est assimilable au dessin de fabrique, ou plutôt qu'elle constitue elle-même un dessin au sens de la loi de 1806. On voit notamment d'autres arrêts de cette cour reconnaître un dessin de fabrique : dans le velouté et le grain particulier que donne à l'étoffe une combinaison des fils servant au tissage (Lyon, 17 janv. 1862, aff. Chanas, D. P. 62. 5. 366); dans un effet changeant de couleur que produisent sur étoffe ou ruban une combinaison de l'armure et un procédé de découpage (Lyon, 16 mai 1853, aff. Serre, D. P. 54. 2. 141); et en général dans les effets nouveaux, caractères propres, manières d'être particulières produits par de nouvelles armures ou combinaisons de fils, ou par la combinaison de deux armures connues (Lyon, 17 mars 1870, aff. Berger, D. P. 71. 2.-94), ou d'un dessin connu et d'une armure connue (Civ. rej. 29 avr. 1862, aff. Denis, D. P. 62. 1. 274). Il suffirait le moyen fût un dessin, quand même l'effet obtenu n'en formerait pas un pour lui en imprimer le caractère. Mais cette théorie mènerait beaucoup trop loin. Car il est peu de résultats ou de procédés industriels nouveaux qui ne nécessitent l'intervention du dessin, et toute invention brevetable deviendrait un dessin de fabrique.

La cour de cassation et la cour de Lyon elle-même ont donné, depuis lors, une définition plus rigoureuse du dessin de fabrique en décidant qu'il faut réserver ce nom aux configurations distinctes et reconnaissables, soit de l'emploi des fils, soit de la distribution des lignes ou des couleurs, et qu'en conséquence une étoffe absolument unie, dont l'aspect spécial, caractérisé surtout par un velouté qui lui est propre, ne présente aucune configuration de lignes, ni aucun effet de nuance, ne constitue un dessin de fabrique susceptible d'être protégé par la loi du 18 mars 1806 (Civ. rej. 12 mars 1890, aff. Ducôté et consorts, D. P. 90. 1. 357, et les conclusions de M. l'avocat général Desjardins). Comme l'a fait remarquer l'éminent magistrat, la loi de 1806 n'embrasse pas *ipso facto* toutes les armures, mais seulement celles qui produisent une disposition extérieure de l'étoffe, capable de constituer ce qu'on appelle une configuration ; et c'est à ce titre seulement que la cour de Douai a pu qualifier dessin de fabrique une armure consistant en rayures ou côtes (Douai, 29 juin 1867, aff. Dubar-Delespaul, *Ann. de la propr. ind.*, 1868, p. 77). Reste à demander si les effets d'armures auxquels manque ainsi le caractère de dessin peuvent être protégés comme inventions brevetables par la loi de 1844 (V. *suprà*, vᵒ *Brevet d'invention*, nᵒˢ 27 et 31).

**242.** — 2ᵒ *Nouveauté requise par la loi de 1806.* — L'étude de la jurisprudence offre aussi de l'intérêt en ce qui concerne la nouveauté que doit présenter le dessin ou le modèle pour être protégé. Il faut et il suffit qu'une combinaison vraiment nouvelle de lignes ou de couleurs, résultat d'une idée nouvelle, donne à l'objet une physionomie propre, un cachet spécial, en fasse une nouveauté (Crim. rej. 24 avr. 1858, aff. Aubry-Febvrel, *Ann. de la propr. ind.* 1858, p. 209; Paris, 27 nov. 1863, aff. Leclerc, *ibid.*, 1864, p. 38; 17 mai 1879, aff. Ulmann, *ibid.*, 1881, p. 74; Trib. com. Seine, 1ᵉʳ sept. 1882, aff. Veuve Savard, *ibid.*, 1884, p. 187). Mais, comme la nouveauté manque toujours, soit aux éléments simples dont se compose le dessin le plus nouveau, soit à certaines dispositions qu'il renferme, il peut être assez difficile d'apprécier, dans chaque affaire, s'il y a dessin ou modèle nouveau malgré les éléments connus qui s'y rencontrent. Cette appréciation appartient souverainement au juge du fond (Crim. rej. 1ᵉʳ mai 1880) (1). Les décisions citées au numéro suivant en fournissent des exemples.

---

(1) (Simonnot Godard.) — La cour; — Sur le premier moyen de cassation, pris de la violation prétendue de l'art. 15 de la loi du 18 mars 1806, de l'art. 425 c. pén., de la loi du 11 mai 1868 et de la fausse application de la loi du 5 juill. 1844, en ce que l'arrêt attaqué aurait méconnu le caractère principal de l'invention et du dessin de Simonnot Godard, demandeur en cassation : — Attendu que le dessin dont Simonnot Godard revendique la propriété exclusive a été, par lui-même d'abord, et ensuite par l'arrêt attaqué, désigné dans les termes suivants : Dessin de mouchoirs (fond coton extra fin ou fond fil) encadrés de bords de

de toutes couleurs, lesquels sont traversés par des fils de soie chinés ou émaillés; — Attendu que c'est ce dessin qui a été apprécié par la cour d'appel de Paris, laquelle a déclaré n'y pas trouver les caractères de la nouveauté; — Attendu que le pourvoi reproche à l'arrêt d'avoir méconnu, dans le dessin dont il s'agit, l'invention qui consiste dans la combinaison des quatre bordures du mouchoir, se rencontrant à angles droits, c'est-à-dire dans l'encadrement du mouchoir par les fils de soie chinés affectant une disposition particulière; — Attendu, en droit, que si un dessin, même composé d'éléments connus, peut être consi-

**243.** On a vu au *Rép.* n° 284 deux arrêts refusant de voir le produit d'une idée nouvelle dans les combinaisons de pleins et de vides formées par les mailles d'un métier fonctionnant d'après les procédés connus ou dans l'arrangement particulier des mailles et l'agencement d'une dentelle au réseau par lesquels se distinguait un article de bonneterie ; et, au n° 286, un arrêt de la cour de cassation décidant que l'application nouvelle d'un dessin connu n'est pas, comme l'application nouvelle d'un procédé industriel, susceptible de former l'objet d'une propriété privée. Ce dernier principe a été de nouveau appliqué par la jurisprudence. La cour de Paris, le 10 janv. 1880 (aff. Simonot-Godard, D. P. 80. 2. 171), et la cour de cassation, le 1er mai 1880 (Crim. rej. même affaire, *suprà*, n° 242 *in fine*), ont jugé que l'emploi des fils chinés étant connu dans l'industrie du tissage pour créer des bandes ou bordures dans les étoffes, il n'y a pas création d'un dessin nouveau dans le fait d'appliquer ce genre de dessin à des mouchoirs, encore bien que par cette application on obtienne un encadrement carré, alors que jusque-là il n'avait été employé qu'en bandes longitudinales. Jugé de même pour l'application sur indienne d'un dessin antérieurement appliqué sur porcelaine (Rouen, 17 mars 1859, aff. Lévêque, *Annales de la science et du droit commercial*, 60. 2. 277) et pour l'exécution au plumetis mécanique d'un dessin déjà appliqué à la broderie à la main (Lyon, 30 juin 1883, aff. Magal, D. P. 84. 2. 115). Jugé encore que des boîtes rondes ou ovales, n'ayant rien d'original, et destinées à renfermer un certain produit, ne constituent pas un dessin de fabrique (Paris, 16 nov. 1864, aff. Carpentier, *Ann. de la propr. ind.* 1866, p. 354); et de même pour un flacon de forme spéciale, mais sans ornements lui donnant un caractère artistique ou de fantaisie (Paris, 29 janv. 1875, aff. Margelidon *ibid.*, 1875, p. 217; 19 nov. 1863, aff. Laverdet, *ibid.*, 1864, 36); en sorte qu'après le dépôt de ces objets, leur imitation ne peut donner lieu à aucune action correctionnelle sauf les réparations qui seraient dues pour fait de concurrence déloyale si cette imitation a pour but d'amener des confusions dans la vente des produits qu'ils contiennent (Arrêt précité de Paris, 19 nov. 1863, V. *infrà*, n° 504).

Manquent également de nouveauté : un simple perfectionnement apporté dans la confection d'un objet connu et tombé dans le domaine public (Trib. com. Seine, 27 mars 1857, aff. Camproger, *Ann. de la propr. ind.* 1857, p. 316); la simple disposition, même nouvelle, dans un cadre, de deux objets du domaine public, tels qu'un calendrier perpétuel et un thermomètre (Trib. corr. Seine, 1er juin 1877, aff. Dame Maillot-Véry, *ibid.*, 1877, p. 185); l'application à des bonbons d'un dessin connu, comme celui des dominos (Trib. com. Seine, 2 nov. 1867, aff. Létang, *ibid.*, 1867, p. 381); l'addition de pointes d'acier à un modèle de bate ou autre pièce de bijouterie tombée dans le domaine public, même avec une disposition spéciale consistant à n'orner de ces pointes qu'une partie déterminée de la bate (Trib. corr. Seine, 14 juin 1877, aff. Stepra, *ibid.*, 1877, p. 188); un modèle de table-banc pour école qui ne se distingue que par des nervures presque imperceptibles pouvant ajouter à son élégance (Besançon, 2 févr. 1884, aff. Garcet et Nisius, *ibid.*, 1885, p. 216).

La nouveauté requise pour les dessins de fabrique ne résulte pas non plus d'un composé plus ou moins heureux de formes connues rentrant dans la catégorie des articles de mode, comme cela a été jugé pour la forme d'un chapeau de paille (Trib. corr. Seine, 16 mai 1860, aff. Erhardt, *Ann. de la propr. ind.* 1860, p. 425), ou d'un chapeau de femme (Trib. corr. Seine, 4 déc. 1862, aff. Champeval, *ibid.*, 1863, p. 80); pour la forme et la coupe des cols-cravates (Trib. cor. Seine, 23 juill. 1857, aff. Hayem, *ibid.*, 1857, p. 317), et même pour une épingle de coiffure et une broche (Trib. civ. Seine, 15 juin 1860, aff. Félix et Poussineau, *Ann. de la science et du droit comm.* 60. 2. 476). MM. Pouillet (n° 30) et Philipon (n° 33) estiment pourtant qu'on doit comprendre les articles de mode comme modèles industriels dans la protection légale. Ainsi jugé par le tribunal de commerce de la Seine le 12 juin 1857 (aff. Lafont et Davasse, *Ann. de la propr. ind.* 1857, p. 251).

**244.** Mais nombreuses sont les décisions qui ont protégé, en vertu de la loi de 1806, des combinaisons nouvelles d'éléments connus (Lyon, 18 mars 1863, aff. Bardon et Ritton, *Ann. de la propr. ind.* 1863, p. 243 ; Riom, 18 mai 1853, aff. Seguin, D. P. 54. 2. 50) ; soit des dessins dont le type était dans le domaine public, mais présentant des dispositions spéciales de lignes, de teintes et de couleurs (Paris, 27 mars 1863, aff. Desfossé, *Ann. de la propr. ind.*, 1864, p. 254), soit des combinaisons nouvelles de simples rayures et armures produites dans le tissu des étoffes (Lyon, 25 mars 1846, aff. Lecomte et Maupin, et 25 nov. 1847, aff. Barlet, D. P. 48. 2. 198 ; Civ. rej. 29 avr. 1862, aff. Denis, D. P. 62. 1.274) ; Douai, 29 juin 1867, aff. Dubar-Delespaul, *Ann. de la propr. ind.*, 1868, p. 77 ; Lyon, 17 mars 1870, aff. Berger, D. P. 71. 2. 94); soit un bijou donnant une attitude et une forme caractéristiques à des objets empruntés au domaine public, tels qu'un faisan ou un chapeau (Crim. rej. 21 mars 1884, aff. Matheret, D. P. 85. 1. 181, *suprà*, n° 237); soit un bonbon en sucre et chocolat affectant la forme d'un obus, quoique auparavant il eût existé dans le commerce des fruits de carton présentant cette forme et destinées à recevoir des bonbons (Nancy, 26 mai 1883, aff. Braquier Simon, D. P. 84. 2. 182); soit un modèle de bracelet avec quatre ou six joncs enlacés et disposés d'une certaine façon qui leur donne un cachet et une physionomie propres, quoiqu'il ait été fabriqué antérieurement dans le commerce de la bijouterie des bracelets imitation de deux joncs enlacés (Trib. civ. Seine, 27 août 1879, aff. Gay et Morgan, D. P. 80.3.44).

Jugé encore qu'un dessin ne perd pas son caractère de nouveauté par cela seul que des dessins analogues ont été exécutés antérieurement au dépôt ; et qu'il faudrait pour cela l'identité entre les deux dessins, identité dont la preuve incombe à quiconque invoquant l'exception d'antériorité (Trib. corr. Seine, 28 févr. 1877, aff. Dame Fourmy-Loriot, *Ann. de la propr. ind.*, 1877 p. 174). Jugé même que la plus minime différence dans la disposition des éléments connus dont se compose un dessin peut modifier sa physionomie de manière à lui donner un caractère distinct et privé, et qu'il faudrait des dispositions absolument identiques pour constituer des antériorités (Lyon, 16 mai 1853, aff. Serre, D. P. 54. 2. 141 ; Lyon, 27 mai 1879, aff. Rebourg et Coignet, *Ann. de la propr. ind.* 1881, p. 42 ; Trib. civ. Seine, 27 août 1879, aff. Gay et Morgan, D. P. 80. 3. 44).

---

déré comme nouveau lorsque l'agencement ou la distribution de ces éléments a pour résultat de leur imprimer un cachet de nouveauté, il est certain qu'il appartient au juge du fond de rechercher et de dire si le dessin qui lui est soumis présente ce caractère de nouveauté qui en assure la propriété à son auteur ; et que, pour arriver à formuler sa décision à cet égard, le juge du fond doit interroger les divers éléments du dessin, soit pris isolément, soit dans leur ensemble ; — Attendu que l'arrêt attaqué, pour dénier au dessin revendiqué par Simonnot Godard le caractère de nouveauté a déclaré en fait : 1° que les fils de soie chinés sont connus et employés depuis longtemps, ce qui est reconnu par le pourvoi ; 2° qu'il résulte d'échantillons produits devant la cour d'appel et dont l'antériorité n'est pas contestée que depuis longtemps également les fils de soie chinée sont également employés de diverses manières, spécialement pour former des raies ou lignes parallèles dans des étoffes de fil, de soie et de laine; qu'ils sont notamment employés notamment dans des bordures qu'ils traversent; qu'enfin un grand nombre des échantillons présentés pour établir l'antériorité opposée à Simonnot Godard portent un encadrement en soie à raies de diverses largeurs ; — Attendu que,

des déclarations de fait qui précèdent, lesquelles sont souveraines, l'arrêt attaqué a déduit, par voie de conséquence, la non-nouveauté du dessin revendiqué par Simonnot Godard ; — Attendu que cette appréciation ne saurait constituer une violation de la loi de 1806, entraînant l'annulation de l'arrêt ; — Attendu enfin que l'arrêt attaqué ajoute que, dans tous les cas, et en admettant que Simonnot Godard ait, le premier, appliqué sur les mouchoirs (de fil ou de coton) la disposition particulière connue depuis longtemps qui consiste dans une bordure traversée par des fils chinés et formant encadrement, il n'aurait fait que transporter un dessin de fabrique connu d'un tissu sur un autre tissu, et n'aurait pu ainsi acquérir la propriété exclusive de ce dessin ; — Attendu qu'en le jugeant ainsi, et en décidant qu'un dessin de fabrique qui, au point de vue de sa conception, est ancien et connu, n'a pu devenir nouveau par la seule nouveauté de son emploi, l'arrêt attaqué, loin de violer la loi du 18 mars 1806, l'a sainement comprise et interprétée;

Rejette, etc.

Du 1er mai 1880.-Ch. crim.-MM. de Carnières, pr.-Barbier, rap.-Ronjat, av. gén. c. conf.-Bellaigue et Devin, av.

**245.** Enfin les mêmes principes ont été suivis dans l'application de la loi de 1793 à un cas de propriété artistique qui aurait pu être considéré comme un cas de propriété industrielle : une croix adoptée comme symbole d'une confrérie a été considérée comme appartenant exclusivement à son auteur, et sa contrefaçon comme punissable, bien que les légendes et inscriptions gravées sur cette croix fussent tombées dans le domaine public (Crim. rej. 1er août 1850, aff. Changeur, D. P. 50. 5. 393).'

Les clichés photographiques de villes, sites et monuments peuvent aussi faire l'objet d'un droit privatif, mais sans que ce droit empêche la vue de ces mêmes villes, sites et monuments d'être dans le domaine public et de pouvoir être prise au moyen de nouveaux clichés par des tiers, ou même par celui qui a cédé les premiers clichés en se retirant d'une entreprise de photographie, mais avec réserve du droit de continuer la même industrie (Trib. com. Seine, 7 mars 1861, aff. Soulier, D. P. 61. 3. 32).

**246.** Toutes ces décisions confirment ce qui a été dit au Rép. n° 286 que si la loi de 1806 ne protège ni la reproduction identique ni l'application nouvelle d'un dessin connu transporté, par exemple, d'un tissu de laine à un tissu de fil, ou des porcelaines aux indiennes, ou de la broderie manuelle à la broderie mécanique (V. suprà, n° 243), elle protège les imitations, c'est-à-dire les applications avec changements accessoires, arrangements ou dispositions propres à l'imitateur, ou bien encore par simulation de formes et de reliefs au moyen de lignes et de couleurs ou réciproquement, comme dans le cas de crêtes ou lézardes de passementerie imitées sur papiers de tentures (cas cité au Rép. n° 286), en un mot, les applications renferment une création due pour la première fois à l'art du dessin. C'est ainsi, croyons-nous, qu'il faut concilier les décisions de la jurisprudence, et ainsi nous ne nous éloignons guère du sentiment de M. Pouillet (nos 48 et suiv.) qui protège l'application nouvelle, mais en la distinguant de l'emploi nouveau, comme le fait aussi M. Philipon (nos 44 et 51). C'est une pure question de terminologie.

**247.** Comme on l'a vu au Rép. n° 285, un dessin, pour être vraiment nouveau dans le sens légal, doit être de l'invention de celui qui en revendique la propriété ; mais il a été jugé qu'on peut être inventeur tant par l'aide, l'assistance ou l'intermédiaire de personnes tierces que par soi-même, et que c'est en ce sens qu'on doit interpréter les mots « de leur invention » dont se sert l'art. 15 de la loi du 18 mars 1806 ; que, par suite, un dessin nouveau et déposé peut être revendiqué, soit par l'inventeur, soit par le fabricant au profit duquel l'invention en a été faite (C. de Gand, 4 nov. 1853, aff. Nyssen, D. P. 54. 5. 610).

**248.** Outre la nouveauté, une autre qualité que doit présenter un dessin de fabrique pour être protégé, c'est d'être apparent. C'est ainsi qu'un entrecroisement de fils métalliques, destiné à soutenir la carcasse des chapeaux de femme, mais à être recouvert d'étoffe et dérobé à la vue n'a pu être considéré comme un dessin de fabrique protégé par la loi de 1806 (Trib. corr. Seine 4 déc. 1862, aff. Champeval, Ann. de la propr. ind. 1863, p. 80).

**249.** — 3° Exploitation étrangère. — La nullité ou déchéance résultant d'une application en pays étranger, déjà admise par un arrêt de Paris du 10 juill. 1846 (Rép. n° 287) l'a été encore par deux arrêts de la même cour des 6 avr. 1853 (aff. Rosset et Normand, D. P. 54. 2. 35) et 13 févr. 1880 (aff. Sollivard et Villain, D. P. 81. 2. 116), décident, en vertu des art. 15 de la loi de 1806 et 1er de l'ordonnance du 17 août 1825, qu'un dessin ne peut être protégé par le dépôt aux archives des prud'hommes s'il est fabriqué exclusivement à l'étranger et si le dépôt n'a pas pour but la protection d'une industrie s'exerçant en France. La doctrine accepte en général cette solution. Cependant MM. Lyon-Caen (Revue critique, 1881, p. 617), Philipon (n° 124), Pouillet (n° 118), Fauchille (p. 82), soutiennent l'opinion contraire, ne trouvant pas les textes assez explicites sur ce point, et argumentant de ce qu'aucune déchéance n'est attachée au défaut absolu d'exploitation, plus nuisible pourtant à l'industrie nationale qu'une exploitation à l'étranger avec chance de débit et de consommation en France, pour écarter à plus forte raison cette dernière cause de déchéance ou de nullité. Mais, à lire les textes, et à consulter leur esprit, il n'est pas douteux que l'ordonnance de 1825, qui a généralisé le dépôt et la protection des dessins de fabrique, l'ait fait dans l'intérêt exclusif des fabriques de France, comme la loi de 1806 avait institué ce dépôt dans l'intérêt des fabriques de Lyon. Il est vrai que la loi du 26 nov. 1873 (D. P. 74. 4. 21), pour les dessins comme pour les noms et les marques, assure aux étrangers eux-mêmes, et à plus forte raison aux Français, exploitant à l'étranger, la protection de la loi française en cas de réciprocité législative ou diplomatique, et la plupart des traités internationaux ont des clauses réciproques destinées à en étendre l'effet aux fabriques étrangères.

Une distinction d'ailleurs, nous paraît nécessaire en cette matière, pour restreindre la portée des décisions ci-dessus et de la doctrine que nous en avons dégagée. La loi de 1806 et l'ordonnance de 1825 ne peuvent être invoquées qu'autant qu'il en peut résulter une protection pour une fabrique française ; c'est ce qui résulte de l'économie de ces textes. De là l'impossibilité de les invoquer pour un individu qui fabrique exclusivement à l'étranger, s'il n'y a réciprocité diplomatique ou législative. Mais nous pensons qu'on ne peut appliquer à la propriété des dessins de fabrique aucune des déchéances spéciales que la loi de 1844 établit contre les brevetés, soit pour introduction en France d'objets similaires fabriqués à l'étranger, soit pour défaut ou cessation d'exploitation en France pendant deux ans ; c'est-à-dire que fabriquant en France on pourra réclamer la protection de son modèle, quoique ayant introduit en France des produits fabriqués à l'étranger sur ce modèle, et qu'on aura le même droit malgré deux années écoulées sans exploitation en France. Il suffit, en effet, dans l'état actuel de la législation, que la protection légale ne soit pas réclamée par une fabrique étrangère, ou qu'une fabrique française la réclame quand même une fabrique similaire étrangère tirerait profit de ces poursuites. Telle est aussi à peu près l'opinion de M. Defert (V. Pouillet, Dict. de la propr. ind., t. 1, p. 474).

**250.** On peut faire valoir contre l'application des deux déchéances dont nous venons de parler les travaux préparatoires de la loi du 30 oct. 1888 (D. P. 89. 4. 51). Cette loi, en effet, décide que l'introduction par un breveté, mais pour figurer à l'exposition universelle de 1889, d'objets fabriqués à l'étranger et semblables à ceux garantis par son brevet n'opère pas déchéance du brevet, et qu'elle équivaut même à une exploitation en France, pour le préserver de la déchéance attachée au défaut d'exploitation en France pendant deux années. Or cette disposition ne mentionne pas les dessins et modèles de fabrique déposés en France, et cela uniquement par ce motif, exprimé dans le rapport au Sénat, « qu'il n'y avait pas à relever l'auteur de ces dessins de déchéances que la loi n'établit pas contre lui », et sur la critique, faite dans ce même rapport, de la jurisprudence qui avait admis leur application (Journ. off. Doc. parl. 1888, p. 446).

Mais il est à noter que le projet de réforme voté en 1879 par le sénat sur la proposition de M. Bozérian, applique aux dessins et modèles de fabrique ces deux causes de déchéance. Il attache même la déchéance à une seule année écoulée sans exploitation ; et on lui en a fait un grief, du moins en ce qui touche l'interruption d'exploitation qui, pour une question de dessin, peut être commandée par les exigences de la mode et du goût public (Fauchille, p. 184).

**251.** — 4° Divulgation antérieure au dépôt. — Renvoi. — En examinant les conséquences d'une fabrication à l'étranger, nous avons fait abstraction de l'antériorité de cette fabrication par rapport à la formalité du dépôt effectué en France. La question de savoir si le dépôt doit être antérieur à la mise en vente, ou seulement à l'exercice de l'action en contrefaçon, et si la mise en vente, soit à l'étranger, soit en France avant le dépôt, fait tomber le dessin dans le domaine public est une question toute différente qui sera examinée à l'article suivant.

**252.** — 5° Étrangers. — Renvoi. — Il est à remarquer aussi que, dans la discussion qui précède, on s'est attaché au lieu de la fabrication, non à la nationalité du fabricant. La fabrication à l'étranger par un étranger serait encore moins protégée en France, à moins de réciprocité législative ou diplomatique, laquelle suffit pour lui assurer cette protection (L. 26 nov. 1873, D. P. 74. 4. 21). Quant aux étrangers fabriquant en France, ils ont également besoin de la réciprocité, s'ils n'ont l'autorisation officielle du domicile ; car, ainsi qu'on l'a vu plus haut (n° 200), ils n'ont pas encore fait l'objet, en matière de dessins de fabrique, d'une disposition analogue à celle des art. 5 et 6 de la loi de 1857 en matière de marques. Mais, comme on l'a vu aussi, la proposition de loi votée par le Sénat, sur l'initiative de M. Bozérian, s'inspirant de ces articles, admet la situation de la fabrique en France, abstraction faite de toute réciprocité et de toute autorisation de domicile, comme un élément suffisant pour permettre à un étranger d'invoquer la législation des dessins industriels (V. *Journ. off.* du 26 févr. 1879, p. 1434).

**Art. 3. — *Du dépôt* (*Rép.* n°⁵ 288 à 298).**

**253.** — 1° *Objet du dépôt.* — La formalité du dépôt, prescrite par la loi de 1806 pour la conservation de la propriété des dessins, et dont tenait lieu autrefois celle de la présentation (*Rép.* n° 288), s'applique, nous l'avons dit, aux modèles en relief (*suprà*, n°⁵ 235 et suiv.), ce dépôt pouvant s'accomplir par équivalent, c'est-à-dire avoir pour objet une reproduction du modèle par le dessin ou la photographie au lieu d'un exemplaire même de ce modèle. Déjà au *Rép.* n° 289, cette équivalence d'un dessin et d'un échantillon était indiquée pour les objets dont le dépôt en nature pourrait être difficile, tels que meubles, tapis, cachemires, etc. La jurisprudence paraît entrée dans cette voie (Colmar, 7 août 1855; Paris, 27 juill. 1876, aff. Deneubourg, *Ann. de la propr. ind.*, 1876, p. 207 et les considérants des décisions citées *suprà*, n° 231). La proposition de M. Philipon (art. 28, *Journ. off.* Doc. parl. Chambre, sess. extr. 1889, p. 194) contient à cet égard la disposition suivante : « Art. 28. En ce qui concerne les œuvres des arts du dessin appliqués à l'industrie, le dépôt en sera fait, soit sous forme d'échantillon, soit sous forme d'esquisse ou de reproduction photographique. Il pourra être effectué à couvert pour un temps qui n'excédera pas trois ans ».

Il a été déposé, en 1887, 38181 dessins et 4916 modèles.

**254.** — 2° *Divulgation antérieure.* — *Mise en vente.* — Mais la question si délicate que soulève le dépôt des dessins, en ce sens que sa solution dépend de l'idée que l'on se fait du but de cette formalité, est celle de savoir s'il doit être antérieur à la contrefaçon poursuivie, tout au moins à la mise en vente par le déposant lui-même, ou s'il suffit de le faire avant la poursuite. Elle a été résolue au *Rép.* n° 290, dans le sens de cette dernière opinion, la plus favorable au déposant. La cour de cassation l'avait ainsi jugé en 1828, en 1843, et le projet de loi de 1845 s'appuyait sur cet état de la jurisprudence. Mais, la cour suprême, dès 1850, avait changé de doctrine (*Rép.* n° 291), et, au lieu de voir dans le dépôt un simple préalable de l'action en revendication, pouvant efficacement se produire, non seulement après la contrefaçon, mais même après la mise en vente, y avait vu une mesure conservatoire de la propriété inconciliable avec tout acte antérieur livrant les dessins au commerce et par suite au domaine public. Elle est revenue, en 1865, à ses anciens errements (Crim. rej. 30 juin 1865, aff. Auclair, *Ann. de la propr. ind.*, 1865, p. 84); mais elle paraît les avoir définitivement abandonnés (Crim. réj. 26 janv. 1884, aff. Pérille, D. P. 84. 1. 375), et la jurisprudence est actuellement fixée en faveur du système qui veut un dépôt antérieur à la mise dans le commerce ou à la divulgation (C. cass. de Belgique, 19 nov. 1857; *Belgique judiciaire*, t. 15, 361; Rouen, 17 mars 1859, aff. Lévêque, *Ann. de la science et du droit comm.*; 60. 2. 277; C. cass. de Belgique, 18 oct. 1861, *Ann. de la propr. ind.*, 1862, p. 263; Paris, 23 déc. 1868, aff. Chancel; *ibid.* 1869, p. 59; Lyon, 3 juin 1870, aff. Pramondon, *ibid.* 1870, p. 363; Paris, 10 mars 1875, aff. Durantin, *ibid.*, 1875, p. 277; Paris, 22 avr. 1875, aff. Tiersot-Ziegler; *ibid.* 1883, p. 206; Paris, 27 juill. 1876, aff. Deneubourg et Gaillard, *ibid.*, 1876, p. 207; Paris, 17 mai 1879, aff. Ulmann, *ibid.*, 1881, p. 74; Trib. com. Seine, 25 mai 1882, aff. Aigon, *ibid.* 1883, p. 62).

Cette opinion, qui avait déjà pour elle MM. Gastambide et Et. Blanc (*Rép.* n° 291), a rallié la plupart des auteurs (Lyon-Caen et Renault, *Précis de droit commercial*, n° 3324; Fauchille, p. 77; Philipon, n° 47; Ruben de Couder, *Dictionnaire*, v° *Dessins de fabrique*, n° 117). Au contraire, MM. Pouillet (n°⁵ 89 et 92) et Calmels (n° 223) se déclarent

pour la première jurisprudence comme MM. Renouard (t. 2, p. 383), Rendu et Delorme (n° 590).

**255.** Entre ces deux doctrines, il faut en signaler une autre d'après laquelle la divulgation commerciale du dessin mettrait obstacle à un dépôt ultérieur, si, à ce fait de l'auteur s'ajoutait, avant le dépôt, le fait de tiers s'emparant du dessin pour l'exploiter aussi (Caen 30 août 1859, aff. Vicnard-Vardon, *Ann. de la propr. ind.* 1862, p. 236; Caen, 28 nov. 1873, aff. Ballu, *ibid.*, 1883, p. 231). La fin de non-recevoir serait alors admise en faveur des imitateurs antérieurs au dépôt, non en faveur des imitateurs subséquents. C'est ce qui semble ressortir des motifs du premier des deux arrêts de Caen, précités. « S'il paraît résulter de la loi du 18 mars 1806, dit-il, que le droit du dessinateur naît au moment même de l'invention, néanmoins, dans le cas où il a négligé de faire le dépôt et où un tiers, induit par cette négligence à penser qu'il n'a pas l'intention de conserver la propriété exclusive du dessin nouveau, se met en mesure de l'exécuter, il saurait bien dur que ce dernier pût être poursuivi comme contrefacteur, et il pourrait, se plaignant d'une sorte de piège qui lui aurait été tendu, opposer une exception tirée de l'art. 1382 ». Cette distinction concorda avec ce qui a été dit au *Rép.* n° 302, à savoir que la bonne foi du contrefacteur peut lui servir d'excuse, lorsqu'il a pu croire le dessin tombé dans le domaine public.

**256.** Mais en laissant de côté le cas spécial d'un imitateur que le dépôt vient surprendre, le simple fait d'une divulgation commerciale empêche-t-il le dépôt ultérieur de valoir contre tous imitateurs futurs? Vaut-il, à lui seul et à l'avance, abandon et prise de possession en leur faveur? Il faut remarquer que la formalité du dépôt, telle qu'elle est organisée par la loi, c'est-à-dire sous pli cacheté et sans aucun moyen pour les tiers de savoir à quel dessin il s'applique, ne suffit pas à empêcher les contrefaçons inconscientes. Faut-il, dès lors, sans s'occuper de l'époque des imitations par rapport au dépôt, faire de ce dépôt un moyen de s'assurer la propriété avant toute exploitation livrant le dessin au public; ou un simple préliminaire de poursuite en faveur d'une propriété qui n'avait pas besoin de s'affirmer? On avait reconnu au *Rép.* n° 291, la force des raisons qui militaient contre cette dernière interprétation, tout en trouvant difficile de revenir sur une jurisprudence alors formée dans ce sens et récemment affirmée dans un projet de loi. Mais l'industrie est suffisamment avertie maintenant de la nécessité d'un dépôt préalable à la mise en vente ou à la divulgation commerciale. Et le législateur lui-même a paru la proclamer depuis. La loi du 23 mai 1868 (D. P. 68. 4. 67) rendant définitives les dispositions des lois transitoires de 1855 et 1867, organise en faveur des dessins industriels comme des inventions brevetables, un certificat provisoire et gratuit au moyen duquel ces dessins « peuvent être admis aux expositions publiques autorisées par l'Administration sans cesser, par cette divulgation, de pouvoir être efficacement déposés pendant les trois mois qui suivront la clôture de l'exposition ». Cette concession du législateur suppose l'effet irritant d'une divulgation antérieure au dépôt. Sur les conditions et les effets de ce certificat provisoire, V. ce qui en a été dit à propos des brevets d'invention, *suprà*, v° *Brevet d'invention*, n° 6, 49, 50 et 109.

**257.** La divulgation, pour faire obstacle au dépôt, doit-elle émaner de l'auteur même du dessin, de celui-là même qui fait le dépôt? Cette question, résolue affirmativement par certains auteurs (Pouillet, n° 97; Philipon, n° 120), paraît l'être négativement par un arrêt de Paris (10 mars 1875, aff. Durantin, *Ann. de la propr. ind.*, 1875, p. 277). Il faut reconnaître, en effet, que la divulgation par des tiers peut mettre obstacle au dépôt lorsqu'elle est dépourvue de tout caractère frauduleux, lorsqu'elle émane, par exemple, d'autres inventeurs. Jugé, notamment, que la condition essentielle pour qu'un industriel puisse valablement déposer un modèle et s'en réserver ainsi la propriété exclusive, est que ce modèle soit un caractère de nouveauté et d'originalité; que, dès lors, est nul et inopérant le dépôt d'un instrument d'optique entièrement décrit et auquel le déposant n'a ajouté aucun perfectionnement ou disposition qui lui soit personnel; et de même, s'il est établi qu'un modèle identique a été mis dans le commerce antérieurement audit dépôt (Trib. corr. Seine, 1ᵉʳ mai 1890, aff. Roussel et Berteau, *Gaz. des* *trib.*, 11 juin 1890). — Mais la divulgation ou la mise en vente par un tiers d'un dessin dont il est parvenu à s'emparer frauduleusement, serait une simple contrefaçon qui, loin d'empêcher le dépôt ultérieur, pourrait être poursuivie au moyen de ce dépôt. Le dépôt, n'étant pas attributif, mais déclaratif de la propriété des dessins, permet de poursuivre les contrefaçons même antérieures, comme il a été dit au *Rép.* n° 298, si le dessin n'a été rendu public que par ces contrefaçons (V. *infrà*, n° 267; Trib. com. Seine, 2 mars 1854, aff. Boos, *Journ. des trib. de com.*, 1854, p. 143. *Contrà* : Fauchille, p. 80).

La divulgation par un tiers, indépendamment du cas de fraude et de contrefaçon, peut d'ailleurs, qu'elle fasse ou non obstacle au dépôt, donner lieu à des responsabilités. Jugé notamment que celui auquel a été remis un dessin de fabrique en vue d'une exécution qui ne s'est pas réalisée, est responsable du dommage causé par la divulgation du dessin resté entre ses mains, alors même que cette divulgation n'est pas le résultat de son fait personnel (Paris, 15 mai 1865, aff. Guichot, *Journ. des trib. de com.*, 1866, p. 162).

**258.** — 3° *Où se fait le dépôt.* — Nous n'avons rien a ajouter à ce qui a été dit au *Rép.* n°s 293 à 296, sur l'autorité chargée de recevoir le dépôt et sur le lieu où il doit être fait. Ce point ne donne lieu à aucune difficulté sérieuse. Le projet sénatorial de 1879 n'y apporte pas de modifications. Quant à la proposition de M. Philipon, tout en s'écartant de ce projet par l'application d'une législation unique aux dessins artistiques et industriels, il admet lui-même que « les décrets particuliers à chaque genre d'industrie pourront maintenir le dépôt des dessins et modèles de fabrique aux archives des conseils de prud'hommes, pour les fabriques situées dans le ressort de ces conseils et au greffe du tribunal de commerce pour les fabriques situées hors du ressort d'un conseil de prud'hommes » (*Journ. off.*, Doc. parl. 1889, p. 194).

**259.** Le dépôt au conseil des prud'hommes, ou au tribunal de commerce à son défaut, ne peut être suppléé par aucun autre dépôt analogue, soit au secrétariat d'une société savante, soit à la justice de paix, soit au tribunal civil si l'arrondissement n'est pas dépourvu de tribunal de commerce (Pouillet, n° 66), ni par le dépôt, effectué par l'imprimeur, des planches gravées en même temps que les feuilles imprimées (Paris, 22 avr. 1874, aff. Tiersot-Ziégler, *Ann. de la propr. ind.*, 1883, p. 206). — On ne soutient même plus, comme autrefois M. Gastambide (V. *Rép.* n° 296), qu'on puisse valablement, s'il y a un conseil de prud'hommes dans le canton, faire le dépôt au greffe du tribunal de commerce, l'ordonnance de 1825 ne désignant le greffe comme lieu de dépôt que pour les cantons dépourvus de conseil de prud'hommes. Il paraît cependant que, dans bien des départements, le dépôt au greffe du tribunal de commerce tend à prévaloir en fait sur le dépôt au conseil de prud'hommes, et cette pratique a été invoquée à la Chambre des députés, lors de la discussion du projet de M. Bozérian en 1880, comme un argument pour transférer d'une manière absolue cette attribution aux tribunaux de commerce.

Il nous semble que, dans la jurisprudence nouvelle, qui fait du dépôt non plus un simple préliminaire de l'action, mais un préalable à l'exploitation même, la nullité ne pourrait être couverte par un nouveau dépôt régulièrement fait au conseil des prud'hommes que si ce nouveau dépôt précédait lui-même la mise en vente ou exploitation du dessin.

**260.** Mais à quel conseil de prud'hommes le dépôt doit-il être fait? Nous ne pouvons, à cet égard, que maintenir avec M. Pouillet (n°s 68 et suiv.) et la plupart des auteurs, la solution donnée au *Répertoire*, d'après laquelle il faut s'attacher à la situation de la fabrique qui exécute le dessin plutôt qu'au domicile du fabricant, par application du principe général qui domine la compétence des conseils de prud'hommes, et qui doit servir à interpréter le silence gardé sur la question par la loi spéciale de 1806 et l'ordonnance de 1825. Jugé, par suite, que le dépôt est régulier dès qu'il est effectué au lieu où est la fabrique qui exécute le dessin, encore que le déposant n'ait lui-même en cet endroit ni une fabrique personnelle ni son domicile (Paris, 15 mars 1882, aff. Wormser et Marquois, *Ann. de la propr. ind.*, 1883, p. 286). Il va de soi, d'ailleurs, que dans les

villes où, comme à Paris, il y a un conseil de prud'hommes pour chaque industrie, le dépôt doit être fait au secrétariat du conseil à l'industrie duquel se rattache le dessin.

**261.** Il a été dit au *Répertoire* que, si le déposant a deux fabriques dans deux ressorts différents, il peut se contenter d'un seul dépôt en s'attachant à la situation de l'une d'elles comme si elle était seule. Mais il ne faut tenir aucun compte des différentes localités où le travail serait fait par des ouvriers disséminés recevant les matières premières et renvoyant le produit fabriqué. C'est le principal établissement du fabricant qui détermine alors le lieu où doit se faire le dépôt (Riom, 18 mai 1853, aff. Seguin, D. P. 54. 2. 50). En tout cas c'est au domicile du déposant qu'il faut s'attacher si, au moment du dépôt, il n'a point de fabriques où le dessin puisse être exploité. Et le dépôt fait au lieu prescrit par la loi protège la propriété du déposant sur le territoire français contre toute contrefaçon commise en quelque lieu que ce soit du territoire (Arrêt précité).

**262.** Lorsque le modèle ou le dessin de fabrique provient d'un pays lié au nôtre par la réciprocité diplomatique pour la propriété de ces dessins ou modèles, le dépôt doit en être fait au secrétariat de l'un des conseils de prud'hommes de Paris, celui auquel se rattache l'industrie dont il s'agit (Décr. 5 juin 1861, D. P. 61. 4. 79). Mais tous nos traités de commerce ne concordent pas avec ce principe. Ainsi les dessins de fabrique d'origine suisse sont tous indistinctement déposés au secrétariat du conseil des prud'hommes des tissus à Paris lequel se charge de transmettre aux conseils compétents ceux dont il ne serait pas autorisé à conserver le dépôt (Traité franco-suisse du 23 févr. 1882, art. 5). Les Italiens déposent leurs modèles ou dessins de fabrique comme leurs marques de fabrique en deux exemplaires à Paris au greffe du tribunal de commerce de la Seine (Traité du 3 nov. 1881-14 mai 1882 renvoyant pour le dépôt à l'art. 13 de celui du 29 juin 1862. — (V. *suprà*, n° 201).

**263.** — 4° *Qui fait le dépôt.* — Le dépôt doit être fait par le propriétaire du dessin, qu'il en soit l'inventeur, comme le suppose la loi de 1806, ou qu'il en ait provoqué l'invention à son profit comme condition d'un louage d'ouvrage (V. *suprà*, n° 247; Gand, 4 nov. 1853, aff. Nyssen, D. P. 54. 5. 610), ou enfin qu'il en ait acquis de l'inventeur la propriété au moyen d'une cession tacite ou expresse (Paris, 27 juill. 1876, aff. Deneubourg et Gaillard, *Ann. de la propr. ind.*, 1876, p. 207), ou par voie de succession. Telle est l'interprétation large qu'il faut donner de la loi de 1806 sur ce point. — Le dépôt peut être fait par procuration même sous seing privé, pourvu qu'elle soit enregistrée. — Tout le monde ne reconnaît pas aux créanciers le droit de faire, du chef de leur débiteur, et sans mandat de celui-ci, le dépôt d'un dessin de son invention, par le motif que le droit de divulguer ou non une invention serait attaché à la personne (Fauchille, p. 94). Mais il nous paraît plus sûr de voir dans le dépôt d'un dessin de fabrique un simple acte conservatoire, le dépôt n'entraînant par lui-même aucune divulgation, puisqu'il se fait sous pli cacheté, mais seulement l'exclusion de toute contrefaçon. C'est dans l'exploitation du dessin qu'est sa divulgation. Mais nous ne saurions refuser aux créanciers le droit d'exploiter ou de vendre cette valeur, s'ils la trouvent dans le patrimoine de leur débiteur. — Il va de soi, qu'un fabricant, recevant la commande d'une étoffe d'après un dessin qu'on lui confie ne peut opérer valablement le dépôt de ce dessin, qui ne lui appartient pas, alors même qu'il aurait indiqué quelques changements à y ajouter (Trib. com. Seine, 18 nov. 1845, *Le Droit* du 19 nov. 1845 Comp. Paris, 16 mars 1876, aff. Appel, *Ann. de la propr. ind.*, 1876, p. 103). De même, la simple possession de l'esquisse d'un dessin, ou des moules, planches et cartonnages servant à l'exécuter ne donne pas qualité pour faire le dépôt, pas plus que la possession d'un manuscrit ne donne le droit de le publier (Paris, 10 mai 1858, aff. Hérit. d'Orléans, D. P. 58. 2. 577. V. *infrà*, v° *Propriété littéraire et artistique*).

**264.** — 5° *Forme du dépôt.* — On a indiqué au *Rép.* n° 297, les formalités à suivre pour le dépôt d'après les art. 15, 18 et 19 de la loi de 1806. Le principe qui domine est celui du secret, assuré par une enveloppe revêtue du cachet et de la signature du déposant, et du cachet du conseil des prud'hommes. L'observation de ce principe a

été jugée requise à peine de nullité, à tel point que le sceau du conseil des prud'hommes, qui assure pourtant l'authenticité du dépôt, ne saurait remplacer le cachet de ce conseil qui en assure l'inviolabilité et empêche toute substitution (Colmar, 7 août 1855, aff. Katz, *Ann. de la science et du droit comm.*, p. 155; Trib. corr. Louvain, 24 avr. 1860, aff. Paridant, *La Propriété industrielle*, n° 131 ; Bruxelles, 17 janv. 1852, *Belgique judiciaire*, 1852, p. 193). Cette décision a paru trop rigoureuse à certains auteurs, comme M. Pouillet (n° 60).
— D'ailleurs, le principe du secret obligatoire et indéfini paraît aujourd'hui unanimement condamné. Déjà, le projet de 1845 lui assignait une durée restreinte et variable suivant les catégories d'industries. Celui de 1869 n'admettait que dans deux cas et pour deux ans la possibilité du secret. Enfin celui du Sénat en 1879 donnait le choix entre un dépôt à couvert ou à découvert et édictait, pour le dépôt à couvert lui-même, une limite d'un an au plus après laquelle il deviendrait public. La proposition Philipon admet le dépôt à couvert ou à découvert, mais le premier pour trois ans au plus, art. 28 (*Journ. off.* Doc. parl. 1889, p. 194).
La plupart des législations étrangères récentes sont conçues dans le même esprit. La limite du secret est de deux ans dans la loi suisse de 1888, de trois ans dans la loi allemande de 1876 et le projet belge de 1876, d'un an dans la loi autrichienne de 1858 et la loi russe de 1864. La publicité est absolue dans la loi canadienne de 1876 et de même dans les lois anglaises pour les dessins d'utilité, le secret étant au contraire, dans les lois anglaises, indéfini pour les dessins d'ornement. V. en faveur du principe de la publicité, mais reculée de deux ans, Philipon, n°° 61 et suiv. Il est à noter aussi que dans les lois russe, anglaise, canadienne et américaine, la publicité est complétée par l'application soit sur le produit lui-même, soit sur l'enveloppe ou récipient dans lequel il est mis en vente, d'un signe indiquant le lieu et la date du dépôt. La Chambre française en 1880, se conformant à un vœu du Congrès de 1878, a ajouté au projet de loi une disposition dans ce sens.
**265.** On s'est demandé si le dépôt doit être considéré comme nul et le déposant comme déchu de tout droit privatif faute d'avoir retiré immédiatement le certificat de ce dépôt, tel que le conseil des prud'hommes doit le délivrer aux termes de l'art. 16 de la loi de 1806, ou pour avoir beaucoup tardé à payer la taxe afférente au dépôt. La cour de Lyon (14 mai 1870, aff. Faure, *Ann. de la propr. ind.*, 1874, p. 237) a statué négativement sur cette question en considérant la conservation du droit comme subordonnée uniquement au dépôt. — Il est arrivé souvent que les conseils de prud'hommes chargés par l'art. 19 de la loi de 1806 de régler cette taxe jusqu'au maximum de 1 fr. par année de propriété temporaire et de 10 fr. pour la propriété perpétuelle, n'en fixaient aucune, soit à raison de la rareté des dépôts reçus par eux, soit par esprit de faveur pour l'industrie. Les dépôts ainsi effectués sans payement de taxe ont été déclarés néanmoins efficaces (Trib. com. Calais, 1er mai 1860, aff Maxton, *La Propriété industrielle*, n° 125). On le conçoit d'autant mieux, en ce cas, que le défaut de payement n'était pas imputable au déposant. Mais on considère généralement qu'il en serait de même bien que le taux de la taxe eût été fixé par le conseil de prud'hommes; car, si l'on ne peut suppléer à l'absence de dépôt, on ne peut non plus suppléer des nullités, le dépôt seul étant requis comme condition de la conservation du droit (V. l'arrêt de Lyon précité et Pouillet, n° 65).
Il est admis également que plusieurs dessins peuvent faire l'objet d'un seul dépôt collectif sous la même enveloppe sans que le secrétaire du conseil de prud'hommes puisse exiger plus d'une taxe (Pouillet n° 63).
Au payement de la taxe il faut ajouter le coût du timbre et la quittance, bien que le papier soit non timbré. C'est ce qui a été jugé par la cour de Paris le 12 août 1865, aff. Botta, *Ann. de la propr. ind.*, 1865, p. 367 (art. 12 et 16 de la loi du 13 brum. an 7).
**266.** — 6° *Durée.* — Quant à la déclaration que doit faire le déposant, aux termes de l'art. 18, au sujet de la durée qu'il entend donner à son droit privatif, on s'est demandé si elle pouvait lui assigner une durée autre que celle d'un an, trois ans, ou cinq ans sans être perpétuelle, l'art. 18 ne parlant que de ces trois durées ou de la perpétuité. La cour de Lyon s'est prononcée pour la négative, n'admettant pas

qu'on puisse, par exemple, assigner au droit une durée de vingt ans, mais reconnaissant pourtant qu'une déclaration faite pour vingt ans n'est pas absolument nulle et vaut pour la durée temporaire légale immédiatement inférieure, c'est-à-dire pour cinq ans (Lyon, 14 mai 1870, aff. Faure, *Ann. de la propr. ind.*, 1874, p. 237; *suprà*, n° 265). M. Pouillet, n° 82, estime au contraire qu'on peut s'assurer un droit temporaire au delà de cinq années. Il n'y a pas intérêt, d'ailleurs, à prendre une durée de dix ans et au-dessus plutôt qu'une durée perpétuelle, puisque celle-ci ne donne lieu qu'à une taxe totale de 10 fr.
Le principe de la perpétuité, comme celui du secret, paraît aujourd'hui généralement abandonné. Rendu illusoire par les caprices de la mode, il n'est admis par aucune législation étrangère. Il a été écarté par le congrès international de 1878, comme par le projet de loi de 1879, et remplacé dans le premier par un maximum de trente ans, dans le second par un maximum de quinze ans, porté à dix-sept par la commission de la Chambre des députés (V. le rapport de M. Galpin, p. 41 à 43). Ce maximum est de trois ans en Allemagne avec prorogation possible jusqu'à dix et quinze ans, de trois ans en Autriche, de cinq ans au Canada, de deux ans en Italie, de dix ans en Russie, de quinze ans en Suisse, de vingt ans en Belgique et en Espagne, variable enfin suivant le genre d'industrie aux États-Unis et en Angleterre.
**267.** — 7° *Effets du dépôt.* — L'effet du dépôt, comme on l'a dit au *Rép.* n° 298, n'est pas attributif de la propriété des dessins. Il conserve la propriété, mais ne la crée pas. Son effet est de permettre d'invoquer en justice la protection instituée par la loi de 1806, c'est-à-dire d'intenter l'action en contrefaçon, même contre des contrefaçons antérieures, sauf ce qui a été dit du cas de divulgation par l'auteur (*suprà*, n° 254) et ce qui sera dit de la bonne foi (*infrà*, n° 273); d'empêcher la divulgation ultérieure résultant de la mise en vente; de faire tomber l'œuvre dans le domaine public; de créer enfin, non une preuve absolue de propriété (Nancy, 2 févr. 1858 et Crim. rej. 24 avr. 1858, aff. Aubry Febvrel, *Ann. de la propr. ind.*, 1858, p. 209), mais une présomption de propriété, c'est-à-dire de priorité d'invention en faveur du déposant (Lyon, 23 juill. 1869, aff. Staron et comp.; D. P. 71. 2. 94), même contre un autre déposant postérieur en date, sauf la preuve contraire, si celui-ci peut l'établir (Conf. : Rendu et Delorme, n° 595 ; Fauchille, p. 147; Philipon, n° 84; Pouillet, n° 85). Ce dernier auteur, cependant, n'admet de la part d'un second déposant la preuve de sa priorité contre le premier déposant que si le premier dépôt résulte d'une usurpation frauduleuse. — Le dépôt sert encore de point de départ à la durée de la protection. — Enfin il peut, par les termes dans lequel il est demandé, spécialiser une invention tout d'abord générale dans ses applications de manière à laisser le champ libre aux tiers pour les autres applications du modèle, sans que ceux-ci aient à subir, pour ces dernières applications, une présomption, mais seulement la possibilité d'une preuve de priorité d'invention.
**268.** — 8° *Cession.* — Le droit de l'auteur sur un dessin ou modèle industriel peut, nous l'avons dit, être cédé, comme il peut être transmis par succession. La cession, avant ou après le dépôt, n'est soumise à aucune des formes spéciales que la loi de 1844 impose à celle des brevets d'invention. On peut rencontrer certaines difficultés, soit sur les faits qui doivent être considérés comme valant cession, soit sur l'étendue de la portée d'une cession reconnue. — Il a été jugé notamment (Trib. corr. Seine, 4 déc. 1867, aff. Ledot, *Ann. de la propr. ind.*, 1868, p. 56), que la cession d'un fonds de commerce où est exploité un dessin emporte cession de la propriété de ce dessin (V. dans le même sens, Pouillet, n° 107; Philipon, n° 99 *bis*. *Contra*, Fauchille, p. 147); mais que le fait de commander à un tiers l'exécution d'un dessin ou d'un modèle ne vaut pas cession à ce tiers, et n'enlève pas à l'auteur le droit de s'adresser à un autre pour une nouvelle reproduction (Paris, 16 mars 1876, aff. Appel, *Ann. de la propr. ind.*, 1876, p. 103; *suprà*, n° 263); que la cession à un bronzier du droit de reproduction industrielle d'une œuvre de sculpture n'enlève pas à l'auteur le droit de la faire reproduire en marbre par un autre éditeur, cette cession devant s'interpréter restrictivement (Trib. civ.

Seine, 31 déc. 1862, aff. Ferrat, *Ann. de la propr. ind.*, 1866, p. 43) ; mais que le cessionnaire de la reproduction en bronze peut faire reproduire le modèle par la gravure et la photographie pour permettre à ses courtiers et correspondants d'en opérer le placement (Paris, 21 nov. 1860, aff. Lamiche, *Ann. de la propr. ind.*, 1861, p. 61). — Jugé aussi que l'acheteur d'un exemplaire du dessin ou du modèle déposé, s'il a la libre disposition de l'exemplaire acheté, au point de pouvoir le détruire ou l'incorporer à un autre objet, à un candélabre, par exemple, pour une statuette en bronze (Trib. civ. Seine, 31 déc. 1862, aff. Ferrat, *Ann. de la propr. ind.*, 1866, p. 43), n'est investi par cela seul d'aucun droit exclusif de reproduction (Trib. corr. Seine, 4 déc. 1867, aff. Ledot, *Ann. de la propr. ind.*, 1868, p. 56), abstraction faite de circonstances particulières capables de motiver une autre interprétation (Même jugement : *Adde* Paris, 1er juill. 1858, aff. Denière *Ann. de la propr. ind.*, 1858, p. 337). — On peut rapprocher de ces décisions celle du tribunal de commerce de la Seine (7 mars 1861, Soulier, D. P. 61. 3. 32), d'après laquelle la cession de clichés photographiques de villes, sites et monuments n'enlève pas à celui qui a fait cette cession en se retirant d'une entreprise de photographie le droit de prendre les mêmes vues par de nouveaux clichés, s'il s'est réservé la continuation de son industrie. — Jugé enfin que le fait par le fabricant, auteur d'un dessin, de promettre à une maison, en retour des commandes qu'elle lui fait, de n'exécuter ce dessin que pour elle, ne vaut pas cession à cette maison et ne lui permet pas de faire des commandes à d'autres fabricants sur le même échantillon (Lyon, 23 juill. 1869, aff. Staron et comp., D. P. 71. 2. 14).

La nullité du dépôt, si elle venait à être déclarée, ferait tomber la cession faite dans l'intervalle et permettrait au cessionnaire de réclamer des dommages-intérêts. Cette solution appliquée aux cessions de brevets (Req. 22 avr. 1861, aff. Landois, D. P. 61. 1. 423) doit s'appliquer par analogie à celles des dessins.

**269.** Un dessin industriel peut être l'objet d'un louage. Mais alors le locataire peut l'exploiter et le reproduire, non céder le droit ni poursuivre en contrefaçon, pas plus que ne le peut, en matière de brevet, le porteur d'une simple licence (Req. 27 avr. 1869, aff. Carbonnier, D. P. 70. 1. 122).

Il est admis encore que les modèles industriels peuvent être grevés d'un droit de gage, d'un droit de rétention et des mêmes privilèges que les autres biens mobiliers ; en tous cas, un fabricant qui a exécuté sur commande un modèle déposé par un tiers peut vendre pour son compte le modèle fabriqué pour le payement du prix de la fabrication (Trib. corr. Seine, 1er mai 1880, aff. Hesse, *Ann. de la propr. ind.*, 1881, p. 74). Mais les dessins ou modèles industriels trouvés dans une maison louée et appartenant au locataire ne peuvent être considérés comme meubles *garnissant* la maison louée et comme grevés à ce titre du privilège du bailleur (ainsi jugé en matière de brevets, Lyon 23 déc. 1863, aff. Sonnier Dupré, D. P. 64. 2. 234).

**270.** On n'admet pas en général que les droits d'auteurs ou d'inventeurs, et notamment le droit sur un dessin ou modèle industriel, puissent être l'objet d'une expropriation pour cause d'utilité publique comme cela pourrait se présenter en matière d'armes de guerre. Le principe de l'expropriation, admis en Allemagne pour les inventions brevetables (L. 25 mai 1877), a été vivement discuté au congrès de 1878 ; il a été admis pour les brevets d'invention au congrès de 1889 (*Journ. du droit intern. privé*, 1890, p. 172.)

Art. 4. — *Action en contrefaçon de dessins. — Réparation.*
— *Peines* (Rép. nos 299 à 315).

**271.** Le droit reconnu aux auteurs de dessins de fabrique par la loi de 1806, comme celui des auteurs d'œuvres littéraires et artistiques en vertu de la loi de 1793, a pour sanction, malgré le silence de ces lois, outre les poursuites et réparations civiles fondées sur ces lois ou sur le droit commun, les poursuites et les peines établies par les art. 425 à 429 c. pén. contre le délit de contrefaçon et certains délits analogues. Ce point est hors de doute. (Crim. cass. 13 févr. 1863, aff. Debain, *Ann. de la propr. ind.*, 1863, p. 49 ; Riom, 18 mai 1853, aff. Seguin, D. P. 54. 2. 50). On a dit au *Rép.* n° 299, qu'il faut en cette matière qualifier *contrefaçon*

l'usage d'un dessin ou modèle objet de la propriété d'autrui par reproduction frauduleuse et préjudiciable. Il faut que le dessin ou modèle contrefait soit l'objet de la propriété d'autrui, ce qui permet au prévenu d'invoquer tous les faits ayant pu le faire tomber dans le domaine public, ainsi que les consentements ou cessions qu'il a pu lui-même obtenir de l'auteur. Jugé notamment que le cessionnaire de la reproduction en bronze d'un modèle peut le faire reproduire par la gravure et la photographie pour permettre à ses courtiers et correspondants d'en opérer le placement (Paris, 21 nov. 1860, aff. Lamiche, *Ann. de la propr. ind.*, 1861, p. 61).

**272.** — 1° *Reproduction.* — Il doit y avoir reproduction. — Il n'est pas nécessaire, sans doute, que cette reproduction soit absolument identique (V. *Rép.* nos 300 et 301). Des dissemblances de détail, même assez sensibles, laissent subsister le délit si le caractère du dessin n'est pas changé, si l'imitation, au moins dans les traits essentiels, apparaît au premier regard, si la confusion reste possible, si on a simplement cherché à masquer la fraude (Trib. com. Calais, 6 nov. 1860, aff. Brunet et Lefebvre, *Ann. de la propr. ind.* 1861, p. 219 ; 25 juin 1861, aff. Topham. *La Propr. ind.*, n° 190 ; Lyon, 17 mars 1870, aff. Berger, D. P. 71. 2. 94 ; Trib. corr. Seine, 28 févr. 1877, aff. Dame Fourmy-Loriot, *Ann. de la propr. ind.*, 1877, p. 174 ; Paris, 17 janv. 1883, aff. Aucoc, D. P. 84. 2. 182 ; Crim. rej. 21 mars 1884, aff. Pérille, D. P. 85. 1. 181-182). Mais le délit disparaît si les dissemblances empêchent toute confusion (Douai, 25 janv. 1862, aff. Topham, *Ann. de la propr. ind.*, 1862, p. 397) ; si on s'est borné à s'inspirer de l'œuvre déposée, *Rép.* n° 301 ; Trib. corr. Seine, 4 févr. 1859, aff. Arnoult, D. P. 59. 3. 87 ; Req. 30 juin 1865, aff. Auclair, *Ann. de la propr. ind.*, 1865, p. 335 ; Orléans, 4 déc. 1865, aff. Auclair, *ibid.*, 1866, p. 96 ; Trib. corr. Seine, 7 févr. 1877, aff. Girardin, *ibid.*, 1877, p. 183 ; 1er juin 1877, aff. Dame Maillot-Véry, *ibid.*, 1877, p. 185).

On a vu aussi quel cas il faut faire du défaut d'identité dans la matière, ou dans les produits auxquels le dessin est appliqué. Pas de contrefaçon, a-t-on dit, dans l'application du dessin à des produits tellement différents qu'ils ne peuvent faire aucune concurrence à ceux du déposant. Est délictueux au contraire le transport du dessin ou objet à un autre qui s'en rapproche sensiblement, par exemple, d'une étoffe à une autre, surtout à une autre plus commune, ce qui ajoute à la concurrence une dépréciation, ou bien encore l'application sur papiers peints de dessins d'étoffes de tentures ou de tapisserie ou réciproquement (*Rép.* nos 304-305 ; Pouillet, n° 133, 132 ; Philipon, n° 149). — La jurisprudence a montré sur ce point une sévérité de plus en plus grande (Lyon, 26 juill. 1852, aff. Champagne, *Ann. de la propr. ind.*, 1852, t. 2, p. 392 ; Paris, 15 avr. 1857, aff. Pagès-Baligot, *Journ. des trib. de comm.*, 1857, p. 229, condamnant l'application à des châles d'un dessin destiné à la fabrication des gilets, écharpes et mantilles ; Paris, 11 déc. 1857, aff. Goupil et comp. *Ann. de la propr. ind.*, 1858, p. 287 ; Trib. civ. Seine, 26 avr. 1861, aff. Thiéry-Mieg, *Ann. de la propr. ind.*, n° 182 ; Trib. com. Lyon, 18 mars 1861, aff. Godmard-Lacroix, *La Propr. ind.*, n° 175 ; Paris, 1er juin 1864, aff. Ledot, *Ann. de la propr. ind.*, 1864, p. 237 ; Trib. corr. Seine, 4 déc. 1867, aff. Ledot, *ibid.*, 1868, p. 57 ; 28 févr. 1871, aff. Sinnett ; *ibid.*, 1867, p. 61, et 13 nov. 1867, aff. Dussacq, *ibid.*, 1868, p. 31, condamnant la reproduction sur des jouets d'enfants ou sur des galettes de pain d'épice ; Paris, 25 juin 1870, aff. Ledot, *ibid.*, 1870, p. 269 ; Trib. corr. Seine, 11 déc. 1877, aff. Veuve Félix Ledot, *ibid.*, 1878, p. 19, condamnant la reproduction sur stores, émaux, porcelaines, rideaux et vases, de dessins appliqués pour la première fois par l'auteur sur des tentures de meubles ; Paris, 29 juin 1878, aff. Lepec, D. P. 80. 2. 74, condamnant la reproduction en porcelaine ou en faïence d'une coupe déposée en er ciselé ou en émail ; Trib. civ. Seine, 18 mars 1882, aff. Lecerf, *Ann. de la propr. ind.*, 1883, p. 117, condamnant la reproduction sur assiettes de porcelaine de dessins parus dans des journaux sans autre dépôt, d'ailleurs, que le dépôt imposé à la presse par les lois administratives ; Paris, 17 janv. 1883, aff. Aucoc, D. P. 84. 2. 182). On conçoit d'ailleurs que le degré d'importance du changement apporté par l'imitateur dans le dessin, dans la matière, ou dans le produit, au point de vue de l'atteinte portée au droit de l'auteur, soit matière à appréciation souveraine pour le juge du fait (Crim. rej. 29 juill. 1859, aff. Couder, D. P. 59. 5. 48); — Comp. sur tous ces points : Pouillet, n^os 128 et suiv. ; Philipon, n^os 147 et suiv.; Fauchille, p. 200 et suiv.

**273.** — 2° *Mauvaise foi.* — La reproduction, comme on l'a vu encore au *Rép.* n° 302, doit être frauduleuse, c'est-à-dire de mauvaise foi. L'exception de bonne foi, tirée de l'ignorance du droit de l'auteur doit être admise ici conformément au droit commun de la répression. Un arrêt de la cour de Rouen (15 juin 1866, aff. Romain et Palyart, *Ann. de la propr. ind.*, 1867, p. 7) a cru pouvoir appliquer aux dessins de fabrique les dispositions de la loi de 1844, art. 40 et 41, qui dérogent à ce principe, en condamnant le contrefacteur malgré sa bonne foi, et en n'admettant cette excuse que pour les faits de recel, vente et introduction, assimilés à la contrefaçon (V. dans le même sens : Blanc, p. 363, Renouard, t. 2, p. 13; Ruben de Couder, v° *Dessin de fabrique* n° 9 ; Calmels, n° 493). Mais nous persistons à penser que les dispositions aggravantes sont de droit étroit et ne peuvent être étendues à la contrefaçon des dessins de fabrique, pas plus qu'à la contrefaçon littéraire et artistique, sous prétexte d'opposer à la première à la seconde comme étant une branche de la contrefaçon industrielle. Car on ne peut trouver pour sa répression que les art. 425 à 427 c. pén., qui lui sont communs avec la contrefaçon littéraire, et qui se réfèrent tacitement à la notion ordinaire du délit. Ainsi jugé par le tribunal de commerce de la Seine, le 7 juin 1830 (Et. Blanc, *Contrefaçon* p. 363), et par la cour de cassation, le 13 janv. 1866 (aff. *Journal illustré*, D. P. 66. 1. 235). V. dans le même sens : Orléans, 4 déc. 1865, aff. Auclair, *Ann. de la propr. ind.*, 1886, p. 96; Paris, 12 mars 1870, aff. Latry, *ibid.*, 1870, p. 260; Pouillet, n° 144; Philipon, n° 160; Fauchille, p. 210.

Jugé, d'ailleurs, que l'excuse doit reposer, non sur une erreur de droit, mais sur une erreur de fait (Orléans, 22 avr. 1863, aff. Debain, D. P. 63. 2. 88). Et il ne suffit pas toujours qu'on allègue l'ignorance du dépôt; car le dépôt, comme on l'a vu, n'est que déclaratif du droit préexistant de l'auteur, si bien qu'on peut poursuivre une contrefaçon antérieure au dépôt, sauf la déchéance qu'on a pu subir soi-même par la mise en vente ou divulgation antérieure, d'après la jurisprudence qui a prévalu (V. supra, n°^s 254 et 267). Il faut donc, pour que l'ignorance du dépôt devienne une excuse, qu'il y soit joint le fait de la mise en vente pour faire considérer le dessin comme abandonné au domaine public ; sans cela, il faudrait alléguer (chose assurément rare) l'ignorance non seulement du dépôt, mais encore de l'invention par le déposant, c'est-à-dire avoir été soi-même, après lui, l'inventeur du même dessin.

**274.** A qui incombe en cette matière la charge de la preuve? Il faut prendre pour point de départ la nécessité pour le demandeur de prouver la mauvaise foi constitutive du délit (Philipon, n° 163). Mais il lui sera facile de l'établir, malgré l'enveloppe cachetée qui empêche de reconnaître le dessin déposé. La mention du dépôt, si elle a été faite sur le produit ou sur son contenant (Trib. cor. Seine, 20 déc. 1881, aff. Lothon, *Ann. de la propr. ind.*, 1883, p. 364), les indications de date et de durée qui accompagnent la formalité du dépôt sur le registre tenu aux archives du conseil des prud'hommes; le soin qu'aura pris le prévenu de faire constater la composition et la coordination du dessin original (Trib. corr. Seine, 28 févr. 1877, aff. Dame Fourmy-Loriot, *Ann. de la propr. ind.*, 1877, p. 174), seront autant de moyens pour le demandeur de renverser contre lui l'ordre des présomptions. Et, si la contrefaçon a précédé la mise en vente, il suffira de prouver les moyens par lesquels le contrefacteur s'est fait donner connaissance du dessin non encore divulgué.

**275.** La preuve de la mauvaise foi n'est pas nécessaire, d'ailleurs, pour obtenir des réparations civiles (Pouillet, n° 146; Philipon; n° 101); la cour de cassation a même jugé que le tribunal correctionnel peut, dans ce cas, en acquittant le prévenu, statuer lui-même sur les dommages-intérêts au lieu de renvoyer la partie civile à se pourvoir devant le tribunal de commerce (Crim. rej. 3 avr. 1858, aff. Popard, *Ann. de la propr. ind.*, 1858, p. 374). V. infra, n° 293). — La confiscation peut-elle, par assimilation aux réparations civiles, être prononcée indépendamment de la mauvaise foi ? et par quelle juridiction? (V. infra, n° 281).

**276.** — 3° *Préjudice.* — Si la preuve de la mauvaise foi est requise pour la répression, sans l'être pour les réparations civiles, la preuve d'un préjudice n'a d'importance au contraire, qu'au point de vue civil, sans être nécessaire pour constituer l'infraction à la loi pénale et déterminer la répression (Paris, 31 janv. 1865, *Ann. de la propr. ind.*, 1865, p. 51 ; Pouillet, n° 138 ; Philipon, n° 157). Il n'en résulte pas, sans doute, qu'on puisse poursuivre la reproduction du dessin dans une industrie quelconque, si différente qu'elle soit de celle de l'inventeur. Car encore faut-il qu'on ait envahi le domaine réservé à cet inventeur, et ce domaine peut ne pas s'étendre à toutes les applications du dessin. Mais si la contrefaçon se rencontre avec le droit de l'inventeur, elle est punissable, lors même qu'elle n'aurait pas causé de préjudice, et ce principe contribue à expliquer les décisions sévères de la jurisprudence sur les contrefaçons commises dans des industries différentes de celles de l'inventeur. (V. supra, n° 272).

**277.** — 4° *Tentative.* — Si le délit est punissable en l'absence de préjudice, encore faut-il qu'il ait été consommé et non seulement tenté. L'art. 3 c. pén. pose ce principe général, et l'art. 425, loin d'y déroger, fait résulter la contrefaçon de l'édition de l'œuvre ; d'où il suit qu'il faut non la mise en vente, mais au moins l'exécution de l'œuvre contrefaite, et que la simple préparation, la mise ou la planche destinée à l'exécuter ne suffirait pas pour constituer le délit. Il faut encore qu'on en ait fait usage (Pouillet, n° 13 ; Philipon, n° 165). — Mais inversement, une fois le délit consommé, il ne peut dépendre du délinquant de le faire disparaître et d'échapper à la condamnation en détruisant après leur saisie les objets contrefaits, objets, d'ailleurs, à la confiscation desquels a droit la partie lésée. (Paris, 15 mars 1882, aff. Sicard, *Ann. de la propr. ind.*, 1884, p. 359. V. infra, n° 281). — Celui qui commande l'ouvrage à un tiers est, d'ailleurs, contrefacteur, aussi bien que celui qui fabrique lui-même (Cass. 30 juin 1865, aff. Auclair, *Ann. de la propr. ind.*, 1865, p. 332).

**278.** — 5° *Complicité.* — Il faut encore appliquer à la contrefaçon des dessins de fabrique les art. 59 et suiv. c. pén., sur la complicité, indépendamment des dispositions spéciales de l'art. 426 sur le débit et sur l'introduction en France d'ouvrages contrefaits (Pouillet, n° 152; Fauchille, p. 217). La jurisprudence ne considère pas ces textes comme exclusifs de la théorie générale de la complicité, à la différence de ce qu'elle décide en matière de brevets d'invention pour l'art. 41 de la loi de 1844 (V. supra, v° Brevets d'invention, n°^s 298 et suiv. ; Cass. 30 juin 1865, aff. Auclair, *Ann. de la propr. ind.*, 1865, p. 332; Trib. corr. Seine, 6 janv. 1877, aff. Deneubourg-Ligier, *ibid.*, 1878, p. 209 ; 28 févr. 1877, aff. Dame Fourmy, *ibid.*, 1877, p. 174). — Ce dernier jugement exige avec raison que le complice ait agi en connaissance de cause. Mais on ne saurait exiger comme l'a fait en matière de brevets la cour de Paris, le 16 juin 1866 (aff. Bardin, *Ann. de la propr. ind.*, 1866, p. 381), qu'il ait eu un intérêt direct dans la fabrication; ni refuser, comme l'a fait en matière de brevets un autre arrêt de la même cour (15 févr. 1866, aff. Mac-Avoy, *ibid.*, 1866, p. 42), de condamner un commis prenant les commandes pour le contrefacteur son patron, et recevant même une prime à chaque commande sans aucune excuse de bonne foi. Il a été jugé au contraire que l'employé de commerce qui se charge sciemment du placement de produits revêtus d'étiquettes et signatures contrefaites encourt les peines de la complicité (Alger, 29 mai 1879 et Cass. 25 sept. 1879, aff. Félix Prot, *Ann. de la propr. ind.*, 1879, p. 345). Toutefois, on ne saurait condamner ni le dessinateur qui sur l'ordre d'un fabricant retouche et modifie un dessin de fabrique sans participer à sa publication, ni les ouvriers dont le travail a été appliqué à l'œuvre contrefaite, et qui sont restés étrangers à sa vente, n'ayant pas eu, d'ailleurs, à vérifier la propriété du dessin (Trib. corr. Seine, 28 févr. 1877, aff. Dame Fourmy-Loriot, *Ann. de la propr. ind.*, 1877, p. 174 ; Dijon, 15 avr. 1847, aff. Susse, D. P. 48. 2. 178). — Quant aux receleurs et acheteurs de mauvaise foi, ils sont punissables suivant les principes généraux de la complicité. Mais la cour de Paris a refusé de confondre avec eux celui qui achète l'objet pour son usage personnel sans aucune pensée de commerce (Paris, 27 mai 1865, *Ann. de la propr. ind.*, 1865, p. 343), et cette décision est généralement approuvée (Fauchille, p. 218. — *Contrà*, Waelbroeck, n° 102, et Pouillet, n° 154).

**279.** — 6° *Débit*. — *Introduction en France.* — *Exposition.* — En dehors des règles générales de la complicité, les art. 426 et 427 c. pén. punissent, comme il a été dit au *Rép.* n° 312, le débit d'ouvrages contrefaits et l'introduction sur le territoire français d'objets contrefaits à l'étranger. — L'exposition en vente et l'exhibition dans une exposition publique, faits qui tendent à la vente, doivent lui être assimilés, bien qu'ils ne soient pas dans ces textes l'objet d'une mention distincte, comme l'est l'exposition en vente des objets brevetés dans l'art. 41 de la loi de 1844 (Trib. corr. Seine, 15 janv. 1868, aff. Ledot, *Ann. de la propr. ind.*, 1868, 61 ; Paris, 12 févr. 1868, aff. Garnier, *ibid.*, 1868, p. 74). La loi du 5 juill. 1884 (D. P. 82. 4. 34) sur l'exposition d'électricité a tenu compte de cette assimilation en organisant un système spécial de saisie pour les objets exposés. — Ne serait pas, d'ailleurs, punissable comme vendeur d'objets contrefaits le fabricant qui, ayant exécuté les objets sur la commande de l'inventeur, les a vendus pour se couvrir de ce qui lui restait dû (Trib. corr. Seine, 1er mai 1880, aff. Hesse, *Ann. de la propr. ind.*, 1881, p. 73).

**280.** Pour le cas d'introduction en France d'objets contrefaits à l'étranger, les personnes punissables sont le destinataire, si on prouve qu'il a fait la commande (Paris, 25 avr. 1879, aff. Russel et Comp. Singer, *Ann. de la propr. ind.*, 1879, p. 226), le commissionnaire et l'expéditeur, mais non le voiturier ou l'assureur (Fauchille. p. 245). Le fait matériel du prévenu ou de ses préposés ou représentants est nécessaire pour constituer le délit. La simple existence des objets en douane n'y serait pas assimilée, sauf à prononcer la confiscation de ces objets (Trib. corr. Seine, 18 mars 1876, aff. Testu et Massin, *Ann. de la propr. ind.*, 1877, p. 265). Jugé aussi qu'il n'y a pas délit dans le fait unique d'introduction qui se serait produit à l'instigation d'une personne envoyée par la partie civile elle-même, laquelle a ensuite poursuivi (Bruxelles, 5 avr. 1882, aff. Herecx, *Ann. de la propr. ind.*, 1885, p. 301). — Ce délit, d'ailleurs, comme la vente et comme la contrefaçon proprement dite, existe malgré quelques dissemblances incapables d'empêcher la confusion entre l'objet introduit et l'objet contrefait (Paris, 23 juill. 1877, Crim. rej. 3 janv. 1878, aff. Deneubourg-Ligier, *Ann. de la propr. ind.*, 1878, p. 207). — Il n'est punissable qu'en cas de mauvaise foi. La bonne foi peut résulter de l'ignorance d'un droit exclusif et du fait d'avoir ouvertement donné facture sur la demande de l'acheteur (Bruxelles, 2 avr. 1882, aff. Herecx, *Ann. de la propr. ind.*, 1885, p. 301). L'excuse de bonne foi, il est vrai, ne saurait être basée uniquement sur ce qu'on ignorait que les produits qu'on s'est fait adresser de l'étranger fussent des contrefaçons d'œuvres françaises (Trib. corr. Seine, 28 févr. 1867, aff. Sinnett, *Ann. de la propr. ind.*, 1867, p. 64). Elle ne serait pas recevable non plus de la part du marchand français qui a reçu de l'étranger et mis en vente des porcelaines ornées de dessins empruntés à des collections françaises, sans l'autorisation de l'artiste ou de ses ayants cause, alors surtout qu'il s'agit de dessins connus dans le commerce (Paris, 3 mars 1865, aff. Ledot, *Ann. de la propr. ind.*, 1865, p. 99).

Il faut déclarer punissable comme introduction en France, l'introduction en entrepôt qui laisse à l'introducteur le droit de retirer pour la consommation en France (Paris, 28 nov. 1861, aff. Debain, Escudier et autres, *Ann. de la propr. ind.*, 1861, p. 422). — Quelques auteurs (Philipon, n° 169 ; Pouillet, *Traité de la propriété littéraire*, n° 609), et plusieurs arrêts ont même frappé l'introduction en *transit* (Paris, 28 nov. 1862, aff. Debain, *Ann. de la propr. ind.*, 1863, p. 61 ; et 7 févr. 1863, aff. Debain, *ibid.*, 1863, p. 61. — *Contrà* : Fauchille, p. 216). Assurément les faits de transit ont une portée moins grave, et il est probable qu'ils n'ont pas été prévus par le code pénal. On ne peut pas dire qu'il ait été dans sa pensée d'atteindre la contrefaçon étrangère partout où elle ne trouve pas l'obstacle de la souveraineté étrangère, et encore faut-il que l'introduction, pour être punie, constitue une atteinte aux droits du propriétaire, ce qui n'a pas lieu dans l'espèce. Ainsi jugé en matière de brevets d'invention (Trib. civ.

Havre, 26 mars 1880, aff. Larmaujat, *Ann. de la propr. ind.*, 1880, p. 330). La liberté de la fabrication dans le pays étranger où elle a eu lieu, faute par le propriétaire du dessin d'y avoir accompli un dépôt régulier, n'empêche pas, d'ailleurs, l'introduction de ces objets en France d'être délictueuse et les tribunaux français d'être compétents pour en connaître en vertu du dépôt fait en France pour y conserver la propriété du dessin (Paris, 27 juill. 1876, aff. Denaubourg et Gaillard, *Ann. de la propr. ind.*, 1876, p. 206).

**281.** — 7° *Sanctions*. — *Confiscation.* — Les sanctions diverses auxquelles donne lieu la contrefaçon des dessins de fabrique ont été indiquées au *Rép.* n°s 307 à 311. Les décisions les plus intéressantes qui se soient produites depuis lors concernent la confiscation des objets contrefaits et des instruments de la contrefaçon, le caractère qu'il faut lui assigner et les conditions dans lesquelles elle doit être prononcée. Il est à remarquer d'abord qu'elle est obligatoire pour le juge, du moment qu'il reconnaît le délit (Pouillet, n° 177 ; Philipon, n° 221). La confiscation devant, en cette matière, servir à indemniser le propriétaire de l'œuvre, qui peut tirer parti des objets (art. 429 c. pén.), plutôt qu'enrichir l'État par une vente qui serait de sa part délictueuse, on s'est demandé si elle a bien ici le caractère d'une peine, qui lui appartient en général, et qui lui a été reconnu au *Rép.* n°s 309 et 311, et *ibid.*, v° *Propriété littéraire*, n° 489). — Ici comme en matière de *Brevets d'invention* (V. ce mot, n° 361), cette opinion a perdu du terrain. La plupart des auteurs la repoussent et ne voient dans ce cas de confiscation qu'une réparation civile, susceptible par conséquent d'être prononcée : 1° par les tribunaux de commerce aussi bien que par les tribunaux correctionnels ; 2° en l'absence de toute demande du ministère public ; 3° pour la première fois sur appel de la partie civile seule ; 4° enfin contre un prévenu acquitté à raison de sa bonne foi, ou contre les héritiers du délinquant (Pouillet, n° 177 et *Traité de la Propriété littéraire*, n° 699 ; Philipon, n° 215 ; Fauchille, p. 231 ; Pataille, *Ann. de la propr. ind.*, 1858, p. 145 et 1868, p. 305). — Cette doctrine a aussi recueilli de nombreux suffrages dans la jurisprudence (Paris, 1er mars 1830, aff. Defaucompret, *Ann. de la propr. ind.*, 1868, p. 320 ; 24 janv. 1845, aff. Demy-Doisneau, *ibid.* 1868, p. 321, sur appel de la partie civile ; 15 avr. 1857, aff. Pagès-Baligot, *Journ. des tribunaux de commerce*, 1857, p. 229 ; 21 nov. 1867, aff. Dussacq, *Ann. de la propr. ind.* 1867, p. 359, admettant en cas d'acquittement la confiscation avec condamnation aux dépens ; Paris, 25 juin 1870, aff. Ledot, *ibid.*, 1870, p. 264, même solution ; Douai, 8 août 1865, aff. Colombier, *ibid.*, 1869, p. 248, même solution ; Paris, 31 janv. 1868, aff. Ledot, *ibid.* 1868, p. 60, même solution, sauf pour les dépens ; Trib. corr. Seine, 14 mai 1878, aff. Lepec, *ibid.*, 1879, p. 86, même solution ; Aix, 23 janv. 1867, aff. Rochette, *ibid.*, 1868. p. 107, permettant aux tribunaux de commerce de la prononcer). — Mais la question n'est pas encore sortie de la controverse, et l'on peut citer dans le sens du caractère pénal de la confiscation d'œuvres contrefaites les décisions suivantes : Crim. cass. 5 juin 1847, aff. Belin, D. P. 47. 1. 170 ; Paris, 12 avr. 1862, aff. de Gonet, *Ann. de la propr. ind.*, 1862, p. 228 ; 12 juill. 1862, aff. Vernot, *ibid.*, 1862, p. 314 ; 27 mars 1868, aff. Ledot, *ibid.*, 1868, p. 325 ; Crim. rej. 29 déc. 1862, aff. Sicard, D. P. 84. 1. 369 en matière de propriété littéraire ; Douai, 29 juin 1867, aff. Dubar-Delespaul, *Ann. de la propr.*, 1868, p. 77, refusant aux tribunaux de commerce le pouvoir de la prononcer). — Pourquoi ne trancherait-on pas cette controverse en disant que la confiscation ici comme ailleurs est une peine, malgré son imputation sur les dommages-intérêts, du moment qu'elle est ainsi qualifiée du jugement comme dans la loi ; que cette peine tient lieu de réparation civile dans les cas qui admettent l'une et l'autre ; mais que dans les cas qui excluent la peine et admettent les réparations civiles la remise des objets et instruments à la partie lésée peut être demandée et ordonnée à titre de réparation civile sans la qualification pénale de confiscation ? La question est moins embarrassante en matière de brevets, la loi de 1844 ordonnant (art. 4) la confiscation même en cas d'acquittement (V. *suprà*, v° *Brevet d'invention*, n° 361).

**282.** Un autre point sur lequel on rencontre des décisions diverses, est celui de savoir à quoi la confiscation peut s'étendre quand l'objet n'est pas tout entier entaché de contrefaçon, par exemple, s'il y a contrefaçon non dans l'objet lui-même, mais dans le dessin ou l'ornement appliqué sur lui. A cet égard, il est reconnu qu'une contrefaçon purement partielle ne doit entraîner que la confiscation de la partie contrefaite, si cette partie peut se séparer de l'autre; mais qu'elle doit être totale dans le cas contraire, sans que le prévenu puisse obtenir de conserver les objets en effaçant les dessins appliqués sur eux (Paris, 11 déc. 1857 et Crim. rej. 19 mars 1858, aff. Hache et Pépin Lehalleur, D. P. 58. 1. 190; 1er juin 1864, aff. Ledot, *Ann. de la propr. ind.*, 1864, p. 236; 3 mars 1865, aff. Ledot, *ibid.*, 1865, p. 99; 12 janv. 1868, aff. Garnier, *ibid.*, 1868, p. 74; Trib. corr. Seine, 11 déc. 1877, aff. Veuve Félix Ledot, *ibid.*, 1878, p. 19). Mais l'attribution à la partie lésée, dans ces conditions surtout, pourrait l'enrichir en dépassant le dommage, ce qui est contraire aussi bien aux principes des peines qu'à ceux des réparations civiles. M. Philipon (no 218) propose alors d'attribuer au Trésor l'excédent de la valeur des objets confisqués sur l'estimation du préjudice causé. Mais la vente au profit du Trésor des objets qui lui seraient ainsi attribués serait la source d'un nouveau préjudice à réparer; et le meilleur système semblerait devoir être, pour cet excédent, la suppression aux frais du prévenu. On trouve en matière de propriété littéraire des décisions qui, s'inspirant sans doute de ces considérations, écartent la confiscation, ordonnent la suppression de la partie contrefaite de l'ouvrage et évaluent en argent le préjudice causé par cette contrefaçon (Trib. corr. Seine, 16 août 1864, aff. Consolin, *Ann. de la propr. ind.* 1865, p. 14; Paris, 1er déc. 1855, aff. Furne, *ibid.*, 1857, p. 243; 23 janv. 1862, aff. Chevé, *ibid.*, 1862, p. 28; Trib. civ. Rouen, 19 janv. 1868, aff. Haulard, *ibid.*, 1869, p. 347; Trib. Seine, 15 déc. 1869, aff. Delagrave, *ibid.*, 1869, p. 418). V. *infrà*, vo *Propriété littéraire*.

**283.** Le juge, d'ailleurs, peut, sans violer l'art. 429 c. pén., qui impute la confiscation sur l'indemnité, accorder tout à la fois une somme d'argent à titre de dommages-intérêts et en outre les objets confisqués, le jugement devant alors s'interpréter en ce sens que les objets confisqués ne sont que le complément de la somme allouée, pour parfaire le montant du préjudice reconnu (Crim. rej. 18 déc. 1857, aff. Baudoin, *Ann. de la propr. ind.*, 1858, p. 72).

**284.** Les difficultés qui s'élèvent sur la quantité et la nature des objets dont la confiscation a été ordonnée doivent être tranchées par le juge de l'exécution, et il n'appartient pas à la cour de cassation de les prévoir et de les résoudre (Crim. rej. 29 avr. 1876, aff. Susse, D. P. 76. 1. 409).

**285.** Quant aux frais d'enlèvement ou autres auxquels la confiscation peut donner lieu, ils sont à la charge du délinquant (Nancy, 20 juin 1874, *Ann. de la propr. ind.*, 1877. p. 31).

**286.** Mais faut-il, outre la confiscation et les dommages-intérêts pour le préjudice déjà causé, reconnaître aux tribunaux le pouvoir de faire au contrefacteur, pour l'avenir, défense de fabriquer ou de vendre les produits dont il s'agit, à peine de dommages-intérêts arbitrés à l'avance à une certaine somme pour chaque infraction? Cette question, résolue négativement au *Rép.* no 310, a donné lieu depuis à quelques décisions contraires (Paris, 30 mai 1872, aff. Duchesne, *Ann. de la propr. ind.*, 1873, p. 165; Trib. civ. Seine, 14 févr. 1873, aff. de Choudens, *Ann. de la propr. ind.*, 1873, p. 168). M. Waelbroeck (p. 125) a aussi admis le pouvoir du juge par application de l'art. 1036 c. proc. civ., qui lui permet de prononcer des injonctions. Mais comment le juge pourrait-il statuer sur la réparation d'un délit non encore commis? et quelle utilité peut avoir sa défense sur un fait que la loi pénale défend déjà en le qualifiant délit? MM. Rendu et Delorme (no 606), Calmels (no 678), Fauchille (p. 225), Pouillet (no 189) sont pour la négative.

**287.** Nous n'avons rien à ajouter à ce qui a été dit au *Répertoire* sur un chef de réparation civile, que les tribunaux peuvent ordonner en vertu de l'art. 1036 c. proc. civ.: l'impression et l'affichage du jugement de condamnation. Nous ferons seulement remarquer que le code pénal n'attache pas à la condamnation des contrefacteurs des peines accessoires, telles que la privation des droits électoraux.

Le projet de 1879 permet aux juges d'enlever au condamné, pendant cinq ans, l'électorat et l'éligibilité aux tribunaux et chambres de commerce et aux conseils de prud'hommes (art. 23, § 4). Quant à la confiscation, il la déclare obligatoire, même en cas d'acquittement, pour les objets contrefaits, facultative au contraire et possible seulement en cas de condamnation pour les instruments ou ustensiles ayant servi à leur fabrication (art. 28).

**288.** — 8o *Poursuite.* — La partie lésée, en vue d'obtenir les réparations civiles, peut agir par la voie civile ou par la voie correctionnelle. Dans le premier cas, son action doit être portée, comme on l'a vu au *Rép.* no 306, devant les tribunaux de commerce, auxquels la loi de 1806 attribue la connaissance des actions en revendication de la propriété des dessins de fabrique à l'exclusion des tribunaux civils et des conseils de prud'hommes (Paris, 21 mai 1885, *Le Droit* du 20 sept. 1885; V. Lyon-Caen, *Revue critique*, 1886, p. 356). On n'a pas à rechercher si le procès s'élève entre commerçants, ou si le délit se rattache pour le défendeur à des opérations commerciales, recherche qu'il faudrait faire si, au lieu de la loi de 1806, on appliquait les principes ordinaires de la concurrence déloyale ou bien encore là loi de 1793, comme on l'a voulu pour les modèles de sculpture industrielle (V. *suprà*, no 235). L'application de la loi de 1793 elle-même n'entraînerait pas d'ailleurs la compétence absolue et sans distinction des tribunaux civils, bien qu'on trouve une décision en ce sens (Trib. civ. Seine, 16 mai 1868, aff. Veuve Michaud, *Ann. de la propr. ind.*, 1868, p. 189), tandis que la loi de 1806 contient pour les tribunaux de commerce une attribution absolue de compétence.

On verra plus bas quel est le rôle des conseils de prud'hommes dans la procédure. Mais l'opinion qui avait soutenu leur compétence comme juges des actions en contrefaçon ou en revendication des dessins de fabrique a été complètement abandonnée (Pouillet, no 162; Fauchille; p. 252). Et l'incompétence des tribunaux civils est également reconnue, sauf à se demander s'ils doivent la déclarer d'office, ou s'ils peuvent rester saisis quand le défendeur accepte leur juridiction, comme l'a décidé la cour d'Aix (23 janv. 1867, aff. Rochette, *Ann. de la propr. ind.*, 1868, p. 107). Cette dernière question doit se résoudre ici comme doit se résoudre d'une manière plus générale celle de l'incompétence absolue ou relative des tribunaux civils en matière commerciale. M. Philipon (no 186) la croit absolue, M. Pouillet (no 164) relative (V. *suprà*, vo *Compétence commerciale*, no 7). — Jugé d'ailleurs que si le tribunal de commerce s'est déclaré incompétent en considérant que l'affaire est du ressort des prud'hommes, ce jugement, non attaqué par les voies légales, acquiert force de chose jugée sur la compétence des prud'hommes comme juges de première instance, ce qui permet au tribunal de commerce de connaître de l'affaire comme juge d'appel (Req. 5 juill. 1865, aff. Meurice, D. P. 65. 1. 425). — C'est d'ailleurs par les termes de l'assignation que s'apprécie, au point de vue de la compétence, la nature de la demande, dût-elle dégénérer par suite des débats en action en concurrence déloyale (Lyon, 9 mai 1873, aff. Graissot, *Ann. de la propr. ind.*, 1875, p. 325) ou sur brevet, ou inversement (Trib. com. Seine, 8 avr. 1870, aff. Delasalle, *ibid.*, 1870, p. 176; Philipon, no 187; Fauchille, p. 253).

C'est aussi aux tribunaux de commerce que doivent être soumises les actions en nullité du dépôt des dessins de fabrique. Mais les tribunaux civils peuvent connaître de cette nullité invoquée par voie d'exception dans un procès civil qui leur est soumis, et notamment par un cessionnaire non commerçant assigné devant eux en payement du prix de la cession (Fauchille, p. 189; Philipon, no 188).

Le projet de M. Bozérian, à l'exemple de plusieurs législations étrangères (Belgique, Italie, Suisse, Autriche, Russie, Etats-Unis, Angleterre), contenait une disposition analogue à la loi de 1844 en faveur de la compétence des tribunaux civils. Le Sénat y substitua un partage entre les deux juridictions commerciale et civile suivant que le défendeur serait ou non commerçant, ce qui est le maintien de la première règle dans la plupart des cas.

**289.** La contrefaçon peut aussi être poursuivie par la voie correctionnelle, le fait étant qualifié délit par la loi pénale. Sans rappeler tous les principes qui régissent l'exercice de l'action devant les tribunaux de police correctionnelle soit sur citation directe de la partie lésée, soit sur poursuite du ministère public, il convient seulement de noter que là plainte de la partie lésée n'est pas nécessaire au ministère public pour agir, comme elle l'est en matière de brevets d'après la disposition exceptionnelle de l'art. 45 de la loi de 1844, et comme elle le serait dans le projet de 1877, art. 27.

**290.** En cas de cession de l'œuvre, les poursuites peuvent être exercées, soit par l'auteur qui a cédé l'œuvre, surtout si le contrefacteur y a apporté des changements capables de nuire à sa réputation d'artiste, soit par le cessionnaire, alors même qu'il n'aurait pas acheté l'œuvre dans un but de spéculation et qu'il se serait notamment interdit de la reproduire par le moulage ou autrement (Trib. corr. Seine 5 janv. 1850, aff. Clessinger et Laneuville, D. P. 50. 3. 14).

**291.** Quant aux personnes susceptibles d'être poursuivies, elles peuvent être non seulement des tiers, mais un cessionnaire dépassant les limites de sa cession, et reproduisant l'œuvre en dehors des conditions convenues, ou violant sciemment les droits d'un cessionnaire antérieur, ou l'auteur lui-même vis-à-vis d'un cessionnaire au préjudice duquel il fait une reproduction ou une nouvelle cession (Paris, 12 avr. 1862, aff. de Gonet, *Ann. de la propr. ind.*, 1862, p. 228).

**292.** Si la contrefaçon a été commise par le directeur ou l'administrateur d'une société, la personnalité des délits s'oppose à ce qu'on poursuive correctionnellement la société, et ne permet d'agir par cette voie que contre le directeur ou l'administrateur personnellement responsable (Paris, 25 févr. 1880, aff. Schloner, *Ann. de la propr. ind.*, 1880, p. 219). Mais la société commerciale peut être citée devant la juridiction correctionnelle comme civilement responsable du délit de contrefaçon commis par un de ses agents et se rattachant aux opérations de la société (Civ. cass. 15 janv. 1872, aff. Bernard, D. P. 72. 1. 165 ; Alger, 29 mai 1879, aff. Avice, Marlier et Duvert, D. P. 81. 2. 63.— Comp. *suprà*, v° *Brevets d'invention*, n° 323).

**293.** Le tribunal correctionnel ne peut prononcer la peine qu'à la demande du ministère public, soit intentée principalement, soit formée au cours de l'instance sur citation directe de la partie lésée. Il ne peut statuer sur les réparations civiles que sur la citation directe de la partie lésée ou son intervention comme partie civile. Mais il le peut, alors même qu'il acquitterait le prévenu, la mauvaise foi n'étant pas prouvée ; l'acquittement n'oblige pas à porter l'action civile devant le tribunal de commerce (Cass. 3 avr. 1858, aff. Popard, *Ann. de la propr. ind.*, 1858, p. 374). Certains auteurs enseignent pourtant le contraire, traitant de cas d'acquittement autrement que le cas d'abstention du ministère public sur la citation directe de la partie lésée. Le tribunal correctionnel, d'après eux, ne pourrait statuer qu'en reconnaissant une culpabilité pénale (Fauchille, p. 224). Il peut d'ailleurs, soit qu'il s'agisse de prononcer sur la peine ou sur les réparations civiles, statuer sur les questions civiles soulevées devant lui par voie d'exception, notamment sur l'exception tirée de la nullité du dépôt, alors pourtant que l'action principale en nullité ne saurait lui être soumise et devrait aller devant le tribunal de commerce (Paris 2 févr. 1878, aff. Deneubourg Ligier, *Ann. de la propr. ind.*, 1878, p. 199). Mais il n'y aurait alors chose jugée sur la question civile, que dans la cause et pour le fait de contrefaçon qui a donné lieu à l'exception, mais non pour un nouveau fait, fût-ce entre les mêmes parties (Fauchille, p. 224 ; Philipon, n° 196 ; Pouillet, n° 166).

**294.** Quel tribunal correctionnel est compétent à raison du lieu ? La question se résout par l'art. 23 c. instr. crim.,

c'est-à-dire par l'option entre la résidence du délinquant, le lieu du délit, et celui où est trouvé le prévenu ; ce dernier ici se confondant ordinairement avec l'un des deux autres. Le lieu où est saisi l'objet contrefait en cours de route n'est pas attributif de compétence (Paris, 29 déc. 1834, *Gaz. des trib.* 1er déc. 1834). Le contrefacteur peut être poursuivi devant le tribunal du lieu où il a son domicile et où s'est faite la vente des objets fabriqués par lui, quoique sa fabrique soit située dans un autre ressort (Paris, 19 févr. 1858, aff. Giraudeau, *Ann. de la propr. ind.*, 1858, p. 212). Cette solution, donnée pour la poursuite devant le tribunal de commerce, peut s'appliquer aussi à la poursuite correctionnelle. — Pour les complices, les débitants et l'introducteur, la connexité permet de les traduire devant le tribunal de la résidence du contrefacteur s'ils sont poursuivis en même temps que lui (Crim. rej. 1er mai 1863, aff. Renard et Franc, *Ann. de la propr. ind.* 1863, p. 313).

**295.** Les modes de preuve admis en matière de propriété et de contrefaçon de dessins de fabrique, soit devant les tribunaux de commerce, soit devant les tribunaux correctionnels (V. *Rép.* n° 314), n'appellent aucune observation spéciale, sinon pour faire remarquer quelques différences à ce point de vue entre la juridiction commerciale et la juridiction correctionnelle : 1° l'aveu qui fait pleine foi en matière commerciale n'est pour le juge correctionnel qu'un élément d'appréciation (Req. 30 juin 1865, aff. Auclair, *Ann. de la propr. ind.*, 1865, p. 335) ; — 2° La chose jugée par le tribunal de commerce sur la nouveauté et la propriété du dessin, sur la validité du dépôt, a une autorité absolue et définitive entre les parties, même pour des faits nouveaux de contrefaçon du même dessin. Au contraire, la décision du tribunal correctionnel, en supposant qu'il ait eu à juger ces questions par voie d'exception, n'empêche pas la question de rester entière sur de nouveaux faits de contrefaçon du même dessin entre les mêmes parties (Pouillet, n° 166).

**296.** 9° *Saisie*. — La saisie des dessins contrefaits, qui est un moyen d'arriver à la preuve de la contrefaçon, soulève une question délicate et controversée, celle de savoir quelle est l'autorité compétente pour l'autoriser. Pendant longtemps, la jurisprudence a fait rentrer ce cas de saisie dans les art. 10, 11 et 12 de la loi du 18 mars 1806, qui chargent le conseil des prud'hommes de constater les contraventions aux lois et règlements, d'envoyer aux tribunaux compétents les procès-verbaux et les objets saisis, et de faire des visites, en la personne de deux membres assistés d'un officier public, chez les fabricants, chefs d'atelier, ouvriers et compagnons. En vertu de ces dispositions, le président du conseil des prud'hommes ordonnait la saisie, et désignait deux de ses membres du conseil pour y procéder avec l'assistance d'un officier public, et en dresser procès-verbal (Lyon, 19 juin 1851, aff. Valansot, D. P. 52. 2. 275 ; Lyon, 25 mars 1863, aff. Jaricot, *Ann. de la propr. ind.*, 1863, 245 ; Trib. civ. Seine, 13 déc. 1883) (1). Cette dernière décision pourtant admet aussi, comme tempérament, la saisie sur ordonnance du président du tribunal civil, par application des lois sur les brevets d'invention sur les marques de fabrique. — MM. Pouillet, n° 171 ; Ruben de Couder, v° *Dessins de fabrique*, n° 110, inclinent aussi vers la compétence des conseils de prud'hommes en cette matière. A défaut de conseil de prud'hommes, ces deux auteurs font intervenir comme autorité compétente le commissaire de police, et, à défaut de ce dernier, le juge de paix.

D'autres auteurs remettent ce pouvoir au commissaire de police ou au juge de paix, à l'exclusion même du conseil des prud'hommes (Fauchille, p. 235 ; Philipon, n° 202). Ils estiment qu'en cette matière, qui n'est pas le conflit d'un

---

(1) (Bohn C. Mirablon.) — Le sieur Bohn, bijoutier à Paris, avait fait procéder chez le sieur Mirablon, estampeur, en vertu d'une ordonnance de M. le président du tribunal civil, à la saisie d'un modèle dont il se prétendait inventeur. Puis il l'avait assigné en dommages-intérêts, et le sieur Mirablon opposait la nullité de la procédure.

Le tribunal ; — Sur la régularité de la procédure : — Attendu que, s'il est vrai que les art. 10 et suiv. de la loi du 18 mars 1806 règlent les pouvoirs des conseils de prud'hommes au cas de contravention aux lois et règlements sur la propriété des dessins de fabrique, et si l'art. 13 de ladite loi règle d'une manière spéciale les formalités qu'ils devront suivre pour les visites qu'ils feront

chez les fabricants, chefs d'atelier, ouvriers ou compagnons, cet article ne prononce pas la nullité des procès-verbaux dressés en une autre forme, qui constateraient des contraventions aux lois et règlements relatifs aux dessins de fabrique, alors surtout que ces procès-verbaux ont été accompagnés des garanties spéciales édictées par la loi dans les cas entièrement analogues des brevets d'invention et des marques de fabriques ; — Au fond, etc.. — Par ces motifs ; — Dit que la saisie faite par exploit de Gavard, du 18 nov. 1879, est régulière ; Rejette l'exception de nullité opposée par Mirablon, etc. — Du 13 déc. 1883.-Trib. civ. de la Seine, 3e ch.-M. Beautemps-Beaupré, pr.

ouvrier avec son patron, la loi de 1806 n'a rien d'applicable, et n'a pas dérogé à la procédure des actions en contrefaçon, telle qu'elle était établie par la loi du 19 juill. 1793. Or, aux termes de l'art. 3 de cette loi, un officier de paix, même sans autorisation préalable, sur la simple exhibition de l'acte de dépôt, procède, sur la réquisition de la partie lésée, à la saisie des exemplaires contrefaits. Telle était aussi l'interprétation donnée par M. Dupin à la Chambre des pairs en 1845 (*Moniteur*, 1846, p. 446), et par M. Bozérian au Sénat à propos du projet de 1877. — Mais ce second système n'a pas prévalu, non plus qu'un troisième admettant la saisie sur ordonnance du président du tribunal de commerce quand l'action doit être portée devant ce tribunal, et du président du tribunal civil quand il s'agit de la voie correctionnelle. (Lyon, 4 mars 1869 (motifs), aff. Faure, *Ann. de la propr. ind.*, 1874, p. 228).

L'opinion la plus répandue maintenant dans la jurisprudence et dans la doctrine est celle qui, ne voyant ni dans la loi de 1806, ni dans celle de 1793 un texte spécial à la saisie des dessins contrefaits, cherche le fondement et la procédure de cette saisie dans le décret du 30 mars 1808, art. 54, qui permet au président du tribunal civil d'ordonner la saisie dans tous les cas d'urgence, et décide en conséquence qu'elle a lieu par huissier sur autorisation de ce magistrat. Cette opinion, enseignée d'abord par M. de Belleyme (*Ordonnances*, t. 1, p. 34), est conforme aux arrêts les plus récents (Paris, 11 févr. 1875, aff. Duminy, *Ann. de la propr. ind.*, 1875, p. 273 ; 27 juill. 1876, aff. Deneubourg et Gaillard, *ibid.*, 1876, p. 206 ; Trib. civ. Seine, 27 août 1879, aff. Gay et Morgan, *ibid.*, 1880, p. 110, D. P. 80. 3. 44 ; Douai, 2 févr. 1885) (1). — Elle a prévalu dans le projet de 1879.

**297.** Cette procédure, bien qu'identique à celle qu'on suit en matière de brevets d'invention, n'est pas fondée sur une extension de la loi de 1844, mais sur une application du droit commun. Mais il importerait peu à la validité de la saisie que la requête et l'ordonnance aient visé par erreur cette dernière loi (Paris, 11 févr. 1875, aff. Duminy, *suprà*, n° 296). — Jugé d'ailleurs que la nullité d'une saisie pratiquée sur ordonnance du président du conseil des prud'hommes, donne ouverture à une action en dommages-intérêts contre le saisissant, mais n'empêche pas le tribunal de commerce de statuer au fond sur la question de contrefaçon, ainsi que sur les exceptions de nullité de dépôt et autres, que le défendeur peut soulever (Lyon, 4 mars 1869, aff. Faure, *Ann. de la propr. ind.*, 1874, p. 228, *suprà*, n° 296). — C'est un principe reconnu aussi que la saisie, même faite par ordre de l'autorité compétente, engage la responsabilité du saisissant, s'il n'est pas fondé dans son action, notamment s'il n'a pas conservé sa propriété par un dépôt régulier et préalable. Il en est ainsi lors même qu'il aurait à se plaindre de faits de concurrence déloyale (Lyon, 3 juin 1870, aff. Pramondon, Coront et comp., *Ann. de la propr. ind.*, 1870, p. 363, qui reconnaît en ce cas au juge le pouvoir de compenser pour torts respectifs les dommages-intérêts et les frais exposés par les deux parties). Suivant une jurisprudence

établie, il n'est pas nécessaire que le dépôt ait précédé la saisie, par exemple, de plus de deux jours (Req. 30 juin 1865, aff. Auclaire, *ibid.*, 1865, p. 335).

**298.** Si la saisie est requise par le ministère public, elle est ordonnée, conformément au droit commun, par le juge d'instruction, et pratiquée par l'un des agents de la police judiciaire. Les formes de la saisie sont alors déterminées d'après les art. 38 et 39 c. instr. crim. Les objets saisis sont cachetés, s'ils ne peuvent être clos dans un vase ou sac, le procureur de la République attache sur eux une bande de papier qu'il scelle de son sceau. Ces formalités ont lieu en la présence du prévenu ; on constitue un gardien, qui peut être le saisi lui-même (c. proc. civ., art. 830) ; ou bien les objets sont transportés au greffe du tribunal. — Mais il est à remarquer que la saisie peut être remplacée par une simple description dans un procès-verbal du magistrat qui en est chargé. — Sur la saisie des objets admis à une exposition, V. *infrà*, n° 396.

**299.** — 10° *Ouverture des dépôts.* — Si le conseil des prud'hommes n'est pas compétent pour ordonner la saisie, il est au moins chargé, en cas de contestation sur la propriété d'un dessin, comme on l'a vu au *Rép.* n° 315, de procéder à l'ouverture des paquets déposés, et d'indiquer à quel déposant appartient la priorité de date, en envoyant au tribunal les échantillons ouverts et visés par lui. Les conseils de prud'hommes ont en outre adopté l'usage de rendre des déclarations de conformité ou de non-conformité entre les dessins déposés saisis (Trib. com. Saint-Etienne, 22 juin 1860, Camberlin, 1862, p. 437 ; Lyon, 24 avr. 1862, *Journ. des trib. de comm.*, 1862, p. 439). Cette pratique est considérée généralement comme excédant leurs pouvoirs (Fauchille, p. 237 ; Pouillet, 1re éd., n° 112), bien que la cour de cassation ait paru admettre sa régularité, en faisant rentrer ces sortes d'avis dans les attributions du conseil de prud'hommes qui a reçu et qui ouvre le dépôt, fût-il autre que celui du domicile du défendeur (Crim. rej. 25 févr. 1852, aff. Peyre et Gérin, *Ann. de la sc. et du dr. comm.*, 1852, t. 2, p. 278). En tout cas, ces avis peuvent être demandés par le tribunal, qui n'est pas lié par eux, pas plus qu'il ne l'est en général par un rapport d'experts (Lyon, 19 juin 1851, aff. Valansot, D. P. 52. 2. 275 ; Paris, 23 juin 1852, *Journ. des trib. de comm.*, 1853, p. 289, *Ann. de la sc. et du dr. comm.*, 1853, t. 1, p. 43 ; Trib. com. Calais, 25 juin 1861, aff. Topham, *La Propriété industrielle*, n° 190).

**300.** — 11° *Voies de recours.* — Les jugements en matière de contrefaçon sont susceptibles d'appel. Sans insister ici sur les effets ordinaires de cette voie de recours, qui remet en question tout ce sur quoi a statué le tribunal, notons seulement que si l'appel émane de la partie civile seule, la cour ne peut statuer que sur les dommages-intérêts et aussi sur la confiscation, si on la traite comme réparation civile (V. *suprà*, n° 281), et que les faits de contrefaçon survenus depuis le jugement peuvent donner lieu en appel de la part de l'intimé à une demande en supplément de dommages-intérêts (Colmar, 7 août 1855, aff. Katz, *Ann. de la sc. et du dr. comm.*, 1856, t. 2, p. 155).

---

(1) (Niézette *C.* Dervaux et Brackers.) — Le 26 août 1884, jugement du tribunal civil de Lille ainsi conçu : — LE TRIBUNAL; — Attendu que la loi du 18 mars 1806, en créant la propriété des dessins industriels, n'a pas réglé le mode de constatation des atteintes portées à cette sorte de propriété ; que si cette loi confère aux conseils de prud'hommes (là où il en existe) le soin de constater les contraventions aux lois et règlements nouveaux ou remis en vigueur, elle ne les charge nullement des mesures d'exécution et de constatation relatives aux différends pouvant naître entre deux commerçants, à propos d'atteintes que celui qui se prétend propriétaire d'un dessin industriel pourrait avoir intérêt à faire constater d'abord et réprimer ensuite chez un autre commerçant ; — Attendu, cependant, que s'il y a eu création d'un droit, il faut qu'il y ait un moyen de le faire respecter, et qu'il est de principe qu'en matière de propriété industrielle, le seul mode de poursuite de la constatation étant la saisie des objets contrefaits, cette saisie est de droit pour celui qui justifie d'un titre lui attribuant la propriété d'un procédé, marque ou dessin ; — Attendu qu'à défaut d'une disposition expresse qui attribuerait exclusivement à une autre autorité le pouvoir d'ordonner la saisie en matière de contrefaçon de dessin de fabrique, il faut nécessairement reconnaître que c'est au président du tribunal civil que ce pouvoir appartient en vertu de l'art. 54

du décret du 30 mars 1808, qui lui confère le droit d'autoriser les mesures d'urgence, aux risques et périls des requérants, toutes les fois qu'il est saisi d'une plainte en violation d'un droit en apparence légitime ; — Attendu qu'en application de cet article, il est généralement admis, en doctrine et en jurisprudence, et universellement aussi passé en pratique, que pour les mesures dont l'urgence est telle qu'elle ne permet pas de recourir aux tribunaux, c'est en la personne du président que se concentrent les pouvoirs du tribunal auquel il appartient ; que l'ordonnance d'ailleurs émanée du président ne statue qu'au provisoire sans préjuger le fond ; — Attendu qu'en l'espèce c'est sur la production de titres attestant que Dervaux et Brackers ont rempli les formalités voulues pour arriver à la propriété des dessins qu'ils prétendent avoir été contrefaits par Niézette, que le président a rendu l'ordonnance autorisant la saisie pratiquée ;

Par ces motifs ; — Déclare régulière la saisie opérée ; — Déboute, en conséquence, Niézette de ses demandes, fins et conclusions, etc... »

Appel par Niézette.

LA COUR; — Adoptant les motifs des premiers juges ; — Confirme, etc.

Du 2 févr. 1885.-C. de Douai, 1re ch.-MM. Mazeaud, 1er pr.-Dumas, av. gén.-Merlin et de Baulieu, av.

**301.** — 12° *Recours en garantie.* — La contrefaçon peut donner lieu à des recours en garantie; soit de la part du fabricant du dessin contrefait contre le dessinateur qui le lui a vendu, soit de la part du débitant contre le fabricant; ces recours d'ailleurs, subordonnés à la bonne foi de ceux qui veulent les exercer, sont impossibles, par conséquent, pour les faits de contrefaçon postérieurs au jugement de condamnation, qui a eu pour effet d'éclairer l'intéressé sur la question de propriété (Colmar, 27 août 1855, aff. Katz, *Ann. de la sc. et du dr. comm.*, 1855, t. 2, p. 155).

**302.** — 13° *Colonies.* — En terminant cette étude sur la législation des dessins et modèles de fabrique, il convient de noter qu'à la différence de la législation des brevets d'invention (V. *suprà,*, v° *Brevets d'invention*, n°ˢ 106 et 357) et de celle des marques de fabrique (Décr. 8 août 1873, D. P. 74. 4. 8), elle n'est pas applicable aux colonies, ce qui réduit la protection des dessins et modèles à l'emploi de l'art. 1382 c. civ., situation fâcheuse, à laquelle pourrait remédier l'administration de la Marine en faisant promulguer partout le texte des lois françaises (V. en ce sens, Sauvel, *La propriété industrielle dans les colonies françaises*, Paris, 1881).

Sect. 3. — Des marques de fabrique (*Rép.* n°ˢ 316 à 336).

Art. 1ᵉʳ. — *Nature et diverses espèces de marques* (*Rép.* n°ˢ 316 à 325).

**303.** — I. Marques de commerce. — On a vu plus haut (sect. 1ʳᵉ art. 1ᵉʳ) les origines et l'esprit de la loi du 23 juin 1857, destinée à remédier aux lacunes et aux incohérences de la législation antérieure en même temps qu'aux rigueurs excessives qui la rendaient inapplicable. Son premier soin fut d'élargir le domaine de la protection en matière de marques, en visant les marques de commerce aussi bien que les marques de fabrique. Le marchand réputé pour le choix heureux qu'il apporte dans ses achats et la loyauté qu'il met dans ses reventes parut mériter la même protection pour l'usage exclusif du signe sous lequel il exploite son commerce et qui en recommande les objets au sortir de sa maison, que le fabricant lui-même pour l'usage de sa marque. — Le projet de loi de 1886-1890 (V. *suprà*, n° 163) protège aussi l'une et l'autre marque. Mais il exige qu'elles se fassent reconnaître, l'une par les lettres M de F, l'autre par les lettres de M de C, innovation empruntée à la législation du Chili, et destinée à empêcher un commerçant de vendre comme siens les produits d'un autre et surtout de vendre comme français des produits fabriqués à l'étranger (V. *suprà*, n° 175). Ce système, il est vrai, peut être fort gênant dans la pratique commerciale et a été repoussé par le congrès international de 1889 (*Journ. du droit. int. privé*, 1890, p. 173).

**304.** — II. Marques obligatoires.— La loi de 1857 déclare ensuite, par la rubrique et les premières dispositions de son chapitre 1ᵉʳ, qu'elle n'a pour objet, ni d'imposer aux produits une vérification et une marque émanant de l'autorité publique pour en garantir aux consommateurs la sincérité et la nature, ni d'imposer même aux fabricants et commerçants l'obligation de marquer les objets de leur fabrication ou de leur commerce, ni enfin de protéger directement le public en punissant toutes les tromperies dont il peut être victime par le moyen des marques; mais bien de protéger par des peines le fabricant ou marchand dans la propriété de sa marque, tout en la laissant facultative, protection dont le public profitera indirectement, puisque le marchand assuré de la propriété de sa marque aura le souci de lui conserver sa réputation. On verra toutefois que cette loi contient quelques dispositions étrangères à la propriété de la marque. Ainsi elle punit l'usage d'une marque portant des indications propres à tromper le public sur la nature du produit sans même que cet usage entreprenne sur la marque d'autrui (art. 8). Ainsi encore elle réserve exceptionnellement le pouvoir de déclarer la marque obligatoire pour certains produits, par décrets rendus en la forme des règlements d'administration publique (art. 1ᵉʳ et 9).

Cette dernière disposition implique le maintien des textes antérieurs, relatifs à l'apposition obligatoire d'une marque sur certaines catégories de produits, l'art. 23 ne les abrogeant qu'en ce qu'ils ont de contraire à la loi actuelle. Nous croyons

utile d'en présenter ici l'indication, complétée par celle des textes du même genre survenus en exécution de l'art. 1ᵉʳ, al. 1, de la loi de 1857. On verra qu'ils répondent à des nécessités de police et de sécurité publique ou aux exigences du système douanier. — Les imprimeurs doivent indiquer leur nom sur tous les ouvrages sortis de leurs presses (L. 28 germ. an 4, 21 oct. 1814 et 29 juill. 1881). — Les joailliers, orfèvres et autres fabricants d'ouvrages d'or et d'argent, de plaqué ou doublé, doivent imprimer sur leurs produits un poinçon portant un emblème spécial choisi par eux et déposé, et la première lettre de leur nom; indépendamment des poinçons, du titre et du bureau de garantie qui marquent le contrôle de l'autorité (V. *infrà*, v° *Matières d'or et d'argent; L.* 19 brum. an 6, applicable au ruolz, *Ann. de la propr. ind.*, 1860, p. 129 et 289). — Les étoffes d'or ou d'argent, fin, mi-fin ou faux, doivent avoir à chaque pièce deux lisières sans marque distinctive pour l'or et l'argent fin, avec une barre noire de quarante fils au moins si la dorure ou l'argenture est fausse ou mi-fine; avec la même marque; mais sur l'une des deux lisières seulement si elle est mélangée de fin et de faux ou de mi-fin (Décr. 20 flor. an 13 réglant aussi les conditions de fabrication des velours au point de vue de la marque). — Les armes de guerre ou de commerce doivent porter l'empreinte d'un poinçon spécial constatant qu'elles ont été soumises aux épreuves réglementaires (Décr. 25 juill. 1810; Ordonn. 28 mars 1815, 14 juill. 1816, et 2 déc. 1835). Ici encore il s'agit d'un contrôle de l'autorité. — Les fabricants de cartes à jouer doivent mettre sur chaque jeu une enveloppe indiquant leurs noms, demeures, enseignes et signatures en forme de griffe (Décr. 9 févr. 1810, art. 4). — Les pharmaciens doivent apposer sur les substances vénéneuses qu'ils délivrent une étiquette indiquant leurs nom et adresse (Ordonn. 29 oct. 1846). — Les fabricants d'eaux minérales artificielles doivent apposer leur nom sur les produits de leur fabrication (Ordonn. 18 juin 1823). — Les fils et tissus de fabrication française similaires des cotons filés et tissus étrangers prohibés à l'importation doivent, pour se distinguer d'eux, porter une marque et un numéro de fabrication (L. 28 avr. 1816) dont l'exécution est réglée par les ordonnances des 8 août 1816, 23 sept. 1819, la loi de douanes du 21 avr. 1828 et l'ordonnance du 3 avr. 1825, mais dont l'application se trouve restreinte par les traités de commerce, admettant la libre importation de ces produits (V. *suprà*, v° *Douanes*, n° 392). — Les fabricants de draps de Louviers, ayant le privilège d'une marque collective, ne peuvent fabriquer sans cette marque (*Rép.* n° 335; Décr. 25 juill. 1810). Il en est de même des fabricants d'autres villes pour la marque collective qu'ils auraient ainsi obtenu (Décr. 22 déc. 1812; *Rép.* n° 335). — Les savons doivent porter, avec le nom du fabricant et de la ville où il demeure, une marque différente et spéciale suivant qu'ils sont à l'huile d'olive, à l'huile de graines, au suif ou à la graisse (Décr. des 1ᵉʳ avr. et 18 sept. 1811). La ville de Marseille jouit d'une marque particulière pour son savon à l'huile d'olive (Décr. 22 déc. 1812; *Rép.* n° 336. V. *infrà*, n° 424). — A la marque qui est obligatoire dans ces divers cas, il n'est pas défendu d'ailleurs d'ajouter une marque facultative pour distinguer ses produits des produits similaires d'un concurrent et d'invoquer, pour cette marque, la protection de la loi de 1857.

**305.** — III. Marques timbrées par l'État (L. 26 nov. 1873). — Dans plusieurs des cas que nous venons d'énumérer (matières d'or et d'argent, armes à feu), la marque n'est pas seulement obligatoire; c'est en outre une *marque d'État* dont la contrefaçon constitue un crime prévu et puni par les art. 140 et 142 c. pén. Il faut, pour être complet mentionner *la marque d'État facultative* instituée par la loi du 26 nov. 1873 (D. P. 74. 4. 21). Cette loi, rendue sur la proposition de MM. Labélonye et autres, et sur le rapport de M. Wolowski (*ibid.*), permet à tout propriétaire d'une marque déposée conformément à la loi de 1857, de faire apposer par l'État soit sur la marque elle-même, soit sur les étiquettes, bandes ou enveloppes en papier, soit sur les étiquettes ou estampilles en métal, où figure sa marque, un timbre ou poinçon spécial destiné à affirmer l'authenticité de cette marque, ledit poinçon pouvant aussi être apposé sur une marque faisant corps avec les objets eux-mêmes, si l'Administration les en juge susceptibles (art. 1ᵉʳ). Le timbre ou poinçon de l'Etat ainsi apposé sur une marque de fabrique ou de commerce, fait partie intégrante de cette marque, si bien qu'à défaut par l'Etat de poursuivre en France ou à l'étranger le contrefaçon ou la falsification desdits timbre ou poinçon, la poursuite peut être exercée par le propriétaire de la marque (art. 7).

Les dispositions de cette loi et des deux décrets du 25 juin 1874 (D. P. 75. 4. 20 et 22) faits pour son exécution en ce qui concerne les formalités à remplir, les droits à percevoir, les poursuites et les peines trouveront leur place dans les divisions consacrées à ces divers points de la législation des marques privées. Notons seulement, avec le rapporteur, M. Wolowski, qu'elle ne substitue nullement le régime de la marque obligatoire à celui de la marque facultative, pas plus qu'elle n'introduit le système des *marques significatives* dans lequel le fabricant serait autorisé à délivrer une sorte de *facture légale* attachée au produit et emportant avec elle l'engagement de livrer des objets d'une qualité, d'une pureté, ou d'une composition réglées à l'avance (Rapport supplémentaire de M. Wolowski, n° 2, D. P. 74. 4. 21).

Le seul but de cette loi, outre les ressources qu'elle devait procurer au Trésor, par l'impôt auquel elle subordonne le service rendu, a été de procurer, moyennant cette taxe, aux fabricants et commerçants qui le demandent, une garantie nouvelle contre l'usurpation de leur marque, à savoir le timbre ou le poinçon de l'Etat, menaçant le contrefacteur de peines criminelles susceptibles d'être prononcées en France, quoique le crime ait été commis à l'étranger par un étranger, tandis que le simple délit de contrefaçon de marque privée ne peut être poursuivi sur notre territoire s'il a été commis au dehors, à moins que ce ne soit par un Français et dans un pays dont la loi punit ce genre de délit (C. instr. crim., art. 5, 6 et 7 ; L. 3 brum. an 4, art. 11). Ce complément de protection était réclamé par certaines villes de fabrique et de commerce, comme Reims et Bordeaux, gravement lésées sur les marchés étrangers, notamment au Chili (Rapport suppl. de M. Wolowski, n° 6, D. P. 74. 4. 21. Comp. Pouillet, *Traité des marques de fabrique*, 3ᵉ éd., n° 349). — V. *infrà*, n° 384.

**306**) — IV. Union des fabricants français pour la protection internationale de la propriété industrielle. — La loi de 1873, sans doute à cause des démarches et des lenteurs que suppose son application, rencontra, paraît-il, chez les industriels, peu d'empressement à en profiter, et resta en pratique peu près lettre morte. Une société fondée sous le nom d'Union des fabricants français pour la protection internationale de la propriété industrielle, société reconnue d'utilité publique par décret du 28 mai 1877, trouva le moyen d'y suppléer. Elle délivre aux propriétaires de marques françaises (après avoir examiné si ces marques ne sont pas elles-mêmes des contrefaçons) des timbres mobiles que le fabricant lui-même appose sur ses produits à côté de sa marque, et qui en attestent l'origine française. Ce timbre de garantie, employé maintenant par presque toutes les maisons françaises d'exportation, ne peut, sans doute, être protégé à l'étranger, ni comme marque de commerce ni comme nom commercial, sur la demande de la société qui le représente ; car cette société, bien que s'occupant des intérêts industriels, n'est elle-même ni un fabricant ni un commerçant ; il ne peut l'être, sur l'action des fabricants eux-mêmes, comme constituant leur propre marque, car il se compose uniquement d'un nom. Mais constituant le nom d'une société reconnue comme personne morale, il peut servir de base, de la part de celle-ci, à une action en dommages-intérêts contre ceux qui en font un usage frauduleux, et cette action, fondée sur le droit commun, est recevable devant les tribunaux étrangers, même dans les pays où il n'existe aucune législation sur les marques (Trib. rég. de Hambourg, 11 déc. 1886, aff. Comp. coloniale Vinet et comp. et Union des fabricants français pour la protection internationale de la propriété industrielle, et la note de M. Cohendy, D. P. 88. 2. 201).

**307**) — V. Définition de la marque. — Caractères. — Nouveauté. — L'art. 1ᵉʳ de la loi de 1857, après avoir déclaré la marque facultative en principe, indique ce qu'il faut considérer comme marque pour l'application des dispositions de cette loi : « Sont considérés comme marques de fabrique et de commerce : les noms sous une forme distinctive, les dénominations, emblèmes, empreintes, timbres,

cachets, vignettes, reliefs, lettres, chiffres, enveloppes et tous autres signes servant à distinguer les produits d'une fabrique ou les objets d'un commerce. » Cette définition est tellement large qu'elle ne permet plus certaines distinctions qui figurent au *Rép.* n°ˢ 316, 317, 320, 338, comme interprétation de la législation antérieure, et que peut expliquer la rigueur excessive de cette législation quant à la peine. Ainsi il faut renoncer désormais à la théorie exposée au *Rép.* n°ˢ 316, 320, 338 sur le degré d'adhérence que doit présenter la marque légale par rapport au produit, et d'après laquelle il faudrait que le produit n'en pût être séparé sans détérioration, rupture ou déchirure soit du produit, soit de l'enveloppe, soit de la marque. Tandis que le projet de loi, s'abstenant de toute indication, laissait les tribunaux juges souverains de ces difficultés sur la nature de la marque, la commission du Corps législatif déclara vouloir les trancher en introduisant dans l'art. 1ᵉʳ la nomenclature purement énonciative et la formule générale reproduites plus haut. Les enveloppes, bandes et étiquettes, même mobiles, y sont comprises. Les proscrire d'ailleurs eût été priver de la protection légale une foule d'industries auxquelles elles s'imposent. Et déjà avant cette loi la jurisprudence avait tenu compte des nécessités et des usages de certaines industries à cet égard en traitant comme marques, pour les rubans de velours, une empreinte imprimée sur une bande mobile attachée avec une épingle aux objets manufacturés (Req. 28 mai 1822, aff. Guérin, *Rép.* n° 324-3°). La marque, il est vrai, ne peut être qu'un signe apposé sur les produits, uni matériellement à eux, les accompagnant à leur vente de façon à ce qu'ils disent eux-mêmes leur origine ; et ce n'est pas une marque qu'un signe destiné par exemple à figurer seulement sur l'enseigne, les affiches ou les prospectus du fabricant ou du commerçant. Cette distinction demeure toujours comme une conséquence évidente de ces mots « servant à distinguer les produits ou les objets » et du minimum d'adhérence que la raison même exige pour reconnaître qu'une chose est marquée.

**308**. Mais l'apposition suffit, quel qu'en soit le mode : — qu'elle résulte d'une empreinte en noir ou en couleur (Nîmes, 22 févr. 1877, aff. Davey, Bickford, Warton et comp. *Ann. de la propr. ind.*, 1884, p. 81 ; Douai, 30 avr. 1881, aff. Crespel et Descamps, *ibid.*, 1884, p. 135) ; ... en creux ou en relief (Dijon, 10 déc. 1879, aff. Franck, *ibid.*, 1883, p. 145 ; Paris, 13 juill. 1883, aff. Franck, D. P. 84. 2. 151) ; — d'un procédé manuel ou mécanique, un timbre ou un cachet ; — ou d'une forme particulière (Trib. civ. Seine, 14 juill. 1858, aff. Boilley, *Ann. de la propr. ind.*, 1858, p. 366. *Contrà* : Paris, 23 mars 1870, aff. Wilcox, *Ann. de la propr. ind.*, 1871, p. 31) ; — d'un mode particulier de pliage, paquetage ou bouchage (Trib. civ. Nice, 24 févr. 1879, aff. Legrand aîné, *ibid.*, 1884, p. 77) ; — d'une lisière, d'un liseré ou d'un fil (Paris, 28 nov. 1861, aff. Riqué et autres ; *ibid.*, 1862, p. 25 ; 27 janv. 1875, aff. Cuillieron-Pollicart, *ibid.*, 1876, p. 62 ; Nîmes, 22 févr. 1877, précité ; Douai, 1ᵉʳ avr. 1881, aff. Phu. Vrau et comp. *ibid.*, 1884, p. 92) ; — et que ces signes ou particularités fassent corps avec le produit ou seulement avec des étiquettes, bandes, plaques ou estampilles (Paris, 29 janv. 1875, aff. Margelidon, *Ann. de la propr. ind.*, 1875, p. 217 ; 20 déc. 1878, aff. Veuve Beissel, *ibid.*, 1878, p. 337 ; Req. 13 janv. 1880, même affaire, D. P. 80. 1. 225 ; Paris, 15 juin 1882, aff... Cusimberche, *Ann. de la propr. ind.*, 1882, p. 304 ; 13 juill. 1883, aff. Franck, D. P. 84. 2. 151), — ou avec des enveloppes, flacons, boîtes ou sacs renfermant le produit (Trib. com. Seine, 4 avr. 1856, aff. Poupier, *ibid.*, 1856, p. 363 ; Paris, 29 janv. 1875, aff. Margelidon, *ibid.*, 1875, p. 71, *suprà* ; Dijon, 10 déc. 1879, aff. Robert, *ibid.*, 1883, p. 145, *suprà* ; Douai, 30 avr. 1881, aff. Crespel et Descamps, *ibid.*, 1884, p. 335, *suprà*).

Jugé même qu'un négociant ne peut employer des sacs ou autres récipients portant la marque d'un autre négociant exerçant la même industrie, quoique ces sacs lui aient été renvoyés par les consommateurs au lieu et place des siens et qu'il n'ait fait en s'en servant que suivre un usage constant dans cette industrie (Bordeaux, 6 juin 1873, aff. Nivet, *Ann. de la propr. ind.*, 1874, p. 130 ; Trib. corr. Seine, 9 mai 1885, aff. Morel, *ibid.*, 1885, p. 350). — On a vu aussi au *Rép.* n° 321, qu'une marque peut n'être pas apparente, pourvu qu'elle soit extérieure, ou au moins reconnaissable une fois mise à découvert, comme celle que porte la partie du bouchon pénétrant dans la bouteille. La loi de 1857 n'a rien changé à ce principe (Rendu, *Traité des marques de fabrique*, n° 16).

**309.** Si le mode d'apposition de la marque est indifférent, les signes constitutifs de cette marque le sont aussi, à une condition toutefois, c'est qu'ils soient capables, par leur nouveauté et leur originalité, de distinguer les produits des autres produits similaires, sans empiéter sur le droit privatif d'un autre ou sur le domaine public. Ainsi peuvent constituer une marque de fabrique : soit les emblèmes, dessins ou vignettes, formes et figures géométriques ou autres, les armoiries (Trib. civ. Seine, 30 juin 1869, aff. Christy, *Ann. de la propr. ind.*, 1870, p. 31; Trib. civ. Meaux, 25 juill. 1861, aff. Ville de la Ferté-sous-Jouarre, *ibid.*, 1863, p. 74); soit les chiffres, lettres (Rouen, 27 nov. 1880, aff. Veuve Camentron et Aubé, *ibid.*, 1883, p. 33), et initiales (Req. Lyon, 12 juin 1873, et 1er juin 1874, aff. Brossier-Davaize, D. P. 75. 1. 12); les dénominations et autres vocables, les noms de personnes ou de lieux sous une forme distinctive, mais toujours sous la condition de ne pas appartenir déjà comme marque soit à un tiers, soit au domaine public, c'est-à-dire (en ce qui touche le domaine public) de n'être pas devenu un signe usuel et banal, une dénomination usuelle et nécessaire pour désigner tous les produits similaires, en un mot d'être un signe spécial et nouveau capable de distinguer les produits de tous autres produits similaires, comme l'exige le texte même de la loi. — Il ne suffit pas toutefois d'énoncer cette condition en ce qui touche le nom du fabricant employé comme marque. A lui seul, en effet, il est un signe de provenance suffisamment distinctif ; et sans autre condition, cette marque est protégée par la loi de 1824 remplaçant pour elle la législation antérieure. Mais elle ne peut bénéficier de la loi de 1857 et de la protection particulière qu'elle édicte, que si le nom, quoique déjà distinctif par lui-même, l'est en outre par la forme sous laquelle il est apposé. Ainsi jugé par le tribunal civil de la Seine le 2 août 1890 (aff. Gaetan Picon, *Gaz. des trib.* du 9 août 1890). V. *infrà*, n° 321 pour l'application de ce principe. — Mais le nom d'un tiers, par exemple, d'un grand homme, vaut marque privative, comme une simple dénomination, sans nul besoin de forme distinctive (Paris, 13 nov. 1861, aff. Dalbanne et Petit, *Ann. de la propr. ind.*, 1861, p. 414), sous la réserve toutefois de l'autorisation de ce tiers ou de ses héritiers, qui peuvent n'en pas tolérer l'usage à titre de marque, et en supposant surtout que ce tiers n'exerce pas une industrie similaire (Poitiers, 12 août 1856, aff. Seignette, D. P. 57. 2. 201). Comp. Pouillet, n° 63. — Le nom d'une localité, d'une ville, vaut marque privative sans forme distinctive contre tout concurrent étranger à cette localité, fût-il d'une commune voisine (Dijon, 8 mai 1867, aff. Avril, *Ann. de la propr. ind.*, 1867, p. 345). Mais on ne peut s'approprier contre les autres habitants du même lieu que la forme distinctive donnée à ce nom (Paris, 3 juin 1859, aff. Bisson-Aragon, *ibid.*, 1859, p. 216; Grenoble 11 févr. 1870, aff. Duru, D. P. 71. 2. 120; Bordeaux, 1er juin 1887, aff. Ducos, D. P. 89. 2. 27; Civ. rej. 21 mai 1890, même affaire, *Gaz. des trib.* du 22 mai 1890). — Un nom de personne ou de lieu purement imaginaire peut aussi constituer une marque privative, abstraction faite de toute forme distinctive (Bor-

deaux, 9 févr. 1852, aff. Cahuzac, D. P. 52. 2. 26 ; Paris, 23 juill. 1877, aff. Deneubourg-Ligier, *Ann. de la propr. ind.*, 1878, p. 207), mais réserve faite aussi de toute fraude contre l'acheteur pour faire croire à la réalité de cette provenance (Comp. Pouillet, n°s 64, 66).

Le projet de loi de 1886-1890 sur les marques et noms commerciaux (*Journ. off.* Doc. parl., 1886, p. 346 ; 1888, p. 446 ; 1890, p. 24 ; V. *suprà*, n° 163) consacre toutes les solutions qui précèdent en reproduisant la formule énonciative de la loi actuelle et en ajoutant aux exemples indiqués par elle *les étiquettes, formes caractéristiques, lisières, liserés, combinaisons de couleurs, dessins, devises, pseudonymes, noms imaginaires, signatures.*

Mais il est un élément qui ne peut entrer dans la composition des marques : ce sont les décorations françaises. Une circulaire du garde des sceaux du 23 juin 1879 en fait la défense (*Bull. off. min. just.*, 1879, p. 94) et le projet de loi précité contient une disposition spéciale dans le même sens.

Les législations étrangères ne sont pas toutes aussi larges que la nôtre dans la définition des marques. Plusieurs prohibent l'emploi des armoiries de l'autorité publique, et n'admettent pas la validité des marques consistant uniquement en lettres, chiffres et mots. Il en est ainsi en Autriche, en Angleterre, en Hollande, en Portugal, en Suisse, en Allemagne.

**310.** La condition de la nouveauté et de la spécialité, déjà exigée par la législation antérieure (*Rép.* n°s 323 et suiv.), est générale et s'applique aux signes de toute nature, non seulement aux vocables, dénominations et noms, mais aussi, par exemple, aux armoiries, aux emblèmes, aux vignettes illustrées, aux formes de boîtes et de flacons. — Ainsi, une feuille de vigne pour les vins, un bœuf ou une tête de bœuf pour les extraits de viande, sont des emblèmes trop en rapport avec la nature du produit pour être suffisamment distinctifs des produits d'un seul fabricant et lui appartenir comme marque (Paris, 12 janv. 1874, aff. Liebig, *Ann. de la propr. ind.*, 1874, p. 83). On peut prendre pour marque le nom ou les armoiries d'un personnage, d'une ville ou d'une nation (V. *suprà*, n° 309 ; mais ces signes ne constitueront pas une marque privative et protégée par la loi si leur emploi est devenu vulgaire dans l'industrie dont il s'agit (Comp. Pouillet, n° 33). Une vignette polychrome et une forme de flacon tombées dans le domaine public par leur application vulgaire à une sorte de produit ne peuvent plus former une marque privative (Rouen, 5 juin 1883, aff. Lanmann et Kemp, D. P. 84. 2. 177). Une forme de boîte avec inscription et dessins ne peut être revendiquée par celui qui l'a laissé adopter et employer comme lui par d'autres commerçants pendant six ans avant le dépôt qu'il en a fait (Paris 17 mars 1876, et Crim. rej. 29 juin 1876) (1).

La forme carrée d'un flacon n'est pas assez distinctive en principe pour former une marque privative (Paris, 8 nov. 1855, aff. Tissier, *Ann. de la propr. ind.* 1855, p. 190). Mais elle peut être acceptée comme telle s'il est constaté que cette forme est absolument nouvelle dans son application au genre de produit dont il s'agit (Aix, 10 avr. 1883, aff. Lambert, *Ann. de la propr. ind.*, 1885, p. 156. V. cet arrêt cité par la législation rapporteur sous Civ. cass. 30 avr. 1889, D. P. 90. 1. 86); de même, la forme rectangulaire des boîtes, forme banale pour les boîtes en général, a pu être

---

(1) (Brunet). — LA COUR ; — Sur l'unique moyen de cassation, tiré de la violation des art. 1, 2, 3 et 8 de la loi du 23 juin 1857 sur les marques de fabrique et de commerce, en ce que l'arrêt attaqué a prononcé l'acquittement du prévenu, par le motif erroné que la marque du demandeur serait tombée dans le domaine public : —
Attendu que l'arrêt attaqué constate, en fait, que Brunet a déposé au greffe du tribunal de commerce de la Seine, à la date du 18 oct. 1874, une marque de fabrique sous la forme d'une boîte recouverte d'inscriptions et de dessins, pour la vente de pastilles au miel, mais que, bien avant cette époque, et notamment en l'année de l'Exposition universelle de 1867, Brunet lui-même et d'autres commerçants avaient adopté cette forme de boîte avec inscriptions et dessins semblables pour la vente du même produit ; qu'enfin l'arrêt ajoute que, dès novembre 1871, c'est-à-dire trois ans avant le dépôt de la marque de Victor Brunet, le demandeur, un commerçant du nom d'Eugène

Brunet, avait déjà déposé au greffe de Marseille une marque semblable ; — Attendu que c'est, après avoir apprécié cet ensemble de faits que l'arrêt attaqué a, à titre de déduction de ces mêmes faits, que, lorsque Brunet a opéré le dépôt légal de sa marque, en 1874, cette marque, depuis longtemps en usage dans le commerce, n'avait plus le caractère de spécialité et de nouveauté qui était nécessaire pour la distinguer des autres marques déjà existantes ; qu'en conséquence, Brunet ne pouvait revendiquer la propriété exclusive d'une marque ainsi tombée dans le domaine public ; — Attendu qu'en le décidant ainsi, dans les circonstances de fait par lui précisées et souverainement appréciées, l'arrêt attaqué, loin de violer les articles précités de la loi du 23 juin 1857, en a fait une saine application à la cause ; — Rejette le pourvoi formé contre l'arrêt de la cour de Paris, ch. corr., du 17 mars 1876, etc.
Du 29 juin 1876.-Ch. crim.-MM. de Carnières, pr.-Barbier, rap.-Desjardins, av. gén.-Aguillon, av.

considérée comme nouvelle et distinctive; et, par suite, comme pouvant former une marque privative dans l'industrie des conserves, s'il est constaté qu'elle n'a jamais été appliquée à cette industrie (Civ. cass. 30 avr. 1889, aff. Saupiquet D. P. 90. 1. 86, et le rapport de M. le conseiller Merville).

La couleur du papier formant étiquette ou enveloppe, n'étant pas par elle seule suffisamment distinctive et capable de frapper l'attention, est considérée comme appartenant au domaine public (Trib. corr. Seine, 18 avr. 1873, aff. Cazeaux-Bernard, *Ann. de la propr. ind.*, 1873, p. 187), surtout si elle est blanche (Lyon, 9 mai 1883, aff. Bayon et comp. de Sail-sous-Couzon, D. P. 84. 2. 200). La cour de Paris, le 25 janv. 1866 (aff. Pouillet, *Journal des trib. de commerce*, t. 15, p. 508), a pourtant reconnu comme marque privative le papier bleu d'une enveloppe. En tout cas, ce caractère existe lorsqu'il s'agit de couleurs combinées de manière à former un ensemble vraiment original, par exemple, d'une enveloppe tricolore (Pouillet, n° 39).

Il faut en dire autant de la couleur du produit lui-même. Il est difficile qu'elle soit à elle seule une marque suffisante. Le public n'y peut voir qu'une qualité du produit non un signe de provenance vraiment distinctif. Seulement, si on procédé nouveau qui a permis d'appliquer cette couleur pour la première fois, le procédé sera une invention brevetable protégée par la loi de 1844. Si, au lieu d'une couleur, il s'agissait d'une combinaison de couleurs capable de former un dessin nouveau, elle serait protégée par la loi de 1806 moyennant dépôt au conseil des prud'hommes (Comp. Bédarride, *Commentaire des lois sur les brevets d'invention, sur les noms des fabricants et des lieux de fabrication, sur les marques de fabrique et de commerce*, t. 2, n°s 841 et 842).

Quant à la forme du produit, elle pourra, plus facilement que la couleur, former marque légale et sortir du domaine public. Car on peut en imaginer de vraiment originales et même bizarres; et c'est toujours au même principe qu'il faut s'attacher en se demandant si la forme est assez nouvelle pour attirer l'attention comme signe d'une provenance particulière. C'est ainsi que l'appropriation a été, tantôt admise (Trib. civ. Seine, 14 juill. 1858, aff. Boilley, *Ann. de la propr. ind.*, 1858, p. 366, pour une forme ogivale donnée à l'amidon; Trib. corr. Seine 10 mars 1858, aff. Bleuzé, *Ann. de la propr. ind.*, 1858, p. 219, pour une certaine forme de tablettes de chocolat; tantôt repoussée (Trib. com. Seine 28 févr. 1844, aff. Demilly, cité par Blanc, *De la contrefaçon*, p. 708, pour de simples rayures sur les faces d'un morceau de savon; Paris, 24 juin 1865, aff. Prudhon, *Ann. de la propr. ind.*, 1865, p. 443, pour la vente en rouleau du papier à cigarettes). Un arrêt de Paris, du 23 mars 1870 (aff. Aubineau et autres, V. *suprà*, v° *Brevet d'invention*, n° 228) a été trop loin en décidant que la forme du produit ne peut jamais constituer une marque (Comp. Pouillet, n°s 41 et 42). ← V. *infrà*, n° 322.

**311.** Il faut, d'ailleurs, entendre sainement la condition de la nouveauté et rechercher, non si les signes employés ou les objets représentés sont connus du public et vulgaires en eux-mêmes, mais s'ils sont usuels ou nécessaires ou déjà adoptés par autrui dans leur application comme marque aux produits similaires ou dans la combinaison et l'agencement qu'on en veut faire (Pouillet, n° 18; Lyon-Caen et Renault, *Précis de droit commercial*, t. 2, n° 3330). Jugé notamment: 1° qu'on peut s'approprier comme marque une vignette consistant dans l'image d'un établissement public appartenant à l'État et figurant déjà sur des publications scientifiques (Riom, 23 nov. 1882, aff. Bru, D. P. 83. 2. 137); — 2° Que la réunion en un seul tout de divers éléments puisés dans le domaine public, ou de deux désignations déjà employées séparément comme marques, peut former marque privative si cette réunion a pour résultat de spécifier le produit d'une manière distincte et caractéristique (Crim. rej. 6 févr. 1875, aff. Meurgey Teste et Fox, D. P. 76. 1. 382; Paris, 24 janv. 1884, aff. Allaire, *Ann. de la propr. ind.*, 1885, p. 29; Trib. civ. Seine, 6 avr. 1866, aff. Sarguet, D. P. 66. 3. 48); — 3° Qu'une désignation peut former une marque privative dans une spécialité industrielle, comme celle des épingles, quoique déjà employée dans une autre spécialité, comme celle des aiguilles (Juge-

ment précité du 6 avr. 1866, Comp. Pouillet, n° 22) ; le projet de loi de 1886 contient sur ce point une disposition expresse en ce sens (art. 3). Mais encore faut-il que la seconde spécialité ne rentre pas dans les indications générales qui accompagnent le premier dépôt, lequel, s'il est fait par exemple pour des fils à coudre, de lin, de coton et autres, s'oppose, bien que le déposant ne fabrique que des fils de lin, à son emploi par un fabricant de fils de coton (Civ. cass. 1er déc. 1890, aff. Descamps, D. P. 91. 1. 124); — 4° Qu'un emblème (une ruche entourée d'abeilles) peut former la marque privative d'un fabricant, quoique déjà employée comme enseigne par un autre (Lyon, 1er juill. 1885, aff. Parent et comp., *Journ. du droit int. privé*, 1886, p. 339; Pouillet, n° 25) ; — 5° Qu'une marque de fabrique empruntée à un sceau de famille est protégée contre l'usage commercial et concurrent qu'en voudraient faire quelques membres de la famille ayant continué à user de ce sceau dans la vie privée (Paris, 4 févr. 1869, aff. Clarck, *Ann. de la propr. ind.*, 1869, p. 259).

**312.** Mais une marque déjà employée à l'étranger peut-elle être considérée comme nouvelle en France et y constituer une marque privative dans la même industrie? On admet généralement l'affirmative pour épargner au fabricant français dans le choix de la marque une recherche portant sur les marques de tous les pays du monde (Pouillet, n° 24; Pataille, *Ann. de la propr. ind.*, 1868, p. 174 ; Rendu, *Traité des marques de fabrique*, n° 120 ; Trib. civ. Seine, 6 avr. 1866, aff. Sarguet, D. P. 66. 3. 48; motif d'un arrêt de Lyon, 1er juill. 1885, aff. Parent et comp. *Journal du droit int. privé*, 1886, p. 339 et *Ann. de la propr. ind.*, 1885, p. 338 ; — Mais, comme le Français qui choisit sa marque doit éviter non seulement les marques déjà déposées en France, mais même les marques simplement sans dépôt, vu l'effet purement déclaratif du dépôt (V. *infrà*, n° 337 et suiv.), il a semblé à certains auteurs (Beauchet, *Journ. du droit int. privé*, 1890, p. 434 ; Mesnil, *Des marques dans les rapports internationaux*, p. 129); qu'il n'y avait pas de raison pour appeler nouvelle en France une marque connue en France comme employée à l'étranger. D'ailleurs, ont-ils dit, l'art. 1382, seule arme de l'étranger à défaut de réciprocité, ne pourra réussir sans la preuve de la mauvaise foi; élément nécessaire de la concurrence déloyale ou tout au moins sans faute ou imprudence prouvée (V. *infrà*, n°s 352 et 525). Que, s'il y a réciprocité, ce serait en méconnaître les règles et faire une concurrence déloyale à l'étranger importateur que de s'approprier en France une marque appartenant au domaine public dans le pays de cet étranger (V. en ce sens, pour cette dernière hypothèse, Crim. rej. 23 mai 1874, aff. Wellhoff, D. P. 75. 1. 137). — Les partisans de ce second système en concluent même que le déposant français se verra opposer, par les contrefacteurs français qu'il voudrait poursuivre, la nullité de son dépôt pour antériorité d'usage à l'étranger; quand même le propriétaire étranger ne se plaindrait pas (Beauchet, *loc. cit.*). — Ceux qui font persister la nouveauté de la marque en France réservent d'ailleurs la fraude comme ne pouvant former la base d'un droit pour le déposant français (Rép. n° 325 ; Pouillet, n° 24 ; Barberot, *De la propriété industrielle dans les rapports internationaux*, n° 92); mais ils doivent aller logiquement jusqu'à permettre au déposant français, en dehors de toute fraude, de poursuivre l'étranger même qui posséderait la marque avant lui et qui a tardé seulement à introduire ses produits sous cette marque.

**313.** Quelque douteuse que soit la question de nouveauté de pays à pays, on peut admettre qu'une marque déjà prise dans une ville française puisse l'être par un autre commerçant dans une autre ville française (Pouillet, n° 23).

**314.** Chacun, d'ailleurs, choisit sa marque à ses risques et périls, sans pouvoir comme autrefois (V. *Rép.* n°s 323 et 327) prendre les conseils des prud'hommes pour arbitres de sa nouveauté. La loi de 1857 ne fait plus, en effet, intervenir les prud'hommes dans la procédure à laquelle donne lieu le dépôt des marques, et on le comprend, puisque ce dépôt intéresse désormais les commerçants et agriculteurs aussi bien que les fabricants. (Rendu, n° 20. V. *supra*, n° 303, *infrà*, n° 325).

**315.** — VI. Dénominations. — L'obstacle provenant du domaine public et du droit d'autrui réclame plus de développements et soulève des questions intéressantes en ce qui touche particulièrement l'emploi des dénominations et celui des noms de personnes ou de localités. Le principe qu'une dénomination, un vocable, une formule peut être prise comme marque privative ou protégée par la loi de 1857 a été maintes fois appliqué, maintes fois aussi limité dans son application par rapport au domaine public. En combinant les considérants de ces nombreuses décisions, on arrive à dégager pour cette appréciation le critérium suivant : constitue une marque privative par elle-même, sans condition de forme ou de type déterminé, toute expression, même empruntée au langage usuel, si elle n'est pas usuelle dans son application aux produits de l'espèce, si elle n'est pas un terme générique naturel ou nécessaire pour leur désignation, et qu'on puisse la considérer comme créée à ce point de vue par celui qui la revendique.

Telle est la dénomination de *prunellière*, appliquée pour la première fois à une liqueur (Besançon, 6 août 1879, aff. Serve, D. P. 80. 2. 108) ; celle de *chartreuse*, que nous retrouverons aussi à propos des marques nominales (Req. 10 août 1880, aff. Gallifet et comp., D. P. 81. 1. 202) ; celle de *bénédictine* (Trib. civ. Nice, 24 févr. 1879, aff. Legrand, *Ann. de la propr. ind.*, 1881, p. 77) ; ou de *trappistine* (Trib. corr. Seine, 27 janv. 1865, aff. Nestor Michel, *ibid.*, 1865, p. 284) ; de *valvoline* pour une huile à graisser les machines (Trib. civ. Rouen, 27 févr. 1882, aff. Hamelle et Fleutelot, *ibid.*, 1883, p. 30) ; de *velouline* pour une poudre de riz et de bismuth (Trib. civ. Seine, 8 mai 1875, aff. Fay, *ibid.*, 1875, p. 245) ; celle de *perles d'éther* appliquée à ce produit pharmaceutique, réduit en capsules (Civ. rej. 22 mars 1864, aff. Charpentier et comp., D. P. 64. 1. 334) ; celle même de *fil en capsules* pour des pelotes de fil dans une enveloppe spéciale (Douai, 15 janv. 1884, aff. Crespel et Descamps, *Ann. de la propr. ind.*, 1884, p. 343) ; celle de *fil d'Alsace* (Paris, 5 janv. 1865, aff. Dolfus, Mieg et comp., *ibid.*, 1875, p. 109) ; celle de *gazogène* pour des appareils à renfermer les eaux gazeuses (Paris, 19 janv. 1852, aff. Riche, D. P. 52. 2. 265) ; celle de *luciline* appliquée à l'huile de pétrole (Cass. 28 nov. 1863, aff. Cohen, *Ann. de la propr. ind.*, 1864, p. 105) ; celle d'*aqua divina* appliquée à un produit de parfumerie (Crim. rej. 14 nov. 1873, aff. Monpelas et consorts, D. P. 74. 5. 412) ; celle de *sommier américain* (Trib. corr. Seine, 27 févr. 1873, aff. Laterrière, *Ann. de la propr. ind.*, 1873, p. 294) ; celle d'*encre indienne* (Bordeaux, 30 juin 1864, aff. Chévenement, *ibid.*, 1864, p. 446) ; de *revalescière* (Paris, 3 janv. 1879, aff. Klug, *ibid.*, 1879, p. 62) ; de *savon des Princes brésiliens* (Trib. civ. Lille, 30 mai 1883, aff. Decressonnière, *ibid.*, 1883, p. 349) ; de *sardines des Friands* (Trib. corr. Seine, 6 mars 1877, aff. Hillerin-Tertrais, *ibid.*, 1878, p. 12) ; celle de *papier goudron de Norvège* pour un papier à cigarettes où n'entre pas le goudron, sauf à se demander alors si elle compromet le vendeur comme pouvant tromper l'acheteur sur la nature du produit (Crim. cass. 29 juill. 1882, aff. Bardoux, D. P. 83. 1. 137, et sur renvoi, Orléans, 11 déc. 1882, *Ann. de la propr. ind.*, 1884, 226) ; les mots *à la Sirène* employés par un fabricant de corsets pour marquer ses produits (Paris, 3 avr. 1879, aff. Farcy et Oppenheim, D. P. 80. 2. 78).

Enfin des mots ou phrases en langue étrangère, d'un usage banal dans le pays étranger, mais dont l'emploi en cette langue n'est pas usuel en France, par exemple les mots : *None genuine except stamped ... and labeled*, équivalents de notre formule uselle « se défier des contrefaçons » ou « exiger telle marque » ou « tel cachet » peuvent constituer, à cause de la langue étrangère qui leur donne une forme distinctive et nouvelle en France, les éléments d'une marque française (Arrêt précité de Paris, 3 avr. 1879). De même les mots *aqua divina*, quoique traduisant une dénomination française tombée dans le domaine public (Crim. rej. 14 nov. 1873, aff. Monpelas et consorts, D. P. 74. 5. 412), — *Contrà* : Paris, 26 févr. 1864, aff. Mauprivez, *Ann. de la propr. ind.*, 1864, p. 320). Il en serait autrement, d'ailleurs, si la dénomination était usuelle aussi dans la langue où on l'a traduite (Paris, 20 juin 1881, aff. Gardy, *ibid.*, 1881, p. 297). — Mais si une dénomination du domaine public peut, dans une autre langue où elle n'est pas usuelle, devenir une marque privative, une marque privative serait protégée même contre les traductions en langue étrangère. (V. *infrà*, n° 345. Trib. com. Seine, 30 mai 1862, aff. Burdel, *Ann. de la propr. ind.*, 1862, p. 239).

Il est à noter aussi qu'une dénomination, quoique unie dans la marque avec des emblèmes ou vignettes, si elle est par elle-même suffisamment distinctive, jouit de la protection légale contre les usurpations où elle paraîtrait même isolée ou unie à des emblèmes différents. C'est ce qui a été jugé pour la dénomination de *prunellière* (Besançon, 6 août 1879, aff. Serve, D. P. 80. 2. 108, 1re espèce). Il en serait autrement si cette dénomination, comme celle de *phospho-guano* par exemple, était considérée par le juge du fait comme étant dans le domaine public (Orléans, 20 déc. 1873 et Cass. 30 déc. 1874, aff. Gallet, Lefebvre, *Ann. de la propr. ind.*, 1875, p. 314).

**316.** On ne reconnaîtrait pas, au contraire, comme marque de fabrique, à moins d'emploi sous une forme ou un type distinctif, une expression qui sert déjà à nommer la chose, ou qui est nécessaire pour la désigner, une qualification générique qui vient naturellement à l'esprit pour en indiquer l'espèce ou le degré de qualité ou l'efficacité ou la destination, un adjectif qui n'est que l'expression, fût-elle prétentieuse, d'une qualité commune à tous les produits de l'espèce. La faveur attachée aux marques de fabrique en ce qu'elles tendent à distinguer un produit des produits similaires « ne peut aller jusqu'à obliger les autres débitants de produits analogues, qui tous ont la prétention de le fournir d'une qualité ou d'une efficacité parfaites, à ne pas se servir d'un adjectif qui vient habituellement à la pensée et à chercher des équivalents pour traduire la même idée et annoncer la même qualité (Trib. civ. Lyon, 18 janv. 1882, aff. Courcy, D. P. 84. 2. 131).

Telle est la théorie qui a fait refuser le caractère de marque légale aux mots : *insecticide foudroyant* (Lyon, 14 avr. 1883, aff. Courcy, D. P. 84. 2. 131) ; *benzine parfumée* (Trib. com. Seine, 6 août 1858, aff. Thibierge, *Ann. de la propr. ind.*, 1858, p. 400) ; *corsets sans coutures* (Nancy, 7 juill. 1855, aff. Verly, D. P. 56. 2. 53) ; initiales *classiques, anglaises, alsaciennes, elzévir, gros œil*, pour des caractères d'imprimerie (Trib. corr. Seine, 22 mai 1878, aff. Beaudoin, Traverse et comp., *Ann. de la propr. ind.*, 1878, p. 222) ; *papier de riz* (Bordeaux, 17 déc. 1867, aff. Lacroix, *ibid.*, 1868, p. 100) ; *rhum des Plantations* (Aix, 10 avr. 1885, aff. Lambert, *ibid.*, 1885, p. 156) ; *acier « extra mi-dur, extra tenace dur, extra dur, spécial très dur »* (Douai, 13 avr. 1885, aff. Bohler frères et comp. *ibid.*, 1885, p. 277) ; au mot *linoleum* pour un produit où l'huile de lin entre comme élément essentiel (Paris, 19 août 1884, aff. The Linoleum manufactury Company limited, *ibid.*, 1884, p. 289) ; aux mots *nappes de famille*, expression aussi courante pour exprimer la dimension, la simplicité et l'emploi économique de ces nappes, que le seraient en sens inverse les mots *de cérémonie* ou *de luxe* (Paris, 18 mai 1879, aff. Chicot et comp., D. P. 80. 2. 108) ; aux mots « similaire du *phospho-guano* », le nom de phospho-guano étant en fait dans le domaine public et le mot « similaire » n'étant qu'une expression générale et usuelle, nécessaire pour distinguer le produit fabriqué artificiellement du produit naturel et véritable, nulle autre expression ne pouvant être plus utilement employée pour cela » (Orléans, 19 janv. 1887, aff. Passé, D. P. 88. 2. 302) ; au mot *bigarreau*, nom usuel d'une variété de cerises, pour une liqueur dont il annoncerait l'élément essentiel (Dijon, 7 août 1890, aff. Mugnier, D. P. 91. 2. 18) ; aux mots *extrait d'eau de Javel*, le nom d'eau de Javel étant tombé dans le domaine public comme élément usuel et nécessaire de la désignation du produit et l'extrait d'usage constant de qualifier d'extrait toute liqueur concentrée (Req. 28 janv. 1889, aff. Cotelle, D. P. 89. 1. 88).

De même, les mots *propriétaires de vignobles* sont une qualification trop générique pour constituer une marque légale. C'est ce qui était jugé avant la loi de 1857 (Bordeaux, 19 avr. 1853 et Req. 18 janv. 1854, aff. Solignac, D. P. 54. 2. 86, et 1. 252). Il est vrai qu'un arrêt de Paris du 13 juill. 1883 (aff. Franck, D. P. 84. 1. 151) reconnaît une marque légale dans les mots *première qualité* et au-dessus *Union des quincaillers*, estampés en relief sur une petite plaque de cuivre de forme spéciale. Mais, dans l'espèce, ainsi qu'on l'a fait remarquer sous cet arrêt, la marque consistait moins dans la dénomination que dans la disposition et l'agencement des lettres, dans les reliefs et dans la forme spéciale de la plaque de cuivre dont l'arrêt condamne l'imitation. Et il est à remarquer précisément que les arrêts concernant les propriétaires de vignobles constatent l'impossibilité de toute confusion et la différence évidente de configuration entre les étiquettes des deux concurrents.

- La cour de Paris (12 janv. 1874, aff. Liebig et *Liebig's extract of meat Company*, *Ann. de la propr. ind.*, 1874, p. 83) refuse encore le caractère de marque légale à une tête de bœuf appliquée comme emblème sur des extraits de viande, et aux désignations en langue française ou étrangère, telles que *extractum carnis* ou *extract of meat* servant à indiquer la nature de ce produit. — Quant à la propriété du nom de Liebig, V. *infra*, n° 445.

De même, le nom d'un lieu de production naturelle, tel qu'un cru de vignoble, ne peut devenir une propriété privée pour celui qui en a fait le premier usage, s'il n'est propriétaire exclusif de ce lieu, vis-à-vis de ceux qui y sont au contraire propriétaires, car il est pour ceux-ci une dénomination publique et nécessaire de leurs produits (Bordeaux, 1er juin 1887, aff. Ducos, D. P. 89. 2. 27; Civ. rej. 21 mai 1890, même affaire, *Gaz. des trib.* du 22 mai 1890). V. *infra*, n°s 458, 461 et suiv., pour la propriété du nom d'un lieu de production naturelle.

**317.** — VII. ABANDON. — De même qu'une dénomination peut appartenir par sa nature au domaine public sans avoir jamais pu constituer une marque privative, de même on peut voir une dénomination ou un signe tomber dans le domaine public, quoique ayant été de nature à former une marque privative pour celui qui le premier en a fait l'emploi. Cet abandon au domaine public, il est vrai, ne se présume pas. Il ne saurait s'induire d'un délai écoulé avant le dépôt (Paris, 17 janv. 1867, aff. Sargent, *Ann. de la propr. ind.*, 1867, p. 21; 19 mai 1870, aff. L. Garnier, *ibid.*, 1871, p. 241). Il ne résulte pas toujours du non-usage, par exemple, de la non-fabrication d'une des spécialités comprises dans les indications du dépôt (fils de coton ou de lin (Civ. cass. 1er déc. 1890, aff. Descamps, D. P. 91. 1. 124); ni du fait d'avoir vendu à bas prix, pour décourager la concurrence, des produits inférieurs non revêtus de sa marque, ni de l'usage fait par des tiers avant le dépôt pour le compte ou avec l'autorisation du propriétaire (Paris, 17 janv. 1867, aff. Romeu, *Ann. de la propr. ind.*, 1867, p. 21); ni de l'absence de poursuites pendant plus ou moins longtemps contre des faits d'usurpation, si des poursuites contre d'autres faits ou le dépôt de la marque, manifestent suffisamment l'intention d'en conserver la propriété (Trib. civ. Lyon, 31 juill. 1872, aff. Ménier, *ibid.*, 1873, p. 24; Aix, 8 août 1872, aff. Menier, *Ann. de la propr. ind.*, 1873, p. 29; Crim. rej. 20 juin 1874, aff. Derossy, D. P. 76. 1. 139; Paris, 15 janv. 1876, aff. Boyer, *Ann. de la propr. ind.*, 1876, p. 27; Trib. civ. Seine, 7 avr. 1879, aff. Dupont, *ibid.*, 1879, p. 209; Trib. civ. Havre, 4 mai 1880, aff. Chapu, *ibid.*, 1882, p. 201), sauf à tenir compte de l'inaction antérieure pour modérer les dommages-intérêts (Trib. com. Alger, 2 juill. 1855, aff. Garnier et Jacquet et Trib. corr. Lyon, 8 août 1855, aff. Garnier, et Jacquet, *Ann. de la propr. ind.*, 1878, p. 177).

Mais les faits constitutifs de l'abandon sont constatés et appréciés souverainement par les tribunaux, et la cour de Paris a considéré notamment comme tels ; la mise en circulation d'une marque nouvelle avant le dépôt effectué de l'ancienne (13 nov. 1861, aff. Dalbanne et Petit, *Ann. de la propr. ind.* 1861, p. 414), l'adoption par d'autres commerçants, remontant comme pour le déposant et sans protestation de sa part à six années avant le dépôt fait par lui (Paris, 17 mars 1876, et Crim. rej. 29 juin 1876, aff. Brunet, *supra*, n° 310).

Le dépôt légal, succédant à ces faits, n'est pas plus efficace pour ressaisir la propriété du signe abandonné que pour s'approprier tout autre signe appartenant originairement au domaine public. Ce dernier point peut paraître, au premier abord, discutable, vu le caractère déclaratif et non attributif du dépôt légal (V. *infra*, n°s 337 et suiv.). Mais il est de toute évidence qu'une marque entrée d'une manière quelconque dans l'usage courant et dans le domaine public, n'est plus

susceptible d'appartenir en propre à un seul, et toute la question revient donc à savoir si une marque qu'un seul a créée peut se trouver acquise au domaine public par l'emploi usuel qui s'en fait avant tout dépôt. Or l'affirmative n'est pas douteuse, sauf les réserves indiquées ci-dessus pour l'appréciation des faits.

**318.** Cette théorie a reçu plusieurs applications importantes, et a fait considérer notamment comme tombées dans le domaine public : la dénomination de *phospho-guano* (Crim. rej. 23 mai 1874, aff. Wellhoff, D. P. 75. 1. 437); de *luciline* (Trib. com. Seine, 3 févr. 1863, aff. Cohen, *Ann. de la propr. ind.*, 1863, p. 176), celle de *charbon de Paris* (Req. 8 févr. 1875, aff. Brousse, Pernolet et comp. D. P. 77. 1. 76 et le rapport de M. le conseiller Rau); une combinaison particulière de forme, de couleur et de lettres dans les étiquettes employées à la vente du cirage (Crim. rej. 10 mars 1864, aff. Leroy, D. P. 66. 5. 389); l'emploi du nom même de l'inventeur ou premier préparateur, devenu usuel et nécessaire dans la dénomination d'un produit pharmaceutique, sous la réserve des additions nécessaires pour éviter toute confusion de provenance (Paris, 10 nov. 1843, aff. Boyer, *Ann. de la propr. ind.*, 1876, p. 15); Civ. cass. 31 janv. 1860, et 30 déc. 1863, aff. Charpentier, D. P. 60. 1. 80, et 64. 1. 61, et sur renvoi Dijon, 3 août 1869, même affaire, D. P. 67. 2. 6; Civ. cass. 29 mai 1861, aff. Charpentier et comp. D. P. 61. 1. 247; Civ. rej. 16 avr. 1878, aff. Torchon, D. P. 79. 1. 169; la dénomination de *châles Ternaux* tirée aussi du nom du fabricant originaire, devenu le signe courant d'une qualité et non d'une provenance, mais sous les mêmes réserves (Req. 22 juin 1869, aff. Bournhonnet et Bassille, D. P. 70. 1. 87). la marque formée du nom et des initiales d'un producteur étranger *Spencer Z*, ou *Stubs P. S.* appliquée en France à une certaine nature de scies et de limes, non comme indication d'origine, mais comme signe d'une qualité supérieure, sans qu'aucun acheteur puisse s'y tromper, grâce aux indications ajoutées sur le produit français (Civ. rej. 30 avr. 1864, aff. Spencer, D. P. 64. 1. 451; 4 févr. 1865, aff. Stubs, D. P. 65. 1. 197); la marque d'un producteur allemand, composée d'emblèmes (un écusson anglais avec le léopard et la licorne), et de sa raison sociale, sous une forme distinctive (la rédaction en anglais adoptée pour simuler une provenance anglaise), les noms ou raisons sociales imprescriptibles qu'à l'état isolé et tombant sous le régime des marques lorsqu'une forme arbitraire les a défigurés (Req. 13 janv. 1880, aff. Veuve Etienne Beissel et fils, D. P. 80. 1. 225); une forme de flacon, une vignette polychrome et le nom *agua de Florida* appliqués à un produit de parfumerie (Rouen, 5 juin 1883, aff. Lanmann et Kemp, D. P. 84. 2. 177, et Req. 30 juill. 1884, même affaire, D. P. 85. 1. 448). — Jugé également qu'une marque destinée à tromper l'acheteur par une fausse indication de provenance étrangère ne peut servir de base à une action en justice pour celui qui aurait cherché le premier à s'en assurer la propriété (Paris, 26 févr. 1864, aff. Mauprivez, *Ann. de la propr. ind.*, 1864, p. 320); et que l'usage, quelque prolongé qu'il soit, d'une marque tombée dans le domaine public, n'autorise pas les concurrents à marquer leurs produits d'un lieu et d'un nom mensongers et à tromper l'acheteur (Trib. civ. Seine, 8 mai 1878, aff. Rowland, D. P. 79. 3. 61).

Il est à noter que dans les espèces des cinq arrêts cités en dernier lieu et relatifs à des marques étrangères, l'absence de traité de réciprocité, l'impossibilité par conséquent d'un dépôt légal en France par le fabricant étranger, avait permis au public français de s'emparer de sa marque malgré lui, et la cour de cassation, dans cette hypothèse même, où l'inaction s'imposait, a reconnu le droit du public et déclaré même impuissante à le détruire la surveillance ultérieure de traités internationaux et de dépôts effectués en France. Mais encore faut-il que le droit privatif ne se soit pas affirmé en face des usurpations du public par des poursuites nombreuses et par un dépôt (Trib. civ. Seine, 8 mai 1878, précité. V. la discussion de cette question *supra*, n°s 223 et suiv. — V. sur les droits des étrangers : *supra*, n°s 203 et suiv., et sur les effets du dépôt légal : *infra*, n°s 337 et suiv.).

**319.** — VIII. EXPIRATION DE BREVET. — L'expiration d'un brevet qui protégeait le produit et, par voie de conséquence, la dénomination donnée par l'inventeur, fait-elle tomber la dénomination en même temps que le produit lui-même dans le domaine public ? M. Pouillet (n° 54) craignant de faire du brevet une cause d'infériorité pour le breveté, ne l'admet qu'à une double condition : 1° que la dénomination remonte au brevet lui-même et y ait figuré ; 2° qu'elle se soit incorporée à l'objet, de manière à devenir l'unique moyen de le désigner au public. Mais il l'admet alors, malgré le dépôt qu'aurait fait l'inventeur à l'expiration du brevet, pour se réserver d'avance la dénomination, dépôt que M. Rendu au contraire (n° 39) déclare efficace quelque nécessaire que soit devenue la dénomination.—L'opinion de M. Pouillet nous paraît préférable. Car si une dénomination en dehors de laquelle on ne peut plus désigner et par conséquent vendre le produit, pouvait être réservée à l'inventeur au delà de la durée du brevet, par un dépôt fait pendant le cours de ce brevet, ce dépôt serait un moyen indirect de rendre le brevet perpétuel et le domaine public illusoire sur le produit lui-même. Il est même à remarquer que le brevet, supposant, pendant sa durée, le monopole de la vente pour l'inventeur et, par conséquent, l'absence de toute autre désignation que celle adoptée par cet inventeur, cette désignation, à l'expiration du brevet, sera en fait toujours incorporée au produit comme l'unique moyen de l'annoncer et de le vendre, en sorte qu'on peut presque adopter l'opinion absolue de M. Blanc (n° 732) et de M. Calmels (n° 192) dans le sens de l'expiration simultanée du droit au brevet et du droit à la dénomination. — Ainsi jugé, notamment, pour le mot *harmonium* (Paris, 3 déc. 1859, aff. Debain, *Ann. de la propr. ind.*, 1859, p. 441) ; pour le nom de *toniah* donné à un genre de café, mais à condition d'éviter toute confusion par des différences d'enveloppe (Paris, 24 déc. 1872, aff. Michel, *Ann. de la propr. ind.*, 1874, p. 75, *Ann. de la sc. et du dr. comm.*, 1874, p. 79) ; pour la dénomination de *charbon de Paris*, laissée, il est vrai, sans protestation, au libre usage des concurrents pendant sept ans après la fin du brevet et avant tout dépôt, aucune manœuvre, d'ailleurs, n'ayant été commise pour créer des confusions (Paris, 22 avr. 1874, aff. Brousse et Pernolet et Req. 8 févr. 1875, même affaire, D. P. 77. 1. 76).

**320.** Quand la dénomination est tirée du nom patronymique de l'inventeur ou premier préparateur, il faut, pour dessaisir le titulaire du nom au profit du public, s'abstraire de toute question de dépôt, et supposer que ce nom, imprescriptible en lui-même, est devenu, par un long usage, où par suite du consentement exprès ou tacite du titulaire, la seule indication usuelle de la nature du produit (comme *bretelle*, *macadam*, *quinquet*, métier *jacquard*), ou de sa qualité supérieure (comme dans le cas des châles *Stubs* ou *Spencer* et des châles *Ternaux*), ou de sa composition, comme dans certains produits pharmaceutiques (*supra*, n° 318), les règles de la pharmacie s'opposant, d'ailleurs, à la vente des remèdes secrets et par conséquent à l'emploi de noms inconnus qui feraient supposer le caractère secret du remède ; ou bien enfin il faut que le nom ait pris une forme distinctive et un rôle accessoire dans une marque emblématique devenue usuelle et dont il a suivi le sort (comme dans le cas de la marque Beissel, *supra*, n° 318). En dehors de là, le nom reste une propriété privée (Trib. civ. Seine, 8 mai 1878, aff. Rowland, D. P. 79. 3. 61), et l'expiration du brevet n'y nuit pas à cette propriété (Trib. civ. Seine, 21 févr. 1873, aff. Jouvin, *Gaz. des trib.* du 3 avr. 1873 ; Agen, 20 juill. 1875, aff. Landon, D. P. 79. 2. 9 ; *Adde* : Civ. cass. 24 déc. 1855, aff. Bricard, D. P. 56. 1. 66 ; Comp. Pouillet, n°s 384 et suiv.

**321.** — IX. CONFLIT AVEC LA LÉGISLATION DES NOMS.— Des difficultés particulières peuvent naître de l'emploi des noms de personnes ou de lieux dans les marques de fabrique ou de commerce. Ces noms étant des noms *propres*, au sens grammatical, peuvent-ils tomber dans le domaine public, être apposés sur d'autres produits que ceux de la personne ou du lieu qu'ils désignent ? Peuvent-ils former une marque privative pour le titulaire du nom à l'exclusion des tiers et même des tiers homonymes ? ou au contraire pour un tiers à l'exclusion de tout autre ? Enfin ces noms, étant régis par une loi spéciale du 28 juill. 1824, peuvent-ils l'être aussi à l'état de marque de fabrique par la loi de 1857 dont le régime diffère à tant de points de vue (nécessité du dépôt,

fixation des peines, cas de poursuite et compétence, application aux produits naturels, et en faveur des commerçants comme des fabricants, effets de la longue tolérance, caractère prescriptible ou non, du droit civil ou du droit des gens)? Ces questions concernant l'usage des noms dans les marques ou autrement seront étudiées à la section suivante (sect. 4).

Il convient, toutefois, de compléter ici ce qui a été dit au *Rép.* n°s 318 et 319, au sujet du conflit qui pouvait s'élever entre la loi de 1824 sur les marques nominales et la législation antérieure de l'an 11 et de 1810 sur les marques en général et les marques de coutellerie. Ce conflit, on l'a vu, devait se trancher en faveur de la loi de 1824 et pour l'abrogation des lois antérieures toutes les fois que le nom formait toute la marque ou même la partie principale et essentielle de cette marque, les lois antérieures conservant leur empire quand le nom n'est que partie accessoire de la marque, ou lorsqu'au lieu du nom il s'agit d'initiales ou de chiffres, ou autres signes représentatifs du nom (*Rép.* n° 339), ou lorsqu'au lieu de la raison sociale ou du nom commercial des plaignants, il s'agit de leurs noms individuels incorporés à la marque (Req. 10 janv. 1846, aff. Spencer et Stubs, D. P. 46. 1. 160), ou lorsque enfin il s'agit d'un nom imaginaire (Bordeaux, 9 févr. 1852, aff. Cahuzac, D. P. 52. 2. 26, 3e espèce. — V. *Rép.* n° 368-4°).

La question se pose maintenant entre la loi de 1824 et celle de 1857, sans se traduire comme autrefois par l'alternative entre une peine criminelle et une peine correctionnelle. Mais la loi de 1857 aide à la résoudre en déclarant régir comme marques les noms sous une forme distinctive. Et il en est ainsi même des pseudonymes (Trib. corr. Perpignan, 15 janv. 1869, aff. Bardou, *Ann. de la propr. ind.*, 1869, p. 84). Donc, outre les cas ci-dessus rappelés, la forme distinctive donnée au nom suffit sans le moindre emblème pour lui rendre applicables la loi de 1857 et le régime du dépôt légal avec tous ses effets. On ne peut plus dire, d'ailleurs, que le nom soit le seul élément de la marque, si un autre élément non moins important consiste dans la forme distinctive donnée au nom, forme dont la constatation par le juge du fait est souveraine. Serait distinctive notamment la forme d'une signature avec parafe, la disposition des lettres en forme de médaille (Crim. rej. 17 janv. 1885, aff. Morin, D. P. 85. 1. 428), la rédaction d'une raison sociale dans une langue étrangère à la société (Req. 13 janv. 1880, aff. Beissel, D. P. 80. 1. 225), l'emploi de caractères chinois (Besançon, 30 nov. 1861, aff. Lorimier et Bovet, D. P. 62. 2. 43), ou de tous caractères fantaisistes, l'emploi d'un cartouche ou d'un écusson de forme particulière ou de tous autres emblèmes combinés avec le nom (Trib. civ. Charleville, 17 août 1878, aff. Gendarme, *Gaz. trib.* p. 981), spécialement la mention *Amer Picon* gravée dans le verre d'une bouteille, à la différence de la signature G. Picon avec parafe imprimée sur les étiquettes, si cela résulte de l'étude comparative des diverses marques employées par le fabricant (Civ. rej. 5 août 1890, aff. Picon et comp., D. P. 91. 1. 125). — Pour l'emploi comme marque du nom d'un tiers, du nom d'une localité, ou d'un nom imaginaire, V. *supra*, n° 309.

Toutefois, si l'usurpation de ce genre de marques donne lieu à la répression de la loi de 1857, et n'y donne lieu qu'à la condition d'un dépôt légal, il est impossible que l'usurpation, sous une forme ou une autre, d'un nom que son propriétaire emploie sous une forme distinctive, échappe d'autre part à la répression de la loi de 1857 quand la loi de 1857 est inapplicable faute de dépôt légal ou faute d'imitation de la forme distinctive déposée (Crim. rej. 18 nov. 1876, aff. The Howe Machine Company, D. P. 78. 1. 492 ; Conf. Pouillet, n° 70 ; *Contrà*, Rendu, n° 457), en supposant d'ailleurs que le nom ne s'est pas incorporé à ce genre de produits comme une désignation usuelle et nécessaire (V. les cas cités plus haut) et que la forme distinctive n'est pas, de la part du plaignant lui-même, une simulation de provenance destinée à tromper l'acheteur. Le fait de déposer comme marque son nom sous une forme distinctive ne peut dépouiller le déposant d'une protection attachée à la propriété du nom contre toute usurpation même autre qu'une imitation de marque.

**322.** — X. CONFLIT AVEC LA LÉGISLATION DES DESSINS DE FABRIque. — La législation des marques peut se trouver en conflit non seulement avec celle des noms, mais aussi avec celle des dessins et modèles de fabrique. Lorsque la marque consiste en étiquettes ou enveloppes d'un dessin ou d'une forme particulière et nouvelle, il faut, comme l'a jugé la cour de Paris (7 juin 1849, aff. Lalande et Liot, *Ann. de la propr. ind.*, 1859, p. 248), se garder de confondre la protection de la loi de 1857, qui appartient, quant à l'usage commercial de cette marque, au fabricant ou marchand des produits ainsi marqués, avec la propriété qui appartient à un autre fabricant, à l'imprimeur, à l'artiste sur le dessin ou modèle d'étiquette ou d'enveloppe au point de vue de la fabrication et de la fourniture de ces étiquettes ou enveloppes, soit en vertu de la loi du 17 juill. 1793 sur la propriété artistique, soit plutôt en vertu de la loi du 18 mars 1806 sur les dessins de fabrique, suivant ce qui a été dit des dessins plus ou moins artistiques destinés à l'industrie et notamment de ceux destinés à entrer dans la fabrication d'étiquettes de luxe (Crim. rej. 30 déc. 1865, aff. Romain et Palyart, D. P. 66. 1. 143, *supra*, n° 233).

Quand c'est la forme même du produit qui sert à le distinguer, le fabricant qui a créé cette forme nouvelle se trouvera aussi propriétaire d'un modèle de fabrique protégé par la loi de 1806, moyennant dépôt au conseil des prud'hommes, si cette forme est de nature à être recherchée de l'acheteur indépendamment de la provenance qu'elle indique. Mais, comme signe de provenance, elle peut aussi jouir de la protection de la loi de 1857 moyennant dépôt au tribunal de commerce. Rien n'empêche d'admettre le concours des deux protections, de l'une et de l'autre sont réunies (Conf. Pouillet, n° 41. Rendu, n° 54; Trib. Seine, 14 juill. 1858, aff. Boilley, *Ann. de la sc. et du dr. comm.*, 1858, p. 336; Trib. corr. Seine, 10 mars 1858, aff. Bleuze, Pataille, 1858, p. 219. — V. toutefois en sens contraire : Pataille, 1857, p. 256; Bédarride, n° 841; Paris, 23 mars 1870; *supra*, v° *Brevet d'invention*, n° 228).

**323.** — XI. Appréciations souveraines. — Le juge du fait constate souverainement : soit qu'un nom a reçu la forme distinctive nécessaire pour en faire une marque légale (Civ. rej. 17 janv. 1885, aff. Morin, D. P. 85. 1. 428), soit qu'il y a long usage ou consentement suffisant pour faire tomber dans le domaine public la marque ou le nom (V. les arrêts cités *supra*, n° 317, 318, 320), soit qu'une dénomination, un emblème ou tout autre signe est de sa nature trop générique pour être révendiqué comme marque (V. les arrêts cités *supra*, n° 315 et 316). Et c'est à celui qui prétend qu'il était dans le domaine public avant le dépôt à en faire la preuve (Paris, 27 janv. 1857, aff. Gadobert, *Ann. de la propr. ind.*, 1876, p. 62).

**324.** — XII. Langue étrangère. — L'emploi d'une langue étrangère n'enlève pas à la marque son caractère. Il peut, au contraire, le lui donner en rendant distinctives des formules qui, sans lui, seraient banales, ou ne constitueraient qu'un nom dénué de forme distinctive (Paris, 3 avr. 1879, aff. Farcy et Oppenheim, D. P. 80. 2. 78; Req. 13 janv. 1880, aff. Veuve Etienne Beissel et fils, D. P. 80. 1. 225). — V. *supra*, n° 315.

**325.** — XIII. Produits agricoles. — Les marques de fabrique et leur protection spéciale peuvent être appliquées à toute espèce de produits y compris ceux de l'agriculture. Ce principe déjà admis au *Rép.* n° 322 comme interprétation de la législation antérieure est consacré plus expressément par l'art. 20 de la loi de 1857 ainsi conçu : « Toutes les dispositions de la présente loi sont applicables aux vins, eaux-de-vie et autres boissons, aux bestiaux, grains, farines, et généralement à tous les produits de l'agriculture ». Et l'art. 1er du décret de 1858, puis du décret du 27 févr. 1891 qui le remplace, règle la forme du dépôt « que peuvent faire les fabricants, commerçants *ou agriculteurs* ». La même idée a été maintenue dans le projet de loi de 1886 en des termes qui visent non seulement les exploitations agricoles, mais encore les exploitations forestières et extractives (art. 2). — En ce qui concerne la protection du nom pur et simple, V. *infra*, n° 425 et 458.

**326.** — XIV. Produits pharmaceutiques. — Le régime des marques est applicable aussi aux produits pharmaceutiques, auxquels on ne peut d'ailleurs contester le caractère de produits fabriqués. Bien que les pharmaciens soient obli-

gés de suivre les formules du codex dans la préparation de leurs produits, ils ont, comme tous les autres fabricants, un droit de propriété sur les marques adoptées par eux pour distinguer les produits de leur fabrication et en garantir la provenance; et il en est ainsi de la dénomination donnée au produit par l'inventeur ou premier préparateur et du nom de ce dernier (Rouen, 27 mars 1862, aff. Charpentier, *ibid.*, 1865, p. 394, Trib. com. Seine, 16 mars 1878, aff. Clin; *ibid.*, 1878, p. 78; Aix, 20 mars 1879, aff. Fumouze, *Ann. de la propr. ind.*, 1881, p. 179), si cette dénomination ou ce nom n'est pas devenu le moyen usuel et en quelque sorte officiel et nécessaire pour faire comprendre la nature du produit, auquel cas le public en peut user librement sous la réserve encore d'éviter par des additions toute concurrence déloyale par confusion de provenance, comme il a été dit *supra*, n° 318 et 320.

**327.** — XV. Esprit d'appropriation. — Enfin, au nombre des conditions d'application de la loi de 1857, et avant d'arriver à celle du dépôt légal, il faut mentionner l'intention par celui qui use d'un signe d'en faire la marque constante et uniforme de ses produits ou d'une catégorie de ses produits, la pensée persistante de se l'approprier. Jugé notamment que l'empreinte d'un lion apposée par un fabricant sur certains de ses produits, à la demande et suivant la fantaisie des acheteurs et non pour les distinguer constamment et uniformément des produits similaires, n'est pas devenue sa marque de fabrique par cet usage purement banal qu'il en a fait, et a pu dans la suite être révendiquée contre lui par un autre fabricant qui en a fait, même postérieurement, le dépôt à titre de marque légale (Crim. rej. 22 déc. 1877, aff. Debrye; D. P. 80. 1. 90).

Art. 2. — *Du dépôt des marques* — *De leur publicité.* — *De leur timbrage ou poinçonnage par l'Etat* (*Rép.* n° 326 à 328).

**328.** Le dépôt a pour but, comme l'a dit le rapporteur de la loi de 1857, non de créer le droit du propriétaire de la marque, mais de lui donner une sanction pénale, de le révéler, de le notifier au public, afin de prévenir les contrefaçons involontaires, enfin de procurer, dans les questions de priorité un élément de certitude, dans les questions de contrefaçon une pièce de comparaison irrécusable. — Il est réglé par l'art. 2 de la loi de 1857, actuellement modifié par une loi du 3 mai 1890 (D. P. 90. 4. 114) dont son objet spécial et urgent au point de vue financier (V. *supra*, n° 164) a permis de détacher du projet plus vaste tendant à la refonte de la législation des marques, noms, raisons de commerce et lieux de provenance. Avec ce texte, il faut combiner un règlement d'administration publique du 27 févr. 1891 (*Journ. off.* du 28) abrogeant et remplaçant celui du 26 juill. 1858 (D. P. 58. 4. 149). Une circulaire du ministre du commerce du 5 mai 1890 (V. *Journ. off.* à sa date) était déjà venue pourvoir aux détails d'exécution de la loi du 3 mai 1890 en particulier. *Adde :* Circ. min. com. 21 oct. 1885 et 4 mars 1887. Les formalités organisées par ces textes consistent dans le dépôt de la marque et son enregistrement au greffe, sa transmission au ministère du commerce et sa publication au *Bulletin officiel*.

**329.** — I. Dépôt. — Le dépôt doit être fait au greffe du tribunal de commerce du domicile du propriétaire de la marque (L. 1857, art. 2) ou, à défaut de tribunal de commerce, au greffe du tribunal civil (Décr. de 1891, art. 1er), par la partie intéressée ou son fondé de pouvoir spécial, dont la procuration peut être sous seing privé, mais doit être enregistrée et laissée au greffe (Décr. de 1891, art. 2). Et l'addition par le mandataire dans son intérêt personnel, d'une marque distinctive, telle que ses propres initiales, ne lui permettrait pas de dénier à son mandant la propriété de la marque et la validité du dépôt (Cass. 27 mai 1870, aff. Wickers et fils, *Ann. de la propr. ind.*, 1870, p. 188). — Le dépôt est unique en ce sens qu'ayant plusieurs établissements dans des ressorts différents, il suffit de le faire au seul tribunal de son domicile pour qu'il produise ses effets sur tout le territoire français. Mais il est triple en ce sens qu'il faut déposer trois exemplaires du modèle de la marque et le cliché typographique de cette marque. Le dépôt du troisième exemplaire et du cliché forme l'innovation de la loi du 3 mai 1890. — Chaque exemplaire est sur papier libre et porte un dessin, une gravure ou une empreinte exécutée de manière à représenter la marque avec netteté et à ne pas s'altérer. Le papier forme un carré de dix-huit centimètres de côté dont le modèle occupe le milieu, ramené à des proportions réduites ou divisé en plusieurs carrés si sa dimension l'exige, de même qu'on peut, s'il est de petite dimension, le représenter augmenté. — Si la marque est en creux ou en relief sur les produits, si elle a dû être réduite, si elle a été augmentée, ou si elle présente quelque autre particularité, le déposant l'indique sur les trois exemplaires, soit par une ou plusieurs figures, soit au moyen d'une légende explicative. Ces indications doivent occuper la gauche du papier. La droite est réservée aux mentions que le greffier doit y mettre, savoir : le numéro d'ordre du procès-verbal de dépôt, les nom, domicile et profession du propriétaire de la marque, et, s'il y a lieu, de son fondé de pouvoirs, la date, l'heure et le lieu du dépôt, le genre d'industrie ou de commerce auquel la marque est destinée, l'indication, s'il y a lieu, que le dépôt est fait pour renouveler un dépôt antérieur et le soustraire à la péremption de quinze ans. Aucune autre indication n'est admise. Sur chaque exemplaire le greffier applique en outre le timbre du tribunal en le faisant porter à la fois sur le papier et sur le modèle, si celui-ci est seulement collé au papier, et il signe ainsi que le déposant ou son fondé de pouvoir (Décr. de 1891, art. 3, 4, 5, 8, 10 et 11). — Le cliché doit être en métal et conforme à ceux employés usuellement en imprimerie typographique. Il ne doit pas dépasser 12 centimètres de côté, sauf reproduction réduite ou division en fragments juxtaposés s'il s'agit d'une bande plus longue ou d'un ensemble de signes. Sur le côté le déposant inscrit son nom et son adresse et le greffier colle un papier portant le numéro de la marque et la désignation du tribunal (art. 7 et Circ. du 5 mai 1890). — Le dépôt de ces diverses pièces au greffe du tribunal suffit. Il n'y a plus à faire en outre, comme avant la loi de 1857 (Rép, nos 326 et 327), un autre dépôt au conseil des prud'hommes, ni aucune attribution à reconnaître à ceux-ci comme arbitres de la suffisance ou insuffisance de différence entre les marques déposées ou à déposer. — Aucun examen préalable n'est permis, sur ce point, ni au greffier, ni aux prud'hommes, ni à aucune autre autorité. Le greffier refuse seulement le dépôt si les trois exemplaires ne sont pas établis régulièrement, s'ils ne sont pas semblables, si le modèle de la marque n'adhère pas complètement au papier, s'il est tracé au crayon, s'il est en métal, en cire, ou présente un relief quelconque de nature à détériorer les registres, si le cliché typographique n'est pas produit avec les trois exemplaires de la marque (art. 6). Quant à l'insuffisance de nouveauté de la marque, elle ne peut donner lieu qu'à une action des parties lésées devant les tribunaux (V. infrà, art. 3). Beaucoup de législations étrangères admettent au contraire le principe de l'examen préalable (V. suprà, nos 168 et suiv.). Comp. Pouillet, nos 127 et suiv.).

**330.** — II. Enregistrement. — Publicité. — Un des exemplaires est collé par le greffier dans l'ordre des présentations sur un registre spécial sur papier libre du format de 24 centimètres de largeur sur 40 de hauteur, coté et parafé par le président du tribunal (art. 9). — Sur un autre registre timbré, coté et parafé comme le précédent, et dans l'ordre des présentations, le greffier dresse procès-verbal du dépôt, indiquant : 1° le jour et l'heure du dépôt; 2° le nom du propriétaire de la marque et celui de son fondé de pouvoirs; 3° la profession du propriétaire, son domicile et le genre d'industrie ou de commerce pour lequel il a l'intention de se servir de la marque, et la circonstance, s'il y a lieu, que le dépôt est fait à titre de renouvellement. Ce procès-verbal porte un numéro d'ordre. Il est signé comme les modèles par le greffier et par le déposant ou son fondé de pouvoir (art. 10 et 11). S'il n'y a pas concordance entre le texte de l'acte et celui de la demande déposée, c'est ce dernier qui détermine le droit de promulgation de la marque (Trib. corr. Seine, 27 févr. 1873, aff. Laterrière, Ann. de la propr. ind., 1873, p. 294; Req. 30 déc. 1874, aff. Gallet-Lefebvre, ibid., 1875, p. 314). — Au commencement de chaque année, le greffier dresse sur papier libre et, d'après le modèle donné par le ministre du commerce, un répertoire des marques dont il aura reçu le dépôt pendant tout le cours de l'année précédente (art. 17). — Un des exemplaires du modèle de la marque portant le visa du greffier et l'indication des jour et heure du dépôt est remis au déposant (L. 3 mai 1890). Il remplace entre ses mains, avec avantage, l'expédition de l'acte de dépôt que devait lui donner le greffier d'après le décret de 1858. Il forme un titre de propriété qui lui permet, sans autres formalités, d'agir en justice pour la revendication de ses droits. — Enfin un autre exemplaire est transmis dans les cinq jours au plus tard au ministère du commerce et y reste déposé pour être communiqué sans frais au public (art. 14), au lieu d'être déposé au conservatoire des arts et métiers comme le prescrivait le décret de 1858. Le cliché est l'objet d'une transmission semblable (art. 14). La marque est publiée, avec fac-similé dans le Bulletin officiel de la propr. ind. et com. (art. 19), et le cliché est rendu à l'intéressé. Cette publication facilite les recherches des tiers et les met à l'abri du risque de contrefaçon inconsciente mieux que ne le faisait, sous l'empire du décret de 1858, le classement souvent tardif au conservatoire des arts et métiers. Sont d'ailleurs communiqués sans frais au public les exemplaires déposés au ministère du commerce (art. 14), ainsi que les registres, procès-verbaux et répertoires déposés dans les greffes (art. 18).

**331.** — III. Coût. — Il est dû au greffier un droit fixe de 1 fr. par procès-verbal de dépôt, y compris le coût de l'expédition, plus le remboursement des droits de timbre et d'enregistrement. Le remboursement du droit de timbre du procès-verbal est fixé à 35 cent. (art. 12). Il est dû aussi un droit fixe de 1 fr., et le remboursement du droit de timbre pour toute expédition du procès-verbal demandée ultérieurement par une personne quelconque (art. 13). Le greffier peut aussi délivrer au déposant des certificats d'identité de sa marque moyennant le droit de 1 fr., fixé par l'art. 8 du décret du 18 juin 1880 (D. P. 80. 4. 83) (art. 17). Les extraits ou certificats délivrés par le greffier pour constater le dépôt ne sont pas sujets au droit de greffe (Décis. min. du 9 août 1877, D. P. 78. 3. 48; L. 23 juin 1887; Trib. civ. de Compiègne, 30 janv. 1878, aff. Bride et Tétrel, D. P. 78. 3. 40). — Il a été déclaré dans le rapport de la commission de 1857 et décidé expressément par la loi du 3 mai 1890 et par le décret du 27 févr. 1891 (art. 12) qu'un seul procès-verbal peut suffire pour le dépôt de plusieurs marques par un même fabricant ou commerçant, mais qu'il y a lieu alors à autant de droits fixes, à autant de modèles en triple exemplaire, et à autant de clichés typographiques qu'il y a de marques distinctes.

**332.** — IV. Renonciations. — Enfin l'art. 16 du décret de 1891 organise, pour la renonciation à l'emploi d'une marque, un système de déclaration et de publication analogue au dépôt et à la publication de la marque elle-même. Lorsqu'un déposant entend renoncer à l'emploi de sa marque, il en fait la déclaration au greffe du tribunal de commerce où la marque est déposée. Le greffier inscrit cette déclaration en marge du procès-verbal de dépôt, et en donne immédiatement avis au ministre du commerce, qui la publie dans le Bulletin officiel de la propr. ind. et com.

**333.** — V. Abrogation de la législation antérieure. — Les formalités du dépôt, telles que nous venons de les décrire, s'appliquent uniformément à toutes les catégories de marques et à toutes les industries, même soumises exceptionnellement à la marque obligatoire. De là, l'abrogation, non seulement du dépôt au secrétariat du prud'hommes pour toute marque en général, mais aussi du dépôt à la sous-préfecture et au ministère du commerce, et de l'empreinte sur les tables d'argent, formalités autrefois prescrites pour des industries spéciales, comme la quincaillerie et la coutellerie (Décr. 23 niv. an 9 et 5 sept. 1810), et la fabrication des étoffes (L. 8 août 1816). V. Rép. n° 326; Rendu, n° 61; Bédarride, n° 833.

L'art. 21 de la loi de 1857 maintenait pour quinze ans à partir de sa mise en vigueur, c'est-à-dire des six mois de sa promulgation (art. 22), l'efficacité des dépôts antérieurs, non pas, il est vrai, de ceux faits au secrétariat des prud'hommes, ou à la sous-préfecture, en vertu des décrets du 11 juin 1809, du 23 niv. an 9 et de la loi de 1816, mais de ceux opérés au greffe du tribunal de commerce en conformité de la loi du 22 germ. an 11. Ces dépôts demeuraient valables pour quinze ans, malgré l'omission des formes nouvelles, quoique faits, notamment, en unique exemplaire ou sous pli cacheté; et, d'autre part, ils devenaient suffisants malgré l'omission du second dépôt au secrétariat des prud'hommes, jadis prescrit par le décret du 11 juin 1809 (Paris, 21 juill. 1859, aff. Lemercier, *Ann. de la propr. ind.* 1859, p. 364; Trib. corr. Seine, 15 fév. 1860, aff. Frère et Vallet, *ibid.*, 1860, p. 113; Bordeaux, 9 août 1865, aff. Denis et Mounier, *ibid.*, 1866, p. 430).

Les dépôts faits au greffe du tribunal de commerce, même entre la promulgation de la loi (27 juin 1857) et sa mise en vigueur (27 déc. 1857), ont pu également être validés pour le même délai de quinze ans, comptés du même point de départ, quoique faits dans les formes antérieures et non dans celle du règlement qui devait pourvoir à l'exécution de la loi. Et, quoique ce règlement eût du, dans la pensée de la loi, précéder sa mise en vigueur, les dépôts faits même après cette mise en vigueur (27 déc. 1857), mais encore avant l'apparition tardive du règlement (26 juill. 1858) ont du être traités de même. Ainsi jugé pour le dépôt, fait au greffe pendant cette période, d'un échantillon de marchandise revêtu de la marque et renfermé dans une boîte, cette boîte d'ailleurs n'étant pas scellée (Trib. civ. Seine 7 mai 1872, aff. Houette, *Ann. de la propr. ind.* 1873, p. 184). — Mais il ne faut pas perdre de vue que ces dépôts antérieurs à la loi ou au règlement, ont dû, quinze ans après la mise en vigueur de la loi, être renouvelés, et que ce renouvellement a dû se faire dans les formes nouvelles.

**334.** — VI. ÉTRANGERS. — En ce qui concerne les étrangers, dont on a vu plus haut (sect. 1, art. 3, n°s 199 et suiv). les droits en matière de marques de fabriques, le dépôt se fait, dans les formes prescrites pour les Français, au greffe dans le ressort duquel se trouve leur établissement, s'ils ont un établissement d'industrie ou de commerce en France, circonstance qui leur assure en France la protection de la loi française (art. 5), au greffe du tribunal de commerce du département de la Seine si, n'ayant pas d'établissement en France, ils jouissent du bénéfice de la loi française par réciprocité diplomatique ou légale avec le pays où se trouve leur établissement (art. 6 de la loi de 1857; art. 9 de la loi du 26 nov. 1873; art. 15 du décret du 27 févr. 1891).

Le principe de l'unité du dépôt, malgré la pluralité d'établissements, a été appliqué aux étrangers; et notamment il a été jugé qu'une société étrangère, ayant un principal établissement à Paris et d'autres établissements situés en France dans différents arrondissements, peut se contenter de déposer sa marque à Paris sans la déposer soit au greffe du tribunal étranger dans le ressort duquel elle a son siège, soit au greffe des divers tribunaux de commerce de France dans le ressort desquels ses usines sont situées (Crim. rej. 17 janv. 1885, aff. Morin, D. P. 85. 1. 428). — Jugé aussi que lorsqu'une maison dont le siège principal est à l'étranger a fait, conformément à l'art. 5, le dépôt de sa marque dans le département de la Seine, le fait par elle d'ouvrir plus tard une succursale dans une ville française ne l'oblige pas à faire dans cette ville un nouveau dépôt, si du moins cette succursale n'a pas d'intérêts distincts de ceux de la maison mère restée à l'étranger (Trib. civ. Lille, 30 mai 1883, aff. Decressonnière, *Ann. de la propr. ind.*, 1883, p. 349).

**335.** — VII. TIMBRAGE ET POINÇONNAGE DES MARQUES. — On a vu *supra*, n° 305, que le poinçon de l'État peut, sur la demande du propriétaire de la marque, être ajouté à cette marque en matière à en faire partie intégrante et à exposer les contrefacteurs à des peines criminelles. La loi du 26 nov. 1873 (D. P. 74. 4. 21), qui a institué cette garantie nouvelle, et un décret du 25 juin-3 août 1874 (D. P. 75. 4. 20) portant règlement d'administration publique pour l'exécution de cette loi, ont réglé la manière dont le timbre ou poinçon serait apposé et les droits à percevoir à cette occasion.

Sans reproduire tous les détails de cette organisation qu'on peut trouver dans les textes ci-dessus, nous remarquerons seulement : 1° qu'il faut, pour profiter de cette loi, une déclaration, le dépôt de plusieurs pièces, et une réquisition écrite sur papier libre, plus une procuration authentique si ces actes sont accomplis par mandataire (art. 1, 2 et 3 du décret réglementaire) ; — 2° Que la déclaration, dépôt et réquisi-

tion en vue de l'apposition du timbre ne peuvent être opérés que dans les chefs-lieux de département désignés comme centres des dix circonscriptions entre lesquelles sont répartis les départements, et que les marques ne peuvent être timbrées qu'au chef-lieu de la circonscription dans laquelle a eu lieu le dépôt au greffe prescrit par la loi de 1857 (art. 5 du décret et tableau annexé) ; — 3° Que l'administration de l'Enregistrement des Domaines et du Timbre peut refuser de timbrer les marques ayant comme dimension à 35 millim. de largeur et de longueur, ou reproduites en relief, ou apposées sur certaines matières ou papiers qui empêcheraient le timbre d'être suffisamment distinct (art. 6 du décret) ; — 4° Que le poinçonnage sur marque métallique ou sur marque faisant corps avec l'objet est requis et opéré dans les bureaux de garantie des matières d'or et d'argent désignés par le décret au choix du déclarant (art. 9 du décret) ; que l'administration des Contributions indirectes ne peut y admettre que certains métaux ; qu'elle peut toujours refuser l'apposition du poinçon quand elle la juge impraticable ; enfin, que la marque doit présenter au poinçon un espace nu circulaire d'au moins 1 centimètre de diamètre (art. 1 et 3 de la loi, et 10 du décret). — Le droit à percevoir peut varier de 1 cent. à 1 fr. pour chaque apposition du timbre, de 5 cent. à 5 fr. pour chaque apposition du poinçon. Le timbre n'est apposé qu'en vertu d'une réquisition donnant ouverture à la perception de 5 fr. de droits au moins. Les règlements doivent, entre ce minimum et ce maximum, proportionner la quotité des droits à la valeur des objets. La vente des marques par le propriétaire de la marque à un prix supérieur à celui correspondant à la quotité du timbre ou poinçon est punie d'une amende de 100 fr. à 5000 fr. par contravention. Ces contraventions sont constatées dans tous les lieux ouverts au public, par tous les agents qui ont qualité pour verbaliser en matière de timbre et de contributions indirectes, par les agents des postes, et par ceux des douanes lors de l'exportation. Il leur est accordé un quart de l'amende ou portion d'amende recouvrée. Les contraventions sont constatées et les instances suivies et jugées comme en matière de timbre ou comme en matière de contributions indirectes, suivant qu'il s'agit du timbre ou du poinçon (art. 2, 3 et 4 de la loi, 4 et 8 du décret). — Des types spéciaux de timbre et de poinçon pour les marques de fabrique ont été créés par un décret du 25 juin 1874 (D. P. 75. 4. 22).

**336.** — VIII. IRRÉGULARITÉS. — L'irrégularité du dépôt des marques de fabrique ou de commerce ne peut être déclarée que par l'autorité judiciaire. Le ministre du commerce, par exemple, commettrait un excès de pouvoir en prononçant l'annulation d'un dépôt de marque de fabrique fait au greffe du tribunal conformément à la loi, lors même qu'il serait articulé que cette marque est destinée à être apposée sur des produits constituant des remèdes secrets dont l'annonce et la mise en vente sont interdites (Cons. d'Ét. 26 déc. 1862, 22 janv. 1863, aff. Raspail, *Ann. de la propr. ind.*, 1863, p. 32 ; V. Pouillet, n° 430). — Mais les tribunaux doivent déclarer nul tout dépôt non conforme aux prescriptions légales, par exemple, fait au secrétariat des prud'hommes, ou hors du ressort du domicile, ou bien en unique exemplaire, et irrecevable toute action en contrefaçon intentée en vertu de ce dépôt. — Toutefois, il ne faut refuser à un dépôt irrégulier que les effets propres au dépôt. Mais l'existence et l'usage de la marque pouvant produire certains effets indépendamment de tout dépôt, un dépôt, quoique irrégulier, ne peut rendre cet usage plus certain encore et plus efficace. Jugé notamment qu'un dépôt nul en la forme sert du moins à établir l'existence et l'usage de la marque au moment où il a été opéré (Trib. civ. du Havre, 31 mai 1879, aff. Coppey et Abonnel, *Ann. de la propr. ind.*, 1869, p. 223), et qu'il peut être invoqué en défense comme preuve d'antériorité de la marque contre la poursuite d'un autre déposant (Trib. civ. Seine, 9 mai 1874, et 1er juin 1875, aff. Torchon, *ibid.*, 1877, p. 245). — Le dépôt peut, d'ailleurs, être régularisé à toute époque, et devenir ainsi pleinement efficace (Bédarride, n° 864). — Mais quels sont les effets propres au dépôt? et quels droits donne une marque non déposée? Telle est la question la plus délicate que cette matière soulève, et qui va être examinée.

**337.** — IX. EFFET DÉCLARATIF DU DÉPÔT. — Déjà au *Rép.*

n° 328, sous la loi du 22 germ. an 11, il a été dit que le but poursuivi par cette loi dans la formalité du dépôt ne permettait pas d'y voir un acte générateur et atributif du droit de propriété, mais seulement la manifestation ou déclaration de ce droit et le préliminaire de l'action en contrefaçon. Ce principe de l'effet purement déclaratif du dépôt est aussi celui de la loi de 1857. Cette loi, il est vrai, ne s'exprime pas tout à fait comme celle de l'an 11, et, au lieu de dire qu'il faut faire le dépôt pour pouvoir « former l'action en contrefaçon », elle dit qu'il faut déposer la marque pour pouvoir « en revendiquer la propriété exclusive ». Ces dernières expressions ont paru à M. Bédarride, n° 860, et à M. Duvergier, 1857, p. 188, note 3, rendre le dépôt atributif de la propriété de la marque, en ce sens qu'il n'y aurait pas plus d'action civile que d'action correctionnelle sans dépôt, et en ce sens même, d'après M. Duvergier, que le dépôt conférerait des droits de revendication et de poursuite indépendamment de toute priorité de possession, et donnerait, contre le premier possesseur lui-même, sinon le droit de poursuite ou de revendication exclusive, du moins le droit de résistance et de libre usage de la marque. Mais cette interprétation est absolument condamnée par les travaux préparatoires de la loi de 1857. Car le texte actuel de l'art. 2 résulte précisément du rejet d'une rédaction primitive, qui donnait au dépôt un effet attributif de la propriété, déclarant le dépôt nécessaire pour la faire « acquérir », et la propriété « acquise seulement à partir du jour du dépôt ». On rejeta ces formules, et on prescrivit le dépôt, non pour l'acquisition, mais pour « la revendication » de la propriété. Et le rapport de la commission explique ce changement comme une réponse contraire à doute du projet sur cette question alors controversée : « Le dépôt est-il attributif ou déclaratif de la propriété des marques? » Il le motivait, il est vrai, sur la crainte que le caractère attributif du dépôt ne permît à l'usurpateur d'une marque non déposée, non seulement d'échapper aux poursuites (ce qui se comprendrait), mais encore de dépouiller et de poursuivre le premier possesseur en faisant lui-même le dépôt. Or cette conséquence a paru contestable à M. Rendu (n° 68, note 1) qui refuse de l'attacher au caractère attributif pour le dépôt des marques comme pour les brevets d'invention (V. en sens contraire, suprà, v° Brevet d'invention, n° 139. Comp. Crim. rej. 23 févr. 1856, aff. Delavelle, D. P. 56.1.352). Mais le rapport expliquait en outre qu'avec la rédaction nouvelle, l'absence de dépôt, tout en privant des garanties spéciales instituées par la loi en discussion et des actions qu'elle organise (c'est-à-dire de l'action correctionnelle), non seulement n'exposerait pas être dépouillé de sa marque, mais laisserait le recours au droit commun, à l'art. 1382 c. civ., pour la défendre contre toute concurrence déloyale.

**338.** Ce dernier passage du rapport, rapproché du texte de la loi, a fourni à M. Rendu (n°s 68 et 77) l'idée d'une atténuation à l'effet déclaratif du dépôt, laquelle consisterait à refuser, hors du cas de dépôt, toute action même civile en revendication pure et simple, indépendante de la bonne foi et du préjudice, lequel peut être nul faute de notoriété de la marque, et à n'admettre d'autre action civile pour la marque non déposée que celle que donne l'art. 1382 contre une usurpation déloyale et dommageable, si les circonstances, le rôle de la marque dans l'achalandage de la maison, font ressortir un fait de concurrence déloyale et préjudiciable. Mais cette distinction n'est que dans les mots, et ne peut se traduire par aucune réalité. Car, en toute hypothèse, l'action civile ne peut tendre qu'à une interdiction pour l'avenir et une réparation pour le passé. Or, quel que soit le fondement de l'action et la bonne foi antérieure, l'interdiction d'une imitation désormais déloyale ne peut être refusée; et la réparation ne peut manquer non plus d'être subordonnée et proportionnée au préjudice. Il faut donc reconnaître au texte de la loi et aux explications du rapporteur ce sens que la propriété préexiste au dépôt, qu'il en est simplement la déclaration, et que la revendication dont il est parlé comme subordonnée au dépôt est uniquement celle que donne la loi spéciale, c'est-à-dire la poursuite par la voie correctionnelle, mais nullement celle du droit commun. Et il est d'autant plus naturel d'accorder aux marques, sans condition de dépôt, une protection ainsi entendue, que l'usage d'une marque plutôt que d'une autre n'est pas pour le public d'une

utilité sérieuse, comme peut l'être celui d'un dessin de fabrique ou d'une invention brevetable. Ce point peut être considéré comme établi en doctrine et en jurisprudence (Paris, 13 juill. 1883, aff. Franck, D. P. 84. 2. 151; Req. 17 juin 1884, même affaire, D. P. 84. 1. 416; Bordeaux, 22 juill. 1883, aff. Fourcaud-Laussac, Ann. de la propr. ind., 1885, p. 346; Douai, 18 janv. 1888, aff. Vaissier frères, Ann. de droit comm., t. 2, 1re partie, p. 129. V. dans le même sens Pouillet, n°s 102 et suiv.).

**339.** Une conséquence immédiate de cette théorie, c'est la réserve des droits du premier possesseur de la marque contre celui-là même qui l'aurait déposée, et à qui ce dépôt n'a pu attribuer aucun droit. Le dépôt n'a pu être fait valablement qu'en vertu d'un droit préexistant, déterminé par la priorité d'usage. De même qu'un dépôt ne peut nuire aux droits du public quand la marque est dans le domaine public Metz, 31 déc. 1861, aff. Somborn, Ann. de la propr. ind., 1862, p. 78; Crim. rej. 10 mars 1864, aff. Leroy, D. P. 66. 5. 389; Req. 13 janv. 1880, aff. Beissel et fils, D. P. 80. 1. 225; (Rouen, 5 juin 1883, aff. Lanmann et Kemp, D. P. 84. 2. 177; Req. 30 juill. 1884, aff. Lanmann et Kemp, D. P. 85. 1. 448), sauf à n'admettre que difficilement qu'elle ait pu y tomber entre sa création et son dépôt (V. suprà, n° 317); de même le dépôt ne peut nuire aux droits d'un tiers dont la propriété résulterait d'une possession antérieure à celle du déposant. Il produit, il est vrai, une présomption de priorité pour la possession de ce dernier. Mais la preuve contraire peut être faite par l'autre, soit afin d'échapper à ses poursuites, soit afin de le poursuivre lui-même par la voie civile, voie ouverte même sans dépôt, comme il vient d'être dit, même contre tout dépôt fait sans droit (Metz, 31 déc. 1861, précité; Montpellier, 17 juin 1862, aff. Bardou, infrà, n° 391; Trib. civ. Lyon, 31 juill. 1872, aff. Menier, ibid., 1873, p. 24; Bordeaux, 6 févr. 1873, aff. Torchon, D. P. 74. 5. 412; Trib. corr. Seine, 3 mars 1877, aff. Héritiers Bobeuf, Ann. de la propr. ind., 1878, p. 138; Trib. civ. Havre, 4 mai 1882, aff. Chapu, Ann. de la propr. ind. 1882, p. 202; Trib. civ. Chalon-sur-Saône, 6 août 1882, aff. Montebello, ibid., 1883, p. 218; Trib. civ. Lille, 27 févr. 1883, aff. Notelle, ibid., 1883, p. 345; Req. 30 juill. 1884, précité; Lyon, 17 mars 1880, aff. Seigle, Ann. de la propr. ind., 1887, p. 177; pour les droits d'un associé contre le dépôt fait par son coassocié seulement). Jugé même que l'antériorité d'outre possesseur de les principaux éléments de la marque s'oppose à l'action du déposant pour toutes les parties de cette marque (Paris, 16 déc. 1858; Req. 8 avr. 1859, aff. Bardou, ibid., 1859, p. 402).

**340.** La législation allemande, à l'inverse de la nôtre, attache au dépôt des marques de fabrique un effet attributif et permet au premier déposant de primer le premier occupant (Ann. de droit comm., t. 2, 1re partie, p. 215). Le dépôt est encore, attributif en Belgique et en Suisse, en ce sens du moins que l'action civile comme l'action pénale est subordonnée à son accomplissement (Ann. de droit comm., t. 2. 1re partie, p. 130. Ann. de lég. étr., 1880, p. 619 pour la Suisse, et p. 469 pour la Belgique). Dans la législation anglaise, il est pendant cinq ans purement déclaratif, c'est-à-dire impuissant contre les droits d'un premier possesseur ; mais au bout de cinq ans il confère au déposant un droit incontestable et définitif. — Le congrès international de 1889 s'est prononcé pour le caractère déclaratif du dépôt (Journ. du droit int. privé, 1890, p. 173).

**341.** Mais le caractère déclaratif du dépôt a-t-il pour conséquence, comme on l'a soutenu, le droit de poursuivre en vertu d'un dépôt valablement fait pour contrefaçon commise antérieurement à ce dépôt? La question ne se pose que pour les poursuites correctionnelles, puisque nous avons admis qu'un dépôt n'est même pas nécessaire pour l'exercice de l'action civile. Il ne s'agit pas non plus de savoir si des faits d'usurpation antérieurs au dépôt empêchent de poursuivre même correctionnellement les faits postérieurs, car l'effet qu'ils auraient eu de faire tomber la marque dans le domaine public. La négative sur ce point a été posée en principe (suprà, n° 317), à moins de circonstances souverainement appréciées comme ayant la signification d'un abandon. Mais la répression peut-elle atteindre ces faits antérieurs eux-mêmes, grâce au dépôt qui les a suivis et à son caractère purement déclaratif d'une propriété préexistante. C'est ce dernier point qui prête à un doute très sérieux. La plupart des auteurs admettent la poursuite pour les faits antérieurs comme découlant nécessairement du principe (Rendu, n° 69 ; Calmels, n° 53 ; Blanc, p. 768 et 769 ; Huard, *Rép. de lég. de doctr. et de jurispr. en mat. de marques de fabr.* p. 23, n° 16 ; Ruben de Couder, v° *Marques*, n° 105) L'idée d'un droit préexistant au dépôt se traduit d'après eux par une simple suspension de son exercice quant aux faits antérieurs. Nous croyons cependant plus sûr de dire avec M. Pouillet, n° 109, que ces faits échappent à toute poursuite correctionnelle malgré la préexistence du droit de propriété, dont on vient de voir les effets, *seuls* indiqués d'ailleurs par le rapporteur de la loi, à savoir ; l'indépendance de l'action *civile*, et le respect d'une priorité d'usage. Reste à préciser, au point de vue de l'action correctionnelle qu'organise la loi, le sens de cette condition écrite dans l'art. 2 : «Nul ne peut, s'il n'a déposé... ». Veut-elle admettre toute poursuite après dépôt, ou ne frapper que l'usurpation de marques *déjà déposées?* Le doute auquel ce point peut donner lieu doit se comprendre par les motifs rationnels qui ont dû apparaître à l'esprit du législateur dans le sens de l'une ou l'autre solution. Or, la raison et l'équité s'unissent pour interdire de frapper les contrefaçons inconscientes. Le dépôt les rend impossibles ou inexcusables dans l'avenir, mais non dans le passé. La loi traite la contrefaçon des marques comme un délit indépendant de la bonne ou de la mauvaise foi (V. *infrà*, n° 349), indiquant par là qu'elle ne vise que les contrefaçons auxquelles un dépôt antérieur a imprimé d'avance la présomption de mauvaise foi. Il est vrai que les faits de contrefaçon littéraire ou artistique sont punis indépendamment de l'antériorité du dépôt. Mais leur nature même exclut toute possibilité de bonne foi, et le dépôt des œuvres littéraires et artistiques est organisé, non pour empêcher les contrefaçons inconscientes (elles sont déjà impossibles en pareille matière), mais pour enrichir les bibliothèques et les musées (V. en ce sens : Pouillet, n° 109 ; Lyon-Caen et Renault, *Précis*, n° 3333 ; Duvergier, *Collection des lois*, 1857, p. 118, note 3). — Cette théorie, bien que repoussée par la plupart des auteurs (Rendu, n° 69 ; Calmels, n° 53 ; Blanc, p. 769 ; Huard, *Rép. de lég. de doctr. et de jurispr. en mat. de marque de fabr.*, p. 23, n° 16 ; Ruben de Couder, v° *Marques* n° 105), a triomphé dans la jurisprudence (Paris, 30 juin 1865, aff. Aubertin, *Ann. de la propr. ind.*, 1865, p. 344 ; 29 juin 1882 et Crim. rej. 5 mai 1883, aff. Saxlehner, D. P. 83. 1. 484 ; Bordeaux, 1er juin 1887, aff. Ducos, D. P. 89. 2. 27. *Adde :* Trib. corr. Lille, 4 déc. 1872, aff. Decressonnière, *Ann. de la propr. ind.*, 1874, p. 132 ; Paris, 14 avr. 1877, aff. Dupont, *ibid.*, 1878, p. 5). L'arrêt du 14 avr. 1877 décide qu'à défaut de renouvellement régulier dans les quinze ans de la loi de 1857 d'un dépôt fait antérieurement à cette loi, les faits de contrefaçon commis depuis l'expiration de ce délai jusqu'au renouvellement tardif (période analogue à celle qui précède le dépôt) sont à l'abri de toute poursuite. Il a même, ainsi que l'arrêt de Bordeaux du 1er juin 1887 précité, écarté l'action civile, alors que l'action pénale est, comme on l'a vu (*suprà*, n°s 397 et suiv.), indépendante de tout dépôt et que le tribunal correctionnel de la Seine, 3 mars 1877, aff. Héritiers Bobeuf, *Ann. de la propr. ind.*, 1878, p. 138), a admis, pour les faits antérieurs au dépôt, devant la juridiction répressive elle-même, l'application de la responsabilité civile, cette responsabilité devant s'apprécier, aux termes de l'art. 74 c. pén., d'après les principes des art. 1382 et suiv. — Cette ressource de l'action en dommages-intérêts à défaut de répression pénale, a fait trouver illusoire à quelques auteurs le refus de cette répression pénale pour les faits antérieurs au dépôt. « L'intérêt de l'action, dit notamment M. Bédarride, n° 860, n'est ni dans l'amende, ni dans l'emprisonnement ; il réside tout entier dans la prohibition de se servir de la marque et dans l'allocation de dommages-intérêts. Or, tout cela, » l'art. 1382 c. civ., le fera obtenir. Pourquoi donc l'art. 2 fait-il du dépôt la condition de la revendication ? » En formulant cette critique, l'auteur que nous citons tend à blâmer l'effet déclaratif attribué au dépôt. Mais la loi de 1857 étant ce qu'elle est, il faut reconnaître qu'elle n'a considéré comme indifférente ni l'addition de la répression pénale à l'action civile et au droit commun, puisqu'elle n'a pas eu d'autre

objet, ni par conséquent la privation de la première et la réduction à la seconde contre les faits antérieurs au dépôt.

**342.** Le projet de loi de 1886 n'admet pas non plus de poursuites pour faits antérieurs au dépôt, ni même pour faits antérieurs aux dix jours qui suivent sa publication dans le *Bull. off. de la propr. ind. et com.*, à moins de mise en demeure spéciale. Il se rallie, d'ailleurs, au système du dépôt déclaratif, en ce sens, qu'entre deux déposants, la date de la possession publique l'emporte sur celle du dépôt. Mais le dépôt est nécessaire pour agir, même, au civil, et même pour exciper de la priorité de possession contre l'action d'un déposant (art. 6 et 7). (V. *Journ. off.* Doc. parl., 1888, p. 447).

**343.** — X. PÉREMPTION. — Le dépôt n'a d'effet que pour quinze années. C'est un principe introduit pour la première fois dans notre législation par l'art. 3 de la loi de 1857. Il a soulevé, à son apparition, les critiques de certains auteurs (Rendu, n° 81 ; Blanc, dans *Le Droit* du 1er juin 1857), frappés uniquement du danger que peut courir un commerçant d'être surpris par le terme fatal, au cours d'un voyage, par exemple, sans avoir pu procéder au renouvellement. L'art. 3 ajoute en effet que « la propriété de la marque peut toujours être conservée pour un nouveau terme de quinze années au moyen d'un nouveau dépôt ». Mais le principe de la péremption du dépôt se justifie, au contraire, par cette remarque qu'elle n'a pas pour effet de livrer la marque au domaine public, pas plus que le retard à faire le dépôt originaire. La péremption accomplie n'empêchera pas de conserver la propriété de la marque par un nouveau dépôt. Sans doute, à la différence d'un renouvellement fait dans les quinze ans, le nouveau dépôt après péremption laisse apparaître une lacune pendant laquelle la marque est traitée comme non déposée, en sorte que le dépôt subséquent laissera à l'abri de toute répression pénale les faits de contrefaçon commis pendant cet intervalle (Paris, 14 avr. 1877, aff. Dupont, *Ann. de la propr. ind.*, 1878, p. 5). Mais ces faits eux-mêmes peuvent donner lieu à une action civile (comme on l'a vu *suprà*, n° 341, pour les faits antérieurs au premier dépôt) ; et la répression pénale elle-même atteindra les faits postérieurs au nouveau dépôt qu'on peut toujours faire. C'est ce qu'admet un jugement du tribunal correctionnel de Lille (4 déc. 1872, aff. Descressonnières, *Ann. de la propr. ind.*, 1874, p. 132), tout en déclarant que la marque appartient au domaine public une fois le dépôt périmé. On ne peut donc voir aucun inconvénient sérieux au principe de la péremption, et il faut lui reconnaître une immense utilité pour circonscrire et rendre possibles les recherches des tiers auxquels un dépôt effectué enlève toute excuse de bonne foi (V. en ce sens Pouillet, n° 132). On peut même citer une loi étrangère qui va sur ce point plus loin que la nôtre : la loi autrichienne du 6 janv. 1890, entrée en vigueur le 19 mai 1890, prescrit, dans son paragraphe 16, le renouvellement du dépôt tous les dix ans.

Le projet de loi de 1886 paraît envisager le non-renouvellement comme une déchéance rendant libre l'emploi de la marque. Il maintient le délai de quinze ans, mais ne proclame la déchéance définitive que deux ans après l'expiration de ce délai sans renouvellement (art. 8 ; *Journ. off.* Doc. parl., 1888, p. 447). Le congrès international de 1889 s'est prononcé contre cette déchéance ou présomption d'abandon (*Journ. du droit int. privé* 1890, p. 173).

Art. 3. — *Des actions en contrefaçon.* — *Compétence.* — *Peines (Rép.* n°s 329 à 334.)

**344.** — I. DÉLITS ET PEINES. — Sous l'empire de la loi de germinal an 11 et des art. 142 et 143 c. pén., la protection des marques de commerce consistait, comme on l'a vu au *Rép.* n°s 329 et 330, outre l'action civile en dommages-intérêts, indépendante de toute condition de dépôt, en une poursuite criminelle en contrefaçon, poursuite subordonnée au dépôt de la marque. La peine principale était la reclusion. Et les éléments nécessaires du crime de contrefaçon étaient : 1° une reproduction ou imitation de la marque d'autrui ; 2° une fraude préjudiciable au propriétaire de cette marque. Aucune pénalité spéciale contre les vendeurs d'objets revêtus de marques contrefaites, mais application générale des principes de la complicité (*Rép.* n° 331).

La rigueur du système le rendait peu pratique ; et la loi de 1857, à l'exemple de celle de 1824 relative à l'usurpation des noms, vint changer la qualification de ce crime en celle de délit, sauf le cas de contrefaçon du timbre ou poinçon de l'Etat. On peut actuellement distinguer en matière de marques les délits suivants (indépendamment du délit d'introduction en France sous fausse indication de provenance française, délit prévu par l'art. 19 de la loi de 1857, mais se rattachant à la matière des noms autant que des marques, et qui, vu son importance, sera l'objet de l'art. 3 bis, *infrà*) : 1° contrefaçon de marque ou usage de marque contrefaite (L. 1857, art. 7, § 1). Amende de 50 à 3000 fr., et emprisonnement de trois mois à trois ans, ou l'une de ces peines seulement ; — 2° Apposition frauduleuse de la marque d'autrui (art. 7, § 2). Mêmes peines ; — 3° Imitation frauduleuse de marque ou usage de marque frauduleusement imitée (art. 8, § 1).Amende de 50 à 2000 fr. et emprisonnement d'un mois à un an, ou l'une de ces peines seulement ; — 4° Usage d'une marque portant des indications propres à tromper l'acheteur sur la nature du produit (art. 8, § 2). Mêmes peines ; — 5° Vente ou mise en vente sciemment d'un ou plusieurs produits revêtus d'une marque contrefaite ou frauduleusement apposée (art. 7, § 3). Peine de la contrefaçon et de l'apposition frauduleuse ;... ou d'une marque frauduleusement imitée ou portant des indications propres à tromper l'acheteur sur la nature du produit (art. 8, § 3). Peines de l'imitation frauduleuse ; — 6° Les divers cas de complicité prévus par les art. 59 et 60 c. pén. ; — 7° Non-apposition d'une marque déclarée obligatoire (art. 9, § 1). Amende de 50 à 1000 fr. et emprisonnement de quinze jours à six mois ou l'une de ces peines seulement) ; — 8° Vente ou mise en vente d'un ou plusieurs produits ne portant pas la marque déclarée obligatoire pour cette espèce de produits (art. 9, § 2). Mêmes peines ; — 9° Contravention aux dispositions des décrets déclarant la marque obligatoire pour certains produits en exécution de l'art. 1er de la loi de 1857 (art. 9, § 3). Mêmes peines. — Ajoutons-y en vertu de la loi du 26 nov. 1873, sur le timbrage ou poinçonnage des marques : — 10° La contrefaçon ou fabrication du timbre ou poinçon de l'Etat sur une marque de fabrique ou de commerce et l'usage frauduleux du timbre ou poinçon ainsi contrefait ou falsifié, crime puni de la peine portée en l'art. 140 c. pén., c'est-à-dire des travaux forcés à temps élevés à leur maximum, à moins de circonstances atténuantes (art. 6) ; — 11° L'usage frauduleux des timbres ou poinçons véritables et des étiquettes, bandes, enveloppes et estampilles qui en seraient revêtues, délit puni des peines de l'art. 142 c. pén. modifié par la loi du 13 mai 1863, c'est-à-dire de deux à cinq ans de prison, sans préjudice de la privation possible des droits mentionnés en l'art. 42 du même code et sauf l'admission possible des circonstances atténuantes (Même article).

**345.** — II. Contrefaçon. — Le délit de contrefaçon puni par l'art. 7 consiste dans la reproduction brutale et complète de la marque d'autrui (Grenoble, 8 févr. 1886, aff. Grézier, procureur des Chartreux, D. P. 87. 2. 9), à la différence du délit d'imitation, puni de peines moindres par l'art. 8, et qui consiste à s'en rapprocher seulement de manière à établir une confusion entre les produits. Toutefois la contrefaçon elle-même peut exister, malgré certains changements insignifiants, si la partie essentielle et caractéristique est reproduite (Trib. civ. Seine, 8 mai 1878, aff. Rowland, D. P. 79. 3. 64 ; Crim. rej. 22 nov. 1889, aff. Rougnon, D. P. 90. 1. 408 ; Comp. Pouillet, n° 139 ; Bédarride, n° 902). Ce sont les principes dont s'inspire la jurisprudence pour la contrefaçon des dessins de fabrique (V. *suprà*, v° *Brevets d'invention*, n° 277 et 291). — Il est vrai qu'en matière de dessins et de brevets on ne peut écarter la contrefaçon sans acquitter le prévenu, tandis qu'il tomberait en matière de marques sous la qualification subsidiaire d'imitation frauduleuse. Mais il y a en réalité plus qu'imitation, il y a contrefaçon dans une reproduction où se cache une légère dissemblance calculée en vue de la poursuite, comme, par exemple, dans l'espèce ci-dessus, l'altération de certaines lettres laissant à une dénomination, à un pseudonyme employé comme marque, son aspect et sa consonnance : *Bouland* pour *Rowland* (Seine, 8 mai 1878, précité). *Rrvalauta* pour *Revalenta* (Paris, 22 mars

1855, aff. Warton, *Ann. de la propr. ind.* 1855, p. 40) ; *Eau de la Fluoride* pour *Eau de la Floride* (Paris, 15 nov. 1862, aff. Guislain, *ibid.*, 1863, p. 40) ; *Jean Albrety* pour *John Alberty* (Bordeaux, 9 févr. 1852, aff. Cahusac, D. P. 52. 2. 267). — On n'échappera pas davantage à la qualification de contrefacteur par la simple adjonction de son nom à la marque contrefaite, la marque étant ordinairement, pour l'acheteur, plus déterminante que le nom (Lyon, 14 mai 1857, aff. Boilley, *Ann. de la propr. ind.*, 1857, p. 253 ; Paris, 3 févr. 1872, aff. Menier *ibid.*, 1873, p. 18) ; ni par la rédaction de la marque en une langue différente, rédaction qui, sans préserver des erreurs ceux qui comprennent les mots étrangers, peut avoir pour effet de fermer plus sûrement au propriétaire de la marque le marché étranger où se parle cette langue (Bordeaux, 26 déc. 1859, aff. Charrier, *Ann. de la sc. et du dr. comm.*, 1861, t. 2, p. 547 ; Trib. com. Seine, 30 mai 1862, aff. Hurdal, *Ann. de la propr., ind.* 1862, p. 239).

Le juge du fait a un pouvoir souverain pour reconnaître la contrefaçon derrière les ruses qu'elle emploie. Mais encore faut-il qu'on ait reproduit la partie caractéristique et essentielle de la marque et il n'y aurait pas contrefaçon, par exemple, si l'usurpation porte seulement sur une disposition banale et vulgaire d'étiquette qui ne saurait constituer un des signes essentiels de la marque (Civ. rej. 2 juill. 1888, aff. Martell et comp. D. P. 89. 1. 111). A plus forte raison, n'y aurait-il pas contrefaçon ni même imitation ni concurrence déloyale, dans le fait d'employer un type susceptible d'être présenté sous des figures et des dénominations diverses, et duquel se rapproche seulement le sujet déjà pris comme marque par un industriel (Aix, 27 nov. 1876, aff. Eydoux, *Ann. de la propr. ind.*, 1878, p. 252).

**346.** La contrefaçon n'étant qu'un délit, la simple tentative n'en est pas punissable. Mais elle est réputée consommée par le seul fait de l'exécution matérielle du signe qui la constitue, indépendamment de tout emploi, de toute apposition sur les marchandises. C'est donc qu'a pris le législateur de frapper distinctement la contrefaçon et l'usage d'une marque contrefaite en est la démonstration évidente. — En vertu de ce principe, la jurisprudence, qui hésitait jadis à permettre la saisie de flacons vides portant une marque contrefaite, a fini par la punir fabrication et leur actuel indépendamment de leur emploi (Civ. rej. 9 juill. 1852, aff. Barbier, D. P. 52. 1. 269. V. *Rép.* n° 345), n'hésite plus à se prononcer dans ce sens (Crim. rej. 22 nov. 1889, D. P. 90. 1. 408). Elle a appliqué ce principe avec une grande sévérité aux imprimeurs, graveurs, lithographes qui reproduisent la marque d'un commerçant pour un autre que ce commerçant. Elle les a déclarés auteurs principaux du délit de contrefaçon, ce délit existant par le seul fait de la fabrication et dès que les marques ou étiquettes sont parvenues à un degré de fabrication tel qu'elles pourraient être employées et tromper les acheteurs par leur identité avec la marque contrefaite, sans qu'il soit besoin qu'elles soient apposées sur des marchandises (Paris, 18 mai 1868, aff. Badoureau et Patte D. P. 68. 2. 233 ; Crim. rej. 22 nov. 1889, aff. Rougnon, D. P. 90. 1. 408). — V. *infrà*, n° 349 et 353 quant à l'excuse tirée, soit de la bonne foi dans l'exécution de la commande, soit de la provocation du propriétaire même de la marque. — Le défaut d'emploi aura seulement pour conséquence de faire écarter, faute de préjudice, la condamnation aux dommages-intérêts et l'insertion dans les journaux (Même arrêt ; *Adde :* Paris, 19 mars 1857, aff. Reynal et autres, D. P. 78. 2. 23). — Quant au tiers qui a fait la commande et remis le modèle, il n'est pas considéré comme coauteur du délit, puisqu'il n'y a de sa part aucune simultanéité d'action ou assistance réciproque dans l'exécution matérielle, qui seule constitue le délit de contrefaçon. Il est seulement complice (Arrêt précité de Paris, 18 mai 1868, aff. Badoureau et Patte, D. P. 68. 2. 233. — V. *infrà*, n° 376 sur l'application des règles de la complicité en matière de marques).

**347.** Si la contrefaçon existe en dehors de toute apposition de la marque contrefaite sur les marchandises, encore faut-il que la reproduction de la marque soit au moins faite en vue de cette apposition qui seule en fait une marque. L'usurpation de la marque sous forme d'enseigne ne serait donc pas punissable comme contrefaçon, les lois pénales étant de droit étroit, sauf l'action en dommages-intérêts prenant sa source dans la déloyauté de la concurrence et le préjudice causé (Pouillet, n° 163). Il en serait de même de la reproduction de la marque dans les annonces, prospectus, notes et factures, à moins que ces papiers ne deviennent une marque dans le vrai sens du mot, en servant d'enveloppe à la marchandise. M. Pouillet, après avoir admis cette doctrine dans sa première édition n° 164, s'est rallié dans la seconde à l'opinion contraire, qui va logiquement jusqu'à qualifier de contrefaçon au sens légal l'annonce purement verbale des marchandises sous la dénomination qui leur sert de marque chez un concurrent. C'est aller bien loin dans l'interprétation d'une loi pénale en matière de marques que de faire ainsi abstraction de toute apposition matérielle et d'admettre un délit de contrefaçon par la parole ou par des documents destinés à n'être jamais unis au produit. Nous préférons donc la première opinion de M. Pouillet. Dans ce sens d'ailleurs, il a été jugé que l'emploi dans des factures, notes et prospectus, de marques imitées constitue, non une imitation frauduleuse prévue par la loi de 1857, mais un fait de concurrence déloyale rentrant dans la compétence des tribunaux de commerce (Grenoble, 8 févr. 1886, aff. Grézier procureur des chartreux, D. P. 87. 2. 9). Jugé aussi que servir aux consommateurs qui demandent de l'amer Picon un amer inférieur, ce qui le déprécie auprès d'eux, est manquer à la bonne foi commerciale qui oblige le vendeur à ne délivrer ses marchandises que sous leur véritable dénomination, et se rendre passible de dommages-intérêts envers le véritable fabricant (Paris, 4 juill. 1890, aff. Picon et comp. *Gaz. des trib.* du 18 juill. 1890).

**348.** Quant à l'usage d'une marque contrefaite, délit assimilé au fait même de contrefaçon, il consiste soit à appliquer cette marque sur des produits, soit à commander cette apposition et en recueillir les profits, quand même on ne serait ni auteur ni complice de la contrefaçon, ayant trouvé, par exemple, dans le fonds de commerce qu'on a acheté les étiquettes contrefaites ou les timbres ou cachets propres à reproduire la marque contrefaite (Paris, 3 févr. 1872, aff. Ménier, *Ann. de la propr. ind.*, 1873, p. 18). Il ne faut pas confondre l'usage de la marque contrefaite, délit dont l'auteur est le fabricant même des produits qui en sont revêtus, avec le délit de vente ou de mise en vente de ces produits, qui émane d'un tiers étranger à leur fabrication et qui, bien que prévu par le même art. 7, ne l'est qu'à des conditions bien différentes au point de vue de l'excuse tirée de la bonne foi (V. *infra*, n° 349 et suiv., 371 et suiv.).

**349.** — III. Bonne foi. — Excuses diverses. — Le délit de contrefaçon et celui d'usage de marque contrefaite sont-ils indépendants de la bonne ou de la mauvaise foi du prévenu? L'affirmative est généralement admise. Elle est de principe en matière de brevets d'invention, où elle s'appuie sur la comparaison des art. 40 et 41 de la loi du 5 juill. 1844, dont le premier punit le contrefacteur sans y mettre la condition de mauvaise foi, qu'exprime au contraire le second par le mot *sciemment* pour la vente ou la mise en vente des objets contrefaits (V. *supra*, v° *Brevet d'invention*, n° 272; *Rép.* eod. v°, n° 313). On peut faire en notre matière une comparaison toute semblable entre le paragraphe 1er de l'art. 7 de la loi de 1857 sur les délits que nous examinons et le paragraphe 3 du même article sur la vente ou la mise en vente de produits revêtus d'une marque contrefaite. Au point de vue rationnel d'ailleurs cette solution se justifie, pour la contrefaçon des marques comme pour celles des objets brevetés, par la publicité légale donnée aux marques déposées comme aux demandes de brevets, les tiers pouvant avoir communication des premières, non seulement au greffe du lieu où elles ont été déposées, mais au ministère du commerce (jadis au conservatoire des arts et métiers de Paris) où elles sont centralisées; en sorte que l'excuse de bonne foi n'est refusée au contrefacteur que parce qu'elle lui est rendue impossible, — étant donné surtout, comme on l'a vu *supra*, n° 341, que les faits de contrefaçon antérieurs au dépôt échappent à la répression de la loi de 1857 et ne peuvent être atteints que suivant les règles ordinaires de la concurrence déloyale, c'est-à-dire par de simples réparations civiles subordonnées à la mauvaise foi ou à une faute caractérisée (V. *infra*, n° 525), — étant donné aussi que la contrefaçon est une copie ou reproduction exacte de la marque et ne peut être inconsciente comme l'imitation qui n'en

est qu'une ressemblance et dont l'art. 8 prend soin d'exiger le caractère frauduleux pour la punir.

**350.** Toutefois le fondement rationnel donné à cette solution conduit à la circonscrire par une juste interprétation du silence de la loi sur la bonne foi du contrefacteur. L'excuse de bonne foi sera assurément repoussée si elle est tirée de l'ignorance du dépôt, ignorance que la publicité de ce dépôt rend légalement inexcusable. Elle le sera encore si elle est tirée d'une erreur de droit, cette erreur ne pouvant être invoquée même là où l'excuse de bonne foi est recevable (Paris, 31 mars 1887, aff. Boussod, Valadon, *Ann. de la propr. ind.*, 1888, p. 54). Mais certaines circonstances ont pu amener chez le prévenu soit une erreur sur la personne pour qui il fabriquait les marques, soit la croyance à une autorisation du propriétaire pour la fabrication ou l'usage qu'il a fait de ces marques. L'admission de ces sortes d'excuses respecte parfaitement le silence du paragraphe 1er de l'art. 7 qui n'a d'autre signification que d'exclure tout prétexte d'ignorance à l'égard de la marque déposée. On a vu, en matière de brevets, des arrêts excuser la bonne foi du contrefacteur dans des cas analogues, par exemple, quand il a pu croire à des antériorités capables d'invalider le brevet (V. *supra*, v° *Brevet d'invention*, n° 273). Il y a même raison d'admettre en matière de marques l'excuse de bonne foi sur d'autres faits que l'existence de la marque déposée.

Les décisions de la jurisprudence peuvent s'expliquer par ces principes. Un jugement du tribunal correctionnel de la Seine, reproduit sous Paris 15 mai 1868, aff. Badoureau et Patte (D. P. 68. 2. 233) déclare, à propos d'un imprimeur lithographe, que « le fait matériel de la reproduction d'une marque de fabrique constitue la contrefaçon indépendamment des circonstances tendant à établir soit la bonne foi soit la mauvaise foi de la partie contrevenante ». Mais, comme ce principe n'a qu'une portée restreinte au fait de l'existence du dépôt, il laisse place aux excuses tirées d'erreurs sur l'identité de la personne à qui la marque est destinée, le tribunal, et la cour après lui, prennent soin de constater l'impossibilité de ce genre d'erreur, à raison du nom inscrit dans la marque et du nom tout différent sous lequel a été faite la commande par un tiers absolument étranger au déposant. — Ainsi peut s'expliquer encore l'arrêt de Paris du 19 mars 1875 (aff. Reynal et autres, D. P. 78. 2. 23) qui semble réserver l'excuse de bonne foi, mais qui explique sa pensée en ajoutant que si la marque révèle le nom de son véritable propriétaire, cette circonstance implique par elle-même la mauvaise foi de la part du lithographe qui l'a reproduite pour un autre que le propriétaire. De même la cour d'Alger (29 mai 1879, aff. Avice, Marlier et Duvert, D. P. 81. 2. 63) repousse l'excuse de bonne foi quand la marque porte un autre nom que celui de l'auteur de la commande, et un nom de lieu de fabrication autre que celui où elle doit être employée.

Même solution dans une espèce où l'auteur de la commande avait déclaré agir pour le compte d'un tiers, bien qu'en réalité il eût été chargé par le propriétaire même de la marque de faire cette commande et de provoquer ainsi la contrefaçon pour en avoir une preuve, l'imprimeur ayant d'ailleurs accepté cette commande sans demander d'explication, cette manœuvre n'ayant été employée pour surprendre sa bonne foi ou forcer sa confiance (Crim. rej. 15 janv. 1876, aff. Wolf, Juteau et Bourief, D. P. 76. 1. 283). — Enfin un fabricant de flacons a pu être condamné sans constatation de mauvaise foi, cette mauvaise foi étant manifeste par un nom incrusté comme marque dans les flacons et par le nom tout différent de l'auteur de la commande (Crim. rej. 22 nov. 1889, aff. Rougnon, D. P. 90. 1. 408).

**351.** Mais si la jurisprudence tient compte des circonstances du fait pour l'excuse qui serait tirée d'une erreur sur l'auteur de la commande, on peut dire qu'elle écarte péremptoirement toute excuse d'ignorance au sujet du dépôt de la marque par son propriétaire; elle en impose la vérification et la connaissance non seulement au concurrent qui a fait usage de la marque, contrefaite, mais à l'imprimeur, au lithographe, au fabricant de flacons qui accepte la commande de ces marques, et cela aussi bien en matière d'imitation frauduleuse que de contrefaçon proprement dite, la seule différence entre les deux cas étant dans les degrés dont l'imitation est susceptible, et qui peuvent en exclure la fraude malgré la connaissance qu'on a eu de la marque déposée, excuse qu ne se peut rencontrer dans la contrefaçon qui est une copie. — Ainsi la cour de cassation a jugé que l'imprimeur recevant une commande d'étiquettes industrielles, si ces étiquettes sont ensuite considérées par la justice comme imitant la marque d'un tiers, est en faute malgré sa bonne foi, à moins de circonstances particulières, s'il n'a procédé à aucune vérification sur l'existence, au dépôt central de Paris, d'une marque plus ou moins semblable aux étiquettes commandées; et que le principe à poser, même pour un imprimeur de province, n'est pas la dispense de cette vérification, sauf circonstances spéciales de nature à éveiller ses soupçons ainsi que l'avait jugé la cour de Bordeaux (19 juill. 1866, aff. Clin, D. P. 87. 2. 108), mais au contraire le devoir professionnel de faire cette recherche, à moins de circonstances speciales relevées expressément a sa décharge par le juge du fond (Civ. cass. 16 janv. 1889, aff. Blancard et comp., D. P. 89. 1. 236). — Comp. sur la bonne foi des imprimeurs d'étiquettes et de flacons, *Rép.* n° 331.

**352.** Il est à noter d'ailleurs que, même dans les cas où la bonne foi écarterait la peine et la qualification de concurrence déloyale, il peut subsister, malgré cette bonne foi, une imprudence, une faute capable de justifier, si elle a causé un préjudice, une condamnation civile à des dommages-intérêts en vertu de l'art. 1382 c. civ. (Paris, 23 mars 1869, D. P. 70. 2. 75, et jurisprudence citée en note; Aix, 12 mars 1870, D. P. 71. 2. 134; Bordeaux, 12 déc. 1887, *La Loi* du 18 janv. 1888; Alger, 22 févr. 1888, aff. Fassina et comp., D. P. 89. 2. 254; Riom, 13 juin 1888, aff. Grange, D. P. 90. 2. 126). L'absence de préjudice, au contraire, sans pouvoir écarter la qualification et la peine du délit faute d'une excuse de bonne foi recevable d'après les distinctions ci-dessus, mettrait obstacle à une allocation de dommages-intérêts (Paris, 19 mars 1875, aff. Reynal et autres, D. P. 78. 2. 23). Et la constatation d'un préjudice purement éventuel permettrait au juge d'ordonner les mesures propres à le prévenir, mais non la publicité du jugement qui les ordonne, ou qui déclare la culpabilité, pas plus qu'aucune réparation pécuniaire (Arrêt précité de la cour d'Alger du 22 févr. 1888). C'est ce qui a été suivi, soit dans le cas de marques contrefaites, mais non encore apposées sur les marchandises (Paris, 15 mai 1868, aff. Badoureau et Patte, D. P. 68. 2. 233); soit dans le cas plus spécial de marques commandées à un imprimeur sous le nom d'un tiers par un agent secret du propriétaire désireux d'arriver ainsi à la preuve du délit. (V. *supra*, n° 350; Paris 19 mars 1875, aff. Reynal et autres, D. P. 76. 1. 283). Sur toutes les questions que soulève la bonne foi en cette matière, V. Pouillet, n°s 169 à 179.

**353.** L'intervention du propriétaire même de la marque ne peut, par elle-même, constituer une excuse (V. les deux arrêts précités). « Il se peut, dit M. Pouillet (n°s 152 et 153) que le propriétaire de la marque, certain d'une contrefaçon clandestine qui ne se révèle, par exemple, qu'à l'étranger, c'est-à-dire dans un lieu le plus souvent hors de ses atteintes, ait recours à une commande faite en France sous un nom supposé à celui qui est l'objet de ses soupçons », notamment à l'imprimeur. Il n'y a là ni sujet de blâme pour l'un ni excuse pour l'autre, à moins, comme cela résulte implicitement du premier des deux arrêts précités, qu'il y ait eu provocation dans le sens défavorable du mot, c'est-à-dire manœuvre employée pour surprendre la bonne foi ou forcer la confiance du prévenu, et tendant à faire naître un délit qui n'eût pas été commis, plutôt qu'à se procurer simplement la preuve de pratiques déjà existantes. De telles manœuvres rentreraient dans l'excuse d'erreur, telle qu'elle peut être admise d'après les distinctions faites plus haut. *Adde*, dans le même sens : Lyon, 19 juin 1879, aff. Portallier, *Ann. de la propr. ind.*, 1880, p. 384. Mais un autre arrêt a déclaré non recevable la plainte en contrefaçon de marque portée par un fabricant qui a provoqué, lui-même ou par son agent, cette contrefaçon, s'il n'est pas justifié qu'il y ait eu d'autres faits de contrefaçon antérieurs dont celui-ci aurait été le moyen de faire la preuve (Paris, 13 janv. 1864, aff. Boucher, *Ann. de la propr. ind.*, 1864, p. 135).

**354.** L'inaction du propriétaire de la marque en face d'usurpations antérieures n'est pas non plus un motif d'excuse pour le contrefacteur. Le délit ne disparaîtrait que s'il y avait eu un ensemble de faits capables de faire tomber la marque dans le domaine public, faits dont la nature a été indiquée *supra*, n°s 317 et 318.

**355.** On ne saurait davantage produire comme excuse, en cas de marque composée du nom du fabricant, l'autorisation obtenue d'un individu portant le même nom, d'user de ce nom pour ses produits, alors qu'on n'a point associé cet individu à sa fabrication et qu'on l'a même exclu de toute immixtion dans son commerce, une telle union ne pouvant avoir pour but que de déguiser une contrefaçon frauduleuse (Besançon, 30 nov. 1861, aff. Lorimier et Bovet, D. P. 62. 2. 43). — V. *infra*, n°s 430 et suiv. les restrictions imposées à l'usage des noms par les homonymes.

**356.** Enfin, nul cas de force majeure, à moins d'erreur invincible causée par elle, comme serait l'obstacle absolu à toute vérification, ne peut servir directement d'excuse. Ainsi jugé pour le cas d'occupation ennemie et d'épuisement des produits de certaines fabriques, contre ceux qui avaient cru pouvoir satisfaire à la demande de ces produits au moyen de marques contrefaites (Trib. corr. Epernay, 30 avr. 1872, aff. De Milly, *Ann. de la propr. ind.*, 1872, p. 338).

**357.** — IV. CONTREFAÇONS ÉTRANGÈRES. — La contrefaçon commise à l'étranger n'est pas punissable en France, à moins d'avoir été commise par un Français dans un pays dont la législation la punit, ce qui est actuellement le fait de presque toutes les législations étrangères (V. *supra*, n°s 168 et suiv.), ou à moins de porter sur une marque revêtue du timbre ou du poinçon de l'État et de constituer une contrefaçon ou falsification de ce timbre ou de ce poinçon, ou l'usage de ce timbre ou poinçon falsifié ou contrefait; auquel cas le coupable, même étranger, peut être poursuivi en France d'après les lois françaises s'il est arrêté en France ou extradé à la demande du Gouvernement français (art. 5 et 7 c. instr. crim. modifié par la loi du 27 juin 1866; L. 26 nov. 1873, art. 6). — Mais en tout cas, dès que la marque contrefaite est introduite en France, le délit est réputé s'achever ou se prolonger sur le sol français, et la loi française atteint ce délit, soit dans la personne de l'introducteur, soit dans la personne du contrefacteur étranger s'il a sciemment coopéré à cette introduction (Trib. corr. Havre, 14 janv. 1860, aff. Munch et comp., *Ann. de la propr. ind.*, 1860, p. 303; Trib. corr. Epernay, 30 avr. 1872, aff. De Milly, *ibid.*, 1872, 338).

L'étranger, alors même qu'il échapperait à toute peine en France, ne saurait invoquer devant les tribunaux français le contrat par lequel la contrefaçon lui avait été commandée, ni en réclamer le prix, l'obligation ayant alors une cause illicite qui l'empêche de produire effet (Paris, 16 juill. 1856, aff. Braun et Bloëne, *Ann. de la propr. ind.*, 1856, p. 215). — Il pourrait même, au point de vue civil, se voir réclamer des dommages-intérêts devant les tribunaux français pour faits commis à l'étranger, l'art. 14 c. civ. permettant aux Français de poursuivre les étrangers devant les tribunaux français pour obligations contractées soit en France soit à l'étranger, et cet article devant s'appliquer même aux délits et quasi-délits, et même aux matières commerciales, faute de l'art. 420 c. proc. civ. de prévoir les litiges internationaux (Crim. rej. 5 mai 1882, aff. Brissac et autres, D. P. 82. 1. 435; Trib. civ. Marseille, 12 janv. 1887, aff. Lemerle, *Journ. du droit int. privé*, 1889, p. 841; Douai, 18 janv. 1888, aff. Vaissier frères, *Ann. de droit comm.*, t. 2. 1re partie, p. 129 et notes). V. *supra*, n° 305.

Même au point de vue pénal, l'invasion et l'administration momentanée par l'ennemi d'une partie du territoire français ne fait pas perdre à ce pays sa nationalité de manière à faire considérer comme commises à l'étranger les contrefaçons qui y sont commises (Trib. corr. Epernay, 30 avr. 1872, aff. De Milly, *Ann. de la propr. ind.*, 1872. 338).

Quant à la contrefaçon commise en France pour des produits destinés à l'étranger, cette destination étrangère ne l'empêche nullement de relever de la loi française et des tribunaux français (Paris, 3 avr. 1879, aff. Farcy et Oppenheim, D. P. 80. 2. 78; Crim. rej. 3 mai 1867, aff. Lagarde, *Ann. de la propr. ind.*, 1867, p. 293).

**358.** — V. Apposition frauduleuse de la marque d'autrui. — La contrefaçon, bien que supposant la reproduction exacte de la marque d'autrui, ne se confond pas avec le délit d'apposition frauduleuse de cette marque. La loi de 1857 punit distinctement par le second paragraphe de son art. 7 « ceux qui ont frauduleusement apposé sur leurs produits ou les objets de leur commerce une marque appartenant à autrui ». Ce délit consiste, non plus à fabriquer une marque copiée sur celle d'autrui, en vue de l'usage qui pourra en être fait ou à se servir de la marque ainsi fabriquée, mais à se servir, en l'apposant frauduleusement sur ses produits ou sur les objets de son commerce, de la marque même d'un fabricant, de sa marque véritable, de son timbre ou de son poinçon, de ses enveloppes ou de ses sacs, de ses boîtes ou de ses flacons, qu'on s'est procuré ou qu'on a en sa possession d'une manière quelconque; c'est ce qu'expliquaient l'exposé des motifs et le rapport. Jugé notamment que le fait, par un commerçant, d'avoir, de mauvaise foi, livré au commerce, dans des sacs portant la marque d'un producteur en renom, un produit différent et d'une valeur inférieure, constitue le délit d'apposition frauduleuse de la marque d'autrui sur ses propres produits ou sur les objets de son commerce, et qu'il en est ainsi spécialement du fait par un marchand d'engrais d'avoir revendu des sacs de guano du Pérou dont il avait retiré une partie du contenu pour le remplacer par du guano avarié, en laissant sur les sacs, pour tromper l'acheteur, le plombage portant avec l'indication du nom de l'importateur la marque « guano pur ». (Crim. rej. 1er août 1867, aff. Gautier de Savignac, D. P. 67. 1. 511).

**359.** Ce délit se distingue du délit de contrefaçon, non seulement dans la nature du fait qui le constitue, mais aussi dans la condition de fraude qui fait ici l'objet d'une mention expresse de la part du législateur. On ne pourrait donc condamner pour apposition de la marque d'autrui si elle n'a pas été frauduleuse. M. Bédarride pense qu'elle ne peut pas ne pas l'être, qu'elle constitue nécessairement la fraude et qu'il faut condamner sans examen de la question d'intention. Mais M. Pouillet rectifie cette manière de voir et fait ressortir l'intérêt pratique de cette question d'intention. « Celui, dit-il, qui, par exemple, se sert de récipients appartenant à autrui peut les posséder légitimement par suite d'un échange, d'une confusion opérée chez les consommateurs et tout à fait en dehors de sa volonté; ces récipients peuvent ensuite s'être trouvés mêlés avec les siens qu'on peut supposer d'une forme semblable et l'emploi des uns et des autres concurremment peut être le résultat d'une simple méprise, d'un défaut de surveillance qui ne va pas jusqu'à la fraude » (n° 198).— Il est à noter toutefois que le fait de récipients échangés chez les consommateurs n'est pas exclusif de la mauvaise foi et du délit d'apposition frauduleuse. Jugé notamment que celui qui introduit dans les siphons appartenant à autrui des eaux gazeuses de sa fabrique et vend les siphons ainsi remplis, se rend coupable du délit d'apposition frauduleuse de marque d'autrui quand même il aurait reçu ces siphons des consommateurs en échange des siens (Trib. corr. Seine, 7 févr. 1873, aff. Chapotel, *Ann. de la propr. ind.*, 1874, p. 388). Jugé encore qu'il ne saurait être permis à un négociant d'employer, pour ses propres produits, les sacs portant la marque ou le nom d'un concurrent, encore bien qu'il allèguerait que ces sacs, lui ayant été renvoyés par les consommateurs aux lieu et place des siens, il n'a fait en s'en servant que suivre un usage constant dans cette industrie (Bordeaux, 6 juin 1873, aff. Nivet, *Ann. de la propr. ind.*, 1874, p. 130; et que l'usage établi sur une place commerciale de considérer les sacs vides comme choses fongibles et de les employer aux lieu et place des autres sans avoir égard à la marque, ne saurait prévaloir contre le droit qu'a tout fabricant de revendiquer la propriété de sa marque (Trib. corr. Seine 9 mai 1883, aff. Morel, *ibid.*, 1883, p. 350).

**360.** Outre la nécessité de l'intention frauduleuse, et comme élément indispensable d'ailleurs de cette intention, il faut, pour qu'il y ait délit, que le prévenu ait apposé la marque d'autrui sur ses produits ou les objets de son commerce et non sur ceux du propriétaire même de la marque. Et il s'agit là plutôt de la provenance que de la propriété actuelle des produits. Un fabricant, par exemple,

ne serait pas fondé à se plaindre de ce qu'un débitant, qui lui a acheté et payé des produits de sa maison, revende ces produits dont il est devenu propriétaire en leur conservant le nom qui sert à les distinguer et sous lequel ils sont connus dans le commerce (Req. 21 mai 1884, aff. Robineau, D. P. 84. 1. 288), et cela quand même il les vendrait au-dessous du tarif du fabricant, les ayant achetés de lui avec une remise sans engagement contraire (Trib. com. Angoulême, 3 janv. 1861 et Bordeaux, 28 mai 1861. *Ann. de la propr. ind.*, 1862, p. 377). Mais la solution changerait si les produits avaient subi, dans les mains de celui qui les vend, une dénaturation ou transformation quelconque, comme serait, par exemple, la réduction du papier acheté en gros en papier à lettres de formats différents (V. sur ce point Pouillet, n° 165).

**361.** — VI. Imitation frauduleuse. — L'art. 8, § 1er, de la loi de 1857 punit ceux qui, contrefaire une marque, en ont fait une imitation frauduleuse de nature à tromper l'acheteur ou en font usage d'une marque frauduleusement imitée ». On a vu *suprà*, n° 343 en quoi la contrefaçon proprement dite diffère de l'imitation ; celle-ci rappelle plus ou moins la marque au lieu de la copier. Et elle devient délictueuse lorsque, animée d'une intention frauduleuse, elle est de nature à tromper l'acheteur. Il faut donc poser ici comme conditions essentielles la mauvaise foi et une ressemblance suffisante, deux points de fait d'ailleurs livrés à l'appréciation souveraine des tribunaux (Req. 28 mai 1872, aff. Dugué, D. P. 73. 1. 16 ; Crim. rej. 6 févr. 1875, aff. Meurgey, Teste et Fox, D. P. 76. 1. 282 ; 3 janv. 1878, aff. Birkin, D. P. 79. 1. 45 ; Civ. rej. 2 juill. 1888, aff. Martell, D. P. 89. 1. 111). L'appréciation du juge du fond sur l'insuffisance de similitude entre la marque imitée et la marque incriminée ne pourrait être utilement critiquée devant la cour de cassation, qu'autant qu'il serait justifié que le procès a été jugé sur une étiquette autre que celle signalée par le demandeur comme ayant été imitée (Arrêt précité, 2 juill. 1888). — Bien que les mots « frauduleuse » et « frauduleusement » portent, au point de vue grammatical, sur l'imitation et non sur l'usage de la marque, il faut reconnaître que, dans la pensée du législateur, la condition de fraude porte sur l'imitation avec plus encore que sur la première, et à plus forte raison (Conf. Pouillet, n° 193; *Contrà*, Bédarride, n°s 923 et 924).— Les tribunaux, d'ailleurs, peuvent être plus ou moins sévères dans l'appréciation de la bonne foi, suivant les circonstances. Et, par exemple, ce n'est pas seulement au cas de contrefaçon, mais encore au cas d'imitation que la cour de cassation a proclamé le devoir pour les imprimeurs, même de province, auxquels sont commandées des étiquettes industrielles, de s'assurer qu'il n'existe pas au dépôt central de Paris une marque déposée plus ou moins semblable à ces étiquettes, à moins de circonstances spéciales relevées expressément à leur décharge, au lieu de subordonner pour eux ce devoir de vérification à des circonstances capables d'éveiller leurs soupçons (Civ. cass. 16 janv. 1889, aff. Blancard et comp. D. P. 89. 1. 236 ; V. *suprà*, n° 351). Il est vrai que dans cet arrêt la responsabilité civile était seule en question:

Jugé aussi que celui qui fait usage sciemment d'une marque frauduleusement imitée est responsable, alors même qu'il se serait trompé dans une certaine mesure sur l'étendue de ses droits et sur la portée de la manœuvre à laquelle il prêtait son concours, cette erreur ne pouvant avoir d'autre effet que d'atténuer la mesure de sa responsabilité (Nîmes, 13 juin 1874, aff. David, D. P. 77. 5. 306).

**362.** Il faut, sans qu'une similitude complète soit requise, que l'imitation soit de nature à tromper l'acheteur. Du moment qu'il y a des dissemblances assez grandes pour rendre la confusion impossible, le délit disparaît. Il ne disparaît, dit M. Pouillet, n° 191, qu'au point de vue pénal, car le propriétaire de la marque conservant le droit d'en interdire l'emploi, même sans confusion ni préjudice possibles, par le droit souverain de sa propriété. Cette solution peut se comprendre quand la marque tout entière est employée au milieu d'autres éléments qui empêchent la confusion, mais non quand certaines parties seulement de cette marque sont combinées avec d'autres éléments pour former une marque nouvelle, toujours sans confusion possible.

**363.** Le principe que l'imitation, pour être punissable,

n'a pas besoin d'être servile, mais doit être de nature à tromper l'acheteur a reçu de nombreuses applications. Jugé notamment que le délit est légalement caractérisé lorsqu'à raison de ressemblances ou d'analogies suffisamment prononcées, soit dans la totalité soit dans quelques-uns des éléments constitutifs de la marque, il peut s'établir une confusion de nature à tromper l'acheteur sur la provenance des produits (Crim. rej. 3 janv. 1878, aff. Birkin, D. P. 79. 1. 45). Spécialement, bien que le mot *paragon* qui fait partie essentielle de l'ensemble de la marque d'un fabricant de parapluies, ne soit pas sa propriété exclusive, il n'y a pas moins délit d'imitation frauduleuse dans le fait d'un autre fabricant qui inscrit également ce mot en relief sur une plaque de cuivre semblable et au même endroit de la monture des parapluies, de manière que la seule différence, à peine visible, consiste dans la substitution de deux initiales au nom de l'auteur de la marque (Crim. rej. 6 févr. 1875, aff. Meurgey, Teste et Fox, D. P. 76. 1. 282). — Jugé encore qu'il y a délit, non seulement au cas de similitude absolue et complète entre les marques, mais encore lorsque les différences entre l'original et l'imitation sont insuffisantes pour éviter une méprise, et qu'à première vue il se produit entre les deux marques une inévitable confusion (Orléans, 21 févr. 1882, aff. Benoist, D. P. 84. 2. 8); qu'il y a délit quand l'imitation, quoique incomplète et partielle, est cependant de nature, par suite d'une identité dans la destination pratique, dans la dénomination usuelle de l'objet représenté, à induire en erreur sur la nature de ce signe les acheteurs inexpérimentés (Nîmes, 13 juin 1874, aff. David, D. P. 77. 5. 366), surtout quand les deux fabricants s'autorisent, dans leurs marques, des mêmes noms commerciaux (Riom, 12 août 1889, aff. Rousselon, D. P. 91. 2. 15. *Adde* dans le même sens : Paris, 21 mars 1866, aff. Barnett, *Ann. de la propr. ind.*, 1864, p. 144; Montpellier, 17 juin 1862, aff. Bardou, *infrà*, n° 391.

**364.** Jugé, d'autre part : 1° qu'il n'y a pas délit si, nonobstant certaines similitudes, il existe des différences propres à rendre toute confusion impossible pour les acheteurs qui ne seraient pas absolument inattentifs ou dépourvus d'intelligence (Bordeaux, 11 août 1886, et sur pourvoi, Civ. rej. 2 juill. 1888, aff. Martell et consorts., D. P. 89. 1. 111); — 2° Qu'il n'y a pas imitation susceptible de donner lieu à des dommages-intérêts, lorsque aucune confusion n'est possible entre les deux marques pour ceux qui apportent dans l'examen des produits l'attention commune et ordinaire, notamment s'il y a dissemblance dans le nombre, la couleur et la disposition des fils des lisières de deux tissus et dans les tranches des pièces en rouleaux (Caen, 11 nov. 1871 et sur pourvoi Req. 28 mai 1872, aff. Dugué et cons., D. P. 73. 1. 16); — 3° Qu'il n'y a pas imitation frauduleuse si les différences essentielles, multiples, très apparentes, sont telles que l'acheteur, même n'apportant que l'attention la plus vulgaire, ne pouvait être trompé sur l'origine des produits (Rennes, 27 févr. 1889, aff. de Lécluse et Trevadal, D. P. 90. 2. 190); — 4° Que, pour apprécier le caractère d'une marque de fabrique, il convient de l'envisager dans son ensemble et de ne pas séparer les éléments divers qui peuvent la composer; qu'il importe donc peu que quelques-uns des éléments d'une marque appartenant à un fabricant soient empruntés même par une industrie similaire, si, dans l'ensemble, ils se distinguent de la marque première par des modifications et des dispositions nouvelles, telles qu'aucune confusion ne puisse s'établir entre l'ancienne et la nouvelle marque; — Spécialement, que lorsqu'une marque déposée se compose : 1° d'un flacon en verre, forme baril; 2° d'une capsule en métal, couleur blanche; 3° d'une étiquette de forme ovale, fond bleu; 4° enfin d'une gravure sur le verre même, indiquant le nom du fabricant et la nature du produit, l'industriel qui exploite un produit similaire peut se servir d'un baril en verre de même dimension et même forme, si ce flacon porte gravées des mentions différentes, et si les dissemblances résultant, soit des couleurs de la capsule et de l'étiquette, soit surtout des dénominations du produit, donnent au nouveau modèle un aspect particulier et une physionomie propre, rendant toute confusion impossible. Il n'y a, dans ce cas, ni simulation d'une marque déposée, ni usurpation de la propriété de la marque. En tous cas, les juges du fait ont un pouvoir

souverain pour apprécier si telle ou telle partie d'une marque en constitue l'élément essentiel, et si les circonstances de la cause révèlent une simulation de ladite marque (Req. 7 juill. 1890, aff. Louit frères, D. P. 91. 1. 333). — Les mêmes principes étaient déjà appliqués avant la loi de 1857 (Comp. Req. 18 janv. 1854, aff. Salignac, D. P. 54. 1. 252). — Sur l'emploi des mots *façon de... système de...* suivis du nom d'un autre fabricant, V. *infrà*, n° 448).

**365.** — VII. Usage d'une marque portant des indications propres à tromper l'acheteur sur la nature du produit. — La loi de 1857, dans le deuxième paragraphe de son art. 8, punit ceux qui ont fait usage d'une marque portant des indications propres à tromper l'acheteur sur la nature du produit. Cette disposition s'écarte de l'esprit général de la loi de 1857, qui tend à protéger avant tout les fabricants, et seulement indirectement les consommateurs en intéressant les fabricants au bon renom d'une marque bien protégée. Ici la loi vise principalement l'intérêt du consommateur, non celui du fabricant, car elle punit l'usage d'une marque de nature à tromper l'acheteur par celui-là même à qui cette marque appartient, et sans aucune usurpation de la marque d'autrui. Cette disposition se rapproche donc plutôt de l'art. 423 c. pén. V. *infrà*, v° *Vente de substances falsifiées*. Mais pourtant elle s'en distingue, non seulement en ce qu'il s'agit spécialement de tromperie à l'aide de la marque, mais encore en ce que cet usage de la marque constitue un délit par le seul fait qu'elle porte des indications propres à tromper l'acheteur, sans qu'aucun acheteur ait été trompé; ce n'est pas seulement la tromperie, c'est l'usage d'un moyen spécial de tromperie que la loi réprime ici, fait qui ne tomberait pas sous le coup de l'art. 423 c. pén., car il n'est que la tentative du délit prévu par lui (Exposé des motifs, D. P. 57. 4. 102, n° 15 ; Rapport, D. P. 57. 4. 98, note 1; Conf. Pouillet, n° 363; Rendu, n° 196; *Contrà*, Bédarride, n° 970).

**366.** Dans ce délit, d'ailleurs, comme dans ceux de droit commun, la mauvaise foi est un élément nécessaire (Pouillet, n° 367; Rendu, n° 209; *Contrà*, Bédarride, n° 928). Les expressions dont se sert ici la loi, « indications propres à tromper l'acheteur », éveillent l'idée d'une tromperie voulue et préméditée.

**367.** Comme dans l'art. 423 c. pén., il s'agit de tromperie sur la nature, et non sur la qualité du produit (V. pour les distinctions à faire à cet égard, *infrà*, v° *Vente de substances falsifiées*).

**368.** Conforme en cela encore à l'art. 423 c. pén., le texte ne vise pas davantage la tromperie sur l'origine des produits. Et il est même à noter qu'un amendement proposé par M. Tesnières contre ce genre de tromperie fût rejeté lors de la discussion de la loi. Il est vrai que la loi de 1824 atteignait déjà ce genre de fraude, puisqu'elle punit « quiconque aura soit apposé, soit fait apposer par addition, retranchement, ou par une altération quelconque, sur des objets fabriqués, le nom d'un lieu autre que celui de la fabrication » (V. *infrà*, n° 456). Point n'était donc besoin des sévérités de la loi de 1857 (Bédarride, n° 936). Jugé que l'art. 8 de la loi de 1857 ne s'applique pas à l'indication d'un lieu autre que le lieu de fabrication, apposée sur le produit fabriqué (Crim. rej. 23 févr. 1884, aff. Potié, D. P. 84. 1. 165). Cet art. 8 est d'ailleurs applicable toutes les fois que la fausse origine indiquée dans la marque aura pour conséquence d'induire en erreur, non seulement sur la qualité, mais sur la nature du produit, ainsi que cela peut se présenter pour un vin factice marqué comme d'un certain cru de Champagne, ou pour des châles français marqués comme cachemires de l'Inde (Rendu, n° 102), ou pour une eau artificielle vendue sous le nom d'une eau minérale naturelle dans des fioles dont le bouchon, la capsule et l'étiquette portent la marque contrefaite du propriétaire de la source (Crim. rej. aff. Fleury, D. P. 83. 1. 481-482). Mais hors ces cas, la tromperie sur l'origine des produits échappe à la loi de 1857 comme au code pénal (*Contrà*, Huard, *La Propriété industrielle*, n° 161).

Il peut arriver qu'une marque indiquant une provenance étrangère soit devenue, par un usage constant dans une branche d'industrie, une simple constatation de la qualité supérieure du produit. L'apposition de cette marque ne peut alors motiver une action en usurpation de la part du producteur étranger qui le premier en a fait usage, si d'ailleurs le fait a été accompli de bonne foi et n'a pu causer aucune confusion (Civ. rej. 4 févr. 1865, aff. Stubs, D. P. 65. 1. 197). — Le cas d'introduction en France de produits étrangers sous la marque d'un fabricant français est puni par l'art. 19 (V. infrà, nos 412 et suiv.).

**369.** Le consommateur peut-il intenter l'action dans le cas d'usage de marque propre à tromper l'acheteur sur la nature du produit? (V. sur cette question infrà, nº 386, et Crim. rej. 5 mai 1883, aff. Fleury, D. P. 83. 1. 481-482).

**370.** Enfin on ne saurait appliquer ni l'art. 8, § 2, ni aucun autre de la loi de 1857 au fait de revendre sous sa propre marque un produit acheté au fabricant. La suppression, l'altération, la substitution de marque, échappent à la loi de 1857, quand n'y apparaît point l'usurpation d'une autre marque appartenant à une autre personne, mais seulement l'apposition par l'auteur du fait d'une marque nouvelle formant sa marque de commerce. Il fut question de l'y faire rentrer par deux amendements que le conseil d'État repoussa, et qui tendaient à assimiler le démarquage des produits industriels à celui des œuvres littéraires. Mais, comme l'a montré le commissaire du Gouvernement dans la discussion de la loi, on ne peut assimiler, dans cette question de plagiat, l'œuvre industrielle à l'œuvre littéraire. L'intermédiaire, le marchand, le commissionnaire, peut avoir intérêt à ne pas faire connaître l'origine des produits qu'il vend, à supprimer la marque du fabricant, à la remplacer même par sa marque de commerce. Et la loi de 1857 lui en reconnaît le droit, en mettant sur le même pied les marques de commerce et les marques de fabrique. Quant au fabricant, visant surtout au profit, il est intéressé à ce que l'intermédiaire, par tous les moyens possibles, lui procure l'écoulement de ses produits, sauf à lui à stipuler, en les lui vendant, le maintien de sa marque s'il y croit son renom intéressé, sauf aussi, même en l'absence d'une convention de ce genre, le droit de se plaindre par la voie civile d'une concurrence déloyale, si, par exemple, c'est un concurrent qui a pu ainsi, en se parant de ses produits, établir une maison rivale qu'il n'eût jamais pu se faire une clientèle sans ce subterfuge (V. Pouillet, nº 372).

**371.** — VIII. VENTE OU MISE EN VENTE DE PRODUITS REVÊTUS D'UNE MARQUE DÉLICTUEUSE. — La loi de germinal an 11 et le code pénal ne punissaient pas d'une manière distincte et spéciale le débit des marchandises à marques contrefaites, et il fallait, en conséquence, pour atteindre le vendeur, prouver à sa charge une véritable complicité d'après les principes du droit commun, c'est-à-dire une coopération active, sauf à admettre plus facilement l'action en dommages-intérêts (Rép. nº 331). La loi de 1857, au contraire, punit distinctement « ceux qui ont sciemment vendu ou mis en vente un ou plusieurs produits revêtus d'une marque contrefaite ou frauduleusement apposée (art. 7, § 5), ou frauduleusement imitée ou portant les indications propres à tromper l'acheteur sur la nature du produit » (art. 8, § 3). Comme l'a dit le rapporteur pour justifier cette disposition, « la fraude serait restreinte sans le débit qui la rend productive ».

**372.** Mais la disposition est absolue ; elle frappe même une vente isolée, même une vente à perte, même une vente pour l'exportation ou pour un marché où le propriétaire de la marque n'envoie pas ses produits. Et outre la vente, elle frappe la mise en vente sans exiger d'ailleurs qu'elle soit apparente. Les mots « mis en vente » ont été substitués pour cela aux mots « exposés en vente » que portait le projet de loi.

**373.** L'exhibition dans une exposition industrielle vaudrait mise en vente et serait punissable comme telle. On ne voit pas d'ailleurs quel intérêt légitime peut porter l'exposant à employer une marque délictueuse. Comp. pour le cas de produits brevetés, supra, vº Brevets d'invention, nos 304 et suiv.

**374.** Le produit à marque délictueuse aurait beau, d'ailleurs, venir de l'étranger, être livrable à l'étranger, et n'être acheté que pour l'étranger, la vente ou sa mise en vente en France n'en serait pas moins un délit distinct, punissable, quand même la contrefaçon ne le serait pas. — Jugé notamment que le représentant en France d'une maison étrangère, qui sollicite des commandes et contracte des marchés pour des produits semblables à ceux d'un concurrent et renfermés dans des boîtes revêtues de la marque frauduleusement

imitée de ce concurrent, peut être condamné pour usage de marque frauduleusement imitée et pour vente de produits revêtus de cette marque (Civ. rej. 5 mai 1882, aff. Brissac et autres, D. P. 82. 1. 435). — Jugé encore que le délit d'imitation frauduleuse de marque de fabrique doit être considéré comme ayant été commis en France dans le cas où les marques contrefaites ou imitées ont été fabriquées et apposées à Paris sur des objets destinés à être vendus, alors même que ces objets auraient été commandés par une maison de commerce établie à l'étranger; et que le commissionnaire en marchandises qui, avec pleine connaissance de cause, achète en France des objets revêtus de marques de fabrique frauduleusement imitées pour les expédier à l'étranger se rend tout à la fois coupable du délit de mise en vente de marque frauduleusement imitée et du délit de complicité d'imitation frauduleuse de marque (Paris, 3 avr. 1879, aff. Farcy et Oppenheim, D. P. 80. 2. 78). — Jugé enfin que des fabricants étrangers qui ont apposé la marque The Singer Machine, propriété de la Singer manufacturing Company, sur les machines de leur fabrication par eux expédiées en France, et qui connaissaient d'ailleurs les dispositions de la loi française sur les usurpations de nom, doivent être réputés avoir sciemment exposé en vente et mis en circulation des objets marqués de noms supposés, et, par suite, peuvent être punis des peines de la loi de 1824 et de l'art. 423 c. pén. (Paris, 25 avr. 1879, aff. Russell et Comp. Singer, Journ. du droit int. privé, 1879, p. 393).

**375.** Mais une condition essentielle du délit de vente ou de mise en vente sous marque délictueuse, est la mauvaise foi, comme l'exprime le mot sciemment dans les textes cités plus haut. Et c'est au plaignant à prouver la mauvaise foi du prévenu, non à celui-ci à prouver sa bonne foi (Huard Propriété industrielle, nº 158; Bédarride, nos 913, 929. Comp. Pouillet, nº 202). La bonne foi écarte même l'action en dommages-intérêts (Paris, 31 déc. 1860, aff. Colas, Ann. de la propr. ind. 1861, p. 159). Toutefois la négligence ou l'imprudence sans mauvaise foi suffirait, d'après M. Pouillet (nº 204), pour motiver une action de ce genre. — La bonne foi du détaillant lui permet non seulement d'échapper aux poursuites du propriétaire de la marque, mais encore, s'il a été trompé par son vendeur, d'intenter contre ce dernier une action correctionnelle en contrefaçon ou imitation frauduleuse de marque (Paris, 11 juin 1875, aff. Grézier, Chedeville et Buisson, Ann. de la propr. ind. 1875, p. 260); en tout cas, de l'actionner en garantie devant les tribunaux civils (Pouillet, nº 204 bis).

**376.** — IX. COMPLICITÉ. — La loi de 1857, par le soin qu'elle a pris de punir la vente et la mise en vente, a-t-elle manifesté la pensée d'écarter, pour les délits relatifs aux marques, la théorie générale de la complicité et l'application des art. 59 et 60 c. pén.? Nous ne le pensons pas et nous pourrions reproduire ici l'argumentation qu'a été présentée à propos de la loi de 1844 (V. suprà, vº Brevets d'invention nº 298) pour l'application des art. 59 et 60 c. pén. en matière de brevets, malgré l'art. 41 de cette dernière loi punissant spécialement les faits de vente, recel ou introduction en France d'objets contrefaits. Nous y ajouterons avec M. Pouillet, nº 205, un argument décisif tiré de l'exposé des motifs et du rapport sur la loi de 1857. « On n'a pas cru, disait l'exposé des motifs, devoir mentionner spécialement les recéleurs, parce que, d'après les principes du droit pénal, les recéleurs sont punis comme complices » (D. P. 57. 4. 100, nº 14). « Il est superflu, disait le rapport, de rappeler que les dispositions du droit commun sur la complicité et notamment la complicité par recel s'appliquent à ces délits comme à tous les autres » (Contrà: Rendu, nº 168; Bédarride, nº 930).

La jurisprudence qui, en matière de brevets, interprète l'art. 41 de la loi de 1844, comme exclusif de la complicité ordinaire, est au contraire pleinement favorable à l'application des art. 59 et 60 c. pén. en matière de marques de fabrique (Crim. 14 mars 1886, aff. Fournier et Comp. Ann. de la propr. ind., 1886, p. 122; Ann. de droit comm., 1887, 1re partie, p. 414). Jugé par application de cette théorie que l'individu qui a commandé à un imprimeur de fausses marques de fabrique, dont il a remis le modèle, doit être déclaré complice de l'imprimeur qui a procédé à la fabrication de ces marques, et condamné solidairement avec lui

(Paris, 15 mai 1868, aff. Badoureau et Patte, D. P. 68. 2. 233).

Le recel de produits revêtus d'une marque contrefaite est donc punissable. Mais faut-il assimiler au recel, et punir comme tel, l'achat par un consommateur, pour son usage personnel, en le supposant d'ailleurs fait en pleine connaissance de cause? Ce serait peut-être bien rigoureux et tel n'est pas l'avis de M. Rendu. M. Pouillet, au contraire, admet l'affirmative, en faisant remarquer qu'il ne faut pas s'attacher à la tromperie subie par l'acheteur, mais à l'encouragement qu'il apporte au contrefacteur, aux dépens du propriétaire de la marque (n° 206). Jugé enfin que l'étranger qui a concédé à un Français une marque de commerce contrefaite, s'est, par là même, associé à l'usage illicite de cette marque en France, et peut être poursuivi et condamné concurremment avec son cessionnaire, sauf l'incompétence du tribunal français, pour prononcer la nullité du dépôt d'une marque contrefaite fait à l'étranger (Trib. civ. Lille, 27 févr. 1883, aff. Notelle, *Journ. du droit int. privé*, 1883, p. 400).

**377.** — X. MARQUE OBLIGATOIRE. — On a vu *suprà*, n° 304, dans quels cas la marque est obligatoire, par exception au principe général qui domine actuellement cette législation. Comme sanction à cette obligation, l'art. 9 de la loi de 1857, punit d'une amende de 50 à 1000 fr., et d'un emprisonnement de quinze jours à six mois, ou de l'une de ces peines seulement: 1° ceux qui n'ont pas apposé sur leurs produits une marque déclarée obligatoire; — 2° Ceux qui ont vendu ou mis en vente un ou plusieurs produits ne portant pas la marque déclarée obligatoire pour cette espèce de produits; — 3° Ceux qui ont contrevenu aux dispositions des décrets rendus en exécution de l'art. 1er de la loi de 1857, déclarant la marque obligatoire pour certains produits.

**378.** Bien que l'obligation de la marque dans la plupart des cas où elle existe résulte du maintien en vigueur de lois ou décrets antérieurs à la loi de 1857, on s'accorde à reconnaître que les diverses pénalités édictées par ces lois ou décrets sont remplacées par les peines inscrites dans l'art. 9 de la loi de 1857, comme applicables d'une manière générale à tous ces cas (Pouillet, n° 358). Ces peines peuvent être élevées au double s'il y a récidive, c'est-à-dire s'il a été prononcé contre le prévenu, dans les cinq années antérieures, une condamnation pour un des délits prévus par la loi de 1857 (art. 11). A ces peines, le tribunal peut ajouter la privation du droit de participer aux élections des tribunaux et des chambres de commerce, des chambres consultatives des arts et manufactures et des conseils de prud'hommes, pendant un temps qui ne peut excéder dix ans. Il peut aussi ordonner l'affichage du jugement dans les lieux qu'il détermine, et son insertion intégrale ou par extrait dans les journaux qu'il désigne, le tout aux frais du condamné (art. 13).

**379.** L'art. 15 de la loi décide, en outre, que dans les deux premiers cas prévus par l'art. 9 (non-apposition d'une marque obligatoire, et vente ou mise en vente sans cette marque), le tribunal doit prescrire l'apposition des marques déclarées obligatoires, et qu'il peut prononcer la confiscation des produits si le prévenu est en état de récidive, c'est-à-dire a encouru, dans les cinq années antérieures, une condamnation pour un de ces deux délits.

**380.** Il faut remarquer enfin qu'une excuse de bonne foi ne saurait être admise dans les infractions relatives à l'obligation de la marque. A la différence des art. 7 et 8, l'art. 9 ne contient aucune expression d'où cette excuse pourrait s'induire. Et on le comprend: car, s'il est permis d'ignorer qu'une marque est contrefaite, ou frauduleusement apposée ou imitée, ou de nature à tromper l'acheteur, les principes généraux de notre droit interdisent d'ignorer la loi qui déclare la marque obligatoire pour l'espèce de produits qu'on fabrique ou qu'on vend (Pouillet, n° 360). — Mais l'art. 463 c. pén. est applicable en cas de circonstances atténuantes (art. 12). — Il est clair, d'ailleurs, que, pour cette sorte de délit, il n'y a place qu'à l'action publique devant le tribunal correctionnel. — Il convient maintenant d'étudier d'une manière plus générale les règles de la poursuite et les pénalités applicables dans les divers cas d'infractions relatives aux marques.

**381.** — XI. POURSUITE. — Le droit de poursuite pour

délit relatif aux marques doit être examiné dans la personne du propriétaire de la marque, dans celle du ministère public, et dans celle des acheteurs trompés. Au propriétaire de la marque appartient le droit de la revendiquer par les moyens et dans les conditions qu'organise la loi de 1857. Il peut saisir, soit le tribunal civil, soit le tribunal correctionnel par voie de citation directe, à plus forte raison être admis, comme partie civile, dans l'instance correctionnelle formée contre l'auteur de la contrefaçon (Crim. rej. 5 mai 1882, aff. Brisac et autres, D. P. 82. 1. 435). Il en est ainsi même au cas où l'usurpation de sa marque a servi à commettre une tromperie sur la nature du produit et ouvert ainsi un droit de poursuite en la personne de l'acheteur (Crim. rej. 5 mai 1883, aff. Fleury, D. P. 83. 1. 481-482). La loi de 1857 ne fait en effet aucune exception pour cette hypothèse, où d'ailleurs le propriétaire est lésé aussi bien que l'acheteur. Elle proclame d'une manière absolue, par son art. 17, le droit du propriétaire de la marque de faire procéder à la description, avec ou sans saisie, des produits qu'il prétend marqués à son préjudice en contravention aux dispositions de la loi.

**382.** Il est évident qu'on aura le même droit de poursuite si la propriété de la marque vous est commune avec un autre fabricant en vertu de conventions quelconques (Besançon, 30 nov. 1861, aff. Lorimier et Bovet, D. P. 62. 2. 43), ou si elle vous vient d'une cession. Jugé, notamment, que les propriétaires d'une marque de fabrique, qu'ils soient membres dès l'origine du groupe qui a choisi cette marque, ou cessionnaires admis postérieurement, et ayant ainsi l'exercice des droits de leurs auteurs, ont qualité pour poursuivre la réparation du préjudice qui leur est causé, et qu'en l'absence d'un délit de contrefaçon juridiquement établi, ils ont du moins l'action en dommages-intérêts fondée sur la concurrence déloyale (Paris, 13 juill. 1883, aff. Franck, D. P. 84. 2. 151). — Mais si une cession donne le droit de poursuite au cessionnaire, elle ne l'enlève pas toujours au cédant. Celui-ci peut agir du moment que le préjudice rejaillit jusqu'à lui. Jugé, par exemple, qu'un fabricant de dentelles vraies et de dentelles fausses qui a cédé pour un temps limité, et moyennant une redevance déterminée sur les ventes à effectuer, le droit d'exploiter en imitation le dessin et la marque de fabrique dont il est propriétaire, conserve le droit de poursuivre les contrefacteurs soit du dessin, soit de la marque de fabrique, même en ce qui concerne les dentelles d'imitation, alors qu'il est constant que la contrefaçon lui cause un double préjudice en diminuant, d'une part, la redevance qui lui est due sur les ventes effectuées, et, d'autre part, la fabrication des dentelles vraies qu'il fabrique lui-même réservée (Civ. rej. 3 janv. 1878, aff. Birkin, D. P. 79. 1. 75). — Enfin la qualité de membre d'une communauté religieuse non autorisée n'empêche pas le propriétaire d'une marque de fabrique de faire de cette propriété l'usage qu'il juge convenable, et de la revendiquer, quelle que puisse être, d'ailleurs, la communauté d'intérêts existant entre lui et les autres religieux du couvent dont il fait partie (Grenoble, 8 févr. 1886, aff. Grézier, procureur des Chartreux, D. P. 87. 2. 9).

**383.** Quant à l'auteur de la contrefaçon, il a été jugé que, s'il est membre d'une société commerciale et si le délit se rattache aux opérations de cette société, celle-ci peut être citée devant la juridiction correctionnelle comme civilement responsable de ce délit (Alger, 29 mai 1879, aff. Avice-Mallier et Duvert, D. P. 81. 2. 63 et la note). Comp. en matière de dessins et modèles de fabriques, *suprà*, n° 292, et en matière d'inventions brevetables, *suprà*, v° *Brevet d'invention*, n° 223. — Si c'est une femme mariée qui est poursuivie devant le tribunal correctionnel sous l'inculpation du délit d'imitation frauduleuse de marque de fabrique, elle n'a besoin d'aucune autorisation pour défendre à ces poursuites, et le mari assigné pour la validité de la procédure peut être mis hors de cause, alors même que la femme fait défaut, la femme mariée étant dispensée d'autorisation pour soutenir l'action civile elle-même quand elle est formée en même temps que l'action publique (Paris, 3 avr. 1879, aff. Farcy et Oppenheim, D. P. 80. 2. 78. Conf. *Rép.* v° *Mariage*, n° 795). — La nationalité étrangère du contrefacteur ne peut le soustraire aux poursuites pour contrefaçons commises en France (Paris, 25 avr. 1879, aff.

Russel et Comp. Singer, *Journ. du droit int. privé.*, 1879, p. 395; Crim. rej. 5 mai 1882, aff. Brisac et autres, D. P. 82. 1. 435; Trib. civ. Lille, 2ᵉ ch., 27 févr. 1883, aff. Notelle, *Journ. du droit int. privé.*, 1883, p. 400). — Sur les contrefaçons commises à l'étranger, V. *suprà*, nº 357.

**384.** La loi du 26 nov. 1873 sur le timbrage et le poinçonnage des marques, après avoir dit que le timbre ou poinçon de l'Etat, apposé sur une marque de fabrique ou de commerce, en fait partie intégrante, ajoute qu'à défaut par l'Etat de poursuivre en France ou à l'étranger la contrefaçon ou la falsification desdits timbre ou poinçon, la poursuite pourra être exercée par le propriétaire de la marque (art. 7). M. Pouillet (nº 351) a relevé ce qu'il y a d'étrange dans cette disposition, qui paraît donner au propriétaire de la marque un droit de poursuite directe, non plus devant les tribunaux correctionnels, ce qui est de droit commun, mais devant la cour d'assises appelée à punir des travaux forcés cette contrefaçon ou falsification du timbre ou poinçon de l'Etat. Il est probable que la loi de 1873 n'a pas voulu, par cette disposition incidente, renverser les principes de notre procédure criminelle, mais consacrer seulement le droit du fabricant de provoquer par une plainte l'action publique et de s'y porter partie civile. — La même loi de 1873 (art. 5) donne qualité aux consuls de France à l'étranger pour dresser les procès-verbaux des usurpations de marques et les transmettre à l'autorité compétente. Leur ministère est d'autant plus utile, dans les cas prévus par la loi de 1873, que la falsification ou contrefaçon du timbre ou poinçon de l'Etat apposé sur une marque, ou l'usage de ce timbre ou poinçon falsifié ou contrefait, donne lieu à poursuite en France, quoique commise à l'étranger et par un étranger (V. *suprà*, nº 305).

**385.** Le ministère public, qui seul peut saisir la juridiction criminelle dans les cas particuliers où elle est compétente, a aussi qualité, concurremment avec le fabricant lésé, pour saisir la juridiction correctionnelle dans les cas où la compétence appartient à celle-ci. Et il peut la saisir soit sur la plainte, soit même sans la plainte de la partie lésée. Un amendement de M. Legrand, subordonnant au contraire l'action du ministère public à cette plainte, a été rejeté comme dérogeant inutilement au droit commun en matière de fraudes commerciales. S'il en est autrement en matière de brevets, c'est que l'intérêt privé est seul en jeu, tandis que la loi de 1857 vise, à travers la protection de la marque, l'intérêt du public consommateur (Pouillet, nº 213; Caen, 14 mars 1867, aff. Savignac, *Ann. de la propr. ind.*, 1868, p. 164; Civ. rej. 27 févr. 1880, aff. Crocius, D. P. 80. 1. 434). A plus forte raison, le désistement de la partie civile ne peut-il arrêter l'action publique : on lui refuse généralement cet effet, même en matière de brevets (Pouillet, nº 214; V. *suprà*, vº *Brevets d'invention*, nº 261).

**386.** Mais le consommateur, l'acheteur trompé par la marque contrefaite ou frauduleusement apposée, ou mensongère à-t-il lui aussi le droit de poursuite? On ne saurait l'admettre en principe; l'esprit général de la loi de 1857 étant de ne servir les consommateurs qu'indirectement en assurant aux propriétaires de marques une protection qui les rend soucieux du renom de leur marque. Aussi ne pourrait-on donner au consommateur le droit de poursuite quand il n'a été trompé que la marque fausse que sur l'origine et la qualité du produit. Mais si, comme le prévoit l'art. 8, § 2 et 3, de la loi de 1857, il a été trompé sur la nature même du produit, il pourra agir; car ce cas, délictueux indépendamment de toute usurpation de la marque d'autrui, sort de l'esprit général de la loi de 1857, où il a été introduit par le conseil d'Etat, malgré l'avis de la commission du Corps législatif; il rentre plutôt dans celui de l'art. 423 c. pén. Le projet de loi de 1886 donne l'action à toute partie intéressée, même au consommateur trompé. Il reconnaît aussi ce droit aux syndicats professionnels régulièrement constitués (Comp. *infrà*, nº 418 *in fine*).

**387.** — XII. COMPÉTENCE. — La loi de 1857 a doublement innové au point de vue de la compétence en matière de marques. Pour la répression, elle a substitué la juridiction correctionnelle à la juridiction criminelle; pour l'action civile, elle a substitué le tribunal civil au tribunal de commerce. De plus, elle a fait disparaître l'obligation où étaient les tribunaux de prendre l'avis des prud'hommes sur la

conformité de la marque revendiquée avec la marque incriminée, ainsi que le pouvoir même de juger attribué jadis aux prud'hommes et au juge de paix en matière de marques de coutellerie et de quincaillerie par l'arrêté du 23 niv. an 9 et par le décret du 5 sept. 1810 (Comp. sur ces divers points : *Rép.* nᵒˢ 322 et 333. V. le rapport sur la loi de 1857, D. P. 57. 4. 98, note 8, et l'exposé des motifs de cette loi, D. P. 57. 4. 102, nº 21). Il n'y a donc plus à se demander, comme on pouvait le faire autrefois, et comme l'avaient admis, le tribunal de commerce de la Seine le 24 août 1852, et la cour de Paris le 13 mars 1854, aff. Brocard (D. P. 56. 1. 392), décision qui, sur ce point, fut cassée (Civ. cass. 12 nov. 1856, *ibid.*), si en vertu de l'arrêté du 23 niv. an 9 et du décret du 5 sept. 1810, la contrefaçon des marques de serrurerie, comme celle des marques de quincaillerie, donne lieu à la compétence des conseils de prud'hommes et, à leur défaut, des juges de paix.

**388.** La compétence des tribunaux civils, à l'exclusion des tribunaux de commerce, ne présente ici aucun des doutes qu'elle a pu soulever en matière de brevets, appuyée qu'elle est sur le texte positif de l'art. 16 de la loi de 1857, qui a fait prévaloir à cet égard les idées de la commission du Corps législatif sur les idées toutes contraires du conseil d'Etat. Elle a été maintes fois reconnue (Civ. rej. 22 mars 1864, aff. Charpentier et comp., D. P. 64. 1. 334; 15 avr. 1878, aff. Pons, D. P. 79. 1. 169). Ce dernier arrêt décide que l'incompétence du tribunal de commerce sur l'action civile en usurpation de marque ne peut être invoquée pour la première fois devant la cour de cassation, la cour d'appel étant compétente pour connaître du litige. V. aussi Grenoble, 8 févr. 1886, aff. Grézier, procureur des chartreux, D. P. 87. 2. 9.

**389.** Mais ce principe de la compétence civile n'est vrai que des actions en contrefaçon ou revendication de marques basées sur le système organique de la loi de 1857, c'est-à-dire sur un dépôt préalable. Et les tribunaux de commerce seraient au contraire compétents, soit sur l'action en concurrence déloyale, résultant de l'usurpation du nom d'une ville de fabrication similaire (Orléans, 20 janv. 1864, aff. Charnaux, et comp., D. P. 64. 5. 303), soit sur l'action en concurrence déloyale fondée sur la violation d'une marque dont on n'aurait pas effectué le dépôt (Douai, 18 janv. 1888, aff. Vaissier, frères Ann. *de droit com.* t. 2, 1ʳᵉ partie, p. 129), soit sur un ensemble de faits dont l'usurpation de la marque constituerait seulement le principal élément (Paris, 19 févr. 1859, aff. Groult, *Ann. de la propr. ind.* 1859, p. 95; Paris, 8 févr., 1861, aff. Laurent, *Journ. des trib. de comm.*, t. 10, p. 317; Paris, 5 janv. 1863, aff. Dolfus, Mieg et comp., *Ann. de la propr. ind.*, 1865, p. 109).

**390.** Quant aux tribunaux correctionnels, ils ont compétence, à l'exclusion des tribunaux civils, pour appliquer les pénalités édictées par la loi de 1857, et concurremment avec eux, pour allouer, lorsqu'ils sont saisis de l'action pénale, comme aussi les dommages-intérêts et autres réparations civiles qui leur sont demandés par la partie lésée en vertu de cette loi. Et si le défendeur invoque devant eux un droit de propriété sur la marque contestée, ils ont compétence pour statuer sur le mérite de cette exception (L. de 1857, art. 16; Besançon, 30 nov. 1861, aff. Lorimier et Bovet, D. P. 62. 2. 43; Crim. rej. 26 juill. 1873, aff. Torchon, D. P. 74. 5. 412). Ce pouvoir, d'ailleurs, doit être admis, non seulement pour les exceptions relatives à la propriété de la marque et textuellement visées par l'art. 16, mais pour toutes exceptions constituant un vrai moyen de défense, comme celles tirées de l'irrégularité du dépôt ou du défaut de nouveauté de la marque. La loi n'a visé spécialement les premières que parce qu'elles pouvaient soulever un doute plus sérieux (Pouillet, nº 264; Bédarride, nº 972).

**391.** — XIII. CHOSE JUGÉE. — Mais, d'autre part, la décision que rend le juge correctionnel sur la question de propriété soulevée par voie d'exception, en motivant l'acquittement ou la condamnation par le bien ou mal fondé de cette exception, n'a pas l'autorité absolue de chose jugée qu'aurait le jugement civil sur l'action principale relative à la propriété d'une marque. Elle ne s'étend pas au delà du fait incriminé et n'empêche pas, par exemple, le prévenu qui a succombé dans son exception de la reproduire dans une nouvelle poursuite pour faits ultérieurs (Crim. rej. 22 févr. 1862, aff. Bardou, D. P. 63. 5. 306, et sur renvoi,

Montpellier, 27 juin 1862) (1). — Pas plus, d'ailleurs, sur la question de contrefaçon que sur celle de propriété, la décision correctionnelle n'a autorité de chose jugée dans une seconde poursuite où l'on contesterait la ressemblance, déjà reconnue dans la première, de la marque déposée et de la marque incriminée (Pouillet, n° 265). Encore moins la décision sur l'action en contrefaçon peut-elle faire obstacle à ce qu'une action en concurrence déloyale soit portée devant le tribunal de commerce, ces deux actions étant absolument distinctes par leurs éléments (Pouillet, n° 266). — Enfin, sur la question même de contrefaçon, la survenance de nouveaux faits peut empêcher toute contradiction entre deux arrêts dont le premier ne repousse et l'autre admet la plainte, ce dernier ne contrevenant pas par là à l'autorité de la chose jugée. Ainsi, lorsqu'une décision passée en force de chose jugée a condamné un commerçant à modifier ses marques de fabrique de manière à éviter toute confusion avec une maison rivale, que plus tard une autre décision a reconnu à ce même commerçant le droit de faire entrer dans sa marque de fabrique le nom de sa femme à la suite de ses propres initiales, et que plus tard encore une autre décision le condamne à modifier la marque de fabrique ainsi composée, parce qu'elle est susceptible d'être confondue avec la marque rivale, cette dernière décision est conforme à la première et n'est pas inconciliable avec la seconde (Req. 1er juin 1874, aff. Brossier-Davaize, D. P. 75. 1. 12).

**392.** — XIV. Procédure. — L'action civile et l'action correctionnelle relatives aux marques suivent, d'ailleurs, quant à leur procédure, les règles de toute action civile, ou de toute action correctionnelle. Et il n'y a qu'une simple application des principes dans les solutions suivantes, qui méritent d'être relevées comme particulièrement usuelles en cette matière : 1° l'assignation peut désigner le défendeur par le nom sous lequel il s'est fait connaître dans le commerce, encore que ce ne soit pas son vrai nom, ou que ce soit seulement son prénom (Paris, 25 janv. 1856, aff. Block, *Ann. de la propr. ind.*, 1856, p. 57 ; 6 mai 1858, aff. Favrichon, *Journ. des trib. de comm.* t. 7, p. 364) ; — 2° Les conclusions fixent la nature de l'affaire et sont le pouvoir du juge, de telle sorte que le juge saisi d'une action en contrefaçon, fondée sur la loi de 1857, ne peut, écartant ce délit, condamner pour tromperie sur la nature de la marchandise en vertu de l'art. 423 c. pén. (Crim. rej. 5 mai 1883, aff. Saxlehner, D. P. 83. 1. 481) ; — 3° Les tribunaux, en condamnant un contrefacteur, n'ont pas besoin de lui défendre à l'avenir les mêmes faits et leur

renfermés les cahiers de papier de Blanchard et Casse jeune ne soient pas formellement incriminées, que ces boîtes ont la même dimension que celles de Bardou ; que, comme elles, elles sont revêtues d'un papier noir lissé ou verni avec liseré blanc, retenues en croix par deux larges bandes blanches ou jaunes, sur lesquelles se trouvent, savoir : pour celles de Bardou, un cachet oblong en diagonale sur cire rouge ardente, présentant la signature J. Bardou avec parafe, et *nota essentiel* de l'inventeur, portant : « Chaque boîte de papier Job est sous bande et liens scellés de ma griffe à cire ardente et parfaitement close; c'est le moyen le plus sûr pour l'acheteur d'éviter le dol, la fraude et la contrefaçon ». Et pour celles de Blanchard et Casse jeune, les lettres J-B, la signature Job, un cachet aussi oblong, placé également en diagonale sur cire rouge ardente présentant la signature Casse jeune et un *avis essentiel* portant que « toutes les boîtes J-B sont sous bandes et liens scellés de l'une de mes griffes en cire rouge, sûr moyen, pour l'acheteur, d'éviter la fraude et la contrefaçon » ; — Que ces similitudes, jointes à cette autre circonstance que les parafes des signatures J. Bardou et Job et de Casse jeune offrent une telle ressemblance qu'il est extrêmement facile de les confondre l'une avec l'autre, doivent faire déclarer qu'il est établi jusqu'à l'évidence que Blanchard et Casse jeune se sont rendus coupables du fait prévu par l'article susvisé de la loi du 23 juin 1857 ; — Considérant qu'à ces constatations, Blanchard et Casse jeune opposent qu'ils faisaient usage des marques dont ils se sont servis, antérieurement au dépôt fait par Bardou le 1er sept. 1849, ce qui a été formellement reconnu par le tribunal de la Seine et la cour impériale de Paris, et que, par suite, ils doivent, à ce nouveau point de vue, obtenir leur relaxe ; — Qu'il y a lieu d'examiner le mérite de cette exception ; — Considérant qu'ainsi que l'a décidé la cour de cassation dans son arrêt rendu entre les parties le 22 févr. 1862, lorsqu'aux termes du paragraphe 2 de l'art. 15 de la loi de 1857, le tribunal correctionnel, saisi d'un délit relatif à une marque de fabrique, statue sur des questions relatives à la propriété de la marque, soulevées par le prévenu pour repousser l'action répressive, le tribunal ne fait qu'apprécier un moyen de défense opposé à la prévention et dont les effets, ne s'étendant pas au delà de son objet, ne peuvent constituer la chose jugée, et qu'à chaque poursuite, l'appréciation des magistrats reste entièrement libre; qu'il faut donc examiner la question proposée, abstraction faite des préjugés qu'il aurait pu la résoudre; — Considérant, en point de droit, qu'il est incontestable que le dépôt d'une marque de fabrique n'est pas attributif, mais seulement déclaratif de la propriété; que ce dépôt ne peut, en effet, dépouiller de son droit un autre négociant, ou même le déposant peut actionner devant les tribunaux ceux qui imitent frauduleusement la marque dont il a déclaré vouloir être le propriétaire exclusif, il est sans droit aucun à l'égard de ceux qui justifieraient qu'antérieurement au dépôt ils faisaient usage de cette même marque, dont, suivant les termes du rapport de la loi de 1857, il conserve le droit de se servir et qu'il peut même faire respecter, en ayant recours aux dispositions du droit commun;

Mais, considérant, en fait… (suit l'énumération de divers faits établissant l'antériorité de la fabrication du sieur Bardou ou de son père);

Par ces motifs, déclare lesdits Jean Blanchard et Casse jeune coupables d'avoir, etc.

Du 27 juin 1862.-C. de Montpellier, ch. corr.-MM. Pégot, pr.-Goiraud de Labaume, av. gén.-Pataille et Bertrand, av.

(1) (Bardou C. Blanchard et Casse.) — La cour; — Considérant que Pierre Bardou, adjudicataire des droits de Jean Bardou, son père, qui avait déposé le 1er sept. 1849, au greffe du tribunal de commerce de Perpignan, le dessin de l'enveloppe renfermant ses papiers à cigarettes, a, par exploit du 4 févr. 1861, après saisie autorisée par le tribunal de première instance de Toulouse, cité devant le tribunal correctionnel de cette ville Jean Blanchard et Pierre Casse jeune, pour se voir déclarer coupables de contrefaçon; que, par jugement de ce tribunal, en date du 25 mars 1861, les prévenus ont été relaxés de l'inculpation contre eux dirigée, avec 300 fr. de dommages-intérêts, insertion et affiche dudit jugement, et qu'il s'agit devant le tribunal d'apprécier le bien ou le mal jugé de cette sentence; — Considérant, en ce qui concerne Blanchard et Casse jeune, qu'il suffit, pour avoir la conviction que les cahiers par eux fabriqués et mis en vente ne sont que l'imitation de ceux produits par Bardou, de comparer ces différents cahiers entre eux; qu'en effet, tous ont la même dimension; qu'ils sont enveloppés en forme de portefeuille retenu, par une petite attache rose, dans une couverture de papier noir verni ou lissé, présentant, sur une de ses faces, une vignette composée d'une sorte d'arabesque avec bordure à larges dents de soie, et sur l'autre face, savoir : ceux de Bardou les lettres O, entourées en légende des mots : *brevet d'invention S. G. D. G.*; d'autre part, JOB, et dans l'intérieur la signature de Bardou, et ceux de Blanchard et Casse, les lettres J.-B., entourées aussi en légende des mots : Papier à la cuve, garanti pur fil, déposé, et dans l'intérieur la signature J.-B., dont le losange, légèrement anguleux, se confond au premier aspect avec la lettre O ; — Que les différences ci-dessus indiquées, et qui ont été minutieusement relevées à l'audience par Blanchard et Casse jeune, peuvent bien à la rigueur prévenir tout acheteur attentif que l'enveloppe dans laquelle sont enfermés les papiers mis en vente n'est pas absolument identique avec celle qui protège le papier Job, fabriqué par Bardou ; mais que sur le fondement de ces différences on ne saurait innocenter les prévenus, la plupart des acheteurs se contentant d'un examen superficiel et devant nécessairement, alors qu'ils jugent seulement par l'effet de l'ensemble, confondre les deux produits, ce qui suffit pour constituer l'imitation frauduleuse d'une marque de fabrique, de nature à tromper l'acheteur, dont parle l'art. 8 de la loi du 23 juin 1857 ; — Qu'inutilement Blanchard et Casse jeune font-ils encore observer que toute confusion est impossible, puisqu'une annotation placée à l'intérieur de l'enveloppe de leur cahier indique que trois décisions judiciaires du tribunal de la Seine, de la cour impériale de Paris, et de la cour de cassation, ont constaté que la marque employée est antérieure à celle du papier Job, et que les produits en sont supérieurs ; — Qu'il est certain, au contraire, que cette annotation n'a d'autre but que d'entretenir l'erreur des acheteurs, qui ne lisent, la plupart du temps que d'un œil distrait et qui voyant le mot Job deux fois répété en plus gros caractères, peuvent penser, qu'il s'agit, en réalité, d'un papier qui sort de la fabrique de Bardou, alors surtout, que cette note se trouve au-dessous d'une signature Job, que Blanchard et Casse n'avaient aucun droit de s'approprier, Bardou ayant, dès le 14 nov. 1849, pris un brevet de quinze ans pour la fabrication des papiers à cigarettes, communément appelés papiers Job ; — Que, d'ailleurs, l'indication dont s'agit n'est pas conforme à la vérité, puisqu'elle énonce que la supériorité du produit mis en vente a été reconnue par la justice, alors que les documents judiciaires invoqués, sont absolument muets sur cette circonstance ; — Considérant d'autre part, quoique les boîtes dans lesquelles sont

silence à cet égard ne peut lui fournir aucun argument (Trib. civ. Bordeaux, 28 juin 1871, aff. Ménier, *Ann. de la propr. ind.*, 1873, p. 5); — 4° Les motifs de la décision peuvent être implicites et, par exemple, le jugement est suffisamment motivé sur la question de propriété de la marque par la disposition qui déclare qu'il y a contrefaçon au détriment du demandeur (Crim. rej. 24 juill. 1844, aff. Buisson, *Gaz. des trib.* 25 juillet); — 5° L'arrêt adoptant les motifs des premiers juges, qui avaient repoussé la revendication intégrale d'une marque, motive suffisamment le rejet des conclusions prises devant la cour pour revendiquer une partie déterminée de cette marque (Civ. rej. 2 avr. 1859, aff. Bardou, *Le Droit*, n° 84); — 7° Le coauteur ou complice de la contrefaçon, le débitant des produits revêtus des marques contrefaites, n'a aucune action en garantie, même au civil, contre le contrefacteur ou le vendeur de qui il tient les marques ou les produits, s'il n'a été victime de sa bonne foi (Trib. com. Seine, 19 janv. 1870, aff. Merman-Schmitz, *Ann. de la propr. ind.*, 1870, p. 174; Paris, 19 mai 1870, aff. Louis Garnier, *Ann. de la propr. ind.*, 1870, p. 219), quand même les codélinquants déclarerait accepter ce recours (Trib. civ. Lyon, 31 juill. 1872, aff. Ménier, *Ann. de la propr. ind.*, 1873, p. 24); — 8° Les tiers peuvent intervenir dans la mesure de leur intérêt; et, par exemple, dans un débat soulevé entre deux personnes sur l'usage d'un nom industriel, le propriétaire de ce nom intéressé soit à sa réputation scientifique, soit à sa valeur commerciale, peut intervenir (Paris, 12 janv. 1874, aff. Liebig, *Ann. de la propr. ind.*, 1874, p. 83).

**393.** Mais le principe le plus important, en ce qui touche la procédure des actions relatives aux marques, c'est celui que pose l'art. 16 de la loi de 1857 en disant que celles qui sont portées devant les tribunaux civils sont jugées comme affaires sommaires. L'urgence qui s'attache à la solution de ces sortes d'affaires justifie cette disposition et permet aussi de les considérer comme dispensées du préliminaire de conciliation, même dans le cas où elles seraient portées aux tribunaux sans saisie préalable. (Conf. Pouillet, n° 247; Comp. Trib. civ. Domfront, 27 févr. 1873, aff. Peter Lawson, *Ann. de la propr. ind.*, 1875, p. 318).

**394.** — XV. Saisie, Description. — Une disposition très remarquable aussi de la loi de 1857 est celle qui permet au propriétaire de la marque, indépendamment des moyens de preuve qu'il peut rencontrer, comme l'achat des marchandises chez le contrefacteur, de s'assurer une pièce de comparaison authentique à l'appui de sa demande ou de sa plainte, en faisant procéder à la description détaillée avec ou sans saisie des marques incriminées ou des produits qui en sont revêtus (art. 18). — Cette saisie ou cette description ne s'applique que dans les poursuites faites à la requête de la partie lésée. Le ministère public, lorsqu'il agit directement, dirige ses poursuites et saisit le corps du délit dans la forme déterminée par le code d'instruction criminelle (Exposé des motifs). Avant la loi de 1857, une saisie n'était possible qu'en matière criminelle, ou en matière de coutellerie ou de quincaillerie (*Rép.* n° 334). — La saisie ou la description organisée par la loi de 1857 ne constitue pas d'ailleurs, pour la partie lésée, un préliminaire obligé de son action, mais seulement un moyen de preuve utile en vue des contestations qui peuvent se produire sur l'origine et la détention des produits contrefaits (Grenoble, 8 févr. 1886, aff. Grézier, procureur des chartreux, D. P. 87. 2. 9).

**395.** La description, avec ou sans saisie, est établie à l'imitation de celle que la loi de 1844 a instituée en matière de brevets (V. *suprà*, v° *Brevets d'invention*, n°s 324 et suiv. les règles applicables en cette matière). Quelques différences pourtant s'y peuvent remarquer. — On ne peut y procéder sans une ordonnance qui doit émaner du président du tribunal civil, comme en matière de brevets, à moins qu'il n'y ait pas de tribunal dans le lieu où se trouvent les produits à décrire ou à saisir, auquel cas il faut, à la différence de ce qui se passe pour les brevets, émaner du juge de paix. Mais M. Pouillet pense avec raison (n° 227) que le pouvoir donné en ce cas au juge de paix n'est pas exclusif de celui qui appartient au président du tribunal civil, s'il plaît à la partie lésée de recourir à lui de préférence, comme il peut avoir intérêt à le faire, par exemple, lorsqu'il y a des contrefacteurs dans plusieurs cantons dépendant d'un même tribunal. — Pas plus qu'en matière de brevets, on ne saurait admettre ici, de la part du magistrat, une ordonnance générale permettant de saisir chez tous les contrefacteurs, en tout temps et en tout lieu, et constituant une sorte de blancseing. L'ordonnance ne conserve même pas son effet pour saisir chez les personnes qu'elle désigne, une fois la sentence prononcée sur une saisie qui n'a pas atteint toutes ces personnes (Paris, 21 déc. 1871, aff. Garnier, *Ann. de la propr. ind.*, 1872, p. 173).

Comme en matière de brevets, le magistrat appelé à rendre l'ordonnance peut, suivant les termes du rapport, « modérer la rigueur du droit de saisie », en fixant l'étendue de cette saisie, en n'autorisant même qu'une simple description, ou en exigeant du saisissant un cautionnement en vue du préjudice que la saisie mal fondée aura pu causer au saisi. On doit d'autant plus reconnaître ici ces pouvoirs du magistrat, que la confiscation, dont la saisie tend à assurer l'effet, n'est pas obligatoire en matière de marques comme en matière de brevets. Mais il est à remarquer, en ce qui touche l'exigence d'un cautionnement, qu'il n'est pas plus obligé de l'imposer à un étranger qu'à un Français. C'est seulement une faculté dont il n'hésitera guère en fait à user contre un étranger, tandis qu'en matière de brevets, l'étranger y est soumis de plein droit (Pouillet, n° 229; Bédarride, n° 981; *Contrà*, Rendu, n° 344).

**396.** La loi du 30 oct. 1888 (D. P. 89. 4. 51) art. 4, instituant au profit de l'exposition universelle de 1889 une sorte de droit d'asile ou bénéfice d'exterritorialité, qui déjà, pour la première fois, figurait dans la loi du 5 juill. 1881 (D. P. 82. 4. 54) en faveur de l'exposition internationale d'électricité, a défendu de saisir, autrement que par description, dans l'intérieur de l'exposition universelle de 1889, les objets figurant à cette exposition pour lesquels il aurait été pris en France un brevet d'invention, ou effectué un dépôt de dessin ou de modèle de fabrique conformément à la loi du 18 mars 1806, ou sur lesquels serait apposée une marque de fabrique ou de commerce déposée en France en vertu de la loi du 23 juin 1857 et qui seraient argués de contrefaçon. Elle n'a pas voulu que les saisies, peut-être intempestives, pussent laisser en pure perte à la charge d'un industriel les frais faits par lui en vue de l'exposition, et priver celle-ci d'éléments de succès, alors d'ailleurs qu'une simple description suffit pour sauvegarder les droits du plaignant. — Elle a défendu en outre de saisir, tant à l'intérieur qu'à l'extérieur de l'exposition, les objets exposés par des étrangers si le saisissant n'est pas protégé dans le pays auquel appartient le saisi. — Toutefois elle ajoutait que ces objets ne pourraient être vendus en France, et devraient être réexportés dans le délai de trois mois à partir du jour de la clôture officielle de l'exposition.

**397.** La saisie peut porter aussi bien sur les ustensiles servant à la contrefaçon que sur les marques et sur les produits, mais c'est à la condition qu'ils servent spécialement et exclusivement à cette contrefaçon. Ainsi on pourra saisir, chez un lithographe les pierres sur lesquelles se trouve la composition des étiquettes contrefaites, chez un imprimeur les clichés typographiques, mais non les presses et accessoires qui ont servi à les imprimer (Trib. civ. Seine, 28 juin 1860, aff. Jourdan-Brive, *Ann. de la propr. ind.*, 1860, p. 311).

**398.** La description ou la saisie doit être faite par huissier. Aucun autre officier ministériel n'y peut procéder. Mais le choix de l'huissier appartient à la partie (Pouillet, n° 230), quoique, en fait, la plupart des magistrats le désignent dans leur ordonnance. — Le magistrat peut commettre un expert, s'il y a lieu, pour aider l'huissier dans sa description. L'art. 17 le dit expressément, copiant en ce point la loi de 1844, bien que l'intervention d'un expert ne présente point, en matière de marques, l'utilité qu'elle a en matière de brevets et puisse être toujours ou écartée ou remplacée par celle d'un dessinateur (Pouillet, n° 231).

**399.** L'ordonnance rendue sur requête à fin de description ou de saisie n'est pas susceptible d'appel ; c'est un acte de juridiction gracieuse. Mais elle n'épuise que le pouvoir gracieux du magistrat, et, soit qu'elle émane du président du tribunal civil, soit qu'elle émane du juge de paix, elle n'empêche pas l'une des parties d'appeler l'autre en référé devant le président dans les cas urgents prévus par la loi

(Pouillet, nᵒˢ 234, 235 ; Bertin, *Ordonnances sur requêtes*, nᵒˢ 124 et 550).

**400.** Aux termes de l'art. 18 de la loi de 1857, la saisie ou description est nulle de plein droit, sans préjudice des dommages-intérêts, s'il y a lieu, à défaut par le requérant de s'être pourvu, soit par la voie civile, soit par la voie correctionnelle, dans le délai de quinzaine, outre un jour par cinq myriamètres entre le lieu où se trouvent les objets décrits ou saisis et le domicile de la partie contre laquelle l'action doit être dirigée. Cette disposition, faite pour empêcher de prolonger l'état de suspicion et d'interdit résultant de la saisie, est encore empruntée à la loi de 1844, sauf le délai de quinzaine substitué à celui de huitaine reconnu trop court. — La nullité de la saisie ne préjudicie pas, d'ailleurs, à l'action, puisque la saisie n'en est pas le préliminaire obligé. Elle n'entraîne donc pas le rejet de la demande qui peut être justifiée par d'autres preuves (Trib. corr. Seine, 27 mai 1873, aff. Garnier, *Ann. de la propr. ind.*, 1873, p. 132). — Il suffit d'être atteint, même indirectement, par la saisie pour être recevable à demander sa nullité. Ainsi le fabricant poursuivi en contrefaçon avec son acheteur, bien que la saisie ait été faite chez ce dernier seulement, peut en opposer la nullité, à cause du rôle qu'elle peut avoir dans la solution du procès (Paris, 21 déc. 1871, aff. Garnier, *Ann. de la propr. ind.*, 1872, p. 173). — La demande en nullité ou en mainlevée de la saisie peut être portée devant le tribunal du lieu de la saisie, en vertu de l'élection de domicile que le saisissant a dû faire dans ce lieu (Bordeaux, 17 déc. 1867, aff. Lacroix, *Ann. de la propr. ind.*, 1868, p. 101). — La loi ne suspend pas un seul jour le droit de la former, tandis que le projet de 1886 (art. 34) ne permet de se pourvoir en mainlevée ou en nullité de la saisie que quinze jours après cette saisie, pour que cette demande, faite immédiatement sur la saisie, ne puisse être, pour le contrefacteur, un moyen d'entraver la poursuite dont il est menacé. — L'art. 35 du même projet dispense aussi d'ordonnance préalable la constatation par huissier des fraudes dans les lieux ouverts au public, ce qui a fait l'objet d'une difficulté devant le tribunal de commerce de la Seine. (V. Rapp. suppl. du 16 déc. 1887, cité *suprà*, nᵒ 163).

**401.** — XVI. PEINES ET RÉPARATIONS CIVILES. — La contrefaçon des marques particulières était autrefois un crime puni de la reclusion (L. 22 germ. an 11, art. 16-2ᵒ, et art. 142 c. pén.), sauf pour les marques de coutellerie et de quincaillerie dont la contrefaçon n'entraînait que des peines correctionnelles (*Rép.* nᵒ 334). La sévérité excessive de cette législation en empêchait l'application et ne produisait que l'impunité des contrefacteurs. Comme la loi de 1824 était venue y remédier pour les marques nominales, la loi de 1857 y remédia pour toutes les marques, en édictant contre les divers délits d'usurpation les peines de l'amende ou de l'emprisonnement ou l'une d'elles seulement (art. 7, 8 et 9). Elle fait varier comme suit la quotité de ces peines : De 50 à 3000 fr. et de trois mois à trois ans, s'il s'agit de marques contrefaites ou frauduleusement apposées ou d'usage de ces marques, ou de mise en vente avec ces marques (art. 7); — De 50 à 2000 fr. et de un mois à un an, s'il s'agit de marques frauduleusement imitées ou propres à tromper l'acheteur sur la nature du produit, ou d'usage de ces marques, ou de mise en vente avec ces marques (art. 8); — De 50 à 1000 fr. et de quinze jours à six mois, s'il s'agit de contraventions à l'obligation de la marque dans les cas où la marque est obligatoire (art. 9). — A ces peines, dans ces divers cas, le tribunal peut ajouter la privation pendant dix ans au maximum du droit de participer aux élections des tribunaux et des chambres de commerce, des chambres consultatives des arts et manufactures et des conseils de prud'hommes (art. 13). — Il peut y ajouter encore, aux frais du condamné, l'affichage du jugement dans les lieux qu'il détermine et son insertion intégrale ou par extrait dans les journaux qu'il désigne (art. 13). Il peut y ajouter enfin, mais seulement dans les cas des art. 7 et 8 (non dans ceux de l'art. 9 relatif à la marque obligatoire, et moins qu'il n'y ait récidive), la confiscation des produits et celle des instruments et ustensiles ayant spécialement servi à commettre le délit; et cela même en cas d'acquittement (art. 14). Il en est autrement en cas de décès du

prévenu qui dessaisit le juge (Trib. corr. Seine, 14 nov. 1873, aff. Bardou, *Ann. de la propr. ind.*, 1873, p. 385 ; Pouillet, nᵒ 290). Et il peut ordonner que les produits confisqués soient remis au propriétaire de la marque contrefaite ou frauduleusement apposée, indépendamment de plus amples dommages-intérêts, s'il y a lieu (art. 14). Dans ces mêmes cas, non seulement il peut, mais il doit ordonner la destruction des marques reconnues délictueuses (art. 14), à moins que ce ne soit la marque même du déposant frauduleusement apposée, et devenant sincère par la remise des produits à ce déposant (Pouillet, nᵒ 289). Inversement, il doit prescrire l'apposition des marques déclarées obligatoires, lorsqu'il y a délit, faute d'apposition de ces marques (art. 15). — La confiscation des produits et la destruction des marques sont applicables au cas prévu par l'art. 19, c'est-à-dire de produits étrangers introduits en France, soit avec la marque ou le nom d'un fabricant résidant en France, soit avec l'indication du nom ou du lieu d'une fabrique française. Sur la manière dont s'opère en ce cas la confiscation, V. *infrà*, nᵒ 421.

Les peines établies par la loi de 1857 ne peuvent être cumulées à raison du nombre des faits reprochés au prévenu. La plus forte des peines encourues est seule prononcée pour tous les faits antérieurs au premier acte de poursuite (art. 10). L'art. 10, en appliquant ainsi le principe du non-cumul des peines, suppose toutefois que les différents faits sont antérieurs à la poursuite ; il admet donc plusieurs peines en cas de poursuites poursuivies, dont la seconde est motivée par des faits postérieurs à la première (Pouillet, nᵒ 274).

**402.** Les peines d'emprisonnement et d'amende, dans les divers cas des art. 7, 8 et 9, peuvent être élevées au double en cas de récidive; et il y a récidive, lorsqu'il a été prononcé contre le prévenu, dans les cinq années antérieures, une condamnation pour un des délits prévus par la loi de 1857 (art. 11). Peu importe, d'ailleurs, vu la généralité des termes de l'art. 11, que la récidive soit d'un délit prévu par un article à un délit prévu par un autre. Cette circonstance n'empêche pas d'élever la peine. — La récidive, lorsqu'on est dans un des cas prévus par les deux premiers paragraphes de l'art. 9 (non-application d'une marque obligatoire, vente ou mise en vente d'un produit auquel manque cette marque), a en outre pour effet de permettre la confiscation des produits, laquelle n'a pas lieu ordinairement dans ces cas. A ce point de vue, la récidive doit être spéciale, c'est-à-dire résulter d'une condamnation encourue dans les cinq années antérieures pour contravention à l'un des deux premiers paragraphes de l'art. 9 (art. 15). L'art. 463 c. pén. sur les circonstances atténuantes peut être appliqué aux délits prévus par la loi de 1857.

**403.** La confiscation, en matière de marques, soulève certaines questions relatives à son étendue et à ses cas d'application. Peut-elle s'étendre aux objets existant en la possession du délinquant et dont la marque serait reconnue délictueuse, encore bien qu'ils n'auraient pas été saisis ni décrits ? En matière de brevet, la jurisprudence incline vers l'affirmative et la question doit se résoudre ici de la même manière, les deux textes n'indiquant qu'une condition à la confiscation, à savoir : que les objets soient reconnus contrefaits, ou que leur marque soit reconnue contraire aux dispositions de la loi (art. 49 de la loi de 1844, et 14 de la loi de 1857. Comp. nᵒ 285. V. *suprà*, vᵒ *Brevet d'invention*, nᵒ 364). On peut, dans tous les cas, argumenter aussi de ce que la confiscation peut porter sur les instruments et ustensiles, bien qu'il ne soit pas question de leur saisie. — Les instruments et ustensiles susceptibles d'être confisqués sont seulement ceux qui ont *spécialement* servi à commettre le délit. Ici encore, même distinction qu'en matière de brevets et impossibilité de confisquer les instruments susceptibles de tout autre usage licite entre les mains du délinquant, comme une presse et des caractères d'imprimerie. Peuvent au contraire être confisqués les clichés et les pierres lithographiques portant les traits de la marque incriminée, bien que, sur les pierres lithographiques, ces traits puissent être effacés et la pierre rendue à d'autres pour d'autres impressions licites (Trib. civ. Seine, 2 janv. 1869, aff. Sargent, *Ann. de la propr. ind.* 1870, p. 27).

**404.** La confiscation qui, en droit pénal ordinaire, est une peine, mais qui, en matière de brevets d'invention, n'est qu'une réparation civile, susceptible d'être prononcée même en cas d'acquittement et même par le tribunal civil (V. *suprà*, v° *Brevet d'invention*, n° 361), a-t-elle, en matière de marques, le même caractère, ce qui aurait encore pour conséquence de ne la rendre possible que sur les conclusions de la partie lésée ? Cette question doit se poser et se résoudre de la même manière pour la destruction des marques contrefaites prévue par le même art. 14. Elle semble devoir se résoudre affirmativement, l'art. 14 admettant la confiscation en cas d'acquittement et permettant la remise des objets à la partie lésée indépendamment de plus amples dommages-intérêts, remise présentée par le rapporteur comme la plus naturelle des réparations. Mais il faut tenir compte des circonstances diverses dans lesquelles la confiscation peut intervenir soit en matière de marques, soit en matière de brevets. En matière de brevets, elle est obligatoire, ainsi que l'attribution des objets à la partie lésée. En matière de marques, ces deux mesures sont facultatives, et font l'objet de deux facultés distinctes pour le tribunal, en sorte que la première, c'est-à-dire la confiscation, pouvant intervenir sans la seconde, c'est-à-dire sans la remise à la partie lésée, apparaît alors comme une véritable peine. Et c'est ce qui arrive nécessairement dans le cas de poursuite par le ministère public, sans plainte ni intervention d'une partie lésée, cas qui peut se produire en matière de marques, mais non en matière de brevets (L. 1844, art. 45). La cour de cassation a tenu compte de ces divers éléments en décidant que la destruction des marques reconnues contrefaites (et par conséquent aussi la confiscation des objets qui en sont revêtus) présente un double caractère : qu'elle peut dans certains cas, même en dehors de l'action d'une partie civile, être réclamée par le ministère public et qu'elle est alors une pénalité accessoire ; mais que, quand elle est réclamée par la partie qui se plaint de la contrefaçon de sa marque et qui demande la destruction même au cas d'acquittement, il n'est plus possible d'y voir un caractère pénal, que, dans ce cas, elle affecte nécessairement le caractère de réparation civile (Crim. rej. 13 avr. 1877, aff. Raithel, D. P. 77. 1. 401, et la note étendue donnée sous cet arrêt).

Si la confiscation peut être prononcée en cas d'acquittement, ce ne peut être que comme réparation civile et à compter sur les dommages-intérêts, ce qui suppose tout au moins une faute préjudiciable de la part du prévenu acquitté. C'est dans ces conditions seulement qu'un débitant de bonne foi, par exemple, pourrait voir les objets confisqués entre ses mains, sauf d'ailleurs son recours contre son vendeur (Bordeaux, 30 juin 1864, aff. Chévenement, *Ann. de la propr. ind.* 1864, p. 446, arrêt qui, sans confisquer les objets, condamne le détenteur de bonne foi à en payer la valeur ; *Adde :* Rouen, 25 févr. 1859, aff. K..., D. P. 59. 2. 204). A plus forte raison, la confiscation est-elle possible contre un détenteur qui a acheté sciemment, pour un usage personnel, en supposant même acquitté à raison de cette destination qu'avait son achat, et sauf son recours contre son vendeur (V. *suprà*, n° 376). Mais, en l'absence de toute faute préjudiciable, on ne peut concevoir la confiscation ; la destruction des marques seule se conçoit encore, puisque leur maintien entraînerait pour l'avenir et au su du prévenu, un préjudice qu'il faudrait réparer. Nous avons fait même de réserves pour la confiscation en matière de brevets *suprà*, v° *Brevet d'invention*, n° 367). Mais elle a dans cette matière un caractère de nécessité plus grand, l'objet contrefait étant délictueux par lui-même hors des mains du breveté.

405. Les dommages-intérêts que le juge peut allouer même en cas d'acquittement sont subordonnés à l'existence d'une faute et mesurés à l'étendue du préjudice. Mais il faut compter, outre le préjudice causé par la concurrence et l'avilissement des prix, le gain dont on a été privé et les frais de surveillance, voyages, recherches, qu'on a dû faire pour se défendre contre la contrefaçon (Pouillet, n° 291 ; Lyon, 27 nov. 1861, aff. Claye, *Ann. de la propr. ind.*, 1862, p. 258). D'autre part il faut, pour apprécier le préjudice, tenir compte des dissemblances qui ont pu éclairer une partie des acheteurs. Jugé, dans ce sens, qu'on doit tenir compte, dans la fixation des dommages-intérêts, de ce que la dénomination composant l'élément principal de la marque a été seule reproduite, et que les dessins et emblèmes accessoires ont

été assez différents pour éviter la confusion dans l'esprit d'une partie des acheteurs (Trib. civ. Seine, 6 avr. 1866, aff. Sarguet, D. P. 66. 3. 48). En cas d'appel, il faut compter le préjudice continué depuis l'appel (Rouen, 5 juin 1883, aff. Lanman et Kemp, D. P. 84. 2. 177).

406. Des dommages-intérêts peuvent aussi être alloués au prévenu sur sa demande pour le préjudice que lui ont causé la saisie et la poursuite mal fondées. Et sans en avoir demandé en première instance, il peut, en appel, en demander, sinon pour le préjudice causé par la poursuite, antérieurement au jugement, du moins pour celui qu'il a subi depuis la décision des premiers juges (Paris, 13 janv. 1864, aff. Boucher, *Ann. de la propr. ind.*, 1864, p. 135).

407. Le juge, soit qu'il condamne le prévenu, soit qu'il l'acquitte à raison de sa bonne foi, peut, chose superflue d'ailleurs, lui faire défense de commettre les mêmes faits à l'avenir, ou lui imposer, dans l'usage de sa marque, certaines adjonctions de nature à la différencier de celle du réclamant. Mais il ne peut à l'avance fixer un chiffre de dommages-intérêts pour chaque infraction qui sera faite à son injonction ; car il ne peut statuer que sur des contestations nées. Nous avons appliqué le même principe en matière de dessins de fabrique (V. *suprà*, n° 286 ; Conf. Pouillet, n° 296 ; Paris, 14 mars 1874, aff. Versepuy, *Le Droit*, n° 98).

408. La publication du jugement, comme la confiscation, est à la fois un complément de pénalité (V. le rapport de M. Busson sur l'art. 13) et un complément de réparation civile, susceptible d'être ordonné, même au civil, sur la demande de la partie lésée. L'art. 1036 c. proc. civ. la plaçait déjà dans les pouvoirs des tribunaux (*Rép.* n° 334), et le décret du 5 sept. 1810 pour les marques de coutellerie et de quincaillerie prescrivait cette mesure, la mettant au-dessus de toute transaction des parties (*Rép. ibid.*). Ils peuvent d'ailleurs user de ce pouvoir non seulement au profit du plaignant et aux frais du condamné en cas de condamnation, mais au profit du prévenu et aux frais du plaignant, en cas d'acquittement. Et, s'ils n'en usaient pas, il faudrait reconnaître à la partie intéressée le droit de publier à ses frais le jugement comme elle l'entendrait (Solutions analogues en matière de brevets, V. *suprà*, v° *Brevet d'invention*, n°ˢ 371 et 372). Jugé qu'il n'y a pas lieu d'ordonner l'insertion dans les journaux du jugement qui déclare un individu coupable du délit de contrefaçon de marques de fabrique, dans le cas où ces marques imitées n'ont pas été employées et n'ont ainsi pu servir à déprécier dans le public les produits de la maison victime de la contrefaçon (Paris, 15 mai 1868, aff. Badoureau et Patte, D. P. 68. 2. 233).

409. — XVII. Prescription. — Les délits relatifs aux marques donnent lieu à l'application des règles ordinaires de la prescription qui est de trois ans et qui éteint l'action civile en même temps que l'action publique. Pas plus qu'en matière de brevets, le délit n'est successif, ce qui a pour conséquence de donner à la prescription un point de départ distinct pour chaque fait délictueux pris isolément (Paris, 12 août 1864, aff. Blaise, *Ann. de la propr. ind.*, 1865, p. 38. Comp. *suprà*, v° *Brevet d'invention*, n° 374).

410. L'art. 142 c. pén. a-t-il été entièrement abrogé en ce qui concerne la contrefaçon des marques de fabrique et de commerce par la loi du 23 juin 1857, et surtout par la loi du 13 mai 1863 modificative du code pénal ? — (V. la discussion de cette question *suprà*, v° *Faux*, n° 103 et suiv.).

411. — XVIII. Projet de loi. — Le projet de loi de 1886 modifie gravement tout le système de pénalités. Il supprime l'emprisonnement, sauf le cas de récidive. Il rend l'affichage et l'insertion du jugement obligatoires en cas de condamnation correctionnelle. Il supprime en principe la confiscation et la remplace par la destruction de la marque et celle de l'objet, si elle en est inséparable. La confiscation ne serait conservée que dans deux hypothèses : 1° l'introduction en France de produits étrangers sous marque française ; 2° la récidive de l'infraction à l'obligation de la marque, lorsqu'elle est obligatoire, ou à l'obligation de différencier la marque de fabrique ou de commerce par les lettres M. de F. ou M. de C. En outre, il assimile à la contrefaçon l'imitation frauduleuse, punit la tentative de contrefaçon ou d'usurpation, les locutions captieuses de nature à tromper l'acheteur sur la nature ou la provenance du produit, comme les mots *façon de...*, *système de...*, *procédé de...*, etc., le refus,

par un débitant d'objets portant des marques délictueuses, de dire, lorsqu'il en est requis par huissier, le nom et l'adresse de son vendeur, le prix et l'époque de la livraison, la mention mensongère du dépôt de la marque. Enfin, il met la preuve de la bonne foi à la charge du prévenu.

**Art. 4.** — *Introduction en France sous fausse indication de provenance française.*

**412.** D'après une des dispositions générales de la loi de 1857 (art. 19) « tous produits étrangers portant, soit la marque, soit le nom d'un fabricant résidant en France, soit l'indication du nom ou du lieu d'une fabrique française, sont prohibés à l'entrée et exclus du transit et de l'entrepôt et peuvent être saisis, en quelque lieu que ce soit, soit à la diligence de l'administration des Douanes, soit à la requête du ministère public ou de la partie lésée ».

**413.** — I. Détermination du délit. — Cette disposition a pour but d'empêcher des produits étrangers de venir, sous une étiquette française, faire concurrence en France aux fabriques françaises, ou d'aller les discréditer sur d'autres marchés étrangers en complétant l'illusion du consommateur par une trace d'entrepôt ou de transit français qui peut être prise pour un certicat d'origine française. Elle a mis à l'abri de toute controverse l'application des lois sur l'usurpation des marques ou des noms au simple transit en France ou au passage dans un entrepôt français des produits délictueux, application autrefois contestée, malgré la disposition de la loi de 1824 qui visait non seulement la mise en vente, mais la mise en circulation de produits marqués de faux noms (V. pour cette application avant la loi de 1857, Crim. rej. 7 déc. 1854, aff. Morin, D.P. 55. 1. 348, et *infrà*, nos 446 et 449). Mais elle ne vise pas seulement la circulation en transit ou en entrepôt: elle vise aussi l'entrée en France, pour y être mis en vente, de produits étrangers portant un faux nom de fabricant résidant en France, ou de lieu de fabrication française (Chambéry, 30 déc. 1882, sous Crim. rej. 23 févr. 1884, aff. Potié, D. P. 84. 1. 165).

**414.** L'art. 19 de la loi de 1857 apparaît comme se rattachant, non pas exclusivement à cette loi elle-même et à la théorie des marques proprement dites, mais en outre à la loi du 28 juill. 1824 et à la théorie des noms commerciaux. Elle confirme et complète ces deux lois et les dépasse en sévérité, sur certains points, pour protéger l'industrie nationale et empêcher l'industrie étrangère d'usurper son renom et de la compromettre. Il est certain, notamment, que l'art. 19 de la loi de 1857 s'applique, pour les noms, indépendamment de toute forme distinctive capable d'en faire une marque proprement dite; qu'il s'applique pour les noms marques indépendamment de tout dépôt; qu'il s'applique enfin aux marques ou noms de tous fabricants résidant en France, fussent-ils étrangers.

S'applique-t-il aux marques ou noms même imaginaires dont personne n'aurait à revendiquer la propriété, mais apparaissant comme français ? M. Pouillet l'admet no 310, abandonnant l'opinion contraire qu'il avait d'abord soutenue dans La *Propriété industrielle*, no 361. Mais il est à remarquer que, dans les cas qu'il cite, et où ce genre de fraude a été condamné, les indications imaginaires étaient accompagnées du nom d'une ville de fabrique française comme Mulhouse, ce qui mettait hors de doute l'application du texte (Rouen, 25 févr. 1859, aff. K..., D. P. 59. 2. 204) ; ou bien du mot *France*. Et on peut se demander si la seule indication de fabrication en France, sans plus de précision quant au lieu de fabrique, constitue la fraude prévue par l'art. 19 de la loi de 1857. C'est ce qui a été jugé notamment par la cour de Rouen (23 oct. 1863, aff. Froman, *Ann. de la propr. ind.*, 1864, p. 68) pour des cartes étrangères introduites sous la mention en français *cartes fabriquées en France.* Au point de vue littéral cependant, ce n'est pas la « l'indication du lieu d'une fabrique française » prévue par le texte de l'art. 19. Mais il est permis de penser que l'hypothèse rentre dans son esprit, surtout si l'on remarque qu'il a pour but de confirmer et de sanctionner, vis-à-vis de la concurrence étrangère, l'art. 1er de la loi de 1824 qui, en termes plus généraux, défend d'apposer sur des objets fabriqués le nom d'un lieu autre que celui de la fabrication,

et par conséquent le mot *France* sur des objets fabriqués à l'étranger.

**415.** L'usurpation frauduleuse est l'élément essentiel de l'infraction prévue par l'art. 19 de la loi de 1857. C'est ce qu'a décidé la cour de cassation (Crim. rej. 9 avr. 1864, aff. Schmidt et Havard, D. P. 64. 1. 194). Et, comme application de ce principe, elle a déclaré qu'il n'y a pas lieu de poursuivre ni de saisir à la douane, quand c'est du consentement et par l'ordre du négociant français lui-même que sa marque ou son nom ou lieu de résidence ont été apposés et que les produits ainsi marqués ont été expédiés suivant la commande du négociant français à son adresse et à sa destination. Il s'agissait, dans l'espèce, d'un fabricant parisien de nécessaires de voyage qui avait commandé à l'étranger, pour les faire entrer dans la composition de ces nécessaires, des rasoirs de qualité inférieure portant ses initiales et le mot *Paris*. M. Pouillet, admet également (no 313) que l'apposition, sur des produits étrangers, d'une marque de fabrique française par l'ordre même du fabricant à qui elle appartient et qui a commandé les produits, ne donne pas lieu à l'application de l'art. 19. Il est clair en effet que toute idée de fraude et d'usurpation disparaît quand c'est le propriétaire même de la marque qui en fait emploi; libre à lui de la discréditer en l'appliquant à des produits inférieurs, soit qu'il les ait fabriqués lui-même, soit qu'il les ait fait siens. — Mais la question peut devenir délicate quand l'ordre émane, non d'un fabricant, mais d'un marchand français, et que la marque ou le nom apposé par son ordre peut faire attribuer le produit à des fabricants français étrangers à l'opération. Car, ainsi qu'on l'a vu *suprà* no 414, l'art. 19 de la loi de 1857, comme l'art. 1er de la loi de 1824, vise non seulement la circulation en transit et en entrepôt, mais aussi l'entrée en France, pour y être mis en vente, de produits étrangers portant des noms supposés de fabricants ou de lieux de fabrication français. Et ces deux dispositions atteignent non seulement les fabricants, mais encore les débitants, commissionnaires ou négociants qui sciemment ont fait circuler ou mis en vente les objets marqués de noms supposés ou altérés, même quand le modèle a été reproduit (Crim. rej. 23 févr. 1884, aff. Potié, D.P. 84.1. 165).— Il faut, croyons-nous, pour concilier ces différents principes et se conformer à l'esprit de la loi, rechercher si la marque ou le nom dont les produits étrangers sont revêtus, ne désigne aux acheteurs que celui qui les met en circulation, ou peut, au contraire, les induire à y voir les produits de l'industrie d'une autre ville française, d'une autre ville française ou de la France. Une marque de *commerce* française peut assurément recouvrir des produits de fabrication étrangère comme des produits de fabrication française sans contravention à la loi. Mais il faut qu'elle ne puisse pas être prise pour une marque de *fabrique* française et discréditer ainsi l'industrie nationale.

**416.** Aussi la cour de cassation a-t-elle jugé que l'art. 19 n'est pas applicable au cas où un débitant français qui se fait adresser et a mis en vente du papier fabriqué à l'étranger dans des boîtes portant le nom et l'adresse de ses magasins de vente, alors que la ville où les magasins se trouvent n'est pas un centre de fabrication de ce produit (Crim. rej. 30 avr. 1887, aff. Labit, D. P. 87. 1. 461 ; — *Adde*, dans le même sens : Trib. corr. Nancy, 14 août 1886, aff. Duthu et Macdonald, reproduit en note D. P. 87. 2. 209; Trib. corr. Havre, 10 sept. 1886, aff. Déjardin, *Journ. du droit int. privé*, 1886, p.721 ; Trib. corr. Bordeaux, 17 mars 1887, aff. Payement, reproduit par M. Dietz-Monnin dans son rapport supplémentaire no 104, au Sénat, sur la proposition de loi de M. Bozérian, *Journ. off.* Doc. parl., 1887, p. 84).— Au contraire, un commerçant établi dans un lieu particulièrement réputé de fabrication de certains produits ne pourrait pas employer le nom de ce lieu pour écouler des produits similaires fabriqués au dehors, et le droit d'agir appartiendrait alors à toute personne installée dans ce lieu et engagée dans cette fabrication ou ce commerce (Trib. corr. de Saint-Quentin, 3 août 1886 et Amiens, 3 déc. 1886, aff. Soufflet Leblond *Ann. de droit comm*, 1887, 2e partie, p. 120). Jugé encore que l'art. 19 est applicable à l'introduction frauduleuse en France de produits fabriqués à l'étranger portant la fausse indication d'une localité française fabriquant des produits similaires, alors même que cette fausse mention a été apposée du consentement du destinataire français habitant cette localité (Besançon, 5 avr. 1887, aff. Stachelin, D. P. 87. 2. 209).

Parfois un même fait est apprécié diversement par les tribunaux. Que penser, par exemple, de l'introduction en France de boutons fabriqués à l'étranger sur la commande et les modèles d'un négociant de Paris et fixés sur des cartes portant les mots: *Paris, Nouveautés de Paris, Modes parisiennes?* Donneront-ils lieu à l'application de l'art. 19? On résoudra diversement la question suivant que l'on considérera ces mots comme donnant la fausse indication du nom de Paris *comme lieu de fabrication*, ou simplement comme indication d'un genre, d'une mode ou d'un lieu de vente, suivant aussi que l'on considérera l'industrie des boutons comme ayant, dans la capitale, assez d'importance pour souffrir de la fausse indication, et comme subissant une usurpation. Et c'est par suite de l'appréciation diverse de ces faits, appréciation d'ailleurs déclarée souveraine par la cour de cassation (Crim. rej. 23 févr. 1884, aff. Potié, D. P. 84. 1. 165), que l'introduction de boutons étrangers avec ces indications a été déclarée licite par la cour de Paris le 21 févr. 1883 (aff. Van Guidertaëk et Persent, D. P. 84. 2. 76), illicite par la cour de Chambéry, le 30 déc. 1882, aff. Potié (Crim. rej. 23 févr. 1884, même affaire, D. P. 84. 1. 165).

**417.** Le ministre du commerce a voulu se conformer aux décisions de la cour de cassation dans ses instructions aux agents des douanes concernant les produits étrangers adressés à un négociant français sous une marque ou un nom français. Mais, ainsi que l'a expliqué M. Albert Desjardins, en note, sous l'arrêt Potié, cité *suprà*, n° 416, il n'y a pas voir un revirement de jurisprudence là où il n'y avait que l'application d'une distinction toute rationnelle entre les indications capables ou non de discréditer des fabriques françaises autres que celles de l'auteur de la commande. Après l'arrêt du 9 avr. 1864 déclarant licite le fait d'un fabricant français qui se fait envoyer, revêtus de son nom et de celui de sa résidence, des produits dont il lui plaît de s'approvisionner à l'étranger, parut une circulaire du ministre du commerce du 8 juin 1864 (D. P. 64. 1. 194, note 3; *Journ. off.* Doc. parl., 1886, p. 349) défendant de saisir dans ce cas. Après l'arrêt du 23 févr. 1884, décidant que la cour de Chambéry avait pu déclarer illicite le fait, qu'un négociant parisien, de se faire expédier des boutons de l'étranger sous la mention *Nouveauté de Paris*, deux circulaires en sens contraire en date des 26 févr. et 11 mai 1886, l'une adressée aux chambres de commerce, l'autre aux agents des douanes (D. P. 87. 2. 210, note), circulaires annexées au rapport de M. Dietz-Monnin du 4 nov. 1886 (*Journ. off.* Doc. parl. 1886, p. 365 et 366), vinrent prescrire la saisie, dans le cas de mention pouvant faire supposer une provenance française, sans faire d'exception pour le cas où les indications auraient été apposées avec le consentement de l'abricant français.

**418.** — II. Projet de loi. — Qu'il faille attribuer la diversité de la jurisprudence au changement dans l'interprétation de la loi ou à des distinctions reposant sur l'appréciation des faits, on y a vu un état fâcheux auquel il fallait remédier par des dispositions plus précises et plus absolues. On s'est dit qu'il ne fallait plus qu'un doute pût s'élever sur l'application aux débitants comme aux fabricants de cette disposition protectrice de l'industrie nationale, sur son application malgré l'ordre ou le consentement donné par le destinataire français, ou malgré cette circonstance que la localité désignée n'est pas un centre de fabrication renommé pour les produits dont il s'agit, ou bien encore que la mention apposée ne peut être prise que pour une réclame ou une adresse de maison de vente; qu'il fallait enfin, en écartant toutes ces distinctions, mettre un terme aux pratiques de certaines maisons françaises qui se font adresser de l'étranger, en entrepôt, des produits revêtus de leur marque de fabrique et qu'elles vendent ou expédient ensuite comme étant de fabrication française, au détriment des acheteurs et des travailleurs français qui eussent dû profiter de ces commandes. De là, une proposition de loi déposée au Sénat par MM. Bozérian, Dietz-Monnin et autres, le 29 févr. 1884 (*Journ. off.* Doc. parl. 1884, p. 166), c'est-à-dire aussitôt après l'arrêt du 23 février et la circulaire ministérielle du 26. Cette proposition, tendant à transformer en une loi indiscutable une jurisprudence toujours exposée au changement, fut l'objet d'une large enquête qui lui fut générale-

ment favorable, mais dans laquelle on exprima le désir de voir la législation des marques et des noms commerciaux, formée de parties plus ou moins incohérentes, renouvelée dans une codification homogène et conforme aux besoins nouveaux du commerce et de l'industrie (V. à cet égard la lettre de M. le comte de Maillard de Marafy annexée au rapport du 4 nov. 1886). Pour déférer à ce vœu, la commission chargée de l'examen de la proposition primitive présenta, avec un rapport de M. Dietz-Monnin, le 4 nov. 1886 (*Journ. off.* Doc. parl. 1886, p. 349), une proposition complète sur les marques de fabrique ou de commerce, le nom commercial, la raison de commerce et le lieu de provenance, proposition dont elle rectifia deux fois le texte : d'abord le 16 déc. 1887 (Rapport supplémentaire, n° 101. V. *Journ. off.* Doc. parl. 1887, p. 57, et 1888, p. 446); puis après une enquête sur le projet amplifié (V. rapport de la commission du 11 nov. 1890, *Journ. off.* Doc. parl., 1890, p. 14, l'ancienne proposition Bozérian ne formant plus que l'art. 23 de ce projet). Cet art. 23 déclare prohibés à l'entrée, exclus de l'entrepôt, sujets à saisie et à confiscation, tous produits étrangers portant une marque, un nom ou une mention de nature à faire croire qu'ils ont été fabriqués en France, notamment le nom d'une région ou d'un lieu français, ou le nom d'une localité étrangère, semblable à celui d'une localité française, comme Vienne ou Valence, même sur l'ordre et le consentement de l'industriel résidant en France, à moins que la mention cesse d'être trompeuse grâce à l'addition du mot *importé* ou du nom du pays étranger où se trouve le lieu d'origine, s'il a le même nom qu'une localité française. Il donne qualité pour agir aux acheteurs lésés et aux syndicats professionnels régulièrement constitués. Il fut même question de donner qualité aux chambres de commerce pour intenter l'action au nom des intérêts des commerçants de leur ressort, solution que la jurisprudence avait dû repousser sous la législation actuelle (Paris 21 févr. 1883, aff. Van Guidertaele et Persent, D. P. 84. 2. 76). On abandonna cette idée, les chambres de commerce n'étant instituées que pour donner leur avis sur les questions intéressant le commerce en général, non pour défendre en justice les intérêts des commerçants.

**419.** Il est à remarquer que le projet n'exclut pas *du transit* les produits étrangers simulant une provenance française. On peut être tenté de s'en étonner, malgré les profits que ce transit peut amener notre pays; car ces profits ne seront procurés que par un discrédit et une perte infligés à notre industrie nationale sur les marchés étrangers contrairement à l'esprit de cette disposition et en général de toute la législation projetée sur les marques et noms. Mais on fait remarquer, dans le sens du projet de loi, « que le transit échappe à toute investigation, qu'il arrive et traverse la France en wagons plombés, que légalement il est interdit de visiter et d'arrêter sans s'exposer à des réclamations diplomatiques ou à des demandes d'indemnités en cas d'erreur », que par conséquent toute entrave est inutile (Rapp. suppl, n° 101 de la comm. sén. sur le projet de loi *Journ. off.* Doc. parl., 1887, p. 83).

**420.** D'un autre côté, il est intéressant de comparer aux tendances absolues du projet de loi, les dispositions et les tendances du droit international, qui, plus conforme aux distinctions dont la loi actuelle permet de s'inspirer, pourraient créer de sérieux obstacles à l'application de ce projet comme des dernières circulaires ministérielles. La convention du 20 mars 1883 entre la France et divers pays de l'Europe pour la protection de la propriété industrielle (D. P. 84. 4. 116) n'autorise la saisie des produits portant faussement comme indication de provenance le nom d'une localité déterminée qu'autant que cette fausse indication est jointe à un nom commercial fictif ou emprunté dans une intention frauduleuse (art. 9 et 10). Et avec plus de précision encore, une convention du 11 mai 1886, modifiant la précédente, mais non encore ratifiée en France, il est vrai, s'exprime ainsi : « Tout produit portant illicitement une indication mensongère de provenance pourra être saisi à l'importation dans tous les États contractants. Il n'y a point intention frauduleuse dans le cas prévu par le paragraphe 1er de l'art. 10 de la convention lorsqu'il sera prouvé que c'est du consentement du fabricant dont le nom se trouve apposé sur les produits importés que cette apposition a été faite »

(V. la note sous l'arrêt de Besançon, 5 avr. 1887, D. P. 87. 2. 209). Il est vrai que les dispositions de la convention internationale sont considérées généralement comme instituant un minimum commun de protection pour la propriété industrielle, sans préjudice du droit, pour chaque État, d'instituer une protection plus grande contre les atteintes dont cette propriété est menacée. Et M. Bozérian, à l'appui de cette manière d'entendre la convention, a signalé les dernières lois de l'Angleterre et de la Suède, postérieures à la convention et cependant plus rigoureuses qu'elle sur le point qui nous occupe (*Journ. off.* Doc. parl. 1887, p. 59; V. *suprà*, n° 213).

**421.** — III. Sanctions. — Confiscation. — Saisie. — Les cas prévus par l'art. 19 de la loi de 1857 constitueront ordinairement. soit les faits de contrefaçons, d'apposition ou d'imitation frauduleuse ou d'usage de marque contrefaite ou imitée, prévus par les art. 7 et 8 de la même loi, soit les faits d'usurpation de nom ou de mise en circulation sous faux nom, prévus par l'art. 1er de la loi de 1824; ils donneront lieu alors à l'application des peines dont ces faits sont passibles, sauf l'impossibilité d'atteindre l'auteur de la contrefaçon ou de l'apposition qui a commis le délit à l'étranger. — En tout cas et en vertu d'un renvoi spécial de l'art. 19 à l'art. 14, ils donnent lieu à la confiscation des produits et à la destruction des marques. On s'est demandé si cette confiscation, que l'art. 14 déclare facultative pour le juge, conserve ou non ce caractère lorsque le cas rentre dans l'art. 19 qui déclare applicables les dispositions de l'art. 14. M. Rendu, *Traité pratique des marques* (n° 356) pense que la confiscation en ce cas devient obligatoire, parce que, à côté de la confiscation facultative, dont parle l'art. 14, les produits prévus par l'art 19 encourent, comme prohibées à l'entrée par cet article, une autre sorte de confiscation, celle que prescrivent impérativement les lois de douanes. Il n'y a de facultatif alors que la remise comme indemnité des produits confisqués à la partie lésée, remise qui ne peut être appliquée ici qu'en vertu et dans les termes de l'art. 14. La remise comme indemnité à la partie lésée des produits confisqués est d'ailleurs sans application possible dans beaucoup de cas prévus par l'art. 19, ceux ne faisant apparaître personne à qui cette remise puisse être faite. Ainsi en est-il lorsqu'il s'agit de marque ou de nom purement imaginaire. Et de même lorsqu'il y a indication pure et simple d'un lieu de fabrication et qu'aucun des fabricants du lieu n'intervient dans l'instance comme partie lésée. Dans ces divers cas, la confiscation est prononcée au profit du Trésor (Rouen, 25 févr. 1859, aff. K..., D. P. 59. 2. 204).

**422.** Jugé aussi que la poursuite, tendant à la confiscation des produits étrangers saisis en France comme portant une fausse marque française, est avec raison dirigée, à défaut d'un expéditeur connu, contre le destinataire français de ces marchandises, alors même que la fraude aurait été commise sans son aveu (Même arrêt), cette confiscation motivant de sa part, s'il est de bonne foi, un refus de payement du prix de son achat ou une répétition de ce prix contre son vendeur.

**423.** Mais ce qu'il y a de plus remarquable dans la disposition de l'art. 19 c'est ce qu'elle contient relativement à la saisie des produits. Elle a voulu remédier à l'impossibilité où était la partie lésée d'être prévenue à temps de l'entrée du produit pour en faire opérer la saisie. Aussi la déclare-t-elle prohibé à l'entrée, exclu du transit et de l'entrepôt, et susceptible d'être saisi en quelque lieu que ce soit, soit à la diligence de l'administration des Douanes, soit à la requête du ministère public, soit de la partie lésée. Les agents des douanes interviennent alors comme officiers de police judiciaire et auxiliaires du procureur de la République, et leur procès-verbal de saisie est immédiatement adressé. Ce procès-verbal, libellé à la requête de ce magistrat, ne fait foi que jusqu'à preuve contraire, à la différence des procès-verbaux en matière de douane. Il est exempt de l'affirmation et des formalités prescrites par la loi du 9 flor. an 7, et doit être seulement enregistré dans les quatre jours (L. du 22 frim. an 7, art. 29). Il décrit les marchandises et les marques. Une ou plusieurs de ces marques lui sont annexées, si elles consistent en étiquettes ou impressions susceptibles d'être enlevées. Elles y sont fixées par une empreinte en cire du cachet employé dans le bureau. Les marchandises saisies, scellées du même

cachet, restent provisoirement au bureau, à moins que le tribunal n'en ordonne l'apport au greffe.

Le délai de quinze jours dans lequel ordinairement la saisie pour usurpation de marque doit être suivie d'action en justice, sous peine de péremption de cette saisie, est porté ici à deux mois, « la partie lésée pouvant, comme l'a dit le rapporteur, avoir un domicile éloigné et même ignorer la saisie lorsqu'elle n'émane pas d'elle ». Mais, la loi ne faisant aucune distinction à cet égard, ce délai de deux mois s'applique même à une saisie faite à la requête de la partie lésée, du moment qu'elle rentre dans le cas de l'art. 19.

Art. 5. — *Des marques particulières accordées aux villes de fabrique* (*Rép.* n°s 335 et 336).

**424.** Nous n'avons rien à ajouter aux indications contenues dans les n°s 335 et 336 du *Répertoire* sur les marques collectives accordées à certaines villes de fabrique en vertu des décrets du 25 juill. 1810 et du 22 déc. 1812 pour les fabriques de draps de Louviers et d'autres villes, et des décrets du 1er avril et 18 sept. 1811 pour les fabriques de savon de Marseille. Ces décrets contiennent deux ordres de dispositions : les unes réservent aux fabriques d'une seule ville le privilège d'une marque collective ; les autres imposent à ces fabriques l'emploi de cette marque, sans préjudice, pour chaque fabricant, du droit d'y ajouter la sienne propre. La loi de 1857 admettant qu'un décret peut rendre la marque obligatoire pour certains produits (art. 1) a, par là même, maintenu en vigueur les dispositions des décrets antérieurs sur l'obligation de la marque, sauf substitution de la peine qu'il édicte à celle des décrets (V. *suprà*, n°s 304 et 378). Reste aussi en vigueur le privilège concédé à ces villes relativement à leur marque collective.

Mais les peines et les poursuites auxquelles ce privilège donne lieu demeurent-elles réglées par ces décrets spéciaux, ou, au contraire, ne sont-elles pas remplacées par celles qu'organise la loi de 1857 pour la protection des marques particulières? Cette dernière opinion paraît préférable. Il est naturel de penser que le législateur de 1857 a voulu des peines et des procédures uniformes pour la protection de toutes les marques ; et, sauf la nécessité du dépôt, qui doit être certainement écartée pour une marque dont la concession résulte d'un décret inséré au *Bulletin des lois*, il faut, croyons-nous, considérer les règles de la loi de 1857 comme remplaçant celles des décrets de 1810, 1811, 1812, sur les draps de certaines villes et les savons de Marseille, de même qu'elles remplacent celles du décret du 5 sept. 1810 sur les marques de coutellerie et de quincaillerie (V. *suprà*, n°s 304, 377). — L'usurpation des marques de villes de fabrique suppose, d'ailleurs, ordinairement l'usurpation de leurs noms, laquelle est prévue par la loi de 1824, et la plupart du temps, dans la pratique, l'usurpation des noms de villes ou de localités ne se complique même pas d'une usurpation de marque (V. *infrà*, n°s 456 et suiv.).

Le congrès international de 1889 a exprimé la pensée que la création de marques municipales ou régionales destinées à être apposées au lieu de fabrication est un des moyens les plus propres à assurer la sincérité de l'origine du produit (*Journ. du droit int. privé*, 1890, p. 173).

Sect. 4. — Des noms (*Rép.* n° 337).

Art. 1er. — *Du nom de personne ou d'individu* (*Rép.* n°s 338 à 349).

**425.** — I. Quels noms protège la loi de 1824. — La loi du 28 juill. 1824, qui protège par des sanctions pénales les fabricants et les lieux de fabrication contre l'usurpation de leur nom, a déjà reçu au *Répertoire* son commentaire. Les noms de fabrique sont seuls protégés par elle, à l'exclusion des noms de commerce (Rendu n° 399). Cette lacune, qui n'existe point, en matière de marques, dans la loi de 1857, est destinée à être comblée dans le projet de la commission sénatoriale sur les marques et noms commerciaux (art. 12). MM. Pouillet, n° 423, et Ruben de Couder v° Noms, n° 68, pensent qu'elle n'existe même pas dans la loi de 1824. La loi de 1857 leur paraît fournir son interprétation sur ce point, lorsque, protégeant les commerçants comme les fabricants, elle ne vise les noms qu'avec une forme distinctive, comptant pour eux, à défaut de cette forme, sur la protection de la loi de 1824. Mais il est plus sûr d'interpréter la loi de 1824 par la législation qui régissait les marques en 1824 et qui ne protégeait par aucune répression les marques de commerce. Son texte est, d'ailleurs, trop précis pour qu'on puisse l'étendre, malgré son caractère pénal, aux noms des commerçants qui ne fabriquent pas. Jugé, en ce sens, que la loi du 28 juill. 1824 ne protège que les fabricants et ne peut être invoquée par les commerçants qui apposent leur nom commercial sur des objets mis en vente mais non fabriqués par eux (Orléans, 21 févr. 1882, aff. Benoît, Chauchard et comp., D. P. 84. 2. 8). — Protège-t-elle les noms agricoles, comme l'art. 20 de la loi de 1857 les marques agricoles ? C'est encore une question controversée, qui, s'élevant plus ordinairement à propos des noms de lieux, sera traitée à l'article suivant, et qui, dans le projet de loi ci-dessus, serait résolu dans le sens de la protection. — Protège-t-elle enfin les noms artistiques et littéraires ? Punit-elle l'usurpation du nom d'un artiste ou d'un écrivain sur une statue, une gravure ou un livre ? L'affirmative, soutenue par MM. Pataille (*Ann. de la propr. ind.*, 1856, p. 328) et Pouillet (n° 425) a été admise par la cour de cassation (Crim. rej. 29 nov. 1879, aff. Moreau, D. P. 80. 1. 400) et par la cour de Paris le 12 mai 1855, aff. Susse, *Ann. de la propr. ind.*, 1855, p. 19). Mais elle est repoussée par MM. Lyon-Caen et Renault, (*Précis de droit commercial*, n° 3339), et c'est croyons-nous avec raison ; car les lois pénales sont de droit étroit et le mot *fabricant* ne peut être appliqué à l'artiste au savant ou à l'homme de lettres. La loi de 1824 atteindra seulement l'usurpation sur une œuvre d'art, du nom d'un industriel, d'un mouleur en bronze, d'un graveur, dont l'industrie est de reproduire des œuvres d'art, et nous approuvons les arrêts rendus dans ce sens (Paris, 1er sept. 1848, aff. Galantomini, cité par Pouillet, n° 426 ; Paris, 10 mars 1855, aff. Susse, *Ann. de la propr. ind.*, 1855, p. 19 ; Paris, 12 mai 1855 précité, *ibid.*, 1855, p. 19). Ce dernier arrêt, statuant à la fois sur l'usurpation du nom de l'artiste et du nom de l'éditeur, ne peut être approuvé que sur le second point. On peut regretter sans doute que nos lois protègent l'industrie plus que l'art et que les juges aient à faire des distinctions souvent délicates entre l'un et l'autre. Mais on ne peut s'empêcher de reconnaître que la loi de 1824 est une loi sur la propriété industrielle, tout à fait étrangère à la propriété artistique et littéraire.

**426.** On a vu au *Rép.* n° 339, que la loi de 1824 protège la propriété des noms à l'exclusion des signes, tels que chiffres ou initiales, destinés à les représenter, sauf à invoquer pour ces signes la législation relative aux marques s'ils en remplissent les conditions. Cette interprétation, en ce qui concerne les initiales du nom, a soulevé des doutes (V. Blanc, p. 775 et Paris, 26 avr. 1851, aff. Bardou, citée par cet auteur). Mais elle a prévalu surtout depuis la loi de 1857 qui protège les marques composées de lettres ou de chiffres.

**427.** Mais on a vu aussi (*Rép.* n°s 338 et 340) que la loi de 1824 ne s'occupe des noms qu'au point de vue de leur apposition ou apparition sur des objets fabriqués. Cela ne veut pas dire toutefois que le nom apparaissant sur l'enveloppe soit moins atteint que le nom incorporé au produit lui-même (cette distinction était impossible même à l'époque où on la faisait pour les marques) ; mais cela signifie qu'elle laisse de côté l'usurpation commise dans les enseignes, annonces et prospectus, à moins que ces derniers ne se présentent unis aux produits dans la vente (Paris, 20 nov. 1847, aff. Monnier, D. P. 47. 4. 399). L'usurpation du nom par apposition sur les objets fabriqués est d'ailleurs réprimée

quand même le fabricant dont le nom est usurpé n'en userait pas de cette façon, mais seulement dans ses enseignes, annonces et prospectus. Il suffit que le nom lui appartienne et soit lié à ses intérêts industriels (*Rép.* n° 340).

**428.** La loi de 1824 protège comme nom d'un fabricant ou comme « nom commercial d'une fabrique » tout nom sous lequel un fabricant est connu dans le monde industriel, lors même qu'il ne serait point un nom patronymique, ni même un prénom, ni même un nom social composé de noms d'associés, mais, par exemple, un nom générique appartenant à une réunion d'individus qui fabriquent ensemble, comme les *chartreux*. Jugé même, en ce sens, que le mot *chartreuse*, appliqué à une liqueur que fabriquent les chartreux, n'est que l'abréviation et l'équivalent d'une désignation plus complète, qu'il indique tout à la fois le nom des fabricants (les chartreux), le nom ou la raison commerciale de la fabrique (la communauté de ces mêmes chartreux), et enfin le lieu de la fabrication, et qu'il constitue une propriété exclusive protégée par la loi du 28 juill. 1824 (Crim. rej. 26 avr. 1872, aff. Garnier, D. P. 74. 1. 47 ; Req. 10 août 1880, aff. Gallifet et comp., D. P. 81. 1. 202). — Elle protège aussi toute dénomination adoptée comme raison commerciale par un fabricant, tout pseudonyme substitué par l'usage à son nom véritable (Paris, 12 déc. 1857 et Civ. cass. 6 juin 1859, aff. Tournachon, D. P. 59. 1. 248), sous la réserve des droits d'un autre fabricant dont ce pseudonyme serait le vrai nom. Un nom imaginaire peut ainsi réclamer la protection de la loi de 1824 quand il est devenu le pseudonyme d'un fabricant. Mais il faut que le fabricant soit personnellement connu sous ce nom, et l'on ne peut traiter comme noms de fabricant les noms supposés qu'une maison applique à diverses catégories de ses produits sans qu'elle-même soit jamais désignée ainsi, comme le font certains producteurs de vins de Champagne (Pouillet, n° 381). Ce sont là des noms de produits plutôt que de fabricants. Le pseudonyme d'un fabricant et la raison commerciale d'une fabrique sont d'ailleurs protégés par la loi de 1824 quelle que soit leur origine, alors même qu'ils auraient été donnés par le public si le fabricant s'en est ensuite constamment servi lui-même dans tous les actes de son exploitation et dans ses relations avec les tiers (Paris, 6 janv. 1880, *infrà*, n° 470).

**429.** Le projet de la commission sénatoriale, qui protège également le nom commercial et la raison de commerce, définit ainsi l'un et l'autre : « Le nom commercial est le nom simple ou composé sous lequel les commerçants, industriels producteurs ou exploitants, exercent les actes de leur commerce, industrie ou exploitation. La raison de commerce est la dénomination spéciale sous laquelle un établissement industriel, commercial, une exploitation agricole, forestière ou extractive, sont exploités » (art. 12).

**430.** — II. Droit des homonymes. — Mais la protection du nom industriel va-t-elle jusqu'à exclure l'usage qu'un homonyme voudrait faire de ce même nom, qui est aussi le sien, dans une industrie similaire ? Cette question, déjà traitée au *Rép.* n°s 341, 342, 343, s'est de nouveau présentée bien des fois à la jurisprudence. Le droit de chacun d'user de son nom malgré l'usage similaire qu'un homonyme fait déjà du sien a été de nouveau consacré par les tribunaux (Paris, 6 févr. 1865, aff. Louis Rœderer, D. P. 65. 2. 87 ; Amiens, 2 août 1878, aff. Veuve Erard, D. P. 79. 2. 100 ; Civ. cass. 30 janv. 1878, aff. Nicolas Erard, D. P. 78. 1. 231 ; Req. 15 juill. 1879, aff. Erard, D. P. 80. 1. 80 ; Lyon, 8 janv. 1881, aff. Machury, D. P. 81. 2. 157 ; Paris, 6 avr. 1887, aff. John Evans, D. P. 88. 2. 40 ; Paris, 29 juill. 1890 (1) ; Trib. Seine, 2 août 1890, aff. Gaëtan, Picon, *Gaz. des. trib.* du 9 août 1890. V. Conf. Pouillet, n°s 390, 488 et suiv. ; Rendu, n°s 403 et suiv., 481 ; Calmels, *Des noms*, n°s 153 et suiv.).

---

(1) (Chandon et comp. C. Moët.) — La cour ; — Considérant que les appelants concluent principalement à ce qu'il soit dit : 1° que l'usage industriel du nom de Moët leur appartient exclusivement ; 2° que le dépôt fait par Henri Moët de son nom est nul et non avenu, tant comme constituant une concurrence déloyale, et comme ayant pour objet une marque qui est une imitation illicite et frauduleuse de la leur, que comme ne remplissant pas les conditions requises pour la validité d'une marque par la loi du 23 juin 1857, laquelle exige que le dépôt ait lieu sous une forme distinctive ; 3° à ce qu'il soit fait défense à Henri Moët

de se servir du nom de Moët sur ses produits, et sur ses bouteilles de vin de champagne ou leur emballage, comme faisant nécessairement confusion dans l'esprit de l'acheteur avec celui dont l'usage industriel leur appartient exclusivement ; 4° à ce qu'il soit ordonné transcription de l'arrêt quant à l'annulation du dépôt tant sur les registres du greffe que sur ceux du Conservatoire des arts et métiers ; 5° enfin, à ce qu'en réparation du préjudice qui leur a été causé, l'insertion de l'arrêt ait lieu dans cinquante journaux à leur choix et aux frais de Henri Moët ; — Considérant, en outre, et par conclusions subsidiaires, que Chan-

L'abus que ferait l'homonyme de la similitude des noms, pour détourner la clientèle de son concurrent, ne peut même pas autoriser la justice à lui interdire l'usage de son nom ; car, ne pouvant faire le commerce sous un autre nom que le sien, il se verrait ainsi exclu d'une branche d'industrie, contrairement au grand principe de la liberté commerciale (Civ. cass. 30 janv. 1878 précité. *Contrà*, Paris, 29 juill. 1876, cassé par cet arrêt). On cite aussi, en sens contraire, un autre arrêt de Paris du 7 août 1874, aff. Moët et Chandon (D. P. 77. 2. 220). Mais il est à remarquer que cet arrêt n'interdit pas absolument à l'homonyme de faire sous son nom le même commerce, mais de le faire sous une raison sociale créée en vue d'augmenter la similitude, et il constate lui-même « que le commerce des vins de Champagne peut rester libre à Jean-Frédéric Moët en dehors de la raison sociale, des marques et des circonstances par lui choisies et groupées ». Le principe de la propriété des noms et de la liberté commerciale n'est pas non plus violé par l'arrêt qui défend d'user de son prénom (Lubin) dans le but frauduleux de créer une confusion avec des produits similaires (une eau de toilette) depuis longtemps connus sous cette dénomination), cette défense n'empêchant pas d'exercer la même industrie sous le nom de famille qui est la principale désignation de l'individu (Paris, 20 mai 1886, aff. Lubin Corbon, D. P. 87. 2. 84). Ces principes ne sont pas atteints non plus si un individu connu sous un seul des deux noms patronymiques qui lui appartiennent et, ayant commencé à y ajouter l'autre pour créer une confusion avec un concurrent qui est venu habiter la même maison, se voit interdire cette addition pour les faits relatifs à son commerce et pour le temps que durera l'identité de domicile (Paris, 18 juill. 1861, aff. Leblanc de Ferrière, D. P. 61. 2. 227 ; Req. 18 nov. 1862, même affaire, D. P. 63. 1. 81). On ne peut pas invoquer non plus, pour l'interdiction absolue du nom, un arrêt de la cour suprême (Req. 27 mars 1877, aff. J.-L. Martel et autres, D. P. 77. 1. 362) décidant que la cour d'appel a pu défendre à Jean-Louis Martel, non pas de faire sous son nom le commerce des eaux-de-vie, mais (se trouvant réduit par son état de faillie à l'impuissance de faire ce commerce) de s'associer à d'autres pour leur prêter son nom comme raison sociale et les aider ainsi à faire une concurrence déloyale au commerçant déjà établi sous ce nom.

**431.** C'est, en effet, un principe souvent proclamé que, si l'on peut user de son nom de famille et de ses prénoms même dans un commerce exercé par un homonyme, on ne peut emprunter le nom d'un homonyme dans une intention

de concurrence déloyale. Aux arrêts déjà cités dans le *Rép.* n° 343, on peut ajouter sur ce point les décisions suivantes : 1° Un individu non commerçant ne peut louer à un commerçant le droit de se servir de son nom patronymique lorsque cette location n'a pour objet que de faire profiter celui-ci du crédit d'un autre commerçant qui porte également ce nom. Et la défense faite par la justice d'user ainsi de ce nom ne peut motiver aucune demande en dommages-intérêts contre le locateur (Poitiers, 12 août 1856, aff. Seignette, D. P. 57. 2. 201) ; — 2° Il peut être interdit à celui qui n'exerce pas lui-même une industrie de prêter son nom à un fabricant pour en faire une marque de fabrique destinée uniquement à imiter la marque anciennement connue d'un autre fabricant propriétaire d'un nom identique, et pour induire le public en erreur sur l'origine des marchandises destinées à la consommation (Paris, 19 mai 1865, aff. Gambier, D. P. 66. 2. 134) ; — 3° Une société commerciale peut choisir parmi les noms de ses membres celui qui lui convient le mieux pour le faire figurer, soit dans sa raison sociale, soit sur ses marques et étiquettes, sans que les tiers portant le même nom puissent demander sa suppression à raison du préjudice qui en résulte pour eux, mais seulement l'addition de signes suffisants pour différencier cette maison des leurs (Paris, 6 févr. 1865, aff. Louis Rœderer, D. P. 65. 2. 87 *suprà*, n° 430). Mais elle ne peut se servir, dans sa raison sociale, du nom patronymique d'une personne qui, sans rôle actif dans cette société, s'est bornée à y apporter son nom pour faire concurrence à une autre maison de commerce exerçant sous un nom identique la même branche de commerce, et en ce cas la suppression complète du nom illicitement employé peut être ordonnée sans qu'il y ait lieu de se borner à de simples mesures propres à prévenir la confusion des deux noms et des deux établissements de commerce (Paris, 5 mars 1868, aff. Veuve Cliquot, D. P. 70. 2. 53) ; — 4° Le fabricant qui a contrefait la marque d'un autre fabricant consistant dans le nom de ce dernier, ne peut invoquer pour sa justification l'autorisation que lui aurait donnée un autre individu portant le même nom d'user dudit nom pour ses produits, alors qu'il n'a point associé cet individu à sa fabrication et qu'il l'a même formellement exclu de toute immixtion dans son commerce, une telle cession ne pouvant avoir pour but que de déguiser une contrefaçon frauduleuse (Besançon, 30 nov. 1861, aff. Lorimier et Bovet, D. P. 62. 2. 43).

**432.** Enfin, dans l'usage même personnel que l'homonyme voudrait faire de son nom, et qui ne peut lui être interdit, certaines mesures peuvent au moins lui être impo-

don et comp. ont articulé et offert d'établir, tant par titres que par témoins, neuf faits qui démontreraient, selon eux, qu'Henri Moët n'exerce pas personnellement et réellement le commerce de vins de Champagne ; — Sur le premier point : — Considérant que le nom de Moët dont Chandon et comp. ont pour but principal, dans l'instance, de faire interdire l'usage à Henri Moët, est un nom patronymique ; qu'il constitue donc pour celui qui le porte légitimement, une propriété dont il lui est permis, en principe, de jouir et de disposer de la façon la plus absolue ; — Qu'en conséquence, celui qui exerce réellement et personnellement un commerce ou une industrie, a le droit incontestable d'inscrire son nom patronymique et sur les enseignes, annonces, prospectus, étiquettes, factures, et sur les produits de sa fabrication ou de son commerce ; qu'il ne fait là qu'user des formes permises de la jouissance, attribuée par l'art. 544 c. civ. à la propriété ; — Qu'il n'est pas contesté par les appelants que le nom de Moët soit bien le nom patronymique de l'intimé ; que c'est donc à tort qu'ils prétendent en avoir seuls et exclusivement l'usage industriel ; qu'ils n'auraient d'autre droit que celui de faire réglementer cet usage par les tribunaux, conformément à la restriction apportée par l'art. 544 à l'exercice de toute propriété en cas d'abus contraires aux règlements et aux lois ; qu'il pourrait en être ainsi, notamment au cas d'emploi de moyens portant atteinte à leur crédit et à leur réputation, que cet emploi soit frauduleux et qu'il en résulte avec les produits de leur commerce ou de leur industrie. une confusion volontaire, même qu'exempt de fraude il constitue une simple faute entraînant une confusion involontaire, mais préjudiciable ; — Sur le second point : — Considérant qu'il est établi par tous les documents de la cause, que Henri Moët, dont la mère témoignait, dès 1868, par une correspondance versée aux débats, de son désir de voir l'un de ses fils soit dans la maison Victor Moët, aujourd'hui Chandon et comp., soit dans toute autre similaire ; fait bien personnellement et réellement le commerce des vins de champagne ; que non seulement il les achète pour les revendre, comme le font les autres négociants, mais qu'il procède lui-même dans ses caves, à la principale opération de la fabrication ; — En ce qui concerne la marque : — Considérant qu'elle n'est en rien une imitation des nombreuses marques successivement déposées par les appelants ; qu'elle ne contient rien d'illicite ou de frauduleux devant faire prononcer la nullité du dépôt qui a été fait ; que loin d'avoir, en l'adoptant, projeté une concurrence déloyale, il a pris toutes les précautions nécessaires pour éviter une confusion ; qu'il a même dans ce but, avant de commencer le commerce, proposé, comme il en justifie, à Chandon et comp., de leur soumettre toutes ses marques, étiquettes, prospectus, prix courants, etc., ce à quoi ils se sont refusés ; que le dépôt a bien eu lieu, comme l'exige la loi du 23 juin 1857, sous une forme distinctive et d'aucune confusion, même involontaire, ne pouvant se produire, il n'échet d'ordonner aucune mesure pour l'éviter ; — Sur les troisième, quatrième et cinquième moyen : — Considérant que, par suite de conclusions précédentes, il n'y a pas lieu de les examiner ; — Sur les conclusions subsidiaires d'enquête : — Considérant que non seulement les appelants n'ont pas indiqué jusqu'ici et ne demandent pas, dans ces conclusions, à faire connaître de qui Henri Moët serait le prête-nom ; que les neuf faits qui y sont cotés, s'ils étaient établis, ne démontreraient pas, ce qui est d'ailleurs démenti, comme il a été dit, ci-dessus, par tous les documents de la cause ; qu'il ne fait pas réellement et personnellement le commerce ; qu'il n'y a, dès lors, pas lieu de s'y arrêter ; — Par ces motifs ; et ceux des premiers juges qui n'ont rien de contraire au présent arrêt ; — Reçoit l'appel interjeté par Chandon et comp. contre le jugement rendu par le tribunal civil de Reims le 2 août 1889 ; — Confirme ledit jugement, etc.

Du 29 juill. 1890.-C. de Paris, 1re ch.-MM. Périvier, 1er pr.-Bloch, av. gén., c. conf.-Paris, Pouillet, Vallé, av.

sées pour empêcher l'homonymie d'être une cause de confusion et un moyen de concurrence déloyale vis-à-vis d'un concurrent déjà établi sous le même nom. On en a vu au *Rép.*, n° 343, un exemple dans une décision prescrivant l'addition de tous les prénoms dans l'ordre où les présente l'acte de naissance et en caractères de grosseur égale. Les tribunaux ont, en cette matière, un très large pouvoir d'appréciation pour déterminer les signes au moyen desquels la nouvelle maison sera différenciée de l'ancienne. Ils peuvent ordonner, notamment, que les marques, étiquettes, annonces, factures et prospectus de la nouvelle maison porteront, outre le prénom de l'homonyme, la date de la fondation de sa maison, le tout en caractères de même dimension et de même forme que le nom (Paris, 6 févr. 1865, aff. Louis Rœderer, D. P. 65. 2. 87), ou bien encore l'indication de son pays d'origine (Amiens, 2 août 1878, aff. Veuve Erard, D. P. 79. 2. 100). Ils peuvent l'obliger à donner, sur ses produits annoncés et publications quelconques, plus d'importance à son prénom qu'à son nom, à se servir de caractères d'une certaine dimension et à ne mettre sa marque de fabrique qu'à certaines places (Req. 15 juill. 1879, aff. Erard, D. P. 80. 1. 80). Ils peuvent ordonner encore que le concurrent homonyme établi le second dans la même ville fasse disparaître de ses lettres, marques et étiquettes, le nom de cette ville comme indication de son siège social, en se fondant sur ce qu'il n'avait dans la ville ni le siège principal de son commerce, ni le centre de ses affaires, et qu'il n'avait d'autre but que de faire au demandeur une concurrence abusive. Ils peuvent même, en ce cas, ordonner que les lettres adressées par la poste, sous le nom commun aux deux parties, avec la seule initiale d'un prénom qui leur est également commun, soient remises au demandeur à moins qu'il ne résulte d'une désignation précise qu'elles sont destinées au défendeur (Civ. rej. 7 janv. 1884, aff. Foucaud et comp. D. P. 84. 1. 161). Ils peuvent aussi interdire l'usage d'une qualification qui, sans être inexacte, semblerait englober le concurrent homonyme, et ferait prendre, par exemple, une société formée en dehors de lui pour une société dont il serait membre. Si, par exemple, trois frères, associés sous la raison sociale et la marque sociale X. *frères*, ont dissous la société en réservant chacun leur droit individuel, au lieu de céder ou de mettre en licitation le droit de continuer la maison avec sa marque, deux d'entre eux formant une nouvelle société ne peuvent user, dans leur raison sociale et leur marque, de l'addition à leur nom patronymique du mot *frères*, qui ferait croire à la continuation de l'ancienne société au détriment du troisième frère faisant seul le même commerce (Paris, 16 janv. 1868) (1).

**433.** — III. Droit des successeurs. — On peut dans certains cas mettre sur ses produits le nom d'autrui à raison du lien qui vous unit au propriétaire de ce nom, et sauf à éviter par un signe quelconque toute confusion avec ce dernier ou avec d'autres concurrents homonymes déjà établis.

C'est ainsi qu'un industriel conserve le droit de donner à ses produits le nom du fondateur de sa maison, alors que la forme de ses produits, la forme et la couleur des enveloppes, ne sont pas de nature à établir une confusion avec les produits d'un concurrent portant un nom presque identique (Paris, 21 avr. 1874; Req. 26 avr. 1875, aff. Ménier, D. P. 76. 1. 86). Et si l'exploitation d'un produit spécial, connu sous ce nom (goudron de Guyot, par exemple) avait fait l'objet d'une cession séparée au profit d'un tiers, le successeur pourrait être autorisé à employer le nom de l'ancien titulaire pour désigner l'établissement (une pharmacie par exemple) dans l'enseigne, les vignettes et les prospectus, en s'abstenant seulement de désigner par ce nom les préparations similaires au produit cédé, qu'il peut faire comme appartenant au domaine public (Req. 22 mai 1889, aff. Fournier, D. P. 89. 1. 370).

**434.** Le droit d'employer le nom du prédécesseur suppose, de la part de ce dernier, la cession de ce nom avec le fonds. Cette cession, il est vrai, est de plein droit sousentendue par l'usage, mais sous certaines restrictions qu'il importe de préciser. — Cette cession tacite est d'abord limitée, quant à la durée, au temps suffisant pour assurer la transmission de l'achalandage; il faudrait une convention expresse pour céder au successeur le nom à perpétuité (Lyon, 12 juin 1873, aff. Jaussaud, D. P. 74. 2. 168). A moins d'une volonté clairement exprimée dans ce sens, les héritiers, par exemple, pourraient, au nom de l'intérêt de famille qu'ils représentent, s'opposer à ce que le successeur commercial usât indéfiniment du nom de leur auteur (Comp. *Rép.* n°s 347 et 265). — Quel que soit, d'ailleurs, le droit du successeur, il passe à ses héritiers ou ayants cause, sauf à ceux-ci à ne pas changer le caractère de l'exploitation (Paris, 11 juill. 1867, aff. Dorvault, D. P. 67. 2. 170). — Jugé cependant que la faculté accordée, par le vendeur d'un fonds de commerce, à son successeur, de se servir de son nom doit être considérée comme personnelle au successeur immédiat et non comme un titre indéfiniment transmissible aux acquéreurs subséquents (Paris, 5 nov. 1872, aff. Godillot, *Ann. de la propr. ind.*, 1873, p. 255). On interprète autrement, nous l'avons dit (V. *supra*, n° 118).

**435.** Le droit du successeur commercial sur le nom du prédécesseur est encore limité en ce sens qu'il doit, dans l'usage qu'il en fait, distinguer suffisamment sa personne de celle du prédécesseur et l'employer de manière seulement à se rattacher à lui, non pas à être pris pour lui, en y ajoutant telle ou telle expression (maison..., ancienne maison..., un tel successeur..., etc.) capable d'empêcher l'équivoque, ou, comme on l'avait déjà dit au *Rép.* n° 347, de révéler le changement de propriétaire (V. en ce sens : Pouillet, n° 552; Paris, 21 mars 1857, aff. Beautain, *Ann. de la propr. ind.*, 1857, p. 207; Paris, 17 nov. 1857, aff. Renon, *Ann. de la sc. et du dr. comm.*, 1865, t. 2, p. 215; Paris,

---

(1) (Goulet frères.) — La cour ; — Considérant que les diverses questions soumises à la cour se résument dans les points suivants : 1° le droit revendiqué par Nicolas et Henri Goulet, de conserver la raison sociale Goulet frères ; 2° la licitation de la marque Goulet frères ; 3°... ; 4°..., etc. ; — En ce qui touche la raison sociale : — Adoptant les motifs des premiers juges ; — En ce qui touche la marque : — Considérant que la marque est un moyen matériel de garantir l'origine de la marchandise aux tiers qui l'achètent, en quelque lieu et en quelques mains qu'elle se trouve ; qu'il importe à la sincérité des relations du commerce avec le public et qu'il est de l'intérêt bien entendu des commerçants eux-mêmes, qu'un moyen de propagation si utile soit toujours l'expression de la vérité ; que la marque deviendrait un mensonge si elle semblait indiquer qu'un produit sort de la fabrique ou des magasins d'une maison, lorsque cette maison a cessé d'exister ; qu'il peut arriver, sans doute, qu'à la dissolution d'une société, les membres qui en faisaient partie, voulant profiter des avantages d'une notoriété et d'une réputation établie par de longues années d'existence, s'entendent pour céder à l'un d'eux ou à un étranger la suite de leurs affaires, et qu'ils autorisent alors ce successeur à se servir de la marque dont ils se servaient eux-mêmes, parce que, alors, la nouvelle maison peut être considérée comme la continuation de l'ancienne ; — Mais qu'il n'en saurait être de même lorsque, comme dans l'espèce, les associés se séparant, entendent reprendre chacun leur liberté d'action pleine et entière ; que, dans ce cas, l'ancienne maison cesse complètement d'exister et qu'aucun de ceux qui en

faisaient partie n'a le droit de se dire le continuateur de cette ancienne maison ; qu'il ne peut agir qu'en son propre nom, avec sa valeur personnelle, et avec la qualité, égale pour tous, de membre de la société précédente ; — Considérant qu'en présence d'une pareille situation, la marque de la société Goulet frères, aujourd'hui dissoute, n'a plus de raison d'être, qu'elle serait une fausse indication pour le public, à qui elle ferait croire que la maison elle-même existe encore, et un privilège exorbitant pour celui des anciens associés qui en aurait la possession, et qui, par la force même des choses, deviendrait pour tout le monde l'unique successeur de la société dissoute ; — Considérant que, du moment où les associés n'ont pu s'entendre pour profiter en commun des avantages résultant, et d'une raison sociale et d'une marque déjà connues et présentant par là des chances de succès pour l'avenir, il est juste qu'aucun d'eux n'en profite seul, à l'exclusion des autres ; — Considérant que si la valeur de la marque se trouve ainsi perdue comme élément d'actif de la liquidation, cette perte se trouve compensée pour chacun des copartageants par l'avantage de n'avoir pas à lutter contre la situation tout exceptionnelle que ferait la possession de cette marque à celui qui s'en serait rendu acquéreur par suite de la licitation ; — Infirme, en ce que les premiers juges ont ordonné la licitation de la marque Goulet frères ; émendant, quant à ce, dit que cette marque ne sera point licitée, qu'elle sera éteinte et qu'aucun des associés ne pourra s'en servir. — Du 16 janv. 1868.-C. de Paris, 2e ch.-MM. Puissan, pr.-Sallé, av. gén.-Mathieu et Nicolet, av.

29 juin 1858, aff. Ternaux-Compans, *Ann. de la propr. ind.*, 1858, p. 331; Paris, 7 janv. 1875, aff. Botot, *ibid.*, 1876, p. 252; Trib. com. Seine, 11 oct. 1876, aff. Norbert-Estibal, *ibid.*, 1877, p. 222; 3 févr. 1877, aff. Dreux, *ibid.*, 1877, p. 44; 23 oct. 1888, aff. Louis Regniard, *Le Droit* du 10 nov. 1888, *Ann. de la propr. ind.*, 1890, p. 297). Ce dernier jugement déclare même insuffisante la mention *ancienne maison un tel*, sans l'addition du nom du successeur. V. aussi le rapport de M. Dietz-Monnin sur l'art. 18 du projet de la commission sénatoriale consacrant, avec le droit du successeur, l'obligation de distinguer sa personne (*Journ. off.*, Doc. parl., sess. extr. 1890, p. 93).

**436.** Enfin le droit du successeur commercial sur le nom du prédécesseur ne va pas jusqu'à interdire au vendeur le droit d'user lui-même commercialement de son nom dans toute exploitation qui ne lui serait pas interdite expressément ou tacitement par la vente de son fonds de commerce (V. sur les effets à ce point de vue des ventes de fonds de commerce *suprà*, n° 123). Et il en est surtout ainsi en cas de vente sur faillite ou sur licitation judiciaire (V. *infrà*, n° 499).

**437.** — IV. Droit des associés. — Le cas d'un fonds de commerce exploité en société et sous une raison sociale, a donné lieu à des solutions intéressantes en ce qui touche les droits de l'acquéreur de ce fonds ou des anciens associés après vente du fonds ou dissolution de la société. L'acquéreur d'un établissement social peut se dire le successeur de la société, comme celui d'un établissement individuel peut se dire le successeur de son vendeur ; mais il ne peut prendre la raison sociale pour raison de commerce. Elle est éteinte en effet par la dissolution de la société. Reste seulement le nom individuel de chaque associé qui peut en revendiquer ou en céder la propriété au point de vue commercial. L'acquéreur de l'établissement social doit respecter cette propriété de l'ancien associé, de même que ce dernier, usant de son nom dans une industrie similaire, doit éviter tout ce qui ferait confondre son entreprise avec la continuation de l'entreprise sociale. — Conformément à ces principes, il a été jugé : 1° que l'associé qui, après dissolution de la société, s'est rendu acquéreur des parts de ses coassociés, et est ainsi devenu seul propriétaire de l'établissement faisant l'objet de cette société, n'a pas le droit d'en continuer l'exploitation sous la raison sociale, mais peut seulement se dire le successeur de la société dissoute (Req. 9 nov. 1869, aff. Champy, D. P. 70. 1. 165) ; — 2° Que l'acquéreur d'un fonds de commerce exploité en société a le droit, pour en conserver la clientèle, de s'annoncer, sur son enseigne et ses imprimés, comme le successeur de cette société, sans avoir besoin de l'adhésion de celui des associés dont le nom figurait seul dans la raison sociale ; mais qu'il n'a pas la propriété de cette raison sociale, qu'il ne peut empêcher celui dont le nom formait cette raison sociale d'en faire la raison sociale d'une nouvelle société d'une exploitation d'une industrie similaire, qu'il peut l'empêcher seulement de publier des annonces tendant à faire considérer la nouvelle entreprise comme n'étant que la continuation de l'ancienne dans un autre local, et qu'il doit lui-même s'abstenir de confectionner son enseigne de manière à dissimuler le fait de l'exploitation par un successeur et à laisser croire au maintien de la même direction (Paris, 5 juin 1867, aff. Carjat, D. P. 67. 2. 217).

**438.** A plus forte raison, en l'absence de toute cession ou adjudication de l'établissement commercial, chaque

membre de la société dissoute ayant fondé une nouvelle maison peut, dans l'intérêt de cette maison, empêcher que l'autre passe pour la continuation de la maison sociale. Nul n'a le droit alors, non seulement de prendre la raison sociale, mais même de se dire le successeur de la société, que ce soit celui des associés dont le nom ne figurait pas dans la raison sociale, quelque importance d'ailleurs qu'ait eue son rôle comparé à celui de ses adversaires (Colmar, 1er mai 1867, aff. Héritiers Wein, D. P. 67. 2. 169), ou que ce soient au contraire les héritiers du fondateur constamment nommé dans la raison sociale. Les propriétaires même de ce nom, à moins de convention faite en leur faveur, doivent se garder de faire croire, soit au maintien de l'ancienne société par une raison sociale identique à l'ancienne, soit même à leur qualité de successeurs de cette société. — Quant à l'introduction ou au maintien, dans la raison sociale d'une société nouvelle ou continuée, du nom d'un associé qui n'en fait pas ou n'en fait plus partie, il est prohibé par les art. 21 et 23 c. com. Ces textes, il est vrai, se placent au point de vue des créanciers sociaux. Ils règlent, non une question de propriété et de concurrence commerciale, mais une question d'organisation sociale, de crédit et de loyauté vis-à-vis des tiers. Mais il est clair que la propriété du nom introduit ou maintenu pourrait être revendiquée contre la société par celui dont le nom est ainsi usurpé ou par les héritiers de ce nom, ou, s'il y a lui-même consenti, par tout industriel du même nom (Bordeaux, 17 nov. 1873, aff. Leperche, D. P. 75. 2. 82).

**439.** — V. Droit des conjoints. — La situation d'une veuve, continuant le commerce exploité par son mari ou par une société entre elle et son mari, présente ceci de particulier que le nom du mari ne peut être traité par rapport à cette veuve comme le nom d'autrui. De là les décisions permettant à la veuve de garder le nom du mari au commerce continué par elle, et de le garder même après son second mariage et dans une société avec son second mari, surtout alors que cette continuation intéresse des enfants du premier lit auxquels le nom du premier mari continue d'appartenir (Paris, 19 mars 1890, aff. Epoux Varnier, D. P. 91. 2. 30; Nancy, 22 févr. 1859, aff. Comond, D. P. 59. 2. 49). Il suffit que toute confusion soit rendue impossible avec un concurrent homonyme, tel qu'un frère du mari défunt, soit par l'addition de la qualification de *veuve*, ou des mots *Ancienne maison*, soit par le prénom sous lequel le concurrent a toujours annoncé son entreprise (Arrêt précité de Nancy, 22 févr. 1859, et Paris, 24 mars 1887, aff. Charles Heidsieck, D. P. 88. 2. 165; Trib. civ. Seine 9 août 1864, aff. Hamon, *Ann. de la propr. ind.*, 1866, p. 31; Trib. com. Lyon, 19 sept. 1865, aff. Gache neveu, D. P. 67. 3. 88). Ce droit de la veuve s'impose d'autant plus qu'il lui serait interdit de faire le commerce sous son seul nom de fille, alors que son frère fait un commerce similaire sous le même nom, surtout de faire le commerce en commun avec son fils sous son seul nom de fille suivi de « et fils » le fils n'ayant aucun droit au nom de sa mère (Paris, 18 juill. 1877) (1).

**440.** Lorsqu'il s'agit d'une femme séparée de corps, devenue, sur licitation, acquéreur du fonds de commerce exploité jusque-là en commun, le nom du mari, n'ayant pas cessé d'être le sien, peut être maintenu par elle dans l'enseigne de l'établissement. Le mari, s'il a formé faute de clause contraire un établissement similaire dans le voisinage, ne peut exiger d'elle ni l'emploi de son nom de fille, ni l'addition du mot *Madame* en toutes lettres, mais seulement l'addition d'un signe distinctif suffisant comme le mot

---

(1) (Sitt *C. Roger.*) — La cour : — Sur l'exception d'incompétence : ... Au fond : — Considérant que la veuve Roger, née Catherine Sitt, et Victor Roger, son fils, annoncent au public leur profession de pédicure et manicure ou manicure, qu'ils exercent en commun, sous le nom de Catherine Sitt et fils; — Considérant que Catherine Sitt en se mariant en 1843 avec Roger a, par un des effets civils de son mariage acquis le nom de son mari; que Victor Roger n'avait aucun droit au nom de sa mère; que si Catherine Sitt, femme ou veuve Roger, a pu, avec la tolérance de son frère, se servir de son nom de fille pour se faire connaître au public, elle ne pouvait ni dissimulant son nom de femme et en associant son fils à son nom de fille, faire des annonces comme celles produites devant la cour, sans outrepasser son droit ; — Qu'en effet, en indiquant que Catherine Sitt et

fils étaient pédicures, la veuve Roger et son fils établissaient une confusion de nature à tromper le public et à nuire aux intérêts de Xavier Sitt ; — Considérant dès lors qu'il y a lieu d'interdire à la veuve Roger de se servir du nom de Catherine Sitt isolément de son nom de femme, et à Victor Roger de se servir du nom de Sitt pour le désigner comme l'associé de sa mère; — Que le jugement doit être modifié en ce sens; — Par ces motifs, — Rejette l'exception d'incompétence; — Fait défense à la veuve Roger et à Roger fils de se servir seulement du nom de Catherine Sitt et fils, dans leurs prospectus, enseignes, etc.; — Dit que la veuve Roger devrait, en prenant le nom de Catherine Sitt, y ajouter celui de veuve Roger, etc.

Du 18 juillet 1877.-C. Paris, 4e ch.-MM. Rohault de Fleury,-pr.-Manuel, av. gén., c. conf.-Nicolet et Falateuf, av.

« Mme » *en abrégé;* et quant à lui il doit, tout en usant de son nom, faire en sorte que cette indication ne soit pas de nature à produire une confusion entre son nouvel établissement et l'ancien (Caen 20 janv. 1860) (1). Mais d'autre part il a été jugé, conformément à un principe constant que si le fonds de commerce a été adjugé au mari, la femme séparée de corps ne peut exercer sous son nom et dans le voisinage du fonds vendu un commerce identique, alors surtout que le mari lui refuse ou retire le consentement de faire un tel commerce en vue d'une concurrence dont il est fondé à vouloir se garantir; et que ce refus de consentement doit, en cas de réclamation de la femme, être ratifié par la justice, alors que le mari se déclare prêt à autoriser celle-ci à faire tout autre commerce ou même celui qu'elle avait entrepris, mais dans un autre quartier et sous son non patronymique (Lyon, 14 août 1872, aff. Thibaut, D. P. 72. 5. 371).

**441.** Mais si la femme peut employer le nom de son mari qui est devenu le sien, le mari de son côté peut-il employer le nom de sa femme en l'ajoutant au sien ? — L'usage commercial a consacré ce droit (Limoges, 24 janv. 1888· aff. Jules Bourdeau, D. P. 90. 2. 94), surtout lorsqu'il s'agit d'un gendre succédant au commerce de son beau-père (Paris, 3 juin 1859, aff. Aragon, D. P. 67. 5. 341 ; Lyon, 13 nov. 1872, aff. Blache, D. P. 72. 5. 370). — Mais la justice peut apporter à l'exercice de ce droit certaines restrictions, et aller même jusqu'à le prohiber si c'est nécessaire pour l'empêcher d'être un instrument de concurrence déloyale contre un commerçant de ce nom. Jugé notamment que si un individu, ayant deux gendres, a cédé à l'un d'eux sa maison de commerce, en l'autorisant seul à se servir de son nom, l'autre commet un acte de concurrence déloyale, qui le rend passible de dommages-intérêts, si, venant créer un fonds semblable dans le voisinage, il fait figurer dans son enseigne même, en le rattachant au sien, le nom de sa femme, cédé comme accessoire du commerce de son beau-père (Lyon, 13 nov. 1872, aff. Blache précité). Jugé encore que l'usage commercial consistant à ajouter, dans sa marque de fabrique, le nom de sa femme au sien propre, n'est pas un droit, mais une simple tolérance, et qu'il peut être interdit par les tribunaux en cas d'un abuse dans son exercice de concurrence déloyale (Lyon, 12 juin 1873, et Req. 1er juin 1874, aff. Brossier-Davaize, D. P. 75. 1. 12); qu'il ne doit servir qu'à spécialiser davantage la désignation commerciale, non à établir une confusion préjudiciable à autrui (Trib. com. Sens, 24 juin 1890, aff. Palancher, *Gaz. des trib.* du 4 oct. 1890). Jugé enfin que si on peut, en s'autorisant de cet usage, joindre à son nom celui de sa femme pour les affaires de son négoce, on ne peut, en cédant son établissement à une société, lui conférer le droit de faire figurer ce nom dans la raison sociale, et que toute personne à qui appartient le nom peut exiger qu'il disparaisse de la raison sociale (Bordeaux, 17 nov. 1873, aff. Leperche, D. P. 75. 2. 82).

**442.** Toutes les solutions qui précèdent, sur le droit des homonymes, des successeurs, des associés et des conjoints, ont été consacrées, surtout à propos de l'usage du nom dans l'enseigne et les imprimés. Aussi devront-elles être rappelées dans les sections 5 et 6 relatives aux enseignes et autres éléments de la propriété commerciale ou industrielle, ainsi qu'à l'action en concurrence déloyale qui les protège. Mais elles ont toute valeur pour l'application de la loi de 1824, lorsque le nom est celui d'un fabricant et qu'il est apposé sur les produits.

**443.** — VI. Droit du public sur certains noms. — L'inventeur d'un produit, et après lui ses héritiers ou ayants cause, ont le droit exclusif de vendre ce produit sous son nom patronymique alors même que l'invention ne serait pas

brevetable, comme celle d'un médicament, ou qu'elle serait tombée dans le domaine public par l'expiration du brevet. On a vu au *Rép.* n° 344 une application de ce principe et l'exception qu'il convient d'y faire quand, par l'usage commercial, le nom de l'inventeur est devenu la désignation même du produit ou d'une certaine qualité de fabrication. Les nombreuses décisions rendues depuis lors sont venues former sur ces questions un corps de doctrine complet.

Que le droit exclusif de l'inventeur ou de ses ayants cause à employer son nom dans la vente du produit soit indépendant de tout brevet d'invention, c'est ce qui a été de nouveau consacré par les décisions suivantes : 1° le nom d'un fabricant ne peut être apposé sur les produits d'un autre que ce fabricant ou son successeur, même avec les mots *façon de,* s'il n'est pas constaté que ce nom soit devenu la désignation usuelle et comme nécessaire du produit (Civ. cass. 24 déc. 1855, aff. Bricart, D. P. 56. 1. 66) ; — 2° Les ayants cause de l'inventeur d'un vinaigre de toilette (le vinaigre de Bully dans l'espèce) ont droit, même après l'expiration du brevet, à la propriété exclusive du nom de leur auteur, lorsque ce dernier n'a pas manifesté l'intention de lier d'une manière indissoluble son nom au produit de son invention, dont l'unique spécification était celle de « vinaigre aromatique et antiméphitique »; nulle autre personne fabriquant ce vinaigre d'après les procédés tombés dans le domaine public ne peut être autorisée à maintenir sur ses flacons le nom de l'inventeur, alors même qu'elle ferait précéder ce nom des mots « imité de » ou « imitation de » (Agen, 20 juill. 1875, aff. Landon, D. P. 79. 2. 9; Civ. rej. 15 avr. 1878, aff. Pons, D. P. 79. 1. 169), ou qu'elle le ferait suivre de son propre nom indiqué comme nom du préparateur, ou qu'elle emploierait tout autre moyen pour empêcher l'erreur sur la provenance (Civ. cass. 14 mars 1881, aff. Landon et comp., D. P. 81. 1. 378, et sur renvoi, Orléans, 4 août 1881, même affaire, D. P. 82. 2. 91). Le premier arrêt rendu dans cette affaire (Paris, 28 mars 1878, D. P. 79. 2. 10) a été cassé pour avoir, en prescrivant l'addition des mots *selon la recette de...* et du nom du préparateur, autorisé le préparateur à employer à ces conditions le nom de l'inventeur sans constater que le nom fût devenu la désignation nécessaire du produit. Un jugement du tribunal civil de la Seine, (8 mai 1878, aff, Rowland, D. P. 79. 3. 61) décide d'ailleurs que le nom d'un fabricant ou d'un inventeur ne peut tomber dans le domaine public que s'il est devenu une sorte de nom commun ou d'adjectif employé pour désigner la qualité d'un objet de fabrication ou la nature d'un produit déterminé.

**444.** Mais du moment que le nom de l'inventeur ou du premier préparateur, par suite de son consentement exprès ou tacite, ou de l'usage général, s'est incorporé à un produit tombé dans le domaine public ou appartenant au domaine commun de la pharmacie au point de devenir sa désignation nécessaire, ou un élément nécessaire de cette désignation, il est permis à tous autres préparateurs de ce produit de le vendre sous cette désignation. Il suffit, mais il est nécessaire alors d'accompagner l'usage de ce nom de précautions qui l'empêchent d'être un instrument de concurrence déloyale, en rendant impossible toute erreur sur la provenance du produit, d'ajouter, par exemple, les mots *façon de* ou *selon la formule* ou *la recette de,* et même son propre nom comme nom de préparateur si cela paraît nécessaire. — Ces principes, contenus dans les motifs des arrêts précités, ont été appliqués dans les décisions suivantes : Civ. cass. 31 janv. 1860, aff. Charpentier et comp., D. P. 60. 1. 80, cassant un arrêt de Paris du 15 mai 1858; Civ. cass. 30 déc. 1863, même affaire, D. P. 64. 1. 61, cassant un arrêt d'Orléans du 4 août 1860, D. P. 60. 2. 216, rendu sur renvoi; Dijon

(1) (Delfraisy C. Dame Delfraisy.) — La cour; — Considérant que Delfraisy a prétendu que sa femme devait, sur son enseigne, ajouter à son nom celui de *Madame Delfraisy* en toutes lettres, ou y mettre ses noms de fille ; — Considérant qu'après séparation de corps obtenue par la femme contre son mari, la dame Delfraisy devint, sur licitation, adjudicataire de l'établissement de teinturerie qui avait été fondé par les deux époux; qu'elle acquérait ainsi, non seulement cet établissement, mais qu'elle devenait en même temps propriétaire de tous les accessoires, c'est-à-dire du fonds de commerce, de la clientèle, de l'enseigne et du nom sous lequel il était connu; — Considérant que cette en-

seigne, elle l'a conservée et s'est contentée de faire précéder le nom de Delfraisy d'un grand *M* suivi du mot *Mme* en abrégé; qu'en agissant ainsi, elle est loin d'avoir outrepassé son droit, et que c'est à tort que Delfraisy prétend qu'elle devra écrire le nom de *Modame* en toutes lettres, ou qu'elle devra prendre ses noms de fille; — Sur la demande reconventionnellement formée par la dame Delfraisy :... — en supposant le jugement dont est appel au chef où il a été décidé qu'il ne serait rien changé à l'enseigne de *Mme Delfraisy,* etc.
Du 20 janv. 1860.-C. de Caen.-MM. Le Menuet de la Juganière, pr.-Farjas, av. gén.-Bardou et Leblond, av.

3 août 1866, même affaire sur nouveau renvoi de la cour de cassation, D. P. 67. 2. 6 (il s'agissait dans ces arrêts de la préparation pharmaceutique du *Rob dépuratif végétal de Boyveau-Laffecteur*); Civ. cass. 29 mai 1861, Charpentier et comp., D. P. 61. 1. 247, concernant l'*élixir tonique et antiglaireux du docteur Guillé*; Req. 22 juin 1869, aff. Bournhonnet et Bassille, D. P. 70. 1. 87, concernant les *châles Ternaux*; Civ. rej. 16 avr. 1878, aff. Torchon, D. P. 79. 1. 169, concernant la préparation pharmaceutique de la pâte Regnault. — Il convient de remarquer que, dans les procès concernant les préparations pharmaceutiques, les juges doivent tenir compte de l'impossibilité où sont les pharmaciens de vendre leurs remèdes sous d'autres noms que ceux que leur donne le Codex, et qui sont généralement les noms de leurs inventeurs (V. *Rép.* v° *Médecine*, n°ˢ 200, 203, 207). Et vainement objecterait-on le secret gardé par l'inventeur sur sa préparation et l'espoir qu'il pouvait avoir de vendre ce secret au Gouvernement en vertu du décret du 18 août 1810 sans la publicité qui lui a été donnée par l'emploi de son nom dans sa mise en vente; car il doit s'imputer de n'avoir pas usé de cette faculté (Civ. cass. 30 déc. 1863 précité, D. P. 64. 1. 61).

**445.** La question de savoir, d'ailleurs, si le nom apposé par un industriel sur les produits de sa fabrication est ou n'est pas tombé dans le domaine public, est l'objet d'une appréciation souveraine par les juges du fond (Crim. rej. 18 nov. 1876, aff. *The Howe Machine Company* et autres, D. P. 78. 1. 492). Cette appréciation peut être souvent délicate. On a vu au *Rép.* n° 345, les doutes que pouvait soulever l'attribution au domaine public du nom de *Botot* appliqué à une eau de toilette. On peut voir de même la jurisprudence anglaise en désaccord avec la jurisprudence belge en ce qui concerne le nom de *Liebig* pour les extraits de viande, la première attribuant ce nom au domaine public, la seconde le réservant aux héritiers du nom (Bruxelles, 6 janv. 1887, *Pasicrisie belge*, 1887, t. 2, p. 136. V. *Ann. du droit comm.*, 1888, p. 272). Les faits capables de transformer le nom d'un inventeur en désignation nécessaire du produit peuvent se rencontrer dans un pays et non dans un autre. En France, les tribunaux se sont prononcés pour le droit exclusif de l'inventeur ou de son cessionnaire (Paris, 12 janv. 1874, aff. Liebig et autres, *Ann. de la propr. ind.* 1874, p. 83; Req, 6 janv. 1875, aff. Demot, *ibid.*, 1875, p. 115). Ce dernier arrêt déclare indifférent l'emploi du nom de l'inventeur par un certain nombre d'industriels pour désigner un produit obtenu à l'aide des objets appréciés.

**446.** — VII. DÉTERMINATION DU DÉLIT. — Le délit réprimé par la loi de 1824 consiste à « apposer ou faire apparaître par addition, retranchement, ou par une altération quelconque, sur des objets fabriqués, le nom d'un fabricant autre que celui qui en est l'auteur, ou la raison commerciale d'une fabrique autre que celle où lesdits objets ont été fabriqués, ou enfin le nom d'un lieu autre que celui de la fabrication »; et la loi déclare « passible des effets de la poursuite tout marchand, concessionnaire ou débitant quelconque qui a sciemment exposé en vente ou mis en circulation les objets marqués de noms supposés ou altérés ». Il est clair que le délit ainsi précisé ne se rencontre pas chez celui qui met en vente des produits sous un nom autre que le sien mais qui est bien celui de leur fabricant. Ce dernier ne peut se plaindre de voir annoncer, sous son nom, des produits qui sont bien les siens et qu'on lui a achetés comme tels. Son nom n'est dans ni supposé ni altéré (Req. 21 mai 1884, aff. Robineau, D. P. 84. 1. 288). Il ne pourrait se plaindre que si on se faisait passer pour son représentant spécial, car il a le droit de n'en pas avoir ou de le choisir. Jugé encore, en ce sens, que le commerçant qui achète, moyennant une remise, une certaine quantité des produits d'un fabricant pour les revendre en détail, a le droit, s'il n'a pas pris un engagement contraire, de vendre ces produits au-dessous du tarif du fabricant, même en faisant connaître le nom de ce fabricant, qu'il n'y a pas là manœuvre de concurrence déloyale pouvant motiver une demande en dommages-intérêts, et qu'un engagement contraire, à cet égard, ne saurait résulter de la demande faite au fabricant de son propre tarif (Trib. com. Angoulème, 3 janv. 1861, et Bordeaux, 28 mai 1861, aff. Christofle, *Ann. de la propr. ind.*, 1862, p. 377). Nous avons rencon-

tré la même solution en matière de marques. V. *suprà*, n° 360.

**447.** Au point de vue de la loi de 1824, comme au point de vue de la loi de 1857, le délit existe, bien qu'on ait pris soin, en usurpant le nom, de le défigurer légèrement, notamment par la substitution d'une lettre à une autre, si ce nom conserve son aspect général et sa principale consonnance (Trib. civ. Seine, 8 mai 1878, aff. Rowland, D. P. 79. 3. 61. V. en matière de marques *suprà*, n° 345. Comp. *Rép.* n° 329).

**448.** Mais le délit existe-t-il encore, lorsque, imitant le procédé d'un fabricant, tombé d'ailleurs dans le domaine public, on a eu soin de faire précéder le nom du mot *façon* ou *formule* ou *recette*, ou *système*, ou *procédé*, ou tout autre, qui empêche de prendre ce nom pour une indication de provenance? On a déjà vu (*suprà*, n° 443) de nombreux arrêts de la cour suprême déclarer cette précaution insuffisante pour échapper à la revendication et à l'action en dommages-intérêts du propriétaire du nom, ce nom ne s'étant pas d'ailleurs incorporé au produit comme désignation nécessaire. Au point de vue de la répression, la question se réduit à savoir si la loi de 1824 a complètement abrogé l'art. 17 de la loi du 22 germ. an 11 réputant marque contrefaite celle où on a inséré le nom de... et, à la suite, le nom d'un autre fabricant ou d'une autre ville. La loi de 1824 (art. 2), défendant d'assimiler désormais l'usurpation des noms à la contrefaçon des marques *nonobstant cet art.* 17, a-t-elle voulu mettre ces formules à l'abri de toute pénalité ou seulement à l'abri des peines criminelles encourues à cette époque par les contrefacteurs de marques, peines dont elle a pour but de corriger l'excessive sévérité, au moins en ce qui concerne l'usurpation de noms, pour l'atteindre plus sûrement? C'est cette dernière opinion qui a prévalu, et l'art. 17 de la loi de germinal a été déclaré en vigueur même après la loi de 1824, sauf à n'avoir plus pour sanction que les peines correctionnelles édictées par celle-ci (Civ. cass. 24 déc. 1855, aff. Bricard, D. P. 56. 1. 66). La loi de 1857, étrangère d'ailleurs aux usurpations de noms sans forme distinctive, n'a pas davantage abrogé cette disposition (Paris, 6 févr. 1874, aff. Landon, *Ann. de la propr. ind.*, 1874, p. 68. Comp. Pouillet, n° 416).

**449.** La loi, déclarant « passible des effets de la poursuite tout marchand, commissionnaire ou débitant quelconque qui a sciemment exposé en vente ou mis en circulation les objets marqués de noms supposés ou altérés », permet-elle de poursuivre le commissionnaire qui reçoit de l'étranger, mais pour les vendre en France, mais en transit pour les réexpédier à l'étranger, les objets marqués de noms supposés? La cour de Paris, ayant à statuer en 1850 sur des faits de ce genre, mais constatant la bonne foi du commissionnaire français, et écartant le délit de mise en circulation en France, avait déclaré toute poursuite impossible en vertu de l'art. 5 c. instr. crim., le délit d'apposition de nom ayant été commis à l'étranger par un étranger (Paris, 29 nov. 1850, aff. Jouvin, D. P. 51. 2. 15). Mais la cour de cassation, en 1854, eut à statuer sur un commissionnaire de mauvaise foi, et elle déclara que le transit auquel il s'était prêté constituait à sa charge le délit de mise en circulation prévu par la loi de 1824 (Crim. 7 déc. 1854, aff. Morin, D.P. 45. 1. 348). Elle ne s'arrêta pas à l'idée que la loi suppose la marchandise destinée à être vendue en France, et que le commerce de transit est une législation spéciale indifférente à la fausseté des marques vu l'emploi toujours possible des transports étrangers à défaut des transports français, ni enfin à cette autre idée que la mise en circulation par le commissionnaire n'est punie que comme complicité du délit de contrefaçon, ce qui enlèverait toute base aux poursuites quand ce dernier délit, commis à l'étranger par un étranger, échappe aux lois françaises. Elle vit dans la mise en circulation un délit principal, commis en France et punissable quel que soit le lieu et l'auteur de la contrefaçon (V. dans ce sens: *Rép.* n° 348). Elle vit dans la législation du transit la réserve formelle des droits des tiers lésés par l'emploi du nom en circulation, et, frappée de l'intérêt qu'ont les contrefacteurs de marques françaises à choisir un transit français plutôt qu'étranger, et de la facilité qu'aurait un commissionnaire français pour leur livrer ainsi les débouchés qu'un de ses clients français a pu se créer à l'étranger, elle déclare les marchandises susceptibles d'être confisquées en France par application de l'art. 423 c. pén. auquel renvoie l'art. 1er de la loi de 1824. En 1857, le législateur eut à cœur de confirmer cette doctrine dans l'art. 19 de la loi sur les marques, dont l'explication a été donnée *suprà*, nos 412 et suiv., et qui édicte en vue de la répression, la prohibition à l'entrée, l'exclusion du transit et de l'entrepôt, et la saisie même à la diligence de l'administration des Douanes, des produits étrangers simulant une provenance française. Sans rappeler ici les questions que ce texte a pu soulever dans son application et les lacunes qu'il a paru laisser encore à combler, nous y trouverons un argument législatif pour l'assimilation du transit à la mise en vente au point de vue de la loi de 1824. Cette doctrine a été encore confirmée par la cour suprême, dans un arrêt qui déclare en outre indifférente cette circonstance que le point initial de la circulation est à l'étranger, et que les objets transportés sont à destination, en France, de l'expéditeur lui-même (Crim. rej. 27 févr. 1880, aff. Crocius, D. P. 80. 1. 434).

**450.** — VIII. POURSUITE. — La protection du nom par la loi de 1824, à la différence de celle de la marque par la loi de 1857, est indépendante de toute condition de dépôt. Ce point déjà établi au *Rép.* n° 346, a été de nouveau consacré par la jurisprudence (Crim. rej. 18 nov. 1876, The *Howe Machine Company* D. P. 78. 1. 492). Le projet de la commission sénatoriale, au contraire (art. 14), exigerait une déclaration des noms et raisons de commerce à un bureau central, exigence contre laquelle s'est prononcé le congrès de 1889 (*Journ. du droit int. privé*, 1890, p. 174), et dont on n'aperçoit guère l'utilité pour les noms. On avait, au contraire, exprimé déjà au *Rép.* (v° *Nom*, n° 83) l'avis qu'un dépôt serait utile pour les raisons de commerce qui ont quelque chose de plus arbitraire.

**451.** Le ministère public a d'ailleurs qualité, comme en matière de marques, pour poursuivre le délit d'office et sans plainte préalable (Crim. rej. 18 nov. 1876, aff. The *Howe Machine Company*, D. P. 78. 1. 492; 27 févr. 1880, aff. Crocius, D. P. 80. 1. 434).

L'acheteur trompé par le nom usurpé aurait aussi, d'après certains auteurs, le droit de poursuivre, même correctionnellement, à cause du lien qui unit la loi de 1824 à l'art. 423 c. pén., et de la pensée, manifestée par son texte et ses motifs, de protéger aussi bien les consommateurs que les fabricants (Pouillet, nos 434 et 436; Bédarride, n° 795). On a critiqué, au point de vue législatif, cette différence entre le régime des marques et celui des noms (Lyon-Caen, *Revue critique*, 1878, p. 693); et le projet de la commission sénatoriale (art. 24) l'a fait disparaître en généralisant le droit de l'acheteur trompé.

Nous n'avons rien à ajouter à ce qui a été dit au *Rép.* n° 347 sur le droit des héritiers et des successeurs commerciaux au point de vue de la poursuite.

**452.** Le fabricant et ses ayants cause ont, comme on l'a vu au *Rép.* n° 349, deux actions, l'une civile, l'autre correctionnelle. — L'action civile, bien que relative à un nom patronymique, et soulevant un intérêt de famille, est de la compétence des tribunaux de commerce, l'intérêt principal de ceux qui l'exercent étant un intérêt commercial, et la juridiction des tribunaux de commerce s'étendant à toutes contestations entre commerçants pour actes ou faits de leur commerce (Civ. cass. 12 nov. 1850, aff. Bricard, D. P. 56. 1. 392; Colmar, 1er mai 1867, aff. Héritiers Wein, D. P. 67. 2. 169. *Contra :* Pouillet, n° 442). D'après cet auteur, la loi de 1857 devrait, sur ce point, servir à compléter et interpréter celle de 1824. — Cette action civile peut avoir pour objet, non seulement de faire interdire au défendeur l'usage du nom incriminé pour l'avenir, mais aussi l'obtention de dommages-intérêts pour le préjudice causé dans le passé par l'usage abusif de ce nom en le supposant même commun aux deux parties (Paris, 7 août 1874, aff. Moët et comp., D. P. 77. 2. 220). — La demande tendant à faire déclarer que les défendeurs ne pourront plus se servir à peine de dommages-intérêts de la marque ou du nom incriminé, est d'ailleurs recevable alors même que le demandeur n'aurait aucun intérêt immédiat à cette déclaration (Trib. rég. de Hambourg, 11 déc. 1886, aff. Comp. colon. Vinit et comp.

et Union des fabricants pour la protection internationale de la propriété industrielle et artistique, D. P. 88. 2. 201).

**453.** Il n'y a rien à ajouter à ce qui a été dit au *Rép.* n° 349, sur les peines correctionnelles encourues, qui sont celles de l'art. 423 c. pén., et notamment sur la confiscation. Cette confiscation, étant encourue par application de l'art. 423 c. pén., est considérée généralement comme obligatoire pour les tribunaux, même en cas de circonstances atténuantes, lesquelles sont admissibles en cette matière pour la même raison (Montpellier, 3 juin 1844, aff. Audier, *Gaz. des trib.* 28 juill.; Pouillet, nos 445 et 446). Sur d'autres points, cet auteur se prononce par analogie de la loi de 1857 Il paraît admettre avec M. Bédarride (n° 727) que la confiscation doit être prononcée même en cas d'acquittement (*eod. loc.*). Tous deux admettent que le juge peut prononcer la remise des objets confisqués au plaignant bien que l'art. 423 c. pén. exclue cette remise autorisée seulement par la loi de 1857 (Pouillet, n° 448; Bédarride, n° 728). Il est évident qu'il ne devrait pas y avoir de différence sur ces points entre le nom et la marque, et que la remise au plaignant a pour effet d'atténuer la confiscation en la confondant avec les dommages-intérêts; mais il ne faut pas oublier que la loi de 1857 déclare expressément ne pas assimiler aux marques les noms dépourvus de forme distinctive.

**454.** Le tribunal de commerce, quand il est saisi de l'action civile, manque assurément de compétence pour prononcer la confiscation, surtout si on la considère ici comme une peine réservée au cas de condamnation et sans remise au plaignant à titre de réparation. — Mais peut-il ordonner la destruction des enveloppes et étiquettes portant le nom usurpé? M. Pouillet trouve nécessaire de lui donner ce pouvoir sur lequel la jurisprudence est divisée (Pour l'affirmative : Paris, 6 mai 1851, aff. Clicquot, *Journ. des trib. de comm.*, t. 1, p. 301; Trib. com. Seine, 27 déc. 1860, *ibid.*, t. 10, p. 101. Pour la négative : Trib. com. Seine, 23 juin 1852, aff. Dauphin, *ibid.*, t. 1, p. 273). Le refus de ce pouvoir aux tribunaux de commerce lui paraît un argument suffisant pour remettre aux tribunaux civils la connaissance de l'action civile en usurpation de nom (n° 444). — Il y a le même intérêt à savoir si le tribunal de commerce peut ordonner l'insertion de son jugement dans les journaux aux frais de la partie condamnée? Ce pouvoir lui a été refusé (Trib. rég. de Hambourg, 11 déc. 1886, aff. Comp. colon. Vinit et comp., et Union des fabricants français pour la protection de la propriété industrielle et artistique, D. P. 88. 2. 201 et note de M. Cohendy).

**455.** Les actions civiles et correctionnelles en usurpation de nom suivent les principes ordinaires en ce qui concerne la procédure et l'autorité de la chose jugée. Ainsi, lorsqu'un tribunal correctionnel, saisi d'une action pour usurpation du nom de fabrique, statue sur la question de propriété de ce nom, soulevée par le prévenu pour repousser l'action répressive, la décision sur le moyen de défense ne s'étend pas au delà du fait incriminé, et n'a pas l'autorité de la chose jugée à l'égard des poursuites intentées contre le même individu pour faits postérieurs (Crim. rej. 26 avr. 1872, aff. Garnier. D. P. 74. 1. 47). Mais, d'autre part, si la décision correctionnelle qui condamne ou acquitte le prévenu n'apporte aucun obstacle à une nouvelle poursuite pour de nouveaux faits, l'autorité de la chose jugée s'attache au contraire à la décision civile ou commerciale qui consacre, pour le successeur d'une maison de commerce par exemple, le droit de faire usage du nom du prédécesseur; en sorte qu'il ne peut être plus tard actionné en suppression totale de ce nom sous le prétexte qu'il l'a employé en dehors des conditions prescrites; il n'est passible, pour les infractions commises, que d'une condamnation en dommages-intérêts avec nouvelle injonction de se conformer au jugement qui forme son titre, et avec complément au besoin de l'indication des mesures ou de la formule des inscriptions destinées à prévenir la confusion (Req. 30 avr. 1888, aff. François Marquis, D. P. 88. 1. 423). Jugé toutefois en sens contraire que l'arrêt reconnaissant à un individu le droit de faire usage de son nom pour l'exercice de son industrie, à la charge de ne pas en user de manière à faire naître une confusion entre ses produits et ceux d'une autre maison connue sous le même nom, ne fait pas obstacle à ce que, sur une nouvelle plainte, l'usage de ce nom lui soit interdit, comme étant de sa part un instrument de concurrence déloyale ; la précédente décision ayant implicitement réservé l'action pour le cas d'usage illicite et d'abus du nom (Paris, 19 mai 1863, aff. Gambier, D. P. 66. 2. 134).

### Art. 2. — Du nom des villes (Rép. nᵒˢ 350 à 356).

**456.** Les noms de villes, de localités ou de régions, au point de vue de leur application sur des produits fabriqués, sont, comme on l'a vu au *Rép.* nᵒˢ 350 et suiv., l'objet d'une propriété collective au profit de ceux qui y ont le siège de leur fabrication, comme le nom d'un domaine est à ce point de vue la propriété exclusive de celui qui est seul à le posséder ou à en tirer ses produits. La loi de 1824 protège cette propriété par les peines qu'elle édicte contre ceux qui font apparaître sur les objets fabriqués le nom d'un lieu autre que celui de leur fabrication. Ainsi jugé pour la dénomination de *chartreuse*, considérée comme contenant à la fois le nom des fabricants (les chartreux) et le nom du lieu de fabrication (la Grande-Chartreuse) (Crim. rej. 26 avr. 1872, aff. Garnier, D. P. 74. 1. 47 ; Req. 10 août 1880, aff. Gallifet et comp., D. P. 81. 1. 202). Jugé également dans ce sens pour la dénomination de *champagne*. Le juge du fond a pu déclarer souverainement qu'elle n'appartient pas au domaine public comme désignation d'un procédé de fabrication, mais qu'elle ne s'applique qu'au vin récolté et fabriqué en Champagne, et que la loi de 1824 est applicable au négociant qui vend sous ce nom du vin fabriqué à Saumur sans qu'aucune indication révèle sa véritable provenance (Crim. rej. 26 juill. 1889, aff. Tessier, D. P. 90. 1. 239). Jugé de même, pour l'usurpation des noms de certains crus de Champagne comme Ay, Bouzy et Sillery, par les marchands de vins imitant le vin de champagne et fabriqués dans l'Anjou (Angers, 4 mars 1870, aff. Werlé, Geldermann et autres, D. P. 70. 2. 59).

**457.** Ces arrêts ont une portée spéciale, en ce qu'ils font rentrer les vins, eaux-de-vie et liqueurs dans la catégorie des objets fabriqués, au sens de la loi de 1824. C'est un point établi depuis longtemps en jurisprudence (V. *Rép.* nᵒ 351) et on se l'explique par l'importance qu'il faut reconnaître à la manipulation de ces produits dans les qualités qu'ils présentent. Il en est de même de tous les produits qui reçoivent une préparation après leur extraction du sol, comme la chaux (*Rép. eod. loc.* — *Contrà :* Grenoble, 11 févr. 1870, aff. Duru, D. P. 74. 2. 120). Il a été jugé que, pour ces produits, le lieu de fabrication, dont le nom est protégé par la loi de 1824, doit s'entendre non seulement du lieu où ils subissent les préparations, mais encore du lieu de leur récolte ou de leur production naturelle, notamment pour une liqueur le lieu où se récoltent les plantes et sucs qui entrent

dans sa composition (Grenoble, 8 févr. 1886, aff. Grézier, procureur des chartreux, D. P. 87. 2. 9) et pour les vins le lieu où est récolté le raisin, bien que les celliers ou les cuves vinaires n'y aient pas situés (Req. rej. 8 juin 1847, aff. Fabre, D. P. 47. 1. 164).

**458.** Mais faut-il étendre la loi de 1824 à tous les produits agricoles ou naturels, quel que soit le degré de transformation qu'ils subissent entre la récolte et la vente, tels que graines, farines, bestiaux, etc. ? La question est délicate et divise les auteurs. Rationnellement, on ne voit pas pourquoi le nom ne serait moins protégé que la marque en ce qui les concerne. Quels sont les produits naturels, d'ailleurs, qui ne doivent pas aux soins de l'homme une partie de leur valeur et pour lesquels, dès lors, le nom de l'agriculteur est indifférent à défaut de marque emblématique ? Et si le soin et le nom de la personne diminuent d'importance, le lieu de production et le nom de ce lieu n'en acquièrent-ils pas une d'autant plus grande ? Au point de vue purement interprétatif de la législation existante, on peut remarquer aussi que la loi de 1857, lorsqu'elle a déclaré vouloir protéger les marques agricoles comme les marques industrielles, n'a fait qu'interpréter la législation antérieure, déjà étendue par la jurisprudence aux produits agricoles. Or la loi de 1824, bien que parlant d'objets fabriqués, ne résistait pas plus à cette extension que celle du 22 germ. an 11, dont l'art. 16 visait les manufacturiers et artisans et les objets de leur fabrication. On doit même supposer qu'elle a voulu protéger, au point de vue des noms, tous les produits que protégeaient à leur manière les lois de l'époque sur les marques. Aussi la protection parallèle des noms et des marques pour les produits de l'agriculture était-elle indiquée au *Rép.* nᵒ 322, avant la loi de 1857. Et depuis cette loi, qui assimile aux objets fabriqués tous les produits agricoles sans exception, c'est encore l'opinion de MM. Rendu (nᵒ 400) et Pouillet (nᵒ 424). — C'est aussi la solution admise dans le projet de la commission sénatoriale. — MM. Calmels (nᵒ 123) et Bédarride (nᵒ 783) distinguent au contraire entre les produits agricoles ceux qui exigent ou non des préparations. MM. Lyon-Caen et Renault (nᵒ 3339) refusent aussi d'appliquer la loi de 1824 aux produits purement naturels.

**459.** La jurisprudence n'a guère eu à se prononcer que sur des produits comme les vins, exigeant des préparations. Elle a eu, il est vrai, à se prononcer au sujet d'eaux minérales, produits purement naturels, et elle l'a fait en refusant d'appliquer la loi de 1824, déclarant au contraire qu'il y aurait lieu d'appliquer celle de 1857 s'il y avait dépôt antérieur aux faits reprochés, et l'art. 423 c. pén. pour tromperie sur la nature de la marchandise vendue si ce délit était visé dans la poursuite (Paris, 29 juin 1882) (1). Dans

---

(1) (Saxlehner C. Riboulet.) — Le tribunal correctionnel de la Seine a rendu, le 1ᵉʳ févr. 1882, le jugement suivant : — Le tribunal ; — Attendu que l'eau minérale naturelle connue sous le nom d'*Hunyadi Janos* est la propriété d'Andreas Saxlehner, demandeur au procès actuel ; que cette eau se débite dans les bouteilles dont les bouchons, les capsules et les étiquettes portent des marques distinctes appartenant également au demandeur ; — Attendu que des débats résulte la preuve que Riboulet a, en avril 1881, à Paris, commandé à Dubois, imprimeur, et fait fabriquer par lui cent quatre mille étiquettes, portant les noms et marques de Saxlehner ; — Attendu que ces étiquettes, destinées à Fenayrou, pharmacien, devaient servir et ont effectivement servi en partie à recouvrir frauduleusement des bouteilles d'une eau artificielle vendue pour de l'eau naturelle d'*Hunyadi Janos* ; — Attendu que, malgré les dénégations de Riboulet, ces faits sont établis par les propres aveux de Fenayrou, consignés dans deux procès-verbaux de saisie de Langlet, huissier, en date des 29 et 30 novembre dernier, par les déclarations de Dubois à l'audience, par ses registres et par ceux mêmes du prévenu Riboulet, constatant la commande chez Dubois de cent quatre mille étiquettes ; qu'à la vérité ces imprimés sont désignés sur les registres de Riboulet sous le nom de : Prospectus sirop Fenayrou ; — Mais que, de l'aveu de Fenayrou lui-même, les prétendus prospectus ne sont autres que les étiquettes frauduleuses, dont le nom a été dissimulé sur les factures et sur les registres, dans un intérêt facile à apprécier ; — Attendu que la citation relève à la charge du prévenu, à raison de ces faits, diverses infractions prévues par les lois du 28 juill. 1824 et du 23 juin 1857 ; — En ce qui concerne le délit d'usurpation de nom prévu par la première de ces lois : — Attendu que cette loi n'est applicable qu'aux altérations et suppositions de nom de fabricant sur des produits

fabriqués ; qu'il s'agit dans le procès de l'abus qui aurait été fait du nom de Saxlehner, lequel est débitant non d'un produit fabriqué, mais d'une eau naturelle ; que cette eau est donc laissée en dehors des dispositions de la loi de 1824, et qu'en admettant même que Saxlehner, étranger, pût, pour un produit portant le nom d'un lieu étranger, invoquer ladite loi, celle-ci serait sans application à raison de la nature du produit dont il s'agit ; — Sur la loi du 23 juin 1857 : — Attendu qu'il résulte tant de ladite loi que de la disposition qui l'a précédée, que les faits prévus par elle ne sont punissables qu'autant qu'ils ont été précédés du dépôt prescrit par l'art. 2 ; que ce dépôt, ayant eu lieu seulement en juin 1881, est postérieur aux faits reprochés à Riboulet et qui remontent au mois d'avril de la même année ; que, dès lors, ladite loi est sans application dans la cause actuelle ; — Mais attendu que les étiquettes fabriquées étaient destinées à tromper et ont effectivement trompé l'acheteur sur la nature de la marchandise vendue ; qu'à la présente audience, Fenayrou vient d'être condamné pour le délit de tromperie commis à l'aide desdites étiquettes ; qu'ainsi Riboulet s'est, à Paris, rendu complice d'une tromperie sur la nature de la marchandise, en aidant et assistant avec connaissance l'auteur de cette tromperie, délit prévu et puni par l'art. 423, 59 et 60 c. pén. ; — Mais attendu que, si l'art. 423 a pour but principal de protéger le consommateur, l'application peut en être faite, même sur la poursuite de toute autre partie civile, pourvu que cette partie ait éprouvé un préjudice quelconque dérivant de l'infraction à l'art. 423 ; — Attendu que la tromperie consistant à vendre, pour de l'eau naturelle d'*Hunyadi Janos*, une eau fabriquée, cause un préjudice non douteux à Saxlehner, propriétaire et débitant de l'eau naturelle ; que, par suite, ce dernier est recevable dans son action ; — Condamne, etc.

le même sens : Crim. rej. 5 mai 1883, aff. Fleury (D. P. 83. 1. 481-482). Cette décision concorde avec un arrêt de la cour de Lyon du 7 mai 1841 reproduit au *Rép.* n° 354, déclarant que le nom de la localité où est située une eau minérale naturelle peut être employé par le fabricant d'une eau factice de même vertu pour la désigner, à la seule condition d'employer un signe distinctif, tel que le mot *factice*, pour empêcher qu'elle ne soit confondue avec l'eau naturelle. Mais, dans cette matière spéciale, il faut tenir compte de l'impossibilité de désigner au public la composition et la vertu d'une eau artificielle autrement que par le nom de l'eau naturelle dont elle est l'imitation et de l'inconvénient qu'aurait pour la santé publique une pareille entrave apportée à la fabrication des eaux artificielles. On peut dire que le nom de la localité où est située l'eau naturelle devient comme la désignation nécessaire d'imitations nécessaires elles-mêmes à la santé publique, et que, par suite, l'emploi en est libre, sauf à encourir la qualification de tromperie sur la nature du produit si on ne le distingue par quelque autre signe de l'eau naturelle. On peut donc, comme M. Pouillet (n° 408), accepter cette solution, tout en étendant la loi de 1824 aux produits agricoles.

**460.** Le délit prévu et puni par la loi de 1824 n'existe pas lorsque le nom d'une localité est employé non pour désigner le lieu de fabrication, mais comme dénomination générique de la nature d'un produit (Paris, 24 janv. 1883, aff. Longchamp, *Ann. de la propr. ind.*, 1884, p. 157). Nul ne songera, par exemple, à trouver délictueuse la dénomination d'*eau de Cologne* appliquée à une eau fabriquée en France. Il en est de même de la dénomination de *savon de Marseille*, abstraction faite de la marque spécialement accordée à cette ville pour les savons qui y sont fabriqués. Mais on a vu qu'on ne pouvait considérer comme la désignation générique d'un procédé de fabrication ni le nom de *champagne* (Crim. rej. 26 juill. 1889, aff. Tessier, D. P. 90. 1. 239) ni celui de *chartreuse* (Crim. rej. 26 avr. 1872, aff. Garnier, D. P. 74. 1. 47 ; Req. 10 août 1880, aff. Gallifet et comp., D. P. 81. 1. 202).

**461.** La jurisprudence a confirmé par de nombreuses décisions le principe énoncé au *Rép.* n° 351, à savoir que le nom d'une ville ou d'un canton, s'il n'est pas dans le domaine public, n'est pas non plus la propriété exclusive de celui qui le premier s'y est établi ou a appliqué ce nom à ses produits, mais que tous ceux qui fabriquent dans cette ville ou région y ont le même droit (Req. 8 juin 1847, aff. Fabre, D. P. 47. 1. 164 ; Bordeaux, 19 avr. 1853, aff. Salignac, D. P. 54. 2. 86, et sur pourvoi, Req. 18 janv. 1854, D. P. 54. 1. 232 ; Pau, 27 juill. 1867, aff. Veuve Bergenton femme Carrère, D. P. 67. 2. 248 ; Trib. com. Angers, 20 août 1869 et Angers, 4 mars 1870, aff. Werlé, Geldermann et autres,

D. P. 70. 2. 39 ; Grenoble, 11 févr. 1870, aff. Duru, D. P. 71. 2. 120 , Bordeaux, 1er juin 1887, aff. Ducos, D. P. 89. 2. 27, et sur pourvoi, Civ. rej. 21 mai 1890, *Gaz. des trib.* du 22 mai).

La même doctrine est appliquée pour les produits naturels, comme les eaux thermales. Jugé notamment que les eaux de deux sources distantes l'une de l'autre de 150 mètres, et situées l'une et autre dans le territoire d'une circonscription de paroisse autrefois désignée sous le nom d'Orezza, peuvent être également mises en vente sous le nom d'*eau d'Orezza*, sauf à prendre les moyens nécessaires pour éviter toute confusion entre la source supérieure et la source inférieure (Req. 1er mai 1889, aff. Ed. Arger, D. P. 90. 1. 470 ; *Adde :* Montpellier, 5 juin 1855, aff. Veuve Audibert, D. P. 56. 2. 140).

Jugé encore qu'un industriel peut mentionner dans sa marque le nom d'une ville qui figure dans la marque d'un autre industriel, quand il a dans cette ville une maison de vente de ses produits (Rouen, 5 juin 1883, aff. Lanmann et Kemp, D. P. 84. 2. 177). Mais il en est autrement si, n'ayant dans cette ville ni le siège de son établissement ni le centre de ses affaires, il s'est borné à y louer un local pour un prix minime sans autre but que de faire, à un industriel du même nom, établi dans cette ville, une concurrence abusive (Civ. rej. 7 janv. 1884, aff. L. Foucaud et comp. de Jarnac, D. P. 84. 1. 161).

**462.** On a vu au *Rép.* n°s 352 et 353 que, si le nom d'une ville s'étend à sa banlieue industrielle au point de vue du droit collectif qu'ont sur lui ses habitants, il n'en est pas de même des pays environnants, dont les habitants n'ont aucun droit de l'employer, même avec l'addition *près*, ou *par*, ou *à l'instar de*, ou *rue de*, ou toute autre qui pourrait, à la vente, être facilement coupée ou dissimulée de manière à tromper l'acheteur. Ce principe a été de nouveau consacré, non comme principe absolu pourtant, mais comme moyen d'arrêter des faits de concurrence déloyale. Ainsi le concurrent d'un fabricant de tuiles de Montchanin, établi dans une commune voisine, tout en se voyant interdire l'apposition de ce nom sur ses produits ou l'annonce de ses produits comme fabriqués à Montchanin, a pu être autorisé, pour éviter une difficulté de correspondance, à faire connaître à ses correspondants que les lettres relatives à son commerce devaient lui être adressées par *Montchanin* (Dijon, 8 mai 1867, aff. Perrusson, *Ann. de la propr. ind.* 1867, p. 345) ; mais que devant la continuation d'une concurrence abusive, consistant à faire prendre ainsi ses produits pour ceux de son concurrent, la même cour a pu lui retirer cette faculté d'ailleurs démontrée superflue (Dijon, 8 juill. 1868 et, sur pourvoi, Req. 17 nov. 1868, aff. Perrusson) (1).

**463.** Mais si le nom d'une ville ne peut employé par

---

**Appel par M. Riboulet.**
La cour. — En ce qui concerne l'application de la loi de 1824 ou de celle de 1857, demandée par la partie civile ; — Adoptant les motifs des premiers juges ; — En ce qui concerne l'application de l'art. 423 c. pén., faite par le tribunal : — Considérant que les faits, tels qu'ils sont énoncés dans la citation, ne sauraient constituer le délit prévu et puni par cet article ; qu'en effet la citation se borne à dire que Riboulet s'est rendu coupable du délit de contrefaçon en faisant fabriquer, commandant et vendant les marques du sieur Saxlehner, et du délit de contrefaçon de nom ; que l'on ne trouve aucune mention, dans ladite citation, de l'usage qui aurait été fait postérieurement par Riboulet, des marques ainsi contrefaites ; — Considérant que le délit de contrefaçon, tel qu'il a été envisagé dans la citation, est distinct du délit de tromperie, et que Saxlehner s'est borné à poursuivre pour le premier, sans envisager le second, etc.
Du 29 juin 1882.-C. de Paris, ch. corr. MM. Poupardin, pr.-Coffinhal-Laprade, av. gén.-Levesque et Pelletier, av.

(1) Perrusson *C.* Avril et comp.). — Les sieurs Ch. Avril et comp., possesseurs, à Montchanin-les-Mines, d'une manufacture de tuiles, dont les produits portent dans le commerce le nom de *tuiles de Montchanin*, ont prétendu que le sieur Perrusson, leur concurrent, faisait un usage abusif des mots *par Montchanin*, dont l'emploi lui avait été permis par l'arrêt de la cour de Dijon du 8 mai 1867, et ont, en conséquence, introduit une nouvelle instance en cessation de cette concurrence déloyale et en dommages-intérêts ; — Le 23 mars 1868, jugement du tribunal de commerce de Chalon-sur-Saône déboutant Ch. Avril et comp. de leur demande ; — Appel par ces

derniers ; et le 8 juill. 1868, arrêt de la cour de Dijon réformant en ces termes : — Considérant, sans qu'il soit besoin de statuer sur l'exception de chose jugée opposée par l'intimé à Ch. Avril et comp., qu'il s'est révélé, depuis l'arrêt rendu par la cour entre les mêmes parties, le 8 mai 1867, des faits nouveaux de concurrence déloyale qui rendent complètement superflu l'examen de cette exception ; — Qu'il importe peu de rechercher aujourd'hui si l'autorisation accordée par la cour à Perrusson, pour lui éviter une difficulté de correspondance, de faire connaître que les lettres relatives à son commerce devaient lui être adressées à Écuisses par Montchanin, s'étendait nécessairement aux cartes, prospectus, réclames et affiches soumis, à cette époque, à l'appréciation des magistrats ; que le dispositif de l'arrêt quels que soient les termes dans lesquels il a été conçu, ne se référant qu'aux faits passés, en présence des faits ultérieurs dès à présent reconnus, la question est sans intérêt, puisque, aux termes de l'art. 1351 c. civ., l'autorité de la chose jugée n'a lieu qu'à l'égard de ce qui a fait l'objet du jugement ; — Qu'au mépris de la décision qui l'avait frappé, Perrusson n'a cessé de continuer, en effet, par des actes à peine dissimulés, le système persévérant de concurrence illicite qu'il avait suivi jusqu'alors, et par lequel il était parvenu à substituer ses produits à ceux de Ch. Avril et comp., et à leur enlever une partie de leur clientèle ; — Qu'abusant, dans un intérêt de rivalité coupable, de la tolérance accordée par la cour d'assujettir sa correspondance le nom du bureau de poste chargé de desservir son établissement, il a converti cette tolérance en un instrument de publicité prohibée, et réduit ainsi la décision souveraine du 8 mai à l'état de lettre morte ; — Que non seulement il n'a point, malgré la sommation à lui signifiée par Ch. Avril, fait rectifier dans

les habitants des communes voisines, il en est autrement quand ce nom est devenu par l'usage celui de tout un pays au point de vue de certaines productions ou fabrications. C'est ce qui a été jugé pour le mot Cognac, lequel, placé sur une étiquette à une certaine distance du nom du fabricant, a été considéré comme désignant, soit une région de fabrication s'étendant jusqu'à la place de Bordeaux, soit l'eau-de-vie fabriquée dans cette région (Bordeaux, 11 août 1886, aff. Martell et comp. D. P. 89. 1. 111), appréciation déclarée souveraine par la cour de cassation (Civ. rej. 2 juill. 1888, même affaire, *cod. loc.*). Comp. Bordeaux, 19 avr. 1853, D. P. 54. 2. 86; Req. 18 janv. 1854, D. P. 54. 1. 252). Jugé toutefois que ce nom ne peut être employé de manière à faire prendre comme siège de l'établissement la ville même de Cognac où il n'est pas situé, et dans le seul but de faire à un fabricant de cette ville une concurrence abusive (Civ. rej. 7 janv. 1884, aff. L. Foucaud et comp., de Jarnac, D. P. 84. 1. 161). Le juge peut toujours, d'ailleurs, prescrire dans l'emploi de noms similaires par des concurrents, les mesures qui lui paraissent nécessaires pour éviter des confusions entre eux.

**464.** Les mêmes principes et appréciations de faits pourraient s'appliquer aux eaux thermales. Mais ils doivent être appliqués par l'autorité judiciaire, et il n'appartient pas au ministre du commerce, autorisant un pharmacien à exploiter pour usage médical une source d'eau minérale à lui appartenant dans une commune voisine de Vichy, par exemple, de lui interdire de faire figurer le nom de Vichy, en même temps que celui de ladite commune, sur ses affiches, prospectus et autres pièces (Cons. d'Et. 29 août 1865, aff. Larbaud, D. P. 72. 5. 372 et 67. 5. 154).

**465.** En ce qui concerne la poursuite, la compétence et la peine, nous n'avons, comme il, a été fait déjà au *Rép.* n° 356, qu'à renvoyer aux principes qui régissent l'usurpation des noms des personnes (V. *suprà*, n°ˢ 450 et suiv.). Le ministère public peut poursuivre d'office et sans plainte préalable (Crim. rej. 27 févr. 1886, aff. Crocius, D. P. 80. 1. 434). Quant aux intéressés investis également du droit de poursuite, ce sont tous les fabricants établis dans la localité ou la contrée; et il a même été jugé que le droit de poursuite appartient aussi aux négociants qui justifient être les acquéreurs habituels des produits de cette localité ou de ce vignoble, par exemple, contre les négociants d'une autre contrée qui feraient de ce nom un emploi abusif (Angers, 4 mars 1870, aff. Werlé, Geldermann et autres, D. P. 70. 2. 59). Mais ils ne sont recevables à poursuivre que dans leur intérêt individuel, non comme représentant les intérêts du commerce régulier des produits de cette contrée, nul n'ayant le droit de plaider pour autrui (Trib. com. Angers, 20 août 1859 sous l'arrêt précité). Enfin le juge constate souverainement les faits constitutifs du délit et leur signification. C'est ainsi qu'il a pu être jugé, d'après les

le catalogue de l'exposition universelle, au n° 230, son adresse ainsi conçu : Perrusson, à Montchanin-les-Mines (Saône-et-Loire), adresse identique à celle de Ch. Avril, au n° 235, alors que son véritable domicile est, non pas à Montchanin, mais à Saint-Julien-sur-Dheune, dans un autre canton, mais qu'il a ouvertement laissé subsister jusqu'au 31 octobre, date de la clôture de l'exposition, une vaste enseigne portant en lettres d'or : « Tuilerie mécanique, Perrusson-Perrusson, à la neuvième écluse, par Montchanin-les-Mines (Saône-et-Loire); » — Qu'à l'appui de cette enseigne s'étalaient des produits avec la même marque de *Montchanin*, formellement interdite; et que, le même jour, 31 octobre, un huissier saisissait encore dans sa vitrine un livret de la première édition condamnée le même arrêt; — Qu'il a donc employé des manœuvres de nature à opérer la confusion entre les produits similaires, et tiré tout le bénéfice possible de cette confusion, à une époque de publicité internationale, où il était si important que le nom de *Montchanin* disparût complètement des annonces et des objets exposés ou vendus; que vainement Perrusson se retranche derrière les dispositions qui ne lui avaient point défendu d'écouler les produits déjà fabriqués et marqués de la marque prohibée seulement pour l'avenir; — Que si l'arrêt n'a pas prononcé une interdiction qui, d'ailleurs, n'était point alors demandée par Ch. Avril et comp., il est constant, d'après les documents de la cause, que la vente de semblables produits devait être épuisée depuis longtemps;... — Qu'il est évident que, malgré les défenses prononcées contre Perrusson et ses agents ou dépositaires, il n'a pas cessé immédiatement une fabrication illicite, et qu'il y a lieu, dès lors, de lui interdire, à partir de la prononciation du présent arrêt, la mise en vente de produits portant la marque interdite, que cette vente ait lieu dans l'établissement principal ou dans les dépôts qui en dépendent; — Considérant, en ce qui concerne les livrets, que l'intimé, qui avait servilement imité les livrets de Ch. Avril dans leurs formes et dimensions, dispositions intérieures ou extérieures, couleur et reproduction des modèles, en a créé de nouveaux absolument identiques, où les mots par *Montchanin* ont été inscrits sur la couverture, par le même imprimeur, en caractères gros et saillants postérieurement aux décisions judiciaires;... — Qu'il y a donc lieu également d'interdire à Perrusson de faire usage et de distribuer les livrets incriminés et renfermant l'indication de *Montchanin-les-Mines* ; — Qu'il en est de même à l'égard des cartes, prospectus, affiches et enseignes;... — Que tous ces faits et circonstances révèlent l'intention manifeste et persévérante d'égarer le public au moyen d'une confusion et de porter préjudice à Ch. Avril et comp.; — Que l'abus du nom de *Montchanin* a été si habilement exploité que la bonne foi des acheteurs a été surprise, et qu'il est reconnu, dans la cause, qu'un sieur Bourgeois, notamment, et les frères de Saint-Jean-de-Dieu, à Paris, ont cru recevoir des produits fabriqués à Montchanin par Avril et comp., ainsi qu'ils les avaient demandés, alors qu'ils recevaient des produits fabriqués par Perrusson; — Que la mention de *Montchanin* doit donc entièrement disparaître pour faire cesser toute erreur et toute concurrence illicite à l'avenir; qu'il y a même lieu de la faire disparaître sur les lettres ou factures, où elle ne peut plus servir désormais qu'à titre de réclame; que si, pour éviter toute difficulté de correspondance à Perrusson, la cour l'avait autorisé à faire connaître que les lettres relatives à son commerce devaient lui être adressées à Écuisses par Montchanin, cette précaution, qui a pour unique utilité dans l'origine, serait aujourd'hui superflue; que l'établissement de Perrusson est assez connu dans le département de Saône-et-Loire pour que son adresse seule soit suffisante; qu'en fait, il reçoit sa correspondance avec la plus ponctuelle exactitude, que le bureau de poste soit indiqué ou non, et qu'il ne se plaint pas d'avoir jamais éprouvé ni erreur ni retard; que le nom de *Montchanin*, ajouté jusqu'alors à sa véritable adresse, n'a servi qu'à masquer la fraude, au lieu de servir aux nécessités de son industrie; que l'arrêt de la cour a été détourné de son véritable sens dans un intérêt de spéculation défendue, et que l'abus révélé par les faits postérieurs à cet arrêt fait un devoir aux magistrats de supprimer cette cause évidente de confusion intentionnelle et déloyale; — Qu'en présence de manœuvres nouvelles, la cour a le droit d'ordonner de nouvelles mesures et de ramener Perrusson dans le cercle du droit et de l'équité, alors surtout qu'elle avait usé de la plus grande modération lors de son premier arrêt, que le mot de *Montchanin* faisait partie intégrante et constitutive de la marque de Ch. Avril et comp.; — Par ces motifs, émendant, dit qu'il est fait défense à Perrusson : 1° d'indiquer sur ses cartes, prospectus, affiches, lettres, enseignes et circulaires, les mots *par Montchanin*; 2° de faire usage ni distribuer les livrets ci-dessus incriminés et renfermant l'indication de Montchanin-les-Mines; de fabriquer et de mettre en vente, sous quelque prétexte que ce soit, des produits portant la même mention de Montchanin; condamne Perrusson à payer à Ch. Avril et comp. la somme de 3000 fr. à titre de dommages-intérêts, etc. — Pourvoi en cassation par le sieur Perrusson, notamment, pour violation de l'art. 7 de la loi des 2-17 mars 1791 et de l'art. 1er de la loi du 23 juin 1857, et fausse application de l'art. 1382 c. civ., en ce que l'arrêt attaqué a interdit au demandeur de mettre sur ses produits un nom de localité, alors qu'en employant ce nom, le demandeur n'a fait qu'user d'un droit qui lui appartenait.

La cour; — Sur le premier moyen : — Attendu qu'il est déclaré, en fait, par l'arrêt attaqué : 1° qu'Avril et comp. ont rempli les formalités requises par la loi du 23 juin 1857, pour acquérir la propriété d'une marque qui leur fût propre et dont le nom de *Montchanin* forme la partie la plus importante; 2° que Perrusson a introduit ce nom dans la marque de ces produits; 3° que le nom de *Montchanin* n'est celui ni du domicile ni de la fabrique de Perrusson; 4° que l'introduction de ce nom n'a eu d'autre objet que d'établir la confusion entre les produits de Perrusson et ceux d'Avril et comp.; 5° qu'à l'aide de ce système de déloyale concurrence suivi avec persévérance, Perrusson est parvenu à substituer ses produits à ceux d'Avril et comp. et à leur enlever une partie de leur clientèle; — Attendu qu'en cet état des faits, ainsi souverainement constatés et appréciés, l'arrêt attaqué, en faisant défense à Perrusson de mettre sur ces produits les mots *par Montchanin*, et en le condamnant à 3000 fr. de dommages-intérêts envers Avril et comp., n'a fait qu'une juste application des lois de la matière et n'a aucunement violé le principe de liberté établi par la loi des 2-17 mars 1791, puisque le demandeur conserve d'ailleurs l'entier et libre exercice de son industrie;

Rejette, etc.

Du 17 nov. 1868.-Ch. req.-MM. Bonjean, pr.-Alméras-Latour, rapp.-P. Fabre, av. gén. (c. conf.); Duboy, av.

circonstances de la cause, que les mots *draps d'exposition*, apposés sur des pièces d'étoffe étrangères, sont destinés à faire croire qu'elles ont été fabriquées en France (Crim. rej. 27 févr. 1880, aff. Croclus, D. P. 80. 1. 434).

**466.** La loi de 1824 s'applique-t-elle à l'usurpation du nom d'une ville étrangère? Nous n'avons rien à ajouter sur cette question à ce qui a été dit dans le sens négatif au *Rép.* n° 355. — Sur le complément donné à l'art. 1er de la loi du 28 juill. 1824 par l'art. 19 de la loi du 23 juin 1857 en ce qui concerne les produits étrangers simulant une provenance française, V. *suprà*, nos 412 et suiv.

Sect. 5. — Des divers objets de la propriété industrielle, autres que les dessins, les marques et les noms (*Rép.* n° 357).

**467.** Les enseignes et autres moyens de désigner un établissement, les dénominations et autres formes extérieures appliquées à des produits, enfin le fonds de commerce lui-même et l'achalandage, même lorsqu'il n'y a pas lieu d'appliquer les peines qui protègent les dessins, les marques et les noms, constituent une propriété industrielle protégée par l'art. 1382, qui ouvre une action civile contre toute faute dommageable, et par suite contre tous les faits de concurrence déloyale. Beaucoup de ces faits se rattachent à l'idée d'achalandage sans porter particulièrement sur l'enseigne ou sur les désignations de produits. Ils prendront place à la suite de l'art. 4 concernant l'achalandage, et parmi eux viendra se placer notamment l'usurpation de médailles ou de récompenses industrielles, qui, outre l'action civile susindiquée, ouvre une action correctionnelle, en vertu de la loi des 30 avril-12 mai 1886 (D. P. 86. 4. 65).

Art. 1er. — *Des enseignes* (*Rép.* nos 358 à 367).

**468.** Le droit exclusif à une enseigne commerciale dont on est le premier possesseur ou que l'on tient de son premier possesseur a été dans des lois proclamé (Paris, 16 juill. 1862, aff. Comp. immobilière, sous Civ. rej. 22 déc. 1863, même affaire, D. P. 64. 1. 121 ; Trib. comm. Seine 2 mars 1881, aff. Dericquehem et 25 mars 1881 aff. Regnard, D. P. 83. 3. 40; Chambéry, 14 avr. 1886, aff. Guibert D. P. 87. 2. 90 et sur pourvoi Req. 4 avr. 1887, D. P. 88. 1. 414 ; Lyon, 29 juill. 1887, aff. Demoiselle Roux, D. P. 88. 2. 244-243. *Adde* Liège, 30 juin 1887, *Pasicrisie belge*, 1887, 2. 392. *Ann. de droit comm.* 1888, p. 273).

**469.** — I. Spécialité de l'enseigne. — Mais l'enseigne n'est l'objet d'un droit exclusif que si elle consiste en expressions, emblèmes, ou signes assez arbitraires ou spéciaux pour bien distinguer l'établissement des autres établissements du même genre, et non dans la simple indication de la nature du commerce qui s'y fait, ou dans des expressions ou em-

blèmes devenus génériques par leur emploi fréquent comme enseigne dans le commerce dont il s'agit. Ici les circonstances et l'ensemble des agissements du concurrent, ainsi que la signification spéciale donnée à une dénomination d'abord générique par la longue possession d'un seul établissement influeront sur l'appréciation souveraine du juge du fond et pourront motiver des solutions en apparence bien diverses. Ainsi il a été jugé que la désignation de *casino* donnée à un établissement ouvert au public est un terme générique qui ne constitue pas, pour une compagnie d'eaux thermales, une propriété particulière et qui peut être prise, dans la même localité, par un autre établissement destiné au public pourvu que ce nom soit accompagné de désignations de nature à prévenir toute confusion (Riom, 16 janv. 1883, aff. Samie, D. P. 84. 2. 90); qu'une enseigne commerciale (consistant dans l'espèce en une montre remontoir à double cadran) n'est point la propriété exclusive d'un commerçant, lorsqu'elle se fabrique depuis plusieurs années à l'usage des négociants faisant le même commerce, qu'elle a été adoptée par un grand nombre d'entre eux, qu'il en existe même plusieurs dans la ville où le litige se produit (Liège, 9 déc. 1882, aff. Gleseneer, D. P. 84. 2. 172).

**470.** Il a bien été jugé que la qualification spéciale *Compagnie des Petites Voitures*, dont une compagnie a usé depuis nombre d'années sans interruption et sans trouble, alors même qu'elle ne ferait pas partie de sa raison sociale, et ne lui aurait été donnée que par le public, si depuis elle s'en est constamment servie dans les actes de son exploitation et dans ses relations avec les tiers, constitue, au profit de cette compagnie, une propriété commerciale privative (Paris, 6 janv. 1880) (1). Mais il a été jugé, d'autre part, que la dénomination *Compagnie générale des Voitures* employée pour indiquer l'objet de la compagnie, ne saurait faire l'objet d'un droit de propriété, et que le qualificatif *général*, employé par de nombreuses sociétés pour indiquer au public l'importance de leur industrie, ne constitue qu'un élément secondaire du titre commercial, et ne peut, dès lors, faire l'objet de la revendication d'un droit de propriété exclusivo (Paris, 4 août 1887, aff. Comp. générale des voitures de Paris, D. P. 88. 2. 174); il est vrai que le compagnie défenderesse se différenciait par ces mots complémentaires *pour le service des chemins de fer*. — Jugé dans le même sens, que le titre *entreprise générale de balayage public* ne peut appartenir, dans une ville, à celui qui l'a pris le premier comme adjudicataire du balayage de cette ville (Trib. com. Seine, 11 janv. 1861, aff. Bellaret, *Journ. du trib. de comm.* t. 10, p. 264). Mais jugé, en sens contraire, que lorsqu'une société est connue sous le nom d'*Entreprise générale de vidange de Paris*, il ne saurait être permis à une autre société de prendre le titre de *Compagnie générale de vidange de Paris*, alors qu'il résulte

(1) (Compagnie générale des Voitures *C*. Compagnie parisienne des Petites Voitures et Messageries.) — Le 9 avr. 1879, jugement du tribunal de commerce de la Seine, ainsi conçu : — Le tribunal; — Attendu que la compagnie générale des Voitures à Paris, fonctionnant aujourd'hui sous la dénomination de Compagnie générale des Petites Voitures, fait grief à la compagnie parisienne des Petites Voitures et Messageries, fondée en cours de janvier 1879, d'avoir introduit dans son titre les deux mots : « Petites Voitures »; que ce fait établirait une confusion qui lui serait préjudiciable; qu'en conséquence, elle demande que cette dernière compagnie soit tenue, dans les vingt-quatre heures du jugement à intervenir, de modifier son titre par la suppression des mots : « Petites Voitures », et de cesser d'employer ces mots sur tous les titres ou valeurs, sur ses enseignes, affiches, assurances, imprimés, papiers de commerce et documents de quelque nature que ce soit, sous peine de 500 fr. de dommages-intérêts par chaque infraction constatée; qu'en outre, elle demande condamnation à des dommages-intérêts, à fixer par état, avec la publication du jugement dans tous les journaux de Paris et de province dans lesquels la compagnie parisienne des Petites Voitures et Messageries a fait paraître des avis ou insertions annonçant sa constitution, ses émissions de titres ou tous autres, et ce, aux frais de la compagnie défenderesse; — Attendu que celle-ci repousse la demande, arguant en substance que la désignation « Petites Voitures » serait une expression générique appartenant au domaine public, et que la compagnie demanderesse ne saurait à bon droit en réclamer à son profit la propriété exclusive; — Attendu qu'il est de notoriété que, dès l'époque de sa constitution, qui remonte à 1865, la compagnie générale des Voitures à Paris a été par le

public et d'une manière générale dénommée : Compagnie générale des Petites Voitures; que cette désignation lui a été reconnue par les journaux et les administrations publiques; qu'il est constant que la compagnie demanderesse s'est constamment servie de ce titre dans tous les actes de son exploitation et ses relations avec les tiers; — Attendu que l'usage ininterrompu et sans trouble qu'a fait la compagnie du titre de : Compagnie générale des Petites Voitures, pendant une période de quatorze années, constitue à son profit une sorte de possession d'état ou tout au moins une propriété commerciale privative, dont la jouissance exclusive ne saurait valablement lui être contestée; — Et attendu qu'il est démontré aux yeux du tribunal que les mots « Petites Voitures », introduits par la compagnie défenderesse dans le titre sous lequel elle s'est annoncée, constituent une confusion réelle et qui serait de nature à nuire aux intérêts de la compagnie demanderesse; qu'il importe et qu'il est juste d'empêcher cette confusion ; — Attendu, toutefois, qu'il faut reconnaître le mot « Voitures », pris isolément et détaché du mot « Petites », est une expression générique qui réside dans le domaine public; que ce mot, pris dans son véritable sens, ne constitue pas une propriété qui puisse être revendiquée par la compagnie demanderesse; que, dans ces conditions, il y a lieu pour le tribunal d'ordonner seulement la suppression du mot « Petites »; que, par suite, la différence sera suffisante; — Sur les dommages-intérêts, etc. — Par ces motifs, etc.

Appel.

La cour; — Adoptant les motifs premiers juges; — Confirme. Du 6 janv. 1880.-C. de Paris.-MM. Ducreux, pr.-Dubois, av. gén., c. conf.-Choppin d'Arnouville et Busson-Billault, av.

des faits de la cause que ce titre n'a été choisi que pour faire une concurrence déloyale à la première (Trib. com. Seine, 5 mars 1856, aff. Richer, *Ann. de la propr. ind.*, 1856, p.126). Jugé encore que la dénomination de *Société des chalets de nécessité* est la propriété de la société qui s'est fondée la première sous ce titre en 1882, et qui en a fait seule usage jusqu'à ces derniers temps, et non une appellation générique appartenant au domaine public et s'appliquant à tout un genre d'industrie, comme les mots *compagnie de chemins de fer* ou toute autre appellation analogue (Trib. com. Seine, 4 oct. 1890, aff. Société des chalets de nécessité, *Gaz. des trib.*, 24 oct. 1890).

**471.** Le qualificatif *général* a même été considéré comme spécialisant le titre, lorsqu'il est joint à un mot générique exprimant la nature des opérations. Ainsi les mots *Assurances générales* ont été considérés comme constituant une dénomination particulière et privative, bien que le mot *assurances* soit du domaine public (Paris, 17 nov. 1852, aff. Danjon, *Journ. des trib. de commerce*, t. 2, p. 52). Mais ce droit privatif n'a pas empêché une autre compagnie de même nature d'employer comme sous-titre les mots *Compagnie d'assurances générales* toute confusion étant empêchée par les énonciations qui précèdent ou qui suivent (Paris, 10 nov. 1857, aff. *Comp. d'assurances générales*, *Ann. de la sc. et du dr. comm.*, 1863, t. 2, p. 96). Jugé encore, ce qui nous paraît bien rigoureux, qu'une maison de banque connue sous le nom de *Comptoir d'escompte de Versailles* a pu empêcher un concurrent de prendre la dénomination de *Comptoir industriel de Versailles* (Paris, 15 mai 1869, aff. Mousseaux, *Ann. de la propr. ind.*, 1869, p. 239).

**472.** Les mêmes difficultés d'appréciation peuvent se présenter pour les titres des journaux. Jugé notamment que le mot *Indicateur* employé dans le titre d'un journal est un terme générique et que le propriétaire du titre *Indicateur des chemins de fer* ne peut demander la suppression du titre *Indicateur Herman* (Paris, 25 août 1854, aff. Chaix, *Le Droit* du 26 août). Cette solution peut être exacte quand le mot fait partie d'un titre suffisamment différent par ses autres éléments, mais elle cesserait de l'être si le mot constituait à lui seul tout le titre du journal, ou si les qualificatifs qui y sont joints de part et d'autre n'étaient pas suffisamment distinctifs. Ainsi il a été jugé que l'adjudicataire de la publication d'un journal officiel ne pouvait prendre le titre de *Moniteur officiel de l'Empire français*, alors qu'un journal connu sous le nom de *Moniteur universel* avait jusque-là rempli cette destination de journal officiel et que, malgré l'existence d'un arrêté du ministre attribuant au nouveau journal officiel cette dénomination de *Moniteur*, la question de propriété élevée en ce cas entre les directeurs des deux journaux doit être portée devant le tribunal de commerce dans les attributions duquel rentrent les faits de concurrence déloyale entre commerçants et non devant le conseil d'État par voie de recours contre l'arrêté du ministre (Trib. com. Seine, 28 déc. 1868, aff. Panckoucke, D. P. 69. 3. 6). Le dépôt du titre d'un journal exigé par la loi n'est d'ailleurs qu'une mesure d'ordre public et ne peut être attributif de la propriété de ce titre au pétitionnaire (V. *infrà*, v° *Presse ;* Req. 8 juill. 1879, aff. Crotte, D. P. 82. 5. 340). Sur la propriété des titres de journaux, V. *infrà*, v° *Propriété littéraire*, et *Rép. eod.*v°, n° 108.

**473.** — II. Titres rattachant l'établissement a des tiers. — Il est clair qu'on peut mettre son nom dans son enseigne et défendre contre toute usurpation l'enseigne ainsi composée (V. à cet égard ce qui a été dit à propos des noms, en ayant soin de réserver, pour le cas d'apposition du nom usurpé sur les produits eux-mêmes, les pénalités de la loi du 28 juill. 1824). Jugé qu'un négociant qui a pris pour enseigne le nom de la ville où il exerce ses affaires, ainsi que la rue de sa résidence, peut interdire la même désignation à une maison qui se fonde à proximité de la sienne (Paris, 4 mars 1886, aff. Desouches et Brayer *Ann. de la propr. ind.*, 1886, p. 250). — Mais s'il n'est pas permis d'employer dans son enseigne le nom d'un tiers sans s'exposer de sa part à une action en dommages-intérêts pour concurrence déloyale, il convient d'appliquer à la composition de l'enseigne et à l'introduction d'un nom dans cette enseigne ce qui a été dit à propos des noms sur les droits respectifs des homonymes (*suprà*, n° 430), sur ceux de l'acquéreur

d'un fonds de commerce individuel ou social vis-à-vis du prédécesseur ou de ses ayants cause ou anciens associés (*suprà*, n°⁵ 433, 437), sur ceux de la femme veuve ou séparée à l'égard du nom de son mari (*suprà*, n°ˢ 439 et suiv.), ou du mari à l'égard du nom de sa femme (*suprà*, n° 441). A plus forte raison, le successeur d'une maison de commerce, qui en exploite le fonds sans en avoir changé la nature, peut mentionner la date de la fondation de cette maison sur les factures, annonces, réclames, etc..., qui en émanent, et il a été jugé que cet usage constitue un droit de propriété commerciale susceptible de s'acquérir par la prescription (Paris, 21 mars 1887, aff. Charles Heidsieck, D. P. 88. 2. 165).

**474.** En général on peut, dans son enseigne ou dans le titre de son établissement, sur ses factures, annonces et réclames indiquer une qualité par laquelle on se rattache à une tierce personne et qui est de nature à recommander l'établissement, comme celle de successeur, fils, petit-fils, gendre ou neveu, élève, ancien associé ou employé, mais à condition que cette indication et la manière, dont le nom y figure ne puissent créer aucune équivoque capable de nuire à cette tierce personne ou à ses ayants cause, ou à d'autres commerçants similaires de la même localité. Cette distinction, déjà posée au *Rép.* n°ˢ 359 et 360, explique les solutions diverses de la jurisprudence en cette matière, qui ne comporte pas une règle absolue. Dans la doctrine, elle forme le système de M. Rendu (n° 487), de M. Pouillet (n° 537), tandis qu'on voit, en ce qui touche par exemple la qualité d'élève ou d'apprenti, MM. Blanc (p. 715), Gastambide (p. 469), et Huard (*Propriété industrielle*, n° 169), proscrire absolument cette indication, et MM. Bédarride (n° 754) et Calmels (n° 169) l'accepter d'une façon absolue. Jugé notamment : 1° qu'un commerçant a le droit de faire suivre son nom de sa qualité de « petit-fils d'un tel », alors même que, dans la même ville, existe une maison de commerce sous le nom de « les petits-fils d'un tel » (la même personne), à moins que ce soit pour créer, par ce moyen, une confusion préjudiciable à celle-ci (Trib. com. Lyon, 8 juill. 1889, aff. Petits-fils de C.-J. Bonnet, D. P. 91. 3. 7) ; — 2° Que la femme qui a appris son métier sous la direction de sa mère peut, après le décès de celle-ci, dont elle continue la maison, prendre le titre de son élève et de sa fille sur les factures et enseignes sans que d'autres commerçants soient fondés à s'y opposer (Trib. com. Seine, 1ᵉʳ juin 1855, aff. Manoury et Oudot, D. P. 55. 5. 275) ; — 3° Qu'un médecin qui a été le collaborateur d'un autre médecin avec partage d'honoraires, peut, en se séparant de lui, énoncer dans des imprimés sa qualité d'ancien associé pour faire connaître sa nouvelle adresse (Req. 5 mai 1884, aff. Raspail, D. P. 84. 1. 227). — Mais jugé qu'il y a concurrence déloyale, pour un ancien apprenti, à rendre très apparent le nom de l'ancien patron en employant pour le mot *élève* des caractères imperceptibles (Paris, 4 mars 1863, aff. Cretté, *Ann. de la propr. ind.*, 1863, p. 173).

**475.** La doctrine et la jurisprudence se sont montrées plus sévères pour la qualité d'ancien ouvrier, contremaître ou employé de tel fabricant ; mais dans les cas de ce genre, l'indication en elle-même était ordinairement moins utile et le procédé plus déloyal (V. Pouillet, n° 542, et les décisions qu'il cite); et on ne saurait en principe, interdire d'annoncer une telle qualité. Jugé notamment que l'ancien employé d'une maison de commerce, en annonçant au public ou aux clients de la maison à laquelle il était attaché, l'installation par lui d'un établissement similaire, peut mentionner dans ses circulaires qu'il a été employé dans cette maison (Paris, 4 août 1890, aff. Williamson et Mulligan, *Gaz. trib.*, 18 sept. 1890).

**476.** Ce qui est certain, en tout cas, c'est que le fait de se rattacher à une tierce personne par une qualité que l'on n'a pas réellement constitue un fait de concurrence déloyale vis-à-vis soit de cette personne ou de ses ayants cause, soit d'autres personnes faisant un commerce similaire dans la localité. Ainsi en est-il de celui qui s'intitule élève quand il n'a été qu'employé, n'ayant ni payé ni donné gratuitement son temps pour son apprentissage ou son éducation, mais ayant au contraire reçu des salaires (Bordeaux, 10 févr. 1886, aff. Rebeyrol, D. P. 87. 2. 103). Il en est de même du libraire qui se donne dans ses annonces le titre mensonger de seul dépositaire d'un ouvrage édité par un tiers. Un libraire de la même ville peut demander qu'il lui soit défendu de s'annoncer ainsi, alors même que le propriétaire éditeur de l'ouvrage ne réclame point à ce sujet et autorise ses acheteurs à prendre tous les titres qui leur conviennent relativement à cet ouvrage (Dijon, 13 août 1860, aff. Boyer, D. P. 61. 5. 394). — Sur les annonces mensongères, et les fausses indications de brevet d'invention ou de récompense industrielle, V. *infrà*, nᵒˢ 517, 518 et suiv.

**477.** — III. Étendue territoriale du droit exclusif. — Peut-on dire que la propriété de l'enseigne a pour limites celles de la localité où se trouve l'établissement? L'affirmative paraît admise comme règle dans la doctrine et dans la jurisprudence, et c'est une des différences qu'on relève entre la propriété de l'enseigne et celle du nom ou de la marque (Douai, 31 mars 1843, aff. Wolf, D. P. 84. 2. 172, en note; Paris 17 mars 1870, aff. Crépeau, D. P. 70. 2. 181; Limoges, 19 déc. 1874, aff. Hériot et Chauchard et comp., D. P. 76. 5. 366; Pouillet, nᵒ 705; Req. 20 févr. 1888, aff. Reid, D. P. 88.1. 315; 21 févr. 1888, aff. Bessaud et comp., D. P. 88. 1. 315; Trib. com. Bordeaux, 13 nov. 1888, *Ann. de droit comm.*, 1889, t. 1, p. 34. — Comp. Civ. cass. 24 déc. 1855, aff. Bricard, D. P. 56.1. 66; Civ. rej. 7 janv. 1884, aff. Foucaud et comp. de Jarnac, D. P. 84. 1. 161).

Mais ce n'est peut-être pas là une formule bien exacte, à en juger par le grand nombre d'exceptions et de réserves dont on est obligé de l'accompagner. « Il y a, dit M. Pouillet, telle maison de commerce dont la renommée s'étend à toute la France et dont, par suite, l'enseigne doit être également protégée partout... Ce sont là des questions de fait que les tribunaux apprécient souverainement ». — « Cela dépend, dit de son côté Gastambide, p. 479, et de l'importance de l'établissement qui se prétend lésé, et de sa renommée, et de la classe d'acheteurs qui forme sa clientèle ». — C'est par ces considérations et par la constatation d'une confusion possible et calculée, que la cour d'Orléans a pu interdire à une maison de Tours l'usage de l'enseigne *Grands Magasins du Louvre* bien connue comme appartenant à une maison de Paris (Orléans, 26 juin 1883, aff. Chauchard et comp., D. P. 84. 2. 84), et que la cour de cassation a pu interdire à une maison de Toulouse l'enseigne de *La Belle Jardinière* également connue comme celle d'une maison de Paris (Req. 21 févr. 1888, aff. Bessaud et comp., D. P. 88. 1. 315 et rapport de M. le conseiller Lepelletier). — *Adde :* Liège, 17 déc. 1885, aff. Hériot et comp., *Ann. de la propr. ind.*, 1887, p. 283, décidant que l'enseigne *Grands Magasins du Louvre*, à raison de la clientèle pour ainsi dire européenne de la maison de Paris, ne peut être prise, même en Belgique, par des concurrents.

Ce qui montre bien qu'il n'y a là qu'une question de fait subordonnée non seulement à l'importance de la maison qui se prétend lésée, mais encore à une foule de circonstances, à la possibilité d'une contrefaçon et d'un préjudice, c'est que le même jour où la chambre des requêtes rejetait le pourvoi formé contre un arrêt interdisant l'enseigne de *La Belle Jardinière* à Toulouse, elle rejetait aussi sur le même rapport de M. le conseiller Lepelletier le pourvoi formé contre un arrêt autorisant à Rennes l'emploi de cette enseigne (Req. 21 févr. 1888, aff. Bessaud et comp., D. P. 88. 1. 315, *suprà*, nᵒ 477). Les deux arrêts attaqués constataient entre autres faits différents d'une espèce à l'autre, l'absence de relations commerciales entre Rennes et *La Belle jardinière* de Paris, à l'époque de la fondation de *La Belle Jardinière* de Rennes, et l'existence, au contraire, de relations pour la maison de Paris avec Toulouse cinq ans avant la fondation de la maison toulousaine; ils constataient à Toulouse des agissements déloyaux tendant à créer la confusion, à Rennes, au contraire, l'effort pour l'éviter. Aussi, comme énoncé du principe, vaut-il mieux dire, comme l'a fait le 21 févr. 1888 la chambre des requêtes à propos de ces arrêts, que la propriété de l'enseigne est limitée par l'intérêt sérieux et réel du négociant qui se l'est appropriée, que de dire, comme elle l'a fait le 20 février dans une autre affaire, qu'elle est limitée à la localité où est située la maison de commerce qui l'a prise la première. Il suffit d'ailleurs pour préférer la première de ces deux formules, de remarquer la nature de la protection donnée à l'enseigne, laquelle consiste uniquement dans la réparation des fautes dommageables aux termes de l'art. 1382 c. civ.

**478.** Pouillet, nᵒ 705, lorsqu'une enseigne étend sa renommée sur toute la France, y voit, au lieu d'une enseigne, une raison de commerce, et voit dans cette transformation le motif d'une protection plus étendue, égale à celle du nom, et il fait remarquer, à l'appui de cette assimilation, celle que fait la loi du 28 juill. 1824 entre le nom du fabricant et la raison commerciale d'une fabrique, faussement apposée sur des produits. Aussi voit-on souvent les plaignants en matière d'enseignes, insister pour la qualification de raison de commerce afin de placer ainsi leur enseigne sous le régime des noms. Mais quand l'enseigne devient-elle une raison commerciale? Cette transformation peut-elle dépendre de l'étendue du rayon où elle est connue? Dépendra-t-elle de l'emploi qui en est fait dans les factures ou imprimés? Et encore, bien que la loi de 1824 assimile au nom la formule de l'enseigne lorsqu'elle est apposée sur les produits eux-mêmes, le fait de l'employer en tête de ses imprimés en fait-il plus la désignation ou le nom de la maison que le fait de l'employer sur sa devanture? Ce fait peut-il donner le droit d'en interdire l'usage aussi loin qu'un fabricant peut interdire l'usage de son nom à ceux à qui il n'appartient pas? Il est permis d'en douter, car il n'est guère d'enseigne qui ne serve à désigner l'établissement et qui ne figure en tête de ses imprimés. Il convient donc de laisser aux tribunaux le soin de statuer souverainement sur chaque espèce de ce genre d'après le voisinage, l'extension des affaires, le danger et le préjudice possible.

**479.** Il faut noter d'ailleurs que, lorsque l'éloignement a permis l'usage d'une même enseigne pour deux maisons, si ensuite l'une d'elle se rapproche de l'autre, elle doit faire au besoin la justice peut lui imposer les modifications ou additions nécessaires pour éviter toute confusion, comme entre deux homonymes dont l'un devient le rival de l'autre. Jugé notamment qu'un marchand colporteur qui a adopté une enseigne au siège de son commerce et dans les diverses villes où il a été s'établir, commet un acte de concurrence déloyale s'il se sert de cette même enseigne dans une ville où elle est devenue la propriété exclusive d'un négociant qui tient le même genre de marchandises (Douai, 31 mars 1843, aff. Wolf, D. P. 84. 2. 172, en note). Jugé pourtant que le commerçant qui, changeant de domicile dans la même ville, vient s'établir, avec l'enseigne qu'il avait précédemment adoptée, dans le voisinage d'un autre commerçant qui fait usage d'une enseigne identique, ne commet point un acte de concurrence déloyale, s'il peut invoquer en sa faveur la priorité de la possession de cette enseigne (Liège, 9 déc. 1882, aff. Gleseneer, D. P. 84. 2. 172). Il s'agissait il est vrai d'une enseigne devenue en quelque sorte banale dans la ville pour ce genre d'industrie.

**480.** — IV. Priorité de possession. — C'est par la priorité de possession que s'acquiert originairement la propriété d'une enseigne ainsi qu'on l'a vu au *Rép.* nᵒ 361. *Adde :* les arrêts cités *suprà*, nᵒˢ 469 à 472. Mais il doit s'agir d'une possession effective, capable de faire connaître l'enseigne aux tiers; et il a été jugé, par exemple, qu'un commerçant qui a le premier placé l'enseigne sur son magasin, peut en défendre l'usage à un concurrent bien que celui-ci justifie avoir antérieurement commandé des factures avec cette enseigne pour en-tête, mais sans en avoir encore fait usage (Trib. com. Seine, 11 sept. 1868, aff. Perrot, *Ann. de la propr. ind.*, 1868, p. 296).

**481.** — V. Transmission. — La propriété de l'enseigne est susceptible de transmission; et cette transmission, résulte tacitement de celle du fonds de commerce, dont l'enseigne n'est que l'accessoire. Ce principe a été consacré par plusieurs arrêts mentionnés au *Rép.* nᵒ 363, et auxquels il convient d'ajouter un arrêt de Caen (13 déc. 1853, aff. David, D. P. 54. 5. 613), décidant que le vendeur d'un café qui a en même temps loué à l'acheteur le local où il l'exploitait, et qui, après la cessation du bail, ouvre lui-même un nouveau café dans le même local ne peut prendre pour cet établissement l'enseigne qu'il avait adoptée pour celui qu'il a vendu, alors même que cette enseigne consisterait dans l'indication de son propre nom (café un tel), et qu'il se serait réservé dans sa vente le droit d'établir un café dans les bâtiments loués à l'expiration du bail. Jugé aussi que le vendeur d'un fonds de commerce, qui a cédé à l'acheteur le droit de conserver son nom comme enseigne, ne peut établir sous ce même nom un commerce similaire dans le voisinage, quoique s'étant réservé en termes généraux le droit de se remettre dans le même genre de commerce (Paris, 9 nov. 1885, aff. Degand, *Ann. de la propr. ind.* 1886, p. 152. Comp. *suprà*, nᵒˢ 123 et suiv.).

**482.** On a vu encore au *Rép.* nᵒ 362 que le caractère purement mobilier de l'enseigne, et le lien qui l'unit au fonds de commerce, empêchent de la considérer comme attachée à l'immeuble et appartenant au propriétaire de cet immeuble après l'expiration du bail en vertu duquel le commerçant occupait l'immeuble. La jurisprudence a continué de juger qu'une enseigne apportée par un locataire peut, à la fin du bail, être enlevée par lui et attachée à une autre maison (Trib. civ. Chambéry, 2 févr. 1887, aff. Reymond, *Ann. de la propr. ind.*, 1888, p. 133), encore qu'elle eût remplacé une autre enseigne déjà existante lors de la location, si d'ailleurs il n'est pas constaté que le bailleur, en consentant à la suppression de l'enseigne primitive, a entendu se faire céder la nouvelle (Civ. cass. 21 déc. 1853, aff. Gauthier, D. P. 54. 1. 9). Le fait de la suppression de l'enseigne primitive peut seulement, s'il cause un préjudice au propriétaire, autoriser celui-ci à réclamer des dommages-intérêts contre le locataire (Paris, 15 juill. 1854, aff. Gautier, D. P. 55. 2. 50). — Jugé encore que lorsqu'un commerçant a loué sa maison à un individu auquel il cédait son fonds de commerce et sa raison commerciale, cette raison commerciale appartient à ce dernier, même après qu'il a changé d'habitation, et ne peut être prise à son préjudice par un autre individu exerçant la même industrie, qui louerait plus tard la même maison (Req. 28 févr. 1870, aff. Verdier, D. P. 71. 1. 238). — Jugé enfin que l'enseigne, étant l'accessoire du fonds de commerce, et non de l'immeuble, n'est pas comprise dans la vente que fait un commerçant de l'immeuble qu'il occupe sans y comprendre son industrie, ni dans l'adjudication de l'immeuble alors que le fonds de commerce a continué d'être exploité après comme avant l'adjudication par le locataire qui l'avait créé (Bordeaux, 21 juin 1880, aff. Grassin, D. P. 81. 2. 23).

**483.** — VI. Apposition de l'enseigne. —Locataire. — L'enseigne des commerçants peut soulever des conflits non seulement quant aux éléments qui la composent, mais encore quant à son apposition sur la maison dont le commerçant est locataire pour partie. Il ne s'agit plus là précisément du droit à l'enseigne mais du droit pour le locataire à l'usage de la façade extérieure de la maison louée. Ce droit existe, mais limité, pour chaque locataire, par celui de l'autre. Ainsi il a été jugé que le locataire d'un appartement, à moins de conventions contraires, est censé locataire de la partie extérieure de la façade qui correspond à l'appartement loué depuis le niveau du plancher jusqu'à la hauteur du plafond, et que le commerçant dont l'enseigne, dépassant la hauteur de son magasin, s'élève jusqu'à l'accoudoir des fenêtres de l'étage supérieur, n'est pas fondé à se plaindre que le locataire de cet étage supérieur, également commerçant, en suspendant à cet accoudoir les objets de son commerce, couvre en partie les lettres de l'enseigne (Pau, 5 févr. 1858, aff. Lacabanne, D. P. 58. 2. 135-136). Jugé encore qu'il appartient au propriétaire de régler entre les locataires de sa maison l'usage de ce droit, et que dans le cas où un locataire, exerçant la profession de commerçant, a fait apposer, outre les enseignes qui lui sont nécessaires, diverses autres enseignes couvrant une partie de la façade de la maison, sans en avoir obtenu l'autorisation expresse ou tacite du propriétaire, celui-ci est fondé à en demander la suppression, alors même que cet état de choses existerait depuis plusieurs années, et qu'aucun locataire ne se serait élevé de réclamation (Trib. civ. Seine, 26 janv. 1853, aff. Boilleau, D. P. 54. 3. 8). — V. *suprà*, vᵒ Louage.

**484.** — VII. Sanction. — Faits d'usurpation. — Aucune sanction pénale ne protège la propriété de l'enseigne, à moins qu'elle ne soit le nom du fabricant ou la raison commerciale de la fabrique apposée sur un concurrent sur ses produits, cas prévu par la loi de 1824. Hors ce cas, l'usurpation de l'enseigne ne donne lieu qu'à une action civile fondée sur l'art. 1382 c. civ. et tendant à des dommages-intérêts pour réparation du préjudice causé, ainsi qu'à la suppression, pour l'avenir, de l'enseigne usurpée (*Rép.* nᵒ 367); et

il a été jugé que l'interdiction, prononcée contre le propriétaire d'un hôtel garni, de se servir de certains mots dans la dénomination de son hôtel, entraîne la suppression de ces mots, non seulement sur les enseignes et annonces, mais encore sur tous les objets à l'usage intérieur et extérieur de l'hôtel et des personnes qui y sont reçues (Civ. rej. 22 déc. 1863, aff. Comp. immobilière, D. P. 64. 1. 121). Il a été jugé qu'un commerçant, sommé par un de ses concurrents de faire disparaître de son enseigne certaines énonciations, est recevable à assigner celui-ci devant le tribunal de commerce pour faire décider, contradictoirement avec lui, qu'il a le droit de conserver son enseigne telle qu'elle existe (Trib. com. Bordeaux, 24 avr. 1851, aff. Alcuet, D. P. 54. 5. 614).

**485.** L'action en suppression d'enseigne, outre qu'elle est subordonnée à la propriété de l'enseigne chez le demandeur, est subordonnée, du côté du défendeur, à l'usurpation de cette propriété, c'est-à-dire à l'identité ou à une analogie suffisante pour faire naître une confusion et un préjudice, puisque là est la base de l'action. Diverses applications de ce principe ont été données au *Rép.* nᵒˢ 365 et 366. Citons encore les deux suivantes : 1ᵒ une maison connue sous le nom de maison *Desinge* peut s'opposer à ce qu'un concurrent, qui a fondé un établissement semblable dans la même rue et dans le voisinage, prenne pour enseigne les mots *Au Singe* (Trib. com. Seine, 2 mars 1881, aff. Dericquehem, D. P. 83. 3. 40); — 2ᵒ Il y a usurpation d'enseigne de la part du marchand qui, ouvrant près d'un concurrent, ayant pour enseigne *Au Grand Frédéric* des magasins destinés à la vente au détail de marchandises semblables (des habillements confectionnés) prend pour enseigne *Au Roi de Prusse*, en y joignant le portrait du *Grand Frédéric* dans son attitude populaire (Bordeaux, 13 janv. 1852, D. P. 54. 5. 615).

L'addition ou le changement d'un qualificatif peut cependant empêcher l'emploi du mot principal d'être considéré comme une usurpation d'enseigne. Ainsi l'enseigne *A Jean Bart* n'est pas usurpée par les enseignes *Au Grand Jean Bart*, *Au Petit Jean Bart*, *Au Nouveau Jean Bart* employées dans d'autres quartiers de Paris (Paris, 17 mars 1870, aff. Crépeau, D. P. 70. 2. 181). L'enseigne *A la Belle Jardinière* n'est pas usurpée par l'enseigne *A la Jardinière toulousaine* avec indication de la date de la fondation (Req. 21 févr. 1888, aff. Bessaud et comp., D. P. 88. 1. 315). — L'importance des additions ou modifications, comme celle de l'éloignement, est livrée à l'appréciation du juge.

**486.** À l'usurpation d'enseigne, on peut assimiler le fait, par un commerçant, de changer l'aspect extérieur de son établissement pour lui donner une physionomie exactement semblable à celle d'un établissement du même genre contigu au sien, et de détourner, au moyen de la confusion qui en résulte, une partie de la clientèle de son voisin; et le tribunal de commerce, sur la plainte de ce voisin, peut réprimer ce fait de concurrence déloyale, tant par une condamnation à des dommages-intérêts que par l'injonction d'opérer certains changements ou suppressions destinés à faire cesser la ressemblance illicitement cherchée (Colmar, 31 déc. 1850, aff. Parlongue, D. P. 53. 2.163; Paris, 29 déc. 1852, aff. Parlongue, D. P. 53. 2. 163; Paris, 3 janv. 1890, aff. Dupond, *Gaz. trib.* du 17 janv. 1890). — Sur les faits de concurrence déloyale et de détournement d'achalandage, V. *infrà*, art. 4, nᵒˢ 503 et suiv.

Art. 2. — *Des désignations de marchandises; noms, enveloppes, étiquettes, couleur, etc.* (*Rép.* nᵒˢ 368 à 373).

**487.** Les désignations et autres signes distinctifs sous lesquels les produits sont offerts au public forment aussi l'objet d'une propriété résultant de la priorité d'usage, et qui, protégée par les peines de la loi du 23 juin 1857 lorsque ces signes présentent les caractères de la marque et ont fait l'objet du dépôt prescrit par cette loi, est, en tout cas, et indépendamment de tout dépôt, protégée par l'art. 1382 et les principes de la concurrence déloyale.

**488.** En ce qui concerne la dénomination donnée au produit, ce principe, dont plusieurs applications ont été données au *Rép.* nᵒ 368, en a reçu encore de nombreuses, notamment pour le nom de *poudre brésilienne* donnée à un insecticide (Paris, 9 juill. 1859, aff. Bodevin, D. P. 59. 2. 148 ; Lyon, 9 mars 1875, D. P. 76. 2. 12), pour le nom d'*amer Picon* donné à une boisson (Paris, 13 mai 1887, aff. Picon et comp. *Ann. de la propr. ind.*, 1888, p. 159).

**489.** Comme on l'a vu au *Rép. (eod. loc.*), cette protection ne peut s'appliquer qu'aux dénominations capables de spécialiser les produits d'un industriel, mais non à celles qui, en raison de leur généralité, sont nécessaires pour exprimer la.nature ou la qualité du produit telles qu'elles peuvent se rencontrer chez tous les industriels. Ainsi la qualification de *corsets sans couture*, en l'absence ou après l'expiration du brevet d'invention qui rendrait un fabricant propriétaire exclusif du produit lui-même, ne saurait appartenir exclusivement à celui qui l'a employée le premier pour les produits de cette sorte (Nancy, 7 juill. 1855, aff. Verly, D. P. 56. 2. 53). Il en est de même de l'adjectif *foudroyant* appliqué à une poudre insecticide (Lyon, 14 avr. 1883, aff. Courcy, D. P. 84. 2. 131). De même les dénominations *cartes opaques*, *poudre de Seltz* (*Ann. de droit com.*, 1888, p.215). *Adde*, pour certaines qualifications appliquées à des vins : Bordeaux, 10 avr. 1853 ; Req. 18 janv. 1854, D. P. 54. 2. 86 et 1. 252).

Ce principe donne lieu pour le juge à une appréciation exactement semblable à celle qu'il ferait pour appliquer ou non la loi de 1857 et les peines qu'elle édicte, en cas de dépôt régulier de la dénomination comme marque (V. à cet égard les nombreuses applications mentionnées *suprà*, nᵒˢ 315, 316).

**490.** Plus que toute autre dénomination, le nom même du fabricant, donné par lui à l'objet de sa fabrication, présente le caractère de spécialité requis pour la protection, outre l'avantage qu'il a de pouvoir se placer sous la protection de la loi de 1824 et des peines édictées par elle au cas où un concurrent le ferait apparaître sur ses produits (Comp. *Rép.* nᵒ 369. V. *suprà*, nᵒˢ 446 et suiv.). Le nom du lieu de fabrication aurait les mêmes avantages vis-à-vis des concurrents étrangers à la ville ou à la région dont le nom a ainsi servi à dénommer le produit. Ainsi, jugé que la dénomination *bougies de Lyon* peut, d'après la loi française, être appropriée comme marque par le premier occupant et n'est pas une désignation banale et générique (Cour de justice civile de Genève, 14 mai 1888, aff. Weiss et comp., *Ann. de droit com.*, 1888, p. 214).

**491.** Une dénomination d'abord spéciale, tirée même d'un nom de ville, ou formée du nom du fabricant peut devenir générique et banale et se trouver ainsi privée de toute protection. Ainsi jugé, par exemple, pour la dénomination de *charbon de Paris* (Req. 8 févr. 1875, aff. Brousse, Pernolet et comp., D. P. 77. 1. 76). Sur les faits qui peuvent amener ce résultat, V. ce qui a été dit à propos des marques (*suprà*, nᵒ 317), et des noms (*suprà*, nᵒˢ 443, 444). Les juges du fond sont d'ailleurs souverains pour constater qu'une dénomination industrielle est tombée dans le domaine public (Arrêt précité).

**492.** Les enveloppes, boîtes, flacons, étiquettes ou bandes, par leurs formes, leurs dispositions, leurs couleurs, peuvent aussi être l'objet d'une propriété exclusive comme on l'a vu au *Rép.* nᵒ 370, et comme la jurisprudence a continué de le décider (Lyon, 15 janv. 1851, aff. Lecoq et Bargoin, D. P. 54. 2. 137 ; Trib. seine, 27 janv. 1853, aff. Ménier, D. P. 54. 5. 609 ; Nancy, 7 juill. 1855, aff. Verly, D. P. 56. 2. 53 ; Paris, 5 nov. 1855, aff. Thomas, D. P. 56. 2. 144 ; Paris, 9 juill. 1859, aff. Bodevin, D. P. 59. 2. 198 ; Lyon, 9 mars 1875, aff. Graissot, D. P. 76. 2. 12 ; Agen, 20 juill. 1875, D. P. 79. 2. 9 ; Lyon, 14 avr. 1883, aff. Courcy, D. P. 84. 2. 131). Mais la loi de 1857 ne permet plus de dire, comme on a pu le faire au *Rép.*, *eod. loc.*, que les enveloppes, boîtes et flacons ne sont jamais protégés comme marques par des dispositions pénales.

**493.** On ne peut décider d'une manière absolue que l'imitation de la couleur des enveloppes ou des étiquettes soit interdite à un concurrent, surtout s'il s'agit d'une couleur aussi usuelle et vulgaire que la couleur blanche. Il faut que l'imitation porte sur un ensemble assez original pour n'être pas considéré comme d'un usage courant; et le juge a, à cet égard, dans l'application de l'art. 1382 c. civ., le même pouvoir d'appréciation que pour l'application de la loi de

1857. V. *suprà*, nᵒ 310, les diverses applications de ces principes par la jurisprudence.

**494.** Les mêmes distinctions sont nécessaires pour reconnaître ou non dans la couleur, la forme ou la dimension du produit lui-même l'objet d'une propriété. Nous l'avons déjà dit pour l'application à ces éléments de la législation répressive qui protège les marques, (*suprà*, nᵒ 310) et nous avons critiqué comme trop absolu l'arrêt de la cour de Paris du 23 mars 1870, aff. Aubineau (*suprà* vᵒ *Brevet d'invention*, nᵒ 228) qui décide que la forme du produit ne peut jamais constituer une marque. Il convient de remarquer ici que cet arrêt réserve au moins comme possible l'application de l'art. 1382 à l'usurpation de cette forme, confirmant ainsi la solution déjà donnée au *Rép.* nᵒ 371, laquelle d'ailleurs se résume dans le pouvoir du juge d'apprécier le préjudice causé et la possibilité d'une erreur préjudiciable pour l'avenir, et d'ordonner les mesures nécessaires pour réparer ou prévenir ce préjudice. Le mode de pliage du produit donne lieu à la même observation. Il faudrait qu'il fût tout à fait original pour faire l'objet d'un droit exclusif. En tout cas, il peut contribuer, avec d'autres éléments, à donner au produit cette physionomie particulière dont l'imitation est interdite et donne lieu à des dommages-intérêts (Lyon, 9 mars 1875, aff. Graissot, D. P. 76. 2. 12).

**495.** Enfin il a été jugé qu'un commerçant n'a pas le droit pour se procurer des preuves de l'imitation par un concurrent des dénominations, signes et emblèmes qui distinguent ses marchandises sans avoir été déposés comme marques, de faire procéder à aucune perquisition ou saisie chez son adversaire (Nancy, 7 juill. 1855, aff. Verly, D. P. 56. 2. 53). —Les diverses manœuvres tendant à discréditer les produits d'un concurrent, et dont il a été parlé au *Rép.* nᵒ 373, trouveront leur place, *infrà*, nᵒˢ 507 et suiv., avec les autres faits de concurrence déloyale et de détournement de clientèle.

## Art. 3. — *Des fonds de commerce* (*Rép.* nᵒˢ 374, 375).

**496.** On s'est suffisamment expliqué au *Rép.* nᵒ 374, sur les éléments qui composent un fonds de commerce et sur la nature mobilière de cette universalité juridique (V. sur ce dernier point *suprà*, vᵒ *Biens*, nᵒ 43). Quant aux contrats dont elle peut être l'objet, ils peuvent donner lieu à quelques indications supplémentaires. La cour de cassation vient de décider que la dation en nantissement d'un fonds de commerce d'hôtel meublé s'opère régulièrement comme pour les choses incorporelles par la remise du titre aux mains du créancier et la signification de l'acte de nantissement au débiteur de la chose engagée (Req. 13 mars 1888, aff. Faillite Robin *Ann. de droit comm.* 1888, p. 171). C'est là une question neuve, qui revient à se demander si un fonds de commerce est une chose corporelle ou incorporelle. Comme c'est un composé de plusieurs éléments, dont quelques-uns, comme l'achalandage et le droit au bail, sont incorporels, on peut expliquer cette décision en disant que le juge du fond avait reconnu dans l'espèce la prédominance de l'élément incorporel sur l'élément corporel consistant en marchandises et ustensiles. C'est là le critérium que doit adopter la cour de cassation. On peut citer pourtant un arrêt de la cour de Paris du 26 juill. 1851, qui semble avoir qualifié d'une manière absolue et dans tous les cas un fonds de commerce comme chose corporelle. Et du reste on peut éprouver pour lui appliquer les règles des choses incorporelles en matière de nantissement, un certain embarras sur la détermination de la personne à qui le nantissement devrait être signifié. Car, indépendamment du droit au bail, pour qui le bailleur est tout désigné, le fonds de commerce peut comprendre une foule de créances: faudra-t-il signifier à tous leurs débiteurs? Il comprend aussi l'achalandage, chose incorporelle à l'égard de laquelle personne n'a qualité pour recevoir signification du nantissement.

**497.** Quant aux ventes de fonds de commerce, elles sont toujours soumises, quant à leur forme, au régime ordinaire des ventes commerciales (V. sur la nature commerciale de ces ventes, *suprà*, vᵒ *Acte de commerce*, nᵒˢ 32 et suiv.). Mais l'usage mentionné au *Rép.* nᵒ 375, de les notifier par journaux et circulaires à la clientèle et aux créanciers du vendeur pour que ceux-ci se présentent avant le payement du prix, a acquis à Paris force de loi à tel point que l'acheteur, après avoir payé son prix au vendeur, soit sans accomplir cette publication, soit au mépris d'une opposition faite dans les dix jours francs de cette publication, a pu être condamné à payer de ses deniers les créanciers ayant fait opposition dans le délai, ou se révélant en l'absence de publication du vendeur (Trib. civ. Seine, 31 mars 1868, aff. Roussel, et 8 oct. 1869, aff. Foucon, D. P. 68. 3. 96 et *ibid.* 70. 3. 87). MM. Lyon-Caen et Renault (*Précis de droit commercial*, n° 686), Boistel (*Précis de droit commercial*, n° 290), approuvent cette solution. Elle est pourtant controversée, et l'on peut citer en sens contraire un autre jugement du tribunal civil de la Seine du 29 mai 1878 (*Le Droit du 2 juill.* 1878). Une proposition de loi déposée au Sénat par M. Mazeau, le 16 juill. 1885 (*Journ. off.* 1885, Doc. parl., p. 325) avait pour l'objet de généraliser et d'organiser ce système de publication. Prise en considération le 5 déc. 1885, elle est devenue caduque par l'expiration de la législature.

**498.** La transmission des fonds de commerce appelle encore une observation au point de vue fiscal. Les mutations de fonds de commerce à titre onéreux, telles que vente, échange, transaction ou autres, donnent lieu au droit d'enregistrement de 2 pour 100 que la loi du 22 frim. an 7 (art. 69, § 5, n° 1) impose à toutes les mutations de meubles à titre onéreux. Mais une loi du 28 févr. 1872 art. 7, 8 et 9, est venue régler la perception de ce droit. Les art. 8 et 9 en assurent la perception par l'extension à ces mutations de quelques règles sur les mutations mobilières, en exigeant l'enregistrement de l'acte, ou, à défaut d'acte, une déclaration dans le délai de trois mois, et en armant l'Administration du droit de recherche et de preuve des mutations secrètes et des dissimulations de prix. L'art. 7 soustrait au droit de 2 pour 100, pour les soumettre au droit de 50 cent. par 100 fr., les marchandises neuves garnissant le fonds, mais à condition qu'il soit stipulé pour elles un prix particulier, et qu'elles soient désignées et estimées article par article. A part cette exception, le droit de 2 pour 100 est perçu sur le prix de vente de l'achalandage, la cession du droit au bail, et des objets mobiliers ou autres servant à l'exploitation du fonds. On pense généralement qu'il faut aussi excepter de ce droit les ventes faites par les syndics après faillite, les laissant soumises au droit de 50 cent. pour 100 fr., établi par la loi du 24 mai 1834 (Lyon-Caen et Renault, *Précis*, n° 687, note, et Trib. civ. de Lorient 29 mai 1878, *Le Droit du 9 oct.* 1878. — V. sur toutes ces questions, *supra*, v° *Enregistrement* n°⁵ 1522 et suiv.).

**499.** La vente d'un fonds de commerce est censée comprendre tous ses accessoires, sauf la charge des dettes comme l'avantage des créances existant à ce moment. V. à cet égard *Rép.* n° 374, et v° *Vente*, n° 359. Jugé encore qu'elle comprend l'enseigne, même composée du nom du vendeur (Caen, 13 déc. 1853, aff. David, D. P. 54. 5. 613; Req. 22 mai 1889, aff. Fournier, D. P. 89. 1. 370); qu'elle comprend tout au moins le droit de se dire successeur du vendeur, sinon la propriété même de son nom (Paris, 5 juin 1867, aff. Carjat, D. P. 67. 2. 217. V. sur l'usage du nom et de l'enseigne par l'acquéreur du fonds, *supra*, n°⁵ 197,434,473). Si, d'ailleurs, le commerçant peut céder lui-même avec son fonds de commerce le droit exclusif d'user commercialement de son nom, le syndic, en cas de vente de ce fonds sur faillite du commerçant, ne peut vendre ainsi le nom commercial du failli, mais seulement en permettre l'usage à l'acquéreur du fonds, concurremment avec le failli, lequel peut alors exiger que cet acquéreur prenne, en employant son nom, les mesures nécessaires pour empêcher toute confusion (Trib. com. Seine, 19 déc. 1888, *Ann. de droit com.*, 1889, p. 38). De même, on a vu que le juge devant lequel un fonds de commerce est mis en licitation ne peut suppléer la cession du nom avec l'établissement commercial (Civ. cass. 28 avr. 1884, aff. Alphonse Reine, D. P. 84. 1. 329. V. *supra*, n° 446). Un autre droit qui suit le fonds de commerce entre les mains de l'acquéreur c'est celui de se prévaloir des médailles et autres récompenses décernées dans les expositions et concours en considération de la maison par lui acquise. Il n'en serait autrement que des distinctions honorifiques accordées personnellement à l'un des prédécesseurs (V. sur l'usurpation et la fausse

application des récompenses industrielles *infrà*, n°⁵ 518 et suiv.).

**500.** La vente d'un fonds de commerce entraîne, comme toute autre vente, une garantie en cas d'éviction. Mais cette garantie ne peut servir à exonérer l'acheteur de la responsabilité qu'il aurait encourue en faisant d'un objet compris dans ce fonds un usage délictueux. Jugé notamment que si l'acheteur d'un fonds de commerce comprenant accessoirement une machine contrefaite vient à être condamné, sur la poursuite de l'inventeur breveté, pour avoir fait usage de cette machine, il ne peut agir en garantie contre son vendeur pour se faire indemniser des condamnations prononcées contre lui, ni réclamer une réduction de prix sous prétexte d'éviction résultant pour lui de la confiscation prononcée (Civ. cass. 22 déc. 1880, aff. Turlure, D. P. 81. 1. 63). L'arrêt s'appuie sur ce que le fait personnel de l'acheteur avait motivé contre lui ces condamnations et cette confiscation. Mais si, trompé par son vendeur, et s'apercevant de l'atteinte portée au brevet, il s'abstenait de tout acte personnel capable d'attirer sur lui des condamnations, on ne voit pas comment, privé de l'usage de la chose vendue par son respect de la loi et par un vice rédhibitoire de cette chose, il n'aurait pas une action en réduction de prix.

**501.** Mais la garantie due par le vendeur d'un fonds de commerce a-t-elle pour conséquence de lui interdire, en l'absence même de toute clause sur ce point, l'exercice d'un commerce semblable pouvant faire concurrence au fonds vendu? On s'est expliqué à cet égard *supra*, n° 123. Quant aux clauses d'interdiction qui peuvent se trouver exprimées ou sous-entendues dans la vente, leur validité et leur portée ont été étudiées *supra*, n°⁵ 107 et suiv.

**502.** Parfois c'est le bail d'un immeuble à un commerçant qui contient, pour le bailleur, interdiction de louer d'autres parties de l'immeuble pour des industries similaires, et il pourra y avoir difficulté pour apprécier si deux industries sont vraiment similaires à ce point de vue. Jugé notamment : 1° qu'un café restaurant servant des dîners et annonçant des repas à prix fixe pour les déjeuners, fait à ce point de vue concurrence à un restaurant et rentre dans la clause stipulée par ce dernier (Paris, 8 juill. 1873, aff. Carreau, D. P. 77. 5. 366); — 2° Qu'un magasin de nouveautés vendant, sous le nom d'articles de Paris, des articles vendus habituellement dans les boutiques de papeterie de luxe, fait concurrence à un papetier dans le même cas et au même point de vue (Paris, 15 juill. 1872, aff. Chauchard-Hériot, D. P. *ibid.*); — 3° Que l'interdiction de louer à un tiers exerçant un commerce comportant la brosserie, graineterie, corderie, articles de ménage, de cave et d'écurie, se trouve violée si on a loué à un épicier sans lui défendre ces sortes de ventes qui rentrent dans les usages de l'épicerie parisienne (Trib. civ. Seine, 13 mai 1890, aff. Depuissé, *Gaz. des trib.*, 6 juin 1890).

ART. 4. — *De l'achalandage.* — *De la concurrence déloyale* (Rép. n°⁵ 376 à 380).

**503.** On a vu au *Rép.* n°⁵ 376 et 377, le lien qui unit l'achalandage ou la clientèle au fonds de commerce, et la possibilité de les séparer néanmoins dans les contrats. Il a été jugé, par application de ces principes, que bien que la vente d'un fonds de commerce comprenne expressément l'achalandage attaché à la maison dans laquelle il est exploité, et qui a été en même temps louée à l'acheteur, cet achalandage peut être considéré comme faisant partie de la location et non de la vente, lorsque, d'une part, le prix de cette vente a été fixé eu égard à la valeur des marchandises, et que, d'autre part, le cédant s'est réservé tout à la fois l'exploitation exclusive d'une branche du commerce cédé dans une partie de la même maison et sous la même enseigne, et le droit de rentrer, à l'expiration du bail, dans sa maison et dans son titre (Poitiers, 28 juin 1854, aff. Gout-Lachapelle, D. P. 54. 2. 95). En revanche, la jurisprudence a eu à statuer bien souvent sur les divers faits de concurrence déloyale et de détournement de clientèle qui peuvent se présenter, comme on l'a dit au *Rép.* n°⁵ 378 et 379, sans constituer l'usurpation d'un nom ou d'une enseigne, d'une marque ou d'une étiquette ou d'une désignation quelconque adoptée par un commerçant pour ses marchandises.

**504.** — I. Confusions et ressemblances. — La concurrence déloyale consiste tout d'abord dans ces faits, et en général dans tout acte pratiqué de mauvaise foi à l'effet d'établir une confusion entre deux maisons de commerce ou entre les produits de deux fabricants, comme, par exemple, de prendre frauduleusement le nom commercial, la signature et l'adresse d'un fabricant et de contrefaire son étiquette (Trib. civ. Seine, 8 mai 1878, aff. Rowland, D. P. 79. 3. 61); ou bien encore d'employer une dénomination de pure fantaisie, par conséquent facile à suppléer par une autre, avec l'intention d'opérer une confusion entre les produits, alors surtout qu'on adopte pour le prospectus et réclames le même format, la même couleur de papier, la même disposition typographique et le même dessin que ceux d'un autre fabricant (Nancy, 26 mai 1883, aff. Braquier-Simon, D. P. 84. 2. 182); ou bien encore de servir aux consommateurs qui demandent un produit en le désignant par son nom spécial (de l'amer Picon, par exemple), un autre produit inférieur, qui peut déprécier le premier auprès d'eux (Paris, 4 juill. 1890, aff. Picon et comp. Gaz. des trib. 18 juill. 1890); ou bien encore de mettre en vedette le nom d'un concurrent sur des produits de même couleur et de même format dans une réclame annonçant leur supériorité par rapport aux siens, mais tendant en réalité à provoquer une confusion entre eux (Paris, 23 avr. 1869, aff. Sabaton, D. P. 70. 2. 75). Jugé encore que, lorsque l'industriel sous le nom duquel un fonds de commerce a été créé ou exploité, use, après cession de ce fonds, du droit d'en établir un nouveau, le successeur est fondé à poursuivre, comme acte de concurrence illicite, la publication d'annonces tendant à faire considérer la nouvelle entreprise comme n'étant que la continuation de l'ancienne, dans un autre local (Paris, 5 juin 1867, aff. Carjat, D. P. 67. 2. 217); et qu'un libraire qui, éditeur de l'ouvrage d'un auteur portant le même nom patronymique qu'un autre auteur plus en renom insère sciemment dans son catalogue une mention destinée à établir une confusion préjudiciable à ce dernier, se rend passible envers lui de dommages-intérêts, dans les-

quels il y a lieu de comprendre la suppression du catalogue et l'insertion du jugement dans les journaux (Trib. Seine, 19 févr. 1869, aff. Erckmann, D. P. 69. 3. 90). Entre éditeurs de publications similaires, le dernier doit s'interdire des ressemblances de format ou autres de nature à amener une confusion. Mais les ressemblances qui peuvent exister entre deux publications spéciales (deux annuaires) créées pour une destination semblable et avec des éléments tombés dans le domaine public, et qui sont le résultat nécessaire de la nature de ces deux publications et de l'identité des sources, ne sauraient motiver une action en concurrence déloyale de la part du propriétaire de la publication la plus ancienne, si les deux ouvrages diffèrent réellement par leur titre, leur format et leurs dispositions diverses, et si le travail de recherches et de composition a été réellement différent dans l'un et dans l'autre (Lyon, 24 mars 1870, aff. Labaume, D. P. 70. 2. 209; Rouen, 5 août 1873) (1).

**505.** Le seul fait de s'établir dans le voisinage d'un concurrent, et jusque dans la même maison ne constitue pas un fait de concurrence déloyale malgré le risque de confusion qui en peut résulter (Paris, 12 juill. 1873, aff. Fontanez, D. P. 77. 5. 365-366); sauf à tenir compte de ce voisinage pour proscrire avec plus de rigueur toute ressemblance dans l'enseigne, la devanture et les autres moyens de se manifester au public (V. suprà, nos 479, 486), ou pour exiger, en cas de similitude de nom, un plus grand luxe de précautions, et d'inscriptions additionnelles pour prévenir les erreurs (V. suprà, n° 430).

**506.** Si détourner une clientèle en faisant naître une confusion, est un fait de concurrence déloyale, passible de dommages-intérêts, c'en est un aussi de la détourner en abusant de la connaissance des affaires du concurrent, acquise par la confiance dont on a joui antérieurement près de lui comme commis, ou par les révélations obtenues d'un employé infidèle (Lyon, 27 nov. 1875) (2). Est passible lui-même de dommages-intérêts l'employé ou l'ancien employé qui vend aux chefs de maisons rivales, les procédés spé-

---

(1) Hérissey C. Guettier.) — La cour; — Attendu que Hérissey reproche à Guettier de lui avoir fait concurrence déloyale en publiant un almanach qui ne serait que l'imitation et la reproduction, au fond et quant au titre, de celui qu'édite Hérissey, depuis plus de trente années; — Attendu, quant au fond, que les parties essentielles des œuvres de cette sorte ne présentent essentiellement de la ressemblance entre elles, puisqu'elles résultent d'éléments provenant de la même source et sont généralement composées suivant un plan en quelque sorte nécessaire, et dans un ordre consacré par l'usage, qu'elles sont tombées depuis longtemps dans le domaine public et ne sauraient, dès lors, constituer la propriété personnelle d'aucun éditeur; que, dans les deux almanachs en litige, les matières sont généralement disposées dans un ordre différent; que, les parties accessoires, telles que : documents agricoles, anecdotiques, économiques, historiques, etc., n'ont aucune espèce d'analogie, ce qui laisse à leur publication sa physionomie particulière; — Attendu, quant au titre, que celui d'Almanach du département de l'Eure, n'est exactement que le mot propre pour désigner l'œuvre entreprise; qu'une pareille dénomination, s'imposant en quelque sorte, n'a rien d'une conception originale et ne peut, dès lors, constituer une propriété exclusive; qu'en 1838, un almanach, depuis lors disparu, aurait été publié sous ce titre, qui serait par conséquent, tombé dans le domaine public; que la publication de Hérissey étant intitulée : Almanach annuaire de l'Eure, les titres quoique s'appliquant à des œuvres du même genre, ne sont pas identiques; que, d'ailleurs, les deux almanachs, est accompagné d'indications et figures symboliques qui, par leur différence et l'ordre de leur distribution, préviennent toute confusion; — Attendu, enfin, que le prix de chaque almanach n'est pas le même; que la couleur de la couverture est tout à fait différente; que chacun a son format particulier et que cette particularité est à ce point caratéristique que, dans le public, on est venu à désigner l'un sous le nom de grand et l'autre sous le nom de petit almanach. — Attendu qu'il suit donc de là que la concurrence déloyale alléguée n'existe pas; — Confirme, etc. — Du 5 août 1873.-C. de Rouen, 1re ch.-MM. Jardin pr.,-Pouyer, av. gén.-Marais et Ricard, av.

(2) (Duviard-Dîme et comp. C. Suquet et Roussy.)—Le 11 janv. 1875, jugement du tribunal de commerce de Lyon, ainsi conçu : — Attendu que les sieurs Suquet et Roussy après avoir quitté à peu de distance la maison Duviard-Dîme et comp., dans laquelle ils étaient tous deux employés, ont contracté ensemble, le 1er janv. 1874, une association commerciale ayant pour objet,

comme celle de leurs anciens patrons, la fabrication et la vente des dorures et passementeries; — Attendu que les sieurs Duviard-Dîme et comp., soutenant qu'ils se sont rendus depuis lors coupables à leur égard de concurrence déloyale, leur réclament, à titre de dommages-intérêts, la somme de 50000 fr., et concluent, en outre, à l'insertion du jugement dans les journaux de Lyon, cinq de Paris, cinq de l'étranger; — Attendu que les défendeurs prétendant, de leur côté, que cette demande ne repose que sur des imputations calomnieuses et leur a causé un préjudice moral dont il leur est dû réparation, concluent reconventionnellement à 10000 fr. d'indemnité; — Attendu que, si l'employé qui quitte une maison est inconstestablement son droit en s'établissant à son compte, aux risques de faire concurrence à ses anciens patrons, il ne doit cependant exercer cette concurrence que dans des limites loyales et convenables; — Attendu qu'il ressort des débats et des documents mis sous les yeux du tribunal que les défendeurs ont dépassé ces limites en profitant de la connaissance qu'ils avaient des affaires des sieurs Duviard-Dîme et comp., pour détourner leur clientèle et tenter de l'attirer à eux; que la preuve s'en retrouve notamment : 1° dans la saisie faite, dans la pupitre du sieur Roussy, peu de temps avant la sortie de la maison, et alors que rien n'y justifiait sa présence, d'un carnet sur lequel étaient relevés les noms des clients des sieurs Duviard-Dîme et comp., et les cotes du prix de leurs échantillons; — 2° dans les offres de service adressées par les sieurs, Suquet et Roussy à divers clients des sieurs Duviard-Dîme et comp., visant évidemment le prix de ces derniers et cherchant à insinuer que leur nouvelle maison présentait les mêmes articles à des conditions plus avantageuses; — 3° Et enfin dans l'usage abusif qu'ils ont fait d'un échantillon de galon provenant du fabricant Meyret de Saint-Etienne, alors qu'ils ne pouvaient, comme anciens employés des sieurs Duviard-Dîme et comp., ignorer que ce galon était une propriété exclusivement réservée à ces derniers, ainsi que cela se trouve constaté par une lettre de ladite maison de Saint-Etienne en date du 6 janvier, laquelle sera enregistrée avec les présentes; — Attendu que ces procédés de la part d'anciens employés exerçant une industrie rivale, et que tout démontre avoir été prémédités même avant l'association du 1er janvier, constituent des manœuvres répréhensibles et contraires aux droits comme aux devoirs d'une loyale concurrence; qu'il en est résulté pour les sieurs Duviard-Dîme et comp. un préjudice dont les défendeurs leur doivent réparation; — Attendu, toutefois, que les prétentions formulées à cet égard ne sont pas suffisamment justifiées pour pouvoir être admises; qu'avec les éléments d'appréciation qu'il possède, le tribunal

ciaux de fabrication de son ancien patron dans le cas même où la propriété de ces procédés ne se trouverait pas garantie par un brevet d'invention, si en fait ils n'étaient pas encore dans le domaine public, et s'il ne les connaissait que par suite de la confiance sans limite dont il avait été investi (Grenoble, 27 mai 1873, aff. Chancel, D. P. 73. 2. 44, et sur pourvoi, Req. 23 juill. 1873, aff. Berthelot, D.P.74. 1. 310, — Sur la révélation des secrets de fabrique au point de vue pénal, V. *infrà*, v° *Travail*.

**507.** — II. ANNONCES MALVEILLANTES. — La concurrence déloyale ne consiste pas seulement dans le fait de provoquer une confusion, ou d'abuser des secrets confiés. Elle consiste aussi, comme on l'a vu au *Rép.* n° 373, dans le fait de dénigrer publiquement l'établissement ou les produits d'un rival et de les discréditer ou déprécier dans l'esprit des acheteurs. Ainsi jugé : 1° contre le commerçant qui désigne nominativement, dans ses annonces et prospectus, un concurrent et les produits qu'il exploite pour déprécier ces produits (Paris, 23 avr. 1869, aff. Sabaton, D. P. 70. 2. 75) ; — 2° Contre le commerçant qui, dans une circulaire adressée à ses clients a qualifié de tout à fait secondaires des produits d'un concurrent, alors même qu'il n'a pas agi dans une intention déloyale, si d'ailleurs cette circulaire n'a pas un caractère confidentiel et n'a pas été envoyée en réponse à une demande de renseignements (Aix, 12 mars 1870, aff. Turbin, D. P. 71. 2. 134). — 3° Contre l'éditeur d'une revue périodique qui, dans l'annonce publiée pour faire connaître cette revue, signale la supériorité de celle-ci sur une revue rivale soit au point de vue du prix, soit à celui de l'abon-

dance des matières (Trib. com. Seine, 17 janv. 1867, aff. Dillet, D. P. 69. 5. 323) ; — 4° Contre le libraire qui, dans son catalogue, fait suivre la mention de l'ouvrage édicté par un autre libraire de cette mention préjudiciable « peu estimé » (Trib. com. Seine, 15 mai 1856, aff. Gaume, D. P. 58. 3. 40, note 1) ; — 5° Contre le commerçant (un marchand de vêtements confectionnés) qui, pour faciliter l'écoulement de sa marchandise, allègue dans un prospectus facétieux qu'elle lui aurait été vendue sous condition de revente sans bénéfice par un négociant d'une autre place dans des circonstances dont l'énoncé présente celui-ci sous un aspect ridicule (Paris, 2 avr. 1869, aff. Boulanger, D. P. 71. 2. 97) ; — 6° Contre des employés qui, après s'être entendus pour fonder un établissement rival, annoncent, alors qu'ils ne sont pas associés, qu'ils cessent de faire partie de la maison de leur ancien patron, afin de faire croire à la désorganisation de celle-ci et manquent à leurs devoirs d'employés avant la fin de leur engagement en s'absentant, par exemple, sans autorisation pour s'occuper de leurs propres affaires (Lyon, 2 juill. 1875)(1). — Contre l'employé de commerce qui, après avoir quitté un patron pour entrer chez un rival, adresse aux clients du premier des lettres contenant contre lui des imputations graves et leur fait des offres de service au profit du second, lequel, en s'associant à ces manœuvres, commet des actes de concurrence déloyale dont il doit la réparation solidairement avec l'employé (Paris, 20 déc. 1890, aff. Samuel Weil, Bonnaire et Kaufmann, *Gaz. des trib.* du 15 févr. 1891).

**508.** Constituent encore une concurrence déloyale les

estime que la réparation sera suffisante en la fixant au payement pur et simple d'une somme de 2000 fr., et sans qu'il soit nécessaire d'ordonner l'insertion du jugement dans les journaux ; — Attendu qu'il résulte de ce qui précède, qu'il n'y a pas lieu de s'arrêter à la demande reconventionnelle des défendeurs ; — Attendu que les dépens doivent être supportés par la partie qui succombe ; — Par ces motifs ; — Jugeant contradictoirement et en premier ressort, joignant les instances, vu leur connexité ; — Condamne les sieurs Buquet et Roussy à payer aux sieurs Duviard-Dime et comp., à titre de dommages-intérêts, pour s'être rendus coupables de concurrence déloyale, la somme de 2000 fr., et dit qu'il n'y a pas lieu d'ordonner l'insertion du jugement dans les journaux ; — Rejette comme mal fondées les conclusions reconventionnelles des défendeurs ; — Condamne en outre ces derniers en tous les dépens ; — Appel par les sieurs Suquet et Roussy.

LA COUR ; — Adoptant les motifs des premiers juges ; — Et considérant, en outre, qu'il résulte des pièces et des documents produits pour la première fois en appel. que Roussy, alors qu'il était encore employé dans la maison Duviard-Dime et comp., mais qu'il se concertait déjà avec Suquet, qui en était sorti pour fonder une maison rivale, a mis à profit la connaissance de la correspondance du commerce de ses patrons, connaissance qu'il tenait de son emploi chez eux, pour aviser Suquet des commandes qui leur étaient adressées et le mettre ainsi à même de détourner leur clientèle ; — Qu'ainsi la maison Galtez, d'Espagne, ayant adressé, à la date du 4 nov. 1873, à Duviard-Dime et comp., une lettre contenant une commande qui était reçue et ouverte dans leurs bureaux le 10 du même mois, ce jour-là même, 10 nov., Suquet, évidemment averti par Roussy de ce qui se passait, écrivait à cette maison Galtez une lettre par laquelle il lui offrait ses service et lui imposait précisément les articles qu'elle avait commandés, numéro par numéro, en insistant pour qu'elle retirât les ordres qu'elle avait pu donner à Duviard-Dime et comp., pour les lui confier à lui-même ; — Considérant que ces nouveaux faits constituent au plus haut chef la manœuvre déloyale et frauduleuse pour détourner la clientèle d'une maison rivale ; qu'ils engagent donc la responsabilité de Roussy et de Suquet ; — Par ces motifs ; — Confirme.

Du 27 nov. 1875.-C. de Lyon, 2e ch.-MM. de Lagrevol, pr.-Pine des Granges et de Villeneuve, av.

(1) (Magnan, Rulat et comp. C. Turin, Duvernay, Viousard et Poizat.) — Le 18 janv. 1875, jugement du tribunal de commerce de Lyon, ainsi conçu : — « Attendu que les sieurs Turin, Duvernay, Viousard et Poizat, employés intéressés depuis un certain nombre d'années chez les sieurs Magnan, Rulat et comp., ont, à la fin du mois de mars 1874, après s'être entendus pour fonder ensemble un établissement rival, prévenu, par une démission collective, leurs patrons qu'ils quitteraient la maison le 1er juillet suivant ; — Attendu que les sieurs Magnan et Rulat, soutenant que les défendeurs ont, soit pendant le dernier trimestre de leur collaboration, soit depuis lors, manqué à leurs devoirs envers eux en préparant et réalisant une concurrence déloyale, demandent, par exploits des 20 et 22 juillet, qu'ils soient condamnés

solidairement à leur payer : 1° 10000 fr. à titre de dommages-intérêts ; et 2° qu'ils soient déclarés déchus de tous droits à leurs appointements mensuels à compter du 30 mars 1874, et les intérêts sur les bénéfices qui ont été constatés par l'inventaire du 30 juin ; — Attendu que les défendeurs, repoussant ces prétentions, concluent en outre reconventionnellement à 100000 fr. de dommages-intérêts, à l'effet de réparer le préjudice que les imputations calomnieuses de Magnan et Rulat auraient porté à leur considération ; — Attendu que, les instances étant connexes, il y a lieu de les joindre pour statuer sur icelles par un seul et même jugement ; — Attendu que, si l'employé qui quitte une maison est incontestablement dans son droit en s'établissant pour son compte, au risque de faire concurrence à ses anciens patrons, il doit cependant n'exercer cette concurrence que dans des limites loyales et convenables ; — Attendu qu'il résulte des débats et des documents versés au procès que les défendeurs ont dépassé les limites de leurs droits soit en manquant à leurs devoirs d'employés avant la fin de leur engagement, soit en organisant une concurrence ouverte par des moyens qui ne sauraient être tolérés ; — Qu'en effet, d'après un accord évidemment concerté entre les quatre associés, Viousard a brusquement déserté son poste au commencement d'avril et fait, malgré la mise en demeure qui lui était signifiée de revenir à Lyon, une absence de six semaines, pendant laquelle il s'est, de son propre aveu, occupé des achats de marchandises destinées à son futur commerce ; — Que vainement il cherche à se prévaloir d'une lettre l'autorisant à prendre ce congé ; — Qu'il a été reconnu que ladite lettre, écrite de Tarare et signée par un associé qui a depuis lors quitté la maison, se trouvait en contradiction formelle avec les ordres partis du siège social et ne peut être considérée que comme un certificat de complaisance ; — Que, d'autre part, Turin et Duvernay, pendant leur tournée de voyage, sollicitaient les clients de la maison en faveur de leur future association ; — Qu'à Lyon même on ne se bornait pas à louer des magasins et à les faire agencer, sous la surveillance de Poizat, mais que, dès le commencement de juin, des marchandises y étaient déballées, des employés introduits et des échantillons préparés ; — Qu'en faisant connaître par une circulaire leur association, les défendeurs annonçaient en même temps qu'ils cessaient de faire partie de la maison Magnan et Rulat ; que, n'étant pas associés. mais simples employés intéressés, ils n'avaient cependant pas le droit de se servir de leur nom auprès du public ; — Qu'en donnant à leur circulaire cette forme insolite, ils ont eu évidemment pour but de faire présumer la désorganisation de la maison et de lui nuire dans l'esprit de sa clientèle ; — Attendu, dès lors, que, sans qu'il soit nécessaire de recourir à l'enquête demandée, l'ensemble de ces faits constitue des manœuvres que réprouvent également le droit et les convenances les plus ordinaires ; qu'il est constant que ces manœuvres ont causé à Magnan et Rulat un dommage réel, soit par la négligence que les quatre défendeurs plus préoccupés depuis leur démission de leurs propres intérêts que de ceux de leurs patrons, ont apportée dans leur service, soit en créant dès le 1er juillet une concurrence d'autant plus directe et redoutable que les éléments en avaient été puisés dans l'abus

agissements d'un commerçant qui, par des manœuvres frauduleuses, se procure les produits de son rival, les met en vente à des prix très inférieurs aux cours, et les déprécie ou les fait déprécier par ses correspondants, pour assurer la vente de produits similaires dont il a le monopole (Besançon, 25 avr. 1877) (1).

**509.** Un commerçant a le droit de vanter sa marchandise (Trib. com. Seine, 1er juin 1860, aff. Beuveraud, D. P. 60.398). Un établissement de crédit peut vanter les titres émis par lui; mais il ne peut en exalter les mérites au détriment de ceux d'un établissement rival, même par simple comparaison en nommant celui-ci dans ses prospectus et circulaires, alors surtout que celui-ci jouit d'une notoriété depuis longtemps acquise (Trib. com. Seine, 31 mai 1880, aff. Banque hypothécaire, D. P. 81. 3. 38; Paris, 23 avr. 1869, Sabaton, D. P. 70. 2. 75).

**510.** Il est permis de vanter le bon marché de ses produits, d'annoncer qu'on vendra au-dessous du cours ou des prix ordinaires du commerce (Trib. com. Seine, 17 févr. 1887, *Journ. des trib. de comm.*, 1888, p. 179); ... mais non d'annoncer que les prix auxquels on vend sont inférieurs à ceux d'un concurrent désigné, alors même que ce serait une représaille dirigée contre l'annonce, faite par celui-ci, qu'il vend au-dessous du cours (Bordeaux, 8 mars 1859, aff. Hesse, D. P. 59. 2. 170).

**511.** Un marchand de livres d'occasion peut faire des publications de catalogues et d'annonces offrant à prix réduit les ouvrages publiés par un éditeur, et cela même pour des volumes qui n'ont pas encore paru, s'il est détenteur du bulletin de souscription à l'édition complète (Paris, 8 févr. 1875, aff. Palmé, D. P. .75. 2. 148). Mais un libraire ne peut annoncer un rabais considérable sur l'ouvrage édité par un autre libraire sans indiquer au public qu'il s'agit d'exemplaires d'occasion (Paris, 13 janv. 1857) (2).

**512.** Un commerçant peut encore avertir le public de ne pas confondre sa maison avec les autres maisons similaires (Trib. com. Seine, 24 avr. 1862, *Journ. des trib. de comm.*, t. 12, p. 16); mais il ne peut, dans ses annonces, désigner nommément un établissement rival et recommander de ne pas le confondre avec le sien ; ce fait, même sans mauvaise foi et sans intention de concurrence déloyale, le rend passible de dommages-intérêts envers l'établissement désigné, s'il lui a

causé un préjudice (Douai, 21 mars 1866, aff. Devos et Douai, 20 juill. 1866, aff, Faure, D. P. 67. 5. 339).

**513.** On peut nommer le concurrent pour se défendre contre ses agissements déloyaux, mais non s'en faire un prétexte d'autres insinuations malignes à son égard. Ainsi, un commerçant peut relever, par la voie de la publicité, les inexactitudes ou les ambiguïtés qui, dans les annonces et les prospectus de ses concurrents tendraient à faire attribuer aux marchandises de ceux-ci des qualités que seul il peut offrir au public, à faire confondre, par exemple, les œuvres choisies d'un auteur avec ses œuvres complètes. Mais il ne peut rien publier qui, même indirectement, fasse supposer par avance que les marchands, auteurs de ces prospectus n'exécuteront pas leurs engagements envers leurs commettants ou souscripteurs (Rouen, 7 févr. 1851, aff. Dion et Lambert, D. P. 53. 2. 224). Un commerçant peut, dans l'intérêt de son négoce, publier des jugements consacrant les droits qu'il a intérêt à faire valoir devant le public; mais il ne peut, dénaturant leur portée, faire croire qu'ils lui attribuent un droit, par exemple un brevet, qu'il n'a pas ou qui est nul au même titre que celui du concurrent, ni publier des annonces tendant à jeter sur le nom de ce dernier le mépris commercial (Besançon, 5 févr. 1874, aff. Jean et David, D. P. 77. 2. 170).

**514.** Mais la jurisprudence est allée quelquefois très loin dans l'indulgence pour certains agissements en considération de ceux qui les avaient provoqués. Ainsi la cour d'Alger, le 28 déc. 1883, par une appréciation que la cour de cassation a déclarée souveraine (Civ. rej. 13 juill. 1885, aff. Comp. d'assurances sur la vie *Le Conservateur*, D. P. 87. 1. 226), a décidé que le fait, par le représentant d'une compagnie d'assurances, de publier et distribuer un jugement correctionnel qui condamne à l'emprisonnement un des agents d'une compagnie rivale, ne s'est produit que comme une défense à des moyens de concurrence mensongers employés par cette compagnie, et ne peut faire condamner son auteur à des dommages-intérêts envers la compagnie rivale, bien qu'il ait eu pour but de détourner la clientèle de la pensée de traiter avec ladite compagnie.

**515.** En matière de librairie, il faut considérer outre les droits de la défense, ceux de la critique scientifique; aussi, ne peut-on assimiler à une qualification défavorable dans un catalogue s'adressant au public acheteur, laquelle est un

(1) (Vichot C. Millot et Pinot.) — La cour; — Considérant qu'il ressort de tous les documents de la cause, notamment de l'enquête, que Vichot, dépositaire à Vesoul des machines à battre, dites suisses, s'est livré à des manœuvres frauduleuses ayant pour but avéré de s'assurer le monopole du marché et de rendre impossible le commerce rival de Pinot, dépositaire des machines Millot; qu'à cet effet : 1o il s'était procuré à l'aide d'un stratagème des plus blâmables, par l'un de ses commis d'origine alsacienne, envoyé par lui et à ses frais chez Millot à Gray, trois machines à des prix de faveur très inférieurs à ceux de vente convenus entre Millot et Pinot; qu'à l'aide d'assertions mensongères il a voulu obtenu que ces machines soi-disant destinées à l'Alsace s'arrêtassent à Vesoul, où elles sont entrées dans ses magasins; 2o que muni de ces appareils, il a fait apposer dans les communes des affiches insidieuses mettant en parallèle les machines suisses et les machines Millot, dont ces dernières semblaient être une contrefaçon et étaient, en outre, offertes avec une baisse sensible sur les prix de Pinot; 3o qu'il a, en outre, vendu et fait proposer par ses agents, notamment par Mollard, de Villersexel, les machines Millot à des prix de baisse avec l'intention de les discréditer et de paralyser le commerce de Pinot, tout en lui laissant, à lui personnellement, un bénéfice résultant du subterfuge par lui employé pour se ménager une importante remise; 4o qu'il ne s'est pas borné à discréditer les machines rivales des siennes par l'avilissement des prix, mais en

tiré de la connaissance journalière des opérations commerciales de l'ancienne maison; — Attendu que, si les agissements personnels de Viousard sont ostensiblement plus coupables que ceux de ses coassociés, il est constant néanmoins qu'il a procédé pour le compte de tous et de leur consentement, que dès lors la faute étant commune, la réparation doit les frapper également; — Par ces motifs; — Déclare Turin, Duvernay, Viousard et Poizat coupables de concurrence déloyale à l'égard de Magnan et Rulat, etc. ». — Appel par Turin et consorts.

La cour; — Adoptant les motifs des premiers juges; — Confirme, etc.

Du 2 juill. 1875.-C. de Lyon.-MM. Millevoye, 1er pr.-Sauzet, av. gén.-Mathevon et Pouillet, av.

outre par de malveillantes critiques, dans son magasin ou dans les communes rurales, avec l'aide des agents et en combinant toutes les mesures nécessaires pour mettre, comme il le déclarait lui-même, Pinot dans l'impossibilité de vendre; — Considérant que de tels procédés ne sont pas l'exercice, mais la négation de la libre concurrence qui, tout en étant l'âme du commerce, suppose aussi l'absence de toute fraude; que la bonne foi doit dominer toutes les luttes de la concurrence et qu'elle trace la limite que des commerçants rivaux, brevetés ou non, ne sauraient franchir; — Considérant que les agissements de Vichot ont causé à Millot et à Pinot un réel préjudice, etc.

Du 25 avr. 1877.-C. de Besançon, 1re ch.-MM. Loiseau, pr.-Le Prix, subst.-Léon Pequignot, de Plasman et Bouvard, av.

(2) (Pilon C. Vivès.) — La cour; — Considérant que Pilon est éditeur de l'ouvrage intitulé : *La Vie de N.-S. Jésus-Christ*, par l'abbé Brispot, et qu'il en annonce la vente au prix de 85 fr. l'exemplaire; — Considérant qu'il résulte des documents et faits de la cause que Vivès ne s'est pas contenté d'annoncer dans son catalogue, la vente au prix de 50 fr. de quelques exemplaires d'occasion du même ouvrage, mais que, par l'entremise de ses commis-voyageurs, il a annoncé et offert, même à des souscripteurs de Pilon, l'ouvrage dont il s'agit, moyennant des prix également fort réduits, de façon à faire croire au public, contrairement à la vérité, qu'il en pouvait livrer un très grand nombre d'exemplaires neufs qu'il tenait de Pilon même; — Considérant que ce procédé, de la part d'un commerçant exerçant une industrie rivale, constitue une manœuvre répréhensible et contraire aux droits, comme aux devoirs d'une loyale concurrence, dont Vivès responsable du préjudice qui en est résulté, soit pour la publication de Pilon, soit pour sa considération commerciale; — Considérant qu'il importe à Pilon et qu'il est en droit de réclamer comme complément de la réparation qui lui est due, que le présent arrêt reçoive une publicité suffisante;

Statuant au principal, déclare Vivès responsable du préjudice qui est résulté pour Pilon des offres et annonces faites, soit par lui, soit par ses commis-voyageurs, etc.

Du 13 janv. 1857.-C. de Paris.

fait de concurrence déloyale (V. *suprà*, n° 507), le fait, par un libraire exploitant une spécialité, telle que celle des ouvrages classiques, de s'être rendu éditeur, même dans un but mercantile d'une brochure dans laquelle un tiers critique avec passion un ouvrage d'instruction classique édité par un autre libraire, alors surtout que cette brochure ne s'adresse qu'à un public qui s'occupe de la science, et ne sera lue qu'au point de vue d'un intérêt purement littéraire ou scientifique (Trib. com. Seine, 30 janv. 1857, aff. Delalain, D. P. 58. 3. 39).

**516.** Jugé enfin que, s'il n'est pas permis de déprécier les produits d'un rival dans l'esprit des acheteurs, le seul fait d'avoir établi dans un magasin un calorifère, afin d'en constater les défectuosités, ne constitue pas un acte de concurrence déloyale, alors qu'il n'est pas établi que le calorifère ne fût pas sorti des ateliers du constructeur et que sa construction eût été altérée (Paris, 15 févr. 1875, aff. Comp. de Londres et Paris, D. P. 75. 5. 362).

**517.** — III. Excès de réclame. — Sans même appeler l'attention sur son rival ou sur ses produits, on peut commettre un fait de concurrence déloyale par le mensonge effronté de la réclame en faveur de sa propre marchandise. Ainsi, on doit considérer comme concurrence déloyale, les agissements d'un commerçant qui, dans le but de surprendre la confiance du public et de la détourner des négociants soucieux de maintenir la loyauté de leurs relations avec leurs clients, fait usage d'affiches, de prospectus et d'annonces dans la presse, renfermant des promesses fallacieuses, des récits chimériques, une mise en scène et des affirmations effrontées sur la provenance de ses marchandises, sur les motifs de leur prétendu bon marché.

Et les négociants victimes de ces agissements n'ont pas besoin, pour obtenir des dommages-intérêts, de rapporter la preuve d'un détournement de leur clientèle. Il suffit qu'il soit établi que les annonces artificieuses du défendeur lui ont attiré des acheteurs (Orléans, 29 mars 1889, aff. Bernardeau et Goujard, D. P. 90. 2. 134). A été encore qualifié de concurrence déloyale, mais sans allocation de dommages-intérêts, faute de préjudice prouvé par les négociants de la ville, le fait, par un commerçant, d'annoncer publiquement que les marchandises mises en vente par lui à très bon prix proviennent d'une faillite imaginaire (Dijon, 24 juin 1889, aff. Epoux Devaux, D. P. 90. 2. 196). Il faut pourtant que l'abus de la réclame dépasse un certain degré, dont l'appréciation appartient souverainement au juge du fond. Et si la jurisprudence n'est pas encore bien nettement fixée sur les éléments constitutifs de la concurrence déloyale c'est précisément parce que les procès de cette nature présentent avant tout des questions de fait et sont rarement soumis à la cour de cassation.

**518.** — IV. Usurpation de brevets, de monopoles ou de récompenses industrielles. — Aux abus de la réclame se rattachent encore les usurpations de brevets d'invention, ou de monopoles, même de fait, ou de récompenses industrielles et de titres honorifiques. En ce qui touche spécialement l'usurpation de la qualité de breveté, il suffit de remarquer qu'elle est punie par l'art.. 33 de la loi du 5 juill. 1844 (V. à ce sujet *suprà*, v° *Brevet d'invention*, n° 165). Mais il a été jugé qu'on ne peut se dire faussement seul fabricant d'un produit, ou seul dépositaire des produits d'un tiers, sans commettre un acte de concurrence déloyale; notamment, qu'un distillateur n'a pas le droit de prendre le titre de *seul fabricant* d'une liqueur (dans l'espèce le guignolet de Touraine) alors que, dans la même localité, tous les distillateurs et liquoristes le fabriquent et le vendent sous la même dénomination, et qu'en faisant, sous cette qualification inexacte, des annonces dans les journaux il commet un acte de *concurrence déloyale* dont il doit la réparation aux commerçants qui ont pu en souffrir, mais dans la limite, seulement du préjudice qui a pu leur être causé (Trib. com. Tours, 11 juill. 1890, aff. Taillandier et consorts, *Gaz. des trib.*, 31 août. V. une solution analogue pour un libraire : Dijon, 13 août 1860, aff. Boyer, cité *suprà*, n° 476).

**519.** L'usurpation de distinctions, de médailles ou de récompenses industrielles n'a pas de conséquences aussi graves que celle de la qualité de breveté, qui peut entraver la concurrence par l'idée d'un obstacle légal. Mais elle constitue un mensonge qui peut porter préjudice, soit à ceux qui ont obtenu réellement ces distinctions, en faisant disparaître leur prééminence, en usurpant leur propriété, soit à ceux qui ne les ont pas obtenues, en les faisant paraître inférieurs à leur concurrent. Avant qu'une loi spéciale vînt s'occuper de ces sortes d'agissements, la jurisprudence y avait déjà vu un fait de concurrence déloyale dont peuvent se plaindre non seulement les concurrents honorés de la distinction usurpée (Bordeaux, 20 déc. 1853, aff. Sandoval; 4 mai 1854, aff. Robert-Werly, D. P. 66. 2. 132; Pau, 23 févr. 1863, aff. Bastiat, D. P. 63. 2. 117; Req. 4 mai 1868, aff. Montreux et Gilly, D. P. 69. 1. 288), mais encore ceux qui ne l'ont pas été (Paris, 12 mai 1865, aff. Duval et autres, D. P. 66. 2. 131; Conf. Blanc, *De la contrefaçon*, p. 730). — V. en sens contraire, sur le second point : Bordeaux, 9 janv. 1863, aff. Durand, D. P. 66. 2. 132), qui déclare même non recevable un fabricant ayant eu une récompense analogue, mais dans une autre exposition que celle où l'usurpateur dit avoir obtenu la sienne. Elle avait vu aussi une concurrence déloyale dans le fait de s'attribuer une médaille au lieu d'une mention honorable qu'on a réellement obtenue (Req. 4 mai 1868 précité); ou encore de faire figurer sur le prospectus où on annonce la vente de certains produits, une médaille qu'on a obtenue pour la construction d'une machine étrangère à la fabrication de ces produits, de manière à laisser croire qu'on est l'inventeur de la machine dont on se sert pour cette fabrication (Pau, 23 févr. 1863 précité). Elle avait déclaré aussi que les médailles honorifiques ont un caractère exclusivement personnel; que, par suite, aucun des membres d'une société commerciale dissoute ne peut se prévaloir des médailles obtenues par elle (Orléans, 3 févr. 1869, aff. Breton, D. P. 69. 2. 109); qu'elles ne peuvent être l'objet d'un trafic ou d'une transmission de personne à personne (Lyon, 8 nov. 1865, aff. Michon; Paris, 12 mai 1865, aff. Duval et autres, D. P. 66. 2. 131); que par exemple, celui qui, après avoir acheté des bestiaux, les présente à un concours, ne peut prendre aucun droit à la médaille qui lui est décernée, laquelle appartient exclusivement à l'éleveur même pour ce qui est de sa valeur matérielle (Lyon, 8 nov. 1865 précité); et que le marchand boucher qui a obtenu nominativement une médaille pour avoir acheté le plus grand nombre d'animaux primés dans un concours n'a pas le droit de se prévaloir en outre des médailles qui ont été délivrées aux éleveurs de ces animaux (Paris 12 mai 1865 précité).

**520.** — *Loi du 30 avril 1886.* — Jusqu'en 1886, l'usurpation des médailles et récompenses industrielles n'a relevé que de l'art. 1382 c. civ., et des principes ordinaires de la concurrence déloyale. Mais le législateur a cru utile d'édicter contre elle des dispositions pénales. Ce fut l'objet d'une loi des 30 avr.-12 mai 1886 (D. P. 86. 4. 65), laquelle n'était à l'origine qu'une partie d'une proposition plus vaste déposée au Sénat par M. Bozérian le 26 mai 1879 et réglant d'abord la protection des noms commerciaux. A la suite d'une enquête faite par le ministre du commerce, elle en fut détachée par la commission, sur l'observation faite par l'Union des fabricants pour la protection de la propriété industrielle « que cette matière n'avait aucun rapport avec le nom commercial et qu'à raison des retouches que nécessitent souvent les éléments d'un droit encore nouveau, il était préférable de faire des lois spéciales pour chacune des branches de la propriété industrielle ». Généralisant ce qu'avait fait en Angleterre une loi du 20 juill. 1863 pour les médailles et récompenses décernées aux expositions de 1851 et de 1862, le législateur français crut devoir punir l'usurpation des distinctions honorifiques décernées dans des expositions ou concours, comme l'usurpation de la plus précieuse des marques, comme une tromperie préjudiciable pour les acheteurs et pour les concurrents, et comme un fait capable de nuire aux expositions internationales.

**521.** La loi du 30 avr. 1886 interdit l'usage de médailles, diplômes, mentions, récompenses ou distinctions honorifiques quelconques décernés dans des expositions ou concours soit en France soit à l'étranger à tous autres que ceux qui les ont obtenus personnellement et la maison de commerce en considération de laquelle ils ont été décernés (art. 1er). Elle punit d'une amende de 50 fr. à 6000 fr. et d'un emprisonnement de trois mois à trois ans ou de l'une de ces deux peines seulement : 1° ceux qui, sans droit et frauduleusement, se sont attribué publiquement ces récompenses ou distinctions; 2° ceux qui, dans les mêmes conditions, les ont appliquées à d'autres objets que ceux pour lesquels elles avaient été obtenues ou qui s'en seront attribué d'imaginaires ; 3° ceux qui les ont indiquées mensongèrement sur leurs enseignes, annonces, prospectus, factures, lettres ou papiers de commerce ; 4° ceux qui s'en sont indûment prévalus auprès des jurys des expositions ou concours (art. 2). Elle punit des mêmes peines ceux qui, sans droit et frauduleusement, se seront prévalus publiquement de récompenses distinctions ou approbations accordées par des corps savants ou des sociétés scientifiques (art. 3). A ceux même qui ont obtenu personnellement des distinctions dans des expositions ou concours, elle défend de s'en servir sans faire connaître leur date et leur nature, l'exposition ou le concours où elles ont été obtenues et l'objet récompensé, sous peine d'une amende de 25 fr. à 3000 fr. (art. 1 et 4). Elle permet aux tribunaux de prononcer la destruction ou la confiscation au profit des parties lésées des objets sur lesquels ont été appliquées les fausses indications, et aussi de prononcer l'affichage et l'insertion de leurs jugements (art. 5). Elle admet l'application des circonstances atténuantes (art. 6) et déclare enfin s'étendre à l'Algérie et aux colonies.

**522.** Cette loi a servi de base à un certain nombre de décisions relatives, soit à la détermination des personnes qui peuvent user des médailles ou récompenses, soit à celle des faits punissables qui s'y rattachent. Sur le premier point, il a été jugé que des médailles ou récompenses ayant été décernées en considération de la maison de commerce, le titulaire peut, en cédant cette maison, transmettre accessoirement à son successeur le droit de s'en prévaloir ; que les juges du fond décident souverainement, par interprétation de la commune intention des parties, que ce droit a été transmis avec la maison ; qu'il en est ainsi lorsque la marque cédée en même temps que la maison consiste dans une médaille contenant les initiales du cédant et la mention des expositions où il a obtenu des récompenses, et que d'ailleurs le vendeur, lors de la cession, s'est interdit de faire valoir directement ou indirectement toute industrie similaire (Req. 16 juill. 1889, aff. Veuve Michaux, D. P. 91. 1. 61); que l'ancien associé d'une maison de commerce, qui en est devenu, à la suite de la dissolution de la société, le seul et véritable propriétaire, a le droit de se servir des médailles et récompenses décernées en considération de cette maison (Trib. com. Seine, 3 août 1888, aff. Cossé, *Ann. de la propr. ind.*, 1889, p. 127). Au contraire, le cessionnaire ne peut se prévaloir, dans ses imprimés commerciaux, de la croix de la Légion d'honneur obtenue par son vendeur, cette croix étant une récompense toute personnelle, qu'il est d'ailleurs interdit de faire figurer dans les enseignes et prospectus (Arrêt précité, Req. 16 juill. 1889). Toutefois, il a été jugé que l'usage qui pourrait être fait par des commerçants, dans leurs étiquettes, de la croix de la Légion d'honneur, ne peut être critiqué par d'autres commerçants et donner lieu à une action civile, les prérogatives de membres de la Légion d'honneur, à raison de leur caractère essentiellement personnel et honorifique, étant soumises à des statuts et à des règles qui ne sont pas de la compétence des tribunaux civils (Trib. civ. Seine, 2 août 1890, aff. Gaetan Picon, *Gaz. des trib.* du 9 août 1890).

**523.** Sur le second point concernant les faits punissables, il a été jugé : 1° qu'il y a fausse application de récompense industrielle aux termes de l'art. 2, § 2, de la part de celui qui, dans un endroit public, expose certains produits avec un tableau contenant le fac-simile de médailles ou de croix obtenues par lui dans différentes expositions, alors que deux seulement de ces récompenses lui ont été accordées pour lesdits produits (Trib. corr. Havre, 28 juill. 1887, aff. Picon, *Ann. de la propr. ind.*, 1888, p. 260); — 2° Qu'il y a délit d'omission aux termes de l'art. 4 dans le fait d'indiquer la nature des récompenses et l'exposition ou le concours où elles ont été obtenues, sans indiquer l'objet récompensé par elles, les prospectus ayant trait à des produits ou appareils autres que ceux pour lesquels les distinctions ont été obtenues (Paris, 25 janv. 1888, aff. Société centrale des produits chimiques, D. P. 88. 2. 252), et que cette omission constitue un délit punissable, malgré la bonne foi du délin-

quant (Trib. corr. 7 févr. 1889, aff. Rousseau, *Ann. de droit comm.*, 1889, p. 96). — V. Pouillet, n°s 523 et suiv.

**524.** — V. POURSUITE. — Sauf les cas d'usurpation de noms, de marques, ou de distinctions honorifiques, sauf aussi tous les autres cas où le moyen employé est qualifié délit et puni comme tel par une loi, la concurrence déloyale ne donne lieu qu'à une poursuite par la voie civile, et cela alors même qu'on se plaindrait d'un fait délictueux du concurrent dans l'exercice de son commerce (par exemple du fait, par la veuve d'un pharmacien, de prolonger irrégulièrement sa gestion au delà de l'année à l'expiration de laquelle elle est tenue de présenter un successeur), si ce fait en lui-même, n'étant pas la cause du préjudice, ne peut servir de base à l'action, qui est fondée principalement sur un autre fait (tel que le déplacement par la veuve du pharmacien de l'officine qu'elle a conservée) (Trib. corr. Seine, 15 févr. 1873, aff. Garraud, D. P. 73. 3. 63). L'objet de cette poursuite peut consister en dommages-intérêts, pour la réparation du préjudice causé, dans la prescription de mesures propres à prévenir le dommage pour l'avenir, et dans la publication du jugement (Trib. Seine, 19 févr. 1869, aff. Erkmann, D. P. 69. 3. 90 ; Paris, 2 avr. 1869, aff. Boulanger, D. P. 71. 2. 97). Toutefois, lorsqu'il ne résulte des faits commis qu'un préjudice éventuel, motivant seulement des mesures préventives en vue de l'avenir, il n'y a pas lieu d'ordonner la publicité de l'arrêt qui détermine ces mesures (Alger, 22 févr. 1888, aff. Fassina et comp., D. P. 89. 2. 254).

**525.** — VI. BONNE FOI. — Il est de principe constant que la mauvaise foi est un élément nécessaire de la concurrence déloyale (Req. 9 mars 1870, aff. Fayard, D. P. 71. 1. 211 ; Bordeaux, 1er juin 1887, aff. Croizet, D. P. 88. 2. 287; Alger, 22 févr. 1888, cité *supra*, n° 524, D. P. 87. 2. 102, notes 1 et 2). Toutefois, lorsque, en dehors de toute intention frauduleuse, les actes de nature à faire naître une confusion ou à nuire d'une façon quelconque à un rival revêtent le caractère d'imprudence ou de faute de la part de leur auteur, il appartient au juge de rechercher s'ils ont causé un dommage et d'en ordonner la réparation (Douai, 24 mars 1866, aff. Devos, D. P. 67. 5. 339 ; Aix, 12 mars 1870, aff. Turbin, D. P. 71. 2. 134 ; Bordeaux, 12 déc. 1887, *La Loi* du 18 janv. 1888 ; Arrêt précité du 22 févr. 1888). Il est évident surtout que l'absence de mauvaise foi comme l'absence de préjudice dans le passé n'empêche pas le juge de prescrire des mesures propres à empêcher tout préjudice pour l'avenir. Mais il a été jugé que, si on a formé une demande en dommages-intérêts fondée sur la concurrence déloyale, sans provoquer le juge, par une demande subsidiaire, à examiner la question de faute simple, la bonne foi reconnue du défendeur autorise le juge à repousser l'action sur ce seul motif, sans qu'il soit permis d'invoquer pour la première fois devant la cour de cassation la disposition de l'art. 1382 sur la faute simple (Req. 9 mars 1870, aff. Fayard, D. P. 71. 1. 211), solution qui semblerait logiquement autoriser, dans ce cas, une nouvelle action fondée sur la faute simple. Au point de vue pénal, certains faits peuvent être frappés malgré la bonne foi. Tels sont les faits d'omission prévus par l'art. 4 de la loi du 30 avr. 1886 dans les indications qui doivent accompagner l'usage d'une médaille ou récompense industrielle V. *supra*, n° 523.

**526.** — VII. COMPÉTENCE. — L'action civile dérivant des faits de concurrence déloyale est ordinairement de la compétence du tribunal de commerce, parce que le fait émane ordinairement d'un commerçant et se rattache à l'exercice de son commerce, de manière à faire naître à sa charge une obligation commerciale, et parce que d'autre part l'art. 16 de la loi du 23 juin 1857, qui attribue aux tribunaux civils les actions ayant pour cause un fait d'usurpation ou de contrefaçon de marque de fabrique ne lui est pas applicable, alors même notamment que le fait consisterait à faire figurer dans la marque de ses produits, en caractères plus apparents que les autres signes de cette marque, le nom d'une ville où se fabriquent des produits similaires, à l'effet d'amener une confusion sur la provenance réelle de ces produits (Orléans, 20 janv. 1864, aff. Charnaux et comp., D. P. 64. 5. 303).

**527.** Si un tribunal était saisi à la fois d'une action en contrefaçon et en concurrence déloyale, il serait incompétent pour connaître de ce dernier chef, alors du moins que les faits sur lesquels il est fondé ne sont pas connexes à la question de contrefaçon et se sont produits hors du ressort de ce tribunal (Lyon, 28 juin 1870) (1).

**528.** C'est devant le juge de son propre domicile, par une action personnelle principale, que l'auteur d'un fait de concurrence déloyale doit être poursuivi. Et si la partie directement lésée, au lieu de s'en prendre à lui, assigne un tiers, son cédant, à l'effet de réparer le dommage en vertu d'un contrat qui l'y oblige, celui-ci ne peut, en l'absence de tout engagement et de tout consentement, l'appeler récursoirement comme garant devant le tribunal où il a été cité. L'auteur du fait peut réclamer le renvoi de la cause à son égard devant le tribunal de son domicile (Req. 15 mars 1875 (2).

**CHAP. 5. — Effets de la liberté industrielle. — Coalition. — Accaparements** (*Rép.* nos 381 à 382).

**529.** Quand cette matière a été traitée au *Répertoire*, notre législation, s'inspirant uniquement de la nécessité de la concurrence pour déterminer le prix réel du travail et des marchandises (*Rép.* nos 381 à 382), déclarait illicite tout accord tendant à supprimer cette liberté. Elle n'a subi aucun changement en ce qui touche la concurrence entre détenteurs de marchandises, bien que les conditions nouvelles de la production et du marché aient amené, dans la seconde moitié de ce siècle, des mœurs commerciales nouvelles, des faits importants à signaler, des applications intéressantes à étudier. Mais il n'en a pas été de même de la partie de cette législation qui règle la concurrence et les coalitions dans leurs rapports avec les salaires et les autres conditions du travail.

Sect. 1re. — Des coalitions de patrons et d'ouvriers (*Rép.* nos 383 à 409).

V. *infrà*, vo *Travail*.

Sect 2. — Des coalitions entre les principaux détenteurs d'une marchandise, et des accaparements et autres faits tendant à procurer la hausse ou la baisse du prix des marchandises (*Rép.* nos 410 à 411).

Art. 1er. — *Historique* (*Rép.* nos 412 à 415).

**530.** L'art. 419 c. pén., comme on l'a vu au *Rép.* no 415, punit d'une part les moyens frauduleux ayant faussé le prix des marchandises, indépendamment de toute réunion ou coalition, et d'autre part la réunion ou coalition des principaux détenteurs d'une même marchandise ou denrée

ayant faussé son prix indépendamment de tout moyen frauduleux. Cette dernière partie de l'article mérite, comme autrefois, d'être examinée à part; il convient surtout de la rapprocher de la loi du 25 mai 1864 sur les coalitions, de la loi du 21 mars 1884 sur les syndicats professionnels, de la loi du 28 mars 1885 sur les marchés à terme ou spéculations à la hausse et à la baisse, enfin des faits économiques qui ont si profondément modifié les conditions actuelles du marché dans le sens d'une communication incessante, et les besoins de l'industrie dans le sens d'une forte concentration.

Art. 2. — *Des coalitions entre les principaux détenteurs d'une marchandise ou denrée* (*Rép.* nos 416 à 434).

**531.** La loi du 25 mai 1864 (D. P. 64. 4. 53) n'a en rien modifié l'art. 419 c. pén. La coalition, qu'on déclarait licite en matière de salaires, demeurait punissable en matière de marchandises, inconséquence qui fut aussitôt remarquée et blâmée (Batbie, *Revue critique*, 1864, t. 1).

**532.** La loi du 21 mars 1884 (D. P. 84. 4. 129) a permis aux gens de professions similaires ou connexes concourant à l'établissement de produits déterminés, de se syndiquer pour l'étude et la défense de leurs intérêts économiques, industriels, commerciaux ou agricoles. Elle n'abroge ni ne modifie expressément l'art. 419. Abroge-t-elle tacitement sa disposition relative aux coalitions? La rend-elle au moins inapplicable aux syndicats professionnels régulièrement constitués? On ne peut l'admettre d'une manière absolue, et il faut reconnaître que la coalition prévue par l'art. 419 est encore délictueuse non seulement pour les détenteurs de marchandises non syndiqués, mais même pour un syndicat qui se coaliserait avec d'autres détenteurs de la même marchandise dans les termes de l'art. 419, et c'est ce qui a été jugé par la cour de Paris le 28 févr. 1888 (aff. Grandjean et autres, *Ann. de droit com.*, 1888, 1re partie, p. 119), contre les principaux détenteurs d'eaux minérales à Paris, qui, constitués en syndicat dans les termes de la loi de 1884, avaient, par des accords entre eux et avec les propriétaires ou commissionnaires de divers sources d'eaux minérales, réduit un de leurs concurrents à payer certaines eaux plus cher ou à se les procurer par des voies détournées qui en avaient augmenté le prix de revient. Le fait, ne rentrant pas dans l'objet prévu par la loi de 1884, a pu recevoir l'application de l'art. 419. Mais il faut aussi admettre l'application de la loi de 1884 à tous les objets prévus par elle, sans que l'art. 419 y puisse faire obstacle, et considérer ce dernier comme devenu inapplicable à toute coalition qui, sous la forme régulière d'un syndicat, *constituerait une véritable défense des intérêts commerciaux de ses membres* (V. sur cette question Boullay, *Code des syndicats professionnels*, 1886, p. 142,

---

(1) (Rigollot C. Lemay et Berthoz.) — La cour; — ... Sur la deuxième question :.... — Considérant, dès lors, que l'objet du brevet de Rigollot n'était pas brevetable; — Sur la concurrence déloyale : — Considérant que les faits de concurrence déloyale reprochés à Lemay n'ont aucune connexité avec la question de contrefaçon, et qu'ils auraient eu lieu à Paris; que le tribunal et la cour de Lyon étaient donc incompétents pour en connaître; — Déclare nul le brevet obtenu par Rigollot le 15 avr. 1867 : 1o parce que le produit qu'il a pour objet était dans le domaine public; 2o parce que le produit n'était pas susceptible d'être breveté (L. 5 juill. 1844, art. 3); — Se déclare incompétente pour connaître de la concurrence déloyale reprochée à Lemay, etc. Du 28 juin 1870.-C. de Lyon, 4e ch.-MM. Debri, pr.-Gay, av. gén., c. conf.-Etienne, Blanc et Gatineau (du barreau de Paris), av.

(2) (Abadie C. Sabatou.) — La cour; — Attendu que les sieurs Abadie et comp. se sont pourvus en règlement de juges contre l'arrêt de la cour de Toulouse du 4 juin 1874, et subsidiairement en cassation dudit arrêt, au cas où la cour jugerait la demande en règlement de juges non recevable; — Au fond : — Attendu, en droit, que l'obligation imposée par la loi, à l'auteur d'un quasi-délit, de réparer le préjudice qu'il a causé soit directement soit indirectement, engendre une action personnelle, principale, qui doit être portée devant les juges du domicile du défendeur; — Qu'au cas où la partie qui souffre directement de ce préjudice, au lieu de s'en prendre à l'auteur du dommage, assigne un tiers à l'effet de réparer ce dommage, en vertu d'un contrat qui l'y oblige, ce tiers ne peut, en l'absence de tout engagement ou de tout consentement, appeler récursoirement, devant le tribunal

où il a été cité, l'auteur du quasi-délit à intervenir en vertu d'une action en garantie; — Attendu, en fait, que le sieur Lejeune, cessionnaire, suivant acte du 25 févr. 1870, du droit d'exploiter un brevet pour la fabrication d'un papier à cigarettes avec du riz, obtenu par le sieur Sabatou père, ayant annoncé, par lettre chargée du 10 mai 1870, aux sieurs Abadie et comp., son intention de mettre en vente un papier à cigarettes sous la dénomination de *vrai papier de riz breveté*, ceux-ci lui firent signifier, le 24 du même mois, un acte extrajudiciaire lui déclarant qu'en mettant dans le commerce pour enveloppe de son papier à cigarettes, une étiquette couleur saumon, impression dorée, avec la dénomination principale de *papier de riz*, il se placerait à leur égard dans une situation de contrefaçon et de concurrence déloyale contre laquelle ils faisaient toutes leurs réserves; — Attendu que, le 28 mai, le sieur Lejeune a fait assigner son cédant, le sieur Sabatou, devant le tribunal de Toulouse, pour qu'il eût à lui procurer le libre exercice de l'exploitation du brevet qu'il lui avait cédé, avec dommages-intérêts pour le préjudice souffert et à souffrir; — Attendu que, le 2 juin suivant, Sabatou a fait dénoncer cet exploit aux sieurs Abadie et comp. avec assignation à l'effet d'intervenir dans l'instance pendante entre lui et Lejeune « pour s'entendre condamner à le garantir des condamnations qui pourraient être prononcées contre lui; voir dire qu'ils sont sans droit ni qualité pour donner à l'un de leurs papiers à cigarettes la dénomination de papier de riz qui est exclusivement la propriété de Sabatou; voir ordonner qu'ils cesseront immédiatement de faire usage de cette dénomination ou de toute autre qui laisserait supposer à l'acheteur que ce papier contient du riz »; — Attendu qu'une pareille action, sans lien nécessaire avec l'action du sieur Lejeune fondée sur

145 et *Revue catholique des institutions et du droit*, 1890, t. 1, p. 56).

**533.** La loi du 28 mars 1885 (D. P. 85. 4. 25) reconnaît légaux les marchés à terme ou à livrer, même se résolvant en payements de différences. Elle les soustrait à l'exception de jeu et abroge les art. 421 et 422 c. pén. Cette loi donna lieu, dans sa discussion, à un incident qui montre bien la désuétude dans laquelle est tombé, au point de vue de la simple coalition, l'art. 419. Cette loi, telle que l'avait votée la Chambre, étendait l'art. 419 aux valeurs de bourse, *même privées*, que la jurisprudence refusait alors d'y soumettre. Le Sénat rejeta cette partie de la loi comme inutile en présence d'un arrêt qui venait de changer cette jurisprudence (Comp. *suprà*, v° *Bourse*, n° 219, et *infrà*, n° 553 et 554), et cela, dans la crainte, exprimée par M. Naquet rapporteur, de donner une consécration nouvelle à un texte dont une partie (celle qui frappe la coalition dénuée de fraude) était surannée et en complet désaccord avec les besoins du marché français (Séance du 3 févr. 1885).

**534.** L'art. 419 a donc survécu aux lois libérales dont la coalition, l'association et la spéculation ont été l'objet chez nous. Deux gardes de sceaux, MM. Fallières, le 18 févr. 1888, et Thévenet, le 21 mars 1889, en ont fait la déclaration formelle à la Chambre des députés. Le tribunal correctionnel de la Seine, le 28 mai 1890 (aff. Secretan et autres, *Gaz. des trib.* 29 mai), et la cour de Paris, le 5 août 1890 (même affaire, *Gaz. des trib.* 6 août) ont jugé qu'il n'avait été abrogé ni explicitement ni implicitement par les lois postérieures.

**535.** Mais on peut dire que le délit de coalition, tel que cet article l'a prévu et défini, est de moins en moins facile à rencontrer dans les conditions actuelles du marché. L'art. 419 suppose la pluralité des coalisés. Il ne punit que le concert entre personnes ayant des intérêts distincts, et non la formation d'une société commerciale ou personne morale unique (*Rép.* n°s 417 et suiv.), ni le fait d'une seule entreprise composée de deux services réunis et juxtaposés (V. *Rép.* v° *Voirie par chemin de fer*, n° 613). Cela seul suffit pour soustraire à l'art. 419 la *société* formée entre industriels pour la vente de leurs produits, de manière à en relever le prix en supprimant entre eux la concurrence pour faire face uniquement à celle des autres régions ou de l'étranger.

Mais en outre, l'art. 419 suppose la coalition entre les *principaux* détenteurs de la marchandise (*Rép.* n° 419), et, comme résultat de cette coalition, un prix supérieur ou inférieur à celui qu'aurait déterminé la concurrence naturelle et libre du commerce, c'est-à-dire au cours normal (*Rép.* n°s 426, 432). Cela suffit encore pour le rendre le plus souvent inapplicable, dans les conditions actuelles des transports et des marchés internationaux, aux syndicats représentant seulement la production d'une région ou d'un pays sans accaparer celle du monde entier.

Le code pénal a prévu la constitution par coalition d'un véritable monopole imposant aux acheteurs des prix écrasants qui, pour les coalisés sont des gains scandaleux. Tel n'est pas le cas d'industriels qui s'unissent pour n'être pas écrasés eux-mêmes par une concurrence étrangère fortement unie, pour régler sagement leur production sur les besoins de la consommation, et pour préserver l'industrie nationale des crises de surproduction qui amènent, avec l'avilissement des prix et l'accumulation des stocks, l'avilissement des salaires et le chômage des ouvriers. Ces syndicats peuvent s'abriter sous les paroles de M. Faure, dans son rapport sur l'art. 419 lors de sa rédaction : « La disposition ne peut s'appliquer à ces spéculations franches et loyales qui distinguent le vrai commerçant : celles-ci, fondées sur des réalités, sont utiles à la société. Loin de créer tour à tour les baisses excessives et les hausses exagérées, elles tendent à les contenir dans les limites que comporte

la nature des circonstances, et par là servent le commerce en le préservant des secousses qui sont toujours funestes ».

**536.** Aussi, quoique la coalition prévue par l'art. 419 soit délictueuse aussi bien entre producteurs industriels ou agricoles qu'entre négociants (*Rép.* n°s 420, 421), il a été jugé avec raison que le fait, par un certain nombre de producteurs d'une marchandise, de s'être engagés les uns envers les autres à limiter leur production, à ne livrer que par l'intermédiaire d'un commissionnaire commun, et à se vendre qu'à des prix fixés chaque semestre en réunion générale ne constitue pas une coalition dans le sens de l'art. 419, alors que la marchandise dont il s'agit (les phosphates de chaux) se rencontre non seulement dans la contrée pour laquelle la convention a été faite, mais est encore répandue en grande quantité sur toute la surface de la terre, alors que d'ailleurs les producteurs syndiqués ne représentent à eux tous que les deux tiers de la production totale de la région où ils opèrent, et alors surtout qu'il n'est pas démontré que leurs prix de vente soient en écart sensible avec les cours normaux de cette marchandise; qu'une telle coalition est par conséquent licite (Trib. com. Seine, 10 nov. 1890, aff. Linet, et aff. Ferry et May, *Gaz. des trib.*, 26 nov. 1890). Cette décision prouve qu'il suffit d'interpréter sainement le texte actuel, de respecter sa véritable pensée, pour soustraire à toute pénalité ces syndicats dans lesquels l'industrie de nos jours tend à concentrer ses forces, remplaçant, il est vrai, une concurrence par une coalition, tendant à obtenir des prix plus élevés, réglant la production, répartissant les commandes, économisant l'outillage et les frais, mais se bornant ainsi à lutter pour son existence et celle des travailleurs dans une concurrence internationale qui, devenue elle-même plus compacte et plus facile, suffit à protéger le consommateur contre tout excès et à soustraire le fait aux termes mêmes de l'art. 419.

**537.** Ce mouvement de concentration de l'industrie moderne se fait remarquer encore plus à l'étranger qu'en France. Le groupement des usines métallurgiques du district de Longwy et de Nancy par exemple sous la forme d'une société au comptoir de vente, achetant aux usines syndiquées toute leur production et leur distribuant les commandes (forme *sociale* exclusive par elle seule du délit de coalition, V. *suprà*, n° 535); les tentatives des maîtres de forges du Nord et du Pas-de-Calais pour fixer les prix de vente dans des réunions trimestrielles; les tentatives de syndicats entre les aciéries françaises pour maintenir les prix et régler la production, tentatives qu'il serait si désirable de voir aboutir et s'étendre à toutes les usines travaillant le fer et l'acier; n'ont été que des moyens de défense indispensables en face des quatre syndicats régionaux qui groupent en Allemagne toutes les usines travaillant le fer, s'entendent même entre eux pour régler la concurrence sur certains marchés, et peuvent ainsi, protégés par les douanes et maîtres du marché intérieur, écouler au rabais leur stock à l'étranger. La Belgique a aussi son syndicat des fers, qui tend même à s'accorder avec les syndicats allemands pour s'interdire la concurrence d'un pays dans l'autre et agir plus énergiquement dans les pays voisins. L'Autriche-Hongrie relie ses principales usines métallurgiques dans un accord analogue en vue d'une distribution des commandes et d'un tarif commun. En Angleterre, des combinaisons du même genre sous le nom de *pools* unissent les maîtres de forges du district de Middlesborough, les fabricants de rails d'acier de Cleveland. Et l'on a vu, dans cette dernière industrie, se former pour trois ans en 1884 une convention de ce genre entre les fabricants allemands, les fabricants belges et les fabricants anglais sauf deux, sans parler des associations minières ou charbonnières de l'Allemagne ou de la Belgique si fortement groupées. On peut dire que le consommateur français n'a rien à craindre des coalitions que peut former

---

l'exécution du contrat de cession du 25 févr. 1870, auquel Abadie et comp, sont demeurés étrangers, repose sur l'allégation d'un quasi-délit résultant, de la part d'Abadie et comp., d'une usurpation de marque de fabrique et d'une atteinte aux droits privatifs de Sabatou; que ce quasi-délit engendre, ainsi qu'il a été dit ci-dessus, une action personnelle principale qui ne pouvait être portée compétemment que devant les juges du domicile de ceux à qui il était imputé; — Attendu que Lejeune, quoique régulière-

ment cité par exploit du 29 août dernier, n'a produit aucun mémoire en défense, ainsi que le constate un certificat du greffe, en date du 25 janvier dernier; — Rejette l'exception proposée par le sieur Sabatou contre la demande en règlement de juges..., ordonne que les sieurs Sabatou et Abadie et comp. procéderont sur le litige qui les divise devant le tribunal civil de la Seine. Du 15 mars 1875.-Ch. req.-MM. de Raynal, pr.-Nachet, rap.-Babinet, av. gén. (c. conf).-Mimerel et Sabatier, av.

l'industrie française contre de telles forces. Les mêmes considérations placent à l'abri du code pénal les comptoirs ou syndicats des autres industries, comme ceux des salines de l'Est, de la quincaillerie de l'Est, de l'horlogerie du Doubs, des soudières françaises, moins variés encore dans leurs objets que les *Kartelle* ou syndicats de l'Allemagne, de la Belgique ou de la Suisse (V. sur tous ces faits, Gruner, *Les syndicats industriels et en particulier les syndicats miniers en Allemagne*, Paris, 1887 ; *La Réforme sociale* 1888, t. 1, p. 167; Claudio Jannet, *Correspondant*, 1887, 1. 3, p. 1138).

**538.** Mais que la production du monde entier vienne à se grouper ainsi, le monopole ne reparaît-il pas, et avec lui le délit? Oui sans doute, mais à cette condition, exprimée par M. Faure, que le commerce par là ait eu à subir « des hausses *exagérées* », au lieu d'avoir été, « préservé de secousses funestes ». Les résultats du monopole contribuent avec le monopole lui-même à former le délit. L'usage modéré et sage qu'on en fait pour la prospérité d'une industrie n'est pas délictueux. Mais il y a délit à en abuser pour produire des hausses hors de proportion avec les besoins de l'industrie. On comprend par là que tel syndicat, maître pourtant de la production dans le monde entier, comme le syndicat international des producteurs de zinc, échappe, grâce à sa conduite mesurée, aux atteintes du code pénal, comme à toute récrimination et à toute poursuite, et qu'au contraire la coalition relative aux mines de cuivre, à cause des exagérations constatées dans son allure, ait été jugée délictueuse par le tribunal correctionnel de la Seine (Jugement du 28 mai 1890, cité *supra*, n° 534), et n'ait été déchargée de cette qualification par la cour de Paris (Arrêt du 5 août précité) qu'à raison de ce que le fait de ne vendre qu'à un certain prix n'avait, dans l'espèce, fait l'objet d'aucun engagement; motif d'ailleurs sujet à critique, car l'art. 419 exige, non un engagement, mais une intention, une entente, suivie d'effet.

Ce qui rend d'ailleurs inutiles les sanctions pénales contre de pareilles entreprises, c'est qu'à moins de rester dans une modération exclusive du délit, elles aboutissent fatalement, par l'élan donné à la production et à la concurrence, par le resserrement de la consommation, par la nécessité d'énormes emprunts à gros intérêts, à quelque crise qui ruine leurs auteurs. L'expérience de tous les pays l'atteste.

**539.** Il est évident que l'abaissement des douanes augmente les difficultés naturelles de l'accaparement. L'Angleterre, où les coalitions commerciales sont libres en vertu d'un acte de 1772 et d'une loi du 4 juill. 1844, mais qui a les douanes les plus basses, est celui où les accaparements se produisent le moins, et c'est aux Etat-Unis, pays de protection douanière, qu'ils ont pris le plus d'extension. Aucune loi ne réprime et ne pourrait empêcher les *trusts* et *corners* américains qu'on voit se former avec des proportions gigantesques pour les objets les plus divers, mines, pétroles, cafés, cotons, blés, sucres, etc. (Sur leur puissance et les mesures proposées inutilement contre eux, V. *L'Economiste français*, des 6 oct. 1888, 23 mars et 14 déc. 1889, 26 juill. 1890). Eux aussi mènent toujours leurs promoteurs à des catastrophes que nulle répression ne pourrait égaler. En Allemagne, les coalitions de producteurs sont plutôt favorisées que réprimées par le gouvernement, tout préoccupé de régulariser la production pour l'entretien de la population ouvrière. En Belgique, l'art. 419 du code pénal a été abrogé en 1866 dans sa partie relative aux coalitions, et ne subsiste, dans l'art. 311 du code pénal actuel, que contre l'emploi des moyens frauduleux (V. sur les procédés, les diverses formes, les difficultés, la législation de l'accaparement moderne : A. Raffalovich, *Les coalitions de producteurs*, Paris 1889 ; *Nouveau dictionnaire d'économie politique*, 1890, v° *Accaparement* ; Claudio Jannet, dans *Le Correspondant*, 1891, t. 1, p. 1160; Liégeois, *Les coalitions de producteurs, les accaparements de stocks et l'article 419*, dans *Le Droit* des 1er et 15 mai 1885).

**540.** Aux sanctions pénales de l'art. 419 (*Rép.* n° 433) s'ajoute une sanction civile, qui est la nullité des actes contraires à la liberté commerciale et par suite à l'ordre public (c. civ. art. 1131, 1133), sanction applicable même aux actes qui ne tomberaient pas sous le coup de la loi pénale faute d'un élément exigé par elle. On en a vu des applications au *Rép.* (*loc. cit.*). Nous devons y ajouter celle qu'en a faite la cour de Paris le 18 déc. 1890 dans l'affaire de la

société des Métaux et du Comptoir d'escompte (*Gaz. des trib.*, 24 déc. 1890), en déclarant nulles, comme contraires au principe de la liberté du commerce et de l'industrie, les conventions invoquées par les diverses compagnies minières contre la société des Métaux et le Comptoir d'escompte, conventions destinées à faire réussir un vaste projet d'accaparement sur les cuivres, et cela, quoiqu'il fût déjà souverainement jugé par la chambre correctionnelle de la même cour (5 août 1890, V. *supra*, n° 538) que le fait ne constituait point le délit prévu par l'art. 419, faute d'un des éléments constitutifs de ce délit, *l'engagement par tous les coalisés* de ne pas vendre ou de ne vendre qu'à un certain prix (Sur la nécessité contestable de cet élément au point de vue pénal V. *supra*, n° 538).

**541.** Dans une autre affaire, la cour de cassation (Req. 11 févr. 1879, aff. Cournerie et cons., D. P. 79. 1. 34), rejetant le pourvoi dirigé contre un arrêt de la cour de Rennes (16 août 1877, *ibid.*), avait déclaré nul, en vertu des art. 1131 et 1133 c. civ., comme contraire à la liberté du commerce et par suite à l'ordre public, sans avoir d'ailleurs à l'apprécier au point de vue criminel, un traité par lequel les principaux fabricants d'iode, s'étaient unis en syndicat temporaire chargé de fixer le prix et la quantité des soudes qu'achèterait chacun d'eux ainsi que les prix et conditions de vente de l'iode, et avaient stipulé, d'autre part qu'un fabricant de soudes entré dans l'association, qu'il ne vendrait qu'à eux seuls les soudes fabriquées par lui. Le rapport de M. le conseiller Lepelletier dans cette affaire semble même admettre que les éléments de l'art. 419 s'y seraient rencontrés si le résultat visé (la hausse ou la baisse) avait été effectivement produit. Mais il ne s'agissait pas d'appliquer cet article. Il nous a semblé (V. la note sous cet arrêt), malgré l'application qu'on peut faire de l'art. 1133 c. civ. en l'absence même de dispositions pénales, que ce contrat aurait pu être validé ; car, ayant à apprécier, en dehors du texte pénal, dans quelle mesure l'ordre public s'oppose à ce qu'une convention limite le droit individuel de vendre ou d'acheter, le juge pouvait tenir compte, et du caractère temporaire de l'engagement et de ses motifs tirés d'une situation industrielle à améliorer (V. la note sous l'arrêt en question). N'avons-nous pas vu qu'une restriction conventionnelle à la liberté de faire le commerce est valable quand elle est renfermée elle-même dans des limites de temps ou de lieu? (V. *supra*, n° 110 et suiv.).

**542.** On comprend mieux d'autres arrêts déclarant nulle soit une convention par laquelle les principaux détenteurs de viandes s'étaient coalisés contre l'adjudicataire futur des fournitures de viandes pour la troupe, de manière à rendre son entreprise impossible ou ruineuse (Civ. rej. 13 janv. 1879, aff. Ramanatxo et Abella; D. P. 79. 1. 77), soit une convention par laquelle des propriétaires ou concessionnaires de carrières, comptant parmi les principaux détenteurs de pierres propres à la construction d'un fort, s'étaient engagés à ne pas livrer leurs moellons à l'entrepreneur de l'Etat au-dessous d'un prix concerté entre eux (Nancy, 15 déc. 1874, aff. Husson, Laurent, D. P. 75. 5. 272).

**543.** Jugé, d'ailleurs, non seulement au point de vue civil par ces deux arrêts, mais même au point de vue criminel par l'arrêt précité de la cour de Paris du 28 févr. 1888, aff. Grandjean et autres (eaux minérales, V. *supra*, n° 532), que le délit de coalition existe, bien qu'un seul individu ait été lésé par elle (V. dans le même sens, *Rép.* n° 430).

**544.** Jugé aussi que le délit peut exister quoique l'accord soit intervenu non pas exclusivement entre vendeurs ou entre acheteurs, mais à la fois entre vendeurs et acheteurs, la loi parlant de détenteurs à n'importe quel titre (Paris, 5 août 1890, aff. Secrétan et autres, *Gaz. trib.* 6 août 1890), pourvu qu'il s'agisse de la même marchandise à l'égard de tous (*Rép.* v° *Voirie par chemin de fer*, n° 614).

**545.** Mais s'il faut entendre largement le mot *détenteurs* employé par l'art. 419, on ne peut étendre par analogie les peines qu'il édicte à une coalition entre consommateurs qui s'engagent, sans manœuvres frauduleuses, à ne plus user d'une marchandise déterminée aussi longtemps que le prix n'en aura pas été abaissé. Cette coalition n'a même pas le caractère d'un délit ou quasi-délit civil, donnant lieu à dommages-intérêts en faveur du producteur, surtout si elle a en face d'elle un producteur investi d'un monopole, tel qu'une compagnie du gaz, sauf à rechercher dans quelle mesure et pour quel temps les contractants sont valablement liés entre eux par un tel accord et par les clauses pénales qu'ils y ont attachées (Paris, 13 janv. 1887, aff. Société du gaz de Rambouillet, D. P. 87. 2. 451). — Comp. *suprà*, n° 134.

**546.** On a vu au *Rép.* n°ˢ 429 et 424 que la coalition est assimilée à un moyen frauduleux d'opérer la hausse ou la baisse, sans avoir besoin d'être déclarée telle. Et il a été jugé qu'une convention ayant pour but et pour effet d'opérer la hausse ou la baisse du prix de la marchandise, et que les juges du fait, par une appréciation souveraine des conséquences qu'elle a amenées, ont considérée comme empreinte de coalition, tombe sous l'art. 419, encore qu'il soit allégué qu'elle n'a eu d'autre mobile que l'intention de mettre un terme à des manœuvres déloyales, nuisibles à la concurrence naturelle du commerce (Crim. rej. 16 mai 1843, aff. Mestre et Adam, D. P. 43. 1. 289). Jugé aussi que l'art. 419 atteint le traité par lequel des individus, exerçant dans une même localité une industrie semblable, s'engagent pour un temps indéterminé, à maintenir à un taux invariable les façons de certains objets de leur commerce, encore que ce taux ait été fixé à un chiffre favorable aux prétentions des ouvriers qu'ils occupent (Nancy, 23 juin 1851, aff. Ulrich, D. P. 53. 2. 99). Mais on a vu cependant, par tout ce qui précède, qu'une coalition peut avoir un but légitime qui l'empêche d'être délictueuse d'après l'esprit de la loi ; et la cour de Paris, le 24 août 1860 (aff. Fourreurs de peau de lapin, D. P. 60. 5. 59) a, par exemple, déclaré non délictueux le fait par des artisans de s'être réunis et entendus pour faire augmenter le prix de leurs travaux sans manœuvres dolosives ni coalition frauduleuse.

**547.** La nécessité d'un résultat effectif en hausse ou en baisse, pour rendre la coalition délictueuse, nécessité dont on a vu diverses applications au *Rép.* n°ˢ 426 et suiv., et *ibid.*, v° *Voirie par chemins de fer*, n° 612, a été reconnue par un autre arrêt qui décide, en outre, que la hausse produite doit avoir été l'effet de la coalition, et que des boulangers, par exemple, coalisés pour opérer la hausse, doivent être renvoyés des poursuites, s'il est constaté par le juge du fait, souverain à cet égard, que le résultat illicitement recherché s'est produit par une cause autre que la coalition (Crim. rej. 14 juill. 1854, aff. Chauvin, D. P. 54. 1. 301). A plus forte raison serait licite et même valable une convention qui n'enlève pas le droit de vendre et de fixer librement les prix, par exemple la convention par laquelle les principaux fabricants d'une ville s'engagent à faire vendre leurs produits par un seul entrepositaire sous la sanction d'une certaine somme payable à ce dernier à titre d'amende par le contrevenant, et malgré la fixation d'un minimum de prix à l'entrepositaire comme base destinée à asseoir son droit de commission et la proportion des avances qu'il aura à faire, si cette indication n'a pas eu pour objet la limitation des prix de vente, l'entrepositaire ayant pu vendre et ayant vendu en effet à des prix différents, et les fabricants étant restés libres de céder leurs marchandises au prix qu'il leur conviendrait de fixer (Lyon, 18 nov. 1848, aff. Botto, D. P. 49. 2. 69).

**548.** Si la coalition prévue par l'art. 419 est punissable distinctement de tout autre moyen frauduleux, il n'est pas nécessaire non plus de trouver et de constater les caractères d'une véritable coalition tendant à ne vendre la marchandise qu'à un certain prix, pour appliquer l'autre partie de l'art. 419, si l'on a constaté que la hausse exagérée du prix de la marchandise, obtenue par un traité entre principaux détenteurs, a été le résultat de moyens frauduleux (Nancy, 2 avr. 1851, aff. Tropez Pelloquin, D. P. 54. 5. 119).

**549.** Il est à remarquer aussi que l'absence d'un des éléments constitutifs du délit de coalition prévu par l'art. 419, que ce soit la pluralité de coalisés, ou l'unité de marchandise, ou le résultat effectif en hausse ou en baisse, n'empêche pas, en vertu de la législation spéciale sur l'exploitation commerciale des chemins de fer (art. 14 de la loi du 15 juill. 1845), l'assimilation au délit de coalition de tout traité non approuvé par le Gouvernement entre une compagnie de chemin de fer et une entreprise de transports correspondant avec elle à l'exclusion des autres entreprises desservant la même route (V. *infrà*, v° *Voirie par chemin de fer*; — *Rép.*,

eod. v°, n°ˢ 610 et suiv. Mais l'autorisation du Gouvernement a pour effet de couvrir ce délit spécial.

**550.** Un pouvoir souverain appartient aux juges du fond pour reconnaître les faits constitutifs soit d'une coalition punie par l'art. 419, soit d'une atteinte à la liberté commerciale rendant la convention nulle (Crim. rej. 14 juill. 1854, aff. Chauvin, D. P. 54. 1. 301 ; 13 janv. 1879, aff. Ramanatxo et Abella, D. P. 79. 1. 77 ; Req. 11 févr. 1879, aff. Courmerie et cons., D. P. 79. 1. 345). Mais ils n'en ont pas moins pour devoir, quand les faits ont été formellement articulés et spécifiés par une partie, de faire connaître ceux qu'ils retiennent et ceux qu'ils écartent, afin que la cour de cassation puisse exercer le contrôle qui lui appartient au point de vue des conséquences juridiques des faits retenus ou écartés; et, par exemple, l'arrêt qui, répondant à l'articulation la plus explicite en fait, se borne à déclarer que le syndicat dont les agissements sont incriminés « ne paraît pas avoir le caractère délictueux d'une association illicite », viole d'une part l'art. 419 de la loi du 20 avr. 1810 en ce qu'il ne motive pas suffisamment sa décision par cette appréciation simplement dubitative, et viole d'autre part les art. 1133 c. civ., et 419 c. pén. en ce qu'il déclare licite une convention qui, d'après certaines circonstances de la cause autorisant cette présomption, aurait constitué une véritable coalition, ourdie en vue d'élever le prix de la marchandise donnant lieu au litige (Req. 10 mai 1882, aff. Solvay et comp. *Gaz. des trib.* 26 mai 1882).

**Art. 3.** — *Des accaparements et autres faits frauduleux tendant à procurer la hausse ou la baisse des marchandises et denrées.* — *Marchandises incorporelles.* — *Papiers et effets publics* (Rép. n°ˢ 435 à 437).

**551.** N'ayant rien à ajouter aux indications du *Répertoire* sur la double nécessité de la fraude et du résultat dans les divers faits délictueux de l'art. 419 autres que la coalition, tels que bruits faux, ou calomnieux suroffres, accaparements, etc., nous reprendrons ici, en commun avec ces divers faits, celui de coalition, pour examiner (ce que nous n'avons pas fait encore) à quelles sortes de marchandises peuvent s'appliquer ces divers chefs de l'art. 419.

**552.** L'art. 419 c. pén., tant pour le délit de coalition que pour les autres moyens frauduleux d'opérer la hausse ou la baisse, s'applique, comme on l'a vu au *Rép.* n°ˢ 423 et 424, à toute marchandise dans le sens le plus large du mot, y compris les marchandises incorporelles, comme celles qui font l'objet des contrats de transport, d'affrètement, d'assurance (V. aussi pour les transports par chemin de fer et les traités ayant un caractère exclusif entre une compagnie de chemin de fer et un service de correspondance, *infrà*, v° *Voirie par chemins de fer* et *Rép.* eod. v°, n°ˢ 610 et suiv.).

**553.** Mais une difficulté particulière s'est élevée en ce qui concerne les valeurs de bourse autres que les papiers et effets publics visés par l'art. 419, particulièrement en ce qui concerne *les actions des sociétés purement privées*, soit qu'il s'agisse de coalition comme il s'en est formé dans ces derniers temps, à côté de sociétés financières, sous le nom de syndicats, entre souscripteurs d'actions de ces sociétés, visant et parvenant à en faire monter le cours pour les revendre à gros bénéfices, soit qu'il s'agisse de manœuvres d'accaparement ou d'agiotage pratiquées sans coalition par les directeurs mêmes de ces sociétés en vue du même résultat. Les variations de la jurisprudence sont intéressantes à suivre sur cette question. La cour de Paris, qui s'était prononcée contre l'application de l'art. 419 aux effets privés, dans un arrêt du 1ᵉʳ juin 1843, approuvé au *Rép.*, v° *Trésor public*, n° 1437, a admis au contraire cette application le 19 mars 1883 (aff. Bontoux et Féder, D. P. 83. 1. 426), et le 27 déc. 1884 (aff. Saunier et Richard Kœnig D. P. 86. 1. 389). Mais la cour de cassation, le 30 juill. 1885, dans la seconde de ces deux affaires (D. P. 88. 1. 389), sur le rapport de M. le conseiller Auger, a cassé l'arrêt de Paris et déclaré inapplicable l'art. 419, comme l'avait fait de son côté la cour de cassation de Belgique le 8 juill. 1878 (*Pasicrisie belge*, 1878, t. 1, p. 399). Dans une autre affaire, Perraud et autres, la cour de Lyon, le 12 mars 1885 (D. P. 86. 2. 136-137), appliqua l'art. 419 comme l'avait fait la cour de Paris dans les espèces précédentes. Mais sur renvoi après cassation pour vice de forme (Crim. cass. 26 janv. 1886, D. P. 86. 1. 429) la cour de Grenoble, le 15 juill. 1886 (D. P. 87. 1. 353), adopta l'opinion contraire qui venait de prévaloir devant la cour suprême, dans l'affaire Saunier et Richard Kœnig. Et la cour de Bourges, le 2 août 1888 (D. P. 89. 2. 49), sur nouveau renvoi après cassation quant au refus de statuer la qualification d'escroquerie (Crim. cass. 28 mai 1887, D. P. 87. 1. 353), écarta encore l'application de l'art. 419 mais pour admettre celle de l'art. 405 aux faits autres que la simple réunion ou coalition. La cour de Paris s'est elle-même rangée à cette jurisprudence par deux arrêts, l'un du 18 mars 1887 (aff. Actionnaires du Crédit général français, D. P. 88. 2. 131), l'autre du 28 avr. 1887 (aff. Labat et autres D. P. 88. 2. 105), déclarant que « les associations prohibées par la loi, lorsqu'elles ont trait soit à des denrées ou marchandises soit à des papiers ou effets publics, sont licites quand elles ne portent que sur des actions de sociétés privées,... surtout quand ces syndicats ne sont nullement occultes, qu'ils ont fonctionné régulièrement, et qu'on ne relève dans les agissements de leurs directeurs d'autres manœuvres que l'association même »;... « qu'un syndicat formé pour la vente et le placement des actions d'une société n'a en soi rien d'illicite, qu'il soit formé par un groupe ou par la totalité des souscripteurs primitifs, quelque peu honorable que soit généralement le but en vue duquel il est formé et quelle que puisse être l'altération de la sincérité du cours des valeurs syndiquées qui peut en être la conséquence ».

**554.** Les arguments de l'un et l'autre système sont surtout présentés dans l'arrêt de Paris du 19 mars 1883 pour l'extension de l'art. 419, et dans l'arrêt de cassation du 30 juill. 1885 pour sa restriction. — Le premier système fait remarquer que les actions de sociétés sont de véritables marchandises au sens légal du mot pour ceux qui en font l'objet de leurs spéculations, et que la jurisprudence a dû le décider maintes fois pour reconnaître à ces spéculations la nature d'actes de commerce ; que l'art. 419 n'a pu vouloir les exclure, alors qu'elles subissent si sensiblement l'influence de l'offre et de la demande et qu'elles se prêtent plus que toute autre marchandise aux manœuvres d'accaparement et autres, capables de fausser les cours ; que, lors de la discussion de la loi de 1867 sur les sociétés, cette interprétation de l'art. 419, donnée par le garde des sceaux, M. Baroche, et confirmée par le rapporteur, M. Mathieu, fit seule écarter un amendement tendant à incriminer d'une manière absolue

tout achat par une société de ses propres actions ; et que, dans la discussion de la loi de 1885 sur les marchés à terme, un article destiné à la consacrer, déjà voté par la Chambre, fut rejeté par le Sénat comme inutile après l'arrêt de 1883. — Mais on peut répondre que le législateur de 1885, comme celui de 1867, s'abstenant de statuer à cause d'un arrêt ou d'une déclaration qui le rassurait, n'a fait que laisser la question entière et se reposer, avec trop de confiance peut être, sur une jurisprudence qui, en 1867, n'était pas conforme aux déclarations ministérielles, ou qui en 1885 pouvait changer de nouveau ; que dans l'art. 419 (disposition pénale et par conséquent d'interprétation étroite), le législateur n'a voulu s'occuper que des choses qui intéressent la généralité des citoyens savoir, les papiers et effets publics dont la valeur ne saurait être attaquée sans porter atteinte au crédit de l'État, et les denrées et marchandises dont la vente et la circulation importent aux intérêts généraux du commerce et qui doivent nécessairement être livrés à la concurrence, ce qui n'est pas le cas des actions de sociétés privées ; que le mot marchandises n'embrasse pas les valeurs de Bourse quand d'autres expressions viennent s'y ajouter pour atteindre quelques-unes de ces valeurs ; que les travaux préparatoires de l'art. 419 montrent bien cette pensée, car il visait d'abord, distinctement des marchandises, tous « papiers et effets négociables », et ces dernières expressions qui déjà assignaient au mot « marchandises » un sens restreint, ont été elles-mêmes remplacées par les mots « papiers et effets publics » ; et qu'enfin cette substitution n'a pas eu pour but, comme on le prétend, de rendre plus certaine l'extension aux lettres de change et aux effets publics qui eût été douteuse dans le texte primitif, mais au contraire d'en restreindre la portée, comme l'a expliqué le comte Begouen, auteur de l'amendement, à propos de l'art. 421 auquel cet amendement s'appliquait dans les mêmes termes. Cette interprétation a prévalu en doctrine comme en jurisprudence. V. notamment Bozérian, La Bourse, n° 412 ; Buchère, Opérations de bourse, n°s 479, 480 ; Ruben de Couder, Dictionnaire de droit commercial, v° Jeux de bourse, n°s 96 et suiv. Comp. supra, v° Bourse de commerce, et infrà, v° Trésor public. — Sur le caractère juridique des syndicats d'actionnaires et des opérations des sociétés sur leurs actions, V. infrà, v° Sociétés.

**CHAP. 6.** — **Du travail des enfants dans les manufactures** (Rép. n°s 438 à 468).

V. infrà, v° Travail.

## Table sommaire

### des matières contenues dans le Supplément et le Répertoire.

## Table des articles du code pénal et des lois commentées dans le Traité de l'Industrie et du Commerce.

## Table chronologique des Lois, Arrêts, etc.

18 juill. Crim. 185 c.
2 août. Traité de com. avec le Zollverein. 211 c.
15 nov. Paris. 343 c,
18 nov. Req. 430 c.
28 nov. Paris. 280 c.
4 déc. Trib. corr. Seine. 243 c. 248 c.
19 déc. Paris. 235 c.
26 déc. Cons. d'Et. 335 c.
29 déc. Crim. 281 c.
31 déc. Trib. civ. Seine. 268 c.

**1863**

6 janv. Instr. min. int. 45 c.
20 janv. Ordon. 135 c.
22 janv. Cons. d'Et. 336 c.
3 févr. Trib. com. Seine. 318 c.
7 févr. Paris. 280 c.
13 févr. Crim. 271 c.
28 févr. Pau. 519 c.
28 févr. Ordon. de police. 45 c.
4 mars. Paris. 474 c.
16 mars. Civ. 112 c.
18 mars. Lyon. 244 c.
23 mars. Colmar. 112 c.
25 mars. Lyon, 239 c., 296 c.
27 mars. Crim. 148 c.
27 mars. Paris. 234 c., 244 c.
11 avr. Crim. 147 c., 148 c., 153 c.
13 avr. Décr. 152 c.
15 avr. Riom. 45 c.
22 avr. Orléans. 273 c.
1er mai. Crim. 294 c.
13 mai. Loi 344 c., 410 c.
23 mai. Loi 58 c.
16 juin. Metz. 110 c.
22 juin. Décr. 21 c., 22 c., 141 c.
28 juill. Loi. 484 c.
6 août. Aix. 128 c.
22 août. Circ. min. de l'agr. et du com. 141 c.
25 août. Metz. 101 c.
28 oct. Rouen. 414 c.
19 nov. Paris. 343 c.
20 nov. Crim. 75 c.
26 nov. Trib. Seine, 272 c.
27 nov. Paris. 242 c.
2 déc. Civ. 484 c.
25 déc. Lyon. 269 c.
16 déc. Paris. 223 c.

**1864**

2 janv. Crim. 75 c.

13 janv. Paris. 353. c., 406 c.
16 janv. Décr. 43 c.
20 janv. Caen. 440 c.
20 janv. Orléans. 389 c., 526 c.
20 janv. Trib. corr. Seine. 223 c.
19 févr. Crim. 63 c.
25 févr. Cons. d'Et. 98 c.
26 févr. Paris. 315 c., 318 c.
10 mars. Crim. 318 c. , 339 c.
22 mars. Civ. 196 c., 315 c., 388 c.
29 avr. Paris. 223 c.
30 avr. Crim. 223 c. , 318 c.
25 mai. Loi, 530 c. , 531 c.
1er juin. Paris. 282 c.
8 juin. Circ. 417 c.
15 juin. Cons. d'Et. 131 c.
17 juin. Crim. 76 c.
20 juin. Caen. 117.
30 juin. Bordeaux. 315 c., 405 c.
30 juin. Traité franco-suisse. 227 c.
5 juill. Paris. 236 c.
9 août. Trib. civ. Seine. 439 c.
12 août. Trib. corr. Seine. 282 c.
16 août. Douai.110 c.
31 août. Douai.110 c.
16 nov. Paris. 243 c.
27 déc. Circ. min. de l'agr. et du com. 141 c.

**1865**

5 janv. Paris. 315 c., 389 c.
9 janv. Bordeaux. 519 c.
11 janv. Besançon. 121 c.
14 janv. Cons. d'Et. 131 c.
20 janv. Décr. 50 c.
27 janv. Trib. corr. Seine. 223 c.
31 janv. Paris. 276 c.
4 févr. Civ. 368 c.
4 févr. Crim. 223 c., 318 c.
7 févr. Circ. min. int. 37 c.
25 mars. Crim. 17 c., 53 c., 280 c., 283 c.
10 mars.Dijon.104 c., 105 c.
12 mai. Paris. 519 c.
15 mai. Paris. 252 c.
17 mai. Décr. 49 c.
19 mai. Paris. 431 c., 455 c.
27 mai.Paris.278 c.
17 juin. Cons. d'Et. 98 c.
18 juin. Décr. 64 c.
20 juin. C. cass. Belgique. 213 c.
22 juin. Trib. civ. Seine. 222 c.
24 juin. Paris. 310 c.
30 juin. Crim. 254 c., 272 c., 277 c.,

278 c., 295 c., 297 c.
30 juin. Paris. 341 c.
3 juill. Civ. 27 c.
5 juill. Req. 110 c.,118 c.,119 c., 268 c.
5 juill. Civ. 10 c., 100 c., 227 c.
7 juill. Trib. com. Pays-Bas. 211 c.
13 juill. Paris. 236 c.
8 août. Douai. 281 c.
9 août. Bordeaux. 333 c.
12 août. Paris. 205 c.
15 août. Décr. 211 c.
26 août. Décr. 48 c.
29 août. Cons. d'Et. 464 c.
19 sept. Trib. com. Lyon. 439 c.
25 oct. Trib. com. Seine. 121 c.
8 nov. Lyon. 519 c.
4 déc. Orléans. 372 c., 273 c.
30 déc. Crim. 233 c., 322 c.

**1866**

13 janv. Crim. 273 c.
24 janv. Civ. 110 c.
25 janv. Paris. 310 c.
15 févr. Paris. 278 c.
21 mars. Douai. 512 c., 525 c.
6 avr. Trib. civ. Seine. 222 c., 310 c., 405 c.
9 avr. Crim. 445 c., 417 c.
18 avr. Décr. 48 c.
20 avr. Crim. 14 c.
27 avr. Paris. 196 c.
9 mai. Loi, 66 c.
23 mai. Décr. 27 c., 143 c.
15 juin. Rouen. 278 c.
16 juin. Paris. 278 c.
22 juin. Req. 110 c.
22 juin. Loi.337 c.
22 juill. Loi. 48 c., 113 c.
19 juill. Bordeaux. 351 c.
20 juill. Douai. 512 c.
27 juill. Crim. 196 c.
3 août. Dijon. 444 c.
5 août. Paris. 125 c.
16 août. Paris. 239 c.
11 déc. Trib. rég. Hambourg. 306 c.
31 déc. Décr. 48 c.

**1867**

17 janv. Paris. 17 c., 317 c.
17 janv. Trib. com. Seine. 507 c.
28 janv. Aix. 236 c., 281 c.,285 c.
24 janv. Aix. 287 c.
26 janv. Crim. 132 c.
28 janv. Paris. 110 c.
9 févr. Décr. 49 c.
28 févr. Crim. 53 c.
28 févr. Trib. corr. Seine. 272 c., 280 c.
14 mars. Caen. 385 c.
15 avr. Paris. 281 c.
1er mai.Colmar. 438 c., 452 c.

3 mai. Crim. 357 c.
5 mai. Dijon. 309 c., 462 c.
9 mai. Crim. 152 c.
5 juin. Paris. 227 c., 437 c., 499 c., 504 c.
5 juin. Douai. 241 c., 244 c., 281 c.
11 juill. Paris. 434 c.
18 juill. Crim. 75 c.
24 juill. Loi. 59 c., 60 c., 554 c.
27 juill. Pau. 461 c.
1er août. Crim. 358 c.
12 sept. Trib. com. Seine. 197 c.
2 nov. Trib. corr. Seine. 243 c.
17 nov. Trib. corr. Seine. 272 c.
21 nov. Crim. 141 c.
21 nov. Paris. 281 c.
29 nov. Crim. 141 c.
3 déc. Civ. 136 c.
4 déc. Trib. corr. Seine. 268 c., 272 c.
17 déc. Bordeaux. 316 c., 400 c.
21 déc. Paris. 400 c.
24 déc. Crim. 152 c.

**1868**

12 janv. Paris. 282 c.
15 janv. Décr. 65 c.
15 janv. Trib. corr. Seine. 279 c.
16 janv. Paris. 432.
19 janv. Trib. civ. Rouen. 282 c.
31 janv. Paris. 281 c.
12 févr. Req. 125 c., 279 c.
3 mars. Req. 115 c.
5 mars. Paris. 431 c.
13 mars. Crim. 79 c.
26 mars. Crim. 75 c.
28 mars. Paris. 281 c.
31 mars. Trib. civ. Seine. 497 c.
22 avr. Décr. 64 c.
4 mai. Req. 518 c.
5 mai. Crim. 196 c.
11 mai. Loi. 36 c.
18 mai. Paris. 346 c., 376 c., 408 c.
16 mai. Trib. civ. Seine. 497 c.
18 mai. Req. 118 c.
22 mai. Loi. 165 c., 238 c., 256 c.
26 mai. Paris. 220 c.
8 juill. Dijon. 462 c.
20 juill. Trib. corr. Seine. 289 c.
28 août. Paris. 23 c.
11 sept. Trib. com. Seine. 109 c.
14 nov. Crim. 27 c.
17 nov. Req. 402.
23 déc. Paris. 254 c.
31 déc. Trib. civ. Seine. 195 c.
31 déc. Crim. 53 c.
28 févr. Trib. corr. Seine. 472 c.

**1869**

2 janv. Trib. civ. Seine. 403 c.
15 janv. Perpignan. 321 c.

3 févr. Orléans. 519 c.
4 févr. Paris. 311 c.
19 févr. Trib. Seine. 504 c., 524 c.
4 mars. Lyon.297 c.
23 mars. Paris. 352 c.
2 avr. Paris. 507 c., 524 c.
16 avr. Conv. Etats-Unis. 211 c.
23 avr. Paris. 504 c., 507 c., 509 c.
26 avr. Req. 154 c.
7 mai. Angers. 123 c.
15 mai. Paris. 471 c.
12 juin. Caen. 189 c.
22 juin. Req. 318 c.
30 juin. Trib. civ. Seine. 809 c.
23 juill. Crim. 54 c., 97 c.
23 juill. Lyon. 267 c., 268 c.
28 juill. Traité fr.-amér.
3 août. Dijon. 318 c.
18 août. Req. 120 c.
18 août. Paris. 117 c.
20 août. Trib. com. Angers. 461 c.
8 oct. Trib. corr. Seine. 497 c.
9 nov. Req. 437 c.
15 déc. Paris. 282 c.

**1870**

19 janv. Trib. com. Seine. 392 c.
11 févr. Grenoble. 809 c., 457 c.
11 févr. Paris. 272 c. 451 c.
28 févr. Req. 482 c.
4 mars. Angers. 456 c., 461 c.
4 mars. Lyon. 296 c.
9 mars. Req. 525 c.
12 mars. Aix. 352 c., 507 c., 525 c.
12 mars. Paris. 236 c., 273 c.
17 mars. Lyon.241 c., 244 c., 272 c., 485 c.
23 mars. Paris. 308 c., 310 c., 322 c., 494 c.
24 mars. Lyon. 504 c.
8 avr. Trib. com. Seine. 288 c.
14 mai. Crim. 265 c., 266 c.
19 mai. Paris. 317 c., 392 c.
27 mai. Crim. 207 c., 329 c.
3 juin. Lyon. 254 c., 297 c.
28 juin. Paris. 272 c., 281 c.
17 nov. Crim. 27 c.
1er juill. Paris. 239 c.
28 juill. Crim. 24 c.
31 août. Loi. 56 c.
4 sept. Décr. 84 c.
5 sept. Décr. 86 c.
10 sept. Décr. 34 c., 35 c.

**1871**

19 juin. Loi. 64 c.
28 juin. Trib. civ.

Bordeaux. 392 c.
5 juill. Loi. 279 c.
2 août. Loi. 93 c.
30 août. Art. 67 c.
4 sept. Loi. 36 c., 93 c.
12 oct. Conv. de Francfort. 211 c.
11 nov. Caen. 364 c.
21 déc. Paris. 395 c.

**1872**

2 avr. Paris. 507 c., 524 c.
31 janv. Décr. 48 c.
2 févr. Paris. 345 c., 348 c.
21 févr. Req. 139 c.
22 mars. Crim. 75 c.
25 avr. Paris. 428 c., 455 c., 456 c., 457 c., 460 c.
30 avr. Trib. corr. Epernay. 356 c., 357 c.
22 mai. Lyon.124 c.
15 juill. Paris. 502 c.
27 juill. Loi. 62 c., 268 c.
31 juill. Loi. 62 c., 359 c., 393 c.
2 août. Loi. 196 c.
8 août. Lyon. 440 c.
5 nov. Paris. 434 c.
13 nov. Lyon.441 c.
4 déc. Trib. corr. Lille. 341 c., 343 c.
7 déc. Crim. 79 c.
19 déc. Crim. 14 c.
24 déc. Paris. 319 c.

**1873**

23 janv. Loi. 39 c.
1er févr. Aix. 118 c.
6 févr. Bordeaux. 339 c.
7 févr. Trib. corr. Seine. 359 c.
13 févr. Trib. civ. Seine. 286 c.
15 févr. Paris. 483 c.
17 févr. Paris. 319 c.
27 févr. Trib. corr. Seine. 315 c., 330 c.
10 mars. Paris. 236 c., 273 c.
9 avr. Colmar. 227 c.
10 avr. Circ. min. int. 84 c.
16 avr. Req. 105 c.
18 avr. Trib. corr. Seine. 310 c.
10 mai.Lyon.288 c.
19 mai. Décr. 48 c.
20 juin. Bordeaux. 308 c., 359 c.
12 juin. Lyon. 309 c., 484 c., 441 c.
18 juin. Crim. 158 c.
5 juill. Paris. 502 c.
11 juill. Req. 123 c.
21 juill. Lyon. 319 c.
21 juill. Paris. 505 c.
23 juill. Traité avec l'Angleterre 211 c.

23 juill. Req. 506 c.
26 juill. Crim. 339 c., 890 c.
5 août. Rouen. 504.
8 août. Décr. 162 c.
24 août. Décr. 69 c.
8 oct. Décl. Zollverein. 211 c.
11 nov. Req. 121.
14 nov. Crim. 315 c.
14 nov. Trib. corr. Seine. 401 c.
17 nov. Bordeaux. 438, 441 c.
26 nov. Douai. 30 c.
26 nov. Loi. 162 c., 200 c., 203 c., 205 c., 207 c., 238 c., 249 c.
27 nov. Paris, 239 c.
6 déc. Crim. 77 c.
20 déc. Orléans. 315 c.
31 déc. Trib. corr. Reims. 30 c.

**1874**

12 janv. Paris. 310 c., 316 c., 362 c.,445 c.
29 janv. Loi. 211 c.
5 févr. Crim. 30 c.
5 févr. Besançon. 513 c.
5 févr. Paris.448 c.
11 févr. Trib. corr. Douai. 30 c.
10 mars. Douai. 30 c.
12 mars. Nîmes. 30 c.
14 mars. Décr. 333 c., 407 c.
22 avr. Paris. 259 c.
9 mai. Trib. civ. Seine. 315 c., 330 c.
19 mai. Trib. corr. Domfront.393 c.
28 mai. Crim. 247 c., 312 c., 316 c.
1er juin. Req. 391 c., 441 c.
1er juill. Lyon. 309 c.
18 juin. Nîmes.361 c., 363 c.
20 juin. Nancy.285 c.
20 juin.Crim.317 c.
25 juin. Décr. 305 c., 335 c.
3 août.Décr.305 c., 452 c.
7 août.Toulouse. 30 c.
16 déc. Nancy. 542 c.
30 déc. Req. 880 c.

**1875**

6 janv. Req. 445 c.
7 janv. Paris. 495 c.

27 janv. Paris. 808 c.
29 janv. Paris. 243 c., 808 c.
6 févr. Crim. 318 c., 361 c., 362 c.
6 févr. Req. 311 c., 319 c., 491 c.
6 févr.Paris.51 c.
6 févr.Paris. 239 c., 296 c., 297 c.
6 févr.Crim.154 c.
15 févr. Paris. 516 c.
8 mars.Décr.48 c.
8 mars. Loi. 90 c.
9 mars. Lyon. 240 c.
10 mars.Paris.254 c., 257 c.
15 mars. Req. 528.
19 mars.Paris.350 c., 352 c.
15 avr.Paris.120 c.
22 avr. Paris. 283 c., 254 c.
6 mai.Req.433 c.
8 mai. Trib. civ. Seine. 315 c.
1er juin. Trib. civ. Seine. 326 c.
11 juin. Paris. 375 c.
24 juin.Crim.29 c.
2 juill.Lyon.507.
20 juill. Agen.320 c., 443 c., 492 c.
3 août.Décr. 161 c.
24 août. Décr.48 c.
4 nov.Crim.154 c.
9 nov. Lyon.41 c.
18 nov. Paris. 207 c., 223 c.
27 nov. Lyon.506.
3 déc. Crim. 35 c.
29 déc. Loi. 30 c.

**1876**

4 janv. Trib. corr. Rouen. 23 c.
15 janv. Crim. 350 c., 352 c.
15 janv. Paris. 317 c.
4 mars. Angers. 465 c.
10 mars.Paris. 263 c., 266 c.
17 mars.Paris. 810 c.
18 mars.Trib.corr. Seine. 280 c.
20 mars.Rioun.124 c.
20 mars.Crim. 151 c.
4 avr. Montpellier. 30 c.
12 avr. Décl. Brésil. 211 c.
24 avr. Dijon. 30 c.
24 avr.Crim.284 c.
11 mai.Bordeaux. 148 c., 150 c., 151 c.
12 mai.Crim.160 c.
29 juin. Crim. 58 c.
26 juin.Crim.340 c., 361 c.
27 juill. Paris. 253 c., 254 c., 263 c., 280 c., 296 c.
29 juill. Paris. 430 c.
11 oct. Trib. com. Seine. 435 c.
18 nov. Crim. 223 c., 280 c., 321 c., 445 c., 450 c. 451 c.
27 nov. Aix. 345 c.
6 déc. Nancy. 130 c.

**1877**

6 janv. Trib. corr. Seine. 278 c.

3 févr. Trib. com. Seine. 435 c.
7 févr. Trib. corr. Seine. 239 c., 272 c.
22 févr.Nîmes.308
23 févr. Crim. 147 c., 151 c., 154 c.
23 févr. Nîmes. 308
28 févr. Trib. corr. Seine. 244 c., 272 c., 274 c., 278 c.
3 mars.Trib.corr. Seine. 339 c., 341 c.
6 mars.Trib.corr. Seine. 315 c.
17 mars. Alger. 58
21 mars.Trib.corr. Seine. 236 c.
27 mars. Req. 480 c.
13 avr. Crim. 404 c.
14 avr. Paris. 341 c., 343 c.
31 avr. Trib. corr. Seine. 23 c.
25 avr. Besançon. 506
3 mai. Crim. 73 c.
4 mai. Trib. civ. Seine. 221 c.
25 mai. Loi allom. 270 c.
28 mai. Décr. 306 c.
1er juin. Trib.com. Seine. 243 c., 272 c.
11 juin.Req. 105 c.
14 juin. Trib. com. Seine. 243 c.
23 juin. Loi. 368 c.
6 juill.Crim. 92 c.
14 juill. Trib.corr. Saint - Étienne. 35 c.
18 juill. Paris.439, 22 juill. Montpellier. 85 c.
23 juill. Paris. 260 c., 309 c.
24 juill. Trib. de paix de Tarbes. 30 c.
24 juill.Trib. corr. Rouen. 85 c.
27 juill.Trib. corr. Meaux. 85 c.
4 août. Toulouse. 35 c.
9 août.Décis.min. 321 c.
10 août.Trib. corr. Alais. 35 c.
16 août. Rennes. 541 c.
22 août. Trib.corr. Bordeaux. 35 c.
22 août.Trib.corr. Senlis. 85 c.
31 août. Limoges. 35 c.
août.Trib.corr. Marmande.35 c.
16 nov. Crim. 30 c.
27 nov. Trib. civ. Seine. 237 c.
11 déc. Trib.corr. Seine. 272 c., 282 c.
22 déc. Civ. 341 c.
22 déc.Crim.327 c.
27 déc.Loi. 424 c.

**1878**

3 janv. Civ. 382 c.
3 janv. Crim. 141 c., 250 c., 361 c., 363 c.
30 janv. Civ. 480 c.
30 janv. Trib. civ. Compiègne. 381 c.

---

2 févr. Paris. 293 c.
16 févr. Crim. 28 c.
28 févr. Loi. 498 c.
9 mars. Paris. 24 c.
9 mars. Loi. 80 c.
16 mars.Trib.com. Seine. 326 c.
23 mars. Paris. 443 c.
29 mars. Déclar. roy. 23 c.
8 avr. Loi. 165 c.
15 avr. Civ. 388 c.
15 avr. Civ. 318 c., 444 c.
24 avr. Alger. 123 c.
7 mai.Décr. 48 c.
8 mai.Trib.Seine. 227 c., 228 c., 318 c., 320 c., 345 c., 447 c., 504 c.
8 mai. Trib. com. Seine. 443 c.
14 mai. Trib. corr. Seine. 281 c.
17 mai. Crim. 141 c.
22 mai. Trib. corr. Seine. 316 c.
29 mai. Trib. civ. Lorient. 498 c.
20 mai. Trib. civ. Seine. 497 c.
25 juin. Trib. de Pont-l'Évêque. 135 c.
29 juin. Paris. 272 c.
6 juill Paris. 239 c.
8 juill. C.cass. de Belgique; 553 c.
12 juill. Paris. 221 c.
2 août. Amiens. 430 c., 432 c.
6 août. Req. 110 c.
17 août. Trib. civ. Charleville. 321 c.
19 nov. Aix. 106 c. déc. Paris. 318 c., 223 c., 308 c.

**1879**

3 janv. Paris. 315 c.
11 janv. Crim. 30 c.
13 janv. Civ. 542 c.
13 janv. Crim. 550 c.
14 janv. Circ. min. agr. et comm. 68 c.
11 févr. Req. 541 c., 550 c.
24 févr.Trib. Nice. 308 c., 315 c.
15 mars. Paris. 248 c.
20 mars. Aix. 326 c.
3 avr. Paris. 315 c., 324 c., 357 c., 363 c.
7 avr. Trib. civ. Seine. 317 c.
17 avr. Trib. civ. Seine. 240 c., 32 c.
22 avr. Décr. 48 c.
25 avr. Paris. 280 c., 374 c., 383 c.
3 mai. Conv. Venezuela. 211 c.
13 mai. Décr. 91 c.
17 mai. Paris. 242 c., 254 c.
18 mai. Paris. 316 c.
19 mai. Paris. 236 c.

---

27 mai. Lyon. 244 c.
29 mai. Alger. 278 c., 292 c., 350 c., 383 c.
31 mai. Trib. civ. Havre. 326 c.
6 juin. Req. 119 c.
19 juin. Lyon. 353 c.
23 juin.Circul.gar-de des sceaux. 309 c.
26.juin. Arrêté min. postes jet télégr. 91 c.
27 juin. Civ. 236 c.
30 juin. Décr. 211 c.
2 juill. Besançon. 38 c.
8 juill. Req. 472 c.
15 juill. Req. 430 c., 432 c.
21 juill. Loi. 89 c.
6 août. Besançon. 315 c.
26 août.Trib.Périgueux. 136 c.
27 août. Trib. civ. Seine. 244 c.
296 c.
12 nov. Crim. 147 c., 148 c.
29 nov. Crim. 425 c.
10 déc. Dijon. 308 c.
19 déc. Loi fédérale suisse.198 c.

**1880**

3 janv. Crim. 150 c., 154 c.
6 janv. Paris. 428 c., 470.
10 janv. Paris. 243 c.
13 janv.Req. 218 c., 220 c., 223 c., 308 c. 318 c., 321 c., 334 c., 339 c.
13 févr. Paris. 240 c.
27 févr.Crim.147 c.
25 févr. Paris. 292 c.
27 févr. Paris. 198 c.
27 févr. Civ. 385 c.
27 févr. Crim. 449 c., 451 c., 465 c.
14 mars.Civ.443 c.
14 mars. Lyon.389 c.
26 mars. Trib. civ. Havre. 280 c.
27 mars. Conv. Luxembourg. 211 c.
7 avr. Conv. Danemark. 211 c.
21 avr. Trib. civ. Lunéville.233 c.
30 avr. Décr. 50 c.
1er mai. Crim. 242 c., 243 c.
1er mai. Trib. corr. Seine. 269 c., 279 c.
14 mai.Cons.d'Et. 60 c.
31 mai. Loi. 30 c., 32 c.
18 juin.Décr.331 c.
21 juin. Bordeaux. 482 c.
12 juill. Loi. 14 c., 113 c.
15 juill. Loi. 14 c., 28 c.
17 juill. Loi. 39 c.
17 juill. Loi. 66 c.
27 juill.Req. 322 c.
10 août. Req. 315 c., 428 c., 456 c., 460 c.
8 nov. Req. 198 c.

---

27 nov.Rouen .309 c.
22 déc. Civ. 500 c.
24 déc. Crim. 75 c.
- Loi. 104 c.

**1881**

8 janv. Lyon. 430 c.
19 juin. Lyon. 353 c.
26 févr. Décr. 48 c.
2 mars.Trib.com. Seine. 468 c., 485 c.
8 mars.Bordeaux. 136 c.
25 mars.Trib.com. Seine. 408 c.
31 mars. Paris. 235 c.
1er avr. Douai. 308 c.
20 avr. Loi. 150 c.
30 avr. Douai. 308 c.
5 mai. Arr. Cons. 67 c.
27 mai. Trib. civ. Grenoble. 239 c.
27 mai.Trib.fédér. suisse. 227 c.
10 juin.Crim. 76 c.
20 juin. Paris. 315 c.
5 juill.Loi.165 c., 238 c., 298 c.
22 juill. Crim.15 c.
28.juill. Loi. 30 c., 33 c., 34 c., 35 c., 36 c., 54 c., 304 c.
4 août. Orléans. 443 c.
12 août. Paris. 217 c.
19 août. Paris. 316 c.
21 août. Toulouse. 147 c.
24 août. Trib. corr. Saint-Gaudens. 135.
31 oct. Conv. franco-belge. 216 c.
3 nov. Traité de com. avec l'Italie. 201 c., 211 c., 262 c.
9 nov.Circ. garde des sceaux.32 c.
25 nov. Crim. 236 c.
3 déc. Limoges. 233 c.
19 déc. Trib. com. Portugal. 211 c.
20 déc.Trib. corr. Seine. 235 c., 274 c.
28 déc. Traité de com. Espagne. 211 c.
31 déc. Trib. civ. Seine. 363 c., 425 c.
22 févr. Paris. 240 c.
23 févr.Conv.franco-suisse.201 c.
26 mai.Crim.93 c.
28 févr.Rouen. 315 c.
28 févr.Conv. avec l'Angleterre. 211 c.
15 mars.Paris.260 c., 277 c.

---

18 mars. Trib. civ. Seine. 272 c.
24 mars. Crim. 147 c.
25 mars.Décr.48 c.
2 avr. Bruxelles. 280 c.
5 avr. Bruxelles. 280 c.
15 avr. Trib. corr. Seine. 24 c.
2 avr. Loi. 211 c.
2 mai. Req. 107 c.
4 mai. Trib. civ. Havre. 317 c.
5 mai. Crim. 357 c., 374 c., 381 c., 383 c.
10 mai. Req. 550 c.
11 mai.Loi.211 c.
13 mai. Loi.211 c.
13 mai.Décr.211 c.
14 mai. Traité de com. Italie. 201 c.
25 mai. Trib. com. Seine. 254 c.
5 juin.Req.106 c.
15 juin. Paris. 308 c.
22 juin. Circ. min. des trav. publ. 131 c.
23 juin. Paris. 152. c., 459.
25 juill.Req.131 c.
29 juill. Crim. 152 c., 315 c.
3 août. Trib. Besançon. 30 c.
6 août. Trib. Châlon-sur-Saône. 339 c.
1er sept.Trib.com. Seine. 242 c.
9 sept. Décl. Répubi.domin.241 c.
17 nov. Cons. d'Et. 131 c.
9 déc. Liège. 469 c., 479 c.
16 déc. Orléans. 315 c.
19 déc. Req. 40 c.
30 déc. Chambéry. 413 c., 416 c.

**1883**

16 janv. Riom. 469 c.
17 janv. Paris. 115 c., 236 c., 237 c., 272 c.
18 janv.Trait é avec la Serbie. 211 c.
24 janv. Paris. 460 c.
17 févr.Crim. 23 c., 24 c.
27 févr. Paris. 416 c., 418 c.
27 févr. Lille. 339 c., 376 c., 383 c.
1er mars. Paris. 58 c.
19 mars. Paris. 553 c.
20 mars.Conv.avec divers Etats.105 c., 212 c., 214 c., 215 c., 420 c.
14 avr. Lyon. 315 c., 489 c., 492 c.
5 mai. Crim. 341 c., 369 c., 381 c., 392 c., 459 c.
7 juin. Paris. 810 c.
**1885**
14 janv. Crim. 32 c., 244 c., 504 c.
17 janv. Crim. 210 c., 321 c., 334 c.
2 juin. Paris. 121 c.
2 févr.Douai. 290.

---

5 juin.Rouen. 223 c., 310 c., 318 c., 339 c., 405 c., 461 c.
16 juin.Crim. 63 c.
20 juin. Décr. 48 c.
26 juin. - Orléans. 477 c.
30 juin. Liège. 468 c.
30 juin. Lyon. 243 c.
13.juill. Paris. 308 c., 316 c., 358 c.
17 juill.Loi. 211 c.
19 juill.Paris. 121.
7 août. Req.131 c.
22 août. Bordeaux. 111 c.
18 nov. Paris. 318 c.
9 déc. Décr. 50 c.
13 déc. Trib. civ. Seine. 296.
28 déc. Alger. 514 c.

**1884**

7 janv. Civ. 432 c., 461 c., 463 c., 477 c.
15 janv. Douai. 315 c.
18 janv. Cons.d'Et. 39 c.
22 janv.Crim.36 c.
24 janv. Paris. 310 c.
25 janv. Loi. 25 c., 212 c.
20 nov. Crim. 140 c., 144 c.
26 janv. Trib. cor. Angoulême. 215 c.
2 févr. Besançon. 243 c.
18 févr.Traité avec l'Autriche-Hongrie. 211 c.
23 févr.Crim. 368 c., 413 c., 415 c., 416 c.,417 c.
8 mars. Loi.211 c.
21 mars.Civ.262 c.
21 mars.Crim.236 c., 244 c., 272 c.
31 mars. Loi. 580 c., 532 c.
5 avr. Loi. 494 c.
20 c., 23 c., 30 c., 32 c., 63 c., 73 c., 98 c., 144 c.
28 avr. Civ. 124 c., 499 c.
5 mai.Req. 474 c.
22 mars. Loi. 193 c., 446 c.
6 juin. - Règl. d'adm. publ. 25 c.
6 juill. Décr. 212 c.
12 juill.Décr. 48 c.
30 juill. Req. 523 c., 318 c., 339 c.
14 nov. Décr.48 c.
18 nov. Req. 100 c.
5 déc. Trib. civ. Seine. 217 c.
27 déc. Paris. 553 c.

**1886**

26 janv. Crim. 553 c.
27 janv. Paris. 212 c.
8 mars.Loi.211 c., 416 c.,417 c.
1er févr. Loi.211 c.
8 févr. Grenoble. 345 c., 347 c., 382 c., 388 c., 394 c., 457 c.
10 févr. Bordeaux. 476 c.
24 févr.Crim. 147 c., 121 c.
25 févr. Circ. 417 c.
27 févr. Crim. 465 c.
4 mars.Paris.473 c.
14 mars. Crim. 379 c.
16 mars. Civ. 115 c.
22 mars. Loi. 193 c.
4 avr. Cons.d'Et. 76 c.
14 avr. Chambéry. 405 c.
30 avr. Loi.163 c., 467 c., 520 c., 521 c., 525 c.
3 mai. Décr.48 c.
3 mai. Décr.48 c.
11 mai. Circ.417 c.
11 mai. Conv. 420 c.
20 mai. Paris. 416 c.
2 juill.Civ. 463 c.
13 juill. Grenoble. 553 c.
3 août.Trib. corr. St-Quentin. 416 c.
11 août. Bordeaux. 364 c., 463 c.
14 août.Trib. corr. Nancy. 416 c.
10 sept.Trib.corr. Havre. 416 c.
24 nov. Paris. 126 c.

---

27 nov. Traité avec le Mexique. 211 c.
13 mars. Trib. corr. Seine. 236 c.
13 mars. - Cons. d'Et. 53 c.
20 mars.Décr.48 c.
28 mars. Loi. 530 c., 533 c.
30 mars. Civ. 107 c., 109 c.
**1887**
10 avr.Aix. 310 c., 316 c.
13 avr..Douai. 316 c.
9 mai. Trib. corr. Seine. 308 c., 359 c.
21 mai. Paris. 288 c.
1er juill. Lyon. 311 c., 312 c.
10 juill. Décl. Répubi. sud-afric. 211 c.
11 juill. Loi. 65 c.
13 juill. Civ.514 c.
22 juill. Bordeaux. 338 c.
30 juill. Crim. 553 c., 554 c.
5 août. Loi. 86 c.
14 août. Loi. 64 c.
21 oct. Circ. min. com. 328 c.
30 oct. Crim. 30 c.
9.nov. Paris. 124 c., 481 c.
11 nov. Loi. Uruguay. 192 c.
18 nov. - Cons. d'Et. 77 c.
42 déc.Trib.Seine. 223 c.
17 déc. Liège. 477 c.

**1887**
6 janv.Bruxelles. 445 c.
12 janv. Trib. civ. Marseille. 357 c.
13 janv. Paris. 134 c., 545 c.
19 janv. Orléans. 316 c.
19 janv. Paris. 236 c.
2 févr. Trib. civ. Chambéry. 482 c.
3 févr. Amiens. 33 c.
11 févr. Paris. 110 c.
17 févr. Trib.com. Seine. 510 c.
5 mars. Décr. 48 c.
14 mars. Loi. 155 c.
14 mars.Trib.corr. Bordeaux. 416 c.
18 mars. Paris. 553 c.
25 mars. Crim. 52 c.
31 mars. Paris. 350 c.
4 avr. Req. 468 c.
5 avr. Loi. 77 c., 87 c.
5 avr. Besançon. 416 c., 420 c.
6 avr. Paris. 430 c.
28 avr. Paris. 553 c.
30 avr. Crim. 416 c.
13 mai. Paris. 416 c.
1er juin. Bordeaux. 316 c., 341 c., 461 c., 525 c.
28 juin. Décr. 211 c.
28 juill. Trib corr. Havre. 523 c.
29 juill. Lyon. 468 c.
6 août. Paris 470 c.
8 sept. Conv. Bolivie. 211 c.
18 sept. Décr. 42 c.
18 sept. Loi. 95 c.
12 déc. Bordeaux. 352 c., 525 c.

**1888**
17 janv. Trib. com. Seine 108.
18 janv.Douai. 316 c., 357 c., 368 c.
21 janv. Limoges. 441 c.
25 janv.Paris. 528 c.
4 févr. Loi. 155 c.
11 févr. Crim. 126 c.

**INFANTICIDE.** — V. *Avortement,* n° 9 ; *Chose jugée,* n° 323 ; *Crimes et délits contre les personnes,* n°s 71 et suiv., 234, 354 et suiv. ; *Médecine ;* — *Rép.* vis *Avortement,* n° 1 et suiv. ; *Crimes et délits contre les personnes,* n° 78 et suiv., 244 et suiv. ; *Chose jugée,* n° 476 ; *Médecine,* n° 100.

**INFIRMATION.** — V. *Appel civil,* n°s 14 et 207 ; *Compte,* n°s 18 et suiv. ; *Degrés de juridiction,* n°s 187 et suiv., 208 et suiv. ; *Jugement ;* — *Rép.* vis *Appel civil,* n°s 90, 1173, 1249, 1307, 1309, 1316 ; *Chose jugée,* n° 362 ; *Compétence administrative,* n° 345 ; *Compétence commerciale,* n° 40 ; *Compétence criminelle,* n° 104 ; *Compte,* n°s 14, 71 et suiv., 140 ; *Degrés de juridiction,* n°s 471, 495 et suiv., 535, 605, 666 et suiv., 669 et suiv. ; *Expert-expertise,* n° 47 et 166 ; *Frais et dépens,* n°s 134, 281, 560 et suiv. ; *Jugement,* n° 337.

**INGRATITUDE.** — V. *Dispositions entre-vifs et testamentaires,* n°s 504 et suiv., 565, 586, 1064 et suiv. ; *Substitution ; Succession ;* — *Rép.* vis *Adoption,* n°s 135, 219 et suiv. ; *Dispositions entre vifs et testamentaires,* n°s 135, 219 et suiv., 1833 et suiv., 1847 et suiv., 2109, 4295 et suiv. ; *Substitution,* n° 444.

**INHUMATION.** — V. *Acte de commerce,* n° 193 ; *Acte de l'état civil,* n° 69 ; *Culte,* n°s 106, 113, 814 et suiv., 912, 919, 960 et suiv. ; *Commune,* n°s 378 et suiv., 593 et suiv. ; *Conseil d'Etat,* n°s 141 et 207 ; *Hospices-hôpitaux,* n° 152 ; — *Rép.* vis *Acte de commerce,* n° 196 ; *Acte de l'état civil,* n°s 284 et suiv., 311, 509 et suiv. ; *Culte,* n°s 162, 166, 739 et suiv. ; *Commune,* n° 955 ; *Droit maritime,* n° 755 ; *Frais et dépens,* n° 1061 ; *Hospices-hôpitaux,* n°s 234 et suiv.

**INJURES.** — V. *Appel criminel,* n° 99 ; *Compétence civile des tribunaux de paix,* n°s 78 et suiv. ; *Compétence criminelle,* n°s 156 et suiv. ; *Contravention,* n° 131 ; *Douanes,* n°s 509 et suiv. ; *Garde champêtre,* n°s 66 et 68 ; *Gendarmerie,* n° 43 ; *Ministère public ; Presse-outrage ;* — *Rép.* vis *Appel criminel,* n° 151 ; *Compétence civile des tribunaux de paix,* n°s 185 et suiv. ; *Compétence criminelle,* n°s 241 et suiv. ; *Degrés de juridiction,* n° 22 ; *Douanes,* n°s 776 et suiv. ; *Exploit,* n°s 728 et suiv. ; *Fonctionnaire public,* n°s 19, 26 et suiv., 32 et suiv., 43, 127 et suiv., 140 ; *Impôts indirects,* n°s 199 et suiv., 436 ; *Presse-outrage,* n°s 893 et suiv.

**INNAVIGABILITÉ.** — V. *Droit maritime,* n°s 675 et suiv., 1094 et suiv., 2032 et suiv. ; — *Rép.* eod. v°, n°s 104, 443, 451, 469 et suiv., 983 et suiv., 1998, 2002 et suiv., 2063 et suiv., 2082 et suiv.

**INONDATION.** — V. *Commune,* n°s 338, 781, 797 et suiv. ; *Dommage-destruction,* n°s 187 et suiv. ; *Droit rural,* n°s 155, 179 et 188 ; *Eaux,* n°s 82, 88, 234, 442, 455, 534 et suiv. ; — *Rép.* vis *Assurances terrestres,* n° 113 ; *Bois et charbons,* n° 32 ; *Commune,* n°s 1032, 1308 et suiv. ; *Dommage-destruction-dégradation,* n°s 324 et suiv. ; *Droit rural,* n°s 158 et 185 ; *Eaux,* n°s 192 et suiv., 253 et suiv., 391, 457 et suiv. ; *Place de guerre,* n°s 26 et 131 ; *Travaux publics,* n°s 64 et n° suiv. ; *Voirie par eau,* n°s 42 et 232 ; *Voirie par terre,* n° 1085.

**INSCRIPTION DE FAUX.** — V. *Acte de l'état civil,* n°s 97 et suiv. ; *Arbitrage-arbitre,* n° 104 ; *Chasse,* n° 525 ; *Degrés de juridiction,* n° 89 ; *Désaveu,* n° 15 ; *Exploit,* n°s 22 et 26 ; *Expropriation publique,* n°s 406 et suiv. ; *Faux et fausse monnaie,* n°s 393, 401, 407 et suiv. ; *Faux incident,* n°s 15 et suiv., 33 et suiv. ; *Frais et dépens,* n°s 573 et 739 ; *Gendarmerie,* n° 17 et suiv. ; *Obligations ; Pêche ; Procès-verbal ; Régime forestier ; Vins et boissons ;* — *Rép.* vis *Acte de l'état civil,* n°s 291, 308, 389 et suiv. ; *Arbitrage-arbitre,* n°s 697, 949 et suiv., 1119 ; *Avoué,* n° 53 ; *Bigamie,* n° 40 ; *Cassation,* n°s 1101 et suiv. ; *Commune,* n° 1582 ; *Compétence criminelle,* n° 275 ; *Conseil d'Etat,* n°s 360 et suiv. ; *Contrainte par corps,* n°s 832 et suiv. ; *Défense,* n° 198 ; *Degrés de juridiction,* n° 249 ; *Demande nouvelle,* n°s 172 et 237 ; *Désaveu,* n° 79 ; *Enregistrement,* n° 175 ; *Exploit,* n°s 41, 287, 323, 334 ; *Expropriation publique,* n° 253 ; *Faux et fausse monnaie,* n°s 463 et suiv. ; *Faux incident,* n°s 27 et suiv., 34 et suiv., 62 et suiv. ; *Forêts,* n° 553 ; *Frais et dépens,* n° 90 ; *Gendarmerie,* n° 36 ; *Obligations,* n°s 3140 et suiv., 3260 et 3733 ; *Pêche fluviale,* n°s 195 et suiv. ; *Procès-verbal,* n°s 131 et suiv., 151 et suiv., 200 et suiv., 285 et suiv., 355 et suiv., 373 et suiv., 495 et suiv., 514 et suiv., 642 et suiv., 740 ; *Vente administrative,* n° 197 ; *Impôts indirects,* n° 190, 438 et suiv. ; *Jugement,* n°s 48 et suiv., 323 et suiv.

**INSCRIPTION MARITIME.** — V. *Droit maritime,* n° 739 ; *Organisation maritime ; Pêche maritime ;* — *Rép.* vis *Droit maritime,* n°s 612 et suiv., 629 ; *Organisation maritime,* n°s 22, 171 et suiv., 212, 392 et suiv., 516, 581 et suiv., 618, 742, 1125 et suiv. ; *Pêche maritime,* n° 40.

**INSOLVABILITÉ.** — V. *Chasse,* n° 386 ; *Contrainte par corps,* n°s 42, 63 et suiv., 66, 68, 131 et suiv. ; *Contrat de mariage,* n°s 338, 470 et 1180 ; *Faillites et banqueroutes,* n° 259 ; *Impôts directs,* n°s 424 et 434 ; *Obligations, Succession, Vente ;* — *Rép.* vis *Absence-absent,* n°s 90, 421 et 617 ; *Cautionnement,* n°s 130, 197, 222 et 424 ; *Chasse,* n° 308 ; *Contrainte par corps,* n°s 661 et suiv., 672 et suiv., 698, 715 et suiv. ; *Effets de commerce,* n°s 547 et 666 ; *Enregistrement,* n° 5043 ; *Faillites et banqueroutes,* n°s 64, 73, 140 et suiv., 268 et suiv., 1399 ; *Fonctionnaire public,* n° 96 ; *Impôts directs,* n°s 424 et 534 ; *Obligations,* n°s 966 et suiv., 1298 et suiv., 1434 et suiv., 1532; *Succession*, n° 1390 ; *Vente*, n°ˢ 903 et suiv. ; *Vente administrative*, n° 43 ; *Vente publique d'immeubles*, n°ˢ 1638 et suiv., 1923, 2086 et suiv.

**INSTITUTEUR.** — V. *Attentat aux mœurs*, n°ˢ 57 et 63 ; *Commune*, n°ˢ 227, 315 et suiv. ; *Crimes et délits contre les personnes*, n° 191 ; *Organisation de l'instruction publique;* — *Rép.* v^ˢ *Acte de commerce*, n°ˢ 96 et suiv. ; *Attentat aux mœurs*, n°ˢ 98 et suiv., 122 ; *Commune*, n°ˢ 220, 228, 416 et suiv. ; *Compétence commerciale*, n° 56 ; *Droits civils*, n° 543 ; *Organisation de l'instruction publique*, n°ˢ 180, 194 et suiv., 213, 222 et suiv., 480, 490 et suiv., 499 et suiv.

**INSTRUCTION ADMINISTRATIVE.** — Tout ce qui concerne l'instruction et la procédure devant les juridictions administratives a été étudié, d'une manière plus complète, au *Rép.* v° *Organisation administrative*, n°ˢ 151 et suiv., 409 et suiv.; on y reviendra, *infrà*, eod. v°. — V. toutefois, en ce qui touche l'instruction des affaires portées devant le conseil d'Etat statuant au contentieux, *suprà*, v° *Conseil d'Etat*, n°ˢ 334 et suiv.

## INSTRUCTION CIVILE.

### Division.

Art. 1. — Notions préliminaires sur la procédure (n° 1).
Art. 2. — De l'instance et de son introduction, de la constitution d'avoué, et des actes d'avoué à avoué (n° 2).
Art. 3. — De la mise au rôle, de la signification des défenses et de la poursuite d'audience (n° 4).
Art. 4. — De l'instruction de la cause à l'audience (n° 13).
Art. 5. — De l'instruction de la cause après un jugement préparatoire ou interlocutoire, et des commissions rogatoires (n° 17).
Art. 6. — De la comparution des parties (n° 23).

### Art. 1^er. — *Notions préliminaires sur la procédure* (*Rép.* n°ˢ 2 à 10).

**1.** En ce qui concerne les généralités sur la procédure et l'historique, il nous suffira de renvoyer au *Rép.* n°ˢ 2 à 10.

### Art. 2. — *De l'instance et de son instruction ; de la constitution d'avoué et des actes d'avoué à avoué* (*Rép.* n°ˢ 11 à 29).

**2.** Pendant les vacances, ainsi qu'on l'a exposé au *Rép.* n° 20, chaque tribunal a sa *chambre de vacations*, chargée d'expédier les affaires sommaires ou requérant célérité. — Aujourd'hui les cours d'appel et les tribunaux civils d'arrondissement sont en *vacances* chaque année, non plus du 1^er septembre au 1^er novembre, comme il a été dit au *Répertoire*, mais depuis le 15 août jusqu'au 15 octobre (Décr. 4 juill. 1885, modifiant la date fixée par des décrets antérieurs, D. P. 86. 4. 7).

**3.** La demande en justice ou ajournement produit des effets très importants, ainsi qu'on l'a vu au *Rép.* n° 21. Elle constitue le litige qui, jusque-là, n'existait pas encore. Elle fixe le terrain du débat, jusqu'à ce que des conclusions viennent le modifier. Aussi c'est à elle qu'on doit se référer, pour savoir si le juge a statué sur tous les chefs de demande qui lui étaient soumis, s'il n'a pas accordé plus qu'il n'était demandé (Req. 28 mars 1855, aff. Bunel, D. P. 55. 1. 165), s'il jugeait en premier ou en dernier ressort (Garsonnet, *Traité de procédure*, t. 2, p. 253 et suiv.; Bioche, *Dictionnaire de procédure*, v° *Ajournement*, n° 106; Carré et Chauveau, *Lois de procédure*, t. 1, p. 276). — C'est l'assignation qui indique la nature de l'action et le caractère de la juridiction qui doit en connaître. Il n'est pas au pouvoir du juge de changer la nature de l'action qui lui est déférée, et de statuer en une qualité autre que celle sous laquelle il a été saisi (Cass. 24 févr. 1837; *Rép.* n° 21). De même, on doit s'attacher à l'exploit introductif d'instance pour savoir quelle est celle des deux parties en cause qui a la qualité de demandeur (Civ. rej. 10 déc. 1839, *Rép. ibid.*).

### Art. 3. — *De la mise au rôle, de la signification des défenses et de la poursuite d'audience* (*Rép.* n°ˢ 30 à 45).

**4.** Le soin de mettre l'affaire au *rôle* du tribunal incombe à l'avoué du demandeur, si le défendeur n'a pas encore constitué d'avoué. Dans le cas contraire, c'est le plus diligent des deux avoués qui prend les devants ; l'initiative n'appartient pas plus à l'un qu'à l'autre (Garsonnet, t. 2, p. 271 ; Bonnier, *Traité des preuves*, n° 188). L'avoué qui poursuit la mise au rôle remet au greffier une note appelée *réquisition d'audience* ou *placet*. En ce qui concerne la manière dont elle est rédigée, V. *Rép.* n°ˢ 30 et 31.

**5.** Lorsque le tribunal ne comprend qu'une chambre, le greffier, à l'aide de la note qui lui a été remise, inscrit l'affaire au rôle d'audience, à son rang, avec celles qui doivent venir le même jour, et en remet la liste à l'huissier audiencier qui les appelle à l'ouverture de la séance. — Il en est autrement lorsqu'il y a plusieurs chambres et, à cet égard, un changement s'est produit dans la législation. D'après les art. 59, 60 et 61 du décret du 30 mars 1808, les affaires portées devant les tribunaux composés de plusieurs chambres venaient toutes à la première chambre et étaient appelées à son audience. Si le défendeur n'avait pas constitué avoué, le défaut y était pris ; dans le cas contraire, la cause était distribuée par le président à l'une des chambres (V. *Rép.* n°ˢ 32 et 33). Ce système présentait un grave inconvénient : la première chambre passait des audiences entières à entendre des appels de causes et à rendre des jugements par défaut, au préjudice des affaires inscrites à son rôle dont le jugement se trouvait ainsi différé. Aussi un décret du 2 juill. 1870 (D. P. 70. 4. 54) vint autoriser le tribunal de la Seine, où l'inconvénient signalé était le plus sensible, à décider par un règlement intérieur que les assignations se donneraient indifféremment à toutes les chambres. — Un décret du 10 nov. 1872 (D. P. 72. 4. 136) a rendu cette manière de procéder obligatoire et l'a étendue à tous les tribunaux composés de plusieurs chambres ; il a modifié en conséquence les art. 59 et 62 du décret de 1808. Au début, on craignit que cette innovation ne surchargeât les avoués en les obligeant à courir de chambre en chambre, avec des appels très rapprochés les uns des autres, pour requérir les défauts, prendre des renseignements utiles, etc. (*Le Droit* du 21 nov. 1872): La pratique a montré que ces plaintes étaient chimériques.

**6.** Voici en quoi consiste la nouvelle procédure. Chaque affaire commence par être inscrite à un rôle général, dans l'ordre où elle se présente. Puis le président du tribunal distribue les affaires portées à ce rôle entre les diverses chambres ; chacune d'elles a un rôle particulier (Décr. 30 mars 1808, nouvel art. 59). A raison de leur gravité, le président distribue à la première chambre, où il siège habituellement : 1° les affaires qui concernent l'Etat, les départements, les communes et les établissements publics ; 2° les contestations relatives aux délibérations des conseils de famille, envois en possession de biens d'absents, autorisations de femmes mariées, rectification d'actes de l'état civil. Sont distribuées à une chambre particulière, désignée par un règlement intérieur du tribunal, les affaires relatives aux contributions indirectes, aux lois forestières, aux droits d'enregistrement, de greffe et d'hypothèque, et aux loteries légalement autorisées. On veut assurer ainsi une jurisprudence uniforme sur ces questions. Quant aux affaires qui ont un rapport de litispendance ou de connexité avec celles dont le tribunal est déjà saisi, et celles qui ne sont comprises dans aucune catégorie spéciale, elles sont distribuées « de la manière le plus convenable pour l'ordre du service et l'accélération des affaires » (Décr. 30 mars 1808, nouveaux art. 56, 59 et 60 ; Décr. 18 août 1810, art. 34; L. 11 avr. 1838, art. 7). A Paris, le contentieux des domaines appartient à la huitième chambre (Ord. 13 juin 1837, art. 1); les affaires d'enregistrement sont distribuées à la seconde chambre (Ord. 20 août 1840, art. 1).

La répartition des affaires que nous venons d'indiquer n'est pas rigoureusement obligatoire. Les textes cités n'attribuent pas à chaque chambre une compétence particulière et exclusive. Le président peut déléguer à une chambre une partie des affaires attribuées ordinairement à une autre. C'est ce qui arrivera, lorsque le rôle de cette dernière sera surchargé (Décr. 18 août 1810, art. 35). Cette délégation, dans tous les cas, est présumée faite pour le bien du service. — V. sur ce point *Rép.*, v° *Organisation judiciaire*, n°ˢ 190-191. — Rappelons que les affaires peuvent être renvoyées d'une chambre civile à une chambre correctionnelle, et vice versâ (Garsonnet, t. 1, p. 74 et 138). Les chambres de vacations n'ont pas non plus une compétence exclusive (Ibid., n° 11).

**7.** La distribution faite par le président est indiquée en marge du rôle général, et reproduite sur chaque placet par le commis-greffier attaché à la première chambre. Il est extrait, pour chaque chambre, sur le rôle général, un rôle particulier des affaires qui lui auront été distribuées ou renvoyées. Ce rôle particulier est remis au greffier de la chambre qu'il concerne (Décr. 30 mars 1808, nouvel art. 61, correspondant à l'ancien art. 62). — Sur le reste de la procédure, V. Rép. n°s 32 à 35.

**8.** Comme on l'a dit au Rép. n° 39, le délai de quinzaine, donné au défendeur par l'art. 77 c. proc. civ. pour signifier ses défenses, ne court pas toujours à partir de la constitution d'avoué, mais son point de départ doit coïncider avec l'expiration du délai de l'ajournement. La même solution est admise par les auteurs les plus récents (Bioche, v° Défense, t. 1, n° 9, quest. 391 bis; Rodière, Traité de compétence et de procédure, t. 1, p. 222; Garsonnet, t. 2, p. 276.

**9.** On admet généralement l'opinion soutenue au Rép. n° 40, d'après laquelle le défendeur peut anticiper le délai de quinzaine et poursuivre l'audience. (Boitard et Colmet-Daâge, t. 1, n° 189; Rodière, t. 1, p. 223.

**10.** On a examiné au Rép. n° 41, la question controversée de savoir si le défendeur peut anticiper les délais légaux de la comparution. Aujourd'hui on semble admettre, en général, l'affirmative (V. outre les auteurs et arrêts cités au Rép. Boitard et Colmet-Daâge, Rodière, Garsonnet, loc. cit.).

**11.** De même, le demandeur peut renoncer au délai qui lui est accordé par l'art. 78 pour répondre aux moyens signifiés par le défendeur (Rép. n° 42; Garsonnet, t. 2, p. 276, note 12. Boitard et Colmet-Daâge, t. 1, n° 189; Rodière, t. 1, p. 223). Le point de départ de ce délai de huit jours est, d'après la doctrine, enseignée au Rép. n° 42, l'expiration de la quinzaine accordée au défendeur par l'art. 77. Cette doctrine est généralement admise (Bioche, v° Défense, n° 13; M. Garsonnet t. 2, p. 277, note 10, estime, au contraire, que le délai donné au demandeur court à partir de l'expiration de la quinzaine, si c'est ce jour-là que le défendeur a signifié ses requêtes, et du jour même de cette signification si elle a eu lieu plus tôt.

**12.** Pour l'explication des art. 81 et 82 c. proc., civ., V. Rép. n°s 43 à 45 et les auteurs cités, Adde: Garsonnet, t. 2, p. 278.

### ART. 4. — De l'instruction de la cause à l'audience
### (Rép. n°s 46 à 73).

**13.** On a indiqué au Rép. n°s 46 et suiv. les cas où il y a lieu de joindre deux causes. Quelques espèces nouvelles se sont présentées en jurisprudence. Ainsi il a été jugé: 1° qu'une cour saisie de deux appels interjetés contre des jugements dont l'objet est connexe peut ordonner la jonction des deux appels et statuer par un seul et même arrêt, quoique ces jugements aient été rendus l'un dans une instance civile et l'autre dans une instance commerciale (Req., 23 mars 1864, aff. Lippmann, D. P. 64. 1. 479); — 2° Que, dans l'hypothèse où l'on a interjeté appel par un seul exploit de deux jugements rendus sur contredits en matière d'ordre et où l'on en demande l'infirmation par un seul et même dispositif de conclusions, la cour peut statuer par un seul et même arrêt, encore bien que l'intimé demandé la disjonction, en prétendant que la décision à intervenir sur le premier jugement modifiera ses moyens relativement à l'appel du second (Caen, 8 mars 1843) (1).

**14.** On a dit au Rép. n° 50, que la jonction est prononcée par jugement, soit sur les conclusions prises par la partie intéressée, soit d'office par le tribunal. — Décidé que la jonction de deux causes pendantes devant le même tribunal, entre les mêmes parties et ayant un objet identique, peut être ordonnée d'office par ce tribunal (Req. 30 nov. 1852, aff. Jacquin, D. P. 53. 1. 270).

**15.** La jonction n'a pas pour conséquence de modifier la nature et le caractère des demandes. Ainsi il a été décidé que la jonction, prononcée par jugement, de deux instances dont chacune était principale, n'a pas pour effet d'en changer la condition sous ce rapport, et que, par suite, elle laisse chacune de ces instances sous l'empire des règles qui lui sont propres (Civ. cass. 26 févr. 1868, aff. Eymard, D. P. 68. 1. 223).

**16.** Sur la confection du rôle, la signification des conclusions, leur rédaction, les plaidoiries, V. Rép. n°s 56 et suiv.

### ART. 5. — De l'instruction de la cause après un jugement préparatoire ou interlocutoire, et des commissions rogatoires
### (Rép. n°s 74 à 92).

**17.** Au Rép. n° 76, on a défini la commission rogatoire le mandat donné par le tribunal saisi d'un litige à un juge d'un autre siège, à l'effet de procéder à un acte d'instruction. Ce mandat peut être donné à un simple juge, et il n'est pas nécessaire que le magistrat ainsi délégué soit compétent pour le jugement de l'affaire. Ainsi il a été décidé qu'un juge de paix peut être chargé, par délégation, de procéder à une enquête, quoiqu'il ne soit le juge des parties, ni à raison de leur domicile, ni à raison de la situation de l'objet litigieux (Req., 8 mars 1852, aff. Baillargeaux, D. P. 52. 1. 73). De même, une commission rogatoire peut être donnée à un agent diplomatique français (De Clercq et de Vallat, Formulaire des chancelleries, t. 2, p. 387). Jugé aussi qu'aucune disposition de la loi belge du 31 déc. 1851, sur les consulats et la juridiction consulaire, ne s'oppose à ce qu'un tribunal belge délégue le consul belge dans un pays de chrétienté, pour entendre lui-même ou faire entendre par le juge du lieu les témoins établis dans ce pays qui ont refusé ou ont été empêchés de comparaître devant la juridiction saisie de la contestation (Gand, 9 avr. 1887, aff. Barré, D. P. 89. 2. 86). — V. aussi suprà, v° Enquête, n° 124.

**18.** Un tribunal ne peut déléguer qu'un tribunal d'ordre égal ou inférieur; il ne peut donner commission rogatoire à un tribunal supérieur, Rép. n° 84 (Garsonnet, t. 2, p. 107, note 25; Rousseau et Laisney, Dictionnaire de procédure, v° Commission rogatoire, n° 6.

**19.** On peut aussi déléguer un juge étranger, ainsi qu'il a été dit au Rép. n° 83. C'est ce qu'admettent tous les auteurs (Bioche, v° Enquête n° 119; Chauveau sur Carré, t. 2, quest. 988 ter, Chambre du conseil, Supplément quest. 3417; Fœlix, Droit international privé, t. 1, n°s 239 et suiv.; Bertin, t. 2, n° 1379; Garsonnet, t. 2, p. 107, note 27). La jurisprudence s'est aussi prononcée en ce sens; Pau, 29 avr. 1861, aff. Samitier, D. P. 62. 2. 75); Chambéry, 4 déc. 1874, aff. X... (D. P. 75. 2. 96). A l'inverse, les tribunaux français reçoivent des commissions rogatoires de tribunaux étrangers (Rép. n° 83). Mais, dans aucun cas, les magistrats français ne doivent correspondre directement avec les autorités judiciaires à l'étranger. Toutes les commissions rogatoires doivent être transmises au garde des sceaux (Décis. min. 3 juin et 19 juill. 1826; Circ. min. 5 avr. 1841, 12 mai 1855. V. également Circ. min. just. 13 nov. 1885, en ce qui concerne les communications judiciaires avec l'Allemagne, et principalement avec les tribunaux d'Alsace-Lorraine (Bull. min. just. 1885, p. 208 et ibid., 1886, p. 3. — Cependant, les magistrats français peuvent communiquer directement avec les tribunaux de certains pays étrangers, tels que la Suisse. — V. à cet égard, Circ. min. just. 22 janv. 1885, Bull. min. just., 1885, p. 2. V. aussi les tempéra-

(1) (Chancerel C. Tardif.) — LA COUR: — Considérant que les jugements des 23 juillet et 10 août 1842 ont été rendus sur les contredits élevés dans un seul et même état d'ordre; — Que Tardif en a porté l'appel par un seul et même exploit et en demande l'infirmation par un seul et même dispositif de conclusions; qu'en pareil cas tout concourt pour faire ordonner qu'il sera statué par un seul et même arrêt; — Considérant que les héritiers Chancerel ne s'opposent à ce qu'il en soit ainsi, que parce qu'ils prétendent que leurs moyens relativement à l'appel

du second jugement seront différents, selon ce que la cour décidera sur l'appel du premier; mais qu'ils peuvent pourvoir sous ce rapport à tous leurs intérêts, en prenant, ainsi que cela se pratique en pareil cas, des conclusions principales et subsidiaires, suivant que la décision sur le premier appel serait rendue dans l'un ou l'autre sens; — Ordonne qu'il sera statué par un seul et même arrêt sur les appels des jugements des 23 juillet et 10 août 1842; — Condamne les héritiers Chancerel aux dépens de l'incident. Du 5 mars 1845.-C. de Caen.

ments apportés par les circulaires ministérielles des 25 juin et 27 juill. 1885 (*Bull. min. just.* 1885, p. 72 et 140). Ces règles sont applicables en matière criminelle (Rousseau et Laisney, v° *Commission rogatoire*, n° 12).

**20.** Un juge ou agent diplomatique français ne peut, sans commettre un déni de justice, décliner la mission qui lui est confiée (*Rép.* n° 89; Chauveau sur Carré, t. 6, n° 3419 *bis*; Garsonnet, t. 2, p. 280, note 28). Un tribunal étranger, au contraire, peut refuser son concours à la justice française; la délégation n'est pas obligatoire pour lui (Garsonnet, t. 2, p. 107).

Le juge ou l'agent diplomatique français, chargé d'une commission rogatoire, doit suivre les mêmes formes que la cour ou le tribunal qui l'a délégué. Les parties, en effet, ont le droit de se prévaloir des garanties qui résultent de l'observation des formalités légales, et d'exiger qu'elles soient suivies, non seulement quand le juge compétent procède lui-même aux actes d'instruction, mais aussi lorsqu'il a délégué ses pouvoirs à un autre juge (Rodière, t. 1, p. 471; Garsonnet, *loc. cit.*). La jurisprudence a fait application de cette règle en matière d'enquête (V. *Rép.* v° *Enquête*, n°s 30 102, 103, 502). Mais les juges étrangers, saisis d'une commission rogatoire par un tribunal français, ne sont astreints, pour l'exécuter, qu'aux formes usitées dans leur propre pays. La même règle s'applique, en sens inverse, aux commissions rogatoires envoyées à un juge français par un tribunal étranger (Chauveau sur Carré, t. 2, quest. 988 *ter*; suppl. quest. 3448 *ter*; Bertin, t. 2, n°s 1370 et suiv.; Fœlix, t. 1, n°s 239 et suiv.; Garsonnet, t. 2, p. 8). — Il a été décidé: 1° que la commission rogatoire donnée à un juge étranger doit être exécutée selon les formes du pays dans lequel il y est procédé et, notamment, que la commission adressée par un tribunal français à un juge espagnol est valablement exécutée, bien que la partie n'ait pas été citée pour assister à l'enquête, la loi espagnole n'exigeant pas une citation pour les enquêtes faites sur commission rogatoire (Pau, 29 avr. 1861, aff. Samitier, D. P. 62. 2. 75); — 2° Qu'on ne peut relever devant les tribunaux français aucun défaut de formalité dans les actes, notamment une enquête, auxquels il a été procédé par un tribunal suisse en vertu d'une commission rogatoire délivrée conformément à la convention diplomatique du 15 juin 1869, mais qu'on peut invoquer la nullité résultant de l'omission des formalités préliminaires qui doivent précéder en France (Chambéry, 4 déc. 1874, aff. X..., D. P. 75. 2. 96).

**21.** Les jugements ou arrêts, qui délèguent un tribunal ou un simple juge pour procéder à une mesure d'instruction peuvent être rendus soit en audience publique, soit en chambre du conseil (Bertin, *Chambre du conseil*, t. 2, p. 618; Chauveau sur Carré, *Supplément* quest. 3417 *bis*; Rousseau et Laisney, v° *Commission rogatoire*, n° 3).

**22.** Lorsqu'un jugement ou un arrêt délègue un magistrat pour accomplir un acte d'instruction, il doit indiquer ce magistrat par sa qualité, et non pas le désigner par son nom patronymique. Toutefois, l'indication du nom de ce magistrat ne saurait vicier et rendre nulle la délégation, lorsque le magistrat ainsi désigné exerçait encore sa fonction quand la délégation lui est parvenue (Req. 11 nov. 1867) (1).

**Art. 6. — De la comparution des parties** (*Rép.* n°s 93 à 107).

**23.** On a dit au *Rép.* n° 93 que la comparution des parties peut avoir lieu soit en matière civile, soit en matière commerciale. De même, les juges peuvent l'ordonner entre toutes parties et en tout état de cause, toutes les fois qu'on ne se heurte pas à une disposition prohibitive du code civil (Sur tous ces points V. Bioche, v° *Comparution des parties*, n° 3, Rodière, t. 1, p. 462; Garsonnet, t. 2, p. 435, note 11; Rousseau et Laisney, t. 2, v° *Comparution des parties*, n° 3; Chauveau et Carré, t. 1, p. 588, § 85).

**24.** Au *Rép.* n° 95, on a examiné la question de savoir si la comparution peut être ordonnée dans les causes où la preuve testimoniale ne serait pas admissible. Adde, dans le sens de l'affirmative : Mourlon, *Répétitions écrites sur le code de procédure civile*, n° 223; Rousseau et Laisney, n° 4; Bioche, v° *Comparution des parties*, n° 2.

**25.** La comparution des parties peut être ordonnée d'office par le tribunal, alors que les parties ne la demandent pas. Ainsi qu'on l'a dit au *Rép.* n° 94, le juge jouit d'un pouvoir discrétionnaire pour apprécier s'il convient de recourir à ce moyen d'instruction. Cette solution n'est pas contestée (Aux auteurs et arrêts cités au *Rép.*, *Adde* : Garsonnet, t. 2, p. 415, note 9; Bioche, *Comparution des parties*, n° 4). — Il a été jugé que les tribunaux peuvent, à leur gré, admettre ou rejeter la demande à fin de comparution personnelle des parties; que, par exemple, ils peuvent, sans violer aucun principe de droit, refuser d'ordonner cette comparution à raison de la situation personnelle des parties litigantes (Req. 10 nov. 1879, aff. Bouillod, D. P. 80. 1. 390). Dans cet ordre d'idées, il a été décidé que l'arrêt qui juge le procès au fond rejette, par cela même, les conclusions subsidiaires aux termes desquelles le défendeur demandait la comparution des parties en chambre du conseil, avant qu'il fût statué sur le litige; ce rejet est implicitement motivé, et la mesure sollicitée est écartée comme inutile, du moment où la cour d'appel affirme expressément qu'elle tient pour constant et prouvé le fait que la demande de comparution avait pour but de contester (Req. 4 janv. 1886, aff. Brédin, D. P. 86. 1. 12).

**26.** La comparution des parties a lieu contradictoirement, devant le tribunal tout entier, en audience publique. Elle peut aussi avoir lieu devant un juge commis à cet effet par jugement; et il n'est pas nécessaire que ce juge appartienne au tribunal qui ordonne la comparution. Il n'y a, en effet, aucune raison pour ne pas appliquer ici l'art. 428 c. proc. civ. sur la comparution personnelle en matière commerciale (Garsonnet, t. 2, p. 433, note 6).

**27.** Les parties peuvent aussi être entendues en chambre du conseil; cette solution ressort du même article 428 qu'il convient de généraliser (*Rép.* n° 102; Garsonnet, t. 2, p. 435, note 7; Rodière, t. 1, p. 462). Il a été jugé que le principe de la publicité des plaidoiries et des jugements n'est pas applicable à un simple mode d'instruction; qu'ainsi, le juge peut ordonner la comparution des parties en la chambre du conseil, si, d'après les circonstances de la cause, cette manière de procéder lui paraît devoir conduire, plus sûrement que la comparution en audience publique, à la manifestation de la vérité; et que, par suite, les constatations de fait résultant de ladite comparution ne sauraient être écartées du débat, sous prétexte qu'un pareil mode d'instruction ne pourrait servir de base à une décision de justice (Civ. cass. 12 mars 1879, aff. Rézé, D. P. 79. 1. 272).

**28.** Contrairement à ce qui a lieu pour l'interrogatoire sur faits et articles, les questions qui seront posées à la partie ne lui sont pas signifiées d'avance; en procédant ainsi, on ne s'expose pas à provoquer des réponses toutes préparées et des mensonges prémédités (Boitard et Colmet-Daage t. 1, n° 524; Garsonnet, t. 2, p. 435, note 8).

**29.** On a recherché au *Rép.* n° 97 si le tribunal peut ordonner la comparution d'une seule partie et on s'est prononcé dans le sens de l'affirmative, en ajoutant que l'autre partie peut se rendre à la barre et donner des explications. C'est l'opinion qui a prévalu (Bioche, v° *Comparution des parties*, n° 6; Dutruc, *Supplément aux lois de la procédure civile*, de Carré et Chauveau, v° *Comparution personnelle*, n° 6; Rousseau et Laisney, v° *Comparution des parties*, n° 11).

**30.** Les parties sont les seules personnes dont la comparution personnelle puisse avoir lieu. Cette solution a été indiquée incidemment au *Rép.* v° *Enquête*, n° 27. Le tribunal ne peut pas ordonner d'office la mise en cause de tiers

---

(1) (Clément et Thibaudat C. Jobredeau.) — LA COUR; — ... Sur la troisième branche du moyen, consistant en ce que le jugement du 2 août 1865 aurait désigné pour recevoir la délégation du tribunal de Sarreguemines, M. Mérizot, juge de paix à Nevers, faisant ainsi mention de nom de ce magistrat : — Attendu qu'aucune loi ne défend de mentionner dans une commission rogatoire le nom patronymique du magistrat délégué; — Attendu, d'ailleurs,

qu'à l'époque où la délégation lui est parvenue, M. Mérizot n'ayant pas cessé d'être juge de paix à Nevers, il importait peu que son nom aussi bien que sa fonction fût mentionné dans le dispositif du jugement confirmé par l'arrêt attaqué;

Rejette, etc.

Du 11 nov. 1867.- Ch. req.-MM. Bonjean, pr.-de Vergès, rap.-Savary, av. gén., c. conf.-Gonse, av.

étrangers au procès, dans le but de les interroger sur des faits qui s'y réfèrent. Ce serait faire indirectement une enquête, sans observer les formalités prescrites par la loi et souvent dans des cas où l'admission de la preuve testimoniale est prohibée (Bioche, v° *Comparution des parties*, n° 5; Rousseau et Laisney, v° *Comparution des parties* n° 7; Dutruc, v° *Comparution personnelle*, quest. 502 *quater; Rodière*, t. 2, p. 213; Garsonnet, t. 2, p. 435, note 9). En ce sens, il a été décidé que les juges ne peuvent ordonner qu'une personne étrangère au litige comparaîtra à l'audience pour y être entendue sur les faits de la cause, ce tiers ne pouvant être interrogé que dans la forme prescrite pour les enquêtes (Bordeaux, 24 janv. 1849, aff. Moizan, D. P. 49. 2. 159; Req. 25 nov. 1861, aff. Campadomodely, D. P. 62. 1. 131; Bordeaux, 22 mai 1862) (1). Toutefois, il a été jugé que des étrangers au procès peuvent être mis en cause dans le but de fournir des renseignements sur des faits relatifs au procès (Caen, 6 mars 1847 (2); Trib. du Vigan, 18 août 1854, et sur appel sol. impl. Nîmes, 29 août 1855) (3). Dans tous les cas, il n'y aurait aucune nullité, si le tiers dont la comparution a été ordonnée se présentait et fournissait des renseignements sans opposition des parties, et si le jugement en faisait mention (Bioche, v° *Comparution des parties*, n° 5; Rousseau et Laisney, v° *Comparution des parties*, n° 8).

**31.** Une comparution des parties doit être ordonnée par un jugement rendu dans la forme ordinaire et à l'audience. Il a été jugé : 1° que le moyen tiré de ce qu'une comparution de parties a eu lieu sans qu'un jugement ordonnant cette comparution ait été dressé, ne peut être opposé par la partie qui a volontairement comparu à l'audience, où elle a donné toutes les explications que les juges lui ont demandées (Req. 30 mai 1859, aff. Gaubert, D. P. 59. 1. 462); — 2° Qu'une cour d'appel, pendant son délibéré sur une demande en séparation de corps, ne peut pas ordonner, à titre officieux et sans qu'un arrêt ait été rendu, la comparution personnelle des époux devant elle; que, toutefois, cette irrégularité ne peut pas entraîner la cassation de l'arrêt, lorsque celui-ci a été rendu par adoption pure et simple des motifs des premiers juges, et que, par suite, rien n'indique que la comparution des parties ait amené au procès quelque élément nouveau dont la cour ait fait état (Req. 30 juin 1875, aff. Dauriac, D. P. 76. 1. 442).

**32.** On s'est demandé au n° 100 du *Répertoire* quel est le caractère du jugement qui ordonne une comparution de parties, s'il est interlocutoire, simplement préparatoire, ou même définitif. En principe, a-t-on répondu avec la majorité des auteurs, ce jugement est préparatoire. Dans le même sens, il a été jugé : 1° que, la comparution des parties devant le juge de paix n'étant qu'une mesure d'instruction qui ne préjuge pas le fond, le jugement qui l'ordonne est purement préparatoire et non susceptible d'appel avant le jugement définitif (Civ. rej. 1er juill. 1868, aff. Aribaud, D. P. 68. 1. 452); — 2° Que le jugement par lequel un tribunal de commerce ordonne que l'une des parties et un tiers comparaîtront à l'audience pour répondre aux interpellations qui leur seront adressées, est un jugement préparatoire, et, en conséquence, il n'est susceptible d'appel qu'après le jugement définitif et conjointement avec ce dernier (Civ. cass. 15 juin 1870, aff. Belly, D. P. 71. 1. 162; Nîmes, 29 août 1855, *supra*, n° 30).

**33.** Le jugement qui ordonne une comparution de parties doit-il être levé et signifié? Ce point a été examiné au *Rép.* n° 101. — Parmi les auteurs récents, Rodière, t. 1, p. 462, estime que ce jugement doit être signifié seulement à partie ou domicile. Au contraire, Mourlon, n° 225, Bonnier, t. 1, p. 281, exigent la double signification à avoué et à partie conformément au droit commun et aux dispositions de l'art. 147 c. proc. civ. Il a été décidé, sur ce point, que l'art. 147 c. proc. civ., qui ne permet pas d'exécuter un jugement provisoire ou définitif prononçant une condamnation avant qu'il ait été signifié à partie, s'applique aux jugements interlocutoires ou préparatoires, aussi bien qu'aux autres jugements, et, par exemple, au jugement qui ordonne une comparution de parties; que, par suite, le tribunal ne peut, après un jugement ordonnant une comparution de parties, passer outre à la décision du fond, à l'égard de la partie qui n'a pas comparu, si ce jugement ne lui a pas été signifié (Civ. cass. 8 déc. 1857, aff. Dumesnil, D. P. 58. 1. 58).

**34.** On a dit au *Rép.* n° 103, en exceptant l'hypothèse dans laquelle on procède en chambre du conseil, qu'il n'est pas nécessaire de dresser procès-verbal de la comparution personnelle. Cette précaution peut être utile, mais son omission n'est pas une cause de nullité (Garsonnet, t. 2, p. 434; Bioche, v° *Comparution des parties*, n° 15; Rodière, t. 1, p. 462). Dans cet ordre d'idées, il a été décidé que le juge n'est pas obligé de tenir procès-verbal des explications fournies à l'audience par les parties dont il a ordonné la comparution personnelle, lorsqu'il ne fonde pas son jugement sur ces explications et qu'il se borne, comme il en

---

(1) (Bonyssou Escodéca *C.* Dubreuilh.) — LA COUR; — Attendu que le tribunal a procédé irrégulièrement en ordonnant que Bonyssou Escodéca, l'une des parties, et Fourgeaud, courtier qui avait conclu le marché duquel est résulté le procès, seraient entendus immédiatement à l'audience et fourniraient des explications sur les circonstances relatives à ce marché, le tout en l'absence et, par suite, sans le consentement exprès de Dubreuilh, l'autre partie; que ce mode de procéder n'est, en effet, autorisé par aucune loi; qu'il aurait pour conséquence de faire admettre la preuve testimoniale dans les cas où elle est prohibée, et, dans les cas où elle est permise, de rendre inutiles les garanties dont la loi a voulu l'entourer; — Attendu, néanmoins, que cette irrégularité n'est pas de nature à entraîner la nullité du jugement lui-même, qu'elle doit seulement en déterminer la réformation, s'il n'existe pas de motifs suffisants pour le maintenir en dehors de ceux que le tribunal a puisés dans ses explications, qu'il faut considérer comme non avenues, etc. Du 22 mai 1862. — C. de Bordeaux, 4e ch.

(2) (De Forcy *C.* de Guéroult et de Régnier.) — LA COUR; — Considérant qu'il résulte des lettres des 15 août 1819 et 5 janv. 1820, émanées des auteurs des appelants et dûment enregistrées que toutes les parties qui avaient, en 1817, laissé en commun l'exploitation de la ferme de Durcel et des valeurs mobilières dépendant de la succession de la dame de Calmesnil, avaient consenti, non pas à prendre Corbeau pour arbitre des difficultés auxquelles pouvait donner lieu la liquidation de cette communauté, mais à débattre devant lui les comptes qu'ils se devaient respectivement; qu'à cet effet, les registres et autres documents lui furent remis pour les communiquer aux intéressés; que des explications furent échangées par son intermédiaire; et qu'à raison de la mort de ceux qui prirent part aux discussions qui s'engagèrent alors, il paraît être le seul qui puisse donner des renseignements utiles pour terminer ces vieux comptes; que, dans un pareil état de choses, le tribunal a pu, sans violer aucun principe de droit, autoriser sa mise en cause, non pas, bien

entendu, pour qu'il remette aux intimés les pièces qui seraient la propriété particulière des auteurs des appelants et révèle les confidences qu'ils auraient pu lui faire, mais pour qu'il fasse connaître les faits et documents qui étaient communs ou destinés à être communiqués à tous; et que tel est, en effet, le sens du jugement dont est appel; Confirme, etc. Du 6 mars 1847. — C. de Caen. — MM. Binard, pr. — Gastambide, av. gén.

(3) (Lambon et autres *C.* Laire.) — Le 18 août 1854, jugement du tribunal du Vigan, ainsi conçu : « Attendu qu'il est allégué par le demandeur que divers effets souscrits par les défendeurs ou par certains d'entre eux auraient été déposés entre les mains du sieur Durand, de Costeplane, commune de Saint-Théodoric, pour assurer au besoin le remboursement d'une somme de 4000 à 5000 fr., donnée de la main à la main par le père commun auxdits défendeurs ou à quelques-uns d'entre ces derniers; — Qu'il est pareillement allégué par le demandeur que le sieur Hue, de Cournessac, maire de la commune de Saint-Félix, aurait reçu la confidence de ce fait de la part dudit feu Laire père; que, dans ces circonstances, la mise en cause desdits Durand et Hue et la comparution personnelle de toutes les parties peuvent être utiles à l'instruction de la cause; — Par ces motifs, le tribunal... ordonne que le sieur Durand et le sieur Hue seront appelés et mis en cause, et que toutes les parties comparaîtront en personne à l'audience du 17 septembre prochain, pour, ladite mise en cause et comparution personnelle effectuées, être ensuite statué ce qu'il appartiendra. — Appel. LA COUR; — Attendu que le jugement entrepris a été rendu pour l'instruction de la cause, et qu'aux termes de l'art. 452 c. proc. civ., il doit être réputé préparatoire; que, dès lors, on ne pouvait en relever appel qu'après le jugement définitif et conjointement avec l'appel de ce jugement; Déclare l'appel non recevable, etc. Du 29 août 1855. — C. de Nîmes. — MM. Teulon, pr. — Liquier, av. gén.

a le droit, à puiser sa conviction dans les actes du procès ; que, par suite, il n'y a pas lieu de réformer le jugement qui, après avoir simplement donné acte de la comparution des parties, ordonnée par une décision précédente, a statué sur le litige sans avoir égard à leurs dires (Montpellier, 21 janv. 1854, aff. Colrot, D. P. 55. 5. 267).

**35.** Lorsqu'un tribunal a ordonné la comparution personnelle des parties, celles-ci doivent comparaître en personne ; elles ne peuvent pas se faire représenter par des mandataires. C'est là un point certain (V. en ce sens : Trib. de paix de Forcalquier, aff. Pellegrin, 14 mai 1883, D. P. 84. 3. 8 ; Rousseau et Laisney, v° *Comparution des parties*, n° 18).

**36.** Lorsqu'une comparution de parties a été ordonnée par un tribunal, quelles sont les conséquences légales du défaut de comparution de l'une d'elles? Comme il a été dit au *Rép.* n° 105, les auteurs et les arrêts décident d'une manière unanime que, dans tous les cas, les juges peuvent apprécier les circonstances, conformément à l'art. 330 c. proc. civ., et tenir pour avérés les faits allégués contre la partie non comparante. Mais ils n'y sont pas obligés ; c'est pour eux une simple faculté (Bonnier, n° 287 ; Bioche, *loc cit.*, n° 49 ; Rousseau et Laisney, n°s 25 et suiv. ; Boitard et Colmet, t. 1, n° 252 ; Rodière, t. 1, p. 462). — Il a été jugé, que, par suite du défaut de comparution du défendeur, le juge peut tenir pour reconnus les faits allégués par le demandeur (Civ. rej. 19 févr. 1812, *Rép.* n° 102 ; Rennes, 13 août 1828 ; *Rép.* n° 95 ; Trib. de paix de Forcalquier, 14 mai 1883, cité *suprà*, n° 35). Un arrêt de la cour de Bordeaux du 29 juill. 1857 (1) a cependant décidé que le défaut de comparution ne peut autoriser le juge à considérer les faits comme avérés que si la non-comparution a été volontaire.

**37.** Toutefois, le juge ne peut pas, en s'appuyant sur le défaut de comparution d'une des parties, tenir pour reconnus des faits qui iraient à l'encontre d'un acte authentique produit par la partie non comparante et en détruiraient les constatations. Ce serait en effet une manière détournée de prouver contre et outre le contenu aux actes (Rousseau et Laisney, n° 28).

**38.** Sur les effets des aveux et déclarations des parties, V. *Rép.*, v° *Obligations*, n°s 5093 et suiv.

---

(1) (Tanet C. Juzix et autres.) — LA COUR ; — Attendu que la convention alléguée par la demoiselle Duffour et par Juzix n'est pas justifiée par écrit ; que la preuve par présomption n'en pourrait être admise qu'autant qu'elle serait rendue vraisemblable par un commencement de preuve par écrit ; qu'il n'existe aucun écrit émanant de Tanet qui la rende vraisemblable ; — Qu'il est vrai que, lorsqu'une partie refuse de s'expliquer sur des faits dont son adversaire offre la preuve, ces faits peuvent être tenus pour confessés (art. 252 c. proc. civ.) ; qu'il est vrai aussi que, si une partie ne comparaît pas lorsque son interrogatoire a été ordonné sur des faits précis, ces faits peuvent être tenus pour avérés (art. 330 même code) ; que, sans qu'il soit nécessaire d'examiner en principe de droit, si, par analogie, on pourrait décider que celui qui fait défaut à une comparution personnelle ordonnée par la justice peut être censé confesser les faits allégués par son adversaire, il suffit de remarquer, dans la cause, que Tanet a comparu devant la cour, a répondu aux questions qui lui ont été adressées, et qu'il n'est pas justifié que son défaut de comparution devant les premiers juges fût purement volontaire ; — Qu'on ne peut donc pas admettre les conclusions non justifiées de Juzix tendant à ce que Tanet soit tenu de lui passer contrat de la vente de la partie sud des terrains par lui acquis de la demoiselle Duffour, sans que lui, Juzix, soit tenu d'en payer le prix ;...
Par ces motifs,
La cour, etc...
Du 29 juill. 1857.-C. de Bordeaux, 2e ch.-M. Troplong, pr.

## Table sommaire
### des matières contenues dans le Supplément et le Répertoire.

(Les chiffres précédés de la lettre S renvoient au Supplément; les chiffres précédés de la lettre R renvoient au Répertoire.)

## Table chronologique des Lois, Arrêts, etc.

**INSTRUCTION CRIMINELLE.** Un projet de réforme portant sur un grand nombre d'articles du code d'instruction criminelle, est, depuis quelques années, soumis aux délibérations du Parlement. En raison des modifications profondes qu'il apporte dans le système actuellement en vigueur, nous croyons devoir renvoyer l'examen de tout ce qui concerne l'instruction criminelle, *infrà*, v° *Procédure criminelle*.

## INSTRUCTION PAR ÉCRIT ET DÉLIBÉRÉ SUR RAPPORT.

**1.** Sur l'explication des mots *délibéré simple, délibéré sur rapport, instruction par écrit*, se reporter au *Rép.* n°s 1 et 2.

#### Division.

Art. 1. — Historique et législation (n° 2).
Art. 2. — Délibéré sur rapport (n° 3).
§ 1. — Cas dans lesquels il y a lieu de l'ordonner (n° 3).
§ 2. — Du jugement qui ordonne un délibéré sur rapport et de ses conséquences par rapport à l'instruction (n° 4).
§ 3. — De l'exécution du jugement ordonnant le délibéré sur rapport; du rapport et du jugement de la cause (n° 7).
Art. 3. — Instruction par écrit (n° 12).

**Art. 1er.** — *Historique et législation.* (*Rép.* n°s 3 à 10).

**2.** Le projet de réforme du code de procédure civile, actuellement soumis aux Chambres (V. *suprà*, v° *Enquête*, n° 2), supprime l'instruction par écrit. Il laisse, d'ailleurs, aux tribunaux le droit d'ordonner, après plaidoiries, un rapport, lorsque l'affaire paraît particulièrement compliquée (V. le titre *Des jugements*, art. 2 et 3).

**Art. 2.** — *Délibéré sur rapport.* (*Rép.* n°s 11 à 46).

§ 1. — *Cas dans lesquels il y a lieu de l'ordonner* (*Rép.* n°s 11 à 17).

**3.** Le délibéré sur rapport, comme on l'a montré au *Rép.* n° 13, est purement facultatif pour le juge, qui peut l'ordonner ou le repousser suivant les circonstances de la cause. — Par application de ce principe, il a été décidé: 1° que la nomination d'un rapporteur après un jugement ordonnant la mise de la cause en délibéré sur rapport, est une simple mesure d'instruction dont les juges ont le droit de s'écarter, surtout si le demandeur a cru devoir y renoncer, ce qui arrive, lorsqu'au lieu de réclamer et d'entendre en silence, conformément à l'art. 111 c. proc. civ., le rapport ordonné, toutes les parties, à la suite d'incidents imprévus, ont conclu et plaidé tant sur le fond que sur les incidents (Req. 14 juin 1854, aff. Deschamps, D. P. 54. 1. 389); — 2° Qu'une cour peut, après avoir annoncé, dans l'une des audiences consacrées à l'affaire qui lui était soumise, l'intention de juger au rapport d'un conseiller qu'elle a en même temps

désigné, revenir, à une audience suivante, au mode ordinaire d'instruction sur plaidoiries (Req. 19 mars 1855, aff. Paillard, D. P. 55. 1. 399).

§ 2. — *Du jugement qui ordonne un délibéré sur rapport, et de ses conséquences par rapport à l'instruction* (*Rép.* n°s 18 à 35).

**4.** On a exposé au *Rép.* n° 18, qu'en règle générale le jugement est rendu après plaidoiries, mais que cependant une cause est en état par cela seul que les conclusions ont été déposées sur le bureau, indépendamment de la plaidoirie (V. dans ce sens, Bioche, *Dictionnaire de procédure*, v° *Délibéré*, n° 12 ; Rousseau et Laisney, *Dictionnaire*, v° *Délibéré*, n°s 11 et 12). Par application de ces principes il a été jugé que le délibéré peut être ordonné dès que les conclusions ont été déposées et le jour fixé pour les plaidoiries (Req. 5 août 1844) (1).

**5.** Comme on l'a dit au *Rép.* n° 23, le jugement qui ordonne un délibéré sur rapport doit contenir nomination du juge chargé de faire le rapport. — Il a été jugé que le président, n'étant que le premier des juges, du tribunal, peut, comme tout autre juge, présenter le rapport dans les affaires soumises à ce mode d'instruction (Civ. rej. 15 juill. 1885, aff. de Chabrillan, D. P. 86. 1. 430).

**6.** Au *Rép.* n° 31 et suiv., on a examiné la question de savoir si le jugement qui met l'affaire en délibéré sur rapport termine l'instruction. Nous avons adopté l'affirmative, en ajoutant, comme conséquence, qu'après ce jugement les parties ne peuvent plus signifier des conclusions nouvelles ou incidentes. C'est en ce sens que se prononcent MM. Garsonnet, *Traité de procédure*, t. 2, n° 294, note 5; Boncenne et Bourbeau, t. 2, n°s 345 et suiv. ; Boitard, Colmet-Daâge et Glasson, *Leçons de procédure civile*, t. 1, n° 243 ; Rodière, *Traité de compétence et de procédure*, t. 1, p. 244; Bioche, *op. cit*, v° *Délibéré*, n°s 31 et 32.

§ 3. — *De l'exécution du jugement ordonnant le délibéré sur rapport; du rapport et du jugement de la cause* (*Rép.* n°s 36 à 46).

**7.** Lorsque le rapport a été fait, les défenseurs ne peuvent plus remettre au président que de simples notes rectificatives, ainsi qu'on l'a exposé au *Rép.* n° 40. Nous avons ajouté au n° 116 que, d'après un usage fondé sur les convenances et sur les droits de la défense, ces notes sont communiquées préalablement à l'adversaire. Toutefois, il a été jugé que cette communication n'est prescrite par aucune disposition de la loi (Req. 14 janv. 1867, aff. de Guizelin, D. P. 67. 1. 430).

**8.** L'art. 111 c. proc. civ., comme on l'a dit au *Rép.* n°s 40, 116 et 117, interdit toute plaidoirie après le rapport du juge commis, les avoués et les avocats n'ont jamais la parole après le rapporteur (Garsonnet, t. 2, p. 294, note 9 ; Bioche, n° 42; Boncenne, t. 2, n°s 345 et suiv.; Carré et Chauveau, *Lois de la procédure*, t. 1, quest. 478). Dans le même sens, la cour de Caen a décidé, dans un arrêt du 5 juin 1845 (2),

---

(1) (Dame Lingois C. Anquetil.) — La cour; — Attendu que d'après les art. 342, 343 et 94 c. proc. civ., le débat judiciaire est engagé par le dépôt des conclusions et les plaidoiries censées prononcées; que le juge, dès lors, est saisi de la connaissance du litige, et peut immédiatement juger; que, s'il renvoie à un autre jour pour prononcer, c'est une simple question de délai nécessitée quelquefois par l'ordre du service, mais toujours laissée à son libre arbitre; — Attendu que le décret réglementaire du 30 mars 1808, fait pour assurer l'exécution du code de procédure, n'en a ni changé ni modifié les dispositions, ni ne peut mettre obstacle à l'exercice du pouvoir du juge; — Attendu que, dans l'espèce, la cause était en état, puisque les conclusions avaient été déposées et le jour fixé pour les plaidoiries; que l'arrêt constate qu'aucune des parties n'a déclaré renoncer au bénéfice des conclusions prises précédemment; que, loin de là, l'intimé a prouvé qu'il persistait dans son désir d'obtenir jugement en obéissant à l'arrêt qui ordonnait le dépôt des pièces sur le bureau et en remettant les siennes; que, loin de violer les dispositions du code de procédure et l'art. 29 du décret de 1808, la cour en a fait une juste application; — Rejette.
Du 5 août 1844.-Ch. req.-MM. Zangiacomi, pr.-Boyeux, rap.-Delangle, av. gén.; conc.-J. Delaborde, av.

(2) (Crespin frères C. Etienne.) — La cour ; — Considérant que

le rapport du procès existant entre les parties a été terminé et les conclusions du ministère public entendues à l'audience du 14 mai dernier, et que la cour s'est retirée en la chambre du conseil pour y ouvrir sa délibération sans aucune réclamation, ni remise de notes de la part de Gédéon Crespin; — Considérant que, dans l'intervalle dudit jour, 14 mai, à aujourd'hui, pendant lequel la cour a continué sa délibération, Gédéon Crespin a fait à ses parties adverses une signification dans laquelle il leur annonce une nouvelle communication ; — Considérant que cette signification, ainsi que la communication, doivent être rejetées comme tardives aux termes de l'art. 111 c. proc. civ.; que, s'il en était autrement, il dépendrait d'une partie d'éterniser un procès en rouvrant l'instruction au moment où le juge serait prêt à rendre sa décision ; que c'est ce que la loi ne permet pas, puisque la seule chose qu'elle autorise est de remettre sur-le-champ au président, après le rapport, de simples notes énonciatives des faits sur lesquels on prétendrait que ce rapport aurait été incomplet ou inexact ; — Par ces motifs, rejette comme tardivement signifié l'écrit de Gédéon Crespin en date du 16 mai dernier ; et, sans y avoir égard, non plus qu'à la nouvelle communication annoncée par ledit écrit, ordonne qu'il va être de suite passé outre à la prononciation de l'arrêt sur le fond.
Du 5 juin 1845.-C. de Caen, 2e ch.-MM. Dupont-Longrois, pr.-Chéradame, cons. rap.-Gastambide, av. gén.

que les parties ne peuvent plus, après le rapport, prendre de nouvelles conclusions et produire de nouvelles pièces.

**9.** On a exposé au *Rép.* [1] n° 43, que la formalité du rapport est substantielle et que son omission entraînerait la nullité du jugement. Mais lorsque le rapport a eu lieu, une des parties ne peut se plaindre de ce qu'il n'a donné que des résultats négatifs, surtout si c'est par le fait de cette partie qui a refusé de comparaître devant le magistrat commis. Ce dernier, en effet, par la faute de cette partie, a été dans l'impossibilité de s'éclairer, ainsi que le désirait le tribunal. C'est ce qui a été décidé par la cour de cassation (Req. 16 mars 1880) (1).

**10.** Au *Rép.* n° 44 on a dit que le rapport doit avoir lieu en audience publique et que le jugement doit, à peine de nullité, mentionner la lecture du rapport à l'audience (c. proc. civ., art. 111). Cette solution est admise par tous les auteurs (Garsonnet, t. 2, p. 294, note 7 ; Bioche, v° n° 39 ; Carré et Chauveau, t. 1, n° 475 ; Boncenne, t. 2, n° 310 ; Figeau, *Comm.*, t. 1, p. 262 ; Rousseau et Laisney, v° *Instruction par écrit*, n° 53). Il a été décidé, en ce sens, que la disposition de l'art. 111 c. proc. civ. d'après laquelle tous les rapports, même sur délibérés, doivent être faits à l'audience, tenant au droit de la défense, est d'ordre public, et que son inobservation entraîne nullité ; que, par suite, le jugement qui statue en chambre du conseil, sur le rapport d'un juge-commissaire, sans constater que les parties ont assisté à ce rapport ou en ont eu connaissance, doit être déclaré nul (Civ. cass. 30 juill. 1884, aff. Pronnier, D. P. 85. 1. 104). — Mais il a été jugé : 1° que la mention, dans un arrêt, que le rapport qui l'a précédé a été fait en chambre du conseil, peut être détruite par les énonciations des motifs du même arrêt, desquelles il résulte, au contraire, que le rapport a été fait en audience publique, et que, par suite, il n'y a pas lieu, en cas pareil, d'annuler cet arrêt pour défaut de publicité des débats (Civ. rej. 4 nov. 1857, aff. Miailhe, D. P. 58. 1. 75) ; — 2° Que la mention, avant le dispositif d'un arrêt, de l'audition à de précédentes audiences, de l'un des magistrats sur rapport, des avocats en leurs plaidoiries, et de l'avocat général en ses conclusions, suivie de cette formule après le dispositif, « ainsi jugé et prononcé *en l'audience publique du* », constate suffisamment la publicité, non pas seulement de cette dernière audience, mais encore de celles qui l'ont précédée, et, notamment, de l'audience où le magistrat rapporteur a été entendu dans son rapport (Civ. cass. 15 févr. 1865, aff.

Brouillet, D. P. 65. 1. 430) ; — 3° Que la mention au dispositif d'un arrêt rendu sur le rapport d'un juge, que le rapport a été fait en *chambre du conseil*, n'entraîne pas nullité de l'arrêt pour défaut de publicité de ce rapport, si les qualités du même arrêt, rectifiées sur opposition, constatent que le rapport a été fait à la chambre des délibérations, mais publiquement et après déclaration du président aux avocats, aux avoués et aux parties, qu'ils pouvaient y assister comme le public ; et que l'inscription de faux formée devant la cour de cassation contre cette énonciation ne peut être autorisée quand aucun document de nature à rendre vraisemblable la non-publicité du rapport n'est produit par le demandeur (Req. 5 janv. 1869, aff. Triaire-Brun, D. P. 69. 1. 127).

**11.** Bien entendu, pour qu'il y ait nullité, il faut que l'affaire ait été mise en délibéré sur rapport, et qu'il ne s'agisse pas du simple délibéré en chambre du conseil de l'art. 116 proc. civ. L'art. 111 du même code, qui veut que tous les rapports soient faits à l'audience, se réfère à l'hypothèse prévue par l'art. 93 c. proc. civ., c'est-à-dire au cas où un jugement a ordonné un délibéré sur rapport. — Il a été jugé qu'un tribunal entend se référer uniquement au simple délibéré en chambre du conseil, prévu par l'art. 116 c. proc. civ., lorsqu'il énonce, dans les qualités du jugement que « les pièces ont été remises sur le bureau pour en être délibéré au rapport d'un juge », sans nommer le juge et sans fixer le jour auquel le rapport devra être fait, ou bien lorsqu'il mentionne, dans les qualités, que la cause a été, après plaidoiries, mise en délibéré au rapport d'un magistrat désigné, sans décision ordonnant sa mise en délibéré sur rapport ; que la procédure spéciale du délibéré sur rapport n'est pas applicable dans ces hypothèses, et que, par suite, le jugement ne peut être annulé pour ce motif qu'il n'y a pas eu de rapport fait publiquement à l'audience (Civ. rej. 19 juin 1850, aff. Maillet-Duboullay et cons., D. P. 50. 1. 197 ; Req. 21 mai 1860, aff. Cauvel, D. P. 60. 1. 360 ; 11 janv. 1865, aff. Martin, D. P. 65. 1. 192 ; 7 févr. 1881, aff. Monchain, D. P. 82. 1. 87).

**ART. 3.** — *Instruction par écrit* (*Rép.* n°s 47 à 129).

**12.** Pour tout ce qui concerne ce mode d'instruction, peu usité dans la pratique et qui n'a pas donné lieu à des décisions nouvelles et intéressantes de jurisprudence, nous renvoyons au *Rép.* n°s 47 à 129, et à ce qui a été dit *supra*, n°s 7 et suiv., sur le rapport du juge commis.

---

(1) (Gaillard *C.* Gaillard). — LA COUR ; — Sur le deuxième moyen, tiré de la violation des art. 95 et suiv., 111 et suiv. c. proc. civ. ; 470 du même code, de la violation des art. 141 et 452 du même code et violation des droits de la défense :

Attendu que la cour de Nîmes n'a pas ordonné, en exécution des art. 95 et suiv. c. proc. civ., que l'affaire serait instruite par écrit ; qu'elle a décidé seulement que les pièces seraient mises sur le bureau pour en être délibéré au rapport d'un

conseiller commis ; que l'arrêt attaqué constate que ce rapport a eu lieu, mais qu'il a donné un résultat négatif par le fait même de Victor Gaillard, qui a refusé de comparaître devant le magistrat commis ;

Que par suite, les articles susvisés, ni les droits de la défense n'ont été violés.

Du 16 mars 1880. - Ch. req. - MM. Bédarrides, pr. - Talandier, rap. - Lacointa, av. gén., c. conf. - Costa, av.

---

## Table sommaire

### des matières contenues dans le Supplément et le Répertoire.

(Les chiffres précédés de la lettre S renvoient au Supplément ; les chiffres précédés de la lettre R renvoient au Répertoire.)

## Table chronologique des Lois, Arrêts, etc.

| 1845. 5 juin. | 1854.14juin.Req. | 1857. 4 nov. Civ. | 1865. 11 janv. | 1869.5janv. Req. | 1881. 7 févr. Req. | —5 août. Req. 4 |
|---|---|---|---|---|---|---|
| Caen. 8 c. | 3 c. | 10 c. | Req. 11 c. | 10 c. | 11 c. | 17 c. |
| 1850 19juin. Civ. | 1855. 19 mars. | 1860. 21 mai. | —15 févr. 10 c. | 1880. 16 mars. | 1884. 30juill.Civ. | 1885. 15juill. Civ. |
| 11 c. | Req. 3 c. | Req. 11 c. | 1867. 14 janv. | Req. 9 c. | 10 c. | 5 c. |
| | | | Req. 7 c. | | | |

## INTERDICTION. — CONSEIL JUDICIAIRE. —

**1.** — Ici comme au *Répertoire*, il ne sera question sous ces mots que de l'interdiction destinée à protéger les personnes atteintes d'aliénation mentale, et de la nomination d'un conseil judiciaire qui a lieu dans l'intérêt des faibles d'esprit et des prodigues. Quant à l'interdiction légale, dont sont frappés les condamnés à des peines afflictives et infamantes, il en a été traité au *Rép.*, v° *Peine*, n°s 719 et suiv.; c'est par conséquent sous ce même mot que l'on s'occupera de cette sorte d'interdiction au *Supplément* (V. *suprà*, v° *Droits civils*, n°s 340 et suiv.).

### Division.

## CHAP. 1er. — Historique et législation. — Droit comparé (*Rép.* n°s 5 à 18).

**2.** — I. HISTORIQUE ET LÉGISLATION (*Rép.*, n°s 5 à 18). — On a indiqué au *Rép.* n°s 5 et suiv., quelles sont les origines de l'interdiction des aliénés et des prodigues. On a résumé, notamment, les règles du droit romain en cette matière. Ce sujet intéressant, qui tient à l'histoire de la famille ancienne, a continué d'attirer l'attention des romanistes. Les personnes qui désireront connaître le dernier état de la science sur ce point pourront se reporter à deux articles récents qui ont paru dans la *Nouvelle Revue historique de droit français et étranger*, l'un, vol. de 1889, p. 1 et suiv., sur *La tutelle et la curatelle dans l'ancien droit romain*, par M. Gérardin, et l'autre, vol. de 1890, p. 520 et suiv., sur l'*Histoire de l'inter-* diction et de la curatelle des prodigues en droit romain, par M. Audibert.

**3.** — Le titre du code civil où sont contenues les dispositions sur l'interdiction et le conseil judiciaire n'a subi aucun changement depuis sa promulgation. Il y a lieu de remarquer seulement que l'interdiction est devenue moins fréquente depuis la loi du 30 juin 1838 sur les aliénés. Cette loi ayant organisé un système spécial de protection pour les personnes placées dans les établissements d'aliénés, la plupart de ces personnes ont échappé à l'interdiction, qui, à cause des frais et de la publicité qui l'accompagnent, inspire toujours une grande répugnance aux familles. L'institution du conseil judiciaire pour les faibles d'esprit et les prodigues a, au contraire, conservé tout son intérêt pratique, comme en témoignent les nombreuses décisions que nous aurons à analyser en cette matière. — La condition de l'interdit a été l'objet, dans la doctrine, d'une controverse que nous aurons à exposer (V. *infrà*, n°s 150 et suiv.). — Nous devons mentionner aussi le débat qui s'est élevé entre deux savants professeurs de la faculté de droit de Paris sur la question de savoir si le législateur a raison d'autoriser l'interdiction des prodigues. M. Batbie a soutenu que toute personne saine d'esprit doit pouvoir user comme elle l'entend de sa fortune et que la loi ne peut légitimement lui retirer cette faculté. (V. *Mémoire sur la revision du code Napoléon*, dans la *Revue critique de législation et de jurisprudence*, t. 28, 1866, p. 125 et suiv., et *Réponse à M. Duverger*, *Rev. crit.*, t. 30, 1867, p. 213 et suiv.). M. Duverger a répondu victorieusement, suivant nous, à cette thèse, en montrant que le législateur a non seulement le droit, mais encore le devoir de protéger le prodigue et surtout la famille du prodigue contre les funestes conséquences de sa conduite déréglée, qui résulte presque toujours de l'aberration de l'intelligence ou de la faiblesse de la volonté (V. *Observations sur le mémoire de M. Batbie sur la revision du code Napoléon*, *Revue critique*, t. 29, 1866, p. 116 et suiv.; *Réplique à M. Batbie*, *Rev. crit.*, t. 30, 1867, p. 402 et suiv.).

**4.** — En dehors des traités généraux de droit civil qui ont été publiés depuis le *Répertoire* (Aubry et Rau, *Cours de droit civil français*, t. 1, §§ 124-127, 138-140 ; Laurent, *Principes de droit civil*, t. 5, n°s 246-379 *bis* ; Baudry-Lacantinerie, *Précis de droit civil*, t. 1, n°s 990-1197 *bis*), la littérature juridique relative à l'interdiction et au conseil judiciaire n'est pas considérable. Elle ne se compose, à notre connaissance, que d'un mémoire de M. Edmond Villoy, intitulé *Des actes de l'interdit postérieurs au jugement d'interdiction*, et d'un *Traité de la condition du prodigue*, par M. Léonce Delaporte. — V. aussi *Etude médico-légale sur l'interdiction des aliénés et sur le conseil judiciaire*, par M. Legrand du Saulle ; *De la condition des prodigues en droit romain, et du conseil judiciaire en droit français*, par M. Lambert.

**5.** — II. DROIT COMPARÉ. — L'interdiction des aliénés et des prodigues est une branche de l'institution de la tutelle. Aussi est-ce ordinairement dans les lois relatives aux tutelles et aux curatelles qu'on en trouve les principes ; ce sont aussi les autorités tutélaires, dans les pays où elles sont distinctes des tribunaux ordinaires, qui sont chargées de veiller à la fois sur les intérêts des mineurs et des interdits. On trouvera au *Rép.* v° *Minorité-tutelle-émancipation*, n°s 14 et suiv. et *infrà*, eod. v°, des renseignements sur l'organisation générale de la tutelle dans les divers pays civilisés. Nous indiquerons seulement ici sommairement la manière dont les principales législations étrangères protègent les aliénés, les faibles d'esprit et les prodigues.

**6.** — 1° Allemagne. — Une loi du 5 juill. 1875 a organisé la tutelle en Prusse. D'après cette loi, peuvent recevoir un tuteur, quoique majeurs, les fous, les prodigues, les sourds-muets ou aveugles, les absents. Les règles posées pour la tutelle des mineurs s'appliquent à la tutelle des majeurs (V. la traduction de la loi du 5 juill. 1875 dans l'*Annuaire de législation étrangère*, année 1876, p. 421 et suiv., et une étude sur cette loi par M. Flurer, dans le *Bulletin de la société de législation comparée*, année 1878, p. 134 et suiv.). — La procédure en interdiction a été réglée par le code de procédure civile allemand, promulgué en 1877. L'interdiction est prononcée par le tribunal du bailliage (art. 593). La demande est portée devant lui, soit par écrit, soit par une déclaration faite au greffier. Le tribunal doit ordonner d'office les informations nécessaires pour constater l'état mental du défendeur. Ce dernier doit être interrogé, soit par le tribunal, soit par un juge commis, et en présence d'un ou de plusieurs experts. Toutefois le code allemand permet l'omission de l'interrogatoire, si le tribunal le juge difficilement praticable, inutile ou dangereux pour la santé du défendeur. Mais un avis d'experts est obligatoire. Dès que le tribunal juge nécessaire d'assurer la protection de la personne ou des biens de celui dont l'interdiction est demandée, il en fait donner avis à l'autorité pupillaire, afin qu'elle pourvoie à cette mesure. Le décret d'interdiction est signifié d'office à l'autorité pupillaire et, s'il y a lieu, au tuteur appelé par la loi. Ce décret peut être attaqué, soit par l'interdit, soit par l'une des personnes ayant le droit de provoquer l'interdiction, devant le tribunal régional. L'action est alors dirigée contre le procureur d'Etat. La mainlevée de l'interdiction est donnée, à la requête de l'interdit, de son tuteur ou du procureur d'Etat, par décret du tribunal de bailliage, sauf appel devant le tribunal régional. — L'art. 621 du code de procédure allemand décide que l'interdiction des prodigues est prononcée par le tribunal de bailliage. La procédure est la même que pour l'interdiction des aliénés, sauf que le ministère public n'y participe pas. L'interdiction pour cause de prodigalité et la mainlevée de cette interdiction doivent être rendues publiques par les soins du tribunal de bailliage (V. *Code de procédure civile pour l'Empire d'Allemagne*, traduit et annoté par E. Glasson, E. Lederlin, F.-R. Dareste, p. 206 et suiv.).

**7.** — 2° *Angleterre.* — En Angleterre, personne ne peut être privé de la libre disposition de ses biens que par le verdict d'un jury ; ce verdict doit être précédé d'une enquête faite devant un *master in lunacy*. Cependant, par exception, lorsque l'état de folie ou d'imbécillité est évident, le certificat du *master in lunacy* suffit pour la constatation de cet état. C'est au lord chancelier et aux *lords justices* qu'incombe la protection des aliénés. Une commission est instituée pour veiller sur leur personne et sur leur patrimoine. Ils ne peuvent valablement s'obliger ni disposer de leurs biens, et ils n'ont pas besoin, lorsqu'ils en aient la faculté, de s'adresser à une cour d'équité pour faire annuler un acte fait par eux en état de démence. Le mariage contracté par un aliéné est nul, s'il a eu lieu avant que le lord chancelier ou la majorité de la commission chargée de la tutelle de cet aliéné ait déclaré qu'il avait recouvré l'usage de la raison. L'interdiction des prodigues n'a pas lieu en Angleterre. Mais les actes faits par un prodigue et dans lesquels on constate une fraude de la part de l'autre partie peuvent être annulés par les cours d'équité (V. Lehr, *Eléments de droit civil anglais*, p. 39 et suiv.).

**8.** — 3° *Autriche.* — D'après le code civil autrichien de 1811, le tribunal pupillaire nomme un curateur aux personnes qui sont reconnues hors d'état de gérer elles-mêmes leur patrimoine. Parmi ces personnes, sont compris les prodigues. Le jugement d'interdiction est rendu après une enquête minutieuse. Il doit être publié. Le curateur est nommé par le tribunal, suivant un ordre de dévolution déterminé par la loi : le parent le plus proche est préféré, et, au même degré, le plus âgé. Les pouvoirs du curateur sont les mêmes que ceux du tuteur ; mais, comme dans toutes les législations d'origine germanique, ils comportent une intervention fréquente de la justice. La charge du curateur peut être rémunérée, sans que les honoraires de gestion puissent excéder 5 pour 100 des revenus de l'interdit (V. de Clercq, *Code civil général de l'Empire d'Autriche*).

**9.** — 4° *Espagne.* — D'après l'ancien droit espagnol, les personnes incapables de se gouverner elles-mêmes étaient mises en curatelle. Le nouveau code civil, promulgué

en 1888, autorise formellement l'interdiction des majeurs, imbéciles, déments, sourds-muets ou prodigues, et prescrit leur mise en curatelle (art. 213). L'interdiction peut être provoquée par le conjoint ou par l'un des successibles (art. 214). Le ministère public doit la requérir : 1° dans le cas de folie furieuse ; 2° lorsqu'il n'y a ni parents ni successibles ou lorsque ceux qui existent n'usent pas de leur droit ; 3° lorsque le conjoint ou les successibles sont mineurs ou incapables d'ester en justice (art. 215). Toutefois, l'interdiction pour cause de prodigalité ne peut être demandée que par le conjoint, les héritiers nécessaires, et, dans le cas seulement où le conjoint ou les héritiers sont mineurs ou incapables, par le ministère public (art. 222). Le tribunal, avant de statuer, doit prendre l'avis du conseil de famille et examiner par lui-même la personne dont l'interdiction est demandée (art. 216). Les parents demandeurs ne peuvent siéger au conseil de famille, mais doivent être entendus par lui, s'ils le requièrent (art. 217). Pour les sourds-muets et pour les prodigues, le jugement qui les déclare incapables spécifie en même temps les actes qui leur sont interdits, les pouvoirs du tuteur et les cas où il y a lieu de consulter le conseil de famille (art. 218 et 221). La déclaration de prodigalité ne prive pas d'effet l'autorité maritale ni de la puissance paternelle, et ne confère au tuteur aucun droit sur la personne du prodigue (art. 224). La tutelle des aliénés et des sourds-muets appartient de droit : 1° au conjoint, non séparé de corps ; 2° au père ou, à son défaut, à la mère ; 3° aux aïeux ; 4° aux aïeuls ; 5° aux frères et aux sœurs non mariés. Les aïeuls de la ligne paternelle sont préférés à ceux de la ligne maternelle ; les parents mâles, aux femmes ; les aînés, aux cadets (art. 220). La tutelle légale des prodigues est déférée : 1° au père et, à son défaut, à la mère ; 2° aux aïeuls ; 3° à l'aîné des fils émancipés (art. 227). La femme du prodigue prend l'administration des biens dotaux et paraphernaux, des biens de communauté et de ceux qui appartiennent aux enfants communs, sauf à se faire autoriser par justice pour les aliénations (art. 226) (V. Lehr, *Eléments du droit civil espagnol*, 2° part., n°s 194 et suiv.).

**10.** — 5° *Hongrie.* — Les tutelles et curatelles ont été organisées en Hongrie par une loi de 1877 (loi XX de cette législature, rapportée dans l'*Annuaire de législation étrangère*, 1878, p. 234 et suiv.). D'après cette loi, les majeurs qui peuvent être mis en curatelle sont : 1° les individus atteints de maladie mentale, et les sourds, s'ils ne peuvent se faire entendre par signes ; 2° les faibles d'esprit et les sourds-muets sachant s'exprimer par signes, s'ils sont incapables d'acquérir ; 3° les prodigues ; 4° les absents ; 5° les condamnés à l'emprisonnement (ces deux derniers, lorsqu'ils n'ont pas désigné de procureur fondé) (art. 28). La mise en curatelle, dans les trois premiers cas, est prononcée par le tribunal, et dans le deuxième et le troisième, seulement sur la demande de la personne à pourvoir d'un curateur et de ses ascendants ou descendants (art. 34). La curatelle appartient d'abord à l'époux vivant avec son conjoint, ensuite au père, à la mère et aux parents, jusqu'au degré de cousin germain inclusivement (art. 40). A défaut de parents, l'autorité tutélaire nomme le curateur (art. 42). L'individu en curatelle est assimilé au mineur en tutelle. Le conseil des orphelins doit nommer un curateur provisoire aux personnes atteintes de maladies mentales, tant qu'elles n'ont pas été mises judiciairement en curatelle (art. 258). — Une disposition qui mérite spécialement d'être signalée dans la loi hongroise est celle qui permet de prolonger la minorité même au delà de l'âge de vingt-quatre ans accomplis, qui est l'âge de la majorité en droit commun, « lorsqu'une personne placée en puissance paternelle ou en tutelle se trouve, par suite de ses infirmités physiques ou intellectuelles, dans l'impossibilité de pourvoir à ses besoins et de soigner ses affaires d'une manière satisfaisante », et aussi « lorsque pendant sa minorité elle a commis des fautes graves ou mène une existence assez irrégulière pour qu'il soit nécessaire de la maintenir, pour d'autres motifs, en puissance paternelle ou en tutelle » (art. 8). La prolongation de la minorité est ordonnée par la justice. La demande à cet effet doit être formée devant le tribunal par le père et mère, ou, à leur défaut, par les plus proches parents ou par le tuteur (art. 9). — La prolongation de la minorité, de même que la mise en curatelle, doit être publiée dans une feuille officielle, et si l'individu maintenu en minorité ou mis en curatelle possède des biens immobiliers, mention de son incapacité est faite sur les registres fonciers (art. 33). — Une loi de 1885 (loi VI) a permis d'introduire, même pendant la minorité, la procédure tendant à la nomination d'un curateur à l'aliéné et au sourd-muet (*Ann. de lég. étr.*, 1886, p. 237).

**11.** — 6° *Italie.* — Les règles du code civil italien, dans la matière de l'interdiction, sont à peu près conformes à celles du code civil français; nous signalerons seulement quelques différences. « Le majeur et le mineur émancipé, porte l'art. 324, qui sont dans un état habituel d'infirmité d'esprit, ayant pour effet de les rendre incapables de pourvoir à leurs intérêts, doivent être interdits ». Le mineur non émancipé peut être interdit dans la dernière année de sa minorité (art. 325). L'époux majeur et non légalement séparé est tuteur de droit de l'autre époux interdit pour infirmité mentale. Est aussi tuteur de droit, après l'époux, le père de l'interdit et, à défaut du père, la mère. Le père ou la mère survivant peut désigner un tuteur à son enfant interdit, par testament ou par acte notarié. A défaut de tuteur légitime ou testamentaire, le tuteur est nommé par le conseil de famille (art. 330). — Celui qui est atteint d'infirmité mentale, mais dont l'état n'est pas assez grave pour donner lieu à l'interdiction, et le prodigue, peuvent être déclarés incapables de plaider, transiger, emprunter, recevoir des capitaux ou en donner décharge, aliéner ou grever leurs biens d'hypothèques et faire tous autres actes excédant la simple administration, sans l'assistance d'un curateur ou conseil judiciaire (art. 339). Le curateur ou conseil judiciaire est nommé par le conseil de famille (même art.). Le sourd-muet et l'aveugle de naissance sont de plein droit soumis à un conseil judiciaire, dès leur majorité, à moins que le tribunal ne les déclare capables de pourvoir eux-mêmes à leurs intérêts (art. 340). — Il est tenu, dans chaque préture, deux registres : l'un sur lequel sont inscrites les tutelles des mineurs et interdits; l'autre où sont inscrites les curatelles des mineurs émancipés ou autres incapables (art. 343 et suiv.).

**12.** — 7° *Russie.* — Les différentes législations de la Russie traitent différemment les aliénés et autres personnes incapables de gérer leurs biens. D'après le *Svod*, loi applicable aux nobles et aux bourgeois, les individus atteints d'imbécillité ou de démence, les sourds et les muets sont mis en tutelle. Les parents du malade doivent faire une déclaration à l'autorité locale. L'individu réputé imbécile ou dément est soumis à une enquête, qui est faite par les soins du conseil de santé, en présence de divers magistrats, dignitaires ou fonctionnaires, désignés suivant la qualité de la personne. S'il résulte de l'enquête que le malade a effectivement besoin d'un tuteur, un rapport est adressé au Sénat dirigeant, et, en attendant la décision de ce corps, on prend toutes les mesures provisoires nécessaires dans l'intérêt du malade et la conservation de son patrimoine. Lorsque le Sénat partage l'avis de la commission d'enquête sur la nécessité d'une tutelle, il remet le malade à ses proches parents ou il ordonne son admission dans un établissement d'aliénés. Les héritiers de l'interdit administrent leurs biens; ils ont, en général, les mêmes pouvoirs que les tuteurs des mineurs (V. *Eléments de droit civil russe*, n°s 132 et suiv.). — Le code russe n'autorise pas formellement la mise en tutelle des prodigues; mais en fait les prodigues peuvent être interdits en Russie par l'autorité judiciaire (Delaporte, *De la condition du prodigue*, p. 458). — Le code polonais de 1825 reproduit, dans notre matière, les dispositions du code civil français. En outre de la publication du jugement d'interdiction dans l'auditoire du tribunal et dans les études de notaire, il prescrit que ce jugement soit inscrit sur les registres fonciers. L'art. 519 du code polonais dispose que le mari pourvu d'un conseil judiciaire ne peut, sans l'assistance de son conseil, autoriser sa femme pour les actes que lui-même n'a pas le droit de passer seul. — En Finlande, ceux qui par folie, prodigalité ou toute autre cause, ne peuvent administrer leurs biens, sont placés en curatelle. Dans les provinces baltiques, les personnes que leurs infirmités empêchent de se conduire elles-mêmes et de gérer leurs affaires sont placées sous la curatelle de leurs plus proches parents, à moins que l'autorité pupillaire ne leur nomme d'autres curateurs. Sauf le nom, les curateurs sont de vrais tuteurs. Le code baltique autorise l'interdiction des prodigues.

La déclaration de prodigalité est publiée, et le prodigue est mis en curatelle comme l'interdit pour cause de démence (V. Lehr, n°s 137 et suiv., 139 et suiv.).

**13.** — 8° *Suisse.* — La législation de la plupart des cantons suisses, quant à l'interdiction des fous et des prodigues, se rapproche généralement plus de l'ancien droit germanique que des principes du droit civil français. La demande d'interdiction peut être formée par les parents; elle doit l'être le plus souvent par le ministère public quand les parents n'agissent pas; dans bien des cantons, celui qui se reconnaît incapable de gérer ses biens peut demander à être interdit. En ce qui concerne spécialement les prodigues, les législations cantonales suisses peuvent se diviser en trois groupes : 1° celles, de beaucoup les plus nombreuses, où le prodigue est frappé d'une incapacité générale, comme le mineur (Appenzell, Argovie, Bâle, Berne, Glaris, Grisons, Lucerne, Neuchâtel, Saint-Gall, Schaffouse, Schwytz, Soleure, Tessin, Thurgovie, Unterwald, Uri, Zug, Zurich); — 2° celles où le prodigue peut être frappé d'une incapacité générale ou seulement d'une incapacité restreinte à certains actes (Fribourg, Valais, Vaud); — 3° Celle de Genève, où le prodigue ne peut être pourvu que d'un conseil judiciaire, comme en France. Dans la grande majorité des cantons, la demande en interdiction est portée d'abord devant le conseil communal ou devant le conseil des orphelins, qui est une branche de l'autorité communale; les tribunaux n'interviennent, en général, qu'en seconde instance. Les enquêtes, interrogatoires, expertises médicales ont lieu sous la direction des pouvoirs municipaux ou administratifs. Le jugement d'interdiction est publié. Le tuteur ou le curateur, presque toujours datif, est nommé par l'autorité municipale ou tutélaire, qui doit le prendre de préférence parmi les plus proches parents. Il reste sous la surveillance immédiate de cette autorité, ne peut faire aucun acte important sans son autorisation et doit fréquemment lui rendre des comptes. Il peut recevoir une indemnité, mais très modérée (V. Lardy, *Les législations civiles des cantons suisses en matière de tutelle*, 2° éd. Paris-Genève, 1877; Lehr, *Eléments du droit civil germanique*, n°s 355 et suiv.; Delaporte, *De la condition du prodigue*, p. 602 et suiv.; *Ann. de lég. étr.*, 1875, code civil du canton de Glaris, p. 510 et suiv.; même annuaire, 1889, loi sur les tutelles du canton de Saint-Gall, p. 714; et les divers codes de chaque canton).

**CHAP. 2.** — **Quelles sont les causes de l'interdiction et quelles personnes peuvent être interdites** (*Rép.* n°s 19 à 29).

**14.** — I. Causes de l'interdiction (*Rép.* n°s 23 à 29). — L'interdiction peut être prononcée, aux termes de l'art. 489 c. civ., pour cause d'*imbécillité*, de *démence* ou de *fureur*. Ces expressions ont été définies au *Rép.* n° 23. Mais il n'y a, à vrai dire, comme le remarque M. Demolombe (*Cours de code civil*, t. 8, n° 419), qu'une cause d'interdiction, c'est l'absence de la raison et du libre arbitre, c'est l'*aliénation mentale*, qui rend l'homme incapable de se gouverner lui-même et de gouverner ses affaires (V. aussi Baudry-Lacantinerie, *Précis de droit civil*, t. 1, n° 1157).

**15.** On s'est demandé si l'interdiction doit être appliquée à l'individu qui n'est affecté que d'une manie partielle et circonscrite. Cette question ne nous semble pas susceptible d'être résolue en théorie. On peut admettre, avec MM. Aubry et Rau (t. 1, § 124, p. 510), que des aberrations partielles d'esprit, et, à plus forte raison, de simples bizarreries de caractère, ne peuvent autoriser l'interdiction. Mais c'est aux magistrats à apprécier en fait si la manie, même partielle, dont une personne est atteinte, requiert, soit dans l'intérêt de cette personne ou de sa famille, soit dans l'intérêt de la société, que l'exercice de ses droits civils lui soit retiré, et qu'un tuteur lui soit nommé pour gérer ses affaires. « Il ne s'agit pas pour les magistrats, dit très bien M. Demolombe (t. 8, n° 422), de rechercher plus ou moins scientifiquement l'influence de telle ou telle lésion cérébrale sur les facultés de l'homme en général, mais de savoir, en fait, si cette personne, qu'on leur demande d'interdire, conserve encore une entente suffisante des affaires de la vie civile, une aptitude convenable pour pourvoir au train ordinaire et commun de l'administration d'un patrimoine, *mediocritatem officiorum tueri et vitæ cultum communem et usitatum »* (Cicéron, *Tuscul.*, liv. 3, n° 5). Il a été jugé : 1° que, bien qu'une personne ne soit pas dans un état constant d'imbécillité, de démence ou de fureur, elle peut néanmoins être interdite, si elle est habituellement en proie à des désordres intellectuels qui ne lui laissent pas le libre et entier usage de sa raison, et qui l'entraînent même, à certains intervalles, à des égarements qui vont jusqu'à la fureur (Dijon, 11 févr. 1865, et sur pourvoi, Req. 5 avr. 1864, aff. Guillemot, D. P. 65. 1. 83-84); — 2° Qu'une personne atteinte d'un trouble profond des facultés intellectuelles doit être interdite, bien que sa démence ne soit que partielle et n'affecte pas l'ensemble de ses facultés, si cette monomanie, sortant de l'ordre des conceptions intellectuelles, se traduit en actes préjudiciables à sa fortune comme à sa dignité personnelle (Req. 13 mars 1876, aff. de Sommariva, D. P. 76. 1. 343); — 3° Qu'il y a lieu d'interdire la personne qui, bien que n'étant pas absolument privée de toute intelligence, est néanmoins atteinte d'une faiblesse d'esprit habituelle qui ne lui permet de gouverner ni sa personne ni ses biens (Riom, 29 juin 1882, aff. Nivière, D. P. 83. 2. 70). — Jugé, au contraire qu'un individu dont l'état de santé présente seulement des symptômes de folie raisonnante, et qui, interrogé par le tribunal, a généralement répondu juste, n'est pas dans le cas d'être interdit; qu'on peut seulement lui nommer un conseil judiciaire (Trib. civ. Lyon, 27 janv. 1872, aff. Joye, D. P. 72. 3. 16; Lyon, 27 janv. 1872, même affaire, D. P. 72. 2. 191).

**16.** Une maladie, une infirmité physique n'est pas à elle seule une cause d'interdiction. Si la personne malade ou infirme se trouve incapable de gérer ses affaires, elle peut choisir elle-même un mandataire. Il a été jugé que l'interdiction ne peut s'appliquer à l'individu qu'une paralysie de la langue met dans l'impossibilité de parler, mais qui a conservé la jouissance de ses facultés intellectuelles (Caen, 1er mai 1879, aff. Ledoux, D. P. 80. 2. 247. V. dans le même sens: Demolombe, t. 8, n° 436). — Les sourds-muets peuvent être ou non interdits, comme on l'a expliqué au *Rép.* n° 26, ou être pourvus d'un conseil judiciaire, ou conserver toute leur capacité civile, suivant le degré de leur intelligence et la perfection plus ou moins grande de leur éducation. C'est une question de fait que les tribunaux doivent décider, dans chaque espèce, d'après les circonstances de la cause (Aubry et Rau, t. 1, § 124, p. 510 et suiv. ; Laurent, t. 5, n° 249).

L'ivrognerie ne rentre précisément dans aucune des causes énumérées par l'art. 489. C'est pourquoi il a été jugé que l'ivresse, à quelque degré d'habitude qu'elle se porte, et quels que soient les désordres d'esprit qui l'accompagnent, ne peut motiver une demande d'interdiction, aussi longtemps du moins qu'il n'est pas résulté de cette funeste habitude une altération des facultés intellectuelles ; on y a vu toutefois un motif suffisant pour la nomination d'un conseil judiciaire (Rouen, 18 janv. 1865, aff. Samson, D. P. 65. 2. 226. V. dans le même sens: Aubry et Rau, t. 1, § 124, p. 510 ; Laurent, t. 5, n° 249).

**17.** L'art. 489 exige expressément que l'État d'imbécillité, de démence ou de fureur soit *habituel* (V. *Rép.* n° 27). Il faut donc que la réalisation de cette condition soit constatée dans le jugement ou l'arrêt qui prononce l'interdiction. A défaut d'une déclaration formelle, il faut au moins que cette constatation résulte de l'ensemble de la décision. Ainsi on a jugé suffisant sous ce rapport la déclaration faite par un arrêt que, si la personne dont l'interdiction était demandée n'était pas dans un état constant d'imbécillité, de démence ou de fureur, elle était « habituellement du moins en proie à la préoccupation d'une idée fixe, de terreurs imaginaires, de chimériques persécutions, préoccupation qui, sans la priver de sa raison d'une manière absolue, ne lui en laissait pas le libre et entier usage, et pouvait, à certains intervalles et dans certaines circonstances données, l'entraîner à des égarements qui allaient jusqu'à la violence et à la fureur » (Req. 5 avr. 1864, aff. Guillemot, cité, *suprà*, n° 15 ; Laurent, t. 5, n° 250). — La cour de cassation reconnaît d'ailleurs aux juges du fond, le pouvoir d'apprécier souverainement les circonstances qui constituent l'état habituel d'imbécillité, de démence ou de fureur, à raison duquel l'interdiction peut être prononcée (V. outre les arrêts cités au *Rép.* n° 24 : Req. 16 août 1875, aff. de Marsillac, D. P.

77. 1. 132 ; Civ. rej. 17 janv. 1876, aff. Duval, D. P. 76. 1. 151 ; Req. 13 mars 1876, aff. de Sommariva, D. P. 76. 1. 343).

**18.** — II. Quelles personnes peuvent être interdites (*Rép.* n°s 19 à 22). — « Tout majeur », d'après l'art. 489 c. civ., lorsqu'il est en état d'imbécillité, de démence ou de fureur, « doit être interdit ». Bien que cet article ne parle que du majeur, on s'accorde aujourd'hui à reconnaître, conformément à l'opinion soutenue au *Rép.* n° 19, qu'un mineur peut également être interdit (V. en ce sens, outre les auteurs et les arrêts cités au *Rép.* n° 19 : Bourges, 22 déc. 1862, aff. Achet, D. P. 63. 5. 218 ; Aubry et Rau, t. 1, § 124, p. 511, note 17 ; Laurent, t. 51, n° 252). Toutefois, d'après MM. Aubry et Rau, *ibid.*, l'interdiction ne doit être appliquée à un mineur qu'exceptionnellement, soit pour faire maintenir l'opposition formée contre son mariage, soit pour empêcher qu'en sortant de tutelle il ne se livre à des actes nuisibles à ses intérêts. Ce n'est donc, en général, qu'à une époque voisine de sa majorité qu'elle pourrait l'atteindre. Il n'y aurait pourtant aucune distinction à faire entre le majeur et le mineur, lorsque l'interdiction est motivée par un état de folie furieuse; sous l'empire du code, en effet, et avant la loi de 1838 sur les aliénés, l'interdiction était nécessaire pour qu'une personne, majeure ou mineure, pût être internée. M. Demolombe, t. 8, n° 442, estime aussi qu'en ce qui concerne particulièrement le mineur en tutelle, il faut que l'interdiction soit motivée par quelque intérêt pour qu'il y ait lieu de la prononcer. M. Laurent, t. 5, n° 252, écarte même cette restriction : suivant lui, le mineur, comme le majeur, *doit* être interdit en cas de fureur ; il *doit* encore l'être si sa famille veut le colloquer dans une maison de santé, c'est-à-dire le séquestrer; mais à plus forte raison *peut-il* l'être.

**19.** Quant au mineur émancipé, il n'y a pas de doute qu'il puisse être interdit (*Rép.* n° 20; Bourges, 22 déc. 1862, aff. Achet, D. P. 63. 5. 218; Demolombe, t. 8, n° 441; Laurent, t. 5, n° 252 *in fine*). Il y a seulement quelque difficulté sur le point de savoir *contre qui* doit être formée la demande en interdiction lorsqu'il s'agit d'un mineur, émancipé ou non. La question est examinée au *Rép.* n°s 53 et suiv., et *infrà*, n°s 40 et 41).

**20.** Il n'est pas douteux non plus que l'interdiction peut être prononcée contre une femme mariée (Arg. art. 506 c. civ.; *Rép.* n° 21).

**21.** Les lois sur l'interdiction des aliénés appartiennent au statut personnel (V. *Rép.* v° *Lois*, n° 406). Cependant un aliéné étranger qui se trouverait en France sans protecteur légal, pourrait et même devrait y être interdit, sur la demande d'un parent ou du ministère public, conformément à la loi française (V. par analogie, en ce sens : Nancy, 25 avr. 1885, aff. Contiran, D. P. 86. 2. 131. V. aussi *suprà*, v° *Droits civils*, n° 195, et *infrà*, n° 199). L'interdiction d'un étranger en état d'aliénation mentale ne pourrait toutefois avoir lieu que dans son pays s'il existait entre ce pays et la France une convention diplomatique excluant la compétence des tribunaux français (V. *infrà*, v° *Minorité, Tutelle, Émancipation*).

**CHAP. 3.** — **Quelles personnes peuvent ou doivent provoquer l'interdiction** (*Rép.* n°s 30 à 51).

**22.** Les art. 490 et 491 c. civ., rapportés au *Rép.* n° 30, accordent à trois classes de personnes le droit de provoquer l'interdiction : 1° aux parents de la personne à interdire ; 2° à son conjoint ; 3° au ministère public, dans certains cas. Cette énumération est limitative ; si l'interdiction était provoquée par une personne qui n'aurait pas ce droit, la demande pourrait être repoussée par une fin de non-recevoir, et devrait être rejetée, même d'office, par le juge. L'état et la capacité d'un citoyen ne sauraient être, en effet, mis en question par le premier venu. Il a été jugé que, si le demandeur en interdiction n'est pas parent, tous les actes de la procédure et tous les jugements sont nuls, et que l'intervention d'un parent ne peut couvrir cette nullité (Bruxelles, 23 févr. 1857, aff. Hayez, *Pasicrisie belge*, 1857, t. 2, p. 182 ; Aubry et Rau, t. 1, § 125, p. 512; Laurent, t. 5, n° 263).

**23.** Il est certain qu'un individu ne pourrait s'assimiler par convention à un interdit, ni consentir d'une manière quelconque à sa propre interdiction. L'état des personnes est au-dessus des conventions particulières. Et c'est pour quoi la jurisprudence décide que le défendeur à la demande en interdiction ne peut valablement y acquiescer (V. *Rép.* n°s 31 et 144 ; Poitiers, 5 août 1831, *Rép.* v° *Acquiescement*, n° 193 ; Nancy, 17 juin 1865, aff. de la Ruelle, D. P. 66. 2. 142). — On a soutenu que l'interdiction pourrait être provoquée par l'aliéné lui-même, dans un intervalle lucide (Marcadé, *Explication théorique et pratique du code Napoléon*, t. 2, art. 491, n° 2 ; Ducauroy, Bonnier et Roustain, *Commentaire théorique et pratique du code civil*, t. 1, art. 490, n° 713 ; Demante et Colmet de Santerre, *Cours analytique de code civil*, t. 2, n° 263 *bis* II). Mais l'opinion contraire, adoptée au *Rép.* n° 31, a prévalu. « Sans doute, dit M. Laurent (t. 5, n° 259), le législateur aurait pu, il aurait dû autoriser le malheureux qui a conscience de son état à demander son interdiction, si ses parents n'agissent point, cas dans lequel le ministère public n'a pas le droit d'agir. Mais le législateur ne l'a pas fait, et il n'appartient pas à l'interprète de combler la lacune » (V. dans le même sens : Demolombe, t. 8, n°s 472 et suiv. ; Aubry et Rau, t. 1, § 124, p. 511).

**24.** L'art. 490 c. civ. donne à *tout parent* le droit de provoquer l'interdiction de son parent. Ce droit appartient donc tout à la fois aux parents les plus proches, tels que les enfants, et aux plus éloignés. Quelques auteurs estiment même, contrairement à l'opinion émise au *Rép.* n° 33, que la demande en interdiction pourrait être formée par un parent plus éloigné que le douzième degré (Ducauroy, Bonnier et Roustain, t. 1, n° 713 ; Aubry et Rau, t. 1, § 125, p. 512). — Il a été jugé que celui qui prétend avoir, comme parent, le droit de provoquer une interdiction, ne saurait être privé de l'exercice de ce droit par la seule dénégation de sa qualité, et doit, par suite, être déclaré recevable à faire reconnaître cette qualité par la justice, lorsqu'elle est l'objet de contestations tendant à faire écarter la demande d'interdiction par lui formée (Trib. Seine, 13 juill. 1869, aff. Bourdon, D. P. 72. 5. 275). Mais comme, en pareil cas, la reconnaissance de la qualité du demandeur suffit pour que l'action puisse suivre son cours, il n'y a pas lieu pour lui de demander et pour le tribunal d'ordonner la rectification d'actes de l'état civil dont les énonciations seraient reconnues inexactes (Même jugement).

**25.** La loi n'ayant parlé que des parents, la jurisprudence et les auteurs s'accordent aujourd'hui pour décider que le droit de demander l'interdiction n'appartient pas aux *alliés*. Ainsi un beau-père, ou une belle-mère ne peut demander, en son propre nom, l'interdiction de son gendre, et réciproquement (*Rép.* n° 35 ; Paris, 2 mai 1853, aff. Rémy, D. P. 53. 2. 191 ; Paris, 15 juin 1857, aff. Porquet, D. P. 58. 2. 94 ; Besançon, 24 juin 1859 (1) ; Caen, 21 mars 1861 et Req. 19 févr. 1863. aff. Vallembras, D. P. 63. 1. 279 ; Lyon, 10 juill. 1873, et Req. 20 janv. 1875, aff. Meissonnier, D. P. 76. 1. 28 ; Ducauroy, Bonnier et Roustain, t. 1, n° 743 ; Massé et Vergé, sur Zacchariæ, t. 1, p. 464 ; Demolombe, t. 8, n° 468 ; Aubry et Rau, t. 1, § 125, p. 512 ; Laurent, t. 5, n° 256 ; Baudry-Lacantinerie, t. 1, n° 1161).

**26.** Mais le droit d'agir en interdiction compète aux parents mineurs ou interdits, et il peut être exercé en leur nom par leur tuteur (*Rép.* n° 37 ; Lyon, 24 févr. 1859 (2) et les autres arrêts cités *infra*, n° 26 ; Massé et Vergé, t. 1, p. 464 ; Demolombe, t. 8, n°s 450 et suiv. ; Aubry et Rau, t. 1, § 125, p. 512 ; Laurent, t. 5, n° 254).

**27.** On se demande seulement si le tuteur a besoin de l'autorisation du conseil de famille pour intenter une telle action. L'affirmative est soutenue par M. Laurent, t. 5, *ibid.* « Comme le texte ne prévoit pas la difficulté, dit-il, il faut procéder par voie d'analogie. La loi exige l'autorisation du conseil pour les actions immobilières qui appartiennent au mineur ; ce qui implique qu'il peut intenter les actions mobilières sans autorisation. Certes les demandes en interdiction sont plus importantes, et par leur objet et par leur résultat, qu'une simple action mobilière, que l'on accorde au tuteur qu'à raison du peu de prix que le droit traditionnel attache aux meubles. Cela est décisif ; il faut donc dire

---

(1) (David C. Juliard.) — LA COUR ; — Considérant que Juliard est l'allié et non le parent de David ; — Qu'aux termes de l'art. 490 c. civ., et sauf l'exception qu'il porte à l'égard de l'époux, le parent seul est recevable à provoquer, hors le cas de fureur, l'interdiction de son parent ; — Que le défaut de qualité de Juliard constitue une exception péremptoire, dont David a pu, en tout état de cause, et même en appel, se prévaloir ; — Sur l'intervention de la femme Juliard et de Symphorien Grémaud ; — Considérant qu'il est évident qu'elle n'a été formée que pour valider la procédure en interdiction déjà frappée d'une nullité radicale par suite, ainsi qu'il vient d'être dit, du défaut de qualité de celui qui l'avait provoquée, et qu'on ne peut intervenir là où il n'y a plus d'instance ; — Par ces motifs, infirme ; — Déclare la demande principale de Juliard, de même que l'intervention de la femme Juliard et celle de Grémaud, non recevables, etc. Du 24 juin 1859, arrêt C. de Besançon, aud. solenn., MM. Dufresne 1er pr.-Neveu-Lemaire 1er av. gén. c.-conf. Clerc de Landresse et Lamy, av.

(2) (M... C. Curtz). — Le sieur M... ayant été destitué de la tutelle légale de ses enfants mineurs et remplacé par le sieur Curtz, celui-ci, agissant au nom des mineurs, demanda que M... fût pourvu d'un conseil judiciaire comme prodigue et possédé de la manie des procès. Le conseil de famille du sieur M... émit un avis favorable à la demande. M... fut ensuite assigné pour subir un interrogatoire devant le tribunal, mais il ne comparut pas et laissa rendre par défaut le jugement qui prononça la nomination du conseil judiciaire. Il forma ensuite opposition à ce jugement, en soutenant que le tuteur de ses enfants était sans qualité pour agir et aurait dû tout au moins être autorisé par le conseil de famille ; que la composition de l'assemblée de famille qui avait donné son avis sur la demande était irrégulière en ce qu'on y avait appelé un sieur Larochette, avec lequel il était en procès ; que le jugement était nul, à raison de ce qu'il n'avait pas été interrogé. Le tribunal ayant rejeté ces divers moyens, M... interjeta appel.

LA COUR ; — Sur l'exception prise du défaut de qualité : — Considérant que le tuteur, représentant les enfants mineurs, exerce le droit, qui appartiendrait à ceux-ci comme parents, de provoquer la dation d'un conseil judiciaire ; — Sur l'exception tirée du défaut d'autorisation du conseil de famille : — Considérant qu'aucune disposition de la loi ne soumet à l'autorisation du conseil de famille l'action intentée par le tuteur pour parvenir à une interdiction ou à la nomination d'un conseil judiciaire ; — Que vainement on invoque, à ce sujet, des analogies résultant des art. 464, 465, 464, 465 et 467 c. civ. ; — Que le cas diffère pro-

fondément de ceux réglés par ces divers articles, en ce que l'action du tuteur ne peut compromettre alors les intérêts du mineur, et ce que, dans le cours de la procédure, le conseil de famille est nécessairement appelé à donner son avis ; — Sur l'exception tirée de la composition irrégulière du conseil de famille : — Considérant que le conseil de famille a été composé, selon le vœu des art. 407 et 409 c. civ., des parents qui se trouvaient sur les lieux, dans le cercle de la distance légale, et du sieur Mercier, ami de la la famille ; — Qu'il n'a pas été prouvé devant la cour que d'autres parents d'un degré plus proche résidassent dans la commune, ou à la distance de deux myriamètres ; — Que la composition du conseil de famille, dont les règles ne sont pas prescrites à peine de nullité, aurait été faite, d'ailleurs, dans des vues d'impartialité et de justice, de manière à donner pleine garantie aux intérêts à sauvegarder ; ce qui suffirait pour faire réputer la composition régulière ; — Que l'appelant critique cette composition, en prétendant que le sieur Larochette, engagé dans un procès avec lui, ne pouvait être membre du conseil de famille, conformément à l'art. 442 c. civ. ; — Mais que l'appelant ne justifie point, à cet égard, son assertion ; — Qu'il n'appert qu'aucun procès existe entre lui et le sieur Larochette ; que ce procès, qui les a autrefois divisés, s'est terminé, il y a environ six ans, par la condamnation de M..., suivie d'un acquiescement de celui-ci ; — Que ce ne serait point, au surplus, le cas prévu par le n° 4 de l'art. 442, prononçant l'incapacité de celui qui a été le mineur, un procès dans lequel la fortune où une partie notable des biens du mineur se trouve compromise ; — Qu'ainsi, dans l'espèce, la composition du conseil de famille échappe à tout reproche d'irrégularité ; — Sur l'exception prise du défaut d'interrogatoire de M... : — Considérant que M... a été régulièrement assigné au jour qui avait été fixé par l'ordonnance du président pour comparaître en la chambre du conseil à l'effet de l'interrogatoire ; — Qu'il a volontairement fait défaut ; — Que c'est ainsi par sa faute que l'interrogatoire n'a pas eu lieu ; — Et qu'il ne peut évidemment se prévaloir de son propre fait, pour en faire dépendre la nullité de la procédure ; — Au fond : — Considérant qu'il résulte que M..., dominé par la manie de plaider, a intenté et soutenu de nombreux procès, sans raison et sans but utile ; — Que, par cette cause, il est arrivé à la ruine presque complète de sa fortune ; — Que ce funeste entraînement l'a possédé au point de lui faire compromettre, par la dissipation de son patrimoine, l'avenir de ses six enfants, malgré l'affection très réelle dont il est animé pour eux ; — Par ces motifs, confirme, etc. Du 24 févr. 1859. C. de Lyon. MM. Gilardin, 1er pr. Fortoul, 1er av. gén., c. conf. Teste-Lebeau et Cuaz av.

que le tuteur doit être autorisé pour agir ». MM. Demolombe, t. 8, n° 454, et Aubry et Rau, t. 1, § 125, p. 512, pensent, au contraire, que le tuteur peut exercer l'action en interdiction même sans y être autorisé par le conseil de famille, et cette doctrine a été adoptée par la cour de Caen, « attendu qu'aucune disposition de loi n'impose au tuteur de requérir cette autorisation » (Caen, 21 mars 1861, et sur pourvoi, Req. 9 févr. 1863, aff. Vallembras, D. P. 63. 1. 279).

**28.** Le père, administrateur légal, peut aussi, comme le tuteur, provoquer l'interdiction d'un parent de son enfant mineur (Aubry et Rau, t. 1, § 125, p. 512).

**29.** Le tuteur ayant le pouvoir d'exercer l'action en interdiction au nom du mineur, le subrogé tuteur peut l'exercer à sa place lorsque les intérêts du mineur sont en opposition avec ceux du tuteur, et spécialement lorsque c'est l'interdiction de ce dernier qu'il s'agit de provoquer (Arg. art. 420 c. civ.). Ainsi, l'interdiction du père, tuteur légal de ses enfants mineurs, peut être demandée au nom de ceux-ci, par leur subrogé tuteur (Caen, 21 mars 1861, et sur pourvoi, Req. 9 févr. 1863, aff. Vallembras, D. P. 63. 1. 279; Lyon, 10 juill. 1873, et sur pourvoi, Req. 20 janv.1875, aff. Meissonnier, D. P. 76. 1. 28 ; Aubry et Rau, t. 1, § 125, p. 512; Laurent, t. 5, n° 254). — Jugé même que le subrogé tuteur n'a pas besoin pour cela de l'autorisation du conseil de famille (Caen, 21 mars 1861, précité), et qu'aucune fin de non-recevoir ne peut être tirée contre sa demande de ce que sa qualité de subrogé tuteur n'a pas été rappelée dans les actes de la procédure, ni de ce que le nom et le domicile du mineur n'ont pas été énoncés dans l'exploit d'ajournement, s'il résulte suffisamment de la conduite du demandeur au procès qu'il agissait pour ledit mineur (Req. 20 janv. 1875 précité).

**30.** L'individu pourvu d'un conseil judiciaire, qui ne peut plaider sans l'assistance de ce conseil, aurait évidemment besoin de cette assistance pour former une demande d'interdiction.

**31.** Le mari, sous le régime de la communauté, peut exercer seul toutes les actions mobilières qui appartiennent à la femme (c. civ. art. 1428). Cependant, conformément à l'opinion que nous avons admise au *Rép.* n° 38, les auteurs en général, décident que le mari n'aurait pas le droit de provoquer en son propre nom l'interdiction d'un parent de sa femme. Celle-ci, en pareil cas, peut agir, et le mandat qu'elle est censée avoir conféré à son mari, par les conventions matrimoniales, ne doit pas être étendu à une action aussi délicate qu'une demande d'interdiction (Demolombe, t. 8, n° 469; Laurent, t. 5, n° 256, *in fine*).

**32.** D'après l'art. 490 c. civ., chaque époux peut demander l'interdiction de son conjoint (V. *Rép.* n°s 59 et suiv.). Si c'est la femme qui est demanderesse, elle doit être autorisée à ester en justice, conformément au principe général de l'art. 215 c. civ. (V. *infrà*, v° *Mariage*; *Rép.* eod. v°, n°s 871 et suiv.). Comme le mari, d'après la prétention de la demanderesse elle-même, est incapable de l'autoriser, c'est au juge qu'elle doit demander l'autorisation. Mais comment procédera-t-elle? En règle générale, lorsque la femme refuse d'autoriser sa femme à faire un acte, elle doit lui faire sommation de lui accorder l'autorisation, et ensuite présenter sa requête au président, afin de pouvoir citer son mari devant le tribunal, en chambre du conseil, pour que le mari s'explique sur les causes de son refus (c. proc. civ., art. 861). Mais lorsque le mari est absent ou interdit, la femme peut se faire autoriser sur simple requête (c. proc. civ., art. 863 et 864). C'est cette seconde forme de procéder qui nous semble devoir être appliquée par analogie dans notre cas. Si le mari est en état d'aliénation mentale, comme le prétend la femme, il n'y a pas lieu de l'appeler devant le tribunal; s'il ne l'est pas, le procès en interdiction le constatera. Dans cette situation, une sommation faite au mari d'autoriser sa femme à agir ne pourrait avoir que des inconvénients, et elle ne présenterait aucun avantage, puisque, si la prétention de la femme est fondée, le mari est incapable de lui donner l'autorisation. Elle serait, de plus, contraire à l'esprit de la loi, qui a voulu que les premiers actes de la procédure en interdiction aient lieu à l'insu de la personne à interdire. La femme doit donc pouvoir se faire autoriser, soit en présentant une requête à cet effet avant de former la demande d'interdiction, soit même

en demandant l'autorisation dans la requête par laquelle commence la procédure en interdiction (V. en ce sens les arrêts cités au *Rép.* n° 43). Dans un cas où le mari que la femme voulait faire interdire était déjà pourvu d'un conseil judiciaire, il a été jugé que la permission donnée à la femme par le tribunal de convoquer le conseil de famille constituait pour elle une autorisation implicite et suffisante (Trib. Lyon, 8 juin 1872, aff. Mistral, D. P. 73. 3. 7).

**33.** On a examiné au *Rép.* n° 46, la question de savoir si c'est non pas seulement un *droit*, mais même aussi un *devoir* pour les parents et l'époux, de provoquer l'interdiction du parent ou du conjoint en état d'aliénation mentale. D'après l'art. 489 c. civ., tout majeur qui est dans cet état *doit* être interdit. Mais si ce texte a eu pour but de rendre l'interdiction obligatoire, et les travaux préparatoires du code semblent indiquer le contraire, on s'accorde à reconnaître depuis la loi du 30 juin 1838, qui a permis de placer les aliénés non interdits dans une maison de santé, que les parents ou le conjoint sont absolument libres d'user ou de ne pas user du droit de réclamer l'interdiction. Dans l'état actuel de notre législation, cette mesure n'a plus qu'un seul objet, qui est de sauvegarder les intérêts pécuniaires de l'aliéné et de ses héritiers présomptifs ; c'est aux personnes que ces intérêts touchent à apprécier s'il y a lieu ou non de recourir à ce moyen (V. en ce sens: Demolombe, t. 8, n° 446; Laurent, t. 5, n° 251).

**34.** L'interdiction peut aussi être demandée par le ministère public, mais dans deux cas seulement, déterminés par l'art. 491 c. civ. : 1° dans le cas de fureur, si l'interdiction n'est provoquée ni par l'époux ni par les parents ; 2° dans le cas d'imbécillité ou de démence, s'il n'y a ni époux, ni épouse, ni parents connus (V. *Rép.* n°s 47 et suiv.). Si l'individu à interdire est étranger, nous pensons qu'il suffit qu'il n'ait aucun parent connu en France, pour que le ministère public ait le droit d'agir, même en dehors du cas de fureur (Comp. Rouen, 5 déc. 1853, aff. Lebreton, D. P. 54. 2. 123).

**35.** Le droit de provoquer l'interdiction, tenant à la qualité de parent ou d'époux, est attaché à la personne, et par conséquent si celui qui a formé cette demande vient à décéder pendant l'instance, l'action s'éteint (Comp. Bordeaux, 23 août 1854, aff. Sauvage, D. P. 55. 2. 105). Mais il a été jugé, avec raison, que l'instance peut alors être reprise par un autre parent ou par le conjoint du défendeur (Caen, 31 juill. 1878, aff. Guéroult et Pannier, D. P. 79. 2. 269). Celui qui a intenté l'action agissait, en effet, moins dans son intérêt personnel que dans l'intérêt de la personne à interdire, et il représentait en quelque sorte toute la famille. S'il vient à mourir et la demande était bien fondée, il serait injuste de laisser à la charge de sa succession les frais déjà faits, et lorsque ses héritiers n'ont pas eux-mêmes qualité pour reprendre l'instance, elle doit naturellement être reprise par un autre parent, par le conjoint ou par le ministère public, si l'on se trouve dans l'un des cas où ce dernier est autorisé à agir.

Lorsque l'interdiction a été demandée par un de ceux qui avaient qualité à cet effet, et que la demande a été rejetée, un autre parent, ou l'époux ou le ministère public, en cas de fureur, peut-il former une nouvelle demande, en se fondant sur les mêmes causes ? Pour soutenir l'affirmative, M. Demolombe, t. 8, n° 466, raisonne ainsi : le jugement qui prononce l'interdiction, ayant pour effet de modifier la capacité de la personne interdite, produit son effet *erga omnes ;* pourquoi n'en serait-il pas ainsi également du jugement qui rejette la demande ? Par ce jugement, le défendeur est reconnu comme n'étant pas dans le cas d'interdiction, sa capacité civile est confirmée, et ce résultat est acquis à l'égard de tout le monde. — Cette opinion déroge au principe général d'après lequel la chose jugée n'a d'effet qu'entre les parties (C. civ. art. 1351). A notre avis, elle doit être rejetée. M. Laurent (t. 5, n° 255), nous paraît avoir parfaitement répondu à l'argument d'analogie invoqué par M. Demolombe : « Quand une personne est interdite, dit-il, son état est complètement modifié ; de capable qu'elle était, elle devient incapable ; cette incapacité est établie dans l'intérêt de l'interdit, dans l'intérêt des tiers et dans un intérêt social ; à ces titres, elle doit exister à l'égard de tous. Tandis que si la demande en interdiction est rejetée, rien n'est changé dans l'état de celui dont l'interdiction n'est pas prononcée ; il était capable, il reste capable ; la prétendue confirmation de son état est une invention imaginée pour le besoin de la cause. De là suit que la position de la personne dont on poursuivait l'interdiction reste, après le jugement, ce qu'elle était avant la demande ; le parent qui avait intenté l'action ne peut plus former une nouvelle demande, il serait repoussé par l'exception de chose jugée ; à l'égard des autres, il n'y a pas chose jugée ; en créer une, c'est déroger à la loi, c'est établir une exception, c'est faire la loi ». Ajoutons que la faculté pour les autres parents, pour le conjoint et le ministère public, de former une nouvelle demande après le rejet de celle intentée par un des ayants droit, est une garantie contre la fraude qui pourrait être commise par le demandeur au préjudice de l'aliéné et de sa famille. Si le législateur a voulu que tous les parents eussent le droit de provoquer l'interdiction, c'est parce qu'il a prévu que les plus proches, ceux qui vivent habituellement avec l'aliéné, pourraient quelquefois avoir intérêt à ne pas le faire interdire, afin de conserver la direction de ses affaires. Mais ne pourrait-il pas arriver aussi que l'un de ces proches parents, ou le conjoint, en prévision d'une demande d'interdiction que voudrait former un autre parent, en introduisît une lui-même, avec l'intention de la faire échouer et d'empêcher ainsi l'interdiction ? Il est donc dangereux, à ce point de vue, de reconnaître au jugement rendu contre un seul des parents un effet absolu à l'égard de tous, tandis que l'opinion qui n'attribue à ce jugement que l'effet ordinaire de la chose jugée, tout en étant plus conforme aux principes, n'offre pas de sérieux inconvénients : en fait, une nouvelle demande d'interdiction, reposant sur les mêmes faits qu'une précédente qui a été rejetée, n'aura guère de chances de succès, et, comme le remarque M. Demolombe lui-même, le défendeur serait fondé à demander des dommages-intérêts contre celui qui viendrait le tourmenter abusivement, nonobstant une décision judiciaire antérieure.

**36.** Les parents ou autres auxquels la loi accorde de provoquer l'interdiction peuvent-ils intervenir dans une instance déjà engagée par l'un d'eux? Il faut distinguer entre le cas où l'intervention doit avoir lieu en première instance et celui où elle aurait lieu en appel. Dans le premier cas, l'affirmative nous semble certaine. Tous ceux en effet qui auraient eu le droit d'intenter eux-mêmes la demande d'interdiction ont tout à la fois, pour y intervenir, intérêt et qualité. Leur intérêt sera évident, si celui qui a pris l'initiative conduit maladroitement le procès, s'il néglige les moyens les plus décisifs, et encore plus s'il s'est laissé gagner par le défendeur ou par les tiers qui ont traité avec celui-ci et qui craignent l'effet rétroactif du jugement d'interdiction. La qualité pour intervenir n'est pas non plus contestable à ceux qui auraient pu former eux-mêmes l'action, et l'on comprend qu'ils interviennent, soit pour appuyer le demandeur, soit au contraire pour expliquer et justifier leur abstention et pour aider le défendeur à se défendre (V. en ce sens : Demolombe, t. 8, n° 467, et l'arrêt de Caen du 4 janv. 1843, cité par cet auteur). Mais en appel, comme l'interven-

tion n'est recevable que de la part de ceux qui auraient le droit de former tierce opposition (c. proc. civ. art. 466), nous pensons qu'en principe aucun parent ni le conjoint ne peut intervenir. Toutefois, aux termes de l'art. 894 c. proc. civ., les membres de l'assemblée de famille qui a donné son avis sur l'état de la personne à interdire, ont le droit d'interjeter appel du jugement qui a rejeté la demande d'interdiction ; il semble que de là on pourrait conclure que leur intervention serait recevable, par exception, devant la cour, dans le cas spécial où la demande aurait été rejetée en première instance.

**37.** Ni en première instance, ni en appel, l'intervention d'un ami ne serait recevable, sauf seulement peut-être en appel dans le cas où il aurait fait partie du conseil de famille (Comp. Caen, 30 déc. 1857, aff. Berrurier, D. P. 58. 2. 146). Il a été jugé que des tiers, agissant dans un intérêt pécuniaire, ne pouvaient être admis à intervenir dans l'instance en interdiction de leur débiteur, alors même qu'ils alléguaient que la demande était poursuivie pour faire fraude à leurs droits (Bruxelles, 13 janv. 1881) (1).

### CHAP. 4. — Procédures et formes à suivre pour parvenir à l'interdiction (*Rép.* n<sup>os</sup> 52 à 118).

§ 1<sup>er</sup>. — Contre qui doit être dirigée l'action. — Tribunal compétent. — Requête introductive (*Rép.* n<sup>os</sup> 53 à 65).

**38.** — I. Contre qui doit être dirigée l'action (*Rép.* n<sup>os</sup> 53 à 59). — La procédure en interdiction doit être dirigée contre l'individu à interdire. Il en est ainsi même quand cet individu est encore mineur, ou quand il est placé dans un établissement d'aliénés ; il doit toujours être personnellement mis en cause (V. pour le cas de minorité, les arrêts cités au *Rép.* n° 53). Dans le cas de placement dans un établissement d'aliénés, on avait cru que, par application de l'art. 33 de la loi du 30 juin 1838, le défendeur à l'interdiction pouvait et même devait être représenté dans l'instance par un mandataire *ad litem*. Mais il a été jugé, avec raison, que la loi de 1838 n'avait pas apporté de dérogation à la procédure spéciale, organisée par le code civil et par le code de procédure pour la demande en interdiction, que la présence de la personne à interdire est substantielle dans cette procédure (Paris, 13 avr. 1875, aff. R... D. P. 75. 2. 233 ; Caen, 26 avr. 1882, *infrà*, n° 39).

**39.** L'individu placé dans un établissement d'aliénés ne pourrait-il pas du moins être pourvu d'un administrateur qui serait chargé de l'assister dans la procédure ? La négative a été jugée. C'est pour représenter et non pour assister l'aliéné que la loi du 30 juin 1838, art. 33, a autorisé la nomination d'un mandataire spécial. Cette mesure, qui aurait pour effet de restreindre dès avant l'interdiction la capacité civile et la liberté du défendeur, n'est permise par aucune disposition de loi (Caen, 26 avr. 1882 (2). V. en sens contraire les conclusions de M. l'avocat général Hémar, sous Paris, 13 avr. 1875, aff. R..., D. P. 75. 2. 233).

**40.** Il résulte d'un arrêt de la cour de cassation que « si,

---

(1) (*Dufer C. Duvivier*). — La cour ; — Attendu que c'est à bon droit que le jugement dont est appel a décidé que les tiers ne peuvent pas intervenir dans une instance en interdiction, pour défendre à l'action intentée ; que dans cette instance, l'état, la capacité et la liberté de la personne dont l'interdiction est poursuivie forment seuls l'objet du litige, et qu'en intervenant pour provoquer le rejet de la demande, les tiers exerceraient un droit qui est exclusivement attaché à la personne du défendeur ; que l'état civil et la capacité d'une personne ne font pas partie de son patrimoine, et que les tiers n'ont, quant à cet état, aucun droit propre qui puisse être lésé par le jugement à intervenir ; que, d'autre part, les dispositions légales qui règlent la procédure en interdiction ne laissent, dans cette procédure, aucune place aux tiers, c'est-à-dire à ceux qui ne sont pas parents du défendeur ni membres du conseil de famille, et que l'esprit des lois sur la matière, tel qu'il résulte des travaux préparatoires, démontre aussi l'intention du législateur de ne point les admettre comme parties dans une instance en interdiction ; qu'il suit de là qu'il est inutile de rechercher si l'appelant, qui n'excipe que d'un intérêt purement pécuniaire, a véritablement un intérêt quelconque à solliciter le rejet de la demande formée par l'intimé ; — Attendu qu'en supposant même que ces principes doivent fléchir en cas de fraude, il ne suffirait pas, pour rendre

recevable l'intervention d'un tiers, d'alléguer vaguement, comme le fait l'appelant, que la demande en interdiction a un caractère frauduleux, qu'elle est une manœuvre imaginée pour exonérer la veuve Dufer de la responsabilité qui, selon lui, doit peser sur elle ; que, dans l'espèce, la fraude alléguée n'est ni établie, ni même rendue vraisemblable par les éléments de la cause ou par les soutènements de l'appelant, lequel n'articule pas même, à l'appui de ses allégations, des faits précis dont il offre la preuve ; — Par ces motifs ; — Confirme.
Du 13 janv. 1881.-C. d'ap. de Bruxelles.-MM. Constant Casier, pr.-Van Schoor, av. gén., c. conf.

(2) (*Devillaire C. Gougeul*). — La demoiselle Céline Gougeul ayant été conduite à l'asile des aliénés du Mans, les époux Devillaire demandèrent son interdiction. Sur les réquisitions du procureur de la République, le tribunal d'Alençon, à la date du 2 janv. 1882, chargea un mandataire spécial de représenter la défenderesse dans l'instance en interdiction. Le jugement était ainsi conçu : « Le tribunal ; — Attendu qu'aux termes de l'art. 33 de la loi du 30 juin 1838, le tribunal doit, à la diligence du procureur de la République, désigner un mandataire spécial à l'effet de représenter en justice tout individu placé ou retenu dans un établissement d'aliénés, qui serait engagé dans une contestation

en principe, le majeur pourvu d'un conseil judiciaire ne peut pas plaider sans l'assistance de ce conseil, cette règle reçoit exception lorsqu'il s'agit d'une instance en interdiction, à raison de la nature, du but et des formes spéciales d'une pareille instance ; que l'action en interdiction est surtout dirigée dans l'intérêt de la partie défenderesse et en vue d'obtenir pour elle une protection plus efficace que celle dont la justice l'avait déjà entourée ; qu'il n'y a donc pas nécessité d'appeler le conseil judiciaire dans l'instance » (Civ. rej. 15 mars 1838, aff. Antoine, D. P. 58, 1, 121). Cette décision, à première vue, semble contraire au texte des art. 499 et 513, suivant lesquels défense est faite à l'individu pourvu d'un conseil judiciaire de *plaider* sans l'assistance de ce conseil. Cette défense, toutefois, comme on le verra *infrà*, n°s 234 et suiv., doit recevoir quelques exceptions.

Il a été jugé aussi que, lorsque la demande en interdiction est formée contre un mineur émancipé, il n'est pas nécessaire de mettre en cause le curateur (Bourges, 22 déc. 1862, aff.

Achet, D. P. 63, 5, 218). Avec M. Demolombe, t. 8, n° 444 *bis*, nous admettons cette solution, car la loi dispose seulement que le mineur émancipé « ne pourra intenter une action immobilière ni y défendre... sans l'assistance de son curateur » (c. civ. art. 482) ; sa capacité ne semble donc pas limitée quant aux actions qui ne concernent que sa personne et son état.

**41.** S'il s'agit d'un mineur en tutelle, le tuteur doit-il être mis en cause ? La question a été résolue en sens divers pas la jurisprudence (V. les arrêts cités au *Rép.* n°s 53 et suiv.). Cependant l'affirmative prévaut dans la doctrine (Demolombe, t. 7, n° 806, et t. 8, n° 444 ; Aubry et Rau, t. 1, § 109, p. 431, note 10, et § 125, p. 513 ; Laurent, t. 5, n° 260), et la jurisprudence paraît s'y rallier (Bordeaux, 6 juin 1855 (1) ; Bruxelles, 2 mai 1881 (2). Le mineur, en effet, est incapable d'ester en justice pour toute espèce d'action, excepté seulement en matière pénale. S'il est vrai qu'il doit figurer personnellement dans la poursuite en

---

judiciaire au moment du placement, ou contre lequel une action serait engagée postérieurement ; — Attendu qu'il en résulte que, s'il s'agit de défendre à une action, la nomination du mandataire spécial est obligatoire ; que la loi ne distingue pas entre la nature des actions qui peuvent lui être intentées ; qu'en ce qui concerne notamment l'action en interdiction, il est de l'intérêt général de la justice que l'aliéné, qui est retenu dans un établissement spécial et qui ne peut librement communiquer avec ses défenseurs, soit pourvu d'un mandataire qui prendra soin de ses intérêts ; qu'en vain l'on voudrait prétendre que cette mesure tutélaire ne s'applique pas au cas de placement volontaire dans un établissement ; que le législateur de 1838 a pris soin d'écarter cette distinction, en prévoyant la double hypothèse de l'aliéné placé ou retenu ; que la demoiselle Gougeul avait l'objet d'une demande en interdiction ; que la procédure prescrite par la loi a été suivie ; qu'après une délibération et un avis favorable du conseil de famille, il a été procédé à son interrogatoire ; qu'aujourd'hui il s'agit de statuer contradictoirement avec elle sur la mesure dont elle est l'objet ; qu'un administrateur provisoire lui a été nommé par jugement du 27 décembre dernier, rendu en chambre du conseil ; mais que cet administrateur provisoire des biens de la personne séquestrée n'a pas qualité pour défendre à une question intéressant son état, à moins qu'il ne lui ait été désigné en même temps comme mandataire spécial ; — Par ces motifs ; — Nomme M. Louis Planchon, commis-greffier du tribunal civil d'Alençon, mandataire spécial chargé de représenter la demoiselle Gougeul sur l'instance en interdiction qui lui est intentée ». — Appel.

La cour ; — Attendu que, par le jugement dont est appel, le tribunal d'Alençon a, par application de l'art. 33 de la loi du 30 juin 1838, nommé Planchon mandataire spécial chargé de représenter Céline Gougeul dans l'instance en interdiction poursuivie contre elle par les époux Devillaire ; — Attendu que la loi de 1838 a créé une situation particulière aux personnes placées dans un établissement d'aliénés, et a eu pour but de leur donner des garanties spéciales, sans qu'il fût nécessaire de recourir à l'interdiction ; — Mais que cette loi n'a dérogé en rien à la procédure d'interdiction organisée avec le plus grand soin par la loi civile et par le code de procédure, et qui doit être la même pour toutes les personnes dont l'interdiction est poursuivie ; — Attendu que l'art. 33 exige la nomination d'un mandataire spécial, chargé de représenter légalement en justice, et non point seulement d'assister la personne placée dans un établissement d'aliénés ; que la nomination d'un mandataire ou conseil chargé d'assister le défendeur n'est autorisée par aucune disposition de loi et constituerait une modification arbitraire et illégale à la procédure d'interdiction ; — Attendu que la présence d'un représentant légal exclut celle du représenté ; — Attendu que la procédure d'interdiction est inconciliable avec l'exclusion du défendeur et sa représentation légale par un tiers ; qu'il s'agit, en effet, d'une action essentiellement personnelle, dont l'objet est la personne même qu'il y a lieu d'examiner et d'interroger de manière à apprécier son état intellectuel ; que la présence de cette personne elle-même dans l'instance est substantielle ; — Attendu qu'il est également impossible de concilier avec les droits de la liberté individuelle et la liberté de la défense un système qui enlève à celui dont l'interdiction est poursuivie le droit de défendre sa liberté et sa capacité civiles, pour confier sa défense à un tiers qu'il n'a pas choisi, que, le plus souvent, il ne connaît pas, qui deviendrait le maître absolu du procès, ayant seul qualité pour défendre à l'action, pour porter appel et pour demander ultérieurement la mainlevée de l'interdiction ; — Par ces motifs ; — Annule le jugement dont est appel, et, pour être statué sur la demande en interdiction, renvoie les parties poursuivante et défenderesse devant le tribunal d'Alençon, composé d'autres juges.

Du 26 avr. 1882.-C. de Caen, aud. solenn.-MM. Houyvet, 1er pr.-Faguet, proc. gén., c. conf.-Carel et Toutain, av.

(1) Piotay C. Piotay.) — La cour ; — Attendu que le moyen de nullité tiré par l'appelant de ce qu'il n'avait pu être procédé contre lui, à raison de son état de minorité, sans qu'il fût assisté de son subrogé tuteur, ou d'un tuteur *ad hoc*, n'a pu être couvert par les conclusions qu'après le rejet de cette exception, il a prises sur le fond ; que s'il n'avait pas capacité pour ester en justice, non plus que pour conclure et plaider sur le fond ; — Attendu, sur le moyen même, que la loi n'a pas prévu qu'une demande en interdiction ou en nomination d'un conseil judiciaire put être formée contre un mineur ; qu'elle n'a donc point réglé la procédure à suivre en pareil cas, et qu'il faut suppléer à son silence à l'aide des principes généraux du droit ; — Attendu que le mineur est réputé incapable de se défendre lui-même ; qu'aussi toute demande formée contre un mineur doit être dirigée contre son tuteur, ou, si elle est introduite par le tuteur, contre le subrogé tuteur, ou tuteur *ad hoc* ; — Attendu que la demande en nomination d'un conseil judiciaire n'est pas de la juridiction gracieuse, mais de la juridiction contentieuse, qu'elle soulève une contestation, un procès des plus sérieux, puisqu'elle met en question l'état et la liberté du défendeur, qu'elle tend à diminuer sa capacité civile, et qu'elle peut avoir pour son avenir, surtout à l'âge de l'appelant, des conséquences irréparables ; — Que, si elle est inspirée le plus souvent par l'intérêt du défendeur, elle peut l'être aussi par des calculs égoïstes ; — Qu'aux termes de l'art. 495 c. civ., ceux qui font formée ne peuvent faire partie du conseil de famille, puisqu'ils sont les antagonistes de celui contre lequel elle est dirigée, et ne sauraient être juges ou témoins dans un procès où ils sont partie ; — Attendu que, lorsqu'une demande de cette nature est formée contre un mineur par un parent autre que le tuteur, il doit, à la différence de ce qui se pratique dans les instances ordinaires qui sont suivies contre le tuteur seul, appeler à la fois le mineur et le tuteur ; le mineur, parce qu'il s'agit de vérifier sa capacité personnelle, qu'il doit être mis en contact avec le juge et subir un interrogatoire ; le tuteur, parce qu'il est le protecteur du mineur, qu'il y a une procédure à suivre, à surveiller, souvent des enquêtes à faire, toutes choses dont le mineur est incapable ; — Que si, comme dans l'espèce, c'est le tuteur lui-même qui forme la demande, le mineur ne pouvant demeurer sans protection, il faut assigner avec lui, ou le subrogé tuteur, ou un tuteur nommé *ad hoc* ; — Attendu que, dans l'espèce, la demande ayant été introduite et suivie par la mère tutrice contre le mineur seul, sans qu'il ait été assisté du subrogé tuteur, ou d'un tuteur nommé à cet effet, la procédure est nulle, ainsi que tout ce qui en a été la suite ; — Par ces motifs, faisant droit de l'appel interjeté par Léon Piotay du jugement rendu par le tribunal de première instance de Ribérac, le 8 janvier dernier, qui a rejeté l'exception proposée par le mineur, infirme ce jugement ; et faisant ce que les premiers juges auraient dû faire, annule la procédure, sauf toutefois l'assignation donnée à la personne de l'appelant ; annule par voie de conséquence, le jugement rendu le même jour sur le fond, et, pour être statué sur l'assignation dans le cas où il serait donné suite, renvoie les parties devant le tribunal de première instance de Périgueux.

Du 6 juin 1855.-C. imp. de Bordeaux, ch. réun.- MM. de la Séglière, pr.-Dufour, av. gén. ;-Vaucher et Rateau, av.

(2) (R... C. R...) — La cour ;— Sur les conclusions principales de l'appelant, tendant à faire déclarer la procédure nulle, par le motif que l'intimé, demandant l'interdiction de son fils mineur et, partant, incapable, ne lui a pas fait désigner un tuteur aux fins de l'assister dans l'instance ; — Attendu que le mineur, incapable, suivant les principes généraux, de gérer sa personne et ses biens, ne peut défendre seul à une action en justice ; qu'aucune exception n'est faite à cette règle pour le cas d'une demande en interdiction ; que l'on ne comprendrait, d'ailleurs,

interdiction dirigée contre lui, on n'en saurait conclure qu'il ne doit pas aussi y être représenté et assisté par son tuteur. Il faut même décider que si la demande en interdiction est formée par le tuteur du mineur, elle doit être intentée tant contre celui-ci que contre le subrogé tuteur ou contre un tuteur *ad hoc* (V. en ce sens les arrêts précités du 6 juin 1855 et du 2 mai 1881. V. aussi Chauveau sur Carré, *Lois de la procédure*, supplément, quest. 3018).

**42.** De même, si c'est un père, administrateur légal, qui veut demander l'interdiction de son fils mineur, il devra préalablement, ou l'émanciper ou lui faire nommer un tuteur *ad hoc* (V. les mêmes arrêts du 6 juin 1855 et du 2 mai 1881, par analogie).

**43.** On a examiné au *Rép.* nos 55 et suiv. la question de savoir si la femme mariée, dont l'interdiction est poursuivie, doit être autorisée à ester en justice par son mari ou par le tribunal. L'affirmative résulte d'un arrêt de la cour de cassation du 9 janv. 1822 (*Rép.* n° 56), qui déclare que « le principe de l'autorisation du mari ou de la justice, conservateur de la puissance maritale et des intérêts respectifs des époux, s'applique en matière d'interdiction de la femme comme en toute autre matière civile ». La question, bien entendu, ne se pose pas lorsque l'interdiction est demandée par le mari ; par le fait même que celui-ci agit contre sa femme, il l'autorise à se défendre. Si la demande est formée par un parent de la femme, le demandeur doit mettre en cause le mari et conclure à ce que l'autorisation soit accordée par ce dernier ou, à son défaut, par le tribunal. Reste le cas où c'est le ministère public qui provoque l'interdiction de la femme pour cause de fureur. Nous avons admis au *Rép.* n° 58, qu'il pourrait agir contre la femme seule. Cependant, en présence des termes généraux de l'arrêt précité, cette solution est contestable ; le procureur de la République devrait peut-être, pour plus de sûreté, assigner aussi le mari et demander, au cas de refus de celui-ci, l'autorisation de justice.

**44.** — II. Tribunal compétent (*Rép.* nos 60 et 61). — Toute demande en interdiction, d'après l'art. 492 c. civ., doit être portée devant le tribunal de première instance ; et, comme il s'agit d'une demande personnelle, le tribunal compétent est celui du domicile du défendeur. Le tribunal de la résidence ne serait compétent que si le défendeur n'avait pas de domicile (c. proc. civ. art. 59) (V. en ce sens les autorités citées au *Rép.* n° 60, et Aubry et Rau, t. 1, § 125, p. 513 ; Laurent, t. 5, n° 261 ; Baudry-Lacantinerie, t. 1, n° 1163).

**45.** Lorsque le tribunal du domicile a été régulièrement saisi de la demande, il demeure compétent quand même le domicile du défendeur vient à changer. Mais à quel moment le tribunal doit-il être considéré comme saisi ? Au moment de la présentation de la requête prescrite par l'art. 890 c. proc. civ. Cette requête doit faire acte de poursuite ; c'est au président du tribunal du domicile de l'aliéné qu'elle doit être présentée, et du jour où le président en est

saisi, l'instance commence (Bruxelles, 4 sept. 1846, *Pasicrisie belge*, 1846, 2. 341 ; Req. 23 mai 1860, aff. Manchon, D. P. 60. 1. 350 ; Laurent, t. 5, n° 261. V. une question analogue, *supra*, v° *Divorce et séparation de corps*, n° 138). Il a été jugé que si une requête tendant à l'interdiction d'un mineur a été présentée au président du tribunal du dernier domicile du père de ce mineur, avant la délibération du conseil de famille qui a nommé un tuteur à celui-ci, c'est le tribunal du dernier domicile du père, et non le tribunal du domicile du tuteur, qui doit connaître de la demande (Paris, 28 nov. 1835, *Rép.* v° *Domicile*, n° 83).

Si la demande en interdiction a été formée devant un autre tribunal que celui du domicile du défendeur, l'exception d'incompétence doit-elle être proposée *in limine litis* ? Oui, si l'on s'en tient à la règle générale de l'art. 169 c. proc. civ. Cependant, comme en matière d'interdiction l'acquiescement du défendeur est sans valeur (V. *supra*, v° *Acquiescement*, n° 29) ; nous serions portés à décider que l'exception dont il s'agit peut être opposée en tout état de cause (V. toutefois, *supra*, v° *Divorce et séparation de corps*, n° 139). Mais, lorsque le jugement d'interdiction a acquis force de chose jugée, il est certain que ni l'interdit ni, à plus forte raison, les tiers ne pourraient l'attaquer en soutenant qu'il a été rendu par un tribunal incompétent (Douai, 22 juin 1854, aff. Dubois, 55. 2. 254. Comp. Laurent, t. 5, n° 261).

**46.** — III. Requête introductive (*Rép.* nos 62 à 65). — La demande en interdiction est formée par une requête présentée au président du tribunal. D'après les art. 493 c. civ., 890 et 891 c. proc. civ., cette requête doit énoncer les faits d'imbécillité, de démence ou de fureur ; on doit y joindre les pièces justificatives, s'il y en a, et indiquer les témoins (V. *Rép.* n° 62). — Ces diverses formalités sont-elles prescrites à peine de nullité ? Il y a lieu à ce sujet de faire quelques distinctions. La requête devrait certainement être écartée si elle n'indiquait pas même sommairement, les faits de nature à justifier la demande (Rennes, 16 août 1838, *Rép.* n° 313-1° ; Demolombe, t. 8, n° 486). Mais ces faits peuvent être considérés comme suffisamment articulés, quoiqu'ils ne soient pas énumérés et exposés en détail (Req. 2 août 1860, aff. de Fornier, D. P. 60. 1. 495 ; Lyon, 12 janv. 1882, aff. Garnier, D. P. 83. 2. 12). « Le but de la loi est atteint, dit M. Laurent, t. 5, n° 261, si le défendeur et le tribunal apprennent par la requête quel est le caractère de la maladie dont on prétend que le défendeur est atteint ; le détail sera établi dans l'instruction. » Cette question, c'est au tribunal et, en général aux juges du fait, à apprécier si les faits ont été suffisamment articulés ; leur décision, sous ce rapport, échappe au contrôle de la cour de cassation (Arrêt précité du 2 août 1860). Quant à l'indication des noms des témoins et à l'annexion des pièces justificatives, on s'accorde à reconnaître que ces deux formalités ne sont pas substantielles et que leur omission n'entraîne pas nullité (V. les

pas que le mineur, auquel le législateur a interdit, dans un but de protection toute spéciale, d'agir seul dans tous les actes de la vie civile, se trouvât privé de toute assistance précisément dans une procédure aussi importante que celle en interdiction, qui tend à lui enlever l'administration de ses biens et à compromettre son état ; — Attendu que, s'il est vrai qu'aucune disposition de la loi ne prescrit l'intervention du tuteur en cette matière, c'est par le motif que, la procédure en interdiction ayant été réglementée au titre du code civil *De la majorité*, le législateur ne s'y est préoccupé que du cas de la poursuite dirigée contre un majeur, ainsi que le porte textuellement l'art. 489, s'en référant nécessairement, lorsqu'il s'agit d'un mineur, aux principes généraux relatifs à l'état de minorité, lesquels doivent recevoir leur application aussi longtemps qu'il n'y est point fait expressément exception ; — Attendu que l'on oppose vainement le caractère personnel de l'instance aux fins d'interdiction ; que l'interrogatoire auquel il doit être procédé en vertu de l'art. 496 c. civ., peut, en effet n'être pas, suffisant pour permettre d'apprécier l'état mental de la personne dont l'interdiction est demandée ; que, dans ce cas, le caractère personnel de la procédure disparaît ; il y a lieu à des enquêtes, à des débats contradictoires, tant sur la pertinence des faits à prouver que sur le résultat des enquêtes, ainsi qu'à d'autres moyens d'instruction pour lesquels il serait contraire à tous les principes de droit et d'équité que le mineur fût privé des conseils et de la protection que l'assistance d'un tuteur doit lui assurer ; — Attendu que l'on argumenterait vainement encore de ce que le mineur peut comparaître seul

devant la justice répressive, pour en conclure par analogie que l'assistance d'un tuteur ne lui serait pas nécessaire sur une poursuite en interdiction ; que l'exception que le législateur a admise en matière répressive s'explique par les règles spéciales qui y sont applicables, le mineur trouvant dans l'instruction et dans les formes de la procédure criminelle des garanties et une protection que ne lui assurent point la procédure suivie en matière civile ; — Attendu qu'il résulte des considérations qui précèdent qu'au moins à partir de la signification faite à l'appelant par exploit de l'huissier Charles, du 12 nov. 1880, la procédure, dans l'espèce, est entachée de nullité, pour avoir été dirigée contre l'appelant personnellement, nonobstant l'état de minorité dans lequel il se trouve ; — Attendu, d'ailleurs, que la circonstance que l'interdiction de l'appelant est demandée par son père et tuteur légal ne saurait avoir pour effet de faire fléchir les principes ci-dessus rappelés ; que c'était à l'intimé, avant d'intenter sa demande, à prendre les mesures nécessaires pour permettre à son fils mineur et réputé incapable par la loi de défendre à sa demande, et que, pour ne l'avoir point fait, il doit être déclaré purement et simplement non recevable en cette demande, de la manière dont elle est formée ;

Par ces motifs, le débutant les parties de toutes conclusions plus amples ou contraires, met le jugement dont appel à néant ; Déclare l'intimé non recevable en sa demande telle qu'elle est intentée, etc.

Du 2 mai 1881.-C. de Bruxelles, 1re ch.-MM. De Prelle de la Nieppe, pr.-Bosch, av. gén.-Simon et Duchaine, av.

arrêts cités au *Rép.* n° 65, et en outre : Req. 2 août 1860, précité; Bordeaux, 21 avr. 1875, aff. Chambord, D. P. 76. 5. 271 ; Lyon, 12 janv. 1882, précité; Aubry et Rau, t. 1, § 125, p. 513 ; Laurent, *ibid.*). Le tribunal pourrait seulement, suivant la remarque de MM. Aubry et Rau, *ibid.*, note 10, avant de statuer sur l'admission de la requête, demander la production des pièces justificatives et l'indication des témoins; mais, s'il avait admis la requête sans user de cette faculté, le défendeur ne serait pas fondé à demander de ce chef la nullité de la procédure ultérieure, comme il en aurait le droit si la requête ne contenait pas une articulation suffisante des faits.

**47.** En matière d'interdiction, comme nous l'avons dit *suprà*, n° 45, l'instance existe dès que la requête ordonnée par l'art. 890 c. proc. civ., est présentée, et sans qu'il soit besoin d'attendre ni la signification de cette requête, ni l'avis du conseil de famille (Rouen, 17 nov. 1859 et sur pourvoi Req. 23 mai 1860, aff. Manchon, D. P. 60. 1. 350). Il en résulte que le tribunal compétent au moment de la présentation de la requête demeure compétent par la suite, malgré le changement de domicile du défendeur (*suprà*, n° 45). On en a aussi déduit cette conséquence, que la demande en interdiction peut, dès le premier jugement qui suit la requête, être jointe pour cause de connexité à une autre instance, telle qu'une demande formée par le défendeur à l'interdiction pour obtenir mainlevée d'une opposition à mariage (Rouen, 17 nov. 1859 et Req. 23 mai 1860, précités).

**48.** Le défendeur peut-il intervenir et être admis à présenter ses observations sur la requête ? V. *infrà*, n° 51.

**§ 2.** — Jugement qui ordonne de prendre l'avis du conseil de famille; formation et délibération de ce conseil (*Rép.* n°s 66 à 85).

**49.** — I. JUGEMENT ORDONNANT LA RÉUNION DU CONSEIL DE FAMILLE (*Rép.* n°s 66 à 69). — Le président auquel a été présentée la requête du demandeur en interdiction ordonne la communication de cette requête au ministère public et commet un juge pour faire rapport au tribunal à jour indiqué (c. proc. civ., art. 891). Sur le rapport du juge et les conclusions du procureur de la République, le tribunal ordonne que le conseil de famille donnera son avis sur l'état de la personne dont l'interdiction est demandée (c. proc. civ., art. 892). Suivant un arrêt de la cour de cassation, « il ne peut être procédé ni à une interdiction ou à la dation d'un conseil judiciaire,... sans l'avis préalable du conseil de famille... Cette formalité, comme toutes les formes protectrices de l'état ou de la liberté des personnes, et destinées à éclairer le juge sur la nécessité de modifier cet état ou d'enchaîner cette liberté, est d'ordre public » ; son omission « ou, ce qui revient au même, le vice d'une délibération émanée d'individus dépourvus de toute aptitude légale, aurait, dès lors, pour inévitable conséquence, la nullité de la procédure dont elle serait suivie » (Civ. cass. 19 août 1850, aff. Boisgontier, D. P. 50. 1. 281. V. dans le même sens : Lyon, 14 juill. 1853, aff. N... de C..., D. P. 54. 2. 33 ; Caen, 31 juill. 1878, aff. Guéroult, D. P. 79. 2. 269). En présence d'une doctrine aussi absolue, il paraît difficile d'admettre aujourd'hui, comme on l'a fait au *Rép.* n° 69, que l'obligation de prendre l'avis préalable du conseil de famille n'existe pas quand l'interdiction est poursuivie par le ministère public pour cause de fureur. Cette opinion, qui avait été émise par MM. Bioche et Gouget (*Dictionnaire de procédure*, v° *Interdiction*, n° 19), n'est pas reproduite par les auteurs récents ; on doit donc la considérer comme abandonnée.

**50.** Si le tribunal ne peut prononcer l'interdiction *de plano*, avant d'avoir pris l'avis du conseil de famille, il peut au contraire rejeter la requête sans demander cet avis. Il ne doit, en effet, donner suite à la demande que si les faits allégués lui paraissent pertinents, et si, d'ailleurs, le demandeur a qualité pour agir (Rouen, 21 janv. 1874, et sur pourvoi Civ. rej. 17 janv. 1876, aff. Duval, D. P. 76. 1. 151 ; Aubry et Rau, t. 1, § 125, p. 513 ; Laurent, t. 5, n° 267. — Comp. Civ. rej. 3 janv. 1864, aff. Rouger, D. P. 64. 1. 86 ; Trib. Lyon, 30 nov. 1881, aff. Fléchet, D. P. 69. 3. 90; Lyon, 30 août 1876, aff. Fillon, D. P. 78. 2. 72].

**51.** Le jugement qui statue sur la requête est ordinaire-

ment rendu à l'insu du défendeur. Cependant si celui-ci est averti de la présentation de la requête, il peut, si bon lui semble, se présenter et entrer, dès lors, en cause pour défendre à la poursuite dirigée contre lui (Rouen, 21 janv. 1874 et Civ. rej. 17 janv. 1876, cités *supra*, n° 50. V. aussi les arrêts cités *infrà*, n° 53).

**52.** Le tribunal ne pourrait-il pas même déjà, avant de statuer sur la requête, ordonner la comparution personnelle du défendeur et l'entendre en chambre du conseil? On doit décider avec la cour de cassation (arrêt du 17 janv. 1876, cité *supra*, n° 51) que « le défendeur ne peut être, ni assigné par le demandeur, ni forcé de comparaître dans l'instance avant que le tribunal ait vérifié la pertinence des faits articulés et reçu l'avis du conseil de famille ». Cependant si le défendeur lui-même demandait à être entendu par le tribunal à s'expliquer sur les faits énoncés dans la requête, il semble que sa comparution pourrait être autorisée. Le tribunal toutefois ne devrait pas perdre de vue que sa seule mission, à ce moment, est d'apprécier si les faits articulés sont pertinents et s'il y a lieu d'ordonner la réunion du conseil de famille. Il ne pourrait donc se fonder sur les explications du défendeur pour déclarer dès à présent, nonobstant la pertinence des faits, que ce défendeur n'est pas dans le cas d'être interdit. Les réponses d'une personne peuvent, dans un certain moment, être très raisonnables, bien que cette personne soit atteinte d'une maladie mentale suffisante pour motiver son interdiction.

**53.** Le jugement qui ordonne la réunion du conseil de famille doit être rendu en chambre du conseil. Il y a pour cela des raisons de convenance. On peut aussi déduire cette solution, par argument *a contrario*, de l'art. 498 c. civ. qui n'exige la publicité de l'audience que pour le jugement qui statue définitivement sur la demande, et par argument d'analogie, des art. 32 et 38 de la loi du 30 juin 1838, qui disposent que la nomination d'un administrateur provisoire ou d'un curateur à une personne placée dans un établissement d'aliénés doit avoir lieu en chambre du conseil (Comp. Civ. cass. 6 févr. 1856, aff. Burdin, D. P. 56. 1. 71, et les conclusions de M. l'avocat général Nicias-Gaillard ; Civ. rej. 19 févr. 1856, aff. Auger, D. P. 56. 1. 75 ; Poitiers, 4 juin 1860, aff. Bonnald, D. P. 60. 5. 205). Néanmoins le jugement qui statue sur un acte préparatoire de la procédure en interdiction n'est pas nul pour être rendu en audience publique (Civ. rej. 16 févr. 1875, aff. du Beignon, D. P. 76. 1. 49).

Ce jugement, rendu habituellement hors la présence du défendeur, peut-il être frappé d'opposition par celui-ci? La question est douteuse ; elle a été vivement discutée dans la jurisprudence, mais l'affirmative semble prévaloir. On a dit, dans le sens de la négative, que le jugement dont il s'agit, étant rendu sur simple requête, sans publicité et sans contradicteur, ne saurait être assimilé à un jugement par défaut ordinaire, contre lequel la faculté d'opposition serait de droit commun. On a ajouté qu'un recours par voie d'opposition contre ce jugement serait manifestement en contradiction avec le caractère que la loi a voulu donner à la partie préliminaire de la procédure en interdiction : durant cette période, a-t-on dit, la procédure est essentiellement secrète et doit avoir lieu en dehors de la personne dont l'interdiction est provoquée ; les considérations qui ont déterminé le législateur à organiser cette procédure préliminaire seraient méconnues, si un débat public et contradictoire pouvait s'élever à l'occasion des formalités et des mesures qui la constituent (Trib. Seine, 30 déc. 1874, sous Paris, 19 juin 1875, aff. de V... D. P. 76. 2. 42). A ces arguments il a été répondu que tout jugement rendu contre une partie sans qu'elle ait été entendue est un jugement par défaut ; qu'il importe peu que cette partie n'ait pas dû être appelée ; que la loi n'a pas distingué entre les jugements rendus sur requête ou sur assignation ; qu'il est de principe qu'une partie peut toujours se défendre contre une décision rendue en arrière d'elle ou, autrement dit, par défaut, et qu'il suffit que l'opposition n'ait pas été prohibée par la loi, dans le cas qui nous occupe, pour qu'on doive décider qu'elle est recevable. S'il est vrai que, dans la première période de l'instance en interdiction, la procédure se poursuit sans publicité et sans débat, ce n'est pas dans un intérêt d'ordre public que ces formes particulières ont été établies ; c'est dans l'intérêt seul de celui dont l'interdiction est provoquée, et dès lors si celui-ci préfère renoncer à ces formes pour s'opposer immédiatement à la demande, il n'y a aucune raison de lui refuser ce droit (V. en ce sens : Besançon, 1ᵉʳ mars 1828, *Rép.* v° *Jugement par défaut,* n° 177-2° ; Douai, 11 mars 1864, aff. Decréquy, D. P. 76. 2. 42, note; Caen, 30 janv. 1873, aff. May, *ibid.;* Paris, 19 juin 1875, aff. de V..., D. P. 76. 2. 42. et les conclusions de M. l'avocat général de Laborie, *ibid.* ; Besançon, 19 juill. 1876, *infrà,* n° 56). La jurisprudence belge, toutefois, paraît fixée en sens contraire (V. Bruxelles, 9 janv. 1847, *Belgique judiciaire,* 1847, p. 257; 11 août 1854, *ibid.,* 1854, p. 1245; Liège, 16 mars 1891) (1):

**54.** Si la requête en interdiction a été rejetée par le tribunal comme non pertinente, il n'est pas douteux que le demandeur ne puisse recourir au second degré de juridic-

tion. La cour peut alors être saisie par une requête présentée au premier président (Arg. c. proc. civ. art. 858. Comp. Rouen, 11 déc. 1844, aff. Simon, D. P. 53. 5. 270 ; Rouen, 21 janv. 1874. et sur pourvoi Civ. rej. 17 janv. 1876, aff. Duval, D. P. 76. 1. 151). Suivant l'opinion admise *suprà,* n° 51, le défendeur peut intervenir devant la cour (Même arrêt).

**55.** La cour saisie, par voie d'appel, de la requête en interdiction doit statuer en audience solennelle (Décr. 30 mars 1808, art. 22; Civ. rej. 17 janv. 1876). Nous pensons toutefois que cette audience peut et même doit se tenir en chambre du conseil (V. suprà, n° 53).

**56.** Lorsque le défendeur est intervenu devant le tribunal pour s'opposer à l'admission de la requête, le jugement qui reconnaît la pertinence des faits et ordonne la réunion du conseil de famille peut aussi être frappé d'appel par lui (Besançon, 19 juill. 1876) (2). Ce jugement ne peut être

---

(1) (Veuve S... C. S....) — Le 12 nov. 1890, arrêt du tribunal civil de Verviers ainsi conçu : — Le tribunal ; — Attendu que, sur requête présentée par Frédéric S..., le tribunal de ce siège a, par jugement du 16 juil. 1890, ordonné la convocation d'un conseil de famille, à l'effet de donner son avis sur l'état de la dame Donathilde de D..., veuve d'Adolphe S..., dont l'interdiction est demandée par son fils, le requérant ; — Attendu que, dès avant la convocation du conseil de famille, et par requête du 28 juill. 1890, la veuve S... a formé opposition à l'exécution du jugement précité, opposition dont Frédéric S... conteste la recevabilité ; — Attendu que la procédure organisée par les art. 493 et suiv. c. civ. et 890 et suiv. c. proc. civ., pour la poursuite d'interdiction, débute par un jugement obtenu sur requête, et nécessaire pour que le conseil de famille soit légalement appelé à se prononcer sur la demande; que ce jugement, tout en admettant la pertinence des faits allégués, ne préjuge rien quant au fond et se borne à accorder permission d'agir; qu'ainsi il ne lie point le juge au défaut de débat contradictoire sur l'utilité de la preuve et son admissibilité ; — Attendu que ce jugement ne peut être considéré comme un jugement par défaut susceptible d'opposition, puisque dans cette première phase de la procédure la loi n'appelle pas à se défendre la personne contre laquelle l'interdiction est poursuivie ; d'où il suit que déclarer l'opposition recevable, ce serait en réalité proclamer nécessaire une défense que le législateur a jugée inutile ; — Attendu que l'on soutient en vain qu'aucun texte de la loi n'interdit l'opposition à semblable jugement; qu'en effet il s'agit bien plutôt de rechercher si pareille voie de recours n'est pas incompatible avec les dispositions légales précitées; — Attendu que, si le législateur avait entendu admettre la discussion de la pertinence des faits allégués dans la première requête, il aurait certes exigé que la personne à interdire fût appelée à s'expliquer avant l'obtention du jugement ordonnant la réunion du conseil de famille; que, loin de le faire, il a pris soin d'éviter que ce jugement fût porté à la connaissance de l'intéressé; qu'ainsi, suivant l'art. 893 c. proc. civ., ce jugement est même pas signifié avant l'interrogatoire et reste ainsi censé ignorer de la personne à interdire, laquelle n'est appelée à débattre ses intérêts que lorsque l'instruction est entièrement terminée (c. civ. art. 498); — Attendu, d'ailleurs, que si l'opposition était admise elle aurait pour effet de retarder l'instruction de l'affaire et de tenir en suspens l'état et la capacité de celui dont l'interdiction est demandée, ce qui doit être évité; qu'au surplus l'opposition amènerait un débat public dans lequel, sous prétexte de discuter la pertinence des faits, le fond du débat serait le plus souvent engagé, et ce, d'une manière prématurée, sans avis de parents, et avant l'interrogatoire qui seul fait connaître l'état de la personne dont il s'agit ; — Attendu que l'on soutient aussi que l'opposition est le seul moyen de parer immédiatement aux inconvénients d'une demande en interdiction, qui serait introduite d'une manière arbitraire ou pour motifs inavouables ; mais qu'il est à remarquer, en supposant même le conseil de famille complice d'un poursuivant mal intentionné, si la personne intéressée se soumet sans tarder à l'interrogatoire ordonné, que le caractère vexatoire de la demande éclatera aux yeux des magistrats d'une façon plus manifeste, plus rapide et plus discrète que par la voie de l'opposition ; — D'où il suit que la marche de la poursuite tend elle-même à déjouer, par son allure rapide, toute manœuvre malveillante dirigée contre l'intéressé; — Attendu qu'il est encore allégué que refuser la voie d'opposition, c'est mettre la personne à interdire dans l'impossibilité d'obliger le poursuivant à continuer la procédure, dans le cas où, par malice ou pour d'autres motifs, ce dernier viendrait à interrompre la poursuite dans laquelle il figure comme seul requérant ; — Attendu qu'en pareil cas la personne intéressée n'a point rester sous le coup d'une demande en interdiction, pourrait certes, soit assigner le poursuivant en dommages-intérêts si l'interrogatoire n'a pas encore eu lieu, soit saisir elle-même le tribunal pour faire statuer au fond, s'il a déjà été procédé à l'interrogatoire (Chauveau sur Carré, t. 2, n° 26 *bis*);—

Attendu, au surplus, qu'en admettant que la procédure, telle qu'elle est organisée, puisse offrir des inconvénients, il n'appartient qu'au législateur d'y remédier ; — Par ces motifs : — Déclare non recevable l'opposition : — Appel par la veuve S... La cour; — Adoptant les motifs des premiers juges, confirme. Du 16 mars 1891.-C. de Liège, 1ʳᵉ ch. MM. Schuermans, pr.-Beltjens subst. du proc. gén.-Neujean et Dupont, av.

(2) (Veuve Ebaudy de Rochetaillée C. de Buchet.) — Une requête tendant à l'interdiction de la dame veuve Ebaudy de Rochetaillée ayant été présentée au tribunal de Vesoul par la dame de Buchet, petite-fille de ladite dame, et par M. de Buchet, tant en son nom personnel que pour autoriser son épouse, un jugement rendu en chambre du conseil le 8 mai 1875, ordonna la convocation du conseil de famille et l'interrogatoire de la défenderesse, et autorisant l'exécution des dispositions sur minute et avant l'enregistrement, mais refusa la nomination d'un administrateur provisoire. Opposition a été formée à ce jugement par la dame de Rochetaillée. Nonobstant cette opposition, le conseil de famille s'est réuni et a émis un avis favorable à l'interdiction. L'opposition de la défenderesse a été ensuite rejetée par un jugement du 29 mai 1876, que le tribunal déclarait exécutoire par provision. — Appel par la dame de Rochetaillée. Devant la cour, le ministère public a soutenu que l'affaire relevait de la juridiction gracieuse, et que le jugement du 8 mai n'était pas susceptible ni d'opposition ni d'appel. La cour; — Considérant que, si la première période de la procédure en interdiction n'est pas contradictoire et se rattache à la juridiction gracieuse, elle prend un autre caractère et se trouve soumise aux règles du droit commun, du jour où le défendeur en interdiction, comme il a la faculté de le faire en tout état de cause, intervient pour s'opposer aux mesures prises ou provoquées contre lui, telles que la convocation d'un conseil de famille et son interrogatoire, qui sont une première atteinte à son état et à sa capacité; que, dès ce moment, le débat change de face et devient contentieux; qu'il suit de là que la procédure doit, dès lors, être suivie d'après les formes ordinaires d'un litige contradictoire, notamment en ce qui touche la publicité de l'audience et les décisions à intervenir, soit en instance, soit en appel; — Qu'on ne saurait refuser le caractère de décisions interlocutoires, préjugeant le fond, aux jugements qui, reconnaissant la pertinence et l'admissibilité des faits articulés, ordonnent la convocation d'un conseil de famille et l'interrogatoire du défendeur à l'interdiction; que, dès lors, ces jugements sont susceptibles d'appel, dans les termes de l'art. 451, § 2, c. proc. civ.; — Considérant, sur le second chef des conclusions de l'appelante, que, si les parents, et non les alliés, sont seuls recevables dans une demande en interdiction, d'après l'art. 490 c. civ., il en résulte seulement que de Buchet n'a pas eu qualité pour agir en son nom personnel et qu'il ne pouvait figurer que comme autorisant son épouse, parente de la dame de Rochetaillée ; mais que la procédure ayant été suivie à la requête de la dame de Buchet, n'en est pas moins régulière ; — Considérant, sur le troisième chef, qu'aux termes des art. 135 et 136 c. proc. civ., l'exécution provisoire ne peut être ordonnée en dehors des cas prévus par la loi; que cette exécution n'avait pas été ordonnée par le jugement du 8 mai dernier, et ne résultait pas de la disposition prescrivant l'exécution sur minute et avant l'enregistrement; qu'elle l'a été à tort par le jugement du 29 mai suivant, et en dehors des conditions légales; qu'elle ne pouvait, en effet, s'appliquer à la nomination d'un administrateur provisoire écartée par ledit jugement, et sur laquelle le conseil de famille n'était pas appelé à statuer; qu'il n'y avait ni titre, ni promesse reconnue, ni condamnation précédente en dehors du jugement par défaut frappé d'opposition qui faisait l'objet même du litige; qu'il restait seulement les dispositions relatives à la convocation du conseil de famille et à l'interrogatoire, qui ne rentrent pas dans les dispositions des articles précités; — Qu'il suit de là qu'il a été procédé irrégulièrement, le 18 mai, à la convocation et à la

déclaré exécutoire nonobstant opposition ou appel. En cas d'appel, la cour doit statuer à l'audience publique (Même arrêt).

**57.** — II. Formation et délibération du conseil de famille (*Rép.* n°s 70 à 85). — Aux termes de l'art. 494 c. civ., le conseil de famille doit être formé selon le mode déterminé à la section 4 du chapitre 2 du titre de la minorité, de la tutelle et de l'émancipation (C. civ., art. 494. V. *infrà*, v° *Minorité, tutelle, émancipation*, et *Rép.* eod. v°, n°s 155 et suiv.). Il résulte d'un arrêt de la cour de cassation que, suivant la loi, « le conseil de famille doit être composé de parents ou alliés pris tant dans la commune du domicile du majeur à interdire ou à pourvoir d'un conseil judiciaire, que dans la distance de deux myriamètres, moitié du côté paternel, moitié du côté maternel, et en suivant l'ordre de proximité dans chaque ligne; que les citoyens admis à prendre place dans ce tribunal de famille, soit pour le compléter à raison de l'insuffisance du nombre de parents ou alliés, soit même pour le composer, dans le cas où il ne se trouverait ni parents, ni alliés, n'ont qu'une aptitude restreinte, exceptionnelle, subordonnée à la double condition : 1° d'être pris dans la commune même du domicile de la personne dont l'interdiction est poursuivie; 2° d'être connus pour avoir des relations habituelles d'amitié avec cette personne »; que, par conséquent, lorsqu'il se trouve des parents ou alliés dans le périmètre légal, si ces parents ou alliés ne sont pas appelés et si le conseil est composé d'amis pris hors de la commune du domicile du défendeur, sa composition est irrégulière (Civ. cass. 19 août 1850, aff. de Boisgontier, D. P. 50. 1. 281). Jugé toutefois qu'en cas d'insuffisance des parents ou alliés, le juge de paix peut compléter le conseil en y appelant même des citoyens qui n'ont pas eu avec le défendeur des relations habituelles et suivies, s'il ne se trouve pas dans la localité des personnes remplissant cette condition, sauf au tribunal à peser cette circonstance lorsqu'il aura à statuer sur le fond (Bordeaux, 17 janv. 1860, aff. Courtez, D. P. 60. 2. 95).

**58.** Les art. 442 et suiv. énumèrent, pour la composition du conseil de famille en cas de minorité, les personnes qui sont incapables d'en faire partie; ce sont : les mineurs, excepté le père ou la mère; les interdits, les femmes, autres que la mère et les ascendantes; tous ceux qui ont ou dont les père ou mère ont avec le mineur un procès dans lequel l'état de ce mineur, sa fortune, ou une partie notable de ses biens sont compromis; enfin tout individu qui a été exclu ou destitué d'une tutelle. Les mêmes personnes doivent-elles nécessairement être exclues du conseil de famille appelé à donner son avis sur l'individu dont l'interdiction est demandée? On en a douté, parce que les art. 442 et suiv. se trouvent à la sect. 7, chap. 2 du titre de la minorité, tandis que l'art. 494 renvoie seulement, pour la composition du conseil de famille en matière d'interdiction, à la sect. 4 (V. Toulouse, 15 mars 1882, et sur pourvoi Civ. rej. 19 mai 1885, aff. Grabié, D. P. 86. 1. 71). Mais, comme l'a dit la cour de cassation, les dispositions contenues dans les deux sections 4 et 7, constituent un ensemble législatif qui ne saurait être divisé. On en a la preuve notamment dans l'art. 405, premier de la sect. 4, qui se réfère « aux cas d'exclusion dont il sera parlé ci-après », c'est-à-dire aux règles de la sect. 7. Si le législateur s'est borné à dire, dans l'art. 494, que le conseil de famille serait formé selon le mode déterminé à la sect. 4 du chap. 2, c'est simplement pour indiquer que la manière de procéder, pour composer le conseil de famille, serait la même en cas d'interdiction qu'en cas de minorité; or cette manière de procéder comprend non seulement l'application des règles énumérées dans cette section, et relatives à la composition et à la réunion du conseil de

famille, mais encore l'application des prescriptions concernant les causes d'incapacité ou d'exclusion édictées dans la sect. 7, qui sont le complément des premières (Arrêt précité de la chambre civile du 19 mai 1885).

**59.** L'art. 495 c. civ. établit une cause d'incapacité spéciale au cas d'interdiction : « Ceux, dit-il, qui auront provoqué l'interdiction ne pourront faire partie du conseil de famille ». Mais cette disposition, comme on l'a déjà remarqué au *Rép.* n° 72, ne s'applique qu'à celui ou à ceux qui sont réellement demandeurs dans l'instance en interdiction. Elle ne doit être étendue ni à la femme du demandeur (Caen, 10 juin 1880, aff. Guillouet, D. P. 81. 2. 217), ni à ses enfants (Toulouse, 15 mars 1882 et sur pourvoi Civ. rej. 19 mai 1885, aff. Grabié, D. P. 86, 1. 71). On a cherché à exclure les enfants du demandeur au moyen d'un argument tiré de l'art. 442-4° c. civ., aux termes duquel ne peuvent faire partie du conseil de famille tous ceux qui ont ou *dont les père ou mère ont avec le mineur un procès* dans lequel l'état de ce mineur, sa fortune, ou une partie notable de ses biens sont compromis. Le procès en interdiction, a-t-on dit, compromet l'état de celui dont l'interdiction est demandée, et par conséquent les enfants de la personne qui a intenté ce procès sont, pour ce motif, incapables de faire partie du conseil de famille. La cour de cassation, dans l'arrêt précité, a écarté ce raisonnement en considérant que l'instance en interdiction, « loin de compromettre la personne ou les biens de celui qui en est l'objet, a pour but de les protéger, et que, si elle a pour effet de modifier sa capacité juridique, n'influe point sur son état au sens spécial que la loi donne à ce mot dans l'art. 442 »; que, d'ailleurs, l'incapacité édictée par l'art. 495 c. civ. contre ceux qui ont provoqué l'interdiction « ne saurait, dans le silence de la loi, être étendue à leurs enfants par voie d'interprétation ». On peut ajouter, à l'appui de cette doctrine, un autre argument que l'on trouve dans l'arrêt de la cour de Toulouse confirmé par la cour de cassation. Si la loi exclut du conseil de famille le demandeur en interdiction, c'est surtout parce qu'il a une opinion préconçue, affirmée par lui dans la requête introductive; il ne doit pas être appelé à délibérer sur une question sur laquelle il a pris parti; or ce motif d'exclusion ne s'applique pas aux enfants du demandeur, qui ne sont pas liés par une opinion formulée d'avance et qui ont conservé leur liberté d'appréciation. Mais il ne faut pas aller jusqu'à dire, avec la cour de Toulouse, que les causes d'incapacité ou d'exclusion édictées, quant à la composition du conseil de famille du mineur, par l'art. 442 c. civ. et, en général, par la sect. 7 du chapitre de la tutelle, ne sont pas applicables en matière d'interdiction (V. *suprà*, n° 58).

**60.** L'art. 495 c. civ., après avoir disposé que ceux qui auront provoqué l'interdiction ne pourront faire partie du conseil de famille, ajoute : « cependant l'époux ou l'épouse, et les enfants de la personne dont l'interdiction sera provoquée, pourront y être admis sans avoir voix délibérative ». La loi a-t-elle voulu dire que l'époux, l'épouse ou les enfants pourront être admis au conseil de famille, mais avec voix consultative seulement, même dans le cas où ils auront provoqué l'interdiction? A-t-elle entendu, au contraire, décider que dans tous les cas ils ne devraient jamais être admis au conseil qu'avec voix consultative? Cette question a divisé les interprètes (V. *Rép.* n°s 73 et suiv.). Mais, contrairement à l'opinion adoptée au *Rép.* n° 75, la doctrine et la jurisprudence décident aujourd'hui que, si le conjoint et les enfants n'ont pas eux-mêmes demandé l'interdiction, ils peuvent alors faire partie du conseil de famille avec voix délibérative, et que c'est seulement dans le cas où ils sont demandeurs à l'interdiction qu'ils ne peuvent entrer au conseil qu'avec voix consultative, c'est-à-dire pour fournir des

tenue d'un conseil de famille au mépris de l'opposition formée, la veille 17, régulièrement, par la dame de Rochetaillée au jugement rendu le 8 mai précédent; — Que, par suite, le quatrième chef de conclusions de l'appelante devient sans intérêt; — Considérant que les autres dispositions des deux jugements dont appel ne sont pas attaquées et doivent être maintenues; — Par ces motifs, statuant sur l'appel émis par la dame de Rochetaillée, née Prinet, réforme, mais seulement en ce qui va suivre, les deux sentences dont appel; — Déclare de Buchet sans qualité pour se porter demandeur en interdiction de l'appelante, si ce n'est comme assistant et autorisant sa femme, née de Roche-

taillée; — Déclare que les jugements des 8 et 29 mai dernier ne pouvaient être déclarés exécutoires nonobstant opposition ou appel; — Déclare, en conséquence, nuls et non avenus les actes intervenus au mépris de ces voies de recours, notamment la délibération du conseil de famille du 18 mai dernier; — Maintient au surplus toutes les autres dispositions desdits jugements, spécialement en ce qui touche la pertinence et l'admissibilité des faits articulés par les intimés, la convocation d'un conseil de famille et l'interrogatoire de l'appelante. Du 19 juill. 1876.-C. de Besançon, ch. réun.-MM. Loiseau, 1er pr.-Bailleul, av. gén., c. contr.-de Plasman, av.

renseignements, si le conseil le désire (V. en ce sens, outre les auteurs et les arrêts cités au *Rép.* n° 74 ; Paris, 2 mai 1853, aff. Remy, D. P. 53. 2. 191 ; Paris, 15 juin 1857, aff. Porquet, D. P. 58. 2. 91 ; Lyon, 12 janv. 1882, aff. Garnier, D. P. 83. 2. 12 ; Trib. Genève, 27 nov. 1883 (1) ; Aubry et Rau, t. 1, § 125, p. 514, notes 1 et 13 ; Laurent, t. 5, n° 265 ; Baudry-Lacantinerie, t. 1, n° 978). Décidé notamment que, si un seul des enfants a réclamé l'interdiction de l'auteur commun, les autres sont aptes à figurer au conseil de famille avec voix délibérative (Arrêt précité du 2 mai 1853). Il a été toutefois apporté un tempérament à cette solution par un arrêt qui, tout en admettant en principe que les enfants peuvent faire partie du conseil de famille appelé à donner son avis sur la demande d'interdiction, s'ils ne sont pas eux-mêmes demandeurs, a reconnu pourtant au juge de paix la faculté de les écarter lorsque, à raison des circonstances de la cause, leur impartialité peut être suspectée (Arrêt précité du 12 janv. 1882).

**61.** Il a été jugé que le mari qui plaide en séparation de corps est incapable de faire partie du conseil de famille réuni à l'occasion de la demande d'interdiction formée contre sa femme (Caen, 31 juill. 1878, aff. Guéroult, D. P. 79. 2. 269). C'est l'application pure et simple de l'incapacité édictée par l'art. 442-4° c. civ.

**62.** Il n'appartient pas aux tribunaux de créer, quant à la composition du conseil de famille, des motifs d'exclusion non prévus par la loi. Ainsi, il ne suffit pas que le défendeur à l'interdiction allègue que telle personne a contre lui une animosité notoire, que telle autre a pris part à la demande et donné l'ordre de la former, pour que ces personnes ne puissent faire partie du conseil (Paris, 15 juin 1857, aff. Porquet, D. P. 52. 2. 91). Ainsi encore, la mère de l'individu dont l'interdiction est demandée peut faire partie du conseil, quand même l'interdiction est poursuivie à la requête de son mari (Caen, 10 juin 1880, aff. Guillouet, D. P. 81. 2. 247).

Cependant lorsque, à raison de son grand âge ou de ses infirmités, un parent ne pourrait se rendre au conseil de famille ni y participer d'une manière utile, on peut se dispenser de le convoquer (Civ. rej. 7 mai 1873, aff. Marret, D. P. 73. 1. 243).

**63.** En outre, il est de principe que quiconque a un intérêt direct et personnel dans le résultat d'une délibération d'un conseil de famille ne saurait y prendre part (V. *infra*,

v° *Minorité-tutelle-émancipation*). Dès lors, s'il est reconnu qu'un parent tire profit de la faiblesse d'esprit du défendeur à l'interdiction, c'est là un motif suffisant pour autoriser l'exclusion de ce parent (Amiens, 24 juin 1879, et sur pourvoi, Req. 21 avr. 1880, aff. Commien, D. P. 80. 1. 430 ; Lyon, 12 janv. 1882, aff. Garnier, D. P. 83. 2. 12).

**64.** Le conseil de famille n'est pas un corps permanent ; il doit être composé à nouveau chaque fois qu'il y a lieu de le convoquer (V. *Rép.* v° *Minorité-tutelle-émancipation*, n° 167 ; Caen, 31 juill. 1878, aff. Guéroult, D. P. 79. 2. 269). Celui qui, à défaut de parents, a été appelé à titre d'ami à faire partie d'un conseil de famille n'a donc pas pour cela le droit de faire partie d'un autre conseil de famille, ultérieurement convoqué ; spécialement, celui qui, en qualité d'ami, a été membre du conseil de famille chargé de donner son avis sur la nomination d'un administrateur provisoire à une personne placée dans un établissement d'aliénés, ne peut s'autoriser de cette circonstance pour attaquer la délibération du conseil de famille réuni sur le défendeur son avis sur l'interdiction de cette personne et dont il n'a pas fait partie (Caen, 30 déc. 1857, aff. Berrurier, D. P. 58. 2. 146). Il résulte encore qu'un jugement qui a déclaré régulière la composition du conseil de famille dans une certaine délibération n'a point force de chose jugée pour faire maintenir la même composition de ce conseil dans une nouvelle délibération ayant un autre objet que la première (Arrêt précité du 31 juill. 1878).

**65.** On a rapporté au *Rép.* n° 80, un arrêt qui a jugé que le conseil de famille appelé à donner son avis sur l'état de la personne à interdire pourrait être présidé par le président du tribunal. M. Laurent, t. 5, n° 312, repousse cette opinion. Le texte formel des art. 416 et 494 suffit, dit-il, pour la condamner (V. aussi Metz, 29 déc. 1818, *Rép.* v° *Minorité*, n° 168).

**66.** La mission du conseil de famille consiste simplement, suivant la loi, à « donner son avis sur l'état de la personne dont l'interdiction est demandée ». Il n'est donc pas tenu de se prononcer sur le bien fondé de la demande, de dire s'il y a lieu ou non de prononcer l'interdiction ; c'est au tribunal à l'apprécier (V. *Rép.* n° 81). Cependant, s'il émet son avis sous cette forme, à savoir : *qu'il y a lieu de poursuivre* ou de *prononcer l'interdiction*, on ne peut pas dire que ce soit là un excès de pouvoir, et un tel avis est, à la rigueur,

---

(1) (Blanc C. Blanc.) — Dans cette affaire, portée devant le tribunal civil de Genève, le ministère public a déposé les conclusions écrites suivantes : — « Attendu que, par exploit du 19 mai 1883, la demoiselle Joséphine Blanc a, par-devant le tribunal de céans, et conformément aux articles 513 et suiv. c. civ., dirigé une demande en nomination de conseil judiciaire contre son père, Joseph Blanc ; — Attendu que, tout en s'opposant à la demande principale dirigée contre lui, Blanc a opposé à la demanderesse deux fins de non-recevoir, sur lesquelles le tribunal doit statuer avant tout : 1°...; 2° La délibération du conseil de famille de Joseph Blanc, en date du 7 avr. 1883, serait nulle, parce qu'elle aurait été faite en violation de la loi, soit de l'art. 495 c. civ.; — Sur la seconde fin de non-recevoir : — Attendu qu'elle repose sur une prétendue violation de l'art. 495 c. civ, qui entraînerait la nullité de la délibération du conseil de famille de Joseph Blanc ; — Attendu que le conseil de famille pour lequel ou dont on demande l'interdiction ou pour laquelle on réclame la nomination d'un conseil judiciaire, doit être formé selon le mode déterminé à la sect. 4 du chap. 2 du titre *De la minorité, de la tutelle et de l'émancipation*, c'est-à-dire conformément aux dispositions des art. 407 et suiv. c. civ.; — Attendu que, dans l'espèce, le conseil de famille de Joseph Blanc a été composé, du côté paternel, par trois de ses fils, et, du côté maternel, par un cousin, son gendre et un ami ; qu'il a été *unanime* à déclarer qu'il y a lieu de nommer un conseil judiciaire à J. Blanc, et cela, vu le caractère de prodigalité de ses actes ; — Attendu que Blanc prétend qu'aux termes de l'art. 495 c. civ., ses enfants, soit ses fils, ne pouvaient être admis dans le conseil de famille avec voix délibérative, et qu'ils ne pouvaient y être admis qu'avec voix consultative, c'est-à-dire à titre de renseignement ; — Attendu que la loi a exclu du conseil de famille le demandeur en interdiction, pour qu'il ne puisse devenir juge du mérite de sa propre demande ; mais qu'elle fait, dans l'art. 495, § 2 c. civ., une exception en y admettant l'époux ou l'épouse et les enfants, avec voix consultative, lors même qu'ils auraient provoqué l'interdiction, comme pouvant le mieux donner des renseignements sur la personne dont on a demandé l'interdiction complète ou partielle (conseil judiciaire) ; — Attendu qu'il s'agit pour le tri-

bunal de céans de décider si l'époux et les enfants, qui n'ont pas provoqué l'interdiction de l'autre époux ou de leur père, ont voix délibérative au conseil de famille ; — Attendu que cette question a été controversée parmi les auteurs et dans la jurisprudence ; que le plus grand nombre d'auteurs cependant, en particulier Proudhon, Delvincourt, Duranton, Marcadé et Demolombe, estiment que la seconde partie de l'art. 495 c. civ. ne s'applique qu'à l'époux et aux enfants qui ont eux-mêmes demandé l'interdiction : que cela semble, tout au moins, résulter de la contexture grammaticale de l'art. 495, qui, dans ses deux parties, ne paraît s'être préoccupé que de ceux qui ont provoqué l'interdiction ; que l'adverbe « cependant », commençant la seconde partie de l'art. 495, est un *modificatif* à la disposition impérative, qui prescrit l'exclusion rigoureuse du conseil de famille de ceux qui ont provoqué l'interdiction (Demolombe, *Minor.*, *tut.*, etc., t. 2, n°s 499 et 500) ; — Attendu que le défendeur ne saurait invoquer en sa faveur les travaux préparatoires du code civil, où l'article du projet déclarait que « l'époux et les enfants n'ont pas voix délibérative dans le conseil de famille, *encore qu'ils n'aient pas provoqué l'interdiction* » ; — Attendu que, si cet article a été changé, cela prouve surabondamment l'intention du législateur de ne pas adopter cette disposition ; — Attendu, en résumé, que l'époux et les enfants sont ceux qui ont le plus grand intérêt à la conservation des biens de leur parent, et qu'il est juste que leur avis soit compté ; que, d'un autre côté, il peut arriver qu'ils parlent en faveur de leur parent, et s'opposent à la demande formée contre lui par une personne cupide ; que, du reste, avec toutes les garanties dont la loi a entouré la procédure en interdiction ou nomination de conseil judiciaire, le simple avis émis par le conseil de famille sur l'état d'une personne ne présente aucun danger, et ne lie nullement le tribunal, qui repoussera la demande s'il ne l'estime pas fondée ; — Par ces motifs : — Plaise au tribunal débouter Blanc de ses fins de non-recevoir, etc. ».

Le tribunal ; — Adoptant les motifs développés par le ministère public et par ses conclusions ; — Déboute le défendeur de ses fins de non-recevoir, etc.

Du 27 nov. 1883. Trib. civ. de Genève. M. Goudet, pr.

suffisant pour satisfaire à la loi (Req. 5 avr. 1864, aff. Guillemot, D. P. 65, 1, 83; Demolombe, t. 8, n° 501; Laurent, t. 5, n° 265).

**67.** Aux termes de l'art. 883 c. proc. civ., « toutes les fois que les délibérations du conseil de famille ne seront pas unanimes, l'avis de chacun des membres qui le composent sera mentionné dans le procès-verbal ». Cette règle est-elle applicable au conseil de famille réuni à l'occasion d'une demande en interdiction? L'affirmative nous semble plus sûre, car la loi ne fait aucune distinction. On peut dire, il est vrai, qu'elle n'a eu en vue, dans l'art. 883 c. proc. civ., que les délibérations sujettes à homologation; l'énonciation de l'opinion de chacun des membres a pour but d'éclairer le tribunal sur la question qu'il est appelé à trancher définitivement. Dans notre cas, au contraire, il ne s'agit que d'un simple avis, auquel les magistrats ne seront pas tenus de se conformer; et s'ils ne se trouvent pas suffisamment renseignés par la délibération du conseil de famille, rien ne les empêche d'en ordonner une seconde (Comp. Metz, 16 févr. 1812, *Rép.* n° 158-1°; Req. 2 août 1860, aff. de Fornier, D. P. 60, 1. 495). Néanmoins, la règle de l'art. 883 c. proc. civ. est générale, et elle a aussi sa raison d'être en matière d'interdiction. Si plusieurs opinions se sont produites dans le sein du conseil de famille, il est utile pour le tribunal de les connaître. Il faut donc décider en principe que la délibération doit faire mention de l'avis de chacun des membres du conseil. Mais l'expression de cet avis n'est soumise à aucune forme particulière, et l'on peut admettre, avec la cour de cassation, que le fait, par les membres dissidents, d'avoir écrit les mots « Je proteste » sur le procès-verbal, au-dessus de leur signature, satisfait suffisamment aux prescriptions de la loi (Arrêt précité du 2 août 1860). L'inobservation de ces prescriptions dans le cas qui nous occupe ne devrait pas, du reste, être considérée comme une nullité d'ordre public; elle ne pourrait donc pas être proposée pour la première fois devant la cour de cassation (Req. 25 nov. 1857, aff. Lépine, D. P. 58, 1, 299).

**68** Comme nous l'avons déjà vu *suprà*, n° 49 l'avis, du conseil de famille exigé par les art. 494 c. civ. et 892 c. proc. civ. constitue une formalité substantielle dans la poursuite en interdiction. L'omission ou la nullité de cet avis aurait donc pour effet de vicier toute la procédure ultérieure. Il a été jugé : 1° que la nullité de la délibération du conseil de famille ne peut être couverte par un acquiescement qui résulterait de ce que le défendeur aurait, sans protestation, consenti à subir l'interrogatoire devant le tribunal et aurait signifié des conclusions au fond (Lyon, 14 juill. 1853, aff. N..., D. P. 54. 2. 33); — 2° Que cette nullité peut être proposée par le défendeur, même après qu'il a été interrogé (Caen, 28 juin 1827, *Rép.* n° 84-2°); — 3° Qu'elle peut aussi être invoquée pour la première fois en appel (Req. 24 févr. 1825, *Rép.* n° 84-1°). Mais, d'autre part, aucune des règles sur la composition ou le mode de délibération du conseil de famille n'a été prescrite par la loi sous peine de nullité. Et c'est pourquoi la jurisprudence et la doctrine reconnaissent aux tribunaux un pouvoir discrétionnaire pour apprécier la régularité de la délibération. Les magistrats doivent, pour annuler ou maintenir cet acte, rechercher surtout si les irrégularités commises ont pu préjudicier au défendeur ou si, au contraire, ses intérêts ont été suffisamment sauvegardés (Bordeaux, 9 juill. 1845, aff. Memain, D. P. 45. 4. 323; Lyon, 14 juill. 1853, aff. N..., D. P. 54. 2. 33; Civ. rej. 7 mai 1873, aff. Marrêt, D. P. 73. 1. 243; Caen, 31 juill. 1878, aff. Guéroult, D. P. 79. 2. 269; Req. 21 avr. 1880, aff. Commien, D. P. 80. 1. 430; Lyon, 12 janv. 1882, aff. Garnier, D. P. 83. 2. 12. V. dans le même sens : Laurent, t. 5, n° 266). La validité de la délibération du conseil de famille dépendant ainsi toujours des circonstances, les moyens de nullité contre cette délibération doivent être proposés devant les juges du fait ; ils ne peuvent, en général, être invoqués pour la première fois devant la cour de cassation (Req. 25 nov. 1857, aff. Lépine, D. P. 58. 1. 299; Civ. rej. 7 mai 1873, et Req. 21 avr. 1880, précités).

**69.** La contestation élevée sur la régularité de la délibération d'un conseil de famille relative à une demande d'interdiction ou de nomination de conseil judiciaire doit être jugée par la cour d'appel en audience solennelle; une telle contestation, en effet, intéresse directement l'état civil

du défendeur (Décr. 30 mars 1808, art. 22 ; Civ. rej. 17 janv, 1876, aff. Duval, D. P. 76. 1. 151 ; Req. 21 avr. 1880, aff. Commien, D. P. 80. 1. 430).

## § 3. — Interrogatoire du défendeur. — Enquête
(*Rép.* n°s 86 à 106).

**70.** Préalablement à l'interrogatoire, la requête introductive d'instance et l'avis du conseil de famille doivent être signifiés au défendeur (art. 893 c. proc. civ.). Cette signification a pour objet de porter à la connaissance du défendeur les faits sur lesquels il sera interrogé, afin de le mettre à même, s'il le peut, de recueillir ses souvenirs et de préparer ses explications. Aussi, M. Demolombe, t. 8; n° 505, pense-t-il qu'il doit y avoir entre la signification dont il s'agit et l'interrogatoire un délai d'au moins vingt-quatre heures ; c'est le délai prescrit par l'art. 329 c. proc. civ. en cas d'interrogatoire sur faits et articles. — En principe, la signification de la requête et de l'avis du conseil de famille doit être faite à la personne ou au domicile du défendeur (c. proc. civ., art. 68). Toutefois, dans un cas où l'interdiction était poursuivie par le père, il a été reconnu que cette signification avait été valablement faite dans la maison de santé où le défendeur était placé, alors que celui-ci n'avait pas d'autre domicile que celui de son père (Paris, 13 avr. 1875. aff. R..., D. P. 75. 2. 233. — Comp. Caen, 30 déc. 1857, aff. Berrurier, D. P. 58. 2. 146).

**71.** La signification n'est pas ordonnée formellement à peine de nullité. Le défendeur pourrait, sans doute, se plaindre si elle n'avait pas eu lieu, et demander que l'interrogatoire fût retardé ou recommencé. Mais, s'il gardait le silence sur ce point, on devrait admettre qu'il n'en a pas souffert, et nous croyons que l'irrégularité ne pourrait plus être relevée devant la cour de cassation (Comp. Req. 3 févr. 1868, aff. d'Albis de Gissac, D. P. 68. 1. 390). Quoi qu'il en soit, le défaut d'énonciation de cette signification dans les qualités du jugement ou de l'arrêt prononçant l'interdiction ne suffirait pas pour faire présumer qu'elle n'a pas eu lieu et pour entraîner la cassation de la décision (Même arrêt).

**72.** — I. Interrogatoire (*Rép.* n°s 87 à 96). — L'interrogatoire du défendeur est, comme l'avis du conseil de famille, une formalité substantielle, prescrite impérativement par l'art. 496 c. civ. et sans laquelle ni l'interdiction ni même la nomination d'un conseil judiciaire ne peuvent être prononcées (*Rép.* n° 87; Civ. cass. 26 janv. 1848, aff. Sauvage, D. P. 48. 1. 63 ; Bordeaux, 23 août 1854, même affaire, D. P. 55. 2. 105; Civ. cass. 9 mai 1860, aff. Corps, D. P. 60. 1. 214; Paris, 28 avr. 1879, aff. Bailleau, D. P. 80. 2. 117; Req. 4 avr. 1887, aff. Leppert, D. P. 88. 1. 292). Un interrogatoire que le défendeur aurait subi devant le conseil de famille ou devant quelques membres de ce conseil délégués à cet effet, ne pourrait suppléer à l'interrogatoire qui doit avoir lieu devant le tribunal (Arrêt précité du 28 avr. 1879).

**73.** Toutefois, si le défendeur refuse de se laisser interroger, on ne peut évidemment pas l'y forcer. C'est pourquoi, si c'est par son fait volontaire que l'interrogatoire n'a pas eu lieu, la jurisprudence décide, avec raison, qu'il n'est pas recevable à se plaindre de l'inaccomplissement de cette formalité (Req. 29 avr. 1868, aff. Grosjean, D. P. 69. 1. 229; 7 déc. 1868, aff. de Courtivron, D. P. 69. 1. 188; Civ. rej. 16 févr. 1875, aff. du Breignon, D. P. 76. 1. 49). Mais, dans tous les cas, l'interrogatoire doit avoir été ordonné, et il ne suffit pas que le défendeur ait été seulement sommé de comparaître devant la chambre du conseil pour être interrogé. S'art. 496 c. civ. dit, en effet, que, *si le défendeur ne peut se présenter*, il sera interrogé dans sa demeure par l'un des juges à ce commis. Il faut donc, lorsque le défendeur n'a pas comparu, ou qu'il soit constaté que son défaut de comparution est volontaire, ou qu'un juge soit commis pour aller l'interroger en sa demeure (Civ. cass. 9 mai 1860, aff. Corps, D. P. 60. 1. 214; Bourges, 4 déc. 1882, sous Civ. rej. 29 avr. 1885, aff. Lacam, D. P. 85. 1. 375). Le refus volontaire du défendeur de subir l'interrogatoire est, d'ailleurs, suffisamment établi lorsque, après avoir eu connaissance du jugement qui ordonnait cet interrogatoire, le défendeur s'est absenté pour retarder le plus possible la décision à intervenir (Dijon, 24 avr. 1868, et sur pourvoi

Req. 7 déc. 1868, aff. de Courtivron, D. P. 69. 1. 188)... ou lorsque, après avoir été appelé par deux sommations régulières à se présenter devant la chambre du conseil, il a fait défaut sans alléguer aucun empêchement, bien qu'il ait comparu et plaidé dans la suite de l'instance (Req. 4 avr. 1887, aff. Leppert, D. P. 88. 1. 292)... ou même encore lorsqu'il ne s'est pas soumis à l'interrogatoire pour ne pas paraître abandonner une action en nullité de la délibération du conseil de famille qu'il avait précédemment formée (Paris, 28 juill. 1866, et sur pourvoi Req. 29 avr. 1868, aff. Grosjean, D. P. 69. 1. 229). — Il va de soi que l'interrogatoire sera réputé accompli lorsque le défendeur aura comparu devant le tribunal ou devant le juge commis et qu'il aura refusé de répondre aux questions qui lui auront été adressées, ou qu'il n'aura pu le faire à cause de son état mental (Req. 3 févr. 1868, aff. d'Albis de Gissac, D. P. 68. 1. 390; Demolombe, t. 8, n° 510).

**74.** La nullité qui résulte de l'omission de l'interrogatoire est d'ordre public; elle peut, en conséquence, être proposée en tout état de cause et même devant la cour de cassation (Civ. cass. 9 mai 1860, aff. Corps, D. P. 60. 1. 214).

**75.** Si le tribunal ne peut prononcer l'interdiction sans avoir interrogé le défendeur, peut-il du moins rejeter la demande sans procéder à l'interrogatoire sur le seul avis du conseil de famille? On a vu, *suprà*, n° 50, que le tribunal peut repousser la requête, même sans prendre l'avis de la famille; il doit avoir, à plus forte raison, le même droit après la délibération du conseil de famille. Cependant, d'après un arrêt, rapporté au *Rép.* n° 88, les juges, lorsqu'ils ont admis la requête, devraient nécessairement procéder à l'interrogatoire; cette formalité serait prescrite par la loi dans tous les cas et alors même que le conseil de famille aurait été d'avis qu'il n'y a pas lieu à l'interdiction (V. en ce sens les auteurs cités au *Rép.* n° 88, et Aubry et Rau, t. 1, § 125, p. 515). Cette opinion a déjà été combattue au *Rép.*, *loc. cit.*, et nous persistons à la croire inexacte. Quand le tribunal a la certitude que la demande d'interdiction n'est pas justifiée, quand il se trouve suffisamment éclairé, il n'y a pas lieu de l'obliger à ordonner une nouvelle mesure d'instruction, qu'il juge superflue; ce serait augmenter les frais sans raison et imposer au défendeur une vexation inutile (Demolombe, t. 8, n°s 502 et suiv.; Laurent, t. 5, n° 268). Dans son arrêt du 9 mai 1860 cité *suprà*, n° 74, la cour de cassation déclare que « l'interrogatoire des défendeurs à l'interdiction est d'ordre public », sans distinguer entre le cas où l'interdiction est prononcée et celui où elle est rejetée; mais dans l'espèce l'interdiction avait été prononcée; l'arrêt ne peut donc pas être invoqué sur la question qui nous occupe.

**76.** Le jugement qui ordonne l'interrogatoire est-il susceptible d'opposition de la part du défendeur? Cette question est la même que celle qui se pose sur le jugement ordonnant la convocation du conseil de famille. Nous avons vu *suprà*, n° 53, que la jurisprudence admet pour le défendeur la faculté d'y former opposition. On peut même remarquer que souvent, dans la pratique, c'est le même jugement qui ordonne la réunion du conseil de famille et l'interrogatoire. Le demandeur, dans sa requête, sollicite à la fois ces deux mesures d'instruction, et le tribunal les prescrit, en autorisant son président à fixer la date de l'interrogatoire par ordonnance rendue sur requête. Cette forme de procéder est régulière, pourvu que la délibération du conseil de famille précède l'interrogatoire.

**77.** Si le tribunal rejette la demande sans ordonner l'interrogatoire, son jugement est susceptible d'appel de la part du demandeur. Si. au contraire, il ordonne l'interrogatoire malgré l'opposition du défendeur, celui-ci, à son tour, peut appeler (V. *suprà*, n°s 54 et suiv.).

**78.** L'interrogatoire doit avoir lieu, aux termes de l'art. 496 c. civ., dans la chambre du conseil et devant le tribunal tout entier. Ce n'est que *si le défendeur ne peut s'y présenter* qu'il y a lieu de commettre un juge pour l'interroger en sa demeure (V. *suprà*, n° 73). Il résulte d'un arrêt de la cour de cassation que la nécessité de commettre un juge est suffisamment constatée par le jugement motivé sur ce que le défendeur à l'interdiction se trouve retenu dans un établissement d'aliénés (Req. 3 févr. 1868, aff. d'Albis de Gissac, D. P. 68. 1. 390).

C'est un juge du tribunal saisi de la demande ou d'un autre tribunal de première instance, qui peut être commis pour procéder à l'interrogatoire, mais non un juge de paix. La loi, en disant que « le ministère public sera présent à l'interrogatoire », indique que cette mission ne peut être donnée à un magistrat d'une juridiction inférieure (Dijon, 15 sept. 1877, aff. Benoît, D. P. 78, 2, 39). — En ce qui concerne la forme de procéder à l'interrogatoire en appel, V. *infrà*, n° 109.

**79.** Les auteurs s'accordent à reconnaître que, si un premier interrogatoire paraît insuffisant, le tribunal a la faculté d'en ordonner un ou plusieurs autres (*Rép.* n° 95; Aubry et Rau, t. 1, § 125, p. 515; Laurent, t. 5, n° 269, *in fine*).

**80.** Ni le code civil ni le code de procédure civile, au titre de l'interdiction, ne prescrivent la signification au défendeur du procès-verbal de son interrogatoire. Mais, d'après l'art. 65 c. proc. civ. il doit être donné copie, dans tout exploit d'assignation, des pièces sur lesquelles la demande est fondée. L'interrogatoire devant servir de fondement à la demande d'interdiction, il y a donc lieu d'en donner copie dans l'assignation par laquelle le défendeur est appelé devant le tribunal (Boucher d'Argis et Sorel, *Nouveau dictionnaire raisonné de la taxe en matière civile*, 2° édit. v° *Interdiction*, observ. n° 9).

**81.** — II. Enquête (*Rép.* n°s 97 à 106). — Il résulte de l'art. 893 c. proc. civ., cité au *Rép.* n° 97, que dans la procédure en interdiction l'enquête est facultative. Elle ne doit être ordonnée par le tribunal que « si l'interrogatoire et les pièces produites sont insuffisants, et si les faits peuvent être justifiés par témoins ». On a rapporté au *Rép.* n° 100, un arrêt d'après lequel il y aurait lieu de distinguer entre le cas où l'interdiction doit être prononcée et celui où elle est rejetée; dans le premier cas, l'enquête devrait être ordonnée lorsqu'elle est sollicitée par le défendeur. Mais cette distinction est repoussée par M. Laurent, t. 5, n° 275, et nous ne la trouvons admise par aucun auteur.

**82.** Le jugement qui ordonne l'enquête peut-il être rendu, comme celui qui prescrit la convocation du conseil de famille ou l'interrogatoire, sans que le défendeur ait été appelé devant le tribunal? L'affirmative résulte d'un arrêt de la cour d'Aix, du 19 mars 1835 (*Rép.* n° 78), qui décide, d'une part, que le demandeur à l'interdiction n'a pas à provoquer l'enquête, et d'autre part, que la présence du défendeur n'est pas nécessaire lors du jugement qui ordonne cette mesure d'instruction. — Il a été jugé aussi que ce jugement peut être rendu en chambre du conseil (Poitiers, 4 juin 1860, aff. Bonnald, D. P. 60. 5. 205). Nous estimons, en effet, que rien ne s'oppose à ce que l'enquête soit sollicitée par le demandeur dans une requête présentée au tribunal, notamment dans la requête à fin de nomination d'un administrateur provisoire. Il est certain aussi que l'enquête peut être ordonnée après assignation donnée au défendeur et par un jugement rendu à l'audience publique (V. Civ. rej. 16 févr. 1875, aff. du Breignon, D.P. 76. 1. 49). C'est même ainsi que les choses se passent habituellement. Après l'interrogatoire, le défendeur est assigné pour voir prononcer l'interdiction, et le demandeur conclut subsidiairement à ce que le tribunal, s'il ne se trouve pas encore suffisamment éclairé, ordonne la preuve des faits articulés.

**83.** Dans tous les cas, le jugement qui ordonne l'enquête peut être frappé d'opposition par le défendeur, s'il a été rendu par défaut (V. *suprà*, n° 53). Il est aussi susceptible d'appel, tant de la part du demandeur que de celle du défendeur. La cour de cassation a même reconnu que le demandeur à l'interdiction qui, en première instance, avait conclu au rejet de l'opposition formée par le défendeur à un jugement par défaut ordonnant une enquête, n'en était pas moins recevable à attaquer, par voie d'appel incident, ce jugement, en tant qu'il n'avait pas statué *de plano* sur le fond (Req. 16 août 1875, aff. de Marsillac, D. P. 77. 1. 132).

**84.** Aux termes de l'art. 893 c. proc. civ., l'enquête se fait en la forme ordinaire; seulement le tribunal peut ordonner, si les circonstances l'exigent, qu'elle sera faite hors de la présence du défendeur; le conseil de celui-ci peut alors le représenter (V. *Rép.* n°s 102 et suiv.).

**85.** Nous avons admis au *Rép.* n° 106, avec un ancien arrêt de la cour de Bruxelles, que, par dérogation à l'art. 283

c. proc. civ., les parents ou alliés du défendeur ne peuvent pas être reprochés. M. Laurent, t. 5, n° 276, tout en reconnaissant qu'une telle exception à la règle générale serait aussi bien motivée en matière d'interdiction qu'en matière de divorce, la repousse, comme n'étant pas autorisée par la loi, et son opinion est confirmée par un arrêt de la cour de Gand (27 mai 1868, aff. Tertzweil, *Pasicrisie belge*, 1868. 2. 414). Les autres auteurs ne s'expliquent pas sur cette question.

**86.** Il est une mesure d'instruction dont le code n'a pas parlé et qui était pourtant déjà, dit Maleville, dans son *Analyse raisonnée de la discussion du code civil*, t. 1er, p. 493, fort en usage dans l'ancien droit. C'est la visite des médecins, « qui sont, mieux que les citoyens ordinaires, en état de juger si l'imbécillité ou fureur est un état habituel, ou seulement accidentel et curable ». Mais rien ne s'oppose à ce que les juges, dans l'instance en interdiction, ordonnent, même d'office, une expertise médicale, ni à ce que les parties fassent entendre des médecins dans l'enquête (Comp. Laurent, t. 5, n° 276).

**§ 4. —** Nomination d'un administrateur provisoire (*Rép.* n°s 107 à 118).

**87.** Comme on l'a dit au *Rép.* n° 107, et comme cela résulte d'ailleurs du texte même de l'art. 497, ce n'est qu'après le premier interrogatoire de celui dont l'interdiction est poursuivie qu'un administrateur provisoire peut être nommé pour prendre soin de la personne et des biens du défendeur (Paris, 3 mars 1882 (1); Demolombe, t. 8, n° 514; Laurent, t. 5, n° 270).

Cet administrateur doit être nommé par le tribunal (c. civ. art. 497). La présence du tribunal entier pour cette nomination est une garantie dont le défendeur ne doit pas être dépouillé. Il a été jugé, avec raison, que l'administrateur provisoire ne peut pas être nommé par le président seul, jugeant en référé, même en cas d'urgence (Bordeaux, 28 avr. 1879) (2).

Le jugement qui nomme un administrateur provisoire doit-il être rendu en chambre du conseil ou à l'audience

publique? Cette question a été débattue devant la cour de cassation, qui s'est prononcée pour la chambre du conseil. La cour de Paris avait, au contraire, décidé que le jugement devait être rendu à l'audience, en considérant que la publicité est de l'essence des jugements, et qu'aucune disposition ne soustrait à la publicité les décisions dont l'objet est de régler provisoirement ce qui concerne la personne et les biens de l'individu dont l'interdiction est provoquée (Paris, 9 janv. 1855, aff. Burdin, D. P. 56. 1. 71). La cour de cassation a réformé cette décision et se fondant sur les motifs suivants : « Attendu que l'art. 496 dispose que la personne dont l'interdiction est poursuivie sera interrogée en la chambre du conseil ; et que l'art. 497 porte que le tribunal, après cet interrogatoire, commettra, s'il y a lieu, un administrateur provisoire pour prendre soin de la personne et des biens du défendeur; que cette disposition, suivant immédiatement celle qui a ordonné l'interrogatoire, sans énoncer que le tribunal, qui vient d'interroger, sera tenu de renvoyer à l'audience pour procéder à cette nomination dont l'interrogatoire a pu lui révéler l'urgente nécessité, suppose qu'immédiatement, et sans désemparer, le tribunal peut procéder à cette mesure provisoire au même lieu et en la même forme dans lesquels l'interrogatoire a été subi ; — Attendu que si la loi eût exigé la prononciation de ce jugement de nomination provisoire à l'audience, elle s'en fût expliquée formellement, comme elle l'a fait, pour le jugement définitif d'interdiction, par l'art. 498 du même code, dont les termes limitatifs indiquent clairement que c'est pour ce jugement seul, et non pour celui de nomination provisoire, que la forme solennelle de la prononciation à l'audience a été imposée ; — Attendu que la pensée du législateur, à cet égard, a été encore manifestée par l'art. 32 de la loi du 30 juin 1838, sur les aliénés, qui, se référant textuellement à l'art. 497 c. civ. qu'il rappelle, décide que, dans ce cas, la nomination de l'administrateur provisoire sera faite en chambre du conseil ... » (Civ. cass. 6 févr. 1856, aff. Burdin, D. P. 56. 1. 71. V. dans le même sens, les conclusions de M. l'avocat général Nicias-Gaillard, sur lesquelles a été rendu cet arrêt ; Amiens, 7 juin 1855 et sur pourvoi Civ. rej. 19 févr. 1856, aff. Auger, D. P. 56. 1. 75 ; Demolombe, t. 8, n° 517; Aubry et Rau, t. 1,

(1) (Gibrelle C. Batonnier.) — Le 23 juill. 1881, le tribunal de Vitry-le-Français a rendu le jugement suivant : — « Attendu que la veuve Batonnier est dans l'intention de provoquer la dation d'un conseil judiciaire à la dame Madeleine Dominé, veuve du sieur Pierre Gibrelle, propriétaire, demeurant à Loisy-sur-Marne, sa tante, actuellement âgée de soixante-dix-sept ans ; — Attendu que le grand âge de cette dame, et les faits énoncés à l'appui de cette demande, seraient de nature, s'ils étaient établis, à en justifier le bien fondé; — Attendu qu'aux termes de l'art. 490 c. civ. tout parent est recevable à provoquer l'interdiction de son parent, ou la dation d'un conseil judiciaire; qu'il y a lieu, quant à présent, d'ordonner la convocation d'un conseil de famille de ladite dame Gibrelle, pour donner son avis sur la demande dont s'agit; — Attendu qu'il importe également, dès avant la solution de la présente instance, de pourvoir ladite dame d'un administrateur provisoire pour gérer sa fortune et ses biens; — Par ces motifs; — Donne acte à la dame veuve Batonnier de ce qu'elle déclare poursuivre l'interdiction; — Nomme dès à présent administrateur provisoire à la dame Gibrelle, Lalle, notaire à Vitry-le-Français, à l'effet de gérer sa fortune et ses biens et avec tous les pouvoirs inhérents à cette fonction ».

La dame Gibrelle a formé opposition à ce jugement. Mais par un autre jugement du 4 avr. 1881, cette opposition a été rejetée. — Appel par la dame Gibrelle.

La cour; — Considérant que, la capacité des personnes et l'exercice des droits civils tenant essentiellement à l'ordre public, il ne peut y être porté atteinte que dans les cas et suivant les formes autorisées par la loi; qu'il résulte de la combinaison des art. 496 et 497 c. civ. qu'un administrateur provisoire ne peut être nommé qu'après un premier interrogatoire de la partie contre laquelle l'interdiction ou la dation d'un conseil judiciaire est poursuivie; que c'est donc à tort que les premiers juges ont nommé un administrateur provisoire par le même jugement qui a ordonné la convocation du conseil de famille, et avant tout interrogatoire de la femme Gibrelle; — Faisant droit à l'appel en réformant : — Dit qu'en l'état de la procédure il n'y a lieu à nomination d'un administrateur provisoire.

Du 3 mars 1882.-C. de Paris, 1re et 3e ch.-MM. Larombière, 1er pr.-Louhers, av. gén.-Maugras et Dufraisse av.

(2) (Duplanté.) — Le 2 sept. 1878, M. le juge présidant la

chambre des vacations du tribunal civil de Bordeaux a rendu, en référé, une ordonnance ainsi conçue : — « Nous...; — Attendu que Duplanté a été interdit par jugement du tribunal, en date du 28 juill. dernier; qu'il a fait appel de cette décision, mais qu'il y a lieu de pourvoir, jusqu'au moment où la cour aura statué sur cet appel, à l'administration de ses biens; et que, dans la situation mentale où il se trouve, la procuration qu'il a donnée à Me Mimose n'empêche pas que la mesure sollicitée soit ordonnée; — Par ces motifs; — Nommons le sieur Négrié, arbitre de commerce, administrateur des biens appartenant à Duplanté; — Disons que cet administrateur est notamment autorisé à louer, aux conditions qu'il jugera convenables, les immeubles appartenant à Duplanté et qui ne sont pas déjà loués, autres que le domaine rue de Pessac, 283; à faire dans les immeubles de Duplanté les réparations urgentes et nécessaires, à recevoir les capitaux échus et les revenus de toute sorte, à pourvoir aux besoins de Duplanté, et avec l'excédent des sommes reçues à payer ses dettes, et à former en justice toute demande qui sera la conséquence de son administration; — Disons que ces fonctions dureront jusqu'à ce que la cour ait rendu sa décision; — Ordonnons l'exécution provisoire de notre ordonnance sur minute, avant l'enregistrement, nonobstant appel et sans y préjudicier ».
— Appel par le sieur Duplanté.

La cour; — Attendu que l'art. 497 c. civ. détermine la juridiction compétente pour commettre l'administrateur provisoire qui peut, après le premier interrogatoire, être chargé de prendre soin de la personne et des biens du défendeur à l'interdiction; que la loi remet au tribunal le soin d'apprécier l'opportunité de cette mesure et de l'ordonner s'il y a lieu; qu'il n'est pas permis de déroger aux motifs d'urgence aux prescriptions et de restreindre les garanties qu'elle accorde au défendeur à l'interdiction en abandonnant aux lumières d'un magistrat unique une décision pour laquelle elle exige le concours d'un tribunal entier; qu'il y a donc lieu d'annuler pour incompétence l'ordonnance par laquelle M. le président du tribunal de Bordeaux, statuant en référé, a nommé un administrateur provisoire au sieur Duplanté; — Attendu que le motif qui détermine la cour rend superflu l'examen médical demandé subsidiairement par l'intimé; — Par ces motifs, etc.

Du 28 avr. 1879.-C. de Bordeaux, 1re ch.-MM. Izoard, 1er pr.-Bayle et Brochon, av.

§ 125, p. 515; Laurent, t. 5, n° 271). D'après M. Laurent, *ibid.*, la question doit être décidée autrement en Belgique, à raison de l'article de la constitution belge, qui veut que tout jugement soit prononcé en audience publique.

**88.** La nomination de l'administrateur provisoire peut avoir lieu d'office ou sur la proposition du demandeur à l'interdiction, qui peut solliciter cette mesure du tribunal par une requête présentée au moment de l'interrogatoire ou postérieurement (*Rép.* n° 109; Rouen, 11 déc. 1844. aff. Simon, D. P. 53. 5. 270). Si la requête présentée au tribunal pour obtenir la nomination d'un administrateur provisoire était rejetée, le demandeur pourrait se pourvoir devant la cour, également par voie de requête (Même arrêt).

**89.** Le jugement qui nomme l'administrateur provisoire peut-il être frappé d'opposition ou d'appel par le défendeur? En ce qui concerne l'opposition, nous pensons qu'elle est recevable lorsque le jugement est rendu par défaut (V. en ce sens : Rouen, 11 déc. 1844, cité *supra*, n° 88). Mais quand ce jugement sera-t-il rendu par défaut? Aux termes de l'art. 497 c. civ., il ne peut intervenir qu'après un premier interrogatoire. Suffira-t-il que le défendeur ait comparu à l'interrogatoire pour que le jugement soit réputé contradictoire ? A notre avis, le jugement ne peut être contradictoire qu'après que le défendeur a constitué avoué; celui-ci n'a pas été assigné pour voir prononcer la nomination de l'administrateur et s'il n'a pas été représenté devant le tribunal par un avoué, le jugement est par défaut et, par conséquent, susceptible d'opposition (Arg. art. 149 c. proc. civ.) (V. toutefois *Rép.* v° *Appel civil*, n° 259). — En ce qui concerne l'appel, nous croyons qu'il doit aussi être ouvert au défendeur, conformément au droit commun (V. en ce sens: Montpellier, 29 août 1822, et Req. 10 août 1825, *Rép.* v° *Appel civil*, n° 1100; Demolombe, t. 8, n° 518). Il est vrai qu'aux termes de l'art. 32 de la loi de 1838, le jugement qui nomme un administrateur provisoire aux biens de la personne placée dans un établissement d'aliénés, n'est pas sujet à appel. Mais cette disposition exceptionnelle et restrictive du droit commun ne doit pas être étendue à une autre hypothèse que celle qui a été prévue.

**90.** L'appel du jugement relatif à la nomination d'un administrateur provisoire devra être porté devant les chambres réunies, comme d'un incident de la demande en interdiction (V. *supra*, n° 55 ; Demolombe, t. 8, n° 518).

**91.** Les magistrats ont, quant au choix de l'administrateur provisoire, un pouvoir discrétionnaire. Ils peuvent, notamment, confier l'administration à la femme de celui dont l'interdiction est provoquée (Civ. rej. 19 févr. 1856, aff. Auger, D. P. 56. 1. 71).

**92.** Quels sont les pouvoirs de l'administrateur provisoire? Son titre même indique suffisamment, comme le remarque M. Demolombe, t. 8, n° 515, qu'il ne peut faire que les actes d'administration, et que son devoir même est de ne faire que les actes d'administration nécessaires. Dans le cas où il y aurait nécessité de faire des actes excédant ces limites, l'administrateur devrait recourir, ainsi qu'on l'a dit au *Rép.* n° 113, à l'autorisation de justice. Mais le jugement même qui nomme l'administrateur peut lui donner formellement le pouvoir de faire certains actes, même des actes de disposition, dont l'utilité serait reconnue par le tribunal; il peut, par exemple, l'autoriser à faire des emprunts jusqu'à concurrence d'une somme déterminée et à hypothéquer en garantie de ces emprunts les immeubles du défendeur (Civ. cass. 6 févr. 1856, aff. Burdin, D. P. 56. 1. 71; Civ. rej. 19 févr. 1856, aff. Auger, *ibid.* ; Aubry et Rau, t. 1, § 125, p. 515 ; Laurent, t. 5, n° 272 ; Baudry-Lacantinerie, t. 1, n° 1168).

**93.** L'administrateur provisoire a-t-il qualité pour représenter en justice la personne soumise à l'administration? Non, à moins qu'il n'ait reçu cette mission du tribunal. Il a été jugé, notamment, que l'administrateur provisoire est sans qualité pour défendre aux actions dirigées contre le défendeur à l'interdiction, même après le jugement qui a prononcé cette interdiction; par suite, les actes de procédure et les jugements intervenus avec l'administrateur, comme représentant l'interdit, sont nuls, et que les significations des jugements faites à l'administrateur n'ont pas pour effet de faire courir les délais d'opposition ni d'appel à l'égard de l'interdit (Civ. cass. 22 janv. 1855, aff. Thoniel

(deux espèces), D. P. 55. 1. 248 ; Rouen, 22 janv. 1856, même affaire, D. P. 56. 2. 133. V. toutefois, Paris, 4 juin 1853, aff. Bouillié, D. P. 54. 2. 126). Jusqu'au jugement prononçant l'interdiction, les tiers qui ont des droits à faire valoir contre le défendeur peuvent valablement agir contre lui, car il est toujours présumé capable. Ils pourraient aussi, cependant, pour plus de sûreté, mettre en cause l'administrateur, qui aurait alors la faculté de demander au tribunal les pouvoirs nécessaires pour défendre à l'action. Après le jugement d'interdiction, si la tutelle de l'interdit n'est pas encore organisée, c'est aux tiers à provoquer la nomination du tuteur, afin de pouvoir procéder contre celui-ci (V. les arrêts précités. V. aussi Laurent, t. 5, n° 272).

**94.** A moins qu'il ne soit réellement en état d'aliénation mentale, et sauf l'application de l'art. 503 c. civ., le défendeur à l'interdiction conserve, malgré la nomination de l'administrateur provisoire, l'exercice de tous ses droits civils (V. *Rép.* n° 114). Jugé, notamment, qu'il peut, seul et sans l'assistance de l'administrateur, former opposition à une saisie pratiquée sur ses immeubles (Haute cour des Pays-Bas, 12 déc. 1879, aff. Colnegracht, D. P. 80. 2. 140). On doit seulement reconnaître à l'administrateur le pouvoir de former opposition à tout acte du défendeur qui lui paraîtrait préjudiciable aux intérêts de celui-ci ; il pourrait, par exemple, s'opposer à une vente d'immeubles que le défendeur serait dans l'intention de faire (Bois-le-Duc, 3 avr. 1877, aff. Colnegracht, D. P. *ibid.* note).

**95.** Aux termes de l'art. 497 c. civ., l'administrateur provisoire doit prendre soin, non seulement des biens, mais aussi de la personne du défendeur. A ce titre, il peut requérir le placement du défendeur dans un établissement d'aliénés ou le retirer de l'établissement dans lequel il serait déjà placé (Arg. L. 30 juin 1838, art. 14-1°. Comp. Laurent, t. 5, n° 273).

**96.** Si la demande d'interdiction est rejetée, les fonctions de l'administrateur provisoire cessent dès le jour où le jugement est devenu définitif. Lorsque, au contraire, l'interdiction est prononcée, l'administrateur reste en fonctions jusqu'à la nomination du tuteur (*Rép.* n° 116). Dans un cas où le tribunal avait sursis à statuer définitivement sur l'interdiction jusqu'à un certain délai, en nommant un administrateur provisoire pour prendre soin, dans l'intervalle, de la personne et des biens du défendeur, il a été jugé que la mission de cet administrateur n'avait pas cessé de plein droit par le seul effet de l'arrivée du terme, mais devait durer jusqu'à la décision définitive (Paris, 4 juin 1853, aff. Bouillié, D. P. 54. 2. 126).

**97.** La responsabilité de l'administrateur provisoire doit être appréciée comme celle du mandataire (c. civ. art. 1992). Mais, à la différence du tuteur, il n'est soumis, ni à l'hypothèque légale, ni à l'obligation de payer les intérêts des sommes dont il n'a pas fait emploi. Il doit seulement, suivant le droit commun, les intérêts des sommes qu'il a employées à son profit personnel (c. civ. art. 1996), et il a droit à l'intérêt des avances qu'il a faites, à dater du jour des avances constatées (c. civ. art. 2001. V. en ce sens : Laurent, t. 5, n° 274).

---

**CHAP. 5. — Du jugement définitif sur la demande en interdiction; des voies de recours contre ce jugement et de sa publication** (*Rép.* n°s 119 à 151).

**98.** — I. Jugement définitif (*Rép.* n°s 119 à 122, 148 à 150). — La procédure terminée, le tribunal peut, ou rejeter la demande, ou prononcer l'interdiction, ou enfin se borner à nommer au défendeur un conseil judiciaire pour cause de faiblesse d'esprit ou de prodigalité (V. *infrà*, n°s 191 et suiv.). Dans la première hypothèse, lorsque les juges renvoient purement et simplement le défendeur des fins de la demande, le demandeur doit être condamné aux dépens (c. proc. civ. art. 130), sauf, pour le tribunal, la faculté de compenser les dépens entre proches parents, conformément à l'art. 131 c. proc. civ. Les auteurs sont même d'accord pour reconnaître que le demandeur pourrait quelquefois être condamné à des dommages-intérêts envers le défendeur (V. *Rép.* n° 148; Demolombe, t. 8, n° 525; Laurent, t. 5, n° 277).

**99.** Lorsque, au contraire, l'interdiction est prononcée, c'est le défendeur qui doit supporter les dépens. En est-il de même si le tribunal lui nomme seulement un conseil judiciaire? La question a été examinée au *Rép.* n°s 149 et suiv., où l'on s'est prononcé pour l'affirmative. Cette solution a été consacrée par un arrêt de la cour de cassation dont les considérants sont décisifs : « La condamnation aux dépens, dit la cour, d'un demandeur est la peine infligée au plaideur téméraire, qui succombe dans la demande qu'il a mal à propos intentée. On ne peut réputer tel le parent qui, aux termes de l'art. 490 c. civ., obéissant à un devoir de famille, et remplissant la mission que la loi lui confie, appelle la justice à examiner l'état mental du parent qu'il croit incapable de pourvoir lui-même à l'administration de sa personne et de ses biens, et qui, par le résultat de sa poursuite et des preuves par lui fournies, a donné lieu à la mesure protectrice que la justice a cru devoir ordonner, dans l'intérêt du défendeur, en lui nommant un conseil judiciaire ; soit qu'il y ait eu interdiction, soit qu'il y ait eu simple nomination de conseil, la poursuite a toujours eu sa raison d'être, puisque c'est grâce à elle que le défendeur reconnu incapable de veiller à ses intérêts sans l'assistance d'un conseil, en a été pourvu, et qu'il n'est pas vrai de dire alors que, réellement, le demandeur ait succombé dans l'exercice d'une action qui a produit un des résultats utiles, prévus et réglés par l'art. 499 c. civ. En effet, par la faculté laissée aux juges par cet article, comme suite de la demande en interdiction qui en a provoqué l'exercice, la loi répute bien, comme implicitement contenue dans la demande d'interdiction, celle en nomination de conseil, comme le moins est contenu dans le plus ; et il est si vrai que dans l'un comme dans l'autre cas, il n'est pas dans l'esprit de la loi que le demandeur puisse être condamné aux dépens, que, soit qu'il y ait interdiction, soit simple nomination de conseil, selon la faculté laissée aux juges par l'art. 499 précité, l'art. 501, qui suit, charge également le demandeur en interdiction de lever et signifier ce jugement ou arrêt au défendeur ; et il n'a pu être dans la pensée de la loi de charger ainsi le demandeur de faire des frais qui resteraient à sa charge, et de se reposer sur lui du soin de faire des diligences et significations dont il aurait intérêt de s'abstenir » (Civ. cass. 14 juill. 1857, aff. Biston, D. P. 57. 1. 354. V. dans le même sens : Trib. Lyon, 27 janv. 1872, aff. Joye, D. P. 72. 3. 16; Lyon, 24 juill. 1872, même affaire, D. P. 72. 2. 191; Demolombe, t. 8, n° 534; Laurent, t. 5, n° 338).

**100.** Si le défendeur vient à mourir avant le jugement définitif ou même avant que ce jugement ait acquis force de chose jugée, la poursuite, n'ayant plus de raison d'être, s'éteint ; alors se présente la question de savoir qui supportera les dépens. Nous pensons qu'en principe, et à moins qu'il ne soit démontré que la demande était absolument téméraire, ces dépens doivent être mis en entier à la charge de la succession du défendeur. L'action en interdiction, en effet, a pour premier but la protection du défendeur ; c'est dans l'intérêt de celui-ci qu'elle a lieu, et, à moins de preuve contraire, on doit présumer que c'est aussi en considération de cet intérêt que le demandeur a pris le parti d'agir. Il ne serait donc pas juste de laisser les frais à sa charge quand la poursuite n'a pas abouti à cause du décès du défendeur. C'est, du reste, ce qui a été jugé (Limoges, 27 avr. 1853, aff. Dunoyer, D. P. 54. 2. 6).

**101.** Le tribunal, en prononçant l'interdiction, peut-il déclarer son jugement exécutoire par provision nonobstant opposition ou appel? La négative nous paraît certaine. L'interdiction n'est pas comprise dans les cas où l'art. 133 c. proc. civ. permet d'ordonner l'exécution provisoire des jugements. L'art. 155 c. proc. civ. autorise, il est vrai, cette mesure d'une manière plus générale, « dans le cas où il y aurait péril dans la demeure ». Mais la loi a pourvu à cette hypothèse, dans la procédure d'interdiction, en permettant la nomination d'un administrateur provisoire ; elle a exclu par cela même l'ancienne pratique, constatée par Meslé, *Traité des minorités*, p. 456, suivant laquelle le juge pouvait prononcer une interdiction provisoire pour la durée du litige (V. Besançon, 19 juill. 1876, *suprà*, n° 56).

**102.** — II. Voies de recours contre le jugement (*Rép.* n°s 134 à 145). — Si le jugement qui intervient sur la demande d'interdiction est rendu par défaut, il est susceptible d'opposition (*Rép.* n° 134; Laurent, t. 5, n° 282). —

Lorsque ce jugement a prononcé l'interdiction ou la dation d'un conseil judiciaire, on peut se demander quel sera l'effet de l'opposition. Fait-elle tomber le jugement d'une manière absolue, de telle sorte que le défendeur recouvre la plénitude de sa capacité? Laisse-t-elle, au contraire, cette capacité indécise jusqu'à ce que le tribunal ait statué à nouveau? Cette question se rattache à une question plus générale, qui est exposée au *Rép.* v° *Jugement par défaut*, n°s 350 et suiv. D'après un arrêt de la cour de cassation, lorsqu'un jugement portant dation d'un conseil judiciaire a été rendu par défaut, puis a été suivi, sur opposition, d'un second jugement qui l'a maintenu, l'incapacité de l'individu pourvu de conseil court du jour du jugement par défaut, et non pas seulement du jour du jugement qui a rejeté l'opposition (Req. 6 juill. 1868, aff. Harry-Emmanuel, D. P. 69. 1. 267). Conformément à la même doctrine, il a été jugé que l'opposition formée à un jugement par défaut portant nomination d'un conseil judiciaire ne fait pas tomber de plein droit cette décision, pas même après que le tribunal a déclaré l'opposition recevable et, sur le fond, ordonné une mesure d'instruction ; mais que, dans ce cas, les effets du jugement par défaut restent en suspens jusqu'à la décision sur le fond (Rouen, 17 mars 1875, aff. Lejoliff, D. P. 75. 2. 207). C'est donc à tort, comme l'a décidé le même arrêt, qu'un tribunal, en recevant l'opposition du défendeur à la demande en nomination de conseil judiciaire et en rapportant le jugement qui avait admis par défaut cette demande, a déclaré « remettre le défendeur, jusqu'à décision sur le fond, dans sa pleine capacité juridique » (V. *infrà*, n° 145).

**103.** La tierce opposition est-elle ouverte contre les jugements d'interdiction? Cette question est traitée au *Rép.*, v° *Tierce opposition*, n° 38. M. Laurent, t. 5, n° 278, soutient, d'une manière absolue, qu'il ne peut y avoir ni intervention ni tierce opposition dans une affaire d'interdiction. La jurisprudence a pourtant fait une distinction qui nous semble fondée. Il résulte de ses décisions que la tierce opposition serait recevable si l'interdiction avait pour objet de frauder les tiers. Il peut arriver, comme l'a dit un arrêt de la cour de cassation (Req. 29 janv. 1866, aff. Joyaux, D. P. 66. 1. 170), « que la fraude, dans sa prévoyance, aura travaillé pour l'avenir, dans le but de tromper des tiers par de fausses apparences de crédit » ; c'est-à-dire qu'une demande d'interdiction pourrait être formée d'accord avec le défendeur, en vue de faire annuler des obligations que celui-ci se proposerait de contracter. « Cette hypothèse venant à se réaliser, ajoute l'arrêt précité, il n'y aurait aucune raison juridique pour refuser à ceux qui en auraient été les victimes, le bénéfice de l'art. 1167 c. civ. et par conséquent celui de l'art. 474 c. proc. civ. ». Suivant M. Laurent, *loc. cit.*, « dans l'instance en interdiction, ce ne sont pas des intérêts particuliers concernant les parties et les tiers qui forment l'objet du débat. Il n'y a qu'un seul intérêt qui soit débattu, l'état et la liberté du défendeur, lui seul est donc partie ; s'il est interdit, personne ne peut réclamer, car personne n'y a intérêt, sauf lui ». Mais il est évident que si l'interdiction a été provoquée précisément dans le but de nuire à des tiers, ceux-ci auront intérêt à la faire tomber ; on doit donc, en pareil cas, leur reconnaître le droit de l'attaquer par voie de tierce opposition (Comp. Riom, 9 janv. 1808, *Rép.*, v° *Tierce opposition*, n° 53; Req. 10 nov. 1825, *Rép.* eod. v°, n° 46 ; Poitiers, 1er févr. 1842, *Rép.*, v° *Interdiction*, n° 210-3° et v° *Tierce opposition*, n° 38).

**104.** On a vu *suprà*, n° 43, que, lorsque l'interdiction d'une femme mariée est demandée par une personne autre que le mari, ce dernier doit être mis en cause. Si cette mise en cause n'avait pas eu lieu, le mari pourrait former tierce opposition au jugement qui aurait prononcé l'interdiction de sa femme (Civ. cass. 9 janv. 1822. *Rép.* n° 56).

**105.** Le jugement rendu sur la demande d'interdiction peut être frappé d'appel, soit par le demandeur, soit par le défendeur, suivant le droit commun. De plus, il résulte de l'art. 893 c. proc. civ. qu'appel de ce jugement peut être interjeté par un des membres de l'assemblée de famille « contre celui dont l'interdiction aura été provoquée » (V. *Rép.* n° 137). C'est donc seulement lorsque l'interdiction n'a pas été prononcée, lorsque la demande a été rejetée d'une manière absolue ou lorsqu'elle n'a abouti qu'à la nomination d'un conseil judiciaire, que les membres du conseil de famille ont personnellement le droit d'appeler du jugement, bien qu'ils n'aient pas été parties en première instance. La loi a considéré que l'interdiction intéresse la famille tout entière, et elle a voulu que ceux des membres de l'assemblée qui penseraient que l'interdiction devait être admise puissent poursuivre la demande en appel, alors même que le demandeur n'agirait pas. Nous croyons, avec M. Demolombe, t. 8, n° 540, que l'appel pourrait être formé même par un membre du conseil qui aurait exprimé un avis contraire à l'interdiction. Mais si l'interdiction avait été admise, un membre qui aurait émis un avis opposé ne pourrait pas appeler du jugement, soit seul, soit en se joignant au défendeur (Demolombe, t. 8, n° 539; Aubry et Rau, t. 1, § 125, p. 516; Laurent, t. 5, n° 579). — Il va de soi que le défendeur auquel un conseil judiciaire a été nommé n'a pas besoin de l'assistance de ce conseil pour interjeter appel du jugement d'où résulte cette nomination (Bordeaux, 27 févr. 1878, aff. Mourgues, D. P. 79. 2. 120).

**106.** Aux termes de l'art. 500 c. civ., la cour peut, si elle le juge nécessaire, interroger de nouveau ou faire interroger par un commissaire la personne dont l'interdiction est demandée. L'interrogatoire du défendeur n'est donc plus obligatoire en appel comme en première instance, et la cour apprécie souverainement l'opportunité de cette mesure (Req. 3 févr. 1868, aff. d'Albis de Gissac, D. P. 68. 1. 390; 21 juill. 1868, aff. Nos, D. P. 69. 1. 32). L'interrogatoire reste, d'ailleurs, facultatif en appel, quand même le défendeur a refusé de se laisser interroger en première instance (Arrêt précité du 3 févr. 1868).

**107.** Si les premiers juges ont omis d'interroger le défendeur, la cour pourra-t-elle y suppléer en l'interrogeant elle-même? On peut en douter, car alors le jugement de première instance est comme entaché d'un vice de forme; il manque d'une condition substantielle; et, aux termes de l'art. 473 c. proc. civ., la cour qui infirme un jugement pour vice de forme ne peut juger le fond que si la matière est disposée à recevoir une décision définitive; or la cause, dans notre hypothèse, n'est pas en état d'être jugée définitivement, puisque l'interrogatoire n'a pas eu lieu. Ce serait donc le cas de renvoyer les parties devant le tribunal, composé d'autres juges. Toutefois, il faut observer que la cour est saisie par l'appel, non seulement de la question de forme, mais aussi de la question du fond. Dans cette hypothèse, d'après une jurisprudence constante, il n'y a pas lieu à l'application de l'art. 473 c. proc. civ.; la mesure d'instruction omise en première instance peut être ordonnée par la cour, qui a plénitude de juridiction. L'essentiel, du reste, est que le défendeur soit interrogé avant d'être interdit; en aucun cas la loi n'exige qu'il le soit deux fois; si l'interrogatoire n'a pas eu lieu en première instance, il peut donc encore avoir lieu en appel (V. en ce sens: Bourges, 4 déc. 1882, sous Civ. rej. 29 avr. 1885, aff. Lacam, D. P. 85. 1. 375. Comp. *suprà*, v° *Degré de juridiction*, n° 192). Suivant la cour de cassation, le défendeur ne peut se faire un grief de ce que l'interrogatoire, omis par les premiers juges, n'a eu lieu qu'en cause d'appel, si, après l'avoir subi devant la cour, il a pris des conclusions sur le fond et n'a fait aucunes protestations ni réserves touchant l'omission de la formalité en première instance (Arrêt précité du 29 avr. 1885).

**108.** En tout cas, l'interrogatoire doit être réputé accompli lorsque c'est par le fait volontaire du défendeur qu'il n'a pas eu lieu (V. *suprà*, n° 73). Dans une espèce où le défendeur, après avoir refusé de se laisser interroger, avait opposé en première instance une fin de non-recevoir tirée du défaut d'interrogatoire, et avait en même temps conclu à « être renvoyé de la demande avec dépens », il a été reconnu que l'affaire était en état de recevoir une décision définitive et que la cour, en infirmant le jugement de première instance qui avait accueilli à tort la fin de non-recevoir, pouvait évoquer et juger le fond par application de l'art. 473 c. proc. civ. (Dijon, 24 avr. 1868 et sur pourvoi, Req. 7 déc. 1868, aff. de Courtivron, D. P. 69. 1. 188).

**109.** La cour a la faculté de procéder elle-même à l'interrogatoire ou de commettre un magistrat pour y procéder (c. civ. art. 500). Il a été jugé que le conseiller sur le rapport duquel l'interrogatoire a été ordonné peut être commis pour cet interrogatoire, alors même qu'il ne fait plus partie de la chambre saisie de l'affaire (Civ. rej. 7 mai 1873, aff. Marrêt, D. P. 73. 1. 243). Jugé aussi qu'il n'est pas nécessaire que le conseiller qui a procédé à l'interrogatoire concoure à l'arrêt qui statue définitivement sur la demande d'interdiction (Même arrêt).

**110.** D'après la jurisprudence, les causes d'interdiction doivent être jugées en audience solennelle (V. les arrêts cités au *Rép.* v° *Organisation judiciaire*, n°s 407 et suiv.). Il en est ainsi alors même que la demande a été formée par l'auteur d'une opposition à mariage, dans le cours de l'instance en mainlevée de l'opposition, et qu'elle a été jointe à cette instance (Req. 23 mai 1860, aff. Manchon, D. P. 60. 1. 350).

**111.** Quant à l'effet suspensif de l'appel en matière d'interdiction, V. *infrà*, n°s 144 et suiv.

**112.** Il est généralement admis aujourd'hui, conformément à la doctrine adoptée au *Rép.* n° 144, que l'interdit ou l'individu pourvu d'un conseil judiciaire ne peut valablement acquiescer au jugement d'interdiction ou de nomination de conseil, et que, s'il a interjeté appel de ce jugement, il ne peut se désister de son appel (Douai, 8 déc. 1858, aff. Saus, D. P. 59. 2. 201; Paris, 19 juin 1884, *suprà*, v° *Désistement*, n° 6. V. aussi *suprà*, v° *Acquiescement*, n° 29). Jugé toutefois que, bien que l'interdit ne puisse acquiescer valablement au jugement d'interdiction rendu contre lui, il peut cependant se désister d'une opposition formée par lui au jugement d'interdiction rendu par défaut (Req. 12 janv. 1875, aff. Daudeville, D. P. 76. 1. 217). Mais cette décision ne signifie pas que le désistement de l'interdit rend par lui-même le jugement définitif. Malgré ce désistement, l'interdit peut toujours renouveler son opposition tant que le délai imparti par la loi à cet effet n'est pas expiré. Et même, si le désistement n'intervient qu'après l'expiration du délai, il ne dispense pas, suivant nous, le tribunal de statuer sur l'opposition (V. *suprà*, v° *Désistement*, n° 7). Mais il est bien entendu qu'à défaut par le tribunal de statuer, le jugement qui a prononcé l'interdiction ne devra pas, par cela seul qu'il a été frappé d'une opposition dont l'interdit s'est désisté, être réputé non avenu; ce jugement, n'ayant pas été révoqué, doit, au contraire, recevoir son exécution (V. *suprà*, n° 102).

**113.** La jurisprudence décide également que l'acquiescement ou le désistement de la partie qui a poursuivi l'interdiction ou la nomination d'un conseil judiciaire est nul et ne peut produire aucun effet. La raison en est que l'action en interdiction est exercée non pas tant dans l'intérêt du demandeur que dans celui du défendeur et aussi dans l'intérêt de l'ordre public; le demandeur ne doit donc pas pouvoir à lui seul y renoncer. Il a été jugé en ce sens : 1° que la poursuite en interdiction peut être reprise par le demandeur, alors même qu'il s'en est précédemment désisté (Lyon, 14 juill. 1853, aff. N... de C..., D. P. 54. 2. 33); — 2° Que, soit en première instance, soit devant la cour, lorsque l'appel a été formé, le désistement de l'action ne dispense pas les magistrats de vérifier la situation qui leur est soumise et de statuer sur la demande (Nancy, 15 juin 1865, aff. de la Ruelle, D. P. 66. 2. 142); — 3° Que la partie qui a poursuivi la nomination d'un conseil judiciaire ne peut acquiescer à l'appel interjeté par le prodigue, et que la cour n'en doit pas moins statuer comme si l'acquiescement n'avait pas eu lieu (Toulouse, 22 mai 1880, aff. Ageret, D. P. 80. 2. 195); — 4° Que la transaction par laquelle une partie se désiste de la demande en interdiction introduite par elle contre un de ses parents doit être annulée (Req. 13 nov. 1883, aff. Rubichon, D. P. 84. 1. 103).

**114.** — III. PUBLICATION DU JUGEMENT OU DE L'ARRÊT PRONONÇANT L'INTERDICTION (*Rép.* n°s 123 à 133, 146 et 147). — Tout jugement ou arrêt portant interdiction ou nomination de conseil judiciaire doit être publié de la manière qui est indiquée par l'art. 501 c. civ. En outre, un extrait de ce jugement peut être inséré dans un journal judiciaire. Comme il n'est question, toutefois, de cette insertion dans un journal que dans le tarif civil de 1807, art. 92, § 29, on s'accorde à reconnaître qu'elle n'est pas obligatoire (V. *Rép.* n° 133; Laurent, t. 5, n° 284).

**115.** Aux termes de l'art. 501 c. civ., le jugement doit être « levé, signifié à partie et inscrit, *dans les dix jours*, sur les tableaux qui doivent être affichés dans la salle de l'auditoire et dans les études des notaires de l'arrondissement ». Le délai de dix jours court à partir du jour de la prononciation du jugement; mais, si les formalités prescrites n'ont pas eu lieu dans ce délai, il n'en résulte pas que le jugement devienne nul, et les formalités peuvent encore être remplies (V. en ce sens: *Rép.* nᵒˢ 125 et suiv.; Demolombe, t. 8, nᵒ 550; Aubry et Rau, t. 1, § 125, p. 517; Laurent, t. 5, nᵒ 284).

**116.** Le défaut de publication peut-il du moins être invoqué par les tiers qui ont traité avec l'interdit ou avec l'individu pourvu d'un conseil, soit avant, soit après l'expiration du délai de dix jours? Un ancien arrêt de la cour de cassation décide que l'incapacité résultant d'un jugement portant nomination d'un conseil judiciaire ne peut être opposée aux tiers qui aurait contracté avec celui auquel ledit conseil a été nommé que si ce jugement a reçu la publicité voulue par la loi et dans les formes qu'elle a prescrites (Req. 16 juill. 1810, *Rép.* nᵒ 204). Mais ce système est aujourd'hui repoussé par presque tous les auteurs. Il est en contradiction, comme on l'a montré au *Rép.* nᵒ 205, avec l'art. 502, qui dispose que l'interdiction ou la nomination d'un conseil aura son effet du jour du jugement. L'incapacité de l'interdit ne commence donc pas seulement du jour où le jugement est publié. Le défaut de publication pourrait seulement autoriser les tiers qui auraient contracté avec l'interdit dans l'ignorance de son incapacité, à recourir en dommages-intérêts contre le demandeur à l'interdiction qui aurait négligé de requérir la publication ou contre les officiers ministériels qui n'y auraient pas procédé (V. en ce sens: Montpellier, 1ᵉʳ juill. 1840, *Rép.* nᵒ 296; Rennes, 12 mai 1851, aff. de Rubat, D. P. 52. 2. 262; Paris, 12 mai 1867 sous Req. 6 juill. 1868, aff. Harry-Emmanuel, D. P. 69. 1. 267; Demolombe, t. 8, nᵒ 550; Aubry et Rau, t. 1, § 125, p. 517, note 27; Laurent, t. 5, nᵒ 284; Baudry-Lacantinerie, t. 1, nᵒ 1170).

**117.** Comme on l'a dit au *Rép.* nᵒ 128, le jugement qui prononce l'interdiction ou la nomination d'un conseil doit être publié conformément à l'art. 501 c. civ., même quand il est frappé d'appel, car la loi ne distingue pas. D'ailleurs, si le jugement est confirmé sur appel, l'incapacité du défendeur remontera au jour du jugement, et par conséquent les tiers ont intérêt à le connaître sans retard (Demolombe, t. 8, nᵒ 551; Laurent, t. 5, nᵒ 285; Baudry-Lacantinerie, *loc. cit.*).— Comme on l'a aussi expliqué au *Rép.* nᵒ 132, il suffit que le jugement d'interdiction ou de nomination de conseil judiciaire soit publié dans l'arrondissement du domicile de l'interdit ou de l'individu pourvu du conseil; la loi n'exige pas que le jugement soit soumis à une nouvelle publicité dans tous les arrondissements où l'interdit pourra aller résider (Civ. cass. 1ᵉʳ août 1860, aff. Defresne, D. P. 60. 1. 316).

## CHAP. 6. — Des effets du jugement d'interdiction
### (*Rép.* nᵒˢ 152 à 235).

#### § 1ᵉʳ. — Organisation de la tutelle de l'interdit
##### (*Rép.* nᵒˢ 153 à 168).

**118.** L'interdit est, en ce qui concerne le gouvernement de sa personne et la gestion de ses biens, assimilé au mineur (c. civ. art. 509). Il doit donc être pourvu d'un tuteur et d'un subrogé tuteur (c. civ. art. 505). Comme on l'a exposé au *Rép.* nᵒ 154, la nomination du tuteur et du subrogé tuteur peut avoir lieu dès que le jugement qui prononce l'interdiction a été signifié à partie, et qu'il s'est écoulé huit jours depuis la prononciation du jugement. Mais, s'il est interjeté appel de ce jugement avant la réunion du conseil de famille qui doit nommer le tuteur et le subrogé tuteur, la nomination n'est plus possible; il ne pourra y être procédé que si le jugement serait confirmé et après la signification de l'arrêt confirmatif. La délibération qui nommerait le tuteur et le subrogé tuteur serait donc nulle si elle intervenait avant la signification du jugement à l'interdit, avant l'expiration de la huitaine à dater du jour du jugement ou après l'appel interjeté (*Rép.* nᵒ 154; Demolombe, t. 8, nᵒ 555; Aubry et Rau, t. 1, § 126, p. 518; Laurent, t. 5, nᵒ 290; Baudry-Lacantinerie, t. 1, nᵒ 1172).

**119.** Lorsqu'il est interjeté appel du jugement d'interdiction après la nomination du tuteur et du subrogé tuteur, ceux-ci ne peuvent pas exercer leurs fonctions tant que

l'appel n'est pas vidé et le jugement confirmé. L'administrateur provisoire, s'il y en a un de nommé, continue alors sa gestion; s'il n'y en a pas, on peut en faire nommer un par la cour (*Rép.* nᵒ 155; Demolombe, t. 8, nᵒ 555; Laurent, t. 5, nᵒ 290).

**120.** Le tuteur de l'interdit doit, en principe, être nommé par le conseil de famille (c. civ. art. 505). On est d'accord maintenant pour reconnaître qu'il n'y a pas lieu, en cas d'interdiction, à la tutelle légitime des ascendants, et qu'aucune tutelle légitime n'est autorisée par la loi (V. *Rép.* nᵒ 158; Demolombe, t. 8, nᵒˢ 560 et suiv.; Aubry et Rau, t. 1, § 126, p. 519; Laurent, t. 5, nᵒ 287).

**121.** Il existe cependant, en matière d'interdiction, une tutelle légitime, celle du mari. Aux termes de l'art. 506 c. civ., le mari est, de droit, le tuteur de sa femme interdite. Mais, suivant l'opinion générale des auteurs, admise par la jurisprudence, cette règle doit recevoir exception en cas de séparation de corps. En pareil cas, le tuteur de la femme interdite doit être nommé par le conseil de famille (Dijon, 18 mars 1857, et sur pourvoi Req. 25 nov. 1857, aff. Lépine, D. P. 58. 1. 299; Nancy, 15 mai 1868, aff. Gény, D. P. 69. 2. 224; Poitiers, 22 avr. 1869, aff. de Beauvais, D. P. 74. 5. 296; Valette, *Explication sommaire du livre* 1ᵉʳ *du code Napoléon*, p. 374 et suiv.; Chardon, *Traité de la puissance maritale*, nᵒˢ 351 et suiv.; Demolombe, t. 8, nᵒ 568; Ballot, *Revue critique de droit français*, 1867, t. 3, p. 570; Aubry et Rau, t. 1, § 126, p. 519; Laurent, t. 5, nᵒ 288; Baudry-Lacantinerie, t. 1, nᵒ 1173. V. aussi *suprà*, vᵒ *Divorce et séparation de corps*, nᵒ 633). Il a même été jugé que la tutelle légale du mari n'a pas lieu non seulement quand il y a séparation de corps prononcée entre les époux, mais encore lorsque la femme a été autorisée, par le président du tribunal, à demander en séparation de corps et à résider provisoirement hors du domicile conjugal (Poitiers, 22 avr. 1869 précité). Cette décision devrait naturellement être étendue au cas de demande en divorce.

**122.** Si le mari séparé de corps n'est pas de droit tuteur de sa femme interdite, ne pourrait-il pas du moins être nommé tuteur par le conseil de famille? Du moment que la tutelle légale du mari est reconnue incompatible avec l'état de séparation de corps, la tutelle dative doit l'être aussi. Quel que soit l'époux qui a obtenu la séparation, il ne peut dépendre du conseil de famille de la faire cesser, car il est de règle qu'elle ne peut cesser que par le consentement et le concours de volonté des deux époux. Le conseil de famille ne doit donc pas pouvoir, en déférant la tutelle au mari, imposer à l'un ou à l'autre époux une situation qui modifierait, au préjudice de cet époux, les effets de la séparation prononcée (Comp. Montpellier, 8 juin 1870, aff. de Gissac, D. P. 70. 2. 230).

**123.** La femme n'est pas de droit tutrice de son mari interdit; elle peut seulement être nommée tutrice par le conseil de famille, qui doit alors régler les conditions de l'administration tutélaire (C. civ., art. 507; V. *Rép.* nᵒˢ 163 et suiv.). — La femme à qui la tutelle est déférée par le conseil de famille est-elle obligée de l'accepter? La négative semble certaine. Ce n'est que par exception que les femmes peuvent être tutrices (c. civ., art. 442). La mère elle-même, aux termes de l'art. 394 c. civ., n'est point tenue d'accepter la tutelle légale de ses enfants mineurs; il n'y a pas de raison pour être plus exigeant vis-à-vis de la femme nommée tutrice de son mari interdit (V. en ce sens: Montpellier, 8 juin 1870, aff. de Gissac, D. P. 70. 2. 230).

**124.** Si les époux sont séparés de corps, la femme peut-elle encore être nommée tutrice par le conseil de famille? Non, suivant nous, et ce alors même que la séparation de corps aurait été prononcée au profit de la femme. La gestion de la tutelle ne saurait se concilier avec l'état de séparation de corps; or cet état ne peut cesser que du consentement des deux époux, et tant que le mari est interdit, il n'est pas capable de consentir (En ce sens: Montpellier, 8 juin 1870, aff. de Gissac, D. P. 70. 2. 230. — V. cependant Demolombe, t. 5, nᵒ 571).

**125.** Le conseil de famille chargé de nommer le tuteur de l'interdit doit être composé suivant les règles ordinaires. On a dit au *Rép.* nᵒ 166, que, par application de l'art. 49 c. civ., les parents qui ont provoqué l'interdiction ne peuvent faire partie de ce conseil. Cette opinion toutefois n'est pas partagée par les auteurs récents. « L'art. 495, dit M. Demolombe, t. 8, n° 574, est uniquement spécial à la délibération par laquelle le tribunal, avant de prononcer l'interdiction, demande l'avis de la famille ; et il est alors très sage. Mais il n'y a plus aucun motif, après l'interdiction prononcée, pour écarter du conseil de famille celui qui l'a provoquée » (V. dans le même sens : Aubry et Rau, t. 1, § 126, p. 519, note 8 ; Laurent, t. 5, n° 289).

**126.** On décide généralement que la femme de l'interdit ne doit pas faire partie du conseil de famille appelé à nommer le tuteur, parce que ce serait contraire à la règle qui exclut les femmes des conseils de famille (c. civ. art. 442). Mais la femme ne peut-elle pas au moins demander à être admise au conseil de famille pour présenter ses observations, et ne pourrait-elle pas se pourvoir contre la délibération par laquelle le conseil aurait refusé de l'entendre ou aurait rejeté ses prétentions ? M. Laurent, t. 5, n° 289, ne reconnaît aucun de ces droits à la femme de l'interdit. Suivant lui, l'art. 495 c. civ. permet bien à la femme de siéger au conseil de famille qui doit donner son avis sur l'état de la personne dont l'interdiction est poursuivie ; mais c'est une disposition exceptionnelle, qui ne peut être étendue au conseil de famille réuni pour organiser la tutelle. Et si l'art. 507 autorise le conseil à nommer la femme tutrice, on ne peut conclure de là qu'elle ait le droit d'intervenir elle-même au conseil. — D'autre part, si la femme n'a pas le droit de prendre part à la délibération, elle n'a, par suite, aucune qualité pour la critiquer, soit quant au fond, soit quant à la forme. — Il a été jugé, en ce sens, qu'aucune disposition de loi n'oblige le conseil de famille qui doit nommer le tuteur de l'interdit à entendre la femme de celui-ci avant de délibérer ; que c'est là simplement une question de convenance et d'opportunité à apprécier selon les circonstances (Montpellier, 29 juill. 1862, aff. S..., D. P. 66. 2. 193).

**127.** Cette opinion, à notre avis, est trop absolue ; elle méconnaît à la fois les intérêts et les droits de la femme. Que la femme de l'interdit ait des intérêts à défendre devant le conseil de famille qui va nommer un tuteur à son mari, ce n'est pas contestable. Ce tuteur exercera les droits du mari comme chef de l'association conjugale ; s'il y a communauté entre les époux, il administrera les biens communs et même les propres de la femme ; si les époux sont mariés sous le régime dotal, il aura également l'administration des biens de la femme ; s'ils sont séparés de biens, il devra encore s'entendre avec elle pour la contribution aux charges du ménage. La femme est donc personnellement intéressée au choix qui sera fait par le conseil de famille. On objecte qu'aucune loi ne stipule qu'elle sera consultée sur ce choix. Mais, en admettant que l'art. 495 c. civ. soit spécial au conseil de famille appelé à donner son avis sur la demande d'interdiction, cet article peut tout au moins être invoqué ici par analogie. D'après l'interprétation qui a prévalu (V. suprà, n° 60), il confère à la femme le droit de siéger à ce conseil avec voix délibérative, quand elle n'a pas provoqué elle-même l'interdiction ; avec voix consultative, dans le cas même où elle l'a provoquée. Si la femme a ce droit lorsqu'il s'agit simplement d'émettre un avis sur la poursuite, est-il raisonnable de lui contester le droit d'être au moins consultée lorsqu'il s'agit d'organiser la tutelle de son mari et peut-être d'attribuer à un tiers la gestion de son propre patrimoine ? De plus, l'art. 507 c. civ., après avoir disposé que « la femme pourra être nommée tutrice de son mari » et que, « en ce cas, le conseil de famille réglera la forme et les conditions de l'administration », ajoute : « sauf le recours devant les tribunaux de la part de la femme qui se croirait lésée par l'arrêté de la famille ». Si la femme peut être nommée tutrice sous certaines conditions, n'a-t-elle pas le droit d'être entendue relativement à ces conditions ? Si elle peut se pourvoir contre la délibération du conseil, n'est-il pas évident que cette délibération ne doit pas être prise sans qu'elle ait été admise à faire connaître ses prétentions ? C'est donc à bon droit, suivant nous, qu'il a été décidé que la femme de l'interdit doit être appelée au conseil de famille, lorsqu'elle se demande, sous peine de nullité de la nomination du tuteur ou du subrogé tuteur qui serait faite sans qu'elle ait été préalablement admise à présenter ses expli-

cations (Paris, 24 févr. 1853, aff. Bailleux, D. P. 53. 2.167); et aussi que la femme a qualité pour se pourvoir contre la délibération du conseil de famille qui a nommé un tuteur et un subrogé tuteur à son mari sans l'avoir entendue, et qu'elle peut poursuivre la nullité de cette délibération contre le tuteur et le subrogé tuteur nommés (Dijon, 15 févr. 1866, aff. Gédon, D. P. 66. 2. 63).

**§ 2.** — Administration de la personne et des biens de l'interdit
(*Rép.* n°s 169 à 194).

**128.** — I. ADMINISTRATION DE LA PERSONNE DE L'INTERDIT (*Rép.* n°s 169 à 173). — Aux termes de l'art. 510 c. civ., c'est le conseil de famille qui décide si l'interdit sera traité dans son domicile ou s'il sera placé dans une maison de santé ou dans un hospice. Pour les formalités du placement dans une maison de santé, V. suprà, v° *Aliéné*, n° 46. — Lorsqu'il s'agit d'une femme mariée, est-ce encore au conseil de famille, et non au mari, qu'il appartient de décider si la femme sera soignée chez elle ou ailleurs ? V. infrà, n° 135.

**129.** Les lois sur la tutelle des mineurs étant applicables à celle des interdits (c. civ. art. 509), il en résulte que, conformément à l'art. 454 c. proc. civ., le conseil de famille doit déterminer, dès le début de la tutelle, la somme à laquelle pourra s'élever la dépense annuelle de l'interdit. Cette somme sera prise d'abord sur les revenus de l'interdit, lesquels, d'après l'art. 510 c. civ., doivent être essentiellement employés à adoucir son sort et à accélérer sa guérison. Mais en cas d'insuffisance des revenus, surtout si l'interdit n'avait pas d'enfants, le conseil de famille pourrait permettre d'entamer le capital (Demolombe, t. 8, n° 581). — Un arrêt a jugé que le tuteur est tenu de supporter personnellement les dépenses qu'il a faites au delà de la somme annuelle qui avait été fixée par le conseil de famille, à moins qu'il n'établisse qu'elles ont été nécessitées par des événements imprévus (Besançon, 20 nov. 1852, aff. Taillard. D. P. 53. 2. 107. V. dans le même sens : Laurent, t. 5, n° 296).

**130.** — II. ADMINISTRATION DES BIENS DE L'INTERDIT (*Rép.* n°s 184 à 186). — Les biens de l'interdit sont administrés par son tuteur, qui a seul qualité pour le représenter dans les actes relatifs à cette administration. Il a été jugé, notamment, que des biens appartenant en propre à une femme interdite, ou indivis entre elle et ses enfants, n'avaient pu être loués valablement par le tuteur des enfants, et que la location faite par ce tuteur seul, nonobstant l'opposition du tuteur de l'interdite, devait être déclarée nulle (Civ. cass. 5 avr. 1882, aff. Loncq, D. P. 82. 1. 310).

**131.** La gestion du tuteur de l'interdit est soumise aux mêmes règles que celle du tuteur du mineur. En principe, le tuteur peut faire seul les actes pour lesquels la loi n'exige ni autorisation du conseil de famille ni homologation du tribunal. Il peut et doit recevoir, dès le commencement de la tutelle, le compte de l'administrateur provisoire nommé pendant le procès d'interdiction. si ce n'est pas lui-même qui a été nommé (c. civ. 505; c. proc. civ., art. 893). Il paraît résulter de ces textes, dit M. Demolombe (t. 8, n° 583), que si l'administrateur provisoire devient lui-même tuteur, son compte ne doit être rendu qu'avec celui de la tutelle.

**132.** Les restrictions apportées aux pouvoirs des tuteurs par la loi du 27 févr. 1880, en ce qui concerne l'aliénation des valeurs mobilières, s'appliquent aux tuteurs des interdits comme à ceux des mineurs (V. infrà, v° *Minorité-tutelle-émancipation*).

**133.** Aux termes de l'art. 307, § 2, modifié par la loi du 18 avr. 1886 (D. P. 86. 4. 27), « le tuteur de la personne judiciairement interdite peut, avec l'autorisation du conseil de famille, présenter la requête et suivre l'instance en séparation de corps ». Le tuteur peut-il également, avec l'autorisation du conseil de famille, former au nom de l'interdit une demande en divorce ? V. suprà, v° *Divorce et séparation de corps*, n° 118.

**134.** — III. EFFETS DE L'INTERDICTION RELATIVEMENT AUX DROITS DU CONJOINT DE L'INTERDIT (*Rép.* n°s 174 à 183). — Au point de vue des droits du conjoint de l'interdit, il y a lieu de distinguer, comme on l'a fait au *Rép.* n°s 175 et suiv., l'hypothèse où c'est la femme qui est interdite et l'hypothèse où c'est, au contraire, le mari qui,.étant en état d'interdiction, se trouve sous la tutelle, soit de la femme, soit d'un tiers.

**135.** Quand c'est la femme qui est interdite et qu'elle a pour tuteur le mari, il semble, comme on l'a dit au *Rép.* n° 176, que les droits du mari, tant sur la personne que sur les biens de sa femme, ne sont en rien diminués; ils sont, au contraire, augmentés, car, avec la puissance maritale, le mari aura désormais les pouvoirs du tuteur et par conséquent le droit d'administrer les biens de sa femme, dans le cas où ce droit ne lui appartiendrait pas déjà en vertu du régime matrimonial. — On peut toutefois se demander si c'est au mari seul, en tant que tuteur, ou au conseil de famille, qu'appartient alors le. droit de décider si la femme sera placée dans un établissement d'aliénés. L'art. 510 c. civ., comme on l'a vu, dispose que le conseil de famille pourra arrêter que l'interdit sera traité dans son domicile ou qu'il sera placé dans une maison de santé et même dans un hospice. Plusieurs auteurs soutiennent que cette règle n'est pas applicable lorsqu'il s'agit d'une femme placée sous la tutelle de son mari. Le conseil de famille, dit-on, ne saurait avoir le droit de modifier les rapports qui naissent du mariage, et il le ferait en ordonnant le placement de la femme dans un établissement d'aliénés, alors que le mari voudrait la garder chez lui. Si l'on prétend que le mari, par un esprit d'économie mal entendu ou pour toute autre raison, ne la soigne pas convenablement, le subrogé tuteur doit alors demander que la tutelle soit retirée au mari; mais, tant que cette tutelle lui appartient de par la loi, la puissance maritale demeure entière entre ses mains (V. en ce sens : Duranton, *Cours de droit civil français*, t. 3, n° 762 ; Massé et Vergé. sur Zachariæ, *Le droit civil français*, t. 1, p. 470, note 12; Laurent, t. 5, n° 300). D'autres auteurs estiment, au contraire, que c'est le conseil de famille qui, pour la femme interdite elle-même, doit décider si elle sera soignée au domicile conjugal ou dans un établissement spécial. La règle de l'art. 510, disent les partisans de cette opinion, est générale; si le législateur avait voulu y faire exception en faveur du mari, il s'en serait expliqué, comme il s'est expliqué, par exemple, dans l'art. 454 c. civ., relativement à la tutelle des père et mère. On comprend d'ailleurs fort bien que le législateur ait admis ici une certaine dérogation à la puissance maritale. Contre cet abus de cette puissance, la femme qui n'est pas interdite peut réclamer; aussi n'y a-t-il point près d'elle de conseil de famille. Mais si la femme est interdite, son interdiction la rend incapable de se défendre elle-même ; il faut donc alors que le conseil de famille intervienne et puisse faire placer la femme dans une maison de santé, si elle n'est pas convenablement soignée au domicile du mari (Chardon, *De la puissance tutélaire*, n° 319; Demolombe, t. 8, n° 579 *bis;* Aubry et Rau, t. 1, § 126, p. 520, note 13).

**136.** Lorsque le mari n'est pas le tuteur de sa femme interdite, soit parce qu'il s'est fait excuser de la tutelle, soit parce qu'il en a été exclu, on reconnaît généralement que l'art. 510 c. civ. est applicable. Le tuteur et le conseil de famille déterminent où et comment la femme sera traitée, et si le mari se trouve lésé par la décision du conseil de famille, il peut en poursuivre la réformation devant le tribunal (Demolombe, t. 8, n° 619 ; Laurent, t. 5, n° 301).

**137.** Dans l'hypothèse où c'est le mari qui est interdit, lorsque c'est la femme qui est tutrice, elle a tous les droits qui résultent de cette qualité, en ce qui concerne l'administration de la personne et des biens du mari, sauf, bien entendu, les restrictions qui ont pu être apportées aux pouvoirs de la femme par le conseil de famille, conformément à l'art. 507 c. civ. (Bordeaux, 30 janv. 1890, aff. Fournier, D. P. 91. 2. 245). Elle peut notamment fixer où bon lui semble le domicile conjugal (V. *suprà*, v° *Domicile*, n° 45).

Mais relativement à ses biens propres, la femme tutrice de son mari interdit n'est pas relevée de l'incapacité dont elle est frappée comme femme mariée (V. *Rép.* n° 179). Si donc la femme veut aliéner ses immeubles ou emprunter pour son compte, elle a besoin de l'autorisation de justice (Laurent, t. 5, n° 302; Baudry-Lacantinerie, t. 1, n° 1174). Il a été jugé, en ce sens, que la femme qui, en qualité de tutrice de son mari interdit, a été autorisée, suivant les formes prescrites en matière de tutelle, à contracter au nom du mari un emprunt avec hypothèque, a besoin d'une autorisation spéciale du tribunal pour subroger le prêteur dans son hypothèque légale (Poitiers, 17 juin 1846, aff. Todros, D. P. 47. 2. 61).

**138.** Quand la tutelle du mari interdit est confiée à un autre qu'à la femme, le tuteur exerce tous les droits du mari, tant sur les biens personnels de celui-ci que sur les biens de la communauté et même sur ceux de la femme (V. *Rép.* n° 182). Mais il n'exerce pas la puissance maritale, car cette puissance est intransmissible. La femme doit donc encore demander à la justice les autorisations qui lui sont nécessaires pour ses propres affaires (Laurent, t. 5, n° 302 ; Baudry-Lacantinerie, t. 1, n° 1175).

**139.** La femme dont le mari est interdit et qui n'est pas tutrice est-elle domiciliée chez le tuteur de son mari? V. *suprà*, v° *Domicile*, n° 46.

**140.** — IV. Effets de l'interdiction relativement aux enfants de l'interdit (*Rép.* n°s 187 à 194). — En cas d'interdiction du père, la puissance paternelle, comme on l'a dit au *Rép.* n° 188, passe à la mère, aussi bien lorsque la tutelle du mari est confiée à un étranger que lorsqu'elle appartient à la femme elle-même. Cette puissance, en effet, ne peut être exercée par un tiers tant que l'un ou l'autre des père et mère reste capable de l'exercer et n'en a pas été déclaré indigne (V. *Rép.* v° *Puissance paternelle*, n° 32; Laurent, t. 5, n° 303).

**141.** Lorsque c'est le survivant des père et mère qui est frappé d'interdiction, il perd alors la tutelle de ses enfants et cesse aussi de pouvoir exercer la puissance paternelle. Cette puissance sera désormais exercée, non par le tuteur de l'interdit, mais par le tuteur qui devra être nommé aux enfants et sous l'autorité du conseil de famille. S'il y avait lieu d'émanciper l'enfant de l'interdit, l'émancipation pourrait être faite par le conseil de famille (arg. art. 160 c. civ.), à la condition, bien entendu, que l'enfant ait atteint l'âge de dix-huit ans (c. civ. art. 478). D'après M. Laurent, t. 5, n° 303 *bis*, le survivant des père et mère pourrait, quoique interdit, s'il était dans un intervalle lucide, consentir au mariage de son enfant ou l'émanciper. Mais cette opinion, qui se rattache à une théorie qui sera discutée plus loin (*infrà*, n°s 150 et suiv.), n'est admise par aucun autre auteur (Comp. *Rép.* v° *Mariage*, n° 105).

**142.** Aux termes de l'art. 511 c. civ., « lorsqu'il sera question du mariage de l'enfant d'un interdit, la dot ou l'avancement d'hoirie et les autres conventions matrimoniales seront réglées par un avis du conseil de famille, homologué par le tribunal, sur les conclusions du procureur de la République ». Les diverses questions que soulève cet article sont examinées au *Rép.* n°s 189 et suiv. On s'est demandé notamment si l'art. 511 est applicable lorsqu'il s'agit, non d'un fils ou d'une fille, mais d'un *petit-fils* ou d'une *petite-fille* de l'interdit. L'affirmative est aujourd'hui généralement admise (V. *Rép.* n° 192; Aubry et Rau, t. 1, § 126, p. 121, note 13; Massé et Vergé, t. 1, p. 470).

**143.** On s'est demandé aussi si la disposition de l'art.511 peut être appliquée à un autre genre d'établissement que le mariage. L'affirmative prévaut également dans la doctrine et dans la jurisprudence (*Rép.* n° 193; Aubry et Rau, t. 1, § 126, p. 521, note 16). Mais l'opinion contraire est encore soutenue par M. Laurent, t. 5, n° 299. Suivant lui, il n'y a pas de disposition plus exceptionnelle que celle de l'art. 511, puisqu'elle permet au conseil de famille de disposer à titre gratuit des biens d'un incapable; une telle disposition ne peut être étendue par analogie d'un cas à un autre. Mais M. Laurent convient lui-même qu'il y aurait, avec son système, « une lacune regrettable » dans la loi. Si, d'autre part, comme il le reconnaît aussi, l'analogie est complète entre le cas où il s'agit d'établir l'enfant de l'interdit par mariage et le cas où il convient de lui procurer un autre établissement, un office ministériel, par exemple, les interprètes ont bien le droit d'appliquer la même règle aux deux hypothèses (Comp. Baudry-Lacantinerie, t. 1, n° 1176).

§ 3. — Effets de l'interdiction tant sur les actes postérieurs que sur les actes antérieurs au jugement (*Rép.* n°s 195 à 235).

**144.** — I. Actes postérieurs au jugement d'interdiction (*Rép.* n°s 196 à 206). — « L'interdiction ou la nomination d'un conseil, dit l'art. 502 c. proc. civ., aura son effet du jour du jugement ». L'effet du jugement d'interdiction est donc immédiat. L'incapacité de l'interdit commence dès le moment où le jugement est prononcé. L'appel même n'est pas suspensif, en ce sens que si le jugement est ensuite confirmé par la cour, les actes que l'interdit aura passés dans l'intervalle du jugement à l'arrêt seront nuls (V. *Rép.* n° 497; Angers, 3 août 1866, aff. Fondement-Férolle, D. P. 67. 2. 23; Req. 6 juill. 1868, aff. Harry-Emmanuel, D. P. 69. 1. 267; Demolombe, t. 8, n°s 630 et suiv.; Aubry et Rau, t. 1, § 125, p. 617, note 25; Villey, *Des actes de l'interdit postérieurs au jugement d'interdiction*, p. 54 et suiv.; Laurent, t. 5, n° 306; Baudry-Lacantinerie, t. 1, n° 1179. — *Contrà* : Bertauld, *Questions pratiques et doctrinales*, t. 1, n°s 205 et suiv.). — Jugé de même que, lorsqu'un prodigue à qui un conseil judiciaire a été nommé a appelé du jugement de nomination, mais s'est ensuite désisté de cet appel, son désistement maintient les effets du jugement à la date à laquelle il a été rendu, et qu'en conséquence l'incapacité du prodigue remonte à cette date (Req. 27 juill. 1874, aff. Hanssens, D. P. 76. 1. 129).

**145.** Il peut se faire, comme on l'a dit au *Rép.* n° 140, que, sur l'appel d'un jugement qui a prononcé l'interdiction, la cour, réformant ce jugement, nomme seulement un conseil judiciaire au défendeur. Alors encore l'incapacité de celui-ci remontera au jour du jugement, mais elle sera restreinte aux actes énumérés par l'art. 499 c. proc. civ. (Marcadé, *Explication théorique et pratique du code civil*, t. 2, art. 502-1°; Valette, *Explication sommaire du livre Ier du code civil*, p. 365; Villey, *op. cit.* p. 61 et suiv.).

**146.** Le jugement d'interdiction produit son effet immédiatement aussi bien lorsqu'il a été rendu par défaut que lorsqu'il est contradictoire. S'il est frappé d'opposition et que l'opposition soit ensuite rejetée, même après avoir été déclarée recevable en la forme, l'incapacité de l'interdit aura commencé dès le jour du jugement de défaut, non pas seulement du jour du débouté d'opposition (Caen, 22 janv. 1856, aff. Thoniel, D. P. 56. 2. 133; Req. 6 juill. 1868, aff. Harry-Emmanuel, D. P. 69. 1. 267; Rouen, 17 mars 1875, aff. Lejoliff, D. P. 75. 2. 207; Laurent, t. 5, n° 306).

**147.** Il est bien entendu que si la demande d'interdiction avait été d'abord rejetée par le tribunal, et si l'interdiction n'avait été prononcée que sur l'appel, ses effets ne dateraient que du jour de l'arrêt. A l'époque de la promulgation du titre 11 c. civ., les juridictions d'appel s'appelaient *tribunaux d'appel*, et leurs décisions étaient qualifiées *jugements*; c'est pourquoi le législateur, dans l'art. 502, ne parle que « du jugement ». Il faut entendre : du jugement ou de l'arrêt qui prononce l'interdiction ou la nomination d'un conseil (Baudry-Lacantinerie, t. 1, n° 1179).

**148.** On peut remarquer ici que l'interdiction légale, encourue par l'individu condamné à une peine afflictive et infamante, ne commence qu'au jour où la condamnation est devenue définitive (Lyon, 17 août 1867, aff. Desseigne, D. P. 68. 2. 110. V. *infrà*, v° *Peines*).

**149.** Dans le cas où le défendeur à l'interdiction vient à mourir pendant l'instance, il est réputé avoir conservé la plénitude de sa capacité, quand encore son décès ne serait survenu qu'après un jugement ayant prononcé l'interdiction, mais qui avait été frappé d'appel; car on ne sait pas si ce jugement aurait été confirmé par la cour. Les héritiers du défendeur peuvent seulement alors se prévaloir de l'art. 504 c. civ., qui permet d'attaquer les actes de celui dont l'interdiction a été prononcée ou provoquée avant son décès (Limoges, 27 avr. 1853, aff. Dunoyer, D. P. 54. 2. 6; Laurent, t. 5, n° 312. V. *infrà*, n° 177 et suiv.).

**150.** L'art. 502 c. civ., après avoir disposé que l'interdiction ou la nomination d'un conseil aura son effet du jour du jugement, ajoute : « *Tous actes* passés postérieurement par l'interdit, ou sans l'assistance du conseil, seront nuls de droit ». Si l'on prend ce texte à la lettre, l'incapacité de l'interdit est générale et absolue, elle s'étend à tous les actes juridiques. C'est aussi dans ce sens que l'art. 502 a été interprété, après la promulgation du code civil, par tous les commentateurs (V. Delvincourt, *Cours de code civil*, t. 1, p. 55, note 1; Toullier, *Droit civil français*, t. 1, n° 502, et t. 5, n° 57, note 2; Proudhon, *Traité de l'état des personnes*, t. 1,

p. 375, et t. 2, p. 531; Duranton, *Cours de droit français*, t. 2, n°s 27 et suiv.; t. 3, n° 759; Marcadé, *Explication théorique et pratique du Code civil*, t. 1, art. 146; Grenier, *Traité des donations*, t. 1, n° 104). A l'encontre de cette opinion généralement reçue, une théorie nouvelle s'est élevée, d'après laquelle l'incapacité de l'interdit ne serait pas générale qu'on l'avait admis jusqu'ici. Professée d'abord par M. Demolombe, t. 8, n° 633 et suiv., cette nouvelle doctrine a été adoptée et soutenue par des auteurs considérable (Valette, *Explication sommaire du livre 1er du Code civil*, p. 363 et suiv.; Villey, *Des actes de l'interdit postérieurs au jugement d'interdiction*, p. 122 et suiv.), et, bien qu'elle ne paraisse pas encore avoir reçu d'applications pratiques dans la jurisprudence, nous devons l'exposer ici et discuter ici. — Cette doctrine consiste à distinguer entre les actes dans lesquels l'interdit peut être représenté par son tuteur et les actes qui n'admettent pas de représentation; en reconnaissant que l'interdit est toujours incapable des premiers, elle prétend que les seconds, tels que le mariage, l'adoption, la reconnaissance d'un enfant naturel, le testament, ne sont pas soumis à la règle de l'art. 502 et que l'interdit peut les faire lui-même, s'il est dans un intervalle lucide. En faveur de cette théorie, M. Demolombe et les jurisconsultes qui l'ont suivi, invoquent tour à tour les traditions du droit romain et de notre ancien droit français, des considérations d'humanité, certains textes du code civil et les principes qui ont présidé à l'établissement de l'interdiction et à l'organisation de la tutelle. En droit romain, chacun sait que le *furiosus*, dans ses intervalles lucides, était pleinement capable; il pouvait même alors faire un testament (*Inst.*, liv. 2, tit. 12, § 1; L. 6, C. *De curat. fur.*). Bien que dans notre ancien droit l'usage se fût introduit d'interdire les aliénés comme les prodigues, beaucoup d'auteurs admettaient pourtant encore que l'interdit pouvait se marier ou même tester dans les moments où il jouissait de sa raison (V. Meslé, *Traité des minorités*, p. 476; Pothier, *Traité du mariage*, part. 3, chap. 2, art. 1er, n° 92; d'Aguesseau, plaidoyer du 15 mars 1698; Furgole, *Des testaments*, chap. 4, sect. 2, n° 208; Ricard, *Des donations et des testaments*, part. 1re, chap. 3, sect. 3). Or, il n'est pas possible, dit-on, que les auteurs du code se soient montrés plus rigoureux à l'égard des interdits. L'incapacité totale et absolue ne serait pas une mesure de protection, mais constituerait une atteinte pleine de dureté et d'inhumanité aux droits les plus précieux du citoyen. La science constate que certains aliénés ont parfois, pendant de longs intervalles, la pleine possession de leurs facultés. Une loi qui, dans ces moments-là, leur retirerait ces droits essentiellement personnels et qui sont les plus chers à l'homme, le droit de se marier, le droit de reconnaître un enfant naturel, d'adopter, de récompenser un ami par une libéralité testamentaire, de révoquer un testament injuste, une telle loi donnerait évidemment raison à ceux qui accusent l'interdiction d'être une mesure oppressive et inhumaine (V. notamment : de Castelnau, *Mémoire sur l'interdiction des aliénés*, dans le *Moniteur des sciences médicales*, 1860, t. 2, et dans *Essais physiologiques sur la législation*). Telle n'est pas l'interdiction du code civil. L'art. 502, qui prononce la nullité de tous les actes postérieurs à l'interdiction, doit être combiné avec l'art. 509, qui rend applicable à la tutelle des interdits les lois sur la tutelle des mineurs, et avec l'art. 450, aux termes duquel le tuteur représente le mineur dans *tous les actes civils*. Ces *actes civils*, ce sont seulement ceux qui peuvent être faits par le tuteur. Mais la loi ne dit nulle part que les autres, ceux dont l'exercice est essentiellement personnel, ne peuvent jamais être faits ni par le mineur ni par l'interdit. Pour le mineur, ce serait évidemment faux, au moins en ce qui concerne le mariage. Pour l'interdit, ce ne serait pas exact non plus. L'interdiction sont uniquement des mesures de protection, et il ne faut pas les retourner contre celui qu'elles ont pour but de défendre. Si l'incapacité de l'interdit est permanente en ce qui concerne les actes qui peuvent être accomplis en son nom par son tuteur, elle ne l'est pas nécessairement quant aux actes qui ne peuvent être faits que par lui seul. Pour le mariage, l'adoption, la reconnaissance d'un enfant naturel, le testament, il suffit que l'interdit, au moment où il les fait, soit sain d'esprit. Même relativement à ces actes, l'interdiction n'est pas inutile; elle fait présumer l'insanité d'esprit, de sorte que c'est à la partie qui veut se prévaloir de l'acte qu'incombe l'obligation de prouver l'intervalle lucide. — Le raisonnement que l'on vient de résumer conduit nécessairement à décider que l'interdit, dans un intervalle lucide, doit pouvoir, non seulement tester, mais encore disposer entre vifs à titre gratuit, car la donation est un des actes que le tuteur ne peut pas faire. M. Demolombe l'avait d'abord contesté, en alléguant que le droit de disposer entre vifs n'était pas compatible avec l'administration du tuteur. Mais ensuite, il dut aller jusqu'à admettre que, pour la donation comme pour le testament, la capacité de l'interdit était simplement régie par l'art. 901 c. civ., qui exige que le disposant soit sain d'esprit (V. dans le même sens, Valette, op. cit., p. 363 et suiv.; Villey, op. cit., p. 195 et suiv. Comp. suprà, v° Dispositions entre vifs et testamentaires, n° 76).

**151.** M. Laurent, t. 5, n°s 308 et suiv., tout en admettant, avec M. Demolombe, que l'incapacité de l'interdit n'est pas absolue, s'est attaché à établir cette thèse sur d'autres arguments. Il a rejeté la distinction entre les actes susceptibles d'être accomplis par un mandataire général et les actes considérés comme personnels; mais il a proposé, à son tour, de distinguer les actes pécuniaires et les actes qu'il appelle moraux. Suivant lui, le but unique de l'interdiction est de protéger les intérêts pécuniaires de l'interdit et de sa famille; ce sont donc seulement les actes pécuniaires qui tombent sous le coup de l'art. 502; les actes moraux, tels que le mariage, la reconnaissance d'un enfant naturel, qui peuvent, il est vrai, avoir des conséquences pécuniaires, mais dans lesquels, pourtant, c'est l'intérêt moral qui prédomine, ne sont pas régis par l'art. 502 et peuvent, par conséquent, être accomplis par l'interdit dans un intervalle lucide. Il n'en est pas de même de la donation ni du testament, parce que ce sont avant tout des actes pécuniaires.

**152.** Ces théories sont ingénieuses; néanmoins, elles ne nous paraissent pas exactes, en principe. Elles ont d'abord contre elles le texte formel de l'art. 502 : « Tous actes passés ... par l'interdit .., seront nuls de droit ». Le système de M. Demolombe, d'après lequel il ne s'agirait que des actes susceptibles d'être faits par le tuteur, aboutit, comme on l'a vu, à cette conséquence inadmissible, que l'interdit, dans ses intervalles lucides, ne pourrait faire valablement aucun acte d'administration et serait en même temps capable de disposer de toute sa fortune par donation ou par testament. Tout est vrai qu'en droit romain le furiosus, lorsqu'il recouvrait la raison, même momentanément, recouvrait en même temps sa capacité. Mais aussi, en droit romain, le furiosus n'était pas interdit. Au contraire, le prodigue, tant qu'il était sous le coup de l'interdiction, ne pouvait ni tester ni à plus forte raison faire de donation. Dans notre ancien droit, quelques auteurs reproduisaient le système du droit romain à l'égard du fou; mais, en général, celui qui était interdit, soit pour cause de démence, soit pour cause de prodigalité, était considéré comme absolument incapable et de donner et de tester (V. notamment : Pothier, Traité des donations, sect. 1, art. 1; Traité des testaments, chap. 3, sect. 1, art. 3, § 1 et 2). D'Aguesseau en indiquait la raison, précisément dans celui de ses plaidoyers qui a été invoqué à tort par les partisans du système que nous combattons : « Il est très difficile en France, disait-il, d'admettre le fait d'intervalles. On a senti l'inconvénient du droit romain, ou plutôt de l'interprétation qu'on a voulu lui donner. Tout serait douteux et arbitraire. L'état des hommes doit être plus simple. Il est vrai que d'anciens praticiens, qui croyaient avoir beaucoup fait quand ils avaient traduit une loi romaine en français, ont cru que l'on y trouvait une exception en faveur de ces intervalles. Mais Mornac en mieux jugé qu'eux, lorsqu'il a dit : Servamus ex decretis curiæ irritum esse testamentum quod a testatore habente lucida intervalla scriptum est. Et en effet, on n'a pu citer aucun arrêt qui ait admis et autorisé la distinction des intervalles, pour soutenir un testament fait depuis le commencement de la démence ». Les auteurs du code, en maintenant l'interdiction pour les aliénés, paraissent bien aussi avoir pensé qu'elle devait entraîner une incapacité absolue (V. l'exposé des motifs par Emmery, Rép. p. 4, n° 6; le Rapport au Tribunat par Bertrand de Greuille, p. 6,

n°s 24 et suiv.; le discours au Corps législatif par le tribun Tarrible, p. 8, n° 35). L'interprétation qui a été donnée à la loi jusqu'à ces derniers temps témoigne de cette intention du législateur. Quant à l'objection consistant à dire que l'interdiction est une mesure de protection qui ne doit pas être retournée contre l'aliéné, quand il jouit d'intervalles lucides, il y est fort bien répondu par M. Laurent, t. 5, n° 308. « C'est précisément, dit-il, à cause de ces intervalles lucides que la loi a organisé l'interdiction; cette lucidité apparente n'est donc pas une raison pour faire une exception à l'incapacité juridique de l'interdit. La garantie que le législateur veut lui accorder n'est réelle que si elle peut être invoquée pour tous les actes qui peuvent léser ses intérêts pécuniaires; donc elle doit être générale et absolue pour tous ces actes ». Mais M. Laurent lui-même a tort, selon nous, au moins en théorie, lorsqu'il soutient que l'interdiction ne concerne uniquement que les intérêts pécuniaires de l'aliéné et que « c'est seulement quand l'aliéné a des biens qu'il est utile ou nécessaire de l'interdire ». L'interdiction a été établie par les auteurs du code comme une mesure d'ordre public. Jusqu'à la loi du 30 juin 1838, elle était même le seul moyen légal pour arriver à l'internement d'un aliéné (V. Rép. v° Aliéné, n° 26). Et c'est pourquoi le code civil, dans l'art. 491, avait fait un devoir au ministère public de provoquer l'interdiction des aliénés en état de fureur. Au surplus, la distinction imaginée par M. Laurent entre les actes pécuniaires et les actes qu'il appelle moraux ne se rencontre ni dans les travaux préparatoires du code, ni dans aucun auteur plus ancien; il est donc bien difficile d'admettre qu'elle ait guidé le législateur. — Notre conclusion est donc que l'incapacité de l'interdit est, en principe, générale et absolue; que tout acte juridique fait par lui, même dans un intervalle lucide, est nul de droit. Son incapacité est certainement plus grande que celle du mineur, car il n'est pas nécessaire que l'interdit ait été lésé pour que l'acte soit nul (V. infrà, n° 160). Il a été jugé, dans le sens de notre solution, que l'art. 502, qui déclare nuls de droit tous actes passés postérieurement au jugement d'interdiction, s'applique à tous les actes pécuniaires, quels qu'ils soient, aux testaments comme aux donations entre vifs; qu'il s'applique même à ceux que l'on prétendrait avoir été accomplis dans un intervalle lucide, aucune preuve n'étant recevable, aux termes de l'art. 1352 c. civ., contre la présomption légale d'insanité d'esprit sur le fondement de laquelle l'art. 502 prononce la nullité (Nancy, 8 mai 1880, rapporté sous Civ. cass. 27 févr. 1883, aff. Goussault, D. P. 83. 1. 113. Comp. suprà, v° Dispositions entre vifs et testamentaires, n° 76).

**153.** Est-ce à dire cependant qu'à cette incapacité générale et absolue de l'interdit on ne puisse admettre aucune exception? On peut, suivant nous, soutenir que l'art. 502, si général qu'il soit, ne s'applique pas au mariage. Le mariage, en effet, dans l'ancien droit, était soumis à des règles spéciales empruntées au droit canonique. Pothier disait : « Lorsque la folie d'une personne a des intervalles lucides, cette personne ayant, pendant ce temps, l'usage de la raison, il n'est pas douteux que le mariage qu'elle contracterait pendant ce temps serait valable » (Traité du mariage, part. 3, chap. 2, art. 1, n° 92). Aujourd'hui, les règles du code civil sur le mariage se suffisent à elles-mêmes; c'est uniquement d'après ces règles que doit être décidée la question de savoir si l'interdit peut contracter mariage (V. sur cette question, Rép. v° Mariage, n° 207, et infrà, eod. v°).

**154.** Un arrêt a décidé que les tribunaux peuvent apprécier si le pardon d'une injure grave commise par le légataire envers le testateur ne résulte pas des actes accomplis pendant des intervalles lucides par le testateur en état d'interdiction (Lyon, 14 janv. 1870, aff. Charmillon, D. P. 76. 5. 272). On peut dire à l'appui de cette solution que la question de savoir si le testateur a pardonné au légataire est une question de fait qui doit être appréciée d'après les circonstances, et que rien ne s'oppose à ce que le pardon intervienne lorsque le testateur est frappé d'interdiction, s'il se trouve dans un intervalle lucide : ce pardon ne saurait être assimilé à un « acte passé par l'interdit » et tombant sous le coup de l'art. 502.

**155.** L'interdit qui se trouve dans un intervalle lucide peut-il adopter? V. suprà, v° Adoption, n° 13. — Peut-il reconnaître un enfant naturel? V. Rép. v° *Paternité et filiation*, n° 495.

**156.** Il n'est pas douteux que la nullité prononcée par l'art. 502 c. civ. contre les actes passés postérieurement au jugement d'interdiction ne frappe les jugements qui seraient rendus à l'égard de l'interdit en personne et non représenté par son tuteur. Ces jugements, s'ils étaient en dernier ressort, pourraient être attaqués par la voie de la requête civile (c. proc. civ., art. 480) (*Rép.* n° 199 ; Demolombe, t. 8, n° 632 ; Villey, *op. cit.*, p. 51). — Jugé toutefois que, lorsqu'une partie vient à être pourvue d'un conseil judiciaire pendant une instance, le jugement peut être valablement rendu sans l'assistance du conseil, s'il n'a été nommé que postérieurement à la mise en état de la cause (Civ. cass. 21 févr. 1870, aff. Lecaron, D. P. 70. 1. 299).

**157.** L'interdit est-il responsable du dommage causé par ses délits ou quasi-délits? Il est généralement admis que si l'interdit était en état de démence au moment où il a commis l'acte dommageable, il n'en est pas responsable. Pour qu'il y ait, en effet, délit ou quasi-délit, il faut qu'il y ait *faute* ou tout au moins *négligence* ou *imprudence* (V. c. civ. art. 1382 et 1383). Or, on ne peut imputer une faute ni une imprudence à celui qui n'a pas son libre arbitre (V. en ce sens : *Rép.* v° *Responsabilité*, n°s 49, 138 et suiv. ; Larombière, *Traité des obligations*, t. 5, art. 1382, n°s 20 et suiv. ; Marcadé, *Explication théorique et pratique du code civil*, art. 1382-1383, n° 1 ; Aubry et Rau, t. 4, § 144, p. 747, note 5 ; Villey, *Des actes de l'interdit*, p. 43 et suiv.). Mais le tuteur de l'interdit, qui doit prendre soin de la personne de son pupille, serait justement déclaré responsable des dommages causés par celui-ci et qui seraient le résultat d'un défaut de surveillance (*Rép.* v° *Responsabilité*, n°s 588 et suiv.).

Si maintenant on suppose que l'acte dommageable a été commis par l'interdit dans un intervalle lucide, il faut alors décider que l'interdit doit en subir les conséquences, aussi bien sous le rapport civil qu'au point de vue pénal. C'est ainsi que le mineur, à moins qu'il n'ait agi sans discernement, « n'est point restituable contre les obligations résultant de son délit ou quasi-délit » (c. civ. art. 1310). L'art. 502 n'est point opposable ici ; son texte même indique qu'il ne concerne que les obligations délictueuses : « Tous actes passés postérieurement... ». D'après l'art. 64 c. pén., c'est seulement « lorsque le prévenu était en état de démence au temps de l'action » qu'il n'y a ni crime ni délit. Si le prévenu, bien qu'habituellement en démence, se trouvait dans un intervalle lucide au moment de l'acte, le crime ou délit existe donc. Or la responsabilité pénale entraîne la responsabilité civile (c. instr. crim., art. 1 et suiv.) (V. en ce sens : Larombière, *Traité des obligations*, t. 5, art. 1382-1383, n° 20 ; Demante et Colmet de Santerre, *Cours analytique de code civil*, t. 2, n° 274 *bis*, v ; Aubry et Rau, t. 4, § 444, p. 747, note 5 ; Villey, *op. cit.*, p. 48. Comp., pour le cas d'interdiction légale : Crim. rej. 4 déc. 1856, aff. Berthe de Villers, D. P. 57. 1. 77).

**158.** Suivant un arrêt « on ne peut admettre d'*intervalles lucides* chez une personne dont les facultés intellectuelles, altérées dès le principe par certaines maladies, notamment par l'épilepsie, ont pour ainsi dire avorté et sont éteintes graduellement pour aboutir, par un progrès du mal lent et continu, à l'imbécillité » (Bastia, 8 févr. 1888, aff. Agostini, D. P. 88. 2. 317). Mais là c'est une question qui relève de la médecine bien plus que du droit.

**159.** Aux termes de l'art. 15, § 16, du décret organique du 2 févr. 1852, les interdits ne doivent pas être inscrits sur les listes électorales (V. *Rép.* v° *Droit politique*, n° 123, et *suprà* eod v°, n° 63.

**160.** Quel est le caractère de la nullité des actes passés par l'interdit? Comme on l'a observé au *Rép.* n° 203, la loi, en statuant que ces actes sont *nuls de droit*, n'entend pas dire qu'ils sont inexistants et qu'il n'est pas nécessaire que la nullité en soit prononcée. D'après les commentateurs, ces mots signifient seulement que les actes de l'interdit doivent être déclarés nuls sans qu'il y ait lieu d'examiner s'il a été ou non lésé. C'est en quoi l'incapacité de l'interdit diffère de celle du mineur, qui n'est restituable qu'en cas de lésion (V. *Rép.*, v° *Obligations*, n° 380; Demolombe, t. 8, n° 627; Laurent, t. 5, n° 304; Baudry-Lacantinerie, t. 1, n° 1179).

**161.** Mais, de plus, la nullité des actes passés par l'interdit est purement relative. Les tiers avec lesquels il a traité n'ont pas le droit de l'invoquer (c. civ., art. 1125). Cette nullité est, par suite, susceptible de se couvrir par une confirmation ou ratification émanée soit de l'incapable, quand il aura recouvré sa capacité, soit de ses représentants. Enfin l'action en nullité se prescrit par dix ans, à partir du jour où l'incapacité a cessé par la mainlevée de l'interdiction ou par le décès de l'interdit (Demolombe, t. 8, n° 628; Baudry-Lacantinerie, t. 1, n° 1180). D'après quelques auteurs, s'il était prouvé que l'interdit n'avait pas sa raison au moment précis où il a fait l'acte, cet acte serait radicalement nul, non existant, et dès lors, à quelque époque qu'on demandât aux tribunaux d'en reconnaître la nullité, cette nullité devrait être proclamée (Marcadé, t. 2, art. 504, n° 2; Laurent, t. 5, n° 307). Mais cette doctrine nous paraît en opposition, d'abord avec le texte formel de l'art. 1125, puis avec l'intention très probable du législateur. « La loi, comme le dit très bien M. Demolombe, t. 8, n° 629, a voulu trancher au moyen de la présomption que voici, toutes les difficultés qui auraient pu s'élever sur le point de savoir si l'interdit, au moment précis où il a fait l'acte, avait ou n'avait pas sa raison. La présomption légale, sous ce rapport, nous paraît absolue pour ou contre l'interdit : pour lui, en ce sens que la nullité de l'acte qu'il a passé est toujours relative, et que l'autre partie n'est jamais recevable à la proposer; contre lui, en ce sens qu'après l'expiration du délai de dix ans, à compter de la mainlevée de l'interdiction, ni lui ni ses représentants ne pourraient proposer cette nullité ».

**162.** La nullité prononcée par l'art. 502 c. civ. contre les actes passés par l'interdit postérieurement au jugement d'interdiction peut-elle être opposée aux tiers, bien que le jugement n'ait pas été publié et affiché? Nous avons admis l'affirmative, *suprà*, n° 116.

Il a été jugé que, alors même que le jugement prononçant l'interdiction ou la nomination d'un conseil judiciaire a été rendu par un tribunal autre que celui du domicile de l'interdit ou du prodigue, il n'en doit pas moins produire tout son effet et entraîner la nullité des obligations consenties postérieurement par l'interdit ou par le prodigue, si celui-ci avait accepté expressément ou tacitement la juridiction du tribunal saisi de la demande, et si, d'ailleurs, le jugement a été publié dans l'arrondissement de ce tribunal (Douai, 22 juin 1854, aff. Dubois, D. P. 55. 2. 254. V. *suprà*, n° 45).

**163.** L'incapacité résultant de l'interdiction ou de la nomination d'un conseil judiciaire se rattache au statut personnel ; elle suit, par conséquent, celui qui en est frappé en quelque lieu qu'il aille et même en pays étranger (c. civ. art. 3). La nullité des actes passés par l'interdit ou par l'individu pourvu d'un conseil, sans l'assistance de ce conseil, peut donc être invoquée même à l'égard des engagements qui auraient été contractés à l'étranger et envers des étrangers. (Req. 6 juill. 1868, aff. Harry-Emmanuel, D. P. 69. 1. 267). Réciproquement, l'étranger interdit ou pourvu d'un conseil judiciaire dans son pays peut se prévaloir en France de son incapacité et faire annuler les engagements contractés par lui envers les Français. — La jurisprudence, toutefois, admet quelques tempéraments à ces règles lorsque celui qui a traité avec l'incapable était de bonne foi, lorsqu'il a agi sans légèreté, sans imprudence et dans l'ignorance de l'incapacité. Ainsi, il a été jugé qu'un Français qui avait plaidé devant les tribunaux de Nice, avant l'annexion de cette ville, ne pouvait ensuite se prévaloir devant la cour de cassation, pour faire annuler la décision rendue contre lui, de l'incapacité d'ester en justice dont il se trouvait frappé en vertu du jugement, rendu en France, qui l'avait pourvu d'un conseil judiciaire, alors d'ailleurs, que rien n'établissait que la partie adverse eût connu cette incapacité (Civ. rej. 27 mars 1865, aff. Leblanc de Castillon, D. P. 65. 1. 382. V. aussi Req. 16 janv. 1861, aff. Lizardi, D. P. 61. 1. 193).

**164.** — II. ACTES ANTÉRIEURS AU JUGEMENT D'INTERDICTION (*Rép.* n°s 207 à 227). — L'interdiction n'ayant effet que du jour du jugement, les actes que l'interdit a passés avant le jugement sont valables, en principe. Ils peuvent cependant être annulés, non seulement lorsqu'il est prouvé que l'interdit était en état de démence au moment où il les a passés, mais encore, aux termes de l'art. 503 c. civ., « si la cause de l'interdiction existait notoirement à l'époque où ces actes ont été faits ». Il y a donc, comme le remarque M. Laurent, t. 5, n° 313, une espèce de rétroactivité attachée au jugement qui prononce l'interdiction. L'art. 503 permet d'annuler les actes antérieurs à l'interdiction, sans que le demandeur soit tenu de prouver la démence au moment précis de l'acte; il doit seulement établir que la cause de l'interdiction était déjà notoire dans ce moment-là (V. dans le même sens : Demolombe, t. 8, n° 651 et suiv. ; Baudry-Lacantinerie, t. 1, n° 1181). — La règle de l'art. 503 c. civ. peut-elle être appliquée aux actes antérieurs à la nomination d'un conseil judiciaire? V. infrà, n° 286 et suiv.

**165.** Cette règle doit-elle être étendue même aux significations qui auraient été faites à l'aliéné avant son interdiction et même aussi aux jugements qui auraient été rendus contre lui ? Cette question est généralement résolue par la négative (V. Rép. n° 210). On en donne deux motifs : 1° les significations et jugements ne sont pas des actes purement volontaires de l'aliéné ; dès lors, il importe peu qu'il n'ait pas joui pleinement de ses facultés lorsque de tels actes ont eu lieu; 2° avant l'interdiction, l'aliéné n'a pas de représentant légal; il faut donc que les tiers qui ont des droits à faire valoir contre lui puissent agir en toute sécurité (Demolombe, t. 8, n° 658; Laurent, t. 5, n° 317).Il pourrait se faire cependant que des tiers de mauvaise foi eussent abusé de la démence d'une personne, avant son interdiction, pour lui faire encourir des déchéances, au moyen de significations ou d'actes d'exécutions, ou pour faire rendre des jugements contre elle. En pareil cas, M. Demolombe, loc. cit., admet bien que l'art. 1382 pourrait être quelquefois invoqué ; mais la généralité du texte de l'art. 503 permettrait aussi, suivant nous, l'application de cet article. Il faut remarquer, en effet, que l'interprétation extensive de la disposition qu'il renferme n'offre aucun danger pour les tiers de bonne foi : la loi dit que les actes antérieurs à l'interdiction « pourront être annulés », ce qui implique qu'ils ne le seront pas toujours et nécessairement, par cela seul que la démence aura déjà existé notoirement au moment de ces actes. Il n'y a donc aucune nécessité de distinguer là où la loi ne distingue pas.

**166.** La première condition pour que l'art. 503 puisse être appliqué aux actes antérieurs à l'interdiction, c'est qu'il y ait eu interdiction prononcée. C'est à cette condition seulement que la loi permet d'annuler un acte par cela seul que la cause de l'interdiction existait déjà notoirement à l'époque où cet acte a été passé. Mais il n'en faut pas conclure que l'aliéné qui n'a pas été interdit ne puisse pas attaquer les actes qu'il aurait passés en état de démence : il le peut; seulement il devra prouver qu'au moment même de la passation de ces actes, il se trouvait incapable de consentir (Rép. n° 211 et suiv.; Demolombe, t. 8, n° 660 et suiv.; Laurent, t. 5, n° 314. V. infrà, n° 175). — La seconde condition pour qu'il y ait lieu à l'application de l'art. 503, c'est que la cause qui a motivé l'interdiction ait existé notoirement au moment de l'acte attaqué. Par la cause de l'interdiction, il faut entendre l'état habituel d'imbécillité, de démence ou de fureur. « Cet état habituel, dit très bien M. Laurent, t. 5, n° 314, contribue à la notoriété de la démence et en est, pour ainsi dire, l'élément essentiel; l'aliénation mentale serait difficilement notoire si elle n'était qu'accidentelle ». La preuve de l'existence notoire de la cause de l'interdiction peut, d'ailleurs, être faite par témoins et par présomptions (Demolombe, t. 8, n° 655; Laurent, t. 5, n° 314). — Il a été jugé : 1° que les actes d'un interdit antérieurs à l'interdiction peuvent être annulés lorsqu'il est constaté que « l'état d'incapacité mentale et civile, qui a amené l'interdiction, était déjà notoire au moment où ont été passés ces actes », sans qu'il soit nécessaire que cet état habituel d'imbécillité soit constaté avec cette qualification dans le jugement ou l'arrêt d'annulation (Req. 19 févr. 1861, aff. Petit-Didier, D. P. 61. 1. 442) : 2° Que le tribunal chargé de statuer sur la nullité du testament fait par un interdit avant son interdiction peut prendre en considération l'enquête faite dans l'instance en interdiction, pour en tirer la preuve que la cause de cette

interdiction existait notoirement à l'époque du testament, encore bien que le légataire n'ait pas été partie à cette enquête (Req. 16 mars 1869, aff. d'Andigné de Marcé, D. P. 72. 1. 75).

**167.** Il résulte d'un arrêt de la cour d'Alger, confirmé par la cour de cassation, qu'en droit musulman comme en droit français l'interdiction rétroagit sur les actes antérieurs et en entraîne la nullité, lorsqu'il est établi que les causes de l'interdiction existaient déjà notoirement à l'époque de ces actes (Alger, 4 mars 1861, et sur pourvoi, Req. 11 mars 1862, aff. Marroc et Lafuente, D. P. 62. 1. 537).

**168.** Alors même que la cause de l'interdiction n'aurait pas encore été notoire, il va de soi qu'un acte antérieur à l'interdiction devrait être annulé s'il portait en lui-même la preuve de la démence (Civ. rej. 5 juin 1882, aff. Jaillet, D. P. 83. 1. 173).

**169.** Est-il nécessaire que l'existence notoire de la démence ait été connue du tiers qui a traité avec le futur interdit, pour que l'acte puisse être annulé en vertu de l'art. 503 c. civ.? Non, en principe, car le tiers qui a traité avec une personne en état de démence notoire est en faute s'il ne s'est pas renseigné sur la capacité de cette personne. Cependant, comme on va le voir, les tribunaux pourraient, à raison de la bonne foi du tiers qui a contracté avec l'aliéné, refuser de prononcer la nullité de l'acte (V. Rép. n° 213; Demolombe, t. 8, n° 657; Aubry et Rau, t. 1, § 127, p. 523; Laurent, t. 5, n° 313; Baudry-Lacantinerie, t. 1, n° 1181).

**170.** L'art. 503, en disant que les actes antérieurs à l'interdiction « pourront être annulés », sous les conditions qu'il détermine, laisse par là même aux tribunaux le pouvoir de les maintenir. Tout d'abord, il peut être reconnu que l'aliéné, malgré la notoriété de sa démence, était, lorsqu'il a traité, dans un intervalle lucide. Alors, naturellement, l'acte ne devra pas être annulé. Il peut être reconnu aussi que le tiers qui a traité avec l'aliéné a agi de bonne foi et sans connaître l'incapacité du futur interdit. Suivant M.Laurent, t. 5, n° 318, ce ne serait pas là une raison suffisante pour maintenir l'acte, car, dit cet auteur, l'art. 503 est établi uniquement dans l'intérêt de l'interdit. Mais rien ne prouve que le législateur ne se soit pas aussi préoccupé de l'intérêt des tiers de bonne foi, lorsqu'il a laissé aux juges le pouvoir discrétionnaire d'annuler ou de maintenir les actes antérieurs à l'interdiction alors même qu'il serait prouvé que la cause de l'interdiction existait notoirement à l'époque de ces actes. Il n'y a donc pas lieu de restreindre le pouvoir du juge, quand la loi elle-même ne l'a pas limité (V. en ce sens : Rép. n° 213; Demolombe, t. 8, n° 657; Aubry et Rau, t. 1, § 127, p. 523 et suiv.; Baudry-Lacantinerie, t. 1, n° 1181).

**171.** Les actes postérieurs à l'interdiction étant nuls de droit et les actes antérieurs étant seulement susceptibles d'être annulés sous les conditions déterminées par l'art. 503 c. civ., la question de savoir quelle est la date exacte des engagements souscrits par une personne interdite est très importante (V. Rép. n° 218 et suiv.). Cette question se pose pour tous les actes sous seing privé qui n'ont pas acquis date certaine avant le jugement d'interdiction ; si ces actes sont ensuite attaqués par le tuteur de l'interdit, ou par l'interdit lui-même après la mainlevée de son interdiction, comme ayant été faits pendant l'interdiction, il y a lieu de se demander : 1° si c'est à l'interdit qu'incombe la preuve de l'antidate ou si c'est, au contraire, au tiers qui se prévaut de l'acte, à prouver que la date est exacte ; 2° comment la preuve peut être faite.

**172.** En ce qui concerne le point de savoir à qui incombe la preuve, on a admis au Rép. n° 221, avec la majorité des décisions de la jurisprudence, que la date qui figure sur l'acte sous seing privé doit être réputée sincère, et que c'est par conséquent à l'interdit qui soutient que cette date n'est pas exacte à prouver qu'elle est fausse. Cette solution est conforme aux principes, car l'acte sous seing privé fait foi de sa date entre les parties; la fraude ne se présume pas, et c'est à celui qui conteste la validité d'un acte à établir la cause de nullité qu'il invoque : reus in excipiendo fit actor (V. en ce sens : Orléans, 17 juin 1875, aff. Lanabère, D. P. 77. 2. 177; Aubry et Rau, t. 1, § 127, p. 522 ; Laurent, t. 5, n° 320 et suiv.). Toutefois, il faut bien remarquer que l'interdit, son représentant ou ses héritiers, auront suffisamment satisfait à l'obligation qui leur incombe lorsqu'ils auront prouvé que la date portée sur l'acte n'est pas sincère ; on ne doit pas exiger d'eux qu'ils prouvent en outre que l'acte est réellement postérieur à l'interdiction. Dès l'instant, en effet, que la date de cet acte se trouve incertaine, c'est à celui qui s'en prévaut à justifier de la capacité du souscripteur. Il a été jugé, notamment, par la cour de cassation que, lorsqu'un engagement souscrit par un individu pourvu d'un conseil judiciaire a été reconnu antidaté, c'est au créancier à établir que cet engagement est antérieur réellement au jugement de nomination de conseil, et qu'à défaut de cette preuve, l'engagement doit être annulé, sans que le débiteur ou ses ayants cause soient tenus de démontrer qu'il n'a été souscrit qu'après le jugement (Req. 30 juin 1868, aff. Leclerc de Bussy, D. P. 69. 1. 230).

**173.** Quant à la manière de faire la preuve, on a cité au *Rép.* n° 224, des arrêts d'après lesquels la fausseté de la date ne pourrait être établie par témoins ou par présomptions, au-dessus de 150 fr., que moyennant un commencement de preuve par écrit. Mais cette opinion est combattue par M. Laurent, t. 5, n° 322 : « Aux termes de l'art. 1348, dit cet auteur, les règles sur la preuve testimoniale reçoivent exception toutes les fois qu'il n'a pas été possible au créancier de se procurer une preuve littérale de l'obligation qui a été contractée envers lui. Ce principe s'applique au cas de simulation et de fraude, quand il n'a pas été possible au demandeur de s'en procurer une preuve littérale. Or, il est bien certain que si l'on antidate un acte sous seing privé, souscrit par une personne interdite, afin d'échapper à l'annulation prononcée par l'art. 502, l'interdit ne peut pas se procurer une preuve littérale de cette fraude. Donc, il sera admis à la prouver par témoins, et, par suite, les simples présomptions sont aussi admissibles.

**174.** L'action en nullité intentée en vertu de l'art. 503, comme celle résultant de l'art. 502 (V. *suprà*, n° 161), est une action en nullité relative, et elle est soumise à la prescription extinctive de l'art. 1304. Mais quel est le point de départ de cette prescription? Il est évident que, pour que la prescription puisse courir, il faut que l'action soit née ; or l'action ne peut naître qu'après l'interdiction, puisqu'elle est subordonnée à la condition qu'il y ait interdiction prononcée. L'action ne peut donc être formée qu'après l'interdiction, et tant que l'interdiction dure, la prescription est suspendue, car elle ne court pas contre les interdits. Il en résulte que c'est seulement à partir de la mainlevée de l'interdiction que la prescription de dix ans commence à courir pour les actes antérieurs à l'interdiction aussi bien que pour ceux qui lui sont postérieurs (V. en ce sens : Chambéry, 19 janv. 1886, aff. Aymard-Simonet, D. P. 87. 2. 161 ; Demolombe, t. 29, n° 138 ; Aubry et Rau, t. 4, § 339, p. 280 ; Laurent, t. 5, n° 316. — V. aussi *Rép.*, v° *Obligations*, n° 2957).

**175.** — III. ACTES FAITS PAR UNE PERSONNE PRÉTENDUE ALIÉNÉE, MAIS NON INTERDITE (*Rép.* n° 227 à 235). — La personne qui a fait un acte sous l'empire de la démence peut, alors même qu'elle n'a jamais été interdite, demander elle-même la nullité de cet acte pour défaut de consentement ; seulement cette personne est tenue de prouver qu'elle était, au moment précis de la passation de l'acte, privée de l'usage de ses facultés intellectuelles. Suivant quelques auteurs, il suffirait, en pareil cas, que cette personne prouvât qu'elle était dans un état habituel d'imbécillité, de démence ou de fureur avant et après l'acte attaqué (Demolombe, t. 8, n° 661 ; Aubry et Rau, t. 4, § 127, p. 524). D'après M. Laurent, t. 5, n° 323, au contraire, il faut établir qu'il y avait démence au moment de l'acte ; il faut, en un mot, que celui qui attaque l'acte démontre qu'il n'a pas consenti. Mais cette discussion n'a aucun intérêt pratique, car il dépendra toujours des tribunaux d'admettre que la démence existait au moment de l'acte.

**176.** Une question plus importante est celle de savoir quel est le caractère de la nullité en pareil cas. « Notre droit actuel, disent MM. Aubry et Rau, t. 4, § 343, p. 290, d'accord avec la doctrine de nos anciens auteurs, ne voit, en général, dans l'oblitération permanente ou passagère des facultés intellectuelles, qu'un défaut de capacité ou un simple vice du consentement, qui n'empêche pas la formation même du contrat, et qui, faisant seulement obstacle à sa

validité, ne donne lieu qu'à une action en nullité, exclusivement ouverte au profit de l'incapable, et soumise à la prescription établie par l'art. 1304. C'est ce qui ressort nettement, pour le cas de démence, des art. 503 et 504 c. civ. et surtout de l'art. 39 de la loi du 30 juin 1838, sur les aliénés ». D'autres auteurs soutiennent, au contraire, que lorsqu'une des parties se trouvait en état de démence au moment du contrat, l'acte doit être considéré comme inexistant, d'où il suit que sa nullité peut être invoquée par toutes les parties, qu'il n'est pas susceptible d'être confirmé, et que la prescription de l'art. 1304 ne lui est pas applicable (Marcadé, *Explication théorique et pratique du code civil*, t. 4, art. 1108, n° 3 ; Demolombe, t. 24, n° 81 ; Laurent, t. 5, n° 323). Dans ce système qui revient à la règle romaine *Furiosi nulla voluntas est*, la nullité des actes passés par un individu momentanément en démence serait plus grave que celle des actes passés par l'individu interdit ou placé dans un établissement d'aliénés (V. au surplus, *infrà*, v° *Obligations*).

**177.** Quoi qu'il en soit, lorsqu'une personne est décédée sans que son interdiction ait été prononcée ni provoquée, les actes qu'elle a passés ne peuvent plus être attaqués pour cause de démence, à moins que la preuve de la démence ne résulte de l'acte attaqué ; c'est la disposition de l'art. 504 c. civ. On en a indiqué les motifs au *Rép.* n° 228. — Il a été jugé, par application de cette règle, que les héritiers d'une personne morte en état de paralysie peuvent bien demander à prouver que leur auteur n'a pas eu connaissance de travaux desquels on prétend faire résulter la ratification d'un acte, mais non qu'il était incapable de consentir cette ratification si ces travaux ont eu lieu à son vu et su (Caen, 27 janv. 1846, aff. Billeux, D. P. 53. 5. 271).

**178.** L'action en nullité pour cause de démence n'est donc ouverte aux héritiers contre les actes passés par leur auteur que dans deux cas exceptionnels : 1° lorsque l'interdiction du *de cujus* a été prononcée ou au moins provoquée avant son décès; 2° lorsque la preuve de la démence résulte de l'acte même qui est attaqué. On a expliqué au *Rép.* n° 232 et suiv. ce qu'il faut entendre par les mots *interdiction prononcée* ou *provoquée*. Les auteurs décident en général que par *interdiction prononcée* la loi a voulu parler d'une interdiction encore existante au moment du décès. Si l'interdiction avait été levée, les actes passés postérieurement à la mainlevée seraient à l'abri de toute critique (*Rép.* n° 233 ; Demolombe, t. 8, n° 671 ; Laurent, t. 5, n° 325). De même, la plupart des auteurs reconnaissent que par *interdiction provoquée* il faut entendre une instance en interdiction encore pendante au moment du décès. Si la demande en interdiction avait été rejetée ou si l'instance avait été éteinte par le désistement du demandeur ou par la péremption, la situation serait la même que si l'interdiction n'avait pas été provoquée (*Rép.* n° 232; Demolombe, t. 8, n° 669; Aubry et Rau, t. 1, § 127, p. 524, note 11 ; Laurent, t. 5, n° 325; Baudry-Lacantinerie, t. 1, n° 1182. — — *Contra :* Demante, t. 2, n° 276 *bis*). Mais l'interdiction est réputée provoquée dès que la requête en interdiction a été présentée au tribunal, et il n'est pas nécessaire que le défendeur en ait eu connaissance (Demolombe, t. 8, n° 670 ; Laurent, *loc. cit.*; Baudry-Lacantinerie, *loc. cit.*).

**179.** On peut se demander quelle preuve les héritiers devront faire, dans l'hypothèse où l'interdiction du *de cujus* aura été prononcée ou provoquée avant son décès. Devront-ils prouver que le *de cujus* était en état de démence au moment de l'acte? Suffira-t-il qu'ils prouvent que la cause de l'interdiction existait notoirement à l'époque où l'acte a été fait? M. Laurent, t. 5, n° 326, distingue entre le cas où l'interdiction a été prononcée et celui où elle a été seulement provoquée. Dans le premier cas, si l'acte est postérieur à l'interdiction, il n'y a aucune difficulté ; il est nul de droit. S'il est antérieur au jugement, on doit alors appliquer l'art. 503, aux termes duquel la nullité peut être prononcée lorsque la cause de l'interdiction était déjà notoire. Mais s'il y a eu seulement poursuite en interdiction avant le décès, M. Laurent estime qu'il est nécessaire de prouver que le défunt était incapable de consentir au moment même où il a passé l'acte. « L'art. 503, dit M. Laurent, est une disposition exceptionnelle, elle doit donc être restreinte dans les limites du texte ; or, la loi suppose que l'interdiction a été prononcée, tandis que dans l'espèce elle a seulement été provoquée. On conçoit que dans le premier cas il y a une bien plus grande probabilité pour la démence que dans le second ; la loi devait donc se contenter d'une preuve plus vague et plus facile, celle de la notoriété de la démence à l'époque où l'acte a été passé ; tandis que, dans le second cas, elle a dû se montrer plus sévère ». La loi, il est vrai dire, ne semble pas avoir fait elle-même cette distinction, et il nous semble, au contraire, résulter de son texte qu'elle assimile complètement le cas où l'interdiction a été simplement provoquée au cas où elle a été prononcée avant le décès. La disposition de l'art. 504, qui suit immédiatement celle de l'art. 503, a pour but d'en restreindre l'application ; elle ne permet l'annulation des actes d'une personne décédée qu'autant que son interdiction aura été prononcée ou provoquée de son vivant ; mais lorsque l'une ou l'autre de ces circonstances se rencontre, l'annulation doit pouvoir être prononcée comme l'indique l'art. 503, c'est-à-dire « si la cause de l'interdiction existait notoirement à l'époque où les actes ont été faits ».

**180.** La seconde hypothèse dans laquelle les héritiers peuvent attaquer pour cause de démence un acte passé par leur auteur est celle où la preuve de la démence résulte de l'acte même. On a admis au *Rép.* n° 228, que l'acte doit fournir à lui seul la preuve de la démence et non pas seulement un commencement de preuve. Il a été jugé en ce sens que la preuve de la démence ne peut être tirée d'écrits ou de documents émanés du défunt, mais doit résulter de l'acte lui-même (Orléans, 28 avr. 1860, aff. Lavergne, D. P. 60. 2. 98). Toutefois, la question de savoir si les clauses d'un acte révèlent ou non la démence chez celui qui en est l'auteur, est appréciée souverainement par les juges du fait (Civ. rej. 5 juin 1882, aff. Jaillet, D. P. 83. 1. 173).

**181.** Il a été jugé avec raison que la règle de l'art. 504 ne concerne que les actes positifs passés par un homme de son vivant, et que, même dans le cas où l'interdiction a été provoquée avant le décès du *de cujus*, ses héritiers ne peuvent, en se prévalant de cet article, faire annuler une prescription accomplie au préjudice de leur auteur. La prescription, en effet, n'est suspendue qu'en faveur des interdits (c. civ. art. 2252) ; elle court donc contre les aliénés non interdits, sauf la prescription de l'art. 1304, qui est suspendue par une disposition expresse de l'art. 39 de la loi du 30 juin 1838, en faveur des individus placés dans un établissement d'aliénés. La prescription, lorsqu'elle est accomplie, ne saurait être considérée comme un acte susceptible d'être annulé sur la demande des héritiers (Aix, 18 mai 1865, et sur pourvoi Req. 31 déc. 1866, aff. Blanc, D. P. 67. 1. 350). Il est reconnu aujourd'hui, en doctrine et en jurisprudence, que la disposition de l'art. 504 c. civ. ne s'applique pas aux actes à titre gratuit. Ces actes, qui sont régis par l'art. 901, aux

termes duquel, pour faire une donation entre vifs ou un testament, il faut être sain d'esprit, peuvent être attaqués pour cause de démence après le décès de leur auteur, quand même son interdiction n'a pas été prononcée ni provoquée et quoique la démence ne résulte pas de l'acte attaqué (V. *supra*, v° *Dispositions entre vifs et testamentaires*, n° 72 et suiv.). Il peut être quelquefois délicat de distinguer un acte à titre gratuit d'un acte à titre onéreux. Cette distinction doit se faire d'après les conventions réellement intervenues entre les parties, bien plutôt que d'après les qualifications qu'elles leur ont données. Ainsi, un acte qualifié de *donation* pourra par suite soumis à l'art. 504 (V. Bourges, 16 avr. 1832, *Rép.* n° 230-1°). Au contraire, une donation qui aurait été faite sous le couvert d'un contrat à titre onéreux ne serait pas régie par cet article. Dans le doute sur la nature de l'acte, les tribunaux se décideront d'après les circonstances. Il a été jugé qu'on devait considérer comme des actes à titre onéreux les contrats de rente viagère intervenus entre une compagnie et un particulier, alors même que celui-ci afin de ne rien laisser à ses héritiers, avait, à chaque échéance, reversé à la compagnie tout ou partie des arrérages, pour acquérir de nouvelles rentes viagères, et avait lui-même mis fin à ses jours (Orléans, 28 avr. 1860, aff. Lavergne, D. P. 60. 2. 98).

**182.** L'art. 504 est-il applicable à l'adoption ? V. pour l'affirmative, *supra*, v° *Adoption*, n° 60. *Adde*, dans le même sens : Demolombe, t. 8, n° 674 *bis*.

**183.** En ce qui concerne les actes faits par un individu placé dans un établissement d'aliénés, V. *supra*, v° *Aliéné*, n°s 146 et suiv.

### CHAP. 7. — De la mainlevée de l'interdiction
(*Rép.* n°s 236 à 247).

**184.** « L'interdiction cesse, dit l'art. 512 c. civ., avec les causes qui l'ont déterminée ». C'est-à-dire qu'il y a lieu à la mainlevée de l'interdiction lorsque l'interdit a cessé d'être dans un état habituel d'imbécillité, de démence ou de fureur (V. *Rép.* n° 237). Il a été jugé que, s'il suffit, pour faire écarter une demande d'interdiction, d'un simple doute sur l'état de folie ou de démence de l'individu qui est l'objet de cette demande, il ne faut pas moins, pour faire cesser l'interdiction, qu'une preuve manifeste du retour de la raison et une certitude complète de la guérison de l'interdit (Trib. Lyon, 30 nov. 1867, aff. Fléchet, D. P. 69. 3. 90).

**185.** La mainlevée de l'interdiction peut être demandée par l'interdit lui-même. C'est l'avis de la grande majorité de la doctrine et de la jurisprudence (V. *Rép.* n° 239 ; Aix, 31 juill. 1884 (1) ; Demante, t. 2, n° 284 *bis* 1 ; Aubry et Rau, t. 1, § 126, p. 522, note 17). Cette solution est tellement

---

(1) (Mistral C. Mistral-Bernard.) — La cour ; — Attendu que le sieur Jean Mistral, résidant actuellement à l'asile de Pont-Saint-Côme, à Montpellier, y est placé en vertu de la loi du 30 juin 1838, comme il l'avait été antérieurement, et dès l'année 1838, dans l'établissement du docteur Guiaud, à Marseille ; — Attendu qu'au cours de cette séquestration, autorisée par la loi, sinon moralement justifiée, son père, M. Joseph-François Mistral, suivit contre lui une action en interdiction, sur laquelle intervint, à la date du 6 févr. 1838, un jugement du tribunal de Tarascon, qui repoussa la demande, et décida qu'il y avait seulement lieu de pourvoir Jean Mistral d'un conseil judiciaire ; — Attendu que M. Mistral père, ayant relevé appel de ce jugement, ne fit ni diligences ni avances de fonds pour qu'il fût pourvu à la défense, devant la cour, de ce fils interné par lui ; que l'intimé ne constitua point avoué, et que la cour dut statuer par défaut ; que, dans ces conditions, par arrêts d'instruction, et à la suite d'interrogatoires par commissaires, elle rendit, à la date du 9 déc. 1839, un arrêt de réformation, qui déclara Jean Mistral fils interdit de l'administration de sa personne et de ses biens ; — Attendu que, par exploit du 17 mai 1884, à la requête de Jean Mistral, a été signifiée aux époux Auguste Mistral-Bernard et à M. François-Joseph Mistral-Bernard fils, celui-ci comme tuteur du requérant, une opposition audit arrêt du 9 déc. 1839, rendu par défaut contre partie, avec sommation de constituer nouvel avoué, ce qu'ont fait les défendeurs ; que des conclusions ont été respectivement signifiées, sur le mérite desquelles la cour est appelée à se prononcer ; — Attendu qu'il convient d'examiner avant toutes autres questions, celle de savoir s'il est certain, comme le prétendent les défendeurs, que Jean

Mistral, en l'état de démence profonde dans lequel il se trouverait, n'a pu donner consciemment le mandat de remplir les formalités et de faire les instances nécessaires pour être déchargé de l'interdiction qui pèse sur lui depuis près d'un demi-siècle ; — Attendu que l'interdit ne saurait être privé du droit de s'adresser à la justice, sans et même contre son tuteur, pour obtenir sa liberté ; que l'accès du prétoire doit même lui être facilité ; et que, par conséquent, il faut le faire bénéficier de la présomption qu'il a agi dans un de ces intervalles lucides que, d'après l'art. 489 c. civ., peut comporter l'état d'interdiction ; — Attendu que, loin de prouver, contrairement à cette présomption, que Jean Mistral ait été absolument incapable de prendre une résolution, qu'il n'a pu jouir d'aucun intervalle suffisamment lucide pour concevoir la pensée de défense personnelle qui se lie au sentiment de la conservation, les défendeurs produisent des documents qui ont figuré dans un précédent procès et un document nouveau, soit le dernier rapport médical du 17 juin 1884, lesquels contredisent tous cette prétention ; — Attendu que la cour se trouvant donc saisie, il faut examiner le mérite des fins prises devant elle... ; — Attendu, quant à la demande en péremption de l'arrêt par défaut du 9 déc. 1839 et à la procédure en interdiction, que les actes multiples d'exécution relevés dans les conclusions des défendeurs, à savoir : l'accomplissement des formalités prescrites par l'art. 501 c. civ. et 891 c. proc. civ., la signification de l'arrêt par huissier commis à la personne même de l'interdit, le commandement signifié aussi à personne, le procès-verbal de carence dont la signification a été faite de même, la convocation et la réunion du conseil de famille, la nomination du tuteur et du subrogé tuteur, les délibérations

imposée par le bon sens et par l'humanité qu'il est permis de s'étonner qu'elle ait été contestée. Quelques auteurs la considèrent comme contraire aux principes, parce que l'interdit, tant que l'interdiction n'est pas levée, est incapable d'ester en justice. On invoque même l'art. 512, aux termes duquel « l'interdit ne pourra reprendre l'exercice de ses droits qu'après le jugement de mainlevée » (V. Laurent, t. 5, n° 330 ; Baudry-Lacantinerie, t. 1, n° 1183). Mais la question est de savoir par quel moyen l'interdit reprendra l'exercice de ses droits, par qui sera provoqué le jugement de mainlevée. Or si l'interdit a perdu la raison, il est évident qu'on ne peut laisser à son tuteur, ni à ses parents, ni même au ministère public le pouvoir de lui faire rendre ou non sa capacité. Il doit nécessairement avoir le droit de demander lui-même sa libération. La loi s'est bornée à dire que « la mainlevée sera prononcée en observant les formalités prescrites pour parvenir à l'interdiction » ; mais cela suppose que celui qui était défendeur en interdiction deviendra demandeur lorsqu'il s'agira d'obtenir la mainlevée du jugement.

— M. Demolombe pose la question de savoir si la demande en mainlevée de l'interdiction peut être formée, non seulement par l'interdit, mais aussi par le tuteur, par le subrogé tuteur, par l'un des membres du conseil de famille et plus généralement par l'un des parents de l'interdit. Nous avons admis l'affirmative au Rép. n° 239. Il peut paraître étrange qu'une telle demande ne soit pas présentée par l'interdit lui-même. Mais la faveur que mérite l'action en mainlevée doit faire décider qu'elle est recevable de la part de toutes les personnes qui avaient le droit de provoquer l'interdiction. C'est ainsi que, d'après la loi du 30 juin 1838, la sortie de toute personne placée dans un établissement d'aliénés peut être requise par le curateur, par l'époux ou l'épouse, les ascendants, les descendants, par la personne qui a signé la demande d'admission et par toute personne à ce autorisée par le conseil de famille (V. en ce sens : Aubry et Rau, t. 1, § 126, p. 521).

**186.** Contre qui la demande en mainlevée doit-elle être formée? En principe, il est nécessaire qu'elle soit formée contre quelqu'un. Comme l'a dit la cour de cassation, le conseil de famille et le ministère public sont les véritables contradicteurs sur cette demande, et les seuls qui soient nécessaires aux termes de la loi (Civ. cass., 12 févr. 1816, Rép. n° 240). Si le conseil de famille ou quelques-uns de ses membres croient devoir s'opposer à la mainlevée, ils peuvent intervenir sur la demande et faire valoir devant le tribunal les moyens qu'ils croient de nature à la faire rejeter. La même faculté d'intervention doit être reconnue à tout parent ayant le droit de demander l'interdiction. Quant au tuteur, nous pensons qu'il ne pourrait intervenir que comme délégué du conseil de famille ou en son nom personnel, jamais au nom de l'interdit (V. Rép. n° 241 ; Laurent, t. 5, n° 331. V. toutefois Demolombe, t. 8, n°s 679 et suiv.).

**187.** Le tribunal compétent pour statuer sur la demande en mainlevée de l'interdiction est celui du domicile de l'interdit. Mais ce domicile peut-il changer au cours du litige? V. infrà, v° Minorité-tutelle-émancipation; Rép. eod. v°, n°s 208 et suiv.

**188.** La demande en mainlevée est instruite et jugée dans la même forme que la demande en interdiction (c. civ. art. 512; c. proc. civ. art. 896). Elle doit donc être introduite par une requête énonçant les faits ou les motifs sur lesquels elle est fondée (c. proc. civ. art. 890). Si ces faits ne paraissent pas pertinents, le tribunal peut rejeter la demande de plano sans même ordonner la convocation du conseil de famille (Civ. rej. 3 janv. 1864, aff. Rouger, D. P. 64. 1. 86; Lyon, 30 août 1876, aff. Fillon, D. P. 78. 2. 72; Laurent, t. 5, n° 332).

**189.** L'instance en mainlevée, comme l'instance en interdiction, s'éteint par le décès de l'interdit. Il en est ainsi

alors même que la mainlevée a déjà été prononcée par le tribunal, si le jugement est frappé d'appel. En pareil cas, il pourrait y avoir un grand intérêt à poursuivre l'instance devant la cour, car si le jugement de mainlevée était confirmé, les actes faits par l'interdit depuis ce jugement, et notamment le testament qu'il aurait fait avant son décès, échapperaient à la nullité prononcée par l'art. 502. Et néanmoins, il a été jugé, dans cette hypothèse, que le décès doit entraîner la caducité de l'instance, parce que l'objet principal de la demande, qui est de rendre sa capacité civile à l'interdit, a disparu, et parce que la cour n'a plus les mêmes moyens de vérifier le mérite de cette demande (Montpellier, 7 janv. 1851, aff. Bertrand, D. P. 54. 2. 7). L'appel ayant suspendu l'effet du jugement de mainlevée, l'interdit se trouve ainsi être mort en état d'interdiction, et tous les actes qu'il a faits avant son décès demeurent frappés de nullité (V. en ce sens : Laurent, t. 5, n° 332).

**190.** Comme nous l'avons admis au Rép. n° 247, le tribunal pourrait, tout en prononçant la mainlevée de l'interdiction, nommer un conseil judiciaire à l'interdit. Il le peut, aux termes de l'art. 499 c. civ., lorsqu'il rejette la demande en interdiction; il doit le pouvoir aussi en admettant la demande de mainlevée, car les deux situations sont analogues (V. en ce sens : Laurent, t. 5, n° 335).

## CHAP. 8. — Du conseil judiciaire (Rép. n°s 248 à 319).

§ 1er. — Pour quelles causes et à quelles personnes le conseil judiciaire peut être nommé (Rép. n°s 250 à 260).

**191.** — I. Causes de la nomination d'un conseil judiciaire (Rép. n°s 253 à 260). — La nomination d'un conseil judiciaire peut avoir lieu pour faiblesse d'esprit ou pour prodigalité. Elle a lieu pour faiblesse d'esprit en vertu de l'art. 499 c. civ., aux termes duquel le tribunal, en rejetant la demande en interdiction, « pourra néanmoins, si les circonstances l'exigent, ordonner que le défendeur ne pourra désormais plaider, transiger, emprunter, recevoir un capital mobilier, en donner décharge, aliéner, ni grever ses biens d'hypothèques, sans l'assistance d'un conseil, qui lui sera nommé par le même jugement ». Bien que cet article n'autorise expressément la nomination d'un conseil judiciaire que sur une demande d'interdiction, on admet généralement que les personnes qui ont qualité pour provoquer l'interdiction peuvent demander seulement cette nomination, si elles estiment elles-mêmes que l'état du défendeur ne comporte que l'application de cette demi-interdiction; il serait absurde de les forcer à demander le plus pour obtenir le moins (V. en ce sens : Rép. n° 262; Demolombe, t. 8, n° 532; Laurent, t. 5, n° 339; Baudry-Lacantinerie, t. 1. n° 1185).

**192.** L'art. 499 c. civ., laisse une grande latitude aux magistrats quant à l'appréciation de la faiblesse d'esprit. Il indique seulement que la nomination du conseil judiciaire pourra avoir lieu « si les circonstances l'exigent », lorsque l'état du défendeur ne paraîtra pas assez grave pour motiver son interdiction. « Il est possible, disait le conseiller d'État Emmery dans l'exposé des motifs du tit. 11 c. civ., qu'une personne dont l'interdiction aura été demandée pour cause d'imbécillité ou de démence ne paraisse pas être en cet état, mais qu'il soit bien prouvé qu'à raison de la faiblesse de son esprit ou de l'ascendant de quelque passion dominante, elle soit peu capable de la direction de ses affaires. Alors le juge serait embarrassé, si la loi ne lui permettait que d'employer un autre remède que l'interdiction ». Ainsi donc, tout ce qui résulte de l'art. 499 c. civ., c'est qu'il doit y avoir un certain degré d'inintelligence ou d'aberration de l'intelligence, pour qu'il y ait lieu à la nomination d'un conseil. On a déjà cité au Rép. n° 256, un certain nombre de cas dans lesquels cette nomination a été prononcée. Il a été jugé, depuis la publication du Réper-

---

ultérieures du conseil de famille en 1865 et 1882, le tout signifié comme il vient d'être dit, satisfont amplement aux exigences de l'art. 156 c. proc., pour empêcher la péremption invoquée; — Attendu que l'opposition audit arrêt n'est pas recevable par les mêmes motifs, les actes d'exécution énumérés ci-dessus satisfaisant également aux exigences des art. 158 et 159 c. proc. civ., étant certain

d'ailleurs que l'exécution a été connue de la partie défaillante; — Par ces motifs; — Déclare Jean Mistral non recevable en toutes ses fins et conclusions, etc. — Du 31 juill. 1884.-C. de Aix, ch. réun.-MM. Bessat, 1er pr.-Naquet, proc. gén.-Donzel (du barreau de Paris), et Aicard (du barreau de Marseille), av.

*toire :* 1° que si une personne parvenue à une extrême vieillesse, tout en ayant conservé des idées saines et une intelligence suffisante des choses ordinaires de la vie, n'a plus la capacité nécessaire pour veiller à la conservation de sa fortune, c'est le cas de lui donner un conseil judiciaire (Amiens, 19 janv. 1856, sous Civ. cass. 14 juill. 1857, aff. Biston, D. P. 57. 1. 354); — 2° Qu'une habitude invétérée, mais volontaire d'ivrognerie, lorsqu'elle entraîne le désordre des affaires et une mauvaise gestion du patrimoine, peut motiver, non l'interdiction, mais la nomination d'un conseil (Rouen, 18 janv. 1865, aff. Samson, D. P. 65. 2. 226); — 3° Qu'il y a lieu de pourvoir d'un conseil judiciaire la personne qui, sans être dans un état habituel d'imbécillité, de démence ou de fureur, se laisse entraîner par moments à une exaltation d'idées et de passions dont la violence va jusqu'à lui ôter son libre arbitre, lorsque cette exaltation se manifeste par le projet de réduire sa famille à la misère, sans autre mobile qu'un sentiment de haine et de vengeance aveugle, et lorsque ce projet est suivi de tentatives d'exécution (Besançon, 2 févr. 1865, aff. Bolut, D. P. 65. 2. 94); — 4° Que si une personne est parfois privée de la pleine lucidité de sa raison par une exaltation morbide et par des préoccupations dont l'excès trouble son esprit, particulièrement dans la direction de sa famille et de ses affaires, c'est une cause suffisante pour le pourvoir d'un conseil judiciaire (Trib. Lyon, 27 janv. 1872, aff. Joye,D.P. 72. 3. 16; Lyon, 24 juill. 1872, même affaire, D. P. 72. 2. 191).

**193.** L'art. 513 c. civ. permet de nommer un conseil judiciaire aux *prodigues.* On a expliqué au *Rép.* n° 254, ce qu'il fautentendre par ce mot, d'après les travaux préparatoires du code civil et d'après les commentateurs. Suivant un arrêt, pour apprécier si les actes à raison desquels la dation d'un conseil judiciaire est provoquée contre une personne ont le caractère de prodigalité autorisant une telle mesure, c'est l'objet et non le résultat de ces actes qu'il faut envisager, et un acte ne peut être considéré comme ayant, par son objet, le caractère de prodigalité, qu'autant qu'il rentre dans la catégorie des dépenses faites sans but utile et qui ne laissent pas de trace, des vaines et folles profusions. Ainsi, l'on ne peut considérer comme ayant ce caractère les obligations contractées par une femme mariée, soit pour ouvrir à son mari des spéculations auxquelles ne suffiraient pas la fortune ou le crédit personnel de ce dernier, soit pour l'aider à payer ses dettes, quelles que puissent être d'ailleurs les conséquences ultérieures de tels engagements (Paris, 7 janv. 1856, aff. Mathon, D. P. 56. 2. 138). Il a encore été jugé : 1° que la nomination d'un conseil judiciaire pour cause de prodigalité ne peut être prononcée qu'à raison d'actes de prodigalité caractérisés, et qu'il ne suffit pas que le demandeur justifie d'une diminution considérable et non expliquée de la fortune de l'individu contre lequel cette mesure est provoquée (Bordeaux, 12 juill. 1859, aff. Vellion, D. P. 59. 2. 200); — 2° Que si la prodigalité ne suppose pas nécessairement un patrimoine déjà dissipé ou gravement compromis, elle doit du moins être caractérisée par des faits précis, actuels, non équivoques et constituant des désordres d'administration (Besançon, 5 févr. 1865, aff. Bolut, D. P. 65. 2. 94).

**194.** La faiblesse d'esprit et la prodigalité sont d'ailleurs les seules causes pour lesquelles la loi autorise la nomination d'un conseil judiciaire. Il a été jugé, avec raison, que cette mesure ne saurait être ordonnée contre un individu qui, librement et volontairement, a abandonné ses affaires à la direction d'une tierce personne (Toulouse, 6 juill. 1867, aff. Colombié, D. P. 67. 2. 162).

**195.** Mais, comme on l'a déjà constaté au *Rép.* n° 257, les faits constitutifs de la faiblesse d'esprit ou de la prodigalité sont appréciés souverainement par les juges du fond (Req. 12 mars 1877, aff. Dhers, D. P. 78. 1. 184; 16 mars 1887, aff. de Rochechouart, D. P. 87. 1. 211).

**196.** — II. QUELLES PERSONNES PEUVENT ÊTRE POURVUES D'UN CONSEIL JUDICIAIRE (*Rép.* n°ˢ 250 à 252). — De même qu'un mineur en état d'imbécillité ou de démence peut être interdit (V. *suprà,* n° 18), de même le mineur qui est faible d'esprit ou prodigue peut être pourvu d'un conseil judiciaire. Cette mesure toutefois ne sera vraiment utile que si le mineur est émancipé ou si elle est prise à la veille de

sa majorité pour l'empêcher de dissiper sa fortune dès qu'il sera majeur, notamment en ratifiant les actes ruineux qu'il aurait faits étant mineur (V. en ce sens : *Rép.* n° 250; Aubry et Rau, t. 1, § 138, note 9; Laurent, t. 5, n° 345).

**197.** Une femme mariée peut aussi être pourvue d'un conseil judiciaire. La jurisprudence et la doctrine sont aujourd'hui d'accord sur ce point (V. *Rép.* n°ˢ 251 et suiv.; Paris, 7 janv. 1856, aff. Mathon, D. P. 56. 2. 138 ; Paris, 13 nov. 1863, aff. Mouchet, D. P. 63. 5. 217 ; 20 avr. 1875, aff. Duc de D..., D. P. 76. 2. 238 ; Req. 12 mars 1877. aff. Dhers, D. P. 78. 1. 184 ; Poitiers, 18 mai 1881, aff. Delioux de Savignac, D. P. 82. 2. 247). Il a été jugé notamment : 1° que la dation d'un conseil judiciaire à une femme mariée, commune ou séparée de biens, est surtout utile lorsque son mari, manquant aux devoirs qui lui sont imposés comme chef du ménage, ne la retient pas quand elle se livre à de folles dépenses, ou lorsque, l'associant à ses dissipations personnelles, il lui fait partager le poids de ses dettes et l'entraîne à la ruine (Paris, 7 janv. 1856, précité) ; — 2° Que la femme prodigue ou faible d'esprit, qui s'estmariée sous le régime de la communauté, peut ne pas être suffisamment protégée par les règles sur l'administration de la communauté et par la nécessité de l'autorisation maritale, et qu'il y a lieu alors de lui nommer un conseil judiciaire, qui peut ne pas être le mari (Poitiers, 18 mai 1881, précité).

**198.** Quant à la question de savoir quel est l'effet de la nomination d'un conseil judiciaire à une femme mariée, relativement aux droits du mari, V. *infrà,* n° 230.

**199.** Un étranger peut-il recevoir en France un conseil judiciaire? La jurisprudence n'est pas fixée sur cette question ; elle semble même plutôt pencher pour la négative. Il a été jugé : 1° qu'un jugement qui, sur la provocation du ministère public. a nommé un conseil judiciaire à un étranger résidant en France, et qui a acquis l'autorité de la chose jugée, ne peut être l'objet d'aucun recours de la part des tiers (Rouen, 5 déc. 1854, aff. Lebreton, D. P. 54. 2. 123) ; — 2° Que les tribunaux civils sont incompétents pour connaître de l'action en dation de conseil judiciaire intentée par une femme d'origine française contre son mari d'origine espagnole (Alger, 4 mars 1874, aff. Puig y Thomas, D. P. 75. 2. 62). Enfin il résulte d'un arrêt de la cour de cassation que, en admettant que les tribunaux français soient incompétents pour donner un conseil judiciaire à un étranger, le jugement qui l'a fait et qui n'a pas été annulé par les voies légales, n'en est pas moins opposable à tous (Req. 29 janv. 1866, aff. Joyaux, D. P. 66. 1. 170). Quant à nous, nous sommes disposés à penser, avec M. Laurent, t. 5, n° 343, que, de même qu'un mineur étranger peut être pourvu d'un tuteur, et de même qu'un étranger, atteint d'aliénation mentale, peut être interdit (V. *suprà,* n° 21), de même un étranger faible d'esprit ou prodigue doit pouvoir être protégé contre lui-même par la nomination d'un conseil. On objecte que le statut personnel de l'étranger est indépendant de la loi française ; mais il ne s'agit pas de décider quel est l'état de l'étranger, quelle est sa capacité civile ; il s'agit de modifier cet état, et cette capacité dans l'intérêt de l'étranger lui-même, pendant qu'il réside en France, et aussi dans l'intérêt de l'ordre public français, car l'ordre public exige qu'aucune personne en France, quelle que soit sa nationalité, ne soit laissée sans protection par la justice.

§ 2. — Qui peut provoquer la nomination du conseil judiciaire ; contre qui l'action doit être dirigée (*Rép.* n°ˢ 261 à 270).

**200.** — I. QUI PEUT DEMANDER LA NOMINATION DU CONSEIL JUDICIAIRE (*Rép.* n°ˢ 261 à 266). — Aux termes de l'art. 514, § 1, c. civ., « à la défense de procéder sans l'assistance d'un conseil peut être provoquée par ceux qui ont droit de demander l'interdiction », d'où il résulte que tout parent, et que l'époux, peuvent requérir cette mesure contre leur parent ou époux (c. civ. art. 490). Le même droit appartient-il au ministère public? Oui, dans le cas où le faible d'esprit ou le prodigue n'a ni époux, ni épouse, ni parents connus. Cette solution résulte, comme nous l'avons montré au *Rép.* n° 364, de la combinaison des art. 491 et 514 (V. en ce sens : Aubry et Rau, t. 1, § 138, p. 563, note 6 ; Laurent, t. 5, n° 343. Comp. Rouen, 5 déc. 1853, aff. Lebreton, D. P. 54. 2. 123).

**201.** La nomination d'un conseil judiciaire peut être demandée par un époux contre son conjoint même après la séparation de corps (V. en ce sens, *Rép.* n° 39; Besançon, 2 févr. 1865, aff. Bolut, D. P. 65. 2. 94; Nancy, 26 nov. 1868, aff. de la Ruelle, D. P. 69. 2. 199).

**202.** On a vu *supra*, n° 25, que les alliés n'ont pas qualité pour provoquer l'interdiction; ils ne peuvent donc pas non plus demander la nomination d'un conseil judiciaire, et, par exemple, cette mesure ne pourrait pas être requise par le beau-père à l'égard du gendre (Req. 20 janv. 1875, aff. Meissonnier, D. P. 76. 1. 28).

**203.** La nomination d'un conseil judiciaire, comme l'interdiction, peut être demandée au nom d'un parent mineur par son représentant légal (V. *Rép.* n° 263; Douai, 29 nov. 1848, aff. Paclau, D. P. 49. 2. 256). C'est ainsi qu'il a été jugé que le beau-père, qui n'a pas qualité pour agir en son propre nom, peut intenter la demande comme subrogé tuteur de ses petits-enfants, et même qu'on ne peut opposer à sa demande une fin de non-recevoir tirée de ce que sa qualité de subrogé tuteur n'a pas été rappelée dans les actes de la procédure, s'il résulte suffisamment de sa conduite au procès qu'il n'agissait que dans l'intérêt des mineurs (Req. 20 janv. 1875, aff. Meissonnier, D. P. 76. 1. 28).

**204.** Le tuteur ou le subrogé tuteur a-t-il besoin de l'autorisation du conseil de famille pour exercer, au nom du mineur, une demande en nomination de conseil judiciaire? La solution doit être la même que pour la demande en interdiction (V. *supra*, n° 27).

**205.** La femme qui veut faire nommer un conseil judiciaire à son mari doit se faire autoriser à ester en justice. Il suffit d'ailleurs, comme nous l'avons admis *supra*, n° 32, pour la demande en interdiction, qu'elle sollicite l'autorisation du tribunal par la requête même qu'elle présentera pour introduire la demande et faire ordonner la convocation du conseil de famille (V. en ce sens: Trib. Lyon, 8 juin 1872, aff. Mistral, D. P. 73. 3. 7).

**206.** On décide généralement, comme on l'a fait au *Rép.* n° 266, qu'une personne qui se reconnaîtrait faible d'esprit ou prodigue ne pourrait pas demander elle-même à être pourvue d'un conseil judiciaire (V. outre les auteurs cités au *Rép. ibid.*, Aubry et Rau, t. 1, § 138, p. 564, note 7; Laurent, t. 5, n° 344).

**207.** — II. Contre qui l'action en nomination d'un conseil judiciaire doit être formée (*Rép.* n°s 267 à 270). — La demande tendant à la nomination d'un conseil judiciaire doit être dirigée contre la faible d'esprit ou le prodigue. S'il est mineur non émancipé, l'action doit être intentée aussi contre son tuteur ou contre un tuteur *ad hoc* (V. *supra*, n°s 41 et suiv.).

**208.** Lorsque la demande est formée contre une femme mariée par un autre que son mari, ce dernier doit être mis en cause pour qu'il autorise sa femme, et s'il est absent, ou s'il fait défaut, l'autorisation doit être demandée au tribunal (V. *Rép.* n° 269 et *supra*, n° 43).

§ 3. — *Procédure et jugement à fin de nomination du conseil judiciaire (Rép.* n°s 271 à 284).

**209.** La demande en nomination de conseil judiciaire doit être instruite et jugée de la même manière que la demande en interdiction (c. civ. art. 514). Il y a donc lieu d'appliquer ici toutes les règles de compétence et de procédure établies par la loi pour l'action en interdiction (V. *supra*, n°s 44 et suiv.; *Rép.* n°s 52 et suiv.).

**210.** En ce qui concerne spécialement la demande en nomination de conseil, il a été jugé: 1° que la dation d'un conseil judiciaire ne peut avoir lieu sans l'avis préalable du conseil de famille du défendeur, et que l'omission de cet avis ou, ce qui revient au même, la vice d'une délibération émanée d'individus dépourvus de qualité, a pour conséquence la nullité de la procédure dont elle a été suivie (Civ. cass. 19 août 1850, aff. Boisgontier, D. P. 50. 1. 284); — 2° Que le jugement de nomination du conseil judiciaire doit, à peine de nullité, être précédé de l'interrogatoire exigé par l'art. 514 c. civ. en matière d'interdiction (Civ. cass. 26 janv. 1848, aff. Sauvage, D. P. 48. 1. 63; Bordeaux, 23 août 1854, même affaire, D. P. 55. 2. 105; Paris, 28 avr. 1879, aff. Bailleau, D. P. 80. 2. 117; Req. 4 avr. 1887, aff. Leppert, D. P. 88. 1. 292); — 3° Que le jugement doit être interrogé par le tribunal ou par un juge à ce commis, et que l'interrogatoire qu'il aurait subi de la part d'un ou plusieurs membres du conseil de famille ne saurait suppléer la formalité (Paris, 28 avr. 1879, précité); — 4° Mais que le défendeur n'est pas recevable à se plaindre de l'inaccomplissement de la formalité dont il s'agit, lorsque c'est par son fait volontaire qu'elle n'a pu avoir lieu (Req. 29 avr. 1868, aff. Grosjean, D. P. 69. 1. 229; 9 déc. 1868, aff. de Courtivron, D. P. 69. 1. 188; 4 avr. 1887, précité); — 5° Que, lorsque le défendeur a été régulièrement assigné en la chambre du conseil pour y être interrogé, et que, n'étant pas dans l'impossibilité de s'y rendre, il ne s'y présente pas, il n'y a pas lieu de commettre un juge pour l'interroger à son domicile (Civ. rej. 16 févr. 1875, aff. du Breignon, D. P. 76. 1. 49); — 6° Que le défendeur qui n'a pas subi l'interrogatoire prescrit par la loi devant le tribunal de première instance, mais qui a été interrogé par la cour d'appel et a pris ensuite des conclusions sur le fond, sans faire aucunes protestations ni réserves, ne peut se plaindre devant la cour de cassation de ce que la formalité de l'interrogatoire, omise par le tribunal, n'a été remplie qu'en cause d'appel (Civ. rej. 29 avr. 1885, aff. Lacam, D. P. 85. 1. 373); — 7° Que les jugements qui ordonnent les actes préparatoires de la procédure en nomination de conseil judiciaire ne sont pas nuls pour être rendus en audience publique au lieu de la chambre du conseil. Civ. rej. 16 févr. 1875, précité); — 8° Qu'une enquête à laquelle il a été procédé dans une instance en séparation de corps peut être invoquée dans une demande en dation de conseil judiciaire formée postérieurement par la femme contre le mari, et que le juge peut y puiser des éléments de conviction, alors d'ailleurs que cette enquête a été contradictoire et constitue un document commun aux deux parties (Besançon, 2 févr. 1865, aff. Bolut, D. P. 65. 2. 94).

**211.** Les deux causes sur lesquelles peut être fondée une demande de dation de conseil judiciaire étant absolument distinctes, on a décidé avec raison dans la jurisprudence que si la demande a été formée pour cause de prodigalité, les juges ne peuvent pas prononcer la nomination du conseil pour cause de faiblesse d'esprit (Req. 16 mars 1887, aff. de Rochechouart, D. P. 87. 1. 211), et la réciproque serait également vraie. Il semble même résulter du même principe qu'une demande d'interdiction, comme une demande d'un conseil judiciaire ne peut jamais avoir lieu que pour faiblesse d'esprit et non pour prodigalité, car c'est la faiblesse d'esprit qui se rapproche le plus des causes de l'interdiction. On pourrait toutefois invoquer en sens contraire les termes généraux de l'art. 499 c. civ., qui autorise la dation d'un conseil, en cas de rejet de la demande d'interdiction, toutes les fois que les circonstances l'exigent (Comp. Rouen, 18 janv. 1865, aff. Samson, D. P. 65. 2. 226).

**212.** Le jugement qui prononce la nomination d'un conseil judiciaire doit régulièrement contenir deux dispositions: 1° ordonner que le défendeur ne pourra désormais plaider, transiger, emprunter, recevoir un capital mobilier, ni en donner décharge, aliéner ni grever ses biens d'hypothèques, sans l'assistance d'un conseil; 2° nommer le conseil (c. civ. art. 499 et 513). Il a été jugé que ces deux dispositions pourraient faire l'objet de deux jugements successifs (Lyon, 28 mai 1868) (1). Mais cette décision nous paraît contraire à la loi et aux principes. L'art. 499 dit formellement que le conseil sera nommé par le même jugement qui

_____

(1) (X... C. X...) — La cour; — Sur la nullité du jugement du 19 nov. 1867, tirée de ce qu'il n'aurait pas été publié conformément aux dispositions de l'art. 501 c. civ. : — Considérant que les formalités de publication indiquées par l'art. 501 n'ont pas été prescrites à peine de nullité; — Que, malgré leur inobservation, le jugement de dation d'un conseil judiciaire doit produire vis-à-vis de la personne déclarée prodigue, tous ses effets, sauf l'inté-

rêt et le droit des tiers qui auraient pu être trompés par le défaut de publicité;

Sur la nullité du jugement du 16 déc. 1867, déduite de ce qu'il n'aurait été rendu qu'en chambre du conseil, la partie non entendue ni appelée : — Considérant que, d'après l'art. 514 c. civ., les affaires de nomination de conseil judiciaire doivent s'instruire et se juger dans les mêmes formes que les affaires d'interdiction;

prononcera la défense de faire certains actes sans son assistance; et si le tribunal renvoyait sa nomination à un jugement ultérieur, il en résulterait que dans l'intervalle le défendeur se trouverait absolument incapable de faire tous les actes énumérés dans la défense.

**213.** Dans la demande en interdiction, l'art. 497 c. civ. autorise le tribunal, après le premier interrogatoire, à « commettre, s'il y a lieu un administrateur provisoire pour prendre soin de la personne et des biens du défendeur ». Cette disposition peut-elle être appliquée dans l'instance en dation de conseil judiciaire? Il y a de sérieuses raisons de douter, car ce n'est pas à proprement parler un administrateur provisoire qui pourrait être nommé dans cette instance; il ne s'agit nullement, en effet, de priver le prodigue d'esprit ou le prodigue du droit d'administrer ses biens, mais seulement de lui retirer la capacité de faire seul certains actes qui excèdent la simple administration. C'est donc, en réalité, un conseil provisoire qui devrait être nommé. On ne peut nier que cette mesure aurait, en certains cas, son utilité; elle empêcherait souvent un prodigue de profiter des derniers instants de pleine capacité qui lui restent pour achever de dissiper sa fortune. Mais aussi, peut-il être permis aux tribunaux de restreindre la capacité d'un citoyen sur de simples présomptions et avant que la nécessité d'une semblable décision soit pleinement démontrée?... Ces considérations toutefois n'ont pas arrêté la jurisprudence. M. Demolombe, t. 8, n° 772, cite, en l'approuvant, un ancien arrêt de la cour de Caen (du 28 juin 1827, aff. Dufay), qui avait déjà fait l'application de l'art. 497 dans une instance en nomination de conseil judiciaire; et sur un pourvoi formé contre un arrêt de la cour de Bourges, du 4 déc. 1882, qui avait usé du même expédient, la cour de cassation a ratifié cette pratique, en s'appuyant sur les motifs suivants : « Attendu que l'art. 497 c. civ. dispose qu'en matière d'interdiction, après le premier interrogatoire, le tribunal commettra, s'il y a lieu, un administrateur provisoire pour prendre soin de la personne et des biens du défendeur ; qu'aux termes de l'art. 514 du même code, les demandes en nomination d'un conseil judiciaire doivent être instruites et jugées de la même manière que les demandes en interdiction; que, par cette référence qui ne contient aucune exception, le législateur a établi, quant à la procédure et quant aux droits des tribunaux pendant l'instruction, une assimilation absolue entre les deux matières; qu'il suit de là qu'en nommant un conseil ou administrateur provisoire au demandeur, l'arrêt attaqué n'a commis aucun excès de pouvoir, et, loin de violer les dispositions des articles précités en a fait, au contraire, une juste et saine application » (Civ. rej. 29 avr. 1885, aff. Lacam, D. P. 85. 1. 375). — On doit observer toutefois, conformément à l'arrêt de la cour de Bourges précité, que les pouvoirs conférés à cet administrateur ou conseil judiciaire provisoire ne peuvent pas être plus étendus que ceux qui appartiennent aux conseils judiciaires nommés à titre définitif. C'est bien entendu aussi que la nomination du conseil judiciaire provisoire ne peut intervenir qu'à la suite d'un premier interrogatoire (V. en ce sens : Paris, 3 mars 1882, *suprà*, n° 87).

**214.** Les jugements rendus en matière de dation de conseil judiciaire sont susceptibles d'opposition ou d'appel comme ceux rendus en matière d'interdiction (V. *suprà*, n°s 102 et suiv.). Ainsi qu'on l'a déjà constaté, *suprà*, n° 105, le défendeur auquel un conseil judiciaire a été nommé n'a pas besoin de l'assistance de ce conseil pour relever appel du jugement qui prononce cette nomination (V. en ce sens : Bordeaux, 27 févr. 1878, aff. Mourgues, D. P. 79. 2. 120). Il en serait encore ainsi, suivant nous, alors même que le défendeur aurait été antérieurement pourvu d'un conseil judiciaire provisoire.

**215.** La dation d'un conseil judiciaire ne pouvant faire l'objet d'une transaction ou d'un compromis, l'acquiescement qui serait donné en cette matière par l'une ou l'autre partie serait sans valeur : telle est, du moins, l'opinion qui prévaut aujourd'hui dans la doctrine et la jurisprudence (V. en ce sens, *suprà*, n°s 112 et suiv.; Laurent, t. 5, n° 336. V. toutefois en sens contraire, Turin, 4 janv. 1842, *Rép.* n° 267). Il a été jugé : 1° que si le demandeur en interdiction a fait signifier sans aucune réserve le jugement intervenu, bien que ce jugement ait seulement nommé un conseil judiciaire au défendeur, le demandeur n'en conserve pas moins le droit d'appeler (Lyon, 24 juill. 1872, aff. Joye, D. P. 72. 2. 191); — 2° Que l'acquiescement de l'individu pourvu d'un conseil judiciaire au jugement qui a nommé ce conseil et à un jugement postérieur qui l'a remplacé, ne fait pas obstacle à ce que l'appel régulièrement interjeté par lui ne doive être jugé (Nîmes, 25 janv. 1876, aff. Despaux-Ader, D. P. 77. 2. 187); — 3° Que la partie qui a poursuivi la nomination d'un conseil judiciaire ne peut acquiescer à l'appel interjeté par le défendeur ni empêcher que la cour saisie par cet appel ne maintienne le jugement qui a prononcé cette nomination (Toulouse, 22 mai 1880, aff. Ageret, D. P. 80. 2. 195). — Jugé même que, les instances en dation de conseil judiciaire intéressant l'ordre public, il est interdit aux parties de se désister ou de l'instance introduite ou de l'appel interjeté du jugement rendu, même incidemment (Paris, 19 juin 1884, *suprà*, v° *Désistement*, n° 6).

**216.** L'instance en nomination de conseil judiciaire met en question l'état et la capacité civile d'une personne; c'est pourquoi la cour de cassation a maintes fois décidé qu'en cette matière les cours d'appel doivent juger en audience solennelle, conformément à l'art. 22 du décret du 30 mars 1808 (V. *Rép.* v° *Organisation judiciaire*, n° 408 ; Req. 21 avr. 1880, aff. Commien, D. P. 80. 1. 430 ; Civ. cass. 15 déc. 1880, aff. Bourgade, D. P. 81. 1. 56. — *Contrà* : Montpellier, 14 juill. 1879, même affaire, D. P. 80. 2. 21).

**217.** Lorsque la demande en nomination de conseil judiciaire est admise, les frais doivent être à la charge du défendeur. Il en est ainsi, comme on l'a vu *suprà*, n° 99, même dans le cas où la nomination de conseil judiciaire est prononcée sur une demande en interdiction, car la demande n'en a pas moins abouti à un résultat utile pour le défendeur (Civ. cass. 14 juill. 1857, aff. Biston, D. P. 57. 1. 354 ; Trib. Lyon, 27 janv. 1872, aff. Joye, D. P. 72. 3. 16; Lyon, 24 juill. 1872, même affaire, D. P. 72. 2. 191). Mais si le demandeur en interdiction a interjeté appel du jugement qui avait seulement nommé un conseil judiciaire au défendeur et si ce jugement est confirmé, les dépens d'appel doivent alors être supportés par l'appelant (Lyon, 24 juill. 1872, précité).

**218.** Pour le cas où le défendeur vient à mourir au cours de l'instance, V. *suprà*, n° 100.

**219.** Le droit de nommer le conseil judiciaire appartient au tribunal seul (ou à la cour d'appel), et non au conseil de famille (V. *Rép.* n°s 276 et suiv.). Il a été jugé que les magistrats sont souverains appréciateurs du point de savoir à qui doivent être attribuées les fonctions de conseil judiciaire, même pour une femme mariée (Req. 12 mars 1877, aff. Dhers, D. P. 78. 1. 184 ; Poitiers, 18 mai 1881, aff. Delioux de Savignac, D. P. 78. 1. 184). — Jugé, toutefois, qu'une femme ne peut pas être nommée conseil judiciaire de son mari prodigue (Trib. Semur, 16 janv. 1861, aff. Gimelet, D. P. 63. 3. 59). Mais cette décision repose plutôt sur des raisons de convenance que sur des arguments juridiques, car la femme, qui peut être la tutrice de son mari interdit, doit pouvoir, à plus forte raison, être son conseil judiciaire. On objecte que la femme ne saurait être chargée

---

— Que l'art. 498 du même code veut qu'alors le jugement ne puisse être rendu qu'en audience publique, les parties entendues ou appelées; — Qu'un jugement en matière de nomination de conseil judiciaire comprend essentiellement deux dispositions : l'une déclarant que la personne reconnue prodigue sera incapable de faire les actes énumérés par l'art. 513 sans l'assistance d'un conseil; l'autre portant désignation de ce conseil; — Que rien ne s'oppose à ce que ces deux dispositions, devenant l'objet d'une prononciation successive, soient contenues dans deux jugements différents; — Mais que l'un et l'autre de ces jugements, qui forment la décision complète de la justice sur la dation du conseil judiciaire, doivent satisfaire, par identité de motifs, à la règle de l'art. 498; — Que, dans l'espèce, le jugement du 16 déc. 1867 a violé cette règle et doit, par conséquent, être tenu pour nul; — Considérant que, la matière étant disposée à recevoir une solution définitive, il y a lieu, en infirmant ledit jugement, d'user de la faculté d'évocation ouverte par l'art. 473 c. proc. civ.;

Au fond, etc.

Du 28 mai 1868.-C. de Lyon.

d'assister le mari pour des actes qu'elle-même ne pourrait faire sans son autorisation. Mais la femme, quand elle assisterait son mari, agirait comme déléguée du tribunal et n'aurait par conséquent besoin d'aucune autorisation.

**220.** Le jugement ou l'arrêt portant nomination d'un conseil judiciaire doit être publié dans la même forme que le jugement d'interdiction (c. civ. art. 514 ; c. proc. civ. art. 897) (V. *suprà*, nos 114 et suiv.). Mais, comme pour le jugement d'interdiction, la publicité n'est pas prescrite à peine de nullité du jugement (*suprà*, n° 116). Jugé notamment que la nullité des actes passés par l'individu pourvu d'un conseil judiciaire sans l'assistance de ce conseil n'est pas subordonnée à l'accomplissement des formalités de publicité prescrites par l'art. 501 c. civ. (Rennes, 12 mai 1851, aff. de Rubat, D. P. 52. 2. 262 ; Poitiers, 15 mai 1882, aff. Girondeau, D. P. 83. 2. 40)..., sauf le recours des tiers contre ceux qui, y étant obligés, ont négligé de remplir les formalités (Arrêt précité du 12 mai 1851). Il suffit en tout cas que le jugement ait été publié au domicile de l'individu pourvu du conseil, et la loi n'exige nullement que la publication en soit renouvelée toutes les fois que cet individu vient à changer de résidence (Civ. cass. 1er août 1860, aff. Defresne, D. P. 60. 1. 316).

**221.** Le conseil judiciaire nommé par le tribunal est-il obligé d'accepter la mission qui lui est confiée ? La négative, qui a été admise au *Rép*. n° 281, d'accord avec la plupart des auteurs, mais contrairement à un arrêt, nous paraît encore la meilleure solution. Une charge, et la mission du conseil judiciaire en est une, ne peut être obligatoire qu'en vertu de la loi ; or la loi n'a dit nulle part que celui qui serait nommé conseil judiciaire pourrait refuser et elle n'a pas déterminé les cas dans lesquels il aurait le droit de s'excuser. Il est vrai que la mission du conseil constitue un mandat spécial et que c'est la justice qui le confère. Mais toutes les fois qu'un tribunal charge un citoyen d'une mission, ce citoyen est-il tenu de l'accepter ? Un expert ne peut-il pas décliner le mandat qui lui est donné ? Le conseil judiciaire, qu'aucun lien, le plus souvent, ne rattache au prodigue, doit jouir de la même latitude ; là loi seule pourrait l'assimiler au tuteur (V. en ce sens : Demolombe, t. 8, n° 710. — *Contrà* : Laurent, t. 5, n° 350).

**222.** Mais si le conseil judiciaire nommé est libre de ne pas accepter, on ne doit pas en conclure qu'ayant accepté il peut arbitrairement se démettre de ses fonctions. L'incapable ne peut rester abandonné à lui-même, c'est avec raison qu'il a été jugé que le conseil judiciaire demeure responsable vis-à-vis de la personne qu'il doit assister et vis-à-vis des tiers jusqu'à ce que sa démission ait été accueillie par justice et son successeur nommé (Nancy, 26 nov. 1868, aff. de la Ruelle, D. P. 69. 2. 199). Il a été jugé aussi qu'une procédure suivie contre un prodigue et son conseil judiciaire pouvait être considérée comme régulière, bien que le conseil se fût démis de ses fonctions, alors que cette démission était restée inconnue du demandeur (Req. 14 juin 1876, aff. Hanssens, D. P. 78. 1. 126).

**223.** Par quel tribunal le conseil judiciaire démissionnaire ou décédé doit-il être remplacé ? En principe, d'après la jurisprudence, c'est le tribunal par lequel le conseil a été nommé qui a seul compétence pour recevoir sa démission et pour lui nommer un successeur. Ainsi, il a été jugé : 1° que, si c'est par la cour d'appel que la dation du conseil judiciaire a été prononcée, c'est aussi par la cour que le conseil doit faire agréer sa démission et que ce doit être désigné le nouveau conseil appelé à le remplacer (Nancy, 26 nov. 1868, aff. de la Ruelle, D. P. 69. 2. 199) ; — 2° Que, le remplacement d'un conseil judiciaire décédé constituant un acte d'exécution du jugement qui a reconnu la nécessité de nommer ce conseil à un prodigue, c'est au tribunal qui a rendu ce jugement, et non au tribunal du domicile actuel du prodigue, qu'il appartient de désigner un nouveau conseil (Nîmes, 25 janv. 1876, aff. Despaux-Ader, D. P. 77. 2. 187).

**224.** Le remplacement du conseil judiciaire démissionnaire ou décédé peut, suivant nous, être demandé au tribunal, non seulement par toute personne ayant le droit de poursuivre la nomination d'un conseil, mais par le prodigue lui-même ou le faible d'esprit. C'est en effet celui-ci qui est

le plus intéressé à ne pas rester sans conseil et rien ne s'oppose à ce qu'il sollicite lui-même le remplacement de l'ancien ; ce n'est là en quelque sorte qu'un acte conservatoire que tout incapable pourrait faire (V. *Rép.* n° 318). Nous estimons aussi que le conseil judiciaire démissionnaire peut provoquer lui-même son remplacement, car c'est ainsi seulement qu'il peut se décharger de toute responsabilité (Comp. Nancy, 26 nov. 1868, aff. de la Ruelle, D. P. 69. 2. 199). Quant à la manière de procéder, nous croyons qu'une simple requête présentée au tribunal est suffisante, si la nomination du nouveau conseil est demandée directement par le prodigue, mais qu'il y a lieu de mettre en cause celui-ci quand elle est demandée par toute autre personne (V. toutefois Trib. Dijon, aff. Berthaux, D. P. 67. 3. 5).

### § 4. — Effets de la nomination du conseil judiciaire
(*Rép.* nos 285 à 311).

**225.** — I. Caractères généraux de l'incapacité résultant de la nomination judiciaire ; quand elle commence ; ses effets entre époux (*Rép.* nos 289 et 290). — Les art. 499 et 513 c. civ. énumèrent les actes que les tribunaux peuvent défendre aux faibles d'esprit et aux prodigues. Ces actes sont exactement les mêmes dans les deux cas. Il est certain que l'énumération de ces actes est limitative, en ce sens que le juge ne pourrait pas étendre l'incapacité à d'autres actes ; la loi seule, en effet, peut permettre de restreindre de telle ou telle manière la capacité d'une personne jouissant de ses droits. Mais le tribunal ne pourrait-il pas limiter l'incapacité en ne défendant au faible d'esprit ou au prodigue que quelques-uns des actes prévus par la loi ? Ne pourrait-il pas, par exemple, interdire seulement de plaider à celui qui aurait la manie des procès ? Le juge avait ce pouvoir dans l'ancien droit, et quelques auteurs récents ont soutenu qu'on devrait encore le lui reconnaître aujourd'hui. Le texte de la loi, disent-ils, n'oblige pas le tribunal à interdire tous les actes énumérés, et son esprit exige seulement que le prodigue ou le faible d'esprit soit protégé contre la faiblesse ou la passion qui est susceptible d'entraîner sa ruine ; la remède ne devrait pas dépasser le mal (Laurent, t. 5, n° 358 ; Baudry-Lacantinerie, t. 1, n° 1187). Cette opinion, toutefois, a contre elle la grande majorité des auteurs et, pour ainsi dire, la tradition des interprètes du code civil. Si l'intention des auteurs du code avait été de permettre aux tribunaux de restreindre à leur gré l'incapacité des faibles d'esprit et des prodigues, il serait étrange qu'ils ne l'eussent pas exprimée, sinon dans le texte de la loi, au moins dans les travaux préparatoires. Or tout indique, au contraire, dans les rapports et les discours qui ont précédé le vote de la loi, que l'incapacité résultant de la nomination d'un conseil judiciaire a été considérée par le législateur comme une interdiction partielle, mais uniforme pour tous ceux qui en seraient frappés. Le défaut d'uniformité en cette matière aurait aussi, il faut bien le reconnaître, de sérieux inconvénients : les tiers qui voudraient traiter en sécurité avec un individu pourvu d'un conseil devraient forcément se reporter au jugement qui aurait nommé le conseil, pour savoir si l'assistance de celui-ci est ou non nécessaire, et ils devraient encore s'assurer que le jugement qu'on leur présente n'a pas été modifié. Dans le système généralement admis, il leur suffit de savoir que la personne avec laquelle ils traitent a été pourvue d'un conseil pour connaître exactement sa capacité ; cette simplicité est beaucoup plus conforme aux principes du droit actuel que l'infinie variété qui existait dans l'ancien droit (V. en ce sens : *Rép.* n° 291 ; Demolombe, t. 8, n° 720 ; Aubry et Rau, t. 1, § 140, p., 569 note 1). Jugé que l'énumération des actes que le prodigue ne peut faire sans l'assistance de son conseil est limitative, et qu'il n'appartient pas aux tribunaux de l'étendre ou de la restreindre, suivant le degré d'affaiblissement intellectuel qu'ils reconnaissent au prodigue ; spécialement que le juge ne peut conférer à ce conseil les pouvoirs d'un administrateur-séquestre, et décider, par exemple, qu'il détiendra les titres des créances appartenant au prodigue, qu'il fera les actes conservatoires desdites créances, percevra les intérêts et passera les baux (Bordeaux, 27 févr. 1878, aff. Mourgues, D. P. 79. 2. 120).

**226.** Aux termes de l'art. 502 c. civ., la nomination d'un conseil judiciaire a son effet du jour du jugement, de même que l'interdiction (V. *suprà*, nᵒˢ 144 et suiv.). Il résulte de la jurisprudence : 1° que le jugement qui nomme un conseil judiciaire a l'autorité de la chose jugée vis-à-vis de tous et notamment vis-à-vis de tous ceux qui traitent avec la personne pourvue du conseil postérieurement à ce jugement (Rouen, 5 déc. 1853, aff. Lebreton, D. P. 54. 2. 123) ; — 2° Que le jugement produit son effet à partir du moment où il est prononcé et non pas seulement à partir de la signification ou de la publication, et cela même quant aux actes passés à l'étranger ou avec des étrangers, sans qu'il y ait à tenir compte d'aucun délai de distance (Paris, 12 mai 1867 et Req. 6 juill. 1868, aff. Harry-Emmanuel, D. P. 69. 1. 267) ; — 3° Que l'effet du jugement est immédiat, aussi bien lorsque ce jugement est par défaut que dans le cas où il est contradictoire (Caen, 22 janv. 1856, aff. Thoniel et Quiqueran de Beaujeu, D. P. 56. 2. 133) ; — 4° Que l'opposition au jugement par défaut qui a nommé un conseil judiciaire ne fait pas tomber de plein droit cette décision, mais laisse seulement incertain l'état du défendeur, dont l'incapacité remontera au jour de ce jugement si l'opposition est rejetée (Req. 6 juill. 1868, précité ; Rouen, 17 mars 1875, aff. Lejoliff, D. P. 75. 2. 207) ; — 5° Que l'appel formé contre un jugement portant nomination de conseil judiciaire n'a pas d'effet suspensif, en sorte que si le jugement est ensuite confirmé, ou si l'appelant se désiste, les engagements contractés par l'individu pourvu du conseil dans l'intervalle du jugement à l'arrêt ou au désistement de l'appelant sont nuls, s'ils ont eu lieu sans l'assistance du conseil (Angers, 3 août 1866, aff. Fondement-Férolle, D. P. 67. 2. 23 ; Req. 27 juill. 1874, aff. Hanssens, D. P. 76. 1. 129) ; — 6° Que l'effet du jugement n'est pas subordonné à la publicité prescrite par la loi (Rennes, 12 mai 1851, aff. de Rubat, D. P. 52. 2. 262 ; Poitiers, 15 mai 1882, aff. Girondeau, D. P. 83. 2. 40. Comp. civ. cass. 1ᵉʳ août 1860, aff. Defresne, D. P. 60. 1. 316).

**227.** En dehors des actes qui lui sont interdits conformément aux art. 499 et 513, l'individu pourvu d'un conseil judiciaire conserve toute sa capacité. A la différence de l'interdit, il continue de jouir, comme on l'a dit au *Rép.* n° 289, de ses droits civils et politiques. Cependant quelques restrictions y ont été apportées par des lois récentes. Ainsi : 1° les citoyens pourvus d'un conseil judiciaire ne peuvent être élus membres d'un conseil général (L. 10 août 1871, art. 7, D. P. 71. 4. 121) ; 2° ils sont incapables de faire partie du jury (L. 21 nov. 1872, art. 2-12°, D. P. 72. 4. 134) ; 3° ils sont également incapables d'être élus conseillers municipaux (L. 5 avr. 1884, art. 32-2°, D. P. 84. 4. 36).

**228.** Il a été décidé par la cour de cassation que l'individu pourvu d'un conseil judiciaire n'est pas incapable d'être membre d'un conseil de famille, et ce, alors même que l'objet de la réunion de ce conseil serait l'examen de l'état mental d'un parent dont l'interdiction est poursuivie (Req. 21 nov. 1848, aff. Herbelin, D. P. 48. 1. 230. V. toutefois, en sens contraire, Aubry et Rau, t. 1, § 92, p. 374, note 7).— L'individu pourvu d'un conseil peut-il être tuteur? V. *infrà*, vᵒ *Minorité-tutelle-émancipation; Rép.* eod. vᵒ, n° 350.

**229.** Le mari qui est pourvu d'un conseil judiciaire conserve la puissance maritale. Il peut toujours autoriser sa femme à faire les actes qu'il est lui-même capable de faire seul. Mais pour les actes qu'il ne peut faire qu'avec l'assistance de son conseil, la plupart des auteurs soutiennent que la femme doit demander l'autorisation de justice, par la raison qu'un incapable ne saurait habiliter un autre incapable (V. *infrà*, vᵒ *Mariage; Rép.* eod. vᵒ, n° 874).

**230.** Si c'est la femme qui est pourvue d'un conseil, la puissance maritale reste également entière au mari (V. Paris, 13 nov. 1863, aff. Monchet, D. P. 63. 5. 217; 20 avr. 1875, aff. Duc de D..., D. P. 76. 2. 238). La femme doit donc toujours être autorisée par le mari quand la loi l'exige; elle

doit de plus être assistée de son conseil judiciaire pour les actes où cette assistance est nécessaire. Si le mari refuse son autorisation, elle peut, avec l'assistance de son conseil, demander l'autorisation de justice. Si c'est le conseil judiciaire qui refuse son assistance, la femme peut encore, avec l'autorisation de son mari, recourir à justice; mais il a été jugé avec raison que les cours et tribunaux ne peuvent suppléer à l'assistance du conseil judiciaire par une autorisation donnée directement au prodigue et au faible d'esprit (Rennes, 3 janv. 1880, aff. Leneveu, D. P. 80. 2. 254). Dans le cas dont il s'agit, la femme doit demander au tribunal le remplacement de son conseil ou la nomination d'un conseil *ad hoc* (V. *infrà*, n° 273).

**231.** — II. Actes défendus a l'individu pourvu d'un conseil judiciaire (*Rép.* nᵒˢ 291 à 299). — Nous devons maintenant examiner successivement les différents actes auxquels s'étend l'incapacité de la personne pourvue d'un conseil judiciaire. Comme on l'a dit au *Rép.* n° 291, la distinction entre les actes pour lesquels le prodigue doit être assisté et ceux pour lesquels l'assistance n'est pas requise, constitue une tâche assez délicate. La loi, dans les art. 499 et 513, n'a pu donner une solution précise pour tous les cas qui se produiraient en pratique; elle a seulement posé les principes qui régissent la condition du faible d'esprit et du prodigue. Sous prétexte que les textes qui établissent des incapacités doivent être interprétés restrictivement, on a prétendu qu'il fallait appliquer ces articles à la lettre, défendre absolument au prodigue tous les actes qui y sont énumérés et lui permettre au contraire tous les autres, si ruineux qu'ils puissent être. On arriverait ainsi à déclarer la personne pourvue d'un conseil incapable d'aliéner un meuble de la plus faible valeur et en même temps capable de s'obliger en faisant des acquisitions qui excéderaient de beaucoup ses moyens (V. en ce sens, Laurent, t. 5, nᵒˢ 364 et 371). Les conséquences auxquelles conduit une telle méthode d'interprétation suffisent pour en démontrer l'erreur. Ici comme partout la loi doit être appliquée selon son esprit et en égard au but qu'elle s'est proposé d'atteindre. Ce but, en notre matière, est d'empêcher le prodigue de dissiper ses biens; il est donc permis de présumer qu'elle a entendu lui défendre tout acte qui aurait infailliblement pour conséquence d'entraîner sa ruine. Il est bien vrai que dans le doute il faut toujours se décider pour la capacité; mais s'il n'y a réellement pas de doute sur l'intention du législateur, c'est encore lui obéir que d'étendre la loi à l'hypothèse qu'elle n'a pas expressément prévue.

**232.** — 1° *Plaider* (*Rép.* n° 292). — Il a été jugé, à ce sujet, depuis la publication du *Répertoire* : 1° que la prohibition faite par les art. 499 et 513 du c. civ. à l'individu pourvu d'un conseil judiciaire de plaider sans l'assistance de ce conseil est générale et absolue, et s'étend à la défense aussi bien qu'à la demande, à l'appel comme au premier degré de juridiction; qu'elle s'applique en un mot à toutes les contestations, et spécialement à une demande en partage et licitation (Rennes, 3 janv. 1880, aff. Leneveu, D. P. 80. 2. 254); — 2° Qu'au cas où une femme mariée, sur le refus d'assistance du conseil judiciaire dont elle est pourvue, plaide avec l'autorisation à elle donnée par son mari, les juges peuvent la déclarer non recevable à ester en justice et la condamner, ainsi que le mari, aux dépens de l'incident (Même arrêt); — 3° Que la défense de plaider sans l'assistance du conseil judiciaire s'applique tant aux procès qui tiennent à la personne qu'à ceux qui tiennent aux biens (Besançon, 11 janv. 1851, aff. Jarre, D. P. 51. 2. 61; Limoges, 2 juin 1856, aff. Barrot, D. P. 57. 2. 26; Toulouse, 11 août 1884, *infrà*, n° 234); ... qu'elle s'étend, en conséquence, même au cas où il s'agit de défendre à une demande en séparation de corps (Limoges, 2 juin 1856, précité; Amiens, 9 juill. 1873 (1);

---

(1) (De la Prairie et Sauvage C. De la Prairie.) — Le sieur de la Prairie étant pourvu d'un conseil judiciaire, sa femme a formé contre lui une demande en séparation de corps sans mettre en cause le conseil. Cette demande fut néanmoins admise par le tribunal de Laon, qui considéra qu'il s'agissait d'une demande relative à la personne et que l'assistance du conseil ne devait pas être exigée pour une contestation de ce genre. Appel fut interjeté par le sieur de la Prairie et devant la cour le sieur Sauvage, conseil judiciaire, intervint pour assister l'appelant.

La cour; — Sur la nullité résultant de ce que Sauvage, conseil judiciaire de de la Prairie, n'aurait pas été mis en cause en première instance : — Considérant que l'art. 513 du c. civ., dispose formellement que le prodigue ne peut plaider sans l'assistance de son conseil ; qu'il n'est fait par la loi aucune exception à ce principe; que, Sauvage n'ayant pas été appelé devant les premiers juges, il en résulte que la procédure suivie en première instance et le jugement intervenu sont, à ce titre seul, frappé de nullité, et que cette nullité n'a pu être couverte par les renon-

21 juill. 1880 (1); — 4° Que l'individu pourvu d'un conseil judiciaire ne peut, sans l'assistance de ce conseil, interjeter appel d'un jugement de séparation de corps (Limoges, 2 juin 1856, précité); — 5° Que le tiers qui actionne un prodigue en justice doit mettre en cause le conseil judiciaire et ne peut éviter d'être condamné à supporter les frais de la procédure faite jusqu'à l'appel en cause ou l'intervention de ce conseil en alléguant qu'il n'avait pas connaissance de l'incapacité du défendeur (Trib. Lyon, 13 mars 1869, aff. Nolhac, D. P. 71. 5. 221); — 6° Que le jugement qui déclare la faillite d'un individu pourvu d'un conseil judiciaire (ou, ce qui revient au même, le jugement qui rend exécutoire en France un jugement de déclaration de faillite rendu à l'étranger) doit être annulé comme irrégulièrement obtenu si le jugement a été pris sans que le conseil judiciaire ait été assigné (Req. 27 juill. 1874, aff. Hanssens, D. P. 76. 1. 129); — 7° Que pour faire courir les délais d'appel contre le prodigue, la signification du jugement qui le condamne doit être faite tant au prodigue qu'à son conseil judiciaire (Req. 20 juin 1883, aff. Dehaussy de Robecourt, D. P. 84. 1. 248).

**233.** Toutefois, bien qu'une partie ait été pourvue d'un conseil judiciaire au cours d'une instance, le jugement peut être valablement rendu sans l'assistance de ce conseil, s'il

n'a été nommé que postérieurement à la mise en état de la cause (Paris, 7 avr. 1868, sous Civ. cass. 21 févr. 1870, aff. Lecaron, D. P. 70. 1. 299).

**234.** L'individu pourvu d'un conseil judiciaire doit-il être assisté de son conseil pour demander la mainlevée d'une opposition formée à son mariage? Un argument très puissant tendrait à démontrer que l'assistance du conseil ne doit pas être nécessaire au prodigue dans ce cas particulier. Le prodigue n'a certainement pas besoin de l'assistance de son conseil judiciaire pour contracter mariage; or, si on exige qu'il obtienne cette assistance pour faire lever une opposition à son mariage, on peut lui rendre ainsi le mariage impossible, on accorde en tout cas au conseil judiciaire une autorité égale sinon supérieure à celle que la loi donne, en cette matière, aux père et mère. Néanmoins, une jurisprudence aujourd'hui constante décide que l'assistance du conseil judiciaire est nécessaire au prodigue même lorsqu'il s'agit pour lui de plaider en mainlevée d'une opposition à mariage (Toulouse, 2 déc. 1839, Rép. n° 292; Besançon, 11 janv. 1851, aff. Jarre, D. P. 51. 2. 61; Trib. Seine, 23 oct. 1869, D. P. 69. 3. 90; Douai, 7 mars 1881, aff. Descamps, D. P. 81. 2. 208; Liège, 12 juill. 1882, aff. Bosson, D. P. 84. 2. 200; Toulouse, 11 août 1884)(2). Cette solution est admise aussi bien par la plupart des auteurs (Aubry et Rau, t. 1, § 140,

---

ciations et consentements émanés de de la Prairie procédant seul, sans l'assistance de son conseil; — Considérant que si ce conseil est intervenu sur l'appel formé par de la Prairie, son intervention ne saurait couvrir les irrégularités antérieures, ni mettre obstacle à ce qu'il puisse, aussi bien que de la Prairie, invoquer les nullités survenues; — Que, de la Prairie et lui déclarant aujourd'hui qu'ils entendent les opposer, les nullités doivent être prononcées; — Mais, considérant, d'autre part, que l'intervention de Sauvage régularise la procédure en cause d'appel; — Que, devant la cour, la dame de la Prairie procédant à la fois contre son mari et le conseil de celui-ci, il doit lui être permis de se prévaloir des principes particuliers à la procédure d'appel, tels qu'ils sont établis par l'art. 473 c. proc. civ.; — Considérant qu'aux termes de cet article, les tribunaux d'appel sont autorisés à statuer sur le fond du procès, lorsqu'ils infirment un jugement définitif soit pour vice de forme, soit pour toute autre cause, et cela, sous deux conditions : la première, qu'ils aient juridiction sur le litige, et la seconde, que la matière soit disposée à recevoir jugement; — Considérant que la première de ces deux conditions se trouve accomplie par cela même que le tribunal de Laon est reconnu compétent, ce tribunal étant au nombre de ceux qui ressortissent à la juridiction de la cour; — Considérant, quant à la seconde condition, que les parties concluent à la fois et sur la forme et sur le fond du procès, et qu'à tous ces divers points de vue, la cause est complètement instruite; — Considérant, en effet, que si la cour se trouve dans la nécessité de prononcer la nullité de l'enquête reçue en première instance et ne saurait en faire usage pour étayer sa décision en dehors des données fournies par cette enquête, il résulte des documents produits et des explications fournies au procès, la preuve dès maintenant acquise que de la Prairie s'est livré sur sa femme à des excès et lui a prodigué des injures graves, de nature à justifier sa demande en séparation; — Considérant que ces injures n'ont pas même cessé au cours de l'instance; — Que notamment, dans une lettre écrite par de la Prairie à son beau-frère, etc.; — Par ces motifs, etc.
Du 9 juill. 1873.-C. d'Amiens, 1re ch.-MM. Saudbreuil, 1er pr.- Proust, subst.-Aubey, Obry et Daussy, av.

(1) (Hachet C. Hachet.) — La cour; — Considérant que Hachet, pourvu d'un conseil judiciaire, a été assigné seul devant les premiers juges et y a procédé seul jusqu'au jugement définitif; — Considérant que ledit Hachet, cette fois avec l'assistance de son conseil judiciaire, a interjeté appel de ce jugement; que l'un et l'autre demandent que ledit jugement et la procédure qui l'a précédé soient annulés et.les conclusions par eux prises. — Considérant qu'en cet état, il convient avant tout de statuer sur la nullité invoquée, laquelle nullité n'est pas contestée et porte aussi bien sur l'exploit introductif d'instance que sur le surplus des actes intervenus devant le tribunal; — Considérant que Hachet n'a pris aucune conclusion régulière au fond qui aurait couvert la nullité dont il s'agit; que, proposée en première instance par l'appelant assisté de son conseil judiciaire, elle aurait dû être admise; qu'il doit en être de même en cause d'appel; — Considérant que, cette nullité étant prononcée, il ne saurait y avoir lieu pour la cour de statuer sur le fond, dont cette solution même la dessaisit; — Par ces motifs; — Déclare nul de droit, par application des art. 502 et 513 c. civ., le jugement du tribunal de Saint-Quentin du 16 janv. 1880; — Déclare également nul et de nul effet, par application des mêmes articles, toute la procédure

sur laquelle ce jugement est intervenu, y compris l'exploit introductif d'instance.
Du 21 juill. 1880.-C. d'Amiens.-MM. Saudbreuil, 1er pr.-Charmeil, av. gén.-Prévost et Havart, av.

(2) (Doat C. Doat.) — Le 14 juill. 1882, jugement du tribunal civil d'Albi ainsi conçu : « — Considérant que, par jugement du tribunal de céans, Emile-Vincent Doat a été pourvu, le 9 août 1882, d'un conseil judiciaire, en la personne de Pierre-Paul Fabre, mégissier à Graulhet; que l'interdiction de plaider, de transiger, d'emprunter, de recevoir un capital mobilier ou d'en donner décharge, d'aliéner ou grever ses biens d'hypothèques sans l'assistance de ce conseil, qui est résultée, aux termes de l'art. 513 c. civ., pour ledit Emile-Vincent Doat, de cette mesure, n'a pas été levée; que, par exploit, néanmoins, en date du 14 juin dernier, celui-ci a assigné, sans le concours dudit conseil, devant le tribunal, Victor Doat et dame Marie-Hélène-Victorine Mathieu, ses père et mère, aux fins d'y voir ordonner la mainlevée des oppositions que ceux-ci ont formées, par exploits du 31 mai 1884, entre les mains des officiers de l'état civil de ces deux villes, à son mariage avec la demoiselle Marie-Léonie Rolland; qu'il soutient, à la vérité, qu'au cas particulier, il n'avait pas besoin de recourir à ce concours; — Mais attendu que les prohibitions de l'art. 513, précité, sont absolues et générales; qu'en ce qui touche notamment la faculté de plaider, la prohibition édictée par cet article doit recevoir son application, quelle que soit la nature de la contestation, qu'il s'agisse d'un procès relatif aux biens ou d'un procès concernant la personne; que décider en effet le contraire serait arbitrairement créer une distinction que, dans une matière aussi importante, le législateur n'eût pas manqué d'établir lui-même en termes formels, si, en réalité, il eût voulu qu'elle existât; que l'on ne comprend pas, du reste, que ce même législateur ait entendu soustraire le prodigue aux écarts de sa légèreté lorsqu'il devait s'agir de sa fortune ou de ses biens, et qu'il ait voulu, au contraire, l'abandonner à lui-même au milieu de contestations qui exigent au plus haut point de la gravité et de la sagesse; que l'on ne saurait enfin aboutir à la distinction proposée par Vincent Doat que par voie d'interprétation; mais que l'on n'interprète pas ce qui est précis et clair, et que dans cette dernière catégorie rentre bien l'art. 513 c. civ.; — Attendu, d'autre part, que, si la loi interdit au prodigue de plaider, c'est parce que, en plaidant, il peut compromettre sa fortune; et qu'il y a lieu de remarquer qu'une atteinte tout au moins peut être portée à celle-ci par un procès, quelle que soit sa nature; — Attendu, conséquemment, que le tribunal doit refuser l'audience audit Vincent Doat, tant qu'il ne sera pas assisté comme le veut la loi; — Par ces motifs, etc. ».
Appel par M. Vincent Doat.
La cour; — Attendu que Emile-Vincent Doat a été pourvu d'un conseil judiciaire, par jugement du tribunal d'Albi en date du 9 août 1882; que, par exploit du 14 juin dernier, il a assigné, sans le concours de son conseil, ses père et mère devant ledit tribunal, pour obtenir une mainlevée des oppositions qu'ils ont formées à Agen et à Albi, entre les mains des officiers de l'état civil, au mariage dudit Vincent Doat, avec la demoiselle Marie-Léonie Rolland; — Attendu que l'art. 513 c. civ. est absolu, et que l'individu pourvu d'un conseil judiciaire ne peut plaider sans l'assistance de son conseil; qu'il n'est pas permis de distinguer là où la loi ne le fait pas elle-même; que, sans doute, celui qui est pourvu d'un conseil judiciaire conserve la faculté de con-

p. 570, note 4 ; Laurent, t. 5, n° 361 ; Delaporte, *Traité de la condition du prodigue*, p. 322. — *Contrà :* Lambert, *De la condition des prodigues*, p. 73). M. Demolombe, t. 3, n° 22, et t. 8, n° 724, avait pensé qu'il devait suffire en pareil cas que le conseil judiciaire fût mis en cause par le prodigue ; mais cet expédient, qui ne donnait d'ailleurs qu'une satisfaction apparente au texte des art. 499 et 513, a été jugé insuffisant (Trib. Seine, 23 oct. 1869, précité). La jurisprudence décide aussi, que le refus par le conseil judiciaire d'assister le prodigue pour plaider ne peut pas être suppléé par l'autorisation du juge (Besançon, 11 janv. 1851 ; Douai, 7 mars 1881, précités). Mais elle admet que le prodigue peut, sans assistance, introduire une demande en révocation de son conseil ou en nomination d'un conseil ad hoc (Besançon, 11 janv. 1851 ; Trib. Seine, 23 oct. 1869, précités ; 30 avr. 1870, aff. Deschamps, D. P. 70. 3. 78.; Liège, 12 juill. 1882, précité). Jugé même que le jugement qui nomme le conseil ad hoc peut être rendu sur une requête présentée par le prodigue et sans mise en cause du conseil judiciaire, dans le cas tout au moins où ce conseil est le père du prodigue et l'auteur de l'opposition dont celui-ci veut demander la mainlevée (Trib. Seine, 30 avr. 1870, précité). En tout cas, le tribunal reste le maître d'accorder ou non la nomination d'un nouveau conseil ou d'un conseil ad hoc, et, comme on l'a fait justement remarquer dans la note sous l'arrêt précité de Douai, 7 mars 1881 (D. P. 81. 2. 208, note 1), il pourra arriver que les conseils judiciaires successivement désignés refusent indéfiniment leur assistance, et arrêtent ainsi, par la seule force d'inertie, la réalisation d'un projet d'union, au mépris de la liberté des mariages. On a pensé que le prodigue aurait, comme suprême moyen de triompher du veto obstiné de son conseil, le droit de l'actionner en dommages-intérêts, à raison de son refus abusif, aux termes des art. 1382 et 1383 c. civ. ; mais ce moyen-là même, à notre avis, n'aboutirait pas, car le conseil se défendrait victorieusement en disant qu'il ne fait qu'user de son droit.

**235.** La défense de plaider sans l'assistance du conseil judiciaire entraîne, pour le prodigue, la défense d'acquiescer à une demande en justice ou à un jugement rendu contre lui. Jugé notamment que l'acquiescement donné par le prodigue seul à un jugement par défaut n'empêche pas ce jugement de tomber en péremption faute par le bénéficiaire de l'avoir exécuté dans les six mois (Rennes, 25 déc. 1866, aff. Loos, D. P. 68. 2. 174; Civ. cass. 6 nov. 1867, aff. Bellœil, D. P. 67. 1. 481).

Le prodigue pourrait-il du moins se désister d'une instance sans l'avis de son conseil ? Le négative a été jugée par un arrêt rapporté au *Répertoire* (Bruxelles, 27 nov. 1823, *Rép.* v° *Désistement*, n° 21). Suivant M. Laurent, t. 5, n° 362, les arrêts qui décident que le prodigue ne peut acquiescer ni se désister, se fondent à tort sur ce qu'il ne peut transiger ; ce motif n'est pas valable, car ni l'acquiescement ni le désistement ne sont une transaction. Il faut plutôt partir du principe que le prodigue, ne pouvant ester en justice, ne peut, par cela même, faire aucun acte concernant un procès intenté sans l'assistance de son conseil.

**236.** Il est cependant quelques instances dans lesquelles la jurisprudence et la doctrine admettent que l'individu pourvu d'un conseil n'a pas besoin d'assistance. Ainsi : 1° le prodigue ou le faible d'esprit peut, sans l'assistance de son conseil, ester devant le juge d'appel, à l'effet d'obtenir la réformation du jugement qu'il a pourvu de ce conseil (Bordeaux 27 févr. 1878, aff. Mourgues, D. P. 79. 2. 120) ; — 2° Il peut aussi, sans l'assistance de son conseil, défendre à la demande d'interdiction formée contre lui, et interjeter appel du jugement qui a prononcé son interdiction (Civ. rej. 15 mars 1858, aff. Veuve Antoine et Joyeux, D. P. 58. 1. 121 ; Trib. Lyon, 8 juin 1872, aff. Mistral, D. P. 73. 3. 7) ; — 3° S'il est obligé de plaider contre son conseil judiciaire lui-même il doit pouvoir également former seul la demande tendant à la nomination du conseil ad hoc qui sera chargé de l'assister dans le

tracter mariage ; mais qu'en présence du texte formel de l'art. 513, on doit reconnaître que, si, pour arriver au mariage, il est obligé de recourir à la justice, il ne peut le faire sans l'assistance de son conseil ; — Attendu, par suite, que Vincent Doat ne pouvait intenter son action en mainlevée d'opposition qu'avec l'assistance

procès (Trib. Seine, 30 avr. 1870, aff. Deschamps, D. P. 70. 3. 78). Et en général le prodigue ou faible d'esprit n'a pas besoin d'être assisté pour demander, soit le remplacement définitif ou temporaire de son conseil judiciaire, soit la mainlevée du jugement qui le lui a nommé (V. *infrà*, n°s 289 et suiv.).

**237.** La défense de plaider sans l'assistance du conseil judiciaire s'étend-t-elle au cas où le prodigue est poursuivi devant les tribunaux de répression ? Non, en ce qui concerne les poursuites pénales exercées par le ministère public. Il résulte même d'un arrêt de la cour de cassation que l'individu pourvu d'un conseil judiciaire peut être condamné, par la juridiction correctionnelle, à des dommages-intérêts envers la partie civile qui a souffert de son délit, sans que le conseil ait été appelé dans l'instance (Crim. rej. 29 mars 1849, aff. Jacquin, D. P. 49. 1. 225). Mais, d'après MM. Aubry et Rau, t. 1, § 109, p. 430, note 9, lorsque c'est la partie civile, et non le ministère public, qui poursuit elle-même directement le prodigue devant le tribunal de répression, l'action doit être dirigée à la fois contre le prodigue et contre le conseil judiciaire. Dans l'hypothèse inverse, celle où c'est le prodigue qui est demandeur en réparations civiles devant la justice répressive, la cour de cassation a décidé implicitement qu'il doit être assisté de son conseil, car elle a admis que la citation en justice signifiée à la requête du prodigue seul n'a lieu à une exception dilatoire tendant à ce qu'il ne puisse procéder sans être habilité (Crim. cass. 27 juin 1884, aff. Despiau-Goulard, D. P. 85. 1. 135).

**238.** L'individu pourvu d'un conseil a, du reste, la faculté de faire seul tous actes conservatoires de nature à prévenir les déchéances qu'il pourrait encourir ; il peut ainsi interjeter appel d'un jugement, sauf à se faire ensuite assister de son conseil pour plaider (V. *Rép.* n° 292 ; Poitiers, 7 août 1867, sous Req. 12 août 1868, aff. Duroussy, D. P. 69. 1. 268). En matière de délit de presse, la citation donnée à la requête du prodigue seul interrompt la prescription de trois mois, alors même que le conseil judiciaire n'intervient dans la poursuite que plus de trois mois après le jour du délit (Crim. cass. 27 juin 1884, précité).

**239.** L'assistance requise en matière judiciaire, comme en toute autre matière, n'est pas seulement une autorisation : la présence du conseil est nécessaire dans toutes les phases de la procédure. En conséquence, l'arrêt rendu contre un prodigue simplement autorisé par son conseil, sans que celui-ci ait figuré comme partie au procès, est susceptible d'être annulé (Civ. cass. 1er févr. 1876, aff. Duroussy, D. P. 76. 1. 80). Jugé même que le conseil judiciaire a le droit et le devoir de présenter la défense du prodigue, même contre le gré de celui-ci, et qu'il peut seul interjeter appel des décisions rendues, sauf aux juges à ordonner la mise en cause du prodigue (Lyon, 9 mai 1882, aff. Boryon, D. P. 83. 2. 21).

**240.** Toutefois, le conseil judiciaire, d'accord avec le prodigue, peut ratifier les actes de procédure faits par celui-ci sans son assistance ; il a été jugé qu'une telle ratification peut se produire même en cause d'appel et couvrir la nullité du jugement pris contre le prodigue sans l'assistance du conseil (Paris, 12 déc. 1861, aff. Cave, D. P. 62. 5. 186; Rennes, 19 févr. 1879, aff. Hanssens, D. P. 79. 2. 65). Mais évidemment cette ratification n'a lieu qu'autant que le prodigue et le conseil judiciaire y consentent ; s'ils concluent, au contraire, à la nullité de la procédure qui a précédé l'intervention ou la mise en cause du conseil, cette nullité doit être prononcée, et le demandeur sera condamné aux dépens (Trib. Lyon, 13 mars 1869, aff. Nolhac, D. P. 71. 5. 221; Amiens, 9 juill. 1873, *suprà*, n° 232; 21 juill. 1880, *ibid.*), sauf le droit d'évocation dont la cour d'appel peut user lorsque l'affaire en état d'être jugée (V. l'arrêt précité du 9 juill. 1873). En outre la ratification consentie par le prodigue assisté de son conseil ne saurait porter atteinte aux droits acquis à des tiers. La jurisprudence a fait une

du sieur Fabre, son conseil judiciaire, et que la décision des premiers juges doit être confirmée ; — Par ces motifs ; — Confirme, etc.
Du 11 août 1884.-C. de Toulouse, 2e ch.-MM. Frezouls, pr.-Moras, av. gén.-Puget et Ebelot, av.

remarquable application de cette règle dans un cas où un jugement déclaratif de faillite avait été rendu contre un prodigue non assisté de son conseil. Un créancier hypothécaire du prodigue ayant formé tierce opposition à ce jugement, dont le syndic de la faillite se prévalait pour faire annuler l'inscription de ce créancier, il a été jugé que l'irrégularité du jugement n'avait pu être couverte par la ratification ultérieure du conseil judiciaire, au préjudice des droits acquis au tiers créancier par le fait de la tierce opposition qu'il avait formée (Req. 27 juill. 1874, aff. Hanssens; D.P. 76. 1. 129).

**241.** Le jugement rendu contre le prodigue régulièrement assisté a la même valeur que s'il était rendu contre un individu jouissant de son entière capacité. Un arrêt a cru pouvoir décider qu'un jugement qui avait condamné sans restriction un prodigue, assisté de son conseil, au payement d'une dette contractée par le prodigue seul, n'emportait pas hypothèque judiciaire au profit du créancier et ne pouvait pas être exécuté sur les immeubles du débiteur (Dijon, 22 nov. 1867, aff. Bourdot, D. P. 68. 2. 73). Cet arrêt nous paraît avoir violé les art. 2123 et 2204 c. civ., aux termes desquels le créancier nanti d'un jugement jouit de l'hypothèque judiciaire et peut poursuivre l'expropriation des biens immobiliers de son débiteur. Si le prodigue s'était obligé seul pour une dette excédant sa capacité, il n'aurait pas dû être condamné à la payer, mais dès l'instance que la condamnation avait été prononcée contre lui régulièrement et alors qu'il était assisté de son conseil, elle devait avoir le même effet que si elle avait été rendue contre toute autre personne (V. toutefois la note sous l'arrêt précité).

**242.** — 2° *Transiger* (*Rép.* n° 293). — La défense de transiger emporte celle de compromettre, car pour compromettre, il faut avoir la libre disposition de ses droits (c. proc. civ. art. 1003), et le compromis est considéré par la loi comme plus grave que la simple transaction (V. c. civ. art. 1989). Il a été jugé avec raison que celui qui a donné mandat à un tiers de désigner un arbitre vient à être pourvu d'un conseil judiciaire, le mandataire ne peut plus user du pouvoir qui lui est conféré qu'à la condition de faire intervenir le conseil judiciaire (Paris, 29 août 1831, aff. Lemaire, D. P. 52. 5. 325).

**243.** La défense de transiger comprend aussi celle de déférer, référer ou accepter un serment, puisqu'au fond les parties, dans ces hypothèses, transigent conditionnellement. Du reste, la même prohibition résulte de la défense de plaider.

**244.** — 3° *Emprunter* (*Rép.* n° 294). — Par la défense d'emprunter, la loi, comme on l'a dit au *Rép. ibid.*, prohibe tous les actes d'emprunt, directs ou indirects, visibles ou déguisés. — Il a été jugé : 1° que tout prêt fait au prodigue, postérieurement au jugement qui lui a donné un conseil judiciaire, est nul, s'il n'a été fait avec l'assistance du conseil (Rouen, 5 déc. 1853, aff. Lebreton, D. P. 54. 2. 123); — 2° Que le prodigue n'est pas obligé par les engagements qu'il a pris sans l'assistance de son conseil, quoiqu'il soit constaté que ces engagements n'ont rien d'excessif en considération de sa fortune, s'il n'est pas en même temps établi qu'ils ont servi à la satisfaction de ses besoins et lui ont, dès lors, profité (Civ. cass. 1er août 1860, aff. Defresne, D. P. 60. 1. 316); — 3° Que l'individu qui a consenti le prêt d'une somme à un prodigue non assisté de son conseil, moyennant le transport d'une somme égale à prendre dans les loyers d'une maison de ce prodigue, est à bon droit actionné en restitution des loyers qu'il a perçus en vertu d'une telle délégation, qui est nulle (Trib. Seine, 5 août 1873, aff. Bazin, D. P. 73. 3. 87).

**245.** Il est bien entendu, toutefois, que si le prodigue s'était réellement enrichi au moyen des emprunts par lui contractés, il devrait, comme tout incapable, restituer ce qui lui aurait profité.

**246.** Sur la question de savoir si l'individu pourvu d'un conseil peut s'obliger en dehors des actes de pure administration, et s'il peut contracter des engagements commerciaux, V. *infra*, n°s 260 et suiv.

**247.** — 4° *Recevoir un capital mobilier et en donner décharge* (*Rép.* n° 295). — D'après la jurisprudence, d'accord en cela avec la généralité des auteurs, le conseil judiciaire a le droit et le devoir, non seulement d'assister le

prodigue qui reçoit un capital mobilier, mais encore d'exiger qu'il soit fait emploi de ce capital (V. Caen, 6 mai 1850, aff. Saint-Céran, D. P. 51. 2. 46; Paris, 31 janv. 1876, aff. de R..., D. P. 77. 2. 48; Demolombe, t. 8, n° 726; Aubry et Rau, t. 1, § 140, p. 571, note 9; Laurent, t. 5, n° 368; Lambert, p. 77; Delaporte, p. 331). — Jugé notamment qu'un conseil judiciaire qui avait reçu du prodigue le mandat général d'administrer ses biens était passible de dommages-intérêts envers lui, alors qu'il lui avait ouvert un compte courant et lui avait remis sans nécessité justifiée des sommes hors de proportion avec ses revenus annuels (Paris, 31 janv. 1876, précité).

**248.** Si le prodigue a un compte de gestion à recevoir, il doit nécessairement être assisté de son conseil pour le régler et pour en toucher le reliquat. Ce cas se produira notamment lorsqu'un mineur aura été pourvu d'un conseil judiciaire avant sa majorité; il aura besoin alors de l'assistance de son conseil pour recevoir son compte de tutelle; et si c'est son tuteur qui est devenu son conseil judiciaire, le prodigue devra être pourvu à cet effet d'un conseil *ad hoc* (Trib. Chalon-sur-Saône, 5 déc. 1849, aff. Coste, D. P. 66. 5. 261; Trib. Seine, 14 avr. 1859, aff. Coste, D. P. 66. 5. 262; Trib. Dijon, 21 mars 1860, même affaire, *ibid.*). — Jugé que ce conseil *ad hoc* peut être nommé par le tribunal du domicile du prodigue, en chambre du conseil, soit à la requête du prodigue agissant seul, soit à celle du conseil judiciaire (Jugements précités du 14 avr. 1859, et du 21 mars 1860),... et même qu'il incombe au conseil judiciaire de provoquer cette nomination (Jugement du 5 déc. 1849, précité).

**249.** — 5° *Aliéner* (*Rép.* n°s 296 à 298). — La prohibition d'aliéner sans l'assistance du conseil s'applique-t-elle aux meubles comme aux immeubles? Pour la négative, on invoque, comme il l'a dit au *Rép.* n° 296, les mots qui suivent le mot *aliéner* dans les art. 499 et 513 : « ni grever ses biens d'hypothèques » ; or, dit-on, il n'y a que les immeubles qui puissent être grevés d'hypothèques (c. civ. art. 2118). On ajoute que, dans la pensée des rédacteurs du code, l'aliénation des meubles rentrait dans les actes d'administration, pour lesquels le prodigue conserve sa capacité ; que les seules aliénations qui sont défendues au mineur émancipé sont les aliénations immobilières (c. civ. art. 484). Mais ce système est aujourd'hui repoussé par la majorité des auteurs. On répond à l'argument tiré du texte des art. 499 et 513 que le mot *aliéner* ne doit pas être lié aux mots qui le suivent, et que la virgule placée après ce mot indique qu'il est pris dans un sens absolu. Si pour le mineur émancipé la loi a dit formellement qu'il ne pourra « vendre ni aliéner ses immeubles », elle ne s'est pas exprimée de même pour le prodigue, et même pour le mineur, elle ajoute qu'il ne pourra faire aucun acte autre que ceux de pure administration, d'où résulte pour lui l'interdiction de faire des aliénations mobilières importantes. Enfin la protection accordée au prodigue ou au faible d'esprit serait souvent illusoire, si la prohibition d'aliéner sans l'assistance du conseil ne s'appliquait pas aux immeubles; quand la fortune ne consisterait qu'en valeurs mobilières, la dation d'un conseil judiciaire resterait sans utilité (V. en ce sens : Demante, t. 2, n° 285 *bis*, III; Aubry et Rau; t. 1, § 140, p. 571, note 10; Laurent, t. 5, n° 364; Lambert, p. 79; Delaporte, p. 332). Toutefois, faut-il aller jusqu'à dire, comme le fait M. Laurent, *loc. cit.*, que l'assistance du conseil judiciaire est nécessaire au prodigue pour toute aliénation mobilière et que quelle que soit? Que le prodigue ne peut même pas vendre ses récoltes ni les autres meubles corporels qui par leur nature sont destinés à être vendus? Le prodigue conserve pourtant l'administration de ses biens, et comment pourra-t-il administrer s'il ne peut rien vendre? Il y a des aliénations de mobilier qui rentrent certainement dans le cercle des actes d'administration, comme les ventes de récoltes, de bestiaux, de vieux ustensiles aratoires à remplacer; ces ventes n'excèdent certainement pas les bornes de la capacité de l'individu pourvu d'un conseil. Quant aux autres ventes de mobilier, comme le remarque M. Baudry-Lacantinerie, t. 1, n° 1190, le prix moyennant lequel elles sont faites constitue nécessairement un capital; or le prodigue ne peut pas toucher ce capital ni en donner décharge sans l'assistance de son conseil. Cela implique que l'assistance du conseil est nécessaire aussi pour l'aliénation ; car on ne comprendrait guère que la loi autorisât une aliénation sans l'assistance du conseil et exigeât cette assistance pour en toucher le prix. Jugé en ce sens que la dation d'une somme comme couverture, pour une opération de bourse destinée à se solder par des différences, est comprise dans les actes interdits au prodigue par l'art. 513 c. civ., dont la généralité embrasse tous les modes d'aliénation par lesquels le prodigue se dépouille d'une partie de sa fortune (Lyon, 9 juin 1883, aff. Crédit provincial, D. P. 84. 2. 83);... et que la prohibition d'aliéner a pour conséquence et sanction la répétition des valeurs aliénées indûment (Même arrêt).

**250.** L'individu pourvu d'un conseil ne peut aliéner ni directement ni indirectement. D'après la cour de cassation, un bail de quinze années, consenti par un prodigue dans des conditions désavantageuses pour lui, est susceptible d'être annulé, en vertu de l'art. 513 c. civ., comme ayant le caractère d'un acte d'aliénation (Req. 14 juill. 1875, aff. Canestrier, D. P. 76. 1. 202). Jugé aussi qu'un bail d'immeubles, consenti par un prodigue non assisté de son conseil, pour une durée excédant neuf années, peut être réduit à la période de neuf années (Toulouse, 23 août 1855, aff. Duclos, D. P. 55. 2. 328. V. *infrà*, n° 280).

**251.** Dans quelle mesure la défense d'aliéner sans l'assistance du conseil judiciaire s'applique-t-elle aux actes de disposition à titre gratuit? Deux points sont certains : 1° le prodigue peut disposer de ses biens par testament ; 2° il ne peut faire d'aliénation entre vifs à titre gratuit (V. *Rép*. n° 298). Mais a-t-il besoin de l'assistance de son conseil pour disposer de tout ou partie des biens qu'il laissera au jour de son décès par donation contractuelle? Aux termes de l'art. 1083 c. civ., cette sorte de donation est irrévocable en ce sens seulement que le donateur ne pourra plus disposer à titre gratuit des objets compris dans la donation, si ce n'est pour sommes modiques, à titre de récompense ou autrement. Bien que le donateur, dans cette hypothèse, conserve le droit de disposer à titre onéreux, on ne peut nier qu'il se dépouille immédiatement de quelque chose, qu'il aliène dès à présent son droit de disposer à titre gratuit. Il peut ainsi se gêner pour l'avenir, se mettre dans l'impuissance de doter convenablement ses enfants ou d'autres parents. C'est pourquoi nous estimons, avec la majorité des auteurs, que cette sorte de donation ou institution contractuelle, malgré son analogie avec le testament, excède la capacité du prodigue non assisté de son conseil (V. en ce sens : Aubry et Rau, t. 8, § 739, p. 65, note 18; Laurent, t. 5, n° 366; Lambert, p. 101). — À notre avis, la solution doit être la même pour la donation contractuelle que le prodigue ferait en faveur d'un de ses enfants aussi bien que pour celle qu'il ferait au profit d'un tiers. Le principe sur lequel cette solution repose n'admet, en effet, aucune distinction, et l'on ne saurait objecter, avec un arrêt (Pau, 25 juin 1806, *Rép*. n° 298), qu'en dotant son enfant un père ou une mère remplit une obligation naturelle. Dès l'instant qu'il y a aliénation, peu importe la cause pour laquelle elle a lieu, l'acte ne peut être fait par le prodigue sans l'assistance de son conseil (Comp. Montpellier, 1er juill. 1840, *Rép*. n° 296 ; Demolombe, t. 8, n° 738 ; Aubry et Rau, t. 1, § 140, p. 572, note 15). — Le prodigue a-t-il également besoin de l'assistance de son conseil judiciaire pour faire donation à son conjoint de tout ou partie des biens qu'il délaissera? La négative a été jugée, par le motif qu'une telle libéralité faite sous la forme d'une donation entre époux n'a pas plus de valeur que si elle était faite par testament ; qu'elle n'entraîne pas une aliénation réelle de biens, un dessaisissement ou une diminution du patrimoine (Bruxelles, 3 avr. 1886, aff. Tichon, D. P. 87. 2. 71). Dans cette hypothèse, en effet, il n'y a réellement aucune aliénation, car la disposition demeure toujours révocable (c. civ. art. 1096), et comme elle ne porte que sur la succession du disposant, elle ne prive pas celui-ci du droit de donner entre vifs aucune partie de ses biens. Mais la donation entre époux qui aurait pour objet une chose déterminée excéderait, suivant nous, la capacité du prodigue, quand encore elle serait subordonnée au prédécès du donateur. La faculté de révoquer une telle donation n'empêche pas, en effet, qu'elle ne constitue une aliénation tant que la révocation n'a pas

eu lieu (Comp. *Rép*. n° 297, *in fine* ; Demolombe, t. 23 ; n°s 462 et 463 ; Aubry et Rau, t. 8, § 744, p. 108).

**252.** Nous devons maintenant examiner quel sera l'effet de la défense d'aliéner quant aux conventions matrimoniales du prodigue. Et, d'abord, le prodigue qui se marie sans contrat de mariage est-il soumis au régime de la communauté légale? Plusieurs auteurs, comme on l'a dit au *Rép*. n° 297, ont soutenu la négative, par le motif que la communauté légale peut emporter aliénation d'une partie du mobilier du prodigue au profit de son conjoint (Demolombe, t. 5, n° 740 ; Demante, t. 2, n° 235 *bis*, V). Mais les partisans de cette opinion ne sont pas d'accord sur le régime qu'il convient d'attribuer au prodigue : l'un propose la séparation de biens (Demolombe, *loc. cit.*) ; l'autre, la communauté réduite aux acquêts (Demante, *loc. cit.*). Aussi les derniers auteurs admettent généralement que l'individu pourvu d'un conseil qui se marie doit, à défaut de contrat de mariage, être soumis au régime de droit commun. Si ce régime entraîne pour le prodigue une aliénation, cet effet est plutôt dû à la loi qu'à la volonté du prodigue, et dès l'instant qu'on lui reconnaît la capacité de se marier sans l'assistance de son conseil, on doit le reconnaître également capable pour toutes les conséquences que la loi attache au mariage (V. en ce sens : *Rép*. n° 297 ; Agen, 21 juill. 1857, aff. Veuve Rivarès, D. P. 57. 2. 168 ; Limoges, 27 juill. 1867, aff. Bonnange, D. P. 67. 2. 77 ; Aubry et Rau, t. 1, § 140, p. 573, note 24 ; Laurent, t. 5, n° 365 ; Lambert, p. 93, Delaporte, p. 337. Comp. Caen, 20 mars 1878, aff. de la Villeurnoy, D. P. 78. 2. 217). Par suite, le prodigue pourrait, en faisant un contrat de mariage, adopter expressément le régime de la communauté légale ou même un autre régime dont les effets ne comprennent pas davantage sa fortune, celui de la communauté réduite aux acquêts, par exemple (V. *supra*, v° *Contrat de mariage*, n° 143).

**253.** Mais ne faut-il pas aller plus loin et dire que le prodigue, pouvant se marier, doit pouvoir librement arrêter ses conventions matrimoniales et même faire au profit de son conjoint toutes les donations dont le contrat de mariage est susceptible ? C'est le système qu'a soutenu M. Troplong (*Traité du contrat de mariage*, t. 1, n° 297), et la cour de cassation l'a adopté dans un arrêt ainsi motivé : — Attendu que, suivant la règle *Habilis ad nuptias, habilis ad nuptialia pacta*, la liberté de contracter mariage qui appartient au prodigue pourvu d'un conseil judiciaire, emporte avec elle la capacité de consentir toutes les conventions et dispositions de futur à futur dont le contrat de mariage est susceptible ; qu'en effet, on ne peut diviser le contrat de mariage, et tout en maintenant le régime d'association conjugale qui a pour base la volonté expresse ou tacite des futurs époux, déclarer sans validité les pactes ou dons de gains de survie qui s'y trouveraient mêlés, parce que, dans ce contrat, tous les pactes s'enchaînent et se mettent en équilibre ; que cet ensemble de stipulations combinées est souvent la condition du mariage, et qu'en subordonner la validité au consentement d'un tiers, tel que le conseil judiciaire, ce serait faire dépendre d'une volonté étrangère le mariage même, qui doit demeurer entièrement libre ; — Attendu que, si l'on appliquait, en matière de contrat de mariage, les prohibitions d'aliéner et d'hypothéquer portées dans l'art. 513 c. civ., elles feraient obstacle à la constitution de l'hypothèque de la femme sur les biens du mari et à d'autres conséquences du régime de la communauté ; mais que les prohibitions de l'art. 513, relatives aux conventions ordinaires dans lesquelles il ne s'agit que de balancer des intérêts matériels, ne sont point applicables aux conventions matrimoniales, arrêtées en vue du mariage sous l'influence des considérations qui le déterminent et dans lesquelles doit dominer, en vertu d'un principe commun aux deux actes, la liberté qui est l'âme du consentement des parties » ... (Civ. cass. 24 déc. 1856, aff. Veuve Rivarès, D. P. 57. 1. 18. *Adde* dans le même sens, Civ. cass. 5 juin 1889, aff. Brunet, D. P. 91. 2. 449). Malgré l'autorité qui s'attache d'ordinaire aux décisions de la cour suprême, ce système ne paraît pas avoir trouvé de défenseur dans la doctrine. Il contredit, en effet, trop manifestement les art. 499 et 513, et s'appuie pour cela sur de prétendus principes fort contestables. La règle *Habilis ad nuptias, habilis ad pacta nuptialia*, n'a jamais eu la portée que la cour de cassation lui attribue. Elle signifie seulement que celui qui est suffisamment capable pour contracter mariage a aussi par cela même une capacité suffisante pour consentir les conventions qui de droit commun accompagnent le mariage, pour se soumettre expressément ou tacitement au régime matrimonial ordinaire (V. *suprà*, n° 252). Il est vrai qu'aux termes de l'art. 1398 c. civ., les conventions et donations faites par le mineur dans son contrat de mariage sont valables, pourvu qu'il ait été assisté des personnes dont le consentement est nécessaire pour la validité du mariage. Mais encore faut-il que le mineur soit assisté, au moment où il passe son contrat, de ses ascendants ou du représentant de son conseil de famille ; cette assistance suffit pour protéger le mineur contre son inexpérience. Il nous paraît difficile de conclure de là que le prodigue, au contraire, doit pouvoir faire toute espèce de conventions et même donner tous ses biens à son conjoint sans être assisté de personne. Le contrat de mariage, dit encore la cour de cassation, est indivisible ; si l'on maintient le régime adopté par le prodigue, on est obligé de maintenir aussi toutes les dispositions de futur à futur que le contrat de mariage contient. Mais cette indivisibilité des conventions matrimoniales est encore un principe auquel il ne faut pas donner une extension exagérée. La cour de cassation a reconnu elle-même qu'une donation faite par contrat de mariage peut quelquefois être annulée sans que le contrat de mariage doive tomber tout entier pour cela (V. Civ. rej. 23 déc. 1856, aff. Métayer, D. P. 57. 1. 17. V. aussi *suprà*, v° *Contrat de mariage*, n° 143). Sans doute, il est possible que, d'après l'intention des parties, certaines dispositions soient la compensation du régime adopté ; alors la nullité des dispositions devra entraîner la nullité du régime et les époux seront réputés mariés sous la communauté légale ; mais c'est un cas exceptionnel qui ne peut pas être généralisé. Un troisième argument de la cour de cassation consiste à dire que l'application des art. 499 et 513 en matière de contrat de mariage ferait obstacle à la constitution de l'hypothèque légale de la femme sur les biens du mari pourvu d'un conseil et à certaines conséquences du régime de la communauté. Nous avons déjà répondu à cet argument en montrant que la capacité de se marier dont jouit le prodigue entraîne pour lui le droit de se soumettre au régime matrimonial de droit commun et, à plus forte raison, l'obligation de subir l'hypothèque légale de la femme, qui est, de par la loi, un effet nécessaire du mariage. Il y a là, il est vrai, une certaine dérogation aux défenses d'aliéner et d'hypothéquer portées par les art. 499 et 513 ; elle résulte de la nécessité de concilier ces prohibitions avec le droit qu'a le prodigue de contracter mariage. Mais ce n'est pas une raison pour autoriser le prodigue à consentir encore volontairement toute espèce d'aliénations comme s'il était affranchi de toute incapacité. Nous concluons donc qu'il ne peut, pas plus par contrat de mariage qu'autrement, faire aucune donation sans l'assistance de son conseil (V. aussi la note de M. de Loynes sur l'arrêt précité du 5 juin 1889, D. P. 91. 2. 449). C'est, du reste, la solution à laquelle s'est arrêtée la cour d'Agen, sur le renvoi qui lui a été fait par l'arrêt de la cour de cassation précité (V. Agen, 21 juill. 1857, aff. Veuve Rivarès, D. P. 57. 2. 168. V. aussi dans le même sens : Amiens, 21 juill. 1852, aff. Mesnil, D. P. 53. 2. 39 ; Pau, 31 juill. 1855, aff. Veuve Rivarès, D. P. 56. 2. 249 ; Bordeaux, 7 févr. 1855, aff. Métayer, *ibid.* ; Toulouse, 7 mai 1866, aff. Veuve Potier, D. P. 24. 2. 109 ; Angers, 28 nov. 1886, aff. Brunet, cassé par l'arrêt précité du 5 juin 1889, et Orléans, 11 déc. 1890, rendu sur renvoi dans la même affaire, D. P. 91. 2. 449 ; Demolombe, t. 8, n°s 736 et suiv. ; Aubry et Rau, t. 5, § 502, p. 236, note 12 ; Laurent, t. 5, n° 366 ; Lambert, p. 95 ; Delaporte, p. 338 ; D. de Folleville, *Traité du contrat pécuniaire de mariage*, t. 1, n°s 109 et suiv. ; Guillouard, *Traité du contrat de mariage*, t. 1, n° 321).

**254.** Nous avons admis *suprà*, n° 251, avec un arrêt, qu'un époux prodigue n'a pas besoin de l'assistance de son conseil pour faire donation à son conjoint, pendant le mariage, de tous les biens qu'il délaissera. Mais, dans notre opinion, la même donation ne pourrait pas avoir lieu par contrat de mariage, car elle serait alors irrévocable et constituerait une aliénation que le prodigue ne peut pas con-

sentir seul (V. en ce sens les arrêts et les auteurs cités au numéro précédent).

**255.** — 6° *Grever ses biens d'hypothèques* (*Rép.* n° 299). — La défense d'hypothéquer se trouve implicitement comprise dans la défense d'aliéner. Il a été jugé que l'individu pourvu d'un conseil judiciaire ne peut sans l'assistance de ce conseil donner un immeuble à antichrèse (Paris, 10 mars 1854, aff. Lefricque, D. P. 55. 2. 246. V. dans le même sens : Laurent, t. 5, n° 364). M. Valette (*Explication du livre 1er du code civil*, p. 386) estime, au contraire, qu'il est permis au prodigue de constituer seul une antichrèse, parce que le créancier n'acquiert par ce contrat que la faculté de percevoir les fruits de l'immeuble (c. civ. art. 2085), et que le prodigue a le droit d'aliéner ses récoltes. L'antichrèse toutefois est une aliénation anticipée des fruits ; c'est pourquoi, à moins qu'elle ne puisse être considérée comme un acte de simple administration, nous pensons qu'elle est, en principe, interdite au prodigue.

**256.** La défense d'hypothéquer, comme on l'a remarqué au *Rép.* n° 299, n'a pas pour conséquence d'affranchir les immeubles du prodigue des hypothèques judiciaires ou légales qui peuvent les frapper en vertu de jugements ou de la loi (V. *suprà*, n° 241).

**257.** — III. ACTES QUE L'INDIVIDU POURVU D'UN CONSEIL PEUT FAIRE SEUL (*Rép.* n° 300). — L'individu pourvu d'un conseil judiciaire n'a pas besoin de l'assistance de son conseil pour tous les actes d'administration, sauf pour le remboursement de ses capitaux et l'emploi à en faire. On a indiqué au *Rép.* n° 300, les actes qui rentrent à ce titre dans la capacité du prodigue. La jurisprudence a reconnu spécialement qu'il peut, sans être assisté : 1° donner ses immeubles à bail, sauf la restriction que nous allons indiquer (Toulouse, 23 août 1855, aff. Duclos, D. P. 55. 2. 328) ; — 2° se faire faire, dans la limite de ses besoins et de ses ressources, des fournitures pour ses besoins personnels et ceux de sa famille, et souscrire des reconnaissances au profit des fournisseurs, même sous forme de billets à ordre (Orléans, 9 juin 1853, aff. Ballot, D. P. 54. 5. 442 ; Req. 3 avr. 1855, aff. Martin-Métairie, D. P. 55. 1. 129 ; Lyon, 10 mai 1861, aff. Halphen, D. P. 61. 1. 165). — Jugé que, pour avoir le caractère d'actes de simple administration, les reconnaissances de dettes souscrites par le prodigue doivent se référer à des fournitures faites dans la limite de ses besoins et en rapport avec ses ressources ; les reconnaissances de dettes excessives ne lient le prodigue que dans la mesure où les fournitures faites doivent être considérées comme ayant tourné à son profit (Besançon, 7 août 1889, D. P. 90. 2. 64).

**258.** La jurisprudence décide que les baux d'une durée supérieure à neuf ans excèdent la capacité du prodigue. C'est une application très exacte du principe que le prodigue ne peut faire sans l'assistance de son conseil que les actes d'administration et non des actes de disposition ou d'aliénation indirecte, car dans le système du code, le bail n'a le caractère d'un acte d'administration que s'il ne dépasse pas la durée de neuf ans (V. c. civ. art. 481, 595, 1429, 1718). En conséquence, le bail de plus de neuf ans, qu'aurait fait le prodigue, pourrait être réduit à cette durée (Toulouse, 23 août 1855, aff. Duclos, D. P. 55. 2. 328). Ce bail pourrait même être annulé complètement s'il avait été fait uniquement dans le but d'éluder la défense d'emprunter ou d'aliéner (Aix, 26 août 1874 et sur pourvoi, Req. 14 juill. 1875, aff. Canestrier, D. P. 76. 2. 202).

**259.** Comme nous l'avons déjà constaté *suprà*, n° 238, l'individu pourvu d'un conseil peut faire seul tous les actes conservatoires, tels que les actes interruptifs de la prescription, les actes extrajudiciaires de commandement et de saisie, les actes d'appel, sauf à se faire assister pour ester en justice (V. en ce sens, Laurent, t. 5, n° 370).

**260.** En dehors des actes qui lui sont expressément interdits par les art. 499 et 513, l'individu pourvu d'un conseil peut-il s'obliger sans restriction ? Celui qui s'oblige est tenu de remplir son engagement sur tous ses biens, mobiliers et immobiliers, présents et à venir (c. civ. art. 2092) ; or, le prodigue ne peut aliéner ses biens ni directement, ni indirectement sans l'assistance de son conseil ; il ne doit donc pas pouvoir s'obliger sans cette assistance, au-delà des actes d'administration qu'il a le droit de faire. C'est en vertu de ce raisonnement que la plupart des auteurs décident que le prodigue ne peut contracter des obligations que dans les limites des actes d'administration (V. en ce sens : Demolombe, t. 8, n° 730 ;·Aubry et Rau, t. 1, § 140, p. 572 ; Valette, *Cours de code civil*, t. 1, p. 634 ; Lambert, p. 82 et suiv. ; Delaporte, p. 347 et suiv.). Cette théorie est aussi celle de la jurisprudence. Il a été jugé : 1° que l'incapacité pour le prodigue d'emprunter et d'aliéner sans l'assistance de son conseil implique celle de s'obliger en dehors du cercle des actes d'administration (Civ. cass. 1er août 1860, aff. Defresne, D. P. 60. 1. 316); — 2° Que les dépenses de logement et de nourriture faites par le prodigue, bien qu'elles ne rentrent pas dans les actes qui lui sont interdits, peuvent être réduites si elles excèdent ses besoins et ne sont pas en rapport avec ses ressources (Même arrêt du 1er août 1860, et Lyon, 10 mai 1861, aff. Halphen, D. P. 61. 2. 465); — 3° Qu'un individu pourvu d'un conseil judiciaire ne peut, sans l'assistance de ce conseil, acquérir d'un immeuble en remploi (Trib. Lec-toure, 4 mars 1881, sous Agen, 9 nov. 1881, *infra*, v° *Mariage* ; — 4° Qu'il ne peut contracter sous forme d'achats de valeurs à terme, une obligation personnelle susceptible d'entraîner la perte totale ou partielle de sa fortune (Lyon, 9 juin 1883, aff. *Crédit provincial*, D. P. 84. 2. 83); — 5° Que si le pro-digue peut, sans l'assistance de son conseil judiciaire, pren-dre à bail des immeubles, l'engagement contracté cesse d'être valable lorsqu'il est excessif, soit parce qu'il dépasse la limite des ressources du prodigue, soit parce qu'il ne répond pas à ses besoins (Civ. cass. 2 déc. 1885, aff. Deveria, D. P. 86. 1. 128. V. aussi Paris, 16 janv. 1890, aff. Devaux, D. P. 92, 2e partie).

**261.** M. Laurent, t. 5, n° 371, combat très vivement la doctrine sur laquelle reposent ces sages décisions, et, bien que son opinion soit restée jusqu'ici isolée, nous devons néanmoins la faire connaître. Suivant cet auteur, les seuls engagements qui sont interdits à l'individu pourvu d'un conseil sont les emprunts. En matière d'incapacité, dit-il, on ne peut étendre le texte de la loi ; donc, puisque les art. 499 et 513 ne défendent pas aux individus pourvus d'un conseil de s'obliger, les engagements qu'ils contractent ne peuvent être ni annulés ni réduits. Aux termes de l'art. 1123 c. civ., toute personne peut contracter, si elle n'en est pas déclarée incapable par la loi. Or, l'art. 1124, qui énumère les incapables de contracter, n'y comprend pas les prodigues. Décider qu'ils ne peuvent s'obliger que dans les limites des actes d'administration, et que leurs obli-gations sont réductibles en cas d'excès, c'est les assimiler aux mineurs émancipés (c. civ. art. 484), et cette assimilation ne résulte d'aucun texte. On peut trouver que le législateur n'a pas suffisamment protégé les prodigues, mais il n'appar-tient ni à la jurisprudence ni aux commentateurs de refaire la loi. On a répondu justement à M. Laurent que, si le légis-lateur n'a pas déclaré les faibles d'esprit et les prodigues incapables de *s'obliger*, c'est parce qu'il entendait leur laisser la capacité d'administrer leurs biens ; mais la défense de contracter des obligations excessives résulte suffisam-ment de celle d'aliéner, puisque s'obliger, c'est aliéner indirectement. Si l'art. 1124 ne range pas les prodigues parmi les incapables de contracter, il ne les exclut pas non plus, car il cite les interdits, et cette expression peut fort bien s'appliquer aux prodigues, qui sont frappés d'une demi-interdiction ; le même article ajoute d'ailleurs : « et généralement tous ceux à qui la loi interdit certains con-trats ». Enfin l'assimilation du prodigue au mineur éman-cipé, si elle n'est pas faite expressément par la loi, n'a rien

que de très conforme à son esprit ; les auteurs du code l'ont faite eux-mêmes plusieurs fois dans les travaux prépa-ratoires (V. notamment le rapport de Bertrand de Greuille, *Rép.* p. 5, note 1, n° 30). Le système soutenu par M. Lau-rent, d'après lequel le prodigue serait tout à la fois inca-pable de vendre le plus petit immeuble et même des objets mobiliers, et capable de s'obliger par des acquisitions hors de proportion avec ses ressources, ce système est tellement incohérent qu'on ne peut admettre qu'il soit celui du légis-lateur. Il faut donc s'en tenir à la formule adoptée par la cour de cassation dans l'arrêt du 1er août 1860, précité : « le prodigue ne peut s'obliger en dehors du cercle des actes d'administration ». Quant à la détermination des obligations qui rentrent dans le cercle des actes d'administration, on peut dire que ce sont les obligations qui ne concernent que les revenus et qui n'engagent pas le capital (V. en ce sens : Demolombe, t. 8, n°s 744 et suiv., et les décisions citées *supra*, n° 260).

**262.** L'individu pourvu d'un conseil peut-il contracter des obligations commerciales? Dans les limites de sa capa-cité, il nous semble que le prodigue doit pouvoir s'obliger commercialement aussi bien que civilement. Il a été jugé, en ce sens, que des lettres de change acceptées par le prodigue en règlement des fournitures à lui faites peuvent être validées lorsqu'il est établi qu'elles ont une cause sérieuse (Paris, 23 août 1865, sous Civ. cass. 7 nov. 1867, aff. Belloeil, D. P. 67. 1. 481). Sans que la cour de cassation se soit prononcée formellement sur cette question, nous reconnaissons que certains de ses arrêts tendent à décider que les engagements commerciaux du prodigue ne peuvent valoir que comme obligations civiles (V. Req. 3 avr. 1855, aff. Martin-Métairie, D. P. 55. 1. 129 ; Civ. cass. 1er août 1860, aff. Defresne, D. P. 60. 1. 316). La jurisprudence admet cependant que l'individu pourvu d'un conseil peut souscrire des billets à ordre, qui peuvent le rendre passible de la juridiction commerciale (Orléans, 9 juin 1853, aff. Ballot, D. P. 54. 5. 442 ; Req. 3 avr. 1855, précité ; Angers, 10 févr. 1865, aff. Duchemin, D. P. 65. 2. 63).

**263.** Le prodigue peut-il être habilité par son conseil à faire le commerce? Avec l'assistance de son conseil, le pro-digue est pleinement capable ; mais il est de principe que l'assistance doit être spéciale à chaque acte et que le conseil judiciaire ne peut autoriser le prodigue à contracter des engagements indéfinis (V. *infra*, n° 268). C'est pourquoi plusieurs auteurs estiment qu'il est impossible, en fait, sinon en droit, qu'un individu pourvu d'un conseil soit commerçant (V. Massé, *Droit commercial*, t. 3, n° 152 ; Laurent, t. 5, n° 351). Il nous semble cependant que la gestion d'un commerce de détail pourrait ne pas excéder la capacité du faible d'esprit ou du prodigue (Comp. Paris, 23 août 1865, sous Civ. cass. 6 nov. 1867, aff. Belloeil, D. P. 67. 1. 481). Mais il a été jugé : 1° que l'individu pourvu d'un conseil ne peut pas, même avec l'assistance de ce conseil, faire partie d'une société commerciale en qualité d'associé en nom collectif, et que, par suite, la faillite d'une telle société n'entraîne pas celle de cet associé (Civ. cass. 3 déc. 1850, aff. Manussier, D. P. 51. 1. 42. — Contra : Paris, 12 août 1848, même, affaire, D. P. 48. 2. 197) ; 2° Que l'individu pourvu d'un conseil, ne pouvant être habi-lité par son conseil, au moyen d'une autorisation générale et indéterminée, à contracter des engagements indéfinis, 22 déc. 1862 (1) ; — 3° Que le prodigue pourvu d'un conseil judiciaire ne peut pas être commerçant, et que, par suite,

---

(1) (Jullien C. Syndic Jullien.) — LA COUR ; — Sur les fins de non-recevoir opposées à l'appel : — Considérant que le jugement qui a pourvu l'appelant d'un conseil judiciaire a été régulière-ment publié, et, dès lors, porté légalement à la connaissance des tiers ; — Considérant que l'appel du 7 août 1862 doit être reputé non avenu, puisqu'il a été signifié par Jullien seul et sans l'as-sistance de son conseil judiciaire ; — Considérant que la signi-fication des jugements attaqués, faite le 22 mai 1862 à Jullien seul, n'a point fait courir le délai d'appel ; — Que, par consé-quent, l'appel interjeté le 22 août par Jullien, dûment assisté de son conseil judiciaire, a été formé en temps utile ; — Considé-rant que le conseil judiciaire n'avait pu valablement acquies-cer à des jugements auxquels il n'était ni partie ni appelé ; que, lors des opérations de liquidation et reprises de la femme

Jullien, le conseil judiciaire a eu connaissance des jugements déclaratifs de la faillite, mais que cette circonstance n'implique pas de sa part une exécution volontaire entraînant la déchéance du droit d'appel ; — Au fond : — Considérant qu'un conseil judi-ciaire ne peut donner d'autorisation générale et indéfinie à son pupille ; qu'une telle autorisation serait une véritable abdication de son autorité, et entraînerait l'annulation de la décision de justice qui a voulu protéger le prodigue contre sa propre impru-dence ; — Considérant que l'autorisation générale de faire le commerce emporte nécessairement celle de recevoir des capi-taux mobiliers et d'en donner décharge, ce qui est directement contraire aux dispositions de l'art. 513 c. civ. ; — Considérant qu'on objecte vainement que l'impossibilité de faire le commerce équivaudrait pour le prodigue à l'interdiction du travail ; qu'en

s'il a fait des opérations commerciales, il ne peut pas être mis en faillite (C. cass. Belgique, 17 nov. 1889, aff. Vincent et Steyaert, D. P. 91. 2. 355) ; — 4° Qu'en tout cas, les actes de commerce faits par un prodigue, sans l'assistance de son conseil judiciaire, ne peuvent lui conférer la qualité de commerçant et motiver sa mise en faillite (Gand, 20 mars 1890, aff. Vincent et Steyaert, D. P. 91. 2. 356).

**264.** Le prodigue a-t-il besoin de l'assistance de son conseil pour accepter une succession ou un legs universel ou à titre universel? Oui, d'après la plupart des auteurs, surtout si la succession ou le legs est grevé de dettes ou de charges (V. *Rép.* v° *Successions*, n° 436 ; Aubry et Rau, t. 6, § 610, p. 378, note 20 ; Lambert, p. 89 ; Delaporte, p. 351). M. Laurent, t. 5, n° 370, objecte que l'acceptation d'une succession n'est pas comprise dans les actes prévus par les art. 499 et 513. Mais celui qui accepte une succession contracte des engagements qui peuvent compromettre sa fortune; il grève même les biens d'hypothèques, si le défunt avait des dettes hypothécaires. Enfin la capacité d'accepter une succession emporte celle d'y renoncer; or renoncer à une succession ou à un legs, c'est aliéner, et le prodigue ne peut le faire sans l'assistance de son conseil (V. toutefois Douai, 30 juin 1855, aff. Marescaux, D. P. 56. 2. 56).

**265.** La question de savoir si le prodigue peut procéder à un partage sans l'assistance de son conseil est traitée au *Rép.* n° 295. Ici encore M. Laurent, t. 5, n° 370, soutient que l'individu pourvu d'un conseil peut agir seul, parce que les art. 499 et 513 ne lui défendent pas de partager; et parce que dans notre droit le partage n'est pas considéré comme un acte d'aliénation. Cependant, nous faisons la remarque judicieusement M. Demolombe, t. 8, n° 533 *bis*, « la règle invariable de notre code est de soumettre à certaines conditions tutélaires de capacité, pour procéder au partage, les personnes qui ne sont pas capables d'aliéner (c. civ. art. 465, 466, 817, 818, 838, 839); il y aurait donc une contradiction manifeste à s'écarter de cette règle et à décider que, tandis que le mineur émancipé ne peut procéder au partage qu'avec l'assistance de son curateur et seulement en justice (c. civ. art. 840), l'individu pourvu d'un conseil judiciaire pourra y procéder, même à l'amiable, sans l'assistance de son conseil ». On peut ajouter que la nécessité de l'assistance résultera presque toujours de la défense faite au prodigue de recevoir un capital mobilier et d'en donner décharge. M. Laurent, *loc. cit.*, argumente de ces derniers mots pour soutenir que cette défense ne s'applique pas au partage, parce qu'il n'y a pas lieu alors de donner décharge. C'est une erreur évidente, car le prodigue qui reçoit des valeurs pendant le partage en doit décharge à ses cohéritiers (V. en ce sens : *Rép.* v° *Succession*, n° 1602 ; Demante, t. 3, n° 144 ; Aubry et Rau, t. 4, § 140, p. 572, note 17; Lambert, p. 103; Delaporte, p. 344). Aucun arrêt ne s'est prononcé formellement sur la question. Il a été seulement jugé : 1° que le prodigue a capacité pour procéder seul, sans l'assistance de son conseil, à l'inventaire d'une succession et à la mainmise sur les valeurs héréditaires (Rouen, 19 nov. 1847, aff. Lemoine, D. P. 47. 2. 91); — 2° Que le conseil judiciaire ne peut faire apposer sur les titres, actions et billets d'une succession échue au prodigue, la mention du jugement qui a pourvu celui-ci d'un conseil, alors que cette succession est indivise entre le prodigue et d'autres héritiers majeurs (Douai, 30 juin 1855, aff. Marescaux, D. P. 56. 2. 56). Cette dernière décision est irréprochable ; la première a été déjà discutée au *Rép.* n° 295.

**266.** — IV. Fonctions et responsabilité du conseil judiciaire (*Rép.* n°s 301 à 304 et 319). La mission du conseil judiciaire est d'assister le faible d'esprit ou le prodigue dans les actes prévus par les art. 499 et 513 c. civ. La nécessité de la présence du conseil à l'acte semble résulter, comme on l'a dit au *Rép.* n° 301, du texte de la loi. « L'assistance, dit M. Laurent, t. 5, n° 351, implique le concours dans

l'acte ; *assister* veut dire plus que donner un avis, ou autoriser, ou consentir ; cette expression marque que celui qui assiste est présent à l'acte juridique fait par l'incapable et y concourt ». En ce qui concerne la manière dont le conseil doit assister le prodigue en matière judiciaire, il a été jugé : 1° que la demande formée par le prodigue seul est nulle, et que cette nullité n'est pas couverte par l'assignation donnée ultérieurement par le prodigue à son conseil judiciaire à l'effet d'intervenir au procès et de l'assister (Trib. Seine, 28 oct. 1869, aff. Deh... D. P. 69. 3. 90); — 2° Que « l'assistance n'est pas simplement l'autorisation et s'en distingue par le concours personnel de l'assistant; qu'elle suppose donc, au moins en principe, la présence permanente du conseil judiciaire dans les instances suivies par le prodigue, et que cette présence est nécessaire pour habiliter celui-ci et le protéger, selon le vœu de la loi, dans les diverses phases de la procédure » ; que, par suite, l'arrêt qui se borne à représenter le prodigue comme autorisé par son conseil, sans que ce dernier figure comme partie au procès, a été rendu contre une personne non habilitée pour plaider et doit être annulé (Civ. cass. 1er févr. 1876, aff. Duroussy, D. P. 76. 1. 80); — 3° Que le conseil judiciaire a, dans les instances où le prodigue est défendeur, le droit de conclure de son chef, ainsi qu'il le juge à propos, et le devoir de présenter la défense du prodigue, même contre le gré de celui-ci; que, par suite, il a qualité pour attaquer les jugements rendus contre le prodigue et contre lui, soit par la voie de l'opposition, soit par celle de l'appel, sauf aux juges à ordonner la mise en cause du prodigue (Orléans, 18 mai 1853, aff. Ballot, D. P. 54. 5. 443; Lyon, 9 mai 1882, aff. Bayon, D. P. 83. 2. 24).

**267.** En matière extrajudiciaire, on a soutenu au *Rép.* n° 301, qu'il n'est pas absolument nécessaire, pour la validité de l'assistance du conseil, que celui-ci soit présent à l'acte du prodigue, et nous avons dit que l'assistance peut à la rigueur être donnée par un acte séparé, pourvu que cet acte soit antérieur à celui du prodigue, qu'il en détermine les principales conditions et qu'il y soit annexé (V. en ce sens : Bruxelles, 27 janv. 1841, *Rép.* n° 301; Demolombe, t. 8, n° 757; Aubry et Rau, t. 1, § 139, p. 568, note 8; Lambert, p. 132). M. Laurent, t. 5, n° 351, n'approuve pas ce tempérament; suivant lui, « l'avis ne remplace jamais l'assistance personnelle, parce que, dans une affaire extrajudiciaire aussi bien que dans un procès, il se présente bien des incidents qui auraient peut-être modifié l'avis que le conseil a donné en quelque sorte d'une manière abstraite » (V. aussi dans le même sens, Delaporte, p. 307). Mais il faut, semble-t-il, se garder de confondre l'assistance avec l'acte qui la constate. Une affaire intéressant le prodigue peut très bien avoir été surveillée, préparée, discutée et conclue par le conseil judiciaire sans que celui-ci soit présent au moment de la passation de l'acte; et, à l'inverse, un acte peut être signé par le conseil judiciaire en même temps que par le prodigue, sans que le conseil ait réellement assisté le prodigue dans la préparation de cet acte. Nous concluons de là qu'un acte séparé, par lequel le conseil judiciaire aura déterminé à l'avance toutes les clauses à insérer dans celui qui sera signé par le prodigue, fera preuve d'une assistance au moins aussi effective que la seule présence du conseil à l'acte du prodigue.

**268.** On décide généralement que l'assistance doit être spéciale, et, comme on l'a vu *suprà*, n° 263, la cour de cassation a jugé que le conseil judiciaire ne peut, par une autorisation générale, préalable et indéterminée, conférer au prodigue la capacité de contracter seul des engagements indéfinis (Civ. cass. 3 déc. 1850, aff. Manussier, D. P. 51. 1. 42) ; ... que, par suite, le prodigue ne peut pas être autorisé à faire partie d'une société commerciale en qualité d'associé en nom collectif (Même arrêt). Et il a été décidé, en vertu du même principe, que le prodigue ne peut être habilité à faire le commerce (Paris, 22 déc. 1862, *suprà*,

---

effet, si le prodigue est revenu à une conduite telle, qu'il soit capable de concourir à la direction d'une société commerciale, il peut être relevé du conseil judiciaire; qu'ainsi les principes ci-dessus posés ne préjudicient à aucun intérêt légitime; — Considérant que l'appelant, n'ayant pas capacité légale pour faire le commerce, ne pouvait être mis en état de faillite; — Sans s'ar-

rêter aux fins de non-recevoir proposées contre l'appel;
Infirme; — Dit qu'il n'y avait lieu à déclaration de faillite, et que Jullien soit remis au même et semblable état qu'avant ladite déclaration, etc.
Du 22 déc. 1862.-C. de Paris, 1re ch.-MM.-Devienne, 1er pr.-de Vallée, 1er av. gén.-du Miral et Blondel, av.

n° 263. V. aussi C. cass. Belgique, 17 oct. 1889, aff. Vincent et Steyaert, D. P. 91, 2. 355).

**269.** Le conseil judiciaire ne peut pas valablement assister le prodigue dans une affaire où il a lui-même un intérêt. En pareil cas, le prodigue doit être pourvu d'un conseil *ad hoc*, sur sa propre demande ou sur celle du conseil judiciaire (V. *suprà*, n° 224). Il a été jugé : 1° que, si à la majorité du pupille le tuteur devient son conseil judiciaire, il ne peut rendre valablement son compte de tutelle qu'en faisant assister son pupille par un conseil *ad hoc*, et qu'il doit provoquer lui-même la nomination de ce conseil en présentant à cet effet une requête au tribunal (Trib. Chalon-sur-Saône, 5 déc. 1849, aff. Coste, D. P. 66. 5. 261); — 2° Que, de même, lorsque le conseil judiciaire a géré les affaires du prodigue en vertu d'un mandat de celui-ci, il y a lieu pour la réception et le débat du compte de cette gestion de pourvoir le prodigue d'un conseil *ad hoc*, qui peut être nommé, soit à la requête du prodigue agissant seul (Trib. Seine, 14 avr. 1859, aff. Coste, D. P. 66. 5. 262), soit à celle du conseil judiciaire (Trib. Dijon, 21 mars 1860, même affaire, *ibid.*); — 3° Que l'assistance du conseil judiciaire à une vente faite par le prodigue à un créancier du conseil, n'est pas valable si ce conseil est intéressé à ce que la vente ait lieu, si, par exemple, la garantie a été déterminée par la promesse à lui faite par l'acquéreur de lui consentir une hypothèque sur l'immeuble vendu; que par suite la vente doit être déclarée nulle (Paris, 16 juill. 1859, et sur pourvoi Req. 13 juin 1860, aff. Constant et Fontnouvelle, D. P. 60. 1. 503); — 4° Qu'un notaire nommé conseil judiciaire d'un prodigue ne peut procéder à la fois, dans un même acte, comme notaire et comme conseil judiciaire; qu'un acte fait ainsi est nul, non seulement comme acte authentique, mais même comme acte sous seing privé, le notaire ne l'ayant pas signé comme conseil judiciaire, et dès lors le prodigue n'y ayant pas été assisté (Angers, 3 août 1866, aff. Fondement-Férolle, D. P. 67. 2. 23); — 5° Que le conseil judiciaire ne peut, à peine de nullité de la vente, se rendre adjudicataire des biens du prodigue auquel il doit son assistance (Bruxelles, 3 avr. 1886, aff. Tichon, D. P. 87. 2. 71).

**270.** La nomination d'un conseil judiciaire *ad hoc* est également nécessaire lorsque le conseil judiciaire doit exercer une action contre le prodigue. Jugé notamment que le conseil judiciaire, qui est en même temps le tuteur des enfants mineurs du prodigue, s'il doit intenter contre celui-ci une demande de pension alimentaire au nom desdits enfants, agit régulièrement en présentant au tribunal une requête à fin de nomination d'un conseil *ad hoc* (Trib. Dijon, 13 nov. 1866, aff. Berthaux, D. P. 67. 3. 5). D'après le même jugement, il n'est pas nécessaire, en pareil cas, que le prodigue soit assigné pour présenter ses observations sur le choix du conseil à lui nommer, et cette nomination peut être faite par le tribunal en chambre du conseil. Nous pensons toutefois qu'il serait plus régulier d'appeler le prodigue devant le tribunal, que la nomination du conseil *ad hoc* ne devrait avoir lieu sur simple requête, que si la requête était présentée à la fois par le prodigue et par son conseil (V. note 2, sous le jugement précité).

**271.** Le conseil judiciaire est seulement chargé par la loi d'assister le prodigue; il n'a pas mission de le représenter; il ne peut se substituer à lui et le remplacer. Les autres sont unanimes en ce point (V. *Rép.* n° 302; Demolombe, t. 8, n° 763; Aubry et Rau, t. 1, § 139, p. 567, note 4; Laurent, t. 5, n° 353; Delaporte, p. 311). La jurisprudence s'est fréquemment aussi prononcée dans ce sens. Il a été jugé depuis la publication du *Répertoire :* 1° que le conseil judiciaire, bien différent du tuteur, ne représente pas le prodigue et n'a pas le droit d'agir en justice pour lui, à son insu ou malgré lui (Paris, 7 mai 1852, aff. Petit-Bergonz, D. P. 53. 2. 80; 13 nov. 1863, aff. Mouchet, D. P. 63. 5. 217; 23 août 1865, sous Clv. cass. 6 nov. 1867, aff. Bellœil, D. P. 67. 1. 481); — 2° Que, par suite, un jugement rendu par défaut à l'égard du prodigue et contradictoirement avec le conseil judiciaire est susceptible d'opposition (Arrêt précité du 23 août 1865). Jugé toutefois que la partie qui a

accepté sans contestation de plaider contre le conseil judiciaire seul, en l'absence du prodigue, ne peut plus faire de cette circonstance une cause de non-recevabilité du débat devant les juges du second degré, après que le prodigue et son conseil ont été tous deux mis en cause par elle-même en appel (Rennes, 26 déc. 1866, aff. Loos, D. P. 68. 2. 174). — Certaines décisions ont même refusé au conseil judiciaire le pouvoir de faire des actes conservatoires dans l'intérêt du prodigue. Ainsi, il a été jugé : 1° que le conseil judiciaire n'a aucun moyen de s'opposer à la mainmise du prodigue sur les valeurs mobilières d'une succession échue à celui-ci (Rouen, 19 avr. 1847, aff. Lemoine, D. P. 47. 2. 91); — 2° Que le conseil ne peut provoquer l'inventaire et la description des titres et objets mobiliers d'une succession en la possession de laquelle le prodigue a été envoyé (Douai, 30 juin 1855, aff. Marescaux, D. P. 56. 2. 56).

**272.** Mais si ce système est celui de la loi, on ne peut nier qu'il ne protège l'individu pourvu d'un conseil que d'une manière très insuffisante. La loi défend au prodigue d'aliéner sans l'assistance de son conseil, mais elle réserve au prodigue seul le droit de demander la nullité des aliénations faites par lui. Le prodigue reste donc le maître de rendre illusoire la défense légale. A quoi sert alors la nomination du conseil judiciaire?... C'est par cette considération que la jurisprudence a été amenée peu à peu à reconnaître au conseil judiciaire le droit d'agir personnellement au nom du prodigue pour sauvegarder les intérêts de celui-ci. Elle a décidé d'abord, comme on l'a déjà constaté au *Rép.* n° 303, que si le conseil judiciaire ne peut agir seul, à l'insu et en l'absence du prodigue, il a cependant le devoir de défendre les intérêts du prodigue dans les instances où il doit l'assister et peut par suite attaquer par la voie de l'opposition ou de l'appel les jugements rendus contre le prodigue et contre lui-même, en sa qualité de conseil judiciaire (Civ. rej. 8 déc. 1841, et 27 déc. 1843, *Rép.* n° 303-2° et 3°; Orléans, 28 déc. 1848, aff. Ballot, D. P. 54. 5. 443; Lyon, 9 mai 1882, aff. Bayon, D. P. 83. 2. 21). Mais ensuite, la jurisprudence est allée plus loin : elle a reconnu au conseil judiciaire le droit d'attaquer seul les actes passés par le prodigue, à la seule condition d'appeler en cause ce dernier : « Attendu, a dit la cour de cassation, que la loi, en restreignant par la nomination d'un conseil judiciaire la capacité du prodigue, a entendu le protéger contre sa propre faiblesse et le préserver de la ruine; — Que ce but ne serait pas atteint si, en présence de l'inaction ou du refus du prodigue, le conseil judiciaire ne pouvait attaquer les actes faits par celui-ci à une époque et dans des conditions qui les rendent annulables; —Que, s'il ne peut agir en l'absence et à l'insu du prodigue, il peut le mettre en cause, et qu'il suffit qu'il l'ait fait afin de rendre commune avec lui la décision à intervenir; — Attendu que Hons Olivier, conseil judiciaire de la demoiselle Dubosc, l'a appelée dans l'instance par lui introduite contre les demandeurs en cassation; qu'elle-même a constitué avoué et déclaré s'en rapporter à justice; — D'où il suit que c'est à bon droit que l'arrêt attaqué a repoussé l'exception opposée par Goin et consorts à l'action du conseil judiciaire; — Par ces motifs, rejette » (Req. 29 juin 1881, aff. Goin, D. P. 81. 1. 33. V. dans le même sens : Paris, 26 juin 1838, aff. n° 303-1°; 6 août 1880, sous l'arrêt du 29 juin 1881 précité; 5 avr. 1887, aff. Bailleau, D. P. 88. 2. 220). Il est certain que la jurisprudence donne ainsi à l'institution du conseil judiciaire une plus grande efficacité; le seul reproche qu'on peut lui faire, et qu'on lui a fait à bon droit, c'est d'empiéter sur les attributions du législateur.

**273.** De même qu'ils accordent quelquefois au conseil judiciaire le droit d'agir au lieu et place du prodigue, les tribunaux accordent aussi au prodigue un recours contre le refus d'assistance du conseil judiciaire. Conformément à l'opinion admise au *Rép.* n° 304, de nombreux arrêts ont décidé que l'assistance du conseil ne peut pas être suppléée par une simple autorisation de justice (Orléans, 15 mai 1847, aff. Brujeau, D. P. 47. 2. 138; Besançon, 11 janv. 1851, aff. Jarre, D. P. 51. 2. 61; Douai, 31 août 1864 (1); Rennes,

(1) Quéquet C. Quéquet.) — La cour; — En ce qui touche la recevabilité de la demande : — Attendu qu'aux termes de l'art. 513 c. civ., le prodigue ne peut ni emprunter ni aliéner ses

biens sans l'assistance du conseil qui lui a été donné par la justice; — Que si aucune disposition de loi ne permet aux tribunaux de substituer leur autorisation à l'assistance du conseil

3 janv. 1880, aff. Leneveu, D. P. 80. 2. 254 ; Douai, 7 mars 1881, aff. Descamps, D. P. 81. 2. 208). Mais il a été aussi souvent jugé que les tribunaux ont le droit d'apprécier les motifs pour lesquels le conseil judiciaire refuse son assistance, et que si ces motifs ne leur paraissent pas légitimes ou suffisamment fondés, ils peuvent, non pas enjoindre au conseil judiciaire de prêter son assistance malgré lui, mais le remplacer définitivement ou nommer seulement au prodigue un conseil *ad hoc* (V. en sus des arrêts précités : Poitiers, 7 août 1867, et sur pourvoi, Req. 12 août 1868, aff. Duroussy, D. P. 69. 1. 268 ; Trib. Seine, 23 oct. 1869, aff. Deh..., D. P. 69.3. 90; 30 avr. 1870, aff. Deschamps, D. P. 70. 3. 78; Liège, 12 juill. 1882, aff. Bosson, D. P. 84. 2. 200). Jugé notamment que les juges, lorsqu'ils nomment un conseil *ad hoc*, ont le droit de restreindre sa mission, en décidant, par exemple, que ce conseil, nommé pour assister le prodigue dans une instance qui comprend plusieurs chefs de demande, aura à examiner pour l'un de ces chefs seulement, s'il doit lui donner son assistance, et que, quant aux autres, la résistance du conseil judiciaire momentanément remplacé est légitime (Poitiers, 7 août 1867, et Req. 12 août 1868, précités). Le prodigue n'a, d'ailleurs, pas besoin d'être assisté de son conseil pour demander à être pourvu d'un conseil *ad hoc* ; il peut former lui-même sa demande devant le tribunal, mais doit assigner son conseil pour que celui-ci explique les motifs de son refus d'assistance (V. Trib. Seine, 30 avr. 1870, précité, et *supra*, n° 234). — Il a été jugé que le droit, pour un époux séparé de corps depuis plus de trois ans, de demander la conversion de la séparation en divorce, lui étant essentiellement personnel, il ne saurait appartenir au conseil judiciaire dont cet époux a été pourvu de paralyser l'exercice de son droit en refusant de l'assister ; que les juges saisis dans ces conditions d'une demande en nomination d'un conseil judiciaire *ad hoc* n'ont point à apprécier le mérite et l'opportunité de la demande en conversion : cette appréciation est réservée exclusivement aux juges devant lesquels ladite demande sera portée (Paris, 25 mars 1890, aff. Des L... et la note de M. Planiol).

**274.** Le conseil judiciaire, comme on l'a dit au *Rép.* n° 319, n'est pas comptable vis à vis du prodigue, car il n'a aucun maniement de deniers; mais il peut être responsable des suites de son assistance ou de son refus d'assistance. Les auteurs, toutefois, ne sont pas parfaitement d'accord sur l'étendue de cette responsabilité. D'après M. Demolombe, t. 8, n° 779, on ne saurait donner à cet égard une solution absolue ; c'est une question de fait et d'appréciation subordonnée aux circonstances. MM. Aubry et Rau, t. 1, § 139, p. 569, note 14, estiment que le conseil judiciaire n'encourt de responsabilité pour avoir prêté ou refusé son assistance, qu'autant qu'il s'est rendu coupable de dol ou d'une faute grave assimilable au dol. M. Laurent, t. 5, n° 355, reproche avec raison à M. Demolombe de ne voir dans la responsabilité du conseil judiciaire qu'une question de fait : elle soulève, dit-il, une question de droit : le conseil est-il responsable comme mandataire? l'est-il comme tuteur? l'est-il en vertu de son quasi-délit, par application des art. 1382 et 1383? M. Laurent résout ces questions en assimilant le conseil judiciaire au curateur du mineur émancipé, et il assimile le curateur au tuteur, qui doit gérer en bon père de famille (c. civ. art. 450); toutefois, lui-même convient que ce n'est pas la même règle absolue, parce qu'il y a, entre la mission du tuteur et celle du curateur ou du conseil, des analogies mais aussi des différences (t. 5, n° 194). Il nous semble qu'au point de vue de la responsabilité, le conseil judiciaire doit être plutôt assimilé au mandataire, qui, aux termes de l'art. 1992 c. civ. répond non seulement du dol, mais encore des fautes qu'il commet dans sa gestion. Néanmoins, d'après le même article, la responsabilité relative aux fautes est appliquée moins rigoureusement à celui dont le mandat est gratuit qu'à celui qui reçoit un salaire. Telle est la position du con-

seil judiciaire ; il doit donc, comme le mandataire, apporter aux intérêts du prodigue la même attention et la même sollicitude que celle qu'il apporte à ses propres affaires (V. en ce sens, Lambert, p. 139). La question de la responsabilité du conseil judiciaire s'est présentée en pratique dans un cas où le conseil avait reçu du prodigue le mandat général d'administrer ses biens. Il a été décidé que le conseil était passible de dommages-intérêts, parce que, « au lieu d'opérer le placement régulier des capitaux, de manière à établir le revenu du prodigue et à déterminer les sommes dont celui-ci pourrait disposer chaque année, il lui avait ouvert un compte courant et lui avait remis, suivant ses demandes, sur simples reçus à valoir sur compte et sans nécessités justifiées, des sommes tout à fait hors de proportion avec ses ressources annuelles » ; en l'agissant ainsi, le conseil judiciaire « avait méconnu ses obligations comme mandataire et manqué à sa mission, puisqu'il n'avait su ni gérer avec la prudence d'un bon père de famille les intérêts dont il avait la direction, ni opposer aux entraînements du prodigue une résistance efficace » (Paris, 31 janv. 1876, aff. de R..., D. P. 77. 2. 48). Dans une autre espèce, un conseil judiciaire a été condamné aussi à des dommages-intérêts envers le prodigue qu'il avait mission d'assister, pour l'avoir engagé dans une entreprise aléatoire, onéreuse, à laquelle ce prodigue était étranger par son caractère et ses aptitudes et où il avait perdu une notable partie de son avoir (Paris, 16 janv. 1890, aff. Devaux, D. P. 92, 2ᵉ partie). Il a été jugé aussi que le conseil judiciaire, lequel ne peut être relevé de sa mission que par l'autorité qui la lui a confiée (c. civ. art. 2007), et qu'il doit être réputé responsable vis-à-vis des tiers et de la personne assistée, jusqu'au moment où sa démission sera accueillie et son successeur nommé (Nancy, 26 nov. 1868, aff. de la Ruelle, D. P. 69. 2. 199, cité *supra*, n° 222).

**275.** — V. Dans quels cas les actes de l'individu pourvu d'un conseil judiciaire peuvent être annulés (*Rép.* n°ˢ 305 à 311).—Nous nous occuperons d'abord, comme on l'a fait au *Répertoire*, des actes postérieurs au jugement de nomination du conseil judiciaire, et ensuite des actes antérieurs à ce jugement. — Pour la question de savoir à partir de quel moment le jugement produit ses effets, V. *supra*, n° 226.

**276.** — 1° *Actes postérieurs à la nomination du conseil judiciaire* (*Rép.* n°ˢ 306 et 307). — Aux termes de l'art. 502 c. civ., les actes passés sans l'assistance du conseil judiciaire, dans les cas où elle est requise, sont *nuls de droit*. C'est-à-dire, comme on l'a expliqué *supra*, n° 160, au sujet des actes de l'interdit, que la nullité en doit être prononcée indépendamment de toute lésion. Jugé, en ce sens, que la nullité des actes consentis sans la participation du conseil judiciaire, par l'individu auquel la loi imposait l'obligation de recourir à cette participation, n'est pas subordonnée à l'existence d'un préjudice actuel pour ses intérêts, et doit être déclarée par les juges, même lorsque ces actes ne compromettent que sa succession (Amiens, 21 juill. 1852, aff. Mesnil, D. P. 53. 2. 39. V. dans le même sens : Laurent, t. 5, n° 373 ; Delaporte, p. 357 ; Baudry-Lacantinerie, t. 1, n° 1192).

**277.** Les juges doivent également prononcer la nullité des actes passés sans l'assistance du conseil judiciaire, nonobstant la bonne foi du tiers qui a traité avec le prodigue et quand même il aurait ignoré l'incapacité de celui-ci. Jugé notamment : 1° que la nullité de l'acte passé par le prodigue non assisté doit être déclarée quand même le jugement de dation de conseil judiciaire n'aurait pas été publié (sauf recours de la part des tiers contre ceux qui étaient tenus de remplir les formalités de publicité) (Rennes, 12 mai 1851, aff. de Rubat, D. P. 52. 2. 262 ; Poitiers, 13 mai 1882, aff. Girondeau, D. P. 83. 2. 40) ; — 2° Que le tiers qui a actionné un prodigue en justice sans mettre en cause le conseil judiciaire doit supporter seul les frais de la procédure faite dans ces conditions, alors même qu'il n'aurait pas eu connaissance

---

judiciaire, il est certain qu'en cas de refus abusif d'assistance de la part de ce dernier, le prodigue est recevable à demander le remplacement, soit définitif, soit momentané, du conseil judiciaire ; — Que l'appelant prétendait que le refus d'assistance de l'intimé était abusif, était recevable à demander qu'il fût pourvu

à son remplaçant; — Que c'est donc à tort que les premiers juges ont déclaré l'appelant non recevable dans ses conclusions; — En ce qui touche le fond. — Par ces motifs, émendant, etc. Du 31 août 1864.-C. de Douai, 1ʳᵉ ch.-MM. Dumon, 1ᵉʳ pr.-Morcrette, 1ᵉʳ av. gén.-Coquelin et Merlin, av.

du jugement portant dation du conseil (Trib. Lyon, 13 mars 1869, aff. Nolhac, D. P. 71. 5. 221).

**278.** La nullité édictée par l'art. 502 c. civ. s'applique, d'ailleurs, à toute espèce d'actes juridiques, aux jugements aussi bien qu'aux actes extrajudiciaires (V. Amiens, 9 juill. 1873, *suprà*, n° 232 ; Civ. cass. 1er févr. 1876, aff. Duroussy, D. P. 76. 1. 80 ; Amiens, 21 juill. 1880, *suprà*, n° 232. Comp. *suprà*, n° 156).

**279.** La nullité des actes passés par le prodigue sans l'assistance de son conseil a pour conséquence la restitution des sommes ou valeurs aliénées ou remises par le prodigue en vertu de ces actes. Ainsi : 1° l'individu qui, moyennant un prêt fait au prodigue, s'est fait céder une somme à prendre sur les loyers d'une maison de celui-ci, doit être condamné à rendre la somme qu'il a touchée en vertu de cette cession déclarée nulle (Trib. Seine, 5 août 1873, aff. Bazin et Carteau, D. P. 73. 3. 87) ; — 2° La maison de banque qui a reçu d'un prodigue une somme à titre de couverture pour un achat de valeurs à termes destiné à se solder par des différences, doit, à raison de la nullité de l'opération, restituer cette somme, avec intérêts, à partir de la demande en justice (Lyon, 9 juin 1883, aff. *Crédit provincial*, D. P. 84. 2. 83) ; — 3° Lorsqu'un bail d'immeubles consenti au prodigue est annulé comme excessif, le bailleur ne peut conserver le montant des termes de loyer qu'il a reçus (Civ. cass. 2 déc. 1885, aff. Deveria, D. P. 86. 1. 128). Si le prodigue, de son côté, a reçu quelque chose, il n'est tenu de restituer qu'autant que le tiers avec lequel il a contracté prouve que ce qu'il a reçu a tourné à son profit (Caen, 14 juill. 1845, aff. Moulin et Leronget, D. P. 45. 4. 323). Mais le tiers qui a vendu, par acte notarié, un immeuble à un prodigue non assisté de son conseil judiciaire, peut rendre le notaire responsable des suites de la nullité de la vente (Trib. Lectoure, 4 mars 1881, *suprà*, n° 260). — La nullité des obligations contractées par le prodigue a aussi pour conséquence la radiation de toutes inscriptions hypothécaires prises en vertu de ces actes (Req. 5. nov. 1889, aff. Veuve Lambert, D. P. 90. 1. 379).

**280.** Certains actes faits par le prodigue peuvent n'excéder qu'en partie sa capacité : telles sont les dépenses de logement et de nourriture, que le prodigue a le droit de faire dans la limite de ses besoins et de ses ressources (Req. 3 avr. 1855, aff. Martin-Métairie, D. P. 55. 1. 129 ; Civ. cass. 1er août 1860, aff. Defresne, D. P. 60. 1. 316). Les engagements ainsi contractés par le prodigue doivent seulement, s'ils sont excessifs, être réduits à ce qui était nécessaire (Lyon, 10 mai 1861, aff. Halphen, D. P. 61. 2. 165. Comp. *infrà*, v° *Minorité-tutelle-émancipation*).

**281.** La nullité des actes passés par le prodigue sans l'assistance de son conseil judiciaire est une nullité relative dont le prodigue seul peut se prévaloir (V. *suprà*, n° 161). Il a été jugé, par application de ce principe : 1° que la nullité d'une société contractée avec un prodigue, sans l'assistance de son conseil, ne peut pas être invoquée contre lui par les autres associés (Lyon, 29 mai 1872, aff. Burdet, D. P. 73. 2. 19) ; — 2° Que la citation en justice signifiée, à la requête d'un prodigue non assisté de son conseil, ne peut donner lieu qu'à une exception dilatoire tendant à ce

que l'incapable ne puisse procéder sans être habilité ; que cette citation n'en a pas moins pour effet d'interrompre la prescription, si au jour de la comparution le prodigue est régulièrement assisté (Crim. cass. 27 juin 1884, aff. Despiau-Goulard, D. P. 85. 1. 135).

**282.** Du principe que la nullité des actes du prodigue n'est que relative, il résulte qu'elle est susceptible d'être couverte par une ratification (c. civ. art. 1338). Mais la ratification doit émaner tout à la fois du prodigue et du conseil judiciaire qui l'assiste ; celle du conseil judiciaire seul serait insuffisante. Ainsi, lorsque le conseil judiciaire intervient dans l'instance où le prodigue a d'abord figuré seul, son intervention suffit pour valider toute la procédure antérieure, si elle a lieu dans ce but et d'accord avec le prodigue (Paris, 12 déc. 1861, aff. Cave, D. P. 62. 5. 186 ; Rennes, 19 févr. 1879, aff. Hanssens, D. P. 79. 2. 65). Mais si, au contraire, le prodigue et son conseil ne sont pas d'accord pour ratifier ce qui a été fait, la procédure doit être annulée (Amiens, 9 juill. 1873 ; 21 juill. 1880, *suprà*, n° 232). La ratification peut aussi, bien entendu, émaner du prodigue seul, après la mainlevée de la dation de conseil judiciaire, ou des héritiers du prodigue, après son décès (V. Bruxelles, 3 avr. 1886, aff. Tichon, D. P. 87. 2. 71). La ratification pourrait même résulter de l'exécution volontaire de l'engagement entaché de nullité, soit de la part du prodigue assisté de son conseil, soit de la part du prodigue seul, après la mainlevée du conseil, ou de la part des héritiers (Comp. Rouen, 5 déc. 1853, aff. Lebreton, D. P. 54. 2. 123).

**283.** Dans tous les cas, la ratification de l'acte du prodigue ne peut pas nuire aux tiers qui ont un droit acquis à exciper de cette nullité. Il a été jugé : 1° que la ratification par le conseil judiciaire d'un jugement rendu contre le prodigue non assisté n'est pas opposable à un créancier du prodigue qui, dès avant cette ratification, avait formé tierce opposition au jugement (Req. 27 juill. 1874, aff. Hanssens, D. P. 76. 1. 129) ; — 2° Mais, au contraire, que la ratification par le prodigue et son conseil d'un jugement pris contre le prodigue non assisté est opposable au créancier qui, faute d'avoir inscrit son hypothèque judiciaire, n'a pas encore, au moment de la ratification, acquis sur les immeubles de son débiteur un droit propre et distinct de celui du débiteur (Rennes, 19 févr. 1879, aff. Hanssens, D. P. 79. 2. 65).

**284.** L'action en nullité contre les actes passés par le prodigue sans l'assistance de son conseil judiciaire se prescrit par dix ans à partir de la mainlevée du conseil judiciaire ou de la mort du prodigue décédé en état d'incapacité (V. *suprà*, n° 161).

**285.** Le tiers contre lequel est intentée l'action en nullité peut-il opposer pour sa défense que le prodigue lui a caché son incapacité ? Non, en principe : la loi, en effet, présume que les tiers sont suffisamment mis à même de connaître l'incapacité du prodigue par la publicité donnée au jugement de nomination de conseil. Et, d'ailleurs, s'il suffisait au prodigue de dissimuler son incapacité pour en conjurer les effets, toutes les prescriptions de la loi seraient inutiles (En ce sens : Amiens, 27 juin 1877 (1) ; Lyon, 9 juin 1883, aff. *Crédit provincial*, D. P. 84. 2. 83). Mais lorsque le pro-

---

(1) (Schrœder *C.* Payenneville et Levasseur.) — Le sieur Payenneville avait été pourvu d'un conseil judiciaire par le tribunal de Neufchâtel. En 1872, il s'associa verbalement à un sieur Schrœder, pour l'exploitation d'une maison de commerce qui existait déjà précédemment à Amiens sous la raison sociale Payenneville-Boulard et comp. Au bout de quelques mois, Payenneville assigna, devant le tribunal d'Amiens, Payenneville fils, son conseil judiciaire Levasseur et Payenneville père. Il prétendait que Payenneville fils lui avait caché qu'il était pourvu d'un conseil judiciaire, et l'avait déterminé à s'associer à lui, en lui faisant croire que la maison Payenneville-Boulard et comp. était au-dessus de ses affaires, alors qu'en réalité elle était en déficit de plus de 12000 fr. Il reprochait en outre à Payenneville père et à Levasseur de l'avoir induit en erreur sur la situation de Payenneville fils. Enfin il demandait que les trois défendeurs fussent condamnés solidairement à faire leur propre chose de la maison de commerce Payenneville et Schrœder et à lui rembourser son apport avec des dommages-intérêts à régler par états. — Le 15 févr. 1873, jugement du tribunal civil d'Amiens, ainsi conçu : — « Attendu que les conclusions de Schrœder contre Payenneville fils sont parfaitement fondées, puisqu'il y a eu, de sa part, un dol

manifeste, consistant à dissimuler qu'il était placé sous l'autorité d'un conseil judiciaire, alors qu'il s'associait verbalement avec Schrœder, sur lequel retombe aujourd'hui tout le passif du commerce par lui entrepris, Payenneville n'ayant pu s'engager valablement vis-à-vis des tiers sans le concours de son conseil judiciaire ; que ce dol constitue un quasi-délit dont Payenneville fils est personnellement responsable envers Schrœder, l'assistance du conseil judiciaire n'étant pas nécessaire pour la validité de l'obligation naissant de ce dol et en vertu de laquelle il est tenu de réparer le préjudice causé dans une pareille circonstance ; qu'en condamnant en principe Payenneville fils, assisté à la présente audience de son conseil judiciaire Levasseur, à garantir et indemniser Schrœder de toutes les pertes qu'il a causées à celui-ci, il y a lieu de décider que le chiffre de ces dommages-intérêts sera ultérieurement fixé sur déclaration à donner par Schrœder, avec état et pièces à l'appui, indépendamment de l'allocation de toutes autres sommes distinctes par cas échéant ; que la demande de Schrœder a aussi pour objet de faire déclarer Payenneville père et Levasseur solidairement responsables des actes de Payenneville fils, et comme tels de les obliger à faire leur propre chose du commerce de celui-ci avec Schrœder, d'en solder

digue emploie des artifices et des manœuvres frauduleuses pour induire en erreur sur sa situation ceux avec lesquels il contracte, il est responsable des suites de son dol et doit garantie aux tiers du préjudice qui en résulte. Ceux qui ont traité avec lui par l'effet de ses manœuvres peuvent donc opposer à l'action en nullité formée par lui ou par ses ayants cause une exception de garantie ou de responsabilité. Jugé, en ce sens : 1° que le Trésor public n'est pas responsable de l'aliénation par un prodigue d'une inscription de rente nominative, lorsque, pour parvenir à cette aliénation, le prodigue a lacéré le titre de rente, fait disparaître les mentions attestant qu'il était pourvu d'un conseil judiciaire, et s'est fait délivrer un nouveau titre, dont il a effectué la vente à l'insu de son conseil (Paris, 7 mai 1852, aff. Petit-Bergonz, D. P. 53. 2. 80); — 2° Que le prodigue qui s'est rendu coupable de manœuvres frauduleuses, pour décider un tiers à contracter avec lui une association commerciale, doit réparer le préjudice subi par ce tiers du fait de cette association (Amiens, 27 juin 1877 précité).—Il est bien certain aussi que si le conseil judiciaire avait participé aux manœuvres frauduleuses employées par le prodigue pour déterminer un tiers à traiter avec lui, ce tiers aurait une action en responsabilité contre le conseil judiciaire. Mais le fait seul, de la part du conseil judiciaire, de n'avoir pas fait connaître au tiers l'incapacité du prodigue, ne peut être considéré comme une faute de nature à engager sa responsabilité. On peut seulement se demander si le conseil judiciaire ne serait pas responsable dans le cas où il aurait été directement et personnellement interpellé par le tiers sur la situation du prodigue. Mais c'est là une question de fait dont la solution dépend des circonstances (V. l'arrêt du 27 juin 1877, précité).

**286.** — 2° *Actes antérieurs à la nomination du conseil judiciaire* (Rép. nos 308 à 311). — Comme nous l'avons dit au Rép. n° 308, la disposition de l'art. 503, qui permet l'annulation des actes antérieurs à l'interdiction lorsque la démence existait déjà notoirement à l'époque où ces actes ont été faits, ne peut être étendue aux actes passés par le faible d'esprit ou par le prodigue avant la nomination du conseil judiciaire (V. en ce sens, en sus des auteurs et des arrêts cités au Rép. n° 308; Paris, 9 févr. 1874, aff. Mellerio, D. P. 75. 2. 160; Bordeaux, 29 déc. 1884, sous Req. 13 janv. 1886, aff. Rambaud, D. P. 86. 1. 244; Aubry et Rau, t. 1, § 140, p. 575; Laurent, t. 5, n° 375; Delaporte, p. 358; Baudry-Lacantinerie, t. 1, n° 1192). Il en ainsi même pour

les actes souscrits pendant l'instance en nomination du conseil (Orléans, 25 août 1837, Rép. n° 308-1°; Bordeaux, 29 déc. 1884, précité).

**287.** Toutefois, d'après une jurisprudence aujourd'hui constante et généralement approuvée par les auteurs, bien que la dation d'un conseil judiciaire n'ait pas d'effet rétroactif, les tribunaux peuvent néanmoins annuler les actes passés par le faible d'esprit ou le prodigue avant le jugement de nomination du conseil, et même avant l'introduction de la demande; quand il est constaté que ces actes ont eu lieu pour faire fraude à la loi et éluder à l'avance les conséquences de la nomination du conseil (Paris, 10 mars 1854, aff. Lefricque, D. P. 55. 2. 246; Req. 30 juin 1868, aff. Leclerc de Bussy, D. P. 69. 1. 230; 14 juill. 1875, aff. Canestrier, D. P. 76. 1. 202; Paris, 29 déc. 1877, aff. Barker, D. P. 78. 2. 160; Req. 15 déc. 1879, aff. Lelièvre, D. P. 80. 1. 177, et les observations de M. le conseiller rapporteur Petit; Paris, 5 avr. 1887, aff. Bailleau, D. P. 88. 2. 220; Rouen, 22 déc. 1887, aff. veuve Lambert, D. P. 90. 1. 379; Req. 25 juin 1888, aff. Emmanuel, D. P. 89. 1. 59; 26 juin 1888, aff. Duchemin, D. P. 89. 1. 301; Req. 5 nov. 1889, aff. Veuve Lambert, D. P. 90. 1. 379; Demolombe, t. 8, n° 772; Laurent, t. 5, n° 375; Delaporte, p. 359; Baudry-Lacantinerie, t. 1, n° 1192. V. cependant en sens contraire : Pothier, cité au Rép. n° 309; Aubry et Rau, t. 1, § 140, p. 575). Il a même été jugé que le parent qui poursuit la nomination du conseil judiciaire a qualité pour agir en nullité des actes faits en fraude de la demande; qu'il peut tout au moins demander au tribunal la suspension des poursuites exercées contre le prodigue en vertu de l'acte susceptible d'être annulé, en attendant que le conseil judiciaire soit nommé et puisse agir lui-même (Paris, 5 avr. 1887, précité). En tout cas, c'est à celui qui demande la nullité des actes antérieurs au jugement de nomination du conseil à prouver que ces actes ont été passés en fraude de la loi, et que le tiers qui a traité avec le prodigue, s'il s'agit d'un acte à titre onéreux (Bordeaux, 29 déc. 1884 et Req. 13 janv. 1886, cités supra, n° 286). A plus forte raison la nullité ne saurait-elle être prononcée, quand il est constaté en fait que l'auteur du prêt consenti au prodigue était de bonne foi et ne pouvait, au moment de l'acte, savoir que, plusieurs mois plus tard, l'emprunteur serait pourvu d'un conseil judiciaire (Arrêt précité du 26 juin 1888) a été complice de la fraude.

**288.** Lorsque les actes prétendus antérieurs au jugement de nomination du conseil n'ont pas date certaine ou lorsqu'ils

---

le passif, etc.; — Que cette action ne peut être fondée que sur l'art. 1382 c. civ., et la constatation d'une faute reconnue à la charge desdits défendeurs et ayant occasionné les pertes subies par le demandeur, qui prétend que leur faute a consisté à ne pas l'avertir de l'incapacité relative frappant Payenneville fils, auquel un conseil judiciaire avait été nommé précédemment en la personne de Levasseur; — Que la dation d'un conseil judiciaire a lieu dans l'intérêt exclusif de celui auquel il est donné, et que la loi présume que l'intérêt qu'ont les tiers à connaître cette mesure est suffisamment sauvegardé par les moyens spéciaux de publicité judiciaire qui doit y être donnée; — Que le conseil judiciaire lui-même et les parents plus ou moins proches de la personne placée sous l'autorité de ce conseil n'ont pas, en général, d'initiative à prendre pour divulguer la situation faite à cette personne, et qu'il faut des circonstances, des raisons particulières pour que leur omission à cet égard puisse leur être imputée comme un tort légal; qu'il n'y aurait de leur part faute par omission que si, mis pour ainsi dire moralement en demeure ou interpellés par la force des choses de s'expliquer vis-à-vis d'un tiers connu d'eux et dont leur silence calculé aurait compromis les intérêts, ils avaient dissimulé à ce tiers l'incapacité de la personne qui avait projeté ou contracté un engagement envers lui; — Que, dans la cause, Schrœder ne prouve pas que telle ait été la position de Payenneville père ou de Levasseur vis-à-vis de lui ;... — Par ces motifs, condamne Payenneville fils envers Schrœder à faire sa propre chose de la maison de commerce Payenneville et Schrœder, à en payer le passif, à rembourser les apports de Schrœder, avec intérêts à 6 pour 100 et des dommages-intérêts à régler ultérieurement sur déclaration de Schrœder avec état et pièces à l'appui, indépendamment de toute autre allocation et indemnité, tout étant réservé à cet égard en faveur de Schrœder; — Déclare Schrœder non recevable et mal fondé dans sa demande contre Payenneville père et Levasseur, etc. ». — Appel par Payenneville fils.

La cour; — Considérant que le seul fait, par un individu pourvu d'un conseil judiciaire, de ne pas révéler sa situation aux tiers avec lesquels il traite ne saurait constituer un dol susceptible de faire rescinder le contrat ou d'ouvrir une action en indemnité qu'autant que cette réticence est accompagnée d'artifices ou de manœuvres destinées à leur faire croire qu'il a le plein exercice de ses droits; — Considérant que ces artifices se rencontrent dans la cause et ont déterminé Schrœder à contracter avec Payenneville l'association qui donna lieu au procès; que Payenneville s'est présenté comme étant à la tête d'un établissement de commerce, auquel il donnait une publicité exceptionnelle, et que, dans des prospectus mensongers, il se disait appuyé sur des relations commerciales avec sa famille; qu'il a ainsi attiré Schrœder à Amiens, en écartant de sa pensée tout soupçon sur la mesure du conseil judiciaire à laquelle sa famille avait dû recourir contre lui; qu'il a faussement annoncé un apport qu'il était dans l'impossibilité d'effectuer, et que, pour y faire croire, il a simulé, dans l'inventaire de la maison de commerce, des créances actives et d'autres valeurs qui n'existaient pas; qu'il s'est donc rendu coupable de manœuvres frauduleuses et doit réparer le préjudice causé par son dol à Schrœder; que celui-ci doit être replacé dans la situation que s'il n'avait pas passé le contrat auquel il a été déterminé par les agissements dolosifs de Payenneville; — Considérant, toutefois, que la responsabilité de Payenneville ne peut s'étendre au delà des conséquences dudit contrat de société; qu'il est constant, au procès, que Schrœder avait, à la date du 16 juin 1872, connaissance de l'incapacité civile de Payenneville et du mauvais état des affaires sociales; que si, postérieurement à cette date, au lieu de cesser les opérations, il a continué le commerce, soit seul, soit avec l'assistance de son associé, il n'a pu le faire qu'à ses risques et périls;

Par ces motifs, confirme le jugement dont est appel...; dit toutefois que toutes les opérations postérieures au 16 juin 1872 et leurs conséquences doivent rester à la charge personnelle de Schrœder.

Du 27 juin 1877.-C. d'Amiens, ch. civ.-MM. Saudbreuil, 1er pr.-Détourbet, av. gén.

n'ont acquis date certaine qu'après le jugement, il importe de savoir si la date est exacte. Il y a lieu d'appliquer sur ce point ce qui a été dit *suprà*, n° 172, pour les actes de l'interdit. Si le prodigue ou ses ayants cause soutiennent que la date est fausse et que l'acte est en réalité postérieur à la nomination du conseil, c'est à eux à prouver, sinon la date réelle de l'acte, au moins la fausseté de la date énoncée ; dès l'instant que la date énoncée est reconnue inexacte, c'est alors au créancier à établir que l'acte est antérieur au jugement (Req. 30 juin 1868, aff. Leclerc de Bussy, D. P. 69. 1. 230). La preuve de la fausseté de la date peut se faire, sans commencement de preuve par écrit, tant par témoins que par présomptions, car il s'agit d'une fraude dont le prodigue ne pouvait se faire remettre une preuve écrite (V. *suprà*, n° 173). Il a été jugé : 1° que le conseil judiciaire, n'étant pas un tiers dans le sens de l'art. 1328 c. civ., ne peut être admis à opposer, dans l'intérêt du prodigue actionné en payement d'un billet d'une date antérieure au jugement qui a restreint sa capacité, que la date n'est pas certaine ; il peut seulement demander à prouver qu'elle est frauduleuse et que le billet a été antidaté pour éluder l'effet du jugement (Trib. Lyon, 13 mars 1869, aff. Nolhac et Coste, D. P. 71. 5. 220) ; — 2° Qu'il appartient aux juges de décider, d'après les circonstances de la cause, que l'obligation contractée par un individu pourvu d'un conseil judiciaire remonte à une époque antérieure à la nomination de ce conseil, bien qu'elle n'ait pas date certaine avant cette époque (Orléans, 17 juin 1875, aff. Lanabère, D. P. 77. 2. 177).

### § 5. — De la mainlevée du conseil judiciaire (*Rép.* n°s 312 à 318).

**289.** Aux termes de l'art. 514 c. civ., la défense de procéder sans l'assistance d'un conseil ne peut être levée qu'en observant les formalités prescrites pour la nomination du conseil. La mainlevée de l'incapacité du prodigue doit donc être prononcée par le tribunal. On a cité au *Rép.* n° 314, un arrêt qui a décidé qu'une fille pourvue d'un conseil judiciaire avait de plein droit recouvré sa capacité par son mariage (Nancy, 3 déc. 1838, *Rép.* n° 251). Cette décision est condamnée par tous les auteurs. Il a été jugé, beaucoup plus exactement, que le conseil judiciaire nommé à une femme mariée à la suite d'une séparation de corps, conserve ses fonctions et ne doit pas nécessairement être remplacé par le mari après le rétablissement de la vie commune et de la communauté (Douai, 6 mars 1857, aff. Cooke, D. P. 57. 2. 146). — Décidé aussi que, lorsqu'un individu pourvu d'un conseil judiciaire se marie, il n'est pas, *de plano* et par ce seul fait, déchargé de son conseil judiciaire ; mais que les tribunaux ont, sur ce point, un pouvoir discrétionnaire ; spé-

cialement, que la femme, trouvant dans son mari un administrateur de ses biens et un véritable curateur dont l'autorisation lui est nécessaire pour aliéner, peut obtenir la rétractation du jugement qui lui a nommé un conseil judiciaire (Lyon, 6 mars 1889, aff. Gourd, D. P. 89. 2. 275).

**290.** On admet généralement que la mainlevée du conseil judiciaire peut être demandée par le faible d'esprit ou le prodigue sans l'assistance de son conseil (V. *suprà*, n° 236). M. Laurent, t. 5, n°s 330 et 378, estime même que l'incapable seul, interdit ou prodigue, peut demander à être relevé de son incapacité. Mais à raison de la faveur que mérite cette demande, nous pensons qu'elle serait recevable de la part de toute personne ayant le droit de provoquer l'interdiction ou la nomination d'un conseil (V. *suprà*, n° 185).

**291.** Le faible d'esprit ou le prodigue qui sollicite la mainlevée de son incapacité n'est pas tenu de mettre en cause son conseil judiciaire (V. *suprà*, n° 186).

**292.** La demande en mainlevée doit être portée, comme on l'a dit au *Rép.* n° 315, devant le tribunal du domicile du prodigue, quand bien même ce domicile aurait changé depuis la nomination du conseil. C'est l'avis de tous les auteurs récents (Demolombe, t. 8, n° 775 ; Aubry et Rau, t. 1, § 138, p. 566 ; Laurent, t. 5, n° 379 ; Delaporte, p. 366).

**293.** Le décès du conseil judiciaire ne suffit pas pour mettre fin à l'incapacité du prodigue, et c'est sans doute par erreur qu'un auteur semble dire le contraire (Delaporte, p. 363 et suiv.). Ce décès ne fait cesser, comme on l'a dit au *Rép.* n° 316, que le mandat conféré au conseil judiciaire par le tribunal. Il en est de même de la démission du conseil ; elle laisse le prodigue sous le coup de son incapacité ; et même, d'après la jurisprudence, la démission doit avoir été acceptée pour que le conseil judiciaire soit déchargé de toute responsabilité relativement à son mandat (V. *suprà*, n° 222).

**294.** Lorsque le conseil judiciaire est décédé ou a donné sa démission, comme aussi lorsqu'il devient incapable, par l'effet d'une condamnation ou de son interdiction, de remplir son mandat, il doit être remplacé. Son remplacement peut être demandé par le prodigue lui-même, qui autrement serait exposé à rester dans l'incapacité absolue de faire tous les actes pour lesquels il a besoin d'être assisté (V. *Rép.* n° 318). Le remplacement du conseil peut être demandé par toute personne ayant qualité pour poursuivre l'interdiction ou la nomination d'un conseil, et même par un tiers obligé de traiter avec le prodigue, tel qu'un débiteur qui voudrait se libérer (Aubry et Rau, t. 1, § 139, p. 569). Quant à la manière de procéder pour obtenir la nomination d'un nouveau conseil et quant à la juridiction compétente à cet effet, V. *suprà*, n°s 223 et suiv.

---

## Table sommaire

### des matières contenues dans le Supplément et le Répertoire.

(Les chiffres précédés de la lettre *S* renvoient au Supplément ; les chiffres précédés de la lettre *R* renvoient au Répertoire.)

## Table des articles du code civil et du code de procédure civile.

## Table chronologique des Lois, Arrêts, etc.

**1855**
22 janv. Civ. 93 c., 7 févr. Bordeaux. 253 c.
3 avr. Req.257 c., 262 c., 280 c.
6 juin. Bordeaux. 41, 42 c.
30 juin. Douai. 264 c., 265 c., 271 c.
31 juill.Pau. 253 c.
23 août. Toulouse. 250 c., 257 c., 258 c.

**1856**
7 janv. Paris. 193 c., 107 c.
10 janv. Amiens. - 102 c.
22 janv. Caen. 145 c., 226 c.
22 janv. Rouen. 93 c.
6 févr. Civ. 58 c., 92 c.
19 févr.Civ. 53 c., 94 c., 93 c.
2 juin. Limoges. 232 c.
4 déc.Crim.157 c.
23 déc.Civ. 253 c.
24 déc. Civ. 253 c.

**1857**
23 févr. Bruxelles. 22 c.
6 mars.Douai.289 c.
18 mai. Dijon. 121 c.
13 juin. Paris. 25 c., 60 c., 62 c.
14 juill. Civ. 99 c., 192 c., 217 c.
25 juill. Agen. 252 c., 253 c.
25 nov. Req. 68 c.
30 déc. Comp. Caen. 87 c., 64 c., 70 c.

**1858**
15 mars.Civ. 40 c., 236 c.
8 déc. Douai. 112 c.

**1859**
24 févr.Lyon.26 c.
14 avr. Trib. Seine. 248 c., 264 c.
24 juin. Besançon. 25 c.

12 juill. Bordeaux. 193 c.
16 juill. Paris. 269 c.
17 nov. Rouen.47c.

**1860**
17 janv.Bordeaux. 57 c.
21 mars. Trib. Dijon. 248 c., 269 c.
28 mars.Orléans.180 c., 181 c.
9 mai. Civ. 72 c., 73 c., 74 c.
23 mai. Req. 45 c. 47 c.,110 c.
4 juin. Poitiers. 53 c., 82 c.
13 juin.Req.209 c.
1er août.Civ.117 c., 230 c., 236 c., 248 c., 260 c., 261 c., 262 c. 280 c.
2 août.Req. 46 c., 67 c.

**1861**
16 janv.Req. 163 c.
19 févr. Req.166 c.
4 mars.Alger. 107 c.
21 mars. Caen. 25 c., 27 c., 29 c.
10 mai. Lyon. 257 c.,260 c.,283 c.
12 déc. Paris. 240 c., 282 c.

**1862**
11 mars. Req. 167 c.
20 juin. Montpellier. 126 c.
22 déc. Bourges. 18 c.,19 c.,40 c.
26 déc. Paris. 263 c., 268 c.

**1863**
9 févr. Req. 25 c., 27 c., 29 c.
13 nov. Paris. 197 c.,230 c.,271 c.

**1864**
8 janv. Civ. 50 c. 188 c.
11 mars.Douai. 53 c.
5 avr. Req. 15 c.; 17 c., 66 c.
31 août. Douai. 273.

**1865**
18 janv.Rouen. 17 c., 192 c., 211 c.
2 févr. Besançon. 192 c., 201 c., 210 c.
3 févr. Besançon. - 193 c.
10 févr. Angers. 262 c.
11 févr.Dijon.15 c., 163 c.,226 c.
27 mars. Civ. 163 c.
18 mai. Aix. 181 c.
15 juin.Nancy.113 c.
17 juin. Nancy. 23 c.
23 août. Paris. 262 c., 263 c.,271 c.

**1866**
29 janv. Req. 199 c., 203 c.
15 févr. Dijon. 127 c.
7 mai. Toulouse. 253 c.
6 juill.Req.144 c.
23 juill.Paris.73c.
3 août. Angers. 144 c., 226 c., 260 c.
18 nov. Trib. Dijon. 224 c., 270 c.
26 déc.Rennes.235 c., 271 c.
31 déc.Req.181 c.

**1867**
12 mai. Paris. 116 c., 226 c.
6 juill. Toulouse. 194 c.
27 juill. Limoges. 252.
7 août. Poitiers. 235 c., 273 c.
17 août.Lyon. 148 c.
6 nov. Civ. 235 c., 262 c., 263 c., 273 c.
22 nov. Dijon. 241 c.
30 nov.Trib. Lyon. 50 c., 184 c.

**1868**
3 févr. Req. 71 c., 73 c., 78 c., 106 c.

7 avr.Paris.233 c.
24 avr. Dijon. 73 c., 108 c.
29 avr.Req. 73 c., 210 c.
15 mai.Nancy.121 c.
27 mai.Gand. 85 c.
28 mai.Lyon. 212.
30 juin.Req.172c., 288 c.
6 juill. Req. 102 c., 116 c., 145 c., 163 c.,226 c.
21.juill.Req.106 c.
12 août. Req. 238 c., 273 c.
26 nov.Nancy.201 c., 222 c., 223 c., 224 c.,274 c.
7 déc. Req. 78 c., 108 c.
9 déc. Req. 210 c.

**1869**
13 mars. Trib. Lyon. 232 c., 240 c., 277 c., 288 c.
16 mars. Req. 166 c.
22 avr. Poitiers. 121 c.
13 juill. Trib. Seine. 24 c. -
23 oct.Trib.Seine. 234 c., 273 c.
28 oct.Trib.Seine. 266 c.

**1870**
14 janv. Lyon. 154 c.
21 févr.Civ.156 c., 233 c.
30 avr.Trib. Seine. 234 c., 235 c., 273 c.
8 juin. Montpellier. 122 c., 123 c., 124 c.

**1871**
10 août. Loi.227 c

**1872**
26 janv.Trib.Lyon. 15 c.
27 janv. Trib. Lyon. 99 c., 192 c., 217 c.
29 mai.Lyon.281c.
8 juin.Trib.Lyon. 32 c., 205 c., 236 c.

24 juill.Lyon.15 c., 99 c., 192 c., 215 c., 217 c.
21 nov. Loi. 227 c.

**1873**
30 janv.Caen. 53 c.
7 mai. Civ. 62 c., 68 c., 109 c.
9 juill. Amiens. 232, 240 c., 278 c., 282 c.
10 juill.Lyon. 29 c.
5 août. Trib. Seine. 243 c.,279 c.

**1874**
21 janv. Rouen. 50 c., 51 c., 54.
9 févr. Paris. 286 c.
4 mars.Alger. 199 c.
27 juill. Req. 144 c., 226 c., 232 c., 240 c.,288 c.
26 août.Aix.258 c.
30 déc.Trib.Seine. 53 c.

**1875**
12 janv.Req.112c.
20 janv.Req. 29 c., 202 c., 203 c.
20 janv.Req.25 c.
16 févr. Civ. 53 c., 73 c., 82 c., 210 c.
17 mars. Rouen. 102 c., 145 c., 226 c.
13 avr.Paris.38 c., 39 c., 70 c.
20 avr.Paris.197 c.
21 avr. Bordeaux. 46 c.
15 juin. Paris. 25.
15 juin. Orléans. 172 c., 288 c.
19 juin.Paris.53 c.
5 juill. Loi. 6 c.
11 juill.Req.250 c., 235 c., 267 c.
16 août.Req. 17 c., 83 c.

**1876**
17 janv. Civ. 17 c., 50 c., 51 c. 52 c., 54 c., 55 c., 69 c.
23 janv.Nîmes.215 c., 223 c.

31 janv.Paris. 247 c., 274 c.
1er févr.Civ.239 c., 266 c., 278 c.
13 mars.Req.15 c., 17 c.
14 juin.Req.222 c.
19 juill. Besançon. 53 c.,56,101 c.
30 août. Lyon. 59 c., 188 c.

**1877**
12 mars. Req. 195 c.,197 c.,219 c.
3 avr. Trib. Boisne. 234 c., 273 c.
2 mai. Bruxelles. 285. -
15 sept.Dijon.78 c.
29 déc.Paris.287 c.

**1878**
27 févr. Bordeaux. 105 c., 214 c., 225 c., 236 c.
20 mars. Comp. Caen. 252 c.
31 juill. Caen. 35 c., 49 c., 61 c., 64 c., 68 c.

**1879**
19 févr. Rennes. 240 c., 282 c., 283 c.
28 avr. Bordeaux. 86. .
28 avr. Paris.72 c., 210 c.
1er mai.Caen. 16 c.
24 juin. Amiens. 63 c.
14 juill. Montpellier. 210 c.
12.déc. Haute cour des Pays-Bas. 94 c.
15 déc. Req. 287 c.

**1880**
3 janv. Rennes. 230 c., 282 c., 273 c.
27 févr. Loi.132 c.
21 avr. Req. 63 c., 68 c.,69 c.
5 mai.Nancy. 152 c.
22 mai. Toulouse. 113 c., 215 c.
10 juin.Caen.59 c., 62 c.

21.juill. Amiens. 232, 239 c., 278 c., 282 c.
6 août. Paris. 272 c.
15 déc. Civ.210 c.

**1881**
13 janv. Bruxelles. 37.
10 janv. Trib. Semur. 219 c.
4 mars. Trib. Lectoure. 260 c., 270 c.
7 mars. Douai. 234 c. 273 c.
2 mai. Bruxelles. 197 c., 219 c.
29 juin.Req. 272 c.

**1882**
13 janv. Lyon. 46 c., 60 c., 63 c., 68 c.
3 mars. Paris. 87, 213 c.
5 avr. Civ. 129 c.
26 avr. Caen. 38 c., 39.
9 mai. Lyon. 239 c., 266c.,272 c.
15 mai. Poitiers. 220 c., 226 c., 277 c.
5 juin. Civ. 168 c., 180 c.
12 juill. Liège. 284 c., 273 c.
4 déc. Bourges.73 c., 107 c.,213 c.

**1883**
27 févr.Civ. 152 c.
9 juin. Lyon. 249 c., 260 c., 279 c., 285 c.
13 nov. Req.113 c.
27 nov. Trib. Genève. 60.

**1884**
5 avr. Loi. 227 c.
27 juin. Crim. 237 c.,236 c., 281 c.
13 août.Aix. 185.
11 août. Toulouse. 232 c., 234.

29 déc. Bordeaux. 286 c., 287 c.

**1885**
29 avr. Civ. 73 c., 107 c., 210 c., 213 c.
19 mai. Civ. 58 c., 59 c.
2 déc. 260 c., 279 c.

**1886**
13 janv. Req. 286 c., 287 c.
19 janv.Chambéry. 174 c.
3 avr. Bruxelles. 251 c., 269 c., 282 c.
29 avr. Loi. 133 c.
26 nov. Angers. 253 c.

**1887**
8 févr. Bastia. 158 c.
16 mars. Req. 195 c., 211 c.
4 avr. Req. 72 c., 73 c., 210 c.,c.
5 avr. Paris. 272 c., 287 c.
22 déc. Rouen. 287 c.

**1888**
25 juin.Req. 287 c.

**1889**
6 mars. Lyon. 269 c.
5 juin. Civ. 253 c.
7 août. Besançon. 257 c.
17 oct. C. cass. Belgique 268 c.
17 nov. C. cass. Belgique. 268 c.

**1890**
16 janv. Paris. 260 c., 274 c.
30 janv.Bordeaux. 137 c.
20 mars. Gand. 263 c.
25 mars. Paris. 273 c.

**1891**
16 mars. Liège. 58.

---

**INTERDICTION LÉGALE.** — V. *Contrat de mariage*, nos 145 et 613; *Contumace*, nos 66 et 83; *Droits civils*, nos 341 et suiv.; *Interdiction*, no 1; *Louage*; *Peine*; — *Rép.* vis *Contrat de mariage*, nos 484 et 1665; *Contumace*, nos 69 et suiv., 83; *Droits civils*, nos 602 et suiv.; *Fonctionnaire public*, nos 110 et suiv.; *Louage*, no 59; *Peine*, nos 70, 719 et suiv.

**INTERPOSITION DE PERSONNES.** — V. *Dispositions entre vifs et testamentaires*, nos 109 et suiv., 155 et suiv., 168, 243 et 264; *Obligations*, *Succession*; *Substitution*; — *Rép.* vis *Dispositions entre vifs et testamentaires*, nos 330 et suiv., 441 et suiv., 460 et suiv., 953 et 999; *Obligations*, nos 1020 et suiv.; *Succession*, nos 334 et 377.

**INTERPRÈTE.** — V. *Organisation de l'Algérie*; *Organisation des colonies*; *Procédure criminelle*; — *Rép.* vis *Instruction criminelle*, nos 621 et suiv., 962, 1752, 2308 et suiv.; *Organisation de l'Algérie*, nos 701 et suiv., 748 et suiv., 835 et 857; *Organisation des colonies*, nos 255 et suiv., 852, 869 et 895.

**INTERROGATOIRE SUR FAITS ET ARTICLES.**

### Division.

Art. 1. — Historique. — Législation. — Droit comparé (no 1).
Art. 2. — Des personnes qui peuvent requérir l'interrogatoire et qu'on peut faire interroger (no 7).
Art. 3. — En quelles matières et dans quels cas l'interrogatoire peut être ordonné (no 14).
Art. 4. — A quelle époque l'interrogatoire doit être demandé (no 19).
Art. 5. — Quels tribunaux peuvent ordonner l'interrogatoire (no 22).
Art. 6. — Comment l'interrogatoire est demandé. — Du jugement, de ses caractères et du commissaire à l'interrogatoire (no 24).
Art. 7. — Du délai pour procéder à l'interrogatoire; de la signification du jugement et de l'assignation devant le juge-commissaire (no 32).
Art. 8. — De l'interrogatoire et de ses incidents (no 36).
Art. 9. — Du cas où la partie qui a fait défaut sur l'assignation devant le juge-commissaire se présente pour subir l'interrogatoire (no 37).
Art. 10. — Comment l'audience est poursuivie après l'interrogatoire (no 39).
Art. 11. — Des effets de l'interrogatoire, des conséquences du refus de comparaître ou de répondre, et des frais de l'interrogatoire (no 40).

Art. 1er. — *Historique.* — *Législation.* — *Droit comparé*
(*Rép.* nos 1 à 7).

**1.** Le projet de revision du code de procédure civile déposé par M. Thévenet le 6 mars 1890 (V. *supra*, vo *Enquête*, no 2), n'apporte pas de modification essentielle aux règles actuelles concernant la comparution personnelle et l'interrogatoire sur faits et articles. « Il arrive fréquemment, dit l'exposé des motifs, que le défendeur, à l'interrogatoire, demande un contre-interrogatoire dirigé contre son adversaire. Cette double procédure peut être évitée. Le plus souvent, le demandeur à fin d'interrogatoire voudra être présent pour diriger la position des questions. Dans ce cas, et sans aucun acte de procédure préalable, il pourra aussi être interrogé par le juge, d'office ou sur la demande de l'autre partie. Une véritable confrontation aura lieu. — L'interrogatoire a toujours lieu devant le tribunal, sauf le cas où l'éloignement ou un empêchement légitime rendent nécessaire une commission rogatoire. — Il est actuellement une hypothèse où l'interrogatoire des parties est autorisé, bien que pourtant il ne puisse donner aucun résultat favorable. Lorsqu'il est dirigé contre « les administrations d'établissements publics » (c. proc. civ. art. 336), celles-ci doivent désigner un agent pour répondre sur les faits et articles communiqués. Cet agent ne peut répondre que conformément à un pouvoir spécial qui lui est remis, et qui affirme la sincérité de ses réponses : une telle façon de procéder ne peut donner aucun résultat utile. Le projet, sur ce point, contient une disposition nouvelle : on supprime la comparution illusoire de l'agent chargé de répondre. L'interrogatoire consistera simplement dans un échange de pièces écrites : un questionnaire et les réponses. Comme aujourd'hui, les agents des administrations continueront à pouvoir être interrogés sur leurs faits personnels. Même disposition est édictée pour les représentants légaux des incapables ou ceux qui les assistent, ainsi que pour les représentants des personnalités juridiques ou collectivités ».

Le titre consacré à la comparution personnelle et à l'interrogatoire des parties comprend treize articles :

« Art. 1er. Le tribunal peut, en tout état de cause et en toute matière, ordonner d'office ou sur les conclusions des parties, la comparution personnelle des parties en cause. La comparution a lieu devant le tribunal, à l'audience ou en chambre du conseil, aux jour et heure fixés par le tribunal. Le jugement qui ordonne la comparution vaut convocation pour les parties, s'il est contradictoire. S'il est par défaut, la partie défaillante est assignée par huissier commis, conformément à l'art. 8 du titre des jugements par défaut. L'exploit fait mention du jugement qui a ordonné la comparution et de sa date. Les parties peuvent être interrogées en l'absence l'une de l'autre. Dans ce cas, elles sont ensuite confrontées s'il y a lieu. — Art. 2. Les parties peuvent, en toute matière et en tout état de cause, demander de se faire interroger respectivement sur faits et articles pertinents, sans retard de l'instruction ni du jugement. — Art. 3 L'interrogatoire ne peut être ordonné que sur requête contenant les faits et par jugement rendu à l'audience ; ce jugement n'est susceptible d'aucun recours. Il est procédé devant le tribunal à l'audience publique ou en chambre du conseil, aux jour et heure fixés par le jugement. — Art. 4. En cas d'éloignement, le tribunal peut commettre le président du tribunal dans le ressort duquel la partie réside, ou le juge de paix du canton de cette résidence. Le juge commis indique, au bas de la requête qui lui est présentée, les jour et heure de l'interrogatoire. — Art. 5. En cas d'empêchement légitime de la partie, le tribunal ou le juge se transporte au lieu où elle est retenue. — Art. 6. Vingt-quatre heures au moins avant l'interrogatoire, le jugement est signifié à la partie avec sommation de comparaître aux lieu, jour et heure indiqués. — Art. 7. La partie interrogée répond en personne, sans pouvoir lire aucun projet écrit, aux questions qui lui sont posées, soit d'office, soit sur la réquisition de l'autre partie. — Art. 8. Le demandeur à fin d'interrogatoire peut être présent à l'interrogatoire. Dans ce cas, le juge ou l'autre partie peuvent lui poser toutes questions. Les parties peuvent être entendues ensemble ou séparément. — Art. 9. Il est dressé procès-verbal des questions posées aux parties et de leurs réponses. Lecture

de l'interrogatoire est donnée à chaque partie, avec interpellation de déclarer si elle dit vérité et si elle persiste. Elle signe l'interrogatoire, ainsi que les additions ou corrections qu'elle a faites et sur lesquelles elle est également interpellée après lecture. Mention est faite si elle ne sait ou ne veut signer. Une expédition du procès-verbal est levée à la requête de la partie la plus diligente, à la charge de la communiquer à l'autre partie. — Art. 10. Si la partie assignée ne comparaît pas ou refuse de répondre après avoir comparu, il en est dressé procès-verbal sommaire. Si, ayant fait défaut sur l'assignation, elle se présente avant le jugement, elle est interrogée, l'autre partie dûment appelée ; elle supporte les frais du premier procès-verbal et de la signification, sans répétition. — Art. 11. Si, au jour de l'interrogatoire, la partie assignée justifie d'empêchement légitime, le tribunal ou le juge indique un autre jour, sans nouvelle assignation — Art. 12. Peuvent les personnalités juridiques et les collectivités, admises à ester en justice, comparaître ou être interrogées dans la personne de leurs représentants légaux. Peuvent les représentants légaux des incapables, ceux qui les assistent, les agents des administrations publiques, comparaître ou être interrogés sur leurs faits personnels, sauf à avoir à leurs déclarations tel égard que de droit. — Art. 13. Lorsqu'un interrogatoire est demandé contre une administration publique ou un établissement public, le jugement qui l'ordonne articule les questions sur lesquelles il sera répondu, et impartit un délai dans lequel le défendeur sera tenu de répondre. Les réponses seront consignées dans un acte déposé au greffe, certifié véritable par le représentant de l'Administration et signé de son avoué ».

**2.** — Droit comparé. — Le code de procédure civile *allemand* promulgué le 30 janv. 1877, ne contient aucune disposition relative à l'interrogatoire sur faits et articles. Cette procédure n'est pas admise. Aux termes de l'art. 132, le tribunal peut ordonner, pour l'éclaircissement de l'affaire, la comparution personnelle des parties. — Il peut également l'ordonner dans la tentative de conciliation, qu'en tout état de cause il a le droit de tenter (art. 268).

**3.** D'après le code de procédure *italien*, l'interrogatoire a lieu, en principe, à l'audience ; mais le tribunal peut déléguer un juge pour y procéder. La partie ne reçoit aucune communication préalable des faits sur lesquels il doit porter (Allard, *Examen critique du code de procédure civile du royaume d'Italie*, Revue de droit international, t. 2, p. 226).

**4.** Le code de procédure civile *espagnol* du 3 févr. 1881, met au premier rang des modes de preuve : « la *confesion en juició* ». La partie interrogée doit prêter serment.

**5.** Le tit. 13 de la loi sur la procédure civile du canton de *Genève*, du 28 sept. 1819, est consacré à l'*interrogatoire des parties*. Cet interrogatoire a lieu devant le tribunal. Les parties peuvent être entendues en l'absence l'une de l'autre ; elles sont ensuite confrontées. Si la partie refuse de répondre, ou si, sans justifier d'aucun empêchement légitime, elle ne comparaît pas en personne, les juges peuvent tenir contre elle les faits pour avérés. En cas de maladie qui l'empêche de comparaître, le tribunal peut commettre un de ses membres pour l'entendre dans sa demeure.

**6.** Le code de procédure civile du canton du *Valais*, du 30 mai 1856, (chap. 8) réglemente avec soin l'interrogatoire sur faits et articles. L'interrogatoire peut avoir lieu soit sur la demande d'une partie qui, à cet effet, présente une requête contenant les faits sur lesquels l'interrogatoire doit porter ; soit d'office. Il a lieu en séance, sauf en cas d'empêchement légitime de la partie. — Si la partie citée pour répondre sur faits et articles ne comparaît pas, elle est réassignée. Si elle fait défaut sur cette seconde assignation, ou si elle refuse de répondre, il en est dressé procès-verbal, et les faits seront tenus pour avérés. Celui qui a requis l'interrogatoire ne peut y assister. — Les communes et les administrations d'établissements publics sont tenues de nommer un administrateur ou agent pour répondre sur faits et articles. Les administrateurs et agents peuvent être interrogés sur les faits qui leur sont personnels.

Art. 2. — *Des personnes qui peuvent requérir l'interrogatoire et qu'on peut faire interroger* (*Rép.* nos 8 à 20).

**7.** Les tiers étrangers au procès, on l'a dit au *Rép.* nos 9 et 10, ne peuvent être interrogés sur faits et articles ; leur témoignage doit être reçu suivant les formes prescrites en matière d'enquête. Ce principe est admis par tous les auteurs et a été consacré par la jurisprudence. Il a été jugé : 1° que la comparution de tiers étrangers au procès à l'effet de les interroger sur les faits relatifs au procès ne peut être ordonnée par un tribunal (Bordeaux, 24 janv. 1849, aff. Moizan, D. P. 49. 2. 159 ; — 2° Que la mise en cause d'un tiers pour déposer sur des faits qui sont à sa connaissance relativement au litige, n'est point admissible, ce tiers ne pouvant être entendu que dans la forme prescrite par les enquêtes (Req. 25 nov. 1861, aff. Sinivassa Campadamodely, D. P. 62. 1. 131. V. aussi Caen, 12 nov. 1852, aff. N..., Journ. des arrêts de la cour, 1852, p. 323 ; Dutruc, Supplément aux lois de la procédure de Carré et Chauveau, v° Interrogatoire sur faits et articles, n° 2 ; Garsonnet, Traité théorique et pratique de procédure, t. 2, p. 424 ; Boitard, Colmet-Daâge et Glasson, Leçons de procédure civile, 14° éd., t. 1, n° 522, p. 549 ; Rousseau et Laisney, Dictionnaire de procédure civile, v° Interrogatoire sur faits et articles, n° 1).

**8.** Le ministère public ne peut requérir l'interrogatoire à moins qu'il ne soit partie principale, car il jouit alors de tous les droits d'une partie. Il ne saurait y être soumis, car il ne représente qu'un intérêt public, et les faits du procès ne peuvent lui être personnels (Rép. n° 8 ; Garsonnet, op. cit., t. 2, p. 423, note 18).

**9.** Il faut que la partie interrogée soit capable : ainsi le mineur émancipé, l'interdit ne peuvent être soumis à l'interrogatoire sur faits et articles. Autrement, ainsi que le font remarquer MM. Boitard, Colmet-Daâge et Glasson, op. cit., t. 1, p. 549, n° 522, leur aveu pourrait leur faire perdre des droits dont ils n'ont pas la disposition. Quant au mineur émancipé, il peut être interrogé sur les faits relatifs à l'administration de ses biens et de son commerce (Rép. n° 12. V. en ce sens Dutruc, op. cit., v° Interrogatoire sur faits et articles, n° 4 ; Garsonnet, op. cit., t. 2, p. 424 ; Rousseau et Laisney, op. cit., v° Interrogatoire sur faits et articles, n° 4).

**10.** Le tuteur, on l'a exposé au Rép. n° 13, peut répondre à un interrogatoire sur des faits qui intéressent un mineur ou interdit, si ces faits sont relatifs à son administration ou aux droits mobiliers du pupille ou de l'interdit. Dans les matières où il peut agir seul, proprio motu, sous sa responsabilité personnelle, le tuteur a le pouvoir de faire des aveux (V. Dutruc, op. cit., v° Interrogatoire sur faits et articles, n° 4 ; Bonnier, Des preuves, 3° éd., t. 1, n° 374 ; Rép. v° Obligations, n° 5085). Suivant M. Rodière, Cours de compétence et de procédure, t. 1, p. 463, le tuteur pourrait être interrogé même quand il s'agit de droits immobiliers ou autres dont l'exercice ne lui appartient pas, sauf à n'avoir à ses déclarations que tel égard que de raison. — Au contraire, s'il s'agit de faits antérieurs et étrangers à son administration, le tuteur ne peut être interrogé sur faits et articles (Rousseau et Laisney, op. cit., v° Interrogatoire sur faits et articles, n° 6). Il a été jugé : 1° que le tuteur ne peut être interrogé sur faits et articles à l'égard des faits antérieurs et étrangers à son administration (Lyon, 18 juill. 1861, aff. Guinand, D. P. 63. 2. 166). — 2° Qu'un tuteur ne peut être interrogé sur faits et articles, même dans une instance relative aux droits mobiliers du mineur, s'il s'agit de faits antérieurs à son administration et, par exemple, d'une créance que le mineur aurait recueillie dans la succession de son père, et dont l'existence est contestée (Trib. civ. Rambouillet, 13 août 1869, aff. de Perceval, D. P. 70. 2. 137).

**11.** Sur les cas dans lesquels la femme mariée peut être interrogée, V. Rép. n° 14.

**12.** Pour ce qui concerne les administrations, les sociétés, V. Rép. n° 20.

**13.** Il a été jugé que l'empereur ne pouvait, ni avant, ni après sa déchéance, être soumis à un interrogatoire sur faits et articles dans les instances relatives aux biens faisant partie de la dotation de la couronne et du domaine (Req. 11 août 1873, aff. Augier, D. P. 74. 1. 256). Cette solution, qui est la conséquence nécessaire des sénatus-consultes et décrets sur l'administration de la dotation de la couronne et du domaine privé, est également en harmonie avec la maxime de l'ancien droit français, que « nul ne plaide par procureur, hors le souverain ». — V. Action, n°s 46 et suiv. ; — Rép. eod. v°, n° 266).

Art. 3. — En quelles matières et dans quels cas l'interrogatoire peut être ordonné (Rép. n°s 21 à 28).

**14.** L'interrogatoire peut avoir lieu en toutes matières. On a indiqué au Rép. n°s 21 et suiv., les exceptions que comporte ce principe posé par l'art. 324 c. proc. civ. Contrairement à l'opinion émise au Rép. n° 24, et adoptée par un grand nombre d'auteurs (Dutruc, op. cit., v° Interrogatoire sur faits et articles, n° 16 ; Bioche, Dictionnaire de procédure, v° Interrogatoire sur faits et articles, n° 3 ; Rousseau et Laisney, op. cit., v° Interrogatoire sur faits et articles, n° 15), M. Garsonnet, op. cit., t. 2, p. 422 estime qu'on peut interroger une partie dans une affaire où ne s'applique pas la règle confessus pro judicato habetur, comme une question d'état : un époux dans une demande en séparation de corps, une femme dans une recherche de maternité naturelle. « Leur aveu, dit cet auteur, ne suffira pas à les faire condamner, mais leur interrogatoire aura toujours servi à compléter et contrôler les dépositions des témoins ». V. aussi Rodière, op. cit., p. 464.

Il est admis par tous les auteurs que l'interrogatoire ne peut porter ... sur les faits dont la preuve est interdite, comme l'existence de la paternité (sauf le cas d'enlèvement prévu par l'art. 340 c. civ.) d'une filiation adultérine ou incestueuse ; ... sur les faits dont la preuve ne peut être administrée que suivant des formes particulières qu'il n'est point permis d'éluder, comme la falsification d'un acte authentique ou la fausseté des déclarations que l'officier public y a faites de visu et auditu (Rép. n° 23 ; Garsonnet, op. cit., t. 2, p. 422 ; Rodière, op. cit., p. 464).

**15.** Peut-on interroger une partie sur des faits immoraux ou criminels qui lui seraient imputés ? L'affirmative, admise au Rép. n° 26, est généralement adoptée par les auteurs (V. Garsonnet, op. cit., t. 2, p. 421 ; Bioche, op. cit., v° Interrogatoire sur faits et articles, n° 11 ; Rousseau et Laisney, op. cit., eod. v°, n° 16. — Contrà : Dutruc, op. cit., v° Interrogatoire sur faits et articles, n° 18.

**16.** On peut interroger sur faits et articles dans une affaire où la preuve testimoniale n'est pas admise (Rép. n° 22). Ainsi, les restrictions apportées, en matière de bail, à l'admissibilité de la preuve testimoniale (c. civ. art. 1715 et 1716) ne s'étendent pas à l'interrogatoire sur faits et articles. Il a été jugé que l'interrogatoire sur faits et articles de la partie qui nie l'existence d'un bail verbal est admissible en tant qu'il peut aboutir à un aveu (Civ. cass. 12 janv. 1864, aff. Levêque, D. P. 64. 1. 142 ; V. aussi Req. 26 janv. 1885, aff. Heuzey, D. P. 85. 1. 234, cité infrà, n° 44 ; Rép. v° Louage, n° 125 ; infrà, eod. v° ; Bioche, op. cit., v° Interrogatoire sur faits et articles, n° 6 ; Guillouard, Traité du contrat de louage, t. 1, p. 81, n° 74. En sens contraire : Troplong, Traité du louage, t. 1, n° 111 ; Caen, 21 mai 1875, Recueil de Caen, 1875, p. 127). Mais la preuve du bail ne peut être déduite de simples présomptions résultant des réponses constatées dans l'interrogatoire (Arrêt précité du 12 janv. 1864).

**17.** L'interrogatoire ne peut porter sur l'existence d'un droit éteint par prescription, ni sur des faits contredits par un jugement passé en force de chose jugée. Mais, rien ne s'oppose à ce qu'une partie soit interrogée sur des faits interruptifs de la prescription ou emportant renonciation à la prescription (Rép. n° 15 ; Garsonnet, op. cit., t. 2, p. 422, note 14 ; Dutruc, op. cit., v° Interrogatoire sur faits et articles, n°s 8 et 9).

**18.** L'interrogatoire ne peut être ordonné que sur la demande d'une partie et si les faits sont tout à la fois concluants et pertinents. Les tribunaux apprécient souverainement la pertinence et l'admissibilité des faits (Rép. n°s 28 et suiv. ; Garsonnet, op. cit., t. 2, p. 421, note 4 ; Dutruc, op. cit., v° Interrogatoire sur faits et articles, n°s 1 et suiv.

Art. 4. — A quelle époque l'interrogatoire doit être demandé (Rép. n°s 39 à 48).

**19.** L'interrogatoire peut être demandé en tout état de cause, pourvu qu'il ne retarde ni l'instruction ni le jugement. Les tribunaux sont investis d'un pouvoir discrétionnaire pour l'admettre ou le rejeter, suivant les circonstances, tant que le jugement n'a pas été rendu. Cette théorie, admise par la doctrine (Rousseau et Laisney, *op. cit.*, v° *Interrogatoire sur faits et articles*, n°⁵ 23 et suiv.; Bioche, *op. cit.*, eod. v°, n° 26; Garsonnet, *op. cit.*, t. 2, p. 425; Boitard, Colmet-Daâge et Glasson, *op. cit.*, t. 1, n° 522, p. 544), a été consacrée par la jurisprudence. Il a été décidé: 1° que les juges du fond apprécient souverainement l'opportunité de l'interrogatoire sur faits et articles demandé par une partie, et la question de savoir s'il pourrait avoir lieu sans retarder l'instruction et le jugement (Req. 11 août 1873, aff. Augier, D. P.74.1.236); — 2° Que si les parties peuvent, en toutes matières et en tout état de cause, demander que leurs adversaires soient interrogés sur faits et articles, il appartient aux tribunaux d'apprécier souverainement, dans chaque cause, s'il y a lieu d'ordonner cet interrogatoire (Req. 15 avr. 1874, aff. Epoux Blanchet, D. P. 75. 1. 67).

**20.** L'interrogatoire sur faits et articles ne saurait, en principe, être ordonné après la mise en délibéré (*Rép.* n° 39; Paris, 11 mars 1884) (1). Toutefois, le tribunal aurait le droit de rouvrir les débats pour interroger une partie s'il jugeait l'instruction insuffisante et cette mesure propre à la compléter utilement (Garsonnet, *op. cit.*, t. 2, p. 425).

**21.** L'interrogatoire peut être demandé pour la première fois en appel (*Rép.* n° 44; Dutruc, *op. cit.*, v° *Interrogatoire sur faits et articles*, n° 24; Rousseau et Laisney, *op. cit.*, eod. v°, n° 31).

Art. 5. — *Quels tribunaux peuvent ordonner l'interrogatoire* (*Rép.* n°⁵ 49 à 50).

**22.** L'interrogatoire sur faits et articles est admissible devant les tribunaux de commerce (*Rép.* n° 49; Dutruc, *op. cit.*, v° *Interrogatoire sur faits et articles*, n° 18; Rousseau et Laisney, *op. cit.*, eod. v°, n° 18).

**23.** Les art. 9 et 10 c. proc. civ disposent que les parties comparaîtront en personne ou par fondé de pouvoirs devant le juge de paix, et qu'elle devront s'expliquer devant lui. Le juge de paix peut donc interroger librement les parties sur les points qu'il croit nécessaire d'éclaircir. Il s'ensuit: 1° que la procédure réglée par les art. 324 et suiv. c. proc. civ. pour les interrogatoires sur faits et articles ne sont aucune application devant le juge de paix; 2° que, si le juge de paix rend un jugement par lequel il ordonne qu'une partie sera interrogée par lui sur certains faits, cette décision ne saurait être assimilée au jugement d'un tribunal civil qui ordonne, exceptionnellement et dans des formes particulières, un interrogatoire sur faits et articles, et ne peut être jamais considérée que comme une mesure d'instruction ordinaire, ne préjugeant en aucun cas le fond et n'ayant, par conséquent, jamais que le caractère d'un simple préparatoire. Conformément à cette doctrine, enseignée au *Rép.* n° 49, il a été décidé que le juge de paix qui ordonne qu'une partie sera interrogée par lui sur les faits articulés par son adversaire, ne fait qu'user de la faculté que lui donnent les art. 9 et 10 c. proc. civ. d'interpeller les parties qui sont obligées de comparaître devant lui en personne pour s'expliquer sur les faits de la contestation; qu'en conséquence, cette mesure n'est pas soumise aux dispositions du code de procédure civile qui sont relatives aux formes prescrites pour les interrogatoires sur faits et articles; que, la comparution des parties devant le juge de paix n'étant qu'une mesure d'instruction qui ne préjuge au fond, le jugement qui l'ordonne est purement préparatoire et non susceptible d'ap-

pel avant le jugement définitif (Civ. rej. 1ᵉʳ juill. 1868, aff. Aribaud, D. P. 68. 1. 452).

Art. 6. — *Comment l'interrogatoire est demandé. — Du jugement, de ses caractères et du commissaire à l'interrogatoire* (*Rép.* n°⁵ 51 à 72).

**24.** L'interrogatoire doit être demandé par requête et non à l'audience, alors même que l'affaire est sommaire (*Rép.* n° 51; Rousseau et Laisney, *op. cit.*, v° *Interrogatoire sur faits et articles*, n° 35). M. Dutruc, *op. cit.*, eod. v°, n° 27 et Bioche, *op. cit.*, eod. v°, n° 38, estiment qu'en matière sommaire et commerciale, l'interrogatoire peut être demandé à l'audience.

**25.** La requête n'est pas signifiée à la partie adverse. Elle contient l'indication des faits sur lesquels on veut que porte l'interrogatoire. Elle est remise au président, qui fait lui-même le rapport au tribunal en chambre du conseil, ou commet un juge à cet effet. Le jugement, qui est prononcé à l'audience ne doit pas énoncer les faits qui font l'objet de l'interrogatoire (V. *Rép.* n°⁵ 53 et suiv.; Garsonnet, *op. cit.*, t. 2, p. 426 note 1 et 2; Rousseau et Laisney, *op. cit.*, v° *Interrogatoire sur faits et articles*, n°⁵ 37 et suiv.; Bioche, *op. cit.*, eod. v°, n°⁵ 39 et suiv.; Dutruc, *op. cit.*, eod. v°, n°⁵ 31 et suiv.). La partie n'est pas admise à discuter les faits articulés et à plaider que la nature du procès, sa propre incapacité ou sa situation dans l'instance s'opposent à l'interrogatoire. Le tribunal ne peut pas provoquer lui-même le débat sur ces divers points et renvoyer la requête à l'audience pour qu'elle y soit discutée contradictoirement (*Rép.* n° 54; Garsonnet, *op. cit.*, t. 2, p. 429).

**26.** La doctrine, enseignée au *Rép.* n°⁵ 57 et suiv., d'après laquelle le jugement qui ordonne ou refuse un interrogatoire n'est susceptible ni d'opposition ni d'appel a été suivie par plusieurs cours d'appel, et adoptée par la cour de cassation ainsi que par la plupart des auteurs. Elle est fondée sur ce que la procédure particulière de l'interrogatoire sur faits et articles est exclusive de la possibilité de faire de ce mode d'instruction l'objet d'un débat à engager par voie d'opposition ou d'appel. En effet, la partie dont l'interrogatoire est demandé ne doit point être avertie avant le jugement qui statue sur la demande; la requête contenant l'exposé des faits ne doit lui être signifiée qu'après le jugement; il suffit d'un intervalle de vingt-quatre heures entre cette signification et l'interrogatoire; la partie doit comparaître sans se faire assister d'un conseil, et sans pouvoir lire aucun projet de réponse écrite; enfin, le juge peut lui poser des questions non signifiées à l'avance. Ces dispositions sont donc inconciliables avec le droit qu'aurait la partie de provoquer, au moyen d'une opposition ou d'un appel, un débat préalable et contradictoire sur les faits mis en interrogatoire, et d'enlever ainsi à cette mesure toute l'utilité que la justice s'en était promise, et qu'elle ne peut en obtenir qu'à l'aide d'une grande célérité. A la vérité, la partie pourrait conserver ce caractère non contradictoire, si, après rejet, le demandeur interjetait un appel à l'appui duquel il n'aurait qu'à réitérer sa demande dans la même forme qu'en première instance. Mais, outre qu'il serait difficile de concevoir une faculté d'appel existant pour le demandeur en cas de rejet de la requête, sans appartenir également au défendeur en cas d'admission, l'appel ne devrait pas moins être signifié, et la procédure cesserait ainsi

(1) (Banque française et belge C. Syndic du Crédit de France.) — La cour; — Vu en la chambre du conseil: 1° la requête à elle présentée par la Banque française et belge le 10 mars courant, laquelle requête, signée Couronne, avoué, sera déposée au greffe de la cour; 2° les pièces jointes à la requête; — Statuant sur ladite requête; — Considérant que si, aux termes de l'art. 324 c. proc. civ., les parties peuvent en toute matière et en tout état de cause se faire interroger respectivement sur faits et articles pertinents, c'est à la condition que ni l'instruction, ni le jugement ne soient retardés; — Que pareille mesure ne saurait être ordonnée après la mise en libéré, sans méconnaître l'esprit et la portée de cette dernière disposition de l'art. 324 c. proc. civ., puisque la réouverture des débats, après l'interrogatoire subi, devrait être nécessairement prononcée, à l'effet de permettre aux parties de tirer dudit interrogatoire telles conséquences que de droit; qu'au surplus, la demande à fin d'interrogatoire sur faits

et articles doit être assimilée à des conclusions non recevables, lorsqu'elles sont présentées après la clôture des débats; — Considérant, en fait, que la clôture des débats a été prononcée à l'audience du jeudi 6 courant, après l'audition du ministère public en ses conclusions, et que l'affaire a été renvoyée à l'audience de huitaine pour la prononciation de l'arrêt; que la requête susvisée n'a été présentée qu'à la date du 10 du même mois; que la demande introduite par ladite requête est, dès lors, non recevable; Par ces motifs; — Et sans qu'il soit besoin d'examiner si les faits articulés sont pertinents; — Rejette, comme non recevable, la demande introduite par la Banque française et belge tendant à faire interroger sur faits et articles le syndic de la faillite du Crédit de France.
Du 11 mars 1884.-C. de Paris, 1ʳᵉ ch.-MM. Périvier, 1ᵉʳ pr.-Loubers, av. gén.

d'être étrangère à la partie dont l'interrogatoire est réclamé, alors qu'elle doit, jusqu'au jugement à intervenir sur la requête, rester forcément unilatérale. Aucun intérêt n'est d'ailleurs lésé, car, si la requête est rejetée, le demandeur pourra la réitérer soit devant les premiers juges, soit lors de l'appel de la décision du fond; et si l'interrogatoire est ordonné, la partie à interroger sera toujours libre de ne pas répondre, et, pour justifier sa résistance en première instance ou en appel, de faire valoir, à ses risques et périls, les raisons de fait où de droit qu'elle aurait eues à invoquer dans un recours dirigé contre la décision même qui a autorisé son adversaire à la faire interroger (V. en ce sens, Rousseau et Laisney, *op. cit.*, v° *Interrogatoire sur faits et articles*, n° 42 ; Dutruc, *op. cit.*, eod. v°, n°s 33 et suiv. ; Boitard, Colmet-Daàge et Glasson, t. 1, n° 522, p. 549 ; Garsonnet, *op. cit.*, t. 2, p. 429 ; Conf. Bioche, *op. cit.*, v° *Interrogatoire sur faits et articles*, n°s 46 et suiv. — *Contrà* : Rodière, t. 1, p. 467-468). Il a été jugé : 1° que le jugement qui ordonne ou qui refuse un interrogatoire sur faits et articles n'est pas susceptible d'appel (Dijon, 5 janv. 1870, aff. Berger et autres, D. P. 70. 2. 137 ; Paris, 27 janv. 1870, aff. de Perceval D. P. 70. 2. 137 ; Lyon, 9 août 1872, aff. Jacquet-Renard, D. P. 72. 2. 189 ; Dijon, 26 mars 1873, aff. Renaud-Bariet, D. P. 74. 2. 130 ; Toulouse, 31 déc. 1874, aff. veuve Paul Emile, D. P. 75. 2. 51 ; Caen, 23 juin 1879) (1). Spécialement ne peut être frappé d'appel le jugement qui rejette une requête à fin d'interrogatoire sur faits et articles, comme prématurée, ou parce que la partie dont l'interrogatoire est demandé ne peut y être soumise (Arrêts précités des 5 et 27 janv. 1870) ; — 2° Qu'en tout cas, et à supposer que le jugement qui statue sur une demande à fin d'interrogatoire sur faits et articles soit susceptible d'appel, ce jugement constitue un simple jugement préparatoire, et ne peut, dès lors, être frappé d'appel qu'après le jugement définitif (Paris, 3 juin 1855, aff. Moëns, D. P. 56. 2. 137 ; Arrêts précités des 5 et 27 janv. 1870) ; — 3° Que le jugement qui ordonne un interrogatoire sur faits et articles n'est pas susceptible d'opposition ni de tierce opposition de la part d'un codéfendeur de la partie contre laquelle ce jugement a été rendu (Civ. cass. 9 févr. 1857, aff. Delamarre, D. P. 57. 1. 83 ; Rouen, 21 mars 1857, aff. De Marcy, D. P. 58. 2. 76). « Il n'y a qu'un moyen, dit M. Garsonnet, *op. cit.*, t. 2, p. 429, de protester contre le jugement qui ordonne l'interrogatoire : on refuse d'y répondre en alléguant qu'un obstacle de droit s'y oppose ou en contestant la pertinence des faits articulés ; le juge en dresse procès-verbal et renvoie l'affaire à l'audience, et là, puis en appel s'il y a lieu, on fait valoir les raisons qu'on a cru avoir de

ne pas répondre à ces questions » (V. aussi Bioche, *op. cit.*, v° *Interrogatoire sur faits et articles*, n° 71). On a admis au *Rép.* n° 113 que les juges peuvent, lorsque le refus de répondre a été mal fondé, ordonner de nouveau l'interrogatoire.

**27.** Il n'y a pas lieu, on l'a dit au *Rép.* n° 60, de faire une distinction entre le cas où le jugement qui statue sur la requête à fin d'interrogatoire serait attaqué par des moyens puisés dans l'appréciation des faits sur lesquels l'interrogatoire est demandé, et celui où il serait frappé de recours pour incompétence ou pour excès de pouvoir, en ce que, par exemple, il s'agirait de savoir si la personne dont l'interrogatoire est réclamé a qualité pour répondre. La procédure n'en demeure pas moins régie par la nécessité du *secret* ou de la *rapidité*, que la doctrine adoptée par la cour de cassation considère comme un obstacle absolu à l'exercice d'une opposition ou d'un appel, sauf toujours à la partie qui se plaint de l'incompétence ou de l'excès de pouvoir à relever ces griefs accessoirement à la discussion du fond, devant les premiers juges (Paris, 27 janv. 1870, cité *suprà*, n° 26 ; Rousseau et Laisney, *op. cit.*, v° *Interrogatoire sur faits et articles*, n° 44).

**28.** Le jugement deviendrait-il susceptible d'appel s'il avait été rendu contrairement à la loi, sur un débat contradictoire? Bonnier, *Traité des preuves*, 3° éd. t. 1, n° 377, pense qu'alors l'appel serait recevable « parce que le secret qu'avait voulu la loi n'existerait plus ». En ce sens, il a été jugé que si les jugements qui statuent sur une demande à fin d'interrogatoire sur faits et articles ne sont, en général, susceptibles ni d'opposition ni d'appel, cette règle cesse d'être applicable dans le cas où les juges, s'écartant des formes spéciales prescrites en cette matière, ont admis les parties à prendre des conclusions à l'audience, et à plaider tant sur la pertinence des faits que sur l'admissibilité et l'opportunité de l'interrogatoire ; que jugement rendu en de telles circonstances rentre dans les conditions du droit commun, et peut, en conséquence, être frappé d'appel (Bastia, 5 avr. 1854, aff. Campana, D. P. 55. 2. 55). Un arrêt de la cour de Caen, du 26 juill. 1865, aff. de Richemont, D. P. 66. 5. 277), est allé plus loin, et a permis l'appel dans une affaire où, s'agissant d'une instance en séparation de corps, l'interrogatoire portait précisément sur les faits articulés à l'appui de la demande en séparation. Il a fait fléchir, en ce cas, la règle prohibitive de l'appel. Mais cette règle ne conserve-t-elle pas son empire, sans qu'on ait à se préoccuper de la nature des faits énoncés dans la requête, et le défendeur n'est-il pas encore ici ramené à la situation prévue par la jurisprudence qui lui réserve uniquement le

---

(1) (Huvet C. Lantier.) — LA COUR ; — Vu la requête présentée le 16 juin 1879 par M° Mainier, avoué de la dame Huvet, et dont le dispositif est ainsi conçu : — « Réformer le jugement dont est appel ; ordonner que Lantier, marchand de couleurs, demeurant à Caen, sera interrogé sur les faits suivants : 1° sur le point de savoir s'il n'a pas promis à la dame Huvet 2000 fr. de pot-de-vin, en dehors du bail du 24 juin 1876 ; 2° si, sur ces 2000 fr., il ne doit pas encore 1500 fr. » ; — Attendu que la veuve Huvet est en instance contre Lantier, devant le tribunal de Caen, et qu'avant que les juges saisis aient statué définitivement, elle porte appel, par voie de requête, d'un jugement qui a rejeté sa demande à fin d'interrogatoire de son adversaire ; — Attendu que sa prétention est que ce jugement est interlocutoire et que, par suite, l'appel est recevable ; conformément au deuxième paragraphe de l'art. 451 c. proc. civ. ; — Mais attendu qu'en cette matière aucun jugement n'est susceptible d'appel ; qu'en effet, il résulte des art. 324 et s. c. proc. civ., que l'interrogatoire sur faits et articles ne peut être demandé que par simple requête ; qu'il n'y a d'exigé qu'un délai de vingt-quatre heures entre la signification de la requête et de l'ordonnance à la partie qui doit être interrogée, et le jour de son interrogatoire ; que l'art. 70 tarif défend même de signifier la requête et d'appeler cette partie avant le jugement qui admet la demande ; et qu'il prescrit, en outre, que cette requête ne soit signifiée qu'avec le jugement et l'ordonnance du juge commis pour l'interrogatoire ; — Attendu que cette procédure est toute spéciale et d'une célérité exceptionnelle, puisqu'elle doit être ainsi conduite, à l'insu de la partie à interroger ; et, de plus, sans retard de l'instruction, et du jugement, d'après les termes formels de l'art. 324 susvisé ; — Attendu que le but de la loi a été d'obtenir, par l'imprévu des questions, des réponses d'autant plus sincères que l'interrogé aura eu moins de temps pour les étudier ; — Attendu que ce but serait complètement manqué, si le jugement sur la demande d'interrogatoire

était sujet à appel ; qu'il est évident que l'effet suspensif qui, de droit commun, est attaché à l'appel, est inconciliable avec l'obligation de ne pas retarder le jugement de la cause, et qu'il pourrait arriver que le tribunal, se conformant, à cet égard, aux dispositions de l'art. 324, rendît un jugement définitif avant que la juridiction du second degré eût statué sur le prétendu interlocutoire ; — Attendu qu'il faut ajouter que l'appel de la partie à interroger ne pourrait être certainement rendu que contradictoirement, puisqu'il tendrait à enlever à l'adversaire les avantages de l'errement obtenu par lui ; qu'il entraînerait donc une discussion de nature à compromettre l'interrogatoire ordonné, s'il était maintenu ; — Attendu qu'au premier chef, l'appel du demandeur en interrogatoire paraît éviter cet inconvénient, quand il est formé par l'adversaire, la veuve Huvet l'a fait ; qu'elle semble assurer le secret des questions ; mais que, s'il intervenait un arrêt infirmatif, l'art. 472 forcerait la cour à dessaisir le tribunal qui a prononcé, ainsi que la veuve Huvet le reconnaît expressément dans ses conclusions ; — Attendu que ce dessaisissement ferait grief à Lantier, qui a le droit de n'être pas distrait des juges qui lui appartiennent, sans avoir été entendu ; en sorte que la voie de recours ne peut être admise à raison de ses conséquences ; — Attendu, en outre, qu'il n'existe aucun texte, qui organise cette procédure étrange, qui changerait suivant la situation de l'appelant et qui, dans l'une comme dans l'autre de ses formes, porterait également atteinte aux règles les plus positives ; qu'il faut donc en conclure que l'introduction de l'appel des jugements sur demande d'interrogatoire n'est même pas praticable ; — Attendu que cette solution ne permet pas d'examiner la requête au fond ;

Par ces motifs ; — Déclare non recevable l'appel porté par la veuve Huvet du jugement par requête rendu par le tribunal civil de Caen, le 23 mai 1879...

Du 23 juin 1879.-C. de Caen, 1re ch.-MM. Champin, 1er pr. Soret de Boisbrunet, av. gén.

droit de ne pas répondre, sans s'exposer à ce que les faits sur lesquels il aurait été illégalement interrogé fussent tenus pour avoués? L'affirmative nous parait s'induire forcément de cette jurisprudence. Le défendeur contestait la recevabilité de la demande en séparation, comme irrégulièrement formée par le subrogé tuteur de sa femme interdite. Mais c'était là un moyen du fond que l'interrogatoire ordonné laissait entier. La décision qui prescrivait cet interrogatoire n'était donc pas de nature, aux termes de la même jurisprudence, à créer un grief qui pût donner exceptionnellement ouverture à l'appel prohibé, en principe, à l'égard des jugements dont on s'occupe (Conf. Dutruc, *op. cit.*, v° *Interrogatoire sur faits et articles*, n°s 33 et suiv.).

**29.** Dans le sens du système contraire à celui que nous avons adopté, il a été jugé : 1° que le jugement qui prononce sur une demande à fin d'interrogatoire sur faits et articles (et, par exemple, l'admet), est susceptible d'opposition (Caen, 11 mai 1852, aff. Alban-Roussel, D. P. 53. 2. 177); — 2° Que le jugement qui statue sur une demande à fin d'interrogatoire sur faits et articles est susceptible d'appel (Caen, 19 juin 1854, aff. R..., D. P. 55. 5. 265).

**30.** L'art. 326 c. proc. civ. qui décide qu'en cas d'éloignement, le *président* peut commettre le président du tribunal dans le ressort duquel la partie réside ou le juge de paix du canton de cette résidence, désigne ainsi tout juge présidant la chambre qui a ordonné l'interrogatoire (*Rép.* n° 70). Il a été jugé que c'est le magistrat sous la présidence duquel a été rendu le jugement ordonnant un interrogatoire sur faits et articles, et non le président en cette fin du tribunal, qui est compétent pour commettre, en cas d'éloignement de la partie, le magistrat qui devra l'interroger au lieu de sa résidence (Lyon, 16 févr. 1872, *Journal des avoués*, t. 98, p. 336; Dutruc, *op. cit.*, v° *Interrogatoire sur faits et articles*, n°s 41 et 42).

**31.** L'ordonnance du président n'est susceptible ni d'opposition ni d'appel (*Rép.* n° 72). L'arrêt de la cour de Lyon du 16 févr. 1872, cité *suprà*, n° 30, autorise l'appel lorsque l'ordonnance est attaquée pour cause d'incompétence. Nous croyons plutôt qu'il faut appliquer aux ordonnances le principe qui régit les jugements (V. *suprà*, n° 27 ; Rousseau et Laisney, *op. cit.*, v° *Interrogatoire sur faits et articles*, n° 53 ; Conf. Dutruc, *op. cit.*, eod. v°, n° 43 *bis*).

**Art. 7.** — *Du délai pour procéder à l'interrogatoire ; de la signification du jugement et de l'assignation devant le juge-commissaire (Rép. n°s 73 à 80).*

**32.** La loi ne prescrit aucun délai pour procéder à l'interrogatoire. Si le tribunal en a imparti un, ce délai n'est pas fatal. Ces solutions, indiquées au *Rép.* n° 73, sont admises par tous les auteurs (Rousseau et Laisney, *op. cit.*, v° *Interrogatoire sur faits et articles*, n° 55 ; Dutruc, *op. cit.* eod. v° n° 46 ; Garsonnet, *op. cit.*, t. 2, p. 426, note 5).

**33.** On a émis au *Rép.* n° 74, l'opinion que l'ordonnance portant fixation des jour et heure auxquels aura lieu l'interrogatoire, doit être mise soit par le président au bas de l'expédition du jugement, soit par le juge commis au pied de l'ordonnance qui l'a nommé. En pratique, il est présenté requête au président ou au juge-commissaire ; et, notamment, à Paris, malgré le silence du tarif, il est d'usage de la passer en taxe (Rousseau et Laisney, *op. cit.*, v° *Interrogatoire sur faits et articles*, n° 57).

**34.** Les requêtes et les ordonnances doivent être signifiées vingt-quatre heures au moins avant l'interrogatoire (c. proc. civ. art. 329). Ces vingt-quatre heures sont comptées *de hord ad horam*, le délai n'est donc pas franc ; mais il y a lieu à augmentation du délai à raison des distances (*Rép.* n° 76 ; Rousseau et Laisney, *op. cit.*, v° *Interrogatoire sur faits et articles*, n° 59 ; Bioche, *op. cit.* eod. v°, n°s 58 et 59 ; Dutruc, *op. cit.*, eod. v°, n° 51).

**35.** La signification doit être faite à personne ou domicile, et par l'huissier commis. Une signification faite à l'avoué ou par un autre huissier serait nulle (*Rép.* n°s 77 et 78 ; Rousseau et Laisney, *op. cit.*, v° *Interrogatoire sur faits et articles*, n°s 60 et 61 ; Dutruc, *op. cit.*, eod. v°, n°s 53 et 54 ; Bioche, *op. cit.*, eod. v°, n°s 61 et 62).

**Art. 8.** — *De l'interrogatoire et de ses incidents (Rép. n°s 81 à 100).*

**36.** V. *Rép.* n°s 81 et suiv.

**Art. 9.** — *Du cas où la partie qui a fait défaut sur l'assignation devant le juge-commissaire, se présente pour subir l'interrogatoire (Rép. n°s 101 à 104).*

**37.** L'art. 331 c. proc. civ., qui donne à l'assigné qui a fait défaut sur l'assignation, le droit de se présenter avant le jugement pour subir l'interrogatoire, ne s'applique pas à la partie qui a comparu et qui a refusé de répondre. Cette doctrine, enseignée au *Rép.* n° 102, est adoptée par les auteurs (Rousseau et Laisney, *op. cit.*, v° *Interrogatoire sur faits et articles*, n° 79 ; Dutruc, *op. cit.*, eod. v°, n° 61).

**38.** On a enseigné au *Rép.* n° 103 que la partie est recevable à se faire interroger, après le jugement définitif, si ce jugement est frappé d'appel. Conformément à cette théorie qui est professée par Dutruc, *op. cit.*, v° *Interrogatoire sur faits et articles*, n° 62, et Rousseau et Laisney, *op. cit.* eod. v°, n° 80, il a été jugé que la partie qui n'a pas comparu devant le juge commis pour un interrogatoire sur faits et articles, peut, même après le jugement qui a tenu les faits pour avérés, demander utilement en appel à subir l'interrogatoire proscrit (Douai, 11 juill. 1878, aff. Charles N..., D. P. 79. 2. 88 ; Douai, 30 juill. 1852, *ibid.*, note ; *Contrà* : Bordeaux, 7 déc. 1858, aff. Braud, D. P. 79. 2. 88, note 5).

**Art. 10.** — *Comment l'audience est poursuivie après l'interrogatoire (Rép. n°s 105 à 106).*

**39.** La défense d'accompagner d'écritures la signification d'un interrogatoire sur faits et articles, ne s'applique pas au cas où l'interrogatoire a été ordonné dans un procès instruit par écrit (*Rép.* n° 106 ; Rousseau et Laisney, *op. cit.*, v° *Interrogatoire sur faits et articles*, n° 84).

**Art. 11.** — *Des effets de l'interrogatoire, des conséquences du refus de comparaître ou de répondre, et des frais de l'interrogatoire (Rép. n°s 107 à 117).*

**40.** Les réponses faites à un interrogatoire, bien que non signées des parties, ont le caractère d'actes émanant d'elles et par suite, lorsqu'elles ne renferment pas des aveux mais des déclarations rendant vraisemblable le fait allégué, elles peuvent constituer un commencement de preuve par écrit propre à faire admettre la preuve testimoniale (*Rép.* n° 107. — V. sur cette question, *Rép.* v° *Obligations*, n°s 4763 et suiv. et *infrà*, eod. v°).

**41.** On a émis au *Rép.* n° 108, l'opinion qu'une instruction par écrit serait être ordonnée sur l'interrogatoire. Cette doctrine admise par M. Bioche, v° *Interrogatoire sur faits et articles*, n° 101, est combattue par M. Rousseau et Laisney, *op. cit.* eod. v°, n° 83).

**42.** Si la partie nie, la preuve n'est pas faite et les choses sont entières ; si elle avoue, la preuve est acquise, à moins que l'affaire ne soit de celles où l'aveu n'entraîne pas forcément la condamnation et ne fournit que des renseignements livrés à l'appréciation du juge (Garsonnet, *op. cit.*, t. 2, p. 431).

**43.** Le principe de l'indivisibilité de l'aveu judiciaire, écrit dans l'art. 1356 c. civ., doit-il être appliqué aux réponses d'une partie contenues dans un interrogatoire sur faits et articles ? — Cette question délicate a été examinée au *Rép.*, v° *Obligations*, n°s 5144 et suiv.; on y reviendra *infrà*, eod. v°.

**44.** La partie dont l'interrogatoire a été ordonné n'est pas dans l'obligation absolue de répondre ; et, si les faits sur lesquels porte l'interrogatoire ne sont pas pertinents, son silence ne peut être invoqué contre elle. Mais si la légitimité de son silence n'est pas établie, elle s'expose à ce que les faits soient tenus pour avérés. D'ailleurs, ainsi qu'on l'a fait remarquer au *Rép.* n° 111, le défaut de comparution de la partie ou son silence n'oblige pas le juge à considérer les faits comme avérés ; il a seulement le droit de le faire, et encore ne le peut-il que dans les cas où l'aveu fait pleine foi (Garsonnet, *op. cit.*, t. 2, p. 431, Bioche, *op. cit.*, v° *Interrogatoire sur faits et articles*, n°s 70 et 71; Rousseau et Laisney, *op. cit.*, eod. v°, n°s 87 et 88; Dutruc, *op. cit.*, eod. v°, n° 55; Boitard, Colmet-Daâge et Glasson, *op. cit.*, t. 1, n° 522, p. 550). Il a été jugé : 1° que le défaut de comparution d'une partie pour subir l'interrogatoire sur faits et articles ordonné par jugement, ne suffit pas pour que les faits sur lesquels devait porter l'interrogatoire doivent être considérés comme avérés (Paris, 24 févr. 1865, aff. Aubert, D. P. 65. 2. 140; Chambéry, 31 janv. 1881 (1); — 2° Que le tribunal, notamment, peut ne tenir aucun compte de ce refus, lorsqu'il s'explique par les irrégularités commises par le juge commis au cours de

l'interrogatoire (Même arrêt du 31 janv. 1881); — 3° Que le refus de répondre à un interrogatoire sur faits et articles qui a pour objet de faire reconnaître par la partie interrogée l'existence de faits répréhensibles ou délictueux qui lui sont imputés et qu'elle conteste énergiquement, ne doit pas faire présumer l'existence de ces faits (Toulouse, 18 janv. 1866, aff. Garès et autres, D. P. 66. 2. 6); — 4° Que la loi n'exclut en aucun cas l'aveu en matière de bail, et que, dès lors, il y a lieu d'appliquer l'art. 330 c. proc. civ. qui permet au juge de tenir le fait pour avéré, si la partie interrogée sur faits et articles ne comparait pas ou refuse de répondre (Req. 26 janv. 1885, aff. Heuzey, D. P. 85. 1. 234). V. *infrà*, v° *Louage*.

---

(1) (Queyzel C. Liaudy.) — La cour; — Attendu qu'un jugement en date du 5 juin 1880, retenant la pertinence des articulations de Liaudy, a ordonné l'interrogatoire sur faits et articles, tant de Queyzel, tiers saisi, que de Cruzillat, débiteur principal; qu'il résulte du procès-verbal de l'interrogatoire de Queyzel, dressé à la date du 6 juill. 1880 par le juge de paix du canton de la Rochette, commis pour y procéder, que l'intimé, après avoir fait au sujet des six premiers faits articulés des déclarations conformes en tous points à celles qu'il avait fournies par son acte du palais du 11 mai précédent en réponse aux interpellations de Liaudy, a refusé de s'expliquer sur les autres faits articulés par ce dernier; mais qu'il y a lieu d'examiner si, à raison des circonstances qui ont accompagné cet interrogatoire, c'était le cas d'appliquer la disposition de l'art. 330 c. proc. civ., aux termes de laquelle les faits peuvent être tenus pour avérés; — Attendu qu'il résulte du procès-verbal du dernier interrogatoire que cet acte est entaché de graves irrégularités; que le juge de paix s'est mépris sur la portée de la mission dont il était investi; qu'il a indûment, et contrairement à toutes les règles, exigé le serment

de Queyzel, le considérant ainsi comme un témoin devant répondre à toutes les questions que le magistrat enquêteur se croyait en droit de lui adresser; qu'en outre il est constant en fait, et non contesté, que le sieur Liaudy fils est intervenu au nom de son père dans l'interrogatoire, contrairement aux prescriptions de la loi; que ces faits anormaux étaient de nature à justifier le refus de Queyzel de répondre à certaines questions et à expliquer même, dans une certaine mesure, l'attitude regrettable qu'il a prise à la fin de l'interrogatoire, et que, à raison de ces circonstances exceptionnelles, la cour estime qu'il y a pas lieu d'appliquer la disposition précitée de l'art. 330 c. proc. civ.; — Attendu dès lors qu'il convient d'apprécier la déclaration faite par Queyzel et le refus de s'expliquer de la tiers saisi soit des énonciations de l'acte sur interpellation du 11 mai 1880, soit de ses réponses dans l'interrogatoire sur faits et articles, telles qu'elles sont fournies par les procès-verbal prémentionné, etc.; — Par ces motifs;
Confirme, etc.
Du 31 janv. 1881.-C. de Chambéry, 1re ch.-M. de Roé, 1er pr.

## Table sommaire
### des matières contenues dans le Supplément et le Répertoire.

(Les chiffres précédés de la lettre S renvoient au Supplément; les chiffres précédés de la lettre R renvoient au Répertoire.)

Acte authentique R. 23.
Administrations et établissements publics — mandataire R. 89 s.
Administrations publiques S. 12; R. 20.
Appel — jugement S. 26, 28; R. 61 s., 65 s. — nouvel interrogatoire S. 36; R. 103. — serment R. 34.
Arbitrage R. 50. Assignation — défaut S. 37; R. 101 s.
Aveu — bail, effets S. 44. — indivisibilité, effets S. 43.
Chose jugée S. 17.
Commission rogatoire — ordonnance S. 30 s.; R. 71.
Comparution R. 81 s. — défaut S. 44; R. 110. — fraude R.125. — lecture R. 99. — mode d'interrogation R. 87 s., 93.

— notes et mémoires R. 95 s. — refus de réponse S. 44; R. 110 s., 113; R. 114. — réponses R. 57, 96 s. — signature R. 100. — tiers étranger au procès S. 7; R. 9 s.
Compulsoire R. 33.
Cour d'appel R. 49.
Débiteurs solidaires R. 8.
Définition R. 1. Délai — caractère S. 32; R. 75 s. — signification S. 24; R. 75 s.
Délégation R. 69 s.
Effets S. 40 s.; R. 107 s. — aveu S. 42. — délégation S. 42. — énumération R. 107. — excès de pouvoir R. 112. — incompétence R. 112. — instruction par écrit S. 41; R. 108. — présomption R. 109. — preuve testimoniale S. 40; R. 116.

— réponses, caractère S. 40.
Empereur S. 13.
Époque S. 19 s.; R. 39. — appel S. 21; R. 44 s. — jugement de partage R. 46 s. — litiscontestation R. 48. — mise en délibéré R. 40. — pouvoir discrétionnaire S. 19.
Fait immoral ou illicite S. 15; R. 26.
Femme mariée S. 11; R. 14 s.
Frais de voyage R. 117.
Frais d'interrogatoire R. 117.
Historique et législation — ancien droit français R. 3 s. — code de procédure civile R. 6. — droit romain R. 3. — projet de réforme R. 1.

Incidents S. 36; R. 81 s. — non-comparation R. 81 s. — non-comparution, procès-verbal R. 86. — transport des magistrats R. 82 s. (compétence territoriale) R. 84.
Interdit S. 9; R. 12.
Jugement — appel S. 26, 28; R. 61 s., 65 s. — caractère R. 57. — défaut, payement des frais R. 104. — excès de pouvoirs R. 27. — incompétence R. 27. — opposition S. 26, 29; R. 57 s., 66, 72. — rétractation R. 67.
Justice de paix S. 23.
Légataire R. 19.
Législation étrangère — Allemagne S. 2. — Espagne R. 3 s. — Suisse S. 4 s.; (Genève) S. 6; R. 110; (Valais) S. 5; (Vaud) S. 6.

Magistrat — frais de transport R. 117.
Mari R. 15 s.
Mineur émancipé S. 9; R. 12.
Ministère public — réquisition S. 8; R. 8.
Ordonnance — caractère R. 72. — commission rogatoire S. 30 s.; R. 71. — magistrat, formalités S. 33; R. 74. — signification S. 34 s.; R. 75 s.
Pertinence et admissibilité — pouvoir discrétionnaire S. 18; R. 27 s.; R. 64.
Pouvoir discrétionnaire S. 18, 19; R. 28 s., 37, 44 s., 48.
Prescription S. 17.; R. 32.
Preuve testimoniale S. 16; R. 22.
Question d'État S. 14; R. 24 s.

Requête S. 24 s.; R. 51 s. — magistrat, formalités S. 33; R. 74. — S. 75 s.
Réquisition — ministère public S. 8; R. 8.
Serment — appel R. 34. — jugement R. 64.
Signification — délai S. 34; R. 75 s. — écritures S. 39; R. 105 s. — huissier-commis S. 35; R. 78 s. — ordonnance S. 34 s.; R. 75 s. — requête S. 24 s.; R. 75 s.
Sociétés S. 12; R. 3.
Sociétés civiles ou commerciales — associé R. 91 s.
Tribunal de commerce S. 22; R. 49.
Tuteur S. 10; R. 13.

## Table des articles du code de procédure.

| | | | | | |
|---|---|---|---|---|---|
| Art. 9.S. 23. | 23.; R. 8 s., 21 s., 30 s. | 326. S. 30; R. 71 s. | 328. R. 81 s. | 332. R. 81 s. | 335. R. 105 s. |
| 40. S. 23. | | | 329. S. 34; R. 31; S. 37; 101 s. | 333. R. 87, 93 s. | 336. S. 1. R. 89 s. |
| 324. S. 14, 16. | 325. R. 51 s. | 327. R. 74 s. | 71 s. | 334. R. 99 s. | s. |

## Table chronologique des Lois, Arrêts, etc.

| | | | | | |
|---|---|---|---|---|---|
| 1849. 24 janv. Bordeaux, 7 c. | 19 juin. Caen. 29 c. | 1858. 7 déc. Bordeaux. 88 c. | 1865. 24 févr. Paris. 44 c. | Trib. civ. Ram. bouliliet. 10 c. | 9 août. Lyon. 26 c. | 23 juill. Lyon. 7 c. | 1879. 23 juin. Caen. 26. |
| 1852. 11 mai. Caen. 29 c. | 1855. 3 juin. Paris. 26 c. | 1861. 18 juill. Lyon. 10 c. | 26 juill.Caen.23c. 1866. 18 janv. Toulouse. 44 c. | 1870. 5 janv. Dijon. 26 c. | 1873. 26 mars. Dijon. 26 c. | 31 déc. Toulouse. 26 c. | 1881. 31 janv. Chambéry. 44. |
| 30 juill.Douai,38 c. | 1857. 9 févr. Civ. 26 c. | 25 nov. Req. 7 c. | 1868. 1er juill. | 27 janv., Paris. 26 c., 27 c. | 11 août. Req. 13 c., 19 c. | 1875. 24 mai. Caen. 16 c. | 1884. 11 mars. Paris. 20. |
| 1854. 5 avr. Bastia. 28 c. | 21 mars, Rouen. 26 c. | 1864. 12 janv. Civ. Req. | Civ. 23 c. 1869. 13 août. | 1872. 16 févr. Lyon.30 c.,31 c. | 1874. 15 avr. Req. 19 c. | 1878. 11 juill. Douai. 38 c. | 1885. 26 janv. Req.16 c., 44 c. |

**INTERRUPTION.** — V. *Péremption; Prescription civile* et *Prescription criminelle ;* — *Rép.* v⁰ˢ *Péremption,* n⁰ˢ 18, 28, 174 et suiv. ; *Prescription civile,* n⁰ˢ 466 et suiv. ; *Prescription criminelle,* n⁰ˢ 12, 19, 30, 105 et suiv., 134 et suiv., 145 et suiv., 168 et suiv.

**INTERVENTION.**

## SECT. 1ʳᵉ. — HISTORIQUE ET LÉGISLATION. — DROIT COMPARÉ
(*Rép.* n⁰ˢ 2 à 11).

**1.** — I. LÉGISLATION. — Le projet de loi portant revision de la première partie du code de procédure civile, présenté au nom du Gouvernement à la Chambre des députés, par M. Thévenet, garde des sceaux, le 6 mars 1890, renferme, sous le paragraphe 2 du titre : *Des incidents de l'intervention et de l'assignation en déclaration de jugement commun,* les dispositions suivantes :

« Art. 1ᵉʳ. L'intervention est formée par acte de conclusions motivées, conformément à l'art. 2 du titre des constitutions d'avoués et défenses. Lorsqu'une partie est défaillante, l'intervention lui est notifiée par acte d'huissier contenant assignation devant le tribunal. — Art. 2. Toute personne peut être assignée à la requête de l'une ou de l'autre des parties, pour voir déclarer commun avec elle le jugement à intervenir. — Art. 3. L'assignation donnée sans préliminaire de conciliation, en la forme ordinaire des ajournements. Elle énonce les motifs et l'objet de la demande originaire. — Art. 4. Le tiers assigné en déclaration de jugement commun ne peut décliner la compétence du tribunal saisi de la demande originaire, à moins qu'il ne prouve que cette demande n'a été formée que pour le distraire de ses juges naturels. — Art. 5. L'intervention et la demande en déclaration de jugement commun ne peuvent retarder le jugement de la cause principale, si elle est en état ».

**2.** — II. DROIT COMPARÉ. — 1⁰ *Allemagne.* — Le code de procédure civile pour l'Empire d'Allemagne), promulgué le 30 janv. 1877 (V. Glasson, Lederlin et Dareste, *Code de procédure civile pour l'Empire d'Allemagne* distingue deux sortes d'intervention : l'intervention principale (*Hauptintervention*) et l'intervention accessoire (*Nebenintervention*). Selon le code de procédure civile français, l'intervenant prend part au procès dans son intérêt ou dans celui de l'une des parties. Dans la législation allemande, il y a lieu à intervention principale de la part des tiers qui prétendent à une chose ou à un droit sur lesquels un procès est engagé entre d'autres parties, tandis que l'intervention accessoire est admise de la part de celui qui a un intérêt légitime au succès de l'une des parties et qui, pour ce motif, désire lui prêter son appui. L'art. 61 du tit. 3 de la sect. 2 du liv. 1ᵉʳ résout la question de savoir à quel moment précis de l'instance on peut valablement intervenir : « Celui qui prétend en tout ou en partie à une chose ou à un droit sur lesquels une contestation est engagée entre d'autres personnes peut, jusqu'à ce que le jugement rendu sur le fond ait acquis force de chose jugée, faire valoir sa prétention par une action dirigée contre les deux parties et portée devant le tribunal saisi du procès en première instance ». — L'art. 62, relatif à l'intervention princi-

pale, porte : « L'instance au principal peut, sur la demande de l'une ou de l'autre partie, être suspendue jusqu'à ce qu'il ait été rendu, sur l'intervention principale, une décision ayant force de chose jugée ». — Les art. 63 à 68 se réfèrent à l'intervention accessoire. Le paragraphe 1ᵉʳ de l'art. 63 est ainsi conçu : « Celui qui a un intérêt légitime à ce que, dans une contestation engagée entre deux autres personnes, l'une des deux parties triomphe, peut se joindre à cette partie pour l'appuyer ». De même que le code de procédure français, le code allemand ne définit pas ce qu'il faut entendre par *intérêt.* C'est un point laissé à l'appréciation des tribunaux. L'art. 63, al. 2 et l'art. 64 indiquent les conditions de la recevabilité de l'intervention par rapport à l'état de la procédure principale. L'intervention accessoire, dit l'art. 63, al. 2, « peut être formée, en tout état de cause, jusqu'à ce qu'il ait été rendu, sur la contestation principale, une décision ayant force de chose jugée; elle peut concourir avec une voie de recours ». L'art. 64 ajoute : « Celui qui forme une intervention accessoire est tenu d'accepter le débat dans l'état où il se trouve au moment de son intervention; il a le droit de faire valoir tous moyens d'attaque ou de défense et de faire tous actes de procédure, pourvu que ses déclarations et ses actes ne soient pas en contradiction avec les déclarations et les actes de la partie principale ». « Celui qui forme une intervention accessoire, dit l'art. 65, n'est pas admis, vis-à-vis de la partie principale, à prétendre que la contestation, telle qu'elle a été soumise au juge, a été mal jugée; il n'est admis à prétendre que la partie principale a mal conduit le procès qu'autant que l'état de la cause, au moment de son intervention, ou les déclarations et actes de la partie principale, l'ont empêché de faire valoir des moyens d'attaque ou de défense ou que des moyens d'attaque ou de défense ignorés de lui ont été négligés par la partie principale intentionnellement, ou par suite d'une faute lourde ». Quelle est, désormais, la situation juridique de l'intervenant ? L'art. 66 résout la question : « L'intervenant est considéré comme cointéressé de la partie principale dans le sens du paragraphe 58, toutes les fois que, d'après les règles du droit civil, la chose jugée qui s'attache à la décision rendue dans le procès principal influe sur les rapports de l'intervenant avec l'adversaire ». En ce qui concerne les formes de l'intervention accessoire, on lit dans l'art. 67 : « L'intervention accessoire se forme par la signification d'un mémoire écrit. Le mémoire doit renfermer : 1⁰ la désignation des parties et du litige ; 2⁰ l'indication précise de l'intérêt qu'y a l'intervenant ; 3⁰ la déclaration qu'il joint à la partie principale. Sont applicables d'ailleurs les dispositions générales sur les mémoires et écrits préparatoires au débat ». Aux termes de l'art. 68, le tribunal statue sur la recevabilité de l'intervention accessoire, après débat oral entre les parties et l'intervenant. L'intervenant doit être admis, s'il rend son intérêt vraisemblable. Le jugement sur l'incident est susceptible de pourvoi immédiat. L'intervenant est appelé à concourir à la procédure, tant que la non-recevabilité de l'intervention n'est pas prononcée par une décision ayant force de chose jugée ». La partie qui a contre un tiers un droit à garantie ou à indemnité ou qui redoute une réclamation de la part d'un tiers peut lui dénoncer judiciairement l'instance. « La partie, dit l'art. 69, qui, au cas où elle succomberait sur la contestation, croit avoir contre un tiers un droit à garantie ou à indemnité, ou qui redoute une réclamation de la part d'un tiers, peut dénoncer judiciairement l'instance à ce tiers, tant qu'il n'est pas intervenu, sur la contestation, de décision ayant force de chose jugée ». Le tiers peut, de son côté, faire une nouvelle dénonciation d'instance. — L'art. 70 ajoute : « La dénonciation de l'instance s'opère par la signification d'un mémoire écrit, indiquant le fondement de la dénonciation et l'état du procès. Copie du mémoire doit être donnée à l'adversaire ». « Si le tiers, dit l'art. 71, se joint à celui qui a dénoncé l'instance, les principes qui régissent l'intervention accessoire lui sont applicables dans ses rapports avec les parties principales. Si le tiers refuse d'intervenir ou s'il ne s'explique pas, le procès est continué sans lui. Dans tous les cas prévus par ce paragraphe, les règles du paragraphe 65 reçoivent application à l'égard du tiers, avec cette différence qu'au lieu de l'époque de l'intervention on considère celle où l'intervention était possible par suite de la dénonciation de l'instance ». —

On lit dans l'art. 72 : « Lorsque le débiteur assigné dénonce l'instance à un tiers, qui réclame pour lui-même la créance objet du litige, et que ce tiers intervient au procès, le défendeur doit, s'il consigne judiciairement le montant de la créance au profit des créanciers qui sont parties dans l'instance, être mis hors de cause sur sa demande, sauf condamnation aux dépens occasionnés par sa résistance mal fondée; la contestation sur le droit à la créance est poursuivie entre les seuls créanciers qui sont parties dans l'instance. La somme consignée doit être attribuée par le jugement à celui qui triomphe, et celui qui succombe doit être condamné, en outre, au remboursement des dépens occasionnés au défendeur, à moins que ces dépens n'aient pour cause une résistance mal fondée de ce dernier; la condamnation comprend aussi les frais de la consignation ». — Enfin l'art. 73, est relatif à la dénonciation de l'instance par celui qui est recherché comme possesseur d'une chose qu'il prétend détenir au nom d'un tiers : « Celui qui est recherché comme possesseur d'une chose qu'il prétend détenir au nom d'un tiers peut, en dénonçant l'instance à ce tiers, avant la plaidoirie sur le fond, et en l'assignant aux fins de déclaration en même temps qu'il le désigne au demandeur, refuser de plaider au fond jusqu'à cette déclaration, ou jusqu'à l'expiration du délai dans lequel le tiers est tenu de la faire. Si le tiers désigné conteste la prétention du défendeur ou s'il ne fait pas de déclaration, le défendeur est en droit de satisfaire aux conclusions de la demande. Si la prétention du défendeur est reconnue exacte par le tiers désigné, celui-ci est en droit, avec l'assentiment du défendeur, de se charger du procès à sa place. L'assentiment du demandeur n'est exigé qu'autant qu'il fait valoir des réclamations indépendantes de la circonstance que le défendeur possède au nom d'un tiers. Si le tiers désigné s'est chargé du procès, le défendeur doit, sur ses conclusions, être mis hors de cause. La décision est, en ce qui concerne la chose même, opposable au défendeur et exécutoire contre lui ». Le cas prévu par ce paragraphe est le cas connu, dans la doctrine, sous le nom de *laudatio auctoris*. En France, cet incident prendrait la forme d'une demande en garantie.

**3.** — 2° Genève. — La loi judiciaire de Genève, du 15 févr. 1816, modifiée par la loi du 5 déc. 1832 (V. Bellot, *Loi sur la procédure civile du canton de Genève*) renferme sur l'intervention les dispositions suivantes : Celui qui a intérêt dans un procès, suivi entre d'autres parties, pourra demander à y intervenir (art. 267). La demande en intervention sera formée à l'audience. Avant de statuer sur son admission, les juges pourront ordonner à l'intervenant de produire et de communiquer aux parties en cause, dans le délai qu'ils fixeront, ses conclusions, moyens et pièces justificatives (art. 208). Si l'intervention est admise, l'intervenant pourra demander la communication des écritures et des pièces produites jusqu'alors par les parties principales. L'instruction postérieure et le jugement lui deviendront communs avec elles (art. 269). Si l'intervenant est sans intérêt, ou si sa demande est concertée dans le but unique d'éloigner le jugement du procès, l'intervention sera rejetée (art. 270). Il sera même, dans certains cas, condamné à des dommages-intérêts envers la partie lésée, et à l'amende.

**4.** Depuis la publication du *Répertoire*, la matière de l'intervention ne paraît avoir été traitée que dans les ouvrages généraux sur la procédure (V. notamment : Bioche, *Dictionnaire de procédure*, v° *Intervention;* Rousseau et Laisney, *Dictionnaire de procédure civile*, t. 5, p. 492 à 513 ; Bonfils, *Traité élémentaire de procédure*, n°s 1177 à 1186 ; Boitard, Colmet-Daage et Glasson, *Leçons de procédure civile*, 14e éd., t. 1, n°s 530 à 534 ; Rodière, *Cours de compétence et de procédure*, t. 1, p. 476 à 479 ; Garsonnet, *Traité théorique et pratique de procédure*, t. 2, p. 668 à 687, 722 et 723 ; Dutruc, Carré et Chauveau, *Supplément aux lois de la procédure*, v° *Intervention*).

### Sect. 2. — De l'intervention volontaire en matière civile (Rép. n°s 12 à 141).

### Art. 1er. — Du droit d'intervenir considéré en lui-même et des caractères de l'intervention (Rép. n°s 12 à 19).

**5.** Il suffira sur ce point de se référer aux principes exposés au *Rép.* n°s 12 et suiv.

### Art. 2. — Des personnes qui peuvent intervenir (Rép. n°s 20 à 101).

### § 1er. — Des personnes qui peuvent intervenir en première instance (Rép. n°s 21 à 62).

**6.** Ceux qui sont déjà parties dans une instance n'ont pas le droit d'y intervenir. Ce droit doit leur être refusé, suivant M. Garsonnet (t. 2, p. 668, note 2), alors même qu'ils agiraient comme acquéreurs des droits d'une personne qui aurait en qualité pour intervenir; les frais qu'ils exposeraient en procédant ainsi seraient donc frustratoires (V. aussi Bioche, n° 48; Comp. Req. 14 févr. 1816; 13 févr. 1827, *Rép.* n°s 61 et 79). — Jugé toutefois, en sens contraire, que l'intervention est recevable même de la part de ceux qui figurent déjà au procès, lorsqu'ils forment cette intervention en qualité de représentants d'une personne qui aurait eu le droit d'intervenir (Req. 24 mai 1855, aff. Thibault, D. P. 55. 1. 279).

**7.** Mais, en ce qui concerne les tiers, le droit d'intervenir en première instance leur est reconnu de la façon la plus large; ainsi qu'on l'a vu au *Rép.* n° 21, il n'est pas réservé, comme il l'est en cas d'appel, à ceux qui auraient le droit de former tierce opposition ; la faculté d'intervenir en première instance appartient à toute personne qui justifie d'un intérêt; le débat dont le tribunal est saisi ; La jurisprudence a eu l'occasion, depuis la publication du *Répertoire*, d'affirmer nettement ce principe (V. notamment Req. 10 nov. 1874, aff. Romagnier, D. P. 75. 1. 208; Aix, 18 janv. 1870, aff. Hertzog, D. P. 72. 5. 279 ; Pau, 24 déc. 1872, aff. Bonnard, D. P. 73. 306). — L'arrêt précité, du 10 nov. 1874, ajoute, ce qui est d'ailleurs évident, que la question de savoir dans quel cas l'intérêt justifie la faculté d'intervenir est une question d'appréciation qu'il appartient aux juges du fait de résoudre d'après les circonstances de la cause. Les tribunaux peuvent donc repousser toute intervention qui ne leur paraît pas justifiée par un véritable intérêt (Lyon, 23 juill. 1874, aff. Gaillard, D. P. 75. 1. 147).

**8.** Si le principe est incontestable en lui-même, des difficultés s'élèvent lorsqu'il s'agit de déterminer la mesure de l'intérêt nécessaire pour motiver l'intervention. D'après la doctrine exposée au *Rép.* n° 30, ceux-là seuls peuvent intervenir en première instance qui ont un intérêt actuel et direct à la contestation ; cette faculté doit être refusée aux personnes qui n'auraient qu'un intérêt indirect à se mêler à une instance où se débattrait une question identique, parce que ce jugement ne formerait par rapport à elles qu'un précédent (V. aussi Carré et Chauveau, *Lois de procédure civile*, quest. 1680 *bis*). Une opinion différente prévaut de plus en plus aujourd'hui en doctrine et en jurisprudence. On admet que l'intervention est recevable en première instance, toutes les fois que l'intervenant aura un intérêt direct ou indirect au résultat de la contestation. Il suffira, par exemple, que l'intervention soit connexe dans sa cause avec les débats de la contestation engagée devant le tribunal. De même, on admettra l'intervention à raison de ce que la prétention que l'intervenant pourrait porter devant la justice par une instance principale, serait susceptible d'être préjugée défavorablement par la décision rendue sur une demande identique suivie par d'autres personnes (V. Boitard, Colmet-Daage et Glasson, t. 4, n° 534 ; Garsonnet, t. 2, n° 674; Rodière, t. 1, p. 442). Ainsi il a été décidé que, lorsque l'habitant d'une commune a formé une demande principale, tant en son nom personnel pour réclamer un droit de passage sur un fonds à raison de l'enclave de son terrain, qu'au nom de la commune dans l'intérêt de laquelle il a été autorisé à revendiquer la propriété du même fonds, un autre habitant a qualité pour intervenir dans l'instance, afin de faire reconnaître, également une servitude de passage résultant de l'enclave de son propre immeuble (Bordeaux, 16 août 1870, aff. Veuve Vidal, D. P. 74. 2. 233). — Cet arrêt a poussé jusqu'à ses conséquences les plus extrêmes la théorie qui a prévalu. En effet, nonobstant les expressions de l'arrêt, il existait en l'affaire bien plutôt des ressemblances dans les faits et les prétentions respectives des parties qu'une identité dans la demande et dans les éléments juridiques des deux litiges. La demanderesse principale réclamait un droit de passage, en s'appuyant sur l'état d'enclave de son propre fonds. L'intervenant, au contraire, basait sa prétention à une servitude de passage sur l'enclave de son fonds particulier et sur la reconnaissance formelle du défendeur. Le rejet de la première demande ne pouvait donc pas nuire, semble-t-il, à la prétention de l'intervenant, puisque la circonstance que l'immeuble de la demanderesse principale aurait été déclaré non enclavé n'eût porté aucune atteinte au droit de l'intervenant, basé sur l'enclave de son fonds particulier et sur l'obligation personnelle du défendeur.

Il a été jugé aussi qu'une demande en intervention dont la solution dépend de l'appréciation du même acte que le jugement de la demande originaire est recevable, quoique les deux demandes aient un objet entièrement distinct; spécialement, que lorsqu'un débiteur poursuivi par le légataire de la créance demande la nullité des poursuites en se fondant sur ce que le legs en vertu duquel elles sont exercées est entaché de substitution prohibée, l'héritier ou le légataire universel, tenu de la délivrance de ce legs, est recevable à intervenir dans l'instance à l'effet de faire également prononcer, pour cause de substitution, la nullité même du legs (Req. 2 mars 1858, aff. Lapie, D. P. 58. 1. 306).

**9.** On a posé au *Rép.* n° 31, la question de savoir si un intérêt purement d'honneur serait suffisant pour motiver l'intervention, et on l'a résolue par l'affirmative. Cette solution, qui résultait déjà de plusieurs décisions rapportées *ibid.* et n°s 32 et 33, a été depuis consacrée par la jurisprudence et adoptée par la majorité des auteurs. Ainsi il a été jugé : 1° que des tiers, contre lesquels des diffamations ou injures ont été commises dans des écrits produits devant les tribunaux, et relatifs à la cause, ont une action en suppression de ces écrits et en réparation du préjudice à eux causé, et qu'ils peuvent exercer cette action par voie d'intervention au procès où les écrits dont ils se plaignent ont été produits (Req. 2 juill. 1866, aff. Maillet, D. P. 66. 1. 431. V. dans le même sens : Crim. rej. 19 juill. 1851, aff. Recepon, D. P. 51. 5. 417. V. conf. Bioche, v° *Intervention*, n° 38; Garsonnet, t. 2, p. 676; Boitard, Colmet-Daâge et Glasson, t. 1, n° 531. — *Contrà :* Bourbeau, *Théorie de la procédure civile*, t. 5, p. 122; V. *infrà*, v° *Presse-outrage*); — 2° Que lorsqu'un testament est attaqué par voie d'inscription de faux incident, le notaire qui a rédigé le testament en question a qualité pour intervenir dans l'instance afin d'y réclamer des dommages-intérêts à raison du préjudice matériel et moral qu'il éprouve par suite de cette inscription de faux (Sol. impl.; Grenoble, 17 janv. 1867; aff. Boyer et autres C. Joubert.-MM. Petit, pr.-Boscary, subst.-Giraud, Nicollet et Gaymard, av.); — 3° Que l'avocat a le droit d'intervenir en son nom personnel, lorsque, plaidant dans une cause, il se considère comme atteint dans son honneur par un écrit produit au procès (Req. 9 déc. 1874, aff. Princesse de Craon, D. P. 75. 1. 225. Conf. Rousseau et Laisney, v° *Intervention*, n° 22). Et il en est de même du droit d'une commune outragé par les mêmes actes, bien qu'ils ne lui aient pas été personnellement signifiés (Même arrêt).

**10.** Le principe qu'un intérêt d'honneur est suffisant pour permettre d'user de l'intervention a été appliqué en matière de séparation de corps. Ainsi, il a été jugé que la personne (dans l'espèce, l'institutrice des enfants) qui se trouve désignée, dans un procès intenté par une femme contre son mari, comme complice d'un adultère reproché à celui-ci, est recevable, même alors qu'il s'agirait d'une instance en séparation de corps, à intervenir pour poursuivre le redressement des imputations diffamatoires dirigées contre elle et la suppression des écrits les contenant. C'est à tort qu'en pareil cas le demanderesse prétendrait limiter le droit de l'intervenant à une simple assistance à l'enquête pour la surveiller, et lui dénierait la faculté d'y participer pour provoquer au besoin une contre-enquête (Rennes, 30 mai 1876, aff. Dame J..., D. P. 77. 2. 51). La thèse contraire était soutenue dans une consultation délibérée, à l'occasion de cette affaire, par MM. Demolombe et Carel. Mais c'est avec raison qu'elle a été repoussée. Sans doute, l'intervention, avec rôle actif dans l'enquête, de la personne désignée comme complice de l'adultère prétendu du mari, sera de nature à diminuer quelque peu la liberté de l'époux offensé dans la poursuite de l'instance en séparation de corps; mais, comme le dit l'arrêt précité, elle ne la diminue qu'au profit d'un droit de défense qui doit avoir lui-même toute facilité de s'exercer.

Cependant la cour de Caen, qui a eu à juger une espèce analogue, n'a consacré cette thèse qu'en partie. Après avoir décidé, comme l'arrêt qui précède, que le tiers désigné par l'un des époux, dans une demande en séparation de corps, comme complice de l'adultère reproché à l'autre conjoint, est fondé à intervenir et à réclamer des dommages-intérêts, elle a affirmé catégoriquement, à l'encontre de la cour de Rennes, que l'on ne peut lui accorder l'autorisation d'assister aux enquêtes. Ce tiers aura à justifier ultérieurement sa demande en dommages-intérêts et en suppression d'écrits par tous moyens, conformément au droit commun (Caen, 15 juill. 1885. aff. Bellière, D. P. 88. 1. 465).

**11.** D'après la doctrine exposée au *Rép.* n° 34, l'intervention d'une corporation, par exemple celle des notaires, ne doit pas être admise, dans le procès soutenu par l'un de ses membres, à l'effet de prêter secours à celui-ci, et d'obtenir la reconnaissance d'un droit qu'on lui conteste. Cette doctrine s'appuie sur la maxime *point d'intérêt, point d'action :* le jugement à intervenir n'aura d'effet qu'entre les parties et ne préjudiciera en aucun cas à la corporation.

Au *Rép.* n°s 35 et 36, on a cité un certain nombre de décisions de jurisprudence, qui consacrent soit l'affirmative, soit la négative. Du reste, personne n'a jamais contesté aux chambres de discipline le droit qu'elles tiennent des lois organiques d'exercer, par leurs syndics, certaines actions, afin de préserver leurs attributions de tout envahissement. La controverse n'a été soulevée que lorsque l'objet de la contestation intéresse spécialement un individu faisant partie de la corporation. Elle n'a pas cessé complètement depuis la publication du *Répertoire*. Les auteurs se prononcent généralement aujourd'hui dans le sens du droit d'intervention (Boitard, Colmet-Daâge et Glasson, t. 1, n° 531; Rodière, t. 1, p. 476, note 1; Garsonnet, t. 2, p. 682-683; Rousseau et Laisney, v° *Intervention*, n° 37 et suiv.). Mais la jurisprudence continue à fournir des décisions dans l'un ou l'autre sens. — Ainsi d'une part, il a été jugé : 1° que la chambre des notaires n'a pas qualité pour intervenir dans l'instance engagée entre un notaire et un de ses clients au sujet d'un règlement d'honoraires (Rennes, 4 juill. 1865, aff. Le Testu, D. P. 65. 2. 186); — 2° Que la compagnie des notaires d'un arrondissement n'est pas recevable à intervenir dans une instance engagée entre un de ces notaires et le conservateur des hypothèques au sujet de l'exigibilité des salaires perçus pour formalités hypothécaires (Trib. civ. Cherbourg, 20 nov. 1883, aff. Thorel, D. P. 85. 2. 57); — 3° Qu'une corporation n'a le droit d'intervenir dans une instance engagée entre un de ses membres et un tiers qu'autant qu'elle peut invoquer en sa faveur un intérêt direct et actuel (Trib. civ. du Puy, 2 déc. 1884, aff. Raimbault, D. P. 86. 3. 47). — D'autre part, et en sens opposé, il a été jugé : 1° qu'une corporation (dans l'espèce, celle des huissiers) peut intervenir, par le ministère de son représentant légal, dans un procès intéressant un de ses membres au profit duquel il s'agit de faire reconnaître un droit ou un émolument qu'on lui conteste; qu'il en est ainsi, spécialement, dans le cas où des huissiers ont pactisé avec des avoués pour faire signifier des écritures que ceux-ci ont retenues, les huissiers ont soutenu être seuls dans le droit de faire (Req. 25 juill. 1870, aff. Cassiat et autres, D. P. 72. 1. 25); — 2° Qu'une compagnie d'officiers ministériels (des huissiers) est fondée à intervenir, à ses frais, par l'organe de son syndic, pour prêter appui à l'un de ses membres, dans un procès où lui soutenu relativement à l'exercice d'un droit qui lui est individuellement contesté, toutes les fois qu'il s'agit d'un droit intéressant tous les membres de la compagnie (Caen, 31 mai 1851, aff. Huissiers de Saint-Lô, D. P. 53. 5. 273). Mais elle ne peut demander, à l'occasion de ce débat privé, qu'il soit décidé, d'une manière générale, que le droit contesté appartient à tous les membres de la compagnie, et sera à l'avenir exercé par eux à l'exclusion d'autres officiers ministériels (des avoués), ou concurremment avec eux, alors même que ces derniers auraient pris une délibération par laquelle ils auraient déclaré revendiquer pour eux seuls l'exercice du même droit (Même arrêt). En effet, comme le remarque M. Garsonnet. *loc. cit.*, le tribunal qui ferait droit à une pareille demande statuerait par voie de disposition réglementaire, et commettrait un excès de pouvoir.

**12.** L'intervenant doit justifier d'un intérêt actuel. Mais, ainsi qu'on l'a exposé au *Rép.* n° 40, l'intérêt peut être actuel bien que le droit soit éventuel (Conf. Rodière, t. 1, p. 477, note 1; Garsonnet, t. 2, p. 675-676). On a cité, *ibid.*, plusieurs applications faites par la jurisprudence de ce principe incontestable. La même règle a été, depuis, consacrée indirectement par un arrêt aux termes duquel n'est pas recevable à intervenir dans une instance en séparation de biens formée par une femme donatrice contre son mari, l'enfant donataire par contrat de mariage de ce comme à prendre dans la succession du dernier mourant de ses père et mère. En effet, la séparation de biens n'emporte par elle-même aucune aliénation à titre gratuit; par conséquent, elle ne menace pas les droits du donataire (Civ. cass. 21 mai 1867, aff. de Gestas et de Cheverry, D. P. 67. 1. 207). La cour suprême, dans cet arrêt, reconnaît implicitement que l'existence du droit des donataires contractuels peut servir de base à une intervention; car si, dans l'espèce, elle déclare l'intervention non recevable, c'est parce qu'elle refuse de voir dans le seul fait de la demande en séparation de biens, engagée par la donatrice contre son mari, une menace contre les droits des donataires contractuels. Cette menace existerait, au contraire, et l'intervention devrait être admise, s'il s'agissait, par exemple, pour le donataire, de s'opposer lors de la séparation de biens de la donatrice remariée, à l'exécution d'une libéralité en faveur du second époux (Civ. cass. 27 mars 1822, *Rép.* v° *Dispositions entre vifs*, n° 909; Troplong, *Donations et testaments*, t. 2, n° 935.

**13.** En première instance, l'intervention peut, comme on l'a dit au *Rép.* n°° 21 et 44, être formée par les ayants cause d'une des parties, bien que ceux-ci soient déjà représentés dans l'instance, notamment par les créanciers, les acquéreurs, etc.

**14.** — 1° *Créanciers*. — Le créancier peut intervenir en première instance, soit en vertu de l'art. 1166, comme exerçant les droits de son débiteur, soit conformément à l'art. 1167, en son nom personnel, pour attaquer les actes faits par le débiteur en fraude de ses droits (*Rép.* n° 45). Une série de décisions qui appliquent cette règle ont été rapportées ou citées au *Rép.* n°° 47 et suiv. Depuis, il a été jugé, dans le même sens : 1° que le créancier d'un débiteur saisi, lorsque cette qualité de créancier est reconnue par le débiteur, a le droit d'user de l'intervention dans le but de demander, concurremment avec ledit débiteur, la nullité des saisies-arrêts pratiquées au préjudice de ce dernier (Trib. civ. Lyon, 24 mars 1888, *Moniteur de Lyon*, 20 nov. 1888); — 2° Que les créanciers chirographaires sont recevables à intervenir dans une instance pendante entre un débiteur et un créancier gagiste, bien que ce débiteur ait reconnu la sincérité du gage invoqué et que, pour le surplus, il se soit référé à justice, à l'effet de contester la validité extrinsèque du gage (Trib. Bruges, 10 août 1868, *Belgique judiciaire*, 1869, p. 40); — 3° Que les créanciers d'un donataire ont le droit d'intervenir dans l'instance où le donateur demande, à l'encontre du donataire saisi, la résolution d'une donation pour inexécution des charges (Aix, 24 déc. 1885, *Rec. d'Aix*, 1886, p. 124). — V. aussi Poitiers, 10 nov. 1875, aff. Rateau, D. P. 76. 2. 179; Laurent, *Principes de droit civil*, t. 12, n° 510; Rousseau et Laisney, v° *Intervention*, n° 97);

— 4° Que les créanciers du mari peuvent intervenir dans l'action révocatoire formée par la femme dont le bien dotal a été aliéné sans remploi (Rouen, 7 avr. 1886, aff. Létel et Seligmann, D. P. 88. 2. 45). En effet, comme le dit très justement la décision des premiers juges confirmée par cet arrêt, « les créanciers du mari ont intérêt à ce que l'hypothèque légale de la femme soit aussi restreinte que possible; ils ont également intérêt à ce que le défendeur ne soit pas subrogé dans ladite hypothèque, afin que le patrimoine de leur débiteur ne soit pas diminué par l'exercice de ces actions; ils ont donc intérêt à soutenir la demande principale de la femme en payement du prix de la rente dotale aliénée, puisqu'elle n'exercera plus son hypothèque pour pareille somme; ils ont même intérêt à s'opposer à la subrogation ». Mais, en l'absence de tout lien de droit entre les intervenants et l'adversaire de leur intervention, faite dans leur intérêt exclusif, doivent demeurer à leur charge (Même arrêt). En effet, il n'y a aucun motif pour faire supporter au défendeur les frais d'une intervention qu'il n'a pas provoquée et qu'il ne pouvait pas empêcher. — Décidé, dans le même sens, sur ce dernier point, que si un créancier, par cela seul qu'il est intéressé à l'issue du procès, est recevable à intervenir dans une instance où figure son débiteur, cependant il doit supporter les frais de son intervention si celle-ci n'est provoquée ni par des faits de collusion entre les parties principales, ni par l'impéritie du débiteur (Trib. Bruxelles, 30 avr. 1853, *Belgique judiciaire*, 1853, p. 20).

**15.** La faculté d'intervenir cesse pour les créanciers lorsqu'il s'agit d'un droit attaché à la personne de leur débiteur (*Rép.* n° 45). Par application de cette règle il a été jugé : 1° que les créanciers d'une personne dont l'interdiction est demandée n'ont pas le droit d'intervenir dans l'instance pour conclure au rejet de la demande (Trib. civ. Lyon, 23 juin 1888, *Gaz. des tribunaux*, 11 août 1888); — 2° Que, de même, les créanciers d'un individu, contre qui une demande en nomination de conseil judiciaire a été formée, ne sont pas recevables, sauf l'hypothèse de dol ou de fraude dont la preuve leur incombe, à intervenir en cette qualité dans le procès engagé contre leur débiteur (Trib. civ. Seine, 1re ch., 24 févr. 1886) (1); — 3° De même encore, que les créanciers du mari ne peuvent intervenir dans l'instance en séparation de biens intentée par sa femme qu'à charge de prouver la mauvaise foi de la demanderesse (Trib. civ. Nogent-le-Rotrou, 7 févr. 1890, aff. B..., *La Loi* du 18 mars 1890). — Mais le mari peut valablement user de l'intervention après le divorce, dans un procès intenté contre sa femme divorcée, lorsqu'il se présente comme créancier de celle-ci à divers titres, et prétend qu'il peut être éventuellement recherché du chef de la dette qui fait l'objet de l'instance dirigée contre elle (Paris, 26 mars 1890) (2). Ici le droit commun reprend son empire, le mari n'est plus qu'un créancier ordinaire à l'égard de sa femme. Il s'agit d'une question purement pécuniaire; par suite, l'intervention ne saurait être écartée. La femme ne peut la repousser, sous le prétexte qu'il s'agirait d'un droit exclusivement attaché à la personne.

---

(1) Le sieur François Sellière a formé contre son frère, Nicolas Sellière, une demande à fin de nomination d'un conseil judiciaire pour cause de prodigalité. Dans l'instance est intervenu un sieur Marcaud, se disant créancier du défendeur, qui a prétendu que la demande avait été formée en fraude de ses droits. La recevabilité de cette intervention ayant été contestée, le tribunal de la Seine a statué en ces termes :
Le tribunal; — Sur l'intervention de Marcaud en la qualité par lui prétendue de créancier de Marie-Nicolas-Raymond Sellière : — Attendu qu'à l'appui de ses conclusions d'intervention il allègue que la demande en dation de conseil judiciaire aurait été formée en fraude des droits des créanciers; mais qu'il ne produit aucune justification à l'appui de son allégation; que sa seule qualité de créancier ne saurait, d'ailleurs, lui conférer le droit d'intervenir dans une procédure ayant pour but la protection des intérêts du défendeur, protection en vue de laquelle la loi a conféré exclusivement mission à la famille; que l'intervention est donc non recevable. — Sur la demande principale:...
Par ces motifs, déclare Marcaud non recevable en son intervention, etc...
Du 24 févr. 1886.-Trib. civ. Seine, 1re ch.-MM. Thureau, pr.-Barboux, Lenté et Falatéuf, av.

(2) (Dame Mougeot et Ledanseurs C. Demoiselle Delagrange.) — Le 30 nov. 1888, jugement du tribunal civil de la Seine qui condamne la dame Mougeot, épouse divorcée du sieur Ledanseurs, à payer la somme de 2035 fr. à la demoiselle Delagrange pour des fournitures que celle-ci lui avait faites au cours de l'instance en divorce. Appel par la dame Mougeot. Le sieur Ledanseurs étant intervenu dans l'instance engagée devant la cour, la recevabilité de son intervention a été contestée.
La cour; —...Sur l'intervention de Ledanseurs: — Considérant que l'intervention dans une instance est recevable de la part de toute personne à laquelle la décision à intervenir pourrait préjudicier; que Ledanseurs se prétendant créancier à divers titres de la dame Mougeot, sa femme divorcée, et se présentant comme pouvant être éventuellement recherché du chef de la dette que celle-ci aurait contractée envers la demoiselle Delagrange, la confirmation du jugement dont est appel serait de nature à lui faire éventuellement grief; qu'il échet donc de le recevoir comme intervenant dans la présente instance d'appel;...
Par ces motifs, reçoit Ledanseurs intervenant dans la présente instance d'appel, etc.
Du 26 mars 1890.-C. de Paris, 6e ch.-MM. Villetard de Laguérie, pr.-Ditte, subst.-Jumin, Jauffret et Carpentier, av.

**16.** Les créanciers peuvent-ils intervenir en première instance à l'égard d'une demande qui appartient à la juridiction gracieuse, par exemple à l'égard d'une demande en autorisation d'aliéner un immeuble dotal ? La question, qui ne paraît pas s'être présentée dans la jurisprudence, semble devoir être résolue affirmativement. Des époux sont en instance pour obtenir l'autorisation d'aliéner un immeuble dotal, à l'effet de payer les dettes de la femme jusqu'à concurrence de la somme qu'il plaira au tribunal de fixer : pourquoi refuserait-on à un créancier le droit d'intervenir dans cette instance pour y faire valoir sa créance et demander qu'elle soit comprise parmi celles que le tribunal permettra d'éteindre avec le prix de l'immeuble dotal ? S'il suffit d'un intérêt quelconque pour autoriser l'intervention en première instance, la question ne peut faire difficulté.

**17.** — 1° Sur l'intervention des créanciers dans un partage, V. *infra*, v° *Succession*; — *Rép.* eod. v°, n°ˢ 2012 et suiv. En ce qui concerne l'intervention, soit du failli lui-même, soit de ses créanciers, dans les instances engagées avec le syndic, V. *supra*, v° *Faillite*, n°ˢ 517 et suiv.

**18.** — 2° *Acquéreur.* — L'acquéreur, ainsi qu'on l'a vu au *Rép.* n° 56, a qualité pour intervenir, en première instance, dans les causes engagées contre son vendeur. Par application de cette règle, qui n'a jamais soulevé aucune difficulté, il a été jugé : 1° que l'acquéreur a le droit d'intervenir dans le procès existant entre son vendeur et un tiers au sujet de l'immeuble vendu ou des droits réels qui dérivent de sa possession, si le vendeur lui-même a conservé un intérêt au litige (Liège, 16 nov. 1872, *Pasicrisie belge*, 1873, 2ᵉ part., p. 70). — 2° Que le sous-acquéreur d'un immeuble, acquis d'un adjudicataire poursuivi en folle enchère, a intérêt et est recevable à intervenir comme tiers dans la poursuite en folle enchère dirigée contre son vendeur, et qui pourrait entraîner sa propre éviction (Toulouse, 1ᵉʳ mai 1890) (1). Et l'on peut d'autant moins s'opposer à cette intervention que la revente sur folle enchère aurait pu éventuellement être poursuivie sur sa propre tête (Même arrêt); — 3° Qu'une fabrique, à laquelle un terrain a été donné pour y construire une église, justifie d'un intérêt suffisant pour intervenir dans une action en revendication de cette église et de son emplacement, alors même qu'elle n'a pas été autorisée par le Gouvernement à accepter la donation qui lui a été faite (Trib. civ. Lyon, 19 déc. 1888, *Moniteur de Lyon*, 28 janv. 1889).

**19.** — 3° *Héritiers, légataire, exécuteur testamentaire.*

Ainsi qu'on l'a vu au *Rép.* n° 61, l'héritier bénéficiaire a qualité pour intervenir dans toutes les contestations intéressant la succession. Mais, à l'inverse, la présence d'un héritier bénéficiaire n'empêche pas les autres héritiers et les légataires à titre universel ou particulier d'intervenir dans les litiges qui intéressent toute l'hérédité, alors surtout que l'action dirigée contre l'héritier bénéficiaire, qui n'est lui-même qu'un donataire ou légataire, peut avoir pour effet la réduction des legs à titre universel ou particulier (Bruxelles, 22 nov. 1848, aff. Vanhamme, *Pasicrisie belge*, 1851, 2ᵉ part., p. 249).

**20.** L'intervention des exécuteurs testamentaires est recevable dans toute contestation relative à l'exécution des volontés du défunt (*Rép.* n° 61). Jugé, en ce sens, qu'en cas de contestation sur la validité du testament qui les a institués, les exécuteurs testamentaires sont toujours recevables à intervenir (Poitiers, 25 mars 1889, *Recueil de Poitiers*, 1889, p. 139).

**21.** En cas de substitution, toutes les actions actives et passives concernant les biens légués à charge de restitution résident en la personne du grevé qui, étant, avant l'ouverture de la substitution, seul propriétaire sous une condition résolutoire, exerce seul aussi tous les droits du propriétaire à l'égard des tiers. Jugé, en conséquence, que l'exécuteur testamentaire, s'il en a été nommé un, n'a pas le droit d'exercer les actions de la succession, mais qu'il peut, en cas de contestation sur l'exécution du testament, *intervenir* dans les instances où le grevé se trouve engagé, pour en soutenir la validité. Il en est de même de l'administrateur de la succession acceptée sous bénéfice d'inventaire et du tuteur à la substitution (Metz, 13 juill. 1865, aff. Bujon, D. P. 65. 2. 126). — V. *infra*, v° *Substitution*.

§ 2. — Des personnes qui peuvent intervenir en appel et en cassation (*Rép.* n°ˢ 63 à 101).

**22.** Comme on l'a vu au *Rép.* n° 63, le principe est que ceux-là seuls qui ont le droit de former tierce opposition peuvent être admis à intervenir en appel (c. proc. civ. art. 466). D'après la doctrine exposée au *Rép.* n° 64, ce principe est absolu, il ne comporte aucune exception, et l'on peut opposer en tout état de cause le moyen résultant de ce que l'intervenant ne remplit pas la condition exigée par l'art. 466, car il s'agit là d'une fin de non-recevoir (V. Conf. Boitard, Colmet Daâge et Glasson, t. 1, n° 534; Comp.

---

(1) (Monteil C. Époux Rivière.) — LA COUR; — 1° Sur l'intervention de la veuve Monteil dans la poursuite en folle enchère commencée à Castelsarrasin : En droit : — Attendu qu'il est de principe, que est recevable en première instance l'intervention de toute personne, à laquelle le jugement à rendre pourrait préjudicier ; — Attendu qu'il est manifeste que le sous-acquéreur d'un immeuble acquis d'un adjudicataire poursuivi en folle enchère a intérêt à intervenir comme tiers, dans la poursuite en folle enchère dirigée contre son vendeur, et dont le résultat doit être sa propre éviction ; — Que cette intervention peut d'autant moins être repoussée, que la revente sur folle enchère eût pu éventuellement être poursuivie sur sa propre tête, ainsi que cela est constant en jurisprudence, et que cela a été notamment jugé par la cour de Toulouse dans son arrêt du 4 mars 1864 ; En fait : — Attendu que, par acte en date du 26 déc. 1888, au rapport de Mᵉ Igonnet, notaire à Montech, la veuve Monteil a acquis, de Pierre Lacoste, un jardin de contenance de 1 are 60 centiares, sis dans la ville de Montech, dont ce dernier était propriétaire, pour l'avoir acquis en vertu d'un jugement d'adjudication rendu par le tribunal civil de Castelsarrasin le 9 nov. 1883, à suite de la saisie immobilière pratiquée au préjudice de la dame Macabiau, épouse Rivière, débitrice saisie ; — Attendu que Lacoste avait poursuivi en folle enchère devant le tribunal de première instance de Castelsarrasin par le motif allégué, qu'il n'aurait pas exécuté les clauses de l'adjudication intervenue à son profit le 9 nov. 1883, ce qui résulterait ou pourrait résulter d'un certificat délivré par le greffier du tribunal de Castelsarrasin, en date du 2 sept. 1889 ; — Que l'intérêt de la veuve Monteil, sous-acquéreur de Lacoste, à intervenir dans cette poursuite en folle enchère, est d'autant plus évident, qu'elle allègue une collusion frauduleuse et une manœuvre dolosive, ourdies entre la dame Rivière, débitrice saisie, et Lacoste, adjudicataire ; — Qu'il est remarquable que Gasc, créancier, saisissant à la date du 28 mars 1865, a suspendu ses poursuites jusqu'au 26 mars 1875, et que, quoique créancier non payé à la suite de l'adjudication du 9 nov. 1883, il ne s'est livré à aucuns

agissements judiciaires jusqu'en septembre 1889, inaction qui s'explique par le fait, que les immeubles saisis au préjudice de la dame Rivière seraient dotaux, et, que leur prix serait, par suite, dotal; — Attendu que la veuve Monteil a d'autant plus intérêt à intervenir, que la cour, jugeant en état de référé, a, dans ses motifs de son arrêt en date du 7 août 1889, déjà déclaré que la dame Rivière, expropriée depuis plusieurs années, a acquiescé, en faveur de Lacoste, au jugement d'adjudication prononcé à son profit; — Attendu que, s'il est exact que les seules parties qui doivent être directement appelées dans une telle poursuite sont le débiteur saisi et l'adjudicataire fol enchéri, cela n'implique nullement que les sous-acquéreurs de l'adjudication folle enchère n'aient pas le droit d'y intervenir à leurs frais, comme en cause ordinaire; — Qu'il est, en effet, sensible que les droits des sous-acquéreurs ne seraient nullement sauvegardés par l'action principale qu'ils dirigeraient contre leur vendeur fol enchéri; que cette action, au cas de fraude, et de collusion entre un créancier saisissant et l'adjudicataire fol enchéri, serait tardive et inutile, et que le sous-acquéreur de bonne foi agirait frustratoirement après une éviction, qu'il lui est éventuellement possible d'éviter, si son intervention est bien fondée et justificative des faits de fraude allégués; — Attendu que, dans de telles conditions, l'intervention de la dame Monteil dans la poursuite en folle enchère, commencée, peut être accueillie, et qu'il y a lieu d'infirmer le jugement du tribunal de première instance de Castelsarrasin en date du 7 déc. 1889, tant dans ses motifs que dans son dispositif. Par ces motifs, la cour statuant sur l'appel de la veuve Monteil envers le jugement du tribunal de première instance de Castelsarrasin, du 7 déc. 1889, et y disant droit, infirme son dispositif, ledit jugement, déclare recevable l'intervention de la veuve Monteil dans la poursuite en folle enchère commencée par le sieur Antoine Lacoste et la dame Macabiau, etc..., la veuve Monteil, étant sous-acquéreur d'un des immeubles dont il s'agit. — Du 1ᵉʳ mai 1890.-C. de Toulouse, 2ᵉ ch.-MM. Delquié, pr.- Mestre-Mel, av. gén.-Desarnauts et Boscredon, av.

Garsonnet, t. 1, p. 67, note 23. Mais ce moyen ne saurait être invoqué pour la première fois devant la cour de cassation (Civ. cass. 20 nov. 1860, aff. Maès, D. P. 61. 1. 8). — D'un autre côté, ainsi qu'on l'a dit au *Rép. loc. cit.*, il suffit d'avoir le droit de former tierce opposition pour être recevable à intervenir en appel (Caen, 14 mars 1876, aff. Dame Lecomte, D. P. 77. 2. 131. V. aussi Caen, 24 déc. 1873, aff. Bourdon, D. P. 75. 2. 224).

**23.** D'après un arrêt rapporté au *Rép.* n° 65, une personne dont l'intervention ne serait pas recevable en appel pourrait néanmoins obtenir acte d'une déclaration par elle faite devant la cour. Mais cette solution doit être considérée comme exceptionnelle. Ainsi qu'on l'a exposé *ibid.*, il ne doit pas être permis, en thèse générale, à des personnes qui ne figurent pas dans les qualités de la cause, de conclure et de requérir acte de déclarations. — Jugé, à cet égard, que l'intervention en cause d'appel, ayant pour but d'obtenir une décision positive sur les droits prétendus, ne peut être reçue, lorsqu'elle ne tend qu'à formuler des réserves et à réclamer des mesures conservatoires, telles qu'un séquestre des droits en litige, sans que la cour soit saisie de la solution de ces droits, sur lesquels, d'ailleurs, il y a instance pendante devant les premiers juges entre l'appelant et l'intervenant (Bruxelles, 17 mai 1853, aff. Delestrée, *Pasicrisie belge*, 1854, t. 2, p. 42).

**24.** Le véritable intéressé qui se présente en appel pour continuer l'instance soutenue par son prête-nom, n'intervient pas dans le sens juridique du mot. L'intéressé ne fait alors que prendre la place du prête-nom et se substituer à lui. L'art. 466 est étranger à la question (*Rép.* n° 68). On a cité, *ibid.*, deux décisions qui confirment cette doctrine et une autre plus ancienne, qui, au contraire, le contredit. Depuis, il a été jugé que l'intervention est recevable en appel de la part de cointéressés représentés au procès par un prête-nom et qui agissent aux mêmes titre et qualité que leur cohéritier, partie appelante (Liège, 11 mars 1868, aff. Houbaër et de Warzée, *Pasicrisie belge*, 1869, f. 2, p. 174).

**25.** L'intervention en cause d'appel suppose un chef de contestation dont les premiers juges ont été saisis à l'égard des parties en cause et auquel se rattachent les conclusions de l'intervention. En conséquence, un créancier est non recevable à intervenir en cause d'appel pour demander une sous-collocation sur la créance de son débiteur, alors qu'en première instance aucun créancier de ce débiteur n'a demandé à être colloqué en sous-ordre (Civ. cass. 29 août 1870, aff. Lenfant et Bouclier, D. P. 70. 1. 353). « Attendu, dit cet arrêt, que la règle des deux degrés de juridiction ne reçoit exception que dans le cas où une partie intervient devant le juge d'appel au sujet d'un chef de contestation dont les premiers juges ont été saisis à l'égard des parties en cause et auquel se rattachent les conclusions de l'intervenant ; attendu que la sous-collocation demandée par Lenfant et Bouclier, relativement à des créances déterminées de la dame de La Tour-du-Pin, leur débitrice, et à l'égard desquelles aucun des créanciers produisant n'avaient procédé en première instance n'avait conclu contre elle à une collocation en sous-ordre, soulevait un chef de contestation nouveau, et par conséquent non recevable en cause d'appel ; que la prétention des intervenants à cette sous-collocation n'aurait pu motiver de leur part une tierce opposition ».

**26.** Mais, si l'intervenant en cause d'appel ne peut soulever devant la cour des questions étrangères à l'objet du litige soumis au premier juge, rien ne s'oppose à ce qu'il élève, dans son intérêt personnel, des prétentions qui, non produites jusque-là, se rattachent étroitement aux conclusions déjà prises par les parties et débattues en première instance. Vainement on objecterait la règle, édictée par l'art. 464 c. proc. civ., qui prohibe les demandes nouvelles en cause d'appel : en autorisant l'intervention, en cause d'appel, d'une partie qui n'a pas figuré dans l'instance antérieure, l'art. 466 c. proc. civ. a dérogé à cette règle (Req. 6 août 1862, aff. de Montretil, D. P. 62. 1. 436; Paris, 26 mars 1886, aff. Guermonprez, D. P. 87. 2. 57; et sur pourvoi, Civ. rej. 8 juill. 1889, D. P. 90. 1. 382).

**27.** Dans le sens de l'arrêt (Paris, 21 déc. 1840) cité au *Rép.* n° 71, il a été jugé que le tiers qui se prétend lésé

dans sa considération par les motifs d'un jugement, n'est pas recevable à intervenir en appel pour demander la suppression de ces motifs, alors que le dispositif ne contient aucune disposition ni aucune expression qui le concerne : ici ne s'applique pas le droit d'intervention accordé au tiers qui se plaint d'avoir été diffamé par des écrits produits en justice (V. *infrà*, n° 28), sauf au tiers ainsi lésé par les motifs d'un jugement à se pourvoir contre le juge par les voies ordinaires, si les motifs qu'il soutient être diffamatoires à son égard sont, en effet, de nature à constituer un délit (Req. 2 juill. 1866, aff. D... et M..., D. P. 66. 1. 476). « Attendu, porte ce dernier arrêt, que la tierce opposition n'est ouverte que contre les jugements, c'est-à-dire contre le dispositif, sur la partie de la décision qui ordonne, défend, décide quelque chose, et non contre les motifs qui ne sont que de simples raisonnements ; — Attendu que si, par une dérogation aux principes du droit commun en matière d'intervention, qu'autorise la disposition spéciale de l'art. 23 de la loi du 17 mai 1819, la jurisprudence a admis l'intervention du tiers qui se plaint d'avoir été diffamé par des *écrits produits en justice*, lorsque les faits diffamatoires sont relatifs à la cause, jamais elle n'a supposé la possibilité de l'intervention en cause d'appel du tiers, étranger au litige, qui se prétend blessé par les motifs du jugement de première instance ; — Qu'il y aurait, dans une pareille faculté d'intervention, des périls évidents pour la dignité et le respect de la chose jugée non moins que pour l'autorité du juge ; que le législateur s'en est remis à la prudence et à la conscience du magistrat du soin de concilier la recherche et la constatation de la vérité avec les égards dus à l'honneur des tiers, d'autant plus respectable qu'ils sont moins en mesure de le défendre ». — Jugé également que l'intervention n'est pas recevable en appel de la part d'un tiers qui ne se plaint pas du dispositif du jugement, mais seulement des motifs qui ne décident rien contre lui (Montpellier, 1er mai 1871, aff. Pauzié, D. P. 72. 5. 278).

**28.** La publication d'écrits injurieux et diffamatoires contre un tiers en appel ne donnerait pas lieu, selon l'opinion exprimée au *Rép.* n° 72, à l'intervention de ce tiers, car il n'y aurait pas là un motif suffisant pour autoriser la tierce opposition. Plusieurs arrêts cités *ibid.* ne sont pas cette doctrine. — Mais la jurisprudence s'est prononcée plus récemment, en sens contraire ; et il a été jugé, conformément à l'arrêt de la chambre des requêtes du 7 avr. 1852, cité au *Rép. ibid.*, que lorsque, dans une instance d'appel, les parties signifient des mémoires injurieux pour des tiers, ceux-ci ont le droit d'intervenir pour en demander la suppression (Paris, 20 nov. 1863, aff. de la Valette, D. P. 63. 2. 222). — De même, on a déclaré recevable l'intervention d'un témoin dont la personne a été attaquée dans les plaidoiries de première instance, reproduite devant la cour dans un écrit publié comme mémoire (Grenoble, 1er juin 1865, aff. Maurice Roux, D. P. 65. 2. 169). — V. au surplus, *infrà*, v° *Presse-outrage.*

**29.** On a vu *suprà*, n° 11, qu'on reconnaît généralement aux compagnies d'officiers ministériels la faculté d'intervenir en première instance dans tout procès soutenu par un de leurs membres et qui met en question un droit intéressant la compagnie entière. La même solution est-elle applicable aux instances d'appel ? La question est controversée. — Dans le sens de la négative, il a été décidé que le jugement qui dénie à un avoué le droit de plaider des affaires d'une certaine nature ne peut être frappé de tierce opposition par les autres avoués exerçant près le même tribunal et que, dès lors, ceux-ci ne sont pas recevables à intervenir sur l'appel de ce jugement (Civ. cass. 30 déc. 1878, aff. Proc. gén. de la Martinique, D. P. 81. 1. 57). L'affirmative a été, au contraire, consacrée par un autre arrêt qui a posé en principe qu'une chambre de notaires est recevable à intervenir en appel, dans un litige dont l'issue intéresse les notaires, par exemple, dans une contestation portant sur le point de savoir si les ventes mobilières sont dans les attributions exclusives du notariat (Besançon, 28 juill. 1877, aff. Delavelle, et Chambre des notaires de Besançon, D. P. 78. 2. 50). Décidé, dans le même sens, que la chambre des notaires d'un département est recevable à intervenir dans l'instance engagée sur l'appel d'un jugement qui, sur la tierce opposition de la compagnie d'agents de change, a décidé une question d'attribution élevée entre un notaire et les agents de change de ce département, et lors duquel ils n'ont été ni appelés ni représentés (Rouen, 27 févr. 1856, aff. Billaud, D. P. 57. 2. 128). — Il nous semble qu'en pareil cas, on ne doit pas hésiter à déclarer non recevable l'intervention. En effet, un jugement ne peut être considéré comme portant préjudice aux droits d'une personne qui n'y a pas été partie, qu'autant que son exécution est de nature à réfléchir contre cette dernière. L'art. 474 c. proc. civ. exige, pour que la tierce opposition soit possible, que le jugement contre lequel est exercé ce recours préjudicie aux droits du tiers opposant, et que celui-ci n'ait été ni présent, ni représenté lors de ce jugement, et les mêmes conditions sont exigées pour l'exercice du droit d'intervention en appel (V. infrà, nos 31 et suiv.). Il est de toute évidence, par exemple, que le jugement qui refuse à un avoué le droit de plaider une affaire d'une certaine nature ne produit pas un effet semblable à l'égard des autres avoués exerçant près le même tribunal. Sans doute, et à titre d'autorité de jurisprudence, ce jugement pourra bien être invoqué, contre les autres avoués, dans une hypothèse analogue; mais il n'y a point là un préjudice qui puisse motiver la tierce opposition (Comp. Civ. cass. 7 déc. 1853, aff. Delaire, D. P. 54. 1. 128).

**30.** Il a été jugé que le bâtonnier de l'ordre des avocats ne peut, en principe, intervenir ni être valablement appelé devant la cour pour y défendre les décisions disciplinaires du conseil (Montpellier, 6 mars 1890, aff. Conseil de l'ordre des avocats de Montpellier, D. P. 91. 2. 142). Toutefois, et par exception, le bâtonnier peut comparaître et prendre part aux débats, lorsqu'il a été intimé sur l'appel, et que l'appel vise un excès de pouvoir (Même arrêt). — Décidé également que l'intervention du bâtonnier et du conseil de l'ordre des avocats n'est pas recevable dans l'instance engagée devant le conseil d'État par un avocat qui, frappé d'une peine par le conseil de préfecture pour outrages commis à l'audience envers les membres de ce conseil, s'est pourvu contre l'arrêté qui l'a condamné (Cons. d'Et. 5 mars 1886, aff. Legré, D. P. 86. 3. 33).

**31.** Comme on l'a vu au *Rép.* n° 73, le droit d'intervenir en appel appartient à celui qui a qualité pour former tierce opposition soit *au jugement de première instance*, soit *à l'arrêt à intervenir*. La chose jugée étant remise en question par l'appel, et, l'arrêt pouvant donner ouverture à la tierce opposition, le tiers aurait le droit d'intervention en appel alors même qu'il n'éprouverait aucun préjudice par suite du jugement de première instance. L'intervention, dans cette hypothèse, sera possible, si le tiers peut craindre d'éprouver un dommage de l'arrêt qui doit intervenir. L'intervention est, en effet, un moyen préventif. — Il a été jugé, par application de cette règle, que celui qui n'a été ni appelé ni représenté dans l'instance en partage d'une succession à laquelle il prétend avoir droit, peut intervenir en cause d'appel, encore que le jugement n'ait statué que sur un incident, par exemple sur une question de survie, dont la solution était sans intérêt pour l'intervenant qui revendiquait la succession à l'exclusion de toutes les parties (Req. 14 nov. 1859, aff. Gruère, D. P. 60. 1. 344). Dans l'espèce, la cour, saisie d'un incident dont la solution était indifférente à l'intervenant, pouvait soit préjuger, soit même juger par voie d'évocation, le fond du litige; et, le litige en lui-même intéressant ce tiers intervenant, puisqu'il s'agissait du partage entre les parties en cause d'une succession qu'il revendiquait en totalité comme lui étant exclusivement dévolue, il y avait là une éventualité de préjudice qui a été jugée suffisante pour justifier l'intervention formée pour la première fois devant la cour, dès l'instant qu'elle pouvait devenir la base d'une tierce opposition contre l'arrêt à intervenir.

**32.** A l'inverse, l'intervention est recevable par cela seul que la décision des premiers juges est de nature à causer un préjudice à l'intervenant, et alors même que cette cause de préjudice disparaîtrait par suite de l'infirmation du jugement. C'est ce qui résulte d'un arrêt de la cour de cassation, aux termes duquel, lorsqu'un héritier qui n'a été ni appelé ni représenté dans une instance engagée entre ses cohéritiers et les légataires universels ou particuliers sur la validité du testament de leur auteur, est intervenu en appel, son

intervention doit être déclarée recevable, dès que le jugement attaqué forme un préjugé contraire à ses prétentions et encore que l'arrêt intervenu depuis réforme ce jugement (Civ. cass. 3 janv. 1883, aff. Cons. Ravenel, D. P. 83. 1. 457). En effet, pour décider de la recevabilité de l'intervention, il faut se placer au moment où elle se produit, et non au moment où il est statué par l'arrêt définitif. Si l'arrêt fait disparaître le préjudice éventuel que l'intervenant peut éprouver par suite de la décision des premiers juges, l'intervention n'en était pas moins recevable dès lors que son auteur pouvait subir quelque dommage par suite du jugement de première instance.

**33.** Deux conditions, on l'a dit au *Rép.* n° 73 *in fine*, sont nécessaires pour pouvoir former tierce opposition à un jugement ou à un arrêt et, par suite, pour pouvoir intervenir en appel : 1° n'avoir pas figuré en première instance ; 2° être lésé par ce jugement ou cet arrêt.

**34.** — 1° *N'avoir pas figuré en première instance.* — Cette première condition, comme il est dit au *Rép.* n° 74, s'explique par ce motif que la partie qui a été assignée, ou qui est intervenue devant les premiers juges, pouvait se pourvoir par appel contre le jugement s'il lui préjudiciait. On a rapporté, *ibid.*, une série de décisions par lesquelles la jurisprudence a confirmé cette doctrine et d'où il résulte, notamment, que les parties qui, après avoir figuré en première instance, ont laissé écouler le délai d'appel et acquérir au jugement l'autorité de la chose jugée, ne sont pas recevables à intervenir sur l'appel relevé par une autre partie. — Depuis, il a été jugé, conformément à ces principes : 1° qu'il faut déclarer non recevable en cause d'appel l'intervention de celui qui a été partie en première instance et contre lequel le jugement a acquis l'autorité de la chose jugée (Paris, 3 mai 1872, aff. Thiercelin, D. P. 72. 2. 199) ; — 2° Que celui qui, ayant été partie dans un jugement, lui a laissé acquérir force de chose jugée à son égard, n'est pas recevable à intervenir sur l'appel qu'un de ses cointéressés a interjeté en temps utile (Limoges, 21 déc. 1859, aff. X..., D. P. 60. 5. 208) ; — 3° Que l'intervention en appel n'est pas recevable de la part d'une partie qui a figuré au procès en première instance ; cette partie n'a que la voie de l'appel contre le jugement (Req. 11 nov. 1858, aff. Joliot et cons. D. P. 58. 1. 276). — Il a été jugé toutefois que l'intervention est recevable non seulement en première instance (V. *supra*, n° 6), mais aussi en cause d'appel, même de la part de celui qui, figurant déjà au procès, forme cette intervention en qualité de représentant d'un tiers qui aurait eu le droit d'intervenir devant les juges d'appel ; que, spécialement, le cessionnaire d'une créance peut, pour éviter un moyen de compensation à lui opposé par le débiteur cédé, exciper, sous forme d'intervention en appel, d'une saisie-arrêt pratiquée avant que la cause de compensation fût née, par un créancier de son cédant, dont il s'est fait également céder les droits (Req. cass. 21 mai 1855, aff. Thibault, D. P. 55. 1. 279).

**35.** L'intervention en cause d'appel est interdite non seulement à celui qui a figuré personnellement en première instance, mais encore à celui qui y a été légalement représenté. — Ainsi il a été jugé que, sous le régime de la communauté, le mari ayant seul l'exercice des actions mobilières appartenant à la femme, celle-ci est non recevable à intervenir en appel dans une instance où elle est représentée par son mari, et où elle n'a aucun intérêt distinct du sien (Req. 15 avr. 1874, aff. Blanchet, D. P. 75. 1. 67).

**36.** — 2° *Éprouver un préjudice.* — Telle est la seconde condition exigée pour que l'on puisse intervenir en appel (*Rép.* n° 80). Des diverses décisions rapportées au *Rép.* nos 80 à 84, il résulte que la jurisprudence tirait de cette règle les conséquences suivantes : 1° que celui à qui on ne pourrait opposer, avec succès, l'exception de la chose jugée n'est pas recevable à intervenir en instance d'appel ; — 2° Qu'on ne peut intervenir en appel, sur le simple motif qu'il serait possible que l'arrêt à rendre nuisît à l'intervenant ; on exigeait un intérêt actuel, un droit acquis, auxquels le jugement aurait préjudicié. On avait même admis que, pour que la recevabilité de l'intervention en cause d'appel, il fallait non seulement qu'on n'eût pas été appelé lors du jugement et que celui-ci portât préjudice à l'intervenant, mais en outre *qu'on eût dû être* *appelé.* Toutefois une doctrine moins rigoureuse, adoptée au *Rép.* n° 82, n'exigeait, pour la recevabilité de l'intervention en appel, que les seules conditions d'un jugement portant préjudice aux droits de l'intervenant et auquel il n'a été ni appelé ni représenté. On se contentait même (*Rép.* n° 83), de la lésion de droits *éventuels*, lésion à raison de laquelle on aurait le droit de former tierce opposition.

Depuis, la jurisprudence s'est montrée de plus en plus favorable à l'intervention en cause d'appel, et, d'après le système qu'elle paraît avoir consacré d'une manière définitive, la recevabilité de cette intervention n'est subordonnée qu'à la seule condition que le jugement ou l'arrêt soit de nature à causer à l'intervenant un préjudice, même indirect et éventuel, en formant un préjugé contraire à ses prétentions. Telle est la règle que l'on trouve formulée et appliquée dans un grand nombre d'arrêts (V. notamment: Req. 6 août 1862, aff. de Montreuil, D. P. 62. 1. 436; Civ. rej. 17 mai 1870, aff. de Bastard d'Estang, D. P. 70. 1. 241; Civ. cass. 5 janv. 1880, aff. Morel, D. P. 80. 1. 112; Req. 22 nov. 1880, aff. Joannand, D. P. 81. 1. 58; Civ. cass. 3 janv. 1883, aff. Ravenel, D. P. 83. 1. 457; Nancy, 19 févr. 1887, aff. Baron, D. P. 87. 2. 190). — Par application de la même règle, il a été jugé que le préjugé défavorable pouvant résulter d'une décision sur un titre commun constitue un préjudice suffisant pour autoriser tant la tierce opposition que l'intervention en appel; spécialement, que les propriétaires de parcelles faisant partie d'une prairie assujettie tout entière à des droits d'usage, sont recevables à intervenir, même en appel, dans l'instance engagée relativement à ces droits, entre la commune qui en est titulaire et les propriétaires d'autres fractions de la même prairie (Angers, 23 mai 1878, aff. Commune de Saint-Clément-des-Levées, D. P. 80. 1. 248; Comp. dans le même sens : Req. 6 avr. 1830, *Rép.* n° 117; Civ. cass. 28 janv. 1835, *Rép.* n° 66). — Il a été décidé encore que les porteurs d'obligations émises par une compagnie industrielle sont fondés à intervenir, même pour la première fois en appel, pour combattre l'action exercée contre cette compagnie par un obligataire, alors que ladite action peut avoir pour effet de provoquer des condamnations affectant, en même temps que la condition de la compagnie, le sort particulier de tous les porteurs d'obligations (Paris, 2 mars 1870, aff. Renaudeau, D. P. 70. 2. 107). On peut rapprocher de cette décision un arrêt de la cour d'Orléans, du 24 mai 1883 (aff. Merceron, D. P. 84. 2. 148), qui a déclaré les porteurs d'obligations émises par une compagnie industrielle recevables à intervenir en appel dans le but de combattre l'action exercée par la société contre ces obligataires, et qui pourrait avoir des conséquences préjudiciables pour tous les obligataires.

**37.** Il a été jugé que ceux qui ont droit au bénéfice d'une condamnation à laquelle ils n'ont été ni parties ni appelés, peuvent intervenir, même en appel, dans le procès engagé au sujet de la répartition du montant de cette condamnation entre les parties qui l'ont obtenue, pour y réclamer leur part (Req. 6 nov. 1855, aff. Esselin, D. P. 56. 1. 255). — Cette solution ne pouvait faire difficulté. Il est manifeste que le droit à intervenir sur la question de répartition de l'indemnité entre les ayants droit pouvait causer aux autres, dans le cas notamment où il aurait alloué la totalité de l'indemnité à quelques-uns seulement, un préjudice qui leur aurait permis d'y former tierce opposition, afin de faire procéder à une répartition différente.

**38.** A l'exemple du *Répertoire*, on exposera spécialement les solutions de la jurisprudence sur la recevabilité de l'intervention en cause d'appel, en ce qui touche certaines catégories de personnes, telles que les créanciers, associés, garants, etc...

**39.** — 1° *Créanciers.* — Le créancier n'est pas toujours représenté par son débiteur; l'art. 1167 c. civ. l'autorise, en effet, à attaquer directement, en son nom personnel, les actes faits en fraude de ses droits. Or, s'il peut agir, en pareil cas, par voie d'action principale, il doit pouvoir former tierce opposition et, par conséquent, se porter intervenant en appel (*Rép.* n° 84). Une jurisprudence nombreuse, rapportée au *Rép.* n° 84 *in fine*, 85, 86, consacre ce principe. Depuis, il a été décidé, dans le même sens : 1° que, lorsqu'un partage d'ascendant est attaqué par un créancier du donateur comme fait en fraude de ses droits, les autres créan-

ciers, auxquels préjudicie ce partage, sont recevables à intervenir sur l'appel du jugement qui l'a annulé (Req. 12 nov. 1872, aff. Guilbauld, D. P. 74. 1. 78). — 2° Qu'un créancier peut intervenir, pour la première fois, en appel sur la demande en rapport formée par le syndic d'une faillite contre un autre créancier, alors qu'ayant figuré au même contrat que ce dernier, et se trouvant, à l'égard de la faillite, dans la même situation à raison de ce contrat, il est exposé lui-même à une action identique de la part du syndic, et qu'ainsi il est directement intéressé à la solution des questions litigieuses que soulève une telle demande (Orléans, 17 mai 1881, aff. Mery, Samson et cons., D. P. 82. 2. 55).

**40.** Au contraire, le créancier n'est pas admis à intervenir en appel, lorsqu'il base uniquement son intervention sur l'art. 1166. c. civ., et comme exerçant les droits de son débiteur, car ce créancier, d'après l'art. 474 c. proc. civ., n'aurait pas alors le droit de former tierce opposition (*Rép.* n° 89). — Conformément à ce principe, il a été jugé : 1° qu'un créancier ne peut intervenir dans une cause pendante en appel entre son débiteur et un tiers, pour y faire valoir les droits de ce débiteur présent au procès (Orléans, aff. *La Caisse franco-suisse,* 19 mai 1860, aff. Boucher, D. P. 60. 2. 126); — 2° Que les créanciers d'un failli qui, dans un procès soutenu par leur débiteur, ont été représentés en première instance par celui-ci, ne sont pas recevables à intervenir sur la cause d'appel (Paris, 3 juill. 1880, aff. Deneubourg-Ligier, D. P. 82. 2. 62); — 3° Que le créancier qui a reçu en gage des lettres de change qu'il savait entachées d'irrégularité (d'une supposition de lieu, par exemple), n'est pas recevable à intervenir en appel dans une instance en nullité de ces lettres de change, alors surtout que, dans la faillite du débiteur qui a donné le gage, il a renoncé à son privilège résultant du nantissement, pour se réduire à la condition de simple créancier chirographaire (Caen, 22 janv. 1856, aff. Thoniel et Quiquerau de Beaujeu, D. P. 56. 2. 133).

**41.** Il résulte des derniers arrêts que l'on vient de citer que la règle d'après laquelle les créanciers de l'une des parties, alors qu'ils n'invoquent aucun droit propre, ne peuvent intervenir en cause d'appel, s'applique en cas de faillite : ces créanciers, en effet, sont alors légalement représentés dans l'instance par le syndic (V. *suprà*, v° *Faillite*, n°s 525 et suiv.). — Cette solution s'applique-t-elle au cas où l'appel est dirigé contre le jugement qui a déclaré la faillite du débiteur? L'affirmative résulte d'un récent arrêt (Paris, 26 nov. 1889, aff. Launoy, D. P. 90. 2. 249), aux termes duquel, lorsqu'un jugement portant déclaration de la faillite d'un commerçant, sur la demande de quelques-uns de ses créanciers, après rejet d'une requête à fin d'admission au bénéfice de la liquidation judiciaire, a été frappé d'appel par ce commerçant, les syndics provisoires contre lesquels l'appel a été formé doivent être considérés comme représentant, dans l'instance, tous les autres créanciers: aucun de ceux-ci ne peut, dès lors, y intervenir, l'art. 466 c. proc. civ. n'autorisant l'intervention en cause d'appel que de ceux qui auraient le droit d'attaquer l'arrêt à rendre par la voie de la tierce opposition. — V. en sens contraire, la note de M. Boistel sur cet arrêt, D. P. *ibid.*

**42.** Les règles admises en ce qui concerne les créanciers chirographaires s'appliquent également, en principe, aux créanciers hypothécaires; il est généralement admis par la jurisprudence que ces créanciers sont les ayants-cause de leur débiteur, même quant aux jugements où celui-ci a été partie postérieurement à la constitution de leurs hypothèques. Il en est autrement, toutefois, lorsqu'ils invoquent des moyens qui leur sont propres (V. *suprà*, v° *Chose jugée*, n°s 177 et suiv., et *infrà*, v° *Tierce opposition*). C'est ainsi que les créanciers hypothécaires ne sont pas représentés par leur débiteur dans une instance relative à la validité de la vente de l'immeuble hypothéqué, alors qu'ils demandent le maintien de leur hypothèque au cas même où la vente serait annulée. Ils ne peuvent, d'ailleurs, être considérés comme ayant été parties à cette instance pour être intervenus devant le tribunal, si leur intervention a été rejetée comme tardive; et ils sont, dès lors, recevables à intervenir sur l'appel du jugement qui a prononcé contre l'acquéreur, leur débiteur, la nullité de la vente pour fraude aux droits des créanciers du vendeur (Orléans, 19 févr. 1876, aff. Caillière et Séjourné-Delisle, D. P. 77. 2. 113).

**43.** Nous avons admis, *supra*, n° 16, que les créanciers peuvent intervenir en première instance dans une demande ressortissant à la juridiction gracieuse. Mais il a été jugé que cette intervention ne peut se produire pour la première fois en appel; et que la fin de non-recevoir opposable aux créanciers doit être prononcée d'office par la cour, alors surtout qu'il s'agit d'une question d'inaliénabilité du fonds dotal (Caen, 24 déc. 1873, aff. Bourdon, D. P. 75. 2. 225). — La cour de Caen écarte l'intervention par le motif que cette procédure n'est admise en appel que dans le cas où l'intervenant pourrait attaquer le jugement par la tierce opposition, et que les jugements rendus en matière gracieuse n'ont pas force de chose jugée, en sorte qu'ils n'ont pas besoin d'être attaqués par la tierce opposition pour être déclarés non opposables aux tiers. Cette solution peut prêter à la critique. Ainsi qu'on l'a fait observer dans la note sur l'arrêt précité (D. P., *ibid.*), si l'intervention est admise en appel de la part de ceux qui ont besoin de la tierce opposition pour écarter les effets du jugement à leur égard, ne doit-elle pas l'être à plus forte raison de la part de ceux à qui le jugement est tellement étranger qu'il n'existe pas pour eux et qu'ils peuvent repousser l'application qu'on voudrait leur en faire sans être obligés de recourir à la tierce opposition?

**44.** — 2° *Associé.* — Il a été jugé : 1° que les représentants actuels d'une société anonyme ont qualité pour intervenir en appel dans une instance engagée entre les actionnaires et les anciens administrateurs, alors que le jugement dont est appel porte atteinte à la constitution de la société (Paris, 1er août 1868, aff. Admin. du Crédit mobilier, D. P. 69. 2. 65); — 2° Que lorsque, après la dissolution d'une société commerciale, l'un des anciens membres de cette société a souscrit un engagement sous la signature sociale, l'héritier d'un autre associé est recevable à intervenir, en cause d'appel, pour faire déclarer que c'est sans droit qu'il a été fait usage de cette signature (Toulouse, 13 déc. 1886, *Gazette du Midi* du 13 févr. 1887). — Jugé aussi que le fait, par des associés, d'abandonner en appel la cause de l'un des coassociés avec lequel ils ont défendu en première instance à une demande tendant tout à la fois à l'annulation d'un acte modificatif des statuts et à la dissolution de la société, et de renoncer à l'appel principal qu'ils ont interjeté avec lui contre le jugement en ce qu'il a annulé l'acte modificatif, pour adhérer à l'appel incident formé par leurs adversaires primitifs du chef du jugement qui a refusé de prononcer la dissolution de la société, implique un simple changement de rôle et non pas une intervention susceptible d'être critiquée comme étant formée par des personnes qui auraient le droit de former tierce opposition (Req. 1er juin 1859, aff. Granier. D. P. 59. 1. 244).

**45.** — 3° *Garant.* — Le garant peut intervenir en appel en matière de garantie simple, comme en matière de garantie formelle (*Rép.* n° 94). Cette doctrine, confirmée par un certain nombre d'arrêts rapportés *ibid.*, avait été contestée. Mais, depuis, il a été jugé, conformément à la doctrine du *Répertoire*, que celui qui peut craindre et veut prévenir un recours en garantie est recevable à intervenir dans l'instance d'appel d'où pourrait résulter cette garantie (Angers, 26 avr. 1866, aff. Comptoir de l'industrie linière, D. P. 66. 2. 198).

**46.** — 4° *Acquéreur, cessionnaire.* — L'acquéreur, jouissant de la faculté de former tierce opposition aux jugements qui affectent la chose vendue, lorsque ces jugements sont postérieurs à l'aliénation (*Rép.* n° 95) jouit aussi de la faculté d'intervenir sur l'appel de ces jugements. Et la même doctrine doit être étendue au cessionnaire (*Rép.* n° 96). Il peut intervenir en appel s'il s'agit d'un jugement postérieur à la cession, puisque l'arrêt rendu avec le cédant pourrait lui causer préjudice, et, par suite, donner ouverture à la tierce opposition. Toutefois la jurisprudence, ainsi qu'on l'a vu au *Rép.*, *ibid.*, n'était pas unanime sur ce point. — Depuis, il a été jugé, dans le sens de la doctrine admise au *Répertoire* : 1° que, lorsque le propriétaire d'un immeuble, condamné au possessoire pour trouble apporté par lui à l'exercice d'un droit de passage établi sur cet immeuble, a interjeté appel de cette condamnation, l'acquéreur de l'immeuble, devenu propriétaire après l'introduction de l'instance mais avant la décision du premier juge, a qualité

pour intervenir en cause d'appel, à l'effet de soutenir que l'intimé ne doit pas être maintenu en possession du droit de servitude dont il se prévaut (Civ. cass. 30 mars 1858, aff. Devaux, D. P. 58. 1. 164); — 2° Que l'acheteur d'un immeuble est recevable à intervenir, pour la première fois en appel, dans la contestation engagée entre le vendeur et un tiers, relativement à un droit de passage réclamé par ce dernier sur l'immeuble vendu (Poitiers, 7 janv. 1885, aff. Thenand, D. P. 86. 2. 72); — 3° Que le donataire d'un immeuble peut intervenir sur l'appel interjeté contre le jugement qui, postérieurement à la donation, a fait droit à une action possessoire intentée par le donateur à raison du trouble apporté par un tiers à sa possession (Trib. civ. Bordeaux, 1er juill. 1889, aff. Julidière, *Rec. de Bordeaux*, 1889, 2e partie, p. 104). — Si le jugement de première instance était antérieur à l'acquisition, l'acquéreur devrait être considéré comme l'ayant cause du précédent propriétaire; il n'aurait donc pas le droit de former tierce opposition. (V. *Rép.* v° *Tierce opposition*, n° 145) ni, par suite, la faculté d'intervenir sur l'appel interjeté par son auteur; il pourrait, d'ailleurs, interjeter lui-même appel (V. *supra*, v° *Appel civil*, n° 106).

**47.** — 5° *Héritiers légataires, exécuteurs testamentaires.* — Il a été jugé : 1° que les héritiers légitimes sont recevables à intervenir en appel, dans l'instance introduite par un légataire universel institué en second ordre à l'effet de faire annuler le legs universel fait en première ligne au profit d'une autre personne, lorsqu'ils prétendent attaquer euxmême l'une et l'autre institution, et que, d'ailleurs, sur la demande en compte, liquidation et partage intentée par l'un des héritiers contre ses cohéritiers, il a été sursis à statuer par le tribunal jusqu'à ce que l'instance pendante entre les légataires universels sur la validité des testaments ait reçu une solution définitive (Amiens, 10 août 1861, aff. De Montreuil, D. P. 61. 2. 201) ; — 2° Que le colégataire du légataire universel que l'on prétend faire déclarer indigne, est recevable à intervenir en appel dans l'instance engagée sur ce point, à l'effet de réclamer la part caduque de ce légataire (Agen, 12 mai 1886, *Recueil d'Agen*, 1886, p. 67).

**48.** De même qu'en première instance (V. *supra*, n° 20), l'exécuteur testamentaire a le droit d'intervenir en appel, lorsqu'il y a contestation sur l'exécution du testament, à l'effet d'en soutenir la validité (Civ. rej. 15 avr. 1867, aff. Héritiers Trousseard, D. P. 67. 1. 294).

**49.** En ce qui concerne l'intervention devant la cour de cassation (*Rép.* n° 101) V. *supra*, v° *Cassation*, n°s 213 et suiv.

Art. 3. — *De la recevabilité de l'intervention par rapport à l'état de la cause, et du jugement sur la recevabilité* (*Rép.* n°s 102 à 111).

**50.** Aux termes de l'art. 340 c. proc. civ., « l'intervention ne pourra retarder le jugement de la cause principale, quand elle sera en état ». Des doutes se sont élevés sur le sens dans lequel le législateur a employé ces mots : *cause en état*.

D'après la doctrine exposée au *Rép.* n° 104, l'intervention, pour être recevable, doit se fondre avec l'instance principale, marcher concurremment avec elle, de façon à pouvoir être jugée si la cause est prête à recevoir jugement. Mais si l'on fermait la voie de l'intervention dès que les conclusions ont été prises, quoique l'incident ne comportât pas d'instruction particulière et pût être tranché immédiatement, on supprimerait en partie le droit d'intervention, puisque, dans la plupart des cas, la pose seule des qualités détermine et l'importance et le caractère du litige et révèle l'intérêt qu'il peut y avoir à intervenir. L'intervention est donc recevable jusqu'à l'achèvement complet de l'instruction. Telle était, comme on l'a vu au *Rép.* n° 104, la doctrine généralement admise. Les auteurs récents se prononcent également en ce sens. L'art. 340, disent MM. Boitard, Colmet-Daâge et Glasson (t. 1, n° 533), n'est guère au fond qu'un conseil, qu'un avis, et non point une règle impérative ; l'art. 340 laisse une très grande latitude à la sagesse des tribunaux ; il tend uniquement à empêcher que la partie qui prévoit sa prochaine condamnation ne fasse survenir, pour la reculer, une intervention de complaisance. Dans ce cas, les juges pourront et devront, soit déclarer de prime abord l'intervention non recevable, soit, même après l'intervention admise, disjoindre les deux causes comme il est dit en l'art. 184. D'où il suit que, même après que la cause est en état, quel que soit d'ailleurs le sens de ces mots, une intervention pourrait à la rigueur être reçue, si, en l'admettant, on ne retardait pas par là le jugement de la cause principale. Ainsi, la cause principale étant parvenue presque à son terme, il peut survenir un intervenant, dont le droit soit tellement apparent qu'en le déclarant recevable, on ne retarde en rien le jugement du principal ». M. Garsonnet, t. 2, p. 673 et 674, s'exprime dans le même sens : « Il s'agit ici, dit-il, d'une cause entièrement instruite et prête à recevoir jugement. L'intervenant prend l'affaire au point où elle est, sans pouvoir opposer les exceptions déjà couvertes. Les parties principales ne peuvent pas non plus traîner l'intervention en longueur en tardant à y répondre, et, faute par elles de la contredire en temps utile, l'intervenant a le droit de passer outre et de pousser l'instruction jusqu'au point où finit le rôle des parties ». « Mais, ajoute cet auteur, s'il (l'intervenant) n'a pu ou s'il n'a su faire les diligences nécessaires pour en venir là, le tribunal, disjoignant les deux demandes, statue au principal et renvoie l'intervenant à introduire une nouvelle instance. L'art. 340 n'est pas une disposition impérative, le tribunal verra, dans sa sagesse, s'il ne vaut pas mieux faire subir un temps d'arrêt à la demande principale que de la juger précipitamment en laissant pendantes les questions soulevées par l'intervention » (Conf. Rodière, t. 1, p. 478).

La jurisprudence, citée au *Rép.* nos 104 et 105, confirme cette doctrine. — Depuis la publication du *Répertoire*, il a été décidé que l'intervention formée le jour même où les plaidoiries ont commencé doit être rejetée comme tardive, alors que, pouvant soulever des questions spéciales, elle n'est pas en état d'être discutée à l'audience de ce jour (Aix, 16 mai 1860, aff. Chalmeton, D. P. 60. 2. 118), tandis qu'il a été jugé, au contraire : 1° qu'une intervention ne doit pas être rejetée comme tardive par cela seul qu'elle n'a été signifiée qu'après le commencement des plaidoiries, si d'ailleurs elle ne retarde pas le jugement de la cause principale, et si le tribunal peut statuer en même temps sur la demande principale et sur les conclusions de l'intervenant (Lyon, 18 janv. 1868) (1) ; — 2° Que les mots : en état, dans l'art. 340 c. proc. civ., n'ont pas la même sens dans l'art. 343 du même code; qu'ils se réfèrent, au point de vue de la solution du litige, au moment où l'instruction de la cause est terminée, et non à celui où les conclusions ont été respectivement prises; qu'ainsi l'intervention, alors même qu'elle se produit après ce moment, est recevable dès lors qu'elle ne retarde pas le jugement de l'instance principale (Orléans, 24 mai 1883, D. P. 84. 2. 149). — Jugé aussi que l'intervention n'est pas tardive, bien qu'elle soit introduite par conclusions signifiées et posées à l'audience, au moment où vont avoir lieu les plaidoiries de l'affaire principale : l'art. 70, décret du 30 mars 1808, qui prescrit la signification des conclusions trois jours au moins avant l'audience, ne constitue, en effet, qu'une simple mesure d'ordre intérieur et permet uniquement à la partie adverse de demander le renvoi du débat à une audience ultérieure (Trib. civ. Seine, 18 juin 1885, *Le Droit* du 19 juin 1885).

**51.** On a examiné au *Rép.* n° 106, la question de savoir si, lorsque la cause est déjà instruite au moment où l'intervention se produit, l'intervenant pourrait, pour le besoin de sa défense, provoquer une nouvelle enquête, une nouvelle expertise. Une première disposition, qui semble s'inspirer de l'art. 28 du tit. 14 de l'ordonnance de 1667, admet l'affirmative. La doctrine contraire est soutenue au *Rép.* n° 106. Si, en effet la mesure d'instruction demandée n'est que la

répétition de celle qui a été ordonnée, il n'y a pas d'intérêt à l'accorder. Si c'est une mesure nouvelle, par exemple une expertise reposant sur de nouvelles bases, l'intervenant n'éprouvera aucun préjudice du rejet de ses conclusions : l'intervenant, ayant manqué son but, sera définitivement écartée comme tardive; mais l'intervenant pourra se pourvoir par action principale. La solution contraire ajournerait indéfiniment la solution du procès et, en cas d'urgence, un retard peut compromettre l'intérêt de l'une des parties principales en cause (V. conf. Garsonnet, t. 2, p. 673, note 37).

**Art. 4.** — *Formes de l'intervention* (*Rép.* nos 112 à 123).

**52.** Les demandes en intervention sont dispensées du préliminaire de conciliation (V. *Rép.*, v° *Conciliation*, nos 171 et suiv. *Adde.* Req. 2 mars 1858, aff. Lapie, D. P. 58. 1. 308).

**53.** Devant les tribunaux civils ordinaires, l'intervention doit être formée par requête (c. proc. civ. art. 339; *Rép.* n° 112). « L'étendue de la requête, disent MM. Boitard, Colmet-Daâge et Glasson, t. 1, n° 532, p. 362, varie à l'infini, suivant le plus ou le moins d'importance de l'objet de la demande et des moyens à développer. C'est là, au reste, une affaire de tarif bien plus qu'une affaire de droit et de procédure ».

**54.** En matière commerciale, de même qu'en justice de paix ou devant les arbitres, la demande en intervention doit être formée par exploit d'ajournement (*Rép.* n° 112). Et le délai doit, à peine de nullité, être d'un jour au moins. Ainsi est nulle, en matière commerciale, la demande en intervention signifiée d'heure à heure, à moins toutefois que la permission n'en ait été accordée par le président à raison de l'urgence (Aix, 16 mai 1860, aff. Chalmeton, D. P. 60. 2. 118). — Décidé également que l'intervention formée par des conclusions prises à la barre est non recevable (Amiens, 21 mai 1872, aff. Chovet-Joubert, D. P. 73. 5. 291).

**55.** D'après la doctrine enseignée au *Rép.* n° 113, dans l'hypothèse où le défendeur n'a pas constitué d'avoué, il serait de bonne procédure de signifier un exploit, alors du moins que l'intervention est *agressive*, qu'elle ne constitue pas un simple acte de surveillance et de précaution. Ainsi qu'on l'a vu *ibid.* les auteurs n'étaient pas d'accord sur ce point. MM. Boitard, Glasson et Colmet-Daâge (t. 1, n° 532), estiment que, logiquement, « l'intervention devrait être formée par un ajournement. En effet, l'intervenant étant jusque-là absolument étranger aux débats de l'affaire, il paraissait naturel de lui appliquer la règle ordinaire d'après laquelle un tribunal n'est saisi d'une demande principale que par l'assignation dans laquelle cette demande est proposée. Mais, ajoutent ces auteurs, les deux parties contre lesquelles l'intervenant se présente se trouvant déjà en cause, ayant chacune un avoué, il paru plus expéditif de former l'intervention par une requête d'avoué à avoué, que par une assignation à personne ou à domicile, dans laquelle le délai des distances aurait dû être observé et aurait été une cause d'entraves et de lenteurs ». — Il a été décidé, dans tous les cas, que la demande d'intervention ne peut être reçue dans une cause où une partie fait défaut, que si elle a été notifiée à celle-ci par exploit signifié à personne ou à domicile, surtout lorsque cette intervention a, vis-à-vis du défaillant, un caractère agressif. L'intervention par requête est insuffisante (Liège, 6 nov. 1873, *Pasicrisie belge*, 1874, 2° part., p. 32).

**56.** Sur les formes de la requête, V. *Rép.* nos 115 et suiv. — On a vu, notamment au *Rép.* n° 118, qu'il doit être donné copie des pièces justificatives. Mais l'omission de cette formalité, comme on l'a dit *ibid.*, n'entraînerait pas la nullité de la requête (Conf. Garsonnet, t. 2, p. 670, *in fine*). Il a été jugé qu'il n'est pas exigé à peine de nullité que la requête en intervention contienne copie des pièces justifi-

---

(1) (Bellour, C. Consorts Faisant et Bennier, et les religieuses de Saint-Joseph.) — Le 9 mars 1867, jugement du tribunal civil de Lyon, statuant en ces termes :... — En ce qui touche les héritiers Faisant et Bennier; — Attendu, en la forme, que leur intervention ne doit pas être rejetée comme tardive par cela seul qu'elle n'a été signifiée qu'après le commencement des plaidoiries sur la demande principale de la demoiselle Bellour; — Que la loi n'a fixé aucun délai fatal pour la recevabilité de l'intervention; — Que l'art 340 c. proc. civ., dispose seulement que l'intervention

ne doit pas retarder le jugement de la cause principale, quand celle-ci est en état; — Que, dans l'espèce, le tribunal possède les éléments suffisants pour vider sans délai le litige, en statuant en même temps sur la demande principale et sur les conclusions des intervenants. — Appel par la demoiselle Bellour.

— LA COUR; — Adoptant les motifs des premiers juges; — Confirme. — Du 18 janv. 1868. — C. de Lyon, 1re ch. — MM. Gilardin, 1er pr. — de Prandière, 1er av. gén. Jules Favre (du barreau de Paris), et Genton, av.

catives ; l'omission de cette formalité n'a d'autre conséquence que de faire rejeter de la taxe la copie de ces pièces qui serait ultérieurement signifiée par l'intervenant (Pau, 4 août 1857, aff. Veuve de Montmorency, D. P. 57. 2. 178).

— De même, il a été décidé que l'intervention doit être admise, quoique la requête ne contienne pas les moyens et conclusions de l'intervenant, si l'évidence de son intention de se joindre à l'une des parties, ou l'ensemble de la même requête, annonce suffisamment le but et les motifs de l'intervention (Bruxelles, 14 févr. 1855, aff. Deridder, *Pasicrisie belge*, 1855, 2ᵉ part., p. 134).

**57.** La forme de la requête exigée pour l'intervention est-elle substantielle et, par suite, exigée à peine de nullité? Oui, d'après quelques interprètes (V. Chauveau et Carré, *Lois de la procédure civile* , art. 339, note 10; Dutruc, *Supplément aux lois de la procédure*, vᵒ *Intervention*, nᵒˢ 18 et 19). — Mais cette opinion, combattue au *Rép.* nᵒ 120, est très contestable. Il est certain, en tout cas, que la nullité, à supposer qu'elle existe, est couverte, si les parties, au lieu de la proposer en première instance, ont consenti à plaider sur le fond, et que, dès lors, il ne saurait être permis de la faire valoir pour la première fois en appel (Lyon, 22 mars 1884, aff. Lombard et Guichard, D. P. 85. 2. 199).

**58.** Au cas où une partie, assignée dans des conditions irrégulières, est intervenue volontairement dans l'instance, et n'a conclu à la nullité de la procédure qu'en tant que celle-ci avait précédé son intervention, il y a lieu de la considérer comme étant régulièrement en cause à compter de cette intervention (Civ. rej. 14 avr. 1885, aff. Héritiers de Castellane, D. P. 85. 1. 401). En effet, l'intervention équivaut à une demande principale à l'égard de l'intervenant ; il importe donc peu qu'antérieurement une procédure irrégulière ait été suivie directement contre les intérêts de l'intervenant ; l'annulation de cette procédure primitive, même prononcée sur ses propres conclusions, n'affecte en rien la régularité de son intervention, si elle s'est produite conformément à l'art. 339 c. proc. civ., ni la régularité des actes qui ont suivi.

**Art. 5. —** *Des effets de l'intervention, de l'instruction, du jugement sur le fonds et des dépens* (*Rép.* nᵒˢ 124 à 141).

**59.** Les effets de l'intervention, lorsqu'elle a été admise, sont de rendre l'intervenant partie dans la cause. Par suite, il ne pourra décliner l'autorité du jugement qui lui serait défavorable ; il lui faudra recourir à l'opposition, à l'appel, et, réciproquement, il pourra opposer aux parties l'exception de la chose jugée (*Rép.* nᵒ 124). Mais, dans ses prétentions, l'intervenant ne peut pas excéder les bornes de la demande principale. Ainsi il a été décidé : 1ᵒ que l'exécuteur testamentaire, intervenant dans l'instance introduite par un légataire particulier contre un légataire universel à l'effet d'obtenir la nullité de l'institution de ce dernier, n'est pas recevable à demander incidemment que l'institué soit tenu de faire connaître et déposer les valeurs mobilières par lui réalisées : une telle demande dépasse l'étendue et les limites de la demande originaire et ne peut être formée que par une action principale (Limoges, 13 mai 1867, D. P. 67. 2. 81) ; — 2ᵒ Que le

tribunal saisi d'une demande de pension alimentaire n'a pas qualité pour statuer sur des conclusions de l'intervenant tendant à ce qu'il soit défendu à une partie de prendre la qualité de femme légitime (Trib. civ. Seine, 18 juin 1885, cité *suprà*, nᵒ 50 ; — 3ᵒ Que l'intervention n'est pas recevable si la demande principale et celle de l'intervenant sont distinctes, tendent à des fins différentes et n'ont entre elles qu'un rapport indirect; si, « loin que la première pût attirer à elle la seconde et lui servir de base », c'est « celle-ci qui, plus grave, plus ample, comportant des effets plus étendus, se trouve l'embrasser dans les conséquences qu'elle aurait à produire » (Paris, 10 févr. 1882) (1).

**60.** L'intervention (*Rép.* nᵒ 125) n'est pas introductive d'instance, et n'est qu'une annexe de l'instance principale ; aussi, son sort est-il lié au sort de celle-ci. Si donc, comme le disent MM. Rousseau et Laisney, vᵒ *Intervention*, nᵒ 108, « la demande principale a été irrégulièrement formée, si, par exemple, l'ajournement est nul, ou si les règles de compétence n'ont pas été observées, ou si elle peut être repoussée par une fin de non-recevoir quelconque, l'intervention s'écroulera en même temps que la demande principale, quel que soit, d'ailleurs le but que s'est proposé l'intervenant ». Cependant Chauveau, dont l'opinion est rapportée au *Rép. ibid.*, avait soutenu que, quelle que soit la nullité ou la fin de non-recevoir, l'instance principale n'en subsiste pas moins tant que la fin de non-recevoir ou la nullité n'a pas été admise, et que, l'intervention datant d'une époque où l'intervenant ne faisait qu'user de son droit, en employant la voie de la requête pour saisir la justice, on ne saurait plus tard, et par suite de circonstances qui ne sont pas son fait, le priver d'un droit acquis. Mais aujourd'hui il est plus généralement admis que le sort de l'intervention est essentiellement lié à celui de l'instance principale, en sorte que, si la demande a été irrégulièrement introduite, notamment à raison du défaut de qualité du demandeur, l'intervention, dans quelque but qu'elle ait été formée, tombe avec l'action elle-même (V. notamment Rousseau et Laisney, *loc. cit.*; Bonfils, *Traité d'organisation judiciaire, de compétence et de procédure*, t. 2, nᵒ 1775). — Il a été jugé en ce sens : 1ᵒ que l'intervention du curateur devant la cour saisie de l'appel d'un jugement rendu au profit du mineur émancipé sur une action irrégulièrement introduite par celui-ci sans l'assistance de ce curateur, n'a pas pour effet de régulariser la procédure et de laisser subsister la décision intervenue, mais seulement de maintenir l'assignation aux fins de comparution et de débat devant les premiers juges (Poitiers, 27 mai 1880, aff. Chaniaud, D. P. 81. 2. 18) ; — 2ᵒ Qu'une intervention, même régulière et fondée en droit, ne saurait avoir pour effet de rendre valable et efficace une demande principale nulle en elle-même et dans son principe, encore bien que l'intervenant se borne à s'approprier les conclusions des demandeurs (Civ. cass. 12 août 1889, aff. Bideau, D. P. 90. 1. 458) ; — 3ᵒ Que, dans le cas où la procédure intentée par un créancier saisissant est frappée de nullité, cette procédure ne peut être validée par l'intervention d'un tiers qui n'a, de son côté, pratiqué aucune saisie (Rennes, 9 févr. 1891, aff. Dame Thauno, D. P. 91. 2. 174).

---

(1) (Veuve Calmejane C. Bailly de Villeneuve et demoiselle Mahon de Villarceaux.) — La cour; — Considérant que, sur une demande en cessation de commerce pour concurrence déloyale, intentée par les époux Garillaud, comme locataires de partie d'une maison, sise à Paris, rue d'Antin, 22, contre la veuve Calmejane, à raison de l'industrie de marchande de vins qu'elle exerçait dans une boutique dépendant de la même maison, Bailly de Villeneuve et la demoiselle Mahon de Villarceaux, sont intervenus, en leur qualité de propriétaires de cet immeuble, pour demander son expulsion des lieux qu'elle occupait, et qui lui auraient été sous-loués au mépris des conditions du bail consenti au locataire originaire ; — Considérant que le jugement dont est appel, statuant sur la demande principale des époux Garillaud, a considéré qu'il n'existait aucun lien de droit entre eux et la veuve Calmejane, et les a déboutés de leur action et, statuant sur l'intervention de Bailly de Villeneuve et la demoiselle Mahon de Villarceaux, l'a admise au contraire, a déclaré qu'elle était fondée et a prononcé l'expulsion de la veuve Calmejane ; — Considérant que cette dernière décision ne saurait être maintenue, et que c'est à bon droit que la veuve Calmejane en poursuit la réformation ; — Considérant, en effet, que la demande

principale des époux Garillaud et la demande incidente de Bailly de Villeneuve et de la demoiselle Mahon de Villarceaux étaient distinctes, tendaient à des fins différentes et n'avaient entre elles qu'une relation des plus indirectes ; que, loin que la première pût attirer à elle la seconde et lui servir de base, c'était celle-ci qui, plus grave, plus ample, comportant des effets plus étendus, se trouvait l'embrasser dans les conséquences qu'elle devait à produire ; — Qu'il en résulte que cette dernière n'étant ni incidente ni accessoire, ne pouvait être introduite sous forme d'intervention et par une simple requête ; qu'elle eût dû, comme action principale, être engagée par une assignation régulière ; — Que, par suite, elle n'était pas recevable ; — Considérant, à un autre point de vue, que, si la demande de Bailly de Villeneuve et de la demoiselle Mahon de Villarceaux avait pu être admise à titre d'intervention, elle devait, en tous cas, suivre le sort de la demande principale des époux Garillaud ; que celle-ci ayant été déclarée non recevable et ayant défailli, entraînerait avec elle l'intervention qu'elle avait fait naître, et dont elle était le soutien ; — Par ces motifs; — Infirme.

— Du 10 févr. 1882. — C. de Paris. — MM. de Sénart, pr., Bournat et Deroste, av.

**61.** Le désistement de la demande, signifié depuis l'intervention, n'éteint l'instance à l'égard de l'intervenant qu'autant que celui-ci ne s'y oppose pas (*Rép.* n° 127. Conf. Garsonnet, t. 2, p. 685). — Il a été décidé, toutefois, que les interventions qui n'existent pas parallèlement à l'action principale, et ne reposent pas sur un droit primordial et personnel des intervenants, tombent avec le désistement de l'action principale (Metz, 13 juill. 1865, aff. Bujon, D. P. 65. 2. 126).

**62.** En ce qui concerne les dépens en matière d'intervention, V. *Rép.* n°s 140 et 141. V. aussi *supra*, n° 14, et v° *Frais et dépens*, n°s 291 et suiv.

Sect. 3. — De l'intervention forcée ou de l'assignation en déclaration de jugement commun (*Rép.* n°s 142 à 157).

**63.** Ainsi qu'on l'a exposé au *Rép.* n° 142, lorsqu'un tiers qui n'est pas appelé dans un procès, pourrait se plaindre de n'y avoir pas été partie, et recommencer une instance sur la même question, la partie intéressée a le droit de l'appeler en cause pour faire déclarer commun avec lui le jugement à intervenir. C'est là l'intervention forcée, dont ne parle pas le code de procédure (V. Boitard, Colmet Daâge et Glasson, t. 1, n°. 530, note 1). « Cette demande, dit M. Garsonnet, t. 2, p. 686, s'appelle mise en cause ou assignation en déclaration de jugement commun : mise en cause quand on prend des conclusions contre le défendeur en vue de le faire condamner personnellement; assignation en déclaration de jugement commun, quand on ne le cite que pour voir dire qu'il y a chose jugée à la fois contre lui et contre le défendeur principal ». — Il a été jugé : 1° que lorsqu'une partie a le droit d'intervenir dans une instance, il existe pour les intéressés un droit corrélatif de l'appeler dans cette instance même contre sa volonté; mais, à la différence de la partie qui intervient volontairement, celle qui est appelée contre son gré au procès ne saurait être contrainte d'accepter les effets de la procédure antérieure à son intervention qui sont de nature à lui préjudicier. Aussi, dans ces circonstances, et afin de conserver tous ses droits, a-t-elle la faculté de refuser d'intervenir (Pau, 16 nov. 1885, aff. Pétourné, D. P. 86. 2. 278). Comme le dit très justement l'arrêt précité, « on ne saurait attribuer les mêmes conséquences à une intervention volontaire et à une intervention forcée; la partie qui intervient volontairement accepte par cela même tous les faits antérieurs; celle qui, au contraire, est appelée malgré elle, ne saurait être contrainte d'accepter tout ce qui lui a été étranger et qui peut préjudicier à ses intérêts, d'où résulte pour elle le droit de se refuser à intervenir, pour conserver tous ses droits en dehors de la procédure où elle est appelée, si certains actes de celle-ci, devenus définitifs, sont de nature à lui préjudicier ». — Décidé aussi, que le tribunal, saisi d'une contestation entre un propriétaire incendié et son assureur peut, sans excéder ses pouvoirs, ordonner, à titre de mesure d'instruction, la mise en cause d'une commune, alors que l'assureur prétend que certains frais accessoires dont l'assuré réclame le remboursement doivent être à la charge de cette commune (Réq. 2 août 1876, aff. Peyront, D. P. 77. 1. 224; Rousseau et Laisney, v° *Intervention*, n°s 132 et suiv.). De même, il a été jugé que, lorsqu'une contestation est engagée entre les propriétaires de deux fonds au sujet de l'existence d'une servitude d'égout des eaux pluviales au profit de l'un de ces fonds et à la charge de l'autre, le propriétaire du fonds intermédiaire peut être appelé en cause par les parties (Pau, 9 févr. 1885, aff. Foureau, D. P. 86. 2. 173). En effet, ce propriétaire aurait un intérêt évident à faire juger que ladite servitude n'existe pas et que, par suite, son fonds n'est pas grevé d'une servitude d'aqueduc; et, dès lors, il aurait le droit d'intervenir dans l'instance. — Décidé encore que le défendeur qui a formé une demande reconventionnelle peut appeler en cause un tiers en déclaration de jugement commun (Req. 18 déc. 1883, aff. Léclerc, D. P. 84. 1. 402). D'après cet arrêt, le droit d'agir en déclaration de jugement commun appartient non seulement au demandeur, mais aussi au défendeur, alors que celui-ci a formé une demande reconventionnelle; il n'y aurait, en effet, aucune raison de distinguer.

**64.** La demande en intervention forcée, ou en déclaration de jugement commun, est un incident qui suppose une instance principale toujours subsistante. Il a été jugé, en conséquence, que l'assignation d'un tiers en assistance de cause, devant un tribunal dessaisi par l'effet d'un jugement frappé d'appel, est non recevable; ... alors même qu'elle se trouverait reproduite devant la cour à laquelle l'instance principale est soumise sur cet appel, si, lors de cette mise en cause, les parties entre lesquelles l'instance a été engagée sont toutes décédées, sans qu'aucune reprise d'instance ait eu lieu avec leurs héritiers (Sol. impl. Civ. cass., 12 déc. 1860, aff. Guérin, D. P. 61. 1. 12). — Cette solution ne pouvait faire difficulté. Dans l'espèce, il n'existait plus d'instance ni devant le tribunal qui avait statué définitivement, ni devant la cour saisie de l'appel du jugement, l'instance d'appel étant réputée avoir pris fin faute de reprise d'instance après décès des parties.

**65.** En ce qui concerne la forme de l'acte de procédure nécessaire pour introduire valablement une demande d'intervention forcée, il a été jugé que l'acte par lequel la partie qui a appelé d'un jugement rendu contre elle dénonce cet appel, avec les noms des parties et de leurs avoués, à un tiers qu'elle prétend rendre responsable de la perte du droit au sujet duquel elle est en instance, en le sommant d'intervenir au procès s'il le juge utile à ses intérêts, sans toutefois l'assigner, contient implicitement une demande en déclaration d'arrêt commun; dès lors, ce tiers est recevable à intervenir dans l'instance engagée devant la cour pour y faire statuer de plano sur la prétention manifestée contre lui (Caen, 31 août 1863, aff. Lemuet, D. P. 64. 2. 138). Mais cette décision n'est peut-être pas à l'abri de la critique (V. les observations en note, D. P. *ibid.*). Il a été décidé, d'ailleurs, que les mots « intervenir forcément » employés dans un exploit ne prouvent pas à l'action le caractère d'une intervention forcée, si tous les éléments de la cause démontrent qu'il s'agit d'une action principale (Trib. Bruxelles, 30 mars 1872, *Belgique judiciaire*, 1872, p. 502).

**66.** Ainsi qu'on l'a dit au *Rép.* n° 146, tout individu qui aurait qualité pour former tierce opposition au jugement peut être forcé d'intervenir : L'intervention forcée est la conséquence de l'intervention volontaire; les deux droits sont corrélatifs. Seulement ici, comme ailleurs, dit M. Garsonnet, t. 2, p. 722, « l'intérêt est la mesure des actions, et on ne pourra, par conséquent, assigner à cette fin qu'une personne à qui la chose jugée serait opposable en fait, et qui aurait le droit d'y former tierce opposition. Si le tiers assigné en déclaration de jugement commun était tellement étranger au débat que la décision à intervenir ne pût le toucher de près ni de loin, l'assignation qui lui est donnée n'aurait pas de but; si cette décision devait *ipso facto* être commune avec lui, c'est-à-dire qu'il fût représenté au procès, et, par suite, non recevable à former tierce opposition, cette assignation serait frustratoire ». — Décidé que « si l'on peut appeler en intervention forcée dans un procès les personnes qui seraient fondées à se pourvoir contre la décision à intervenir par la voie de la tierce opposition, cette condition est indispensable pour qu'un tiers étranger au procès soit obligé d'y prendre part (Pau, 24 janv. 1887, aff. Fons, D. P. 88. 2. 278).

**67.** Il a été jugé que l'auteur d'un dommage causé à un immeuble ne peut se refuser à discuter avec le possesseur fondé en titre de cet immeuble, l'indemnité qu'il peut devoir, sous prétexte qu'un tiers serait le véritable intéressé, alors que ce tiers n'a pas été mis en cause par l'auteur du dommage (Alger, 25 janv. 1875, aff. Demarqué et autres, D. P. 76. 2. 59). Cette décision paraît contestable. Celui qui est fondé en titre et en possession doit assurément être présumé avoir seul qualité pour toucher une indemnité relative à des dommages causés à une partie de son domaine; mais si l'auteur du dommage prétend que, pour cette partie, le propriétaire n'est pas le véritable intéressé à une réparation pécuniaire, quelle est l'étendue de l'obligation, qui lui incombe, de faire sa preuve? Ne lui suffit-il pas de démontrer que le droit de son adversaire n'existe point? Pourquoi le contraindre, sous peine d'être déclaré non recevable, à faire intervenir, par une mise en cause, le tiers qu'il estime avoir seul qualité pour réclamer? — V. toutefois Garsonnet, t. 2, p. 686.

**68.** On a examiné au *Rép.* n⁰ˢ 147 et 148 la question de savoir si le droit d'assigner un tiers en déclaration de jugement commun peut être exercé pour la première fois en appel. Comme on l'a vu, l'affirmative était admise par la plupart des auteurs et des arrêts. Ce système, que nous avions combattu au *Rép.* n⁰ 148, semble, depuis, avoir définitivement prévalu dans la jurisprudence (V. Req. 1ᵉʳ août 1859, aff. Dephanet, D. P. 59. 1. 353; Civ. rej. 5 nov. 1877, aff. Dejean, D. P. 80. 1. 79; Rouen, 13 juin 1881, aff. Busch, D. P. 83. 2. 110). Jugé, dans le même sens, qu'une cour d'appel peut, d'office, à titre de mesure d'instruction, ordonner la mise en cause d'un tiers qui, ayant un intérêt évident dans la contestation, aurait le droit de former tierce opposition (c. proc. civ. art. 466) (Nancy, 3 janv. 1880, aff. Cunin, D. P. 82. 2. 138). Décidé aussi que, lorsque l'action en nullité d'un bail et l'action en rapport à une succession de sommes d'argent versées dans la communauté du locataire n'ont été dirigées que contre sa veuve commune en biens, le demandeur peut, sur l'appel du jugement qui l'a débouté de son action, assigner devant la cour les enfants comme héritiers de leur père en déclaration de jugement commun, d'autant plus que ces héritiers, s'ils n'étaient pas mis en cause, auraient le droit de faire tierce opposition à l'arrêt et que l'action en nullité d'un bail est une matière indivisible (Gand, 24 déc. 1886, aff. Rykaert, D.P. 88. 2. 88). — L'exactitude de la solution, ainsi consacrée par la jurisprudence, paraît contestable. Une partie se trouve privée du premier degré de juridiction par une intervention forcée qui la met en cause pour la première fois en appel. C'est là un résultat dont on ne saurait méconnaître la gravité. Sans doute, si cette partie restait étrangère à l'affaire, elle aurait ensuite le droit de faire tierce opposition à l'arrêt. Mais cette objection est-elle décisive? Ceux-là seuls qui pourraient faire tierce opposition sont admis à user valablement de l'intervention volontaire en cause d'appel. Sans doute ceux qui interviendront ainsi devront se contenter d'un seul degré de juridiction. Mais puisqu'ils interviennent volontairement, c'est par leur fait qu'ils sont privés du premier degré de juridiction. Au contraire, c'est par le fait d'autrui et contre leur gré que des tiers subiront l'intervention forcée. Autre chose est de renoncer à un degré de juridiction volontairement, autre chose, en être privé contre sa volonté. Ces considérations nous engageraient à persister dans l'opinion soutenue au *Répertoire*.

**69.** On a émis au *Rép.* n⁰ 149, l'opinion qu'une demande en intervention est principale, relativement au *garant*, et doit, par suite, subir deux degrés de juridiction. — Toutefois, si le garant appelé en cause d'appel renonce à opposer la fin de non-recevoir tirée du défaut de premier degré de juridiction, la cour doit statuer sur le mérite de la garantie. C'est ce qui résulte d'un arrêt de la cour de Caen du 31 août 1863 (aff. Lemuet, D. P. 64. 2. 138).

**70.** Suivant la doctrine exposée au *Rép.* n⁰ 154, la disposition de l'art. 340, d'après laquelle l'intervention ne peut retarder le jugement de la cause principale est applicable à l'intervention forcée. Si l'intervenant n'a pas le temps de préparer ses moyens de défense, la demande en intervention forcée ne devra pas être admise, sauf à la partie qui a formé cette demande à se pourvoir par action principale. Conformément à cette doctrine, il a été jugé que, dans une instance en résiliation d'un marché intentée par le vendeur, l'acheteur n'est pas recevable à appeler en cause son associé qui n'a pas été partie au traité, alors que, cette demande incidente n'étant pas en état, le jugement de la cause principale en serait retardé (Civ. rej. 19 nov. 1873, aff. Barotte, D. P. 74. 1. 200).

**71.** De même que l'on peut être mis en cause dans un procès, de même, en sens inverse, on peut être mis hors de cause : ainsi lorsque, durant le cours d'une contestation élevée entre une commune et un particulier, la section sur le territoire de laquelle sont situés les terrains litigieux est érigée en commune distincte, la commune contractante peut être mise hors d'instance, sauf recours du demandeur contre elle au cas où la nouvelle commune ne réaliserait pas les obligations prises par la première (Req. 1ᵉʳ août 1867, D. P. 68. 1. 69). Jugé aussi que le tribunal saisi d'une demande en dissolution de société formée par le liquidateur contre

un des associés peut légalement ordonner la mise en cause des autres associés (Bourges, 21 août 1874, D. P. 73. 2. 34-35).

— La mise hors de cause d'une partie n'est pas subordonnée à des conclusions expresses; ainsi elle peut résulter de la cession que cette partie a faite de ses droits pendant l'instance, avec notification régulière de cette cession, et reprise de l'instance par le cessionnaire seul, du consentement de toutes les parties (c. proc. civ. art. 147) (Civ. cass. 18 juin 1856, D. P. 56. 1. 253).

SECT. 4. — DE L'INTERVENTION EN MATIÈRE ADMINISTRATIVE
(*Rép.* n⁰ˢ 158 à 164).

**72.** Le droit d'intervention, ainsi qu'on l'a vu au *Rép.* n⁰ˢ 158 et 159, est admis, soit devant le conseil de préfecture, soit devant le conseil d'Etat. C'est surtout à l'intervention devant le conseil d'Etat que se réfèrent les décisions de la jurisprudence, rendues en matière (V. sur ce point, *suprà*, v⁰ *Conseil d'Etat*, n⁰ˢ 406 et suiv.; — *Rép.* eod. v⁰, n⁰ˢ 361 et suiv.).

SECT. 5. — DE L'INTERVENTION EN MATIÈRE CRIMINELLE
(*Rép.* n⁰ˢ 165 à 170).

**73.** Comme on l'a dit au *Rép.* n⁰ 165, l'intervention en matière criminelle est expressément autorisée en faveur de la partie civile. Tout ce qui concerne cette intervention est étudié *infrà*, v⁰ *Procédure criminelle*; et *Rép.*, v⁰ *Instruction criminelle*, n⁰ˢ 497 et suiv.

**74.** L'intervention est encore recevable de la part du tiers à qui peut incomber la responsabilité civile du délit; ce tiers a le droit d'intervenir volontairement dans l'instance; il peut aussi y être appelé par le prévenu (*Rép.* n⁰ 167). Cette doctrine, en faveur de laquelle s'étaient prononcés plusieurs arrêts cités *ibid.*, avait été critiquée, comme on l'a vu, par le motif qu'il suffit au prévenu, puisqu'il peut faire tomber la prévention en prouvant sa bonne foi, d'appeler en témoignage celui dont il oppose les droits de propriété au poursuivant; Faustin Hélie (*Instr. crim.*, t. 6, n⁰ 2647) a répondu avec raison, que lorsque l'exception de propriété peut seule faire tomber la prévention, l'intervention est un moyen nécessaire de défense, puisque le prévenu n'est pas recevable à la soulever et ne peut obtenir le renvoi à fins civiles. Depuis, la jurisprudence n'a pas cessé de se prononcer dans le même sens; il a été jugé : 1⁰ que le maître ou le commettant est recevable à intervenir devant la juridiction correctionnelle, pour y prendre le fait et cause de son agent poursuivi comme prévenu de délits dont il serait civilement responsable (Crim. cass. 7 janv. 1853, aff. de Ruzé, D. P. 53. 1. 66); — 2⁰ Que toute personne menacée, de la part d'un individu traduit devant une juridiction criminelle, soit d'une citation en responsabilité civile devant cette même juridiction, soit d'une action ultérieure devant les tribunaux civils, est recevable à intervenir (même en cause d'appel) devant le tribunal saisi, pour lui soumettre l'appréciation, en ce qui la concerne, du fait dont il est appelé à connaître et du droit sur lequel elle se fonde; que, spécialement, la personne (l'Etat, par exemple) qui a ordonné le fait à raison duquel un individu est prévenu de contrefaçon, et qui se prétend propriétaire de l'invention prétendue contrefaite, est recevable à intervenir dans la poursuite correctionnelle dirigée contre cet individu, à l'effet de faire statuer sur le fait et droit de propriété qu'elle invoque (Amiens, 25 avr. 1856, aff. Marès et Katcher, D. P. 57. 2. 91); — 3⁰ Que le tiers, propriétaire du terrain sur lequel un délit forestier a été relevé, peut intervenir, même en appel, pour prendre fait et cause du prévenu. Et son intervention est régulière, bien qu'il commparaisse, non pas en personne, mais par le ministère d'un avoué, s'il se borne actuellement à combattre la poursuite par une exception préjudicielle (Limoges, 25 nov. 1876, aff. Longueville, D. P. 78. 2. 148); — 4⁰ Que la partie civilement responsable est recevable à intervenir dans l'instance correctionnelle, y proposer les exceptions et moyens propres à écarter l'action du ministère public, spécialement, qu'une administration publique, telle que celle des Douanes, dont un des préposés est poursuivi correctionnellement pour délit relatif à ses fonctions, a le droit, en tant que les conséquences de la condamnation demandée seraient susceptibles de rejaillir sur elle, d'intervenir pour opposer la nécessité d'une autorisation préalable de la poursuite par le Gouvernement (Crim. rej. 16 avr. 1858, aff. Douanes et Camus, D. P. 58. 1. 295); — 5° Que le maître ou le commettant est recevable à intervenir devant la juridiction correctionnelle, pour y prendre le fait et cause de son agent, poursuivi comme prévenu de délits dont il serait civilement responsable (Crim. cass. 7 janv. 1853, aff., Forêts, D. P. 53. 1. 66); — 6° Que le maître, lorsqu'il se déclare civilement responsable de la contravention imputée à son domestique, et qui consiste dans l'exécution de travaux accomplis par ses ordres, peut intervenir sur les poursuites dirigées contre celui-ci, lui seul ayant qualité pour opposer l'exception de propriété, laquelle, si elle est admise, est de nature à faire disparaître la contravention (Crim. cass. 10 mai 1845, aff. Brunel, D. P. 45. 4. 324).

**75.** La partie civilement responsable des conséquences d'une contravention a le droit d'intervenir devant la juridiction répressive, jusqu'au moment où la décision définitive est rendue. Ainsi un patron peut prendre le fait et cause de ses ouvriers poursuivis pour avoir contrevenu aux dispositions d'un règlement municipal, alors même que les prévenus n'auraient pas déclaré, lors de leur première comparution devant le tribunal de simple police, qu'ils avaient agi par ordre et pour le compte de leur patron (Crim. cass. 7 mars 1874, aff. Guerlinat, D. P. 75. 5. 264).

**76.** En dehors de ces deux hypothèses, l'intervention n'est pas possible en matière criminelle. La partie lésée et la partie responsable, dit un arrêt de la cour de cassation, peuvent seules avoir à intervenir devant les tribunaux correctionnels, l'une pour soutenir que le fait qui lui préjudicie est un délit et en demander la réparation, l'autre pour contester soit l'existence du délit, soit l'importance de la réparation demandée; quant à toute autre personne, comme son intervention ne saurait avoir le délit pour objet, elle ne peut avoir que devant la juridiction civile (Crim. cass. 12 janv. 1866, aff. Lœuillet et Leblond, D. P. 66. 1. 416). Par suite, c'est à tort que, dans une poursuite pour vol ou abus de confiance, le tribunal correctionnel statue sur l'intervention d'un tiers se prétendant, à l'encontre de la partie civile, propriétaire des objets qu'elle revendique; l'exception tirée de cette revendication n'étant pas régulièrement soulevée, le tribunal ne peut se fonder, pour en retenir la connaissance, sur ce qu'il est le juge de l'action (Même arrêt). — Antérieurement déjà, il avait été jugé dans le même sens : 1° que l'art. 466 c. proc. civ., qui accorde le droit d'intervenir en cause d'appel à la partie à laquelle préjudicie un jugement rendu alors qu'elle ou ceux qu'elle représente aient été appelés, n'est pas applicable en matière criminelle; que, spécialement, est non recevable à intervenir dans une poursuite en contrefaçon, le tiers appelé en garantie par le prévenu à raison de ce qu'il aurait cédé à celui-ci le droit d'exploiter les objets contrefaits; — 2° que l'intérêt qu'un condamné peut avoir, en vue de la révision de sa condamnation, à ce qu'un individu poursuivi ultérieurement à raison du même crime, en soit déclaré coupable, non comme complice, ainsi que le porte l'arrêt de renvoi, mais comme seul auteur, n'est pas de nature à rendre recevable son intervention dans le débat criminel ouvert contre cet accusé (Crim. rej. 18 juin 1863, aff. Bert, D. P. 64. 1. 396). De même, ainsi qu'on l'a dit au Rép. n° 170, dans une poursuite pour faux, on devrait déclarer non recevable dans son intervention le tiers prétendant avoir intérêt à ce que la régularité et la validité de l'acte soient reconnues. — Décidé encore que, lorsqu'un particulier est poursuivi comme ayant commis une contravention de

grande voirie, en construisant sur un terrain qu'il a acheté, le vendeur n'a pas qualité pour intervenir devant le conseil de préfecture (Cons. d'Et. 27 juill. 1877, aff. Dame Véron, D. P. 78. 3. 11).

**77.** Il a été décidé également que l'intervention de la part du maître cesse d'être recevable lorsqu'elle n'est fondée que sur un intérêt moral, et lorsque l'intérêt moral, le délit imputé au préposé est un de ceux qui n'engagent pas la responsabilité du maître. Ainsi, une administration publique qui est intervenue dans l'instance concernant son préposé, sans avoir pris et pu prendre la qualité de partie responsable, ne saurait se plaindre, ni d'avoir été écartée du procès, ni d'avoir été déclarée non recevable en l'appel qu'elle a interjeté ou du jugement du fond; par suite, elle ne peut pas davantage se pourvoir en cassation contre la décision qui a rejeté les exceptions du prévenu (Crim. rej. 16 avr. 1858, aff. Douanes et Camus, D. P. 58. 1. 295). Jugé, dans le même sens, que l'intervention de l'administration des Douanes dans une instance correctionnelle est non recevable, lorsque ses conclusions n'ont pour elle qu'un intérêt moral; que spécialement, cette administration ne peut être admise à réclamer le privilège de l'art. 75 de l'acte constitutionnel de l'an 8 et de l'arrêté du 29 therm. an 11 en faveur d'un de ses préposés, poursuivi pour délit de chasse (Metz, 29 avr. 1863, aff. Loux, D. P. 64. 2. 70).

**78.** Un tiers n'est pas non plus recevable, quel que soit son intérêt, à intervenir dans l'instance engagée sur la poursuite d'une autre personne, pour demander la répression du délit qui fait l'objet de ces poursuites. Mais il a été jugé que le propriétaire qui a affermé le droit de chasser sur son terrain, est recevable, dans le cas où un délit de chasse a été commis sur ce terrain, à intervenir, même après les trois mois du délit, dans l'instance engagée par le fermier contre le délinquant, si son intervention a pour objet, non de demander la répression de ce délit, mais uniquement de se joindre au fermier pour attester et prouver l'existence de la location du droit de chasse (Metz, 12 févr. 1857, aff. Piot, D. P. 57. 2. 128).

**79.** En cas de décès de l'un des prévenus, dans un procès correctionnel en contrefaçon, un tiers peut se présenter en appel, comme cessionnaire des droits des héritiers de ce prévenu, pour le représenter quant aux intérêts civils, sans qu'on puisse voir dans cette intervention, qui n'introduit aucune demande nouvelle, une infraction aux règles établies par l'art. 466 c. proc. civ. (Crim. cass. 16 juin 1860, aff. Dupuis, D. P. 60. 5. 265).

**80.** Un tiers qui se prétendrait injurié ou diffamé dans le cours d'un procès criminel ne saurait intervenir dans ce procès; il ne peut avoir qu'une action directe, puisque aucun incident ne doit pouvoir arrêter la poursuite criminelle (Rép. n° 169). — Mais le tiers non poursuivi, qu'un jugement de condamnation désigne comme ayant coopéré au délit pour lequel le prévenu est condamné, peut-il, sur l'appel interjeté par celui-ci, intervenir dans l'instance pour demander la suppression du motif qui lui fait grief? En principe, il semble que l'on ne puisse refuser au tiers condamné par un tribunal qui n'était saisi à son égard d'aucune poursuite, le droit de recourir contre le jugement. Que ce tiers ait, en pareille hypothèse, qualité de partie, cela ne paraît pas contestable. La question semble plus délicate à résoudre, lorsque le tiers a été seulement désigné dans les motifs du jugement (Comp. supra, n° 27). En tout cas, l'intervention doit être écartée comme dénuée d'intérêt si le jugé d'appel ne maintient la condamnation prononcée qu'en la fondant sur des motifs nouveaux dans lesquels le tiers intervenant ne se trouve plus désigné (Paris, 7 déc. 1864, aff. Garnier-Pagès et autres, D. P. 64. 1. 91).

---

## Table sommaire

des matières contenues dans le Supplément et le Répertoire.

(Les chiffres précédés de la lettre *S* renvoient au Supplément; les chiffres précédés de la lettre *R* renvoient au Répertoire.)

## Table chronologique des Lois, Arrêts, etc.

| 1860 | 1865 | | 16 nov. Liège.18c. | 30 mai.Rennes. 10 c. | 13 juin. Rouen. 68 c. | 15 juill. Caen. 10 c. | 23 juin. Trib. civ. Lyon. 15 c. |
|---|---|---|---|---|---|---|---|
| 16 mai. Aix. 80 c., 54 c. | 1er juin. Grenoble 26 c. | 1er août. Paris. 44 c. | 24 déc. 7 c. | 2 août.Req. 63 c. | | 16 nov. Pau. 63 c. | 19 déc. Trib. civ. Lyon. 18 c. |
| 19 mai. Orléans. 40 c. | 4 juill. Rennes. 11 c. | 10 août. Bruges.14 c. | **1873** | 25 nov. Limoges. 74 c. | **1882** | 24 déc. Aix. 14 c. | |
| 16 juin. Crim. 79 c. | 18 juill. Metz. 21 c., 61 c. | **1870** | 6 nov. Liège.35 c. | | 10 févr. Paris. 59. | **1886** | **1889** |
| 20 nov. Civ. 22 c. | | 18 janv. Aix. 7 c. | 19 nov. Civ. 70 c. | **1877** | | 24 févr. Trib. civ. Seine. 15 c. | 25 mars. Poitiers. 20 c. |
| 12 déc. Civ. 64 c. | **1866** | 2 mars. Paris. 36 c. | 24 déc.Caen. 22 c. | 27 juill. Cons.d'Et. 76 c. | **1883** | 5 mars. Cons. d'Et. 30 c. | 1er juill. Trib. civ. Bordeaux. 46 c. |
| | 12 janv. Crim. 76 c. | | 43 c. | 28 juill. Besançon. | 3 janv. Civ. 33 c., 36 c. | 26 mars. Paris. 25 c. | 8 juill. Civ. 26 c. |
| **1861** | 26 avr. Angers. 45 c. | 17 mai. Civ. 36 c. | **1874** | 5 nov. Civ. 66 c. | 24 mai. Orléans. 36 c., 50 c. | 7 avr. Rouen. 14 c. | 12 août. Civ. 60 c. |
| 10 août. Amiens. 47 c, | 2 juill. Req. 9 c., 26 c. | 25 juill. Req. 11 c. | 2 mars. Req. 61 c. | | 20 nov. Trib. civ. Cherbourg.11c. | 12 mai. Agen. 47 c. | 26 nov. Paris. 41 c. |
| | | 16 août.Bordeaux. 8 c. | 7 mars. Crim. 75 c. | **1878** | 18 déc. Req. 63 c. | 13 déc. Toulouse. 44 c. | |
| **1862** | **1867** | 29 août. Civ. 25 c. | 15 avr. Req. 35 c. | 23 mai.Angers. 36 c. | | 24 déc. Gand. 68 c. | **1890** |
| 6 août. Req. 26 c., 36 c. | 17 janv.Grenoble. 9 c. | | 23 juill. Lyon. 74 c. | 30 déc. Civ. 29 c. | **1884** | | 7 févr. Trib. civ. Nogent-le-Rotrou. 15 c. |
| | 13 mai. Limoges. 59 c. | **1871** | 10 nov. 7 c. | | 22 mars. Lyon. 57 c. | **1887** | 6 mars. Montpellier. 30 c. |
| **1863** | 21 mai. Civ. 12 c. | 1er mai. Montpellier. 27 c. | 9 déc. Req. 9 c. | **1880** | 24 déc. Trib. civ. Puy. 11 c. | 24 janv. Pau. 66 c. | 26 mars. Paris.15 c. |
| 29 avr. Metz. 77 c. | 1er août. Req. 71 c. | 21 août. Bourges. 69 c. | **1875** | 3 janv. Nancy.98 c. | | 12 févr. Nancy. 36 c. | 1er mai. Toulouse. 18 c. |
| 18 juin. Crim. 76 c. | | | 25 janv. Alger. 67 c. | 5 janv. Civ. 36 c. | **1885** | | |
| 31 août. Caen. 65 c., 69 c. | **1872** | 30 mars.Bruxelles 65 c. | 10 nov. Poitiers. 14 c. | 27 mai. Poitiers. 60 c. | 7 janv. Poitiers. 46 c. | **1888** | **1891** |
| 20 nov. Paris. 28 c. | 18 janv. Lyon. 30. c. | 3 mai. Paris. 34 | **1876** | 3 juill. Paris. 40 | 9 févr. Pau. 68 c. | 24 mars. Trib. civ. Lyon. 14 c. | 9 févr. Rennes. 60 c. |
| **1864** | 11 mars. Liège. 24 c. | 21 mai. Amiens. 54 c. | 19 févr. Orléans.42 c. | 23 nov. Req. 36 c. | 14 avr. Civ. 58 c. | | |
| 7 déc.Paris. 80 c. | | 12 nov. Req. 39 c. | 14 mars. Caen. 22 c. | **1881** | 18 juin. Trib. civ. Seine. 50 c., 59 c. | | |
| | | | | 17 mai. Orléans. 39 c. | | | |

INVALIDES. — V. *Marchés de fourniture, Organisation maritime, Organisation militaire ;* — *Rép.* v^is *Droit maritime,* n° 412 ; *Marché de fourniture,* n°s 5 et 57 ; *Organisation maritime,* n°s 275 et suiv. ; *Organisation militaire,* n°s 33, 507, 564 et suiv., 866.

INVENTAIRE. — V. *Contrat de mariage,* n°s 366 et suiv., 587 et suiv., 753 et suiv., 766, 948, 979 et suiv., 1042, 1098 et suiv., 1110 et 1218 ; *Obligations ; Scellés et inventaires ; Succession ;* — *Rép.* v^is *Contrat de mariage,* n°s 938 et suiv., 1592 et suiv., 2145 et suiv., 2216, 2613 et suiv., 2816 et suiv., 3105 et suiv., 3133 et 3377 ; *Scellés et inventaire, Succession,* n°s 583, 718, 728 et suiv., 997 et suiv., 1445 et suiv.

INVIOLABILITÉ. — V. *Agent diplomatique,* n°s 21 et suiv., 29 et 34 ; *Droit constitutionnel,* n°s 60 et 74 ; *Liberté individuelle ; Mise en jugement des fonctionnaires publics ; Procédure criminelle ; Souveraineté ;* — *Rép.* v^is *Agent diplomatique,* n°s 88 et suiv., 126 et 148 ; *Consuls,* n°s 32 et suiv.; *Contrainte par corps,* n°s 309 et suiv.; *Droit constitutionnel,* n°s 49, 58, 62, 68, 78 et suiv. ; *Liberté individuelle,* n°s 51 et suiv. ; *Souveraineté,* n° 47.

IRRIGATION. — V. *Associations syndicales,* n°s 22 et 96 ; *Dommage-destruction-dégradation,* n°s 101 et 105 ; *Eaux,* n°s 43, 152 et suiv., 282, 420 et suiv., 435 ; *Servitude ; Travaux publics ; Voirie par eau ;* — *Rép.* v^is *Eaux,* n°s 198 et suiv., 345 ; *Servitude,* n°s 15, 260 et suiv., 1172.

IVRESSE. — Sur le défaut de consentement résultant de l'ivresse, en matière de contrats, V. *infra,* v° *Obligations ;* — *Rép. eod.* v°, n°s 346 et suiv. Sur la question de savoir si l'ivresse peut servir d'excuse en matière pénale, V. *infra,* v° *Peine ;* — *Rép. eod.* v°, n°s 402 et suiv. V. aussi *infra,* v° *Procédure criminelle ;* — *Rép.* v° *Instruction criminelle,* n°s 2668-1°.

## IVRESSE PUBLIQUE.

### Division.

ART. 1. — Historique et législation — Droit comparé (n° 1).
ART. 2. — De l'ivresse manifeste (n° 16).
ART. 3. — De la récidive et de la complicité (n° 26).
ART. 4. — Des cafetiers, cabaretiers et autres débitants (n° 39).
ART. 5. — De la constatation des contraventions et délits en matière d'ivresse (n° 62).

ART. 1er — *Historique et législation. — Droit comparé.*

1. — I. HISTORIQUE ET LÉGISLATION. — Une ordonnance de François Ier, rendue à Valence le dernier jour du mois d'août 1536, réprimait l'ivresse en ces termes : « Pour obvier aux oisivetés, blasphèmes, homicides et autres inconvénients et dommages qui arrivent à l'ébriété, est ordonné que quiconque sera trouvé ivre, soit incontinent constitué et retenu prisonnier au pain et à l'eau pour la première fois, et si secondement il est repris, sera outre ce que devant battu des verges ou fouets, puis la prison, et la troisième fois fustigé publiquement ; et s'il est incorrigible, sera puni d'amputation d'oreille, d'infamie et de bannissement de sa personne, et si est par exprès commandé aux juges, chacun en son territoire ou district d'y regarder diligemment. Et s'il advient que, par ébriété ou chaleur de vin, les ivrognes commettent aucun mauvais cas, ne leur sera pour cette raison pardonné, mais seront punis de la peine due audit délit et davantage pour ladite ébriété, à l'arbitrage du juge ». Cette ordonnance ne faisait, en partie, que reproduire les dispositions prises sur le même sujet par Charlemagne, saint Louis et Philippe le Bel. Mais l'exagération de la répression qu'elle édictait la fit tomber en désuétude : à la fin du 18e siècle, la punition de l'ivrognerie était, en fait, ainsi que le constate le *Répertoire* de Guyot (v° *Excuse,* n° 3-4), réservée *à la sagesse du juge ;* lorsque l'ivrognerie conduisait au scandale et au tapage, le juge de police tenait le coupable quelque temps en prison ; en dehors de ce cas, l'ivresse restait généralement impunie.

2. L'ordonnance de François Ier a été abrogée, ainsi que le reconnaît Merlin, par l'art. 21 de la loi des 16-24 avr. 1790, qui dispose que le code pénal sera incessamment réformé, de manière que les peines soient proportionnées aux délits, observant qu'elles soient modérées et ne perdant pas de vue cette maxime des droits de l'homme, que la loi ne peut établir que des peines strictement et évidemment nécessaires (V. *Rép.,* v° *Peine,* n° 402;; Chauveau et Faustin Hélie, *Théorie du code pénal,* 3e éd., t. 1, p. 514 ; Morin, *Répertoire de droit criminel,* v° *Ivresse,* n° 2 ; Jay, *Décisions des juges de paix,* 1865, p. 15 ; Truy, *Journal des commissaires de police,* 1865, t. 11, p. 8 et suiv.). — La solution contraire a toutefois été adoptée par un jugement du tribunal de simple police de Saint-Martin (île de Ré) du 13 sept. 1864 (D. P. 65.1.313, note 1) qui a appliqué l'ordonnance de François Ier combinée avec l'art. 471, n° 15, c. pén. Mais cette interprétation est manifestement erronée. On ne saurait, en effet, ranger, par application de l'art. 484 c. pén., parmi les règlements particuliers encore en vigueur, comme se rapportant à des matières qui ne pouvaient trouver place dans la loi générale, les dispositions d'un édit royal qui érigeait l'ivresse en délit et même en crime, et qui en faisait, en cas de concours, une circonstance aggravante des autres crimes et délits donnant lieu à l'application d'une seconde peine.

**3.** Il résulte de ce qui précède qu'avant 1873 aucune disposition pénale en vigueur n'atteignait directement l'ivresse. L'utilité et la convenance d'une répression directe ou indirecte des faits de cette nature avaient à plusieurs reprises été vivement discutées. Suivant une opinion, en faveur de laquelle on invoquait l'opinion de Montesquieu, l'ivrognerie ne pouvait être érigée en délit : il va voir dans cet état inconvenant et fâcheux, dans lequel l'homme se rapproche de la brute, qu'un abus de la liberté ; et le dommage indirect que cause à la société quiconque lui prive de son concours, en manquant à la loi du travail et à celle de la moralité, ne suffisait pas, en principe, pour justifier l'établissement d'une pénalité. Au contraire, des publicistes, des économistes et des jurisconsultes autorisés insistaient sur les conséquences déplorables des habitudes d'ivrognerie dans certaines parties de la France, et réclamaient avec énergie une répression pénale de l'ivresse (V. de Neyremand, *De la nécessité de réprimer l'ivresse*, Revue critique, 1858, t. 13, p. 513 et suiv. ; Pujos, *Revue pratique*, 1865, t. 19, p. 97 et suiv.; Bournat, *Revue d'économie chrétienne*, 1865, t. 8, p. 114 et suiv.; Louis Reybaud, *Compte rendu des séances de l'Académie des sciences morales et politiques*, 1862, t. 59, p. 116 et suiv.). La question avait, sous l'Empire, été portée devant le Sénat par de nombreuses pétitions dont cette assemblée, dans les séances des 13 mars 1861, 29 avril et 4 mai 1864 avait ordonné le renvoi au ministre de l'intérieur.

**4.** Parmi les systèmes proposés, les uns, reculant devant la difficulté qu'on éprouverait à atteindre directement l'intempérance, se borneraient à agir contre le cabaretier, ainsi que l'avait proposé M. Louis Reybaud, les autres n'hésitaient pas à frapper le vice de l'ivrognerie, quand il en a un objet de scandale public. Dans une circulaire du 14 oct. 1861 (D. P. 65. 1. 314, note) le ministre de l'intérieur déclarait que le temps ne lui semblait pas venu de provoquer une loi contre l'ivrognerie, mais qu'à défaut de dispositions légales directement répressives de l'ivresse, le décret du 29 déc. 1851 sur les débits de boissons lui paraissait devoir fournir à l'Administration le moyen de remédier à la plupart des abus signalés. D'après les instructions données aux préfets par cette circulaire, l'autorité devait avertir les débitants de boissons qu'elle n'hésiterait pas à faire fermer leurs établissements s'ils favorisaient l'ivresse en poussant à la consommation des boissons, ou s'ils servaient à boire à des individus déjà ivres. Quant aux individus dont l'ivresse se manifesterait au dehors par des actes de nature à troubler l'ordre ou à inquiéter les citoyens dans leur sûreté personnelle, l'autorité locale était en droit de leur interdire la libre circulation et le stationnement sur la voie publique et même de les faire arrêter et déposer en lieu sûr, lorsqu'ils pouvaient compromettre par leurs excès ou leurs sévices la sécurité des citoyens.

**5.** Les préfets et les maires, investis, par la loi du 24 août 1790, des pouvoirs nécessaires pour maintenir l'ordre dans les rues et dans les lieux publics, s'étaient efforcés d'user de ces pouvoirs pour assurer par des règlements de police la répression directe des faits publics d'ivrognerie. Il avait été reconnu par la jurisprudence que, lorsqu'un règlement pris en vue de la sûreté de la circulation prescrivait de poursuivre devant le tribunal de simple police les gens trouvés en état complet d'ivresse sur la voie publique, il y avait lieu de donner à la défense qui contenait cette disposition à l'égard des personnes ivres la sanction de l'art. 415 n° 15 c. pén. (Crim. rej. 18 août 1860, aff. Loussant, D. P. 60. 1. 517). Mais, d'un autre côté, la cour de cassation décidait que le fait d'avoir été trouvé sur la voie publique en état d'ivresse scandaleuse ne constituait à lui seul ni délit ni contravention, et qu'il ne prenait pas ce caractère lorsqu'un règlement prescrivait, outre le dépôt au poste de l'individu ivre, la traduction de celui-ci devant le tribunal de police seulement *s'il y avait lieu*, le tribunal de police ne pouvant, en présence d'un pareil arrêté, être appelé à exercer son droit de répression, si le fait d'avoir été trouvé en état d'ivresse sur la voie publique n'était accompagné d'aucune des circonstances constitutives d'une contravention prévue et punie par la loi (Crim. cass. 18 nov. 1865, aff. Octave, D. P. 66. 1. 43 ; Crim. rej. 28 mars 1867, aff. Helle, D. P. 69. 5. 253 ; Crim. cass. 2 janv. 1869, aff. Cadet, *ibid.*). Il avait

été également jugé que l'autorité administrative ne pouvait prescrire de poursuivre les individus ramassés ivres sur la voie publique, pour contravention à l'art. 471, § 4, qui défend d'encombrer la voie publique par des dépôts de *matériaux*, cette dernière expression ne pouvant désigner que des choses inanimées (Arrêt précité du 18 août 1860).

**6.** Les mesures réglementaires prises par les autorités locales contre les débitants de boissons avaient été plus efficaces que celles qui visaient directement les individus en état d'ivresse. La jurisprudence avait, notamment, reconnu la légalité des arrêtés portant défense aux débitants, sous la sanction de l'art. 471, c. pén. : 1° de laisser boire jusqu'à l'ivresse les consommateurs attablés dans leurs établissements et d'y recevoir des personnes déjà ivres (Crim. cass. 30 nov. 1860, aff. Lentilhac, D. P. 60. 5. 321 ; 8 janv. 1864, aff. Bouffort, D. P. 65. 1. 315 ; 2 juin 1864, aff. Blind, *ibid.* ; 23 mars 1865, aff. Kuntz, *ibid.*; 2° de recevoir dans leurs établissements des mineurs de moins de dix-huit ans, non accompagnés de leurs parents (Crim. rej. 1er févr. 1867, aff. Laugon, D. P. 67. 5. 122); des militaires se présentant après l'heure de la retraite (Crim. cass. 23 nov. 1860, aff. Giraud, D. P. 60. 5. 322) ou des filles soumises entrant dans ces établissements pour y faire des consommations (Crim. cass. 16 avr. 1863, aff. Rollin, D. P. 63. 1. 263).

**7.** L'expérience permit de constater l'insuffisance de ces mesures réglementaires, qui avaient, d'ailleurs, l'inconvénient de ne pas constituer une législation unique applicable au pays tout entier. MM. Albert Desjardins, Vilfeu et plusieurs de leurs collègues saisirent, en 1871, l'Assemblée nationale d'un projet tendant à ajouter quelques dispositions répressives de l'ivresse aux art. 471 et 473 c. pén. Un autre projet, plus complet et plus détaillé, fut proposé par M. Théophile Roussel. C'est de la combinaison de ces deux propositions qu'est sortie la loi du 23 janv. 1873, tendant à réprimer l'ivresse publique et à combattre les progrès de l'alcoolisme (D. P. 73. 4. 18).

**8.** Le rapport de M. Albert Desjardins, qui a précédé et préparé le vote de cette loi, en explique l'esprit et la portée : le législateur a voulu assurer la répression directe de l'ivresse ; il n'a entendu atteindre que d'une manière indirecte l'ivrognerie, c'est-à-dire l'habitude, le vice, en frappant de peines plus sévères les récidives commises dans des délais déterminés. La loi punit de peines de simple police : 1° les individus trouvés en état d'ivresse manifeste dans les voies publiques ou autres lieux publics ; 2° les débitants de boissons qui donnent à boire à des gens ivres, ou les reçoivent dans leur établissement, et qui servent des liqueurs alcooliques à des mineurs âgés de moins de seize ans. Dans le cas de nouvelle récidive dans les douze mois qui ont suivi une seconde condamnation pour ivresse manifeste, l'infraction devient un délit justiciable des tribunaux correctionnels. La loi attache, dans des cas déterminés, aux condamnations prononcées contre les délinquants, la privation de certains droits civiques et politiques.

**9. — II. Droit comparé.** — Le législateur français avait été devancé dans cette voie par les législations de plusieurs nations étrangères ; d'autres l'y ont suivi dans ces dernières années.

**1° Autriche-Hongrie.** — La législation générale de l'Autriche ne contient aucune disposition répressive de l'ivresse ; mais une loi du 19 juill. 1877 a édicté des dispositions, spécialement applicables aux royaumes de Gallicie et de Lodomérie, qui atteignent directement les personnes qui se sont montrées en état d'ivresse dans les lieux publics, ainsi que les cabaretiers qui ont servi des boissons spiritueuses à des gens déjà ivres ou à des impubères (*Ann. de lég. étr.* 1878, p. 210). Les Chambres ont invité le gouvernement à consulter les diètes provinciales, pour savoir si la loi ne devait pas être étendue à d'autres royaumes ou Etats représentés au Reichsrath.

**10.** Aux termes de l'art. 84 du code pénal hongrois des contraventions, du 14 juin 1879, quiconque paraît dans un lieu public en état d'ivresse scandaleuse est puni d'une amende de 25 florins au maximum. L'art. 85 du même code frappe d'une amende de 50 florins au maximum celui qui enivre volontairement un tiers dans un cabaret ou une auberge, sur la voie publique ou en tout autre lieu public, celui qui fait profession de vendre des boissons spiritueuses ou ses représentants s'ils servent des boissons spiritueuses à un homme en état d'ivresse, connaissant cet état. L'amende peut être élevée jusqu'à 100 florins si la contravention est commise à l'égard d'un mineur n'ayant pas encore accompli sa quatorzième année. Si cette contravention est commise itérativement par une personne qui fait profession de vendre des boissons spiritueuses et qui a été condamnée deux fois déjà pour ce même fait avant que deux ans soient écoulés depuis que la dernière peine a été subie, l'exercice de sa profession peut lui être interdit pendant trois mois au moins et un an au plus.

**11.** — 2° *Grande-Bretagne.* — Les statuts anglais punissent l'ivresse d'une amende de cinq schellings et, en cas de récidive, l'inculpé doit donner caution de bonne conduite. Un *act* du 3 juill. 1879 (*Ann. de lég. étr.* 1880, p. 19), autorise l'ouverture de maisons de retraite pour la réception, la surveillance et le traitement d'ivrognes d'habitude (*habitual drunkards*), c'est-à-dire d'individus qui, ne pouvant être considérés comme aliénés au sens légal, sont néanmoins, par suite de l'habitude de boire avec excès des liqueurs enivrantes, dangereux à certains moments pour eux-mêmes ou pour autrui, ou incapables de diriger leur personne ou leurs affaires.

**12.** — 3° *Mecklembourg-Schwerin.* — La loi du Mecklembourg-Schwerin de 1843 condamne à la détention de l'homme ivre qui trouble l'ordre et le punit de peines corporelles en cas de récidive.

**13.** — 4° *Pays-Bas.* — Le code pénal des Pays-Bas du 3 mars 1881 punit d'une amende de 15 florins tout individu qui se trouve sur la voie publique dans un état d'ivresse évident; en cas de récidive dans les six mois, il peut être puni d'une détention de trois jours; en cas d'une seconde récidive dans l'année, d'une détention de deux semaines; en cas d'une troisième récidive, d'une détention de trois semaines et il peut en outre être placé pour un an dans un établissement de travail de l'Etat. Indépendamment de ces dispositions, une loi spéciale du 26 juin 1881 a eu pour objet de régler la vente en détail des boissons fortes et de réprimer l'ivresse publique (*Ann. de lég. étr.* 1882, p. 467). — Plusieurs des mesures que renferme cette loi, modifiée depuis par celle du 23 avr. 1884 (*Ann. de lég. étr.* 1885, p. 505), ont, à l'égard des débits de boissons, un caractère préventif. La partie répressive reproduit la plupart des dispositions du nouveau code pénal qui viennent d'être analysées. Défense absolue est faite aux cabaretiers de verser à boire à des enfants et à des personnes ivres. En cas de contravention, les cabaretiers peuvent se voir retirer l'autorisation qu'ils ont obtenue.

**14.** — 5° *Russie.* — M. Théophile Roussel, dans l'exposé des motifs de sa proposition, a reproduit un certain nombre de dispositions des lois russes qui attestent les efforts faits depuis le siècle dernier pour arrêter les progrès du mal. Il a cité, notamment, les lois du 8 avr. 1782, du 23 mars 1839, du 15 août 1845, interdisant l'ivrognerie sous des sanctions pénales. Des prescriptions particulièrement rigoureuses ont eu pour but « d'extirper l'ivrognerie chez les paysans des terres appartenant à l'empereur, un règlement général a déterminé la peine des actions commises en état d'ivrognerie ».

**15.** — 6° *Suède.* — Le statut suédois du 11 août 1813 condamne à une amende dont le chiffre est augmenté en cas de récidive; tout individu qui a été vu ivre. A la troisième condamnation, le délinquant doit être privé du droit de vote et d'éligibilité; à la cinquième, il doit être condamné à six mois de travaux forcés, et, en cas de nouvelles récidives, emprisonné pour un an.

### Art. 2. — *De l'ivresse manifeste.*

**16.** L'art. 1er de la loi du 23 janv. 1873 punit d'une amende de 1 à 5 fr. inclusivement ceux qui seront trouvés en état d'ivresse manifeste dans les rues, chemins, places, cafés, cabarets ou autres lieux publics, et déclare applicables à la contravention qu'il prévoit les art. 474 et 483 c. pén. Cet article ne parle que de l'*ivresse manifeste*: « Il faut, disait le rapporteur de la loi, qu'il n'y ait aucune incertitude sur l'état de la personne traduite devant les tribunaux. L'ivresse

ne sera punie que dans le cas où elle s'offrira d'elle-même à la punition. On doit blâmer sévèrement celui qui profite du secret domestique pour se livrer à l'intempérance; mais il ne cause pas de scandale, il ne dépravé pas les autres par son exemple. De plus, il ne faut point mettre la sécurité de tous, en péril par des recherches indiscrètes pour prévenir ou punir les fautes de quelques-uns. » (D. P. 73. 4. 19, note 1).

**17.** Sur la demande qui lui était faite de définir avec plus de précision les mots *ivresse manifeste*, le rapporteur a répondu qu'une infraction de ce genre était de celles dont la définition était difficile, : mais que ce que le législateur voulait atteindre c'était l'état d'ivresse qui produisait un scandale public par sa seule vue, et non pas par tel ou tel acte déjà répréhensible et puni par le droit criminel. « C'est, a-t-il ajouté, à ce scandale inséparable de l'ivresse manifeste, facile à attester par les témoins, facile à consigner dans un procès-verbal que se reconnaîtra l'ivresse telle que nous la prévoyons et telle que nous vous demandons de la réprimer » Ces derniers mots expliquent le rejet d'un amendement par lequel M. Salneuve avait proposé d'intercaler dans l'art. 1er, une disposition qui consistait à substituer à ces mots : en état d'ivresse manifeste, ceux-ci : et faisant scandale (D. P. 73. 4. 19, note 1).

**18.** Il résulte de ce qui précède que l'état d'ivresse constatée suffit pour constituer la contravention prévue par la loi du 23 janv. 1873, soit que cette ivresse soit agressive, soit qu'elle soit inoffensive (Cranney et Boucault, *Commentaire de la loi sur l'ivresse,* p. 34). Cet état d'ivresse est un fait matériel qui se produit à tous les yeux et peut être constaté par tout le monde à l'aide du témoignage des sens; il n'est donc pas nécessaire que le procès-verbal qui l'atteste relate à ces signes particuliers (Crim. cass. 12 mars 1875, aff. Vincent, D. P. 75. 1. 400).

**19.** L'art. 1er vise exclusivement les personnes qui se sont trouvées en état d'ivresse manifeste « dans les rues, chemins, places, cafés, cabarets ou *autres lieux publics* ». L'ivresse manifeste ne constitue donc une contravention qu'autant qu'elle est constatée dans un lieu public (Crim. rej. 22 nov. 1879, aff. Steveing, D. P. 80. 1. 95). « Ce lieu sera tantôt un lieu essentiellement destiné au passage, à la circulation du public, de n'importe quelle personne, rues, chemins, places; tantôt un lieu où le monde peut entrer, soit en payant, soit gratuitement, cafés, cabarets ou autres lieux publics ». (Rapport de M. Desjardins, D. P. 73. 4. 19, note 1). Il a été décidé que la publicité qui rend l'acte punissable ne se rencontre pas lorsque l'inculpé se présente en état d'ivresse manifeste dans le cabinet d'un juge d'instruction, ce cabinet n'étant pas un lieu public (Crim. rej. 14 nov. 1874, aff. Lebreton, D. P. 75. 1. 191); ni dans le cas où l'inculpé est trouvé en cet état dans un champ à dix heures du soir et à vingt mètres d'une cantine destinée à recevoir des ouvriers. (Arrêt précité du 22 nov. 1879). Le législateur, en exigeant la publicité du lieu, n'a, d'ailleurs pas fait une condition de la présence du public dans le lieu qui de sa nature est public (Guilbon, *Des contraventions et des délits en matière d'ivresse publique,* p. 17).

**20.** On s'est demandé si, en matière d'ivresse, comme en matière d'outrage à la pudeur, la publicité existe lorsque l'acte, bien que s'étant produit dans un lieu privé, a pu être aperçu du public, même fortuitement, par ex. exemple si un individu est punissable lorsque, étant ou pouvant être aperçu du public, il s'est trouvé en état d'ivresse manifeste, soit dans un appartement dont les fenêtres ouvertes donnent sur la voie publique, soit dans un chemin voisin d'une voie publique ou contigu à cette voie. Cette question doit être résolue négativement En effet, ainsi qu'on l'a fait très justement observer (Guilbon, *op. cit.*, p. 20), à la différence de l'art. 330 c. pén. qui énonce d'une manière générale la condition de publicité et admet, par conséquent, tous les genres de publicité que peut présenter l'outrage à la pudeur, la loi sur l'ivresse ne frappe que ceux qui sont trouvés en état d'ivresse manifeste *dans les lieux publics*, et on ne saurait donner au texte de cette loi une extension qu'il ne comporte pas.

**21.** Le rapporteur de la loi du 23 janv. 1873 a formellement déclaré que les dispositions de l'art. 1er de cette loi, ainsi que celles des art. 2 et 3, ne sont applicables, ni aux militaires ni aux marins. En effet les principes qui régissent la compétence criminelle ne permettraient pas de déférer les militaires au tribunal de simple police comme coupables de contraventions; et, d'un autre côté, il serait impossible de qualifier délit à l'égard des militaires ce qui est considéré à l'égard de tous comme une contravention. On doit donc laisser à l'autorité militaire compétente la répression des faits d'ivresse, comme celle de toutes autres contraventions de police en vertu de l'art. 271 c. just. mil. du 9 juin 1857 (D. P. 57. 4. 115. V. Conf. Guilbon, *op. cit.*, p. 24). — Mais la compétence militaire pour statuer sur des faits d'ivresse n'existerait pas : 1° s'il s'agissait de contraventions commises collectivement par des militaires ou réputés tels et par des individus non justiciables des tribunaux militaires; 2° si les militaires étaient dans leurs foyers ou en congé illimité; 3° enfin s'il s'agissait de jeunes soldats non encore arrivés à leur corps et non réunis en détachement (Guilbon, *op. cit.*, p. 25).

Les dispositions précitées du code de justice militaire du 9 juin 1857 ont été reproduites dans le code de justice maritime du 4 juin 1858 (D. P. 58. 4. 90).

**22.** En l'absence de l'état de récidive légale, l'ivresse manifeste n'est frappée que d'une peine de simple police, et de la plus légère de toutes, c'est-à-dire de l'amende de 1 fr. à 5 fr. édictée par l'art. 471 c. pén. En conséquence, lorsque l'individu poursuivi pour ivresse manifeste dans un lieu public n'est pas en état de récidive légale, il ne peut être condamné à la peine de l'emprisonnement (Crim. cass. 20 janv. 1883, aff. Roussier, D. P. 84. 1. 426).

**23.** L'art. 483, § 2, c. pén. déclare applicable à toutes les contraventions l'art. 463 du même code. Les peines prononcées par l'art. 1er de la loi du 23 janv. 1873 pour contravention d'ivresse manifeste peuvent donc être modérées par l'admission des circonstances atténuantes. L'art. 463, ainsi que l'a fait remarquer le rapporteur de la loi, ne permet pas de réduire l'amende à moins de 1 fr., en cas de circonstances atténuantes reconnues par le juge; il n'ajoute rien non plus à l'art. 471 qui fixe au minimum de 1 fr.; mais en cas de récidive, il autorise à dispenser de l'emprisonnement.

**24.** L'art. 365 c. instr. crim., qui prohibe le cumul des peines en cas de conviction de plusieurs crimes et délits, est inapplicable au cas de deux contraventions prévues l'une par le code pénal, l'autre par la loi sur l'ivresse (Crim. cass. 7 janv. 1876, aff. Besson, D. P. 76. 1. 285). — Spécialement, lorsqu'un individu est convaincu d'avoir été dans un lieu public en état d'ivresse manifeste et d'avoir causé du tapage nocturne troublant la tranquillité des habitants, il y a lieu de casser le jugement qui, en appliquant la peine édictée par l'art. 1er de la loi du 23 janv. 1873, omet de condamner aux peines de l'art. 479-8°, c. pén. (Même arrêt).

**25.** Dans un intérêt de décence et de sûreté publique et aussi pour protéger l'ivrogne contre lui-même et contre les autres, l'art. 11 de la loi du 23 janv. 1873 autorise le transport au poste le plus voisin de toute personne trouvée en état d'ivresse dans un lieu public, pour y être retenue jusqu'à ce qu'elle ait recouvré sa raison. Ce transport, qui doit avoir lieu aux frais de l'individu arrêté, n'est pas obligatoire; c'est une faculté que la loi attribue aux agents de l'autorité. Le rapporteur a rappelé que cette disposition était depuis longtemps appliquée dans un grand nombre de départements, en vertu d'arrêtés préfectoraux (D. P. 73. 4. 21, note 2).

### Art. 3. — *De la récidive et de la complicité.*

**26.** Le second paragraphe de l'art. 1er déclare les art. 474 et 483 c. pén. applicables à la contravention d'ivresse manifeste. Aux termes du premier de ces articles, la peine d'emprisonnement contre toutes les personnes mentionnées en l'art. 471 aura toujours lieu, en cas de récidive, pendant trois jours au plus. Aux termes du second article, il y a récidive dans tous les cas prévus par le quatrième livre du code pénal, lorsqu'il a été rendu contre le contrevenant, dans les douze mois précédents, un premier jugement pour contravention de police commise dans le ressort du même tribunal.

La double restriction qui résulte de cette disposition se justifie particulièrement en matière d'ivresse, ainsi que l'a montré le rapporteur de la loi : « C'est quand le second fait se rapproche du premier qu'il prend une gravité nouvelle, parce qu'il prouve la persistance dans la faute et l'habitude; ce n'est plus seulement l'ivresse, c'est l'ivrognerie que l'on commence à frapper. — Il est important que ce soit le même tribunal qui soit appelé à juger encore le second fait, parce que, seul il connaît certainement le premier fait et en peut tenir compte, l'institution administrative du casier judiciaire ne s'appliquant pas aux contraventions de simple police à cause de leur grand nombre et de leur peu d'importance ».

**27.** D'après le rapporteur, la contravention d'ivresse manifeste rentre dans le système général des contraventions de simple police. Le premier fait d'ivresse peut constituer lui-même en état de récidive celui qui a été déjà condamné dans les conditions indiquées par l'art. 483, et celui qui a commencé par se faire condamner pour ivresse manifeste peut aussi devenir récidiviste, par application de cet article, en commettant toute autre contravention (D. P. 73. 4. 19, note). La même doctrine est formulée dans les termes suivants dans une lettre adressée le 20 oct. 1876, par le garde des sceaux au procureur général près la cour de Rennes; « La nouvelle loi sur l'ivresse, y est-il dit, n'a pas créé une contravention privilégiée, et il y a récidive ordinaire, alors même que la contravention de police qui a précédé celle d'ivresse et qui a donné lieu à une condamnation, dans les douze mois et dans le même canton, est d'un autre ordre. C'est le sens du paragraphe 2 de l'art. 1er de la loi du 23 janv. 1873, qui se réfère à l'art. 483 c. pén. et qui permet d'appliquer au récidiviste l'emprisonnement pendant trois jours, aux termes de l'art. 474 du même code » (*Annales des justices de paix*, 1877, p. 74).

**28.** Cette interprétation a, toutefois, été combattue par un des commentateurs de la loi du 23 janv. 1873, M. Guilbon (*op. cit.*, p. 39). Suivant cet auteur, dans la matière spéciale de l'ivresse, la récidive ne peut exister si les deux faits qui ont été commis ne constituent pas l'un et l'autre des contraventions réprimées par la loi du 23 janv. 1873; il appuie cette opinion sur ce que, dans le système général qui consacre l'art. 483 c. pén., il est indispensable, pour qu'il y ait récidive, que la première et la seconde infraction soient toutes deux prévues par la même loi, c'est-à-dire par le quatrième livre du code pénal, et qu'il ne saurait en être autrement en matière d'ivresse. — Le point de départ de ce raisonnement ne nous paraît point exact : nous avons en effet, exposé ailleurs (V. *supra*, *Contraventions*, n° 42) que l'art. 483 c. pén. exige seulement, pour qu'il y ait récidive, que la seconde contravention, à l'occasion de laquelle s'élève la question de récidive, rentre dans les prévus par le livre quatrième du code pénal, mais qu'il n'exige nullement que la première infraction soit prévue et punie par la même code. Cette première infraction peut avoir été prévue par une loi spéciale; il suffit qu'elle soit une contravention de police (Comp. Crim. rej. 29 avr. 1869, aff. Geoffroy, D. P. 69. 1. 143). La même règle nous paraît devoir être appliquée en matière d'ivresse. Dès qu'une condamnation intervient pour infraction à la loi sur l'ivresse moins d'un an après une condamnation prononcée par le même tribunal pour contraventions de police, quelle que soit la nature de cette dernière intervention, il y a récidive légale.

**29.** Pour qu'il y ait récidive, il faut que le jugement qui a prononcé la première condamnation contre le contrevenant ait acquis l'autorité de la chose jugée au moment où a été commise la seconde contravention. Si le second jugement était encore susceptible d'opposition ou d'appel, les peines de la récidive ne seraient pas encourues. Pour éviter cet inconvénient, une circulaire du ministre de la justice, du 23 févr. 1874, prescrit de faire régulièrement signifier les jugements de condamnation pour contravention à la loi sur l'ivresse, toutes les fois que cette signification sera nécessaire pour rendre le jugement définitif (Guilbon, *op. cit.*, p. 34).

**30.** L'art. 2 de la loi du 23 janv. 1873 porte qu'en cas de nouvelle récidive, conformément à l'art. 483, dans les douze mois qui ont suivi la deuxième condamnation, l'inculpé doit être traduit devant le tribunal correctionnel et puni d'un emprisonnement de six jours à un mois et d'une amende de 16 fr. à 300 fr. Le fait punissable cesse donc dans ce cas d'être une contravention de simple police : il devient un délit puni de peines correctionelles et justiciable des tribunaux correctionnels. Il en est, d'ailleurs, de cette seconde récidive comme de la première : elle n'existe qu'autant que l'infraction nouvelle a été commise dans le ressort du même tribunal que la précédente et dans les douze mois qui suivent cette dernière condamnation. — Le texte primitif frappait de peines correctionnelles ceux qui ayant, *depuis moins de trois ans*, subi deux condamnations en vertu de l'art. 1er, seraient trouvés en état d'ivresse manifeste dans un lieu public. Cette rédaction a été modifiée par l'adoption d'un amendement de M. Salneuve qui a appliqué à la récidive nouvelle la règle générale énoncée en l'art. 1er. « Si un fait nouveau d'ivresse, a dit le rapporteur de la loi, n'est commis qu'après l'expiration des délais indiqués en l'art. 2, il échappe à la police correctionnelle, il devient une contravention de simple police. Il ne prouve pas l'existence d'une habitude, c'est une rechute qu'une longue vigilance a peut être retardée » (D. P. 73. 4. 20, note 1).

**31.** Un fait d'ivresse, même précédé de plusieurs condamnations antérieures pour faits de même nature commis dans les délais prévus par l'art. 483 c. pén. constitue non un délit mais une simple contravention, lorsque ce nouveau fait s'est produit en dehors du canton où sont intervenues les condamnations antérieures (Crim. cass. 22 nov. 1879, aff. Rivereau, D. P. 80. 1. 95). — Il est à peine nécessaire d'ajouter que la nouvelle infraction a le caractère d'un délit dans le cas où l'inculpé, déjà condamné pour ivresse en police correctionnelle depuis moins d'un an, se rend de nouveau coupable du même fait (Crim. rej. 14 juin 1884, aff. Lascaux, D. P. 84. 1. 474).

**32.** Un fait d'ivresse ne peut devenir un délit que quand une troisième infraction a été commise à la loi sur l'ivresse après deux condamnations intervenues pour des faits de même nature. Ainsi, lorsqu'un individu, après avoir été condamné, une première fois, pour contravention prévue au code pénal, et une seconde fois pour faits d'ivresse, se trouve en état de récidive pour un deuxième fait d'ivresse, ce deuxième fait d'ivresse conserve son caractère de simple contravention et doit être poursuivi devant le tribunal de police (Crim. cass. 12 févr. 1875, aff. Fiora, D. P. 73. 1. 330).

**33.** L'individu qui est déclaré coupable du délit d'ivresse manifeste par l'effet d'une nouvelle récidive dans les conditions d'identité d'infractions, de temps et de lieu ci-dessus déterminées, est passible d'un emprisonnement de six jours à un mois et d'une amende de 16 à 300 fr. Celui qui, ayant été condamné en police correctionnelle pour ivresse, depuis moins d'un an, se rend de nouveau coupable du même délit, doit être condamné au maximum des peines qui viennent d'être indiquées, avec faculté pour le tribunal de porter ce maximum au double (L. 23 janv. 1873, art. 2). — Toute personne condamnée deux fois en police correctionnelle pour délit d'ivresse manifeste dans les conditions déterminées par l'art. 2 de la loi du 23 janv. 1873, doit, aux termes de l'art. 3 de cette loi, être déclarée, par le second jugement, incapable d'exercer les droits suivants : 1° droit de vote et d'élection ; 2° droit d'éligibilité ; 3° droit d'être appelé ou nommé aux fonctions de juré ou autres fonctions publiques, ou aux emplois de l'Administration ou d'exercer ces emplois ; 4° droit de port d'armes. Cette énumération est empruntée à l'art. 42 c. pén. Mais la privation des droits qui y sont indiqués est limitée à deux ans, à partir du jour où la condamnation est devenue irrévocable. — L'application de cette peine n'a pas été laissée à la faculté des juges. Le législateur n'a pas voulu, ainsi que l'a expliqué le rapporteur (D. P. 73. 4. 20, note 2), qu'une arrière-pensée pût leur être imputée le jour où ils suspendraient l'exercice du droit électoral, si la suspension prononcée contre l'un était épargnée à l'autre. Mais, si la prononciation de la peine est obligatoire pour le juge, cette peine ne frappe pas de plein droit le condamné. « Il a paru préférable qu'elle fût expressément prononcée pour être portée à la connaissance de tous et pour faire une salutaire impression sur quelques-uns (Rapport de M. Desjardins). Le tribunal doit donc prononcer cette déchéance temporaire, et

il doit expressément, dans son jugement, la limiter à deux ans (Crim. cass. 2 août 1889, aff. Mazoyer, D. P. 89. 5. 283).

L'art. 463 c. pén. est, aux termes de l'art. 9 de la loi du 23 janv. 1873, applicable aux peines d'emprisonnement et d'amende prononcées par les tribunaux correctionnels contre les récidivistes. Mais, en ce qui concerne les privations de droits, le tribunal correctionnel, ainsi que le constate le rapport (D. P. 73. 4. 21, note 1), n'est pas plus libre de les réduire que d'en dispenser complètement, lorsqu'il condamne pour la seconde fois à raison d'un fait d'ivresse. Aux termes de l'art. 8 de la loi du 23 janv. 1873, le tribunal correctionnel peut, dans le cas d'ivresse manifeste commis en nouvelle récidive, ordonner que son jugement soit affiché à tel nombre d'exemplaires et en tels lieux qu'il indiquera. Mais cette mesure est purement facultative.

**34.** La troisième récidive prévue et punie par le deuxième paragraphe de l'art. 2 n'existe, ainsi que l'énonce expressément ce dernier article, que si le fait qui la constitue a été commis dans l'année de la répression de celui qui l'a précédé ; mais il n'est pas dit, comme pour la première et la seconde récidive, que les deux faits doivent avoir été commis dans le même ressort. Dans le silence de la loi spéciale, il y a lieu d'appliquer le droit commun ; or il s'agit ici d'une récidive de délit à délit régie par l'art. 58 c. pén. et cet article n'exige pas que le dernier fait se soit produit dans le même ressort que celui ou ceux qui ont motivé de précédentes condamnations. L'art. 2 de la loi du 23 janv. 1873 doit donc recevoir son application alors même que les deux infractions ont été commises dans la circonscription de tribunaux de simple police différents ou même de tribunaux correctionnels différents (Guillon, *op. cit.*, p. 50). Cette interprétation a été consacrée par une circulaire du garde des sceaux du 23 févr. 1874. La troisième récidive existe, dit cette circulaire, encore bien que les infractions qui en forment les termes aient été commis dans des ressorts différents sur deux points opposés du territoire. La constatation des infractions antérieures n'offre, d'ailleurs, dans ce sens, aucune difficulté, ainsi que le fait observer l'auteur de la circulaire : « comme la condamnation qui forme le premier terme de la récidive est nécessairement correctionnelle, elle sera portée au casier judiciaire, et le bulletin n° 2 en rendra la constatation facile ».

**35.** L'art. 58 c. pén. règle dans les termes suivants la récidive légale de délit à délit : « Les coupables condamnés correctionnellement à un emprisonnement de plus d'une année seront aussi, en cas de nouveau délit, ou de crime qui devra n'être puni que de peines correctionnelles, condamnés au maximum de la peine portée par la loi, et cette peine pourra être élevée jusqu'au double ». Cette règle générale n'est applicable, en matière de lois spéciales, qu'autant qu'il n'a pas été édicté par ces lois de dispositions particulières relativement à la récidive. Or la loi du 23 janv. 1873, ayant organisé un système particulier pour la gradation des peines en cas de récidive, a exclu par là même l'aggravation de droit commun établie par l'art. 58 c. pén. Il en résulte que le prévenu, antérieurement condamné à un emprisonnement de plus d'une année pour délit commun, n'est pas passible des peines de la récidive légale édictées par l'art. 58 lorsque, après une deuxième condamnation pour ivresse il est, dans la même année, poursuivi en police correctionnelle pour un fait semblable (Douai, 10 juin 1874, aff. Boucher, D. P. 75. 2. 129 ; Caen, 5 nov. 1879, aff. Bunel, D. P. 80. 2. 248).

**36.** Ainsi qu'on l'a dit *suprà*, n° 25, lorsque l'ivresse manifeste ne constitue qu'une contravention punie d'une peine de simple police, elle n'est pas soumise à la règle du non-cumul des peines posée par l'art. 365 c. instr. crim. Mais il en est autrement lorsque cette infraction est commise en état de récidive correctionnelle ; dans ce cas, elle cesse d'être une simple contravention et devient un véritable délit, puni de peines correctionnelles. Ainsi il y a lieu de confondre les peines prononcées contre un prévenu déclaré coupable tout à la fois des délits d'outrage et de violences envers un agent de force publique et du délit d'ivresse publique et manifeste en récidive correctionnelle (Paris, 25 avr. 1878, aff. Barcelot, D. P. 79. 2. 202 ; Rennes,

29 mai 1878, aff. Guichon, D. P. 79. 2. 17, et sur pourvoi, Crim. rej. 8 juill. 1881) (1).

**37.** Les faits d'ivresse publique prenant, à partir de la seconde récidive, le caractère de délits, il y aurait lieu d'appliquer, dans ce cas, la disposition de l'art. 59 c. pén. qui punit les complices d'un délit de la même peine que les auteurs mêmes de ce délit, si la loi du 23 janv. 1873 n'avait apporté une dérogation à cette règle générale. Mais le second paragraphe de l'art. 9 de cette loi écarte expressément l'application de l'art. 59. « Il y a dans les faits d'ivresse, a dit le rapporteur de la loi (D. P. 73. 4. 21, note 1) une complicité fréquente et digne de châtiment, celle des débitants ; nous l'avons spécialement frappée. Mais les principes généraux du droit ne permettent pas d'atteindre en masse tous ceux qui, d'après l'art. 60 c. pén., pourraient être qualifiés de complices. Il ne faut jamais oublier que les infractions prévues par notre projet sont en elles-mêmes des contraventions de simple police, que c'est la récidive seule qui, sous certaines conditions, les change en délits. Or, d'une part, il n'y a pas de complicité en matière de simple police, à moins d'une disposition expresse dans la loi ; d'autre part, les complices ne sont pas responsables de l'aggravation qui résulte de la récidive. L'art. 59 ne doit pas être appliqué à des infractions qui ne prennent le caractère de délits que par l'effet de cette circonstance ».

**38.** L'art. 9 du projet de M. Roussel permettait de rendre « le débitant ou tous autres individus qui auraient provoqué l'ivresse ou aggravé le désordre mental de l'inculpé en le poussant à boire... civilement responsables des dommages résultant du délit ou du crime commis ». C'était, dit M. Desjardins dans son rapport (D. P. 73. 4. 21, note 1), une manière indirecte d'atteindre la complicité, mais ce n'est pas sous l'empire d'une loi pénale qu'il faut placer la responsabilité civile, c'est sous l'empire du droit civil qu'il faut la laisser.

### Art. 4. — Des cafetiers, cabaretiers et autres débitants.

**39.** Les dispositions de la loi du 23 janv. 1873 qui viennent d'être analysées ont pour objet la répression directe de l'ivresse. D'autres dispositions ont pour but de prévenir l'ivresse en frappant les débitants de boissons qui, dans une pensée de lucre, fournissent sciemment à un individu les moyens de s'enivrer et même l'y provoquent. On a vu *supra*, n° 37, que ces débitants ne peuvent être atteints comme complices de la contravention ni du délit d'ivresse manifeste ; le législateur a donc dû les viser par des prohibitions directes. Une partie de ces dispositions a été empruntée à de nombreux arrêtés administratifs dont l'exécution n'avait souffert aucune difficulté, mais qui n'offraient pas les avantages d'une mesure générale et uniforme. L'art. 4 de la loi de 1873 prévoit deux infractions distinctes : 1° le fait de donner à boire à des gens manifestement ivres ou de les recevoir en cet état dans l'établissement ; 2° le fait de servir des liqueurs alcooliques à des mineurs de moins de seize ans.

**40.** La première de ces infractions n'existe qu'autant que le cabaretier ou débitant donne à boire à des gens qui sont déjà en état d'ivresse *manifeste* ou les reçoit dans son établissement. La rédaction du projet primitif, qui incriminait le fait de laisser boire les consommateurs jusqu'à l'ivresse, n'a pas été maintenue : il ne suffit donc pas, pour constituer la contravention prévue par l'art. 4 de la loi de 1873, que le cabaretier ait laissé un consommateur s'enivrer dans son établissement, et qu'au sortir de cet établissement ce consommateur ait été trouvé sur la voie publique en état d'ivresse manifeste ; il faut que le juge constate que le cabaretier a donné à boire audit consommateur, alors que son état d'ivresse s'était manifestement révélé dans son établissement (Crim. cass. 6 janv. 1876, aff. Giraux, D. P. 76. 1. 285). Par suite, est nulle la condamnation d'un cabaretier motivée uniquement sur la circonstance que des individus trouvés en état d'ivresse sur la voie publique, n'avaient bu que dans son cabaret, et que, conséquemment, leur ivresse provenait des liqueurs alcooliques à eux servies par le débitant (Même arrêt).

**41.** A plus forte raison, le cabaretier dans l'établissement duquel sont trouvés des gens manifestement ivres n'est passible d'aucune peine lorsqu'il a refusé de leur donner à boire depuis que l'ivresse s'est manifestée et qu'il a requis les gendarmes de les faire sortir (Crim. rej. 7 nov. 1873, aff. Leprovost, D. P. 74. 1. 92). Il en est de même lorsque ces individus ne se sont pas enivrés dans l'établissement et que le cabaretier a fait tout ses efforts pour les expulser (Crim. rej. 7 nov. 1873, aff. Nigroni, D. P. 74. 1. 92).

**42.** Mais le juge de police ne peut pas acquitter le cabaretier prévenu d'avoir donné à boire à un homme en état complet d'ivresse, par l'unique motif qu'il n'est pas prouvé que le prévenu ait pu, avant de servir à boire, s'apercevoir que le buveur était en état d'ivresse : il faudrait qu'il fût reconnu et déclaré par le juge que l'état prétendu d'ivresse n'était pas manifeste soit pour le cabaretier soit pour tous autres (Crim. cass. 15 janv. 1874, aff. Brunaut, D. P. 73. 1. 143). Il a été également décidé que le fait, par le cabaretier, de donner à boire à une personne manifestement ivre constitue la contravention prévue par l'art. 4 de la loi du 23 janv. 1873, bien qu'il n'ait pas reconnu l'état d'ivresse (Crim. rej. 14 nov. 1874, aff. Lebreton, D. P. 75. 1. 191). En effet l'intention n'étant point un élément constitutif en matière de contraventions de police, il suffit du fait matériel pour que le débitant encoure les pénalités applicables à l'infraction (Guilhon, *op. cit.*, p. 72).

**43.** Quoique, dans la généralité des cas, le contrevenant ne puisse être que l'auteur du fait punissable, il est admis par la jurisprudence qu'un cabaretier ne pourrait être acquitté par le seul motif qu'il n'aurait pas personnellement servi à boire à l'individu trouvé en état d'ivresse manifeste dans son établissement (Crim. rej. 7 nov. 1873, aff. Leprovost, D. P. 74. 1. 92), et qu'il est pénalement responsable des contraventions commises par ses agents (Même arrêt). Il en est ainsi alors même que c'est la femme du cabaretier qui a servi à boire à son beau-père manifeste-

---

(1) (Guichon.) — La cour ; — Sur le moyen présenté d'office et tiré de la violation de l'art. 365 c. instr. crim. : — Attendu que l'arrêt attaqué a déclaré le nommé Guichon coupable : 1° de violences et voies de fait envers les agents de la force publique dans l'exercice de leurs fonctions ; 2° d'outrages envers les mêmes agents ; 3° d'ivresse manifeste sur la voie publique en état de récidive correctionnelle ; qu'aux termes de l'art. 365 c. instr. crim. la peine prévue par l'art. 230 c. pén., pour le premier de ces délits, devait seule être appliquée, comme la peine la plus forte ; que, néanmoins, la cour d'appel de Rennes a prononcé contre Guichon deux peines distinctes, l'une de deux années d'emprisonnement pour les deux premiers délits, l'autre d'un mois d'emprisonnement pour ivresse manifeste ; — Attendu que si, dans certains cas, l'ivresse manifeste sur la voie publique ne constitue qu'une contravention punie d'une peine de simple police et n'est pas soumise, dès lors, à la règle du non-cumul posée par l'art. 365 c. instr. crim., il en est autrement lorsque cette infraction est commise en état de récidive correctionnelle ; que, dans ce cas, elle cesse d'être une simple contravention et devient un véritable délit, puni de peines correctionnelles ; que les art. 3 et 6 de la loi du 23 janv. 1873 le déclarent expressément, et que les travaux préparatoires de cette loi, notamment le rapport fait au nom de la commission devant l'Assemblée

nationale, ne laissent aucun doute sur ce point ; — Attendu, dès lors, que c'est à tort que l'arrêt attaqué a prononcé cumulativement deux peines distinctes, l'une pour les délits de violences et d'outrages envers les agents de la force publique, l'autre pour l'infraction à la loi sur l'ivresse, et qu'il a violé ainsi l'art. 365 c. instr. crim. ; — Sur l'étendue de la cassation : — Attendu que la peine de deux ans d'emprisonnement prononcée par la cour d'appel de Rennes pour les délits de violences et d'outrages envers les agents de la force publique dans l'exercice de leurs fonctions, rentrait dans les limites fixées par l'art. 230 c. pén. ; que les dispositions de l'arrêt attaqué sont, sur ce point, parfaitement légales et doivent être maintenues ; que la seule disposition irrégulière est celle par laquelle la cour d'appel a prononcé une peine distincte pour un fait qu'elle considérait à tort comme une contravention, et qui, aux termes de l'art. 365 c. instr. crim., ne devait pas faire l'objet d'une peine particulière ; — Casse et annule, mais par voie de retranchement seulement, la disposition de l'arrêt attaqué (Rennes, 29 mai 1878), portant condamnation à une peine distincte d'un mois d'emprisonnement pour le fait d'ivresse manifeste ; —, Et, pour le surplus des dispositions dudit arrêt ; — Rejette, etc. — Du 8 juill. 1881.–Ch. crim.–MM. de Carnières, pr.-Sallantin, rap.-Ronjat, av.

ment ivre (Crim. rej. 14 nov. 1874, aff. Octor, D. P. 75, 1. 191).

**44.** La seconde infraction prévue par l'art. 4 de la loi du 23 janv. 1873 consiste dans le fait de servir des liqueurs alcooliques à des mineurs de moins de seize ans. Le projet de loi primitif ne punissait que les débitants ayant « reçu chez eux des mineurs de moins de seize ans accomplis, non accompagnés de leurs parents ». Il résulte de la modification apportée à ce projet par la rédaction définitive que la loi de 1873 défend, sans aucune restriction, aux cabaretiers, de servir des liqueurs alcooliques aux mineurs, qu'ils soient ou non accompagnés (Crim. cass. 7 nov. 1873, aff. Joly, D. P. 74, 1. 47). Spécialement, il y a contravention à cette loi dans le fait d'un cabaretier de servir un punch offert à une société musicale, dont faisaient partie plusieurs mineurs de moins de seize ans, bien qu'ils fussent placés sous la surveillance du chef de musique (Même arrêt).

**45.** La loi n'interdit pas, d'ailleurs aux débitants de recevoir dans leurs établissements des mineurs non accompagnés de leurs parents.

Mais si la prohibition de donner à boire aux mineurs non accompagnés n'a pas été inscrite dans la loi, rien ne s'oppose à ce qu'elle fasse l'objet d'un règlement de police. Aussi la cour de cassation a-t-elle déclaré légal et obligatoire, même sous l'empire de la loi du 23 janv. 1873, l'arrêté préfectoral qui défend aux cafetiers, cabaretiers, aubergistes et autres débitants de boissons, ainsi qu'aux exploitants de bals publics, de recevoir dans leurs établissements des mineurs de moins de seize ans, non accompagnés de leurs père, mère, ou autres personnes ayant autorité sur eux (Crim. cass. 24 févr. 1876, aff. Bernard, D. P. 76. 1. 189). Dans ce cas, le débitant de boissons qui reçoit dans son établissement des enfants de quatorze ans non accompagnés est passible des peines de l'art. 471, n° 15, c. pén. (Même arrêt). Il a même été décidé que l'art. 4 de la loi de 1873, qui limite à seize ans l'âge auquel il est défendu aux débitants de servir aux mineurs des liqueurs alcooliques, ne fait pas obstacle à ce que, se plaçant à un point de vue plus général, l'autorité administrative interdise, par ses arrêtés, aux débitants de boissons, de recevoir dans leurs établissements des individus qui n'ont pas encore atteint l'âge de la majorité (Crim. cass. 8 févr. 1877) (1). V. toutefois en sens contraire, Guilbon, op. cit., p. 76.

**46.** La loi du 23 janv. 1873 n'a pas expliqué ce que l'on doit entendre par les expressions « liqueurs alcooliques » employées dans l'art. 4. La cour de cassation comprend sous cette expression « les boissons renfermant de l'alcool et pouvant produire l'ivresse » et elle fait rentrer dans cette définition non seulement le punch (Arrêt précité du 7 nov. 1873) mais le vin, la bière et le cidre (Crim. cass. 24 févr. 1876, aff. Bernard. D. P. 76. 1. 189 et Crim. rej. 5 août 1875, aff. Salles, D. P. 76. 1. 189). Il en serait autrement du café et du thé, breuvages qui n'ont aucune propriété alcoolique et dont l'usage, même immodéré, n'est point susceptible de causer un état d'ivresse (Crim. rej. 29 janv. 1874, aff. El Hadj Mohamed Firadj, D. P. 75. 1. 143). — L'extension donnée par la jurisprudence à ces expressions *liqueurs alcooliques* a été critiquée. On a fait observer que les *liqueurs* qui font l'objet de la prohibition de la loi sont exclusivement les spiritueux dont l'alcool proprement dit est la base principale et qui, prises même en petite quantité, produisent et développent rapidement l'ivresse surtout chez des enfants; et que le vin, la bière et le cidre peuvent être qualifiés de *boissons alcooliques* mais non de *liqueurs alcooliques* (Guillon, op. cit., p. 79).

**47.** La rédaction définitive de l'art. 4 ne diffère pas seulement du texte du projet primitif en ce qu'elle étend ses prohibitions aux mineurs de moins de seize ans, même accompagnés; elle en diffère également en ce qu'elle réprime uniquement le fait de servir à des mineurs des liqueurs alcooliques, mais non le seul fait de les recevoir dans un débit de boissons, prévu par le projet primitif. Suivant la remarque du rapporteur de la loi, l'art. 4 ne défend que de donner à boire au mineur. S'il travaille, s'il voyage, loin de sa famille, sans domicile, c'est au cabaret qu'il peut être forcé de demander sa nourriture : elle ne doit pas lui être refusée à cause de son âge.

**48.** L'art. 4 accorde aux débitants la faculté d'établir qu'ils ont été trompés sur l'âge du mineur auquel ils ont servi des liqueurs alcooliques, et dispose que, s'ils font cette preuve, aucune peine ne leur sera applicable de ce chef. Le législateur n'a point indiqué le genre de preuve qu'il a entendu mettre à la disposition des débitants; le rapport et, la discussion ne fournissent sur ce point aucune lumière et, comme les contraventions existent par la seule matérialité du fait, qui les constitue, on a fait remarquer que les débi-

---

(1) (Albert Lépine.) — La cour; — Statuant sur le pourvoi du commissaire de police exerçant les fonctions du ministère public près le tribunal de simple police de Pontarlier; — Sur le moyen pris de la fausse interprétation de l'art. 4 de la loi du 23 janv. 1873, tendant à la répression de l'ivresse publique, et de la violation de l'art. 3 de l'arrêté du maire de Pontarlier, en date du 20 déc. 1855, portant : « Il est également fait défense aux mêmes débitants (limonadiers, aubergistes, hôteliers et cabaretiers) de donner à boire ou à *jouer*, et de recevoir dans leurs établissements, les jeunes gens n'ayant pas atteint l'âge de majorité »; — Vu lesdits articles; ensemble les lois des 16 et 24 août 1790, 19 et 22 juill. 1791 et l'art. 471, n° 15, du code pénal; — Attendu qu'il résulte d'un procès-verbal régulier et qu'il est dû reste reconnu par le jugement attaqué que, dans la soirée du 9 nov. 1876, six jeunes gens âgés de plus de seize, mais de moins de vingt et un ans, ont été trouvés buvant des liqueurs et *jouant au billard* dans le café tenu par le nommé Lépine, limonadier à Pontarlier; — Que, traduit pour ce fait devant le tribunal de police de ce chef-lieu de canton, le prévenu a été relaxé de la poursuite par le motif que la loi de 1873 exécutoire pour tout le territoire, ayant limité à seize ans l'âge auquel il est défendu aux débitants de servir des boissons alcooliques aux mineurs (âge qu'avaient dépassé les jeunes gens désignés au procès-verbal), cette loi a, par là même, implicitement abrogé l'arrêté municipal de 1855 dans celle de ses dispositions qui interdit l'usage des boissons aux mineurs jusqu'à vingt et un ans; — Mais attendu que l'art. 4 de la loi de janvier 1873 et l'art. 3 de l'arrêté dont le ministère public demandait l'application, ne se sont point proposé le même but et n'ont rien de contraire dans leurs dispositions; que la loi n'a eu en vue que de prévenir les dangers résultant principalement pour la jeunesse de l'usage des boissons alcooliques, et qu'à cet effet elle a fixé une limite d'âge au-dessous de laquelle cet usage est complètement interdit aux mineurs dans les établissements publics; — Que l'arrêté municipal se plaçant à un point de vue général et se proposant non seulement de l'influence délétère exercée sur la santé des jeunes gens par l'usage de certaines boissons, mais des dangers d'une autre nature que pouvaient présenter

pour les moralistes les scènes de désordre dont les cafés et cabarets sont trop souvent le théâtre, et leur a, dans un but de préservation, interdit la fréquentation de ces établissements jusqu'à l'âge où l'homme échappe à la tutelle de la loi pour reprendre la libre disposition de lui-même; — Attendu qu'envisagé à ce point de vue l'arrêté municipal de 1855, non seulement n'offre rien d'inconciliable avec la disposition de l'art. 4 de la loi de 1873, mais qu'il rentre essentiellement dans les mesures de bonne police confiées par les lois des 16-24 août 1790 et 19-22 juill. 1791, à la vigilance des corps municipaux, aujourd'hui remplacés par les maires, sous la surveillance desquels sont placés les cafés, cabarets et autres lieux publics; — Qu'ainsi, sous ce premier rapport, le jugement attaqué, en refusant force exécutoire à l'arrêté sus-dit, sous prétexte d'inconciliabilité entre ses dispositions et celles de la loi du 23 janv. 1873, a faussement interprété cette dernière loi; méconnu la portée des lois de 1790 et 1791, et violé, par refus d'application, tant l'art. 3 du règlement municipal de 1855 que l'art. 471, n° 15, du code pénal; — Attendu que, sous un autre rapport, le jugement dénoncé a encore violé ce même article de l'arrêté sus-visé; qu'en effet cet article défend, non seulement de recevoir les mineurs au-dessous de vingt et un ans dans les cafés et cabarets et de leur donner à boire, mais encore de leur donner à jouer; que la légalité de cette dernière disposition ne pouvait être contestée par des motifs tirés d'une inconciliabilité prétendue avec les dispositions de la loi de 1873, exclusivement relative aux moyens de prévenir ou de réprimer l'ivresse; — Que, d'après les constatations du procès-verbal, les six jeunes mineurs trouvés dans le café de Lépine se livraient non seulement à la consommation de boissons alcooliques, mais encore au jeu de billard; que cependant le juge de police n'a tenu aucun compte de la contravention qui lui était signalée, quoique la portée de ce chef encore, le jugement attaqué (trib. pol. Pontarlier, 9 déc. 1876) contient une violation tant dudit article 3 de l'arrêté préappelé que des autres dispositions de lois susvisées;

Par ces motifs, casse, etc...

Du 8 févr. 1877.-Ch. crim.-MM. Robert de Chennevière, rap.-Lacointa, av.

tants ne pourraient que bien rarement profiter du bénéfice de l'art. 4 (Guillon, *op. cit.* p. 82).

**49.** Les deux infractions prévues par l'art. 4 sont absolument distinctes l'une de l'autre, et le juge saisi de l'une ne peut statuer sur l'autre, alors que, non mentionnée dans la citation, elle n'a été révélée qu'au cours des débats. Spécialement, lorsqu'il est exclusivement appelé par la citation à réprimer l'infraction consistant, de la part d'un cabaretier, à avoir servi à boire dans son établissement à un individu en état d'ivresse manifeste, il n'a pas compétence pour statuer sur le fait qui résulterait des débats, à la charge du même cabaretier, d'avoir servi des liqueurs alcooliques à un enfant de sept ans (Crim. rej. 4 avr. 1874, aff. Hébert, D. P. 75. 1. 191).

**50.** Chacune des infractions prévues par l'art. 4 constitue une contravention de simple police, passible d'une amende de 1 fr. à 5 fr., c'est-à-dire de l'amende fixée pour les contraventions énumérées dans l'art. 471 c. pén. Le débitant qui sert des liqueurs alcooliques à plusieurs mineurs de seize ans, placés isolément dans son établissement, commet autant d'infractions distinctes, passibles d'amendes, qu'il y a de mineurs auxquels les liqueurs ont été servies (Crim. rej. 14 mars 1879, aff. Coutard, sol. impl., D. P. 79. 5. 122). Mais le cabaretier qui sert des liqueurs alcooliques à plusieurs mineurs de moins de seize ans, buvant ensemble et dans le même moment, ne commet qu'une seule contravention et ne doit, par suite, encourir qu'une seule amende (Même arrêt).

**51.** Comme l'art. 1er (V. *suprà*, n° 23), l'art. 4 renvoie, pour le cas où les contraventions qu'il prévoit seraient l'objet d'une première récidive, aux art. 474 et 483 c. pén. Il y a lieu de se référer à ce qui a été dit précédemment (*suprà*, n°s 27 et suiv.) sur les conditions de temps et de lieu auxquelles est subordonnée l'application de ces articles.

**52.** L'art. 5 punit d'un emprisonnement de six jours à un mois et d'une amende de 16 à 300 francs, les cafetiers, cabaretiers et autres débitants qui, dans les douze mois qui auront suivi la deuxième condamnation prononcée en vertu de l'art. 4, auront commis un des faits prévus audit article. D'après le paragraphe 2 du même article, quiconque ayant été condamné en police correctionnelle pour l'un ou l'autre des mêmes faits depuis moins d'un an, se rendra de nouveau coupable de l'un ou de l'autre de ces faits, sera condamné au maximum des peines indiquées au paragraphe précédent, lesquelles pourront être portées jusqu'au double. Il s'agit ici, comme dans l'art. 2 relatif aux individus condamnés pour ivresse (V. *suprà*, n° 33), d'une seconde et troisième récidive. Dans ces cas, comme dans ceux prévus par l'art. 2, le fait prend le caractère d'un délit, l'inculpé est justiciable des tribunaux correctionnels, et il encourt les mêmes peines. — Pour que le débitant se trouve en deuxième ou troisième récidive, il faut que la condamnation précédente remonte à moins d'un an ; mais la troisième récidive a lieu, quoique les deux infractions se soient poursuivies dans le ressort de deux tribunaux différents (V. Conf. Guilbon, *op. cit.*, p. 87).

Il a été décidé que le tribunal de simple police devant lequel est traduit, pour avoir donné à boire à un individu manifestement ivre, un cabaretier ayant déjà subi, dans les douze mois précédents, une deuxième condamnation pour la même contravention, doit se déclarer incompétent du moment que les conclusions à fin d'incompétence, prises par le ministère public, après le réquisitoire et la défense du prévenu, ont été proposées avant la décision du juge (Crim. cass. 30 déc. 1875, aff. Waast, D. P. 76. 1. 285).

**53.** Aux termes de l'art. 6, toute personne qui aura subi deux condamnations en police correctionnelle pour l'un ou l'autre des délits prévus en l'article précédent pourra être déclarée par le second jugement incapable d'exercer tout ou partie des droits indiqués en l'art. 3. On a vu (*suprà*. n° 33) que ces droits sont les droits de vote et d'éligibilité, le droit d'être appelé ou nommé aux fonctions publiques ou aux emplois de l'administration, ou d'exercer ces fonctions ou emplois, enfin le droit de port d'armes. Nous avons dit que, dans les cas prévus par l'art. 3, la prononciation de la peine privative de ces droits est obligatoire pour le juge qui ne peut ni en dispenser le condamné ni la réduire. Il en est autrement dans l'hypothèse prévue par l'art. 6. Cet article porte en effet que le condamné *pourra être déclaré incapable* ...

et rend par conséquent la prononciation de cette peine facultative. « La privation des droits, a dit le rapporteur de la loi, qui, d'après l'art. 3, est la conséquence nécessaire du second délit reconnu par la justice correctionnelle, dépend, d'après l'art. 7, de l'appréciation du tribunal. D'une part, il n'y a pas ici d'incapacité à constater et la privation *de* droits garde un caractère exclusif de peine : le débitant peut être exempt du vice auquel il entraîne ou laisse aller son client ; sa raison aguerrie arrive à braver ces continuelles invitations où la consommation se développe. C'est au tribunal à examiner dans quelles circonstances cet homme, qui sait rester maître de lui-même et capable de comprendre tous ses actes, devient indigne d'exercer certains droits, et quels droits. D'autre part on ne peut plus craindre que la justice retirant les droits électoraux à telles personnes et non à telles autres, semble travailler à modifier la composition du corps électoral et le résultat du scrutin. Le nombre des débitants est sans doute trop considérable, mais il ne l'est pas encore assez pour qu'une modification de ce genre puisse être recherchée ou obtenue au moyen de condamnations prononcées contre quelques-uns d'entre eux » (D. P. 73. 4. 20, note 4).

**54.** L'art. 6 diffère de l'art. 3 en ce que ce dernier article exige une incapacité qui frappe le condamné porte tous *les droits* qui y sont énumérés, tandis que, dans le cas prévu par l'art. 6, le juge peut ne priver le condamné que de *tout ou partie* des droits. De plus, la durée de l'incapacité est fixée par l'art. 3 à deux ans, tandis que cette durée n'est pas limitée par l'art. 6. Il n'en résulte pas que le tribunal soit autorisé, dans l'hypothèse prévue par ce dernier article, à prononcer pour une durée indéfinie la privation des droits dont il s'agit. Mais nous croyons que le tribunal, qui ne peut assigner à la privation de ces droits une durée supérieure à deux années, peut réduire, dans la mesure qu'il juge convenable, la durée de cette incapacité.

**55.** Dans le cas de deuxième condamnation en police correctionnelle pour un des délits prévus à l'art. 5, l'art. 6 autorise le tribunal à ordonner la fermeture de l'établissement pour un temps qui ne saurait excéder un mois, sous les peines portées par l'art. 3 du décret du 29 déc. 1851 ; elle l'autorise également à interdire seulement au débitant, sous les mêmes peines, la faculté de livrer des boissons à consommer sur place. Le rapporteur de la loi a fait observer que le pouvoir attribué à la justice par ces dispositions était moindre que celui dont l'Administration était depuis longtemps investie, et qu'il offrait assurément plus de garanties. Le ministre de l'intérieur, dans une circulaire du 14 oct. 1861, s'exprimait ainsi : « Les débitants de boissons seront formellement et expressément avertis que, s'ils favorisent l'ivresse, en poussant à la consommation des boissons, ou s'ils servent à boire à des individus déjà ivres, l'autorité n'hésitera pas à faire fermer leur établissement en vertu de l'art. 2 du décret du 29 déc. 1851 ».

D'après l'art. 3 de la loi de 1873, le tribunal ne peut ordonner cette fermeture que pour un mois. Il peut également se borner à interdire la faculté de livrer des boissons à consommer sur place. Quoique la durée de cette interdiction n'ait pas été déterminée par le législateur, nous croyons que, comme pour la fermeture, elle ne doit pas excéder un mois ; car, ainsi qu'on l'a fait observer, si cette interdiction pouvait avoir une durée illimitée, ce n'aurait pas, comme semble l'indiquer le texte, le caractère d'une peine moindre que la fermeture ; elle aurait au contraire des conséquences beaucoup plus graves pour le débitant contre lequel elle serait prononcée (V. Conf. Guilbon, p. 91).

**56.** L'art. 6 donne pour sanction à la disposition du jugement qui ordonnerait la fermeture de l'établissement ou qui interdirait de vendre des boissons à consommer sur place, les peines portées par l'art. 3 du décret du 29 déc. 1851, c'est-à-dire une amende de 25 fr. à 500 fr. et un emprisonnement de six jours à six mois, outre la fermeture immédiate et définitive de l'établissement. Mais ces peines ont cessé d'être applicables, le décret du 29 déc. 1851 ayant été abrogé par la loi du 17 juill. 1880 (D. P. 80. 4. 93).

**57.** L'art. 7 punit d'un emprisonnement de six jours à un mois et d'une amende de 16 fr. à 300 fr. quiconque aura fait boire jusqu'à l'ivresse un mineur âgé de moins de seize ans accomplis. « Le fait prévu dans cet article, a dit le rapporteur, est assez grave pour constituer un délit puni de peines correctionnelles, quel qu'en soit l'auteur, celui qui conduit le mineur au cabaret, ayant ou non autorité sur lui, celui qui l'y rencontre, le cabaretier lui-même ». Mais le rapporteur ajoute que cette disposition n'est applicable au cabaretier qu'autant qu'il *fait boire* le mineur : s'il se borne à *le laisser boire* jusqu'à l'ivresse, il reste sous l'empire du droit commun, c'est-à-dire qu'il est passible des peines portées par l'art. 4 et, au cas de seconde ou de troisième récidive, de celles édictées par les art. 5 et 6. — M. Guilbon (*op. cit.*, p. 93) fait remarquer que, lorsqu'un débitant a commencé par servir à un mineur de moins de seize ans des liqueurs alcooliques, et l'a ensuite excité à boire jusqu'à l'ivresse, il a commis ainsi deux infractions distinctes et soumises à deux répressions différentes. Le premier fait, commis pour la première ou la seconde fois, ne constitue qu'une contravention de police, tandis que le second constitue *de plano* un délit passible de peines correctionnelles. Mais ces deux faits se rattachent l'un à l'autre par le lien de connexité, et par suite, la poursuite doit être dirigée pour le tout devant la juridiction correctionnelle.

**58.** La seconde disposition de l'art. 7 est spéciale aux cafetiers, cabaretiers ou autres débitants de boissons. Elle prévoit le cas où ces individus, après avoir fait boire jusqu'à l'ivresse un mineur de moins de seize ans, se rendront de nouveau coupables, dans le délai indiqué en l'art. 5, § 2, soit du même fait, soit de l'un ou de l'autre des faits prévus en l'art. 4, § 1er ; ce cas de récidive est passible des peines portées aux art. 5 et 6. Le législateur, en se référant à l'art. 5 a évidemment entendu viser les pénalités édictées par le paragraphe 2 de cet article qui punit, comme on l'a vu (*supra*, n° 52), la seconde et la troisième récidive du maximum des peines établies par le paragraphe 1er, c'est-à-dire d'un emprisonnement d'un mois et d'une amende de 300 fr. lesquelles peines peuvent être portées au double. — Quant aux peines accessoires qui, aux termes de l'art. 6, sont facultatives pour le juge, on s'est demandé si elles ont le même caractère, lorsqu'elles sont prononcées en vertu de l'art. 7, bien que cet article emploie la formule impérative « sera puni des peines portées aux art. 5 et 6 ». La question nous paraît devoir être résolue affirmativement. Il s'agit, en effet, dans le cas prévu par l'art. 7, comme dans celui qui vise l'art. 6, d'une première récidive de délit à délit que la loi punit des mêmes peines d'amende et d'emprisonnement, et l'on ne comprendrait pas qu'ayant placé ces deux cas de récidive sur la même ligne, relativement aux peines principales, elle eût entendu les traiter différemment quant aux peines accessoires (V. Conf. Guilbon, *op. cit.*, p. 96).

**59.** L'art. 8 de la loi du 23 janv. 1873 autorise le tribunal correctionnel, dans les cas prévus par cette loi, à ordonner que son jugement sera affiché à tel nombre d'exemplaires et dans tels lieux qu'il indiquera. L'affichage du jugement est une aggravation de peine qui ne saurait être admise en matière de simple police. Cette publicité ne peut être ordonnée que par le tribunal correctionnel en cas de condamnation pour un des délits prévus par l'art. 2, § 2, relatif au fait d'ivresse manifeste commis en nouvelle récidive et par les art. 5 et 7, concernant les cabaretiers et débitants de boissons. Cette aggravation est purement facultative.

**60.** Le texte de la loi du 23 janv. 1873 doit, aux termes de l'art. 12 être affiché à la porte des mairies ou dans la salle principale de tous les cabarets, cafés ou débits de boissons. Cette disposition paraît rendre l'affichage obligatoire dans tous les cabarets, cafés et débits de boissons,

sans distinction. Toutefois, il a été décidé que cet affichage n'est exigé que dans les cabarets et établissements où l'on débite des boissons alcooliques de nature à déterminer l'ivresse manifeste et que, par suite, l'art. 12 n'est pas applicable à un établissement algérien dans lequel on sert uniquement aux musulmans du café et du thé (Crim. rej. 29 janv. 1874, aff. El-Hadj-Mohamed-Feradj, D. P. 75. 1. 143).

**61.** L'art. 12 punit d'une amende de 1 à 5 fr. : 1° toute personne qui aura détruit ou lacéré le texte affiché, alors même que cette destruction ou lacération aurait été faite sans intention méchante, à la différence de la contravention prévue par l'art. 479, n° 9, c. pén. (V. *supra*, v° *Contravention*, n° 286) ; 2° tout cabaretier, cafetier ou débitant chez lequel le texte ne sera pas trouvé affiché. Dans le premier cas, le contrevenant doit être condamné aux frais du rétablissement de l'affiche. — L'art. 12 ne prévoit pas le cas de récidive. Il en résulte que la récidive n'entraînerait une aggravation de pénalité contre l'auteur d'un fait de lacération, d'enlèvement ou de destruction d'une affiche contenant le texte de la loi de 1873, que si le fait itérativement commis était réprimé en vertu de l'art. 479 c. pén., et que la première condamnation eût été prononcée à raison, soit du même fait, soit d'une autre contravention mentionnée au quatrième livre du code (V. Conf. Guilbon, p. 108).

Art. 5. — *De la constatation des contraventions et délits en matière d'ivresse.*

**62.** Aux termes de l'art. 13 de la loi du 23 janv. 1873, les gardes champêtres sont chargés de rechercher, concurremment avec les autres officiers de police judiciaire, chacun sur le territoire sur lequel il est assermenté, les infractions à cette loi. Ils dressent des procès-verbaux pour constater ces infractions. — Les officiers de police judiciaire appelés à constater les infractions à la loi de 1873 ne sont pas tous les officiers de police judiciaire énumérés dans l'art. 9 c. instr. crim., mais ceux qui ont qualité pour dresser des procès-verbaux en matière de contraventions de police, c'est-à-dire les commissaires de police, les maires ou adjoints, les sous-officiers et brigadiers de gendarmerie et les gendarmes. L'art. 12 ajoute à cette énumération les gardes champêtres qui, sous l'empire de la loi du 24 juill. 1867, étaient appelés à constater les contraventions en matière d'ivresse lorsque ces contraventions consistaient dans l'inobservation des règlements de police locale, mais dont la compétence n'a pu être maintenue qu'en vertu d'une disposition expresse lorsque ces infractions ont passé du domaine réglementaire dans le domaine législatif (Rapport, D. P. 73. 4. 21, note 3).

**63.** En principe, les procès-verbaux, aux termes des art. 20, 29 et 53 c. instr. crim., ne sont adressés au procureur de la République que lorsqu'il s'agit de crimes ou délits ; ils doivent, lorsqu'il s'agit de contraventions, être remis au fonctionnaire chargé de remplir les fonctions du ministère public près le tribunal de police compétent. Une dérogation est apportée à cette règle par la disposition de l'art. 10 de la loi de 1873, d'après laquelle les procès-verbaux constatant les infractions à la loi de 1873 doivent être centralisés entre les mains du procureur de la République, auquel ils doivent être transmis dans les trois jours. Cette dérogation est justifiée, ainsi que l'énonce le rapport, par le motif qu'il est souvent difficile, pour des officiers de police judiciaire, de savoir à quelle juridiction doit être porté un fait qui change de qualification suivant des conditions variables et nécessairement un peu compliquées. La question sera, ainsi, examinée par un magistrat capable de la résoudre.

## Table sommaire

### des matières contenues dans le Supplément et le Répertoire.

## Table chronologique des Lois, Arrêts, etc.

**JACTANCE.** — V. *Action,* n° 34 et *Rép.* eod. v°, n° 213.

**JET.** — V. *Commune,* n°ˢ 584 et 635 ; *Contraventions,* n°ˢ 102 et suiv., 132, 214 et suiv.; *Crimes et délits contre les personnes,* n° 187 ; *Droit maritime,* n°ˢ 1206 et suiv., 1239, 1314 et suiv., 1889 et suiv. ; *Organisation maritime ; Prises maritimes ;* — *Rép.* vⁱˢ *Commune,* n°ˢ 946 et 1036 ; *Contraventions,* n°ˢ 114 et suiv., 154 et suiv., 214 et suiv., 350 et suiv., 428 ; *Crimes et délits contre les personnes,* n° 213 ; *Droit maritime,* n°ˢ 1021, 1080, 1147 et suiv., 1188, 1232, 1833 et suiv. ; *Organisation maritime,* n°ˢ 717, 818 et 868 ; *Prises maritimes,* n° 136.

**JEU-PARI.**

### Division.

SECT. 1. — Historique et législation. — Droit comparé (n° 1).

SECT. 2. — Des diverses catégories de jeux et de paris dans leurs rapports soit avec la loi civile, soit avec la loi pénale (n° 12).

SECT. 3. — Des actions civiles qui peuvent naître du jeu et du pari (n° 27).

ART. 1. — De l'action du gagnant contre le perdant (n° 30).

ART. 2. — De l'action en répétition de ce qui a été volontairement payé par le perdant (n° 36).

ART. 3. — De l'action des tiers relativement à des dettes de jeu (n° 50).

SECT. 4. — Du jeu et du pari dans leurs rapports avec les lois répressives (n° 57).

ART. 1. — Des maisons de jeux de hasard (n° 59).

ART. 2. — Etablissement des jeux de hasard dans un lieu public (n° 92).

SECT. 1ʳᵉ. — HISTORIQUE ET LÉGISLATION. — DROIT COMPARÉ (*Rép.* n°ˢ 2 à 10).

**1.** — I. HISTORIQUE ET LÉGISLATION (*Rép.* n°ˢ 2 à 9). — La législation française, en matière de jeux et de paris, s'est assez sensiblement modifiée sur plusieurs points, depuis l'époque de la publication du *Répertoire.* Cette matière reste toujours régie en principe, d'une part par les art. 1965, 1966 et 1967 c. civ., et d'autre part par les art. 410 et 475-5° c. pén. Mais, à l'égard de deux catégories de paris, les paris sur la hausse et la baisse des effets publics et les paris sur les courses de chevaux, des lois nouvelles ont introduit une réglementation spéciale et dérogé sur plusieurs points à la législation antérieure.

Dans la matière spéciale des paris sur la hausse et la baisse des effets publics, une innovation considérable a été réalisée par la loi du 28 mars 1885 sur les marchés à terme. Antérieurement à cette loi, la jurisprudence de la cour de cassation et des cours d'appel, après plusieurs fluctuations,

s'était accordée à reconnaître pour illicites les marchés à terme qui dissimulent un jeu sur la hausse ou la baisse des effets publics, et à leur refuser, en conséquence, l'action en justice. La cour suprême reconnaissait, d'ailleurs, aux tribunaux le pouvoir d'apprécier en fait le caractère des marchés à terme et la question de savoir si, dans une vente d'effets publics, il y avait ou non marché à terme prohibé (V. *supra,* v° *Bourse de commerce,* n° 71). D'autre part, le code pénal de 1810 punissait, dans ses art. 421 et 422, les paris sur la hausse et la baisse des effets publics, des peines de l'emprisonnement et de l'amende. La loi du 28 mars 1885 modifie complètement l'état de choses antérieur en décidant, dans son art. 1ᵉʳ, que tous marchés à terme sur effets publics et autres, que tous marchés à livrer sur denrées et marchandises, sont reconnus légaux, en refusant à toute personne le droit de se prévaloir de l'exception de jeu par application de l'art. 1965 c. civ., lors même que ces marchés se résoudraient par le payement d'une simple différence ; enfin, en abrogeant, dans son art, 2, les art. 421 et 422 c. pén. (V. pour l'historique et l'explication de cette loi, *supra,* v° *Bourse de commerce* n° 72 et suiv., V. aussi D. P. 85. 4. 25).

D'autre part, un fait nouveau, presque inconnu encore lors de la publication du *Répertoire,* le développement considérable des opérations de paris engagés sur les courses de chevaux sous les formes les plus diverses, a, surtout dans ces dernières années, donné naissance à de nombreuses et intéressantes décisions de jurisprudence, et a finalement nécessité, par suite des fluctuations et des contradictions de cette jurisprudence appelée à se prononcer sur la légalité d'opérations que n'avait pas prévues le législateur du code, une réglementation législative spéciale, organisée tout récemment par la loi des 2-9 juin 1891. Nous aurons à commenter avec détail cette loi nouvelle, après avoir retracé l'évolution curieuse de la jurisprudence en cette matière.

Citons enfin, comme autre disposition législative ayant trait à notre matière, l'art. 4 de la loi du 27 mai 1885 sur les récidivistes, qui considère comme gens sans aveu et punit des peines du vagabondage tous individus qui, soit qu'ils aient ou non un domicile certain, ne tirent habituellement leur subsistance que du fait de pratiquer ou faire sur la voie publique l'exercice de jeux illicites (V. D. P. 85. 4. 45).

**2.** — II. DROIT COMPARÉ (*Rép.* n° 10). — 1° *Allemagne.* — En Allemagne, comme en France, aucune action n'est accordée pour le payement d'une dette de jeu ou d'un pari. Toutefois, lorsqu'il s'agit spécialement de marchés à terme, l'exception de jeu ne peut être invoquée que « s'il y a un engagement entre les parties pour ne pas livrer les titres ». Dans ce cas, mais dans ce cas seulement, la cour suprême de l'Empire déclare qu'il y a une « convention de jeu » et admet, par suite, l'exception de jeu. Les dispositions pénales concernant le jeu et le pari font l'objet des art. 284 et suiv., et 360-14°, du code pénal allemand du 31 mai 1870. Aux termes des art. 284 et suiv., la tenue de maisons de jeux de hasard est punie d'un emprisonnement de deux ans au plus et d'une amende de 200 à 2000 thalers, et de la privation des droits civiques. Aux termes de l'art. 360-14°, une amende de 50 thalers au plus, ou les arrêts, sont infligés à ceux qui, sans autorisation, auront tenu des jeux de hasard dans les chemins publics, rues, places publiques ou lieux de réunion publique.

**3.** — 2° *Angleterre.* — Autrefois, en vertu du statut 9 Anne. c. 14, étaient radicalement nuls tous contrats tendant à donner des sûretés pour de l'argent gagné au jeu; ou par suite d'un pari, ou pour de l'argent prêté en vue d'un jeu ou d'un pari. Depuis le statut 5 et 6 Guill. IV, c. 41, ils sont réputés simplement s'appuyer sur une considération illégale, d'où il suit que, nuls entre les parties, ils ne le sont pas à l'égard des tiers de bonne foi. D'après un statut plus récent (8 et 9, Victoria, c. 109, § 18), tout contrat ou engagement, soit écrit, soit verbal, se rattachant à un jeu ou un pari, est nul et de nul effet, et l'on ne peut réclamer en justice les objets gagnés qu'autant qu'il s'agit d'un jeu réputé licite (par exemple, sport, exercices corporels). En 1859, le Parlement, dans le but d'arrêter le développement des paris, notamment sur les courses de chevaux, prohiba les agences de paris, et les assimila aux maisons de jeu, interdites par l'*act* de Victoria précité. Cette loi a été confirmée et complétée en 1874 par un *act* tendant à atteindre les journaux qui révélaient indirectement au public l'existence des agences de paris.

**4.** — 3° *Autriche.* — Aux termes de l'art. 1271 du c. civ. autrichien, le prix d'un pari ne peut être exigé en justice; l'art. 1272 assimile, d'ailleurs, formellement le jeu au pari. D'autre part, l'art. 1174 du même code, en disposant qu'on ne peut répéter ce qu'on a donné sciemment pour aider à un fait impossible ou défendu, tranche une question qui a été diversement résolue par la jurisprudence française, celle de savoir si le prêt fait à un individu pour lui permettre de se livrer au jeu peut être sujet à répétition de la part du préteur. — Dans la matière spéciale des *marchés à terme*, la loi du 1er avr. 1875, relative à l'organisation des bourses, dispose (art. 13) que, dans les procès relatifs à des opérations de bourse, l'exception tirée de ce que la demande est fondée sur une opération de différence constituant un jeu ou un pari, n'est pas admissible.

**5.** — 4° *Belgique.* — Le code civil français y étant toujours en vigueur, on y applique les dispositions de ce code sur le jeu et le pari. En matière pénale, le nouveau code pénal belge n'a pas reproduit les art. 421 et 422 du code de 1810 sur les jeux de bourse; en conséquence, ces jeux ne sont passibles d'aucune pénalité. Mais l'exception de jeu leur est toujours applicable, la jurisprudence belge ayant suivi sur ce point la jurisprudence française antérieure à notre loi de 1885 sur les marchés à terme. Toutefois, l'abrogation de l'exception de jeu en cette matière est vivement réclamée par l'opinion publique.

**6.** — 5° *Danemark.* — Non seulement l'exception de jeu est admise, mais, à la différence de notre art. 1967 c. civ., la répétition est admise de la part du perdant, même lorsqu'il a volontairement payé. Bien plus, s'il s'abstient ou s'il refuse de réclamer la somme perdue, l'officier public est tenu d'en provoquer le recouvrement.

**7.** — 6° *Espagne.* — Le jeu est réputé licite ou illicite, suivant qu'il exige de l'habileté, de la dextérité, de l'adresse, de la force, ou bien qu'il dépend exclusivement du hasard. Dans ce dernier cas, il ne donne lieu à aucune action en justice; bien plus, la loi espagnole ne reconnaît pas à la dette de jeu le caractère d'une obligation naturelle, car elle autorise le perdant à réclamer dans les huit jours ce qu'il a payé. Le pari est d'ailleurs assimilé au jeu.

**8.** — 7° *Etats-Unis.* — Toutes conventions ayant le caractère de jeux et de paris sont nulles, et cette disposition s'applique également aux marchés à terme lorsqu'ils doivent se régler par de simples différences. En outre, dans la plupart des Etats de l'Amérique du Nord, des lois récentes prohibent et punissent de peines sévères les établissements de jeux de hasard. Citons seulement, à titre d'exemple, la loi du 18 juin 1885, dans l'Etat de Massachusetts, aux termes

de laquelle « Il est interdit, sous peine d'une amende de 1000 dollars au maximum et d'une année de prison au plus, de tenir un établissement de paris ou de jeux reposant sur l'adresse, la rapidité, la résistance d'un homme, d'une bête ou d'une machine, sur le résultat d'un jeu, d'une compétition, d'une nomination politique, d'une élection. Le propriétaire de l'établissement, des objets engagés dans le pari, le gardien ou le dépositaire des objets ou des sommes engagées sont punis de la même peine ».

**9.** — 8° *Hollande.* — Les art. 1825 et 1826 c. civ. hollandais sont la reproduction de nos art. 1965 et 1966. L'art. 1827 ajoute expressément (ce qui est admis par la doctrine et la jurisprudence française), qu' « on ne peut, par novation, éluder les dispositions des deux articles précités ». Des pénalités sont également encourues pour la tenue de maisons de jeux de hasard, et la tenue de jeux de hasard dans un lieu public.

**10.** — 9° *Italie.* — La législation italienne est analogue à la législation française en cette matière. La loi du 13 sept. 1876, art. 4, reconnaît et admet les marchés dits à terme ou se soldant par de simples différences. Leur exécution est sanctionnée par une action civile ordinaire. Mais au même loi établit une taxe sur les opérations de bourse.

**11.** — 10° *Suisse.* — Le code fédéral des obligations, promulgué en 1881, reproduit, à peu près identiquement, dans ses art. 512-516, les dispositions de notre code civil sur le jeu et le pari. Toutefois la règle qu'aucune action n'est accordée pour le payement d'une dette de jeu ou d'un pari y est générale et ne comporte pas d'exception analogue à celle de notre art. 1966. La loi du 29 févr. 1860 reconnaît les marchés à terme : les marchés pourront se résoudre par des différences, d'accord entre les contractants. Mais cette loi ne protège évidemment que les marchés qui auront eu un caractère sérieux, au moins à l'origine, et non pas ceux qui ont toujours dû, dans la pensée des parties, se régler par différence; en effet, l'art. 512 du nouveau code fédéral refuse formellement l'action en justice pour le règlement de ceux des marchés à terme sur marchandises ou valeurs de bourse qui présentent les caractères du jeu et du pari. Ajoutons qu'aux termes de l'art. 35 de la constitution fédérale du 29 mai 1874, il est interdit d'ouvrir des maisons de jeu. Celles qui existaient alors ont dû être fermées le 31 déc. 1877.

SECT. 2. — DES DIVERSES CATÉGORIES DE JEUX ET DE PARIS DANS LEURS RAPPORTS SOIT AVEC LA LOI CIVILE, SOIT AVEC LA LOI PÉNALE (*Rép.* n°s 11 à 24).

**12.** — I. DROIT CIVIL. — 1° *Jeux.* — On distingue, au point de vue du droit civil, entre les jeux dits d'adresse, et tous autres jeux. Seuls sont munis d'une action en payement, aux termes de l'art. 1966, les jeux propres à exercer au fait des armes, les courses à pied ou à cheval, les courses de chariot, le jeu de paume et autres jeux *de même nature*, qui tiennent à l'adresse ou à l'exercice du corps. Ainsi qu'il a été dit au *Rép.* n° 13, cette énumération n'est pas limitative, et l'on s'accorde à étendre l'exception de l'art. 1966 à tous les jeux qui reposent sur l'adresse corporelle, tels que joutes sur l'eau et natation, courses en vélocipède, tirs et exercices de gymnastique.

On a signalé et critiqué au *Rép.* n° 14, un certain nombre de décisions de la jurisprudence qui refusent de reconnaître au jeu de *billard*, en particulier, le caractère de jeu d'adresse, dans le sens de l'art. 1966. Depuis, la jurisprudence ne paraît pas avoir eu à se prononcer de nouveau sur la question, au moins en matière civile. Mais un certain nombre d'auteurs se sont également refusés à appliquer au jeu de billard la disposition exceptionnelle de l'art. 1966 (V. en ce sens, Laurent, *Principes de droit civil*, t. 27, n° 198; Aubry et Rau, *Cours de droit civil français*, t. 4, § 386, p. 577, note 16). Nous persistons dans notre première opinion, qui, d'ailleurs, est également celle de M. Paul Pont (*Petits Contrats*, t. 1er, n° 609), et nous pensons que l'intention prêtée au législateur, dans l'opinion contraire, d'avoir voulu limiter la disposition favorable de l'art. 1966 aux seuls jeux propres à former de bons soldats ou des hommes utiles à la société, ne saurait prévaloir contre le texte qui, aux jeux énumérés par lui, assimile formellement tous autres jeux « de même nature ». Or il n'est pas douteux que le jeu de billard ne tienne à l'adresse et à l'exercice du corps, au même titre que le jeu de paume, par exemple.

**13.** Mais que faut-il décider à l'égard des jeux qui, sans tenir à l'adresse corporelle, excluent cependant toute intervention du hasard et reposent uniquement sur les combinaisons de l'esprit? La question s'est posée notamment en ce qui concerne le jeu d'échecs. Quelques auteurs, s'appuyant sur l'opinion des orateurs au Tribunat, Siméon et Duveyrier (V. Locré, t. 7, p. 355), ont soutenu que ce jeu devait être compris dans l'exception de l'art. 1967, comme méritant la même faveur que les jeux propres au développement et à l'exercice du corps (V. en ce sens, Troplong, *Contrats aléatoires*, n° 50; Massé et Vergé, sur Zachariæ, *Droit civil français*, t. 5, p. 23). Mais cette opinion, trop éloignée du texte et de l'esprit de la loi, n'a pas été adoptée par la majorité des interprètes. « On arriverait ainsi, dit, M. Pont, *op. cit.*, t. 1, n° 610, à grossir l'énumération de l'art. 1966, d'une foule de jeux qui ne tiennent en rien à l'adresse et à l'exercice du corps » (V. en ce sens, D. Pilette, *Revue, pratique*, t. 15, p. 222 ; Aubry et Rau, *op. cit.*, § 386, p. 567, note 16 ; Laurent, t. 27, § 198).

**14.** — 2° *Paris.* — Tout ce qui a été dit du jeu doit également, par identité de motifs, être appliqué au pari. Bien que l'art. 1966 ne formule pas expressément l'assimilation, on est d'accord pour excepter de la disposition générale de l'art. 1965, les paris intervenus à l'occasion des jeux dits d'adresse. Mais l'esprit de la loi commande ici une distinction nécessaire entre les paris engagés entre les personnes qui ont pris part directement à ces jeux, et ceux engagés entre les personnes qui y ont été absolument étrangères ou n'y ont assisté qu'à titre de simples spectateurs. En effet, le motif de faveur qui a fait édicter l'exception de l'art. 1966 ne se rencontre plus dans ce dernier cas (Pont, *op. cit.*, t. 1, n° 612; Laurent, t. 27, n° 200. — V. aussi : Paris, 31 déc. 1874, aff. Aller, D. P. 75. 2. 92, et sur pourvoi, Civ. rej. 18 juin 1875, D. P. 75. 1. 445).

**15.** Une question délicate s'est posée sur l'application de ce dernier principe à une certaine catégorie de paris, ceux intervenus à l'occasion des courses de chevaux. Il n'est pas douteux que les paris engagés sur ces courses, entre personnes étrangères à la course, ne soient dépourvus de toute action civile en payement de la part du gagnant. Il est également certain, par contre, qu'une action en justice appartient au gagnant, lorsque le pari est intervenu entre les propriétaires des chevaux et qu'ils les ont montés eux-mêmes. Mais que décider dans le cas le plus ordinaire, celui où le cheval gagnant a été monté, non par son propriétaire, mais par un jockey? Auquel des deux, du propriétaire ou du jockey, appartiendra l'action en justice? Une interprétation étroite du texte conduirait à décider en faveur du jockey. Le législateur, peut-on dire, a voulu dans l'art. 1966 favoriser l'adresse et l'exercice du corps; or ici, c'est le jockey, et non le propriétaire, qui participe au jeu de courses (V. en ce sens, Laurent, t. 27, n° 200).— Cependant la doctrine est presque unanime à décider que, dans cette hypothèse, l'action en justice appartient aux propriétaires des chevaux, à l'exclusion des jockeys qui les montent (Mourlon, *Répétitions écrites sur le code civil*, t. 3, p. 425, n° 10774 ; Pont, *op. cit.*, t. 1, n° 613 ; Pilette, *op. cit.*, p. 232 et suiv). Dans ces sortes de jeux, en effet, ce n'est pas seulement le fait, l'exercice de la course que la loi favorise, mais « la transplantation et la propagation des races de chevaux les plus propres à améliorer l'espèce » (Instr. min. du 16 mai 1825). Or le même motif qui a fait attribuer par l'État et les communes des primes aux propriétaires et éleveurs des chevaux vainqueurs, à l'exclusion des jockeys ou des écuyers qui ont monté ces chevaux, doit leur faire attribuer également le droit exclusif à l'action née du pari engagé dans ces conditions.

**16.** Ainsi qu'il a été dit au Rép. n° 16, il est de principe que, quel que soit le contrat dont les parties aient emprunté la forme pour déguiser un pari, il suffit que leur convention en ait au fond le caractère pour qu'elle doive en produire toutes les conséquences légales. Les applications les plus intéressantes que la jurisprudence ait eu occasion de faire de ce principe sont relatives notamment aux *marchés à terme* et au contrat d'*assurances sur la vie humaine*.

**17.** Relativement aux *marchés à terme*, on s'est demandé dans quelle mesure le principe posé ci-dessus recevrait désormais son application en présence de la loi du 8 avr. 1885 ; il semble bien résulter des travaux préparatoires de cette loi, ainsi qu'on l'a fait observer *supra*, v° *Bourse de commerce*, n° 172, que le législateur, en supprimant l'exception de jeu en matière de marchés à terme, n'a pas entendu pour cela prendre sous sa protection toutes espèces de conventions ayant pour objet la hausse ou la baisse des valeurs de bourse. Le rapporteur de la loi, questionné sur ce point, a déclaré formellement que la loi ne s'appliquerait pas au cas où il résulterait des conventions écrites des parties qu'elles ont entendu, dès l'origine, engager un véritable pari, et non contracter un marché à terme. C'est ainsi, d'ailleurs, que l'ont compris un certain nombre de tribunaux, appelés à se prononcer sur la question de savoir dans quelles circonstances l'exception de jeu restait applicable postérieurement à la loi du 8 avr. 1885. Il a été jugé, en effet, que cette loi, tout en validant en règle et en régularisant l'existence des marchés à terme, ne les met pas à l'abri de toute cause qui les vicie dans leur essence, et que là où le jeu est démontré, là où les paris sont engagés sur la hausse ou la baisse des valeurs, les transactions restent, après comme avant la loi de 1885, dépourvues de toute action en justice (Trib. Seine, 29 déc. 1885, *Gaz. trib.*, 2 févr. 1886). — Jugé également que cette loi n'a voulu accorder la valeur d'un contrat obligatoire qu'aux opérations présentant au moins l'apparence de marchés à terme sérieux (Grenoble, 1885, p. 300 ; 22 juin 1885, Rec. de Grenoble). Que les marchés à livrer sur denrées et marchandises, ayant été reconnus légaux par la loi de 1885, ne peuvent être annulés par les tribunaux qu'au cas où les parties ont déclaré expressément leur intention de ne faire que des opérations de jeu (Trib. com. Lille, 14 mars 1887, *Le Droit*, 20 avr. 1887). Décidé enfin, que l'art. 1965 c. civ. n'a pas été abrogé par la loi du 8 avr. 1885 ; qu'il n'est applicable qu'aux marchés à terme, et n'a pas pour but de couvrir d'une protection qu'on prétendrait d'ordre public des spéculations qui ne sont que du jeu et du pari. Spécialement, un spéculateur peut opposer l'exception de jeu à une personne qui lui réclame une somme résultant d'un prétendu compte d'opérations de bourse, lorsqu'il résulte des documents de la cause que ces opérations n'étaient pas sérieuses et qu'elles ne constituaient que de simples paris sur la hausse ou la baisse des cours de la bourse (Rouen, 4 mars 1886, Rec. de Rouen, 1886, p. 133). — Toutefois on ne saurait admettre que les juges puissent rechercher la preuve du pari en dehors, soit des conventions écrites, soit de la reconnaissance formelle des parties. S'il était permis, en effet, de rechercher dans toutes les circonstances de la cause la preuve que l'opération n'est pas sérieuse, on arriverait ainsi à anéantir toute la portée de la loi nouvelle et rien ne serait modifié à l'état de choses antérieur. C'est ainsi que, suivant nous, les juges ne pourraient s'appuyer, pour admettre l'exception de jeu, sur des présomptions tirées de ce que le marché était en disproportion avec la fortune du contractant.

**18.** Le contrat d'assurances sur la vie peut également dissimuler, en fait, un véritable pari. Il est, en effet, de jurisprudence constante que l'assurance sur la vie d'un tiers n'est un contrat licite que si celui qui stipule l'assurance a intérêt à l'existence de ce tiers; à défaut de cet intérêt, les tribunaux devraient refuser aux intéressés toute action contre la compagnie d'assurances (Conf. Civ. rej. 14 déc. 1853, aff. *La Providence*, D. P. 54. 1. 368). Mais la cour suprême dans cet arrêt, limite considérablement la portée pratique de ce principe, en refusant aux juges du fond le pouvoir d'apprécier souverainement l'existence de cet intérêt, qui, suivant elle, est suffisamment établi dans tous les cas, et par l'estimation que les parties elles-mêmes en ont faite dans la police d'assurances, et par le consentement du tiers dont la vie est assurée. Or, en fait, les deux conditions spécifiées par la cour de cassation se rencontrant nécessairement dans toute assurance sur la vie (V. *supra*, v° *Assurances terrestres*, chap. 2, art. 3, § 2, n° 332), il en résulte que tant que cette jurisprudence se maintiendra, l'application dans certains cas à l'assurance sur la vie des principes qu[i] régissent la matière du pari n'aura pas lieu de se produire (V. aussi, sur cette question : Montluc, *Des assurances sur la vie*, p. 139 à 162).

**19.** — II. Droit pénal. — 1° *Jeux*. — La distinction des jeux, au point de vue purement pénal, procède d'un principe différent de celui qui a inspiré les dispositions du code civil en cette matière. Les art. 410 et 475-5° c. pén., en effet, tendent uniquement à la répression des *jeux de hasard* proprement dits, et encore ne punissent-ils pas les joueurs eux-mêmes, mais seulement, d'une part, ceux qui auront tenu une maison de jeux de hasard, d'autre part, qui auront établi ou tenu ces sortes de jeux dans un lieu public. Tous autres jeux ne sont justiciables que des dispositions du code civil. Mais il s'agit de déterminer exactement le sens de cette expression « jeux de hasard » dont s'est servie la loi dans les art. 410 et 475, § 5, c. pén.

Tout d'abord il n'est pas douteux que cette qualification ne saurait viser en aucune façon les jeux qui tiennent à l'adresse ou à l'exercice du corps. La cour de cassation l'a décidé formellement pour le jeu de *quilles* en particulier (Crim. rej. 26 mai 1855, aff. Baccara, t. 5, n° 2322, D. P. 55. 1. 223). — Cette hypothèse mise à part, deux interprétations différentes partagent la doctrine. Suivant MM. Chauveau et Faustin Hélie, *Théorie du code pénal*, les jeux de hasard sont ceux où le hasard seul préside. Selon M. Blanche, au contraire (*Etudes pratiques sur le code pénal*, n°s 289 et 290), ce sont ceux où la chance prédomine sur l'adresse et les combinaisons de l'intelligence. La première opinion nous paraît plus conforme aux règles d'interprétation stricte admises en matière pénale. Telle a été également, jusqu'en ces derniers temps, l'opinion admise par la cour de cassation : « Les jeux de hasard, disait-elle, sont exclusivement ceux auxquels le hasard seul préside » (Crim. rej. 9 nov. 1861, aff. Lécalard, D. P. 61. 5. 274). Aux arrêts en ce sens déjà cités au *Rép.* n°s 11 et 12, il convient d'ajouter un certain nombre de décisions qui ont attribué le caractère de jeux de hasard aux jeux suivants : le *baccara* (Crim. cass. 24 nov. 1855, aff. Boisseau, D. P. 56. 1. 95. V. dans le même sens : C. cass. de Belgique, 1er déc. 1879, aff. Kirsch, *Pasicrisie belge*, 1880, t. 1, p. 32) ; le *chemin de fer* (Aix, 1er mai 1861, aff. Auzepy, D. P. 61.5.[275), le jeu de cartes dit *vendôme* (Même décision); le jeu du billard dit la *routine* (Même décision). Par application des mêmes principes, jusqu'en 1877, la cour suprême refusait d'appliquer les dispositions de la loi pénale à tous les jeux exigeant, dans une certaine mesure, de la part des joueurs, de l'habileté et certaines combinaisons, notamment au jeu de *piquet* (Crim. rej. 8 janv. 1857, aff. Trille, D. P. 57. 1. 78); au jeu de cartes dit *la mouche* (Crim. rej. 18 févr. 1858, aff. Lefranc, D. P. 58. 5. 219); au jeu de billard dit jeu de *poule* (Crim. rej. 9 nov. 1861, aff. Lécalard, D. P. 61. 5. 274); au *bézique* (Crim. rej. 2 avr. 1853), enfin à l'*écarté* (Crim. rej. 31 juill. 1863, aff. Chapuis, D. P. 63. 5. 220). Toutefois la cour suprême, avec raison, apportait à cette doctrine deux tempéraments qui ne constituaient pas, en réalité, un échec au principe, en décidant : 1° qu'un jeu même de cette dernière catégorie peut tomber sous l'application de la loi pénale lorsqu'il est accompagné de circonstances qui en font un véritable jeu de hasard, par exemple si de nombreux parieurs viennent risquer des sommes considérables dans des mises engagées sur des paries dont ils ne connaissent même pas les joueurs : c'est ce qui a été décidé notamment pour le jeu d'*écarté* (Crim. rej. 3 juill. 1852, aff. Bonnes, D. P. 52. 1. 222); — 2° Qu'alors même qu'un jeu ne tomberait pas sous l'application de l'art. 410 c. pén. comme jeu de hasard, l'autorité municipale est en droit de l'interdire dans les établissements publics soumis à sa surveillance (Crim. cass. 29 déc. 1865, aff. Pinelli, D. P. 66./1. 188). Mais en 1877, la cour suprême, pour appliquer l'art. 410 c. pén. à une certaine catégorie de paries auxquels il est impossible de dire que le hasard seul préside, les paris à la cote (V. *infrà*, n° 22), élargit sensiblement sa définition première des jeux de hasard, en attribuant ce caractère à tous les jeux dans lesquels la chance prédomine sur l'adresse et les combinaisons de l'intelligence (Crim. rej. 5 janv. 1877, aff. Chéron, D. P. 78. 1. 191).

Il est permis de critiquer cette évolution de la jurisprudence, en droit d'abord, parce que, ainsi qu'on vient de le dire, il est de principe constant que les textes de la loi pénale doivent s'interpréter d'une manière restrictive ; or, ce mode d'interprétation doit conduire à ne qualifier jeux de hasard que ceux auxquels le hasard seul préside; d'autre part, en fait, s'il est facile de reconnaître les jeux auxquels le hasard préside exclusivement, la question de savoir, au contraire, si, dans tel jeu déterminé, la chance pure ou l'habileté du joueur est prédominante, est d'une application très délicate, et nécessiterait, de la part des juges une connaissance approfondie des règles particulières à chaque jeu. Ajoutons, d'ailleurs, sur ce point, que la cour suprême refuse de reconnaître à cette question le caractère d'une question de fait abandonnée à l'appréciation souveraine des juges du fond : « Attendu, dit un des arrêts précités, qu'en reconnaissant que ce jeu (le jeu de poule) ne pouvait être atteint par la prohibition de la loi..., le jugement attaqué a exactement apprécié le jeu dont s'agit ». Cette confusion du fait et du droit a conduit, ainsi qu'on le verra, la cour de cassation à établir, notamment en matière de paris aux courses, des présomptions qui tendent à intervertir le rôle légal des parties en ce qui concerne la preuve des délits ou contraventions (V. *infrà*, n° 24).

**20.** 2° *Paris*. — Le pari, pas plus que le jeu, ne tombe en lui-même sous le coup de la loi pénale. Une seule exception était faite, avant la loi du 28 mars 1885, pour les paris sur la hausse ou la baisse des effets publics, qui étaient punis de l'emprisonnement et de l'amende par les art. 421 et 422 c. pén. Mais la loi précitée ayant abrogé ces deux textes, la règle que nous venons de poser est maintenant générale. Mais il faut étendre au pari, par identité de motifs, les dispositions de la loi pénale concernant la tenue, soit de maisons de jeux (c. pén. art. 410) soit de jeux sur la voie publique (art. 475 § 5). Cette assimilation doit conduire à une distinction entre les paris de hasard et tous autres paris. La distinction ne saurait se faire ici dans les mêmes termes que pour le jeu; le parieur en effet n'est pas maître, comme le joueur, de neutraliser dans certains cas, par son adresse et son habileté, les chances qui lui sont contraires. La seule distinction possible ici, et c'est dans ces termes que l'a posée la jurisprudence, est basée sur le degré plus ou moins grand de certitude avec lequel le parieur pourra apprécier, dans un cas déterminé, les chances qui militent en sa faveur. Mais ce principe, on le conçoit, est d'une application fort délicate; car s'il est déjà difficile pour les juges d'apprécier dans un jeu qui a ses règles propres la part du hasard et celle de l'habileté du joueur, à plus forte raison en sera-t-il de même du pari; car il faut pénétrer, pour ainsi dire, dans le for intérieur du parieur, pour déterminer si, dans tel cas, il a parié en connaissance de cause, avec des éléments suffisants d'appréciation, ou au contraire, dans le seul but de spéculer et par amour du gain.

C'est à propos des paris intervenus à l'occasion des courses de chevaux que s'est posée, dans la pratique, la question de savoir dans quels cas ces paris pouvaient être considérés comme jeux de hasard, entraînant par suite contre ceux qui les provoquent l'application des art. 410 et 475, § 5, c. pén. Pour bien comprendre la portée de la question, il est nécessaire de donner préalablement quelques explications sur les différentes sortes de paris qui se pratiquent aux courses.

**21.** Trois formes différentes de paris sur les courses de chevaux ont particulièrement appelé jusqu'à ce jour l'attention des tribunaux : la *poule*, le *pari mutuel*, et le *pari individuel* ou *pari à la cote*. La *poule* est une sorte de loterie dans laquelle, après versement d'une somme égale par chacun des parieurs, les numéros qui servent à désigner chacun des chevaux partants sont tirés au sort; à l'issue de la course, celui des parieurs qui est en possession du numéro représentant le cheval gagnant, se voit attribuer la totalité des mises versées par les autres parieurs, sauf prélèvement d'une certaine somme par l'organisateur de la poule. — Dans le *pari mutuel*, chaque parieur choisit lui-même un cheval, sur lequel il engage une somme dont le *quantum* n'est pas limité, et reçoit de l'agence préposée à cet effet un ou plusieurs *tickets* portant le numéro du cheval choisi, avec indication de la somme versée. A l'issue de la course, les mises engagées sur tous les chevaux de la course par les différents parieurs sont totalisées, et, après déduction d'un tant pour cent prélevé par l'agence, à titre soit de commission, soit de droit des pauvres, le montant des sommes engagées sur les chevaux perdants, est attribué à ceux qui ont parié sur le cheval gagnant, au prorata de leurs mises respectives. — Plus compliqué est le *pari individuel* ou *pari à la cote*. Un individu appelé *bookmaker* dresse un tableau sur lequel sont inscrits les noms de tous les chevaux de la course. Puis, il offre, à toutes les personnes qui se présentent, d'engager avec elles un pari sur un ou plusieurs chevaux de leur choix. En retour de la somme versée, il s'engage, pour le cas où le cheval choisi gagnerait la course, à payer au parieur, outre le remboursement de sa mise, une somme soit égale, soit double, soit triple, etc., de cette mise, selon que le cheval a de plus ou moins grandes chances de gagner. On dit alors que le cheval est à égalité, ou à 2 contre 1, ou à 3 contre 1, etc., et cette évaluation par le *bookmaker* des chances respectives de chaque cheval constitue la cote. A l'issue de la course, le *bookmaker* paye, dans la proportion convenue, tous les paris engagés sur le cheval vainqueur, et gagne pour lui-même tous les paris engagés sur les autres chevaux.

**22.** Dans quelle proportion peut-on dire que le hasard préside à chacune de ces différentes formes de paris? C'est une question qu'il est impossible de résoudre *à priori*, au moins pour ce qui concerne le pari mutuel et le pari à la cote, puisqu'il faudrait rigoureusement pour cela déterminer dans quelle mesure chacune de ces formes de paris exclut, de la part des parieurs, une appréciation raisonnée des chances de gain ou de perte ; ni le pari mutuel, pas plus que le pari à la cote, n'exclut, ni n'implique par contre, cette appréciation raisonnée des parieurs. Et cependant, en présence du développement excessif, presque scandaleux, des paris aux courses, l'autorité a jugé nécessaire de sévir, et la jurisprudence, de poser des principes en une matière qui ne comporte que des solutions de fait. Suivons donc le développement de la jurisprudence sur ce point.

**23.** C'est contre la poule et le pari mutuel que l'on a songé tout d'abord à sévir. Par arrêt du 31 déc. 1874 (aff. Oller, D. P. 75. 2. 92), la cour de Paris décide qu'on doit considérer comme jeux de loterie et de hasard les jeux de la poule et du pari mutuel simple ou composé. Cette décision est confirmée le 18 juin 1875 par un arrêt de la chambre criminelle de la cour de cassation (D. P. 75. 1. 445), dont les considérants établissent très nettement ce sujet la distinction entre le pari individuel ou à la cote d'une part, et les paris à la poule et le pari mutuel d'autre part. Voici en résumé, selon la cour, le fondement de cette distinction : Quant au pari à la poule, sa qualification de loterie et jeu de hasard résulte suffisamment de ce que, dans le jeu de poule, c'est un tirage au sort qui attribue à chaque joueur le cheval sur lequel portera son enjeu ; il suit de là que le gain du jeu, attaché au cheval arrivé premier, est déterminé par un fait imposé au joueur, et qui n'est qu'une opération de hasard. Quant au pari mutuel, les considérants s'appuient, pour l'assimiler aux jeux de hasard, sur ce que « les paris reçus dans ces différents (agences de pari mutuel) ne sont pas le résultat de rapports personnels et de pactes individuels entre les joueurs, qui sont inconnus les uns aux autres ; que les parieurs, absolument étrangers, en presque totalité, aux goûts et aux traditions du sport, ne se proposent en aucune façon de favoriser l'amélioration des races chevalines ; qu'ils ignorent d'ailleurs tout ce qui serait nécessaire pour faire une appréciation plus ou moins rationnelle de la valeur comparative des chevaux ; qu'ils n'ont qu'un mobile, la passion du jeu ». Enfin, aux termes du même arrêt, le pari individuel peut, dans certains cas, ne pas être considéré comme jeu de hasard. A quelles conditions en est-il ainsi, la cour ne le dit pas ; mais on lit dans le rapport présenté par M. le conseiller Saint-Luc-Courborieu : « Un premier point semble à l'abri de la controverse : c'est que les paris individuels faits sur le champ de courses, entre propriétaires de chevaux ou membres de la société d'encouragement ou des salons de courses, ou entre personnes qui s'occupent notoirement de courses de chevaux et d'amélioration des races chevalines, ne sauraient être juridiquement assimilés à des jeux de hasard. Ces personnes peuvent, en effet, se procurer des renseignements plus ou moins exacts sur la conformation extérieure des chevaux engagés, sur leurs origines, leur état actuel de santé, les qualités qu'ils ont

déployées antérieurement, sur la réputation de l'écurie à laquelle ils appartiennent, et sur bien d'autres circonstances, notamment sur l'habileté du jockey. Le choix du cheval, en pareille occurrence, enlève nécessairement au pari le caractère de jeu de hasard : les qualités du cheval devant, selon les apparences, rationnelles aux yeux des parieurs, prédominer sur les chances purement fortuites ou inconnues ».

Plusieurs arrêts postérieurs de la chambre criminelle confirment, en ce qui concerne le pari individuel, sa jurisprudence antérieure, en précisant, notamment, les cas dans lesquels ce mode de pari doit être considéré comme jeu de hasard : Les paris à la cote, aux termes d'un arrêt du 5 janv. 1877 (aff. Chéron, D. P. 78. 1. 191), constituent un jeu de hasard, lorsque celui qui provoque le public à parier avec lui n'a pas pour objet d'améliorer la race chevaline, mais uniquement de satisfaire la passion des joueurs en l'exploitant à son profit, et que ceux qui répondent à son appel sont obligés d'accepter ses conditions sans avoir la capacité ou la possibilité de les contrôler. Jugé également, par deux arrêts de la même chambre (Crim. cass. 10 déc. 1887, aff. Kurten, D. P. 88. 1. 185 et 8 déc. 1888, aff. Andriveau, D. P. 89. 1. 81), que « en admettant que les paris à la cote puissent, dans certains cas, ne pas être considérés comme jeux de hasard, il n'en peut être ainsi quand ils sont engagés avec des personnes étrangères aux habitudes des courses et incapables d'apprécier les qualités des chevaux admis à courir, ou lorsque les organisateurs de ces paris, uniquement préoccupés d'exploiter à leur profit la passion des joueurs, s'adressent indistinctement à la masse du public et lient des paris avec des gens qui leur sont inconnus ou qu'ils refusent de faire connaître ». V. aussi, dans le même sens C. cass. Belgique, 8 nov. 1886 (aff. Agostini, D. P. 87. 2. 137).

**24.** De l'ensemble de ces décisions se dégage la remarque suivante : c'est que, tandis que, pour le pari à la poule, l'appréciation par la cour suprême du caractère de jeu de hasard attribué à ce mode de pari était fort exactement basée sur la nature intrinsèque et invariable de cette combinaison qui exclut nécessairement tout calcul raisonné des parieurs, la cour suprême a dû, au contraire, pour englober dans le même prohibition le pari mutuel et le pari à la cote dans les conditions spécifiées plus haut, faire abstraction de la nature même de ces deux modes de pari, auxquels, nous l'avons dit, le hasard ne préside pas nécessairement ; et, en présence de l'impossibilité évidente où seraient les juges du fait de se déterminer dans chaque cas spécial, la part du hasard et celle de l'appréciation raisonnée du parieur, elle a posé certaines présomptions, qui, d'après les arrêts précités, peuvent s'analyser en ces termes : 1° s'agit-il de paris engagés dans la forme du pari mutuel, ces paris seront réputés dans tous les cas jeux de hasard ; 2° s'agit-il au contraire de paris engagés sous forme de paris individuels ou à la cote, il faut distinguer : ou bien le pari est intervenu entre personnes s'occupant notoirement de courses de chevaux et d'amélioration des races chevalines (circonstances à apprécier souverainement par les juges du fait) ; et alors le pari est présumé licite ; ou bien, au contraire, il est intervenu entre un bookmaker et le public, c'est-à-dire entre personnes dont l'une ne cherche qu'à spéculer sur la passion du jeu et dont les autres ne se sont pas fait connaître ; et, dans ce cas, il est présumé jeu de hasard. Que la cour suprême ait entendu poser ici de véritables présomptions légales, cela ressort sans aucun doute de ce que, contrairement aux règles de preuve admises en matière pénale, elle dispense l'officier de police judiciaire poursuivant l'application des peines des art. 410 et 475-5° de prouver ici l'élément constitutif du délit ou de la contravention, laissant la preuve contraire à la charge du prétendu délinquant.

**25.** Des arrêts plus récents de la cour suprême maintiennent cette jurisprudence relativement au pari à la cote, mais la modifient sensiblement en ce qui concerne le pari mutuel. Pour comprendre cette évolution dans les principes suivis antérieurement, il faut signaler, dès à présent, un fait qui s'est produit dans ces dernières années et qui justifie, dans une certaine mesure, ce changement de la jurisprudence. L'autorité administrative, en présence du développement excessif de la passion du pari aux courses, désespérant d'enrayer le mal, a cherché tout au moins à le localiser.

A cet effet, plusieurs arrêtés ministériels, que l'on citera plus loin (V. *infrà*, nos 71 et suiv.) ont autorisé diverses sociétés de sport de France à installer, sur leurs hippodromes mêmes, des agences de pari mutuel dans certaines conditions déterminées. Dès lors, on a dû distinguer, au point de vue administratif, entre les agences de pari mutuel autorisées, et les agences non autorisées. En présence de cette décision de l'autorité administrative, la cour de cassation n'avait que deux partis à prendre : ou la déclarer illégale, conformément à ses arrêts antérieurs, ou modifier elle-même sa jurisprudence en cherchant à concilier cette évolution avec ses principes. C'est en ce dernier sens qu'elle s'est prononcée dans son arrêt du 7 juin 1889 (aff. Dumien, D. P. 90. 1. 41). Elle commence par modifier le principe posé antérieurement et aux termes duquel le pari mutuel était considéré, dans tous les cas et en règle absolue, comme jeu de hasard, en décidant que « le pari mutuel sur les courses de chevaux doit, comme le pari à la côte, être réputé jeu de hasard, lorsqu'il est pratiqué par des personnes notoirement étrangères aux usages des courses, et incapables d'apprécier la valeur des chevaux engagés ». Mais ce dernier principe lui-même, aux termes de l'arrêt, subit un tempérament lorsqu'il s'agit d'une agence de pari mutuel autorisée : les paris engagés dans ces agences seront toujours considérés comme licites, sans qu'il y ait lieu, pour les juges, de s'arrêter aux circonstances de fait qui, dans tout autre cas, seraient constitutives du jeu de hasard prohibé : « Le pari mutuel dit « au totalisateur », offrant les caractères d'une loterie, peut, aux termes de l'art. 5 de la loi du 21 mai 1836, être l'objet d'une autorisation administrative, et, dans ce cas, il cesse de constituer un jeu de hasard punissable, tant qu'il s'exerce suivant les règles et dans les conditions fixées par l'autorité supérieure ». Il est difficile de considérer cette dernière décision autrement que comme un arrêt d'expédient destiné à faciliter l'œuvre de réglementation des paris entreprise par l'autorité administrative. Si, en effet, la jurisprudence a pu, avec raison, attribuer, ainsi qu'on l'a vu *supra*, n° 23, le caractère de loterie au pari dit *à la poule*, il ne saurait en être ainsi du pari mutuel. Quel est en effet, d'après les termes mêmes de la loi du 21 mai 1836, l'élément constitutif de la loterie ? Il réside exclusivement dans ce fait que le gain, dont l'espérance est offerte au public, est acquis par la voie du sort (art. 1er), c'est-à-dire que les combinaisons raisonnées et l'habileté individuelle n'y ont aucune part; or il est bien certain que, dans le pari mutuel, au contraire, quelque part que l'on veuille attribuer à l'intervention du hasard, le parieur choisit lui-même son cheval, et qu'en conséquence le gain qui peut résulter de ce choix n'est pas acquis par la voie du sort. Que ce choix puisse n'être pas raisonné dans un grand nombre de cas, cela est vrai ; mais il suffit qu'il puisse l'être, pour qu'il y ait lieu de distinguer en droit ce mode de pari de la loterie, qui, par définition, exclut toute possibilité d'un choix raisonné. Mais, dût-on même admettre la solution de la cour suprême sur ce point, l'arrêt précité prête encore à une autre critique, lorsqu'il cherche à justifier par l'art. 5 de la loi du 21 mai 1836, la légalité des arrêts ministériels autorisant le pari mutuel. Cet article, en effet, n'exclut de la prohibition absolue, de l'art. 1er que les loteries qui sont exclusivement destinées à des actes de bienfaisance ou à l'encouragement des arts : celles-là seules pourront être l'objet d'une autorisation administrative. Or, quelque légitime que puisse être l'encouragement à l'amélioration des races chevalines, il ne peut rentrer à aucun titre dans l'une ou l'autre des deux catégories visées par l'art. 5 (V. sur les diverses solutions de la jurisprudence en cette matière, deux arrêts de la *première* sous l'arrêt de cassation du 8 déc. 1888 (aff. Andriveau, D. P. 89. 1. 81), la *deuxième* sous l'arrêt de cassation du 7 juin 1889 (aff. Dumien, D. P. 90. 1. 41).

**26.** Au reste, on verra *infrà*, nos 74 et suiv., que la loi nouvelle des 2-3 juin 1891, en punissant des peines de l'art. 410 c. pén. tous individus exploitant le pari sous quelque forme que ce soit, sauf exception pour le pari mutuel organisé dans les conditions qu'elle détermine par les sociétés de courses elles-mêmes, a attribué implicitement, par là même, à tous les paris sur les courses qui ne rentrent pas dans cette exception, le caractère de jeux de hasard, mettant

ainsi fin, à l'égard de cette catégorie de paris, aux incertitudes et aux fluctuations de la jurisprudence.

## Sect. 3. — Des actions civiles qui peuvent naître du jeu et du pari (*Rép.* nos 25 à 62).

**27.** En principe, la loi n'accorde aucune action pour une dette de jeu ou pour le payement d'un pari (c. civ., art. 1965); il en résulte que le débiteur actionné en payement d'une dette de cette nature peut opposer à la demande une exception péremptoire, dite exception de jeu. Toutefois, la loi apporte à cette règle un double tempérament : 1° par l'art. 1966 qui, à titre exceptionnel, accorde une action au gagnant lorsqu'il s'agit de jeux tenant à l'adresse et à l'exercice du corps ; 2° par l'art. 1967 qui, dans le cas même où l'action est refusée au gagnant suivant le principe de l'art. 1965, dénie néanmoins au perdant la faculté de répéter les sommes qu'il aurait volontairement payées en exécution de la dette de jeu.

**28.** L'ensemble de ces dispositions a conduit la doctrine à se demander quelle est exactement la nature juridique du contrat de jeu ou de pari. L'obligation engendrée par ce contrat doit-elle être considérée comme une obligation illicite, ou comme une obligation naturelle, ou enfin comme une obligation civile ? Ces trois points de vue comptent des partisans dans la doctrine. — On a cité au *Rép.* n° 33, divers passages tirés des travaux préparatoires du code civil qui semblent établir que, dans la pensée du législateur, à l'exemple des lois romaines, la dette du jeu ou du pari devait être considérée comme ayant une cause honteuse. Des auteurs en ont conclu que, dans notre droit, le jeu et le pari ne sauraient engendrer une obligation quelconque, ni civile, ni naturelle. A l'objection tirée de l'art. 1967, qui donne cependant un certain effet légal à la convention de jeu, ces auteurs répondent que, si la loi ne permet pas que ce qui a été volontairement payé soit répété, c'est parce qu'elle ne veut pas que la justice ait à s'occuper d'une question de jeu, qu'elle ait à statuer sur la demande de celui qui, en jouant, a méconnu lui-même la loi qu'il viendrait invoquer pour se faire rendre ce qu'il a volontairement payé. C'est l'application de l'adage romain : *nemo auditur propriam turpitudinem allegans* (V. en ce sens, Duranton, t. 10, n° 370 ; Mourlon, *op. cit.* t. 3, p. 429 et 430). — Dans une deuxième opinion qui a pour elle l'autorité de Pothier, et aussi certains passages des travaux préparatoires, on dit que la convention de jeu n'est pas illicite, puisque, au contraire de l'art. 1131, qui déclare nulle toute obligation fondée sur une cause illicite, l'art. 1967 donne une certaine force obligatoire au contrat en refusant au perdant la répétition de ce qu'il a volontairement payé ; cette disposition n'est, en somme, qu'une application de l'art. 1235, § 2, aux termes duquel la répétition n'est pas admise à l'égard des obligations naturelles qui ont été volontairement acquittées. Reconnaître que la convention de jeu engendre au moins une obligation naturelle, c'est donc la meilleure manière de concilier les art. 1965 et 1967. Cette opinion est la plus généralement admise dans la doctrine (Aubry et Rau, 4e édit. t. 4, § 297, p. 6, note 7 et § 386, p. 574, note 2 ; Demante et Colmet de Santerre, *Cours analytique*, t. 8, n° 178 *bis*, I ; Laurent, t. 27, n° 194). — Enfin, M. Pont (*Petits Contrats*, t. 1, n° 603) soutient que la convention de jeu engendre non pas seulement une obligation naturelle, mais une véritable obligation civile. Cela résulte, dit-il, de l'insertion du contrat de jeu au titre des contrats aléatoires, et particulièrement de l'art. 1964, qui le place sur la même ligne que le contrat d'assurances et le contrat de rente viagère ; seulement, c'est un contrat civil régi par des règles particulières, conformément à l'art. 1134 aux termes duquel : « les règles particulières à certains contrats sont établies sous les titres relatifs à chacun d'eux » (V. dans le même sens, Pillette, *Revue pratique*, t. 51, p. 441). Toute cette discussion ne présente guère d'ailleurs qu'un intérêt théorique; puisque, à quelques solutions près, tout le monde est d'accord tout au moins sur le sens et la portée générale des dispositions de la loi en cette matière.

**29.** Quant aux questions de détail que soulève l'application des articles 1965 et suiv., elles peuvent se ramener à l'examen des trois points suivants : 1° action du gagnant contre le perdant; 2° action du perdant en répétition de ce qu'il a payé; 3° action intentée par un tiers en remboursement des sommes par lui prêtées pour le payement d'une dette de jeu.

ART. 1er. — *De l'action du gagnant contre le perdant* (*Rép.* n°s 26 à 31).

**30.** Ainsi qu'on l'a dit au *Rép.* n° 26, il résulte de la règle posée par l'art. 1965, qu'une créance provenant d'un jeu ou d'un pari non reconnus par la loi ne peut être opposée en compensation. La compensation, en effet, entre autres conditions, ne peut se produire qu'entre deux dettes également exigibles (art. 1291); or la dette qui a sa cause dans une convention de jeu n'est jamais exigible (Aubry et Rau, t. 4, § 386, p. 575, note 8, Pont, *op. cit.*, n° 643). — La même idée conduit à décider qu'une dette de jeu ne pourrait ni être cautionnée, ni faire l'objet d'une novation ou d'une transaction. Cela ne saurait faire difficulté dans l'opinion qui considère cette convention comme illicite. Quant aux auteurs qui admettent que la convention de jeu donne naissance à une obligation naturelle, ils devraient logiquement conclure à la validité de la novation ou du cautionnement dans notre hypothèse, par application du principe que toute dette susceptible de faire l'objet d'un payement valable peut être novée ou cautionnée; ils reculent cependant devant cette conséquence, en raison des termes de l'art. 1965 et de l'intention manifeste du législateur d'écarter toute action ayant sa cause première dans une dette de jeu. Il y a sans doute ici une obligation naturelle, mais traitée avec plus de rigueur que les autres par la loi. La cour de Rouen a jugé, conformément à ces principes, que des billets souscrits pour transiger sur l'inexécution d'une dette de jeu étaient nuls, alors du moins que la transaction portait uniquement sur le chiffre de la somme due, et non sur la cause même de la dette (14 juill. 1854, aff. Nicolle, D. P. 56. 2. 16).

**31.** On conclut aussi, en général, de la règle posée par l'art. 1965 que la nullité d'engagements provenant de jeux ou paris est d'ordre public, et de là on tire ces conséquences : 1° que cette nullité ne peut être couverte par une ratification (Angers, 24 août 1865, aff. Grignon, D. P. 66. 2. 211); — 2° Qu'elle peut être proposée pour la première fois en appel, et même devant la cour de cassation (Paris, 10 juill. 1850, aff. Raynal, D. P. 51. 2. 184; Civ. cass. 15 nov. 1864, aff. Destournelles, D. P. 65. 1. 224); — 3° Que les tribunaux peuvent et doivent prononcer d'office, lorsque le perdant, actionné en justice, néglige ou refuse d'invoquer l'exception de jeu (Amiens, 14 janv. 1859, aff. X..., D. P. 59. 2. 70; Lyon, 29 juin 1871, aff. J..., D. P. 71. 2. 152; Paris, 13 mai 1873. aff. Kiki-Attal, D. P. 73, 2. 240; V. aussi Laurent, t. 27, § 201). — Cette dernière conséquence a été repoussée par plusieurs auteurs (V. notamment Aubry et Rau, t. 4, § 386, n° 10; Pont, t. 1, § 636), qui font observer que si le perdant peut faire un payement qui, volontairement fait, est définitif et irrévocable, il peut, par cela même, renoncer à l'exception au moyen de laquelle il serait infailliblement affranchi de l'obligation de payer; et, s'il renonce à l'exception, en ne l'opposant pas, comment les juges pourraient-ils, d'office, lui imposer le bénéfice? On fait encore remarquer en ce sens que la plupart des arrêts invoqués en sens contraire avaient à statuer sur des hypothèses où il s'agissait de jeu sur la hausse ou la baisse des effets publics, c'est-à-dire d'un acte délictueux, au moins ayant la loi de 1885, et intéressant à ce titre l'ordre public, à la différence du jeu ordinaire dont les règles ne concernent que des intérêts particuliers. Mais cette dernière assertion n'est pas absolument exacte, car si les arrêts dont il s'agit ont été rendus en effet dans l'hypothèse de jeux de bourse, la jurisprudence a du moins constamment appuyé sa solution, non pas sur l'art. 422 c. pén., mais sur l'art. 1965 c. civ., d'où il résulte que, pour elle, la règle que l'exception de jeu intéresse l'ordre public ne s'applique pas seulement à certaines catégories de jeux, mais présente un caractère de généralité absolue. Cette observation a son importance, surtout depuis la loi du 28 mars 1885 qui a abrogé les art. 421 et 422 c. pén.

**32.** On a examiné au *Rép.* n° 27, la question de savoir si la règle qui refuse toute action pour le payement d'une dette de jeu reçoit son application au cas où les enjeux qui sont l'objet d'une partie engagée auraient été déposés à l'avance, soit devant les joueurs, soit entre les mains d'un tiers, et l'on a admis que, par le fait même du dépôt, les enjeux sont acquis à la partie gagnante, et qu'en conséquence, si le perdant s'en emparait, le gagnant aurait action contre lui. C'est la solution généralement admise en doctrine (Aubry et Rau, t. 4, § 386, p. 578, note 20; Pont, t. 1, n°s 657 et 658). Toutefois, elle a été contestée par M. Laurent (t. 27, n° 213); selon cet auteur, le dépôt de l'enjeu constitue non un payement, mais une promesse de payer; il ajoute que le système contraire introduit dans la loi une distinction qu'elle n'a pas faite, entre le jeu au comptant et le jeu sur parole. Mais à cela on répond que, si le dépôt de l'enjeu ne constitue pas, en effet, un véritable payement tant que le résultat de la partie engagée n'est pas définitivement acquis, il en est autrement dans le cas contraire: aussitôt la partie gagnée, la dette prend naissance dans la personne du perdant, et cette dette peut être la cause d'un payement valable; or, le seul fait par le perdant d'avoir maintenu le dépôt de son enjeu jusqu'à l'issue de la partie doit être assimilé à un payement volontaire de sa part. Nous admettrions, en conséquence, qu'en faisant main basse sur le dépôt, après l'issue de la partie, il commettrait, au préjudice du gagnant, une véritable soustraction frauduleuse ; mais, au contraire, il pourrait valablement retirer son enjeu avant la fin de la partie, puisque, jusqu'à ce moment, la dette n'existe pas encore.

**33.** La règle qui interdit toute action en payement d'une dette de jeu ou d'un pari reçoit, on l'a vu *suprà*, n° 2, exception dans les cas prévus par l'art. 1966, c'est-à-dire lorsqu'il s'agit de jeux tenant à l'adresse et à l'exercice du corps. Nous avons dit comment on doit interpréter cet article, au double point de vue des jeux compris dans l'énumération de la loi et des personnes qui peuvent bénéficier de l'exception. Mais l'application de cette disposition exige encore d'autres conditions.

**34.** Il faut d'abord, bien entendu, pour que le jeu soit valable comme contrat, que chacune des parties ait la capacité de s'obliger et que leur consentement soit libre (V. *infrà*, v° *Obligation*). Il faut, en second lieu, qu'il y ait, entre les joueurs, égalité de risques. Mais cette dernière règle ne peut évidemment s'entendre dans un sens absolu; il faut seulement qu'il n'y ait pas entre eux disproportion telle que l'un des joueurs soit assuré de gagner, car alors et le risque se trouverait supprimé d'un côté. Il est vrai que l'art. 1964, lorsqu'il définit le contrat aléatoire, semble admettre que, dans cette sorte de conventions, la chance de gain ou de perte pourrait valablement; n'exister qu'à l'égard de l'une des parties ;. mais en réalité l'argument reconnu dans la doctrine que la loi s'est ici servie d'un terme inexact (V. *infrà*, v° *Obligation*). — Il faut encore que les joueurs tiennent le jeu avec fidélité et n'y apportent ni tricherie ni supercherie.

**35.** Cependant, lors même que toutes ces conditions se trouveraient réunies, l'art. 1966 *in fine* autorise les juges à rejeter la demande en payement d'une dette de cette nature quand la somme leur paraît excessive. Il s'agit ici d'une pure appréciation de fait pour laquelle les juges devront tenir compte, moins de l'importance de la somme jouée en elle-même, que de la fortune et des habitudes des joueurs; il s'agit pour eux de rechercher si le but principal du jeu était le gain ou l'exercice du corps (V. en ce sens: Laurent, t. 1, n° 619; Pont, t. 27, n° 199). Les juges pourraient, dans le premier cas, rejeter la demande; mais ils ne seraient pas autorisés à restreindre seulement la somme dans les limites raisonnables : ou le contrat est valable pour le tout, ou il doit être annulé pour le tout.

ART. 2. — *De l'action en répétition de ce qui a été volontairement payé par le perdant* (*Rép.* n°s 32 à 56).

**36.** Soit que la loi accorde ou refuse l'action, le perdant ne peut jamais répéter ce qu'il a volontairement payé, à moins qu'il n'y ait eu, de la part du gagnant, dol, supercherie ou escroquerie (art. 1967; *Rép.* n° 32). Il est donc particulièrement important de déterminer ici dans quels cas il y a ou non payement effectif et volontaire.

**37.** En premier lieu, il est évident qu'il n'y a payement volontaire·de·la part du perdant, dans le sens de l'art. 1967, qu'autant que celui-ci avait la capacité requise pour effectuer ce payement. Il a été jugé, en conséquence, que les sommes payées par la femme pour dettes de jeu, sans l'autorisation de son mari, sont sujettes à répétition, le défaut d'autorisation maritale enlevant le caractère de payements volontaires que celle-ci avait été assujettis à cette autorisation (Civ. rej. 30 déc. 1862, aff. Selleron, D. P. 63. 1. 40; Limoges, 12 déc. 1868, aff. Bidaud, D. P. 69. 2. 15). Mais il en serait autrement et la répétition·ne serait pas admise si le payement avait été effectué par la femme avec l'autorisation tacite qu'elle tenait de son mari (Req. 20 nov. 1865, aff. Scellier, D. P. 66. 1. 112).

**38.** La question de savoir dans quels cas le payement doit être considéré ici comme effectif, donne lieu à plus de difficultés. Et, d'abord, la dation en payement soit d'un immeuble, soit de denrées ou de marchandises, pour l'acquittement d'une dette de jeu, fait-elle obstacle à la répétition de l'art. 1967? La réponse dépend de l'opinion que l'on se forme sur la nature juridique de la *datio in solutum*. Si l'on admet, avec quelques auteurs modernes, que la *datio in solutum* constitue une novation de la dette primitive, on devra écarter ici l'art. 1967 et admettre l'action en répétition de la part du perdant, puisque, ainsi qu'on l'avons dit au *Rép.* n° 150, une dette de jeu ne peut être novée. Que si l'on considère, au contraire, que la *datio in solutum* est l'équivalent d'un payement, il faut appliquer l'art. 1967 et refuser au perdant la faculté·de revendiquer les objets donnés en payement. C'est en ce sens que s'est prononcée la jurisprudence (Paris, 27 juin 1867, aff. Bertrand, D. P. 67. 2. 191), et avec raison, selon nous, car l'opinion contraire néglige de tenir compte d'une condition essentielle de la novation : c'est·qu'il y ait volonté manifestée (art. 1273); or il n'est pas démontré, par le seul fait de la dation en payement, que les parties aient entendu nover. Dans le cas spécial de la dation d'un immeuble en payement d'une dette de jeu, la doctrine que consacre l'arrêt précité conduit à cette conséquence que si le créancier était, par la suite, évincé de l'immeuble, il n'aurait pas l'action en garantie contre le *solvens*; celui-ci, en effet, n'étant pas propriétaire, n'a pas en réalité éteint sa dette, et l'ancienne créance revit avec son vice originaire, qui fait obstacle à toute action du créancier.

· **39.** L'application du principe que la novation n'est pas assimilable, en matière de jeu, au payement effectif doit conduire également à refuser ce caractère libératoire à la délégation, qui n'est qu'un mode de novation, et à la passation en compte courant, au moins dans la doctrine qui considère cette dernière opération comme une novation. Cependant, ainsi qu'on l'a vu au *Rép.* n° 151, la jurisprudence distingue, en matière de délégation, suivant que le débiteur cédant s'est obligé ou non à la garantie envers le cessionnaire·: dans ce dernier cas seulement il y aurait payement, dans le sens de l'art. 1967. Cette distinction se justifie par l'idée que, lorsque le débiteur cédant s'est obligé à garantir le payement par le cédé, l'action en garantie qui serait ultérieurement exercée contre lui par le créancier ne serait au fond qu'une action en payement de la dette de jeu, action qui est formellement refusée par l'art. 1965; tandis que la clause de non-garantie le libère définitivement de toutes poursuites.

· **40.** La même distinction a été reproduite par la jurisprudence dans·l'hypothèse où le·perdant; pour se libérer, cède au gagnant sa créance contre un tiers. Il a été·jugé que la cession de créances consentie librement dans le but d'éteindre une dette de jeu, constitue un payement effectif non sujet à répétition, lorsqu'elle a été signifiée au débiteur cédé, accompagnée de la remise des titres et suivie de payements à compte du·cessionnaire (Req. 7 juill.·1869, aff. Gorjus, D. P. 71. 1.·208) ; mais que, pour qu'il en soit ainsi, il faut que la·cession soit·faite sans garantie, et que la créance cédée devienne·définitivement la propriété du cessionnaire (Aix, 5 juin 1868, aff. Pardigou, D. P. 68. 2. 168).

· Ces·décisions ne·sont pas contraires aux principes qui régissent le jeu. La novation n'est pas admise·en matière de jeu, par application de l'art. 1965, en tant qu'elle aurait seulement pour effet de déguiser la cause réelle de l'obligation, et de donner, sous une nouvelle forme, action au

gagnant contre le perdant. Or, dans la délégation, la clause de non-garantie exclut la possibilité de toute action contre le déléguant, et, quant à l'obligation du délégué envers le délégataire, elle n'a pas sa cause dans la dette de jeu. La cession de créance sans garantie a les mêmes effets ; le cédant pourrait valablement toucher sa créance et en verser le montant à titre de payement à son propre créancier : en quoi la remise du titre, faite sans garantie de sa part, serait-elle plus inadmissible qu'un versement direct en espèces?

**41.** Mais où la question de savoir quand il y a payement effectif s'est posée le plus fréquemment dans la pratique, c'est dans le cas où le perdant, au lieu de s'acquitter immédiatement par l'un des ·modes précédents, souscrit des billets au·profit du gagnant, sous·forme soit d'une obligation civile, soit d'un effet ·négociable comme un billet à ordre·ou une lettre de change. — Si l'on assimile la remise de l'effet à un véritable payement, il faudra appliquer l'art. 1967 et décider, en conséquence, que le souscripteur ne pourrait, à l'échéance, refuser de faire honneur à sa signature en invoquant l'exception de jeu,· puisque cette exception équivaudrait en fait, de sa part, à une action en répétition de ce qu'il a volontairement payé. Si, au contraire, on refuse d'assimiler la remise de l'effet à un payement, il y aura lieu d'écarter l'art. 1967 et d'admettre l'exception de jeu.

· **42.** La doctrine et la jurisprudence s'accordent généralement pour décider qu'en principe la souscription d'un effet, négociable ou non, constitue, non un payement volontaire de la dette de jeu, mais une simple promesse de payement, et qu'en conséquence, le perdant conserve le droit d'opposer la nullité de la dette. Mais il ne s'agit·ici que du principe; car, dans l'application, on établit une distinction très rationnelle, suivant que ·le souscripteur des billets se trouve en présence du gagnant ou en présence d'un tiers porteur.

**43.** Le souscripteur est-il actionné à l'échéance par le gagnant lui-même, ce qui suppose, ou que l'effet n'était pas négociable,· ou, quoique négociable, qu'il s'est trouvé à l'échéance entre les mains · du créancier originaire? La règle posée ci-dessus s'applique sans distinction suivant la nature civile ou·.commerciale·du billet (Aubry et Rau, t. 4, § 386-1°; Laurent, t. 27,·n° 204 ; Pont, t. 1, § 656 ; Civ. cass. 12 avr. 1854, aff. Hallez, D. P. 54. 1. 180 ; Angers, 24 août 1865, aff. Grignon, D. P. 66. 2. 241 ; Civ. rej. 27 avr. 1870, aff. d'Escrivan, D. P. 70. 1.238 ; Paris, 29 sept. 1882, aff. Lefaut, D. P. 83. 2. 81-86) ; et, par suite, le fait de la souscription n'empêche pas le perdant d'opposer l'exception de jeu à l'action en payement exercée contre lui. On doit même admettre, comme conséquence de ce qu'il n'y a pas payement, que le perdant pourrait, sans attendre que l'action fût intentée contre lui, assigner d'avance le gagnant en restitution des billets par lui souscrits (Aubry et Rau, .t. 4; p. 576, note 1. — *Contrà*·: Paris, 28 janv. 1853, aff. Hallez, D. P. 53. 2. 136).

**44.** La seule difficulté en cette matière concerne la preuve à faire que les billets ont été souscrits pour dette de jeu. La question ne·se pose évidemment que si les billets portent une fausse cause; or c'est·l'hypothèse la plus fréquente. Dans ce cas, faut-il·admettre le défendeur à faire par témoins la preuve que la cause véritable de l'obligation souscrite était une dette de ·jeu? D'après l'art. 1341 qui défend la preuve par témoins contre le contenu aux actes, il semblerait qu'on doive répondre négativement. Mais, ainsi qu'on·l'a ·fait observer au *Rép.* n° 153, décider ainsi, ce serait faire une· application inexacte des· principes en matière de preuve; il est de jurisprudence constante que la fraude à la loi peut·être établie par tous moyens de preuve, or ce que le perdant demande à établir ici ; c'est précisément la fraude à la loi, c'est la cause illicite qui, aux termes de l'art. 1131 c. civ., ne peut laisser produire à l'obligation aucun effet légal. Il faut donc admettre non seulement la preuve par témoins, mais même des présomptions graves, précises et ·concordantes (art. 1353) (Aubry et Rau, t. 4, § 639; Pont, ·t. 1,·n° 386, note 15; Req. 4 nov. 1857, aff. Ardouin, D. P. 57. 1. 441; Civ. rej. 27 avr. 1870, cité *supra*, n° 42).·

Les décisions précédentes trouveraient également leur

application au cas où l'action en payement des billets serait intentée non par le gagnant, mais par un tiers porteur, s'il était prouvé que ce tiers n'était que le prête-nom du gagnant et qu'il n'a endossé les billets que pour ménager au gagnant la fin de non-recevoir que l'art. 1967 fait résulter du payement (Arrêt précité du 27 avr. 1870).

**45.** L'action en payement des billets souscrits est-elle intentée contre le souscripteur par un tiers porteur? Il faut distinguer, croyons-nous, suivant que l'acte a été souscrit sous la forme d'un effet commercial ou d'une obligation civile.

**46.** Dans le premier cas (*Rép.* n° 39), l'intérêt du commerce exigeant que le souscripteur d'un effet de commerce ne puisse, en général, opposer au tiers porteur que les exceptions fondées sur les vices extrinsèques et apparents de son engagement, on décide généralement que le tiers porteur, lorsqu'il est de bonne foi, ne pourrait se voir opposer l'exception de jeu par le souscripteur (Paris, 28 janv. 1853, cité *suprà*, n° 43). Mais, dans ce même cas, le souscripteur peut, lorsqu'il est actionné par le tiers de bonne foi, appeler en garantie le porteur primitif, ou s'il a payé, agir en restitution contre ce dernier. En effet, la loi serait toujours violée si le gagnant pouvait, par le seul fait de la négociation des billets, priver le perdant du bénéfice de l'exception de jeu qui lui appartient lorsqu'il n'a pas volontairement payé. Il s'agit uniquement ici de protéger les tiers de bonne foi, et cela ne saurait rien changer aux rapports entre le gagnant et le perdant (Civ. cass. 12 avr. 1854, aff. Hallez, D. P. 54. 1. 180). Il suit de là également que, si le tiers porteur était de mauvaise foi, c'est-à-dire s'il connaissait l'origine et la cause réelle de la souscription des billets, l'exception de jeu pourrait lui être valablement opposée, comme au porteur primitif lui-même, par le souscripteur (Même arrêt).

**47.** Dans le second cas, celui où le perdant a souscrit soit une simple reconnaissance, soit une obligation notariée au profit du gagnant, il peut arriver que ce dernier effectue le transport de l'obligation à un tiers, et on doit se demander si celui-ci peut valablement actionner le souscripteur en payement, comme dans l'hypothèse précédente, au moins lorsqu'il est de bonne foi. La jurisprudence ne semble pas établir de distinction entre les deux hypothèses (V. Civ. cass. cité *suprà*, n° 46, du 12 avr. 1854). Il semble cependant que le motif qui a fait admettre une exception en faveur du tiers porteur de bonne foi lorsqu'il s'agit de billets commerciaux ne se rencontre plus ici, où il s'agit d'obligations qui ne sont pas négociables de leur nature; les règles particulières au commerce ne peuvent ici trouver leur application, et nous pensons qu'en conséquence le souscripteur d'une obligation civile devrait être admis à opposer l'exception de jeu aussi bien au cessionnaire du billet qu'au gagnant lui-même.

**48.** Un autre système a été proposé en cette matière par M. Pont (t. 1, n° 641). Lorsqu'il s'agit d'une simple reconnaissance de dette transportée à un tiers, il faudrait distinguer suivant que le tiers s'est borné à faire au perdant la notification de la cession, ou que la cession a été acceptée purement et simplement par le perdant. Dans le premier cas, le droit de celui-ci reste entier; dans le second, son acceptation l'a libéré vis-à-vis du créancier primitif, tout aussi bien que l'eût fait un payement réel, et il reste tenu vis-à-vis du cessionnaire, si celui-ci est de bonne foi. Mais cette doctrine paraît erronée; en admettant que l'acceptation puisse lier le souscripteur à l'égard du cessionnaire vis-à-vis du créancier primitif, cette acceptation annonce simplement, comme la souscription même de l'obligation, l'intention de le payer; il n'y aura payement volontaire, exclusif de l'action en répétition, que quand la volonté de payer, quelque formelle qu'en soit la manifestation, aura reçu sa réalisation.

**49.** Il peut arriver qu'au lieu de souscrire lui-même un billet au profit du gagnant, le perdant, pour acquitter sa dette, remette à celui-ci un billet à ordre souscrit à son profit par un tiers. Si le perdant, a-t-on dit au *Rép.* n°s 42 et 49, n'endosse pas ce billet, il n'y a pas payement dans le sens de l'art. 1967, mais si le billet, au contraire, est revêtu de l'endossement régulier du perdant, il y a payement, et la répétition du billet par ce dernier est inadmissible.

La cour de cassation (Civ. cass. 6 août 1878, D. P. 79. 1. 70) a consacré, pour cette dernière hypothèse, la doctrine enseignée au *Répertoire*, mais en ajoutant que, de son côté, le gagnant, dans le cas où le souscripteur n'acquitte pas le billet à l'échéance, ne peut exercer contre le perdant aucune action récursoire pour l'obliger à en payer le montant. Telle est aussi notre opinion pour ce cas spécial; il n'y a point, en effet, contradiction dans cette double solution. Sans doute, l'endossement doit être considéré comme opérant transmission de la propriété du billet, et par suite, il équivaut à un payement, en ce sens que le perdant endosseur ne peut ni demander la restitution du billet, ni se faire remettre la somme payée par le souscripteur à l'échéance; mais, si le billet n'est pas acquitté, on se retrouve, comme dans les hypothèses précédentes, en présence d'une simple promesse de payement non réalisée; accorder en ce cas action au gagnant contre le perdant endosseur, ce serait, ainsi que le dit l'arrêt précité, lui donner un moyen détourné de violer l'art. 1965, dont la disposition générale et absolue refuse au gagnant toute action tendant à contraindre le perdant au payement de sa dette. Cependant, contrairement à cette doctrine, le tribunal de commerce de la Seine (2 avr. 1870, aff. Dubuisson, D. P. 70. 3. 103) a jugé que, dans le cas où le perdant endosseur est actionné par le gagnant à défaut de payement du souscripteur à l'échéance, il ne peut opposer l'exception relative aux dettes de jeu.

ART. 3. — *De l'action des tiers relativement à des dettes de jeu* (*Rép.* n°s 57 à 62).

**50.** Il peut arriver que le perdant, pour acquitter sa dette, emprunte une somme d'argent à un tiers, ou donne mandat à un tiers de payer en son nom. Il y a, au lieu, pour l'examen de ces hypothèses, de distinguer entre le cas où le tiers a participé au jeu et le cas où il a été étranger au jeu.

**51.** — I. CAS OU LE TIERS A PARTICIPÉ AU JEU (*Rép.* n°s 57 à 59). — Ainsi qu'on l'a exposé au *Rép.* n° 57, l'esprit dans lequel sont conçus les art. 1965 et 1967 c. civ., commande de considérer également comme dette de jeu celle contractée à l'occasion d'un jeu, ou d'un pari envers une personne qui y a pris part et qui poursuit y avoir intérêt. Il résulte de là qu'on doit refuser au tiers, qui a pris une part quelconque à une opération ayant le caractère de jeu ou de pari, toute action à raison des sommes dont il peut rester créancier par suite de cette opération.

**52.** La jurisprudence a fait, en premier lieu, l'application de cette règle, en refusant à un prêteur l'action en remboursement de la somme prêtée au perdant pour permettre à celui-ci de s'acquitter de sa dette envers le gagnant, lorsqu'il résulte des faits de la cause que le prêteur a participé au jeu en percevant des primes plus ou moins élevées pour les versements par lui faits successivement au joueur dans le but de mettre celui-ci à même de couvrir ses pertes répétées (Douai, 8 août 1857, aff. Denoyelle, D. P. 58. 2. 46); ... ou lorsqu'il est établi qu'il a autorisé l'emprunteur à se servir de son nom pour se livrer à ces opérations de jeu, qu'il était ainsi obligé envers les tiers, et qu'il n'avait d'ailleurs favorisé les opérations dont il s'agit qu'à l'effet de rentrer dans des sommes que l'emprunteur lui devait par suite de jeu antérieur, un tel prêt devant être réputé déguiser lui-même au profit du prêteur une véritable dette de jeu tombant sous l'application de l'art. 1965 c. civ. (Civ. cass. 15 nov. 1864, aff. Destournelles, D. P. 65. 1. 224).

**53.** Une autre application de cette même règle a été faite par la cour de cassation au cas où le tiers, jouant le rôle de mandataire du perdant, a payé sa dette et agit ensuite contre ce dernier en répétition des sommes ainsi payées. La cour suprême lui refuse l'action au mandat lorsqu'il s'est personnellement associé aux chances du jeu ou du pari. La doctrine et la jurisprudence des cours d'appel sont également en ce sens (Aubry et Rau, t. 4, § 386, p. 574; Pont, t. 1, n° 650; Paris, 27 juin 1867, aff. Bertrand, D. P. 67. 2. 191; Aix, 15 juin 1868, aff. Pardigon, D. P. 68. 2. 169; Paris, 13 juin 1868, aff. Moulin, D. P. 68. 2. 170; Req. 3 mars 1875, aff. Josoland, D. P. 75. 1. 277).

**54.** — II. CAS OU LE TIERS N'A PAS PRIS PART AU JEU (*Rép.* n°s 60 à 62). — Lorsque le tiers, prêteur ou mandataire, n'a pas prêté son ministère à l'opération de jeu elle-même, il peut, au contraire, valablement intenter contre le perdant l'action née du prêt ou du mandat. Il a été jugé, en ce sens, que le prêt fait à un joueur pour l'acquittement d'une dette de jeu est licite et donne action au prêteur pour le recouvrement de la somme prêtée, lorsque ce dernier est resté étranger au jeu (Douai, 8 août 1857, cité *suprà*, n° 52) ;.., que le mandat de payer une dette de jeu est valable, comme le serait le payement lui-même, et qu'en conséquence, le mandataire qui a payé une pareille dette a une action en recours contre le mandant (Paris, 7 janv. 1874, aff. Larrieu, D. P. 77. 5. 267. — V. aussi en ce sens : Aubry et Rau, t. 4, § 386, p. 575; Pont, t. 1, n° 650). Ces décisions ne sont pas contraires au principe de l'art. 1965; entre l'emprunteur et le prêteur, comme entre le mandant et le mandataire; il n'y a point ici de jeu, mais seulement un contrat valable de prêt ou de mandat. Comment ce contrat pourrait-il être déclaré illicite, puisque la cause de l'obligation de l'emprunteur ou du mandat est ici, non le jeu, mais la prestation effectuée par le prêteur au perdant ou par le mandataire au gagnant? La destination de la somme, contrairement à l'hypothèse où le tiers a été lui-même intéressé au jeu, n'est ici qu'une circonstance extrinsèque du contrat; c'est là un des nombreux cas où il importe de distinguer avec soin la cause du motif; d'où il faut conclure que, le tiers eût-il même connu la destination des fonds, cette circonstance ne changerait en rien la nature de la convention. Cette doctrine, d'ailleurs, n'est pas moins conforme à l'équité qu'aux principes; les fonds n'ayant pas été versés, nous le supposons, dans le but d'exciter au jeu ou d'alimenter la passion du joueur, ce dernier, en remboursant la somme prêtée, ne fait qu'une chose morale et licite; pourquoi le prêteur ou le mandataire commettrait-il, lui, un acte illicite, en lui réclamant ce remboursement?

**55.** D'après ces motifs, il n'y aurait pas lieu, nous le croyons, de distinguer comme le faisait Troplong (V. *Rép.* n° 66), entre le prêt qui a précédé et celui qui a suivi la partie perdue par l'emprunteur. On a cité au *Rép.* v° *Bourse de commerce*, n° 213, un arrêt de la chambre des requêtes qui refuse l'action au prêteur dans ce dernier cas; mais, depuis, cette distinction paraît avoir été abandonnée par la jurisprudence, et un arrêt de la cour de Paris (6 juill. 1882, aff. Leroux, D. P. 84. 2. 95), décide formellement que l'exception de jeu n'est pas opposable au tiers qui a prêté de l'argent à un joueur, même pour payer une dette de jeu antérieurement contractée, pourvu qu'il est établi que ce tiers est resté étranger au jeu. Cette dernière circonstance seule est prise en considération pour la solution de la question.

**56.** Quant à la preuve du fait que le tiers prêteur avait un intérêt dans le jeu à l'occasion duquel il a effectué le prêt, elle peut se faire par tous les moyens du droit commun, c'est-à-dire même par des présomptions tirées des circonstances de la cause. Relativement à ce dernier mode de preuve, il a été jugé que la qualité de garçon de salle d'un cercle ne suffit pas à elle seule pour faire présumer que le prêt d'une somme d'argent consenti par ce garçon à un membre du cercle a été fait dans le but d'alimenter le jeu de l'emprunteur (Paris, 6 juill. 1882, cité *suprà*, n° 55).

**Sect. 4. — Du jeu et du pari dans leurs rapports avec les lois répressives** (*Rép.* n°s 63 à 108).

**57.** La loi pénale s'occupe exclusivement des jeux de hasard (V. sur le caractère de ces jeux, *suprà*, n° 19), et encore ne punit-elle pas le jeu en lui-même ni les personnes qui y prennent part, au moins en leur seule qualité de joueurs, mais seulement, d'une part, la tenue d'une maison de jeux de hasard (c. pén. art. 410), et d'autre part, le fait de tenir ou d'établir des jeux de hasard, non dans une maison seulement, mais dans des rues, chemins, places ou lieux publics (art. 475-5°). La première de ces infractions constitue un délit; la seconde n'est qu'une contravention de simple police.

**58.** Quant aux paris, depuis la loi du 28 mars 1885 qui a abrogé les art. 421 et 422 c. pén., relatifs aux paris sur la hausse ou la baisse des effets publics, ils ne tombent également sous le coup de la loi pénale que dans les cas où ils sont assimilés à des jeux de hasard, conformément aux règles tracées *suprà*, n°s 20 et suiv. Il y a donc, au point de vue de la loi pénale, assimilation complète entre le jeu et le pari, et tout ce qui sera dit de l'un devra également s'appliquer à l'autre, sauf les modifications apportées en matière de pari aux courses par la loi des 2-3 juin 1891 (V. *infrà*, n°s 74 et suiv.). On examinera successivement le délit de tenue de maisons de jeu de hasard, et la contravention de tenue de jeux de hasard dans des lieux publics.

Art. 1er. — *Des maisons de jeu de hasard* (*Rép.* n°s 65 à 89).

**59.** Les explications relatives à la disposition de l'art. 410 c. pén. se ramèneront à l'examen des trois points suivants: 1° éléments constitutifs du délit; 2° application de l'art. 410 aux agences de paris sur les courses, avant la loi des 2-3 juin 1891; 3° loi des 2-3 juin 1891.

**60.** — I. Éléments constitutifs du délit. — A quels caractères peut-on reconnaître les éléments prohibés par l'art. 410? Ainsi qu'on l'a dit au *Rép.* n° 68, il est trois conditions essentielles pour rendre cette disposition applicable : il faut : 1° que le lieu où l'on joue ait principalement pour destination le jeu; 2° que les jeux auxquels on s'y livre soient des jeux de hasard; 3° enfin que le public y ait accès, soit librement, soit sur la présentation des affiliés.

**61.** Les éléments constitutifs du jeu de hasard ainsi que du pari auquel on doit attribuer ce caractère, ont été suffisamment expliqués plus haut (V. *suprà*, n°s 19 et suiv.); il reste à examiner seulement les deux autres conditions. — De la première condition, nécessité que le lieu où l'on joue ait principalement pour destination le jeu de hasard ou le pari, il résulte, ainsi qu'on l'a fait observer au *Rép.* n°s 68 et suiv. que, l'art. 410 cesserait de recevoir son application si le maître de la maison n'y tolérait de tels jeux qu'accessoirement à une autre industrie, et comme distraction accidentelle; mais que, d'autre part, la qualification inexacte donnée par celui-ci au fait de la réunion du public dans sa maison ne saurait, par elle seule, le faire échapper à cette pénalité, s'il était prouvé qu'en fait le véritable objet de cette réunion était non pas celui qui a été annoncé, tel que la danse ou la tenue d'une table d'hôte par exemple, mais la tenue de jeux de hasard.

**62.** Il a été dit également au *Rép.* que, conformément à une jurisprudence dominante, il n'est pas nécessaire, pour qu'une maison de jeu tombe sous l'application de l'art. 410, qu'elle soit organisée avec des administrateurs, préposés ou agents; l'art. 410 ne mentionnant ces auxiliaires que pour les atteindre lorsqu'il en existe dans l'établissement, mais sans que leur présence soit un élément constitutif du délit. L'opinion contraire, bien qu'elle soit encore défendue par MM. Chauveau et Faustin-Hélie (*Théorie du code pénal*, 4e éd., t. 5, p. 405), a été constamment répudiée par la cour de cassation, depuis ses arrêts des 12 mai 1843 (*Rép.* n° 69-2°), et 9 juill. 1852 (Crim. rej. aff. Bonnet, D. 52. 1. 222). Le principal effet de cette jurisprudence est de soumettre à l'application de l'art. 410, non seulement les maisons de jeu clandestines, mais encore tout établissement, même public (café, cabaret, auberge ou autre), toutes les fois où se trouvent réunies les autres conditions requises pour l'existence du délit (En ce sens, Crim. cass. 1er août 1861, aff. Auzepy, D. P. 61. 1. 454).

**63.** Mais, en généralisant ainsi l'application de l'art. 410, on se heurte à une réelle difficulté. L'art. 475-5° c. pén. traite de contravention le fait de tenue de jeux de hasard dans les rues, chemins, places ou lieux publics, et il faut certainement considérer comme lieu public la salle d'un café, par exemple. Cela étant, comment déterminer dans ce cas la sphère d'application distincte des deux textes? Dans quels cas le fait que des joueurs ont été surpris se livrant dans un café ou une auberge à un jeu de hasard constituera-t-il, à l'égard du patron de l'établissement, un délit aux termes de l'art. 410, dans quels cas une contravention aux termes de l'art. 475-5°? La jurisprudence de la cour de cassation résout cette grave question à l'aide de la distinction suivante : ou bien le fait incriminé présente un certain caractère d'habitude ou de permanence, auquel cas il y a lieu à l'application de l'art. 410, il y a tenue de maison de jeu ; ou bien, au contraire, il s'agit d'un fait isolé, de jeux tenus d'une manière accidentelle, et alors c'est l'art. 475-5° qu'il faut appliquer (V. en ce sens, Crim. cass. 1er août 1861, cité *suprà*, n° 62 ; 5 janv. 1877, D. P. 78. 1. 191. V. aussi Paris, 6 janv. 1882) (1) ; — Toutefois cette distinction n'a pas été admise par toutes les cours d'appel. Il a été jugé, en effet (Nîmes, 8 févr. 1872, aff. Chéron, D. P. 73. 2. 173), qu'on doit déclarer coupable du délit de l'art. 410, et non pas seulement de la contravention de l'art. 475-5°, le cafetier dans l'établissement duquel vingt-cinq à trente personnes ont été trouvées, un jour de foire, se livrant à un jeu de hasard autour d'une table, encore qu'il ne soit pas établi qu'il y ait eu, soit répétition du même fait, soit organisation en vue de réunions ultérieures pour le même objet, l'habitude, qui n'est pas nécessaire au délit de tenue d'une maison de jeu, ne pouvant pas plus être exigée dans un établissement public qu'elle ne l'est dans tout autre lieu. Cette dernière opinion se base sur ce que la tenue d'une maison de jeu de hasard est un fait qui se caractérise par lui-même, et indépendamment des intentions que l'on peut attribuer à son auteur pour l'avenir ; que l'appréciation de ces intentions serait, dans la plupart des cas, aussi difficile qu'arbitraire. Mais n'a-t-elle pas à son tour le grave inconvénient de laisser à l'arbitraire du juge la question de savoir dans quelles circonstances il y a tenue de maison de jeu, ou seulement tenue de jeux de hasard dans un lieu public ? Elle supprime, en effet, tout critérium à cet égard. D'autre part, s'il est vrai que l'art. 410 n'exige pas l'habitude comme élément distinct du délit qu'il punit, on peut dire que cette condition paraît bien ressortir de la comparaison entre les art. 410 et 475-5°. Il est difficile de prétendre qu'un cafetier qui laisse *accidentellement* des consommateurs se livrer chez lui à un jeu de hasard soit punissable au même titre que l'individu qui fait son métier de tenir un établissement de jeu clandestin, ou même que le propriétaire d'un établissement public dans lequel se réunissent habituellement des joueurs.

**64.** On arriverait à supprimer toutes difficultés de fait à cet égard, tout en respectant la distinction que le code pénal a certainement voulu faire entre les deux hypothèses des art. 410 et 475-5°, en rejetant le point de départ même de la jurisprudence de la cour suprême, en réservant l'application de l'art. 410 à la tenue de maisons de jeu proprement dites, c'est-à-dire ayant pour objet unique ou principal les jeux de hasard, et en soumettant au contraire à l'art. 475-5° la tenue de jeux de hasard dans un lieu public, tel que café, auberge, dont le jeu n'est pas, au moins dans la grande majorité des cas, la destination principale. Cette théorie, qui supprime la question très délicate du fait d'habitude, est celle de MM. Chauveau et Faustin-Hélie, *op. cit.*, n° 2320. Elle a été consacrée aussi, antérieurement à l'arrêt de la cour de Nîmes, du 8 févr. 1872 (V. *suprà*, n° 63), par un arrêt de cette même cour, rendu sur le renvoi prononcé par l'arrêt de cassation du 1er août 1861, cité *suprà*, n°s 62 et 63. Le fait, dit la cour, par un individu, d'avoir toléré, habituellement ou accidentellement, des jeux de hasard dans un établissement public soumis à la surveillance de l'autorité locale, et, par exemple, dans un café qu'il exploite, constitue la contravention de tenue de jeux de hasard dans un lieu public, prévue par l'art. 475-5°, et non le délit de tenue

d'une maison de jeux de hasard que réprime l'art. 410 (Nîmes, 28 nov. 1861, aff. Auzepy, D. P. 61. 5. 276).

**65.** Quelle que soit l'opinion que l'on adopte sur ce point, il faut, dans tous les cas, pour qu'il y ait lieu d'appliquer l'art. 410, que le lieu où l'on joue ait été ouvert au public, soit librement, soit sur la présentation des affiliés. Ainsi il a été jugé que la chambre personnelle d'un cabaretier, si elle est ouverte au public, doit être réputée former une dépendance de son établissement, et est, dès lors, soumise à la prohibition d'y faire jouer des jeux de hasard (Crim. cass. 29 déc. 1865, aff. Leca, D. P. 66. 1. 188). Mais il n'en serait pas de même si les individus jouant aux cartes se trouvaient réunis dans l'atelier d'un artisan, un tel lieu ne pouvant être considéré comme public que dans des circonstances exceptionnelles de nature à lui imprimer ce caractère (Crim. rej. 29 déc. 1865, aff. Pinelli, D. P. 66. 1. 187, deuxième espèce).

**66.** La nécessité de cette condition, l'admission du public, soustrait évidemment à la disposition de l'art. 410, les cercles fermés, c'est-à-dire ceux dont les sociétaires seuls sont admis à participer aux jeux qui s'y tiennent. Mais l'art. 410 reprendrait son application au cas où un cercle admettrait, en dehors des sociétaires, des membres agrégés, en nombre illimité, pour y participer habituellement à un jeu de hasard, tel que le *baccara* par exemple. La chambre criminelle de la cour de cassation (24 nov. 1855, aff. Boisseau, D. P. 56. 1. 93) a décidé que, dans ce cas, les agrégés du cercle, dont l'admission est autorisée à un nombre illimité, peuvent être considérés comme y formant le public défini par l'art. 410 c. pén., puisqu'ils ne sont pas, comme les sociétaires, admis au scrutin, et n'y ont pas voix délibérative (V. une décision analogue relative à l'admission, en nombre illimité, de membres agrégés aux séances musicales d'un cercle philharmonique (Crim. cass. 16 déc. 1854, aff. Henrichs, D. P. 55. 1. 45). Et cette solution ne saurait être infirmée en fait par la circonstance que l'admission de ces membres non sociétaires ne serait pas contraire au règlement du cercle tel qu'il aurait été approuvé par l'autorité administrative (Même arrêt du 24 nov. 1855). C'est un point constant, en effet, que l'approbation de l'autorité préfectorale ou municipale, quand elle a pour objet de couvrir un fait défendu par la loi, est dépourvue de valeur (V. notamment, en matière de voirie, Crim. rej. 4 janv. 1855, aff. Vanreystraete, motifs, D. P. 55. 1. 84).

**67.** Par contre, l'autorité municipale a le droit, pour assurer le bon ordre, de réglementer tous les jeux publics, les jeux de cartes comme les autres, sans distinction entre les jeux de hasard et ceux qui servent simplement de récréation (L. 19-22 juill. 1791, tit. 1, art. 46 ; L. 16-24 août 1790, art. 3, n° 3). Ainsi est légal et obligatoire un arrêté qui défend les jeux de cartes, d'une manière générale, dans les cafés, cabarets et lieux publics de la commune ; et la contravention à cette défense entraîne, contre les contrevenants, l'application de la peine édictée par l'art. 471, n° 15, c. pén. (Crim. cass. 29 déc. 1865, aff. Leca, D. P. 66. 1. 187).

**68.** — II. De l'application de l'art. 410 aux agences de Paris sur les courses, avant la loi des 2-3 juin 1891. — Les dispositions de la loi pénale, comme on l'a vu *suprà*, n° 58, s'appliquent également au pari, dans les cas où celui-ci est assimilé à un jeu de hasard. La jurisprudence introduisait donc ici, antérieurement à la loi des 2-3 juin 1891, pour

---

(1) (Nicolle, Loustalot et Bouchot.) — Le 15 oct. 1881, jugement du tribunal correctionnel de la Seine, ainsi conçu : — « Attendu qu'il est établi qu'à plusieurs reprises depuis moins de trois ans, Loustalot et Bouchot ont amené, dans l'établissement de marchand de vin tenu par Nicolle, un certain nombre de personnes à qui ils donnaient rendez-vous d'avance, et avec lesquelles ils se livraient, au jeu de *consolation* en jouant eux-mêmes comme banquiers ; que Nicolle n'a pu ignorer les agissements de Loustalot et de Bouchot, et qu'il a, en conséquence, sciemment fourni le local où se tenaient les jeux dont il s'agit ; — Attendu, en outre, que le jeu de *consolation* se compose de parties où le gain et la perte dépendent d'un coup de dés, et que, par conséquent, il présente les caractères d'un jeu de hasard ; — Attendu qu'il résulte de tous les faits que Loustalot, Bouchot et Nicolle ont, depuis moins de trois ans, à Paris, tenu une maison de jeux de hasard et y ont admis le public, sur la présentation des intéressés ; — Attendu que Nicolle soutient que ces faits s'étant passés dans une salle publique de son établisse-

ment de marchand de vins, ne pourraient constituer que la contravention prévue par l'art. 475, § 5, c. pén. ; — Mais attendu que l'art. 410 c. pén. prévoit et punit la tenue d'une maison de jeu de hasard, que ses dispositions sont générales et absolues, et ne comportent pas d'exception pour le cas où la maison de jeu est tenue dans un établissement ouvert au public ; que l'on doit en conclure que l'art. 475, § 5, est applicable à l'établissement accidentel d'un jeu de hasard, et que l'art. 410 s'applique lorsque le fait, même commis dans une maison ouverte au public, a un caractère de permanence ou d'habitude ; — Attendu qu'il y a lieu, conformément à cet article, de prononcer la confiscation des instruments, ustensiles et appareils employés au service des jeux, et des meubles dont étaient garnis les lieux, etc. ; — Condamne Nicolle, Bouchot et Loustalot ». — La cour ; — Adoptant les motifs des premiers juges ; — Confirme.

Du 6 janv. 1882. C. de Paris, ch. corr. temporaire. MM. Malher, pr. Bernard, av. gén. (c. conf.). Guignard et Caraby, av.

l'application de l'art. 410 c. pén., la distinction établie par elle entre les diverses catégories de paris sur les courses de chevaux.

En premier lieu, la variété de pari connue sous le nom de *jeu de la poule*, constituant, selon la cour suprême, une véritable loterie prohibée, les agences dont les locaux étaient ouverts au public pour la participation à ce jeu étaient justement considérées par elle comme des maisons de jeux, et les directeurs, préposés ou agents de ces établissements encouraient de ce chef les pénalités édictées par l'art. 410 c. pén., et par la loi du 21 mai 1836 sur les loteries, comme ayant établi ou tenu des loteries non autorisées par la loi (Crim. rej. 18 juin 1875, aff. Oller, D. P. 75. 1. 445).

**69.** Quant au pari dit *à la cote*, on a vu *suprà*, n° 23, dans quelles circonstances il devait être considéré, d'après la jurisprudence, comme jeu de hasard. Lorsque les circonstances rendant ces paris punissables avaient été constatées par les juges du fait, il y avait lieu d'appliquer à ceux qui avaient provoqué le public à conclure ces paris, suivant les cas, tantôt l'art. 410, tantôt l'art. 475-3° c. pén. On appliquait l'art. 410, lorsque les organisateurs de ces paris avaient ouvert, à cet effet, soit des locaux proprement dits, soit même des installations en plein air présentant en quelque sorte le caractère de maisons roulantes. C'est ainsi que la cour de Paris et, après elle, la chambre criminelle de la cour de cassation, ont décidé qu'une voiture dételée stationnant à demeure sur un champ de courses, et dans laquelle se trouvaient des employés chargés d'inscrire les paris et de délivrer des billets aux parieurs, présentait tous les caractères de la maison de jeux, dont la tenue est réprimée par l'art. 410 c. pén. (Paris, 31 déc. 1874, aff. Oller D. P. 75. 2. 92; Crim. rej. 5 janv. 1877, aff. Chéron, D. P. 78. 1. 491). Pour les cas où il y avait lieu au contraire à l'application de l'art. 475-5° c. pén., V. *infrà*, n° 94.

**70.** Quant au *pari mutuel*, la question de savoir s'il constituait ou non un jeu de hasard ayant été l'objet de variations successives de la cour suprême (V. *suprà*, n°s 23 et suiv.), celle de savoir si, et dans quels cas, les agences qui organisent cette variété de paris tombent ou non sous le coup de l'art. 410 c. pén. a été également résolue successivement en sens divers par la jurisprudence. C'est ainsi que primitivement, dans l'affaire Oller (Arrêts de la cour de Paris, 31 déc. 1874, et de la chambre criminelle, 18 juin 1875, cités *suprà*, n°s 68 et 69), les agences de pari mutuel se sont vu appliquer, comme celles qui tenaient le jeu de *poule*, les dispositions de l'art. 410 c. pén. et de la loi du 21 mai 1836 sur les loteries.

**71.** Mais une exception considérable devait bientôt être apportée à cette doctrine. En effet, à la date du 6 mai 1887, intervenait un arrêté ministériel autorisant la société de *Sport de France* à organiser sur les champs de courses de cette association le pari mutuel simple (art. 1er), en spécifiant toutefois que l'unité de pari ne pourrait être inférieure à 5 fr. (art. 3) et que l'autorisation était personnelle et ne pouvait être cédée (art. 6). Bientôt d'autres arrêtés étendirent cette licence à d'autres sociétés hippiques dans les mêmes conditions.

**72.** On a vu que, dans son arrêt du 7 juin 1889, aff. Dumien (D. P. 90. 1. 41), la cour de cassation admettait *a priori* la légalité de ces autorisations administratives, et décidait par suite que, du jour où l'autorisation était accordée, les agences autorisées à organiser ce mode de pari ne tomberaient plus sous le coup de l'art. 410 c. pén., tant que ce jeu s'exercerait suivant les règles et dans les conditions fixées par l'autorité supérieure. Mais une nouvelle difficulté ne tarda pas à surgir. Sous le couvert des autorisations administratives précitées, on vit bientôt se former, en dehors des champs de courses, un nombre considérable d'agences, servant d'intermédiaires entre les parieurs et les sociétés autorisées, celles-ci ne pouvant organiser le pari mutuel que sur les champs de courses mêmes. Les directeurs de ces agences s'intitulaient commissionnaires au pari mutuel, et, pour éviter l'application de l'art. 410 c. pén., s'abritaient derrière l'autorisation donnée aux sociétés de sport dont ils se prétendaient les croupiers. Le tribunal correctionnel de la Seine (3 août 1888, 8e ch.) ayant admis la légalité de cette prétention, la cour de Paris, sur l'appel, réforma cette décision

(30 oct. 1888), mais son arrêt fut cassé par la cour de cassation, par l'arrêt précité du 7 juin 1889, et l'affaire fut renvoyée devant la cour de Rouen qui, s'appropriant la jurisprudence de la cour suprême, décida : en droit, « qu'une agence, offrant au public de lui servir d'intermédiaire pour prendre aux guichets du pari mutuel les *tickets*, conformément aux ordres qui seraient donnés, n'est en réalité qu'une agence de commission, de mandat, s'exerçant à l'occasion d'opérations de jeu, il est vrai, mais dont la légalité ressort des arrêtés ministériels; qu'une telle agence ne peut, dès lors, être considérée comme une maison de jeux de hasard non autorisée où le public est admis » (Rouen, ch. corr., 3 août 1889, aff. Dumien et Montagnon; MM. Thil, pr.-Petitier, av. gén.-Demange (du barreau de Paris), av.). — Enfin plus tard, le même tribunal correctionnel de la Seine, revenant sur sa première jurisprudence, pourtant consacrée par la cour suprême, décidait, en sens absolument opposé, que les arrêtés ministériels qui ont autorisé diverses sociétés de courses à organiser la loterie du pari mutuel simple, n'ont jamais entendu conférer cette autorisation que pour l'exercice du pari sur l'hippodrome même, en spécifiant que cette autorisation est personnelle et ne peut être cédée; que, par suite, une individualité quelconque, étrangère à l'agence autorisée, ne peut prétendre y participer, directement ou indirectement, et exercer, comme commissionnaire, son industrie en dehors de l'hippodrome; que l'individu qui tient cette agence et accepte en cette qualité les mises des parieurs doit être puni comme tenant une maison de jeux (Trib. corr. Seine, 9e ch., 6 août 1889, aff. Potel ; MM. Moleux, pr.-Aliés, av.).

**73.** Ce qui justifiait, en fait, ce revirement, c'est le trouble et le désordre qu'avait apportés dans les centres populeux, à Paris notamment, la création presque simultanée d'un nombre incalculable d'agences qui, à la faveur de la jurisprudence de la cour de cassation, exerçaient leurs opérations, non seulement dans les locaux spéciaux, mais aussi dans les cafés, chez les marchands de vin et même dans les bureaux de tabac. Aussi l'autorité administrative, sous la pression de l'opinion publique, dut-elle à son tour, plus sévère que la jurisprudence, mettre un terme à ces abus; et, à la date du 21 juin 1890, intervenait un nouvel arrêté ministériel ainsi conçu : « Le ministre de l'intérieur :... Vu la loi du 21 mai 1836; vu les art. 1er et 6 arrêtés ministériels autorisant les sociétés de courses de chevaux à organiser personnellement la loterie dite « pari mutuel » simple » sur leurs hippodromes; — Considérant qu'il s'est établi à Paris un grand nombre d'agences dites « de commission, recevant les mises au pari mutuel des joueurs qui ne peuvent ou ne veulent se rendre sur les champs de courses ; — Considérant qu'en droit, ces agences, en se substituant ainsi aux sociétés autorisées personnellement à organiser le pari mutuel sur leurs hippodromes, contreviennent aux dispositions formelles des art. 1er et 6 des arrêtés précités ; — Considérant qu'en fait, il est de notoriété publique que lesdites agences, opérant pour leur propre compte, ne portent pas au guichet du pari mutuel les mises qui leur sont confiées, et frustrent ainsi l'assistance publique du prélèvement qui lui est réservé ; — Considérant que les agences ne se soumettent à aucune des conditions imposées aux sociétés de courses autorisées à établir le pari mutuel; qu'elles violent notamment la condition fixant le minimum de la mise, et qu'en abaissant le taux du pari, elles élargissent d'une manière dangereuse le champ de l'offre, limité par les arrêtés précédents; Arrête : Art. 1er. Les sociétés des courses de chevaux, dûment autorisées par les arrêtés particuliers à organiser le pari mutuel simple sur leurs hippodromes, seront rigoureusement astreintes à conduire personnellement ou par des employés spéciaux, agissant sur l'hippodrome pour leur compte et à leur place, toutes les opérations relatives au pari. — Art. 2 : Il est interdit de participer au pari par l'entremise de mandataires, au moyen de commissions données en dehors du champ de courses. En conséquence, toute agence servant d'intermédiaire entre les sociétés de courses et le public devra cesser ses opérations sous peine d'être poursuivie pour infraction au présent arrêté et à la loi du 21 mai 1836. »

**74.** — III. Loi des 2-3 juin 1891. — L'arrêté ministériel du 21 juin 1890, bien loin de trancher d'une façon définitive les difficultés auxquelles avait donné lieu la question des paris aux courses, devait être le point de départ d'une évolution nouvelle (de la législation en cette matière. L'accroissement prodigieux de recettes opérées, à titre de prélèvement sur les paris, par les agences dites officielles, accroissement qui n'était que la conséquence du monopole créé à leur profit par l'arrêté précité, détermina le Gouvernement à déposer, en janvier 1891, sur le bureau de la Chambre, un projet de loi concernant la centralisation et le mode d'emploi des fonds provenant des prélèvements sur le pari mutuel. La Chambre, appelée le 28 févr. 1891 à se prononcer sur ce projet, crut y voir une sorte de sanction légale donnée au jeu, dont la réglementation devait rester, de l'avis d'un grand nombre de députés, une simple question de police. À la suite de cette discussion, M. le ministre de l'intérieur se déclara disposé à arrêter le jeu « dans ses manifestations publiques » et s'engagea, si la loi était rejetée, à interdire le pari à la côte et le pari-mutuel sur les champs de courses. Le débat terminé, la Chambre refusa de passer à la discussion des articles, et, peu de jours après, le ministre de l'intérieur faisait disparaître des hippodromes tous les signes extérieurs du pari mutuel et du pari à la cote. Le seul pari toléré fut-le pari individuel et direct fait à terme, sans échange d'argent ni de tickets, c'est-à-dire le pari dit « au livre » qu'aucune jurisprudence n'avait atteint jusqu'à ce jour.

**75.** Cette solution extrême ne tarda pas à produire des résultats désastreux pour les sociétés de courses de chevaux; le public déserta les hippodromes où l'attirait seule la passion du jeu; les entrées, qui constituaient la principale recette des sociétés, diminuèrent subitement de 50 pour 100. Le monde de l'élevage s'émut, et une interpellation à la Chambre de M. Paulmier, député, qui se fit l'interprète de ces inquiétudes et de ces plaintes, amena, après des péripéties diverses, à la présentation, le 14 mai 1891, d'un nouveau projet de loi qui, abordant résolument cette fois toutes les faces de la question, avait pour objet la réglementation législative des sociétés de courses de chevaux et des paris aux courses. C'est ce projet qui, adopté et modifié par le Sénat (V. infrà, n° 91), est devenu la loi des 2-3 juin 1891 (1). — Le décret prévu par l'art. 5, in fine, de cette loi, a été rendu le 7 juillet 1891 (V. le texte de ce décret dans Le Droit du 25 juillet).

**76.** Bien que, des dispositions de cette loi, seuls les art. 4 et 5 se rapportent directement à l'étude sur le pari aux courses, les art. 1, 2 et 3 ayant pour objet spécial de réglementer l'autorisation et le fonctionnement des sociétés de courses de chevaux, il y a lieu cependant de l'indiquer en peu de mots, et cela pour compléter l'étude précédemment consacrée à cette dernière matière (V. Rép., v° Courses de chevaux, et suprà, eod. v°), les solutions nouvelles de la loi des 2-3 juin 1891 sur ce point.

**77.** Dans l'art 1er d'abord, la loi apporte une modification importante à l'ancien état de choses concernant l'ouverture de nouveaux champs de courses ou hippodromes. Avant la loi nouvelle, ainsi que le faisait remarquer le rapporteur de cette loi à la Chambre, aucune condition d'autorisation préalable ni de contrôle n'était imposée pour la constitution des sociétés de courses et l'ouverture de leurs hippodromes; en fait, les sociétés de création nouvelle ne soumettaient leurs programmes à l'approbation du ministre de l'agriculture que lorsqu'elles avaient en même temps à

solliciter l'allocation de prix annuels; mais un grand nombre d'entre elles, n'ayant d'autre but que d'exploiter la passion du jeu chez le public attiré à leurs hippodromes, se constituaient en toute liberté, dissimulant sous le nom de sociétés de courses de véritables entreprises industrielles et faisant ainsi aux sociétés d'élevage proprement dites une fâcheuse concurrence. Désormais, en vertu de la nouvelle loi, la constitution de sociétés nouvelles reste subordonnée, quant à sa validité, à l'autorisation ministérielle. Toutefois, cette autorisation elle-même n'est pas abandonnée à l'arbitraire du ministre, et l'art. 2 vient préciser les conditions auxquelles elle pourra être accordée. Elle ne pourra l'être qu'au profit de sociétés ayant « pour but exclusif » l'amélioration de la race chevaline. Mais comment se fera la constatation qu'une société nouvelle est fondée dans ce but unique ? Par l'examen, soumis par le même art. 2 au ministre, des statuts sociaux. Le ministre devra vérifier si, en vertu de ces statuts, lesdites sociétés affectent uniquement leurs ressources aux dépenses de matériel et de personnel nécessaires au fonctionnement du champ de courses, à la distribution des prix et à la constitution d'un fonds normal de réserves. Le ministre de l'agriculture ne pourra donc autoriser la création d'aucune société de courses qui, sur ses recettes, prélèverait un bénéfice destiné à être réparti entre ses membres.

**78.** Cette condition, à laquelle est subordonnée l'autorisation ministérielle, est exigée impérativement par la loi; mais, elle n'est pas la seule, et l'art. 3, en exigeant que le budget annuel et les comptes de toute société de courses soient soumis à l'approbation et au contrôle ministériels, permet par là même à l'Administration d'imposer à chaque société en particulier un certain nombre d'autres conditions de l'opportunité desquelles le ministre doit être le seul juge. C'est ainsi qu'en vertu de cette disposition, l'administration supérieure a la faculté de réduire, dans la proportion qu'elle jugerait utile et raisonnable, le nombre des journées de courses dans la même région ; elle a le droit de s'assurer également, par l'exercice de son contrôle, que la gestion financière de la société a été conforme au budget approuvé. Enfin, M. G. Laya (Commentaire de la loi du 2 juin 1891 sur les courses de chevaux et les paris aux courses, Lois nouvelles, 1891, p. 434) estime, avec raison, que là ne se limitent pas les droits et les pouvoirs du ministre, et que celui-ci, à la condition de prendre l'avis du conseil supérieur des haras (art. 2), pourrait exiger de la société demanderesse, à fin d'autorisation, l'insertion dans les statuts de toute clause de nature à faciliter la réalisation du but poursuivi, c'est-à-dire l'amélioration de la race chevaline.

**79.** Toutefois ce pouvoir, quelque étendu qu'il puisse être, ne comporte évidemment pas le droit, pour le Gouvernement, de s'immiscer dans les programmes et dans tout ce qui concerne l'organisation, la réglementation et le fonctionnement technique des courses. — (V. au surplus, sur ce point, et sur toutes les questions se rapportant à l'organisation et à la situation juridique des sociétés des courses, l'étude citée suprà, n° 78, de M. G. Laya.

**80.** Si l'on passe à l'examen des dispositions de la loi nouvelle concernant directement la réglementation du pari sur les courses de chevaux, on y trouve également sur ce point des innovations considérables. La première consiste en ce que cette question si délicate des paris aux courses,

---

(1) 2-3 juin 1891. — Loi ayant pour objet de réglementer l'autorisation et le fonctionnement des courses de chevaux: Art. 1er. Aucun champ de course ne peut être ouvert sans l'autorisation préalable du ministre de l'agriculture.

— 2. Sont seules autorisées les courses de chevaux ayant pour but exclusif l'amélioration de la race chevaline, et organisées par des sociétés dont les statuts sociaux auront été approuvés par le ministre de l'agriculture, après avis du conseil supérieur des haras.

3. Le budget annuel et les comptes de toute société de courses sont soumis à l'approbation et au contrôle des ministres de l'agriculture et des finances.

— 4. Quiconque aura, en quelque lieu et sous quelque forme que ce soit, exploité le pari ou les courses de chevaux, en offrant à tous venants de parier ou, en pariant avec tous venants, soit directement, soit par intermédiaire, sera passible des peines portées à l'art. 410 c. pén. — Seront réputés complices du délit ci-dessus déterminé et punis comme tels: 1° quiconque aura servi

d'intermédiaire pour les paris dont il s'agit, ou aura reçu le dépôt préalable des enjeux ; 2° quiconque aura, en vue des paris à faire, vendu des renseignements sur les chances de succès des chevaux engagés ; 3° tout propriétaire ou gérant d'établissement public qui aura laissé exploiter le pari dans son établissement. — Les dispositions de l'art. 463 c. pén. seront, dans tous les cas, applicables aux délits prévus par la présente loi.

5. Toutefois les sociétés remplissant les conditions prescrites par l'art. 2 pourront, en vertu d'une autorisation spéciale et toujours révocable du ministre de l'agriculture, et moyennant un prélèvement fixe en faveur des œuvres locales de bienfaisance et de l'élevage, organiser le pari mutuel sur leurs champs de courses exclusivement, mais sans que cette autorisation puisse infirmer les autres dispositions de l'art. 4. — Un décret rendu sur la proposition du ministre de l'agriculture, déterminera la quotité des prélèvements ci-dessus visés, les formes et les conditions de fonctionnement du pari mutuel.

n'est plus désormais abandonnée, comme auparavant, aux fluctuations et aux hésitations de la jurisprudence. Cette catégorie de paris, visée par une loi expresse, échappe désormais, au moins quant à l'application des dispositions du code pénal, à toutes les distinctions que l'on a vu appliquer par la jurisprudence dans la détermination de ce qui constitue le « jeu de hasard » tel qu'il est visé par l'art. 410 c. pén. — La loi nouvelle supprime également, sinon formellement, du moins implicitement, ce qui concerne les paris aux courses, la distinction qui est faite par les art. 410 et 475-5° c. pén. quant à l'application de la peine, entre les maisons de jeux de hasard, et la tenue de jeux de hasard dans un lieu public. Cette suppression paraît résulter nettement des termes de l'art. 4 de la loi nouvelle, dont il faut maintenant analyser les dispositions.

**81.** Le système de la loi nouvelle, en ce qui concerne les paris aux courses, est très simple. Dans l'art. 4, elle supprime d'une manière générale toute espèce de paris aux courses, en punissant des peines de l'art. 410 c. pén. ceux qui les provoquent. Dans l'art. 5, elle apporte, sous certaines conditions, une exception à cette règle, en faveur du pari mutuel dit officiel, c'est-à-dire organisé par les sociétés de courses elles-mêmes, et sur leurs hippodromes seuls. Nous examinerons successivement la règle et l'exception.

**82.** Aux termes de l'art. 4 précité, les peines portées par l'art. 410 c. pén. sont applicables à « quiconque aura, en quelque lieu que ce soit, exploité le pari sur les courses de chevaux, en offrant à tous venants de parier ou en pariant avec tous venants, soit directement, soit par intermédiaire ». Il résulte de cette disposition que deux conditions essentielles sont exigées pour qu'il y ait lieu à l'application de l'art. 410 c. pén. Il faut : 1° qu'il y ait exploitation du pari ; 2° que cette exploitation soit publique : ce qui exclut de la prohibition de l'art. 4, le pari individuel et direct intervenu entre particuliers soit sur le champ de courses, soit au dehors ; toutefois, ces paris individuels, bien que ne tombant pas sous le coup de la loi pénale, restent soumis comme par le passé aux dispositions de la loi civile en ce qui concerne l'action en justice (V. suprà nos 27 et suiv.). Au contraire, l'art. 4 embrasse certainement dans sa disposition les bookmakers, c'est-à-dire les individus qui font un métier de tenir tous les paris qu'une personne quelconque leur propose, et cela sous quelque forme que cette exploitation du public se présente, que ces individus s'appellent bookmakers, donneurs au livre ou commissionnaires au pari mutuel.

**83.** En ce qui concerne les bookmakers proprement dits, c'est-à-dire ceux qui pratiquent le pari à la cote, cette solution n'est pas douteuse, puisque c'est cette catégorie de paris que la loi nouvelle a eu principalement pour but de proscrire, en punissant les individus qui les provoquent. Il est non moins certain que l'art. 4 est applicable aux commissionnaires au pari mutuel, et cela sans distinction suivant que ces individus opéreraient pour leur propre compte ou, au contraire, verseraient effectivement les mises de leurs clients aux guichets du pari mutuel officiel (celui qui est autorisé par l'art. 5) en prélevant une légère redevance à titre de commission. Ces deux formes d'opérations sont, en effet, l'une et l'autre, contraires à la disposition de l'art. 5, qui ne fait exception à la prohibition de l'article précédent qu'en faveur du pari mutuel organisé par les sociétés de courses elles-mêmes, et sur leurs champs de courses exclusivement. — De ces derniers mots, on peut conclure qu'une société de courses encourrait elle-même la pénalité de l'art. 4 par l'organisation, en dehors du champ de courses, d'agences succursales du pari mutuel organisé sur cet hippodrome même.

**84.** Faut-il consacrer également sans distinction la même solution en ce qui concerne le pari au livre? En d'autres termes, les donneurs au livre encourent-ils, en vertu de la loi nouvelle, la pénalité de l'art. 410 c. pén.? La question peut paraître douteuse. Le pari au livre est celui qui se traite à terme, sans dépôt préalable d'argent, et se réglant d'après sa forme même. D'après sa forme même, il se fait ou est censé se faire entre personnes se connaissant, et par conséquent ne revêt pas, en apparence du moins, ce caractère d'exploitation qui appartient aux autres formes de paris. À la différence des autres formes de paris, le pari au livre a toujours été épargné, antérieurement à

la loi nouvelle, par la jurisprudence. L'Administration l'a également toujours toléré, et il a même survécu aux dispositions prises par le ministre de l'intérieur à la suite du vote de la Chambre du 28 févr. 1891 (V. suprà, n° 74). Ajoutons qu'en fait, depuis la loi des 2-3 juin 1891 elle-même, le pari au livre est toujours pratiqué et toléré par la police, du moins dans cette partie des hippodromes qu'on appelle le pesage; la police même a fixé un endroit du pesage où l'on opère; par contre, elle ne tolère pas ce même pari lorsqu'il s'exerce sur la pelouse.

**85.** Cette distinction est-elle conforme à la loi? Nous ne le croyons pas, et pensons que la lettre comme l'esprit de la loi de 1891 commandent l'assimilation absolue des donneurs au livre aux donneurs à la cote et aux commissionnaires au pari mutuel, sans aucune distinction suivant le lieu où ils opèrent. Au surplus, un jugement récent du tribunal correctionnel de la Seine (2 juill. 1891, aff. Carion), confirmé par arrêt de la cour de Paris du 11 août 1891; MM. Feuilloley, pr.-Boyer, rap.-Puech, av. gén.-Lagasse av.), confirme pleinement cette opinion, en faisant application de l'art. 4, § 1er, de la loi du 2 juin 1891, à des individus qui avaient été arrêtés sur le champ de courses sous la prévention de tenue de paris au livre. « Attendu, dit ce jugement, que les prévenus prétendent échapper à la répression pénale par ce fait qu'ils pratiquent le pari au livre; — Attendu que la loi du 2 juin 1891 n'admet pas d'exception en faveur de ce genre de pari lorsqu'il constitue, comme dans l'espèce, une exploitation en public de l'industrie du jeu dans un but de bénéfice personnel; — Attendu qu'il résulte d'ailleurs des débats que les paris, accompagnés de versements, étaient reçus conjointement de tous venants par les prévenus sur les champs de course; qu'il y a donc lieu d'appliquer l'art. 4, § 1er, de ladite loi... ». Dans l'espèce, il est vrai, les prévenus avaient été arrêtés sur la pelouse de l'hippodrome, et ils invoquaient, pour leur défense, l'impunité dont jouissent, en fait, les donneurs au livre qui opèrent dans l'enceinte du pesage. Mais il résulte des motifs du jugement précité, qu'il n'y a pas lieu de distinguer. Qu'est-ce qui caractérise le délit, d'après le tribunal? Uniquement ce fait qu'un individu offre de parier avec tous venants, qu'il exploite publiquement le pari, sous quelque forme que ce soit. Or l'enceinte du pesage, bien que le prix d'entrée y soit plus considérable que sur la pelouse, n'en est pas moins un lieu public, et les donneurs qui y opèrent, alors même qu'ils inscrivent sur leur livre les noms des parieurs et ne reçoivent pas immédiatement le montant du pari, n'en sont pas moins justiciables de l'art. 4, § 1er, dès lors qu'ils offrent de parier avec tous venants.

**86.** Il faut donc reconnaître que le pari au livre, comme tous autres paris, tombe sous l'application de l'art. 4, § 1er, par cela seul qu'il se présente sous la forme d'une offre publique. — Et ce caractère de publicité ne dépend nullement du lieu où l'opération incriminée se serait produite. L'art. 4 est formel sur ce point: « en quelque lieu que ce soit ». Peu importe, dès lors, que le donneur ait opéré sur l'hippodrome même, ou sur la place publique, ou dans un café, ou dans un local quelconque, présentant même toutes les apparences d'une habitation privée: il y a exploitation publique par cela seul que l'offre de parier ou le pari est fait « à tous venants ».

**87.** L'art. 4, § 2 contient l'énumération de certaines catégories de personnes qui seront réputées complices du délit ci-dessus et punies comme tels. Ce sont, en premier lieu, ceux qui auront servi d'intermédiaires (commis, courtiers, teneurs de livre du bookmaker) pour les paris ou auront reçu le dépôt préalable des enjeux. Il paraît certain que la loi n'entend pas ici limiter expressément aux personnes visées par ce texte la qualification de complices, et que les juges du fait pourront, après comme avant la loi nouvelle, faire application à toutes autres personnes des peines de la complicité, telle qu'elle résulte de l'art. 60 c. pén., qui est le texte général en cette matière; ainsi, par exemple, pourraient être punis comme complices, ceux qui auraient fourni des fonds au bookmaker en vue de lui faciliter l'exercice de son industrie. Le seul but de la loi, croyons-nous, dans cette énumération, a été de préciser un certain nombre de cas dans lesquels le fait de complicité aurait pu paraître faire doute. — Cette observation est particulièrement exacte en ce qui concerne la deuxième catégorie de personnes visées par l'art. 4, § 2 : « 2° quiconque aura, en vue des paris à faire, vendu des renseignements sur les chances de succès des chevaux engagés ». En effet, relativement aux vendeurs de renseignements, la jurisprudence, antérieurement à la loi nouvelle, n'était pas fixée sur le point de savoir s'ils devaient être considérés comme complices ; la 10° chambre du tribunal correctionnel de la Seine, après leur avoir dénié cette qualité dans un jugement du 23 août 1887 (*La Loi* du 25 août 1887), la leur avait au contraire reconnue dans un jugement postérieur du 16 avr. 1889 (Trib. corr. Seine, 10° ch. ; aff. Dubois et autres ; -MM. Villers, pr.- Regnault, subst.-Sandrique et Reulier, av.). Il n'était donc pas inutile que la loi nouvelle se prononçât formellement à cet égard. Toutefois, il faut entendre cette disposition dans un sens raisonnable ; elle vise certainement les vendeurs de renseignements proprement dits, c'est-à-dire ces individus qui, moyennant un prix souvent fort élevé, délivrent de prétendues certitudes ou quasi-certitudes, soit pour une course, soit pour une série de courses ; peu importe, d'ailleurs, la forme sous laquelle se dissimulerait cette vente, enveloppe cachetée, dépêche, ou même journal de sport, pourvu, dans ce dernier cas, qu'il soit établi que l'objet réel et principal du journal est la vente de renseignements, les nouvelles et échos du sport n'étant qu'un prétexte à cette vente : cette dernière circonstance résultera suffisamment de ce fait que le journal en question serait mis en vente à un prix sensiblement plus élevé que celui des journaux de sport ordinaires. Mais la disposition précitée ne s'applique évidemment pas aux journaux de sport ordinaires tels que *Jockey, Auteuil-Longchamps*, etc., bien qu'ils publient régulièrement dans leurs colonnes les listes de leurs favoris dans chaque course de chevaux ; on ne peut pas dire, en effet, que ces journaux, dont le prix est très minime, vendent leurs renseignements ; si l'on allait jusque-là, il faudrait appliquer également l'art. 4 de la loi de 1891 aux journaux politiques, qui consacrent une place spéciale dans leurs colonnes à l'appréciation des chances des chevaux engagés dans une course (V. en ce sens G. Laya, *op. cit.*, p. 450). Enfin l'art. 4, § 2, 3°, punit des peines de la complicité tout propriétaire ou gérant d'établissement public qui aurait laissé exploiter le pari dans son établissement.

**88.** Le texte ajoute aux dispositions de l'art. 369 c. pén. relatif aux circonstances atténuantes seront, dans tous les cas, applicables aux délits prévus par la présente loi. Il est certain également, malgré le silence du texte sur ce point, que la loi sur l'atténuation des peines du 26 mars 1891, D. P. 91. 4. 24, dite loi Bérenger, s'applique en notre matière.

**89.** Après avoir ainsi prohibé l'exploitation publique du pari sur les courses, sous toutes ses formes, la loi nouvelle, dans son art. 5, fait exception à cette prohibition en faveur du pari mutuel organisé par les sociétés de courses, mais en subordonnant cette faveur à plusieurs conditions essentielles. — En premier lieu, une autorisation spéciale du Gouvernement est toujours nécessaire ; c'est-à-dire que l'autorisation donnée à une société, en vertu des art. 1 et 2, d'ouvrir des hippodromes, n'entraîne nullement pour elle-même celle d'organiser le pari mutuel sur ces hippodromes ; il faut encore une concession spéciale relative à ce dernier chef ; et cette concession est toujours révocable, le ministre de l'agriculture restant maître d'apprécier les circonstances qui pourraient nécessiter le retrait de l'autorisation.

**90.** En deuxième lieu, l'exception de l'art. 5 vise uniquement le pari mutuel proprement dit. Lors de la discussion de la loi à la Chambre, plusieurs députés demandèrent à M. Develle, ministre de l'agriculture, la définition du pari mutuel, tel qu'il était autorisé par l'art. 5. M. Develle répondit : « Le pari mutuel est celui qui est organisé par les sociétés de courses d'une façon absolument désintéressée ; par des sociétés qui n'ont pas intérêt à provoquer, à solliciter le pari, qui se bornent à servir d'intermédiaires, d'une façon en quelque sorte passive et mécanique, recevant les enjeux et distribuant aux gagnants l'ensemble des mises ».

Il ne résulte pas de cette définition que les sociétés ne puissent faire aucun prélèvement, aucune retenue sur l'ensemble des mises déposées à ses guichets ; au contraire, l'art. 5 lui-même subordonne l'autorisation à la condition d'un prélèvement fixe à faire en faveur des œuvres locales de bienfaisance et de l'élevage ; d'autre part, malgré le silence de l'art. 5, les sociétés sont évidemment autorisées à opérer sur l'ensemble des mises un second prélèvement destiné à couvrir les frais que nécessite l'organisation du pari mutuel sur leurs hippodromes. Tout ce qui leur est interdit par la loi, c'est de rechercher, dans l'organisation du pari mutuel, une source de bénéfices personnels.

**91.** En troisième lieu, le pari mutuel n'est autorisé qu'autant qu'il fonctionne sur les champs de courses mêmes. Les sociétés ne pourraient donc créer de succursales au dehors des hippodromes sans s'exposer aux pénalités de l'art. 4. Enfin l'art. 5 termine par ces mots : « mais sans que cette autorisation puisse infirmer les autres dispositions de l'art. 4 ». Cette phrase a été ajoutée, au cours de la discussion devant le Sénat, sur l'observation de M. Tirard et plusieurs de ses collègues que, les termes de l'art. 5 étant absolus, tout ce qui était interdit, tout ce qui était prévu dans l'art. 4, au moins dans ses premiers paragraphes, c'est-à-dire le fait d'avoir servi d'intermédiaire, d'avoir, en vue des paris à faire, vendu des renseignements sur les champs de courses, tout cela devenait licite pour les sociétés, autorisées à organiser le pari mutuel sur leurs hippodromes. L'art. 5 fut renvoyé à la commission et celle-ci y ajouta la disposition finale dont l'objet est donc de rendre les pénalités de l'art. 4 applicables aux sociétés de courses qui se rendraient coupables ou complices des délits visés par ce dernier texte.

**Art. 2.** — *Établissement de jeux de hasard dans un lieu public* (*Rép. n°s 90 à 107*).

**92.** — I. Éléments constitutifs de la contravention. — L'établissement de jeux de hasard dans un lieu public, visé par l'art. 475-5° c. pén., constitue, ainsi qu'on l'a dit au *Rép.* n° 91, à la différence du délit de l'art. 410, une simple contravention punie des peines de l'amende, et accessoirement, en vertu de l'art. 477 c. pén., de la confiscation des enjeux et appareils ayant servi au jeu. — On a vu également que cette contravention suppose la réunion de trois éléments : 1° établissement ou tenue de jeux ; 2° publicité du lieu où le fait s'est produit ; 3° jeu constituant un jeu de hasard (Blanche, *Études pratiques sur le code pénal*, t. 8, n°s 336 et suiv. ; Chauveau et Faustin Hélie, *op. cit.*, t. 6, § 2833 et suiv.).

**93.** Des trois éléments constitutifs de la contravention de l'art. 475-5°, le premier suppose que le prévenu a établi ou tenu un de ces jeux ; d'où il résulte : 1° que l'art. 475-5°, pas plus que l'art. 410, ne punit les joueurs, mais seulement ceux qui organisent les jeux de cette nature ; 2° que le fait d'avoir établi un jeu de hasard dans un lieu public, constitue à lui seul la contravention, sans qu'il soit nécessaire que les agents chargés de constater cette contravention aient vu fonctionner le jeu (V. Crim. cass. 29 août 1863, aff. Henry, D. P. 64. 1. 150). — Il importe peu, d'ailleurs, que l'individu prévenu de la tenue de jeux de hasard dans un lieu public ait ou non perçu des émoluments, soit sur les cartes, soit sur les enjeux (Crim. cass. 25 mars 1882, aff. Bagriot, D. P. 83. 1. 48), la contravention de l'art. 475-5° ne supposant pas nécessairement que le prévenu ait agi dans un but intéressé. C'est ainsi que l'arrêt précité du 25 mars 1882, a décidé que le fait seul, par un cafetier, d'avoir laissé jouer dans son établissement, constituait de sa part une infraction à l'art. 475-5°. L'habitude n'est pas non plus, ainsi qu'il a été dit au *Rép.* n° 99, un élément essentiel de la contravention ; l'art. 475-5°, s'applique même à un fait isolé. Bien plus, on a vu *suprà*, n°s 63 et suiv., que la tendance générale de la jurisprudence était de considérer l'habitude comme l'élément caractéristique du délit de l'art. 410 c. pén., réservant aux jeux de hasard tenus accidentellement et d'une manière passagère l'application de l'art. 475-5° c. pén.

**94.** Le deuxième élément de la contravention est dans la publicité du lieu. Les mots « lieux publics » doivent s'entendre ici, non seulement des voies publiques en général, mais encore de tous les établissements et de tous les lieux qui sont publics, et par conséquent des auberges, cafés, cabarets, aussi bien que des rues et chemins (Chauveau et Faustin Hélie, *op. cit.*, t. 6, p. 441). A cet égard, la cour suprême a d'ailleurs maintes fois décidé que la publicité du lieu, visée par l'art. 475-5° c. pén., est une circonstance de fait, et que par exemple un terrain particulier sur lequel le public a un libre accès par la tolérance du propriétaire doit être réputé lieu public (Crim. cass. 20 juin 1882, aff. Kiéner, D. P. 83. 1. 328). C'est ainsi également, qu'antérieurement à la loi du 2 juin 1891, il a été plusieurs fois jugé que la pelouse d'un hippodrome doit être rangée parmi les lieux publics visés par l'art. 475-5° (Trib. corr. Seine, 9° ch., 9 mai 1887, aff. Godrie (*La Loi* du 14 mai 1887). V. aussi Trib. corr. Lyon, 10 mai 1887, aff. Blanc, *La Loi* du 14 mai 1887). Et, en conséquence, les tribunaux appliquaient l'art. 475-5° aux *bookmakers* qui avaient été surpris sur la pelouse pratiquant le pari à la cote avec tous venants (Crim. cass. 10 déc. 1887, aff. Kurten, D. P. 88. 1. 185).

**95.** Il faut, en troisième lieu, pour l'application de l'art. 475-5° que le jeu tenu ou établi dans un lieu public soit un jeu de hasard. Pour la détermination des caractères constitutifs du jeu de hasard, V. *suprà*, n°8 19 et suiv. Ajoutons seulement, à cet égard, qu'en prohibant tous jeux de hasard sur la voie publique et dans les lieux publics, l'art. 475-5° n'a point établi de distinction entre ceux où l'enjeu peut être perdu sans compensation et ceux où le joueur reçoit, en retour de sa mise, un objet désigné par le hasard (Crim. cass. 29 août 1863, aff. Henry, D. P. 64. 1. 150). Il a été jugé, en conséquence, qu'on doit classer au nombre des jeux dont la tenue est prohibée par l'art. 475-5°, même les jeux de loterie dans lesquels la mise est minime, et qui n'exposent point le joueur à perdre la valeur de sa mise, par exemple, les jeux de loterie dans lesquels, pour une mise de 5 cent., le joueur gagne l'objet en sucrerie ou bonbonnerie qui se trouve indiqué à la place où s'arrête une boule lancée par lui sur une table à roulettes (Crim. cass. 2 août 1855, aff. Gaugiraud, D. P. 55. 1.444). Enfin, il y lieu de rappeler que, indépendamment des jeux de hasard proprement dits au sens de l'art. 475-5° c. pén., l'autorité municipale a le droit, pour assurer le bon ordre, de réglementer tous les jeux publics, même ceux qui servent simplement de récréation (V. *suprà* n° 67).

**96.** — II. PEINES. — On a dit au *Rép.* n°8 91 et suiv.,

quelles sont les différentes pénalités applicables à la tenue de jeux de hasard dans des lieux publics. Mentionnons particulièrement, en ce qui concerne la confiscation ordonnée par l'art. 477 c. pén., un arrêt de la cour de cassation décidant que le tribunal de police, lorsqu'il admet une prévention de tenue de jeux de hasard et de loterie sur la voie publique, ne peut, même en cas de circonstances atténuantes, s'abstenir de prononcer la confiscation des appareils et enjeux ; l'art. 477-1° c. pén. a entendu renvoyer à l'art. 475-5°, et non à l'art. 476 qui est cité par erreur (Crim. cass. 7 juill. 1854, aff. Favié, D. P. 55. 5. 266). — Il importe d'ajouter que le fait de pratiquer habituellement le jeu de hasard sur la voie publique et d'en tirer sa subsistance habituelle a été assimilé au vagabondage par la loi du 27 mai 1885, art. 4, *in fine ;* mais le tribunal correctionnel de la Seine (9° ch., 9 mai 1887, aff. Godrie, *Là Loi* du 10 mai 1887) a décidé que les mots « voie publique » ont une signification plus étroite que les mots « lieux publics » dont se sert l'art. 475-5° c. pén., et que le *bookmaker* qui exerce son industrie sur les champs de course ne peut être assimilé au vagabond. Cette solution est conforme au principe qu'en matière pénale les textes doivent être interprétés restrictivement, et à l'esprit de la loi de 1885 qui a eu pour objet d'assurer la sécurité de la rue.

**97.** — III. LOI DES 2-3 JUIN 1891. — On a vu, *suprà*, n°8 82 et suiv., que la loi des 2-3 juin 1891, dans son art. 4, punit des peines de l'art. 410 c. pén. tous individus qui exploitent le pari sur les courses de chevaux en offrant de parier ou en pariant avec tous venants, *en quelque lieu que ce soit*. Cette loi dérobe nécessairement à l'art. 475-5° toutes ses applications antérieures en cette matière spéciale du pari aux courses. En conséquence de la disposition de l'art. 4 de la loi nouvelle, il n'y a plus lieu d'établir ici de distinctions suivant que l'exploitation du pari aura lieu, soit dans une maison ou un local spécialement destiné à ce but, soit dans un lieu ou sur une voie publique, ni selon qu'il s'agira d'un fait d'habitude ou d'un fait isolé. Dans tous les cas de ce genre, c'est l'art. 410 c. pén. et non l'art. 475-5°, qu'il y a lieu désormais d'appliquer ; le fait incriminé constitue toujours un délit et non une contravention. En conséquence, l'art. 475-5° ne reste plus applicable qu'à la tenue de jeux de hasard et de loteries n'ayant pas pour objet l'exploitation du pari sur les courses de chevaux.

## Table sommaire

### des matières contenues dans le Supplément et le Répertoire.

## Table chronologique des Lois, Arrêts, etc.

## JOUR FÉRIÉ.

### Division.

§ 1. — Historique et législation. — Droit comparé. (n° 1).
§ 2. — Du caractère obligatoire de la législation sur les
    fêtes et dimanches. — Fêtes légales (nºs 10).
§ 3. — De l'effet des jours fériés quant aux débats judiciaires et aux fonctions publiques, matières
    civile et criminelle (n° 12).
§ 4. — De l'effet des jours fériés quant aux délais (n° 14).
§ 5. — De la prohibition de travailler, vendre etc,. pendant les jours fériés (n° 15).
§ 6. — Preuve des contraventions. — Compétence. —
    Excuses. — Pénalité (n° 20).

§ 1. — Historique et législation. — Droit comparé
(Rép. nºs 2 à 16).

**1.** — I: HISTORIQUE ET LÉGISLATION. — On a vu au Rép.
n° 16, que chacune de nos révolutions a supprimé certaines
fêtes nationales et en a institué de nouvelles. Toutefois la
fête du 15 août, supprimée à la chute de l'Empire, n'a été
remplacée par aucune autre pendant les dix premières
années du régime actuel. La loi du 6 juill. 1880 (D. P. 80.
4. 57) a eu pour objet de faire cesser cet état de choses :
elle porte que la République adopte le 14 juillet comme jour
de fête nationale annuelle. Le choix de cette date a été combattu au Sénat : deux membres de la commission avaient
proposé deux autres dates prises dans l'histoire de la Révolution et qui, suivant les auteurs de ces propositions, avaient
l'avantage de ne rappeler ni luttes intestines ni sang versé.
Ces deux dates étaient, celle du 5 mai, anniversaire de l'ouverture des États généraux en 1789, et celle du 4 août « dont
la nuit fameuse est restée dans toutes les mémoires » (Rapport de M. Henri Martin au Sénat). Le rapporteur a exposé
les motifs qui ont fait préférer la date du 14 juillet. On a
reproché à la date du 5 mai d'être peu connue du grand
nombre et de n'indiquer que « la préface de l'ère nouvelle » ;
à la date du 4 août de ne marquer « qu'une des phases de
la Révolution, la fondation de l'égalité civile ». On a cru
devoir préférer l'anniversaire du 14 juillet qui rappelle à la
fois « la prise de la Bastille, en 14 juillet 1789; et la grande
fête de la Fédération qui fut célébrée le 14 juillet 1790 » (Rapport à la Chambre des députés). M. de Marcère avait demandé

au Sénat d'ajouter à la loi que la fête du 14 juillet serait considérée comme un jour férié, ce qui, disait-il, emporterait comme conséquence que la vie civile serait suspendue pendant vingt-quatre heures au point de vue des affaires. Mais le ministre de l'intérieur, M. Constans, a combattu cette addition comme inutile. Il a fait observer que, toutes les fois qu'un jour était déclaré jour de fête par une loi, il constituait une fête légale, c'est-à-dire un jour férié pendant lequel la vie civile, au point de vue des actes judiciaires et commerciaux, était absolument suspendue. Le rapporteur, M. Henri Martin, s'est prononcé dans le même sens au nom de la commission.

**2.** Une loi rendue quelques jours après celle dont il vient d'être question, la loi du 12 juill. 1880 (D. P. 80. 4. 92) a abrogé celle du 18 nov. 1814, relative au repos du dimanche et des fêtes religieuses, ainsi que toutes les lois et ordonnances rendues antérieurement sur la même matière. Le rapporteur de la loi à la Chambre des députés, M. Maigne, a soutenu, pour justifier l'abrogation qu'elle prononce, que les prescriptions de la loi de 1814 portaient atteinte à la liberté de conscience et à la liberté du travail en obligeant des israélites, les musulmans ou les libres penseurs à suspendre leurs travaux et à arrêter leur commerce les dimanches et les jours de fêtes instituées par les lois chrétiennes.

**3.** — II. DROIT COMPARÉ. — 1° *Allemagne.* — La loi allemande du 17 juill. 1878 porte que les patrons ne pourront astreindre les ouvriers au travail les dimanches et fêtes; sont exceptés de l'application de cette prescription les travaux qui, à raison de la nature de l'industrie, ne comportent ni ajournement ni interruption.

**4.** — 2° *Angleterre.* — Une loi de 1781 punit de peines très rigoureuses toute violation du repos dominical; cette loi n'a jamais été abrogée, mais un *act* du 13 août 1875 (*Ann. de législ. étr.*, 1876, p. 9) a donné à la couronne le pouvoir de remettre toute peine encourue en vertu de ladite loi. L'*act* de 1872 qui réglemente la vente des liqueurs enivrantes (*Ann. de législ. étr.*, 1873, p. 45) prescrit la fermeture des locaux dans lesquels sont vendues ces liqueurs, les dimanches, le jour de Noël et le vendredi saint pendant une partie de la journée. Une motion de lord Dunraven tendant à autoriser l'ouverture des collections nationales le dimanche a été présentée pendant plusieurs années de suite et constamment repoussée par la Chambre des lords.

**5.** — 3° *Autriche-Hongrie.* — L'art. 13 de la loi du 25 mai 1868 (*Ann. de législ. étr.*, 1875, p. 241, note), après avoir établi en principe que nul ne peut être tenu de s'abstenir de travail les jours déclarés fériés par une Église à laquelle il n'appartient pas, interdit cependant le dimanche pendant les offices tout travail exécuté publiquement. Nous devons également citer la loi du 21 juin 1884 (*Ann. de législ. étr.*, 1885, p. 283) qui interdit le travail le dimanche dans les mines.

**6.** — 4° *Danemark.* — La loi du 7 avr. 1876 sur le repos public interdit les jours de fête (*Ann. de législ. étr.*, 1877, p. 603) interdit, les jours de fête de l'Eglise nationale, de 9 heures du matin à 4 heures du soir, tous les travaux dans les maisons ou en dehors qui pourraient, par le bruit qu'ils causent ou par la manière dont on les exécute, troubler le repos des jours fériés. La même loi interdit aux-mêmes jours et pendant les mêmes heures les ventes et achats dans les lieux publics ainsi que les transports de marchandises à Copenhague et autres villes marchandes.

**7.** — 5° *Etats-Unis.* — Les lois de plusieurs Etats contiennent des prescriptions relatives à l'observation du repos dominical. Nous citerons parmi les plus récentes la loi rendue dans la Louisiane le 21 juin 1886 (*Ann. de législ. étr.*, 1887, p. 786) qui prescrit la fermeture des magasins et débits de boissons pendant presque toute la journée du dimanche, sous les seules exceptions qu'elle détermine, sous peine d'une amende de 25 à 250 dollars et emprisonnement de dix à trente jours. (*Ann. de législ. étr.*, 1879, p. 104).

**8.** — 6° *Mexique.* — La loi organique du 14 déc. 1874 sur les réformes constitutionnelles (*Ann. de législ. étr.*, 1875, p. 712) porte, dans son art. 3, que les jours qui n'ont pas pour objet exclusif la célébration d'événements purement civils cessent d'être jours fériés.

**9.** — 7° *Suisse.* — La loi fédérale du 23 déc. 1872 (*Ann. de législ. étr.*, 1874, p. 382) dispose que les employés de che-

mins de fer devront avoir au moins un dimanche libre sur trois. Mais une loi du 14 févr. 1878 (*ibid.*, 1879, p. 555) permet de remplacer le dimanche par un jour ouvrable quand les nécessités du service l'exigent. Les lois de plusieurs cantons astreignent les citoyens à une observation rigoureuse du repos dominical. Dans le canton de Fribourg, un arrêté du conseil d'Etat du 22 oct. 1880 (*ibid.*, 1881, p. 460) interdit de vaquer aux travaux ordinaires des champs, des ateliers, des usines et des fabriques, d'exercer un métier d'une manière ostensible et bruyante, d'ouvrir des magasins, d'étaler, colporter et transporter des marchandises les dimanches et fêtes religieuses. La danse publique et la danse dans les auberges ou dans leur voisinage immédiat sont également interdites les jours fériés par une loi du 11 déc. 1882 (*ibid.*, 1883, p. 785). Une loi du 24 avr. 1887 (*ibid.*, 1888, p. 702) renferme des dispositions analogues pour le canton d'Unterwald. Dans le canton de Saint-Gall, une loi du 25 nov. 1885 (*ibid.*, 1886, p. 474) interdit les dimanches et jours fériés tous travaux d'exploitation industrielle, commerciale et agricole. Une ordonnance du 12 janv. 1884 (*ibid.*, 1885, p. 384) interdit, dans le canton de Schwyz, les dimanches et jours fériés, tous les travaux manuels et mécaniques en plein air ou dans des lieux clos ainsi que la circulation des voitures, l'ouverture des boutiques et magasins, la chasse, la pêche et les divertissements publics.

**§ 2.** — Du caractère obligatoire de la législation sur les fêtes et dimanches. — Fêtes légales (*Rép.* n°s 17 à 21).

**10.** La loi du 12 juill. 1880 (V. *suprà*, n° 2), qui a abrogé la loi du 18 nov. 1814, a mis fin aux controverses que nous avons rapportées au *Rép.* n°s 17 et suiv., sur le caractère obligatoire de cette loi. L'art. 2 de la loi du 12 juill. 1880, maintien en vigueur l'art. 57 de la loi organique du 18 germ. an 10 qui fixe au dimanche le repos des fonctionnaires publics, et l'art. 3 dispose qu'il n'est rien innové aux dispositions des lois civiles ou criminelles qui règlent les vacances des diverses administrations, les délais et l'accomplissement des formalités judiciaires, l'exécution des décisions de justice; non plus qu'à la loi du 19 mai 1874 sur le travail des enfants et filles mineures employés dans l'industrie.

**11.** On a dit au *Rép.* n° 19 que le premier jour de l'an avait été mis au nombre des jours fériés par l'usage que la jurisprudence et un avis du conseil d'Etat du 13 mars 1810 ont consacré. Une loi du 8 mars 1886 (D. P. 86. 4. 17) a également rangé parmi les jours fériés légaux le lundi de Pâques et le lundi de la Pentecôte. Cette mesure avait été sollicitée à plusieurs reprises et avec une certaine insistance, notamment par la chambre de commerce de Paris. Ces réclamations se fondaient : 1° sur ce que, dans tous les pays qui nous entourent, les lundis de Pâques et de la Pentecôte sont fériés, et que les bourses de commerce sont fermées à Londres, Bruxelles, Vienne, Berlin et ailleurs; — 2° Sur ce qu'il est de notoriété publique qu'à Paris et surtout en province, souvent dans la matinée et toujours après midi, la présentation régulière des effets de commerce est matériellement impossible les jours susrappelés, vu que les porteurs trouvent les caisses et les magasins partout fermés (D. P. 86. 4. 17, note 1). Les ministres de la justice et du commerce ont donné satisfaction à ces vœux en saisissant le Parlement d'un projet de loi déclarant le lundi de Pâques et le lundi de la Pentecôte jours fériés légaux. Ils ont jugé qu'il n'y avait pas lieu de procéder comme on l'avait fait pour le premier janvier, qu'une simple ordonnance avait déclaré jour férié (*Rép.* n° 20) parce qu'un pareil mode de procéder pouvait paraître illégal, et ils ont pensé à bon droit qu'il n'appartenait qu'au pouvoir législatif de donner à des jours de fête le caractère de jours fériés légaux (D. P. 86. 4. 17 note 1).

**§ 3.** — De l'effet des jours fériés quant aux débats judiciaires et aux fonctions publiques, matières civiles et criminelles (*Rép.* n°s 22 à 42).

**12.** Conformément à une décision antérieure rapportée au *Rép.* (n° 23), le conseil d'Etat a jugé qu'aucune disposition de loi ne prononce la nullité des décisions prises par les conseils de préfecture les jours fériés (Cons. d'Et. 27 mars 1885, aff. Election d'Aïn-Tinn, D. P. 86. 5. 115).

**13.** On a examiné précédemment (v° *Contrainte par corps*, n° 112) la question de savoir si les dispositions de l'art. 1037 c. proc. civ. qui permet de faire des actes d'exécution les jours de fête légale, avec la permission du juge, dans le cas où il y a péril en la demeure, doivent être appliquées à la contrainte par corps en matière criminelle, correctionnelle et de police et aux cas prévus par l'art. 780 c. proc. civ., et nous avons rapporté plusieurs décisions rendues dans des sens opposés sur cette question controversée.

§ 4. — De l'effet des jours fériés quant aux délais (*Rép.* n°s 43 à 53).

**14.** Les questions relatives à l'effet des jours fériés quant aux délais ont été examinées précédemment, v° *Délai*, n° 22 et suiv. On a vu que le paragraphe final ajouté à l'art. 1033 c. proc. civ. porte que, si le dernier jour est férié, le délai sera prorogé au lendemain, et que, depuis l'opinion qui a prévalu dans la jurisprudence, cette disposition s'applique à tous les actes de procédure faits à personne ou à domicile, mais que la cour de cassation exclut du bénéfice de cette disposition les actes faits au greffe. Il a été jugé, depuis, que la disposition finale de l'art. 1033 c. proc. civ., aux termes de laquelle le délai est prorogé au lendemain quand le dernier jour est férié, est générale et doit être appliquée non seulement aux délais fixés pour les ajournements, citations, sommations et autres actes faits à personne ou à domicile, mais encore aux délais fixés pour tous actes extrajudiciaires; que, notamment, le délai de huit jours relatif à la déclaration de surenchère du sixième, est prorogé au lendemain quand le dernier jour est férié (Paris, 11 déc. 1890, aff. Anquetil, D. P. 91. 2. 274).

§ 5. — De la prohibition de travailler, vendre, etc., pendant les jours fériés (*Rép.* n°s 54 à 102).

**15.** Les développements donnés au *Rép* (n° 54 et suiv.) sur les travaux prohibés par la loi du 18 nov. 1814, et sur la portée des prohibitions édictées par cette loi, ont perdu tout intérêt pratique depuis son abrogation.
**16.** Comme on l'a dit *supra*, n° 10, la loi du 12 juill. 1880, qui a abrogé celle du 18 nov. 1814, a maintenu en vigueur les dispositions de la loi du 19 mai 1874 sur le travail des enfants et filles mineures employés dans l'industrie (D. P. 74. 4. 89). L'art. 5 de cette loi porte que les enfants de moins de seize ans et les filles âgées de moins de vingt et un ans ne pourront être employés à aucun travail par leurs patrons les dimanches et fêtes reconnues par la loi, même

pour rangement de l'atelier. L'art. 6 autorise toutefois, dans les usines à feu continu, l'emploi des enfants la nuit ou les dimanches et jours fériés aux travaux indispensables. Les travaux tolérés et le laps de temps pendant lequel ils devront être exécutés devaient, aux termes de cet article, être déterminés par des règlements d'administration publique, et n'être, dans aucun cas, autorisés que pour des enfants âgés de douze ans au moins. On devait en outre leur assurer le temps et la liberté nécessaires pour l'accomplissement des devoirs religieux.
**17.** Le décret du 22 mai 1875 (D. P. 75. 4. 107) rendu en exécution des dispositions qui viennent d'être rappelées, énumère les travaux auxquels les enfants du sexe masculin, de douze à seize ans, peuvent être employés dans les papeteries, sucreries, verreries et usines métallurgiques (art. 1er). Il autorise le travail, sous ces conditions, dans les sucreries et verreries, sauf de six heures du matin à midi, et dans les papeteries et usines métallurgiques sauf de six heures du matin à six heures du soir (art. 3). Aux termes de l'art. 4 de ce décret, l'ordre du travail du dimanche dans les usines dénommées à l'art. 3 doit toujours être distribué de manière à permettre l'application du § 4 de l'art. 6 de la loi du 19 mai 1874 concernant l'accomplissement des devoirs religieux.
**18.** L'art. 3 précité du décret du 22 mai 1875 a été modifié par l'art. 2 du décret du 5 mars 1877 (D. P. 77. 4. 45) qui lui a substitué la disposition suivante : le travail est autorisé aux conditions fixées par l'art. 1er les dimanches et jours fériés, dans les sucreries, sauf de six heures du matin à midi, dans les verreries il est autorisé sauf de huit heures du matin à six heures du soir.
**19.** En ce qui concerne les dispositions qui imposent, dans une certaine mesure, aux compagnies de chemins de fer l'observation du dimanche et des jours fériés, V. *infrà*, v° *Voirie par chemin de fer*.

§ 6. — Preuve des contraventions. — Compétence. — Excuses. — Pénalité (*Rép.* n°s 103 à 110).

**20.** L'art. 25 de la loi précité du 19 mai 1874 punit les contrevenants d'une amende de 16 à 50 fr., qui doit être prononcée par le tribunal correctionnel et appliquée autant de fois qu'il y a eu de personnes employées dans des conditions contraires à la loi, sans que son chiffre total puisse excéder 500 fr. L'art. 26 porte qu'en cas de récidive les contrevenants seront condamnés à une amende de 50 à 200 fr., et que la totalité des amendes réunies ne pourra excéder 1000 fr. L'affichage peut être ordonné en cas de récidive.

## Table sommaire

des matières contenues dans le Supplément et le Répertoire.

(Les chiffres précédés de la lettre *S* renvoient au Supplément ; les chiffres précédés de la lettre *R* renvoient au Répertoire.)

## Table chronologique des Lois, Arrêts, etc.

**JOURNAL.** — V. *Acte de commerce*, n°s 84 et suiv., 418; *Droit maritime*, n° 647 ; *Obligations ; Presse-outrage-publi-cation ; — Rép.* v^is *Acte de commerce*, n°s 92 ; *Commerçant*, n° 226 ; *Compétence commerciale*, n° 292 ; *Droit maritime*, n°s 120 et suiv., 420 et suiv. ; *Presse-outrage-publication*, passim.

## JUGEMENT.

## CHAP. 1er. — Historique et législation (*Rép.* n°s 3 à 6).

**1.** La matière des *jugements civils* n'a, pour ainsi dire, subi aucun changement depuis la promulgation du code de procédure civile en 1806. On ne peut guère signaler que les modifications résultant de la loi du 30 août 1883 sur la réforme de l'organisation judiciaire (D. P. 83. 4. 58), et qui seront examinées *infrà*, v° *Organisation judiciaire*.

Le projet de réforme du code de procédure civile, actuellement soumis aux Chambres (V. l'exposé des motifs et le texte du projet dans l'annexe au procès-verbal de la séance de la Chambre des députés du 6 mars 1890), ne renferme, au titre *Des jugements*, que des innovations peu nombreuses. Il y a lieu de signaler : 1° l'art. 24, ainsi conçu : « Dans les cas où un jugement n'a pas été signé par le président, si celui-ci ne peut plus le faire, le procureur général adresse requête à la première chambre de la cour d'appel afin qu'un des juges qui ont concouru au jugement soit autorisé à le signer. Dans le cas où aucun d'eux ne pourrait le faire, la cour constate la teneur de la décision rendue par un arrêt qui tiendra lieu de la minute. (Comp. *infrà*, n° 137); — 2° L'art. 26, aux termes duquel « l'avoué de la partie dont les conclusions ont été adjugées doit, dans un délai de trois mois, à dater du jour du jugement, à peine d'une amende de 100 fr., signifier les qualités à l'avoué adverse. Si ce dernier a cessé de postuler, la signification est faite à partie ; il y est fait mention du décès ou de la cessation des fonctions de l'avoué »; — 3° L'art. 32, d'après lequel le jugement ne peut être exécuté qu'après avoir été signifié à avoué, à peine de nullité. La signification à partie n'est plus exigée ; mais le même article porte que « l'huissier chargé de la signification doit, par lettre recommandée, donner avis de cette signification à la partie ». « Si l'avoué est décédé ou a cessé de postuler, ajoute l'art. 33, la signification est faite à la partie avec mention du décès ou de la cessation de fonctions de l'avoué ».

On a indiqué *suprà*, v° *Frais et dépens* n° 2, les dispositions du titre *Des jugements* au projet de loi, qui se réfèrent aux frais et dépens, et *ibid.*, n° 3, les modifications qu'a subies la législation sur ce point, depuis la publication du *Répertoire*. Tout récemment, la Chambre des députés (séance du 14 déc. et suiv.) a adopté un ensemble de dispositions qui constituent une réforme considérable en cette matière. Ces dispositions, insérées dans le Gouvernement dans le projet de loi sur le budget de 1892, ont été empruntées, sous certaines modications, à un projet présenté antérieurement à la Chambre par M. Brisson. Elles suppriment ou réduisent un grand nombre de droits qui étaient perçus au profit du Trésor, et en établissent, en retour, une taxe proportionnelle, variant de 0,50 à 2 pour 100 sur le montant des condamnations prononcées en matière civile et commerciale (V. *Le Droit* des 30 nov.-1er déc. 1891). Cette réforme est actuellement soumise à l'examen du Sénat.

**2.** La même observation s'applique aux *jugements en matière criminelle*. Le projet de réforme du code d'instruction criminelle, depuis longtemps soumis aux Chambres, n'a pas encore reçu de consécration législative. On ne peut signaler que la modification partielle résultant de la loi précitée du 30 août 1883 (V. *suprà*, n° 1), laquelle est applicable aux jugements et arrêts correctionnels comme aux jugements et arrêts civils.

**3.** Quant aux *jugements en matière administrative*, ils ont été partiellement touchés par la loi du 21 juin 1865 sur les conseils de préfecture (D. P. 65. 4. 63).

**4.** La doctrine n'a point produit d'ouvrages spéciaux à la matière des *jugements civils* depuis le *Traité des jugements* de M. Poncet (1822) ; mais cette matière est traitée en détail dans tous les ouvrages consacrés à l'étude de la procédure en général. Parmi ceux de ces commentateurs qui ont été publiés ou réédités depuis l'apparition du *Répertoire*, nous citerons, dans l'ordre des dernières éditions : Bonnier, *Éléments de procédure civile*, 1853 ; Berriat-Saint-Prix, *Cours de procédure civile et commerciale*, 7e éd., 1855 ; Boncenne et Bourbeau, *Théorie de la procédure civile*, 2e éd., 1837-1863 ; Bioche, *Dictionnaire de procédure civile et commerciale*, 5e éd., 1867 ; Rodière, *Traité de compétence et de procédure en matière civile*, 5e éd., 1878 ; Bonfils, *Traité élémentaire d'organisation judiciaire, de compétence et de procédure en matière civile et commerciale*, 1885 ; Mourlon, *Répétitions écrites sur le code de procédure*, 5e éd., 1885 ; Rousseau et Laisney, *Dictionnaire théorique et pratique de procédure civile, commerciale*, etc., 1885 ; Boitard, Colmet-Daâge et Glasson, *Leçons de procédure civile*, 14e éd., 1885 ; Carré et Chauveau, *Lois de la procédure civile et commerciale*, 5e éd., augmentée d'un *Supplément alphabétique et analytique* par Dutruc, 1880-1888 ; Garsonnet, *Traité théorique et pratique de procédure* (en cours de publication, 1882-1888). Les renvois du présent traité à ceux des ouvrages ci-dessus qui ont la forme d'un dictionnaire alphabétique se réfèrent, à moins d'indication contraire, au mot *Jugement*.

**5.** Les *jugements en matière criminelle* ont fait l'objet d'une étude approfondie de la part de M. Faustin-Hélie,

dans son *Traité de l'instruction criminelle* (2e éd., 1866-1867) V. notamment t. 8, n°s 3860 à 3868 (arrêts des cours d'assises), t. 6, n°s 2939 à 2953 (jugements correctionnels), t. 6 n°s 2700 à 2733 (jugements de police).

**6.** Les *jugements en matière administrative* sont étudiés, notamment dans le *Code des lois administratives de la procédure* de Chauveau, 5e éd., mise au courant de la législation et de la jurisprudence par M. Tambour (t. 1, n°s 248 à 342).

### CHAP. 2. — Règles générales (*Rép.* n°s 7 à 9).

**7.** Les seuls jugements dont on ait à traiter ici sont ceux qui prononcent sur une contestation liée au moyen d'une assignation (Comp. *suprà*, t. 3, § 435, p. 104), c'est-à-dire les jugements rendus en matière contentieuse, ce qui exclut les jugements qui se rattachent à la juridiction gracieuse.

**8.** C'est là une distinction capitale, mais qu'il est plus facile d'énoncer que de définir. La cour de cassation ne paraît pas avoir trouvé une formule satisfaisante, lorsque, dans son arrêt du 26 nov. 1867 (aff. Gibiat, D. P. 67. 1. 473) elle établit le critérium suivant : l'ordonnance (ajoutons : le jugement) sur requête doit toujours revêtir un caractère provisoire, et n'est plus possible s'il s'agit d'un « acte de juridiction entraînant des faits d'exécution définitive ».

**9.** La caractéristique qui a été admise au *Rép.* (v° *Organisation judiciaire*, n° 211) est plus exacte ; la juridiction gracieuse est celle qui s'exerce sur les demandes qui n'ont pas de contradicteur. C'est à peu près la règle qu'a posée la cour de Paris, par deux arrêts des 6 et 23 janv. 1866 (aff. Gibiat-Moullet, D. P. 66. 2. 25), en décidant que le droit de statuer sur requête émane des pouvoirs d'administration du juge, et ne peut être exercé que dans les cas formellement prévus par la loi, ou dans les cas analogues où « la mesure réclamée ne constitue pas une véritable demande et n'appelle pas de contradiction ». La cour de Lyon a jugé, en termes presque identiques, que les tribunaux n'ont le pouvoir de statuer par jugement sur requête que lorsque « la mesure réclamée ne constitue pas une demande et n'appelle pas de contradiction » ; mais que, en dehors de ce cas, leur compétence ne peut s'exercer que lorsque les parties ont été entendues ou appelées (Lyon, 26 nov. 1880, aff. Cœur, D. P. 82. 2. 88). Et c'est la formule qui se retrouve dans la doctrine (Rousseau et Laisney, *Dictionnaire de procédure*, v° *Jugement*, n° 53 ; Henrion de Pensey, *De l'autorité judiciaire en France*, t. 1, p. 334). — Par application de ce principe, il a été jugé que la demande tendant à substituer un séquestre à un mandataire institué par plusieurs mandants (des cohéritiers) ne pouvait se produire que par une action judiciaire dirigée contre le mandataire et les autres cohéritiers intéressés, et non par voie de simple requête au nom d'un seul des cointéressés, et ce attendu que cette prétention contituait un véritable litige et pouvait donner lieu à des contradictions sérieuses ; qu'elle ne devait se produire que par une action (Lyon, 26 nov. 1880, aff. Cœur, D. P. 82. 2. 88).

**10.** En fait, le domaine de la juridiction gracieuse est surtout celui des actes de tutelle judiciaire (*Rép.* v° *Organisation judiciaire*, n° 211), tels que les autorisations de justice exigées dans le cas en matière de régime dotal. Comme le disait fort bien M. le conseiller Senart devant la cour de Paris (20 juin 1874, aff. Époux X..., D. P. 76. 2. 139), « autoriser une femme mariée à hypothéquer un immeuble dotal, ce n'est pas juger entre des parties adverses sur des prétentions opposées ; c'est exercer une sorte de tutelle judiciaire, habiliter un incapable à faire un acte pour lequel des considérations tirées de l'intérêt des familles et de l'ordre public ont fait exiger l'intervention de l'autorité judiciaire ; les termes dont se servent les art. 1555 et 1558 l'expriment clairement : ils qualifient la décision à rendre de « permission de justice » ; par conséquent, elle appartient essentiellement à la juridiction gracieuse ».

**11.** Mais il ne faut pas confondre les autorisations de ce genre avec l'autorisation que la justice peut être appelée à donner à la femme, à défaut d'autorisation maritale, et qui donne lieu à un débat contentieux (Bertin, *Chambre du conseil*, t. 2, n° 4392). Ainsi le jugement qui, sur le refus du mari, et après un débat contradictoire en la chambre du conseil, autorise la femme à accepter un pacte de famille lui attribuant, au lieu et place de sa part en immeubles dans la succession de ses père et mère, des sommes à payer par ses cohéritiers, ne constitue pas un acte de juridiction gracieuse, mais une décision contentieuse (Paris, 1er mars 1877, aff. Vandœuvre, D. P. 78. 2. 130).

**12.** De la définition donnée *supra*, n° 9, il résulte que le jugement contentieux suppose essentiellement deux ou plusieurs adversaires à départager, et un débat à terminer.

**13.** En ce qui touche les adversaires litigants, il faut qu'ils soient tous vivants. Si l'un d'eux est mort, il y a lieu à *reprise d'instance* (V. *infrà*, v° *Reprise d'instance*). Toutefois le jugement ne serait pas nul faute de reprise d'instance, si le décès n'avait pas été notifié (Paris, 19 févr. 1873) (1).

**14.** Quant à la fin du litige, elle doit être la conséquence directe du jugement lui-même. Le jugement qui laisserait en suspens la question posée constituerait un *déni de justice* (V. *supra*, v° *Déni de justice*). — Mais il ne faut pas confondre le jugement qui laisserait le débat sans solution avec le jugement qui donnerait seulement lieu à quelque *difficulté d'exécution* (V. *infrà*, n° 470 et suiv.). Par exemple, il a été jugé que la sentence portant que l'auteur d'un détournement d'eaux les rendrait à leur ancien cours, ainsi qu'il aviserait, dans le cas où l'existence d'ouvrages ordonnés par l'Administration ne permettrait pas au juge de paix de déterminer lui-même le mode de réintégration des eaux, ne pouvait être critiquée comme n'ayant pas vidé le litige, car il ne pouvait résulter de là que des difficultés d'exécution, à régler par le tribunal qui avait rendu le jugement (Civ. rej. 11 août 1856, aff. Charlet, D. P. 56. 1. 361).

**15.** Lorsque plusieurs chefs s'offrent à juger, le jugement doit les trancher tous (*Rép.* n° 9). Ce principe ne reçoit exception que dans le cas de l'art. 172 c. proc. civ., aux termes duquel toute demande en renvoi doit être jugée sommairement, sans qu'elle puisse être réservée et jointe au principal. Mais la disposition de l'art. 172 c. proc. civ. est exclusivement applicable aux renvois mentionnés dans la section dont il fait partie, c'est-à-dire à l'exception d'incompétence, à l'exception de litispendance et à celle de connexité. Il n'y a plus aucun motif de retarder la décision du principal et de disjoindre les instances, lorsque ces deux instances doivent être portées devant le même tribunal (*Rép.*, v° *Exception*, nos 221 et suiv.; Boitard, Colmet-Daâge et Glasson, t. 1, p. 352). Jugé, en ce sens, que l'instance contre une communauté non autorisée donataire, et l'instance contre le légataire universel institué dans le but de paralyser l'action de la famille, forment un tout indivisible, sur lequel le tribunal peut prononcer par un seul jugement (Trib. Bourganeuf, 23 juill. 1869, aff. Claude, D. P. 71. 2. 12). Jugé, de même, que, dans le cas où le défendeur s'est borné à opposer à l'action, sans conclure au fond, une fin de non-recevoir autre que celle de l'incompétence, les juges ne sont pas tenus, s'ils rejettent celle-ci, de surseoir à la décision sur le fond (Rouen, 14 avr. 1853, aff. Lebreton, D. P. 53. 2. 140).

**16.** D'ailleurs, ainsi qu'on l'a vu au *Rép.* n° 8, les divers chefs d'un jugement, considérés isolément, forment autant de jugements distincts, à moins qu'ils ne soient reliés par des points de connexité qui déterminent des uns aux autres des rapports de corrélation ou d'influence (Civ. rej. 11 août 1868, aff. Brunfaut, D. P. 68: 1. 448). — Il s'ensuit notamment, que chacun des divers chefs d'un même jugement peut être soumis à des règles différentes touchant les formes et les délais des voies de recours; spécialement, un même jugement peut être, sur un chef, par défaut faute de comparaître et susceptible d'opposition jusqu'à l'exécution, tandis qu'il est, sur un autre chef, par défaut faute de conclure et susceptible d'opposition seulement pendant la huitaine de la signification (Même arrêt). — De même, un jugement peut être, sur un chef, par défaut faute de comparaître, sur un second chef, par défaut faute de conclure, et sur un troisième, de défaut-congé (Trib. com. Laval, 25 janv. 1882, aff. Bellanger, D. P. 83. 3. 31-32). — Il en résulte encore que chaque chef doit donner lieu à la perception d'un droit d'enregistrement distinct, alors du moins que la pluralité des chefs résulte des motifs mêmes du jugement ou de l'arrêt (V. *supra*, v° *Enregistrement*, n° 2360; Décis. min. fin. 14 sept. 1880) (2).

---

(1) (Dumont C. Héritiers Fréchon.) — LA COUR; — ... Sur la nullité de défaut, en tant que rendu contre une personne décédée; — Attendu qu'il n'est pas contesté que Justin Fréchon fût décédé lors de l'arrêt du 22 mai 1872; mais que cette circonstance n'entraîne pas nécessairement la nullité de cet arrêt; qu'une décision judiciaire peut, en effet, être très valablement rendue contre une personne qui n'est plus vivante, puisque l'art. 342, c. proc. civ., prévoit le cas où le jugement de l'affaire ne doit pas être différé par la mort des parties; que, hors de ce cas, il est vrai que les procédures ne peuvent pas être continuées, ni, par conséquent les jugements rendus contre une des parties décédée, mais à une condition qui n'a pas été remplie dans l'espèce, c'est que le décès ait été notifié; qu'à défaut de notification, le décès de la partie, à la différence de celui de l'avoué est présumé ignoré, et que la conséquence en est que la procédure régulièrement commencée se continue valablement suivant les premiers errements; ...

Par ces motifs, etc.

Du 19 févr. 1873.-C. Paris, 1re ch.-MM. Daguilhon, pr.-Lespinasse, av. gén.-Forest et Soulé, av.

(2) Dans la rigueur des principes, l'Administration serait fondée à soutenir, que l'arrêt confirmatif d'un jugement attaqué sur plusieurs chefs distincts donne ouverture à plusieurs droits (L. 22 frim. an 7, art. 11). — En effet, au point de vue du droit civil, quand un jugement est attaqué sur plusieurs chefs indépendants, la cour doit nécessairement examiner distinctement ces chefs, et motiver, soit par des considérants développés dans l'arrêt, soit par adoption des motifs des premiers juges (L. 20 avr. 1810, art. 7), la confirmation ou l'infirmation qu'elle prononce. Rigoureusement, la pluralité des droits serait donc applicable dans tous les cas, alors même que la pluralité des dispositions indépendantes ne ressort ni des considérants ni du dispositif de l'arrêt. — Mais, dans la pratique, il est d'usage de ne percevoir qu'un seul droit sur les arrêts en question toutes les fois que la confirmation pure et simple, et notamment dans les cas où la cour se borne à statuer dans les termes suivants : «La cour, adoptant les motifs qui ont déterminé les premiers juges, dit qu'il a été bien jugé, mal appelé, confirme le jugement dont est appel». On soutient à l'appui de cette manière d'opérer que la perception de plusieurs droits sur les arrêts qui ne contiennent aucune mention de chefs distincts et indépendants, serait contraire au principe d'après lequel on doit percevoir le droit suivant les énonciations des actes. Quelle que soit la valeur juridique de ce motif, il est incontestable que, en fait, le recouvrement d'un nombre de droits fixes égal au nombre de chefs distincts, non énoncés dans l'arrêt, présenterait les plus grandes difficultés; le receveur, en effet, aurait à rechercher, pour chaque affaire, au vu des conclusions, des qualités, de l'expédition ou d'autres documents parfois difficiles à découvrir, le nombre réel des chefs distincts pour lesquels il y aurait lieu de répéter des droits particuliers, et ces renseignements le pourraient, le plus souvent, être obtenus qu'après l'enregistrement de l'arrêt. — D'un autre côté, la perception de plusieurs droits, surtout par voie de réclamation ultérieure adressée aux plaideurs ou à leurs avoués, soulèverait, de la part de ces officiers ministériels, des réclamations très vives, que l'Administration est intéressée à éviter, en présence des critiques auxquelles donne lieu l'élévation des frais de justice.

Mais les mêmes raisons n'existent pas en ce qui concerne les arrêts dont les considérants eux-mêmes révèlent la pluralité des chefs d'appel non indiqués dans le dispositif. — Les motifs, en effet, forment une partie intégrante de la décision, et l'Administration est autorisée à y recourir pour établir le sens et la portée du dispositif. — D'ailleurs, on s'expliquerait difficilement que, dans le cas où la cour se prononce sur deux contestations indépendantes, on perçût deux droits en cas d'infirmation du jugement sur un chef et sur deux chefs, et un seul droit en cas de double confirmation. On objecterait vainement que l'arrêt, dans cette dernière hypothèse, ne contient, en réalité, que la sanction ou l'homologation de la décision des premiers juges. Car, lorsqu'un tribunal saisi d'une demande en homologation a statué sur des protestations et contestations, le jugement contient, suivant l'opinion générale, et outre l'homologation, autant de décisions différentes passibles de droits fixes ou proportionnels (*Rép.* gén. de Garnier, 10,372-8).

En résumé, il y a lieu de décider : 1° Que le principe de la pluralité, établi pour les dispositions indépendantes les unes des autres, est applicable aux arrêts qui contiennent confirmation pure et simple de jugements attaqués sur plusieurs chefs distincts, lorsque la pluralité de ces chefs résulte des motifs de la décision; — 2° Qu'un seul droit est exigible, au contraire, lorsque la pluralité des chefs d'appel, ne résulte ni du dispositif, ni des considérants de l'arrêt.

Du 14 sept. 1880.-Déc. min. fin.

**CHAP. 3.** — **Des jugements en matière civile**
(*Rép.* nᵒˢ 10 à 695).

SECT. 1ʳᵉ. — DES JUGEMENTS DÉFINITIFS (*Rép.* nᵒˢ 12 à 18).

**17.** Les mots *jugement définitif* ont, dans notre droit, des sens divers. — Dans une première acception, ils désignent le jugement souverain, c'est-à-dire inattaquable (Comp. Garsonnet, t. 3, § 433, p. 92), par opposition aux jugements susceptibles de recours, tels que le jugement par défaut qui peut être frappé d'opposition, ou le jugement en premier ressort qui peut être frappé d'appel.

**18.** Dans un second sens, les mots « jugement définitif » désignent le jugement du fond, par opposition aux jugements d'avant dire droit. Cette seconde acception est impropre ; en effet, comme le montre très bien M. Garsonnet (t. 3, § 434, p. 92), il y a aussi des jugements définitifs, parmi les décisions rendues avant faire droit. Quand l'art. 452 dit : « Sont réputés préparatoires les jugements rendus pour l'instruction de la cause, et qui tendent à mettre le procès en état de recevoir le jugement définitif », c'est du jugement au fond qu'il veut parler. Mais quand l'art. 473 autorise les tribunaux d'appel qui infirment « des jugements définitifs » à évoquer le fond du procès, il désigne ainsi les jugements d'avant faire droit, car il n'y a plus matière à évocation quand les tribunaux de première instance ont statué sur le fond. — Sur les jugements définitifs en ce dernier sens, V. *infrà*, vᵒ *Jugement d'avant dire droit*.

SECT. 2. — DES JUGEMENTS CONTRADICTOIRES PAR OPPOSITION
AUX JUGEMENTS PAR DÉFAUT (*Rép.* nᵒˢ 19 à 21).

**19.** V. *infrà*, vᵒ *Jugement par défaut, section 1ʳᵉ*.

SECT. 3. — DES JUGEMENTS D'EXPÉDIENT
(*Rép.* nᵒˢ 22 et 23).

**20.** « On désigne dans la pratique, dit M. Glasson (D. P. 86. 2. 73), sous le nom de jugement *convenu* ou *d'expédient* la décision par laquelle un tribunal donne la forme d'un jugement à un contrat intervenu entre les parties. Pour obtenir un jugement de cette nature, on présente au tribunal un projet que tous les avoués de la cause ont signé ; il est communiqué au ministère public, et, si le tribunal accepte le projet, il se l'approprie sous forme de jugement. Il s'agit donc là d'un véritable procès fictif qui rappelle, moins le formalisme, l'ancienne *cessio in jure* du droit romain ».

Quel est le caractère d'un semblable jugement, qui est à la fois un jugement et un contrat ? — Dans un premier système, on y voit avant tout un contrat, mais non un jugement proprement dit. Les conséquences de cette manière de voir sont nombreuses et importantes. Le jugement d'expédient n'a pas autorité de chose jugée, et il n'est pas susceptible de recours (Rousseau et Laisney, nᵒˢ 45 et suiv.), du moins de la part des parties litigantes, ou, pour mieux dire contractantes, car on ne peut refuser aux tiers le droit de former tierce opposition (Nouguier, *Tribunaux de commerce*, t. 3, p. 116 ; Comp. *Rép.* nᵒ 341-2ᵒ). On est, en outre, conduit à décider que la règle qui fait considérer comme nulle, pour défaut de consentement, la convention passée par un individu en état de démence, est applicable aux jugements d'expédient qui, dans ce système, constituent de véritables contrats judiciaires, dans lesquels l'office du juge se borne à constater l'accord des parties ; de sorte que, si, au moment où le jugement d'expédient a été rendu, l'une des parties était atteinte d'aliénation mentale, et incapable, par suite, de donner un consentement, ce jugement est atteint de nullité pour défaut de consentement (Toulouse, 21 janv. 1885, aff. Rey, D. P. 86. 1. 73).

**21.** Mais cette opinion est vivement combattue. « Nous refusons, dit M. Gabriel Demante (*Principes de l'enregistrement*, 3ᵉ éd., t. 1, nᵒ 56, p. 88), de distinguer entre les jugements proprement dits, rendus après un débat sérieux, et les jugements rendus d'accord entre toutes les parties, autrement dits les jugements d'expédient. Toutes nos lois sont muettes sur les jugements d'expédient, parce que, officiellement, il n'existe aucun jugement de cette nature. Quand le tribunal adopte le dispositif rédigé par les parties,

il ne le fait qu'en connaissance de cause, et il s'approprie entièrement la rédaction de cet acte, qui devient jugement pur et simple ». M. Glasson s'exprime non moins formellement : « La loi, dit-il (D. P. 86. 2. 73, note), ne connaît pas les jugements d'expédient. Lorsque les parties reconnaissent, dès le début, l'absence de toute contestation, et demandent ouvertement un jugement qui constate leur accord, le tribunal doit refuser de statuer. Si les parties veulent à tout prix obtenir un jugement, qu'elles simulent un procès : ainsi, que leurs avoués rédigent des conclusions en sens contraire les unes des autres, comme cela se fait dans la pratique. Mais alors aussi, elles supporteront les conséquences de leur simulation : c'est bien un jugement ordinaire, un jugement contentieux qui sera rendu entre elles ; il aura l'autorité de la chose jugée et sera susceptible des voies de recours ».

**22.** En tous cas un jugement d'expédient ne saurait être réputé tel que si ce caractère ressort de ses termes mêmes. Jugé en ce sens : 1ᵒ que l'arrêt qui ne mentionne pas que les conclusions sur lesquelles il a été rendu ont été prises du consentement respectif des parties pour former entre elles un contrat judiciaire, et qui se borne à constater, au contraire, qu'il est intervenu sur les conclusions et plaidoiries contradictoires des parties ou de leurs avocats et avoués, ne peut être considéré, à l'aide de preuves extrinsèques, comme un arrêt d'expédient (Civ. rej. 5 janv. 1852, aff. Boutarel, D. P. 54. 5. 458) ; — 2ᵒ Que la signature des avoués des parties, apposée au pied de la feuille contenant le projet du jugement tel qu'il devait être recopié sur la minute, sans aucune mention approbative ou autre au-dessus des signatures, ne suffit pas pour prouver que le jugement n'a été qu'un expédient préparé et accepté par les parties ou leurs mandataires, alors surtout qu'il a été précédé de conclusions contraires (Lyon, 3 juin 1876, aff. Pallandre, D. P. 78. 2. 215).

SECT. 4. — DES CARACTÈRES CONSTITUTIFS DES JUGEMENTS
(*Rép.* nᵒˢ 24 à 72).

§ 1ᵉʳ. — Constitution du tribunal par le nombre de juges prescrit par la loi (*Rép.* nᵒˢ 30 à 34).

**23.** Tout ce qui concerne cette matière a été étudié au *Rép.*, vᵒ *Organisation judiciaire*, nᵒˢ 144 et suiv. La jurisprudence postérieure au *Répertoire*, ainsi que les modifications introduites dans la législation sur ce point, notamment par la loi du 30 août 1883 (D. P. 83. 4. 56), seront exposées *infrà*, eod. vᵒ.

§ 2. — De la nécessité de la présence des juges pendant tout le cours des débats et au moment de la prononciation du jugement (*Rép.* nᵒˢ 35 à 72).

**24.** La loi du 20 avr. 1810, art. 7 (*Rép.* vᵒ *Organisation judiciaire*, p. 1496), déclare nuls « les arrêts qui ont été rendus par des juges qui n'ont pas assisté à toutes les audiences ». — Par *juges*, il faut entendre tous les magistrats qui doivent délibérer le jugement, en sorte que la règle ne s'applique pas aux juges suppléants, lorsqu'ils ne siègent qu'avec voix consultative (Req. 4 juill. 1888, aff. Lampsin, D. P. 89. 1. 478). — Par *audiences* il faut entendre non seulement toutes les audiences où s'est accompli un acte quelconque de la procédure, depuis la prise des conclusions, par les avoués et les plaidoiries des avocats jusqu'aux mesures d'instruction pratiquées en cours d'audience, aux conclusions du ministère public, et à la mise en délibéré (Garsonnet, t. 3, § 437, texte et notes 7 à 10, p. 110-111 ; *Rép.* nᵒˢ 41 et suiv. ; *infrà*, nᵒˢ 25 à 37), mais encore l'audience où le jugement est prononcé (*infrà*, nᵒˢ 38 et 39).

**25.** Envisageons d'abord la règle en tant qu'elle s'applique aux audiences consacrées à l'instruction de l'affaire. — La jurisprudence en a fait application en annulant : 1ᵒ l'arrêt rendu avec la participation d'un magistrat qui, ayant assisté à l'audience où l'avocat d'une des parties a commencé sa plaidoirie et à l'audience où il l'a terminée, n'a pas été présent à l'audience intermédiaire où cette plaidoirie a été continuée (Civ. cass. 17 juin 1879, aff. Durand, D. P. 79.

1. 432); — 2° La décision d'un tribunal fondée sur des aveux faits par les parties lors de leur comparution personnelle à l'audience, lorsqu'il n'a été dressé aucun procès-verbal de ce résultat, et que l'un des juges n'avait pas assisté à cette *comparution des parties* (Poitiers, 12 juin 1856, aff. Selvadier, D. P. 56. 2. 190); — 3° Le jugement rendu avec le concours d'un juge qui n'a pas assisté aux audiences, entre autres à celles où le *ministère public a donné ses conclusions* (Civ. cass. 6 juill. 1875, aff. Bouvier, D. P. 77. 2. 270); — 4° L'arrêt auquel a concouru un magistrat qui n'a point assisté à l'audience où le ministère public a donné ses conclusions et où l'affaire a été *mise en délibéré* (Civ. cass. 26 août 1884, aff. Bellamy, D. P. 85. 5. 283).

**26.** L'exigence de la loi, relativement à la présence ininterrompue des juges, concerne toutes les procédures, et notamment l'instruction par écrit (*Rép.* n° 58; Garsonnet, t. 3, § 437, p. 111 et 114; Civ. cass. 26 août 1884, aff. Bellamy, D. P. 85. 5. 283).

**27.** De même, et bien qu'elle soit formulée dans le chap. 1er de la loi de 1810, relatif aux *cours impériales*, la règle qui nous occupe est, comme on l'a vu au *Rép.* n° 36, applicable à toutes les juridictions; la cour de cassation l'a jugé en termes exprès (Crim. rej. 4 déc. 1857, aff. Collier, D. P. 58. 1. 94). — Ainsi il a été décidé qu'elle s'applique : 1° aux tribunaux civils d'arrondissement (*Rép.* n° 36; Bioche, n° 119; Chauveau sur Carré, t. 1, quest. 486 *bis*; Boncenne, t. 2, p. 378; Boitard et Colmet-Daage, t. 2, n° 245; Garsonnet, t. 3, n° 437, p. 110).

... 2° Aux tribunaux de commerce (*Rép.* n° 37; Garsonnet, t. 3, n° 437, p. 110; Civ. cass. 25 févr. 1863, aff. Roncaiolo, D. P. 63. 1. 72; Civ. rej. 20 févr. 1872, aff. Gost, D. P. 72. 1. 138), en sorte qu'il y a lieu de déclarer nul le jugement d'un tribunal de commerce auquel a concouru un magistrat n'ayant pas assisté à la première audience à laquelle les parties ont conclu, bien qu'à cette première audience il n'ait été rendu aucun jugement, mais qu'il ait été seulement arrêté, d'un commun accord, qu'il serait procédé à une comparution des parties, et bien que ce magistrat ait assisté à la comparution des parties (Arrêt précité du 20 févr. 1872);

... 3° Aux conseils de prud'hommes (Garsonnet, t. 3, n° 437, texte et note 4, p. 110);

... 4° Aux juges de paix (Req. 18 mars 1873, D. P. 74. 1. 376). Cet arrêt n'a pas tranché la question en termes exprès; mais, en décidant que le juge de paix a qualité pour rendre un jugement définitif, dans une affaire où son suppléant a rendu un jugement d'avant dire droit, il fait une application indirecte du principe; en effet, il résulte *a contrario* de cette décision que, s'il s'était agi, non pas de deux phases distinctes d'un même procès (V. *infrà*, n° 29), mais d'une seule et même question, le jugement n'eût pu être rendu que par le juge ayant entendu toute l'affaire. Nous avions déjà vu la même solution au *Rép.* n° 63, dans un arrêt de la chambre des requêtes du 19 nov. 1818 (V. Garsonnet, t. 3, n° 437, texte note 5, p. 110). Au surplus, le principe a été posé en termes formels par la cour de cas-

sation pour le juge de paix statuant en matière de police (Crim. rej. 4 déc. 1857, D. P. 58. 1. 94). Il est, en effet, certain que cette règle s'applique aussi bien en matière répressive qu'en matière civile (*Rép.* n° 738; *infrà*, n° 595).

**28.** La nullité dont il s'agit est radicale; elle ne laisse rien subsister du jugement qu'elle atteint. Non seulement ce jugement ne constitue pas une décision judiciaire qui mette fin au différend des parties; mais la nullité fait disparaître même les simples constatations qu'il renferme, tant dans ses motifs que dans son dispositif (Caen, 21 mars 1870, aff. Gost, D. P. 72. 1. 138); ses énonciations n'ont plus aucune valeur juridique (Civ. rej. 20 févr. 1872, même affaire *ibid.*); en conséquence, elle ne peuvent même pas être invoquées pour établir une convention qui serait intervenue entre les parties devant le tribunal (Mêmes arrêts).

Toutefois cette nullité n'est pas d'ordre public, elle peut être couverte par les parties, et ne peut être proposée pour la première fois devant la cour de cassation (*Rép.* n°s 45, 47 et 57; Garsonnet, t. 3, n° 437, p. 115).

La rigueur du principe comporte d'ailleurs deux tempéraments (V. *infrà*, n°s 29 à 38).

**29.** D'abord, lorsque les débats ont reçu, par la prononciation d'un jugement, leur clôture naturelle, l'exigence de la loi est épuisée; et, lors même qu'un autre jugement devrait être ultérieurement rendu dans la même affaire, il ne serait pas nécessaire que les juges appelés à le rendre eussent assisté aux audiences qui ont précédé le premier. Cette règle, formulée au *Rép.* n° 65, a reçu, en jurisprudence, les applications les plus diverses, et notamment on a jugé : — 1° que les conclusions sur lesquelles un jugement interlocutoire (ordonnant, par exemple, une expertise), a été rendu, sont réputées avoir reçu toute leur exécution par l'effet de ce jugement, et que dès lors il n'est pas nécessaire de les reprendre devant le tribunal qui, au moment où il est appelé, après l'expertise, à statuer au fond, se trouve composé de nouveaux magistrats, par suite, notamment, du roulement annuel (Req. 17 févr. 1854, aff. de Bourbon-Chalus, D. P. 64. 1. 212); — 2° Qu'un arrêt est régulièrement rendu avec le concours d'un magistrat qui n'a pas pris part à une précédente décision, si la cour s'était alors bornée à prononcer la remise de l'affaire (Req. 6 août 1872, aff. Vernet, D. P. 73. 1. 139; 8 août 1878, aff. Syndic Arman, D. P. 79. 1. 272; Civ. rej. 14 déc. 1887, aff. Charpillon, D. P. 89. 1. 150-151); — 3° Que l'on ne saurait considérer comme ne formant qu'une seule et même cause nécessitant la présence des mêmes magistrats, des débats vidés par deux arrêts dont l'un est contradictoire, et l'autre par défaut (Req. 12 févr. 1877) (1); — 4° Que, lorsqu'une cour d'appel, après comparution des parties, a ordonné une enquête, et qu'elle est appelée ultérieurement à statuer par un nouvel arrêt sur les résultats de cette enquête, il y a là une instance complètement nouvelle, et que le second arrêt peut être valablement rendu par des magistrats n'ayant pas assisté à la comparution des parties (Req. 12 févr. 1884) (2); — 5° Qu'il n'est pas néces-

---

(1) (Erintignac C. Martin). — LA COUR; — ...Sur le deuxième moyen invoqué contre le même arrêt du 20 mai, pour violation de l'art. 7 de la loi du 20 avr. 1810 : — Attendu que le texte invoqué déclare nuls les arrêts qui ont été rendus par des juges qui n'ont pas assisté à toutes les audiences de la cause, mais qu'on ne saurait considérer comme ne formant qu'une seule et même cause, le débat sur l'arrêt du 24 mars et celui sur lequel a statué l'arrêt du 20 mai; — Que, si ces deux arrêts ont été rendus entre les demandeurs, ils étaient si bien distincts que l'un est intervenu contradictoirement, et l'autre par défaut; — Rejette, etc.
Du 12 févr. 1877.-Ch. req.-MM. de Raynal, pr.-Bécot, rap.-Desjardins, av. gén. c. conf.-Costa, av.

(2) (Darré C. X.) — Le sieur Darré avait attaqué une vente notariée comme nulle à deux points de vue : 1° en la forme irrégulière, en tant qu'acte notarié; 2° au fond, entachée de dol et de fraude. Sur le premier point, la cour d'Agen rendit, sans arrêt écrit, une comparution des parties, qui eut lieu le 1er mai 1882. Le lendemain, 2 mai 1882, arrêt qui, sur le second moyen, ordonne une enquête. À la suite de cette enquête on revint devant la cour, qui, le 28 nov. 1882, débouta Darré de ses conclusions, par un arrêt ainsi motivé :
LA COUR; — Attendu que l'enquête n'établit pas que Jules

Carran fût sans mandat de vendre, et que surtout, elle ne prouve suffisamment, ni que l'acte consenti à Bernichon l'ait été postérieurement au 10 mars 1881, ni que, au moment de cet acte, Carran et Bernichon connussent la vente consentie le 10 mars à Darré par les dames Vergez; — Que, faute de preuve, l'acte consenti à Bernichon, en vertu d'un mandat certain et suffisant, ne peut être annulé. — Pourvoi en cassation par Darré, pour violation de l'art. 7 de la loi du 20 avr. 1810, ainsi que des art. 40, 119, 411 et 470 c. proc. civ., en ce que l'arrêt attaqué aurait été rendu par des magistrats qui tous n'avaient pas également connu de l'affaire, huit d'entre eux n'ayant pas assisté à l'audience à laquelle eut lieu la comparution personnelle des parties.
LA COUR; — Sur le moyen du pourvoi, tiré de la violation de l'art. 7 de la loi du 20 avr. 1810 et des art. 40, 119, 411 et 470, c. proc. civ.: — Attendu qu'il résulte de l'arrêt interlocutoire du 2 mai 1882 et de la décision attaquée que la seule question qui restait à juger par la cour d'Agen, dans le dernier état de la procédure, était celle de savoir si, de l'enquête réclamée par Darré, le demandeur en cassation, dans ses conclusions subsidiaires, résultait la preuve du caractère frauduleux de l'acte de vente consenti par J. Carran, mandataire des sieurs Vergez et du sieur Bernichon; — Que c'est en s'appuyant exclusivement sur les résultats de cette enquête que l'arrêt attaqué décide que cette

saire, pour que le second arrêt rendu par la cour d'appel en interprétation et exécution de son premier arrêt, soit valable, qu'il émane des magistrats mêmes qui avaient participé à la première décision. (Req. 2 juill. 1885, aff. Curtil, D. P. 86. 1. 287) ; — 6° Qu'un arrêt incident est régulier, bien qu'il ne soit pas rendu par les mêmes juges que l'arrêt principal, du moment où les conclusions sur lesquelles il statue ont été prises et développées en présence de tous les magistrats qui l'ont rendu (Req. 21 juill. 1885, aff. Mouliade, D. P. 86. 1. 326).

Dans tous ces cas, en effet, le point sur lequel avait été rendu le premier jugement, et celui sur lequel avait ensuite à se porter l'attention du tribunal, étaient absolument distincts, sans aucun lien entre eux, en sorte que le juge absent lors des premiers débats n'en était pas moins parfaitement en état de saisir les contestations toutes nouvelles qui allaient se présenter devant lui. C'est là, le critérium qui permet d'autoriser, quand la situation est telle, une composition différente du tribunal à chacune des deux périodes (Boncenne, *Théorie de la procédure*, t. 2, p. 380 ; Carré et Chauveau, *Lois de la procédure*, t. 1, n° 486 *bis* ; p. 571 et 572 ; Boitard, t. 1, p. 305 ; Garsonnet, t. 3, n° 437, p. 112) et qui rend indispensable, au contraire, une composition identique du tribunal dans l'hypothèse inverse.

**30.** C'est dans cette dernière hypothèse, et en vertu du même principe conduisant, dans une situation inverse, à une solution opposée, qu'il a été jugé que la décision qui, sur une comparution des parties, prescrit à une précédente audience, ordonne une nouvelle mesure d'instruction (par exemple, une enquête) est nulle, lorsqu'elle a été rendue avec le concours de magistrats non présents à cette audience précédente, sans que les parties aient repris leurs conclusions (Civ. cass. 26 juin 1867, aff. Maigre, D. P. 67. 1. 250). Dans ce dernier cas, la nullité du jugement préparatoire devait nécessairement entraîner la nullité du jugement, au fond basé sur une enquête aussi irrégulièrement ordonnée (Même arrêt ; *Adde* Garsonnet, t. 3, § 437, p. 113). — De même, l'identité de composition du tribunal à deux audiences successives pour le jugement d'une même affaire s'impose, lorsque la cause n'est pas entrée dans une nouvelle phase, mais qu'il s'agit, dans la seconde audience, d'apprécier les conséquences d'une vérification que les juges avaient ordonnée d'office à la première, c'est-à-dire d'un complément des investigations sur lesquelles ils avaient déjà délibéré (dans l'espèce, d'examiner des procès-verbaux d'enquête dont l'apport en nullité avait été ordonné à l'audience précédente) ; spécialement, lorsqu'un officier ministériel a été appelé régulièrement à siéger à la première audience de la cause, c'est avec raison que le tribunal déclare son concours nécessaire, dans ces circonstances, à la seconde audience, malgré la présence d'un juge titulaire (Req. 18 juin 1887, aff. Galopon, D. P. 89. 1. 73).

**31.** Un second tempérament ressort de la jurisprudence

et de la doctrine, c] ce qu'il faut considérer au moment où la présence des magistrats est recherchée, c'est moins la plaidoirie proprement dite que les conclusions posées. Sans doute, il est nécessaire, en principe, comme on l'a déjà vu (*suprà*, n° 24), que chaque magistrat ait entendu les plaidoiries dans leur entier (Civ. cass. 6 juin 1855, aff. Ramelot Gougès, D. P. 55. 1. 256 ; 6 févr. 1867, aff. Labadié, D. P. 67. 1. 125 ; 17 févr. 1868, aff. Ducaroy, D. P. 68. 1. 300) ; mais les plaidoiries sont réputées entendues à l'audience où les conclusions ont été contradictoirement prises. Il en résulte que la règle se formule dans les termes suivants : Un jugement ou arrêt est nul lorsqu'il est rendu avec le concours d'un magistrat qui n'a pas assisté à l'audience où les conclusions ont été prises contradictoirement (Bioche, n°s 121 et 122 ; Chauveau sur Carré, t. 1, quest. 486 *bis* ; Boncenne, t. 2, p. 379 ; Boitard et Colmet-Daâge, t. 2, n° 245 ; Garsonnet, t. 3, n° 437, p. 113 ; Crim. cass. 5 déc. 1848, aff. Nicolas, D. P. 52. 5. 333 ; Civ. cass. 17 août 1852, aff. Voignier, *ibid.* ; 6 juin 1855, aff. Ramelot Gougès, D. P. 55. 1. 256 ; 8 août 1859, aff. de Léry, D. P. 59. 1. 345 ; 25 févr. 1863, aff. Roncajolo, D.P. 63. 1. 72 ; 17 août 1864, aff. Delavaud, D. P. 65. 1. 88 ; 23 janv. 1866, aff. Pétrissant, D. P. 66. 1. 214 ; 6 févr. 1867, aff. Labadié, D. P. 67. 1. 125 ; 7 août 1867, aff. Didion, D. P. 67. 1. 373 ; 17 févr. 1868, aff. Ducaroy, D. P. 68. 1. 500 : 24 nov. 1879, aff. Girèrd, D. P. 80. 1. 105 ; 9 août 1881, aff. Roncin, D. P. 82. 1. 100). La constatation que *les parties ont été ouïes* à cette audience satisferait suffisamment au vœu de la loi (Civ. rej. 24 mars 1869, aff. Roussel, D. P. 469, 1. 304).

**32.** La règle ainsi comprise fournit elle-même un procédé pour réparer la nullité qu'entraînerait son application. Dès lors que, en posant les conclusions, on est censé plaider l'affaire, il suffit, pour la validité d'une décision judiciaire, que les conclusions posées à une précédente audience aient été reprises par les parties devant tous les magistrats qui ont concouru à cette décision (Req. 18 juin 1873, aff. Tandou, D. P. 75. 1. 22). C'est encore là, comme on l'a déjà vu au *Rép.* n° 54, un nouveau tempérament apporté à la rigueur de la règle, qui définitivement se formulera ainsi : Le jugement rendu avec le concours d'un juge non présent à l'audience où les conclusions respectives des parties ont été prises, est nul, s'il n'est pas constaté que ces conclusions ont été prises de nouveau à l'audience à laquelle ce juge a assisté (Civ. cass. 17 août 1852, aff. Voignier, *ibid.* ; 24 déc. 1855, aff. Commune de Vaulx-en-Velin, D. P. 56. 1. 56 ; 8 août 1859, aff. de Léry, D. P. 59. 1. 345 ; 25 févr. 1863, aff. Roncajolo, D. P. 63. 1. 72 ; Civ. cass. 7 août 1867, aff. Didion, D. P. 67. 1. 373 ; Req. 15 janv. 1866, aff. Leblanc, D. P. 68. 1. 131).

**33.** Dès lors, ce qui s'est passé aux précédentes audiences devient indifférent et il est sans intérêt de le rechercher (Req. 24 déc. 1855, aff. Commune de Vaulx-en-Velin, D. P. 56. 1. 56 ; Civ. rej. 24 nov. 1880 (1) ; Req. 23 déc. 1885 (2).

---

preuve n'est pas faite, et déboute Darréde sa demande ; — Qu'il importe peu, dès lors, que, parmi les magistrats qui ont concouru à cet arrêt, il s'en trouve un certain nombre n'ayant pas assisté à la comparution personnelle, et à l'interrogatoire du sieur Carran, prescrit d'office par la cour, du consentement des parties, et avant l'arrêt qui a ordonné l'enquête ; — Qu'il n'est pas contesté que tous les magistrats qui ont rendu la décision attaquée avaient l'enquête sous les yeux, et qu'il résulte d'ailleurs de la procédure que les mesures d'instruction prescrites d'office étaient étrangères à la preuve de la fraude, qui a été l'objet de cette enquête ; — Que, dans ces circonstances, le demandeur en cassation n'est pas fondé à reprocher à cette décision d'avoir violé, soit l'art. 7 de la loi du 20 avr. 1810, soit les articles du code de procédure visés par le pourvoi ; — Rejette, etc.

Du 12 févr. 1884.-Ch. req.-MM. Bédarrides, pr.-Mazeau, rap.-Chevrier, av. gén. c. conf.-Carteron, av.

(1) (Moulinard C. Société des houillères de Montrambert et Dupont). — La cour ; — Donnant défaut contre la Société anonyme des houillères de Montrambert et de la Béraudière, représentée par son directeur en exercice, et contre Dupont ; — Sur le premier moyen du pourvoi, tiré d'une violation de l'art. 7 de la loi du 20 avr. 1810 : — Attendu qu'il appert du jugement attaqué que, la cause d'entre la Société des houillères et Moulinard ayant été réappelée devant la cour, par suite de fixation utile, à l'audience du 15 janv. 1879, Me Vincent, avoué, mandataire de la société demanderesse, et Me Chambovet, avoué, mandataire de

Moulinard, ont respectivement conclu ; — Attendu que, dans ces circonstances, et alors même que la cause aurait été appelée et plaidée à une audience antérieure devant le tribunal composé de juges autres que ceux qui ont siégé le 15 janv. 1879, le jugement rendu à cette dernière audience, à la suite de conclusions respectivement prises par les parties, ne serait point entaché du vice de nullité invoqué par le pourvoi ; — Par ces motifs : — Rejette ce moyen :

En ce qui touche, d'ailleurs, la demande subsidiaire tendant à inscription de faux : — Attendu que les pièces produites et les faits articulés par Moulinard ne rendent pas vraisemblables les allégations formulées à l'appui de cette demande ; — Par ces motifs ; — Rejette la demande en inscription de faux et, néanmoins, conformément aux dispositions de l'ordonnance de 1737, ordonne la restitution de l'amende spéciale consignée ; etc...

Du 24 nov. 1880.-Ch. civ.-MM. Mercier, 1er pr.-Legendre, rap.-Desjardins, av. gén.-Demasure, av.

(2) (Monmailler C. Comp. d'ass. terr. *La Providence*.) — La cour ; — Sur le moyen unique de cassation, tiré de la violation de l'art. 7 de la loi du 20 avr. 1810, en ce que le jugement attaqué a été rendu par des juges qui n'avaient pas assisté à toutes les audiences, alors que les conclusions n'ont pas été reprises à l'audience où ce jugement a été prononcé, ni à celles où les plaidoiries ont eu lieu ; — Attendu, sans rechercher les faits qui ont pu se produire à des audiences antérieures, qu'il est expressément constaté aux qualités du jugement attaqué que, à l'audience

**34.** Mais il est indispensable que les conclusions soient reprises par toutes les parties (en personne ou dûment représentées). Ainsi, si les conclusions n'avaient été reprises que par l'une d'elles, le jugement intervenu dans ces conditions serait, non pas, comme le soutient Bioche (n° 124), un jugement par défaut valable, mais un jugement contradictoire nul et inexistant (Garsonnet, t. 3; § 437, p. 114; Civ. cass. 24 nov. 1879, aff. Girard, D. P. 80. 1. 105).

**35.** De même, le jugement serait nul, si les conclusions avaient été reprises, au nom de la partie absente, par le greffier du tribunal, lequel n'a pas qualité pour représenter les plaideurs (Civ. cass. 25 févr. 1863, aff. Roncajolo, D. P. 63. 1. 72; Garsonnet, t. 3. n° 437, p. 114).

**36.** Les conclusions qui doivent être reprises, ce sont les conclusions au fond, il ne suffirait pas de conclusions de pure forme. Par exemple, un arrêt est nul, lorsque l'une des parties a seule repris ses conclusions, malgré le changement survenu dans la composition de la chambre, et que l'avoué de l'autre partie s'est borné à demander acte de la signification du décès de son client, ces dernières conclusions n'étant point de nature à lier la cause que les magistrats qui n'avaient point assisté aux précédentes audiences (Civ. cass. 8 août 1859, aff. de Léry, D. P, 59. 1. 345; Garsonnet, t. 3, n° 437, p. 113-114).

**37.** D'ailleurs, les conclusions au fond ainsi reprises peuvent être différentes de celles qui avaient été prises tout d'abord; mais c'est aux dernières seules qu'il faut s'attacher pour considérer la validité du jugement ou de l'arrêt: la mention, dans un arrêt, que les conclusions posées par l'une des parties à une précédente audience ont été reprises, et que l'autre partie n'a pas repris les siennes et a pris de nouvelles, implique l'abandon, par cette dernière partie, de ses conclusions originaires, et, dès lors, l'arrêt est valable quoiqu'il ait été rendu avec le concours de magistrats qui n'avaient point assisté à l'audience où ont été posées les conclusions ainsi implicitement abandonnées (Req. 3 févr. 1863, aff. Joly, D. P. 64. 1. 185).

**38.** — II. Il ne suffit pas que les juges en nombre suffisant aient assisté aux audiences où les conclusions ont été posées, et les plaidoiries prononcées, il faut encore, comme on l'a vu au *Rép.* n° 51, qu'ils soient présents au prononcé du jugement ou de l'arrêt. Les juges qui assistent au prononcé du jugement doivent être ceux qui ont assisté aux débats et au délibéré : un jugement *prononcé* avec le concours de magistrats qui n'ont point été présents à toutes les audiences est nul, bien que ces magistrats n'aient assisté qu'à la prononciation du jugement, et que ce jugement ait été *rendu* par les juges qui avaient connu de l'affaire, si ces derniers juges n'étaient pas présents au prononcé du jugement (Civ. cass. 27 mai 1850, aff. Grapin, D. P. 50. 1. 162).

**39.** A l'inverse, un arrêt (ou un jugement) est valable dès lors que cinq (ou trois) magistrats ont assisté aux débats et au délibéré, et que les cinq (ou trois) mêmes magistrats assistent au prononcé de l'arrêt (ou du jugement); il importe peu qu'un autre ou plusieurs autres magistrats aient été présents aux débats, sans l'être au prononcé (Req. 4 août 1885) (1), ou réciproquement. Et dans ce sens, il a été jugé: 1° qu'un jugement rendu par le nombre légal de juges est régulier, encore que quelques-uns des juges qui ont assisté aux débats n'y aient pas concouru, sans que la cause de leur abstention ait été constatée (Req. 6 janv. 1852, aff. Jeannot, D. P. 52. 1. 75); — 2° Que l'absence, au moment de la prononciation d'un arrêt, de l'un des magistrats devant lesquels l'affaire a été instruite n'est pas une cause

de nullité de l'arrêt, alors d'ailleurs qu'il a été rendu par un nombre suffisant de magistrats ayant assisté aux débats (Civ. rej. 19 avr. 1864, aff. Notaires d'Arras, D. P. 64. 1. 178); — 3° Qu'il ne résulte aucune nullité de ce que l'arrêt de la première chambre d'une cour impériale, dans une affaire où le premier président avait assisté aux plaidoiries, a été prononcé sans que ce magistrat y ait pris part, si l'arrêt n'en a pas moins été rendu par un président de chambre et un nombre suffisant de conseillers (Req. 17 févr. 1868. aff. Ville de Rennes, D. P. 68. 1. 273). — Jugé de même, dans l'hypothèse inverse, que la mention de la présence, au prononcé d'un jugement, d'un magistrat qui n'a pas assisté aux audiences où la cause a été plaidée, n'est pas une cause de nullité, lorsqu'il résulte, tant de la feuille d'audience que de la minute et de l'expédition du jugement, que ce magistrat n'était pas présent au délibéré, et que, dès lors, il n'y a pris aucune part (Crim. rej. 10 janv. 1855, aff. de Janye Desroches, D. P. 55. 1. 168).

**40.** Telles sont les exigences de la loi. Le jugement doit, comme on l'a vu au *Rép.* n° 48, contenir en lui-même la preuve que ces exigences sont satisfaites. Cette règle, qui résulte de l'art. 36 du décret du 30 mars 1808, et de l'art. 138 c. proc. civ., sera étudié *infrà*, n°s 320 et suiv.), on verra notamment que, aux termes de ces articles, chaque jugement doit porter la mention des noms des juges qui l'ont rendu.

Cette mention a une importance considérable, ainsi qu'on l'a dit au *Rép.* n° 50. En effet, non seulement elle prouve l'assistance des juges y dénommés le jour du jugement, mais, lorsqu'une affaire a occupé plusieurs audiences, la mention des noms des juges ayant siégé le jour du jugement est censée se référer à toutes les audiences antérieures, en sorte qu'il y a présomption légale que les juges qui ont rendu le jugement avaient assisté à toutes les audiences (Req. 9 avr. 1850, aff. Vindeuil, D. P. 50. 1. 131 ; 30 nov. 1852, aff. Commune de Beuvry, D. P. 53. 1. 270; 24 déc. 1855, aff. Commune de Vaulx, D. P. 56. 1. 56; Crim. 30 mai 1857, aff. Puchen, D. P. 57. 1. 352; Req. 28 févr. 1859, aff. Merle, D. P. 59. 1. 386 ; Crim. rej. 9 août 1861, aff. Candin, D. P. 61. 5. 279 ; 21 mai 1863, aff. Brunfant, D. P. 66. 1. 44; Civ. cass. 9 avr. 1866, aff. Moundy, D. P. 66. 1. 245 ; Req. 21 avr. 1880, aff. Commier, D. P. 80. 1. 430 ; 10 mai 1882, aff. Giudicelli, D. P. 82. 1. 305 ; Civ. rej. 24 oct. 1888, aff. Chevrier, D. P. 89. 1. 52; 3 déc. 1890, aff. Rambaud, D. P. 91. 1. 151).

SECT. 5. — MANIÈRE DONT SE FORME LE JUGEMENT. — PLURALITÉ OU MAJORITÉ DES VOIX. — MODE DE DÉLIBÉRER ET D'OPINER. — SECRET DES VOTES (*Rép.* n°s 73 à 156).

**41.** Lorsque la discussion de l'affaire est close, le tribunal ayant entendu les parties et le ministère public, il y a lieu, comme on l'a vu au *Rép.* n° 73, de procéder à la formation du jugement. La première opération qui s'impose aux juges, c'est de *délibérer* (*Rép.* n° 75).

**42.** Il importe ici de ne point se méprendre sur le sens de cette expression. On trouve dans le code de procédure une procédure spéciale, dite de *délibéré*, décrite par l'art. 93 : « Le tribunal pourra ordonner que les pièces seront mises sur le bureau, pour en être délibéré au rapport d'un juge nommé par le jugement avec indication du jour où le rapport sera fait ». Il est bien entendu que cette procédure toute particulière n'est applicable qu'au cas où il existe une décision mettant la cause en délibéré pour être jugée sur le

---

du 12 févr. 1885, les conclusions des parties ont été lues et les plaidoiries prononcées devant les trois magistrats qui ont concouru audit jugement; — Qu'ainsi le moyen manque en fait; — Rejette, etc.
Du 23 déc. 1885.-Ch. req.-MM. Bédarrides, pr.-Lardenois, rap.-Petiton, av. gén.-c. conf.-de Lalande, av.

(1) (Roquefort *C.* Cruvilier.) — LA COUR; — Sur le premier moyen, tiré de la violation de l'art. 7 de la loi du 20 avr. 1810 : — Attendu, en droit, qu'aucune disposition de loi n'exige, pour la régularité des arrêts, la présence, au moment de leur prononciation, de tous les magistrats devant lesquels la cause a été plaidée; que, dès lors, l'absence d'un ou de plusieurs d'entre eux ne peut entraîner la nullité de l'arrêt, pourvu d'ailleurs qu'il

soit rendu par un nombre suffisant et régulier de magistrats ayant constamment suivi les débats; — Attendu, en fait, qu'il est constant que si, sur les cinq conseillers qui avaient assisté, avec le premier président et le président de chambre, aux audiences de la cause, deux d'entre eux, MM. Espéronnier et Caudy, n'ont pas assisté à la prononciation de l'arrêt, cet arrêt n'en a pas moins été rendu par cinq magistrats qui avaient assisté à toutes les audiences de la cause; que ledit arrêt est donc régulier, et que, loin d'avoir violé l'art. 7 de la loi du 20 avr. 1810, la cour d'appel a satisfait aux exigences de la matière;
— Rejette, etc.
Du 4 août 1885.-Ch. req.-MM. le cons.-Alméras-Latour, pr.-George Lemaire, rap.-Petiton, av. gén., c. conf.-Besson, av.

rapport d'un magistrat (*Rép*. n° 75). En l'absence d'une telle décision, la mention, dans les qualités du jugement ou de l'arrêt, que la cause a été, après plaidoiries, mise en délibéré au rapport d'un magistrat désigné, qui a entendu les parties, établit uniquement que la cause a été confiée à l'un des membres du tribunal ou de la cour, chargé de rendre compte du résultat de ses vérifications, et, par suite, il n'est pas nécessaire que le travail de ce magistrat soit lu en audience publique, en présence du ministère public et des parties dûment appelées ; il n'est pas même besoin qu'une telle mesure d'instruction soit constatée dans les qualités du jugement ou de l'arrêt, et la mention qu'elles en ont faite est, dès lors, surabondante (Req. 21 mai 1860, aff. Cauvet, D. P. 60. 1. 360). — Jugé de même : 1° que le rapport de juge fait après la clôture des débats, sans mise en délibéré préalable ordonnée conformément à l'art. 93 c. proc. civ., mais uniquement pour faciliter la délibération, n'est pas assujettie à la lecture en audience publique (Civ. cass. 19 juin 1850, aff. Maillet-Duboullay, D. P. 50. 1. 197) ; — 2° Que, dès lors que la procédure du délibéré sur rapport n'est applicable qu'au cas où un jugement a mis la cause en délibéré pour être jugée sur le rapport d'un magistrat, lorsque la cause est, après les plaidoiries, renvoyée à une autre audience, au rapport de l'un des membres du tribunal ou de la cour, mais sans décision ordonnant sa mise en délibéré sur rapport, le jugement intervenu est valable, quoique le travail du magistrat désigné n'ait pas été lu en audience publique, et en présence des parties dûment appelées (Req. 11 janv. 1865, aff. Martin, D. P. 65. 1. 192) ; — 3° Que le tribunal qui, dans les qualités d'un jugement, énonce que « les pièces ont été mises sur le bureau pour en être délibéré au rapport d'un juge », sans nommer le juge et sans fixer le jour auquel le rapport devra être fait, entend se référer uniquement au simple délibéré en chambre du conseil, prévu par l'art. 116 c. proc. civ., et non à la procédure spéciale du délibéré sur rapport réglé par les art. 93 et suiv. du même code, et que, dès lors, ce jugement ne peut être annulé pour inobservation des formes prescrites par ces derniers articles (Req. 7 févr. 1861. aff. Mouchain, D. P. 82. 1. 88).

**43.** On n'a pas à traiter ici de la procédure de délibéré qui a été étudiée *suprà*, v° *Instruction par écrit*, et l'on n'entend parler que de la délibération qui doit nécessairement précéder la décision que le tribunal va rendre. Cette délibération peut être prorogée autant que l'exigent les besoins de la cause (Req. 31 juill. 1849, aff. Cornellon, D. P. 49. 5. 260). Elle peut être ou non, suivant qu'il convient au tribunal, aidée du rapport officieux de l'un des juges (V. le n° précédent), lequel peut être le président lui-même, aussi bien que l'un de ses assesseurs (Civ. rej. 15 juill. 1885, aff. de Chabrillan, D. P. 86. 1. 472).

**44.** La délibération en chambre du conseil doit rester le secret des magistrats qui y ont pris part. Le secret des délibérations, prescrit pour la première fois par l'ordonnance du 11 mars 1344, a été, après une courte suppression résultant du décret du 26 juin 1793, rétabli par la constitution du 5 fruct. an 3, art. 208 (*Rép*. n° 79). C'est un principe si absolu qu'il a été soutenu quelquefois qu'un jugement serait nul, s'il était établi qu'il eût été délibéré en la présence du ministère public, ou du greffier (Bioche, n° 134 et 135, Chauveau sur Carré, t. 1. quest. 488 *bis* ; Rodière, t. 1, p. 251, Garsonnet, t. 3, n° 438, p. 117. V. en sens contraire, *Rép*. n° 76). Cette controverse est, d'ailleurs, sans intérêt pratique, attendu que la nullité du jugement ne saurait être requise qu'autant que le fait incriminé serait constaté par le jugement lui-même (*Rép*. n° 77), ce qui ne se rencontrera jamais.

**45.** Le principe du secret des délibérations a donné lieu à une question intéressante. Dans le cas où deux magistrats parents entre eux au degré prohibé (V. sur ce point : Garsonnet, t. 3, § 440, p. 120-121) ont pris part au jugement, si leurs deux avis sont conformes, leurs deux voix ne comptent que pour une, aux termes d'un avis du conseil d'État du 23 avr. 1807 (V. *Rép*. v° *Organisation judiciaire*, p. 1491). Or, lorsque, parmi les magistrats qui ont rendu un arrêt, se trouvent deux parents, dont les voix ne se comptent ainsi que pour une, la preuve de la conformité d'opinions, la mention, dans cet arrêt, que les votes de ces deux parents ont été opposés, et ont pu, dès lors, être comptés sépa-

rément, constitue-t-elle une violation du secret des délibérations? — Non, a répondu la cour de cassation, s'il n'y a pas eu révélation de leurs opinions individuelles ; et cette mention est même nécessaire, si le nombre de magistrats prescrits pour la validité de la décision ne se trouvait complet qu'à raison de la possibilité de compter ainsi les votes des deux parents (Civ. rej. 21 nov. 1866, aff. Decori, D. P. 67. 1. 120; *Adde*, *Rép*. v° *Organisation judiciaire*, n° 248 ; Garsonnet, p. 123).

**46.** Lorsque les juges ont délibéré, il leur reste à donner leur avis, à *opiner* (*Rép*. n° 85 et 86). C'est le président qui pose les questions. — Dans quel ordre? C'est là une question sans intérêt pratique, à raison du secret de la délibération et du défaut de sanction (V. Garsonnet, t. 1, n° 438, p. 117).

ART. 1er. — *Partage des voix*. — *Quand peut-il y avoir partage?* — *Jugement qui le prononce*. — *Manière de le vider* (*Rép*. n° 98 à 143).

**47.** Il peut arriver que, par suite de la diversité des opinions, aucune majorité ne soit obtenue dans le vote qui suit la délibération : on en a donné plusieurs exemples au *Rép*. n° 98 (Comp. Garsonnet, t. 3, § 441, p. 125, 126 et 131 ; Boncenne, t. 2, p. 377; Boitard et Colmet Daâge, t. 1, n° 247; Bonnier, p. 257). On a de même indiqué (*Rép*. n° 109), quelle mesure prescrit la loi pour obtenir, à une seconde épreuve, la majorité qui, la première fois, n'avait pu être réalisée : s'il se forme plus de deux opinions, les juges plus faibles en nombre sont tenus de se réunir à l'une des deux opinions qui ont été émises par le plus grand nombre; toutefois ils n'y ont tenus qu'après que les voix ont été recueillies une seconde fois (c. proc. civ. art. 117).

**48.** Cette première exigence de la loi, qui force un magistrat à se réunir à une opinion qu'il désapprouve, est extrêmement critiquable en théorie. Comme le dit M. Greffier, dans le rapport présenté au nom de la commission de 1866 (p. 22), « imposer aux juges plus faibles en nombre l'obligation de se réunir à une opinion qu'ils ne partagent pas, c'est faire violence à leur conscience, et proclamer comme l'œuvre d'une majorité certaine une décision qui n'est pas la reproduction vraie de la pensée des juges; on s'est bien des fois élevé contre ces dispositions de la loi qui, dans un intérêt difficile à comprendre, blesse à la fois le magistrat dans la liberté de sa conscience, et la vérité dans sa manifestation juridique ». Les exemples fournis par M. Garsonnet (t. 3, § 441, texte et notes 6 à 11, p. 125-127) donnent plus de poids encore à cette critique. Quoi qu'il en soit, le système de la loi, si peu justifiable qu'il puisse être, est clair et s'impose aux tribunaux.

**49.** Mais il se peut qu'on n'obtienne ainsi aucun résultat utile. Si ce procédé vient lui-même à échouer, si donc, comme dit M. Garsonnet (t. 3, § 441, p. 127), il n'y a ni majorité absolue de prime-abord, ni moyen légal d'en obtenir une, il y a, au sens juridique du mot, *partage*.

**50.** Lorsque la délibération conduit à un partage, il n'est, sous diverses formes, qu'une seule ressource pour qu'une solution soit enfin acquise : changer la composition du tribunal, soit qu'on substitue d'autres juges à ceux qui étaient primitivement saisis, soit qu'on leur adjoigne une ou plusieurs personnes chargées de les départager. Nous avons vu au *Rép*., n° 109, que les deux procédés étaient concurremment suivis dans l'ancien droit, et que le second seul avait, à travers quelques variations de détail, survécu dans le droit intermédiaire et dans notre droit actuel (Garsonnet, t. 3, § 441, note 14, p. 128).

**51.** Quel que soit le procédé mis en œuvre pour régler le partage au moyen d'un second jugement, ce règlement présente toujours par lui-même des inconvénients graves : augmentation de frais dans bien des cas, et toujours perte de temps. Aussi a-t-on, depuis longtemps, cherché le moyen d'éviter les partages. En 1865, la commission chargée d'étudier cette question délicate avait adopté le projet suivant. On distinguait suivant qu'il s'était produit deux ou plus de deux opinions dont aucune n'avait obtenu la majorité absolue. Si deux opinions seulement s'étaient formées, le dernier magistrat dans l'ordre du tableau devait s'abstenir : il n'avait que voix consultative. S'il s'était formé plus de deux opinions, le système d'adjonction d'un départiteur était maintenu, et, faute de pouvoir recourir à ce procédé, la partie la plus diligente devait obtenir du premier président, sur requête, la désignation d'un autre tribunal. La loi du 30 août 1883 (D. P. 83. 4. 56) n'est que la réalisation partielle de ce projet : elle en adopte la première partie, en la généralisant, c'est-à-dire que, visant plutôt à éviter les partages qu'à en réparer l'effet, elle ordonne toujours et *a priori* l'abstention du dernier magistrat dans l'ordre du tableau, quand la présence de ce magistrat aurait pour effet de constituer le tribunal en nombre pair. L'art. 4 de cette loi est, en effet, ainsi conçu : « Les jugements des tribunaux de première instance seront rendus par des magistrats délibérant en nombre impair. Ils sont rendus par trois juges au moins. Lorsque les membres d'un tribunal siégeant dans une affaire seront en nombre pair, le dernier des juges, dans l'ordre du tableau, devra s'abstenir. Le tout à peine de nullité ». Il est superflu d'insister sur les inconvénients qui résultent de cette généralisation du projet de 1865. C'est toujours chose très fâcheuse d'enjoindre l'abstention à un magistrat qui a entendu toute l'affaire : si cette mesure se justifie, ce ne peut être que dans le cas où le partage existe, en fait, et la rend nécessaire ; mais recourir à cette extrémité par principe, et sans nécessité particulière, c'est en exagérer les inconvénients, sans en accroître les avantages.

**52.** En effet, ce serait une erreur de croire que la composition du tribunal en nombre impair rende nécessairement impossible tout partage. Le *Répertoire* nous a fourni (n^os 93, 98, 99) plusieurs preuves du contraire. Tout ce qu'on peut dire, c'est que les partages se rencontrent, en fait, beaucoup plus rarement dans les tribunaux composés en nombre impair : les conseils de prud'hommes, qui statuent toujours en nombre impair (Garsonnet, t. 1, § 20, p. 98), n'ont jamais fourni à la jurisprudence d'exemple de partage (Garsonnet, t. 3, § 441, texte et note 2, p. 124) ; et il faut reconnaître que, depuis que, par la loi du 30 août 1883, ce principe a été étendu à toutes les juridictions, les cas de partage ont à peu près complètement disparu de la pratique. Néanmoins, comme les partages restent, en fait, possibles, sinon fréquents, et que la loi de 1883 laisse en vigueur les règles qui les régissaient (Civ. cass. 7 janv. 1885, aff. Cardoux, D. P. 85. 1. 236), il est nécessaire de revenir sur ces règles. Elles sont écrites, comme on l'a vu au *Rép.* n^o 109, dans les art. 118 et 468 c. proc. civ., qui doivent être combinés ensemble (Garsonnet, t. 3, § 441, p. 127-128), et qui ont été implicitement modifiés par la loi du 30 août 1883 (V. *infrà*, n^o 78).

**53.** Il importe d'abord de circonscrire le champ d'application des règles du partage, ce qui peut offrir quelque difficulté, lorsque l'affaire présentait à juger des chefs multiples. Il faut alors distinguer suivant que ces chefs sont connexes ou indépendants (*Rép.* n^os 101 et 102). Si, en thèse générale, il est de règle, conformément aux art. 118 et 468 c. proc. civ., que l'affaire sur laquelle les juges sont partagés d'opinion soit renvoyée tout entière à une autre audience, pour être, sur plaidoiries nouvelles, jugée avec le concours de magistrats départiteurs, ladite règle doit être entendue en ce sens que, dans le cas où l'affaire présente plusieurs chefs distincts, indépendants les uns des autres, et qui ne sont point liés au même principe de solution, les magistrats peuvent, tout en déclarant un partage d'opinions sur certains chefs, statuer immédiatement sur les autres (Civ. rej. 21 déc. 1859, D. P. 61. 1. 265). Par exemple les juges saisis de la double question de savoir, si, d'une part, le créancier qui a reçu la garantie hypothécaire d'un tiers doit en conserver le bénéfice, alors même qu'il serait établi que l'engagement de ce dernier n'avait été contracté que pour le libérer lui-même envers le débiteur d'une obligation qui serait nulle pour cause de fraude et si, d'autre part, la fraude articulée, quant à cette obligation, existe réellement, peuvent se prononcer immédiatement sur le premier chef, et déclarer partage sur le second, les deux questions étant complètement indépendantes l'une de l'autre (Même arrêt). De même, il faut considérer comme composée de plusieurs chefs distincts et indépendants la demande en nullité, pour fraude, d'une obligation unique, mais ayant sa cause dans une série d'obligations antérieures contractées par le même débiteur à différentes époques ; par suite, le partage d'opinions déclaré à l'égard de quelques-unes de ces obligations ne met pas obstacle à ce que les juges déclarent immédiatement la sincérité des autres, et l'arrêt, qui, vidant le partage, décide après avoir reconnu la sincérité des obligations à l'égard desquelles les juges s'étaient déclarés partagés, que l'acte argué de fraude doit être maintenu dans toutes ses parties, ne peut être attaqué comme ayant statué sur des chefs de contestation débattus à une audience où ne figuraient pas les magistrats départiteurs, cette décision devant, malgré la généralité de ses termes, être réputée étrangère aux chefs de l'affaire définitivement jugés lors de la déclaration de partage (Même arrêt).

**54.** Lorsque le partage existe sur un ou plusieurs chefs, il doit être déclaré par une sorte de jugement. Ce jugement doit être prononcé publiquement et à l'audience (*Rép.* n^o 103). Mais il ne doit être levé ni signifié (Pau, 30 mai 1877, aff. Ferran, D. P. 78. 2. 40).

**55.** Ce jugement doit se borner à déclarer le partage, et n'a pas à indiquer les conditions dans lesquelles le partage sera réglé : ceci est l'œuvre de la loi. Spécialement, le jugement n'a pas besoin de déterminer le nombre des magistrats qui seront appelés pour vider le partage (Req. 8 févr. 1859, aff. Duboys, D. P. 59. 1. 260 ; 10 mai 1859, aff. Hospices de Bordeaux, D. P. 59. 1. 422 ; V. aussi le rapport de M. le conseiller Massé devant la chambre civile, le 1^er juin 1870, D. P. 70. 1. 251).

**56.** L'arrêt de partage n'a pas non plus à désigner le magistrat qui doit être appelé comme départiteur. Mais, en fait, il peut l'avoir désigné. En ce cas, si l'arrêt désigne un magistrat qui se trouve être incompétent d'après les principes que nous allons étudier (*infrà*, n^os 63 à 78), cet arrêt pourra, sans doute, être l'objet d'un pourvoi en cassation, et il devra être annulé, car les règles relatives au choix des départiteurs sont prescrites à peine de nullité (V. *infrà*, n^o 83), et même cette nullité est d'ordre public (V. *infrà*, n^o 84). Mais si cet arrêt n'est point frappé d'aucun pourvoi, il résulte des principes de la chose jugée qu'il doit être, malgré la nullité virtuelle qui réside en lui, exécuté en sa forme et teneur, car c'est un point constant en doctrine et en jurisprudence que l'autorité de la chose jugée est indépendante de l'incompétence du juge (Merlin, *Questions de droit*, v^o *Chose jugée*, § 3 ; Toullier, *Droit civil français*, t. 5, n^os 111 et suiv. ; Larombière, *Théorie et pratique des obligations*, t. 7, sur l'art. 1351, n^o 12 ; Bonnier, t. 2, n^o 860 ; Aubry et Rau, *Droit civil français*, t. 8, § 769, p. 369 ; Garsonnet, t. 3, § 469, p. 260-261 ; Nancy, 13 févr. 1867, aff. Echallié, D. P. 67. 2. 36 ; Civ. cass. 20 août 1867, aff. Romanille, D. P. 67. 1. 376 ; Req. 1^er août 1872, aff. Veuve Pierre, D. P. 72. 1. 340 ; Civ. cass. 12 mars 1873, aff. Simon, D. P. 73. 1. 366 ; Rouen, 23 mars 1874, aff. Lampsin, D. P. 75. 2. 213), et même indépendante des vices de forme qui peuvent se trouver dans le jugement (Toullier, t. 10, n^o 3 ; Laurent, t. 20, n^os 11 et suiv. ; Larombière, *loc. cit.* ; Aubry et Rau, *loc. cit.* ; Civ. cass. 11 nov. 1873, aff. Ellie, D. P. 73. 1. 455 ; Rouen, 18 avr. 1878, aff. Laguerrière, D. P. 78. 2. 32). En conséquence, cet arrêt, quoique contraire à la loi, devra être exécuté, et le partage sera vidé par la cour avec l'adjonction du magistrat irrégulièrement désigné (Civ. rej. 1^er juin 1870, aff. Wailliez, D. P. 70. 1. 251 ; V. *infrà*, n^os 83 à 87), attendu que l'arrêt qui déclare un partage fixe un état de cause sur lequel il ne peut être statué que conformément audit arrêt (Civ. cass. 9 févr. 1852 aff. de Rothiacob, D. P. 52. 1. 64).

**57.** Le jugement n'a pas davantage à déterminer le délai dans lequel le partage sera réglé. Aucune loi ne fixe ce délai (Garsonnet, t. 3, § 441, p. 130), et le partage serait valablement réglé par un arrêt rendu plusieurs années, et, par exemple, trois ans, après l'arrêt qui l'avait déclaré (Civ. rej. 6 déc. 1853, aff. Commune de Martignat, D. P. 54. 5. 458 ; 6 déc. 1853).

**58.** Toutefois, si la loi ne détermine aucun délai *maximum*, il est un délai *minimum* qui s'impose. Le partage ne pouvant être réglé qu'après une nouvelle discussion devant le tribunal augmenté des départiteurs, il ne pourrait l'être à l'audience même où le partage a été déclaré, et sans modification du tribunal (*Rép.* n^o 106 ; Garsonnet, t. 3, § 441, p. 130).

**59.** La composition du tribunal ou de la cour chargés de vider le partage a été soigneusement déterminée par la loi, afin, comme dit la chambre civile, de prévenir tout soupçon d'arbitraire (Civ. rej. 30 nov. 1868, aff. Poisson, D. P. 69. 1. 22). En termes généraux, la règle est la suivante (*Rép.* n° 135) : La chambre qui videra le partage doit comprendre : 1° tous les magistrats qui avaient pris part à l'arrêt de partage ; 2° les départiteurs (Civ. cass. 9 févr. 1852, aff. de Rothiacob, D. P. 52. 1. 64 ; 7 janv. 1885, aff. Cardoux, D. P. 85. 1. 236).

**60.** Le premier point, c'est de reconstituer la chambre telle qu'elle était lors du jugement ou de l'arrêt de partage. A cette fin, si quelques-uns des magistrats qui y siégeaient s'en sont trouvés éloignés depuis, par l'effet du roulement, par exemple, ils doivent y être rappelés (Civ. cass. 31 mars 1851, aff. Decret, D. P. 51. 1. 65).

**61.** Si quelques-uns de ces magistrats sont définitivement absents ou empêchés, en sorte qu'ils ne puissent être rappelés, il y a lieu de procéder à leur remplacement. Ce remplacement aura lieu suivant les règles ordinaires qui régissent le remplacement des magistrats empêchés (V. *infra*, v° *Organisation judiciaire*). C'est dire assez qu'il n'y a point lieu de se conformer ici aux règles toutes spéciales qui concernent le choix des départiteurs. Spécialement, on n'appliquera pas la règle qui, ainsi qu'on le verra (*infra*, n° 64), défend de prendre ceux-ci dans l'ordre du tableau : C'est un point constant en jurisprudence que, en cas de partage de juges, l'observation de l'ordre du tableau ne concerne que les conseillers départiteurs, et non le magistrat appelé à remplacer, pour cause d'empêchement, l'un des conseillers qui ont pris part à l'arrêt, lequel peut être pris dans la même chambre que le conseiller empêché, quel que soit son rang d'inscription au tableau (Req. 23 nov. 1869, aff. Villemain-Duboz, D. P. 70. 1. 198 ; Civ. cass. 8 juill. 1872, aff. Delpeyraux, D. P. 72. 1. 394). On ne s'arrêtera pas davantage à la règle (V. *infra*, n° 71) qui écarte les présidents de chambre du rôle de départiteurs : en conséquence, un président de chambre qui s'est trouvé, par l'effet du roulement, attaché à la chambre partagée, peut, s'il n'a pas connu la première fois, de l'affaire, être appelé pour remplacer l'un des magistrats qui avaient pris part à l'arrêt de partage et qui se trouverait empêché (Civ. cass. 8 juill. 1872, aff. Delpeyraux, D. P. 72. 3. 394).

**62.** Lorsque le tribunal ou la cour se trouve ainsi complété au même nombre de magistrats que lors de l'arrêt de partage, soit que tous ceux-ci aient été rappelés (V. *supra*, n° 60), soit que les absents aient été remplacés (V. *supra*, n° 61), c'est alors, et alors seulement, qu'il y a lieu d'appeler les départiteurs (Garsonnet, t. 3, § 441, note 16, p. 129 ; Civ. cass. 7 janv. 1885, aff. Cardoux, D. P. 85. 1. 236), en sorte que la chambre appelée à vider le partage doit toujours comprendre au moins un magistrat de plus que celle qui l'avait déclaré (Même arrêt).

**63.** Le nombre et la qualité des départiteurs sont minutieusement fixés par le code. En ce qui concerne les tribunaux de première instance, l'art. 118 c. proc. civ. ordonne que, en cas de partage, on appelle pour le vider, un juge ; à défaut de juge, un suppléant ; à son défaut, un avocat attaché au barreau, et à son défaut, un avoué ; tous appelés selon l'ordre du tableau. Quant aux cours d'appel, l'art. 468 ne diffère de l'art. 118 qu'en ce qu'il permet d'appeler *un ou plusieurs* départiteurs, pourvu que ceux-ci soient choisis parmi les magistrats qui n'ont pas connu de l'affaire, et toujours en nombre impair. Ainsi, dans la désignation des départiteurs, l'examen doit porter sur trois points différents : il faut : 1° consulter l'ordre du tableau ; 2° prendre, parmi les plus anciens, un ou plusieurs magistrats n'ayant point connu de l'affaire ; 3° enfin s'arrêter à un nombre impair.

**64.** 1° La loi veut d'abord que les départiteurs soient pris dans l'ordre du tableau. En ce qui concerne cette première condition, il semble que le vœu de la loi devrait être hors de toute contestation. « Attendu, dit très bien la chambre civile (Civ. rej. 30 nov. 1868, aff. Poisson, D. P. 69. 1. 22), que la disposition de l'art. 468 c. proc. civ. prescrit, en cas de partage dans une cour impériale, d'appeler, pour le vider, un au moins ou plusieurs des juges qui n'ont pas connu de l'affaire, et toujours en nombre impair, *suivant l'ordre du tableau ;* que, par ces derniers mots, elle a voulu poser une

règle dont l'exacte observation prévint tout soupçon d'arbitraire dans la désignation des magistrats départiteurs ; que le tableau qu'elle a eu en vue n'est autre que celui des conseillers dans l'ordre de leurs nominations ».

**65.** Cependant nous avons vu au *Rép.*, n° 129, que la chambre des requêtes avait cru pouvoir faire échec à cette règle si naturelle et si nettement exprimée, et dispenser de la condition d'ancienneté les membres de la chambre qui avait déclaré le partage. Elle a, en effet, jugé (Req. 8 févr. 1839, aff. Duboys, D. P. 59. 1. 260), que la prescription de l'art. 468 ne s'applique pas au cas où les juges appelés comme départiteurs font partie, par le roulement, de la chambre qui a rendu l'arrêt déclaratif de partage, alors même qu'ils ne seraient pas les plus anciens en suivant l'ordre du tableau, parce qu'ils sont les juges naturels des parties et des affaires distribuées à cette chambre ». Ce motif, le seul qu'on retrouve dans l'arrêt identique du 21 août 1848, cité au *Rép.* n° 129, est évidemment insuffisant. Aussi la chambre des requêtes a-t-elle essayé, dans son arrêt de 1839, de le fortifier en ajoutant « qu'il y avait pour les autres juges présomption légale d'empêchement pour le service des autres chambres ». Le second motif n'est pas plus décisif que le premier ; car il est en contradiction formelle, non seulement avec la jurisprudence de la chambre civile qui exige que l'empêchement des magistrats les plus anciens soit expressément constaté (*infra*, n° 80), mais avec la jurisprudence de la chambre des requêtes elle-même, qui exige au moins la déclaration que les départiteurs ont été appelés conformément à la loi (V. *infra*, n° 81). Il convient, d'ailleurs, de remarquer que le système de la chambre des requêtes se condamne par son exagération même, car, ainsi qu'on l'a vu au *Rép.* n° 132, il conduit à préférer aux conseillers les plus anciens dans l'ordre du tableau les conseillers faisant partie de la chambre qui a à statuer sur le partage, alors même qu'ils n'y comptaient point lorsque le partage s'est produit : cette conséquence inévitable, mais inacceptable, qui a été vivement critiquée (*Rép.* n° 132) suffirait à faire rejeter le système de la chambre des requêtes.

**66.** C'est ce que la chambre civile n'a pas hésité à faire, d'abord implicitement dans son arrêt de rejet du 30 nov. 1868 (aff. Poisson, D. P. 69. 1. 22. V. spécialement les notes 3 à 5), puis en termes explicites dans son arrêt de cassation du 13 août 1872 (aff. Mouttel, D. P. 72. 1. 443). En résumé, dans le dernier état de la jurisprudence, en cas de partage dans une cour d'appel, les conseillers attachés à la chambre qui a rendu l'arrêt de partage ne doivent pas être appelés de préférence aux conseillers qui les précèdent sur le tableau et qui appartiennent aux autres chambres de la cour (Arrêt précité du 13 août 1872).

**67.** Ce point établi, que les départiteurs doivent toujours être appelés dans l'ordre du tableau, il reste à déterminer ce qu'est le tableau auquel se réfère la loi. En effet, une confusion est possible, car il existe dans la cour d'appel deux tableaux. L'un comprend seulement les conseillers dans l'ordre de leur nomination. Quant à l'autre, c'est celui qui est prescrit par le décret du 6 juill. 1810, sous le paragraphe intitulé « du rang des membres de la cour impériale entre eux » : il résulte de la combinaison des art. 4 et 36 de ce décret, qu'il y a, dans chaque cour d'appel, une liste de rang, sur laquelle tous les membres de la cour et du greffe sont inscrits dans l'ordre qui suit : 1° le premier président ; 2° les autres présidents de la cour, dans l'ordre de leur ancienneté comme présidents ; 3° tous les conseillers sans exception, dans l'ordre de leur ancienneté comme conseillers. Or, l'intérêt de la distinction apparaît tout d'abord. S'il s'agit de ce dernier tableau, le premier président et les présidents de chambre y étant inscrits les premiers, devront toujours être appelés comme départiteurs, de préférence aux conseillers les plus anciens.

**68.** Examinons d'abord la question en ce qui touche les présidents de chambre. La cour de cassation a longtemps jugé que l'art. 468 se référait, non au tableau des simples conseillers, mais au tableau de tous les membres de la cour, dans lequel sont inscrits : 1° le premier président ; 2° les autres présidents de la cour, dans l'ordre de leur ancienneté comme présidents ; 3° les conseillers, dans l'ordre de leur ancienneté comme conseillers (Civ. rej. 32 déc. 1850, aff. Laporte, D. P. 51. 1. 289 (Sol. impl.) ;

21 mars 1853, aff. Commune de Laruns, D. P. 54. 1. 435; 6 déc. 1853, aff. Commune de Martignat, D. P. 54. 5. 456; Req. 27 mai 1856; aff. de Quatrefages, D. P. 56. 1. 249; Civ. rej. 21 déc. 1859, aff. de Provence, D. P. 61. 1. 265; 21 nov. 1865, aff. de Hedouville, D. P. 66. 1. 113 (Sol. impl.). Dans ce système, et sauf le tempérament que l'on va rencontrer (infrà, n° 70), les présidents de chambres doivent être appelés comme départiteurs, suivant leur rang d'ancienneté comme présidents, de préférence à des conseillers plus anciens, les simples conseillers ne figurant au tableau, quelle que soit l'époque de leur nomination, qu'après la présidence des présidents (Mêmes arrêts).

**69.** En dehors de l'erreur théorique qui sera relevée bientôt, ce système avait des inconvénients pratiques qui eussent dû suffire à le faire rejeter. — D'abord il avait pour effet de réunir dans la même chambre plusieurs présidents, d'où un conflit, lorsque l'un de ceux qui étaient appelés comme départiteurs était plus ancien que le président de la chambre saisie du partage. La chambre civile avait bien jugé, dans une espèce où trois présidents de chambre se trouvaient avoir ainsi siégé ensemble, que, si l'un des deux présidents de chambre appelés comme juges départiteurs avait, suivant l'ordre du tableau, rang d'ancienneté sur le président titulaire de la chambre saisie, ce fait ne pouvait avoir pour conséquence d'enlever à ce dernier le droit de continuer à présider la chambre devant laquelle l'affaire avait été originairement portée; qu'en effet, par le roulement, ce magistrat avait été, comme président, investi, pour toute l'année, du droit de la présider, et que son droit, à cet égard, n'aurait pu cesser qu'au cas où, usant de la faculté qui lui était propre, le premier président serait venu siéger pour vider le partage (Civ. rej, 21 nov. 1865, aff. de Hédouville, D. P. 66. 1. 113). Mais l'absence de tout motif à l'appui de cette décision montre bien l'embarras qu'avait ressenti la cour suprême à régler une situation contraire à tous les principes de notre organisation judiciaire.

**70.** Le même système présentait encore un autre inconvénient des plus graves : c'était de distraire constamment les présidents de chambre de leurs occupations propres, pour les entraîner dans les chambres voisines en qualité de départiteurs. Ce résultat fâcheux n'avait point manqué de frapper la cour de cassation ; et, pour y porter remède, la cour avait, dans un arrêt de rejet du 23 déc. 1850, cité au Rép. n° 134, imaginé un tempérament qui aboutissait, en définitive, au renversement du principe qu'elle avait posé. Ce tempérament consistait à dire que, si l'art. 468 c. proc. civ. dispose que, en cas de partage dans une cour d'appel, les magistrats départiteurs sont appelés dans l'ordre du tableau, et s'il s'agit là du tableau général des membres de la cour prescrit par le décret du 6 juill. 1810, il ne s'ensuit pas que les présidents des chambres autres que celle où le partage a été déclaré doivent nécessairement concourir à le vider, et que leur absence, dans ce cas; ne puisse être justifiée que par la constatation expresse d'empêchements particuliers; qu'en effet, *ils sont, de droit, présumés légalement empêchés par le service des chambres qu'ils président* (Civ. rej. 21 déc. 1859, aff. de Provence, D. P. 61. 1. 265). C'était juger, en d'autres termes, que la mention des causes d'empêchement qui n'ont pas permis d'appeler, pour vider un partage, les magistrats les plus anciens de l'ordre du tableau, n'est pas exigée à l'égard des présidents des chambres autres que celles où le partage a été déclaré, et, par conséquent, c'était violer la règle formellement posée par la cour de cassation elle-même (V. infrà, n° 80), quant à l'obligation de constater expressément l'empêchement des magistrats qui, devant être appelés comme départiteurs, se trouvaient ne l'avoir pas été. C'était juger, en outre, que, en cas de partage, dans une cour d'appel, les conseillers des chambres autres que celles où le partage a été déclaré peuvent être appelés comme départiteurs, de préférence aux présidents de ces chambres, et, par conséquent, renverser le principe même de la jurisprudence à ce dernier point de vue.

**71.** Une règle dont l'application donnait tant d'embarras, ne pouvait être la véritable. « Après un nouvel et consciencieux examen, dit M. l'avocat général Blanche dans une note insérée au journal Le Droit, du 1er janv. 1869, la cour n'a pas cru pouvoir persister dans sa jurisprudence.

Elle a reconnu que le tableau dont il s'agit dans l'art. 468 c. proc. civ., promulgué le 27 avr. 1806, ne peut être celui qui a été organisé quatre ans plus tard par le décret du 6 juill. 1810. Elle aurait pu ajouter qu'on ne trouve, ni dans le décret du 30 mars 1808, ni dans la loi du 20 avr. 1810, ni dans le décret du 6 juillet de cette année, aucune disposition qui permette de supposer qu'une chambre de cour puisse, pour quelque motif que ce soit, réunir plusieurs présidents de chambre ». Depuis l'arrêt de la chambre civile du 30 nov. 1868 (aff. Poisson, D. P. 69. 1. 22), c'est un point constant en jurisprudence que le tableau visé par l'art. 468 est le tableau des conseillers et non le tableau prescrit par le décret de 1810, et qu'en conséquence, les présidents de chambre ne doivent pas être appelés comme départiteurs. La chambre des requêtes s'est approprié le système, et même les termes de cet arrêt (Req. 24 janv. 1883, aff. Augeard, D. P. 84. 1. 17) ; et la doctrine est sur ce point pleinement conforme à la jurisprudence (Bioche, *Dictionnaire de procédure*, v° *Partage de voix*, n° 28 ; Boitard et Colmet-Daage, 13e éd., t. 2, n° 712, p. 72; Glasson, D. P. 84. 1. 17, note). — Ce système a, sur le précédent, deux avantages, il est juridique et logique : juridique, en ce qu'il a pour lui le texte de la loi, car il est clair que le code de 1806 n'a pu se référer au décret de 1810 ; logique, car il tend tout droit à la solution que la jurisprudence antérieure n'atteignait que par une contradiction flagrante. Ajoutons que, par surcroît, il ne donne aucune prise à la critique ; car, si l'on soutenait autrefois que, refuser aux présidents de chambre non empêchés le droit d'être appelés dans leur qualité à concourir à vider les partages dans les cours impériales, ce serait leur enlever une partie intégrante de leurs fonctions judiciaires, dont ils ne peuvent être revêtus d'une manière moins complète que les simples conseillers, la jurisprudence actuelle répond fort bien que la loi ne saurait être réputée avoir entendu distraire les présidents du service de leurs chambres respectives pour leur attribuer, à titre de simples juges, la mission de départiteurs.

**72.** La même question se posait et se pose encore en ce qui touche le premier président. Comme il est le premier sur le tableau prescrit par le décret de 1810, la jurisprudence primitive de la cour de cassation avait pour effet d'en faire le départiteur naturel et, pour ainsi dire, inévitable de toutes les chambres de la cour. Sa compétence, comme départiteur, avait été, en effet, affirmée par la chambre civile (Civ. rej. 6 déc. 1853, aff. Commune de Martignat, D. P. 54. 5. 456).

**73.** Mais la pratique n'avait pas manqué de faire naître une objection, non point, comme pour les présidents de chambre, celle relative à la préséance qui se trouvait réglée par la loi (V. suprà, n° 69), mais celle qui avait trait au dérangement résultant, pour le premier président, du rôle de départiteur. — La chambre des requêtes y fit une réponse qui rappelle, en l'exagérant, celle qu'elle avait été tirée, pour les présidents de chambre, de la présomption d'empêchement. Ayant, en effet, à statuer sur un arrêt auquel avait contribué, comme départiteur, un autre magistrat que le premier président, elle déclare que « *par une présomption fondée sur l'éminence de son caractère*, le fait seul de son abstention suffit pour en constater la légitimité » (Req. 12 mars 1862, aff. Houlès, D. P. 62. 1. 296). Si la théorie de l'empêchement présumé (V. Civ. rej. 21 déc. 1859, suprà, n° 70), en ce qui touche les présidents de chambre, nous a paru contestable, celle-ci semble prêter d'avantage encore à la critique. — Aussi la chambre des requêtes a-t-elle pris soin d'opposer ici à l'objection une réponse plus topique, et qui aurait pu la mettre sur la voie du revirement que la chambre civile devait effectuer le 30 nov. 1868 (V. suprà, n° 71), en effet, pour justifier l'absence du premier président parmi les départiteurs, comme semblait l'exiger l'art. 468, elle jugea « que cette disposition était évidemment inapplicable au premier président, parce que la place de ce magistrat sur le tableau dressé en exécution du décret du 6 juill. 1810 n'était point marquée par son rang d'ancienneté, mais bien par le titre même dont il est revêtu (Req. 12 mars 1862, aff. Houlès, D. P. 62. 1. 296). — Néanmoins, comme la jurisprudence alors triomphante prenait sa base dans le tableau dressé en exécution du décret de 1810, lequel comprend le premier président, la chambre des requêtes, ajoutait, qu'en ce qui concerne l'hypothèse prévue et réglée par l'art. 468 c. proc. civ., le premier président se trouve placé dans une condition particulière et exceptionnelle ; que, s'il a incontestablement le droit de présider la chambre dans laquelle un partage s'est produit, aucun devoir spécial ne lui est imposé à cet égard par la loi ; qu'en raison de la multiplicité, de l'importance et de la variété de ses attributions, il lui appartient de décider seul, par une libre appréciation des nécessités du service et des exigences de ses nombreux devoirs, s'il doit siéger ou s'abstenir ; que dans aucun cas son éloignement de l'audience, quel qu'en soit le motif, ne peut créer une cause de nullité contre l'arrêt rendu sans sa participation (Même arrêt). — La faiblesse de cette argumentation devait nécessairement conduire au rejet du système qui se fonde sur le décret de 1810. C'est le revirement qui a été constaté (suprà, nº 71) dans l'arrêt de la chambre civile du 30 nov. 1868 (aff. Poisson, D. P. 69. 1. 22).

**74.** Aujourd'hui que le système de ce dernier arrêt et de l'arrêt conforme du 24 janv. 1883 (aff. Augeard, D. P. 84. 1. 17) a définitivement triomphé (V. suprà, nº 71), et que, par suite, le choix des départiteurs doit se faire, non sur le tableau général de la cour, mais seulement sur le tableau d'ancienneté des conseillers, sera-t-il permis d'appeler le premier président comme départiteur ? La jurisprudence n'a pas cessé de l'admettre, et cette décision, qui ressortait implicitement d'un arrêt de cassation du 3 août 1870, aff. Violatout, D. P. 71. 1. 39) a été formellement consacrée par la chambre des requêtes dans les termes suivants : « Attendu que le premier président, aux termes de l'art. 7 du décret du 6 juill. 1810, est particulièrement appelé à présider les audiences solennelles; que l'usage de cette prérogative ne peut pas être entravé, et que, par suite, lorsque, dans des circonstances comme celles que présente la cause, une affaire sollicite le concours de magistrats départiteurs, cette mission peut échoir au premier président par la nature même de ses fonctions et comme une conséquence de leur exercice » (Req. 23 juin 1872, aff. Giustiniani, D. P. 74. 1. 152).

**75.** Une semblable théorie, qui n'est que le souvenir d'une jurisprudence désormais abandonnée, ne saurait être approuvée dans ces termes. Sans doute, il est exact qu'un arrêt après partage pourra être rendu avec le concours du premier président, appelé pour compléter la cour, alors qu'il n'avait pas pris part à l'arrêt de partage; mais c'est en vertu de règles tout à fait étrangères à la difficulté qui nous occupe. On a vu (Rép., nº 135 et suprà nº 59), que l'arrêt rendu après partage doit l'être par la réunion de deux catégories de magistrats : 1º les magistrats qui ont rendu l'arrêt de partage (ou d'autres remplaçant ceux d'entre ceux-là qui se trouveraient manquer); 2º les départiteurs, ainsi qu'on vient de le dire, ne sauraient jamais comprendre le premier président. Au contraire, le premier président peut très régulièrement être appelé à remplacer l'un des magistrats qui avaient rendu l'arrêt de partage. En effet, s'il est vrai que ce magistrat ne peut être remplacé que par un de ses collègues appartenant à la même chambre (Req. 23 nov. 1865, aff. Villemain-Dubos, D. P. 70. 1. 198; Civ. cass. 8 juill. 1872, aff. Delpeyroux, D. P. 72. 1. 394; 7 janv. 1885, aff. Cardoux, D. P. 85. 1. 236), il n'est pas moins vrai que le premier président est réputé appartenir à chacune des chambres de sa cour (Civ. rej. 6 déc. 1853, aff. Commune de Martignat, D. P. 54. 5. 456; Req. 12 mars 1862, aff. Houlès, D. P. 62. 1. 296; 23 juin 1873, aff. Giustiniani, D. P. 74. 1. 152). Il faut donc en conclure que, si le premier président peut régulièrement concourir à un arrêt après partage, c'est à la condition qu'il y intervienne, non comme départiteur, mais comme remplaçant l'un des magistrats qui avaient rendu l'arrêt de partage (V. en ce sens les observations en note, D. P. 69. 1. 22).

**76.** 2º La seconde des trois conditions d'aptitude prescrites par la loi (V. suprà, nº 63), c'est que le juge appelé comme départiteur n'ait jamais connu de l'affaire (Rép., nº 117; Req. 24 janv. 1883, aff. Augeard, D. P. 84. 1. 17).

**77.** Cette règle soulève une difficulté identique à celle que l'on a rencontrée suprà, nºˢ 29 et suiv., relativement à l'obligation pour chacun des juges qui rendent un jugement

d'avoir assisté à toutes les audiences de l'affaire. Comment faut-il entendre ces mots, lorsque l'affaire est complexe, et que, par exemple, elle est de nature à donner successivement lieu à une décision interlocutoire et à une décision au fond? Il résulte des principes exposés loc. cit. que, dans ce cas, les deux décisions sont indépendantes, et qu'il y a (au point de vue de la composition du tribunal) deux affaires dans une seule. Telle est, en effet, la solution qui ressortait d'un arrêt de rejet de la chambre civile du 7 mars 1864 (aff. Laville, D. P. 64. 1. 168), aux termes duquel le partage d'opinions déclaré par un arrêt, sur des conclusions accompagnées d'une offre de preuves, est régulièrement vidé par l'interlocutoire qui, après appel d'un conseiller départiteurs a ordonné cette preuve, et que, par suite, l'arrêt au fond est valable, quoiqu'il ait été rendu hors de la présence de plusieurs des magistrats qui avaient concouru à l'arrêt de partage, et sans constatation d'une cause légitime d'empêchement. Il est impossible de dire plus clairement que le débat sur le fond constitue une affaire distincte du débat sur l'interlocutoire. Cependant, lorsque s'est posée la question inverse, de savoir si l'on pouvait appeler comme départiteur sur le fond un magistrat ayant pris part à une décision interlocutoire, mais non à la décision au fond qui s'était résolue en un partage, la même chambre a répondu par la négative (Civ. cass. 16 janv. 1877, aff. Guillain, D. P. 77. 1. 482); et elle a tenté de justifier cette dernière solution par le motif que, en exigeant que les juges appelés comme départiteurs soient pris dans l'ordre du tableau et qu'ils n'aient pas connu de l'affaire, la loi a voulu tout à la fois exclure l'arbitraire du choix de ces magistrats et garantir contre tout préjudice l'indépendance de leur opinion. Il faut reconnaître qu'une telle considération n'a rien de décisif. Elle justifie bien la règle en elle-même, mais non pas l'application de cette règle à une hypothèse que, en réalité, elle ne concerne point. La chambre des requêtes s'était, au contraire, bien mieux inspirée des principes, en jugeant (Req. 27 déc. 1810, Rép. nº 117) qu'il faudrait que les arrêts auxquels a concouru un juge choisi pour départiteur touchassent au fond du procès pour l'exclure de ce choix.

**78.** 3º Enfin le troisième des conditions signalées suprà, nº 63, a trait au nombre des départiteurs. L'art. 118 prescrit, dans les tribunaux de première instance, d'en appeler un seul, et l'art. 468, dans les cours d'appel, d'en appeler un ou plusieurs, mais toujours en nombre impair (Rép. nº 112). Si l'on suivait cette règle, aujourd'hui que, par l'effet de la loi du 30 août 1883 les tribunaux statuent toujours en nombre impair, on arriverait à l'inverse du but visé par la loi, car on constituerait toujours, pour vider le partage, un tribunal en nombre pair. Aussi est-on d'accord, en doctrine, pour reconnaître que, depuis la loi de 1883, les départiteurs doivent être appelés au nombre de deux dans les tribunaux de première instance, et, dans les cours d'appel, au nombre de deux au plus, pourvu que ce soit en nombre pair (Glasson, D. P. 84. 1. 17, note; Garsonnet, t. 3, § 444, p. 129; Boitard, Colmet Daâge et Glasson, 14ᵉ éd., t. 2, p. 79; Adde, D. P. 85. 1. 236, note 1).

**79.** Telles sont les règles suivant lesquelles doit être composé le tribunal chargé de vider le partage. Il reste à faire connaître la sanction de ces règles. Si la chambre qui a vidé le partage a été composée contrairement aux prescriptions de la loi, quelle en sera la conséquence ?

**80.** Ici tout d'abord s'offre une question préjudicielle. Comment saura-t-on si le tribunal était régulièrement composé? On a exposé au Rép. (nº 48), que suivant un principe incontesté, le jugement doit faire preuve par lui-même de l'accomplissement des formalités prescrites pour sa régularité (V. d'ailleurs suprà, nº 40). On a vu, de même, au Rép., nº 124, que cette règle reçoit son application dans l'hypothèse particulière dont il s'agit ici. La chambre civile a expressément consacré cette théorie (Civ. cass. 24 janv. 1872, aff. Hontz, D. P. 72. 1. 142), et elle n'a jamais manqué de casser les arrêts qui ne faisaient pas preuve, par eux-mêmes, qu'ils eussent rempli les conditions relatives à l'appel des départiteurs. C'est ainsi qu'elle a jugé : 1º que l'arrêt, rendu après partage, ne constate pas que les magistrats départiteurs ont été appelés suivant l'ordre du tableau, est nul, surtout s'il est établi, en outre, que des conseillers non appelés étaient plus anciens que ces départiteurs, et que l'un de ces conseillers appartenait même à la chambre qui a déclaré le partage (Civ. cass. 4 juin 1856, aff. Legrand, D. P. 56. 1. 223) ; — 2° Que le jugement doit constater l'empêchement des juges plus anciens qui n'ont pas été appelés pour vider le partage ; qu'ainsi il y a lieu d'annuler l'arrêt qui, alors qu'il reste des conseillers plus anciens que ceux qui ont été appelés comme départiteurs, ne mentionne pas le motif pour lequel les départiteurs n'ont pas été pris parmi ces conseillers plus anciens (Civ. cass. 24 janv. 1872, aff. Houtz, D. P. 72. 1. 442) ; — 3° Qu'un arrêt doit être annulé lorsque, rendu sans le concours (comme départiteur) du conseiller le plus ancien, il n'indique pas que ce conseiller ait eu une cause d'empêchement (Civ. cass. 13 août 1872, aff. Mouttet, D. P. 72. 1. 443) ; — 4° Qu'il y a nullité de l'arrêt rendu pour vider un partage, lorsque le conseiller départiteur appelé est inscrit sur le tableau de nomination après d'autres juges plus anciens que lui, et lorsqu'il n'est point constaté, par l'arrêt même auquel il a concouru, que ceux-ci étaient légalement empêchés (Civ. cass. 26 juin 1882, aff. Vitra, D. P. 84. 1. 17). Comp. civ. cass. 3 août 1870, aff. Violatout, D. P. 71. 1. 39.

**81.** Toutefois, la chambre des requêtes est, sur ce point, moins exigeante que la chambre civile. Elle admet que la mention, dans un arrêt rendu après partage, que les conseillers départiteurs ont été appelés, pour vider le partage, *conformément à la loi*, constate suffisamment l'empêchement des conseillers plus anciens, attendu qu'il ressort de cette constatation une présomption légale que ces magistrats n'ont concouru à l'arrêt que parce que les plus anciens étaient régulièrement empêchés, et qu'ainsi il n'y a pas eu, dans la composition de la cour, violation des règles prescrites par la loi (Req. 3 juin 1856, aff. Burnet, D. P. 56. 1. 426 ; V. dans le même sens, Req. 27 mai 1856, aff. Quatrefages, D. P. 56. 1. 249 ; 11 déc. 1861, aff. Commune de Gorges, D. P. 62. 1. 120). Mais un tel système n'est pas sans danger, car cette énonciation, qui deviendrait facilement de style, a pour effet de supprimer le contrôle de la cour de cassation, et de rendre inutiles les règles que l'on vient d'examiner.

**82.** Il y a moins d'inconvénient à suivre la chambre des requêtes, lorsqu'elle déclare valable l'arrêt rendu après partage, bien qu'il ne constate pas l'accomplissement des formalités prescrites par la loi, si cet accomplissement est établi par la feuille d'audience (Req. 12 janv. 1863, aff. Picque D. P. 63. 1. 302). Si ce procédé n'est pas rigoureusement régulier, au moins ne présente-t-il pas le danger signalé au numéro précédent.

**83.** Lorsqu'on a la preuve que le jugement qui vide le partage n'a pas été rendu par un tribunal régulièrement composé, soit qu'il ne mentionne pas l'accomplissement de chacune des formalités prescrites (V. *suprà*, n° 80), soit qu'il ne mentionne pas tout au moins que le tribunal a été composé conformément à la loi (V. *suprà*, n° 81), une sanction s'impose : la nullité du jugement . Il est vrai que cette nullité n'est prononcée ni par l'art. 118 ni par l'art. 468, mais elle résulte nécessairement des principes (Garsonnet, t. 3, § 441, p. 130), et la cour de cassation a très expressément déclaré, au sujet de la règle qui préside au choix des départiteurs, que, la loi ayant voulu par là tout à la fois exclure l'arbitraire du choix de ces magistrats et garantir contre tout préjugé l'indépendance de leur opinion, cette règle, qui tient à l'organisation des tribunaux doit être observée à peine de nullité (Civ. cass. 16 janv. 1877, aff. Guillain, D. P. 77. 1. 482). Et l'on a vu, en effet, dans les numéros qui précèdent, de nombreux exemples de cassation.

**84.** Il faut aller plus loin, et reconnaître, comme on l'a fait au *Rép.* n° 120, qu'il s'agit là d'une nullité d'ordre public, à laquelle les parties ne peuvent renoncer. En effet, c'est un point constant (*Rép.*, v° *Organisation judiciaire*, n°ˢ 184, 423 et suiv., 682) que les lois relatives à la composition des tribunaux sont d'ordre public, qu'il n'est pas permis d'y déroger par des conventions particulières, et que, dès lors, la nullité résultant de leur inobservation ne peut être couverte par le silence des parties ou par leur consentement exprès. La chambre civile l'a ainsi jugé, en termes des plus nets, dans une espèce où, bien que l'arrêt de partage eût spécifié un mode de règlement conforme à celui

que prescrit l'art. 468, les parties avaient consenti à plaider, pour vider le partage, devant une cour dont la composition n'était point celle que prescrivaient et l'arrêt de partage et la loi (Civ. cass. 7 janv. 1885, aff. Cardoux, D. P. 85. 1. 236) : « Attendu, dit cet arrêt, qu'en vain les défendeurs invoquent le consentement donné, virtuellement au moins, par les parties, à ce qu'il fût procédé par la cour sans égard à l'arrêt de partage et sans suivre les règles prescrites par ledit art. 468 ; qu'en effet, s'agissant d'une question de compétence *ratione materiæ* et d'ordre public, il n'était au pouvoir, ni des parties de consentir, ni de la cour d'appel d'adopter, un mode de jugement autre que celui prescrit par l'arrêt du partage et par le code de procédure civile.

**85.** Il y a lieu, toutefois, de signaler deux autres arrêts de la chambre civile, l'un du 22 mai 1832 (aff. Lobelin, *Rép.* n° 120), l'autre du 1ᵉʳ juin 1870 (aff. Administration des Douanes, D. P. 70. 1. 251), dont on a quelquefois tiré cette conséquence que la cour de cassation considérait la nullité qui nous occupe comme une simple nullité relative (Garsonnet, t. 3, § 441, p. 130, note 23). Il est vrai que ces arrêts, au premier examen, sont de nature à jeter dans l'esprit quelque incertitude : L'un (arrêt du 22 mai 1832) rejette le pourvoi formé contre un jugement après partage, rendu avec le concours, comme départiteur, d'un avocat qui n'était pas le plus ancien de ceux présents à l'audience, « ce qui a eu lieu, dit-il, à cause du consentement respectif des avocats et avoués des parties, attesté par jugement ». L'autre (arrêt du 1ᵉʳ juin 1870), intervenu dans une espèce où l'arrêt de partage avait ordonné l'adjonction, comme départiteur, d'un magistrat qui n'avait pas qualité pour remplir ce rôle, déclare régulier l'arrêt rendu avec le concours de ce magistrat incompétent, parce que ce n'est là que l'exécution de l'arrêt de partage, arrêt contraire à la loi, mais auquel les parties ont laissé acquérir l'autorité de la chose jugée. Toutefois, lorsqu'on étudie à fond ces deux arrêts, il est aisé de constater qu'ils ne font nullement échec au principe, et que leurs solutions ont uniquement pour bases des circonstances de fait.

**86.** Lors de l'arrêt de 1832, il ne s'agissait pas de valider la composition d'un tribunal complété par un départiteur incompétent, mais précisément de rechercher si, en réalité, le départiteur était incompétent. Or, voici le fait : Le tribunal, à défaut de magistrat, avait dû appeler comme départiteur un avocat et avait, en effet, appelé celui qui paraissait le plus ancien des avocats présents à l'audience. Puis, les plaidoiries une fois commencées et même presque terminées, on s'aperçut que, au moment de l'appel, il s'était trouvé dans l'audience un avocat plus ancien, qui s'était presque aussitôt retiré. Fallait-il considérer cet avocat comme ayant été présent à l'audience, tandis qu'un autre plus jeune siégeait au tribunal, ou, au contraire, comme ayant été absent de l'audience, sauf une très courte apparition ? C'était là une simple question de fait. Il appartenait aux parties de reconnaître que l'avocat le plus ancien avait été, en réalité, absent de l'audience, et que, par conséquent, le tribunal avait été régulièrement composé. Si, dans ces conditions, le pourvoi a été rejeté, ce n'est pas parce que la nullité invoquée était purement relative, mais parce que le motif de nullité manquait en fait.

**87.** C'est également dans les circonstances du fait qu'il faut rechercher l'explication de la décision, rendue dans l'espèce, de 1870. L'arrêt qui avait déclaré le partage avait, du même coup, désigné le départiteur qui devait être appelé. Il eût pu et même dû se dispenser de le faire (V. *suprà*, n° 56), mais, en réalité, il l'avait fait. Or il avait désigné un magistrat qui n'avait pas qualité pour jouer le rôle de départiteur : un président de chambre (V. *suprà*, n° 71) ; puis, au jour fixé, la cour s'était réunie, y compris le magistrat incompétent ; les parties avaient plaidé sans protestation, et l'arrêt vidant le partage avait été ainsi rendu par une cour irrégulièrement composée. Cet arrêt devait-il être annulé ? Telle était la question du pourvoi. Or pour résoudre cette question par la négative, la cour de cassation raisonne ainsi : « Attendu que, par son arrêt du 18 août 1868, déclaratif du partage, la première chambre de la cour impériale de Douai avait remis la cause au 25 août suivant, « pour être de nouveau plaidée devant elle et devant M. Demeyer, président de la deuxième chambre, qu'elle s'adjoignait » ; que la cour impériale, lors de son arrêt du 25 août 1868, n'avait fait que se conformer, par l'adjonction de M. Demeyer, à son précédent arrêt de partage, *qui n'avait pas été attaqué par les parties intéressées*, et que, dès lors, elle n'avait contrevenu à aucune loi ». A prendre pour ce qu'ils sont les termes de cet arrêt, la doctrine en apparaît comme très juridique. Si le pourvoi est rejeté, ce n'est point du tout parce que les parties ont consenti, lors du second arrêt, à plaider devant une cour irrégulièrement composée, c'est parce qu'elles n'ont pas attaqué le premier arrêt, bien que contraire à la loi. En d'autres termes, il n'était ni contesté ni contestable que la cour chargée de vider le partage dût être composée conformément à la loi, à peine de nullité, et que cette nullité fût absolue; par suite, si les parties avaient attaqué l'arrêt de partage, en ce qu'il prescrivait pour la cour une composition irrégulière, cet arrêt eût dû être annulé (V. le rapport de M. le conseiller Massé sur cette affaire, D. P. 70. 4. 251). Mais, dès lors que cet arrêt n'était ni attaqué, ni annulé, il ne pouvait qu'être exécuté dans sa forme et teneur, « attendu que l'arrêt qui déclare un partage fixe un état de cause sur lequel il ne peut être statué que conformément audit arrêt » (Civ. cass. 9 févr. 1852, aff. de Rothiacob, D. P. 52. 1. 64. — V. *suprà*, n° 56). Telle était bien, en effet, la question qui se posait devant la chambre civile, lors de l'arrêt du 1er juin 1870 ; si les termes de l'arrêt lui-même laissaient sur ce point quelque doute, le rapport de M. le conseiller Massé suffirait à les dissiper : « L'arrêt déclaratif du partage, lit-on dans ce rapport (D. P. 70. 1. 251), quand il détermine le nombre des départiteurs, contient une disposition dont, d'après votre jurisprudence, il n'est plus permis de s'écarter. En est-il de *même* quand la détermination faite par l'arrêt de partage porte, non sur le nombre des départiteurs, mais sur leur personnalité et sur leur qualité, et quand, comme dans l'espèce, l'arrêt qui déclare le partage au lieu d'ordonner qu'il sera appelé, pour le vider, un départiteur, appelle, dès à présent, le président d'une autre chambre, qu'il déclare s'adjoindre ? Cette disposition fixe-t-elle d'une manière définitive la composition de la chambre qui doit vider le partage, lors même que cette composition serait irrégulière ? Et l'arrêt rendu par une chambre ainsi composée est-il à l'abri de toute critique, quand l'arrêt qui fixe la composition de la cour n'a été attaqué ni avant l'arrêt définitif, ni en même temps que cet arrêt ? Telles sont les questions que nous devions vous soumettre, et que vous aurez à examiner et à résoudre ». La cour les a résolues en ce sens que l'arrêt de partage (même contraire à la loi) doit être exécuté tel qu'il est. En d'autres termes, si le pourvoi est rejeté, ce n'est pas parce que la nullité invoquée était purement relative, mais parce que le pourvoi n'était pas dirigé contre l'arrêt qui avait encouru cette nullité.

**88.** Ainsi, pas plus que l'arrêt du 22 mai 1832, l'arrêt du 1er juin 1870 n'a où à déterminer le caractère de la nullité qui résulte de la violation des art. 118 et 468 c. proc. civ.; ces arrêts n'ont donc pas pu juger que cette nullité était purement relative, et rien, dans cette hypothèse, n'autorise à faire échec au principe suivant lequel la violation des lois relatives à la composition des tribunaux crée une nullité absolue et d'ordre public.

**89.** La cour qui doit vider le partage étant composée suivant les règles que l'on vient d'examiner (n°s 59 à 78), les débats de l'affaire doivent recommencer devant elle, comme s'ils n'avaient jamais eu lieu (c. proc. civ. art. 118 et 468) ; les conclusions seront reprises (Garsonnet, t. 3, § 441, p. 130) ; on plaidera à nouveau (*Rép.* n° 136; Garsonnet, *loc. cit.*) ; on recommencera le rapport, s'il s'agit d'une instruction par écrit (*Rép. loc. cit.*; Garsonnet, *loc. cit.*) ; le ministère public donnera de nouveau ses conclusions (*Rép.* n° 137; Garsonnet, *loc. cit.*, note 20).

**90.** Après les débats, le tribunal, augmenté des départiteurs, délibérera et rendra son jugement. Il est, d'ailleurs, important de remarquer que les juges qui ont pris part à l'arrêt de partage ne sont point liés par l'avis qu'ils ont alors émis, et peuvent se prononcer en sens contraire (*Rép.* n° 138, Garsonnet, t. 3, § 441, texte et note 24, p. 130-131).

ART. 2. — *A quelle époque le jugement doit être rendu*
(Rép. n°s 144 à 156).

**91.** On a vu au *Rép.*, n° 144, que le jugement ne peut être rendu avant le jour fixé par l'assignation pour comparaître.

**92.** Le jugement serait également nul si, le défendeur ayant constitué avoué, il était rendu avant le délai octroyé par la loi pour la signification des défenses, ou encore, ces défenses une fois signifiées, avant le délai accordé au demandeur pour y répondre (Garsonnet, t. 3, § 443, p. 133).

**93.** La règle inverse n'est pas moins vraie. Le jugement ne peut être rendu, s'il s'agit d'une assignation à jour fixe, après le jour fixé par cette assignation (Bourges, 13 août 1884, aff. Boillot, D. P. 86. 2. 48). Ainsi la sentence rendue par un juge de paix à une audience postérieure à la date indiquée dans la citation, sans assignation nouvelle et sans qu'une décision contradictoire ait continué l'affaire à cette audience, doit être annulée pour excès de pouvoir, le juge n'étant plus alors saisi de la demande (Civ. rej. 12 mars 1879, aff. Gloaguen, D. P. 79. 1. 260). Rien n'est plus légitime; car, ainsi que le disait un arrêt de la cour de Lyon du 22 juin 1831, cité au *Rép.* n° 144, et rapporté *ibid.* v° *Délai*, n° 110, l'assigné n'est pas obligé de se présenter à un autre jour que celui que lui indique l'assignation, et il ignore à quel moment il plaira au demandeur de porter désormais la cause (Comp. Garsonnet, t. 3, § 443, p. 133).

**94.** Il en serait autrement, et le jugement pourrait être valablement rendu à une audience postérieure à celle fixée par la citation, si la cause avait été continuée à cette audience. Cette continuation, qu'on désigne usuellement dans la pratique sous le nom de *mise en délibéré*, est formellement autorisée par l'art. 116 c. proc. civ. « Les jugements seront rendus à la pluralité des voix, et prononcés sur-le-champ : néanmoins les juges pourront se retirer dans la chambre du conseil pour y recueillir les avis; ils pourront aussi continuer la cause à une des prochaines audiences, pour prononcer le jugement », sans que d'ailleurs l'indication du jour fixe s'impose au tribunal (*Rép.* n° 151; Garsonnet, t. 3, § 443, texte et note 8, p. 134). — Ce procédé est permis aux juges de paix, par l'art. 13 c. proc. civ., contrairement au décret du 26 oct. 1790, tit. 7, art. 4, qui leur ordonnait de statuer incontinent. — Quant aux conseils de prud'hommes, le décret du 20 févr. 1810, art. 36 (*Rép.* v° *Prud'hommes*, p. 533) les oblige à statuer sur-le-champ. M. Mollot, *De la compétence des conseils de prud'hommes*, n° 330, en conclut qu'ils ne peuvent continuer les affaires en délibéré. M. Garsonnet, t. 3, § 443, p. 134, est d'un avis opposé.

**95.** La continuation de l'affaire ainsi prononcée par le tribunal pour rendre le jugement produit un effet très important. Elle clôt les débats, et les parties n'ont plus désormais qu'à attendre la fin du délibéré, sans rien pouvoir ajouter à leurs moyens de défense. Les délibérés se jugent en l'état où ils se trouvent, c'est-à-dire qu'il ne peut être pris aucunes conclusions nouvelles par les parties auprès du tribunal saisi et appelé à statuer sur une cause a été l'objet d'une mise en délibéré » (Bioche, v° *Délibéré*, n° 31; Conf. : Req. 29 mai 1850, aff. Cotereau, D. P. 50. 1. 315; Civ. rej. 9 nov. 1853, aff. Cazamajour, D. P. 53. 1. 331; Crim. rej. 3 mars 1864, aff. Pilloet, D. P. 64. 1. 503); il est seulement loisible de passer des notes au tribunal. De même, aucune pièce nouvelle ne peut, après la mise en délibéré, être produite devant le tribunal. Mais, lorsqu'il ne résulte pas des énonciations d'un arrêt que les documents, sur lesquels la cour d'appel a basé sa décision ne lui ont été produits ou communiqués qu'au cours de son délibéré, après la clôture des débats, il y a lieu de présumer que ces pièces ont été versées au procès régulièrement, et que la partie adverse a été mise à même de les discuter (Req. 28 janv. 1891, aff. Walter, D. P. 91. 1. 339).

**96.** La mise en délibéré, comme on l'a vu au *Rép.* n° 182, n'empêche pas que, après les plaidoiries, les juges, soit d'office, soit sur demande, rouvrent les débats, et entendent de nouveau les conclusions et les observations des parties, pourvu que, dans les débats ainsi repris, celles-ci soient contradictoirement entendues, et que le ministère public prenne de nouveau ses conclusions, si l'affaire est sujette à communication (Civ. cass. 31 janv. 1865, aff. Dardenne, D. P. 65. 1. 330). La chambre des requêtes a jugé de même (28 févr. 1877, aff. de Sauvecanne, D. P. 78. 1. 39) qu'il est permis aux juges de rouvrir le débat après sa clôture et après les conclusions du ministère public ; le débat une fois rouvert, les magistrats ont la faculté d'entendre contradictoirement les parties dans leurs explications personnelles, et les parties, de prendre, le cas échéant, des conclusions nouvelles ; par suite, une cour d'appel peut, soit donner acte à une partie d'une déclaration par elle faite dans ces conditions, soit s'approprier cette déclaration et la consigner d'office dans son arrêt (Même arrêt).

**97.** Quoi qu'il en soit, le moment de la mise en délibéré est fort important à constater. Jusque-là les débats restent ouverts, et le jugement serait nul, s'il était rendu avant l'audience à laquelle la cause était continuée ; car il y aurait alors violation des droits de la défense. Ce point ressort de la façon la plus nette, quoique *a contrario*, d'un arrêt de la chambre des requêtes (16 mai 1865, aff. Lestienne, D. P. 65. 1. 420). Il résulte, en effet, de cet arrêt que, si la décision attaquée a été maintenue, c'est uniquement parce que le demandeur ne faisait pas la preuve de l'irrégularité dont s'agit ; la cour suprême déclare, en fait, que la mention, dans les qualités d'un jugement, que la cause a été plaidée contradictoirement à une audience indiquée, ne peut être détruite par un bulletin du greffe portant, au contraire, que l'affaire a été remise à une autre audience pour la continuation des plaidoiries ; dès lors, la prononciation du jugement avant l'audience désignée dans ce bulletin ne constituait pas une violation des droits de la défense. Il est évident que, dans des circonstance inverses, la solution inverse se fût imposée.

**98.** Au contraire, après la mise en délibéré, les parties étant réduites à un rôle purement passif, il est sans danger et sans inconvénient pour elles que le jugement soit rendu à une audience plutôt qu'à une autre (Garsonnet, t. 3, § 443, p. 134). En conséquence, un jugement peut être valablement prononcé à une audience autre et plus rapprochée que celle indiquée lors de la mise en délibéré ordonnée après les plaidoiries, les conclusions du ministère public et la clôture des débats ; une telle anticipation ne constitue pas une violation des droits de la défense (Req. 28 févr. 1865, aff. Poëy, D. P. 65. 1. 420). — Jugé de même : 1° que la décision rendue à une audience antérieure à celle à laquelle le prononcé en a été renvoyé ne viole, ni l'autorité de la chose jugée, ni le renvoi n'étant qu'une mesure d'ordre et de service intérieur qui ne peut avoir une telle autorité, ni le droit de la défense, les notes que les parties ont la faculté de produire après la clôture des débats n'étant soumises à aucune mention ni communication à la partie adverse, alors surtout qu'il n'est pas justifié que les notes produites par l'une des parties, et auxquelles l'anticipation du prononcé du jugement n'a pas permis de répondre, aient été prises en considération dans ce jugement (Req. 14 janv. 1867, aff. de Guiselin, D. P. 67. 1. 430) ; — 2° Que le jugement d'une affaire mise en délibéré simple par application de l'art. 116 c. proc. civ. et renvoyée à une prochaine audience, uniquement pour le prononcé du jugement, peut être valablement rendu à une audience plus rapprochée que celle indiquée lors de la mise en délibéré, alors, d'ailleurs, qu'il est constant que toute latitude a été laissée à la défense des parties et qu'il ne leur a été fait aucune surprise (Req. 3 juill. 1877, aff. de Villermont, D. P. 78. 1. 171) ; — 3° Que, le prononcé du renvoi d'un jugement ou d'un arrêt et la mention de ce renvoi ne constituant qu'une simple mesure d'ordre et de service intérieur, la circonstance qu'un arrêt a été prononcé à une audience autre que celle où les débats ont été clos, sans que la cour ait indiqué le jour auquel était renvoyé la prononciation de cet arrêt, ne peut en entraîner la nullité (Req. 5 juill. 1881, aff. Moreau, D. P. 82. 1. 269).

**99.** Mais, si le tribunal peut ainsi vider son délibéré à une audience antérieure à celle qu'il avait préalablement indiquée, ce ne peut être que par un jugement régulier, rendu en audience publique. Le tribunal ne pourrait pas rendre une décision (par exemple, pour ordonner une mesure d'instruction) en chambre du conseil, à peine de nullité non seulement de ce jugement, mais de la mesure d'ins-

truction ainsi ordonnée, et du jugement au fond qui aurait suivi. Décidé, en ce sens, que le jugement rendu sur un acte d'instruction et, par exemple, sur un supplément de rapport d'expert, ordonné en chambre du conseil après déclaration que la cause était entendue, et sans réouverture des débats, est nul, encore que ce rapport supplémentaire ait été déposé au greffe, avec avis adressé aux parties d'en prendre communication, à l'effet de produire leurs observations avant la prononciation du jugement, une telle précaution ne pouvant couvrir l'illégalité d'une procédure sur l'opportunité de laquelle les parties et le ministère public n'ont pas été appelés à s'expliquer (Civ. cass. 6 août 1866, aff. Prince de Monaco, D. P. 66. 1. 330).

**100.** Si, après la mise en délibéré, il est interdit aux parties de changer l'état du litige, ne pourraient-elles pas du moins supprimer le litige lui-même, au moyen d'un désistement, d'un compromis, etc.? L'affirmative est certaine. La mise d'une cause en délibéré, qui ne permet plus aux parties de présenter de nouvelles conclusions au tribunal, ne saurait cependant les empêcher de mettre fin, d'un commun accord, par un compromis et une sentence arbitrale, à l'instance engagée. En conséquence, le jugement que rend le tribunal, en vidant son délibéré dans l'ignorance de l'accord nouveau des parties, doit être annulé par le juge du second degré, saisi de la cause en vertu de l'effet dévolutif de l'appel, alors que, devant ce juge, il est excipé du compromis et de la sentence arbitrale intervenue (Req. 23 nov. 1887, aff. de Closmadeuc, D. P. 88. 1. 208).

SECT. 6. — Sur quoi le jugement peut et doit statuer. — Conclusions des parties. — Voie réglementaire. — Condamnations accessoires (affiche du jugement, intérêts, fruits, dépens, etc.). — Délais qu'il peut accorder (*Rép.* nᵒˢ 157 à 172).

**101.** C'est sur les conclusions des parties que le jugement doit statuer. On verra plus loin (chap. 7, sect. 1, art. 2, nᵒˢ 711 et suiv.) quelles conditions de forme et de fond ces conclusions doivent remplir pour obliger le juge à statuer. Si, ces conditions se trouvant remplies, le juge statue sur tous les chefs de la demande, et rien que sur ces chefs, le jugement est régulier. Il serait, au contraire, susceptible de recours, si le juge ajoutait ou omettait quelque chef. Soit que le juge prononce sur choses non demandées (*Rép.* nᵒ 163), soit qu'il omette de statuer sur l'un des chefs de la demande (*Rép.* nᵒ 166), il y a lieu à requête civile. Ces deux hypothèses sont respectivement étudiées au *Répertoire*, vᵒ *Requête civile*, nᵒˢ 72 et suiv., nᵒˢ 92 et suiv.

**102.** Mais, si le juge doit statuer sur toutes les conclusions des parties, ce n'est pas à dire qu'il doive les admettre toutes, et il y a lieu précisément d'examiner quelles sont les demandes que le tribunal peut et doit admettre (à supposer, bien entendu, qu'elles se trouvent, en fait, justifiées).

**103.** Tout d'abord, il est un principe qui domine tous les jugements de toutes les juridictions : c'est celui de l'art. 5 c. civ. (*Rép.* nᵒ 159), qui défend aux juges de prononcer, dans les causes qui leur sont soumises, par voie de disposition générale et réglementaire (V. le commentaire de cet article *suprà*, vᵒ *Compétence administrative*, nᵒˢ 155 ; — *Rép.* eod. vᵒ, nᵒˢ 71 et suiv. ; *Adde* : *Rép.* vᵒ *Lois*, nᵒ 482).

**104.** Est-ce une disposition générale et réglementaire, nulle comme contraire à l'art. 5 c. civ., que celle qui consiste à ordonner ou à interdire au défendeur un certain fait, à peine de dommages-intérêts fixés par jour de retard (*Rép.* nᵒ 171)? La cour de cassation s'est expressément prononcée pour la négative (Civ. rej. 6 juin 1859, aff. Tournachon-Nadar, D. P. 59. 1. 248 ; Req. 27 mai 1862, aff. Chemin de fer de l'Est, D. P. 62. 1. 432). Une telle disposition est-elle donc valable ? La jurisprudence française se sépare sur ce point de la doctrine et de la jurisprudence belges. Nos auteurs (Demolombe, t. 24 nᵒˢ 494 et suiv., p. 487 ; Aubry et Rau, t. 4, § 299, p. 41 ; Laurent, t. 16, nᵒˢ 298, 301 ; Garsonnet, t. 3, §§ 528-4ᵒ ; p. 452-454) et la cour de Bruxelles (5 août 1880, aff. de Bauffremont, D. P. 82. 2. 81) autorisent, à la vérité, les tribunaux à prononcer une semblable condamnation, mais c'est à la condition expresse qu'elle représente exactement le *damnum emergens* et le *lucrum cessans*, et ne constitue pas une simple mesure comminatoire, un moyen de contrainte, une façon de peser indirectement sur la volonté du débiteur. Au contraire, notre jurisprudence admet que l'allocation d'une somme de... par jour de retard peut revêtir le caractère soit de dommages-intérêts proprement dits, soit d'une simple contrainte, ou astreinte, pour employer la locution usuelle (Douai, 5 déc. 1849, aff. Gressier, D. P. 50. 2. 65 ; Civ. rej. 6 juin 1859, aff. Tournachon-Nadar, D. P. 59. 1. 248 ; Orléans, 3 déc. 1859, aff. Pinsard, D. P. 60. 2. 9 ; Req. 27 mai 1862, aff. Chemin de fer de l'Est, D. P. 62. 1. 432 ; 7 juill. 1870, aff. Chollet, D. P. 71. 1. 168 ; Douai, 28 nov. 1873, aff. Dupont, D. P. 75. 2. 31 ; Req. 14 juill. 1874, aff. Chapuis, D. P. 75 1. 460 ; 10 juin 1879, aff. de Bauffremont, D. P. 80. 1. 418 ; 7 nov. 1888, aff. Grandpré, D. P. 89. 1. 259 ; Civ. rej. 20 mars 1889, aff. Chauvin, D. P. 89. 1. 382 ; Req. 23 juill. 1889, aff. Meunier Berger, D. P. 90. 1. 31 : V. aussi le rapport de M. le conseiller Féraud-Giraud, D. P. 89. 1. 261). Dans ce système, s'il s'agit d'une condamnation ferme à dommages-intérêts, elle doit avoir pour fondement, suivant l'art. 1382, non seulement la constatation d'une faute, mais l'évaluation exacte du préjudice causé (Aix, 12 août 1876, aff. Rostan, D. P. 77. 2. 175-176), et ne peut être ultérieurement réduite sans violation de la chose jugée (Req. 14 juill. 1874, aff. Chapuis, D. P. 75. 1. 460 ; Comp. v° *Chose jugée*, n°ˢ 231 et suiv.) ; au contraire, s'il s'agit d'une simple astreinte comminatoire, la condamnation peut être fixée arbitrairement (Req. 23 juill. 1889, aff. Meunier-Berger, D. P. 91. 1. 31) ; et elle demeure susceptible d'une réduction ultérieure (Civ. rej. 20 mars 1889, aff. Chauvin, D. P. 89. 1. 382). Quant au point de savoir si le tribunal a entendu prendre l'un ou l'autre parti, c'est une simple question d'intention que le juge du fait tranche souverainement (Req. 7 nov. 1888, aff. Grandpré. D. P. 89. 1. 259).

**105.** Il est plusieurs autres dispositions que le tribunal doit ou peut légitimement prononcer, accessoirement à la disposition principale. Telles sont : la condamnation aux *dépens* (*Rép.* n° 170). V. à cet égard, Garsonnet, t. 3, § 495 à 509, p. 359 à 392.

**106.** ... La condamnation aux *fruits* et *intérêts* (*Rép.* n° 170).

**107.** ... L'*affichage* du jugement (*Rép.* n° 169). V. *suprà*, v° *Affiche*, n° 19 ; et *Rép. eod.* v°, n°ˢ 11, 66 et 94 ; Garsonnet, t. 3, § 350, p. 459.

**108.** ... La *suppression d'écrits calomnieux* (*Rép.* n° 169). V. *infrà*, v° *Presse-outrage*, et *Rép. eod.* v°, n°ˢ 974, 1275 et suiv. ; Garsonnet, t. 3, § 530, p. 459 ; Besançon, 20 août 1852, aff. de Viray, D. P. 53. 2. 79 ; Req. 9 déc. 1874, aff. de Craon, D. P. 75. 1. 225).

**109.** ... L'allocation d'un *délai* (*Rép.* n° 172). V. *Rép.* n°ˢ 435 et suiv., et *infrà*, v° *Obligations*, et *Rép. eod.* v°, n°ˢ 1171 et suiv.

**110.** Mais il a été jugé que, quelque intérêt que des parents puissent avoir à soustraire à certaines influences leur fille majeure, dont ils combattent le projet de mariage, notamment au cas où celle-ci est allée demeurer au domicile des père et mère du futur, le tribunal, à défaut de disposition qui autorise cette mesure, ne peut assigner à celle-ci, pour un temps indiqué, une résidence nouvelle, en vue de faciliter aux parents le moyen de voir leur enfant et de lui donner des conseils (Amiens, 8 juin 1869, aff. Bataille, D. P. 74. 2. 27).

**111.** Au reste, lorsque le demandeur sollicite, dans un chef précis de conclusions, une certaine mesure accessoire qu'il est interdit au tribunal de prononcer, le tribunal n'est pas, par cela seul, dispensé de statuer sur ce chef : il doit l'examiner et le rejeter (Amiens, 8 juin 1869, aff. Bataille, D. P. 74. 2. 27).

SECT. 7. — DE LA PRONONCIATION DU JUGEMENT EN AUDIENCE PUBLIQUE. — MENTION DE L'ACCOMPLISSEMENT DE LA FORMALITÉ (*Rép.* n°ˢ 173 à 201).

**112.** Le jugement est nécessairement prononcé à l'audience, publiquement et les portes ouvertes (*Rép.* n° 173 ; Garsonnet, t. 3, § 443, B, 4°, p. 136). Ce principe est général. Il comporte, à la vérité, quelques exceptions, qui ont

été étudiées au *Rép.* n° 180 ; mais ces exceptions doivent être entendues restrictivement. C'est ainsi, par exemple, que la disposition du décret du 16 févr. 1807, qui permet de statuer en chambre du conseil sur l'opposition à la taxe des frais d'un huissier, ne s'étend pas aux demandes en garantie qui pourraient être formées à l'occasion de cette opposition (Civ. rej. 6 févr. 1855, aff. Avias, D. P. 55. 1. 106).

**113.** La règle de la publicité est-elle applicable même aux jugements qui sont de la compétence de la chambre du conseil ? Tout concourt, arguments historiques et arguments de raison, pour faire décider que la règle est ici renversée. — Au point de vue historique, la cour d'Amiens (7 juin 1855, aff. Auger, D. P. 56. 1. 75) a fort bien montré que la tradition était en ce sens. « Le principe de la publicité, dit cet arrêt, a été puisé dans notre droit ancien. Auprès de ce principe, existait la distinction, dictée par l'expérience et consacrée par la tradition des siècles, de la juridiction contentieuse et de la juridiction gracieuse ou volontaire : la première, provoquée par un litige, s'exerçait *inter nolentes* avec la solennité de l'audience et les garanties de la publicité ; la seconde, appelée à régler, sans contradicteur, un intérêt individuel ou de famille, se prononçait hors l'audience, dans la chambre du conseil. Les décisions de la juridiction contentieuse constituent seules des jugements. Or, loin de déroger au droit préexistant, les codes civil et de procédure ont expressément soumis à la chambre du conseil diverses matières appartenant toutes par leur nature à la juridiction volontaire ; ces textes ne présentent pas des décisions isolées et arbitraires, mais bien la consécration de la distinction des juridictions ». — Au point de vue logique, comme l'a dit M. le conseiller Senart dans un rapport présenté à la cour de Paris (20 juin 1874, aff. Epoux X..., D. P. 76. 2. 139), « cette distinction entre la juridiction contentieuse et la juridiction gracieuse, qui applique à l'une la publicité et à l'autre la non-publicité, est éminemment rationnelle. Nous n'avons pas à rappeler les considérations qui ont fait ériger en règle d'ordre public la publicité pour les jugements proprement dits, c'est-à-dire pour les sentences qui disent droit entre des prétentions opposées ; mais autant la publicité importe en cette matière, autant la non-publicité est commandée par les raisons les plus graves, lorsque le juge n'est appelé qu'à exercer un contrôle, une surveillance, une véritable tutelle judiciaire sur des faits et actes qui, ne touchant nullement aux droits des tiers, ont pour objet un intérêt individuel ou de famille, ou n'a qu'à autoriser des mesures provisoires qui laissent intacts les droits de tous. Ainsi, en matière de juridiction gracieuse, le principe général, qu'ont consacré la doctrine et la pratique de tous les temps, c'est la non-publicité ». Telle est la jurisprudence, non seulement du tribunal de la Seine, auquel revient l'honneur d'avoir reconstitué en France la procédure de chambre du conseil (V. à cet égard le rapport précité de M. le conseiller Sénart), mais encore de la cour de cassation (8 mars 1848, aff. Bonnetain, D. P. 48. 1. 76), qui a formellement jugé que si, dans certains cas exceptionnels et déterminés par la loi, les délibérations des tribunaux en chambre du conseil sont prises publiquement, la règle qui exclut de la publicité ces sortes de décisions doit être maintenue dans tous les cas où la loi n'en dispose pas autrement. Telle est également la doctrine (Favard de Langlade, *Répertoire*, v° *Chambre du conseil* ; Troplong, *Contrat de mariage*, n° 3497 ; Bertin, *Chambre du conseil*, n°ˢ 28 et 18 ; Debelleyme, dans l'*Introduction à la chambre du conseil*, de Bertin p. 11). — Jugé, en ce sens, que l'art. 997 c. proc. civ., aux termes duquel le jugement qui autorise la vente des immeubles dotaux, dans les cas prévus par l'art. 1558 c. civ., doit être rendu en audience publique, est une disposition exceptionnelle et spéciale à la vente ; qu'en conséquence, le jugement qui autorise une femme dotale à hypothéquer ses immeubles doit être rendu en chambre du conseil sans publicité (Paris, 20 juin 1874, aff. Epoux X..., D. P. 72. 6. 139). — En somme donc, et à l'inverse de ce qui a été réglé pour la juridiction contentieuse, les jugements en matière gracieuse sont exempts de publicité (*Rép.* n° 184).

**114.** Une autre matière est soumise à des règles particulières, c'est celle des contributions indirectes. La procédure ici est accomplie en chambre du conseil, mais, contrairement à ce que l'on vient de voir en matière de juridiction gracieuse, c'est sans préjudice de la publicité. — Jugé, à ce point de vue : 1° que, en matière de contributions indirectes, le rapport du juge doit être fait en audience publique tenue en chambre du conseil, et que l'observation de cette prescription est suffisamment constatée par cette mention du dispositif d'un jugement : « Le tribunal, jugeant publiquement et en dernier ressort, après avoir entendu M..., juge, en son rapport, et le ministère public en ses conclusions », alors que, d'autre part, les qualités du jugement contiennent ce qui concerne ces formalités, la mention suivante : « Le rapport du juge-commissaire et les conclusions du ministère public ayant été oralement présentés en chambre du conseil... » (Civ. rej. 30 mai 1881, D. P. 81. 1. 478) ; — 2° Que les jugements rendus par un tribunal en matière de contributions indirectes doivent être prononcés publiquement ; mais qu'il n'est pas nécessaire qu'ils soient prononcés dans la chambre du conseil, car ils peuvent l'être dans la salle des audiences publiques (Req. 18 mars 1873, D. P. 74. 1. 265).

**115.** La règle qui, en matière contentieuse ordinaire, fait la publicité, s'étend, ainsi qu'on l'a vu au *Rép.* n° 185, même au cas où les débats ont eu lieu à *huis clos* (Civ. cass. 5 mai 1884, aff. Solomiac, D. P. 84. 5. 419). On reviendra sur ce point, *infrà*, n° 654.

**116.** Il ne suffit pas que le jugement soit prononcé publiquement, il faut qu'il mentionne cette circonstance (*Rép.* n° 192, Garsonnet, t. 3, § 443, B, 4° p. 136). La formule la plus satisfaisante est alors celle-ci : « Jugé et *prononcé* en *audience publique* ». Mais cette formule n'est pas sacramentelle, et la chambre des requêtes a même admis (14 févr. 1870, aff. Torgue, D. P. 71. 1. 419), que la preuve de la publicité peut résulter de l'ensemble des circonstances constatées par les qualités. Sans aller aussi loin que cet arrêt, on ne peut qu'approuver les décisions suivantes aux termes desquelles : 1° la formule « fait et jugé à l'audience publique » énonce clairement que le jugement ou arrêt a été rendu publiquement, le mot « juger » exprimant à lui seul le fait de prononcer une décision en justice (Req. 9 déc. 1873, aff. Dabaut, D. P. 74. 1.439) ; — 2° La mention suivante « fait au greffe de la cour d'appel, à l'audience publique de la première chambre » suffit pour établir qu'un arrêt satisfait aux conditions de publicité exigées par la loi, les mots « au greffe de la cour d'appel » étant évidemment surabondants (Civ. rej. 30 mars 1881, aff. Arnould Drappier, D. P. 81. 1. 359).

**117.** Une des expressions les plus fréquemment usitées, et qui mérite, à ce titre, un examen spécial, est celle qui consiste à dire que le jugement a été rendu à *l'audience* (*Rép.* n° 197) : la jurisprudence y voit une mention suffisante de la publicité (Civ. rej. 9 avr. 1866, aff. Moundy, D. P. 66. 1. 245 ; Req. 12 juin 1877, aff. Gillois, D. P. 79. 5. 345 ; Civ. rej. 24 oct. 1888, aff. Chevrier, D. P. 89. 1. 85). — Jugé en ce sens que : 1° la publicité de l'audience résulte, suffisamment de la mention faite à la suite des qualités de l'arrêt, que les parties ont été ouïes par leurs avocats en audience solennelle, et que la cour a ordonné un délibéré en la chambre du conseil, pour l'arrêt être rendu publiquement :... à la suite du dispositif, des mots : fait et jugé à l'audience solennelle (Civ. rej. 21 juin 1852, aff. Sauveur, D. P. 53. 1. 109) ; — 2° La publicité d'un jugement ou d'un arrêt résulte suffisamment de la mention faite, dans ce jugement ou cet arrêt, que c'est à l'audience que les conclusions ont été prises et qu'ont eu lieu les plaidoiries, l'audition du ministère public et la prononciation du jugement ou de l'arrêt (Req. 30 juill. 1856, aff. Tilliard, D. P. 56. 1. 405) ; — 3° La mention qu'un jugement a été rendu « à l'audience », constate suffisamment qu'il a été prononcé publiquement, quoique la publicité de l'audience n'ait pas été expressément énoncée (Civ. rej. 9 avr. 1866, aff. Enregistrement, D. P. 66. 1. 245) ; — 4° L'énonciation qu'un jugement ou arrêt a été prononcé « à l'audience » constate suffisamment qu'il a été rendu publiquement, alors surtout que la preuve de l'accomplissement de cette formalité résulte des circonstances rapportées dans les qualités (Req. 14 févr. 1870, D. P. 71. 1. 119).

— La cour de cassation a même eu l'occasion de préciser que cette expression constatait suffisamment la publicité de l'audience tout entière. Ainsi, la mention suivante, écrite en tête d'un jugement : « Le tribunal civil, séant au palais de justice, a rendu, en audience publique, le jugement dont la teneur suit », constate suffisamment la publicité de l'audience pendant toute sa durée et pour tous les actes qui y ont eu lieu (Civ. rej. 28 déc. 1853, aff. Worms de Romilly, D. P. 54. 1. 12).

**118.** La jurisprudence attache encore à cette formule une importance plus grande. On sait que la nécessité de la publicité concerne non seulement le jugement mais l'ensemble des débats. Il n'y a dispense de publicité, que pour les mesures d'instruction. Ce dernier principe ressort des arrêts suivants, aux termes desquels : 1° la règle de la publicité des débats ne met pas obstacle à ce que, après les plaidoiries à l'audience, les parties, assistées de leurs défenseurs, soient appelées en chambre du conseil pour y compléter des explications ou démonstrations (Req. 30 mars 1853, aff. Guérin, D. P. 59. 1. 198) ; — 2° La comparution, en chambre du conseil, des parties assistées de leurs avoués, pour répondre aux observations à elles faites par les juges sur un compte, objet d'une instruction par écrit, n'est pas une atteinte à la règle de la publicité des audiences : c'est là une voie d'instruction permise aux juges, et non pas une plaidoirie dans le sens de l'art. 87 c. proc. civ. (Req. 23 déc. 1853, aff. Loche, D. P. 54. 1. 117) ; — 3° Le principe de la publicité des plaidoiries et des jugements n'est pas applicable à un simple mode d'instruction ; ainsi, le juge peut ordonner la comparution des parties en la chambre du conseil, si, d'après les circonstances de la cause, cette manière de procéder lui paraît devoir conduire, plus sûrement que la comparution en audience publique, à la manifestation de la vérité ; par suite, les constatations de fait résultant de ladite comparution ne sauraient être écartées du débat, sous le prétexte qu'un pareil mode d'instruction ne pourrait servir de base à une décision de justice (Civ. cass. 12 mars 1879, aff. Régé, D. P. 79. 1. 272).

**119.** Mais, au contraire, en ce qui touche les débats proprement dits, la publicité est essentielle. Or la jurisprudence admet, du moins en matière civile, que la mention de la publicité des audiences constate suffisamment la publicité des débats. C'est ce qui ressort des arrêts suivants qui ont jugé : 1° que les mots « fait et jugé en audience publique » qui terminent un arrêt, ne s'appliquent pas exclusivement à l'audience à laquelle cet arrêt a été prononcé ; ils peuvent de même s'appliquer à une audience précédente, dans laquelle les parties ont pris leurs conclusions et le ministère public donné les siennes (Civ. rej. 26 mai 1851, aff. Berthier, D. P. 51. 1. 164) ; — 2° Qu'il y a constatation suffisante de la publicité, pour les débats aussi bien que pour l'arrêt lui-même, quand il est énoncé dans cet arrêt qu'il a été rendu « en audience publique », après audition, dans les audiences précédentes, des avoués, des avocats et du ministère public (Civ. rej. 1er févr. 1853, aff. C. de Brageron, D. P. 53. 1. 80) ; — 3° Que la mention faite dans un jugement ou dans un arrêt, qu'il a été « prononcé en audience publique », s'applique à toutes les audiences consacrées à l'affaire, et en atteste, dès lors, la publicité ; et elle doit être étendue, non seulement aux audiences énoncées dans les qualités du jugement et de l'arrêt, mais encore à celles qui n'y seraient point indiquées. En conséquence, la requête en inscription de faux tendant à établir que quelques-unes des audiences appliquées à l'affaire n'ont pas été mentionnées aux qualités, n'est recevable qu'autant que le défendeur offrirait, en retour, la preuve de la non-publicité de ces audiences (Req. 4 mai 1858, aff. de Testu-Pantry, D. P. 58. 1. 254) ; — 4° Que la mention, avant le dispositif d'un arrêt, de l'audition, à de précédentes audiences, de l'un des magistrats en son rapport, des avocats en leurs plaidoiries, et de l'avocat général en ses conclusions, suivie de cette formule, après le dispositif, « ainsi jugé et prononcé en l'audience publique du », constate suffisamment la publicité, non pas seulement de cette dernière audience, mais encore de celles qui l'ont précédée, et, notamment, de l'audience où le magistrat rapporteur a été entendu dans son rapport (Civ. rej. 15 févr. 1855, aff. Brouillet, D. P. 65. 1. 429) ; — 5° Qu'il y a constatation complète de la publicité, pour les débats comme pour l'arrêt, lorsque la minute de l'arrêt énonce que les avoués, les avocats des parties et le ministère public ont été entendus dans leurs conclusions, et porte en tête ces mots : « Audience publique du... » (Req. 17 févr. 1874, D. P. 74. 1. 344); — 6° Que la publicité est suffisamment constatée pour les débats, aussi bien que pour l'arrêt lui-même, quand il est énoncé dans cet arrêt qu'il a été rendu « en audience publique », et qu'il ressort de ses qualités que les avoués, les avocats et le ministère public ont été entendus à l'audience; (Req. 12 juin 1877, aff. Comptoir d'Escompte, D. P. 79. 5. 345); — 7° Que la mention relative à la publicité de l'audience et au nom des magistrats, qui se trouve à la suite d'un arrêt statuant au fond, s'applique également à l'arrêt antérieur rendu sur le reproche d'un témoin, alors que cette décision préparatoire a précédé immédiatement la décision sur le fond, et est renfermée dans un seul et même contexte avec celle-ci (Req. 14 déc. 1881, aff. Gaillot, D. P. 82. 1. 184); — 8° Que la mention, dans les qualités d'un arrêt, que les avoués en leurs conclusions, les avocats en leurs plaidoiries, et le ministère public ont été entendus à des audiences dont les dates sont indiquées, constate suffisamment la publicité de ces audiences. Il en est à plus forte raison ainsi quand l'arrêt se termine par la mention générale qu'il a été prononcé « en audience publique », cette indication se référant implicitement à toutes les audiences consacrées au jugement de la cause (Req. 10 mai 1882, aff. Giudicelli, D. P. 82. 1. 305); — 9° Que le mot « audience » impliquant, pour la juridiction civile, l'idée de publicité, la mention, dans un jugement civil, qu'un témoignage a été reçu « à l'audience », et qu'on y a ensuite entendu les avoués et le ministère public, constate d'une façon suffisante la publicité des débats. A plus forte raison en est-il ainsi, quand le jugement se termine par la mention qu'il a été prononcé « en audience publique », cette mention se référant implicitement à toutes les audiences consacrées à la cause (Civ. rej. 24 oct. 1888, aff. Chevrier, D. P. 89. 1. 52).

### Sect. 8. — De la rédaction des jugements
(Rép. nos 202 à 310).

**120.** On sait comment le jugement se forme (Rép. nos 73 à 156, et supra, nos 41 à 90), et comment, une fois formé, il est prononcé (Rép. nos 173 à 201, et supra, nos 112 à 119). Désormais il est pour les parties un titre irrévocable : celle qui l'obtient peut en demander l'exécution; ce qu'il décide ne peut être remis en question; les juges qui viennent de le rendre ne peuvent plus ni le supprimer ni le modifier (Garsonnet, t. 3, § 479, p. 306). Il est donc urgent d'en assurer la conservation. A cet effet, le jugement est rédigé par écrit.

**121.** La rédaction par écrit est, comme on l'a vu au Rép. n° 202, une formalité essentielle. Le jugement qui ne serait pas rédigé dans les formes qui vont être décrites ne serait pas seulement nul, il serait inexistant. Tel serait le cas, par exemple, d'un jugement de défaut, si ce défaut était constaté, non pas par un jugement rédigé en minute, mais par une simple annotation du greffier sur le placet du demandeur (Bourges, 13 août 1884, aff. Boillot, D. P. 86. 2. 48).

**122.** Toutefois, et par exception, il est des jugements de pure forme qui n'ont pas besoin d'être rédigés par écrit (Rép. n° 206). Tels sont ceux qui ordonnent des mesures d'instruction toutes simples : continuation de l'affaire, mise en délibéré de l'affaire, dépôt des pièces sur le bureau (Garsonnet, t. 3, § 442, p. 132-133).

**123.** La rédaction par écrit dont il est ici question n'est la rédaction officielle opérée par le fonctionnaire public spécialement chargé de ce soin, c'est-à-dire par le greffier. Elle est faite à l'aide des notes que le greffier a dû prendre, pendant que le président prononçait ce jugement, sur le plumitif; notes qu'il peut d'ailleurs compléter au moyen de la rédaction (toute facultative et officieuse) que le président avait pu faire, après le délibéré, pour s'aider lors du prononcé du jugement (Garsonnet, t. 3, § 479, p. 307).

**124.** Le plumitif est une sorte de procès-verbal, où le greffier qui tient l'audience note, séance tenante : le compte rendu de cette audience, l'heure à laquelle elle a commencé et fini, le nom des magistrats qui y ont assisté, les incidents qui s'y sont produits (comparution ou défaut des parties ou des témoins, conclusions, plaidoiries, audition du ministère public), enfin les jugements rendus (Garsonnet, t. 3, § 479, p. 306). En résumé, c'est, suivant un mot de M. le procureur général Dupin (V. Ch. réun. cass. 13 janv. 1859, aff. Dramard, D. P. 59. 1. 5), comme la photographie de l'audience. On a constaté au Rép. n° 204, l'usage du plumitif (Adde Bioche, n° 281; Bonnier, n° 330); mais aucun texte n'en prescrit l'usage (Garsonnet, t. 3, § 479, texte et note 3, p. 306) : il n'a aucun caractère officiel.

**125.** C'est en cela que le plumitif se distingue de la minute, qui, ainsi qu'on le verra (infra, n° 140), a non seulement un caractère officiel, mais un caractère authentique. On s'exposerait à de graves erreurs en confondant le plumitif, qu'on désigne aussi souvent par l'expression de notes d'audience, avec la minute ou feuille d'audience. Cependant cette confusion est assez fréquente, et la cour de cassation l'a parfois commise. Dans un arrêt du 10 janv. 1855 (aff. de Jouye Desroches, D. P. 55. 1. 168), la chambre criminelle désigne le plumitif sous le nom de feuille d'audience, qui est synonyme de minute (c. proc. civ. art. 138) : « Attendu, dit cet arrêt, qu'il est constaté par les énonciations expresses tant de la feuille d'audience que de la minute et de l'expédition de l'arrêt dénoncé, que ledit arrêt, etc. ». Il est évident que, par feuille d'audience, la chambre criminelle entendait ici les notes d'audiences, ou plumitif. Une erreur analogue se retrouve dans un arrêt de la chambre civile du 7 juill. 1852 (aff. Brasil, D. P. 52. 1. 172) : cette fois, c'est la minute qui est désignée sous le nom de plumitif, dans des termes qui ne peuvent laisser aucun doute sur la confusion commise par la cour : « Attendu, dit-elle, que, en cet état des faits, il y avait lieu de vérifier la minute, même du jugement et les mentions qu'elle devait contenir; — Attendu qu'il est constaté, par un extrait du plumitif du tribunal de commerce de Caen, délivré, sur sa réquisition, au procureur général de la cour d'appel de Caen, et par un semblable extrait produit aussi par le défendeur, que l'audience avait été tenue par M. Bouillie jeune, président, assisté de MM. Holzmann, juge, et Beaujour, suppléant, et que M. Bouillie, en cette qualité, avait signé la minute du jugement; — Attendu, etc. ». Cette confusion, qui pourrait être fâcheuse, procède vraisemblablement de ce fait que, dans notre ancien droit, le plumitif était le nom officiel de la minute (Rép. nos 220 et 317). Ce n'est plus aujourd'hui que le nom, purement usuel, de ces notes, nullement officielles, du greffier. C'est donc tout autre chose que la minute.

**126.** Il suit de là des conséquences graves. A la différence de la minute, qui est l'œuvre collective du greffier et du président, dont elle doit porter les deux signatures, le plumitif est l'œuvre du greffier seul, qui n'a pas besoin de le signer, et qui même peut, après coup, le modifier ou le compléter, et ce, sans le concours du magistrat qui présidait l'audience. Cette règle, expressément posée par la cour de cassation en matière de simple police (Req. 10 avr. 1878, aff. Bastien, D. P. 79. 1. 88) doit être appliquée en matière civile.

**127.** Le plumitif, n'ayant aucun caractère officiel (V. infra, n° 144), ne peut servir à combattre les énonciations de la minute, qui, au contraire, constitue un acte authentique, fait foi jusqu'à inscription de faux (V. infra, nos 140).

**128.** Toutefois, lorsqu'il n'est contredit par aucun document contraire, le plumitif fait foi des circonstances qu'il relate (Garsonnet, t. 3, § 479, texte et note 3, p. 306); la cour de cassation l'a plusieurs fois jugé, au moins en matière correctionnelle ou de police (Crim. rej. 7 déc. 1860, aff. Billerey, D. P. 61. 5. 314; 25 juin 1863, aff. Jouquet, D. P. 63. 5. 241; 10 juill. 1863, aff. Jouhert, D. P. 63. 1. 483); — Le plumitif fait même foi, sinon contre la minute (V. infra, n° 144), au moins contre les copies de la minute, en vertu du principe que les mentions erronées des simples copies sont sans valeur (Comp. civ. rej. 1er déc. 1880, aff. Delaporte, D. P. 81. 1. 53). Ainsi, le moyen pris de ce que, d'après la copie de la minute, l'un des magistrats qui ont participé au jugement de l'affaire n'aurait pas assisté à la première audience où elle a été discutée, manque en fait, du moment où sa présence est prouvée par les énonciations du plumitif (Req. 17 oct. 1888, aff. Juny, D. P. 89. 1. 133).

**129.** Le greffier, ayant puisé dans les notes du président et dans les siennes (celles-ci constituant le plumitif) les renseignements nécessaires, rédige la *minute* qui constitue, à proprement parler, le jugement. Lorsque les parties intéressées voudront posséder le texte du jugement, le greffier leur délivrera une copie, qui comprendra, outre la minute (V. *infrà*, art. 1), les *qualités*, c'est-à-dire le résumé de la procédure (V. *infrà*, art. 2), et qu'on appelle l'*expédition* (V. *infrà*, art. 3). C'est l'expédition qui, copiée elle-même, est signifiée aux parties.

ART. 1er. — *De la minute du jugement* (*Rép.* nos 213 à 231).

§ 1er. — Conditions de forme.

**130.** La minute est le texte officiel, et, pour ainsi parler, l'original du jugement. Il y a lieu d'examiner les conditions qu'elle doit remplir, au point de vue de la forme, c'est-à-dire quand, comment, et par qui elle doit être établie pour acquérir la valeur légale qui lui est attribuée.

**131.** — I. QUAND LA MINUTE DOIT ÊTRE RÉDIGÉE. — La loi ne prescrit aucun délai de rigueur ; le délai de vingt-quatre heures que l'on peut induire de l'art. 36 du décret du 30 mars 1808 (*Rép.* vo *Organisation judiciaire*, p. 1493), relatif à la signature de la minute, n'est que comminatoire (Garsonnet, t. 4, § 479, texte et note 6, p. 307). A Paris, où les jugements sont très nombreux, ce n'est souvent qu'après trois ou quatre jours qu'ils sont rédigés en minute ou, comme on dit, *portés sur la feuille d'audience* ; il est vrai que, le plus souvent, ils ont d'abord été écrits sur un brouillon par le président. La règle, à défaut de texte, c'est que la rédaction en minute soit faite dans le plus bref délai possible (Garsonnet, *ibid.*), afin qu'il ne puisse s'élever aucun doute sur l'exactitude des souvenirs du rédacteur.

**132.** — II. COMMENT LA MINUTE DOIT ÊTRE RÉDIGÉE. — Il importe peu, comme on l'a dit au *Rép.* nos 218 et 219, que ce soit par le greffier lui-même, par l'un de ses commis assermentés, ou même par un tiers, quel qu'il soit (Bioche, no 327 ; Chauveau sur Carré, t. 1, quest. 590 ; Garsonnet, t. 3, § 479, texte et note 7, p. 307), pourvu que le greffier qui a tenu l'audience y appose sa signature.

**133.** Les minutes de chaque jugement sont écrites sur les feuilles d'audience, lesquelles sont toutes de même format, pour être, à la fin de l'année, réunies en registre et conservées au greffe (Garsonnet, t. 3, § 479, p. 307).

Il est fait, pour chaque jour, une feuille d'audience, comprenant toutes les minutes des jugements rendus ce jour-là, et datée par jour, mois et an (Garsonnet, t. 3, § 479, p. 307). En effet, la date est dans les jugements une formalité substantielle (V. *Rép.* no 212 et *infrà*, no324).

**134.** La minute, ainsi rédigée, n'est encore qu'un projet ; elle ne devient un acte authentique que par la signature (*Rép.* no 220). Elle doit, en effet, être signée par le président et par le greffier ; et, comme elle comprend, ainsi qu'on le verra (*infrà*, nos 316 et suiv.) deux parties : 1o le jugement lui-même ; 2o les mentions relatives à la composition du tribunal, chacune de ces parties doit être signée particulièrement, et par le président, et par le greffier (C. proc. civ. art. 138 ; *Rép.* no 215).

**135.** La signature est à ce point nécessaire que les mentions qui ne figurent dans un jugement qu'en une interligne non approuvée sont considérées comme sans existence ; en conséquence, s'il s'agit d'une formalité substantielle, le jugement est nul (Crim. cass. 1er juin 1867, aff. D. P. 67. 5. 451).

**136.** Si le greffier ne peut signer, il suffira que le président le déclare en signant lui-même (Décr. 30 mars 1808, art. 37 ; *Rép.* no 224), sans qu'il soit nécessaire de faire connaître la cause de l'empêchement. Cela résulte d'un arrêt de la chambre des requêtes du 7 déc. 1814 (*Rép.* no 221), M. Garsonnet se prononce dans le même sens (t. 3, § 479, texte et note 21, p. 310). Ainsi une minute peut être régulière, encore bien qu'elle ne porte aucune signature pour le greffier.

**137.** Au contraire, la minute n'existerait pas si elle

ne portait la signature du président, ou une signature équivalente. — Que faut-il entendre par ces derniers mots? C'est ce que règle minutieusement le décret du 30 mars 1808, art. 37 (*Rép.* no 221). Le juge le plus ancien de ceux qui ont assisté à l'audience est autorisé, par le décret lui-même, à signer le jugement dans les vingt-quatre heures qui suivent le jour fixé pour l'apposition de la signature du président, si celui-ci, par l'effet d'un accident extraordinaire, se trouvait dans l'impossibilité de signer. Le décès du président est autorisé un accident extraordinaire dans le sens du décret (Merlin, *Répertoire*, vo *Signature* ; *Rép.* no 222). Après le temps indiqué, la signature par un magistrat délégué à cet effet, et choisi parmi ceux qui ont concouru au jugement, ne peut avoir lieu qu'avec l'autorisation de la cour (Même décret, art. 38 ; *Rép.* no 223). On trouve un exemple de ce procédé dans un arrêt de la cour de Besançon du 4 août 1869 (aff. Ministère public de Besançon, D. P. 70. 2. 205), qui, à raison du décès du sous-président du tribunal civil de cette ville, a, sur les réquisitions du procureur général, autorisé le plus ancien des juges du même tribunal à signer les jugements que le magistrat décédé avait laissés sans signature.

**138.** La même cour a fait, par extension, une autre application du même article qui mérite d'être signalée. L'hypothèse prévue par cet article est celle où la rectification dont s'agit est poursuivie d'office par le ministère public. L'espèce soumise à la cour de Besançon était différente : un jugement avait été signé, non par le magistrat qui avait présidé l'audience, mais par le président du tribunal, absent lors des débats ; l'appelant en demandait la nullité ; la cour « considérant que, si la sentence du juge appartient aux parties dès sa prononciation en audience publique, il ne saurait être statué sur les griefs qu'elle peut soulever en appel qu'autant qu'il y a preuve légale de son existence, et que cette preuve ne saurait résulter que de la signature, sur la minute, du magistrat qui a présidé l'audience ; que les parties reconnaissaient que le jugement avait été signé par un magistrat qui ne siégeait pas ; que la minute et la grosse se trouvaient donc entachées, non de nullité, mais d'une irrégularité qui devait, avant tout, être réparée », commença par ordonner la radiation de la signature du président (Besançon, 6 févr. 1867, aff. Bouvalot, D. P. 67. 2. 16) ; après quoi, comme le jugement se trouvait ainsi sans signature du président, la cour ordonna, sur la demande de l'intimé, que la minute serait signée par le juge qui avait présidé l'audience (Même arrêt).

**139.** Il appartient à la cour d'appel d'autoriser ou de refuser la rectification dont il s'agit ; mais le recours de la cour d'appel est la seule ressource qui soit alors ouverte. En effet, comme l'a jugé la chambre des requêtes (5 avr. 1875, aff. Delpeut, D. P. 75. 1. 295), le défaut de signature de la minute d'un jugement par le président ne peut constituer un moyen de cassation, soit que la cour d'appel, usant du droit que lui donne l'art. 38 du décret du 30 mars 1808, autorise des juges à signer la feuille d'audience, auquel cas le vice disparaît, soit qu'elle n'ait pas cru devoir donner cette autorisation, auquel cas il n'y a plus de jugement.

**140.** La minute, lorsqu'elle est régulièrement signée, constitue un acte authentique (*Rép.* no 213), et, à ce titre, fait foi jusqu'à inscription de faux (*Rép.* no 323 ; Garsonnet t. 3, § 480, p. 313 ; Civ. rej. 1er mai 1882, aff. Peretti, D. P. 83. 5. 196, no 37).

**141.** Il a même été jugé que la minute du jugement fait foi entière des faits qui y sont relatés, encore bien que le jugement soit frappé d'appel (Poitiers, 10 févr. 1855, aff. N..., D. P. 55. 2. 109). Toutefois, aux termes du même arrêt, à l'égard de ceux de ces faits dont l'existence est tirée, non d'une déclaration expresse ou d'un aveu fait, soit à l'audience, soit dans le cours de l'instruction, mais uniquement de l'appréciation de l'ensemble d'une procédure soumise à l'examen des premiers juges, les juges d'appel sont investis d'une complète liberté de contrôle et de constatation ; et spécialement, lorsqu'un tribunal correctionnel s'est fondé, pour reconnaître l'existence d'un délit de diffamation, sur un fait résultant, suivant lui, de l'instruction et des débats, sans que son jugement le mentionne comme ayant été avoué par le prévenu, qu'il le nie, ou déclaré par aucun des témoins entendus, et sans que la réalité en soit constatée par aucun document, pas même par les notes d'audience, la cour saisie de l'appel de ce jugement peut décider qu'un tel fait n'existe point.

**142.** Cette force probante s'étend à tout le contenu de la minute. Ainsi la minute prouve jusqu'à inscription de faux : 1° que le jugement y relaté est bien celui qui a été rendu (Garsonnet, t. 3, § 479, p. 311) ; — 2° Que la composition du tribunal était bien celle qui y est indiquée (Civ. cass. 12 mai 1852, aff. Bruneau, D. P. 52. 1. 146).

**143.** La preuve que fait la minute sur ces deux points ne peut être combattue, soit par le plumitif, soit par les qualités, soit par l'expédition ou la copie signifiée de l'expédition. Cette triple règle est facile à comprendre. L'expédition n'est que la copie de la minute, et la copie signifiée (étant la copie de l'expédition) n'est que la copie d'une copie : ni l'une ni l'autre ne peuvent faire foi contre la minute, qui est l'original. Les qualités n'ont pas pour objet de constater les mêmes choses que la minute ; elle ne peuvent donc faire foi contre elle, sur les points qui sont du ressort de la minute.

**144.** Enfin le plumitif est, on l'a vu (supra, n° 127) un acte sans authenticité, qui ne peut prévaloir contre la minute, acte authentique.

Jugé, en ce sens : 1° que le jugement rendu avec le concours de magistrats dont la non-présence, à l'audience où les conclusions ont été prises, a été constatée par la feuille d'audience, est nul, encore que les énonciations de cette feuille fussent contredites par les notes du greffier (Civ. cass. 30 août 1854, aff. Colladon, D. P. 54. 1. 282) ; — 2° Que le plumitif de l'audience, relatif à la composition de la chambre qui a rendu un jugement, ne peut prévaloir sur les énonciations de la minute de ce jugement ; qu'ainsi, la mention, dans un arrêt rendu après partage, que de trois magistrats qui n'avaient point figuré à l'arrêt de partage, l'un a été appelé comme départiteur et les deux autres pour remplacer deux magistrats empêchés, ne peut être détruite par celle, faite au plumitif, que ces magistrats ont été appelés tous trois pour vider le partage (Req. 10 mai 1859, aff. Hospices de Bordeaux, D. P. 59. 1. 422) ; — 3° Que les mentions d'un arrêt, relatives notamment à la présence des magistrats, ne peuvent être combattues à l'aide d'un extrait délivré par le greffe à l'effet de la contredire (Civ. rej. 24 juill. 1867)(1) ; — 4° Que les mentions d'un jugement, concernant la présence des magistrats qui l'ont rendu, ne peuvent être combattues, sans inscription de faux, par les énonciations contraires du plumitif (Civ. cass. 18 déc. 1878, aff. Contributions indirectes, D. P. 79. 1. 200) ; — 5° Que les mentions du plumitif, relativement aux dates respectives de l'assignation et du jugement, ne sauraient prévaloir sur celles de la minute (Civ. cass. 12 mars 1879, aff. Gloaguen, D. P. 79. 1. 260).

**145.** Jugé de même, quant aux *qualités*, que la différence dans les mentions faites aux qualités, puis au dispositif d'un arrêt, du nom du magistrat du ministère public qui a conclu, n'est pas une cause de nullité, la mention de la feuille d'audience reproduite au dispositif l'emportant, en tout cas, sur celle des qualités (Req. 18 nov. 1868, aff. de Robernier, D. P. 69. 1. 89).

**146.** Jugé enfin, en ce qui touche l'*expédition* et la *copie signifiée* : 1° que les énonciations insérées par erreur dans l'expédition et la copie d'un arrêt, énonciations desquelles il résulterait que l'un des magistrats qui ont concouru à cet arrêt n'aurait point assisté à toutes les audiences où la cause avait été conclue et plaidée, ne peuvent servir de base à un pourvoi en cassation, quand elles sont rectifiées par la constatation du fait contraire résultant des minutes du greffe de la cour d'appel, minutes dont il apport a été ordonné (Civ. rej. 5 juill. 1852, aff. de Choisne de Friqueville, D. P. 52. 1. 171) ; — 2° Que les énonciations erronées de la copie signifiée d'un arrêt, d'après lesquelles le juge qui a signé la

minute, comme ayant présidé l'audience, n'aurait point pris part à la décision, ne peuvent servir de base à un pourvoi en cassation, lorsque l'erreur est rectifiée par un extrait de la minute délivré au procureur général de la cour d'appel sur sa réquisition, et produit devant la cour de cassation (Req. 7 juill. 1852, aff. Brasil, D. P. 52. 1. 172). Cet arrêt est à noter, car, bien qu'il se réfère, sans aucun doute possible, à la minute du jugement, ainsi qu'il le dit en termes exprès, il désigne cette minute sous le nom de plumitif, qui est de nature à créer une confusion (V. *supra*, n° 125) ; — 3° Que la mention, dans la copie signifiée d'un arrêt, du concours à cet arrêt du nombre de magistrats inférieur au nombre légal, n'est pas une cause de nullité, si la production d'un extrait de la feuille d'audience constate que l'arrêt a été rendu par le nombre de magistrats exigé pour sa validité (Req. 9 janv. 1866, aff. Réthoré, D. P. 66. 1. 395) ; — 4° Qu'un arrêt est régulièrement motivé lorsqu'il porte en tête de sa minute : « La cour, adoptant les motifs des premiers juges », encore bien que cette adoption de motifs se trouve omise dans la copie signifiée (Req. 19 juin 1872, aff. Roucheyrolles, D. P. 72. 1. 472) ; — 5° Qu'il y a constatation complète de la publicité, pour les débats comme pour l'arrêt, lorsque la minute de l'arrêt énonce que les avoués, les avocats des parties et le ministère public ont été entendus dans leurs conclusions et porte en tête ces mots : « Audience publique du … », encore bien que ces diverses mentions ne se retrouvent pas dans l'expédition (Req. 17 févr. 1874, aff. Leparc, D. P. 74. 1. 344) ; — 6° Que l'arrêt dont la minute constate la publicité de l'audience où il a été rendu, et contient les noms des magistrats, au nombre fixé par la loi, ainsi que le nom de l'avocat général qui assistaient à cette audience, est régulier, bien que les mêmes mentions ne se trouvent pas dans la copie signifiée dudit arrêt (Civ. rej. 1er déc. 1880, aff. Delaporte, D. P. 81. 1. 53) ; — 7° Que le moyen pris de ce qu'un arrêt n'aurait été rendu que par quatre magistrats manque en fait, nonobstant à cet égard la mention erronée de l'expédition, s'il résulte de la minute que la décision dont il s'agit a été l'œuvre d'un président et de quatre conseillers (Req. 20 mai 1885, aff. Waddington, D. P. 86. 1. 82) ; — 8° Que l'arrêt dont la minute constate la date et la publicité est régulier, bien que les mêmes mentions soient omises dans la copie signifiée (Req.23 mars 1886, aff. Georgeon, D. P. 87. 1. 216) ; — 9° Que les mentions des minutes prévalent sur celles des copies signifiées; qu'en conséquence, si l'ordonnance du règlement des qualités, sans date dans l'expédition d'un jugement, est datée dans l'original desdites qualités annexé à la minute du jugement, le moyen pris du défaut de date de cette ordonnance manque en fait (Req. 26 mai 1886, aff. Giraud, D. P. 87. 1. 431). En effet, il faut assimiler à la minute l'original des qualités, que le greffier conserve au greffe après le règlement) ; — 10° Que, bien que la copie signifiée d'un arrêt omette le nom d'un des cinq magistrats qui y ont concouru, cette erreur est sans portée du moment où elle est rectifiée par les mentions de la minute dudit arrêt (Req. 2 août 1887, aff. Bertrand, D. P. 88. 1. 156) ; — 11° Que la feuille d'audience fait foi du nombre réglementaire des magistrats qui ont pris part au jugement d'une affaire, malgré l'erreur qui a pu se glisser à cet égard dans l'expédition du jugement (Req. 12 déc. 1887, aff. Cordier, D. P. 88. 429).

**147.** En cas de *perte de la minute*, il paraît naturel de suivre, pour la reconstitution, les règles que trace M. Garsonnet (t. 3, § 479, p. 312). On appliquerait : 1° l'art. 522 c. instr. crim., aux termes duquel les expéditions ou copies authentiques des arrêts criminels peuvent remplacer les originaux dont les feuilles d'audience ne font pas mention; 2° l'art. 1336 c. civ., d'après lequel la transcription d'un acte authentique sur les registres publics, peut, aux conditions indiquées par cet article, servir de commencement de preuve par écrit.

---

(1) (Synd. Lartigue C. Lefèvre et Tiphaine). — La cour ; — Sur le premier moyen : — Attendu qu'il résulte des énonciations de l'arrêt attaqué (Cour de la Réunion, 27 août 1884, que M. le président Bellier de Villenfroy et M. le conseiller Lafond, siégeaient le 27 août 1864, jour où l'arrêt a été rendu ; — Que, de plus, ce même jour, le rapport a eu lieu et les conclusions ont été repri-

ses ; — Attendu que toutes les allégations contraires ne pourraient prévaloir contre de pareilles énonciations qu'au moyen et à la suite d'une inscription de faux; …

Par ces motifs, …

Du 24 juill. 1867.-Ch. civ.-MM. Pascalis, pr.-Aylies, rap.-Blanche, av. gén., c. conf.-Hérold, Brugnon et Guyot, av.

### § 2. — Conditions de fond.

**148.** La minute devant être littéralement copiée dans l'expédition, c'est à propos de celle-ci que l'on étudiera les énonciations qu'elle doit contenir (V. *infrà*, nos 316 et suiv.).

### Art. 2. — Des qualités (*Rép.* nos 232 à 259).

#### § 1er. — Conditions de forme.

**149.** A la différence du jugement proprement dit, qui est l'œuvre du tribunal, les qualités sont l'œuvre des parties. Il y a là un système assez compliqué, susceptible, comme on l'a dit au *Rép.* no 234, d'assez sérieuses critiques, nettement formulées par M. Garsonnet (t. 3, § 485, p. 333), mais dont, en revanche, les avantages sont assez considérables pour l'avoir jusqu'ici protégé contre les tentatives de réforme. La commission chargée, en 1866, de présenter un projet de réforme du code de procédure avait examiné cette question avec l'attention qu'elle mérite, et s'est arrêtée à l'innovation qu'explique son rapport (p. 26) en ces termes : « La commission a pensé que la rédaction des qualités par les parties, ou plutôt par leur mandataire intelligent et responsable, était une chose bonne en soi, parce qu'elle donnait aux énonciations des qualités, signifiées à la partie adverse et non contredites, la force d'un contrat judiciaire contre lequel elles n'ont plus le droit de s'élever; que ni le greffier ni le juge ne pourraient, s'ils étaient institués rédacteurs des qualités, lier les parties et consacrer comme constants des faits non reconnus par elles; qu'il fallait donc, en principe, s'en tenir au système du code de procédure. Toutefois, elle a voulu associer, en quelque sorte, le juge à la rédaction de cette partie préliminaire du jugement, et elle a admis, dans tous les cas, qu'il y ait ou non opposition de la partie, que la signification contiendrait avenir devant le président, qui statuerait sur les constestations lorsqu'il en aurait été élevé, aurait le droit de rectifier d'office les qualités, et donnerait, dans tous les cas, son visa, qui seul en permettrait l'expédition » (Comp. codes de procédure du canton de Genève (art. 107 et suiv.), et d'Italie (art. 356 et suiv.). V. également *Rép.*, vo *Jugement*, no 205; Boitard et Colmet-Daâge, t. 1, no 299; Lavieille, *Etudes sur le code de procédure civile*, p. 226).

**150.** Le fonctionnement du règlement des qualités est indiqué par les art. 142 à 145 ainsi conçus : « Art. 142. La rédaction (du jugement) sera faite sur les qualités signifiées entre les parties; en conséquence, celle qui voudra lever un jugement contradictoire sera tenue de signifier à l'avoué de son adversaire les qualités contenant les noms, professions et demeures des parties, les conclusions et les points de fait et de droit. — Art. 143. L'original de cette signification restera pendant vingt-quatre heures entre les mains des huissiers audienciers. — Art. 144. L'avoué qui voudra s'opposer, soit aux qualités, soit à l'exposé de points de fait et de droit, le déclarera à l'huissier, qui sera tenu d'en faire mention. — Art. 145. Sur un simple acte d'avoué à avoué, les parties seront réglées sur cette opposition par le juge qui aura présidé; en cas d'empêchement, par le plus ancien, suivant l'ordre du tableau ». Tel est, dans son ensemble, la procédure qui a pour objet de remettre entre les mains du greffier les qualités définitives qu'il n'aura qu'à copier dans son expédition.

**151.** — A. *Rédaction des qualités.* — Les qualités peuvent être rédigées à une époque quelconque après le jugement (*Rép.* no 232).

**152.** Elles sont, en principe, rédigées par l'une des parties (laquelle? c'est ce qu'on verra *infrà* no 157), ou, plus exactement *par l'avoué* de cette partie (Garsonnet, t. 3, § 484, texte et note 2, p. 326), c'est ce qui ressort implicitement de l'art. 142 c. proc. civ., lorsqu'il ordonne la signification des qualités à l'avoué adverse.

**153.** Toutefois, la règle suivant laquelle la rédaction des qualités a lieu par les soins de la partie ou de son avoué comporte quelques exceptions.

La première a trait aux jugements des tribunaux près lesquels il n'existe pas d'avoués, comme les tribunaux de commerce (*Rép.* no 236; Bioche, no 349; Carré et Chauveau, t. 1, quest. 597; Bourbeau, t. 6, p. 242; Boitard, Colmet-Daâge et Glasson, t. 1, no 657; Rodière, t. 1, p. 264; Bonnier, no 956; Garsonnet, t. 3, no 488, texte et note 6, p. 341; Lyon, 20 août 1858, aff. Roux, D. P. 59. 2. 64); Req. 21 juill. 1890, aff. Garrisson, D. P. 91. 1. 270), et les tribunaux de paix (*Rép.* no 236; Garsonnet, t. 3, § 488, texte et note 17, p. 342).

**154.** Il n'y a pas lieu davantage à rédaction des qualités par les parties, même devant les tribunaux civils d'arrondissement, pour les affaires où ces tribunaux jugent sans ministère d'avoués, par exemple, pour les affaires commerciales, lorsque le tribunal civil juge commercialement (*Rép.* no 236; Garsonnet, t. 3, § 488, texte et note 12, p. 341-342), et pour les affaires d'enregistrement (*Rép.* no 237).

**155.** La règle est encore identique même pour les jugements d'un tribunal civil qui comportent le ministère d'avoués, si cette exception résulte d'une particularité de procédure : c'est le cas en matière de saisie immobilière. Le jugement n'étant ici autre chose que la copie du cahier des charges (c. proc. civ. art. 712 nouveau, 714 ancien), il s'ensuit qu'il n'y a point lieu à signification de qualités (*Rép.* no 237; Pau, 19 mai 1884, aff. Époux Vivès, D. P. 85. 2. 114).

**156.** Dans ces divers cas, les qualités sont rédigées par le greffier (*Rép.* no 236; Garsonnet, t. 3, § 488, texte et notes 8 et 17, p. 341-342; Req. 21 juill. 1890, aff. Garrisson, D. P. 91. 1. 270).

**157.** Lorsque la rédaction des qualités doit être faite par les parties, quelle est celle à qui appartient cette rédaction? On a vu au *Rép.*, no 234, que c'est, en principe, la partie qui triomphe qui a le droit de lever le jugement, mais que, faute par elle d'user de ce droit, et après une sommation de l'adversaire, c'est à celui-ci que ce droit revient (Décr. 16 févr. 1807, art. 7 et 8). — Faut-il dire que ce droit, pour la partie perdante, de lever le jugement, entraîne pour elle le droit de rédiger les qualités? MM. Boitard, Colmet-Daâge et Glasson (t. 1, no 298), paraissent l'admettre sans difficulté. Il en peut être ainsi, si l'avoué gagnant persiste à ne pas user de son droit. Mais si, de son côté, il se décide à rédiger les qualités, quoique tardivement, on a émis au *Rép.* no 234, l'avis qu'aucune forclusion ne se dressait contre lui, et l'on a cité dans ce sens l'opinion de Favard (*Répertoire de législation*, t. 3, p. 181), auquel il convient d'ajouter Chauveau sur Carré (quest. 598), Rousseau et Laisney (no 277), et Garsonnet (t. 3, § 484, texte et note 3, p. 326). C'est à ce dernier système que s'est rangée la chambre des requêtes (26 avr. 1880, aff. Schmitz, D. P. 80. 1. 425), en jugeant qu'il résulte de la combinaison de l'art. 142 c. proc. civ. et de l'art. 7 du décret du 16 févr. 1807 que le soin de rédiger les qualités du jugement est confié, non au plus diligent des avoués en cause, mais à l'avoué qui a gagné son procès; que si l'art. 7 du décret précité dispose que l'avoué de la partie perdante peut, en cas de négligence de l'avoué de la partie gagnante, sommer ce dernier de lever le jugement dans les trois jours, et si, faute par celui-ci de satisfaire à cette sommation, l'art. 8 l'autorise à le lever lui-même, ni cet article, ni aucun texte de loi ne prononce de déchéance, pour l'hypothèse ainsi prévue, contre l'avoué de la partie gagnante, ni ne crée même de droit de priorité au profit de l'avoué de la partie perdante, qui, après l'expiration du délai imparti, a dressé le premier les qualités.

**158.** Mais alors qui réglera le conflit? M. Chauveau (*loc. cit.*) reconnaît ce droit au président, contrairement à un arrêt de la cour de Liège du 10 août 1843 (*Rép.* no 234), qui reconnaissait un privilège à l'avoué de la partie gagnante. C'est le système de M. Chauveau qui a été consacré par la chambre des requêtes (Arrêt du 26 avr. 1880, cité *suprà*, no 157). En conséquence, lorsque l'avoué de la partie perdante a rédigé les qualités à la suite de la sommation de lever le jugement par lui faite à l'avoué de la partie adverse et restée sans effet, et que celui-ci, après avoir formé opposition à ces qualités, en a dressé d'autres que le premier avait frappées à son tour d'opposition, le président, statuant sur cette double opposition, peut ordonner que les qualités rédigées par l'avoué de la partie gagnante seront substituées, sous les rectifications par lui prescrites, sans que l'avoué de la partie perdante soit fondé à prétendre que la préférence devait être accordée aux qualités qu'il avait lui-même dressées le premier (Même arrêt).

Dans la pratique, ce conflit se règle le plus souvent à l'amiable, par l'entremise, soit de la chambre des avoués, soit du président statuant par voie gracieuse (V. Rousseau et Laisney, *loc. cit.* ; Rodière, t. 1, p. 263 ; Bioche, n° 357 ; Carré sur Chauveau, *loc. cit.*; Boitard, Colmet Daâge et Glasson, *loc. cit.* ; Garsonnet, t. 3, § 484, texte et note 4, p. 327).

**159.** — B. *Signification des qualités.* — Lorsque les qualités ont été dressées par l'avoué auquel en appartient la rédaction, celui-ci les signifie à son confrère (*Rép.* n° 235).

**160.** S'il y a plusieurs parties adverses représentées par un seul avoué, les qualités ne lui sont signifiées qu'une seule fois ; si chacune d'elles est représentée par un avoué, chaque avoué doit recevoir une signification distincte (Garsonnet, t. 3, § 484, p. 327 ; Bioche, n° 389).

**161.** La signification est faite dans la forme simplifiée des actes d'avoué à avoué (V. sur ce point, *Rép.* v° *Exploit*, n° 653 et suiv.). En conséquence, la signification des qualités n'est pas soumise aux formalités prescrites par l'art. 61 pour la validité des ajournements, et notamment à la mention du « parlant à » : il suffit qu'elle constate sa date, le nom de la partie à la requête de qui elle est faite, celui de l'officier ministériel qui l'a remise et de l'avoué à qui elle a été donnée (Req. 20 juill. 1864, aff. Bernard Guyot, D. P. 64. 4. 415).

**162.** Le principe de la signification des qualités comporte, d'ailleurs, des exceptions. — La première concerne l'hypothèse où les qualités sont rédigées, non par l'avoué, mais par le greffier (V. *suprà*, n° 153 à 156). Spécialement, il n'y a pas lieu de signifier aux parties les qualités des jugements consulaires (Req. 24 juill. 1890, aff. Garrisson, D. P. 91. 1. 270).

**163.** Il n'y a pas lieu non plus à signification, encore qu'il s'agisse d'un jugement de tribunal en matière civile, si, en fait, il n'existe pas d'avoué contredisant à qui les qualités puissent être signifiées. C'est le cas des jugements par défaut (*Rép.* n° 235) lorsqu'ils ont été rendus contre avoué faute de conclure (Req. 24 juin 1878) (1).

**164.** Mais que faut-il décider dans le cas où, bien que les parties aient été, au cours de l'instance, représentées, comme elles devaient l'être, par leur avoué, elles ne le sont plus, au moment où les qualités doivent être signifiées ? C'est ce qui arriverait, par exemple, si l'avoué avait cessé ses fonctions. On a vu au *Rép.*, n° 238, que cette situation avait donné naissance à une vive controverse (V. *infrà*, n° 165 et suiv.).

**165.** Un premier système consiste à dispenser de toute signification les qualités qui ne peuvent être signifiées dans la forme précise que la loi a prescrite (V. en ce sens, outre MM. Perrin et Thomine-Desmazures cités au *Rép.* n° 238 : Bioche, n° 415 ; Bonnier, n° 342 ; Garsonnet, t. 3, § 484, texte et note 7, p. 337). C'est en ce sens que s'est prononcée la cour de Bordeaux (16 mars 1870, aff. de Saint-Légier, D. P. 71. 2. 77) : « Attendu que, dit cet arrêt, que si les qualités sont une partie intégrante du jugement, et si l'art. 142 c. proc. civ., qui en confie la rédaction à la partie qui voudra le lever, exige, lorsqu'il s'agit d'un jugement contradictoire, qu'elles soient signifiées à l'avoué de la partie adverse, cette formalité, qui n'est pas prescrite à peine de nullité, n'est pas tellement substantielle que son omission doive nécessairement entraîner la nullité, soit du jugement, soit même de l'expédition, lorsqu'elle a été rendue impossible par le décès des avoués de la cause ou la cessation de leurs fonctions ; que la loi ne prescrit dans ce cas, ni que la partie soit préalablement assignée en constitution de nouvel avoué ou en reprise d'instance, ni que les qualités lui soient signifiées à elle-même ; que, par suite devant à cet égard, elle a évidemment placé les parties dans les conditions où elles se trouvent, soit devant les juridictions où le ministère des avoués n'existe pas, soit même devant les tribunaux civils, lorsqu'il s'agit de jugements par défaut ; que, dans tous ces cas, les qualités devant être déposées au greffe sans signification préalable aux parties, il en doit être de

même du cas similaire où les avoués sont décédés ou ont cessé leurs fonctions ». — Il ne semble pas qu'on puisse raisonner ainsi par analogie, soit avec l'hypothèse d'un jugement qui ne comporte pas le ministère d'avoué, soit avec l'hypothèse d'un jugement civil rendu par défaut. Dans le premier cas, la loi elle-même a jugé superflus les conseils d'un avoué assistant la partie ; dans le second, c'est la partie elle-même à qui il a plu de se priver de cette assistance. Il n'y a là rien de commun avec le cas dont il s'agit, où la loi avait prescrit l'assistance d'un avoué, et où la partie avait eu soin d'y recourir. Les situations étant absolument différentes, aucune assimilation n'est possible. Au reste, la loi a voulu que, dans les jugements contradictoires des tribunaux civils, les qualités fussent absolument définitives, et son intention sur ce point ressort suffisamment du soin qu'elle a pris d'organiser minutieusement le mécanisme des règlements de qualités, que la jurisprudence met en œuvre avec tant de rigueur (V. *infrà*, n° 186 et suiv.). Or, dans le système de la cour de Bordeaux, ce caractère définitif des qualités disparaît, d'une façon inévitable, et la cour elle-même n'a pu s'empêcher d'en faire la remarque : « Attendu, dit-elle, que la seule chose qui puisse résulter de ce défaut de signification, c'est que, les qualités n'étant pas contradictoires et acceptées par toutes les parties, on ne pourra se prévaloir, contre celles qui sont restées étrangères à leur rédaction, des faits qui y seront consignés ; qu'elles pourront les contester, et que leurs droits à cet égard n'en recevront aucune atteinte ». C'est précisément là l'inconvénient que la loi a voulu éviter, et qui doit faire rejeter ce système.

**166.** La signification des qualités est donc nécessaire en pareil cas. Ce système, admis au *Rép.* n° 238 et soutenu par MM. Carré et Chauveau (*Lois de la procédure*, t. 1, et *Supplément*, quest. 597 *ter*) et Pigeau (*Procédure civile*, t. 1, p. 331), a été adopté par un arrêt de la cour de Rennes du 6 août 1853 (aff. Brager, D. P. 54. 5. 457). « Les qualités, dit cet arrêt, sont une partie intégrante de la rédaction des jugements, et l'art. 142 c. proc. civ. exige que cette rédaction soit faite sur ces qualités signifiées entre parties ; si, dans l'espèce, le décès de l'avoué de l'appelant avait empêché que, en conséquence du même article, la signification en fût faite à cet avoué, par l'avoué de celui des intimés qui voulait lever le jugement dont est appel, leur signification à l'appelant en personne devenait nécessaire par cela même ; à défaut de l'exécution de cette formalité substantielle, ces qualités sont donc nulles ».

**167.** Il ne faudrait pas, d'ailleurs, aller jusqu'à dire avec M. Boncenne (*Théorie de la procédure civile*, t. 2, p. 234), que cette signification des qualités à partie doit être accompagnée d'une assignation en constitution de nouvel avoué. Assurément, s'il en est ainsi fait, il n'y aura rien de nuisible, bien au contraire (Besançon, 9 avr. 1873, aff. Gagneur, D. P. 73. 2. 85); mais il serait excessif de l'exiger. Il faut que la partie soit mise en demeure de prendre connaissance des qualités, et, faute de pouvoir lui procurer cette connaissance par le moyen spécial institué par la loi pour le cas particulier, on y arrive du procédé général et de droit commun : ce système n'a donc rien d'arbitraire. Il n'en est pas de même du système de M. Boncenne, qui revient, en somme, à ordonner toute une procédure dont la loi n'a pas parlé (Comp. *Rép.* n° 238).

**168.** En résumé, la signification des qualités, pour les jugements contradictoires des tribunaux civils, est toujours nécessaire. Mais quelle est la sanction de cette prescription ? On a vu au *Répertoire* que la jurisprudence s'est, pendant longtemps, montrée assez peu sévère en ce qui concerne cette prescription de la loi. La cour de Bordeaux (9 mai 1829, *Rép.* n° 244-1°) et la cour de Nancy (4 févr. 1839, *Rép.* n° 244-2°) ont formellement jugé que, le défaut de signification des qualités ne frappait de nullité que l'expédition ou la signification du jugement, et telle paraît la solution

---

(1) (Oger C. Ploquin.) — La cour ; — Sur le premier moyen du pourvoi, tiré de la violation des art. 142 à 145 c. proc. civ. : — Attendu que de l'art. 142 c. proc. civ. et de l'art. 88 du tarif, il résulte que la signification des qualités n'est nécessaire que pour la levée des jugements et arrêts contradictoires ; — Attendu que le jugement attaqué avait été rendu par défaut contre Oger,

faute par lui de se défendre ; — D'où il suit que, la signification des qualités n'étant pas due au demandeur, il n'est pas recevable à se plaindre des prétendues irrégularités qui se trouveraient dans la signification des qualités et leur règlement;...

Du 24 juin 1878.-Ch. req.-MM. Bédarrides, pr.-Cuniac, rap.-Robinet de Cléry, av. gén., c. conf.-Gosset, av.

bien être la doctrine d'un autre arrêt de la cour de Bordeaux (17 juin 1847, *Rép.* n° 341), qui, d'ailleurs, n'avait pas pour objet de statuer directement sur ce point.

Quant à la cour de cassation, elle n'a jamais eu à se prononcer sur cette question spéciale ; mais l'ensemble de sa jurisprudence ne permet point de se rallier à l'opinion modérée dont on vient de voir quelques exemples. En effet, la loi prescrit : 1° de signifier les qualités; 2° de ne point les expédier, en cas d'opposition ; 3° de les faire régler par un magistrat compétent. Chacune de ces prescriptions, pour qu'elle ait un objet, suppose que la précédente a été respectée. Or, on verra (*infra*, n° 217), que la dernière, relative au règlement des qualités par le magistrat compétent, est sanctionnée de la façon la plus rigoureuse, par la nullité absolue, non seulement des qualités, mais du jugement lui-même. On verra également (*infra*, n° 177), que la sanction est la même pour la règle qui défend d'expédier des qualités frappées d'opposition, avant de les avoir fait régler. Ces deux solutions n'auraient aucun sens s'il était permis de supprimer, en fait, leur champ d'application, en négligeant de garantir, par une sanction rigoureuse, la signification des qualités. La signification est la formalité primordiale et essentielle du règlement; il ne faut pas hésiter à dire, en présence de la rigueur de la jurisprudence sur l'ensemble de la matière, que le jugement qui serait expédié sur qualités non signifiées serait frappé d'une nullité absolue (V. en ce sens Garsonnet, t. 3, § 484, texte et note 11, p. 327, et D. P. 82. 2. 141, notes 1 et 2).

**169.** Le code de procédure ne fixe aucun délai pour la signification des qualités. Il peut en résulter des inconvénients auxquels les auteurs du projet de révision du code de procédure civile, actuellement soumis au Parlement, ont voulu remédier. « Si le règlement est assez facile, lit-on dans l'exposé des motifs de M. Thévenet, lorsque les qualités sont rédigées immédiatement, des difficultés de diverse nature se présentent s'il est retardé. La rédaction même des points de fait et de droit devient plus difficile à mesure que la date du procès s'éloigne. D'un autre côté,... quand le règlement n'est demandé qu'au bout de plusieurs années (et le délai est parfois plus long), il arrive que les magistrats ayant siégé dans l'affaire sont morts ou ont été déplacés. On se heurte alors à une impossibilité matérielle... (V. *infra*, n°s 221 et suiv.). Ainsi qu'on l'a vu *supra*, n° 1, une disposition du projet porte que, dans un délai de trois mois, l'avoué dont les conclusions ont été adjugées devra, à peine d'une amende, préparer les qualités et les signifier à son adversaire. Celui-ci sera ainsi mis en demeure de les accepter, ou d'y faire opposition dans les formes prescrites. « Grâce à la brièveté des délais impartis, dit l'exposé des motifs, on devra espérer que les inconvénients signalés ne se reproduiront plus ».

**170.** — C. *Opposition aux qualités.* — Il se peut que les qualités ainsi signifiées contiennent des erreurs ou des omissions, de nature à porter préjudice à la partie à laquelle elles sont signifiées. Celle-ci a donc intérêt à en obtenir la rectification. La loi y a pourvu, comme on l'a vu au *Rép.* n° 242, par une procédure spéciale : l'opposition aux qualités.

**171.** Après la signification, l'original des qualités a dû rester vingt-quatre heures entre les mains de l'huissier (c. proc. civ., art. 143; *Rép.* n° 242). Ce délai est destiné à permettre à l'avoué qui reçoit la signification de fournir les contestations qu'il peut avoir à présenter, ou, suivant le langage de la loi, de s'opposer aux qualités.

**172.** Le délai de vingt-quatre heures dont parle l'art. 143 n'est pas un délai franc (Bioche, n° 394; Garsonnet, t. 3, § 484, texte et note 10, p. 327).

**173.** En revanche, ainsi qu'on l'a dit au *Rép.* n° 246, ce n'est pas un délai emportant déchéance (Bioche, n° 398 ; Carré et Chauveau, quest. 599 ; Rodière, t. 1, p. 263 ; Bonnier, n° 341; Garsonnet, t. 3, § 484, p. 328). L'opposition peut donc être régulièrement formée tant que le jugement n'est pas levé, et le délai dont il s'agit n'a d'autre but que d'empêcher la levée du jugement dans les vingt-quatre heures qui suivent la signification des qualités.

**174.** L'opposition aux qualités doit émaner de l'avoué lui-même ; elle ne serait pas valablement faite par un clerc. En effet, c'est là un fait professionnel, c'est un acte du ministère de l'avoué : lui seul peut donc valablement ac-

complir, de même que l'huissier seul, à l'exclusion de ses clercs, peut procéder à une signification (V. nos observations, D. P. 87. 4. 377, note 1. Comp. Civ. cass. 19 nov. 1877, aff. Bouvret, D. P. 78. 1. 478). — Pour les jugements du tribunal de la Seine aucune difficulté ne pourrait se présenter de ce chef, car, suivant un usage constant, l'opposition aux qualités n'est mentionnée que par la formule anonyme *s'oppose*, inscrite, sans signature, sur l'original des qualités, en face du nom de l'avoué auquel elles étaient signifiées.

**175.** L'opposition aux qualités doit être mentionnée sur l'original de la signification (*Rép.* n° 247); il ne suffit pas que mention en soit faite sur la copie (Metz, 22 févr. 1870, aff. Jacob-Israël, D. P. 70. 2. 169).

**176.** L'opposition aux qualités présente un très grand intérêt pratique, car elle permet seule de rectifier des qualités énoncées. C'est un principe certain, proclamé par la chambre civile (11 nov. 1873, aff. Chevalier, D. P. 76. 1. 425), que, si les qualités contiennent une erreur ou une omission, la rectification doit en être demandée dans la forme prescrite par les art. 144 et 145 c. proc. civ., et que cette erreur ou omission ne peut jamais donner lieu à un recours en cassation. — Jugé, en ce sens : 1° que la mention, dans les qualités d'un arrêt, des nom, profession et demeure d'une partie décédée, quoique l'instance ait été reprise avec les héritiers, n'est pas une cause de nullité, lorsque le même arrêt constate la notification à la partie adverse, qui y a défendu dans ses conclusions, de l'acte de reprise d'instance, sous les nom, profession et demeure de ces héritiers; qu'en tous cas, la partie qui n'a pas excipé d'une telle irrégularité dans l'opposition par elle formée aux qualités de l'arrêt ne peut s'en prévaloir devant la cour de cassation (Civ. rej. 6 déc. 1853, aff. de Martignat, D. P. 54. 5. 452); — 2° Que les qualités d'un jugement ou d'un arrêt peuvent être rédigées, notamment quant au point de fait, par relation aux énonciations contenues dans un précédent jugement ou dans un précédent arrêt rendu dans la même affaire, et que, en tous cas, les erreurs ou omissions qui peuvent se rencontrer dans les diverses parties dont se composent les qualités d'un jugement ne sont pas une cause de nullité, mais donnent seulement lieu à la rectification de ces qualités par le juge, sur l'opposition de l'avoué (Req. 19 févr. 1861, aff. Petit-Didier, D. P. 61. 1. 442); — 3° Que l'arrêt dont les qualités, ne mentionnent pas l'appel d'un des jugements sur lesquels la cour a statué, après les avoir joints comme connexes, ne contrevient pas à l'art. 141 c. proc. civ., si rien ne prouve que cet appel ait été réellement interjeté ; qu'en tout cas, l'erreur ou omission qui se serait ainsi produite sur les qualités de l'arrêt ne donnerait pas lieu à un recours en cassation, mais simplement à une demande en rectification portée devant le président par voie d'opposition auxdites qualités (Civ. rej. 11 nov. 1873, aff. Chevalier, D. P. 76. 1. 425); — 4° Que, lorsque les qualités d'un jugement renferment des erreurs ou des omissions, la rectification ne peut pas en être poursuivie par une instance principale, distincte et postérieure à l'instance primitive, mais par la voie de l'opposition (Req. 1er déc. 1880, aff. Speidel, D. P. 81. 1. 321); — 5° Que la partie qui n'a pas excipé du défaut d'insertion des conclusions rectificatives de son adversaire dans les qualités de l'arrêt, en formant une opposition au règlement de ces qualités, n'est pas recevable à se prévaloir de ce défaut devant la cour de cassation (Civ. rej. 12 déc. 1882, aff. Beautemps, D. P. 83. 1. 468).

**177.** L'opposition étant l'unique ressource de la partie qui veut faire rectifier les qualités inexactement dressées par son adversaire, la loi a dû veiller à ce que jamais elle ne fût privée de ce bénéfice. Aussi a-t-elle attaché à l'opposition un caractère irritant, jusqu'à ce que les qualités aient été l'objet d'un règlement. Les qualités frappées d'opposition et non réglées sont celles n'existaient pas, puisqu'elles ne puisent leur valeur que dans leur caractère contradictoire. Or, les qualités étant une partie essentielle du jugement, il s'ensuit que, tant que les qualités frappées d'opposition n'ont pas été réglées, le jugement ne peut, à peine de nullité, être expédié par le greffe (Bioche, n° 443 ; Carré et Chauveau, t. 1, quest. 593 *ter*; Boncenne, t. 2, p. 433, Boitard, Colmet-Daâge et Glasson, t. 1, n° 298; Garsonnet, t. 3, § 484, texte et note 27, p. 330; Civ. cass. 6 nov. 1889, aff. Douard, D. P. 89. 5. 287).

**178.** Les principes sont, sur ce point, si absolus, et l'opposition aux qualités a, par elle-même, un tel effet, qu'elle s'oppose à ce que le jugement soit levé, lors même qu'elle serait nulle, comme irrégulièrement formée. La chambre civile a, en effet, jugé que, lorsqu'un arrêt porte la preuve qu'une opposition a été déclarée à l'huissier qui signifiait des qualités par *le clerc* de l'avoué auquel cette signification était faite (ce qui entraîne sans conteste la nullité de l'opposition, V. *supra*, n° 174), ledit arrêt doit être annulé, s'il n'est pas établi que les qualités aient été réglées, et sans qu'on ait à considérer la valeur de l'opposition (Civ. cass. 26 juill. 1887, aff. Compagnie algérienne, D. P. 87. 1. 377). Déjà la chambre civile avait, par une décision presque identique, cassé un arrêt dont les qualités avaient été réglées par un magistrat incompétent (V. *infra*, n°s 208 à 216), bien que l'opposition aux qualités fût irrégulière, comme formée par le clerc de l'officier ministériel (dans l'espèce, un défenseur, en Algérie) auquel elles étaient signifiées (Civ. cass. 19 nov. 1877, aff. Bouvret, D. P. 78. 1. 478).

**179.** Dans le cas où un arrêt est annulé pour défaut de règlement des qualités, la nullité ne frappe-t-elle que l'expédition délivrée à tort, ou atteint-elle le jugement lui-même? On a vu au *Rép.* n°s 243 et 244 que la question est controversée. La cour de Rennes (22 déc. 1824, n° 244-3°) a expressément jugé que l'irrégularité dont nous parlons n'opère pas la nullité du jugement, et qu'il n'y a pas lieu d'en faire un nouveau; cet arrêt ne contient, d'ailleurs, aucun motif. M. Chauveau sur Carré (t. 1, quest. 597 *bis*) se prononce dans le même sens, soit pour l'hypothèse d'un jugement expédié sur qualités non signifiées, soit pour celle où les qualités signifiées n'auraient pas été réglées. D'après cet auteur, une semblable irrégularité n'entraînerait pas la nullité du jugement lui-même, qu'on pourrait toujours faire expédier ultérieurement sur des qualités signifiées après jugement; « mais, ajoute-t-il, l'expédition qui en aurait été prise sur les premières qualités, et la signification qu'on en aurait faite, n'auraient certainement aucune valeur ».

**180.** Le système qui admet, au contraire, la nullité du jugement lui-même, et non pas seulement de l'expédition, est celui qui a définitivement triomphé en jurisprudence, même devant la cour de cassation. On l'avait déjà rencontré au *Rép.* n° 243-3°, dans un arrêt de la cour de Nîmes (26 janv. 1852, aff. Clément, D. P. 52. 5. 335). Un arrêt de la cour de Riom (5 juill. 1858, aff. Vergne, D. P. 58. 2. 119) s'est prononcé dans le même sens. Il est vrai que, au premier abord, cet arrêt paraît seulement juger que « l'*expédition* d'un jugement délivrée au préjudice d'une opposition, et avant qu'il y ait été statué par le magistrat compétent, est frappée d'une nullité radicale »; mais, comme il ajoute que la partie lésée était bien fondée à se faire de ce jugement « un moyen de nullité contre un jugement » on en doit conclure qu'il a entendu se rallier à l'opinion inverse, d'autant plus que les motifs qu'il fournit sont conformes à ceux que l'on trouvera plus loin dans les arrêts qui se sont expressément prononcés pour la nullité du jugement lui-même. C'est ce dernier système que formule très explicitement un arrêt de la chambre des requêtes (30 déc. 1862, aff. Commune de Feuilla, D. P. 63. 1. 241), aux termes duquel, s'agissant, dans la cause, d'un jugement expédié sur des qualités auxquelles il avait été formé opposition sans qu'il eût été statué sur ladite opposition, il résultait de là une irrégularité qui affectait le jugement lui-même, dont les qualités font partie essentielle. Telle est la solution consacrée par un arrêt de la cour de Toulouse (15 mars

1881, aff. Pujol, 82. 2. 141), décidant que le défaut de règlement des qualités, lorsqu'il y a été formé opposition, entraîne la nullité du jugement qui a été expédié et signifié avec ces qualités; cet arrêt est fondé sur des motifs fortement déduits, qui sont d'autant plus intéressants à relever que l'on n'en trouve aucun dans le système opposé : « Attendu, dit la cour de Toulouse, que, dans l'énumération des divers éléments qui constituent un jugement, les art. 141 et suiv. c. proc. civ. ne distinguent pas entre ceux qui sont l'œuvre des avoués et ceux qui sont l'œuvre du juge; qu'il y a là un tout indivisible, qui ne peut subsister qu'à la condition de n'être vicié dans aucun des éléments dont il se compose; que, les qualités étant une partie essentielle du jugement, le défaut de règlement, lorsque les qualités ont été frappées d'opposition, altère l'acte dans sa substance; que, par suite, c'est le jugement lui-même, et non pas seulement l'expédition, qui doit être déclaré atteint de nullité ». Même système enfin dans un arrêt de la cour de Caen du 8 mars 1889 (*infra*, n° 182); et dans un arrêt de la chambre civile du 6 nov. 1889 (aff. Douard, D. P. 89. 5. 287).

**181.** Il est à peine besoin d'ajouter que cette nullité suppose une négligence, non de l'avoué opposant, mais de l'avoué qui poursuit la levée du jugement, et que les qualités d'un arrêt ne peuvent être attaquées comme non suivies de règlement après opposition, par ce motif que l'avoué opposant, sommé d'assister à ce règlement, n'a pas comparu devant le juge chargé de l'opérer (Req. 29 mai 1859, aff. L'Enfant, D. P. 59. 1. 463). Il serait, sans cela, trop facile à l'avoué opposant de se créer à lui-même un moyen de cassation contre l'arrêt qui lui ferait grief.

**182.** La nullité résultant du défaut de règlement des qualités, est-elle réparable? Il faut appliquer ici la règle admise au sujet des qualités mal réglées (V. *infra*, n° 220), et dire que la réparation est possible, pourvu que ce soit au moyen d'un règlement fait dans les formes légales, et seulement tant que les choses sont entières. Mais il est certain que, par exemple, cette nullité ne saurait être couverte par le *bon à expédier* obtenu d'un juge au défaut de l'avoué de la partie opposante et postérieurement à la signification du jugement ; ni même par la délivrance d'une seconde expédition exécutoire du jugement, autorisée sur requête par une ordonnance du juge, alors même que la partie opposante aurait été sommée d'assister à cette délivrance (Toulouse, 15 mars 1884, aff. Pujol, D. P. 82. 2. 141). La nullité ne serait pas davantage couverte par l'exploit d'appel de la partie qui avait formé opposition, ni par les conclusions au fond contenues dans cet acte, ces sortes de nullité ayant trait à la validité même du jugement (Caen, 8 mars 1889) (1).

**183.** Lorsqu'un jugement est affecté de cette cause de nullité virtuelle, quelle est la forme à suivre pour le faire annuler? La chambre des requêtes (30 déc. 1862, aff. Commune de Feuilla, D. P. 63. 1. 241) a décidé que la nullité ne peut être demandée que par la voie de l'appel. En effet, il est de principe que les voies de nullité n'ont point lieu, et que la loi n'ouvre aux parties que des voies de recours pour dénoncer aux juges supérieurs les irrégularités qui leur font grief (V. en ce sens : Civ. cass. 14 juill. 1845, D. P. 45. 1. 320). De fait, c'est bien par la voie de l'appel que les cours dont on a cité les arrêts étaient saisies, dans les espèces où elles ont prononcé cette nullité.

**184.** Si le jugement ainsi vicié était en dernier ressort, il ne pourrait être attaqué que par voie de requête civile, conformément à l'art. 480-2° (V. D. P. 82. 2. 141, note 3).

**185.** Quelle que soit la voie de recours employée, les

---

(1) (Haussin C. Bourguignon.) — LA COUR ; — Attendu que les qualités font partie essentielle des jugements ; — Que les art. 144 et 145 c. proc. civ. règlent expressément la forme de l'opposition et de la mainlevée qui doit en être donnée ; — Attendu que, sur la signification des qualités, faites par l'avoué des époux Bourguignon, le 31 janvier, l'avoué de Haussin déclara, le même jour, y former opposition ; — Attendu qu'il fut néanmoins passé outre à la délivrance et à la signification du jugement du 26 janvier ; — Que ces qualités frappées d'opposition n'existent pas, et que, partant, l'une des conditions essentielles à la rédaction du jugement, aux termes de l'art. 141 c. proc. civ., font défaut, et que ce jugement est nul ; — Attendu que cette nullité n'a pas été couverte par l'exploit d'appel de Haussin, ni par les conclusions au fond

que contient cet acte ; — Qu'en effet, ces sortes de nullités ont trait à la validité même du jugement ; — Que, d'une part, le silence gardé par Haussin sur cette nullité, dans son acte d'appel, n'équivaut pas au règlement dans la forme précitée ; — Que, d'autre part, les époux Bourguignon ont eux-mêmes, après délivrance du jugement, fait, le 9 février, signification de ce jugement à avoué le 12, et à personne le 13, sommé l'avoué de Haussin en règlement d'opposition le 13, également le jour de l'acte d'appel ; — Qu'il résulte de ces principes et de ces faits combinés que Haussin est recevable à proposer cette nullité et qu'elle est fondée ;

Du 8 mars 1889.-C.de Caen,-2e ch.-MM. Thiphaigne, pr.-Vandru, av. gén.-Coquent et Paul, av.

parties ne peuvent, comme on l'a vu au *Rép.* n° 341-1°, en user que suivant les formes et dans le délai que la loi a déterminés (Req. 30 déc. 1862, aff. Commune de Feuilla, D. P. 62. 1. 241). Spécialement, lorsqu'il y a lieu de se pourvoir par voie d'appel, l'appel doit être interjeté dans le délai prescrit, et ce délai court à partir de la signification du jugement annulable, signification que la régularité n'est pas atteinte par le vice de forme qui affecte les qualités du jugement signifié (Même arrêt).

**186.** — D. *Réglement des qualités.* — Les qualités frappées d'opposition devant être réglées, à peine de nullité du jugement (V. *supra*, n° 180), il échet de déterminer comment aura lieu ce règlement. — Ce pourra être soit par voie amiable, soit par voie judiciaire.

**187.** Le règlement amiable n'est point prévu par la loi, mais on ne peut douter qu'il ne constitue un procédé régulier. En effet, comme le dit la chambre des requêtes (19 déc. 1866, aff. Favre-Laurent, D. P. 67. 1. 440), l'opposition aux qualités ne rend nécessaire l'intervention du magistrat que lorsque les avoués ne peuvent s'entendre pour opérer eux-mêmes le règlement (V. en ce sens : Bioche, n° 406 ; Garsonnet, t. 3, § 484, p. 329).

**188.** Le règlement amiable n'est soumis à aucune forme : il suffit que l'arrêt soit expédié sur les qualités rectifiées (Req. 19 déc. 1866, aff. Favre-Laurent, D. P. 67. 1. 440).

**189.** Le règlement amiable peut intervenir entre les avoués eux-mêmes ; mais il n'en serait pas moins valable, s'il intervenait devant le magistrat chargé de régler les qualités, avant que celui-ci eût procédé au règlement judiciaire (Civ. rej. 18 mai 1881, aff. Sanger, D. P. 82. 1. 115 ; Req. 16 juill. 1884, aff. Rivaud, D. P. 85. 1. 232) ; dans ce cas, et bien que le « bon à expédier » ait été délivré par le magistrat, et non par l'avoué opposant, le règlement n'en conserve pas moins le caractère d'un règlement amiable, et il n'est pas sans règles qui dominent le règlement judiciaire. C'est ce qui a été décidé notamment en ce qui touche la nécessité de la date (V. *infrà*, n°s 244 et 245). Jugé, en effet : 1° que l'omission de la date à laquelle a eu lieu le règlement des qualités d'un arrêt n'est point une cause de nullité, lorsqu'il est constaté que les droits de la défense ont été pleinement exercés par la contradiction, et, spécialement, que, à la suite d'une opposition, les qualités ont été modifiées avec le concours et suivant les réclamations des avoués opposants, et que ces avoués, ainsi que le magistrat qui avait présidé aux débats de l'affaire, ont apposé leur signature sur l'acte ainsi rectifié (Civ. rej. 18 mai 1881, aff. Sanger, D. P. 82. 1. 115) ; — 2° Que la mention « bon à expédier, après rectification convenue », mise après celle de l'opposition, sur l'original des qualités d'un arrêt, par le magistrat qui les a réglées, implique qu'il y a eu accord entre les avoués de la cause, et rectification opérée conformément à cet accord ; que, dès lors, les droits de la défense ayant été exercés, l'omission de la date à la suite de cette mention n'entraîne pas la nullité des qualités (Req. 16 juill. 1884, aff. Rivaud, D. P. 85. 1. 232).

**190.** Lorsque les avoués ne peuvent s'entendre pour régler à l'amiable les qualités frappées d'opposition, il y a lieu à règlement par le juge (Req. 19 déc. 1866, aff. Favre Laurent, D. P. 67. 1. 440). Ce mode de règlement est soumis à des formes minutieuses (*Rép.* n° 248 à 257).

**191.** Comme tous les actes non gracieux de l'autorité judiciaire, le règlement des qualités est un véritable litige (Civ. cass. 29 avr. 1891, aff. Florent, D. P. 91. 1. 360) : il suppose donc que les parties ont été régulièrement invitées à se présenter devant le magistrat compétent. C'est ce qui se fait au moyen d'une sommation, dite *avenir en règlement des qualités*.

**192.** Quel est celui des avoués qui doit prendre l'initiative du règlement des qualités ? — On a vu au *Rép.* n° 248, que la cour de cassation avait imposé cette obligation à l'avoué opposant, faute de quoi les qualités devaient rester telles qu'elles lui avaient été signifiées (Civ. rej. 12 févr. 1840, aff. Blanquet ; *Rép. ibid.*). Cette solution absolue ne se justifiait, sans doute, en fait, que parce que l'avoué opposant avait, en réalité, renoncé au bénéfice de son opposition ; c'est ce qui paraît résulter des termes de l'arrêt. Mais, en dehors d'une semblable circonstance de fait, il semble préférable de décider, avec la cour de Riom (5 juill. 1858, aff. Vergne, D. P. 58. 2. 219), que le silence de l'avoué opposant ne peut couvrir la nullité résultant de ce que l'expédition du jugement a été délivrée au préjudice de l'opposition et avant qu'il y ait été statué par un magistrat compétent, que cette nullité peut être invoquée par toutes les parties qu'elle peut être même par la partie qui a formé opposition et qui n'en a pas poursuivi le règlement, puisque aucune disposition ne lui impose l'obligation spéciale et personnelle de donner l'avenir sur lequel seul le juge peut et doit statuer. C'est à ce dernier système que se rallie M. Garsonnet (t. 3, § 584, p. 329), en décidant que l'avenir en règlement doit être donné par l'avoué le plus diligent.

**193.** Au point de vue de la *forme*, l'avenir en règlement doit être donné par un simple acte d'avoué à avoué (c. proc. civ., art. 145). Un acte d'une autre forme ne serait pas nul, mais ne passerait pas en taxe (Garsonnet, t. 3, § 484, note 22, p. 329). Jugé, en ce sens, que le règlement des qualités d'un arrêt qui, au lieu d'être fait sur un simple acte d'avoué à avoué, a été opéré sur une requête présentée à la cour, par l'un des avoués en cause, afin d'être autorisé à citer son confrère en règlement des qualités, n'est pas nul, mais donne seulement lieu au rejet des frais frustratoires de la procédure suivie (Req. 7 mai 1866, aff. Aberjoux, D. P. 66. 1. 348). D'ailleurs, la mention dans un arrêt que les qualités ont été réglées par défaut, à la suite d'un avenir en règlement signifié à la partie perdante, ne prouve pas d'une manière certaine que la remise de la pièce dont il s'agit ait été faite à sa personne, et non à son avoué comme son représentant légal. En conséquence, si la partie dont il s'agit, demanderesse en cassation, bien qu'interpellée de produire l'acte qui, suivant elle, contient l'irrégularité, n'effectue pas cette production, le moyen soulevé par elle, et pris de ce que l'avenir n'aurait pas été signifié à son avoué, ne se trouve pas suffisamment justifié en fait, et doit être rejeté (Req. 28 oct. 1889, aff. de Chalonge, D. P. 90. 1. 12).

**194.** L'avenir en règlement est soumis, au point de vue de la forme, aux règles ordinaires des actes du palais. Spécialement, il doit être daté. Cette date est exigée, conformément aux principes, à peine de nullité ; en effet, il faut que l'on puisse savoir si l'avoué poursuivant a été mis en mesure de faire valoir ses moyens d'opposition. Si donc, par exemple, la copie de l'avenir ne porte pas de date, comme la copie tient lieu de l'original à la partie qui l'a reçue, et que la date est une formalité substantielle de toute signification qui doit se trouver sur la copie comme sur l'original, comme, en l'absence de cette date, il est impossible de savoir si l'avoué assigné a reçu la sommation à temps pour comparaître, l'ordonnance de règlement de qualités, rendue dans ces conditions, est radicalement nulle (Civ. cass. 21 juin 1886, aff. Hervé, D. P. 86. 1. 456), et cette nullité atteint l'arrêt lui-même (Même arrêt).

**195.** Toutefois, cette règle rigoureuse comporte un tempérament. Il est de principe que, en toute matière, on peut rétablir une date manifestement inexacte au moyen des mentions de l'acte lui-même (Req. 5 mai 1858, aff. Audicq, D. P. 58. 1. 286 ; Civ. cass. 4 nov. 1868, aff. Cornaille, D. P. 68. 1. 469 ; Civ. rej. 19 déc. 1874, aff. Cadercaudanmarécar, D. P. 75. 1. 132 ; Civ. cass. 13 mars 1883, aff. Pascal, D. P. 84. 1. 144 ; 29 avr. 1891, aff. Florent, D. P. 91. 1. 360), et spécialement que l'erreur commise dans les indications essentielles d'un acte de procédure n'a pas pour effet d'entraîner la nullité de cet acte, lorsque la partie à laquelle il a été signifié a trouvé, dans les autres énonciations qu'il contient, le moyen de rectifier cette erreur, et n'en a éprouvé aucun préjudice (Civ. rej. 15 mars 1882, aff. Arnould Drappier, D. P. 83. 1. 374). Aussi a-t-il été jugé que, l'avenir en règlement de qualités rédigé par l'avoué, et la signification de cet avenir rédigée par l'huissier, constituant en quelque sorte un acte unique divisé en deux parties dressées sur la même feuille de timbre, l'omission de l'indication de l'année, dans l'avenir en règlement, se trouve réparée au moyen de l'énonciation textuelle de cette année dans la signification de l'avenir, et, réciproquement, l'omission de l'indication du mois, dans l'acte de signification, se répare au moyen de l'énonciation de ce mois dans le texte de l'avenir (Req. 16 janv. 1888, aff. Brousse, D. P. 88. 1. 69). Dans ces conditions, on ne saurait arguer de nullité, ni l'avenir en règlement, ni l'acte de signification de cet avenir.

**196.** Au point de vue du *fond*, l'avenir en règlement doit contenir deux indications essentielles : 1° la date à laquelle il sera procédé au règlement; 2° le magistrat qui doit y procéder.

**197.** L'avenir doit d'abord indiquer exactement la date à laquelle le règlement aura lieu. Si une erreur se glisse à ce sujet dans la rédaction, elle pourra être réparée, mais seulement dans les conditions que l'on vient d'indiquer (*supra*, n° 195). Ainsi il a été jugé, dans une espèce où l'avenir avait été donné, le 9 *août* 1880, « pour comparaître le *mercredi prochain*, 11 *mai* 1880, devant un juge du tribunal de Nancy, afin d'assister au règlement des qualités », que la date manifestement erronée du 11 mai, antérieure à la sommation elle-même, n'avait pu altérer celle, si précise, du *mercredi prochain*, qui en était le correctif évident, et qui n'avait pas permis, à l'avoué sommé, d'ignorer le jour fixé pour la comparution (Civ. cass. 15 mars 1882, aff. Arnould-Drappier, D. P. 83. 1. 374). En conséquence, malgré l'inexactitude de la date, l'avenir, le règlement et le jugement lui-même ont été maintenus. — Dans d'autres hypothèses, la rectification ne serait pas possible : ainsi la chambre civile a jugé que lorsque l'avenir en règlement donné à l'avoué l'a invité à comparaître « mercredi prochain 23 du courant », que le mercredi suivant est, non le 23, mais le 22 du mois, et que les qualités sont réglées par défaut le 22, ce règlement est nul et entraîne la nullité de l'arrêt, rien n'ayant pu, dans l'exploit, indiquer à l'avoué cité, quelle était, quant au jour où il avait à se présenter, celle des deux mentions contradictoires qui devait être rectifiée par l'autre (Civ. cass. 29 avr. 1891, aff. Florent, D. P. 91. 1. 360).

**198.** Est-il nécessaire d'observer un délai de rigueur entre la date de la citation et celle de l'audience pour laquelle il est donné avenir? — On a d'abord proposé le délai de trois jours, prescrit par l'art. 70 du décret du 30 mars 1808. Mais il a été jugé que cet article aux termes duquel les avoués sont tenus, dans les affaires portées aux affiches, de signifier leurs conclusions trois jours au moins avant les plaidoiries ou la pose des qualités, ne peut s'appliquer à l'avenir en règlement des qualités (Req. 24 déc. 1879, aff. Faulcon, D. P. 80. 1. 204; 4 juin 1890, aff. Laroche, D. P. 90. 5. 316). Or, à défaut de texte, on ne trouve le délai de trois jours imposé nulle part, et notamment dans l'art. 145 c. proc. civ. (Même arrêt). Si, en effet, l'art. 143 c. proc. civ. prescrit que l'original de la signification des qualités à avoué restera, pendant vingt-quatre heures, entre les mains des huissiers audienciers, afin que l'avoué puisse former opposition s'il y a lieu, l'art. 145, qui dispose que les parties seront réglées sur un simple acte du palais, n'impartit aucun délai pour la comparution de l'opposant devant le juge (Civ. rej. 3 févr. 1886, aff. Rougier, D. P. 86. 1. 469). Ainsi un premier point certain, c'est qu'aucun texte spécial ne prescrit, indépendamment du délai de vingt-quatre heures imparti par l'art. 143 c. proc. civ. pour l'opposition aux qualités signifiées, un délai complémentaire entre l'opposition et le règlement des qualités (Civ. rej. 5 mai 1885, aff. Cartaier-Terrasson, D. P. 85. 1. 341).

**199.** Mais n'y a-t-il pas, dans la loi, des textes généraux qui prescrivent un délai minimum entre une sommation et la comparution qu'elle sollicite, minimum qui serait d'un jour en toute matière, à moins d'une abréviation autorisée par ordonnance du président? Ce principe est-il applicable en matière de règlement de qualités? — Non, assurément. On a vu, en effet, que l'avenir en règlement est un acte du palais; or ces sortes d'actes ne sont soumis à aucune des formalités exigées pour la validité des autres exploits, notamment quant aux délais d'ajournement (Req. 16 juin 1879, aff. Buhot, D. P. 80. 1. 374; Carré et Chauveau, t. 9, quest. 3409; Bioche, v° *Délai*, n° 35). Aussi la jurisprudence ne reconnaît-elle la nécessité d'aucun délai, et tout ce qu'elle exige, c'est que les droits de la défense aient pu être exercés (Civ. rej. 3 févr. 1886, aff. Rougier, D. P. 86. 1. 469).

**200.** En conséquence de la règle ainsi posée, on a déclaré valables : 1° des qualités réglées moins de trois jours après l'avenir en règlement, par exemple, le 24 janvier, alors que l'avenir était du 21 (Req. 24 déc. 1879, aff. Faulcon, D. P. 80. 1. 204); — 2° Des qualités réglées le lendemain de l'avenir (Req. 16 juin 1879, aff. Buhot, D. P. 80. 1. 374); — 3° Des qualités réglées le lendemain du jour où elles avaient été signifiées (Civ. rej. 5 mai 1885, aff. Cartaier-Terrasson, D. P. 85. 1. 341); — 4° Et même des qualités réglées le jour même où elles venaient d'être signifiées et avaient été frappées d'opposition (Civ. rej. 3 févr. 1886, aff. Rongier, D. P. 86. 1. 469). Dans cette dernière espèce, qui montre bien jusqu'à quelle extrême limite la jurisprudence pousse l'application du principe par elle admis, la cour suprême constate, en fait, qu'il résulte des qualités du jugement attaqué (Trib. Limoux, 20 févr. 1883) qu'elles ont été signifiées le 4 avr. 1883, par l'avoué des défendeurs à celui des demandeurs, qui y a immédiatement fait opposition sans profiter du délai fixé par l'art. 143; que, sur le vu de son opposition, sommation lui a été notifiée de se présenter devant le président du tribunal le même jour et à heure précise, qu'ainsi les droits de la défense ont pu être exercés, et qu'aucune disposition de loi n'a été violée.

**201.** La date indiquée pour le règlement doit-elle être celle d'un jour déterminé? — Cela semble, au premier abord, indispensable, car il est logique d'appliquer à l'avenir en règlement de qualités les principes de l'ajournement; or toute partie citée à comparaître, doit recevoir exactement connaissance du jour pour lequel elle est sommée. Néanmoins, comme, en fait, il est souvent difficile de rencontrer, au jour fixé par l'avenir, le magistrat compétent pour régler les qualités, qui, le plus souvent, n'a pas été consulté pour la fixation de cette date, la pratique a introduit l'usage de donner avenir pour *telle date et jours suivants*. Ce procédé a été approuvé par plusieurs arrêts de la chambre des requêtes. Les motifs de cette décision, que la cour a plusieurs fois reproduits en termes identiques (Req. 18 nov. 1878, aff. Duhamel, D. P. 79. 1. 232; 14 juill. 1879, aff. Poulet, D. P. 80. 1. 343; 11 févr. 1880, aff. Audrien, D. P. 80. 5. 226; Req. 25 avr. 1881, aff. Delcan, D. P. 82. 1. 155) sont intéressants à retenir : « Attendu, dit la cour, qu'il n'est dit dans aucune disposition législative que la sommation pour le règlement des qualités sera donnée à jour absolument fixe, sous peine de nullité, et, d'autre part, que, dans le silence de la loi sur ce point, il est rationnel de se conformer, par analogie, aux règles tracées par le législateur pour l'obtention des jugements en matière civile; que l'art. 150 c. proc. civ. dispose que le défaut sera prononcé à l'audience sur l'appel de la cause..., mais que, néanmoins, les juges pourront faire mettre les pièces sur le bureau pour prononcer le jugement à l'audience suivante, et, selon la pratique commandée par la force des choses, à l'une des audiences suivantes; qu'en conséquence, il est juridique de reconnaître que, sur une sommation en règlement des qualités signifiée pour le 30 *janvier et les jours suivants*, les qualités ont pu être réglées le 4 *février*, c'est-à-dire quatre jours francs après la première date mentionnée dans la sommation, et que le règlement est intervenu en l'absence de l'avoué des demandeurs, comme cela est par eux allégué, la faute en est à ce dernier, qui n'aurait pas comparu aux jours suivants formellement indiqués dans la sommation » (Arrêt précité du 18 nov. 1878). Même solution, et même rédaction dans une espèce relative à des qualités réglées le 27 *décembre* sur un avenir donné pour le 11 *décembre et les jours suivants* (Arrêt du 14 juill. 1879). Cette décision, paraît très juridique (V. en ce sens Bioche, n° 400; Garsonnet, t. 3, § 484, p. 329).

**202.** La chambre des requêtes est même allée plus loin encore; elle a jugé que l'indication, pour le règlement des qualités, d'une date fixe comprenait implicitement les jours suivants. Une semblable solution peut surprendre au premier abord : la cour l'a motivée en disant que, lorsque l'avenir en règlement des qualités porte une date fixe, si l'avoué opposant ne s'est pas présenté devant le magistrat à la date indiquée pour obtenir, soit un règlement immédiat, soit l'indication d'un autre jour, la partie ne saurait imputer qu'à la négligence de son mandataire le règlement intervenu en dehors d'explications contradictoires; qu'il doit, en être du règlement des qualités comme des jugements de défaut, régulièrement rendus aux audiences qui suivent la date mentionnée à ,l'ajournement, cette date comprenant implicitement les jours suivants (Req. 3 mai 1880, aff. Thibaud, D. P. 81. 1. 76; 21 déc. 1886, aff. Guffroy, D. P. 87, 1. 230). Ces motifs ne doivent être acceptés qu'avec une certaine réserve, car, si on les prenait à la lettre, on irait contre un principe que l'on a eu l'occasion de développer (supra, n° 93), à savoir qu'une décision judiciaire ne peut être valablement rendue qu'au jour même fixé par la citation. On sait que cette règle ne subit d'exception que dans le cas où, au jour fixé, l'affaire aurait été renvoyée à une date ultérieure. Telle est bien la règle générale qu'il y a lieu d'appliquer dans l'hypothèse particulière que l'on examine. À l'audience fixée pour l'avenir, l'avoué qui a sommé son confrère doit nécessairement se présenter : seulement, il peut alors requérir, soit le règlement immédiat, soit le renvoi à un autre jour. C'est en ce sens qu'il faut entendre les arrêts de la chambre des requêtes cités ci-dessus : le règlement intervenu postérieurement au jour fixé par l'avenir est valable, *pourvu que* l'avoué qui poursuit le règlement se soit présenté ce jour-là et ait obtenu le renvoi. Si l'on négligeait cette réserve, on verrait des qualités réglées par défaut, alors que l'avoué opposant aurait régulièrement comparu au jour fixé.

**203.** En tous cas, et à supposer que le règlement des qualités à une date postérieure au jour fixe indiqué par l'avenir puisse être une cause de nullité, ce grief ne pourrait jamais être relevé que par l'avoué opposant, dont l'opposition aurait été rejetée par défaut ; il ne saurait l'être par l'avoué qui a rédigé les qualités et poursuivi le règlement (Civ. cass. 3 juill. 1877) (1).

**204.** Si les qualités peuvent être valablement réglées à une date postérieure à celle fixée par l'avenir, elles ne peuvent jamais l'être à une date antérieure, car les motifs qui précèdent ne sauraient trouver ici leur application, et les droits de la défense seraient manifestement violés. En conséquence, il y a nullité de l'ordonnance par défaut portant maintien des qualités, et du jugement lui-même, lorsque cette ordonnance a été rendue avant le jour auquel l'avoué adverse avait été sommé de comparaître pour se régler sur son opposition à ces qualités, et cette nullité radicale entache celle de l'arrêt lui-même (Civ. cass. 12 avr. 1876, aff. Aribaud, D. P. 77. 1. 16; 27 août 1878, aff. Biargnes, D. P. 79. 1. 87; 11 mai 1887, aff. Favart, D. P. 88, 1. 20-21; Garsonnet, t. 3, § 484, texte et note 28, p. 330).

**205.** Une seconde mention doit, ainsi qu'on l'a dit *supra*, n° 196, se trouver dans l'avenir en règlement : il est indispensable que cet avenir fasse connaître le *magistrat* par qui les qualités doivent être réglées. On verra bientôt (n°s 208 à 216) que la loi a tracé à ce sujet des règles assez étroites de compétence.

**206.** C'est le magistrat compétent qui doit être, dans l'avenir, indiqué comme devant régler les qualités ; et l'indication, dans cet acte, de tout autre que ce magistrat entraîne la nullité de l'avenir, du règlement et de l'arrêt. Par exemple, la cour de cassation a déclaré nulle la sommation par laquelle un avoué appelle son confrère en règlement de qualités devant « les présidents et conseillers composant la première chambre de la cour », cette formule désignant la collectivité des magistrats au lieu d'indiquer le président ou celui qui le remplace (Civ. cass. 16 avr.

1890, aff. Anduze, D. P. 90. 1. 445). L'indication d'un magistrat incompétent a le même effet (Civ. cass. 29 juin 1887, aff. Chéruy, D. P. 88. 1. 84; 23 juill. 1889, aff. Lung, D. P. 90. 1. 280), alors même que, en fait, le règlement aurait été opéré par un magistrat autre que celui qu'indiquait l'avenir, et compétent. — Il a été jugé, dans le même sens, qu'il ne suffit pas, pour la validité des qualités auxquelles il a été formé opposition, qu'elles aient été réglées par le juge compétent ; il faut encore que les avoués aient, quand ils se comparaissent pas, été régulièrement appelés devant le magistrat chargé du règlement. En conséquence, est entaché d'une nullité absolue le jugement dont les qualités ont, d'ailleurs, été réglées par le juge le plus ancien de l'affaire, si ce n'est pas devant ce juge, mais devant le président du tribunal qui n'avait pas concouru à la décision, que l'avoué d'un des plaideurs, contre lequel il a été donné défaut, a été sommé de comparaître (Arrêt précité du 23 juill. 1889). De même, lorsque les qualités de l'arrêt dénoncé ayant été réglées par le président de chambre qui avait présidé l'audience, ce n'est pas devant lui, mais devant le premier président, qui n'avait pas concouru à la décision, que l'avoué du demandeur en cassation a été sommé de comparaître, il y a lieu d'annuler comme entaché d'un vice radical l'arrêt dont lesdites qualités font essentiellement partie (Civ. cass. 13 nov. 1889, aff. Leandri, D. P. 89. 5. 288).

**207.** Toutefois, cette désignation comporte des équivalents, pourvu qu'ils ne laissent aucun doute. Ainsi l'avenir, en règlement de qualités qui porte sommation à l'avoué opposant de comparaître devant « le président de la première chambre de la cour, ou tout autre magistrat ayant connu de l'affaire », désigne suffisamment le premier président, alors que c'est ce magistrat qui, dans le procès dont il s'agit, a effectivement présidé la première chambre (Req. 9 juill. 1888, aff. Banque rouennaise, D. P. 88. 1. 321). Il avait été déjà jugé, en termes analogues, que lorsque, dans un arrêt rendu sous la présidence du premier président, les qualités portent qu'elles ont été réglées « par le président de la première chambre civile », et que cette mention est, d'ailleurs, suivie de la signature du premier président, il est constant que le magistrat désigné comme ayant procédé au règlement est le premier président lui-même ; d'où il suit que lesdites qualités ont été réglées, conformément à la loi, par celui qui avait présidé l'audience (Req. 10 juill. 1885; aff. Cardier, D. P. 86. 1. 264). En effet, le règlement des qualités par le premier président, intervenu par défaut dans ces conditions, ne porte aucune atteinte aux droits de la défense, l'avoué opposant ayant été à même, sans aucune équivoque, d'élever devant le magistrat compétent et saisi, toutes contestations utiles (Même arrêt).

**208.** La question de compétence du magistrat, en matière de règlement de qualités, est une des plus importantes de la matière. Il n'est pas de règle plus simple que celle qui y est ici posée, mais il n'en est peut-être pas qui soit plus souvent négligée, et donne lieu à plus de cassations. En effet, les qualités ne peuvent être réglées valablement par un magistrat quelconque. La loi a institué à ce sujet des règles très précises, dont on a vu une application au *Rép.* n° 252-2°, et la jurisprudence applique ici la loi avec la dernière rigueur.

(1) (Dupont et Dreyfus C. Bachelard.) — La cour: — Vu l'art. 145 c. proc. civ.: — Attendu qu'il résulte de l'expédition de l'arrêt attaqué, signifié par Bachelard et Demay à Dupont et Dreyfus, demandeurs en cassation, que les qualités de cet arrêt ont été réglées par ordonnance de M. Leclerc, premier président de la cour d'appel de Nancy, le 9 déc. 1876, et par défaut contre les opposants; — Qu'il en résulte également que ce magistrat n'avait point concouru à l'arrêt; — Qu'en conséquence, le règlement des qualités a été opéré par un magistrat incompétent; — Qu'en vain, les défendeurs en cassation opposent au moyen du pourvoi que l'ordonnance rendue le 9 déc. 1876 doit être considérée comme non avenue, parce que l'avenir en règlement des qualités avait été donné pour le 2 décembre, et que le magistrat saisi de l'opposition aux qualités ne pouvait, sans qu'un nouvel avenir fût signifié pour le 9 décembre, statuer que sur cette opposition; — Qu'en effet, cette prétention fût-elle fondée, Dupont et Dreyfus, dont l'opposition a été écartée par le règlement du 9 décembre, opéré par défaut contre eux, un jour autre que

celui indiqué dans l'avenir qui leur avait été notifié pour le 2 décembre, pourraient seuls être admis à se plaindre de ce que ce règlement aurait eu lieu hors de leur présence, et sans qu'ils aient pu faire valoir les motifs de leur opposition; — Que, sans plus de raison, les défendeurs prétendent qu'ils avaient, suivant le 11 décembre une sommation nouvelle aux sieurs Dupont et Dreyfus, à l'effet de comparaître le 14 devant un magistrat compétent, déclaré se déporter du bénéfice de l'avenir donné pour le 2 décembre; — Qu'en effet, le règlement opéré le 9 décembre était acquis aux parties, et qu'il ne dépendait pas de l'une d'elles de solliciter, sans le consentement de l'autre, un nouveau règlement annulant en réalité le premier; — D'où il suit que l'ordonnance du 9 déc. 1876, n'ayant point été et n'ayant pu être rapportée à défaut de ce consentement, subsiste avec le vice dont elle est entachée, lequel entraîne la nullité de l'arrêt attaqué, par application de l'art. 145 c. proc. civ.; — Casse, etc. Du 3 juill. 1877.-Ch. civ.-MM. Mercier, 1er pr.-Greffier, rap.-Bédarrides, 1er av. gén. c. conf.-Sabatier et Carteron, av.

**209.** L'art. 145 c. proc. civ. dispose formellement : « Sur un simple acte d'avoué à avoué, les parties seront réglées sur cette opposition *par le juge qui aura présidé;* en cas d'empêchement, *par le plus ancien, suivant l'ordre du tableau* ». En d'autres termes, le magistrat qui règle les qualités doit être choisi parmi ceux qui ont concouru au jugement de l'affaire, et, pour opérer ce choix, on doit d'abord s'adresser au président, ensuite au plus ancien des juges, et ainsi successivement.

**210.** En ce qui concerne cet ordre successif, il y a lieu de remarquer que la compétence du magistrat chargé de régler les qualités doit se déterminer par son rang vis-à-vis des autres, *au moment où les qualités sont réglées.* En conséquence, si le règlement des qualités avait nécessité plusieurs remises, ce serait le plus ancien des magistrats présents à la dernière audience qui devrait procéder au règlement, alors même qu'il eût été absent l'une des fois précédentes, et remplacé alors par un magistrat moins ancien. Il a été, en effet, jugé dans une semblable hypothèse, que la remise accordée n'implique nullement, pour le magistrat qui l'avait accordée, attribution de juridiction pour connaître du règlement des qualités, et que, au jour indiqué par la remise, le premier président, par exemple, avait pu statuer sur le règlement, encore que la remise eût été accordée par un autre que lui (Req. 13 juill. 1868, aff. Haritchallard, D. P. 71. 5. 228).

**211.** D'ailleurs, la règle de préséance posée par l'art. 145 c. proc. civ. n'a qu'un intérêt tout à fait secondaire et cela, pour deux raisons : premièrement, en droit, la sanction est assez peu grave ; secondement, en fait, elle ne reçoit pour ainsi dire jamais d'application.

**212.** Quant à la sanction, il faut soigneusement distinguer deux hypothèses très différentes. Pour qu'un magistrat puisse valablement régler les qualités, il faut qu'il satisfasse à deux conditions, l'une absolue, et l'autre relative : la condition absolue, c'est d'être compétent, suivant les principes que l'on déterminera plus loin (V. *infrà*, nᵒˢ 214 à 216) ; la condition relative, c'est d'avoir préséance sur les autres magistrats qui seraient également compétents. Or cette condition d'aptitude relative (la seule dont il s'agisse ici) n'est sanctionnée que par une nullité relative, nullité qui sera couverte par les parties, si elles consentent à comparaître devant le magistrat irrégulièrement désigné, et à discuter les qualités sans exciper de son incompétence (Garsonnet, t. 3, § 484, p. 331 ; Req. 9 juill. 1867, aff. Lestienne, D. P. 68. 1. 72 ; 13 juill. 1868, aff. Haritchallard, D. P. 71. 5. 228). C'est seulement en ce sens qu'il faut entendre l'arrêt de la chambre des requêtes du 29 déc. 1847, cité au *Rép.* nᵒ 253-2ᵒ. — La solution serait toute différente, s'il s'agissait de la condition de compétence absolue (V. *infrà*, nᵒ 219).

**213.** La seconde raison qui ne laisse qu'une importance tout à fait secondaire à la règle de préséance de l'art. 145 (V. *suprà*, nᵒ 211), c'est que cette règle est purement théorique ; en effet, à raison d'un principe dont on fait application au sujet de la formation des jugements (V. *Rép.* vᵒ *Organisation judiciaire*, nᵒˢ 139 et suiv., 361 et suiv.), l'abstention du président et des plus anciens parmi les juges fait également présumer leur empêchement (Garsonnet, t. 3, § 484, texte et note 29, p. 330). Ce principe a trait au règlement des qualités comme à la délibération du jugement lui-même ; et il a été jugé : 1ᵒ que le règlement des qualités par un magistrat autre que celui qui a présidé l'audience est valable, quoique l'empêchement du président n'ait point été constaté, son abstention faisant présumer son empêchement (Req. 8 nov. 1859, aff. Tucu, D. P. 59. 1. 506) ; — 2ᵒ Que les qualités d'un arrêt peuvent être réglées par un magistrat autre que le président de la chambre qui l'a rendu, sans mention de l'empêchement de ce président, la présomption légale d'un empêchement légitime étant applicable aux présidents de chambre aussi bien qu'aux premiers présidents (Req. 16 avr. 1866, aff. Tissier, D. P. 66. 1. 311) ; — 3ᵒ Que le règlement des qualités d'un jugement par l'un des juges ayant concouru à la décision, qui n'est ni le président, ni le plus ancien magistrat dans l'ordre du tableau, est valable, quoique la cause de l'empêchement du président et du magistrat plus ancien n'y ait pas été mentionnée, cet empêchement devant être présumé (Req. 7 mai 1866, aff. Aberjoux, D. P. 66. 1. 348 ; 9 juill. 1867, aff. Lestienne, D. P. 68. 1. 72 ; 20 déc. 1871, aff. Rouannet, D. P. 72. 5. 282) ; — 4ᵒ Que le règlement des qualités d'un arrêt fait par le conseiller le plus ancien de la chambre qui a rendu cet arrêt est présumé avoir été fait par ce magistrat en l'absence du président légalement empêché, quoique la qualification de président lui ait été donnée par erreur, si l'erreur est rectifiée par les constatations mêmes de l'arrêt (Req. 14 déc. 1868, aff. Courtat, D. P. 69. 1. 222) ; — 5ᵒ Que l'abstention du premier président à une présidé l'audience fait suffisamment présumer l'empêchement de ce magistrat, et que, en conséquence, les qualités sont valablement réglées par le président de chambre qui a assisté aux audiences de la cause (Civ. rej. 26 nov. 1872, aff. Sallambier, D. P. 72. 1. 436) ; — 6ᵒ Que le règlement des qualités par le conseiller le plus ancien est valable bien que la cause de l'empêchement du président ne soit pas mentionnée, cet empêchement devant être présumé (Civ. raj. 28 déc. 1885, aff. Weyer, D. P. 86. 1. 443).

**214.** Il résulte de la présomption d'empêchement que l'on vient de signaler que la portée pratique de l'art. 145 c. proc. civ., en ce qui touche la compétence, se réduit, en fait à ceci : les qualités ne peuvent être réglées que par un des magistrats qui ont concouru au jugement de l'affaire (Civ. cass. 23 juin 1848, aff. Collard, *Rép.* nᵒ 46. 14 févr. 1848, aff. Collange, *Rép.* nᵒ 252-2ᵒ; 22 août 1855, aff. Dubouchet. D. P. 55. 1. 354 ; 22 avr. 1857, aff. Chatain, D. P. 57. 1. 159 ; 29 déc. 1857, aff. Raymond, D. P. 58. 1. 21 ; 27 juill. 1858, aff. Davistès de Pontis, D. P. 58. 1. 389 ; 25 janv. 1859, aff. Vié-Anduze, D. P. 59. 1. 69 ; 21 mars 1859, aff. Rotillon-Digeon, D. P. 59. 1. 156 ; 16 août 1859, aff. Agab Mélik, D. P. 59. 1. 344 ; 16 janv. 1861, aff. Solignac, D. P. 61. 1. 127 ; 3 juin 1862, aff. Bonnal, D. P. 62. 1. 293 ; 14 déc. 1863, aff. Eydoux, D. P. 64. 1. 42 ; 5 janv. 1864, aff. Longuet, D. P. 64. 1. 42 ; 25 juill. 1864, aff. Lazon, D. P. 64. 1. 280 ; 2 janv. 1866, aff. Vieille, D. P. 66. 1. 158 ; 6 févr. 1867, aff. Boudin, D. P. 67. 1. 124 ; 27 juill. 1869, aff. Gravier, D. P. 69. 1. 350 ; 27 déc. 1869, aff. Chevrot, D. P. 70. 1. 16 ; 19 avr. 1870, aff. Robert, D. P. 70. 1. 360 ; 20 août 1871, aff. N..., D. P. 71. 5. 229 ; 2 juill. 1873, aff. Moreau, D. P. 73. 1. 411 ; 2 juill. 1873, aff. Gaucher, D. P. 73. 1. 412 ; 7 nov. 1876, aff. Fabrique d'Auvillers-les-Forges, D. P. 77. 1. 124 ; 4 déc. 1876, aff. Tijon, D. P. 77. 1. 219 ; 21 févr. 1877, aff. *Caisse paternelle*, D. P. 77. 1. 349 ; 11 juin 1877 (1); 3 juill. 1877, *suprà*, nᵒ 203 ; 19 nov. 1877, aff. Bouvret, D. P. 78. 1. 478 ; 6 août 1879, aff. Saint-Denis, D. P. 79. 5. 255 ; 11 août 1880. aff. Bonnetain, D. P. 81. 5. 232 ; 26 août 1884, aff. Morand, D. P. 85. 1. 64 ; 31 mars 1885, aff. Olivier, D. P. 85. 5. 285 ; 26 août 1885, aff. Demarsay, D. P. 87. 5. 266 ; 10 mars 1886, aff. Bertrand, D. P. 86. 5. 264 ; 24 nov. 1886, aff. Poulverel, D. P. 87. 5. 266 ; Bordeaux, 20 mai 1887, aff. Dubreuil, D. P. 88. 2. 274 ; Civ. cass. 30 mai 1888, aff. Lagier, D. P. 88. 5. 293 ; 30 juill. 1888, aff. Mallen, D. P. 88. 5. 293 ; 3 juill. 1889, aff. Fleury, D. P. 89. 5. 288 ; 15 juill. 1889, aff. Vergiolle, *ibid.* ; 14 janv. 1890, aff. Marguerite, D. P. 90. 5. 317 ; 21 janv. 1890, aff. Magnin, *ibid.*; 25 juin 1890, *ibid.*).

**215.** Au reste, la loi ne reconnaît compétence, pour le règlement des qualités, aux magistrats qui ont connu de l'affaire, qu'à la condition qu'ils remplissent, lors du règlement, les mêmes fonctions que lors du jugement : s'ils ont été déplacés, par avancement, démission ou autrement, ils ont,

---

(1) (Leclair C. Amaury.) — La cour ; — Vu l'art. 145 c. proc. civ. ; — Attendu que les qualités sont une partie essentielle du jugement, ce que, aux termes de l'art. 145 c. proc. civ., c'est au juge qui a présidé et, en cas d'empêchement, au plus ancien dans l'ordre du tableau qu'il appartient de statuer sur les oppositions dont elles seraient l'objet ; — Qu'il suit de là que tout magistrat qui n'a pas concouru au jugement est incompétent pour le faire, et qu'il frappe sa décision de nullité en le faisant ; — Attendu qu'il résulte du jugement attaqué que M. Davenière, juge, qui a réglé les qualités, n'avait pas concouru au jugement ; — Qu'il y a eu, dès lors, violation de l'article précité ; — Casse, etc.

Du 11 juin 1877.-Ch. civ.-MM. Mercier, 1ᵉʳ pr.-Salmon, rap.-Charrins, av. gén., c. conf.-Cartoron, av.

par ce fait, perdu toute compétence (Civ. cass. 9 juill. 1890, aff. Leblond, D. P. 90. 1. 367).

**216.** L'incompétence, pour régler les qualités, de tout magistrat qui n'a pas concouru à l'arrêt, est générale, elle s'applique au premier président comme à tout autre membre de la cour (Civ. cass. 2 janv. 1886, aff. Vieille, D. P. 66. 1, 158; 27 juill. 1862, aff. Gravier, D. P. 69. 1. 350; 2 juill. 1873, aff. Moreau Lajarrige, D. P 73. 1. 411; 7 nov. 1876, aff. Fabrique d'Auvillers-les-Forges, D. P. 77. 1. 124; 6 août 1879, aff. Saint-Denis, D. P. 79. 5. 255; 26 août 1884, aff. Morand, D. P. 85. 1. 64; 30 juill. 1888, aff. Mallen, D. P. 88. 5. 293; 25 juin 1890, aff. Ville d'Ajaccio, D. P. 90. 5. 318). V. toutefois, en ce qui concerne la période des vacations, *infrà*, n° 230.

**217.** Quelle est la sanction de cette règle si précise sur la compétence du magistrat qui doit régler les qualités? — La cour de cassation n'a jamais hésité à appliquer la plus rigoureuse, c'est-à-dire à prononcer la nullité, non seulement de l'expédition délivrée sur qualités mal réglées, mais du jugement lui-même. En effet, les qualités font partie essentielle des jugements et arrêts, et l'art. 145 c. proc. civ., qui veut que les qualités soient réglées par le juge qui aura présidé, ou, en cas d'empêchement, par le plus ancien dans l'ordre du tableau, n'est que l'application du principe posé par l'art. 7 de la loi du 20 avr. 1810, aux termes duquel un jugement ne peut être rendu que par les magistrats qui ont assisté à toutes les audiences (Civ. cass. 22 août 1855, aff. Dubouchet, D. P. 55. 1. 354). C'est donc le cas d'appliquer la règle déjà formulée à diverses reprises, et notamment au sujet des jugements rendus par les juges qui n'avaient pas assisté à toutes les audiences (V. *supra*, n° 28), des jugements expédiés sur qualités non signifiées (V. *supra*, n° 168), des jugements expédiés sur qualités frappées d'opposition mais non réglées (V. *supra*, n° 180): le jugement tout entier est nul (V. en ce sens Boitard, Colmet-Daage et Glasson, t. 1er, p. 312, n° 298, note 3; Rodière, t. 1er, p. 263, note 1; Rousseau et Laisney, n° 239; Garsonnet, t. 3, § 484, p. 331, et les arrêts cités *supra*, n° 214).

**218.** Si la décision ainsi annulée est un jugement de première instance, la cour d'appel peut, en prononçant la nullité du jugement, évoquer le fond (Bordeaux, 20 mai 1887, aff. Dubreuil, D. P. 88. 2. 274-375).

**219.** La disposition de l'art. 145 est d'ordre public, comme celle de l'art. 7 de la loi du 20 avr. 1810, dont elle n'est qu'une application particulière. La nullité résultant de ce que les qualités ont été réglées par un juge étranger à la cause est donc une nullité d'ordre public, et ne peut, dès lors, être couverte par ce fait que les avoués des parties auraient, volontairement et sans réserve, procédé devant ce juge sans pouvoir (Civ. cass. 22 août 1855, aff. Dubouchet, D. P. 55. 1. 354; 27 juill. 1858, aff. Davesière de Pontès, D. P. 58. 1. 389; 25 janv. 1859, aff. Vié-Anduze, D. P. 59. 1. 69; 21 mars 1859, aff. Rotillon-Digeon, D. P. 59. 1. 156; 14 déc. 1863, aff. Eydoux, D. P. 64. 1. 42). A plus forte raison, il importe peu que l'avoué qui a formé l'opposition ne se soit pas présenté pour la soutenir au jour fixé pour le règlement des qualités; cette circonstance, bien qu'elle puisse faire supposer chez lui une sorte de consentement tacite, ne peut rendre un magistrat qui n'a pas pris part au jugement de l'affaire compétent pour donner défaut contre cet avoué, maintenir les qualités et ordonner qu'elles seront expédiées selon leur forme et teneur (Civ. cass. 3 juin 1862, aff. Bonnal, D. P. 62. 1. 293; 25 juill. 1864, aff. Lazon, D. P. 64. 1. 280; 6 févr. 1867, aff. Boudin, D. P. 67. 1. 124; 19 avr. 1870, aff. Robert Létendart).

**220.** Les parties ont cependant un moyen de réparer l'irrégularité dont il s'agit; c'est de tomber d'accord pour laisser de côté le règlement nul, et faire régler à nouveau les qualités par un magistrat compétent. Comme l'a dit la chambre civile (4 déc. 1876, aff. Tijon, D. P. 77. 1. 219), le magistrat compétent peut, tant que les choses sont encore entières, réparer cette irrégularité par un nouveau règlement fait du consentement de toutes les parties. Seulement, à défaut de cet accord, il ne lui appartient pas de rectifier, de sa propre autorité, l'ordonnance incompétemment rendue; et l'une des parties peut encore moins couvrir la nullité par une nouvelle procédure à laquelle l'autre partie refuse son concours, et faire insérer dans l'ex-

pédition du jugement des qualités autres que, celles qui avaient été réglées par la première ordonnance dont les effets juridiques subsistent tant qu'elle n'a pas été annulée par les voies légales (Même arrêt). La chambre civile a jugé, de même, que l'ordonnance par laquelle un magistrat règle sur opposition les qualités d'un jugement est un acte de juridiction, dont les conséquences juridiques sont acquises aux parties aussitôt qu'elle est rendue; qu'en conséquence, le règlement de qualités fait par un magistrat incompétent, qui n'a pas assisté au jugement, ne peut être valablement rectifié par un autre magistrat que du consentement des parties, et, notamment, avec le concours de la partie opposante (Civ. cass. 2 juill. 1873, aff. Gaucher, D. P. 73. 1. 412 *Adde*: 21 févr. 1877, aff. *Caisse paternelle*, D. P. 77. 1. 349).

**221.** Mais, s'il est vrai que les qualités ne peuvent être réglées que par un magistrat qui ait concouru au jugement de l'affaire, et si aucun autre magistrat ne peut, en principe, réparer l'irrégularité résultant de ce que cette règle a été violée, il arrivera souvent que la levée du jugement deviendra complètement impossible. La jurisprudence a dû dans le silence de la loi, aviser à cette situation exceptionnelle.

**222.** Il en peut être ainsi d'abord dans une hypothèse assez rare, celle où, depuis le jugement ou arrêt aux qualités duquel il a été formé opposition, tous les magistrats qui ont concouru à la décision et les avoués qui occupaient dans l'instance ont cessé leurs fonctions. Dans ce cas, une première solution peut s'induire d'un arrêt de la chambre civile du 12 févr. 1840 (*Rép.* n° 248). Si c'était par suite de la négligence de l'avoué opposant à faire régler les qualités que ce règlement ne pourrait plus avoir lieu dans les formes prescrites par l'art. 145 c. proc. civ., on pourrait décider que, en pareil cas, il y a lieu de lever le jugement où l'arrêt sur les qualités telles qu'elles ont été signifiées.

**223.** Mais dans le cas inverse, celui où l'obstacle vient de l'avoué rédacteur des qualités, la partie opposante est en droit d'exiger qu'il soit statué sur son opposition. Qui statuera? M. Chauveau (*Supplément aux lois de la procédure civile*, p. 173), propose que ce soit le président actuel du tribunal, ou, à la cour, le premier président actuel, et cette solution a été adoptée par la cour de Grenoble, 16 mars 1887, aff. Advinant, D. P. 88. 2. 110).

**224.** Sur cette même question, et dans des circonstances de fait identiques deux arrêts (Paris, 22 juill. 1876. aff. Audan, D. P. 80. 5. 226; Poitiers, 9 mai 1887, aff. Gayet, D. P. 88. 2.110) ont donné une solution différente, et qui paraît meilleure (Garsonnet, t. 3, § 484, texte et note 33, p. 331); c'est de faire régler les qualités par le tribunal ou la cour de qui émanait la décision faisant l'objet des qualités. Ces arrêts ont décidé, en effet, que, à défaut de magistrats ayant connu de l'affaire et qui puissent en être spécialement chargés, le règlement de l'opposition aux qualités rentre, comme une suite nécessaire de l'arrêt émané d'elle, dans les pouvoirs de juridiction générale qui sont attribués à la cour d'appel. Et de fait, comme le dit avec raison la cour de Paris, dans son arrêt du 22 juill. 1876, toute délégation individuelle manque ici de base légale.

La cour de Paris a même tiré de cette dernière considération une conséquence assez spécieuse, c'est qu'il n'y a aucune distinction à faire entre la chambre qui a rendu l'arrêt et les autres chambres de la cour, toutes ayant, au titre égal, plénitude de juridiction (Arrêt précité du 22 juill. 1876). En conséquence, la première chambre de la cour, qui avait été saisie par requête et par assignation à la partie d'une demande en règlement de qualités, s'est déclarée, on l'espèce, incompétente pour statuer sur cette demande. La cour de Grenoble (Arrêt précité du 9 mai 1887) n'a pas eu à statuer sur ce point, car l'arrêt dont les qualités étaient à régler avait précisément été rendu par la première chambre, qui se trouvait saisie de la demande en règlement.

**225.** Dans le système adopté par les cours de Paris et de Grenoble (Arrêts précités des 22 juill. 1876 et 9 mai 1887), l'avenir en règlement signifié à l'avoué est remplacé par une assignation délivrée directement à la partie elle-même

**226.** Une situation beaucoup plus fréquente, est celle où les parties veulent lever un jugement pendant les vacances. Aucune difficulté, si l'un des magistrats qui ont concouru au jugement est présent pendant les vacances : peu importe qu'il fasse ou non partie de la chambre des vacations ; le fait seul qu'il a concouru au jugement de l'affaire lui attribue compétence pour régler les qualités, même en vacances (Req. 31 mars 1884, aff. Pozzi, D. P. 85. 1. 210 ; 9 juill. 1887, aff. Cunéo d'Ornano, D. P. 88. 1. 29).

**227.** Mais que décider, si l'on ne peut rencontrer aucun des magistrats qui ont concouru au jugement ? C'est le cas d'employer un procédé indiqué au *Rép.* n° 253-4° : faire statuer la chambre des vacations (Garsonnet, t. 3, § 484, texte et note 30, p. 330). L'urgence est un motif suffisant d'adopter cette solution ; et, de fait, la chambre civile (24 août 1881, aff. Sandino, D. P. 82. 1. 219) a fort bien montré que, quelque absolues que soient les dispositions de l'art. 145 c. proc. civ., elles ne peuvent être considérées comme ayant été violées dans le cas où leur application a été légalement impossible ; que, pendant les vacances des tribunaux, la chambre des vacations et les magistrats qui la composent sont, pour toutes les matières urgentes, investis des pouvoirs de juridiction qui, pendant l'année judiciaire, appartiennent à tous les membres d'une cour ou d'un tribunal ; qu'il suit de là que les membres de la chambre des vacations ont le pouvoir de régler les qualités d'un jugement ou d'un arrêt, alors même qu'ils n'y ont pas concouru, le règlement des qualités d'une décision judiciaire étant, de sa nature, une matière urgente ; que, s'il en était autrement, le cours de la justice se trouverait interrompu pendant les vacations, inconvénient auquel a eu pour but d'obvier l'institution d'une chambre spéciale chargée de pourvoir, dans les cas urgents, aux nécessités du service judiciaire ». En conséquence, pendant les vacances des tribunaux, les membres de la chambre des vacations peuvent procéder au règlement des qualités en vertu de la plénitude de juridiction dont ils sont investis (Req. 9 déc. 1828, *Rép.* n° 253-4° ; Civ. rej. 24 août 1881, aff. Sandino, D. P. 82. 1. 219 ; Douai, 19 janv. 1884 (1) ; Civ. rej. 28 déc. 1885, aff. Weyer, D. P. 86. 1. 433 ; 26 juin 1888, aff. Si-Ali-Ben-Kali, D. P. 88. 1. 480). Il faut seulement que l'absence ou l'empêchement de tous les magistrats ayant concouru à la décision soient constatés (Civ. cass. 13 nov. 1889, aff. Sanson, D. P. 89. 5. 289).

**228.** Il y a lieu, d'ailleurs, d'appliquer alors à la chambre des vacations la règle ci-dessus formulée (V. *suprà*, n° 209) pour la chambre qui a connu de l'affaire. La compétence pour régler les qualités appartient, en principe, au président ; mais le plus ancien des juges faisant partie de la chambre des vacations peut valablement, en l'absence de tous les magistrats qui avaient pris part à l'arrêt, et à raison de l'empêchement du président de la chambre des vacations, empêchement qui, quoique non exprimé, doit être légalement présumé, procéder au règlement, sans qu'il soit ainsi contrevenu aux dispositions de l'art. 145 c. proc. civ. (Civ. rej. 28 déc. 1885, aff. Weyer, D. P. 86. 1. 433).

**229.** La compétence générale de la chambre des vacations a une conséquence assez imprévue : c'est que ses membres échappent à la nécessité, formulée *suprà*, n° 214, d'avoir concouru au jugement, lors même qu'il émane de leur propre chambre (Civ. cass. 5 nov. 1890, aff. Dupierry, D. P. 90. 5. 318-319).

**230.** La compétence de la chambre des vacations a une autre conséquence intéressante en ce qui concerne le premier président. Il a été jugé que, le premier président d'une cour d'appel ayant le droit de présider toutes les chambres, et, par conséquent, la chambre des vacations, dont, aux termes de l'art. 40 du décret du 30 mars 1808, il doit faire l'ouverture, il suit de là qu'il est compétent pour faire, le 1er septembre, le règlement des qualités d'un arrêt, bien qu'il n'y ait pas concouru (Civ. rej. 24 août 1881, aff. Sandino, D. P. 82. 1. 219). Jugé de même que le premier

président qui a le droit, aux termes des art. 7 de la loi du 6 juill. 1810 et 40 du décret du 30 mars 1808, de présider la chambre des vacations, a en lui-même un principe de compétence pour statuer, en temps de vacations, sur le règlement des qualités d'un arrêt auquel il n'a pas pris part (Req. 19 juill. 1887, aff. Cunéo d'Ornano, D. P. 88. 1. 29).

**231.** Les diverses solutions que l'on vient de rapporter n°s 226 à 230) sont spéciales aux vacations proprement dites, c'est-à-dire, depuis le décret du 4 juill. 1885 (D. P. 86. 4. 7), au temps écoulé du 15 août au 15 octobre. Elles ne doivent pas être étendues aux diverses époques où les tribunaux sont en congé, et, par exemple, aux congés de Pâques et de la Pentecôte, pendant lesquelles il n'est pas institué de chambre des vacations. Le premier président ne peut donc, pendant les vacances de Pâques, régler les qualités d'un arrêt auquel il n'a pas concouru (Civ. cass. 27 juill. 1869, aff. Gravier, D. P. 69. 1. 350). En effet, la circonstance qui lui confère, dans l'hypothèse précédente, une compétence exceptionnelle, c'est-à-dire sa qualité de membre de la chambre des vacations, fait ici défaut.

**232.** C'est par un motif identique qu'un juge qui n'a point concouru à un jugement ou à un arrêt ne peut en régler les qualités, même pendant les vacances, quoique, en ce cas, il y ait présomption d'empêchement légal de tous les membres de la chambre qui a rendu ce jugement ou cet arrêt, s'il ne faisait pas non plus partie de la chambre des vacations (Civ. cass. 22 août 1855, aff. Dubouchet, D. P. 55, 1. 354 ; 27 juill. 1858, aff. Davesiès de Pontis, D. P. 58. 1. 389).

**233.** Les officiers du ministère public n'ont aucune juridiction, et ne peuvent, par conséquent, régler les qualités d'un jugement, alors même que tous les juges qui l'ont rendu se trouveraient régulièrement empêchés (Civ. cass. 16 nov. 1881, aff. Crozat, D. P. 82. 1. 219 ; Garsonnet, t. 3, § 484, p. 330).

**234.** Le magistrat dont la compétence vient d'être déterminée (V. *suprà*, n°s 208 à 233) doit, pour régler les qualités, rendre une ordonnance (Sur les ordonnances du juge en général, V. *infrà*, n°s 566 et suiv.). Cette ordonnance est régie par des règles spéciales. On y expose ce qui a trait à l'ordonnance elle-même : c'est une procédure toute particulière, qui n'est point celle des ordonnances de référé (Req. 1er juill. 1888, aff. Ville de Langres, D. P. 88. 1. 79), et qui n'est point davantage celle des ordonnances sur requête. Il a, toutefois, été jugé que, dans le cas où l'ordonnance de règlement des qualités énonce qu'elle a été rendue par le doyen des conseillers, *statuant en référé*, il ne résulte nullement de cette expression inexacte et surabondante, que ce magistrat ait entendu statuer dans une matière et dans des conditions prévues par les art. 806 et suiv. c. proc. civ., qui ne pouvaient recevoir d'application dans l'espèce, si l'ordonnance a été, d'ailleurs, rendue par un magistrat compétent, après citation régulière de l'avoué opposant pour le jour, heure et lieu où il a été procédé au règlement (Même arrêt du 6 févr. 1888).

**235.** Quel est le caractère de l'ordonnance du règlement des qualités ? Cet acte du juge est-il un véritable jugement ? Si la réponse est affirmative, il en résultera des conséquences importantes : cette décision devra être motivée, rendue avec l'assistance du greffier, rédigée en minute, enfin elle sera susceptible de recours. Le principe, sur ce point, a été posé par la chambre des requêtes (17 déc. 1879, aff. Comtat, D. P. 80. 1. 375) ; la cour déclare que le règlement des qualités est, une mission confiée à la loyauté et à la conscience du magistrat qui a présidé l'audience, *un appel fait à ses souvenirs* ; qu'en levant l'opposition, ce magistrat affirme par cela même l'exactitude des énonciations contenues dans les qualités, et ne saurait, dès lors, être assujetti

<hr/>

(1) (Despinois C. Hartog-Cohen.) — La cour ; — Attendu que les qualités du jugement rendu le 28 août 1883 par la deuxième chambre civile du tribunal civil de Lille ont été compétemment réglées, le 7 septembre suivant, par le président de la chambre des vacations, bien que ce magistrat n'ait pas concouru au jugement ; — Que le règlement des qualités est urgent de sa nature ; — Que la chambre des vacations et son président sont, pour toutes les affaires urgentes, investis des pouvoirs de juridiction pour

les actes qui, pendant l'année judiciaire, sont de la compétence exclusive des autres membres du tribunal, et auxquels ces derniers, par le fait même des vacances, sont empêchés de procéder ; — Que, s'il n'en était pas ainsi, le cours de la justice serait chaque année interrompu pendant les mois de septembre et octobre ; — Qu'il n'échet dès lors de prononcer la nullité du jugement dont est appel ; — Par ces motifs, etc.
Du 19 janv. 1884.-C. de Douai, 2e ch.-M. Duhem, pr.

x prescriptions de l'art. 411 c. proc. civ., en matière de
ements (Comp. Req. 23 juin 1852, aff. Jannin, D. P. 54.
363). C'est bien là le trait caractéristique de l'ordon-
nce de règlement. Le magistrat n'a qu'à faire appel à
souvenirs ; il n'a à appliquer aucune règle de droit ;
e rend donc pas un véritable jugement.

**236.** Une première conséquence de ce principe, c'est que
donnance du règlement n'a pas besoin d'être motivée
236). 17 déc. 1879, aff. Comtat, D. P. 80. 1. 375 ; Garson-
, t. 3, § 484, p. 332).

**237.** Autre conséquence, en ce qui concerne la constata-
1 matérielle de cette ordonnance. : il n'en est pas dressé
minute ; elle est seulement, comme on l'a vu au
, n° 251, et en vertu d'une instruction du directeur de
registrement du 23 juill. 1811, portée sur l'original de la
nification des qualités (Req. 19 juin 1883, aff. Sicard,
P. 84. 1. 228 ; Garsonnet, t. 3, § 484, p. 333).

**238.** Cette rédaction de l'ordonnance sur l'original des
lités n'est toute sommaire ; elle n'est soumise à aucune
me particulière, et spécialement aucune loi ne prescrit
elle mentionne les actes de la procédure suivie pour le
lement (Req, 25 juin 1888, aff. Emmanuel, D. P. 89. 1.
60). Comp. infra, n°s 270 à 276.

**239.** L'ordonnance de règlement ainsi rédigée sur l'ori-
al des qualités (supra, n° 237), sans référence à la pro-
ture qui l'a précédée (supra, n° 238), et sans motifs (supra,
236), n'a pas besoin d'être transcrite sur la minute du
ement (Req. 19 juin 1883, aff. Sicard, D. P. 84. 1. 228).

**240.** Du principe formulé au n° 235 résulte une troisième
séquence, en ce qui touche l'assistance du greffier. Cette
istance n'est pas nécessaire à la validité de l'ordonnance
règlement. La jurisprudence de la cour de cassation, dont
a cité, au Rép. n° 256, le premier exemple, a, pen-
t longtemps, sur ce point, manqué de précision. La cour
par trois fois, rejeté des pourvois fondés sur la non assis-
ce du greffier au règlement des qualités, par le motif
e le moyen manquait en fait (Req. 16 févr. 1848, aff. Bur-
, Rép. n° 256 ; Civ. rej. 8 mai 1850, aff. Desaine, D. P.
1. 158 ; Req. 23 avr. 1856, aff. Galinier, D. P. 56. 1. 294),
sorte qu'il était permis d'en induire que, si le moyen eût
justifié en fait, il eût entraîné la cassation. Mais la juris-
dence s'est nettement affirmée dans le sens opposé depuis
rêt de la chambre des requêtes du 6 janv. 1858 (aff. Viala,
P. 58. 1. 457) ; cet arrêt, en effet, déclare très nettement
e le règlement des qualités est un acte de nature spéciale,
t l'accomplissement et la constatation s'opèrent par le fait
que et personnel du juge ; que, la coopération matérielle
greffier n'étant pas nécessaire, son assistance n'est point
gée par l'art. 145 c. proc. civ. ; qu'ainsi les dispositions
l'art. 1040 du même code ne sont pas applicables au
lement des qualités. C'est en ce sens que la jurisprudence
définitivement fixée (Req. 2 mars 1858, aff. Combal, D. P.
1. 215 ; 2 déc. 1868, aff. Cointry, D. P. 69. 1. 129 ;
juin 1869, aff. Poisson, D. P. 70. 1. 128 ; V. en ce sens
rsonnet, t. 3, § 484, p. 332 ; Rodière, t. 2, p. 264). D'ail-
rs la chambre des requêtes a jugé que, s'il est constaté
e le greffier a signé l'arrêt, il résulte de cette circonstance
somption suffisante de son assistance à toutes les parties
t se compose l'arrêt, et, par conséquent, au règlement
s qualités (Req. 23 avr. 1856, aff. Galinier, D. P. 56. 1.
; 15 juin 1869, aff. Poisson, D. P. 70. 1. 128) ce qui fait
de la question beaucoup de son intérêt.

**241.** Le principe posé supra, n° 235, en ce qui concerne
caractère définitif de l'ordonnance de règlement, entraîne
core une autre conséquence. La chambre des requêtes,
renant les motifs analysés ibid., a jugé que, le règlement
qualités étant une mission conférée à la loyauté et à la
conscience du magistrat qui a présidé l'audience, un
pel fait à ses souvenirs, il résulte de la nature spéciale
cette mission qu'aucun ne saurait être ouvert
tre la décision du magistrat qui l'a remplie (Req. 23 juin
2, aff. Jaumes, D. P. 54. 1. 363) ; et elle a développé
te considération en disant que la décision du président,
tant règlement des qualités d'un jugement ou d'un
êt, a pour objet principal de constater des faits dont
uns se sont passés devant lui à l'audience, et les
tres sont établis par les pièces de la procédure ; que
loi s'en rapporte pour cette constatation à la conscience

attentive du magistrat, et que l'acte par lequel il accomplit la mission qui lui est confiée n'est pas susceptible
d'être attaqué (Req. 16 août 1876, aff. Lemaître, D. P. 77.
1. 316). A cet argument de théorie, il est permis d'ajouter,
en fait, que, si la loi avait entendu ouvrir une voie de
recours, elle aurait assurément fixé le temps et réglé la
forme dans lesquels ce recours devrait être exercé ; que
ce silence de la loi doit d'autant plus être interprété dans
ce sens que la plupart des droits de la partie défaillante sont
conservés par le fait même de son opposition (Req. 23 juin
1852, aff. Jaumes, D. P. 54. 1. 363). En conséquence, l'ordonnance de règlement des qualités ne peut, comme on
l'a vu au Rép. n° 257 (Addic : Bioche, n° 412 ; Chauveau sur Carré, t. 1, quest. 603 ; Colmet-Daage sur Boitard,
t. 1, p. 312, note 2 ; Garsonnet, t. 3, § 484, texte et note 48,
p. 333), être attaquée par aucune voie : ni par opposition
devant le président qui la rendue, même en cas de défaut
(Req. 23 juin 1852, aff. Jaumes, D. P. 54. 1. 363), ni par
opposition devant le tribunal ou la cour qui avait rendu le
jugement ou l'arrêt (Req. 16 août 1876, aff. Lemaître, D. P.
77. 1. 316), ni par pourvoi en cassation (Req. 18 juin 1851,
aff. de Lusignan, D. P. 54. 5. 456), sauf d'ailleurs au magistrat taxateur à les réduire, si elles renferment des énonciations superflues (Même arrêt).

**242.** De ce que la loi n'autorise aucun recours contre
l'ordonnance du règlement, il résulte que le président du
tribunal qui a rendu le jugement est investi d'un pouvoir
souverain pour le règlement des qualités. Il peut en supprimer les passages renfermant des développements inutiles,
alors, d'ailleurs, que la rédaction maintenue résume avec
précision et clarté les points de fait et de droit dont le tribunal était réellement saisi, sauf, ainsi qu'on l'a admis
au Rép, n° 258, le droit, pour la partie qui aurait à se
plaindre de ces suppressions, de soumettre au juge saisi de
l'appel du jugement rendu sur le fond les chefs dont elle
se croirait en droit de réclamer la solution (Req. 2 févr.
1881, aff. Courrélongue, D. P. 82. 1. 179). Il peut tenir
compte, soit implicitement, soit explicitement, des griefs
formulés par les parties. Ainsi, dans une espèce où, sur
l'opposition, les qualités avaient été réglées par une ordonnance ainsi conçue : « Nous président, vu les qualités ; vu
la sommation en débouté ; vu les rectifications faites et
demandées ; vu les actes de protestations respectives ; vu
les protestations notifiées par l'exploit de l'huissier, en date
du 28 août courant, disons que, sous le bénéfice desdites
protestations et réponses, les qualités seront expédiées en
tête de l'arrêt », la chambre civile a jugé que, dès lors
que les qualités contenaient les noms, professions et
demeures des parties, les conclusions et les points de fait
et de droit, et qu'elles avaient été rectifiées à la suite de
l'opposition qui y avait été formée, elles étaient régulières, et que, en ordonnant qu'elles seraient expédiées sans
préjudice des protestations et réponses des parties, le magistrat n'avait contrevenu à aucune loi (Civ. rej. 3 mars 1868,
aff. des Guidi, D. P. 68. 1. 155).

**243.** Les rectifications ordonnées sont, comme il est dit
au Rép. n° 255, opérées incontinent sur l'original (Bioche,
n° 407, Garsonnet, t. 3, § 484, p. 332) ; mais il n'est pas
besoin que les qualités fassent connaître, avec ces modifications, la rédaction primitive ; il suffit que l'arrêt soit expédié
sur les qualités rectifiées (Req. 19 déc. 1866, aff. Favre-
Laurent, D. P. 67. 1. 440).

**244.** Enfin faut-il tirer du principe formulé quant au
caractère de l'ordonnance de règlement (supra, n° 235) une
quatrième conséquence, en ce qui concerne la date qui,
ainsi qu'on le verra (infra, n° 324) est une formalité substantielle des jugements ? Il a été souvent jugé que l'ordonnance de règlement des qualités, lorsqu'elle est sans date,
est entachée d'une nullité radicale (Civ. cass. 26 févr.
1878, aff. Chassain, D. P. 78. 1. 152; Poitiers, 18 mai
1881, aff. Bricault, D. P. 82. 2. 103; Civ. cass. 16 juin
1882, aff. Auger, D. P. 84. 5. 309; 6 janv. 1886, aff. Fournier, D. P. 86. 1. 335; 23 mars 1886, aff. Société thermale des Pyrénées, D. P. 86. 1. 335; 7 juill. 1886, aff. Maurin, D. P. 86. 5. 262; V. en ce sens Garsonnet, t. 3, § 484,
texte et note 46, p. 332). Mais cette nullité n'a aucunement
trait à la théorie générale des jugements; elle a sa source
dans les principes mêmes de la matière. En effet, puisque

le règlement des qualités ne peut avoir lieu qu'après l'expiration du délai fixé par l'avenir (V. *suprà*, n° 204), si bref d'ailleurs que soit ce délai (V. *suprà*, n°ˢ 198 et suiv.), il est indispensable qu'on puisse constater si les qualités ont été réglées au jour où elles devaient l'être, et si l'avoué opposant a eu la faculté de les contredire : c'est ainsi que s'expriment les arrêts de cassation précités.

**245.** D'ailleurs, quels que soient les principes qui inspirent cette solution, la solution, en elle-même, n'est pas douteuse, et, suivant un principe déjà plusieurs fois formulé (V. *suprà*, n° 180), la nullité (pour défaut de date) de l'ordonnance de règlement est une nullité radicale, et elle vicie le jugement ou l'arrêt dont les qualités se trouvent ainsi non réglées (Civ. cass. 26 févr. 1878, aff. Chassain, D. P. 78. 1. 152; Poitiers, 18 mai 1881, aff. Bricault, D. P. 82. 2. 103; Civ. cass. 16 janv. 1882, aff. Auger, D. P. 84. 5. 309; 6 janv. 1886, aff. Fournier, D. P. 86. 1. 335; 23 mars 1886, aff. Société thermale des Pyrénées, D. P. 86. 1. 335).

**246.** Ce moyen de nullité sera produit par voie d'appel, s'il s'agit d'un jugement en premier ressort (Poitiers, 18 mai 1881, aff. Bricault, D. P. 82. 2. 103), et par voie de pourvoi en cassation, s'il s'agit d'une décision définitive (Civ. cass. 26 févr. 1878, aff. Chassain, D. P. 78. 1. 152; 16 janv. 1882, aff. Auger, D. P. 84. 5. 309; 6 janv. 1886, aff. Fournier, D. P. 86. 1. 335; 23 mars 1886, aff. Société thermale des Pyrénées, D. P. 86. 1. 335).

**247.** Toutefois, cette nullité n'atteint pas le « bon à expédier » délivré par le président, lorsque ce magistrat, au lieu d'imposer sa solution aux diverses parties en cause, ne fait que constater un accord amiable intervenu entre elles (Civ. rej. 18 mai 1881, aff. Sanger, D. P. 82. 1. 115; Req. 16 juill. 1884, aff. Renaud, D. P. 85. 1, 232. V. en ce sens, Garsonnet, t. 3, § 484, n° 46, p. 333), car, dans ce cas, il n'y a pas, à proprement parler, d'ordonnance de règlement (V. *suprà*, n° 189).

**248.** Par un motif identique, il a été décidé que, lorsqu'il n'a pas été formé d'opposition aux qualités d'un arrêt, la mention « bon à expédier » mise sur l'original avec la signature du président, ne constitue pas une ordonnance de règlement des qualités qui serait sans objet, mais un simple visa non prescrit, et, dès lors, non soumis à l'obligation d'être daté (Req. 6 juin 1887, aff. Roux, D. P. 87. 5. 266).

**249.** D'ailleurs, si une erreur matérielle se glisse à ce sujet dans l'ordonnance, elle peut être réparée, conformément au principe exprimé *suprà*, n° 195, pourvu que ce soit à l'aide d'éléments puisés dans l'ordonnance même. — Jugé, en ce sens, que le règlement des qualités d'un arrêt opéré par un magistrat compétent est valable, bien que l'ordonnance porte une date manifestement erronée, s'il résulte des énonciations de cette ordonnance que le règlement a eu lieu le jour fixé par la sommation de comparaître devant le juge, et que, en conséquence, l'avoué adverse a pu faire valoir utilement ses moyens d'opposition au jour qui lui a été indiqué (Civ. rej. 2 févr. 1886, aff. Lebayet, D. P. 86. 1. 126 ; *Adde :* Garsonnet, t. 3, § 484, note 46, p. 332-333).

**250.** — E. *De la foi due aux qualités.* — Les procédures minutieuses que l'on vient d'analyser n'ont, comme on l'a exposé au *Rép.* n° 259, qu'un seul but : c'est de faire des qualités l'œuvre, en quelque sorte, commune et contradictoire des deux parties, et de pouvoir ainsi leur accorder une créance qui, sans cela, n'eût pas été justifiée. La signification des qualités est, on l'a dit *ibid.*, une sorte de sommation d'avouer ou de contester ce qui s'y trouve, au moyen de l'opposition. Si cette signification n'est pas faite (V. *suprà*, n° 168), si (la signification ayant provoqué une opposition) il n'est pas procédé au règlement (V. *suprà*, n° 180), si ce règlement est irrégulier (V. *suprà*, n° 217), les qualités sont absolument nulles, et leur nullité entraîne celle du jugement. Si, au contraire, les qualités ont été régulièrement signifiées, et si, frappées d'opposition, elles ont été régulièrement réglées, elles sont pleinement valables, elles font foi de leur contenu au même titre que le jugement lui-même. En effet, l'avoué qui néglige de frapper d'opposition les qualités ou de les faire régler est présumé y avoir adhéré (Limoges, 10 août 1881, aff. C..., D. P. 55.2.184) : dès lors, leurs affirmations font foi jusqu'à désaveu (Comp. Req. 9 mars 1881, aff. Vinet, D. P. 82. 1. 125), ou inscription de faux : désaveu, si l'avoué a inséré dans

les qualités quelque énonciation préjudiciable à son clie[nt]; inscription de faux, si c'est la partie adverse qui se trou[ve] lésée par la rédaction des qualités, car elle n'a pas le dr[oit] de désavouer l'avoué de son adversaire (Garsonnet, t. [3,] § 484, texte et note 16, p. 328. Comp. Bioche, n° 367; Car[ré] et Chauveau, t. 1, quest. 601; Boncenne, t. 2, p. 431).

**251.** Toutefois ce principe comporte une réserve. [Il] résulte de ce qui précède que les qualités doivent, la fo[i] probante dont elles sont investies à la faculté d'opposit[ion] conférée par la loi à l'avoué auquel elles sont signifiée[s.] Il s'ensuit que cette force probante n'appartient entière[ment] qu'aux qualités des jugements des tribunaux civils; elle ne retrouve pas, au même degré, dans les qualités établi[es] devant d'autres juridictions où le principe de la significa[tion] tion n'existe pas (V. *suprà*, n°ˢ 162 et 163). Ainsi les qu[a]lités, en matière commerciale, ne font pas foi absolue [des] énonciations qu'elles contiennent, et elles ne doivent av[oir] l'autorité d'une preuve ou d'une présomption équipollent[e] que lorsqu'elles ne sont combattues par aucune preu[ve] ou présomption contraire (Nimes, 18 juin 1867, aff. Bédou[, ] D. P. 68. 5. 266; Req. 21 juill. 1890, aff. Garisson, D. [P.] 91. 1. 270).

**252.** En ce qui concerne les qualités qui, suivant [le] droit commun, font pleine foi de leurs énonciations, c'est[-à-] dire aux qualités des jugements contradictoires des tribu[-] naux civils, il importe de préciser sur quels points exac[te]ment porte cette force probante.

Les qualités doivent, ainsi qu'on le verra *infrà*, n°ˢ 2[94] à 315), relater, outre les qualités des parties propreme[nt] dites, tous les actes de la procédure, et notamment tou[s] les conclusions où les parties produisent leurs réci[ts,] leurs affirmations, leurs arguments, etc. Mais le fait mê[me] que tel acte de conclusions a été signifié est quelque ch[ose] de très distinct des faits qui peuvent être relatés dans [cet] acte. Comme le dit la chambre des requêtes (14 mars 18[86,] aff. Rouyer, D. P. 53. 1. 57), les qualités d'un jugement [ou] d'un arrêt contiennent, d'une part, la reproduction des co[n]clusions des parties que les juges ont à apprécier, et, d'au[tre] part, un exposé des faits dont les juges ont à rejeter [ou] admettre la réalité, à vérifier l'exactitude, à démontrer [le] véritable caractère. Or, ce qui est souverainement consta[té] par les qualités, ce sont les détails de la procédure, et, par exemple, les qualités des parties, les actes signifiés par el[les] (assignations, conclusions, etc.), mais non pas les récits [ou] affirmations formulés par les parties dans ces actes. Ce[tte] distinction fondamentale est formellement maintenue par [la] jurisprudence.

**253.** Quant aux actes de la procédure proprement di[ts,] c'est un point constant que, dès qu'ils sont relatés da[ns] les qualités, ils sont, jusqu'à inscription de faux, répu[tés] avoir été accomplis, et que, à l'inverse, s'ils y sont pas[sés] sous silence, ils sont, jusqu'à inscription de faux, répu[tés] n'être jamais intervenus.

**254.** Cette règle reçoit une première application qua[nt] au point de savoir quelles parties ont participé à l'instan[ce,] y ont été appelées, y ont conclu. Dans une affaire [où] plusieurs parties avaient eu gain de cause en première in[s-] tance, il avait été interjeté appel contre elles toutes, [par] une seule, en sorte que le bénéfice du jugement paraiss[ait] définitivement acquis à celle-là. La cour infirma le jug[e]ment, et, lors de la levée de l'arrêt, la partie qui y ét[ait] restée étrangère fut, dans les qualités, comprise par err[eur] parmi les intimés. Ces qualités, sur opposition, fure[nt] réglées par ordonnance ; mais on omit de demander [la] réparation de l'erreur commise. La chambre des requê[tes] jugea que la participation du prétendu intimé à la proc[é]dure d'appel était légalement établie, et que, par sui[te,] le jugement devait être considéré comme infirmé, en [ce] qui le concernait (Req. 9 mars 1881, aff. Vinet, D. P. 82. [1.] 125).

**255.** Une autre application a été faite en ce qui tou[che] les conclusions des parties. Des conclusions sont cens[ées] avoir été prises, dès qu'elles sont relatées aux qualit[és.] D'où la cour de Limoges (10 août 1850, aff. C..., D. [P.] 2. 184) a tiré cette conséquence qu'il suffit qu'un chef [de] demande, bien qu'il ne soit pas énoncé dans les con[clu]sions insérées au jugement, fasse partie des questi[ons] posées dans les qualités, auxquelles il n'a pas été for[mé] pposition, pour que le jugement qui a accueilli un tel chef e demande, ne puisse pas être considéré comme ayant rononcé *ultrà petita*.

**256.** Inversement, les conclusions non relatées aux qua-és sont censées n'avoir jamais été prises. La cour de cas-tion en conclut qu'elles ne sauraient donner lieu à l'appli-tion de la règle (V. *infrà*, chap. 7) aux termes de laquelle rejet de conclusions doit être appuyé de motifs, à peine de illité. Jugé, en effet : 1° que les juges ne sont pas tenus de otiver le rejet de conclusions qui ne résultent pas des ialités du jugement (Civ. rej. 11 févr. 1874, aff. de Boudard, . P. 74. 1. 143); — 2° Qu'un arrêt ne peut être attaqué mme dépourvu de motifs, pour ne pas s'être expliqué r des moyens dont il n'a pas été fait mention dans les qua-és, et qui ne sont développés que dans un mémoire oprimé auquel se référaient les conclusions signifiées sur appel (Civ. rej. 5 nov. 1873, aff. Maifreddy, D. P. 73. . 454).

**257.** D'ailleurs, en dehors des conclusions, que l'on a mentionnées ici qu'à titre d'exemple, la règle s'ap-ique à tous les actes ou incidents de la procédure. ela a été jugé, spécialement, quant à un interrogatoire en iambre du conseil : aux termes d'un arrêt de la chambre des equêtes (2 févr. 1870, aff. Burtin, D. P. 70. 1. 420), l'énon-ation, dans les qualités d'un arrêt, que, « les plaidoiries rminées, la cour a entendu le ministère public », rend admissible le moyen de cassation tiré, contre cet arrêt, de e que, dans l'intervalle des plaidoiries et des conclusions u ministère public, l'une des parties (en matière, par xemple, de procès en séparation de corps) aurait été inter-ogée en chambre du conseil, en l'absence de l'autre artie.

**258.** La règle formulée *suprà*, n° 253, ne comporte u'une seule exception, ou plutôt une simple réserve : est au cas où les mentions des qualités sont contredites-ar le jugement lui-même. Il ne s'agit pas alors, en effet, e mettre en balance, d'une part, un acte authentique et, autre part, tel ou tel autre acte plus ou moins probant, uquel cas la préférence est nécessairement acquise à l'acte uthentique, c'est-à-dire aux qualités; il s'agit de régler la ontradiction qui existe entre deux actes que la loi recon-aît l'un et l'autre authentiques, mais dont l'autorité est écessairement inégale : or, comme le dit un arrêt, « une elle contradiction ne peut avoir pour résultat de faire pré-aloir sur les motifs, qui sont l'œuvre de la justice, les ualités qui sont l'œuvre des parties ». Jugé, en con-équence, que, en cas de divergence entre les faits cons-atés par les motifs du jugement et le point de droit, ième maintenu sans opposition aux qualités de ce juge-ient, cette contradiction ne peut faire prévaloir les énon-iations des qualités sur celles des motifs (Paris, 25 févr. .876, aff. Guimaraës, D. P. 76. 2. 233, et, sur pourvoi, Req. . janv. 1877, D. P. 78. 1. 125).

**259.** Il en serait ainsi, à plus forte raison, si cette con-radiction résultait, non pas, comme dans l'hypothèse pré-édente, d'une constatation accidentelle du jugement, mais e la décision même que le jugement avait pour objet prin-pal et essentiel. Ainsi les énonciations des qualités, quant ix *qualités* proprement dites des parties, par exemple, ant à la profession de l'une d'elles, ne sauraient prévaloir ir la décision du tribunal statuant précisément sur ce oint, et rejetant la prétention du demandeur, maintenue ar celui-ci dans la rédaction des qualités : « Attendu, dit la iambre des requêtes (14 mars 1853, aff. Rouyer, D. P. 53. . 57), que l'on ne peut pas prétendre qu'il y a eu vente ntre négociants, et qu'il doit y avoir application de la con-ntion par corps, en se fondant sur ce que les qualités don-ent aux parties le titre de commerçant, lorsque, d'ailleurs, arrêt déclare en termes exprès que le prétendu acheteur était pas vraiment commerçant ».

**260.** Mais, à part ces tempéraments qui s'imposent, et

qui ne font, au surplus, que confirmer la règle, il est hors de doute que les qualités constatent, d'une façon souveraine et définitive, les faits qu'elles ont mission de relater, c'est-à-dire les qualités proprement dites des parties, et la mar-che de la procédure.

**261.** La règle est différente en ce qui concerne, non plus les actes de la procédure, mais les allégations insérées par les parties dans ces actes. Ces allégations, récits, arguments, etc., ne tirent aucune force probative de ce qu'ils sont relatés dans les qualités. Ainsi, non seulement ils ne peuvent prévaloir contre les énonciations contraires du jugement, mais ils peuvent toujours être ultérieurement rectifiés.

**262.** D'abord ces récits et allégations ne peuvent pré-valoir contre les énonciations contraires du jugement. Supposons, par exemple, une instance tendant à la réalisa-tion d'une vente, que le jugement a reconnue fictive comme masquant une opération usuraire : les qualités devront contenir l'énoncé de tous les actes de procédure, et, notam-ment, de l'assignation, qui présentait cette vente comme sérieuse; si elles ne sont pas frappées d'opposition, elles constatent souverainement que telle a été l'assignation déli-vrée ; mais elle ne prouvent évidemment pas que les circons-tances de la cause fussent telles que les dépeignait le demandeur : « Attendu, dit la chambre des requêtes (14 mars 1853, aff. Rouyer, D. P. 53. 1. 57), que la différence qui existe entre le point de fait des qualités et les faits cons-tatés par les motifs de l'arrêt prouve suffisamment que ces faits ont été appréciés par la cour autrement qu'ils ne l'avaient été par les plaideurs, et que, avancés par les parties, ils n'ont pas été complètement acceptés par les magistrats qui en étaient les juges; que si, dans les qualités, l'une des parties a continué d'exposer les faits comme ils l'étaient dans sa demande, si l'autre a omis de former opposition, cette persistance ou cette négligence ne peut détruire l'ap-préciation des magistrats et annuler l'œuvre de la justice, surtout lorsque la différence porte, non pas sur des points accessoires qui peuvent échapper à l'attention, mais sur le fait principal, sur la cause même du litige ». Et la cour en conclut qu'il n'y a point contradiction juridique entre les qualités exposant en détail les circonstances d'une vente, et les motifs qui déclarent que cette vente masquait une opération usuraire, et qu'on ne peut, en faisant prévaloir les qualités sur l'arrêt lui-même, soutenir qu'il y a eu vente véritable, et non pas usure (Même arrêt). — Jugé de même qu'on ne peut considérer comme constant l'aveu d'un fait, par cela seul qu'il est relaté aux qualités, alors surtout que ce fait, démenti d'autre part par ces même qualités, faisait l'objet du procès (Aix, 13 août 1866) (1).

**263.** Mais il faut aller plus loin encore. Les qualités font si peu foi de la véracité des allégations qu'elles contiennent qu'il est toujours possible de les faire rectifier ultérieure-ment de ce chef. La cour de cassation a jugé, en effet, que, quand le vœu des art. 141 et 142 a été rempli, ni ces articles ni aucune autre disposition de la loi ne refusent à une partie le droit de poursuivre, au cours d'une instance, la rectification des faits abusivement allégués et de nature à porter atteinte à ses intérêts; que le juge, mis ainsi par des conclusions formelles en demeure de statuer, accueille ou repousse la demande suivant qu'elle lui paraît ou non fondée; que, dès lors, en prononçant sur l'incident dont il est compétemment saisi, il ne viole point les articles pré-cités qui avaient antérieurement reçu leur entière exécution (Req. 1er déc. 1880, aff. Speidel, D. P. 81. 1. 321).

### § 2. — Conditions de fond.

**264.** Les qualités doivent être copiées dans l'expédition. C'est au sujet de l'expédition que l'on recherchera quelles énonciations doivent y être contenues (V. *infrà*, n°s 283 à 315).

---

(1) (Rey C. Jourdan.)—La cour;— Sur la question relative aux ialités du jugement : — Attendu qu'aucune opposition n'a é faite aux qualités mentionnant que la demoiselle Rey (For-née) était, depuis plusieurs années, dans l'impossibilité de lire, n ne saurait prendre ce silence pour un aveu, quand, surtout fait de la cécité était démenti dans ces mêmes qualités et

quand encore ce point contesté était précisément l'objet du pro-cès soutenu par les défendeurs. — Au fond : — ... (V. *suprà*, v° *Dispositions entre vifs*, n° 776);
Confirme, etc.
Du 13 août 1866.-C. Aix, 1re ch.-MM. de Fortis, pr.-Raybaud, 1er av. gén.-Arnaud et Paul Rigaud, av.

ART. 3. — *De l'expédition des jugements* (*Rép.* n° 260 à 310).

**265.** Les jugements, comme le remarque M. Garsonnet (t. 3, § 482, p. 321), ne sont pas faits pour rester secrets. Les greffiers qui en ont la garde doivent en communiquer le texte à qui le demande, contre payement des droits de greffe : 1° au gagnant, qui veut signifier pour procéder à l'exécution ou pour faire courir le délai de l'appel, de la requête civile ou du pourvoi en cassation; 2° au perdant, qui veut étudier le jugement pour savoir s'il doit l'attaquer ou l'exécuter; 3° à toute personne intéressée (Garsonnet, *ibid.*). — Cette communication du texte du jugement a lieu, non pas par déplacement matériel de la minute, qui ne doit pas sortir des mains du greffier, mais par délivrance d'une copie dite *expédition*.

**266.** Lorsque la partie perdante, ou un tiers, lève le jugement, c'est évidemment à ses frais. Si, au contraire, le jugement est levé par le gagnant, c'est aux frais de la partie perdante. Mais le gagnant a-t-il, d'une façon générale et absolue, le droit d'imposer au perdant les frais de cette levée, alors même que celui-ci accepterait le jugement, et serait prêt à l'exécuter? La cour de Paris (18 janv. 1847,aff. Pelletier, D. P. 47. 4. 279 ; 3 févr. 1854, aff. Jouve de Bor, D. P. 54. 2. 63; 23 juin 1859, aff. Bilmare, D. P. 60. 5.241)s'est plusieurs fois prononcée pour l'affirmative.— Ces solutions paraissent contestables. Sans nul doute, une décision judiciaire est un titre exécutoire qui appartient à la partie qui a obtenu gain de cause, et, conséquemment, elle est en droit de s'en faire délivrer expédition, afin de l'avoir à sa disposition et d'en faire usage au besoin (Riom, 10 août 1853, aff. Perrière, D.P. 55.2. 46). Sans doute encore, on ne peut, contre la volonté d'une partie, substituer un autre titre à celui qui lui a été conféré par la justice, alors surtout que celui qu'on lui offre consiste en un acte d'acquiescement sous seing privé, qui ne présente pour elle ni les mêmes avantages ni les mêmes garanties (Même arrêt). Cette solution se comprend encore, en présence même d'un acquiescement notarié, mais unilatéral (Paris, 25 juin 1859, précité). Il en serait ainsi surtout, dans le cas où les fonds destinés à acquitter le montant des condamnations se trouveraient entre les mains d'un comptable de deniers publics, tel, par exemple, qu'un receveur municipal, celui-ci étant en droit d'exiger, pour se dessaisir, qu'on lui justifie de l'arrêt et de sa signification (Riom, 10 août 1853, précité). Mais si, en dehors de cette dernière circonstance de fait, la partie perdante offrait, non seulement un acquiescement, mais l'exécution du jugement, le droit absolu de lever l'arrêt ne se justifierait aucunement au profit du gagnant. La cour de Riom, semble-t-il, a, mieux que la cour de Paris, gardé la mesure, quand elle a jugé seulement que la partie qui a obtenu gain de cause dans un procès, a le droit, *tant qu'elle n'a pas été désintéressée des condamnations prononcées à son profit, soit par un payement effectif, soit par des offres réelles,* de lever et signifier le jugement ou arrêt rendu en sa faveur, et cela bien que la partie condamnée lui ait fait notifier un acte portant acquiescement pur et simple à ces condamnations (Riom, 15 févr. 1854, aff. Place, D. P. 55. 2. 46) ; et, dans ce sens, on ne peut qu'approuver un jugement du tribunal de Mont-de-Marsan (9 déc. 1864, aff. Bégnéry, D. P. 65. 3. 79) aux termes duquel, lorsque la décision ne porte qu'une condamnation à un payement que la partie condamnée offre de faire immédiatement, en y joignant les frais liquidés et le coût de la minute, la levée et la signification du jugement, effectuées au mépris de cette offre, deviennent frustratoires, et les frais doivent en être supportés par le créancier, ainsi que ceux que sa résistance a rendus nécessaires.

§ 1er. — Conditions de forme.

**267.** On verra bientôt (*infrà*, n° 269) que l'expédition n'est que la copie de la minute et des qualités (Comp. Garsonnet, t. 3, § 482, p. 332). Pour copier la minute, le

greffier a toute facilité, puisque, aussitôt après l'avoir dressée, il a dû, comme on l'a vu au *Rép.* n° 230, la déposer au greffe, d'où elle ne doit plus sortir (V. Garsonnet, t. 3, § 482, texte et note 5, p. 322). Quant aux qualités, il a été dit également au *Rép.*, n° 260, que l'original a dû être déposé entre les mains du greffier, après le règlement, si une opposition s'était produite, et vingt-quatre heures après la signification, dans le cas contraire.

**268.** Au point de vue de la forme, l'expédition n'est soumise qu'à une seule condition : elle doit être une copie exacte, sous la garantie de la signature du greffier qui la délivre (*Rép.* n° 310).

§ 2. — Conditions de fond.

**269.** L'art. 141 c. proc. civ. a rigoureusement déterminé les énonciations que doit contenir l'expédition des jugements. Ce sont : 1° les noms, professions et demeure des parties, ainsi que de leurs avoués, leurs conclusions, l'exposition sommaire des points de fait et de droit; 2° les motifs et le dispositif du jugement, ainsi que les noms des juges, et du ministère public, s'il a été entendu. Si l'on rapproche les deux branches de cette énumération, respectivement, des art. 142 et 138 c. proc. civ., on voit que, en d'autres termes, l'expédition doit être la copie, non seulement de la minute, mais encore des qualités.

**270.** Les qualités doivent être copiées dans l'expédition, exactement telles qu'elles ont été réglées. Mais est-il nécessaire, à peine de nullité, que l'expédition relate le règlement lui-même et la procédure qui l'a précédé? La cour de cassation s'est maintes fois prononcée pour la négative, et cette solution se fonde sur deux motifs. Le premier a été ainsi formulé par la chambre des requêtes (19 juin 1872, aff. Roucheyrolles, D. P. 72. 1. 472) : « Attendu que l'art. 141 ne porte pas la peine de nullité pour sanction des formalités qu'il prescrit ; que, dans le silence de la loi, il appartient aux juges d'apprécier les faits ». De ce premier motif il suivrait déjà que, à supposer que l'omission dont il s'agit fût une cause de nullité, cette nullité n'atteindrait, en tout cas, que l'expédition, mais non le jugement lui-même, qui ne peut être annulé que pour omission des conditions prescrites par l'art. 141 (Req. 28 févr. 1865, aff. Poëy, D. P. 65 1. 420). Mais il faut aller plus loin. La jurisprudence se fonde sur un second motif, tiré, non plus de l'art. 141 c. proc. civ., mais des art. 144 et 145, et que l'on trouve ainsi formulé dans le rapport de M. le conseiller Alméras Latour, du 8 févr. 1876 (D. P. 76. 1. 300) : « Les art. 144 et 145 c. proc. civ., sont ainsi conçus : « Art. 144. — L'avoué « qui voudra s'opposer soit aux qualités, soit à l'exposé des « points de fait et de droit, le déclarera à l'huissier, qui « sera tenu d'en faire mention. — Art. 145. Sur un simple « acte d'avoué à avoué, les parties seront réglées sur cette « opposition par le juge qui aura présidé, etc... ». Il n'est dit nulle part dans ces articles ni dans aucun autre, qu'il sera fait mention, dans le jugement ou l'arrêt, de l'accomplissement des formes suivies pour le règlement des qualités sur opposition. Ce règlement forme une procédure distincte, dont la régularité peut s'établir par les actes qui le constituent, sans qu'il soit besoin d'une constatation particulière dans l'expédition du jugement de la régularité duquel elle peut concourir ». Dès lors, non seulement le jugement lui-même échappe à la nullité; mais il n'y-a même aucun motif d'annuler l'expédition (V. Garsonnet, t. 3, § 484 p. 333).

**271.** La jurisprudence a fait application de ce principe à chacun des actes qui composent la procédure de règlement. Tout d'abord, il a été jugé que la mention de la *signification* des qualités n'est pas prescrite à peine de nullité (Req 12 févr. 1817, cité au *Rép.* n° 250 ; 19 juin 1872, aff. Roucheyrolles, D. P. 72. 1. 472 ; 3 août 1876 (1) ; 14 juin 1877 aff. Prosperi, D. P. 78. 1. 120).

**272.** Il n'est pas non plus nécessaire que l'arrêt contienne mention de l'*opposition* aux qualités (Req. 19 juin 1872, aff.

---

(1) (De Guilloutet *C.* Montaut-Brassac.) — LA COUR ; — Sur le premier moyen, pris de la violation des art. 142, 143, 144 et 145 c. proc. civ.: — Attendu qu'aucune disposition de loi ne prescrit, à peine de nullité, de mentionner dans l'arrêt ou le jugement la

signification des qualités; — Sur le deuxième moyen ... — (Sans intérêt); — Rejette, etc.
Du 3 août 1876.-Ch. req.-MM. de Raynal, pr.-Connelly, rap Godeille, av. gén.-c. conf.-Cor. Guyho, av.

RoucheyroNes, D. P. 72. 1. 472 ; 14 juin 1877, aff. Prosperi, D. P. 78. 1. 120).

**273.** Jugé, de même, que le jugement n'est pas nul pour défaut de mention, dans l'expédition, des *actes de la procédure suivie pour le règlement* des qualités (Req. 6 févr. 1878, aff. Philippaz, D. P. 79. 1. 125 ; 12 nov. 1880, aff. Bardou, D. P. 80. 1. 417 ; 22 févr. 1886, aff. Tellier-Villion, D. P. 86. 1. 156 ; 18 oct. 1886, aff. Beust, D. P. 87. 1. 433 ; 25 juin 1888, aff. Emmanuel, D. P. 89. 1. 59-60 ; 19 juill. 1888, D. P. 89. 1. 345 ; 21 nov. 1888, aff. Leduc, D. P. 89. 1. 181 ; Civ. rej. 24 déc. 1888, aff. Durant, D. P. 89. 1. 165 ; 16 avr. 1889, aff. Gonon, D. P. 89. 5. 287 ; Req. 19 juin 1889, aff. Courtois, D. P. 89. 1. 337) ; ou, en termes plus généraux, des *formalités relatives au règlement* (Req. 8 févr. 1876, aff. Labadié, D. P. 76. 1. 289 ; 8 févr. 1876, aff. Ville de Marseille, D. P. 76. 1. 300 ; 19 juill. 1887, aff. Cunéo d'Ornano, D. P. 88. 1. 29 ; 19 juill. 1888, aff. Tison, D. P. 89. 1. 345 ; 30 oct. 1889, aff. Dorban, D. P. 90. 1. 84). Spécialement, il importe peu qu'il ne soit pas fait mention expresse du nom de l'avoué à la requête duquel la signification des qualités a eu lieu, lorsque cet acte, complété et expliqué par la copie des qualités, donnée en tête de l'exploit et faisant ainsi corps avec lui, ne laisse aucun doute possible sur le nom et la qualité du requérant, qui les a rédigées et signées (Civ. rej. 20 nov. 1888, aff. Congar, D. P. 90. 1. 157).

**274.** Il en est également ainsi, en ce qui concerne la mention de l'*avenir en règlement* (Civ. rej. 24 déc. 1888, aff. Durant, D. P. 89. 1. 165 ; 16 avr. 1889, aff. Gonon, D. P. 89. 5. 287). Par suite, il suffit que le jugement indique que les qualités ont été, sur opposition, maintenues par défaut, alors qu'il n'est ni établi, ni même allégué, que l'avoué opposant n'ait pas été, en temps utile, cité devant le magistrat compétent (Req. 19 juin 1889, aff. Courtois, D. P. 89. 1. 337 ; Civ. rej. 27 oct. 1890, aff. Huyssen, D. P. 91. 1. 172).

**275.** Enfin, même solution encore en ce qui concerne la mention du *règlement* lui-même (Req. 28 févr. 1865, aff. Pocy, D. P. 65. 1. 420 ; 6 mars 1866, aff. Dellas, D. P. 66. 1. 270 ; 22 juin 1870, aff. Rupalley, D. P. 74. 5. 302 ; 15 juill. 1873, aff. Kanouï, D. P. 74. 1. 262 ; 21 déc. 1875, aff. Evrard, D. P. 78. 1. 80 ; 14 juin 1877, aff. Prosperi, D. P. 78. 1. 120 ; 6 août 1877, aff. Berlet, D. P. 78. 1. 163 ; 11 nov. 1879, aff. Mandraux, D. P. 80. 1. 421 ; 12 mars 1888, aff. Carpentier, D. P. 88. 1. 408).

**276.** La loi n'exigeant pas même une simple mention (V. *suprà*, n° 275), à plus forte raison n'est-il pas nécessaire que l'ordonnance de règlement soit copiée dans l'expédition, « attendu, dit la chambre des requêtes (19 juin 1883, aff. Sicard, D. P. 84. 1. 228), que l'existence et la rédaction de l'ordonnance de règlement des qualités, œuvre personnelle du juge, et portée, conformément à l'usage et à l'instruction ministérielle du 21 mai 1811, sur l'original de la signification des qualités, ne peuvent être confondues avec des formalités ultérieures qu'aucune loi n'a d'ailleurs prescrites, comme une mention sur la minute du jugement ou une copie dans son expédition ».

**277.** Il résulte de la règle formulée *suprà*, n° 270, que le juge a uniquement à rechercher si, en fait, et quelles que soient à cet égard les mentions de l'expédition, les prescriptions de la loi relatives au règlement des qualités ont été remplies. — Il a été jugé que l'expédition doit être considérée comme régulière : 1° lorsqu'il est établi que les avoués s'étaient présentés à fin de règlement devant le juge qui devait en connaître, et si les modifications apportées aux qualités dans le cours de l'incident font suffisamment présumer que l'opposition a été abandonnée pour le surplus (Req. 6 mars 1866, aff. Dellas, D. P. 66. 1. 270) ; — 2° Si l'expédition, bien que ne mentionnant pas la levée d'une des oppositions formées, constate le règlement des qualités par le magistrat compétent (Req. 6 févr. 1878, aff. Philippaz, D. P. 79. 1. 125) ; — 3° Si le jugement, bien qu'il ne constate pas qu'il ait été signifié avenir à fin de règlement des qualités, énonce que mainlevée a été donnée de l'opposition formée à ces qualités, « personne ne s'étant présenté pour soutenir l'opposition », et si d'ailleurs rien n'établit que les avoués des parties n'aient pas suivi le mode de procéder indiqué par l'art. 145 c. proc. civ. (Req. 12 avr. 1880, aff. Bardou, D. P. 80. 1. 417) ; — 4° S'il est établi que les qualités ont été réglées contradictoirement, à une date déterminée par le magistrat compétent (Req. 19 juin 1883, aff. Sicard, D. P. 84. 1. 228) ; — 5° Si l'expédition constate que la mainlevée de l'opposition aux qualités a été donnée par une ordonnance signée du magistrat compétent et régulièrement datée, et s'il n'est ni établi ni même allégué que les droits de la défense aient été méconnus (Req. 22 févr. 1886, aff. Tellier-Velhou, D. P. 86. 1. 156) ; — 6° Si l'expédition, bien qu'elle ne mentionne pas les actes de la procédure suivie pour le règlement des qualités auxquelles opposition a été formée, constate que la mainlevée de l'opposition aux qualités de cet arrêt a été donnée par ordonnance signée du magistrat compétent et régulièrement datée (Req. 18 oct. 1886, aff. Beust, D. P. 87. 1. 433) ; — 7° Lorsque la partie qui attaque le jugement ne méconnaît pas que les qualités lui aient été signifiées, et ne prétend pas y avoir formé opposition (Req. 12 mars 1888, aff. Carpentier, D. P. 88. 1. 408) ; — 8° Si l'expédition porte que la mainlevée de l'opposition a été donnée contre l'avoué défaillant par une ordonnance régulièrement datée, émanant du magistrat compétent, alors, d'ailleurs, qu'il n'est ni établi ni même allégué que l'avoué opposant n'ait pas été cité en temps utile pour soutenir son opposition (Req. 25 juin 1888, aff. Emmanuel, D. P. 89. 1. 59-60).

**278.** Il est à remarquer qu'un certain nombre de ces arrêts (Req. 6 févr. 1878, aff. Philippaz, D. P. 79. 1. 125 ; 19 juin 1883, aff. Sicard, D. P. 84. 1. 228 ; 18 oct. 1886, aff. Beust, D. P. 87. 1. 433 ; 25 juin 1888, aff. Emmanuel, D. P. 89. 1. 59-60) prennent soin de relever la circonstance que les qualités ont été, en fait, réglées par le magistrat compétent : il ne faudrait pas en conclure que cette constatation fût essentielle : elle est surabondante (V. nos observations, D. P. 80. 1. 421, note 4).

**279.** Est également surabondante la mention de la date du règlement, que quelques-uns des arrêts cités au n° 277 ont également relevée (Req. 19 juin 1883, aff. Sicard, D. P. 84. 1. 228 ; 18 oct. 1886, aff. Beust, D. P. 87. 1. 433 ; 25 juin 1888, aff. Emmanuel, D. P. 89. 1. 59-60).

**280.** En somme donc, l'expédition devra contenir la copie : 1° des qualités (sans qu'il soit nécessaire de faire mention du règlement) ; 2° de la minute. — N'étant qu'une copie, elle ne peut, en cas de discordance, faire foi contre l'original dont elle n'est que la reproduction. On a déjà vu *suprà*, n° 146, de nombreuses applications de cette règle en ce qui touche l'original du jugement, c'est-à-dire la minute ; la règle n'est pas moins certaine en ce qui touche l'original des qualités. Il a été jugé, en effet : 1° que la mention, dans l'expédition ou la copie signifiée de la décision ordonnant la mainlevée d'une opposition aux qualités d'un arrêt, du nom d'un magistrat autre que celui qui, comme président, avait concouru à l'arrêt, n'est pas une cause de nullité, si l'original des qualités porte la signature de ce dernier magistrat, et si la mention faite à la copie n'est que le résultat d'une erreur de copiste (Civ. rej. 7 avr. 1862, aff. Ménard, D. P. 62. 1. 281) ; — 2° Que la mention, dans l'expédition ou la copie signifiée d'un arrêt, d'un magistrat étranger à cet arrêt, comme ayant réglé les qualités, n'est pas une cause de nullité, si elle est erronée et s'il est constant que le règlement émane d'un magistrat compétent, régulièrement désigné dans l'original des qualités (Req. 16 avr. 1866, aff. Tessier, D. P. 66. 1. 311).

**281.** Une autre conséquence de ce que l'expédition n'est qu'une copie, c'est qu'elle ne doit rien contenir au delà de ce que portent les originaux qui y sont transcrits, c'est-à-dire les qualités et la minute. On verra cependant qu'une des expéditions contient quelque chose de plus, la *formule exécutoire* (V. *infra*, n° 413 à 419) : c'est la *grosse* (V. *infra*, n° 413).

**282.** L'expédition étant la copie collective des qualités et du jugement, pour savoir quelles énonciations elle doit contenir, il suffit d'examiner quelles règles de fond régissent ces deux actes, dont on connaît déjà les conditions de forme. Avant d'entrer dans le détail de cette analyse, il est important de remarquer que les diverses mentions dont il s'agit peuvent être valablement disposées dans un ordre quelconque (Bioche, n° 175 ; Rodière, t. 1, p. 267 ; Garsonnet, t. 3, § 483, p. 324), attendu, comme le dit la chambre des requêtes (19 juill. 1876, aff. Chemins de fer d'Alsace-Lorraine, D. P. 77. 5. 269), que, si les jugements et arrêts doivent contenir les diverses mentions exigées par l'art. 141 c. proc. civ., aucun texte de loi ne détermine la place où ces mentions doivent se trouver, ni sous quelles formes elles doivent se produire; qu'il suffit, dès lors, qu'elles résultent de l'ensemble des diverses parties de la décision. Ce principe a été expressément posé, en ce qui concerne la place que peuvent occuper les *conclusions* des parties (Civ. rej. 24 août 1869, aff. Brun, D. P. 69. 1. 480; Req. 2 févr. 1874, aff. Menier, D. P. 75. 1. 18; 19 juill. 1876, précité), et les *motifs* du jugement (Req. 6 déc. 1836, aff. Duvive, *Rép.* n° 957; 22 nov. 1869, aff. Malart, D. P. 70. 1. 206) et ressort en outre implicitement de nombreux arrêts (V. *Rép.* n° 301 à 303).

**A. — *Enonciations contenues dans les qualités* (*Rép.* n<sup>os</sup> 283 à 306).**

**283.** On sait que, pour être régulières, il faut que les qualités des jugements contiennent : 1° les noms, professions et demeures des parties, les qualités dans lesquelles elles agissent, telles que celles de demandeurs ou défendeurs, d'héritiers bénéficiaires, etc.; 2° les noms de leurs avoués; 3° les conclusions des parties, tant originaires qu'additionnelles; 4° les points de faits et de droit (*Rép.* n° 239). — Ce sont ces diverses mentions que nous allons analyser.

**284. — I. Noms, professions et demeures des parties** (*Rép.* n<sup>os</sup> 284 à 286). — Il ne s'agit pas ici d'une mention sommaire, comme celle que doit contenir à cet égard la minute du jugement, et qui n'est autre chose qu'un simple repère (V. *infra*, n° 325). Les qualités doivent contenir, en ce qui concerne la désignation des parties, une indication détaillée.

**285.** Cette formalité est, comme nous l'avons vu au *Rép.* n° 284, substantielle; et la cour de cassation (Civ. cass. 29 nov. 1869, aff. Auffret, D. P. 70. 1. 341) a déclaré nul un jugement (rendu en matière d'enregistrement) qui ne faisait pas mention de la profession ni de la demeure de l'une des parties en cause, et qui, d'autre part, ne contenant ni point de fait ni point de droit, ne présentait pas d'énonciations suffisantes pour réparer cette omission. :

**286.** Cette exigence comporte un double tempérament : d'une part, il n'existe pas ici de formule sacramentelle, et tout ce que veut la loi, c'est qu'aucun doute ne puisse s'élever sur l'individualité de la personne désignée ; d'autre part, les indications erronées des qualités sur ce point peuvent toujours être rectifiées, pourvu que ce soit à l'aide d'indications fournies par le jugement lui-même.

**287.** En premier lieu, il suffit que la désignation, d'ailleurs plus ou moins incomplète ou inexacte, soit telle qu'aucun doute ne puisse s'élever sur l'individualité de la personne désignée (Garsonnet, t. 3, § 486, texte et note 15, p. 338). Ainsi la non-indication, dans les qualités d'un arrêt, des prénoms des parties, n'est pas une cause de nullité; la désignation du nom de famille suffit, même sous une dénomination collective renfermant à la fois le nom de *deux époux* (Req. 21 janv. 1862, aff. Ridaud, D. P. 62. 1. 461). On avait déjà vu au *Rép.*, n° 285-1°, une décision identique, en ce qui touche les prénoms (*Adde :* Boitard, Colmet-Daâge, Glasson, t. 1, n° 301; Chauveau sur Carré, t. 1, quest. 594; Bonœnne, t. 2, p. 445, Bonnier, n<sup>os</sup> 337 et 339; Garsonnet, t. 3, § 486, p. 338).

**288.** La règle est la même pour les personnes morales que pour les personnes physiques : elles sont suffisamment désignées, dès qu'il n'y a point place pour le doute. Ainsi une société anonyme est suffisamment désignée par son titre et son siège social (Req. 23 juin 1874)(1). De même, une commune serait suffisamment désignée par son nom, sans indication de la personne qui la représente en justice (V. D. P. 78. 1. 159, note 4). La raison de décider est ici

double : c'est non seulement, comme dans le cas d'une personne physique, l'esprit de la loi, qui n'est nullement formaliste; c'est encore l'absence de texte, puisque l'art. 141, ne prévoyant que l'hypothèse d'une personne physique, ne règle pas celle d'une collectivité, nécessairement représentée par un tiers : un moyen de nullité manquerait donc ici de base légale. -

**289.** En second lieu, les énonciations insuffisantes ou inexactes des qualités sur le point dont il s'agit peuvent être complétées ou rectifiées à l'aide d'autres indications. Seulement (suivant une règle que l'on a déjà rencontrée souvent), le jugement doit faire preuve par lui-même de sa régularité (Civ. cass. 11 févr. 1835, *Rép.* n° 121; 17 mai 1852, *Rép.* n° 33; Bourges, 13 août 1884, aff. Boillot, D. P. 86. 2. 48; Garsonnet, t. 3, § 480, p. 314). Il suit de là que c'est du jugement seul que pourront être tirées les énonciations nécessaires pour réparer les lacunes ou les erreurs des qualités (Garsonnet, t. 3, § 486, p. 339).

**290.** Jugé, en ce sens, quant aux personnes physiques : 1° que la mention dans les qualités d'un arrêt, des nom, profession et demeure d'une partie décédée, n'est pas une cause de nullité, lorsque le même arrêt constate la notification à la partie adverse de l'acte de reprise d'instance, sous les noms, professions et demeures des héritiers (Civ. rej. 6 déc. 1853, aff. Commune de Martignat, D. P. 54. 5. 452); — 2° Que l'énonciation erronée des qualités d'un jugement, qui mentionnent, comme ayant été partie au jugement, une personne décédée depuis la demande, peut être rectifiée par d'autres énonciations contenues dans les mêmes qualités (Req. 18 avr. 1877, aff. Nelly, D. P. 77. 1. 293).

**291.** Décidé de même, à l'égard d'une personne morale, que, à supposer que la désignation dans un arrêt où une commune a été partie, de la personne par laquelle cette commune a été représentée, soit prescrite à peine de nullité, il suffit, en tout cas, que cette personne puisse être connue à l'aide, soit des énonciations de l'arrêt, soit des mentions contenues dans des actes auxquels l'arrêt se réfère, et spécialement dans l'exploit introductif d'instance ou dans l'exploit d'appel (Req. 13 août 1877, aff. Commune de Châtillon-la-Palud, D. P. 78. 1. 159).

**292. — II. Noms des avoués** (*Rép.* n° 283). — Les qualités doivent mentionner les noms des avoués qui ont occupé dans l'affaire. Il ne peut qu'ils aient, depuis lors, cessé leurs fonctions; les qualités sont alors rédigées par l'avoué successeur (Besançon, 9 avr. 1873, aff. Gagneur, D. P. 73. 2. 85), mais le nom du prédécesseur doit y être au moins mentionné.

**293.** D'ailleurs, l'omission du nom d'un avoué n'entraîne pas nullité, s'il est constant que les parties ont été dûment représentées (Garsonnet, t. 3, § 486, texte et note 20, p. 339).

**294. — III. Conclusions des parties** (*Rép.* n<sup>os</sup> 287 à 306). — L'expédition, copiant les qualités, doit contenir les conclusions des parties. Ce principe résulte à la fois des art. 141 et 142 c. proc. civ.

**295.** Il s'applique aux jugements en matière commerciale, comme à tous les autres (*Rép.* n° 291; Garsonnet, t. 3, § 488 A, p. 340). En effet, si ces jugements échappent aux règles de forme prescrites par l'art. 142 c. proc. civ. pour la rédaction et la signification des qualités (Lyon, 20 août 1858, aff. Roux, D. P. 59. 2. 64), ils sont, au contraire, expressément soumis, quant à l'art. 433 c. proc. civ., aux règles de fond prescrites par l'art. 141.

**296.** Les qualités ne doivent, sur ce point, reproduire que les conclusions proprement dites, qui ont été signifiées et posées. Il suit de là qu'elles ne doivent point relater les simples requêtes et notes explicatives fournies par les parties (Req. 18 août 1874, aff. Mellerio, D. P. 75. 1. 481; Garsonnet, t. 3, § 486, p. 339), ni les. conclusions elles-mêmes, s'il est

---

(1) (Narboni C. Comp. *La Paternelle*.) — La cour ; — Sur le premier moyen, tiré de la violation des art. 61, 69, 141 et 470 c. proc. civ.: — Attendu que, aux termes de l'art. 30 c. com., les sociétés anonymes sont qualifiées par la simple désignation de l'objet de leur entreprise; — Que l'arrêt attaqué porte qu'il a été rendu contre le demandeur en cassation, d'une part, et la compagnie anonyme d'assurance contre l'incendie *La Paternelle*, ayant son siège à Paris et une sous-direction à Orléansville, d'autre part ; — Que cette mention satisfait à la prescription de l'art. 141 c. proc. civ., d'après laquelle la rédaction du jugement

doit contenir les noms, profession et domicile des parties; — Que si le demandeur prétend que *La Paternelle* n'a pas régulièrement procédé dans l'instance, parce qu'elle n'a fait connaître dans aucun acte de la procédure par qui elle était représentée, il est constant que ce grief n'a pas été soumis au juge du fond et qu'il est en conséquence non recevable devant la cour de cassation; — Sur le deuxième moyen... (sans intérêt)... Rejette, etc. Du 23 juin 1874.-Ch. req.-MM. de Raynal, pr.-Goujet, rap.- Reverchon, av. gén.-c. conf.-Duboy, av.

démontré qu'en fait elles n'ont pas été prises (Garsonnet, *ibid.*, note 22; Req. 18 mars 1874, aff. Simonnet, D. P. 76. 1. 279). Jugé, à ce dernier point de vue, que l'omission dans les qualités d'un arrêt de conclusions subsidiaires prises par l'une des parties n'entraîne pas la nullité de cet arrêt, si, lesdites conclusions ayant été ajoutées après coup aux conclusions d'appel, rien n'indique qu'elles aient été réellement signifiées et posées (Même arrêt)..

**297.** Les conclusions des parties sont d'ordinaire, suivant un usage d'ailleurs conforme au vœu de la loi, relatées distinctement des autres énonciations des qualités. Toutefois, ainsi qu'on l'a vu, *supra*, n° 282, si les jugements doivent contenir les diverses mentions exigées par l'art. 141 c. proc. civ., et notamment les conclusions des parties, aucune disposition ne détermine la place où ces mentions doivent être insérées ni en quelle forme elles doivent être conçues; il suffit qu'elles résultent de l'ensemble du jugement (Civ. rej. 24 août 1869, aff. Brun, D. P. 69. 1. 480; Garsonnet, t. 3, § 486, texte et note 12, p. 337).

**298.** Il a été jugé, en ce sens, que les conclusions des parties peuvent être suffisamment constatées par les énonciations du *point de fait* (Civ. rej. 24 août 1869, aff. Brun, D. P. 69. 1. 480).

**299.** Décidé de même, que l'omission, dans les qualités signifiées, des conclusions de quelques-unes des parties n'emporte pas nullité, si elles sont énoncées dans les *motifs* (Civ. rej. 24 août 1869, aff. Brun, D. P. 69. 1. 480; 9 déc. 1874, aff. Cadercaudanmarécar, D. P. 75. 1. 132 ; Req. 19 juill. 1876, aff. Chemins de fer d'Alsace-Lorraine, D. P. 77. 5. 269; Grenoble, 13 mai 1882, aff. Audibert, D. P. 83. 2. 96).

**300.** Il a été décidé encore qu'un jugement est régulier si le *dispositif* rend suffisamment compte des prétentions des parties (Besançon, 9 avr. 1873, aff. Gagneur, D. P. 73. 2. 85; Grenoble, 13 mai 1882, aff. Audibert, D. P. 83. 2. 96).

**301.** Enfin, il a été jugé, en termes plus généraux, que le jugement dont l'*ensemble* fait connaître d'une manière suffisante les conclusions des parties satisfait complètement au vœu de la loi (Req. 27 juill. 1875, aff. Peyrache, D. P. 77. 1. 440).

**302.** L'énonciation des conclusions peut même, suivant un principe exposé au *Rép.* n° 305, résulter d'une simple référence à un acte antérieur, et, par exemple, s'il s'agit d'un arrêt, au jugement frappé d'appel. Ainsi l'omission des conclusions d'un des intimés dans les qualités de l'arrêt n'en entraîne pas la nullité, lorsque ces qualités reproduisent les conclusions de toutes les parties en première instance et le jugement lui-même, qui d'ailleurs constatent la position des qualités à l'audience (Req. 3 févr. 1874, aff. Menier, D. P. 75. 1. 18). De même, il n'est pas nécessaire que le jugement sur l'appel mentionne les conclusions de l'intimé à la suite de celles de l'appelant, du moment qu'il reproduit la sentence de première instance contenant ces conclusions et dans lesquelles l'intimé a persisté en demandant la confirmation de la décision des premiers juges (Req. 26 mars 1889, aff. Zohra, D. P 90. 1. 135).

**303.** Ces diverses décisions procèdent d'une considération très exacte ; c'est que la loi est satisfaite, dès qu'il est constant que le juge a eu connaissance des conclusions des parties. C'est le même principe qui permet de négliger les erreurs qui auraient pu se glisser dans les qualités, quant à la reproduction des conclusions des parties (Civ. rej. 5 nov. 1873, aff. Maiffreddy, D. P. 73. 1. 454). Aussi a-t-il été jugé que la reproduction inexacte, dans les qualités d'un arrêt, des conclusions prises par l'une des parties n'est pas une cause de nullité, s'il résulte, tant du renvoi fait par cet arrêt aux qualités du jugement de première instance, que de l'ensemble de ces deux décisions, que les juges d'appel ont eu complète connaissance des conclusions prises devant eux (Même arrêt).

**304.** D'ailleurs, l'inexacte reproduction des conclusions des parties ne saurait constituer un grief contre les qualités qu'autant que cette inexactitude serait absolue et porterait sur l'ensemble des conclusions : il ne suffirait pas d'une erreur de détail. Spécialement, les conclusions mentionnées dans un jugement ou arrêt civil doivent être considérées comme étant bien celles qui ont été prises par la partie,

malgré l'inexactitude de la date indiquée, si elles s'adaptent exactement aux débats, et si, dans l'opposition qui a été faite aux qualités, il n'a été présenté aucune observation sur une prétendue substitution de conclusions anciennes à celles que le juge était tenu d'apprécier (Req. 10 avr. 1872, aff. Simonnet, D. P. 73. 1. 444).

**305.** — IV. Points de fait et de droit (*Rép.* n°s 287 à 306). — Les art. 141 et 142 prescrivent le maintien dans les qualités du point de fait et du point de droit. Ces deux expressions ne doivent pas être entendues à la lettre ; elles n'ont d'autre sens que celui-ci : le point de fait, c'est le résumé de la procédure ; le point de droit, c'est le résumé des questions à résoudre.

**306.** Le *point de fait* doit, en principe, contenir un résumé complet de la procédure, et, par exemple, mentionner, s'il y a lieu, un jugement par défaut ayant précédé le jugement définitif (Comp. Civ. rej. 30 mars 1874, aff. John Brigg, D. P. 74. 1. 212); le jugement frappé d'appel, s'il s'agit d'un arrêt (Req. 26 mars 1889, aff. Zohra, D. P. 90. 1. 135; Comp. Req. 21 févr. 1859, aff. Lecronier, D. P. 59. 1. 416; 1er mai 1861, aff. Rouzand, D. P. 62. 1. 122), un interrogatoire sur faits et articles (Comp. Req. 10 nov. 1858, aff. Aubry, D. P. 59. 1. 40).

**307.** Toutefois, ces énonciations n'ayant rien de substantiel, leur omission ne saurait entraîner la nullité du jugement (Req. 10 nov. 1858, aff. Aubry, D. P. 59. 1. 40). En tous cas, elle peut être réparée, suivant les règles qui seront indiquées, *infrà*, n°s 313 et suiv. (Civ. rej. 30 mars 1874, aff. John Brigg, D. P. 74. 1. 212).

**308.** Quant au *point de droit*, il doit énoncer tout le différend soumis au juge, mais rien que cela ; et cette énonciation peut être aussi brève que possible, pourvu qu'elle soit claire et complète.

**309.** Ainsi, au point de vue de la forme, il a été décidé que le point de droit conçu en ces termes « Faut-il ou non confirmer la décision des premiers juges ? » remplit suffisamment le vœu de l'art. 141 c. proc. civ., surtout lorsque le jugement est entièrement transcrit dans les qualités de l'arrêt (Req. 30 janv. 1856, aff. Paul Bernard, D. P. 56. 1. 458).

**310.** Pour le fond, il est certain que le point de droit doit relater les questions qui se sont posées devant le tribunal, mais non celles qui, pouvant être posées, ne l'ont pas été, et que, par suite, le tribunal n'a pas eu à résoudre (Garsonnet, t. 3, § 486, note 22, p. 339). Ainsi, l'exécution que le légataire universel institué par un testament révocatoire a donnée au testament révoqué pouvant être considérée comme emportant, de la part de ce légataire, renonciation à son legs, alors même qu'elle n'aurait pas pour conséquence légale de faire revivre le testament révoqué, il a été jugé que la renonciation avait pu, dès lors, être validée, sans qu'il y eût à faire figurer cette question dans les questions de droit énoncées aux qualités de l'arrêt (Req. 19 mai 1862, aff. Lanzième, D. P. 62. 1. 430).

**311.** Après avoir ainsi défini ce qu'il faut entendre par points de fait et de droit, il y a lieu d'analyser les prescriptions de la loi sur cette matière. Un premier point certain, c'est, comme on l'a vu au *Rép.* n° 291, que les jugements des tribunaux de commerce doivent, aussi bien que ceux des tribunaux civils, contenir l'exposé des points de fait et de droit (Req. 13 mars 1876, aff. Normand, D. P. 77. 1. 487).

**312.** Le point de fait et le point de droit doivent régulièrement constituer deux énonciations distinctes entre elles, et distinctes des qualités ; mais la jurisprudence applique ici la règle exposée ci-dessus quant à la mention des conclusions des parties (V. *supra*, n° 297), et se contente d'une énonciation quelconque, quelles qu'en soient la forme et la place (*Rép.* n° 302).

**313.** Spécialement, il peut être suppléé à l'omission de l'énoncé distinct du point de droit dans les qualités par la transcription des *conclusions* des parties (Civ. rej. 9 avr. 1856, aff. H..., D. P. 56. 1. 303; 13 mars 1876, aff. Normand, D.P. 77. 1. 487).

**314.** De même, les *motifs* du jugement peuvent servir à réparer l'omission ou l'insuffisance des points de fait et de droit (Req. 9 avr. 1856, aff. H..., D. P. 56. 1. 303 ; Civ. rej. 30 mars 1874, aff. John Brigg, D. P. 74. 1. 212 ; Req. 29 juill.

1874 (1); 13 mars 1876, aff. Normand, D. P. 77. 1. 487).

A plus forte raison, le défaut de mention du point de droit, dans les qualités d'un arrêt, n'emporte pas nullité de cet arrêt, quand la cour a posé elle-même, avant de les résoudre, les questions qu'elle avait à juger : l'avoué rédacteur des qualités peut, en cas pareil, se dispenser de consigner ces questions dans les qualités (Req. 21 mai 1855, aff. Thibault, D. P. 55. 1. 279).

**315.** Enfin, de même que pour l'énoncé des conclusions (V. suprà, n° 302), il suffit, comme on l'a vu au Rép. n° 305, pour l'énoncé des points de fait et de droit, d'une relation à un acte antérieur. Jugé en ce sens : 1° que le point de fait est suffisamment exposé dans un arrêt, lorsqu'il y est énoncé par voie de relation aux qualités du jugement, dans lesquelles les faits sont amplement retracés, surtout quand les mêmes faits se trouvent également rapportés dans les qualités d'un arrêt interlocutoire précédemment intervenu (Req. 30 janv. 1856, aff. Paul Bernard, D. P. 56. 1. 458); — 2° Que les qualités d'un jugement ou d'un arrêt peuvent être rédigées, notamment, quant au point de fait, par relation aux énonciations contenues dans un précédent jugement ou dans un précédent arrêt rendu dans la même affaire (Req. 19 févr. 1861, aff. Petit-Didier, D. P. 61. 1. 443); — 3° Que l'exposition des points de fait et de droit contenue dans les qualités du jugement frappé d'appel peut, lorsque l'arrêt s'y est expressément référé, suppléer au silence de cet arrêt ou à l'insuffisance de ses énonciations (Req. 2 avr. 1872, aff. X..., D. P. 72. 1. 362; Req. 18 janv. 1881, aff. Revest, D. P. 81. 1. 244); — 4° Que, lorsque le jugement frappé d'appel est transcrit dans les qualités de l'arrêt, les points à juger et les faits qui leur avaient donné naissance sont suffisamment expliqués (Req. 3 févr. 1874, aff. Menier, D. P. 75. 1. 18).

**B.** — *Enonciations contenues dans la minute*
*(Rép. n°s 307 à 309).*

**316.** La minute du jugement, qui sera copiée dans l'expédition, doit comprendre, d'une part, le jugement lui-même, et, d'autre part, diverses énonciations destinées à la compléter, et qui sont la date, le nom des parties et le nom des magistrats.

**317.** Le jugement lui-même, comme on l'a vu au Rép. n° 214, doit être porté sur la minute au complet, tel, au surplus, qu'il a dû être prononcé. Il doit donc comprendre, non seulement le dispositif, mais encore les motifs qui en sont une partie essentielle, et sans lesquels le dispositif manquerait d'autorité (Garsonnet, t. 3, § 443, p. 136).

**318.** Sur les *motifs* du jugement, V. *infrà*, chap. 7.

**319.** Le *dispositif*, c'est, ainsi qu'on l'a dit au Rép. n° 308, le jugement dans sa partie efficace et susceptible d'exécution (V. sur l'exécution, *infrà*, n°s 395 et suiv.).

**320.** Le dispositif doit, en principe, se suffire à lui-même, et être suffisamment clair pour qu'il ne subsiste aucun doute sur l'intention du tribunal. Si cette intention n'apparaît pas à la lecture du seul dispositif, il faut l'éclairer en le rapprochant des autres parties du jugement (Rép. n° 333-10°; Req. 4 mai 1881, aff. Compagnie de fer de Magny à Chars, D. P. 82: 1. 205). Il y a lieu surtout de procéder ainsi, lorsque le dispositif, s'il était pris isolément, contiendrait une violation de la loi, qui disparaît, si l'on rapproche ce dispositif des autres parties du jugement (Req. 13 mars 1877, aff. Normand, D. P. 77. 1. 487). C'est ce qu'on appelle assez improprement *interpréter* le dispositif.

**321.** La jurisprudence fournit de nombreux exemples de ce procédé, fort usité notamment par la cour de cassation (Comp. Civ. cass. 3 mars 1851, aff. Béchade, D. P. 51. 1. 24). C'est ainsi qu'il a été jugé, par référence aux *motifs :* 1° que la décision qui ordonne la restitution d'objets mobiliers, ou de leur valeur, « avec intérêts jusqu'à ce jour » doit, interprétée d'après les motifs, être réputée arrêter le cours des intérêts, non au jour de cette décision, mais au jour de la restitution (Civ. rej. 7 avr. 1857, aff. Leclerc,

D. P. 57. 1. 171); — 2° Que l'arrêt qui, après avoir repoussé, dans ses motifs, la doctrine de la décision frappée d'appel, confirme cette décision dans son dispositif, mais par d'autres motifs, doit, malgré la confirmation pure et simple qu'il prononce, être interprété, quant à la doctrine des prémisses-juges, dans le sens infirmatif qui résulte des motifs où elle a été répudiée; qu'ainsi, l'arrêt qui, sur l'appel d'un jugement soumettant un usufruitier à une certaine contribution aux dettes et ordonnant un compte, déclare, dans ses motifs, que cet usufruitier est affranchi des dettes, et confirme cependant le jugement, parce que le compte ordonné pouvait être nécessaire à raison d'autres obligations pesant sur le même usufruitier, doit être interprété, en ce qui touche la question de contributions aux dettes, dans le sens d'un arrêt infirmatif, quoiqu'il renferme une confirmation pure et simple (Civ. rej. 12 juill. 1865, aff. du Chaylard, D. P. 66. 1. 129); — 3° Qu'il peut résulter des motifs explicatifs une condamnation qu'elle ne doit avoir ses effets qu'au décès de la partie condamnée (Civ. rej. 3 mars 1868, aff. du Guidi, D. P. 68. 1. 155); — 4° Que le dispositif d'un arrêt, portant confirmation d'un jugement qui avait ordonné une enquête à l'effet de vérifier si le tiré avait provision pour payer une lettre de change lors de son échéance, doit être entendu en ce sens que le but de l'enquête était de rechercher si le tiré avait autorisé le tireur à faire traite sur lui, alors qu'il résulte des motifs dudit arrêt que, nonobstant le mot de *provision* dont s'était servi le tribunal, l'enquête par lui ordonnée avait pour unique objet le fait de *l'autorisation* (Req. 10 mars 1879, aff. Pradelle, D. P. 79. 1. 216).

**322.** Il a été jugé de même, par comparaison du dispositif avec les *conclusions* des parties, que l'arrêt qui condamne des héritiers « tous ensemble » au payement d'une dette de leur auteur n'implique pas nécessairement que la condamnation est solidaire, et que cet arrêt peut échapper à la cassation, comme ne prononçant qu'une simple condamnation conjointe, alors que rien, dans l'exploit de demande, n'implique que le demandeur ait eu l'intention de requérir la solidarité (Civ. rej. 25 oct. 1887, aff. Peyre, D. P. 88. 1. 72; *Adde*, Req. 13 mars 1876, aff. Normand, D. P. 77. 1. 487).

**323.** Si, malgré ces rapprochements, le dispositif reste obscur, il y a lieu de recourir à l'*interprétation* proprement dite, par le juge qui a rendu le jugement (V. *infrà*, n°s 376 et suiv.).

**324.** En dehors du jugement lui-même, qui consiste uniquement dans les motifs (V. suprà, n° 318) et le dispositif (V. suprà, n°s 319 à 323), la minute doit contenir diverses indications complémentaires (V. suprà, n° 316). — Elle doit énoncer tout d'abord la *date* du jugement. La date est, dans les jugements comme dans les actes authentiques en général, une formalité substantielle (Rép. n° 212), tellement que la loi n'a pas pensé qu'il fût nécessaire d'exprimer cette exigence. Cette règle ressort implicitement d'un arrêt de la chambre des requêtes (23 mars 1886, aff. Georgeon, D. P. 87. 1. 216) qui, pour rejeter un pourvoi fondé sur le défaut de date existe sur la minute, sinon sur la copie signifiée. Si le date n'eût pas été une formalité substantielle, la cour eût purement et simplement rejeté le pourvoi, sans recourir à cette voie d'instruction compliquée, qui consiste à demander au parquet du siège d'où émane l'arrêt attaqué une copie exacte de la minute : telle est, en effet, la procédure que suit la cour de cassation, lorsqu'elle a à constater une discordance entre la minute et l'expédition.

**325.** La minute doit encore contenir l'*indication des parties*. Cette indication n'est, dans la minute, que sommaire; car elle n'a d'autre objet que de faire connaître à quelle personne le jugement s'applique (Garsonnet, t. 3, § 479, p. 308); c'est dans les qualités comme on l'a vu suprà, n° 284 à 301, que se trouve l'indication détaillée.

**326.** Une autre partie essentielle de la minute (car c'est de là que résultera la validité ou la nullité du jugement) est celle qui a trait à la *composition du tribunal* (Garsonnet, t. 3, § 479, p. 208; *Rép.* n° 266). La minute doit contenir,

(1) (Bonneau C. Colas.) — La cour ; — Sur le premier moyen, tiré de l'art. 141 c. proc. civ.: — Attendu que si, à la vérité, il n'y a pas aux qualités du jugement un *point de droit* posant les questions à résoudre, ces questions sont parfaitement indiquées

dans les motifs du jugement; ce qui satisfait au vœu de la loi;...

— Rejette, etc.

Du 29 juill. 1874.-Ch. req.-MM. de Raynal, pr.-Demangeat, rap.-Babinet, av. gén., c. conf.-Housset, av.

dans la forme qui va être précisée (nos 327 à 332, les noms des juges qui ont pris part au jugement (*infrà* nos 333 à 335), du représentant du ministère public (*infrà* nos 336 à 341), et du greffier (*infrà* n° 342).

**327.** Où doit se trouver sur la minute, la mention relative à la composition du tribunal? — L'art. 138 c. proc. civ. prescrit que ce soit en marge du jugement, et sous le contrôle de la signature du président et du greffier, conformément à la règle (V. *supra*, nos 134 à 139), qui domine toutes les énonciations de la minute.

**328.** Comment faut-il entendre cette règle dans le cas où, suivant l'usage (V. *supra*, n° 133), la même feuille d'audience contient les mentions de tous les jugements rendus le même jour? Faut-il que les noms des juges et du ministère public soient reproduits en marge de chaque jugement? — On admet que cette répétition est inutile, lorsque la mention dont il s'agit est reproduite en tête de la première feuille, à la marge. Il y a, dans ce cas, présomption que les magistrats ainsi désignés en tête de la feuille d'audience ont pris part à tous les jugements qui y sont portés (Garsonnet, t. 3, § 479, note 8, p. 307).

**329.** Toutefois, il ne s'agit là que d'une présomption, qui ne fait preuve qu'à défaut d'énonciation contraire : la mention dont il s'agit fait seulement présumer la participation de tous les magistrats dénommés à tous les jugements portés sur la même feuille, et l'on peut prouver leur absence sans recourir aux formes particulières de l'inscription de faux (Garsonnet, t. 3, § 480, p. 313).

**330.** Si la mention du nom des magistrats, au lieu d'être inscrite en tête de la feuille d'audience, ne se trouvait en marge que d'un seul des jugements, il n'y aurait pas même présomption que ces magistrats aient participé aux autres jugements portés sur la feuille, et ceux-ci devraient être annulés comme ne contenant pas mention des magistrats qui les ont rendus (C. cass. Belgique, 17 mai 1841, *Rép.* n° 39-6°; Garsonnet, t. 3, § 479, note 8, p. 308).

**331.** Si, par hasard, la mention marginale du nom des magistrats contenait une erreur purement matérielle, cette erreur pourrait être valablement réparée par la cour chargée de statuer sur l'appel du jugement ainsi vicié, à raison de son droit exclusif de réformation (Req. 30 avr. 1873, aff. Costard, D. P. 73. 1. 469).

**332.** Dans quelques tribunaux, il est d'usage, par analogie avec le procédé prescrit par l'art. 141 c. proc. civ. pour les expéditions des jugements, d'inscrire en marge même, à la suite du jugement, les noms des magistrats qui l'ont rendu. Ce procédé n'est pas légal. Cette mention finale ne suffirait pas, en l'absence de la mention marginale prescrite par la loi. Mais, dès que la mention marginale existe, le jugement est valable, et la mention finale n'est que surabondante. Si elle ne présente aucun avantage, elle ne présente non plus aucun inconvénient, sauf toutefois le cas où les deux mentions seraient contradictoires entre elles. La préférence doit alors être donnée à la mention marginale; elle est le mode légal de constater la composition du tribunal à chaque audience, et doit prévaloir, en cas de divergence, sur la mention des noms des juges qui se trouve à la suite du dispositif du jugement; en conséquence, un jugement est valable quand les juges qui ont siégé aux audiences de la cause sont indiqués exactement dans cette mention marginale, lors même qu'ils ne le seraient pas après le dispositif du jugement (Civ., rej. 23 avr. 1873, aff. Captier, D. P. 74. 1. 243).

**333.** La mention des noms des juges est prescrite à peine de nullité (*Rép.* n° 267). Cette nullité n'est point expressément prononcée par la loi; mais c'est avec raison qu'elle a été suppléée par la jurisprudence; attendu qu'il ne s'agit pas ici d'une des formalités que l'art 1030 c. proc. civ. a eues en vue, mais bien d'une condition essentielle et irritante de l'existence d'un jugement; en effet, on ne peut reconnaître le caractère de jugement, à un acte présenté comme tel, qu'autant que cet acte permet de vérifier si le juge qui l'aurait rendu avait pouvoir, qualité et capacité actuelle pour faire acte de juridiction (Orléans, 16 juin 1858, aff. Breton-Lorion, D. P. 58. 2. 127).

**334.** C'est cette mention de la minute qui permet de vérifier si la loi a été respectée dans ses diverses exigences relatives à la composition du tribunal et à la formation du jugement, et spécialement si les juges composant le tribunal étaient au nombre prescrit, si les juges absents ont été régulièrement remplacés, s'il a été tenu compte des incapacités relatives des juges (V. sur ces divers points, *infrà*, v° *Organisation judiciaire*), si le partage a été régulièrement vidé (V. *supra*, nos 59 à 78).

**335.** D'ailleurs, il ne faut pas exagérer cette exigence de la loi. Ni l'art. 141 c. proc. civ., ni l'art. 7 de la loi du 20 avr. 1810, n'exigent, dans la rédaction des jugements ou des arrêts, l'indication de la chambre par laquelle ils ont été rendus; il suffit de la mention des juges qui ont pris part à la décision (Req. 19 déc. 1866, aff. Favre-Laurent, D. P. 67. 1. 440). C'est par un motif analogue qu'il a été jugé que, lorsque les qualités d'un arrêt portent qu'il a été rendu par la chambre des appels correctionnels, jugeant en matière civile, il n'est pas nécessaire que l'arrêt mentionne expressément que la cour, en connaissant de l'espèce, jugeait civilement (Req. 8 déc. 1884, aff. Compagnie *L'Indemnité*, D. P. 85. 5. 284).

**336.** L'art. 138 c. proc. civ. exige, outre les noms des juges, l'indication, en marge de la feuille d'audience, du *ministère public qui y aura assisté* (*Rép.* n° 275); mais l'art. 141 restreint aussitôt la portée de cette règle, car il n'exige dans la rédaction (c'est-à-dire dans l'expédition), des jugements, le nom du ministère public que *s'il a été entendu*. Après quelques hésitations, la pratique a fini par concilier ces deux prescriptions en apparence contradictoires, au moyen de la distinction suivante.

**337.** Dans les causes qui ne sont pas communicables, la chambre des requêtes a jugé (25 juin 1833, *Rép.* n° 843) que la présence du ministère public n'a même pas besoin d'être constatée. A plus forte raison, si l'arrêt contient le nom de l'officier du ministère public présent à l'audience, cette énonciation répond suffisamment aux exigences de l'art. 141, lequel n'impose pas l'obligation de dire si le ministère public a pris ou non la parole dans les causes où la communication au ministère public n'est pas obligatoire (Req. 8 nov. 1871, aff. Pascal, D. P. 71. 1. 253 ; 18 nov. 1879, aff. Sofferande-Chapoton, D. P. 80. 1. 389. Comp. Garsonnet, t. 3, § 479, texte et note 12, p. 308).

**338.** Au contraire, dans les causes communicables, le jugement doit mentionner, non seulement que le ministère public était présent, mais qu'il a été entendu en ses conclusions (*Rép.* n° 276). La simple mention de sa présence ne suffirait pas (Civ. cass. 13 flor. an 10, *Rép.* v° *Ministère public*, n° 124 ; 16 juill. 1806, *Rép.* v° *Mariage*, nos 838 ; 27 mai 1850, *Rép.* n° 279-2°). C'est par application de ce principe que la cour de Grenoble (24 janv. 1865, aff. Micaud, D. P. 65. 2. 220) a déclaré nul un jugement en matière de séparation de corps qui, tout en mentionnant la présence du magistrat du parquet, ne constatait pas que le ministère public eût été entendu dans ses conclusions motivées.

**339.** Cette règle s'applique même aux tribunaux civils jugeant commercialement (Poitiers, 7 janv. 1856, aff. Fradin, D. P. 56. 2. 84).

**340.** Il ne suffirait même pas que le jugement mentionnât les conclusions du ministère public, il faut la mention des conclusions orales (*Rép.* n° 279) ; cela résulte du mot *entendu* de l'art. 141.

D'ailleurs, le sens, la loi et la forme de ces conclusions orales importent peu, dès lors qu'elles sont constatées. Ainsi la mention que « le ministère public a déclaré s'en rapporter à la sagesse du tribunal » remplit suffisamment le vœu de la loi (V. Civ. rej. 26 juill. 1854, aff. Fillâtre, D. P. 54. 1. 303).

**341.** En tous cas, il n'est jamais nécessaire que le jugement porte le nom de l'officier du ministère public qui a donné ses conclusions orales. En dehors des nombreux arrêts cités en ce sens au *Rép.* n° 281, la même solution s'induit d'un arrêt de la chambre des requêtes (18 nov. 1868, aff. de Rabernier, D. P. 69. 1. 89), aux termes duquel la différence dans les mentions faites aux qualités, puis au dispositif d'un arrêt, du nom du magistrat du ministère public qui a conclu, n'est pas une cause de nullité, cette différence pouvant impliquer, quand l'affaire a duré plusieurs audiences, que le ministère public y a été représenté par divers magistrats.

**342.** Enfin le jugement doit constater la présence du *greffier;* mais, à défaut de mention expresse, sa signature sur la minute ferait légalement présumer sa présence (Req. 23 avr. 1856, aff. Galinier, D. P. 56.1. 294; Crim. rej. 24 nov. 1879 (1); 23 avr. 1883, aff. Ville de Mont-de-Marsan, D. P. 84. 1. 251).

**343.** Les mentions dont l'énumération précède, motifs et dispositif du jugement (V. *supra*, nᵒˢ 317 à 323), mention des juges (V. *supra*, nᵒˢ 333 à 335), du ministère public (V. *supra*, nᵒˢ 336 à 341), et du greffier (V. *supra*, nᵒ 342) doivent être copiées de la minute sur l'expédition. — Mais en dehors de ces mentions la minute porte les signatures du président et du greffier (V. *supra*, nᵒˢ 134 à 139). Ces signatures, à la différence de tout le reste, n'ont pas besoin d'être copiées sur l'expédition. Il a été jugé, en effet, que la disposition de l'art. 138 c. proc. civ., qui exige la signature du président et du greffier à la suite de la mention des juges ayant concouru au jugement, ne s'applique qu'à la feuille d'audience; qu'on ne peut donc arguer de nullité l'arrêt dont la copie signifiée ne renferme pas d'énonciation relative à cette signature, si d'ailleurs elle contient les noms du président, de six conseillers présents et opinants, et de l'avocat général (Req. 10 mars 1873, aff. Saint-Supéry, D. P. 75. 1. 109).

SECT. 9. — DES EFFETS LÉGAUX DES JUGEMENTS. — DES RECTIFICATIONS ET INTERPRÉTATIONS (*Rép.* nᵒˢ 311 à 336).

**344.** Les jugements produisent divers effets, et ce, dès le jour où ils sont prononcés. *Dès le jour*, disons-nous, et non *des l'heure*. En effet, c'est un principe général dans notre législation que l'on ne tient pas compte de l'heure des actes, mais seulement du jour où ils ont été faits : la minute ne doit pas faire connaître autre chose (V. *supra*, nᵒ 324). Le jugement produit donc ses effets dès la première heure du jour où il a été prononcé (Caen, 31 mars 1879) (2). — Le principe est si formel que la même solution s'imposerait encore bien que la minute portât surabondamment, l'heure où le jugement a été prononcé (Même arrêt).

**345.** Les effets, assez variés, que produit le jugement peuvent se réduire à deux, dont chacun entraîne après lui de graves conséquences : 1° le jugement met fin au procès; 2° il confère à la partie gagnante le droit de faire exécuter par force ce qu'il a décidé. De ces deux principes fondamentaux naissent toute une série d'effets secondaires dont, à l'exemple du *Rép.* (nᵒˢ 311 à 322), on va faire l'analyse.

**346.** — I. En premier lieu, le jugement met fin au procès. Le procès ne pourra donc plus être repris, ni devant le juge qui vient de le trancher, ni devant un autre. En d'autres termes, le jugement, à cet égard, produit deux effets : 1° il dessaisit le juge, en même temps qu'il anéantit les effets qu'avait pu avoir la demande ; 2° il s'oppose à ce que le même procès soit repris à nouveau.

**347.** 1° Le jugement dessaisit le juge : *Lata sententiâ, desinit esse judex* (*Rép.* nᵒ 317; Merlin, *Rép.* vᵒ *Jugement*, § 3, nᵒ 4; Demolombe, t. 30, nᵒ 388; Aubry et Rau, t. 8, § 169, p. 404; Bioche, nᵒˢ 151, 290, 302 et suiv., 489; Boncenne, t. 2, p. 361 et 422; Rodière, t. 1, p. 257, Garsonnet,

t. 3, § 461, p. 220). Cette règle s'applique aussi bien aux incidents qu'au fond même du procès (*Rép.* nᵒ 319; Garsonnet, *loc. cit.*, note 1, p. 220). Par suite, lorsqu'un jugement interlocutoire a été rendu et un acte d'instruction accompli après un débat au fond, de nouvelles conclusions doivent être prises ou les anciennes reprises. Mais cette règle ne s'applique pas au cas où, les parties étant présentes, par elles ou leurs conseils, à cet acte d'instruction, ont gardé le silence et se sont ainsi tacitement référées à leurs conclusions antérieures; en conséquence, le jugement rendu sur cette procédure est régulier (Req. 9 août 1870, aff. Parisot, D. P. 71. 1. 320).

**348.** Le dessaisissement du juge est irrévocable dès le prononcé du jugement, lequel appartient désormais aux parties, et ne peut tomber que devant une inscription de faux, ou devant la décision d'une juridiction supérieure. Ainsi, la cour qui a rendu un arrêt ne peut être appelée *à posteriori* à établir, par un simple donné acte sans incidence à aucun procès pendant, un fait de nature à influer sur le sort dudit arrêt, tel, par exemple, que la présence aux débats d'un magistrat dont le nom aurait été omis par erreur sur la feuille d'audience; c'est à la cour de cassation seule, si elle est saisie, qu'il appartient d'ordonner à cet égard une enquête, ou telle autre mesure qu'elle jugera propre à l'édifier (Orléans, 3 juin 1832, aff. B..., D. P. 54. 5. 453). De même, le tribunal qui vient de juger ne peut plus apporter aucune modification au jugement qu'il a rendu, même sous prétexte de rectification matérielle ou d'interprétation; on verra, en effet, que s'il demeure permis de faire rectifier une erreur matérielle qui se serait glissée dans le jugement ou de faire interpréter une disposition ambiguë, c'est à la condition essentielle qu'il n'en résulte pour le jugement aucune modification (V. *infra*, nᵒˢ 361 à 381).

**349.** La raison de cette règle est simple : s'il n'y a plus de juge, c'est qu'il n'y a plus de procès. Devant le jugement, le procès s'évanouit, et, avec lui tous les actes auxquels il avait donné lieu, depuis et y compris la demande. Cela est sensible dans la rédaction des arrêts, qui, soit qu'ils confirment, soit qu'ils infirment, *mettent l'appellation à néant*, c'est-à-dire anéantissent l'assignation sur laquelle ils ont statué. La demande se trouvant ainsi anéantie, tous les effets qu'elle avait pu produire ont le même sort. Ainsi, la demande avait-elle fait courir des intérêts moratoires, interrompu une prescription? Le jugement, s'il rejette la demande, arrête le cours des intérêts et annule ceux qui ont couru dans le passé (Garsonnet, t. 3, § 463, p. 227), il anéantit l'interruption de prescription, et la fait considérer comme non avenue (*Rép.* nᵒ 314; Garsonnet, *loc. cit.*). Et si le jugement est, au contraire, favorable au demandeur, il remplace la simple créance d'intérêt par un droit ferme et exécutoire, et il anéantit la prescription commencée, en sorte qu'il ne peut plus être question d'interruption.

**350.** 2° Le jugement s'oppose à ce que le même procès soit repris à nouveau, non pas seulement aussitôt et devant le même juge, mais à une époque quelconque et devant quelque tribunal que ce soit; c'est ce qu'on exprime

---

(1) (Suchet). — LA COUR; — Sur le premier moyen du pourvoi, tiré de la violation de l'art. 91 du décret du 30 mars 1808, en ce que l'arrêt attaqué ne constate pas par une mention expresse que le greffier ait assisté aux débats et au jugement du procès : — Attendu qu'il résulte de l'expédition de l'arrêt que la minute a été signée par les membres de la cour d'appel qui ont rendu cette décision et par le sieur Gautier, greffier; que la loi n'exigeant pas que l'assistance du greffier soit constatée par une mention expresse dans le jugement même, la signature de cet officier public apposée au bas de la minute fait légalement présumer sa présence à l'audience où la cause a été instruite et jugée;... — Rejette le pourvoi formé contre la cour d'Aix, chambre des appels de police correctionnelle, du 28 août dernier, etc.

Du 21 nov. 1879.-Ch. crim.-MM. de Carnières, pr.-Thiriot, rap.-Benoits, av. gén.-Lesage, av.

(2) (Couesnon C. Mallet-Prat et comp.). — LA COUR; — Attendu que, le 14 mai 1878, Couesnon a adressé à la société Mallet-Prat des effets à recouvrer, échéant le 25 même mois, pour une valeur de 1515 fr. 35 cent.; qu'il est reconnu entre les parties, et d'ailleurs établi, que ces effets ne sont parvenus à Lisieux que le lendemain 15 mai, et qu'ils n'ont été remis à Prat que dans le courant de cette journée; — Attendu que, ce même jour, la société Mallet-

Prat, qui n'existait plus de fait, suivant l'art. 1865, nᵒ 4, c. civ., puisque l'on des associés était en fuite et en pleine déconfiture depuis le 30 avril, fut déclarée dissoute par jugement du tribunal de commerce de Lisieux; — Qu'à la vérité, ce jugement énonce qu'il a été rendu à cinq heures du soir; — Mais que l'indication de l'heure, dans les décisions judiciaires, étant en dehors des prescriptions de la loi, n'a aucune valeur, et que les jugements produisent effet à partir de la première heure du jour où ils interviennent; — Que, s'il en était autrement, on rencontrerait dans l'application des difficultés et des incertitudes sans nombre; — Que, d'ailleurs, dans notre législation, tout se compte par jour et non par heure, comme l'attestent les art. 2147 et 2260 c. civ.; — Qu'enfin le jugement dont il s'agit ayant déclaré une dissolution de société préexistante et ne l'a pas créée; — Qu'il suit de là que le contrat de transmission n'a pas pu se former, puisque le concours des deux volontés pour se nécessaires, celles de l'expéditeur et du destinataire, n'a pas eu lieu; — Que la société Mallet-Prat n'a jamais possédé, ayant eu seul instant, la propriété des effets à elle transmis par Couesnon; et que ce dernier, n'en ayant jamais été dessaisi, est bien fondé à les revendiquer; — Par ces motifs, etc.

Du 31 mars 1879.-C. de Caen, 1re ch.-MM. Champin, 1er pr.-Tardif de Moidrey, av. gén.-Massieu et Carel, av.

en disant que le jugement a l'autorité de la chose jugée (*Rép.* n° 311). V. sur la théorie de la chose jugée, *suprà*, v° *Chose jugée*, et Garsonnet, t. 3, § 465, p. 235).

**351.** — II. En second lieu, le jugement confère à la partie gagnante le droit de faire exécuter par force ce qu'il a décidé (V. *suprà*, n° 345). La loi y a pourvu par deux moyens : 1° les voies d'exécution forcée; 2° l'hypothèque judiciaire.

**352.** 1° L'exécution forcée fera l'objet d'une étude particulière (V. *infrà*, n°s 395 et suiv.). On se bornera à signaler ici une règle très importante : c'est que l'action du créancier ne peut plus, à partir du jugement, être prescrite que par trente ans, alors même qu'elle aurait été soumise auparavant à une prescription plus courte (*Rép.* n° 315; Garsonnet, t. 3, § 462, p. 226); c'est tout ce qui subsiste aujourd'hui de la théorie romaine de l'*actio judicati.*

**353.** 2° Quant à l'hypothèque judiciaire (*Rép.* n° 313; Garsonnet, t. 3, § 464, p. 227), elle est étudiée en détail, v° *Privilèges et hypothèques.*

**354.** Ce second effet du jugement, avec la double conséquence que l'on vient de déterminer, est, sinon le plus important, du moins le plus direct; c'est le but auquel

tendent les parties, qui veulent, avant tout, se procurer un titre exécutoire. Comment cet effet se trouve-t-il produit? Est-ce un effet simplement déclaratif ou au contraire, constitutif d'un droit nouveau? — En principe, le jugement a un effet purement déclaratif (Civ. cass. 25 août 1868, aff. Bruli-Grouzelle, D. P. 68. 1. 397; Caen, 31 mars 1879, *suprà*, n° 344; Montpellier, 16 janv. 1882 (1) ; Douai, 17 fév. 1890, aff. Duranton. D. P. 91. 2. 123; *Rép.* n° 316). De là deux conséquences essentielles : 1° le jugement rétroagit, en ce sens que le droit qu'il fait reconnaît est réputé avoir été *ab initio*, tel que le jugement le proclame (Garsonnet, t. 3, § 460, p. 217; Civ. cass. 25 août 1868, précité; Douai, 17 fév. 1890, précité), en sorte qu'il faut se placer à la date de la demande, pour apprécier la situation de droit qui appartient aux parties. Spécialement, l'annulation d'une donation en vertu de l'art. 1167 c. civ. produit cet effet que le donataire, n'étant plus propriétaire, a perdu le droit de disposer, postérieurement à cette date, de l'immeuble donné ou de l'affecter de droits réels (d'une hypothèque, dans l'espèce); — 2° Il n'est pas soumis à la transcription, alors même qu'il reconnaîtrait un droit réel dont la mutation dût

---

(1) (Roux C. Agam, Chenenzac et Roux.) — La cour; — Attendu qu'il résulte des documents versés au procès que les frères Roux, tous deux célibataires, ont vécu ensemble pendant de longues années dans une étroite intimité et dans une complète communauté d'intérêts, qui s'est traduite par des acquisitions faites pour le compte de l'un ou de l'autre; — Qu'ainsi, et par acte sous seings privés en date du 1er sept. 1852, ils ont acquis solidairement du sieur Grilleres 833 mètres de terrain au prix de 1833 fr.; que, par acte reçu en date du 3 avr. 1864, reçu Delord, notaire, ils ont acheté au même vendeur, au prix apparent de 8000 fr., un terrain contigu, ce qui a porté la surface totale de leur acquisition à 47 ares 99 centiares; qu'enfin, et par un acte du 5 fév. 1865, reçu par le même notaire, ils ont acquis d'un sieur Eples une parcelle attenante aux parcelles qu'ils possédaient déjà; — Attendu que l'acte du 3 avr. 1864 (qui comprend l'acquisition faite par l'acte sous seings privés du 1er sept. 1852) et l'acte du 5 fév. 1865, tous deux transcrits, présentent Roux, dit Mary, comme l'unique propriétaire du terrain acheté, alors qu'en réalité les deux frères, l'ayant payé avec leurs ressources communes, n'ont pas cessé d'en jouir comme copropriétaires, le transformant en jardin clos de murs et y élevant des constructions à frais communs; — Attendu que cette situation, qui s'explique par la confiance absolue qui existait entre les deux frères, a duré jusqu'au moment où fut question du mariage de Mary Roux; — Que ce projet ayant amené une rupture entre les deux frères, Jacques Roux, voulant sauvegarder ses intérêts, protesta contre les actes des 3 avr. 1864 et 5 févr. 1865, et cita son frère devant le tribunal de Castelnaudary à l'effet de faire ordonner le partage des biens indivis entre parties, et de procéder au règlement de leurs comptes respectifs; — Attendu que, sur la preuve offerte et rapportée par Jacques Roux, le tribunal, par un jugement en date du 27 sept. 1872, et la cour, par un arrêt confirmatif du 19 déc. 1873, ont reconnu qu'il était copropriétaire du jardin avec les dépendances et constructions, et ordonné le partage des biens indivis entre parties; — Que ce partage a été effectué par un acte sous seings privés en date du 23 mai 1875, et déposé en l'étude de Me Favre, notaire, le 7 juin de la même année, et que, depuis lors, chacun des deux frères a joui, au vu et au su de tout le monde, de la part qui lui était attribuée; — Attendu que, Roux Mary étant tombé en déconfiture, le sieur Chenenzac, son créancier en vertu d'un jugement du tribunal de Castelnaudary du 5 avr. 1858, a fait procéder à la saisie réelle de ses biens, et que cette saisie a porté sur la totalité du jardin; — Que Jacques Roux a introduit contre le saisissant une action en distraction de la part à lui attribuée par le partage susvisé; — Que la dame Amélie Mons, épouse de Roux Mary, et le sieur Bernard Agam ont demandé à intervenir dans cette instance, et que l'intimé a déposé à l'appui de sa demande le jugement du 27 sept. 1872 et l'arrêt du 19 déc. 1873; — Attendu qu'en cet état de choses, l'unique question qui s'agite au procès est de savoir si la demande de Jacques Roux est recevable, ou si, au contraire, elle doit être repoussée, au motif qu'il ne justifie pas de la transcription des actes qu'il produit à l'appui de sa demande; — Attendu que les décisions judiciaires, étant déclaratives et non translatives de propriété, ne sont pas assujetties à la formalité de la transcription et qu'il faut examiner si le jugement et l'arrêt dont Roux se prévaut font exception à la règle générale; — Attendu que la loi du 23 mars 1855 soumet à la transcription des actes entre vifs, translatifs de propriété immobilière ou de droits réels susceptibles d'hypothèques (art. 1er, § 1er), tout jugement qui déclare l'existence d'une convention verbale de la nature ci-dessus exprimée, c'est-à-dire translative de propriété immobilière (art. 1er, § 3); — Et que, dès lors, pour exiger la transcription du jugement et de l'arrêt

dont s'agit, il faudrait établir qu'ils constatent l'existence d'une convention verbale translative de propriété; — Que ces décisions ne constatent pas l'existence d'un contrat de ce genre; en effet, Jacques Roux a soutenu que les acquisitions faites de Grilleres et d'Eples, bien que le nom seul de Roux Mary figurât, à tort, dans les actes, avaient été traitées pour son compte aussi bien que pour le compte de son frère, et les juges ont accueilli cette prétention, puisqu'ils déclarent en termes formels, non que Roux Mary, par une convention quelconque postérieure aux actes de 1864 et 1865, a transféré la moitié de l'immeuble acquis par lui à Jacques Roux, mais qu'il résulte d'un commencement de preuve par écrit et de présomptions graves, précises et concordantes, que les deux frères, à raison de la communauté de fait ayant existé entre eux, ont acquis l'immeuble en commun, de telle sorte que Mary Roux n'en a jamais été le propriétaire exclusif; — Attendu que le partage qui a eu lieu en exécution de la chose ainsi jugée ne devait, pas plus que le jugement et l'arrêt, être soumis à la formalité de la transcription, et qu'il est universellement admis que les actes de cette nature ne créent jamais de nouveaux droits et ne font que déclarer des droits préexistants; — Attendu, il est vrai, que les appelants soutiennent que le jugement et l'arrêt doivent être transcrits, parce que les actes de vente de 1864 et 1865, soumis eux-mêmes à la formalité de la transcription, y sont mentionnés; mais, il suffit, pour faire justice de ce moyen, de remarquer : 1° que ces actes ont été transcrits, ce qui rend inutile la transcription des décisions judiciaires qui les relatent; 2° que des décisions judiciaires mentionnant des conventions écrites, et non des conventions verbales, ne sont pas soumises à la formalité de la transcription; 3° qu'en fût-il autrement, l'omission de cette formalité ne pouvait faire grief qu'aux ayants cause des vendeurs, et que seuls ces ayants cause pourraient se prévaloir; — Attendu que vainement encore les appelants prétendent que la transcription des ventes de 1864-1865 a eu pour résultat de constituer Roux Mary propriétaire exclusif au regard des trois créanciers qui ont conservé leurs droits conformément à la loi, et auxquels le jugement et l'arrêt non transcrits ne sont pas opposables; — Qu'une pareille argumentation méconnaît le sens et la véritable portée de la loi du 3 mars 1855; — Que si, par la transcription, un acquéreur devient propriétaire vis-à-vis de tous ceux qui, comme lui, ont acquis des droits réels sur l'immeuble vendu, il s'en faut bien que, par cela seul qu'il a rempli cette formalité, il soit propriétaire à l'encontre de tous; — Que la transcription ne lui confère pas un titre nouveau susceptible de changer la nature des droits qu'il a acquis, de purger les droits d'un premier titre et, par exemple, de faire de lui un propriétaire exclusif, s'il est établi qu'il s'est rendu propriétaire autant pour un autre que pour lui-même; — Attendu que, si Mary Roux ne peut pas se prévaloir de la transcription de ses titres pour se faire déclarer seul propriétaire au préjudice de son frère, ses créanciers hypothécaires, alors même qu'ils auraient pris inscription (ce qui n'a pas eu lieu dans l'espèce) avant les décisions déclaratives de la copropriété des frères Roux, ne sauraient avoir plus de droits qu'il n'en avait lui-même, et doivent, quand le débiteur est dépouillé d'une partie de la propriété qui paraissait lui appartenir, voir tomber les droits qu'il leur avait conférés, conformément au principe de l'art. 2125 c. proc. civ.; — Attendu que, toutes les considérations qui précèdent, il devient inutile de vérifier si, alors même que Jacques Roux eût été obligé de transcrire le jugement et l'arrêt dont il se prévaut, les créanciers de Roux Mary devraient être considérés comme des tiers vis-à-vis de Jacques Roux et pourraient lui opposer le défaut de transcription du titre le concernant; — Par ces motifs; — Confirme le jugement entrepris, etc. Du 16 janv. 1882.-C. de Montpellier.

être transcrite, attendu qu'il ne fait que constater cette mutation et ne l'opère pas (Montpellier, 16 janv. 1882, précité).
V. *infrà*, v° *Transcription hypothécaire.*

**355.** Le jugement a cependant un effet constitutif, mais à un unique point de vue; c'est en tant qu'il confère l'hypothèque judiciaire. Il est évident que cette hypothèque ne naît qu'avec le jugement lui-même. On en a tiré cette conséquence qu'elle ne pouvait grever l'immeuble du débiteur aliéné depuis la demande, mais avant le jugement (Metz, 26 déc. 1860, *infrà*, v° *Transcription hypothécaire*. Cette exception, qui tient à la nature même de l'hypothèque judiciaire, n'infirme en rien la règle relative à l'effet purement déclaratif des jugements.

**356.** Il est, d'ailleurs, une certaine catégorie de jugements qui, contrairement à la règle générale, ont toujours un effet constitutif, et non déclaratif: ce sont ceux qui ont pour objet de créer une situation nouvelle : divorce, séparation de corps, séparation de biens, interdiction, etc. (Garsonnet, t. 3, § 460, p. 216-217). Aussi le principe est-il que ces jugements ne rétroagissent jamais. Une seule exception, qui ne se justifie que par des motifs d'utilité pratique, est admise par la loi : c'est en faveur du jugement de séparation de biens (c. civ. art. 1445) ; encore s'agit-il ici d'une rétroactivité bien restreinte, puisqu'elle ne remonte qu'au jour de la demande, et la loi a entouré cet effet exceptionnel du jugement d'une procédure aussi tout exceptionnelle.

Art. 1er. — *De la rectification des jugements pour omissions ou erreurs matérielles* (Rép. n°s 325 à 331).

**357.** L'existence, dans la rédaction du jugement, d'une erreur matérielle se conçoit dans deux hypothèses très différentes. Il se peut d'abord que, le jugement prononcé étant d'ailleurs exact, l'erreur existant dans le jugement écrit ne soit qu'une erreur d'écriture imputable au greffier. Rien ne saurait alors s'opposer à la rectification. Aussi a-t-il été jugé que l'erreur matérielle commise par le greffier sur la minute d'un jugement (spécialement quant au nom de l'une des parties) peut être rectifiée, postérieurement à la signature de cette minute, par un renvoi dûment approuvé et signé du président et du greffier, lorsque, d'ailleurs, la rectification ainsi opérée est conforme au prononcé du jugement (Req. 5 mai 1879, aff. Danchotte, D. P. 79. 1. 468).

**358.** Mais il peut arriver aussi (et c'est la seconde hypothèse) que l'erreur ait été commise, non par le greffier, lors de la transcription du jugement, mais par le tribunal lui-même, lors du délibéré. Or, si absolu que soit le principe qui interdit la modification des jugements une fois prononcés (V. *suprà*, n° 348), il ne peut empêcher le tribunal de rectifier dans son jugement une erreur purement matérielle (*Rép.* n° 325 ; Garsonnet, t. 3, § 461, texte et note 14, p. 223). En effet, ce n'est pas la modifier le jugement et porter atteinte à la chose jugée ; c'est, au contraire, faire respecter les intentions du tribunal et sa véritable décision (Pau, 13 déc. 1886, aff. Hayet, D. P. 87. 2. 172).

**359.** Toutefois, pour que ce tempérament ne conduise pas à violer le principe supérieur de la chose jugée, la jurisprudence l'a subordonné à deux conditions essentielles: il faut, d'une part, que l'erreur à rectifier soit une erreur purement matérielle (*infrà*, n° 360); d'autre part, que la rectification ne conduise pas à une véritable réformation du jugement (*infrà*, n° 361).

**360.** Il faut, tout d'abord, que la rectification ait pour objet une rectification purement matérielle, comme celle qui résulterait d'une faute de calcul, ou de doubles ou faux emplois de sommes (Poitiers, 18 mai 1874, aff. Dufau, D. P. 76. 1. 79). Un exemple éclairera mieux ce point. A la suite d'un arrêt, qui avait pour objet de déterminer le montant, en principal et intérêts, d'une collocation hypothécaire, le demandeur avait appelé son adversaire devant la cour d'Alger pour voir rectifier une prétendue erreur de calcul de l'arrêt précité, et entendre déclarer, par voie d'interprétation en tant que de besoin, que la cour avait entendu arrêter les intérêts de l'année courante au jour de la collocation, comme l'indiquait un des motifs de l'arrêt, et non au jour du jugement d'adjudication, comme le décidait le dispositif. La cour crut pouvoir faire droit à cette demande, « attendu,

dit-elle, que, dans l'arrêt du 17 déc. 1877 (dont la rectification était demandée), la cour, prenant parti sur une question de droit délicate et controversée, décide expressément que le terme de l'année courante doit être arrêté à la demande en collocation; qu'après avoir ainsi posé le principe, elle déclare vouloir en faire l'application, mais que, dans le compte qu'elle établit, elle se trompe de date, et commet, par suite, une erreur de chiffres; qu'il y a lieu, dans ce cas, non à la rétractation pour proposition d'erreur prescrite par l'ordonnance de 1607, mais à simple correction, en inscrivant, à la place de la date erronée, la date véritable, et en rectifiant un calcul arithmétique faussé par une confusion purement matérielle » (Alger, 6 janv. 1879, aff. Secourgeon, D. P. 82. 1. 124). Cet arrêt qui, au premier abord, paraît pleinement conforme à ceux qui seront cités, *infrà*, n° 364, comme ayant rectifié des erreurs matérielles, a cependant été cassé. Mais il ne résulte de cette cassation aucune contradiction du principe qui permet la rectification des erreurs matérielles. D'une part, en effet, il s'agissait plutôt, dans l'espèce, d'une demande à fin d'interprétation (V. *infrà*, n°s 376 à 393), que d'une demande à fin de rectification. C'était à ce point de vue, on vient de le voir, que le demandeur s'était placé ; et la cour d'Alger l'avait suivi sur ce terrain, car elle terminait ainsi son arrêt : « Attendu que cette correction, d'ailleurs, peut encore être envisagée comme une interprétation d'autant plus sûre qu'elle se tire de motifs parfaitement explicites et qu'elle rétablit ainsi l'harmonie nécessaire entre les motifs et le dispositif de l'arrêt ». Or, à titre d'interprétation, la demande était nécessairement irrecevable (V. *infrà*, n° 379), « attendu, dit l'arrêt de cassation, que l'arrêt du 17 déc. 1877 ne présentait dans son dispositif aucune obscurité ni ambiguïté ». D'autre part, à titre de simple rectification, la demande n'était pas davantage admissible, car il ne s'agissait pas en réalité de rectifier une erreur matérielle mais une question de date, mais de substituer, dans une controverse, une solution à la solution opposée.

**361.** En second lieu, c'est un point constant que, si les parties peuvent faire rectifier, par les juges qui ont statué sur leurs contestations, les erreurs matérielles qui se sont glissées dans des comptes, ce n'est qu'à la condition que ce recours ne soit pas un moyen détourné de modifier la décision et de porter atteinte à l'autorité de la chose jugée (Poitiers, 18 mai 1874, aff. Dufau, D. P. 76. 1. 79. *Adde*: Civ. cass. 3 août 1881, aff. Secourgeon, D. P. 82. 1. 124). C'est cette réserve seule qui permet de modifier une décision qui, d'ailleurs, devrait être irrévocable, comme ayant force de chose jugée.

**362.** Lorsqu'un jugement est ainsi affecté d'une erreur purement matérielle, et que, d'ailleurs, on se borne à rectifier cette erreur, la rectification peut-elle être telle que l'ensemble du jugement soit modifié? La cour de Bordeaux (27 févr. 1856, aff. Darrieux, D. P. 56. 2. 216) a implicitement décidé que la rectification ne pouvait atteindre que les motifs, « attendu que, si les juges peuvent interpréter les dispositions obscures et ambiguës de leurs jugements et rectifier des erreurs de fait qui auraient pu s'y glisser, c'est à la condition qu'il ne soit porté aucune atteinte au dispositif, qu'il n'y sera rien ajouté et n'en sera rien retranché ». Cette décision peut étonner, surtout dans les circonstances de fait où elle est intervenue, et où la matérialité de l'erreur était évidente : « Attendu, dit l'arrêt, que, si le dispositif, portant condamnation à la somme de 4741 fr., ne s'accorde pas avec les motifs, qui, en déclarant que les défendeurs, par leur silence, sont présumés reconnaître la légitimité de la demande, semblent annoncer une condamnation conforme à cette demande, c'est-à-dire la somme de 14741 fr., et si, par suite, on peut croire que c'est par erreur que la condamnation écrite dans le dispositif ne porte qu'une somme de 4741 fr., il est évident que *la rectification de cette erreur ne pourrait se faire sans altérer la substance de la condamnation* ». Ces derniers mots, qui résument tout l'arrêt, contiennent une double erreur : erreur de fait et erreur de droit. Erreur de fait, car il est trop évident que, écrire 14000 fr. dans un jugement où le juge a voulu en effet écrire 14000 fr., et n'a écrit, par *lapsus calami*, que 4000 fr., ce n'est pas, comme dit la cour de Bordeaux, altérer le jugement, mais, au contraire, supprimer une erreur qui l'altérait. Erreur de droit, car précisément le but de la rectification, ainsi qu'on l'a dit, *suprá*, n° 358, n'est autre que de rectifier matériellement la *chose jugée*, afin de la rendre conforme à ce que le tribunal avait voulu juger en effet. Pour emprunter les expressions employées par la cour de Bordeaux elle-même dans le présent arrêt, « c'est dans le dispositif qu'il faut chercher et que réside la chose jugée; il en contient la substance ». C'est donc cette substance, viciée par l'erreur, qu'il faut rectifier, si l'on veut arriver à un résultat utile.

**363.** Aussi l'arrêt de la cour de Bordeaux est-il demeuré isolé. La jurisprudence, contrairement à cet arrêt, n'a jamais hésité à rectifier le dispositif des jugements altérés par des erreurs matérielles, quelle que fût la gravité du changement ainsi opéré dans la condamnation : augmentation du chiffre, substitution d'une personne à une autre, etc. (*infrá*, n° 364 à 366).

**364.** Quant au chiffre de la condamnation, il a été jugé : 1° que le juge qui, par l'effet d'une erreur matérielle, accorde à celui qui a souffert un préjudice dans sa propriété une indemnité inférieure à celle qu'exprime un rapport d'expert homologué par le même jugement, a pu, par nouvelle décision, compléter l'allocation de l'indemnité réclamée (Trib. de Senlis, 25 janv. 1849, aff. Descroix, D. P. 49. 3. 46) ; — 2° Que, lorsqu'une cour d'appel reconnaît et déclare qu'elle a commis une erreur de calcul dans la computation des intérêts par elle alloués, elle peut et doit opérer le redressement de la somme omise, lorsque cette rectification lui est demandée (Req. 24 janv. 1857, aff. Dampierre, D. P. 57. 1. 359) ; — 3° Que l'arrêt qui, après avoir déterminé, dans ses motifs, le total des sommes qui doivent composer la condamnation, omet matériellement l'une de ces sommes dans le dispositif, peut être rectifié par l'addition, dans le dispositif, de la somme omise (Pau, 13 déc. 1886, aff. Hayet, D. P. 87. 2. 172. — Comp. *Rép.* n° 326-3°).

**365.** Quant à la personne condamnée, il a été jugé que la rectification d'une erreur matérielle est permise, alors même qu'elle consisterait dans un changement de prénom, qui aurait pour résultat de changer la personne contre laquelle la condamnation de première instance avait été prononcée, si, d'ailleurs, cette substitution de personne était clairement commandée par la décision rectifiée (Req. 11 mars 1856, aff. Perret, D. P. 56. 1. 147; 9 juill. 1884, aff. Vagniey, D. P. 85. 1. 392. Comp. *Rép.* n° 326-4°).

**366.** Enfin la chambre des requêtes (30 avr. 1873, aff. Costard, D. P. 73. 1. 469) a autorisé la rectification d'une erreur matérielle qui, pour n'atteindre pas le dispositif, n'en était pas moins grave, car elle pouvait entraîner la nullité du jugement : il s'agissait de la substitution du nom d'un juge absent à celui d'un de ses collègues ayant connu de l'affaire (Comp. *Rép.* n° 326-6°).

**367.** Remarquons, pour terminer la série de ces exemples, que la rectification de l'erreur du jugement est permise, bien que les juges n'aient commis cette erreur qu'en adoptant les conclusions de la demande, qui la renfermaient elles-mêmes ; on dirait à tort qu'admettre, en pareil cas, la partie qui prétend s'être trompée à prendre de nouvelles conclusions, c'est violer l'autorité de la chose jugée (Req. 21 janv. 1857, aff. Dampierre, D. P. 57. 1. 359).

**368.** Quand la rectification peut-elle être demandée ? — La jurisprudence a consacré sur ce point une formule invariable : « tant que les choses sont encore entières » (Bordeaux, 27 févr. 1856, aff. Darrieux, D. P. 56. 2. 216 ; Req. 21 janv. 1857, aff. Dampierre, D. P. 57. 1. 359 ; Poitiers, 18 mai 1874, aff. Dufau, D. P. 76. 1. 79-80). Il faut reconnaître, avec M. Garsonnet (t. 3, § 461, note 14, p. 233), que cette formule manque de clarté. Elle s'expliquera mieux, lorsqu'on aura déterminé quel est le procédé qui permet d'obtenir la rectification d'une erreur matérielle qui se serait glissée dans un jugement (*infrá*, n° 419 à 423).

**369.** Si le jugement qui contient l'erreur est frappé d'appel, la rectification ne peut être faite que par la cour, à qui appartient le droit exclusif de réformer ou de rectifier le jugement dont la connaissance lui est dévolue par l'appel (Req. 20 avr. 1873, aff. Costard, D. P. 73. 1. 469). Cette solution, qui résultait déjà d'un arrêt de la chambre des requêtes du 23 juin 1838 (*Rép.* n° 330-2°) est incontestable. Il s'ensuit que, en cas d'appel du jugement qui contient l'er-

reur, la voie extraordinaire de la demande en rectification n'est pas ouverte, puisque l'erreur peut et doit être réparée par la voie ordinaire de l'appel. A ce point de vue, il est vrai de dire que, si la demande en rectification n'est pas recevable, c'est que les choses ne sont plus entières.

**370.** Dans l'hypothèse opposée, celle où il s'agit d'une décision qui, étant en dernier ressort, n'a pas été et ne peut pas être attaquée par la voie de l'appel, comme aucune voie régulière n'est ouverte pour obtenir la rectification de l'erreur commise, c'est le cas de recourir à la voie extraordinaire de la demande en rectification. C'est dans une telle hypothèse que la chambre des requêtes a jugé (21 janv. 1857, aff. Dampierre, D. P. 57. 1. 359) « que, lorsqu'une décision judiciaire est basée sur une erreur matérielle, c'est aux juges qui ont rendu cette décision qu'il appartient de réparer l'erreur, si elle est réparable ; que, spécialement, lorsqu'il y a erreur de calcul, cette erreur doit être reconnue et rectifiée par le tribunal ou la cour qui l'a commise ». Il n'était pas douteux ici (et la chambre des requêtes l'a expressément constaté) que les choses fussent entières.

**371.** A côté de ces deux hypothèses extrêmes, il en est d'autres où la solution se dégage moins nettement. La première est celle où il s'agit d'une décision qui, à la vérité, est en dernier ressort, mais qui a été l'objet d'un pourvoi en cassation. La question s'est posée à propos d'un arrêt de cour d'appel contenant une erreur de calcul. La cour de Pau (13 déc. 1886, aff. Hayet, D. P. 87. 2. 172), pour se déclarer compétente à l'effet de statuer sur la rectification de son propre arrêt, et pour rejeter, en conséquence, l'objection tirée de l'existence d'un pourvoi, a déclaré avec raison que ce moyen serait admissible, si l'arrêt émané de la cour se trouvait soumis à une juridiction supérieure pouvant infirmer en fait ses décisions souveraines ; que cela serait vrai d'un jugement de tribunal de première instance qui aurait été soumis à une cour d'appel, ce qui aurait pour conséquence d'enlever à ce tribunal dessaisi le droit de rectifier les erreurs matérielles du dispositif de son jugement ; mais qu'il n'en est pas de même quand un arrêt de cour d'appel s'est trouvé déféré à la cour de cassation ; celle-ci est une juridiction régulatrice au point de vue du droit, mais non une juridiction supérieure aux cours d'appel au point de vue du fait. Ces considérations sont péremptoires. En conséquence, l'existence d'un pourvoi en cassation doit être négligée au point de vue de la difficulté qui dont il s'agit : elle ne saurait influer sur la solution.

**372.** Une autre hypothèse, plus délicate, est celle où, le jugement erroné étant en premier ressort, les parties avaient à leur disposition, pour faire rectifier l'erreur, la voie de l'appel, et ont négligé d'y recourir. Conservent-elles alors la ressource de former, devant les premiers juges, une demande en rectification ? — La cour de Bordeaux a la leur a refusée (Bordeaux, 27 févr. 1856, aff. Darrieux, D. P. 56. 2. 216) : « Attendu, dit l'arrêt, que la rectification ne pourrait plus être faite, parce que les choses ne sont plus entières ; que les défendeurs, en effet, qui ont accepté condamnation à la somme de 4741 fr. et souffert son exécution, se seraient probablement pourvus par opposition ou appel contre une condamnation à 14741 fr., ainsi, d'ailleurs, que le fait pressentir leur réponse au pied du commandement qui leur a été signifié le 15 mars 1838, en leur faisant injonction leur était faite d'avoir à payer 14741 fr. ; que si, maintenant, il était ajouté, par voie de simple rectification, une somme de 10000 fr. à la condamnation portée par le jugement par défaut du 4 déc. 1837, tout recours leur serait fermé et la condamnation demeurerait définitive, *le jugement ayant acquis l'autorité de la chose jugée* ; qu'ils ne peuvent évidemment souffrir de la perte de ce droit de recours, qui est dû au fait des demandeurs, qui n'ont pas réclamé en temps opportun par les voies légales contre l'erreur du jugement ». — Cette solution est-elle exacte ? Il est certain tout d'abord qu'il n'y a point lieu de s'arrêter à l'argument tiré de la prétendue perte du droit d'appel. Il est hors de doute, en effet, que le jugement rectificatif est susceptible d'appel, tout comme l'était le jugement rectifié. Cet argument mis de côté, toute la question revient à savoir si l'obstacle à la demande en rectification vient de l'existence d'un appel, ou s'il suffit, pour la rendre irrecevable, de la simple possibilité d'un tel recours. Cette dernière opinion, consacrée par la cour de Bordeaux, paraît singulièrement rigoureuse, alors qu'il s'agit, en somme, d'une mesure dont l'avantage est incontestable, et le danger nul. Elle ne peut s'appuyer sur cette règle fondamentale de notre droit public, qui s'oppose à ce qu'une difficulté puisse être tranchée par un juge, à l'heure même où un autre en est déjà saisi; en outre, elle s'accorde mal avec la formule unanime de la jurisprudence, qui, en proclamant comme cause d'irrecevabilité la circonstance « que les choses ne sont plus entières », semble bien plutôt se référer à un fait actif, comme l'appel, qu'à une abstention. Il paraît donc plus exact de dire que l'existence d'un appel peut seule faire obstacle à ce qu'un tribunal soit appelé à rectifier l'erreur matérielle commise dans son jugement. C'est ce qu'enseigne M. Garsonnet (t. 3, § 461, note 15, p. 223); et c'est tout ce qu'on lit dans les arrêts anciens qui ont posé les.principes de la matière, notamment dans l'arrêt de la cour de Lyon du 30 août 1831 (*Rép.* n° 330), où l'on trouve cette formule très exacte : « ... lorsque les choses sont entières, c'est-à-dire tant que les juges n'ont pas été dépouillés par les voies qui peuvent être ouvertes en pareil cas, du droit de vérifier eux-mêmes l'erreur et de la corriger ». Enfin, il semble qu'on puisse invoquer en ce sens la doctrine, au moins implicite, de la cour de cassation; car, tandis que le système de la cour de Bordeaux a pour effet nécessaire (son arrêt le dit expressément) de fermer la voie de la rectification aux jugements passés en force de chose jugée, c'est, au contraire, aux seuls jugements en dernier ressort que la cour de cassation ouvre cette voie (Req. 9 juill. 1884, aff. Vagniez, D. P. 85. 1. 392).

**373.** En résumé, lorsqu'un jugement contient une erreur matérielle, cette erreur peut toujours être réparée, et ne peut l'être que par les juges mêmes qui ont rendu le jugement. Il n'en est autrement que lorsque ce jugement est frappé d'appel, auquel cas la rectification ne peut être opérée que par le juge d'appel, en vertu de son pouvoir général de réformation.

**374.** Il reste à déterminer la forme de la demande en rectification. La cour de Bourges (21 janv. 1845, aff. de Courvol, D. P. 54. 5. 453), ne voyant dans cette demande qu'un incident d'exécution (V. *infrà*, n° 500 et 501), a jugé qu'elle pouvait être valablement introduite par simples conclusions. Il est vrai qu'elle paraît être revenue sur cette jurisprudence (21 août 1852, aff. Parry, D. P. 54. 5. 454), « attendu, dit-elle dans cette seconde décision, que l'arrêt qui contient l'erreur, statuant sur les prétentions respectives des parties, a réglé leur situation et établi leur compte; que cet arrêt a terminé l'instance ; d'où il suit que la demande dont il s'agit ne saurait être introduite dans la forme d'un incident à une instance qui n'existe plus, et doit être soumise aux formes prescrites pour les actions principales ».

**375.** Mais c'est le premier système qui a continué d'être suivi. On en constate l'emploi dans un arrêt de la cour de Poitiers (18 mai 1874, aff. Dufau, D. P. 76. 1. 79). Quant à la cour d'Alger (6 janv. 1879, aff. Secourgeon, D. P. 82. 1. 124), c'est en termes exprès qu'elle a approuvé cette procédure : « Attendu qu'il s'agit, dans la cause, d'une demande incidente, se liant étroitement au litige tranché par l'arrêt qui contient l'erreur; que c'est même, à proprement parler, la continuation de l'instance précédente, puisque l'incident a précisément pour objet la rectification d'une partie de l'arrêt précité ; que, dès lors, ce n'est pas le cas de recourir aux formes qui sont prescrites pour l'introduction d'une action principale... ». La cassation de cet arrêt (Civ. cass. 3 août 1881, *ibid.*) n'en infirme pas la doctrine, bien au contraire, car elle est motivée sur ce que, en fait, il s'agissait dans l'espèce, non d'une simple difficulté d'exécution, mais d'une demande principale.

**Art. 2. — *De l'interprétation des jugements***
(*Rép.* n°⁵ 332 à 336).

**376.** En présence du principe : *Latâ sententiâ desinit esse judex* (*suprà*, n° 347), il semblerait que les droits du tribunal fussent définitivement épuisés (sauf la rectification d'erreurs purement matérielles) dès que le jugement est prononcé; que, dès lors, il fût contraire aux principes de

faire ajouter ou retrancher par le tribunal un seul mot du jugement, même sous prétexte d'interprétation, car toute addition ou suppression constitue par elle-même une modification. Toutefois, l'interprétation d'un jugement obscur et ambigu présentant souvent la plus grande utilité pratique, il a paru à la jurisprudence qu'il n'y avait point d'inconvénient à la tolérer, sous la réserve, précisément, qu'elle ne porterait nul préjudice à la chose jugée.

**377.** Le principe du droit d'interprétation, déjà présenté comme constant au *Rép.* n° 332, est chaque jour consacré de nouveau par la jurisprudence (Req. 24 janv. 1857, aff. Dampierre, D. P. 57. 1. 359; Crim. rej. 12 nov. 1858, aff. Gache, D. P. 59. 1. 41; Req. 26 févr. 1879, *infrà*, n° 382; 16 déc. 1879, aff. Delaunay, D. P. 80. 1. 371; 19 juill. 1880, aff. Ferron, D. P. 81. 1. 224; Civ. rej. 15 mars 1882, aff. Heulhard, D. P. 83. 1. 59; Paris, 1ᵉʳ avr. 1882 (deux arrêts), aff. Legrand et aff. Darlens, D. P. 82. 2. 229; Civ. rej. 18 avr. 1882, aff. Dubois, D. P. 83. 1. 411; 14 nov. 1882, *infrà*, n° 382; Req. 21 mars 1883, aff. Congar, D. P. 84. 1. 86). Un jugement peut toujours être interprété, dans les conditions qui vont être précisées, par un second jugement qui ne fera qu'un avec lui (Req. 26 févr. 1879, *infrà*, n° 382-7°).

**378.** L'interprétation fournie par le juge compétent, alors d'ailleurs qu'elle n'excède pas les limites que l'on va déterminer, est souveraine et échappe à la censure de la cour de cassation (Req. 21 août 1860, aff. Frottier, D. P. 61. 1. 107; 20 janv. 1872, aff. Dard, D. P. 72. 1. 321). Dans tous les cas, l'interprétation donnée par une cour d'appel à un arrêt qu'elle a antérieurement rendu ne saurait être critiquée par la partie qui, dans ses conclusions, a précisément attribué au premier arrêt le sens et la portée qui lui ont été reconnus par le second arrêt (Req. 3 juill. 1889, aff. Rambaud, D. P. 80. 1. 229).

**379.** Mais, afin que ce procédé ne fournît pas matière à des abus, il a fallu le renfermer dans des limites étroites.

D'abord, il faut, pour que la demande à fin d'interprétation soit recevable, que le jugement qui en fait l'objet présente réellement quelque chose d'obscur ou d'ambigu (Besançon, 26 nov. 1863, aff. Habert, D. P. 63. 1. 205; Civ. cass. 10 avr. 1872, aff. Ollagnier, D. P. 73. 5. 93; Douai, 28 nov. 1873, aff. Dupont, D. P. 75. 2. 31; Civ. cass. 3 août 1884, aff. Secourgeon, D. P. 82. 1. 124; Grenoble, 19 août 1882, aff. Régis, D. P. 83. 2. 100; Lyon, 7 mars 1883, aff. Michaille, D. P. 84. 2. 119; Civ. rej. 17 mars 1885, aff. Quevremont, D. P. 85. 1. 250).

**380.** D'autre part, si le droit d'interpréter les décisions par eux rendues est reconnu aux cours et tribunaux, c'est uniquement au point de vue de l'exécution de leurs sentences, et lorsque surgissent, entre les parties qui étaient en cause, des difficultés sérieuses et réelles sur la portée et le sens du jugement ou de l'arrêt rendu à leur égard, difficultés sur lesquelles il serait nécessaire de statuer pour faire sortir effet à la décision. Tel n'est pas le cas où, aucune difficulté ne s'élevant sur l'exécution d'une sentence, la demande d'interprétation ne s'adresse qu'aux motifs de la décision à interpréter et ne présente qu'un intérêt de doctrine ou de satisfaction personnelle (Crim. cass. 8 nov. 1862, aff. Mirès, D. P. 63. 1. 432). Cette décision a été rendue au sujet d'une demande d'interprétation ayant pour objet de faire décider qu'un arrêt ou jugement qui avait relaxé le demandeur des poursuites correctionnelles dirigées contre lui et dont le bénéfice ne lui était pas contesté, avait le caractère et la portée d'une décision d'acquittement et non d'une décision d'absolution.

**381.** Il faut ajouter (V. *suprà*, n° 378) que le juge n'a pas toute liberté pour fournir son interprétation. Il ne faut pas que la demande d'interprétation soit un moyen détourné d'attaquer le jugement, et que le tribunal, sous prétexte d'interprétation, porte atteinte aux principes du dessaisissement et de l'autorité de la chose jugée (*Rép.* n° 334; Garsonnet, t. 3, § 461, note 19, p. 224; Bordeaux, 27 févr. 1856, aff. Darrieux, D. P. 56. 2. 216; Civ. cass. 7 mars 1859, aff. Guerrier, D. P. 59. 1. 118; Besançon, 26 nov. 1863, aff. Habert, D. P. 63. 2. 205; Civ. cass. 1ᵉʳ juill. 1867, aff. Lubin, D. P. 67. 1. 314; Req. 30 janv. 1877, aff. Ménier, D. P. 78. 1. 408; 16 déc. 1879, aff. Delaunay, D. P. 80. 1. 371; Civ. cass. 3 août 1881, aff.

Secourgeon, D. P. 82. 1. 124; 3 juill. 1883, aff. Guinon, D. P. 84. 1. 135).

**382.** Des exemples feront mieux comprendre ces divers principes. — On citera d'abord un certain nombre d'espèces dans lesquelles il a été reconnu que le droit d'interprétation avait été légitimement exercé. Les arrêts auxquels elles ont donné lieu font l'application de cette règle, expressément formulée par plusieurs d'entre eux, que les tribunaux peuvent, sans violer le principe de la chose jugée, statuer sur l'interprétation de leurs décisions, toutes les fois que, à raison de quelque ambiguïté dans les termes, ces décisions laissent les parties dans l'incertitude sur l'étendue des conséquences qu'elles comportent. C'est ainsi qu'il a été jugé : 1° que l'arrêt qui donne mission à des experts de déterminer la limite du lit d'un fleuve navigable en recherchant la hauteur de ses eaux moyennes, a pu, sans violation de la chose jugée, être interprété, dans l'arrêt définitif, en ce sens que les experts ont dû déterminer la plus grande hauteur des eaux livrées à leur cours normal, c'est-à-dire avant d'atteindre les points extrêmes d'étiage ou d'inondation (Req. 9 juill. 1846, aff. Vauchel, D. P. 46. 1. 270); — 2° Qu'une cour d'appel qui, par un arrêt intervenu dans une instance en contrefaçon, avait, en termes absolus, prononcé la confiscation de l'objet (un bateau) au sujet duquel les poursuites ont été intentées, a pu, sur la demande en interprétation de ce dispositif, déclarer qu'il ne comprend que la portion arguée de contrefaçon (Crim. rej. 12 nov. 1858, aff. Gache, D. P. 59. 1. 41); — 3° Que l'arrêt qui, dans une instance en validité de saisie-arrêt, donne acte aux parties de leur consentement à la remise entre les mains du saisissant, jusqu'à concurrence d'une somme déterminée formant le capital de sa créance, d'effets de commerce souscrits par le tiers saisi au profit du débiteur saisi, a pu, par interprétation de la volonté des magistrats qui l'ont rendu et des parties qui l'ont préparé par leur contrat judiciaire, être entendu en ce sens que le saisissant doit être garanti, au moyen de ces effets, non seulement du capital de sa créance, mais encore des intérêts et des frais (Req. 21 août 1860, aff. Frottier, D. P. 64. 1. 107); — 4° Que l'arrêt qui interdit à un propriétaire d'un hôtel garni l'emploi de certains mots dans la désignation et dénomination de son hôtel a pu être interprété, par un second arrêt, en ce sens qu'il a entendu ordonner la suppression de ces mots, non seulement dans les enseignes ou annonces, mais encore sur tous les objets à l'usage intérieur ou extérieur de l'hôtel et des personnes qui y sont reçues : une telle interprétation ne viole pas l'autorité de la chose jugée (Civ. rej. 22 déc. 1863, aff. Muller, D. P. 64. 1. 121); — 5° Que lorsque la suite d'un jugement condamnant l'une des parties à payer à l'autre, à titre de dommages-intérêts, une somme déterminée, plus un article de frais, un arrêt infirmatif et passé en force de chose jugée a déclaré, dans ses motifs, qu'une somme inférieure constituerait une réparation suffisante du préjudice souffert, et dans son dispositif, a réduit la condamnation à ladite somme, un arrêt postérieur jugeant qu'il résulte de l'ensemble du premier arrêt et de son esprit que les frais ont été compris dans la somme par lui allouée, ne viole pas l'autorité de la chose jugée (Req. 7 mars 1876, aff. Romain Viviès, D. P. 76. 1. 350); — 6° Que, lorsque le juge a donné mandat spécial et exclusif à un séquestre de recevoir des billets souscrits à l'ordre d'une partie et de toucher le montant de ces billets, il peut, par voie d'interprétation de son jugement, décider que ces billets seront libellés de manière à ce que le séquestre en ait seul la disposition ; spécialement, il peut ordonner que le dispositif de son précédent jugement sera transcrit sur lesdits billets afin de les soustraire à la circulation ; et cela, encore bien que, dans ses conclusions originaires, le demandeur en interprétation n'ait pas déterminé la forme dans laquelle, selon lui, les billets devaient être rédigés dans ce but. Une telle décision n'ajoute rien au premier jugement et ne saurait être considérée comme une solution anticipée des difficultés auxquelles pourrait ultérieurement donner lieu l'exécution de ce premier jugement (Rouen, 28 janv. 1879, aff. Whits, D. P. 80. 2. 23); — 7° Qu'une cour d'appel, qui a ordonné la restitution à des particuliers de taxes illégalement perçues par un directeur des douanes, peut interpréter cette décision en ce sens qu'elle s'applique non seulement aux taxes perçues antérieurement à la demande, mais encore à celles qui n'ont été perçues que postérieurement (Req. 26 févr. 1879) (1); — 8° Une cour d'appel ne viole pas le principe de la chose jugée lorsque, saisie d'une demande

---

(1) (Paillet, Fitte, Gaveaux et autres *C.* Douanes de la Réunion.) — La cour de Bordeaux avait, le 19 mai 1870, rendu l'arrêt qui suit : — La cour; — Attendu que les appelants demandent la restitution de droits perçus par les agents des douanes, dans les trois ports de l'île de la Réunion accessibles au commerce, comme illégalement établis par des arrêtés du gouverneur de la colonie des 13 déc. 1850, 15 oct. 1851 et 30 oct. 1861, soit parce que, sous la dénomination de droit municipal d'octroi, ils sont, en réalité, des droits de douane qui ne peuvent être établis que par le pouvoir législatif de la métropole, soit parce que, pussent-ils être considérés comme de véritables droits d'octroi, ils ne pouvaient l'être que par le chef de l'État; — Qu'il faut donc examiner et fixer d'abord le véritable caractère de ces taxes, pour en apprécier la légalité d'après les dispositions législatives ou réglementaires qui les régissent... ; — Que les taxes imposées par les arrêtés du gouverneur de la Réunion, sur les objets venant du dehors, à leur entrée dans la colonie, excèdent les pouvoirs constitutionnels dont ce fonctionnaire est investi ; — Que leur perception est illégale ; — Que, partant, les demandeurs sont fondés à réclamer la restitution des sommes par eux payées en exécution de ces arrêtés qui doivent être tenus pour nuls et non avenus, et que leur demande doit être accueillie par cette seule considération, sans qu'il soit nécessaire d'examiner le deuxième motif sur lequel elle était fondée; — Attendu, quant à l'importance des sommes ainsi illégalement exigées d'eux, que la cause n'est pas en état; — Que, si des quittances nombreuses ont été produites à la cour, cette production tardive n'a pas permis à la douane d'en apprécier la portée; — Qu'il y a donc lieu à plus ample informé; mais que, tous les documents devant servir au règlement à faire se trouvant à l'île de la Réunion, il convient de renvoyer la cause et les parties pour y procéder devant le tribunal de Saint-Denis, composé d'autres juges que ceux qui ont concouru à la décision infirmée; — Par ces motifs; — Condamne Brienne, en sa qualité de directeur des douanes de l'île de la Réunion et de préposé en chef de la perception des droits d'octroi, à restituer aux appelants toutes les sommes qu'il a indûment perçues ou fait percevoir par ses agents, de chacun d'eux, en vertu desdits arrêtés; — Renvoie la cause et les parties devant le tribunal de première instance de Saint-Denis...

Le tribunal de Saint-Denis, saisi par ce renvoi, limita la restitution aux droits perçus antérieurement à la demande. Ce juge-

---

ment, en date du 24 août 1875, fut frappé d'appel par les demandeurs qui, en même temps, formèrent devant la cour, une demande en interprétation de son arrêt du 19 mai 1870. C'est en cet état que la cour de Bordeaux, le 21 août 1877, rendit un nouvel arrêt ainsi conçu : La cour; — Attendu que les conclusions prises, le 17 mai 1870, par les sieurs Paillet et Fitte frères et consorts, devant les chambres réunies de la cour de Bordeaux tendaient à faire prononcer la nullité des arrêtés pris les 13 déc. 1850, 16 oct. 1851 et 30 oct. 1861 par le gouverneur de l'île de la Réunion, et à faire condamner, par voie de conséquence, le directeur des douanes de la colonie à leur rembourser toutes les sommes généralement quelconques perçues à leur préjudice en vertu desdits arrêtés; — Attendu que les expressions employées par les appelants indiquaient qu'ils entendaient donner à leur demande la plus grande latitude; — Qu'il résultait des termes dans lesquels leurs conclusions étaient formulées que, loin de limiter leurs réclamations aux sommes perçues avant le 31 janv. 1862, date de l'exploit introductif d'instance, ils prétendaient réclamer le remboursement de tout ce qui avait été indûment perçu en exécution des arrêtés dont ils poursuivaient l'annulation; — Attendu que la portée de leurs conclusions était d'ailleurs clairement déterminée par cette circonstance que les appelants demandaient à la cour de condamner immédiatement le directeur des douanes à leur rembourser les sommes dont ils précisaient le chiffre, et qu'ils produisaient, pour justifier leur demande, des quittances constatant des perceptions faites, soit avant le 31 janv. 1862, soit postérieurement à cette date; — Attendu que, en présence de ces conclusions, la cour a compris et devait nécessairement comprendre que le remboursement réclamé s'étendait à toutes les sommes perçues en vertu des arrêtés dont la validité était critiquée; — qu'il résulte, en effet, des qualités de l'arrêt qu'une des questions examinées par elle était de savoir s'il fallait condamner immédiatement le directeur des douanes de la Réunion à payer le montant des quittances produites, ou s'il y avait lieu d'ordonner sur ce point un plus ample informé; — Attendu que, loin de limiter à cette dernière mesure, la cour n'a nullement limité l'effet de son arrêt au 31 janv. 1862; — Qu'elle a, au contraire, donné à sa décision toute l'extension réclamée par les appelants, puisqu'après avoir prononcé la nullité des arrêtés des 13 déc. 1850, 15 oct. 1851 et 30 oct. 1861, elle a condamné le sieur Brienne en sa qualité

d'interprétation d'un de ses arrêts, elle en rapproche les motifs et le dispositif des conclusions des parties, et conclut de cet examen qu'un appel dirigé contre plusieurs parties n'a été déclaré recevable qu'à l'égard de l'une d'elles; il en est ainsi lorsque, sans statuer nominativement sur la recevabilité de l'appel à l'égard de tous les intimés, l'arrêt interprété déclare, dans ses motifs, l'exception opposée par l'une des parties bien fondée, et ne prononce, dans son dispositif, aucune condamnation aux dépens contre elle (Req. 25 mai 1880, aff. Cros, D. P. 81. 1. 9); — 9° Qu'une cour d'appel peut décider que la partie du dispositif d'un arrêt relative aux intérêts mis à la charge d'un débiteur ne s'applique qu'à la condamnation principale qui la précède immédiatement (Req. 19 juill. 1880, aff. Ferron, D. P. 81. 1. 224); — 10° Que, lorsqu'une partie a été condamnée à démolir une construction ou à acheter le terrain sur lequel elle était élevée, et ce, dans un délai déterminé à l'expiration duquel son adversaire était autorisé à opérer la démolition, il n'y a pas violation de la chose jugée si l'arrêt qui, interprétant cette décision, déclare qu'il en résulte une obligation alternative, à laquelle la partie peut satisfaire en achetant le sol, même après l'expiration du délai stipulé et tant que la démolition n'a pas été opérée par l'adversaire (Req. 7 nov. 1881, aff. de Saint-Sinner, D. P. 82. 1. 214); — 11° Qu'à la suite d'un jugement qui a condamné un locataire à rembourser le prix de travaux mis à sa charge par le bail et payés pour son compte par le bailleur, et a résolu le contrat pour le cas où ce remboursement ne serait pas effectué dans un délai déterminé, un second jugement peut décider, par interprétation du premier, que la condamnation est alternative, et que, le bailleur ayant expulsé le locataire faute de payement, la condamnation du celui-ci au remboursement du prix des travaux devait être considérée comme non avenue (Civ. rej. 15 mars 1882, aff. Heulhard, D. P. 83. 1. 59); — 12° Que lorsqu'un jugement a ordonné à une partie, sous une sanction pénale, de faire une déclaration dans un certain délai à dater de la signification du jugement, et que, sur appel, celui-ci a été confirmé, l'arrêt peut être interprété en ce sens que le délai ne court qu'à partir de la signification de l'arrêt, alors même que ce jugement, émanant d'un tribunal de commerce, est exécutoire par provision, l'exécution provisoire ne pouvant

avoir pour objet qu'une condamnation pécuniaire, et non une condamnation comminatoire, éventuelle et incertaine (Paris, 1er avr. 1882, deux arrêts, aff. Legrand, et aff. Darlu, D. P. 82. 2. 229; — 13° Que dans le cas où, lorsqu'en réparation d'un dommage causé à une mère et à sa fille mineure, un jugement a ordonné qu'une inscription de rente serait immatriculée pour l'usufruit indistinctement en leur nom, ladite rente devant être réduite à une certaine somme à la majorité ou au mariage de la fille, le juge peut, par interprétation de cette décision, décider que le décès de la mère a eu pour effet d'éteindre purement et simplement la rente ainsi réduite sans réversibilité sur la tête de la fille (Civ. rej. 18 avr. 1882, aff. Dubois, D. P. 83. 1. 411); — 14° Que lorsqu'un arrêt a annulé dans certaines parties un brevet d'invention, et l'a maintenu pour d'autres, la cour qui a rendu cet arrêt peut ultérieurement, par voie d'interprétation, en préciser le sens et la portée (Civ. rej. 14 nov. 1882, aff. Balin C. Desfossé); — 15° Que les tribunaux peuvent, par interprétation d'un arrêt qui condamne le créancier d'un failli à rapporter toutes les sommes reçues par lui en contravention à l'art. 447 c. com., décider que ce créancier rapportera, non seulement le capital, mais les intérêts de droit qui en sont l'accessoire légal (Req. 21 mars 1883, aff. Congar, D. P. 83. 1. 86); — 16° Qu'il appartient aux tribunaux de fixer, sur la demande des parties, le sens de leurs décisions et d'en expliquer les dispositions dont les termes ont donné lieu à quelque doute, à la condition de ne point modifier ces décisions, y ajouter ou les restreindre. Spécialement, la cour qui a condamné un sous-acquéreur à garantir l'acheteur primitif à raison de l'obligation de retirer et de payer les marchandises achetées, peut interpréter son arrêt en ce sens que la garantie prononcée s'étend aux conséquences de cette obligation et, notamment, dans le cas de défaut d'enlèvement des marchandises, à l'obligation de payer la différence entre le prix convenu et le montant de la revente par voie de justice (Civ. rej. 15 nov. 1887, aff. Galley, D. P. 89. 1. 153); — 17° Que l'interprétation donnée par un arrêt à un jugement est souveraine, lorsqu'elle n'est point en contradiction avec le texte de ce jugement, et ne substitue pas à sa sentence une décision nouvelle. Et spécialement, lorsque l'arrêt constate qu'une provision accordée par ce jugement à deux époux sur une créance

de directeur des douanes et de préposé en chef de l'octroi, à restituer aux appelants toutes les sommes qu'il avait perçues ou fait percevoir de chacun d'eux en vertu desdits arrêtés; — Attendu qu'il était dans les pouvoirs de la cour d'ordonner cette restitution; qu'en effet, tout en interdisant aux parties de former en appel aucune demande nouvelle, l'art. 464 c. proc. civ. les autorise à réclamer les accessoires échus depuis le jugement; — Attendu que, dans une instance qui avait essentiellement pour but l'annulation des arrêtés auxquels le commerce de la Réunion avait été indûment soumis, et qui tendait, par voie de conséquence, à la restitution des sommes perçues en vertu de ces arrêtés, on ne pouvait considérer comme contenant une demande nouvelle des conclusions ayant pour objet le remboursement des perceptions effectuées depuis le commencement de l'instance, en vertu des mêmes arrêtés; — Qu'en réclamant le remboursement, les appelants se sont bornés à étendre leurs conclusions à des accessoires qui se rattachaient à la demande principale et n'étaient pas encore dus lors de la décision des premiers juges; — Attendu, d'ailleurs, qu'en 1870 le sieur Brienne n'a pas demandé que ce chef des conclusions fût écarté comme constituant une demande nouvelle: qu'il n'a pas opposé l'incompétence résultant de ce que le principe du double degré de juridiction aurait été méconnu, et que, dès lors, la cour pouvait statuer ainsi qu'elle l'a fait; — Par ces motifs, etc. — Pourvoi en cassation par le directeur des douanes.

LA COUR; — Sur le premier moyen, tiré d'un excès de pouvoirs, de la violation des art. 1350 et 1351 c. civ., de l'art. 464 c. proc. civ. et du principe de la séparation des pouvoirs : — Attendu que, si les tribunaux ne peuvent, sous prétexte d'interprétation, modifier les décisions qu'ils ont rendues, y ajouter ou retrancher, il leur appartient d'en fixer le sens quand elles sont obscures ou ambiguës; — Attendu que la cour d'appel de Bordeaux, dans son arrêt du 19 mai 1870, qui condamne le directeur des douanes de la Réunion, préposé en chef à la perception des droits d'octroi, « à restituer aux défendeurs éventuels toutes les sommes qu'il a indûment perçues ou fait percevoir par ses agents, en vertu des arrêtés des 13 déc. 1850, 15 oct. 1851 et 30 oct. 1861 », indique bien, dans ce dispositif, que cette restitution doit s'effectuer à partir de la première perception illégale faite en vertu du premier des arrêtés, mais qu'elle laisse dans le doute le point de savoir

si elle doit porter seulement sur les perceptions faites antérieurement à la demande en justice ou si elle doit comprendre encore celles faites postérieurement; — Qu'en décidant, dans ces circonstances, d'après la généralité des termes du dispositif, éclairé par le point de droit des qualités, les conclusions des défendeurs éventuels et les quittances produites par un certain nombre d'entre eux à l'appui d'un chef de demande en remboursement immédiat de partie des sommes illégalement exigées, que « les restitutions à opérer comprennent les taxes perçues tant depuis la promulgation des arrêtés déclarés nuls jusqu'au jour de la demande en justice, que postérieurement à cette demande et jusqu'à la date de la mise en vigueur dans la colonie du tarif voté par le conseil général, en vertu du sénatus-consulte du 4 juill. 1866 », ladite cour, dans l'arrêt attaqué, n'a fait qu'user de son pouvoir d'interprétation, et qu'elle n'a ni méconnu l'autorité de la chose jugée par l'arrêt du 19 mai 1870, ni violé l'art. 464 c. proc. civ., ni commis un excès de pouvoirs; — Sur le deuxième moyen pris de la violation de l'art. 1er, § 5, du sénatus-consulte du 4 juill. 1866 : — Attendu qu'en 1862, lorsque la demande en restitution de droits a été formée et lorsqu'elle a été jugée par le tribunal civil de Saint-Denis, aucune disposition de loi n'obligeait le directeur des douanes de la Réunion à se pourvoir d'une autorisation de plaider; — Que le directeur des douanes, capable en première instance et ayant eu gain de cause devant le tribunal, n'a eu besoin, pour défendre à l'appel, ni en 1864 devant la cour de la Réunion, ni en 1870 sur renvoi après cassation devant la cour de Bordeaux, d'aucune autorisation; — Que l'arrêt de 1870 de la cour de Bordeaux, qui a d'ailleurs acquis l'autorité de la chose jugée, ne saurait dès lors être attaqué pour prétendue violation de l'art. 1er, § 5, du sénatus-consulte du 4 juill. 1866; — Attendu que l'arrêt du 21 août 1877, qui interprète cet arrêt de 1870, ne fait qu'un avec lui sans contenir de décision nouvelle, puisqu'il se borne à éclaircir celle qui a été déjà rendue à l'aide d'un incident sur son exécution; — Que, pour défendre à une simple demande en interprétation, le directeur des douanes n'était tenu de se munir d'aucune autorisation de plaider; — Que, par suite, l'article susvisé n'a pu être violé.

Rejette, etc.

Du 26 févr. 1879.-Ch. req.-MM. Bédarrides, pr.-Petit, rap.-Lacointa, av. gén., c. conf.-Dancongnée, av.

dotale de la femme, était évidemment, dans les conditions où elle a été allouée et eu égard à la situation gênée des bénéficiaires, une chose fongible, destinée aux besoins de la vie et aux frais du procès pendant entre eux et le débiteur, et que, devant être ainsi consommée, cette provision a dû nécessairement être imputée sur les intérêts de la créance. En conséquence, c'est à bon droit que cet arrêt rejette la prétention de la femme à être colloquée, pour cette provision, au rang de son hypothèque légale de femme mariée (Civ. rej. 25 juin 1891, aff. Cavaillès, D. P. 91. 1. 201).

**383.** De nombreux arrêts ont, d'autre part, consacré et appliqué la règle inverse, d'après laquelle le pouvoir d'interprétation cesse lorsqu'il s'agit de décisions dont les termes sont clairs et précis, et qui ne permet pas au juge, sous prétexte d'exercer ce pouvoir, de rien ajouter à sa décision ou d'en rien retrancher. Décidé, notamment : 1° qu'en cas de condamnation à une livraison de marchandises vendues, avec faculté, pour l'acheteur, de se procurer ces marchandises aux risques et périls du vendeur, à défaut de livraison dans un délai déterminé, le nouveau jugement qui, sous prétexte d'interprétation de cette condamnation, se borne à condamner le vendeur au payement de la différence entre le prix des marchandises au jour où elles auraient dû être livrées et leur cours actuel, est nul pour violation de l'autorité de la chose jugée (Civ. cass. 7 mars 1859, aff. Guerrier, D. P. 59. 1. 118); — 2° Qu'un tribunal qui a ordonné, par un premier jugement, l'exécution pure et simple de certains travaux de réparation demandés par le preneur à son bailleur, ne peut, par une nouvelle décision, prescrire l'exécution des mêmes travaux dans un délai déterminé, et sous peine d'une somme allouée, à titre de dommages-intérêts, par chaque jour de retard (Besançon, 26 nov. 1863, aff. Habert, D. P. 63. 2. 205); — 3° Que le juge ne peut retirer aux parties, sous prétexte d'interprétation, un droit qu'il leur avait précédemment reconnu par une décision passée en force de chose jugée, spécialement, après qu'un premier arrêt a décidé que tous les créanciers d'une personne colloquée dans un ordre seraient sous-colloqués eux-mêmes au marc le franc et au même rang, sans égard aux dates de diverses saisies par eux pratiquées, un second arrêt ne saurait, sans violer l'autorité de la chose jugée par le premier, restreindre à une portion seulement de la somme pour laquelle le débiteur commun a été colloqué la sous-collocation à rang égal de tous les créanciers, et décider que, sur le reste de la même somme, les créanciers seraient admis à la sous-collocation d'après la date de leurs saisies (Civ. cass. 1er juill. 1867, aff. Lubin, D. P. 67. 1. 314); — 4° Que la disposition d'un jugement confirmée sur appel par une décision claire et précise constitue, au profit de l'une des parties, un droit dont un second arrêt ne peut, sans contrevenir à l'autorité de la chose jugée, lui enlever le bénéfice sous prétexte d'interprétation du premier arrêt (Civ. cass. 10 avr. 1872, aff. Ollagnier, D. P. 73. 5. 93); — 5° Que lorsque le juge, en ordonnant l'exécution de sa sentence dans un délai déterminé, a d'avance prononcé, d'une manière absolue et définitive, des dommages-intérêts contre la partie retardataire, cette condamnation ne peut être interprétée comme étant purement comminatoire (Douai, 28 nov. 1873, aff. Dupont, D. P. 75. 2. 31); — 6° Que la partie condamnée par un arrêt à détruire des travaux par lesquels elle avait empiété sur un terrain communal n'est pas recevable à demander à la cour d'appel, sous prétexte d'interprétation dudit arrêt, qu'il soit procédé au bornage du terrain; cette demande soulève une question nouvelle de la compétence exclusive du juge de paix (Req. 30 janv. 1877, aff. Ménier, D. P. 78. 1. 408); — 7° Qu'il y a lieu d'annuler, comme portant atteinte à l'autorité de la chose jugée, l'arrêt qui, sous prétexte d'interpréter un arrêt antérieur, lequel ne présentait aucune obscurité ni ambiguïté, a modifié le dispositif dudit arrêt et aggravé la condamnation prononcée, en changeant, par exemple, le point de départ des intérêts (Civ. cass. 3 août 1881, aff. Secourgeon, D. P. 82. 1. 124); — 8° Qu'en présence d'un jugement qui a déclaré la faillite d'une personne nommément désignée, un tribunal ne peut, par voie d'interprétation, décider que la déclaration de faillite s'applique à un tiers (Grenoble, 19 août 1882, aff.

Régis, D. P. 83. 2. 100); — 9° Qu'au cas de confirmation d'un jugement portant condamnation à des dommages-intérêts pour chaque jour de retard apporté à son exécution, ces dommages-intérêts sont dus à dater du jour fixé par la sentence confirmée, et la cour ne peut déclarer, sous prétexte d'interprétation, qu'ils sont dus seulement du jour de l'arrêt confirmatif (Lyon, 7 mars 1883, aff. Michaille, D. P. 84. 2. 119); — 10° Qu'il n'y a pas lieu à interprétation d'un arrêt dont les dispositions sont claires, lors même que son exécution donnerait lieu à des difficultés tenant à l'insuffisance de la loi (Civ. rej. 17 mars 1885, aff. Quevremont, D. P. 85. 1. 250); — 11° Qu'un jugement ne peut déclarer que certaines parcelles de terrain ne sont pas comprises dans une expropriation, au mépris des arrêtés de cessibilité et des plans parcellaires annexés à un jugement d'expropriation non frappé de pourvoi (Civ. cass. 18 mars 1889, aff. Cortoggiani, D. P. 90. 1. 278). — Il y a lieu, pour terminer, de citer une espèce où, semble-t-il, les principes qui régissent la matière auraient dû entraîner la cassation de l'arrêt interprétatif. C'est un point certain que, toute condamnation devant être formelle et précise, la condamnation aux intérêts ne résulte pas d'un jugement prononçant l'homologation d'un rapport d'expert, qui avait conclu à ce qu'une des parties fût déclarée débitrice de l'autre, d'une somme principale *sans préjudice des intérêts de droit* (Civ. rej. 28 avr. 1891, aff. Lacroix, D. P. 91. 1. 357-358). Cependant la cour d'appel, saisie d'une demande d'interprétation, avait décidé que les intérêts étaient dus (Orléans, 30 juin 1888, ibid.), et le pourvoi fut rejeté (Req. 28 avr. 1891, aff. Goyer, ibid.); mais il faut remarquer que, si l'arrêt de la cour d'Orléans a été maintenu, ce n'est pas comme arrêt interprétatif; mais parce qu'il prononçait, *in tant que de besoin*, sur les conclusions formelles du créancier, la condamnation aux intérêts. C'est cette circonstance tout exceptionnelle qui seule a pu soustraire l'arrêt à la cassation.

**384.** Quand le jugement peut-il être interprété? — On retrouve sur ce point, dans la jurisprudence, la formule déjà rencontrée en matière de rectification (V. supra, n° 368): il faut que les choses soient encore entières (Bordeaux, 27 févr. 1856, aff. Darrieux, D. P. 56. 2. 246; Req. 21 janv. 1857, aff. Dampierre, D. P. 57. 1. 359). Sans reprendre en détail l'analyse de cette formule (V supra, n°s 369 à 372), on se bornera à en rappeler la conclusion (V. supra, n° 373), à dire qu'un jugement peut toujours être l'objet d'une interprétation, à moins qu'il ne soit frappé d'appel, auquel cas il appartient au juge d'appel, non pas de l'interpréter, mais de le refaire (Comp. Larombière, art. 1351, n° 161; Req. 25 juin 1889, aff. Dhuicque, D. P. 90. 1. 420).

**385.** À qui appartient le droit d'interpréter le jugement? — On a vu au *Rép.*, n° 335, que la jurisprudence maintenait sur ce point l'application du vieux brocard *Cujus est condere, ejus est interpretari; le tribunal qui a rendu le jugement est seul compétent pour l'interpréter (Req. 21 janv. 1857, aff. Dampierre, D. P. 57. 1. 359; Comp. Rouen, 28 janv. 1879, aff. White, D. P. 80. 2. 23). Cette règle s'applique à la cour de cassation, comme aux tribunaux ordinaires (Civ. cass. 17 janv. 1850, aff. Duvvalt-Laty, D. P. 50. 1. 193. V. d'ailleurs, *Rép.* v° *Cassation*, n° 129), et parmi ceux-ci, même aux tribunaux de commerce (Bioche, n° 345; Civ. rej. 29 avr. 1873, aff. Martin, D. P. 73. 1. 304; 15 nov. 1887, aff. Galley, D. P. 89. 1. 53), bien qu'ils soient incompétents pour connaître de l'exécution de leurs jugements (V. infra, n° 477).

**386.** Il ne faut pourtant pas faire de cette règle une application judaïque. Sans doute il est de principe qu'à l'autorité qui a rendu une décision appartient le droit de l'interpréter mais, si la loi veut que l'interprétation émane de la cour ou du tribunal qui a rendu l'arrêt ou le jugement, elle ne va pas jusqu'à exiger qu'elle soit faite par les magistrats mêmes qui ont concouru à l'arrêt ou au jugement qu'il s'agit d'interpréter, ni surtout par ces magistrats; on conçoit que souvent cela serait inexécutable; ce qu'il faut donc considérer, c'est la cour ou le tribunal qui a rendu la décision; ou bien encore la chambre ou la section de laquelle elle est émanée, et non les personnes mêmes qui y ont pris part (Req. 17 févr. 1863, aff. Panthot, D. P. 63. 1. 449).

**387.** L'application de la règle : *Cujus est condere, ejus est interpretari*, donne lieu, lorsqu'il s'agit d'une décision sur appel, à une difficulté semblable à celle que l'on rencontrera (*infrà*, n°ˢ 482 et suiv.) en matière d'exécution. L'interprétation appartient-elle alors au tribunal dont le jugement est frappé d'appel, ou à la cour ? — La solution n'est pas la même qu'en matière d'exécution. En effet, aux termes de la jurisprudence, le droit d'interprétation appartient toujours à la cour d'appel, et jamais au tribunal (Req. 21 août 1860, aff. Frottier, D. P. 61. 1. 107). Il en est ainsi, soit qu'il s'agisse d'un arrêt infirmatif (Req. 17 juin 1851, aff. de Christol, D. P. 54. 5. 333) (l'arrêt d'appel dont il est ici question est évidemment un arrêt infirmatif, puisqu'il a *renvoyé* la connaissance de l'exécution à un autre tribunal), soit qu'il s'agisse d'un arrêt confirmatif (Trib. corr. de la Seine, 15 févr. 1888 (1); Civ. rej. 15 nov. 1887, aff. Galley, D. P. 89. 1. 153). Il importe donc peu que l'arrêt à interpréter ne soit pas purement confirmatif ni infirmatif (Req. 21 août 1860, précité).

**388.** Ainsi le juge du premier degré est toujours incompétent à cet égard. Mais lorsque le tribunal, bien qu'incompétent, a donné l'interprétation qui lui était demandée par les parties, la cour, saisie de l'appel contre ce jugement au lieu de l'être directement, en statuant au fond sur les conclusions des parties relatives à l'interprétation, donne elle-même cette interprétation ; et, dès lors, l'irrégularité de procédure ainsi commise n'est pas de nature à entraîner l'annulation de cet arrêt (Civ. rej. 15 nov. 1887, aff. Galley, D. P. 89. 1. 153).

**389.** La question est délicate en ce qui concerne les jugements des tribunaux étrangers qui, suivant la règle que l'on exposera *infrà*, n° 405), ont été déclarés exécutoires en France par jugement d'un tribunal français. Le traité franco-suisse du 15 juin 1869, sur la compétence judiciaire et l'exécution des jugements en matière civile (art. 19) attribue dans ce cas compétence au tribunal français, et M. Cohendy (D. P. 88. 2. 50) est d'avis que c'est là, non pas une disposition exceptionnelle mais, au contraire, l'application d'un principe de droit commun. Cependant la cour de Paris (9 mars 1887, aff. Moraisne, D. P. 88. 2. 49) a jugé en sens inverse que les tribunaux français sont incompétents pour statuer sur la demande formée par un obligataire français contre une société étrangère, lorsque cette demande a pour objet l'interprétation ou l'exécution d'un concordat (*convenio*), intervenu conformément à la loi étrangère, homologué par l'autorité judiciaire étrangère et rendu exécutoire en France par un tribunal français; et que cette incompétence des tribunaux français doit être étendue même à l'action en dommages-intérêts qui serait exercée contre les administrateurs de la société étrangère, en raison du dol qu'ils auraient commis vis-à-vis des obligataires français, dans le cas où cette action engagerait indirectement l'interprétation dudit concordat.

**390.** En quelle forme doit être introduite la demande à fin d'interprétation ? — La jurisprudence l'assimile, quant au fond, aux demandes relatives à une difficulté d'exécution (Comp. Req. 21 août 1860, aff. Frottier, D. P. 61. 1. 107; 26 févr. 1879, aff. Paillet, *supra*, n° 382-7°); il paraît donc juridique d'étendre cette assimilation aux questions de forme. La demande pourra donc être introduite par simple acte d'avoué à avoué (Civ. rej. 20 mars 1889, aff. Tempier, D. P. 89. 1. 382), conformément à ce que nous avons dit *supra*, n° 374, des demandes à fin de rectification.

**391.** Quant aux voies de recours, il a été jugé que les jugements interprétatifs sont le même caractère et sont soumis aux mêmes règles que les jugements interprétés; ainsi est non recevable l'appel du jugement qui lui-même était souverain et sans appel (Alger, 16 févr. 1867, aff. Maisons, D. P. 67. 5. 251). Il avait été jugé, par des motifs semblables, que le jugement qui, interprétant une précédente

décision, laquelle avait prescrit le dépôt au greffe de certaines pièces, désigne celle des parties par qui devra être effectué ce dépôt, est simplement préparatoire et ne peut, dès lors, être frappé d'appel qu'en même temps que le jugement définitif (Poitiers, 11 juill. 1854, aff. Cacaud, D. P. 55. 5. 273).

**392.** Les jugements interprétatifs ne sont susceptibles d'appel qu'autant qu'ils altèrent ou modifient les jugements interprétés, soit par retranchement de quelqu'une de leurs dispositions, soit par addition de dispositions nouvelles. Par suite, est non recevable l'appel d'un jugement qui interprète, sans en modifier les dispositions, un jugement antérieur, rendu en Algérie, qui a fixé les indemnités dues par suite d'expropriation pour utilité publique (Alger, 16 févr. 1867, aff. Maisons, D. P. 67. 5. 251).

**393.** Il faut se garder de confondre l'interprétation, par un tribunal, de sa propre sentence avec le procédé (souvent désigné sous le nom d'interprétation) qui consiste, de la part d'un tribunal étranger au jugement, à chercher, par exemple, dans les motifs de ce jugement, l'explication de son dispositif (V. *supra*, n° 280).

<br>

SECT. 10. — DES VOIES OUVERTES POUR ATTAQUER LES JUGEMENTS
(*Rép.* n°ˢ 337 à 342).

**394.** Les voies de rétractation (opposition, tierce opposition, requête civile) et de réformation (appel, cassation, prise à partie), qui ont été organisées par la loi, sont les seules auxquelles il soit permis de recourir pour attaquer les jugements. Ainsi il a été jugé qu'une partie ne peut, par action principale, et sans employer l'un des modes légaux de rétractation ou réformation, demander devant un tribunal la nullité d'un jugement précédemment rendu par le même tribunal, sous prétexte qu'elle n'a pas été valablement représentée dans l'instance (Chambéry, 22 déc. 1865, aff. Blanchet-Jacquet, D. P. 66. 2. 105). — Sur chacune des voies de recours, V. respectivement les mots : *Jugement par défaut, Tierce opposition, Requête civile, Appel, Cassation, Prise à partie*.

<br>

SECT. 11. — DE L'EXÉCUTION DES JUGEMENTS
(*Rép.* n°ˢ 343 à 586).

**395.** Le jugement une fois prononcé, il se peut que la partie perdante l'exécute volontairement. Si elle s'y refuse, le créancier, pour vaincre sa résistance ou son inertie, dispose de divers moyens de contrainte, qui constituent l'*exécution forcée*.

**396.** L'exécution forcée tend à procurer au créancier lui-même le bénéfice de la condamnation qu'il a obtenue. Sans doute, il peut, lorsqu'il aura obtenu satisfaction, abandonner ce bénéfice à un tiers, et spécialement à une œuvre de bienfaisance, mais il ne peut poursuivre l'exécution au profit de ce tiers; et le jugement ne pourrait pas même lui octroyer la condamnation dans ce but : telle est la disposition formelle de l'art. 51 c. pén., que la jurisprudence étend aux matières civiles. Ainsi les tribunaux ne peuvent, même en matière civile, donner acte à une partie de son intention d'appliquer à une œuvre de bienfaisance le montant des condamnations prononcées à son profit, spécialement, dans le cas où un client est condamné à payer des honoraires à son avocat (Limoges, 24 juin 1879, aff. Raymond, D. P. 76. 1. 161). Toutefois la simple énonciation, dans un jugement, que les dommages-intérêts accordés à une partie sont destinés par elle à des œuvres de bienfaisance, ne constitue pas une infraction à l'art. 51 c. pén., alors que le jugement ne renferme, à cet égard, aucune décision; en conséquence, une telle énonciation ne peut devenir un moyen de cassation, surtout lorsque, se trouvant dans le jugement

<hr>

(1) (Guichard-Thiellé C. Tatin.) — LE TRIBUNAL; — Sur le renvoi : — Attendu que Guichard-Thiellé demande que le tribunal, interprétant son jugement du 22 juin 1885, qui a condamné Tatin à lui payer la somme de 2486 fr. avec les intérêts suivant la loi, fixe à la somme de 1722 fr. le montant desdits intérêts en les faisant partir, non de la date de la demande du principal en justice, mais d'une date antérieure ; que le jugement dont l'interprétation est ainsi demandée a été frappé d'appel, et que, par

arrêt en date du 21 juill. 1887, la 3ᵉ chambre de la cour de Paris l'a confirmé; que, dès lors, au cas où ses termes seraient ambigus ou contradictoires, il ne saurait appartenir au tribunal, mais bien à la cour qui les a confirmés, de les interpréter; qu'ainsi, il convient d'admettre le déclinatoire opposé; — Par ces motifs;
Se déclare incompétent.
Du 15 févr. 1888.-Trib corr. de la Seine.-MM. Gaudinau, pr.

de première instance, la rectification n'en a pas été demandée en appel (Req. 25 avr. 1854, aff. Tastet, D. P. 54. 1. 361).

**397.** L'exécution forcée est *directe* ou *indirecte.*

L'*exécution directe* est, à la fois, le procédé le plus satisfaisant et le moins pratique : le plus satisfaisant, car (son nom le montre assez) il procure la chose même qui fait l'objet de l'obligation ; le moins pratique, car il se heurte le plus souvent à une impossibilité matérielle, qui se traduit, comme on l'a vu au *Rép.* n° 353, par le brocard : *Nemo præcise cogi potest ad factum* ou par la règle du code civil (art. 1142) « Toute obligation de faire ou de ne pas faire se résout en dommages-intérêts ». Le sens de cette règle, que M. Garsonnet a longuement analysée (t. 3, § 528 et 529, p. 450 et suiv.), et dont l'explication trouvera mieux sa place v° *Obligations*, c'est qu'aucune contrainte personnelle ne peut être exercée contre le débiteur pour le forcer, par exemple, à peindre le tableau, à modeler la statue, qui font l'objet de la condamnation.

**398.** La contrainte vraiment pratique est donc celle qui a trait à l'*exécution indirecte*, et qui se présente sous deux aspects: contrainte par corps, contrainte sur les biens. C'est celle qui consiste à imposer au débiteur soit dans sa personne, soit dans ses biens, une telle gêne (autant vaut mot : *gehenne*) qu'il préfère l'exécution de sa dette à la continuation de cette gêne.

**399.** La *contrainte par corps* a, depuis la loi du 22 juill. 1867 (D. P. 67. 4. 75), disparu complètement de notre législation civile (V. *supra*, v° *Contrainte par corps*, et Garsonnet, t. 3, § 531, p. 460).

**400.** Reste la *contrainte sur les biens* qui revêt diverses formes suivant qu'elle frappe sur des immeubles (saisie immobilière) ou sur des objets mobiliers (saisie-exécution, avec ses variétés de saisie-brandon, saisie des rentes constituées), et qu'il faut se garder de confondre avec les actes purement conservatoires (saisie-arrêt, saisie foraine, saisie-gagerie, saisie-revendication). Ces différentes saisies font l'objet de traités particuliers. On traitera seulement ici : 1° des formalités préparatoires qui permettent de recourir à ces divers modes d'exécution forcée (V. *infra*, n°ˢ 402 à 469) ; 2° du règlement des difficultés que l'exécution peut soulever (V. *infra*, n°ˢ 470 à 501).

**401.** Quant aux obstacles légaux ou judiciaires que l'exécution peut rencontrer, nous ne pouvons que renvoyer au *Rép.*, n°ˢ 413 à 469. Le plus important de ces obstacles, le *délai de grâce*, fait d'ailleurs l'objet d'une étude approfondie, v° *Obligations.*

## Art. 1er. — Des formalités préalables à l'exécution
*(Rép. n°ˢ 369 à 412 et 470 à 535).*

### § 1er. — Délivrance du titre exécutoire (*Rép.* n°ˢ 369 à 412).

**402.** Le jugement n'est susceptible d'exécution forcée qu'en vertu d'un ordre spécial de l'autorité supérieure, le pouvoir exécutif ordonnant l'exécution de ce qui a été délibéré par l'autorité judiciaire. Cet ordre est donné individuellement pour l'exécution de chaque jugement ou arrêt,

sous la forme d'une *formule exécutoire*. On examinera successivement : 1° ce que c'est que la formule exécutoire; 2° comment elle est conçue; 3° par qui elle est décernée; 4° où elle est apposée; 5° quels en sont les effets.

**403.** — I. Qu'est-ce que la formule exécutoire ? — C'est l'ordre, donné par le pouvoir exécutif, de mettre un acte à exécution. En effet l'exécution forcée supposant, comme son nom l'indique, une contrainte, il serait contraire aux principes de notre droit public qu'il y fût procédé sans un acte de l'autorité supérieure. Cette autorité, ne pouvant donner aveuglément un ordre aussi grave, a dû établir un contrôle: elle en a chargé les tribunaux qui composent l'ordre judiciaire. En principe, sauf l'exception que l'on verra ci-après (n° 404), aucun titre ne peut être mis à exécution en France s'il n'est sanctionné par la justice française: les décisions judiciaires françaises sont seules susceptibles d'exécution *parée* (*parata*), c'est-à-dire autorisée *de plano* par le pouvoir supérieur (Comp. Bioche, n° 46; Garsonnet, t. 3, § 541, p. 493).

**404.** Il n'est qu'une seule catégorie d'actes qui, en France, soient dispensés de ce contrôle du pouvoir judiciaire : ce sont les actes régulièrement reçus par un notaire français et les actes administratifs qui y sont assimilés (V. Garsonnet, t. 3, § 541, p. 495; Ducrocq, t. 2, n°ˢ 1036, 1041 et 1112). Les actes notariés ont exceptionnellement la même valeur que les jugements, mais *seulement quant à la force exécutoire*. — Il suit de là que le porteur d'un acte notarié n'a jamais besoin, pour l'exécuter, de recourir à la justice, et ne doit même pas le faire ; c'est ce qu'on exprime en disant que le porteur d'un acte notarié doit procéder par exécution, non par action. — V. sur cette règle, et sur les exceptions qu'elle comporte, *infra*, v° *Obligations; — Rép.* eod. v°, n° 3171. V. aussi *supra*, v° *Action*, n° 25.

**405.** Puisque les actes reçus par les notaires français sont seuls dispensés, pour être exécutoires en France, du contrôle de nos tribunaux, il s'ensuit notamment que les jugements des tribunaux étrangers ne sont exécutoires en France que s'ils ont été déclarés tels par un tribunal français (*Rép.* n° 403). Et même, dans ce cas, le rôle du tribunal ne se borne pas à faire apposer par son greffier, sur le jugement étranger, la formule exécutoire. Le juge français doit auparavant, suivant une jurisprudence constante, reviser au fond le jugement étranger (V. en ce sens *supra*, v° *Droits civils*, n°ˢ 237 et 239. *Adde*, Nancy, 3 août 1877, *infra*, n° 456).

**406.** Ce droit de revision ne reçoit d'exception que dans deux cas. — D'une part, les jugements rendus dans un pays étranger sont exécutoires en France sans revision, lorsqu'il existe sur ce point avec ce pays une convention spéciale (V. *supra*, v° *Droits civils*, n° 252 et suiv.). Tel est le cas de l'Italie, à raison du traité franco-sarde de 1760 (V. *supra*, v° *Droits civils*, n°ˢ 255 à 257), et nonobstant la disparition du royaume de Sardaigne, et sa transformation en royaume d'Italie (Paris, 1er déc. 1879) (1) ; tel est aussi le cas de la Suisse, par traités de 1828 et 1869 (V. *supra*, v° *Droits civils*, n° 254), du grand-duché de Bade, par traité du 16 avr.

---

(1) (Comp. d'assurances maritimes La *Moderazione* C. Chambre des assurances maritimes.) — La cour; — Considérant que les traités de Vienne de 1814 et de 1815, en rétablissant l'ancien royaume de Sardaigne, ont virtuellement rendu force et vigueur au traité du 24 mars 1760 conclu entre la Sardaigne et la France, et ayant notamment pour objet, dans son art. 22, de favoriser l'exécution réciproque des décrets et jugements dans les deux États; — Que sa force obligatoire résulte à la fois des principes généraux du droit international, et de la déclaration échangée, le 11 sept. 1860, entre la France et la Sardaigne pour en déterminer le sens et la portée; — Considérant que cet acte bilatéral se lie et fait corps avec l'ancien traité dont il se borne à donner l'interprétation ; — Qu'il fait, comme lui, loi entre les parties contractantes, et qu'il ne peut cesser d'être obligatoire pour l'une d'elles, sans cesser de l'être en même temps pour l'autre ; — Qu'en passant cette déclaration purement interprétative, les souverains des deux États n'ont fait qu'user, non seulement de leurs pouvoirs constitutionnels, mais encore du droit qui appartient à tout contractant d'expliquer sa convention ; — Qu'ils n'ont ni exédé les termes ni faussé l'esprit du traité de 1760, en déclarant, d'un commun accord, qu'il était expressément entendu que les cours, en déférant, à la forme de droit, aux demandes

d'exécution des jugements rendus dans chacun des deux États, ne devraient faire porter leur examen que sur les trois points suivants, savoir : si la décision émane d'une juridiction compétente ; si elle a été rendue, les parties dûment citées et légalement représentées ou défaillantes ; si les règles du droit public ou les intérêts de l'ordre public du pays où l'exécution est demandée ne s'opposent pas à ce que la décision du tribunal étranger ait son exécution ; — Que le gouvernement italien a même reproduit littéralement ces dispositions dans l'art. 941 c. proc. civ., promulgué en 1865, et en fait ainsi la règle générale de ses rapports internationaux ; — Considérant qu'il importe peu qu'à la suite d'agrandissements territoriaux par voie de cessions, d'annexions et d'occupations, l'ancien royaume de Sardaigne soit devenu le royaume d'Italie; — Que ce développement de puissance et ce changement de dénomination n'ont pas eu pour effet de rendre réciproquement caducs les traités intervenus entre les États étrangers et le royaume de Sardaigne, auquel le royaume d'Italie est aujourd'hui substitué ; — Que ce point est d'autant moins contestable qu'il s'agit d'un jugement émané du tribunal de commerce établi dans les États de Gênes, qui est comprise dans l'ancien État sarde ; ... — Faisant droit à la demande d'exéquatur. — Ordonne l'exécution en France du juge-

1846 (V. *supra*, v° *Droits civils*, n° 258), et de l'Alsace-Lorraine, en vertu du même traité (V. *supra*, v° *Droits civils.*, *ibid.* *Adde :* sur les conditions auxquelles est subordonnée l'application de traité du 16 avr. 1846 (V. Nancy, 3 août 1877 (1); Besançon, 20 nov. 1889, aff. Block, D. P. 91. 2. 145).

**407.** D'autre part, on admet que les jugements étrangers qui statuent sur une question d'état sont exécutoires en France, sans exéquatur de l'autorité judiciaire française (*Supra*, v° *Droits civils*, n° 246. — V. aussi, en ce qui concerne les jugements déclaratifs de faillite, *supra*, v° *Faillite*, n°s 1518 et suiv.).

**408.** Dans les deux dernières hypothèses que l'on vient de signaler, le jugement étranger n'a pas besoin, pour être exécutoire en France, d'être revisé par un tribunal français; mais il doit toujours, en tous cas, s'il donne lieu à une exécution forcée, être revêtu, comme les jugements français eux-mêmes, de la *formule exécutoire*, telle qu'elle est prescrite par la loi française (V. *Rép.*, v° *Droits civils*, n° 461. V. aussi *supra*, eod. v°, n° 246).

**409.** — II. Comment est conçue la formule exécutoire. — Puisqu'elle émane du chef du pouvoir exécutif, la formule exécutoire a nécessairement varié en France avec les gouvernements qui se sont succédé. A la liste déjà longue des lois, décrets, etc., qui en ont modifié le texte, il faut ajouter le décret du 6 sept. 1870 (D. P. 70. 4. 86), aux

termes duquel les expéditions des arrêts et jugements, comme de tous autres actes susceptibles d'exécution forcée, sont intitulées ainsi qu'il suit : « RÉPUBLIQUE FRANÇAISE. Au nom du peuple français. La cour d'appel ou le tribunal de..... a rendu..... » L'arrêt, ou le jugement sont ensuite copiés. Enfin, lesdits arrêts et jugements sont terminés ainsi : « En conséquence, la République mande et ordonne à tous huissiers sur ce requis de mettre ledit jugement ou arrêt à exécution ; aux procureurs généraux et aux procureurs de la République près les tribunaux de première instance d'y tenir la main ; à tous commandants et officiers de la force publique de prêter main-forte lorsqu'ils en seront légalement requis. En foi de quoi, le présent jugement ou arrêt a été signé par..... etc. ». — C'est encore aujourd'hui la formule en vigueur, sauf une légère modification résultant du décret du 2 sept. 1871 (D. P. 71. 4. 150), et consistant dans l'addition des mots : « En conséquence, *le président de* la République mande et ordonne, etc. ».

**410.** Ces changements font naître une difficulté, dans le cas où la grosse a été délivrée sous un régime, et doit être mise à exécution sous un autre. Est-il nécessaire de faire modifier, à cet effet, la formule exécutoire primitivement apposée ?

Soit d'abord le cas où la formule primitive est presque

---

ment rendu, le 22 janv. 1878, par le tribunal de commerce de Gênes au profit de la comp. d'assurances maritimes *La Moderazione* contre la Chambre des assurances maritimes.
Du 1er déc. 1879.-C. de Paris, 1re ch.-MM. Larombière, 1er pr.-Robert, av. gén.-c. conf.-Du Buit et Flach, av.

(1) (Dreisch C. Breck). — La cour. — Attendu que Breck, autrefois limonadier à Metz, locataire à long terme d'un logement et d'un café situés en ladite ville et appartenant à Marchal, a opté pour la nationalité française et fixé son domicile à Saint-Dié ; — Que, le 20 août 1872, il a vendu son fonds de commerce à Dreisch, et lui a cédé son bail pour tout le temps restant à courir, c'est-à-dire jusqu'au 24 juin 1887 ; — Que cette double cession a eu lieu, à charge par Breck, qui n'avait pas le pouvoir de sous-louer sans le consentement du propriétaire, de faire agréer les époux Dreisch comme ses successeurs ; — Attendu qu'après avoir payé entre les mains du propriétaire, Marchal, les loyers de 1873 et 1874, Dreisch s'est trouvé, en 1875, dans l'impossibilité de continuer ses payements ; — Que Marchal s'est alors adressé directement au locataire principal, et que, ne pouvant satisfaire aux réclamations de celui-ci, Dreisch a imaginé de lui faire sommation, le 23 janv. 1875, d'avoir à fournir le consentement du propriétaire à la sous-location, lui déclarant que, faute de ce faire, il l'actionnerait devant qui de droit en résiliation du bail et en tous dommages-intérêts ; — Qu'en effet, le 20 août 1875, Dreisch a cité Breck en conciliation devant le juge de paix du 3e canton de Metz, aux fins susdites ; — Que, de son côté, Breck adressait le même jour au président du tribunal de Metz une requête en autorisation de pratiquer sur Dreisch une saisie-gagerie, qui a eu lieu le 23 du même mois ; — Attendu que Breck ayant, le 23 août, assigné Dreisch devant le tribunal de Metz, en payement des loyers échus et en validité de la saisie-gagerie, Dreisch a demandé reconventionnellement la résiliation du bail, avec dommages-intérêts pour inexécution des conditions, offrant d'ailleurs le payement des loyers échus ; — Que, par jugement du tribunal de Metz du 10 déc. 1875, les époux Dreisch ont été condamnés à payer à Breck la somme de 915 fr. réclamée, la saisie-gagerie validée, la demande reconventionnelle rejetée et les dépens mis à la charge des époux Dreisch ; — Mais que, sur l'appel de Dreisch, le tribunal d'appel de Colmar, par arrêt du 13 juill. 1876, a infirmé la sentence des premiers juges, accueilli la demande reconventionnelle et résilié, pour inexécution de la condition relative à l'agrément du propriétaire, le bail du 20 août 1872 ; — Attendu qu'aujourd'hui les époux Dreisch demandent à la cour d'ordonner l'exécution en France de cet arrêt, aux termes des traités des 16 avr. 1846 et 11 déc. 1871, et subsidiairement, si elle croit devoir procéder à la revision du fond, accorder encore, ensuite de cet examen, l'exéquatur demandé ;

Sur la faculté pour la cour de reviser la décision du tribunal d'appel de Colmar : — Attendu que, d'après une jurisprudence et une doctrine aujourd'hui constantes et conformes aux principes qui doivent sauvegarder la souveraineté et l'indépendance respective des États, l'exécution des décisions rendues par les tribunaux d'un pays ne saurait être ordonnée que sauf la faculté, pour les tribunaux du pays où l'exécution se poursuit, de reviser préalablement la décision du fond ; — Que cette règle ne souffre exception que dans le cas de dérogations formelles stipulées dans des conventions internationales ; — Qu'en tous

cas, ces conventions, dérogatoires au droit commun, doivent être interprétées *stricto jure*, et ne jamais être étendues au delà de leurs termes exprès et formels ; — Attendu que, sans doute, les art. 1 et 3 du traité franco-badois du 16 avr. 1846, rendus applicables à l'Alsace-Lorraine par le traité du 11 déc. 1871, disposent que les jugements ou arrêts en matière civile ou commerciale, rendus par les tribunaux compétents de chacun des deux États et revêtus des formalités prescrites, seront exécutoires sans revision dans l'autre ; mais que l'art. 2 du même traité, pour échapper aux controverses qui n'auraient pas manqué de s'élever sur l'étendue de la compétence des tribunaux de chaque pays, a pris soin de désigner, limitativement, dans quels cas ces tribunaux seraient réputés compétents ; — Qu'en matière personnelle et mobilière, ce même article ne reconnaît d'autre tribunal compétent que celui dans l'arrondissement duquel le défendeur a son domicile ou sa résidence, se conformant ainsi à ce principe tutélaire, qui trouve son application dans les relations internationales, que nul ne doit être distrait de ses juges naturels ; — Attendu que le tribunal du domicile du défendeur étant seul réputé compétent, il n'y a aucune raison de distinguer, pour savoir s'il est défendeur, entre une demande principale et une demande reconventionnelle ; — Que si, par une extension utile et naturelle, il a pu être admis, en France comme à l'étranger, que le juge de la demande principale peut devenir aussi le juge d'une demande qui sert de défense à celle-ci et procède de la même origine, la possibilité d'intenter séparément cette dernière demande, souvent beaucoup plus importante que la première, doit la faire considérer, au point de vue du droit international, comme une action distincte, en vue de laquelle la même protection doit être accordée aux nationaux de chaque pays, de même que pour toute autre espèce de demande dirigée contre eux ; — Que la règle de procédure qui étend aux demandes reconventionnelles la compétence des juges de l'action principale, règle purement facultative et variable suivant la législation et la jurisprudence de chaque pays, n'a pas plus été retenue par les traités que celle qui attribue compétence, en matière commerciale, au tribunal du lieu de la promesse, ou à celui de la livraison ou du payement (c. proc. civ., art. 420), compétence que la jurisprudence de la cour, adoptée d'ailleurs par les tribunaux allemands, a déclarée étrangère au traité de 1846 ; — Attendu que, s'il est une affaire où les raisons de fait se réunissent aux raisons juridiques pour déterminer les magistrats à s'en tenir aux termes du traité et à la compétence du tribunal du domicile du défendeur, même pour la demande reconventionnelle, c'est assurément la présente, où, comme l'indique déjà l'arrêt de la cour, rendu entre les mêmes parties, le 16 juin dernier, Dreisch jouait en apparence, bien plus qu'en réalité, le rôle de défendeur ; — Qu'en effet, la demande principale en payement de loyers, à laquelle il a acquiescé par ses offres, a perdu toute importance réelle et n'a plus été pour lui qu'un moyen commode de soustraire Breck à ses juges naturels ; — Que cette intention de Dreisch est d'autant plus certaine qu'il avait pris l'initiative, par la sommation du 23 janv. 1875, et par sa citation en conciliation du 20 août suivant qui en est la suite, de demander à Breck la résiliation pour inexécution, avec dommages-intérêts, avant d'avoir été touché par l'assignation de son adversaire ; — Au fond, etc. ; — Par ces motifs, dit qu'il y a lieu à revision de l'arrêt dont l'exécution est réclamée, etc.

Du 3 août 1877.-C. Nancy, 1re ch.-MM. Leclerc, 1er pr.-Poulet, av., gén. c. conf.-Ortlieb et Lombard, av.

identique à la formule actuelle. C'est ce qui arrive pour toutes les grosses délivrées du 24 févr. 1848 au 13 mars 1852 et du 6 sept. 1870 au 2 sept. 1871, car la formule prescrite par l'arrêté du 13 mars 1848 et le décret du 6 sept. 1870 (D. P. 48. 4. 49 et 70. 4. 86) ne diffèrent de la nôtre qu'en ce que les mots « la République » sont remplacés par ceux-ci « le président de la République ». Dans ce cas, il n'est pas nécessaire de faire changer la formule primitive : pour les grosses de 1870-1871, cela est expressément dit par le décret du 2 sept. 1871 (D. P. 71. 4. 150); pour les grosses de 1848-1852 cela a été, par analogie, suppléé par la jurisprudence (Toulouse, 16 mars 1877 (1); Glasson sur Boitard et Colmet-Daage, n° 799; Garsonnet, t. 3, § 541, note 35, p. 497).

**411.** Mais que faut-il décider lorsque la formule employée diffère de la formule actuelle, ce qui est le cas pour toutes les formules autres que celles de la République de 1848? — En général, le changement a été expressément prescrit par le législateur (Rép. n°s 394, 397, 398, 400), mais sans ajouter que ce changement devait être opéré à peine de nullité. Aussi, a-t-il été décidé, sous l'empire du décret du 2 déc. 1852 (D. P. 52. 4. 219), et conformément à l'opinion soutenue au Rép. n° 399, que le titre conserve toute sa force nonobstant le maintien de la formule abolie. Dans l'espèce, il s'agissait d'un jugement rendu en 1844 et portant la formule exécutoire en vigueur à cette époque; l'exécution en avait été poursuivie en 1863 (Toulouse, 29 juin 1864, aff. Doré, D. P. 64. 2. 154)...« Attendu, dit l'arrêt, sur la nullité du commandement, prise de ce que le titre dont l'exécution est poursuivie n'est pas revêtu d'une formule exécutoire régulière, que cette formule est conforme aux principes de la loi sous l'empire de laquelle la grosse a été délivrée; — Qu'il importe peu qu'un nouveau règne ait succédé à celui qui existait à l'époque de la délivrance de cette première expédition; — Que le changement du règne n'a pas détruit les effets des actes réguliers et valables du précédent; — Attendu que le décret du 2 déc. 1852 a maintenu la force et les effets de la première formule exécutoire, et qu'il s'est contenté d'ordonner l'adjonction de la formule dérivant du nouvel état de choses; — Que cet acte de soumission et de respect envers le souverain n'a pas été prescrit à peine de nullité, et qu'il laisse subsister le premier mandement avec toute sa force et sa régularité ». — La même solution serait applicable aujourd'hui. Le décret du 6 sept. 1870 (D. P. 70. 4. 86) dispose, en effet, que les porteurs des expéditions des jugements et arrêts et des grosses et expéditions des actes délivrées avant l'ère républicaine, qui voudraient les faire mettre à exécution, devraient préalablement les présenter aux greffiers des cours et tribunaux, pour les arrêts et jugements, ou à un notaire, pour les actes, afin d'ajouter la formule nouvelle à celle dont elles étaient précédemment revêtues. Mais le décret n'ajoute pas que cette addition est prescrite à peine de nullité.

**412.** — III. Par qui est délivrée la formule exécutoire. — Bien que la formule exécutoire ne soit autre chose que l'expression d'un ordre d'exécution spécial donné par le chef du pouvoir exécutif, il est évident que celui-ci ne pourrait être chargé d'apposer cette formule sur chaque jugement de chacun des tribunaux français. Aussi chaque greffier a-t-il reçu de la loi une délégation générale à l'effet de revêtir de la formule exécutoire les jugements émanant du siège

auquel il est attaché (Rép. n° 375; Garsonnet, t. 3, § 541, p. 497).

**413.** — IV. Où est apposée la formule exécutoire. — La formule exécutoire est destinée à circuler, car l'agent chargé de l'exécution doit toujours en être porteur. Or le jugement ne circule qu'en forme d'expédition, la minute ne devant pas, en principe, sortir du greffe (V. suprà, n° 345). C'est donc sur l'expédition du jugement que le greffier appose la formule exécutoire : l'expédition revêtue de cette formule prend, dans la pratique, le nom de grosse (Rép. n° 375).

**414.** Telle est la règle générale qui ne devrait comporter aucune exception, en matière de jugement proprement dit. En effet, on a, au Rép. n° 378, refusé d'admettre que les tribunaux eussent le droit d'ordonner l'exécution de leurs jugements sur la minute. Cette faculté exceptionnelle, conférée par la loi au juge des référés (c. proc. civ. art. 811) et au juge de paix (L. 25 mai 1838, art. 12), ne nous a pas paru pouvoir être étendue hors des limites étroites où elle est écrite; et M. Garsonnet (t. 3, § 482, p. 324) a fait nettement ressortir le vice de l'opinion contraire : « Dire, comme on l'a fait, qu'un tribunal de première instance ne saurait avoir moins de pouvoirs que son président statuant seul en référé, ou qu'un juge de paix, c'est commettre une erreur certaine, car les juges de paix et les magistrats qui tiennent l'audience des référés ne doivent leurs pouvoirs extraordinaires qu'à l'extrême urgence de la plupart de leurs jugements. Dira-t-on, parce qu'ils ont le droit de juger chez eux portes ouvertes, que les tribunaux de première instance pourraient juger, eux aussi, audience dans le cabinet de leur président? » (V. en ce sens : Paris, 22 juin 1861, aff. Cassan, D. P. 61. 5. 203).

**415.** La jurisprudence n'en est pas moins établie dans le sens contraire. On a vu, au Rép., n° 377, cette jurisprudence inaugurée par la chambre civile, dès le 10 janv. 1814, dans une espèce (il faut le reconnaître) exceptionnellement urgente : il s'agissait d'un incident de saisie immobilière soulevé la veille de l'adjudication. Dans la même matière, M. le conseiller Nicias-Gaillard s'était prononcé dans le même sens, sans d'ailleurs que la chambre civile ait cru devoir résoudre la question (Civ. cass. 14 nov. 1863, aff. Guyonie, D. P. 53. 1. 327). Mais, depuis lors, de nombreux arrêts ont succédé, et c'est aujourd'hui un point constant en jurisprudence que les tribunaux et les cours ont le droit d'ordonner l'exécution sur minute de leurs jugements et arrêts (Req. 27 janv. 1858, aff. Mignaud, D. P. 58. 1. 158; 2 déc. 1861, aff. Valin, D. P. 62. 1. 463; 3 avr. 1872, aff. Raguideau, D. P. 73. 1. 25).

**416.** Il est vrai que la jurisprudence n'autorise ce procédé que dans le cas d'absolue nécessité (Paris, 1er juin 1872, aff. de Compaigno, D. P. 73. 2. 55); mais elle abandonne à l'appréciation des juges du fond la question de savoir s'il y a urgence (Req. 27 janv. 1858, aff. Mignaud, D. P. 58. 1. 158; 2 déc. 1861, aff. Valin, D. P. 62. 1. 463; 3 avr. 1872, aff. Raguideau, D. P. 73. 1. 25; Comp. 28 juin 1872, aff. de Compaigno, D. P. 73. 2. 55). Elle n'exige même pas, sur ce point, un motif formel : elle se contente de l'expression « Vu l'urgence » (Req. 27 janv. 1858 précité), et même d'une simple constatation d'urgence (Req. 2 déc. 1861, précité); elle va plus loin, car il lui suffit que les circonstances soient telles, que, dans la déclaration spéciale des juges du fond, il apparaisse qu'il y avait péril dans la demeure (Req.

---

(1) (Dassezat C. Chipoulet.) — La cour, — Attendu que l'appelant n'a reproduit devant la cour qu'un seul des moyens qu'il avait présentés devant les premiers juges; — Que ce moyen est pris de ce que l'acte en vertu duquel le commandement du 16 septembre dernier et la saisie immobilière ont été pratiqués, n'était pas revêtu de la formule exécutoire aujourd'hui en vigueur; — Attendu qu'aux termes de l'art. 3 du décret du 2 sept. 1871, les porteurs de grosses et expéditions d'actes revêtus de la formule prescrite par le décret du 6 sept. 1870, peuvent les faire mettre à exécution, sans faire ajouter la formule indiquée par les dispositions nouvelles; — Attendu que le décret de 1870 avait remis en vigueur celle de 13 mars 1848. — Attendu que la grosse de l'acte dont copie a été notifiée à Chipoulet portait toutes les mentions exigées par le décret de 1848; — Que les dispositions du dernier paragraphe de l'art. 3 du décret de 1871, ne peuvent raisonnablement s'appliquer qu'aux jugements ou actes

intervenus sous un régime déchu et qu'on voudrait exécuter avec le mandement d'un autorité qui a cessé d'exister et de commander; — Attendu que les formules exécutoires établies par les actes législatifs des 13 mars 1848 et 6 sept. 1870 étant identiquement les mêmes, les héritiers Dassezat peuvent invoquer l'exception établie par l'art. 3 du décret de 1871; — Qu'en réalité l'acte, sur le fondement duquel les poursuites ont été exercées était revêtu de la formule nouvelle; — Attendu que cette solution entraîne nécessairement le rejet de la demande en nullité de la saisie qui n'était réclamée, devant la cour, que comme conséquence de la prétendue nullité du commandement; — Par ces motifs, sans s'arrêter aux conclusions de l'appelant, confirme le jugement du tribunal de première instance d'Albi du 22 décembre dernier, etc.

Du 16 mars 1877.-C. Toulouse, 2e ch.-MM. Delanoue, prés.-Loubers, av. gén.-Astri-Rolland et Laportalière, av.

3 avr. 1872, précité) : « Attendu, dit ce dernier arrêt, qu'il est vrai que ces dernières expressions (vu l'urgence) ne se rencontrent pas textuellement dans l'arrêt attaqué, mais que, d'une part, la législation française admet les équivalents dans le texte des jugements, comme dans le texte des conventions, et que, d'autre part, il est évident que les juges d'appel qui ont rendu l'arrêt par défaut dont il s'agit et qui ont ordonné l'exécution de cet arrêt sur minute, nonobstant opposition et avant l'enregistrement, n'ont prescrit les promptes mesures que parce qu'ils entendaient décider qu'il y avait dans la cause une urgence poussée jusqu'au péril ».

**417.** Lorsque le jugement ordonne ainsi l'exécution sur minute, la minute doit-elle être revêtue de la formule exécutoire? M. Garsonnet l'exige (t. 3, § 541, p. 498), au moins pour les ordonnances de référé, puisqu'il n'admet pas l'exécution sur minute des jugements (V. suprà, n° 414).

**418.** Lorsque le greffier veut, en vertu de la délégation à lui faite (V. suprà, n° 412), apposer la formule exécutoire sur la grosse (ou sur la minute, dans le système admis par la jurisprudence au cas d'urgence), où doit-il l'écrire? C'est un point qui est nettement réglé par le décret du 6 sept. 1870 (V. suprà, n° 409). Avant le premier mot du jugement, doit être placé l'intitulé : *République française. Au nom du Peuple français* ; après le dernier mot, la formule proprement dite : *En conséquence, le président de la République mande et ordonne*.....

**419.** Cette forme est sacramentelle (Req. 19 déc. 1866, aff. Favre-Laurent, D, P. 67. 1. 440). En conséquence, s'il y manque un mot, la formule est nulle (*Rép.* n° 390). Mais, à l'inverse, si le jugement porte la formule entière, plus quelque chose de surabondant, cette mention surabondante ne vicie rien (*Rép.* n° 389-2°). Ainsi il a été jugé que la répétition, avant les motifs d'un arrêt, dans la copie signifiée à l'avoué, de la formule : *Napoléon, par la grâce de Dieu, etc.*, placée en tête des qualités, n'a pas pour effet de scinder la décision en deux parties distinctes, insuffisantes l'une et l'autre, si on les prend isolément, pour constituer une décision valable : une telle répétition doit être réputée non existante et laisse subsister l'arrêt dans son ensemble et dans son intégrité de contexte (Req. 19 déc. 1866, précité).

**420.** — V. Quel est l'effet de la formule exécutoire. — Le titre revêtu de la formule exécutoire est le *seul* en vertu duquel il puisse être procédé à une exécution régulière. Ce principe a un double sens (V. *infrà*, n°* 421 et suiv., 424 et suiv.).

**421.** Il signifie en premier lieu que, s'il a été procédé à l'exécution en vertu d'un titre non revêtu de la formule exécutoire, ou revêtu d'une formule exécutoire nulle comme irrégulière, l'exécution est nulle (Garsonnet, t. 3, § 541, texte et note 30 et 40, p. 496 et 498).

**422.** Toutefois cette nullité n'atteint pas le jugement lui-même, en vertu duquel il aurait été irrégulièrement procédé (Garsonnet, t. 3, § 541, texte et note 30; Rodière, t. 2, p. 186; Boncenne, n° 1300; *Rép.* n° 393). La raison en est simple : c'est que, si l'ordre d'exécution du pouvoir exécutif ne se manifeste pas d'une façon palpable et efficace sous l'aspect d'une formule exécutoire régulière, cet ordre n'en existe pas moins virtuellement, par le fait seul de la délégation dont le greffier est investi (V. *suprà*, n° 412), pour proclamer la force exécutoire de chaque jugement de son tribunal.

**423.** Il suit de là que le seul cas où le jugement lui-même pourrait être nul est celui où cet ordre d'exécution virtuel se trouverait ne pas exister. Cette hypothèse suppose l'absence ou l'anéantissement du pouvoir exécutif; elle est donc infiniment rare. On a cependant l'occasion de la constater en temps de guerre, dans les territoires *occupés*. Il en a été ainsi à deux reprises pendant la guerre franco-allemande de 1870 (V. *suprà*, v° *Droit naturel et des gens*, n° 84).

**424.** Le principe énoncé *suprà*, n° 420, a une seconde signification : non seulement il faut, pour qu'un jugement puisse être exécuté, qu'il existe de ce jugement une grosse en forme exécutoire; mais il ne peut en exister qu'une seule (c. proc. civ. 854).

**425.** Cette seconde règle est la conséquence nécessaire de la première. La grosse exécutoire étant l'instrument indispensable de l'exécution, la loi a dû présumer que le créancier ne s'en dessaisirait au profit de son débiteur qu'autant qu'il renoncerait à l'exécution ; aussi a-t-elle décidé que la présence de la grosse entre les mains du débiteur ferait présumer sa libération par payement ou remise de la dette (c. civ. art. 1283). Cette présomption, si importante, n'a de valeur qu'autant qu'il n'existe qu'une grosse unique et que le débiteur n'a pu s'en faire délivrer une en dehors de son créancier.

**426.** Toutefois, cette règle comporte deux exceptions commandées par la nature des choses; elle cesse d'être applicable : 1° quand il existe plusieurs créanciers ; 2° quand la première grosse a été égarée.

**427.** En premier lieu, quand il existe plusieurs parties intéressées, chacune d'elles peut lever une grosse, car la prohibition de la loi ne concerne que la délivrance de plusieurs grosses à la même personne (*Rép.* n° 384). C'est à tort qu'il est enseigné par M. Pigeau (t. 1, p. 527) que le greffier ne peut délivrer la grosse qu'à celle des parties qui a le principal intérêt à la demander. D'une part, la proportion des intérêts est impossible à déterminer sans arbitraire. D'autre part, pourquoi cette restriction? La disposition de l'art. 26 de la loi du 26 vent. an 11, qui permet aux notaires de délivrer une grosse à chacune des parties intéressées, doit, par raison d'analogie, être étendue aux greffiers (Rodière, t. 1, p. 268).

**428.** En second lieu, le créancier peut toujours obtenir, quand il a égaré la grosse, qu'il lui en soit délivré une nouvelle. Seulement, il faut, dans ce cas, des formalités particulières, imposées par les considérations que nous avons formulées, *suprà* n° 425. La délivrance d'une seconde grosse ne peut être effectuée qu'en vertu d'une ordonnance. Cette ordonnance doit émaner du président du tribunal civil, quelle que soit la juridiction de laquelle émanait le jugement égaré (*Rép.* n° 386). Elle ne peut avoir lieu qu'en présence du débiteur ou lui dûment appelé (c. proc. civ. art. 841), ce qui lui permet de faire valoir les moyens qui peuvent faire obstacle à cette délivrance. — C'est du débiteur seul que peuvent émaner les objections, elles ne sauraient être soulevées d'office. Il a été décidé, dans ce sens, que le créancier qui a perdu la grosse de son titre peut en exiger une seconde, si le débiteur qui se prétend libéré ne justifie pas que l'obligation est éteinte, et que, dans ce cas, le débiteur ne peut prouver sa libération que par des preuves écrites ou des présomptions légales ; que de simples présomptions ne suffiraient pas pour faire admettre la preuve testimoniale, si les parties ne se trouvaient dans aucun des cas où elle est permise; et enfin que c'est en vain qu'on fonderait la présomption de libération sur ce que la demande d'une seconde grosse serait frauduleuse et aurait pour objet de faire revivre une obligation acquittée, la fraude ne tombant pas, dans ce cas, sur l'obligation, mais sur un fait postérieur (Civ. cass. 20 mars 1826, *Rép.* v° *Obligations*, n° 4350. Jugé de même que le créancier qui réclame une seconde grosse du jugement portant condamnation à son profit n'est pas obligé de prouver l'accident par lequel la première grosse a été égarée; c'est, au contraire, au débiteur à démontrer l'inutilité de la délivrance d'une seconde grosse en rapportant la preuve du payement effectué depuis le jugement; et cette preuve ne peut être faite au moyen de présomptions, ce cas n'étant pas de ceux à l'égard desquels la règle prohibitive de la preuve testimoniale reçoit exception, alors d'ailleurs qu'aucun fait de fraude n'est articulé (Bordeaux, 31 août 1864, aff. Grelier, D. P. 65. 2. 187).

**§ 2. — Signification de la grosse** (*Rép.* n°* 470 à 516).

**429.** Lorsque le créancier est nanti de la grosse en forme exécutoire, il est suffisamment armé pour l'exécution. Cependant il ne lui est pas encore permis d'y procéder. La loi exige, avant l'exécution forcée, une mise en demeure adressée au débiteur. Cette mise en demeure, c'est la signification du titre exécutoire, faute de laquelle ce titre restera sans valeur : *Paria sunt non esse et non significari* (*Rép.* n° 470 ; Garsonnet, t. 3, § 490, p. 345; Rodière, t. 1, p. 269).

**430.** Il est essentiel de remarquer que cette nécessité de la signification n'existe qu'au point de vue de l'*exécution* (*Rép.* n° 474). C'est bien ce qui ressort de l'art. 147 c. proc.

civ., que le législateur a puisé dans l'ordonnance de 1667 ; la cour de cassation en a fait la remarque : « Attendu, dit-elle, que, l'art. 147 c. proc. civ., aussi bien que l'art. 2, tit. 27, de l'ordonnance de 1667, ne s'applique, ainsi que Jousse l'expliquait sur l'article susdit, qu'aux jugements qui « gissent en exécution, c'est-à-dire qu'autant qu'il s'agit « de faire quelque poursuite en conséquence, et qu'on veut « poursuivre cette exécution contre la partie condamnée » ; que la loi suppose donc une obligation quelconque mise par le jugement à la charge d'une partie contre laquelle l'exécution en est poursuivie » (Req. 24 mai 1864, aff. Bertault, D. P. 64. 1. 306 ; 22 juill. 1884, aff. Labrosse, D. P. 85. 1. 253. *Adde* : Garsonnet, t. 3, § 490, note 14-2°, p. 348).

La signification du jugement n'est donc pas nécessaire s'il s'agit d'autre chose que de l'exécution forcée de ce jugement, par exemple, d'un acte qui n'est pas un acte d'exécution (V. *infrà*, n° 431) ou qui constitue une exécution volontaire (V. *infrà*, n° 432), ou enfin qui soit l'exécution d'un titre autre que le jugement (V. *infrà*, n° 433).

**431.** Ainsi, d'abord, il n'est pas besoin d'une signification préalable du jugement, pour faire un acte qui n'est pas un acte d'exécution. Jugé, en ce sens : 1° que le commandement ne constituant pas un acte d'exécution, mais seulement une mise en demeure qui doit précéder l'exécution forcée, il peut être fait dans l'exploit même de signification du jugement à exécuter (Civ. rej. 2 mai 1854, aff. Michallet, D. P. 54. 1. 227 ; Comp. *Rép.* n° 512) ; — 2° Que l'action en partage que le créancier d'un cohéritier exerce du chef de son débiteur, ayant le caractère, non d'un acte d'exécution, mais d'une simple mesure conservatoire, peut être valablement intentée avant la signification du jugement de condamnation qui constitue le titre du créancier (Nîmes, 31 déc. 1879, aff. Charbonnier, D. P. 80. 2. 246).

**432.** En second lieu, il n'est pas besoin de signification préalable pour une exécution volontaire ou purement passive. Ainsi l'exécution d'un jugement d'incompétence par la partie perdante, qui ne fait qu'obéir passivement au jugement en portant l'affaire au tribunal qu'il lui a désigné, est valable, bien que le jugement n'ait point été signifié (Req. 24 mai 1864, aff. Bitauld, D. P. 64. 1. 306).

**433.** Enfin, il n'est pas besoin de signification préalable, si l'exécution forcée, pratiquée dans le sens du jugement rendu, ne l'est point en vertu de ce jugement, mais en vertu d'un autre titre. Ainsi il n'est pas nécessaire, quand un jugement rejette l'opposition formée par le débiteur à une saisie pratiquée contre lui, qu'il soit préalablement signifié à personne ou à avoué, pour que le créancier puisse continuer les poursuites ; il n'en serait autrement que si les poursuites étaient faites en vertu de ce jugement seul (Bordeaux, 30 juill. 1853, aff. Mancœur, D. P. 55. 2. 353). C'est par le même motif qu'il a été jugé qu'une compagnie de chemins de fer, condamnée par un premier jugement à des dommages-intérêts pour le retard subi par une expédition de marchandises, peut, par un second jugement, être condamnée à de nouveaux dommages-intérêts pour la continuation de ce retard, alors même que le premier jugement ne lui aurait pas été signifié, ce second jugement ne constituant pas une exécution du premier (Req. 15 févr. 1870, aff. Gosselin, D. P. 71. 1. 170).

**434.** Les exemples qui précèdent précisent la portée du principe posé au n° 429 : aucun jugement ne peut donner lieu à une exécution forcée, s'il n'a fait l'objet d'une signification préalable. C'est là une règle absolue qui concerne aussi bien les jugements préparatoires et les jugements interlocutoires que ceux qui, statuant sur le fond du litige, prononcent des condamnations (Civ. cass. 24 nov. 1886, aff. Durenne, D. P. 87. 1. 159 ; V. dans le même sens, Garsonnet, t. 3, § 490, note 7, p. 347). La jurisprudence en a fait les applications les plus variées. Ainsi il a été jugé, en ce qui concerne les significations à avoué : 1° que la règle de l'art. 147 c. proc. civ., d'après laquelle les jugements ne peuvent être exécutés qu'après avoir été signifiés à l'avoué de la partie au préjudice de laquelle ils ont été rendus, s'applique à tout jugement susceptible d'exécution, et spécialement au jugement qui ordonne une *prorogation d'enquête*, lequel, dès lors, n'est signifié à avoué qu'après l'obtention de l'ordonnance du juge-commissaire permettant d'assigner les témoins devant lui (Limoges,

13 mai 1850, aff. Lacour, D. P. 54. 5. 334) ; — 2° Que la disposition de l'art. 147 c. proc. civ. s'applique aux jugements préparatoires et interlocutoires comme aux jugements définitifs, et spécialement au jugement qui institue une *expertise* (Orléans, 20 mai 1882, aff. Bougard, D. P. 83. 2. 92) ; — 3° Que, les juges ne devant former leur conviction que sur les éléments de preuve admis par la loi, et la preuve n'étant réputée légalement faite que si elle a été administrée suivant les formes de procédure ou d'instruction légalement prescrites, il s'ensuit que le jugement préparatoire par lequel le tribunal ordonne qu'il se *transportera sur les lieux contentieux* à un jour déterminé doit être préalablement notifié à l'avoué de la partie adverse par la partie qui en demande l'exécution, et ce, à peine de nullité (Civ. cass. 24 nov. 1886, précité). — Jugé de même, quant à la signification à partie, que l'art. 147 c. proc. civ. s'applique aux jugements interlocutoires ou préparatoires, aussi bien qu'aux autres jugements, et, par exemple, au jugement qui ordonne une *comparution de parties*. Par suite, le tribunal ne peut, après un jugement ordonnant une comparution de parties, passer outre à la décision du fond, à l'égard de la partie qui n'a pas comparu, si ce jugement ne lui a pas été signifié (Civ. cass. 8 déc. 1857, aff. Dumesnil, D. P. 58. 1. 88).

**435.** Ce principe si absolu ne semble comporter aucune exception. C'est ce que l'on peut induire du texte de l'art. 147, et tel paraît être l'esprit de la loi (Garsonnet, t. 3, § 490, texte et note 19, p. 348-349). La jurisprudence en admet une cependant par l'application d'une règle que nous avons d'ailleurs combattue, *suprà*, n° 415 : dès lors que la cour de cassation autorise les tribunaux à ordonner l'exécution de leurs jugements sur minute, elle est fatalement amenée à leur permettre l'exécution sans signification préalable. Elle pousse bien, en effet, jusque-là les conséquences de son système, attendu, dit-elle, que la signification du jugement n'est pas nécessaire dès que l'urgence est déclarée avec exécution sur minute, cette disposition étant exclusive de tout ce qui pourrait retarder l'exécution (Req. 2 déc. 1861, aff. Valin, D. P. 62. 1. 463).

**436.** Mais à peine de tomber dans le pur arbitraire, la jurisprudence en est obligée de s'en tenir là. Pour qu'il y ait dispense de signification, il faut dans le jugement, soit une disposition explicite, soit la disposition implicite résultant de ce que l'exécution sur minute est ordonnée. Il ne suffit donc pas que le jugement détermine un délai pour l'exécution (Garsonnet, t. 3, § 490, note 7, p. 347). — Jugé en ce sens : 1° que la disposition d'un jugement de prorogation d'enquête portant qu'il sera exécuté dans le délai d'un mois, à partir de sa prononciation, ne dispense nullement de la formalité essentielle de la signification, et que, conséquemment, il y a lieu de prononcer la nullité de ladite prorogation, si le jugement n'a été signifié qu'après l'ordonnance du juge-commissaire permettant d'assigner les témoins devant lui (Limoges, 13 mai 1850, aff. Lacour, D. P. 54. 5. 334) ; — 2° Que le jugement portant que la condamnation sera exécutée dans un certain délai (huit jours) à partir de sa prononciation n'ordonne pas, par cela seul, que l'exécution aura lieu sans signification du jugement ; que ce jugement demeure donc assujetti, pour son exécution, à une signification préalable (Civ. rej. 16 févr. 1859, aff. Prieur, D. P. 59. 1. 53) ; — 3° Que le jugement qui ordonne que, dans les huit jours de sa prononciation, le défendeur sera tenu d'exécuter la condamnation prononcée contre lui, et notamment de délaisser un immeuble, sinon qu'il y sera contraint, n'a pas pour effet, au cas de nécessité d'une exécution forcée, de dispenser le demandeur de la signification préalable, impérativement exigée par l'art. 147 c. proc. civ. (Civ. rej. 6 avr. 1859, aff. Commune de Toucy, D. P. 59. 1. 223).

**437.** Il suit de là, comme on l'a vu au *Rép.*, n° 459-6°, que, lorsqu'un jugement, au cours d'une instance, a prescrit une mesure, spécialement le partage d'une succession, et fixé un délai pour l'accomplissement de cette mesure, le délai ne court, suivant la règle générale, au jour de la signification de ce jugement, même contradictoire, par la partie la plus diligente ou la plus intéressée à son exécution (Bastia, 14 mars 1854, aff. N..., D. P. 54. 2. 220). Il n'en est pas de ce cas comme de celui d'un délai de grâce accordé pour l'exécution d'une obligation [préexistante et venue à échéance, dans les termes des art. 122 et 123 c. proc. civ. et 1244 c. civ.' (Même arrêt). Que si, en cas pareil, l'une des parties en cause est mineure, et qu'elle vienne à perdre son tuteur, avant l'expiration du délai, ce délai se trouve suspendu par la signification faite à la partie adverse du décès du tuteur, et il ne recommence à courir qu'après la nomination d'un nouveau tuteur et la reprise de l'instance; et si la demande en reprise d'instance est contestée, cette contestation est une nouvelle cause de suspension du délai, d'après la maxime : *Contrà non valentem agere non currit præscriptio*, maxime applicable en matière de déchéance comme en matière de prescription (Même arrêt).

**438.** Toutefois, si telle est la solution qui se présume dans le silence du jugement, rien n'empêche le tribunal, sur ce dernier point, de décider le contraire, et de prendre pour point de départ des dommages-intérêts le prononcé, et non la signification, du jugement. Ainsi les dommages-intérêts pour retard dans l'exécution d'un jugement (ordonnant, par exemple, le délaissement du terrain revendiqué) peuvent donc, en vertu du pouvoir discrétionnaire qui appartient aux tribunaux en matière d'évaluation de dommages-intérêts, être fixés à partir d'un certain délai après la prononciation du jugement, et sans qu'il soit besoin d'en attendre la signification (Civ. rej. 16 févr. 1859, aff. Prieur, D. P. 59. 1. 53). Il ne s'ensuivra aucune conséquence, en ce qui touche la nécessité de la signification; seulement le point de départ des dommages-intérêts et celui de l'exécution seront différents.

**439.** En résumé, et sauf (dans le système de la jurisprudence) le cas où le jugement contient une dispense, la signification du jugement est toujours nécessaire pour qu'il donne valablement lieu à une exécution forcée. Nous allons rechercher : 1° ce qui doit être signifié; 2° en quelle forme; 3° à quelles personnes; 4° la sanction du principe dont il s'agit.

**440.** Ce qui doit être signifié, c'est la décision qui va être exécutée. Donc, si l'affaire a parcouru les deux degrés de juridiction, c'est l'arrêt. La règle est la même, soit que l'arrêt confirme, soit qu'il infirme. Il a été jugé, en ce sens : 1° (En cas d'infirmation) que, lorsque le jugement prononçant la nullité d'une vente et des billets qui en représentent le prix a été *infirmé* sur appel, le recouvrement des billets ne peut être poursuivi qu'en vertu et en exécution de l'arrêt infirmatif; que, par suite, il ne peut être valablement formé, avant la signification de cet arrêt, ni une demande en payement des billets dont il s'agit, ni une saisie-arrêt pour parvenir à ce payement (Paris, 28 févr. 1852, aff. Blondel, D. P. 54. 5. 454); — 2° (En cas de confirmation) que si, aux termes de l'art. 147 c. proc. civ., le jugement, au chef qui prononce une condamnation définitive, ne peut être exécuté qu'après une double signification à l'avoué et à la partie, la sanction de nullité établie par la loi, pour le cas de non-signification à avoué, est inapplicable dans le cas où le jugement, d'abord signifié à avoué, a été frappé d'appel et suivi d'un arrêt *confirmatif*, qui a été lui-même notifié régulièrement à l'avoué et à la partie (Civ. rej. 28 mai 1872, aff. Sigaudy, D. P. 72. 1. 246). Cette dernière décision est préférable à l'opinion contraire, autrefois consacrée par un arrêt de la cour de Bordeaux (*Rép.* n° 475).

**441.** Le titre (jugement ou arrêt) qui doit être signifié à fin d'exécution forcée, c'est le titre en forme exécutoire, c'est-à-dire en forme de grosse (Orléans, 20 mai 1882, aff. Bougard, D. P. 83. 2. 92); il ne suffirait pas de la signification d'un simple extrait (Bastia, 2 avr. 1855, aff. Viale-Rigo, D. P. 55. 2. 323; Garsonnet, t. 3, § 490, note 2, p. 346; *Rép.* n° 491; surtout si les motifs n'y étaient même pas relatés (Orléans, 20 mai 1882, précité), et bien moins encore d'une simple sommation d'avoir à obtempérer au jugement non signifié (Même arrêt).

**442.** Cependant, lorsqu'un jugement contient deux chefs distincts, ces chefs pouvant être l'objet d'une exécution séparée, il s'ensuit que la signification peut avoir pour objet l'un d'eux seulement, sauf à réserver quant à l'autre (Paris, 22 juill. 1852, aff. Allard, D. P. 53. 2. 8). Ainsi, le jugement qui autorise une femme demanderesse en séparation de corps à faire une enquête pour arriver à la preuve des faits articulés à l'appui de sa demande, et condamne son

mari à lui payer une pension et à lui fournir une provision pour les frais du procès, contenant, en réalité, deux décisions distinctes, dont la femme a intérêt et par suite est recevable à poursuivre séparément l'exécution, il en résulte que la signification faite pour arriver à l'obtention du payement de la provision ne fait pas courir les délais de l'enquête, si des réserves ont été faites à cet égard; sauf au mari, au cas où, après avoir reçu la provision, la femme ne ferait pas ses diligences pour l'enquête, à la mettre en demeure, en signifiant lui-même le jugement (Même arrêt).

**443.** A qui la signification doit-elle être adressée? — La loi contient sur ce point des prescriptions qu'il est permis de trouver surabondantes; car elle exige (au moins en général) une double signification : à l'avoué et à la partie.

**444.** Tout jugement susceptible d'exécution doit être *signifié à avoué* (Pau, 21 déc. 1885, aff. Dasque, D. P. 87. 2. 16). Il n'y a d'exception à ce principe, comme on l'a vu *Rép.* n°ˢ 483 et suiv., que pour les jugements d'instruction qui se rendent au cours d'une audience, et qui, forcément connus de l'avoué, sont tellement simples qu'on en comprend du premier coup le sens et la portée (Garsonnet, t. 3, § 490, p. 348; Rodière, t. 1, p. 269); tels sont ceux qui accordent ou refusent une remise ou un sursis (Bioche, n° 441; Garsonnet, *loc. cit.*), ordonnent de plaider au fond (*Rép.* n° 485-2° et 4°; Bioche, n° 441; Garsonnet, *loc. cit.*), prescrivent ou refusent l'apport ou la communication d'une pièce (*Rép.* n° 485-1°; Bioche, n° 440; Garsonnet, *loc. cit.*). Décidé que lorsqu'un tribunal, après avoir rejeté, par jugement contradictoire, une demande incidente en communication de pièces formée par les défendeurs dans un but « essentiellement dilatoire », a statué au fond par défaut, sur les conclusions de leurs adversaires, sans que le jugement sur incident ait été signifié à avoué, le jugement au fond n'en est pas moins valable (Req. 22 juill. 1884, aff. Labrosse, D. P. 85. 1. 253). Jugé, dans le même sens, que lorsque, après les conclusions du ministère public, sur la production par un des plaideurs d'un mémoire imprimé qui, en dénommant une tierce personne, amène son intervention, la cour rouvre les débats, et remet les plaidoiries, quant à ce point, à une audience ultérieure, cette décision, prise en présence de toutes les parties en cause, constitue une simple mesure d'ordre intérieur, et non un arrêt susceptible d'être levé; d'où il suit que la cour peut statuer sur le procès, à l'audience ultérieure indiquée, sans que cette décision ait été signifiée à avoué (Civ. rej. 17 déc. 1888, aff. Fontenay, D. P. 89. 1. 465). — Les jugements dont on vient de parler peuvent donc être exécutés sans signification préalable; la signification n'aurait d'autre objet que de faire courir le délai d'opposition ou d'appel (Bioche, n° 430; Garsonnet, *loc. cit.*).

**445.** A part cette réserve, la signification à avoué est toujours nécessaire. Seulement, dans le cas d'impossibilité (si, par exemple, l'avoué est décédé ou a cessé de postuler), la loi se contente d'un équivalent, la signification à partie avec mention du décès ou de la cessation des fonctions de l'avoué (C. proc. civ. art. 148; *Rép.* n° 489; Rodière, t. 1, p. 269; Bioche, n° 452; Chauveau sur Carré, t. 1, quest. 613; Garsonnet, t. 3, § 490, p. 347). Cette mention est prescrite à peine de nullité (Rodière, t. 1, p. 270).

**446.** Chaque avoué doit recevoir une signification, mais une seule, quel que soit le nombre de ses clients (Bioche, n° 444; Garsonnet, t. 3, § 490, texte et note 10, p. 347).

**447.** La signification a lieu dans la forme ordinaire des actes d'avoué à avoué; elle est donc dispensée des formalités de l'art. 61 c. proc. civ. (*Rép.* n° 488). A ce point de vue, il a été jugé qu'il n'est pas nécessaire que l'exploit de signification à avoué d'un jugement mentionne la réquisition et les noms de l'avoué requérant ainsi que ceux de sa partie, si ces noms sont indiqués suffisamment dans le texte du jugement signifié (Bourges, 23 janv. 1878, aff. Boni, D. P. 80. 1. 74).

**448.** En dehors de la signification à avoué, la loi exige la signification à partie, quoique d'une façon moins générale, ainsi qu'on le verra *infrà*, n° 499. — C'est là une procédure qui a donné lieu à bien des critiques, et que déjà la commission de 1865 avait tenté de supprimer. Toutefois, à cette époque, les efforts faits dans ce sens n'aboutirent pas : « On a répondu, dit le rapport de M. Greffier (p. 29), que la partie ne devait pas être exposée aux conséquences parfois fatales de l'incurie ou de la connivence d'un avoué négligent ou corrompu, qu'il fallait lui donner le moyen de prendre près de qui bon lui semblerait des conseils sur le mérite du jugement, et que, en réalité, la signification d'une seule et unique copie à l'avoué, n'entraînait pas de frais assez considérables pour enlever à la partie les avantages incontestables d'une signification faite à elle ou à son domicile ». Les arguments qui avaient convaincu la commission de 1865 n'ont pas eu le même crédit près de celle de 1884; celle-ci s'attacha surtout à la question des frais. « Déjà onéreux quand il n'y a qu'une seule partie condamnée, ces frais deviennent exorbitants lorsque le jugement est rendu contre un grand nombre de personnes. Sont-ils au moins justifiés? Ils semblent, au contraire, inutiles. Le plus souvent, les parties ont peine à démêler, d'après leurs propres lumières, la portée exacte des décisions et des mesures qu'il convient d'adopter; elles sont donc dans la nécessité de consulter leur avoué à ce sujet. La commission a pensé qu'il n'y avait point d'intérêt réel à conserver cette formalité coûteuse, et, à l'exemple des législations allemande et italienne, elle en a décidé la suppression. Les jugements seront désormais signifiés seulement à l'avoué : un simple avis devra être envoyé par huissier aux parties en cause, afin qu'elles puissent se mettre en relation avec leur représentant qu'il convient d'adopter » (Rapport au garde des sceaux au président de la République, 21 déc. 1885, Journ. off. du 29 déc. 1885, p. 6941). Cette réforme est encore à l'état de projet.

**449.** Il est, d'ailleurs, permis de constater que déjà le code de procédure lui-même était loin d'attacher à la signification à partie la même importance qu'à la signification à avoué. En effet, tandis que celle-ci est toujours nécessaire (sauf des exceptions sans importance), l'art. 147 ne prescrit la signification à partie que pour les jugements soit provisoires (V. Bastia, 28 juin 1869, aff. Sigaudy, D. P. 72. 1. 246), soit définitifs qui prononcent des condamnations.

**450.** Il n'est même pas nécessaire, pour qu'il y ait lieu à signification, que la condamnation prononcée par le jugement soit pécuniaire (Rép. n° 499). M. Garsonnet (t. 3, § 490, note 25, p. 349-350) remplace la formule de la loi par celle-ci, qui paraît plus exacte : « On doit signifier à domicile tout jugement qui a ordonné une mesure dirigée contre une partie personnellement ». Ainsi les jugements d'interdiction, de nomination d'un conseil judiciaire, de séparation de corps ou de biens, et généralement tous ceux qui sont rendus sur une question d'état, doivent être signifiés à partie (Chauveau sur Carré, t. 1, quest. 609).

**451.** Mais, du moins, pour que la signification à une partie soit nécessaire, faut-il qu'il y ait, dans une mesure quelconque, condamnation de cette partie. La cour de Paris a cependant, dans une espèce particulière, obligé une partie perdante à signifier au gagnant, son adversaire, le jugement qui la déboutait. Elle a jugé, en effet, que la partie qui, après avoir obtenu gain de cause contre l'une des parties adverses, et succombé à l'égard de l'autre, a levé une expédition de l'arrêt pour le signifier à la première, peut être contrainte, sur la demande de la seconde, de le signifier également à celle-ci, afin de la mettre à même de faire, au moyen d'une contre-signification, courir le délai du pourvoi en cassation, sans qu'elle ait à requérir la délivrance d'une seconde expédition, selon les formes réglées par l'art. 854. c. proc. civ. (Paris, 21 janv. 1870, aff. Bizinge, D. P. 70. 2. 46). Le seul motif donné par la cour, c'est que, en principe, la partie qui a obtenu un arrêt a le droit de le signifier à sa partie adverse pour lui faire acquérir l'autorité de la chose jugée, et qu'elle peut toujours user de ce droit, à moins qu'il ne soit établi qu'elle n'a aucun intérêt à s'en prévaloir. Cet argument semble peu solide, et le plaideur contraint à cette signification forcée se tenait, semble-t-il, sur un terrain plus juridique, lorsqu'il plaidait qu'il ne pouvait être tenu de faire la signification qui lui était demandée, par ce motif qu'en procédure on ne saurait être obligé de faire des actes contre soi et ses intérêts. En effet, lors même que la signification est exigée par la loi, la partie peut toujours s'en dispenser, à ses risques et périls, et, en réalité, la signification n'est jamais nécessaire que pour exécuter un jugement de condamnation (c. proc. civ. art. 147).

**452.** A côté de l'art. 147, qui forme le droit commun, il faut mentionner l'art. 148, qui exige la signification à partie de tout jugement qui, devant être signifié à avoué, n'a pas pu l'être, cet officier ministériel étant décédé ou ayant cessé ses fonctions (Rép. n° 489; Rodière, t. 1, p. 269; Garsonnet, t. 3. § 490, p. 349. V. suprà, n° 445).

**453.** Enfin il est une troisième catégorie de jugements dont la jurisprudence, sinon la loi, exige la signification à personne : ce sont les jugements d'avant faire droit qui ordonnent un fait personnel, comme une comparution, une prestation de serment (Rép. n° 496; Bioche, n°s 447 et 448; Chauveau sur Carré, t. 1, quest. 607; Boncenne, t. 2, p. 459; Rodière, t. 1, p. 269; Bonnier, n° 439; Garsonnet, t. 3, texte et note 26 et 27; Civ. cass. 8 déc. 1857, aff. Dumesnil, D. P. 58. 1. 88). V. toutefois Boitard, Colmet-Daâge et Glasson, t. 1, n° 305).

**454.** La signification à partie, lorsqu'elle est nécessaire, pourrait-elle précéder la signification à avoué, au lieu de la suivre? — Cela paraît contraire à l'esprit de la loi, puisque la signification à partie doit porter mention de la signification à avoué (V. infrà, n° 507). M. Garsonnet le reconnaît (t. 3, § 490, p. 352), et toutefois il croit devoir se rallier à l'opinion opposée, faute d'une nullité écrite dans la loi. « Qu'y a-t-il ici de substantiel, dit-il, et où serait le mal que la signification à avoué eût suivi, au lieu de la précéder, la signification à partie? » Le mal, ce pourrait être celui qu'a entrevu M. Rodière (t. 1, p. 270), lorsque, admettant, d'ailleurs, cette solution, il a cru devoir la subordonner à une réserve : « Rodier, dit-il, sur l'art. 2, tit. 27 de l'ordonnance, était d'avis que la signification à procureur pouvait être faite utilement après la signification à partie, pourvu que ce fût avant tout acte d'exécution. Cette doctrine nous semblerait encore devoir être appliquée, lorsque, avant les premiers actes d'exécution, il s'est écoulé assez de temps pour que l'avoué de la partie condamnée ait pu lui transmettre ses avis ». Voilà bien le danger, car la signification peut être immédiatement suivie de l'exécution, puisque le commandement peut être contenu dans la signification même (V. suprà, n° 431-1°). Le système de M. Garsonnet doit donc être écarté, car il va contre le but de la loi, qui est de procurer à la partie l'avis éclairé de son avoué (V. Garsonnet, t. 3, § 490, p. 347, in fine). Quant à celui de M. Rodière, il est trop arbitraire pour pouvoir être accepté.

**455.** Chaque partie en cause doit recevoir une signification (Rép. n° 492; Bioche, n° 488; Boitard, Colmet-Daâge et Glasson, t. 1, n° 307; Garsonnet, t. 3, § 490, p. 350), mais une seule, encore bien qu'elle ait figuré au procès en plusieurs qualités (Boitard, Colmet-Daâge et Glasson, loc. cit.; Garsonnet, loc. cit., note 28).

**456.** La signification a lieu dans la forme ordinaire des exploits (Bioche, n° 453; Garsonnet, t. 3, § 490, texte et note 24, p. 349).

**457.** Elle doit contenir tout ce que contient la signification à avoué, et, en outre, aux termes de l'art. 147, la mention de cette dernière signification. Mais, en ce qui touche cette mention, il convient de faire une double remarque : d'une part, elle n'est exigée que pour la signification qui doit précéder une exécution, et non pour celle qui a pour objet de faire courir le délai d'appel (Caen, 30 avr. 1853, aff. Marguerite, D. P. 54. 2. 237); d'autre part, comme on l'a vu au Rép. n°507, le défaut de mention, dans la signification à partie, que le jugement a été préalablement signifié à l'avoué, n'entraîne pas, alors que, d'ailleurs, cette dernière signification a eu lieu, la nullité de celle faite à la partie (Bourges, 23 janv. 1878, aff. Boué, D. P. 80. 1. 71. V. outre les auteurs cités au Rép. ibid. : Rodière, t. 1, p. 270; Garsonnet, t. 3, § 490, p. 351). Jugé, en conséquence de ces deux principes, que le défaut de mention de la signification à avoué (si d'ailleurs cette signification avait été faite) ne rendrait pas nulle et inopérante pour faire courir le délai d'appel la signification à personne ou à domicile, la nullité que prononce cet art. 147 s'appliquant uniquement au défaut de signification à avoué, et nullement au défaut de mention de l'accomplissement de cette formalité, omission qui n'a pour sanction, conformément à l'art. 1030 c. proc. civ., que l'amende à prononcer contre l'officier ministériel (Caen, 30 avr. 1853, précité).

**458.** La signification peut-elle être valablement faite au *domicile élu*, du moins en ce qui concerne la validité de l'exécution? — La doctrine est encore assez divisée sur cette question. Nous ne pouvons que persister dans l'opinion négative exprimée au *Rép.* n° 494, et partagée par la jurisprudence (Civ. cass. 24 janv. 1865, aff. Chanu, D. P. 65. 1. 73; Bioche, n° 457; Carré, t. 1, quest. 608; Rodière, t. 1, p. 270. V. en sens contraire : Garsonnet, t. 3, § 490, p. 350; Chauveau sur Carré, t. 1, quest. 608; Boitard, Colmet-Daâge et Glasson, t. 1, n° 310). C'est, du reste, en faveur de cette opinion négative que s'est prononcée, en 1865, la commission de revision du code de procédure : elle l'a fait, dit le rapport de M. Greffier (p. 20), « par ce motif que, si l'élection de domicile peut être dévolutive de compétence au tribunal du domicile élu et attributive de la faculté d'assigner à ce domicile, il serait contraire à l'esprit de l'art. 147 d'étendre les effets de cette élection à la signification d'un jugement important des condamnations, pour lesquelles une interpellation directe à la partie est désirable. Il ne faut pas que, par suite d'une surprise ou d'une négligence, un jugement acquière l'autorité de la chose jugée, et la signification à la personne ou au domicile réel peut seule mettre la partie condamnée à l'abri de ce danger ».

**459.** Il reste à déterminer quelle est, au point de vue de l'exécution, la sanction de la règle qui exige la signification du jugement à avoué et à partie. C'est la nullité de l'exécution pratiquée en vertu du jugement non signifié (*Rép.* n° 498). L'art. 147 le dit expressément pour la signification à avoué, et cette disposition doit être étendue à la signification à partie. « Cette formalité, dit M. Garsonnet (t. 3, § 490, p. 351-352), est substantielle. D'ailleurs, on ne comprendrait pas que la peine de la nullité n'y fût pas attachée, quand la signification à avoué est exigée sous cette sanction » (V. en ce sens, Bonnier, t. 1, n° 351; Rodière, t. 1, p. 270; Boitard, Colmet-Daâge et Glasson, t. 1, n° 308). — Donc chaque fois que la partie gagnante ne pourra pas justifier qu'elle a signifié son jugement, non seulement à avoué, mais encore à partie, l'exécution pratiquée par elle devra être déclarée nulle.

**460.** Cette règle, toutefois, comporte deux tempéraments. Le premier, c'est qu'il n'est pas indispensable que les exploits mêmes de signification soient rapportés ; la preuve de la signification d'un jugement peut résulter des énonciations contenues dans des jugements ou actes postérieurs, et qui ont un trait direct avec les dispositions de ces actes ou jugements. Ainsi, le jugement qui constate, pour en faire la base de sa décision, qu'un précédent jugement a acquis l'autorité de la chose jugée, faute d'avoir été frappé d'appel dans les délais légaux, fait preuve, entre les parties, de la signification servant de point de départ à ces délais, alors surtout que la mention de la signification a été faite sur les registres de l'administration de l'Enregistrement, et qu'un long temps s'est écoulé entre la date du jugement et celle de l'appel (Req. 2 févr. 1859, aff. Commune de Crésancey, D. P. 59. 1. 264 ; Comp. Garsonnet, t. 3, § 490, texte et note 3, p. 345-346).

**461.** Le second tempérament, c'est que la nullité dont il s'agit n'est pas absolue. Elle est, au contraire, susceptible d'être couverte, notamment par l'acquiescement de la partie qui aurait dû recevoir la signification (*Rép.* n°s 501 à 606; Garsonnet, t. 3, § 490, note 34, p. 352). Il a été jugé, dans ce sens : 1° que le débiteur exproprié qui a laissé l'adjudicataire de l'immeuble saisi entrer en possession de cet immeuble, sans y former opposition, ne peut demander la nullité de l'exécution du jugement d'adjudication, en se fondant sur le défaut de signification préalable de ce jugement (Req. 10 déc. 1849, aff. Bonabry, D. P. 54. 5. 333) ; — 2° Que, à supposer qu'une expertise soit nulle, faute de signification à partie du jugement qui l'ordonnait, cette nullité serait, en tous cas, couverte par la comparution de cette partie à l'expertise (Bastia, 28 juin 1869, aff. Sigaudy, D. P. 72. 1. 246) ; — 3° Que la nullité résultant de ce qu'un jugement portant condamnation n'a pas été signifié à partie est couverte, lorsque cette partie a interjeté appel dudit jugement, sans conclure à la nullité, et que, d'ailleurs, l'arrêt confirmatif a été régulièrement signifié (Même arrêt, et sur pourvoi, Civ. rej. 28 mai 1872, D. P. 72. 1. 246).

**§ 3.** — Formalités spéciales pour l'exécution des jugements par les tiers ou à leur charge (*Rép.* n°s 517 à 585).

**462.** Les formalités étudiées dans les paragraphes 1 et du présent article suffisent à autoriser l'exécution du jugement contre la partie perdante elle-même. Mais il arrive souvent que l'exécution nécessite l'intervention d'un tiers qui, s'il n'est pas à proprement parler condamné à exécuter (puisqu'il n'est pas au procès), reçoit cependant l'injonction de le faire. On a vu au *Rép.* n° 548 pour quels motifs, en pareil cas, il ne peut être procédé à l'exécution forcée sur simple signification du jugement et pourquoi l'art. 548 proc. civ. prescrit que les tiers ne pourront être contraints d'exécuter un jugement, même après les délais d'opposition ou d'appel, que sur le vu d'un double certificat, *certificat de signification et certificat de non-opposition ou appel*. Nous avons à examiner : 1° quel est le sens de cette règle ; 2° à quels tiers elle s'applique ; 3° si elle a une portée générale et s'applique, quelle que soit la juridiction dont émane le jugement.

**463.** — 1° *Quel est le sens de la règle édictée par l'art. 548* — A-t-elle pour objet unique d'exiger la production d'un certificat? Ou a-t-elle en outre cette portée, plus grave, n'autoriser la délivrance du certificat qu'après l'expiration des délais d'opposition ou d'appel? — On a vu au *Ré* n°s 528 et suiv., que la question était vivement controversée mais la seconde opinion, adoptée (*Ibid.* n° 530), a définitivement triomphé dans la jurisprudence; actuellement, un tiers ne peut donc jamais être contraint d'exécuter jugement avant l'expiration du délai d'opposition ou d'appel, et ce, alors même (c'est une conséquence inévitable que l'exécution provisoire aurait été ordonnée. En effet dit la cour de cassation, d'une part, la condamnation ne saurait avoir cette force d'exécution vis-à-vis du tiers qui n'y a point été partie; d'autre part, le tiers (par exemple le dépositaire de sommes frappées d'opposition) ne peut s'en dessaisir, à moins qu'on ne lui justifie d'une décision qui ait acquis, vis-à-vis de tous les intéressés, un caractère irrévocable, en ce sens qu'elle ne soit plus susceptible d'être réformée par les voies ordinaires (Civ. cass. 9 juin 1858, aff. Jomain, D. P. 58. 1. 246). Jugé, en conséquence que la Caisse des dépôts et consignations, ou le receveur général qui la représente, peut refuser d'obtempérer à une ordonnance rendue en état de référé, qui prescrit versement, entre les mains d'un séquestre, de sommes déposées à cette caisse et provenant de retenues faites sur le traitement d'un fonctionnaire, ainsi que leur répartition entre les créanciers de ce dernier, si les certificats exigés par l'art. 548 c. proc. civ. ne sont pas produits quoique l'ordonnance ait été déclarée exécutoire, sans signification, et nonobstant opposition ou appel (Même arrêt). V. en ce sens de nombreux arrêts, *Rép.* n° 533.

**464.** — 2° *A quels tiers s'appliquent les art. 548 et suivants* — Les motifs mêmes qui forment la base de cette prescription (V. *suprà*, n° 462) montrent suffisamment qu'elle ne concerne que les tiers qui sont restés étrangers au procès; si tiers a été mis en cause, s'il est lié à la procédure, il n'y plus aucun motif pour le soustraire au droit commun (*R* n° 524). Jugé, que la compagnie des Magasins généraux, dépositaire de marchandises warrantées appartenant à un négociant tombé en faillite, qui, sur son refus de livrer ces marchandises au porteur du warrant et à l'autorisation du syndic, *a été appelée comme partie défenderesse à une instance en référé*, sur laquelle est intervenue une ordonnance prescrivant la remise des marchandises sans le concours du syndic, ne peut être considérée comme un tiers dans le sens de l'art. 548 c. proc. civ.; que, par suite, elle peut, sans engager sa responsabilité, retarder la livraison des marchandises jusqu'à la production d'un certificat de non-opposition ni appel (Req. 21 janv. 1879, aff. Compagnie des Magasins généraux, D. P. 79. 1. 376).

**465.** — 3° *Les dispositions de la loi en cette matière s'appliquent-elles quelle que soit la juridiction dont émane le jugement?* — Il importe de rappeler sommairement ces dispositions (*Rép.* n° 517), pour comprendre la controverse qui s'est élevée sur la question posée ci-dessus. Aux termes de l'art. 163 c. proc. civ., relatif au cas d'un jugement par défaut, il doit être tenu au greffe un registre sur lequel l'avoué de l'opposant doit faire mention sommaire de l'opposition, en énonçant les noms des parties et de leurs avoués, les dates du jugement et de l'opposition. Lorsqu'il s'agit, non plus d'une opposition, mais d'un appel, semblable mention doit être faite sur le même registre, par l'avoué de l'appelant (c. proc. civ. art. 549). Aucun jugement ne peut être exécuté à l'égard d'un tiers (séquestre, conservateur ou autre) que s'il n'existe sur le registre aucune mention d'opposition ou d'appel (c. proc. civ. art. 164 et 550 combinés). A cet effet, l'avoué de la partie poursuivante dresse un certificat contenant la date de la signification du jugement, et le greffier certifie, de son côté, qu'il n'existe sur le registre ni opposition ni appel. — On voit que le système de la loi suppose l'intervention combinée de l'avoué et du greffier, chacun d'eux ayant, en cette matière, une mission nettement définie ; le greffier détient un registre ; mais l'avoué seul y écrit. Le rôle du greffier se borne ensuite à délivrer, lorsqu'il y a lieu, un certificat conforme.

**466.** Cette intervention nécessaire de l'avoué dans la procédure dont il s'agit a fait longtemps penser qu'elle ne devait point recevoir son application dans les tribunaux où le ministère des avoués n'existe pas, et spécialement dans les tribunaux de commerce. Et l'on a constaté au *Rép.*, n° 523, qu'à Paris, le greffier du tribunal de commerce ne tenait pas de registre d'opposition. Il convient d'ajouter que, dans aucun autre tribunal de commerce, en 1854, il n'était tenu de semblable registre (Conclusions de M. le procureur général Dupin, D. P. 59. 1. 5). La solution contraire a prévalu depuis l'arrêt des chambres réunies du 13 janv. 1859, aff. Lantoine. V. D. P. 59. 1. 5), qui l'a consacrée dans les circonstances suivantes :

**467.** Le 2 juin 1854, un sieur Dramard assigna devant le tribunal civil de la Seine M. Lantoine, greffier du tribunal de commerce de Paris, pour : voir dire qu'il serait tenu de lui délivrer, dans le jour du jugement à intervenir, « le certificat de non-opposition ni appel du jugement rendu entre celui-ci et le sieur Thuilleux, par le tribunal de commerce de la Seine, le 20 oct. 1853, à peine de 10 fr. de dommages-intérêts par chaque jour de retard » ; s'entendre, en outre, condamner à payer audit sieur Dramard la somme de 100 fr. à titre de dommages-intérêts, et plus la différence existant entre l'intérêt à 5 pour 100, et celui servi par la Caisse, de la somme consignée depuis le 19 mai jusqu'au retrait ». Le tribunal civil admit une demande, par un jugement fondé tout d'abord sur un argument d'utilité, « attendu qu'il est impossible de méconnaître que la mesure est aussi nécessaire en cas d'exécution des jugements des tribunaux de commerce qu'au cas d'exécution des jugements des tribunaux civils », et surabondamment sur un argument de texte tiré de la place qu'occupe au code de procédure l'art. 548, sous la rubrique : *Règles générales sur l'exécution forcée des jugements et actes*. Quant à la procédure, qu'il fallait évidemment modifier, puisqu'il n'existe pas au tribunal de commerce d'avoués pour remplir le rôle que la loi leur a dévolu, le tribunal décidait que, lorsqu'il s'agit de tribunaux devant lesquels le ministère des avoués n'est pas nécessaire, l'obligation dont il s'agit incombe aux parties, tenues, dans ce cas, de veiller elles-mêmes à leurs intérêts ; qu'ainsi, le certificat de signification à délivrer par l'avoué de la partie qui a obtenu le jugement doit être remplacé alors par la déclaration de la partie elle-même, appuyée par la production de l'original même de la signification ; et la déclaration d'opposition ou d'appel à la charge de l'avoué de la partie qui a succombé doit être elle-même remplacée par celle de cette même partie ayant intérêt à empêcher l'exécution du jugement, et qui l'appuiera de la production de l'exploit d'opposition ou d'appel (Trib. Seine, 25 juin 1854, aff. Lantoine, D. P. 56. 2. 68). — Ce jugement fut déféré à la cour de Paris, qui, par un arrêt du 22 juill. 1854 (D. P. *ibid.*), n'hésita pas à l'infirmer, « attendu que les art. 642 et 643 c. com., en réglant la forme de procéder devant les tribunaux de commerce, ont expressément déterminé les dispositions du code de procédure civile qui recevraient, en leur cas, application ; que les art. 163, 164, 548 et 549 dudit code n'y sont pas compris ; que, quelque regrettable que soit cette omission, il n'appartient pas aux tribunaux de suppléer

à la loi. Cet arrêt consacrait la pratique d'un demi-siècle et nous en avons adopté la doctrine (V. D. P. *ibid.*, note). — Il fut l'objet d'un pourvoi. Devant la chambre civile, M. l'avocat général Nicias-Gaillard conclut dans le sens de l'arrêt attaqué. L'arrêt fut cependant cassé (9 juin 1856, D.P. 56. 1. 333), mais seulement après partage.

Devant la cour de Rouen, saisie comme cour de renvoi, M. le procureur général Massot-Regnier se prononça de nouveau en faveur de notre système, qui fut à nouveau consacré (26 févr. 1857, D. P. 57. 2. 108) réfutait, comme l'avait fait la cour de Paris, l'argument d'utilité : « Attendu que, si l'on pouvait admettre l'utilité, la nécessité même, pour la juridiction commerciale, d'une mesure analogue à celles qu'établissent pour les tribunaux civils les art. 163, 164, 548 et 549 c. proc. civ., c'est au législateur qu'il appartiendrait d'y pourvoir ; que les tribunaux sont en effet chargés d'appliquer et non de créer la loi ». Elle écartait également l'argument de texte : « Attendu que si les règles générales contenues dans la loi commune s'appliquent aux matières spéciales, lorsqu'il y a parité de raison et analogie parfaite, il en est tout autrement lorsque cette analogie n'existe point et que la matière spéciale répugne, par sa nature et son organisation légale, à l'application qu'il s'agirait de lui en faire ». Enfin elle montrait tout le vice de la procédure imaginée par le tribunal de la Seine, qui, substituant les parties aux avoués, supprimait ainsi, dans l'application des prescriptions légales, « les garanties salutaires résultant du caractère public des officiers ministériels chargés de s'y conformer et de les suivre ; c'est, en effet, bien plutôt à ce titre d'officiers publics que comme mandataires des parties que les avoués agissent en exécution des articles susdits ».

Un nouveau pourvoi ramena l'affaire devant la cour de cassation ; et, cette fois encore, l'éminent organe du ministère public, M. le procureur général Dupin, conclut dans le sens du système qui nous a paru préférable. Mais, les chambres réunies de la cour de cassation consacrèrent à nouveau l'opinion de la chambre civile. Cet arrêt solennel, qui ne fut rendu qu'après un long délibéré en la chambre du conseil, reprend les arguments qu'avait fournis le tribunal de la Seine : — d'abord l'argument de texte : « Attendu que l'art. 548 c. proc. civ. pose une règle générale, qui s'applique à la fois aux tribunaux civils et aux tribunaux de commerce ; que c'est ce qui résulte, soit de la place de cet article, qui est compris sous la rubrique : *Règles générales sur l'exécution forcée des jugements et actes*, soit de cette circonstance que les articles qui le précèdent ou qui le suivent, notamment les art. 545, 546, 547, 552, 555, sont évidemment obligatoires, non seulement pour les tribunaux civils, mais encore pour les tribunaux consulaires ; que même l'art. 553 porte une disposition spéciale aux tribunaux de commerce, ce qui prouve encore plus que le tit. 6, liv. 5, c. proc. civ., général dans son ensemble, a eu pour but de régler l'exécution de tous les jugements rendus par les tribunaux inférieurs » ; — et, secondement, l'argument d'utilité : « Attendu que, s'il en était autrement, on ne trouverait dans la loi aucune précaution pour préserver les tiers de l'exécution des jugements-consulaires ». Enfin, l'arrêt essayait de justifier la substitution (qu'il était obligé d'admettre) de la partie à l'avoué pour la déclaration au greffe, en disant « que cette substitution de la partie à l'avoué est de règle et de pratique constante dans tous les cas analogues, où des articles du code de procédure civile doivent être étendus aux matières de commerce ; qu'il n'y a rien d'exorbitant à faire peser cette obligation sur les parties, puisque, présumées capables de veiller à leurs intérêts en vertu du système de la loi commerciale, on ne fait qu'exiger d'elles des actes conservatoires de leurs droits, actes qui ne sont que le corollaire, soit de la volonté d'exécuter de la part du poursuivant, soit de l'opposition ou de l'appel émanés de la partie poursuivie, actes enfin qui se résolvent dans la simple remise au greffier du tribunal de commerce, ici de l'exploit de signification du jugement, là de l'exploit d'opposition ou d'appel » (Ch. réun. Cass. 13 janv. 1859, aff. Lantoine, D.P. 59. 1. 5).

**468.** Que cette solution se recommande par des avantages pratiques, cela n'est pas douteux ; mais on peut en contester la valeur juridique.

Tout d'abord, ainsi que l'a fait observer M. le procureur général Dupin, dans ses conclusions devant les chambres réunies, « l'argument de texte, tiré de la rubrique : *Règles générales sur l'exécution forcée des jugements et actes*, n'a aucune force par lui-même. Les titres des lois ne se discutent pas, ne se votent pas ; les articles seuls sont obligatoires ; aussi a-t-il été jugé que l'on ne pouvait pas, dans l'interprétation des lois, argumenter du titre d'une loi pour étendre ou restreindre le sens de ses dispositions (*Rép*. v° *Lois*, n° 514). Au fond, en relisant tous les articles qui sont sous le tit. 2, on voit que si, en effet, il y a quelques dispositions dont la généralité doit s'étendre à toute espèce de jugements et d'actes, ce que l'art. 437 est, pour les tribunaux de commerce, ce que l'art. 161 est pour les tribunaux civils ; l'art. 438 répond non moins exactement à l'art. 162 ; ici arrive dans l'ordre du code de procédure l'art. 163. La loi propre à la procédure commerciale s'arrête précisément au moment où elle allait la rencontrer. Il y a, on ne saurait en disconvenir, quelque chose de frappant dans cette différence. »

L'argument d'utilité et d'analogie est moins acceptable encore. « La loi seule, en effet, comme l'a dit M. le procureur général Dupin, pourrait imposer aux citoyens, sous peine de déchéance de leurs droits, cette obligation de remplir en personne ou par des fondés de pouvoir, à grands frais, et souvent à de grandes distances, une formalité qu'aucune loi n'a établie pour les tribunaux de commerce. L'avoué, dans l'esprit des art. 163 et 548, n'agit pas comme fondé de pouvoir d'une partie ; mais il a mission de la loi, en raison du titre même de son office. Si le législateur veut faire exécuter ces articles dans les juridictions commerciales, il faut d'abord qu'il le dise, il faut ensuite qu'il réglemente les moyens d'exécution d'une manière appropriée à l'organisation des tribunaux de commerce, et qu'il remplace, par les équivalents qu'il indiquera, la garantie que le code de procédure avait placée dans le ministère des avoués ».

Enfin, et c'est là le point capital, non seulement la procédure que comporte le système de la cour de cassation est purement arbitraire, mais, au lieu d'être analogue à la procédure prescrite par la loi pour les tribunaux civils, elle y est absolument contraire. En quoi consiste cette dernière procédure ? Elle comprend un double certificat : 1° certificat de signification, délivré par l'avoué ; 2° certificat de non-opposition, délivré par le greffier. Examinons-les séparément. — Et d'abord le certificat de non-opposition : « Lorsqu'on se présente au greffe du tribunal civil, on trouve un registre régulièrement ouvert ; le greffier personnellement n'écrit rien sur ce registre ; l'avoué seul, quand il se présente, écrit, date et signe. L'extrait que le greffier délivre ensuite n'a rien qui lui soit personnel ; il ne dit point qu'il n'est pas à sa connaissance qu'il n'existe aucune opposition ou appel ; il constate seulement une fait registre ne porte trace d'aucune mention écrite par un avoué » (M. Dupin, *loc. cit.*). Au lieu de cela, c'est le greffier lui-même qui va, non seulement délivrer l'extrait de son registre, mais constater sur ce registre un acte (l'opposition ou l'appel) auquel il est étranger, et qui s'est opéré sans son intervention et hors sa présence. On voit que, si la jurisprudence ne fait, en apparence, que maintenir, pour les jugements consulaires, le certificat de non-opposition délivré par le greffier, en réalité elle en altère profondément l'essence. — En ce qui concerne le certificat de signification, la création de la jurisprudence est beaucoup plus grave. Ce certificat émanant de la partie (par l'intermédiaire de son avoué), la jurisprudence le supprime complètement, en sorte qu'il n'existe plus, pour les jugements consulaires, qu'un certificat unique, celui du greffier, et seulement dans celui-ci une mention équivalente, ou prétendue telle, au cer-

tificat de signification que prescrivait la loi (V. D. P. 59. 1. 5, note). — En résumé, sur deux certificats qu'exige le code pour les jugements des tribunaux civils, la jurisprudence, pour les jugements des tribunaux de commerce, supprime l'un et dénature l'autre. Telle est la doctrine qui ressort de l'arrêt solennel du 13 janv. 1859.

**469.** La même question ne s'est pas encore posée pour les jugements des tribunaux de paix ; mais la doctrine consacrée par l'arrêt de 1859, si elle était maintenue, conduirait à la résoudre dans le même sens qu'à l'égard des tribunaux de commerce.

Art. 2. — *Du règlement des difficultés d'exécution*
(*Rép.* n°s 547 à 586).

**470.** Lorsque l'exécution forcée des jugements rencontre une résistance, la justice a souvent besoin d'intervenir pour en triompher (*Rép.* n° 547). Le règlement de semblables difficultés ne constitue pas un procès nouveau ; mais, en quelque sorte, un incident de l'ancien ; il fait l'objet, dans la loi, de prescriptions particulières, tant en la forme qu'au fond (c. proc. civ. art. 472 et 1038).

**471.** Une première question qui se pose à ce sujet, est celle de savoir ce qu'il faut entendre par ces mots : *l'exécution du jugement*? Faut-il les restreindre à l'exécution forcée des jugements définitifs, ou, au contraire, les étendre même à l'accomplissement des mesures préparatoires prescrites par un jugement d'avant faire droit ? — On a signalé au *Rép.*, n° 575, un assez grand nombre d'arrêts qui restreignent le domaine de l'art. 472 aux seules décisions statuant sur le fond du procès. Tel est encore le sentiment de M. Glasson : « L'application de l'art. 472 aux jugements interlocutoires, dit le savant professeur (D. P. 87. 1. 409, note 2), conduit à dire, logiquement et d'après le texte même de cet article, que, si la cour a infirmé une décision interlocutoire, elle peut à son choix ou renvoyer l'affaire à un autre tribunal de son ressort, ou la garder devant elle. On se met ainsi en contradiction manifeste avec l'article suivant, avec l'art. 473, qui ne permet pas à la cour d'évoquer dans tous les cas où elle a infirmé, mais seulement sous certaines conditions. Il faut notamment que l'affaire soit en état, et que, la cour soit le second degré de juridiction déterminé par la loi pour le jugement de l'affaire. Ce rapprochement des art. 472 et 473 prouve, à notre avis, jusqu'à l'évidence, que l'art. 472 est propre aux jugements définitifs. Pour les jugements interlocutoires, il y a une autre disposition, celle de l'art. 473. Lorsque la cour infirme un jugement interlocutoire, elle peut évoquer sous les conditions exigées par la loi ; si une de ces conditions fait défaut, par exemple la mise de la cause en état (et c'est ce qui se produira toutes les fois que la cour aura ordonné une mesure d'instruction conformément à la décision des premiers juges), alors le procès devra rester au tribunal qui en est déjà saisi » (D. P. 87. 1. 409, note 2).

**472.** Mais le texte absolu de l'art. 472 ne nous a pas permis de nous rallier à cette doctrine (V. *Rép.* n° 575-6°), elle a, d'ailleurs, été abandonnée par la jurisprudence. La chambre des requêtes a, en effet, jugé, le 6 juill. 1863 (aff. Dury, D. P. 64. 1. 27), que l'exécution, qui, suivant l'art. 472, en cas d'infirmation, est à renvoyer devant un nouveau juge (quand le juge d'appel n'est pas à même de garder la cause), doit être entendue *lato sensu* : « Attendu, porte cet arrêt, que par le mot *exécution* il faut nécessairement entendre les suites que le jugement doit avoir, et, s'il s'agit d'un jugement interlocutoire, ce qui reste à faire pour que les droits des parties soient définitivement appréciés et déclarés par jugement définitif. » Ce système, consacré de nouveau par la chambre des requêtes (21 déc. 1886, aff. Cons. d'Ortoli, D. P. 87. 1. 409 ; 4 juill. 1887, aff. Commune de Saint-Loup, D. P. 87. 1. 409) est aujourd'hui consacré même par la chambre civile (Req. 26 mars 1888, aff. B..., D. P. 88. 1. 465), et il a passé dans la jurisprudence des cours d'appel : la cour de Bourges a, en effet, jugé (27 mai 1890, aff. Patureau, D. P. 91. 2. 249-250) que la disposition de l'art. 472 c. proc. civ. étant générale s'appliquant aux jugements d'avant dire droit comme aux jugements définitifs, lorsqu'un jugement interlocutoire est infirmé sur l'appel et que la cour n'a pas désigné un autre tribunal pour l'exécution de l'arrêt, c'est à elle-même qu'il appartient d'apprécier tous les actes qui ne sont pas la suite et la conséquence de cet arrêt. On peut donc le considérer comme entré définitivement dans la pratique. Il en a été fait application en matière d'*expertise* (Req. 21 déc. 1886 et Bourges, 27 mai 1890, précités) et d'*enquête* (Req. 4 juill. 1887 et Civ. rej. 26 mars 1888, précités).

**473.** Par actes d'exécution, on doit entendre toutes les suites, quelles qu'elles soient, d'un jugement interlocutoire ou définitif; mais il n'y faut comprendre que les suites directes du jugement. — Jugé en ce sens : 1° que les règles relatives à l'exécution d'un jugement sont inapplicables à une difficulté d'exécution née d'un fait nouveau postérieur à cet arrêt, et dans laquelle est intéressé un tiers, étranger au même arrêt; que spécialement, lorsqu'un arrêt infirmatif a ordonné, après annulation d'une vente d'immeubles, la restitution des biens vendus, et que, parmi ces biens, se trouve un immeuble qui, après l'arrêt, a été compris dans une vente faite par la partie condamnée à un tiers, la demande formée contre cette partie en délaissement de l'immeuble, ou de sa valeur à dire d'experts, ne tombe pas sous l'empire de la disposition exceptionnelle de compétence établie par l'art. 472 c. proc. civ., et doit être soumise aux deux degrés de juridiction (Civ. rej. 15 févr. 1859, aff. Breul, D. P. 59. 1. 87); — 2° Que l'action en payement des frais d'éducation d'un enfant, formée par l'un des époux séparés de corps contre son conjoint, ne peut être considérée comme une difficulté d'exécution du jugement de séparation de corps (Caen, 30 mai 1876, aff. Lehomme, D. P. 78. 2. 122); — 3° Que dans le cas où un créancier exerçant les droits de son débiteur, en vertu d'une créance consacrée par un arrêt de cour d'appel, provoque la licitation d'un domaine indivis, il ne s'agit pas de difficultés relatives à l'exécution de cet arrêt (Req. 19 juin 1888, aff. Guégan, D. P. 88. 1. 449. Conf. Nîmes, 31 déc. 1879, aff. Charbonnier, D. P. 80. 2. 246). On reste donc, dans tous ces cas, sous l'empire du droit commun.

**474.** D'autre part, l'incident d'exécution ne doit pas fournir un moyen détourné de faire modifier le jugement qui, une fois prononcé, ne peut plus être l'objet d'aucun changement. «Considérant, dit la cour de Besançon (26 nov. 1863, aff. Habert, D. P. 63. 2. 205), que le pouvoir du juge sur le litige expire lorsqu'il a fait droit en rendant sa sentence; que, dès ce moment, sa décision ne peut plus être modifiée que par les voies ordinaires ou extraordinaires tracées par la loi; que, s'il lui est encore permis de statuer sur des difficultés d'exécution, il ne saurait, sans excès de pouvoir, porter atteinte à la chose jugée et en changer l'économie, soit par des retranchements, soit par des additions; que, par application de cette règle, le juge, aux termes des art. 122 et 126 c. proc. civ., ne peut, après la sentence, ni accorder des délais de grâce, ni ordonner une exécution provisoire, qu'il aurait omis de prononcer; qu'il ne saurait non plus autoriser après coup une voie spéciale d'exécution, et notamment la contrainte par corps ». Il a été jugé, en termes analogues, qu'une cour d'appel, compétente pour statuer sur les difficultés relatives à l'exécution d'un de ses arrêts infirma-

tifs, cesse de l'être pour statuer sur la demande de dommages-intérêts formée à l'occasion de faits antérieurs à l'arrêt, et qui n'ont été l'objet d'aucune demande au cours de l'instance (Lyon, 26 nov. 1884, aff. Desgarets, D. P. 82. 2. 231). — Décidé encore, que les tribunaux, compétents pour statuer sur les contestations relatives à l'exécution de leurs jugements ou arrêts, ne peuvent, dans l'exercice de cette attribution, enlever à une partie le bénéfice d'une décision passée en force de chose jugée; spécialement, lorsqu'un jugement condamnant le défendeur à rembourser au demandeur la valeur d'un certain nombre d'actions, calculée *au cours de ce jour*, a été confirmé purement et simplement en appel, le juge, saisi postérieurement d'une difficulté concernant l'exécution de cette condamnation, ne peut décider que ladite valeur sera fixée d'après le cours des actions au jour de l'arrêt confirmatif, alors surtout qu'il résulte d'une précédente décision de la cour d'appel, rendue sur une demande d'interprétation de cet arrêt, que c'est bien à la date du jugement qu'il fallait se reporter pour faire l'évaluation (Civ. cass. 3 juill. 1883, aff. Guinan, D. P. 84. 1. 135).

**475.** Cependant il est un point sur lequel la jurisprudence admet que le juge, saisi d'un incident d'exécution, change son premier jugement : c'est en ce qui concerne les procédés de contrainte ou, suivant l'expression usitée, d'*astreinte*, destinés à forcer la mauvaise volonté du défendeur. Ainsi : 1° les juges saisis d'un incident sur l'exécution d'un jugement par eux précédemment rendu, peuvent ordonner des moyens d'exécution qu'ils n'avaient pas d'abord indiqués ; ils peuvent pareillement, en raison des circonstances survenues depuis leur première sentence, prononcer, pour le cas de non-exécution, une sanction pénale qu'ils avaient d'abord refusé d'admettre ; ce n'est pas là violer l'autorité de la chose jugée (Douai, 23 mars 1855, aff. Société du Rieux-de-Cœur, D. P. 56. 2. 47); — 2° La cour, saisie de l'appel d'un jugement qui, sur la demande du mari, avait condamné la femme à lui remettre les enfants issus du mariage et avait ordonné, comme sanction de cette disposition, la saisie-arrêt ayant mise sous séquestre des revenus de la femme, a pu, sans excéder ses pouvoirs et sans transformer la demande originaire, substituer au moyen de coercition ordonné par le tribunal une mesure différente, consistant dans la condamnation de la femme à des dommages-intérêts déterminés à l'avance par chaque jour de retard (Civ. rej. 18 mars 1878, aff. de Bauffremont, D. P. 78. 1. 201); — 3° Les tribunaux de commerce, bien qu'ils n'aient pas le droit de connaître de l'exécution de leurs jugements (V. *infrà*, n° 477), peuvent cependant ajouter à leur premier jugement une *astreinte* contre la partie condamnée qui refuse de l'exécuter (Paris, 18 janv. 1889) (1). — Ces dispositions tiennent à ce que la jurisprudence ne voit pas là un incident d'exécution (Paris, 18 janv. 1889 précité).

**476.** Les pouvoirs du juge de l'exécution étant ainsi définis (n° 471 à 475), nous avons à déterminer les principes de compétence et de procédure qui régissent les incidents dont il s'agit.

**477. — I. COMPÉTENCE. — Au point de vue de la compé-**

---

(1) (Joret C. Laufer dit Arnaud.) — A la suite d'un jugement de condamnation obtenu du tribunal de commerce de la Seine, par Joret contre Laufer, le 16 mai 1888, et confirmé le 24 juillet suivant, jugement que Laufer avait refusé d'exécuter, Joret l'assigna de nouveau devant le même tribunal pour voir dire que, faute d'exécution, il serait condamné à 50 fr. de dommages-intérêts par chaque jour de retard, à partir de la signification du jugement à intervenir. Laufer opposa que le tribunal de commerce était incompétent pour connaître des difficultés relatives à l'exécution de ses jugements. Ce moyen fut rejeté par le tribunal, aux termes d'un jugement du 22 nov. 1888, ainsi conçu :

En ce qui concerne l'astreinte : — Attendu que, si les tribunaux de commerce ne peuvent connaître de l'exécution de leurs jugements, ils ont toutefois la latitude de donner une sanction auxdits jugements; — Attendu que cette partie du litige a pour objet la détermination d'une contrainte destinée à sanctionner le jugement du 16 mai; — Qu'il ne s'agit pas, dans l'espèce, d'une mesure d'exécution; — Qu'en conséquence le tribunal est compétent pour connaître de ce chef; — Par ces motifs; — Fixe la contrainte à 50 fr. par jour de retard ».

Appel par Laufer ;

LA COUR ; — Adoptant les motifs des premiers juges; — Et considérant que la contestation sur laquelle il a été statué par la sentence dont est appel ne porte pas sur un acte proprement dit d'exécution du jugement du 16 mai 1888, confirmé par arrêt de la cour du 24 juillet suivant; — Qu'il ne s'agit point, en l'espèce, d'une difficulté née à l'occasion de cette exécution considérée en elle-même et à partir de laquelle un préjudice spécial, mais d'une demande nouvelle ayant pour objet la condamnation à une astreinte à titre de sanction complémentaire d'une condamnation antérieurement prononcée; — Qu'il n'y a été conclu ni conséquemment statué, lors de la première instance; — Que cette demande est motivée dans l'instance devant la cour est actuellement saisie par le mauvais vouloir et la résistance de Laufer à un ordre de justice, dont l'exécution peut être assurée au moyen de cette sanction nouvelle; — Qu'il résulte de ce qui précède que la demande a été à juste titre soumise aux juges ayant connu de la demande originaire; — Par ces motifs; — Déclare l'appelant mal fondé dans ses moyens, fins et conclusions; — L'en déboute; — Confirme le jugement et condamne l'appelant en l'amende et aux dépens.

Du 18 janv. 1889.-C. de Paris, 1re ch.-MM. Fauconneau-Dufresne, pr.-Symonet, av. gén.-Masse et Sagot-Lesage, av.

tence, la règle fondamentale, c'est que les difficultés d'exécution ressortissent toujours aux tribunaux civils, quelle que soit la juridiction d'où émanait le jugement à exécuter, tribunal de commerce (*Rép.* n°s 547 et 550), tribunal de paix (*Rép.* n° 547), ou tribunal administratif (*Rép.* n° 553). Le pouvoir réservé aux tribunaux civils de connaître des contestations relatives à l'exécution des jugements des tribunaux de commerce emporte celui de statuer sur les questions accessoires qui se rattachent à cette exécution ; spécialement, lorsqu'un tribunal de commerce a prononcé une condamnation avec dommages-intérêts par chaque jour de retard, c'est devant la juridiction civile que doit être portée la question de savoir si ces dommages-intérêts sont dus même pour le cas où l'exécution du jugement serait rendue impossible par un événement de force majeure (Req. 31 déc. 1860, aff. Ravaux, D. P. 61. 1. 462).

**478.** Toutefois, cette incompétence des tribunaux d'exception, en matière d'exécution, doit être entendue strictement. En ce qui touche notamment les tribunaux de commerce, il a été jugé que les art. 442 et 553 c. proc. civ., en interdisant aux tribunaux de commerce de connaître des contestations élevées sur l'exécution des jugements, n'ont entendu parler que des difficultés qui pourront s'élever sur l'exécution considérée en elle-même ; la loi a voulu seulement défendre à ces tribunaux de connaître des actes de poursuite exercés en vertu de leurs jugements (Paris, 18 janv. 1889, aff. Joret, *supra*, n° 475; Paris, 18 avr. 1889), aff. Costa, et, sur pourvoi, Req. 12 févr. 1890, D. P. 91. 1. 23). Ainsi lesdits tribunaux étant compétents pour connaître de l'opposition à leurs jugements, le sont aussi pour connaître des contestations que cette opposition peut soulever, et notamment pour décider si un jugement frappé d'opposition est tombé en péremption faute d'exécution dans les six mois (Paris, 18 avr. 1889 et Req. 12 févr. 1890, précités). Ils sont de même compétents pour statuer sur la demande tendant à faire fixer une *astreinte* en cas de refus d'obéir à un premier jugement, une telle demande ne constituant pas un incident d'exécution, mais une demande nouvelle (Paris, 18 janv. 1889, *supra*, n° 475). Enfin, ils le sont encore, lorsqu'ils se bornent à interpréter une décision par eux précédemment rendue, sans régler aucune difficulté d'exécution (Civ. rej. 15 nov. 1887, aff. Galley, D. P. 89. 1. 153).

**479.** Les tribunaux civils étant compétents, *ratione materiæ* (Comp. *Rép.* n° 569), pour statuer sur les difficultés relatives à l'exécution de tous jugements, quels qu'ils soient, comment se règle entre eux la compétence relative ? — La solution est variable suivant que le jugement à exécuter émane d'une juridiction ou d'une autre.

**480.** S'agit-il du jugement d'une juridiction d'exception, la compétence appartient au tribunal civil du lieu où l'exécution se poursuit (*Rép.* n°s 547 et 553).

**481.** S'agit-il du jugement d'un tribunal civil de première instance, la connaissance des difficultés d'exécution appartient au tribunal même qui a rendu le jugement (*Rép.* n°s 554 et 559).

**482.** Que faut-il décider, enfin, s'il s'agit d'une décision sur appel (appel d'un jugement civil ou commercial devant une cour d'appel, appel d'une sentence de juge de paix devant le tribunal civil)? — La question est réglée par l'art. 472 c. proc. civ. ; la solution dépend du sort de l'appel.

**483.** — *Première hypothèse.* La décision de première instance est confirmée (*Rép.* n°s 563 à 567). — L'exécution appartient alors au tribunal dont le jugement était frappé d'appel (c. proc. art. 472, § 1er).

**484.** — *Deuxième hypothèse.* La décision de première instance est infirmée (*Rép.* n°s 568 à 576). — Dans ce cas, l'exécution, entre les mêmes parties, appartient au juge d'appel, ou à un autre juge du premier degré qu'il peut désigner, sauf le cas où il existerait, pour la cause, ce qu'on appelle une compétence d'attribution (c. proc. civ. art. 472, al. 2 et 3); et ce droit d'option existe pour la cour, soit que le jugement infirmé soit un jugement définitif, soit qu'il constitue un jugement interlocutoire (Civ. rej. 26 mars 1888, aff. Epoux B... C. Epoux V..., D. P. 88 1. 465). Au sujet de cette hypothèse, plusieurs points sont à examiner :

**485.** D'abord, quand peut-on dire qu'il y a jugement ou arrêt infirmatif? — Il suffit pour cela, d'après la jurispru-

dence, que la décision de première instance soit réformée, alors même que la décision d'appel aurait le même but ou les mêmes effets. Ainsi il y a infirmation quand, le juge du premier degré ayant condamné une partie à payer ferme une somme d'argent, le juge du second degré condamne cette même partie à délivrer, jusqu'à concurrence du montant de ladite somme, des actions et des parts de fondateurs d'une société, et ne l'oblige à payer cette somme en espèces que subsidiairement, si la délivrance des titres indiqués n'avait pas lieu dans un certain délai (Req. 10 juin 1885, aff. Autran, D. P. 86. 1. 222). — De même, l'arrêt qui annule, pour vice de forme, un jugement prescrivant une enquête, constitue une décision infirmative, alors même que, sur les conclusions d'appel, il ordonne à nouveau une enquête ayant le même but que celle irrégulièrement prescrite par le tribunal (Req. 21 juill. 1887, aff. Société bordelaise de vidanges, D. P. 87. 1. 391).

**486.** Lorsqu'il est ainsi reconnu qu'on se trouve en présence d'un arrêt infirmatif, quelle est, pour les difficultés d'exécution, la compétence de droit commun? — La loi laisse à la cour d'appel le choix entre deux procédés : juger elle-même, ou renvoyer devant un tribunal autre que le tribunal dont le jugement était attaqué devant elle. Mais elle doit nécessairement prendre l'un de ces deux partis : de la combinaison des art. 472 et 473 c. proc. civ., il ressort que la cour d'appel qui infirme un jugement, pour vice de forme ou pour toute autre cause, doit indiquer, dans son arrêt, le tribunal auquel appartiendra le litige, si elle ne peut légalement évoquer ou ne croit pas à propos de le faire; en conséquence, lorsque le juge d'appel, en infirmant un jugement d'incompétence, n'a ni évoqué et jugé le fond, ni désigné le tribunal qui aurait à en connaître, et a déclaré « qu'il n'y avait ni à réformer, ni à maintenir une décision qui n'existait pas », il y a de sa part, non une simple omission, mais un refus motivé de statuer, qui constitue la violation des articles précités (Civ. cass. 10 janv. 1888, aff. Laplace-David, D. P. 88. 1. 123).

**487.** Le juge d'appel a-t-il toujours le choix entre les deux procédés dont il s'agit? — Trois hypothèses sont à examiner :

1° Si le premier juge avait jugé le fond, la cour, non seulement peut juger, mais elle doit juger. En effet, la cour est saisie du procès tout entier par l'effet dévolutif de l'appel, et, si elle infirme le jugement, par quelque motif que ce soit, elle n'en doit pas moins statuer sur le fond du procès; elle ne pourrait pas renvoyer l'affaire devant un juge du premier degré, car un tel renvoi ne pourrait être fondé, ni sur l'art. 473, parce que l'évocation ne peut pas avoir lieu lorsque les premiers juges ont statué au fond, ni sur l'art. 472, parce que cet article ne parle que de l'exécution de l'arrêt infirmatif, et qu'il paraît bien difficile, lorsqu'un jugement statuant au fond est infirmé même pour vice de forme, de considérer l'instance relative au fond du procès comme une exécution de l'arrêt qui prononce cette infirmation. On ne saurait donc approuver un arrêt de la cour de Rouen (13 mars 1880, aff. Bansard, D. P. 80. 2. 245) aux termes duquel la cour d'appel, lorsqu'elle infirme le jugement de première instance rejetant implicitement les exceptions proposées par les défendeurs sans donner aucun motif de ce rejet, et qu'elle ne peut statuer par voie d'évocation parce que l'affaire n'est pas en état, devra renvoyer les parties devant le tribunal même qui avait rendu le jugement, mais composé d'autres juges.

**488.** — 2° Si le premier juge n'a pas statué au fond, et que l'affaire n'est pas en état, le juge d'appel ne peut statuer lui-même, l'évocation n'étant pas alors permise (Req. 21 juill. 1887, aff. Société bordelaise de vidanges, D. P. 87. 1. 391). En effet, les juges d'appel ne sont saisis du fond de l'affaire, par l'effet dévolutif de l'appel, qu'autant que les juges de première instance se sont eux-mêmes prononcés sur le fond; si les premiers juges n'ont statué qu'en accueillant une fin de non-recevoir, les juges d'appel ne peuvent, après infirmation, retenir la connaissance du fond qu'autant qu'il leur est permis de statuer par voie d'évocation, et que sous la condition, dès lors, que la cause soit en état de recevoir une décision définitive. Jugé, en conséquence, que, lorsque la demande — par exemple, une demande en séparation de corps — déclarée non recevable par le jugement infirmé, donne lieu à une enquête, les juges d'appel ne peuvent, quant à cette enquête, ni y faire procéder eux-mêmes, ni en renvoyer l'opération devant d'autres juges, conformément à l'art. 473 c. proc. civ.; la procédure à suivre, en ce cas, doit être renvoyée devant le tribunal dont la décision a été infirmée (Nancy, 22 janv. 1870, aff. Thiébaut, D. P. 70. 2. 76). — De même, le tribunal civil qui infirme une sentence interlocutoire rendue par un juge de paix ne peut, pour les suites que comporte le litige, notamment pour la décision à rendre sur le fond, se considérer comme saisi par l'effet dévolutif de l'appel, puisque le premier degré de juridiction n'est pas épuisé; il ne saurait non plus retenir l'affaire par voie d'évocation, la cause ne pouvant en l'état, et sans mesures d'instruction, recevoir une décision définitive; il doit, en conséquence, renvoyer la cause et les parties, pour la continuation du procès, devant un tribunal de paix autre que celui dont la sentence a été infirmée (Req. 4 juill. 1887, aff. Commune de Saint-Loup, D. P. 87. 1. 393).

**489.** — 3° Si le premier juge n'a pas statué au fond, mais que l'affaire soit en état, le premier juge peut, à son choix, conformément aux principes de l'évocation, soit retenir l'affaire, soit la renvoyer devant d'autres juges du premier degré. Si elle prend ce dernier parti, elle peut désigner un autre tribunal, mais elle peut aussi désigner le même tribunal, pourvu qu'elle prenne soin d'ordonner qu'il sera composé de magistrats différents (Req. 21 juill. 1887, aff. Société bordelaise de vidanges, D. P. 87. 1. 391).

**490.** Ces règles cessent d'être applicables lorsqu'il existe pour la cause une juridiction spéciale, ou, comme on dit, un *juge d'attribution* (Rép. n° 583). Que faut-il entendre par ces mots? — La jurisprudence, pour les définir, a laissé voir une certaine hésitation. Un arrêt de la chambre des requêtes a décidé qu'il y a un juge d'attribution au sens de l'art. 472, devant lequel doit avoir lieu nécessairement le renvoi, chaque fois qu'on se trouve dans une matière pour laquelle la compétence a été organisée par la loi en dérogation au droit commun; qu'il en est, par exemple, ainsi en matière de partage, parce que, aux termes de l'art. 822 c. civ., dérogatoire au droit commun, « l'action en partage et les contestations qui s'élèvent dans le cours des opérations sont soumises au tribunal du lieu de l'ouverture de la succession » (Req. 18 janv. 1853, aff. Fossard de Rozeville, D. P. 54. 5. 332). Mais ce système n'a jamais été adopté par la chambre civile (Civ. cass. 28 mars 1849, aff. Savary, D. P. 49. 1. 97; 27 juin 1859, aff. Grimard, D. P. 59. 1. 298), et il a été abandonné par la chambre des requêtes elle-même (Req. 30 juill. 1856, aff. Rigal, D. P. 56. 1. 409; 11 août 1856, aff. Treillet, D. P. 57. 1. 22; 4 juill. 1887, aff. Commune de Saint-Loup, D. P. 87. 1. 393). La jurisprudence, telle qu'elle ressort de ces divers arrêts, est beaucoup plus exigeante pour reconnaître qu'il existe un juge d'attribution, aux termes de l'art. 472. Dans ce système, aujourd'hui dominant, pour que, après infirmation, il y ait lieu à renvoi devant le même juge, il ne suffit pas que ce juge ait reçu de la loi une attribution spéciale, à l'effet de procéder en *première instance* sur la matière en litige; il faut, de plus, qu'une disposition expresse lui attribue encore juridiction, même après que l'infirmation aura été prononcée : « Attendu, dit la chambre civile (Arrêt précité du 28 mars 1849), qu'en déclarant la compétence du tribunal civil de première instance du lieu de l'ouverture de la succession sur les demandes en partage, les art. 822 c. civ., et 59 c. proc. civ. n'ont eu pour but que de déterminer, d'une manière générale, le tribunal devant lequel il y avait lieu de procéder en première instance ; mais que ces articles n'excluent pas l'application de la règle fondamentale établie par l'art. 472 c. proc. civ., en cas d'infirmation des jugements; qu'aucune disposition de loi n'attribue, en matière de partage, au tribunal civil de première instance du lieu de l'ouverture de la succession, juridiction, même après un arrêt infirmatif rendu sur la demande en partage ». Et la chambre des requêtes a donné, en une autre matière, une formule analogue : « Attendu qu'aucune disposition de loi ne fait rentrer la matière des actions possessoires dans les cas exceptionnels où, par dérogation à la règle fondamentale de l'art. 472, l'exécution d'une sentence doit, *après son infirmation*, être renvoyée au juge même qui l'a rendue » (Arrêt précité du 4 juill. 1887).

**491.** Ce critérium permet de trouver dans la loi les exemples suivants : il y a compétence d'attribution, au sens spécial de l'art. 472, en matière de *nullité d'emprisonnement* (c. proc. civ. art. 794), d'*expropriation forcée* (c. civ. art. 2210) (Limoges, 30 avr. 1888, aff. Brissaud, D. P. 90. 2. 167), de *reddition de compte* (c. proc. civ. art. 528), de *distribution par contribution* (c. proc. civ. art. 670), de *saisie-exécution* (c. proc. civ. art. 608). Dans d'autres cas, au contraire, la question a fait difficulté.

**492.** En matière de *saisie-gagerie*, elle a été résolue dans le sens de l'attribution de juridiction spéciale, par deux raisons différentes, raison historique et raison d'analogie. Si l'on admet, avec M. Glasson (D. P. 87. 2. 185, note 2), que les rédacteurs du code ont entendu reproduire purement et simplement en cette matière l'ancienne coutume de Paris, il faut reconnaître qu'il y a une attribution implicite de juridiction au juge du lieu où la saisie foraine et la saisie-gagerie ont été pratiquées; la coutume de Paris, en effet, donnait compétence au prévôt de Paris, à l'exclusion de tous autres juges.

La cour de Caen est arrivée à la même solution par l'argument d'analogie : elle a jugé que les dispositions relatives à la saisie-exécution, étant générales et de droit commun, doivent être étendues aux autres saisies de même nature, notamment à la saisie-gagerie qui produit tous les effets de la saisie-exécution, à la seule condition d'être ultérieurement ratifiée par le juge (Caen, 28 mars 1887, aff. Donon, D. P. 87. 2. 185). Dans ce système, le tribunal compétent en matière de saisie-exécution étant celui du lieu où se poursuit l'exécution, on doit, par analogie, décider que l'action en validité d'une saisie-gagerie est de la compétence du tribunal dans le ressort duquel cette saisie a été pratiquée, et que le tribunal du domicile du débiteur saisi est incompétent; dès lors, toutes les fois qu'un arrêt a infirmé un jugement rendu en matière de saisie-gagerie, l'exécution de cet arrêt doit être renvoyée devant les premiers juges auxquels la loi attribue comme en matière de saisie-exécution, un pouvoir spécial de juridiction (Même arrêt).

**493.** On admet de même qu'il y a attribution de juridiction en matière de *faillite* (Caen, 29 mai 1860, aff. Menard, D. P. 64. 5. 417); et cette solution a été récemment consacrée par la chambre civile (Civ. cass. 15 juill. 1890, aff. Savary, D. P. 91. 1. 107). Aux termes de ce dernier arrêt, l'ensemble et la combinaison des différentes dispositions relatives à cette matière font ressortir que le législateur a trouvé indispensable à la bonne administration de la justice et aux intérêts engagés, de concentrer toutes les opérations et toutes les contestations de la faillite, au lieu et devant le tribunal du domicile du failli; et une cour d'appel méconnaît l'attribution de juridiction dont il s'agit, lorsqu'en infirmant un jugement par lequel le tribunal de commerce du domicile d'un commerçant a rejeté la demande en déclaration de faillite de ce commerçant, et en prononçant la déclaration de faillite pour le cas où une certaine somme ne serait pas acquittée, elle renvoie les parties, si cette éventualité se réalise, devant un tribunal de commerce différent du premier, pour y être procédé à la désignation du syndic et aux opérations subséquentes de la faillite.

**494.** Au contraire, il a été jugé qu'il n'y a pas attribution de juridiction, au sens de l'art. 472, en matière d'*action possessoire* (Req. 4 juill. 1887, aff. Commune de Saint-Loup, D. P. 87. 1. 393).

**495.** Il a été décidé de même qu'en disposant d'une manière générale, que les demandes en *validité d'offres réelles* seraient formées d'après les règles ordinaires des demandes principales, l'art. 845 c. proc. civ. n'a pas entendu porter atteinte au principe édicté par l'art. 472 du même code, qui attribue l'exécution de l'arrêt infirmatif à la cour qui l'a rendu; donc, par suite, la demande en validité des offres réelles qui ont été faites pour arriver à l'exécution d'un arrêt infirmatif doit être portée devant la cour d'appel qui a rendu cet arrêt (Req. 10 juin 1885, aff. Autran, D. P. 86. 1. 222).

**496.** Que faut-il décider en matière de *liquidation et partage?* — Suivant un arrêt de la cour d'Amiens (9 mai

1865, aff. Godin, D. P. 65. 2. 164), la cour qui, en infirmant un jugement de première instance, prononce une séparation de corps, doit renvoyer les époux à faire liquider leur communauté devant qui de droit et ne peut retenir l'exécution de son arrêt; il y a pour ce cas attribution spéciale de juridiction au tribunal du domicile des époux. La chambre des requêtes avait déjà jugé, dans le même sens, que l'exécution, en cas d'infirmation, d'un jugement relatif à la liquidation et au partage d'une succession doit être renvoyée devant le tribunal du lieu de l'ouverture de la succession (Req. 18 janv. 1853, aff. Fossard de Rozeville, D. P. 54. 5. 332). Mais cette décision est isolée dans la jurisprudence de la chambre des requêtes; elle est contraire à son arrêt antérieur du 25 nov. 1840 (Rép. n° 585-7°), et à un autre de ses arrêts, rendu à quelques jours d'intervalle (Req. 8 févr. 1853, aff. Delaruelle, D. P. 53. 1. 33), lequel a formellement jugé que, en matière de liquidation de communauté, il n'y a pas attribution de juridiction, dans le sens de l'art. 472 c. proc. civ., et que les difficultés relatives à l'exécution d'un arrêt infirmatif qui prononce une séparation de biens, et notamment celles nées à l'occasion de la liquidation des reprises de la femme séparée, doivent être portées directement devant la cour qui a rendu cet arrêt. On peut citer également, dans ce dernier sens, un arrêt de la chambre civile (Civ. rej. 28 mars 1849, aff. Savary, D. P. 49. 1. 97), et un arrêt de la cour de Pau (21 janv. 1867) (1).

**497.** — *Troisième hypothèse.* Le jugement dont appel est infirmé et confirmé partiellement. — L'art. 472 c. proc. civ. ne prévoit pas expressément ce cas, mais les raisons sur lesquelles il est fondé conduisent à décider que l'exécution doit appartenir au tribunal pour les parties confirmées, et à la cour pour les parties infirmées. En effet, il serait illogique d'attribuer ici une compétence générale, soit au tribunal, soit à la cour : d'une part, la loi ne veut pas que l'exécution soit confiée aux juges dont la décision a été infirmée, parce qu'elle craint de leur part quelques préventions à revenir plus ou moins à leur propre jugement; d'un autre côté, il serait contraire aux règles de la hiérarchie judiciaire de soumettre, même quant à l'exécution, un arrêt de cour d'appel à un tribunal d'arrondissement.

Jugé en ce sens : 1° que les contestations relatives à l'exé-

cution d'un arrêt qui a prononcé, même partiellement, l'infirmation du jugement frappé d'appel, en donnant, par exemple, acte aux parties d'un accord entraînant cette infirmation partielle, sont de la compétence de la cour qui a rendu l'arrêt lorsque, en fait, la contestation porte sur le chef infirmé (Req. 21 août 1860, aff. Frottier, D. P. 61. 1. 107); — 2° Que, si l'art. 472 c. proc. civ. n'a prévu que le cas d'une confirmation ou d'une infirmation générale, il implique que, lorsqu'il s'agit d'une infirmation partielle, et lorsque c'est la disposition sur laquelle est intervenue cette infirmation qui soulève des difficultés pour son exécution, il appartient à la cour dont elle émane d'en déterminer la portée et d'en assurer les effets (Paris, 28 avr. 1883, aff. Société financière de Paris, D. P. 84. 2. 116); — 3° Que la règle d'après laquelle l'exécution, en cas d'infirmation d'un jugement, appartient à la cour d'appel ou à un autre tribunal par elle désigné, est applicable, même au cas d'infirmation partielle, aux chefs infirmés, sauf le cas où ils ne constituent qu'un simple accessoire (Req. 10 déc. 1883, aff. Gay, D. P. 84. 1. 405); — 4° Que, dans le cas d'une infirmation partielle, si la disposition qui soulève des difficultés pour l'exécution est précisément celle sur laquelle cette infirmation est intervenue, c'est avec juste raison que l'arrêt décide que la cour dont elle émanait était valablement saisie de la difficulté d'exécution (Req. 10 juin 1885, aff. Autran, D. P. 86. 1. 222).

**498.** Cette jurisprudence paraît, au premier abord, contredite par un arrêt de la chambre civile (Civ. cass. 16 mai 1882, aff. Rolland, D. P. 83. 1. 64), aux termes duquel la cour d'appel, saisie d'une demande tendant à l'exécution de l'arrêt qui a infirmé, *en totalité ou en partie*, la décision des premiers juges, reste compétente à l'effet de statuer sur cette demande. Mais ce serait exagérer la portée de cet arrêt que d'y voir le propos délibéré de contester le principe formulé *supra*, n° 497, et si énergiquement appliqué par la chambre des requêtes (V. *ibid.*). Si, en effet, on lit attentivement l'arrêt de la chambre civile, on voit qu'il a voulu seulement affirmer la compétence de la cour d'appel, quant à l'exécution des parties infirmées, en cas d'infirmation partielle, de même que la compétence absolue de la cour sur le tout, en cas d'infirmation totale. La cour de Lyon a jugé même, en termes plus explicites, que, en cas d'infirmation partielle d'un jugement, la con-

---

(1) (Dupuy C. Rodier.) — LA COUR; — Attendu que l'art. 472, c. proc., qui dispose que, lorsque le jugement est confirmé, l'exécution appartiendra au tribunal dont est appel, et que si le jugement est infirmé, l'exécution appartiendra à la cour, n'a prévu que les cas d'une confirmation ou d'une infirmation intégrale, qu'il n'existe aucun texte positif de loi qui trace la marche à suivre lorsque le jugement est infirmé partiellement; que, dans ce cas, la jurisprudence a expliqué que les cours sont investies d'un pouvoir discrétionnaire pour retenir l'exécution ou la renvoyer devant le tribunal, selon l'importance des chefs infirmés et confirmés; et que le silence gardé, à cet égard, par les juges d'appel dans leur arrêt, doit faire présumer qu'ils ont reconnu que le tribunal de première instance était compétent pour connaître de l'exécution lors surtout que le jugement n'est infirmé que sur un chef secondaire, et qu'il est confirmé sur tous les autres qui en forment la disposition principale; — Attendu que, dans l'espèce, un premier jugement, en date du 29 juill. 1864, a renvoyé les parties devant Mᵉ Dufrayer, avocat, chargé comme arbitre de les entendre, de constater leurs prétentions, tant sur l'existence et la durée de la société que sur le mode de partage à opérer, d'essayer de les concilier, et, faute de pouvoir y parvenir, de donner son avis motivé et de dresser du tout un rapport écrit qui serait déposé au greffe du tribunal pour être plus tard statué au fond; — Attendu que, par son jugement du 5 juill. 1865, le tribunal a statué sur diverses contestations, posé les bases de la liquidation de la société ayant existé entre elles et ordonné que les parties se retireraient de nouveau devant l'arbitre déjà nommé; — Attendu que l'arrêt du 21 mars 1866 a infirmé ce jugement sur un seul chef d'une importance relative peu considérable, se rapportant à une perte occasionnée dans un achat de sangsues, et l'a confirmé sur tous les chefs principaux; que la cour n'a point ordonné que le rapport de l'arbitre serait déposé à son greffe, qu'elle a laissé subsister la disposition du jugement du 29 juill. 1864, par laquelle il était dit que le tribunal statuerait au fond au vu du rapport; qu'elle n'a point déclaré qu'elle retenait l'exécution; que son silence à cet égard exprime suffisamment qu'elle n'a pas entendu en enlever la connaissance aux premiers juges; — Que c'était dès lors devant eux que devait se poursuivre la liquidation de la société et que devaient être portées

les contestations qui pouvaient être soulevées au sujet de cette même liquidation; que, d'ailleurs, les deux parties l'ont ainsi entendu; qu'elles ont soumis le jugement de leur différend au tribunal sans qu'aucune d'elles ait songé à décliner sa compétence; — Attendu, toutefois, qu'une des difficultés sur lesquelles le tribunal a été appelé à statuer a été celle de savoir si la demande de Dupuis en prélèvement de 5688 fr. 37 cent., formant le prix d'acquisition des Landes, avait été réglée par le jugement du 5 juill. 1865, confirmé par l'arrêt du 21 mars; que les parties sont en dissentiment sur la manière dont cette décision devait être entendue, et qu'elles en ont fait l'objet principal du débat; qu'il s'est alors agi de l'interpréter; — Que la cour, en confirmant le jugement dans le chef relatif aux Landes et en adoptant les motifs, en a fait son œuvre propre, et qu'elle se trouve, par conséquent, à même de déterminer le sens et la portée qu'elle a entendu lui donner; que, comme juge en dernier ressort et supérieur en degré de juridiction, c'est à elle qu'il appartient de faire cette interprétation; que le tribunal a agi régulièrement en s'abstenant de statuer à cet égard; — Mais que, puisqu'il était compétent pour apprécier et juger le fond du procès, il devait le retenir, renvoyer les parties devant la cour pour interpréter, et se borner à surseoir au jugement définitif jusque après cette interprétation; — Que c'est à tort qu'il s'est dessaisi du litige et qu'il s'est déclaré incompétent; que son jugement doit, par conséquent, être infirmé; — Attendu que la cause est suffisamment instruite, tant sur la question d'interprétation que sur le fond de la contestation; que la matière est disposée à recevoir une décision définitive; que la cour peut dès lors user de la faculté d'évocation qui lui est accordée par l'art. 473 c. proc. civ.; — Attendu qu'il ne s'agit pas d'une instance en reddition de compte soumise aux règles tracées par les art. 527 et suiv. du même code; mais bien d'une demande en liquidation et partage d'une société civile, qui, aux termes de l'art. 1872 c. civ., doit être instruite et jugée conformément aux demandes en partage de succession pour lesquelles il n'y a pas attribution spéciale de juridiction;

Par ces motifs, etc.

Du 21 janv. 1867.-C. Pau, ch. civ.-MM. Brascon, pr.-Lespinasse, 1ᵉʳ av. gén.-Forest et Soulé, av.

---

naissance de l'exécution de l'arrêt infirmatif revient de droit à la cour d'appel sur tous les chefs du jugement, aussi bien sur ceux qui ont été confirmés que sur ceux qui ont été infirmés (Lyon, 20 juill. 1887) (1). Mais il faut remarquer que cet arrêt est intervenu dans une espèce où l'infirmation était, pour ainsi dire, complète, et que cette circonstance de fait a dû influer sur la solution de droit donnée par la cour. En tous cas, il serait isolé et contraire à la jurisprudence de la cour de cassation.

**499.** Si ce principe est simple, il peut souvent présenter des difficultés d'application, car la départition qu'il suppose peut être souvent délicate. Pour les résoudre, la cour d'appel jouira, dans chaque cas particulier, d'une entière liberté d'appréciation (Rousseau et Laisney, v° *Appel*, n° 487). C'est ainsi que la cour de Pau a très légitimement jugé que, lorsque l'infirmation partielle ne porte que sur un chef secondaire, le juge d'appel peut abandonner l'exécution tout entière au tribunal qui a rendu le jugement; et qu'il est même censé l'avoir fait s'il a gardé le silence sur ce point (Pau, 21 janv. 1887, *suprà*, n° 496). De même, dans le cas inverse, si l'infirmation est complète, sauf un détail insignifiant, la cour d'appel pourrait conserver la connaissance de l'exécution de sa décision dans son entier, et c'est là le sens qu'il convient d'attribuer à l'arrêt de la cour de Lyon du 20 juill. 1887, *suprà*, n° 498, malgré l'exagération évidente des termes dans lesquels la cour a formulé le principe.

**500.** — II. PROCÉDURE. — La loi ne contient aucune règle expresse applicable à la procédure à suivre sur les difficultés d'exécution. La seule disposition spéciale à cette matière est l'art. 1038 c. proc. civ., qui, pris à la lettre, n'a trait qu'à la durée des pouvoirs de l'avoué. La doctrine, cependant, s'inspirant de l'esprit de cet article, en a conclu qu'il avait pour effet de permettre la procédure, en supprimant la nécessité d'un ajournement (Conf. Thomines-Desmazures, *Commentaire sur le code de procédure civile*, art. 1038, n° 1276; Pigeau, *Procédure civile*, t. 2, p. 402; Bioche, v° *Avoué*, n° 165; Rousseau et Laisney, v° *Avoué*, n° 368). L'opinion contraire n'a guère été soutenue que par Carré et Chauveau (*Lois de la procédure*, quest. 3429), et par M. Morin (*Journal des avoués*, t. 55, p. 647).

**501.** En jurisprudence, la question s'est, dès longtemps, posée, spécialement en 1852 devant la cour de cassation; elle n'a pas alors été résolue (Civ. cass. 28 avr. 1852, *Rép.* n° 334). La cour de Lyon, au contraire, l'a expressément tranchée dans le même sens que la doctrine (26 nov. 1881, aff. Desgarets, D. P. 83. 2. 231): « Considérant, dit cet arrêt, qu'aux termes de l'art. 1038 c. proc. civ., les avoués des parties sont tenus d'occuper sur l'exécution des jugements et arrêts définitifs, sans nouveaux pouvoirs, pendant une année, à dater desdits jugements et arrêts; que cette disposition a eu évidemment pour but d'éviter les frais et les lenteurs de l'ajournement et de la procédure

antérieure à la constitution des avoués, en remettant la cause et les parties au même état qu'avant la décision; qu'il en résulte que la demande relative à l'exécution ne constitue pas une demande nouvelle, mais qu'elle n'est qu'une suite du jugement ou de l'arrêt et un incident de la même instance; d'où il suit qu'elle est régulièrement formée par acte d'avoué, conformément à l'art. 337 c. proc. civ. ». — Les termes de cette décision ont été textuellement reproduits par un arrêt de la chambre des requêtes du 10 juin 1885 (aff. Autran, D. P. 86. 1. 222), qui constitue la première décision expresse de la cour de cassation sur la question; mais elle avait déjà statué implicitement dans le même sens, en jugeant que, lorsqu'une demande a pour objet de modifier le dispositif d'un précédent arrêt, comme elle ne porte pas sur une simple difficulté d'exécution, mais constitue une demande principale, elle ne peut être introduite par un simple acte d'avoué (Civ. cass. 3 août 1881, aff. Secourgeon, D. P. 82. 1. 124). La même solution encore d'un arrêt de la cour de Bordeaux (24 mai 1869 *infrà*, n° 503), aux termes duquel la demande en nullité d'actes d'exécution faits depuis l'appel, dans le cas où l'exécution provisoire n'avait pas été ordonnée, *peut* être formée par voie d'ajournement, sauf le rejet en taxe des frais frustratoires résultant de ce procédé.

C'est par application de ce principe qu'il a été jugé que, quand des offres réelles sont faites pour exécuter une délivrance de titres industriels prescrite par un arrêt, la demande en validité de ces offres, formée dans l'année dudit arrêt, peut être introduite sans ajournement, et par acte d'avoué à avoué, comme constituant un simple incident d'exécution (Paris, 28 avr. 1883, aff. Autran, D. P. 84. 2. 119-120, et, sur pourvoi, Req. 10 juin 1885, D. P. 86. 1. 222).

SECT. 12. — DE L'EXÉCUTION PROVISOIRE (*Rép.* n°* 587 à 695).

**502.** L'exécution du jugement (V. *suprà*, sect. 11) se trouve nécessairement suspendue lorsque le jugement est attaqué par l'une des voies organisées par la loi (V. *suprà*, sect. 10). Ce retard dans l'exécution est un mal nécessaire, mais il est particulièrement fâcheux dans deux cas: quand la réformation du jugement est absolument improbable, et quand la matière est telle que le retard est, par lui-même, une cause de préjudice. Aussi la loi a-t-elle, dans ces deux hypothèses, fait exception à la règle qu'elle avait posée, et autorise l'*exécution provisoire* du jugement, en attendant la solution définitive.

**503.** Pour arriver à ce résultat, la loi pouvait employer deux procédés: ordonner elle-même l'exécution provisoire du jugement, ou laisser au juge le soin de l'ordonner. — Le premier de ces procédés n'est pas d'un emploi très facile, par cela même qu'il est général et absolu, tandis que l'exécution provisoire se justifie d'ordinaire par les circonstances

---

(1) (Barbier *C.* Trouilleux.) — LA COUR; — Considérant que, par son arrêt du 24 juin 1885, la cour a confirmé le jugement rendu par le tribunal de commerce de Saint-Etienne, le 28 déc. 1883, en ce qu'il avait prononcé la résolution de la vente du fonds de quincaillerie consentie par Barbier à Trouilleux, et l'a infirmé dans sa disposition condamnant Trouilleux à 25000 fr. de dommages-intérêts; — Considérant que l'art. 472 c. proc. civ., en édictant que la connaissance de l'exécution d'un jugement confirmé appartiendrait au tribunal qui l'avait rendu, et, s'il est infirmé, à la cour d'appel, ne fait aucune distinction ni réserve pour le cas où l'infirmation serait seulement partielle; — Que, de ces termes généraux, il faut donc induire que, même en ce cas, la connaissance de l'exécution de son arrêt revient de droit à la cour sur tous les chefs du jugement, aussi bien sur ceux qui ont été confirmés que sur les infirmés; — Que certainement la cour aurait le droit de remettre au tribunal de Saint-Etienne la connaissance de son arrêt sur les chefs confirmés; — Qu'elle aurait pu aussi la confier à tout autre tribunal; mais qu'alors elle aurait dû le dire expressément, et que, en gardant le silence à cet égard, elle a entendu retenir la connaissance de cette exécution pour elle-même; — Considérant qu'elle avait d'autant plus raison d'agir ainsi que l'infirmation prononcée était loin d'être aussi partielle, et ne touchant qu'à un point indépendant du fond de l'affaire, qu'il semble le paraître au premier abord; — Que le jugement, en effet, déclarait bien la vente résolue aux torts de Barbier, mais n'en condamnait pas moins Trouilleux à une somme considérable de dommages-intérêts envers

lui; d'où la conséquence que le tribunal estimait qu'une forte part de responsabilité incombait à Trouilleux dans les causes qui avaient amené les difficultés avec son vendeur et rendu nécessaire la résolution de la vente; — Considérant que la cour, au contraire, motivant sur l'absence de toute faute de sa part, les mettait entièrement à la charge de Barbier; — Qu'ainsi l'économie du jugement se trouvait bouleversée dans son ensemble, et que la partie confirmée par les termes du dispositif ne l'était plus par les mêmes motifs qui avaient dicté la décision des premiers juges; — Que, dans ces conditions, confier la solution des questions d'exécution, qu'aurait pu et que devait nécessairement soulever l'exécution de cette sentence, à des juges qui avaient manifesté une opinion contraire, n'eût pas été conforme au vœu de la loi, qui a voulu, par ses dispositions, soustraire les parties à toutes les chances de prévention et de mauvais vouloir et de partialité, si improbables qu'elles puissent être; — Considérant, au surplus, que la cour s'est bien entendu retenir la connaissance de l'exécution de son arrêt, qu'elle l'a déjà en partie exécuté par son autre arrêt du 3 mars 1886, qui explique, précise et délimite la mission confiée à l'expert; — Qu'ainsi, et sous tous les rapports, la cour seule est compétente pour assurer l'exécution de son arrêt du 24 juin 1885;
Par ces motifs, rejette l'exception d'incompétence proposée; — Retient la cause et ordonne qu'il soit plaidé sur le fond.
Du 20 juill. 1887. C. de Lyon, 1re ch. MM. Fourcade, 1er pr. Raullet, av. gén. Aulois et Morin, av.

spéciales de chaque affaire. Aussi n'a-t-il été adopté que très exceptionnellement. On a énuméré au *Rép.*, n° 589, les cas où la loi a elle-même ordonné l'exécution provisoire. — Faut-il ajouter encore à cette énumération les jugements *provisoires* ? C'est une question controversée (*Rép.* n° 590). Beaucoup d'auteurs admettent que les jugements sont provisoires, par leur nature même, exécutoires par provision. Cette opinion est, en effet, enseignée par MM. Pigeau, *Procédure civile*, t. 2, p. 33; Carré et Chauveau, *Lois de la procédure*, quest. 585, et *Supplément*, par Dutruc, v° *Exécution provisoire*, n° 15 ; Rousseau et Laisney, v° *Exécution provisoire*, n° 31; *Rép.*, v° *Jugement*, n⁰ˢ 644 et 646. Mais on peut citer, en sens contraire, Rodière, *Cours de compétence et de procédure*, 4° éd., p. 289; Bioche, *Dictionnaire*, v° *Jugement*, n° 251, *in fine;* Boncenne, *Théorie de la procédure civile*, t. 2, p. 278. On remarque, dans ce dernier système, qu'aucun article du code ne déclare les jugements provisoires exécutoires par provision de plein droit et par leur nature même, de sorte que, comme les autres jugements, ils doivent tomber sous l'application de l'art. 135 c. proc. civ. (V. *infrà*, n° 595). « Considérant, dit à ce point de vue la cour de Riom (29 avr. 1884, aff. Samie, D. P. 85. 2. 133), que, en matière de jugements contradictoires, les tribunaux civils ne peuvent ordonner l'exécution provisoire hors des cas limitativement prévus par l'art. 135 c. proc. civ.; qu'aucun texte législatif n'a déclaré les jugements provisoires exécutoires par provision; qu'il doit surtout en être ainsi quand il s'agit, comme dans l'espèce, d'une mesure pouvant préjudicier au principal ». La cour de Bordeaux,en adoptant ce système, en a tiré la conclusion que le jugement qui statue sur une demande de provision (ou spécialement de pension alimentaire dans une instance en séparation de corps) n'est pas de plein droit exécutoire nobstant appel. (Bordeaux, 24 mai 1869) (1). L'intérêt de la question, c'est que, lorsque le jugement n'est pas, de plein droit, exécutoire par provision, et que l'exécution provisoire n'a pas été ordonnée, l'appel est suspensif (Même arrêt).

**504.** En tous cas, c'est le second des procédés indiqués au n° 503 qui constitue la règle générale; presque toujours la loi a laissé au juge le soin d'ordonner l'exécution provisoire. Quand peut-elle être ordonnée? Com-

ment alors fonctionne-t-elle? Ce sera l'objet des deux articles suivants.

**Art. 1ᵉʳ.** — *Quand l'exécution provisoire peut être ordonnée* (*Rép.* n⁰ˢ 600 à 669).

**505.** La loi a, dans un certain nombre de cas, permis au juge (et parfois prescrit) d'ordonner l'exécution provisoire. Il serait plus exact de dire que, dans ces cas, elle a permis aux parties de la demander. En effet, ce n'est pas ici (comme dans les hypothèses indiquées au *Rép.*, n° 589) la loi qui ordonne l'exécution provisoire; c'est le juge qui la prononce, sur une demande qui lui est soumise; il ne peut, suivant le droit commun, accorder que ce qui lui est demandé (*Rép.*, n° 598; Chauveau sur Carré, *Lois de la procédure*. t. 1, quest. 583; Bioche, v° *Jugement*, n° 229; Rodière, 4° éd., t. 1, p. 287); il faut donc une demande d'exécution provisoire, pour que l'exécution provisoire puisse être accordée.

**506.** Lorsque cette demande spéciale existe, le juge est tenu d'y statuer, et même de l'admettre dans certains cas qui seront énumérés plus loin (V. *infrà*, n⁰ˢ 517 à 530. Comp. n° 603). Il faut seulement qu'il le fasse par le jugement même; car, s'il l'avait omis, l'art. 136 c. proc. civ. lui défend de réparer cette omission par un second jugement. Les parties ont seulement le droit de reproduire leur demande en appel (même art. 136), et ce, d'ailleurs, avec des facilités de procédure, car « si l'exécution provisoire n'a pas été prononcée, dans les cas où elle est autorisée, l'intimé peut, *sur un simple acte*, la faire autoriser à l'audience, avant le jugement d'appel » (c. proc. civ. art. 458).

**507.** Cette hypothèse, où l'exécution provisoire a été demandée, mais non ordonnée, en première instance, appelle l'examen de l'hypothèse voisine, celle où, en première instance, l'exécution provisoire n'avait pas même été demandée : peut-elle l'être en cause d'appel pour la première fois? — Cette question a longtemps divisé la jurisprudence; et la négative a été admise par d'assez nombreux arrêts (*Rép.* n° 676), jusques et y compris un arrêt de la cour de Paris du 11 sept. 1856 (D. P. 59. 2. 79, note 3). Le fondement de ce système, c'était, d'abord que la demande d'exécution provisoire devant, comme on vient de le voir, constituer une demande spéciale, avait nécessairement le carac-

---

(1) (Grassin C. Grassin.) — La cour; — Attendu qu'un jugement du 15 mars 1829, rendu par le tribunal de Barbezieux, ayant condamné Grassin à payer à la dame Grassin, son épouse, une pension alimentaire de 80 fr. par mois, et une somme de 400 fr. à titre de provision pour plaider contre lui en séparation de corps, Grassin a interjeté appel dudit jugement, par exploit en date du 26 avril suivant; — Attendu que, quoique l'exécution provisoire de ce jugement, demandée aux premiers juges, par la dame Grassin, n'eût pas été ordonnée, ladite dame avait, dès le 22 avril, fait pratiquer, au préjudice de Grassin, une saisie-arrêt entre les mains de Chevron, son débiteur; — Que, postérieurement à l'appel interjeté, elle a, sous la date du 27 avril, fait procéder à une saisie mobilière contre son mari à Augeduc, l'a ensuite assigné, le 29, en validité de saisie-arrêt, puis enfin, sur nouvelles poursuites, à fin de saisie mobilière à Barbezieux, a fait dresser et signifier les 1ᵉʳ et 5 mai, un procès-verbal de carence; — Attendu que, par assignation à bref délai autorisée sur requête, Grassin a demandé devant la cour la nullité de tous ces actes avec dommages-intérêts; — Sur la recevabilité de cette demande: — Attendu qu'il importe peu que les actes attaqués aient eu lieu en l'absence de toute autorisation d'exécution provisoire, et que, par suite, l'incident ne se produise pas à titre de demande en inhibitions et défenses dans les termes mêmes de l'art. 459 c. proc. civ., mais à titre de demande en nullité desdits actes; — Attendu, en effet, que l'appel étant dévolutif, les premiers juges se trouvent par cela même dénantis; et la juridiction supérieure saisie au contraire de tous les incidents qui se rattachent au jugement frappé d'appel, et, par conséquent à son exécution; que, par suite, elle seule a qualité pour en connaître; que Grassin ne pouvait être obligé d'attendre que la cour statuât au fond sur son appel, pour demander la nullité des poursuites exercées contre lui, et bien évidemment préjudiciables à ses intérêts; qu'il se trouvait dans un véritable cas d'urgence; et que si, au lieu de procéder par voie de simple acte d'avoué à avoué, il s'est pourvu par voie d'assignation principale à bref délai autorisée sur requête, la forme employée n'a point fait grief à l'intimée, et, ne pourrait tout au plus donner ouverture qu'à une question de taxe; qu'ainsi, la demande de Grassin est rece-

vable; — Au fond : — Attendu que l'appel est suspensif en dehors des cas d'exécution provisoire autorisés, soit directement, par la loi, soit par le jugement en vertu d'une disposition spéciale; que, dans l'espèce, on ne rencontre ni l'une ni l'autre autorisation; qu'à la vérité, il est soutenu, dans l'intérêt de l'intimée, que tous les jugements provisoires sont, par leur nature même, exécutoires de plein droit, nonobstant appel, et qu'à ce titre, celui obtenu par la dame Grassin légitimait les poursuites exercées par elle; mais attendu que, lors même que cette doctrine soutenue par quelques auteurs, mais non consacrée en jurisprudence serait susceptible d'être admise pour certains jugements provisoires, que l'art. 134 c. proc. civ., n'a ni définis, ni énumérés, elle ne pourrait certainement s'appliquer, contre les termes formels de l'art. 135, à ceux que ce dernier article indique taxativement sur son n° 7, en conférant aux juges de premier degré la simple faculté de leur autoriser l'exécution provisoire, avec ou sans caution; ce qui, de toute évidence, exclut l'idée directement contraire d'une exécution provisoire de plein droit; — Attendu que le jugement obtenu par la dame Grassin rentre précisément dans cette catégorie; qu'à défaut, dès lors, d'une autorisation formelle insérée dans son texte, il ne pouvait être exécuté provisoirement, nonobstant l'appel interjeté, et que, les actes d'exécution qui l'ont suivi doivent être annulés;— Attendu néanmoins que les actes argués par Grassin n'ont point tous ce caractère; que la saisie-arrêt est, en règle générale, par sa nature, principalement conservatoire, et ne prend réellement le caractère d'acte d'exécution qu'après le jugement qui en prononce la validité; que la demande en validité elle-même, obligatoire dans la huitaine, à peine de nullité dans la saisie, participe à son caractère et ne peut être considérée comme un acte d'exécution proprement dit; qu'il n'y a donc pas lieu d'en prononcer la nullité, et ce, avec d'autant plus de raison, dans l'espèce, que le tiers saisi, ayant des termes et délais pour se libérer, ne pouvait être tenu avant leur échéance de se vider les mains ; — Au fond: —

Par ces motifs, etc.
Du 24 mai 1869.-C. Bordeaux, 1ʳᵉ ch.-MM. Raoul-Duval, 1ᵉʳ pr.-Maîtrejean, av. gén.-Trarrieux et Rateau, av.

tère d'une demande nouvelle, lorsqu'elle se présentait en cause d'appel pour la première fois, et qu'elle était, par suite, irrecevable, aux termes de l'art. 464 c. proc. civ. De plus, on concluait, *a contrario*, du texte de l'art. 136 c. proc. civ., que, si les parties pouvaient demander l'exécution provisoire sur l'appel, c'était seulement au cas où le juge avait omis de la prononcer, alors qu'elle était demandée.

**508.** Ce système est aujourd'hui abandonné en jurisprudence. Il faut reconnaître, en effet, que les deux arguments qu'il produit sont sans valeur. — L'art. 464, tout d'abord, a trait uniquement aux demandes qui touchent au fond du droit; il est donc étranger à la question qui nous occupe. Et d'ailleurs, la demande d'exécution provisoire ne constitue pas, comme on le voudrait, une demande nouvelle, mais un accessoire de la demande principale, dont elle dérive logiquement et légalement, qui aide à la bien apprécier, et qui doit avoir le même sort qu'elle (Nancy, 31 août 1872, aff. Prichac, D. P. 73. 5. 246). — Quant à l'art. 136, il doit de même être écarté. La cour de Caen a très justement dit « qu'il résulte bien de ses dispositions que, si les juges ont omis de prononcer l'exécution provisoire, ils ne pourront l'ordonner par un second jugement, sauf aux parties à la demander sur appel ; mais qu'on ne peut en conclure, sans donner aux termes de cet article un sens plus étendu que celui qu'ils comportent, que pour demander l'exécution provisoire sur appel, il faut que les premiers juges aient omis de statuer, ce qui suppose une demande formée; que cet article n'a pas eu d'autre objet que de consacrer en principe que le premier tribunal, étant dessaisi du fond de la contestation, n'était plus compétent pour statuer sur une demande en exécution provisoire qui n'en est qu'un accessoire, et que les parties devraient la porter devant la juridiction qui était saisie du fond par suite de l'appel interjeté » (Caen, 25 août 1858, aff. Eudes, D. P. 59. 2. 79).

**509.** Si le système que nous combattons manque de base, il faut reconnaître, à l'inverse, que les raisons les plus sérieuses militent en faveur du système opposé, qui étend l'art. 458 c. proc. civ. même au cas où l'exécution provisoire serait demandée pour la première fois en cause d'appel. D'une part, il n'existe aucune raison de distinguer, et l'on conçoit d'autant mieux que le législateur n'exige pas que l'exécution provisoire soit demandée en première instance, que le plus souvent son utilité ne se révèle que devant la juridiction supérieure comme conséquence de l'appel et de ses inévitables lenteurs (Nancy, 31 août 1872, aff. Prichac, D.P. 73. 5. 246). D'autre part, la loi ne distingue pas : « Aux termes de l'art. 458 c. proc. civ., dit un arrêt, si l'exécution provisoire n'a pas été ordonnée dans les cas où elle était autorisée, elle peut être demandée sur simple acte en appel avant le jugement du fond ; les dispositions de cet article sont absolues et générales pour tous les cas où l'exécution provisoire était autorisée et où elle n'a pas été prononcée; le droit ouvert par la disposition dont il s'agit n'est pas subordonné au cas où l'exécution provisoire a été réclamée par la partie et refusée par le juge, mais il suffit, aux termes dudit article, que l'exécution provisoire n'ait pas été prononcée dans l'un des cas où elle était autorisée » (Montpellier, 23 juill. 1855, aff. Lagarde, D. P. 56. 2. 271).

**510.** En conséquence, et aux termes d'une jurisprudence aujourd'hui constante, l'exécution provisoire peut être demandée en appel dans les cas où la loi l'autorise, bien qu'elle

n'ait pas été demandée devant les premiers juges (*Rép.* n° 677; Lyon, 15 juin 1853, aff. Ribaud, D. P. 55. 2. 323 ; Montpellier, 23 juill. 1855, aff. Lagarde, D. P. 56. 2. 271 ; Caen, 25 août 1858, aff. Eudes, D. P. 59. 2. 79; Poitiers, 2 mars 1864, (1) ; Nancy, 31 août 1872, aff. Préchac, D. P. 73. 5. 246 ; Paris, 1er oct. 1873, aff. Quantinet, D. P. 74. 2. 187 ; Nancy, 11 juill. 1877, aff. Lecomte, D. P. 73. 2. 104 ; Pau, 21 mars 1888, aff. Crouts, D. P. 88. 2. 257-258). Il en est ainsi surtout, s'il apparaît que, depuis le jugement du tribunal, les circonstances de la cause rendent cette mesure nécessaire pour garantir les intérêts du créancier (Arrêt précité du 21 mars 1888).

**511.** Seulement, dans le cas où le demandeur a négligé de réclamer l'exécution provisoire en première instance, il a commis une faute ; en outre, cette négligence est la cause d'un incident qui, autrement, ne se serait pas produit en cause d'appel : il est donc tout naturel qu'il supporte les frais de cet incident, par application de l'art. 137 c. proc. civ., qui parle de dépens adjugés pour tenir lieu de dommages-intérêts. C'est le défendeur qui a droit à ces dommages-intérêts, et il les obtient au moyen de la condamnation aux dépens prononcée à son profit (Pau, 21 mars 1888, aff. Crouts, D. P. 88. 2. 257-258).

**512.** La question que l'on vient d'examiner pour l'appel se pose dans les mêmes termes pour l'opposition. Le demandeur peut-il conclure à l'exécution provisoire sur l'opposition, alors qu'il avait négligé de le faire dans sa demande primitive ? L'affirmative s'impose dans ce cas bien plus encore qu'au cas d'appel. Il n'y a même plus à parler ici de l'art. 136, qui est nécessairement inapplicable, ni de l'art. 464, qui l'est également. Et d'ailleurs, alors qu'on suppléerait une règle analogue à celle de l'art. 464, qui défendrait de former sur opposition une demande nouvelle (ce qui, au surplus, est loin d'être l'opinion générale ; V. *Rép.*, v° *Jugement par défaut*, n° 336 ; *infrà*, eod. v°), il faudrait toujours reconnaître que la demande d'exécution provisoire ne constitue pas une demande nouvelle (V. *suprà*, n° 508). L'exécution provisoire peut donc être ordonnée par le jugement qui statue sur opposition, alors même qu'elle ne l'avait pas été par le jugement de défaut (Paris, 24 avr. 1849, aff. Lemaire, D. P. 49. 2. 160).

**513.** En résumé, l'exécution provisoire ne peut être accordée, si elle n'a pas été demandée (V. *suprà*, n° 505) ; mais elle peut être demandée pour la première fois sur opposition ou sur appel (V. *suprà*, n° 507 à 512). La seconde de ces règles sert de correctif à la première; car elle permet de faire maintenir, sur opposition ou appel, l'exécution provisoire indûment accordée, faute de demande spéciale, par le premier jugement. C'est ce qui a été jugé, du moins pour l'opposition (Req. 13 mars 1876, aff. Manheim, D. P. 77. 1. 219).

**514.** Si la solution de la chambre des requêtes, sur ce point, est à l'abri de toute critique, il est permis de considérer qu'elle va un peu loin, lorsqu'elle juge que, dans cette hypothèse, il n'est pas indispensable que l'exécution provisoire ait été demandée par des conclusions formelles, prises contradictoirement par le demandeur sur l'opposition, pourvu qu'il se soit engagé sur ce point un débat contradictoire, « attendu que, quand même on admettrait que l'exécution provisoire n'aurait point été régulièrement ordonnée par le jugement par défaut, le défendeur, après avoir librement

_____

(1) (Lafage C. Chauvet.) — LA COUR; — Sur la fin de non-recevoir prise de ce qu'en première instance l'exécution provisoire n'aurait pas été demandée : — Considérant que, par les art. 457, 459 et 460 c. proc., le législateur a réglé les difficultés qui peuvent naître dans l'exécution des jugements, soit de leur rédaction au sujet du premier et dernier ressort, soit, en ce qui concerne l'exécution provisoire, et de ce que cette mesure aurait été ordonnée mal à propos ou n'aurait pas été ordonnée quand il le fallait; — Que ces difficultés ne pourraient être portées devant le premier juge qui ne peut modifier son œuvre, et qu'elles ont dû être soumises à la cour d'appel par une procédure très-simple et qui amène la solution avec une rapidité conforme à l'urgence des circonstances ; qu'un simple acte suffit pour saisir la cour, qui agit par voie de défenses, ou en complétant le jugement lorsqu'il n'a pas prononcé l'exécution provisoire que la loi autorisait ; — Considérant que l'art. 458, spécial à ce dernier cas, n'a pas seulement en vue l'omission, assurément fort rare, qui serait le fait du juge saisi par des conclusions positives; qu'il a

été fait encore en vue de l'omission commise par les parties elles-mêmes qui n'auraient pas conclu devant le juge, et aussi pour le cas où le juge, sur des conclusions prises, aurait refusé ou accordé à tort ce mode important d'exécution ; — Qu'on ne peut assimiler l'action ainsi portée devant la cour aux demandes nouvelles dont il est traité dans l'art. 464, et qui sont ajoutées à l'appel principal ; qu'il s'agit d'une action particulière destinée à préserver, dans certains cas, celui qui a gagné son procès, des dangers que les lenteurs de l'appel interjeté par le condamné pourraient lui faire courir; — Qu'il faut statuer sur ce point quand il a été omis ou mal réglé, en dehors de la procédure principale de l'appel, sans attendre la solution de celui-ci et sans y préjudicier ; — Au fond, etc. ;

Par ces motifs, dit que le jugement rendu entre les parties, sera exécuté par voie de provisions, etc.

Du 2 mars 1864.-C. Poitiers-MM. Baussant, pr.-Decous, av. gén.-Périvier et Ernoult, av.

combattu les conclusions prises par son adversaire pour le maintien de ce mode d'exécution provisoire, ne serait point fondé à prétendre que le droit de défense ait été méconnu à son préjudice par le chef du jugement, rendu sur son opposition, qui a prononcé de nouveau sur ce mode d'exécution provisoire » (Même arrêt). Il ne s'agit point de savoir si le droit de défense a été méconnu, mais s'il s'est engagé, sur ce point, un débat contradictoire, alors qu'aucunes conclusions n'étaient prises à fin d'exécution provisoire ; et c'est ce qu'il paraît difficile d'admettre.

**515.** Quoi qu'il en soit, et étant admis en principe que l'exécution provisoire ne peut être ordonnée qu'autant qu'elle est expressément demandée par les parties, quand peut-elle être demandée utilement ? C'est ce qu'il y a lieu d'examiner, en distinguant, d'une part, les règles applicables aux tribunaux civils (*infrà*, nᵒˢ 516 à 540) et, d'autre part, les règles spéciales aux tribunaux d'exception (*infrà*, nᵒˢ 541 à 557).

**§ 1. — Exécution provisoire des jugements des tribunaux civils** (*Rép.* nᵒˢ 600 à 647).

**516.** Pour déterminer les cas exceptionnels où les jugements des tribunaux civils seraient exécutoires par provision, le code de procédure s'est inspiré du double motif qui a été signalé *suprà*, nᵒ 508). Dans le cas où la réformation du jugement lui a paru peu probable, il a *prescrit* au juge d'ordonner l'exécution provisoire. Dans les cas où le retard dans l'exécution pourrait être une cause directe de préjudice, il a *permis* au juge d'ordonner l'exécution provisoire ; cette permission, il l'a formulée d'une façon toute spéciale, en ce qui concerne l'exécution provisoire des jugements par défaut (c. proc. civ. art. 155), laquelle peut être ordonnée, à deux conditions : 1ᵒ qu'on se trouve dans les termes de l'art. 135 c. proc. civ.; 2ᵒ qu'il y ait péril en la demeure (*Rép.* nᵒ 602). D'ailleurs, d'après la jurisprudence, l'existence du péril en la demeure, exigée par l'art. 155 c. proc. civ. pour qu'un arrêt ou un jugement par défaut puisse être déclaré exécutoire par provision, n'a pas besoin d'être textuellement constatée : il suffit qu'elle résulte des circonstances relevées par cet arrêt ou ce jugement (Req. 3 avr. 1872, aff. Raguideau, D. P. 73. 1. 25).

**517.** — I. Exécution provisoire impérative (*Rép.* nᵒˢ 607 à 635). — L'art. 135 c. proc. civ. a *prescrit* au juge d'ordonner l'exécution provisoire, dans trois cas strictement déterminés : « L'exécution provisoire sans caution sera ordonnée, s'il y a titre authentique, promesse reconnue ou condamnation précédente par jugement dont il n'y ait point d'appel ». Cette obligation n'existe que pour les jugements contradictoires; car, pour les jugements par défaut (c. proc. civ. art. 155), l'exécution provisoire est toujours facultative, lors même qu'on se trouverait dans les trois cas que nous avons analysés (*Rép.* nᵒ 601). Au contraire, s'il s'agit d'un jugement contradictoire, la prescription de l'art. 135 est si absolue que, dans ces trois cas, le juge ne peut ni refuser l'exécution provisoire, ni la subordonner à aucune mesure de garantie, telle que la soumission d'une caution. Il y a, sur ce point, une différence essentielle avec le cas où l'exécution provisoire est seulement facultative pour le juge (V. *infrà*, nᵒ 538). — Nous examinerons séparément, à l'exemple du *Répertoire*, les trois cas où l'exécution provisoire est imposée au juge par la loi.

**518.** — 1ᵒ Titre authentique (*Rép.* nᵒˢ 607 à 622). — Le droit français ne reconnaît le caractère de titre exécutoire qu'à deux sortes d'actes : les jugements ou procès-verbaux judiciaires et les actes notariés.

Quant aux *jugements* et actes assimilés, il a été jugé, conformément à ce qui a été dit au *Rép.*, nᵒ 608-5ᵒ : 1ᵒ que le jugement qui ordonne l'adjudication du fonds de commerce d'un failli, en vertu d'une clause du concordat portant autorisation, pour les créanciers, de faire vendre ce fonds dans un cas déterminé, peut être déclaré exécutoire par provision, le concordat dûment homologué, en exécution duquel les poursuites sont alors exercées, ayant le caractère d'un titre authentique (Req. 2 déc. 1861, aff. Valin, D. P. 62. 1. 463; Comp. Grenoble, 20 mars 1867, aff. Mallet, D. P. 68. 2. 16); — 2ᵒ Que le procès-verbal de vérification de la créance constitue un titre suffisant pour autoriser le tribunal à accorder l'exécution provisoire du jugement qui déclare la

créance admise au passif de la faillite (Aix, 1ᵉʳ mars 1870, aff. Eloy, D. P. 72. 2. 23).

**519.** Quant aux *actes notariés*, il a été jugé que, si la demande repose sur un acte sous seing privé portant vente et sur une promesse écrite reconnue et que ces deux pièces aient été enregistrées et déposées par acte authentique chez un notaire, l'exécution provisoire doit être ordonnée aux termes du paragraphe 1ᵉʳ de l'art. 135 c. proc. civ. (Montpellier, 25 juill. 1855, aff. Lagarde, D. P. 56. 2. 271). — Il n'est même pas nécessaire que l'acte ait été reçu par un notaire français : il a été jugé, en effet, que le mandat passé en Belgique devant un notaire est un titre authentique dans le sens de l'art. 135 c. proc. civ. en conséquence, le juge peut prononcer une condamnation en vertu de cet acte peut ordonner l'exécution provisoire de son jugement (Paris, 15 févr. 1875, aff. Bart, D. P. 78. 5. 256. Comp. *Rép.* nᵒ 608-6).

Mais un *testament olographe*, déposé seulement pour minute en l'étude d'un notaire, ne constitue pas un acte authentique susceptible d'exécution provisoire (Trib. Seine, 4 mars 1869, aff. de Salis, D. P. 69. 3. 66).

**520.** Peut-on dire qu'il y ait titre authentique, en dehors de ces deux hypothèses limitativement désignées par la loi, jugement ou acte notarié ? Spécialement la qualité de cohéritier, reconnue par une des parties à l'autre, peut-elle être regardée comme un titre authentique autorisant les juges à ordonner l'exécution provisoire d'un arrêt statuant sur le mode de partage des biens héréditaires ? On a vu au *Rép.*, nᵒˢ 609 et 610, que la question était controversée en jurisprudence. Elle ne devrait pas l'être, car la qualité de cohéritier n'est en quoi que ce soit semblable à un titre, au sens de titre exécutoire, et surtout exécutoire par provision (Comp. nos observations, D. P. 73. 1. 26, note 5). — Aussi ne saurait-on approuver un arrêt de la cour de Paris (1ᵉʳ oct. 1873, aff. Quantinet, D. P. 74. 2. 187) qui a jugé que, soit en raison de leur déclaration d'acceptation sous bénéfice d'inventaire, soit à raison des pouvoirs qui leur sont conférés par le testateur, les héritiers bénéficiaires et les exécuteurs testamentaires sont, les uns et les autres, fondés en titre pour acquitter les droits de mutation ou pour demander à y être autorisés par justice, par voie d'exécution provisoire. La cour paraît, d'ailleurs, dans cet arrêt, s'être inspirée moins des principes qui régissent la matière que des circonstances de la cause : c'est ce qui ressort du motif suivant, qui a été la véritable base de l'arrêt : « Considérant que le payement au fisc des droits de mutation est une dette urgente ; qu'en laissant expirer le délai légal, les héritiers et les exécuteurs testamentaires aggraveraient le passif de la succession et failliraient aux obligations que leur qualité leur impose ». On aura à examiner (*infrà*, nᵒ 537; Comp. *Rép.* nᵒ 644) si cette urgence suffisait pour autoriser l'exécution provisoire, que ne justifiait assurément aucun titre authentique.

**521.** Le titre authentique ainsi défini emporte exécution provisoire du jugement rendu entre les personnes qui y ont été parties. S'il en est ainsi, c'est parce qu'alors le jugement s'appuie sur une convention préexistante, liant déjà les parties et attestée par un instrument de preuve dont la loi leur défend de récuser l'autorité. Mais, l'acte ne faisant foi de son contenu qu'à l'égard des parties contractantes, leurs héritiers ou ayants cause ; il y aurait abus d'interprétation à étendre la disposition exceptionnelle de l'art. 135 à l'encontre des tiers qui n'ont pas été parties dans cet acte et ne sont pas liés par ce qu'il renferme (Bordeaux, 7 juin 1870, aff. Mallen, D. P. 70. 2. 225). Ce principe, constant aujourd'hui (*Rép.* nᵒ 622), a été consacré par les arrêts suivants, qui ont jugé : 1ᵒ que l'art. 135 c. proc. civ., d'après lequel l'exécution provisoire du jugement doit être ordonnée lorsqu'il y a titre authentique, ne s'applique pas au cas où le jugement est rendu contre une personne qui n'a pas été partie dans ce titre ; que, spécialement, le tribunal qui, sur la demande de l'acquéreur d'un immeuble, prononce contre le locataire de cet immeuble la résolution du bail que lui avait passé le vendeur, ne peut ordonner l'exécution provisoire de son jugement, sur le motif que l'acte de vente produit par le demandeur est authentique (Caen, 27 sept. 1856, aff. Formage, D. P. 58. 2. 72); — 2ᵒ Que l'exécution provisoire ne peut non plus être ordonnée contre l'adjudicataire, en cas de procès entre lui et les créanciers hypothécaires, à raison des bordereaux de collocation délivrés à ces créanciers, la délivrance de ces bordereaux étant, au regard de l'adjudicataire, *res inter alios acta* (Grenoble, 30 mars 1867, aff. Mallet, D. P. 68. 2. 16); —

3° Que l'exécution provisoire d'un jugement fondé sur un titre authentique ne peut être ordonnée contre une personne qui n'était pas partie dans cet acte, et que, spécialement, en cas de contestation entre un cessionnaire par acte authentique et un créancier opposant, le jugement qui ordonne le payement entre les mains du cessionnaire n'est pas susceptible d'exécution provisoire (Bordeaux, 7 juin 1870, précité).

**522.** D'ailleurs, entre les parties elles-mêmes, le titre authentique n'emporte exécution provisoire qu'autant que le jugement ordonne l'exécution de ce titre. De là une difficulté, lorsque le jugement en prononce la résolution (*Rép*, n°s 612 et 613). Dans ce cas, une distinction s'impose.

**523.** La résolution est-elle obtenue en vertu d'une clause expresse dé contrat authentique, l'exécution provisoire peut être ordonnée; car c'est alors, à proprement parler, l'exécution même du titre (Bordeaux, 19 juin 1835, *Rép*. n° 620; Req. 25 mai 1852, *Rép*. n° 612-2°; Trib. Gray, 1er mars 1883, aff. Fariney, D. P. 83. 3. 109. Comp. Aix, 10 févr. 1874, aff. Cony, D. P. 72. 2. 74. V. toutefois, Douai, 11 oct. 1834, et Gand, 10 avr. 1840, *Rép*. n° 613-4° et 5°).

**524.** Au contraire, si le contrat ne contient aucune clause résolutoire expresse, l'exécution provisoire ne peut être ordonnée; car dans ce cas il n'y a plus d'acte public à exécuter, et, par suite, le jugement n'a plus pour base un acte authentique (*Rép*. n°s 613-1° ; Trib. Gray, 1er mars 1883, aff. Fariney, D. P. 83. 3. 109).

**525.** A plus forte raison en est-il ainsi lorsque le jugement, au lieu de prononcer la résolution, ce qui suppose un titre, d'ailleurs, valable, prononce la nullité (*Rép*. n° 613 à 619); car un titre nul n'a pu produire aucun effet (Lyon, 1er oct. 1864) (1). — C'est par un motif analogue qu'il a été jugé que, un jugement d'adjudication étant attaqué dans son essence, lorsque les adjudicataires ont formé une demande en réduction de prix, à raison du détournement d'objets compris dans l'adjudication, et que leur prétention paraît sérieuse, ce jugement ne constitue plus, dès lors, un titre suffisant pour autoriser les juges à ordonner l'exécution provisoire contre l'adjudicataire (Grenoble, 20 mars 1867, aff. Mallet, D. P. 68. 2. 16).

**526.** Au surplus, dans tous les cas où la contestation élevée sur le titre authentique est de telle nature qu'elle ne permet pas d'ordonner l'exécution provisoire, la partie contestante serait cependant non recevable à élever de ce chef aucun grief, si, en fait, elle avait laissé opérer l'exécution provisoire, tout en réservant ses droits sur le fond. Ainsi, il a été jugé que la partie contre laquelle une adjudication a été ordonnée, par un jugement déclaré exécutoire par provision, n'est pas recevable à attaquer l'adjudication, sous prétexte qu'il n'y avait pas lieu à exécution provisoire, et que le jugement en vertu duquel il a été procédé à l'adjudication se trouvait alors frappé d'appel, si, malgré son appel, elle a déclaré sur le procès-verbal d'adjudication ne

pas s'opposer à la vente, une telle déclaration, tout en laissant subsister les effets de l'appel, ne permettant pas à l'appelant de remettre en question l'exécution qu'il a consenti (Req. 2 déc. 1861, aff. Valin, D. P. 62. 1. 463).

**527.** — 2° *Promesse reconnue* (*Rép*. n° 623 à 630). — On n'est pas d'accord sur le sens de ces expressions. Dans une première opinion, il suffit, pour que la promesse soit censée reconnue, que la signature ne soit pas déniée, sans qu'on ait d'ailleurs à s'inquiéter de la validité intrinsèque de l'acte (*Rép*. n° 624). Dans ce sens il a été jugé : 1° qu'il y a, au sens de l'art. 135 c. proc. civ., *promesse reconnue* permettant d'accorder l'exécution provisoire du jugement, lorsque, d'une part, l'obligation souscrite émane de celui à qui elle est opposée ou de son auteur, et que, d'autre part, la sincérité n'en est pas contestée, quel que soit d'ailleurs le débat qui s'engage sur sa valeur au fond (Civ. rej. 23 avr. 1888, aff. Corpet, D.-P. 89. 1. 233); — 2° Qu'une police d'assurance signée des parties, fixant des accords, régulière en la forme, maintenue par un jugement quant à son existence, bien qu'elle soit l'objet de contestations, constitue un titre certain au sens de l'art. 135 c. proc. civ., et qu'elle peut, en conséquence, servir de base à l'exécution provisoire de la décision intervenue (Aix, 18 févr. 1890) (2).

**528.** Un second système admet, au contraire, que toute contestation sur la validité de l'acte empêche que la promesse ne soit considérée comme reconnue, alors même que la signature elle-même ne serait point contestée. Mais il faut pour cela deux conditions : 1° que la difficulté porte sur le fond même de l'acte, et non sur des accessoires insignifiants (Pau, 21 mars 1888; aff. Croûts, D. P. 88. 2. 257-258); — 2° Qu'il s'agisse d'une contestation sérieuse, « attendu qu'il ne suffit pas, pour se soustraire à l'application de l'art. 135, de nier la validité d'un acte sous seing privé; que, lorsque la matérialité en est reconnue, cette présomption, jointe à celle de la décision qui en consacre la légitimité, offre assez de garanties pour que provision soit due au titre; qu'admettre le contraire, ce serait ouvrir la porte à des contestations de mauvaise foi, qui auraient pour but d'enlever au créancier qui gagne sa cause le bénéfice des voies d'urgence que la loi lui accorde » (Aix, 13 avr. 1867, aff. Gastaud, D. P. 67. 5. 190). — Cette double réserve restreint si bien, en fait, la portée du système que, au point de vue pratique, il se confond avec le précédent.

**529.** Lorsque la promesse est reconnue, il importe peu que le débiteur prétende que la dette est éteinte : la loi n'exige pas, en effet, que le débiteur reconnaisse qu'il *doit actuellement*, mais seulement qu'il a *promis* par l'acte invoqué contre lui. Jugé, en ce sens, qu'il faut considérer comme promesse reconnue, autorisant l'exécution provisoire sans caution, l'acte sous seing privé dont l'écriture ni la signature ne sont contestées, alors même que le débiteur prétend en avoir payé le montant (Aix, 13 avr. 1867, aff. Gastaud, D. P. 67. 5. 190).

**530.** — 3° *Condamnation précédente par jugement dont il n'y ait pas d'appel* (*Rép*. n°s 631 à 635). — A ce point de vue, il a été jugé que l'art. 135 c. proc. civ., d'après

---

(1) (Comp. d'Unieux C. Rodet); — Le 9 mars 1854, jugement par défaut du tribunal civil de Lyon qui, sur la demande des époux Rodet, annule une transaction que ceux-ci avaient conclue par acte authentique avec la compagnie d'Unieux; le tribunal déclarait sa décision exécutoire par provision. Sur l'opposition de la compagnie d'Unieux, est intervenu, le 22 juin 1864 un jugement confirmatif. Appel par la compagnie, qui prétend que l'exécution provisoire avait été à tort ordonnée par le tribunal.

La cour; — Attendu que le jugement par défaut du 9 mars 1854, ordonnant l'exécution provisoire, et le jugement sur opposition portant que ledit jugement par défaut serait exécuté suivant sa forme et teneur ordonnant par là même qu'il serait exécuté provisoirement; qu'il s'agit donc de savoir si l'on se trouvait dans l'un des cas prévus par l'art. 135 c. proc. civ.; — Attendu que les intimés essayent de justifier cette partie du jugement en disant qu'il y avait titre authentique; mais que le paragraphe premier de l'art. 135 suppose un titre authentique ou une promesse reconnue, dont l'exécution est ordonnée par le jugement; que ce n'est là que la conséquence du principe d'après lequel *provision est due au titre* que, pour le titre authentique, l'exécution parée qu'il emporte ne peut être arrêtée par une attaque, quelque téméraire qu'elle puisse être; — Que ces rai-

sons de la loi n'existent plus quand c'est, au contraire, le titre authentique qui a été annulé par le jugement dont est appel, comme dans l'espèce; qu'alors, loin de conserver au titre son effet, suivant les prescriptions de la loi, par exécution provisoire à la disposition qui anéantit l'acte authentique, ce qui serait un contresens législatif;...

— Par ces motifs, tout en prononce qu'il a été mal jugé par la sentence dont est appel, mais seulement quant à la disposition ordonnant l'exécution provisoire, etc.

Du 1er oct. 1864.-C. Lyon, ch. vac.

(2) (Compagnie *La Foncière C. X...*) — La cour; — Considérant qu'une police d'assurance, signée des parties, fixant des accords, régulière en la forme, maintenue par un jugement quant à son existence, bien qu'elle soit l'objet de contestations, constitue un titre certain, se suffisant à lui-même, une promesse reconnue, au sens de l'art. 135 c. proc. civ., susceptible de servir de base à l'exécution provisoire de la décision intervenue; — Par ces motifs; — Déboute la compagnie *La Foncière* de ses fins et conclusions.

Du 18 févr. 1890.-C. d'Aix.-MM. Ruben de Couder, 1er pr.-Grassi, av. gén.-Gourdez et Bellais, av.

lequel l'exécution provisoire doit être ordonnée s'il y a condamnation précédente par jugement dont il n'y a point d'appel, s'applique au cas d'un jugement statuant sur un obstacle mis à l'exécution d'un précédent jugement qui, rendu dans la même instance, a obtenu de l'acquiescement des parties l'autorité de la chose jugée (Req. 12 mars 1845, aff. de Calvimont, D. P. 54. 5. 335).

**531.** — II. Exécution provisoire facultative (Rép. n°ˢ 636 à 644). — L'art. 135 c. proc. civ. a *permis* au juge d'ordonner l'exécution provisoire, dans un certain nombre de cas urgents qu'elle énumère au nombre de sept. C'est, dit-il, lorsqu'il s'agit : 1° d'apposition ou levée de scellés, ou confection d'inventaire (Rép. n° 637) ; — 2° De réparations urgentes (Rép. n° 638) ; — 3° D'expulsion des lieux, lorsqu'il n'y a pas de bail ou que le bail est expiré (Rép. n° 639. Comp. Caen, 25 oct. 1856, aff. Ridel, D. P. 59. 5. 164, et *infrà*, n° 533) ; — 4° De séquestres, commissaires et gardiens (Rép. n° 640; Lyon, 15 juin 1853, aff. Ribaud, D. P. 55. 2. 323) ; — 5° De réceptions de caution et certificateurs (Rép. n° 641; V. Garsonnet, t. 3, § 522 à 524, p. 434 et suiv.) ; — 6° De nomination de tuteurs, curateurs, et autres administrateurs, et de reddition de compte (Rép. n° 642. Comp. en ce qui touche les nominations de tuteurs, Rennes, 30 sept. 1859, aff. Levot, D. P. 60. 5. 153, et en ce qui touche les redditions de compte, Garsonnet, t. 3, § 513 à 520, p. 399 et suiv.) ; — 7° De pensions ou provisions alimentaires (Rép. n° 643 ; Nancy, 31 août 1872, aff. Prichac, D. P. 73. 5. 246; Comp. Trib. Seine, aff. de Salis, D. P. 69. 3. 66; Lyon, 10 mai 1883, aff. Puthod, D. P. 84. 2. 67; Riom, 29 avr. 1884, aff. Samie, D. P. 85. 2. 133).

**532.** L'énumération, dans l'art. 135, des cas où le juge *peut* accorder l'exécution provisoire, est limitative. C'est un point constant en doctrine (Rép. n° 644; Chauveau sur Carré, *Lois de la procédure*, quest. 585, et *Supplément*, par Dutruc, v° *Exécution provisoire*, n° 20; Berriat, *Dictionnaire de procédure*, v° *Jugement*, n° 251; Rodière, *Cours de compétence et de procédure*, 4° éd., t. 1, p. 288 et 289; Rousseau et Laisney, *Dictionnaire de procédure*, v° *Exécution provisoire*, n° 30 ; Boitard et Colmet-Daâge, *Leçons de procédure civile*, 14° éd., t. 1, p. 302, n° 291, *in fine*).

**533.** La jurisprudence n'est pas moins formelle. Jugé, en ce sens, outre les arrêts cités au Rép., n° 644, que la disposition de l'art. 135 c. proc. civ. qui permet aux juges d'ordonner l'exécution provisoire de leurs jugements, lorsqu'il s'agit d'expulsion de lieux et qu'il n'y a pas de bail ou que le bail est expiré, n'est pas applicable au cas où il s'agit de la résiliation d'un bail dont l'existence est reconnue par les parties, bien qu'il n'en existe pas d'acte écrit (Caen, 25 oct. 1856, aff. Ridel, D. P. 59. 5. 164. Comp. Rép. n° 639).

**534.** Jugé encore, dans une autre hypothèse, que les dispositions de l'art. 135 c. proc. civ., qui déterminent les cas où l'exécution provisoire des jugements peut ou doit être ordonnée, étant limitatives, le tribunal, en prescrivant l'interrogatoire d'un individu dont l'interdiction est demandée, ne peut ordonner l'exécution provisoire de son jugement en vertu de l'art. 135, § 6, qui permet d'ordonner l'exécution provisoire lorsqu'il s'agit de nomination de tuteur ou de curateur, car le débat porte sur une question dont la solution peut ne pas entraîner la nomination de l'un de ces administrateurs (Rennes, 30 sept. 1859, aff. Levot, D. P. 60. 5. 153. Comp. Rép. n° 642).

**535.** Même solution encore dans une hypothèse voisine d'un autre cas de l'art. 135. Il a été jugé que, les dispositions de l'art. 135 étant limitatives, le tribunal civil ne peut ordonner l'exécution provisoire de son jugement, dans le cas où il a accordé une provision qui représente une partie de la créance contestée et n'a rien d'alimentaire (Lyon, 10 mai 1883, aff. Puthod, D. P. 84. 2. 67; Riom, 29 avr. 1884, aff. Samie, D. P. 85. 2. 133. Comp. Rép. n° 643 et *suprà*, n° 503). Il n'importe même pas que la provision accordée ait, grâce à la situation précaire du demandeur, un caractère de nécessité analogue à celui des provisions alimentaires proprement dites : l'analogie ici ne suffit pas, il faut l'identité. Décidé, dans le même sens, que l'exécution provisoire d'un jugement reconnaissant la validité d'un legs particulier de jouissance d'immeuble ne peut être prononcée contre le légataire universel, alors même que

la jouissance léguée serait, pour le légataire particulier, à raison des circonstances, une ressource nécessaire ; ce n'est pas là une pension ou provision alimentaire (Trib. Seine, 4 mars 1869, aff. de Salis, D. P. 69. 3. 66).

**536.** Si l'exécution provisoire ne peut être accordée dans les hypothèses précédentes, qui se rapprochent plus ou moins des cas prévus par l'art. 135, à plus forte raison en est-il ainsi quand cette analogie n'existe même pas. Aussi a-t-il été jugé, en matière de contrainte par corps : 1° que le jugement qui prononce la nullité de l'emprisonnement n'est pas susceptible d'exécution provisoire (Toulouse, 3 déc. 1849 et 5 déc 1849, aff. Blot, D. P. 51. 2. 211 et 212) ; — 2° Que le jugement qui ordonne l'élargissement d'un détenu pour dettes (à raison de l'insuffisance de la consignation d'aliments) n'est pas du nombre de ceux dont il est permis d'ordonner l'exécution provisoire (Paris, 22 juin 1861, aff. Cassan, et 5 juill. 1861, aff. Durandeau, D. P. 61. 5. 203. Comp. *infrà*, n° 537).

**537.** Mais il reste une dernière hypothèse qui, par sa généralité même, présente le plus grand intérêt pratique : c'est le cas où (quelle que soit la matière) le jugement statue sur une mesure urgente, pour l'exécution de laquelle il y a péril en la demeure. Cette urgence suffit-elle à autoriser le juge à ordonner l'exécution provisoire ? — La négative n'est pas douteuse ; comme l'a dit très justement la cour de Lyon (10 mai 1883, aff. Puthod, D. P. 84. 2. 67), l'art. 135 c. proc. civ. n'indique que sept cas dans lesquels les juges peuvent permettre l'exécution provisoire des jugements contradictoires, et il n'ajoute pas, comme l'art. 155 du même code relatif aux jugements par défaut, le cas où il y aurait péril en la demeure, ce qui prouve bien que le législateur, dans l'art. 135, a voulu faire une énumération limitative. — On a vu, toutefois, que la jurisprudence n'a pas hésité à se prononcer en sens contraire, puisqu'elle autorise les tribunaux à ordonner l'exécution de leurs jugements sur la minute (V. *suprà*, n° 414 à 416), ce qui entraîne nécessairement l'exécution nonobstant appel, le jugement pouvant être ainsi exécuté le jour même où il a été rendu, et l'appel ne pouvant être interjeté au plus tôt que huit jours après (c. proc. civ., art. 449). Le motif d'urgence forme la seule base de quelques arrêts qui, contrairement aux principes certains ci-dessus exposés, ont cru pouvoir ordonner l'exécution provisoire dans les cas suivants : 1° mainlevée d'une saisie (Caen, 25 août 1858, aff. Eudes, D. P. 59. 2. 79); — 2° Arrestation provisoire ou élargissement d'un étranger en matière de contrainte par corps (Trib. Seine, 21 sept. 1860, *Journal des huissiers*, 1864, p. 56; 12 sept. 1862, aff. Arnthal, D. P. 66. 3. 78; Paris, 5 juill. 1861, aff. Cassan, D. P. 61. 5. 203. Comp. *suprà* n° 536) ; — 3° Payement des droits de mutation par un héritier non contesté (Paris, 1ᵉʳ oct. 1873, aff. Quantinet, D. P. 74. 2. 87. Comp. *suprà*, n° 520).

**538.** Dans tous les cas où l'exécution provisoire est facultative pour le juge, elle peut être, à son gré, ordonnée avec ou sans caution (c. proc. civ. art. 135).

Mais que décider, si le juge n'a pas expressément statué sur ce point ? — On a vu au Rép., n° 604 *in fine* que, d'après un arrêt de la cour de Douai (14 févr. 1852, aff. Teinturier, D. P. 52. 2. 232), lorsqu'un jugement par défaut a été déclaré exécutoire par provision nonobstant opposition, sans que les juges aient ajouté si c'était avec ou sans caution, le poursuivant est nécessairement tenu, pour profiter du bénéfice de l'exécution provisoire, de fournir une caution préalable, à moins qu'il ne se trouve dans un des cas exceptés par la loi. Cette solution, qui est unique, est fondée sur ce que, « dans les trois cas prévus par le premier alinéa de l'art. 135, l'exécution provisoire doit être ordonnée sans caution ; que, dans tous les autres cas, le juge a la faculté de l'ordonner avec ou sans caution, mais que le jugement doit nécessairement se prononcer à cet égard ; que la nécessité de la caution est le principe ; qu'elle est la conséquence de ce que l'exécution provisoire a lieu, alors que le droit du créancier est encore incertain, et avant que la position des parties ait été définitivement fixée par un jugement passé en force de chose jugée ; que le juge peut, sans doute, qu'il doit même, en certains cas, comme il a été dit ci-dessus, dispenser le créancier de fournir caution ; mais qu'en l'absence d'une dispense expresse, la prestation de cette caution est un préalable nécessaire à l'exécution provisoire.

Mais la cour de cassation s'est prononcée dans le sens opposé, en donnant des motifs contraires : « Attendu que, en cette matière, la caution n'est pas de droit ; qu'au contraire, et comme, selon l'art. 135 précité, les juges du fond peuvent ordonner l'exécution avec ou sans caution, il résulte des termes mêmes de la loi que, si la caution n'a pas été préalablement prescrite, ceux à l'égard desquels l'exécution a eu lieu sont dépourvus de tout titre pour réclamer cette caution » (Req. 3 avr. 1872, aff. Raguideau, D. P. 73. 1. 25).

**539.** Toutefois, lorsqu'un jugement par défaut a ordonné l'exécution provisoire sans caution, et que le jugement de débouté d'opposition a déclaré que ce jugement par défaut serait exécuté selon sa forme et teneur, il n'est pas nécessaire, pour que les poursuites soient valables, qu'il soit dit à nouveau que la sentence de débouté sera elle-même exécutoire par provision et sans caution (Paris, 25 nov. 1848, aff. Rolland, D. P. 49. 5. 181).

**540.** Lorsque l'exécution provisoire a été accordée contrairement à la loi, la partie lésée peut assurément se pourvoir par appel ; mais la loi lui ouvre un moyen plus commode et plus bref : c'est d'obtenir des défenses par la cour d'appel (c. proc. civ. art. 459). Les défenses à l'exécution provisoire ne peuvent être demandées devant la cour qu'autant qu'elle est saisie du fond par un appel régulier et valable (Montpellier, 28 juill. 1855, aff. P..., D. P. 56. 2. 135) ; mais elles doivent être jugées sur incident, sans attendre la solution au fond (Rép. n° 679). On verra, d'ailleurs, bientôt que cette procédure exceptionnelle n'existe que pour les jugements des tribunaux civils, à l'exclusion des jugements consulaires (infra, nᵒˢ 545 à 551).

**§ 2.** — Exécution provisoire des jugements des tribunaux de paix (Rép. nᵒˢ 648 à 654).

**541.** La loi du 25 mai 1838 (art. 11) établit pour les juges de paix, quant à l'exécution provisoire, un régime analogue à celui des tribunaux civils : exécution provisoire impérative dans les trois cas ci-dessus formulés (V. supra, nᵒˢ 517 à 530) ; exécution provisoire facultative dans les autres cas. La seule différence c'est que, pour cette dernière hypothèse, la loi ne contient pas d'énumération limitative ; l'exécution provisoire peut donc toujours être ordonnée, sauf la nécessité d'une caution, dans certains cas (Rép. n° 648).

**§ 3.** — Exécution provisoire des jugements des tribunaux de commerce (Rép. nᵒˢ 655 à 669).

**542.** Le régime des tribunaux de commerce, au point de vue de l'exécution provisoire, est absolument distinct du régime des tribunaux civils, et même des tribunaux de paix : ils peuvent toujours ordonner l'exécution provisoire, mais sans y être jamais forcés (infra, nᵒˢ 543 et 544) ; en revanche ils peuvent quelquefois dispenser de la caution, mais sans y être jamais obligés (infra, nᵒˢ 545 à 551).

**543.** D'abord, les jugements consulaires peuvent toujours être déclarés exécutoires par provision. La jurisprudence entend cette règle en ce sens que ce bénéfice leur appartient de plein droit (Rép. n° 658), en sorte que l'appel, en matière commerciale, n'est jamais suspensif (sauf l'obligation de donner caution, d'après les règles qui vont être étudiées). « Attendu, dit la cour de cassation (Civ. rej. 17 janv. 1865, aff. Jouven, D. P. 65. 1. 56), que si, aux termes de l'art. 457 c. proc. civ., l'appel des jugements est suspensif lorsque le jugement ne prononce pas l'exécution provisoire dans les cas où elle est autorisée, cette disposition ne saurait être appliquée à l'appel des jugements rendus en matière commerciale ; que l'exécution provisoire s'attache aux jugements des tribunaux de commerce sans qu'elle soit prononcée ; qu'en effet, l'art. 439 c. proc. civ. a confirmé les dispositions des lois anciennes, et notamment de la loi du 24 août 1790, d'après lesquelles les jugements des tribunaux de commerce étaient, de plein droit, exécutoires par provision en donnant caution, et que l'art. 439 a même étendu le principe de cette loi, en permettant aux tribunaux de

commerce, dans des cas déterminés où l'exécution provisoire reste également de droit, de dispenser l'intimé, qui exécute nonobstant l'appel, de fournir caution à l'appel » (V. en termes identiques, Req. 22 janv. 1867, aff. Fenion, D. P. 67. 1. 334).

**544.** La règle d'après laquelle les jugements des tribunaux de commerce sont exécutoires par provision s'applique aux jugements interlocutoires aussi bien qu'aux jugements définitifs (Req. 18 janv. 1870, aff. Morice, D. P. 70. 1. 267).

**545.** Si la loi met ainsi sur le même pied tous les jugements consulaires, en ce sens qu'elle attache à tous indistinctement le bénéfice de l'exécution provisoire, ce n'est pas à dire qu'elle ait perdu de vue les causes de préférence qui, dans certains cas particulièrement favorables, l'ont déterminée à rendre obligatoire l'exécution provisoire des jugements des tribunaux civils ; seulement elle a donné à cette faveur une autre forme, en se plaçant au point de vue de la caution. Dans ces cas particulièrement favorables, la loi a permis au tribunal de dispenser de caution la partie qui veut recourir à l'exécution provisoire. Il y a lieu d'examiner ici : 1° quand cette dispense de caution est autorisée ; 2° comment elle peut être formulée ; 3° si le jugement est, sur ce point, susceptible de réformation.

**546.** — I. Quand la dispense de caution est-elle permise au tribunal de commerce (Rép. nᵒˢ 660 à 664). — L'art. 439 c. proc. civ. réunissant les trois cas prévus par le paragraphe 1ᵉʳ de l'art. 135, autorise le tribunal de commerce à dispenser de caution : 1° s'il y a titre non contesté ; 2° s'il y a condamnation précédente non frappée d'appel.

**547.** Au point de vue du titre, il a été jugé, notamment, que l'on ne saurait considérer comme un titre non attaqué une police dont l'assureur a opposé la nullité pour cause de réticence, alors même qu'il aurait conclu subsidiairement, et à titre de transaction, à la réduction de l'indemnité, si cette offre n'a pas été acceptée(Nancy, 11 juill. 1877, aff. Lecomte, D. P. 78. 2. 104) (Comp. supra, nᵒˢ 527 et 528).

**548.** Mais, pour que le titre puisse être considéré comme attaqué, il faut que la contestation porte sur la valeur de l'engagement lui-même (Rép. n° 663) ; une simple contestation sur l'état actuel de la dette ne suffirait pas (V. supra, n° 539). Jugé, en ce sens, que le tribunal de commerce est autorisé à prescrire l'exécution provisoire de ses jugements, nonobstant l'appel et sans caution, lorsque le débiteur ne conteste pas l'existence légale des titres du créancier, mais soutient qu'ils sont éteints par prescription, compensation ou payement (Paris, 18 oct. 1871, aff. Durand, D. P. 62. 5. 223).

**549.** — II. La dispense de caution doit-elle être expressément formulée ? — Dans les deux cas limitativement spécifiés supra, n° 546, le tribunal de commerce peut-il, à son gré, ordonner ou non de fournir caution ? Ce qui revient à savoir si, lorsque le jugement a, sur ce point, gardé le silence, ce silence doit être interprété comme une dispense ou comme une obligation de caution ? — Sur ce point l'opinion émise au Rép., n° 665, a été consacrée par la jurisprudence ; car il a été jugé que l'exécution provisoire d'un jugement du tribunal de commerce ne peut avoir lieu sans caution, qu'autant que le juge l'a ainsi ordonné, et que la dispense de fournir caution ne saurait résulter de cela seul que le jugement a prescrit l'exécution provisoire (Douai, 20 juin 1853, aff. Delines, D. P. 55. 2. 288). Il a été décidé, de même, que l'art. 439 impose à la partie qui a gagné son procès, et qui veut poursuivre l'exécution des condamnations qu'elle a obtenues, l'obligation de donner caution, si elle n'en a pas été dispensée(Caen, 22 févr. 1869, aff. Morice, D. P. 70. 2. 21. V. encore a contrario les arrêts cités infra, n° 550).

**550.** La jurisprudence admet toutefois que la règle d'après laquelle l'exécution provisoire d'un jugement du tribunal de commerce ne peut avoir lieu sans caution, qu'autant que le juge l'a ainsi ordonné, est inapplicable aux jugements qui, ne prononçant pas de condamnations pécuniaires, peuvent être exécutés sans que l'intérêt matériel des parties en soit compromis (Civ. rej. 17 janv. 1865, aff. Jouven, D. P. 65. 1. 56 ; Req. 22 janv. 1867, aff. Fenion, D. P. 67. 1. 334 ; Caen, 22 févr. 1869, aff. Morice, D. P. 70. 2. 21 ; Req. 20 mai 1879, aff. Le Phénix, D. P. 80. 1. 35. Ainsi, le jugement qui, repoussant une fin de non-recevoir, ordonne de plaider au fond, peut recevoir son exécution nonobstant appel et sans caution, quoiqu'il n'ait prononcé ni cette exécution provisoire ni cette simple dispense de caution (Civ. rej. 17 janv. 1865, et Req. 20 mai 1879 précités) ; et il en est de même d'un jugement ordonnant une enquête (Req. 22 janv. 1867, et Caen 22 févr. 1869, précités).

**551.** Il résulte de la combinaison des règles formulées ci-dessus que tous les jugements consulaires sont, de plein droit, exécutoires par provision, à charge de donner caution ; et qu'en outre, ils peuvent être exécutés provisoirement sans caution dans trois cas : 1° s'il y a titre non attaqué ou condamnation précédente (V. *suprà*, n°s 546 à 548) ; — 2° Si le jugement contient dispense expresse de caution (V. *suprà*, n° 549) ; — 3° S'il s'agit d'un jugement qui, ne prononçant pas de condamnation pécuniaire, peut être exécuté sans que le défendeur subisse un dommage matériel (V. *suprà*, n° 550).

**552.** — III. Le jugement consulaire est-il dans ses dispositions relatives a l'exécution provisoire, susceptible de recours (*Rép.* n°s 692 à 695). — Lorsque l'exécution provisoire a été ordonnée dans des conditions qui font grief au défendeur, celui-ci dispose d'un procédé légal pour faire réformer le jugement : c'est l'*appel.* Mais, comme ce procédé comporte toujours certains délais (Conf. Montpellier, 23 juill. 1855, aff. P..., D. P. 56. 2. 135), nous avons vu que la loi en a organisé un autre plus rapide, et spécial au cas d'exécution provisoire : c'est d'obtenir, de la cour, des défenses sur assignation à bref délai (c. proc. civ. 459). Tel est le droit commun. Est-il applicable en matière commerciale ?

**553.** — 1° *Appel.* — Cette voie est ouverte, en principe, contre les jugements consulaires, et même la loi a tenté de la rendre plus protectrice, lorsqu'il s'agit de statuer sur l'exécution provisoire, en autorisant, dans ce cas, la cour à accorder la permission de citer extraordinairement à jour et heure fixes pour plaider sur l'appel (c. com. art. 647).

Toutefois, il faut le reconnaître, c'est là une faveur bien souvent inefficace, que celle qui permet aux débiteurs, contre lesquels l'exécution provisoire sans caution aurait été abusivement accordée par un tribunal de commerce, une procédure spéciale pour arriver à la réformation de son jugement ; en effet, la citation extraordinaire à bref délai qu'ils peuvent demander à la cour n'est, le plus souvent, qu'une garantie insuffisante, puisqu'elle ne leur permet pas d'obtenir au provisoire, et sans faire en même temps statuer sur le fond de la cause, la réformation de la disposition qui aurait abusivement ordonné l'exécution provisoire sans caution ; car il est des cas nombreux où des incidents de procédure inévitables, et, par exemple, des vérifications ou des recherches de nouvelles pièces destinées à être produites dans un compte, ne permettent pas le jugement immédiat sur le fond (Angers, 28 oct. 1878, aff. Besnard, D. P. 80. 1. 364).

**554.** — 2° *Défenses.* — Les jugements consulaires sont soumis à ce point de vue à une règle toute spéciale. Le code de commerce (art. 647) déclare, en effet, que les cours d'appel ne pourront, en aucun cas, à peine de nullité, et même des dommages et intérêts des parties, s'il y a lieu, accorder des défenses ni surseoir à l'exécution des jugements des tribunaux de commerce.

Quelle est la portée de cette règle ? — Elle a certainement pour effet d'assurer l'exécution provisoire du jugement consulaire, puisque c'est là, comme on l'a vu (*suprà,* n° 543) un bénéfice attaché de plein droit à ces jugements (*Rép.* n° 692 ; Boitard, t. 2, n° 702 ; Chauveau sur Carré, *Lois de la procédure civile,* t. 4, quest. 1667 *bis*; Rivoire, *Traité de l'appel,* n° 308 ; Nouguier, *Des tribunaux de commerce,* t. 3, p. 156 ; Dutruc, *Dictionnaire du contentieux commercial,* v° *Tribunal de commerce,* n° 213 ; Rousseau, et Laisney, v° *Appel,* n° 375 ; Angers, 28 oct. 1878, aff. Besnard, et sur pourvoi (Sol. impl.) Req. 27 janv. 1880, D. P. 80. 1. 364).

**555.** Mais faut-il aller plus loin et dire que l'exécution provisoire est ainsi assurée au jugement consulaire dans les conditions mêmes où il l'a ordonnée, et, par exemple, sans caution, lorsqu'il n'avait pas le droit, aux termes de l'art. 439, d'accorder cette dispense ? On a vu au *Rép.* n°s 693 et 694 que cette question était fort controversée.

Pour interdire, de ce chef, aux cours d'appel, aucun droit de contrôle, on remarque tout d'abord que les prescriptions de l'art. 647 c. com. sont absolues et qu'elles interdisent expressément aux cours, sous peine d'excès de pouvoir, d'entraver, dans aucun cas, l'exécution provisoire ordonnée par les tribunaux de commerce, et inséparable de leurs décisions ; que le seul recours possible à cet égard se trouve dans la faculté accordée aux parties de citer extraordinairement avec autorisation, même à jour fixe, pour plaider au fond ; que les attributions des cours, en pareille matière, sont ainsi nettement déterminées ; que la loi prohibe, sous peine de nullité et même, s'il y a lieu, de dommages-intérêts, non seulement toutes défenses, mais même tout sursis ; que modifier les conditions, même extra-légales, de l'exécution provisoire, ce ne serait pas ordonner cette exécution, mais la paralyser indirectement et réformer la sentence dans l'une de ses dispositions et par les voies que trace l'art. 647 c. com. On ajoute que ce système est sans danger pour le débiteur condamné, « attendu, dit la cour de Metz (16 mars 1869, aff. Grosjean, D. P. 69. 2. 104), qu'il n'est pas exact de dire que la jonction de la question accessoire de la caution aux questions principales du fond ne soit qu'un expédient inefficace ; qu'en effet, dans la pratique, une citation à jour et heure fixes n'entraîne pas plus de lenteurs que l'instruction sur l'incident à fins de défenses et de sursis à l'exécution provisoire ; que, dans un cas comme dans l'autre, le débiteur reste, par la force des choses, exposé aux inconvénients d'une exécution précipitée ; qu'en conséquence, la sûreté du débiteur exigeant dans une certaine mesure et que la prétendue omnipotence des tribunaux de commerce n'est pas à craindre ». Enfin on montre les dangers du système contraire qui, en obligeant à attendre jusqu'à ce que l'intimé ait fourni caution, suspend ainsi forcément l'exécution de la sentence des premiers juges, puisqu'il faut un temps plus ou moins long pour débattre la solvabilité de la caution, et remplir à cet effet les formalités prescrites par la loi, devant un tribunal autre que celui par lequel le jugement aurait été rendu (Agen, 9 août 1858, aff. Dufour, D. P. 59. 2. 74. *Adde* sur ce point, l'arrêt précité de 16 mars 1869).

Aussi a-t-il été longtemps jugé que la défense faite aux cours impériales par l'art. 647 c. com. d'accorder des défenses, ou de surseoir à l'exécution des jugements des tribunaux de commerce, doit être observée même pour les jugements dont l'exécution provisoire aurait été ordonnée sans caution dans un cas où la caution était obligatoire, et, par exemple, dans une affaire où le titre était contesté. Dans ce système, les juges d'appel ne peuvent qu'user alors du droit, qui leur est conféré par le même article, d'accorder la permission de citer extraordinairement à jour et à heure fixes pour être plaidé sur l'appel. Et la disposition de l'art. 647 c. com. ne permet pas, dit-on, davantage à la partie condamnée de conclure devant la cour, saisie de son appel, à ce que la caution soit fournie et à ce que l'erreur des premiers juges soit ainsi simplement réparée, de telles conclusions équivalant à une demande de sursis (V. en ce sens, outre les arrêts cités au *Rép.* n° 693, Agen, 9 août 1858, aff. Dufour, D. P. 59. 2. 74; Besançon, 8 août 1868, aff. Chalandre, D. P. 68. 2. 187; Metz, 16 mars 1869, aff. Grosjean, D. P. 69. 2. 104; Chauveau sur Carré, *Lois de la procédure,* quest. 1667 *bis* ; Favard de Langlade, *Rép.* v° *Appel,* § 1, p. 180 ; Boitard, *Leçons de procédure,* t. 3, p. 119 ; Thomine-Desmazures, *Commentaire sur la procédure civile,* t. 1, p. 702; Rivoire, *De l'appel,* n° 308 ; Nouguier, *Tribunal de commerce,* t. 3, p. 156, et *Rép.,* v° *Appel civil,* n° 1267).

**556.** Mais cette doctrine compte aujourd'hui beaucoup moins de partisans, et la jurisprudence tend à consacrer au profit des cours ce droit de contrôle, d'ailleurs secondaire. D'une part, en effet, il n'y a là, réellement, rien qui soit contraire au texte de l'art. 467, car il ne peut résulter des dispositions de cet article, si absolues et si générales qu'elles soient, que les cours d'appel soient destituées du droit de vérifier si l'exécution provisoire a été justement ou non ordonnée avec dispense de caution, ni que la partie condamnée ne puisse, au provisoire, demander en appel une caution, ou tout au moins la justification de la solvabilité du créancier, afin d'être garantie contre le dommage peut-être irréparable résultant de l'exécution provisoire sans caution ; si l'art. 647 précité déroge à l'art. 459 ci proc. civ., il doit se concilier avec les dispositions de l'art. 439 du même code, dont il suppose évidemment la rigoureuse observation (Angers, 28 oct. 1878, aff. Besnard, D. P. 80. 1. 364). D'autre part, le système adverse est trop dangereux : il tendrait à attribuer aux tribunaux de commerce le droit exorbitant d'ordonner l'exécution provisoire de leurs jugements hors des cas prévus par la loi, sans qu'au provisoire aucune réformation fût possible sur l'appel, avant le jugement de la cause au fond ; un semblable résultat serait contraire au but et au principe même de l'appel (Limoges, 27 août 1857, aff. Pezant, D. P. 59. 2. 74 ; Angers, 28 oct. 1878, précité). Ces arguments ont été formulés en ces termes devant la cour de Lyon, par M. l'avocat général Baudouin (8 août 1882, aff. Fieux, D. P. 83. 2. 76) : « Les juges d'appel, a dit ce magistrat, n'ont été destitués par aucun texte du droit de vérifier si l'exécution provisoire a été légalement accordée, et l'on ne saurait le leur enlever sans attribuer aux tribunaux de commerce le pouvoir exorbitant de ne tenir aucun compte des prescriptions de la loi. Sans doute, en matière commerciale, la célérité est indispensable ; l'art. 647 lui-même en reconnaît la nécessité, puisqu'il organise, dans son dernier paragraphe, une procédure spéciale pour parvenir à la prompte réformation du jugement de condamnation. Mais cette nécessité ne saurait supprimer ou altérer le droit ; et, quant à la faculté accordée aux cours d'appel de permettre de citer extraordinairement, elle ne constitue qu'une garantie insuffisante dans les cas fort nombreux où les évolutions de la procédure, l'encombrement des rôles et tant d'autres incidents inévitables entraîneront des lenteurs et des retards qui rendraient irréparable le dommage causé par l'exécution provisoire. Remarquons, enfin, qu'en ordonnant que l'exécution n'aura lieu que dans les conditions auxquelles la loi l'a subordonnée, la cour n'accorde ni défenses ni sursis ; elle ne fait que régler l'application de cette mesure conformément à la loi ».

À la faveur de ces arguments la jurisprudence rappelée, suprà, n° 555, a été généralement abandonnée : dans le système aujourd'hui dominant et consacré par la cour de cassation, les juges d'appel ont le droit de vérifier si l'exécution provisoire d'un jugement commercial a été légalement ordonnée, et, lorsque ce jugement a été déclaré exécutoire par provision sans caution hors des cas prévus par l'art. 439 c. proc. civ., de réparer cette irrégularité, en décidant que l'exécution n'en aura lieu que moyennant caution (Rouen, 10 avr. 1853, aff. Bons, D. P. 53. 2. 214 ; Rouen, ... août 1853, aff. Lebatteux, ibid.; Limoges, 27 août 1857, aff. Pezant, D. P. 59. 2. 74 ; Aix, 5 juill. 1862 (1) ; Angers, 28 oct. 1878, aff. Besnard, et sur pourvoi, Req. 27 janv. 1880, D. P. 80. 1. 364 ; Lyon, 8 août 1882, aff. Fieux, D. P. 83. 2. 76 ; Demangeat sur Bravard, *Droit commercial*, t. 6, p. 345 ; Bédarride, *Juridiction commerciale*, n° 504).

**557.** En tous cas, il est un point hors de toute contestation, c'est que le principe de l'art. 647 c. com. devrait pourquoi, d'une part, l'art. 647 veut que, quelle que soit la position des parties et quelles que soient les circonstances même exceptionnelles de la cause, aucun délai de grâce n'arrête ni ne retarde l'exécution des jugements commerciaux, sous quelque prétexte ou sous quelque forme que ce soit, tandis que, d'autre part, l'art. 439 veut que l'exécution provisoire laisse à la partie condamnée une assurance, en cas de réformation, de rentrer dans les valeurs qui ne sont exécutées que provisoirement ; — Que ces deux articles étant corrélatifs à ces deux intérêts divers, la demande par Duprat d'une caution est, non pas la demande d'un *délai de grâce* contrairement à l'art. 647, mais bien la demande d'une *garantie* qui lui soit assurée par la loi conformément à l'art. 439 ; — Que, sans doute, la dation d'une caution ou la justification d'une suffisante solvabilité exige un certain temps ; mais que cette garantie étant voulue par la loi en appel, le temps est aussi nécessaire en première instance qu'en appel ; de sorte que Ruy n'a point à se plaindre, l'arrêt ne lui imposant, en définitive, que ce qui aurait dû lui être imposé par le jugement, et dont il a été illégalement dispensé ; — Attendu que vainement on objecte que la dernière partie de l'art. 647 autorise une citation extraordinaire à bref délai pour plaider sur l'appel, et que la question accessoire de la caution peut être jointe aux questions principales du fond ; — Qu'en effet, cette jonction ne serait qu'un expédient inefficace et illégal ; *inefficace*, si l'exécution effective et continuée nonobstant l'appel, parce que l'instruction suffisante du fond ne pouvant pas, comme dans l'espèce, marcher aussi vite que les poursuites, la caution serait ordonnée trop tard, ou en d'autres termes, inutilement ; *illégal*, si l'exécution effective est suspendue pendant le temps nécessaire à la suffisante instruction de l'appel principal, parce que cette suspension ne serait qu'un sursis déguisé, et, dès lors, contraire à la première partie de l'art. 647 ; — Attendu que ces raisons particulières, tirées du texte et de l'esprit des deux articles ci-dessus, se fortifient par les principes généraux sur le droit des appelants ; et sur le droit des juges d'appel ; — 1° Sur le droit des appelants : — C'est dénier le droit d'appel, quant au chef de la caution (droit cependant incontestable), que d'en ajourner l'exercice utile à une époque où l'appel serait devenu irrecevable pour défaut d'intérêt, ce qui arriverait si l'arrêt sur la caution demeurait lié à l'arrêt sur le fond, c'est-à-dire était réuni à un moment où, le fait du payement provisoire étant accompli, la question de la caution n'aurait plus d'intérêt ; or, qui dit droit d'appel, dit utilité de l'appel, de même que celui qui veut la fin, veut les moyens ; — 2° Sur le devoir des juges d'appel : — Dans notre organisation judiciaire, où l'appel est la voie ordinaire de recours contre les jugements contradictoires, il est inadmissible, que, les premiers juges ayant violé ouvertement une loi, le juge supérieur, après avoir constaté cette violation, soit réduit à n'en être que le vérificateur impuissant ; — Attendu que, dans l'espèce, et en l'état, le sieur Ruy n'a pas justifié de suffisante solvabilité ; — Par ces motifs, sans s'arrêter aux fins principales de Deprat en sursis, dit que le jugement sera exécuté provisoirement, mais à la charge par Ruy de donner caution, ou de justifier de sa solvabilité suffisante, etc.

Du 5 juill. 1862.-C. d'Aix.-MM. Clapier, pr.-Tavernier père et Bessat, av.

---

(1) (Duprat C. Ruy.) — LA COUR ; — Attendu qu'en condamnant Duprat, le 4 avril dernier, à payer à Ruy la somme de 10000 fr., pour solde de tous comptes, le tribunal de commerce de Toulon a déclaré son jugement exécutoire provisoirement, sans caution, nonobstant l'appel, bien que les comptes de Ruy, c'est-à-dire son titre, fussent et soient encore contestés à tel point que Duprat se prétend créancier de Ruy ; — Que, nonobstant l'appel émis, Ruy a saisi le mobilier de Duprat en vertu dudit jugement, et que la vente est fixée au 15 de ce mois ; — Que, dans ces conjectures, Duprat demande incidemment à son appel principal, qu'il soit sursis à toute exécution jusqu'à l'arrêt du fond, et subsidiairement que l'exécution n'ait lieu que sous caution ; — En ce qui touche le sursis : — Attendu que l'art. 647 c. com., défend de surseoir à l'exécution des jugements des tribunaux de commerce ; — En ce qui touche le bail d'une caution, préalablement à l'exécution provisoire du jugement dont est appel : — Attendu que le titre de Ruy étant *contesté* en fait, puisque cette contestation est l'objet du procès au fond, le jugement ne pouvait être déclaré exécutoire que *sous caution* ou une *justification de solvabilité suffisante* (art. 439 c. proc. civ., titre de la procédure devant les tribunaux de commerce) : — Que, dans l'espèce, cet article a été évidemment violé ; — Qu'il s'agit donc d'examiner si, la matière étant appelable et la violation de la loi par les premiers juges étant reconnue par toutes les parties, les juges d'appel peuvent utilement faire respecter la loi ; — Attendu que, pour s'opposer à la demande d'une caution préalable à l'exécution provisoire, Ruy excipe de l'art. 647 c. com. qui interdit aux cours impériales, en aucun cas, à peine de nullité et même des dommages-intérêts des parties, s'il y a lieu, d'accorder des défenses, ni de surseoir à l'exécution des jugements des tribunaux de commerce, quand même ils seraient attaqués d'incompétence ; — Attendu que le vrai sens de cet art. 647, se montre dans son rapprochement avec l'art. 439 précité, ces deux articles, loin de se contredire, s'accordant pleinement ; — Que si l'art. 647 répond spécialement à l'intérêt de la célérité commerciale, l'art. 439 répond à l'intérêt non moins considérable de la sûreté commerciale ; car s'il est bon que le négociant n'attende pas le résultat de l'appel pour toucher l'argent que les tribunaux de commerce jugent lui être dû, il est non moins utile, et de plus il est juste, que celui qui, nonobstant et tenant son propre appel, va payer cet argent, ait une caution de ne pas le perdre, sans retour, la somme litigieuse, la justice, qui dit son dernier mot en appel, déclare plus tard que cette somme a été payée sans être due ; — Que la faveur pour celui qui subit l'exécution provisoire est aux yeux du législateur telle que l'art. 439 rend simplement *facultative*, et non de droit, la dispense de caution, même au cas exceptionnel ou le respect du titre et la préexistence d'une condamnation judiciaire non frappée d'appel forment une pleine présomption à l'égard du payement provisoire ; au lieu que la caution ou la justification d'une solvabilité sont *rigoureusement obligatoires* dans les autres cas, qui sont les cas ordinaires, lorsque la pleine présomption ci-dessus n'existe pas (même art. 439) ; — Que, pour satisfaire au double intérêt commercial engagé dans cette question de l'exécution provisoire, la loi a donné les moyens d'empêcher le dommage plus grand d'une perte définitive ; c'est

fléchir, s'il se trouvait en conflit avec un principe d'ordre supérieur. Spécialement, comme le criminel tient le civil en état, lorsqu'un jugement consulaire a ordonné l'exécution provisoire en vertu de billets, et que ces billets font l'objet d'une poursuite criminelle, la cour d'appel peut valablement ordonner des défenses (Paris 28 sept. 1864) (1).

ART. 2. — *Comment il est procédé à l'exécution provisoire.*

**558.** Lorsque l'exécution provisoire a été ordonnée, dans les conditions étudiées sous l'article précédent, elle peut être pratiquée immédiatement (sauf ce qui va être dit de la caution). Elle ne saurait être arrêtée par aucun sursis. Spécialement le juge des référés ne peut en accorder aucun (Paris, 16 mai 1874) (2), à moins d'une cause péremptoire, telle qu'une tierce opposition frappant le jugement déclaré exécutoire par provision (Ord. réf. Seine, 5 sept. 1872) (3).

**559.** Toutefois, on sait que l'exécution provisoire est souvent subordonnée à une garantie donnée au débiteur. Cette garantie, pour les jugements civils, est toujours une caution (c. proc. civ., art. 135). Pour les jugements consulaires, la caution peut être remplacée par un équivalent : l'art. 439 se contente de la justification d'une solvabilité suffisante (*Rép.* n° 666). Il a été jugé que l'exécution provisoire d'un jugement commercial peut être ordonnée, à la charge, par la partie qui la poursuit, de déposer à la Caisse des dépôts et consignations une somme égale au montant des condamnations prononcées avec frais et accessoires, ce dépôt équivalant soit à une caution, soit à la justification d'une solvabilité suffisante (Lyon, 8 août 1882, aff. Fieux, D. P. 83. 2. 76).

**560.** La loi détermine comment la caution doit être présentée et reçue devant les tribunaux civils (c. proc. civ. art. 518 à 522), les tribunaux de paix (L. 25 mai 1838, art. 11) et les tribunaux de commerce (c. proc. civ.art. 440 et 441). Cette matière est étudiée *suprà*, v° *Cautionnement,* n° 109 (V. encore, Garsonnet, t. 3, § 522 à 524, p. 434). Il a été jugé que les formalités prescrites par l'art. 440 c. proc. civ., pour la présentation de la caution, en cas d'exécution provisoire d'un jugement émané du tribunal de commerce, ne sont pas applicables à la justification de la solvabilité du créancier; en pareil cas, il appartient au juge des référés, saisi sur les poursuites exercées par le créancier, d'apprécier la solvabilité de celui-ci, et, si elle lui paraît suffisamment établie, d'ordonner la continuation de ces poursuites sans caution (Paris, 3 mai 1855, aff. Brunfaut, D. P. 55. 2. 166).

**561.** La caution ne peut être exigée que jusqu'à concurrence du capital et des intérêts, mais non pour les dépens (c. proc. civ. art. 137); et, comme on l'a dit au *Rép.* n° 669, cette règle est applicable aussi bien aux jugements consulaires qu'à ceux des tribunaux civils (Paris, 7 janv. 1873, aff. Ranigo, D. P. 73. 2. 120).

**562.** Cette garantie, lorsqu'elle est exigée, doit être fournie préalablement à l'exécution. Spécialement, l'exécution en matière commerciale, d'un jugement exécutoire par provision, à la charge de donner caution ou de justifier d'une solvabilité suffisante, ne peut être poursuivie qu'autant que la caution a été préalablement fournie, ou qu'après le dépôt de la somme offerte pour en tenir lieu; l'offre de la caution ou de cette somme est tardivement faite devant le juge saisi du référé que la partie condamnée a introduit devant le président au moment de la mise à exécution du jugement (et, par exemple, au moment de son arrestation, lorsqu'il s'agit d'un jugement prononçant la contrainte par corps); en conséquence, le juge du référé ne peut ordonner qu'il soit passé outre à cette arrestation, à la charge, par le poursuivant, de déposer la somme offerte à titre de caution (Req. 4 nov. 1863, aff. Gautherin, D. P. 64. 1. 36). La cour de cassation a fait de ce principe une application neuve et intéressante en décidant que l'exécution provisoire d'un jugement du tribunal de commerce, accomplie sous caution, ne peut produire d'effet rétroactif, relativement à la période qui s'est écoulée entre le jugement et le jour où la caution a été fournie, et que, spécialement, la partie à laquelle, en matière de concurrence déloyale, il a été fait défense par le tribunal de commerce d'insérer certaines mentions dans ses annonces, à peine de payer une somme fixe de dommages-intérêts par chaque contravention nouvelle, ne peut être contrainte, au moyen de l'exécution provisoire du jugement, à acquitter les sommes afférentes aux infractions qu'elle aurait commises depuis le jugement jusqu'au jour où la caution a été fournie (Req. 3 déc. 1884, aff. Catillon, D. P. 85. 1. 189).

**563.** Moyennant les conditions ci-dessus, l'exécution provisoire peut être pratiquée. Mais si la partie qui a obtenu un jugement exécutoire par provision a le droit d'en poursuivre l'exécution, nonobstant l'appel et sans attendre qu'il y soit statué, elle n'use de ce droit qu'à ses risques et périls et à la charge, en cas d'infirmation, de réparer le préjudice que cette exécution provisoire a pu causer (Req. 27 avr. 1864,

---

(1) (Delage C. Petit.) — LA COUR; — Considérant que les billets en vertu desquels Petit exerce ses poursuites fondées sur les jugements du tribunal de commerce frappés d'appels, sont l'objet d'une instance correctionnelle ; — Considérant qu'en outre Petit est appelant d'une ordonnance de référé rendue entre les mêmes parties au sujet de jugements ayant également pour cause des billets souscrits dans les mêmes circonstances; — Considérant que le criminel tient le civil en suspens et qu'il n'y a lieu dans l'espèce de s'arrêter aux interdictions de surseoir prononcées par la loi spécialement par l'art. 647 c. com.; — Considérant qu'il est de l'intérêt de toutes les parties que les différents appels dont il s'agit puissent recevoir une seule et même solution; que, dès lors, il y a lieu de faire droit aux conclusions subsidiaires de l'appelant, et de renvoyer après vacations, tant sur le fond que sur la contrainte par corps; — Renvoie la cause après vacations toutes choses demeurant en état, etc. Du 28 sept.-1864.-C. de Paris, ch. vac.-MM. Haton de la Goupillière, pr.-Laplague-Barris subst., c. conf. ;-Calmels av.

(2) (Bouilly C. Boital.) — Une ordonnance du tribunal civil de la Seine, conçue dans les termes suivants, avait ordonné de surseoir aux poursuites exercées en vertu de deux jugements du tribunal de commerce de la Seine : — « Attendu qu'il y a titre, auquel provision est due; — Attendu que Boital demande terme et délai pour payer, ce qu'il y a lieu de lui accorder ; — Disons que les poursuites seront discontinuées pendant le délai de trois mois, etc. ». — Appel. LA COUR: — Attendu que l'intimé se bornait à demander un sursis, sans formuler aucune difficulté relative à l'exécution des jugements du tribunal de commerce en vertu desquels il était poursuivi; que, dès lors, le juge des référés manquait de tout élément de compétence, et qu'il n'a pu, sans excéder ses pouvoirs, ordonner que les poursuites seraient discontinuées ; — Par ces motifs, met l'appellation et ce dont est appel à néant; statuant à nouveau, dit qu'il n'y a lieu à référé ; ordonne, en conséquence,

que les jugements du tribunal de commerce des 7 nov. et 4 déc. 1873 seront exécutés, etc. Du 16 mai 1874.-C. de Paris.

(3) (Guy C. Thomas.) — Ordonnance; — Nous président; — En ce qui touche l'exception d'incompétence : — Attendu que, aux termes de l'art. 474 c. proc. civ., une partie peut former tierce opposition à un jugement qui préjudicie à ses droits, et lors duquel ni elle ni ceux qu'elle représente n'ont été appelés; — Que, suivant l'art. 477, le tribunal devant lequel le jugement attaqué aura été produit pourra, suivant les circonstances, passer outre ou surseoir ; — Que l'art. 478 est ainsi conçu : « Les jugements passés en force de chose jugée, portant condamnation à délaisser la possession d'un héritage, seront exécutés contre les parties condamnées, nonobstant la tierce opposition et sans y préjudicier. Dans les autres cas, les juges pourront, suivant les circonstances, suspendre l'exécution du jugement ; » — Attendu que le juge des référés a qualité pour suspendre ou ordonner la continuation des poursuites exercées en vertu d'un jugement frappé de tierce opposition; — Qu'en effet, par cette expression; « le tribunal, » on doit comprendre les juges devant lesquels le jugement est produit, suivant l'ordre de juridiction; — Qu'en cas d'inexécution ou d'urgence, le président des référés remplace le tribunal ; — Que c'est ainsi que l'on interprète les dispositions de l'art. 554 c. proc. civ., qui sont capitales en cette matière; — Que cet article porte que le tribunal du lieu statuera provisoirement sur les difficultés élevées sur l'exécution des jugements et actes requérant célérité; — Que, par ces mots « le tribunal du lieu », on doit entendre non seulement le tribunal de première instance, mais aussi le président statuant comme juge des référés; — Sur le fond... Par ces motifs, sans s'arrêter à l'exception d'incompétence, laquelle est rejetée, etc. Du 5 sept. 1872.-Trib. de la Seine, ch. des réf.-MM. Lancelin, pr.-Lévêque et Prestat, av.

aff. Leblanc, D. P. 64. 1. 303). En effet, comme le dit la chambre des requêtes, un pareil jugement n'est qu'un titre résoluble, que déjà l'appel interjeté a remis en question et dont le sort dépend du résultat de cet appel ; en cas d'infirmation, l'exécution demeure sans titre et n'a plus de base légale ; il serait contraire à l'équité que l'appelant, dont la résistance est, en définitive, reconnue fondée, dût supporter le préjudice résultant d'une exécution que son adversaire a eu l'imprudence de poursuivre avant d'être assuré de son droit (Même arrêt). La jurisprudence admet même qu'il importe peu que l'exécution n'ait pas été faite de mauvaise foi et avec intention de nuire, qu'il suffit qu'elle ait entraîné un dommage, pour que son auteur soit tenu de le réparer, aux termes des principes généraux du droit qui rendent chacun responsable de son fait et voient une faute imputable dans une simple imprudence (Même arrêt).

C'est par application de ce principe qu'il a été jugé (en matière administrative) que, lorsqu'une partie a exécuté par provision une décision qui se trouve ensuite être réformée, elle doit rembourser les intérêts à 5 pour 100 à partir de l'exécution (Cons. d'Et. 7 juin 1866, aff. Chemin de fer de Lyon, *Rec. Cons. d'Etat*, p. 637).

**564.** Par une application inverse du même principe, il a été jugé que la partie qui a exécuté provisoirement un jugement ultérieurement réformé ne saurait faire subir à son adversaire les conséquences dommageables qui peuvent en résulter pour elle ; et que, spécialement si, pour pratiquer l'exécution provisoire, elle a dû déposer à la Caisse des consignations une somme équivalente au montant de la condamnation, elle n'est pas fondée à réclamer contre son · adversaire la différence entre les intérêts au taux légal de cette somme, et les intérêts servis par ladite Caisse (Paris, 10 déc. 1864) (1).

**565.** Il est à peine besoin d'ajouter que toutes les règles qui précèdent ont trait uniquement au cas où la partie gagnante veut exécuter provisoirement le jugement malgré l'appel de son adversaire ; elles seraient sans application si cette partie voulait exécuter malgré son propre appel. Le tribunal de commerce de la Seine a eu l'occasion, assez rare, de juger que, en matière commerciale, la partie qui obtient gain de cause ne peut, lorsque c'est elle qui interjette appel (par exemple, pour insuffisance des allocations obtenues), demander à être autorisée à poursuivre avec caution l'exécution provisoire du jugement, cette faculté n'étant accordée par la loi que contre une partie appelante (28 janv. 1863, aff. Jamais, D. P. 64. 3. 23).

## CHAP. 4. — Des ordonnances du juge
*(Rép. n⁰ˢ 696 à 735).*

**566.** Les ordonnances, c'est-à-dire les décisions rendues, non par le tribunal entier, mais par un seul de ses membres (*Rép.* n⁰ 696), diffèrent entre elles, suivant la procédure suivie pour les obtenir ; elles sont rendues *sur requête* ou *sur référé*. La loi n'a pas déterminé dans quels cas il y a lieu de recourir à l'un ou l'autre mode ; mais il faudrait se garder de croire qu'elle ait laissé au demandeur, ou même au juge, un libre droit d'option à cet égard (Paris, 9 janv. 1866, aff. Gibiat, D. P. 66. 2. 25 ; 23 janv. 1866, aff. Moullet, *ibid.*). Le président du tribunal, compétent pour statuer par voie de référé dans toutes les contestations judiciaires, sous la seule condition de l'urgence, et les parties entendues ou appelées, ne peut prononcer par ordonnance sur requête, en vertu de son pouvoir d'administration, que dans les cas formellement prévus par la loi, et dans les cas analogues où la mesure réclamée ne constitue pas une véritable demande et n'appelle pas de contradiction (Mêmes arrêts).

**567.** Cette distinction est nettement établie par un arrêt (Lyon, 26 nov. 1881, aff. Cœur, D. P. 82. 2. 88) aux

termes duquel les tribunaux n'ont le pouvoir de statuer par jugement sur·requête que lorsque la mesure réclamée ne constitue pas une demande et n'appelle pas de contradiction ; en dehors de ce cas, leur compétence ne peut s'exercer que lorsque les parties ont été entendues ou appelées, d'où la conséquence que, spécialement, la demande tendant à substituer un séquestre à un mandataire institué par plusieurs mandants (des cohéritiers) ne peut se produire que par une action judiciaire dirigée contre tous les intéressés, et non par voie de simple requête au nom d'un seul des cointéressés (Comp. *supra*, n⁰ 9). Telle est la règle à suivre en matière d'ordonnance du juge : lorsque la mesure sollicitée appelle une contradiction et affecte un caractère véritablement contentieux, la voie de la requête est fermée, il faut se pourvoir par référé. Ainsi la nomination d'un séquestre dépasse les pouvoirs du président statuant sur simple requête ; une telle mesure ne peut être ordonnée que par le tribunal tout entier ou, en cas d'urgence, par le tribunal statuant sur référé (Riom, 6 déc. 1878, aff. Avérous, D. P. 80. 2. 3). Jugé, de même, que la demande tendant, soit à l'apposition des scellés sur les livres, papiers et actif d'une société, soit à la nomination d'un administrateur séquestre, étant contentieuse de sa nature, peut bien être formée par voie de référé, mais non par simple requête adressée au président (Paris, 2 janv. 1866, aff. Gibiat, D. P. 66. 2. 25 ; 23 janv. 1866, aff. Moullet, *ibid.* ; 2 mai 1873, aff. Caperon, D. P. 75. 2. 73).

**568.** Il a cependant été jugé que l'ordonnance sur requête qui pourvoit au remplacement d'un séquestre judiciaire investi d'un mandat déterminé, et décédé avant d'avoir terminé sa mission, rentre, à raison de son caractère conservatoire, dans le domaine de la juridiction gracieuse (Paris, 25 avr. 1874, aff. Argand, D. P. 74. 2. 205-206, et sur pourvoi, Civ. rej. 15 mai 1876, D. P. 76. 1. 344). Mais il faut remarquer que, dans cette espèce, il s'agissait, non d'instituer un séquestre, mais de remplacer celui qui avait été précédemment nommé par une décision contentieuse, en sorte que le président n'avait pas, en réalité, à ordonner telle ou telle mesure, mais à assurer l'exécution d'une mesure compétemment ordonnée. C'est en vertu de la même idée que, suivant une pratique constante, au moins à Paris, le tribunal, lorsqu'il ordonne une enquête, un rapport sur une liquidation, etc., et commet un juge à cet effet, décide, en cas d'empêchement, ce magistrat sera remplacé sur simple requête.

**569.** C'est sans doute encore la même idée qui a dicté un arrêt de la cour de Paris (1ᵉʳ mai 1874, aff. Fry, D. P. 75. 2. 73-75) aux termes duquel le président du tribunal est compétent pour prescrire sur requête, préalablement à l'exécution d'un arrêt, des mesures urgentes et transitoires qui laissent intacts les droits respectifs des parties, et peut spécialement décider que des enfants, dont la remise à leur père a été ordonnée par arrêt, seront, en attendant que ledit arrêt puisse être levé et signifié, placés dans une maison tierce. Mais cette dernière solution est fort contestable, car les difficultés relatives à la garde des enfants, en matière de séparation de corps, soulèvent presque toujours une question de personne aussi grave que la question de principe.

**570.** Les ordonnances sont-elles, comme les jugements (V. *supra*, chap. 3, sect. 10), susceptibles de recours ? Pour les ordonnances de référé, point de doute ; la loi a réglé ce point. En la forme, l'opposition n'est jamais admise ; l'appel est, au contraire, recevable (c. proc. civ., art. 809). Au fond, l'appel est recevable en toute matière, pourvu que l'intérêt du litige excède 1500 fr., et au-dessous de ce chiffre, une question de compétence ou d'excès de pouvoir soit engagée (Poitiers, 4 août 1887, aff. Gazeau, D. P. 88. 2. 39).

**571.** Quant aux ordonnances sur requête, la loi ne con-

---

(1) (Bohler C. Hundt.) — La cour ; — Considérant qu'en recourant au dépôt, à la Caisse des consignations, de la somme de 4700 fr., au lieu de fournir caution comme il avait droit de le faire pour assurer l'exécution provisoire du jugement dont est appel, Bohler s'est volontairement soumis à recevoir l'intérêt que paye cette Caisse, et qu'il ne saurait aujourd'hui rendre Hundt responsable de la perte d'intérêts qu'il allègue ;

Déclare Bohler mal fondé dans ses conclusions tendant à faire condamner Hundt à lui payer une somme quelconque à titre de différence ou de complément d'intérêts afférents au montant de la condamnation en principal prononcé contre ledit Hundt, etc.

Du 10 déc. 1864.-C. Paris, 3ᵉ ch.-MM. Barbier, pr.-Bonneville et Poyet, av.

tient point de principe général sur la recevabilité d'un recours, et on en est réduit aux règles, nécessairement assez confuses, que la jurisprudence a dû poser. Un seul point est certain, parce que, exceptionnellement, il a fait l'objet d'une réglementation expresse (c. proc. civ. art. 447) : les ordonnances rendues par le *président du tribunal de commerce* sont susceptibles d'opposition et d'appel (*Rép.* n° 715).

Dans ce cas, l'*opposition*, conformément aux principes généraux qui régissent cette voie de recours, doit être portée devant le magistrat même de qui émane l'ordonnance attaquée. Plusieurs arrêts ont jugé, en ce sens, que l'opposition aux ordonnances sur requête rendues par le président du tribunal de commerce, et permettant de saisir les effets mobiliers du débiteur ou de procéder à d'autres mesures conservatoires, doit être portée devant ce magistrat même, et non devant le tribunal auquel il appartient (Rouen, 21 déc. 1861, D. P. 75. 2. 140, note; Aix, 3 mars 1871, aff. Tomicich, D. P. 72. 2. 41). Décidé, de même, que l'opposition à une ordonnance du président du tribunal de commerce qui a nommé un tiers-arbitre doit être portée devant le président lui-même (Aix, 27 janv. 1871, aff. Bonsignour, D. P. 72. 2. 125 ; Douai, 21 janv. 1884, aff. Bourdois, D. P. 87. 2. 17). — Il a même été jugé (mais le premier point est contestable, sinon le second) que, en matière commerciale, le président du tribunal de commerce est compétent pour autoriser une saisie-arrêt, et que l'ordonnance par laquelle il a autorisé cette saisie est susceptible d'opposition devant lui (Ord. réf. de Saint-Omer, 12 févr. 1886, aff. Gilson, D. P. 86. 3. 120). Dans tous ces cas, l'incompétence du tribunal de commerce est d'ordre public, et doit même être déclarée d'office (Aix, 27 janv. 1871 précité ; 3 mars 1871, précité).

**572.** L'*appel* d'une ordonnance rendue par le président du tribunal de commerce doit, sans nul doute, être porté devant la cour. La seule difficulté porte sur le délai. La jurisprudence décide que la règle suivant laquelle l'appel n'est recevable contre les jugements susceptibles d'opposition qu'après l'expiration du délai accordé pour les attaquer par cette voie, est applicable aux ordonnances rendues par le président du tribunal de commerce en vertu de l'art. 417 c. proc. civ. (V. *suprà*, v° *Appel civil*, n° 71).

**573.** En ce qui concerne les ordonnances rendues, sur requête, par le président du tribunal civil, le doute est grand, faute de texte. — Et d'abord, l'*opposition* est-elle recevable ? Ici encore il faut entendre par ce mot le recours formé devant le magistrat même qui a rendu l'ordonnance. La jurisprudence ne montre que dans une seule hypothèse une tendance à autoriser l'opposition ; c'est dans la matière de l'envoi en possession du légataire universel. Plusieurs arrêts déclarent susceptible d'opposition devant le président l'ordonnance rendue en cette matière, art. 1008 c. proc. civ. (Bastia, 10 janv. 1849, aff. Orsini, D. P. 52. 2. 130 ; 22 mars 1854, aff. Petriconi, D. P. 55. 2. 13 ; Bourges, 18 juin 1855, aff. Guenette, D. P. 75. 2. 105, note *a* ; Besançon, 3 mai 1869, aff. Guillaume, D. P. 69. 2. 163 ; Agen, 7 juill. 1869, aff. Desaugles, D. P. 75. 2. 105, note *b* ; Bourges, 13 mars 1872, aff. Molina, D. P. 72. 2. 208). Mais, même dans cette matière restreinte, l'opinion n'est pas unanime, et plusieurs arrêts se prononcent très expressément contre l'opposition (Riom, 6 mai 1850, aff. Gouy, D. P. 52. 2. 131 ; Bourges, 30 juin 1854, aff. Pornin, D. P. 55. 5. 21).

**574.** Toutefois, la pratique a imaginé un procédé qui rend possible un nouvel examen de l'affaire par le président, et qui est, en cela, fort analogue à l'opposition : le président, en répondant la requête, insère dans son ordonnance cette réserve qu'il lui en sera référé en cas de difficulté. Rien de plus utile et, semble-t-il, de plus légitime. Si ce procédé est condamné par la cour de cassation (Civ. rej. 10 nov. 1885, aff. Bourgeois, D. P. 86. 1. 209 ; Civ.-cass. 16 déc. 1889, aff. Malapert, D. P. 90. 1. 263; 5 mars 1890, aff. Von Hesse, D. P. 90. 1. 477 ; 1er juill. 1890, aff. Thierrée, D. P. 90. 1. 469) dans la matière spéciale des saisies-arrêts où il a reçu sa plus fréquente application, c'est, il faut le remarquer, à raison, non des principes généraux, mais des règles toutes spéciales de la matière, par suite desquelles l'instance de référé vient se heurter à une instance au fond déjà engagée et qui rend le référé impossible (V. les observations de M. Glasson, D. P. 87. 2.

193). Mais, hors cette circonstance exceptionnelle, l'objection cesse, et le procédé reste régulier.

**575.** Un arrêt a proposé (dans la matière de l'envoi en possession) une autre voie de recours : c'est l'opposition qui serait portée, non devant le président, mais devant le tribunal (Besançon, 26 févr. 1868, aff. Coquard, D. P. 68. 2. 92-93) ; et l'on verra que ce procédé a plusieurs fois reçu l'approbation de la jurisprudence, dans le cas d'une ordonnance autorisant l'abréviation des délais d'ajournement (V. *infrà*, n° 589). Mais, pas plus dans l'ordre civil que dans l'ordre commercial (V. *suprà*, n° 571), cette solution n'est admissible, car elle est contraire aux principes généraux de notre organisation judiciaire, où nulle part, on ne voit un tribunal érigé en juge d'appel des actes de son président. Aussi ce procédé est-il condamné. Dans la matière de l'envoi en possession, il a été jugé que, si l'ordonnance d'envoi en possession a posé par le président, conformément à l'art. 1008 c. proc. civ., peut être attaquée par voie d'opposition, le président doit statuer seul sur cette opposition, et ne peut pas renvoyer l'affaire en état de référé devant le tribunal entier, auquel cette attribution n'est pas susceptible d'être déléguée (Bourges, 13 mars 1872, aff. Molina, D. P. 72. 2. 208). Et, en termes généraux, la cour de cassation a posé en principe que le tribunal civil est incompétent pour connaître des demandes tendant directement à l'annulation des ordonnances sur requête rendues par le président (Civ. 26 nov. 1867, aff. Gibiat, D. P. 67. 1. 473), et que la compétence du tribunal est limitée, en cette matière, aux demandes ayant simplement pour objet la suspension de l'exécution des mesures ordonnées ou la réparation des conséquences de cette exécution (Sol. impl. du même arrêt). — Jugé, de même : 1° que, lorsqu'il a été statué par une ordonnance du président rendue sur requête, dans un cas où il ne pouvait être statué que par la voie contentieuse, le tribunal civil est incompétent pour connaître du recours formé contre cette ordonnance (Paris, 6 janv. 1866, aff. Gibiat, D. P. 66. 2. 27) ; — 2° Que la demande en nullité, pour incompétence, d'une ordonnance par laquelle le président d'un tribunal envoie en possession un légataire universel ne doit pas être portée devant le tribunal civil (Dijon, 25 mars 1870, aff. Courtalon, D. P. 74. 5. 306). — Ce procédé est également rejeté par la jurisprudence la plus récente au sujet des ordonnances rendues en matière d'abréviation de délai (V. *infrà*, n° 591).

**576.** Reste l'*appel*. À la vérité, une objection se présente contre cette voie de recours ; l'appel n'est ouvert, en règle générale, qu'à ceux qui ont été parties devant le premier juge et ont succombé. Mais la jurisprudence ne s'est pas arrêtée à cette objection, et la cour de Paris l'a tout spécialement réfutée. D'après son arrêt du 6 janv. 1866 (aff. Gibiat, D. P. 66. 2. 27. V. aussi Paris, 23 janv. 1866, aff. Moullet, sol. impl., *ibid.*), on opposerait vainement que ceux qui n'ont pas été présents à l'audience sont non recevables à appeler de l'ordonnance rendue ; la défense ne peut être interdite en appel par cela seul qu'elle a été rendue impossible en première instance à raison de la procédure irrégulière suivie par le demandeur. Et, en effet, de nombreux arrêts ont proclamé la recevabilité de l'appel contre les ordonnances rendues sur requête ; seulement, il importe de préciser avec soin, d'après les termes mêmes de la jurisprudence, quelles sont les conditions de recevabilité de l'appel en ce cas (Comp. *suprà*, v° *Appel civil*, n° 55).

**577.** Il faut d'abord écarter, comme exclusives d'une solution topique, quelques décisions qui ont autorisé l'appel contre une ordonnance sur requête et une ordonnance de référé connexes. Par exemple, il a été jugé que l'ordonnance sur requête contenant la réserve qu'il en sera référé en cas de difficulté est intimement liée à l'ordonnance sur référé rendue en vertu de cette réserve, et peut, en conséquence, aussi bien que cette dernière ordonnance, être attaquée par la voie de l'appel (Paris, 20 janv. 1877, aff. Philippart, D. P. 77. 2. 67); telle est, spécialement, aux termes du même arrêt, l'ordonnance sur requête autorisant une *apposition de scellés*, et qui a été suivie, en exécution de la réserve qu'elle contenait, d'une ordonnance sur référé portant qu'il serait procédé à la levée des scellés, avec inventaire, par les soins de la partie qui les avait fait apposer. — De cet arrêt, on peut en rapprocher un autre, d'après lequel la décision par laquelle le juge des référés déclare non susceptible d'opposition une de ses ordonnances, notamment celle rendue sur la requête d'un légataire universel demandant à être envoyé en possession, a un caractère contentieux qui la rend susceptible d'appel (Pau, 30 mai 1870, aff. Gerbage, D. P. 71. 2. 84). — A vrai dire, dans ces deux cas, c'est contre l'ordonnance sur référé et non contre l'ordonnance sur requête que l'appel était réellement dirigé. Pour trouver la question entière, il faut supposer une ordonnance sur requête isolée.

**578.** Quelles sont alors les règles qui permettent de déclarer l'appel recevable? — La cour de Grenoble a dit très justement : l'appel contre une ordonnance qui contient une illégalité ou un excès de pouvoir est toujours recevable (Grenoble, 9 août 1848, aff. Chabert, D. P. 49. 2. 123). Or, on l'a vu, *suprà*, n° 567, la voie de la requête n'est ouverte, par opposition au référé, que pour les mesures non contentieuses. Il suit de là que l'ordonnance sur requête est, par exception, susceptible d'appel, toutes les fois que, par suite des circonstances de la cause ou des conséquences de la décision elle-même, elle ne peut plus être considérée comme un acte de juridiction gracieuse, et prend, au contraire, le caractère d'une décision contentieuse (Aix, 29 août 1883, aff. Giraud, D. P. 84. 2. 68). Mais que faut-il entendre par ces mots : une *décision contentieuse?* Quelques arrêts s'attachent à cette circonstance que l'ordonnance a été précédée d'un débat contradictoire entre les parties intéressées (Paris, 18 mai 1850, aff. Debasque, D. P. 54. 5. 466; Poitiers, 29 juill. 1878, aff. Peaucellier, D. P. 79. 2. 75; 17 mars 1880, aff. Bouchet, D. P. 82. 2. 36). — Mais c'est là un fait tout accessoire, et dépourvu d'intérêt. La cour de cassation formule une règle bien plus juridique, lorsqu'elle décide qu'on doit considérer comme un acte de véritable juridiction, susceptible d'appel devant la cour, l'ordonnance sur requête dont les dispositions, au lieu d'avoir un caractère simplement provisoire, entraînent des faits d'exécution définitive (Civ. rej. 26 nov. 1867, aff. Gibiat, D. P. 67. 1. 473); il en est ainsi spécialement de celle qui ordonne l'expulsion *manu militari* des anciens gérants d'une société et l'installation à leur place de deux administrateurs séquestres, dans les termes de l'art. 1961 c. civ., avec exécution sur minute, avant l'enregistrement, et nonobstant tout recours en référé. — Tel est le point qu'il faut considérer; et c'est en ce sens qu'on doit entendre un arrêt de la cour de Bordeaux (23 juin 1885, aff. Mallet, D. P. 86. 2. 197), suivant lequel une ordonnance sur requête est susceptible d'appel, lorsqu'elle fait grief aux droits ou aux intérêts d'une partie. Ainsi, d'après cet arrêt, l'appel est recevable contre une ordonnance qui a nommé le gérant provisoire de l'office d'un notaire décédé, sans tenir compte de la désignation faite dans la requête par les héritiers. Il en est de même de l'appel dirigé contre une ordonnance qui a prescrit le dépôt d'un testament entre les mains d'un notaire, sans tenir compte du choix du légataire universel (Même arrêt). Si une ordonnance fait grief aux droits d'un tiers, elle ne peut être prononcée, à peine d'injustice, qu'après avoir entendu la défense de ce tiers; elle est donc nécessairement contentieuse.

**579.** Une autre illégalité qui, suivant le principe posé *suprà*, n° 578, autorise l'appel contre l'ordonnance rendue sur requête, c'est l'incompétence du magistrat qui l'a rendue. C'est un principe de droit commun que toute question de compétence est susceptible du double degré de juridiction. Aussi a-t-il été jugé : 1° que l'ordonnance sur requête portant déclaration d'incompétence est susceptible d'appel, et qu'il en est spécialement ainsi de l'ordonnance par laquelle le président refuse, pour cause de litispendance devant un tribunal civil, de statuer sur la requête d'un légataire à fin de nomination d'un séquestre auquel seraient remis les titres et valeurs de la succession (Riom, 6 déc. 1878, aff. Averous, D. P. 80. 2. 3); — 2° Que, sans qu'il y ait à rechercher si, en principe, l'ordonnance par laquelle le président du tribunal, statuant sur simple requête, envoie un légataire universel en possession de son legs, est susceptible d'appel, l'appel est, en tout cas, recevable, lors-

qu'il est fondé sur l'incompétence du président qui a statué (Riom, 29 nov. 1879, aff. Rouger, D. P. 81. 2. 66).

**580.** Les principes que l'on vient d'établir ont reçu, dans la jurisprudence, des applications très diverses. On exposera ici celles dont l'examen n'a pas trouvé place ailleurs, ou sur lesquelles de nouvelles explications paraissent utiles.

**581.** L'ordonnance du président qui, conformément à l'art. 1008 c. civ., statue sur l'*envoi en possession* du légataire universel institué par testament olographe, est-elle susceptible d'appel? V. sur ce point *suprà*, v° *Dispositions entre vifs et testamentaires*, n°s 917 et suiv., où la question a été complètement traitée.

**582.** Sur la question de savoir si l'ordonnance qui prescrit le *dépôt* chez un notaire *d'un testament olographe* est susceptible d'appel, V. également, *suprà*, v° *Dispositions entre vifs et testamentaires*, n° 697. Aux arrêts cités, *ibid.* dans le sens de l'affirmative, *Adde:* Montpellier, 3 déc. 1870, aff. Vilar, D. P. 75. 2. 73; Bordeaux, 23 juin 1885, aff. Mallet, D. P. 86. 2. 197. — *Contrà*, Paris, 27 août 1872, aff. Riboulet. D. P. 75. 2. 73.

**583.** En matière d'*inventaire*, la cour d'Orléans (27 nov. 1857, aff. Perrat, D. P. 61. 5. 471) a déclaré susceptible d'appel l'ordonnance qui, en présence d'une contradiction existant entre l'héritier légitime et l'héritier testamentaire, désigne le notaire par qui l'inventaire sera dressé.

**584.** Diverses ordonnances peuvent intervenir au cours des instances en divorce ou en séparation de corps. Les ordonnances sont-elles susceptibles de recours? V. sur ce point, *suprà*, v° *Divorce et séparation de corps*, n°s 187, 261 et suiv.

**585.** La matière des *saisies*, et surtout des saisies-arrêts, est l'une de celles où les ordonnances du juge et les appels d'ordonnances sont les plus fréquents. Aux termes de l'art. 558 c. proc. civ., à défaut de titre, la saisie-arrêt est autorisée, sur requête, par ordonnance du juge. Cette ordonnance est-elle susceptible de recours? La question a été traitée au *Rép.* v° *Saisie-arrêt*, n° 121 et suiv.; mais il est nécessaire de la reprendre, à raison des nouveaux éléments que fournit, pour sa solution, la jurisprudence postérieure au *Répertoire*. A part l'arrêt de la cour de Rouen du 2 févr. 1841, aff. Culin, D. P. 52. 5. 26, cité au *Rép.* n° 711-7°, la jurisprudence est unanime à interdire et l'opposition et l'appel (Montpellier, 7 avr. 1854, aff. Granier, D. P. 55. 2. 193; Paris, 15 mars 1856, aff. Landreville, D. P. 56. 2. 138; 6 août 1866, aff. Dufour, D. P. 67. 2. 65; 23 mars 1867, aff. Mazoyer, D. P. 67. 2. 66).

**586.** Cette jurisprudence, d'ailleurs exacte, et à laquelle on s'est associé au *Rép.* n° 711-7°, n'a pas peu contribué à développer la pratique, signalée *suprà*, n° 574, d'insérer dans l'ordonnance, ainsi déclarée inattaquable, une réserve de référé. — Toutefois, pendant de longues années, ce détour de la pratique demeura à peu près inefficace, car la jurisprudence déclarait très nettement que, lorsque le président n'a accordé la permission de former une saisie-arrêt que sous réserve de référé, la nouvelle ordonnance par laquelle, le référé étant introduit, il maintient (ou rétracte) l'autorisation, ne peut, en ce qu'elle n'est que le complément de la première et rentre ainsi dans le pouvoir discrétionnaire du président, être frappée d'appel (Paris, 16 déc. 1843, aff. Best, D. P. 52. 5. 25; 18 mars 1847, aff. Pilotet, D. P. 47. 4. 14; Rouen, 9 août 1851, aff. Revand, D. P. 52. 5. 25; Paris, 21 janv. 1852, aff. Cadry, D. P. 52. 5. 25; 8 avr. 1853, aff. Vauvillé, D. P. 54. 2. 90; Montpellier, 7 avr. 1854, aff. Granier, D. P. 55. 2. 193; Paris, 15 mars 1856, aff. Landreville, D. P. 56. 2. 138; Paris, 24 juill. 1858, aff. Barba, D. P. 58. 2. 144; Bastia, 12 févr. 1859, aff. Guitton, D. P. 59. 2. 151; Lyon, 6 mai 1861, aff. Robert, D. P. 61. 2. 113; Paris, 3 et 4 mai 1867, aff. Deschars et Argand, D. P. 67. 2. 159; 31 déc. 1867, aff. de Choiseuil, D. P. 71. 5. 285; 31 juill. 1871, aff. Courboulins, D. P. 71. 2. 244; 6 et 19 févr. 1872, aff. Lenoir et Raux, D. P. 72. 2. 227; Bordeaux, 16 juill. 1872, aff. Bonnet, D. P. 75. 2. 105-108; Paris, 2 mai 1873, aff. Caperon, D. P. 75. 2. 73). — L'esprit de cette jurisprudence s'est maintenu jusqu'à une époque récente, comme en font foi les arrêts suivants qui ont décidé : 1° que l'ordonnance de référé portant rétractation d'une autorisation de saisir-arrêter accordée avec réserve du droit de revision, rentre, comme l'ordonnance d'autorisation, dans le pouvoir discrétionnaire du président, et ne peut pas plus que celle-ci être attaquée par la voie de l'appel (Aix, 11 avr. 1878, aff. Capdeville, D. P. 78. 2. 246-247); — 2° Que, de même, l'ordonnance du président, statuant en référé, qui rétracte une première ordonnance sur requête, par laquelle il avait autorisé une saisie-arrêt sous la réserve qu'il lui en serait référé en cas de difficulté, n'est pas susceptible d'appel, bien qu'elle soit intervenue contradictoirement, lorsqu'elle se fonde sur le sens de la réserve exprimée et l'inexacte appréciation des faits qui ont motivé la première ordonnance (Paris, 20 juill. 1880, aff. Cornier. D. P. 81. 2. 30); — 3° Que l'appel interjeté contre une ordonnance de référé rendue par le président à la suite d'une première ordonnance accordée sur requête et autorisant une *saisie-arrêt* est non recevable, alors que cette première ordonnance n'a été rendue par le président qu'à charge de lui en référer en cas de difficulté (Paris, 15 déc. 1882, aff. Lestard, D. P. 83. 2. 97). — L'appel était ainsi déclaré non recevable, quel que fût le sens de la seconde ordonnance, soit qu'elle confirmât la première (Montpellier, 5 avr. 1854, aff. Granier, D. P. 55. 2. 193), — soit qu'elle la rapportât dans son entier (Paris, 8 avr. 1853, aff. Vauvillé, D. P. 54. 2. 90; 15 mars 1856, aff. Landreville, D. P. 56. 2. 138), soit qu'elle en restreignît seulement la portée (Bastia, 12 févr. 1859, aff. Guitton, D. P. 59. 2. 151; Lyon, 6 mai 1861, aff. Robert, D. P. 61. 2. 113), par exemple, en réduisant la somme pour le payement de laquelle la saisie-arrêt avait été autorisée (Paris, 24 juill. 1858, aff. Barba, D. P. 58. 2. 144; Bordeaux, 16 juill. 1872, aff. Bonnet, D. P. 75. 2. 108). — Enfin la jurisprudence ne restreignait même pas la non-recevabilité de l'appel au cas où la décision intervenue en état de référé émanait du président seul, mais même au cas où, sur renvoi, elle émanait du tribunal entier. En effet, la cour de Paris (25 août 1860, aff. Saillard, D. P. 60. 5. 318) avait jugé que l'ordonnance rendue par le tribunal, sur renvoi du président en état de référé, et qui avait statué sur des conclusions tendant à faire interpréter la permission de saisir-arrêter, antérieurement accordée par le président, n'était pas susceptible d'appel.

**587.** Mais la jurisprudence contraire a fini par prévaloir, non seulement dans le cas où la seconde ordonnance intervenait sans que la première contînt des réserves de référé (Paris, 11 févr. 1868, aff. Leleux, D. P. 71. 2. 85; 28 janv. 1870, aff. Regnard, D. P. 71. 2. 164; 30 avr. 1870, aff. Avenin, D. P. 71. 2. 85. V. toutefois, Paris, 8 août 1871, aff. Gilles, D. P. 75. 2. 105), mais même dans le cas inverse, et il est aujourd'hui de jurisprudence constante que, si l'ordonnance à fin de permis de saisie-arrêt n'est pas susceptible d'appel, il en est autrement de l'ordonnance de référé portant rétractation de la permission que le juge avait accordée sous réserve de lui en référer en cas de difficulté (Bordeaux, 14 avr. 1856, aff. Rodel, D. P. 56. 2. 215; Paris, 16 juin 1866, aff. Roux, D. P. 67. 2. 159; 6 août 1866, aff. Dutour, et 23 mars 1867, aff. Mazoyer. D. P. 67. 2. 65-66; Alger, 19 nov. 1870, aff. Chamaouni, D. P. 75. 2. 105-108; Montpellier, 3 déc. 1870, aff. Vilar, D. P. 73. 2. 73-76; 26 déc. 1870, aff. Pradier, D. P. 72. 2. 227 ; Alger, 29 avr. 1872, aff. Trabet, D. P. 72. 2. 227; Rouen, 17 juill. 1879, aff. Boutigny, D. P. 80. 2. 32; Paris, 28 août 1879, aff. Guillot, D. P. 81. 2. 30-31; Bordeaux, 22 juill. 1886, aff. Nègre, D. P. 87. 2. 193; Aix, 29 nov. 1886, aff. Taillemet, D. P. 87. 2. 193; Poitiers, 4 août 1887, aff, Gazeau, D. P. 88. 2. 239). — Ce deuxième système peut être considéré comme définitif, car il a pour lui l'autorité de la cour de cassation, qui a expressément jugé que, lorsque le président du tribunal, après avoir rendu une première ordonnance sur requête portant permission de saisie-arrêt, statue par une seconde ordonnance, en référé et après débat contradictoire, sur l'exécution de la première ordonnance, l'appel doit être admis contre cette seconde ordonnance, qui a, en effet, un caractère contentieux (Civ. rej. 10 nov. 1885, aff. Bourgeois, D. P. 86. 1. 209).

**588.** Les mêmes questions se posent à l'occasion de saisies autres que la saisie-arrêt, et, par exemple, au sujet de la *saisie conservatoire.* La cour de Paris, contrairement à la jurisprudence qu'elle a maintes fois proclamée en matière de saisie-arrêt (V. *suprà*, n° 585), a jugé que l'ordonnance sur requête par laquelle le président du tribunal civil a autorisé une saisie conservatoire peut être directement

attaquée par la voie de l'appel (Paris, 17 août 1875, aff. Kohl, D. P. 76. 2. 40). Mais cette dérogation peut se justifier par cette considération que, en cette matière, une question de compétence est engagée, car la compétence du président du tribunal pour autoriser les saisies conservatoires est loin d'être indiscutable. Dans tous les cas, en ce qui touche, non plus la première ordonnance, rendue sur requête, mais la seconde, rendue sur référé, la cour de Paris s'est conformée à la jurisprudence aujourd'hui dominante (V. *suprà*, n° 587), en déclarant également susceptible d'appel l'ordonnance par laquelle le président du tribunal civil, statuant en vertu de la réserve insérée dans une précédente ordonnance sur requête portant permis de saisie conservatoire, a maintenu cette saisie (Paris, 30 juill. aff. Courtois, 1875, D. P. 76. 2. 40).

**589.** Une ordonnance qui intervient très fréquemment, surtout à Paris où la plupart des instances s'engagent sous cette forme, c'est celle qui, vu l'urgence, autorise l'*assignation à bref délai.* Est-elle susceptible de recours ; et, si on admet l'affirmative, quel recours comporte-t-elle? Les solutions admises à ce sujet par la jurisprudence ont été sommairement indiquées, *suprà*, v° *Appel civil*, n° 59. A raison de son importance, il convient d'examiner ici ce point d'une façon plus approfondie.

Sur la question préliminaire elle-même, l'accord est loin d'être fait en jurisprudence. La cour de cassation se prononce depuis longtemps (4 janv. 1841, aff. Laur, *Rép.* n° 711, note 1) en ce sens que l'ordonnance n'est pas souveraine et qu'elle peut être attaquée. Elle en conclut que, faute de recours régulier, cette ordonnance devient définitive et irréfragable. C'est ce système que la cour de Paris a suivi, le 8 avr. 1853 (aff. Vauvillé, D. P. 54. 2. 90), en décidant que, lorsque l'ordonnance d'un président de cour impériale portant permission d'assigner à bref délai n'a pas été attaquée, on n'est pas recevable à demander la nullité de la citation délivrée en vertu de cette ordonnance.

**590.** Mais alors se pose la question de savoir dans quelle forme l'ordonnance doit être attaquée. M. Troplong, rapporteur de l'arrêt précité de la chambre des requêtes, en 1841 (*Rép.*, n° 711, et note, p. 410, col. 1), signalait trois voies de recours : l'opposition devant le siège dont le président avait rendu l'ordonnance, l'appel et le pourvoi en cassation. De pourvoi en cassation, la jurisprudence ne nous offre point d'exemple. L'appel a été admis par la cour de Paris (8 déc. 1852, aff. Wurtz, D. P. 56. 2. 20). Mais le système de l'opposition est celui qui a recueilli le plus de suffrages. D'après la chambre civile, l'ordonnance du président portant permission d'assigner à bref délai, avec dispense du préliminaire de conciliation, est susceptible de recours, et peut être attaquée par voie d'opposition devant le tribunal, sans qu'il soit nécessaire de se pourvoir par appel devant la cour (Civ. cass. 25 juill, 1854, aff. Grimaldi, D. P. 55. 1. 178). La cour d'Aix a jugé, dans le même sens, que l'ordonnance du premier président d'une cour d'appel portant permission d'abréger les délais peut être attaquée par voie d'opposition devant la cour (Aix, 11 déc. 1858, aff. Beaucourt, D. P. 75. 2. 105, note c). — Mais ce système paraît contraire aux principes qui ont été posés *suprà*, n° 575. Il ne serait, semble-t-il, acceptable, qu'autant qu'une discussion s'engagerait devant le tribunal, non pas au moyen d'un recours direct contre l'ordonnance, mais au cours des débats de l'affaire au fond. C'est ainsi que la cour de Paris l'a entendu, dans son arrêt du 25 juill. 1851 (aff. Bellanger, D. P. 54. 2. 89). D'après cet arrêt, le pouvoir discrétionnaire, qui appartient au président, d'abréger, par une ordonnance rendue sur requête, les délais d'assignation, ne donne pas à cette ordonnance le caractère d'une décision souveraine sur le point de savoir si le cas requérait ou non célérité; en conséquence, la partie assignée à bref délai sur ordonnance du président peut opposer, devant le tribunal, que le cas ne requérait pas célérité, et qu'ainsi la demande n'était pas dispensée du préliminaire de conciliation. La cour de Toulouse (28 août 1884, aff. Septfonds, D. P. 85. 2. 217) a jugé de même, en tant qu'elle dispense du préliminaire de conciliation, l'ordonnance du président est purement provisoire et aux risques et périls de celui qui l'obtient; et que, en conséquence, l'ajournement n'en est pas moins nul, malgré cette permission du président, s'il est établi plus tard; par le défenseur, que l'affaire ne requérait pas de célérité. — On voit, par tous ces exemples, combien la jurisprudence, voulant instituer un recours en dehors d'un texte de loi, est confuse et arbitraire.

**591.** C'est cet arbitraire même qui a déterminé la jurisprudence la plus récente à repousser, en principe, toute idée de recours. Dès le 6 janv. 1863 (aff. Desgranchamp, D. P. 63. 2. 112), la cour de Besançon avait jugé que les ordonnances du président en cette matière n'ont rien de contentieux et constituent des actes de juridiction volontaire ; qu'ainsi l'ordonnance rendue sur requête qui dispense de la conciliation préalable laisse subsister dans sa plénitude le droit qui appartient au tribunal d'apprécier, après débat contradictoire, le mérite des exceptions auxquelles peut donner lieu devant lui l'absence du préliminaire de conciliation, et que, dès lors, cette ordonnance ne peut être attaquée par voie d'appel devant la cour. Jugé, de même : 1° que l'ordonnance du président autorisant la partie requérante à assigner à bref délai, et la dispensant du préliminaire de conciliation, constitue un acte de juridiction gracieuse et volontaire qui n'est pas susceptible d'appel (Toulouse, 28 août 1884, aff. Sepifonds, D. P. 85. 2. 217) ; — 2° Que l'ordonnance rendue sur requête, par laquelle le président d'un tribunal autorise l'assignation d'une partie pour telle audience déterminée, n'a point les caractères d'un véritable jugement ; qu'elle ne constitue qu'une simple mesure d'ordre, et n'est, dès lors, pas susceptible d'appel ; qu'en conséquence, le tribunal peut valablement statuer sur ladite assignation, sans tenir compte de l'appel interjeté contre l'ordonnance en vertu de laquelle il a été saisi, cet appel ne pouvant avoir d'effet suspensif (Rennes, 20 mai 1879, aff. de Pontlevoye, D. P. 81. 2. 8).

**592.** Sur le cas où le président du tribunal ne s'est pas borné à autoriser l'assignation à bref délai, mais a, en outre, dispensé le demandeur du préliminaire de conciliation, V. *suprà*, v° *Appel civil*, n° 60.

**593.** En dehors des cas ci-dessus, qui sont de beaucoup les plus fréquents, il est un grand nombre d'hypothèses où des ordonnances peuvent intervenir, et l'on peut se demander si elles sont susceptibles de recours. — A titre d'exemple, nous citerons l'ordonnance, provoquée par le ministère public, par laquelle le président du tribunal confie provisoirement le dépôt des minutes à un notaire décédé à un notaire de son choix. La cour de Bourges l'a déclarée susceptible d'appel ; et elle a jugé de même quant à l'ordonnance par laquelle le président du tribunal rejette la demande des héritiers, tendant à la nomination d'un notaire de leur choix en remplacement de celui désigné à la première ordonnance (Bourges, 8 mars 1871, aff. Gouin, D. P. 72. 2. 62). Mais la cour de Bordeaux (23 juin 1885, aff. Mallet, D. P. 86. 2. 197) n'a adopté ce système qu'en partie : elle a bien décidé, sur le second point, que les héritiers d'un notaire décédé ont le droit de choisir le notaire qui sera le gérant provisoire de l'office pendant la vacance, et que le président du tribunal ne peut, sans excès de pouvoir, se refuser à nommer celui qu'ils ont choisi, s'il présente d'ailleurs toutes les garanties désirables et, en conséquence, elle a déclaré recevable l'appel dirigé contre une ordonnance qui avait nommé le gérant provisoire de l'office, sans tenir compte de la désignation faite dans la requête par les héritiers ; mais, sur le premier point, elle a, au contraire, déclaré non recevable l'appel formé contre l'ordonnance rendue aux mêmes fins sur la demande du ministère public (Même arrêt).

## CHAP. 5. — Des jugements en matière criminelle
(*Rép.* n°s 736 à 901).

§ 1. — Caractères constitutifs des jugements criminels. — Composition du tribunal. — Présence des juges à toutes les audiences de la cause (*Rép.* n°s 737 à 746).

**594.** — I. COMPOSITION RÉGULIÈRE DU TRIBUNAL. — De même qu'en ce qui concerne les jugements en matière civi-

le, cette matière a été traitée au *Rép.* v° *Organisation judiciaire*, n°s 538 et suiv., 558 et suiv. ; on y reviendra, *infrà*, eod. v°. — V. aussi, quant à la règle qui exige la présence du ministère public pendant le cours des débats et lors du jugement, *infrà*, v° *Ministère public ; Rép.* eod. v°, n°s 61 et suiv.

**595.** — II. PRÉSENCE DU JUGE A TOUTES LES AUDIENCES DE LA CAUSE (Comp. *suprà*, n°s 24 et suiv.). — On a vu au *Rép.*, n° 738, que le principe formulé *suprà*, n°s 24 et suiv., est commun à toutes les juridictions répressives. L'art. 7 de la loi du 20 avr. 1810, qui frappe de nullité les décisions rendues par des juges qui n'ont pas assisté à toutes les audiences, s'applique même aux tribunaux de simple police (Crim. rej. 4 déc. 1857, aff. Collier, D. P. 58. 1. 94. Conf. (Sol. impl.) Crim. rej. 29 août 1861, aff. Beaufils, D. P. 62. 1. 98). Ainsi le jugement de simple police est nul s'il a été rendu sur le fondement d'une enquête qui s'est faite à une audience tenue par un magistrat autre que celui duquel émane ledit jugement (Crim. cass. 1er déc. 1860, aff. Mossiani, D. P. 61. 5. 279).

**596.** Le principe étant ainsi posé, il reste à en préciser l'application, en déterminant à quelles audiences et à quelles personnes s'applique l'exigence de la loi.

Par *audiences*, le paragraphe 2 de l'art. 7 de la loi du 20 avr. 1810 n'a entendu parler que des audiences relatives à la contestation que le jugement définitif avait pour but de terminer, et non des audiences qui ont précédé un premier jugement prescrivant une mesure d'instruction (Crim. rej. 4 déc. 1857, aff. Collier, D. P. 58. 1. 94 ; *Rép.* n° 741). Ainsi, le défaut d'assistance à la première audience de l'affaire ne rend pas le nouveau juge incapable de statuer, lorsque, cette première audience n'ayant donné lieu qu'à une remise pour une assignation de témoins, ce juge a pu assister à la totalité de l'instruction orale et statuer ainsi en pleine connaissance judiciaire de la cause (Crim. rej. 29 août 1861, aff. Beaufils, D. P. 62. 1. 98). — De même, la circonstance que l'audience dans laquelle le juge de police a statué sur la prévention a été précédée, pour la même affaire, d'autres audiences tenues par un suppléant, est sans influence sur la validité du jugement, s'il résulte de celui-ci qu'il a été procédé, à l'audience de la prononciation, à une instruction complète et régulière, et s'il est n'indique que le juge de police ne s'est appuyé sur aucun des éléments résultant des audiences antérieures (Crim. cass. 13 avr. 1866, aff. Peretti, D. P. 66. 5. 270). — De même encore, l'art. 7 de la loi du 20 avr. 1810, aux termes duquel les juges doivent assister à toutes les audiences de la cause, n'est pas applicable au cas où, le personnel du tribunal de police ayant été changé, la poursuite au fond est soumise à un juge autre que celui qui a prononcé le jugement interlocutoire (Crim. cass. 10 janv. 1879, aff. Mayeur, D. P. 79. 1. 276).

**597.** Mais, en revanche, la présence de tous les magistrats est essentielle à l'audience où ont eu lieu les rapports de l'affaire (Crim. cass. 2 janv. 1847, aff. Givelet, D. P. 47. 4. 16 ; 14 avr. 1848, aff. Gauthier, *Rép.* n° 738-6° ; 10 août 1848, aff. Prevel, *Rép.* n° 738-8° ; 3 déc. 1859, aff. Bachelet, D. P. 60. 1. 51), ou l'interrogatoire du prévenu (Civ. cass. 14 avr. 1848, précité).

**598.** Tous les *magistrats* qui prennent part à l'arrêt sont également soumis à la nécessité d'une présence ininterrompue aux audiences. Toutefois il en est un pour lequel la règle est particulièrement rigoureuse : c'est le rapporteur. Non seulement il faut que, comme tous les autres, il ait assisté à toutes les audiences, s'il prend part à l'arrêt, mais il faut nécessairement qu'il prenne part à l'arrêt ; et l'arrêt rendu par des magistrats en nombre suffisant et ayant assisté à toutes les audiences, n'en serait pas moins nul, si le rapporteur n'était point parmi ceux-là (Crim. cass. 30 juill. 1874) (1).

**599.** Les règles qui précèdent sont si rougoureuses que, lorsqu'elles ont été violées, l'irrégularité qui en résulte n'est pas susceptible de se couvrir. Il a été jugé, en effet, que la nullité résultant de ce qu'un jugement correctionnel a été rendu avec le concours d'un magistrat qui n'a pas assisté à toutes les audiences, et devant lequel n'a pas été reprise

---

(1) (Trian et Guy.) — LA COUR ; — Sur le moyen tiré de la violation des art. 209 et 210 c. instr. crim , et 35 du décret du

30 mars 1808, en ce que le conseiller rapporteur n'aurait pas été présent à l'audience dans laquelle l'arrêt attaqué a été rendu ;

l'instruction orale précédemment faite, n'est pas couverte par le consentement que le prévenu aurait donné à ce que les débats fussent continués dans ces conditions irrégulières (Crim. cass. 2 déc. 1869, aff. Jangot, D. P. 70. 1. 320). Il n'y a qu'une seule manière de rétablir la régularité du jugement, c'est de faire recommencer les débats. En effet, l'absence à l'audience qui a un arrêt a été rendu d'un magistrat qui assistait aux audiences dans lesquelles la cause a été instruite et plaidée, et son remplacement par un conseiller qui ne siégeait pas aux audiences précédentes ne sauraient créer une cause de nullité, lorsqu'il est constaté par l'arrêt que, en raison de la nouvelle composition de la cour, les débats ont été entièrement repris après un nouveau rapport (Crim. rej. 9 mars 1888, aff. Rubat du Mérac, D. P. 88. 1. 444). Mais cette précaution est de rigueur, et il a été jugé, spécialement, que le jugement rendu par un juge de police qui n'a pas assisté à toutes les audiences de l'affaire est nul, si ce juge a omis de faire recommencer devant lui l'instruction (Crim. cass. 19 août 1869, aff. Carrière, D. P. 70. 1. 446); il en est ainsi, notamment, lorsque le juge de police a fait état, dans ce jugement, de dépositions faites à une audience tenue par son suppléant (Même arrêt).

**600.** Comment se fera donc la preuve de la composition du tribunal? — Il faut appliquer ici les règles qui ont été posées (*suprà*, nos 326 et suiv.) en matière civile. La feuille d'audience fait connaître le nom des magistrats qui ont assisté au prononcé du jugement, et la présence de ces magistrats aux audiences antérieures est présumée. Elle ne l'est toutefois qu'autant que le contraire n'est pas établi : la présomption que les magistrats présents à l'audience où un arrêt a été rendu ont siégé à toutes celles qui ont été consacrées à l'instruction d'une affaire, peut être détruite par la preuve contraire, spécialement par la production d'un arrêt rendu sur un incident et dans lequel ne figurait pas l'un des magistrats présents à la dernière audience (Crim. cass. 29 janv. 1886, aff. Duplay, D. P. 86. 1. 429). Il en serait, d'ailleurs, autrement s'il était mentionné, dans l'arrêt qui a statué sur l'incident, que le magistrat qui a pris part à la décision définitive assistait à l'audience où l'incident a été vidé, mais s'était abstenu de prendre part au délibéré pour se conformer aux prescriptions de l'art. 1er, § 3, de la loi du 30 août 1883 (Motifs du même arrêt).

### § 2. — Sur quoi le juge doit statuer. — Citation. — Conclusions
(*Rép.* nos 747 à 763).

**601.** Le juge doit, en matière criminelle comme en matière civile, statuer sur les choses qui lui sont demandées sans en rien omettre (*Rép.* n° 748), et sans rien accorder au delà (*Rép.* n° 749). La demande de condamnation produite devant le juge, par les réquisitions du ministère public (*Rép.* n° 758) ou par les conclusions de la partie civile peut porter sur trois points différents : 1° l'application de la loi pénale; 2° les réparations civiles; 3° les dépens.

**602.** — I. APPLICATION DE LA LOI PÉNALE. — L'application de la loi pénale est requise par la partie publique, que le prévenu soit cité à sa requête, ou que la partie civile l'ait cité directement. Dans l'un et l'autre cas, c'est la citation, et non les conclusions orales du ministère public, qui déterminera sur quoi le juge doit statuer. Sur chaque point relevé par la citation, le juge doit donner une solution, et rien ne peut l'en dispenser, ni le silence du ministère public, ni la conviction qu'il n'y a point

lieu de punir. — Jugé, sur le premier point : 1° que le tribunal de police est tenu de prononcer, même en l'absence de conclusions du ministère public, sur chacune des contraventions signalées par le procès-verbal qui lui est déféré (Crim. cass. 19 févr. 1858, aff. Dufour, D. P. 59. 1. 334); — 2° Que le défaut de décision du juge de police, sur l'un des chefs de la prévention, entraîne la nullité du jugement, même dans le cas où le ministère public ne se serait pas expliqué sur le chef omis (Crim. cass. 20 janv. 1860, aff. Lebailly, D. P. 60. 5. 212). — Jugé, sur le second point : 1° que la déclaration d'un prévenu, devant le tribunal de police, qu'il assume sur lui la responsabilité de la contravention, ne dispense pas le juge de statuer à l'égard des autres prévenus en cause; que, par suite, à défaut d'un acquittement motivé, la poursuite reste non vidée à leur égard (Crim. cass. 18 août 1860, aff. Pouzan, D. P. 60. 5. 243); — 2° Que le juge de simple police est tenu de rendre un jugement sur la poursuite, dans le cas même où la prétendue contravention qui en est l'objet n'est que la continuation d'un fait sur lequel il s'est expliqué par un précédent jugement, et où il estimerait qu'il lui suffit de se référer à cette dernière décision et de renvoyer la cause au juge supérieur (Crim. cass. 22 janv. 1870, aff. Revil-Signorat, D. P. 70. 1. 441).

**603.** La mission du juge est triple : il doit : 1° constater le fait; 2° le qualifier; 3° en tirer la conséquence au point de vue pénal. Le tribunal doit d'abord constater le fait qui forme l'objet de la poursuite, et non seulement le constater dans son for intérieur, mais le préciser dans son jugement. La cour de cassation a formellement jugé que, en matière correctionnelle, notamment en matière d'escroquerie, les cours et tribunaux doivent énoncer les faits qui servent de base soit à l'acquittement, soit à la condamnation qu'ils prononcent, et que l'omission commise à cet égard entraîne la cassation (Crim. cass. 28 avr. 1888, aff. Chanel, D. P. 88. 1. 493). Cela est indispensable, afin de permettre à la cour de cassation d'exercer utilement son contrôle, alors surtout que les énonciations incomplètes, ou contradictoires et inconciliables, de l'arrêt laissent indécis le caractère et même l'identité des faits sur lesquels s'est porté l'examen de la cour (Même arrêt). Cette espèce fournit la meilleure justification de la règle dont il s'agit : l'arrêt attaqué, après avoir déclaré que les actes incriminés étaient différents de ceux qui étaient compris dans une poursuite antérieure, visait précisément, dans l'analyse à laquelle il se livrait, les infractions que cette poursuite embrassait, et il se refusait à en faire état, sous le prétexte que la décision dont ils avaient été l'objet interdisait de les retenir au point de vue spécial où ils étaient à nouveau relevés. Le même arrêt, pour écarter le caractère frauduleux des manœuvres reprochées aux administrateurs d'une société prévenus d'avoir trompé le public sur la situation réelle de la société, se fondait spécialement sur ce qu'ils avaient pour but de soutenir le cours de ses actions. Ces contradictions étaient, autant que possible, flagrantes, et elles montrent combien il est nécessaire que les juges du fond énoncent les faits qui forment la base de leur décision.

**604.** 2° Le fait une fois constaté, le juge doit le qualifier. Ici encore, il doit être guidé par la citation. Toutefois, rien ne lui interdit de donner au fait poursuivi une qualification différente de celle proposée par la citation. La seule réserve c'est qu'il ne peut pas, sous ce prétexte, statuer sur un fait nouveau que la citation n'avait pas visé (Poitiers, 2 févr. 1883)(1). Ainsi, lorsqu'un officier de l'état civil est poursuivi

---

— Vu lesdits articles; — Attendu qu'il résulte de leur combinaison que, lorsqu'une affaire est portée en appel, elle doit être jugée sur le rapport d'un conseiller, lequel doit opiner le premier; — Attendu que, de ces différents textes, ressort la nécessité absolue pour le conseiller rapporteur d'être présent au prononcé de la prononciation de l'arrêt inclusivement, puisque cette prononciation seule donne à l'arrêt son caractère judiciaire et définitif; — Attendu que le concours du rapporteur est un des éléments spéciaux et nécessaires de la composition régulière et légale de la juridiction qui statue; — Que sa présence à toutes les audiences consacrées au débat, et notamment à celle dans laquelle l'arrêt est prononcé, est substantielle; — Que son absence à ce moment doit entraîner la nullité de l'arrêt; — Attendu que, s'il résulte de l'arrêt attaqué que le conseiller Brault a fait son rapport à l'au-

dience du 18 avril, et qu'il a opiné le premier lors de la délibération dont la date n'est pas précisée, le même arrêt constate qu'il a été prononcé à l'audience du 24 avril, et que le conseiller Brault, rapporteur, ne figurait pas parmi les magistrats qui ont assisté et pris part à la prononciation de l'arrêt; — Que l'on ledit arrêt a expressément violé les dispositions des art. 209 et 210 c. instr. crim., et 35 du décret du 30 mars 1808; — Casse l'arrêt rendu le 24 avr. 1874 par la cour d'appel de Poitiers, chambre correctionnelle, etc.
Du 30 juill. 1874.-Ch. crim.-MM. de Carnières, pr.-Roussel, rap.-Bédarrides, av. gén.-Chambareaud, av.

(1) (Desnouhes.) — LA COUR; — Attendu que Desnouhes, officier de l'état civil de la commune de Pouzauges, a été traduit

pour avoir procédé à un mariage sans s'être assuré du consentement des ascendants (c. pén. art. 193), le tribunal ne peut retenir à sa charge le fait, tout différent, d'avoir procédé sans se faire représenter les actes respectueux (c. civ. art. 157) (Même arrêt).

Au surplus, la qualification du fait délictueux a, bien souvent, une portée plus pratique que théorique. En effet, l'erreur dans la qualification du fait dont l'accusé ou prévenu est reconnu coupable n'est, pas plus que l'erreur dans la citation de la loi, une cause de nullité, lorsque la peine appliquée trouve une base suffisante dans les faits, envisagés au point de vue de la qualification, même moins grave, qu'ils comportaient exclusivement (Crim. rej. 25 janv. 1861, aff. Chedal-Barnu, D. P. 61. 5. 280). — V. toutefois *infra*, v° *Presse-outrage*.

**605.** 3° Après avoir constaté et qualifié le fait, il y a lieu pour le juge d'en tirer la conséquence légale, c'est-à-dire de prononcer la condamnation prescrite par la loi. A ce point de vue, la seule latitude dont il jouisse, c'est de graduer la peine, dans les limites déterminées par le texte à appliquer; il n'a point le droit de supprimer absolument cette peine : il ne peut s'abstenir de faire produire leurs conséquences légales aux constatations de fait qu'il a admises en vertu de son pouvoir souverain, et il appartient à la cour de cassation d'annuler une décision dans laquelle, en vertu d'une appréciation arbitraire et contradictoire, le juge du fond nierait une infraction ou une culpabilité dont l'existence résulte nécessairement de l'exposé des faits (Crim. cass. 15 déc. 1864, aff. Bourdelle, D. P. 65. 1. 502). Spécialement, un jugement est passible de cassation lorsque le tribunal, après avoir constaté l'existence d'une contravention de tapage nocturne et la coopération à ce tapage de deux individus tous deux poursuivis, ne déclare la culpabilité que d'un seul des deux, et renvoie l'autre des fins de la poursuite (Même arrêt).

**606.** — II. RÉPARATIONS CIVILES. — Les réparations civiles sont accordées par le juge sur la demande de la partie civile. — Il ne peut les accorder d'office (Crim. cass. 6 juin 1845, aff. Affenaër, D. P. 45. 1. 287). — Inversement, en présence de conclusions de la partie civile, il ne peut se dispenser de statuer à cet égard : s'il omettait de statuer sur la demande de la partie civile tendant aux fins civiles, son jugement serait aussi irrégulier que s'il omettait de statuer sur les réquisitions de la partie publique tendant aux fins pénales.

**607.** — III. DÉPENS. — La condamnation aux dépens n'a pas besoin d'être spécialement requise, car elle est prescrite par la loi contre qui succombe, soit en matière de simple police (c. instr. crim. art. 162), soit en matière correctionnelle (*ibid.*, 194), soit en matière criminelle (*ibid.* 368). Il se peut même que la condamnation aux dépens soit prononcée contre une partie gagnante : c'est le cas de la partie civile en matière correctionnelle, sauf son recours contre le prévenu (V. *suprà*, v° *Frais et dépens*, n°s 571 et suiv.). Mais jamais une condamnation aux dépens ne peut intervenir contre une personne autre que la partie civile ou le prévenu qui seuls sont en cause : spécialement, elle ne saurait jamais atteindre un témoin de l'affaire (*ibid.* n° 539).

**§ 3.** — Manière dont se forme le jugement. — Pluralité ou majorité des voix. — Secret de la délibération. — Partage des voix (*Rép.* n°s 764 à 771).

**608.** Il ne serait pas exact de dire, en matière criminelle, que le jugement doit être rendu à la majorité des voix, comme en matière civile ; car un jugement de partage peut être parfaitement valable. En effet, suivant une règle qui remonte à notre ancienne jurisprudence, et qui n'a pas cessé d'être en vigueur (*Rép.* n° 768), dans toute poursuite pouvant

donner lieu à l'application d'une peine, le partage des juges entraîne le relaxe, ou du moins l'adoption de l'avis le plus favorable (Crim. cass. 9 juin 1859, aff. Urtin, D. P. 61. 1. 450) ; ainsi, par exemple, en cas de partage de simple police, il y a lieu de renvoyer le prévenu des poursuites (Crim. cass. 12 sept. 1845, aff. Gorse, D. P. 45. 1. 406). — Cette règle est applicable en toute matière, et spécialement en matière disciplinaire (Civ. cass. 6 avr. 1858, aff. Barjavel, D. P. 58. 1. 157). Ainsi, lorsque, en matière disciplinaire, il y a partage sur l'appréciation des faits poursuivis, il n'est point nécessaire d'appeler un juge départiteur, et l'inculpé doit être renvoyé de l'action dirigée contre lui ; en conséquence, si les juges disciplinaires, au lieu de prononcer ce renvoi, posent, relativement à la nécessité de l'appel d'un juge départiteur, une seconde question, sur laquelle une nouvelle déclaration de partage est intervenue, ce chef de leur décision est nul, et le partage déclaré sur le fait poursuivi continue seul à subsister (Même arrêt).

**609.** Il suit de là que c'est seulement pour les jugements de condamnation que la majorité est exigée. A défaut d'une règle écrite dans la loi (*Rép.* n° 764), il faut se contenter de la majorité absolue. Cependant, en matière de délit d'audience, la loi établit à ce sujet des règles spéciales. Aux termes de l'art. 508 c. instr. crim., il faut alors, pour la condamnation, quatre voix sur cinq ou six magistrats, cinq voix sur sept, et les trois quarts des voix sur huit et au delà. — Mais, la jurisprudence se montre très large sur l'application de cet article ; et il a été jugé que la preuve qu'une condamnation prononcée par une cour d'appel pour délit d'audience, a été rendue à la majorité exigée par l'art. 508 c. instr. crim. résulte, d'une manière suffisante, de cette énonciation que la cour a statué « après en avoir délibéré en la chambre du conseil et *conformément à la loi* » (Crim. rej. 3 nov. 1854, aff. Admont, dit Bellecroix, D. P. 54. 5. 452). — Il est permis de trouver cette solution quelque peu exagérée, car elle a pour effet de laisser sans contrôle, de la part de la cour suprême, l'application de l'art. 508 c. instr. crim.

**610.** Le secret des délibérations est exigé en matière criminelle comme en matière civile (*Rép.* n° 766), et le principe est si absolu que, d'après la chambre criminelle (9 janv. 1859, aff. Urtin, D. P. 61. 1. 450), la déclaration du partage et l'énonciation des deux opinions qui se sont produites, non seulement sont inutiles, mais encore constituent une violation du secret des délibérations, entraînant la nullité du jugement ou de l'arrêt.

Mais il n'est pas nécessaire, pour que la délibération soit secrète, que le tribunal ait quitté l'audience pour délibérer. Par exemple, si, des constatations du procès-verbal, il résulte que la cour d'assises a délibéré à l'audience, il n'en résulte nullement que les juges n'aient pas opiné en secret, c'est-à-dire à voix basse, et qu'ils ne se soient pas conformés à l'art. 369 ; d'ailleurs, la disposition dont il s'agit n'est pas prescrite à peine de nullité, et son inobservation, dans le cas où elle serait d'ailleurs constatée, ne pourrait fournir ouverture à cassation qu'autant qu'elle aurait porté préjudice à l'accusé (Crim. rej. 23 déc. 1859. aff. X..., D. P. 60. 5. 210). Jugé de même que la mention au procès-verbal des débats que la cour d'assises a délibéré sur le siège pour l'application de la peine ne fait pas présumer que cette délibération n'a pas eu lieu conformément à la loi (Crim. rej. 17 mars 1859, aff. Crillé, D. P. 60. 5. 210).

**§ 4.** — Où et à quelle époque le jugement doit être prononcé (*Rép.* n°s 772 à 781).

**611.** Le jugement, une fois délibéré comme on vient de le voir sous le paragraphe 3, doit être prononcé en audience

---

devant le tribunal de police correctionnelle de Fontenay-le-Comte, pour avoir procédé, le 13 juin dernier, au mariage d'Auguste Bellion avec Marie Drochon, sans avoir pris régulièrement le consentement du père de celui-ci, et avoir ainsi contrevenu aux dispositions de l'art. 193 c. pén.; — Attendu que, si les enfants qui veulent contracter mariage sont tenus de demander le consentement des personnes sous la puissance desquelles ils se trouvent, l'art. 193 c. civ., invoqué contre le prévenu, ne dit pas de quelle manière l'officier de l'état civil devra s'assurer de l'existence de ce consentement; — Attendu qu'en droit pénal les

circonstances constitutives d'une contravention ou d'un délit doivent être interprétées plutôt dans un sens restrictif qu'étendu; — Attendu, dans l'espèce, qu'il est constant, en fait, ce qui est reconnu par la prévention elle-même, que Desnouhes, par un acte de complaisance auquel il n'était pas tenu, s'est transporté le 12 juin dernier, assisté des quatre témoins du mariage, au domicile du père de Bellion (Auguste) dont le mariage était célébré le lendemain, et là, a obtenu le consentement de celui-ci au mariage de son fils ; — Attendu que Desnouhes, s'étant ainsi assuré de l'existence du consentement de Bellion, a pu procéder

publique. La formalité du prononcé du jugement a une extrême importance : en effet, c'est à partir de ce moment qu'il appartient aux parties et à la société (Bourges, 28 févr. 1880, V. *infrà*, n° 681), et qu'il produit,· sans rétractation possible, tous ses effets légaux (V. *ibid.*).

**612.** Cette formalité doit être expressément constatée par le jugement. Toutefois, la preuve de la *pronciation* du jugement à l'audience n'est soumise à aucune forme sacramentelle. Ainsi la mention qu'un arrêt a été rendu contradictoirement à l'audience, après le rapport d'un conseiller et toutes parties entendues, et sa formule finale : « Ainsi fait et arrêté en audience publique au palais de justice », établit suffisamment qu'il a été *prononcé* à l'audience (Crim. rej. 5 juin 1890, aff. Bonnefond, D. P. 90. 1. 494, Comp. *supràá*, n°s 116 et 117).

**613.** Le jugement doit être· prononcé, comme on l'a vu au *Rép.* n° 772, dans le lieu ordinaire des audiences du tribunal. Jugé, en ce sens : 1° que le juge de police ne peut, à peine de nullité, rendre ses jugements que dans l'auditoire qui lui est affecté, même dans le cas où il a dû opérer une descente sur lieux, la faculté de décider sur les lieux après la vérification et sans désemparer n'existant, pour les juges de paix, qu'en matière civile (Crim. cass. 27 juill. 1855, aff. Cochet, D. P. 55. 5. 370); — 2° Que le jugement rendu par le juge de simple police, dans son domicile particulier, est nul, bien qu'il soit constaté que ce jugement a été fait et prononcé en audience publique, tout jugement devant être rendu dans le prétoire ordinaire du tribunal (Crim. cass. 4 août 1877, aff. Sansoz, D. P. 78. 1. 393).

**614.** Quand le jugement doit-il être prononcé? — On a vu au *Rép.*, n° 774, que le délai prescrit par la loi pour la prononciation du jugement (l'audience même ou l'audience suivante) est pas sanctionné par la nullité. La jurisprudence est constante en ce sens. Ainsi il a été jugé que, en matière de simple police, le défaut de prononciation du jugement à l'audience où l'instruction de l'affaire a été terminée, ou à l'audience suivante, n'est pas une cause de nullité; ce n'est là qu'une règle de bonne administration de la justice, qui ne peut avoir rien de substantiel de sa nature (Crim. rej. 27 juill. 1866. aff. Stablo, D. P. 66. 5. 272). Le retard a seulement pour conséquence de proroger l'ouverture du délai du pourvoi en cassation, puisque ce délai ne court que du prononcé de l'arrêt. A cet égard, il est essentiel que le condamné soit prévenu de l'accomplissement de cette formalité; et il a été jugé que les délais du pourvoi que les prévenus peuvent former ne courent que du jour où ils ont eu connaissance de l'arrêt rendu contre eux (Crim. cass. 29 juill. 1875, aff. Bourgal, D. P. 76. 1. 288. Comp. *Rép.* n° 781). Mais la circonstance que les prévenus, entendus contradictoirement, n'ont pas été avertis du jour de la prononciation de l'arrêt, qui a eu lieu en leur absence, n'entraîne pas la nullité de cet arrêt (Arrêt précité du 29 juill. 1875).

**§ 5.** — Lecture à l'audience et insertion dans le jugement du texte de la loi pénale appliquée (*Rép.* n°s 782 à 806).

**615.** On a vu au *Rép.* (n°s 783, 790 et 797) que les art. 163, 195 et 369 c. instr. crim. prescrivent, pour les trois ordres de juridiction répressive, la lecture à l'audience du texte de la loi appliqué et l'insertion de ce texte dans le jugement ou arrêt. Il échet de déterminer : 1° quel est le domaine exact de cette règle; 2° si elle n'admet pas d'équivalents; 3° quelle en est la sanction.

**616.** — 1° Le domaine de la règle dont il s'agit a été défini *Rép.* n° 801 : elle ne régit que les textes qui servent de base à une condamnation. De là plusieurs conséquences :

D'abord la règle ne s'applique pas aux jugements qui statuent, non sur le fond de l'affaire, mais sur un incident. Ainsi, il a été jugé que la disposition de l'art. 163 c. instr. crim., qui exige, dans les jugements des tribunaux de simple police, l'insertion du texte de la loi appliquée, n'est prescrite que pour les jugements de condamnation, et que, dès lors, elle n'est pas applicable aux jugements qui statuent uniquement sur une question de compétence (Crim. rej. 14 juin 1884, aff. Petit, D. P. 85. 1. 220).

**617.** Même dans un jugement au fond, il n'est pas nécessaire de lire et d'insérer le texte de loi, s'il y a acquittement (*Rép.* n° 804; Crim. rej. 15 févr. 1862, aff. Dessoliès, D. P. 63. 5. 222; 5 mars 1870, aff. Lebret, D. P. 71. 5. 226). — La jurisprudence étend même cette exception à l'acquittement partiel qui résulte de l'admission de circonstances atténuantes, en ce sens, au moins, que l'insertion de l'art. 463 c. pén. dans le contexte d'un jugement portant admission de circonstances atténuantes, n'est pas prescrite à peine de nullité (Crim. rej. 15 oct. 1853, aff. Ballet, D. P. 53. 5. 277).

**618.** Même dans un jugement de condamnation, une exception analogue est admise pour toute disposition autre que la condamnation principale. — C'est le cas, tout d'abord, pour les peines accessoires (*Rép.* n° 802). Ainsi, il a été jugé que, en cas de condamnation à la peine des·travaux forcés à temps, de la détention ou de la reclusion, la surveillance étant un des effets de cette condamnation, il n'est pas nécessaire de donner lecture de l'art. 47 c. pén., qui la déclare applicable de plein droit aux condamnés à l'une de ces peines (Crim. rej. 26 avr. 1846, aff. Guillaume, D. P. 46. 4. 126).

**619.** Il en est de même pour les réparations civiles (*Rép.* n° 805). Jugé, en ce sens, pour les trois ordres de juridiction : 1° qu'il n'est pas nécessaire d'insérer les articles de loi qui se réfèrent uniquement aux réparations civiles ; qu'ainsi, en matière de contravention aux arrêtés d'alignement, il n'est besoin de transcrire dans le jugement *de police* que le texte qui prononce l'amende et non celui qui ordonne la démolition (Crim. rej. 24 mars 1860, aff. Lalanne, D. P. 60. 5. 211); — 2° Qu'un jugement correctionnel n'est pas nul pour défaut de citation des articles de lois en vertu desquels il prononce des réparations civiles (Crim. rej. 17 mars 1865, aff. Dupont, D. P. 66. 5. 274); — 3° Que, lorsque la *cour d'assises* liquide par un arrêt distinct les dommages-intérêts alloués à la partie civile, cet arrêt ne comporte pas l'insertion de la loi pénale appliquée sur le fait principal, ne peut, dès lors, être attaqué par l'accusé pour défaut d'insertion de cette loi (Crim. rej. 11 avr. 1861, aff. Burle, D. P. 61. 5. 279-280).

**620.** Il en est de même encore pour les dispositions relatives à l'exécution de la peine (Crim. rej. 20 mars 1862, aff. Jeannin, D. P. 63. 5. 222; 28 juill. 1864, aff. Rèy, D. P. 65. 1. 324; Crim. cass. 19 juin 1862, aff. Afaux, D. P. 62. 5. 189). Jugé spécialement qu'il n'y a lieu, ni de lire à l'audience, ni d'insérer dans la condamnation le texte de loi qui réglemente le mode d'exécution de la peine de mort prononcée (Crim. rej. 1er févr. 1866, aff. Potier, D. P. 69. 5. 256).

**621.** — 2° La règle posée *supràá*, n° 615 admet-elle des équivalents ? L'affirmative est certaine. Par exemple, lorsque le juge d'appel confirme la décision du premier juge et s'en approprie les motifs, c'est un principe constant, base sur tous les points de vue, que le jugement adopté supplée à tout ce qui peut manquer au jugement ou à l'arrêt confirmatif ; ce principe général reçoit ici une application particulière (*Rép.* n° 793-1° et 2°). Ainsi, il n'est pas nécessaire·que la décision qui confirme, avec adoption de motifs, un jugement correctionnel, cite de nouveau les articles de la loi pénale appliqués dans ce jugement (Crim. rej. 11 mai 1850, aff. Lacombe

---

au mariage de Bellion (Auguste) avec Marie Drochon, sans se rendre passible des peines édictées par l'art. 193 c. pén.; — Attendu, en ce qui touche les réquisitions subsidiaires de M. l'avocat général, tendant à ce que, dans le cas où la cour ne croirait pas devoir appliquer au prévenu l'art. 193 c. pén., elle voulût bien lui faire application de l'art. 157 c. civ.; — Attendu, que si les juges peuvent changer, selon le cours des débats, la qualification légale du fait pour lequel le prévenu est traduit devant eux, ils ne peuvent statuer sur un fait nouveau non com-

pris dans la citation; — Attendu que l'art. 157, c. civ., dont l'application est requise, a trait au défaut de représentation des actes respectueux nécessaires à la validité du mariage d'un majeur de vingt-cinq ans, à défaut du consentement à ce mariage, et que dès lors, la cour n'a point à statuer sur ce chef; — Par ces motifs;

Confirme.

Du 2 févr. 1883.-C. Poitiers, ch. corr.-MM. Salmon, pr.-Broussard, av. gén.-Dufours d'Aslafort, av.

D. P. 50. 5. 351). Il en est de même à l'égard de la confirmation avec adoption de motifs d'un jugement de simple police (Crim. rej. 24 mars 1860, aff. Lalanne, D. P. 60. 5. 211).

**622.** La jurisprudence va même plus loin encore, car elle étend ce système au cas même où les motifs ne sont pas adoptés (*Rép.* n°⁵ 793-3° et 4°). C'est ainsi qu'il a été jugé que la transcription, dans un arrêt correctionnel de condamnation, des dispositions pénales appliquées à l'inculpé, n'est pas nécessaire, si ces dispositions sont visées et transcrites dans le dispositif du jugement dont la déclaration de culpabilité est confirmée par ledit arrêt, alors même que la cour a modéré la peine et n'a pas adopté les motifs des premiers juges (Crim. rej. 10 avr. 1880, deuxième arrêt, aff. David, D. P. 80. 1. 435-436).

**623.** Une autre application remarquable de la citation de la loi par équivalent est spéciale à la matière des jugements de simple police. On sait que l'art. 471, n° 15, c. pén. punit d'une amende de un à cinq francs ceux qui auront contrevenu aux règlements légalement faits par l'autorité administrative et ceux qui ne se seront pas conformés aux règlements ou arrêtés publiés par l'autorité municipale dans certaines conditions (V. *suprà*, v° *Contraventions*, n° 159). Or il est de jurisprudence constante que l'obligation d'insérer dans les jugements de condamnation le texte de la loi pénale appliquée ne rend pas nécessaire, en matière de contravention de simple police, la transcription des dispositions de règlements dont l'inobservation constitue l'infraction poursuivie; il suffit de transcrire, en pareil cas, l'article du code pénal qui prononce la peine applicable à cette infraction (Crim. rej. 1er août 1862, aff. Renard-Robert, D. P. 63. 1. 135; 15 avr. 1864, aff. Leblond, D. P. 63. 5. 240). Spécialement, il n'est pas nécessaire que le jugement qui ordonne, conformément à l'édit de 1607, la démolition de travaux faits le long de la voie publique, contienne la disposition de cet édit dont il a été fait application: la transcription du texte de l'art. 471, n° 15, c. pén., est suffisante (Crim. rej. 27 août 1852, aff. Pont, D. P. 53. 5. 277).

**624.** — 3° Reste à déterminer la sanction de la règle ci-dessus précisée: qu'arriverait-il si elle avait été omise ou violée? — Il faut remarquer d'abord que cette question ne présentera assez rarement dans la pratique, la jurisprudence ne se montrant, à ce sujet, nullement minutieuse. Ainsi, il a été jugé que la preuve que la lecture de la loi pénale appliquée, laquelle d'ailleurs n'est pas prescrite à peine de nullité, a été faite lors de la prononciation de l'arrêt par le président de la cour d'assises, résulte suffisamment, en l'absence d'une mention à cet égard dans le procès-verbal des débats, de ce que l'arrêt porte l'énonciation « Vu par tels et tels articles de lois », si d'ailleurs le procès-verbal constate la lecture de cet arrêt (Crim. rej. 27 août 1868, aff. Duranger, D. P. 69. 5. 256).

**625.** Deux hypothèses sont à considérer: l'erreur dans la citation de la loi, et l'omission de toute citation. — En cas d'*erreur* (*Rép.* n° 800), le principe résultant de l'art. 411 c. instr. crim., c'est que l'erreur dans la citation de la loi sur laquelle est basée une condamnation pénale n'est pas une cause de nullité, si la loi qui eût dû être appliquée prononce la même peine que celle qui a été prononcée (Crim. rej. 15 juin 1850, aff. Pluchart, D. P. 50. 5. 350; 4 juill. 1850, aff. Michallon, *ibid.*; 14 sept. 1855, aff. Loos, D. P. 55. 1. 445). La jurisprudence en conclut, en principe: 1° que l'erreur du juge qui a visé, à côté de l'article de loi applicable, un autre article sans rapport avec l'affaire, et a déclaré faire application de l'un et de l'autre, ne peut cependant donner ouverture à cassation, lorsque la peine prononcée se trouve pleinement justifiée par la disposition qui seule pouvait être appliquée (Crim. cass. 30 sept. 1869, aff. Antiq, D. P. 70. 1. 188); — 2° Et, à plus forte raison, que le pourvoi en cassation fondé sur une erreur qui aurait été commise dans la citation de la loi pénale applicable aux faits de la cause est non recevable si la peine réellement encourue est supérieure à celle prononcée par le jugement attaqué (Crim. rej. 27 juill. 1878, aff. Bonnet, D. P. 79. 1. 389; 11 nov. 1882, aff. Danzer, D. P. 83. 1. 363-364).

**626.** De là, les applications suivantes: 1° un jugement correctionnel n'est pas nul, bien qu'il cite et applique une

loi abrogée, si la peine qu'il prononce est autorisée par la loi en vigueur (Crim. rej. 13 déc. 1853, aff. Roussel, D. P. 56. 5. 261); — 2° En cas d'erreur dans la citation de la loi et d'application d'une disposition prononçant une peine moins sévère, si cependant les circonstances atténuantes, dont le bénéfice a été accordé au prévenu, permettaient de descendre jusqu'à la peine qui a été appliquée, la condamnation doit être maintenue (Crim. rej. 22 juill. 1858, aff. Géreaud, D. P. 58. 5. 221); — 3° Lorsque, par l'effet de l'admission de circonstances atténuantes, l'accusé, quoiqu'en état de récidive, ne s'est trouvé passible que des peines de l'art. 56 et suiv. c. pén., il est sans intérêt que le président ait omis de lire les art. 56 et suiv. c. pén. sur la récidive, s'il a donné lecture de l'art. 463 c. pén., ce qui, en pareil cas, est suffisant (Crim. rej. 31 mars 1866, aff. Rogalle, D. P. 66. 5. 271); — 4° Lorsqu'une disposition pénale a été modifiée, si le fait reconnu constant tombe sous l'application de l'ancien article comme sous l'application du nouveau, la citation erronée que l'arrêt ou jugement de condamnation aurait faite de l'article ancien ne peut donner ouverture à cassation (Crim. rej. 26 juill. 1866, aff. Dussehu, D. P. 66. 5. 271); — 5° Lorsqu'un accusé est condamné pour deux crimes important la même peine, la lecture de la disposition qui punit l'un de ces deux crimes suffit pour donner satisfaction à la loi (Crim. rej. 6 nov. 1866, aff. Ahmed-ben-Kadour, D. P. 68. 1. 512); — 6° Ne peut être critiquée la prononciation d'un emprisonnement d'un an pour répression d'un délit simple de coups et blessures, bien que le juge l'ait fondée sur les art. 309 et 311, et que la première de ces dispositions prévoie la circonstance aggravante, qui ne se rencontrait pas dans l'espèce, d'une incapacité de travail de plus de vingt jours occasionnée par les coups et blessures (Crim. rej. 30 sept. 1869, aff. Antiq, D. P. 70. 1. 188); — 7° L'application, par un conseil de guerre, d'une peine édictée par une loi abrogée ne constitue qu'une erreur dans la citation de la loi pénale. non susceptible de donner lieu à revision, si le texte applicable autorise la prononciation de la même peine (Cons. de revis. gard. nat. 7 janv. 1871, aff. Desfolie, D. P. 71. 3. 35); — 8° La disposition de l'art. 411, d'après lequel, lorsque la peine appliquée est la même que celle portée par la loi qui s'applique au délit, nul ne peut demander l'annulation de l'arrêt, sous prétexte qu'il y aurait erreur dans la citation du texte de la loi, régit le cas d'une qualification inexacte aussi bien que celui d'une citation erronée de la loi pénale, si la peine prononcée trouve une base suffisante dans les faits régulièrement constatés; en conséquence, il n'y a pas lieu de casser l'arrêt de condamnation qui, qualifiant inexactement un fait d'infraction aux art. 15 et 45 de la loi du 24 juill. 1867 sur les sociétés, prononce les peines édictées par ces articles, alors que le fait incriminé constitue le délit de complicité d'escroquerie puni des mêmes peines (Crim. rej. 28 nov. 1873, aff. Jarry, D. P. 74. 1. 441); — 9° L'arrêt qui, dans le cas où le fondateur d'une société d'assurances sur la vie, a annexé à l'acte de société une liste fictive d'actionnaires, et fait distribuer des prospectus annonçant mensongèrement que la société a obtenu l'autorisation du Gouvernement, applique les art. 15 et 45 de la loi du 24 juill. 1867 au fait incriminé, ne doit pas être cassé, alors que ce fait constituait le délit d'escroquerie réprimé par l'art. 405 c. pén., l'existence de ce dernier délit justifiant la peine prononcée (Crim. rej. 9 mai 1879, aff. Cassin, D. P. 79. 1. 315).

**627.** D'ailleurs, la jurisprudence assimile l'erreur dans la qualification du fait incriminé à l'erreur dans la citation de la loi applicable. — Jugé en ce sens: 1° que l'erreur dans la qualification du fait dont l'accusé ou le prévenu est reconnu coupable n'est, pas plus que l'erreur dans la citation de la loi, une cause de nullité, lorsque la peine appliquée trouve une base suffisante dans les faits envisagés au point de vue de la qualification, même moins grave, qu'ils comportaient exclusivement (Crim. rej. 25 janv. 1861, aff. Chedal-Barnu, D. P. 61.5.280); — 2° Que la condamnation à des dommages-intérêts, prononcée à raison d'un fait ne présentant pas le caractère de diffamation que le juge correctionnel lui a reconnu, échappe néanmoins à la cassation, si le fait est susceptible d'une autre qualification (celle d'outrage, par exemple) justifiant l'allocation de dommages-intérêts obtenue par la partie civile (Crim, rej. 3 févr. 1877, aff. Cival, D. P. 77. 1. 281).

**628.** En cas d'*omission* complète, il faut distinguer suivant la juridiction qui a rendu le jugement affecté de ce vice.

S'agit-il (*Rép.* n° 783) d'un jugement de *simple police?* Il doit, dit l'art. 163 c. instr. crim., être motivé « et les termes de la loi appliquée y seront insérés à peine de nullité». La jurisprudence interprète ainsi ce texte que, en matière de simple police, il n'y a de prescrit à peine de nullité que l'*insertion* de la loi pénale appliquée ; le défaut de mention de la *lecture* de cette loi ne peut, dès lors, vicier le jugement de condamnation (Crim. rej. 24 mai 1862, aff. Fernel, D. P. 65. 5. 240). — Au surplus, il a été jugé que l'irrégularité provenant de ce que le juge de simple police n'aurait donné lecture de la loi pénale qu'après qu'une autre affaire était déjà commencée, ne peut être relevée devant la cour de cassation, encore bien que le condamné aurait demandé acte de ce fait au juge de police, si ce magistrat s'est borné à donner acte du dépôt des conclusions, sans s'expliquer sur l'allégation, et si celle-ci se trouve d'ailleurs démentie par les constatations du jugement (Crim. rej. 15 avr. 1864, aff. Leblond, D. P. 65. 2. 240).

**629.** En matière *correctionnelle* (*Rép.* n° 790), la règle est tout autre. A la différence de l'art. 163 c. instr. crim., concernant les tribunaux de simple police, l'art. 195 du même code, applicable aux juridictions correctionnelles, ne prescrit, à peine de nullité, ni la mention dans le jugement ou l'arrêt de la lecture de la loi pénale appliquée, ni l'insertion du texte de cette loi (Crim. rej. 26 juin 1885, aff. Perdrigeon, D. P. 86. 1. 89). Il suit de là que le défaut de lecture, à l'audience, de la disposition de loi qui sert de base à la condamnation ne saurait jamais avoir pour conséquence de faire annuler le jugement (Crim. cass. 25 juin 1852, aff. Rocher, D. P. 52. 1. 190), non plus que le défaut d'insertion du texte dans le jugement. C'est par une erreur évidente que la cour de Poitiers (17 févr. 1855, aff. Berciaux, D. P. 55. 2. 110) a, sur ce dernier point, admis la solution contraire. A plus forte raison, le défaut d'insertion, dans un arrêt de condamnation pour diffamation, de tous les textes qui prévoient ce délit, n'en entraîne pas la nullité, alors surtout que l'arrêt a inséré la disposition pénale dont il est fait application, et qu'il spécifie les circonstances de publicité dans lesquelles s'étaient produites les imputations diffamatoires (Crim. rej. 11 juin 1875, aff. Simond, D. P. 75. 1. 494).

**630.** En matière *criminelle* (*Rép.* n° 797), la règle est identique : la *lecture*, par le président de la cour d'assises, de la loi pénale appliquée n'est pas prescrite à peine de nullité (Crim. rej. 14 avr. 1853, aff. Bertauld, D. P. 53. 5. 277; 31 mars 1866, aff. Rogalle, D. P. 66. 5. 274; 6 nov. 1868, aff. Ahmed-ben-Kadour, D. P. 68. 1. 512), alors, surtout, que ce texte est contenu dans l'arrêt de condamnation (Crim. rej. 14 avr. 1853, précité). De même, l'*insertion* de la loi pénale dans la condamnation, prescrite par l'art. 369, § 2, c. instr. crim., est une simple mesure d'ordre qui n'est ni substantielle ni exigée à peine de nullité (Crim. rej. 20 mars 1862, aff. Jeannin, D. P. 63. 5. 223), alors surtout qu'il est établi que la lecture de cet article a eu lieu (Crim. rej. 4 nov. 1847, aff. Bardet, D. P. 47. 4. 131). Et si, d'ailleurs, la peine a été légalement appliquée (Crim. rej. 5 nov. 1857, aff. Zonca dit Babin, D. P. 58. 1. 41).

**§ 6.** — De la publicité des débats et du jugement. — Du huis clos (*Rép.* n°s 807 à 832, — V. aussi *Rép.* v° *Instruction criminelle*, n°s 874 et suiv.; 942 et suiv., 2106 et suiv.).

**631.** — I. PUBLICITÉ. — Non seulement le jugement doit être prononcé en audience publique, comme on l'a vu *suprà*, n° 611, mais encore, sauf le cas de huis clos (V. *infrà*, n°s 646 et suiv.), les débats eux-mêmes doivent avoir lieu publiquement ; la publicité des débats, surtout en matière répressive est de droit public en France (Crim. cass. 14 mars 1830; aff. Blay, D. P. 50. 5. 394). Aussi a-t-il été jugé que, comme tous autres jugements prononçant une peine, les jugements des conseils de discipline de la garde nationale devaient constater la publicité des débats et la

prononciation de ces jugements en audience publique à peine de nullité (Même arrêt). Si cette application a disparu de notre droit (V. *suprà*, v° *Garde nationale*), le principe demeure constant.

**632.** La publicité des débats judiciaires, telle qu'elle a été réglée par les lois constitutionnelles, consiste, non dans leur reproduction par la voie de la presse, circonstance accessoire et non essentielle de la publicité, mais dans le libre accès du prétoire ouvert à tous les citoyens, dans la faculté pour chacun d'assister aux audiences, et dans le prononcé des jugements à haute voix (*Rép.* n° 809; Crim. rej. 15 janv. 1869, aff. Journal *Le Libéral de Seine-et-Oise*, D. P. 69. 5. 325). Aussi a-t-il été jugé, sous le régime de l'ancienne loi sur la presse, qu'il n'était porté aucune atteinte à ce principe par l'arrêt qui décide que l'affaire pour le compte rendu de laquelle un journal est poursuivi est une de celles dont le compte rendu est interdit par les lois sur la presse (Même arrêt).

**633.** Ainsi, ce qui constitue la publicité, c'est l'ouverture du prétoire au public ; la circonstance que le prétoire aurait été fermé à l'accusé (*Rép.* n° 810) aurait bien certaines conséquences (notamment en ce qui touche le délai du pourvoi en cassation) (V. *suprà*, n° 614), mais ne constituerait pas le défaut de publicité. Jugé, en conséquence, que le prévenu qui allègue devant la cour de cassation avoir été empêché, par les agents préposés à la garde des portes de la salle d'audience, d'assister à la lecture du jugement ou de l'arrêt rendu contre lui et ses coprévenus, ne peut tirer de ce fait, au cas où il serait recevable, la conclusion que ladite lecture aurait manqué de publicité, ne saurait, dès lors, être admis, sur cette articulation, à s'inscrire en faux contre la mention de la publicité de l'audience que contient la décision attaquée (Crim. rej. 11 févr. 1865, aff. Garnier-Pagès, D. P. 65. 1. 91).

**634.** La publicité doit, à moins que le huis clos n'ait été prononcé, exister dans toutes les phases des débats (*Rép.* n° 820), et le procès-verbal (s'il s'agit de débats d'assises) doit en faire preuve : il y a nullité si, la cour ayant ordonné son transport dans un local dépendant du palais de justice ou dans la maison où le crime qui fait l'objet de l'accusation a été commis, le procès-verbal ne constate pas que cette opération s'est faite en présence du public, lequel a la faculté d'accéder à l'intérieur de ce local (Crim. cass. 29 déc. 1881, aff. Théolin, D. P. 82. 1. 192; 28 juin 1883, aff. Sapin, D. P. 84. 1. 47).

**635.** Toutefois, le principe de la publicité des débats et du jugement n'est pas tellement absolu qu'il n'admette des tempéraments. — En ce qui concerne les débats eux-mêmes, la publicité reçoit exception par l'effet du huis clos (V. *infrà*). D'autre part, comme on l'a vu au *Rép.* n°s 645 et suiv., la publicité des débats doit, notamment dans le jugement d'une affaire soumise à la cour d'assises, se concilier avec les droits conférés au président pour la police de l'audience (Crim. rej. 11 avr. 1867, aff. Niochau, D. P. 67. 1. 360). Ainsi, le président ne porte pas atteinte au principe de la publicité lorsque, pour le maintien de l'ordre pendant l'audience, il fait fermer les portes de la salle; si, d'ailleurs, les places réservées au public demeurent occupées par les assistants pendant l'exécution de cette mesure (Même arrêt). Et le condamné ne peut, sur la seule articulation qu'une partie de ces places seraient restées vides, fonder une demande en inscription de faux contre l'énonciation du procès-verbal qui constate la publicité des débats (Même arrêt). — Enfin, il ne faut pas exagérer la portée du mot « débats ». On a dit au *Rép.*, n° 820, que les débats ne commencent qu'à la lecture de l'acte d'accusation. Ainsi, la publicité n'est pas exigée, à peine de nullité, notamment pour l'opération du tirage au sort du jury de jugement (Crim. rej. 18 avr. 1867, aff. Ferey, D. P. 68. 1. 44).

**636.** En ce qui concerne le jugement, on admet sans difficulté (*Rép.* n° 814) que l'obligation, pour les tribunaux, de rendre leurs décisions publiquement n'est prescrite à peine de nullité qu'à l'égard des décisions qui vident une contestation. Il en est autrement par exemple à l'égard de celles qui se bornent à donner acte à une partie d'une prétention non contestée par les autres parties en cause. Ainsi, n'est pas nul, bien que rendu dans le cours d'un débat à huis clos, l'arrêt d'une cour d'assises par lequel il a été simplement donné acte à une partie de son intervention comme partie civile, alors que, cette intervention n'ayant été contestée ni par le ministère public, ni par l'accusé, la concession d'acte dont elle a été l'objet constitue, non une véritable décision de justice, mais le simple ajournement d'un incident faisant partie des débats (Crim. rej. 12 juin 1856, aff. Godelle, D. P. 56. 1. 311). — Jugé de même : 1° que l'arrêt de cour d'assises qui, avant le tirage du jury de jugement, ordonne, conformément à l'art. 394 c. instr. crim., l'adjonction d'un juré suppléant, peut n'être pas rendu publiquement (Crim. rej. 13 janv. 1853, aff. Rigault, D. P. 53. 5. 384); — 2° Que l'arrêt de la cour d'assises ordonnant, en vue de la longueur présumée des débats, l'adjonction d'un juré suppléant, est une mesure d'ordre pour la reddition de laquelle il n'est besoin ni de la publicité de l'audience ni de la présence de l'accusé (Crim. rej. 11 févr. 1860, aff Gruet, D. P. 60. 5. 310).

**637.** Mais ces exceptions ne doivent être admises qu'avec une extrême réserve (*Rép.* n° 815); et il a été jugé que l'arrêt qui rejette des conclusions, prises au moment du tirage du jury de jugement, à fin de renvoi de l'affaire à une autre session, doit, à peine de nullité, être rendu à l'audience et publiquement (Crim. cass. 22 juill. 1852, aff. Maigrot, D. P. 52. 5. 458).

**638.** La publicité, étant ainsi un élément essentiel de la validité des débats et du jugement, doit, suivant un principe constant, être mentionnée dans le jugement lui-même ou dans le procès-verbal, lorsqu'il en existe un (*Rép.* n° 821). La question de savoir si cette exigence de la loi a reçu satisfaction ne dépend pas du fait, et les décisions suivantes, comme celles qui ont été reproduites au *Rép.* n°s 821 à 825, n'ont que la valeur d'exemples.

**639.** Il a été jugé, en matière de *simple police :* 1° qu'un jugement est nul, lorsqu'il se borne à mentionner qu'il a été rendu dans telle ville, sans indiquer qu'il l'ait été publiquement (Crim. cass. 3 mars 1854, aff. Ligneul, D. P. 54. 5. 621); — 2° Que le défaut de mention de la publicité emportait nullité du jugement rendu par le maire en matière de police (Crim. cass. 24 déc. 1858, aff. Mallet, D. P. 58. 5. 304); — 3° Qu'il y a lieu de déclarer nulle, comme ne mentionnant pas suffisamment la publicité de l'instruction et du jugement, la décision du tribunal de simple police portant simplement : « Ainsi jugé et prononcé, en présence du ministère public, de la prévenue et de son défenseur, dans la salle ordinaire de nos audiences au palais de justice... » (Crim. cass. 24 juin 1875, aff. Sarthon, D. P. 76. 1. 334; 24 juill. 1875, aff. Barbeyron et Sarthon, *ibid.*); — 4° Qu'il y a nullité du jugement de simple police qui, en constatant la publicité de l'audience où il a été rendu, ne contient aucune mention relative à la publicité de l'audience ou des audiences antérieures dans lesquelles a eu lieu l'instruction de l'affaire, lorsque, dans une affaire à l'instruction de laquelle ont été employées quatre audiences, le jugement se borne à porter en tête la mention de la publicité de la cinquième audience, consacrée au prononcé du jugement (Crim. cass. 12 févr. 1876, aff. Tressier, D. P. 76. 1. 412; 25 févr. 1876, aff. Mohamed-Merabet, *ibid.*).

**640.** En matière *correctionnelle*, il a été jugé : 1° que s'il n'est pas nécessaire, devant la juridiction correctionnelle, de dresser un procès-verbal spécial des audiences consacrées seulement aux débats d'une affaire, il faut du moins, à peine de nullité, que la minute du jugement constate que, pour la tenue de ces audiences, comme pour la tenue de l'audience dans laquelle le jugement a été rendu, on s'est conformé aux prescriptions légales, notamment en ce qui concerne la publicité; et l'omission d'une telle constatation ne saurait être suppléée par les énonciations des expéditions du jugement, ni, à plus forte raison, par les assertions d'un certificat délivré par le greffier pour les besoins de la cause (Crim. cass. 15 févr. 1855, aff. Desouches-Touchard, D. P. 55. 5. 370); — 2° Que les formalités substantielles pour la validité des jugements sont réputées omises quand elles n'ont pas été expressément et juridiquement constatées; en conséquence, est nul l'arrêt qui, tout en constatant qu'il a été rendu en audience publique, ne contient aucune énonciation relative à la publicité des autres audiences consacrées à l'instruction et aux débats de la cause, sans qu'il puisse être suppléé au silence de l'arrêt

par d'autres documents officiels et probants (Crim. cass. 27 avr. et 26 mai 1883, aff. Ginot, deux arrêts, D. P. 84. 1. 92); — 3° Que, de même, l'arrêt qui constate qu'il a été rendu à l'audience publique d'un jour déterminé, et se termine par cette mention « Ainsi jugé et prononcé en audience publique les jour (au singulier), mois et an susdits », est nul alors qu'il énonce que le rapport a été fait, que les parties ont conclu et que le ministère public a été entendu à une audience antérieure, sans qu'il résulte d'aucune mention que, ce jour-là, l'audience ait été publique (Crim. cass. 16 juin 1888, aff. Bayle, D. P. 88. 1. 318); — 4° Qu'il en est de même encore du jugement qui, en constatant la publicité de l'audience où il a été rendu, ne contient aucune mention d'où on puisse induire la publicité des audiences antérieures consacrées à l'instruction de l'affaire (Crim. cass. 19 janv. 1889, aff. Duplay, D. P. 89. 1. 318); — 5° Que la mention finale d'un arrêt : « Ainsi jugé et prononcé en audience publique le 12 juillet », et son préambule ainsi conçu : « Audience publique du 12 juillet » ne peuvent établir la publicité des audiences des 10 et 11 juillet, consacrées à l'instruction du procès, lorsque, dans aucune de ses parties, l'arrêt ne contient une énonciation dont on puisse induire l'accomplissement de cette formalité substantielle, dans les audiences antérieures à celle du 12 juillet (Crim. cass. 5 sept. 1889, aff. Mahio, D. P. 89. 5. 392).

**641.** Enfin, en matière *criminelle*, il faut, à peine de nullité, que le procès-verbal des débats devant la cour d'assises fasse preuve que la publicité a été observée dans toutes ses phases, et non pas seulement que l'arrêt a été prononcé publiquement (Crim. cass. 2 juill. 1846, aff. Giraud, D. P. 46. 4. 109).

**642.** Dans les espèces suivantes, au contraire, la mention de publicité a été jugée suffisante. — Décidé, en matière de *simple police*, que la mention finale du jugement : « Ainsi jugé et prononcé en audience publique » venant après trois jugements prononcés à la même audience dans la même affaire, s'applique nécessairement à tous les actes antérieurs d'instruction, et notamment aux audiences qui ont précédé celle où la décision a été prononcée, sans qu'il ait été nécessaire de constater spécialement la publicité de ces audiences (Crim rej. 8 mars 1883, aff. Comp. parisienne de vidanges, D. P. 84. 1. 428).

**643.** Il a été jugé, en matière *correctionnelle* : 1° que cette énonciation finale d'un jugement ou arrêt : « Ainsi jugé et prononcé le... en audience publique » suffit pour constater la publicité des audiences antérieures à celle où la décision a été prononcée, aussi bien que de cette dernière audience, le mot *jugé* présentant un sens générique qui embrasse tous les degrés de l'affaire (Crim. rej. 4 avr. 1856, aff. Tur, D. P. 56. 5. 374); — 2° Que, dans une affaire correctionnelle où, après plusieurs audiences consacrées à l'instruction, il y a eu renvoi à une audience ultérieure pour la prononciation du jugement ou de l'arrêt, la mention finale de la décision intervenue « Fait et jugé en audience publique » établit suffisamment la publicité, non seulement de l'audience où l'arrêt a été prononcé, mais aussi de celles qui ont été consacrées à l'instruction (Crim. rej. 11 avr. 1863, aff. X..., D. P. 63. 5. 310); — 3° Que la mention finale d'un arrêt : « Fait et prononcé en audience publique », se rapporte à tous les débats dont l'arrêt constate l'existence, et que la publicité est ainsi établie, non seulement pour l'audience où l'arrêt a été prononcé, mais pour une audience précédente, consacrée, d'après les qualités de l'arrêt, à l'instruction de l'affaire (Crim. rej. 17 janv. 1885, aff. Morin, D. P. 85. 1. 428); — 4° Que, lorsque la publicité de chacune des audiences qui ont été consacrées au jugement d'une affaire a été constatée par la mention : « La cour d'appel, chambre correctionnelle, a rendu publiquement l'arrêt suivant » cette mention établit, non seulement la publicité des arrêts de remise ou autres qui sont intervenus, mais aussi la publicité des débats qui les ont précédés (Crim. rej. 21 févr. 1889, aff. Le Soleil, D. P. 90. 1. 189).

**644.** Jugé enfin, en matière *criminelle :* 1° que la constatation de la publicité de l'audience n'est pas assujettie à des termes sacramentels (L. 20 avr. 1810, art. 7); que spécialement cette publicité résulte suffisamment de la mention, faite au procès-verbal, que, après le tirage du jury de jugement, il a été annoncé que les débats allaient s'ouvrir en audience publique, que les jurés se sont placés dans l'ordre à eux assigné par le sort, et que, après l'arrêt qui a ordonné le huis clos, la salle d'audience a été évacuée par le public qui n'a été admis qu'après la clôture des débats (Crim. rej. 16 sept. 1852, aff. Descout, D. P. 52. 5. 152) ; — 2° Que lorsque le procès-verbal des débats mentionne, d'une part, que l'audience a été publique et, d'autre part, que l'arrêt y a été prononcé par la cour dans les termes qu'il transcrit, cette double énonciation implique suffisamment que l'arrêt a été rendu légalement en la forme, à l'audience (Crim. rej. 11 mars 1866, aff. Mohammed-bel-Hadj, D. P. 66. 5. 396) ; — 3° Que, lorsque les débats d'une affaire ont occupé deux audiences de la cour d'assises, et que le procès-verbal de la première audience constate la publicité et le renvoi au lendemain, la publicité se trouve suffisamment constatée par le rapprochement du procès-verbal de la seconde audience, qui, sans mentionner que la publicité ait été maintenue, se borne à énoncer que le président a prononcé l'arrêt de condamnation aux accusés, et de cet arrêt portant qu'il a été prononcé à l'audience publique. le procès-verbal et l'arrêt se confondant et se complétant l'un par l'autre (Crim. rej. 11 mai 1882 aff. Pounoussamy, D. P. 83. 1. 89).

**645.** — II. Huis clos. — On a vu (supra, n° 631) que, en principe, le débat et le jugement doivent être publics. Cette règle comporte une grave exception, du moins quant aux débats, de par la faculté accordée aux juges d'ordonner le huis clos (Rép. n° 826).

**646.** Afin que cette faculté ne dégénère pas en une violation permanente de la règle, le huis clos ne peut être ordonné que par un jugement spécial (Rép. n° 827). Mais ce jugement n'a pas besoin d'être rédigé en minute spéciale et distincte : il suffit qu'il soit rapporté en entier dans le procès-verbal qui précède le jugement sur le fond, la signature de ce dernier jugement valant aussi comme signature du premier (c. instr. crim. art. 164 et 196) (Crim. rej. 21 avr. 1855, aff. Lob, D. P. 55. 1. 224).

**647.** Pour rendre le jugement qui ordonne le huis clos, les juges jouissent d'un pouvoir discrétionnaire (Rép. n° 830). — D'abord, ils peuvent recourir à cette mesure de leur propre mouvement, sans qu'elle soit demandée par le ministère public ou les parties en cause. C'est ainsi qu'il a été jugé : 1° qu'il n'est pas nécessaire que la réquisition du huis clos soit signée par le ministère public (Crim. rej. 16 janv. 1845, aff. Senil, D. P. 45. 4. 117) ; — 2° que le huis clos peut être ordonné sans qu'il soit besoin d'interpeller l'accusé sur cette mesure; celui-ci, d'ailleurs, peut demander à présenter ses observations, s'il le juge à propos, et il suffit qu'on ne lui ait pas refusé cette faculté (Crim. rej. 8 janv. 1848, aff. Chéron, Rép. n° 830-4° ; 4 avr. 1850, aff. Guéry, D. P. 50. 5. 395 ; 30 juill. 1852, aff. Chanoine, Rép. n° 830-2° ; 6 avr. 1854, aff. Rossat, D. P. 54. 5. 618 ; 16 juin 1855, aff. Frenelle, D. P. 55. 5. 370 ; 5 juill. 1866, aff. Sansonetti, D. P. 66. 5. 396).

**648.** En vertu de ce pouvoir discrétionnaire, le huis clos peut être ordonné en quelque matière que ce soit ; et, si les affaires dites de mœurs en sont le domaine ordinaire, elles n'en sont point le domaine unique. Jugé, en ce sens, que le huis clos peut être ordonné, même dans le jugement de délits, autres que les délits contre les mœurs, par exemple, dans une affaire de vol ; et que, en pareil cas, il suffit que le juge constate que la publicité de l'audience pourrait avoir du danger, sans qu'il soit nécessaire qu'il fasse connaître, par la divulgation des faits, comment il en pourrait être ainsi (Civ. rej. 16 mars 1866, aff. Tursel, D. P. 66. 1. 359). — Jugé de même, dans une affaire où cependant l'intérêt particulier d'une partie semblait bien être seul en jeu, que la cour d'assises peut, sur une demande formée dans son propre intérêt par la partie civile, ordonner le huis clos des débats, lorsque les motifs invoqués sont relatifs en même temps à un intérêt d'ordre public, et spécialement lorsque, dans un procès de contrefaçon, le fabricant au préjudice duquel le crime reproché a été commis demande le huis clos pour empêcher la vulgarisation de secrets constituant l'élément principal de son industrie, cette vulgarisation étant de nature à troubler l'ordre, en

facilitant la reproduction du délit, et à aggraver ainsi le préjudice causé (Cour d'assises de la Seine, 25 juin 1850, aff. Robert-Houdin, D. P. 52. 2. 78).

**649.** Le même pouvoir discrétionnaire appartient aux tribunaux à l'effet de décider dans quelle mesure, le huis clos doit être ordonné. — Au point de vue des personnes (Rép. n° 832), les juges ont la faculté d'interdire l'accès de l'audience au public tout entier, ou de restreindre cette interdiction à une certaine classe d'auditeurs. Par exemple, la cour d'assises a le droit, en maintenant la publicité de l'audience, d'exclure une catégorie d'individus (dans l'espèce, des enfants), plus spécialement accessibles à des impressions immorales (Crim. rej. 2 juin 1881, aff. Streff, D. P. 81. 1. 495).

**650.** Au point de vue des débats les juges peuvent soustraire à la publicité, soit l'ensemble de l'affaire, soit telle ou telle partie. Ainsi, le huis clos peut être ordonné dès avant la lecture de l'arrêt de renvoi et de l'acte d'accusation (Crim. rej. 28 janv. 1848, Rép. n° 831-5° ; 6 sept. 1849. aff. Lerouge, D. P. 49. 5. 74 ; 4 août 1853, aff. Michel, D. P. 53. 5. 385 ; 1er oct. 1857, aff. Guérin, D. P. 57. 1. 453 ; 17 avr. 1890, aff. Rambaud, D. P. 90. 1. 491), et maintenu jusqu'au prononcé du jugement exclusivement (V. infra, n° 654). Au contraire, il peut être limité à telle ou telle partie des débats, par exemple à l'audition des témoins (Crim. cass. 11 mai 1882, aff. Martinez, D. P. 83. 1. 91 ; Sol impl.), ou même à l'audition des témoins sur un seul des chefs (Crim. rej. 25 août 1853, aff. Jouvin, D. P. 53. 5. 385). Dans ce dernier cas, la délimitation ainsi fixée par le jugement ordonnant le huis clos doit être scrupuleusement respectée (Crim. cass. 22 janv. 1852, Rép. n° 831-2°). Ainsi, la cour d'assises, saisie de plusieurs chefs d'accusation, qui, au moment où allait commencer l'audition des témoins relatifs au dernier de ces chefs, ordonne le huis clos, peut le maintenir pendant les plaidoiries sur tous les chefs d'accusation, lorsque le huis clos n'a pas été limité à une partie des débats qui devaient suivre la prononciation du huis clos (Crim. rej. 25 août 1853, précité). Mais lorsqu'une cour d'assises a décidé que l'audition des témoins aurait lieu à huis clos, il y a nullité de la procédure, si une autre partie des débats (dans l'espèce, le prononcé du réquisitoire et la plaidoirie) a eu lieu avant que la publicité de l'audience fût rétablie (Crim. cass. 11 mai 1882, précité).

**651.** Le pouvoir discrétionnaire dont jouissent les juges au point de vue du huis clos ne comporte que deux limites. D'une part, afin de rendre possible le contrôle de la cour de cassation, les juges sont tenus de motiver le jugement par lequel ils ordonnent le huis clos, et même de le motiver en termes explicites. D'autre part, ils ne peuvent l'étendre au delà des débats proprement dits.

**652.** La nécessité de motiver, et de motiver explicitement, les jugements ordonnant le huis clos (Rép. n° 828) est maintenue avec rigueur par la jurisprudence, comme il ressort des décisions suivantes aux termes desquelles : 1° l'arrêt par lequel une cour d'assises a ordonné le huis clos pour les débats d'une affaire, est nul, s'il ne renferme pas l'affirmation explicite que la publicité de l'audience serait dangereuse pour l'ordre et les mœurs ; et cette nullité entraîne comme conséquence celle des débats, de la déclaration du jury et de l'arrêt de condamnation (Crim. cass. 11 janv. 1867, aff. Cousin, aff. Roussel et aff. Hulot (trois arrêts), D. P. 67. 1. 83). Il en est ainsi même dans le cas où, d'après le titre de l'accusation, l'affaire à juger concernant des faits contraires aux mœurs (Mêmes arrêts), et encore bien que le huis clos ait été ordonné sur les réquisitions du ministère public, surtout si ces réquisitions n'étaient pas motivées (Mêmes arrêts). Il n'est pas suppléé à l'omission de la déclaration que la publicité serait dangereuse pour l'ordre ou les mœurs, par cette circonstance que l'arrêt a visé l'art. 84 de la constitution de 1848, qui, pour ce cas, permet de déroger à la règle générale de la publicité des débats judiciaires (Mêmes arrêts) ; — 2° L'arrêt par lequel la cour d'assises (aux colonies, dans l'espèce) a ordonné le huis clos, sans déclarer que cette mesure était motivée sur ce que la publicité des débats serait dangereuse pour l'ordre et les mœurs, est nul, alors même que ce motif aurait été invoqué dans les réquisitions du ministère public, si d'ailleurs l'arrêt ne s'y est pas référé (Crim. cass. 23 févr. 1871, aff. Mussidan, D. P. 71. 1. 32); — 3° L'arrêt par lequel une cour d'appel, jugeant au correctionnel, a ordonné le huis clos est nul, s'il ne renferme pas l'affirmation explicite que la publicité de l'audience serait dangereuse pour l'ordre ou pour les mœurs, et cette nullité entraîne comme conséquence celle de l'arrêt et de la décision sur le fond (Crim. cass. 3 janv. 1880, aff. Grellety, D. P. 80. 1. 140-141). Il en est ainsi même dans le cas où la prévention était celle d'outrage public à la pudeur, et où l'arrêt a déclaré qu'il y avait lieu de procéder à huis clos « vu la nature de l'affaire » (Même arrêt) ; — 4° S'il appartient à la cour d'assises d'ordonner le huis clos, même pour la lecture de l'arrêt de renvoi, lorsqu'elle juge que cette lecture pourrait être dangereuse pour les mœurs (V. suprà n° 650), c'est à la condition qu'il déclare que la publicité aurait des inconvénients pour l'ordre et les mœurs (Crim. rej. 17 avr. 1890, aff. Rambaud, D. P. 90. 1. 491).

**653.** Cependant la jurisprudence admet des équivalents dans la formule relative à la nécessité du huis clos (Rép. n° 829). Ainsi, d'après la chambre des requêtes (30 déc. 1879, aff. Rouzaud, D. P. 80. 1. 196), l'existence et la teneur d'un arrêt ordonnant que les débats relatifs à une instance en séparation de corps auront lieu à huis clos sont légalement constatées par les mentions de la feuille d'audience, régulièrement signée par le président et le greffier, portant que le ministère public a requis cette mesure, en raison des dangers de la divulgation des faits de la cause pour la morale publique, et que la cour, adoptant les motifs exprimés par le ministère public, a fait droit à ses réquisitions ; dans ces conditions, le huis clos ayant été régulièrement ordonné pour tous les débats de l'affaire, il n'est pas nécessaire qu'un nouvel arrêt maintienne cette mesure pour chacune des audiences où l'affaire est appelée.

**654.** La seconde restriction que la jurisprudence impose rigoureusement au pouvoir discrétionnaire du juge, c'est que le huis clos ne peut être ordonné pour les débats (Rép. n° 816). Ainsi, il a été jugé : 1° que, dans une affaire criminelle dont les débats ont eu lieu à huis clos, il y a nullité, si le procès-verbal ne mentionne pas que la publicité de l'audience a été rétablie après la clôture des débats, c'est-à-dire avant le résumé du président ; et qu'il ne suffirait pas qu'il fût énoncé que la publicité était rétablie au moment où les jurés rapportaient leur déclaration (Crim. cass. 29 sept. 1859, aff. Abraham, D. P. 59. 1. 430) ; — 2° Que, lorsque la publicité de l'audience est déclarée dangereuse pour l'ordre et les mœurs, le huis clos doit être restreint aux seuls débats, et que toutes les formalités qui suivent la clôture des débats restent soumises à la règle générale de la publicité dont la reprise doit être constatée ; et que, dès lors, il y a nullité si le procès-verbal ne constate la publicité qu'à l'instant où les jurés, étant rentrés dans l'auditoire, ont repris leurs places pour lire leur verdict (Crim. cass. 20 mai 1882, aff. Malinge, D. P. 82. 1. 439).

**655.** Par suite, et à plus forte raison, le jugement doit-il toujours être prononcé en audience publique (Civ. cass. 5 mai 1884, aff. Solomiac, D. P. 84. 5. 420). Il en est ainsi, non seulement du jugement définitif, mais de tout jugement qui statue sur un incident (Rép. n°s 817-1°, 2°, 6°, et 7°; Crim. cass. 16 juin 1853, aff. Lagnon, D. P. 53. 5. 385). Spécialement, doivent, malgré le huis clos, être prononcés en audience publique : 1° l'arrêt qui intervient sur l'incident soulevé par l'opposition à l'audition d'un proche parent de l'accusé assigné comme témoin (Crim. cass. 5 oct. 1854, aff. Renaud, D. P. 54. 5. 619) ; — 2° L'arrêt motivé qui statue sur une opposition à l'audition d'un témoin, et qui décide, par exemple, que le témoin ne sera pas entendu (Crim. cass. 18 mars 1858, aff. Chassaing, D. P. 58. 5. 303) ; — 3° L'arrêt par lequel la cour d'assises statue sur une demande d'arrestation d'un témoin suspect, formée par la défense et combattue par le ministère public (Crim. cass. 26 août 1858, aff. Teulié, D. P. 58. 5. 303) ; — 4° Celui qui vide un incident présentant la question de savoir s'il y a lieu, nonobstant l'absence de témoins ne répondant pas à l'appel de leur nom, de passer outre aux débats, alors même que l'accusé et son défenseur déclareraient n'élever aucune objection (Crim. cass. 3 juin 1859, aff. Brindeau, D. P. 59. 5. 313-314) ; — 5° Celui qui ordonne que l'accusé sera

reconduit en prison et les débats continués en son absence (Crim. cass. 12 janv. 1875, aff. Mazé, D. P. 75. 1. 496) ; — 6° Celui qui statue sur les conclusions de la défense tendant à ce qu'un médecin soit commis pour examiner l'état mental de l'accusé (Crim. cass. 13 oct. 1881, aff. Verstraëte, D. P. 82. 1. 143) ; — 7° L'arrêt qui statue sur une opposition à l'audition d'un témoin et qui décide, par exemple, que ce témoin ne sera pas entendu (Crim. cass. 11 mai 1882, aff. Martines, D. P. 83. 1. 91). — Enfin il a été jugé que, dans une poursuite criminelle dont les débats ont lieu à huis clos, la publicité doit être momentanément établie pour prononcer l'arrêt incident qui, sur la réquisition du ministère public, ordonne que l'affaire sera continuée nonobstant l'absence d'un témoin, cet arrêt ayant un caractère contentieux, bien que les accusés et leurs défenseurs n'aient élevé aucune contestation ; si cette formalité n'a pas été observée, il y a nullité de l'arrêt incident et de tout ce qui a suivi (Crim. cass. 9 oct. 1879, aff. Brelet, D. P. 80. 1. 140).

**656.** Malgré la rigueur de cette règle, la nécessité de rouvrir la publicité de l'audience ne s'applique pas aux ordonnances rendues par le président en vertu de son pouvoir discrétionnaire, notamment à l'ordonnance qui prescrit une expertise (Crim. rej. 6 avr. 1854, aff. Bassat, D. P. 54. 5. 620) ou à celle qui place un témoin suspect sous la surveillance d'un agent de la force publique ou qui fait cesser cette mesure (Crim. rej. 10 août 1854, aff. Renaud, D. P. 54. 5. 619). — Il a même été jugé qu'un incident proprement dit peut être jugé à huis clos, s'il se rattache aux débats et en fait partie intégrante (Crim. cass. 26 août 1858, aff. Teulié, D. P. 58. 5. 303) ; mais il serait dangereux d'ériger, en ces termes, cette décision en principe. Au surplus, la cour de cassation admet que la mention, dans un arrêt d'instruction intervenu dans une affaire jugée à huis clos, que ledit arrêt a été prononcé publiquement, implique suffisamment, sans qu'il soit besoin d'autre énonciation à cet égard, qu'il n'a été rendu qu'après réouverture des portes de l'auditoire (Crim. rej. 19 déc. 1868, aff. Bergé, D. P. 72. 5. 374).

**657.** Si même une irrégularité s'était glissée à cet égard dans la procédure, elle serait facilement réparable : les débats de l'incident ayant eu lieu valablement à huis clos, il suffirait de recommencer publiquement la prononciation de l'arrêt incident. Jugé, en ce sens, que le huis clos prononcé à l'ouverture des débats s'étend virtuellement à tous les incidents contentieux qui s'élèvent au cours de l'affaire, à l'exclusion du prononcé des arrêts rendus sur ces incidents. La cour d'assises a donc pu, sans violer le principe de la publicité des débats, annuler un arrêt de donné acte rendu à huis clos, et se borner, sans nouvelle instruction faite en audience publique, à prononcer de nouveau publiquement l'arrêt intervenu sur l'incident contentieux soulevé par l'accusé (Crim. rej. 4 sept. 1890, aff. Imbert, D. P. 91. 1. 192).

**§ 7.** — **De la rédaction des jugements.** — **Mentions et signature de la minute** (Rép. n°s 833 à 850).

**658.** Le jugement, une fois prononcé, doit être rédigé par écrit afin d'être conservé dans les archives du greffe (Rép. n° 835). Cette rédaction officielle, c'est la minute (Rép. n° 833). On a indiqué, à propos des jugements civils, (suprà, n°s 123 à 128), la différence capitale qui sépare la minute, texte officiel du jugement, des notes d'audience purement officieuses tenues par le greffier et souvent désignées sous le nom de plumitif. Cette distinction n'est pas moins exacte en matière criminelle. Le caractère privé des notes d'audience ressort nettement d'un arrêt (Req. 10 avr. 1878, aff. Bastien, D. P. 79. 1. 88) qui a jugé que, en matière de simple police, le greffier a seul la responsabilité des notes d'audience ; que, par suite, il peut compléter ces notes sans le concours du juge de paix, et que le procureur impérial (en 1869) qui a autorisé ce greffier, sur la demande du ministère public, à modifier ces notes d'audience par le motif qu'elles n'étaient pas conformes à ce qui s'était passé à l'audience, peut être considéré, d'après les circonstances, comme ayant tenu une conduite exempte de tout reproche. — Une solution identique ressort d'un arrêt de la cour d'Aix (7 déc. 1883) (1) qui refuse de voir dans le plumitif, rédigé par le greffier, et non signé par les magistrats, la preuve officielle d'un jugement, et par exemple, d'un jugement de remise interruptif de prescription en matière de presse.

**659.** En ce qui concerne la minute proprement dite, il y a lieu d'en étudier les conditions de fond, c'est-à-dire, la mention qu'elle doit contenir (*infrà*, nᵒˢ 660 à 673) et les conditions de forme, c'est-à-dire les formalités matérielles auxquelles il doit satisfaire (*infrà*, nᵒˢ 674 à 677). On examinera ensuite quelle est la force probante qui y est attachée.

**660.** — I. Conditions de fond. — La minute doit mentionner : 1° les points de fait et de droit (*Rép.* nᵒˢ 837 à 839, 842 à 844) et la relation des formalités exigées par la loi pour la régularité du jugement (*Rép.* nᵒˢ 839 à 844).

Les *points de fait et de droit* doivent relater : 1° les faits qui motivent la poursuite (*Rép.* nᵒˢ 837 et 838); 2° les conclusions des parties (*Rép.* nᵒˢ 842 à 844).

**661.** En ce qui concerne les *faits*, il a été jugé : 1° en matière correctionnelle, que les inexactitudes ou les mensonges commis dans l'exposé de faits dressés par une partie pour servir à la rédaction des qualités d'un jugement n'ont pas le caractère d'un faux, un tel exposé n'ayant pour objet d'établir les faits que tels qu'ils sont appréciés par la partie de laquelle ils émanent (Crim. rej. 3 mai 1856, aff. Berthe de Villers, D. P. 56. 1. 270; Comp. *suprà*, nᵒˢ 261 à 263); — 2° En matière criminelle, qu'il n'est exigé par aucune disposition de loi que la date du crime réprimé soit précisée dans l'arrêt de condamnation, au surplus, la mention, dans la déclaration du jury, que le crime a été commis à la fin de telle année ou au commencement de la suivante, est une indication suffisamment précise (Crim. rej. 26 juill. 1866, aff. Dusséhu, D. P. 66. 5. 269).

**662.** En ce qui touche les *conclusions*, il a été décidé qu'il y a lieu à l'annulation d'un arrêt de la chambre des appels correctionnels, dans lequel les mentions relatives à la lecture, à l'audience, de conclusions subsidiaires prises par le prévenu et à leur rejet ont été insérées, depuis le prononcé de l'arrêt, à l'aide d'interlignes non approuvés, intercalées dans son contexte, par suite de grattages et surcharges (Crim. cass. 6 déc. 1873, aff. Lemois, D. P. 74. 1. 183).

**663.** La seconde partie des points de fait et de droit, relative aux *formalités*, a une toute autre importance. Néanmoins, la loi n'exige nulle part que l'accomplissement des formalités qu'elle prescrit soit mentionné en termes sacramentels ; il suffit qu'il ressorte des énonciations du jugement que les formalités légales ont été remplies (*Rép.* nᵒˢ 824 et suiv.). Si les mentions du jugement même,

comme celles des qualités par lesquelles les premières peuvent se compléter, ne permettent pas de douter que les formalités aient été remplies, le jugement est régulier. Ainsi, la lecture à l'audience du procès-verbal dressé à l'occasion d'une contravention déférée au tribunal de simple police ne peut être utilement contestée quand les qualités du jugement énoncent expressément que les formalités prescrites par l'art. 153 c. instr. crim. ont été observées, et quand les motifs du jugement constatent, en outre, que le procès-verbal a été la base des interpellations du juge et des explications du prévenu à l'audience (Crim. rej. 1ᵉʳ févr. 1854, aff. Hermy, D. P. 84. 1. 372).

**664.** Parmi ces formalités, les plus importantes sont celles qui ont trait à l'audition des magistrats chargés d'un rôle actif dans l'instruction de l'affaire. — Ainsi d'abord, le défaut de mention du rapport du juge dans les causes où ce rapport est prescrit par la loi, et notamment dans le cas prévu par l'art. 209 c. instr. crim., emporte la nullité du jugement (Crim. cass. 17 mars 1848, aff. Cayol, D. P. 48. 5. 251).

**665.** La mention relative à l'audition du ministère public est plus importante, parce qu'elle est d'une application générale, et non pas exceptionnelle (*Rép.* nᵒˢ 839 à 841). — Cette mention est indispensable, notamment en matière *criminelle* (V. *à contrario*, Crim. rej. 22 août 1867, aff. Constant, D. P. 69. 5. 256-257).

**666.** Il en est de même en matière *correctionnelle*. Jugé en ce sens : 1° que le jugement correctionnel qui ne constate pas que le ministère public a résumé l'affaire et donné ses conclusions est nul (Crim. cass. 26 mai 1853, aff. Girard, D. P. 53. 5. 309; 22 juill. 1853, aff. Cosseret, *ibid.*); — 2° Qu'il en est de même à l'égard de l'arrêt rendu par la cour statuant sur l'appel d'un jugement correctionnel (Crim. cass. 2 janv. 1847, aff. Givelet, D. P. 47. 4. 15); — 3° Que, spécialement en matière correctionnelle, l'arrêt qui ne constate pas que le ministère public a résumé l'affaire et donné ses conclusions sur le fond est entaché de nullité, quand bien même il résulterait des qualités de l'arrêt que le ministère public avait été entendu à une audience précédente sur un incident de procédure qui s'y était produit (Crim. cass. 29 nov. 1878, aff. Rostand, D. P. 79. 1. 192).

**667.** Telle est encore la règle en matière de *simple police*. Ainsi, est entaché de nullité le jugement du tribunal de simple police qui ne fait mention ni du résumé de l'affaire par le ministère public ni des conclusions qu'il a prises (Crim. cass. 4 juin 1852, aff. Villaert, D. P. 52. 5. 335; 16 sept. 1853, aff. Chauchard, D. P. 53. 5. 309; 23 déc. 1853, aff. Mignard, *ibid.*; 4 nov. 1859, aff. Oudinet, D. P. 60. 5. 213; 21 janv. 1860, aff. Charvet, *ibid.*; 26 avr.

---

(1) (Rheine C. Denegent.) — La cour ; — Attendu que la femme Denegent, se prétendant injuriée et diffamée par la femme Rheine dans la journée du 27 avr. 1883, a actionné cette dernière devant le tribunal correctionnel de Marseille, par exploit du 8 mai suivant ; — Attendu que, à l'audience du 18 août, la femme Rheine a soutenu que l'action de la femme Denegent était prescrite, par suite de l'expiration du délai de trois mois écoulé depuis la citation jusqu'au jour de l'audience ; que le tribunal, par son jugement du 25 août, a rejeté le moyen de prescription invoqué, et ordonné qu'il serait plaidé au fond ; que la femme Rheine a interjeté appel de cette décision ; que son appel est régulier en la forme et fait en temps utile ; — Attendu que, aux termes de l'art. 65 de la loi du 29 juill. 1881, la prescription des délits prévus par ladite loi est encourue après trois mois révolus à compter du jour du dernier acte de poursuite, s'il en a été fait ; qu'il s'est écoulé plus de trois mois entre le 8 mai, jour de la citation, et le 18 août, jour où l'exception a été plaidée ; qu'il y a donc lieu de rechercher si, dans l'intervalle, la prescription n'a pas été interrompue par un acte de poursuite ; — Attendu que le jugement dont est appel énonce qu'il résulte du plumitif que la cause de la femme Denegent a été renvoyée le 30 juin, en présence des parties, au 21 juillet, et que, ce jour-là, la femme Rheine ayant introduit une demande reconventionnelle, les deux instances avaient été renvoyées, du consentement des parties, pour être jointes et plaidées le 18 août ; que ledit jugement porte que les remises de cause constatées sur le plumitif sont de véritables jugements faisant acte de poursuite, suivant les art. 637 et 638 c. instr. crim., et l'art. 65 de la loi du 29 juill. 1881, dès lors interruptifs de la prescription ; — Attendu, en premier lieu, qu'on ne saurait considérer les remises de cause constatées sur le plumitif comme de véritables jugements ; qu'en

effet, aux termes de l'art. 196, c. instr. crim., les jugements, en matière correctionnelle, doivent être signés par les présidents et juges qui ont concouru ; que le plumitif n'est signé ni par le président ni par les juges ; que, d'ailleurs, il n'est pas établi que les remises n'aient pas été prononcées par le président seul procédant à l'appel préparatoire des causes, et non par le tribunal tout entier, comme il le faudrait pour constituer un jugement ; — Attendu, en second lieu, et en admettant que ces remises volontaires fussent de véritables jugements, qu'on ne saurait en conclure que ce sont des actes de poursuite tels que ceux exigés par la loi pour interrompre la prescription ; qu'en effet, l'art. 65 de la loi du 29 juill. 1881, qui est la règle de la matière, ne parle que des actes de poursuite, et non, comme l'art. 637 c. instr. crim., des actes d'instruction et de poursuite ; que le législateur a restreint les causes d'interruption, manifestant par là sa volonté d'exiger une prompte solution des procès de cette nature ; qu'il ne s'est pas contenté de démarches ou formalités indiquant, de la part du plaignant, la volonté de conserver son droit, mais qu'il a prescrit un acte judiciaire constatant l'exercice formel de son action ; qu'un renvoi prononcé, même dans l'espèce, du consentement du plaignant, loin d'être un acte de poursuite, est, au contraire, une renonciation temporaire à l'exercice de son droit ; que le plaignant, pour interrompre la prescription, est tenu, le jour de l'audience, de conclure aux fins de sa citation ; et si le tribunal, par un jugement, prononce le renvoi, la maxime *contrà non valentem agere non currit præscriptio* protège le plaignant ; que c'est donc à tort que le tribunal, se basant sur les renvois susrelatés, a rejeté le moyen de prescription proposé ; — Par ces motifs, ici.

Du 7 déc. 1883.-C. d'Aix.-MM. Chabriniac, pr.-Furby, av. gén.- Heyriès et de Terris, av.

1860, aff. Ravot, *ibid.*; 2 févr. 1864, aff. Griollet, D. P. 61. 3. 283; 13 nov. 1863, aff. André et Savoureux, D. P. 65. 5. 258; 24 déc. 1864, aff. Rassi, D. P. 65. 5. 258). Jugé de même que : 1° le jugement du tribunal de simple police qui ne constate que la présence du juge et du greffier, sans s'expliquer sur celle du ministère public, est entaché de nullité (10 nov. 1860, aff. Fariel, D. P. 60. 5. 213; Crim. cass. 24 janv. 1864, aff. Buhot, D. P. 61. 5. 281); — 2° Que le jugement de simple police, qui ne constate pas que le ministère public ait résumé l'affaire et donné ses conclusions, est nul (Crim. cass. 6 déc. 1861; aff. Vigoureux, D. P. 67. 5. 253; 27 févr. 1863, aff. Franzini, D. P. 63. 5. 450); — 3° Que, lorsque la poursuite devant le juge de simple police a été engagée par la citation de la partie civile seule, il est nécessaire que le jugement, dans la mention relative à l'audition de l'officier du ministère public, fasse connaître si c'est comme partie jointe ou comme partie principale que ce magistrat a conclu, car, autrement, rien ne constate que l'action publique ait été mise en mouvement et que le renvoi du prévenu ait l'autorité de la chose jugée, même en ce qui concerne cette action (Crim. cass. 6 avr. 1865, aff. Marchette, D. P. 67. 5. 253).

**668.** Toutefois, en cette dernière matière, un tempérament s'impose, qui résulte d'une règle de procédure spéciale à cette juridiction. En effet, le juge de police, étant tenu de prononcer, même en l'absence de conclusions du ministère public, il suffit qu'il l'ait mis en demeure de conclure. Mais, tout au moins, la mention de cette mise en demeure doit être faite au jugement, à peine de nullité (Crim. cass. 21 janv. 1860, aff. Charvet, D. P. 60. 5. 213; 4 nov. 1859, aff. Oudinet, *ibid.*; 26 avr. 1860, aff. Ravot, *ibid.*; 2 févr. 1864, aff. Griollet, D. P. 61. 5. 283). Jugé, sur ce point : 1° que l'énonciation que « dans l'état de la cause» (indiqué par le jugement), le ministère public n'a formulé aucun réquisitoire », n'établit pas qu'il ait été mis en demeure ni qu'il ait refusé de le faire; dès lors, l'incertitude existant sur ce point affecte le jugement d'un vice radical (Crim. cass. 16 déc. 1859, aff. Sirguet, D. P. 59. 5. 236); — 2° Que l'énonciation, portant que le jugement a été prononcé immédiatement après la lecture du procès-verbal de contravention, est insuffisante et vicie le jugement, en ce qu'elle laisse ignorer si le ministère public a été entendu ou mis en demeure de conclure (Crim. cass. 18 août 1860, aff. Burlot, D. P. 60. 1. 470).

**669.** Au surplus, la rigueur du principe est tempérée par le fait que la jurisprudence interprète largement les mentions de la minute. En effet, la loi ne prescrit pas l'emploi de termes sacramentels pour constater dans les jugements l'audition du ministère public, et, notamment, cette audition est suffisamment constatée par la mention que le ministère public a pris la parole et a insisté pour la condamnation (Crim. cass. 11 déc. 1863, aff. Pomier, D. P. 66. 1. 139). C'est que la jurisprudence n'a jamais hésité à proclamer pour les divers ordres de juridiction.

**670.** Jugé, par exemple, en matière *criminelle*, que le désaccord qui existe entre les mentions du procès-verbal des débats et celles de l'arrêt de la cour d'assises, sur le nom de l'avocat général qui a requis l'application de la peine, n'engendre pas de nullité, du moment qu'il est constant que cette réquisition a été faite par un officier du ministère public (Crim. rej. 22 août 1867, aff. Constant, D. P. 69. 5. 256-257).

**671.** Décidé de même, en matière *correctionnelle* : 1° que, dans une affaire ayant occupé plusieurs audiences, il n'est pas besoin que la présence, à chacune de ces audiences, des magistrats qui ont rendu le jugement, et de l'officier du ministère public qui a soutenu la prévention, soit l'objet d'une mention spéciale; que cette présence est suffisamment constatée par une mention rédigée en un seul contexte, en tête de la décision, et par l'énonciation de l'audition du ministère public à l'une des audiences (Crim. rej. 30 mai 1857, aff. Pucheu, D. P. 57. 1. 352); — 2° Que l'arrêt correctionnel portant que « M. l'avocat général N... a été entendu dans ses conclusions et réquisitions », et contenant dans les qualités la mention « En présence de M. le procureur général, joint en l'affaire », constate suffisamment que le ministère public a été présent dans tout le cours des débats (Crim. rej. 19 nov. 1869, aff. Mackeras, D. P. 70. 1.

444); — 3° Que la mention, dans un arrêt correctionnel, que les débats ont eu lieu « en présence de M. le procureur général, joint dans la cause, et que M. N..., son substitut, a été entendu en ses réquisitions », suffit pour établir que le ministère public était présent même lors de la prononciation de l'arrêt (Crim. rej. 14 mai 1869, aff. Numa Guilhou, D. P. 70. 1. 437).

**672.** Jugé, enfin, en matière de *simple police*, que le moyen de cassation tiré par le ministère public près le tribunal de simple police de ce qu'il n'aurait pas été admis à donner ses conclusions, ne saurait être accueilli lorsque les notes d'audience et le jugement constatent que, après les explications données par le prévenu, le ministère public a été entendu dans ses observations (Crim. rej. 7 déc. 1860, aff. Billerey, D. P. 61. 5. 314; 25 juin 1863, aff. Jouguet, D. P. 65. 5. 241).

**673.** On voit, par ces derniers arrêts, que la cour de cassation admet sur ce point, pour compléter la preuve que doit faire la minute, la mention des notes d'audience. Elle s'est même parfois contentée uniquement de ces notes; car elle a jugé, en matière correctionnelle, que le fait de l'audition du ministère public en ses conclusions est régulièrement établi, à défaut de mention à cet égard dans le jugement, à l'aide des notes d'audience tenues par le greffier (Crim. rej. 10 juill. 1863, aff. Joubert, D. P. 63. 1. 483).

**674.** — II. Conditions de forme. — La minute doit être rédigée dans les conditions exposées au *Rép.* nos 834 à 836, puis signée (*Rép.* nos 845 à 850) ; ce sont surtout les règles relatives à la signature qui ont un grand intérêt pratique.

Le principe, en matière criminelle, à la différence des matières civiles, c'est que les jugements (du moins *les jugements définitifs*) doivent être signés par tous les juges qui y ont pris part (*Rép.* n° 846; Aix, 7 déc. 1883, *supra*, n° 658). Il est à peine besoin d'ajouter qu'ils ne peuvent être signés que par ceux-là, et qu'un arrêt serait nul s'il était signé d'un magistrat qui, d'après le procès-verbal de la cour d'assises, n'y aurait point participé (Crim. cass. 15 janv. 1848, aff. Daviou, D. P. 48. 5. 81). Cette signature doit être apposée dans les vingt-quatre heures (*Rép.* n° 846).

**675.** Si précises que soient ces prescriptions, elles ne sont cependant pas, à défaut d'un texte, sanctionnées par la nullité. D'une part, il a été jugé, quant au *délai*, que la signature, par le président, dans les vingt-quatre heures, d'un jugement (rendu notamment par un conseil de discipline) n'est pas prescrite à peine de nullité (Crim. rej. 25 juin 1853, aff. Dupont, D. P. 53. 5. 278).

D'autre part, quant à la *signature* elle-même, il a été jugé, conformément à ce que l'on a vu au *Rép.* n° 846 : 1° qu'un jugement correctionnel ne peut être déclaré nul faute d'être signé par tous les juges qui l'ont rendu, qu'autant que cette irrégularité serait susceptible de mettre en question l'existence de la décision elle-même (Crim. rej. 23 mai 1874, aff. Turck, D. P. 75. 1. 233-234); — 2° Que la circonstance que le jugement correctionnel n'a été signé que par l'un des juges et le greffier ne saurait paralyser les conséquences légales de la condamnation régulièrement prononcée, et devenue irrévocable par son exécution (Req. 1er déc. 1874, aff. Viviani, D. P. 75. 1. 301). — Cette règle a reçu une application remarquable lorsque, en 1869, le président du tribunal de première instance de Besançon est mort subitement, laissant sans signature : treize jugements civils, deux jugements de continuation en matière civile, quarante et un jugements correctionnels et huit jugements en matière forestière. On a vu, *supra*, n° 138, que les jugements civils avaient été d'ordre de la cour, régularisés par la signature du plus ancien des juges qui les avaient rendus (Besançon, 4 août 1869, aff. Ministère public de Besançon, D. P. 70. 2. 205). La même ressource n'existait pas pour les jugements correctionnels et forestiers, attendu qu'aucune loi n'attribue à la cour juridiction à l'effet de réparer l'irrégularité qui pourrait résulter, dans un jugement correctionnel ou forestier, de l'absence de signature, sur la minute, de l'un des juges qui l'ont rendu (Même arrêt). Mais l'absence de cette signature, surtout ayant pour cause le décès du magistrat qui devait la donner, n'était pas une cause de nullité, alors d'ailleurs que le jugement était signé par les autres juges qui y avaient concouru (Besançon, 11 août 1869, aff. Perru, D. P. 70. 2. 206).

**676.** La règle est encore moins rigoureuse à l'égard des jugements incidents, pour lesquels on n'exige, comme en matière civile, que la signature du président et celle du greffier (*Rép.* n° 847). — La cour de cassation a même admis un tempérament encore bien plus favorable : aux termes d'une jurisprudence constante, un arrêt est régulier, quoique non signé des juges de qui il émane, s'il fait corps avec l'arrêt au fond rendu le même jour (Crim. cass. 17 mai 1850, aff. Abd-el-Usain-ben-Youssef, D. P. 50. 5. 300). De même, lorsqu'un arrêt incident d'une cour d'assises est relaté dans le procès-verbal, les signatures du président et du greffier, apposées au bas de ce procès-verbal, valent comme signatures de l'arrêt lui-même (Crim. rej. 23 déc. 1854, aff. Gaisne, D. P. 54. 5. 457 ; 13 nov. 1856, aff. Roulin, D. P. 56. 1. 469 ; 1er oct. 1857, aff. Guérin, D. P. 57. 1. 453 ; 20 mars 1862, aff. Jannin, D. P. 63. 5. 223). De même encore, la mention au procès-verbal des débats que, le ministère public ayant demandé la position d'une question subsidiaire, le président a répondu que la cour, après délibération, avait pensé que cette question n'était nullement ressortie des débats, contient tous les éléments d'un arrêt régulier, la signature du procès-verbal par le président et le greffier valant, en pareil cas, comme signature de cet arrêt lui-même (Crim. rej. 26 nov. 1869, aff. Présent, D. P. 70. 1. 443).

**677.** Enfin la jurisprudence va plus loin encore, en ce qui concerne le greffier. On a vu au *Rép.* n°s 848 et 849, que l'on discutait si la signature de ce fonctionnaire devait être exigée à peine de nullité ; la négative avait paru définitivement triomphé en jurisprudence : cela résulte, en matière d'assises, d'un arrêt de rejet de la chambre criminelle du 31 mars 1849 (aff. N..., D. P. 49. 5. 72), et, en matière correctionnelle, d'un arrêt de cassation rendu par la même chambre, le 1er déc. 1855 (aff. Geistdoerfer, D. P. 56. 1. 143).

**678.** D'ailleurs, et si l'on quitte le domaine des jugements ou arrêts proprement dits, il est certain que l'*ordon-* *nance*, rendue par le président des assises, pour prescrire un supplément d'information et un transport sur lieux, n'a besoin d'être signée que par ce magistrat, et non pas en même temps par le greffier ; on appliquerait à tort en cette matière, l'art. 1040 c. proc. civ. (Crim. rej. 18 janv. 1855, aff. Giovacchini, D. P. 56. 5. 263). Mais les actes d'instruction auxquels procède le président en exécution d'une telle ordonnance ne peuvent, comme les actes semblables accomplis par le juge d'instruction, être valablement constatés qu'avec le concours du greffier (Même arrêt).

**679.** — III. FOI DUE A LA MINUTE. — Il suffit de rappeler ici que la minute est un acte authentique (*supra*, n° 140). Elle fait donc foi de son contenu jusqu'à inscription de faux, et, spécialement, elle est, jusqu'à inscription de faux, présumée conforme au jugement prononcé. Aussi a-t-il été jugé que le condamné n'est pas recevable, alors qu'il n'offre pas de prouver son allégation à l'aide d'une inscription de faux, à demander la cassation du jugement au chef qui prononce l'amende, sous prétexte que le chiffre énoncé au jugement serait plus élevé que celui prononcé à l'audience (Crim. rej. 3 avr. 1867, aff. Tournery, D. P. 67. 5. 252).

### § 8. — Des effets des jugements criminels
(*Rép.* n°s 851 à 855).

**680.** Les jugements criminels produisent en général les mêmes effets que les jugements civils (V. *suprà*, chap. 3, sect. 9, n°s 344 à 393) : ils constituent des actes authentiques, avec toutes les conséquences de droit (*Rép.* n° 852).

**681.** Ces effets, le jugement les produit d'une façon définitive, dès le moment où il est rendu, car, dès ce moment, il dessaisit le juge (*Rép.* n° 853). Aussi ne peut-il plus être rétracté même du consentement du prévenu ; et si une erreur ou une omission s'y est glissée, elle ne peut plus être réparée que par le juge supérieur (Bourges, 28 févr. 1880) (1). Cette solution, contraire à un arrêt ancien (22 oct. 1831) rapporté au *Rép.* (n° 855-4°), est pleinement juridique ; on l'avait soutenue (*ibid.*) en faisant la critique de l'arrêt précité, et elle avait été l'objet, dès 1861, d'un revirement

---

(1) (Pinault.) — LA COUR ; — Considérant qu'il est incontestable que, dès qu'un jugement a été, en matière correctionnelle, prononcé publiquement à l'audience, ce jugement appartient définitivement aux parties et à la société ; que, sous aucun prétexte, les magistrats qui l'ont rendu n'ont le droit de le rétracter de leur autorité privée ; que cela est vrai surtout lorsque ces magistrats ont statué au fond, et ont condamné un prévenu ou proclamé sa non-culpabilité ; que, dans ce cas, la reconsentement des parties ne validerait pas la rétractation et n'autoriserait pas les magistrats à effacer le jugement rendu et à statuer une seconde fois ; — Considérant que, ces principes posés, il en résulte que c'est à tort que, à l'audience du 23 décembre dernier, le tribunal de Saint-Amand, qui avait déclaré Pinault coupable de faux témoignage à raison de sa déposition en faveur de Ribeaudeau et avait condamné ledit Pinault à quinze jours de prison, a rétracté le jugement qu'il venait de rendre ; que le tribunal le pouvait d'autant moins faire qu'il a agi dans l'espèce sans conclusion du parquet et sans le consentement de Pinault ; qu'on ne saurait, en effet, considérer comme une approbation de cette rétractation cette circonstance que, à la même audience, Pinault s'est défendu, lorsque, après la clôture des débats, le tribunal a de nouveau statué sur la mérite ou la fausseté de la déposition de ce témoin ; que Pinault, mis ainsi en demeure de se défendre, était obligé de le faire, et que, pour conserver son droit de jugement rendu, comme contre le jugement à rendre, il n'avait besoin ni de protestation ni de réserve ; qu'il importe peu que le tribunal n'ait ainsi tenté de rétracter son jugement que parce qu'il reconnaissait qu'il s'était trompé en déclarant fausse la déposition de Pinault avant la clôture des débats ; qu'après la décision prononcée à l'audience, le pouvoir du tribunal était épuisé, et qu'à la cour seule il appartenait de réformer le jugement, s'il y avait lieu ; — Considérant que, la rétractation faite par le tribunal devant être considérée comme non avenue, il s'ensuit que le jugement rendu continué de subsister ; qu'il va de soi, alors, que le tribunal s'est mal à propos ressaisi à nouveau de la question après la clôture des débats, et a prononcé une seconde fois, et dans la même audience, la même condamnation contre Pinault qui déclarait persister dans sa déposition ; qu'il y a ainsi, en réalité, deux jugements, deux condamnations prononcées par le tribunal à la même audience, et pour un même et unique délit ; — Considérant que, pour soutenir la validité de ce dernier jugement, le ministère public objecte en vain que le délit de faux témoignage n'a été commis par Pinault qu'après la clôture des débats et parce qu'il a persisté alors dans sa déposition ; que, par suite, c'est aussi à ce moment-là seulement que s'est ouvert pour le tribunal le droit de réprimer ledit délit ; qu'en fait le premier jugement n'en subsistait pas moins, et que le même délit n'en restait pas moins sous le coup d'une répression possible tant que le jugement ne serait pas réformé ; que cela suffisait pour enlever aux premiers juges le droit de statuer une seconde fois ; que c'est à bon droit, par conséquent, que Pinault a appelé de ce second jugement et demandé qu'il fût mis à néant ; — Considérant qu'il a également appelé du premier jugement et a demandé sa réformation, en ce qu'il l'a condamné prématurément et alors que, les débats n'étant pas encore clos, sa déposition ne pouvait être déclarée fausse ; qu'il est constant, en effet, que c'est avant que le ministère public ait formulé ses réquisitions au fond, et avant que l'avocat du prévenu ait présenté la défense de celui-ci, que Pinault a été condamné la première fois comme coupable de faux témoignage ; qu'il est de doctrine et de jurisprudence qu'effectivement en cet état le délit de faux témoignage n'existait pas ; et qu'aucune condamnation n'aurait pu être prononcée contre le témoin ; que ce jugement doit donc aussi être réformé ; — Mais, considérant qu'en persistant dans sa déposition après la clôture des débats, Pinault a réellement commis le délit qui lui est reproché ; que, s'il a le droit de demander son renvoi parce qu'il a été déclaré prématurément coupable, le ministère public a le droit, de son côté, d'établir que, au moment où la réformation du jugement est demandée, Pinault a définitivement fait une fausse déposition et doit être condamné pour ce fait ; que la cour, qui a plénitude de juridiction, a le droit et le devoir de statuer au fond. — Or, au fond : — Considérant qu'il résulte des débats, etc... ;

Par ces motifs ;

Reçoit Pinault dans son appel des deux jugements rendus contre lui à l'audience du 23 décembre dernier par le tribunal de Saint-Amand ; réformant ces deux jugements, les déclare nuls et non avenus et les met à néant ; et, statuant par arrêt nouveau et au fond, déclare ledit Pinault coupable du délit de faux témoignage qui lui est reproché, etc.

Du 28 févr. 1880.-C. de Bourges.

dans la jurisprudence. Il a été jugé, en effet, qu'un jugement ou arrêt a une existence définitive dès que le tribunal ou la cour qui l'a rendu a diverti à une autre affaire ; que, par suite, il ne peut, même alors que l'audience dure encore, être régulièrement rétracté, pour la rectification d'une erreur, telle que, par exemple, le défaut d'application au prévenu ou accusé d'une prescription qui lui était acquise, sauf le droit de celui-ci de se pourvoir en cassation (Crim. cass. 11 janv. 1861, aff. Rialland, D. P. 61. 5. 282).—A plus forte raison, après le jugement ou l'arrêt rendu, ne saurait-on faire droit aux réquisitions du ministère public demandant une nouvelle délibération. Par exemple (aux colonies) le ministère public ne peut plus, après lecture de la réponse négative de la cour d'assises aux questions posées pour purger l'accusation, demander la position d'une question subsidiaire (spécialement, sur une inculpation d'homicide par imprudence) ; et la cour a pu, pour rejeter cette demande, se référer, par l'organe de son président, à un arrêt antérieur par lequel déjà elle aurait déclaré, lors de la position des questions, qu'il n'y avait pas lieu de poser de question résultant des débats (Crim. rej. 26 nov. 1869, aff. Present, D. P. 70. 1. 443).

**682.** Toutefois ce caractère définitif du jugement prononcé ne s'oppose pas plus ici qu'en matière civile aux rectifications et aux interprétations légitimes.

Le cas le plus fréquent de *rectification* en la matière est celui où un prévenu s'est frauduleusement laissé condamner sous le nom d'un tiers innocent. Voici comment on procède alors (Comp. *Rép.* n° 852-2°). Lorsqu'il est reconnu, après que le jugement ou l'arrêt de condamnation rendu contre un prévenu est devenu définitif, et même a été exécuté par le véritable condamné, que les nom et prénoms donnés à celui-ci sont ceux d'un tiers, ou bien que, son nom étant exactement indiqué, il s'est attribué l'état civil d'un tiers portant le même nom, la rectification de ce jugement ou arrêt doit être et est compétemment faite par les juges desquels il émane; et, en pareil cas, il suffit de faire comparaître le condamné et celui dont il a usurpé le nom pour, après confrontation (et sans qu'il y ait lieu d'appeler des témoins et de procéder à nouveau au jugement), déclarer que la condamnation prononcée sous le nom du dernier ne concerne, en réalité, que le premier (Aix, 28 janv. 1870, aff. Brulé, D. P. 71. 2. 217). Cette rectification a lieu soit sur l'opposition du tiers intéressé, même se produisant en dehors des formes ordinaires, soit, à défaut de réclamation de ce tiers, sur l'action d'office du ministère public (Même arrêt). Il a même été jugé que, dans le cas où un prévenu s'est laissé condamner sous des nom et prénoms appartenant à un tiers, celui-ci a une action pour obtenir la rectification du jugement ou arrêt de condamnation, encore bien que le condamné serait décédé et ne pourrait ainsi comparaître à l'instance, si, d'ailleurs, il a reconnu l'usurpation dans les interrogatoires judiciaires; les juges qui ont rendu la condamnation ont alors seuls compétence pour ordonner la réparation demandée (Trib. corr. de Montélimar, 24 janv. 1860, aff. Delcouze, D. P. 71. 5. 227).

**683.** L'*interprétation* du jugement appartient, comme la rectification, aux juges qui l'ont rendu, et, à la différence des matières civiles, il en est ainsi alors même qu'il s'agit d'un arrêt confirmatif (Crim. règl. de juges, 18 janv. 1862, aff. Drouin, D. P. 62. 1. 399; Crim. rej. 11 mars 1887, aff. Claudius Morel, D. P. 88. 1. 140), alors même qu'il y aurait en adoption pure et simple des motifs du jugement; à cet égard, l'art. 472 c. proc. civ., motivé par des considérations particulières aux juridictions civiles, reste sans application en matière correctionnelle (Mêmes arrêts; *Adde*, aff. Denis, D. P. 59. 5. 233).

**684.** La jurisprudence offre un exemple d'interprétation analogue à celui qui a été signalé au *Rép.* n° 855-3°. Lorsqu'il y a doute sur le point de savoir si le jugement de condamnation prononcé, pour un même crime ou pour un même délit, contre plusieurs individus, a entendu décharger un des condamnés de la solidarité établie par l'art. 55 c. pén., il y a lieu de renvoyer l'interprétation du jugement devant les juges qui l'ont rendu (Guadeloupe, 26 avr. 1848, aff. Barjolies, D. P. 52. 1. 23).

**685.** Mais l'interprétation ne saurait être détournée de son but. Ainsi, une décision cassée dans l'intérêt de la loi seulement peut néanmoins, par cela seul qu'elle subsiste entre les parties, être l'objet d'une demande d'interprétation devant les juges desquels elle émane, lorsqu'il s'élève une difficulté qui en arrête l'exécution. Mais la demande d'interprétation n'a pas de fondement légal et est à tort admise, lorsqu'elle a pour objet avoué de faire contredire l'un des motifs servant de base à l'arrêt de cassation prononcé dans l'intérêt de la loi et de provoquer ainsi, par la décision interprétative, au mépris des principes essentiels de la hiérarchie judiciaire, la censure directe de l'arrêt rendu par la cour de cassation (Crim. cass. 8 nov. 1862, aff. Mirès, D. P. 63. 1. 433).

### § 9. — De l'exécution des jugements criminels
### (*Rép.* n°s 856 à 901).

**686.** Les jugements criminels comportent deux parties distinctes, dont l'exécution est régie par des règles tout à fait différentes : ils se prononcent une *peine* et statuent accessoirement (du moins à l'occasion) sur des *conclusions à fins civiles*. En ce qui touche le premier point, les règles de l'exécution sont étudiées *infrà*, v° *Peine*. En ce qui concerne le second, elles sont régies par le principe formulé *suprà*, n° 477. La connaissance des difficultés d'exécution appartient toujours aux tribunaux civils, à l'exclusion du tribunal répressif qui a prononcé la condamnation. Spécialement, les tribunaux correctionnels ne peuvent connaître des difficultés d'exécution auxquelles donne lieu une condamnation à des dommages-intérêts (Crim. cass. 19 janv. 1889, aff. Lentzen, D. P. 90. 1. 48).

**687.** Ce principe ne comporte qu'une exception, plus apparente que réelle : c'est au cas où il s'agit moins de régler l'exécution du jugement que de le compléter, en fixant, par exemple, le chiffre de dommages-intérêts que le tribunal correctionnel n'avait alloués qu'en principe et en se réservant d'en arrêter le montant par état. Dans cette hypothèse, la fixation du chiffre de l'indemnité appartient au tribunal même qui a admis le principe, ou, en cas d'appel, à la cour qui a statué sur cet appel, sans que l'on ait ici, comme en matière civile (*suprà*, n°s 483 et suiv.), à distinguer entre le cas d'infirmation et le cas de confirmation. C'est ce qui résulte d'un arrêt aux termes duquel, en matière correctionnelle, entre le juge de première instance et le juge d'appel, la connaissance du contentieux sur l'exécution de la condamnation appartient toujours au juge qui l'a rendue; on prétendrait à tort, même dans le cas où il s'agit de l'exécution du chef prononçant des réparations civiles, appliquer les distinctions établies en matière civile par les art. 472 et 473 c. proc. civ. (Crim. règl. de juges, 18 janv. 1862, aff. Drouin, D. P. 62. 1. 399); spécialement, lorsqu'un tribunal correctionnel, par jugement confirmé en appel purement et simplement, a alloué à la partie civile des dommages-intérêts à fournir par état, c'est à ce tribunal, encore bien que la confirmation n'ait été définitivement prononcée que sur renvoi après cassation, à statuer sur la fixation ultérieure du chiffre des dommages-intérêts, si d'ailleurs la cassation de l'arrêt rendu sur l'appel a laissé subsister le jugement dans son intégrité (Même arrêt).

**688.** Il convient d'ajouter, en ce qui touche l'exécution des jugements rendus par les tribunaux repressifs, que jamais ces tribunaux ne peuvent ordonner l'exécution provisoire de leur décision, alors même qu'il ne resterait plus en cause que la partie civile (Orléans, 7 févr. 1855, aff. Thoisinier-Desplaces, D. P. 55. 2. 159).

### CHAP. 6. — Des jugements en matière administrative (*Rép.* n°s 902 à 946).

**689.** Tout ce qui concerne les arrêts du conseil d'État statuant au contentieux a été exposé *suprà*, v° *Conseil d'État*, n°s 427 et suiv.

Quant aux décisions des autres juridictions contentieuses, notamment des ministres et des conseils de préfecture, la matière a été reprise et traitée plus complètement au *Rép.*, v° *Organisation administrative*, n°s 151 et suiv.; 429 et suiv. On y reviendra, *infrà*, eod. v°,

**CHAP. 7.** — **De la nécessité de motiver les jugements** (*Rép.* nᵒˢ 947 à 1108).

SECT. 1ʳᵉ. — DES MOTIFS DES JUGEMENTS EN MATIÈRE CIVILE (*Rép.* nᵒˢ 947 à 1052).

**690.** On a exposé *suprà*, nᵒ 317, que le jugement doit contenir deux parties, les motifs et le dispositif, et l'on verra sous l'art. 1ᵉʳ de la présente section que, à part quelques exceptions beaucoup plus apparentes que réelles, cette règle est absolue et générale.

Il serait toutefois exagéré d'en conclure que tout jugement doit contenir deux parties distinctes : d'une part, les motifs, d'autre part, le dispositif; il importe peu que ces deux parties soient confondues en la forme, si réellement elles existent l'une et l'autre. En effet, suivant une jurisprudence constante (Req. 11 nov. 1851, aff. Roquelaure, *Rép.* nᵒ 959-6ᵒ; 4 mai 1859, aff. de Guerry, D. P. 59. 1. 314, et aff. de Jausserand; 22 nov. 1869, aff. Malarte, D. P. 70. 1. 206; *Adde :* Crim. rej. 8 nov. 1866, aff. Jeaudet, D. P. 67. 1. 359), les motifs d'une décision peuvent être énoncés dans son dispositif. Ainsi, l'arrêt qui déclare des offres réelles nulles, à raison d'un défaut d'acceptation que constate le seul dispositif de cet arrêt, sans que la partie consacrée distinctement aux motifs l'ait relevé, est valablement motivé (Arrêt précité du 22 nov. 1869).

**691.** Cela n'empêche que les motifs et le dispositif soient deux choses très différentes. C'est le dispositif seul qui constitue, à proprement parler, le jugement (*Rép.* nᵒ 958). C'est par cette raison que les motifs d'un arrêt ne peuvent servir de base à un pourvoi en cassation; ainsi, la décision qui, s'occupant hypothétiquement, dans ses motifs, d'une servitude non invoquée, consistant, par exemple, dans le droit, pour les propriétaires d'un canal, de rejeter sur ses francs-bords, possédés par un riverain, les terres provenant du curage de ce canal, exprime que, à supposer que cette servitude existât, les limites en auraient été excédées, ne peut être déférée de ce chef à la cour de cassation (Req. 21 mars 1855, aff. Syndics du canal de Millas, D. P. 55. 1. 409).

ART. 1ᵉʳ. — *Quels jugements doivent être motivés* (*Rép.* nᵒˢ 962 à 967).

**692.** Tout jugement doit être motivé. C'est là une règle fondamentale. Elle est consacrée par l'art. 7 de la loi du 20 avr. 1810; mais elle est à ce point essentielle qu'elle est sanctionnée par la cassation, même dans les jugements auxquels cet article n'est pas applicable. Ainsi il a été jugé que, dans la colonie de la Martinique, les jugements qui ne renferment pas les motifs exigés par l'art. 141 c. proc. civ., applicable à cette colonie en vertu de l'ordonnance royale de 1828, sont nuls, quoique l'art. 141 c. proc. civ. ne prononce pas expressément la nullité, et que l'art. 7 de la loi du 20 avr. 1810, qui l'a déclaré, n'ait pas été déclaré exécutoire à la Martinique, les motifs étant une partie essentielle de tout jugement (Civ. cass. 25 août 1863, aff. Isnard, D. P. 63. 1. 355).

**693.** Cette règle est applicable à toutes les juridictions, et même aux tribunaux arbitraux (*Rép.* nᵒ 953-11ᵒ), alors même que les arbitres auraient été constitués amiables compositeurs (Req. 1ᵉʳ déc. 1857, aff. Perrin, D. P. 58. 1. 29).

**694.** Elle s'applique à tout jugement ayant un caractère contentieux; mais ceux qui ont un caractère purement discrétionnaire n'y sont pas soumis (*Rép.* nᵒ 965). Jugé en ce sens : 1ᵒ que la sentence d'arbitres chargés de la liquidation d'une société, *sans qu'aucunes conclusions aient donné à cette liquidation un caractère contentieux*, est suffisamment motivée, lorsqu'elle renferme la composition du compte général de la société, celle du compte particulier de chaque associé et la constatation du résultat de ces divers comptes, car il n'est pas besoin que les allocations ou les rejets prononcés soient accompagnés de motifs particuliers (Req. 1ᵉʳ déc. 1857, aff. Perrin, D. P. 58. 1. 29); — 2ᵒ Que la décision qui refuse d'admettre une partie à plaider sa cause en personne n'est pas soumise à la règle qui veut que les jugements soient motivés à peine

de nullité, attendu que, si une partie peut être admise à plaider sa cause en personne, il appartient aux tribunaux d'y consentir ou de s'y refuser; *qu'une demande de cette nature n'est point un chef contentieux.* sur lequel il soit nécessaire de donner des motifs, que ces motifs, toujours superflus, *puisqu'il s'agit d'une appréciation purement discrétionnaire,* pourraient, en certains cas, être fâcheux pour la partie à laquelle l'autorisation demandée est refusée (Req. 20 juill. 1858, aff. Liégard, D. P. 58. 1. 403); — 3ᵒ Que les tribunaux ne sont pas tenus de motiver la désignation qu'ils font d'office, et *en vertu de leur pouvoir discrétionnaire,* d'un notaire chargé de procéder aux opérations d'un partage ou d'une liquidation (Civ. rej. 29 janv. 1872, aff. Busquet, D. P. 72. 1. 449-450); — 4ᵒ Que les tribunaux, étant investis d'un *pouvoir discrétionnaire* à l'effet d'ordonner, dans les instances en licitation, que la vente aura lieu devant un de leurs membres, ou de commettre pour y procéder un notaire de leur choix, ne sont pas tenus d'exprimer les motifs de la décision qu'ils prennent à cet égard (Civ. rej. 20 janv. 1880, aff. Veingartner, D. P. 80. 1. 161); — 5ᵒ Que les jugements qui, *sans trancher aucun litige* ni rien préjuger, se bornent à donner acte de certaines déclarations des parties et à remettre à statuer, n'ont pas besoin d'être motivés (Req. 13 févr. 1889, aff. Froissant, D. P. 89. 5. 315).

ART. 2. — *De la nécessité de donner des motifs sur chaque chef de conclusions des parties* (*Rép.* nᵒˢ 968 à 994).

**695.** Il résulte du principe *tot capita tot sensus* que chaque chef du jugement constitue un jugement particulier : chaque chef doit donc être assorti de motifs spéciaux (*Rép.* nᵒ 968). De là les solutions suivantes : 1ᵒ lorsque, un rapport d'experts étant critiqué dans la forme et au fond, les critiques, au fond, portaient tant, d'une manière générale, sur les évaluations faites par les experts, que sur des erreurs particulières à certains articles, l'arrêt qui, en repoussant ces critiques, ne s'explique que sur la régularité de la forme et sur les évaluations prétendues inexactes, est nul pour défaut qui se rapporte aux griefs particuliers, est nul pour défaut de motifs (Civ. cass. 20 nov. 1854, aff. Pernetty, D. P. 55. 1. 259); — 2ᵒ Le jugement qui, sur des conclusions tendant tout à la fois à la restitution de la valeur d'arbres abattus par un possesseur évincé et des fruits perçus depuis le jour de la demande, déclare le demandeur mal fondé dans ses prétentions et l'en déboute, sans s'expliquer sur ce dernier chef de conclusions, est nul pour défaut de motifs (Civ. cass. 16 févr. 1857, aff. d'Espinay-Saint-Luc, D. P. 57. 1. 120); — 3ᵒ L'arrêt qui, en matière d'action disciplinaire formée contre un notaire, à raison de faits poursuivis tout à la fois avec la qualification criminelle dont un acquittement les avait purgés, et comme constituant des faits d'indélicatesse ou de légèreté, repousse cette action par l'unique motif qu'elle est fondée sur des faits qui avaient motivé des poursuites criminelles suivies d'acquittement, sans examiner le reproche d'indélicatesse et de légèreté, en même temps relevé par le ministère public, est nul pour défaut de motifs (Civ. cass. 16 mai 1859, aff. Marque, D. P. 59. 1. 230); — 4ᵒ En cas de demande formée contre un propriétaire en payement des frais de construction d'un trottoir devant sa maison, et fondée sur ce que, d'une part, ces travaux auraient été opérés pour le compte et du consentement de ce propriétaire, et sur ce que, d'autre part, ils lui avaient profité, en l'affranchissant de toute contribution au pavage de la rue, le jugement qui rejette cette demande, par l'unique motif que le consentement du propriétaire n'a point été justifié, doit être considéré comme ne renfermant aucuns motifs ni directs ni implicites sur le second moyen, et est nul pour défaut de motifs (Civ. cass. 12 nov. 1860, aff. Baudoin, D. P. 60. 1. 484); — 5ᵒ L'arrêt qui rejette la demande en nullité ou rescision d'un partage d'ascendant, en se fondant sur ce que ce partage a été exécuté en connaissance de cause postérieurement au décès de l'ascendant est nul pour défaut de motifs, s'il ne statue pas sur les conclusions du réclamant, qui tendaient à ce que les experts fussent chargés de rechercher les valeurs mobilières que le père commun avait pu laisser à son décès et qui n'avaient pas été comprises dans le partage (Civ. cass. 30 nov. 1868, aff. Catala, D. P. 69. 1. 21); — 6° Est nul pour défaut de motifs l'arrêt qui rejette une action en revendication d'un chemin, fondée tant sur la prescription que sur des titres, par ce seul motif que le demandeur est sans titre et qu'il n'existe aucune trace du chemin revendiqué (Civ. cass. 5 avr. 1869, aff. Désages, D. P. 69. 1. 339); — 7° Lorsqu'une action en responsabilité est intentée contre un receveur particulier à raison des payements opérés par lui au mépris d'une saisie faite entre ses mains, et à raison des payements continués par son successeur, auquel il avait omis de faire connaître la saisie, le juge ne peut repousser cette seconde partie de la demande qu'à la condition de statuer sur l'omission et sur le point de savoir si elle constitue une faute aux termes de l'art. 1382 c. civ.; par suite, est nul pour défaut de motifs le jugement qui déclare le receveur non responsable des payements faits par son successeur, par le seul motif que sa responsabilité ne peut s'étendre au delà de l'exercice de ses fonctions; ... alors surtout que l'omission reprochée était présentée comme une violation du devoir, que ses fonctions lui imposaient, de faire connaître à son successeur et à son supérieur hiérarchique la saisie pratiquée sur les fonds du Trésor (Civ. cass. 24 déc. 1872, aff. Ramus, D. P. 73. 1. 135); — 8° Est nul pour défaut de motifs le jugement qui, tout en déclarant recevable en la forme l'opposition formée à un jugement par défaut, l'a rejetée quant au fond, sans donner aucun motif en réponse au moyen invoqué à l'appui de l'opposition (Civ. cass. 12 févr. 1873, aff. Loir, D. P. 73. 1. 12); — 9° Est nul encore l'arrêt qui, en confirmant dans son entier un jugement contenant tout à la fois rejet de l'action en revendication d'un particulier relative à un chemin rural et refus de dommages-intérêts à raison du dépôt de matériaux abusivement fait sur la propriété du demandeur, ne motive ni explicitement, ni par adoption de motifs, le rejet de la demande en dommages-intérêts, alors que cette demande a fait l'objet d'un chef spécial des conclusions d'appel (Civ. cass. 28 mai 1873, aff. Sarraille, D. P. 75. 1. 127); — 10° De même, est nul, pour défaut de motifs, l'arrêt qui, après avoir condamné une partie à payer une somme déterminée à titre d'indemnité de non-jouissance pour une période annale, fait courir les intérêts de cette somme du commencement de cette période, sans donner aucun motif à l'appui de sa décision sur ce point, alors que la partie avait formellement conclu à ce que, dans le cas où la cour maintiendrait cette indemnité à son débit, le point de départ des intérêts fût fixé à la fin seulement de cette période (Civ. cass. 29 juill. 1874, aff. Drevet, D. P. 75. 1. 159); — 11° Est nul, pour défaut de motifs, l'arrêt qui, en maintenant une sentence arbitrale, a omis de motiver le rejet de deux chefs de conclusions tendant à faire prononcer la nullité de cette sentence (Civ. cass. 9 nov. 1874, aff. Montjoye, D. P. 75. 1. 168); — 12° De même encore, est nul, pour violation de l'art. 7 de la loi du 20 avr. 1810, l'arrêt qui rejette, sans donner de motifs, un chef des conclusions d'appel relatées dans les qualités, et tendant à ce que le compte des sommes que les parties se devaient respectivement pour restitution de fruits et pour intérêts de capitaux fût établi par échelette, alors, d'ailleurs, que ce chef de conclusions avait pour but et aurait eu pour effet, s'il avait été accueilli, de changer les bases du compte qui avait été dressé en colonne par les premiers juges et d'en modifier les résultats (Civ. cass. 16 nov. 1874, aff. Laurent, D. P. 76. 1. 393); — 13° Lorsque les conclusions du demandeur contiennent deux chefs distincts, tendant à se faire maintenir en possession du terrain sur lequel il

a construit un mur de clôture et, en second lieu, à faire déclarer qu'il a la possession annale des arbres excrus sur ce terrain, le jugement est nul, faute de motifs, s'il rejette les deux demandes par le motif unique que le terrain, faisant partie d'un chemin vicinal, ne peut être l'objet d'une action possessoire, les arbres plantés sur un chemin étant susceptibles d'une appropriation séparée de la propriété du sol (Civ. rej. 1er déc. 1874, aff. Martin, D. P. 75. 1. 323); — 14° Un arrêt est nul, lorsque, ayant à statuer à la fois sur une demande en remboursement de marchandises perdues et sur une demande en dommages-intérêts, il admet la première et exclut implicitement la seconde, en la passant sous silence, sans donner aucun motif de cette exclusion (Civ. cass. 14 févr. 1876) (1); — 15° Dans le cas où, à la réclamation, par la femme d'un failli, d'un droit de préférence sur le prix des immeubles par destination de son mari, le syndic de la faillite oppose le consentement donné par la femme à la vente, et un autre moyen tiré de ce que les questions d'immobilisation et de rang hypothécaire pourraient être résolues qu'en présence de tous les créanciers hypothécaires à l'ordre ouvert sur le prix, est nul l'arrêt qui rejette ces deux fins de non-recevoir sans donner aucun motif relativement à la seconde (Civ. cass. 22 févr. 1876, aff. Legrand, D. P. 76. 1. 311); — 16° Est nul, pour violation de l'art. 7 de la loi du 20 avr. 1810, le jugement qui, statuant sur l'appel d'une sentence de juge de paix, a rejeté, sans en donner de motifs, les conclusions de l'appelant tendant à ce que ladite sentence fût déclarée nulle parce qu'il avait été procédé à une enquête, alors qu'il s'agissait d'une demande excédant 150 fr. (Civ. cass. 17 juill. 1877, aff. Depoilly, D. P. 78. 1. 483); — 17° Est nul pour défaut de motifs l'arrêt qui, sur une demande en payement d'une somme déterminée, avec les intérêts de droit, c'est-à-dire à partir de la demande, n'alloue les intérêts qu'à dater du jour du jugement de première instance, sans donner aucun motif de ce rejet partiel de la demande (Civ. cass. 19 déc. 1877, aff. Lhuis, D. P. 78. 1. 295); — 18° Les conclusions par lesquelles le vendeur d'un immeuble, agissant en résolution de la vente, déclare accepter l'estimation faite par les experts de la plus-value résultant, pour cet immeuble, des travaux qu'un tiers y a exécutés, mais invoque, en même temps, la compensation, à raison de différentes sommes qui lui seraient dues par l'acheteur, contredisent virtuellement la prétention, émise par l'auteur des travaux intervenu dans l'instance, d'obtenir jusqu'à due concurrence une condamnation directe contre le vendeur en compensation ; par suite, le jugement qui, sur ces conclusions, se borne à constater l'existence et l'importance de la plus value, et, sans s'expliquer davantage, condamne le vendeur à en payer le montant à l'auteur des travaux, est nul pour défaut de motifs (Civ. cass. 27 mars 1878, aff. Pélloum, D. P. 78. 1. 132); — 19° Lorsqu'une partie, par conclusions expresses formant un chef spécial, à raison d'une privation de jouissance d'un produit déterminé, réclame une indemnité distincte, les juges ne peuvent se borner à liquider un chiffre total de restitutions et de dommages-intérêts, en déboutant le demandeur de toutes ses autres fins, sans s'expliquer sur ce chef distinct de demande, une telle décision ne permettant pas à la cour de cassation de reconnaître quel caractère cet arrêt a entendu attribuer au produit, base de la demande, ni de constater s'il en a été fait état dans les allocations (Civ. cass, 2 avr. 1878, aff. Pallix, D. P. 82. 1. 353); — 20° Le juge, saisi par le demandeur de conclusions spéciales à l'effet d'obtenir, à partir d'une époque antérieure à la demande, les intérêts des sommes qu'il réclame, est tenu, même en l'absence de

(1) (Escribe C. Chemin de fer d'Orléans.) — LA COUR; — Sur la première branche du premier moyen : — Vu l'art. 7 de la loi du 20 avr. 1810; — Attendu que, d'origine, Escribe avait demandé à la compagnie défenderesse, comme indemnité de la perte de quatre-vingt-dix-huit colis, non seulement le remboursement du prix de revient, mais des dommages-intérêts représentant notamment le gain dont il avait été privé, et que le tribunal de Gaillac avait fait droit à ce double objet de sa demande; — Attendu que l'arrêt attaqué, après avoir déclaré l'action d'Escribe irrecevable jusqu'à concurrence de quatre-vingts colis, l'a toutefois reconnue recevable et fondée relativement à dix-huit ballots de légumes secs ; — Que, statuant ensuite sur la demande

reconventionnelle de la compagnie et procédant au compte à établir entre les parties, il a alloué au demandeur en cassation que le prix de revient des dix-huit ballots manquants et la détaxe des frais de voiture, ce qui, vu l'infirmation prononcée, sans aucune réserve, du jugement de première instance, exclut les dommages-intérêts précédemment demandés et alloués ; — Que néanmoins aucun motif n'est donné par l'arrêt pour justifier cette exclusion, en quoi il a violé l'article de loi précité et encouru la nullité qu'il prononce; — Sans qu'il soit besoin d'examiner la deuxième branche du même moyen; — Casse, etc.
Du 14 févr. 1876.-Ch. civ.-MM. Mercier, pr.-Merville, rap.-Charrins, av. gén., c. conf.-Brugnon et Clément, av.

toute contradiction de la part du défendeur, de motiver la décision par laquelle il fait droit à ces conclusions (Civ. cass. 19 nov. 1878, aff. Bouligaud, D. P. 78. 1. 456; 30 avr. 1884, aff. Christophe, D. P. 84. 5. 344); — 21° Un arrêt est nul, pour défaut de motifs lorsque, pour rejeter des conclusions fondées sur deux moyens, tiré l'un de l'art. 446 c. com. et l'autre de l'art. 447, il s'appuie uniquement sur ce que le premier de ces articles est inapplicable à la cause, sans donner de motifs sur le deuxième (Civ. cass. 19 nov. 1878) (1); — 22° Lorsqu'une partie a conclu à ce que les prix des ventes mobilières et immobilières réellement perçus par elle fussent seuls portés dans le compte qu'elle doit rendre à la partie adverse, quelle que fût la valeur des biens aliénés, l'arrêt qui, après avoir statué sur d'autres chefs, se borne, sans s'expliquer sur ce point de la demande, à débouter la partie de toutes autres fins et conclusions, doit être annulé pour défaut de motifs (Civ. cass. 13 mars 1879, aff. Goedorp, D. P. 79. 1. 417); — 23° Est nul pour défaut de motifs le jugement qui, statuant sur l'application d'un droit d'enregistrement à la disposition d'un acte qui renferme deux articles distincts, sanctionne la perception de ce droit sur le tout, en ne visant et ne discutant que l'un des articles, sans s'occuper ni directement ni indirectement de l'autre, bien que la réclamation du droit sur cet article ait été l'objet de contestations spéciales, ainsi que de conclusions très explicites et distinctes (Civ. cass. 29 juill. 1879, aff. de Jean, D. P. 79. 1. 453); — 24° L'arrêt qui fait entrer une valeur dans un compte, sans répondre aux conclusions prises en sens contraire par le défendeur, est nul pour défaut de motifs (Civ. cass. 21 juill. 1880, aff. Gaudefroy, D. P. 80. 1. 441); — 25° Lorsqu'une partie a demandé, non seulement le remboursement des arrérages d'une rente constituée, mais encore le payement d'une somme à raison de l'augmentation de valeur d'un terrain affermé par bail emphytéotique, il y a lieu d'annuler le jugement qui a rejeté implicitement ce dernier chef de la demande, sans avoir, par aucun motif, justifié ce rejet (Civ. cass. 4 août 1880, aff. Tierce, D. P. 81. 1. 13-14); — 26° Lorsqu'une partie, ayant formulé divers chefs de conclusions, le juge, après avoir fait droit sur l'un d'eux, se borne à déclarer, quant au surplus, qu'il rejette toutes plus amples demandes et conclusions des parties, cette décision est nulle pour défaut de motifs (Civ. cass. 25 août 1880) (2); — 27° L'arrêt qui, après avoir motivé le rejet d'une demande en garantie, se borne à confirmer, dans son dispositif, le jugement rendu sur la demande principale, sans donner aucun motif ou sans énoncer qu'il adopte ceux des premiers juges, est nul pour défaut de motifs relativement à cette dernière décision. (Civ. cass. 11 juill. 1882, aff. de

Colnet, D. P. 83. 1. 224); — 28° Un arrêt est nul, pour défaut de motifs, lorsqu'il refuse, sans en faire connaître les motifs, d'allouer les intérêts d'une somme prêtée en compte courant et les accessoires de banque produits par cette somme, alors qu'il avait été expressément conclu en appel à cette allocation, non admise par les premiers juges (Civ. cass. 10 avr. 1883, aff. Soula, D. P. 84. 5. 340); — 29° Il y a lieu d'annuler, pour défaut de motifs, le jugement qui repousse la demande reconventionnelle du défendeur en son entier, sans motiver le rejet du chef des conclusions tendant à ce que certains termes, employés par le demandeur principal dans son assignation, soient supprimés comme diffamatoires (Civ. cass. 5 nov. 1883, aff. Cellerin, D. P. 84. 1. 461); — 30° Il en est de même de l'arrêt qui, sans donner aucun motif, rejette un chef distinct des conclusions du demandeur tendant à faire prononcer la nullité d'un société anonyme, à raison de ce que les listes de souscriptions annexées à la déclaration notariée n'indiqueraient ni les noms, prénoms, qualité et domicile des souscripteurs, ni la mention du nombre des actions souscrites par chacun d'eux (Civ. cass. 6 avr. 1887, aff. Moutier, D. P. 87. 5. 294); — 31° Lorsque le demandeur, par un chef distinct, requiert expressément la condamnation du défendeur aux intérêts du capital réclamé, le jugement est nul si, rejetant cette demande, il ne donne pas les motifs qui ont déterminé ce rejet (Civ. cass. 31 juill. 1889, aff. Delamare de Chénevarin, D. P. 90. 1. 108); — 32° L'intimé, qui demande la confirmation du jugement par les motifs des premiers juges, reprend devant la cour les conclusions auxquelles le tribunal a fait droit; par suite, lorsque, sur une demande tendant à ce que, d'une part, des constructions nouvelles élevées par un voisin soient supprimées et que, d'autre part, il lui soit fait défense d'étendre du linge au delà d'une certaine hauteur, le tribunal a fait droit à ce second moyen et rejeté en partie le premier, la cour qui déboute l'intimé de toutes les fins de sa demande ne peut se dispenser de donner des motifs spéciaux en ce qui touche le rejet des conclusions relatives à l'étendage du linge (Civ. cass. 16 avr. 1890, aff. Nègre, D. P. 90. 1. 394); — 33° Les juges du fond, auxquels il appartient de déterminer, d'après les circonstances de la cause, si le mandat a été donné seulement dans l'intérêt du mandant, ou dans l'intérêt du mandant et du mandataire, ont le devoir d'user de ce pouvoir souverain d'appréciation, lorsque cette question leur est déférée par les conclusions de l'une des parties (dans l'espèce, par des conclusions prises pour la première fois en appel); par suite, l'arrêt qui omet de faire cet examen et de répondre, dans ses motifs, auxdites conclusions, tout en les rejetant dans son dispositif, doit être cassé comme

---

(1) (Syndic Pelletier C. Pelletier.) — La cour; — Vu l'art. 7 de la loi du 20 avr. 1810; — Attendu qu'il résulte des qualités de l'arrêt attaqué que la demande du syndic de la faillite Pelletier, en nullité du remboursement effectué par Pelletier au profit de ses cohéritiers, était fondée sur les art. 446 et 447 c. com., dont le premier déclare nuls les actes à titre gratuit faits par le failli après la cessation de ses payements, et dont le second déclare annulables les actes à titre onéreux et les payements même pour dettes échues faits à la même époque, lorsque ceux qui ont traité avec le failli, ou avait eu de lui, ont connu la cessation de ses payements; — Que le syndic soutenait que le tribunal de commerce était compétent à ce double point de vue pour connaître de sa demande; — Que cependant, la cour d'appel, pour admettre l'exception d'incompétence proposée par les héritiers Pelletier et renvoyer les parties devant la juridiction civile, s'est uniquement fondée sur ce qu'il n'y aurait pas lieu de faire à la cause l'application de l'art. 446 c. com., sans s'expliquer sur le point de savoir s'il n'y avait pas lieu, comme le demandait le syndic, de faire application de l'art. 447, et, par suite, de déclarer, tout au moins, de ce chef que la juridiction commerciale était compétente; — Qu'il suit de là que l'arrêt attaqué n'est pas suffisamment motivé; — Casse, etc.

Du 19 nov. 1878.-Ch. civ.-MM. Mercier, 1er pr.-Massé, rap.-Charrins, 1er av. gén.-Devin et Sabatier, av.

(2) (Pareillet C. Gandy et Triviot.) — La cour; — Vu l'art. 7 de la loi du 20 avr. 1810 ; — Attendu que Pareillet, assigné devant le juge de paix du Grand-Lemps, à la requête de Gandy, en payement de 200 fr. pour loyers, et en validité de saisie-gagerie, a conclu au rejet de ces demandes, et a, par voie reconventionnelle, réclamé contre Gandy une somme de 1200 fr., à titre de dommages-intérêts; qu'en outre, ayant appelé Triviot en

garantie, il a conclu à ce que celui-ci fût tenu de le relever de toutes les condamnations qui pourraient être prononcées au profit de Gandy, et de lui payer une indemnité de 200 fr., dans le cas où le bail serait résilié; — Attendu que, le juge de paix ayant accueilli les demandes de Gandy et rejeté les conclusions reconventionnelles de Pareillet, en lui accordant toutefois son recours contre Triviot, à concurrence des condamnations prononcées au profit de Gandy, Pareillet a interjeté appel de cette décision et demandé aux juges du second degré de lui adjuger les conclusions qu'il avait prises en première instance contre Gandy, et, subsidiairement, de condamner Triviot à lui procurer l'adjudication des conclusions contre Gandy; — Attendu que le tribunal civil de Bourgoin, après avoir fait droit, en partie, à l'appel, en déchargeant Pareillet des condamnations portées contre lui par la sentence du juge de paix et en condamnant ledit Gandy aux dépens, a déclaré n'y avoir lieu de statuer sur la demande en garantie, et de plus, par une clause générale insérée dans le dispositif du jugement attaqué, « rejeté toutes plus amples demandes et conclusions des parties »; — Attendu que par là l'appelant s'est vu virtuellement débouté, tant de sa demande en 1200 fr. de dommages-intérêts contre Gandy que de ses conclusions subsidiaires en appel contre Triviot, tendant à ce que celui-ci fût tenu de lui faire adjuger contre Gandy lesdits 1200 fr. de dommages-intérêts; — Que cependant le jugement attaqué ne contient aucun motif qui se rapporte, même indirectement, à ces divers chefs de conclusions de Pareillet, ainsi rejetés; — En quoi, ledit jugement a formellement violé les dispositions de l'art. 7 de la loi du 20 avr. 1810, ci-dessus visées;

Par ces motifs, donnant défaut contre Gandy et Triviot, défendeurs; — Casse, etc.

Du 25 août 1880.-Ch. civ.-MM. Mercier, pr.-de Lagrevol, rap.-Desjardins, av. gén.

n'étant point suffisamment motivé (Civ. cass. 11 févr. 1891, aff. Lemercier, D, P. 91. 1. 197.

**696.** Ce principe a trait à tous les chefs de conclusions, quels qu'ils soient : aux conclusions subsidiaires, comme aux conclusions principales (V. *infrà*, n°s 697 et 698); aux conclusions additionnelles comme aux conclusions prises dès le début de l'affaire (V. *infrà*, n° 699); aux conclusions contenant une défense (exception ou fin de non-recevoir), comme aux conclusions contenant une demande (V. *infrà*, n°s 700 et 701).

**697.** Les arrêts suivants ont statué sur des conclusions subsidiaires (Comp. *Rép.* n° 983 et suiv.) : 1° lorsque, sur appel d'un jugement qui, en se fondant uniquement sur les énonciations des anciens titres, n'admet le droit de prendre des bois de construction dans une forêt que pour les besoins de la maison principale d'habitation, l'usager articule en fait, avec offre de preuve, que, pendant un long temps, quoique non suffisant pour la prescription trentenaire, il lui a été fait, avec connaissance, par les représentants du propriétaire de nombreuses délivrances d'arbres, pour réparations à faire à des bâtiments accessoires et constructions dépendantes de son domaine, l'arrêt confirmatif qui rejette implicitement ces conclusions subsidiaires, en se bornant à adopter les motifs des premiers juges, n'est pas suffisamment motivé (Civ. cass. 20 déc. 1854, aff. Festugière, D. P. 55. 1. 93); — 2° La décision qui rejette à la fois des conclusions principales et subsidiaires, par des motifs exclusivement applicables aux conclusions principales, est nulle pour défaut de motifs; spécialement est nul, comme non suffisamment motivé, l'arrêt qui, sur l'action formée contre les tiers acquéreurs d'immeubles dotaux, à fin de responsabilité du défaut de remploi du prix de ces immeubles, et, en tout cas à fin de réparation du dommage causé à la femme par la dissimulation d'une partie de ce prix, concertée entre eux et son mari, dans le but de la priver du titre qui lui était nécessaire, soit pour se faire rembourser le prix réel de la vente, soit pour faire inscrire dans toute sa plénitude son hypothèque légale, rejette cette action en responsabilité en ne donnant de motifs que sur les conclusions principales, et sans en exprimer sur les conclusions subsidiaires (Civ. cass. 9 févr. 1859, aff. Quilhermet, D. P. 59. 1. 58); — 3° Lorsqu'une partie, défendant à une demande en payement d'une somme qu'elle a déjà payée à des tiers, a pris à la barre du tribunal des conclusions subsidiaires tendant à ce que, pour le cas où il serait décidé qu'elle a indûment payé auxdits tiers, il fût dit et jugé que ceux-ci avaient indûment reçu, et à ce que, conformément à l'art. 1235 c. civ., ils fussent condamnés à opérer eux-mêmes le remboursement ou à indemniser le concluant de toutes les condamnations prononcées contre lui, l'arrêt qui prononce une condamnation principale, sans statuer sur la demande subsidiaire en garantie, est nul pour défaut de motifs (Civ. cass. 27 nov. 1867, aff. Comp. d'assurances maritimes *Le Néptune*, D. P. 67. 1. 471); — 4° Est nul, pour défaut de motifs, l'arrêt qui rejette des conclusions principales en dommages-intérêts et des conclusions subsidiaires tendant également à une allocation de dommages-intérêts, mais pour une cause différente, par des motifs uniquement applicables aux conclusions principales (Civ. cass. 14 avr. 1869, aff. Duparchy, D. P. 69. 1. 406); — 5° Il en est de même de l'arrêt qui rejette, sans donner de motifs, un chef de conclusions subsidiaires formulées devant la cour d'appel, et tendant, par exemple, à faire décider qu'un voyage d'aller finit au jour où le navire a effectué son déchargement dans le port de destination (Civ. cass. 1er juin 1869, aff. Cauvière, D. P. 69. 1. 393); — 6° Est nul, pour défaut de motifs, l'arrêt qui, en présence d'une demande principale en reconnaissance de maternité dans le sens de l'art. 336 c. civ., et d'une demande subsidiaire en recherche de maternité dans le sens de l'art. 341 du même code, déboute le demandeur de ses demandes, fins et conclusions, tant principales que subsidiaires, sans donner aucun motif de sa décision en ce qui concerne la demande subsidiaire (Civ. cass. 21 août 1871, aff. Jérôme, D. P. 71. 1. 143); — 7° L'arrêt qui, après avoir motivé le rejet d'une demande tendant à la nullité d'une fondation pieuse (en droit musulman) repousse, sans en donner de motif spécial, les conclusions subsidiaires tendant au partage de la moitié de cette fondation, au cas où elle serait validée, est nul pour défaut de

motifs (Civ. cass. 25 mars 1873, aff. Hassen-ben-Kelhil-el Turki, D. P. 73. 1. 251); — 8° Lorsque le débiteur a consenti au créancier une vente à réméré, avec la clause que, « en cas de remboursement partiels, la dation en payement demeurerait bornée à une portion déterminée de l'immeuble abandonné », est nul, pour défaut de motifs, l'arrêt qui rejette l'action du débiteur en nullité de l'acte comme constituant un contrat pignoratif, sans répondre aux conclusions subsidiaires par lesquelles il a requis le cantonnement du nantissement, c'est-à-dire la réduction de la dation en payement, proportionnellement aux remboursements effectués (Civ. cass. 10 déc. 1873, aff. Mouton, D. P. 74. 1. 149); — 9° Est nul l'arrêt qui, après avoir motivé le rejet des conclusions tendant à la nullité d'un cautionnement, repousse, sans en donner de motifs, les conclusions subsidiaires tendant à la déchéance de cette caution (Civ. cass. 2 mars 1874, aff. Lacombe, D. P. 75. 1. 18); — 10° Le jugement qui condamne une société au payement de droits d'enregistrement sans motiver le rejet des conclusions subsidiaires tendant à ce que ces droits fussent mis à la charge d'anciens administrateurs de cette société, est nul pour défaut de motifs (Civ. cass. 25 juill. 1877, aff. Compagnie immobilière, D. P. 77. 5. 299); — 11° Est nul pour défaut de motifs l'arrêt qui statue au fond, sans donner de motifs, sur des conclusions subsidiaires présentées par l'appelant et tendant à obtenir un sursis jusqu'à ce que l'autorité compétente ait interprété divers actes administratifs (Civ. cass. 19 févr. 1878, aff. Préfet des Pyrénées-Orientales, D. P. 80. 5. 254); — 12° Est nul également, pour défaut de motifs, le jugement portant rejet de conclusions subsidiaires par des considérations qui ne répondent d'aucune manière à ces conclusions, et qui sont complètement étrangères à l'objet du litige (Civ. cass. 19 mars 1879, aff. de Lalière, D. P. 79. 1. 395); — 13° L'arrêt qui rejette des conclusions subsidiaires contenant une offre de preuve relative à certains faits de la cause sans motiver sa décision sur ce point, est nul pour défaut de motifs; ainsi, lorsque, en première instance et en appel, le demandeur, contestant à son adversaire tout droit de propriété ou de servitude sur une cave, a conclu principalement à la suppression de travaux exécutés par le propriétaire voisin dans cette cave, et subsidiairement à la preuve de certains faits tendant à établir que ces travaux avaient été pratiqués clandestinement et à des époques récentes, la cour ne peut, sans s'expliquer sur l'époque et le caractère desdits travaux, se borner à déclarer que leur existence et leur possession attribuent au défendeur un droit de servitude sur la cave litigieuse (Civ. cass. 25 févr. 1880, aff. Lisse, D. P. 80. 1. 255); — 14° Un arrêt est nul pour défaut de motifs, lorsque, en confirmant le jugement frappé d'appel et en déboutant l'appelant de la demande que celui-ci avait formée en première instance, il écarte ainsi les conclusions subsidiaires qui avaient été prises devant la cour par l'appelant, s'il ne contient aucun motif qui justifie, soit expressément, soit implicitement, ce rejet (Civ. cass. 23 mars 1881, aff. Paccard, D. P. 81. 1. 417); — 15° Un jugement est nul, pour défaut de motifs, quand il statue au fond sans s'expliquer sur des conclusions subsidiaires tendant à ce qu'il soit sursis à statuer jusqu'à ce qu'une partie qui ne figure pas dans la cause y ait été appelée (Civ. cass. 8 mars 1882, aff. Amour, D. P. 84. 5. 343); — 16° L'arrêt qui rejette, sans en donner aucun motif, des conclusions subsidiaires fondées sur ce que des opérations de bourse, portant sur des valeurs susceptibles d'être cotées, n'avaient pas eu lieu par le ministère d'un agent de change, est nul pour défaut de motifs (Civ. cass. 25 nov. 1884, aff. Martin Ochs, D. P. 85. 1. 399).

**698.** La règle est la même dans la situation inverse: l'arrêt qui rejette expressément la demande subsidiaire, et implicitement la demande principale, est nul pour défaut de motifs, s'il ne contient aucun motif spécial ou général qui puisse s'appliquer à la demande principale (Civ. cass. 7 avr. 1868, aff. Soulages, D. P. 68. 1. 303).

**699.** Le principe a été appliqué à des conclusions additionnelles (Comp. *Rép.* n° 988 et suiv.) par les arrêts suivants, aux termes desquels : 1° est nul pour défaut de motifs l'arrêt qui, en confirmant un jugement portant condamnation au payement de lettres de change, rejette implicitement, sans en donner de motifs, des conclusions prises, pour la première fois, devant la cour, en nullité desdites lettres de change pour supposition de lieu, surprise et usure, et subsidiairement, en preuve de ces faits (Civ. cass. 7 mai 1855, aff. Thôniel, D. P. 55. 1. 167) ; — 2° Lorsque, en appel, il a été pris un chef nouveau de conclusions tendant à ce que la collocation accordée sur un prix d'immeuble par le dispositif du jugement de première instance fût restreinte dans une certaine mesure, l'arrêt qui, sans en donner aucun motif, rejette implicitement ce chef de conclusions, en déboutant de leur appel ceux qui l'avaient posé et en confirmant le jugement à leur égard, est nul pour défaut de motifs (Civ. cass. 3 juin 1867, aff. Savoye, D. P. 67. 1. 198) ; — 3° Les conclusions additionnelles qui, à la différence des conclusions primitives portant sur les effets et les stipulations d'un contrat, sont tirées des rapports légaux créés en opposition à ce contrat par le code civil ou par une loi spéciale, constituent des exceptions et des moyens de défense nouveaux auxquels les juges doivent répondre à peine de nullité ; il en est ainsi spécialement des conclusions par lesquelles un entrepreneur de travaux publics, après avoir prétendu devant les premiers juges que le cessionnaire de la créance de son sous-traitant était sans droit ni qualité pour s'en prévaloir, parce qu'il n'avait point satisfait aux conditions substantielles de la cession en payant les ouvriers, soutient devant la cour que la poursuite exercée contre lui est non recevable ou, au moins, prématurée, parce qu'il pouvait lui-même être contraint par ces ouvriers, soit en vertu du privilège établi par le décret du 26 pluv. an 2, soit en vertu de l'art. 1798 c. civ., de leur payer directement, jusqu'à concurrence de leur créance, la somme par lui due au sous-traitant ; en conséquence, l'arrêt qui rejette ces conclusions additionnelles, par l'adoption pure et simple des motifs exprimés au jugement, doit être annulé, si les motifs adoptés ne répondent point aux conclusions nouvelles (Civ. cass. 6 juin 1883, aff. Berthier, D. P. 83. 1. 447) ; — 4° Lorqu'un ouvrier, victime d'un accident professionnel contre lequel il a été assuré par son patron, a conclu pour la première fois en appel à ce que celui-ci fût déclaré responsable à son égard pour avoir omis de remplir les conditions dont la police d'assurance lui faisait une obligation personnelle, l'arrêt qui rejette la demande sans s'expliquer sur ce chef nouveau de conclusions, et en se référant exclusivement à l'état du litige établi en première instance, doit être annulé pour défaut de motifs (Civ. cass. 6 avr. 1887, aff. Pécout, D. P. 87. 5. 289).

**700.** La même règle s'applique aux conclusions qui soulèvent une fin de non-recevoir ; c'est ce qui résulte des décisions suivantes : 1° il y a lieu de déclarer nul, pour défaut de motifs, le jugement qui, en admettant une demande en garantie, rejette implicitement une fin de non-recevoir opposée en termes formels à cette demande, sans donner de motifs à l'appui du rejet de la fin de non-recevoir ; et spécialement, si un premier commissionnaire de transports, appelé en garantie par un commissionnaire intermédiaire, sur l'opposition faite par celui-ci à un jugement par défaut qui l'a condamné vis-à-vis de l'expéditeur et du destinataire, oppose, en termes formels, une fin de non-recevoir tirée de ce qu'il n'a pas été à défendre à l'action principale terminée entre l'expéditeur et le destinataire par une décision passée en force de chose jugée, le jugement qui le condamne comme garant sans s'expliquer sur le mérite de la fin de non-recevoir, doit être cassé pour défaut de motifs (Civ. cass. 13 nov. 1854, aff. Pech, D. P. 55. 1. 92) ; — 2° Est nul, l'arrêt qui, en présence d'une fin de non-recevoir proposée par l'intimé contre l'appel, et tirée d'un acquiescement à la décision frappée d'appel, statue au fond, et rejette ainsi d'une manière implicite cette fin de non-recevoir, sans en donner de motifs (Civ. cass. 21 mai 1855, aff. Simonet, D. P. 55. 1. 421) ; — 3° L'arrêt qui, sur des conclusions tendant à ce qu'une demande en payement d'une somme supérieure à 150 fr., soit déclarée non recevable, faute par le demandeur de rapporter une preuve écrite ou un commencement de preuve par écrit, se borne à condamner le défendeur au payement de la somme réclamée, et rejette ainsi, d'une manière implicite, l'exception péremptoire opposée par ce dernier, sans en donner de motifs, est nul (Civ. cass. 3 mai 1857, aff. Dandeville, D. P. 57. 1. 126) ; — 4° Est nul encore, pour défaut de motifs,

l'arrêt qui, sur l'appel d'un jugement par lequel le tribunal a déclaré non recevable, et, en tous cas, mal fondée une action en nullité de testament, infirme ce jugement dont l'intimé demandait la confirmation pure et simple, en annulant le testament par des motifs tirés exclusivement du fond et sans motiver le rejet, ainsi prononcé d'une manière implicite, de la fin de non-recevoir que les premiers juges avaient accueillie en première ligne (Civ. cass. 26 juill. 1858, aff. Vercherand, D. P. 58. 1. 355) ; — 5° Il en est de même de l'arrêt qui rejette implicitement une fin de non-recevoir opposée, pour défaut de qualité, à l'une des parties, en se bornant à statuer au fond (Civ. cass. 14 févr. 1859, aff. Mancel, D. P. 59. 1. 113; 8 nov. 1877, aff. Albrecht, D. P. 77. 1. 80) ; — 6° L'arrêt qui, sur des conclusions à fin de nullité d'un exploit d'appel, et après avoir posé, dans son point de droit, la question de nullité ou de validité de cet exploit, rejette implicitement la fin de non-recevoir proposée, en statuant uniquement au fond, par un arrêt infirmatif, est nul pour défaut de motifs, encore qu'il fût constaté dans l'arrêt qu'aucun moyen de nullité contre l'appel n'a été plaidé, la cour n'en ayant pas moins été saisie des conclusions de l'appelant (Civ. cass. 28 mars 1859, aff. Bardey, D. P. 59. 1. 224. Comp. Civ. rej. 29 janv. 1870, aff. Fissiaux, D. P. 70. 1. 63) ; — 7° L'arrêt qui, sur une demande à laquelle le défendeur oppose une fin de non-recevoir pour défaut de qualité dans la personne du demandeur, se borne à statuer au fond et repousse ainsi d'une manière implicite la fin de non-recevoir, sans en motiver le rejet, est nul pour défaut de motifs (Civ. cass. 20 août 1860, aff. Société des mines de la Loire, D. P. 60. 1. 356). Les motifs donnés sur le fond ne peuvent être étendus à cette fin de non-recevoir qu'autant qu'ils répondent, au moins implicitement, à la question qu'elle soulève ; ainsi, l'arrêt qui, pour ordonner l'exécution d'une convention que le défendeur soutenait, au fond, être résiliée par l'effet de la liquidation de la société avec laquelle elle avait été formée, constate que cette société a été continuée, quant aux droits et obligations résultant du traité, par une société anonyme substituée à la société dissoute, ne motive pas, par cette constatation, le rejet d'une fin de non-recevoir proposée précisément pour le cas de maintien du traité, et tirée, par exemple, de ce que la société anonyme n'aurait pas qualité pour s'en prévaloir, par le motif que ce traité ne figurait pas parmi les statuts de la société nouvelle approuvés par le Gouvernement (Même arrêt) ; — 8° Est nul pour défaut de motifs l'arrêt qui rejette une fin de non-recevoir opposée à l'action, en se bornant à énoncer qu'elle n'est pas fondée et sans indication d'aucune raison de droit (Civ. cass. 9 juill. 1862, aff. Bouquet, D. P. 62. 1. 353) ; — 9° L'arrêt qui statue au fond, sans s'occuper d'une fin de non-recevoir péremptoire proposée contre l'appel, et tirée, par exemple, de ce que le jugement attaqué serait simplement préparatoire, et, à ce titre, non susceptible d'appel, est nul pour défaut de motifs (Civ. cass. 14 juill. 1862, aff. Mahn, D. P. 62. 1. 344) ; — 10° L'arrêt qui, sur une fin de non-recevoir soutenue par des moyens reproduits dans le point de droit, tels qu'un défaut de qualité, et l'absence, en matière d'action contre le domaine de l'Etat, de la remise préalable du mémoire prescrit par l'art. 15, tit. 3, de la loi du 5 nov. 1790, rejette la fin de non-recevoir, en se bornant à déclarer qu'aucun moyen de nullité ni fin de non-recevoir n'ont été ni précisés ni plaidés, est nul pour défaut de motifs (Civ. cass. 23 mars 1864, aff. Préfet de la Seine, D. P. 64. 1. 116) ; — 11° Est nul pour défaut de motifs le jugement qui subroge un créancier dans une poursuite de saisie immobilière, sans constater et vérifier, dans ces motifs, du saisi qui tendaient à ce que la demande de ce créancier fût déclarée non recevable, attendu que la saisie immobilière avait été suspendue par l'effet d'un appel interjeté par le saisi, et que, d'ailleurs, cette saisie avait déjà été convertie en une vente sur publications judiciaires (Civ. cass. 11 nov. 1868, aff. Cochin, D. P. 68. 1. 472) ; — 12° Lorsque, en réponse à un appel incident, l'appelant principal a signifié un acte par lequel il concluait à ce que l'adversaire fût déclaré non recevable dans son appel incident, que cette fin de non-recevoir a été reproduite dans les conclusions d'audience, et que les qualités de l'arrêt constatant qu'elles tendaient au rejet de cet appel par divers motifs expressément énoncés dans les conclusions, l'arrêt qui, faisant droit à l'appel incident, et rejetant par son dispositif la fin de non-recevoir qui y avait été opposée, n'a donné aucun motif à l'appui du rejet de cette fin de non-recevoir, qui cependant avait été précisée en fait et en droit dans les conclusions de l'appelant principal, est nul pour défaut de motifs (Civ. cass. 7 avr. 1869, aff. Salmon, D. P. 69. 1. 337); — 13° Il y a lieu de déclarer nul, pour défaut de motifs, le jugement qui passe à l'examen du fond et statue sans donner aucun motif à l'appui du rejet implicite de la fin de non-recevoir tirée de ce que l'avoué, demandeur en payement de frais et honoraires, ne produit point la tenue est prescrite par l'art. 151 du tarif de 1807, ou de la fin de non-recevoir tirée de ce que la demande n'aurait pas été précédée du préliminaire de conciliation (Civ. cass. 17 août 1870, aff. Bernard, D. P. 71. 1. 96); — 14° Est nul pour défaut de motifs le jugement qui, statuant sur des conclusions par lesquelles un commissionnaire de transport, après avoir opposé la fin de non-recevoir tirée de l'inobservation des art. 435 et 436 c. com., soutient, en outre, que la demande n'est pas fondée, l'avarie n'ayant pas été constatée régulièrement et aucune faute ne lui étant imputable, rejette la fin de non-recevoir et condamne le commissionnaire de transport sans aucun autre motif (Civ. cass. 14 août 1872, aff. Maury, D. P. 72. 1. 228); — 15° Dans le cas où l'intimé a conclu à la non-recevabilité de l'appel à raison de ce qu'un codéfendeur en première instance n'a pas été intimé sur l'appel, est nul, pour défaut de motifs, le jugement qui se borne à faire droit sur l'appel et à infirmer la sentence du premier juge pour cause d'incompétence (Civ. cass. 19 janv. 1874, aff. Héraud, D. P. 74. 1. 256); — 16° Lorsque le défendeur, défaillant en première instance, conclut en appel à la nullité de la citation comme n'ayant été signifiée ni à sa personne ni à son domicile, le jugement est nul, s'il confirme la décision au fond, sans donner aucun motif à l'appui du rejet implicite de ce moyen de nullité (Civ. cass. 24 juin 1874, aff. Lamy, D. P. 75. 1. 18); — 17° Le jugement qui rejette, par une décision implicite et

non motivée, la fin de non-recevoir tirée de la prescription édictée par l'art. 108 c. com., est nul, pour défaut de motifs (Civ. cass. 25 janv. 1876, aff. Charon, D. P. 76. 1. 304); — 18° Il y a violation de l'art. 7 de la loi du 20 avr. 1810 dans l'arrêt qui, sans donner aucun motif, rejette la fin de non-recevoir proposée en appel et tirée du défaut de qualité d'une des parties (Civ. cass. 8 nov. 1876, aff. Albrecht, D. P. 77. 1. 80); — 19° Un arrêt est nul lorsque, en accueillant des conclusions additionnelles, il rejette implicitement sans donner de motifs, une fin de non-recevoir tirée de ce que ces conclusions soulevaient une contestation distincte de la demande principale (Civ. cass. 24 juill. 1878) (1); — 20° Un jugement est nul pour défaut de motifs, lorsque, en admettant une demande en responsabilité formée contre un voiturier, il rejette, par cela même, sans donner de motifs, la fin de non-recevoir tirée de ce que le destinataire avait reçu la marchandise et payé le prix du transport, sans protestation ni réserve (Civ. cass. 5 août 1878 (2), 16 août 1882 (3); — 21° Est nul pour défaut de motifs l'arrêt qui, ayant à statuer sur deux moyens différents destinés à repousser une fin de non-recevoir dirigée contre la validité d'un appel, l'un tiré de la double date de l'exploit de signification du jugement frappé d'appel, l'autre de ce que cet exploit ne contenait pas la mention qu'il avait été signifié dans les bureaux d'un hospice, a rejeté le premier moyen et déclaré l'appel tardif et irrecevable, sans s'expliquer sur le second moyen (Civ. cass. 17 mars 1879, aff. Hospice de Pamiers, D. P. 79. 1. 467); — 22° Un arrêt est nul, lorsqu'il statue au fond sur l'action en responsabilité formée par un actionnaire contre les fondateurs d'une société anonyme, à raison d'agissements qui avaient entraîné la nullité de la société, sans répondre à une fin de non-recevoir présentée pour la première fois par les intimés devant la cour et tirée, notamment, de ce que le demandeur aurait commis lui-même une faute le rendant solidairement responsable des fautes commises (Civ. cass. 23 mars 1880) (4); — 23° Le rejet sans motifs, d'une fin de non-recevoir tirée de

(1) (Russel C. Bœuf.) — LA cour ; — Sur le deuxième moyen : — Vu l'art. 7 de la loi du 20 avr. 1810 ; — Attendu que, après avoir introduit la demande en validité de leurs offres réelles, les époux Bœuf ont pris des conclusions additionnelles à fin de sursis au versement du prix entre les mains de leurs vendeurs, et pour voir dire qu'il leur serait donné acte de leurs réserves de retenir sur ledit prix : 1°. le montant d'une condamnation qu'ils pourraient encourir par suite d'une contravention de grande voirie, poursuivie contre eux et qu'ils imputent à leurs vendeurs ; 2°. la valeur de divers objets qui, bien qu'immeubles par destination, auraient été indûment enlevés par ces derniers ; — Qu'il résulte des qualités que les demandeurs ont opposé à ces conclusions additionnelles une fin de non-recevoir tirée de ce qu'elles soulèveraient un chef de contestation distinct de la demande primitive, et que, dès lors, elles devaient être introduites par voie de demande principale et ordinaire, et non en la forme d'un simple incident ; — Que cette fin de non-recevoir a été formellement proposée devant les juges du fond, tant en première instance qu'en appel ; — Que, néanmoins, le tribunal de Tours, et après lui, la cour d'Orléans, sans y avoir égard et sans y répondre par aucun motif, l'ont implicitement rejetée en accueillant au fond les conclusions additionnelles des époux Bœuf, et en leur réservant le droit d'exercer sur le prix consigné les répétitions qui faisaient l'objet desdites conclusions ; — En quoi l'arrêt attaqué a rendu une décision non motivée, quant à ce, et a ouvertement violé l'article de loi ci-dessus visé ; — Casse, etc.
Du 24 juill. 1878. — Ch. civ. — MM. Mercier, 1er pr.-Aucher, rap.-Charrins, av. gén.-Massénat-Deroche, av.

(2) (Chemin de fer de l'État C. Cassol.) — LA cour ; — Statuant par défaut ; — Sur le moyen tiré d'un défaut de motifs ; — Vu l'art. 7 de la loi du 20 avr. 1810 ; — Attendu qu'il résulte du jugement attaqué que, par des conclusions formelles, la compagnie a opposé à l'action intentée contre elle une fin de non-recevoir tirée de ce que le sieur Cassal, mandataire du sieur Jung, destinataire de la marchandise, a, sans protestation ni réserves, pris livraison de ladite marchandise et a payé le prix du transport ; — Attendu que le tribunal, en statuant au fond, a rejeté implicitement cette fin de non-recevoir, sans justifier ce rejet par aucun motif à l'appui ; — D'où il suit qu'il a ainsi violé la disposition de loi susvisée ; — Casse, etc.
Du 5 août 1878. — Ch. civ. — MM. Mercier, 1er pr.-Baudoin, rap.-Lacointa, av. gén.-Georges Devin, av.

(3) (Chemin de fer de Lyon C. Tombarel.) — LA cour ; — Sur

le second moyen du pourvoi : — Vu l'art. 7 de la loi du 20 avr. 1810 ; — Attendu qu'il résulte des qualités du jugement attaqué que la Compagnie des chemins de fer de Paris-Lyon-Méditerranée a opposé à l'action de Tombarel frères la fin de non-recevoir tirée de la réception de la marchandise et du payement du prix du transport ; — Attendu que le jugement attaqué a virtuellement repoussé cette exception, en statuant au fond par une décision qui a accueilli pour partie la demande, sans néanmoins donner de motifs qui ont déterminé le tribunal à rejeter cette exception ; — En quoi faisant ledit jugement a expressément violé le texte de loi ci-dessus visé ; — Sans qu'il y ait lieu d'examiner le premier moyen du pourvoi ; — Casse, etc.
Du 16 août 1882. — Ch. civ. — MM. Goujet, pr.-De Lagrevol, rap.-Charrins, 1er av. gén., c. conf.-Dancongnée, av.

(4) (Lemaire et comp. C. Forgeot.) — Le sieur Forgeot avait formé une demande en responsabilité contre les sieurs Lemaire et comp., fondateurs de la société Le Crédit collectif ; — Le 6 août 1878, jugement du tribunal de commerce de Lyon, ainsi conçu : — « Attendu qu'il résulte d'un rapport de l'expert Grisard-Deleroux, en date du 20 déc. 1875, que la société du Crédit collectif est nulle : 1° parce que le capital social, contrairement aux prescriptions de la loi du 24 juill. 1867, n'a jamais été sérieusement souscrit, et le premier quart complètement versé ; 2°... — Déclare nulle la société du Crédit collectif, etc. »
Appel par les sieurs Lemaire et comp., qui, devant la cour, concluent à l'annulation du jugement comme prononcé la nullité de la société, sans que cette nullité ait été demandée par Forgeot, et subsidiairement, opposent une fin de non-recevoir basée notamment sur ce que, comme actionnaire, Forgeot serait déchu de tout recours quelconque par ce fait que, si ses allégations étaient vraies, il aurait été coupable de ne pas avoir dénoncé à la première assemblée constitutive l'irrégularité de sa souscription, et de n'avoir pas fait vérifier et approuver les prétendus avantages particuliers qu'il déclarait avoir été stipulés à son profit, puisqu'il aurait commis une faute le rendant solidairement responsable de la nullité de la société qui en aurait été la conséquence. Enfin, et plus subsidiairement encore, les appelants soutenaient que les motifs de nullités relevés par le tribunal de commerce de Lyon l'avaient été à tort, le capital social ayant été intégralement souscrit, et le versement du premier quart du montant des actions ayant été réellement effectué à l'époque de la première assemblée constitutive, sans que l'on eût à rechercher le plus ou moins de solvabilité des souscripteurs, etc,

ce que le moyen soulevé par l'appelant devant la cour avait été abandonné par lui en première instance, entraîne la nullité du jugement (Civ. cass. 28 févr. 1883) (1).

**701.** La jurisprudence, comme on l'a vu au *Rép.* n° 982, a encore appliqué la même règle au cas où le défaut de motifs est relatif à une *exception* invoquée par l'une des parties ; on en trouve des exemples dans les décisions suivantes : — 1° l'arrêt qui, en statuant au fond, rejette, sans en donner de motifs, une exception prise de la nullité de l'exploit introductif d'instance, comme ayant été signifié à une partie alors décédée, et non à ses héritiers, est nul par défaut de motifs (Civ. cass. 8 nov. 1853, aff. Perrot, D. P. 54. 5. 495) ; — 2° L'arrêt qui, sur les conclusions de divers créanciers d'une société en commandite, tendant à leur faire rendre commun le jugement passé en force de chose jugée par lequel, sur la demande d'autres créanciers, un associé a été déclaré déchu de la qualité de commanditaire pour faits d'immixtion, décide qu'il n'y a pas lieu de prononcer cette déchéance à leur égard, en se bornant à apprécier les actes d'immixtion invoqués, sans s'expliquer sur le moyen tiré de la chose jugée, est nul pour

défaut de motifs (Civ. cass. 24 mai 1859, aff. Hebert, D. P. 59. 1. 242) ; — 3° Doit être annulé, comme non motivé, le jugement qui, sur le motif que l'obligation dont le demandeur poursuit l'exécution par voie de saisie est reconnue, rejette l'exception tirée de la péremption du jugement par défaut en vertu duquel la saisie a eu lieu, ou celle prise de la nullité de l'assignation sur laquelle le jugement a été rendu, ou celle fondée sur la totalité des sommes frappées de saisie (Civ. cass. 8 févr. 1860, aff. Ros, D. P. 60. 1. 403) ; — 4° Le jugement qui, sur une action en payement à laquelle sont opposées des exceptions tirées, par exemple, de l'autorité de la chose jugée et de l'absence de l'autorisation maritale nécessaire pour la validité de l'obligation dont l'exécution est poursuivie, accueille la demande par l'unique motif que la dette est reconnue, et sans s'expliquer sur ces exceptions, quoiqu'elles aient été l'objet de conclusions formelles, est nul pour défaut de motifs (Civ. cass. 4 mars 1861, aff. Robillard, D. P. 61. 1. 128) ; — 5° Le jugement qui, malgré l'exception d'incompétence tirée, en matière d'action pour dommages aux champs portée devant un juge de paix, de ce que le

---

(1) (Lavigne-Gardy C. Veuve Fouilhoux.) — La veuve Fouilhoux avait formé une demande en mainlevée de saisie fondée sur trois moyens : elle abandonna les deux premiers, en sorte que le tribunal n'eut à statuer que sur le troisième. Elle reprit en appel l'un de ceux auxquels elle avait renoncé, tiré du défaut de notification du titre. L'intimé conclut à ce qu'elle fût, à raison de cette renonciation, déclarée non recevable en ce moyen. — Le 26 août 1879, la cour de Riom, statue en ces termes : —

LA COUR ; — Attendu qu'Anne Aucroix, veuve Antoine Fouilhoux, a interjeté appel d'un jugement du tribunal civil de première instance de Clermont-Ferrand ; — Attendu que l'appel est fondé, entre autres motifs, sur ce que la saisie immobilière pratiquée à la requête de Lavigne-Gardy, à la date du 9 mai 1879, n'a pas été précédée du commandement spécial prescrit par l'art. 673 c. proc. civ., ce qui devait entraîner la nullité de ladite saisie, aux termes de l'art. 715 du même code, et que le commandement

tendant à saisie immobilière, contenu dans l'acte de notification du titre fait aux héritiers d'Antoine Fouilhoux, à la date du 27 mars 1879, était insuffisant et ne pouvait être considéré comme ayant satisfait aux prescriptions des art. 877 c. civ. et 673 c. proc. ; — Attendu, en effet, que cet art. 877 c. civ., porte que les créanciers ne pourront poursuivre l'exécution de leurs titres de créance contre les héritiers qu'après la signification de ce titre à la personne ou au domicile de l'héritier, d'où il résulte que la signification préalable des titres obtenus contre le défunt aux héritiers, n'est exigée que pour leur en donner connaissance, et les mettre en position d'éviter la mise à exécution desdits actes ; — Qu'il résulte des termes de l'art. 877 qu'aucune exécution ne doit avoir lieu avant cette notification ; — Que, dès lors, le commandement tendant à saisie immobilière par le même acte et avant le délai indiqué par l'art. 877 c. civ., constituerait un acte d'exécution prescrit par ledit article ; — Attendu, d'autre part, que ce commandement, inséré dans l'acte du 27 mars 1879, contenant la notification prescrite par l'art. 877, ne saurait satisfaire aux prescriptions formelles de l'art. 673, qui a édicté que toute saisie immobilière sera précédée du commandement, en cette saisie sera donnée copie entière du titre en vertu duquel elle sera pratiquée ; — Attendu qu'il est constant qu'il existe dès lors deux procédures distinctes et séparées, et qu'il résulte de ces deux articles de loi qu'il doit y avoir, pour la régularité de la procédure en expropriation, une nouvelle notification du titre à l'héritier, avec commandement spécial ; — Attendu, en effet, qu'une seule notification du titre a été faite dans l'espèce, par l'acte du 27 mars 1879, et ne contenant que mention que commandement était fait par le même acte, ne pouvait remplacer celui prescrit par l'art. 673 c. proc. civ. ; — Attendu, dès lors, que la saisie immobilière pratiquée à la requête de Lavigne-Gardy a été faite sans l'observation des formalités prescrites par l'art. 673 c. proc. civ., et qu'elle doit être annulée ; — Déclare nulle et de nul effet des poursuites en saisie immobilière ;

Pourvoi par le sieur Lavigne-Gardy : 1° violation et fausse application des art. 877 c. civ. et 672 c. proc. civ., en ce que l'arrêt attaqué a décidé que le créancier qui voulait faire pratiquer une saisie contre les héritiers de son débiteur, devait remplir à la lettre les formalités des art. 877 c. civ. et 673 c. proc. civ., c'est-à-dire : 1° faire aux héritiers la signification du titre exécutoire ; 2° huit jours après, faire un commandement avec nouvelle copie du titre exécutoire ; 3° trente jours après, faire la saisie ; — 2° Violation de l'art. 464 c. proc. civ., et de l'art. 7 de la loi du 20 avr. 1810, en ce que l'arrêt attaqué aurait admis une demande formulée irrégulièrement pour la première fois en appel, sans s'expliquer sur une fin de non-recevoir opposée à cette demande.

LA COUR ; — Sur la deuxième branche du second moyen : — Vu l'art. 7 de la loi du 20 avr. 1810 ; — Attendu qu'il résulte des qualités de l'arrêt attaqué que le sieur Lavigne avait opposé devant la cour d'appel l'irrecevabilité du grief tiré de la nullité du commandement pour défaut de signification régulière du titre exécutoire ; — Attendu que cette fin de non-recevoir était fondée sur ce que la veuve Fouilhoux avait renoncé à ce grief en première instance ; — Attendu que l'arrêt attaqué, en statuant au fond, a rejeté implicitement cette fin de non-recevoir, mais qu'il n'a donné aucun motif pour justifier ce rejet ; — Qu'il a ainsi violé l'article susvisé ; — Sans qu'il soit besoin de statuer sur les autres moyens ;

Casse, etc.

Du 28 févr. 1883.-Ch. civ.-MM. le cons. Pont, pr.-Manau, rap. Desjardins, av. gén., c. conf.-Bazille et Sauvel, av.

---

Le 15 mars 1879, arrêt de la cour de Lyon statuant en ces termes : — Au fond : — Adoptant les motifs qui ont déterminé les premiers juges ; — Considérant, en outre, et en ce qui concerne Lemaire et comp., qu'il est de principe que le versement du quart de la souscription due par chaque actionnaire doit être effectué en numéraire ; — Que, si la jurisprudence apporte une exception à ce principe, ce n'est que lorsque le versement est fait en valeurs d'un recouvrement immédiat et incontestable ; — Qu'il n'en est point ainsi du billet de 49000 fr. souscrit par Véral à la société Lemaire et comp., soit pour payement du quart de la souscription de plusieurs actionnaires, soit pour payement, d'une partie de la sienne propre ; — Que la société Lemaire et comp. a, il est vrai, fait figurer cette somme dans celle de 125000 fr. au crédit de la société du *Crédit collectif,* mais que ladite caisse ne présentait peut-être pas à ce moment une garantie suffisante qui pût permettre de compter sur un recouvrement facile et assuré du billet ainsi souscrit et donné en payement ; — Que ce mode de payement est d'autant plus suspect qu'il était appliqué à des actionnaires pris au hasard, inconnus, et dont la solvabilité plus que douteuse n'était pas de nature à assurer le versement des trois autres quarts qu'ils avaient encore à faire ; — Que Lemaire et comp. l'a si bien compris qu'il s'est vu obligé de racheter la plupart des actions ainsi souscrites en traitant avec ceux qui en étaient porteurs ; — Par ces motifs ; — Rejette les exceptions comme irrecevables et mal fondées ; — Confirme, etc.

Pourvoi en cassation par le sieur Lemaire et comp. — 1er moyen... ; — 2e moyen : Violation de l'art. 7 de la loi du 20 avr. 1810, en ce que l'arrêt attaqué a rejeté sans aucun motif une triple fin de non-recevoir opposée par l'appelant à l'action de l'intimé.

LA COUR ; — Vu l'art. 7 de la loi du 20 avr. 1810, portant que les arrêts qui ne contiennent pas les motifs sont déclarés nuls : — Attendu que les qualités de l'arrêt attaqué constatent que Lemaire avait, pour la première fois en appel, pris des conclusions subsidiaires tendant à ce que Forgeot fût, en tous cas, déclaré non-recevable dans ses fins et demandes, par diverses raisons déduites auxdites conclusions, et notamment parce qu'il aurait commis une faute le rendant, aux termes de l'art. 42 de la loi du 24 juill. 1867, responsable solidairement avec tous les autres actionnaires auxquels la nullité de la société pouvait être reprochée ; — Attendu que l'arrêt, sans s'expliquer sur le mérite de ces conclusions, et sans donner aucun motif à l'appui de leur rejet, en a cependant débouté le réclamant ; en quoi il a violé l'art. 7 ci-dessus visé de la loi du 20 avr. 1810. — Casse, etc.

Du 23 mars 1880.-Ch. civ.-MM. Mercier, 1er pr.-Gouget, rap. Desjardins, av. gén.-Lehmann, av.

défendeur n'aurait fait qu'user de son droit, statue néanmoins au fond, en se bornant à constater le trouble, comme s'il s'agissait d'une action possessoire, est nul comme ayant implicitement rejeté, sans en donner de motifs, cette exception d'incompétence (Civ. cass. 12 mai 1862, aff. Commune de Bures, D. P. 62. 1. 212); — 6° L'arrêt qui, sur l'exception de nullité prise, contre le jugement frappé d'appel, de ce qu'il avait été rendu à la suite d'un jugement de défaut profit joint, sans observation de l'art. 153 c. proc. civ., se borne à l'examen, dans ses motifs, d'autres exceptions, tirées par exemple de la litispendance et de la chose jugée, et déclare, dans son dispositif, confirmer le jugement « sans s'arrêter aux diverses exceptions proposées par l'appelant », est nul pour défaut de motif, cet arrêt ne motivant pas le rejet du moyen de nullité fondé sur l'inobservation de l'art. 153 c. proc. civ. (Civ. cass. 14 mai 1862, aff. Follet, D. P. 62. 1. 208); — 7° L'arrêt qui rejette, sans en donner de motifs, une exception formulée dans les conclusions posées devant la cour est nul, quoique l'exception n'ait pas été reproduite au point de droit de cet arrêt (Civ. cass. 17 juin 1863, aff. Mercier, D.P. 63. 1. 320); — 8° Est nul pour défaut de motifs l'arrêt qui rejette une exception de chose jugée par des motifs applicables à un jugement autre que celui d'où l'exception de chose jugée était tirée (Civ. cass. 8 mars 1869, aff. Fouilleul, D. P. 69. 1. 202); — 9° L'arrêt qui ne répond par aucun motif à l'exception péremptoire tirée par le défendeur de ce que les biens revendiqués contre lui n'ont été domaniaux à aucune époque, ainsi que le soutient le demandeur, et à l'argument déduit, à l'appui de ce moyen, d'un acte de délimitation, est nul pour défaut de motifs (Civ. cass. 25 mai 1870, aff. Berretti, D. P. 71. 1. 189); — 10° Est nul pour défaut de motifs l'arrêt qui ne s'explique pas sur un moyen tiré de l'autorité de la chose jugée par un jugement de reprise d'instance, relativement aux vices de la procédure antérieure (Civ. cass. 2 avr. 1872, aff. Blasini, D. P. 72. 1. 260); — 11° Lorsque, sur l'appel du défendeur, dont la demande reconventionnelle a été repoussée en première instance à raison de sa renonciation au moyen par lui proposé de nullité d'une société, le demandeur conclut à la confirmation du jugement avec adoption de motifs, est nul l'arrêt infirmatif qui accueille la demande reconventionnelle sans donner de motif sur le rejet de l'exception de renonciation admise par le tribunal (Civ. cass. 18 nov. 1872, aff. Augier, D. P. 73. 1. 48); — 12° Est nul pour défaut de motifs le jugement par lequel un tribunal de première instance a évoqué une affaire portée devant lui sur appel de la sentence d'un juge de paix, en rejetant, sans motif à l'appui, l'exception d'incompétence tirée par l'intimé de la nature commerciale de la cause (Civ. cass. 3 févr. 1873, aff. Pescil, D. P. 73. 1. 214); — 13° Lorsque, pour repousser la demande d'un expéditeur et le faire condamner reconventionnellement au prix du transport, le voiturier invoque, non seulement une stipulation de non-garantie insérée dans la feuille d'expédition, mais encore la force majeure résultant de réquisitions incessantes à lui faites pour le transport des troupes, le jugement doit contenir des motifs sur chacune de ces exceptions; et, par suite, est nul pour défaut de motifs le jugement qui, sans s'expliquer aucunement sur la force majeure, accueille la demande principale de l'expéditeur et rejette la demande reconventionnelle de l'entrepreneur, par un motif unique s'appliquant exclusivement à la clause de non-garantie (Civ. cass. 30 juill. 1873, aff. Libercier, D. P. 74. 1. 13); — 14° Est nul le jugement du tribunal civil qui rejette, par une décision implicite et non motivée, l'exception tirée de la péremption d'une sentence interlocutoire rendue par le juge de paix plus de quatre mois avant la sentence définitive (Civ. cass. 29 avr. 1874, aff. Pérignon, D. P. 74. 1. 272); — 15° Est nul, pour défaut de motifs, le jugement qui statue au fond sans motiver le rejet des conclusions du défendeur tendant à la restitution préalable, par les demandeurs, des registres et pièces de comptabilité nécessaires à sa défense (Civ. cass. 13 mai 1874, aff. Poggia, D. P. 75. 5. 297); — 16° Un arrêt est nul pour défaut de motifs, lorsqu'il statue au fond sans donner aucun motif à l'appui du rejet implicite d'une exception péremptoire tirée des art. 430 et 432 c. proc. civ. (Civ. cass. 13 juill. 1874, aff. Sarlandie, D. P. 75. 1. 173); — 17° Lorsqu'une veuve a déclaré, tant en son nom personnel que comme tutrice de son fils mineur, s'opposer aux poursuites exercées contre elle et à plusieurs jugements par défaut, par le motif qu'elle était dans les délais pour délibérer, est nul le jugement qui, pour la débouter en sa qualité de tutrice, de son opposition, se fonde uniquement sur des moyens du fond, sans répondre par aucuns motifs aux moyens de forme ou de procédure proposés (Civ. cass. 31 déc. 1873, aff. Billion, D. P. 74. 1. 85); — 18° La cour d'appel, qui a déclaré, par un premier arrêt, surseoir à sa décision durant un délai déterminé pendant lequel l'intimé ou, à son défaut, la partie la plus diligente ferait juger par l'autorité compétente une exception préjudicielle proposée par l'appelant, ne peut, lorsqu'elle est saisie de nouveau du litige, rejeter, sans donner de motifs, les conclusions de l'appelant tendant à ce que l'intimé soit déclaré non recevable à suivre l'instance tant qu'il n'aura pas exécuté l'arrêt de sursis, alors, d'ailleurs, que l'appelant n'a conclu au fond que subsidiairement, et qu'il n'est pas justifié qu'il ait abandonné la fin de non-recevoir par lui proposée (Civ. cass. 12 févr. 1878, aff. Caluire, D. P. 78. 1. 371); — 19° Est nul, pour défaut de motifs, l'arrêt qui, sur la demande d'un créancier opposant d'une succession bénéficiaire, condamne un tiers à payer à cette succession une somme déterminée, sans répondre, par des motifs explicites, à une exception invoquée par ce tiers, et tirée de ce que, antérieurement à l'opposition du créancier, la compensation légale s'était opérée à son profit pour une partie de cette somme (Civ. cass. 27 nov. 1878, aff. Blanchard, D. P. 79. 5. 280); — 20° Un arrêt est nul, pour défaut de motifs, lorsque, en prononçant une condamnation contre deux époux, il rejette implicitement les conclusions de la femme tendant à obtenir son renvoi, comme femme séparée de biens et renonçante (Civ. cass. 7 janv. 1880 (1); — 21° Un arrêt est nul, lorsque, prononçant une condamnation, il rejette implicitement et sans motifs une exception proposée par le défendeur et, par exemple, l'exception tirée, par une compagnie de chemin de fer, d'un tarif qui l'exonère de la responsabilité invoquée contre elle (Civ. cass. 9 mars 1880) (2); — 22° La décision dont les motifs ne répondent ni directement ni indirectement à l'exception opposée à la demande, et la repousse du défendeur sans avoir apprécié le mérite de cette exception, manque

___

(1) Andanson C. Bertrand). — La cour; — Sur la seconde branche du moyen invoqué à l'appui du pourvoi : — Vu l'art. 7 de la loi du 20 avr. 1810; — Attendu que Bertrand concluait devant le tribunal civil, contre les mariés Andanson, à ce qu'ils fussent condamnés solidairement à lui payer le prix de travaux exécutés en 1871 et 1872 dans leur maison de la rue de Nazareth; — Attendu, en ce qui la concernait, que la dame Andanson, excipant de sa qualité de femme séparée de biens et renonçant à la communauté, et invoquant le bénéfice des dispositions des art. 1463 et 1494 c. civ., concluait à être renvoyée des fins de la demande; — Que le jugement, attaqué a implicitement, sans en donner aucuns motifs, rejeté cette exception; — Qu'il a ainsi méconnu les prescriptions de l'art. 7 de la loi du 20 avr. 1810 et par cela même violé cet article; — Sans qu'il soit besoin de statuer sur la première branche du moyen; — Casse, etc.
Du 7 janv. 1880.-Ch. civ.-MM. Mercier, 1er pr.-Salmon, rap.-Charrins, 1er av. gén., c. conf.-Carteron, av.

(2) (Chemin de fer de Lyon C. Chevilliez-Guérin.) — La cour; — Vu l'art. 7 de la loi du 20 avr. 1810 : — Attendu qu'il résulte des conclusions transcrites aux qualités du jugement dénoncé que, assignée en garantie par la Compagnie des chemins de fer du Midi, sur une demande en indemnité formée contre cette dernière par Chevilliez-Guérin, à raison d'un manquant existant à l'arrivée dans un tonneau de vin expédié par lui de Florensac à Paris, la Compagnie des chemins de fer de Paris à Lyon et à la Méditerranée soutenait, pour repousser l'action principale : 1° que, si le fût dont il s'agissait avait perdu, par suite de coulage en cours de route, une partie du vin qu'il contenait, cet accident, étant dû uniquement au vice de sa confection, ne pouvait donner lieu à une indemnité contre le transporteur, aux termes de l'art. 103 c. com. ; 2° que la colis transporté, voyageant d'ailleurs aux clauses et conditions du tarif spécial C. 13, Paris Lyon-Méditerranée, qui décharge la compagnie de toute responsabilité pour déchets et avaries de route, aucune condamnation ne pouvait être prononcée contre elle, dès lors qu'aucune faute

de base légale et doit être annulée; et il en est ainsi lorsqu'un jugement condamne un mandataire, chargé de vendre une action non encore émise, à en rembourser la valeur au mandant, par ce double motif que le premier a été chargé d'acheter ce titre pour le second et qu'il n'en fait pas connaître le nouvel acquéreur, sans s'expliquer sur les conclusions par lesquelles le mandataire offre le prix de ladite action à la condition que la régularité de son émission soit judiciairement reconnue et que le mandant livre à l'acheteur le titre vendu (Civ. cass. 28 avr. 1885, aff. Louvié, D. P. 85. 1. 455); — 23° Il y a lieu d'annuler, pour défaut de motifs, le jugement par lequel un tribunal de commerce confirme une condamnation prononcée par le conseil des prud'hommes contre un défendeur, sans s'expliquer sur une exception d'incompétence qui, après avoir fait l'unique objet de la défense de celui-ci en première instance, a été par lui reproduite au second degré de juridiction, non seulement dans son exploit d'appel, mais aussi dans ses conclusions d'audience se référant expressément à cet exploit (Civ. cass. 21 févr. 1888, aff. Gaudiard, D. P. 88. 1. 299); — 24° Est nul, pour défaut de motifs, l'arrêt qui a accueilli une demande à laquelle le défendeur avait opposé une exception tirée de l'aveu judiciaire, sans s'expliquer sur la force et les conséquences juridiques de cet aveu (Civ. cass. 18 juill. 1888, aff. Argand, D. P. 89. 1. 97); — 25° L'arrêt qui statue au fond sans donner aucun motif sur une exception péremptoire proposée par l'appelant, rejette implicitement cette exception, et, par suite, est nul pour défaut de motifs (Civ. cass. 3 juill. 1889, aff. Toizoul, D. P. 89. 5. 316).

**702.** Pour que les conclusions puissent produire un effet si grave que d'entraîner la cassation du jugement qui les rejetterait sans motif, il faut qu'elles se présentent dans des conditions telles que le juge soit véritablement en faute de les avoir négligées. Il faut donc d'abord qu'elles existent réellement (V. infrà, n°s 703 et suiv.); il faut ensuite qu'elles revêtent certaines conditions de forme et de fond (V. infrà, n°s 711 et suiv.).

**703.** Il faut avant tout qu'il existe des conclusions énonçant formellement la prétention des parties; le juge n'est tenu de statuer que sur ce qui lui est demandé (Rép. n° 970; Req. 18 mars 1874, aff. Simonnet, D. P. 76. 1. 279; 25 avr. 1877, aff. Pereire, D. P. 78. 1. 296). La jurisprudence précise ce qu'il faut entendre par des conclusions existant aux débats: les conclusions sur lesquelles le juge doit statuer sont celles qui ont été signifiées aux parties et insérées aux qualités du jugement (Poitiers, 23 janv. 1855, aff. Desnoyer, D. P. 56. 2. 46). En conséquence, un arrêt ne doit pas être annulé pour défaut de motifs par cela seul qu'il n'aurait pas répondu à une question qui figure dans les qualités au point de droit, lorsque d'ailleurs il ne résulte pas des conclusions, telles qu'elles sont relatées dans lesdites qualités, que les juges du fond aient été appelés à se prononcer sur cette question (Civ. rej. 18 juill. 1888, aff. Argand, D. P. 89. 1. 97). Il en serait ainsi, à plus forte raison, s'il ne résultait d'aucun passage des qualités que le moyen a été proposé (Req. 23 févr. 1891, aff. Banque générale des Alpes-Maritimes, D. P. 91. 1. 337).

**704.** Cette règle a reçu des applications diverses. Ainsi le juge, à défaut d'une offre de preuve, n'est pas tenu de motiver le rejet d'une allégation de fait (Civ. rej. 24 août 1870, aff. Baudrand, D. P. 70. 1. 354).

**705.** De même, lorsqu'un chef de conclusions n'a été présenté qu'en vue d'un cas qui ne s'est pas réalisé, la partie qui l'a formulé ne peut se faire un moyen de cassation de ce qu'il aurait été rejeté sans énonciation de motifs (Crim. rej. 10 mars 1864, aff. Leroy, D. P. 67. 5. 285). Par exemple, la partie qui a prétendu qu'une construction établie sur son fonds n'est pas sur l'emplacement qu'elle devait occuper d'après la convention, et qui a demandé en conséquence, que cette construction fût transportée sur un autre point, en se renfermant dans les dimensions prescrites par la convention, n'a ainsi demandé la réduction des dimensions que d'une manière éventuelle et pour le cas où le déplacement serait ordonné; en conséquence, la décision qui rejette ces conclusions en jugeant que la construction ne doit pas être déplacée, et sans s'expliquer sur le point de savoir si les dimensions de la construction doivent être réduites, est suffisamment motivée (Civ. rej. 23 mars 1870, aff. de Cordès, D. P. 70. 1. 223).

**706.** La solution est la même lorsque, sur deux chefs, l'un seulement a été l'objet de conclusions. Ainsi: 1° la décision qui, sur une demande combattue uniquement à l'aide d'une fin de non-recevoir prise d'un défaut de qualité, rejette la fin de non-recevoir et accueille la demande au fond, ne peut être attaquée pour défaut de motifs quant à la solution intervenue au fond, les juges n'ayant à donner de motifs sur la contestation que dans les termes où elle s'est produite devant eux (Civ. rej. 10 mars 1862, aff. Durieu, D. P. 62. 1. 219); — 2° L'arrêt qui confirme une condamnation solidaire, sans donner de motifs quant à la solidarité, n'est pas nul pour défaut de motifs, si l'appelant s'est borné à attaquer devant la cour la condamnation en elle-même, sans s'élever, pour le cas de maintien de cette condamnation, aucune critique contre la solidarité qu'elle renfermait (Req. 22 juill. 1867, aff. Baston, D. P. 68. 1. 81); — 3° Le juge n'est pas tenu de statuer sur la preuve du droit de propriété qui résulterait des titres invoqués, si le demandeur ne s'est prévalu de ces titres que pour établir sa possession (Civ. rej. 2 juin 1869, aff. Frichot, D. P. 69. 1. 278); — 4° Les juges devant lesquels est invoqué le défaut de transcription d'un acte qualifié de bail ne sont pas tenus, après avoir déclaré que cet acte ne présente pas le caractère d'un bail, d'examiner, en l'absence de conclusions, si le même acte ne doit pas recevoir une qualification différente l'assujettissant également à la transcription, et, par exemple, celle d'un acte translatif de propriété (Req. 7 févr. 1870, aff. Dupré, D. P. 70. 1. 303).

**707.** Il ne suffit pas, pour que le juge doive statuer avec motifs, qu'il existe des conclusions (V. suprà, n°s 703 à 706); il faut que ces conclusions aient trait directement à l'affaire. Ainsi le juge n'est pas tenu de répondre spécialement au chef de conclusions par lequel une partie demande qu'il lui soit donné acte de déclarations écrites par son adversaire, lorsque ces déclarations, subsistant d'ailleurs avec tous leurs effets en dehors du donné acte, sont étrangères à la contestation engagée (Civ. rej. 27 janv. 1886, aff. Mercier, D. P. 86. 1. 396). — Décidé, de même: 1° que le juge n'est pas tenu de statuer, en motivant sa décision, sur des réserves insérées, sans motifs à l'appui, dans les conclusions d'une des parties, alors du moins que ces réserves, relatives à un point étranger au procès, et formulées en vue d'une éventualité future et incertaine, ne tendent ni pour objet ni pour but d'accorder un droit à la partie qui en demande acte, et n'ont d'ailleurs donné lieu à aucun débat (Req. 19 févr. 1877, aff. Baudet, D. P. 78. 1. 364); — 2° Que le juge, n'étant tenu de statuer que sur les demandes qui lui sont soumises, n'est pas obligé de s'expliquer sur des conclusions qui, visant uniquement une partie non appelée dans l'instance d'appel, ne renferment aucune demande formelle qui puisse être débattue par la partie adverse (Req. 8 nov. 1882, aff. Cheilus, D. P. 83.1.305).

**708.** Enfin il faut que ces conclusions aient été soutenues jusqu'au bout, qu'elles n'aient pas été abandonnées (Rép. n° 974). Ainsi, le juge n'est pas tenu de motiver le rejet d'une demande qui, formulée au début de l'instance, n'est pas reproduite dans les conclusions dernières, et ne figure pas dans le point de droit des qualités (Civ. rej. 15 juill. 1867 (1); Req. 3 mai 1870, aff. Ganzin, D. P. 71. 1. 57). —

---

n'était relevée à sa charge; — Attendu que l'une et l'autre de ces exceptions ont été implicitement rejetées par le jugement attaqué, sans qu'il ait donné aucun motif à l'appui de cette décision; — En quoi il a formellement violé l'article de loi ci-dessus visé; — Casse, etc.

Du 9 mars 1880.-Ch. civ.-MM. Mercier, 1er pr.-Guérin, rap.-Desjardins, av. gén., c. conf.-Dancongnée, av.

(1) (Letort C. Verset.) — LA COUR; — Sur le deuxième moyen; — Attendu que si, au début de l'instance en appel, Letort a conclu à ce que Verset fût déclaré déchu de son brevet pour n'avoir pas régulièrement acquitté la taxe prescrite, ces conclusions ne se trouvent plus mentionnées dans celles signifiées ultérieurement ni dans le point de droit, et qu'il ne résulte pas qu'elles aient été maintenues devant la cour; — Que, dans cette situation, on ne saurait reprocher à l'arrêt attaqué de n'avoir pas motivé ces décisions sur ce point...

Par ces motifs, rejette.

- Du 15 juill. 1867.-Ch. civ.-MM. Troplong, 1re pr.-Mercier, rap.-de Raynal, 1er av. gén. c. conf.-Maulde et Bosviel, av.

Ainsi encore, le créancier qui a accepté les offres à lui faites à l'audience relativement à des fermages arriérés dont il poursuivait le recouvrement, sans faire de réserves au sujet d'un fermage antérieur, du payement duquel il avait demandé qu'il lui fût justifié, étant présumé avoir renoncé à ce chef de ses conclusions, ne peut, dès lors, se faire un grief de ce qu'il n'a rien été statué à cet égard (Req. 6 janv. 1857, aff. Regnier, D. P. 57. 1. 148). — Toutefois il a été décidé que les juges ne sont pas dispensés de statuer sur des conclusions tendant à l'allocation de dommages-intérêts, alors même que, aux termes des qualités du jugement, l'avocat de la partie qui a repris ses conclusions aurait demandé acte à la barre, *assisté de l'avoué*, de ce qu'il n'insistait pas sur cette demande de dommages-intérêts (Paris, 25 févr. 1876, aff. Guimaraës, D. P. 76. 2. 233). Mais cette solution, qui d'ailleurs, est toute de fait, ne saurait être érigée en principe de droit, car elle serait contraire à la jurisprudence de la cour de cassation.

**709.** Aux conclusions abandonnées au cours de l'instance, il faut assimiler celles qui n'auraient été prises que lors d'un premier jugement, tel qu'un jugement par défaut (Civ. rej. 24 avr. 1865) (1), ou un jugement interlocutoire (Req. 9 juill. 1885, aff. Grenier, D. P. 86. 1. 368), sans être reproduites lors du jugement contradictoire ou définitif.

**710.** Même solution enfin pour des conclusions prises seulement devant le premier degré de juridiction. Jugé, en ce sens : 1° que les juges d'appel, n'étant tenus de statuer que sur les conclusions prises en appel, n'ont pas à se prononcer sur une *exception de prescription* opposée en première instance et non reproduite en appel (Civ. cass. 8 janv. 1872, aff. Morin, D. P. 73. 1. 57); — 2° Que, lorsque l'intimé a conclu purement et simplement à la confirmation du jugement qui a admis sa demande principale, le juge d'appel n'infirme ce jugement n'a pas à statuer sur des *conclusions subsidiaires* que l'intimé avait proposées en première instance, mais qu'il n'a pas reproduites en appel pour le cas où le jugement de première instance serait infirmé (Civ. rej. 11 janv. 1870, aff. Mauléon, D. P. 70. 1. 60; Req. 9 janv. 1877, aff. Monier, D. P. 78. 1. 256); — 3° Qu'une cour d'appel n'a pas à se prononcer sur une *demande de réserves* d'action en garantie présentée en première instance et non reproduite en appel (Req. 11 août 1880, aff. de Las Cazes, D. P. 81. 1. 205); — 4° Que le moyen pris de ce qu'une partie aurait passé des *aveux* dans une lettre missive manque en fait devant la cour de cassation, lorsque, formulé d'abord en première instance, il n'a point été repris ni renouvelé dans la procédure d'appel, et qu'on ne saurait, dès lors, reprocher à l'arrêt attaqué de ne pas s'être expliqué à cet égard (Req. 3 janv. 1888, aff. Bom, D. P. 88. 1. 57).

**711.** Étant donné qu'il faut des conclusions pour que le juge soit obligé de motiver l'admission ou le rejet qu'il prononce, à quelles conditions peut-on dire que le juge s'est trouvé en présence de conclusions? Il faut pour cela certaines conditions de forme et de fond.

**712.** En la forme, il faut essentiellement que le moyen ait été formulé en des conclusions (il faut en outre que ces conclusions aient frappé l'oreille du juge).

**713.** D'abord, le juge n'est régulièrement saisi d'une demande, d'une exception ou d'une fin de non-recevoir que par des conclusions régulièrement prises à la barre; en conséquence, il n'est pas tenu de statuer sur une fin de non-recevoir proposée dans les plaidoiries, si elle n'a point fait l'objet de conclusions écrites (*Rép.* n° 972-8°; Req. 14 févr. 1876, aff. Dufeillant, D. P. 77. 1. 327); — Jugé

spécialement : 1° que la fin de non-recevoir opposée à une demande nouvelle, en vertu de l'art. 464 c. proc. civ., doit être formulée dans un acte de conclusions motivées, et qu'il ne suffit pas qu'elle ait été soutenue dans une simple note signée de l'avocat et de l'avoué de la partie; qu'en conséquence, le rejet de cette fin de non-recevoir, lorsqu'elle a été ainsi présentée, n'a pas besoin d'être motivé, et peut résulter implicitement de la décision au fond (Req. 12 févr. 1855, aff. Thérie, D. P. 55. 1. 80); — 2° Que le jugement qui a omis de s'expliquer sur une fin de non-recevoir opposée à la demande ne peut être critiqué de ce chef pour défaut de motifs, alors que ladite fin de non-recevoir n'a été l'objet d'aucunes conclusions précises de la part du défendeur, qui s'est borné à la signaler en plaidant (Civ. rej. 18 août 1880, aff. Dupré, D. P. 80. 1. 444); — 3° Que les juges d'appel ne sont pas tenus de motiver le rejet de moyens de plaidoirie qui ne se sont pas traduits en conclusions écrites, surtout si ces moyens sont contredits par les conclusions formulées en première instance par la partie adverse (Req. 10 janv. 1877, aff. Courtois, D. P. 77. 1. 159); — 4° Enfin, même solution s'il s'agissait d'un moyen non mentionné dans les conclusions signifiées, mais seulement dans un mémoire imprimé, auquel ces conclusions se référaient (Civ. rej. 5 nov. 1873, aff. Maffreddy, D. P. 73. 1. 454).

**714.** Il faut en second lieu (V. *suprà*, n° 712) que les conclusions aient frappé l'oreille du juge; telle est la formule employée par la cour de cassation (Civ. rej. 10 juill. 1850, aff. Finot, D. P. 54. 5. 493 ; Req. 8 févr. 1859, aff. Duboys, D. P. 59. 1. 260; 18 mai 1868, aff. Combes, D. P. 69. 1. 316 ; Civ. rej. 8 juill. 1884, aff. Lacassin, D. P. 85. 1. 86).

**715.** Par suite, il suffit que les conclusions aient été prises à la barre, pourvu que soit par l'avoué, qui seul a qualité à cet effet. Jugé, en ce sens, que le jugement qui, malgré des offres réelles faites à la barre, ordonne la continuation des poursuites et rejette ainsi implicitement ces offres sans en donner de motifs, est nul (Civ. cass. 9 févr. 1855, aff. Gervais-Durand, D. P. 55. 1. 256).

**716.** Mais, à l'inverse, il ne suffirait pas que les conclusions eussent été signifiées au cours de l'instance, si elles n'étaient de nouveau prises et répétées à l'audience (*Rép.* n° 972; Req. 8 févr. 1859, aff. Duboys, D. P. 59. 1. 260; 18 mai 1868, aff. Combes, D. P. 69. 1. 316). Décidé, dans le même sens : 1° que lorsque, après avoir pris dans l'acte d'appel des conclusions qui embrassaient toute la cause, l'appelant s'est borné, à l'audience, à demander un sursis en refusant de conclure au fond, l'arrêt qui intervient est suffisamment motivé si, en donnant des motifs à l'appui du rejet de la demande en sursis, il déclare, relativement aux conclusions contenues dans l'acte d'appel, donner défaut contre l'appelant (Civ. rej. 17 août 1853, aff. Mounier, D. P. 54. 1. 382) ; — 2° Qu'un jugement n'est point nul pour défaut de motifs, bien qu'il ne renferme pas de motifs spéciaux à l'appui du rejet d'une exception formulée, par exemple, dans l'acte d'opposition à un jugement par défaut, s'il n'est pas établi que cette exception, dont le texte ni les conclusions relatées dans le point de fait, ni les questions posées dans le point de droit, ait été invoquée dans la discussion orale, ou que les conclusions y relatives aient été mises sous les yeux des juges (Req. 21 janv. 1857, aff. Dampierre, D. P. 57. 1. 359); — 3° Qu'une cour n'est pas tenue de motiver le rejet d'un chef de conclusions qui, après avoir été formulé dans l'acte d'appel, n'a pas été reproduit à l'audience (Civ. rej. 23 juill. 1872, aff. B..., D. P. 73. 1. 69 ; 8 juill.

---

(1) (Vandebeulque et Vangenberg C. Puynot.) — LA COUR; — Statuant sur le moyen unique du pourvoi : — Attendu que l'obligation imposée aux juges de motiver leur décision ne s'applique qu'aux chefs de conclusions et aux moyens qui leur ont été soumis; — Attendu qu'il résulte des qualités de l'arrêt attaqué que, dans la procédure de première instance, Vandebeulque et Vangenberg basaient uniquement leur demande en résiliation du marché sur le retard apporté par Michaux et comp., à la livraison des machines commandées; — Que si, dans la procédure d'appel et avant l'arrêt par défaut rendu contre les défendeurs le 31 déc. 1862, ils ont allégué, dans les conclusions prises à l'audience, mais sans en faire un chef précis et distinct de demande, une nouvelle cause de résiliation tirée des malfaçons reconnues

dans les machines livrées, il n'appert pas, des énonciations de l'arrêt attaqué, qu'ils aient formulé ce moyen devant la cour, dans la procédure engagée sur l'opposition de Puynot et comp. contre l'arrêt par défaut; — Attendu qu'il ne figure pas davantage, parmi les questions énumérées dans le point de droit de l'arrêt attaqué; — D'où la présomption juridique qu'il n'a pas frappé l'oreille du juge, et la conséquence qu'en confirmant le jugement des 3 sept. et 20 déc. 1862 par adoption de leurs motifs, et sans s'expliquer sur le moyen tiré des malfaçons, la cour impériale de Paris n'a pas violé l'art. 7 de la loi du 20 avr. 1810, invoqué par le pourvoi; — Rejette, etc.
Du 24 avr. 1865.-Ch. civ.-MM. Troplong, 1er pr.-Eugène Lamy, rap.-Blanche, av. gén., c. conf.-Roger et Beauvais-Devaux, av.

1884, aff. Lacassin, D. P. 85. 1. 86) ; — 4° Que les tribunaux ne sont pas tenus de motiver le rejet de moyens invoqués dans les motifs des conclusions signifiées entre les parties, mais non spécifiés à l'audience (Req. 23 avr. 1877, aff. Python, D. P. 78. 1. 22) ; — 5° Que les juges ne sont pas tenus de donner un motif spécial ou de prononcer explicitement sur des conclusions, alors qu'il n'est pas justifié qu'elles ont été mises sous leurs yeux, encore bien qu'elles aient été notifiées à l'avoué adverse (Req. 23 févr. 1891, aff. Banque générale des Alpes-Maritimes, D. P. 91. 1. 337).

**717.** A plus forte raison les tribunaux ne sont pas tenus de donner de motifs spéciaux, dans leurs décisions, sur les points qui n'ont pas été l'objet de conclusions expresses et qui, non compris dans les conclusions, ont été seulement insérés après coup, en forme de questions dans les qualités (Civ. rej. 9 janv. 1872, aff. Ville de Philippeville, D. P. 72. 1. 56 ; 27 nov. 1883, aff. Pàris, D. P. 84. 1. 77 ; — Comp. Req. 3 mai 1876, aff. Farge-Chautard, D. P. 77. 1. 153).

**718.** Lorsqu'une difficulté s'élève devant la cour de cassation, sur le point de savoir si des conclusions ont ou non été prises à l'audience, comment la preuve du moyen de nullité peut-elle être faite? La chambre des requêtes a jugé que le doute, sur ce point, suffisait pour justifier le silence de l'arrêt au sujet de ces conclusions (Req. 8 févr. 1859, aff. Duboys, D. P. 59. 1. 260). En tous cas, c'est dans les qualités que doit être cherchée la preuve (Req. 21 janv. 1857, aff. Dampierre, D. P. 57. 1. 359 ; 21 août 1860, aff. Frottier, D. P. 61. 1. 107; 17 févr. 1869, aff. Cottenest, D. P. 70. 1. 112 ; Civ. rej. 23 juill. 1872, aff. B..., D. P. 73. 1. 69 ; 11 févr. 1874, aff. de Boudard, D. P. 74. 1. 143 ; 3 mai 1876, aff. Farge-Chautard, D. P. 77. 1. 153).

**719.** Comme condition de fond (V. supra, n° 711), il faut, pour qu'un chef de demande rende nécessaire un motif de jugement, que ce chef soit *précisé* dans le *dispositif* des conclusions. Le juge n'a donc à répondre qu'au dispositif des conclusions, et, dans ce dispositif, qu'aux chefs précis de la demande.

**720.** D'abord, le juge n'est tenu de répondre qu'aux *chefs formulés dans le dispositif* des conclusions (Civ. rej. 16 déc. 1868, aff. Saint-Priest, D. P. 69. 1. 82 ; Req. 23 avr. 1877, aff. Python, D. P. 78. 1. 22; 10 févr. 1879, aff. Hauts fourneaux de Micheville, D. P. 79. 1. 265 ; 11 mai 1881, aff. Duché, D. P. 81. 5. 257 ; 22 juin 1885, aff. Fauveau, D. P. 86. 1. 59 ; 24 mai 1886, aff. Guitard, D. P. 87. 1. 222; 16 avr. 1889, aff. Dubois, D. P. 90. 1. 181 ; 26 juin 1888, aff. Duchemin, D. P. 89. 1. 301 ; 31 mars 1890, aff. Gastine, D. P. 91. 1. 382). C'est en ce sens qu'il faut entendre certains arrêts qui, employant une formule plus vague, disent que les juges ne doivent répondre qu'aux *chefs de demande* formulés devant eux (Req. 3 mai 1876, aff. Farge-Chautard, D. P. 77. 1. 153 ; 18 mai 1881, aff. Sauger, D. P. 82. 1. 115; 5 juill. 1882 (1) ; 3 mars 1885, *infra*, n° 814). Ainsi, d'après les motifs d'un arrêt de la chambre des requêtes du 30 mars 1874 (aff. Chapuis, D. P. 1. 258), pour qu'un tribunal soit mis, en demeure de statuer, sur une mesure d'instruction, par exemple, la communication des livres d'une partie, il ne suffit pas que la partie adverse prétende, dans une requête signifiée au cours de l'instance, que le tribunal devrait ordonner la production de ces livres ; il faut encore que cette prétention soit expressément formulée en un chef de demande.

**721.** Cette règle a reçu spécialement son application au sujet d'une exception soulevée dans les motifs et non dans le dispositif des conclusions (Req. 8 janv. 1878, aff. Bleuart, D. P. 79. 1. 344), et, par exemple, d'une exception de chose jugée (Req. 14 juill. 1874, aff. Bonnin, D. P. 75. 1. 87). — Jugé de même que le rejet, sans que les motifs en soient exprimés, d'une offre de preuve énoncée dans les considérants qui précèdent les conclusions, mais non reproduite dans le libellé de ces conclusions, ne constitue pas une violation de l'art. 7 de la loi du 20 avr. 1810 (Civ. rej. 19 juin 1855, aff. Grevin, D. P. 55. 1. 285). — Jugé encore que, lorsque, à l'appui d'une demande en nullité d'une donation, comme étant contraire aux lois et aux bonnes mœurs, les conclusions prises en appel représentent cette donation comme l'œuvre de la captation et de la fraude, la cour n'est pas tenue de répondre par des motifs spéciaux au moyen tiré de la captation, s'il n'a pas été précisé comme demande distincte dans le dispositif des conclusions (Civ. rej. 9 déc. 1874, aff. Rivet, D. P. 75. 1. 118).

**722.** Il suit de là que le juge n'est pas tenu de donner des motifs particuliers sur chaque argument, chaque allégation, ou chaque titre produits.

D'abord le juge n'est pas tenu de répondre par un motif spécial aux moyens produits comme simples *arguments* (Req. 14 févr. 1872, aff. de Saint-Amand, D. P. 72. 1. 265; 10 déc. 1867 (2) ; 2 avr. 1873 ; 17 févr. 1874, aff. Jacob, D. P. 74. 1. 281; 11 août 1874, aff. Echalié, D. P. 77. 5. 299; Civ. rej. 10 nov. 1875, aff. Bocandi, D. P. 76. 1. 452 ; 8 déc. 1874, aff. Commune de la Boussac, D. P. 75. 1. 126 ; 12 avr. 1876, aff. Frespuech, D. P. 78. 1. 86; 7 août 1876, aff. X..., D. P. 77. 1. 123 ; 17 juill. 1877, aff. Comp. London Chatham and Dover Railway, D. P. 78. 1. 366 ; Req. 21 janv. 1878, aff. Deboisse, D. P. 78. 1. 197 ; Civ. rej. 22 mai 1878, aff. Leriche, D. P. 78. 1. 484; Req. 25 avr. 1881 (3); 4 juill. 1882,

---

(1) (De Broglie C. Pasquier, Lecoffre et autres.) — LA COUR; — Sur le premier moyen, tiré de la violation des art. 1382, 1383, 1385 c. civ.; 36, 40, 42, 284, 305, 315, 806 c. proc. civ. et de la fausse application des art. 283 et 473 du même code, et de la violation de l'art. 7 de la loi du 20 avr. 1810 : — Attendu, en ce qui touche la première branche du moyen, que les tribunaux ne sont tenus de s'expliquer que sur les chefs de demandes formulés devant eux; — Attendu que si, à titre de considération ou d'argument, le prince et la princesse de Broglie, dans les motifs de leurs conclusions, ont énoncé que le juge de paix avait refusé à tort d'entendre l'un des témoins de leur contre-enquête, et s'ils ont ajouté que l'expertise ordonnée pendant l'instance d'appel ne pouvait être discutée, soit parce qu'il n'avait pas eu lieu, soit parce qu'elle n'avait pas été expliquée, ils n'ont nullement demandé, dans le dispositif desdites conclusions, que les enquêtes fussent déclarées nulles, faute par le juge de paix d'avoir entendu tous les témoins, et que l'expertise ne fût pas admise comme élément du procès; — Qu'il suit de là que le tribunal de Blois, en ne répondant pas à des moyens qui ne lui étaient pas soumis, n'a contrevenu à aucune loi; — Qu'il n'a d'un autre côté, méconnu aucun principe en fondant sa décision sur des enquêtes et une expertise qui étaient versées au débat sans que son attention fût appelée, dans les conditions où elle aurait dû l'être, sur les prétendus vices ou nullités qui auraient été de nature à les faire écarter ;

Sur les deuxième et troisième moyens (sans intérêt).

Du 5 juill. 1882.-Ch. req.-MM. Bédarrides, pr.-Petit, rap.-Chevrier, av. gén., c. conf. Panhard, av.

(2) (Barbauçon C. Biébuich.) — LA COUR; — Attendu qu'en admettant, comme l'allègue le pourvoi, que la sommation du 12 déc. 1865 ait été invoquée devant la cour qui a rendu l'arrêt attaqué par les époux Barbauçon, ceux-ci n'ont pas néanmoins modifié en appel leurs conclusions de première instance, de sorte que la sommation extrajudiciaire mentionnée plus haut n'était destinée, tout au plus qu'à fournir un nouvel et médiocre argument à l'appui de la prétention des époux Barbauçon ; — Attendu que, d'une part, les juges ne sont point obligés de répondre en détail à chacun des arguments des parties litigantes, et que, d'autre part, l'objection tirée de la sommation de décembre 1865 était réfutée d'avance par l'adoption des motifs des premiers juges, dans lesquels il était expliqué que les époux Barbauçon avaient parfaitement connu l'état des choses et le nom du vrai propriétaire de la ferme des Hulots au moment où ils avaient acquis le bail de cette ferme entre les mains du sieur Biébuich, et accepté à leurs risques et périls la cession de ce bail ; — Attendu que si l'arrêt attaqué est suffisamment motivé, et si, comme le dit cet arrêt, les demandeurs en cassation n'étaient point troublés dans la possession de leur bail, l'art. 1184, c. civ. ne devait recevoir aucune application dans la cause ; d'où il suit que le pourvoi n'est pas justifié ; — Rejette le pourvoi formé contre l'arrêt de la cour impériale de Paris, du 2 mai 1866, etc.

Du 10 déc. 1867.-Ch. req.-MM. Bonjean, pr.-Weirbaye, rapp.-Savary, av. gén., c. conf. Gouse, av.

(3) (Altairac C. Bishop et autres.) — LA COUR ; — Sur le premier moyen, tiré de la violation de l'art. 7 de la loi du 20 avr. 1810, en ce que l'arrêt attaqué rejette, sans donner de motifs, une partie des conclusions du demandeur, qui tendaient à la confirmation du jugement, c'est-à-dire à la condamnation des défendeurs à ouvrir une rue par diverses raisons de droit, dont l'une, notamment, était restée sans réponse ; — Attendu que les juges ne sont pas tenus de répondre à tous les arguments présentés par les parties à l'appui de leurs prétentions ; — Attendu

aff. Dusautoy, D. P. 84. 5. 342; 5 juill. 1882, aff. de Broglie, *suprà*, n° 720; Civ. rej. 24 janv. 1883, aff. Deboisne, D. P. 84. 1. 456; Req. 3 mars 1885 (1); 27 oct. 1885, aff. Etaix, D. P. 86. 1. 37-38; Civ. rej. 9 févr. 1887, aff. de la Jonquière, D. P. 87. 1. 269), et ce, alors même que ces moyens auraient fait l'objet d'un chef distinct dans les conclusions prises devant les premiers juges, s'ils n'ont pas été repris en appel (Req. 24 nov. 1874, aff. Bourlhomme, D. P. 75. 1. 232; 8 févr. 1881, aff. Latouche, D. P. 82. 1. 39).

**723.** De là les applications suivantes : 1° le juge a pu, dans une demande d'addition de nom, refuser d'appliquer la loi du 6 fruct. an 2, sans énonciation de motifs, si, dans sa requête, le demandeur n'a pas conclu à ce que le nom de terre porté par ses auteurs fût mentionné, mais s'est borné à puiser dans la loi de l'an 2 un argument *à fortiori* à l'appui de sa demande afin d'addition de ce nom de terre à son nom patronymique, comme partie intégrante de ce dernier nom (Req. 5 janv. 1863, aff. Palisot, D. P. 63. 1. 452); — 2° Le défendeur qui a conclu en appel, comme il l'avait fait en première instance, à ce que l'action du demandeur soit déclarée non recevable, sans spécifier aucune fin de non-recevoir, ne peut se faire un moyen de cassation de ce que les juges d'appel ont confirmé le jugement sans énoncer de motifs nouveaux, encore bien que, par voie de rectification aux qualités de l'arrêt, il ait fait ajouter une question nouvelle à celles soumises à la cour d'appel, si cette question ne renfermait qu'un simple argument à l'appui d'un chef déjà apprécié (Req. 14 déc. 1869, aff. Millot-Robert, D. P. 71. 1. 402) ; — 3° Lorsque le demandeur, n'ayant pas pris de conclusions expresses tendant à faire déclarer qu'il avait acquis par prescription l'objet litigieux, n'a invoqué la prescription que comme moyen ou argument à l'appui de conclusions subsidiaires ayant pour objet de faire dire que, ce qu'il avait fait, il avait le droit de le faire, le juge n'est pas tenu de s'expliquer sur cet argument (Req. 24 déc. 1872, aff. Richard, D. P. 74. 5. 344); — 4° L'arrêt qui repousse l'exception de la chose jugée par des motifs tirés du jugement même d'où l'on prétend la faire résulter n'est pas tenu de répondre, en outre, aux arguments puisés dans un autre document (un avis du conseil d'Etat, par exemple) que la même partie invoque pour expliquer et appuyer le jugement sur lequel elle fonde son exception (Civ. rej. 28 mai 1873, aff. Commune de Mauguis, D. P. 73. 1. 365); — 5° Les juges du fond n'étant pas tenus de donner des motifs distincts sur chacun des arguments invoqués par les parties, il s'ensuit que l'arrêt qui, statuant sur les conclusions d'un

successible à fin d'être dispensé du rapport, tant en vertu de l'art. 852 c. civ., qu'à raison de la volonté manifestée en ce sens par le *de cujus*, rejette ces conclusions par ce motif que les sommes à rapporter n'ont pas été employées à l'éducation du demandeur, est suffisamment motivé (Req. 28 juill. 1874, aff. Castelin, D. P. 75. 1. 107); — 6° Est suffisamment motivé l'arrêt qui, par adoption des motifs des premiers juges, s'explique sur chacune des créances litigieuses, sans donner de motifs spéciaux sur tous les arguments de l'appelant, alors d'ailleurs que celui-ci n'a proposé devant la cour aucun motif nouveau (Civ. rej. 1er juin 1875, aff. Homberg, D. P. 75. 1. 417); — 7° Lorsqu'une partie, sans conclure autrement qu'au payement d'une somme d'argent, a invoqué successivement, comme motif, une erreur de compte, puis une lésion dans un partage, il n'y a là que de simples arguments auxquels le juge n'est pas tenu de répondre ; en conséquence, l'arrêt qui repousse la demande, comme demande en revision de compte prohibée par l'art. 541 c. proc. civ., sans parler de l'argument relatif à la lésion, est suffisamment motivé (Req. 9 nov. 1875) (2); — 8° La cour d'appel qui statue en audience solennelle sur une action en réclamation d'état n'a pas à motiver la compétence des chambres réunies, alors que le défendeur n'a formulé aucun chef de demande tendant à faire déclarer que la cause devait être jugée en instance ordinaire, mais a seulement indiqué, dans ses conclusions, à titre d'argument, que ladite action n'était qu'une pétition d'hérédité déguisée (Req. 1er févr. 1876, aff. Robert, D. P. 76. 1. 323); — 9° Lorsque l'ayant cause de l'inventeur d'un produit pharmaceutique allègue, à titre de simple considération, que le produit mis en vente par un pharmacien n'était pas fabriqué conformément à la formule de l'inventeur, sans prendre de conclusions tendant à faire décider si ce produit était ou non conforme à la formule, le tribunal n'est pas obligé de s'expliquer sur ce point (Civ. rej. 16 avr. 1878, aff. Torchon, D. P. 79. 1. 169); — 10° Le rejet de conclusions tendant à faire déclarer la mitoyenneté d'un mur est suffisamment justifié par ce motif qu'il ne s'agit pas, d'une part, d'un mur séparatif de deux propriétés bâties, construit dans l'intérêt des deux propriétaires, et de l'autre, que la mitoyenneté n'a pas été acquise; et il n'y a pas lieu de s'expliquer sur d'autres circonstances spéciales invoquées à titre d'arguments (Civ. rej. 12 mai 1886, aff. Valentin, D. P. 86. 1. 452).

**724.** En second lieu, le juge n'est pas tenu de motiver le rejet d'une *allégation* énoncée dans les considérants des conclusions, alors que cette allégation n'a été, dans le

---

que si, dans les conclusions signifiées au cours de l'instance, Altairac a invoqué, à titre de simple considération, les conventions intervenues entre la liquidation Morton Leto, d'une part, l'Etat et la ville d'Alger, d'autre part, il s'est borné, soit dans le dispositif de ces conclusions, soit dans le dispositif des conclusions insérées aux qualités de l'arrêt attaqué, à conclure à la confirmation pure et simple du jugement de première instance; — D'où il suit que le premier moyen manque en fait; — Sur le deuxième moyen (sans intérêt) ; — Rejette, etc.

Du 25 avr. 1881.-Ch. req.-MM. Bédarrides, pr.-Talandier, rap.-Petiton, av. gén., c. conf.-Lesage, av.

(1) (Frank S. Bond *C.* Chambre syndicale des agents de change de Paris.) — LA COUR; — Sur le moyen unique, tiré de la violation de l'art. 7 de la loi du 20 avr. 1810, pour défaut de motifs; — Attendu que les tribunaux ne sont tenus de s'expliquer que sur les chefs de demande formulés devant eux ; — Attendu que, à titre d'argument, le demandeur, dans les motifs de ses conclusions, allègue qu'il n'avait pas à justifier de l'époque à laquelle son cédant avait acquis le bon hypothécaire de la compagnie El Memphis El Paso, parce que ce titre aurait été transmis selon la forme américaine, de la main à la main, sans écriture, et que, s'il ajoute que c'était à la société chargée de prouver l'exception qu'elle opposait à son action, il n'a jamais formulé ces prétentions dans aucun des chefs du dispositif ; — Qu'il suit de là que l'arrêt attaqué, en ne répondant pas à de simples arguments, n'a pu violer l'art. 7 de la loi du 20 avr. 1870 ; — Rejette, etc.

Du 3 mars 1885.-Ch. req.-MM. Bédarrides, pr.-Delise, rap.-Petiton, av. gén., c. conf.-Lefort, av.

(2) (Carence *C.* Bain.) — LA COUR ; — Sur les deux premiers moyens ; — de cassation : — Le premier tiré de la violation de l'art. 7 de la loi du 20 avr. 1810 ; — Le second tiré de la viola-

tion des art. 872 et 887 c. civ., par fausse application de l'art 541, c. proc. civ. ; — Attendu qu'il résulte des qualités et des dispositions du jugement confirmé par l'arrêt dénoncé que, devant le tribunal de commerce de Toulon, la demande de Carence tendait uniquement à obtenir l'allocation d'une somme déterminée pour réparation d'erreurs commises dans un compte précédemment réglé ; — Que si, devant la cour d'appel d'Aix, ledit Carence, en reproduisant sa demande d'une somme déterminée, a conclu à ce que cette somme lui fût allouée, soit à titre de supplément de partage précédemment opéré, soit à titre de rectification et redressement de compte, il appert des termes mêmes de ces conclusions qu'elles ne contenaient pas des demandes nouvelles mais seulement des arrangements ou moyens nouveaux à l'appui de la demande originaire ; — Attendu qu'il est formellement déclaré dans les motifs du jugement de première instance adoptés par la cour que l'action de Carence, sous quelque forme qu'on la présente, n'est autre chose qu'en réalité qu'une demande en revision de compte prohibée par l'art. 541, c. proc. civ.; qu'en s'appropriant ce motif de la décision des premiers juges, la cour d'appel a évidemment fait l'application aux conclusions de l'appelant, et aux moyens nouveaux énoncés dans ses conclusions à l'appui de la demande ; — Attendu qu'en constatant ainsi, comme il lui appartenait de le faire, l'objet véritable de l'action intentée par Carence, l'arrêt attaqué, d'une part, a suffisamment répondu aux moyens produits par ledit Carence dans le but de donner pour base à son action un supplément de partage, ou la rescision du partage déjà effectué, et d'autre part a justement repoussé ces moyens nouveaux comme ne pouvant justifier l'action dont ils tendaient précisément à dénaturer le véritable caractère ; — Attendu dès lors, que le double grief, servant de base aux premiers moyens du pourvoi, est mal fondé et ne peut être accueilli ;...

Du 9 nov. 1875.-Ch. req.-MM. de Raynal, pr.-Sallé, rap.-Reverchon, av. gén., c.-conf.-Housset, av.

dispositif des mêmes conclusions, ni l'objet d'une demande, ni l'objet d'un moyen de défense (Civ. rej. 26 août 1868, aff. Delbosc, D. P. 68. 1. 439.

Jugé, spécialement que : 1° la décision qui ne répond pas à des allégations énoncées à titre d'argument par une partie dans les motifs de ses conclusions, sans que le dispositif en offre la preuve, n'est pas nulle pour défaut de motifs, les juges n'étant pas tenus de répondre à un moyen de défense qui ne formule pas un chef précis de conclusions (Req. 11 mars 1867, aff. Lemaire, D. P. 67. 1. 429); — 2° Le juge d'appel n'est pas tenu de répondre par des motifs spéciaux à des conclusions prises pour la première fois devant lui, qui sont moins une demande spéciale que l'allégation de faits de nature à prouver l'intérêt qu'a le demandeur au procès (Req. 22 nov. 1871, aff. Dissard, D. P. 72. 1. 260); — 3° Lorsque, sur l'appel d'un jugement qui annule un testament pour interposition de personne, les héritiers se sont bornés à conclure à la confirmation du jugement, sans présenter de moyen nouveau, l'arrêt rendu n'est pas nul pour défaut de motifs, parce qu'il a limité à la question d'interposition de personne les motifs de sa décision, alors surtout que, devant les juges du premier degré, si les héritiers ont allégué la faiblesse d'esprit et la captation de la testatrice, c'est néanmoins cependant articulé qu'un seul et unique moyen de nullité fondé sur l'interposition de personne (Req. 14 août 1872, aff. Pacé, D. P. 73. 1. 413). —

**725.** Enfin le juge n'est pas tenu de répondre à chacun des *titres* ou des *faits* invoqués par les parties (*Rép.* n° 973-11°; Req. 8 juin 1869, aff. Baseri, D. P. 72. 1. 135).

De là, les applications suivantes : — *A.* Quant aux *titres* et *pièces* : 1° le défaut de réfutation spéciale de quelques-uns des titres produits à l'appui d'une demande n'a pas le caractère d'un défaut de motifs tombant sous l'application de l'art. 7 de la loi du 20 avr. 1810 (Req. 2 avr. 1855, aff. Carrière, D. P. 55. 1. 280); — 2° L'arrêt qui motive l'annulation d'un acte invoqué comme titre de propriété établi par la même l'impuissance d'un second acte présenté comme la suite et la confirmation du premier, alors surtout que l'arrêt énonce un motif général, applicable à toutes les affirmations et à tous les documents produits (Req. 30 déc. 1872, aff. Giral, D. P. 73. 1. 151); — 3° Lorsqu'une partie ne se prévaut d'un plan qu'à l'effet d'établir que la possession de son adversaire n'était point paisible, il n'y a pas obligation pour le juge de faire une réponse particulière à cet argument (Req. 7 août 1876, aff. Commune de Carrières-Saint-Denis, D. P. 77. 1. 123); — 4° L'arrêt qui, pour repousser une demande fondée sur un ensemble de documents et de présomptions au nombre desquels figure une lettre missive, apprécie en termes généraux ces documents et présomptions sans s'expliquer d'une manière spéciale sur la lettre, ne peut être annulé par défaut de motifs (Civ. rej. 20 nov. 1876, aff. Wachter, D. P. 78. 1. 443); — 5° L'arrêt qui répond, avec un motif à l'appui, à chaque chef de demande, n'est pas tenu de discuter isolément et successivement toutes les pièces visées dans les conclusions, et comprenant un grand nombre d'actes, de décisions judiciaires ou de délibérations administratives désignées en bloc ou par leurs dates (Req. 17 juin 1885, aff. Combier, D. P. 86. 1. 300).

**726.** — *B.* Quant aux *faits* invoqués : 1° un fait, présenté comme la base d'une argumentation et non comme l'objet d'une demande distincte, peut être écarté par le jugement sans motif spécial (Req. 8 déc. 1874, aff. Commune de la Boussac, D. P. 75. 1. 126); — 2° Les motifs du jugement qui admet ou rejette une offre de preuve peuvent ne pas contenir une appréciation détaillée de chacun des faits articulés ; par suite, on doit considérer comme suffisamment motivé le jugement qui, pour repousser une demande de preuve, déclare qu'elle porte sur des faits manquant de pertinence et contredits par les actes et les éléments de la cause (Req. 26 mars 1877, aff. Faure, D. P. 78. 1. 475); — 3° Le jugement qui statue sur les causes de reproche formulées contre un témoin n'est pas tenu de répondre à chacun des arguments invoqués par la partie qui élève le reproche, et notamment à celui qu'elle prétend tirer de la présence de ce témoin à l'audience avant que l'enquête fût ordonnée (Req. 25 juin 1877, aff. Albert, D. P. 78. 1. 27); — 4° Lorsqu'un prodigue et son conseil judiciaire ont unique-

ment demandé, par leurs conclusions, la nullité d'un prêt consenti au prodigue, l'arrêt qui constate que cet acte n'a été ni simulé, ni entaché de fraude ou de prodigalité n'est pas tenu d'examiner les circonstances plus ou moins suspectes dans lesquelles est intervenu un acte antérieur, dont les demandeurs ne poursuivent pas l'annulation et auquel le prêteur est demeuré étranger (Req. 26 juin 1888, aff. Duchemin, D. P. 89. 1. 301).

**727.** La seconde condition de fond nécessaire pour forcer le juge à répondre aux conclusions (V. *suprà*, n° 719), c'est que le dispositif des conclusions formule une prétention *précise*, c'est-à-dire posant la question devant le juge nettement et sans confusion possible. En d'autres termes, le juge n'a pas à répondre aux conclusions purement banales (*Rép.* n° 973-10°).

Décidé, spécialement que : 1° l'arrêt qui rejette, sans en donner de motifs, des conclusions dans lesquelles l'intimé s'est borné à demander que l'appel fût déclaré nul et de nul effet, et subsidiairement non recevable, ne peut, faute d'articulation de la cause de nullité ou de la fin de non-recevoir, être cassé comme contrevenant à l'art. 7 de la loi du 20 avr. 1810 (Req. 6 mai 1851, aff. Duvivier, D. P. 54. 5. 494); — 2° L'arrêt qui rejette, sans énonciation de motifs, des conclusions qui ne reposent elles-mêmes sur aucuns motifs, et dans lesquelles, par exemple, l'intimé, à l'appui de la formule banale *déclarer l'appel nul et irrégulier en la forme*, ne spécifie aucune irrégularité, ne peut être annulé pour défaut de motifs (Req. 21 nov. 1866, aff. Vuillemenot, D. P. 67. 1. 263); — 3° Le jugement qui, sur des conclusions tendant à ce que l'action soit déclarée non recevable et mal fondée, a accueilli cette action uniquement par appréciation du fond, ne peut être annulé comme dépourvu de motifs quant au rejet de la fin de non-recevoir, si, à l'appui de ce chef de conclusions, aucune exception ou moyen de forme particulier n'a été énoncé (Req. 8 déc. 1869, aff. Theulé, D. P. 70. 1. 294); — 4° Les conclusions prises à fin de nullité d'un exploit d'appel, sans articulation d'aucune irrégularité déterminée, ne saisissent pas le juge de l'exception et ne le mettent pas, dès lors, dans l'obligation d'en motiver le rejet (Req. 4 juin 1877, aff. Marthey, D. P. 78. 1. 485); — 5° Un tribunal peut rejeter, sans en donner de motifs, une fin de non-recevoir à laquelle une partie a conclu sans la spécifier ou la motiver en aucune manière (Req. 12 août 1884, aff. Belz, D. P. 85. 1. 204); — 6° Un arrêt n'est pas tenu de répondre par un motif spécial à un chef de conclusions tendant, en appel, à une fin de non-recevoir non motivée et dont les éléments d'appréciation ne sont pas fournis aux juges d'appel (Civ. rej. 19 nov. 1884, aff. Thuillier, D. P. 85. 1. 437); — 7° Lorsque des conclusions subsidiaires manquent de précision, les juges du fond ne sont point tenus d'y répondre par des motifs spéciaux (Civ. rej. 27 févr. 1885, aff. Société générale, D. P. 85. 1. 281); — 8° L'arrêt qui statue par raisons exclusivement tirées du fond ne peut être critiqué pour défaut de motifs, sous le prétexte que le défendeur a conclu, tout à la fois, à ce que la demande fût déclarée non recevable et mal fondée, basées sur une formule banale, et qu'aucune fin de non-recevoir particulière n'a été soulevée (Req. 20 févr. 1888, aff. Ruth, D. P. 88. 1. 262); — 9° Un arrêt ne saurait être critiqué, comme n'ayant pas donné de réponse suffisante à des conclusions en irrecevabilité d'appel, basées tout à la fois sur un acquiescement prétendu au jugement, et sur ce que ce jugement n'était pas susceptible d'être déféré à la cour séparément de la décision sur le fond, quand aucun motif particulier ne pouvait être donné en ce qui concerne l'allégation d'acquiescement, puisqu'elle n'était pas précisée (Civ. rej. 8 janv. 1890, aff. Pillon, D. P. 91. 1. 245).

**728.** La règle est la même pour les conclusions qui, bien que tendant à un but précis, ne reposent pas sur des circonstances précises. Jugé, à ce point de vue : 1° qu'un jugement qui rejette une demande en restitution de droits perçus par l'administration de l'Enregistrement est suffisamment motivé sur certains chefs au sujet desquels il se borne à dire que « la perception des droits dont il s'agit est prescrite par la loi, et que les demandeurs ne produisent aucun moyen pour la combattre », si les chefs auxquels s'applique ce motif général n'ont pas été l'objet d'une réclamation et d'une discussion spéciales (Civ. rej. 28 déc. 1853, aff. Worms de Romilly, D. P. 54. 1. 12); — 2° Que les juges qui rejettent un moyen de prescription par le motif que la jouissance a été précaire à son début n'ont à s'occuper de la question d'interversion du titre qu'autant que dés faits d'interversion ont été articulés dans les conclusions prises devant eux; en l'absence de toute articulation, leur décision ne peut être attaquée pour défaut de motifs résultant du silence qui y est gardé sur la question d'interversion (Civ. rej. 29 janv. 1862, aff. Commune de Lacaune, D. P. 62. 1. 244); — 3° Que le juge n'est pas tenu de s'expliquer sur un moyen qu'il n'a été, ni en fait ni en droit, mis à même d'apprécier, notamment sur une fin de non-recevoir tirée d'un ancien arrêté de gouvernement, dont la partie n'a indiqué ni la disposition ni la conséquence (Req. 22 févr. 1881, aff. Benoist, D. P. 81. 1. 407); — 4° Qu'il ne saurait y avoir ni violation de la chose jugée ni défaut de motifs dans le jugement qui rejette sans donner aucun motif, une exception de chose jugée résultant de décisions dont les parties n'ont indiqué ni la date ni les dispositions (Civ. rej. 29 avr. 1884, aff. Capdepont, D. P. 84. 5. 343); — 5° Que, lorsque le chargeur, pour défendre à une demande en responsabilité fondée sur une faute de son capitaine, a soutenu, par ses conclusions, que le capitaine n'avait commis aucune faute, parce qu'il s'était conformé à l'art. 25 du règlement international du 1er sept. 1884 et au règlement du port de Lisbonne, mais que, à l'appui de cette prétention, il n'a invoqué aucune disposition précise de ce dernier règlement, qui n'avait pas même été mis sous les yeux du juge du fait, celui-ci n'était pas tenu de s'expliquer sur un chef de conclusions qu'il n'a été mis à même d'apprécier ni en droit, ni en fait (Civ. rej. 27 mars 1889, aff. Société anonyme des Chargeurs réunis, D. P. 89. 1. 231-232).

ART. 3. — *Quand un jugement est ou n'est pas suffisamment motivé* (*Rép.* n°s 995 à 1014).

**729.** On a étudié, sous l'article précédent, l'hypothèse où le jugement ne contient aucun motif sur un chef de conclusions: dans ce cas, il est nul. Faut-il dire, à l'inverse, que le jugement est valable, par cela seul qu'il contient des motifs? Assurément non: il faut que les motifs soient précis et spéciaux (Bioche, v° *Jugement*, n° 181; Boncenne, t. 2, p. 440; Bonnier, n° 335; Boitard, Colmet-Daâge et Glasson, t. 1, n° 296, p. 308; Garsonnet, t. 3, § 459, p. 211). « Rejeter une demande, dit M. Garsonnet, (*loc. cit.*), « attendu qu'elle n'est pas fondée », ou « qu'elle est illégale », ou « qu'elle n'a pas le sens commun », c'est la rejeter sans motifs. Repousser le moyen tiré de la prescription, « attendu qu'elle a été interrompue », sans dire comment et à quelle époque, c'est statuer par des motifs dépourvus de précision. Déclarer « qu'on s'en rapporte aux motifs allégués par le demandeur en sa requête », c'est se contenter de motifs vagues, généraux, et par conséquent, insuffisants ». En d'autres termes, il ne suffit pas que le jugement donne des motifs, il faut, en outre, qu'il donne des motifs suffisants.

**730.** La cour de cassation a cependant jugé, à diverses reprises, que l'insuffisance des motifs n'équivaut pas au défaut de motifs (Crim. rej. 18 nov. 1854, aff. Julien, D. P. 56. 1. 348; 27 nov. 1857, aff. Parot, D. P. 58. 1. 46; 21 mai 1858, aff. Caraville, D. P. 58. 1. 293; Civ. rej. 9 nov. 1838,

aff. Ablon, D. P. 58. 1. 440; Req. 12 juin 1876, aff. Pancrace, D. P. 78. 1. 151). Mais il est évident que cette formule est trop absolue, car il se peut que l'insuffisance des motifs soit telle qu'elle équivaille à un défaut de motifs (V. D. P. 56. 1. 348, note 7; *ibid.*, 58. 1. 47, note 1; *ibid.*, 78. 1. 151, note 4). Aussi n'est-il pas difficile de constater que, dans les arrêts qui précèdent, si la cour s'est contentée de motifs qui, par eux mêmes, étaient insuffisants, c'était parce que le jugement contenait, par ailleurs, d'autres motifs ou des constatations qui le justifiaient suffisamment (V. les arrêts précités). Dans cette mesure, les arrêts dont il s'agit, encore qu'ils contiennent, en droit, une formule trop large, se trouvent cependant, en fait, à l'abri de la critique, car un motif peut être complété par le surplus du jugement (V. *infrà*, art. 5, n°s 774 et suiv.).

**731.** C'est par une raison analogue que la jurisprudence considère comme suffisamment motivés les jugements qui, sans contenir, à proprement parler, de motifs précis, se réfèrent à des actes qui les motivent implicitement, comme un rapport d'expert ou d'arbitre, un procès-verbal de notaire, un jugement antérieur.

**732.** Décidé, en ce sens: 1° qu'un jugement est suffisamment motivé, lorsqu'il se base sur un rapport d'expert et l'homologue purement et simplement, alors même que ce rapport ne serait ni reproduit ni analysé dans ses qualités (Req. 14 août 1871, aff. Vaysse, D. P. 71. 1. 317); — 2° Qu'un jugement est suffisamment motivé, quand il s'approprie les termes d'un rapport d'experts, et déclare que, en droit comme en fait, ce rapport a bien et dûment réglé les difficultés pendantes entre les parties (Req. 1er mai 1877) (1); — 3° Que le jugement d'un tribunal de commerce, qui déclare régulier en la forme et homologue le rapport de l'arbitre auquel le tribunal avait donné la mission de vérifier le mémoire du demandeur et de fixer le prix des articles contestés, motive suffisamment la condamnation du défendeur au payement de la somme portée audit rapport (Civ. rej. 30 mai 1877, aff. Péquart, D. P. 78. 1. 474).

**733.** Jugé de même, qu'un arrêt est suffisamment motivé, lorsque, pour repousser les griefs élevés par une partie contre le travail d'un notaire liquidateur, il se réfère aux motifs donnés par le procès-verbal de liquidation sur les points contestés, afin de compléter les motifs propres aux juges d'appel (Civ. rej. 17 févr. 1886, aff. Grandon, D. P. 86. 1. 443-444).

**734.** Jugé enfin que l'arrêt qui, pour maintenir les effets d'une hypothèque judiciaire, se fonde sur l'autorité du jugement en vertu duquel elle a été prise, est suffisamment motivé, même à l'égard des autres créanciers qui n'ont pas été parties au premier jugement, et que ces créanciers ne sont pas fondés à prétendre que ledit jugement soit à leur égard *res inter alios judicata*, et, dès lors, ne puisse leur être opposé (Req. 5 nov. 1862, aff. Blenart, D. P. 63. 1. 299). — De même, un arrêt motive suffisamment le rejet de conclusions qui dénient à des usagers tout droit à une indemnité pour privation de jouissance d'un droit de pâturage, lorsqu'il se fonde sur l'autorité de la chose jugée par un arrêt précédent qui a irrévocablement admis le principe de cette indemnité (Civ. rej. 18 mai 1886, aff. Cons. de Damas, D. P. 86. 1. 461).

**735.** Enfin, un arrêt confirmatif peut valablement se référer aux motifs du jugement confirmé (V. *infrà*, n°s 755 et suiv.).

---

(1) (Gélis C. Noël.) — LA COUR; — Sur le moyen unique du pourvoi, tiré de la violation et fausse application des art. 1315, 1341, 1347, 1353 c. civ., et de l'art. 7 de la loi du 20 avr. 1810: — Attendu que le tribunal civil de Toulouse ayant nommé, par un premier jugement, le sieur Monnier, expert commissaire, à l'effet de liquider les comptes existant entre Gélis et Noël, ordonna, par un second jugement la révision du rapport dressé par le sieur Monnier, et confia cette mission au sieur Vilotte; — Qu'enfin, par son jugement définitif, le tribunal, en s'appropriant les termes de ces deux rapports, déclara que, en droit comme en fait ils avaient bien et dûment réglé toutes les difficultés pendantes entre les parties; — Que cette décision se trouvait ainsi régulièrement motivée, au vœu de l'art. 7 de la loi du 20 avr. 1810, et que, par suite, il en est de même de l'arrêt attaqué qui a confirmé ce jugement par adoption de motifs; — Attendu que le pourvoi, à la vérité, se fonde également sur l'art. 1341 c. civ.,

en invoquant les principes en matière de preuve; mais il est constaté par la cour de Toulouse, comme par le tribunal de première instance, qu'il résultait des deux expertises, et notamment des traités souscrites comme caution par Gélis et de la correspondance de celui-ci, des preuves ou commencement de preuves écrites qui rendaient admissibles contre lui les présomptions autorisées par l'art. 1353: — Attendu, d'ailleurs, qu'aucune loi n'interdit aux tribunaux de soumettre à des experts ou commissaires arbitres des questions dans lesquelles des appréciations de droit peuvent naître à l'occasion des appréciations de fait, sauf aux juges à exercer leur contrôle sur tous les éléments des rapports, qui n'ont de force juridique que par la sanction qu'ils leur donnent; — Que l'arrêt attaqué n'a donc violé ni les textes invoqués ni aucune autre loi: — Rejette, etc.

Du 1er mai 1877.-Ch. req.-MM. de Raynal, pr.-Becot, rap.-Desjardins, av. gén.-c. conf.-Arsène Perier, av.

**736.** Mais, étant admis cette double réserve, que les motifs du jugement peuvent être complétés par d'autres énonciations, soit du jugement lui-même, soit d'un acte auquel le jugement se réfère, il est vrai de dire que le jugement est nul, s'il ne contient que des motifs insuffisants (*Rép.* n° 996).

**737.** Quand donc est-il permis de dire que les motifs sont suffisants ou insuffisants ? — On a constaté au *Rép.* n° 995, qu'une définition est, à cet égard, très difficile. Voici celle qui ressort d'un arrêt de la cour de cassation (Req. 1er févr. 1870, aff. Lieutaud, D. P. 71. 1. 108) : « Un arrêt est motivé d'une manière suffisante, lorsque le dispositif ne contient rien qui dépasse le sens et la portée des motifs ».

Sans analyser cette formule, qui s'éclairera mieux par les exemples rapportés *infrà* (n°s 837 à 849), on la complétera par l'énoncé de trois règles qui en précisent le caractère.

**738.** — 1° Les motifs *dubitatifs* sont, en principe, insuffisants ; le jugement qui reposerait sur de pareils motifs n'échapperait à la cassation qu'autant que ces motifs se trouveraient complétés ou précisés de quelque manière. C'est ce qui résulte *a contrario* des arrêts suivants. Il a été jugé, notamment, que, s'il est du devoir des magistrats d'exclure des motifs de leur décision toute expression équivoque ou dubitative, de nature à affaiblir l'autorité de leur sentence, cette décision ne peut cependant être attaquée pour insuffisance de motifs, quand d'autres motifs y sont énoncés qui la justifient suffisamment ; qu'ainsi, l'arrêt qui rejette la preuve testimoniale offerte par l'une des parties, sur le motif que l'objet du litige est peut-être d'une valeur supérieure à 150 fr., n'est point attaquable pour défaut de motifs, si, en outre, il relève l'impossibilité de produire des témoignages concluants, avec énonciation et appréciation des causes de cette impossibilité (Req. 21 janv. 1862, aff. Redand, D. P. 62. 1. 461). — Jugé, de même, que la décision qui ne formule qu'en termes dubitatifs les conséquences légales des faits par elle constatés n'encourt pas la cassation, si ces conséquences sont reconnues exactes ; qu'ainsi, l'arrêt qui, pour décider qu'un testament fait par un Français en pays étranger constitue un acte authentique et est, dès lors, valable, conformément à l'art. 999 c. civ., se fonde sur ce que tout porte à croire que les formalités dont il constate l'accomplissement sont celles exigées par la loi du pays pour conférer l'authenticité au testament, établit suffisamment cette authenticité, malgré les termes dubitatifs qu'il a employés, si l'examen de la législation du pays démontre l'exactitude de sa décision (Req. 19 août 1858, aff. Senior, D. P. 59. 1. 81).

**739.** — 2° Les motifs *erronés* sont, en principe, suffisants (Boncenne, t. 2, p. 440 ; Boitard, Colmet-Daâge et Glasson, t. 1, § 296, p. 307 *in fine*; Garsonnet, t. 3, § 459, texte et note 26, p. 214 ; *Rép.* n° 958; Civ. rej. 7 mars 1854, aff. Huët, D. P. 54. 1. 345 ; 8 déc. 1868, aff. Salmon, D. P. 69. 1. 76 ; Req. 19 juin 1872, aff. Nozal, D. P. 73. 1. 260).

**740.** — 3° Les motifs *surabondants* ne doivent pas être pris en considération comme base d'une critique, alors même qu'ils seraient insuffisants : on n'en doit pas tenir plus de compte que s'ils n'existaient pas. Ainsi la cour de cassation a considéré comme régulièrement motivé l'arrêt qui, après avoir donné une raison générale inapplicable à un chef spécial de conclusions, répond ensuite à ce chef par un motif particulier (Civ. cass. 27 nov. 1867, aff. Trouille, D. P. 67. 1. 449. — Jugé de même : 1° que l'arrêt qui, interprétant un pacte de famille par lequel l'un de deux frères a renoncé à tous ses droits dans une succession tant à titre de douaire qu'à titre héréditaire, le déclare mal fondé dans sa demande en nullité de l'acte pour cause de lésion, ne peut être cassé à raison de ce que les exceptions de prescription et de chose jugée, surabondamment invoquées par ledit arrêt, ne seraient pas motivées (Req. 24 juin 1874, aff. d'Abzac, D. P. 75. 1. 85) ; — 2° Que l'arrêt qui se fonde, pour condamner à des dommages-intérêts le vendeur de marchandises frauduleusement mélangées, sur des documents judiciaires dont il n'indique pas la nature, des reconnaissances implicites des parties et une expertise irrégulière, n'est pas nul, lorsqu'il est motivé par d'autres preuves suffisantes par elles-mêmes, comme une enquête faite à la requête du vendeur lui-même et un ensemble de présomptions graves et concordantes

établissant que le mélange des marchandises, pures au moment de la vente, avait été opéré, après coup, dans les magasins du vendeur (Req. 13 mars 1876, aff. Siméon Lévy, D. P. 76. 1. 342) ; — 3° Que, lorsqu'un jugement a constaté que le locataire d'une chasse a pris toutes les mesures nécessaires pour détruire les lapins et décidé que, en l'absence de toute faute, aucune responsabilité ne peut lui incomber, il importe peu que le tribunal ait, par un motif erroné et surabondant, déclaré que la réparation du dommage ne serait due que si le locataire avait favorisé la multiplication des lapins, dans un but voluptuaire, et s'il avait été préalablement mis en demeure de les détruire (Req. 3 févr. 1880, aff. Favriaux, D. P. 80. 1. 304) ; — 4° Que, lorsqu'un motif donné par le juge d'appel suffit à justifier sa décision, il importe peu qu'il se soit approprié, en outre, à tort ou à raison, par une formule générale et surabondante, les motifs des premiers juges (Civ. rej. 7 déc. 1887, aff. Faure, D. P. 89. 1. 147) ; — 5° Que l'arrêt qui, pour repousser une demande de dommages-intérêts, déclare expressément, par une appréciation souveraine des circonstances de la cause, qu'aucun des actes dommageables reprochés au défendeur n'est établi en fait, et que le préjudice souffert par le demandeur doit être attribué à des causes étrangères à son adversaire, est suffisamment motivé et échappe à la censure de la cour de cassation, alors même que cet arrêt aurait, dans des motifs surabondants, abusivement interprété les titres respectifs des parties (Civ. rej. 30 oct. 1889, aff. Jamina-ben-Turqui, D. P. 90. 5. 349).

**741.** D'ailleurs, dans le doute sur le sens des motifs d'un arrêt ou d'un jugement, on doit donner plutôt la préférence à celui suivant lequel il serait motivé conformément à la loi (Req. 21 nov. 1871, aff. Leguay, D. P. 72. 1. 70).

### § 1er. — Décisions suffisamment motivées
*(Rép. n°s 997 à 1010).*

**742.** La question de savoir si le jugement est suffisamment motivé peut se présenter sous deux aspects très différents : le motif est-il, en la forme, suffisamment explicite ? est-il, au fond, suffisamment pertinent ? On aura des exemples de l'une et de l'autre hypothèse (n°s 743 et suiv., 746 et suiv.).

**743.** Les décisions suivantes se réfèrent à des cas où il s'agissait de savoir si la formule employée par le juge était suffisante pour motiver sa décision, et elles résolvent affirmativement la question : 1° le jugement qui rejette une demande, et notamment l'action en payement d'un effet de commerce, par le motif que le demandeur n'a justifié d'aucune diligence faite en temps utile, est suffisamment motivé (Civ. rej. 24 juin 1856, aff. Boullé, D. P. 56. 1. 254) ; — 2° Le jugement qui repousse une action en redressement de compte, en énonçant que le demandeur n'a point établi l'existence d'erreurs, faux, omissions, ou doubles emplois, est suffisamment motivé, encore qu'il se soit borné à l'énonciation de ce motif général, sans s'expliquer sur les faits articulés comme constituant l'une de ces causes de redressement (Req. 13 nov. 1860, aff. Duédal, D. P. 61. 1. 198. Comp. *supra*, n° 726) ; — 3° L'arrêt qui déclare que la possession invoquée par une partie réunit tous les caractères constitutifs de la prescription, tels qu'ils sont exigés par la loi, répond suffisamment au moyen tiré de l'inexistence de ces caractères, et, par exemple, de la prétendue précarité de la possession alléguée ; dès lors, cet arrêt n'est pas nul pour défaut de motifs (Req. 3 juin 1861, aff. de Marcellus, D. P. 61. 1. 337) ; — 4° Est suffisamment motivée la décision qui rejette l'action en nullité de la convention par laquelle une société de mines a acquis un terrain pour un prix double de sa valeur, en se fondant sur ce que cette convention était licite (Req. 31 mars 1862, aff. Bouchaud, D. P. 62. 1. 242); — 5° Est suffisamment motivé l'arrêt qui, pour repousser une fin de non-recevoir tirée d'un défaut de qualité dans la personne du demandeur, se fonde sur ce que le demandeur n'a pas été sérieusement contestée et sur ce que le demandeur a d'ailleurs fourni à cet égard des justifications suffisantes (Req. 8 juill. 1868, aff. Bosciard, D. P. 69. 1. 191) ; — 6° Dans une instance en recherche de maternité, l'arrêt qui déclare que les lettres invoquées comme commencement de preuve par écrit rendent vraisemblable le fait de l'identité du réclamant avec l'enfant dont sa prétendue mère est accouchée est suffisamment motivé (Civ. rej. 23 nov. 1868, aff. Duval, D. P. 69. 1. 26) ; — 7° Est suffisamment motivée la décision rejetant la prétention d'un demandeur qui soutient qu'il a eu possession suffisante pour prescrire le droit de mitoyenneté d'un mur, quant à l'emplacement de ce mur, déterminé, non par ses anciennes fondations, mais suivant son axe tel qu'il est à l'affleurement du sol, par ce motif qu'il ne justifie pas d'une possession présentant les caractères voulus pour acquérir la prescription (Civ. rej. 2 juin 1869, aff. Frichot, D. P. 69. 1. 278) ; — 8° Le jugement qui maintient un particulier en possession d'un chemin rural est suffisamment motivé, lorsqu'il déclare que l'enquête a démontré sa possession et qu'elle n'est pas en opposition avec ses titres apparents (Req. 20 juin 1870, aff. Biquet, D. P. 72. 1. 23) ; — 9° Est suffisamment motivé l'arrêt qui condamne un débiteur à payer les intérêts de sa dette, en constatant qu'il a été formé contre lui une demande en justice (Req. 19 juill. 1870, aff. Jangot, D. P. 72. 1. 18) ; — 10° Il en est de même de l'arrêt qui rejette la demande tendant à faire décider que les juges de première instance ont appliqué par erreur à un compte de travaux une pièce communiquée, qui concernait en réalité un compte d'opérations de bourse, en constatant que toutes les pièces ont été communiquées, et que le demandeur a reçu tout ce qui lui était dû (Req. 8 nov. 1871, aff. Pascal, D. P. 74. 1. 253) ; — 11° Est suffisamment motivé l'arrêt qui décide que la marchandise vendue est pure et non fraudée, en s'appuyant sur ce que les analyses faites pour démontrer le contraire sont loin d'être concluantes sur la qualité de la marchandise vendue (Req. 28 nov. 1871, aff. Arnette, D. P. 72. 1. 59) ; — 12° Le juge motive régulièrement le rejet d'une exception proposée par le débiteur, en déclarant qu'il n'a point fait la preuve de cette exception et que l'allégation contraire du créancier est, au contraire, vraisemblable (Req. 3 déc. 1873, aff. Dufour, D. P. 75. 1. 26) ; — 13° Est suffisamment motivé l'arrêt qui rejette le reproche contre un témoin, non justifié par écrit, en disant qu'il n'est pas juridiquement justifié (Req. 11 mars 1874, aff. Jubinal, D. P. 74. 1. 340) ; — 14° Lorsque le défendeur à une complainte ayant pour objet la jouissance d'eaux courantes a demandé, par des conclusions subsidiaires, à être maintenu dans le droit de faire de ces eaux un usage incompatible avec la jouissance invoquée par le demandeur, le rejet de ces conclusions est suffisamment motivé par le jugement qui déclare que le demandeur a rempli toutes les conditions prescrites par l'art. 20 proc. civ. (Req. 8 déc. 1874, aff. Lemoine, D. P. 76. 1. 432) ; — 15°. Le jugement qui admet l'action paulienne est suffisamment motivé par la constatation, faite par les juges du fond, d'un concert frauduleux entre les parties dont émane l'acte attaqué, sans indication spéciale des circonstances d'où résulte la fraude (Req. 20 juill. 1875, aff. Pennetier, D. P. 76. 1. 243) ; — 16° Est suffisamment motivé l'arrêt qui constate l'identité d'un enfant dont l'état est contesté avec l'enfant dont l'acte de naissance est produit au procès, en se fondant sur ce que cette identité n'a pas été contestée devant le tribunal de première instance, et que le débat n'a pas porté sur la question d'identité, mais seulement sur celle de filiation (Req. 1er févr. 1876, aff. Robert, D. P. 76. 1. 323) ; — 17° Le rejet de conclusions tendant à faire déclarer un endossement nul pour défaut de date est suffisamment motivé par la déclaration que la lettre de change et l'endossement dont elle est revêtue ont été faits suivant le vœu de la loi commerciale (Req. 1er mai 1876, aff. Jalabert, D. P. 76, 1. 481) ; — 18° Les juges motivent suffisamment le rejet de conclusions incidentes tendant à la nullité d'une expertise pour défaut de

mise en demeure de l'une des parties en cause, lorsqu'ils déclarent que le rapport des experts est régulier et a été dressé dans les délais légaux (Req. 9 mai 1876, aff. Chamerois, D. P. 77. 1. 491) ; — 19° Le jugement qui annule des billets dont on réclame le payement est suffisamment motivé par la déclaration que le signataire des billets ne semble pas avoir été déterminé par des sentiments d'affection, et que les billets paraissent être le résultat d'abus de blancs-seings (Req. 31 juill. 1877) (1) ; — 20° Un tribunal saisi de la question de savoir si une partie a été actionnée en son nom personnel ou en qualité d'héritière bénéficiaire motive suffisamment le rejet de conclusions tendant à faire déclarer que l'aveu même de cette partie avait établi qu'elle n'agissait que comme héritière bénéficiaire, en constatant que celle-ci a été assignée personnellement, et en déclarant que, dans les débats, aucune contradiction n'a été apportée à cette constatation (Req. 19 févr. 1879, aff. Sement, D. P. 80. 1. 373) ; — 21° L'arrêt qui déclare qu'une partie ne prouve pas le bien fondé des réclamations élevées par elle lors d'une expertise précédemment ordonnée, donne des motifs suffisants pour justifier tout à la fois et le rejet des conclusions principales de cette partie tendant à obtenir une collocation privilégiée dans la distribution de l'actif du débiteur, à raison des sommes par elle réclamées, et le rejet de ses conclusions subsidiaires tendant à être renvoyée devant de nouveaux experts pour établir le montant de ses prétendues créances (Civ. rej. 25 févr. 1880, aff. Boissaux, D. P. 80. 1. 222) ; — 22° Un arrêt est suffisamment motivé lorsqu'il rejette une demande en dommages-intérêts, par ce motif que le fait imputé au défendeur n'a causé aucun préjudice au demandeur (Req. 2 mai 1882, aff. Maunier, D. P. 83. 1. 253) ; — 23° En déclarant qu'un patron assigné par son ouvrier n'a commis ni imprudence ni négligence, le juge motive suffisamment le rejet de la demande formée par l'ouvrier et tendant au payement d'une indemnité et de prestations sur la caisse de secours, alors même que l'ouvrier fonderait sa demande sur une convention intervenue entre lui et son patron, si cette prétendue convention n'a pas été invoquée devant les juges du fait (Civ. rej. 9 mars 1880, aff. Boudarel, D. P. 80. 1. 296) ; — 24° L'arrêt par lequel il est déclaré que le défendeur à la revendication excipe à tort des termes d'un contrat d'acquisition pour résister aux justes réclamations du demandeur, motive suffisamment l'admission de la demande en revendication du terrain litigieux et le rejet de la prétention contraire (Civ. rej. 20 janv. 1885, aff. Artières, D. P. 85. 1. 361) ; — 25° Un arrêt est suffisamment motivé lorsqu'il déclare appuyer sa décision sur l'intention commune des parties et la nature de leurs engagements réciproques (Req. 23 mars 1887, aff. Zalozewski, D. P. 88. 1. 204) ; — 26° On doit considérer comme répondant explicitement aux conclusions de l'assureur, et comme satisfaisant, dès lors, aux prescriptions de l'art. 7 de la loi du 20 avr. 1810, l'arrêt qui, ayant à statuer sur le point de savoir si la valeur des marchandises assurées ou leur quantité a été frauduleusement exagérée par le chargeur, et si l'assurance, par suite, doit être annulée, soit en vertu de l'art. 1116 c. civ., soit en vertu des art. 357 et 358 c. com., a, par appréciation des circonstances alléguées, déclaré que la simulation frauduleuse, la réticence volontaire ou le dol reproché au chargeur n'était pas établi et que l'assuré fournissait une preuve régulière et complète de la réalité du chargement (Civ. rej. 4 avr. 1887, aff. Peulevey, D. P. 87. 1. 241) ; — 27° En l'absence de toute allégation de faits précis s'opposant au partage en nature de biens indivis, le juge du fond motive suffisamment le rejet d'une demande en licitation de ces biens,

(1) (Juillerot C. Debief.) — La cour ; — Sur le moyen pris de la fausse application de l'art. 1131 c. civ., par suite d'un défaut de motifs, en ce que l'arrêt attaqué a déclaré sans cause, et par suite dépourvue de toute efficacité juridique, une obligation uniquement sur la foi de simples *probabilités* : — Attendu que le moyen manque en fait ; — Attendu que les motifs du jugement adoptés par l'arrêt attaqué ont affirmé d'une manière non équivoque la fausseté de la cause énoncée dans chacun des deux titres apparents de créance, dont se prévalait la demoiselle Juillerot ; — Attendu, quant à la substitution à la cause déclarée fausse d'un cause réelle mais déguisée que la preuve incombait à la demanderesse, et que les juges ont suffisamment motivé le

rejet de sa prétention en disant à cet égard que la souscription des billets par la veuve Debief ne *paraît* pas avoir été déterminée par des sentiments d'affection et que les deux billets *paraissent* donc être le résultat d'abus de blanc-seing ; — Attendu enfin que l'expression de *probabilité*, critiquée par le pourvoi, n'est employée qu'à propos de la question tout à fait accessoire de savoir comment la demoiselle Juillerot se trouvait en possession des blancs-seings dont il a été fait titre à son profit ; — Que, dans ces conditions, l'application par l'arrêt de l'art. 1131 c. civ. a été complètement motivée ; — Rejette, etc.
Du 31 juill. 1877.-Ch. req.-MM. Bédarrides, pr.-Babinet, rap.-Godelle, av. gén. c. conf.-Carteron, av.

en déclarant que l'impossibilité du partage ne lui est pas démontrée, ce qui s'entend à la fois d'une impossibilité matérielle et de l'impossibilité de partager commodément (Req. 18 oct. 1887, aff. Astruc, D. P. 88. 1. 480) ; — 28° L'arrêt qui ordonne le partage en nature de biens indivis est suffisamment motivé lorsqu'il se fonde sur l'état d'indivision (Même arrêt) ; — 29° L'arrêt qui déclare qu'une partie a joui depuis plus de trente ans d'une parcelle de terrain, par une possession exclusive réunissant les caractères exigés pour prescrire, se réfère virtuellement à chacune des conditions énumérées par l'art. 2229 c. civ., et motive d'une façon suffisante l'existence de la prescription acquisitive, du moment où la partie adverse, pour la dénier, s'est bornée à soutenir, en termes généraux, que les faits de possession allégués n'étaient ni assez précis ni assez positifs (Req. 24 janv. 1888, aff. Rebeyrolle, D. P. 88. 1. 246) ; — 30° L'arrêt qui, pour répondre à des conclusions tendant à l'application de l'art. 696 c. civ. à un droit d'usage dans une forêt, affirme que le droit dont il s'agit se trouvait soumis à des règles forestières spéciales, est suffisamment motivé (Civ. rej. 9 juill. 1888, aff. de Puivert, D. P. 89. 1. 156) ; — 31° Un jugement qui refuse à un créancier le droit de poursuivre sur des biens dotaux peut être considéré comme suffisamment motivé quand il déclare que l'exécution porterait évidemment atteinte aux principes du code civil sur l'inaliénabilité de la dot, alors qu'il est constant en fait et non contesté que le créancier n'était pas dans les conditions exceptionnelles qui permettent la saisie de biens dotaux (Req. 23 oct. 1888, aff. Costes, D. P. 89. 1. 188) ; — 32° La condamnation à des dommages-intérêts constatant que le préjudice subi par le mandant provient d'une faute du mandataire est suffisamment motivée (Req. 31 oct. 1888, aff. Beauchamp, D. P. 90. 1. 68) ; — 33° L'arrêt qui, pour rejeter une exception mal formulée, se borne à dire qu'elle ne résulte ni de la doctrine, ni de la jurisprudence, ni surtout de la loi, est suffisamment motivé (Civ. rej. 20 mars 1889, aff. Chauvin, D. P. 89. 1. 382).

**744.** On voit, par les exemples qui précèdent, qu'en cette matière, la jurisprudence est souvent très large dans ses appréciations. Il est même permis de se demander si parfois elle ne dépasse pas un peu la mesure, par exemple, lorsqu'elle déclare suffisamment motivé l'arrêt qui, pour repousser une exception, se borne à dire, dans son dispositif : « sans s'arrêter à l'exception d'incompétence » (Req. 6 déc. 1871, aff. Dumoulin, D. P. 72. 1. 136), ou l'arrêt qui, pour repousser une demande en payement de sommes, déclare que le commandement notifié à la requête du demandeur a pour objet des sommes qui ne sont pas dues (Req. 7 mars 1882, aff. Frévot, D. P. 82. 1. 154). C'est là, semble-t-il, pousser un peu trop loin l'application du principe suivant lequel (V. *suprà*, n° 736) l'insuffisance des motifs n'équivaut pas au défaut de motifs (V. les observations en note, D. P. 82. 1. 154).

**745.** Parmi les formules les plus fréquemment usitées, on peut citer celle par laquelle le jugement se réfère aux *éléments*, *circonstances ou documents de la cause*. La cour de cassation y voit un motif suffisant. Ainsi : 1° un arrêt qui fonde sa décision sur les faits et documents de la cause et sur la correspondance des parties est suffisamment motivé, bien qu'il ne spécifie pas les documents et la correspondance sur lesquels il s'appuie (Req. 17 mars 1868, aff. Lowemberg, D. P. 68. 1. 293) ; — 2° L'indication par les juges du fait qu'il résulte des circonstances de la cause qu'il n'y a pas eu, de la part de l'obligé, reconnaissance interruptive de prescription, motive suffisamment le rejet des conclusions tendant à être autorisé à établir la preuve de cette reconnaissance (Req. 13 mai 1868, aff. Bonnet, D. P. 69. 1. 217) ; — 3° Est

suffisamment motivé l'arrêt qui rejette un moyen tiré de ce qu'un intermédiaire aurait dolosivement supposé des ordres donnés par un client à un agent de change, par ce motif que, des débats et des explications des parties, il résulte que le client a réellement donné à l'agent de change les ordres des opérations dont il s'agit (Civ. rej. 6 avr. 1869, aff. May, D. P. 69. 1. 237) ; — 4° Est suffisamment motivé l'arrêt qui base une liquidation de communauté sur les nombreux documents produits devant la cour (Civ. rej. 29 janv. 1872, aff. Busquet, D. P. 72. 1. 449) ; — 5° Le tribunal qui fixe le montant des dommages-intérêts, en se fondant sur les documents de la cause et les renseignements des parties, motive suffisamment le rejet de la demande d'une nouvelle expertise (Req. 22 avr. 1873, aff. Cordier, D. P. 73. 1. 476); — 6° Il en est de même de l'arrêt qui décide que la quotité disponible n'a pas été excédée, attendu que les libéralités prétendues par les héritiers à réserve ne sont pas justifiées par les documents de la cause (Civ. rej. 15 déc. 1873, aff. Delafolie, D. P. 74. 1. 113); — 7° Le jugement qui refuse d'ordonner une enquête est suffisamment motivé par la déclaration que les documents fournis suffisent pour juger le procès (Civ. rej. 17 déc. 1873, aff. Œhler, D. P. 74. 1. 199); — 8° Est suffisamment motivé l'arrêt qui, pour écarter des conclusions subsidiaires à fin d'enquête, déclare que, dans les circonstances de la cause, l'enquête serait frustratoire et sans objet (Req. 12 août 1874, aff. de Bonne, D. P. 75. 1. 134); — 9° Est suffisamment motivé l'arrêt qui repousse l'action en rescision pour lésion de plus du quart dirigée contre un partage d'ascendant, en affirmant que cette demande est formellement contredite par les documents de la cause (Req. 8 mars 1875, aff. Bareau, D. P. 75. 1. 278) ; — 10° L'arrêt qui rejette une offre de preuve est suffisamment motivé, s'il déclare que cette offre était inadmissible en présence des documents de la cause, ainsi que suivis dans les localités voisines et des véritables intérêts du demandeur (Civ. rej. 5 nov. 1877, aff. Dejean, D. P. 80. 1. 79) ; — 11° L'arrêt qui se fonde, pour reconnaître l'existence d'une convention (spécialement, d'un mandat) sur les documents de la cause, est suffisamment motivé, bien qu'il ne spécifie pas les documents auxquels il se réfère (Req. 11 févr. 1880) (1); — 12° Est suffisamment motivé l'arrêt qui, statuant sur des conclusions tendant à établir une nouvelle déchéance encourue par l'assuré, en outre de celles rejetées par le tribunal, déclare, en adoptant les motifs des premiers juges, que, après les constatations faites devant eux, la preuve offerte serait inutile et frustratoire (Req. 15 mars 1880, aff. Le Luandre, D. P. 80. 1. 405); — 13° On doit considérer comme suffisamment motivé l'arrêt qui rejette l'offre d'une preuve, en énonçant que la cour a des éléments suffisants pour décider que la date d'un acte n'est pas sincère et que ce défaut de sincérité résulte de l'acte lui-même (Req. 9 août 1880, aff. Bouisson, D. P. 81. 1. 214); — 14° Est suffisamment motivé le jugement qui, pour repousser une demande de preuve, déclare qu'elle porte sur des faits manquant de pertinence et contredits par les éléments de la cause (Req. 7 nov. 1881, aff. Michelet, D. P. 83. 1. 84); — 15° La décision par laquelle le juge du fait, appréciant les conventions des parties et les faits invoqués par elles à l'appui de leurs prétentions respectives, a décidé qu'il y avait lieu de condamner l'une d'elles à des dommages-intérêts envers l'autre, et a fixé le *quantum* de ces dommages-intérêts d'après les documents de la cause, est suffisamment motivée et ne donne pas ouverture à cassation de ce chef (Civ. rej. 23 janv. 1882, aff. Halphen, D. P. 82. 1. 319); — 16° On ne peut annuler pour défaut de motifs l'arrêt qui, sur des conclusions tendant à faire constater, d'après une lettre produite, l'existence d'une convention contestée, déclare

---

(1) (Barbas C. Sauviat.) — La cour, — Sur le moyen tiré de la violation de l'art. 7 de la loi du 20 avr. 1810 et 1985, c. civ. : — Attendu que, suivant l'art. 505 c. com., les créanciers convoqués à l'effet de délibérer sur la formation du concordat, peuvent se présenter en personne ou par un fondé de pouvoir ; que le mandat par lui-même tient sa perfection du seul consentement des parties ; que, la loi sur le concordat n'en astreint la preuve ni à l'écriture ni à aucune formalité ; et que, dès lors, à raison de la matière, qui est purement commerciale, le mandat, dans l'hypothèse de l'art. 505 c. com. se constate par tous les modes de preuve, aussi bien du droit civil ; — Attendu, dans

l'espèce, que l'arrêt dénoncé considère et reconnaît, par une appréciation de fait puisée dans les documents de la cause et suffisante pour justifier que le demandeur a été régulièrement représenté au concordat intervenu le 18 nov. 1874; entre Jean Sauviat et ses créanciers; d'où il suit que l'arrêt, en déclarant le demandeur déchu de son droit d'hypothèque, aux termes de l'art. 508 c. com., n'a fait qu'une juste application de cet article, non à contrevenu ni aux principes qui régissent la preuve du mandat ni à la loi du 20 avr. 1840 ; — Rejette, etc. Du 11 févr. 1880.-Ch. req.-MM. Bédarrides, pr.-Guillemard rap.-Roujat av. gén., c. conf.-Godard, av.

que cette convention ne résulte ni des documents de la cause, ni de la correspondance échangée entre les parties (Civ. rej. 1er août 1883, aff. Ménard, D. P. 84. 1. 357); — 17° L'arrêt qui rejette une demande tendant au payement du prix de valeurs mobilières motive suffisamment ce rejet, lorsqu'il déclare, par une appréciation souveraine des faits et documents de la cause, qu'il n'y a pas eu, dans l'intention des parties, vente directe de ces effets, et que, au lieu de les avoir achetés, le défendeur avait reçu seulement le mandat de trouver pour eux un acheteur, moyennant un droit de courtage (Civ. rej. 27 juill. 1885, aff. Bourgeois, D. P. 85. 5. 322); — 18° Est suffisamment motivée la disposition de l'arrêt qui décide, en déclarant s'appuyer sur les circonstances de la cause, que la responsabilité pécuniaire encourue pour une faute par deux défendeurs non solidaires se partagera entre eux dans une mesure que le juge détermine (Civ. rej. 25 févr. 1891, aff. Maillon, D. P. 91. 1. 173).

**746.** A côté de ces espèces, où les motifs ont été déclarés suffisamment explicites, la jurisprudence offre de nombreux exemples de motifs suffisamment pertinents.

Dans le cas d'un *jugement par défaut* il a été décidé : 1° que lorsque, après un premier arrêt de défaut-congé, l'appelant opposant refuse itérativement de conclure, la constatation du défaut est un motif suffisant pour justifier l'arrêt qui repousse sa demande (Req. 6 août 1872, aff. Vernet, D. P. 73. 1. 159); — 2° Que l'arrêt qui déclare non recevable, comme tardive, l'opposition faite à un jugement de défaut n'a pas à statuer, et par suite à donner de motifs, sur le grief au fond que l'opposant invoquait contre la validité dudit jugement (Req. 1er févr. 1886, aff. de Lestranges, D. P. 87. 1. 130)..

**747.** Les exemples suivants ont trait, au contraire, à des *jugements contradictoires*. — Il a été jugé, en matière d'*expertise* : 1° que l'arrêt qui réduit à certains chefs l'expertise ordonnée par les premiers juges motive suffisamment sa décision en déclarant que, à raison des solutions qu'il adopte, la mission des experts doit être restreinte à la vérification des points restant en litige (Civ. rej. 25 nov. 1873, aff. Royer, D. P. 74. 1. 66); — 2° Que la décision qui statue sur une demande de dommages-intérêts, en ordonnant qu'il sera procédé à une expertise, est suffisamment motivée quand elle déclare que la violation de la loi, base de la demande, n'est pas, dès à présent, établie; que cette décision n'est pas contradictoire dans ses motifs quand elle relève les prétentions des parties contraires en fait pour en déduire la nécessité d'une vérification préalable au jugement définitif (Req. 19 janv. 1876, aff. Lavergne, D. P. 76. 1. 266); — 3° Que l'arrêt qui confirme un jugement par lequel un rapport d'experts avait été homologué, après vérification des divers points contestés entre les parties, motive ainsi suffisamment le rejet de conclusions subsidiaires tendant à l'annulation de l'expertise et à la nomination d'un nouvel expert (Civ. rej. 10 avr. 1878, aff. Bourget, D. P. 79. 1. 36); — 4° Que le refus du juge d'ordonner l'expertise à laquelle une partie a conclu subsidiairement est suffisamment justifié par les motifs donnés sur les conclusions principales, et qui affirment l'existence du fait que l'expertise aurait eu pour objet de vérifier (Req. 15 juin 1880, aff. Lisieux, D. P. 81. 1. 62); — 5° Qu'un arrêt est suffisamment motivé s'il déclare, sur un chef de conclusions tendant à une nouvelle expertise, que le concluant ne fournit aucune justification de sa demande et que l'expertise sollicitée serait frustratoire (Req. 19 juill. 1880, aff. Ferron, D. P. 81. 1. 224).

**748.** Des solutions analogues résultent, en matière d'*enquête* des arrêts suivants aux termes desquels : 1° le rejet d'une offre de preuve, fondé sur ce que cette preuve, dont la pertinence rentre dans le pouvoir discrétionnaire des juges du fond, n'amènerait que des faits inutiles, est suffisamment motivé (Req. 13 juin 1864, aff. Amouroux, D. P. 64. 1. 333); — 2° Est suffisamment motivé l'arrêt qui rejette une offre de preuve, en se fondant sur l'inutilité de la preuve et la non-pertinence des faits, alors que, d'ailleurs, cette déclaration est précédée de raisonnements dont elle n'est que la conséquence, et dont l'ensemble des motifs, tant adoptés qu'ajoutés par la cour, répond à l'articulation en appel de faits nouveaux (Req. 21 juill. 1873, aff. Faure,

D. P. 74. 1. 368); — 3° Est suffisamment motivé le rejet d'une offre de preuve portant sur une série de faits, si le jugement déclare que ces faits, pris dans leur ensemble, ne sont ni pertinents, ni admissibles (Req. 2 févr. 1874, aff. Chaumont, D. P. 74. 1. 468); — 4° L'arrêt qui rejette des conclusions en articulation de preuves tendant à établir qu'une partie a exécuté des obligations qui lui étaient imposées, par le motif qu'il est établi que cette partie n'a jamais été en mesure de remplir son engagement, répond suffisamment à ces conclusions (Req. 14 nov. 1876, aff. Marais, D. P. 77. 1. 345); — 5° Est suffisamment motivé l'arrêt qui applique formellement la série de ses considérants à toutes les conclusions des parties, et qui, notamment, en ce qui concerne le jugement interlocutoire, affirme l'inutilité de l'enquête ordonnée (Req. 30 déc. 1878, aff. Mailley, D. P. 79. 1. 231); — 6° Le juge du fond peut déclarer souverainement que les faits dont l'appelant demandait à faire la preuve sont en contradiction avec les faits constatés dans la cause, et refuser, en conséquence, d'admettre cette preuve; et cette déclaration motive suffisamment le rejet de la demande de preuve, alors surtout que l'arrêt attaqué, en adoptant au fond les motifs des juges de première instance, s'est approprié de nombreux moyens qui justifient et complètent au besoin l'indication sommaire de son appréciation (Req. 20 janv. 1880, aff. Pillet, D. P. 80. 1. 304); — 7° L'arrêt qui rejette une offre de preuve est suffisamment motivé, s'il se déclare que les faits articulés ne sont ni pertinents ni concluants (Req. 12 avr. 1880, aff. Deschiens, D. P. 80. 1. 419); — 8° Est suffisamment motivé l'arrêt d'une cour d'appel qui, après avoir constaté l'exactitude des déclarations faites par l'assuré, relativement à l'état des biens, dans une police d'assurance contre l'incendie, écarte la déchéance invoquée par la compagnie pour fausse déclaration ou réticence coupable, et rejette sa demande d'une enquête (Req. 21 avr. 1880, aff. Ribes, D. P. 80. 1. 410); — 9° En décidant qu'une enquête demandée en appel par l'une des parties est inutile, le juge se livre à une appréciation souveraine des faits; et l'arrêt qui rejette la demande de ce mode de preuve, en se fondant sur son inutilité, est suffisamment motivé (Req. 21 juill. 1880, aff. Favre, D. P. 81. 1. 201); — 10° Le rejet d'une offre de preuve par témoins faite subsidiairement en appel, sans un commencement de preuve par écrit, dans un litige dont l'objet du litige excédât 150 fr., est suffisamment motivé par cette déclaration de l'arrêt que la prétention de l'appelant s'appuie exclusivement sur les aveux de son adversaire, et que ces aveux ne peuvent être divisés (Req. 11 août 1880, aff. Minot, D. P. 81. 1. 124); — 11° Lorsque les parties sont convenues de frauder le fisc et de violer les lois qui régissent les contributions indirectes, elles ne peuvent poursuivre en justice la liquidation des opérations intervenues en vertu de cette convention, dont la cause est illicite, ni offrir de prouver les faits constituant ces opérations; l'arrêt qui, pour repousser cette offre, indique les circonstances de fait qui rendent l'action irrecevable est donc suffisamment motivé (Req. 8 nov. 1880, aff. Raymond, D. P. 81. 1. 115); — 12° Est suffisamment motivé l'arrêt qui, pour repousser une offre de preuve, déclare que les faits articulés, quelle qu'en fût la durée, seraient inopérants pour justifier la demande (dans l'espèce, pour créer une mutuelle invoquée) (Civ. rej. 19 oct. 1886, aff. Arnal, D. P. 87. 1. 116); — 13° Le rejet de conclusions subsidiaires à fin de preuve est suffisamment motivé par les motifs donnés pour le rejet des conclusions principales, alors que ces motifs rendent les conclusions subsidiaires sans objet (Req. 4 avr. 1887, aff. Mottet, D. P. 88. 1. 414).

**749.** Les solutions suivantes ont trait à des matières diverses : 1° la sentence d'arbitres chargés de la liquidation d'une société, sans qu'aucunes conclusions aient donné à cette liquidation un caractère contentieux, est suffisamment motivée, lorsqu'elle renferme la composition du compte général de la société, celle du compte particulier de chaque associé et la constatation du résultat de ces divers comptes; il n'est pas besoin que les allocations ou les rejets prononcés soient accompagnés de motifs particuliers (Req. 1er déc. 1857, aff. Perrin, D. P. 58. 1. 30); — 2° L'arrêt qui déclare qu'une demande reconventionnelle en dommages-intérêts est exclusivement fondée sur la demande principale motive suffisamment la décision portant refus de tenir compte de cette demande, pour la détermination du taux du ressort, quoiqu'il ne fasse pas connaître les circonstances de fait sur lesquelles est basée cette appréciation (Req. 21 mai 1860, aff. Chauveau, D. P. 60. 1. 348); — 3° La décision qui rejette la demande en rescision d'un partage d'ascendant pour cause de lésion, par le motif que l'estimation qui est la base de ce partage offre toutes les garanties désirables, et que, par suite, chacun des héritiers a reçu la part lui revenant, déclare suffisamment que la lésion n'a pas plus existé au moment du décès de l'ascendant qu'au moment du partage et, par suite, est suffisamment motivée (Civ. rej. 22 mars 1869, aff. Dulmos, D. P. 69. 1. 333); — 4° Lorsque, à une action en réclamation de la qualité de légataire universel formée par un héritier du testateur et contestée au fond, il est en outre opposé une fin de non-recevoir tirée de ce que le légataire, en acceptant, en pleine connaissance de cause, la succession en sa qualité d'héritier du sang qui ne lui donnait droit qu'à une partie de l'hérédité, a entendu renoncer à la qualité de légataire universel, plus avantageuse pour lui, mais contestable, l'arrêt qui rejette cette fin de non-recevoir, en déclarant que l'acceptation du légataire universel, en sa qualité d'héritier du sang, n'impliquait pas de sa part et dans son intention renonciation à ses droits comme légataire universel, est suffisamment motivé (Req. 17 mai 1870, aff. Pothier, D. P. 71. 1. 56); — 5° Le jugement qui (antérieurement à la loi du 22 juill. 1867) a omis de statuer sur les conclusions du demandeur à fin de contrainte par corps, en faisant droit aux conclusions principales par lesquelles il réclamait la remise d'un dossier détenu par son avoué contre remboursement des frais dus à celui-ci, n'est pas nul pour avoir rejeté sans motifs un chef de demande, s'il paraît avoir, sur ce point, simplement homologué un accord intervenu entre les parties (Civ. rej. 10 août 1870, aff. Alazet, D. P. 71. 1. 40); — 6° L'arrêt qui se fonde expressément sur l'art. 928 c. civ., pour décider que la restitution des fruits produits par la portion du don qui excède la quotité disponible n'est due par le donataire venant à la succession qu'à partir de la demande en justice, est suffisamment motivé (Civ. rej. 26 août 1870, aff. Reydellet, D. P. 70. 1. 358); — 7° Le rejet d'un chef d'une demande formée contre une fabrique est suffisamment motivé lorsqu'il est fondé sur ce que, relativement à ce chef, la fabrique n'a pas été autorisée à plaider (Req. 7 nov. 1871, aff. Regnaud, D. P. 72. 1. 26-27); — 8° Est suffisamment motivé l'arrêt qui rejette la demande d'un compte général de toutes les entreprises intervenues entre les parties et de la communication préalable de toutes les pièces de comptabilité, en constatant qu'en fait il n'y a pas d'autres opérations que celles dont il a été justifié et que toutes les pièces nécessaires ont été déjà communiquées (Req. 8 nov. 1871, aff. Pascal, D. P. 71. 1. 253); — 9° Lorsqu'il est contesté que des arbitres eussent le droit de régler la question des intérêts des sommes comprises dans un compte litigieux, l'arrêt qui se borne à déclarer que cette question rentrait dans la mission des arbitres est suffisamment motivé, parce qu'il peut s'entendre en ce sens que ces intérêts avaient été demandés et que les arbitres avaient, en conséquence, pouvoir pour statuer sur ce point(Req. 11 nov. 1871, aff. Leguay, D. P. 72. 1. 70); — 10° On doit considérer comme suffisamment motivé l'arrêt qui rejette, comme n'étant pas recevable à cause du défaut d'intérêt, l'action d'un légataire particulier arguant de nullité, pour cause de substitution fidéicommissaire, un autre legs contenu dans le même testament (Civ. cass. 8 janv. 1872, aff. Morin, D. P. 73. 1. 57); — 11° Le jugement qui rejette la demande d'une femme en revendication d'un immeuble prétendu dotal est suffisamment motivé, bien qu'il se fonde uniquement sur ce motif que la femme ne justifie pas de la dotalité de cet immeuble, lequel a été compris dans un partage où étaient confondus des immeubles dotaux et paraphernaux (Civ. rej. 7 févr. 1872, aff. Baraignes, D. P. 72. 1. 348); — 12° Le rejet de griefs spéciaux invoqués à l'appui d'une action en séparation de corps est suffisamment motivé par la déclaration générale qu'aucun des faits articulés ne peut servir de base légale à l'admission de la demande (Req. 17 déc. 1872, aff. de Bauffremont, D. P. 73. 1. 156); — 13° Est suffisamment motivé l'arrêt qui rejette des conclusions tendant à faire considérer comme irrégulière et insuffisante la signification d'une cession de créance, en constatant que cette signification contient les clauses relatives aux divers cessionnaires à la requête de qui elle a été faite, et que la procuration en vertu de laquelle on a agi a été déposée comme annexe de la cession aux minutes du notaire rédacteur (Req. 15 janv. 1873, aff. Moussy, D. P. 73. 1. 210); — 14° Est suffisamment motivé l'arrêt qui, pour résoudre la question de savoir si la cession d'une créance comprenait la garantie de l'hypothèque, accessoire de cette créance, se fonde sur les termes de la cession (Req. 28 mai 1873, aff. Delrue, D. P. 73. 1. 407); — 15° Il en est de même du jugement qui, pour reconnaître l'exigibilité d'un droit proportionnel d'enregistrement, ne se borne pas à une simple référence à des solutions intervenues le même jour sur la question, mais qui exprime la raison déterminante de cette exigibilité (Civ. rej. 2 déc. 1873, aff. Donon, D. P. 74. 1. 108); — 16° L'arrêt qui décide que l'abandon d'une créance ne peut être considéré, de la part d'un époux, comme une libéralité donnant lieu à récompense au profit de la communauté, attendu que cet abandon n'a eu lieu que parce que ladite créance était irrecouvrable, est suffisamment motivé (Civ. rej. 15 déc. 1873, aff. Delafolie, D. P. 74. 1. 113); — 17° Le jugement qui prononce la résolution d'une vente au profit du vendeur, avec dommages-intérêts à payer par l'acheteur, est suffisamment motivé par les appréciations contenues dans ses considérants sur les événements qui ont empêché l'exécution de la vente et sur la baisse survenue dans le prix des marchandises vendues qui a rendu cette inexécution préjudiciable au vendeur (Civ. rej. 11 févr. 1874, aff. de Boudard, D. P. 74. 1. 143); — 18° Lorsque, dans une instance en déplacement de l'assiette d'un passage pour cause d'enclave, le demandeur a pris des conclusions subsidiaires tendant à faire déclarer que, l'enclave n'étant que le résultat du morcellement d'un héritage, le chemin de desserte doit être reporté sur des fonds ayant fait partie de cet héritage, le rejet de ces conclusions est suffisamment motivé si l'arrêt, déboutant le demandeur de son action, contient un considérant portant que le parcours actuel se justifie par l'impossibilité d'établir un chemin dans la direction proposée, en raison de la déclivité des terrains (Req. 25 févr. 1874, aff. Lignière, D. P. 76. 1. 78); — 19° Le jugement qui rejette une demande en payement d'une balance de compte courant, comme ne reposant sur aucun document de nature à fournir les éléments d'une preuve sérieuse, est suffisamment motivé, quand il énonce que les livres de commerce produits à l'appui de cette demande sont irrégulièrement tenus, qu'ils présentent même des falsifications, et qu'ils sont contredits, par une correspondance occulte, dont une partie même a disparu (Req. 2 mars 1874, aff. Lemare, D. P. 74. 1. 243); — 20° Est suffisamment motivé le jugement qui, sur une demande en nullité d'un acte comme étant simulé, sans cause sérieuse, et le résultat d'une fraude organisée entre un débiteur et un tiers, dans le but de soustraire les biens du débiteur à l'action de ses créanciers, déclare qu'il n'est pas prouvé que le tiers ait connu la fraude et voulu s'y associer (Req. 30 mars 1874, aff. Chapuis, D. P. 75. 1. 258); — 21° Un arrêt motive suffisamment le rejet de conclusions tendant à la communication des titres servant de base à une liquidation, en décidant que cette demande ne pourrait être examinée que dans le cas de recevabilité de l'opposition à un jugement par défaut, et en déclarant cette opposition non recevable (Req. 24 juin 1874, aff. D'Abzac, D. P. 75. 1. 85); — 22° La condamnation d'une partie aux frais d'enregistrement du traité passé avec ses adversaires est suffisamment motivée lorsqu'il ressort de l'ensemble des déclarations de l'arrêt que c'est à titre de dommages-intérêts qu'elle est condamnée à les supporter (Req. 9 nov. 1874, aff. Ville de Perpignan, D. P. 75. 1. 60); — 23° Lorsque, dans une action ayant pour objet la suppression d'un dépôt établi près d'une maison, le demandeur a, sans exciper d'aucun règlement ou usage particulier, réclamé subsidiairement le reculement du dépôt à deux mètres de son immeuble, en se fondant sur ce qu'il entretenait une humidité nuisible aux murs et constituait un danger permanent d'incendie, le jugement qui rejette les conclusions prises à cet effet est régulièrement motivé, s'il constate que le dommage allégué n'existe pas, et que le dépôt ne peut causer aucun préjudice aux droits du demandeur (Req. 2 févr. 1875, aff. Colomb, D. P. 76. 1. 499) ; — 24° L'art. 1153 c. civ. ne s'appliquant qu'au retard dans l'exécution des obligations de sommes d'argent, non à la résolution du contrat par le fait du débiteur qui a refusé de satisfaire à ses engagements, et les dommages-intérêts pouvant dépasser, dans ce dernier cas, l'intérêt légal, lorsque le débiteur est, pour cette cause et pour d'autres, condamné à des dommages-intérêts, il n'est pas nécessaire que le jugement donne à l'appui de ce chef de condamnation des motifs particuliers, qui permettent à la cour de cassation de vérifier si l'on s'est conformé aux prescriptions de l'art. 1153 (Req. 8 févr. 1875, aff. Labarre, D. P. 75. 1. 275) ; — 25° Il suffit, pour qu'il y ait motifs suffisants, que le jugement qui admet l'existence d'un mandat tacite se base sur des documents constituant un commencement de preuve par écrit et sur des faits d'où résultent des présomptions graves, précises et concordantes, sans qu'il soit nécessaire de rappeler les principes et les textes qui rendent admissible en droit la preuve admise en fait (Req. 2 août 1875, aff. Naffrechon, D. P. 76. 1. 260) ; — 26° Lorsqu'une contestation, en matière de brevet d'invention, porte, non pas sur l'application de fours, nervures, traverses et oreillons à la fonderie en général, mais à la fabrication de la fonte combinée à l'émail, l'arrêt motive suffisamment le rejet de la revendication d'une application nouvelle de ces instruments à l'industrie de l'émaillage de la fonte, en énonçant qu'ils étaient usuels dans la fonderie et tombés dans le domaine public, et en déclarant insuffisante la description insérée aux brevets (Civ. rej. 5 janv. 1876, aff. Godin, D. P. 76. 1. 10) ; — 27° L'arrêt qui contient des motifs de fait et de droit justifiant la solution de la question principale qu'il résout motive suffisamment par là même le rejet des conclusions accessoires et subsidiaires, quand la solution donnée sur la question principale exclut virtuellement l'examen de ces conclusions (Req. 15 mai 1876, aff. Mourey, D. P. 76. 1. 436) ; — 28° L'arrêt qui écarte une demande de titres, en se fondant sur ce que l'achat de ces titres constituait une opération de jeu pour laquelle la loi n'accorde aucune action, est suffisamment motivé (Req. 5 juill. 1876, aff. Picard, D. P. 77. 1. 264) ; — 29° L'aveu judiciaire pouvant être révoqué à la suite d'une erreur de fait, l'arrêt qui constate les faits d'erreur motive par là suffisamment la décision par laquelle il admet la révocation de cet aveu (Req. 20 mars 1877, aff. Mailand, D. P. 77. 1. 328) ; — 30° L'arrêt qui constate que des comptes n'ont pas été définitivement arrêtés motive d'une manière suffisante le rejet des conclusions tendant à ce qu'ils ne soient point revisés (Req. 30 mai 1877, aff. Talfer, D. P. 79. 1. 112) ; — 31° Le jugement qui accueille une complainte relative à la jouissance des eaux d'un bief répond suffisamment au moyen tiré de ce que l'entreprise critiquée ne serait, de la part du défendeur, que l'exercice habituel et normal d'une servitude, s'il constate, d'une part, que ce défendeur a arrêté et détourné la totalité des eaux du bief, et, d'autre part, que le complaignant a, par cet acte, été troublé dans sa possession (Req. 26 nov. 1877, aff. Girard, D. P. 80. 1. 76) ; — 32° Le jugement qui prononce un partage d'opinions est suffisamment motivé par la seule déclaration du partage (Civ. rej. 12 févr. 1878, aff. Commune de Caluire, D. P. 78. 1. 371) ; — 33° Le jugement qui repousse la demande en nullité d'une adjudication est suffisamment motivé lorsqu'il constate qu'aucune atteinte n'a été apportée à la liberté des enchères, et que d'ailleurs

l'adjudicataire apparent est bien l'adjudicataire réel (Req. 14 mai 1878) (1) ; — 34° Un arrêt est suffisamment motivé à l'égard de la demande d'une mesure d'instruction formée par une partie, lorsque son dispositif applique formellement les motifs du fond au rejet de toutes les conclusions, tant principales qu'incidentes, de cette partie (Req. 17 févr. 1879, aff. Vitali, D. P. 80. 1. 146) ; — 35° La décision d'appel qui condamne l'appelant à des dommages-intérêts envers l'intimé, pour les faux frais, pertes de temps, peines et démarches que l'appel a occasionnés à celui-ci, est suffisamment motivée (Req. 3 mars 1879, aff. Arnould Drappier, D. P. 81. 1. 212) ; — 36° Est suffisamment motivé l'arrêt qui rejette, en se fondant sur l'acquiescement général donné par la partie saisie au jugement d'adjudication, les conclusions nouvelles de cette partie tendant à établir une distinction entre le droit de l'un des adjudicataires et celui des autres adjudicataires et du poursuivant (Req. 14 mai 1879, aff. Boué, D. P. 80. 1. 71) ; — 37° Un arrêt, en déclarant qu'il n'accorde les intérêts d'une créance que pour trois ans, parce que ce sont les seuls intérêts étaient conservés par l'inscription d'une hypothèque légale et la mention de subrogation à cette hypothèque, motive suffisamment le rejet de conclusions présentées par le créancier subrogé, et tendant à obtenir la collocation de la totalité des intérêts, sous le prétexte que le requérant était dispensé d'inscription comme subrogé à l'hypothèque légale d'une femme mariée (Req. 17 nov. 1879, aff. Duchêne, D. P. 80. 1. 380) ; — 38° L'arrêt qui déclare que des experts, parlant du vice propre de la marchandise, ont entendu désigner tous les vices qui ne résultent pas d'une fortune de mer, répond suffisamment aux conclusions d'une partie qui, s'emparant de ces mots « vice propre », prétendait que la détérioration était due à un défaut résultant de la nature de la marchandise et ne présentait pas les caractères du vice caché (Req. 30 déc. 1879, aff. Leconte, D. P. 80. 1. 108) ; — 39° Est suffisamment motivé le jugement qui, pour repousser les conclusions du défendeur tendant à faire déclarer que la partie adverse, à défaut d'avoir rendu le compte ordonné, est sans droit à poursuivre la condamnation, se borne à constater l'existence de la force majeure qui s'est opposée à la reddition du compte, et la reconnaissance faite par le défendeur des éléments principaux de sa dette (Req. 13 janv. 1880, aff. Franchelli, D. P. 80. 1. 340) ; — 40° L'arrêt qui, pour déclarer fausse la cause exprimée dans le titre de la créance, se fonde sur ce que les énonciations mêmes du titre démontrent que ladite cause n'est pas réelle, répond suffisamment aux conclusions par lesquelles le créancier soutient qu'il n'existe aucun commencement de preuve au profit de la simulation alléguée (Req. 14 juin, aff. Valette, 1880, D. P. 81. 1. 317) ; — 41° Est suffisamment motivé l'arrêt qui, sur une demande en dommages-intérêts formée par un maire, à raison d'imputations diffamatoires contenues dans la délibération d'un conseil municipal, déclare, par une appréciation souveraine des faits de la cause, que ce maire a souffert un préjudice moral et matériel par suite de ces imputations mensongères et diffamatoires, insérées dans la délibération méchamment et de mauvaise foi (Req. 7 juill. 1880, aff. Cancalon, D. P. 82. 1. 71-72) ; — 42° Est suffisamment motivé l'arrêt qui, pour rejeter une fin de non-recevoir tirée de ce que le demandeur en réintégrande n'avait pas une possession paisible et publique du terrain usurpé, constate des faits de dépaissance et des plantations d'arbres accompli publiquement et sans contradiction par cette partie (Req.

(1) (Desbois C. Babonneau et autres.) — LA COUR ; — Sur la première branche du moyen unique, prise de la fausse application de l'art. 1116 c. civ., et de la violation de l'art. 1382 du même code : — Attendu que les époux Desbois demandaient : 1° la nullité de l'adjudication du 15 janv. 1872, en se fondant sur ce que la veuve Grinsard n'aurait pas été l'adjudicataire réelle, que l'adjudicataire véritable aurait été Soize, clerc du notaire Babonneau devant qui a eu lieu l'adjudication, Soize censé par suite avoir acquis le compte de ce dernier ; 2° 10000 fr. à titre de dommages-intérêts, à raison du préjudice que leur auraient occasionné les agissements des défendeurs éventuels ; — Attendu que l'arrêt attaqué déclare, en fait, d'une part, que Soize n'est nullement l'adjudicataire réel sous un nom supposé, et que la veuve Grinsard est l'adjudicataire véritable ;

d'autre part, que les agissements des défendeurs éventuels n'ont exercé aucune influence sur le chiffre des enchères et n'ont causé aucun préjudice aux époux Desbois ; — Attendu qu'en rejetant, dans ces circonstances, la double prétention de ces derniers, la cour d'appel de Rennes n'a fait qu'une juste application de la loi ; — Sur la deuxième branche, tirée de la violation de l'art. 7 de la loi du 20 avr. 1810 : — Attendu que l'arrêt répond par des motifs exprès et suffisamment précis aux divers chefs des conclusions des époux Desbois, notamment à celui qui est relatif à la nullité de l'adjudication pour prétendue supposition de personne ; — Que, dès lors, l'article susvisé n'a pas été violé ; — Rejette, etc.
Du 14 mai 1878.-Ch. req.-MM. Bédarrides, pr.-Petit, rap.-Lacointa, av. gén., c. conf.-Carteron, av.

20 juill. 1880, aff. Gaudin, D. P. 81. 1. 476); — 43° Une compagnie concessionnaire de mines, qui vend des terrains situés dans le périmètre de son exploitation, pouvant valablement stipuler que l'acquéreur n'aura droit à aucune garantie à raison du préjudice pouvant résulter des travaux souterrains de l'exploitation régulière de la mine, l'arrêt qui rejette la demande de dommages-intérêts, en se fondant sur la clause de non-garantie ainsi interprétée, est suffisamment motivé (Req. 8 déc. 1880, aff. Fraisse, D. P. 81. 1. 351); — 44° Un arrêt est suffisamment motivé lorsque, sur des conclusions subsidiaires prises devant la cour et tendant à ce qu'un avancement d'hoirie figure dans la masse active de la succession et soit soumis à la réunion fictive prévue par l'art. 922 c. civ., il se borne à constater que les premiers juges ont reconnu le caractère gratuit de cette avance, qu'ils en ont ordonné le retranchement de l'actif de la succession, et qu'il n'est préjudicié en rien à l'art. 922, dont l'application demeure entièrement réservée (Req. 19 juill. 1881, aff. Morin, D. P. 82. 1. 220); — 45° Est suffisamment motivé l'arrêt qui, pour dénier l'existence d'un contrat judiciaire (lequel n'existe que lorsque le juge constate l'accord des parties sur l'obligation prise par l'une d'elles et acceptée par l'autre), constate que, les deux parties ayant demandé l'homologation d'un rapport d'experts, elles sont en désaccord sur le sens de cette homologation, notamment quand l'une demande qu'une servitude de passage s'exerce dans une direction et l'autre dans une direction différente (Civ. rej. 21 mars 1882, aff. Pech, D. P. 83. 1. 214); — 46° L'arrêt qui annule une donation comme contenant une condition illicite, en se fondant sur ce que l'art. 900 c. civ. ne comporte aucune distinction, quelle que soit la manière dont la condition illicite, apposée à une disposition entre vifs ou testamentaire, est formulée, sans examiner si la condition n'a pas été la cause essentielle et déterminante de la donation, est suffisamment motivé (Civ. rej. 17 juill. 1883, aff. Tain, D. P. 84. 1. 156); — 47° L'arrêt qui rejette la demande en nullité d'un testament, en se fondant sur ce que l'exécution donnée à ce testament l'avait tacitement ratifié, motive suffisamment sa décision (Civ. rej. 9 janv. 1884, aff. Baudoin, D. P. 84. 1. 231); — 48° L'arrêt qui, pour condamner le cessionnaire de l'acquéreur d'un fonds de commerce à en payer le prix solidairement avec le cédant, se borne à relever sa qualité de cessionnaire des droits de celui-ci, est suffisamment motivé (Civ. rej. 26 févr. 1884, aff. Lallement, D. P. 84. 1. 395); — 49° L'arrêt qui met à la charge de la masse d'une succession tous les frais et dépens tant de première instance que d'appel, y compris ceux faits devant une cour dont l'arrêt avait été cassé, motive suffisamment sa décision, en constatant que tous ces frais ont eu lieu dans l'intérêt commun des parties, et que même l'appel sur lequel a été rendu l'arrêt cassé n'avait été ni inutile ni entièrement mal fondé (Req. 10 févr. 1885, aff. Durand, D. P. 88. 5. 323); — 50° Le rejet d'une offre de preuve est motivé, quand le juge déclare, par une appréciation souveraine, que les faits articulés ne sont ni pertinents, ni admissibles, qu'un certain nombre d'entre eux, dès à présent établis, sont sans influence au procès, et que les autres, fussent-ils démontrés, ne seraient pas de nature à en modifier la solution (Req. 9 mai 1885, aff. Roderick Makay, D. P. 86. 1. 151); — 51° Un jugement qui adjuge des dommages-intérêts est suffisamment motivé par cela même qu'il constate l'existence d'une faute et d'un préjudice (Req. 22 juin 1885, aff. Fauveau, D. P. 86. 1. 59); — 52° Un arrêt motive suffisamment le rejet de la demande en garantie formée par un notaire contre un de ses collègues et fondée sur ce que, ce dernier ayant rédigé le modèle d'une procuration entachée de faux, le premier a eu confiance en lui pour les énonciations de cet acte, lorsqu'il déclare que le modèle n'a pas été directement envoyé au notaire rédacteur par son collègue, mais lui a été présenté par l'auteur même du faux (Req. 18 nov. 1885, aff. Ehanno, D. P. 86. 1. 398); — 53° Le juge motive suffisamment le rejet d'une exception tirée de la compensation, lorsqu'il déclare que la créance invoquée à titre de compensation n'est ni liquide ni exigible (Civ. rej. 27 janv. 1886, aff. Mercier, D. P. 86. 1. 396); — 54° L'arrêt qui ordonne le partage en nature de biens indivis est suffisamment motivé, lorsqu'il se fonde sur l'état d'indivision (Req. 18 oct. 1887,

aff. Astruc, D. P. 88. 1. 480); — 55° La convenance d'un partage, dans le cas où elle résulte d'une expertise, est suffisamment constatée par l'arrêt qui s'approprie virtuellement les conclusions des experts en prenant leur rapport pour base de sa décision (Même arrêt); — 56° Lorsqu'une personne a remis à une maison de banque, pour faciliter à celle-ci une spéculation, des capitaux destinés à un achat d'actions, sous cette stipulation que ces titres seraient revendus et placés par les soins de la maison de banque, dans un délai de deux ans, avec une plus-value de 50 pour 100 garantie au prêteur par ladite maison, et que celle-ci, dans tous les cas, resterait propriétaire au bout de deux années du solde non placé, avec la même majoration de 50 pour 100, indépendamment des intérêts ou arrérages, l'arrêt qui affirme que la maison de banque n'a revendu aucune portion des titres pendant le délai convenu, n'a demandé par suite aux héritiers du prêteur décédé de remplir aucune formalité pour leur transfert, et est demeurée, à l'expiration de deux ans, propriétaire du tout, répond suffisamment aux conclusions par lesquelles ladite maison de banque reprochait aux représentants du prêteur de ne pas lui avoir fait connaître la répartition de leurs droits respectifs, et de ne pas l'avoir mis en mesure de transférer les actions à des acheteurs (Civ. rej. 20 juin 1888, aff. Lemaire, D. P. 89. 1. 26); — 57° Un jugement motive suffisamment le rejet de conclusions subsidiaires, tendant à une expertise pour déterminer la nature et la destination des matériaux en litige, s'il détermine d'ores et déjà, lui-même, cette nature et cette destination (Req. 4 déc. 1888, aff. Ville de Béziers, D. P. 90. 1. 14); — 58° L'arrêt qui refuse de statuer sur le caractère d'une créance réclamée comme étant privilégiée, en se fondant sur ce que la question demeure entière et qu'il sera temps de l'examiner lorsque le créancier poursuivra l'exécution de la condamnation prononcée à son profit vis-à-vis des autres créanciers du débiteur, ne peut être attaqué pour insuffisance de motifs (Civ. rej. 30 janv. 1889, aff. Blateau, D. P. 89. 1. 310); — 59° Un arrêt qui repousse une exception tirée de la compétence prétendue du juge de paix est suffisamment motivé, quand il fait connaître que la somme réclamée en payement par le demandeur était supérieure à 200 fr., et que, dans l'intention des parties, le recouvrement n'en devait pas être fractionné (Req. 27 janv. 1890, aff. Royer, D. P. 90. 1. 148); — 60° L'arrêt qui constate qu'une parcelle est, de toutes parts, entourée de fonds appartenant à des tiers, sauf du côté d'un ruisseau rendu impraticable aux charrettes à cause de son cours tortueux et dont le passage est absolument impossible en temps de pluie, qui déclare, en outre, que le chemin réclamé sur un fonds dotal est le plus court et le moins dommageable pour desservir la parcelle ainsi enclavée et a été suivi, pendant plus de trente ans, par le propriétaire de cette parcelle et par ses auteurs, dans des conditions utiles pour prescrire et non à titre de simple tolérance, justifie suffisamment le droit au passage qu'il reconnaît (Req. 6 janv. 1891, aff. Escoffier, D. P. 91. 1. 479-480).

**750.** L'insuffisance des motifs pourrait résulter de la contradiction qui existerait entre eux. Cela ressort implicitement de plusieurs arrêts, qui, pour écarter ce grief, se fondent sur ce que la contradiction relevée dans la cause n'existait pas. — Jugé, en effet : 1° qu'il n'y a pas de contradiction (ni, par suite, défaut de motifs) dans l'arrêt qui condamne une partie à réparer un préjudice, après avoir déclaré qu'elle en était seulement l'*occasion*, s'il est évident, par le rapprochement de ce mot avec les mots *cause définitive*, qu'il a été employé dans le même sens (Req. 20 nov. 1871, aff. David, D. P. 72. 1. 181); — 2° Qu'il n'y a pas de contradiction (ni par suite, violation de l'art. 7 de la loi de 1810), dans l'arrêt qui, après avoir déclaré un mandataire non responsable des conséquences d'une déclaration insuffisante faite à la douane par ordre de ses mandants, adopte les motifs du jugement, lequel accordait la même décharge à raison de ce que, malgré une légère différence entre la déclaration du mandataire et les instructions des mandants, ceux-ci avaient complètement ratifié ses agissements (Civ. rej. 30 mars 1874, aff. John Brigg, D. P. 74. 1. 212); — 3° Qu'il ne saurait y avoir contradiction entre les motifs d'un jugement, et, par suite, défaut de motifs, dans la décision qui, après avoir énoncé le texte d'un bon de réquisition délivré à un fournisseur par l'ennemi en temps de guerre, refuse d'y avoir égard par le motif qu'il a été produit trop tardivement pour être l'objet d'un contrôle suffisant (Civ. rej. 15 mars 1882, aff. Arnould, D. P. 83. 1. 374).

§ 2. — Décisions annulées pour insuffisance de motifs (Rép. nᵒˢ 1011 à 1014).

**751.** Il peut arriver de deux manières qu'un jugement soit dépourvu de motifs : ou bien il n'en contient aucun, ou bien, les énonciations y contenues n'ont que l'apparence de motifs, et sont telles qu'en réalité l'on ne peut savoir ce qui a motivé la décision. De là, deux catégories d'hypothèses qu'il convient d'examiner séparément.

**752.** Les décisions suivantes ont statué sur des cas où les motifs faisaient absolument défaut : 1° l'arrêt qui, après avoir donné effet à une cession de créance, sous la déduction de sommes pour lesquelles cette créance était, au moment de la signification du transport, frappée de saisies-arrêts par les créanciers du cédant, condamne le cessionnaire à indemniser ces créanciers saisissants du préjudice résultant du concours de saisissants postérieurs sur la somme ainsi réduite, sans donner aucun motif pour établir, soit le titre des créanciers premiers opposants à obtenir cette indemnité privilégiée, soit le dommage provenant du fait du cessionnaire et susceptible de créer contre lui l'obligation de payer l'indemnité mise à sa charge, est nul pour défaut de motifs (Civ. cass. 20 juin 1883, aff. Vervel, D. P. 54. 5. 497) ; — 2° Le jugement qui, au cours d'une enquête, décide qu'un témoin appelé par l'une des parties et reproché par l'autre ne sera pas entendu, sans qu'aucun motif soit donné à l'appui de cette décision, est nul (Civ. cass. 2 déc. 1862, aff. Dufay Lebelle, D. P. 62. 1. 544) ; — 3° Est nul, pour défaut de motifs, le jugement qui s'est expliqué, non sur le fait qui, d'après les qualités, avait donné lieu au procès, mais sur un fait différent, qui était le sujet d'autres contestations portées en même temps devant le même juge (Civ. cass. 20 janv. 1869, aff. Arlès Dufour, D. P. 69. 1. 104) ; — 4° Le jugement qui condamne une compagnie de chemin de fer à restituer à un employé les retenues opérées sur ses appointements pour la caisse des retraites, sans s'expliquer sur ce chef de condamnation, est nul pour défaut de motifs (Civ. cass. 5 août 1873, aff. Remlinger et Genin, D. P. 74. 1. 65) ; — 5° Est nul, pour contravention à l'art. 7 de la loi du 20 avr. 1810, le jugement qui rejette, sans donner de motifs, une demande en nullité d'expertise, et admet la responsabilité d'une partie sans constater aucune faute qui lui soit imputable (Civ. cass. 18 juin 1878, aff. de la Rochefoucauld-Doudeauville, D. P. 79. 1. 39) ; — 6° Est nul, pour défaut de motifs, le jugement qui rejette implicitement une demande de sursis en statuant au fond, si aucun de ses motifs ne répond directement ou indirectement à cette demande (Rouen, 13 mars 1880, aff. Bansard, D. P. 80. 2. 245) ; — 7° Il y a lieu d'annuler, pour insuffisance de motifs, le jugement qui, après avoir débouté une partie de l'action récursoire intentée par elle contre un tiers et l'avoir condamnée aux dépens, prononce, en outre, contre elle une condamnation à des dommages-intérêts envers ce tiers, sans constater que la procédure suivie contre le défendeur en garantie ait été abusive ou vexatoire, et sans donner aucun motif à l'appui de l'allocation d'une indemnité en sus des frais de l'instance (Civ. cass. 16 mars 1880, aff. Berthe, D. P. 80. 1. 301) ; — 8° Est nul, pour défaut de motifs, l'arrêt qui condamne le débiteur d'une somme d'argent au payement des intérêts antérieurs au jour de la demande, sans justifier cette condamnation, soit sur une disposition exceptionnelle de la loi, soit sur une convention des parties (Civ. cass. 25 août 1880, aff. du Maisniel, D. P. 81. 1. 435) ; — 9° Lorsqu'un arrêt qui, au principal, se borne à déclarer non recevable l'appel interjeté par plusieurs parties, condamne ces dernières solidairement aux dépens, il doit donner des motifs spéciaux pour justifier cette solidarité (Civ. cass. 5 janv. 1881, aff. Bonneau, D. P. 81. 1. 129) ; — 10° Un arrêt est nul pour défaut de motifs, lorsqu'il condamne une partie à payer les intérêts légaux de la somme litigieuse, à partir de la naissance de l'obligation et non à partir de la demande judiciaire, sans justifier par un motif spécial cette dérogation à la règle de l'art. 1153 c. civ. (Civ. cass. 22 févr.

1882, aff. Faillite Bowles, D. P. 82. 1. 396) ; — 11° La décision qui accorde des dommages-intérêts en sus des intérêts moratoires doit être, à peine de nullité, justifiée par un motif spécial (Civ. cass. 3 juill. 1883, aff. Peyraux, D. P. 84. 5. 344) ; — 12° Il y a lieu d'annuler, pour défaut de motifs, l'arrêt qui, ayant à statuer sur les conclusions respectives des parties tendant, les unes, à ce que le bois d'usage soit délivré aux usagers dans la semaine qui suit l'enlèvement de chaque coupe, les autres, à ce qu'il leur soit délivré au mois de juin qui suit chaque exploitation, fixe à ce dernier mois l'époque de la délivrance, sans donner aucun motif à l'appui de sa décision (Civ. cass. 4 août 1885, aff. de Damas, D. P. 86. 1. 194) ; — 13° Il y a lieu d'annuler également, pour défaut de motifs, le jugement qui rejette, sans donner aucun motif, le moyen tiré par un actionnaire d'une clause des statuts d'une société et tendant à faire décider, par interprétation de cette clause, que le payement des intérêts des actions pouvait être effectué par un prélèvement sur le capital social (Civ. cass. 5 août 1885, aff. Félix, D. P. 85. 5. 321) ; — 14° Il y a défaut de motifs dans l'arrêt qui condamne des héritiers à délivrer les objets légués à un légataire, et à lui tenir compte des fruits et intérêts à partir du jour du décès du testateur, sans indiquer les motifs pour lesquels cette restitution n'a pas lieu seulement à compter du jour de la demande (Civ. cass. 10 août 1885, aff. Marchessaux, D. P. 86. 1. 212-213) ; — 15° Il y a lieu d'annuler pour défaut de motifs, l'arrêt qui prononce une interdiction sans dire sur quelles causes elle est fondée, et sans s'expliquer sur les conclusions du défendeur, tendant au principal au rejet de la demande, et subsidiairement à une enquête (Civ. cass. 21 févr. 1888, aff. Valsch, D. P. 88. 1. 299) ; — 16° Il y a nullité, pour défaut de motifs, de l'arrêt qui condamne solidairement des cohéritiers au payement d'une dette de la succession, sans donner du chef de la solidarité aucun motif à l'appui de cette condamnation (Civ. cass. 11 févr. 1889, aff. Troubat (deux arrêts), D. P. 89. 1. 316). — Enfin, il convient d'ajouter à cette énumération d'arrêts annulés pour défaut de motifs tous ceux rapportés sous l'art. 2 de la présente section (supra, nᵒˢ 695 à 701), qui ont été cassés faute d'avoir statué sur un chef de demande ou un moyen de défense.

**753.** Les solutions qui suivent sont relatives à des espèces où les motifs donnés par le juge étaient tellement vagues ou peu pertinents que la décision était, en réalité, dépourvue de motifs. — Ainsi : 1° l'arrêt qui rejette des exceptions opposées par le défendeur, sans s'expliquer sur la valeur juridique de ces exceptions, et en se bornant à dire que le défendeur ne présente pas de moyens sérieux, est nul pour défaut de motifs ; spécialement, lorsqu'un notaire, actionné comme responsable de la diminution que le prix d'une adjudication d'immeubles passée devant lui a subi, à défaut de mention, au cahier des charges, de ventes antérieures d'arbres existant sur ces immeubles, oppose à l'action : d'une part, que le vendeur en est déchu pour ne l'avoir point appelé en cause lors de la demande en réduction contre laquelle il aurait pu proposer des moyens qu'il signale et qui auraient enlevé aux ventes alléguées tout caractère dommageable ; d'autre part qu'en tous cas ce même vendeur devait s'imputer le dommage qu'il aurait souffert, ces ventes d'arbres ayant été faites par lui à l'insu de ceux qui poursuivaient l'adjudication, l'arrêt qui rejette ces moyens de défense, en se bornant à déclarer qu'ils ne sont pas sérieux, et qu'ils n'auraient pas changé le résultat de la demande en réduction, n'est pas suffisamment motivé, et doit, dès lors, être annulé par application de l'art. 7 de la loi du 20 avr. 1810 (Civ. cass. 13 nov. 1861, aff. Aucoc, D. P. 64. 1. 488) ; — 2° Le motif d'un jugement qui qualifie simplement d'opérations financières des opérations de bourse dont le caractère est contesté est insuffisant pour établir le caractère licite de ces opérations (Civ. cass. 23 juin 1869, aff. Lenglet, D. P. 69. 1. 333) ; — 3° Dans le cas d'expédition d'un colis contenant des papiers à écrire des enveloppes à lettres sans indication du poids spécial à chacune des marchandises, si la compagnie a réclamé le prix du transport de l'envoi entier au prix de la série la plus élevée, le jugement qui se borne à déclarer que les papiers à écrire rentrent dans la série la moins élevée, sans s'expliquer sur les conséquences du mélange dans le même colis de ces marchandises avec des objets compris dans une série plus élevée est nul pour défaut de motifs (Civ. cass. 5 janv. 1874, aff. Blanc. D. P. 74. 1. 84); — 4° Est nul, pour défaut de motifs, le jugement qui condamne une compagnie de chemin de fer à des dommages-intérêts pour le retard apporté à la livraison d'une marchandise, alors qu'il n'explique pas en quoi a consisté le retard, en sorte qu'il est impossible de reconnaître si la compagnie a, en effet, négligé de se conformer aux délais réglementaires (Civ. cass. 10 nov. 1875, aff. Libercier, D. P. 75. 1. 453); — 5° Est nul pour défaut de motifs l'arrêt qui fixe la date de la dissolution d'une société, sur laquelle, aux termes de leurs conclusions, les parties étaient en désaccord, sans donner aucun motif, soit explicite, soit implicite, à l'appui de sa décision (Civ. cass. 19 déc. 1877, aff. Lhuis, D. P. 78. 1. 295); — 6° Le jugement qui, en matière de distribution par contribution, rejette une demande de collocation par privilège basée sur les stipulations d'un contrat, en se fondant uniquement sur ce que le contrat est entaché d'irrégularités, sans spécifier quelles sont ces irrégularités, est nul pour défaut de motifs (Civ. cass. 3 avr. 1878, aff. Vincente del Vecchio, D. P. 78. 1. 253); — 7° Est nul pour défaut de motifs le jugement qui se borne à déclarer qu'il y a eu retard dans la livraison des marchandises transportées, sans indiquer ni les époques auxquelles elles avaient été livrées ni en quoi consistait le retard (Civ. cass. 27 mai 1878, aff. Rabaudy, D. P. 78. 1. 272); — 8° Il y a lieu d'annuler pour défaut de motifs le jugement qui déclare qu'une compagnie de chemin de fer ne peut, opposer, à une réclamation pour perte de marchandises transportées, la prescription de six mois édictée par l'art. 108 c. com., en se fondant exclusivement sur ce qu'une précédente citation, donnée pour le même objet devant un autre tribunal par le requérant, n'avait pas été abandonnée et avait interrompu la prescription, alors que ledit jugement ne relève pas la date à laquelle la prescription aurait pris cours, ni celle à laquelle l'interruption aurait eu lieu (Civ. cass. 21 juill. 1880, aff. Deberné, D. P. 81. 1. 16); — 9° Le jugement qui, pour repousser la nullité d'une obligation tirée des art. 1395 et 1396 c. civ., se borne à déclarer que « l'obligation ne saurait être annulée par application desdits articles » est nul pour défaut de motifs (Civ. cass. 27 avr. 1881) (1) ; — 10° Le jugement par lequel le tribunal d'appel, sans adopter les motifs du premier juge, confirme la décision attaquée par la raison qu'il n'a pas les éléments nécessaires pour statuer, n'est pas sérieusement motivé et manque de base légale (Civ. cass. 21 juill. 1884, aff. Delmas, D. P. 85. 1. 54) ; — 11° Le juge, saisi d'un litige concernant la propriété d'un immeuble, est tenu de s'expliquer sur les conclusions par lesquelles le défendeur se prévaut de ce que son adversaire ne produit qu'un extrait de la transcription de l'acte sous seings privés d'où il prétend faire résulter son droit ; et la décision dans laquelle il se borne à déclarer que le demandeur prouve son droit de propriété, sans indiquer si cette preuve résulte de la production du titre lui-même, ou seulement de l'extrait de transcription, est nulle pour défaut de motifs (Civ. cass. 26 nov. 1884, aff. Bosredon, D. P. 86. 1. 79); — 12° L'arrêt qui, dans une instance en partage, rejette les conclusions tendant à faire modifier le point de départ assigné par le notaire liquidateur à la jouissance des copartageants, en se fondant sur ce que les concluants n'ont produit aucun moyen sérieux à l'appui de leur prétention, mais sans énoncer en quoi les moyens invoqués n'étaient pas sérieux, est nul pour défaut de motifs (Civ. cass. 8 déc.

1884, aff. Blondel, D. P. 1. 74); — 13° Il y a lieu de déclarer nul, pour défaut de motifs, l'arrêt qui refuse d'annuler une vente de marchandises faite par un dépositaire, par la raison unique, énoncée dans le jugement, que les marchandises avaient été l'objet de warrants régulièrement endossés, alors qu'en appel, et pour la première fois, la partie poursuivie en nullité concluait à ce qu'il fût reconnu, d'une part, que les formalités exigées pour la vente, par l'art. 93 c. com., n'avaient pas été accomplies, et, d'autre part, que des warrants n'avaient pu être valablement créés, lesdites marchandises ayant été déposées dans des locaux autres que ceux autorisés pour servir de magasins généraux (Civ. cass. 8 juill. 1885, aff. Michel, D. P. 87. 1. 295); — 14° Est nul pour défaut de motifs l'arrêt qui, dans une instance en nullité de mariage, sur un moyen nouveau présenté en appel, et pris de l'incompétence de l'officier public étranger en raison de la durée insuffisante de la résidence des parties dans sa circonscription, se borne à déclarer que ce moyen « n'est fondé ni en fait ni en droit » (Civ. cass. 15 juill. 1885, aff. Collot, D. P. 87. 1. 295); — 15° Il y a lieu d'annuler pour défaut de motifs l'arrêt qui rejette une demande en revision de compte fondée, pour la première fois en appel, sur la capitalisation illégale des intérêts, en se bornant à déclarer, pour confirmer la décision des premiers juges, que le compte était régulièrement établi, et sans indiquer si les intérêts y ont été ou non capitalisés (Civ. cass. 5 août 1885, aff. Lagorce, D. P. 86. 1. 167); — 16° Il y a lieu d'annuler pour défaut de motifs la disposition d'un arrêt qui rejette les conclusions d'une partie tendant à la suppression d'un mémoire diffamatoire et calomnieux, sans indiquer les motifs de ce rejet. (Civ. cass. 17 févr. 1886, aff. Grandou, D. P. 86. 1. 443); — 17° La décision qui, statuant sur une action en nullité d'une enquête pour violation des art. 262, 269, 275 c. proc. civ., se borne à énoncer que les prétentions du demandeur en nullité de l'enquête ne sont nullement fondées, sans s'expliquer ni même indiquer pour quelles raisons de fait ou de droit, est nulle pour défaut de motifs (Civ. cass. 28 déc. 1886, aff. Aulombard, D. P. 87. 1. 430); — 18° Il y a lieu d'annuler pour défaut de motifs le jugement qui rejette, sans s'expliquer à cet égard, et en se bornant à la déclarer non applicable, l'exception tirée par le transporteur de ce que le destinataire des marchandises avariées n'a pas intenté son action en dommages-intérêts dans le mois qui a suivi sa protestation (Civ. cass. 26 avr. 1887, aff. Desesquelle, D. P. 88. 1. 35) ; — 19° L'arrêt qui se borne à décider « qu'un litige est de ceux qui, par leur nature, requièrent célérité », mais n'indique aucune raison de droit ou circonstance de fait qui justifie cette qualification n'est pas suffisamment motivé (Civ. cass. 14 févr. 1888, aff. Susini, 3 juin 1890, aff. Roccaserre, D. P. 90. 1. 368) ; — 20° L'arrêt qui, pour repousser une demande en nullité de commandement et de saisie, se borne à dire que le commandement a été légalement signifié et que la vente a été faite avec toutes les formalités prescrites, ne permet pas de savoir s'il a statué en fait ou en droit, et, dès lors, est nul pour insuffisance de motifs (Civ. cass. 28 oct. 1889, aff. Drouet, D. P. 89. 5. 318) ; — 21° Il y a lieu de déclarer nul, pour défaut de motifs, l'arrêt qui, pour répondre à la demande en responsabilité, formée contre les fondateurs et les administrateurs d'une société anonyme, et fondée sur ce que les demandeurs auraient été induits à acheter au-dessus du pair des actions d'une société nulle, par le fait des défendeurs, à raison de l'ignorance où ces derniers les auraient tenus sur les vices de la constitution de la société ainsi que sur les manœuvres dolosives qui s'y

(1) (Camps C. Nadau.) — LA cour; — Sur le moyen unique du pourvoi; — Vu l'art. 7 de la loi du 20 avr. 1810 : — Attendu que la dame Camps, assignée en payement de la somme de 1000 fr. montant de l'obligation par elle souscrite, le 31 juill. 1865, au profit de la dame Nadau, a conclu au rejet de cette demande, d'abord, par application de l'art. 1131 c. civ., et, subsidiairement, par application des art. 1395 et 1396 du même code; — Attendu que, si le tribunal a motivé le rejet du premier chef de ces conclusions, en déclarant, d'après les faits et documents de la cause que l'obligation litigieuse trouve une cause suffisante dans les sentiments d'honneur et de délicatesse qui avaient engagé la dame Camps à la souscrire, il n'en est pas de même relativement au rejet des conclusions plus subsidiaires; — Qu'en

effet, alors que la dame Camps invoquait la nullité de son engagement comme constituant un changement apporté aux conventions de son contrat de mariage, en dehors des prescriptions formelles des art. 1395 et 1396 c. civ., le jugement attaqué se borne à répondre que « l'obligation ne saurait être rejetée par application desdits articles », omettant ainsi de faire connaître les faits ou circonstances desquels il a entendu faire résulter l'inapplicabilité à l'espèce des prohibitions édictées par ces articles ; — D'où il suit qu'en rejetant, sans en donner aucun motif, l'exception invoquée de ce chef par la demanderesse en cassation, le jugement dénoncé a violé l'art. 7, précité; — Casse, etc. Du 27 avr. 1881.-Ch. civ.-MM. Mercier, 1er pr.-Legendre, rap.-Charrins, 1er av. gén., c. conf.-Bosviel, av.

rattachaient, lesquelles leur avaient permis d'émettre les actions avec une majoration de 125 fr. sur la valeur nominale, se borne à affirmer que la nullité de la société n'a point été la cause de sa ruine, ni par conséquent la cause du dommage éprouvé par les demandeurs à l'action en responsabilité (Civ. cass. 19 févr. 1890, aff. Labat, Fernier et Guillan (trois arrêts) D. P. 90. 1. 169); — 22° Un jugement est insuffisamment motivé lorsqu'il se borne à déclarer que les conclusions de la demande ont été vérifiées et qu'elles paraissent justes (Civ. cass. 6 nov. 1889, aff. Société *La Diffusion*, D. P. 90. 5. 346). Cette dernière décision est intéressante à retenir, en ce que la formule spéciale critiquée par la cour de cassation comme ne contenant pas de motifs suffisants est celle dont se contentent beaucoup de tribunaux, et notamment, dans tous ses jugements par défaut, le tribunal de commerce de la Seine.

**754.** Dans cette catégorie d'arrêts, annulés par la raison que les motifs qu'ils ont donnés ne motivent rien, en réalité, il faut ranger ceux qui contiennent des motifs qui se trouvent être contradictoires, soit avec le surplus des motifs, soit avec le dispositif. Par exemple, un arrêt qui a eu à statuer sur deux chefs de contestation doit être cassé comme n'étant pas motivé, lorsque ses motifs se détruisent mutuellement, en ce sens que ceux donnés sur le premier chef sont en contradiction complète avec ceux donnés sur le second; il en est spécialement ainsi, lorsque, d'une part, dans un premier ordre de motifs emprunté au jugement de première instance, l'arrêt qui annule pour dol une vente de fonds de commerce, affirme que la bonne foi de l'acheteur a été surprise, qu'il ignorait que le fonds cédé eût pour unique source de bénéfices la vente d'une substance frauduleusement fabriquée, et que, d'autre part, ce même arrêt, pour repousser, contrairement à l'opinion des premiers juges, une demande en dommages-intérêts formée par l'acheteur contre le vendeur, se fonde expressément sur ce qu'il résulte de tous les documents de la cause « que l'acheteur connaissait parfaitement la nature du commerce qui lui était cédé, et les fraudes qui en assuraient seules le succès » (Civ. cass. 7 janv. 1891, aff. Landry, D. P. 91. 1. 51). — De même, l'arrêt qui, après avoir déclaré, dans ses motifs, qu'il n'y a pas lieu de statuer sur une compensation demandée, comme étant sans intérêt, statue néanmoins, dans son dispositif, en augmentant, conformément aux conclusions prises par le créancier en appel, le chiffre de la condamnation qu'il avait réclamée en première instance, doit être annulé comme n'étant pas suffisamment motivé (Civ. cass. 2 févr. 1891, aff. Dumec, D. P. 91. 1. 198. — Comp., sur les motifs contradictoires, en matière criminelle, Crim. cass. 21 déc. 1867, aff. Keusch, D. P. 68. 1. 239).

**Art. 4.** — *Adoption des motifs antérieurement donnés dans la même cause* (Rép. n°s 1015 à 1040).

**755.** Le juge doit, en principe, chaque fois qu'il a à rendre un nouveau jugement, formuler des motifs nouveaux. Mais si, dans la même cause, les motifs de décider ont été déjà déduits, soit par un expert ou un notaire commis par justice, soit par le tribunal du degré inférieur, le juge qui approuve ces considérations peut-il se dispenser de les répéter personnellement, et se borner à s'y référer, en déclarant qu'il les adopte? L'affirmative est certaine, aussi bien pour les motifs tirés d'un rapport d'expert, ou d'un procès-verbal de notaire (Rép. n° 1022) que pour ceux tirés d'un précédent jugement (Rép. n° 1020).

**756.** Sur le premier point, V. *suprà*, n° 732 et suiv.

**757.** Sur le second point, il est de jurisprudence constante qu'un arrêt est suffisamment motivé lorsqu'il emprunte, en les adoptant, les motifs eux-mêmes suffisants, donnés par les premiers juges (Req. 21 nov. 1871, aff. Chevalier, D. P. 72. 1. 190; 1er mai 1877, *suprà*, n° 732; 23 mai 1881, aff. Chambonnet, D. P. 82. 1. 170; 27 juill. 1882, aff. Cocat, D. P. 83. 1. 462).

**758.** Toutefois il est nécessaire que la décision se réfère à des motifs précédemment donnés dans la même cause. Cette condition est de rigueur, et le jugement qui se réfère, quant aux motifs de sa décision, à des jugements précédemment rendus par le tribunal dans des affaires semblables, est nul pour défaut de motifs. Ainsi, le jugement qui rejette

le moyen de défense pris de ce qu'un contrat d'assurance militaire a été frappé de résolution par l'effet de l'élévation du chiffre du contingent, en se bornant à dire que l'exception n'est nullement fondée, « comme le tribunal l'a déjà décidé plusieurs fois dans des causes analogues », doit être annulé pour infraction à l'art. 7 de la loi du 20 avr. 1810 (Civ. cass. 4 févr. 1856, aff. Mayer-David, D. P. 56. 1. 83).

**759.** Dans quelle forme les motifs d'un premier jugement peuvent-ils être adoptés? Et d'abord, ne suffit-il pas que le juge déclare *confirmer* le jugement, sans rien dire quant aux motifs? La négative a été admise au *Rép.* n° 1028, et cette opinion a reçu, à diverses reprises, la consécration de la chambre civile. Ainsi il a été jugé: 1° que l'arrêt qui, après avoir motivé le rejet de conclusions subsidiaires (à fin de nullité d'un contrat d'assurance sur la vie, pour réticences dans les déclarations de l'assuré), se borne, quant aux conclusions principales (à fin de nullité du même contrat, pour défaut de payement de la prime) à confirmer purement et simplement le jugement de première instance, sans énoncer qu'il en adopte les motifs, est nul pour défaut de motifs (Civ. cass. 9 juin 1858, aff. Rosey, D. P. 59. 1. 31); — 2° Que le jugement ou l'arrêt contradictoire qui déboute une partie de son opposition à un jugement ou à un arrêt par défaut, sans se référer aux motifs de cette première décision, ni en exprimer de nouveaux, et en se bornant à déclarer l'opposition mal fondée, est nul pour défaut de motifs (Civ. cass. 10 juin 1863, aff. Simon, D. P. 63. 1. 472; 17 juin 1863, aff. Burrel, D. P. 63. 1. 309).

**760.** Mais cette jurisprudence n'est pas unanime, au moins en ce qui concerne les décisions statuant sur opposition; et il résulte de quelques décisions, tant de la chambre des requêtes que de la chambre civile elle-même: 1° que l'arrêt qui déboute une partie de son opposition à un arrêt par défaut, en déclarant confirmer cet arrêt, s'en approprie implicitement les motifs, et, dès lors, ne peut être annulé pour défaut de motifs (Req. 24 janv. 1864, aff. Pietri, D. P. 65. 1. 232); — 2° Que la décision qui rejette l'opposition formée contre un jugement par défaut et maintient le jugement tel qu'il a été rendu, confirme et s'approprie les motifs aussi bien que le dispositif de ce jugement, et qu'en conséquence, elle n'est pas nulle pour défaut de motifs (Civ. rej. 12 août 1868, aff. Poli, D. P. 68. 1. 478).

**761.** En tous cas, il n'est pas nécessaire que la seconde décision contienne une référence expresse aux motifs de la première (*Rép.* n° 1029); il suffit d'une référence implicite, comme le prouvent les solutions suivantes: 1° la décision contradictoire qui repousse l'opposition à une précédente décision par défaut, par la raison qu'elle ne repose sur aucun motif sérieux, doit être réputée avoir maintenu les motifs de cette première décision, et, dès lors, est suffisamment motivée (Req. 20 août 1867, aff. Hurres, D. P. 68. 1. 265); — 2° l'arrêt confirmatif qui, après avoir donné des motifs nouveaux sur le déclinatoire et sur le fond, adopte au surplus les motifs des premiers juges, s'approprie manifestement les motifs sur lesquels le jugement s'est appuyé pour rejeter le déclinatoire (Civ. rej. 4 mai 1868, aff. Kohler, D. P. 68. 1. 313); — 3° l'arrêt qui, statuant sur l'opposition à un précédent arrêt par défaut, déclare « qu'il n'y a lieu de s'y arrêter », s'approprie, par cette relation implicite aux motifs de l'arrêt maintenu, le débouté d'opposition (Civ. cass. 27 mai 1868, aff. Delacour, D. P. 71. 5. 270); — 4° L'arrêt qui déboute une partie de son opposition à un arrêt par défaut, et ordonne que ce dernier arrêt sortira son plein et entier effet, s'en approprie implicitement les motifs et, dès lors, ne peut être annulé pour défaut de motifs (Civ. 19 févr. 1872, aff. de la Besse, D. P. 72. 1. 168); — 5° L'arrêt qui, tout en réformant un jugement sur certains points, déclare s'en référer, sur le chef d'une demande reconventionnelle, aux motifs non contraires de ce jugement, s'approprie ces motifs, et satisfait ainsi à l'obligation de motiver les décisions judiciaires, spécialement, cet arrêt justifie suffisamment une allocation de dommages-intérêts en constatant, comme l'avaient fait les premiers juges, que la défenderesse avait causé à la demanderesse un préjudice dont il devait réparation (C. cass. Belgique, 19 janv. 1882, aff. de Bauffremont, D. P.

82. 2. 81); — 6° La décision d'appel déclarant que « c'est à bon droit que la sentence du premier juge a maintenu le demandeur en possession de l'objet litigieux » doit être réputée avoir implicitement adopté les motifs de cette sentence (Civ. rej. 24 janv. 1883, aff. Deboisne, D. P. 84. 1. 456); — 7° Le tribunal d'appel qui déclare que le juge de paix, après s'être transporté sur les lieux, où il s'est livré aux constatations matérielles les plus complètes, a fait une saine appréciation des droits des parties, doit être réputé avoir adopté les motifs du jugement rendu en premier ressort (Req. 3 nov. 1885, aff. Matrand, D. P. 86. 1. 376); — 8° L'arrêt qui déboute une partie de son opposition à un arrêt par défaut, alors que cette partie n'a produit aucun moyen à l'appui de l'opposition, et qui ordonne l'exécution du premier arrêt selon sa forme et teneur, s'en approprie implicitement les motifs, et, dès lors, ne peut être annulé pour défaut de motifs (Civ. rej. 8 mars 1886, aff. d'Ecquevilley, D. P. 86. 1. 415); — 9° Le juge du second degré adopte nécessairement, quoique sans le dire en termes exprès, les motifs du jugement de première instance, lorsqu'il déclare, d'une part, que le premier juge s'est fondé, pour repousser la demande, sur le droit qu'il a reconnu aux défendeurs d'agir comme ils l'ont fait, et ajoute, d'autre part, qu'en cause d'appel le demandeur n'allègue aucune raison de nature à infirmer le droit admis (Req. 5 juill. 1887, aff. Dumas, D. P. 87. 1. 325).

762. Toutefois cette règle ne peut évidemment s'appliquer qu'à ceux des motifs du premier jugement qui ne sont pas inconciliables avec la décision nouvelle (Req. 29 avr. 1874, aff. Letulle, D. P. 74. 1. 333; 15 déc. 1884, aff. Lescarts, D. P. 86. 1. 120).

763. Pour en finir avec le point de savoir dans quelle forme peut se produire l'adoption de motifs, il nous reste à rappeler que, comme on l'a vu au *Rép.* n°4030, il n'est pas indispensable que l'arrêt qui se réfère aux motifs des premiers juges, en les adoptant, contienne la transcription de ces motifs, alors surtout qu'ils sont contenus dans la copie du jugement signifié à la partie (Req. 21 févr. 1859, aff. Lecronier, D. P. 59. 1. 416; 15 janv. 1872, aff. *La France*, D. P. 72. 1. 124; 5 avr. 1876, aff. Bonnigal, D. P. 78. 1. 11). — Il a même été jugé que le défaut d'énonciation, dans les qualités d'un arrêt, de la date, des motifs et même du dispositif du jugement confirmé avec adoption des motifs des premiers juges, n'est pas une cause de nullité de l'arrêt, si, après avoir adopté les motifs du jugement, cet arrêt ajoute un considérant dans lequel on retrouve sa décision expliquée par l'ensemble des faits rappelés aux qualités (Req. 1er mai 1861, aff. Rouzand, D. P. 62. 1. 122).

764. La forme dans laquelle peut avoir lieu l'adoption de motifs étant ainsi déterminée, il reste à chercher quand elle devra être considérée comme valable et constituant des motifs suffisants (*Rép.* n°s 1033 et suiv.). — Point de difficulté, s'il n'a pas été prise devant le juge d'appel de conclusions nouvelles, c'est-à-dire contenant un chef de dispositif nouveau, les simples arguments n'appelant pas de motifs spéciaux (V. *supra*, n° 722). Ainsi : 1° l'arrêt qui confirme un jugement dont il adopte les motifs est suffisamment motivé, bien qu'il ne s'explique pas sur des arguments produits pour la première fois en appel, si aucun moyen nouveau n'a été présenté (Civ. rej. 31 août 1881, aff. Roux, D. P. 84. 1. 338); — 2° L'arrêt qui affirme, par l'adoption des motifs du jugement, que les héritiers de la femme ne peuvent, vis-à-vis des tiers, revenir sur leur renonciation, n'est pas obligé de répondre, par un motif spécial, à un nouvel argument des héritiers présenté en appel, et pris de ce qu'ils ont, postérieurement à la renonciation, fait ins-

crire l'hypothèque légale de ladite femme (Civ. rej. 17 déc. 1888, aff. Fontenay, D. P. 89. 1. 465).

765. Même en présence de conclusions nouvelles, il se peut que l'adoption pure et simple des motifs ne fournisse pas un moyen de cassation. D'abord, l'arrêt qui confirme le jugement frappé d'appel, avec adoption des motifs des premiers juges, quoique l'appelant ait pris devant la cour des conclusions nouvelles, ne peut être attaqué pour défaut de motifs, et n'est soumis qu'à la requête civile, s'il résulte de cette confirmation pure et simple que l'arrêt a, non pas rejeté implicitement les conclusions nouvelles, sans en donner de motifs, mais omis de statuer sur ces conclusions (Req. 19 fév. 1861, aff. Cécille, D. P. 61. 1. 430).

766. Dans le cas même où il y a non pas omission de statuer, mais rejet véritable, il importe peu qu'il ait été pris des conclusions nouvelles, si elles ne font que reproduire celles qui avaient été déjà prises. Ainsi les juges d'appel qui confirment le jugement de première instance, dont ils adoptent les motifs, ne sont pas tenus de donner des motifs particuliers à l'appui du rejet de conclusions prises pour la première fois devant eux, quand ces conclusions rentrent dans celles qui avaient été prises en première instance et sur lesquelles a statué le jugement confirmé (Civ. rej. 17 août 1853, aff. Mounier, D. P. 54. 1. 382), spécialement lorsqu'elles ne sont que la reproduction, l'explication ou le développement de celles qui avaient été déjà prises devant le tribunal (Req. 4 mai 1874, aff. Pradier, D. P. 74. 1. 489), ou ne font que reproduire, sous une forme différente, une défense déjà présentée aux juges de première instance (Req. 19 janv. 1887, aff. Bonal, D. P. 87. 1. 484). Il en est ainsi, d'ailleurs, alors même que les avoués auraient expressément déclaré abandonner leurs premières conclusions et les remplacer par les nouvelles (Req. 13 janv. 1885) (1); — 2° Le juge d'appel n'est pas tenu de donner des motifs spéciaux sur les conclusions par lesquelles l'appelant a restreint sa prétention primitive, alors que ces conclusions ne sont appuyées d'aucun moyen nouveau de fait ou de droit, et que les motifs donnés sur la demande originaire répondent suffisamment à la demande modifiée en appel (Req. 1er févr. 1869, aff. Bichon, D. P. 72. 1. 24); — 3° Lorsqu'une articulation de faits a été écartée par les juges de première instance comme non pertinente, et que la partie qui l'a présentée la développe en appel sous une forme nouvelle et en confondant les faits déjà produits avec d'autres nouvellement articulés, la cour, en adoptant d'une manière générale les motifs des premiers juges, déclare suffisamment la non-pertinence et la non-admissibilité de l'articulation (Req. 28 mars 1876, aff. Traband, D. P. 77. 1. 492); — 4° L'arrêt qui confirme le jugement de première instance avec adoption de motifs, n'est pas tenu de motiver spécialement sa décision sur un chef inséré pour la première fois dans le dispositif des conclusions d'appel, si ce chef n'est qu'un moyen déjà présenté dans les conclusions d'appel, prises devant les premiers juges, auquel ils ont répondu, et qui a été reproduit dans les qualités de l'arrêt (Req. 23 mai 1881, aff. Saulnier, D. P. 82. 1. 176).

767. Enfin, lors même qu'il aurait été pris des conclusions absolument nouvelles, l'adoption des motifs serait encore suffisante, si les motifs répondaient déjà implicitement à ces nouvelles conclusions. Cette règle a reçu, en jurisprudence, de très fréquentes applications. Ainsi : 1° lorsque, dans une instance en rescision d'un partage pour cause de lésion, il résulte du jugement qu'un immeuble dont l'estimation est contestée, a tout au plus une certaine valeur, et que des conclusions tendant à prononcer que cet immeuble a une valeur supérieure sont prises en appel, la cour

(1) (Héroult C. Ferrand.) — La cour; — Sur le premier moyen du pourvoi, tiré de la violation de l'art. 7 de la loi du 20 avr. 1810 : — Attendu qu'il résulte, tant du jugement du tribunal civil de Pont-Audemer que de l'arrêt confirmatif de la cour de Rouen, que la seule question débattue entre les parties, en première instance et en appel, était uniquement celle de savoir si le sieur Héroult, en vendant à la veuve Ferrand dix-sept obligations du Crédit foncier égyptien, avait usé envers elle de manœuvres dolosives de nature, aux termes des l'art. 1116 c. civ., à faire annuler cette vente; — Attendu que, s'il est énoncé dans les qualités de l'arrêt qu'à l'audience de la cour du 15 déc. 1883, les avoués des deux parties « ont abandonné leurs conclusions du

8 novembre précédent, et en ont pris de nouvelles, qui sont datées et contresignées par le greffier », il est de toute évidence, non seulement par l'ensemble des qualités de l'arrêt, et spécialement par le point de droit qu'il pose, mais encore par l'absence de production de ces prétendues conclusions, que celles prises le 15 décembre n'étaient que celles du 8 novembre renouvelées; — Attendu, dès lors, que l'arrêt attaqué, en répondant à ces premières conclusions, a satisfait aux dispositions de loi visées ci-dessus ;...

Rejette, etc.

Du 13 janv. 1885.-Ch. req.-MM. Bédarrides, pr.-Becot, rap.-Chévrier, av. gén., c. conf.-Boivin-Champeaux, av.

motive suffis... ment le rejet de ces conclusions en déclarant adopter la Coussaye, D. P. 53. 1. 339); — 2° C'est de 1853, aff. juges d'appel, s'expliquer suffisamment sur les la part... fis de l'un des copartageants, tendant à prouver des conclusions qui auraient été commises sur un immeuble dét... dans le partage, que d'adopter les motifs des pre... s juges, s'il est établi dans ces motifs que le coparta... nt qui se plaint a largement reçu ce qui lui revient, et même au delà (Même arrêt); — 3° L'arrêt qui, après une enquête refusée par les premiers juges et ordonnée en appel, confirme le jugement, avec adoption des motifs, est suffisamment motivé, cette adoption de motifs démontrant d'une manière claire que la preuve autorisée par la cour n'a point été faite (Req. 30 janv. 1856, aff. Paul Bernard, D. P. 56. 1. 458); — 4° Le rejet de conclusions nouvelles prises en appel est suffisamment motivé par l'adoption des motifs des premiers juges, lorsque ces motifs renferment la dénégation des faits sur lesquels reposent les conclusions nouvelles de l'appelant; ainsi, lorsque le jugement de première instance constate qu'un mandataire a payé de ses deniers, en l'acquit de son mandant, des intérêts pendant un certain nombre d'années, et lui attribue, en conséquence, le droit de porter à son compte le principal et les intérêts de chacun de ses versements annuels, cette constatation faisant clairement connaître que les payements d'intérêts dont il s'agit ont eu lieu chaque année, au fur et à mesure des échéances, l'adoption des motifs du jugement motive suffisamment le rejet des conclusions prises pour la première fois devant la cour par le mandant, et tendant à ce que le mandataire soit déclaré responsable du payement d'une portion de ces intérêts, comme ayant été faite après l'accomplissement de la prescription quinquennale (Civ. rej. 5 mars 1860, aff. Mittelette, D.P. 60. 1. 404); — 5° Le jugement qui refuse d'annuler un brevet d'invention attaqué pour *description insuffisante* des moyens de l'inventeur, en déclarant que le mémoire déposé fait suffisamment connaître les éléments constitutifs de l'invention et permet à toute personne connaissant l'industrie à laquelle appartient le procédé breveté de le comprendre sans indication particulière, doit être considéré comme répondant aux conclusions prises devant la cour à fin d'annulation du brevet pour *dissimulation* des mêmes moyens, en ce que, par exemple, l'échantillon joint au brevet, et déclaré le produit du procédé qui en est l'objet, serait fait en partie à la main; les motifs du jugement impliquent que cette particularité était, aussi bien que les autres moyens de l'inventeur, soumis à l'appréciation du tribunal, suffisamment portée à la connaissance du public. sans qu'il fût besoin que le mémoire la désignât spécialement; en conséquence, l'arrêt qui rejette ces conclusions nouvelles, en se bornant à l'adoption pure et simple des motifs des premiers juges, n'est pas nul pour défaut de motifs (Req. 20 août 1860, aff. Mullié-Bénard, D.P. 60. 1. 493); — 6° Lorsque, d'un jugement de séparation de corps qui règle en même temps la garde des enfants, l'époux appelant conclut pour la première fois à ce que, en cas de confirmation, les jours et le lieu où il sera autorisé à visiter ses enfants soient déterminés par la cour, l'arrêt qui, en confirmant la décision des premiers juges, se borne à en adopter les motifs, n'est pas nul comme non motivé, si les motifs adoptés impliquent, par leur généralité, le refus d'autoriser les visites de cet époux (Req. 19 févr. 1861, aff. Cécille, D. P. 61. 1. 430); — 7° L'énonciation, dans un jugement et dans les qualités d'un jugement, qu'un mari figure au procès comme mari et maître des droits et actions de sa femme, et la désignation du mari sous des titres appartenant à sa femme, tels que celui d'héritier bénéficiaire du père de celle-ci, titre dont il a argumenté pour soulever au procès certaines exceptions, implique suffisamment que le tribunal a considéré cette femme comme légalement représentée par son mari, et, par suite, l'adoption des motifs du jugement résout suffisamment cette question soulevée pour la première fois en appel (Civ. rej. 12 juin 1861, aff. Mauguin, D. P. 61. 1. 259); — 8° Lorsque le jugement de première instance a rejeté la prescription quinquennale relativement aux intérêts d'un prix de vente mis en distribution par voie d'ordre, en se fondant sur ce que cette prescription a cessé de courir jusqu'à la clôture de l'ordre, l'adoption de ces motifs, par l'arrêt confirmatif, motive suffisamment le rejet de la même exception de prescription opposée pour la première fois devant la cour à l'égard des intérêts des créances colloquées (Civ. rej. 27 avr. 1864, aff. Bertrand, D. P. 64. 1. 433); — 9° Le juge d'appel n'est pas obligé de donner des motifs nouveaux à l'appui du rejet d'une offre de preuve faite devant lui, alors que les faits articulés avaient été déjà appréciés implicitement par le jugement attaqué, dont il a adopté les motifs (Req. 11 mars 1868, aff. Catrix, D.P. 68. 1. 435); — 10° Le jugement par lequel un propriétaire a été déclaré responsable du préjudice causé par les lapins sortis de son bois, qui s'étaient conservés et multipliés à la faveur de la protection que leur accordait nécessairement une chasse gardée et réservée, peut être considéré comme ayant répondu d'avance aux conclusions nouvelles prises, sur l'appel de ce jugement, le propriétaire a prétendu que le préjudice n'existait pas et que, par des battues fréquentes, il avait détruit les lapins qui auraient pu causer le dommage; dès lors, le juge d'appel peut se borner à confirmer ce jugement avec adoption des motifs (Req. 16 mars 1868, aff. de Bernitz, D. P. 68. 1. 295); — 11° Lorsque, les premiers juges ayant annulé un testament en s'appuyant notamment sur les résultats d'une enquête faite sur la demande en interdiction du testateur, le légataire a soutenu pour la première fois en appel que cette enquête, à laquelle il n'avait pas été partie, ne lui était pas opposable, l'arrêt confirmatif qui adopte simplement les motifs des premiers juges est suffisamment motivé, s'il explique ainsi pourquoi et comment l'enquête donnait de sérieuses indications sur l'état mental du testateur (Req. 16 mars 1869, aff. d'Andigné de Marié, D. P. 72. 1. 75); — 12° Le jugement qui décide qu'un individu est propriétaire de l'immeuble frappé d'expropriation pour cause d'utilité publique, et qu'il a, par suite, seul droit à l'indemnité d'expropriation, répond implicitement à la prétention du contradicteur de celui-ci de faire réserver la question de l'attribution de l'indemnité, en la détachant de la contestation sur la propriété; par suite, dans le cas où cette prétention a été exprimée pour la première fois devant le juge d'appel, celui-ci, pour la rejeter, peut se borner à adopter les motifs des premiers juges (Req. 15 févr. 1870, aff. Fabre, D. P. 72. 1. 372); — 13° Est suffisamment motivé l'arrêt qui refuse de donner acte de l'offre de réparer un dommage par une prestation en nature, en adoptant les motifs des premiers juges, bien que cette offre ait été faite pour la première fois en appel, alors que le jugement confirmé déclare que le dommage ne peut être, quant à présent, déterminé et que, dès lors, il y a lieu de surseoir à l'appréciation de ce dommage jusqu'après l'accomplissement des travaux (Civ. rej. 23 mars 1870, aff. Herbemont, D. P. 71. 1. 235); — 14° Le jugement qui constate que le tiers sur la poursuite duquel un immeuble a été vendu par la voie de la licitation était, au jour de cette vente, créancier de l'un des copropriétaires de cet immeuble, répond implicitement, et d'avance, au moyen tiré plus tard, en appel, de ce que le poursuivant se serait déjà trouvé désintéressé par la saisie et la vente des meubles de son débiteur et aurait ainsi fait double emploi; par suite, le juge d'appel, s'il considère le jugement avec adoption des motifs présentés par les premiers juges, est dispensé de répondre, par un motif particulier, aux conclusions nouvelles prises pour la proposition de ce moyen (Req. 24 mai 1870, aff. Moussus, D. P. 70. 1. 426); — 15° Le juge d'appel, en adoptant les motifs d'une décision qui déclare, d'après un rapport d'experts, que le défendeur sera tenu de supprimer, conformément aux conclusions du demandeur, quatre tuyaux de cheminée, répond ainsi implicitement aux conclusions par lesquelles le défendeur a soutenu, en appel, que le premier juge avait statué *ultra petita*, attendu que le demandeur n'aurait conclu qu'à la suppression d'un seul tuyau de cheminée (Civ. rej. 18 juill. 1870, aff. Herbemont, D. P. 70. 1. 342); — 16° L'arrêt qui confirme, avec adoption de motifs, le jugement par lequel une partie a été condamnée à des dommages-intérêts pour avoir fait exécuter dans un cours d'eau un travail préjudiciable au riverain supérieur, motive ainsi suffisamment le rejet des conclusions prises pour la première fois en appel par cette partie, et tendant à faire décider que, en exécutant le travail dont il s'agit, elle n'avait point excédé les limites de son droit (Req.

31 juill. 1872, aff. Guilhou, D. P. 73. 1. 489) ; — 17° L'arrêt qui confirme la décision par laquelle a été rejetée l'action en responsabilité dirigée contre les administrateurs d'une société, peut se borner à adopter les motifs sur lesquels repose cette décision, bien qu'un nouveau grief ait été invoqué en appel par les demandeurs, si ce grief a été présenté, non comme un moyen nouveau, mais comme rentrant dans une catégorie de fautes lourdes articulées devant les premiers juges et appréciées par eux; et il en serait encore ainsi, alors même que le grief dont il s'agit constituerait un moyen nouveau, si les motifs adoptés s'y appliquent directement et en justifient le rejet (Req. 24 déc. 1872, aff. Huard, D. P. 73. 1. 236) ; — 18° Est valable l'arrêt qui confirme le jugement avec adoption des motifs, lorsque le tribunal a rejeté la revendication de chambres et caves par l'adjudicataire d'une maison, en se fondant sur ce qu'elles étaient portées par le cahier des charges dans un autre lot, alors même que la cour aurait été saisie de conclusions nouvelles tendant à la vérification du mode de construction de la maison et de l'existence d'une trappe au-dessus de la cave, ces circonstances n'étaient pas de nature à faire considérer les lieux litigieux comme dépendance nécessaire de l'immeuble adjugé (Req. 31 mars 1873, aff. Perez, D. P. 74. 5. 342) ; — 19° L'arrêt qui, dans une instance en nullité d'un testament authentique, pour insanité d'esprit du testateur, se borne à adopter les motifs des premiers juges, est suffisamment motivé, bien que, devant la cour d'appel, de nouvelles articulations aient été ajoutées à celles qui avaient été produites devant les premiers juges, alors que ces motifs, par leur généralité, peuvent répondre aux unes et aux autres (Req. 6 juin 1877, aff. Barreyre, D. P. 78. 1. 40) ; — 20° L'arrêt qui repousse à la fois les conclusions principales et les conclusions subsidiaires prises pour la première fois en appel, en appliquant expressément aux unes et aux autres les motifs donnés par le juge de première instance et l'avis des experts nommés par ce juge, est suffisamment motivé (Req. 11 juin 1877, aff. Decroix, D. P. 78. 1. 409) ; — 21° L'arrêt qui, appelé à statuer sur l'appel interjeté au nom des héritiers mineurs d'une femme dotale, ne se borne pas à donner défaut-congé contre leur tuteur, mais, en adoptant les motifs des premiers juges, déclare que l'obligation résultant du dol personnel de l'auteur des mineurs doit être exécutée même sur ses biens dotaux, motive suffisamment la confirmation qu'il prononce à l'égard desdits mineurs (Req. 4 juill. 1877, aff. Daniel, D. P. 78. 1. 55) ; — 22° Les motifs d'un arrêt peuvent se trouver dans les motifs du jugement de première instance, alors même qu'il s'agit d'un moyen présenté pour la première fois en appel, si la réponse à ce moyen ressort virtuellement des termes employés par les premiers juges; il en est ainsi, spécialement, lorsque, sur des conclusions prises en appel par un agent de remplacement militaire, et tendant à faire peser sur le remplacé la responsabilité d'un service militaire de quelques jours que celui-ci avait dû faire à la suite de la désertion du remplaçant, la cour d'appel a purement et simplement adopté les motifs des premiers juges, portant que la responsabilité des conséquences de la désertion du remplaçant incombait à l'agent de remplacement (Req. 30 avr. 1878, aff. Lévy, D. P. 78. 1. 349) ; — 23° Un arrêt, en adoptant les motifs des premiers juges, qui constatent qu'un jugement, rendu contre un étranger n'ayant pas comparu, doit être considéré comme un jugement par défaut susceptible d'opposition, répond implicitement aux conclusions par lesquelles la partie adverse prétend, devant la cour d'appel que cet étranger, ayant envoyé au tribunal des notes et documents pour discuter la compétence de l'autorité judiciaire française, n'avait pu être déclaré défaillant (Req. 11 juin 1879, aff. Weiss, D. P. 80. 1. 21) ; — 24° Lorsque le tribunal, saisi d'une demande en réduction de donation, a ordonné qu'il serait procédé à l'appréciation de cette libéralité d'après la valeur des immeubles héréditaires au jour du décès du donateur, et que la liquidation de la succession, faite sur cette base, a été homologuée par un jugement qui déclare « qu'elle est exacte de tous points », l'arrêt qui confirme ce jugement, par adoption des motifs des premiers juges, motive suffisamment sur le rejet des conclusions prises pour la première fois en appel par le donataire, et tendant à faire estimer la valeur des immeu-

bles à une date postérieure au décès (Re . aff. Capdeville, D. P. 80. 1. 247) ; — 25° L'a 16 juill. 1879, qui adopte les motifs des premiers juges confirmatif, dant à tout ce qui a trait à l'objet du litige, ne répon- samment le rejet d'une fin de non-recevoir prése suffi- lement en appel, alors d'ailleurs que ce moye sen- signalé à l'attention des premiers juges par le défen l'exception; spécialement, lorsqu'un jugement con qu'une demande en réparation de l'usurpation d'u marque de fabrique a été précédée du dépôt régulier de cette marque et que cette demande est, par suite, recevable, l'arrêt qui s'approprie ce motif, reposant sur un fait précis et indivisible, répond à la fin de non-recevoir tirée de l'omission de ce dépôt et proposée seulement en appel (Req. 3 août 1880, aff. Mulhens, D. P. 81. 1. 180) ; — 26° L'arrêt qui adopte les motifs d'un jugement d'où il résultait, en fait, que l'approbation avait eu lieu pour les comptes de premier établissement d'une société, comme pour les autres comptes, motive suffisamment le rejet de la prétention, élevée en appel que les comptes de premier établissement n'avaient jamais été rendus (Civ. rej. 27 juill. 1881, aff. Cintract, D. P. 83. 1. 25) ; — 27° Il n'y a point lieu de rechercher si c'est à tort qu'un arrêt a déclaré rejeter, comme nouvelle, une demande qui ne serait que l'accessoire et le développement d'une demande formulée en première instance, lorsque ce rejet est motivé, en outre, par l'adoption des motifs des premiers juges, et que quelques-uns de ces motifs justifieraient le rejet implicite des conclusions prises pour la première fois devant la cour (Civ. rej. 23 nov. 1881, aff Rozier, D. P. 82. 1. 417) ; — 28° L'arrêt qui confirme, par adoption de motifs, la décision par laquelle les premiers juges ont reconnu à une partie le droit d'appuyer une construction sur un mur contigu à son immeuble, motive suffisamment le rejet des conclusions prises pour la première fois en appel par le propriétaire de ce mur, et tendant à faire ordonner que ladite construction serait reculée à 1 distance légale (Req. 24 mars 1884, aff. Belhoste, D. P. 84 1. 387) ; — 29° L'arrêt qui confirme, par adoption de motif le jugement par lequel un seul groupe d'experts est commi à l'évaluation de biens situés les uns en France et les autre à l'étranger, motive suffisamment le rejet de conclusion prises pour la première fois en appel, et tendant à fair nommer deux groupes différents d'experts, l'un pour l'éva luation des biens sis en France et l'autre pour la mêm opération à l'étranger (Civ. rej. 3 févr. 1886, aff. Grandper ret, D. P. 87. 5. 292) ; — 30° Lorsque, après avoir pris e première instance des conclusions spéciales et personnelle sur un point du litige, l'une des parties en cause déclare, e appel, se borner à adhérer aux conclusions prises par le autres parties cointéressées en première instance, l'arr qui adopte les motifs donnés par les premiers juges sur ce dernières conclusions est suffisamment motivé (Civ. re 26 janv. 1887, aff. Rozière, D. P. 87. 1. 275) ; — 31° L'a rêt qui s'approprie les motifs des premiers juges pou écarter, comme dénués de précision, des faits articulé dans la première fois en appel, déclare implicitement qu la nouvelle articulation n'est pas précise, et il est suffisam ment motivé sur ce point (Même arrêt) ; — 32° Lorsque jugement d'un tribunal de commerce qui ne porte aucun condamnation et se borne à interpréter une décision pré cédente, sans régler aucune difficulté d'exécution, décla dans ses motifs, qu'il peut le faire sans violer les dispo tions de l'art. 442 c. proc. civ., qui interdit aux tribuna consulaires de connaître de l'exécution de leurs déc sions, l'arrêt qui adopte les motifs de ce jugement moti suffisamment sur le rejet des conclusions d'appel tendant faire déclarer que cet article avait été violé (Civ. re 15 nov. 1887, aff. Galley, D. P. 89. 1. 153) ; — 33° Quan le premier juge repousse la demande d'une nouvell expertise sur les comptes des parties, en arguant de régularité de la comptabilité et du caractère peu sérieu des critiques formulées, les motifs de sa décision, s' sont adoptés par le juge du second degré, devienne applicables aux conclusions d'appel par lesquelles la mêm demande de supplément d'expertise était reproduite, avec nouveaux griefs (Civ. rej. 27 juin 1888, aff. Bozon, D. P. 8 1. 96) ; — 34° Un arrêt répond explicitement à l'allégati d'une partie, devant la cour, qu'une certaine clause n'exis pas dans un cahier des charges d'adjudication de travaux, alors qu'il adopte les motifs du jugement qui a déclaré que ladite clause est insérée dans le cahier des charges en question (Civ. rej. 4 mars 1889, aff. Berthaud, D. P. 89. 1. 426-427); — 35° Un arrêt motive suffisamment le rejet de contestations soulevées, en appel contre une liquidation, lorsqu'il s'approprie et les motifs et le dispositif d'un jugement qui constatait (même par un donné acte) que le contestant avait, en première instance, ratifié cette liquidation. Spécialement, lorsque, en instance d'appel, une partie conclut à la réformation d'une liquidation qu'elle avait déclaré accepter en première instance, et que les premiers juges avaient homologuée en lui donnant acte de son acceptation, répond par cela même aux conclusions nouvelles prises en cause d'appel, et, par suite, son arrêt est juridiquement motivé (Req. 6 août 1889, aff. Simon, D. P. 90. 5. 343); — 36° Un arrêt motive suffisamment le rejet, en l'état, d'une demande de condamnation, lorsqu'il adopte les motifs du jugement qui avait renvoyé les parties à compter devant un tiers (Req. 1er avr. 1890, aff. Raverat, D. P. 91. 1. 374).

**768.** Une autre série d'applications se réfère du cas, très fréquent, où l'une des parties a pris pour la première fois devant la cour des conclusions subsidiaires. Ainsi : 1° lorsque, dans un procès entre deux communes, au sujet de la propriété d'un terrain, le tribunal de première instance a attribué ce terrain à l'une d'elles, en se fondant sur ses titres et sa possession, et que, à l'appui de son appel, l'autre partie a articulé des faits de possession en sens contraire, dont elle offre la preuve subsidiairement, l'arrêt qui confirme, en adoptant les motifs des premiers juges, est suffisamment motivé, même quant au rejet de ces conclusions subsidiaires, la possession reconnue à l'une des parties étant nécessairement exclusive de la possession contraire prétendue par l'autre (Civ. rej. 8 août 1834, aff. Commune de Rodome, D. P. 54. 1. 282); — 2° L'arrêt qui, par voie d'adoption de motifs, se fonde sur l'expiration du délai du compromis pour annuler la sentence arbitrale, motive, par cela même, le rejet de conclusions subsidiaires prises pour la première fois devant la cour, et tendant à ce que les parties, fussent renvoyées à se pourvoir pour la récusation de l'arbitre (Req. 26 déc. 1855, aff. Molles, D. P. 56. 1. 354); — 3° La déclaration du jugement que la somme réclamée est due tout entière répond par avance aux conclusions subsidiaires qui seraient prises en appel à l'effet d'obtenir une réduction de cette créance, alors surtout que la partie qui demande cette réduction ne produit aucune pièce ni aucun titre nouveau à l'appui de ses conclusions subsidiaires (Civ. rej. 30 mars 1870, aff. Brossard, D. P. 70. 1. 217); — 4° Est suffisamment motivé l'arrêt qui rejette des conclusions subsidiaires du cessionnaire d'un office, tendant à prouver que les produits de cet office n'atteignaient un chiffre déterminé qu'au moyen de perceptions illicites, si le jugement, dont il adopte les motifs, déclare notamment que le cédant n'avait pris aucun engagement à l'égard des produits de cet office (Civ. rej. 7 juill. 1873, aff. Dubosc, D. P. 73. 1. 412); — 5° Les conclusions subsi-

diaires proposées pour la première fois en appel, par lesquelles le gérant d'une société en commandite par actions demande à prouver que l'on a compté dans les mauvaises créances des valeurs qui depuis sont rentrées en tout ou partie, sont implicitement rejetées par l'adoption des motifs des premiers juges, qui ont exclu ces valeurs de la répartition des bénéfices (Req. 6 janv. 1874, aff. Bousquet, D. P. 74. 1. 437); — 6° Le rejet des conclusions subsidiaires de l'appelant, tendant à une liquidation ultérieure d'une hérédité, est suffisamment motivé par les motifs du jugement confirmé, qui, en procédant immédiatement à la liquidation, déclare inutile le renvoi demandé (Req. 6 mai 1874, aff. Blanc, D. P. 75. 1. 18); — 7° Lorsque des héritiers ont pris pour la première fois en appel des conclusions subsidiaires par lesquelles, pour établir qu'ils n'avaient rien détourné, ils demandaient à la cour de les admettre à prouver qu'ils avaient payé les dépenses par eux faites depuis le décès du de cujus, et de nommer un expert chargé de vérifier l'importance des réparations qu'ils ont exécutées, l'arrêt qui adopte les motifs des premiers juges, lesquels avaient admis l'existence des détournements, est suffisamment motivé (Req. 3 avr. 1876) (1); — 8° Les conclusions subsidiaires posées en appel pour la première fois, mais qui ne sont que les déductions d'un système proposé en première instance et repoussé catégoriquement par les premiers juges, peuvent être rejetées par une adoption pure et simple des motifs du jugement, et sans qu'il soit besoin de donner des motifs spéciaux à l'appui de ce rejet (Req. 13 juin 1876, aff. Lévy-Bing, D. P. 76. 1. 484); — 9° L'arrêt qui adopte purement et simplement les motifs des premiers juges, fondés sur ce que le vendeur ne justifiait pas avoir payé de droits supplémentaires sur les marchandises par lui expédiées, répond suffisamment à des conclusions subsidiaires prises en appel, et tirées de la production de quittances dont l'application auxdites marchandises n'est pas établie (Civ. rej. 16 juill. 1876, aff. Fenaille, D. P. 77. 1. 393); — 10° L'arrêt qui, tout en donnant de nouveaux motifs, adopte, pour le surplus ceux des premiers juges, répond suffisamment à des conclusions subsidiaires présentées pour la première fois en appel qui ne sont que la reproduction, sauf une simple différence de chiffres, de celles prises en première instance, et sur lesquelles a statué le jugement confirmé (Req. 21 janv. 1879, aff. L'Urbaine, D. P. 80. 1. 298).

**769.** La même règle s'appliquerait à plus forte raison, si le juge d'appel avait fait une addition, si légère fût-elle, aux motifs adoptés (Req. 5 juin 1877) (2). Cela a été jugé pour des conclusions principales prises en appel pour la première fois. Ainsi, lorsque, sur l'appel d'un jugement qui a homologué le compte présenté par le liquidateur d'une société, l'un des associés a conclu pour la première fois à ce que son apport personnel fût évalué à une certaine somme ou estimé par expert commis, l'arrêt qui rejette ce nouveau chef de conclusions, en adoptant les motifs des premiers juges, peut être considéré comme suffisamment motivé, alors que la cour a ajouté, dans le but de répondre aux prétentions nouvelles de l'appelant, que les documents du procès lui permettaient d'apprécier toutes les difficultés qui divi-

(1) (Durand.) — LA COUR; — Sur le premier moyen, tiré de la violation de l'art. 7 de la loi du 20 avr. 1810 et de l'art. 141 c. proc. civ.: — Attendu que les époux Durand, par leurs conclusions subsidiaires d'appel, demandaient à la cour : 1° de les admettre à prouver qu'ils avaient pu, soit par des emprunts, soit par leurs ressources personnelles, payer les dépenses par eux faites depuis le décès de Tranier père; 2° de nommer un expert à l'effet de vérifier l'importance des réparations ou des constructions par eux faites depuis la même époque; — Qu'ils n'avaient établi ainsi qu'ils n'avaient pas détourné des sommes d'argent de la succession de Tranier père, ainsi que les créanciers éventuels le leur imputaient et ainsi que le tribunal l'avait reconnu. — Attendu que l'arrêt attaqué répond suffisamment à ces conclusions subsidiaires par les motifs du jugement qu'il adopte, et qui portent que les détournements dont il s'agit sont constants et qu'ils ont été commis de concert par les époux Durand; — D'où il suit qu'il a été satisfait aux prescriptions des articles susvisés; — Sur le deuxième moyen (sans intérêt); — Rejette, etc.
Du 3 avr. 1876.-Ch. req.-MM. de Raynal, pr.-Petit, rap.-Reverchon, av. gén., c. conf.-Brugnon, av.

(2) (Maroleau C. Devès.) — LA COUR; — Sur le moyen du

pourvoi, tiré d'une prétendue violation de l'art. 7 de la loi du 20 avr. 1810 : — Attendu qu'un arrêt qui procède par voie d'adoption des motifs des premiers juges ne peut être annulé pour défaut de motifs, si les nouvelles conclusions prises en appel trouvent une réponse directe ou tout au moins implicite dans les motifs adoptés; — Que, dans l'espèce, les conclusions d'appel tendaient à la communication de diverses pièces relatives à l'opération de la fourniture faite au gouvernement, et à défaut, au payement des entiers bénéfices; — Que les motifs adoptés répondaient à ces conclusions; — Qu'en effet, il y est dit que le chiffre total de ces bénéfices était de 80546 fr., mais qu'il n'en revenait que le sixième au père de la mineure Guillaume, et que ce règlement de compte avait été approuvé par le subrogé-tuteur et par le conseil de famille de cette dernière; — Qu'au surplus, l'arrêt attaqué ne se borne point à une adoption pure et simple des motifs des premiers juges, et qu'il porte cette affirmation particulière aux juges d'appel, vu les pièces, ce qui indique suffisamment que la communication de nouvelles pièces demeurait sans importance à leurs yeux;
Rejette, etc.
Du 5 juin 1877.-Ch. req.-MM. le cons. Alméras-Latour, pr.-Barafort, rap.-Desjardins, av. gén., c. conf.-Gosset, av.

saient les parties, ce motif impliquant que l'examen des documents du procès a conduit la cour à maintenir l'évaluation donnée par le liquidateur à l'apport de l'appelant (Civ. rej. 18 juin 1872, aff. Braizat, D. P. 72. 1. 259).

**770.** La règle est identique pour des conclusions subsidiaires. Jugé, notamment : 1° que l'arrêt qui, en adoptant les motifs du jugement de première instance, ajoute à ces motifs un considérant spécial, formulé en termes généraux, mais répondant aux conclusions subsidiaires présentées pour la première fois en appel, est suffisamment motivé (Req. 31 juill. 1873, aff. Poullain, D. P. 74. 1. 272) ; — 2° Qu'il en est de même de l'arrêt qui, en confirmant, avec adoption de motifs, un jugement qui a prononcé la nullité d'un testament après rapport d'experts, enquête et examen du testament par les juges eux-mêmes, rejette des conclusions subsidiaires tendant à une nouvelle enquête ou vérification, en se bornant à dire que ces conclusions ne sont pas suffisamment justifiées (Req. 18 juill. 1871, aff. Vernhes, D. P. 71. 1. 152).

**771.** Inversement, l'arrêt confirmatif qui se borne à une adoption de motifs est nul, si aucun des motifs adoptés ne répond aux conclusions nouvelles qui ont été prises devant la cour. Les applications de cette règle ne sont pas moins fréquentes en jurisprudence que celles de la règle opposée. Ainsi : 1° l'arrêt qui, sur l'appel d'un jugement par lequel le tribunal statuait au fond, sans s'arrêter à une exception d'incompétence proposée devant lui, confirme le jugement attaqué, avec adoption de motifs, est nul pour défaut de motifs, s'il résulte de l'expédition de ce jugement qu'aucun motif concernant l'exception d'incompétence n'y était contenu (Civ. cass. 24 mars 1832, aff. Baume, D. P. 54. 3. 495) ; — 2° L'adoption pure et simple des motifs des premiers juges ne motive pas suffisamment le rejet de conclusions prises pour la première fois devant le juge d'appel, si le jugement dont les motifs ont été adoptés était précisément basé sur l'absence de ces conclusions, et notamment sur l'absence d'une offre de preuve que l'appelant n'a formulée qu'en appel (Civ. cass. 14 juin 1856, aff. d'Erceville, D. P. 56. 1. 306) ; — 3° Lorsque l'appelant a contesté pour la première fois l'existence de la dette, en soutenant, par exemple, qu'il l'avait acquittée, la confirmation, avec adoption de motifs, du jugement de condamnation fondé sur le défaut de contestation de cette dette doit être considérée comme non motivée, et, dès lors, il y a violation de l'art. 7 de la loi du 20 avr. 1810 (Civ. cass. 27 févr. 1856, aff. Cirier, D. P. 56. 1. 119) ; — 4° Lorsque, à l'appui de l'appel d'un jugement déclarant qu'un vendeur à réméré prouve l'exercice de ce réméré en rapportant l'expédition de l'acte de vente, sans justification, par l'acheteur, de son allégation que cet acte lui aurait été soustrait, des conclusions tendant à la preuve de la soustraction sont posées pour la première fois devant la cour, l'arrêt qui confirme le jugement, avec adoption des motifs, est nul pour défaut de motifs, le jugement, loin de répondre aux conclusions nouvelles, étant précisément basé sur l'absence de ces conclusions (Civ. cass. 18 mai 1859, aff. Bouchon-Dubournial, D. P. 59. 1. 230) ; — 5° L'arrêt qui confirme, avec adoption de motifs, un jugement prononçant une condamnation pour indemnité de surcharge d'un mur mitoyen, et rejette ainsi implicitement, sans en donner de motifs, un moyen de prescription invoqué pour la première fois devant la cour, est nul (Civ. cass. 18 juill. 1859, aff. de Vedel, D. P. 59. 1. 400) ; — 6° Lorsque, sur l'appel d'un jugement ordonnant la maintenue d'une commune dans la possession exclusive d'un terrain, l'appelant articule dans cette possession exclusive, qu'il n'avait contestée en première instance que comme entachée de précarité, la décision qui rejette cette articulation, sans en apprécier la pertinence et l'admissibilité, en se bornant à adopter les motifs des premiers juges, doit être annulée pour défaut de motifs (Civ. cass. 13 déc. 1859, aff. Hachette, D. P. 59. 1. 504) ; — 7° L'arrêt qui, sur l'appel d'un jugement rejetant une demande en partage de succession, par le motif qu'il était articulé et non dénié que la succession ne renfermait aucun actif, confirme ce jugement, en adoptant purement et simplement les motifs des premiers juges, bien que, des conclusions prises devant la cour, le demandeur en partage eût soutenu, pour la première fois, que cette succession contenait des valeurs actives qu'il désignait même d'une manière expresse, est nul

pour défaut de motifs (Civ. cass. 13 févr. 1860, aff. Péchier, D. P. 60. 1. 131) ; — 8° Lorsque la partie poursuivie en contrefaçon a, pour la première fois en appel, soutenu, dans ses conclusions, que la prétendue invention n'était pas brevetable, et, en outre, qu'elle ne serait pas nouvelle, ayant été précédée de brevets qu'elle désigne, l'arrêt confirmatif qui adopte simplement les motifs des premiers juges n'est pas suffisamment motivé, si d'ailleurs les motifs adoptés ne répondent pas à ces nouveaux moyens (Civ. cass. 3 mai 1869, aff. Courcier, D. P. 69. 1. 256) ; — 9° Est nul pour défaut de motifs l'arrêt qui a rejeté une demande fondée sur l'autorité de la chose jugée par une décision antérieure, en donnant des motifs uniquement tirés du fond, et en adoptant ceux des premiers juges qui n'avaient pas statué sur le moyen de chose jugée invoqué en appel pour la première fois (Civ. cass. 30 août 1869, aff. Ardoin, D. P. 69. 1. 465) ; — 10° L'arrêt confirmatif qui adopte simplement les motifs d'un jugement qui nient l'existence d'un mandat, alors que l'appelant, pour la première fois devant la cour, prétendu que l'existence du mandat contesté était établie avec l'autorité de la chose jugée par un jugement correctionnel antérieurement rendu, est nul pour défaut de motifs (Civ. cass. 16 nov. 1869, aff. Mahon, D. P. 70. 1. 20) ; — 11° Lorsque, sur l'appel d'un jugement qui ordonne que l'objet donné en gage demeurera au créancier en payement jusqu'à concurrence de sa créance, d'après l'estimation qui en sera faite par experts, l'appelant soutient, pour la première fois, que le gage était commercial, et que, en conséquence, l'objet donné en gage ne pouvait qu'être vendu aux enchères publiques, conformément à l'art. 93 c. com., l'arrêt confirmatif, qui adopte simplement les motifs des premiers juges, sans s'expliquer sur ce moyen nouveau, n'est pas suffisamment motivé (Civ. cass. 14 mars 1870, aff. Jalby, D. P. 70. 1. 222) ; — 12° Est nul pour défaut de motifs l'arrêt confirmatif qui se borne à adopter les motifs des premiers juges, alors que l'appelant a présenté en appel, par des conclusions signifiées, prises à l'audience et constatées par les qualités de l'arrêt, un moyen qui n'avait pas été soumis aux premiers juges et sur lequel il n'avait pas été statué, spécialement le moyen tiré de ce qu'une expertise ne serait pas opposable à l'appelant, par application de l'art. 106 c. com. (Civ. cass. 5 déc. 1871, aff. Rucker, D. P. 71. 1. 303) ; — 13° Lorsque l'appelant allègue pour la première fois devant le juge d'appel l'existence d'une convention, l'arrêt confirmatif qui se borne à adopter les dispositions d'un jugement qui ne statue ni sur l'existence ni sur la validité de cette convention, est nul pour défaut de motifs (Civ. cass. 14 août 1872, aff. Anglade, D. P. 72. 1. 412) ; — 14° Est nul l'arrêt qui confirme purement et simplement, avec adoption de motifs, un jugement annulant une mainlevée d'hypothèque et une dation en payement, alors que les appelants ont soutenu devant la cour la validité de ces actes par des moyens absolument différents de ceux invoqués en première instance (Civ. cass. 2 déc. 1872, aff. Barbière, D. P. 72. 1. 462) ; — 15° Est également nulle la confirmation, avec adoption de motifs, d'un jugement qui a autorisé le demandeur à faire exhausser le mur séparatif de sa maison, alors que le défendeur n'a opposé en première instance qu'une exception de prescription, et que devant la cour il a invoqué un moyen nouveau fondé sur l'existence d'un titre de propriété, et demandé subsidiairement à prouver par expertise ou enquête l'identité des maisons litigieuses avec celles mentionnées dans ce titre (Civ. cass. 2 déc. 1872, aff. Ternes, D. P. 72. 1. 462) ; — 16° Est nul pour défaut de motifs l'arrêt qui, en confirmant un jugement de tribunal de commerce rendu contradictoirement sur une exception de litispendance et par défaut sur le fond, rejette implicitement des conclusions prises pour la première fois devant la cour, en prévision d'une évocation (Civ. cass. 8 janv. 1873, aff. Pasqualini, D. P. 73. 1. 10) ; — 17° Est nul, à l'égard d'un défendeur en garantie, le jugement rendu en appel sur une action possessoire qui a statué au fond en écartant une exception d'incompétence proposée par ce défendeur, sans qu'aucun motif du rejet de cette exception soit donné, ni dans ce jugement, ni dans la sentence du premier juge (Civ. cass. 29 janv. 1873, aff. Bonnard, D. P. 73. 1. 140) ; — 18° Est nul, comme n'étant pas motivé d'une manière suffisante, l'arrêt qui, statuant sur une demande en dommages-intérêts, malgré l'exception d'incompétence *ratione materiæ* proposée pour la première fois en appel par le défendeur, rejette virtuellement l'exception, en se bornant à adopter les motifs des premiers juges (Civ. cass. 23 juill. 1873, aff. Petit, D. P. 74. 1. 14) ; — 19° Lorsqu'un associé en participation a demandé en appel l'attribution à la société de certains chefs de bénéfices d'une entreprise, l'arrêt qui rejette ces conclusions est nul s'il se borne à confirmer le jugement dont il s'approprie le dispositif, sans donner aucun motif à l'appui de ce rejet (Civ. cass. 19 nov. 1873, aff. Allard, D. P. 74. 1. 132) ; — 20° Lorsqu'un jugement est fondé sur le défaut de production du titre établissant une convention, et que la production a lieu en appel, il y a nullité de l'arrêt qui, pour repousser les conclusions prises en première instance et renouvelées devant la cour, se borne à adopter les motifs du jugement, sans se livrer à aucune appréciation de la convention (Civ. cass. 8 juin 1875, aff. Berger, D. P. 76. 1. 87) ; — 21° Est nul l'arrêt qui se borne à confirmer, par adoption de motifs, le jugement attaqué, en présence de conclusions nouvelles demandant qu'il soit sursis à statuer jusqu'à la solution d'une instance connexe (Civ. cass. 17 août 1875) (1) — 22° Est nul l'arrêt confirmatif qui adopte purement et simplement les motifs des premiers juges, et rejette ainsi l'exception de prescription proposée pour la première fois en appel, sans motiver spécialement ce rejet (Civ. cass. 7 mars 1876, aff. Benoit Bary, D. P. 76. 1. 103); — 23° Lorsqu'un propriétaire, actionné en dommages-intérêts pour faits d'arrosage illicite, a opposé en première instance l'absence d'une déclaration de pénurie d'eau, émanée de l'autorité compétente, et que, renouvelant ses conclusions en

appel, il a opposé en outre la nullité des procès-verbaux constatant à sa charge les prétendus faits d'arrosage illicite, l'arrêt qui confirme purement et simplement la décision des premiers juges, et ne statue pas sur le nouveau moyen proposé en appel, est nul pour défaut de motifs (Civ. cass. 23 mai 1876, aff. Syndicat de Caramany, D. P. 76. 1. 272) ; — 24° L'arrêt qui, sur des contestations élevées au sujet d'un compte et faisant l'objet de conclusions formelles, se borne à déclarer qu'elles ne sont pas fondées, et, sur d'autres contestations, formulées seulement en appel, se contente de confirmer purement et simplement la sentence des premiers juges, encourt la cassation pour défaut de motifs (Civ. cass. 18 juin 1877, aff. du Port, D. P. 77. 1. 445); — 25° Est nul pour défaut de motifs l'arrêt qui, en rejetant implicitement une exception proposée pour la première fois en appel, se borne à adopter les motifs du jugement dans lesquels cette exception n'a pu être appréciée (Civ. cass. 1er juill. 1878; aff. Ferveur, D. P. 78. 1. 344) ; — 26° L'arrêt qui, pour confirmer un jugement condamnant l'une des parties en cause à recevoir en payement des actions d'une certaine société, se borne à adopter les motifs du premier juge uniquement tirés de l'interprétation d'une convention, est nul si l'appelant avait pris devant la cour des conclusions nouvelles fondées sur la nullité de ladite société (Civ. cass. 28 mai 1879) (2); — 27° Un arrêt est nul lorsque, en présence de conclusions nouvelles invoquant, à l'appui d'une demande de privilège, la qualité de créancier gagiste ou de commissionnaire, il se borne à adopter les motifs des premiers juges qui ne visaient nullement cette double qualité (Civ. cass. 25 nov. 1879, deux arrêts) (3 et 4); — 28° Est

---

(1) (Revel et Dassier *C.* Synd. Gauthier.) — La cour; — Sur le premier moyen du pourvoi : — Vu l'art. 7 de la loi du 20 avr. 1810; — Attendu que, pour condamner Revol et Dassier à rapporter à la faillite de Gauthier le prix des soies qui leur avaient été expédiées par ce dernier le 27 févr. et 2 mars 1872, le jugement de première instance, confirmé par l'arrêt attaqué, avait considéré la remise de ces soies comme constituant le payement d'une dette non échue, dans la période suspecte régie par l'art. 446 c. com.; — Que, pour le décider ainsi, il s'était fondé sur l'existence d'une obligation hypothécaire, souscrite le 24 févr. 1872 par Gauthier au profit de Revol et Dassier, laquelle aurait réglé la situation antérieure des parties et opéré novation en substituant à une créance exigible résultant d'un marché à livrer une créance à terme et payable en argent; — Attendu que Revol et Dassier, appelants de ce jugement, qui demandé, par des conclusions additionnelles par eux prises devant la cour de Nîmes, qu'elle sursît à statuer jusqu'à la solution d'une nouvelle instance, introduite par le syndic de la faillite Gauthier, en nullité, non seulement de l'hypothèque consentie à leur profit par le failli, mais aussi de l'obligation même du 24 févr. 1872; — Qu'ils soutiennent, en effet, que l'annulation de la susdite obligation devrait avoir pour conséquence de faire revivre leur créance primitive avec les droits pouvant résulter soit de leur ancien compte courant, soit d'un marché à livrer antérieur à la cessation des payements du débiteur; — Que, dans ces circonstances, les conclusions additionnelles dont il s'agit se basant sur une prétendue connexité entre les deux instances, n'impliquant une difficulté sur le fond du droit, les juges d'appel étaient tenus de s'en expliquer, et qu'ils ne pouvaient les repousser sans motiver, au moins implicitement, leur décision sur ce point; — Attendu néanmoins que la cour de Nîmes, sans avoir égard et sans s'arrêter au sursis demandé, a démis purement et simplement Revol et Dassier de leur appel, en se bornant à adopter les motifs du jugement de première instance, lequel ne répond aucunement à la question de sursis soulevée pour la première fois en appel; — En quoi l'arrêt attaqué a rendu une décision non motivée, et, dès lors, violé l'article de loi ci-dessus visé ; — Casse, etc.
Du 17 août 1875.-Ch. civ.-MM. Mercier, pr.-Aucher, rap. Charrins, av. gén., c. conf.-Lefebvre et Jozon, av.

(2) (Riche *C.* Société des Eaux du Midi.) — La cour; — Sur le premier moyen, pris d'un défaut de motifs; — Vu l'art. 7 de la loi du 20 avr. 1810 : — Attendu que, en première instance, les demandeurs, pour se soustraire à l'application de la clause de leur marché qui les obligeait à recevoir des actions de la société des Eaux du Midi en payement d'une partie de leurs travaux, s'étaient bornés à prétendre que ce marché avait été résolu par de précédentes décisions judiciaires; — Que le tribunal avait repoussé cette prétention par l'unique motif que les décisions dont il s'agit, sans prononcer la résiliation des conventions passées entre la société et les demandeurs, avaient seulement donné acte à ces derniers de leurs réserves; — Mais attendu que,

depuis le jugement et durant l'instance d'appel, il est intervenu une nouvelle décision judiciaire qui a déclaré nulle la société des Eaux du Midi pour avoir été indûment constituée avant le versement effectif de son capital; que les demandeurs ont formellement excipé de cette nullité devant la cour de Paris, et qu'ils en ont induit que, la société n'existant plus, il n'y avait plus d'actions susceptibles de leur être données en payement, et que, dès lors, ils étaient en droit d'exiger intégralement en argent le prix de leurs travaux; — Attendu que c'était là un moyen nouveau, auquel ne répondaient nullement les motifs des premiers juges ; — Qu'il s'agissait, en effet, non plus de savoir si le marché des parties avait été, ou non, résilié, mais bien de décider si la nullité de la société ne devait pas avoir, pour effet, même en supposant le marché encore subsistant, de mettre à néant la clause statutaire relative à la dation des actions en payement des travaux, et si, en d'autres termes, les demandeurs pouvaient, nonobstant la nullité de la société, être contraints de recevoir en payement de leur créance une part dans l'actif indivis d'une simple société de fait; — Attendu, cependant, que l'arrêt attaqué, sans s'expliquer à cet égard et sans y répondre par aucun motif, a rejeté les nouvelles conclusions des appelants; d'où il suit qu'il a rendu sur ce chef du litige une décision non motivée, et violé ainsi l'article de loi ci-dessus visé ; — Casse l'arrêt de Paris du 25 juill. 1876, etc.
Du 28 mai 1879.-Ch. civ.-MM. Mercier, 1er av. Charrins, rap.-Charrins, 1er av. gén.-Moret et Godard (substituant Me Jozon), av.

(3) 1re *Espèce.* — (Bucquet *C.* Bocahut, Verrier et comp.) — La cour; — Sur le second moyen du pourvoi, tiré de la violation de l'art. 7 de la loi du 20 avr. 1810; — Vu ledit article : — Attendu que Bocahut avait, devant les premiers juges, soutenu uniquement que, en qualité de gérant ou préposé à la succursale de la maison Beaujet et comp., établie à Pontavert, il devait être autorisé à employer, par préférence, et à titre de provision, au payement des traites tirées par Beaujet et comp., et acceptées par lui, la valeur des marchandises et du mobilier dépendant de ladite succursale et le montant des recouvrements opérés au jour de l'échéance de ces traites; — Que les motifs du jugement s'appliquent uniquement aussi à ces conclusions de Bocahut ; — Attendu que, devant la cour d'appel, ce dernier a, par des conclusions nouvelles, soutenu que, en qualité soit de commissionnaire, soit de mandataire de Beaujet et comp., il avait, aux termes de l'art. 95 c. com., un privilège sur les objets ci-dessus indiqués, pour se couvrir du montant des traites tirées sur lui par ses commettants; — Attendu que les motifs exprimés au jugement du tribunal de commerce d'Epernay, et que la cour de Paris a adoptés pour rejeter toutes les conclusions de Bocahut, ne répondent point à celles prises pour la première fois devant cette cour ; — D'où il suit que l'arrêt attaqué a violé les prescriptions de l'art. 7 de la loi du 20 avr. 1810; — Sans qu'il soit besoin de statuer sur le premier moyen du pourvoi; — Casse, etc.
Du 25 nov. 1879.-Ch. civ.-MM. Mercier, 1er av. pr.-Greffier, rap.-Charrins, av. gén., c. conf.-Roger et Aiguillon, av.

(4) 2° *Espèce.* — (Bocahut *C.* Bucquet, Verrier et comp.) —

nul, pour défaut de motifs, l'arrêt qui, sur l'appel d'un jugement ordonnant que le notaire chargé des opérations d'un partage recherchera si le prix d'une vente consentie par le défunt à l'un des héritiers a été payé par celui-ci, maintient cette disposition et déboute, de plus, l'appelant des conclusions par lui prises pour la première fois devant la cour, et tendant à faire déclarer principalement que la justification du payement dont il s'agit est faite dès à présent, et subsidiairement que la créance est éteinte, en se bornant à adopter les motifs des premiers juges, alors que le jugement confirmé ne renferme ni les motifs de la disposition relative à la vérification confiée au notaire, ni aucun motif pouvant s'appliquer directement ou indirectement aux conclusions nouvelles de l'appelant (Civ. cass. 11 août 1880, aff. Tribout, D. P. 80. 1. 365); — 29° Le juge d'appel est tenu de motiver spécialement le rejet d'une fin de non-recevoir expressément formulée dans les conclusions prises pour la première fois devant lui, lorsque ce rejet n'est justifié par aucun des motifs donnés sur le fond par le jugement que la cour s'est approprié (Civ. cass. 29 juill. 1881, aff. Poulain, D. P. 82. 1. 182); — 30° Est nul, pour défaut de motif, l'arrêt qui confirme par adoption de motifs un jugement condamnant le défendeur au payement d'une dette, sans s'expliquer sur les conclusions nouvelles par lesquelles la partie condamnée opposait en appel la prescription (Civ. cass. 24 août 1881, aff. Alloncle, D. P. 81. 5. 256); — 31° L'arrêt qui se borne à adopter les motifs du jugement est nul, si les motifs adoptés ne s'appliquent point aux conclusions nouvelles, notamment, dans le cas où des mineurs devenus majeurs, après avoir soutenu en première instance la nullité de la renonciation faite en leur nom par leur père, concluent en appel à être, si cette renonciation était reconnue valable, admis à reprendre la communauté et à l'accepter dans l'état où elle se trouvait au moment de cette reprise (Civ. cass. 21 mars 1882, aff. Roy, D. P. 83. 1. 61); — 32° Lorsque, sur l'exception d'incompétence proposée dans l'acte d'appel d'une sentence de juge de paix, le tribunal d'appel se borne à confirmer purement et simplement la décision sur le fond, le rejet implicite de l'exception d'incompétence est dépourvu de motifs (Civ. cass. 14 juin 1882, aff. Vallot, D. P. 84. 5. 339); — 33° L'arrêt qui statue au fond en adoptant les motifs des premiers juges, et rejette dès lors implicitement, sans s'expliquer sur ce point, une demande de sursis basée sur un fait postérieur au jugement, est nul pour défaut de motifs (Civ. cass. 12 juill. 1882, aff. Paignon, D. P. 84. 5. 341); — 34° Il y a lieu d'annuler pour défaut de motifs l'arrêt qui, par adoption pure et simple des motifs du jugement et sans en donner de nouveaux, rejette les conclusions prises pour la première fois en appel et tirées, soit de ce que le demandeur en payement du billet litigieux n'en est devenu tiers porteur qu'en vertu d'un endossement valant seulement comme mandat, soit de ce que l'engagement souscrit était nul pour défaut absolu de cause (Civ. cass. 3 juill. 1883, aff. Peyron, D. P. 84. 5. 339); — 35° Un arrêt est nul lorsque le jugement dont la cour s'est approprié les motifs a rejeté la demande de l'appelant, faute par lui d'avoir fait une offre qu'il a depuis produite dans ses conclusions prises devant le juge d'appel (Civ. cass. 4 juill. 1883, aff. de Chalon, D. P. 84. 5. 340); — 36° Est nul l'arrêt qui confirme purement et simplement, avec adoption de motifs, un jugement repoussant une exception de jeu, alors que l'appelant a proposé

devant la cour une exception d'incompétence et une fin de non-recevoir tirée du défaut de qualité du demandeur (Civ. cass. 26 août 1884, aff. Aulaze, D. P. 84. 5. 339); — 37° Est nul, pour contravention à l'art. 7 de la loi du 20 avr. 1810, l'arrêt qui, dans une instance en résolution d'un bail et en restitution d'un matériel industriel, confirme, par adoption de motifs exclusivement applicables au caractère juridique du contrat, un jugement rejetant le moyen tiré, par l'une des parties, de la nature immobilière de l'objet revendiqué, sans s'expliquer sur les conclusions nouvelles par lesquelles la même partie opposait, en appel, l'absence de date certaine du bail, sous signature privée, relatif à cet objet (Civ. cass. 31 déc. 1884, aff. Parrau, D. P. 85. 1. 364); — 38° L'arrêt qui rejette, par l'adoption pure et simple des motifs du jugement, une fin de non-recevoir proposée pour la première fois en appel doit être annulé, si les motifs adoptés ne répondent ni explicitement, ni implicitement à cette fin de non-recevoir tirée d'un fait constaté seulement par les énonciateurs de l'acte d'appel (Civ. cass. 20 juill. 1885, aff. Doërr, D. P. 87. 5. 290); — 39° Est nul l'arrêt qui se borne à confirmer avec adoption de motifs le jugement repoussant les conclusions du demandeur tendant à la condamnation commune et solidaire de plusieurs débiteurs, alors que ce sont était saisie de conclusions subsidiaires, par lesquelles cette partie offrait de prouver que certains de ses débiteurs avaient reconnu la dette (Civ. cass. 29 juill. 1885, aff. Rigal, D. P. 87. 5. 292); — 40° Lorsque, par des conclusions formelles prises pour la première fois devant la cour d'appel, une partie a élevé, contre l'action en résiliation d'une convention, une fin de non-recevoir tirée des termes mêmes de cette convention, l'arrêt qui, confirmant le jugement de résiliation, se borne à adopter les motifs, fondés exclusivement sur ce que, dans la situation des parties, toutes relations entre elles étaient désormais impossibles, doit être annulé comme rejetant implicitement une exception proposée, sans motiver sa décision sur ce point (Civ. cass. 17 mai 1886, aff. Estrade, D. P. 87. 1. 54); — 41° Lorsque, sur l'appel d'un jugement qui a accueilli la demande d'un entrepreneur de travaux tendant à obtenir le prix d'ouvrages supplémentaires, par ce motif que l'état de ces travaux n'était pas contesté, l'appelant soutient, pour la première fois, que le contrat constituait un marché à forfait, et que, par suite, l'entrepreneur n'est pas recevable à réclamer le prix de ces ouvrages sans justifier de l'autorisation écrite du propriétaire, l'arrêt confirmatif qui adopte simplement les motifs des premiers juges, sans s'expliquer sur ce moyen nouveau, est nul pour défaut de motifs (Civ. cass. 1er mars 1887, aff. Marty, D. P. 87. 5. 291); — 42° L'arrêt qui rejette un moyen nouveau tiré de la déchéance d'un brevet d'invention et présenté pour la première fois en appel, en se bornant à énoncer qu'il est mal fondé, sans indication d'aucune raison de fait ou de droit, et sans d'ailleurs qu'aucun des motifs du jugement confirmé avec adoption de motifs réponde explicitement ou implicitement à ce moyen, est nul pour infraction à l'art. 7 de la loi du 20 avr. 1810 (Civ. cass. 14 nov. 1887, aff. Loiseau, D. P. 87. 5. 293); — 43° L'arrêt qui, sur l'appel d'un jugement par lequel le tribunal statuait au fond sans s'arrêter à une exception d'incompétence proposée devant lui, confirme le jugement attaqué avec adoption de motifs, est nul pour défaut de motifs, s'il résulte de l'expédition de ce jugement qu'aucun motif concernant l'exception d'incompé-

---

LA COUR; — Sur le second moyen du pourvoi, tiré de la violation de l'art. 7 de la loi du 20 avr. 1810; — Vu ledit article: — Attendu que, en première instance, Bocahut avait uniquement invoqué, pour établir son droit de préférence, quant aux recouvrements, sa qualité de *créancier gagiste*, en vertu d'une cession qui lui en aurait été faite, le 10 août 1872, et, quant aux marchandises, sa qualité de *commissionnaire*, et le privilège de l'art. 95, c. com. attaché aux avances faites en cette qualité; — Que le tribunal de commerce d'Épernay avait, par son jugement du 11 déc. 1872, repoussé cette double prétention par les motifs que la cession des recouvrements, n'ayant point été signifiée aux débiteurs, ne pouvait être opposée aux tiers, et que Bocahut, n'étant pas commissionnaire, mais simple préposé à la succursale de Beaujet et comp. à Pontavert, ne pouvait prétendre au privilège accordé au commissionnaire par l'art. 95 c. com., pour le couvrir de ses avances; — Attendu que, pour la première fois,

devant la cour d'appel, Bocahut a, par ses conclusions subsidiaires, demandé qu'il fût décidé que, comme mandataire ou préposé et gérant de la succursale, il était fondé à se prévaloir de l'art. 95 c. com., et à se payer par préférence sur les marchandises et recouvrements qui, d'ailleurs, constituaient dans ses mains l'équivalent d'une provision; — Attendu que l'arrêt attaqué a repoussé ces conclusions par les motifs exprimés au jugement du tribunal de commerce d'Épernay qu'il a adoptés; — Que ces motifs ne répondent pas à ces conclusions qui ont été ainsi rejetées sans motifs explicites ou implicites; — D'où il suit que l'arrêt attaqué a encouru la nullité prononcée par l'art. 7 de la loi du 20 avr. 1810; — Sans qu'il soit besoin de statuer sur le premier moyen;

Casse, etc.

Du 25 nov. 1879.-Ch. civ.-MM. Mercier, 1er pr.-Greffier, rap.-Charrins, 1er av. gén.; c. conf.-Roger et Aguillon, av.

tence n'y était contenu (Civ. cass. 14 août 1888, aff. Rajon, D. P. 88. 5. 324); — 44° Lorsqu'un défendeur a été condamné au fond par défaut, tant en première instance qu'en appel, par le motif que la demande semblait juste et fondée, l'exception d'incompétence qu'il invoque, en faisant opposition à l'arrêt de défaut, soulève une question nouvelle, sur laquelle il est indispensable que la cour s'explique; en conséquence, si l'arrêt qui rejette l'opposition et ordonne, au fond, que le jugement entrepris ainsi que l'arrêt de défaut sortiront à effet, se borne à se référer aux motifs de ces décisions, il n'est pas motivé en ce qui concerne la question d'incompétence soulevée, et par suite, encourt la cassation (Civ. cass. 18 déc. 1888, aff. Albrot, D. P. 89. 1. 396); — 45° Lorsque, pour repousser une demande en dommages-intérêts, les premiers juges se sont exclusivement fondés sur un accord de volontés, l'arrêt qui se borne à adopter les motifs du jugement est nul, si l'appelant avait pris devant la cour des conclusions précises, tendant à établir que l'accord de volontés invoqué par le jugement n'existait pas, et que d'ailleurs une faute positive avait engagé la responsabilité du défendeur (Civ. cass. 25 nov. 1889, aff. Picard, D. P. 90. 5. 344-345); — 46° Doit être cassé, comme n'étant pas suffisamment motivé, l'arrêt qui s'est borné à adopter les motifs de la décision des premiers juges pour rejeter des conclusions prises pour la première fois en appel et tendant soit à l'application de conventions qui n'avaient point été invoquées devant le tribunal de première instance, soit à une nouvelle expertise (Civ. cass. 12 mai 1890, aff. Dumont, D. P. 91. 1. 303). — V. dans le même sens : Civ. cass. 16 avr. 1889, aff. Bradu, D. P. 89. 5. 313 ; 16 avr. 1889, aff. Tchanaï, ibid. ; 3 juill. 1889, aff. Peckzenick, ibid. ; 19 févr. 1890, aff. Fernier, D. P. 90. 1. 169; 19 mars 1890, aff. Pyère, D. P. 90. 5. 344 ; 11 juin 1890, aff. Bouillard, D. P. 91. 1. 35; 23 juin 1890, aff. Lehardeley, D. P. 90. 5. 344).

**772.** L'existence de conclusions subsidiaires prises pour la première fois en appel a donné lieu aux applications suivantes de la règle dont il s'agit : 1° doit être annulé, pour défaut de motifs, l'arrêt qui confirme purement et simplement, avec adoption de motifs, un jugement par défaut dont les motifs ne répondent pas aux conclusions principales et subsidiaires prises devant la cour par l'appelant pour en obtenir l'infirmation (Civ. cass. 5 juill. 1865, aff. Girard, D. P. 66. 1. 14); — 2° Il en est ainsi spécialement de l'arrêt qui se borne à confirmer avec adoption de motifs le jugement repoussant les conclusions du défendeur en nullité d'obligation pour défaut de cause, alors que la cour était saisie de conclusions subsidiaires tendant à la reddition préalable d'un compte entre les parties (Civ. cass. 24 mars 1873, aff. Voillemin, D. P. 73. 1. 280); — 3° Lorsque le locataire, déclaré par le tribunal responsable de l'incendie, pose pour la première fois devant la cour d'appel des conclusions subsidiaires tendant à l'inapplicabilité de l'art. 1733 c. civ., par suite de la cohabitation du propriétaire dans les lieux incendiés, et que le propriétaire répond par des conclusions subsidiaires, offrant de prouver que l'incendie n'a pas commencé dans les bâtiments à lui réservés par le bail, l'arrêt qui confirme le jugement, en se bornant à adopter les motifs des premiers juges, est nul (Civ. cass. 8 déc. 1873, aff. Dumas, D. P. 74. 1. 124); — 4° L'arrêt confirmatif qui se borne à adopter les motifs des premiers juges est nul, alors que l'appelant avait, par conclusions subsidiaires, demandé une vérification dont il n'avait pas été question devant les premiers juges, et à laquelle les motifs adoptés ne pouvaient, dès lors, avoir aucune application (Civ. cass. 19 août 1879, aff. Lugagne, D. P. 82. 1. 470) ; — 5° L'arrêt de cour d'appel qui adopte simplement les motifs du jugement rendu en première instance est nul, alors que l'appelant avait posé devant la cour, pour la première fois, des conclusions subsidiaires tendant à être déchargé de toute condamnation, les motifs du jugement ne répondant pas à ces conclusions (Civ. cass. 17 août 1880, aff. Richarme, D. P. 81. 1. 403); — 6° Un arrêt ne peut rejeter des conclusions subsidiaires prises pour la première fois devant la cour et tendant à ce qu'une créance soit renvoyée à un partage successif entre les ayants droit, en adoptant les motifs du jugement qui attribue cette créance à l'un des héritiers (Civ. cass. 24 juill. 1882, aff. Lefebvre, D. P. 84. 5. 341).

**773.** La même solution s'applique enfin dans le cas où, l'arrêt étant infirmatif, en tout ou en partie, la situation se trouve être tout autre qu'elle n'était lors du jugement de première instance. Ainsi les juges d'appel ne peuvent maintenir la condamnation à des dommages-intérêts par chaque jour de retard, à partir du jugement, alors que leur décision modifie essentiellement les condamnations principales prononcées par les premiers juges, et dont cette pénalité sanctionnait l'inexécution; et l'arrêt qui confirme purement et simplement, sur ce point, le jugement de première instance, sans rapporter aucun motif de sa décision, encourt la cassation (Civ. cass. 12 déc. 1876, aff. Sigaud, D. P. 77. 1. 306).

### Art. 5. — Des motifs implicites ou virtuels
*(Rép. n°s 1041 à 1052).*

**774.** En principe, les motifs doivent répondre exactement au chef du dispositif qu'ils ont pour objet de justifier. S'ils restent en deçà, on a vu supra, n° 729 et suiv. qu'ils sont, insuffisants, et que cette insuffisance entraîne la nullité du jugement. Souvent, au contraire, ils vont au delà, et justifient, à eux seuls, un autre chef: ils sont alors suffisants même quant à ce chef qui, sans cela, se trouverait non motivé, en sorte que la nullité du jugement s'ensuivrait. Pour donner des exemples de cette hypothèse, on examinera d'abord, d'une façon générale, quelques cas où les motifs ont, en réalité, une portée plus vaste que celle qu'ils ont en apparence (V. infra, n° 775), puis un certain nombre d'applications spéciales; on verra ainsi comment un seul motif peut justifier la solution donnée sur plusieurs chefs de demande (V. infra, n° 776) et, par exemple, sur des conclusions principales et des conclusions subsidiaires (V. infra, n° 777), — ou bien justifier à la fois la solution donnée sur la demande et sur la défense (V. infra, n° 778) et, par exemple, sur une fin de non-recevoir (V. infra, n° 779), une exception (V. infra, n° 780 et suiv.), une demande reconventionnelle (V. infra, n° 785); enfin on verra comment la condamnation aux dépens peut se trouver implicitement motivée (V. infra, n°s 786 et suiv.).

**775.** Les décisions suivantes montrent comment un motif justifie plus qu'il ne semble en réalité : 1° lorsqu'un testament olographe est attaqué pour antidate et pour captation résultant de faits postérieurs à la date contestée du testament, l'arrêt qui décide qu'il n'y a pas antidate motive suffisamment le rejet du moyen de nullité pris de la captation (Civ. rej. 4 avr. 1853, aff. Lucas, D. P. 53. 1. 221); — 2° L'arrêt qui alloue une somme demandée, attendu que le chiffre n'en est pas exagéré, est suffisamment motivé, bien que la contestation portât, non sur le chiffre, mais sur le fondement même de la demande, un tel motif étant la reconnaissance implicite et nécessaire que la demande était fondée (Req. 16 avr. 1855, aff. Godron-Lasson, D. P. 55. 1. 325); — 3° La décision qui constate, dans les faits par elle posés, qu'une cession a été faite avec le concours du débiteur cédé est réputée avoir suffisamment motivé le rejet du moyen pris de ce que cette cession serait sans effet à l'encontre du cédé, faute de lui avoir été signifiée ou d'avoir été acceptée par lui dans la forme authentique (Civ. rej. 1er déc. 1856, aff. Antoinette, D. P. 56. 1. 439); — 4° L'arrêt qui, sur les conclusions de l'une des parties tendant à ce que des frais auxquels ce jugement l'avait condamnée fussent mis à la charge de l'autre partie comme frustratoires, n'accueille les conclusions que pour certains frais, explique suffisamment à contrario par quel motif il les a rejetés quant aux autres et a confirmé sur cet égard la décision du juge, alors, d'ailleurs, qu'il déclare en outre, d'une manière générale, adopter les motifs des premiers juges (Req. 31 mai 1858, aff. Deluy, D. P. 58. 1. 407); — 5° L'arrêt qui refuse d'ordonner l'insertion, dans un acte de naissance, d'un nom de terre, par le motif que ce nom de terre n'a jamais été porté par les ancêtres du demandeur qu'à titre de qualification féodale ne faisant pas partie du nom patronymique, motive suffisamment le refus d'autoriser l'addition à ce nom patronymique du même nom de terre à titre de surnom, en vertu de l'art. 2 de la loi du 6 fruct. an 2, cette loi ne permettant que les surnoms qui ne rappellent pas des qualifi-

.cations féodales et qui ont été pris avant sa promulgation pour distinguer, entre eux les membres d'une même famille (Req. 5 janv. 1863, aff. Palisot, D. P. 63. 1. 452); — 6° Le juge d'appel, saisi de conclusions tendant à ce que la liquidation d'une société et le partage de l'actif soient effectués d'après un mode spécialement indiqué, répond à cette demande implicitement, mais d'une manière suffisante, en adoptant le mode de procéder différent qui est tracé dans la décision des premiers juges (Req. 23 févr. 1870, aff. Fabry, D. P. 71. 1. 175); — 7° Le moyen tiré d'une prétendue subrogation, consentie au demandeur par le tiers auquel il a payé les sommes réclamées par lui, se trouve implicitement rejeté du moment que le jugement constate que le défendeur n'était point débiteur de ce tiers (Req. 20 nov. 1872, aff. Bonneville, D. P. 73. 1. 255); — 8° Lorsqu'une partie soutient que son engagement, à supposer qu'il existe, est nul comme subordonné à une condition potestative par une clause du contrat, le jugement qui fait résulter l'existence de cette obligation d'une autre clause du contrat est suffisamment motivé (Req. 11 août 1873, aff. Bougenot, D. P. 74. 1. 255); — 9° L'arrêt qui repousse des conclusions tendant à faire déclarer qu'un créancier n'a pu valablement poursuivre une adjudication sur saisie immobilière, attendu que sa créance n'était pas échue, est motivé d'une manière implicite, mais suffisante, quand il déclare que l'art. 702 c. proc. civ. est applicable à tous les créanciers inscrits (Req. 14 janv. 1874, aff. Lannelue, D. P. 74. 1. 57); — 10° L'arrêt qui entérine un rapport d'experts justifie par cela même les réductions qu'il fait subir à la demande de l'entrepreneur, conformément aux conclusions du rapport (Civ. rej. 6 déc. 1875) (1); — 11° L'arrêt qui déclare que l'exécution d'un jugement par défaut n'est point établie écarte virtuellement, par cela même, les pièces invoquées, comme preuve de cette exécution (Civ. rej. 29 avr. 1874) (2); — 12° Le juge d'appel, en déclarant un appel non recevable, motive virtuellement le rejet des conclusions en sursis prises par l'appelant, et qui, à raison de cette déclaration, sont devenues sans objet (Req. 29 janv. 1877, aff. Loiseau, D. P. 78. 1. 126); — 13° Le juge saisi d'une demande en dommages-intérêts, fondée sur le préjudice causé au demandeur par les poursuites vexatoires qui auraient été dirigées contre lui, motive suffisamment, quoique d'une manière implicite, le rejet de cette demande, en déclarant que les poursuites dont il s'agit avaient une cause légitime (Req. 11 avr. 1877, aff. Bertin, D. P. 78. 1. 133); — 14° L'arrêt qui constate qu'une personne a obtenu sciemment un indu payement indique par là que cette personne a agi de mauvaise foi, et, dès lors, sa condamnation au payement des intérêts des sommes dont la restitution est ordonnée est suffisamment motivée (Req. 5 avr. 1880, aff. Arpey, D. P. 81. 1. 13); — 15° L'arrêt qui, pour déclarer fausse la cause exprimée dans le titre de la créance, se fonde sur ce que les énonciations mêmes de ce titre démontrent que ladite cause n'est pas réelle, ne vio-

lant pas la règle qui, en l'absence d'un commencement de preuve par écrit, interdit de prouver contre et outre le contenu aux actes, il s'ensuit que ce motif répond suffisamment aux conclusions par lesquelles le créancier soutient qu'il n'existe aucun commencement de preuve par écrit de la simulation alléguée (Req. 14 juin 1880, aff. Valette, D. P. 81. 1. 317); — 16° L'arrêt qui déclare que des dividendes ont été indûment perçus par les membres d'une société constate, par cela même, que la société n'a pas fait de bénéfices, et, dès lors, motive suffisamment la condamnation à la restitution de ces dividendes (Req. 22 juin 1880, aff. Fontaine, D. P. 81. 1. 18); — 17° La décision qui nie la coexistence de deux créances corrélatives n'est pas tenue de s'expliquer, d'une manière spéciale, sur l'objection tirée de l'impossibilité d'une compensation légale entre ces deux créances, et elle n'a point à répondre à de simples arguments, alors surtout que, produits en première instance, ils n'ont été ni retenus par le jugement, ni repris et formulés en appel (Req. 8 févr. 1881, aff. Latouche, D. P. 82. 1. 39); — 18° L'arrêt qui rejette des conclusions tendant à établir des faits engageant la responsabilité d'un receveur particulier est suffisamment motivé par la constatation que ces faits seraient postérieurs aux détournements de ses subordonnés et à son insolvabilité (Req. 9 août 1882, aff. Peillon, D. P. 83. 1. 329); — 19° Le juge n'est pas tenu de répondre d'une manière spéciale aux conclusions par lesquelles le directeur d'une compagnie de transports demande l'application de la police qui charge l'assureur de la responsabilité de la baraterie du patron du navire assuré, lorsque son jugement, expliquant les motifs pour lesquels ce directeur est seul responsable de la perte dudit navire, exclut par là même la baraterie du patron (Req. 27 nov. 1883, aff. Galbrun, D. P. 85. 1. 38); — 20° L'arrêt qui, en confirmant le jugement attaqué, sans déclarer expressément qu'il en adopte les motifs, rejette comme inadmissible une preuve offerte pour la première fois en appel par des conclusions subsidiaires, affirme implicitement que les faits que l'enquête tendait à établir, et qui n'étaient autres que ceux énoncés dans les conclusions principales, n'étaient pas actuellement prouvés, puisqu'ils n'étaient même pas susceptibles de l'être à l'aide des articulations produites; par suite, cet arrêt contient, sur tous les points, des motifs à l'appui de sa décision (Civ. rej. 19 oct. 1885, aff. Grangette, D. P. 86. 1. 232); — 21° On doit considérer comme suffisamment motivé l'arrêt qui refuse toute réparation pour de prétendus dégâts causés aux francs-bords d'un bief par les arbres plantés sur ces bords ou par leur abatage, alors que cet arrêt déclare que les francs-bords ne sont point la propriété du réclamant, et qui, relativement à la réparation des dégâts qui auraient été causés aux talus du même bief, sursoit à statuer jusqu'après le dépôt du rapport de l'expert commis pour procéder à des vérifications à ce sujet (Req. 1er juill. 1886, aff. Jahau, D. P.

---

(1) (Brenot C. Berne.) — La cour; — Considérant que le rapport fait par l'expert est régulier en la forme, et qu'il a fait une juste application des droits respectifs des parties: qu'en effet, à raison des agissements de Brenot, les premières conventions intervenues entre lui et Berne ne devaient plus recevoir leur exécution, et que c'était le tarif de Paris qui devait être appliqué; qu'il est établi que Brenot a employé des matériaux d'une qualité inférieure; qu'il n'a pas donné à la chose d'aisance le diamètre exigé par les règlements de police, et qu'il a fallu la refaire; que ces retards ont forcé Berne à prolonger son séjour dans une maison autre que la sienne, et à payer, dès lors un loyer qu'il n'aurait pas eu à payer si les délais avaient été observés; — Entérine, purement et simplement le rapport de l'expert; — Condamne Brenot à restituer à Berne la somme de 5284 fr., fait attribution de ladite somme à la demoiselle Carabin, etc. — Pourvoi en cassation par le sieur Brenot : ... 4° Violation des art. 1710 et 1382, c. civ., défaut de motifs et violation, dès lors, de l'art. 7 de la loi du 20 avril 1810, en ce que l'arrêt attaqué a admis, sans donner aucun motif, les chiffres adoptés par l'expert, et qui avaient été, de la part de Brenot, l'objet d'une contestation formelle...

La cour; — Sur le quatrième moyen, tiré de la violation des art. 1710 et 1382, c. civ., et d'un défaut de motifs : — Attendu qu'il résulte tant des motifs particuliers donnés par l'arrêt attaqué que des motifs déduits dans le rapport d'expert auquel l'arrêt s'est référé, que les réductions imposées au demandeur

sur le montant de ses travaux ont pour cause des vices de construction et des malfaçons qui lui étaient imputables; — Que le rejet de ses conclusions est dès lors suffisamment justifié; — Rejette, etc.

Du 6 déc. 1875.-Ch. civ.-MM. Devienne, 1er pr.-Goujet, rap.-Charrins, av. gén.-c. conf sur trois moyens, contraires sur le quatrième moyen-Labordère et Chambaraud, av.

(2) (Bourlhomme et autres C. Commune de Job.) — Les sieurs Bourlhomme et autres se sont pourvus en cassation contre l'arrêt de la cour de Lyon du 11 juill. 1872 (rapporté D. P. 73. 2. 91), pour violation des art. 156 et 159, c. proc., et de l'art 7 L. 20 avril 1810, en ce que l'arrêt attaqué a refusé de considérer comme constituant une exécution du jugement par défaut rendu à leur profit contre la commune de Job et autres, des faits qui avaient incontestablement ce caractère et en outre, en ce que, saisi de la connaissance d'autres faits que l'on soutenait également constituer des actes d'exécution, il les a rejetés sans donner, en ce qui les concerne aucun motif. —

La cour; — Sur le premier moyen : — Attendu que, dans l'état des faits constatés par l'arrêt attaqué, la cour de Lyon n'a pu décider, sans violer aucune loi, que les faits invoqués par les demandeurs, sous la forme d'une tentative de l'arrêt par défaut du 29 août 1860, n'étaient pas suffisants pour constituer, au regard de la commune de Job, une exécution caractérisée dudit arrêt; — Sur le second moyen : — Attendu qu'en déclarant,

87. 1. 217); — 22° En mentionnant le titre authentique en vertu duquel un créancier poursuit son débiteur, et en relevant les circonstances et la qualité dans lesquelles celui-ci aurait fait, entre les mains d'un tiers, un versement dont il prétend induire sa libération, le juge a pu déclarer implicitement que ce débiteur ne s'est pas valablement libéré, et motive, dès lors, suffisamment la condamnation en capital et intérêts prononcée contre lui (Civ. rej. 7 mars 1887, aff. Meillet, D. P. 87. 1. 403) ; — 23° L'arrêt qui décide que la vente d'actions à l'émission constitue une vente conditionnelle de titres, subordonnée à leur émission et délivrance par la société, répond par cela même, implicitement, à la prétention du vendeur d'avoir vendu le droit tel quel aux actions, et non les actions elles-mêmes (Rej. 6 juill. 1887, aff. Humbert, D. P. 87. 1. 452); — 24° En décidant que l'acheteur d'un immeuble ne peut à aucun titre être tenu de le délaisser ou d'en payer la valeur, un arrêt repousse d'une manière implicite, sans qu'il soit besoin de plus amples motifs, les conclusions tendant à ce que l'acquéreur soit tenu de subir l'estimation de l'immeuble (Req. 18 déc. 1889, aff. Ripery, D. P. 90. 1. 373).

776. Dans le cas où les chefs de demande sont multiples, a-t-on dit suprà, n° 774, les motifs donnés sur l'un d'eux peuvent servir à en justifier un autre. Ainsi : 1° lorsque les juges saisis de la double question de savoir si l'assurance contre l'incendie causé par le feu du ciel s'applique aux objets que la foudre a frappés dans les champs comme à ceux qu'elle a fait périr dans les lieux couverts, et si elle garantit les pertes provenant immédiatement du feu du ciel comme celles qui sont le résultat de l'incendie causé par la foudre, répondent, sur la première question, que l'assurance n'est point limitée aux dernières pertes, parce qu'elle est générale et comprend tous les cas d'incendie, cette solution implique également, sur la seconde question, l'extension de la police aux sinistres qui sont le résultat de l'action de la foudre, et, dès lors, elle satisfait à l'obligation imposée aux juges de motiver leurs jugements (Civ. rej. 14 avr. 1858, aff. Moulin, D. P. 58. 1. 213); — 2° L'arrêt qui rejette une action en dommages-intérêts et en résolution de contrat, par des motifs qui n'y sont exprimés que relativement au premier des chefs, n'est pas nul pour défaut de motifs quant au second, si les motifs énoncés s'étendent implicitement à ce second chef, à raison de la corrélation existant entre les deux chefs de demande (Req. 11 août 1862, aff. Hubert, D. P. 62. 1. 540); — 3° Un arrêt n'est pas nul pour n'avoir pas motivé spéciale-ment le rejet d'un chef de conclusions, lorsque les motifs sur lesquels la cour a fondé le rejet d'un autre chef s'appli-quent à plus forte raison à celui-là ; il en est ainsi, spé-cialement, dans le cas où le juge rejette comme frustratoire la preuve testimoniale offerte à l'effet d'établir l'existence d'une prétendue créance, sans s'expliquer sur une demande en communication de registres et autres documents fournis dans le même but (Civ. rej. 10 févr. 1868, aff. Lahaye, D. P. 68. 1. 179); — 4° Il en est de même de l'arrêt qui rejette la prétention du demandeur à une servitude d'aqueduc, sans s'expliquer sur les conclusions prises par lui dont la première fois en appel et tendant à ce qu'on lui reconnût du moins la jouissance d'un fossé amenant les eaux pluviales du fonds voisin sur le sien (Req. 22 nov. 1871, aff. Dissard, D. P. 72. 1. 160); — 5° L'arrêt qui, rejetant la demande en nullité d'un partage d'ascendant, déclare, d'une manière générale, que le testateur a adopté, dans la distribution de ses biens, la combinaison la plus propre à sauvegarder l'égalité entre les enfants et à satisfaire en même temps à leurs intérêts particuliers et aux conve-nances de leur situation respective, ne peut être attaqué pour défaut de motifs, quoiqu'il garde le silence sur l'un des griefs articulés par le demandeur, tiré, par exemple, de ce qu'il avait été privé de toute part dans le mobilier (Req. 8 janv. 1872, aff. de Rocca, D. P. 72. 1. 94) ;

6° Lorsqu'un jugement repousse la demande d'un paye-ment en se fondant sur l'inaccomplissement des condi-tions de validité de ce payement, le motif s'applique au capital et aux intérêts; en conséquence, ce jugement est suffisamment motivé quant au rejet de la demande en ce qui touche les intérêts (Req. 22 janv. 1872, aff. Dard, D. P. 72. 1. 321) ; — 7° Un chef de condamnation est suffisam-ment motivé, s'il résulte de l'ensemble des motifs de la décision, qu'il a été prononcé à titre de dommages-intérêts, pour indemniser le demandeur de ce qu'il avait eu à soutenir un procès vexatoire (Req. 8 août 1872, aff. Bouillard, D. P. 73. 1. 240) ; — 8° L'arrêt qui statue sur une demande en dommages-intérêts et en modification du mode d'usage d'une prise d'eau, par des motifs qui n'y sont exprimés que relativement au premier de ces chefs, n'est pas nul pour défaut de motifs quant au second, si les motifs énoncés s'étendent implicitement à ce second chef, à raison de la corrélation qui unit les deux chefs de la demande (Civ. rej. 12 févr. 1873, aff. Teillard, D. P. 75. 1. 439) ; — 9° Les motifs d'un arrêt qui repoussent la capitalisation demandée des intérêts de sommes d'argent s'appliquent virtuellement au refus de la capitalisation, également demandée, des fruits naturels et civils des immeubles, alors surtout que les raisons du refus sont les mêmes dans les deux cas (Req. 11 nov. 1874, aff. Gadin, D. P. 75. 1. 220) ; — 10° Les motifs donnés par un arrêt sur la nullité d'une cession faite par le failli après la cessation de ses payements s'appliquent nécessairement aux allégations de fait et d'équité invoquées par le cessionnaire pour s'y soustraire (Req. 5 avr. 1875, aff. Noel, D. P. 76. 1. 37); — 11° L'arrêt qui condamne l'ache-teur à payer le prix total des marchandises livrées ne saurait être critiqué sous le prétexte qu'il ne contient pas de motifs spéciaux en ce qui concerne une partie desdites marchan-dises, laquelle aurait dû être distinguée du surplus, alors que les motifs généraux de l'arrêt s'appliquent nécessaire-ment à la livraison tout entière (Req. 5 août 1875, aff. André, D. P. 76. 1. 389) ; — 12° Les conclusions par lesquelles le propriétaire du fonds servant demandait l'en-lèvement de remblais déposés sur son héritage pour faciliter le passage et le rétablissement des lieux dans leur état primitif, n'étant que la conséquence du refus du droit de passage, l'arrêt qui, sans s'expliquer à cet égard, dé-clare maintenir ce droit, maintient forcément les dépôts de déblais destinés à en assurer l'exercice, et, dès lors est suffisamment motivé (Req. 7 mai 1879, aff. Seillière, D. P. 79. 1. 460) ; — 13° Lorsque la demande en payement d'une somme d'argent est rejetée pour défaut de preuve de l'obligation sur laquelle elle est fondée, ce motif s'applique aux intérêts comme au capital, et il suffit pour justifier le rejet de la demande quant aux intérêts (Req. 10 nov. 1879, aff. Bouillod, D. P. 80. 1. 391) ; — 14° Un arrêt motive suffisamment le rejet de conclusions tendant à faire dé-clarer qu'un locataire principal n'avait pris aucun enga-gement à l'égard du sous-locataire quant au mode de jouissance des lieux loués, lorsqu'il déclare que le contrat de sous-location ne peut plus recevoir l'exécution originaire-ment prévue par les parties (Civ. rej. 11 janv. 1882, aff. Dusautoy, D. P. 84. 5. 344-345) ; — 15° L'arrêt qui, sur les conclusions tendant, dans une instance en liquidation, à la substitution d'une date à une autre, et à la restitution de certaines valeurs motive par ce changement, ne donne de motifs que sur le premier point, en adoptant pour le surplus ceux du jugement, motive suffisamment sa décision, lorsque la date, ainsi rectifiée, sert de point de départ au compte à établir du chef des restitutions ordonnées avec motifs par le tribunal (Civ. rej. 23 mai 1882, aff. Duran, D. P. 83. 1. 409); — 16° Les motifs d'un arrêt qui servent à repousser une demande principale s'appliquent virtuellement au rejet d'une demande accessoire en dommages-intérêts fondée sur la même cause (Civ. rej. 21 mai 1883, aff. Boutet, D. P. 84. 1. 85-86).

777. Les décisions suivantes sont des applications de la

en outre, que d'aucun autre fait, d'aucun autre document de la cause, ne pouvait résulter l'exécution dans le délai légal de l'arrêt dont s'agit, la cour de Lyon a virtuellement écarté comme inexistantes ou inefficaces les délibérations du conseil munici-pal de la commune de Job dont les demandeurs prétendaient induire que cette commune, en acquiesçant audit arrêt, l'avait

elle-même exécuté; — D'où il suit que la cour de Lyon a suffi-samment motivé sa décision, et n'a violé ni les principes relatifs à l'acquiescement, ni les art., 156 et 159, c. proc. civ.;
Rejette, etc.
Du 29 avr. 1874.-Ch. civ.-MM. Devienne, 1er pr.-Aubry, rap.-Charrins, av. gén., c. conf.-Bellaigne et Fliniaux, av.

règle que les motifs donnés sur la demande principale peuvent s'appliquer à une demande subsidiaire, et réciproquement. : 1° l'arrêt qui annule une obligation, comme étant sans cause, motive implicitement le rejet de conclusions subsidiaires prises dans la supposition où cette obligation serait validée, et tendant, par exemple, à ce que le défendeur exécutât sinon en totalité, du moins en partie, cette obligation (Civ rej. 31 mai 1858, aff. Saunier, D. P. 58. 4. 178); — 2° Est suffisamment motivé l'arrêt qui, sans motifs distincts, rejette une demande principale et des conclusions subsidiaires, tendant à l'allocation de dommages-intérêts pour une cause spéciale, si, par leur généralité et leur esprit, ses motifs s'appliquent également à l'une et aux autres (Civ. rej. 2 juill. 1873, aff. Aaron, D. P. 74. 1. 297); — 3° Les motifs par lesquels le juge repousse la demande principale s'appliquent implicitement au rejet des conclusions subsidiaires tendant à fournir une preuve à l'appui de cette demande, et ce rejet ne saurait, dès lors, être critiqué comme dépourvu de motifs (Civ. rej. 23 juill. 1873, aff. Legeay, D. P. 74. 1. 102); — 4° Le rejet de conclusions subsidiaires qui tendent à faire annuler la délibération d'une société, en ce qu'elle sanctionne une garantie donnée pour des faits étrangers à l'objet social et procédant d'une autre société, est implicitement motivé par les constatations de l'arrêt, desquelles il résulte que cette garantie était la condition nécessaire d'une obligation souscrite dans l'intérêt des deux sociétés (Req. 15 déc. 1873, aff. Société du Crédit mobilier, D. P. 76. 1. 176); — 5° L'arrêt qui statue sur les conclusions principales des parties, en indiquant, par les motifs implicites donnés à l'appui de sa décision, que l'affaire est suffisamment instruite, motive suffisamment par là le rejet de conclusions subsidiaires tendant à faire ordonner une expertise (Req. 14 janv. 1874, aff. Abadie-Vergé, D. P. 74. 1. 118); — 6° Lorsqu'un arrêt reconnaît la légalité de taxes litigieuses, le rejet des conclusions subsidiaires prises par les appelants à l'effet d'établir le dommage résultant de la perception de ces taxes, au cas où elles auraient été déclarées illégales, est par là même suffisamment motivé (Req. 14 avr. 1874, aff. Salah-ben-Mohamed, D. P. 76. 1. 134); — 7° Lorsque les conclusions subsidiaires de l'appelant, tendant à une déclaration de concurrence déloyale, reposent sur les mêmes faits que les conclusions principales au sujet d'une imitation frauduleuse, les motifs donnés par l'arrêt sur les faits d'imitation frauduleuse s'appliquent nécessairement aux allégations de concurrence déloyale (Req, 3 févr. 1874, aff. Menier, D. P. 75. 1. 18); — 8° Les motifs donnés par un jugement à l'appui du rejet des conclusions prises par le défendeur pour faire déclarer non recevable une action possessoire, justifient suffisamment le rejet de conclusions subsidiaires tendant à faire ordonner une descente sur les lieux (Civ. rej. 18 juill. 1877, aff. Rimbert, D. P. 78. 1. 365); — 9° L'arrêt qui déclare une société mal fondée à se prévaloir d'une convention en vertu de laquelle le bénéfice d'une concession de mines devait lui appartenir pour moitié, est suffisamment motivé, bien qu'il ne réponde point par des motifs distincts aux conclusions subsidiaires de la demanderesse tendant à ce qu'il fût sursis à statuer jusqu'à ce que l'autorité administrative eût interprété le décret de concession (Req. 10 févr. 1879, aff. Hauts fourneaux de Micheville, D. P. 79. 1. 265); — 10° Un arrêt n'est pas nul pour n'avoir pas motivé spécialement le rejet de conclusions à fin d'enquête, lorsqu'il a, dans ses motifs généraux sur le chef principal, admis comme base de décision des faits contredisant ceux que la partie condamnée demandait à prouver ; il en ainsi notamment lorsque, les conclusions subsidiaires tendant à prouver que la marchandise litigieuse s'était détériorée après la livraison à l'acheteur, l'arrêt déclare que cette marchandise n'avait pas, le jour même de la vente, les qualités requises par le destinataire et prévues par le contrat (Civ. rej. 26 juill. 1881, aff. Lamy, D. P. 82. 1. 104); — 11° L'arrêt qui, statuant sur les conclusions principales du demandeur, juge que la nullité prononcée par la loi contre les conventions dont l'objet est illicite ne saurait atteindre la cession, faite et acceptée sans intention frauduleuse, de marchandises qui, bien que destinées à former un produit illicite, ont été déclarées, par une appréciation souveraine des juges du fond, susceptibles, en dehors de cet emploi, d'un usage licite et

commercial, et rejette, par ces motifs, la demande en nullité de la cession, répond implicitement et avec une précision suffisante à des conclusions subsidiaires tendant à ce que la valeur des marchandises prétendues illicites soit défalquée des traites acceptées en payement de la cession (Req. 12 févr. 1883, aff. Lireux, D. P. 83. 1. 450); — 12° L'arrêt qui se fonde, pour ordonner la suppression d'une fosse à fumier, sur la défense faite par un arrêté municipal de former aucun dépôt de fumier dans l'intérieur de la ville où se trouve la fosse litigieuse, motive implicitement, mais suffisamment, le rejet de conclusions subsidiaires offrant de prouver qu'il existe dans ladite ville des dépôts de fumier et qu'aucune poursuite n'a jamais été dirigée contre le propriétaire de la fosse (Req. 28 nov. 1883. aff. Voilly, D. P. 85. 1. 29); — 13° Lorsque, en appel, une partie après avoir conclu à être complètement déchargée de la condamnation au payement d'une somme, a demandé, par des conclusions subsidiaires, que, tout au moins, une réduction fût apportée à la somme et aux intérêts à payer, les motifs par lesquels ces conclusions subsidiaires sont repoussées, quant au principal de la somme, répondent également à la demande de réduction relative aux intérêts (Req. 20 mai 1885, aff. Waddington, D. P. 86. 1. 82); — 14° L'arrêt qui juge le procès au fond rejette par cela même les conclusions subsidiaires aux termes desquelles le défendeur demandait la comparution des parties en chambre du conseil, avant qu'il fût statué sur le litige; cet arrêt est implicitement motivé, la mesure sollicitée est écartée comme inutile, du moment où la cour d'appel affirme expressément qu'elle tient pour constant et prouvé le fait que la demande de comparution avait pour but de contester; spécialement, l'arrêt qui affirme, d'après l'appréciation souveraine des circonstances et documents de la cause, qu'une opération de report, demandée par un client, a été instruite par l'agent de change de celui-ci, rejette, comme étant inutile, et par des motifs implicites, une demande dudit client tendant à la comparution des parties en chambre du conseil, dans le but d'établir que l'opération de report dont il s'agit n'a pas eu lieu (Req. 4 janv. 1886, aff. Brédin, D. P. 86. 1. 12); — 15° L'arrêt qui décide, par application des actes administratifs produits au procès, que l'assiette d'un chemin vicinal est établie sur le terrain litigieux, motive implicitement, mais suffisamment, le rejet des conclusions subsidiaires par lesquelles une des parties offre de prouver qu'il n'a jamais existé de chemin public sur ce terrain (Civ. rej. 19 avr. 1887, aff. Jeangeac, D. P. 87. 1. 420).

**778.** Souvent les motifs donnés sur la demande suffisent à justifier la solution adoptée sur la défense. Ainsi, 1° l'arrêt qui motive l'exécution d'une promesse de vente, par le motif que cette promesse constitue une convention synallagmatique valant vente, dans le sens de l'art. 1589 c. civ., exprime suffisamment que le promettant ne pouvait point la rétracter, et, dès lors, n'a pas besoin de s'expliquer en termes formels sur l'inefficacité des faits de rétractation invoqués par ce promettant (Req. 24 juill. 1860, aff. Lejeune, D. P. 60. 1. 456) ; — 2° L'arrêt qui déclare insuffisants les dommages-intérêts alloués par les premiers juges suppose par là même qu'il y a eu en première instance demande de dommages-intérêts, et, motive, dès lors, suffisamment le rejet du moyen tiré de ce que cette demande n'aurait pas eu lieu (Req. 12 févr. 1868, aff. Borgnis, D. P. 68. 1. 274) ; — 3° La constatation de faits de nature à justifier le rejet d'un moyen de droit motive suffisamment la décision qui ne s'arrête pas à ce moyen, même sans le relever, ni le discuter, ni le rejeter formellement (Req. 3 mars 1869, aff. Fauchon, D. P. 70. 1. 110) ; — 4° Pour qu'un jugement soit suffisamment motivé, il n'est pas nécessaire qu'à chaque chef de conclusions vienne se rattacher une série de motifs distincts ; il suffit que, de l'ensemble de la décision, ressortent les raisons qui ont porté le juge à rejeter ou à admettre les moyens d'attaque et de défense des parties : ainsi, lorsqu'un arrêt a d'abord reconnu à une partie la qualité d'associé commanditaire qu'on voulait faire attribuer à un créancier de la société, puis condamner les associés à payer les sommes dues à ce créancier, sans rejeter par d'autres motifs le moyen de défense tiré de ce que ledit créancier aurait été en réalité un associé commanditaire (Civ. rej. 13 avr. 1870, aff. Demessieux, D. P. 71. 1. 218); — 5° Lorsque, après avoir déclaré que les immeubles revendiqués par l'héritier d'un membre d'une congrégation religieuse ont été acquis pour le compte de cette congrégation et n'ont jamais été la propriété personnelle de l'auteur du revendiquant, le jugé réserve les droits dudit héritier au remboursement des capitaux appartenant à son auteur et qui auraient été employés à payer, en partie, le prix desdits immeubles, n'est pas obligé de donner d'autres motifs pour rejeter la demande tendant à ce que lesdits immeubles soient déclarés affectés au remboursement desdits capitaux, cette demande étant subordonnée à la vérification de l'existence et de la nature des droits qui ont été réservés (Civ. rej. 30 mai 1870, aff. Lacordaire, D. P. 70. 1. 277); — 6° Le rejet du grief de nullité d'une expertise, fondé sur l'absence de sommation régulière d'assister à la première opération des experts, est suffisamment motivé par cette mention de l'arrêt qu'il y a eu sommation à toutes les parties de se présenter sur les lieux contentieux afin d'assister aux opérations des experts (Req. 18 déc. 1871, aff. Colonna-Cesari, D. P. 71. 1. 297); — 7° Le jugement qui constate l'existence d'une dette à une époque déterminée motive d'une manière implicite, mais suffisante, le rejet de conclusions tendant à faire juger que cette dette n'a existé qu'à une époque ultérieure (Req. 30 janv. 1872, aff. Pédencoig, D. P. 72. 1. 413); — 8° La déclaration, dans un jugement, qu'il résulte d'une expertise dans une instance antérieure que l'entrepreneur a observé les règles de l'art dans les travaux faits à un moulin, motive suffisamment le rejet des conclusions tendant à la preuve que l'entrepreneur a cassé une machine et l'a remplacée par une autre défectueuse (Req. 7 févr. 1872, aff. Lande, D. P. 72. 1. 192); — 9° Le juge du fait, en déclarant qu'un acte ne ne constitue pas un échange, mais une simple mesure administrative, motive ainsi le rejet des moyens de nullité invoqués contre cet acte, et tirés tant du défaut d'indication de l'objet échangé que de l'inobservation des formalités prescrites par l'art. 1325 c. civ. (Req. 4 juin 1872, aff. de la Chataigneraie, D. P. 72. 1. 441); — 10° L'arrêt qui ordonne que la jouissance de coupes de bois grevés d'usufruit restera conforme à l'usage des anciens propriétaires, motive suffisamment le rejet des conclusions du nu-propriétaire tendant à ce que l'usufruitier ne puisse pas faire de coupes dans certaines parties de la forêt (Civ. rej. 19 août 1872, aff. de Cazaux, D. P. 72. 1. 397); — 11° La constatation par le jugement d'un fait illicite et préjudiciable motive suffisamment la condamnation à des dommages-intérêts, comme le rejet des excuses et autres moyens opposés par l'auteur de ce fait (Même arrêt); — 12° Le jugement qui, pour écarter le recours exercé par le demandeur contre son ancien associé, à raison de payements par lui effectués postérieurement au règlement de leurs intérêts respectifs, se fonde sur ce que, depuis ce règlement, il n'avait plus le pouvoir d'agir seul dans l'intérêt commun, répond suffisamment par là au moyen tiré de ce que le demandeur aurait agi en qualité de *negotiorum gestor* (Req. 20 nov. 1872, aff. Bonneville, D. P. 72. 1. 255); — 13° Les motifs donnés par un arrêt à l'appui du système auquel il a recours pour fixer la réparation due à la partie lésée par la résiliation d'un marché, justifient implicitement le rejet d'un système différent, à l'adoption duquel il avait été conclu (Civ. rej. 15 janv. 1873, aff. Derrieu, D. P. 73. 1. 103); — 14° Le bien fondé de la demande en payement d'une somme déterminée implique nécessairement l'insuffisance d'offres d'une somme inférieure faites pour le même objet; en conséquence, le jugement qui fait droit à la demande, comme justifiée par les débats et les documents de la cause; sans donner de motifs particuliers pour établir l'invalidité des offres, est suffisamment motivé (Civ. rej. 1er juill. 1873, aff. Bessan, D. P. 73. 1. 408); — 15° La déclaration, par les juges du fond, qu'il résulte des documents de la cause et des explications fournies à l'audience que l'inventaire dressé après le décès d'une personne est sincère et complet, justifie pleinement le rejet de la demande en communication des livres et registres de l'époux survivant, et en supplément d'inventaire, formée par le subrogé tuteur de l'héritier mineur (Req. 30 juill. 1873, aff. Follin, D. P. 74. 5. 345); — 16° Lorsqu'un jugement a déclaré qu'une convention entre cohéritiers est un pacte de famille destiné à régler les reprises de la veuve, les droits

des créanciers et des héritiers, qu'une adjudication et une renonciation subséquentes sont des actes d'exécution de ce pacte, enfin que l'action en nullité de ces actes doit être repoussée par la chose jugée et par la prescription de l'art. 1304 c. civ., l'arrêt qui adopte ces motifs justifie implicitement le rejet du moyen de nullité fondé sur la violation des règles de la procédure concernant le bénéfice d'inventaire, et opposé pour la première fois en appel (Req. 24 juin 1874, aff. d'Abzac, D. P. 75. 1. 85); — 17° L'arrêt qui déclare que le marché intervenu entre les parties ne constituait pas un contrat unique, mais qu'il se subdivisait en un contrat de vente de peaux en poils et en un contrat de louage d'industrie pour le mégissage de ces peaux, répond par là même au chef de conclusions pris par l'appelant pour faire décider que le marché constituait un marché à livrer de peaux mégies (Civ. rej. 1er juill. 1874, aff. Garnier, D. P. 76. 1. 473); — 18° L'arrêt qui décide qu'un droit retenu par le vendeur d'un immeuble est une servitude réelle motive par là même implicitement le rejet de conclusions tendant à faire juger que ce droit serait incessible et insusceptible de location (Req. 6 juill. 1874, aff. Teillard, D. P. 75. 1. 372); — 19° Lorsque le demandeur a conclu à ce qu'un arrêté préfectoral fût déclaré faire la loi des parties, et que le défendeur a repoussé cette prétention en s'appuyant sur une décision postérieure du ministre des travaux publics, le jugement qui rejette les conclusions du demandeur en se fondant sur ladite décision est suffisamment motivé (Civ. rej. 28 déc. 1874, aff. Manufactures de l'État, D. P. 75 1. 120); — 20° Le tribunal saisi de l'appel d'un jugement ayant accueilli une action possessoire des motifs tirés des constatations d'une expertise et d'une enquête illégales, ne commet pas d'excès de pouvoirs en statuant au fond sans prescrire aucune mesure nouvelle d'instruction, s'il trouve dans les circonstances de la cause, en dehors des vérifications faites en première instance, des éléments complets de décision; et le juge d'appel, en déclarant qu'il existe dans la cause des éléments suffisants pour prononcer sur la contestation, est dispensé de s'expliquer sur les griefs relevés contre l'expertise et l'enquête ordonnées par le premier juge, sa déclaration indiquant clairement qu'il fait abstraction du résultat de ces opérations (Req. 5 avr. 1875, aff. Poivey, D. P. 77. 1. 74); — 21° L'arrêt qui déclare qu'un acte ne contient pas une donation, mais la reconnaissance d'une dette effective, motive implicitement le rejet de conclusions tendant à l'annulation de cet acte comme renfermant une libéralité déguisée (Req. 25 juill. 1876, aff. Damotte, D. P. 78. 1. 123); — 22° L'arrêt qui déclare qu'un mandat, en vertu duquel une partie a été représentée dans un acte, n'est pas contesté, répond implicitement à des conclusions tendant à faire prononcer la nullité de cet acte pour défaut de consentement de la partie représentée en l'acte par un mandataire (Même arrêt); — 23° Un arrêt est suffisamment motivé, bien qu'il ne contienne pas d'explications spéciales sur le rejet du chef des conclusions présentées par l'une des parties, et tendant à faire déclarer que le titre invoqué par son adversaire était trop vague pour servir de base à une servitude, s'il précise l'objet de cet acte et détermine les droits qu'il confère (Req. 29 mai 1877, aff. Garbouleau, D. P. 77. 1. 425); — 24° La constatation d'un fait contraire à celui dont la preuve a été offerte motive implicitement le rejet des conclusions où l'offre de preuve est contenue; spécialement, le rejet de conclusions tendant à prouver que le concluant, au moment de son mariage était relevé de ses vœux de prêtrise, est implicitement motivé par la déclaration de l'arrêt que ledit concluant était prêtre lorsqu'il a contracté mariage et qu'il a dissimulé cette qualité à l'officier de l'état civil (Req. 26 févr. 1878, aff. Aupy, D. P. 78. 1. 113); — 25° Le jugement qui accueille une demande motive suffisamment le rejet des conclusions prises par le défendeur pour la faire écarter comme nouvelle, s'il contient une disposition dans laquelle le juge déclare, d'une manière générale, rejeter toutes autres conclusions des parties, lesquelles sont explicitement ou implicitement repoussées par les motifs de sa décision (Req. 3 juill. 1878, aff. Auckaërt, D. P. 80. 1. 77); — 26° Un arrêt est suffisamment motivé à l'égard de la régularité d'une mesure d'instruction formée par une partie, lorsque son dispositif applique formellement les motifs du fond au rejet de toutes les conclusions tant principales qu'incidentes de cette partie (Req. 17 févr. 1879, aff. Vitali, D. P. 80. 1. 346) ; — 27° Le rejet de conclusions d'appel, qui tendent au maintien des dommages-intérêts alloués par le tribunal en raison d'une saisie-arrêt tenue en première instance pour faite sans droit, est virtuellement et nécessairement motivé par l'arrêt qui, réformant le jugement, décide, au contraire, que la saisie-arrêt était légitime et bien fondée (Req. 4 juill. 1887, aff. Pestel, D. P. 87. 1. 324) ; — 28° L'arrêt qui refuse d'ordonner une enquête sur les faits déjà constatés par le jugement dont il adopte les motifs est suffisamment motivé, sans qu'il ait besoin de réfuter spécialement chacune des allégations, dont il affirme le mal fondé de nouveau le mal fondé (Req. 20 juin 1888, aff. Lagrange, D. P. 89. 1. 382).

**779.** Même solution, en ce qui touche le rejet des fins de non-recevoir proposées par le défendeur. Décidé, notamment : 1° que l'arrêt qui déclare l'intimé sans qualité pour se prévaloir de la condamnation par lui obtenue en première instance, à raison de la cession par lui faite de sa créance à un tiers, depuis l'appel interjeté, motive suffisamment, par la constatation de la circonstance que cette cession était postérieure à l'appel, le rejet de la fin de non-recevoir prise de ce qu'elle n'était pas susceptible d'être proposée pour la première fois en appel (Civ. rej. 1er déc. 1856, aff. Antonetti, D. P. 56. 1. 439) ; — 2° Que l'arrêt qui déclare qu'un acte transactionnel, passé entre les anciens gérants d'une société en commandite et le liquidateur choisi par les actionnaires et les obligataires, rentrait dans la limite des pouvoirs du liquidateur, avait été conçu dans l'intérêt bien entendu de la liquidation et ne pouvait pas mettre à couvert la responsabilité du conseil de surveillance, motive suffisamment le rejet de la fin de non-recevoir opposée pour la première fois en appel, par les membres du conseil de surveillance, à la demande en responsabilité dirigée contre eux par les actionnaires et les obligataires (Req. 31 déc. 1872, aff. Hovius, D. P. 73. 1. 352) ; — 3° Qu'en déclarant que le nouvel œuvre dénoncé n'est pas seulement, un acte dérivant du droit de propriété, le jugement répond par un motif suffisant, quoique implicite, à la fin de non-recevoir tirée de ce que les travaux exécutés par le demandeur l'auraient été sur un terrain dont il est propriétaire (Req. 31 janv. 1876, aff. Richaux, D. P. 76. 1. 112) ; — 4° Que le rejet d'une fin de non-recevoir opposée à une action possessoire, et tirée de ce que le demandeur aurait perdu la possession d'une servitude de passage par suite de changements apportés dans la situation des héritages, est suffisamment motivé, lorsqu'il résulte implicitement du jugement que ces changements ont été opérés dans des lieux autres que ceux où devait s'exercer la servitude (Civ. rej. 13 juill. 1886, aff. Sabatier, D. P. 87. 1. 74) ; — 5° Lorsque le rejet d'une fin de non-recevoir est la conséquence de la décision sur le principal, celle-ci étant d'ailleurs suffisamment motivée, ces motifs s'appliquent implicitement au rejet de la fin de non-recevoir. Spécialement, lorsqu'un transporteur maritime, actionné en payement de dommages-intérêts pour avaries causées à des marchandises qu'il a transportées par mer, oppose à cette action que ces avaries ont été occasionnées par le gros temps et que l'assureur en est seul responsable, le rejet de cette fin de non-recevoir est virtuellement, mais suffisamment, motivé par l'ensemble des motifs du jugement desquels il résulte que lesdites avaries ont été produites par le mauvais arrimage des marchandises (Civ. rej. 26 avr. 1887, aff. Desesquelle, D. P. 88. 1. 135).

**780.** Même solution encore quant au rejet des excep-

tions en général ; jugé, par exemple : 1° que le jugement qui décide que les habitants d'une commune ont agi en justice dans un intérêt individuel, et non comme section de commune, motive suffisamment le rejet d'exceptions qui ne seraient opposables à ces habitants que s'ils avaient exercé l'action, en cette dernière qualité, sans qu'il soit besoin de motifs spéciaux (Civ. rej. 16 févr. 1859, aff. Prieur, D. P. 59. 1. 53) ; — 2° Que l'arrêt qui, pour annuler un acte, se fonde sur la faiblesse d'esprit d'une des parties et sur le défaut de spécialisation du mandat qu'elle a donné, motive suffisamment le rejet de l'exception tirée d'une prétendue ratification de cet acte par exécution volontaire (Req. 4 mai 1868, aff. Vanel, D. P. 71. 1. 246) ; — 3° Que le jugement qui décide, par l'examen des titres, que la possession d'un demandeur en complainte a tous les caractères d'une possession *animo domini*, motive suffisamment le rejet d'une exception de précarité, tirée, contre ce demandeur, d'une prétendue imprescriptibilité du terrain litigieux (Req. 16 avr. 1872, aff. Hallet, D. P. 74. 1. 79) ; — 4° Que lorsque, pour échapper à la responsabilité qui lui incomberait, le défendeur invoque une exception de force majeure, les juges du fond n'ont pas besoin de motiver spécialement le rejet de cette exception, s'il résulte de l'ensemble des motifs du jugement que le prétendu cas de force majeure ne se rencontrait pas en réalité dans les faits de la cause (Req. 1er déc. 1873, aff. Fraissinet, D. P. 74. 1. 424) ; — 5° Que l'arrêt qui condamne une ville à payer aux frères de la Doctrine chrétienne la totalité des sommes par eux réclamées, par cette raison même qu'elle en a déjà soldé une partie, motive implicitement le rejet de l'exception tirée de ce que les Frères avaient accepté sans protestation une partie seulement de leur créance (Req. 9 nov. 1874, aff. Ville de Perpignan, D. P. 75. 1. 60).

**781.** De là les applications particulières suivantes : — A. *Exception de chose jugée.* — 1° Le rejet de l'exception de chose jugée tirée d'un jugement correctionnel est suffisamment, quoique implicitement, motivé par les constatations de l'arrêt desquelles il résulte que cet arrêt n'a pas statué sur les mêmes faits qui ont été l'objet du jugement correctionnel (Civ. rej. 18 juin 1872, aff. Rostand, D. P. 72. 1. 268) ; — 2° Lorsque la décision sur une exception de chose jugée se confond, quant aux motifs, avec la décision sur le fond, il n'est pas nécessaire que le rejet de l'exception soit l'objet de motifs exprès et spéciaux (Civ. rej. 30 juill. 1873, aff. Gautier, D. P. 74. 1. 22) ; — 3° Le jugement rendu entre associés, et qui donne au pacte qui les lie le caractère d'une association en participation, n'étant pas opposable aux créanciers de la société qui n'ont pas été appelés au procès, ceux-ci conservent le droit de faire juger qu'il existait entre les associés une société en nom collectif ; et, par cette déclaration de l'existence d'une société en nom collectif, le second jugement, exprimant la raison qui rend le premier non opposable aux créanciers sociaux, motive d'une façon implicite, mais suffisante, le rejet virtuel de l'exception de chose jugée opposée à ces créanciers, alors d'ailleurs qu'il fait ressortir l'opposition d'intérêts entre les associés et les tiers qui contractent avec la société (Req. 7 déc. 1875, aff. Semence, D. P. 76. 1. 173) ; — 4° Lorsqu'un jugement a ordonné la restitution d'un certain billet, le jugement ultérieur qui décide au fond qu'il n'y a pas identité entre celui-là et un autre, motive implicitement, mais d'une manière suffisante, le rejet de l'exception de chose jugée tirée du premier jugement (Req. 18 déc. 1877) (1) ; — 5° Le rejet de l'exception de chose jugée tirée d'un précédent jugement est suffisamment, quoique

---

(1) (Rogé C. Vignes et Aspero.) — Le 7 mars 1877, le tribunal de Prades avait statué en ces termes : — Attendu qu'aux termes d'un acte en brevet du 22 déc. 1850, Joseph Aspero se reconnaît débiteur envers Paul Rogé de la somme de 300 fr., exigible dans un an à partir du jour de l'acte ; — Attendu qu'Aspero excipe, à l'encontre du commandement à lui signifié, d'un payement qu'il aurait effectué le 20 mai 1862. résultant de la remise de la même somme faite en l'étude de Me Vignes, successeur de Me Salvat, destinée à l'acquittement de sa dette ;... — Attendu que, de l'existence du bon en blanc de la somme de 300 fr. souscrit par Antoine Rogé fils, des renseignements et des explications fournies à l'audience, il apparaît qu'en fait Aspero aurait, en mai 1862, remis au notaire Vignes la

somme de 300 fr. devant servir à l'extinction de sa dette en faveur de Paul Rogé ; — Que cette somme aurait été prise et remboursée par Antoine Rogé fils qui, à titre de décharge, aurait délivré au notaire détenteur le bon en blanc de pareille somme produit au procès par Aspero, auquel il a été remis par la veuve Vignes comme ayant seule intérêt à le posséder ; — Qu'Antoine Rogé, quoi qu'il allègue, ne justifie nullement que le bon confié au notaire eût trait à une autre affaire, et qu'il n'articule pas non plus qu'il fût volontairement consenti à Aspero pour prêt ou pour une cause quelconque d'où s'induisent des présomptions graves, précises et concordantes ; — Que si Aspero n'a pas été libéré depuis 1862 de son obligation envers ledit Paul Rogé, ce n'a été que par le fait et la faute d'Antoine Rogé fils, et que

implicitement, motivé par les, constatations de la décision desquelles il résulte que celle-ci a statué sur un objet autre que celui du premier jugement (Req. 27 juin 1881, aff. Audouy, D. P. 82. 1. 163).

**782.** — B. *Exception de prescription :* — 1° Le rejet de la prescription quinquennale d'une créance d'intérêts est suffisamment motivé par la constatation, dans l'arrêt, d'une convention de capitalisation de ces intérêts, bien que cette constatation y ait été faite à propos d'un autre chef du procès (Civ. rej. 31 janv. 1853, aff. Gravier, D. P. 54. 5. 495); — 2° La décision qui constate que le défendeur a reconnu que la demande était fondée écarte ainsi, par un motif suffisant, le moyen de la prescription subsidiairement invoqué par le défendeur (Civ. rej. 3 mars 1869, aff. Brillat, D. P. 69. 1. 183); — 3° Le jugement qui, statuant sur une action en revendication relative à un immeuble, repousse le moyen tiré de ce que le défendeur aurait acquis la propriété de cet immeuble par prescription trentenaire, motive suffisamment le rejet de ce moyen, s'il contient une déclaration de laquelle il résulte implicitement que les auteurs du défendeur ont détenu l'immeuble revendiqué à titre simplement précaire, et que ce défendeur n'a commencé à le posséder lui-même que depuis moins de trente ans (Req. 17 janv. 1877, aff. Maget, D. P. 78. 1. 263).

**783.** — C. *Exception de jeu.* — Le rejet de l'exception de jeu opposée à une demande relative à des opérations de bourse est implicitement motivé par les constatations de l'arrêt desquelles il résulte que ces opérations étaient sérieuses (Civ. rej. 18 juin 1872, aff. Rostand, D. P. 72.1.268).

**784.** — D. *Exception d'incompétence.* — En cas d'exception d'incompétence prise de ce qu'une société anonyme aurait été irrégulièrement assignée en la personne et au domicile de son gérant ou directeur, par le double motif que ce gérant n'avait pas mandat pour représenter la société en justice, et qu'en tous cas, le siège social étant situé dans un autre lieu, c'est devant le tribunal de ce dernier lieu que la demande aurait dû être portée, le jugement ou l'arrêt qui valide l'assignation en se bornant à déclarer que, contrairement au premier moyen, le gérant assigné était investi du mandat de représenter la société, répond implicitement au second, l'existence d'un pareil mandat impliquant, en matière de société anonyme, la compétence du tribunal du domicile de ce mandataire (Req. 2 déc. 1857, aff. Frantz, D. P. 58. 1. 300), — Et inversement, la déclaration d'incompétence, fondée sur ce que l'extranéité des parties en cause rend facultative la compétence des tribunaux français, alors même que les parties consentiraient à se soumettre à leur juridiction, motive suffisamment le rejet du moyen tiré contre cette déclaration de l'existence d'un pareil consentement (Req. 10 mars 1858, aff. Rachel, D. P. 58. 1. 313).

**785.** Même solution encore, quant au rejet implicite d'une demande reconventionnelle : 1° les motifs donnés pour justifier l'admission d'une demande reconventionnelle en complainte peuvent motiver suffisamment le rejet de la complainte principale, prononcée par le même jugement (Civ. rej. 12 déc. 1853, aff. Pierron, D. P. 54. 1.346); — 2° Le jugement qui accueille une complainte relative à la possession d'eaux pluviales motive suffisamment le rejet implicite d'une

action reconventionnelle fondée sur ce que les eaux litigieuses proviendraient exclusivement d'un chemin public, si l'ensemble de ses considérants prouve que ces eaux sont celles qui ont donné lieu à la complainte (Req. 21 mars 1876, aff. Joubert, D. P. 78. 1. 121); — 3° Lorsque l'admission de la demande principale implique le rejet de la demande reconventionnelle, il suffit d'exprimer une seule fois le motif unique qui justifie également l'une et l'autre décision (Req. 14 mai 1877, aff. Framond, D. P. 78. 1. 39).

**786.** Enfin, il est un chef particulier de condamnation qui est toujours justifié implicitement par le surplus du jugement : c'est la condamnation aux dépens (*Rép.* n° 1049). Aux termes d'une jurisprudence constante, la condamnation aux dépens n'est pas assujettie à des motifs spéciaux, les motifs de cette condamnation étant écrits d'une manière générale dans l'art. 130 c. proc. civ. (Req. 18 nov. 1854, aff. Lanon, D. P. 54. 1. 427; 31 mars 1858, aff. Hubert, D. P. 58. 1. 194; Civ. rej. 7 mai 1873, aff. Marret, D. P. 73. 1. 343; 19 déc. 1877, aff. Lhuis, D. P. 78. 1, 295). Spécialement, la condamnation aux dépens d'une intervention, étant la conséquence de la décision donnée au principal sur cette intervention, n'a pas besoin d'être motivée (Req. 10 nov. 1858, aff. Hélix, D. P. 58. 1. 447).

**787.** La règle est la même pour la répartition des dépens. Ainsi : 1° lorsque chacune des parties succombe sur quelques chefs, le juge est investi d'un pouvoir discrétionnaire, en ce qui concerne la condamnation aux dépens, et, en conséquence, il est dispensé de donner des motifs spéciaux pour justifier la répartition qu'il fait des dépens (Civ. rej. 14 déc. 1868, aff. Lagette, D. P. 69. 1. 81); — 2° Quand chacune des parties a succombé sur quelques chefs, les dépens peuvent être répartis entre elles, sans qu'il y ait lieu de donner à l'appui de cette décision de plus amples motifs (Civ. rej. 29 janv. 1872, aff. Busquet, D. P. 72.1.450); — 3° Lorsque, en première instance de même qu'en appel, les parties ont respectivement succombé sur divers points du litige, l'arrêt peut se borner à confirmer purement et simplement, sans donner aucune raison spéciale de sa décision, le chef du jugement ordonnant que les dépens de première instance seront partagés entre les parties (Civ. rej. 19 déc. 1877, aff. Lhuis, D. P. 78. 1. 295).

**788.** Cette règle est si générale que la condamnation aux dépens prononcée contre la partie qui a succombé n'a pas besoin d'être spécialement motivée, même lorsqu'il s'agit d'un incident soulevé dans une instance dont les frais sont, en règle, à la charge de toutes les parties, et, par exemple, dans une instance en partage (Req. 24 avr. 1861, aff. Vellefrey, D. P. 61. 1. 277).

**789.** La jurisprudence admet toutefois une exception : c'est au cas où la disposition, bien que se bornant en apparence à une condamnation aux dépens, contient en réalité autre chose. Ainsi la condamnation aux dépens d'un mandataire légal, en son nom personnel, doit être spécialement motivée (Civ. cass. 17 août 1853, aff. Mounier, D. P. 54. 1. 382; 7 déc. 1857, aff. Boucault, D. P. 58. 1. 131). En effet, dans ce cas, il ne s'agit plus seulement de régler le sort des dépens entre les deux parties litigeantes mais de prononcer une responsabilité contre le mandataire au profit du mandant.

---

celui-ci, chacun étant tenu de réparer sa faute, doit être déclaré responsable et obligé de la garantir vis-à-vis d'Aspero; — Dit que la veuve Vignes n'est pas tenue à restitution du bon en blanc dont s'agit; et, en déclarant valable le commandement insté à Joseph Aspero, à la requête de Paul Rogé, déboute Aspero de son opposition et le condamne à payer à Paul Rogé 300 fr.; et en déclarant que c'est par la faute d'Antoine Rogé fils que ce commandement a été insté, dit qu'il sera tenu, à titre de réparations civiles, de garantir Aspero des condamnations prononcées contre lui. — Pourvoi en cassation par Paul et Antoine Rogé : 1° Violation de l'art. 7 de la loi du 20 avr. 1810, combiné avec l'art. 1351 c. civ., en ce que le jugement attaqué n'a donné aucun motif à l'appui de la disposition par laquelle il déclare que la dame Vignes n'est point tenue à la restitution du bon en blanc remis par Antoine Rogé à son mari, alors que Rogé avait conclu à ce que la prétention de la dame Vignes fût repoussée par application de la sentence du juge de paix de Montlouis du 6 avr. 1873, qui avait ordonné cette restitution...

La cour; — Sur le premier moyen, tiré de la violation de l'art. 7 de la loi du 20 avr. 1810, combiné avec l'art. 1351 c.

civ.; — Attendu que les conclusions prises par Rogé fils devant le tribunal de Prades tendaient uniquement à l'exécution de la sentence du juge de paix de Montlouis, du 6 avr. 1873, laquelle avait condamné la veuve Vignes à remettre audit Rogé un bon de 300 fr. signé de ce dernier; — Qu'aux termes de cette sentence même, la bon en faisait l'objet était afférent à la dette d'un sieur Arro et portait la date de 1866; — Que, devant le tribunal de Prades, au contraire, le bon que produisait Aspero, signé aussi par Rogé fils et s'élevant à la même somme de 300 fr., était daté du 12 mai 1862 ; — Qu'il résulte de l'ensemble du jugement attaqué qu'il n'y avait pas identité entre ces deux billets, et que Rogé avait été impuissant à prouver que le billet détenu par Aspero était le même que celui dont la sentence du juge de paix avait, en 1873, ordonné la restitution: — Que, dans ces circonstances, le tribunal de Prades, dont la décision est d'ailleurs motivée par les constatations qui précèdent, a pu, sans violer la chose jugée, rejeter les conclusions du demandeur;... ·

Rejette, etc.

Du 18 déc. 1877.-Ch. req.-MM. Bédarrides, pr.-Bécot, rap.-Robinet de Cléry, av. gén., c. conf.-Cost av.

SECT. 2. — DES MOTIFS DES JUGEMENTS EN MATIÈRE CRIMINELLE
(*Rép.* nᵒˢ 1053 à 1108).

ART. 1ᵉʳ. — *Quels jugements doivent être motivés ?*
(*Rép.* nᵒˢ 1053 à 1082).

**790.** Le principe, en matière criminelle, comme en matière civile, c'est que tout jugement doit être motivé (*Rép.* nᵒ 1053). Ainsi doivent être motivés, à peine de nullité, les arrêts incidents rendus par les cours d'assises sur un point contradictoirement débattu entre le ministère public et l'accusé, ou qui intéresse le droit de défense (Crim. cass. 12 janv. 1875, aff. Mazé, D. P. 75. 1. 496). — Cette règle a reçu de fréquentes applications. On a vu au *Rép.* nᵒ 1090-7ᵒ, qu'il y a nécessité de motiver la décision rendue sur la demande formée par le prévenu d'un délit correctionnel, afin d'obtenir sa liberté provisoire sous caution (Crim. cass. 13 mai 1852, aff. Bonnes, D. P. 52. 5. 371). Il en est de même de l'arrêt qui ordonne, en vertu de la loi du 9 sept. 1835, que l'accusé sera reconduit en prison et que les débats continueront en son absence (Crim. cass. 12 janv. 1875, arrêt précité). — Si la cour de cassation a validé, quoique dépourvu de motifs, un arrêt de cour d'assises qui, sur la renonciation du ministère public et de l'accusé à l'audition de témoins absents, ordonnait qu'il serait passé outre aux débats (Crim. rej. 19 sept. 1856, aff. Olivier, D. P. 56. 1. 418), ce n'était pas qu'une telle solution fût, par elle-même, dispensée de motifs, mais parce que, en fait, elle donnait acte de cette renonciation, qui constituait un motif implicite.

ART. 2. — *De la nécessité de donner des motifs sur chaque chef de conclusions* (*Rép.* nᵒˢ 1083 et 1084).

**791.** Le juge de répression doit motiver non seulement sa décision sur le fond, mais aussi l'admission ou le rejet des exceptions présentées comme moyen de défense par les parties (Crim. cass. 30 sept. 1869, aff. Antiq, D. P. 70. 1. 188; 17 juin 1880, aff. Lecorgne, D. P. 82. 1. 44). En d'autres termes, il doit, à peine de nullité, statuer tant sur les conclusions de la partie poursuivante (partie publique ou partie civile) que sur celles de la partie poursuivie. (*Rép.* nᵒ 1083). Toutefois, si sur chaque chef de conclusions, il doit donner un motif distinct, il n'est pas tenu de rendre un arrêt séparé Ainsi la cour d'assises, saisie, après les réquisitions du ministère public, de conclusions de l'accusé tendant à ce que le fait constaté par le jury (la contrefaçon d'un papier-monnaie d'un pays étranger) soit déclaré non punissable, peut statuer sur les réquisitions du ministère public et sur les conclusions de l'accusé par un seul et même arrêt, et se borner notamment, dans cet arrêt, après avoir visé les conclusions de l'accusé, à décider que le fait reconnu constant par le jury constitue le crime prévu par telle disposition du code pénal, et en appliquer la peine (Crim. rej. 30 sept. 1853, aff. Sanmart, D. P. 53. 5. 314).

**792.** La nécessité de répondre aux conclusions de la partie publique a donné lieu aux décisions suivantes : 1ᵒ est nul l'arrêt qui, malgré les réquisitions du ministère public tendant à l'application des peines de la récidive portées par l'art. 57 c. instr. crim., se borne à appliquer celles portées par l'art. 58 du même code, sans motiver ni explicitement ni implicitement ce rejet virtuel des conclusions du ministère public (Crim. cass. 14 nov. 1856, aff. Pasquier, D. P. 56. 5. 293); — 2ᵒ Est encore nul l'arrêt qui, en matière d'action disciplinaire formée contre un notaire, à raison de faits poursuivis à la fois avec la qualification criminelle dont un acquittement les avait purgés, et comme constituant des faits d'indélicatesse ou de légèreté, repousse

cette action par l'unique motif qu'elle est fondée sur des faits qui avaient motivé des poursuites criminelles suivies d'acquittement, sans examiner le reproche d'indélicatesse et de légèreté, en même temps relevé par le ministère public (Civ. cass. 16 mai 1859, aff. Procureur général de Pau, D. P. 59. 1. 250); — 3ᵒ Doit être annulé le jugement du tribunal de police qui, en matière de voirie notamment, omet de statuer sur le chef des conclusions du ministère public tendant à ce que le prévenu soit condamné, en sus de la peine encourue, à rétablir les lieux dans leur état primitif (Crim. cass. 4 nov. 1859, aff. Rey, D. P. 61. 5. 321); — 4ᵒ Le jugement de simple police qui, statuant sur une double prévention de glanage illicite et de paroles outrageantes proférées par le prévenu contre le garde champêtre qui a constaté ce glanage, ne contient aucun motif sur des conclusions prises par le ministère public pour le renvoi du second chef de prévention à la juridiction correctionnelle, et apprécie au fond les deux chefs de prévention, est nul en ce qu'il n'a ni admis ni rejeté le déclinatoire proposé par le ministère public (Crim. cass. 30 nov. 1861, aff. Pradal, D. P. 62. 5. 212); — 5ᵒ Lorsqu'un procès-verbal relève à la charge d'un prévenu deux contraventions distinctes (de voirie, par exemple), et que ces contraventions n'ont pas été niées par ce prévenu, qui n'a opposé aucune preuve contraire, la décision du juge de police ne prononçant de condamnation que pour l'une d'elles sans s'expliquer sur l'autre, est nulle par omission de statuer (Crim. cass. 14 févr. 1863, aff. Daguin, D. P. 63. 5. 251); — 6ᵒ Le tribunal saisi de l'appel d'un jugement de simple police qui reconnaît un prévenu coupable de contravention étant en état de récidive, doit, au cas où il confirme le jugement sans s'en approprier les motifs, motiver sa décision aussi bien en ce qui concerne l'état de récidive qu'en ce qui concerne la contravention. Par suite, il ne lui suffit pas, après avoir relevé les faits qui établissent la contravention, de déclarer que le juge de police a fait une saine appréciation de ces faits et une juste application de la loi (Crim. cass. 19 nov. 1869, aff. Bessière, D. P. 70. 1. 439); — 7ᵒ Lorsque le juge d'appel a confondu en une seule amende, que le premier juge avait prononcées par application de deux lois distinctes, il y a nullité de sa décision si, saisi de conclusions du ministère public tendant au maintien de ladite distinction, il donne aucun motif de la confusion introduite dans l'arrêt contrairement à ces conclusions (Crim. cass. 2 mars 1871, aff. Maison, D. P. 71. 1. 67); — 8ᵒ Le jugement d'un conseil de discipline de la garde nationale qui statue sur le fond de la prévention, sans s'expliquer, par un motif explicite, sur les conclusions prises par le prévenu pour faire déclarer nulle la citation qui lui a été donnée, est nul pour défaut de motifs (Crim. cass. 7 juill. 1871, aff. Labruyère, D. P. 71. 5. 272); — 9ᵒ Le juge de simple police saisi par la citation deux chefs de prévention, est tenu de statuer, par une décision motivée, sur chacun de ces chefs, alors même que le ministère public n'a conclu que sur un seul (Crim. cass. 3 août 1872, aff. Labbi, D. P. 73. 5. 329); — 10ᵒ Lorsque, devant le tribunal de police, le ministère public relève un chef de prévention omis dans la citation, à défaut du consentement du prévenu d'accepter le débat, le juge doit motiver son refus de faire droit aux conclusions de la partie publique, mais non les rejeter par voie de prétérition (Crim. cass. 15 janv. 1874, aff. Etar, D. P. 74. 1. 456).

**793.** Les décisions suivantes ont trait à des poursuites intentées par une partie civile : 1ᵒ est nul l'arrêt qui confirme, sans s'expliquer sur une demande de confusion présentée dans des conclusions formelles de l'administration des Contributions indirectes, un jugement prononçant deux amendes distinctes contre deux coauteurs d'une même contravention, alors surtout que ces conclusions ont été débattues et ont provoqué des conclusions contraires de la part de l'un des défendeurs (Crim. cass. 4 déc. 1863, aff. Quinson, D. P. 64. 1. 195); — 2ᵒ En matière criminelle comme en matière civile, le juge doit statuer, par une décision motivée, sur chacun des chefs des conclusions pris devant lui; ainsi, le jugement ou arrêt d'acquittement dans lequel il est répondu cumulativement aux articulations diverses de la citation que « le prévenu n'a pas diffamé la partie civile aux dates et dans les lieux indiqués par la plainte de celle-ci » viole l'art. 7 de la loi du 20 avr. 1810, qui exige, à peine de nullité, que les jugements ou arrêts soient motivés sur chaque chef distinct de la prévention (Crim. cass. 24 juill. 1863, aff. Cancade, D. P. 64. 1. 245).

**794.** Inversement, et suivant un principe que l'on a déjà rencontré en matière civile (V. *suprà*, n° 719 et suiv.), et que l'on va retrouver au sujet des conclusions prises par le prévenu devant le tribunal répressif (*infrà*, n° 795), le tribunal n'est tenu de répondre qu'aux *chefs de conclusions* proprement dits, expressément formulés par le ministère public; d'où résulte cette double conséquence : 1° que, à défaut de conclusions formelles, le juge n'est pas tenu de motiver sa décision ; 2° que, même en présence de conclusions, il n'est jamais tenu de répondre aux simples arguments. — Jugé, en ce sens, sur le premier point : 1° que le juge d'un appel correctionnel a pu se dispenser de statuer sur une irrégularité, commise en première instance, qui ne lui était signalée que par une requête jointe à la procédure et signée du ministère public, si l'appel n'émane pas de ce magistrat, et si l'irrégularité n'a été relevée à l'audience, ni par le ministère public, ni par le prévenu (Crim. rej. 13 mai 1860, aff. Larbaud, D. P. 60. 1. 155). — 2° Que la cour de cassation ne peut avoir égard à un moyen de cassation tiré de ce que le tribunal de police aurait omis de statuer sur tel chef de prévention soulevé dans les conclusions du ministère public, si, le jugement ne faisant pas mention de ce chef de conclusions, il n'est rapporté aucune preuve établissant que des conclusions aient été prises sur le chef de prévention dont il s'agit (Crim. rej. 22 mars 1872, aff. Eugène V. D. P. 72. 1. 363). — 2° Que le second point qu'il est suffisant, pour le juge correctionnel, de donner dans sa décision un motif qui explique le rejet des conclusions du ministère public : il n'est pas nécessaire qu'il réponde, par un motif spécial, à chacun des arguments présentés par le ministère public à l'appui de la poursuite (Crim. rej. 7 nov. 1863, aff. Brunet, D. P. 66. 5. 314).

**795.** Enfin les applications de beaucoup les plus fréquentes sont celles qui ont trait aux conclusions à fin de renvoi prises par la partie poursuivie (prévenu ou accusé). La fréquence même des difficultés soulevées sur ce point oblige à énoncer quelques principes, comme on l'a fait en matière civile (*suprà*, n°s 702 et suiv.). Pour que le juge soit tenu, à peine de nullité, de répondre par un motif spécial à un moyen formulé par le prévenu, il faut, d'abord, qu'il ait été saisi par des conclusions ; il faut en outre, en la forme, que ces conclusions soient régulières, et, au fond : 1° que le moyen soit formulé dans un chef distinct du dispositif ; 2° qu'il soit formulé avec précision ; 3° qu'il soit soutenu à la barre et maintenu jusqu'au jugement.

**796.** D'abord, et en termes généraux, il faut que des conclusions expresses aient été prises (Crim. rej. 18 nov. 1880, aff. Briatte, D. P. 83. 1. 139 ; 13 févr. 1885, aff. Fournier, D. P. 86. 1. 180). Le juge n'est pas tenu de prévoir les difficultés et de les trancher d'office. — Ainsi : 1° le défaut de motifs sur la recevabilité d'une opposition à jugement par défaut, qui est rejetée comme mal fondée ne peut donner ouverture à cassation, alors qu'il ne paraît pas que cette recevabilité ait été contestée (Crim. rej. 7 avr. 1859 aff. Vincent, D. P. 59. 5. 263) ; — 2° Le condamné qui ne justifie pas avoir élevé devant la cour de renvoi une fin de non-recevoir contre l'appel *à minima* du ministère public, ne peut se faire un moyen de cassation du défaut de motifs sur la recevabilité de cet appel, alors, d'ailleurs, qu'il n'est fait mention dans l'arrêt que de conclusions prises au fond (Crim. rej. 13 oct. 1859, aff. Daumon, D. P. 59. 5. 262) ; — 3° Lorsque la recevabilité de l'action de la partie civile n'est pas contestée, l'arrêt qui intervient n'a pas à la justifier par des motifs particuliers (Crim. rej. 11 mai 1883, aff. Trotté, D. P. 83. 1. 327). ...

**797.** Enfin il faut que ces conclusions soient régulières, et il a été jugé qu'un pourvoi tiré d'une omission de statuer ou d'un défaut de motifs ne peut être utilement fondé sur des conclusions qui ne sont signées ni par le prévenu ni par son défenseur, qui ne portent pas non plus le visa du président de la cour d'appel, et dans le dispositif desquelles le fait invoqué, non relaté dans l'arrêt attaqué, n'a été introduit que par interligne, d'une encre autre que celle du corps des conclusions, à un moment et

dans des conditions qui n'ont pu être précisés (Crim. rej. 13 févr. 1885, aff. Fournier, D. P. 86. 1. 180).

**798.** Au fond, il faut, en premier lieu, que le moyen soit formulé dans un chef spécial de conclusions. S'il est présenté comme simple argument, le juge n'est pas tenu d'y répondre (*Rép.* n° 1084 ; Crim. rej. 21 mai 1874, aff. Peter Lawson, D. P. 75. 1. 137 ; 10 févr. 1876, aff. Millet, D. P. 77. 1. 189. Comp. *suprà*, n° 722) ; et, par la même raison, en l'absence de conclusions formelles, la cour d'appel n'est tenue de discuter tous les motifs exprimés dans le jugement qu'elle infirme (Crim. rej. 13 juin 1884, aff. de Champigny, D. P. 86. 1. 91-92). Ainsi : 1° le prévenu qui, dans ses conclusions, s'est borné à demander son relaxe, n'est pas fondé à se faire un moyen de cassation de ce que le jugement est muet sur les arguments qu'il lui a présentés pour faire écarter comme suspects deux témoins produits par la partie civile (Crim. rej. 2 janv. 1863, aff. Paur, D. P. 63. 5. 231) ; — 2° L'arrêt qui décide qu'une substance a le caractère de drogue médicinale n'est pas tenu de répondre par des motifs spéciaux aux divers arguments invoqués à l'appui de la thèse contraire (Crim. rej. 26 juill. 1873, aff. Dieudonné, D. P. 73. 1. 493) ; — 3° La prétention, élevée par un ministre du culte devant le tribunal de répression, qu'ayant la police de l'église tant à l'intérieur qu'à l'extérieur, il était de son droit et de son devoir d'enlever une affiche apposée sur l'église, ne constitue qu'un argument à l'appui de la défense au fond, alors surtout que des conclusions spéciales n'ont pas été prises par l'inculpé, et, dès lors, le juge n'est pas tenu de répondre à ce moyen par un motif particulier (Crim. rej. 25 mars 1880, aff. Aninard, D. P. 80. 1. 233) ; — 4° Le juge n'est pas obligé de répondre spécialement à tous les arguments invoqués à l'appui d'une exception de prescription ; il est satisfait au vœu de la loi lorsque, des motifs généraux sur lesquels l'arrêt fonde le rejet de l'exception, ressort une réponse à ces arguments (Crim. rej. 5 janv. 1883, aff. Arnould Drappier, D. P. 83. 1. 366).

En second lieu, il ne suffit pas que le prévenu ait formulé par des conclusions ses moyens de défense, s'il ne les a pas présentés avec précision. Ainsi, par exemple, le prévenu d'abus de confiance qui s'est borné à demander acte de la production par lui faite de décharges émanées du mandant, sans indiquer les conséquences qui pouvaient résulter de ces décharges en sa faveur, ni relever aucune fin de non-recevoir, ne peut arguer d'insuffisance le dispositif du jugement ou de l'arrêt qui lui donne acte du dépôt desdites pièces, alors, d'ailleurs, qu'il résulte de l'ensemble de la décision que le juge du fait a apprécié les pièces invoquées, qui lui ont paru simulées et fournir la preuve de l'existence d'une remise de valeurs destinée à être ignorée des intéressés (Crim. rej. 4 nov. 1869, aff. Vaudrus, D. P. 70. 1. 389).

Enfin il est nécessaire que ces conclusions formelles et précises aient été soutenues jusqu'au bout. Spécialement le juge de simple police n'est pas tenu de motiver le rejet d'une exception de prescription sur laquelle le prévenu a déclaré ne pas insister (Crim. rej. 6 mars 1875, D. P. 75. 1. 495).

**799.** Mais, dès lors que ces trois conditions sont réunies, conclusions formelles, précises et maintenues jusqu'au bout, le juge est tenu de répondre à tous les moyens proposés devant lui ; s'il néglige de le faire, son jugement est nul. Toutefois, pour que la nullité soit prononcée, il faut que le défaut de motifs soit, indiscutable. Par exemple, il a été jugé avec raison que, dans une poursuite contre un propriétaire de bétail, condamné en première instance, pour contravention en temps d'épizootie, à l'emprisonnement et à des dommages-intérêts envers l'État, l'arrêt qui, statuant sur l'appel du condamné, s'est borné à admettre le préfet, représentant l'État, « à faire, tant par témoins que par documents, les preuves propres à établir l'existence et l'étendue de la responsabilité du prévenu », ne peut être critiqué par celui-ci comme ayant implicitement rejeté ses conclusions sur la peine et les dommages-intérêts, alors que la cour a « réservé le ministère public et le prévenu dans tous leurs droits et moyens » ; et un tel arrêt ne peut pas davantage être considéré comme ayant rejeté, sans en donner de motifs, les conclusions du prévenu tendant à ce que l'action de l'État fût réservée pour être appréciée par les juges compétents, cette question se trouvant comprise dans la réserve générale qui a été prononcée au profit du prévenu (Crim. rej. 27 juill. 1872, aff. Jouy-Dubus, D. P. 72. 1. 479).

Les principes ainsi posés sur la nécessité de répondre aux conclusions du prévenu ou accusé reçoivent de très nombreuses applications.

**800.** En matière de simple police (Comp. *Rép.* n<sup>os</sup> 1075 et 1076), on rencontre dans la jurisprudence les exemples suivants : 1° on doit déclarer nul, pour défaut de motifs, le jugement du tribunal de simple police qui renvoie un prévenu de l'un des chefs de la plainte, sans donner le motif de cette disposition, bien que le jugement soit motivé sur les autres chefs (Crim. cass. 5 févr. 1848, aff. Scureau, D. P. 48. 5. 266); — 2° Il en est de même d'un jugement qui rejette, sans en donner de motifs, les conclusions formelles prises par le prévenu et tendant à la preuve de faits de nature à repousser l'inculpation dirigée contre lui (Crim. cass 4 mars 1882, aff. Sarda, D. P. 82. 1. 440); — 3° Le jugement de simple police qui rejette implicitement, sans donner de motifs à l'appui de ce rejet, un moyen de défense formellement invoqué par le prévenu, est nul pour défaut de motifs; il en est ainsi, spécialement, du jugement de condamnation qui se borne à décider qu'un arrêté municipal, relatif à la vente de denrées dans les marchés, a une portée générale et s'applique aussi bien aux marchands domiciliés qu'aux marchands forains, sans apprécier le moyen de défense présenté par le prévenu et tiré de ce que la prohibition de cet arrêté, applicable exclusivement aux denrées destinées à l'approvisionnement, ne devrait pas être étendue à celles qui sont destinées à l'exportation (Crim. cass. 13 mai 1882, aff. Dudoret, D. P. 83. 1. 92) ; — 4° Lorsque, à une poursuite fondée sur l'emploi prétendu, dans l'étamage, d'étain autre que l'étain fin du commerce, contrairement à l'art. 15 de l'ordonnance du préfet de police du 15 juin 1862, le prévenu a opposé des conclusions dans lesquelles il soutenait que l'étain fin du commerce comporte un alliage normal de plomb en quantité plus grande que celle constatée dans l'étamage incriminé, en se prévalant de la disposition même de l'art. 23 de ladite ordonnance, il y a lieu de casser le jugement qui s'est borné à déclarer que l'art. 23 n'était pas applicable à l'étamage (Crim. cass. 15 nov. 1888, aff. Bertaut, D. P. 89. 1. 268).

**801.** Des applications semblables ont été faites en matière correctionnelle (Comp. *Rép.* n° 1077). Ainsi : 1° le jugement qui condamne un prévenu sans s'expliquer sur une excuse péremptoire invoquée par celui-ci est nul pour défaut de motifs (Crim. cass. 15 juill. 1859, aff. Pintedevin, D. P. 59. 5. 260); — 2° L'arrêt qui, statuant sur l'appel d'un jugement rendu en matière de contrefaçon, confirme ce jugement sans s'expliquer sur une demande subsidiaire d'expertise formée par l'appelant, doit être annulé (Crim. cass. 16 févr. 1860, aff. Bobœuf, D. P. 60. 5. 242); — 3° Est nulle la décision d'appel qui ne répond par aucun motif au moyen tiré par le prévenu, devant la juridiction correctionnelle, de l'inadmissibilité de la preuve testimoniale en ce qu'elle tendrait à établir, en dehors des règles du droit civil, l'existence d'une créance ou valeur excédant 150 fr. (Crim. cass. 8 nov. 1860, aff. Tamisier, D. P. 61. 5. 320) ; — 4° Dans un procès en contrefaçon, le juge d'appel ne peut admettre l'exception en nullité du brevet invoquée par le prévenu, sans s'expliquer d'une manière spéciale sur une fin de non-recevoir opposée pour la première fois à cette exception par le poursuivant, et tirée, par exemple, de l'existence d'une transaction qu'il n'appartient pas au juge correctionnel d'interpréter ; le rejet implicite de cette fin de non-recevoir emporte nullité, alors d'ailleurs que le poursuivant, loin de la produire comme argument, en a fait l'objet de conclusions expresses (Crim. cass. 27 juill. 1861, aff. Rouget de l'Isle, D. P. 67. 5. 282); — 5° Est nul le jugement qui déclare non recevable ni fondé le déclinatoire proposé par le prévenu, sans faire connaître ni en quoi consistait le moyen d'incompétence qu'il était appelé à juger, ni pour quels motifs il n'a été admis (Crim. cass. 30 sept. 1869, aff. Antiq, D. P. 70. 1. 188); — 6° Lorsque le prévenu de tromperie sur la nature d'un engrais conclut à ce que les analyses invoquées ne puissent

servir de base légale à la poursuite et à ce qu'il soit fait une nouvelle analyse, l'arrêt de condamnation doit être cassé, s'il n'a répondu par aucun motif au premier chef de conclusions, alors surtout que les documents sur lesquels se fonde la condamnation consistent spécialement dans les analyses arguées de nullité (Crim. cass. 23 mai 1874, aff. Léger, D. P. 75. 1. 137-139); — 7° Il y a lieu d'annuler, pour défaut de motifs, l'arrêt qui, sur l'opposition à un arrêt par défaut, fondée sur ce que le délit relevé à la charge du prévenu par le juge d'appel n'avait pas été visé dans la poursuite et ne pouvait, par conséquent, être retenu par la cour, se borne à repousser implicitement ces conclusions en maintenant la peine dont il modifie seulement la quotité (Crim. cass. 20 juill. 1877, aff. Addei, D. P. 78. 1. 331); — 8° Le jugement qui passe outre à l'examen de la cause et prononce la condamnation des prévenus, sans s'expliquer sur le déclinatoire par eux proposé à raison d'une incompétence *ratione materiæ*, est nul (Crim. cass. 17 juin 1880, aff. Lecorgne, D. P. 82. 1. 44); — 9° Il y a défaut de motifs dans l'arrêt de condamnation pour abus de confiance qui omet de s'expliquer sur les conclusions du prévenu tendant à faire reconnaître, d'une part, qu'il lui a été impossible de restituer en nature certains objets, parce qu'ils ont été compris dans une saisie pratiquée à son domicile, et, d'autre part, que la rétention qu'il a opérée de quelques autres objets est justifiée par ce fait qu'un droit de magasinage à son profit aurait été reconnu dans un règlement intervenu entre lui et son mandant (Crim. cass. 17 déc. 1880, aff. Mauraux, D. P. 81. 1. 187); — 10° Lorsque, dans une poursuite pour abus de confiance, le prévenu articule par des conclusions formelles que, après lui avoir originairement remis à titre de mandat la somme prétendue détournée, le plaignant a exigé de lui un billet dont la création a opéré une novation, par suite de laquelle il est devenu propriétaire des fonds qu'il détenait d'abord comme mandataire, le juge ne peut, sans violer l'art. 7 de la loi du 20 avr. 1810, se dispenser de vérifier le mérite de ce moyen de défense (Crim. cass. 7 févr. 1889, aff. Chauveau, D. P. 90. 1. 140); — 11° Le juge de répression, lorsqu'il a été mis en demeure, par des conclusions, de se prononcer sur l'élément essentiel du délit relevé, est obligé, à peine de nullité, d'examiner les conclusions prises (dans l'espèce, des conclusions contestant le caractère délictueux de l'acte incriminé et offrant de prouver divers faits à l'appui de cette prétention) et de statuer sur ces conclusions (Crim. cass. 7 mars 1889, aff. Meunier, D. P. 89. 1. 392).

**802.** Les décisions qui suivent ont appliqué la même règle en matière criminelle (Comp. *Rép.* n° 1079) : 1° est nul l'arrêt de la cour d'assises qui, en présence de conclusions tendant à ce qu'il soit déclaré que le fait ou plusieurs des faits constatés par la réponse affirmative du jury ne constituent pas le crime objet de l'accusation, se borne à appliquer la peine requise par le ministère public, sans s'expliquer sur ces conclusions, qu'il rejette ainsi implicitement (Crim. cass. 29 sept. 1853, aff. N..., D. P. 53. 5. 314); — 2° Le rejet implicite que la cour d'assises, en procédant à une application pure et simple de la peine, fait des conclusions prises au nom de l'accusé pour faire déclarer non punissables les faits admis par le jury, entraîne la cassation de l'arrêt pour défaut de motifs, avec renvoi devant une autre cour pour l'application de la peine (Crim. cass. 1<sup>er</sup> déc. 1860, aff. Rigollot, D. P. 61. 1. 190); — 3° Lorsque le ministère public, en formant opposition à une ordonnance de non-lieu du juge d'instruction, a posé des conclusions tendant à un supplément d'information pour entendre un témoin désigné, la chambre d'accusation ne peut se borner, par son arrêt, à confirmer purement et simplement l'ordonnance; elle doit, à peine de nullité, s'expliquer sur l'information demandée (Crim. cass. 20 août 1872, aff. Boudet, D. P. 73. 1. 95).

**Art. 3.** — *Motifs suffisants ou insuffisants* (*Rép.* n<sup>os</sup> 1098 à 1108).

**803.** L'article précédent a fourni des exemples où les motifs faisaient absolument défaut. Ce n'est pas le seul cas où le jugement se trouve nul; il est évident que, s'il ne contient de motifs qu'en apparence, il ne pourra échapper à la nullité : l'insuffisance des motifs équivaut à un défaut de motifs (Crim. cass. 9 févr. 1849, *Rép.* n° 1098 ; 10 mai 1889, aff. Carruelle, D. P. 89. 5. 349. Comp. *suprà*, n°s 729 et suiv.). Il est donc fort important de préciser en vertu de quelles règles les motifs donnés par un jugement doivent être déclarés suffisants ou insuffisants.

**804.** Tout d'abord, et pour simplifier la question, il convient d'écarter quelques hypothèses où, en réalité, il s'agit de savoir, non pas si les motifs sont suffisants ou non, mais s'ils existent ou non ; ce sont celles où les motifs sont contradictoires ou erronés ou surabondants. —

**805.** Les motifs *contradictoires* se détruisant les uns les autres, la contradiction implique nécessairement un défaut de motifs (Comp. *suprà*, n° 750). — En voici quelques exemples, tirés de la jurisprudence : 1° doit être annulée la décision dans laquelle le juge de répression, en vertu d'une appréciation arbitraire et contradictoire, nie une infraction ou une culpabilité dont l'existence résulte nécessairement de l'exposé des faits (Crim. cass. 15 déc. 1864, aff. Bourdelle, D. P. 65. 1. 502) ; spécialement, est passible de cassation le jugement dans lequel le tribunal de police, après avoir constaté l'existence d'une contravention de tapage nocturne et la coopération à ce tapage de deux individus tous deux poursuivis, ne déclare la culpabilité que d'un seul des deux, et renvoie l'autre des fins de la poursuite (Même arrêt) ; — 2° Il y a contradiction, et par suite nullité, dans la décision par laquelle le juge de répression refuse de voir un outrage envers l'organe du ministère public dans le fait du prévenu d'avoir proféré certains propos à l'adresse de ce magistrat, et néanmoins prononce contre ce prévenu une amende qu'il justifie par l'application de l'art. 222 c. pén., modifié par l'art. 463 (Crim. rej. 21 déc. 1867, aff. Keusch, D. P. 68. 2. 239) ; — 3° Le juge de police ne peut nier l'existence du dommage causé à un riverain par l'élévation des eaux au-dessus du niveau légal, après avoir préalablement constaté que l'exhaussement des eaux au-dessus du repère les fait monter de 14 à 16 centimètres dans la propriété riveraine (Crim. cass. 17 févr. 1888, aff. Marais, D. P. 88. 1. 441).

— **806.** Mais, pour que la contrariété des motifs ait cet effet irritant, il faut qu'elle existe entre deux parties du même jugement. Spécialement, comme la décision sur appel, en matière correctionnelle notamment, enlève au jugement frappé par le recours toute existence légale, la prétendue contrariété qui existerait entre la décision du juge de première instance et celle du juge du second degré, ne peut être proposée comme moyen de cassation (Crim. rej. 26 sept. 1867, aff. Villet, D. P. 68. 1. 42). A plus forte raison, l'arrêt qui, envisageant la question en litige (une question de compétence) à un point de vue différent de celui énoncé dans le jugement frappé d'appel, déclare néanmoins, dans son dispositif, confirmer ce jugement, n'est pas pour cela entaché du vice de contradiction dans les motifs ou de défaut de motifs, si les motifs différents des deux décisions tendent en définitive au même résultat (Crim. rej. 17 août 1861, aff. Bouhier et Laurent, D. P. 61. 1. 502).

**807.** Tout au contraire, le motif *erroné* est un motif réellement existant ; d'où il suit que le jugement appuyé sur un motif erroné peut bien être cassé pour violation de la loi mais non pour défaut de motifs (V. *suprà*, n° 739). Parmi les motifs erronés, il faut ranger ceux qui reposent sur des expressions impropres et détournées de leur sens. Ceux-ci existent à plus forte raison, puisque l'erreur qu'ils contiennent n'est qu'apparente et non réelle. Ainsi l'application, dans un jugement correctionnel, de la qualification d'aggravante à une circonstance à laquelle la loi n'a attaché aucune augmentation de peine, n'est qu'une incorrection de langage dans les motifs et non une violation de la loi, si le juge a entendu parler d'une aggravation purement morale, et si d'ailleurs la peine appliquée dans une limite inférieure au maximum (Crim. rej. 5 déc. 1872, aff. Darie, D. P. 72. 1. 432).

**808.** Les motifs *surabondants* (V. *suprà*, n° 740) préservent le jugement de la cassation non seulement pour défaut de motifs, mais même (fussent-ils erronés) pour violation de la loi : on n'en doit pas tenir plus de compte que s'ils n'existaient pas. — Jugé, en ce sens : 1° qu'une décision fondée sur des motifs erronés en droit, échappe néanmoins

à la cassation lorsqu'elle se justifie par d'autres motifs de droit qu'il appartient à la cour régulatrice de suppléer. Il en est ainsi du jugement qui, ayant refusé l'application d'un arrêté municipal, par la raison non fondée qu'il aurait été pris par le maire en dehors de ses pouvoirs, aurait dû, d'un autre côté, prononcer le même refus en relevant l'omission d'une formalité sans laquelle ce règlement ne pouvait avoir un caractère obligatoire (Crim. rej. 15 juin 1855, aff. Gilbert, D. P. 55. 1. 318) ; — 2° Un motif erroné en droit sur le fondement duquel les juges ont rejeté une exception du prévenu, n'entraîne pas nullité, lorsque, par un second motif, qui suffisait à lui seul, ces mêmes juges ont dénié l'existence du fait invoqué à l'appui de l'exception (Crim. rej. 19 avr. 1861, aff. Louette, D. P. 61. 5. 318) ; — 3° Le jugement ordonnant la destruction de haies vives plantées sur les limites d'un chemin vicinal, et basé sur les dispositions de l'art. 5 de l'édit de 1607, qui n'étaient pas applicables, dans l'espèce, par suite d'un plan d'alignement, échappe à la cassation si cette condamnation peut être fondée, abstraction faite de l'édit précité, sur ce que la plantation constituait une contravention à un règlement préfectoral et causait un dommage au chemin vicinal (Crim. rej. 23 févr. 1878, aff. Douillet, D. P. 78. 1. 396).

**809.** Il y a donc lieu de s'en tenir à la distinction des motifs suffisants ou insuffisants. La règle, à cet égard, c'est que le juge doit faire connaître comment sa conviction s'est faite. Mais ici il importe d'éviter une confusion. Le juge n'a pas à révéler les éléments *matériels* de sa conviction, mais seulement les éléments *juridiques*. Suivant la formule très exacte d'un arrêt, le juge correctionnel justifie suffisamment la condamnation lorsqu'il constate toutes les circonstances exigées pour caractériser le délit ; *il n'est pas tenu de détailler, en outre, tous les moyens de preuve à l'aide desquels il a acquis sa conviction,* ni de répondre textuellement et séparément à chacun des arguments de la défense (Crim. rej. 28 févr. 1857, aff. Pouettre, D. P. 57. 5. 219. *Adde,* Crim. rej. 29 nov. 1877, aff. Cabrit, D. P. 78. 1. 93-94). Cela revient à dire que, sur l'existence matérielle de tel ou tel fait, le juge statue souverainement, et n'a pas besoin de faire connaître d'où sa conviction procède, dès lors qu'il affirme le fait.

**810.** Mais, une fois le fait constaté, il faut le qualifier au point de vue de la loi pénale : c'est ici que le motif peut se trouver insuffisant. A cet égard, la règle posée par la cour de cassation est la suivante : En matière correctionnelle ou de police, l'*acquittement* n'échappant au contrôle de la cour de cassation qu'autant que l'appréciation qui lui sert de base porte sur l'existence du fait et non sur sa qualification, le juge doit, à peine de nullité, faire connaître s'il acquitte pour des raisons de fait ou pour des raisons de droit (Crim. cass. 5 avr. 1860, aff. Cassaigne, D. P. 61. 1. 90 ; 22 nov. 1860, aff. Duez, *ibid.* ; 9 nov. 1861, aff. Perdrigeon, D. P. 62. 1. 98 ; 6 nov. 1868, aff. Ollagnier, D. P. 68. 1. 512 ; 9 juill. 1874, aff. Blandiau, et 10 févr. 1876, aff. Bayard, D. P. 76. 1. 457-458) ; ainsi, il y a lieu d'annuler, pour défaut de motifs, le jugement qui, en prononçant l'acquittement d'un prévenu, laisse incertain la question de savoir si cet acquittement repose sur une appréciation de fait ou sur des considérations de droit, et, par suite, ne permet pas à la cour de cassation d'exercer son contrôle sur la qualification des délits (Crim. cass. 25 janv. 1877, aff. Corret, D. P. 78. 1. 45). — De même aussi, tout jugement de *condamnation* doit établir la vérité du fait incriminé, le qualifier et justifier ainsi l'application de la peine ; et il y a nullité lorsque, dans les motifs du jugement, l'énonciation du fait se confond avec la qualification qui lui est donnée (Crim. cass. 16 févr. 1860, aff. Lepoitevin, D. P. 61. 1. 91).

Il reste à éclairer, par voie d'exemples, les applications que ce principe a reçues en jurisprudence ; on examinera, sous deux paragraphes distincts, les cas où les motifs ont été déclarés suffisants ou insuffisants, en classant ensemble les jugements ayant statué sur un acquittement, une condamnation ou des incidents divers.

### § 1er. — Décisions suffisamment motivées.

**811.** Il a été jugé, en cas d'*acquittement* : 1° que le juge de répression n'excède pas ses pouvoirs en s'appuyant, pour déclarer la prévention mal fondée, sur un moyen que le prévenu aurait omis d'invoquer, alors même que le débat se trouverait, à cette phase de l'instance, ne plus subsister qu'entre la partie civile et le prévenu (Crim. rej. 25 avr. 1873, aff. Baudot, D. P. 73. 1. 320) ; — 2° Que l'arrêt qui acquitte le prévenu de tromperie sur la nature, la provenance et le dosage d'un engrais, est suffisamment motivé lorsque les motifs, rapprochés des conclusions prises par ce prévenu, constatent implicitement sa bonne foi (Crim. rej. 23 mai 1874, aff. Léger, D. P. 75. 1. 137-139).

**812.** Les décisions suivantes ont trait à des jugements de *condamnation* : 1° est suffisamment motivé l'arrêt qui rejette l'exception par laquelle un prévenu du délit de contrefaçon prétend avoir été en possession du procédé antérieurement au brevet, si l'arrêt tient pour constant que le bénéficiaire du brevet a, le premier, appliqué le procédé (Crim. rej. 22 avr. 1854, aff. Passay, D. P. 54. 5. 494) ; — 2° L'arrêt qui déclare un individu coupable du délit d'outrage envers un fonctionnaire est suffisamment motivé, bien qu'il n'énonce pas que l'outrage était de nature à porter atteinte à l'honneur et à la délicatesse de ce fonctionnaire, si, après avoir relevé les paroles outrageantes prononcées par le prévenu, il ajoute qu'elles constituent le délit prévu et puni par l'art. 222 c. pén., dont il reproduit les termes (Crim. rej. 7 nov. 1856, aff. Derivry. D. P. 56. 5. 291) ; — 3° L'arrêt qui déclare, en fait, qu'un individu a mis en vente du lait qu'il savait être falsifié par addition d'eau et qu'il, a trompé les acheteurs sur la quantité de lait pur lui vendue, par des indications frauduleuses et tendant à faire croire à un mesurage antérieur et exact, constate ainsi tous les éléments constitutifs du double délit prévu par les art. 1 et 2 de la loi du 27 mars 1851, et 423 c. pén., dont il fait l'application, est suffisamment motivé (Crim. rej. 28 févr. 1857, aff. Pouettre, D. P. 57. 5. 221) ; — 4° On ne saurait attaquer, pour défaut de motifs, l'arrêt qui, dans une poursuite en contrefaçon, repousse, par l'exception de la chose jugée, le moyen tiré par le prévenu de la vulgarité ou de la divulgation de l'invention brevetée (Crim. rej. 8 août 1857, aff. Gautrot, D. P. 57.1. 408) ; — 5° Le motif d'un jugement correctionnel dans lequel le juge, sans exposé spécial des circonstances de l'affaire, se borne à affirmer, dans les termes de la loi, que des prévenus ont, ensemble et de complicité, tel jour et au préjudice de telle personne, commis une tentative de vol qui n'a manqué son effet que par des circonstances indépendantes de leur volonté, ne peut, bien qu'une telle formule soit défectueuse et d'un laconisme regrettable, être déclaré insuffisant, s'il ne s'est élevé et s'il ne parait qu'il pût s'élever aucun débat sur l'applicabilité aux faits incriminés des dispositions de lois en vertu desquelles la condamnation a été prononcée (Crim. rej. 28 avr. 1864, aff. Wood, D. P. 66. 5. 313) ; — 6° Un tel motif n'est pas insuffisant même relativement à l'affirmation de la complicité, en ce qu'il implique que les prévenus ont agi comme coauteurs, et il s'ensuit que le défaut d'indication du mode de complicité est une omission dépourvue d'intérêt (Même arrêt) ; — 7° Le rejet des conclusions du prévenu d'usure tendant à faire établir qu'il est banquier et qu'il est d'usage, sur la place, que les banquiers perçoivent un droit de commission, est suffisamment motivé par l'arrêt qui décide que l'unique question du procès est de savoir si le prévenu n'a pas abusé de la qualité de banquier pour se livrer à des perceptions usuraires, sous le faux nom de commission ou d'escompte (Crim. rej. 16 mars 1866, aff. Bonnefemme, D. P. 67. 5. 457) ; — 8° Il y a déclaration suffisante de l'existence d'un délit d'abus de confiance, bien que le juge du fait, après constatation de l'affirmation du plaignant d'avoir prêté au prévenu les objets dont le détournement lui est reproché, se soit borné à constater que « à la vérité celui-ci a opposé des dénégations, mais que ces dénégations ne sauraient prévaloir contre les autres témoignages », si le dispositif, dans lequel on doit chercher le complément de la pensée énoncée dans les motifs, reconnaît le prévenu « coupable d'avoir détourné et dissipé lesdits objets, qui ne lui avaient été confiés qu'à titre de prêt et à charge de les rendre après s'en être servi » (Crim. rej. 8 nov. 1866, aff. Jeandet, D. P. 67. 1. 359) ; — 9° En statuant sur une poursuite contre un journaliste pour avoir, de mauvaise foi, dénaturé la signification d'une manifestation tumultueuse racontée dans son journal, le juge cor-

rectionnel a pu, pour repousser l'articulation d'erreur involontaire, constater que le prévenu « ne serait pas resté étranger à la direction du mouvement » (Crim. rej. 17 juin 1868, aff. Poulain de Maisonville, D. P. 69. 1. 390) ; — 10° Lorsque les billets de logement délivrés par un maire pour le logement des troupes ennemies ont été altérés ou falsifiés, est suffisamment motivé l'arrêt qui, après l'énumération des faits, déclare que « les faits reconnus constants par le jury constituent les crimes prévus et punis par les art. 147 et 148.c. pén. » (Crim. rej. 14 mars 1874, aff. Sallée, D. P. 74. 1. 177-178) ; — 11° Le rejet du moyen de prescription de l'action dirigée contre un industriel qui a acheté un objet contrefait et en a fait usage dans un but commercial, est suffisamment motivé par cela même que l'arrêt constate que la détention et l'usage commercial des objets contrefaits se sont prolongés jusqu'à la date des procès-verbaux de saisie, et que, depuis cette époque jusqu'à celle des premières poursuites, trois ans ne se sont pas écoulés (Crim. rej. 5 févr. 1876, aff. Belin, D. P. 77. 1. 96) ; — 12° Une condamnation prononcée pour délit d'embauchage dans les colonies est légalement justifiée, du moment qu'il résulte de l'arrêt qui la prononce que l'individu envers lequel le délit a été commis était attaché, en vertu d'un engagement, à l'exploitation d'une habitation ou d'une propriété rurale ; il n'est pas nécessaire que cet individu soit expressément qualifié *d'homme de travail*, dans les motifs de l'arrêt (Crim. rej. 12 avr. 1878, aff. Valery, D. P. 78. 1. 284) ; — 13° Un arrêt est suffisamment motivé, et ne prête ni à l'équivoque ni à l'ambiguité, lorsque, pour une partie des faits visés dans le jugement frappé d'appel comme constitutifs du délit de soustraction frauduleuse, il déclare que la juridiction correctionnelle n'en était pas régulièrement saisie, et annule de ce chef la décision des premiers juges, et la confirme, au contraire, en tant qu'elle a, sur les autres faits, reconnu le prévenu coupable d'escroquerie, à la fois par adoption des motifs du jugement et par des motifs nouveaux (Crim. rej. 16 déc. 1882, aff. Gaye, D. P. 83. 1. 439) ; — 14° Est suffisamment motivé le jugement qui, en précisant les faits constitutifs d'une contravention relevée dans un procès-verbal et en déclarant ces faits établis et non contestés par le prévenu, s'approprie les constatations du procès-verbal ainsi incorporées dans son contexte (Crim rej. 1er févr. 1884, aff. Hermy, D. P. 84. 1. 372) ; — 15° L'arrêt qui constate que des dessins offensent ouvertement la pudeur, soit par la licence du sujet, soit par la brutalité de la forme, et que le prévenu n'a poursuivi, par leur publication, qu'une spéculation contre les bonnes mœurs, motive suffisamment sa décision, en permettant à la cour de cassation de reconnaître que les faits incriminés ont été légalement qualifiés d'outrage aux bonnes mœurs (Crim. rej. 14 mars 1889, aff. Roques, D. P. 89. 1. 390) ; — 16° L'arrêt qui condamne les directeurs d'une ardoisière comme coupables d'homicide par imprudence, justifie et motive suffisamment cette condamnation, lorsqu'il constate : 1° que ces directeurs avaient eu connaissance d'accidents qui s'étaient produits dans cette ardoisière et qui étaient de nature à amener l'éboulement des voûtes qui a causé la mort de dix-huit ouvriers et causé des blessures à trois autres ; 2° qu'ils n'ont pas pris les précautions nécessaires pour empêcher cet événement ; 3° qu'ils ont commis, en outre, une double faute en n'interrompant pas les travaux et en ne prévenant pas le préfet et le maire des accidents signalés (Crim. rej. 25 avr. 1890, aff. Grolleau, D. P. 91. 1. 140) ; — 17° Le mot *vol* impliquant nécessairement une soustraction frauduleuse, l'arrêt qui déclare que les prévenus « se sont rendus complices de *vols d'objets appartenant à autrui* en recélant sciemment partie des matières soustraites » est suffisamment motivé (Crim. rej. 10 avr. 1891, aff. Hullin, D. P. 91. 1. 420) ; — 18° Est suffisamment motivé et ne saurait, dès lors, tomber sous le coup de l'art. 7 de la loi du 20 avr. 1810, le jugement qui, sans énoncer les injures reprochées au prévenu, constate que l'inculpé est l'auteur des écrits injurieux visés par la prévention, le déclare convaincu du fait qui lui est reproché, coupable de la contravention relevée, et confirme le jugement de simple police, dont il n'a pas eu cependant le soin d'adopter les motifs (Crim. rej. 9 mai 1891, aff. Caillot, D. P. 91. 1. 393).

**813.** Les décisions qui suivent ont trait à des *incidents divers* étrangers à la décision principale d'acquittement ou de condamnation : 1° le jugement qui rejette comme inutile la demande de mise en cause d'un tiers est suffisamment motivé (Crim. rej. 24 févr. 1854, aff. Millord, D. P. 54. 1. 103) ; — 2° Le rejet des conclusions tendant à dénier au juge du fond le droit de changer la qualification d'un fait incriminé, est suffisamment motivé par l'explication des causes juridiques de ce changement de qualification (Crim. rej. 21 juill. 1877, aff. Royer, D. P. 78. 1. 96) ; — 3° Est suffisamment motivé l'arrêt qui, à des conclusions tendant à faire déclarer un appel non recevable comme s'attaquant à un jugement préparatoire, répond que « l'expertise ordonnée par le tribunal préjuge dans une certaine mesure la solution du procès » (Crim. rej. 27 janv. 1882, aff. Dawson, D. P. 82. 1. 277) ; — 4° Le jugement qui, après avoir rappelé que la partie civile a demandé pour tous dommages-intérêts l'insertion de la décision à intervenir dans dix journaux à son choix, ordonne qu'il sera inséré dans un journal déterminé et dans cinq journaux au choix de la partie civile, contient des motifs suffisants pour justifier la décision rendue sur les dommages-intérêts ; par suite, lorsque la partie civile renouvelle devant la cour d'appel ses conclusions de première instance tendant à l'insertion dans un journal déterminé et dans dix journaux à son choix, l'arrêt répond suffisamment à ces conclusions en adoptant purement et simplement les motifs du jugement (Crim. rej. 12 janv. 1883, aff. Bischoffsheim, D. P. 84. 1. 142) ; — 5° Le rejet de conclusions subsidiaires tendant à l'admission de la preuve testimoniale est suffisamment justifié par la déclaration de l'arrêt que la cour a trouvé dans la procédure les éléments nécessaires pour fixer sa décision (Crim. rej. 2 févr. 1884, aff. Gabat, D. P. 84. 1. 373) ; — 6° L'arrêt qui, en prononçant une condamnation à des dommages-intérêts au profit d'une partie civile, déclare que cette condamnation est la réparation du préjudice qui lui a été causé par le délit incriminé, est suffisamment motivé, alors d'ailleurs que cette condamnation est une condamnation accessoire, dont elle n'est que l'accessoire, et aux termes de laquelle elle se réfère (Crim. rej. 15 mars 1887, aff. Foucher, D. P. 88.1.139) ; — 7° Est suffisamment motivé l'arrêt qui, saisi des conclusions de l'appelant tendant à la réformation, pour excès de pouvoir, de la décision des premiers juges relative à l'évaluation du préjudice et de la réparation à allouer au plaignant, déclare que, loin d'avoir commis un excès de pouvoir, le tribunal n'a fait qu'user, dans cette évaluation, du droit qui lui appartenait de mesurer, d'après les circonstances de la cause, le préjudice causé et la réparation due (Crim. rej. 27 juill. 1889, aff. Alker, D. P. 90. 1. 402).

### § 2. — Décisions annulées pour insuffisance de motifs.

**814.** Les solutions qui suivent ont trait à des jugements ou arrêts d'*acquittement :* 1° le jugement du conseil de discipline qui condamne un garde national à la peine de l'emprisonnement pour deux manquements de service, dont l'un consiste dans le manquement à un service de revue, sans spécifier si cette revue était une inspection d'armes, est nul pour défaut de motifs (Crim. cass. 30 mars 1848, aff. Huard, et 14 mars 1850, aff. Bonnet, D. P. 50. 5. 328) ; — 2° En Algérie, les jugements rendus en matière criminelle ou correctionnelle doivent, à peine de nullité, s'expliquer sur la vérité des faits poursuivis et sur leur qualification légale : ils sont nuls, notamment, lorsqu'ils se bornent à la simple déclaration qu'il ne résulte de l'instruction et des débats aucune charge suffisante contre le prévenu (Crim. cass. 8 sept. 1853, aff. Bourgaux, D. P. 53. 5. 310-311) ; — 3° Le crime de faux témoignage en matière criminelle supposant des éléments divers dont chacun exige une appréciation distincte du juge, il y a défaut de motifs dans la décision qui, pour renvoyer de la poursuite un individu accusé d'un tel crime, se borne à déclarer « qu'il n'est pas résulté contre lui de charges suffisantes » (Crim. cass. 2 févr. 1854, aff. Guijarro, D. P. 54. 5. 496) ; — 4° Le jugement qui se borne à déclarer que le règlement auquel la poursuite reproche au prévenu d'avoir contrevenu n'est pas applicable au fait incriminé n'est pas suffisamment motivé, une telle énonciation laissant incertain le point de savoir si c'est en fait ou par suite d'interprétation en droit que le règlement est tenu pour non applicable (Crim. cass. 28 sept. 1855, aff. Vivray,

D. P. 71. 5. 268) ; — 5° Il y a violation de l'art. 7 de la loi du 20 avr. 1810, dans le jugement du tribunal de police qui acquitte le prévenu d'une contravention, sans donner de motifs suffisants pour que l'on puisse reconnaître si c'est par des raisons de droit ou par des raisons de fait que l'acquittement a été prononcé (Crim. cass. 15 janv. 1857, aff. Rocher, D. P. 57. 1. 130) ; — 6° N'est pas suffisamment motivé l'arrêt correctionnel qui se borne à déclarer que les faits imputés au prévenu ne réunissent pas les caractères constitutifs du délit d'escroquerie, objet de la prévention (Crim. cass. 6 févr. 1857, aff. Bonhomme, D. P. 57. 5. 248) ; — 7° L'arrêt qui déclare le préposé à la direction et à l'inspection des travaux d'extraction dans une minière, affranchi de toute responsabilité à raison des accidents arrivés aux ouvriers placés sous ses ordres, d'après la seule considération qu'il n'est pas justifié que ce préposé ait reçu des instructions spéciales sur le mode d'exploitation, et qu'il a pu se conformer à l'usage des lieux, n'est pas suffisamment motivé, de telles constatations n'impliquant point que le prévenu soit à l'abri de tout reproche d'imprévoyance ou d'imprudence (Crim. cass. 24 juill. 1857, aff. Callaud, D. P. 57. 1. 369) ; — 8° Est insuffisante comme motif de droit, pour justifier l'infirmation d'une condamnation prononcée en répression de faits d'excitation à la débauche, l'énonciation d'un arrêt portant que « quelque immorale que soit la conduite du prévenu relevée par les débats, les faits qui en résultent ne constituent pas suffisamment le délit qui lui est reproché » (Crim. rej. 21 mai 1858, aff. Caravello, D. P. 58. 1. 293) ; — 9° Il en est de même du jugement ou arrêt d'acquittement qui, admettant l'existence de propos dans lesquels les premiers juges ont vu un outrage envers un fonctionnaire public, se borne à énoncer que « dans les circonstances où ils ont été prononcés, ces propos ne présentent pas le caractère d'outrage prévu et puni par la loi pénale », un tel motif ne faisant pas connaître si c'est par suite de nouvelles contestations de fait ou par l'effet d'une justification de droit que la prévention a été écartée (Crim. cass. 16 déc. 1858, aff. Guillerot, D. P. 61. 5. 315) ; — 10° Est insuffisamment motivé le jugement qui fonde l'acquittement d'une prévention d'attentat aux mœurs, sur ce que « les faits incriminés (non relatés dans le jugement), fussent-ils complètement justifiés, ne constitueraient pas le délit prévu par la disposition de loi invoquée » (Crim. cass. 24 déc. 1858, aff. Courtableau, D. P. 58.5.245) ; — 11° L'arrêt de non-lieu rendu au profit d'un prévenu, pouvant avoir pour base non seulement la non-justification des faits articulés contre lui, mais aussi une prétendue inapplicabilité de la loi pénale, et la cour de cassation doit pouvoir vérifier en cas de pourvoi, il est nécessaire, à peine de nullité, que la chambre d'accusation précise dans son arrêt si c'est en fait ou en droit que la poursuite ne lui paraît pas fondée. Par suite, est nul, comme n'étant pas motivé de manière à rendre possible le contrôle de la cour de cassation, l'arrêt d'une chambre d'accusation qui, sans examiner ni discuter les faits, se borne à déclarer « qu'il ne résulte pas, de la procédure, des charges suffisantes de culpabilité pour motiver la mise en accusation du prévenu » (Crim. cass. 29 mars 1860, aff. Delaveau, D. P. 61. 1. 90) ; — 12° Encourt la cassation le jugement d'acquittement dans lequel il est simplement déclaré que « le délit allégué par le plaignant à l'encontre du prévenu n'est pas justifié » (Crim. cass. 5 avr. 1860, aff. Cassaigne, D. P. 61. 1. 90. Comp. 20 janv. 1855, aff. Argant, D. P. 66.5. 312) ; — 13° Il en est de même de l'arrêt qui se borne à dire que « la contravention imputée au prévenu n'est pas établie à sa charge » (Crim. cass. 22 nov. 1860, aff. Duez, D. P. 61. 1. 90 ; 9 nov. 1861, aff. Perdrigeon, D. P. 62. 1. 98 ; 3 juill. 1863, aff. Baron, D. P. 66. 5. 311) ; — 14° La chambre d'accusation ne motive pas suffisamment la décision de non-lieu rendue à l'égard de l'inculpé d'un délit de corruption de mineurs lorsqu'elle se borne à énoncer, sans spécifier autrement le fait objet de la poursuite, que l'excitation reprochée à celui-ci, outre qu'elle n'aurait pas été suivie d'effet, serait plutôt un mauvais conseil réprouvé par la morale que l'excitation délictueuse prévue et punie par la loi pénale (Crim. cass. 14 août 1863, aff. Fortuné, D. P. 64. 1. 149) ; — 15° L'arrêt de non-lieu d'une chambre d'accusation doit s'expliquer séparément sur l'existence et sur la qualification des faits qu'un réquisitoire du ministère public ou une ordonnance du juge d'instruction présente comme constituant soit un crime, soit un délit: par suite, est nul, comme ne satisfaisant pas à cette condition, l'arrêt qui se borne à déclarer que les faits incriminés ne réunissent pas toutes les conditions voulues pour constituer le crime relevé par le réquisitoire (celui d'attentat à la pudeur avec violence) sans déterminer les caractères qui leur manquent pour les rendre légalement punissables (Crim. cass. 22 déc. 1863, aff. Damnon, D. P. 65. 5. 271); — 16° Le jugement d'acquittement, rendu en matière correctionnelle, doit être motivé de manière à faire connaître si le juge, pour prononcer le relaxe, s'est déterminé par des raisons de fait ou de droit; par suite, est nul l'arrêt par lequel une cour d'appel, statuant sur la poursuite dirigée contre le rédacteur d'un journal non cautionné, pour avoir publié sans signature un article de discussion philosophique ou religieuse, acquitte le prévenu sur ce seul motif « qu'aucun des articles contenus au numéro dénoncé ne contient ni délit ni contravention aux faits été visés dans l'assignation » (Crim. cass. 6 nov. 1868, aff. Ollagnier, D. P. 68. 1. 512); — 17° La déclaration pure et simple « que le délit n'est pas établi », pouvant s'appliquer indifféremment au fait ou au droit, n'est pas un motif légal d'acquittement (Crim. cass. 2 févr. 1871, aff. Aurigal, D. P. 71. 1. 72; 9 juill. 1874, aff. Blondiau, D. P. 76. 1. 457); spécialement un tel motif est insuffisant pour motiver le rejet d'une prévention de diffamation, fondée par le plaignant sur divers propos spécialement relevés dans la citation (Arrêt précité du 2 févr. 1871); — 18° Est insuffisamment motivé le jugement d'acquittement qui se borne à déclarer que la contravention n'est pas suffisamment établie par les débats de l'audience (Crim. cass. 14 nov. 1878, aff. Gury, D. P. 79. 1. 44-45; 3 janv. 1879, aff. Dauchin, D. P. 79. 1. 380; 11 janv. 1879, aff. Ladent, D. P. 79. 5. 282); — 19° L'arrêt confirmant par adoption de motifs le jugement qui, intervenu sur une prévention de blessures par imprudence, a relaxé le prévenu en déclarant que l'imprudence n'est pas établie à sa charge, est insuffisamment motivé (Crim. cass. 20 juill. 1882, aff. Etienne Michel, D. P. 83. 1. 96); — 20° La déclaration, dans un arrêt d'acquittement, que « les faits de la prévention ne sont pas suffisamment établis » n'est pas un motif dans le sens de l'art. 7 de la loi du 20 avr. 1810; et son insuffisance, équivalant à un défaut de motifs, entraîne la cassation de l'arrêt (Crim. cass. 10 mai 1889, aff. Carruelle, D. P. 89. 5. 319).

**815.** La même règle s'applique aux jugements de *condamnation.* Ainsi ont été déclarés insuffisamment motivés: 1° l'arrêt de condamnation pour outrages à la morale publique et aux bonnes mœurs, par des discours proférés sur la voie publique, s'il ne spécifie pas ces discours, et n'indique pas en quoi ils caractérisent l'outrage à la morale publique et aux bonnes mœurs (Crim. cass. 14 mai 1857, aff. Forest, D. P. 57. 1. 312); — 2° Le jugement de condamnation qui se borne à déclarer le prévenu convaincu de contraventions qui lui sont reprochées, sans rien spécifier sur le fait imputé à celui-ci, sur la nature de la contravention et sur les dispositions de lois ou règlements auxquels il y aurait infraction (Crim. cass. 6 mars 1858, aff. Gateau, D. P. 58. 5. 243); — 3° Le jugement qui, dans une poursuite pour escroquerie, se borne à déclarer que les fraudes reprochées au prévenu ont été établies par l'instruction (Civ. cass. 16 févr. 1860, aff. Lopitevin, D. P. 61. 1. 91); — 4° La condamnation pour délit d'excitation habituelle à la débauche, dans laquelle le juge se borne à déclarer, en termes généraux, que les conditions caractéristiques de ce délit se rencontrent dans l'affaire, et que les témoignages recueillis ne peuvent laisser le moindre doute à cet égard (Crim. cass. 13 mars 1863, aff. Lesimple, D. P. 63. 5. 252); — 5° Le jugement qui, rejetant l'opposition d'un prévenu à une condamnation par défaut (en matière de discipline de la garde nationale, par exemple), se borne à énoncer que les moyens de ce prévenu ne sont pas justifiés (Crim. cass. 27 mars 1868, aff. Milsot, D. P. 69. 1. 72); — 6° L'arrêt qui, sans entrer dans aucun détail, se borne à affirmer, pour établir qu'il y a eu escroquerie, que, « des agissements des prévenus, tels qu'ils ont été établis par la procédure et relevés dans le jugement, il résulte que ceux-ci ont fait usage d'une fausse qualité et de manœuvres frauduleuses pour

persuader à un tiers l'existence d'un événement chimérique », s'il ne mentionne pas davantage les faits dans lesquels les juges du fond ont vu l'emploi d'une fausse qualité et les manœuvres frauduleuses (Crim. cass. 1er févr. 1872, aff. Biarnès, D. P. 72. 1. 159); — 7° L'arrêt qui, en matière d'escroquerie, se borne à affirmer l'existence de manœuvres frauduleuses, sans faire connaître les faits qui les constituent (Crim. cass. 22 mai 1874, aff. Paturel, D. P. 76. 1. 139); — 8° L'arrêt qui prononce une condamnation pour abus de confiance, sans faire connaître les faits auxquels il applique cette qualification légale (Crim. cass. 19 juill. 1878, aff. Ougier, D. P. 80. 5. 258); — 9° L'arrêt de condamnation qui se borne à qualifier légalement les faits sans les énoncer et les spécifier, spécialement, en matière d'escroquerie, et l'arrêt qui déclare que le prévenu a perpétré le délit poursuivi au moyen de manœuvres frauduleuses, et ne fait pas connaître les faits retenus comme constituant lesdites manœuvres (Crim. cass. 26 sept. 1878, aff. Moireaud, D. P. 79. 1. 487); — 10° L'arrêt qui, statuant sur une poursuite, dirigée contre un individu qui a transporté des liquides sans acquit-à-caution, se borne, après avoir acquitté le transporteur, à déclarer, par voie de suite, l'expéditeur coupable de la contravention relevée au procès-verbal, sans s'appuyer sur aucune circonstance de fait, ni sur aucun raisonnement, une telle décision mettant la cour de cassation dans l'impossibilité d'exercer son contrôle (Crim. cass. 10 janv. 1879, aff. Manadé, D. P. 79. 1. 383); — 11° L'arrêt de condamnation pour vol, qui se borne à déclarer que l'inculpé a volé tel objet mobilier, sans indiquer sur quelle nature de preuves est fondée cette déclaration (Crim. cass. 23 sept. 1880, aff. Le Moal, D. P. 80. 1. 480); — 12° L'arrêt qui, en matière d'escroquerie, déclare les prévenus coupables d'avoir, de concert et comme complices, tenté d'escroquer tout ou partie de la fortune d'autrui, sans déterminer exactement la situation de chacun et les faits d'où découle leur culpabilité, et se borne, en outre, à affirmer l'existence de manœuvres frauduleuses, sans préciser les circonstances qui constituent les manœuvres employées, leur but et leur objet (Crim. cass. 9 août 1883, aff. Lambert, D. P. 84. 1. 480); — 13° Le jugement qui, sur l'exception opposée par le prévenu d'une contravention de passage sur le terrain d'autrui et fondée sur ce que son champ est en état d'enclave, au lieu de s'expliquer formellement sur la question de savoir si, en fait, le champ exploité par le prévenu était ou non enclavé, de manière à n'avoir aucune issue sur la voie publique, prononce une condamnation, sans que l'on puisse reconnaître si cette décision a été déterminée par des raisons de fait ou des raisons de droit (Crim. cass. 27 déc. 1884, aff. Champonnais, D. P. 85. 1. 219-220); — 14° L'arrêt qui, tout en déclarant qu'un prévenu a, soit comme auteur, soit comme complice, fait usage de timbres ou marques servant à la fabrication des cartes à jouer, omet de s'expliquer exactement sur le rôle joué par ce prévenu, et qui, tout en paraissant dire que c'est par lui que les pierres employées dans cette fabrication frauduleuse avaient été vendues à l'auteur principal, ne constate pas qu'il connaissait l'usage auquel ces pierres devaient servir (Crim. cass. 7 avr. 1887, aff. Bodin, D. P. 88. 5. 324); — 15° L'arrêt qui condamne un administrateur d'une société anonyme pour participation à la distribution de dividendes fictifs, sans préciser aucun fait qui permette de vérifier s'il y a eu des dividendes distribués après sa nomination comme administrateur (Crim. cass. 19 nov. 1887, aff. Ecochard, D. P. 88. 1. 191); — 16° L'arrêt qui, à l'appui d'une condamnation pour escroquerie, se borne à déclarer que les prévenus ont tenté de se faire remettre des fonds par un tiers, en indiquant sur une valeur de commerce des mentions de négociation et des causes de payement mensongères, en vue de se créer des droits et des apparences de créancier, et qu'ils ont ainsi employé des manœuvres frauduleuses tendant à persuader l'existence d'un crédit imaginaire, sans préciser le caractère, la nature et la portée des manœuvres employées (Crim. cass. 15 nov. 1888, aff. Hardy, D. P. 89. 1. 386); — 17° Le jugement qui prononce une condamnation pour faux témoignage en matière civile, par l'unique motif qu'il résulte de l'instruction et des débats que le prévenu a, dans une contre-enquête de divorce et devant le juge commis, fait le faux témoignage relevé par la poursuite, sans préciser les circonstances qui semblaient de nature à justifier la qualification donnée au fait incriminé (Crim. cass. 29 août 1889, aff. Laubois, D. P. 89. 5. 320); — 18° L'arrêt qui se borne à constater qu'il résulte de l'information et des débats la preuve que le prévenu a commis, soit comme auteur, soit comme complice, une soustraction frauduleuse, laissant douteux le point de savoir si le prévenu est auteur ou complice (Crim. cass. 8 août 1890, aff. Barbe, D. P. 91. 1. 142).

— Enfin il a été jugé qu'il y a absence ou insuffisance de motifs, lorsque la référence que le juge établit, pour ne pas donner de motifs nouveaux, entre sa décision sur un chef et la décision motivée qu'il a prise sur un chef précédemment examiné, manque de fondement en ce que les éléments des deux chefs d'inculpation ne sont pas les mêmes (Crim. cass. 3 avr. 1862, aff. Blondeau, D. P. 62. 1. 249). Ainsi, le jugement ou arrêt qui, après avoir refusé, par des motifs spéciaux, de considérer comme faite en violation des règlements sur la pharmacie la fabrication, par un droguiste, de pastilles obtenues par la combinaison d'une drogue médicale avec un mucilage de gomme et de sucre, se borne à déclarer qu'il en est de même d'un fait, également poursuivi, de fabrication de l'extrait de saturne (lequel produit est un médicament externe dont la préparation exige d'autres conditions), est, sur ce second chef de décision, dépourvu de motifs (Même arrêt).

**816.** On remarquera combien les jugements de condamnation pour escroquerie fournissent à la règle qui nous occupe de cas d'application (V. les arrêts cités *supra*, n° 815- 3°, 6°, 7°, 9°, 12°, 16°). C'est qu'en effet il résulte des dispositions de l'art. 405 c. pén. que, en dehors des cas où le prévenu a fait usage d'un faux nom ou d'une fausse qualité, il est nécessaire, pour constituer le délit d'escroquerie, qu'il ait employé des manœuvres frauduleuses destinées, notamment, à persuader l'existence d'un crédit imaginaire, ou faire naître l'espérance d'un événement chimérique; que, par suite, pour mettre la cour de cassation à même d'exercer le contrôle qui lui appartient, les juges du fond ont le devoir de spécifier en quoi ont consisté les moyens employés par le prévenu, et qu'ils doivent, en outre, avoir soin d'établir que les manœuvres incriminées étaient de nature à produire sur l'esprit de la victime les effets expressément prévus par la loi (Crim. cass. 15 nov. 1888, aff. Hardy, D. P. 89. 1. 386). Toute omission à cet égard est invariablement relevée par la cour de cassation. Néanmoins cette omission peut être réparée par la combinaison des divers éléments du jugement : ainsi le jugement correctionnel qui, dans son dispositif, n'a pas relevé tous les éléments du délit d'escroquerie dont il déclare le prévenu coupable, n'en est pas moins régulier, si la constatation des éléments prétendus résulte de la combinaison dudit dispositif avec les motifs qui l'ont déterminé, et des circonstances de fait et de droit retenues dans ces motifs (Crim. rej. 21 déc. 1860, aff. Pierquin, D. P. 61. 5. 317).

**817.** Ce n'est pas seulement dans les jugements d'acquittement et de condamnation que cette nécessité de la précision se fait sentir; c'est dans tous les jugements, même dans ceux statuant sur une *question incidente* ou accessoire. Ainsi : 1° est nul, comme ne motivant pas suffisamment la compétence de la chambre d'accusation à l'égard des crimes et délits relevés à la charge d'un magistrat ou fonctionnaire de l'ordre judiciaire désigné aux art. 479 et 483 c. instr. crim., l'arrêt de cette chambre qui renvoie devant le tribunal correctionnel un prévenu à qui la qualité de suppléant de juge de paix avait été attribuée par les premiers actes de la procédure, sans énoncer s'il était ou non revêtu de cette qualité au moment où il se serait rendu coupable des délits qui lui sont imputés (Crim. cass. 14 juin 1873, aff. Arnauld, D. P. 74. 1. 41); — 2° L'arrêt qui prononce des dommages-intérêts, en vertu de l'art. 1382 c. civ., ne doit pas seulement constater que le préjudice résulte d'un fait matériel imputable à la partie, mais encore préciser l'existence d'une faute à la charge de l'auteur du fait; par suite, est nul l'arrêt de la cour d'assises qui motive la condamnation de l'accusé acquitté à des dommages-intérêts, exclusivement sur ce qu'il est l'auteur de la mort de la victime, sans déclarer que cette mort a été causée par la faute de l'accusé (Crim. cass. 12 déc. 1873, aff. Cautau, D. P. 74. 1. 230); —

3° Il y a insuffisance de motifs et absence de base légale dans l'arrêt qui laisse incertain le point de savoir si, à l'époque où un délit de vol a été commis, le prévenu était ou non âgé de moins de seize ans accomplis, et s'il n'y avait pas, dès lors, nécessité de se prononcer, en ce qui le concerne, sur la question de discernement (Crim. rej. 12 août 1880, aff. Bonord, D. P. 81. 1. 92).

**818.** La nécessité de motiver les condamnations avec une extrême précision s'impose, bien entendu, aux juges d'appel comme aux juges de première instance. En effet, suivant un principe constant, le juge d'appel correctionnel ou de police doit chercher dans sa propre appréciation les motifs et les éléments de sa décision; il ne peut se borner à confirmer la décision qui lui est déférée, en tenant pour constants, et sans les vérifier, les faits qu'elle avait admis (Crim. cass. 28 avr. 1850, aff. Soret, D. P. 67. 5. 284; 21 août 1863, aff. Quilichini, D. P. 66. 5. 313). De là, les applications suivantes : 1° il y a lieu de déclarer nul, comme insuffisamment motivé, l'arrêt d'une cour d'appel qui, pour infirmer, à l'égard de certains prévenus, le jugement du tribunal correctionnel qui prononce leur acquittement, se borne à déclarer que les faits imputés à ces prévenus, et dont ils sont reconnus coupables, constituent également à leur égard le délit prévu par telle disposition pénale, dont application a été faite aux autres appelants (Crim. cass. 23 janv. 1857, aff. Martin-Richert, D. P. 57. 5. 218); — 2° Dans une poursuite en suppression d'une barrière élevée sans autorisation, et pour empiétement prétendu sur la voie publique; le juge d'appel ne justifie pas légalement le rejet des conclusions du prévenu contre le chef du jugement qui ordonne la démolition, s'il se borne à rappeler que « le jugement du tribunal de police constatant que des explications du ministère public il résultait que la barrière avait été construite en dehors de l'alignement, cette circonstance ne permettrait pas de maintenir cette clôture » (Crim. cass. 28 avr. 1859, précité); — 3° Dans une poursuite pour construction en anticipation sur la voie publique, le juge d'appel de simple police ne peut valablement justifier le rejet des conclusions formulées par le prévenu appelant contre le chef du jugement attaqué qui ordonne la démolition, par ce motif que le premier juge ayant ordonné la démolition, il y a lieu de supposer que le prévenu avait commis un empiétement » (Civ. cass. 21 août 1863, aff. Quilichini, D. P. 66. 5. 313); — 4° Lorsqu'un prévenu a été acquitté d'une poursuite pour outrage public à la pudeur, sur le double motif que les faits seraient douteux et, en tous cas, n'auraient pas été publics, le juge d'appel ne peut, s'il infirme, se borner à déclarer que le prévenu a commis des outrages publics à la pudeur; en pareil cas, pour faire tomber l'autorité du jugement, il est nécessaire d'énoncer les faits constitutifs de l'outrage et les circonstances desquelles résulterait la publicité (Crim. cass. 17 mars 1865, aff. Bonnaud-Cordier, D. P. 65. 5. 273).

**819.** Mais il ne faut pas pousser cette exigence à l'excès. Ainsi le condamné (pour complicité d'escroquerie, dans l'espèce) ne peut arguer d'absence de motifs la décision par laquelle le juge d'appel, sans énonciation nouvelle, déclare reconnaître l'existence d'un délit dans les faits que le premier juge avait considérés comme non punissables, si ces faits ont été suffisamment décrits dans le jugement de première instance, et si le juge d'appel n'a fait que substituer son appréciation souveraine à celle du premier juge (Crim. cass. 21 juill. 1864, aff. Blavoyer, D. P. 66. 5. 309). Il en est ainsi surtout lorsque le point déterminant apprécié était relatif seulement à la question de savoir s'il ressort des faits établis la preuve suffisante d'une intention de fraude (Même arrêt).

§ 3. — Adoption des motifs d'un jugement précédemment rendu

(*Rép.* n°s 1085 à 1093).

**820.** Le juge d'appel peut, en matière criminelle aussi bien qu'en matière civile (V. *supra*, n°s 755 et suiv.) se borner à adopter les motifs donnés par le premier juge, sans en déduire de nouveaux ou les répéter expressément (*Rép.* n° 1085). Cette adoption peut être totale; elle peut aussi n'être que partielle. Dans ce dernier cas, il n'y a nécessité de donner de nouveaux motifs que pour la partie infirmée. Par exemple, l'arrêt qui s'approprie le jugement de première instance en déclarant le prévenu coupable d'infractions relevées à sa charge par les juges du premier degré, tout en infirmant sur un point une partie de leur décision, n'a pas à donner de motifs particuliers pour justifier le maintien de la condamnation prononcée (Crim. rej. 5 mai 1883, aff. Fleury, D. P. 83. 1. 481).

**821.** Dans quelle forme les motifs peuvent-ils être adoptés (*Rép.* nos 1088 et 1089)? On retrouve ici la controverse déjà rencontrée en matière civile (V. *suprà*, nos 759 et suiv.). — La chambre criminelle a jugé, le 22 août 1862 (aff. Mopty, D. P. 63. 5. 251), que l'arrêt décidant, sans énonciation de motifs, que la condamnation frappée d'appel par le prévenu sortira son plein et entier effet, est nul, s'il ne se réfère pas, pour les adopter, aux motifs des premiers juges; et elle a décidé par deux fois, en termes analogues (Crim. cass. 11 mai 1861, aff. Châtelain, D. P. 61. 1. 404; 8 juill. 1881 (1), que l'arrêt par lequel le juge d'appel, infirmant en un point le jugement attaqué, le confirme sur un autre sans indiquer qu'il adopte les motifs des premiers juges, ni motiver d'ailleurs aucunement cette dernière partie de sa décision, est nul quant à ce chef pour défaut de motifs. Mais, d'autre part, elle a fréquemment reconnu la validité d'une adoption de motifs virtuelle; c'est ce qui ressort, notamment, des décisions suivantes : 1° la confirmation, quant à la constatation des faits et à la démonstration de la culpabilité du prévenu, d'un jugement correctionnel dans les motifs duquel l'exception de prescription élevée par le prévenu est reconnue non fondée en fait, implique suffisamment que le juge supérieur, bien qu'il n'ait pas déclaré expressément adopter les motifs dudit jugement, se les est appropriés (Crim. rej. 12 avr. 1873, aff. Canourgues, D. P. 73. 1. 445); — 2° Est suffisamment motivé, comme emportant adoption virtuelle des motifs du jugement confirmé, l'arrêt qui reconnaît que les premiers juges ont justement déclaré l'inculpé coupable du délit de diffamation spécifié dans la demande et qu'ils ont fait une juste application de la peine édictée par l'art. 18 de la loi du 17 mai 1819 (Crim. rej. 11 juin 1875, aff. Simond, D. P. 75. 1. 494); — 3° La condamnation prononcée par le juge d'appel contre celui qui a favorisé une fraude en matière de péage est suffisamment motivée, bien que l'arrêt ne constate pas les faits auxquels le condamné avait prêté son concours, s'il est certain que, sans s'approprier formellement les motifs des premiers juges, la cour s'y est référée et qu'elle en a fait la base de sa propre décision (Crim. rej. 27 janv. 1876, aff. Pradès, D. P. 77. 1. 329). La différence des solutions rapportées dans les deux numéros qui précèdent s'explique par la différence des faits. Il est certain qu'il n'existe point, pour l'adoption des motifs, de formule sacramentelle, et qu'une adoption virtuelle est parfaitement suffisante, dès lors qu'il n'existe aucun doute sur l'intention qu'a pu avoir le juge. C'est seulement lorsqu'il apparaît qu'il y a, non pas motif implicite, mais oubli de motiver, que la nullité du jugement peut s'ensuivre.

**822.** Une formule très fréquente dans les adoptions partielles de motifs est celle qui consiste à adopter les motifs du premier juge *en ce qu'ils n'ont rien de contraire à ceux donnés à nouveau par le juge d'appel*. Dans ce cas, c'est de ceux-ci seulement que le juge d'appel est responsable. Ainsi, l'adoption par la cour des motifs d'un jugement en ce qu'ils n'ont rien de contraire à ceux qu'elle a elle-même donnés à l'appui de sa décision, ne permet pas de lui reprocher d'avoir affirmé la vérité de faits diffamatoires dans une circonstance où la preuve de ces faits était interdite par la loi, lorsque, à la différence du tribunal qui, à titre d'atténuation de la culpabilité du prévenu, énonçait la notoriété des faits diffamatoires et citait spécialement deux jugements propres à en établir la vérité, la cour s'est séparée nettement de ces énonciations, et s'est bornée à affirmer l'amoindrissement que les circonstances de la cause apportaient à la gravité de l'offense et au préjudice ressenti par l'offensé (Crim. rej. 27 juill. 1889, aff. Alker, D. P. 90. 1. 402).

**823.** Quand l'adoption des motifs forme-t-elle une justification suffisante du jugement rendu sur l'appel ? — Les réponses seront celles que nous avons déjà vues en matière civile. L'adoption suffira ; 1° s'il ne s'est élevé en appel aucun débat nouveau ; 2° si les conclusions prises en appel ne sont que la reproduction de celles qui avaient été prises en première instance ; 3° si les conclusions même nouvelles se trouvaient déjà implicitement rejetées par les motifs adoptés. L'adoption est, au contraire, insuffisante, quand il a été pris des conclusions nouvelles auxquelles les motifs adoptés ne répondent ni explicitement ni implicitement. Il est à peine besoin d'ajouter qu'il en serait de même si les motifs adoptés étaient déjà, par eux-mêmes, insuffisants.

**824.** En premier lieu, l'adoption des motifs suffit, si la cause se présente devant le second degré de juridiction au même état que devant le premier juge (V. *suprà*, nº 764). Jugé, à cet égard, que la condamnation prononcée par le juge d'appel contre celui qui a favorisé une fraude en matière de péage est suffisamment motivée, bien que l'arrêt ne constate pas les faits auxquels le condamné avait prêté son concours, s'il ne s'est élevé en cause d'appel aucune contestation sur les faits dont il s'agit (Crim. rej. 27 janv. 1876, aff. Pradès, D. P. 77. 1. 329). D'ailleurs, lorsqu'il n'est ni justifié ni même allégué que des conclusions nouvelles aient été prises en appel, soit par écrit, soit verbalement, il y a présomption que les conclusions développées au nom des appelants n'étaient autres que celles qui ont été produites en première instance, et, par suite, l'arrêt qui se borne à déclarer se référer aux motifs du jugement répond d'une manière complète aux conclusions développées au nom des appelants, sans relater ces conclusions est suffisamment motivé (Crim. rej. 3 août 1883, aff. Cauzie, D. P. 84. 1. 382).

**825.** Il importerait même peu qu'il eût été pris des nouvelles conclusions si elles ne soulevaient aucune question nouvelle (V. *suprà*, nº 766) ; l'adoption des motifs d'un jugement répond suffisamment aux conclusions prises en appel, lorsque celles-ci ne sont que la reproduction des moyens de droit présentés devant les premiers juges et appréciés par eux (Crim. rej. 2 févr. 1884, aff. Gabet, D. P. 84. 1. 373). Ainsi le juge correctionnel du second degré, devant lequel le prévenu d'abus de confiance reproduit, dans le dispositif de ses conclusions, un moyen de défense tiré de sa prétendue bonne foi, moyen qu'il avait déjà proposé devant le premier juge, peut se borner, pour le repousser, à adopter les motifs du jugement attaqué, alors même que des articulations spéciales auraient été produites pour établir la bonne foi alléguée (Crim. rej. 27 déc. 1872, aff. Letulle, D. P. 72. 1. 475).

**826.** Enfin, l'adoption des motifs serait encore suffisante, malgré l'existence de conclusions nouvelles soulevant un moyen nouveau, si ce moyen se trouvait déjà rejeté par les motifs du premier juge, soit expressément à la suite d'un examen d'office, soit implicitement par l'effet de la généralité des termes employés par le jugement (V. *suprà*, nº 767). La jurisprudence fournit des exemples de l'une, et l'autre hypothèse. — D'une part, il a été jugé que, bien que l'appelant condamné pour falsification de vins ait pris pour la première fois devant la cour des conclusions tendant expressément à faire ordonner que l'expert qui avait procédé à la première expertise des vins ne pouvait concourir à la seconde avec les deux autres experts nouvellement nommés, si la question, s'étant posée d'office devant le tribunal, a été résolue contre le demandeur au pourvoi, et que cette disposition ait été régulièrement motivée, les juges d'appel, en adoptant les motifs des premiers juges, ont ainsi suffisamment répondu aux conclusions formulées devant eux (Crim. rej. 8 déc. 1860, aff. Ducheneux, D. P. 61. 5. 348). D'autre part, il a été décidé que la cour, devant laquelle une formalité (une inscription de faux en matière de contributions indirectes) est pour la première fois arguée de nullité à raison de l'omission d'une condition que l'on prétend

(1) (Proc. gén. de la Guadeloupe C. Malgrétout.) — La cour; — ...Sur le second moyen présenté d'office et tiré de la violation de l'art. 7 de la loi du 20 avr. 1810 ; — Attendu que l'arrêt attaqué, en confirmant le jugement de première instance, n'a pas adopté ses motifs, et n'a pas donné des motifs particuliers;

d'où il suit que la décision attaquée, n'était pas motivée, a violé l'art. 7 de la loi du 20 avr. 1810;
- Casse sur le second moyen, etc.
Du 8 juill. 1881.-Ch.-crim.-MM. de Carnières, pr.-Dupré-Lassalle, rap.-Tapie, av. gén.

exigée par la loi (à raison de ce que l'inscrivant n'aurait pas écrit lui-même sa déclaration), motive suffisamment la disposition de son arrêt par laquelle elle rejette ce nouveau moyen, en adoptant les motifs des premiers juges, portant que la formalité dont il s'agit est conforme aux prescriptions de la loi (de l'art. 40 du décret du 1er germ. an 13), et conséquemment régulière (Crim. rej. 28 mars 1857, aff. Cuisenier, D. P. 57. 1. 225).

**827.** Mais il en serait tout autrement si les motifs adoptés ne contenaient aucune réponse, même implicite, aux conclusions nouvellement prises en cause d'appel (V. suprà, n° 771). La jurisprudence offre de très nombreuses applications de cette solution, rigoureuse, mais parfaitement juridique : 1° est nulle pour défaut de motifs la décision par laquelle le juge correctionnel supérieur rejette, sans la motiver, et en se bornant à adopter la décision des premiers juges, des conclusions prises pour la première fois en appel, et constituant un chef exprès de défense (en ce qu'elles tendent, par exemple, à la confusion des amendes à prononcer pour infraction aux lois sur les droits de poste), quel que soit d'ailleurs le peu de fondement de ces conclusions (Crim. cass. 3 janv. 1856, aff. Riverain, D. P. 56. 1. 94); — 2° Est nul l'arrêt qui, statuant sur l'appel d'un jugement rendu en matière de contrefaçon, confirme ce jugement sans s'expliquer sur une demande subsidiaire d'expertise, formée par l'appelant (Crim. cass. 16 févr. 1860, aff. Bobeuf, D. P. 60. 5. 242); — 3° Lorsque le prévenu d'abus de confiance (gérant d'une société), pour justifier la non-représentation des sommes dont le détournement lui est imputé, prend, en appel, à titre de grief contre le jugement qui l'a condamné, des conclusions tendant à ce qu'une somme qu'il prétend lui être due par la société soit portée à son actif, où elle rétablirait la balance de son compte, la cour est tenue de statuer sur ce chef de demande par des motifs particuliers, alors que le jugement ne s'en explique pas, et ne peut conséquemment se borner à adopter les motifs des premiers juges, en déclarant qu'ils répondent suffisamment aux conclusions prises devant lui (Crim. cass. 14 mars 1862, aff. Pigault, D. P. 66. 1. 364); — 4° Lorsque le prévenu de contrefaçon a excipé de sa bonne foi pour la première fois en appel, en alléguant spécialement le fait d'un ancien usage qui aurait consacré la fabrication incriminée, on estimerait à tort que l'adoption des motifs du jugement de condamnation, par cela seul que la culpabilité du prévenu y est déclarée, suffit pour justifier le rejet de l'exception soulevée devant la cour (Crim. rej. 1er mai 1862, aff. Lépée, D. P. 63. 1. 201); — 5° Est nul l'arrêt par lequel le juge d'appel correctionnel, dans une instance en contrefaçon notamment, se borne à adopter les motifs des premiers juges sans s'expliquer sur des exceptions que le prévenu a soulevées devant lui pour la première fois; et il n'importe que ces exceptions aient été déjà repoussées par un jugement spécial, de l'appel duquel le prévenu s'est désisté, si, par suite de la reproduction desdites exceptions à l'appui de l'appel contre le jugement sur le fond, la cour s'en est trouvée saisie pour la première fois (Crim. cass. 3 déc. 1863, aff. Gérard, D. P. 66. 5. 311); — 6° Est nul l'arrêt correctionnel qui rejette un moyen de défense auquel il a été conclu pour la première fois devant la cour, en se référant uniquement aux motifs du jugement de condamnation, et en déclarant que ceux-ci répondent suffisamment aux conclusions, alors qu'ils ne s'expliquent pas sur le moyen invoqué (Crim. cass. 30 déc. 1880, aff. Trossevin, D. P. 81. 1. 231); — 7° Est nul pour défaut de motifs l'arrêt qui confirme, par adoption pure et simple de ses motifs, un jugement qui n'en contient pas de directement ou indirectement applicables aux conclusions prises devant la cour par l'appelant (Crim. cass. 27 janv. 1882, aff. Thiébault, D. P. 82. 1. 434); — 8° L'arrêt qui confirme par adoption pure et simple de ses termes un jugement qui a rejeté une poursuite dirigée par l'Administration forestière pour délit de dépaissance, par le motif que le canton où le troupeau avait été conduit ne constituait qu'un vacant communal non boisé, non contigu à une forêt communale et complètement isolé, sans s'expliquer sur les documents produits pour la première fois en appel, et tendant à établir que ce canton, après l'accomplissement des formalités administratives prescrites, avait été soumis au régime

forestier, est nul pour défaut de motifs (Crim. cass. 16 févr. 1883, aff. Companyo, D. P. 85. 1. 132); — 9° Il y a lieu de déclarer nul pour défaut de motifs l'arrêt qui confirme par adoption pure et simple de ses motifs un jugement de condamnation prononcé en première instance pour complicité du délit de chasse avec engins prohibés, sans répondre à des conclusions prises pour la première fois en appel et tendant à faire déclarer que l'achat de gibier capturé à l'aide d'engins prohibés est un fait licite pendant le temps où la chasse est ouverte (Crim. cass. 16 nov. 1888, aff. Debès, D. P. 89. 1. 171); — 10° L'arrêt qui, en visant des conclusions formelles tendant à établir l'inexactitude de la qualification donnée par le premier juge au fait incriminé s'approprie simplement les motifs du jugement sans répondre à ces conclusions, encourt la cassation (Crim. cass. 29 août 1889, aff. Laulois, D. P. 89. 5. 321).

**828.** Dans toutes ces espèces, les motifs adoptés devenaient insuffisants en appel qu'à raison des conclusions nouvelles qui étaient venues modifier le terrain du débat. La même solution s'imposerait à plus forte raison si, lors même du jugement de première instance, les motifs ultérieurement adoptés se trouvaient déjà insuffisants (Rép. n° 1090-4°. Comp., dans l'hypothèse inverse : Crim. rej. 24 juill. 1874, aff. Roche, D. P. 75. 1. 237). Et il a été jugé, en effet, que, si la condamnation prononcée par les premiers juges n'est pas suffisamment motivée, l'arrêt qui maintient cette condamnation par adoption des motifs, est entaché du même vice (Crim. cass. 17 avr. 1863, aff. Heiriès, D. P. 63. 5. 253); et il en est ainsi encore bien que l'arrêt par défaut, par lequel le juge du second degré avait d'abord statué sur l'appel, aurait réparé ce vice par l'énonciation de motifs légaux, car le rejet pur et simple de l'opposition à un arrêt de défaut n'implique pas nécessairement l'adoption des motifs de cette décision, surtout quand le nouvel arrêt s'approprie les motifs des premiers juges sans en ajouter de nouveaux (Même arrêt).

## § 4. — Motifs implicites ou virtuels (Rép. n° 1034 à 1097).

**829.** On a vu suprà, n° 774 et suiv., que, en matière civile, les motifs n'ont pas besoin d'être exprès. Il en est de même en matière criminelle, et des motifs implicites peuvent être suffisants. — Décidé, notamment, en ce sens : 1° que le jugement correctionnel qui rejette comme inutile la demande de mise en cause d'un tiers est suffisamment motivé lorsque cette inutilité est démontrée implicitement par le dispositif, par exemple, lorsque la condamnation n'est prononcée que pour un fait autre que celui à raison duquel la mise en cause était demandée (Crim. cass. 24 févr. 1854, aff. Millard, D. P. 54. 1. 103); — 2° Que la déclaration du juge du fait que le prévenu est reconnu coupable d'avoir aidé et assisté en connaissance de cause un coprévenu condamné comme auteur principal d'un délit (celui d'escroquerie, par exemple), dans les faits qui l'avaient préparé et facilité, et dans ceux qui l'avaient consommé, suffit pour justifier la condamnation de ce prévenu comme complice, alors surtout que le juge relève en outre des faits de recel (Crim. rej. 14 mai 1859, aff. Mayer, D. P. 59. 5. 262); — 3° Que le reproche articulé contre un arrêt de ne s'être pas expliqué sur des conclusions subsidiaires demandant une expertise n'est pas fondé, lorsque les juges ne se sont prononcés sur le fond qu'après avoir déclaré comme certains des faits qui rendaient l'expertise inutile, et en annonçant qu'ils ne s'arrêtaient pas aux conclusions subsidiaires (Crim. rej. 11 oct. 1860, aff. Boulongue, D. P. 61. 1. 41); — 4° Que dans une poursuite pour détournement d'un testament reçu en dépôt, il est suffisamment répondu aux conclusions demandant l'établissement préalable de l'existence du testament, par la décision qui autorise la preuve, tant de la remise du testament au dépositaire, que de l'abus de confiance imputé à celui-ci (Crim. rej. 29 avr. 1864, aff. Humbert, D. P. 67. 5. 283); — 5° Que la déclaration de la culpabilité du prévenu, nécessaire pour justifier l'allocation de dommages-intérêts à la partie civile par la juridiction correctionnelle, n'est soumise à aucune forme sacramentelle, et peut s'induire des termes de l'arrêt, s'ils sont nets et précis; spécialement, en matière de poursuite contre un journal pour refus d'insertion d'une réponse, lorsque ce n'est qu'après s'être placé en présence de tous les éléments de la procédure que le juge correctionnel s'est livré à l'appréciation de la réponse refusée, la conclusion qu'il tire de son examen, sous les divers points de vue qu'il comportait, qu'il y a lieu d'ordonner l'insertion, implique suffisamment que le refus du journaliste a un caractère délictueux (Crim. rej. 17 mars 1865, aff. Dupont, D. P. 67. 5. 283) ; — 6° Que l'arrêt qui acquitte le prévenu de tromperie sur la nature, la provenance et le dosage d'un engrais, est suffisamment motivé, lorsque les motifs, rapprochés des conclusions prises par ce prévenu, constatent implicitement sa bonne foi (Crim. cass. 23 mai 1874, aff. Léger, D. P. 75. 1. 437-439) ; — 7° Que l'arrêt qui déclare un individu coupable du délit de faux témoignage, pour avoir fait de fausses dépositions dans une instance civile, affirme implicitement que lesdites dépositions ont eu lieu sous la foi du serment, le délit de faux témoignage ne pouvant résulter que de fausses dépositions faites en justice sous la foi du serment, et, dès lors, la condamnation qu'il prononce est suffisamment motivée (Crim. rej. 15 juin 1877, aff. Plantadis, D. P. 77. 1. 404).

**830.** Le juge, en statuant sur l'un de deux chefs de demande, peut motiver implicitement sa décision sur l'autre (V. supra, n° 776). Par exemple, l'arrêt qui se fonde, pour repousser la réclamation d'indemnité formée par un maître de poste contre les directeurs de deux services de voitures publiques à raison d'un échange prétendu de voyageurs, sur ce que les deux services sont distincts et ne sont rattachés par aucun concert entre leurs directeurs, rejette nécessairement, sans qu'il soit besoin de nouveaux motifs, le chef de conclusions tendant à faire déclarer que les deux services ne font qu'une seule entreprise (Crim. rej. 10 mars 1860, aff. Esquiron, D. P. 61. 1. 47).

**831.** De même, la décision sur la prévention peut justifier implicitement celle donnée par le juge sur les moyens de défense opposés par le prévenu (Comp. supra, n° 778). Ainsi : 1° dans une poursuite pour détournement de charbons frappés d'une saisie, la déclaration du juge du fait que le prévenu a disposé de vingt-cinq sacs de charbon qu'il savait être sous la main de justice, après avoir inutilement demandé à l'huissier la permission de les enlever, rejette implicitement et suffisamment le moyen tiré de ce que le prévenu aurait détourné, non les charbons saisis, mais des résidus provenant de la cuisson de ces charbons (Crim. rej. 13 juill. 1866, aff. Dartier, D. P. 67. 1. 46) ; — 2° Le juge d'appel qui adopte les appréciations du premier juge sur l'existence du délit d'abus de confiance répond implicitement aux conclusions nouvelles prises en appel par le prévenu pour démontrer l'absence de toute intention frauduleuse de sa part (Crim. rej. 10 janv. 1879, aff. Coulanges, D. P. 80. 5. 257) ; — 3° Le jugement qui déclare un prévenu auteur principal d'un vol et le condamne en cette qualité, n'a pas besoin d'écarter, par des motifs particuliers, la qualité de complice que le prévenu prétendrait s'attribuer ; la déclaration du jugement contient le rejet implicite et nécessaire de cette prétention (Crim. rej. 11 nov. 1882, aff. Bonnet, D. P. 83. 1. 363-364).

**832.** Il en est ainsi, spécialement des conclusions subsidiaires prises par le prévenu à fin d'expertise. Ainsi la décision dans laquelle le juge du fait, en matière de poursuite pour contrefaçon de brevet d'invention, indique catégoriquement les raisons qui établissent pour lui l'existence de la contrefaçon, répond implicitement et suffisamment aux conclusions par lesquelles l'une des parties réclamait subsidiairement une expertise pour arriver à cette preuve (Crim. rej. 29 janv. 1864, aff. Busson, D. P. 65. 5. 272). Et l'adoption des motifs de cette décision par le juge d'appel est également une réponse suffisante à la demande d'expertise renouvelée devant lui pour le même objet (Crim. rej. 10 déc. 1863, aff. Daniel, D. P. 65. 5. 272).

**833.** De même, au cas de conclusions subsidiaires à fin de sursis : par exemple, le tribunal correctionnel qui refuse de surseoir à la continuation des débats, jusqu'après la décision à intervenir sur l'inculpation de faux témoignage dirigée contre des témoins arrêtés à l'audience, n'est pas tenu de motiver explicitement ce refus par l'inutilité de la déposition de ces témoins, sa décision impliquant nécessairement qu'il a jugé le sursis inutile pour la manifestation de la vérité (Crim. cass. 27 mars 1856, aff. Delangle, D. P. 56. 1. 229).

**834.** C'est encore ainsi que la décision donnée sur les conclusions principales peut justifier implicitement celles que reçoivent les conclusions reconventionnelles. Par exemple, dans le cas où le prévenu de diffamation oppose au plaignant une demande reconventionnelle fondée sur la plainte même (et tendant, par exemple, à la suppression d'un écrit versé au procès, en ce qu'il aurait un caractère injurieux), le rejet implicite de cette demande est suffisamment motivé par cela seul que le jugement fait droit à la plainte et condamne le prévenu pour diffamation envers le plaignant (Crim. rej. 6 mars 1856, aff. Couet de Lorry, D. P. 56. 1. 225).

**835.** Enfin, les instances d'appel, au cas seulement de confirmation partielle, fournissent souvent l'exemple de motifs implicites. Ainsi : 1° la décision d'appel qui, en matière correctionnelle, réduit à un chiffre inférieur à 300 fr. les dommages-intérêts et restitutions prononcés au profit de la partie civile, rapporte virtuellement ou rend sans effet la fixation de la durée de la contrainte par corps qui, dans le jugement de première instance, se rattache à ce chef de condamnation (Crim. rej. 19 avr. 1861, aff. Louette, D. P. 61. 5. 278) ; — 2° L'arrêt dans lequel le juge d'appel reconnaît, en en donnant les motifs, qu'il y a lieu de modifier les réparations prononcées par les premiers juges au profit de la partie civile, rejette implicitement, sans qu'il soit besoin d'autres motifs, les conclusions tendant à ce que ces réparations comprennent la publication et l'affiche de la décision à intervenir (Crim. rej. 12 juill. 1859, aff. Caviole, D. P. 59. 1. 331).

**836.** L'exemple le plus fréquent de motifs implicites est celui des condamnations aux dépens (V. supra, n° 786). En matière criminelle comme en matière civile, toute condamnation aux dépens, étant là conséquence naturelle et nécessaire de la condamnation principale, se trouve suffisamment justifiée par les motifs donnés sur cette dernière condamnation (Crim. rej. 11 avr. 1861, aff. Burle, D. P. 61 5. 318).

SECT. 3. — DES MOTIFS DES JUGEMENTS EN MATIÈRE ADMINISTRATIVE.

**837.** Les jugements administratifs doivent, en principe, être motivés. (Rép n° 921). Mais la nécessité de donner des motifs ne concerne que les décisions administratives qui constituent des jugements proprement dits. Par exemple, il a été jugé que la commission constituée pour régler les indemnités à payer par la Ville de Paris en réparation des dommages matériels causés par l'insurrection du 18 mars 1871 n'est tenue ni de motiver ses décisions, ni de suivre un mode déterminé de procédure (Cons. d'Et. 12 juin 1874, aff. Meunié, D. P. 75. 3. 66-67).

**838.** Mais la jurisprudence du conseil d'État nous paraît étendre trop loin cette dispense, quand elle décide qu'aucune disposition de loi n'oblige les ministres à motiver les décisions par lesquelles ils refusent de faire droit aux réclamations qui leur sont adressées par les entrepreneurs des marchés de fournitures, à peine de nullité desdites décisions (Cons. d'Et. 30 avr. 1880 (deux arrêts) aff. Harouel et aff. Maillard, D. P. 81. 3. 9 ; 18 févr. 1887, aff. Bertagua, D. P. 88. 5. 320). Cette doctrine a été critiquée (V. la dissertation insérée sous les arrêts précités de 1880) et avec raison, car la décision du ministre est alors un jugement véritable.

**839.** L'insuffisance des motifs équivaut au défaut de motifs. Ainsi, le conseil d'Etat (27 nov. 1874, aff. Dayol, D. P. 75. 3. 76) a déclaré nul, comme insuffisamment motivé, un arrêté par lequel un conseil de préfecture, statuant sur un procès-verbal de contravention, prononce une condamnation par ce seul motif « que la contravention avait été régulièrement constatée ».

**840.** Les motifs peuvent être donnés par référence à un autre acte, à la condition que cet acte soit intervenu dans la même instance, et qu'il soit nettement spécifié par le jugement. Par exemple, il a été jugé qu'un conseil de préfecture ne peut, pour rejeter la demande d'un entrepreneur de travaux publics relativement au règlement du compte de l'entreprise, se borner à déclarer qu'il adopte les conclusions du rapport de l'expert commis pour apprécier les travaux litigieux, alors que ce document n'est pas annexé à l'arrêté et qu'il n'est nullement fait mention dans celui-ci des questions soulevées dans le débat (Cons. d'Et. 4 mai 1865, aff. Fougeron, D. P. 54. 3. 88).

## Table sommaire

### des matières contenues dans le Supplément et le Répertoire.

(Les chiffres précédés de la lettre S renvoient au Supplément; les chiffres précédés de la lettre R renvoient au Répertoire.)

## Table des articles des Codes et du décret du 30 mars 1808.

**Code de procédure civile.**

Art. 8. *S.* 175; *R.* 648 s.
—13. *S.* 94.
—17. *R.* 648 s.
—23. *S.* 743..
—48. *S.* 463.
—61. *S.* 161, 446.
—77. *R.* 144.
—79. *R.* 144.
—83. *R.* 30.
—87. *S.* 118; *R.* 175, 185.
—93. *S.* 42; *R.* 75, 147, 151.
—94. *R.* 147, 483.
—95. *R.* 147.
—111. *R.* 175, 975.
—112. *R.* 275 s.
—116. *S.* 94, 96; *R.* 73 s., 85 s., 146 s., 175.
—117. *S.* 47. *R.* 89 s., 100.
—118. *S.* 53, 63, 83, 88; *R.* 89 s., 100, 109 s.,130 s.
—122. *S.* 437, 474; *R.* 435 s., 449, 454, 1004.
—123. *S.* 437; *R.* 435, 453.
—124. *R.* 435.
—125. *R.* 433, 469.
—126..*S.* 474.
—135. *S.* 517, 521, 527 s., 530 s., 540, 550; *R.* 532, 597, 600 s.

—136. *S.* 506 s., 512; *R.* 501.
—137. *S.*511,561; *R.* 588, 652.
—138. *S.* 40, 209, 327, 380, 343, 393; *R.* 215 s.. 273.
—140 *R.* 215.
—141. *S.* 176, 180, 263, 269 s., 262, 288, 204, 297, 305, 309, 332, 335 s.. 692; *R.* 157, 178, 215, 262, 266, 275, 283, 947 s.
—142. *S.* 152,157, 165 s.,263, 269, 294 s., 305; *R.* 214, 232 s., 287 s., 951.
—143. *S.* 171 s., 108, 200; *R.* 242 s.
—144. *S.* 176, 270; *R.* 242 s.
—145. *S.* 176, 396, 203, 205, 209, 211, 213 s., 218 s., 222, 227 s., 240, 270; *R.* 242 s.
—146. *R.* 874.
—147. *S.* 430, 434, 436, 440, 449, 451 s., 457 s., *R.* 471 s., 490, 496 s.
—148. *S.* 452; *R.* 189.

—149. *S.* 468.
—150. *S.* 201, 468.
—153. *S.* 701.
—155. *S.* 468. *R.* 418 s., 587 s., 601 s.
—157. *R.*418.
—159 *R.* 667.
—161. *S.* 468.
—162. *S.* 468.
—163. *S.* 465, 467 s.
—164. *S.* 465,467; *R.* 517 s.
—165. *S.* 467.
—168. *S.* 701.
—194. *R.* 627.
—200. *R.* 627.
—262. *S.* 753.
—269. *S.* 753.
—272. *S.* 753.
—337. *S.* 501.
—417. *S.* 571 s.
—433. *R.* 287,291, 949 s.
—435. *R.* 494.
—439. *S.* 542, 546, 556, 559; *R.* 655 s.
—440. *S.* 560.
—441. *S.* 560.
—442. *S.* 478, 767; *R.* 547 s.
—444. *R.* 493.
—449. *S.* 537.
—450. *S.* 700; *R.* 414 s.. 587.
—452. *S.* 700.
—457. *S.* 543; *R.* 670, 672 s.

—458. *S.* 506, 509; *R.* 670, 672 s.
—450. *S.* 540, 552, 556; *R.* 430, 670, 678 s.
—460. *R.* 430, 685 s.
—464. *S.* 507 s.. 512, 713; *R.* 364 s., 975 s., 983.
—465. *R.* 975 s.
—467. *R.* 89.
—468. *S.* 53, 63, 68, 70 s., 78, 83 s., 88; *R.* 108 s.
—470. *S.* 288; *R.* 73, 178, 287, 414, 475, 940 s.
—471. *S.* 497.
—472. *S.* 470 s., 483, 486 s., 490 s., 494 s., 683; *R.* 554, 560 s., 568 s.
—473. *S.* 471, 486 s., 701.
—517. *R.* 517.
—544. *S.* 428.
—547. *S.* 467; *R.* 157, 205, 968 s.
—518. *S.* 560.
—521. *R.* 641.
—526. *S.* 491.
—541. *S.* 722.
—545. *S.* 467; *R.* 374, 387.
—546. *S.* 467.
—547. *S.* 467. *R.* 403 s.
—548. *S.* 462, 464, 467 s.; *R.* 517 s.

—549. *S.* 465,467; *R.* 517 s.
—550. *S.* 465. *R.* 517 s.
—551. *R.* 370 s.
—552. *S.* 467; *R.* 370 s.
—553. *S.* 467, 478; 748, 808 s., 889
*R.* 547 s.. 567.
—554. *S.* 554.
—555. *S.* 467; *R.* 628 s., *R.* 783 s., 801 s., 1053 s.
—556. *R.* 541.
—558. *S.* 385.
—608. *S.* 491.
—670. *S.* 491.
—699. *R.* 287.
—702. *S.* 775.
—714. *S.* 155: *R.* 137.
—781. *R.* 546.
—794. *S.* 491.
—805. *R.* 554 s.
—809. *S.* 570.
—813. *S.* 414; *R.* 378, 407.
—815. *S.* 495.
—864. *S.* 424; *R.* 386.
—997. *S.* 113.
—1008. *S.* 375.
—1030. *S.* 333, 457.
—1035. *R.* 536.
—1036..*R.* 109, 176.
—1037. *R.* 543 s.
—1038. *S.* 470; *R.* 466 s.
—1040. *S.* 240, 500 s.. 678; *R.* 80, 174, 231, 375.

**Code d'instruction criminelle.**

Art. 57. *S.* 792.
—58. *S.* 792.
—158. *S.* 603; *R.*
—162. *S.* 607.
—163. *S.* 615 s.
801 s., 1053 s.
—164. *S.* 646; *R.* 845 s.
—165. *R.* 491.
—171..*R.* 748,808 s.
—176. *R.* 773.
—187. *R.* 857.
—190. *R.* 748,773, 808 s., 839 s.
—195. *S.* 615, 629; *R.* 790 s., 837 s.
—196. *S.* 646; *R.* 845 s.
—197. *R.* 878 s.
—198. *R.* 892.
—208. *R.* 887.
—200. *R.* 870.
—209. *S.* 664; *R.* 775.
—211. *R.* 748, 773.
—234. *R.* 839 s.
845 s.
—241. *R.* 748.
—277. *R.* 754.
—278. *R.* 765.
—287. *R.* 837.
—347. *R.* 763,768.
435 s., 449 s.

—369. *S.* 610, 615, 630; *R.* 1053 s.
—370. *R.* 845 s.
—373. *R.* 857.
—375. *R.* 868 s.
—376. *R.* 878 s.
—377. *R.* 893.
—378. *R.* 870, 894.
—379. *R.* 873.
—396. *R.* 219.
—406. *R.* 751 s., 761.
—411. *S.* 625; *R.* 800.
—413. *R.* 751 s.
—479. *S.* 817.
—483. *S.* 817.
—508. *S.* 609.
—522. *S.* 147; *R.* 200.

**Code civil.**

Art. 5. *S.* 103; *R.* 159.
—336. *S.* 697.
—341. *S.* 697.
—696. *S.* 743.
—822. *S.* 490.
—852. *S.* 723.
—877. *R.* 808 s.
—900. *S.* 749.
—922. *S.* 749.
—928. *S.* 749.
—999. *S.* 738.
—1008. *S.* 581.
—1116. *S.* 743.
—1142. *R.* 353.
—1153. *S.* 749,752; *R.* 863.
—1188. *R.* 446.
—1244. *S.* 487; *R.*

—1258. *R.* 434.
—1283. *S.* 425.
—1315. *R.* 164.
—1319..*R.* 428, 607, 620 s.
—1322. *R.* 623.
—1335. *S.* 147.
—1382. *S.* 695.
—1395. *S.* 753.
—1396. *S.* 753.
—1442. *S.* 397.
—1445. *S.* 356.
—1558. *S.* 113.
—1733. *S.* 772.
—1798. *S.* 699.
—2157. *R.* 530 s.
—2210. *S.* 491.
—2243. *S.* 370.
—2212. *S.* 743.

**Décret du 30 mars 1808.**

Art. 33. *R.* 241.
—36. *S.* 40, 121; *R.* 88 s., 213, 215, 220 s., 269, 275.
—37. *S.* 136 s.; *R.* 221.
—38. *S.* 139; *R.* 223.
—39. *R.* 217.
—40. *S.* 230.
—67. *R.* 176.
—70. *S.* 198.
—72. *R.* 975 s.
—87. *R.* 975 s.
—88. *R.* 76.
—91. *R.* 315.
—102. *R.* 184.
—103. *R.* 184.

## Table chronologique des Lois, Arrêts, etc.

8 nov. Civ. 701 c.
0 nov. Civ. 95 c.
6 déc. Civ. 57 c.,
72 c., 75 c., 176
c., 290 c.
6 déc. Sol. impl.
88 c.
12 déc. Civ. 785 c.
23 déc. Req.118 c.
23 déc.Crim.66 c.
28 déc.Civ. 117 c.,
728 c.

**1854**
1er févr. Crim 663
c.
2 févr. Crim. 814
c.
3 févr. Paris. 244
c.
15 févr. Riom. 266
c.
24 févr. Crim. 813
c., 839 c.
3 mars. Crim.639
c.
7 mars.Civ.739 c.
14 mars. Bastia.
437 c.
22 mars. Bastia.
573 c.
5 avr. Montpel-
lier. 585 c.
6 avr. Crim. 647
c., 656 c.
7 avr.Montpellier.
585 c., 586 c.
22 avr. Crim. 593
c., 812 c.
25 avr.Req.396 c.
2 mai. Civ. 431 c.
17 mai. Crim. 676
c.
26 mai. Crim. 666
c.
25 juin.Trib.Seine.
467 c.
30 juin. Bourges.
573 c.
9 juill.Req. 415 c.
11 juill. Poitiers.
391 c.
22 juill. Paris. 467
c.
25 juill. Civ. 590 c.
26 juill.Civ.340 c.
8 août. Civ. 768 c.
10 août. Crim. 656
c.
30 août. Civ.144 c.
5 oct.Crim. 555 c.
3 nov. Crim. 609
c.
13 nov. Civ. 700 c.
18 nov. Req.786 c.
18 nov.Crim.730 c.
20 nov. Civ. 695 c.
20 déc. Civ. 697 c.
23 déc. Crim. 676
c.

**1855**
10 janv. Crim. 39
c.,-125 c.
18 janv. Crim. 678
c.
20 janv. Crim. 814
c.
23 janv. Poitiers.
703 c.
6 févr. Civ. 112 c.
7 févr. Orléans.
88 c.
9 févr. Civ. 715 c.
10 févr. Poitiers.
141 c.
12 févr. Req.713 c.
15 févr. Civ. 119 c.
15 févr. Crim. 640
c.
17 févr. Poitiers.
629 c.
21 mars. Req. 691
c.
22 mars. Douai.
475 c.
2 avr. Req. 725 c.
2 avr. Bastia. 441
c.
16 avr. Req.775 c.
21 avr. Crim. 646
c.

3 mai. Paris.,560
c.
7 mai.Civ. 699 c.
21 mai.Req. 814 c.
21 mai. Civ. 700 c.
6 juin. Civ. 31 c.
7 juin. Amiens.
113 c.
15 juin. Crim. 808
c.
16 juin. Crim. 647
c.
18 juin. Bourges.
573 c.
23 juill. Montpel-
lier 509 c.,552 c.
25 juill. Montpel-
lier 510 c., 519
c., 540 c.
27 juill. Crim. 613
c.
22 août. Civ. 214
c., 217 c., 219
c., 282 c.
14 sept. Crim. 625
c.
28 sept. Crim. 814
c.
1er déc. Crim. 595
c.
13 déc. Crim. 626
c.
24 déc. Req. 33 c.,
32 c.
24 déc. Civ. 40 c.
26 déc.Req.768 c.

**1856**
3 janv. Crim. 827
c.
7 janv. Poitiers.
338 c.
30 janv.Req.309 c.
315 c., 767 c.
4 févr. Civ. 758 c.
27 févr. Bordeaux.
362 c., 368 c.,
372 c., 381 c.,
384 c.
6 mars. Crim 834
c.
11 mars. Req. 365
c., 416 c.
15 mars. Paris. 585
c., 586 c.
27 mars.Crim.833
c.
4 avr.Crim. 643 c.
9 avr. Req. 313
c., 314 c.
14 avr. Bordeaux.
587 c.
23 avr.Req. 240 c.,
842 c.
3 mai. Crim. 661
c.
27 mai.Req. 68 c.,
81 c.
3 juin. Req. 81 c.
9 juin. Civ 80 c.
9 juin. Civ. 467 c.
12 juin. Civ. 771 c.
12 juin. Crim. 636
c.
12 juin. Poitiers.
26 c.
30 juill. Req. 117
c., 490 c.
11 août.Req.490 c.
11 sept. Paris. 507
c.
19 sept. Crim. 790
c.
27 sept. Caen. 521
c.
25 oct.Caen.531 c.,
533 c.
7 nov. Crim. 812
c.
13 nov. Crim. 678
c.
14 nov.Crim.792 c.
1er déc. Civ. 775 c.
779 c.

**1857**
6 janv.Req.708 c.
15 janv. Crim. 814
c.

21 janv. Req. 264
c., 367 c., 368
c., 370 c., 377
c., 384 c., 385
c., 716 c., 718
c.
23 janv. Crim. 818
c.
6 févr. Crim. 814
c.
16 févr. Civ. 695 c.
26 févr.Rouen.467
c.
28 févr. Crim. 869
c., 812 c.
28, mars. Crim.826
c.
7 avr. Civ. 321 c.
22 avr. Civ. 214 c.
23 avr. Req. 720 c.
3 mai. Civ. 700 c.
14 mai. Crim. 815
c.
30 mai.Crim.90 c.,
671 c.
15 juill. Crim. 814
c.
26 juill.Civ.700 c.
8 août. Crim. 812
c.
27 août. Limoges.
556 c.
1er oct. Crim. 650
c., 676 c.
5 nov. Crim. 630
c.
27 nov. Orléans.
583 c., 730 c.
1er déc.Req.693 c.,
694 c., 749 c.
2 déc. Req. 784 c.
4 déc.Crim. 27 c.,
595 c., 596 c.,
597 c.
7 déc. Civ. 789 c.
7 déc.Civ. 434 c.
29 déc. Civ. 264 c.

**1858**
6 janv.Req.240 c.
27 janv. Req. 415
c., 416 c.
19 févr.Crim.602 c.
2 mars. Crim.815
c.
10 mars. Req. 784
c.
31 mars. Req. 786
c.
6 avr. Civ. 608 c.
14 avr. Civ. 776 c.
4 mai.Req.419 c.
5 mai.Req.195 c.
21 mai. Crim. 730
c., 814 c.
31 mai.Req. 775 c.
9 juin. Civ. 463
c., 759 c.
16 juin. Orléans.
333 c.
5 juill. Riom.180
c., 192 c.
20 juill.Req.604 c.
22 juill. Crim. 626
c.
24 juill. Paris. 586
c.
27 juill. Civ. 264
c., 210 c., 232
c.
9 août. Agen. 555
c., 555 c.
19 août. Req. 738
c.
20 août. Lyon. 153
c., 295 c.
25 août. Caen. 538
c., 510 c., 537
c.
26 août. Crim. 655
c., 656 c.
9 nov. Civ. 730 c.
10 nov. Req.306 c.,
307 c., 786 c.
12 nov. Crim. 377
c., 432 c.

11 déc. Aix. 590 c.
16 déc. Crim. 814
c.
24 déc. Crim. 639
c., 814 c.

**1859**
9 janv. Crim. 610
c.
13 janv. Ch. réun.
124 c., 456 c.,
467 c., 468 c.,
518 c., 522 c.
25 janv.Civ.214 c.,
219 c.
2 févr. Req. 400
c.
8 févr.Req.55 c.,
65 c., 714 c.,
715 c., 718 c.
9 févr. Civ. 697 c.
12 févr.Bastia.586
c.
14 févr. Civ. 700 c.
15 févr. Civ. 473 c.
16 févr.Civ.436 c.,
438 c., 780 c.
21 févr. Req. 306
c., 762 c.
28 févr. Req. 50 c.
7 mars. Civ. 381
c., 383 c.
17 mars. Crim. 610
c.
21 mars. Civ. 214
c., 219 c.
28 mars.Civ.700 c.
6 avr. Civ. 436 c.
7 avr. Crim. 796
c.
28 avr. Crim. 813
c.
4 mai. Req.-690 c.
10 mai. Req. 55
c., 144 c.
15 mai. Civ. 695
c., 792 c.
18 mai. Civ. 771 c.
24 mai. Civ. 701 c.
29 mai. Req. 181
c.
3 juin. Crim. 655
c.
0 juin. Civ. 104 c.
9 juin. Crim. 630
c.
25 juin. Paris. 266
c.
27 janv. Civ. 490 c.
24 janv. Crim. 667
c.
25 janv. Crim. 604
c., 627 c.
2 févr. Crim. 667
c., 666 c.
19 févr. Req. 176
c., 315 c., 765
c., 767 c.
4 mars.Civ.701 c.
11 avr. Crim. 619
c., 836 c.
19 avr. Crim. 808
c., 835 c.
22 avr. Req. 36 c.
24 avr.Req. 788 c.
1er mai. Req. 306
c., 763 c.
6 mai.Lyon.586 c.
11 mai.Crim.821 c.
3 juin. Req. 743
c.
8 nov.Req. 213 c.
3 déc. Crim. 597
c.
3 déc. Orléans.
104 c.
18 déc. Civ. 771 c.
16 déc. Crim. 668
c.
21 déc. Civ. 53 c.,
68 c., 70 c.,
73 c.
23 déc. Crim. 610
c.

**1860**
20 janv. Crim. 602
c.
30 janv. Civ. 758 c.
30 nov.Crim.792 c.
c., 668 c.
24 nov. Req. 415
c.,416 c.,435 c.,
518 c., 526 c.
16 déc. Civ. 594 c.
6 déc.Crim.667 c.
11 déc. Req. 81 c.

11 févr.Crim.620 c.
13 févr. Civ. 771 c.
16 févr. Crim. 801
c., 810 c. 827 c.
5 mars.Civ.767 c.
10 mars. Crim. 830
c.
24 mars. Crim.619
c., 621 c.
29 mars Crim.814
c. .
5 avr. Crim. 810
c., 814 c.
26 avr. Crim. 667
c., 668 c.
13 mai. Crim. 794
c.
21 mai. Req.42 c.,
749 c.
29 mai. Caen. 493
c.
8 juill. Req. 778 c.
18 août. Crim. 602
c.
20 août.Req.767 c
20 août.Civ.700 c.
21 août. Req. 378
c., 282 c., 287
c., 290 c., 497
c., 718 c.
25 août. Paris. 580
c.
3 sept. Trib. Sei-
ne. 537 c.
11 oct. Crim.829 c.
8 nov. Crim. 801
c.
10 nov.Crim.867 c.
12 nov.Civ. 695 c.
13 nov.Req. 748 c.
20 nov. Civ. 810
c., 814 c.
1er déc. Crim. 595
c., 596 c.,802 c.
7 déc. Crim. 128
c., 073 c.
8 déc. Crim. 826
c.
21 déc.Crim.816 c.
26 déc. Metz. 405
c.
31 déc. Req. 477 c.

**1861**
11 janv. Crim. 681
c.
24 janv. Civ. 214 c.
24 janv. Crim. 667
c.
25 janv. Crim. 604
c., 627 c.
2 févr. Crim. 667
c., 666 c.
19 févr. Req. 176
c., 315 c., 765
c., 767 c.
4 mars.Civ.701 c.
11 avr. Crim. 619
c., 836 c.
19 avr. Crim. 808
c., 835 c.
22 avr. Req. 36 c.
24 avr.Req. 788 c.
1er mai. Req. 306
c., 763 c.
6 mai.Lyon.586 c.
11 mai.Crim.821 c.
3 juin. Req. 743
c.
13 mars. Crim. 815
c.
11 avr. Crim. 828
c.
17 avr. Crim. 828
c.
22 juin. Crim. 464
c., 536 c.
5 juill. Paris. 536
c., 537 c.
27 juill.Crim.40 c.
10 juin. Civ. 759 c.
10 juin. Civ.701 c.
25 juin. Crim. 128
c., 672 c.
3 juill. Crim. 814
c.
9 juin. Civ. 810 c.,
c., 814 c.
10 juill. Civ. 472 c.,
c., 673 c.
30 nov. Civ. 758 c.
14 août. Crim. 814
c.
20 août. Civ. 818 c.
22 août. Crim. 818
c.
24 avr. Civ. 709.

21 déc.Rouen. 571
c.

**1862**
18 janv. Crim. 683
c., 687 c.
21 janv. Req. 287
c., 738 c.
24 janv. Crim. 593
c.
3 déc. Crim. 827
c.
4 déc. Crim. 798
c.
10 déc. Crim. 832
c.
11 déc. Crim. 609
c.
12 mars. Req. 73
c., 75 c.
14 mars. Crim. 827
c.
20 mars.Crim.620
c., 630 c.,676 c.
31 mars. Req. 743
c.
8 avr. Crim. 815
c.
7 avr. Civ. 280 c.
17 févr. Req. 20 c.
37 c., 41 c., 77
c.
12 mai. Civ. 701 c.
19 mai. Req.310 c.
24 mai. Crim. 828
c.
27 mai.Req. 114 c.
3 juin. Civ. 214
c., 219 c.
15 juin.Ord. Préf.
pol. 803 c.
19 juin. Crim. 620
c.
5 juill. Aix. 556 c.
9 juill. Civ. 700 c.
14 juill. Civ. 701 c.
1er août. Crim.623
c.
11 août.Req.776 c.
22 août. Crim. 821
c.
12 sept.Trib.Seine
537 c.
5 nov.Req. 734 c.
2 déc. Civ. 752 c.
8 déc. Paris. 665
c.
21 juill. Crim. 819
c.
25 juill. Civ. 214
c., 219 c.
28 juill. Crim. 620
c.

**1863**
17 août. Civ. 31 c.
24 août. Crim. 593
c., 775 c.
31 août.Bordeaux.
428 c.
26 sept.Paris. 557.
1er oct. Lyon. 525
c.
9 déc. Mont-de-
Marsan. 266 c.
17 févr.Req.386 c.
25 févr. Civ. 27 c.,
32 c., 35 c., 63
c.
22 déc. Crim. 667
c.
24 déc. Crim. 667
c.

14 nov. Civ. 415 c.
26 nov. Besançon.
379 c., 381 c.,
383 c., 474 c.

**1864**
5 janv. Civ. 214
c.
24 janv. Req. 760
c.
29 janv. Crim. 832
c.
17 févr. Req. 20 c.
2 mars. Poitiers.
510 c.
8 mars. Crim. 95
c.
7 mars. Civ. 77
c., 219 c.
10 mars. Crim. 708
c.
23 mars.Civ.700 c.
15 avr. Crim. 628
c.
19 avr. Civ. 39 c.
27 avr. Req. 563 c.
4 juill. Civ. 767 c.
27 avr. Civ. 767 c.
21 avr. Crim. 812
c.
29 avr. Crim. 829
c.
24 mai.Req.430 c.,
432 c.
13 juin. Req. 748
c.
20 juin. Toulouse.
441 c.
20 juill. Req. 161
c.
30 déc. Req. 180
c., 183 c.,185 c.

18 janv. Crim. 683
c., 687 c.
2 janv. Crim. 798
c.
5 janv. Req. 728
c.
6 janv. Besançon.
591 c.
12 janv.Req.82 c.
28 janv. 565 c.
19 avr. Crim. 808
c., 835 c.
14 févr. Crim. 792
c.
17 févr.Req.386 c.
25 févr. Civ. 27 c.,
32 c., 35 c., 63
c.
10 déc. Paris.564.
15 déc. Crim. 605
c., 805 c.
22 déc. Crim. 814
c.
24 déc. Crim. 667
c.

**1865**
11 janv.Req. 32 c.
11 janv.Civ.543 c.,
550 c.
24 janv. Civ. 458
c., 672 c.
24 janv. Grenoble.
338 c.
28 févr. Req. 98
c., 270 c., 275
c.
17 mars. Crim. 619
c., 818 c., 820
c.
6 avr. Crim. 594
c., 667 c.
24 avr. Civ. 709.

4 mai.Cons. d'Et.
839 c.
9 mai. Amiens.
490 c.
16 mai. Req. 97
c.
19 juin. Civ. 721
c.
21 juin. Loi 3 c.
5 juill. Civ. 772
c.
12 juill. Civ. 321
c.
17 août. Crim. 594
c.

**1866**
2 janv. Civ.214 c.
6 janv. Paris. 8
c., 566 c., 567
c., 575 c.,576 c.
9 janv.Req.146 c.
23 janv.Civ. 31 c.
23 janv.Paris.79 c.,
596 c., 567 c.,
576 c.
1er févr. Crim. 620
c.
6 mars. Req. 275
c., 277 c.
11 mars. Crim.644
c.
16 mars.Civ.648 c.
16 mars. Crim. 812
c.
31 mars. Crim. 626
c., 630 c.
9 avr. Civ. 50 c.,
117 c.
13 avr. Crim. 596
c., 597 c.
16 avr. Req. 213
c., 280 c.
7 mai. Req. 193
c., 213 c.
17 join.Cons.d'Et.
563.
16 juin. Paris. 587
c.
5 juill. Crim. 647
c.
13 juill. Crim. 631
c.
26 juill.Crim. 626
c., 661 c.
27 juill. Crim. 614
c.
6 août. Civ. 99 c.,
6 août. Paris. 585
c., 587 c.
13 août. Aix. 262.
6 nov.Crim.626 c.
8 nov. Crim. 690
c., 812 c.
21 nov.Req.727 c.
19 nov. Civ. 45 c.
19 déc. Req. 187
c., 188 c., 190
c., 243 c., 325
c.

**1867**
11 janv. Crim. 652
c.
14 janv. Req. 98 c.
21 janv.Req.490.
21 janv.Pau 499 c.
26 janv. Req. 543
c., 550 c.
6 févr. Civ. 31 c.
214 c., 219 c.
6 févr. Besançon.
138 c.
18 févr. Nancy 56
c.
16 févr. Alger. 391
c., 392 c.
11 mars. Req. 724
c.
20 mars.Grenoble.
518 c., 525 c.
22 mars. Paris. 587
c.
23 mars. Paris. 585
c.
30 mars.Grenoble.
521 c.

5 avr. Crim. 614
c., 670 c.
11 avr.Crim.685 c.
13 avr. Aix. 528 c.,
529 c.
18 avr. Crim. 685
c.
3 mai. Paris. 586
22 févr. Caen. 549
c., 550 c.
4 mai. Paris. 586
c.
3 juin. Civ. 699 c.
18 juin.Nîmes. 251
c.
26 juin. Civ. 30 c.
1er juill. Civ. 381.
c., 382 c.
9 juill. Req. 212
c., 213 c.
15 juill. Civ. 708.
22 juill.Req.706 c.
22 juill. Loi. 399
c. 749 c.
24 juill. Civ. 144
c.
24 juill. Loi. 627 c.
7 août. Civ. 31 c.,
32 c.
20 août. Req. 761
c.
20 août. Civ. 36 c.
22 août. Crim. 665
c., 670 c.
26 sept. Crim. 806
c.
26 nov. Civ. 8 c.,
575 c., 578 c.
27 nov. Civ. 697 c.,
740 c.
21 déc. Crim. 754
c., 805 c.
31 déc. Paris. 585
c.

**1868**

15 janv.Req.32 c.,
10 févr. Civ. 776 c.
11 févr. Req. 39 c.
c.
13 févr.Req.778 c.
17 févr. Req. 39 c.
17 févr. Civ. 31 c.
26 févr. Besançon.
575 c.
3 mars. Civ. 242
c., 221 c.
11 mars. Req. 767
c.
16 mars. Req. 767
c.
16 mars. Req. 745
c.
27 mars.Crim.815
c.
7 avr. Civ. 698 c.
4 mai. Req. 780 c.
4 mai. Civ. 761 c.
13 mai. Req.745 c.
18 mai.Req.714 c.,
716 c.
27 mai.Req.761 c.
8 juill.Req.743 c.
12 juill. Req. 210
c.
8 août. Besançon.
555 c.
11 août. Civ. 16 c.
12 août. Civ. 769 c.
16 août. Douai. 87
c.
25 août.Civ.354 c.
23 août. Douai. 87
c.
26 août. Civ. 724 c.
27 août. Crim. 624
c.
4 nov. Civ. 195 c.
6 nov. Crim. 630
c., 814 c.
11 nov. Civ. 700 c.
18 nov. Req. 145
c., 344 c.
23 nov. Civ. 743 c.
30 nov. Civ. 59
c., 64 c., 66 c.,
71c.,73 c.,693 c.
2 déc. Req.240 c.
8 déc. Civ. 739 c.
16 déc. Civ. 213 c.
14 déc. Civ. 787 c.
16 déc. Civ. 720 c.
19 déc. Crim. 656
c.

**1869**

10 janv. Civ. 752 c.
15 janv. Crim. 632
c.
1er févr.Req.706 c.
17 févr.Req.718 c.
21 févr.Req. 355 c.
25 févr.Req.775 c.,
3 mars. Req. 778
c.
3 mars.Civ.782 c.
4 mars. Trib. Sei-
ne. 519 c.,535 c.
8 mars.Civ.701 c.
16 mars.Req.707 c.
16 mars. Metz. 555
c.
22 mars.Civ.749 c.
24 mars. Civ. 31 c.
5 avr. Civ. 695 c.
6 avr. Civ. 745 c.
7 avr. Civ. 700 c.
14 avr. Civ. 697 c.
2 mai. Paris. 656
c.
3 mai. Civ. 771 c.
3 mai. Besançon.
573 c.
14 mai. Crim. 671
c.
24 mai. Bordeaux.
501 c., 503.
1er juin. Civ. 697 c.
2 juin. Civ.706 c.,
743 c.
8 juin.Req. 725 c.
8 juin. Amiens.
110 c., 111 c.
15 juin.Req.240 c.
15 juin.Tr.lr.suis-
se. 389 c.
21 juin. Bastia.499
c.
23 juin. Civ. 753
c.
25 juin.Paris.316c.
28 juin. Bastia.449
c., 461 c.
7 juill. Agen. 573
c.
28 juill.Trib.Bour-
ganeuf. 15 c.
27 juill. Civ. 214
c.,216 c.,231 c.
4 août. Besançon.
675 c.
11 août.Besançon.
137 c., 675 c.
19 août. Crim. 508
c.
24 août. Civ. 282
c., 297 c., 298
c., 299 c.
30 août. Civ.771 c.
30 sept. Crim.625
c., 620 c., 791
c., 801 c.
4 oct. Crim. 798
19 nov. Civ. 771 c.
19 nov. Crim. 671
c., 792 c.
22 nov. Req. 282
c.
23 nov. Req. 61 c.
26 nov. Crim. 681
c.
29 nov. Civ. 285 c.
2 déc.Crim.598 c.
14 déc.Req.723 c.
17 déc. Montpel-
lier. 455.
27 déc. Civ. 214 c.

**1870**

11 janv.Civ.701 c.
18 janv. Req.544 c.
20 janv. Crim. 591
c.
21 janv. Paris.451.
22 janv. Crim. 602
c.
22 janv.Nancy.488
c.
28 janv.Aix. 682 c.
28 janv. Paris.587
c.

29 janv.Civ.700 c.
1er févr. Req. 787
c.
2 févr. Req.257 c.
7 févr.Req.706 c.
14 févr.Req.110 c.,
117 c.
15 févr. Req. 433
c., 767 c.
22 févr. Metz. 175
c.
23 févr.Req.775 c.,
1er mars. Aix. 518
c.
14 mars.Civ.771 c.
16 mars.Bordeaux.
165 c.
21 mars.Caen. 26c.
23 mars. Civ. 705
c., 767 c.
25 mars.Dijon. 575
c.
13 avr. Civ. 778 c.
16 avr. Civ. 264 c.
19 avr. Civ.214 c.,
219 c.
30 avr.Paris.587 c.
3 mai. Req. 708 c.
17 mai. Req. 749 c.
25 mai. Civ. 704 c.
30 mai. Civ. 778 c.
30 mai.Pau. 377 c.
1er juin. Civ. 36 c.,
85 c., 87 c.,
88 c., 104 c.,
135 c., 137 c.
1er juin.Rapp.cons.
d'Et. 55 c.
7 juin. Bordeaux.
521 c.
16 juin.Req.743 c.
22 juin.Req.275 c.
7 juill. Req. 104
c.
18 juill. Civ. 767 c.
19 juill.Req. 743 c.
3 août. Civ. 74 c.,
80 c.
5 août.Req.347 c.
10 août. Civ. 749.
c.
17 août.Civ.700 c.
20 août.Civ.704 c.
29 août. Civ. 749 c.
26 août. Décr. 409
c., 410 c.
19 nov. Alger. 587
c.
3 déc. Montpel-
lier. 582 c., 587
c.
26 déc. Montpel-
lier. 187 c.
587 c.

**1871**

7 janv. Cons. de
revis.gard.nat.
627 c.
27 janv.Aix.571 c.
2 févr. Crim. 814
c.
10 févr.Aix. 528 c.
23 févr. Crim.792 c.
31 juill.Req.770 c.
2 mars.Crim.792
c.
3 mars.Aix.639 c.
8 mars. Bourges.
503 c.
7 juill. Crim. 792
c.
18 juill.Req.770 c.
31 juill. Paris.585
c.
8 août. Paris.587
c.
20 août. Civ. 214
c.
21 août. Civ. 697 c.
2 sept. Décr. 409
c., 410 c.
16 oct. Paris. 548
c.
7 nov. Req.749 c.
30 nov.Req 837 c.,
743 c., 749 c.
11 nov. Req. 749
c.
20 nov.Req.750 c.
21 nov. Req. 741
c., 757 c.

22 nov. Req. 724
c.,770 c.
28 nov. Req. 743
c.
5 déc. Civ. 771 c.
6 déc. Req. 744
c.
18 déc. Req.778 c.
20 déc. Req. 213c.

**1872**

8 janv.Req.776 c.
8 janv.Civ.710 c.,
749 c.
9 janv.Civ.717 c.
15 janv. Req. 763
c.
20 janv. Req. 878
c.
22 janv. Req. 776
c.
24 janv. Civ. 80 c.
29 janv.Civ.694 c.,
745 c., 787 c.
30 janv. Req. 778.
c.
6 févr. Paris. 586
c.
7 févr.Req.778 c.
7 févr. Civ. 749 c.
14 févr. Req. 722c.
19 févr. Req. 761
c.
19 févr. Paris. 586
c.
20 févr. Civ. 27 c.,
26 c.
13 mars. Bourges.
573 c., 575 c.
22 mars. Crim.794
c.
2 avr.Req.315 c.,
701 c.
3 avr.Req.415 c.,
416 c., 516 c.,
538 c.
10 avr. Req. 304 c.
10 avr. Civ. 379 c.
30 avr. Req. 331c.
29 avr. Alger. 587
c.
28 mai.Civ.440 c.,
461 c.
1er juin. Paris. 416
c.
4 juin. Req. 778
c.
18 juin.Civ.769 c.
19 juin.Req.140 c.,
270 c., 271 c.,
272 c., 739 c.
23 juin. Req. 74 c.
28 juin.Req.416 c.
5 juill. Civ. 41 c.
16 juill.Bordeaux.
586 c.
23 juill.Civ.716 c.,
718 c.
27 juill. Crim. 790
c.
26 juill. Civ. 778 c.
1er août. Req. 56
c.
3 août. Crim. 792
c.
6 août. Req.29 c.,
746 c.
8 août. Req. 776
c.
13 août. Civ.66 c.,
80 c.
14 août. Req. 724
c.
14 août.Civ.700 c.,
771 c.
19 août. Civ. 778
c.
20 août. Crim. 802
c.
27 août. Paris.582
c.
31 août. Nancy.
508 c., 509 c.,
510 c., 531 c.
5 sept. Ord. Réf.
Seine. 558 c.
18 nov. Civ. 771 c.
20 nov. Req. 775
c., 778 c.

26 nov. Civ. 213 c.
2 déc. Civ. 771 c.
5 déc. Crim. 807
c.
17 déc.Req. 749 c.
24 déc.Req. 723 c.,
767 c.
24 déc. Civ. 605 c.
27 déc. Crim. 825
c.
30 déc. Req. 725 c.
31 déc. Req. 779 c.

**1873.**

7 janv. Paris, 561
c.
8 janv. Civ.771 c.
15 janv. Req. 749
c.
15 janv. Civ. 778
c.
29 janv. Civ. 771c.
3 févr. Civ. 701 c.
12 févr. Civ.605 c.,
776 c.
17 févr. Paris. 13.
10 mars. Req. 348.
c.
12 mars. Civ. 56
c.
18 mars. Req. 27
c.; 114 c.
24 mars. Civ. 772
c.
25 mars. Civ. 697
c.
31 mars. Req. 767
c.
2 avr. Req.722 c.
9 avr. Besançon.
167 c., 203 c.,
390 c.
12 avr. Crim. 821
c.
20 avr. Req. 809 c.
23 avr.Civ.382 c.
25 avr. Crim. 811
c.
30 avr. Req. 331c.
2 mai Paris. 567
c., 586 c.
7 mai. Civ. 780 c.
28 mai. Req. 749
c.
28 mai.Civ. 605 c.,
723 c.
14 juin. Crim. 817
c.
18 juin. Req. 82 c.
23 juin. Req. 75
c.
1er juill.Civ.778 c.
2 juill. Civ. 214
c., 216 c., 220
c., 777 c.
7 juill.Civ.768 c.
15 juill. Req. 275
c.
21 juill. Req. 748
c.
23 juill.Civ.771 c.,
777 c.
26 juill. Crim. 798
c.
30 juill. Req. 778
c.
30 juill.Civ.701 c.,
781 c.
31 juill. Req. 770
c.
5 août Civ. 752 c.
11 août. Req. 771
c.
1er oct. Paris. 510
c., 520 c., 537
c.
5 nov. Civ.256 c.,
303 c., 743 c.
11 nov. Civ. 56 c.,
176 c.
19 nov. Civ. 771 c.
25 nov. Civ. 747 c.
28 nov. Crim. 627
c.
28 nov. Douai. 104
c., 379 c., 483
c.
1er déc. Req. 780
c.
2 déc. Civ.749 c.
3 déc. Req. 743 c.

6 déc. Crim. 662
c.
9 déc. Civ. 772 c.
9 déc. Req. 116
c.
10 déc. Civ. 697 c.
12 déc. Crim. 817
c.
15 déc. Req. 777
c.
15 déc.Civ.745 c.,
749 c.
17 déc. Civ. 745 c.
31 déc. Civ. 701 c.

**1874**

5 janv. Civ. 753 c.
6 janv. Req.768 c.
14 janv. Req. 775
c.,777 c.
20 janv. Crim. 792
c.
2 mars. Req. 697 c.
11 mars. Req. 743
c.
14 mars. Crim. 612
c.
18 mars. Req. 206
c., 703 c.
23 mars. Rouen.
56 c.
30 mars. Req. 720
c., 749 c.
30 mars. Civ. 306
c.,307 c.,364 c.,
750 c.
14 avr. Req. 771 c.
25 avr. Paris. 568
c.
29 avr. Req. 762 c.
29 avr. Civ. 701 c.,
775.
1er mai. Paris. 569
c.
4 mai.Req.766 c.
5 mai Req. 768 c.
13 mai. Civ. 701 c.
16 mai. Paris. 556.
18 mai. Poitiers.
306 c., 361 c.,
368 c., 375 c.
21 mai. Crim. 798
c.
28 mai. Crim. 815
c.
23 mai. Crim. 675
c., 801 c. 811
c., 829 c.
12 juin.Cons. d'Et.
837 c.
20 juin. Paris. 10
c., 113 c.
20 juin. Req. 288.
24 juin. Req. 740
c., 740 c., 778
c.
24 juin. Civ. 700 c.
9 juill. Crim. 810
c., 740 c.
13 juill. Civ. 701 c.
14 juill. Req. 749
c., 721 c.
24 juill. Crim. 828
c.
28 août.Req.723 c.
30 juill. Req. 314.
29 juill. Civ. 695 c.
30 juill.Crim. 590.
44 août.Req. 722c.
12 août.Req.745 c.
16 août.Req.296 c.
9 nov. Req. 749
c., 780 c.
10 nov. Civ. 695 c.
11 nov.Req.776 c.
30 nov. Civ. 695 c.
24 nov. Req.722 c.
27 nov. Cons. d'Et.
839 c.

1er déc.Req. 675 c.
1er déc. Civ. 695 c.
8 déc. Req. 722
c.,726 c., 743 c.
9 déc. Req.108 c.
9 déc. Civ. 195
c.
28 déc. Civ. 778 c.

**1875**

12 janv. Crim. 655
c., 790 c.
13 janv. Civ. 745 c.,
17 déc. Civ. 745 c.
8 févr. Req. 749 c.
15 févr. Paris. 519
c.
6 mars. Crim. 798
c.
6 mars. Req. 745
c.
5 avr.Req.139 c.,
190 c., 776 c.,
778 c.
2 mars. Civ.697 c.
11 mars. Req. 743
c.
14 mars.Crim.612
c.
18 mars. Req. 206
c.
2 août.Req.749 c.
20 juill.Req.743 c.
21 juill. Civ. Req.
32 c.
24 juill. Crim. 639
c.
27 juill Req.301 c.
20 juill. Crim. 614
c.
30 juill. Paris. 588
c.
2 août.Req.749 c.
26 août. Req. 720
c.
8 nov. Req. 723.
30 nov.Req.722 c.
6 déc. Civ. 771.
5 déc. Req. 781 c.
21 déc. Req. 275 c.

**1876**

5 janv. Civ. 749 c.
19 janv. Req. 747 c.
25 janv. Civ. 700 c.
27 janv. Civ. 821
c., 824 c.
31 janv.Req.779 c.
1er févr. Req. 723
c., 743 c.
5 févr. Crim. 812
c.
8 févr. Req. 270
c., 273.
10 févr. Crim. 798
c., 810 c.
12 févr. Crim. 639
c.
12 juin.Cons.d'Et.
837 c.
14 févr. Civ. 695.
25 févr. Civ. 695 c.
25 févr. Paris. 255
c., 708 c.
25 juill. Crim. 639.
7 mars. Req. 882
c.
7 mars.Civ.771c.
3 mars. Req. 311
c., 313 c., 314
c., 322 c., 513
c., 740 c.
13 juill. Civ. 701 c.
21 mars. Req. 785
c.
28 mars. Civ.828c.
3 avr.Req.768.
6 avr.Req.723 c.
12 avr.Req. 729 c.
12 avr. Civ. 204 c.
1er mai.Req.743 c.
3 mai.Req.717 c.,
720 c.
8 mai. Civ. 718 c.
9 mai. Req. 743 c.
15 mai. Civ. 568 c.
30 mai. Caen. 473
c.
3 juin Lyon.22 c.
12 juin.Req.730 c.

13 juin. Req. 768 c.
5 juill.Req.749 c.
19 juill.Civ.768 c.
19 juill. Req. 282
c.
c., 299 c.
22 juill. Paris. 274
c., 235 c., 226 c.
25 juill.Req.778 c.
3 août. Req. 271.
7 août. Req. 722
c., 725 c.
16 août.Req.241 c.
7 nov. Civ. 214 c.,
216 c.
8 nov. Civ. 700 c.
16 juill.Civ.768 c.
20 nov. Civ. 725 c.
4 déc. Civ.214 c.,
220 c.
15 déc. C. Milan.
457.

**1877**

9 janv.Req.710 c.
10 janv.Req.713 c.
19 janv. Req. 630
c.
33 c.
17 janv.Req.782 c.
20 janv. Paris. 577
c.
24 janv.Req.258 c.
25 janv. Crim. 810
c.
29 janv.Req.775 c.
30 janv. Req. 381
c., 352 c.
20 fév. Crim. 626
c.
12 févr. Req. 29.
19 févr. Req. 707 c.
21 févr.Civ. 214 c.,
220 c.
28 févr. Crim. 594
c.
8 févr. Req. 96 c.
22 févr. Req. 108 c.
11 c.
11 mars.Req.320c.
16 mars. Toulouse.
410 c.
20 mars.Req.749 c.
26 mars. Req. 726
11 avr. Req. 775 c.
22 avr. Req. 290 c.
23 avr. Req. 710 c.
25 avr.Req.703 c.
1er mai. Req. 732
c., 757 c.
14 mai.Req.785 c.
29 mai.Req.778 c.
30 mai. Req.749 c.
30 mai. Pau. 54 c.,
108 c.
4 juin. Req. 273
c.,737 c.
5 juin Req.709 c.
6 juin.Req.767 c.
11 juin.Req.767 c.
12 juin. Civ. 214.
12 juin. Req. 119
c.
14 juin. Req. 271
c., 272 c.,325 c.
15 juin. Crim. 829
c.
18 juin. Civ. 41 c.,
771 c.
25 juin.Req. 796 c.
3 juill.Req. 98 c.
3 juill. Civ. 203 c.,
214 c.
14 juill.Req.767 c.
11 juill. Nancy.
510 c., 547 c.
17 juill. Civ. 695
c.
18 juill. Civ. 214 c.
20 juill. Crim. 801
c.
21 juill. Crim. 813
c.
25 juill. Civ. 697 c.
31 juill. Req. 743.
3 août. Nancy.
406 c., 456.
4 août. Crim. 613
c.
6 août.Req.275 c.
13 août.Req.291 c.

17 août.Douai.64.
5 nov. Civ. 745 c.
8 nov. Civ.700 c.
19 nov. Civ. 174
c., 178 c.,214 c.
26 nov.Req.749 c.
29 nov. Crim. 800
c.
17 déc. Alger. 360
c.
19 déc.Civ.695 c.,
753 c., 780 c ,
787 c.

**1878**

8 janv.Req.721 c.
10 janv.Req.176 c.
21 janv.Req.722 c.
23 janv. Bourges.
440 c., 457 c.
6 févr. Req. 273
c., 277 c.,278 c.
12 févr.Civ.701 c.,
749 c.
19 févr. Civ.697 c.
23 févr. Crim. 808
c.
26 févr.Req.778 c.
26 févr. Civ.244 c.,
245 c., 246 c.
18 mars.Civ.475 c.,
27 mars.Civ.695 c.
2 avr. Civ. 695 c.
3 avr. Civ. 753 c.
10 avr. Req.216 c.,
688 c.
10 avr. Civ. 747 c.
11 avr. Aix. 580 c.
13 avr. Crim. 812
c.
16 avr. Civ. 723 c.
18 avr. Rouen. 50
c.
30 avr. Req.767 c.
14 mai. Req.749 c.
22 mai. Civ. 722 c.
27 mai. Civ. 753 c.
13 juin. Civ. 752 c.
20 juin. Poitiers.
578 c.
1er juill. Civ.771 c.
8 juill.Req.778 c.
19 juill. Crim. 815
c.
24 juill. Crim. 700.
27 juill. Crim. 593
c., 623 c.
5 août. Req. 700.
8 août. Req. 29 c.
27 août. Civ. 204
c.
26 sept. Crim. 815
c.
28 oct. Angers. 553
c., 554 c., 556
c.
14 nov. Crim. 814
c.
18 nov. Req. 201 c.
19 nov. Civ. 695 c.
27 nov. Civ. 701 c.
20 nov. Crim. 666
c.
6 déc. Riom. 567
c., 579 c.
18 déc.Civ.177 c.,
144 c.
30 déc. Req.748 c.

**1879**

3 janv. Crim. 814
c.
6 janv. Alger.360
c., 375 c.
10 janv. Crim. 596
c., 815 c.,831 c.
11 janv. Crim. 814
c.
21 janv.Req.464 c.,
768 c.
28 janv.Rouen.382
c., 385 c.
10 févr.Req.720 c.,
777 c.
17 févr.Req.749 c.,
778 c.
19 févr.Req.743 c.,
c., 382 c.,390 c.
3 mars. Req. 749
c.

---

7 mars. Crim.722
c.
10 mars. Req. 321
c.
12 mars. Civ. 91
c., 118 c.,144 c.
13 mars.Civ.695 c.
17 mars.Civ.700 c.
19 mars. Civ. 697
c.
17 juin. Crim. 791
c., 802 c.
22 juin. Req. 775
c.
7 juill. Req. 749
c.
19 juill. Req. 377
c., 382 c., 747
c.
20 juill. Req. 749
c.
20 juill. Paris. 586
c.
21 juill. Civ.695 c.,
753c.
3 août. Req. 767
c.
4 août. Civ. 695 c.
5 août. Bruxelles.
104 c.
6 août. Req. 745
c.
10 août. Limoges.
250 c.
14 août. Req. 710
c., 748 c.
16 août.Civ.214c.,
771 c.
12 août. Crim. 817
c.
17 août.Civ. 773 c.
25 août. Civ. 695c.,
752 c.
14 sept.Décis.min.
fin. 16.
23 sept.Crim.815c.
8 nov. Req. 748 c.
12 nov. Req. 275 c.
18 nov. Crim.796 c.
24 nov. Civ. 33.
29 nov. Civ. 774.
1er déc. Paris. 406
c.
16 déc.Req.377 c.,
381 c.
17 déc. Req. 285 c.
286 c.
30 déc.Req.196 c.,
200 c.
30 déc. Req. 653c.,
749 c.
30 déc. Nîmes.431
c., 473 c.

**1880**

3 janv. Crim. 652
c.
7 janv. Civ. 791.
13 janv. Req. 749
c.
20 janv.Req.748 c.
20 janv.Civ.694 c.
21 janv. Req. 90 c.
27 janv. Req. 554
c., 556 c.
11 févr. Req. 201
c., 745.
28 févr. Civ. 697
c., 743 c.
28 févr. Bourges.
611 c., 681.
9 mars. Civ. 701,
743 c.
18 mars. Rouen.
487 c., 752 c.
15 mars. Req. 745
c.
16 mars Civ. 752
c.
17 mars. Poitiers.
578 c.
30 mars. Civ. 114 c.
3 juin.Crim.640c.
27 juin. Req.781 c.
3 juill. Req. 98 c.
27 juill.Civ.771 c.
8 août.Civ.304 c.,
375 c., 379 c.,
381 c., 383 c.,
501 c.
9 août. Civ. 31c.

---

24 août. Civ. 227
c., 230 c.771 c.
31 août.Civ. 764 c.
13 oct.Crim. 655 c.
7 nov.Req.382 c.,
745 c.
16 nov. Civ. 233 c.
23 nov. Civ. 767 c.
26 nov. Lyon. 474
c.. 567 c.,635 c.
14 déc. Req.119 c.

**1882**

5 janv.Req.722 c.
11 janv.Civ.776 c.
16 janv. Civ. 245
c., 246 c.
16 janv. Montpel-
lier. 354.
19 janv. Belgique.
761 c.
23 janv. Civ. 745
c.
25 janv.Trib.com.
Laval. 16 c.
27 janv. Crim. 813
c.,637c.
22 févr. Civ. 732 c.
4 mars. Crim. 800
c.
7 mars. Req. 744
c.
8 mars.Civ.697 c.
15 mars. Civ. 196
c.197 c.,377 c.,
382 c., 750 c.
24 mars. Civ. 740
c.
1er avr. Paris. 377
c., 382 c.
18 avr. Civ. 377
c.,.389 c.
1er mai.Civ.740 c.
2 mai. Req.748 c.
10 mai. Req. 40 c.,
119 c.
11 mai. Crim. 644
c., 650 c.,655c.
13 mai.Crim.800 c.
13 mai. Grenoble.
299 c., 300 c.
16 mai. Civ. 498 c.
20 mai. Crim. 655
c.
20 mai. Orléans.
434 c., 441 c.
23 mai. Civ. 776 c.
16 juin. Civ. 771 c.
16 juin. Civ. 244 c.
26 juin. Civ. 80 c.
4 juill. Req. 722 c.
5 juill. Req. 720
c., 722 c.
11 juill. Civ. 695 c.
12 juill. Civ. 771 c.
30 juill. Crim. 814
c.
24 juill. Civ.772 c.
27 juill.Req. 737 c.
8 août. Lyon. 556
c., 559 c.
9 août.Req.775 c.
16 août. Civ. 700.
19 août. Grenoble.
379 c , 383 c.
8 nov. Req. 707 c.
8 nov.Crim.430c.
14 nov. Civ. 877c.,
382 c.
16 déc.Crim.812 c.
29 déc.Crim.634 c.

**1883**

5 janv. Crim. 798
c.
12 janv. Civ. 813
c.
24 janv. Req. 71
c., 74 c., 76 c.
24 janv. Civ. 722
c., 761 c.
2 févr. Poitiers.
728 c.
12 févr.Req.777 c.
16 févr. Crim. 827
c.
19 nov. Civ. 727 c.
26 nov. Civ. 697 c.
26 nov. Civ. 753 c.
3 déc. Req.582 c.,
8 déc. Req. 379

---

28 févr. Civ.700.
1er mars. Trib.
Gray. 523 c.,
524 c.
7 mars.Lyon. 379
c.
8 mars.Crim. 642
c.
13 mars.Civ.195c.
21 mars. Req. 377
c., 382 c.
10 avr. Civ. 695 c.
23 avr. Req. 342 c.
27 avr. Crim. 640 c.
26 avr. Paris. 497
c., 501 c.
5 mai.Crim.320 c.
7 mai. Civ. 587
c., 535 c., 587
c.
11 mai.Crim.796 c.
11 mai. Civ. 776 c.
26 mai.Crim.640 c.
19 juin. Req. 237
c., 276 c., 277
c., 278 c., 279
c.
28 juin.Crim.634 c.
3 juill. Civ. 381,
383 c., 752 c.,
11 juill. Civ. 771 c.
17 juill. Civ. 749 c.
3 août. Crim. 824
c.
9 août. Crim. 813
c.
29 août. Aix.578 c.
30 août. Loi. 1 c.,
c., 51 c., 52
c., 78 c. 600.
5 nov. Civ. 695 c.
27 nov.Req.775 c.
27 nov. Civ. 717 c.
28 nov. Req. 777 c.
7 déc. Aix.658 c.,
674 c.
10 déc.Req.497 c.

**1884**

9 janv.Civ.749 c.
19 janv.Douai.227.
21 janv.Douai.571
c.
1er févr. Crim. 812
c.
2 févr. Req. 99 c.,
c., 825 c.
12 févr. Req. 99 c.
26 févr. Civ. 749 c.
19 mai.Pau. 135 c.
13 juin. Crim. 798
c.
14 juin. Crim. 616
c.
8 juill. Civ.734 c.,
738 c.
9 juill.Req.365c.,
377.
16 juill.Req.189c.,
247 c.
21 juill. Civ.753 c.
22 juill.Req.430c.,
444 c., 482 c.
12 août.Req.727 c.
18 août. Bourges.
93 c., 121 c.,
289 c.
10 août. Civ. 25 c.,
26 c., 214 c.,
216 c., 771 c.
26 août. Toulouse.
590 c., 591 c.
1er sept. règl.inter.
728 c.
17 févr. Civ.783 c.,
753 c.
9 déc. Req. 579

---

8 déc. Civ. 753 c.
15 déc. Req.762 c.
27 déc. Crim. 815
c.
31 déc. Civ. 771 c.

**1885**

7 janv. Civ. 52 c.,
59 c., 62 c., 75
c., 84 c.
13 janv.Req.766 c.
17 janv. Crim. 643
c.
20 janv. Civ. 743 c.
21 janv. Toulouse.
20 c.
10 févr. Req.749 c.
10 févr. Poitiers.
192 c.
13 févr. Crim. 796
c., 797 c.
27 févr. Civ.727 c.
3 mars. Req. 720
c., 722.
17 mars. Civ. 383
c., 479 c.
31 mars.Civ. 214 c.
28 avr. Civ. 701 c.
5 mai.Civ.198 c.,
200 c.
9 mai.Req.749 c.
20 mai. Req. 148
c., 777 c.
10 juin.Req.495 c.,
497 c., 485 c.,
541 c.
17 juin.Req.725 c.
29 juin.Crim. 28 c.
22 juin. Req. 720
c., 749 c.
28 juin. Bordeaux.
578 c., 582 c.,
592 c.
26 juin. Crim. 629
c.
2 juill. Req. 29 c.
4 juill. Décr. 231
c.
5 juill. Civ. 753 c.
10 juill.Req.207 c.
15 juill. Civ. 43
c., 753 c.
20 juill.Civ.771 c.
21 juill. Civ. 29 c.
22 juill.Civ.745 c.
29 juill.Civ.771 c.
8 août. Req. 39 c.
4 août.Civ.753 c.
5 août. Civ. 752
c.
7 août. Crim. 671
c.
10 août. Civ.752 c.
16 oct. Crim. 775 c.
27 oct. Req. 732 c.
3 nov. Req. 761 c.
30 nov. Civ.654 c.,
587 c.
18 nov.Req.749 c.
21 déc. Garde des
sceaux. 443 c.,
448.
28 déc. Civ. 33 c.,
227 c., 228 c.

**1886**

2 janv.Civ.216 c.
4 janv.Req.777 c.
6 janv. Civ. 244
c., 245 c.,246 c.
27 janv.Civ.707 c.,
749 c.
29 janv. Crim. 600
c.
1er févr.Req.746 c.
2 févr. Civ. 249 c.
2 févr. Civ. 198
c.199 c.,200 c.
7 déc. Civ. 740 c.
9 déc. Req. 146 c.
14 déc. Civ. 29 c.
18 déc. Civ. 82.

---

8 mars.Civ. 761 c.
10 mars.Civ. 214c.
23 mars. Req. 196
c., 245 c.,246 c.
12 mai. Civ. 723 c.
17 mai. Civ. 771 c.
18 mai. Civ. 734 c.
24 mai. Req. 720 c.
26 mai.Req. 146 c.
1er juill. Req. 749
c.
7 juill. Civ. 244 c.
13 juill. Civ. 779 c.
22 juill. Bordeaux.
662 c.
24 juill. Crim. 592
c.
18 oct. Req.273 c.,
277 c., 278 c.
19 oct. Civ. 748 c.
20 nov.Aix. 587 c.
13 déc. Pau. 358
c., 364 c.; 371 c.
21. déc. Req. 253
c.
c., 472 c.
28 déc. Civ. 753 c.

**1887**

12 janv.Req.766 c.
26 janv. Civ.771 c.
9 févr. Civ. 722 c.
18 févr. Cons. d'Et.
838 c.
1er mars.Civ.771 c.
7 mars.Civ.775 c.
9 mars. Paris. 389
c.
11 mars.Crim. 683
c.
16 mars. Grenoble.
223 c.
23 mars. Req. 743
c.
25 mars. Req. 813
c.
28 mars. Caen. 493
c.
4 avr. Req. 748 c.
4 avr. Civ. 743 c.,
c.
24 mars. Civ. 695 c.,
699 c.
7 avr.Crim.815 c.
19 avr. Civ. 777 c.
20 avr. Civ. 753 c.,
773 c.
9 mai. Grenoble.
273 c., 276 c.
9 mai. Poitiers.
224 c., 225 c.
11 mai. Civ. 204 c.
20 mai. Bordeaux.
214 c., 245 c.
6 juin.Req.243 c.
18 juin. Req. 80 c.
20 juin. Civ. 206 c.
4 juill. Req. 472
c., 488 c., 490
c., 494 c., 778 c.
9 juill. Req. 761
c.
11 mai. Civ. 204 c.
20 mai. Bordeaux.
c., 815c.,816 c.
16 nov. Crim. 827
c.
21 nov. Req.273 c.
4 déc. Req. 749 c.
17 déc. Civ. 744 c.
24 déc.Civ. 271 c.,
274 c.

**1889**

16 janv. Req. 245
c.
18 janv. Paris 475,
478.
19 janv. Crim. 640
c., 086 c.
20 févr. Civ. 749
c.
7 févr. Crim. 801
c.
11 févr. Civ. 752 c.
13 févr. Civ. 694
c.
21 févr. Crim. 643
c.
7 mars.Crim. 801
c.
8 mars.Caen. 180,
182 c.
14 mars. Crim. 812
c.
18 mars. Civ.383 c.
20 mars. Civ. 104
c., 390 c.743 c.
26 mars. Req. 302
c.
27 mars.Civ.728 c.

---

16 janv.Req.195 c.
24 janv. Req. 742c.
21 janv. Civ. 234c.
14 févr. Civ. 753 c.
15 févr. Trib.com.
de la Seine.387.
17 févr. Crim. 593
c., 805 c.
20 févr. Req. 727
c.
21 févr. Civ. 701 c..
752 c.
9 mars. Civ. 594
c.
9 mars. Crim.598
c.
13 mars. Req. 325
c., 275 c.
21 mars. Pau. 510
c., 511 c., 523
c.
26 mars. Req. 472
c.
26 mars. Civ. 484
c.
30 avr. Limoges.
491 c.
30 mai. Civ. 214 c.
16 juin. Crim. 640
c.
19 juin. Req. 472
c.
20 juin. Req. 778
c.
20 juin. Civ. 749 c.
25 juin. Req. 193
c., 273 c., 277
c.
26 juin.Req.720c.,
726 c.
27 juin. Civ 278 c.
27 juin. Civ. 767 c.
30 juin. Orléans.
383 c.
9 juill.Req.207c.
2 juill. Civ. 743
c.
28 juill. Civ. 701 c.,
703 c.
19 juill. Req. 273
c., 274 c.
30 juill.Civ.214c..
216 c.
14 août. Civ. 771
c.
14 oct. Req. 128 c.
25 oct. Req. 743 c.
24 oct. Civ. 50 c.,
110 c.
11 oct. Req. 743 c.
15 nov. Crim. 800
c., 815c.,816 c.
16 nov. Crim. 827
c.

| | | | | | | | |
|---|---|---|---|---|---|---|---|
| 29 mars.Civ.154 c.,<br>16 avr. Req. 730 c.<br>16 avr. Civ.273 c.,<br>274 c., 771 c.<br>18 avr.Paris.478 c.,<br>10 mai. Crim. 803<br>c., 814 c.<br>19 juin. Req. 273<br>19 juin. Crim. 274<br>25 juin.Req.434 c.,<br>3 juill.Civ.214c.,<br>701 c., 771 c. | 15 juill. Req. 378<br>c.<br>15 juill.Civ.214 c.<br>23 juill.Req.104 c.<br>23 juill. Civ.256c.<br>27 juill. Crim. 813<br>c., 832 c.<br>31 juill.Civ. 695c.<br>29 août.Crim. 815<br>c., 837 c.<br>5 sept. Crim. 640<br>c.<br>28 oct. Civ.193 c.,<br>753 c. | 30 oct. Civ.740 c.,<br>741 c.<br>6 nov. Civ.177 c.,<br>180 c., 753 c.<br>20 nov. Besançon.<br>400 c.<br>25 nov. Civ. 771 c.<br>16 déc. Civ. 574 c.<br>18 déc. Req.776c.<br><br>**1890**<br><br>8 janv. Civ. 727 c.<br>c. | 14 janv. Civ. 214 c.<br>21 janv.Civ. 214 c.<br>27 janv.Req. 749c.<br>12 févr. Req.478 c.<br>17 févr. Douai. 354<br>c.<br>18 févr. Aix. 527<br>c.<br>19 févr.Civ. 753 c.,<br>771 c.<br>5 mars.Civ.574 c.<br>19 mars.Civ.771 c.<br>31 mars. Req. 720<br>c. | 1er avr. Req. 768 c.<br>16 avr. Civ.206 c.,<br>695 c.<br>17 avr. Crim. 650<br>c., 652 c.<br>6 avr. Crim. 812<br>3 juin. Civ. 753 c.<br>4 juin.Civ.198 c.<br>5 juin. Crim. 612<br>c. | 11 juin Civ. 771 c.<br>23 juin. Civ. 771 c.<br>25 juin.Civ.214 c.,<br>216 c.<br>1er juill.Civ. 574 c.<br>9 juill.Civ. 215 c.<br>15 juill. Civ. 493<br>c.<br>21 juill.Req.153c.,<br>150 c., 162 c.,<br>251 c.<br>6 août.Req.768 c.<br>8 août. Crim. 815<br>c. | 4 sept. Crim. 657<br>c.<br>27 oct. Civ. 274 c.<br>5 nov. Civ. 229 c.<br>13 nov.Civ. 206 c.,<br>227 c.<br>3 déc. Civ. 40.<br><br>**1891**<br><br>6 janv. Req. 749<br>c.<br>7 janv. Civ.754 c.<br>28 janv. Req. 95 c. | 2 févr. Civ. 754 c.<br>11 févr. Civ. 695 c.<br>23 févr.Req.703c.,<br>716 c.<br>25 févr. Civ. 745 c.<br>10 avr. Crim. 812<br>c.<br>28 avr. Civ. 383 c.<br>28 avr. Civ. 383 c.<br>29 avr. Civ. 754 c.<br>105 c., 197 c.<br>9 mai. Crim. 812<br>c.<br>25 juin. Civ. 382 c. |

## JUGEMENT D'AVANT DIRE DROIT.

### Division.

**CHAP. 1er. — Des jugements d'avant dire droit en matière civile** (Rép. n°s 2 à 85).

ART. 1er. — *Distinction des jugements d'avant dire droit d'avec les jugements définitifs.*

**1.** On a vu *supra*, v° *Jugement*, n° 17, qu'on appelle *jugements définitifs* ceux qui ne sont plus susceptibles d'aucun recours. La même expression est souvent prise dans un tout autre sens, quand on considère le jugement, non plus au point de vue de son autorité intrinsèque et de sa réformation possible, mais au point de vue du degré d'avancement qu'il procure à l'affaire : s'il donne la solution finale du litige engagé, ou que, sans mettre un terme au procès lui-même, il tranche, après débat, un point particulier contesté (V. sur ces diverses définitions, Garsonnet, t. 3, § 434, note 15, p. 100), il est *définitif*; si, afin d'ouvrir les voies à cette solution, il se borne à rendre une décision préliminaire, le jugement est qualifié *avant dire droit*. De là, la définition négative de M. Glasson (sur Colmet-Daâge, et Boitard, 14e éd., t. 1, p. 234, note 3) : « On ne peut définir les jugements définitifs que d'une manière indirecte en disant : les jugements définitifs sont tous ceux qui ne rentrent pas dans l'une des trois sortes de jugements d'avant dire droit ».

**2.** Les exemples suivants, tirés de la jurisprudence, montrent comment un jugement, ayant qu'apparent l'apparence d'un simple jugement d'avant dire droit, peut, en réalité, être définitif, soit pour le tout, soit pour partie : 1° les jugements qui posent la base d'une condamnation, et qui, notamment, condamnent une partie à payer le solde d'un compte à établir par arbitre, sont réputés définitifs, quant à ce chef (Req. 12 avr. 1847, aff. Dermoncourt, D. P. 47. 4. 13); — 2° Le jugement qui rejette une fin de non-recevoir tirée de ce qu'une femme mariée n'est pas autorisée à ester en justice, et renvoie la cause à huitaine, a un caractère définitif en ce sens que, si la partie succombante se pré-

sente à la huitaine et plaide au fond, même sous toutes réserves, elle est censée y donner son acquiescement (Bastia, 26 déc. 1849, aff. Blasini, D. P. 50. 2. 74) ; — 3° Le jugement qui, déclarant un individu associé, le renvoie comme tel devant des arbitres forcés (avant la loi du 17 juill. 1856) doit être considéré comme définitif (Paris, 16 févr. 1850, aff. Skiers, D. P. 52. 5. 337); — 4° L'arrêt qui, sur une difficulté d'exécution d'un jugement, renvoie l'interprétation de ce jugement devant les juges qui l'ont rendu, et ordonne un sursis, est définitif quant au renvoi prononcé pour l'interprétation, et interlocutoire quant au sursis (Civ. rej. 17 déc. 1851, aff. Barjolles, D. P. 52. 1. 23); — 5° Le jugement qui ordonne, contrairement à l'art. 407 c. proc. civ., qu'une enquête en matière sommaire sera faite devant un juge-commissaire, et sur les lieux contentieux, est définitif quant à ce chef (Req. 29 déc. 1851, aff. Giacomini, D. P. 52. 1. 154); — 6° L'arrêt qui, en ordonnant un compte, en fixe les bases, est définitif en ce point, quoique, sous le premier rapport, il ne soit qu'un simple avant dire droit (Civ. cass. 14 janv. 1852, aff. Chauvin, D. P. 52. 1. 29); — 7° Le jugement qui sursoit à l'exécution d'une obligation en accordant un délai de grâce, conformément à l'art. 1244 c. civ., n'est pas simplement préparatoire, mais définitif (Montpellier, 21 nov. 1854, aff. Brun, D. P. 55. 5. 271); — 8° Le jugement qui, sur la demande en partage de plusieurs successions indivises entre les mêmes cohéritiers, ordonne, après débat contradictoire, que les opérations de partage relatives à chacune de ces successions se feront d'une manière distincte, sans en confondre les biens, est un jugement définitif (Civ. cass. 8 juin 1859, aff. Salvan, D. P. 59. 1. 255); — 9° Le jugement qui, après avoir décidé que le demandeur en revendication d'un immeuble en est propriétaire en vertu de ses titres, ordonne la preuve de faits de possession invoqué par le défendeur à l'appui d'une exception de prescription, est définitif sur le premier point (Civ. cass. 24 août 1859, aff. Habitants de Frocourt, D. P. 60. 1. 390); — 10° Le jugement qui, sur l'action en revendication d'une portion de terrain que le demandeur prétend être comprise dans une vente d'immeubles à lui faite, décide, après application aux propriétés respectives des parties d'un procès-verbal de délimitation dont le caractère décisif était reconnu au procès, que le demandeur a justifié sa prétention, et admet subsidiairement le défendeur à établir que, de son côté, il est devenu propriétaire du même terrain par prescription, contient une décision définitive sur le chef concernant la preuve de sa propriété par titres, et n'est interlocutoire que sur la preuve à faire par le défendeur de son exception de prescription (Civ. cass. 5 déc. 1860, aff. Fessler, D. P. 61. 1. 88); — 11° Le jugement qui, sur une demande en revendication de propriété à l'appui de laquelle le demandeur a invoqué des titres et la prescription, ordonne la preuve de possession articulée, après avoir, dans ses motifs, déclaré sans force probante les titres produits, doit être considéré comme définitif, quant à ces titres, quoique la déclaration qui les repousse n'ait pas été reproduite dans son dispositif (Req. 25 févr. 1863, aff. Bruneteau, D. P. 64. 1. 284); — 12° Le jugement qui décide qu'un legs de tout le mobilier du testateur, fait au profit d'un conjoint, comprend toutes les valeurs mobilières qui se trouveront dans la succession du testateur, et ordonne que, pour le partage de la société d'acquêts ayant existé entre les époux, chacun d'eux rapportera à la masse tout ce dont il est débiteur envers la communauté à titre de récompense, et qu'il sera fait prélèvement des reprises des époux dans l'ordre établi par les art. 1470 et 1471 c. civ., est un jugement définitif, et non simplement interlocutoire, quant à ces bases de liquidation (Civ. cass. 8 déc. 1869, aff. Beaugrand, D. P. 70.1. 31) ; — 13° L'arrêt qui, ayant à statuer sur la validité de nombreuses saisies pratiquées sur les revenus d'une même femme dotale, réserve tous les droits des différents créanciers, mais ordonne en même temps qu'une somme, annuellement prélevée sur les revenus de la dot, sera immédiatement employée en rentes ;sur l'Etat pour la reconstitution du fonds dotal, et qu'il ne sera fait aucune déduction sur la pension précédemment allouée à la femme, constitue, de ce chef, une décision définitive (Civ. cass. 27 juill. 1875, aff. de Bauffremont, D. P. 75. 1. 401) ; — 14° Le jugement qui rejette, comme tardives, la constitution d'avoué et les conclusions du défendeur, et dit, en conséquence, qu'il sera passé outre, en l'état, à l'audition du ministère public et au jugement de la cause, n'est pas un jugement préparatoire, mais un jugement définitif sur l'incident (Paris, 4 janv. 1876, aff. de Beauffremont, D. P. 78. 2. 68) ; — 15° Le jugement qui accorde à une partie des dommages-intérêts à établir par état n'est ni une décision interlocutoire, ni une décision définitive sur un incident, mais un jugement rendu au fond et contenant une condamnation définitive qu'il ne reste plus qu'à liquider (Req. 20 août 1877, aff. Chaix, D. P. 78. 1. 299) ; — 16° L'arrêt qui ordonne une expertise pour déterminer les limites d'un fleuve soumis au flux et au reflux, constitue une décision définitive quant au chef par lequel, sur les prétentions contradictoires·des parties, il est prescrit aux experts de prendre, comme base de la fixation des limites recherchées, la plus grande hauteur des eaux à l'époque des marées ordinaires de syzygies, abstraction faite des marées d'équinoxes et des débordements et inondations (Civ. cass. 5 nov. 1890, aff. Letourneux, D. P. 91. 1. 149). — V. aussi Civ. rej. 17 juill. 1883. aff. Chevrot (D. P. 85. 1. 14).

**3.** Ces distinctions n'ont pas seulement un intérêt théorique : elles entraînent, au point de vue pratique, des conséquences importantes. D'une part, à la différence du jugement simplement préparatoire (V. *infrà*, n° 25), le jugement définitif peut être l'objet d'un recours immédiat, tel qu'un appel (Paris, 4 janv. 1876, aff. de Bauffremont, D. P. 78. 2. 68), ou un pourvoi en cassation, s'il s'agit d'un arrêt (Civ. cass. 27 juill. 1875, aff. de Bauffremont, D. P..75. 1. 401), en sorte que le délai du pourvoi court de la signification de cet arrêt même (Civ. rej. 17 juill. 1883, aff. Chevrot, D. P. 85. 1. 14). D'autre part, à la différence du jugement préparatoire· et· même du jugement interlocutoire, le jugement définitif lie le juge. Cette dernière différence mérite un examen particulier.

**Art. 2.** — *De la règle que les jugements d'avant dire droit ne lient pas le juge (Rép. n°s 61 à 70).*

**4.** C'est un point constant (*Rép.* n° 61) que le jugement d'avant dire droit alors même que, étant interlocutoire, il préjugerait (V. *infrà*, n° 22), ne juge pas, et que, par suite, il ne peut acquérir l'autorité de la chose jugée ; en d'autres termes, il ne saurait lier le juge (Garsonnet, t. 3, § 470, p. 265). Cette règle reçoit d'abord son application, dans le cas où la question en litige n'a même pas l'objet d'un chef de décision dans le dispositif du jugement d'avant dire droit spécialement du jugement interlocutoire qui ordonne une expertise, et n'est préjugée que par les motifs de ce jugement. Cela va de soi, car l'autorité de la chose jugée ne s'attache jamais à une décision, fût-elle interlocutoire (V. *suprà*, v° *Chose jugée*, n° 9 ; — Besançon, 6 févr. 1884, aff. Verdant, D. P. 85. 2. 31). Par exemple, la demande ayant pour objet le droit à une servitude par destination du père de famille ne peut ·être rejetée, sous prétexte qu'il y aurait chose jugée·par un jugement interlocutoire qui, tout en écartant par ses motifs, comme ne résultant pas des documents jusque-là produits, le moyen tiré de la destination du père de famille, ordonne par son dispositif la preuve de faits devant avoir pour conséquence la reconnaissance de la servitude prévue par l'art. 694 c. civ. (Req. 3 mai 1880, aff. Thiébaud, D. P. 81. 1. 76). A plus forte raison, une simple mention incidente des motifs ne peut lier le

juge sur le fond du droit. Ainsi la simple désignation d'un titre de créance sous le nom de billet à ordre dans un jugement interlocutoire, sans qu'il y ait eu débat sur·ce point, n'a pas l'autorité de la chose jugée (Req. 17 déc. 1878, aff. Bastié, D. P. 79. 1. 255).

**5.** Il en est de même, quand il n'y a pas identité d'objet entre les questions débattues lors du jugement d'avant.dire droit et lors du jugement définitif. C'est encore un point qui ne saurait faire difficulté (V. sur le principe, *supra*, v° *Chose jugée*, n°s 60 et suiv. et sur ses applications au cas de jugement interlocutoire : Civ. rej. 28 août 1865,aff. Durand-Vallès, D. P. 65. 1. 352 ; Civ. cass. 27 mai 1873, aff. Collignon, D. P. 73. 1. 465).

**6.** Une autre hypothèse où il ne saurait être question d'attribuer au jugement d'avant dire droit l'autorité de la chose jugée est celle où ce jugement d'avant dire droit a réservé le fond. Décidé, en ce sens : 1° que le jugement qui a ordonné le déchargement et le nouveau chargement d'un navire, dans le but de vérifier si des marchandises peuvent ou non y être embarquées par les écoutilles, n'a pas l'autorité de la chose jugée sur le point de savoir si·les marchandises proposées ou fournies rentrent à cet égard dans les conditions de la charte partie, c'est-à-dire sur le fond de la contestation, que ce·même jugement avait réservé en termes exprès (Civ. rej. 8 mars 1882, aff. Pauwels, D. P. 83. 1. 53) ; — 2° Que, lorsqu'un arrêt interlocutoire s'est borné, dans son dispositif, à autoriser le défendeur à prouver une série de faits desquels il entendait faire résulter une possession utile pour prescrire, en réservant aux autres parties la preuve · contraire, l'arrêt définitif peut, sans excéder le pouvoir d'interprétation qui appartient au juge sur ses propres décisions, et, par suite, sans violer l'autorité de la chose jugée, déclarer que, dans ces conditions, le moyen de dotalité, invoqué dans le premier débat, était réservé et subordonné aux vérifications des faits allégués de part et d'autre (Civ. rej. 17 févr. 1886, aff. Commune de Bazas, D. P. 86. 1. 249).

**7.** Mais ce qui est particulier à la matière, c'est que le jugement même où se trouveraient réunies les conditions propres à entraîner l'autorité de la chose jugée, n'a pas cette autorité, s'il n'a été rendu qu'avant dire droit. Les nombreuses applications que ce principe a reçues dans la jurisprudence ont été exposées *supra* v° *Chose jugée*, n°s 26, 28 et 36. Décidé encore : 1° qu'il n'y a pas chose jugée sur une demande reconventionnelle de dommages-intérêts soumise au juge dans le jugement interlocutoire qui, sans statuer définitivement sur cette demande, ni même en discuter le mérite dans ses motifs, ordonne une expertise et sursoit à statuer jusqu'après le dépôt du rapport des experts (Req. 19 déc. 1883, aff. Claparède, D. P. 84. 1. 362). — 2° Que l'arrêt qui nomme des experts pour fixer l'indemnité due n'est qu'une décision interlocutoire par laquelle la cour qui a rendu cet arrêt ne saurait être liée, et ne règle définitivement aucune des solutions relatives aux moyens de faire cesser le dommage (Lyon, 27 déc. 1888, aff. Société des houillères de Saint-Etienne, D. P. 90. 2. 103); — 3° Que l'arrêt qui déclare deux compagnies houillères tenues *in solidum* de réparer, jusqu'à concurrence des trois quarts, le dommage causé à une autre compagnie par les eaux provenant d'une mine exploitée par les deux premières compagnies, et qui nomme des experts pour fixer l'indemnité due, ne met pas obstacle à ce que les compagnies condamnées optent pour l'épuisement des eaux, ainsi qu'elles s'en étaient d'ailleurs formellement réservé la faculté (Même arrêt).

**8.** Spécialement le juge d'appel n'est pas lié, pour sa décision au fond, par le jugement interlocutoire rendu par le premier juge. Ainsi : 1° lorsqu'un jugement interlocutoire ·a ordonné une expertise à l'effet de vérifier la qualité des marchandises vendues et que, la cause étant venue en appel, le demandeur a conclu principalement à la résolution de la vente pour défaut de qualité de la marchandise, et subsidiairement,à une nouvelle expertise, l'arrêt qui rejette purement et simplement les conclusions principales, sans s'arrêter aux conclusions subsidiaires, ne viole pas la chose jugée résultant du jugement interlocutoire qui avait ordonné l'expertise (Req. 28 nov. 1871, aff. Arnotte, D. P. 72. 1. 59) ; — 2° Le tribunal d'appel, qui annule une expertise ordonnée par le premier juge, peut valablement, avant de statuer sur le fond, prescrire une enquête à la place de l'expertise (Req. 19 déc. 1871, aff. Prat, D. P. 71. 1. 299).

**9.** Au surplus, la règle que les jugements d'avant dire droit ne lient pas le juge comporte, malgré sa rigueur, deux exceptions qui résultent de la nature des choses : en premier lieu, le principe du dessaisissement (V. *suprà*, v° *Jugement*, n° 347) s'applique au jugement préparatoire ou interlocutoire comme à tous les autres (V. *infrà*, n°s 10 à 16), en sorte que le tribunal n'y peut jamais revenir, ni pour le rétracter formellement, ni pour en détruire l'effet par une décision ultérieure (Garsonnet, t. 3, § 470, p. 263); d'autre part, le jugement, bien que rendu avant dire droit, lie le juge quant aux points sur lesquels il se trouve être définitif (V. *infrà*, n°s 17 et 18).

**10.** L'application, aux jugements d'avant dire droit du principe du dessaisissement entraîne deux conséquences : 1° le tribunal qui ordonne un moyen de preuve ne peut déclarer par un second jugement, que cette preuve n'est pas admissible (V. *infrà*, n°s 11 et 12) ; — 2° Il ne peut pas non plus statuer au fond avant que cette preuve ait été administrée (V. *infrà*, n°s 12 et 16).

**11.** D'abord, le tribunal qui ordonne un moyen de preuve ne peut déclarer, par un second jugement, que cette preuve n'est pas admissible (Req. 17 juin 1831 ; *Rép.* v° *Chose jugée*, n° 48-1°; Civ. cass. 5 août 1868, aff. Saujeas, D. P. 68. 1. 454 ; 14 juill. 1869, aff. Corne, D. P. 69. 1. 345; 4 juin 1872, aff. P..., D. P. 73. 1. 486; Req. 29 juill. 1878, aff. Lafari, D. P. 74. 1. 263. Comp. *suprà*, v° *Chose jugée* n° 33). Ainsi, la fin de non-recevoir tirée de ce qu'une partie serait sans qualité pour demander la nullité d'un acte qui, d'après elle, lui porte préjudice, doit être repoussée, lorsqu'une décision définitive, passée sur ce point en force de chose jugée, a contradictoirement reconnu l'intérêt de cette partie, en l'admettant à prouver les faits de simulation et de fraude qui vicieraient dans son origine l'acte attaqué par elle (Pau, 24 mars 1884, aff. Jauzion, D. P. 85. 2. 201).

**12.** En second lieu, le juge ne peut pas après avoir ordonné un moyen de preuve, juger le fond avant que cette preuve ait été administrée (Bordeaux, 23 juin 1828, *Rép.* n° 62). Par exemple, après avoir ordonné une enquête, le juge ne pourrait juger le fond, contre le gré des parties, sans qu'il ait été procédé à l'enquête (Civ. cass. 4 juin 1872, aff. P... cité *suprà*, n° 11. Comp. *infrà*, n° 70).

**13.** Il en serait toutefois autrement si les parties avaient renoncé au bénéfice de la mesure d'instruction ordonnée. (Crim. rej. 22 août 1854, aff. Dame Tersier-Grandmaison, D. P. 54. 1. 391). Ainsi : 1° lorsqu'une expertise a été ordonnée par un jugement interlocutoire, qu'elle a été faite et que les parties ont refusé ou négligé de déposer le rapport des experts, les juges peuvent passer outre à la décision du fond en s'appuyant sur d'autres éléments d'appréciation, et notamment tirer du refus ou de la négligence des parties, la présomption qu'elles sont hors d'état de justifier leur prétention (Req. 5 mars 1873, aff. Ben-Olliel, D. P. 73. 1. 285); — 2° le jugement qui autorise une partie à faire la preuve de faits par elle allégués lui accorde un droit auquel elle est libre de renoncer à ses risques et périls, en conséquence, lorsqu'à la suite d'un jugement qui a autorisé des époux respectivement demandeurs en séparation de corps à faire la preuve de certains faits allégués par chacun d'eux, la femme a demandé acte de ce qu'elle n'entendait poursuivre la procédure qu'elle avait commencée qu'autant qu'elle y serait contrainte par la nécessité de se défendre, a conclu en même temps à ce que, faute par son mari de procéder à l'enquête, les parties revinssent devant le tribunal, le jugement qui, dans ces conditions, prononce la séparation de corps ne viole pas la chose jugée (Req. 4 déc. 1876, aff. d'Arnaud-Bey, D. P. 77. 1. 313).

**14.** De même, si la mesure ordonnée a été exécutée partiellement. (Req. 24 juin 1873, aff. Cadot-Poncet, D. P. 74. 1. 54; 1er mars 1876, aff. Mersch, D. P. 77. 1. 155; Civ. rej. 25 nov. 1884, aff. Martin Ochs, D. P. 85. 1. 399, cités *suprà*, v° *Chose jugée*, n° 36, 11° et 13°).

**15.** De même encore, si la mesure prescrite a bien été exécutée, mais se trouve nulle (Angers, 19 févr. 1879, aff. Leroy, cité *suprà*, v° *Chose jugée* n° 36-109). D'après cet arrêt, si une expertise ordonnée avant faire droit est nulle, le juge d'appel peut statuer au fond sans attendre l'issue

de la nouvelle mesure prescrite pour la remplacer. Mais cette décision n'est pas à l'abri de la critique (V. les observations en note sous cet arrêt).

**16.** Enfin, si le juge est tenu, en principe, d'attendre la fin de la mesure d'instruction par lui ordonnée, il ne lui est pas pour cela interdit d'accepter, lors du jugement définitif, d'autres modes de preuve (Req. 21 août 1871, aff. Autrie, D. P. 71. 1. 212; Civ. cass. 27 mai 1873, aff. Collignon, D. P. 73. 1. 465, cités *suprà*, v° *Chose jugée*, n°s 28-7° et 36). — Jugé encore, dans le même sens : 1° que le jugement interlocutoire qui, dans une instance en dommages-intérêts pour diffamation verbale, après avoir autorisé la preuve des propos incriminés, réserve la preuve contraire recherche et à ce que le jugement sur le fond relève des circonstances de nature à exonérer celui-ci de toute responsabilité, lorsqu'elle n'a pas, d'ailleurs, pour but d'établir la vérité des imputations diffamatoires (Req. 19 janv. 1881, aff. Coldiffi, D. P. 81. 1. 245); — 2° Que lorsqu'une décision avant dire droit a accordé à une partie un délai pour produire des documents mentionnés dans une pièce présentée par elle, et destinés à contrôler cette pièce, mais sans l'écarter du débat, cette décision ne s'oppose pas à ce qu'en soit fait état par le juge, bien que ces documents ne puissent être produits, si des circonstances nouvelles établissent que les énonciations de la pièce doivent être tenues pour exactes (Civ. rej. 28 juill. 1884, aff. Vergey D. P. 85. 1. 300).

**17.** La seconde exception apportée à la rigueur du principe (V. *suprà*, n° 9), c'est que, si le jugement d'avant dire droit contient quelque disposition qui soit définitive, d'après les règles posées ci-dessus (n°s 1 et 2), cette disposition, à la différence du surplus, lie le juge (Garsonnet, t. 3, § 470, p. 264). Le jugement est, en effet, sur ce point, un jugement définitif, auquel cessent de s'appliquer les règles des jugements d'avant dire droit (V. *suprà*; v° *Chose jugée*, n°s 27 et 31, et les arrêts cités). Décidé, en outre : 1° que le jugement qui, sur la demande en partage de plusieurs successions indivises entre les mêmes cohéritiers, ordonne, après débat contradictoire, que les opérations de partage relatives à chacune de ces successions se feront d'une manière distincte sans confondre les biens, est un jugement définitif, qui lie le juge, et ne permet plus, dès lors, au tribunal, de prescrire un partage unique, à l'occasion, par exemple, d'une nouvelle demande, en partage portant à la fois sur ces successions et sur d'autres successions réunies plus tard dans la même indivision (Civ. cass. 8 juin 1859, aff. Sálvan, D. P. 59. 255. 1); — 2° Que le jugement interlocutoire qui, après avoir décidé que le demandeur en revendication d'un immeuble en est propriétaire en vertu de ses titres, ordonne la preuve de faits de possession invoqués par le défendeur à l'appui d'une exception de prescription est définitif sur le premier point, et met obstacle, dès lors, à ce que, après enquête, les juges qui l'ont rendu rejettent l'action en revendication, en se fondant, non sur les résultats de cette enquête, mais sur de nouveaux titres produits par le défendeur (Civ. cass. 24 août 1859, aff. Habitants de Frocourt, D.P. 60.1. 390); — 3° Que le jugement qui, sur l'action en revendication d'une portion de terrain comme étant comprise dans une vente faite au demandeur, décide, après application aux propriétés désignées dans parties d'un procès-verbal de limitation dont le caractère décisif était reconnu au procès, que le demandeur a justifié sa prétention, et admet subsidiairement le défendeur à établir que, de son côté, il est devenu propriétaire du même terrain par prescription, contient une décision définitive sur le chef concernant la preuve par titres faite par le demandeur, et n'est interlocutoire que sur la preuve à fournir par le défendeur de son exception de prescription (V. *suprà*, n° 2). En conséquence, si ce jugement n'a pas été frappé d'appel, la preuve de la propriété du demandeur en tant que reposant sur des titres, ne peut plus être remise en question, lors de l'appréciation des résultats de l'enquête sur le moyen de prescription opposé par le défendeur, et la décision qui rejette la revendication, quoique l'exception de prescription n'ait point été établie, sous prétexte que cette revendication ne serait point fondée en titre doit être annulée pour violation de l'autorité de la chose jugée (Civ. cass. 5 déc. 1860, aff. Fessler, D. P. 61. 1. 88); — 4° Que le jugement qui, sur une demande en revendication de propriété à l'appui de laquelle le demandeur a invoqué des titres et la prescription, ordonne la preuve de la possession articulée, après avoir, dans ses motifs, déclaré sans force probante les titres produits, doit être considéré comme définitif quant à ces titres, quoique la déclaration qui les repousse n'ait pas été reproduite dans son dispositif; en conséquence, ce chef du jugement ne peut plus être remis en question lors de la décision sur l'enquête, ni être frappé d'appel avec cette décision, si le délai d'appel est alors expiré à son égard (Req. 25 févr. 1863, aff. Bruneteau, D. P. 64. 1. 283); — 5° Que la fin de non-recevoir, tirée de ce qu'une partie serait sans qualité pour demander la nullité d'un acte qui, d'après elle, lui porte préjudice, doit être repoussée, lorsqu'une décision définitive, passée sur ce point en force de chose jugée, a contradictoirement reconnu la qualité de cette partie, en l'admettant à prouver les faits de simulation et de fraude qui vicieraient dans son origine l'acte attaqué par elle (Pau, 24 mars 1884, aff. Jauzion, D. P. 85. 2. 201); — 6° Qu'un jugement interlocutoire peut acquérir l'autorité de la chose jugée et lier le juge, lorsque la décision qui ordonne la mesure interlocutoire, une expertise par exemple, a tranché définitivement les questions soulevées par les conclusions des parties, touchant aux limites de la mission à donner aux experts, et spécialement en ce qui concerne les titres à appliquer; par suite, l'arrêt qui homologue un rapport d'experts dans lequel il a été fait état de titres écartés par le jugement interlocutoire, et rejette la demande par application de ces titres, viole l'autorité de la chose jugée (Civ. cass. 19 nov. 1888, aff. Ginily, D. P. 89. 1. 22); — 7° Que le jugement ordonnant la preuve de certains faits de passage invoqués par le propriétaire d'un fonds enclavé, qui prétend avoir acquis par prescription le droit d'exercer son passage sur une partie du fonds enclavant autre que celle primitivement assignée, constitue, en ce qui touche le rejet de l'exception tirée de la convention relative au mode de passage, une décision définitive, susceptible d'acquérir l'autorité de la chose jugée (Civ. rej. 13 août 1889, aff. Latapie de Gerval, D. P. 90. 1. 309); — 8° Que lorsque, en nommant des experts pour déterminer les limites d'un fleuve, un arrêt a décidé qu'ils devaient prendre, pour base de la fixation des limites du fleuve, la plus grande hauteur des eaux à l'époque des marées ordinaires, abstraction faite des marées d'équinoxe et des débordements ou inondations, cette décision ayant un caractère définitif (V. suprà, n° 2), il y a méconnaissance de la chose jugée et violation de l'art. 1351 c. civ. dans la décision sur le fond qui fixe les limites du fleuve d'après la moyenne hauteur des eaux, telle qu'elle se déduit d'un calcul portant sur un ensemble de marées ordinaires de syzygies observées pendant une certaine période de temps (Civ. cass. 5 nov. 1890, aff. Letourneux, D. P. 91. 1. 149).

**18.** Inversement, il a été jugé que lorsque dans une instance, la situation juridique des parties n'étant pas connue, le juge a recours à une expertise pour l'éclaircir et charge les experts de faire en même temps des constatations qui ne devront être prises en considération que suivant les solutions que recevront les questions principales, un pareil jugement ne peut constituer une sentence définitive (Req. 20 janv. 1880, aff. Brunier, D. P. 80. 1. 252).

ART. 3. — *Distinction des jugements d'avant dire droit entre eux* (*Rép.* n°s 2 à 60; 71 à 85).

**19.** On sait (*Rép.* n° 1) qu'il y a trois sortes de jugements d'avant dire droit, et qu'elles se divisent en deux catégories bien tranchées. D'un côté, les jugements provisoires; d'un autre côté les jugements préparatoires et interlocutoires.

§ 1er. — *Jugements provisoires* (*Rép.* n°s 71 à 85).

**20.** Les jugements provisoires se distinguent nettement des autres jugements d'avant dire droit (Garsonnet, t. 3, § 434, p. 93); ils n'ont point pour objet de mettre la cause en état d'être jugée, mais seulement de détacher du procès un chef de demande particulièrement urgent, et d'y donner une solution convenable, en attendant la solution relative à l'ensemble. Ce sont des jugements ordinaires. Il suffira de rappeler que, suivant la doctrine généralement admise, ils ne sont pas, de plein droit, exécutoires par provision nonobstant appel (suprà, v° *Jugement*, n° 503). — V. au surplus Garsonnet, t. 2, § 382, p. 666 et suiv.

§ 2. — *Jugements préparatoires et interlocutoires* (*Rép.* n°s 2 à 60).

**21.** Tout autre est la nature des jugements préparatoires et interlocutoires. Ceux-là ne sont pas rendus seulement *avant de dire droit*, mais *pour aider à dire* droit sur la demande : ils sont véritablement *préparatoires*. Ces jugements sont d'ailleurs extrêmement fréquents. Comme le dit M. Garsonnet (t. 3, § 433, p. 92), « le juge est rarement tenu d'attendre la fin du procès pour y intervenir;... qu'il remette la cause à un autre jour, qu'il statue sur un déclinatoire, qu'il ordonne une mesure d'instruction, qu'il vide un incident ou qu'il prononce sur une demande accessoire avant de juger le fond, il n'y a guère de cause, même parmi les plus simples, où le tribunal ne rende plusieurs jugements ».

**22.** Telle étant la nature des jugements préparatoires (*lato sensu*), la loi devait nécessairement les soumettre à un régime spécial : si utiles qu'ils puissent être, leurs inconvénients dépasseraient leurs avantages, si, étant susceptibles de recours, ils donnaient ainsi au plaideur la faculté indirecte d'éterniser le débat. De là cette règle fondamentale : le jugement préparatoire ne peut être attaqué qu'en même temps que le jugement définitif.

Toutefois, cette règle n'est pas demeurée intacte dans notre droit. S'il est vrai que le jugement préparatoire (*lato sensu*) ne juge jamais (V. suprà, n° 4 et suiv.), il est très fréquent qu'il *préjuge*, en ce sens qu'il laisse deviner l'opinion du tribunal, s'il ne la proclame pas (V. Garsonnet, t. 3, § 343, texte et note 7, p. 94, *in fine*). Or, afin d'éviter qu'il en résulte un préjudice pour l'une des parties, la loi a voulu que le jugement préparatoire, lorsqu'il exceptionnellement il préjuge, pût être attaqué directement et sans retard : il prend alors, dans la pratique, le nom de jugement *interlocutoire*, tandis que le nom de jugement *préparatoire* (*stricto sensu*) est réservé à ceux des jugements préparatoires (*lato sensu*) qui ne préjugent pas.

**23.** Cette différence essentielle entre les jugements préparatoires et interlocutoires (*Rép.* n° 2 et suiv.) est écrite dans l'art. 451 c. proc. civ. : « Il n'y a lieu à l'appel des jugements préparatoires qu'après le jugement définitif et conjointement avec l'appel de ce jugement »; l'appel des jugements interlocutoires est permis avant que le jugement définitif ait été rendu », et cette règle est étendue par la jurisprudence au pourvoi en cassation.

De nombreux arrêts ont, en effet, proclamé, quant aux décisions *interlocutoires*, la recevabilité, soit d'un appel distinct (Req. 7 août 1849, aff. Baudry, D. P. 49. 1. 218; Paris, 15 mars 1850, aff. Franchini, D. P. 51. 2. 123; Bordeaux, 19 juin 1850, aff. Durand, D. P. 55. 5. 270; Civ. cass. 13 janv. 1851, aff. de Richemond, D. P. 51. 1. 167; 28 avr. 1851, aff. Joly-Chêne, D. P. 51. 1. 145; Montpellier, 21 nov. 1851, aff. Brun, D. P. 55. 5. 271; Orléans, 2 janv. 1855, aff. Froger, et 28 févr. 1855, aff. Cornilhau, D. P. 55. 2. 155; Req. 3 janv. 1860, aff. Porteu, D. P. 60. 1. 142; Metz, 11 févr. 1864, aff. Montagnac, D. P. 64. 2. 141; Civ. cass. 3 mai 1864, aff. Estibaud, D. P. 64. 1. 170; Req. 7 déc. 1864, aff. Bastien, D. P. 65. 1. 184; Angers, 4 juill. 1866, aff. John Forster Fitz-Gérald, D. P. 66. 2. 157; Req. 21 avr. 1874, aff. Braux, D. P. 74. 1. 443); soit d'un pourvoi en cassation distinct (Civ. rej. 21 juill. 1857, aff. Deschenoux, D. P. 58. 1. 369; 28 déc. 1857, aff. Noirot, D. P. 58. 1. 74).

**24.** Inversement, il a été jugé que les décisions *préparatoires* ne peuvent être attaquées séparément de la décision définitive, soit par appel (Bordeaux, 30 sept. 1851, aff. Beaucourt, D. P. 55. 5. 340; Toulouse, 28 janv. 1853, aff. Poux, D. P. 53. 2. 58; Poitiers, 11 juill. 1854, aff. Cacaud, D. P. 55. 5. 273), soit par pourvoi en cassation (Req. 24 juin 1845, aff. Parrel, D. P. 45. 1. 361; 25 févr. 1852, aff.

Moreau; D. P. 54. 5. 463). — Toutefois, ce n'est pas à dire que l'appel ou le pourvoi formé contre la décision définitive vaille appel ou pourvoi contre la décision préparatoire. En effet, il a été jugé, et avec raison, que l'irrégularité d'un jugement préparatoire ne peut entraîner la cassation du jugement définitif, alors que c'est ce dernier jugement qui seul a été attaqué devant la cour de cassation ; qu'ainsi, dans le cas où une partie ne s'est pas pourvue contre un jugement ordonnant une descente de lieux sur un terrain situé en dehors de la compétence des juges qui l'avaient rendu, elle ne peut invoquer contre le jugement définitif le moyen tiré de la nullité du jugement préparatoire (Civ. rej. 1er juin 1870, aff. Gilles, D. P. 74. 5. 305).

**25.** Une autre différence peut être signalée entre les deux sortes de décisions : l'exécution des jugements préparatoires, en général du moins, n'emporte pas acquiescement et ne préjudicie pas, en conséquence, aux droits des parties relativement à l'appel, encore bien qu'elle ait eu lieu sans protestation ni réserves (V. *Rép.* n° 7, et *suprà*, v° *Acquiescement*, n° 88). C'est la règle inverse qui est admise en ce qui concerne les jugements interlocutoires (*Ibid.*, n° 89). Décidé, notamment, par application de cette dernière règle : 1° que lorsqu'un arrêt a prescrit que, dans un inventaire, si, après l'examen qu'il ordonnait, avant faire droit, des papiers litigieux, certains papiers étaient reconnus de nature confidentielle et inutiles à conserver, ils ne seraient pas inventoriés et seraient mis à néant, ou qu'au contraire ceux qui seraient reconnus contenir des renseignements utiles sur l'actif et le passif de la succession seraient conservés, cet arrêt étant essentiellement interlocutoire, il s'ensuit que la partie qui a exécuté cette décision, sans réserves, est non recevable à se pourvoir en cassation contre l'arrêt rendu au fond, en se fondant sur des moyens en opposition avec la décision interlocutoire à laquelle elle a acquiescé, et, par exemple, en l'attaquant par le double motif que la cour aurait statué à tort en état de référé, et ordonné illégalement la destruction des papiers dont elle a jugé la conservation contraire à l'intérêt commun des parties (Req. 13 mars 1860, aff. de Sagan, D. P. 60. 1. 160) ; — 2° Qu'une partie qui ne s'est point pourvue contre un jugement dans lequel un tribunal avait, par la mission qu'il confiait à un expert, commis un excès de pouvoir, et statué sur une matière pour laquelle il n'avait point compétence, n'est pas recevable à attaquer, comme entachée de ces vices, le jugement définitif qui entérine le rapport d'expert et en ordonne l'exécution (Req. 1er août 1872, aff. Pierre, D. P. 72. 1. 340) ; — 3° Que les moyens de droit qui pouvaient être proposés devant la cour de cassation contre un arrêt interlocutoire ne sont plus recevables, lorsque cet arrêt n'a pas été attaqué dans les délais et a même été exécuté ; et ces moyens ne sauraient être proposés contre l'arrêt définitif rendu en conséquence et en exécution de l'interlocutoire (Req. 14 février 1888, aff. Camus, D. P. 88. 1. 225. Comp. Req. 13 juill. 1885, aff. de Panisse, D. P. 86. 1. 293). — Si l'exécution du jugement interlocutoire avait été accompagnée de réserves (*Rép.* n° 8), elle n'entraînerait pas acquiescement. C'est en ce sens, du moins, que la jurisprudence paraît fixée (V. *suprà*, v° *Acquiescement*, n° 91).

**26.** La solution résultant des arrêts qui précèdent doit, d'ailleurs, être restreinte au cas où l'acte d'exécution invoqué a incontestablement la valeur d'un acquiescement. Or, sans nul doute, l'exécution donnée à un avant faire droit ordonné par un jugement ne suppose pas l'acquiescement à une autre disposition, de nature différente, du même jugement ; en conséquence, le défendeur qui a participé aux enquêtes ordonnées à l'occasion de deux fins de non-recevoir, opposées par lui à la demande, peut attaquer, par la voie de l'appel, le jugement même en vertu duquel les enquêtes ont eu lieu, pour avoir rejeté une troisième fin de non-recevoir absolument distincte des deux autres (Bourges, 15 févr. 1873, aff. Foucher, D. P. 73. 2. 174).

**27.** Une troisième différence est spéciale aux tribunaux de paix. Les décisions interlocutoires des juges de paix sont frappées de péremption quand le jugement définitif n'est pas intervenu dans un délai de quatre mois (c. proc. civ. art. 15) (Civ. cass. 30 avr. 1873, aff. O'Byrne, D. P. 73. 1. 296 ; Civ. rej. 3 déc. 1890, aff. Bertrand, D. P. 91. 1. 105). Il est généralement admis au contraire, que la péremp-

tion n'atteint pas les sentences préparatoires des juges de paix (Civ. cass. 22 juin 1864, aff. Sauzéas, D. P. 64. 1, 342). En effet, l'art. 15, c. proc. civ., qui édicte cette péremption particulière, ne vise aux termes exprès que les jugements interlocutoires.

**28.** A raison des différences que l'on vient de signaler entre les jugements préparatoires et interlocutoires (V. *suprà*, n°s 22 à 27), il est indispensable de les distinguer soigneusement les uns des autres. La distinction est toute de fait ; elle a été mise en pleine lumière par M. Garsonnet (t. 3, § 434, A, p. 95) : « Le jugement qui ordonne une mesure d'instruction, dit cet auteur, n'est interlocutoire que s'il préjuge le fond ; dans le cas contraire, il est simplement préparatoire. Préjuger le fond, c'est montrer d'ores et déjà l'intention qu'on a de juger le procès dans tel et tel sens. Le fond est préjugé si quelqu'un peut dire, en sortant de l'audience où un jugement d'avant dire droit vient d'être rendu : « Le tribunal n'eût pas ordonné cette « mesure, si son opinion n'était pas faite » ; ce premier avantage d'une partie présage le succès final » (Comp. civ. rej. 8 juill. 1889, aff. Haentjens, D. P. 90. 1. 382 et la note). Ainsi, la solution donnée par le jugement préparatoire, doit-elle ou non être considérée comme indifférente au point de vue du résultat final ? Telle est la question à résoudre pour savoir si l'on est en présence d'un jugement préparatoire ou interlocutoire. Ce n'est que par des exemples que la portée de cette distinction peut être utilement précisée (*Rép.* n° 22). On va parcourir successivement, dans l'ordre du *Répertoire*, les cas de jugements d'avant dire droit les plus fréquents, et l'on classera séparément, sous chaque rubrique, les exemples d'interlocutoires et de simples préparatoires.

**29.** — I. Expertise (*Rép.* n°s 23 à 26). — Ont été considérés comme simplement *préparatoires :* 1° le jugement qui ordonne une expertise et maintient dans l'instance un des défendeurs qui avait demandé sa mise hors de cause, mais tous droits et moyens des parties réservés (Paris, 5 mars 1853, aff. Gauthier, D. P. 53. 2. 8) ; — 2° Le jugement qui, sur une action en supplément de légitime, se borne à ordonner une expertise et la liquidation de la succession, sans statuer sur cette action, une telle décision étant une simple mesure préparatoire et d'instruction, qui n'implique pas, au profit du demandeur, l'existence du droit de créance par lui réclamé, et, par suite, ne l'autorise ni à prendre, sur les immeubles héréditaires détenus par l'héritier qui serait débiteur de la légitime, une inscription d'hypothèque judiciaire, ni à former une demande en séparation de patrimoines, ni à exercer, en vertu de l'art. 1166 c. civ., le privilège du vendeur appartenant à cet héritier contre le cessionnaire de ses droits successifs (Req. 22 févr. 1854, aff. Fonreau, D. P. 64. 1. 276) ; — 3° Le jugement qui ordonne, pour la détermination du mode d'exercice d'un droit d'ailleurs incontesté, et de l'indemnité due à la partie contre laquelle ce droit est réclamé, une mesure d'instruction qui, elle-même, n'est l'objet d'aucun désaccord entre les parties (Civ. cass. 22 juin 1864, aff. Sauzéas, D. P. 64. 1.342) ; — 4° Le jugement qui se borne à donner aux experts qu'il nomme la mission d'examiner les terrains litigieux et d'établir, avec indication de mesure, le tracé de chacun des lots tels qu'ils jugeront devoir le déterminer pour se conformer aux conditions de l'adjudication qui a compris lesdits terrains (Civ. rej. 14 févr. 1872, aff. Hedouin-Lobez, D. P. 72. 1. 140) ; — 5° La décision qui ordonne que, sans préjudicier aux droits des parties, les documents et pièces invoqués par l'une d'elles à l'appui d'une demande en dommages-intérêts, mais dont le tribunal, en l'état, ne peut utilement apprécier la valeur, seront soumis à l'examen et au contrôle d'un expert (Civ. rej. 20 févr. 1877, aff. Cordua, D. P. 78. 1. 26) ; — 6° Le jugement par défaut, rendu dans une instance en partage, qui nomme des experts à l'effet de rechercher si des immeubles sont commodément partageables en nature, alors même qu'une contestation sur le choix des experts s'est élevée à la suite de l'opposition formée contre ce jugement, lequel, d'ailleurs, a été maintenu (Req. 19 mars 1879, aff. Bréchouaire, D. P. 80. 1. 392) ; — 7° le jugement qui nomme des experts en vue de l'évaluation de dommages-intérêts réclamés, alors que le demandeur alléguait un préjudice résultant, pour sa propriété, de la dépaissance du troupeau ainsi que du reflux des eaux du défendeur, et que ce dernier, en reconnaissant d'une part, qu'il pouvait devoir une minime indemnité pour les faits de pacage, et en prétendant, d'autre part, que les travaux personnels du demandeur avaient seuls modifié le cours de l'eau; a confessé devant le juge la nécessité d'une expertise, dans le but d'apprécier l'indemnité d'ensemble demandée par son adversaire. En effet, le jugement qui ordonne en ce cas l'expertise ne préjuge pas la question du fond, celle de savoir si le défendeur doit des dommages-intérêts, puisque, le principe même d'une indemnité n'étant pas dénié, il a pour but unique d'établir, en éclairant la conscience du juge, la situation réciproque des parties, et de mettre le procès en état de recevoir une solution définitive (Req. 23 oct. 1888, aff. Fabre, D. P. 80, 1. 449).

**30.** Les exemples, en cette matière, de jugements *interlocutoires*, sont beaucoup plus nombreux (V. le rapport de M. le conseiller Sallé cité *infrà*, n° 34) : ainsi ont été considérés comme tels : 1° la décision par laquelle les juges, saisis d'une demande en rectification d'un compte, font dépendre d'une expertise l'allocation des sommes dont l'omission était signalée (Colmar, 1er juill. 1850, aff. Hebenstreitt, D. P. 54. 5. 458); — 2° Le jugement qui, sur action en responsabilité du dommage causé à des propriétés par des lapins sortant d'un bois, ordonne la vérification de ce dommage, alors que la responsabilité est déniée, dans l'hypothèse même d'un dommage existant (Civ. cass. 13 janv. 1851, aff. de Richemont, D. P. 51. 1. 167); — 3° Le jugement qui, sur une demande en déclaration de faillite, ordonne une expertise (Orléans, 2 janv. 1855, aff. Froger, D. P. 55. 2. 155); — 4° Le jugement qui, sur l'action en diminution d'un prix de vente, pour déficit de contenance, ordonne la vérification de ce déficit, un tel jugement préjugeant le rejet de l'exception de déchéance opposée à cette action (Civ. cass. 28 déc. 1857, aff. Noirot, D. P. 58. 1. 74); — 5° Le jugement qui ordonne que les immeubles saisis et mis en vente seront visités par un expert à l'effet de vérifier la composition des lots faite dans le cahier des charges, et de procéder, s'ils l'estiment plus avantageux, à un nouveau lotissement (Pau, 23 mars 1858, aff. Duchesse de Montmorency, D. P. 58. 2. 110); — 6° La décision qui prescrit une expertise tendant à faire fixer le chiffre de dommages-intérêts, alors que le droit à ces dommages-intérêts a été nié d'une manière absolue, cette décision préjugeant la question de savoir si des dommages sont dus (Req. 3 janv. 1860, aff. Porteu, D. P. 60. 1. 142); — 7° Le jugement ou arrêt ordonnant une expertise sur un fait allégué de contrefaçon, s'il reconnaît, dès à présent, le caractère brevetable de l'invention et la validité du brevet du plaignant (Crim. cass. 10 août 1860, aff. Chemin de fer de Lyon, D. P. 60. 1. 513); — 8° Le jugement qui, sur une demande en payement, ordonne la vérification par experts des faits invoqués par le défendeur à l'appui de sa défense (Metz, 11 févr. 1864, aff. de Montagnac, D. P. 64. 2. 141); — 9° Le jugement qui, sur l'action formée contre un constructeur comme responsable de travaux de construction dont il aurait dressé le plan et qu'il aurait fait exécuter, ordonne une expertise, avec mission, pour les experts, de vérifier le préjudice qui a pu résulter de ce plan et de son exécution, s'il a été rendu contre les conclusions du défendeur qui soutenait être demeuré étranger aux faits servant de base à l'action en responsabilité (Civ. cass. 18 mars 1864, aff. Estibaut, D. P. 64. 1. 170); — 10° Le jugement qui ordonne une expertise à l'effet de faire cons-

tater les causes et l'étendue du préjudice articulé à l'appui d'une action en dommages-intérêts, lorsque cette expertise, bien que sollicitée par les deux parties, n'était pas identique, dans l'esprit des contestants et portait sur des points différents (Req. 7 déc. 1864, aff. Bastien, D. P. 65. 1. 184); — 11° Le jugement qui ordonne une expertise, lorsque l'expertise ordonnée est organisée de telle sorte que les exceptions opposées à l'action du demandeur paraissent devoir être écartées (Lyon, 10 nov. 1871, aff. Côte, D. P. 72. 2. 187); — 12° La décision du juge de paix qui, sur une demande en dommages-intérêts pour dégâts causés à des récoltes par les lapins d'une forêt voisine, ordonne une expertise destinée à vérifier l'existence, l'origine et la quotité des dommages (Civ. cass. 30 avr. 1872, aff. O'Byrne, D. P. 73. 1. 296); — 13° Le jugement ordonnant une expertise pour constater un immeuble, dont le possesseur est poursuivi hypothécairement, a été compris dans une adjudication qui aurait eu pour effet de purger les hypothèques inscrites, alors que le possesseur soutient qu'il n'y a pas lieu à expertise et qu'en aucun cas les poursuites du créancier ne sont fondées (Poitiers, 20 déc. 1876, aff. Hénault, D. P. 77. 2. 228); — 14° La sentence d'un juge de paix qui, alors que le défendeur prétend n'être pas responsable du dommage aux champs invoqué par le demandeur, ordonne une expertise pour constater les causes et l'importance du dégât (Civ. cass. 18 août 1880) (1); — 15° La décision du juge de paix qui, sur une action en dommages-intérêts pour dégâts causés par des lapins à des terres ensemencées, a ordonné l'expertise que réclamait le demandeur à l'effet de faire constater ces dégâts, alors que le défendeur s'opposait à cette vérification par le motif qu'il avait fait tout ce qui était possible pour empêcher la trop grande multiplication du gibier (Civ. cass. 7 déc. 1885, aff. Gallice, D. P. 86. 1. 421); — 16° La sentence d'un juge de paix qui ordonne une expertise en déclarant que la demande paraît juste sans être suffisamment justifiée (Civ. rej. 3 déc. 1890, aff. Bertrand, D. P. 91. 1. 105). — Enfin il a été jugé que, dans une instance où un créancier demande son admission à une faillite, en soutenant que sa créance est justifiée par des titres contre lesquels aucune preuve ne peut être autorisée, et où, au contraire, le syndic sollicite du juge une expertise, afin de rechercher dans les livres respectifs des parties des éclaircissements sur leur situation réciproque, le jugement par lequel cette expertise est ordonnée a le caractère interlocutoire, puisqu'il fait pressentir que de la vérification prescrite dépendront l'autorité et les effets à attribuer aux titres produits par le créancier (Civ. cass. 31 oct. 1888, aff. Schittenhelm, D. P. 89. 1. 56).

**31.** Il est à remarquer que, dans ces différents arrêts, la cour de cassation montre très nettement l'intention de s'en tenir au critérium formulé par l'art. 452 c. proc. civ. : la mesure ordonnée préjuge-t-elle le fond? Par cela même se trouvent rejetées deux autres considérations, qui ont été souvent proposées pour servir de guide en cette matière, et qui sont sans intérêt juridique.

**32.** L'une est tirée de la réserve que le jugement aurait faite des droits et moyens des parties : cette réserve signifie bien que le jugement ne juge pas le fond, mais nullement qu'elle ne le préjuge pas, ce qui seul constitue la distinction entre les jugements préparatoires et interlocutoires (V. le rapport de M. le conseiller Sallé dans l'affaire Dessoliers, Req. 10 juill. 1876, D. P. 77. 1. 217; *Adde*, Garsonnet, t. 3, § 434, p. 100). Aussi la jurisprudence a-t-elle

(1) (Jesson C. Dejean.) — La cour ; — Sur l'unique moyen du pourvoi : — Vu l'art. 6, § 1, de la loi du 25 mai 1838 : — Attendu d'une part, que les jugements interlocutoires, qui préjugent le fond, sont susceptibles d'appel ; — Attendu, d'autre part, que l'exception d'incompétence *ratione materiæ* tient à l'ordre des juridictions et, par conséquent, à l'ordre public, et peut, dès lors, être proposée en tout état de cause ; — Attendu que Jesson cité devant le juge de paix pour réparation d'un dommage causé par le gibier des bois dont il avait la chasse à une parcelle de bois appartenant à Dejean, avait dénié toute responsabilité et avait invoqué pour sa défense une location de la parcelle litigieuse à lui faite par celui-ci ; — Attendu que le juge de paix a ordonné, avant faire droit et tous moyens réservés, une visite des lieux, une expertise et une enquête pour constater l'état de la parcelle, le dégât qui pourrait exister, ses causes et son importance ; que

cette décision, qui, malgré le désaccord des parties, subordonnait le jugement définitif aux vérifications prescrites sur l'existence, l'origine et les quotités des dommages prétendus, présentait tous les caractères d'un jugement interlocutoire préjugeant le fond, dès lors, susceptible d'appel ; — Attendu que, si l'art. 14 de la loi du 25 mai 1838 déclare non recevable, sauf le jugement définitif, l'appel d'une décision du juge de paix qui se déclare compétent, cette disposition n'est relative qu'au cas où le juge de paix qui se déclare compétent, a statué sur sa compétence et, dans tous les cas, ne peut avoir pour résultat d'interdire l'appel d'un jugement ordonnant des mesures préjugeant le fond; et, par conséquent, interlocutoire ;...

Casse, etc.

Du 18 août 1880.-Ch. civ.-MM. Massé, pr.-Rohault de Fleury, rap.-Charrins, 1er av. gén.-Brugnon et Chambareaud, av.

déclaré interlocutoires : 1° le jugement qui a prescrit une mesure d'instruction (par exemple, une liquidation de communauté) qui, dans l'hypothèse de l'admissibilité du système du défendeur, n'aurait pas dû être ordonnée, encore qu'il contienne une réserve expresse de tous les droits et moyens des parties (Bourges, 20 août 1855, aff. Molleron, D. P. 56. 5. 264) ; — 2° Le jugement d'un juge de paix qui ordonne une expertise et préjuge le fond, encore bien que ce jugement ait réservé les droits et moyens des parties, cette réserve étant inhérente à tout jugement interlocutoire, lequel laisse intacts les droits des parties et ne lie pas le juge (Civ. cass. 7 déc. 1885, aff. Gallice, D. P. 86. 1. 421). *Adde*, Bourges, 20 août 1885, précité; Civ. cass. 18 août 1880, *suprà*, n° 30).

**33.** L'autre circonstance, qui est sans intérêt au point de vue qui nous occupe, est relevée en ces termes par M. Glasson (D. P. 86. 1. 421, notes 2 et 3) : « D'après quelques arrêts, pour savoir si un jugement ordonnant une expertise est préparatoire ou interlocutoire, il faut distinguer entre le cas où les parties consentent à cette mesure et celui où elles en contestent la nécessité. S'il n'y a pas contradiction de la part de l'une des parties, le jugement est préparatoire ; dans le cas contraire il est interlocutoire. Cette doctrine a le tort de ne pas tenir compte de la définition donnée par la loi elle-même, dans l'art. 452 c. proc. civ., des jugements préparatoires et des jugements interlocutoires. Ces deux sortes de décisions ont un caractère commun : elle ordonnent l'une et l'autre une mesure d'instruction ; mais le jugement interlocutoire préjuge le fond, c'est-à-dire laisse entrevoir quelle sera probablement la décision définitive du tribunal, tandis que le jugement préparatoire n'a pas cet effet. Voilà ce que dit la loi, et il n'est pas permis de sortir des termes de sa définition. On doit donc décider qu'un jugement est interlocutoire dès qu'il préjuge le fond, même s'il a été demandé ou accepté par les deux parties ». Il a, en effet, été décidé que, dans une instance devant le juge de paix, en dommages-intérêts pour préjudice causé aux récoltes par des lapins sortis d'un bois, un jugement est interlocutoire, *bien que rendu par défaut et n'ayant par conséquent été précédé d'aucune contestation de la part du défendeur,* lorsqu'il ordonne un transport sur les lieux à une date déterminée avec enquête et expertise concomitantes, afin de vérifier les dommages allégués, s'il le fait en des termes qui préjugent le fond (Civ. rej. 3 déc. 1890, aff. Bertrand, D. P. 91. 1. 105). — La remarque de M. Glasson est parfaitement exacte, et les arrêts auxquels il fait allusion méritent la critique qu'il leur adresse, s'il est vrai que ces arrêts attachent à la circonstance qu'ils relèvent un intérêt *de droit*, ce qui, d'ailleurs, a été contesté par M. le conseiller George Lemaire devant la chambre des requêtes (27 mai 1891, aff. Roux, D. P. 91. 1. 390). Mais ce qui est non moins exact, c'est que cette circonstance peut avoir, *en fait*, un intérêt que l'on signalera plus loin (n°s 35 et 39). En outre, il faut remarquer, dans bien des cas, on se trouve alors en présence d'une acceptation, expresse ou tacite, de la mesure d'instruction ordonnée, et c'est là ce qui fait que le jugement, quoique interlocutoire, ne peut pourtant pas être attaqué par l'une ou l'autre des parties, avant le jugement sur le fond. « Comme elles ont toutes deux accepté cette mesure d'instruction, on ne peut donner ni à l'une ni à l'autre la qualité de perdant, et, du moment qu'on n'a pas succombé, on ne peut pas attaquer le jugement. Telle est la véritable raison qui retire en pareil cas aux parties le droit de critiquer le jugement interlocutoire par la voie de l'appel; mais en disant que ce jugement devient alors préparatoire, on commet une véritable confusion et on se met en contradiction avec le texte de l'art. 452 » (Glasson, *loc. cit.*).

**34.** — II. Nomination d'un arbitre rapporteur. — Dans ce cas, tout dépend encore d'une question de fait ; seulement la probabilité est alors renversée. En effet, comme le faisait remarquer M. le conseiller Sallé devant la chambre des requêtes (10 juill. 1876, aff. Dessoliers, D. P. 77. 1. 217), « s'il résulte des enseignements de la doctrine et de la jurisprudence (on peut ajouter : de la nature des choses) que les nominations d'experts seront presque toujours interlocutoires, et que, par exception seulement, elles pourront quelquefois n'être que préparatoires, c'est la proposition

contraire qui sera vraie en ce qui concerne les nominations d'arbitres-rapporteurs : par leur nature, elles ne sont que préparatoires, et c'est seulement par l'effet de circonstances particulières qu'elles pourront être qualifiées interlocutoires». La question s'est présentée devant la cour d'appel de Rouen (12 mai 1870, aff. Letellier, D. P. 71. 5. 234), qui l'a tranchée par cette simple affirmation : « Attendu que le jugement qui renvoie les parties devant un arbitre est purement *préparatoire ;* qu'il n'a, en effet, d'autre objet que de mettre l'affaire en état de recevoir jugement définitif ». La chambre des requêtes, sur le rapport précité de M. Sallé, a jugé en termes plus précis, que le jugement du tribunal de commerce qui, sur des conclusions constituant, non une exception préjudicielle, mais un moyen du fond, se borne à nommer un arbitre-rapporteur, sans rien préjuger sur le moyen du fond, dont il réserve au contraire formellement l'examen à l'arbitre désigné, est un jugement *préparatoire.*

**35.** — III. Enquête (*Rép.* n°s 27 à 29). — Le jugement ordonnant une enquête, comme le jugement ordonnant une expertise (V. *suprà,* n° 30) est le plus souvent interlocutoire, parce que, en fait, il est rare qu'il n'ait pas été précédé d'un débat où le défendeur contestait, non seulement la réalité des faits invoqués dans la demande, mais le principe même de cette demande : le jugement qui, dans ces conditions, ordonne l'enquête, apparaît donc souvent comme un premier échec du défendeur, qui préjuge le fond. C'est ce qui ressort *a contrario* d'un arrêt de la chambre des requêtes (5 mars 1883, aff. Blanchin, D. P. 84. 1. 19), aux termes duquel le jugement qui, *sans avoir été provoqué par des conclusions contradictoires,* n'a pour objet que de mettre la cause en état et ne préjuge pas le fond, est préparatoire. Mais il ne faut pas étendre cette observation de pur fait au delà de sa portée, et y attacher la valeur d'une règle de droit, à peine d'encourir les justes critiques formulées par M. Glasson (V. *suprà,* n° 33).

**36.** Ces principes posés, la jurisprudence n'offre guère, en cette matière, que des exemples de jugements interlocutoires. Indépendamment d'un arrêt de la cour de Douai (8 mai 1877, aff. Six, D. P. 79. 2. 213) qui statue sur un cas très voisin de celui d'une enquête (l'audition d'un tiers en chambre du conseil par un juge commis), et déclare interlocutoire le jugement qui ordonne cette mesure, c'est généralement dans ce sens que la jurisprudence s'est prononcée. Ainsi ont été déclarés *interlocutoires :* 1° la décision du juge du possessoire qui ordonne d'office la preuve d'une convention tendant à affecter de précarité la possession du demandeur (Req. 7 août 1849, aff. Baudry, D. P. 49. 1. 218); — 2° L'arrêt qui admet la preuve de certains faits, lors même que, dans ses considérants et même sous forme de disposition, cet arrêt s'exprimerait dans un sens contraire aux conséquences à tirer de ces faits (Civ. rej. 12 août 1851, aff. Caillet, D. P. 51. 1. 235); — 3° Le jugement qui, en matière de séparation de corps, ordonne la preuve de faits articulés à l'appui de la demande, comme constituant des excès, sévices ou injures graves dans le sens de l'art. 306 c. civ. (Req. 3 févr. 1863, aff. Joly, D. P. 64. 1. 185); — 4° Le jugement qui ordonne une enquête sur les faits respectivement articulés par les parties, s'il n'a été rendu ni d'office ni d'accord entre les parties (Req. 7 déc. 1864, aff. Bastien, D. P. 65. 1. 184); — 5° Le jugement qui autorise la preuve du recel, qu'aurait commis un associé, d'effets de la société (Civ. rej. 28 août 1865, aff. Durand-Vallès, D. P. 65. 1. 352); — 6° Le jugement par lequel un ouvrier qui réclame une pension de retraite est admis à prouver, tant par titres que par témoins, qu'il a travaillé dans les ateliers d'une compagnie industrielle pendant le temps exigé par les statuts de la caisse de retraite de cette compagnie pour obtenir une pension (Lyon, 27 avr. 1883, aff. Gaudet, D. P. 84. 2. 71); — 7° Le jugement qui, dans un procès intenté par le preneur contre le bailleur, à raison d'un défaut de contenance dans les terrains donnés en location, et alors que le bailleur soutient qu'il existait en sa faveur une stipulation de non-garantie quant à cette contenance, autorise le preneur à prouver par témoins que l'engagement de lui assurer une superficie déterminée a été une condition essentielle de son consentement (Req. 13 juill. 1885, aff. de Mark de Panisse, D. P. 86. 1. 293). V. aussi Civ. cass. 18 août 1880, *suprà*, n° 30.

**37.** Mais s'il s'agissait, non pas d'un jugement ordonnant l'enquête, mais d'un jugement qui ne ferait que proroger une enquête déjà ordonnée, celui-là serait évidemment purement *préparatoire* (Bourges, 8 juin 1887, aff. Dupont, D. P. 88. 2. 195-196).

**38.** — IV. Visite des lieux. — Est interlocutoire le jugement qui, sur une action en responsabilité pour dommages aux champs, ordonne une visite des lieux pour vérifier les causes et l'importance du dégât, alors que le défendeur prétend n'être pas responsable du dommage allégué (Civ. cass. 18 août 1880, *suprà*, n° 30).

**39.** — V. Reddition de comptes (*Rép.* n°s 30 à 32). — Ici encore, le débat qui a pu s'élever entre les parties avant le jugement a une importance de fait considérable, encore bien qu'il soit, en droit, sans intérêt. Suivant que le défendeur assigné en reddition de compte contestera ou non le principe de la demande, le jugement aura un caractère différent. On peut dire que, dans le premier cas, il *condamnera* le défendeur à rendre compte, expression qui ne serait point rigoureusement exacte, en présence d'une demande non contestée : le jugement sera interlocutoire dans le premier cas, et préparatoire dans le second. Quelques exemples feront bien ressortir cette nuance.

La cour de Bourges (20 août 1855, aff. Malleron, D. P. 56. 5. 264) a décidé que le jugement qui lui était déféré, en ordonnant une liquidation de communauté qui, dans l'hypothèse de l'admissibilité de la défense de l'appelant, n'aurait pas dû être ordonnée, avait, malgré la mention ordinaire et de style qu'il contient « tous droits et moyens des parties réservés », non seulement préjugé, mais en réalité jugé le fond de la contestation, puisque le seul point contesté jusque-là était de savoir s'il y avait ou s'il n'y avait pas lieu à liquidation ; qu'ainsi le jugement était, sinon définitif dans le sens rigoureux du mot, au moins *interlocutoire* au premier chef.

**40.** On trouve, au contraire, l'exemple d'un jugement *préparatoire* dans un arrêt de la chambre des requêtes du 21 déc. 1858 (aff. Roux, D. P. 59. 1. 23). Aux termes de cet arrêt, le jugement qui, sur une demande en reddition de compte de tutelle, renvoie les parties devant un juge-commissaire pour débattre les éléments du compte, constitue un jugement préparatoire, alors que l'obligation de rendre le compte n'est pas contestée ; et la nécessité du compte est réputée non contestée lorsqu'il est constant qu'aucun compte n'avait encore été rendu, qu'un règlement amiable tenté antérieurement était demeuré à l'état de projet, et lorsque le défendeur s'est borné à critiquer les éléments mêmes du compte, à l'effet, notamment, d'en conclure qu'il se solde à son profit ; on ne saurait non plus considérer comme une contestation le fait que le défendeur à l'action en reddition de compte ait demandé que le tribunal statuât immédiatement au fond, le renvoi devant un juge-commissaire étant, de la part des juges, une faculté dont l'exercice ne saurait être critiqué (Même arrêt). — La chambre des requêtes a, de même, réputé préparatoire le jugement qui, sur une demande en compte (formée contre un officier ministériel par son client), et dans laquelle les parties sont contraires en fait, renvoie les parties à compter devant un juge-commissaire (Req. 24 juin 1845, aff. Parrel, D. P. 45. 1. 361).

**41.** — VI. Interrogatoire sur faits et articles (*Rép.* n°s 35 à 37). — Même critérium de fait. Le jugement qui ordonne un interrogatoire, surtout d'office (Garsonnet, t. 3, § 434, p. 98), est, en général, purement préparatoire. — Ainsi le jugement par lequel le tribunal de commerce ordonne que l'une des parties et un tiers comparaîtront à l'audience pour répondre aux interpellations qui leur seront adressées par le tribunal est un jugement *préparatoire* (Civ. cass. 15 juin 1870, aff. Belly, D. P. 71. 1. 162).

**42.** Mais le jugement qui ordonne un interrogatoire sur faits et articles est *interlocutoire*, lorsque la question posée est celle même soumise à la justice par les prétentions du demandeur, et que la manière dont il y sera répondu peut influer sur la décision à intervenir ; ... alors surtout que la partie qui doit être interrogée soutient que le demandeur n'a sans qualité et sans droit pour former sa demande (Caen, 26 juill. 1865, aff. de Richemont, D. P. 66. 5. 277).

**43.** — VII. Comparution des parties (*Rép.* n°s 38 et 39). — La décision par laquelle les juges se bornent à ordonner la comparution des parties ne constitue d'ordinaire qu'un jugement *préparatoire* (Paris, 15 févr. 1887, aff. Elluini, D. P. 87. 2. 189). Jugé, spécialement : 1° que la comparution des parties devant le juge de paix n'étant qu'une mesure d'instruction qui ne préjuge pas le fond, le jugement qui l'ordonne est purement préparatoire et non susceptible d'appel avant le jugement définitif (Civ. rej. 1er juill. 1868, aff. Aribaud, D. P. 68. 1. 452); — 2° que le jugement qui ordonne la comparution personnelle des parties, sur la demande de l'une d'entre elles, est purement préparatoire et ne préjuge pas le fond du procès, lorsque la partie adverse ne s'est pas opposée au principe de la mesure, mais a seulement insisté pour qu'elle ne fût ordonnée qu'après les plaidoiries (Req. 27 mai 1891, aff. Roux, D. P. 91. 1. 390).

**44.** — VIII. Communication de pièces (*Rép.* n°s 41 à 43). — D'ordinaire, le jugement qui se borne à prescrire une communication de pièces ne préjuge rien. V. le rapport de M. le conseiller George Lemaire (27 mai 1891, aff. Roux, D. P. 91. 1. 390). Ainsi, le jugement qui ordonne l'apport, au greffe du tribunal, des livres de commerce de l'une des parties, est un simple jugement *préparatoire* (Req. 25 févr. 1852, aff. Moreau, D. P. 54. 5. 463). Il en est de même du jugement qui, interprétant une précédente décision, laquelle avait prescrit le dépôt au greffe de certaines pièces, désigne celle des parties par qui devra être effectué ce dépôt (Poitiers, 11 juill. 1854, aff. Cacaud, D. P. 55. 5. 273).

**45.** Cependant le contraire peut arriver, d'après les circonstances de la cause, lorsque ce jugement préjuge le fond (Paris, 15 mars 1850, aff. Franchini, D. P. 51. 2. 123). La jurisprudence en offre plusieurs exemples. Ainsi : 1° la contestation qui s'élève sur une demande en communication de pièces ayant trait au fond du procès et pouvant y préjudicier, le jugement qui statue sur un tel incident est *interlocutoire*, et non simplement préparatoire (Bordeaux, 19 juin 1850, aff. Durand, D. P. 55. 5. 270); — 2° Est interlocutoire, et non simplement préparatoire, le jugement qui, sur une demande en déclaration de faillite, ordonne la communication des livres du commerçant contre lequel a été formée cette demande, à l'effet de vérifier l'état d'insolvabilité de celui-ci (Orléans, 28 févr. 1855, aff. Conilhau, D. P. 55. 2. 155); — 3° En cas de dissentiment entre les cohéritiers sur la nécessité de détruire des pièces trouvées dans les papiers d'une succession, la décision qui ordonne l'apport de ces pièces en la chambre du conseil, devant un magistrat chargé de procéder, sans description, à la levée des scellés, pour être ensuite par la cour, après examen des documents à elle soumis, statué ce qu'il appartiendra, constitue une décision interlocutoire, un tel ordre impliquant la mise à néant des papiers qui seraient reconnus de nature confidentielle et inutiles à conserver (Req. 13 mars 1860, aff. de Sagan, D. P. 60. 1. 160); — 4° Est interlocutoire le jugement dont le dispositif ordonne une communication de pièces, alors qu'il tranche implicitement une question de compétence et en outre il statue sur une question préjugeant le fond (Angers, 4 juill. 1866, aff. John Forster Fitz-Gerald, D. P. 66. 2. 157); — 5° Est interlocutoire le jugement d'avant dire droit par lequel un tribunal ordonne que les pièces dont il prescrit la production seront apportées en la chambre du conseil et vérifiées en présence des parties (Aix, 28 avr. 1871, aff. Sabatier, D. P. 72. 2. 83); — 6° Le jugement qui, malgré les conclusions contraires du défendeur, autorise le demandeur à invoquer une procédure correctionnelle suivie contre son adversaire, pour y puiser des présomptions graves, précises et concordantes, est un jugement interlocutoire, et peut, en conséquence, être attaqué par la voie de l'appel avant le jugement définitif (Req. 5 août 1880, aff. Turbot, D. P. 81. 1. 211).

**46.** — IX. Intervention. — Mise en cause (*Rép.* n°s 44 à 46). — La chambre civile a déclaré *interlocutoire* le jugement qui, sur l'action du communiste en revendication de celles des portions de l'immeuble indivis aliéné par l'autre communiste, qui ont été vendues le plus récemment, ordonne la mise en cause des acquéreurs précédents (Civ. cass. 28 avr. 1851, aff. Joly-Ghêne, D. P. 51. 1. 145).

**47.** — X. Jonction des causes. — Mise en état (*Rép.*

n°ˢ 47 à 51). — Il a été décidé que le jugement de défaut profit joint est purement préparatoire (Bordeaux, 30 sept. 1831, aff. Beaucourt, D. P. 52. 5. 340). — Au surplus, d'une façon générale, tout jugement qui, sans avoir été provoqué par des conclusions contradictoires, n'a pour objet que de mettre la cause en état et ne préjuge pas le fond, est préparatoire (Req. 5 mars 1883, aff. Blanchin, D. P. 84. 1. 19; *Adde* le rapport précité de M. le conseiller George Lemaire (D. P. 91. 1. 390).

**48.**—XI. SURSIS. — REMISE DE CAUSE. — REPRISE D'INSTANCE (*Rép.* n°ˢ 52 à 60). — Le plus souvent, le jugement qui se borne à refuser ou à ordonner un sursis est purement *préparatoire* (V. le rapport précité de M. le conseiller George Lemaire, D. P. 91. 1. 390). Il en est ainsi, par exemple, du jugement par lequel un tribunal a refusé de reconnaître un effet suspensif à l'appel relevé contre un précédent jugement statuant sur, un incident de la procédure, et, par exemple, rejetant une demande à fin d'interrogatoire sur faits et articles (Toulouse, 28 janv. 1853, aff. Roux, D. P. 53. 2. 58).

**49.** Un tel jugement serait, au contraire, *interlocutoire*, s'il préjugeait une question de fond. Il en serait ainsi, par exemple, dans le cas où le tribunal dont le jugement condamnant une des parties a été frappé d'appel, étant saisi par l'autre partie d'une action en dommages-intérêts fondée sur le préjudice que lui cause l'appel, surseoit à statuer, par le motif que cette action, dont le défendeur demandait le rejet immédiat, pourrait être légalement introduite si le jugement frappé d'appel était confirmé par la cour : c'est là une décision interlocutoire, car elle fait pressentir l'influence que le sursis ordonné pourra exercer sur le sort de la nouvelle instance introduite devant le tribunal (Rouen, 10 juill. 1882, aff. Monnard, D. P. 83. 2. 179).

**CHAP. 2. — Des jugements d'avant dire droit en matière criminelle** (*Rép.* n°ˢ 86 à 93).

**50.** Les différents principes que l'on vient de poser en matière civile régissant aussi bien les affaires criminelles, on se bornera ici, sans les répéter, à en signaler l'application à ces affaires, au moyen d'exemples puisés dans la jurisprudence.

ART. 1ᵉʳ. — *Distinction des jugements d'avant dire droit d'avec les jugements définitifs.*

**51.** Les jugements définitifs en matière criminelle sont, d'après la définition négative proposée par M. Glasson en matière civile (V. *suprà*, n° 1), tous ceux qui ne présentent pas les caractères d'un jugement d'avant dire droit. Spécialement : 1° est définitif le jugement qui admet l'opposition formée à un jugement par défaut, et continue la cause à huitaine (Crim. rej. 20 sept. 1844, aff. Blanco, D. P. 45. 4. 334) ; — 2° L'arrêt de cour d'assises qui, après la formation du tableau du jury et l'audition des témoins, renvoie l'affaire à une autre session, n'est pas seulement un arrêt préparatoire ou d'instruction, mais réunit tous les caractères d'un jugement définitif susceptible de recours en cassation avant l'arrêt définitif (Crim. rej. 29 mars 1849, aff. Dupuis, D. P. 49. 5. 97) ; — 3° La décision par laquelle le juge d'appel, après infirmation d'un jugement incident, renvoie la cause aux premiers juges, au lieu d'évoquer, constitue, non un simple jugement préparatoire, mais un jugement définitif d'attribution (Crim. cass. 6 janv. 1855, aff. Desouches-Touchard, D. P. 55 . 5. 272) ; — 4° Le jugement correctionnel, qui déclare le prévenu coupable des faits (d'escroquerie, par exemple) qui lui sont reprochés, est réputé constater par là le préjudice causé à la partie civile, bien qu'il ne fixe pas en même temps le chiffre des dommages-intérêts réclamés par celle-ci, et subordonne l'évaluation de ces dommages à une mesure d'instruction : il est donc définitif, du moins en ce qui touche le principe de la culpabilité (Crim. rej. 6 déc. 1855, aff. Manning, D. P. 56. 1. 143) ; — 5° En matière correctionnelle ou de simple police, le jugement ou arrêt qui statue successivement sur la compétence et sur une demande de sursis à la continuation des débats (jusque, par exemple, après la décision à intervenir sur l'inculpation de faux témoignage, dirigée contre des témoins arrêtés à l'audience)

est définitif, et non simplement préparatoire (Crim. cass. 27 mars 1856, aff. De l'Angle Beaumanoir, D. P. 56. 1. 229) ; — 6° L'arrêt prononçant d'une manière définitive sur une question de compétence ne peut être assimilé aux décisions préparatoires (Crim. rej. 3 mars 1860, aff. Graux, D. P. 60. 5. 215).

**52.** L'intérêt de la distinction, ici comme en matière civile (V. *suprà*, n° 4 et suiv.), consiste en ce que le jugement avant dire droit n'a pas, en principe, l'autorité de la chose jugée, et, comme on dit, ne lie pas le juge (*Rép.* n° 93). Ainsi le juge qui, avant dire droit, a ordonné une enquête, n'est pas lié par les résultats de cette enquête (Crim. cass. 10 janv. 1879. aff. Mayeur, D. P. 79. 1. 276).

**53.** Toutefois, les exceptions à cette règle, qui ont été signalées en matière civile (V. *suprà*, n°ˢ 9 et suiv.), sont également constantes en matière criminelle. Spécialement, l'arrêt qui, avant faire droit, a ordonné une enquête a, quant à la preuve ordonnée, l'autorité de la chose jugée ; à défaut de pourvoi en temps utile (Comp. *suprà*, n° 12) ; en conséquence, le juge appelé à statuer sur le fond ne peut, sans commettre un excès de pouvoir, refuser d'exécuter cette sentence et de procéder à l'enquête (Crim. cass. 10 janv. 1879, cité *suprà*, n° 52).

ART. 2. — *Distinction des jugements d'avant dire droit entre eux.*

**54.** Existe-t-il des jugements interlocutoires en matière criminelle? D'après un jugement (Trib. d'Evreux, 20 déc. 1844, aff. Vitrou, D. P. 43. 1. 247), il n'existe pas, en matière correctionnelle, de jugements interlocutoires ayant l'effet qui leur est attribué en matière civile, et dont on puisse interjeter appel avant le jugement définitif. Mais cette décision est contraire à la jurisprudence des cours d'appel et de la cour de cassation qui admettent, ainsi qu'on le verra dans les exemples suivants (*infrà*, n°ˢ 57 et suiv.), l'existence d'arrêts interlocutoires en matière criminelle aussi bien qu'en matière civile. La chambre criminelle a, d'ailleurs, jugé en termes exprès que les dispositions de l'art. 452 c. proc. civ., qui déterminent les caractères des jugements préparatoires ou interlocutoires, sont applicables en matière pénale (Crim. rej. 27 janv. 1882, aff. Dawson, D. P. 82. 1. 277). M. Faustin Hélie, *Instruction criminelle*, 2ᵉ éd., t. 6, n° 2717, s'exprime en termes identiques.

**55.** L'intérêt de la distinction réside ici, comme en matière civile, dans la question de savoir si le jugement peut être ou non frappé d'un recours, indépendamment du jugement définitif. Il est de principe que les jugements qui, en matière criminelle, ont le caractère d'interlocutoire, comme préjugeant le fond, ne peuvent être frappés d'un pourvoi en cassation que dans les trois jours de leur prononciation (Crim. rej. 9 janv. 1858, aff. Florimond, D. P. 64. 5. 227 ; 19 févr. 1859, aff. Douin, D. P. 59. 5. 53). — D'ailleurs, contrairement à ce qui a lieu pour le jugement préparatoire, l'appel formé contre un jugement interlocutoire oblige le juge à surseoir à l'examen du fond jusqu'à la décision du tribunal supérieur (Crim. cass. 19 janv. 1854, aff. X..., D. P. 54. 1. 200 ; Crim. rej. 16 avr. 1863, aff. N..., D. P. 63. 5. 226).

**56.** A l'exemple de ce qui a été fait en matière civile (V. *suprà*, n°ˢ 29 et suiv.), on recherchera, dans les hypothèses les plus fréquentes, quel critérium fournit la jurisprudence pour distinguer les jugements interlocutoires des jugements simplement préparatoires.

**57.** — I. EXPERTISE. — La question de savoir à quels signes le caractère des jugements préparatoires ou interlocutoires peut être reconnu échappe à une solution absolue. En matière d'expertise, notamment, la solution varie avec chaque espèce. On peut, toutefois, en s'éclairant de la jurisprudence, indiquer quelques principes qui doivent guider l'appréciation, à la condition toutefois de ne pas oublier qu'il faut s'attacher beaucoup plus au but et à l'intention du juge qu'à la dénomination de la mesure qu'il a ordonnée (Req. 3 janv. 1860, aff. Porten, D. P. 60. 1. 142) ; si l'expertise réclamée n'a été l'objet d'aucun dissentiment entre les parties, s'il n'y a pas eu de contestation sur l'étendue de la mission qui est donnée aux experts, le jugement sera, en général, préparatoire (Civ. cass. 22 juin 1864, aff. Sauzéas, D. P. 64. 1. 342); et cette règle pourra servir de guide, pourvu qu'on ne l'étende pas au-delà des limites qui ont été déterminées (V. *suprà*, n° 33).

La jurisprudence, s'inspirant de ces principes, a considéré comme purement *préparatoire* (Comp. *Rép.* n°s 90-5°, 91-3°) : 1° le jugement correctionnel qui, sur la demande du prévenu, a ordonné une expertise ayant pour objet d'établir que le fait incriminé s'est passé d'une manière telle qu'il ne serait pas susceptible de produire un délit (Crim. rej. 5 avr. 1845, aff. Vitrou, D. P. 45. 1. 247); — 2° Le jugement d'un tribunal de police qui ordonne une expertise en cas de poursuites pour infraction aux ordres d'un commissaire de police relativement à des constructions menaçant ruine (Crim. cass. 28 févr. 1846, aff. Arnoult, D. P. 46. 4. 531); — 3° L'arrêt qui, dans un procès en contrefaçon d'une invention brevetée, ordonne, le prévenu de contrefaçon ait proposé une exception péremptoire, ordonne, avant faire droit, une expertise pour contrôler les allégations contradictoires des parties sur l'état matériel des produits argués de contrefaçon et sur la portée du brevet du plaignant, s'il n'admet ni ne rejette quant à présent le moyen invoqué, et alors surtout que la vérification ordonnée est, en elle-même, de nature à éclairer le juge tout à la fois sur l'exception et sur le fond (Crim. rej. 10 janv. 1862, aff. Sax, D. P. 65. 5. 244); — 4° En matière de simple police, spécialement en matière de poursuite pour construction en empiètement sur la voie publique, le jugement qui, sur la demande du prévenu et du consentement du ministère public, ordonne une expertise pour la constatation de l'empiètement, s'il réserve au prévenu le droit de prouver qu'il s'est conformé à l'arrêté d'alignement préalablement obtenu, car un tel jugement ne fait, en réalité, qu'autoriser la preuve contraire au procès-verbal (Crim. rej.10 déc. 1864, aff. Michaux, D.P.65.5.243).

**58.** Si, au contraire, le jugement laisse pressentir l'influence que l'expertise doit exercer sur la solution définitive, le jugement est *interlocutoire.* On en a vu des exemples au *Rép.* n° 92-3° et 6°. De même, est interlocutoire : 1° le jugement qui ordonne une expertise, lorsque, se méprenant sur la prétention de la partie civile et sur la portée réelle du brevet, il a changé le terrain de la discussion, déplacé la question et méconnu le véritable objet du brevet (Crim. 13 août 1857, aff. Lanet, *Bull. crim.* 1857, p.470); — 2° Le jugement ou arrêt ordonnant une expertise sur un fait allégué de contrefaçon, s'il reconnaît dès à présent la brevetabilité de l'invention et la validité du brevet du plaignant (Crim. cass. 10 août 1860, aff. Berger, D. P. 60.1. 513); — 3° Le jugement qui ordonne une expertise dans des conditions et des termes qui font pressentir l'influence que cette expertise doit exercer sur le sort de l'instance, notamment quand, en matière de contrefaçon, la mission confiée aux experts ne se borne pas à une simple mesure préparatoire propre à éclairer le juge du fond sur une question technique, mais porte, tant sur la définition de la loi du brevet que sur la valeur légale de ce titre mise en doute par l'allégation de certaines antériorités (Crim. rej. 27 janv. 1882, aff. Dawson, D. P. 82. 1. 277); — 4° L'arrêt qui ordonne une expertise à l'effet si certains objets tombent sous l'application d'une disposition d'un tarif d'octroi (Crim. cass. 23 janv. 1885, aff. Bray, D. P. 86. 1. 230); — 5° Le jugement qui, en ordonnant une expertise, préjuge, dans les termes de la mission donnée aux experts, la décision définitive qui devra intervenir selon la réponse qui sera faite aux questions posées (Crim. cass. 15 févr. 1889, aff. Lardenou, D. P. 90. 1. 190).

**59.** En tous cas, il a été jugé que l'arrêt qui statue sur la validité d'une expertise est interlocutoire, et qu'en conséquence il peut être frappé d'un pourvoi en cassation avant le jugement définitif (Crim. cass. 24 juill. 1857, aff. Descheneux, D. P. 57. 1. 369).

**60.** — II. PREUVE. — ENQUÊTE. — Le jugement qui ordonne la preuve de certains faits, spécialement par voie d'enquête, peut n'être que *préparatoire.* Ainsi le jugement du tribunal de simple police qui admet les parties à faire preuve de faits allégués de part et d'autre n'a point le caractère d'un jugement interlocutoire, mais simplement préparatoire, et, par suite, ne peut être frappé de pourvoi en cassation

qu'en même temps que le jugement sur le fond (Crim. cass. 14 oct. 1856, aff. Durand, D. P. 56. 1. 405). De même, le jugement du tribunal correctionnel qui, avant de faire droit sur la prévention (de vol) dont est saisi ce tribunal, et à laquelle le prévenu oppose une exception de propriété immobilière, ordonne préalablement les mesures nécessaires pour arriver à la connaissance de la nature de l'action, et autorise notamment le prévenu à faire la preuve de ses allégations, sauf à procéder ultérieurement conformément à l'art. 182 c. for., est une décision simplement préparatoire et d'instruction, qui ne peut, dès lors, être attaquée par le recours en cassation qu'avec le jugement définitif (Crim. rej. 6 mars 1857, aff. Bouzon, D. P. 57. 1. 179).

**61.** Toutefois comme, en fait, l'admissibilité de la preuve engage presque toujours une question de principe (Comp. *suprà*, n° 36), le jugement qui ordonne une preuve, et particulièrement une enquête, est presque toujours *interlocutoire*. Ainsi : 1° est interlocutoire le jugement qui décide que, dans le cas où un travail confortatif remonterait à plus d'une année, la contravention serait prescrite, et qui ordonne la preuve de ce fait (Crim. rej. 25 mai 1850, aff. Lamaut, D. P. 50. 5. 55); — 2° Le jugement de simple police qui ordonne une enquête du résultat de laquelle dépend le sort de la poursuite n'est pas un simple jugement préparatoire, mais consacre un préjugé définitif, et, à ce titre, peut être déféré à la cour de cassation avant le jugement sur le fond (Crim. rej. 8 janv. 1864, aff. Dru, D. P. 66. 5. 278); — 3° Est interlocutoire, et partant susceptible de pourvoi en cassation avant le jugement définitif, la décision par laquelle, dans une poursuite pour dégradation, commise sur un chemin public, le juge de police met la preuve de la publicité du chemin à la charge de la partie poursuivante (Crim. rej. 30 juill. 1869, aff. Delsart, D. P. 70. 1. 47); — 4° Le jugement de simple police qui admet le prévenu à faire la preuve d'un fait qui serait de nature, s'il était établi, à faire disparaître la contravention, préjuge le fond et constitue, dès lors, un jugement interlocutoire (Crim. cass. 10 janv. 1879, aff. Mayeur, D. P. 79. 1. 296); — 5° L'arrêt qui statue définitivement sur la question d'admissibilité de la preuve des faits diffamatoires imputés à la partie civile est interlocutoire (Crim. rej. 24 juill. 1886, aff. Moulard, D. P. 86. 1. 476).

**62.** — III. COMMUNICATION ET PRODUCTION DE PIÈCES. — VISITE DE LIEUX. — Le jugement qui se borne, par simple mesure d'ordre, à ordonner la vérification des titres ou lieux litigieux est préparatoire, et, est presque toujours *préparatoire* (Comp. *suprà*, n° 44). Ainsi, la décision par laquelle le tribunal de police a, sur la demande du prévenu, ordonné une visite contradictoire des lieux, une enquête et une production de titres, pour être ensuite statué ce qu'il appartiendrait, est un jugement purement préparatoire et d'instruction, que le ministère public ne peut, par suite, attaquer qu'après le jugement définitif (Crim. rej. 28 juin 1861, aff. Fauzon, D. P. 61. 5. 286). De même, est préparatoire et ne peut, en conséquence, être frappé d'appel ou de pourvoi en cassation qu'après le jugement définitif, conformément à l'art. 416 c. instr. crim., le jugement du tribunal de police qui ordonne, alors que le prévenu n'a pas encore débattu la preuve contraire au procès-verbal, un transport contradictoire sur les lieux (Crim. rej. 28 avr. 1854, aff. Daux, D. P. 54 5. 75).

**63.** Ce serait l'inverse si, par suite des débats qui avaient précédé ce jugement, il se trouvait revêtir un caractère véritablement contentieux. Par exemple, en matière de fraude aux lois sur les contributions indirectes, la mesure d'instruction par laquelle un tribunal correctionnel ordonne l'apport à sa barre d'un portatif, ainsi que du registre à souche des acquits-à-caution, aurait, pour effet, de méconnaître la foi due à un procès-verbal régulier, imprime au jugement un caractère *interlocutoire*, si l'admissibilité de ces moyens de vérification est contestée par la Régie (Crim. rej. 5 juill. 1877, aff. Maïs, D. P. 78. 1. 95).

**64.** — IV. EXCEPTIONS TOUCHANT LE FOND. — Par la nature même des choses, le jugement qui statue sur une exception touchant le fond du débat est nécessairement *interlocutoire* Ainsi : 1° est interlocutoire le jugement qui, en matière de violation de mandat, admet la preuve testimoniale de l'existence du mandat, en rejetant l'exception proposée par le prévenu contre cette preuve (Crim. rej. 10 août 1850, aff. Labbé, D. P. 50. 5. 54); — 2° Il en est de même du jugement correctionnel qui, avant l'examen du fond, rejette un moyen de défense de nature à faire tomber la prévention s'il était admis (Crim. cass. 19 janv. 1854, aff. X..., D. P. 54. 1. 200; Metz, 1er mars 1866, aff. Jacquemin, D. P. 66. 2. 54); — 3° En matière de poursuite en contrefaçon, les questions de chose jugée, de déchéance et de limitation du brevet du poursuivant, agitées entre les parties, appartiennent au fond du débat; dès lors, l'arrêt qui résout ces questions avant de prononcer sur une demande d'expertise a le caractère de décision interlocutoire préjugeant le fond (Crim. rej. 9 janv. 1858, aff. Florimond, D. P. 64. 5. 227); — 4° L'arrêt incident, par lequel la cour d'assises a statué sur une exception de chose jugée soulevée par l'accusé après la lecture de l'acte d'accusation, est un arrêt interlocutoire; par suite, à défaut de pourvoi spécial contre cet arrêt, l'accusé n'est pas recevable à comprendre le rejet de ladite exception parmi les moyens invoqués à l'appui du pourvoi contre l'arrêt de condamnation (Crim. rej. 23 nov. 1866, aff. Michel, D. P. 67, 1. 235).

**65.** — V. INCIDENTS DE LA PROCÉDURE. — A l'inverse des hypothèses envisagées sous le numéro précédent, et où le jugement d'avant faire droit, touchant au fond du procès, entraîne presque toujours un préjugé, les décisions qui statuent sur de simples incidents de procédure sont presque nécessairement *préparatoires*. C'est le cas du jugement qui statue sur de prétendues irrégularités de la citation (Crim. rej. 14 mars 1884, aff. Moinelle, D. P. 85. 1. 90); ou qui écarte comme tardives des conclusions additionnelles présentées par le prévenu (Crim. cass. 28 mai 1870, aff. Ledot, D. P. 70. 1. 373). Il en est de même, comme nous allons le voir, du moins en général, pour les jugements qui se bornent à statuer sur une jonction ou un sursis.

**66.** — VI. JONCTION. — La jurisprudence n'offre que des exemples de jugements *préparatoires* : 1° le jugement correctionnel qui, en joignant au fond l'exception d'incompétence proposée par le prévenu, décide qu'il sera statué par deux dispositions distinctes, d'abord sur l'exception et ensuite sur le principal, ne faisant aucun grief au prévenu, n'est pas définitif, mais simplement préparatoire (Crim. rej. 26 avr. 1856, aff. Cazeneuve, D. P. 56. 1. 268); — 2° En matière criminelle, la décision qui se borne à joindre au fond un incident de procédure, tel que celui soulevé par la demande en nullité des divers actes de l'instruction, rentre dans la classe des jugements préparatoires, et ne peut être l'objet d'un pourvoi immédiat en cassation, alors même qu'elle préjudicierait à l'accusé, en retardant le jugement de moyens pouvant lui faire obtenir un acquittement immédiat (Crim. rej. 14 juill. 1859, aff. Crémieu, D. P. 59. 5. 239); — 3° Est purement préparatoire le jugement par lequel un tribunal correctionnel, sur la fin de non-recevoir opposée à l'action du ministère public, tout en donnant des motifs pour la repousser, n'en prononce pas le rejet dans son dispositif, et ordonne qu'il sera immédiatement passé outre aux débats sur le fond, dépens réservés (Nancy, 19 janv. 1864, aff. Boivin, D. P. 64. 2. 29); — 4° Dans une poursuite pour homicide par imprudence, le jugement qui joint au fond, en la considérant comme simple moyen de défense, l'exception tirée par le prévenu de ce qu'il ne serait pas propriétaire de l'établissement dans lequel l'accident a eu lieu, est un jugement préparatoire ou d'instruction qui ne peut être attaqué devant la cour de cassation qu'après le jugement au fond définitif (Crim. rej. 23 nov. 1865, aff. Mathieu, D. P. 66. 5. 278).

**67.** — VII. SURSIS. — Ici encore, le caractère préparatoire est la règle, et l'interlocutoire l'exception (Rép. n°s 89 et 92). Le jugement qui statue sur une demande de sursis est simplement *préparatoire* et non susceptible d'appel, s'il ne s'agit que d'un renvoi dans l'intérêt de l'instruction de l'affaire ou de la préparation de la défense. Ainsi : 1° l'arrêt qui (en matière correctionnelle) refuse de remettre la cause jusqu'à ce qu'il ait été statué sur le pourvoi formé contre un précédent arrêt par lequel la même cour, saisie par suite de renvoi après cassation, a déterminé l'étendue de ce renvoi, est purement préparatoire (Crim. cass. 9 sept. 1852, aff. Lamarque, D. P. 52. 5. 340); — 2° Le jugement

qui dans une poursuite pour contravention à un arrêté municipal, accorde au prévenu, sur son allégation qu'il a formé un recours régulier contre ledit arrêté, un délai pour en rapporter la preuve, est simplement un jugement préparatoire, contre lequel, dès lors, le ministère public n'a besoin de se pourvoir qu'au moment où il forme son pourvoi contre le jugement définitif (Crim. rej. 8 janv. 1863, aff. Dominici, D. P. 63. 1. 106); — 3° L'arrêt qui rejette la demande en sursis formée par un prévenu appelant et fondée par lui sur ce qu'il aurait droit à un nouveau délai pour préparer sa défense, est purement préparatoire, parce que, s'il est définitif en ce qu'il rejette le sursis, il ne statue que sur un incident relatif à l'instruction et ne préjuge le fond sous aucun rapport (Crim. rej. 16 avr. 1853, aff. N..., D. P. 63. 5. 226); — 4° La décision par laquelle le tribunal, dans une poursuite formée par l'administration des Contributions indirectes, ordonne un sursis jusqu'à l'évacuation du pourvoi formé par cette Administration contre un arrêt de relaxe intervenu en faveur d'un autre prévenu, est simplement préparatoire, et, par suite, ne peut être l'objet d'un pourvoi spécial avant l'arrêt définitif (Crim. rej. 12 nov. 1880, aff. Gras, D. P. 81. 1. 336).

**68.** Toutefois, si le sursis était sollicité en vue d'une mesure préjugeant le fond, le jugement statuant sur ce sursis serait *interlocutoire*. La jurisprudence fournit de ce cas des exemples assez nombreux : 1° est interlocutoire le jugement qui surseoit à statuer sur une poursuite pour contravention de voirie, jusqu'à ce qu'il ait été donné un alignement régulier (Crim. rej. 19 févr. 1859, aff. Drouin, D. P. 59. 5. 55); — 2° Le jugement du tribunal correctionnel qui surseoit à statuer, jusqu'à la décision de la cour d'assises, sur la fausseté prétendue d'un témoignage, duquel il fait dépendre la solution du procès, n'est pas un simple préparatoire, et peut, en ce qu'il préjuge le fond, être frappé d'appel avant le jugement définitif (Crim. rej. 28 juill. 1859, aff. Pansard, D. P. 60. 5. 216); — 3° Le jugement par lequel le tribunal de simple police, saisi d'une poursuite contre un propriétaire prévenu d'avoir construit sans autorisation et en empiétement sur la largeur de la voie publique, ordonne un sursis pendant lequel le prévenu aura à obtenir de l'autorité administrative un alignement régulier de son terrain sur la voie publique, ou à justifier de ses diligences à cette fin, préjuge le fond, et, par suite, doit être attaqué dans les trois jours de sa prononciation, sans attendre le jugement définitif (Crim. rej. 16 juin 1870, aff. Bésins, D. P. 71. 1. 187); — 4° Le jugement du tribunal correctionnel, qui refuse un sursis sollicité par le prévenu pour faire statuer par une autre juridiction sur une question présentée comme préjudicielle, a un caractère définitif et interlocutoire, et est, dès lors, susceptible d'appel (Crim. cass. 10 mai 1879, aff. Souchet, D. P. 79. 1. 237); — 5° Lorsque, sur une poursuite exercée pour diffamation, le prévenu réclame un sursis fondé sur une plainte, relative aux faits imputés, adressée par lui au procureur de la République, l'arrêt qui ordonne ou refuse ce sursis constitue non une décision préparatoire, mais une décision interlocutoire et définitive contre laquelle le recours en cassation est ouvert (Crim. rej. 7 juill. 1882, aff. Cancalon, D. P. 83. 1. 143).

## CHAP. 3. — Des jugements d'avant dire droit en matière administrative (Rép. n° 94).

### ART. 1er. — Distinction des jugements d'avant dire droit d'avec les jugements définitifs.

**69.** Cette distinction existe, en matière administrative, comme en matière civile ou criminelle. Son intérêt se révèle, ici comme ailleurs, au point de vue de l'autorité de la chose jugée. Il est de règle que le jugement avant dire droit ne lie pas le juge. Ainsi, l'arrêté, purement préparatoire, par lequel le conseil de préfecture, saisi d'une demande en indemnité pour dommage causé par des travaux publics, ordonne une expertise à l'effet de constater la réalité et d'apprécier l'étendue et les conséquences du dommage, ne fait pas obstacle à ce qu'il soit ultérieurement examiné si, à raison de la nature du dommage, il y a lieu à indemnité

(Cons. d'Et. 18 août 1856, aff. Péan de Saint-Gilles, D. P. 57. 4. 21).

**70.** Mais la jurisprudence administrative applique ici les exceptions admises à cet égard en matière civile (V. *suprà*, nos 9 et suiv; Chauveau et Tambour, *Code d'instruction administrative*, t. 1, n° 289) et il a été décidé que le jugement préparatoire lie du moins le juge administratif en ce sens qu'il ne peut plus être rétracté par lui. Ainsi, bien que l'arrêté qui ordonne une expertise soit préparatoire, il doit sortir son plein et entier effet, et, par suite, le conseil de préfecture ne peut, par un arrêté subséquent, décider que l'expertise n'aura pas lieu et statuer immédiatement au fond (Cons. d'Et. 28 janv. 1881, aff. Lamay, D. P. 82. 3. 33).

ART. 2. — *Distinction des jugements d'avant dire droit entre eux.*

**71.** La jurisprudence administrative, appliquant le droit commun, range parmi les simples préparatoires les jugements qui laissent entière la question du fond (Cons. d'Et. 27 août 1854, aff. Osterrich, D. P. 55. 3. 40). — On ne trouve guère, dans les arrêts, que des exemples de juge-

ments préparatoires, et non interlocutoires. Ainsi, il a été jugé que l'arrêté du conseil de préfecture qui, en matière de travaux publics, ordonne avant faire droit une expertise à l'effet de constater l'existence, la nature et les causes d'un dommage à raison duquel une indemnité est réclamée par un particulier, n'est qu'un simple *préparatoire* (Cons. d'Et. 27. août 1854, précité. V. *Anal. Cons. d'Et.*, 28 janv. 1881, aff. Lamay, D. P. 82. 3. 33).

**72.** L'intérêt de la distinction réside dans la recevabilité des recours dont le jugement peut être l'objet. S'il n'est pas interlocutoire, mais simplement préparatoire, il ne peut être attaqué qu'en même temps que le jugement définitif sur le fond (Cons. d'Et. 28 janv. 1881, aff. Lamay, D. P. 82. 3. 33). Spécialement, l'arrêté du conseil de préfecture qui, en matière de travaux publics, ordonne avant faire droit une expertise à l'effet de constater un dommage à raison duquel une indemnité est réclamée, ne peut, étant purement préparatoire, être immédiatement attaqué par le ministre devant le conseil d'Etat, sous prétexte que le dommage éprouvé serait de ceux à la réparation desquels l'Etat n'est point tenu (Cons. d'Et. 27 août 1854, aff. Osterrich, D. P. 55. 3. 40).

## Table sommaire

des matières contenues dans le Supplément et le Répertoire.

(Les chiffres précédés de la lettre *S* renvoient au Supplément; les chiffres précédés de la lettre *R* renvoient au Répertoire.)

## Table chronologique des Lois, Arrêts, etc.

| | | | | | |
|---|---|---|---|---|---|
| **1828** | 1er juill. Colmar 30 c. | **1855** | **1860** | 28 août. Civ. 5 c., 36 c. | **1873** | 19 mars. Req. 29 c. 30 avr. Civ. 30 c. | **1885** |

# JUGEMENT PAR DÉFAUT.

**Division.**

## CHAP. 1er. — Historique (Rep. nos 2 à 4).

**1.** Au point de vue historique, nous ne pouvons que nous en référer à ce qui a été dit *suprà*, v° *Jugement*, n° 1, en ajoutant toutefois que les jugements par défaut en matière criminelle ont fait l'objet, depuis la publication du *Répertoire*, d'une double réforme par l'effet des lois du 13 juin 1856 (D. P. 56. 4. 63) et du 27 juin 1866 (D. P. 66. 4. 75). V. *infrà*, n° 184.

**2.** Mais si les réformes actuellement accomplies sont, pour ainsi dire nulles, au moins en matière civile, non autrement, dans cette matière, des réformes projetées. On verra, en effet, dans la suite de cette étude, que le projet de loi déposé par le Gouvernement le 6 mars 1890 (Chambre des députés, annexe n° 418), sur la revision des titres 1 à 25 du livre 2 et 16 du livre 5 c. proc. civ., propose des modifications importantes à la législation actuelle des jugements par défaut : suppression du droit d'opposition au cas de défaut faute de conclure (V. *infrà*, n° 15) et, par suite, de défaut-congé (V. *infrà*, n° 90), réglementation nouvelle du droit d'opposition au cas de défaut faute de comparaître (V. *infrà*. n° 96).

**CHAP. 2. — Des jugements par défaut en matière civile (tribunaux civils, tribunaux de commerce, tribunaux de paix** (*Rép.* n°s 5 à 428).

SECT. 1re. — QUELS JUGEMENTS SONT CONTRADICTOIRES OU PAR DÉFAUT (*Rép.* n°s 25 à 51).

**3.** La distinction entre les jugements contradictoires et par défaut a un intérêt considérable (*Rép.* n° 25) ; en fait, elle offre souvent d'assez grande difficultés.

Un point certain, tout d'abord (*Rép.* n° 26), c'est que, pour reconnaître les caractères d'une décision judiciaire, il faut l'envisager en elle-même, et apprécier les circonstances dans lesquelles elle a été rendue, abstraction faite de la qualification qui a pu lui être donnée par les juges (Trib. com. Laval, 25 janv. 1882, aff. Bellanger, D. P. 83. 3. 31-32). Ainsi la fausse qualification de jugement par défaut n'empêche pas ce jugement d'être contradictoire (Req. 4 juill. 1888, aff. Lampsin, D. P. 89. 1. 477). Inversement, un jugement par défaut faute de conclure, par exemple, ne cesserait pas d'être tel, parce qu'il aurait été qualifié contradictoire ; en tous cas, la partie qui a préféré la voie de l'appel à celle de l'opposition ne peut tirer grief contre le jugement de ce qu'il n'aurait pas été qualifié par défaut (Paris, 3 août 1872, aff. Cabrol, D. P. 73. 2. 119). De même un jugement doit être réputé par défaut lorsqu'il présente les caractères propres aux décisions de cette espèce, bien qu'il ne porte pas la mention qu'il a été rendu par défaut (Aix, 28 avr. 1871, aff. Sabatier, D. P. 72. 2. 83 ; Rennes, 21 mars 1879, aff. Quintard-Besson, D. P. 81. 2. 175).

**4.** En second lieu, il est non moins certain que les divers chefs d'un jugement, considérés isolément, forment autant de jugements distincts, et que chacun de ces chefs peut être soumis à des règles différentes touchant les voies de recours à employer contre eux (Civ. rej. 11 août 1868, aff. Brunfaut, D. P. 68. 1. 448 ; Trib. com. Laval, 25 janv. 1882, aff. Bellanger, D. P. 83. 3. 31-32). La solution contraire, que le tribunal de commerce de Caen (13 déc. 1879, *infrà*, n° 14) avait cru pouvoir adopter, a. été condamnée par la cour (Caen, 16 mars 1880, *ibid*).

**5.** Comment peut-on reconnaître un jugement contradictoire d'avec un jugement par défaut ? — La règle, c'est qu'un jugement est contradictoire sur un chef, dès lors que, sur ce chef, les parties ont à l'audience pris leurs conclusions, ou, comme on dit quelquefois, posé qualités (*Rép.* n° 38) ; peu importe qu'ensuite l'une d'elles refuse de plaider (*Rép.* n° 40). Jugé en ce sens : 1° lorsque les conclusions ont été respectivement prises à l'audience, en matière notamment de requête civile, et que la cause a été renvoyée à un autre jour pour être plaidée, l'instance est liée contradictoirement, et le défaut de comparution de l'avoué du demandeur à l'audience indiquée, pour y reprendre et développer ses conclusions, n'enlève point au jugement qui intervient le caractère de décision contradictoire ; en conséquence, les juges ne peuvent, en qualifiant leur jugement de jugement par défaut, rejeter la demande sans examen, par l'unique motif que l'avoué du demandeur ne com-

paraît pas pour proposer ses moyens (Civ. cass. 30 nov. 1853, aff. Vaudelin d'Augerans, D. P. 54. 1. 19) ; — 2° Que lorsque, devant un tribunal de commerce, le demandeur, après avoir posé ses conclusions (tendant, par exemple, à ce qu'un jugement par défaut qu'il avait précédemment obtenu contre le défendeur fût rejeté), refuse de plaider parce que le tribunal ne lui a point accordé une remise de l'affaire, le jugement qui rejette sa demande avec dommages-intérêts, sans vérification de ses conclusions, est nul par défaut de motifs, ce jugement n'ayant pas le caractère d'un jugement de défaut-congé (Civ. cass. 24 févr. 1857, aff. Nathan, D. P. 57. 1. 52) ; — 3° Que l'arrêt rendu après des conclusions respectivement prises par les parties aux audiences précédentes, et suivies de la remise de la cause à une audience ultérieure pour plaider, est contradictoire et ne peut, dès lors, être qualifié d'arrêt par défaut, quoique, au jour fixé pour les plaidoiries, l'avoué de l'appelant ne se soit pas présenté pour conclure de nouveau et qu'aucunes plaidoiries n'aient eu lieu au soutien de l'appel (Civ. cass. 2 juill. 1866, aff. Lafarge, D. P. 66. 1. 323 ; Req. 4 juin 1877, aff. Marthey, D. P. 78. 1. 485). Mais la qualification d'arrêt par défaut inexactement donnée à cette décision ne peut en entraîner l'annulation, alors que le demandeur en cassation avait été condamné, non parce qu'il avait fait défaut, mais parce que la demande formée contre lui était fondée (Arrêt précité du 4 juin 1877) ; — 4° Qu'un jugement est contradictoire, alors même que, à l'audience fixée pour les plaidoiries, un avoués refuse de conclure, si, à une audience antérieure où la cause a été appelée, les avoués des deux parties ont posé qualités (Req. 25 avr. 1881, aff. Deleau, D. P. 82. 1. 155).

**6.** Mais du moins faut-il qu'il y ait conclusions respectivement prises à l'*audience* (Caen, 16 mars 1880, *infrà*, n° 14) et la *signification* respective de conclusions ou de mémoires ne suffirait pas à conférer au jugement le caractère contradictoire. Ainsi un arrêt peut être rendu par défaut, et sans examen des griefs d'appel, contre l'appelant qui n'a pris aucunes conclusions à l'audience, quoique, dans des mémoires respectivement signifiés, ces griefs aient été exposés et combattus (Req. 10 févr. 1868, aff. Alazet, D. P. 68. 1. 391).

**7.** Tout jugement qui ne satisfait pas aux conditions ci-dessus et qui, par suite, n'est pas contradictoire, est un jugement par défaut. Cela peut se produire dans diverses circonstances, soit que le défendeur n'ait pas été appelé (V. *infrà*, n°s 8 et 9), soit qu'il ne comparaisse pas du tout (V. *infrà*, n° 10), soit qu'il ne comparaisse que sur une partie des débats (V. *infrà*, n°s 11 à 14).

**8.** 1° En premier lieu, tout jugement rendu contre une personne qui n'a pas été mise en demeure de se défendre, et qui n'a point connaissance de la demande formée contre elle, ne peut être qu'un jugement par défaut. C'est ainsi qu'il faut entendre un arrêt de la cour de cassation (Civ. rej. 7 août 1872, aff. Daumale, D. P. 72. 1. 292) aux termes duquel la condamnation prononcée contre un expert qui, après avoir prêté serment, n'a pas accompli sa mission, sans qu'il ait été entendu ni même appelé, peut être attaquée par la voie de l'opposition.

**9.** C'est en vertu du même principe que l'on considère les jugements rendus sur requête comme des décisions par défaut, que la partie qui n'y a pas été appelée peut frapper d'opposition, à moins que cette voie de recours ne soit prohibée par la loi ou incompatible avec la nature de la demande (Douai, 11 mars 1864 (1) ; Caen, 30 janv. 1873,

(1) (Decrequy *C*. Decrequy). — LA COUR ; — En ce qui touche la fin de non-recevoir : — Attendu que l'opposition à tout jugement par défaut est de droit commun ; — Qu'elle doit être admise toutes les fois qu'une loi spéciale ne contient pas de disposition contraire ou que la nature des décisions rendues ne résiste pas à l'emploi de cette voie de recours ; — Attendu que, sur la requête à fin d'interdiction de l'appelante, prohibée par les articles, le tribunal, par jugement du 3 oct. 1863, a ordonné la convocation du conseil de famille et de l'interrogatoire de l'appelante ; — Que cette dernière a formé opposition à ce jugement ; — Que cette opposition est recevable ; — Que la sentence attaquée a été rendue sans que l'appelante ait été entendue, qu'elle est par défaut ; — Qu'il importe peu que l'appelante n'ait pas dû être appelée ; — Que la loi n'a pas distingué entre les jugements rendus sur

requête ou sur assignation ; — Qu'il suffit que la décision ait été prononcée *inauditâ parte* pour qu'elle soit par défaut, et par suite, susceptible d'opposition ; — Que le législateur n'a apporté aucune modification à ce principe dans les instances à fin d'interdiction ; — Que s'il n'a pas exigé, au début de la procédure, l'assignation de la personne dont l'interdiction est poursuivie, il n'a prohibé par aucun texte l'intervention de cette dernière ; — Que dès que la requête à fin d'interdiction est présentée, il existe une demande contre laquelle le défendeur a intérêt et droit de se défendre en justice ; — Que, dès le début de la procédure, le défendeur peut avoir intérêt et contester, soit la qualité du poursuivant, soit la compétence du tribunal, soit la pertinence des faits articulés ; qu'il n'existait aucun motif pour ne pas permettre au défendeur de présenter sans retard ces moyens de défenses ;

aff. May, D. P. 76. 2. 42; Paris, 19 juin 1875, aff. de V...
*ibid.*). Il en est ainsi dans le cas même où cette partie ne
devait pas, d'après la loi, être appelée (Même arrêt du
11 mars 1864); spécialement, le jugement de la chambre
du conseil qui, en matière d'interdiction, ordonne la convocation du conseil de famille, et l'interrogatoire de la personne dont l'interdiction est poursuivie, est susceptible
d'opposition de la part de cette personne (Mêmes arrêts).

**10.** 2° En second lieu (et c'est le cas de beaucoup le plus
fréquent), un jugement est par défaut lorsque le défendeur,
bien qu'appelé, ne comparaît pas. Il semble que, sur ce
point, aucune difficulté de fait ne puisse s'élever. Cependant
la question s'est posée dans diverses hypothèses; ainsi, dans
une espèce soumise à la cour de cassation, il s'agissait de
déterminer si le jugement d'un tribunal de commerce qui se
borne à constater que le défendeur a comparu par mandataire, sans faire connaître si ce mandataire était muni de
la procuration spéciale exigée par l'art. 421 c. com., doit
être considéré comme un jugement par défaut: la chambre
civile s'est prononcée pour l'affirmative (Civ. rej. 2 avr.
1855, aff. Arbey, D. P. 55. 1. 154). La cour de Chambéry
(7 mai 1888, aff. Vallien, D. P. 91. 2. 28) a jugé, d'autre
part, dans une espèce un peu différente, que la mention
qu'un tiers a été constitué en l'instance comme mandataire
des défendeurs suffit à constater la spécialité du mandat et
à donner au jugement le caractère contradictoire.

**11.** 3° Enfin il se peut qu'une instance soit successivement
contradictoire et par défaut, ce qui réfléchit sur le caractère
des jugements qui y sont rendus.

C'est le cas, tout d'abord, lorsque la composition du tribunal se modifie en cours d'instance (*Rép.* n° 46). En
effet, les conclusions respectives des parties, même suivies
d'un jugement incident (par exemple, d'un jugement de
défaut profit joint, avec renvoi de l'affaire à une autre
audience pour la décision au fond), cessent de lier contradictoirement la cause entre les parties, au cas de
changement dans la composition du tribunal: l'arrêt rendu
au fond par le tribunal autrement composé ne peut statuer
que par défaut à l'égard de la partie qui n'a pas repris ses
conclusions devant lui (Civ. cass. 13 juin 1860, aff. Jallois,
D. P. 60. 1. 479). — Jugé, de même, que les conclusions
prises par les parties devant une chambre de cour d'appel
cessent de lier contradictoirement la cause entre elles, lorsque cette cause est ensuite portée devant une autre chambre
de la même cour, composée d'autres magistrats, et que, en
conséquence, l'arrêt rendu par la chambre saisie en dernier
lieu ne peut statuer que par défaut à l'égard de la partie
qui n'a pas repris ses conclusions devant elle (Civ. cass.
11 déc. 1878, aff. Bonnery, D. P. 79. 1. 262).

**12.** C'est le cas, en outre, même en présence d'un tribunal dont la composition ne change pas, lorsque l'affaire
étant complexe, les conclusions prises par les parties ne
visent pas l'ensemble du litige (*Rép.* n° 47). Cette hypothèse,
très pratique, mérite un examen attentif: elle a donné lieu
aux applications qui suivent.

**13.** — A. *En matière civile.* — 1° l'arrêt qui, sur l'appel d'un

jugement homologuant le procès-verbal de liquidation d'une
succession, confirme ce jugement avec adoption des motifs
des premiers juges, alors que l'appelant s'est borné à conclure à un sursis jusqu'à ce qu'une demande en spoliation
de succession, par lui formée contre les intimés, ait été
jugée, est nul si la cour a entendu rendre un arrêt contradictoire, l'absence de conclusions au fond ne permettant
qu'un arrêt par défaut (Civ. cass. 16 avr. 1866, aff. Giran-
don, D. P. 66. 2. 322); — 2° Le jugement d'homologation
d'une liquidation, lors duquel une partie n'a pas comparu,
non plus que devant le notaire, est un jugement par défaut,
encore bien que l'avoué du défaillant se soit présenté chez
le notaire afin de réclamer un sursis (Riom, 2 févr. 1867,
*infrà*, n° 74); — 3° Lorsque la partie qui a formé une
demande en retrait litigieux n'a pris de conclusions que
sur cet incident, l'instance n'est pas liée contradictoirement avec elle sur le fond; en conséquence, si le juge condamne pour l'incident et sur le fond la partie qui n'a conclu
que sur l'incident, la décision rendue sur le fond est, à
l'égard de cette partie, une décision par défaut faute de
conclure, laquelle est susceptible d'opposition (Civ. cass.
29 juill. 1868, aff. Cely, D. P. 68. 1. 374, et, sur renvoi,
Aix, 7 avr. 1870, D. P. 71. 2. 185); — 4° Le jugement
définitif rendu après un interlocutoire, sans que de nouvelles conclusions aient été prises par les parties, présente
les caractères d'un jugement par défaut (Aix, 28 avr.
1871, aff. Sabatier, D. P. 72. 2. 83); — 5° Le jugement
condamnant sur le fond une partie qui a seulement conclu
à un sursis est un jugement par défaut, et il ne peut, à
peine de nullité, être rendu en la forme contradictoire. Il
en est ainsi, spécialement, du jugement qui, sur les conclusions reconventionnelles du défendeur à une demande
en validité d'une saisie-arrêt, tendant à la mainlevée de
cette saisie, et sur celles du demandeur, tendant à ce qu'il
soit sursis à statuer sur cette demande reconventionnelle
jusqu'après la décision de la juridiction compétente touchant
l'existence de la créance du saisissant, ordonne la mainlevée,
sans tenir compte de la demande de sursis (Rouen, 13 mars
1880, aff. Bansard, D. P. 80. 2. 245).

**14.** — B: *En matière commerciale.* — 1° le jugement
rendu sur un compte dressé par experts en vertu d'une
première décision contradictoire prescrivant l'établissement
du compte doit, malgré le caractère contradictoire de cette
première décision, être considéré comme un jugement par
défaut vis-à-vis de celle des parties qui, à l'audience où il
a été rendu, a refusé de conclure, alléguant, par exemple,
le défaut de communication du travail des experts (Req.
10 avr. 1861, aff. Cely, D. P. 61. 1. 472); — 2° Lorsque,
devant un tribunal de commerce, après avoir opposé une
demande une exception d'incompétence, le défendeur s'est
abstenu de conclure sur le fond, le jugement qui, par deux
dispositions distinctes, statue tout ensemble sur cette
exception et sur le fond, est contradictoire quant à la compétence et par défaut quant au fond, quoiqu'il ait omis
d'énoncer ce dernier point (Rennes, 21 mars 1879, aff.
Quintard-Besson, D. P. 81. 2. 175 ; Caen, 16 mars 1880) (1);

---

— Que, le jugement qui ordonne la convocation du conseil de
famille et l'interrogatoire du défendeur reconnaît implicitement
la pertinence des faits articulés par le poursuivant ; — Que
d'ailleurs, dans l'espèce, le tribunal a reconnu que les faits
énoncés dans la requête étaient d'une telle nature que, s'ils
étaient complètement établis, ils pouvaient entraîner l'interdiction
de la femme Decrequy, ou au moins la nomination d'un conseil
judiciaire ; — Que ce jugement préjuge le fond et que l'appelante
a intérêt et qualité pour former opposition ;
Par ces motifs, déclare recevable l'opposition, etc.
Du 11 mars 1864.-C. de Douai, aud. sol.-MM. Dumon, 1er pr.-Men-
gin de Blonval, subst.-Merlin et Talon, av.

(1) (Holzmann C. Syndic Holzmann.) — Le 13 déc. 1879, jugement du tribunal de commerce de Caen, ainsi conçu : — « Attendu
que, par exploit du 26 mai dernier, Me Vauthier, alors syndic de
la faillite Holzmann, faisait assigner la dame veuve Holzmann
devant ce tribunal, pour voir fixer à 48635 fr. 96 la somme pour
laquelle elle figurait aux répartitions de la masse chirographaire;
que, le 11 juin, les parties se présentèrent devant le tribunal et
déposèrent les conclusions suivantes : — Mme veuve Holzmann :
« Se déclarer incompétent, avec dépens » ; — Me Vauthier :
« Sans avoir égard à l'exception d'incompétence soulevée,

« laquelle sera rejetée, dire et juger que la dame veuve Holz-
« mann, par suite des acomptes par elle reçus de la masse
« hypothécaire, ne pourra prendre part dans la répartition que
« pour la somme ci-dessus » ; — Attendu que, le 6 août, le tribunal, vidant son délibéré, a, par une première disposition, statué sur l'exception de compétence et s'est déclaré compétent, et,
par une seconde disposition, a statué au fond et alloué au syndic
le bénéfice de ses conclusions ; — Attendu que la veuve Holzmann
demande que le jugement du 6 août soit déclaré rendu par
défaut, et par suite, à être admise à y former opposition ; — Attendu
que M. Bottet, syndic à la faillite Holzmann, soutient que le jugement du 6 août est contradictoire, et, que par suite, l'opposition
de la dame veuve Holzmann est non recevable ; — Attendu que, à
l'audience du 14 juin, quoique la veuve Holzmann n'ait conclu
que sur la compétence, les parties ont longuement développé leurs
moyens de défense, tant sur la question de compétence que sur le
fond ; que la veuve Holzmann n'a point demandé de renvoi à ce tribunal pour présenter ses moyens au fond ; — Attendu que, conformément à l'art. 425 c. proc. civ., le tribunal a statué par son
jugement par deux dispositions distinctes, l'une sur la compétence, l'autre sur le fond ; — Qu'un même jugement ne peut
être à la fois contradictoire et par défaut ; — Attendu que
l'affaire était en état ; — Attendu que, si la veuve Holzmann

— 3° La présence d'une partie à un jugement préparatoire (dans l'espèce, au jugement d'un tribunal de commerce nommant un expert chargé de vérifier des comptes) ne saurait la priver du droit de faire défaut sur le fond, lorsqu'elle n'a pas présenté ses moyens de forme ou de fond (Poitiers, 27 mars 1884, aff. Chauvront, D. P. 86. 2. 17).

SECT. 2. — DES DIFFÉRENTES SORTES DE JUGEMENTS PAR DÉFAUT (*Rép.* n⁰ˢ 6 à 24, 209 à 227, 310 à 331, 52 à 114).

ART. 1ᵉʳ. — *Défaut faute de comparaître et défaut faute de conclure* (*Rép.* n⁰ˢ 209 à 227, 310 à 331).

**15.** Un plaideur peut faire défaut de deux manières : il peut ou ne point se présenter devant le juge, ou bien ne point plaider, quoique présent. La loi, dans les deux cas, lui accorde le droit de former opposition au jugement par défaut. Mais il ne mérite pas dans les deux cas un égal intérêt : dans le premier, il y a présomption qu'il ignore l'ajournement qui lui a été donné, dans l'autre, cette présomption tombe d'elle-même, et la vraisemblance est, au contraire, que c'est volontairement qu'il s'abstient. Cette différence est relevée en ces termes dans l'exposé des motifs du 6 mars 1890, déjà cité *supra*, n° 2 : « On peut toujours craindre, y est-il dit (p. 30), du défaillant faute de comparaître, qu'il n'ait pas été touché par l'exploit d'ajournement, qu'il n'ait pas été mis en demeure, par conséquent, de faire valoir ses droits, de répondre à la demande. La décision qui peut être rendue en pareille hypothèse, quelque soin que le juge apporte à vérifier, comme le veut la loi, les prétentions du demandeur, n'offre que des garanties incomplètes ». Tout autre est la situation du défaillant faute de comparaître : « Il appartient aux plaideurs d'être diligents », dit le même exposé, des motifs (p. 26) ; et c'est pourquoi, tout en consacrant le droit d'opposition contre les jugements rendus par défaut faute de comparaître, le projet de loi refuse cette faculté au plaideur qui a laissé prendre un défaut faute de conclure, lequel est réputé contradictoire (*ibid*) ». Le code de procédure, partant déjà de la même idée, en avait poussé moins loin les conséquences, car il édicte seulement, ainsi qu'on le verra (*infrà*, n° 96), que le délai d'opposition diffère dans les deux hypothèses ; mais cela suffit pour donner à cette distinction un intérêt pratique d'une grande importance.

§ 1ᵉʳ. — *Tribunaux civils* (*Rép.* n⁰ˢ 209 à 227).

**16.** Devant les tribunaux civils, les parties ne sont censées comparaître que si elles sont représentées par un avoué. Le demandeur l'est toujours (V. *infrà*, n° 19) ; quant au défendeur, s'il n'a point constitué d'avoué, il est censé ne pas comparaître. Mais il se peut que, bien que représenté par un avoué, et, par suite, comparaissant au sens juridique du mot, il soit cependant encore défaillant : c'est dans le cas où son avoué ne se présente pas pour conclure.

n'a pas conclu sur le fond, elle a comparu à l'audience et pris des conclusions ; — Attendu qu'il est établi par la jurisprudence que, lorsque le défendeur n'a conclu que sur une exception et le demandeur sur l'exception et sur le fond, le jugement n'en est pas moins contradictoire ; — Attendu qu'il en doit être ainsi, alors qu'une des parties a conclu seulement sur l'incompétence sans demander renvoi pour plaider au fond, et que l'autre partie a pris des conclusions sur la compétence et sur le fond ; — Par ces motifs, que le jugement du 6 août dernier est contradictoire, et, par suite, déclare l'opposition de la veuve Holzmann non recevable ».

Appel par la dame Holzmann.

LA COUR ; — Sur la première question : — Attendu, en droit, que suivant l'art. 172 c. proc. civ., toute demande en renvoi pour incompétence ne peut être jointe au principal ; — Que si, en matière commerciale, l'art. 425 du même code autorise les tribunaux, en rejetant le déclinatoire, à statuer au fond, il exige que ce soit par deux dispositions distinctes, l'une sur la compétence, l'autre sur le fond ; mais que le défendeur n'est pas obligé de conclure sur le fond en même temps que sur la compétence, et que, s'il se borne à proposer le déclinatoire, la disposition du jugement qui intervient sur le fond est rendue par défaut, et, dès lors, susceptible d'opposition, conformément à la règle posée dans l'art. 158 c. proc. civ. — Attendu, en fait, qu'il résulte des

là vient que, devant les tribunaux civils, le défaut faute de comparaître s'appelle aussi défaut contre partie, et le défaut faute de conclure (ou de plaider) s'appelle défaut contre avoué.

**17.** — I. DÉFAUT FAUTE DE COMPARAÎTRE. (*Rép.* n⁰ˢ 211 à 220).— Dans quel cas y a-t-il défaut faute de comparaître ? — C'est d'abord, de toute évidence, lorsque aucune constitution d'avoué n'intervient. C'est, en outre, lorsque la constitution d'avoué n'arrive qu'après le jugement (*Rép.* n° 212).

**18.** Mais faut-il en induire, à *contrario*, que, jusqu'au jugement, la constitution d'avoué puisse utilement se produire et faire obstacle à ce qu'il soit donné défaut faute de comparaître ? — L'affirmative paraît résulter, à première lecture, d'un arrêt de la cour de Paris du 4 janv. 1876 (aff. de Bauffremont, D. P. 78. 2. 68). Cet arrêt, en effet, déclare, en droit, que, en disposant que le défendeur sera tenu, dans les délais de l'ajournement, de constituer avoué, par acte signifié d'avoué à avoué, ou que, dans le cas d'une demande formée à bref délai, comme dans l'espèce, il pourra, au jour de l'échéance, faire présenter à l'audience un avoué auquel il sera donné acte de sa constitution, les art. 75 et 76 c. proc. civ. ne prononcent contre lui aucun sanction, aucune déchéance du droit de comparaître et de se faire représenter ; que l'art. 149 du même code, quand il dit qu'il sera donné défaut si le défendeur ne constitue pas avoué ou si l'avoué constitué ne se présente pas au jour indiqué par l'audience, fait évidemment de la non-comparution du défendeur ou de son avoué la condition essentielle du jugement par défaut ; que tel est aussi le sens des art. 19 et 434 relatifs aux tribunaux de paix et de commerce, devant lesquels les parties sont tenues de comparaître en personne ou par mandataire ; que le défaut devant, aux termes de l'art. 150, être prononcé à l'audience sur l'appel de la cause, et les conclusions de la partie qui le requiert être adjugées, si elles se trouvent justes et bien vérifiées, aucun défaut ne saurait être encouru par le défendeur qui comparaît avant que le jugement ait été prononcé, bien que les délais de l'assignation soient alors échus ; que, dans ce cas, la partie étant réellement comparante au moment où le juge statue, le défaut qui serait donné contre elle manquerait de sa condition nécessaire et ne reposerait sur aucune base légale ; qu'ainsi, jusqu'à la prononciation du jugement qui doit le déclarer, elle est admise à comparaître utilement pour prendre conclusions et rendre le débat contradictoire. — Mais, si l'on se reporte aux circonstances de fait de l'espèce, telles qu'elles sont relevées par l'arrêt lui-même, on voit que cette solution, prise au pied de la lettre, dépasserait la pensée de la cour. Ce qui résulte des constatations de l'arrêt, c'est que, au moment où l'avoué de la partie défenderesse a déclaré se constituer, les juges n'avaient pas fait, aux termes de l'art. 150 précité, mettre les pièces sur le bureau pour prononcer le jugement à l'audience suivante ; qu'après avoir entendu l'avocat du demandeur, ils avaient seulement déclaré continuer la cause à huitaine pour entendre le ministère public en ses conclusions ; qu'en cet état de

qualités du jugement du 6 août 1879, que la veuve Holzmann a conclu uniquement à l'incompétence du tribunal de commerce ; — Qu'à la vérité, le jugement du 13 déc. 1879 énonce, dans ses motifs, qu'elle a plaidé au fond ; mais que d'abord elle proteste contre cette énonciation, qu'ensuite ce sont les conclusions déposées sur le bureau de justice et insérées au jugement qui seules saisissent les tribunaux et déterminent le caractère des décisions qu'ils rendent ; — Qu'il suit de là que le jugement susdate est par défaut au respect de la veuve Holzmann ; — Que l'opposition qu'elle y a formée le 18 sept. 1879 avant toute exécution, et même dans la huitaine de la signification du jugement, est recevable ; — Que c'est, par conséquent, à tort que le jugement du 13 déc. 1879 a déclaré cette opposition non recevable, et qu'il appartient à la cour, en évoquant le fond qui est en état, d'en apprécier le mérite ; — Sur la deuxième question... (sans intérêt) ; — Par ces motifs ; — Infirme le jugement rendu par le tribunal de commerce de Caen, le 13 déc. 1879 ; — Déclare recevable l'opposition formée par la veuve Holzmann, le 18 sept. 1879, à la disposition du jugement du 6 août précédent, laquelle statuait au fond ; — Et, faisant droit sur ladite opposition, en évoquant le fond qui est en état ;

Infirme la disposition susdite.

Du 16 mars 1880.-C. de Caen, 1ʳᵉ ch.-MM. Champin, 1ᵉʳ pr.-Lerebours-Pigeonnière, av. gén.-Desruisseaux et Bénard, av.

l'affaire, il n'y avait ni débats clos, ni défaut acquis contre la partie défenderesse. Ainsi, tout ce que l'on doit induire de cette décision, c'est que le défaut faute de comparaître n'est pas encouru par le défendeur qui constitue avoué même après l'expiration des délais de l'ajournement, dans l'intervalle entre l'audience où il a été conclu et plaidé pour le demandeur et celle à laquelle l'affaire avait été continuée pour entendre le ministère public. Réduite à ces termes, cette solution est pleinement d'accord avec l'art. 87 du décret du 30 mars 1808, et l'art. 111 c. proc. civ. (Comp. Dijon, 8 déc. 1873, aff. Malnoury, D. P. 75. 5. 108).

**19.** — II. Défaut faute de conclure ou contre avoué. (*Rép.* nos 221 à 227). — C'est le seul qui puisse se produire du chef du demandeur, puisque nécessairement il a dû constituer, dans son assignation, un avoué (ou, en Algérie, un défenseur) (Civ. cass. 18 mai 1887, aff. Lapoire, D. P. 87. 1. 486). Et il a été jugé qu'il y a alors défaut faute de conclure, et non faute de comparaître, lors même que l'avoué (ou le défenseur, en Algérie) a déclaré à l'audience qu'il n'a reçu ni pièces, ni renseignements, si d'ailleurs il n'a pas décliné le mandat dont il était chargé (Même arrêt).

**20.** Le jugement par défaut-faute de conclure se distingue aisément, en fait, du défaut faute de comparaître. Existe-t-il une constitution d'avoué? Le défaut est alors faute de conclure. Toutefois, comme cette constitution n'est pas soumise à la rédaction d'un acte formel, et peut être prouvée au moyen d'autres actes (*Rép.*, vo *Avoué* no 158), à l'exception toutefois de la preuve testimoniale (*Rép.*, *ibid.*; Chauveau et Carré, *Lois de la procédure*, t. 1, quest. 386), il a été décidé avec raison qu'un jugement par défaut doit être considéré comme rendu par défaut contre avoué faute de conclure, et non contre partie faute de comparaître, quoiqu'il n'existe aucun acte formel de constitution d'avoué, s'il résulte des énonciations de la feuille d'audience et du jugement lui-même qu'il y a eu avoué constitué par la partie défaillante et simple refus de conclure (Civ. cass. 14 janv. 1861, aff. Robin, D. P. 61. 1. 128).

**21.** D'ailleurs un même jugement peut être, sur un chef, par défaut faute de comparaître, tandis qu'il est, sur un autre chef, par défaut faute de conclure (Civ. rej. 11 août 1868, aff. Brunfaut, D. P. 68. 1. 448) ; il est, en effet, constant que les divers chefs d'un jugement, considérés isolément, forment autant de jugements distincts, à moins qu'ils ne soient reliés par des points de connexité qui déterminent des uns aux autres des rapports de corrélation ou d'instance ; il s'ensuit que chacun des divers chefs d'un même jugement peut être soumis à des règles différentes touchant les formes et les délais des voies de recours (Même arrêt), ce qui constitue l'intérêt pratique de la distinction dont il s'agit.

**22.** La distinction des jugements par défaut faute de conclure d'avec les jugements contradictoires est également facile. Ce qui est alors à rechercher, c'est s'il y a eu des conclusions prises, et prises à l'audience. Il suit de là spécialement que le jugement lors duquel l'avoué du défendeur n'a pas pris la parole ne peut être que par défaut faute de conclure, mais ne saurait être contradictoire (Montpellier, 17 juin 1854, aff. Naucate, D. P. 55. 5. 271).

### § 2. — Tribunaux de paix (*Rép.* nos 311 à 320).

**23.** Devant les tribunaux de paix, le code de procédure n'a point établi de distinction entre le défaut faute de comparaître et le défaut-faute de plaider. Dans un cas comme dans l'autre (*Rép.* no 311) le délai d'opposition est uniformément de trois jours, à compter de la signification (c. proc. civ. art. 20).

### § 3. — Tribunaux de commerce (*Rép.* nos 321 à 331).

**24.** En ce qui touche les tribunaux de commerce, la loi avait à choisir entre les deux systèmes adoptés par elle, l'un pour les tribunaux civils (V. *supra*, § 1), l'autre pour les tribunaux de paix (V. *supra*, § 2) : c'est à celui-ci que le code de procédure (art. 436) s'était arrêté. Mais cette disposition fut vivement critiquée dès les premiers temps de la mise en vigueur du code de procédure. En matière civile, lorsque le défendeur n'a pas comparu, la loi lui reconnaît le droit de faire opposition jusqu'à l'exécution, parce qu'elle

craint qu'il n'ait pas connu l'affaire, qu'il n'ait pas été touché par l'ajournement. Pourquoi le traiter plus sévèrement en matière commerciale? Cette observation a paru juste, et on a profité de la rédaction du code de commerce pour y introduire une disposition, l'art. 643, aux termes duquel les art. 156, 158 et 159 c. proc. civ., relatifs aux jugements par défaut rendus par les tribunaux d'arrondissement, seront applicables aux jugements par défaut des tribunaux de commerce. En d'autres termes, l'art. 643 c. com. consacre l'existence, en matière commerciale, du jugement par défaut faute de comparaître et permet d'y faire opposition jusqu'à l'exécution. — Fallait-il en conclure que cet article avait consacré l'abrogation complète de l'ancien système, en sorte que les tribunaux de commerce, pour lesquels existait-fois il n'existait que le défaut faute de conclure, ne connaîtraient plus aujourd'hui que le défaut faute de comparaître?

**25.** L'affirmative a été longtemps soutenue (Bonnier, *Eléments de procédure civile*, nos 959 et 960 ; Orillard, *Compétence commerciale*, no 887 ; Demangeat sur Bravard, *Traité de droit commercial*, t. 6, p. 482 et suiv. ; Boitard et Colmet Daâge, 11e éd., t. 1, no 660, p. 668), et l'on a vu au *Rép.* no 325, qu'elle avait, à plusieurs reprises, triomphé en jurisprudence.

Mais l'opinion contraire, à laquelle on s'était rallié au *Rép.* no 326, a définitivement prévalu (Chauveau sur Carré, *Lois de la procédure*, t. 3, p. 568, quest. 1546 ; Thomines Desmazures, *Commentaire sur le code de procédure*, sur l'art. 436 ; Bioche, *Dictionnaire de procédure*, vo *Jugement par défaut*, no 90 ; Delaporte, *Commentaire sur le code de commerce*, t. 2, p. 432 ; Rousseau et Laisney, *Dictionnaire de procédure*, vo *Jugement par défaut*, no 204 ; Boitard, Colmet Daâge et Glasson, *Leçons de procédure civile*, 14e éd., t. 1, no 660, p. 745, note 1). En effet, rien n'indique, dans les travaux préparatoires du code de commerce, l'intention d'abroger l'art. 436 c. proc. civ. : on a seulement voulu donner le droit d'opposition jusqu'à l'exécution, en cas de jugement par défaut faute de comparaître. L'art. 643 c. com., loin de contredire l'art. 436 c. proc. civ. et de l'abroger, doit se concilier avec lui ; en appliquera cet art. 436, et l'opposition sera limitée à huit jours, s'il s'agit d'un jugement par défaut faute de conclure ; le jugement est-il par défaut faute de comparaître? l'opposition sera permise jusqu'à l'exécution, par application de l'art. 643 précité. Il serait, en effet, étrange de n'admettre en matière commerciale qu'un seul défaut pour tous les cas : on ne peut pas dire sérieusement que le défendeur ait fait défaut faute de comparaître, lorsque, après avoir conclu sur une fin de non-recevoir et avoir échoué dans cette prétention, il a refusé de conclure sur le fond. Aussi est-ce aujourd'hui un point constant en jurisprudence que, en matière commerciale comme en matière civile, il existe deux sortes de jugements par défaut, les uns faute de comparaître et les autres faute de conclure (Paris, 12 déc. 1857, aff. Soalhat, D. P. 58. 2. 112; Civ. rej. 26 avr. 1859, aff. Montessuy, D. P. 59. 1. 181 ; Grenoble, 21 avr. 1863, aff. Harel, D. P. 63. 2. 144 ; Civ. rej. 23 août 1865, aff. Chassenoix-Morange, D. P. 65. 1. 252 ; Paris, 20 nov. 1866, aff. du Maisniel, D. P. 66. 2. 205 ; Req. 19 févr. 1868, aff. Allain, D. P. 69. 1. 231 ; Civ. cass. 24 févr. 1868, aff. Favre, D. P. 68. 1. 182; Nancy, 7 mars 1868, aff. Frelier, D. P. 68. 2. 114; Civ. cass. 8 avr. 1868, aff. Nozerand, D. P. 68. 1. 297; Civ. rej. 11 août 1868, aff. Brunfaut, D. P. 68. 1. 448; Req. 9 mai 1870, aff. Farnies, D. P. 71. 1. 58; Bordeaux, 15 mars 1871, aff. Bonnet, D. P. 72. 5. 287; Amiens, 22 mai 1872, aff. Ply, D. P. 72. 2. 196 ; Lyon, 28 déc. 1872, *infrà*, no 80; Poitiers, 1er déc. 1875, aff. Papin, D. P. 77. 2. 28; Nîmes, 6 déc. 1879, *infrà*, no 31 ; Civ. cass. 14 janv. 1880, aff. Moreau, D. P. 80. 1. 160 ; 14 janv. 1884, aff. Andreoli, D. P. 84. 1. 249; 11 déc. 1889, aff. Martignat, D. P. 90. 1. 265). Cette solution a été spécialement appliquée aux îles Saint-Pierre et Miquelon, par un arrêt de la chambre des requêtes (19 févr. 1868, aff. Allain, D. P. 69. 1. 231). Cet arrêt constate que l'art. 81 de l'ordonnance royale du 27 juill. 1833, après avoir disposé que, en matière civile et commerciale, le mode de procéder aux îles Saint-Pierre et Miquelon serait réglé par le titre 25, liv. 2, c. proc. civ., relatif à la procédure devant les tribunaux de commerce, a décidé que l'art. 436 sur l'opposition aux jugements par défaut serait remplacé, conformément à l'art. 643 c. com., par les art. 156, 158 et 159 c. proc. civ.; et il ajoute qu'il résulte des termes et de l'esprit de l'art. 81 que l'ordonnance de 1833 n'a pas abrogé l'art. 436, et qu'elle a seulement rendu applicable à la colonie la modification édictée par l'art. 643 c. com.

. **26.** La distinction dont il s'agit est, sous l'influence de cette jurisprudence, complètement entrée dans la pratique. Cependant certains tribunaux de commerce hésitent encore à prononcer le mot : *jugement faute de conclure*. Au tribunal de commerce de la Seine notamment, ces jugements sont ainsi désignés : *défaut sans égard*. Cette expression singulière procède de la formule adoptée par le tribunal pour donner défaut faute de conclure, et qui est la suivante : « Le tribunal, sans s'arrêter ni avoir égard à la demande de remise présentée par X..., lui ordonne de plaider au fond, et, faute par lui de ce faire, etc. ».

**27.** Ce point établi, en droit, qu'un jugement commercial peut être, suivant les circonstances, par défaut faute de comparaître ou par défaut faute de conclure, comment reconnaître, en fait, s'il appartient à l'une ou à l'autre catégorie? La cour de cassation a formulé, à cet égard, le *critérium* suivant : Lorsque les parties ont comparu devant le tribunal de commerce sur l'assignation introductive d'instance, tous les jugements ultérieurs, qui ne font que continuer l'instance, sont, en cas de non-comparution de l'une des parties, des jugements par défaut faute de plaider (Civ. rej. 11 août 1868, aff. Brunfaut, D. P. 68. 1. 448).

**28.** D'ailleurs, il est tout à fait indifférent, en droit, qu'il ait été délivré en cours d'instance une ou plusieurs assignations successives, remplaçant ce que sont, en matière civile, les avenirs ou les conclusions. Il a été décidé, notamment, en ce sens: 1° que, devant les tribunaux de commerce, l'assignation sur laquelle l'affaire revient à l'audience, après un jugement préparatoire ou interlocutoire, ne constitue pas une instance nouvelle, et n'est que la continuation de l'instance déjà engagée ; en conséquence, la partie qui, après avoir déjà comparu et avoir été partie au jugement contradictoire qui a prononcé un renvoi devant arbitres, ne se présente pas sur l'assignation en ouverture de rapport, fait défaut faute de conclure, et non pas défaut faute de comparaître (Paris, 20 nov. 1866, aff. de Maisniel, D. P. 66. 2. 205); — 2° Que le jugement en matière commerciale, intervenu par défaut ensuite d'une enquête ordonnée contradictoirement, doit être qualifié faute de conclure, encore bien que, le jugement qui ordonnait l'enquête ayant été frappé d'appel, le demandeur originaire qui en a poursuivi l'exécution provisoire ait cité le défendeur à son domicile, soit pour l'enquête, soit pour le jugement définitif : de telles citations doivent être considérées, non comme introductives d'une instance nouvelle, mais comme la continuation naturelle et ordinaire de l'instance déjà engagée (Civ. cass. 24 févr. 1868, aff. Favre. D. P. 68. 1. 182); — 3° Qu'il y a lieu de considérer comme un jugement par défaut faute de plaider le jugement rendu contre une partie qui, assignée en nomination d'arbitres rapporteurs, a comparu pour désigner un arbitre, et n'a fait défaut que sur la nouvelle assignation qui lui a été donnée pour plaider sur le rapport de l'arbitre (Civ. cass. 14 janv. 1880, aff. Moreau, D. P. 80. 1. 160).

**29.** Cette règle ne comporte qu'une seule exception ; c'est dans le cas où cette assignation, postérieure au jugement préparatoire ou interlocutoire, contient une demande nouvelle : le défaut doit être réputé, relativement à cette demande nouvelle, faute de comparaître (Paris, 20 nov. 1866, aff. Soalhat, D. P. 66. 2. 205). De même, si, sur le rapport de l'arbitre, le demandeur formule des chefs de demande non compris dans l'assignation introductive d'instance, le jugement est par défaut faute de comparaître sur ces chefs nouveaux (Civ. rej. 11 août 1868, aff. Brunfaut, D. P. 68. 1. 448). — A défaut de cette circonstance exceptionnelle, on ne saurait approuver un arrêt de la cour de Poitiers (1er déc. 1875, aff. Papin, D. P. 77. 2. 226) aux termes duquel le défendeur qui, après avoir été assigné devant un tribunal de commerce et avoir comparu devant les arbitres nommés par ce tribunal, a fait défaut sur les citations ultérieures auxquelles le demandeur a dû recourir,

aucune indication de nouvelle audience n'ayant été donnée par le jugement qui avait nommé les arbitres, doit être considéré comme défaillant faute de comparaître, et non pas faute de plaider.

**30.** Ce qui est certain, en tous cas, c'est qu'il n'y a point lieu de s'arrêter, quant à ce, aux termes dont les juges ont pu se servir (Comp. *suprà*, n° 3). Peu importe qu'ils aient qualifié faute de conclure un jugement de défaut faute de comparaître, et aient commis un huissier pour le signifier, la loi seule, et non l'appréciation du juge, devant déterminer la nature et les effets d'un jugement (Paris, 12 déc. 1857, aff. Soalhat, D. P. 58. 2. 112).

**31.** Les principes qui viennent d'être formulés (n°s 27 à 30) ont conduit la jurisprudence aux applications suivantes : 1° le jugement d'un tribunal de commerce rendu par défaut contre une partie qui avait comparu par un mandataire aux premières audiences et qui, après une remise indéfinie de la cause, avait été citée à comparaître devant le même tribunal pour y procéder sur les derniers errements et aux mêmes fins, est un jugement par défaut faute de comparaître et non point faute de comparaître (Paris, 12 déc. 1857, aff. Soalhat, D. P. 58. 2. 112) ; — 2° Le jugement par défaut rendu par un tribunal de commerce contre une partie qui a comparu devant ce tribunal par mandataire est un jugement par défaut faute de conclure, et non point faute de comparaître (Civ. rej. 26 avr. 1859, aff. Montessuy, D. P. 59. 1. 181) ; — 3° Est par défaut faute de plaider, et non faute de comparaître, le jugement d'un tribunal de commerce rendu au fond contre une partie qui a comparu par un mandataire, mais seulement pour proposer un déclinatoire (Grenoble, 21 avr. 1863, aff. Harel, D. P. 63. 2. 144) ; — 4° Un jugement par défaut du tribunal de commerce doit être qualifié jugement par défaut faute de plaider, lorsque la partie défaillante a refusé de faire valoir ses moyens de défense, après avoir comparu aux audiences précédentes par un agréé qui, en vertu d'une procuration datée et enregistrée, avait demandé plusieurs remises successives de cause, et même conclu au fond (Civ. rej. 20 août 1865, aff. Chassenoix-Morange, D. P. 65. 1. 252) ; — 5° Celui qui, assigné devant un tribunal de commerce et y ayant conclu au jugement contradictoire qui a ordonné une enquête, n'a pas comparu sur les citations ultérieures qui lui ont été données, et notamment sur celle qui, l'enquête terminée, lui a été donnée pour le jugement définitif, doit être considéré comme défaillant faute de plaider, et non pas faute de comparaître (Civ. cass. 24 févr. 1868, aff. Favre, D. P. 68. 1. 182) ; — 6° Il doit être donné défaut faute de conclure devant un tribunal de commerce contre la partie représentée par un mandataire spécial, lequel, après avoir soulevé une exception d'incompétence et avoir succombé dans cette exception, a refusé de conclure au fond (Nancy, 7 mars 1868, aff. Frelier, D. P. 68. 2. 114) ; — 7° Le jugement rendu sur le fond par le tribunal de commerce est par défaut faute de plaider, et non par défaut faute de comparaître, alors même que le mandataire du défendeur n'a comparu que pour opposer une exception d'incompétence rejetée par le même jugement (Civ. cass. 8 avr. 1868, aff. Nozerand, D. P. 68. 1. 297) ; — 8° Est par défaut faute de conclure, et non par défaut faute de comparaître, le jugement qui statue par défaut sur le rapport de l'arbitre nommé par un précédent jugement contradictoire, alors même que, sur le rapport de l'arbitre, le demandeur a réduit sa demande primitive (Civ. rej. 11 août 1868, aff. Brunfaut, D. P. 68. 1. 448); — 9° Le jugement par défaut du tribunal de commerce doit être qualifié de jugement par défaut faute de plaider, lorsque la partie défaillante, après avoir proposé une exception d'incompétence qui a été rejetée, et sollicité une remise, n'a pas comparu au jour indiqué pour présenter sa défense (Req. 9 mai 1870, aff. Farnies, D. P. 71. 1. 58); — 10° Le jugement par défaut rendu par un tribunal de commerce doit être qualifié de jugement par défaut faute de plaider, lorsque la partie défaillante, après avoir comparu par un fondé de pouvoir et obtenu une remise, a refusé de conclure à l'audience indiquée (Amiens, 22 mai 1872, aff. Ply, D. P. 72. 2. 196) ; — 11° Un jugement commercial doit être qualifié par défaut faute de plaider, lorsque le défendeur avant comparu aux premières audiences de la cause (Lyon, 28 déc. 1872, *infrà*, n° 80) ; — 12° La partie qui, après avoir fait demander une remise par son avocat, déclare ensuite, par l'organe de cet avocat, n'être pas prête à plaider, fait défaut faute de conclure, et non faute de comparaître (Nîmes, 6 juin 1879) (1) ; — 13° Est par défaut faute de conclure le jugement rendu par un tribunal de commerce contre le représentant d'une société commerciale qui, après avoir proposé une fin de non-recevoir rejetée par le tribunal, s'est plus ensuite présenté pour plaider sur le fond ; en vain objecterait-on, pour la première fois devant la cour de cassation, que les faits qui motivaient l'action du demandeur ne s'étant pas passés dans la circonscription pour laquelle cet agent était constitué représentant de cette société, celui-ci aurait dû être muni d'un mandat spécial, dont le jugement n'a pas fait mention, et que, en conséquence, le jugement doit être considéré comme rendu par défaut faute de comparaître ; ces allégations auraient dû être soumises aux juges du fond, et, dès lors, il n'y a pas lieu, de la part de la cour de cassation, d'en tenir compte (Civ. cass. 11 déc. 1889, aff. Martignat, D. P. 90. 1. 265).

**32.** Inversement, il a été jugé que le jugement rendu par un tribunal de commerce contre une partie qui n'a comparu ni en personne ni par un fondé de pouvoir est un jugement faute de comparaître, et non un jugement faute de plaider (Aix, 16 juill. 1863, aff. Robert, D. P. 63. 5. 225).

## Art. 2. — Défaut simple et défaut-congé (Rép. nos 6 à 24).

**33.** Le défaut est surtout fréquent de la part du défendeur, qui, ou bien, de propos délibéré, s'abstient de comparaître ou de plaider, afin de s'assurer le bénéfice des délais qu'entraîne l'opposition, ou bien c'est le cas le plus ordinaire) n'a pas reçu l'assignation : c'est le défaut proprement dit ou défaut simple. Mais il peut arriver que ce soit le demandeur qui fuie l'audience ; il importe alors au défendeur de se procurer la constatation de ce refus de plaider : c'est le défaut-congé. — Les deux hypothèses sont très différentes.

Le défaut ainsi compris est la constatation de l'absence d'un des plaideurs : cette constatation suffit dans le cas de défaut congé, puisque le défendeur a besoin alors d'autre chose que de voir le procès réussi. La situation est tout autre en cas de défaut simple, car ce que poursuit le demandeur, ce n'est pas une vaine constatation de l'état de la procédure, c'est le profit de son procès : aussi, dans ce cas, le jugement, après avoir prononcé le défaut, doit en adjuger le profit (Rép. n° 8).

**34.** — I. Défaut contre le défendeur ou défaut simple (Rép. nos 9 à 14). — Deux points sont à examiner : 1° quand le juge doit-il donner défaut (V. infrà, nos 35 à 38) ? 2° comment peut-il adjuger le profit (V. infrà, nos 39 à 41) ?

**35.** 1° Quand le juge doit-il donner le défaut ? — L'art. 150 c. proc. civ. dispose qu'en cas de défaut du défendeur, « le défaut sera prononcé à l'audience, sur l'appel de la cause, et les conclusions de la partie qui le requiert seront adjugées, si elles se trouvent justes et bien vérifiées ». Il résulte de cette disposition que le juge ne peut se refuser à donner défaut le jour même où la cause est

appelée ; sinon, il commettrait un déni de justice (Rép. n° 9. V. aussi Bioche, Dictionnaire de procédure, v° Jugement par défaut, n° 23). Toutefois, si le défaut doit toujours être prononcé immédiatement, il n'en est pas de même du jugement qui en adjuge le profit. « Pourront néanmoins, ajoute le même article, les juges, s'ils le jugent à propos, renvoyer, pour prononcer le jugement à l'audience suivante ». Ainsi le tribunal peut se borner à donner défaut à la première audience, et renvoyer à un autre jour pour le jugement.

**36.** Cette dernière règle s'applique sans difficulté au cas où l'assignation a été donnée au délai ordinaire de huitaine. En est-il autrement dans le cas d'une assignation donnée à jour fixe en vertu d'une ordonnance du président du tribunal ? On l'a soutenu par le motif que le défendeur défaillant devait savoir que jugement serait pris contre lui au jour fixé par l'assignation, mais non pas à une date postérieure. Cette thèse n'est cependant pas soutenable, parce que : 1° la faculté pour le tribunal de prononcer la remise à un autre jour est une faculté absolue, qui existe aussi bien dans le cas d'assignation à jour fixe que dans le cas d'assignation à huitaine ; en effet, la loi ne distingue pas ; 2° le défendeur qui n'a pas comparu au jour fixé par l'assignation est définitivement défaillant, et sa comparution à une audience ultérieure ne couvrirait pas sa non-comparution au jour indiqué ; donc, peu lui importe que jugement soit pris contre lui à l'audience du jour fixé par l'assignation, ou plus tard. Aussi a-t-il été jugé que, dans le cas d'une assignation à jour fixe en vertu d'une ordonnance du président, le tribunal peut donner défaut contre le défendeur qui ne comparaît pas et renvoyer à une autre audience pour le prononcé du jugement (Req. 4 mars 1873, aff. Soufflant, D. P. 73. 1. 105). Et il en est ainsi alors même que le demandeur n'aurait pas conclu au fond (Même arrêt). En effet, si les conclusions du demandeur sont nécessaires pour permettre au tribunal de rendre son jugement, il n'y a aucune raison pour exiger qu'elles aient été prises au moment où le défaut est prononcé.

**37.** Devant les tribunaux de commerce, où l'assignation se donne toujours à jour fixe, la même règle est applicable, par identité de motifs. Jugé ainsi : 1° que, dans le cas de non-comparution de l'un des défendeurs au jour fixé par l'assignation, il n'est pas nécessaire que le demandeur présente ses conclusions et que le jugement de défaut soit prononcé à l'audience indiquée par la citation, lorsque la prononciation de ce jugement n'a pas été remise à l'audience suivante ; le tribunal peut rendre ultérieurement un jugement de défaut (dans l'espèce, un jugement de défaut profit joint) (Req. 27 déc. 1880, aff. Ephrussi, D. P. 81. 1. 424-422) ; — 2° Que, en matière commerciale comme en matière civile, le demandeur n'est pas tenu, sous peine de nullité du jugement à intervenir, de requérir défaut contre le défendeur qui ne comparaît pas au jour fixé par l'assignation, et que défaut peut être requis et prononcé à une audience ultérieure (Pau, 17 juin 1885, aff. Quantin, D. P. 86. 2. 253).

**38.** Toutefois, la règle est inverse, lorsque l'assignation

---

(1) (Syndic du Crédit collectif C. Labat.) — La cour ; — Attendu que, à la suite de leur assignation du 9 déc. 1874, les mariés Labat ont comparu devant le tribunal de commerce d'Avignon, assistés de Me Silvestre, leur avocat ; — Que les conclusions de ce dernier, un premier jugement a renvoyé les parties devant un juge-commissaire ; — Que toutes les parties se sont présentées devant ce magistrat ; — Attendu que, sur l'ajournement du syndic de la faillite du Crédit collectif ayant pour but de faire statuer sur le rapport du juge-commissaire, Me Silvestre, au nom des mariés Labat, a demandé et obtenu, à l'audience du 15 mars 1877, le renvoi de la cause ; — Qu'à l'audience du 5 avr. 1877, sur sa déclaration qu'il n'était pas en mesure de plaider, le tribunal a rendu un jugement par défaut ; — Que ce jugement a été signifié le 30 mai suivant, et que ce n'est que le 5 juillet de la même année que les mariés Labat y ont formé opposition ; — Attendu que, par jugement du 4 juill. 1878, cette opposition a été déclarée tardive, et rejetée ; — Attendu que l'appel soumis à la cour a été formé le 1er oct. 1878, et qu'il s'agit d'apprécier la fin de non-recevoir qu'on lui oppose ; — Attendu que la distinction entre les jugements faute de comparaître et ceux faute de conclure reçoit son application en matière commerciale aussi bien qu'en matière civile ; — Que, si le ministère des avoués n'est pas admis

devant les juridictions consulaires, il trouve son équivalent dans la comparution de la partie ou du mandataire qui la représente, et que, si celle-ci, après s'être présentée et avoir répondu à l'assignation, refuse de plaider, l'opposition au jugement rendu par défaut dans ces circonstances n'est recevable que pendant huitaine, aux termes de l'art. 157 c. proc. civ., l'art. 643 c. com. n'ayant nullement modifié, pour cette hypothèse, l'art. 443 c. proc. civ., et s'étant borné à rendre applicable aux défaillants faute de comparaître, en matière commerciale, les dispositions des art. 158 et 159 de ce même code ; — Attendu, en conséquence, que c'est à bon droit que le jugement dont est appel a rejeté comme tardive l'opposition au jugement rendu par défaut le 5 avr. 1877, et qu'il y a lieu également de déclarer irrecevable par le même motif l'appel du 12 oct. 1878 ; — Attendu, en effet, qu'aux termes de l'art. 443 c. proc. civ., le délai pour interjeter appel des jugements par défaut n'est que de deux mois à partir du jour où l'opposition a cessé d'être recevable, c'est-à-dire, dans l'espèce, à partir de l'expiration de la huitaine qui a suivi la signification du 30 mai 1877 ; — Par ces motifs, déclare l'appel irrecevable, en déboute les mariés Labat.

Du 6 juin 1879.-C. de Nîmes, 3e ch -MM. Auzolle, pr.-Roussellier, av. gén.-Gauthier et Penchinat, av.

a été donnée pour un jour où le tribunal de commerce ne tient pas d'audience : il ne peut alors être pris défaut contre le défendeur à une audience ultérieure qu'autant qu'il y a été assigné à nouveau (Civ. cass. 6 déc. 1876, aff. Huet, D. P. 77. 1. 55). En effet, dans ce cas, le défendeur n'est point en faute de n'avoir pas comparu.

**39.** 2° *Comment le profit peut-il être adjugé ?* — La réponse est dans l'art. 150 c. proc. civ. : « Les conclusions de la partie qui requiert le défaut seront adjugées, si elles se trouvent justes et bien vérifiées ». — De là deux conséquences : 1° les conclusions qui seules peuvent être adjugées sont celles que le demandeur a, par son assignation, annoncé devoir prendre (V. *infrà*, n° 40) ; — 2° La prononciation du défaut ne suffit pas pour entraîner l'adjudication du profit (V. *infrà*, n° 41).

**40.** En premier lieu, et conformément à l'opinion soutenue au *Rép.* n° 14, un tribunal statuant par défaut (dans l'espèce, en matière commerciale) ne peut adjuger au demandeur des conclusions omises dans l'exploit d'assignement, et prises pour la première fois à l'audience, en l'absence du défendeur, sans avoir été préalablement notifiées à ce dernier par un ajournement nouveau (Civ. cass. 21 févr. 1877, aff. Manheimer, D. P. 77. 1. 349). Et il en est ainsi alors même que l'exploit introductif d'instance contiendrait à ce sujet des réserves, et que le défendeur aurait été par correspondance, prévenu des conclusions nouvelles posées contre lui (Même arrêt).

**41.** En second lieu, le profit des conclusions de la demande ne peut être adjugé qu'autant que ces conclusions ont été vérifiées et qu'elles paraissent justes (*Rép.* n° 10). Le juge jouit, à cet égard, d'un pouvoir discrétionnaire, et il a été jugé qu'un jugement par défaut peut baser la condamnation du défaillant sur les documents de la cause, et les présomptions qui en résultent, bien qu'il s'agisse de sommes supérieures à 150 fr., le défaillant ayant à s'imputer de n'avoir pas combattu ces documents (Req. 10 juin 1856, aff. Legrand, D. P. 56. 1. 424 ; Rodière, t. 1, p. 296). — Toutefois, le juge ne pourrait se borner à déclarer, par une banale référence aux termes de l'art. 150, que les conclusions de la demande ont été vérifiées et qu'elles paraissent justes (Civ. cass. 6 nov. 1889, aff. Société *La Diffusion*, D. P. 90. 5. 346), ce qui est cependant la formule adoptée par le tribunal de commerce de la Seine pour tous ses jugements par défaut faute de comparaître (V. la note *ibid.*).

**42.** — II. DÉFAUT-CONGÉ (*Rép.* n° 15 à 24). — Il y a lieu ici, comme sur le point précédent, d'examiner deux points : quand et comment le défaut-congé peut être prononcé.

1° *Quand le défaut-congé peut-il être prononcé ?* — Le demandeur doit se présenter au terme qu'il a lui-même fixé au défendeur par son ajournement. Si le terme a été fixé par le défendeur ou sur sa demande (ce qui est très fréquent en cause d'appel, l'appelant ayant généralement un but dilatoire et laissant à l'intimé le soin de suivre l'audience), le demandeur (ou l'appelant) est tenu de s'y conformer. Ainsi lorsque, sur la requête de l'intimé, une ordonnance du premier président a renvoyé l'affaire devant une des chambres de la cour et fixé le jour des plaidoiries, la cour doit donner défaut contre l'appelant non comparant au jour fixé (Paris, 12 févr. 1870, aff. Fornin, D. P. 71. 5. 230). Dans cette espèce, l'objection formulée par l'appelant était spécieuse ; il prétendait avoir le droit de ne plaider que trois jours après la signification des conclusions adverses, qui, dans la cause, ne dataient que de la veille. La cour a fort bien répondu que, saisie en vertu de l'ordonnance, elle devait donner défaut-congé contre l'appelant qui ne comparaissait pas, sans avoir égard à la signification ou non-signification des défenses de l'intimé poursuivant l'audience, conformément aux dispositions de l'art. 154 c. proc. civ. Cette solution est d'autant moins contestable que, ainsi qu'on va le voir (n° 43), les conclusions du défendeur (ou de l'intimé) n'ont même pas besoin d'être signifiées.

**43.** — 2° *Comment doit-être prononcé le défaut-congé ?* — C'est, répond la chambre des requêtes (5 mars 1873, aff Ben-Olliel, D. P. 73. 1. 285), au moyen de conclusions prises à la barre par le défendeur, et sans qu'il soit nécessaire de les signifier. Spécialement, il en est ainsi à l'égard de l'appelant, lequel est un véritable demandeur, alors

qu'aucun appel incident n'a été dirigé contre lui (Même arrêt).

**44.** Le juge, ainsi mis en demeure de prononcer le défaut-congé, n'a point autre chose à faire que de constater le défaut (*Rép.* n° 16). Le défaut-congé peut être prononcé sans vérification des conclusions du demandeur défaillant, car cette vérification n'est nécessaire que lorsqu'il s'agit du jugement par défaut contre le défendeur (Req. 17 juin 1856, aff. Meurs, D. P. 57. 1. 37).

Il en est ainsi spécialement en cause d'appel (Rousseau et Laisney, *Dictionnaire de procédure*, v° *Jugement par défaut*, n° 92 et suiv. ; Bioche, *Dictionnaire de procédure*, eod., v°, n° 98 et suiv., 110 et suiv., et v° *Appel*, n° 628 ; Boncenne, *Théorie de la procédure civile*, t. 3, p. 16 et suiv. ; Carré sur Chauveau, *Lois de la procédure civile*, quest. 617 et 635 ; *Rép.* n° 17). Le défaut-congé contre l'appelant a pour conséquence le renvoi de l'intimé des fins de l'appel, sans qu'il y ait lieu de vérifier les conclusions de l'intimé ni les griefs d'appel (Limoges, 27 juill. 1887, aff. Lemur, D. P. 88. 2. 103).

**45.** Cependant, si le principe est que le juge *peut* se borner, en matière de défaut-congé, à la constatation du défaut, il n'en résulte pas qu'il *doive* se borner à cela. Le juge a, au contraire, le droit, que le projet de réforme du code de procédure (Exposé des motifs, p. 32), lui reconnaît expressément, consacrant en cela la jurisprudence actuelle — d'ajouter à la constatation du défaut une disposition de débouté : seulement, dans ce cas, cette disposition particulière doit être motivée. Ce dernier point paraît en contradiction avec un arrêt de la chambre des requêtes (17 juin 1856, aff. Meurs, D. P. 57. 1. 37), dont les motifs, d'ailleurs, sont d'une brièveté regrettable ; mais il ressort, au contraire, très nettement d'un arrêt plus récent de la même chambre, aux termes duquel ils n'y a pas excès de pouvoir dans l'arrêt qui, en donnant défaut faute de conclure contre les appelants, les démet de leur appel, par le motif que, en ne se présentant pas, ils laissent présumer n'avoir rien de plausible à alléguer, si ledit arrêt a apprécié le fond même du litige et l'a résolu en adoptant les motifs des premiers juges (Req. 21 janv. 1874, aff. Rivière, D. P. 74. 1. 311).

**46.** Il y a même deux cas où la règle posée *suprà*, n° 44, est non seulement tempérée, mais renversée. — D'une part, lorsqu'il y a appel incident régulièrement signifié, la cour doit donner contre l'appelant non comparant défaut faute de conclure, et ne peut accorder les conclusions de cet appel incident que si elles sont justifiées (Limoges, 27 juill. 1887, aff. Lemur, D. P. 88. 2. 103). Cela va de soi, puisque, sur l'appel incident, l'appelant est un véritable défendeur, auquel s'appliquent, dans cette mesure, les règles, non du défaut-congé, mais du défaut simple.

**47.** D'autre part, on a vu au *Rép.* n° 18, que les matières d'ordre public obligent le juge à un examen complet de la cause, même en cas de défaut (Comp. Civ. cass. 5 mai 1885, 2° espèce, aff. Ville d'Orléans, D. P. 85. 1. 339). Ainsi, les décisions rendues en matière de divorce n'étant pas susceptibles d'acquiescement, le juge, saisi d'un appel régulièrement formé contre un jugement de divorce, a le droit et le devoir d'examiner le mérite de cette décision, alors même que l'appelant ne se présente pas pour soutenir sa demande ; en cette matière, les règles relatives au défaut-congé ne sont pas applicables, et les juges du second degré, tout en donnant défaut contre l'appelant, ont le droit de prononcer la réformation du jugement de première instance (Req. 23 oct. 1889, aff. Moisan, D. P. 90. 1. 397).

**ART. 3.** — *Défaut profit-joint* (*Rép.* n° 52 à 114).

**48.** Par dérogation à la règle qui veut que, en cas de défaut du défendeur, le profit de la demande soit adjugé (V. *suprà*, n° 39), il est un cas où le profit doit, au contraire, être réservé : c'est quand, de deux ou plusieurs parties assignées, l'une fait défaut et l'autre comparaît (*Rép.* n° 56). La loi, afin d'éviter des contrariétés de jugements, veut que, dans ce cas, l'affaire ne soit jugée qu'après réassignation du défaillant, le profit du défaut ne devant être adjugé qu'à cette seconde épreuve (c. proc. civ. art. 153).

**49.** C'est là une règle spéciale au défaut d'un ou plusieurs défendeurs (*Rép.* n° 57), inapplicable, par conséquent, lorsque c'est l'un de plusieurs demandeurs qui fait défaut. — La cour de Caen en a conclu que, lorsque l'appelant ne se présente pas devant la cour, il doit être donné défaut-congé contre lui, alors même que quelques-uns des intimés ne comparaîtraient pas non plus, et qu'il n'est pas nécessaire, dans ce cas, de joindre préalablement le profit du défaut au fond, à l'égard des intimés défaillants, et de réassigner ces derniers (Caen, 22 août 1861, aff. Dumoutier, D. P. 62. 5. 191). Cette doctrine a été condamnée par la chambre civile : aux termes d'un récent arrêt (Civ. cass. 30 oct. 1889, aff. Dorbon, D. P. 90. 1. 81), en cas de défaut de l'appelant et de l'un des deux intimés, il y a lieu à défaut profit joint, et l'omission de cette formalité n'est excusable que si l'on se trouve dans la situation exceptionnelle que l'on signalera plus loin (n° 65). Il suit de là que la dispense de défaut profit joint n'existe que dans le cas où il n'y a point de défendeur (ou d'intimé) défaillant.

**50.** A l'exemple du *Répertoire*, nous rechercherons : 1° si l'art. 153 c. proc. civ. est d'une application générale à tous les cas où l'un de plusieurs plaideurs fait défaut (V. *infrà*, n°s 51 à 55); — 2° S'il concerne toutes les juridictions (V. *infrà*, n°s 56 à 58) ; — 3° S'il concerne toutes les procédures (V. *infrà*, n°s 59 et 60); — 4° Quelle est la sanction de cette règle, dans les cas où elle doit être observée (n°s 61 à 65); — 5° Quel est le caractère du jugement de défaut profit-joint (n° 66); — 6° Quels en sont les effets (n°s 67 à 75).

**51.** — 1° L'art. 153 c. proc. civ. est-il d'une application absolument générale, en sorte que l'existence de plusieurs défendeurs, dont l'un fait défaut, oblige toujours le juge à joindre le profit au fond ? — Non, et à cet égard, la définition de la loi est incomplète. L'art. 153, bien qu'il ne le dise pas en termes exprès, suppose plusieurs défendeurs *ayant un intérêt identique.* Sans doute, la loi a prescrit cette procédure spéciale dans l'intérêt d'une bonne administration de la justice, pour gagner du temps et éviter des frais; mais elle a eu aussi et surtout pour but d'éviter des chances de contrariété de jugement dans la même affaire. Ce dernier motif, le plus important, disparaît évidemment, si le demandeur intente deux actions distinctes. C'est donc avec raison qu'il a été jugé que, lorsque le demandeur intente contre chacun des deux défendeurs des actions distinctes, bien qu'il les réunisse dans la même instance et conclue à la condamnation solidaire des deux défendeurs, cependant il n'y a pas lieu de rendre un jugement par défaut profit-joint si l'un des deux défendeurs fait défaut faute de comparaître (Req. 4 mars 1889, aff. de Gouet, D. P. 90. 1. 134).

**52.** Il suit de là une conséquence importante en matière de garantie (*Rép.* n° 72) : l'art. 153 ne s'applique qu'au cas où la partie défaillante a été assignée par le demandeur originaire et principal; dès lors, on ne saurait l'invoquer quand il s'agit d'une demande récursoire formée contre un garant (Nancy, 18 mai 1872, aff. Husson, D. P. 73. 2. 108). En effet, on ne peut dire que le défendeur au principal, demandeur en garantie, d'une part, et le garant d'autre part, aient le même intérêt: la preuve en est que, si la loi désire le jugement simultané des deux affaires, elle n'en fait pas une obligation, puisqu'elle se contente d'établir un très court délai pour l'appel en cause, passé lequel il est suivi sur le fond.

**53.** A plus forte raison n'y a-t-il point lieu à défaut profit-joint quand le défaillant n'a aucun intérêt dans la cause (*Rép.* n° 61), c'est-à-dire ne risque aucune condamnation. — C'est le cas, tout d'abord, d'un mari simplement appelé en cause pour autoriser sa femme (*Rép.* n° 62 ; Bordeaux, 18 févr. 1862, aff. Renoy, D. P. 62. 5. 192; Nancy, 16 avr. 1877, aff. Burgaux, D. P. 79. 2. 265).

**54.** C'est surtout le cas d'un plaideur contre lequel aucunes conclusions n'auraient été prises, soit parce que le demandeur ne l'aurait assigné que contraint et forcé par l'ordre du juge (Nancy, 18 mai 1872, aff. Husson, D. P. 73. 2. 103 soit parce qu'il n'aurait été appelé en cause que dans le seul but de prolonger la procédure (Civ. rej. 24 mars 1863, aff. Natan, D. P. 64. 1. 122).

**55.** C'est enfin le cas où, par suite d'une règle d'ordre public, le codéfendeur défaillant, encore qu'une condamnation soit requise contre lui, ne saurait jamais l'encourir. Cette hypothèse, assez exceptionnelle et difficile à concevoir au premier abord, s'est présentée devant la cour de Paris (23 août 1870, aff. Masset, D. P. 71. 2. 9). La demoiselle Masset avait assigné devant le tribunal civil de la Seine le ministre des affaires étrangères de France et le czar de Russie en payement d'une somme de 500000 fr. de dommages-intérêts, à raison de saisies illégales, arrestations et vexations diverses qui auraient été commises à son égard par la police russe sur le territoire russe, où elle avait créé un établissement commercial ; le ministre des affaires étrangères ayant seul constitué avoué, le tribunal civil avait rendu un jugement de défaut profit-joint. Mais, sur appel du ministère public, la cour annula ce jugement, en s'appuyant sur ce qu'on ne peut citer devant les tribunaux d'un pays le souverain d'un autre pays, non plus que les agents de la puissance publique qu'il représente, et que prétendre les soumettre à la justice, c'est-à-dire au droit de juridiction et de commandement du juge d'un pays étranger, ce serait évidemment violer une souveraineté étrangère et blesser, en cette partie, le droit des gens : « Considérant, dit l'arrêt, que l'incompétence du tribunal était à cet égard d'ordre public et absolu; que le tribunal de la Seine devait prononcer d'office une incompétence de ce genre révélée par la simple inspection de la demande; que rien ne pouvait l'autoriser à retenir, par un jugement quelconque, la connaissance d'une cause dont la loi même de la constitution du pouvoir judiciaire défendait de connaître à tous les tribunaux du pays; que, par suite, le jugement par lequel les premiers juges avaient ordonné ce profit-joint du défaut, avec réassignation de S. M. le czar, avait fait grief à l'ordre public et porté atteinte aux principes du droit des gens ». Cette solution remarquable est absolument juridique. Dès lors que l'affaire ne comporte aucun profit contre le défaillant, il n'y a pas de profit à joindre : présentée sous cette forme, la règle s'explique d'elle-même.

**56.** — 2° L'art. 153 s'applique-t-il à toutes les juridictions ? — En ce qui concerne les tribunaux de paix, les auteurs sont divisés. MM. Carré et Chauveau (*Lois de la procédure*, t. 1er, quest. 86), partisans d'abord de la négative, ont, après nouvel examen, adopté l'affirmative (V. dans le même sens : Rousseau et Laisney, *Dictionnaire de procédure civile*, v° *Jugement par défaut*, n° 31 ; Carré, *Compétence judiciaire des juges de paix*, n° 910. — *Contrà* : Pigeau, *Commentaire*, t. 1, p. 38 ; Renard, *Manuel de procédure civile*, p. 114). Il nous a semblé (*Rép.* n° 74) que, malgré les termes absolus de l'art. 153 c. proc. civ., la négative était préférable. En effet, le titre spécial consacré aux jugements par défaut devant les juges de paix et, en particulier, l'art. 19 c. proc. civ., ne contiennent aucune allusion au jugement par défaut profit-joint, et laissent en dehors de leurs prévisions l'hypothèse où l'un des défendeurs cités est défaillant. Ce silence ne suffirait pas sans doute, à lui seul, pour faire écarter, en cette matière, l'application de l'art. 153, d'autant plus que les règles qu'il pose n'ont rien d'incompatible avec la procédure spéciale aux justices de paix, et que les art. 19 et suiv. c. proc. civ., assez laconiques, doivent être complétés, au besoin, par les art. 149 et suiv. du même code. Mais, si la loi contient sur ce point une lacune, on ne peut suppléer à son silence à l'aide de textes empruntés à d'autres parties du code de procédure qu'à la condition que ces textes, quels que soient, d'ailleurs, les motifs qui les ont inspirés, ne seront que l'expression du droit commun; on ne saurait transporter d'une matière à une autre des prescriptions exceptionnelles, exorbitantes, ce qui est évidemment le cas de la procédure de défaut profit-joint. Au surplus, cette opinion a récemment reçu la consécration de la chambre civile (Civ. rej. 22 avr. 1890, aff. Roullier, D. P. 90. 1. 465); la cour se fonde sur ce motif qu'aucune disposition de loi n'impose aux tribunaux de paix l'obligation de se conformer aux règles édictées par l'art. 153 c. proc. civ., dans le cas où un des défendeurs fait défaut, les autres s'étant présentés et ayant conclu à l'audience.

**57.** En matière commerciale, la controverse signalée au *Rép.* n°s 75 et 76 est aujourd'hui définitivement tranchée par la jurisprudence en ce sens que, lorsque plusieurs défendeurs ont été assignés et que, parmi eux, les uns comparaissent tandis que les autres font défaut, le tribunal de commerce peut rendre un jugement par défaut profit-joint et faire réassigner les défaillants ; mais, à la différence d'un tribunal civil, il n'y est pas obligé (Rouen, 18 janv. 1855, aff. Dubos, D. P. 56. 2. 68 ; Bordeaux, 4 janv. 1858, aff. Lavaud, D. P. 59. 2. 109 ; Paris, 20 juin 1861, aff. Prodhomme, D. P. 61. 2. 193 ; Besançon, 8 août 1868, aff. Chalandre, D. P. 68. 2. 187 ; Req. 7 août 1872, aff. Bourgeois, D. P. 74. 5. 304 ; 27 déc. 1880, aff. Ephrussi, D. P. 81. 1. 421-422 ; Paris, 13 janv. 1883, aff. Heuzey, D. P. 83. 2. 98). La cour de cassation justifie cette solution par ce motif, pleinement juridique, que, dans son art. 643, qui trace les formes à suivre devant les tribunaux de commerce pour les jugements par défaut, le code de commerce ne renvoie qu'aux art. 156, 158 et 159 c. proc. civ., sans comprendre dans son énumération l'art. 153, et que ni sa disposition ni aucune autre n'impose aux tribunaux jugeant commercialement l'obligation d'observer la règle sur les jonctions de défaut et les réassignations (Arrêt précité du 7 août 1872).

**58.** Mais cette solution, aujourd'hui constante pour les affaires commerciales en première instance, est-elle applicable en cause d'appel ? La cour de Rouen (13 juin 1881, aff. Busch, D. P. 83. 2. 110) s'est prononcée pour l'affirmative, en s'appuyant sur l'art. 470 c. proc. civ., d'après lequel les règles établies pour les tribunaux inférieurs doivent être observées par les cours d'appel. Mais il ne résulte pas de l'art. 470 que ces cours doivent observer les *formes* tracées pour les tribunaux exceptionnels, lorsque les décisions de ces tribunaux leur sont déférées. Il s'agit seulement, dans l'art. 470, des règles prescrites pour les tribunaux civils, juridictions de droit commun, et non des règles établies pour les autres (*Rép.* v° *Appel civil,* n° 1270 ; Carré et Chauveau, *op. cit.,* t. 4, quest. 1691 *bis*). L'art. 648 c. com., qui décide que la procédure des appels des jugements rendus par les tribunaux de commerce, jusques et y compris l'arrêt définitif, sera conforme à celle qui est prescrite par les appels en matière civile, s'oppose même à cette interprétation, et semble rendre applicable l'art. 153 c. proc. civ., relatif au défaut profit-joint, devant la cour saisie de l'appel d'un jugement commercial].

**59.** — 3° La portée de l'art. 153 étant ainsi restreinte, en ce qui touche les juridictions auxquelles il s'applique, aux affaires civiles, en première instance comme en appel, et aux affaires commerciales, en appel seulement, il reste à déterminer si toutes les procédures y sont soumises (*Rép.* n°s 63 à 70).

La question a surtout été débattue en matière de reprise d'instance, à raison de la règle, formulée *suprà*, n° 53, que l'art. défaut profit-joint cesse de s'imposer lorsque aucune condamnation n'est requise contre le défaillant. Mais la jurisprudence ne s'est pas arrêtée à cette considération, et, conformément à l'opinion soutenue au *Rép.* n° 64, elle paraît aujourd'hui fixée en ce sens que l'art. 153 c. proc. civ., relatif au défaut profit-joint, est général et s'applique sans distinction à toutes les instances dans lesquelles, parmi les défendeurs assignés, les uns comparaissent et les autres sont défaillants, et que, en conséquence, il y a lieu de prononcer, dans ce cas, défaut profit-joint, même en matière de reprise d'instance (Besançon, 17 juill. 1864, aff. Bourdonnet, D. P. 64. 2. 174 ; Bordeaux, 7 mars 1870, aff. Lachaud, D. P. 71. 2. 40). — Cette controverse est, d'ailleurs, appelée à disparaître, si le projet de réforme du code de procédure est adopté, car ce projet supprime, en matière de reprise d'instance, le jugement actuellement nécessaire pour que l'instance interrompue soit reprise, si la partie assignée en reprise ne comparaît pas, l'instance devant être alors reprise de plein droit, par l'expiration du délai normal des assignations nouvelles nécessitées par l'interruption de l'instance (V. l'exposé des motifs, p. 53 et 54).

**60.** En matière de saisie immobilière, la solution contraire, que nous avions également proposée (*Rép.* n° 65) a triomphé en jurisprudence, par le motif qui nous avait paru déterminant. La chambre des requêtes (31 mai 1858, aff. Deluy, D. P. 58. 1. 407) a jugé, en effet, qu'il n'y avait aucune nécessité à ce que le jugement du défaut fût signifié

aux parties défaillantes, les dispositions de l'art. 153 c. proc. civ., sur le défaut profit-joint, n'étant pas applicables en matière de saisie immobilière, puisque les décisions qui interviennent en cette matière ne sont pas susceptibles d'opposition.

**61.** — 4° Les principes que l'on vient d'exposer sont-ils sanctionnés par la nullité de la procédure (*Rép.* n° 59), et quelle est l'étendue de cette nullité (*Rép.* n° 60) ? À cette double question, la jurisprudence ne fournit qu'une réponse en apparence assez confuse.

Un point incontestable, c'est que les juges n'ont pas le droit de substituer à la procédure de défaut profit-joint une autre procédure imaginée par eux : en cas de demande formée contre plusieurs défendeurs, si quelques-uns d'entre eux font défaut, les juges sont tenus de rendre un jugement de défaut profit-joint, et d'ordonner la réassignation des parties défaillantes, conformément à l'art. 153 c. proc. civ. Il ne leur est pas permis de prononcer la disjonction de l'affaire et d'enjoindre au demandeur de passer outre avec les parties comparantes, sauf à faire statuer ultérieurement sur sa demande avec les autres parties. C'est ce qu'a décidé un arrêt de la cour de cassation (Civ. cass. 3 mai 1859, aff. Buisson, D. P. 59. 1. 180). Cette solution, rigoureusement exacte, en droit, présentait, dans l'espèce, un intérêt de fait particulier. L'arrêt cassé ne contestait pas, à la vérité, la nécessité d'un jugement de défaut profit-joint, dans le cas où plusieurs des parties assignées sont défaillantes ; mais il fondait son refus de jonction sur ce que les parties, qui faisaient défaut sur appel, étaient déjà défaillantes en première instance, et ne pouvaient pas, par leur non-comparution persistante, arrêter la solution de l'appel interjeté. Mais une telle considération était évidemment sans valeur : bien que les intimés défaillants eussent également fait défaut devant les premiers juges, ils n'en avaient pas moins été régulièrement intimés comme parties au procès ; c'est ce que reconnaissait la cour elle-même, puisqu'elle se bornait à ordonner qu'il serait statué ultérieurement sur l'appel à leur égard ; or, dès que l'appel avait été valablement interjeté contre les défaillants, ceux-ci se trouvaient compris dans l'instance d'appel, et leur non-comparution donnait lieu à l'application de l'art. 153 c. proc. civ.

**62.** Il n'y a donc point de difficulté, si le juge a refusé formellement de se conformer à l'art. 153 : la nullité du jugement s'impose. Mais que faut-il décider en cas de simple omission ? — La cour d'Angers (21 août 1877, aff. Charles, D. P. 78. 2. 140) a jugé qu'il y avait là un cas de nullité absolue, opposable pour la première fois en appel. — En est-il de même devant la cour de cassation ? Si l'on s'en réfère à la jurisprudence de la cour suprême, on se trouve en face d'une confusion qui ne peut s'éclaircir qu'en pesant soigneusement les termes des divers arrêts rendus sur ce point.

**63.** D'une part, il a été jugé que l'inobservation de l'art. 153 c. proc. civ., relatif au défaut profit-joint, qui, en cas de comparution de quelques-uns seulement des défendeurs, doit être prononcé contre les défaillants, ne peut être invoquée, comme moyen de cassation, par le demandeur, *lorsqu'il a négligé de requérir* cette décision de jonction (Req. 21 avr. 1857, aff. Guérin, D. P. 57. 1. 190 ; Civ. rej. 9 déc. 1863, aff. Garon, D. P. 64. 1. 460 ; Req. 17 janv. 1881, aff. Lespiancé, D. P. 81. 1. 145 ; 19 juill. 1881, aff. Morin, D. P. 82. 1. 220. *Adde* les arrêts cités au *Rép.* n° 60).

**64.** D'autre part, il a été jugé (ce qui semble au premier abord contradictoire avec les arrêts qui précèdent) que l'exécution de l'art. 153 c. proc. civ. n'est pas subordonnée à la réquisition des parties ; qu'en conséquence, lorsque l'appelant a conclu à ce qu'il fût donné défaut contre un des intimés non comparant, l'autre intimé peut proposer devant la cour de cassation le moyen tiré de ce que le profit du défaut n'a pas été joint, *bien qu'il n'ait pas requis* cette jonction devant la cour d'appel (Civ. cass. 19 juill. 1876, aff. Lescoët, D. P. 77. 1. 100), et même, en termes plus explicites, que, lorsqu'il existe plusieurs défendeurs parmi lesquels les uns comparaissent, les autres font défaut, le tribunal ou la cour doit rendre, *même d'office,* un jugement par défaut profit-joint, dès qu'il a connaissance de la non-comparution de quelques-uns des défendeurs, car cette disposition de l'art. 153 c. proc. civ. est prescrite à peine de nullité (Civ. cass. 19 avr. 1886, aff. de Rochemonteix, D. P. 86. 1. 334).

**65.** La conciliation de ces deux solutions se trouve dans un arrêt récent de la chambre civile (Civ. cass. 30 oct. 1889 aff. Dorbon, D. P. 90. 1. 81). Aux termes de cet arrêt, dans le cas où un intimé demande à la cour de donner défaut-congé contre l'appelant qui ne conclut pas et de maintenir le jugement de première instance, l'arrêt procède régulièrement en accueillant ces conclusions, alors même qu'il existe un second intimé, dont la non-comparution devrait donner lieu à un arrêt de défaut profit-joint (V. supra, n° 49), *du moment où le premier intimé a été laissé et a laissé la cour dans l'ignorance de l'existence, en cause d'appel, du second intimé non-comparant*; mais si l'appelant fait ensuite opposition à l'arrêt de défaut qui a confirmé le jugement au fond, et, *révélant l'existence d'un second intimé*, conclut à l'annulation de cet arrêt, à l'adjudication d'un arrêt de défaut profit-joint, et à sa signification à l'intimé défaillant, la cour ne peut, *méconnaissant la situation juridique* nouvelle résultant de cette opposition et de ces conclusions, rejeter ladite opposition et maintenir sa décision première.

En d'autres termes, la seule chose qui soit à considérer ici, c'est la connaissance qu'a eu le juge de la situation des parties. — A-t-il ignoré l'existence de celui des défendeurs qui était défaillant? Le jugement est régulier encore qu'il n'ait pas été procédé par défaut profit-joint; celui qui se plaint de cette irrégularité devant la cour de cassation ne peut l'imputer qu'à lui-même, car il devait requérir le défaut profit-joint, ou, du moins, signaler au juge la nécessité d'y recourir. — Le juge a-t-il eu connaissance du défaut d'un des défendeurs, soit par une réquisition expresse de profit-joint émanant de l'adversaire, soit par toute autre circonstance? L'omission du défaut profit-joint annule le jugement, car, dès que le juge connaissait la situation, il devait accomplir, même d'office, la procédure que la loi lui prescrit.

**66.** — 5° Le caractère du jugement de défaut profit-joint a été défini au *Rép.* n° 83 : c'est un jugement simplement préparatoire, qui, par suite, ne peut être frappé d'appel qu'en même temps que le jugement définitif statuant sur le fond (V. supra, v° *Jugement d'avant dire droit*, n° 24). Il est si vrai que ce jugement est, de sa nature, purement préparatoire que, s'il préjugeait en quoi que ce soit le fond du procès (l'hypothèse, bien que difficile à concevoir s'est présentée en jurisprudence), il deviendrait à la vérité, interlocutoire, et, par suite, pourrait être frappé d'appel avant le jugement définitif; mais aussitôt il s'ensuivrait, comme corrélation inévitable, qu'il devrait être annulé. Cela a été jugé dans l'espèce, signalée, *supra* n° 55 où un jugement de défaut profit-joint avait été rendu contre le chef d'un état étranger, à l'égard duquel le tribunal aurait dû se dessaisir par des motifs d'ordre public (Paris, 23 août 1870, aff. Masset, D. P. 74. 2. 9). Sans nul doute, le défaut profit-joint préjugeait la question de compétence : ce jugement lui-même avait pour conséquence la réassignation du gouvernement russe, et le tribunal, en ordonnant cette mesure, s'arrogeait implicitement, mais nécessairement le droit de juger un souverain qui, à aucun titre, n'était son justiciable; cet avant faire droit préjugeait donc forcément la question de compétence. Dès lors, l'appelant ne se trouvait plus en présence des art. 451 et 452 c. proc. civ. qui, d'après les termes mêmes de l'arrêt, « supposent un litige qui soit possible dans l'ordre général des juridictions »; il avait à repousser une décision d'un tribunal ayant commis un excès de pouvoir. L'appel était donc recevable avant le jugement définitif, et, au fond, le jugement devait être annulé.

**67.** — 6° Les effets des jugements de défaut profit-joint (*Rép.* n°s 82 à 114) se réduisent en somme à celui-ci en vue duquel a surtout été créée cette procédure : le jugement au fond n'est point susceptible d'opposition de la part du défaillant. Mais, pour atteindre ce résultat contraire au principe général qui régit tous les jugements par défaut, il fallait évidemment prendre des dispositions qui fussent de nature à éviter toute surprise. De là, la disposition qui veut que la demande soit de nouveau portée, autant que possi-

ble, à la connaissance du défendeur défaillant. C'est l'objet de la signification du jugement avec réassignation (*Rép.* n° 87).

**68.** La règle qui domine cette signification, c'est qu'elle doit être faite par les soins d'un officier public investi d'une confiance spéciale, par un huissier commis. Cela est prescrit à peine de nullité (*Rép.* n° 91 ; Rousseau et Laisney, v° *Jugement par défaut*, n° 100 et suiv. ; Chauveau et Carré, quest. 644); et, bien qu'à Paris, par exemple, le tribunal civil et le tribunal de commerce aient coutume de commettre, par une formule de style, l'un de leurs huissiers audienciers à raison de cette seule qualité, on ne saurait admettre, comme l'a fait la cour de Paris (13 janv. 1883, aff. Heuzey, D. P. 83. 2. 98), que la signification après défaut profit-joint soit valable, bien que faite par un autre que l'huissier commis au jugement, par cela seul qu'elle a été faite par l'un des huissiers audienciers du tribunal, en se fondant sur le motif, que l'identité de l'huissier ne serait pas prescrite à peine de nullité : rien n'est moins exact.

**69.** En ce qui touche les personnes que doit atteindre l'exploit de l'huissier commis, il a été jugé, conformément à ce qui a été dit au *Rép.* n° 88, que le jugement de défaut profit-joint ne faisant qu'ordonner la réassignation des parties défaillantes, doit être signifié, avec assignation, à ces parties seulement, et qu'il n'est pas nécessaire de donner une nouvelle assignation aux parties ayant constitué avoué (Lyon, 30 juin 1887, aff. Cain, D. P. 88. 2. 59)... Ni même un simple avenir, ajoute le même arrêt; mais c'est là une exagération évidente, car le défaut d'un des défendeurs ne saurait dispenser, vis-à-vis de l'autre qui comparaît, des formalités prescrites par la loi en cas d'instance contradictoire.

**70.** Sur la réassignation ainsi signifiée, le tribunal doit rendre un second jugement, par lequel il statuera sur le profit de la demande. Il y a lieu d'envisager ce second jugement au point de vue : 1° de la forme (V. *infrà*, n°s 71 à 74); 2° du fond (V. *infrà*, n° 75).

**71.** Au point de vue de la forme, ce second jugement n'est pas susceptible d'opposition (*Rép.* n° 101). Cette règle a besoin d'être précisée.

Si, lors du second jugement, c'est le demandeur qui fait défaut, rien ne s'oppose à ce qu'il frappe d'opposition ce second jugement. En effet, comme le dit un arrêt de la cour de cassation (Civ. rej. 4 avr. 1859, aff. Marc, D. P. 59. 1. 163; Civ. cass. 25 oct. 1887, aff. Camalatamy, D. P. 88. 1. 76), « dans ce cas, on n'est pas dans les termes de l'art. 153, qui ne s'occupe que des parties assignées, et, de plus, la contrariété des jugements qui a principalement fondé l'article précité, n'est point à craindre ». En effet, dans ce cas, le second jugement ne statue pas sur le profit du défaut qui avait été joint au fond; il donne un défaut-congé, qui ne comporte pas le profit (V. *supra*, n°s 33 et 44).

**72.** Si, au contraire, lors du second jugement, c'est l'un des défendeurs qui fait défaut, le jugement est définitif à l'égard de la partie comparante lors du jugement de jonction, aussi bien qu'à l'égard de la partie primitivement défaillante (Aix, 5 mai 1870, aff. Rey, D. P. 72. 2. 139). C'est ici ce que l'on s'était prononcé au *Rép.* n° 111, et cette opinion a été formellement consacrée par la cour de cassation (V. Civ. rej. 4 avr. 1859, et Civ. cass. 25 oct. 1887, cités *suprà*, n° 71).

**73.** La chambre civile a fait, de cette jurisprudence, une application assez compliquée, mais fort exacte (Civ. rej, 11 nov. 1873, aff. Chevalier, D. P. 76. 1. 425), en jugeant que, lorsqu'un tribunal de commerce après un premier jugement de défaut profit-joint, a, par un second jugement, statué contradictoirement sur la compétence et par défaut sur le fond, et que, sur l'opposition formée par la partie condamnée tant sur la compétence que sur le fond, il a, par une troisième jugement, admis l'exception d'incompétence qu'il avait d'abord repoussée, le demandeur, appelant de cette dernière décision, qui, au lieu de limiter son appel à la question de compétence, a, en outre, conclu au fond, ne peut pas se faire un grief de ce que la cour a évoqué le fond et l'a débouté de sa demande. — Pour bien comprendre la portée de cette solution, il est nécessaire de rappeler les faits de la cause. Après un jugement de défaut profit-joint du 27 mai 1868, le tribunal de commerce avait rendu, le 7 déc. 1868, à l'encontre de tous les défendeurs, les uns ne comparaissant pas, les autres comparaissant et concluant sur la compétence mais non au fond, un jugement par lequel il se déclarait compétent, et prononçait une condamnation de 10000 fr. au profit du demandeur. Sept des défendeurs ainsi condamnés ont formé opposition au jugement du 7 décembre. Dans cette situation, la première question qui se présentait était celle de savoir si l'opposition était recevable. Or six des opposants avaient fait successivement défaut lors des deux jugements du 27 mai et du 7 décembre; et, dès lors, la voie de l'opposition leur était interdite, non seulement par la disposition finale de l'art. 153 c. proc. civ., mais aussi par la règle écrite dans l'art. 165 du même code : *Opposition sur opposition ne vaut* (V. *infrà*, nos 92 et suiv.) Quant au septième, il avait comparu lors du premier jugement; il avait également comparu lors du second et conclu sur la compétence, mais refusé de conclure au fond. En ce qui le concernait, l'opposition n'était donc certainement pas recevable quant à la disposition qui avait statué sur la compétence, puisque, de ce chef, le jugement était contradictoire. Elle ne l'était pas davantage quant au chef qui avait statué sur le fond, parce que, suivant l'opinion généralement admise (*suprà*, n° 72), le jugement rendu après un jugement de jonction du profit du défaut ne peut pas être frappé d'opposition, pas plus par la partie qui avait d'abord comparu que par celle qui a toujours fait défaut. Mais il est arrivé que l'opposition des sept défendeurs, non recevable en droit, a cependant été admise en fait par deux jugements de défaut rendus successivement (30 août et 13 sept. 1869) contre le demandeur originaire, et par lesquels le tribunal de commerce a accueilli l'exception d'incompétence qu'il avait d'abord repoussée. Le demandeur a relevé appel de ces jugements. Que devait-il faire s'il avait voulu s'assurer le bénéfice de la condamnation prononcée à son profit par le jugement du 7 déc.

1868? Il devait, devant la cour, se borner à conclure sur la question de compétence, la seule qu'eussent résolue les jugements par lui entrepris, de telle sorte que, s'il avait obtenu gain de cause sur ce point, l'arrêt qui aurait annulé les deux jugements des 30 août et 13 sept. 1869 aurait, par cela même rendu toute sa valeur légale à la condamnation prononcée par le jugement du 7 déc. 1868. Mais, au lieu de limiter son appel à la question de compétence, il a conclu, sur le fond après avoir mal à propos reconnu qu'à cet égard le jugement du 7 décembre était susceptible d'opposition, et il a même demandé à la cour de porter à 51666 fr. le montant de la condamnation, fixée à 10000 fr. seulement par ce jugement. Ayant conclu en ces termes, le demandeur avait été non recevable à prétendre que la cour d'appel avait excédé ses pouvoirs en statuant sur le fond et en lui enlevant le bénéfice de la condamnation que le jugement précité avait prononcée à son profit. La raison en est que, ni la disposition finale de l'art. 153 c. proc. civ., qui déclare non susceptible d'opposition le jugement de défaut rendu après un jugement de défaut profit-joint, ni celles des art. 1350, n° 3, et 1351 c. civ., qui attribuent à la chose jugée le caractère d'une présomption légale, ne sont d'ordre public, d'où la conséquence que les parties peuvent renoncer à s'en prévaloir et sont censées même y avoir renoncé lorsqu'elles ont négligé de les invoquer en temps utile.

**7-1.** Au surplus, même à cet égard, la règle qui nous occupe doit être restreinte au cas que la loi a visé. La disposition de l'art. 153 qui déclare non susceptible d'opposition le jugement rendu après un jugement de défaut profit-joint ne s'applique, et cela est essentiel à remarquer, qu'au jugement qui statue sur le profit du défaut; mais elle ne saurait concerner les jugements qui pourraient être ultérieurement rendus dans la même instance (Riom, 2 févr. 1867) (1). Pour faire la distinction entre les diverses phases d'une même instance, on peut se reporter aux exemples

---

(1) (Guillot C. Labesse et Guillot.) — La cour ; — Attendu que, le 14 oct. 1861, la dame veuve Labesse a assigné la dame veuve Guillot sa mère, et le sieur Edouard Guillot, son frère, au partage de la succession de Joseph Guillot, son père, et en liquidation de la communauté qui avait existé entre les époux Guillot ; — Que le sieur Edouard Guillot n'ayant pas constitué avoué, il fut rendu, le 29 nov. 1861, par le tribunal de Clermont-Ferrand, un jugement de défaut profit-joint qui ordonna la réassignation de la partie défaillante ; — Que le sieur Edouard Guillot constitua avoué et conclut à une déclaration d'incompétence, mais que cette exception fut écartée par jugement du 9 mai 1862 et que, le 29 août 1862, un jugement a ordonné qu'il serait procédé en la forme ordinaire au partage de la succession et de la communauté ; — Qu'un procès-verbal de compte a été ouvert, mais, qu'après sommation d'assister à la clôture, les dames de Labesse et Guillot, n'ont comparu, par le ministère de leur avoué que pour demander un sursis ; — Que le compte a cependant été clos qu'il ait été possible aux dames de Labesse et Guillot, momentanément privées de titres, pièces et documents importants, de contredire et de se défendre ; aussi, le notaire a déclaré dans le procès-verbal que son travail a été fait sur des documents produits uniquement par le sieur Edouard Guillot ; — Attendu, qu'un jugement rendu par défaut le 2 juin 1863, faute que les dames de Labesse et Guillot de conclure et de plaider, a homologué le compte dressé par le notaire ; — Qu'il a été formé opposition à ce jugement le 17 juin 1863 ; que cette opposition a été déclarée régulière, et que, le 29 mai 1866, le tribunal a renvoyé la cause au 25 juin suivant, pour être plaidée au fond ; — Attendu qu'Edouard Guillot s'est pourvu contre cette décision, et soutient, sur l'appel, comme devant les premiers juges, que l'opposition était irrecevable, d'abord, parce qu'elle avait été formée sur un premier jugement, c'est-à-dire sur le profit-joint du 29 nov. 1861, et, en second lieu, parce que le jugement qui homologue le compte devait être réputé contradictoire, aux termes des art. 977 et 981 c. proc. civ., qui règlent les formes spéciales de la procédure en matière de partage ; — Attendu qu'il est certain que le jugement qui statue sur le profit du défaut-joint, n'est pas susceptible d'opposition même de la part de celui, ou ceux des défendeurs qui avaient comparu lors du jugement de jonction ; que la disposition de l'art. 163 c. proc. civ., est formelle, et qu'elle se justifie d'elle-même, puisqu'elle tend à débarrasser de toute entrave la marche de la justice ; — Qu'elle écarte les oppositions qui pourraient successivement se produire et se multiplier par l'effet de combinaisons insidieuses, et qu'elle sauvegarde un grave intérêt en prévenant la contrariété des décisions judiciaires ; — Attendu, toutefois, qu'il ne faut pas

confondre un jugement d'instruction qui a pour but de régulariser une instance par l'accomplissement des formalités protectrices, avec un jugement qui aurait déjà statué sur le fond du litige; qu'à ce dernier cas, seulement, devait être appliquée dans toute sa rigueur la disposition de l'art. 165 c. proc. civ., empruntée à l'ordonnance de 1667, et qui a introduit dans notre droit la règle, où l'adage « opposition sur opposition ne vaut » ; — Attendu que s'il s'agissait ici de l'application de l'art. 165 c. proc., l'opposition des dames de Labesse et Guillot serait recevable, puisqu'il n'a été rendu, contre elles, aucun jugement par défaut ; — Attendu qu'en restreignant le débat à l'application de l'art. 153 c. proc. civ., on voit aussi que le jugement de défaut-joint a été rendu contre le sieur Edouard Guillot sur les réquisitions ou conclusions de la dame de l'abesse ; — Attendu que le jugement, contradictoire du 29 août 1862, a mis fin à l'incident qu'avait fait naître la non-comparution du sieur Edouard Guillot, et que le jugement de jonction ne pouvait plus exercer aucune influence sur les décisions subséquentes ; — L'art. 153 du code civil, en effet, et ceci mérite toute attention, qu'après la réassignation, il sera statué par un seul jugement qui ne sera pas susceptible d'opposition ; — Or, ce jugement, qui n'eût pas été susceptible d'opposition, si la dame Guillot n'avait pas comparu ou si le sieur Edouard Guillot fût resté défaillant est celui qui a ordonné le partage ; — Que telle n'était pas la situation, puisque toutes les parties étaient présentes, et que toutes ont conclu à l'audience par le ministère de leurs avoués ; — Attendu qu'à partir du jugement du 29 août 1862, toutes les parties ont pu procéder conformément aux règles ordinaires du droit, sans se préoccuper de l'existence d'un jugement de jonction qui, ainsi qu'il a été dit, avait cessé de produire ses effets légaux, et que les jugements rendus par défaut pendant le cours des opérations ordonnées à toute phase de la procédure étaient, non seulement, selon le droit commun, mais suivis d'opposition ; — Attendu que le système contraire ne se fonde que sur une interprétation forcée du texte de l'art. 153 c. proc. civ., qu'il n'y a absolument aucun rapport entre l'objet que se propose le défaut-joint et les incidents de toute nature qui peuvent surgir dans le cours d'une procédure longue et compliquée à l'occasion d'expertises, de comptes et liquidations, d'interventions, de mises en cause, de reprises d'instance, et qu'on ne saurait comprendre qu'un acte de pure instruction requis au début pût fatalement imprimer le caractère d'une décision contradictoire à tout jugement par défaut rendu postérieurement ; qu'il fût possible de priver ainsi une partie du droit d'éclairer le juge du premier degré et de la faculté de se défendre ; — Attendu que l'art. 153 c. proc. civ., est inapplicable à l'espèce actuelle ; — Attendu, il est vrai, qu'on soutient que le jugement du 2 juin

qui ont été donnés, *suprà*, n° 14, à l'effet de montrer comment, dans une même instance, certains jugements peuvent être contradictoires et d'autres par défaut.

**75.** Au point de vue du fond, le second jugement doit statuer sur la contestation, telle qu'elle se présentait lors de la prononciation du jugement de défaut profit-joint (*Rép.* n° 114); c'est ainsi que le second jugement .ne peut, à peine de nullité, omettre de statuer sur le profit du défaut *Rép. ibid.*; Bioche, *Dictionnaire de procédure*, v° *Jugement par défaut*, n° 73). Mais il n'est cependant pas indispensable qu'il statue à cet égard d'une façon expresse ; une solution implicite suffit. Ainsi, lorsque le cessionnaire d'une créance assigne le cédant et le cédé pour voir juger que le payement de cette créance ne peut être fait qu'à lui, que le cédant fait défaut, qu'il est rendu un jugement par défaut profit-joint, et que le cédant réassigné continue à faire défaut, le jugement qui condamne le cédé à payer le cessionnaire peut être considéré comme ayant adjugé à ce dernier le profit du défaut contre le cédant, alors même qu'il ne s'expliquerait pas formellement sur ce point, qui est cependant posé dans les qualités (Req. 17 févr. 1874, aff. Jacob, D. P. 74. 1. 281).

SECT. 3. — DE LA SIGNIFICATION DES JUGEMENTS PAR DÉFAUT (*Rép.* n°ˢ 228 à 447).

**76.** La signification du jugement est toujours un acte fort important, puisqu'il est, d'un côté, le point de départ du délai institué par la loi pour former, contre le jugement, les recours autorisés par elle, et, d'un autre côté, le préliminaire indispensable de tout acte d'exécution (V. *suprà*, v° *Jugement*, n° 429). Lorsqu'il s'agit d'un jugement par défaut, l'intérêt de la signification est plus grand encore : le jugement comporte alors, en effet, une voie de recours de plus. l'opposition (V. *infrà*, n°ˢ 83 et suiv.), et l'exécution qui lui est donnée a, sur son existence même, une influence capitale, puisqu'elle va jusqu'à former un obstacle juridique soit à l'opposition (V. *infrà*, n°ˢ 102 et suiv.), soit à la péremption (V. *infrà*, n°ˢ 163 et suiv).

Il est donc essentiel, pour que les suites d'un jugement par défaut soient régulières, qu'il soit justifié d'une signification faite conformément à la loi ; et, dans le doute, le juge devra se faire représenter l'exploit contenant cet acte. Toutefois, il a été jugé que l'existence et la régularité de la signification d'un jugement par défaut peuvent être établies, à défaut de représentation de l'exploit et en l'absence de preuve contraire, par un extrait du receveur de l'enregistrement, alors même que cet extrait ne mentionnerait que l'enregistrement d'un commandement, fait en conséquence de la signification, si le jugement ordonnait une signification et le commandement seraient faits par un seul et même acte (Poitiers, 1ᵉʳ déc. 1875, aff. Papin, D. P. 77. 2. 226).

**77.** Les règles relatives à la signification du jugement

par défaut diffèrent, suivant qu'il s'agit d'un défaut faute de comparaître, ou d'un défaut faute de conclure. C'est là le premier intérêt pratique de cette distinction ; le second se révèlera quant au délai et à la forme de l'opposition (V. *infrà*, n°ˢ 96 et suiv.), le troisième, quant à la péremption (V. *infrà*, n°ˢ 103 et 105).

S'agit-il d'un défaut faute de comparaître ? — La signification doit être faite par un huissier commis : ce principe est posé en termes formels, pour les tribunaux civils, par l'art. 156 c. proc. civ., et, pour les tribunaux de commerce, par les art. 435 c. proc. civ. et 643 c. com. (*Rép.* n°ˢ 232 et 233). Il est maintenu par le projet de réforme du code de procédure (V. l'exposé des motifs, p. 32).

C'est là une formalité irritante (*Rép.* n° 234) : un jugement par défaut faute de comparaître ne peut être exécuté qu'après avoir été signifié par un huissier commis ; et la commission de l'huissier est la loi ou le juge est une *formalité substantielle*, ayant pour but de garantir la remise fidèle de la copie de l'exploit de signification, laquelle doit servir de point de départ au délai accordé pour l'opposition ; cette formalité ne pouvant être remplacée par aucun équivalent, la signification d'un jugement de cette nature, opérée par un huissier non commis, est impuissante à faire courir le délai de l'opposition, d'où il suit que tous les actes d'exécution accomplis à la suite d'une telle signification doivent être considérés comme non avenus (Civ. cass. 8 févr. 1888, aff. Bégard, D. P. 88. 1. 158).

**78.** S'agit-il d'un défaut faute de conclure ? — Il convient d'envisager séparément les *matières civiles* et les *matières commerciales*.

En matière civile, il y a lieu de remarquer, avant d'en venir à la forme de la signification, que les règles de fond qui la concernent sont très différentes de celles relatives au défaut faute de comparaître. La signification doit être adressée, non à la partie, mais *à son avoué* constitué (C. proc. civ. 157; *Rép.* n° 144), alors même que cet avoué a fait connaître à son client qu'il ne voulait plus continuer d'occuper pour lui (Grenoble, 24 juill. 1867) (1). Elle doit même mentionner que cet avoué la reçoit comme représentant du défaillant, au point que, dans le cas où un arrêt a été rendu par défaut contre plusieurs parties ayant le même avoué, la signification de cet arrêt à cet avoué avec l'indication d'une seule des parties qu'il représente ne fait pas courir le délai de l'opposition à l'égard des autres parties (Aix, 9 févr. 1867, aff. Maurin, D. P. 67. 5. 256). Toute omission, toute méprise est donc évitée dans la mesure du possible.

**79.** Cela étant, il ne saurait être ici question d'une signification par huissier commis. La loi ne prescrit nulle part cette formalité pour les actes d'avoué à avoué, ou actes du palais ; et cela se conçoit : la garantie que la loi a voulu procurer au défaillant, en exigeant la commission d'un huissier, existe doublement pour ces actes ; d'une part, l'huissier qui instrumente est l'un des audienciers du tribunal,

---

1865 doit être réputé contradictoire par application des art. 977 et 981, qui règlent les formes particulières de la procédure en matière de partage ; — Qu'on ajoute que l'avoué des dames de Labesse et Guillot a comparu devant le notaire au moins pour demander un sursis ; que le renvoi à l'audience a été fait conformément à la loi, et que, dès lors, le jugement intervenu n'est pas susceptible d'opposition ; — Mais attendu qu'il n'est pas contesté que les dames de Labesse et Guillot n'avaient pu produire aucune des pièces qui leur étaient nécessaires pour établir leurs droits, et pour contredire ; qu'elles ont fait défaut, devant le notaire, et qu'il n'a pas été pris de conclusions devant le tribunal dans leur intérêt ; — Que le jugement du 2 juin n'était donc pas contradictoire ; — Attendu qu'on invoque la disposition de l'art. 113 c. proc. civ., au titre des délibérés et instructions par écrit, qui porte que les jugements rendus sur les pièces d'une des parties produites par l'autre d'avoir produit, ne seront pas susceptibles d'opposition ; — Mais que, d'une part, il existe en ce point une disposition qu'on ne rencontre point dans les art. 977 et 981, que, d'autre part, l'argument par analogie est sans valeur, puisque les délibérés ou les instructions par écrit sont précédés des conclusions prises par les parties ; — Attendu qu'on ne saurait invoquer avec plus d'autorité les dispositions des art. 761, 762, 763, relatives aux jugements rendus, en matière d'ordre, sur contredits; qu'il est vrai que ces jugements ne sont pas susceptibles d'opposition, mais qu'il n'en pouvait être autrement, puisque les parties ont été régulièrement représentées et

entendues dans leurs demandes en contredits : — Attendu conséquemment que les art. 977 et 981 c. proc. civ. ne sauraient faire obstacle à l'opposition au jugement d'homologation de compte ; — Confirme, etc.
Du 2 févr. 1867.-C. Riom, 2° ch.-MM. Eujabault, pr. Salvator et Goutay, av.

(1) (Vincent C. Giroudon.) — LA COUR; — Attendu qu'aux termes de l'art. 157 c. proc. civ., lorsqu'un jugement de défaut est rendu contre une partie ayant avoué, l'opposition n'est recevable que dans la huitaine de la signification à avoué ; — Attendu que l'arrêt de défaut de la cour de Grenoble rendu le 30 janv. 1867, contre les mariés Vincent, ayant Me Amat pour avoué, a été signifié à cet avoué, à la date du 21 mars 1867, et qu'il n'a formé opposition que le 6 juin 1867; — Attendu que si Amat a fait notifier le 15 févr. 1867, à ses parties, en acte d'huissier ignoré des mariés Béret, par lequel il leur notifiait qu'il n'entendait plus occuper pour eux et qu'ils eussent à choisir un autre avoué, cet officier public a néanmoins occupé pour ses clients postérieurement à cet acte, en formant, le 4 mars 1867, opposition aux qualités de l'arrêt; — Attendu, d'ailleurs, qu'aux termes de l'art. 1038, c. proc. civ. toutes significations pouvaient être faites régulièrement à Me Amat, pour ses parties, à la date du 21 mars 1867; — Déclare l'opposition non recevable, etc.
Du 24 juill. 1867. -C. de Grenoble, 1ʳᵉ ch.-MM. Bonafous, 1ᵉʳ pr.-Roë, 1ᵉʳ av. gén.-Duperon et Sistéron, av.

et, par suite, inspire toute confiance ; d'autre part, le fait même que l'acte est reçu, au nom de la partie, par un officier ministériel, l'avoué, est de nature à écarter les scrupules auxquels le législateur avait cru devoir s'arrêter dans l'hypothèse d'un défaut contre partie. Donc, point de commission d'huissier pour la signification d'un jugement par défaut faute de conclure (*Rép.* n° 245).

**80.** En matière commerciale, la situation est tout autre : lorsque le défendeur a comparu, soit en personne, soit par un mandataire, et qu'il a seulement été condamné par défaut faute de plaider, la signification dont il s'agit dans l'art. 436 c. proc. civ. est nécessairement celle qui est faite *à la partie;* en effet, à moins d'un pouvoir spécial à lui donné à cet effet, le mandataire n'a pas de caractère légal pour recevoir cette signification (Civ. rej. 26 avr. 1859, aff. Montessuy, D. P. 59. 1. 181).

Aussi a-t-on parfois soutenu que, tout en admettant, pour les affaires commerciales comme pour les affaires civiles, deux sortes de jugements par défaut, on pouvait décider, sans commettre aucune contradiction, que tout jugement par défaut, en matière commerciale, même le jugement par défaut faute de conclure, doit être signifié par huissier commis, d'abord à cause des termes absolus de l'art. 435, ensuite parce que l'huissier commis est considéré par la loi comme donnant au défendeur une garantie qui remplace celle de l'avoué en matière civile. Mais ce système n'a pas triomphé en jurisprudence, et les cours d'appel sont d'accord avec la cour de cassation pour décider que la règle de l'art. 435 c. proc. civ., suivant laquelle les jugements par défaut en matière commerciale doivent être signifiés par huissier commis, s'applique seulement, comme en matière civile, au jugement par défaut faute de comparaître (Civ. rej. 23 août 1865, aff. Chassenoix-Morange, D. P. 65. 1. 252 ; Lyon, 28 déc. 1872 (1) ; Civ. cass. 14 janv. 1884, aff. Andreoli, D. P. 84. 1. 245 ; Paris, 31 janv. 1888, aff. Maufredi, D. P. 89. 2. 200). Spécialement, le jugement qui statue sur l'opposition à un précédent jugement de défaut n'a pas besoin, s'il est par défaut lui-même, d'être signifié par un huissier commis (Bordeaux, 6 juill. 1853, aff. Laumond, D. P. 56. 2. 83) ; en effet, s'il n'est pas absolument exact de dire avec cet arrêt qu'un tel jugement équivaut à un jugement contradictoire, il est incontestable que, s'il est par défaut, c'est faute de conclure.

**81.** La conséquence de ce qui précède, c'est qu'il importe peu que le jugement ait expressément commis un huissier pour procéder à sa signification, cette disposition ne constituant qu'une mesure surabondante qui ne fait pas partie de la chose jugée (Bordeaux, 6 juill. 1853, aff. Laumond, D. P. 56. 2. 83; Lyon, 28 déc. 1872, *supra*, n° 80). Si donc le tribunal de commerce a commis un huissier pour la signification d'un jugement par défaut faute de conclure, celui qui a obtenu ce jugement peut ne tenir aucun compte de cette commission et faire signifier le jugement par tout

autre huissier compétent de son choix (Paris, 31 janv. 1888, aff. Manfredi, D. P. 89. 2. 200).

**82.** Ainsi, en matière civile ou commerciale, les règles relatives à la signification des jugements par défaune sont point uniformes : elles diffèrent entièrement suivant qu'il s'agit d'un défaut faute de comparaître ou d'un défaut faute de conclure. — En matière de justice de paix, l'uniformité doit renaître, puisque la distinction entre les deux sortes de défaut n'existe pas (V. *supra*, n° 23) ; c'est une règle absolument générale que tout jugement de défaut rendu par un juge de paix doit, à peine de nullité, être signifié par un huissier commis (*Rép.* n° 320 ; Chauveau sur Carré, *Lois de la procédure*, quest. 644 ; Bioche, *Dictionnaire de procédure*, v° *Juge de paix*, n° 334 ; Rousseau et Laisney, *Dictionnaire de procédure*, v° *Juge de paix*, n° 112. V. cependant, en sens contraire, Delzers, *Cours de procédure civile et criminelle*, t. 1er, p. 111 ; Req. 1er févr. 1882, Heitz, D. P. 82. 1. 113 ; Civ. cass. 19 août 1884, aff. Perret, D. P. 85. 1. 63). Cette formalité est de rigueur (c. proc. civ. art. 20) : la commission de l'huissier par la loi ou par le juge est une formalité essentielle, imposée dans un intérêt d'ordre public, pour garantir la remise fidèle et prompte d'une signification qui doit servir de point de départ au délai très bref accordé pour l'opposition ; dès lors, il ne peut être remplacée par des équipollents, et toute signification faite par un huissier non commis est impuissante à faire courir le délai dont il s'agit (Arrêt précité du 19 août 1884). Il est vrai que l'art. 20 c. proc. civ. ne contenait qu'une injonction alternative laissant le choix entre un huissier commis et l'huissier du juge de paix ; il est encore vrai que les fonctions d'huissier de juge de paix n'existent plus aujourd'hui (V. *Rép.* v° *Huissier*, n° 159 et suiv.); mais la cour de cassation a répondu, d'une façon décisive, que, si l'art. 16 de la loi du 25 mai 1838 a conféré à tous les huissiers d'un même canton le droit de donner toutes les citations et de faire tous les actes devant la justice de paix, et a supprimé, par là même, l'huissier de la justice de paix, cette disposition n'a eu ni pour but ni pour effet de modifier l'art. 20 c. proc. civ., en tant qu'il exige une signification faite par huissier commis (Même arrêt).

**Sect. 4. — De l'opposition aux jugements par défaut**
(*Rép.* n°s 163 à 354).

**83.** L'opposition est une voie de rétractation spéciale aux jugements par défaut (*Rép.* n° 163), mais commune à tous les jugements par défaut, au moins dans l'état actuel de notre législation. Le projet de réforme du code de procédure la restreint aux jugements par défaut faute de comparaître, puisqu'il assimile les jugements par défaut faute de conclure aux jugements contradictoires, susceptibles seulement d'appel (V. l'exposé des motifs, p. 26).

**84.** L'opposition, étant une voie, non de recours, mais

---

(1) (Brante C. Syndic Vaillant.) — La cour ; — Sur l'appel du jugement du 18 juin dernier qui a rejeté l'opposition formée par Vaillant fils au jugement par défaut du 22 avril précédent ; — Attendu que les premiers juges ont à bon droit déclaré que, le jugement du 22 avril ayant été rendu, contre une partie qui avait comparu aux précédentes audiences, son caractère était celui d'un défaut faute de plaider, et que l'opposition, pour être recevable, eût dû être faite dans la huitaine de la signification ; — Attendu que l'autre moyen de nullité opposé à la signification, et consistant en ce qu'elle n'aurait pas été faite par un huissier commis, moyen qui a été développé spécialement devant la cour, n'est pas non plus fondé ; — Attendu, en effet, que, si les art. 435 et 436 c. proc. civ. avaient, pour tous les jugements par défaut des tribunaux de commerce, ordonné que la signification en serait faite par huissier commis, et que l'opposition n'en serait plus recevable après la huitaine de la signification, ces dispositions ont été modifiées par l'art. 643 c. com.; — Attendu que, de la combinaison de cet article avec les art. 156, 158 et 159 c. proc. civ. qui y sont visés, il résulte que, en matière de commerce, ainsi qu'en matière civile, il existe deux sortes de jugements par défaut : ceux par défaut de comparaître ou de plaider, ceux par défaut de comparaître ; — Que, pour ces derniers, en l'absence de la partie faisant craindre qu'elle n'ait pas été suffisamment avertie, le délai de l'opposition a été prolongé jusqu'à l'exécution, et la garantie de la signification par huissier commis a dû être maintenue ; — Qu'il n'en est pas de même lorsque la comparution de la partie aux premières audiences a prouvé

qu'elle a été touchée par l'assignation ; — Que, dans ce cas, elle doit veiller à la suite de la procédure, et que son opposition, aux termes d'une jurisprudence devenue constante, doit se produire dans la huitaine de la signification ; — Attendu qu'on ne comprendrait pas que les défauts faute de plaider en matière de commerce, étant ainsi assimilés, sur ce point essentiel, à ceux qui interviennent en matière civile, ils fussent cependant, à l'encontre de ceux-ci, restés soumis à la nécessité de la signification par huissier commis; — Attendu que l'art. 643 c. com. vise expressément l'art. 156 c. proc. civ. qui a imposé la signification par huissier commis aux défauts faute de comparaître seulement ; — Que ce rappel de l'art. 156 exprime suffisamment l'intention du législateur, de modifier en ce point même les art. 435 et 436 du c. proc. civ. et de n'en laisser subsister les dispositions exceptionnelles que pour le cas où le défendeur n'a pas comparu ; — Attendu qu'il importe peu que, dans l'espèce, un huissier eût été commis par le jugement du 22 avril ; que cette commise n'était pas nécessaire, et qu'il ne peut dépendre du juge de donner naissance à une nullité de procédure, en imposant aux plaideurs une formalité qui n'est pas ordonnée par la loi ; — Attendu, dès lors, que l'opposition a été justement déclarée non recevable ;

Par ces motifs, qu'il a été bien jugé par le jugement du 18 juin dernier, qui a déclaré non recevable l'opposition de Vaillant fils ;

Confirme en cette partie, etc.

Du 28 déc. 1872.-C. de Lyon, 2e ch.-MM. Onofrio, pr.-Royé-Belliard, av. gén.-Lablatinière et Vachon, av.

de rétractation, a pour objet de provoquer une revision de l'affaire par le *juge même* qui a rendu le jugement (*Rép.* n° 168).

Ces derniers mots demandent un éclaircissement. La loi n'exige pas — car ce serait impossible en pratique — que le jugement de défaut et le jugement sur opposition émanent des *mêmes magistrats* individuellement. Ce qu'elle veut, c'est que l'opposition soit jugée par la *même juridiction* ; mais là se borne la portée de cette règle : aucune disposition légale ne fait obstacle à ce que l'instance concernant l'opposition à un jugement par défaut soit jugée par une chambre du tribunal autre que celle qui avait rendu le jugement par défaut (Req. 27 avr. 1874, aff. Perretti, D. P. 76. 1. 393).

**85.** Une difficulté est résultée de là en ce qui touche les cours d'appel. Il arrive, en effet, très souvent, que la première chambre rende des arrêts de défaut, qui sont de pure forme, sur des matières qui doivent être portées devant les chambres réunies en audience solennelle. Opposition est formée, et l'on porte directement l'affaire à l'audience solennelle. Cette pratique est-elle régulière ? Assurément non. On doit, en effet, considérer les chambres réunies d'une cour d'appel et chacune des chambres de la même cour comme constituant des juridictions différentes (Civ. cass. 21 févr. 1870, aff. Lecaron, D. P. 70. 1. 299 ; Comp. dans le même sens : Req. 20 mars 1821, *Rép.* n° 168). Cet arrêt décide que c'est à celle des chambres de la cour de cassation qui a rendu un arrêt de défaut qu'il appartient de statuer sur l'opposition. Aussi, il a été jugé que les chambres d'une cour d'appel réunies en audience solennelle n'ont pas compétence pour statuer sur l'opposition à un arrêt par défaut rendu par l'une des chambres de la cour, et qu'elles ne peuvent connaître du fond du litige qu'après rétractation, par les juges compétents, de l'arrêt par défaut précédemment rendu, ou déclaration expresse, par la partie qui l'a obtenu, qu'elle renonce à s'en prévaloir (Civ. cass. 15 janv. 1872, aff. Darbousse, D. P. 72. 1. 52). On voit que, par cet arrêt, la cour de cassation semble avoir voulu indiquer aux parties un moyen d'éviter la nullité qui avait été commise dans l'espèce, sans qu'il soit nécessaire d'obtenir d'abord de la chambre qui a rendu l'arrêt de défaut un nouvel arrêt portant rétractation du premier et renvoi à l'audience solennelle : il suffira que la partie qui a obtenu l'arrêt de défaut renonce expressément, devant les chambres réunies, à s'en prévaloir.

Art. 1er. — *De la faculté d'opposition*
(*Rép.* n°s 163 à 208).

§ 1er. — Quels jugements sont susceptibles d'opposition
(*Rép.* n°s 173 à 190).

**86.** La faculté d'opposition est de droit commun pour toute décision de justice rendue par défaut (Civ. cass. 26 août 1879, aff. Delmas, D. P. 80. 1. 128). Elle ne doit donc recevoir d'exception que dans les cas expressément déterminés par la loi (Même arrêt). La jurisprudence fournit, à cet égard, les applications suivantes.

**87.** En matière de *saisie immobilière* (*Rép.* n° 188), l'opposition n'est pas admise (Paris, 23 avr. 1845, aff. Saller, D. P. 45. 4. 333. V. *infrà*, v° *Vente publique d'immeubles*).

**88.** Il en est de même en matière d'*ordre* (Colmar, 10 déc. 1849, aff. Genty, D. P. 50. 2. 151 ; V. *infrà*, v° *Ordre*).

**89.** En matière de *référé*, la question est tranchée, quant aux débats de première instance par l'art. 809 c. proc. civ. ; mais pour les instances d'appel, elle est controversée, ainsi qu'on l'a vu au *Rép.* n°s 183 et 184. La non-recevabilité de l'opposition a été admise par les cours d'Orléans (9 juin 1847, aff. Séguin, D. P. 49. 2. 176), d'Angers (1er sept. 1851, aff. N..., D. P. 52. 5. 338), de Paris (31 mars 1870, aff. Barbier, D. P. 70. 2. 168) et par M. Bazot (*Ordonnance sur requête et sur référé*, p. 896). Mais la solution contraire tend depuis longtemps à prévaloir (Paris, 27 sept. 1860, aff. Crampton, D. P. 61. 5. 407 ; 20 févr. 1861, aff. Bétat, D. P. 61. 5. 408 ; Bourges, 9 nov. 1870, aff. Mengin, D. P. 72. 2. 212 ; Amiens, 4 mars 1874, aff. Bourçon, D. P.

76. 2. 48 ; Bertin, *Ordonnance de référé*, n° 369 ; *Rép.* n° 78), et elle a été consacrée en dernier lieu par la cour de cassation, saisie pour la première fois de la difficulté. La chambre civile a jugé, en effet, que l'art. 809 c. proc. civ. se bornant à disposer, dans son dernier paragraphe, que l'appel des ordonnances sur référé sera jugé sommairement sans reproduire l'interdiction de former opposition à ces ordonnances contenue au second paragraphe, il en résulte que la voie de l'opposition reste ouverte à l'égard des arrêts de défaut rendus en matière de référé (Civ. cass. 26 août 1879, aff. Delmas, D. P. 80. 1. 128). Cette décision est pleinement conforme aux principes : l'interdiction de l'opposition en matière de référé, écrite dans l'art. 809 c. proc. civ., ne s'applique qu'au premier degré de juridiction ; toute restriction au droit commun étant de droit étroit, il n'est pas permis de suppléer au silence du législateur, et cette restriction ne peut s'étendre au second degré de juridiction. C'est par un motif analogue que nous avons (*suprà*, n° 58) critiqué un arrêt de la cour de Rouen (13 juin 1881, aff. Busch, D. P. 83. 2. 110) qui, sans l'appui d'aucun texte, avait cru pouvoir soustraire au droit commun ; quant aux règles du défaut profit-joint, les instances commerciales en cause d'appel, par la raison qu'elles sont, au premier degré de juridiction, soumises à un régime exceptionnel.

**90.** Dans les procédures où l'opposition est admise, est-elle aussi bien recevable de la part du demandeur défaillant que du défendeur défaillant ? — La question ne se poserait plus, si le système adopté par le projet de réforme du code de procédure passait dans notre législation positive, car le défaut-congé étant, par sa nature, un défaut faute de conclure (V. *suprà*, n° 19) serait, comme tel, assimilé à un jugement contradictoire (V. *suprà*, n°s 15 et 83, et l'exposé des motifs, p. 33). — Mais tel n'est pas actuellement l'état du droit. La cour de Bordeaux, en se prononçant, sous la présidence de M. Troplong, pour la recevabilité de l'opposition contre le jugement de défaut-congé a fort bien montré que le code de procédure civile ouvre la voie de l'opposition envers les jugements par défaut, sans faire de distinction entre celui rendu contre la partie assignée et celui de défaut-congé rendu contre le demandeur lui-même, que dans l'un comme dans l'autre cas, la justice se trouvant saisie du litige, on ne peut trouver de raison solide pour lui enlever l'examen contradictoire de la cause sur l'opposition du demandeur ; que la privation du droit d'opposition et la nécessité de former une demande nouvelle pourraient avoir quelquefois une influence nuisible aux intérêts du demandeur, et même frapper son action de déchéance ; que le défaut-congé peut enfin être pris contre lui par suite de circonstances excusables, ou même surpris à la religion des juges ; qu'il n'y a donc aucun motif sérieux pour consacrer une distinction que le texte de la loi n'autorise pas et que son esprit ne justifie pas davantage (Bordeaux, 11 févr. 1853, aff. Bossuet, D. P. 53. 5 279).

**91.** Mais n'y a-t-il pas lieu, tout au moins, de faire une distinction entre le cas où le tribunal s'est borné à donner défaut contre le demandeur, et le cas où, statuant au fond, il l'a débouté de sa demande (Comp. *suprà*, n° 45) ? Dans ce dernier cas, tout le monde admet l'opposition. Dans le premier, la recevabilité de l'opposition a été fort contestée, ainsi qu'on l'a vu au *Rép.* n° 179. M. Bonceune notamment (cité *ibid.*) enseigne que le jugement de défaut, dans cette hypothèse, a seulement pour effet de mettre à néant la demande, sans la juger, et qu'ainsi le demandeur peut et doit la réitérer. « Tout le profit du défaut, dit-il, consiste à replacer les parties dans l'état où elles étaient avant la demande, c'est-à-dire que ce sera comme s'il n'y eût pas eu d'ajournement. » Mais cette distinction nous a paru arbitraire et inacceptable (*Rép.* n° 179). En effet, il semble bien que les arguments fournis par la cour de Bordeaux, dans son arrêt du 11 févr. 1853, cité *suprà*, n° 90, pour écarter toute distinction entre le défaut-congé et le défaut simple s'opposent de même à toute distinction entre les différents cas de défaut-congé, et ce système a été consacré par la cour de Bastia (14 août 1866, aff. Campana, D. P. 68. 2. 10). MM. Rivoire (*De l'appel*, n° 62) et Joccoton (*Revue pratique*, t. 9, p. 22) arrivent à la même solution en se fondant sur ce que le défaut-congé implique le rejet de la demande (Req. 17 juin 1856, aff. Meurs, D. P. 57. 1. 30) et, par conséquent, l'existence d'une décision au fond; mais ce raisonnement, qui prend pour base un arrêt dont l'autorité est contestable (V. *suprà*, n° 45), est moins solide que celui de la cour de Bordeaux.

### § 2. — De la règle « Opposition sur opposition ne vaut » (*Rép.* n°ᵉˢ 191 à 201).

**92.** On a vu *Rép.*, n°ˢ 191 et 192, que le code de procédure (art. 22 et 163), appliquant un principe qui est de tous les temps comme de tous les pays, a défendu qu'après une première opposition, on en pût former d'autres et entraver ainsi indéfiniment l'exécution d'un jugement. Cette prohibition est absolue, mais elle est subordonnée à deux conditions.

**93.** En premier lieu, pour que l'existence d'une première opposition fasse obstacle à la seconde, il faut que l'une et l'autre se produisent dans la même affaire (*Rép.* n° 196). — Faut-il en outre que les deux jugements par défaut aient le même objet? MM. Thomine (p. 211) et Carré (quest. 694) l'exigent. Mais ce système est vivement critiqué par M. Rodière (p. 10) : « De la doctrine de M. Carré, dit ce dernier auteur, il résulte que, dans la même cause, tous les frais peuvent être doublés, si, sur chaque incident, le défendeur fait défaut et forme opposition. L'ancien axiome «opposition « sur opposition ne vaut» est généralement adopté en pratique et entendu en ce sens que, dans la même instance, deux oppositions ne sont pas admissibles de la part de la même partie. Il est nécessaire de maintenir la force de ce principe, qui préserve les parties de frais dont l'énormité deviendrait incalculable. Qu'on ne perde donc pas de vue que le motif principal qui a donné ouverture au droit d'opposition, c'est la crainte qu'un jugement par défaut n'ait été surpris. Quand déjà le défaillant a formé opposition et a comparu, cette crainte n'existe plus ». L'annotateur de Carré, M. Chauveau, s'associe à cette critique, en invoquant un arrêt de la cour de Lyon du 27 juill. 1832 (*Journal des avoués*, t. 44, p. 196). C'est cependant le premier système qui a triomphé à deux reprises devant la cour de cassation (Civ. cass. 3 août 1840, *Rép.* n° 196-4° ; 5 mai 1857, aff. Ortoli, D. P. 57. 1. 247) ; et il faut reconnaître que la cour donne à sa solution une base fort juridique, lorsqu'elle déclare « qu'en principe tout jugement par défaut est susceptible d'opposition ; que, s'il est fait une exception à cette règle à l'égard du jugement par défaut qui aurait débouté d'une première opposition, c'est afin d'empêcher que les procès ne s'éternisent; mais que cette exception ne s'applique pas au cas où le premier jugement par défaut n'a pas eu le même objet que le second, lorsque, par exemple, le premier jugement a statué sur un incident, et le second sur le fond de la contestation » (Arrêt précité du 5 mai 1857). On a vu, en effet, que, dans cette hypothèse, il y a, en réalité, comme deux procès distincts et que les jugements sont aussi si bien distincts que l'un peut être contradictoire et l'autre par défaut (V. *suprà*, n°ˢ 13 et 14).

**94.** Il faut en second lieu, pour que l'existence d'une première opposition fasse obstacle à la recevabilité de la seconde, qu'elles émanent l'une et l'autre de la même partie (*Rép.* n° 200). Ainsi, le demandeur est recevable à former opposition au jugement rendu par défaut contre lui, et qui a accueilli l'opposition du défendeur à un premier jugement par défaut que lui, demandeur, avait obtenu (Orléans, 18 déc. 1871, aff. Defruit, D. P. 72. 5. 284).

**95.** Mais, sous cette double réserve, jamais deux oppositions ne peuvent se superposer l'une à l'autre. Ainsi, lorsque, après avoir fait une première fois défaut, le demandeur fait défaut une seconde fois, le jugement de défaut-congé qui intervient contre lui n'est plus susceptible d'opposition, mais seulement d'appel (Orléans, 18 déc. 1871, aff. Defruit, D. P. 72. 5. 284). — De même, dans une instance où il a été rendu un premier jugement par défaut, qui rejette un moyen d'incompétence et adjuge, au fond, les conclusions de la demande, si le jugement qui intervient sur l'opposition et qui rapporte les condamnations prononcées au fond, en déclarant l'incompétence, vient à être réformé, le second jugement par défaut que le tribunal de renvoi rend contre la même partie n'est plus susceptible d'opposition; et il en

doit être ainsi lors même, que les défaillants, commerçants associés, déclarés en état de liquidation, qui n'avaient figuré au jugement d'incompétence et à l'arrêt d'infirmation de ce jugement qu'avec l'assistance de leurs commissaires liquidateurs, replacés depuis à la tête de leurs affaires, ont été assignés devant le tribunal de renvoi en reprise d'instance, pour y défendre de leur chef, et que ce tribunal, avant de statuer au fond, a déclaré l'instance reprise (Rouen, 5 mars 1853, aff. Alcan, D. P. 54. 2. 40).

### Art. 2. — *Du délai de l'opposition* (*Rép.* n°ˢ 115 à 163, 209 à 227, 248 à 265, 310 à 331).

**96.** Le temps pendant lequel il est permis au défaillant de former opposition au jugement qui l'a frappé varie suivant que le défaut a été donné faute de conclure ou faute de comparaître (*Rép.* n° 209 : c'est le second intérêt de cette distinction (V. *suprà*, n° 77).

Au défaillant faute de conclure, la loi n'accorde qu'un délai préfix de huit jours (c. proc. civ. art. 157) lequel même disparaît complétement dans le projet de réforme du code de procédure, la faculté d'opposition étant, dans ce premier cas, supprimée (V. *suprà*, n°ˢ 15 et 83, et l'exposé des motifs p. 33); on est certain, en effet, qu'il a reçu l'assignation, et le danger d'une surprise, signalé au *Rép.*, n° 121 *in fine*, n'existe pour ainsi dire pas (V. l'exposé des motifs, p. 23). — Si, au contraire, le défaut a été donné faute de comparaître, les motifs indiqués *ibid*, ont déterminé la loi à permettre l'opposition jusqu'au moment où le défaillant a dû connaître le jugement. Ce dernier système est d'ailleurs, dans le projet de réforme, l'objet d'une modification fort logique : le délai d'opposition y est réduit, dans ce cas même, à un temps préfix de quinze jours, lorsque la signification du jugement a été faite à personne (V. l'exposé des motifs, p. 32), et de huit mois (avec un autre point de départ) dans le cas contraire (V. *ibid.* et *infrà* n° 120).

**97.** La distinction des délais d'opposition ne s'applique, bien entendu, qu'aux tribunaux civils et de commerce, puisque, devant les tribunaux de paix, la distinction primordiale des défauts faute de comparaître et de conclure, qui en forme la base, n'existe pas (V. *suprà*, n° 23). Ici donc le délai est uniformément préfix et réduit à trois jours (c. proc. civ. art. 20).

### § 1ᵉʳ — Opposition à tous les jugements par défaut des tribunaux de paix, et aux jugements par défaut faute de conclure des tribunaux civils et de commerce.

**98.** Aucun doute n'existe aujourd'hui sur la durée du délai d'opposition, dans les divers cas visés par cette rubrique. Pour les tribunaux de paix, l'art. 20 c. proc. civ. édicte formellement le délai de trois jours. Pour les tribunaux civils, le délai de huit jours est, de même, expressément écrit dans l'art. 157. Pour les tribunaux de commerce, On a vu (*suprà*, n° 25), que, après une longue controverse, ce dernier article a été déclaré applicable aux jugements consulaires ; spécialement, le jugement de défaut-congé, rendu par le tribunal de commerce, n'est susceptible d'opposition que dans la huitaine de la signification de ce jugement (Bordeaux, 15 mars 1871, aff. Donnet, D. P. 72. 5. 286). La seule question est de savoir comment se calcule le délai ainsi déterminé, et si, pour une cause ou pour une autre, il n'est pas susceptible d'augmentation.

**99.** D'abord, comment se calcule le délai? Est-il franc ? On a vu au *Répertoire* que trois systèmes s'étaient formés : l'un comptant dans le délai à la fois le *dies à quo* et le *dies ad quem* (*Rép.* n° 250), le second n'y comptant ni l'un ni l'autre (*Rép.* n° 251), le troisième y comptant seulement le *dies ad quem* à l'exclusion du *dies à quo* (*Rép.* n° 252). C'est dans ce dernier sens, pour lequel on peut invoquer un ancien arrêt du tribunal de cassation (3 vent. an 4, *Rép.* n° 252) que la cour de Chambéry s'est prononcée (5 mai 1877, aff. Brugnier, D. P. 77. 2. 239) par les motifs suivants : « Attendu que l'art. 157 c. proc. civ. porte que l'opposition de celui qui a avoué n'est recevable que pendant huitaine, à compter du jour de la signification à avoué; que le sens naturel de ces mots est que ce dernier jour est en dehors du délai, puisque ce délai ne se calcule qu'à compter de ce jour, mais que l'opposition doit être faite au plus tard le huitième jour, puisque ce n'est que pendant la huitaine qu'elle est recevable; que l'art. 1033 n'est pas applicable au cas de l'art. 157, puisque l'opposition ne se signifie pas à personne ni à domicile, mais à l'avoué ». Cette dernière considération manque, lorsque l'on envisage la question au point de vue des jugements des tribunaux de paix ou de commerce ; mais la première subsiste (*Rép.* n°⁵ 312 et 313).

**100.** Ainsi le dernier jour du délai doit être compté. Mais que décider si c'est un jour férié? On a dit au *Rép.*, n° 253, que, en l'état de la législation, cette circonstance était sans intérêt, et ne pouvait avoir pour effet de proroger le délai fixé par la loi. Depuis lors, la loi du 3 mai 1862, en modifiant l'art. 1033 c. proc. civ., y a ajouté cette disposition finale : « Si le dernier jour du délai est un jour férié, le délai sera prorogé au lendemain ». Cela tranche la question, pour l'opposition aux jugements des tribunaux de paix ou de commerce, laquelle, devant être signifiée à partie, tombe directement sous le coup de l'art. 1033.

Mais un doute subsiste quant aux jugements par défaut faute de conclure des tribunaux civils, pour lesquels l'opposition, devant être signifiée à avoué, n'est pas, comme on vient de le voir (n° 99) dans un arrêt de la cour de Chambéry, régie par le premier paragraphe de l'art. 1033. Malgré cette considération, la jurisprudence tend à étendre à cette dernière hypothèse le dernier alinéa de l'art. 1033 : « attendu, dit encore la cour de Chambéry (6 déc. 1865, aff. Padey, D. P. 66. 5. 274), que cette disposition, complètement indépendante de celles qui la précèdent, est générale et applicable à toute espèce de délais accordés par les lois civiles et commerciales, sans distinction entre eux, que l'on doive ou non compter le jour de la signification et celui de l'échéance, et qu'ils soient ou non susceptibles d'augmentation à raison des distances ; attendu, en effet, que l'on ne pourrait comprendre que le législateur eût accordé la prorogation au lendemain du jour férié, lorsqu'il s'agit d'un délai ordinaire de deux ou plusieurs mois, et qu'il l'eût refusée pour un délai exceptionnel de quelques jours seulement ; attendu que c'est surtout en vue des brefs délais que la disposition précitée a été introduite dans l'art. 1033; qu'elle était réclamée par la doctrine, et par la jurisprudence qui avait dû admettre la prorogation au lendemain du jour férié lorsqu'il s'agissait du délai d'un seul jour; attendu que l'exposé des motifs et le rapport de la loi du 3 mai 1862 ne laissent aucun doute sur l'intention du législateur ». La cour de Poitiers (11 août 1863, aff. Mandin; D. P. 65. 2. 96) s'est prononcée dans le même sens avec plus d'énergie encore, en déclarant que, si « avant la loi du 3 mai 1862, on avait pu penser que cette circonstance ne devait donner lieu à aucune prolongation du délai, aujourd'hui la question ne peut plus s'élever, et que le législateur a voulu établir l'uniformité dans les lois, en généralisant la disposition de l'art. 162 c. com.; que c'est dans ce but que la loi nouvelle a déposé, dans le dernier paragraphe de l'art. 1033, un principe qui n'est pas restreint aux actes énoncés dans le premier paragraphe, mais qui s'applique à tous les délais dans lesquels des actes judiciaires et des significations doivent être faits ».

**101.** Quant à l'augmentation à raison des distances, on a dit au *Rép.* n° 254, qu'elle ne pouvait concerner le délai qui nous occupe, et cette solution a été consacrée par la jurisprudence (Civ. rej. 23 août 1865, aff. Chassenoix-Morange, D. P. 65. 1. 252; Paris, 24 août 1877, aff. Masson, D. P. 78. 2. 143).

**§ 2.** — Opposition aux jugements par défaut faute de comparaître devant les tribunaux civils et de commerce.

**102.** Les jugements par défaut faute de comparaître peuvent être frappés d'opposition jusqu'à leur exécution. Cette règle, écrite pour les tribunaux civils dans l'art. 158 c. proc. civ., est étendue aux tribunaux de commerce par l'art. 643 c. com., et aux cours d'appel par l'art. 470 c. proc. civ. (*Rép.* n°ˢ 211 et 324).

**103.** A quel moment le jugement peut-il être réputé exécuté? La loi a dû, à deux reprises, se poser cette question : au point de vue de l'opposition et au point de vue de la péremption (V. sur cette dernière matière, *infrà*, n° 169 et suiv.). Elle a admis, dans les deux cas, des règles différentes. Au point de vue de l'opposition, l'art. 159 a établi un principe fort sage: elle ne se place pas à un point de vue absolu, mais au, contraire, à un point de vue tout relatif, et personnel au débiteur; elle n'admet comme exécution suffisante que l'exécution connue du défaillant contre qui elle est dirigée. Toutefois, afin d'éviter autant que possible des difficultés de fait toujours difficiles à régler, elle a spécialement désigné quatre cas dans lesquels l'exécution du jugement serait présumée, en droit, avoir été connue du débiteur (c. proc. art. 159). A l'exemple du *Répertoire*, nous envisagerons d'abord chacun de ces quatre cas séparément, puis, ensuite, la généralité des autres, pour lesquels il n'existe point de présomption légale.

**104.** — 1° *Saisie et vente des meubles* (*Rép.* n°ˢ 123 à 134). — Pour que la saisie des meubles soit présumée connue du débiteur et constitue ainsi une exécution suffisante, l'art. 159 exige qu'elle ait été suivie de la vente (*Rép.* n° 123). C'est là, en effet, l'acte qui ne peut passer inaperçu.

**105.** Si cette condition n'est pas remplie et que les meubles n'aient pas été vendus, la saisie ne pourra constituer un acte suffisant d'exécution qu'autant qu'elle aura été, en fait, connue du débiteur (*Rép.* n° 127). On sort alors du domaine de la présomption de droit pour entrer dans celui des constatations de fait ; on en trouvera *infrà* (n° 113) plusieurs exemples.

**106.** — 2° *Emprisonnement ou recommandation du débiteur* (*Rép.* n° 135). — C'était, par excellence, l'acte qui ne pouvait être ignoré. Il n'a plus qu'un intérêt historique, depuis la loi du 22 juill. 1867 (D. P. 67. 4.75), qui a supprimé la contrainte par corps.

**107.** — 3° *Saisie des immeubles* (*Rép.* n° 136). — Pour que la saisie immobilière soit présumée connue du débiteur, il faut et il suffit qu'elle lui ait été dénoncée (Civ. cass. 10 mai 1854, aff. Penot, D.P. 54. 1. 180; Paris, 8 mars 1860, *infrà*, n° 120. Comp. Req. 1ᵉʳ févr. 1886, aff. de Lestranges, D. P. 87. 1. 130-131).

**108.** — 4° *Payement des frais* (*Rép.* n°ˢ 137 à 143). — La présomption d'acquiescement résultant du payement des frais est si forte que, d'après la cour de cassation (Req. 24 janv. 1854, aff. Leduc, D. P. 54. 1. 197), un jugement ou un arrêt par défaut contre partie, non exécutoire par provision, ne peut plus être frappé d'opposition par la partie qui a payé les frais auxquels elle avait été condamnée, que, en payant ces frais, elle se soit encore réservé formellement de former opposition à la condamnation prononcée contre elle ; il y a en pareil cas, et malgré ces réserves que rend inefficaces la possibilité d'échapper au payement réclamé en formant opposition, exécution connue de la partie condamnée, dans le sens de l'art. 158 c. proc. civ., aux termes duquel la décision exécutée cesse alors d'être susceptible d'opposition.

**109.** — 5° Restent les *actes non spécifiés dans l'art.* 159 (*Rép.* n°ˢ 144 à 162), qui ne constituent une exécution suffisante, au point de vue de l'opposition, qu'autant qu'ils ont été, en fait, connus du défaillant. Il y a là une question de fait qui rentre, bien entendu, dans le domaine exclusif des juges du fond : il appartient aux tribunaux saisis de la question de savoir si l'opposition à un jugement par défaut est encore recevable, en présence d'un acte ne rentrant point dans l'énumération de ceux auxquels l'art. 159 c. proc. civ. attribue les caractères légaux d'une exécution, d'apprécier s'il résulte nécessairement de l'acte invoqué que l'exécution du jugement a été connue du défaillant condamné (Req. 16 juill. 1888, aff. Weiller, D. P. 89. 1. 255. V. dans le même sens, Civ. rej. 11 juin 1860, aff. Repellin, D. P. 61. 1. 125; Req. 23 oct. 1888, aff. Costes, D. P. 89. 1. 188).

**110.** D'ailleurs, cette question de fait est valablement examinée par toute juridiction devant laquelle le défaillant se prévaut de son droit d'opposition pour entraver l'exécution du jugement (Paris, 8 mars 1860), rapporté *suprà*, v° *Exploit*, n° 145).

**111.** Cette partie de l'art. 159 doit-elle recevoir son application, lorsque le défaillant est un incapable?

En ce qui touche le failli, il a été jugé, au moins implicitement, qu'il suffit que l'exécution ait été connue du syndic (Rennes, 6 juin 1861, aff. Loncle, D. P. 62. 2. 12).

La question est surtout délicate en ce qui concerne les communes. Suffira-t-il, dans ce cas, d'une exécution connue du maire? La cour de Nancy a jugé l'affirmative (26 avr. 1873, aff. Commune de Senon, D. P. 73. 2. 168). Mais la jurisprudence de la cour de cassation est contraire (Req. 11 avr. 1855, aff. Commune de Fleury, D. P. 55. 1. 181), et c'est en ce dernier sens que se sont prononcées la plupart des cours d'appel (Grenoble, 10 févr. 1868, aff. Commune de Villard-de-Lens, D. P. 64. 1. 125; Bastia, 10 janv. 1866, aff. Commune de Corte, D. P. 67. 5. 254).

**112.** Les exemples suivants montrent quels actes ont été considérés par la jurisprudence comme constituant ou non une exécution suffisante du jugement par défaut.

Le simple *commandement* ne peut constituer une exécution entraînant déchéance du droit d'opposition. Cette solution, qui a été soutenue au *Rép.* n° 157, et qui est celle de la cour de cassation (*Ibid.*, n° 161) a été adoptée par la loi italienne (Lyon, 25 févr. 1882, aff. Pelusso, D. P. 82. 2. 228).

**113.** Au contraire, la *saisie mobilière*, bien que *non suivie de vente* (V. *supra*, n° 105), peut constituer une exécution suffisante, si, en fait, elle a été connue du débiteur saisi. Jugé en ce sens : 1° qu'un jugement par défaut rendu contre une femme mariée sous le régime de la communauté, à raison d'une dette qui lui est propre, est suffisamment exécuté, dans le sens de l'art. 159 c. proc. civ., par l'effet de la saisie de meubles de la communauté, ou d'un procès-verbal de récolement équivalant à saisie, *pratiqué en présence de la débitrice, établie gardienne*, la femme ayant sur ces meubles un droit éventuel qui ne permet pas de la considérer comme demeurée étrangère à l'acte d'exécution (Req. 29 févr. 1864, aff. Constant, D. P. 64. 1. 420); — 2° Que, bien que la saisie des meubles ne soit qu'un commencement d'exécution du jugement, il suffit que cette première mesure d'exécution ait eu lieu et ait été connue de la partie qui a fait défaut, faute de comparaître, pour que l'opposition au jugement ne soit plus recevable, spécialement dans le cas où *le débiteur présent à la saisie a signé le procès-verbal* en acceptant d'être constitué gardien (Lyon, 30 juill. 1884, aff. Boyer, D. P. 85. 2. 198).

**114.** Même solution pour une autre saisie, qui cependant n'a, en principe, qu'un caractère purement conservatoire, la *saisie-arrêt*. Il a été jugé, en effet, que le débiteur saisi qui, sur la demande en validité d'une saisie-arrêt pratiquée en vertu d'un jugement par défaut rendu contre lui, *a constitué avoué*, n'est plus recevable à former opposition au jugement, la constitution d'avoué attestant qu'il a connu l'exécution donnée à ce jugement (Douai, 2 mai 1868, aff. Labarthe, D. P. 68. 2. 124).

**115.** D'après un arrêt de la cour de Dijon (29 nov. 1864, aff. Gros, D. P. 65. 2. 7), lorsqu'un jugement par défaut contre une partie n'ayant pas constitué avoué a autorisé le demandeur à terminer des travaux commencés par le défendeur, ce dernier n'est plus recevable à former opposition au jugement après que les travaux ont été terminés, alors qu'un commandement préalable l'avait prévenu qu'ils allaient être exécutés, et que, d'ailleurs, *il était présent sur les lieux*, où ils l'ont été.

Il a été décidé que, *en matière de reprise d'instance, le report de la cause à l'audience* constitue le seul mode d'exécution dont soit susceptible l'arrêt qui déclare l'instance reprise; qu'en conséquence, cet arrêt, dûment signifié, acquiert l'autorité de la chose jugée, s'il n'a pas été l'appel d'opposition avant que la cause ait été reportée à l'audience (Paris, 9 nov. 1883, aff. Maralès, D. P. 85. 2. 56).

**116.** Inversement, voici des exemples de cas où l'exécution a été jugée insuffisante : — 1° un jugement par défaut qui accueille une action en revendication et ordonne une expertise pour fixer la consistance des biens à délaisser au profit du revendiquant, a pu être considéré comme non exécuté dans le sens de l'art. 159 c. proc. civ., et, dès lors, comme demeuré susceptible d'opposition, bien que ce jugement ait été signifié à la partie condamnée, avec sommation d'assister à l'expertise, à laquelle il a été procédé en l'absence du défaillant (Civ. rej. 11 juin 1860, aff. Repellin, D. P. 61. 1. 124); — 2° Le jugement par défaut qui a prononcé la résiliation d'un bail avec dommages-intérêts au profit du bailleur, contre le fermier tombé en faillite, ne peut être réputé exécuté dans le sens de l'art. 159 c. proc. civ., vis-à-vis du syndic, par cela seul que le bailleur a pratiqué une saisie-gagerie sur les meubles du fermier, non pas à la suite d'un commandement, mais en vertu d'une ordonnance du juge, qu'en outre le bailleur a repris possession de l'immeuble affermé et en a expulsé la famille du failli, qu'il a remis ledit immeuble en location par affiches et insertions dans les journaux, et qu'enfin, ne réussissant pas à l'affermer, il en a commencé et continué l'exploitation pour son compte, alors d'ailleurs qu'il n'est pas établi que le syndic ait eu connaissance de ces faits (Rennes, 6 juin 1861, aff. Loncle, D. P. 62. 2. 12); — 3° La radiation d'une hypothèque en vertu d'un jugement par défaut qui ordonne cette radiation, ne constitue pas une exécution fermant le délai de l'opposition, lorsque le défaillant n'a pas été mis en demeure d'y assister, et, par conséquent, ne l'a pas connue (Bourges, 1er févr. 1886, aff. Vincent, D. P. 87. 2. 20); — 4° Les juges du fond peuvent valablement décider que le défaillant n'était point déchu du droit de former opposition, lorsque la partie qui a obtenu le jugement par défaut n'a point fait notifier à ce défaillant l'inscription hypothécaire qu'elle avait prise, et que le cessionnaire de la créance litigieuse s'est borné à lui faire signifier l'acte de cession, lequel relatait le jugement par défaut et l'inscription prise en vertu de ce jugement, cette signification n'ayant d'autre effet juridique que de faire connaître au débiteur le nouveau créancier, et ne pouvant créer, quant à la connaissance de l'exécution, aucune présomption *juris et de jure* (Req. 16 juill. 1888, aff. Weiller, D. P. 89. 1. 253; Comp. *Rép.* n°s 154 à 155). — La règle serait différente en ce qui touche la péremption (V. *infrà*, n° 181).

**117.** L'hypothèse la plus fréquente est celle où le demandeur s'est borné à faire dresser contre le défaillant un procès-verbal de carence. La jurisprudence a longtemps hésité sur le caractère de cet acte, du moins au point de vue de l'opposition; car, en ce qui touche la péremption, elle est depuis longtemps fixée, ainsi qu'on le verra, *infrà*, n° 175; et, à une époque encore récente, il a été jugé qu'un procès-verbal de carence constitue un acte d'exécution susceptible de rendre non recevable l'opposition contre un jugement par défaut, lorsqu'il a été dressé et affiché au dernier domicile du débiteur défaillant, qui cherchait à échapper aux poursuites du son créancier (Poitiers, 1er déc. 1875, aff. Papin, D. P. 77. 2. 226).

**118.** Mais la jurisprudence contraire (V. *Rép.* n° 151) a définitivement triomphé, notamment devant la cour de cassation, comme le montrent les arrêts suivants, aux termes desquels : 1° un procès-verbal de carence dressé en vue d'empêcher la péremption d'un jugement par défaut, et non de l'exécuter réellement, ne peut être considéré comme un acte d'exécution de ce jugement suffisant pour rendre non recevable l'opposition qui y est formée (Nîmes, 10 mai 1853, aff. Mathieu, D. P. 53. 5. 281); — 2° Si un jugement par défaut contre partie est réputé exécuté, dans le sens de l'art. 156 c. proc. civ., dès lors, est à l'abri de la péremption, lorsque, dans les six mois de son obtention, il a été suivi d'un procès-verbal de carence, alors même que le défaillant n'aurait eu connaissance de cette exécution, le droit d'opposition appartenant à ce défaillant subsiste tant qu'il n'est point intervenu d'actes d'exécution connus ou réputés connus de lui, conformément à l'art. 159 c. proc. civ. (Civ. rej. 12 mars 1861, aff. Pille, D. P. 61. 1. 155); — 3° Le procès-verbal de carence ne peut, par lui-même et indépendamment de toute autre circonstance, être réputé un acte d'exécution du jugement de nature à entraîner la déchéance du droit d'opposition, alors même qu'il a été dressé à la requête des parties condamnées (Req. 19 févr. 1873, aff. Broussais, D. P. 73. 1. 368; 7 déc. 1875, aff. Foussier, D. P. 76. 1. 272); — 4° Un procès-verbal de carence ne peut être considéré comme un acte d'exécution rendant irrecevable l'opposition à un jugement par défaut contre partie, lorsqu'il est constant qu'il n'avait eu pour but, dans la pensée du saisissant, que d'interrompre la péremption et que l'exploit de ce procès-verbal a été signifié en ces termes « parlant à une femme à son service », dont il ne fait pas connaître le nom et qu'il est impossible de rechercher (Req. 23 oct. 1888, aff. Costes, D. P. 89. 1. 188).

**119.** Ce n'est pas à dire qu'un procès-verbal de carence ne puisse jamais avoir la valeur d'un acte d'exécution. Il équivaudrait à un acte de ce genre si, en fait, il avait été connu du défaillant. Cette solution ressortait déjà implicitement des arrêts de la chambre des requêtes des 19 févr. 1873 et 7 déc. 1875, cités suprà, n° 118. Elle est expressément formulée dans plusieurs autres. Ainsi, il a été décidé qu'un jugement par défaut doit être réputé exécuté, et que, par conséquent, l'opposition contre ce jugement est irrecevable, lorsque la signification qui en a été faite a été suivie d'un procès-verbal de carence dressé en présence de la partie défaillante qui l'a signé et qui a acquiescé audit jugement (Chambéry, 7 mai 1888, aff. Vallien, D. P. 91. 2. 28). De même, et bien que l'acte n'ait pas été dressé en présence du défendeur, l'exécution d'un jugement de défaut contre partie est réputée connue, lorsqu'elle a été faite au moyen d'un procès-verbal de carence porté ensuito à la connaissance de ladite partie; il en est spécialement ainsi à l'égard de la partie défaillante habitant à l'étranger, si le procès-verbal de carence dressé contre elle en France, et notifié au parquet, lui a été transmis; dans ces conditions, l'opposition au jugement de défaut devient irrecevable (Req. 22 juill. 1885, aff. Combes, D. P. 86. 1. 326).

**120.** Il résulte des divers exemples que l'on vient d'énumérer (n^os 109 à 119) qu'il est souvent difficile d'exécuter un jugement par défaut, et surtout de prouver que l'exécution a été connue du débiteur. Ce résultat est cependant fort désirable. « Sans doute, dit l'exposé des motifs du projet de réforme du code de procédure (p. 31), protection est due aux défaillants; mais, si le défaut peut avoir une excuse légitime, il importe aussi d'assurer les effets des décisions judiciaires, et il convient de prévoir le cas où le défaut ne constituerait qu'une ruse pour entraver indéfiniment l'exécution des jugements ». Le projet fait donc, en ce sens, une louable tentative, et, après avoir maintenu les dispositions de l'art. 159 c. proc. civ., voici le nouveau système auquel il s'attache (Exposé des motifs, p. 32): « Si aucune des mesures indiquées n'a pu avoir lieu, l'art. 12 ordonne qu'un procès-verbal de carence soit dressé. Ce procès-verbal sera rendu public... Ces mesures de publicité seront essentiellement des insertions dans les journaux et des affiches... à dater du dernier acte de publicité, l'opposition sera recevable pendant huit mois. Le choix de ce délai a été déterminé par cette considération que le défaillant peut être en pays étranger, et que ce laps de huit mois est le délai le plus long fixé pour les ajournements ». Ce procédé, qui n'est encore qu'à l'état de projet, en ce qui touche la procédure générale, est entré en pratique dans la matière spéciale des jugements de divorce (c. civ. art. 247 nouveau) par l'effet de la loi du 18 avr. 1886 (D. P. 86. 4. 27). — V. suprà, v° Divorce et séparation de corps, n^os 466 et suiv., 481 et suiv.

**Art. 3.** — Des formes de l'opposition (Rép. n° 266 à 309).

**121.** L'opposition a pour objet, comme son nom l'indique, de faire obstacle à l'exécution du jugement par défaut. Cet obstacle n'est que provisoire à besoin d'être confirmé par le tribunal. D'où la nécessité pour l'opposant de saisir le tribunal d'une demande tendant à la rétractation de son jugement. L'opposition contient donc théoriquement deux actes : 1° refus d'obtempérer au jugement; 2° mise en demeure au tribunal d'avoir à le modifier. Ces deux actes sont tantôt réunis, tantôt séparés, suivant la forme qu'affecte l'opposition.

§ 1^er. — Formes de l'opposition quand le jugement a été rendu contre une partie ayant un avoué (Rép. n^os 268 à 288).

**122.** Lorsque le défaut a été rendu contre avoué — ce qui

ne peut se produire que dans une hypothèse unique : défaut faute de conclure devant un tribunal civil ou une cour d'appel — c'est de l'avoué défaillant que doit émaner l'opposition, et c'est nécessairement à l'avoué adverse qu'elle doit être adressée, puisque, devant les tribunaux civils et les cours d'appel, l'avoué est le représentant nécessaire de la partie. L'opposition revêtira donc la forme d'un acte d'avoué à avoué (C. proc. civ., art. 160 ; Rép. n° 269).

**123.** Cet acte ne doit pas seulement, d'après ce qui a été dit suprà, n° 121, mentionner que le défaillant s'oppose à l'exécution du jugement ; il doit faire connaître les moyens de nature à déterminer le tribunal à le rétracter (Ibid.). Il suit de là que l'opposition serait inopérante, si ces moyens n'étaient pas indiqués (C. proc. civ. art. 161 ; Rép. n^os 279).

On a indiqué au Rép. n^os 279 à 285 comment les moyens d'opposition doivent être formulés pour satisfaire au vœu de la loi.

**124.** Il va de soi que l'opposition, pour être complète, doit, en outre, spécifier nettement le jugement qu'elle vise, notamment par sa date (Rép. n° 277). Toutefois le défaut d'indication de cette date ne serait pas irritant, si le jugement attaqué était le seul qui eût été rendu entre les parties (Orléans, 22 janv. 1851, aff. Podenas, D. P. 51. 2. 147).

§ 2. — Formes de l'opposition lorsque le jugement par défaut a été rendu contre une partie n'ayant pas d'avoué (Rép. n^os 289 à 309).

**125.** C'est le cas des jugements par défaut faute de comparaître devant les tribunaux civils et les cours d'appel, et de tous les jugements par défaut devant les tribunaux de commerce et de paix, lesquels ne comportent pas le ministère d'avoués. Il y a lieu de rechercher à quelles conditions l'opposition doit satisfaire : 1° en forme (V. infrà, n^os 126 à 132) ; 2° au fond (V. infrà, n^os 133 à 136), puisqu'elle est la sanction des règles ici analysées (V. infrà, n^os 137 et 138).

**126.** — I. Conditions de forme. — La forme de l'opposition est variable. Ce peut être, d'abord, comme dans le cas précédent, la forme d'un acte du palais, pourvu qu'il contienne constitution d'un avoué pour l'opposant. La loi ne le dit pas ; mais la doctrine l'admet (Rép. n° 291), parce qu'un tel acte remplit la double condition (V. suprà, n° 121) exigée pour la validité de l'opposition. La jurisprudence est également en ce sens. On a cité au Rép. n° 291, un arrêt de la cour de Poitiers du 15 janv. 1822. La cour de cassation a jugé de même, que l'opposition à un jugement par défaut faute de comparaître ne doit pas nécessairement être faite par acte extrajudiciaire ou par déclaration sur les actes d'exécution, mais peut être régulièrement formée par une simple requête d'avoué à avoué (Req. 11 juin 1879, aff. Weiss, D. P. 80. 1. 21). Ce procédé est, à Paris notamment, d'une pratique quotidienne.

Par identité de motifs, l'opposition pourrait revêtir la forme d'une assignation contenant constitution d'avoué (Rép. n° 294 ; Besançon, 23 févr. 1854, aff. Millot, D. P. 55. 2. 27-28 ; Limoges, 13 févr. 1869, aff. Duplacieux, D. P. 74. 5. 303).

**127.** Mais ni l'un ni l'autre de ces procédés ne saurait suffire. Le défaillant n'a pas toujours à sa portée ni un avoué, ni même un huissier, s'il habite loin d'un chef-lieu d'arrondissement ou seulement loin d'une ville. Aussi lui est-il permis de former opposition, soit par acte extrajudiciaire, soit par déclaration sur le commandement ou les actes d'exécution qui lui sont signifiés (c. proc. civ. art. 162).

La loi n'ayant pas défini ce qu'il faut entendre par les mots « acte extrajudiciaire », les tribunaux ont un plein pouvoir d'appréciation pour décider si un acte vaut opposition. C'est ainsi qu'il a été jugé qu'on peut ne pas considérer comme une opposition à un jugement par défaut contre partie, et, en conséquence, ne pas faire courir de cet acte le délai de huitaine dans lequel l'opposition doit être réitérée (V. infrà, n° 130), des conclusions par lesquelles la partie condamnée par défaut demande le maintien d'une collocation provisoire dans laquelle le prétendu créancier, invoquant comme titre le jugement par défaut, n'avait pas été colloqué (Req. 23 oct. 1888, aff. Costes, D. P. 89. 1. 188).

**128.** Par ce moyen se trouve réalisé le premier des deux actes dont se compose l'opposition : le refus d'obtempérer au jugement, qui consiste à saisir le tribunal de la difficulté née de cette résistance. L'opposition doit donc être réitérée par un acte qui lie l'instance. Cet acte, d'après l'art. 162 c. proc. civ., doit être un acte d'avoué à avoué (*Rép.* nᵒˢ 255 et 289). Mais une semblable disposition ne peut concerner que les juridictions près desquelles ces officiers ministériels postulent, c'est-à-dire les tribunaux civils et les cours d'appel. Pour les tribunaux de commerce, l'art. 438 c. proc. civ. prescrit la réitération par assignation. Il suit, d'ailleurs, de ce qui a été dit *suprà*, nᵒ 127, que ce mode serait admissible même en matière civile ; la cour de Paris l'a ainsi jugé, dans l'espèce suivante : Un défaillant avait, par exploit d'huissier, en date du 30 nov. 1887, formé opposition pure et simple à l'exécution du jugement rendu contre lui ; puis, dans le délai de huitaine, par autre exploit d'huissier, daté du 8 décembre, et contenant constitution d'avoué, ce défaillant réitéra cette opposition, et, par le même exploit, pour voir statuer sur le mérite de ladite opposition, donna assignation au demandeur à comparaître à l'expiration de huitaine devant le tribunal civil de la Seine pour, « attendu qu'il ne devait pas la somme réclamée et qu'il y avait compte à faire, voir recevoir l'opposition audit jugement et s'entendre déclarer mal fondé en ses demandes, fins et conclusions ». La cour a jugé que l'opposition ainsi formulée était conforme au vœu de la loi et aux dispositions de l'art. 162 c. proc. civ. ; qu'en effet, l'acte du 8 décembre, signifié après celui du 30 novembre, dans le délai de huitaine, contenant constitution d'avoué, ajournement et défenses, liait l'instance et renfermait toutes les manifestations de volonté exigées par la loi (Paris, 30 déc. 1887, aff. de Vautheleret, D. P. 88. 2. 179-180).

**129.** La réitération de l'opposition n'est nécessaire que dans le cas d'une simple déclaration sur un acte d'exécution, ou lorsque l'opposition a été faite par acte extrajudiciaire. Si l'opposition à un jugement ou arrêt est formée par exploit contenant assignation et constitution d'avoué (V. *suprà*, nᵒ 126), elle n'a pas besoin d'être réitérée ; telle est du moins l'opinion généralement admise dans la doctrine et la jurisprudence (V. *Rép.* nᵒˢ 294 et suiv. *Adde :* Besançon, 23 févr. 1854, aff. Millot, D. P. 55. 2. 27 ; Limoges, 13 févr. 1869, D. P. 74. 5. 303).

**130.** La loi a imparti pour la réitération de l'opposition un délai de rigueur : huit jours en matière civile, trois jours en matière commerciale (c. proc. civ. art. 162 et 438). Mais il ne faut pas se méprendre sur le point de départ de ce délai et sur sa portée. On sait (V. *suprà*, nᵒ 102) que, dans l'hypothèse dont il s'agit actuellement, d'un jugement par défaut faute de comparaître, la limite extrême octroyée pour l'opposition est le jour où a lieu l'exécution ou une tentative d'exécution du jugement, connues du défaillant.

Il faut se garder de croire, comme on l'a soutenu devant la chambre des requêtes, le 1ᵉʳ févr. 1886 (aff. de Lestranges. D. P. 87. 1. 130), que ce jour soit le point de départ d'un délai de huitaine pendant lequel il pourra être formé une opposition, qui devra être réitérée dans la huitaine suivante. L'opposition à un jugement rendu par défaut contre une partie qui n'a pas d'avoué n'est recevable jusqu'à l'exécution dudit jugement, notamment jusqu'à la dénonciation au défaillant du procès-verbal de saisie immobilière, qu'à la condition que ce défaillant forme ladite opposition au moment même où le procès-verbal lui est dénoncé, et la réitère par requête, avec constitution d'avoué, dans la huitaine ; en conséquence, lorsque la dénonciation du procès-verbal de saisie immobilière a lieu, sans qu'à ce moment il soit fait opposition, c'est en vain que le défaillant, dans la huitaine qui suit, constitue avoué, et se porte, par requête d'avoué à avoué, opposant au jugement de défaut : son opposition est, en ce cas, irrecevable comme tardivement formée (Req. 1ᵉʳ févr. 1886, *loc. cit.*). — Il a été jugé, en termes analogues, que l'opposition à un jugement rendu par défaut contre une partie n'ayant pas constitué avoué

est nulle pour n'avoir pas été réitérée avec constitution d'avoué par requête dans la huitaine, lorsqu'elle a été faite par une déclaration sur un procès-verbal de récolement dressé par ministère d'huissier après saisie des meubles, et que le défaillant ne peut former une nouvelle opposition, la déclaration, insérée et signée par lui au pied dudit procès-verbal, attestant qu'il a eu nécessairement connaissance non seulement du jugement, mais encore de son exécution (Req. 27 avr. 1887, aff. Pans, D. P. 88. 1. 271).

**131.** La nécessité de la réitération est-elle si absolue que rien ne puisse en dispenser l'opposant ? La question s'est présentée devant la cour d'Amiens dans des conditions particulières. Le sieur Wateau ayant obtenu, devant le tribunal de commerce de Soissons, les 30 août et 5 sept. 1867, deux jugements par défaut qui prononçaient à son profit des condamnations contre la dame Hutteau d'Origny, sa débitrice, avait fait pratiquer, le 23 oct. 1867, une tentative de saisie-exécution au domicile de cette dame. La dame Hutteau d'Origny avait, par son mandataire, sur le procès-verbal même, déclaré former opposition auxdits jugements, prétendant qu'elle n'était pas débitrice du montant intégral des condamnations prononcées, qu'il y avait compte à faire, et se réservant de réitérer son opposition dans les formes et délais prescrits. Par le même procès-verbal, l'huissier saisissant, à la requête du sieur Wateau, assigna la dame Hutteau d'Origny pour voir statuer sur le mérite de son opposition, et, le 28 octobre suivant, le sieur Wateau mit en cause le sieur Hutteau d'Origny pour assister sa femme. La cause ayant été appelée à l'audience du 1ᵉʳ mai 1868, le sieur Wateau conclut à la non-recevabilité de l'opposition, comme n'ayant pas été réitérée dans les trois jours par exploit contenant assignation, conformément aux prescriptions de l'art. 438 c. proc. civ. Ces conclusions furent accueillies par le tribunal ; mais, sur appel de la dame Hutteau d'Origny, la cour d'Amiens déclara que le poursuivant n'était pas admissible à se prévaloir du défaut de réitération, puisque, avant l'expiration du délai pendant lequel elle devait être faite, il avait lui-même donné assignation au débiteur pour être statué sur le mérite de cette opposition (Amiens, 20 mars 1869, aff. Hutteau d'Origny, D. P. 69. 2. 93), « attendu, dit l'arrêt, que l'instance ayant été ainsi liée entre les parties, le vœu de la loi a été rempli ». La doctrine de cet arrêt paraît contestable. Elle repose entièrement sur cette idée que, si la loi a fixé un délai fatal dans lequel l'opposition faite sur procès-verbal de saisie doit être réitérée, elle l'a fait uniquement dans l'intérêt du créancier et pour lui assurer une solution à bref délai. Si cela est vrai, et s'il faut voir avec l'arrêt, dans l'obligation imposée au débiteur, un bénéfice auquel le créancier peut renoncer, on ne voit pas de raison pour qu'il en soit autrement, même dans le cas où le créancier ne donnerait aucune assignation. qu'après le délai pendant lequel l'opposition devait être et n'a pas été réitérée, et l'on s'explique difficilement pourquoi la loi décide que, faute de réitération dans le délai, l'exécution sera continuée sans qu'il soit besoin de la faire ordonner.

**132.** L'assignation du défaillant en débouté d'opposition a fait naître une autre question. On sait que cet usage est très fréquent en matière commerciale. « En présence, dit M. Camberlin (*Manuel des tribunaux de commerce*, nouv. édit., p. 254 et 255), des termes de l'art. 437 c. proc. civ., qui se bornent à prescrire que l'opposition contiendra assignation dans le délai de la loi, sans dire « pour la plus prochaine audience », l'usage s'est établi, d'une part, d'assigner à une date éloignée, d'autre part, d'assigner en débouté d'opposition pour une date rapprochée, afin de ne pas permettre au défendeur de jouir des délais qu'il se procurerait ainsi trop facilement ».

Cette pratique est parfaitement régulière ; mais il importe de se demander si l'assignation en débouté d'opposition remet toute l'affaire en question. La cour de cassation a très nettement proclamé la négative en jugeant que, lorsque la partie qui a fait défaut faute de conclure devant un tribunal de commerce attaque ce jugement par une opposition tardive à laquelle elle ne donne aucune suite, et que son adversaire l'assigne en débouté d'opposition, elle ne peut pas, sur cette assignation, soulever pour la première fois l'incompétence *ratione materiæ* du tribunal (Req. 6 août 1888, aff. Lesieur, D. P. 89. 1. 202). Cela est très logique. Si le débat était ouvert tout entier sur le débouté d'opposition, l'assignation se retournerait contre celui qui l'a lancée, et produirait des effets qu'il n'a voulu ni pu lui attribuer.

C'est précisément ce qui aurait eu lieu dans les circonstances de l'arrêt précité : le défendeur soutenant que le tribunal de commerce était incompétent à raison de la matière, rien ne se serait opposé, si les débats avaient été ouverts de nouveau en entier, à ce qu'il pût faire valoir cette exception. La cour de cassation a repoussé cette prétention avec raison : le défaillant avait fait une opposition tardive, et le tribunal n'était saisi par le demandeur que de la question de validité de l'opposition; celle-ci étant déclarée nulle, le jugement attaqué devait être purement et simplement maintenu, car l'opposition irrégulière n'avait pas pu le faire tomber.

**133.** — II. Conditions de fond. — Au fond, l'opposition doit spécifier les moyens sur lesquels elle est fondée. C'est ce que prescrit, en matière civile, l'art. 161 c. proc. civ. (*Rép.* n° 279) ; et, à cet égard, il a été jugé que, l'opposant à un jugement par défaut devant être prêt à soutenir ses moyens d'opposition pour l'audience, son opposition doit être déclarée mal fondée, s'il n'allègue aucun moyen et se borne à demander qu'il lui soit fait réserve de s'inscrire en faux contre une pièce produite dans le débat, alors surtout qu'il n'a fait, au cours de l'instance, aucun acte de procédure d'où l'on puisse inférer que son intention de recourir à la voie de l'inscription de faux soit sérieuse (Bourges, 1er févr. 1886, aff. Vincent, D. P. 87. 2. 20).

**134.** En matière de commerce, l'art. 437 c. proc. civ. prescrit, de même, que l'opposition mentionne les moyens de l'opposant (*Rép.* n° 279).

**135.** La même règle doit-elle, dans le silence de l'art. 20 du même code, être étendue à l'opposition formée contre les sentences par défaut rendues par les juges de paix ? L'affirmative a été adoptée par la plupart des auteurs. Ils font généralement observer que l'opposition non motivée du défaillant blesse la dignité de la justice et lèse l'intérêt de la partie qui a obtenu le jugement par défaut, et qu'il en est ainsi, aussi bien devant les justices de paix que devant les tribunaux de première instance. Ils invoquent également l'art. 159 c. proc. civ., d'après lequel « l'opposition formée dans les délais et dans les formes prescrites suspend l'exécution ». Or, peut-on dire qu'une opposition est régulière quand elle se tait sur les moyens qui l'appuient ? Ce n'est alors qu'une voie déguisée pour gagner du temps (V. en ce sens Pigeau, *Commentaire du code de procédure civile*, t. 1er, p. 40 ; Bioche, *Dictionnaire de procédure*, v° *Juge de paix*, n° 359 ; Carré et Chauveau, *Lois de la procédure civile*, t. 1er, quest. 93 ter, p. 88 ; Allain et Carré, *Manuel encyclopédique des juges de paix*, n° 2495 ; Carré, *Compétence judiciaire des juges de paix*, n° 916 ; Dutruc, *Supplément aux lois de la procédure civile*, v° *Justice de paix*, n° 202 ; Bourbeau, *Justice de paix*, n° 496 ; Rousseau et Laisney, *Dictionnaire de procédure*, v° *Juge de paix*, n° 114. V. aussi *Rép.* n° 333 ; Civ. cass. 29 août 1871, aff. Bourlhoune, D. P. 71. 1. 285, qui ne tranche pas la controverse, mais semble en préjuger la solution dans le même sens. V. enfin un arrêt de la cour de Caen, cité au *Recueil de la jurisprudence* de cette cour, 1855, p. 287, qui a annulé une opposition non motivée, si ce n'est par ces seuls mots : « pour torts et griefs », et Toulouse, 16 juin 1842, *Rép.* n° 279).

**136.** Quelques auteurs soutiennent au contraire, que l'opposition non motivée à un jugement par défaut de juge de paix n'est pas nulle (V. Thomines-Desmazures, *Commentaire du code de procédure*, t. 1er, p. 85 ; Deffaux et Harel, *Encyclopédie des huissiers*, v° *Justice de paix*, n° 387). Mais ils ne développent pas leur opinion, qui a été adoptée, paraît-il, par une sentence du juge de paix du premier arrondissement de Paris, du 11 ou 19 janv. 1872, citée par MM. Allain et Carré, *op. et loc. cit.*, et qui, en tous cas, a récemment triomphé devant la chambre des requêtes (27 juill. 1887, aff. Datin, D. P. 89. 1. 37). On peut dire en ce sens, d'une part, que l'énonciation des moyens dans

l'opposition n'est pas une formalité substantielle, parce qu'elle n'est pas constitutive de l'opposition. Elle est utile, sans être indispensable, car il se présente des cas où l'opposition s'explique d'elle-même, sans indication de motifs, et où, par conséquent, l'adversaire est suffisamment prévenu. D'autre part, il est à remarquer, avec l'arrêt précité, que ni l'art. 20 c. proc. civ., ni aucune disposition spéciale de la loi de 1838 sur les justices de paix, n'attache la peine de nullité à l'omission de motifs dans une opposition. Or, l'art. 1030 c. proc. civ. interdit d'annuler un acte de procédure, lorsque la nullité n'en est pas formellement prononcée par la loi. Si le titre 2 du code de procédure civile, relatif aux tribunaux civils, édicte certaines nullités, celles-ci sont particulières aux actes faits devant ces tribunaux, et ne doivent pas être étendues aux formalités en usage devant les juges de paix, dont la juridiction est toute paternelle, rapide, sommaire, expéditive, et nullement formaliste (V. Poncet, *Traité de législation et de procédure*, t. 1er, p. 398), et dont la procédure n'est en principe sujette à aucune nullité, sauf dans le cas où un acte manque des formes essentielles à son existence (Berriat-Saint-Prix, *Procédure civile*, t. 1er, p. 418, n° 24).

**137.** — III. Sanction. — Reste à déterminer la sanction des règles que l'on vient d'exposer. La cour de cassation a déclaré, d'une façon générale, que les déchéances résultant de l'expiration des délais prescrits pour l'accomplissement de certains actes de procédure constituent des exceptions péremptoires, proposables en tout état de cause, à la différence des nullités de forme qui doivent être proposées *in limine litis;* et elle a décidé spécialement, par application de cette règle, que la déchéance résultant de la non-réitération, en temps utile, de l'opposition à un jugement par défaut faute de comparaître, peut être invoquée même après des conclusions au fond (Req. 3 févr. 1864, aff. Vassoudevamodely, D. P. 64. 1. 118). Un arrêt postérieur (Civ. rej. 1er juill. 1874, aff. Montagnon, D. P. 74. 1. 483) a également jugé, implicitement il est vrai, que l'inobservation de l'art. 462 constitue une nullité absolue, pouvant être invoquée pour la première fois en appel. La solution contraire résultait de plusieurs arrêts antérieurs (V. *Rép.* v° *Exception*, n° 552). Mais les deux arrêts précités, de 1864 et 1874, ne laissent aucun doute sur le revirement de la jurisprudence. — Ce principe étant admis, c'est avec raison que la cour a jugé que l'opposition formée à un jugement par défaut contre partie, après le délai fixé par les art. 158 et 159 c. proc. civ., écot non recevable, alors même qu'elle serait fondée sur ce que le jugement se trouverait frappé de nullité, comme rendu, par exemple, avant l'expiration du délai de comparution déterminé par la loi, cette nullité ne pouvant être demandée que par la voie de l'opposition (Civ. cass. 13 févr. 1863, aff. Baynard, D. P. 63. 1. 78).

**138.** Toutefois, la doctrine et la jurisprudence admettent un tempérament qui paraît parfaitement logique : c'est que la partie déchue de l'opposition par elle formée contre un jugement par défaut faute de comparaître, pour ne l'avoir point réitérée dans la huitaine, conserve le droit de frapper le même jugement d'une nouvelle opposition, tant que ce jugement n'a pas été l'objet de l'un des actes d'exécution qui, seuls, aux termes de l'art. 159 c. proc. civ., mettent fin à la faculté d'opposition (Req. 3 févr. 1864, aff. Vassoudevamodely, D. P. 64. 1. 118). Cette doctrine, qui reçoit chaque jour son application, a été adoptée au *Rép.* n° 257, où l'on a cité en ce sens de nombreuses autorités.

---

Art. 4. — *Des effets de l'opposition* (*Rép.* n°s 332 à 353).

**139.** Le double caractère qui a été relevé dans l'opposition (*suprà*, n° 121), se reflète dans les effets de cet acte: en tant que l'opposition a pour objet d'arrêter l'exécution du jugement, elle a un effet suspensif (V. *infrà*, n°s 140 à 142); en tant qu'elle saisit le juge, elle a un effet dévolutif (V. *infrà*, n°s 143 à 161).

**140.** — I. — L'effet suspensif est certain, en ce sens que des actes d'exécution poursuivis au mépris d'une opposition déjà formée sont nuls, et peuvent donner lieu à des dommages-intérêts, alors même que la décision ainsi exécutée serait ultérieurement confirmée ; car l'effet suspensif attaché à cette voie de recours apportait un obstacle immédiat à tout acte d'exécution.

**141.** Mais l'effet suspensif de l'opposition a encore une portée bien plus étendue. Il tient en suspens la validité des actes d'exécution auxquels il a été procédé même avant l'opposition. Ces actes sont valables ou nuls, selon que le jugement en vertu duquel ils ont eu lieu sera maintenu ou rapporté. Cette exécution pouvait, sans doute, avoir lieu, en l'absence de tout recours actuellement formé ; mais la validité n'en était que conditionnelle, comme l'existence de la décision exécutée, puisque la partie condamnée se trouvait encore dans les délais pour attaquer et faire tomber cette décision. Si l'exécution est annulée, par suite de la rétractation ou de l'infirmation du jugement, qu'en résultera-t-il ? C'est qu'il y avait été procédé sans droit. Dès lors, cette exécution prend le caractère d'un fait illicite ou d'un quasi-délit engageant la responsabilité de son auteur, responsabilité même plus justement encourue que dans l'hypothèse précédente, où l'on a vu que l'exécution faite malgré l'opposition et l'appel pouvait donner lieu à des dommages-intérêts, quoique, en ce cas, il pût arriver que la décision exécutée ait, en définitive, triomphé de l'attaque dirigée contre elle, et qu'ainsi les actes d'exécution aient eu pour cause une condamnation validée. Il a été jugé en ce sens que l'exécution d'un jugement par défaut encore attaquable par opposition, puis frappé d'opposition et rétracté, peut rendre passible de dommages-intérêts, envers la partie contre laquelle cette exécution a eu lieu, la partie qui a ainsi fait exécuter à ses risques et périls une décision dont la force exécutoire n'était que conditionnelle (Req. 3 févr. 1863, aff. Châtillon, D. P. 63. 1. 163).

**142.** Inversement, si, malgré l'opposition, le jugement par défaut est maintenu, tous les actes d'exécution qui avaient pu le précéder se trouvent rétroactivement validés, et le créancier peut, après le jugement de débouté, reprendre la poursuite d'après les derniers errements de la procédure (Paris, 28 juill. 1868) (1). Par application de ce principe, il a été jugé : 1° que si l'opposition à un jugement par défaut non exécutoire par provision en suspend l'exécution, cette exécution reprend son cours sur les derniers errements après le jugement de débouté, sans qu'il soit nécessaire de recommencer les actes régulièrement accomplis ; il suffit que le nouveau jugement soit signifié à l'opposant pour que les poursuites puissent être valablement reprises ; ainsi, le commandement tendant à contrainte par corps signifié en vertu d'un jugement par défaut, qui a été ensuite frappé d'opposition, ne doit pas nécessairement être renouvelé après le jugement de débouté (Dijon, 26 janv. 1866, aff. Richard-Desnanges, D. P. 66. 2. 71) ; — 2° L'opposition annulée, notamment comme ayant été formée par une personne sans qualité (un délégué du préfet agissant pour une commune), doit être considérée comme non avenue, et ne saurait avoir pour effet, tant qu'elle a été pendante, d'invalider les actes d'exécution auxquels il a été procédé nonobstant cette opposition ; en conséquence, la

nouvelle opposition formée plus de six mois après les actes d'exécution auxquels il avait été procédé nonobstant la première opposition annulée, est non recevable (Civ. cass. 29 août 1871, aff. Bourlhonne, D. P. 71. 1. 285).

**143.** — II. — L'opposition n'a pas que cet effet suspensif ; elle a, en outre, un effet dévolutif, c'est-à-dire que, au moins lorsqu'elle est régulière en la forme, elle met le juge en demeure de statuer à nouveau sur l'affaire (Rép. n° 347). Il importe peu, à cet égard, que l'opposant comparaisse ou ne comparaisse pas pour soutenir son opposition (Rép. n° 283), et il a été jugé en ce sens que l'opposition, régulière en la forme, à un jugement par défaut, rendu par un tribunal civil jugeant commercialement, a pour effet, quelle que soit l'insuffisance des pouvoirs de l'avoué qui se présente pour le défaillant, de rendre ce jugement non avenu, en ce sens que le tribunal est ressaisi de la connaissance du litige, et qu'il est tenu d'examiner d'office les moyens d'opposition et de décider s'ils sont ou non fondés (Metz, 26 avr. 1870, aff. Jacob Franck, D. P. 70. 2. 193).

**144.** Dans quelle mesure le juge peut-il alors modifier le jugement par défaut ? Est-ce au profit de l'opposant seul, ou même au profit de son adversaire ? En d'autres termes, l'opposition a-t-elle pour effet d'anéantir complètement le jugement par défaut ? — M. Glasson (D. P. 90. 1. 70-71) se refuse à l'admettre. « Si, dit le savant professeur, on s'en tient au texte du code de procédure, il faut bien reconnaître que la loi parle toujours de l'effet suspensif de l'opposition ; et nulle part elle ne dit que l'opposition anéantisse le jugement (V. art. 155, 159, 161, 435, 438). La jurisprudence et quelques auteurs ont cependant accepté cette solution parce qu'ils ont estimé que, si l'opposition produisait seulement un effet suspensif de l'exécution, le demandeur se trouverait souvent dans une situation fort embarrassante : il ne pourrait, a-t-on dit, modifier ses premières conclusions et encore moins former des demandes nouvelles. Nous ne voyons pourtant pas que ce soit là une conséquence nécessaire du système qui limite les effets de l'opposition à la suspension de l'exécution. Il est vrai que, en cause d'appel, la loi n'admet pas les demandes nouvelles, sauf certaines exceptions déterminées par l'art. 464 c. proc. civ. Mais quelle est la cause de cette prohibition ? Elle tient uniquement à ce que ces demandes nouvelles, si elles étaient admises en cause d'appel, n'auraient pas subi le premier degré de juridiction. Or, ce motif disparaît complètement au cas d'opposition, car alors l'affaire se présente devant les juges du premier degré ». Nous avons cité au Rép. n° 351, plusieurs arrêts en ce sens.

**145.** Mais le système qui fait résulter de l'opposition l'anéantissement complet du jugement par défaut paraît avoir définitivement triomphé dans la doctrine et la jurisprudence (Rép. n°° 336 et 351 ; Chauveau sur Carré, Lois de la procédure civile, quest. 661 ; Bastia, 18 nov. 1846, aff. Napoléoni, D. P. 47. 2. 5 ; Nancy, 16 avr. 1877, aff. Burgaux, D. P. 79. 2. 205 ; Paris, 28 juin 1872, aff. de Campaigno, D. P. 73. 2. 55 ; Paris, 19 déc. 1878, aff. Millaud, D. P. 80. 2. 62 ; Poitiers, 16 nov. 1880, aff. Mévolhon, D. P. 82. 2. 7 ; Amiens, 20 nov. 1884, aff. Thibaut, D. P. 86. 2.

---

(1) (Nivière C. Delore.) — Le 5 déc. 1866, le sieur Delore avait fait, en vertu d'un jugement par défaut du tribunal de commerce de Mâcon, pratiqué une saisie-exécution contre le sieur Nivière ; celui-ci, ayant formé opposition au jugement, en a été débouté. Les poursuites ont alors été reprises par Delore qui, le 27 janv. 1867, a fait notifier à Nivière le jour de la vente. Mais dans l'intervalle, la séparation de biens avait été prononcée au profit de la dame Nivière et le mobilier saisi par le sieur Delore lui avait été attribué pour le montant de ses reprises. La dame Nivière a, par suite, formé une demande en revendication dudit mobilier. D'autre part, le sieur Nivière a demandé la nullité des poursuites, par le motif que toutes les formalités devaient être renouvelées en exécution du jugement de débouté.

Cette demande a été rejetée, en novembre 1867, par jugement du tribunal civil de la Seine ainsi conçu : — « En ce qui touche la nullité des saisies et signification de vente des 5 déc. 1866 et 27 janv. 1867 : — Attendu qu'aux termes de l'art. 156 c. proc. civ., tout jugement par défaut doit être exécuté dans les six mois de son obtention, sous peine de péremption ; — Attendu qu'aux termes de l'art. 159 du même code, le jugement n'est réputé exécuté que par la saisie et la vente des meubles ; qu'ainsi,

ces actes de poursuite sont imposés par la loi au créancier pour l'exercice de ses droits ; — Attendu qu'aux termes du dernier article précité, l'opposition au jugement n'a pas pour effet d'anéantir, mais seulement de suspendre l'exécution ; qu'il résulte de la combinaison de ces dispositions, que la saisie sort le sort du jugement ; — Que si le jugement est annulé, la saisie tombe, et les frais restent à la charge du poursuivant ; que si, au contraire, il intervient un jugement d'opposition, et que le jugement soit ainsi maintenu, la poursuite d'exécution, qui n'était que suspendue, doit reprendre son cours, d'après les errements de la procédure ; — Qu'il suit de ce qui précède, que les saisies et significations de vente dont il s'agit sont régulières et valables, et que les attributions faites à la baronne Nivière, postérieurement par procès-verbal de liquidation de ses reprises, en date du 1er févr. 1867, ne peuvent préjudicier aux droits du saisissant ».

Appel par le sieur Nivière.

LA COUR ; — Adoptant les motifs des premiers juges ; — Confirme, etc.

Du 28 juill. 1868.-C. de Paris, 5° ch.-MM. Sallé, pr.-Hémar, subst.-Cresson et Rogelot, av.

63; Orléans, 7 nov. 1884, aff. Gilbert, et 14 févr. 1885, aff. Babin, D. P. 86. 2. 70), et il a récemment reçu la consécration de la cour suprême (Civ. cass. 6 mars 1889, aff. Laffont, D. P. 90. 1. 70-71). Il suit de là une série de conséquences pratiques.

**146.** *En premier lieu*, l'opposition à un jugement par défaut, par cela seul qu'elle est régulière en la forme, ayant pour effet de remettre les parties au même état où elles se trouvaient avant ce jugement, on ne saurait à cet égard faire aucune distinction entre le demandeur et le défendeur, de sorte que le demandeur a le droit de modifier ses premières conclusions soit pour augmenter, soit pour restreindre sa prétention (Civ. cass. 6 mars 1889, aff. Laffont, D. P. 90. 1. 70-71). — Ainsi, l'opposition formée à un jugement par défaut permet au demandeur qui avait obtenu ce jugement de reprendre même la partie de ces conclusions premières rejetée par le tribunal, alors que les divers chefs de la demande procèdent de la même cause et ne peuvent être appréciés séparément; spécialement, dans le cas où les conclusions de la demande tendaient à la fois à la modification d'annonces commerciales et à l'insertion dans les journaux du jugement à intervenir, le rejet, par le tribunal, de la seconde partie de ces conclusions n'empêche pas le demandeur de reproduire, sur l'opposition, tous les chefs de sa demande (Paris, 28 juill. 1877, aff. Goujon, D. P. 78. 2.119). — De même, l'opposition à un jugement par défaut ayant pour effet de remettre les parties dans l'état où elles étaient avant la décision frappée d'opposition, il s'ensuit que, lorsqu'un jugement par défaut a statué sur une demande principale et réservé des conclusions subsidiaires en dommages-intérêts, le demandeur, sur l'opposition du défendeur à ce jugement, est recevable à renouveler sa demande en dommages-intérêts dans des conclusions reconventionnelles et n'est pas tenu d'agir par voie d'action principale (Paris, 19 déc. 1878, aff. Millaud, D. P. 80. 2. 62). — De même encore, l'opposition à un jugement par défaut ayant pour effet d'anéantir la décision attaquée, les parties ont le droit, à la suite de cette opposition, de prendre toutes conclusions devant le tribunal, et notamment de régulariser la procédure (Amiens, 20 nov. 1884, aff. Thibaut, D. P. 86. 2. 63).

**147.** — *Deuxième conséquence.* — L'opposition à un arrêt par défaut confère à la cour le droit de statuer sur tous les chefs relevés par l'appel, alors même que l'opposant n'a conclu que sur une partie des questions litigieuses. Spécialement, dans le cas où un arrêt par défaut a repoussé une demande en interdiction et une question relative à un mariage, la circonstance que l'opposition à cet arrêt est basée uniquement sur des vices de forme n'enlève pas à la cour le droit de statuer sur toutes les questions du fond (Paris, 28 juin 1872, aff. de Campaigno, D. P. 73. 2. 55).

**148.** — *Troisième conséquence.* — Dans le cas où le jugement par défaut qui a prononcé la faillite d'un commerçant a été frappé d'opposition, c'est au moment où il est statué contradictoirement que l'état de cessation des payements doit être constaté; en conséquence, ce jugement par défaut doit être rapporté, si le commerçant ainsi déclaré en faillite produit, à l'appui de son opposition, des quittances pour solde de tous ses créanciers (Orléans, 7 nov. 1884, aff. Gilbert, D. P. 86. 2. 70; 14 févr. 1885, aff. Babin, *ibid.*).

**149.** — *Quatrième conséquence.* — L'opposition régulière en la forme faisant tomber de plein droit le jugement ou l'arrêt rendu par défaut, et replaçant les parties en l'état où elles se trouvaient auparavant, il est, dès lors, superflu de statuer sur les irrégularités et moyens de nullité dont cette décision peut être entachée (Nancy, 16 févr. 1877, aff. Burgaux, D. P. 79. 2. 205).

**150.** — *Cinquième conséquence.* — Contrairement à la doctrine d'un arrêt de la cour de Colmar du 20 janv. 1840 (*Rép.* n° 341), il est admis aujourd'hui que l'opposition du garant remet en question, non seulement la condamnation en garantie, mais aussi la condamnation principale (V. Civ. rej. 11 mai 1830 et 12 avr. 1843, *Rép.* v° *Exception,* n°s 479 et 552-3°). La même solution résulte d'une manière moins absolue d'un autre arrêt de la cour de cassation (Civ. rej. 3 mai 1858, aff. Marion, D. P. 58. 1. 216); mais elle est nettement affirmée dans un arrêt de la cour de Pau (22 nov. 1869, aff. Barnèche, D. P. 71. 2. 204). D'après cet arrêt, il n'importe pas que l'opposition du garant ait été signifiée au

demandeur principal non par le garant, mais par le garanti; en tout cas, le demandeur principal n'est pas fondé à proposer en appel la non-recevabilité de l'opposition du garant qui lui a été signifiée par le garanti, si, en première instance, il a reconnu cette opposition recevable en la forme et a plaidé sur le fond.

**151.** *Sixièmement* enfin, la cour de Poitiers (16 nov. 1880, aff. Mévolhon, D. P. 82. 2. 7) a tiré du même principe une conséquence remarquable, et qui semble très logique. Si l'opposition a pour effet d'anéantir de plein droit le jugement par défaut, il est nécessaire que le délai dans lequel elle peut être formée soit expiré pour que les deux parties, celle qui a obtenu le jugement comme celle contre qui il a été rendu, puissent interjeter appel. Il n'y a pas à distinguer entre elles, car deux voies de réformation ne doivent pas concourir contre la même sentence : on ne peut déférer à la juridiction supérieure une décision que la partie adverse a, encore la faculté de faire tomber complètement en formant opposition. Par suite, le plaideur qui a obtenu le jugement par défaut n'est pas recevable à interjeter appel de ce jugement, tant qu'il ne l'a pas signifié et que les délais de l'opposition ne sont pas expirés. Cette solution trouve un puissant appui dans le texte même de l'art. 455 c. proc. civ., qui, en proscrivant tout appel pendant le délai de l'opposition, ne fait aucune distinction entre les parties auxquelles la voie de l'appel est ouverte. Les auteurs et la jurisprudence s'accordent d'ailleurs à reconnaître, en général, que la règle posée par cet article est absolue (V. Merlin, *Questions de droit,* v° *Appel,* § 8, art. 3; Favart de Langlade, v° *Appel,* sect. 1 et 2; Thomine-Desmazures, *Commentaire sur le code de procédure civile,* t. 1, n° 507; Talandier, *De l'appel,* n° 74; Carré et Chauveau, *Lois de la procédure,* quest. 1640 et suiv., *Rép.* v° *Appel civil,* n° 1080 et les arrêts qui y sont cités). La cour de Poitiers n'a donc pas hésité à proclamer que l'opposition régulière en la forme ayant pour effet d'anéantir de plein droit le jugement par défaut, il s'ensuit que la règle d'après laquelle les appels des jugements susceptibles d'opposition ne sont pas recevables pendant la durée du délai de l'opposition, est applicable, non seulement à l'appel de la partie défaillante, mais encore à celui de la partie qui a obtenu le jugement (Même arrêt du 16 nov. 1880).

## SECT. 5. — DE LA PÉREMPTION DES JUGEMENTS PAR DÉFAUT

*(Rép.* n°s 354 à 428).

**152.** Il est évident que la loi considère avec défaveur les jugements par défaut faute de comparaître, que l'on doit présumer surpris à la religion du tribunal contre une partie non touchée par l'assignation (V. *suprà,* n° 15). Nous avons déjà vu (*suprà,* n° 102) qu'elle facilitait de ces cas, autant qu'il était possible, la rétractation de ces jugements en ouvrant à l'opposition un délai indéfini, que ferme seule la présomption d'acquiescement qui résulte d'une exécution sans protestation. La loi a voulu faire mieux encore, et multiplier, en dehors même de l'opposition du défendeur, les cas d'anéantissement de semblables jugements par défaut. Elle a donc institué cette règle, assurément exceptionnelle, que le jugement par défaut ne vaudrait pas par cela seul qu'il aurait été requis, si le demandeur ne manifestait point d'une façon non douteuse son intention d'en profiter : à défaut d'exécution dans les six mois, il est, dit l'art. 156, c. proc. civ., réputé non avenu, ou, suivant le langage de la pratique, *périmé.*

## ART. 1er. — Qui peut invoquer la péremption

*(Rép.* n°s 361 à 375).

**153.** L'art. 156 c. proc. civ. s'exprime en ces termes : « Tous jugements par défaut contre une partie n'ayant pas constitué d'avoué seront exécutés dans les six mois de leur obtention, sinon seront réputés non avenus ». De là une conséquence importante. Il résulte du texte de l'art. 156 c. proc. civ. et formellement de l'exposé des motifs de cet article, que cette disposition exceptionnelle et exorbitante du droit commun n'a en vue que le défendeur (Req. 2 août 1887, aff. Davidson, D. P. 88. 1. 17). En effet, le demandeur, en donnant assignation a, par là même, constitué avoué, car, aux termes de l'art. 61 c. proc. civ. la citation doit, à peine de nullité, contenir la constitution d'un avoué (Comp. *supra* n° 19). Le demandeur se trouve donc avoir un représentant légal : il comparaît, au sens de la loi. Si ultérieurement, et le jour de l'audience venue, l'avoué constitué par le demandeur ne conclut pas au fond pour celui-ci, il ne peut y avoir lieu qu'au jugement de défaut faute de conclure ou plaider. De là, il résulte nécessairement, au point de vue spécial de l'art. 156 c. proc. civ., que la disposition par laquelle cet article considère comme non avenu, s'il n'est exécuté dans les six mois, tout jugement par défaut rendu contre une partie *qui n'a pas constitué avoué*, est exclusivement applicable au défaut du défendeur; il ne l'est jamais en cas de défaut-congé donné contre le demandeur, ce dernier ayant toujours son représentant légal institué au procès (V. Treilhard, *Exposé des motifs* de l'art. 156, § 6, 7 et 8). — Au surplus, à cet argument de texte s'ajoute un argument de raison que formule le même arrêt de la chambre des requêtes : c'est le défendeur seul que le législateur devait protéger contre un abus auquel le demandeur ne peut être exposé.

**154.** Il faut même aller plus loin, et reconnaître que tout défendeur n'est pas appelé à profiter de la péremption : celle-ci n'est instituée qu'au profit du défaillant faute de comparaître; mais le jugement par défaut faute de conclure n'est pas susceptible de se périmer (*Rép.* n° 361). On peut invoquer, à cet égard, le même argument de texte et le même argument de raison.

**155.** En matière commerciale, l'argument de texte disparaît, puisque, devant la juridiction consulaire, il n'existe pas d'avoué : mais l'argument de raison subsiste. Aussi la cour de cassation a-t-elle décidé que la règle suivant laquelle les jugements par défaut sont périmés s'ils n'ont pas été exécutés dans les six mois n'est pas plus applicable aux jugements de défaut-congé, rendus en matière commerciale, qu'elle ne l'est aux jugements du même ordre rendus en matière civile, et que, par suite, un jugement de défaut-congé, rendu contre un demandeur subsiste avec ses effets de droit, bien qu'il n'ait pas été exécuté dans les six mois, s'il n'est point attaqué par opposition (Req. 2 août 1887, aff. Davidson, D. P. 88. 1. 17). Rien de plus juridique. En effet, l'art. 643 c. com., en introduisant l'art. 156 c. proc. civ., dans la procédure des instances commerciales, l'y a transporté tel qu'il se comportait, avec son sens et sa portée juridiques. Or, puisque, au civil, la courte péremption qu'il édicte est exclusivement applicable aux jugements de défaut faute d'être représenté, rendus contre les défendeurs, il ne l'est nullement aux défaut congés dont les demandeurs sont l'objet, il en doit être de même en matière commerciale. Il est vrai qu'ici il n'y a pas, dans l'assignation émanée du demandeur, la constitution d'un avoué, et qu'il peut ne pas s'y rencontrer non plus de constitution d'un mandataire spécial. Mais, devant les tribunaux de commerce, le demandeur n'est pas obligé d'avoir recours à personne. Il peut se présenter lui-même, et être son propre avoué, suivant une expression dont se sert parfois la pratique. Or, par le fait seul que, en cette matière, une partie se porte demanderesse, et donne assignation, sans indiquer qu'elle charge tel ou tel de son affaire, par cela même, elle déclare que, jusqu'à nouvel avis, elle se présente personnellement et entend agir pour son propre compte. En fait, le demandeur est donc représenté à l'instance, puisque c'est lui qui l'ouvre, et qui, par cela seul, y affirme sa présence en droit, il y est légalement représenté, puisqu'il n'est obligé par la loi d'avoir recours à aucun intermédiaire. Donc si, à l'audience, il ne soutient pas les prétentions émises dans son assignation, il ne saurait être considéré comme n'étant pas présent dans la cause, puisqu'il a implicitement indiqué qu'il s'y représentait lui-même; et il ne peut, dès lors, y avoir lieu de donner contre lui qu'un seul défaut, celui faute de conclure et plaider. On n'est donc pas dans l'hypothèse de l'art. 156.

**156.** Il résulte des observations qui précèdent que, en matière commerciale, comme en matière civile (V. *supra*, n° 154) la péremption ne doit pas plus profiter au défendeur

défaillant faute de conclure qu'au demandeur lui-même. Les jugements par défaut contre partie sont seuls susceptibles de se périmer (*Rép.* n° 367).

**157.** La péremption n'étant ainsi instituée que dans le seul intérêt du défendeur défaillant faute de comparaître, on en a tiré cette conséquence que le demandeur, s'il fait défaut, ne peut jamais invoquer la péremption du jugement rendu contre lui (V. *supra*, n°s 153 et 155). Il est un autre point de vue sous lequel le demandeur est privé du droit de se prévaloir de la péremption : c'est le point de vue diamétralement inverse. La péremption d'un jugement par défaut rendu contre une partie qui n'a pas constitué avoué, pour inexécution dans les six mois de sa signification, ne peut être invoquée que par le défaillant qui a succombé : si c'est là la partie comparante qui a succombé, elle n'a pas qualité pour se prévaloir de cette péremption, (Civ. rej. 12 mars 1860, aff. Periakichenamachetty, D. P. 60. 1. 132).

**158.** Quant au défendeur défaillant faute de comparaître, en faveur duquel la péremption est instituée, il communique à ses ayants droit la faculté de s'en prévaloir. Ainsi les créanciers peuvent opposer, du chef de leur débiteur, la péremption du jugement par défaut non exécuté contre lui (Paris, 11 mars 1863, *infra*, n° 167; Req. 9 août 1880, aff. Bouisson, D. P. 81. 1. 214; Civ. cass. 29 mai 1872, aff. Bacqué, D. P. 72. 1. 239). C'est l'application pure et simple des règles du droit commun : les créanciers peuvent exercer les droits et actions de leurs débiteurs, à l'exception de ceux qui sont exclusivement attachés à la personne (c. civ. art. 1166) : or il n'y a rien de personnel, au sens de cet article, dans le droit d'opposer la péremption d'un jugement par défaut contre partie qui n'a pas été exécuté dans les six mois de son obtention.

**159.** Si le défendeur défaillant faute de comparaître, est le seul qui puisse invoquer la péremption du jugement, est-ce à dire qu'il le puisse toujours? L'art. 156 c. proc. civ. ne laisse place, semble-t-il, à aucune exception. Il en est une cependant qui est suppléée par la jurisprudence. Le jugement ne peut tomber en péremption, faute d'exécution, lorsque l'exécution a été impossible.

C'est le cas d'abord, lorsque l'exécution s'est heurtée à un obstacle de droit. Tel est l'obstacle résultant d'une opposition formée par le défendeur défaillant (*Rép.* n° 388). Toutefois, pour que cette doctrine soit applicable, il faut qu'en réalité le demandeur ait été arrêté par une opposition existante, régulière. Quant à l'opposition irrégulière, et, par suite, nulle, elle ne peut ni suspendre le délai de la péremption ni l'empêcher (*Rép.* n° 390; Lyon, 11 juill. 1872, aff. Commune de Job, D. P. 73. 2. 91).

**160.** L'impossibilité *de fait* à laquelle se heurterait l'exécution aurait pour effet, comme l'impossibilité de droit, de faire obstacle à la péremption. C'est ce que proclament la doctrine et la jurisprudence (du moins la jurisprudence française), dans une hypothèse fort pratique (*Rép.* n° 372, *in fine*). Les étrangers qui, n'ayant en France ni domicile, ni résidence, ni propriétés, ne présentent aucune possibilité d'exécuter contre eux les jugements par défaut intervenus à leur charge, sont déclarés non recevables à se prévaloir de la disposition de l'art. 156 c. proc. civ., qui déclare les jugements par défaut périmés faute d'exécution dans les six mois (Douai, 2 mai 1868, aff. Labarthe, D. P. 68. 2. 124; Colmar, 8 avr. 1857, aff. Seyn, *ibid.*, note; V. en ce sens, Carré et Chauveau, quest. 646; Pigeau, t. 1, p. 357; Raynaud, *De la péremption*, p. 234; Bioche, *Dictionnaire de procédure*, t. 4, v° *Jugement par défaut*, n° 353; Rousseau et Laisney, *Dictionnaire de procédure*, t. 5, v° *Jugement par défaut*, n° 144 et 145; Dutruc, *Supplément aux Lois de la procédure de* Chauveau et Carré, t. 2, v° *Jugement par défaut*, n° 166 et 167; et *Formulaire annoté des huissiers*, t. 1er, p. 207, n° 15).

**161.** Toutefois cette jurisprudence qui, d'ailleurs, compte d'énergiques contradicteurs, notamment des tribunaux d'Italie (C. cass. de Florence, 15 mai 1876, *Legge*, 1876. 2. 35 ; C. d'appel de Lucques, 2 févr. 1882, *ibid.*, 1883. 1. 340 ; C. d'appel de Catane, 20 oct. 1884) (1), doit être entendue

---

(1) (Eliezer C. Fischetti.) — LA COUR; — Attendu que, d'après l'art. 156 c. proc. civ. français, les jugements par défaut contre

partie, non exécutés dans les six mois de leur prononciation, sont réputés non avenus; — Attendu que ces jugements n'ont

très strictement. Ainsi, nous avons déjà vu dans un arrêt de la cour de Trèves du 3 févr. 1813 (*Rép.* n° 372-6°), que la péremption était opposable par l'étranger défaillant qui possédait en France des *immeubles*. Il a été jugé plus récemment, en termes analogues, que l'étranger, contre lequel a été rendu un jugement par défaut non exécuté dans les six mois, est recevable à en opposer la péremption, quoique n'ayant en France ni domicile ni résidence, si d'ailleurs il y possède des *valeurs* connues de son créancier, sur lesquelles celui-ci pouvait faire exécuter le jugement (Aix, 27 févr. 1858, aff. Carlo di Lorenzo, D. P. 58. 2. 205).

**162.** A l'étranger ne possédant aucuns biens en France, faut-il assimiler le Français failli ? La raison de douter vient de ce que la faillite ayant pour conséquence d'investir le syndic, au lieu et place des créanciers, de la gestion matérielle des biens du failli, et les créanciers ne pouvant en général exercer individuellement ni action ni voie d'exécution (V. *suprà*, v° *Faillite*, n°s 476 et suiv.) il semble qu'un obstacle insurmontable s'oppose à l'exécution du jugement qui serait, dès lors, par le fait de la loi, à l'abri de la péremption. — Il y a lieu toutefois de distinguer. Dans certains cas exceptionnels auxquels se réfère l'art. 443, 3° al., le droit individuel de poursuite est réservé aux créanciers, la péremption serait incontestablement acquise, si le créancier n'exécutait pas son jugement : la faillite n'élève dans l'espèce aucun obstacle. Telle sera donc la solution à l'égard des créanciers gagistes (c. com., art. 548), des créanciers privilégiés sur les immeubles ou hypothécaires (c. com., art. 571), du moins jusqu'au contrat d'union (c. com., art. 572), du propriétaire des lieux servant au commerce du failli (c. com., art. 450), ou, plus généralement, des créanciers privilégiés, qui ont en leur possession les objets affectés à la garantie de leurs droits (V. *suprà*, v° *Faillite*, n° 515). C'est dans les autres hypothèses qu'il peut y avoir difficulté. La chambre des requêtes (4 déc. 1883, aff. Decauville, D. P. 84. 1. 129) a jugé, en termes généraux, que les jugements par défaut rendus par les tribunaux de commerce contre partie doivent, sous peine de péremption, être exécutés dans les six mois, nonobstant la faillite du défaillant, la faillite ne rendant impossible que l'exécution complète du jugement, et non certains actes caractérisant, soit l'exécution, soit une tentative d'exécution, tels qu'un commandement et une production à faillite. — Cette solution paraît juridique. Toutefois l'arrêt va peut-être trop loin lorsqu'il paraît exiger, pour que la péremption ne soit pas encourue, non seulement la production à la faillite, mais encore un commandement. Il semble que la production doive suffire (V. *Rép.* n° 378-1°).

**Art. 2.** — *Quels actes font obstacle à la péremption* (*Rép.* n°s 375 à 412).

**163.** La péremption est acquise, d'après l'art. 156 c. proc. civ., lorsque six mois se sont écoulés sans exécution du jugement. Il semblerait résulter de là que l'exécution seule peut faire obstacle à la péremption. Mais l'acquiescement peut produire le même effet (*Rép.* n° 380). — Avant d'étudier successivement l'une et l'autre hypothèse, il convient de signaler une controverse à laquelle donne lieu, en cette matière, la théorie de la solidarité (*Rép.* n°s 423 et 428) : l'exécution ou l'acquiescement contre ou par l'un des débiteurs solidaires fait-elle obstacle à la péremption à l'égard de tous ?

**164.** En ce qui touche l'*acquiescement* résultant d'une exécution volontaire, la jurisprudence paraît admettre, comme on l'a déjà vu au *Rép.* n° 427, que l'exécution du jugement par défaut, faite volontairement par l'un des débiteurs solidaires, s'oppose à ce que ses codébiteurs puissent invoquer la péremption de ce jugement, faute d'exécution dans les six mois (Chauveau sur Carré, *Lois de la procédure*, quest. 645 ; Bonnenne, *Théorie de la procédure*, t. 3, p. 69 ; Larombière, *Théorie et pratique des obligations*, art. 1208, n° 6 ; Aubry et Rau, *Cours de droit civil français*, 4° édit., t. 4, § 298 *ter*, p. 28 ; Req. 8 août 1859, aff. Channebot, D. P. 59. 1. 424 ; Paris, 18 avr. 1889, aff. Costa, D. P. 91. 1. 23) ; et, d'après la chambre des requêtes (arrêt précité du 8 août 1859), le jugement est réputé avoir reçu cette exécution, lorsque l'un des débiteurs solidaires, après l'avoir frappé d'opposition, a exécuté le jugement qui l'a débouté de son opposition : on objecterait vainement que, en ce cas, l'exécution a porté

---

donc aucune existence ; — Que si, par suite de cette inexistence, ils ne peuvent être exécutés en France, à plus forte raison ne peuvent-ils l'être en Italie ; — Qu'on ne peut donner force exécutoire à ce qui n'existe pas, c'est-à-dire à une sentence étrangère, qui n'aurait plus le caractère d'un jugement ; — Attendu que le jugement du tribunal de commerce de Cette, prononcé le 2 août 1883 et signifié le 20 du même mois, n'a pas été exécuté dans les six mois qui ont suivi ; — Que les demandeurs n'ont introduit la demande d'exequatur que le 4 juin 1884, c'est-à-dire plus de neuf mois après la prononciation du jugement, et que, par suite, elle doit être rejetée ; — Attendu qu'il faut d'abord examiner si le jugement qu'il s'agit de rendre exécutoire dans le royaume existe ou non, car s'il n'existe pas, il ne peut produire aucun effet juridique ; — Attendu qu'on s'est demandé en France, si un jugement par défaut contre partie rendu contre un étranger doit ou non être réputé périmé quand il n'a pas été exécuté dans les six mois de sa prononciation ; que, si certains auteurs prétendent que ledit jugement n'était pas tombé en péremption lorsqu'il était établi que la partie condamnée ne possédait pas en France de biens suffisants pour exécuter le jugement, d'autres enseignent, au contraire, que le jugement par défaut contre partie tombe toujours en péremption s'il n'est pas exécuté dans les six mois de sa prononciation, qu'il ait été prononcé contre des nationaux ou contre des étrangers, sans distinguer entre ceux qui ont des biens et un domicile en France et ceux qui n'en possèdent aucun permettant d'exécuter la sentence ou de la considérer comme telle ; — Attendu que la cour décide, en présence de cette divergence d'opinions, que le texte et les principes de la loi française ne permettent pas d'admettre une autre opinion que celle de la péremption du jugement prononcé même contre un étranger, s'il n'est exécuté dans les six mois de sa prononciation ; — Attendu que cette opinion est rationnelle et permet d'écarter de graves conséquences légales ; — Que le code de procédure civil français, sans prescrire de mode spécial d'exécution contre l'étranger, dispose que le jugement par défaut contre partie, non exécuté dans les six mois de sa prononciation, doit être réputé non avenu ; — Que cette disposition s'applique aux étrangers comme aux nationaux, puisqu'elle est une des conditions essentielles de l'efficacité juridique du jugement par défaut ; — Attendu que,

d'après le système de la loi française, un jugement par défaut exécuté ou réputé tel ne peut plus être frappé d'opposition après l'expiration des délais ; — Que, dès lors, si on regarde comme non périmé un jugement par défaut rendu contre un étranger après les six mois de sa prononciation, on doit aussi admettre, logiquement que ce jugement n'est plus susceptible d'opposition de la part de cet étranger, alors même qu'on l'exécute contre lui hors du territoire français, ce qui lui causerait un très grand préjudice ; — Que, pour obvier à cet inconvénient, certains auteurs admettent que l'existence du jugement par défaut, et, par suite, la faculté d'opposition, sont prolongées jusqu'à ce que ce jugement ait été exécuté en dehors du territoire français ; mais qu'une telle manière d'agir ne saurait avoir aucun caractère juridique ; Qu'en effet, si l'on rejette la péremption de six mois en se fondant sur une exécution présumée ou une prétendue impossibilité d'exécution contre l'étranger, il faut en subir les conséquences, telles que l'inadmissibilité de l'opposition après l'expiration des délais ce qui entraîne des conséquences très préjudiciables, et ne saurait être sanctionné par la loi ; — Attendu qu'une exécution présumée, tirée de l'impossibilité d'une exécution réelle, ne suffit pas à faire écarter la péremption de six mois du jugement rendu par défaut contre partie, et ne saurait donner ouverture à l'opposition jusqu'à l'exécution réelle ; — Attendu qu'on cherche vainement d'où pourrait provenir cette impossibilité d'exécution ; — Que le demandeur qui a obtenu le jugement par défaut doit, aux termes de la loi française, en requérir l'exécution dans les six mois ; — Que, si ce jugement a été rendu contre un étranger, et si le Français veut lui conserver toute sa force, il doit réclamer dans les six mois l'exequatur du jugement dans les pays où il est exigé, et faire ensuite exécuter ce jugement hors du territoire français, ou produire les pièces qui, établissant que l'exécution n'a produit aucun effet, pourraient faire échapper à la péremption le jugement par défaut ; — Attendu, dès lors, que l'impossibilité d'exécution contre l'étranger, invoquée pour prétendre que le jugement par défaut non exécuté dans les six mois de sa prononciation conserve toute sa force contre l'étranger, n'existe pas ;
Par ces motifs, etc.
Du 20 oct. 1884.-C. d'appel de Catane.-M. Bruno, pr.

sur un jugement distinct du jugement par défaut, et qu'elle était dès lors, sans effet, contre les débiteurs demeurés sous le coup de ce dernier jugement.

**165.** En ce qui concerne l'exécution forcée poursuivie par le créancier, la jurisprudence paraît également se fixer en ce sens (*Rép.* n° 425) que la péremption d'un jugement par défaut portant condamnation solidaire contre plusieurs codébiteurs est interrompue, à l'égard de tous ces codébiteurs, par les poursuites dirigées contre l'un d'eux dans les six mois de l'obtention du jugement (Caen, 14 mai 1849, aff. Lepaulmier, D. P. 55. 2. 209 ; Req. 4 févr. 1852, aff. Dumas, D. P. 52. 1. 73 ; Civ. rej. 3 déc. 1861, aff. Magnière, D. P. 62. 1. 41 ; Bourges, 31 janv. 1873, aff. Lafitte, D. P. 74. 2. 67). Et la chambre civile a décidé qu'il en est ainsi, même vis-à-vis de ceux qui soutiendraient avoir été condamnés à tort comme débiteurs solidaires, sauf à eux à attaquer le jugement par les voies légales, et notamment par la voie de l'opposition, voie qui demeure ouverte à leur profit, tant que le jugement n'a pas été exécuté contre eux personnellement (Arrêt précité du 3 déc. 1861).

### § 1. — Acquiescement.

**166.** L'acquiescement doit-il, pour couvrir la péremption, intervenir dans les six mois du jugement? — On a vu au *Rép.* n°s 417 et 418, que la question était controversée. La jurisprudence la plus récente se prononce pour l'affirmative (Bourges, 31 janv. 1873, aff. Lafitte, D. P. 74. 2. 67 ; Req. 9 août 1880, aff. Bouisson, D. P. 81. 1. 214 ; Besançon, 7 mars 1890, aff. Albin Clément, D. P. 91. 2. 168). Ce dernier arrêt justifie sa décision en disant que la péremption prononcée par l'art. 156 est absolue, et que rien ne peut faire revivre le jugement par défaut non exécuté dans ce délai ; que la loi le déclare expressément non avenu ; qu'un acquiescement, même formel, à ce jugement serait, dès lors, sans effet pour donner la vie et l'autorité judiciaire à une décision ainsi atteinte d'une nullité radicale et absolue.

**167.** Cette jurisprudence est, d'ailleurs, confirmée par celle qui envisage la même question au point de vue, non plus du défaillant lui-même, mais de ses créanciers qui, ainsi qu'on l'a vu (*suprà*, n° 158), sont recevables à invoquer la péremption de son chef. Les arrêts sont à peu près unanimes, comme on l'a vu au *Rép.* n° 421, pour déclarer inopposable aux créanciers du défaillant un acquiescement de celui-ci qui n'aurait pas date certaine (Paris, 21 mars 1863 (1) ; Req. 9 août 1880, aff. Bouisson, D. P. 81. 1. 214). C'est bien la preuve que la date de l'acquiescement a une intérêt capital pour la validité même de cet acte.

En tous cas, il a été décidé que les juges du fond sont souverains pour décider, d'après les faits de la cause, que la date de l'acquiescement à un jugement par défaut, donné sous signature privée et non enregistré, n'est pas sincère et que, par suite, ce jugement est tombé en péremption (Req. 9 août 1880 précité).

### § 2. — Exécution.

**168.** L'exécution du jugement par défaut est de beaucoup le plus fréquent des deux faits qui font obstacle à la péremp-

tion. Lors donc que la péremption est invoquée, c'est presque toujours une question d'exécution que le tribunal a à résoudre.

De là, une difficulté au point de vue de la compétence. On a vu (*suprà*, v° *Jugement*, n°s 477 et suiv.) que la loi a établi une compétence spéciale pour les incidents d'exécution ; spécialement, les tribunaux de commerce ne connaissent point de l'exécution de leurs jugements (*Ibid.* n° 477). Les règles formulées à cet égard sont-elles applicables aux incidents de péremption? La négative est constante en jurisprudence. En interdisant aux tribunaux de commerce de connaître des contestations élevées sur l'exécution de leurs jugements, les art. 442 et 553 c. proc. civ. ont seulement voulu défendre à ces tribunaux de juger les difficultés naissant des actes de poursuite exercés en vertu de leurs jugements ; en conséquence, les tribunaux de commerce sont compétents pour décider si leurs jugements par défaut, frappés d'opposition, sont périmés, faute d'exécution dans les six mois. A plus forte raison, les cours saisies de l'appel de ces jugements ont-elles la même compétence puisqu'elles jouissent de la plénitude de juridiction (Paris, 18 avr. 1889, aff. Costa, D. P. 91. 1. 23). Jugé, dans le même sens que le tribunal de commerce qui a rendu un jugement par défaut est compétent pour connaître de la demande en péremption de ce jugement formée incidemment à l'opposition du défaillant, alors que, pour statuer, il n'a à apprécier le mérite d'aucun acte d'exécution (Bourges, 31 janv. 1873, aff. Lafitte, D. P. 74. 2. 67).

**169.** Quels sont les actes d'exécution qui seront suffisamment caractérisés pour faire obstacle à la péremption? — Avant d'entrer dans le détail de cet examen, il convient de rappeler le principe, déjà formulé au *Rép.*, n° 375 et rappelé *suprà*, n° 103, qui régit toute la matière : les actes d'exécution qui, aux termes de l'art. 156 c. proc. civ., sont nécessaires pour mettre obstacle à la péremption des jugements de défaut ne doivent pas être entendus dans le sens restreint attribué par l'art. 159 du même code aux actes d'exécution qui rendent l'opposition non recevable (Civ. cass. 5 mars 1889, aff. Denizet, D. P. 89. 1. 441-412) ; spécialement, il n'est pas nécessaire que l'exécution soit connue du défaillant (Nîmes, 21 mai 1855, aff. Broit, D. P. 56. 2. 104). Cette différence entre les prescriptions des art. 156 et 159 c. proc. civ. procède de celle qui existe entre les motifs qui les ont dictés. Ce qui fait obstacle à l'opposition, c'est, chez le défendeur, la connaissance de l'exécution, laquelle fait présumer un acquiescement ; ce qui fait obstacle à la péremption, c'est, chez le demandeur, la volonté d'exécuter, volonté qui doit se manifester, non seulement à l'état d'intention, mais à l'état d'acte (Lyon, 11 juill. 1872, aff. Commune de Job, D. P. 73. 2. 91). Les deux points de vue sont absolument différents. — On indiquera, dans les numéros suivants, les divers actes qui, d'après la jurisprudence, peuvent ou non constituer une exécution suffisante pour empêcher la péremption.

**170.** L'acte par excellence qui empêche la péremption, c'est la *saisie des meubles* du défaillant (*Rép.* n° 391 ; V. Rép. 29 févr. 1864, aff. Constant, D. P. 64. 1. 420). Il n'est même pas nécessaire ici que la saisie soit suivie de la vente, comme en matière d'opposition (V. *suprà*, n° 104), car le fait seul de la saisie suffit à dissiper toute espèce de doute sur l'intention qu'a le débiteur d'exécuter le jugement.

---

(1) (L'Homme C. Syndic Desvernois.) — LA COUR ; — En ce qui touche le moyen tiré de la péremption : — Considérant que les poursuites de saisies immobilières sont exercées en vertu d'un jugement par défaut du tribunal de commerce de Paris, du 6 sept. 1861, qui condamne Desvernois à payer 4770 fr. de principal, restant dus sur un mémoire de travaux exécutés par L'Homme ; — Considérant qu'en vertu de ce jugement L'Homme a pris inscription hypothécaire, le 11 oct. 1861, sur un terrain en construction sis chemin de ronde de Montreuil, mais qu'il n'a fait aucun acte d'exécution proprement dit pour empêcher la péremption résultant de l'art. 156 c. proc. civ. ; — Considérant que, suivant acte sous seing privé du 21 nov. 1861, Desvernois a déclaré acquiescer audit jugement, consentant à son exécution comme s'il eût été rendu contradictoirement, mais seulement jusqu'à concurrence de 3500 fr. payables par quart, en deux ans, somme à laquelle L'Homme a consenti à réduire en principal les condamnations prononcées à son profit ; — Considérant que ledit acte sous seing privé n'a été enregistré que le 20 juin 1862 ;

mais, dans un acte reçu par Watin, notaire à Paris, le 27 nov. 1861, contenant obligation par Desvernois au profit de L'Homme, avec affectation hypothécaire de l'immeuble sus désigné, il est déclaré sur la propriété hypothéquée et grevé d'une somme de 3500 fr. de principal, montant de l'inscription d'hypothèque judiciaire au profit de L'Homme ; — Considérant que cette déclaration prouve manifestement que l'acte d'acquiescement a été fait entre Desvernois et L'Homme antérieurement au 27 nov. 1861, puisque la substance de ce contrat sous seing privé, la réduction de la créance et les délais de payement qui en sont les conditions principales, se trouvent constatés dans l'acte dudit jour, 27 novembre, dressé par un officier public ; — Considérant que cet acquiescement, intervenu dans les six mois de l'abstention du jugement par défaut du 6 sept. 1861, équivaut à un acte d'exécution ; qu'il a eu pour effet d'empêcher la péremption dudit jugement, qu'il a date certaine depuis le 27 novembre, même vis-à-vis des tiers, et qu'en cet état, il est superflu de rechercher si Battarel, syndic, peut être considéré comme un tiers, dans les

**171.** Mais la saisie n'est pas toujours possible, spécialement si le débiteur ne possède rien. Le demandeur est alors contraint de se borner à dresser un *procès-verbal de carence.* Cela ne suffirait pas à empêcher l'opposition (V. *supra,* n° 118), en dehors de tout fait constatant la connaissance que le défendeur a pu avoir de cette tentative; mais cela suffit à empêcher la péremption (*Rép.* n° 406), car cela manifeste la volonté d'exécuter. Jugé en ce sens : 1° qu'un jugement par défaut contre partie est réputé exécuté, dans le sens de l'art. 156 c. proc. civ., et, dès lors, est à l'abri de la péremption, lorsque, dans les six mois de son obtention, il a été suivi d'un procès-verbal de carence, alors même que le défaillant n'aurait pas eu connaissance de cette exécution.(Civ. rej. 12 mars 1861, aff. Pille, D. P. 61. 1. 155); — 2° Qu'un procès-verbal de carence dressé en vertu d'un jugement par défaut contre partie, au domicile du défaillant, empêche la péremption de ce jugement, aussi bien qu'en feraient la saisie réelle et la vente des meubles de ce défaillant, lorsqu'il est la seule exécution possible du jugement (Req. 30 mars 1868, aff. Combarel, D. P. 68. 1. 426); — 3° Que le procès-verbal de carence, dressé au domicile du débiteur dans les six mois de l'obtention d'un jugement par défaut et notifié au parquet après constatation de l'abandon de son domicile par le débiteur, constitue une exécution du jugement de nature à interrompre la péremption (Paris, 20 juin 1870, aff. Delphien, D. P. 71. 2. 3); — 4° Que le jugement rendu par défaut contre la partie saisie, et en vertu duquel le saisissant a poursuivi le tiers saisi, n'est pas réputé périmé, comme n'ayant pas été exécuté dans les six mois, si des actes d'exécution tels qu'un procès-verbal de carence à la suite donnée à la saisie-arrêt, ont été accomplis dans la limite du possible, bien que le saisi, dont le domicile était inconnu, n'en ait pas été touché (Poitiers, 20 avr. 1880, aff. Grasset, D. P. 80. 2. 229).

**172.** Si l'exécution d'un jugement par défaut contre partie, consistant dans un procès-verbal de carence, suffit, en général, à empêcher la péremption de ce jugement, il en est ainsi surtout lorsque le défendeur a fait des actes qui emportent acquiescement à ce jugement (Lyon, 29 mai 1874, aff. Périgaud, D. P. 76. 2. 126), ou même seulement lorsque, sans faire d'acte valant acquiescement, le défendeur a connu le procès-verbal de carence, spécialement le procès-verbal de carence pratiqué au parquet, le défaillant étant étranger (Douai, 2 mai 1868, aff. Labarthe, D. P. 68. 2. 124). Il y a d'autant moins de doute dans cette hypothèse, qu'une semblable exécution serait même suffisante pour empêcher l'opposition (V. *supra,* n° 119).

**173.** Cette dernière observation nous amène à critiquer un arrêt de la cour de Toulouse du 7 mai 1866 (aff. Franscesca Sala, D. P. 66. 2. 109). D'après cet arrêt, un jugement par défaut (spécialement, le jugement qui donne un conseil judiciaire à un prodigue) est périmé faute d'exécution dans les six mois, lorsque le procès-verbal de carence a été fait à un domicile qui n'était pas celui du prodigue et lorsque, d'ailleurs, il ne résulte d'aucun acte légal que celui-ci en a eu connaissance ; et la cour ajoute que les avis officieusement donnés ne sont pas des moyens légaux d'où puisse résulter la preuve de cette connaissance. Sans doute la première proposition est exacte, tant au point de vue de la péremption qu'au point de vue de l'opposition : le procès-verbal de carence dressé à un domicile autre que celui du défaillant ne peut, en quoi que ce soit, avoir la valeur d'un acte d'exécution (*Rép.* n° 409). Mais, où la cour de Toulouse commet une erreur certaine, c'est lorsqu'elle exige, pour que la péremption soit empêchée, que le procès-verbal de carence soit dressé et, officiellement connu, du défaillant : cela est exact en ce qui concerne la déchéance du droit d'opposition, mais non pas à l'égard de la péremption.

**174.** A côté de la saisie-exécution (ou de la tentative de saisie-exécution, comme le procès-verbal de carence), il convient de placer la *saisie-arrêt.* A vrai dire, la saisie-arrêt, considérée en elle-même, a plutôt le caractère restreint d'un simple acte conservatoire ; mais, quand elle est dénoncée (*Rép.* n° 130) et surtout validée, elle devient un véritable acte d'exécution. Elle est alors suffisante même pour arrêter l'opposition (*Rép.* n° 130 et *supra,* n° 114); à plus forte raison suffit-elle à empêcher la péremption (*Ibid.,* n° 394).

Toutefois, il n'en est ainsi qu'autant que la saisie-arrêt est régulière (Req. 11 déc. 1834, *Rép.* n° 394-4°). Ainsi une saisie-arrêt entachée de nullité pour n'avoir pas été suivie d'assignation dans la huitaine de sa date, ne peut constituer l'exécution d'un jugement par défaut (Aix, 27 févr. 1858, aff. Carlo di Lorenzo, D. P. 58. 2. 205).

**175.** Une *assignation en déclaration affirmative* donnée par le saisissant au tiers saisi, et dénoncée par le même à la partie saisie, constitue une exécution suffisante pour empêcher la péremption du jugement par défaut ayant validé la saisie-arrêt (Civ. cass. 5 mars 1889, aff. Denizet, D. P. 89. 1. 411-412).

**176.** L'*inscription d'hypothèque* ou *la radiation,* opérée en vertu d'un jugement par défaut, est-elle une exécution suffisante de ce jugement? On a vu au *Rép.,* n°° 400 et 401, que cette question était controversée. Toutefois l'affirmative est certaine, lorsque l'inscription ou la radiation constituent seules la condamnation prononcée par le jugement (*Rép.* n° 402) ; aussi a-t-il été jugé : 1° que l'inscription hypothécaire prise en vertu d'un jugement par défaut, lequel ne prononce aucune condamnation et se borne à reconnaître l'écriture du débiteur et à déclarer que la promesse méconnue par celui-ci aura force d'acte public et produira hypothèque, est un acte d'exécution de ce jugement suffisant pour en empêcher la péremption, encore qu'elle n'ait pas été notifiée au débiteur, et qu'elle soit restée ignorée de lui (Nîmes, 21 mai 1853, aff. Droit, D. P. 56. 2. 104); — 2° Qu'un jugement par défaut ordonnant la radiation d'une inscription d'office est valablement exécuté et échappe, par suite, à la péremption, lorsque cette radiation a été effectuée dans les six mois de son obtention (Bourges, 1er févr. 1886, aff. Vincent, D. P. 87. 2. 20).

**177.** Les actes dont il a été parlé jusqu'ici, saisie-exécution, procès-verbal de carence, saisie-arrêt, inscription hypothécaire, sont des actes très fréquents et qui ont, à ce titre, un intérêt théorique considérable. La jurisprudence fournit quelques exemples d'actes plus exceptionnels.

Il a été jugé que la publicité donnée, en conformité de l'art. 501 c. proc. civ., au jugement par défaut qui nomme un conseil judiciaire à un prodigue constitue un mode d'exécution suffisant pour mettre ce jugement à l'abri de la péremption (Riom, 10 janv. 1857, aff. Pervertsof, D. P. 58. 2. 6). La même solution avait été déjà donnée en ce qui touche l'opposition (*Rép.* n° 139) ; elle est plus incontestable encore au point de vue de la péremption.

**178.** Il a été jugé encore qu'une opposition à vente du matériel compris dans une saisie-gagerie ne saurait être considérée comme acte direct d'exécution, alors même que le jugement par défaut serait invoqué à l'appui de cette opposition (Req. 4 déc. 1883, aff. Decauville, D. P. 84. 1. 129).

**179.** Il a été décidé enfin que, lorsqu'un jugement par défaut a attribué à un particulier la propriété d'une forêt, à l'encontre d'une commune, un commencement d'arpentage de la forêt et la coupe de certains arbres opérée par le demandeur peuvent n'être pas considérés comme une exécution de nature à empêcher la péremption (Civ. rej. 29 avr. 1874) (1).

**180.** Plusieurs des arrêts qui précèdent, notamment l'arrêt

---

termes de l'art. 1328 c. civ., à l'égard de L'Homme, qui a contracté envers Desvernois avant la déclaration de faillite de ce dernier;...
Infirme, déboute Battarel de sa demande, etc.
Du 21 mars 1863.-C. de Paris, 4e ch.-MM. Casenave, pr.-Découtures, av. gén., c. concl.-Maugras, Templier et Perrin, av.

(1) (Bourlhomme et autres *C.* Commune de Job:) — Les sieurs

Bourlhomme et autres se sont pourvus en cassation contre l'arrêt de la cour de Lyon du 11 juill. 1872, rapporté D. P. 73. 2. 91, pour violation des art. 156 et 159 c. proc. civ., et de l'art. 7 de la loi du 20 avr. 1810, en ce que l'arrêt attaqué a refusé de considérer comme constituant une exécution du jugement par défaut rendu à leur profit contre la commune de Job et autres, des faits qui avaient incontestablement ce caractère, et, en outre, en ce que, saisi de la connaissance d'autres faits que l'on soute-

de la chambre des requêtes du 4 déc. 1883 (*suprà*, n° 178), insistent sur cette circonstance de fait que le jugement par défaut a été ou n'a pas été signifié. Ce n'est pas que la signification puisse jamais, à elle seule, valoir exécution, même au point de vue de la péremption. Seulement, l'exécution d'un jugement par défaut ne peut avoir lieu valablement avant l'échéance de huitaine à partir de la signification (c. proc. civ. art. 155) ; il suit de là qu'un acte, quel que soit son caractère, ne peut être considéré comme acte d'exécution s'il n'a pas été précédé de la signification du jugement. Ainsi que le fait observer avec raison le tribunal de la Seine dans un jugement dont la cour d'appel s'est approprié les motifs (Paris, 26 juill. 1877, aff. Amail, D. P. 78. 2. 207), « le défaut de signification, dans le cas prévu par l'art. 156, entraîne nécessairement la nullité du jugement, puisque la signification est une formalité préjudicielle sans laquelle il ne peut être procédé valablement à l'exécution ». Donc tout jugement par défaut faute de comparaître doit être, à peine de péremption, signifié dans le délai de six mois, alors même qu'il ne contient aucune condamnation contre le défaillant (Même arrêt).

ART. 3. — *Des effets de la péremption* (*Rép.* n° 413 à 422).

**181.** Le jugement frappé de péremption est réputé non avenu (C. proc. civ. art. 156 ; *Rép.* n° 413). Mais à quels actes s'applique cette nullité ? — Il est constant que c'est au jugement seul (*Rép.* n° 415), et non aux actes de procédure qui l'ont précédé ou suivi (Rennes, 28 févr. 1879, aff. Oger, D. P. 80. 2. 14).

En ce qui touche les actes antérieurs, il a été jugé que la péremption du jugement par défaut qui a validé une saisie-arrêt ne s'étend pas à la saisie elle-même, qui subsiste avec toutes ses conséquences légales (Même arrêt).

**182.** Quant aux actes postérieurs, il a été décidé, en termes très exacts, que la péremption, faute d'exécution dans le délai légal, d'un jugement par défaut obtenu par un créancier, ainsi que de tous les actes auxquels il a été procédé en vertu de ce jugement, s'étend seulement aux actes qui ont leur raison d'être dans le jugement périmé, tels que les significations, commandements, inscriptions hypothécaires, etc., et ne peut atteindre une action en licitation exercée par le créancier au nom de son débiteur postérieurement au jugement par défaut, action qui lui appartenait avant comme depuis ce jugement (Dijon, 26 janv. 1870, aff. Rondot, D. P. 71. 2. 46).

**183.** Au surplus, la péremption n'empêche pas que les solutions consacrées par le jugement périmé soient proclamées de nouveau, pourvu que ce soit par une décision nouvelle et indépendante de la première. Ainsi, la péremption d'un jugement par défaut prononçant la résolution d'un contrat, faute d'exécution des conditions stipulées dans ce contrat, ne met pas obstacle à ce qu'un second jugement ordonne les restitutions à faire par suite de cette résolution, si ce second jugement constate, de nouveau, les faits qui ont donné lieu à la résolution, et peut ainsi se soutenir sans le secours du premier jugement. Spécialement, lorsqu'un premier jugement, rendu par défaut, a prononcé la révocation d'une donation, pour inexécution des conditions imposées au donataire, un second jugement peut ordonner la restitution au donateur des objets donnés, alors même que le premier se trouverait frappé de péremption, si le second jugement constate de nouveau les faits d'inexécution sur lesquels était basée la décision périmée, et si, dès lors, son autorité est indépendante de celle attachée à cette décision (Req. 13 juill. 1857, aff. de Larochefoucault, D. P. 58. 1. 348).

nait également constituer des actes d'exécution, il les a rejetés sans donner, en ce qui les concerne, aucun motif.

LA COUR ; — Sur le premier moyen : — Attendu que, dans l'état des faits constatés par l'arrêt attaqué, la cour de Lyon a pu décider, sans violer aucune loi, que les faits invoqués par les demandeurs, en vue d'écarter la péremption de l'arrêt par défaut du 29 août 1860, n'étaient pas suffisants pour constituer, au regard de la commune de Job, un acte d'exécution caractérisé dudit arrêt ; — Sur le second moyen : — Attendu qu'en déclarant, en outre, que d'aucun autre fait, d'aucun autre document de la cause ne pouvait résulter l'exécution, dans le délai légal, de l'arrêt dont s'agit,

**CHAP. 3.** — **Des jugements par défaut en matière criminelle, et du droit d'opposition** (*Rép.* n°s 429 à 495).

**184.** La partie de notre législation criminelle relative aux jugements par défaut n'a subi que peu de changements depuis la publication du *Répertoire*. L'art. 187 c. instr. crim. a été modifié à un double point de vue par la loi du 27 juin 1866 (D. P. 66. 4. 75). En premier lieu, cette loi a introduit dans l'article précité un paragraphe 3 nouveau, qui prolonge le délai de l'opposition aux jugements correctionnels rendus par défaut ; d'autre part, par suite d'un changement de rédaction dans le paragraphe 2, la charge des frais, qui était de droit contre le condamné par défaut, est devenue purement facultative. Il faut ajouter que la loi du 13 juin 1856 (D. P. 56. 4. 63), qui a attribué à la cour d'appel tous les appels correctionnels, a modifié nécessairement, dans le sens de cette attribution, le texte de l'art. 208 c. instr. crim. relatif à l'opposition aux décisions rendues par défaut sur l'appel.

SECT. 1re. — DES JUGEMENTS PAR DÉFAUT DES TRIBUNAUX DE SIMPLE POLICE (*Rép.* n°s 431 à 447).

**185.** Les principaux ouvrages de doctrine à consulter aujourd'hui sur cette matière sont les suivants : Faustin Hélie, *Traité de l'instruction criminelle*, t. 6, n°s 2709 à 2716 ; *Pratique criminelle des cours et tribunaux*, t. 1, n°s 341 à 346 ; Trébutien, *Cours de droit criminel*, 2e éd. par MM. Laisné-Deshayes et Guillouard, t. 2, n° 700 ; Berriat-Saint-Prix, *Des tribunaux de simple police, de leur procédure et des fonctions des officiers du ministère public qui leur sont attachés*, 2e éd., 1865, *passim* ; Boitard, *Leçons de droit criminel*, 13e éd., n°s 670 et 671 ; Garraud, *Précis de droit criminel*, 4e édit., n°s 571 à 577 ; Villey, *Précis d'un cours de droit criminel*, 5e éd., p. 323, 387 et suiv. ; Laborde, *Cours élémentaire de droit criminel*, n° 1414.

**186.** — I. JUGEMENT PAR DÉFAUT. — « Si la personne citée ne comparaît pas au jour et à l'heure fixés par la citation, elle sera jugée par défaut » (c. instr. crim. art. 149). Il résulte de ce texte, déjà rappelé au *Rép.* n° 431, que, pour qu'un prévenu de contravention puisse être jugé par défaut, il est nécessaire qu'il ait été cité ; s'il n'avait reçu qu'un avertissement, comme le permet l'art. 147, et qu'il ne comparût pas, il faudrait lui donner une citation pour une autre audience, et ce n'est qu'après cette citation que le jugement pourrait être rendu (Faustin Hélie, *Traité de l'instruction criminelle*, t. 6, n° 2709, p. 394 ; Garraud, n° 574). Ce point est constant en jurisprudence. Spécialement, il a été jugé que le jugement du tribunal de police condamnant un prévenu qui, appelé par un simple avertissement, n'a pas comparu, doit être annulé ; dans ce cas, le juge de police doit surseoir jusqu'à ce que le prévenu ait été régulièrement cité (Crim. cass. 10 sept. 1857, *Bull. crim*, n° 340). Plusieurs arrêts ont aussi décidé que le tribunal saisi par un simple avertissement ne pourrait juger un prévenu non comparant, même pour l'acquitter. Aux arrêts des 4 mars 1826 et 8 août 1840, cités dans ce sens, *Rép. loc. cit.*, *Adde* : Crim. cass. 24 janv. 1852, *Bull. crim*, n° 37 ; Crim. rej. 20 déc. 1860, *ibid.*, n° 293. — Et, à cet égard, il n'y a plus aujourd'hui de différence à faire entre le tribunal de police tenu par le juge de paix et le tribunal de police tenu par le maire (V. *Rép.* n° 432), puisque, depuis la loi du 27 janv. 1873 (D. P. 73. 4. 21), qui a abrogé les art. 166 à 171 c. instr. crim., le juge de paix est le seul juge de simple police.

**187.** On sait qu'aux termes de l'art. 152, le prévenu de

la cour de Lyon a virtuellement écarté, comme inexistantes ou inefficaces, les délibérations du conseil municipal de la commune de Job, dont les demandeurs prétendaient induire que cette commune, en acquiesçant audit arrêt, l'avait elle-même exécuté ; — D'où il suit que la cour de Lyon a suffisamment motivé sa décision, et n'a violé ni les principes relatifs à l'acquiescement, ni les art. 156 et 159 c. proc. civ. ;

Par ces motifs ;

Rejette, etc.

Du 29 avr. 1874.-Ch. civ.-MM. Devienne, 1er pr.-Aubry, rap.-Charrins, av. gén.-c. conf.-Bellaigue et Fliniaux, av.

contravention peut comparaître par un fondé de procuration spéciale (*Rép.* n° 434, — Il a été jugé avec raison que lorsque le débat a été accepté par toutes les parties, avec le fondé de pouvoir verbal du prévenu, le juge de police peut acquitter le prévenu par un jugement réputé contradictoire, alors même que ce fondé de pouvoir ne se serait présenté que sur un simple avertissement donné au prévenu (Crim. rej. 22 août 1857, aff. Claude, D. P. 57. 1. 415).

**188.** De ces expressions de l'art. 149 : « Si la personne citée ne comparaît pas au jour et à l'heure fixés, elle sera jugée par défaut » il ne faudrait pas conclure que le juge soit obligé de statuer à l'audience même où le prévenu n'a pas comparu. Des arrêts ont jugé, avec raison, que le juge de police, en cas de défaut, peut renvoyer, la décision à une audience ultérieure, par exemple, s'il a besoin d'étudier l'affaire (Crim. cass. 23 janv. 1875, *Bull. crim.*, n° 29) ou afin d'entendre des témoins; il faut seulement que le renvoi soit constaté par le jugement (Crim. rej. 1er déc. 1876) (1).

**189.** Ce serait aussi, comme on l'a fait remarquer au *Rép.* n° 436, une erreur de croire que le tribunal de police, lorsqu'il juge par défaut, est tenu d'enregistrer purement et simplement les conclusions de la partie poursuivante. De même qu'en matière civile, et plus généralement comme en toute matière, le juge de simple police doit examiner et ne prononcer une condamnation que si elle lui paraît juste et fondée. L'art. 150 c. proc. civ. reçoit donc, ici aussi, son application (Faustin Hélie, t. 6, n° 2710). Aux décisions rapportées *Rép. loc. cit.*, *adde* Crim. rej. 21 sept. 1871 (2), aux termes duquel l'inculpé défaillant peut être acquitté comme l'inculpé présent. — On peut rattacher au même principe un arrêt de rejet du 2 févr. 1861 (aff. Marin, D. P. 61. 5. 285) qui a jugé que, dans une poursuite pour contravention résultant de réparations faites sans autorisation à un mur sujet à reculement, le jugement condamnant par défaut le prévenu régulièrement cité contient suffisamment la preuve que la prévention a été préalablement vérifiée, lorsque les motifs révèlent que le tribunal s'est rendu à l'audience, et visé le plan général d'alignement, et qu'il a fait appréciation des autres éléments sortis du débat oral.

**190.** En matière de simple police comme en matière correctionnelle et en matière civile, il y a lieu de distinguer deux sortes de défaut : le défaut faute de comparaître et le défaut faute de défendre. Il y a défaut faute de comparaître lorsque la partie ne se présente point à l'audience et ne

charge personne du mandat de la représenter. Il y a défaut faute de défendre, lorsque la partie comparaît devant le tribunal, mais refuse de se défendre.

**191** À l'égard du défaut faute de comparaître, l'art. 152 porte : « la personne citée comparaîtra par elle-même ou par un fondé de procuration spéciale ». Il suit de ce texte, combiné avec l'art. 149 précité, qu'il y a défaut faute de comparaître lorsque l'inculpé ne se présente point à l'audience ou aux audiences consacrées à l'affaire et ne charge personne du mandat de le représenter. L'inculpé ne peut donc être jugé par défaut par cela seul qu'il ne comparaît pas personnellement ; il suffit qu'il soit légalement représenté pour qu'il soit réputé comparaître (Faustin Hélie, n° 2709, p. 394). Aussi a-t-il été jugé qu'est contradictoire le jugement rendu par un tribunal de simple police contre un prévenu qui a été représenté à l'audience par un mandataire pourvu d'un pouvoir spécial (Crim. cass, 27 nov. 1886. *Bull. crim.* n° 402).

**192.** D'un autre côté, si l'inculpé ne comparaît pas en personne, il ne peut, aux termes de l'art. 152, être légalement représenté que par un fondé de pouvoir spécial. Cette procuration spéciale est indispensable, et la cour de cassation a cassé, comme violant les dispositions des art. 149 et 152 c. instr. crim. la décision d'un tribunal de simple police qui, pour déclarer non recevable l'opposition à un jugement, s'était fondé sur ce que ce jugement serait contradictoire, le prévenu ayant été représenté à l'audience par un individu qui s'était dit son mandataire verbal et avait produit une dépêche télégraphique adressée par l'inculpé au ministère public, alors qu'en réalité cet individu n'était pas muni de la procuration spéciale du prévenu, et que la dépêche télégraphique qu'il avait produite ne contenait aucun mandat et ne désignait aucun mandataire (Crim. cass. 23 oct. 1883) (3).

**193.** Il ne pourrait être suppléé par un aveu écrit à la comparution personnelle ou par mandataire spécial exigée par l'art. 152. Jugé, dans ce sens, que lorsqu'un prévenu cité devant le tribunal de simple police par un simple avertissement n'a pas comparu et s'est borné à renvoyer au juge de paix ledit avertissement, en consignant sur cette feuille l'aveu de la contravention relevée à sa charge, le jugement rendu contre lui est réputé par défaut tant à l'égard du prévenu et du ministère public que de la partie civile ; d'où la conséquence qu'un pourvoi n'est pas recevable contre ce jugement tant que les délais d'opposition ne sont pas expirés (Crim. rej. 17 déc. 1887) (4). — Il est permis de se dé-

---

(1) (X...) — La cour; — Sur le premier moyen tiré d'une violation de l'art. 149 c. instr. crim., en ce que le juge, vis-à-vis des prévenus défaillants, n'aurait pas immédiatement statué sur la contravention qui leur était imputée ; — Attendu que, si ledit article dit qu'au cas où la personne citée ne comparaît pas au jour et à l'heure fixés par la citation, elle sera jugée par défaut, cette disposition n'a point pour conséquence nécessaire d'imposer au juge rigoureusement l'obligation de statuer en l'audience même où les prévenus n'ont pas comparu ; que la loi s'en rapporte à la conscience du juge pour fixer les mesures de procéder qui peuvent avoir pour résultat de déterminer les motifs de sa conviction ; — Qu'il en résulte que c'est à bon droit que, même à l'égard de prévenus défaillants, le jugement attaqué a remis à une audience prochaine pour entendre des témoins ; qu'il suit que le premier moyen n'est pas fondé ;... — Par ces motifs, rejette, etc.
Du 1er déc. 1876.-Ch. crim.-MM. Berthelin, rap.-Desjardins, av. gén.

(2) (Boridot et autres.) — La cour ; — ... Sur le deuxième moyen, tiré d'une prétendue violation de l'art. 149 c. instr. crim., en ce que le jugement aurait renvoyé de la poursuite un inculpé défaillant : — Attendu qu'en énonçant que, si la personne citée ne comparaît pas, elle sera jugée par défaut, l'art. 149 suppose, non qu'elle sera nécessairement condamnée, mais, au contraire, qu'elle sera condamnée ou relaxée, selon que le juge trouvera la contravention établie ou dénuée de preuves ; que, d'ailleurs, le principe général posé par l'art. 150 c. proc. civ. et applicable en toute matière, est que les conclusions de la partie requérante contre un défaillant ne doivent lui être adjugées que si elles se trouvent justes et bien vérifiées ; que, dès lors, le jugement n'a en rien violé les dispositions de l'art. 149 c. instr. crim. ; — Sur le troisième moyen... — Casse.
Du 21 sept. 1871.-Ch. crim.-MM. Camescasse, rap.-Babinet, av. gén.

(3) (Aglaé Foveau.) — La cour ; — Sur le moyen pris de la violation des art. 149 et 152 c. instr. crim.: — Vu lesdits articles ; — Attendu que, pour déclarer non recevable l'opposition au jugement du 27 sept. 1884, le tribunal de simple police s'est fondé sur ce que ce jugement serait contradictoire, le prévenu ayant été représenté à l'audience par le brigadier de police Lorioz, qui s'est dit son mandataire verbal et a produit une dépêche télégraphique adressée par le prévenu au ministère public pour reconnaître la contravention et demander l'indulgence du tribunal ; — Attendu que, d'après les dispositions des art. 149 et 152 c. instr. crim., le jugement doit être rendu par défaut lorsque la personne citée ne comparaît pas par elle-même ou par un fondé de procuration spéciale ; — Attendu que le prévenu n'était pas présent, et que le brigadier de police Lorioz n'était point muni de sa procuration spéciale, la dépêche télégraphique qu'il a produite ne contenant, en effet, aucun mandat et ne désignant aucun mandataire ; — Qu'en décidant, dans ces circonstances, que Foveau a été représentée lors du jugement contre lequel il a formé son opposition et en déclarant ; par suite, non recevable ladite opposition, le tribunal de simple police a violé les dispositions des art. 149 et 152 susvisés ; — Par ces motifs ; — Casse et annule le jugement rendu par le tribunal de simple police de Gray, le 25 avril 1885, etc.
Du 23 oct. 1885.-Ch. crim.-MM. Poulet, rap.-Roussellier, av. gén.

(4) (Compagnie des tramways et omnibus de Bordeaux.) — La cour ; — Vu les art. 150, 151, 373 et 416 c. instr. crim. ; — Attendu que le jugement dénoncé a condamné l'inculpé à l'amende par application de l'art. 475, § 4, c. pén.; — Attendu qu'il résulte de cette décision que la femme Bertrande Metge, appelée devant le tribunal de simple police de Bordeaux par un simple avertissement, n'a pas comparu ; qu'elle s'est bornée à consigner sur cette pièce qu'elle a transmise au juge de paix, l'aveu de la contravention qui lui était imputée

mander si, dans cette dernière espèce, le tribunal pouvait prononcer un jugement quelconque contre le prévenu. Celui-ci n'ayant pas comparu sur simple avertissement, il y avait nécessité de lui faire donner une citation régulière, et le tribunal, croyons-nous, ne pouvait, avant cette citation, prononcer aucune condamnation ni contradictoire ni par défaut (V. *suprà*, n° 186).

**194.** Le juge de police peut-il ordonner que les parties, qui se sont fait représenter par des fondés de pouvoir comparaissent en personne? Ainsi qu'on l'a dit au *Rép.* n° 434, Bourguignon, Carnot et Legraverend ont admis l'affirmative M. Garraud (n° 556, note 1) est du même avis. « La comparution personnelle, dit ce dernier auteur, est un mode d'instruction que toute juridiction doit avoir le droit d'ordonner ». Faustin Hélie a exprimé l'opinion contraire (t. 6, n° 2709, p. 394). Il se fonde sur ce qu'aucune disposition semblable à l'art. 185 (en matière correctionnelle) n'autorise le juge de police à ordonner la comparution personnelle, et aussi sur ce que « les contraventions consistant dans des faits matériels qu'aucune culpabilité n'anime, la comparution personnelle de leurs auteurs n'est pas nécessaire pour qu'elles puissent être appréciées » (Conf. Villey, p. 320). Cette dernière opinion nous paraît préférable. V. au surplus sur les règles de la comparution des parties à l'audience du tribunal de simple police *infrà*, v° *Procédure criminelle; — Rép.*, v° *Instruction criminelle*, n°ˢ 872 et 873.

**195.** La seconde sorte de défaut est le défaut faute de défendre. En effet, ainsi qu'on l'a rappelé au *Rép.* n° 433, la comparution du prévenu, même sur citation régulière, ne suffit pas pour que le jugement soit réputé contradictoire; il faut qu'il y ait eu *défense au fond.* « Ce n'est pas la comparution qui fait le jugement contradictoire, dit Faustin Hélie, c'est la contradiction de la défense avec la prévention, c'est l'énonciation de ses moyens et l'administration de ses preuves » (t. 6, n° 2709, p. 395). Il s'ensuit, comme on l'a dit au *Rép. loc. cit.*, qu'un jugement de simple police est par défaut, lors même que la personne citée comparaît, si elle refuse ou s'abstient de se défendre au fond. Aux arrêts de 1824 et 1837, rapportés dans ce sens, *Rép. eod. loc.*, *adde* les suivants qui ont décidé que le jugement est par défaut: 1° lorsque le prévenu s'est borné à présenter une question préjudicielle et n'a pas comparu à l'audience à laquelle la cause avait été continuée pour statuer au fond « attendu que le jugement intervenu à cette dernière audience, en son absence et en celle de son défenseur, ne pouvait être légalement et régulièrement contradictoire que par l'exception » (Crim. cass. 13 mars 1835, aff. Mathevet, *Rép.* n° 453-6°); — 2° Lorsque le prévenu d'usurpation sur la voie publique s'est borné à solliciter un sursis pour faire juger une exception préjudicielle de propriété, et ne comparaît pas à l'expiration du délai imparti, le jugement au fond ne pouvant être rendu contradictoire que par la présence et la défense du prévenu (Crim. cass. 25 janv. 1868, aff. Neuville, *Bull. crim.*, n° 28); — 3° Lorsque le fondé de pouvoirs du prévenu s'est borné à demander une remise et ne s'est pas défendu au fond (Crim. rej. 28 nov. 1851, *Bull. crim.*, n° 500); — 4° Lorsque le prévenu, comparaissant par mandataire, ne propose aucune défense au fond et ne précise aucune conclusion, et se borne à demander une remise pour faire entendre des témoins (Crim. rej. 17 juin 1870, *Bull. crim.*, n° 125).

**196.** Mais le jugement devient contradictoire lorsque le prévenu a présenté des moyens de défense au fond, lors même qu'il ne comparaîtra pas à l'audience où le jugement a été rendu (Faustin Hélie, t. 6, n° 2709, p. 396). Ainsi, dans une espèce où le prévenu prétendait avoir refusé de s'expliquer sur le fond, le jugement a été considéré comme contradictoire, « attendu qu'il n'a été rendu qu'après que lecture avait été donnée, par le prévenu et par l'organe de son avocat, d'un mémoire contenant sur le fond des moyens sur lesquels il a été statué; ce mémoire, par une disposition expresse, ayant été joint à la procédure pour valoir conclusions de la part du prévenu; qu'ainsi une discussion s'étant régulièrement établie sur le fond, la décision qui en est résultée ne pouvait être considérée comme ayant été rendue par défaut contre le prévenu (Crim. cass. 28 août 1847, *Bull. crim.* n° 203). — Dans une autre espèce, la même décision a été rendue « attendu que, si le prévenu, qui avait comparu et pris des conclusions à la précédente audience, n'a pas comparu à celle où le jugement a été rendu, le ministère public (demandeur en cassation) n'a pris aucunes conclusions pour qu'il fût statué par défaut » (Crim. cass. 27 juill. 1855, *Bull. crim.* n° 265). — Jugé, toutefois, que lorsque le prévenu, après s'être présenté à une première audience dans laquelle le juge a ordonné une descente sur lieux, n'a assisté ni à la vérification commencée, ni comparu quoique régulièrement cité, à l'audience où a été prononcé le jugement définitif, ce jugement doit être considéré comme rendu par défaut et non contradictoirement, bien qu'à la première audience le prévenu ait exposé ses moyens de défense (Crim. rej. 23 févr. 1867, aff. Gouverneur, D. P. 68. 1. 287).

**197.** Au reste, il ne faut pas confondre le cas dont il vient d'être parlé avec celui où, après avoir entendu la défense du prévenu et prononcé la clôture des débats, le juge de police a remis le prononcé du jugement à une autre audience. Dans ce dernier cas, en effet, le défaut de présence du prévenu à la lecture du jugement n'empêche pas ce jugement d'être contradictoire (Crim. rej. 27 mars 1857, aff. Carbonnel, D P. 57. 1. 223).

**198.** Il a, d'ailleurs, été jugé avec raison que la condamnation prononcée contre une partie pour trouble commis à l'audience, sans qu'il soit constaté que cette partie ait été à même de se défendre et ait assisté à sa prononciation, doit être considérée comme un jugement par défaut, alors surtout qu'il est constaté qu'elle avait quitté la salle d'audience immédiatement après le fait qui y a donné lieu (Crim. cass. 26 janv. 1854, aff. Dumoulin, D. P. 55. 1. 429).

**199.** Si c'est la partie civile qui, sur sa citation, ne comparaît pas, le défendeur peut-il demander et obtenir défaut-congé, par une application d'analogie de l'art. 154 c. proc. civ.? Oui, d'après Bourguignon, qui reconnaît toutefois, ainsi qu'on l'a dit au *Rép.* n° 437, que le ministère public peut, en ce cas, si la contravention est prouvée, requérir l'application de la peine contre le prévenu comparant. Non, d'après Faustin-Hélie (t. 6, n° 2711), dont l'opinion paraît fondée. « La citation, dit cet auteur, saisit le juge de l'action publique ; il est donc tenu de statuer sur cette action, soit que la partie civile comparaisse ou ne comparaisse pas, et quelles que soient les conclusions du ministère public. La partie civile peut abandonner sa demande ou s'en désister ; elle ne peut dessaisir de l'action publique qu'elle a mise en mouvement le tribunal qui en est saisi ; l'intérêt général, qui veut la répression des contraventions, exige qu'elle soit dans tous les cas examinée ». — Quant au droit de la partie civile de faire opposition, en ce qui concerne ses intérêts civils, au jugement rendu contre elle par défaut, V. *infrà*, n° 203.

**200.** Le jugement par défaut, rendu par un tribunal de simple police, doit être signifié par huissier à la partie défaillante : cette signification, qui a pour objet de mettre celle-ci en demeure de se défendre, est la condition essentielle de son exécution ; s'il n'est pas signifié, le jugement est considéré comme non avenu. Destinée à provoquer le droit d'opposition, la signification détermine le délai dans lequel ce droit peut être exercé, délai qui est de trois jours, outre un jour par trois myriamètres de distance (C. inst. crim. art. 151; Faustin-Hélie, t. 6, n° 2712 ; Garraud, n° 75).

---

mais qu'aucun fondé de pouvoir ne s'est présenté pour elle devant le tribunal ; — Que, dans ces conditions, la sentence intervenue doit être réputée rendue par défaut et qu'elle ne paraît pas avoir été notifiée ; — Attendu que, par le même jugement, la compagnie des tramways de Bordeaux, qui avait pris à l'audience la qualité de partie civile, a été déclarée non recevable dans son intervention ; — Attendu que ce chef de la décision entreprise ne saurait être considéré comme définitif, l'opposition éventuelle de la femme Metge pouvant avoir pour effet de soumettre de nouveau à l'appréciation du juge de police la cause entière et de permettre par suite au tribunal de statuer, tant sur les conclusions de la partie civile que les réquisitions du ministère public; — Par ces motifs, déclare prématuré et par suite, non recevable quant à présent le pourvoi formé par le sieur Lawson, directeur de la compagnie des tramways de Bordeaux, contre le jugement du tribunal de simple police de cette ville.

Du 17 déc. 1887.-Ch. crim.-MM Poux-Franklin, rap.-Bertrand, av. gén.-Mayer, av.

**201.** En ce qui concerne les formes de la signification du jugement de simple police, elles sont identiques en matière de simple police et en matière correctionnelle (V. *infrà*, n°* 231 et suiv., ce qui est dit relativement aux formes de la signification en matière correctionnelle). On se bornera à signaler ici un arrêt de la chambre criminelle, du 31 mars 1876 (aff. Morel, D. P. 77. 1. 410), qui a décidé : 1° que, le code d'instruction criminelle étant muet sur les formes de la signification à un condamné absent, sans domicile et sans résidence connus, il faut suivre, dans ce cas, les formes prescrites par l'art. 69, § 8, c. proc. civ. ; 2° que l'exploit de signification devant, aux termes de ce paragraphe, combiné avec l'art. 70 c. proc. civ., être affiché, à peine de nullité, à la principale porte de l'auditoire du tribunal où la demande est portée; il y a nullité de la signification au parquet d'un jugement de simple police, si l'affiche a été faite au tribunal de première instance et non à celle du tribunal de police.—Ajoutons que, tant que court le délai d'opposition, le jugement de police n'est pas susceptible de recours en cassation. C'est l'application, déjà signalée au *Rép.* n° 440, de la règle que les voies extraordinaires ne peuvent être abordées tant que les recours aux voies ordinaires existent (V. *supra*, v° *Cassation*, n° 50, les nombreux arrêts rendus dans ce sens depuis la publication du *Répertoire*).

**202.** — II. De l'opposition.— 1° *Droit d'opposition.* — Le droit d'opposition aux jugements par défaut rendus en simple police est établi d'une manière générale et sans restriction par les art. 150 et 151 c. instr. crim.; il peut donc être exercé, ainsi qu'on l'a dit au *Rép.* n° 444: 1° par toutes les parties défaillantes, c'est-à-dire soit par le prévenu et par les personnes responsables, soit par la partie civile, lorsque les uns ou les autres ont fait défaut, mais jamais par le ministère public, puisque, celui-ci étant toujours représenté devant le tribunal, tout jugement est contradictoire en ce qui le concerne ; 2° contre tous les jugements par défaut, soit qu'ils aient été rendus sur le fond, ou sur des exceptions ou incidents (Faustin Hélie, t. 6, n° 2713).

**203.** On vient de dire que la partie civile a le droit de former opposition au jugement rendu en son absence. C'est là, toutefois, une question controversée; elle se présente dans les mêmes termes en simple police et en police correctionnelle (V. pour l'examen de cette question *infrà*, n° 242).

**204.** — 2° *Délai.* — Le délai accordé par l'art. 151 pour former opposition est, ainsi qu'on l'a rappelé *Rép.* n° 446, de trois jours (non compris celui de la signification du jugement) outre un jour par trois myriamètres de distance. Ce délai, bien que fort court, est de rigueur, comme le délai de l'art. 187 en matière correctionnelle (Conf. Faustin Hélie, n° 2713). On a déjà dit au *Rép.* n° 478, qu'en cette dernière matière, la cour de cassation n'admet aucune excuse, même l'absence momentanée du domicile, pour prolonger le délai de l'art. 187 (Crim. cass. 8 mars 1844, aff. David, *Rép. cod. loc.*). Cette cour a jugé, de même, par un arrêt postérieur (Crim. cass. 1er mars 1862, aff. Hamouda ben-Cheick, D. P. 65. 5. 245), que le juge de police ne peut relever le prévenu défaillant, notamment en tenant compte d'une maladie grave invoquée comme cause d'empêchement, de la déchéance du droit d'opposition par lui

encourue à défaut d'avoir usé de ce droit dans le délai légal.

**205.** Le prévenu défaillant doit jouir pleinement du temps pendant lequel la loi l'autorise à faire opposition au jugement qui l'a condamné. Il a droit à tout le délai, alors même qu'il aurait acquiescé au jugement. La cour de cassation a cassé un jugement qui, pour rejeter l'opposition à un jugement par défaut de simple police, s'était fondé sur ce que le condamné s'était volontairement rendu à la prison et avait ainsi acquiescé à l'exécution (Crim. cass. 6 nov. 1890) (1).

**206.** Tant que le délai d'opposition court, c'est-à-dire pendant les trois jours à dater de la signification, le jugement par défaut du tribunal de simple police n'est pas susceptible de recours en cassation.

**207.** — 3° *Formes.* — Les formes de l'opposition ne sont pas les mêmes lorsque le jugement a été notifié ou lorsqu'il ne l'a pas encore été. Dans le premier cas, l'opposition est faite (art. 151 c. instr. crim.), soit par déclaration au bas de l'acte de notification, que l'huissier est tenu de recevoir, soit par acte notifié dans le délai légal. « La notification, dit Faustin Hélie, t. 6, n° 2714, doit être faite, quoique la loi ne le dise pas, au ministère public, et, s'il y a partie civile en cause, à cette partie; car il y a là deux intérêts distincts qui doivent être l'un et l'autre avertis : si l'opposition n'était notifiée qu'au ministère public, on pourrait en inférer qu'il y a acquiescement en ce qui concerne la condamnation civile ». Il a, d'ailleurs, été jugé avec raison que le défaut de signification à la partie civile ne rend pas nulle l'opposition régulièrement signifiée au ministère public, lorsque le condamné déclare, à l'audience, acquiescer à ce jugement en ce qui concerne l'action civile (Crim. cass. 11 août 1853, aff. Blenaimé, D. P. 53. 5. 280). — A l'égard de la notification au ministère public, un arrêt (Crim. rej. 24 nov. 1865, aff. Natali, D. P. 66. 5. 308), a décidé que, dans les communes où il n'y a pas de commissaire de police, le maire étant le représentant du ministère public près le tribunal de simple police, il est régulier de lui signifier l'opposition à un jugement par défaut, bien qu'il se fasse suppléer à l'audience par son adjoint.

Dans le second cas, c'est-à-dire si le jugement n'a encore été notifié, l'opposition, ainsi qu'on l'a dit au *Rép.* n° 445, peut être verbalement déclarée à l'audience, à la barre même du tribunal (Faustin Hélie, *loc. cit.*; Garraud, n° 576 ; Berriat-Saint-Prix, 521 ; Laborde, n° 1414).

**208.** — 4° *Effets de l'opposition.* — L'opposition a pour première conséquence d'anéantir le jugement par défaut. De plus, elle emporte, de plein droit, citation à la première audience après l'expiration des délais (art. 151) c'est-à-dire à la première des audiences données par le tribunal après l'expiration du délai de vingt-quatre heures, qui doit toujours s'écouler entre la citation et la comparution (art. 146). L'opposition emportant de plein droit citation, il est inutile au ministère public ou à la partie civile de donner citation au prévenu qui a formé opposition (Garraud, n° 577, note 2. V. au surplus, *Rép.* n° 443).

**209.** — 5° *Débouté de l'opposition.* — Si l'opposant ne comparait pas à la première des audiences qui suit l'expiration du délai, il est déchu de son opposition (art. 151, 2° al.);

---

(1) (Cammas.) — La cour ; — Sur le moyen pris de la violation des art. 149, 150, 172, 173 et 174 c. instr. crim. : — Vu lesdits articles et les art. 203, et 173 du même code, avec l'art. 6 c. civ.; — Attendu que toutes les voies de droit ouvertes contre les jugements de police simple ou correctionnelle sont d'intérêt général et d'ordre public ; — Que le prévenu frappé d'une condamnation pénale doit jouir pleinement du temps pendant lequel la loi l'autorise à provoquer sa réformation ; — Qu'il n'a la faculté de s'y soumettre et de lui faire acquérir ainsi l'autorité de la chose jugée qu'en laissant s'écouler, sans le mettre à profit, le délai du recours dont elle est susceptible ; — Que, dès lors, l'acquiescement qu'il y aurait donné, en l'exécutant, pendant ce délai, ne saurait emporter la déchéance de l'opposition ou de l'appel ou du pourvoi par lui formé en temps utile, puisque chacun de ces actes est suspensif; — Attendu, en fait, que Blanche Cammas a été condamnée à l'amende et à l'emprisonnement pour diverses contraventions par jugement du tribunal de simple police du canton de Cahors, rendu par défaut le 14 mars 1890 ; — Attendu

que cette décision, signifiée le 15 avr. 1890, a été frappée d'opposition le 18 du même mois ; — Attendu que le tribunal de simple police a déclaré cette opposition non recevable par jugement du 17 mai 1890, et que, sur appel, le tribunal correctionnel de Cahors en a aussi débouté la demanderesse le 19 juin, après une enquête ordonnée le 5 juin de la même année; — Attendu que, pour rejeter l'opposition puis l'appel, comme irrecevables, le tribunal s'est fondé sur ce que Blanche Cammas se serait volontairement rendue en prison et aurait, par là, acquiescé à l'exécution du jugement qu'elle attaquait ; — Attendu qu'en attribuant ainsi au fait de l'incarcération opérée dans ces circonstances un effet qu'il ne peut produire, le tribunal a méconnu sa compétence, dénié à l'appelante l'exercice de son droit et violé les dispositions légales susvisées ; — Par ces motifs ; — Casse et annule les jugements rendus par le tribunal correctionnel de Cahors, les 5 et 19 juin 1890, dans le procès suivi contre Blanche Cammas.

Du 6 nov. 1890.-Ch. crim.-MM. Forichon, rap.-Raynaud, av. gén.-Lelièvre, av.

toutefois, la déchéance n'a pas lieu de plein droit; elle doit être requise (Crim. rej. 29 janv. 1870) (1); et l'opposition subsiste tant que le juge ne l'a pas prononcée (Crim. cass. 26 avr. 1860, aff. Vilcoq, D. P. 60. 1. 291). — Au reste, l'opposant peut comparaître par un fondé de pouvoir, pourvu que sa procuration soit produite à l'audience (Crim. cass. 10 juin 1843, aff. Merlin, *Rép.* n° 442-1°), quelle que soit d'ailleurs la date de ce mandat et de son enregistrement (Arrêt précité du 29 janv. 1870), ou que l'existence de cette procuration soit certaine (Faustin Hélie, *Instruction criminelle*, t. 6, n° 2716; *Pratique criminelle*, t. 1, n° 345).

**210.** Le jugement qui déboute l'opposant de son opposition, qu'il ait ou non comparu, peut se borner à se référer au jugement par défaut dont il ordonne l'exécution; dans ce cas, il peut même se dispenser de reproduire les motifs sur lesquels ce premier jugement est fondé, puisqu'il s'y réfère et ne forme avec lui qu'un tout indivisible (Crim. rej. 19 mai 1848. aff. Giraudeau, *Bull. crim.*, n° 155, rendu en matière correctionnelle; Faustin Hélie *Instruction criminelle*, n° 2716). Ce mode de procéder est très habituellement suivi dans la pratique. — Mais rien ne s'oppose à ce que le juge, appréciant les motifs sur lesquels l'opposition s'est fondée, modifie, même en l'absence de l'opposant, le premier jugement (Faustin Hélie, *eod. loc.*) — Dans tous les cas, il est clair que le jugement qui statue sur une opposition doit juger la cause dans l'état où elle était lors du jugement par défaut et ne peut, sans commettre un excès de pouvoir, examiner des faits postérieurs à ce jugement ou différents de ceux sur lesquels il a statué (Crim. cass. 15 oct. 1846, aff. Lamoureux, *Bull. crim.*, n° 278, rendu en matière de garde nationale).

**211.** La règle qu'*opposition sur opposition ne vaut*, suivant laquelle la partie déboutée de son opposition ne pourrait en former une nouvelle contre le jugement qui l'a condamnée faute de se présenter, est, ainsi qu'on l'a dit (*Rép.* n° 442), applicable en matière de simple police.

(1) (Rougé-Pilorge.) — La cour; — Sur le moyen tiré d'une violation des art. 150 et 151 c. instr. crim., en ce que Rougé-Pilorge, opposant à un jugement par défaut, s'étant fait représenter par un mandataire, celui-ci n'a pas justifié d'une procuration de son mandant à la première audience, mais seulement à celle du 29 octobre, et que ladite procuration, n'ayant été enregistrée que le 22 octobre, était dès lors considérée comme n'existant pas avant cette date; d'où il suit qu'il n'a pu en être justifié aux audiences antérieures, savoir à celles des 8 et 15 octobre, et qu'auxdites audiences l'opposition aurait dû être déclarée non avenue et le jugement par défaut définitivement maintenu, le juge ne pouvant priver la vindicte publique du bénéfice de la disposition péremptoire de l'art. 151 c. instr. crim.; — Attendu que si, aux termes des art. 150, 151 et 188 combinés c. instr. crim., l'opposition au jugement par défaut doit être déclarée non avenue, quand l'opposant ne comparaît pas, ladite déchéance n'a pas lieu de plein droit, que, dans l'espèce, la déchéance de l'opposition n'a pas été requise; — Attendu, dès lors, qu'un fondé de pouvoir s'étant présenté au nom de l'inculpé, le juge a pu accorder et prononcer des remises de cause pour lui donner le temps de justifier de son mandat; — Attendu que peu importe la date de ce mandat et de son enregistrement, dès qu'il a été produit avant le jugement; — Attendu, d'ailleurs, qu'il ne peut résulter de nullité de ce qu'il n'y a pas, dans les qualités du jugement, de constatation des remises prononcées, aucun texte de loi n'exigeant nécessairement que les remises de cause soient constatées par le jugement; — D'où il suit qu'en statuant ainsi qu'il l'a fait sur l'opposition au jugement par défaut, le jugement attaqué n'a commis aucune violation de la loi; — Rejette...

Du 29 janv. 1870.-Ch. crim.-MM. de Gaujal, rap.-Bédarrides, av. gén.-Diard, av.

(2) (Intérêt de la loi.) — Réquisitoire : — Le procureur général près la cour de cassation expose qu'il est chargé par M. le garde des sceaux, ministre de la justice, par lettre en date du 23 oct. 1876, et en vertu de l'art. 441 c. instr. crim., de réquérir la cassation, dans l'intérêt de la loi, d'un arrêt rendu par la cour d'appel de Bastia, le 6 janv. 1876, dans les circonstances suivantes : Les nommés Jérôme Arrighi, Etienne Arrighi et Giocanto Santelli, demeurant à Noceta (Corse), ont été cités devant le tribunal correctionnel de Corte, à la requête du nommé Joseph Ristercicci, partie civile, sous l'inculpation d'avoir, en usant de fraudes électorales, empêché ce dernier d'être élu membre du conseil municipal, les trois prévenus étant membre d'un bureau chargé de dépouiller les bulletins de vote. Tous trois ont été condamnés par défaut à l'audience du 16 janv. 1875, savoir :

**Sect. 2.** — Des jugements et arrêts par défaut en matière correctionnelle (*Rép.* n°s 448 à 491).

**212.** — I. Législation et doctrine. — On sait que les art. 186 à 188 c. instr. crim. forment le siège de la matière des jugements correctionnels par défaut. Il y faut ajouter l'art. 208 pour le cas des décisions rendues par défaut sur l'appel. On a rappelé *suprà*, n° 184 que le texte de l'art. 187 a été modifié par la loi du 27 juin 1866 (D. P. 66. 4. 75) et celui de l'art. 208 par la loi du 13 juin 1856 (D. P. 56. 4. 63). — Les principaux ouvrages de doctrine à consulter sur la matière des jugements correctionnels par défaut sont les suivants : Faustin Hélie, *Traité de l'instruction criminelle*, t. 6, n°s 2954 à 2974; *Pratique criminelle des cours et tribunaux*, t. 1, n°s 410 à 415; Boitard, *Leçons de droit criminel*, 13e édit., n°s 704 à 708; Trébutien, *Cours de droit criminel*, 2e éd. par MM. Laisné-Deshaye et Guillouard; t. 2, n°s 674 à 676; Garraud, *Précis de droit criminel*, 4e éd., n°s 571 à 577; Villey, *Précis d'un cours de droit criminel*, 3e éd. p. 331, 332 et 387 à 389; Laborde, *Cours élémentaire de droit criminel*, n°s 1342 à 1345 et 1348 à 1361.

**213.** — II. Règles générales. — L'art. 186 c. instr. crim. porte que « si le prévenu ne comparaît pas, il sera jugé par défaut ». Faut-il conclure de ces dernières expressions que le défaut doive être nécessairement déclaré contre le défaillant ? Il est assurément plus conforme au texte et à l'esprit de la loi de donner défaut contre la partie qui ne comparaît pas; mais la cour de cassation a jugé que lorsqu'il est constant que les prévenus n'ont pas comparu, dans le sens de l'art. 186, l'arrêt rendu eux est rendu par défaut, alors même que la cour d'appel n'aurait pas déclaré expressément donner défaut contre eux (Crim. cass. 23 nov. 1876) (2).

**214.** Au reste, « il importe peu que le jugement ait été qualifié par défaut s'il a été rendu contradictoirement; cette qualification erronée ne saurait modifier le caractère du juge-

Jérôme Arrighi, à trois mois d'emprisonnement et 50 fr. de dommages-intérêts, Etienne Arrighi et Giocanto Santelli à deux mois de prison chacun et 25 fr. de dommages-intérêts. Par acte en date du 6 mars 1875, les trois prévenus, après avoir laissé expirer les délais de l'opposition ont interjeté appel devant la cour de Bastia. Les débats de l'affaire commencèrent le 25 juin; à cette date, la cour ordonna qu'ils seraient continués, pour entendre des témoins, à l'audience du 12 août suivant. Le défenseur des prévenus, après avoir demandé le renvoi de l'affaire à une autre audience, à raison de l'absence de plusieurs témoins assignés à la requête de ses clients, déclara, ses conclusions ayant été repoussées, que ceux-ci entendaient se retirer et faire défaut. Il fut passé outre et procédé, en l'absence des appelants, à l'audition des témoins cités par le ministère public et la partie civile; après avoir ouï l'avocat de l'intimé et les réquisitions de l'avocat général, la cour renvoya au lendemain la prononciation de l'arrêt; le 13 août, le jugement du tribunal correctionnel de Corte fut confirmé. Les prévenus ayant persisté à faire défaut, ni leurs témoins ni leur avocat n'avaient été entendus. On lit, du reste, dans l'état de liquidation des dépens, signé par M. le président de la chambre correctionnelle (3e liasse, pièce n° 16) : coût de l'arrêt défendu. Le 16 septembre suivant, les prévenus firent opposition à cet arrêt, et la cour, à l'audience du 6 janv. 1876, statua sur leur opposition. L'avocat de la partie civile prit des conclusions tendant à ce que la cour déclarât l'arrêt du 13 août contradictoire, et par suite non attaquable par la voie de l'opposition. La cour, tout en déclarant, par des motifs peu saisissables, qu'elle ne se reconnaissait pas compétente pour juger la question, fit droit néanmoins à cette demande, et débouta les prévenus de leur opposition. En statuant ainsi, la cour me paraît avoir commis une violation manifeste de la loi. L'arrêt rendu le 13 août 1875 est évidemment un arrêt par défaut. En effet, d'après une jurisprudence constante, un jugement ou arrêt n'est réputé contradictoire qu'autant que des conclusions ont été prises sur le fond par les deux parties. Peu importe que les prévenus aient comparu ; que, le 25 juin 1875, ils aient pris des conclusions subsidiaires tendant à faire entendre de nouveaux témoins, puisqu'à l'audience fixée par la cour elle-même ils ont formellement déclaré se retirer; que les débats et les dépositions des témoins ont eu lieu en leur absence, et qu'ils n'ont pas été défendus. Par le mot « comparaître », l'art. 186 c. instr. crim. n'entend parler que d'une comparution à l'effet de contredire la prévention (arrêts de cassation, 7 déc. 1822; 13 mars 1824; 12 déc. 1834; 28 févr. 1837; 13 août 1859; 17 juin 1870). Or, dans l'espèce soumise à la cour de Bastia, les prévenus n'avaient pris aucune conclusion sur le fond; ils s'étaient bornés à demander, par des

ment et les droits des parties, et il appartient, dans ce cas, soit à la juridiction d'appel, soit à la cour de cassation de la rectifier » (Faustin Hélie, t. 6, n° 2934). D'autre part, « si, dit le même auteur (eod. loc.) dans une hypothèse inverse, le jugement eût dû être déclaré légalement par défaut, quoiqu'il eût été rendu en fait contradictoirement, il n'y a pas lieu de s'arrêter à l'irrégularité résultant de ce que le défaut n'aurait pas été prononcé... et on ne pourrait en déduire que le jugement, contradictoirement rendu, ne fût pas contradictoire » (Conf. Crim. cass. 11 août 1827, aff. Avias, Rép. n° 462).

**215.** De même que le juge de simple police (suprà, n° 189), le juge correctionnel ne doit, suivant le principe de la procédure civile (c. proc. civ., art. 150), adjuger les conclusions du demandeur contre le défaillant que lorsque ces conclusions se trouvent justes et bien vérifiées. Aux arrêts de l'an 5 et de 1840, cités dans ce sens Rép. n° 450, adde Crim. cass. 21 sept. 1871 (suprà, n° 189) qui a jugé que l'inculpé défaillant ne doit pas nécessairement être condamné et qu'il peut être acquitté comme l'inculpé présent.

De la règle qui précède, la cour de cassation a tiré cette conséquence que, lorsque le prévenu fait défaut, le tribunal correctionnel peut, au lieu de statuer immédiatement, continuer l'affaire à un jour subséquent, pour compléter l'instruction, et même prononcer le jugement à une audience ultérieure, sans qu'il soit besoin, en pareil cas, de donner une nouvelle citation au prévenu défaillant (Crim. rej. 30 oct. 1885, aff. Serey, D. P. 86. 1. 386). — Encore faut-il, toutefois, que, dans cette hypothèse, la remise ordon-

née par le tribunal soit régulièrement constatée. Il a été jugé : 1° que le prévenu appelant, qui a été cité par le ministère public à comparaître devant la chambre des appels de police correctionnelle à un jour déterminé, n'a pu être régulièrement jugé même par défaut le lendemain, alors que rien dans le plumitif de l'audience fixée par la citation n'indique que la cause ait été effectivement remise au lendemain, et que, en admettant cette remise, il n'est pas non plus établi que le prévenu en ait été régulièrement informé (Crim. cass. 22 juin 1878, aff. Chazot, D. P. 78. 1. 443) ; — 2° Que lorsqu'un prévenu est cité pour une audience déterminée et en tant que de besoin pour les audiences suivantes, et que la partie poursuivante (la régie des Contributions indirectes) n'a pas requis défaut à la première audience, ni provoqué contradictoirement la remise de l'affaire, il ne peut être régulièrement condamné par défaut à l'une des audiences ultérieures ; d'où il suit que le jugement par défaut rendu dans ces circonstances ne peut produire aucun effet, et que, si le prévenu forme opposition, le tribunal doit annuler toute la procédure (Amiens, 24 nov. 1888) (1) ; — 3° Que le tribunal correctionnel saisi de la connaissance d'un fait délictueux ne peut valablement statuer que le jour indiqué dans la citation ou le jour auquel la cause a été renvoyée par un jugement de remise constaté sur le plumitif de l'audience, comme ayant été rendu en présence des parties (Paris, 9 juill. 1883, aff. Despagnat, D. P. 84. 2. 87; Aix, 30 avr. 1885, aff. Audibert, Recueil d'Aix. 413. 1885).

**216.** Au reste, la cour de cassation a, d'autre part, décidé que, lorsque la cause a été mise en délibéré sans que le

---

conclusions subsidiaires auxquelles la cour avait fait droit, que des témoins fussent entendus. Aucun débat n'avait eu lieu sur le fond même de la cause. En vain la cour de Bastia dit-elle dans un de ses considérants « que l'arrêt du 13 août ne contient aucune de ces expressions « que l'on ne manque jamais de constater dans toute décision rendue par défaut, soit en tête de l'arrêt soit dans le dispositif; que cet arrêt, au contraire, réunit toutes les conditions d'une décision contradictoire et définitive, et que tout porte à croire que telle est la pensée des magistrats qui l'ont rendue ». Ces motifs ne semblent pas juridiques, ce n'est point la rédaction d'une sentence, l'intention présumée des juges qui attribuent à un arrêt le caractère contradictoire, c'est la présence des prévenus, quand cette présence est indispensable, c'est la production de moyens de défense sur le fond. Le dernier paragraphe de l'art. 16 de la loi du 11 mai 1868 prouve qu'une disposition expresse était nécessaire pour qu'il en fût autrement en matière de presse. La déclaration formelle que le jugement était contradictoire pourrait même prévaloir contre l'énonciation contenue dans le même arrêt que les prévenus entendaient se retirer et faire défaut. La Cour de Bastia a donc, par son arrêt du 6 janv. 1876, méconnu le principe et violé formellement les art. 187 et 208 c. instr. crim. Dans ces circonstances et par ces considérations : Vu la lettre de M. le garde des sceaux, ministre de la justice, en date du 23 oct. 1876; — Vu l'art. 441 c. instr. crim., les art. 186 et 208 du même code, et les pièces du dossier; le procureur général requiert qu'il plaise à la cour, chambre criminelle, casser et annuler, dans l'intérêt de la loi, l'arrêt de la cour d'appel de Bastia, chambre correctionnelle, qui a condamné Jérôme Arrighi à trois mois d'emprisonnement et 50 fr. de dommages-intérêts, Etienne Arrighi et Giocanto Santelli à deux mois de prison et 25 fr. de dommages-intérêts; — Ordonner la diligence du procureur général en la cour, l'arrêt à intervenir sera imprimé, et qu'il sera transcrit sur les registres du greffe de la cour d'appel de Bastia, en marge de l'arrêt annulé.

Le procureur général,
Signé : RENOUARD.

Fait au parquet le 31 octobre.

LA COUR; — Vu l'art. 441 c. instr. crim.; — Vu les art. 186, 187 et 208 du même code; — Sur le moyen unique du pourvoi, tiré de la violation desdits articles; — Attendu que Jérôme Arrighi, Etienne Arrighi et Giocanto Santelli, condamnés le 6 mars 1875 à des peines correctionnelles, par application de l'art. 35 du décret du 2 févr. 1852, ont interjeté appel du jugement du tribunal de Corte, qui prononçait contre eux ces condamnations; que la cour de Bastia, saisie de cet appel, après avoir, à son audience du 25 juin 1875, entendu le conseiller rapporteur, les prévenus, leur avocat, celui de la partie civile et le procureur général, a remis la cause au 12 août suivant, afin d'entendre les témoins qu'elle autorisait les parties et le ministère public à assigner pour cette audience; que, ledit jour 12 août,

les prévenus ayant demandé le renvoi de l'affaire à une audience ultérieure et ne l'ayant pas obtenu, ont déclaré faire défaut et se sont retirés; qu'après cet incident, en leur absence, l'instruction de l'affaire a été continuée et achevée par l'audition de treize témoins, une nouvelle plaidoirie de l'avocat du plaignant et de nouvelles conclusions du ministère public; que, le lendemain 13 août, la cour a rendu un arrêt par lequel elle constate les faits ci-dessus relatés, adopte les motifs des premiers juges et confirme leur décision; — Attendu que les appelants, ainsi jugés à la suite d'une instruction supplémentaire à laquelle ils n'ont pas assisté et sur laquelle ils n'ont pas été entendus, ont été jugés par défaut; qu'ils n'ont pas « comparu » dans ce sens que donne à cette expression l'art. 186 c. instr. crim.; qu'il importe peu que, dans l'arrêt du 13 août, la cour de Bastia n'ait pas déclaré donner défaut contre eux, le fait seul de leur non-comparution et y constate donnant à cette décision le caractère d'un arrêt par défaut; — Attendu que les susnommés ayant fait opposition à cet arrêt, la cour de Bastia a déclaré l'opposition non recevable, par le motif que ledit arrêt serait rendu contradictoirement; qu'en jugeant ainsi elle a méconnu la nature et a violé les articles précités du code d'instruction criminelle; — Par ces motifs, casse et annule, dans l'intérêt de la loi, l'arrêt rendu par la cour de Bastia, chambre des appels de police correctionnelle, le 6 janvier dernier.

Du 25 nov. 1876.-Ch. crim.-MM. Thiriot, rap.-Robinet de Cléry, av. gén.

(1) (Defrançois C. Administration des Contributions indirectes.)
— LA COUR; — Considérant que le droit, qu'a tout prévenu de n'être condamné qu'après avoir été mis à même de présenter sa défense, comporte nécessairement l'obligation pour le juge de ne statuer à son égard, même par défaut, qu'autant qu'il aura connu la date exacte du jour où son affaire devra être appelée pour être jugée; — Considérant qu'en fait Defrançois avait été cité pour l'audience correctionnelle du 25 nov. 1887 et en tant que de besoin à chacune des audiences suivantes, mais qu'à ladite audience, la Régie n'a pas requis défaut, ni provoqué contradictoirement avec le prévenu la remise de l'affaire à une audience ultérieure; — Considérant que ce n'est que le 27 avr. 1888, et sans qu'une nouvelle citation ait été signifiée au prévenu que le tribunal a statué par défaut contre ce dernier et prononcé contre lui les peines requises par la Régie; — Considérant que Defrançois ayant formé opposition à ce jugement, le tribunal l'a débouté de son opposition et a maintenu la condamnation prononcée par défaut; — Considérant qu'intervenu dans ces conditions, le jugement par défaut du 27 avr. 1888 ne saurait produire aucun effet, non plus que le jugement contradictoire qui l'a suivi;

Par ces motifs, déclare nul et de nul effet le jugement par défaut du 27 avr. 1888, ensemble le jugement contradictoire du 29 juin dernier.

Renvoie l'Administration à se pourvoir, etc.
Du 24 nov. 1888.-C. d'Amiens, ch. corr.-MM. Delpech, pr.-Van Cassel, av.-gén.-Bouvost, av.

jour où il serait statué ait été indiqué, le jugement ultérieurement rendu en l'absence du prévenu est nul et non pas valable comme jugement par défaut, si celui-ci n'a pas été informé, au moyen d'une signification, de la décision d'avant dire droit avec réassignation, du jour où l'affaire devait revenir à l'audience (Crim. cass. 22 août 1862, aff. Mopty, D. P. 63. 5. 225).

**217.** — III. QUELS JUGEMENTS OU ARRÊTS SONT RENDUS PAR DÉFAUT. — DU DROIT DE FAIRE DÉFAUT. — Ainsi qu'on l'a rappelé *suprà*, n° 213, l'art. 186 c. instr. crim. dispose que « si le prévenu ne comparaît pas, il sera jugé par défaut ». Par cette expression *comparaître*, dit Faustin Hélie (*Pratique criminelle*, n° 416), l'article entend non pas seulement la comparution personnelle mais la comparution à l'effet de se défendre car la faculté de faire défaut est un droit de la défense que tous les prévenus peuvent librement exercer. Il y a donc deux sortes de défaut : faute de comparaître et faute de défendre ou plaider. Il y a défaut faute de comparaître, lorsque le prévenu ne se présente pas à l'audience et ne se fait pas représenter. Il y a défaut faute de défendre, lorsque le prévenu comparaît, mais refuse ou s'abstient de se défendre. Cette distinction, établie au *Rép.* n°ˢ 453 et suiv., est aujourd'hui universellement admise par les arrêts et par la doctrine (Faustin Hélie, t. 6, n° 2955 ; Garraud, n° 600 ; Villey, n° 331 ; Laborde, n° 1342, Boitard, n° 704).

**218.** En thèse générale, la comparution du prévenu n'est pas un obstacle à ce que le jugement soit rendu par défaut, s'il ne propose aucune défense et ne prend aucune conclusion (Faustin Hélie, *Instruction criminelle*, t. 6, n° 2955). Ainsi l'inculpé qui se présente et qui se borne, soit à décliner ses noms, profession et demeure (Crim. rej. 8 sept. 1824, *Rép.* v° *Presse-outrage*, n° 1292-2°), soit à solliciter une remise (Crim. cass. 25 nov. 1876, *suprà*, n° 213), soit à discuter une question préjudicielle (Crim. cass. 7 déc. 1822, *Rép.* v° *Presse-outrage*, n° 1486-4° ; 13 mars 1835, *Rép.* n° 453 ; Caen, 18 févr. 1874, aff. Durand, D. P. 75. 2. 132) peut faire défaut sur le fond, s'il n'a pas engagé le débat sur ce point et présenté ses moyens de défense. — Il a, de même, été jugé que le jugement correctionnel, rendu contre le prévenu représenté devant le tribunal par un avoué, mais dont l'avocat a déclaré faire défaut, avant d'avoir présenté aucune défense, n'est pas contradictoire, mais par défaut (Lyon, 14 avr. 1886, *Moniteur judiciaire de Lyon* du 6 juill. 1886).

**219.** Le droit de faire défaut appartient même au prévenu en état d'arrestation et présent à l'audience, ainsi qu'on l'a reconnu au *Rép.* n° 458. Sans doute, la loi du 9 sept. 1835 permet de réputer contradictoire le jugement rendu contre un inculpé présent qui refuse de prendre part au débat ; mais le cas qu'elle prévoit est celui d'actes de violence qui ont pour but d'empêcher le cours de la justice, et non l'exercice paisible du droit de faire défaut (Faustin Hélie, *Instruction criminelle*, t. 6, n° 2958). — Conformément à cette distinction, adoptée par les auteurs (Morin, *Répertoire*, v° *Comparution* ; Laborde, n° 1343), il a été plusieurs fois jugé que, lorsqu'il n'a commis aucune violence, lorsqu'il n'a point opposé une résistance systématique et matérielle au cours de la justice (circonstance exceptionnelle que le jugement devrait constater), le prévenu, même sous mandat de dépôt, s'il refuse de se défendre, est légalement réputé n'avoir pas comparu (Crim. cass. 13 août 1859, aff. Poitevin, D. P. 59. 1. 475 ; Caen, 18 févr. 1874, aff. Durand, D. P. 75. 2. 132 ; Lyon, 10 août 1881, aff. Dubief, D. P. 82. 2. 63 ; Toulouse, 28 oct. 1886, aff. Weill, D. P. 87. 2. 244). Donc, même amené de force à l'audience, le prévenu conserve le droit de faire défaut faute de se défendre ; il lui suffit de le déclarer et de se renfermer ensuite dans un mutisme absolu (Laborde, *loc. cit.*).

**220.** Jusqu'à quel moment le prévenu peut-il exercer le droit de faire défaut ? On peut dire, d'une façon générale, que ce droit cesse aussitôt que l'instruction est faite contradictoirement. « Le jugement est contradictoire, dit Faustin Hélie, toutes les fois qu'il y a eu contradiction de la partie sur le point qui en fait l'objet, sur l'incident s'il s'agit d'un incident, sur le fond s'il s'agit d'un jugement définitif » (t. 6, n° 2959). La jurisprudence reconnaît aux tribunaux, à cet égard, un très large pouvoir d'appréciation. Ainsi la cour de cassation a décidé que, lorsque des prévenus se sont présentés à une première audience, et qu'à une seconde audience, sur le refus par la cour d'ordonner une nouvelle remise, ils ont déclaré faire défaut, et se retirer, l'arrêt qui intervient après que les débats ont été continués et clos en l'absence des prévenus est un arrêt par défaut (Crim. cass. 25 nov. 1876, *suprà*, n° 213). De même, la cour de Caen a jugé, par son arrêt, cité *suprà*, n° 219, du 18 févr. 1874, qu'on doit considérer comme n'ayant pas comparu le prévenu détenu qui, après avoir assisté à l'audition du premier témoin, a proposé une exception d'incompétence dont le tribunal a joint l'examen au fond, et qui a, sur l'avis de son défenseur, lequel s'est alors retiré, déclaré faire défaut ; par suite, le jugement rendu contre lui est par défaut, bien que, maintenu à l'audience en vertu d'une décision fondée sur ce qu'il n'aurait pas le droit de faire défaut, le prévenu n'ait pas protesté contre l'audition des autres témoins, qu'il ait répondu aux interpellations et en ait provoqué, enfin qu'il se soit défendu sur la prévention en répondant aux questions du président. De même enfin, la cour de Lyon (arrêt du 10 août 1881, cité *ibid.*) a décidé que quand, après avoir entendu des témoins et interrogé l'inculpé, le tribunal correctionnel renvoie l'affaire à un jour fixe pour la continuation des débats, et qu'à cette audience il entend de nouveaux témoins en l'absence du prévenu, le jugement n'est pas contradictoire, mais par défaut, le prévenu n'ayant pas été mis en demeure de discuter les charges nouvelles produites, et n'ayant pas complété ses moyens de défense.

**221.** Il ressort de cette jurisprudence : 1° que la circonstance que le prévenu s'est défendu personnellement sur la prévention, et a contredit sur le fond, ne suffit pas toujours pour rendre le jugement légalement contradictoire ; 2° que, pour décider si un jugement correctionnel a été contradictoire ou par défaut, on ne doit pas se baser sur des circonstances de fait plus ou moins apparentes, sur ce que le prévenu a fait telles ou telles interrogations ou réponses, mais sur cette considération générale qu'il a. été, ou non, en situation de présenter librement et complètement sa défense. De telle sorte qu'en résumé, d'après cette jurisprudence, le jugement contradictoire est celui qui intervient lorsque le prévenu a été en situation de présenter *librement et complètement* sa défense et de faire valoir tous ses moyens sur la prévention.

**222.** Il y a lieu de signaler encore, relativement au droit de faire défaut, deux arrêts, qui ont décidé que si l'inculpé, mis en liberté provisoire sous caution, déclare, devant le tribunal correctionnel saisi, qu'il fait défaut, c'est à bon droit que le jugement prononce la perte de son cautionnement et ordonne qu'il sera saisi et écroué comme n'ayant pas tenu son engagement de se représenter (Chambéry, 16 nov. 1866, D. P. 67. 2. 4, et, sur pourvoi, Crim. rej. 1ᵉʳ févr. 1867, aff. Reymonden, D. P. 67. 1. 191).

**223.** Lorsque le tribunal, après avoir entendu les témoins et les explications de l'inculpé, renvoie la cause à une audience ultérieure à laquelle cet inculpé ne comparaît pas, deux hypothèses peuvent se présenter. Ou l'affaire a été seulement renvoyée pour le prononcé du jugement, après la clôture des débats ; dans ce cas, le défaut du prévenu à la lecture de la sentence ne l'empêche pas d'être contradictoire (Toulouse, 24 janv. 1831, aff. Marignac, *Rép.* n° 454 ; Crim. rej. 8 mars 1851, aff. Turpin, D. P. 51. 5. 60), à la condition, toutefois, que le jour de l'audience de renvoi ait été indiqué au prévenu lors de sa première comparution ou par une notification régulière (Crim. cass. 15 mars 1845, aff. Rieux, D. P. 45. 4. 63 ; Crim. rej. 27 mars 1857, aff. Carbonnel, D. P. 57. 1. 223 ; Crim. cass. 22 août 1862, aff. Mopty, D. P. 63. 5. 225). Ou l'affaire a été remise pour continuer l'instruction, par exemple pour procéder à une descente sur lieux (Crim. rej. 27 juill. 1855, *Bull. crim.*, n° 265), pour entendre de nouveaux témoins (Bruxelles, 9 avr. 1824, C. cass. belge, 14 nov. 1833, Crim. rej. 14 mai 1835, cité au *Rép.* n° 453), en un mot pour achever de mettre la cause en état ; le jugement rendu n'est pas contradictoire, parce que le prévenu n'a pas été mis en demeure de discuter les charges nouvelles produites, et n'a pas complété ses moyens de défense. Celui-ci conserve alors le droit de former opposition. Jugé, de même, qu'on doit réputer par défaut le jugement du tribunal correctionnel qui, après avoir accordé au prévenu un sursis pour faire juger une question préjudiciaire de propriété par lui élevée, et continué la cause à un jour fixe, statue sur la prévention, en l'absence du prévenu, à l'audience ainsi indiquée ; ce jugement est donc susceptible d'opposition (Crim. cass. 25 janv. 1868) (1).

**224.** Le droit de faire défaut peut être exercé à l'égard de tous les jugements, non seulement quand il s'agit de statuer au fond, mais quand il y a lieu de prononcer sur une exception d'incompétence (Crim. cass. 10 nov. 1808, aff. Pillot, *Bull. crim.*, n° 223)..., sur l'intervention d'une partie civile (Crim. cass. 16 févr. 1833, aff. Pagot-Landry, *Rép.* n° 442-3°),... sur une demande en dommages-intérêts (Crim. cass. 7 déc. 1859, aff. de Vivie, *Bull. crim.*, n° 415),... sur le versement d'un cautionnement de mise en liberté provisoire mis à la charge d'un prévenu (Crim. cass. 13 mai 1837, aff. Bastide, *Rép.* n° 774), enfin sur toutes les questions préjudicielles ou fins de non-recevoir se rattachant à la cause (Faustin Hélie, t. 6, n° 2959, p. 704).

**225.** Le refus de défendre peut, d'ailleurs, ne porter que sur un point du procès. Ainsi, par exemple, il pourra y avoir un jugement contradictoire sur une exception et par

défaut sur le fond, si le prévenu a refusé de défendre quand il a vu son exception rejetée (Crim. cass. 7 déc. 1822, aff. Guise, *Bull. crim.*, n° 174). « De même, si plusieurs délits ayant été réunis dans une même poursuite, le prévenu accepte le débat pour certains et refuse de défendre pour d'autres, le jugement qui statue sur le tout sera, relativement aux premiers chefs de prévention, un jugement contradictoire, et, relativement aux seconds, un jugement par défaut » (Laborde, n° 1344).

A ce point de vue, il convient de signaler un arrêt qui a jugé qu'on doit considérer comme contradictoire au fond le jugement correctionnel qui, rendu en une matière où le prévenu pouvait se faire représenter et s'est fait représenter par un avoué, n'a pas constaté que les conclusions prises par celui-ci, mais non jointes au dossier, s'étaient bornées à proposer une exception préjudicielle en faisant défaut sur le fond (Lyon, 8 mars 1888) (2).

**226.** Enfin le droit de faire défaut appartient soit au prévenu et aux parties responsables, soit à la partie civile elle-même (Crim. cass. 1er juin 1883) (3), puisque, aucune

---

(1) (Neuville.) ; — LA COUR ; — Vu les art. 186 et 187 c. instr. crim. ; — Attendu que Neuville, appelant d'un jugement contradictoirement rendu contre lui par le tribunal de simple police du canton de Meulan, qui le condamnait à 5 fr. d'amende pour usurpation sur un chemin public, a pris devant le tribunal de police correctionnelle de Versailles, jugeant en appel de simple police, à l'audience du 24 avr. 1866, des conclusions tendant à ce qu'il lui fût accordé un sursis pour faire statuer sur la question de propriété qu'il soulevait relativement au sol du chemin dont il s'agit; qu'à cette audience du 24 avr. 1866, le tribunal d'appel, faisant droit à ces conclusions, a sursis à statuer pendant quatre mois, temps pendant lequel Neuville serait tenu de faire juger par les tribunaux compétents la question préjudicielle de propriété, et a continué la cause au 21 août alors prochain, jour auquel le prévenu serait tenu de comparaître sans citation nouvelle; — Attendu qu'à l'audience du jour indiqué, 21 août 1866, un jugement du tribunal correctionnel de Versailles, après avoir constaté que Neuville ne se présentait pas, ni personne pour lui, a déclaré le jugement frappé d'appel par Neuville et ordonné que ce jugement sortirait effet ; — Attendu que Neuville a formé opposition en temps utile à ce dernier jugement ; mais qu'à la date du 30 juill. 1867, le jugement attaqué devant la cour a dit « qu'il n'y avait lieu de recevoir Neuville opposant au jugement du 21 août 1866, par le motif que, bien que Neuville n'eût pas comparu à l'expiration des délais qui lui avaient été impartis, le jugement du 21 août 1866 n'en était pas moins contradictoire » ; — Attendu qu'il faut reconnaître, au contraire, que le jugement du 21 août 1866 a été rendu par défaut contre Neuville; qu'en effet, à l'audience du 24 avr. 1866, Neuville avait excipé d'un droit de propriété et demandé un sursis avec renvoi à fins civiles; que le jugement du même jour, adoptant ces conclusions, sursit à statuer pendant quatre mois, temps pendant lequel le prévenu serait tenu de faire juger par les tribunaux compétents la question préjudicielle de propriété, et continua la cause au 21 août suivant; que, quand l'affaire revint à l'audience ainsi fixée, le débat s'ouvrait sur les conséquences que devraient avoir le jugement du 24 avril, et l'inexécution du renvoi à fins civiles, et ne pouvait être rendu contradictoire que par la présence et par la défense du prévenu ; — Que, celui-ci ne s'étant pas présenté, ni personne pour lui, le jugement qui est intervenu le 21 août était par défaut et susceptible d'opposition ; — Attendu qu'en jugeant le contraire, le jugement attaqué du 30 juill. 1867 a commis une violation, par fausse application, des art. 186 et 187 précités, c. instr. crim. ; — Casse le jugement rendu par le tribunal correctionnel de Versailles le 30 juill. 1867, etc. — Du 25 janv. 1868 ; — Ch. crim. — MM. Legagneur, pr.-Barbier, rapp.-Bédaride, av.-gén.-Michaux-Bellaire, av.

(2) (Veuve Françon.) — LA COUR; — Considérant que la veuve Françon soutient qu'elle a restreint sa comparution devant le tribunal correctionnel à des conclusions préjudicielles et que, au lieu de se défendre au fond, elle s'est bornée à proposer une exception tendant à faire déclarer non recevable l'action du syndicat des pharmaciens ; — Considérant qu'en appel, elle présente la même exception et demande à la cour de décider que le tribunal a eu le double tort d'omettre de statuer sur la fin de non-recevoir et de statuer contradictoirement sur le fond de la prévention ; — Considérant que, devant le tribunal correctionnel, la veuve Françon n'a pas comparu en personne et qu'elle s'est fait représenter par M⁰ Mauvernay, avoué, en vertu de l'art. 183 c. instr. crim. ; — Considérant que les conclusions prises devant le tribunal par M⁰ Mauvernay ne se trouvent pas jointes à la procédure et qu'il n'est pas possible à la cour d'en connaître les termes et l'étendue ; que si le jugement

dont est appel semble le résumer, en spécifiant la fin de non-recevoir, nulle part, cependant, il n'affirme que M⁰ Mauvernay ait limité sa comparution et sa défense à cette fin de non-recevoir; que si cet officier ministériel avait réellement voulu faire défaut sur le fond, après avoir plaidé l'exception, il aurait formellement annoncé son intention et le tribunal n'aurait pas manqué d'en faire la constatation ; qu'il y a donc lieu d'admettre que la défense a porté d'abord sur l'exception et ensuite sur le fond et que telle est la signification de l'appel formé contre le jugement de condamnation ; — Considérant ainsi que rien n'autorise à décider que le jugement n'ait pas été rendu contradictoirement entre la partie civile et M⁰ Mauvernay, qui représentait légalement l'inculpée ; — Confirme. — Du 8 mars 1888.-C. de Lyon.-ch. corr.-MM. Olivier, pr.-Tallon, av. gén.-de Combes et Robin, av.

(3) (Maximilien Évrard.) — LA COUR ; — Vu les articles 44, 45, 154 et 155 du code d'instruction criminelle sur la recevabilité du pourvoi ; — Attendu qu'Évrard s'est pourvu en cassation, le 26 août 1882, contre un arrêt rendu par la cour d'appel de Nîmes le 10 du même mois; que cet arrêt, qualifié d'arrêt par défaut lui a été signifié à Saint-Étienne, lieu de son domicile, le 24 août, et que, bien que le délai des distances le pourvoi a été formé aussitôt que l'arrêt est devenu définitif; mais que Chalmeton soutient que le pourvoi est tardif, en prétendant que l'arrêt dont il s'agit doit être considéré comme contradictoire, par le motif qu'Évrard, partie civile, aurait conclu au fond devant la cour d'appel dès que cette cour a été saisie de l'instance; — Attendu, il est vrai, qu'à l'audience du 19 novembre 1881, Évrard a déposé des conclusions par lesquelles il demandait la confirmation du jugement rendu à son profit par le tribunal correctionnel d'Alais; que la cour d'appel n'a pas statué au fond et s'est bornée à rendre, à la date du 24 novembre 1881, un arrêt d'avant faire droit, ordonnant qu'il serait procédé à une nouvelle expertise; — Attendu qu'après le dépôt du rapport des experts, à l'audience du 10 août 1882, l'avoué d'Évrard a vainement sollicité un sursis, qu'il a alors quitté la barre, en déclarant que son client entendait faire défaut; que, sur les réquisitions du ministère public, la cour a donné défaut contre Évrard et ordonné qu'il serait passé outre aux débats; qu'après avoir entendu l'avocat de Chalmeton la cour a infirmé le jugement du tribunal correctionnel d'Alais, renvoyé le prévenu des fins de la plainte et condamné Évrard à tous les dépens; — Attendu qu'il est de principe que les jugements ou arrêts ne sont contradictoires que lorsque les parties ont été entendues sur le fond ou ont pris des conclusions sur les faits qui font l'objet du débat; que les parties civiles, aussi bien que les prévenus, peuvent faire défaut devant la juridiction correctionnelle et qu'aucune disposition du code d'instruction criminelle ne leur interdit de faire usage de ce droit. — Attendu que, si l'arrêt interlocutoire rendu par la cour d'appel de Nîmes, le 24 novembre 1881, avait manifestement le caractère d'un arrêt contradictoire, toutes les parties ayant conclu au fond, il en est autrement de l'arrêt attaqué; qu'en effet, à l'audience du 10 août 1882, Évrard s'est borné à demander un sursis pour pouvoir examiner et discuter le rapport des experts nommés par la cour, rapport qui introduisait dans le débat un élément de preuve nouveau; que, ce sursis lui ayant été refusé, il a déclaré faire défaut; — Attendu que, dans ces conditions, les conclusions par lui prises, lors d'un arrêt d'avant faire droit, ne sauraient être considérées comme ayant imprimé à toute la durée des débats un caractère contradictoire, que l'arrêt du 10 août doit être réputé arrêt par défaut à l'égard d'Évrard,

disposition de la loi ne le lui a interdit. Mais ce droit, ne peut jamais être exercé par le ministère public, puisque aucun jugement ne peut être prononcé en son absence et sans son concours. A son égard, tout jugement est réputé contradictoire (Faustin-Hélie, n° 1338). — Au reste, il a été jugé, par l'arrêt précité du 1er juin 1883, que la partie civile ne peut être privée du droit de faire défaut, sous prétexte qu'elle aurait conclu lors d'un arrêt d'avant faire droit, si elle n'a pas conclu dans le nouvel état de la procédure et si l'arrêt sur le fond a été rendu en son absence. — Sur l'effet du défaut de la partie civile, V. *infrá*, n° 242.

227. Un arrêt de la cour de cassation a décidé, que lorsqu'un individu s'est pourvu devant une cour d'appel pour faire statuer sur des difficultés relatives à l'exécution de condamnations antérieures par lui encourues, ce condamné doit être appelé à comparaître devant la juridiction saisie, et l'arrêt qui est intervenu sans que cette formalité essentielle ait été accomplie et hors de la présence du condamné, ayant été rendu par défaut, est susceptible d'opposition (Crim. cass. 5 févr. 1887, aff. Morel, D. P. 88. 1. 45).

228. — IV. DE LA NATURE DU JUGEMENT QUI INTERVIENT DANS LE CAS OÙ LE PRÉVENU S'EST FAIT REPRÉSENTER PAR UN MANDATAIRE. — Aux termes de l'art. 185 c. instr. crim. « dans les affaires relatives à des délits qui n'entraîneront pas la peine d'emprisonnement, le prévenu pourra se faire représenter par un avoué ». Quelle est la nature du jugement qui intervient dans le cas où le prévenu, usant de la faculté de l'art. 185, s'est ainsi fait représenter? Ce jugement, ainsi qu'on l'a dit au *Rép.* n° 461, est incontestablement contradictoire. Il en serait autrement, bien entendu, si l'avoué avait, au nom de son client, déclaré faire défaut. — On sait que le tribunal peut (même dans le cas où le délit entraîne la peine d'emprisonnement) ordonner la comparution de l'inculpé en personne. Si celui-ci, nonobstant cette injonction, ne comparaît pas, mais se fait représenter, le jugement sera-t-il par défaut, ou contradictoire? Nous persistons à penser (Conf. Crim. cass. 11 août 1827, *Rép.* n° 462) que le jugement sera par défaut. « C'est, dit Faustin-Hélie (t. 6, n° 2870), ce qui résulte du rapprochement des art. 185 et 186. L'injonction de comparaître enlève au prévenu le bénéfice de l'art. 185, le droit de se faire représenter ; dès qu'il n'est plus représenté et qu'il ne comparaît pas, il doit être jugé par défaut » (Conf. Ortolan, *Éléments de droit pénal*, t. 2, n° 2339 ; Laborde, n° 1318. — V. toutefois, en sens contraire, Garraud, *Précis*, n° 541, note 2 ; Boitard, n° 703). — Si, dit ce dernier auteur, « le prévenu ne se présente point devant le tribunal, le jugement rendu contre lui ne sera pas pour cela un jugement par défaut, mais bien un jugement contradictoire. Ce sera un jugement contradictoire parce qu'il a comparu par l'avoué son représentant, jugement contradictoire dans lequel le prévenu n'aura pas répondu, mais dans lequel il avait assurément la faculté de ne pas répondre ».

---

puisqu'il a été rendu en l'absence de ce dernier, sans qu'il ait pris de conclusions, sur les faits résultant du nouvel état de la procédure ; — Attendu, dès lors, que le pourvoi formé par la partie civile dans les délais ci-dessus indiqués est recevable ; —
Par ces motifs, etc.
Du 1er juin 1883.-Ch. crim. MM. Sallantin, rap.-Ronjat, av. gén.-Defert et Aguillon, av.

(1) (Cabal.) — LA COUR; — Attendu que l'appelant ne conclut point à la réformation du jugement, quant à la peine appliquée par le tribunal correctionnel de Périgueux ; mais qu'il demande à être relevé de la relégation prononcée contre lui ; — Attendu que Cabal soutient que le tribunal a eu tort de comprendre dans les condamnations antérieures entraînant la relégation, un jugement du tribunal de Béziers du 29 nov. 1877 qui l'a condamné par défaut à quatre mois d'emprisonnement pour un délit de vol ; — Mais attendu qu'il est constaté que la notification de ce jugement a été régulièrement faite au sieur Cabal en parlant à sa personne ; et que, cependant, il n'a pas formé opposition dans le délai de la loi ; qu'ainsi, il doit par son silence être regardé comme ayant acquiescé à ce jugement par défaut ; — Attendu, il est vrai, que l'appelant soutient aujourd'hui que, la notification ayant eu lieu après plus de trois ans de la date du jugement, la prescription du délit lui était acquise forcément et de plein droit, mais que ce moyen de défense ne saurait être aussi absolu ;

---

229. L'art. 185, en disant que le prévenu pourra se faire représenter par un avoué, a-t-il exclu tout autre mandataire? La négative est admise par la jurisprudence et la majorité des auteurs, et l'on décide notamment que le prévenu pourrait se faire représenter par un avocat (Crim. cass. 2 juill. 1886, aff. Monin, D. P. 86. 1. 475. Conf. Faustin Hélie, t. 6, n° 2859 ; Laborde, n° 1318). Nous croyons aussi que le prévenu peut se faire représenter par toute personne de son choix. La seule différence, c'est que l'avoué n'a pas besoin d'une procuration, tandis que tout autre mandataire doit justifier de son mandat. (*Contra*, Boitard, n° 703). — V. au surplus, sur les règles de la comparution des parties devant le tribunal correctionnel, *v° Instruction criminelle*, *Rép.* tit. 1, chap. 5, sect. 2, art. 1, n°s 934 et suiv.; et *infrá*, *v° Procédure criminelle*.

230. — V. SIGNIFICATION DES JUGEMENTS PAR DÉFAUT. — Ainsi qu'on l'a rappelé au *Rép.* n° 468, la condamnation par défaut doit, aux termes de l'art. 187 c. instr. crim., être signifiée au prévenu ou à son domicile. La signification du jugement est faite soit à la requête de la partie civile, s'il y en a une, soit à la requête du ministère public (*Rép.* n° 471) ; mais il n'est aucunement nécessaire qu'elle soit faite concurremment par l'une et par l'autre ; car la jurisprudence a tiré cette conséquence que le délai de l'opposition court, à l'égard de toutes les parties, du jour où connaissance légale de la décision par défaut a été donnée au défaillant par la signification faite à la requête de l'une d'elles. Aux arrêts cités que le sens au *Rép.* n° 471, *adde* Paris, 28 nov. 1889, aff. Korwin, D. P. 90. 2. 344. Conf. Faustin Hélie, t. 6, n° 2966.

231. On a dit au *Rép.* n° 476 que la signification du jugement par défaut doit, pour être valable, et faire courir le délai d'opposition, être conforme aux règles générales des exploits (V. *suprá*, v° *Exploit*, n°s 237 et suiv.). Spécialement l'exploit doit mentionner à quelle personne la copie a été laissée. Il a été jugé, toutefois, que la signification d'un jugement ou arrêt par défaut en matière correctionnelle, qui est nulle à raison de ce que la copie de l'exploit ne mentionne pas à quelle personne la copie a été laissée, si le prévenu en a eu connaissance ; d'où la conséquence que le prévenu qui reconnaît avoir reçu cette copie en temps utile est non recevable à demander la nullité de cette signification et de l'arrêt qui a déclaré tardive son opposition (Crim. rej. 3 mars 1876, aff. Cassigneul, D. P. 76. 1. 511).

232. La loi n'a fixé aucun délai pour la signification du jugement par défaut. Il a été jugé, en conséquence, que la signification d'un jugement correctionnel par défaut faite au condamné, même après trois ans de sa date, est valable, et le jugement définitif si le condamné ne fait pas opposition dans ce délai de la loi (Bordeaux, 18 mai 1887) (1).

233. Ainsi qu'on l'a dit au *Rép.* n° 476, la signification suppose la remise par l'huissier d'une copie entière du jugement et non d'un simple extrait (Faustin Hélie, t. 6, n° 2966 ; Laborde, n° 1348) ; mais aucun texte

---

qu'ainsi, il peut arriver que la prescription soit suspendue par des causes diverses, soit par un état de démence du prévenu auquel des actes de poursuite ne pourraient plus être notifiés, soit par d'autres obstacles qui peuvent suspendre le cours de la prescription ; — Attendu, en effet, que la maxime : *Contra non valentem agere non currit prescriptio* est applicable en matière correctionnelle quand elle est invoquée par le ministère public ; que telle est bien la jurisprudence de la cour de cassation ; d'où il suit que la question de savoir si la prescription est légalement acquise à un prévenu doit être soumise aux juges compétents et tranchée par eux seuls ; — Mais attendu que Cabal, averti que la notification du jugement faite à sa personne, n'a point saisi, par une opposition, le tribunal correctionnel de Béziers pour y donner lieu de dire que s'il a laissé expirer le délai d'opposition, il a dû obéir à des raisons que seul il a pu apprécier ; qu'ainsi, le jugement est devenu définitif et doit figurer dans les condamnations entraînant la relégation ; — Attendu que Cabal a formellement reconnu les autres condamnations relevées à son bulletin du casier judiciaire ;
Par ces motifs, la cour, après avoir délibéré, confirme sur tous les points le jugement rendu le 5 avr. par le tribunal correctionnel de Périgueux et condamne Cabal à tous les frais, etc.
Du 18 mai 1887.-C. de Bordeaux, ch. corr.-MM. Boulineau, pr.-Cadapau, av.

ne commande que la signification soit faite par huissier *commis*, et la disposition de l'art. 156 c. proc. civ. n'est pas appliquée dans la procédure correctionnelle.

**234.** La notification du jugement par défaut ayant pour but de la porter à la connaissance du prévenu, il est évident que le mode le plus sûr de notification est celui qui est fait à la personne même. Ce n'est que lorsque la notification à personne est impossible à raison de l'absence du prévenu qu'il y a lieu de la faire à son domicile (Faustin Hélie, t. 6, n° 2961). — Cette notification à personne peut être, dans certains cas, suppléée par la communication effective du jugement. Ainsi il a été jugé que la communication d'un jugement par défaut en matière correctionnelle, faite au greffe à la partie condamnée qui s'est ensuite rendue au parquet pour y provoquer son arrestation, équivaut à une signification, de ce jugement, et fait, dès lors, courir le délai de l'opposition (Dijon, 12 janv. 1870, aff. Gillot, D. P. 70. 2. 64). Mais la connaissance que le condamné aurait acquise de l'existence du jugement, sans que ce jugement lui eût été communiqué, et qu'il eût pu le lire en entier, ne suppléerait pas à la signification exigée par la loi pour faire courir le délai de l'opposition.

**235.** Que faut-il entendre par le domicile dont parle l'art. 187 : « C'est le domicile de fait, réel et actuel, ou, en d'autres termes, son habitation » (Crim. cass. 14 août 1840, *Bull. crim.* n° 234; 24 août 1850, aff. Floret, D. P. 50. 5. 303; 26 sept. 1856, aff. De Nobile, D. P. 56. 1. 420). Si donc l'instruction a constaté le domicile de fait du prévenu, c'est-à-dire sa dernière habitation, la notification du jugement doit être faite à ce domicile, et non ailleurs, en observant, s'il y a lieu, les formes prescrites· par l'art. 68 c. proc. civ. (Crim. cass. 26 avr. 1866. aff. Fano, D. P. 67. 5. 194). Il a été jugé, dans ce sens, que la signification est irrégulière et ne peut, dès lors, faire courir les délais de l'opposition, si, bien que le domicile du prévenu ait été indiqué dans les actes d'instruction, l'huissier a remis l'exploit au parquet, sans mentionner qu'il s'est présenté à ce domicile, afin de constater si le prévenu y a ou non conservé sa demeure (Crim. rej. 23 janv. 1879, aff. Godin, D. P. 80. 1. 46).

A plus forte raison, la signification doit-elle être faite au domicile du défaillant, lorsqu'il est connu, si celui-ci est momentanément absent (Crim. rej. 7 mars 1884, *infrà*, n° 255). Il est, d'ailleurs, évident et la cour de cassation a reconnu que la signification est valablement faite au domicile que le condamné a quitté pour se soustraire au mandat de justice et à l'exécution, mais où il a laissé sa femme, qui a reçu la copie (Crim. rej. 21 avr. 1864, aff. Courtecuisse, D. P. 66. 5. 192); Conf. Faustin Hélie, t. 6, n° 2962; Laborde, n° 1350).

**236.** L'arrêt précité de la cour de cassation du 7 mars 1884, rejetant le pourvoi formé contre un arrêt de la cour de Paris du 27 nov. 1882, aff. Corbassière, D. P. 83. 2. 61, a formulé avec une grande précision les règles qui s'imposent aux huissiers relativement à la signification des jugements à domicile. Suivant cet arrêt, « lorsque le destinataire de l'exploit de signification n'est pas trouvé au domicile indiqué, il faut distinguer si ce destinataire, momentanément absent, a conservé néanmoins ce domicile, ou s'il l'a abandonné sans esprit de retour; dans le premier cas, l'huissier doit, aux termes de l'art. 68 c. proc. civ., remettre la copie à un parent, à un serviteur ou à un voisin qui signe l'original, et, en cas de refus de recevoir copie, l'huissier doit la remettre au maire qui visera l'original; dans le second cas, celui de l'abandon définitif du domicile indiqué, si l'huissier ne peut découvrir le lieu de ce domicile, il doit, conformément à l'art. 69, n° 8, du même code, afficher l'exploit à la principale porte du tribunal, et remettre copie au procureur de la République ». Au reste, si le dernier domicile n'est pas connu, on peut signifier le jugement au domicile d'origine (Arrêt précité du 26 avr. 1865; Faustin Hélie, t. 6, n° 2963; Laborde, n° 1350); mais la notification ne pourra être faite à ce domicile, s'il a été abandonné de fait. C'est au tribunal qu'il appartient d'apprécier, d'après les circonstances révélées à la justice, si le prévenu a conservé son domicile originaire (Crim. cass. 23 janv. 1851, *Bull. crim.*, n° 30; Crim. rej. 21 juin 1851, *ibid.*, n° 245).

**237.** Enfin, lorsque le domicile originaire est lui-même inconnu, il faut appliquer les formes prescrites par l'art. 69,

n° 8 c. proc. civ., c'est-à-dire signifier le jugement au parquet du procureur de la République (Crim. cass. 21 mai 1835, *Bull. crim.* n° 194; Crim. rej. 20·sept. 1844, aff. Blanco, D. P. 49. 5. 266; Riom, 25 mars 1863, aff. Cabet, D. P. 63. 2. 56; Conf. Faustin Hélie, n° 2964; Laborde, n° 1350).

**238.** Si c'est la partie civile qui a fait défaut, est-ce aussi à son domicile de fait, à son habitation qu'il faut signifier le jugement? On sait que cette partie a dû faire, par l'acte de citation, élection de domicile dans la ville où siège le tribunal (c. instr. crim. art. 183); c'est évidemment à ce domicile élu que la signification sera faite. Si la partie civile n'avait pas fait l'élection de domicile qui lui est prescrite, on serait dispensé à son égard de toute notification. Elle serait censée avoir renoncé à recevoir les significations qui l'intéressent, et le délai d'opposition courrait, dans ce cas, du jour du jugement (Boitard, n° 705; Laborde, n° 1350).

**239.** A l'occasion des règles de la signification, il convient de rappeler que l'art. 156 c. proc. civ., qui édicte la péremption des jugements par défaut non signifiés dans les six mois, n'est pas applicable en matière correctionnelle. Jugé, en ce sens « que l'art. 156 c. proc. civ. ne contient point une règle générale·commune à toutes·les juridictions; que, si certaines dispositions de ce code ont été reconnues applicables aux matières régies par le code d'instruction criminelle, c'est à raison du silence gardé par ce dernier sur les délais à observer ou les formes à suivre dans tels ou tels cas particuliers; qu'il n'en est point ainsi en ce qui touche la signification des jugements ou arrêts par défaut rendus en matière de police correctionnelle; qu'aux termes des articles combinés 187, 637, 638 c. instr. crim., les décisions en cette matière, comme tous les actes d'instruction faits au point de vue de l'action publique, ne se prescrivent que par trois années à compter de leur date et peuvent être valablement signifiées dans cet intervalle » (Crim. rej. 9 janv. 1880, aff. Chazot, D. P. ·80. 1. 285). Pratiquement, il résulte de cette décision qu'un jugement correctionnel de défaut peut être valablement signifié plus de six mois après la date de sa prononciation, pourvu qu'il ne se soit pas écoulé trois ans à partir de cette date (Conf. Mangin, *Traité de l'action publique*, t. 2, n° 339; Laborde, n° 1351; Garraud, n° 397, p. 523, note 2).

**240.** On rappellera aussi que, d'après la jurisprudence et la doctrine, les exceptions tirées de la nullité de la signification.doivent être proposées à la première audience qui suit l'opposition. « Plus tard, elles seraient couvertes par la présomption que le prévenu aurait eu une connaissance suffisante du jugement par défaut et qu'il aurait renoncé à faire valoir les irrégularités de la notification » (Faustin Hélie, t. 6, n° 2970; Crim. rej. 7 mai 1825, aff. Ménager, *Rép.* n° 477). Par arrêt du 26 juin 1851 (*Bull. crim.* n° 249), la cour de cassation a jugé que la nullité de la notification d'un arrêt par défaut est. couverte lorsque le défaillant forme opposition sur cette notification et n'excipe pas de la nullité devant la cour.

**241.** — VI. De l'opposition. — 1° *Droit d'opposition.* — A qui appartient le droit de former opposition? Il appartient, ainsi qu'on l'a dit au *Rép.* n° 466, à tous ceux qui étaient parties dans l'instance dans laquelle a été rendu le jugement par défaut,· ou qui y avaient été régulièrement appelés, pourvu, bien entendu, qu'ils aient été défaillants. Le droit de former opposition appartient donc, tout d'abord, au prévenu. Mais il faut, ·bien entendu, que le défaillant ait intérêt à faire opposition. Il a été jugé avec raison que l'opposition formée par le prévenu à un arrêt de défaut qui l'a relaxé pour cause de prescription est non recevable, faute d'intérêt (Crim. rej. 14 août 1884 (*Bull. crim.* n° 443). Jugé, de même, que, le dispositif d'une décision judiciaire pouvant seul faire grief aux parties, est non recevable l'opposition formée par un prévenu contre les motifs de l'arrêt par défaut qui l'a renvoyé des fins de la poursuite sans dépens (Amiens. 24 avr. 1884, aff. Pourcelle, D. P. 85. 2. 109). — Le droit d'opposition n'appartient jamais au ministère public, qui ne peut faire défaut; mais on ne saurait le refuser ni à la partie civile ni à celui qui est civilement responsable du délit.

**242.** En ce qui concerne la partie civile, le droit de former opposition lui a été reconnu, conformément à la doctrine enseignée au *Rép.* n° 467, par la jurisprudence la plus récente, et par la grande majorité des auteurs (Trib. corr. Seine, 12 nov. 1858, aff. Dubout, D. P. 58. 3. 80; Paris, 20 févr. 1882 (1); 13 nov. 1882 (2); Faustin Hélie, *Instruction criminelle*, t. 6, n° 2959, p. 810; Morin *Répertoire*, v° *Opposition*, n° 5; Berriat-Saint-Prix, *Procédure devant les tribunaux correctionnels*, n° 1005; Dutruc, *Mémorial du ministère public*, t. 2, v° *Jugement par défaut en matière correctionnelle*, n°s 23 et 27; Garraud, *Précis*, n° 573 et la note 1; Trébutien, *Cours de droit criminel*, t. 2, n° 674; Laborde, *Cours élémentaire de droit criminel*, n° 1345; Massabiau, *Manuel du ministère public*, t. 3, n° 3032. — *Contrà* : Trib. corr. Seine, 28 juin 1882 (3); Rodière, *Éléments de procédure criminelle*, p. 357; Mersié, *La partie civile est-elle admise à former opposition au jugement rendu en son absence?* (*La Loi*, n°s des 3, 5 et 6 avr. 1882).

Cette opposition de la partie civile laisse, d'ailleurs,

---

(1) (Millet *C.* Lesueur et Aigou.) — La cour; — Considérant que Millet, partie civile, défaillant au jugement correctionnel du 11 nov. 1881, qui l'a débouté de ses fins et conclusions, avait le droit de former opposition à ce jugement rendu par défaut contre lui et contradictoirement à l'égard des prévenus; que ce droit résulte des expressions générales de l'art. 208 c. instr. crim.; que les faits contenus dans la plainte constituaient des délits de la compétence du tribunal correctionnel; que c'est donc à tort que le tribunal correctionnel a refusé de statuer sur l'opposition de la partie plaignante, opposition qui ne s'exerçait d'ailleurs que relativement au règlement des intérêts civils; — Annule le jugement du 2 déc. 1881, qui a déclaré l'opposition de Millet non recevable; — Dit que la juridiction correctionnelle était régulièrement saisie; — En ce qui concerne l'appel de M. le procureur de la République; — Considérant que cet appel ne vise que le jugement du 2 déc. 1881, lequel a déclaré non recevable l'opposition de Millet, mais ne relève pas le jugement du 11 novembre qui a été rendu contradictoirement avec le ministère public et les prévenus; qu'à l'égard de ces derniers, le jugement du 11 novembre a donc acquis l'autorité de la chose jugée : que l'action publique est par conséquent éteinte, aucun appel n'ayant été interjeté par M. le procureur général; — Par ces motifs; — Déclare non recevable l'appel de M. le procureur de la République; — Et vu l'art. 215 c. instr. crim.; — Évoquant, retient l'affaire, pour être statué sur le fond, et ordonne qu'il sera tenu note, par le greffier, des témoins amenés à la barre de la cour par Millet; — Immédiatement après, ouï les témoins; — Statuant au fond sur l'appel interjeté par Millet : — Considérant qu'il résulte des documents de la cause et des débats que, le 21 août 1881, Lequeux et Aigou ont, conjointement et publiquement, injurié et frappé Millet; que ces faits constituent les délits d'injures publiques et voies de fait; — Par ces motifs; — Infirme le jugement du 11 nov. 1881; — Emendant; — Déclare Lesueur et Aigou coupables des délits ci-dessus spécifiés; — Mais, considérant, en ce qui concerne chacun des prévenus, que l'action publique est éteinte, aucun appel n'ayant été interjeté par le ministère public, dans les délais légaux, dudit jugement du 11 nov. 1881; qu'en conséquence, aucune peine ne saurait être prononcée contre Lesueur et Aigou; — Considérant toutefois que les faits délictueux ci-dessus qualifiés ont causé à Millet un préjudice dont il lui est dû réparation, etc. ; — Condamne Lesueur et Aigou à des dommages-intérêts, etc.

Du 20 févr. 1882.-C. Paris, ch. corr.- M. Manau, pr.

(2) (Berthollet *C.* Gonnelle, Blaideau et Keressé.) — La cour; — En ce qui touche l'appel du procureur de la République :... (sans intérêt). — En ce qui touche l'appel de Berthollet : — Considérant que, s'il est interdit aux tribunaux correctionnels d'allouer aux plaignants des réparations civiles autrement que comme accessoire d'une condamnation pénale, cette règle ne s'applique que sous la réserve des voies légales de recours ouvertes à la partie civile contre les jugements qui l'ont déboutée de ses conclusions en méconnaissant qu'elle eût été victime d'un délit; — Considérant que l'art. 202 c. instr. crim., permet à la partie civile d'interjeter appel pour ses intérêts civils, encore bien que l'action publique soit éteinte et que les juges du second degré ne s'en trouvent plus saisis; — Considérant qu'à la vérité l'art. 187 ne mentionne point spécialement la partie civile comme ayant le droit de former opposition aux jugements de défaut-congé rendus contre elle, mais que cette voie de recours est de droit commun pour tous les condamnés par défaut sans distinction; qu'au cas de défaut-congé prononcé contre la partie civile non comparante, celle-ci est toujours condamnée aux dépens, indépendamment des dommages-intérêts qui peuvent être mis à sa charge; que cette condamnation suffit pour légitimer de sa part une opposition, laquelle remet en question non pas seulement les dépens eux-mêmes, mais la

subsister la chose jugée relativement à l'action publique, à l'égard de laquelle il a été statué contradictoirement avec le ministère public, et ne saisit le juge correctionnel que du débat relatif aux intérêts civils; en supposant donc que la partie civile fasse rétracter le jugement de relaxe rendu par défaut, aucune peine ne pourra être prononcée et le tribunal statuera seulement sur ses dommages-intérêts (Arrêts précités de Paris du 20 févr. et 13 nov. 1882; Mangin, *Traité de l'action publique*, t. 1, n° 38; Morin, *Journal du droit criminel*, art. 6749; Laborde, *loc. cit.;* Garraud, *loc. cit.*). — Au reste, il est un cas où le droit d'opposition ne saurait être contesté à la partie civile; c'est celui où le jugement, statuant sur la demande du prévenu; l'a condamnée par défaut à des dommages-intérêts vis-à-vis dudit prévenu (Jugement précité de la Seine, du 28 juin 1882; Trib. corr. Seine, 12 août 1882 (4), et arrêt précité de Paris, du 13 nov. 1882).

**243.** Quant à la partie civilement responsable, son droit

---

totalité de la demande à laquelle était lié le sort desdits dépens : — Considérant que, dans l'espèce, Berthollet prétendant avoir subi des violences et voies de fait de la part des intimés, les a fait citer en police correctionnelle à fin de dommages-intérêts; que, faute par lui d'avoir comparu à l'audience du 17 mai 1882, il a été par défaut débouté de sa demande et condamné aux dépens, ainsi qu'à 25 fr. de dommages-intérêts envers chacun des intimés; — Considérant que ledit Berthollet était recevable à se pourvoir par opposition contre ce jugement dans toutes ses dispositions touchant les intérêts civils; que le contraire ayant été décidé à tort par un second-jugement en date du 28 juin suivant, c'est à bon droit qu'il a été interjeté appel de cette décision; — Considérant qu'aux termes de l'art. 215 c. instr. crim., lorsqu'un jugement est annulé pour violation des formes légales, la cour doit statuer sur le fond; — Par ces motifs, etc.

Du 13 nov. 1882.-C. de Paris, ch. corr.-MM. Cotelle, pr.-Calary, av. gén.-Primault et Dupont, av.

(3) (Berthollet *C.* Gonnelle, Blondeleau et Kerenc.) — Le tribunal; — Sur l'opposition de Berthollet, partie civile : — Attendu que, lorsque les tribunaux correctionnels ne reconnaissent dans le fait poursuivi ni délit ni contravention, l'action civile pour les dommages-intérêts ne se rattachent, dans ce cas, à aucun délit ni contravention, les tribunaux correctionnels ne peuvent, sans violer les règles de leur compétence, prononcer sur cette action civile s'ils n'en ont pas reçu l'attribution par une disposition formelle de la loi; que cette attribution pour un cas semblable ne leur est conférée par l'art. 191 c. instr. crim., qu'en faveur du prévenu; — Attendu qu'on ne saurait arguer de ce qu'on peut s'appel de la partie civile, consacré par l'art. 202 du même code, et lorsque l'action publique est éteinte par l'abstention du ministère public, la juridiction correctionnelle peut attribuer à la partie civile des dommages-intérêts, puisque, dans ce cas, le prévenu doit être préalablement convaincu du fait qualifié délit, et qu'ainsi la réparation civile se rattache à un délit; — Attendu qu'aucun délit ne peut être imputé par Berthollet à Gonnelle, Blondeleau et Kerenc; que les prétendus faits de coups, invoqués par Berthollet à l'appui de son action en dommages-intérêts ont été déférés à l'appréciation du tribunal, lequel, par jugement contradictoire rendu avec le ministère public, en date du 19 mai dernier, a décidé que le délit n'était pas établi; — Attendu que le tribunal n'ayant pas compétence pour réformer ses propres jugements, quand ils ont été contradictoires, est dès-lors dans l'impossibilité légale d'accueillir une demande dont la base nécessaire n'existe pas; — Mais attendu que les motifs ci-dessus ne s'appliquent qu'à l'une des dispositions du jugement du 19 mai, à celle qui a renvoyé les prévenus des poursuites, non à celle qui, sur la demande reconventionnelle de ces derniers, leur a alloué des dommages-intérêts; — Attendu qu'il y a lieu de réduire lesdits dommages-intérêts; — Par ces motifs; — Déclare l'opposition de Berthollet non recevable en ce qui concerne la poursuite intentée par lui contre Gonnelle, Blondeleau et Kérenc; — L'en déboute, etc.; — Reçoit, au contraire ladite opposition sur le second chef du jugement du 19 mai dernier, etc.

Du 28 juin 1882.-Trib. corr. Seine, 9e ch.-M. Dupont, pr.

(4) (Raffy *C.* Marc.) — Le tribunal; — Attendu que la femme Raffy, partie civile défaillante au jugement correctionnel rendu par cette chambre, le 10 juin 1882, a, dûment autorisée par son mari, formé opposition audit jugement qui a renvoyé la veuve Marc des fins de la plainte en abus de confiance portée par la requérante, sans dépens, et a condamné ladite femme Raffy à 50 fr. de dommages-intérêts et en tous les dépens; — Attendu que la veuve Marc oppose une fin de non-recevoir provenant de ce que, l'action publique se trouvant éteinte, l'action civile l'est également; — Mais attendu que, si le jugement du

de faire opposition au jugement qui l'a condamnée par défaut n'a jamais été contesté. Spécialement, le tribunal de la Seine a récemment décidé que, bien qu'un jugement ait été exécuté par un prévenu condamné à l'emprisonnement et à des dommages-intérêts envers la partie civile, et que ce jugement soit ainsi devenu définitif, le défaillant condamné solidairement comme civilement responsable peut néanmoins former valablement opposition au même jugement (Trib. corr. Seine, 11 nov. 1889) (1). Cette opposition, toutefois, reste sans effet relativement aux conséquences désormais acquises de l'action publique, et ne peut porter que sur la responsabilité civile (Même jugement).

**244.** Il y a lieu de signaler encore, relativement au droit d'opposition, deux arrêts rendus dans des hypothèses toutes spéciales. La cour de cassation a jugé : 1° que l'individu dont le nom a été usurpé par un délinquant, et qui, par suite de ladite usurpation, a été désigné dans la condamnation par défaut rendue contre celui-ci, est fondé à faire opposition au jugement pour le faire rétracter en ce qui le concerne (Crim. cass. 20 juill. 1866, aff. Plasson, D. P. 71. 5. 230); — 2° Que l'individu auquel, par erreur, a été signifié un jugement par défaut concernant un homonyme, est dans la position d'un prévenu, et est d'autant mieux, dès lors, autorisé à user du droit d'opposition dans le délai voulu, que c'est la seule voie de recours qui lui soit ouverte pour se soustraire aux conséquences légales de la condamnation (Crim. rej. 15 juin 1872, aff. Martin, D. P. 72. 1. 205). Suivant un arrêt (motifs) de la cour d'Aix, du 28 janv. 1870 (D. P. 71. 2. 217), le tiers indûment désigné posséderait même pour faire rectifier le jugement, un droit d'opposition exceptionnel dont l'exercice n'est soumis ni aux délais ni aux formes du droit d'opposition ordinaires.

**245.** — 2° *Délai.* — Le délai d'opposition court de la signification du jugement (art. 187, § 1). Il suit de là, tout d'abord, que, tant que la signification du jugement n'a pas eu lieu, le délai de l'opposition ne court pas, et, celle-ci est, par conséquent, recevable. Pratiquement, donc, ainsi qu'on l'a dit au *Rép.* n° 470, le prévenu n'est pas tenu d'attendre la notification pour former opposition ; il peut la déclarer dès qu'il a connaissance du jugement, pourvu qu'il remplisse les formes prescrites par la loi (Crim. cass. 11 févr. 1870, aff. Gillot, D. P. 71. 1. 266 ; Faustin-Hélie, t. 6, n° 2971, *in fine* ; Garraud, n° 575). Et l'opposition avant signification serait encore recevable alors même que le condamné aurait volontairement commencé à exécuter le jugement (Même arrêt, du 11 févr. 1870) ; il est de principe, en effet, que l'acquiescement à une condamnation pénale est sans valeur, et ne peut, par suite, priver le condamné de former un recours par opposition, appel ou pourvoi en cassation. (V. *supra*, v° *Acquiescement*, n° 117.) Il a, d'ailleurs, été jugé que la lecture du jugement au défaillant n'équivaut pas à une signification régulière ne fait pas courir les délais de l'opposition (Orléans, 11 avr. 1853, aff. Manier, D. P. 54. 5. 338).

**246.** Le délai d'opposition est, en principe, de cinq jours, outre un jour par cinq myriamètres, à partir de la signification du jugement (c. instr. crim. 187, § 1er). Ainsi qu'on l'a dit au *Rép.* n° 469, ce délai est plein ; il se compose des cinq jours qui suivent celui où l'opposition a été faite, et ne peut être prolongé, lors même que le cin-

quième jour serait férié (Crim. cass. 20 oct. 1832, *Rép. ibid.*). — Jugé aussi que le délai d'appel ne peut être prolongé, lors même que le sixième jour serait férié (Paris, 19 déc. 1881, aff. Tissandier, *Gaz. des Trib.* du 28 décembre.

**247.** Faute d'avoir usé du droit d'opposition dans les cinq jours de la signification, le prévenu défaillant est déchu de ce droit. Cette déchéance, ainsi qu'on l'a dit au *Rép.* n° 478, est absolue. Il a été jugé, spécialement, que le juge de police ne peut relever ledit défaillant de la déchéance encourue, sous prétexte que celui-ci, étant malade au moment de la signification du jugement, était dans l'impossibilité d'y former opposition (Crim. cass. 1er mars 1862, aff. Hamouda, D. P. 65. 5. 245). — Elle est aussi d'ordre public ; le juge peut la prononcer en tout état de cause et doit même la suppléer d'office. C'est ce que la cour de Paris a jugé pour la déchéance de l'appel (Paris, 19 déc. 1881, cité *suprà*, n° 246) et les raisons de décider sont évidemment les mêmes pour l'opposition que pour l'appel.

**248.** On a signalé au *Rép.* n° 468, les graves inconvénients du délai si bref de cinq jours, imparti au défaillant par l'art. 187. Depuis, l'art. 187 a été modifié par la loi du 27 juin 1866 : un deuxième paragraphe ajouté à cet article porte : « Toutefois, si la signification n'a pas été faite à personne, ou s'il ne résulte pas d'actes d'exécution du jugement que le prévenu en a eu connaissance, l'opposition sera recevable jusqu'à l'expiration des délais de la prescription de la peine ». Il résulte de ce nouveau texte que, tant que la prescription n'est pas acquise conformément à l'art. 641, le prévenu, si la signification n'a pas été faite à sa personne, ou s'il n'a pas eu connaissance du jugement par un acte d'exécution, est recevable à former opposition. « Ainsi, ni la signification à domicile, ni la signification faite suivant l'art. 69 c. proc. civ. ne font courir le délai et ne font acquérir au jugement un caractère définitif ; la signification à personne et l'exécution du jugement connue du prévenu ont seules cet effet » (Faustin Hélie, *Pratique criminelle*, t. 1, n° 421).

**249.** La disposition nouvelle de l'art. 187, § 2 s'applique-t-elle à tous les jugements correctionnels rendus par défaut ? Suivant plusieurs arrêts, le but et l'esprit de la modification apportée à l'art. 187 par la loi du 27 juin 1866 indiquent que c'est seulement au défaillant frappé d'une condamnation pénale, qu'un délai prolongé est accordé pour former un recours contre une sentence qu'il a ignorée malgré la signification, et que les mêmes raisons d'humanité qui militent pas pour qu'il en soit ainsi au cas de jugements ne portant pas condamnation, et spécialement au cas de jugements qui se bornent à statuer sur des questions de compétence (Crim. régl. de jug. 25 janv. 1867, aff. François, D. P. 68. 1. 287 ; Crim. rej. 23 janv. 1879, aff. Godin, D. P. 80. 1. 46 ; 2 juill. 1885, *Bull. crim.*, n° 197 ; 28 oct. 1886, aff. Miégeville, D. P. 88. 1. 48 ; 8 juin 1891, aff. Masse). Il suit de là que la notification faite dans les termes des art. 68 et 69 c. proc. civ., hors de la présence et de la connaissance de l'intéressé, suffit pour mettre un jugement ou arrêt d'incompétence, après le délai de droit de cinq jours, à l'abri de toute opposition. Cette jurisprudence paraît tout à fait conforme à l'esprit de la loi. M. Laborde (n° 1340) va plus loin, il propose d'étendre la nouvelle disposition de l'art. 187 aux juge-

---

(1) (Chappus.) — Le tribunal de la Seine (9e ch.), par jugement du 6 août 1889, condamnait un sieur Utille à huit jours d'emprisonnement pour blessures par imprudence, par lui faites à la femme Perreux et à la femme Jacquet ; il le condamnait, en outre, à payer, à titre de dommages-intérêts, 400 fr. à la femme Perreux et 200 fr. à la femme Jacquet, solidairement

avec M. Chappus, au service duquel il était. Celui-ci ne s'étant pas présenté, le jugement fut prononcé par défaut contre lui. Chappus y a fait opposition.

Le tribunal a rendu le jugement suivant : — Attendu que, bien que le jugement du 6 août 1889, ait été exécuté par Utille, et qu'ainsi il soit devenu définitif au regard de ce dernier, Chappus, condamné par défaut comme civilement responsable, peut, néanmoins, former valablement opposition à ce jugement conformément aux principes généraux du droit ; — Que, toutefois, à raison de l'exécution du jugement par Utille, l'opposition de Chappus ne saurait faire échec aux conséquences désormais acquises de l'action publique et ne peut porter que sur les points qui touchent directement et étroitement à la responsabilité civile, c'est-à-dire sur la question de savoir si Utille était au service de Chappus au moment de l'accident, si, à ce moment, Utille était dans l'exercice de son emploi, et enfin, si des dommages-intérêts sont dus aux parties civiles ; — Attendu, etc. ; — Par ces motifs ; — En la forme, reçoit Chappus opposant, etc. — Du 11 nov. 1889. - Trib. corr. Seine, 9e ch. - M. Toutée, pr.

---

10 juin précité, a été rendu contradictoirement avec le ministère public, il n'en est pas de même à l'égard de la partie plaignante dont l'opposition n'est exercée que relativement au règlement des intérêts civils ; que, d'ailleurs, le tribunal ayant également statué sur la demande en dommages-intérêts, formée par la veuve Marc, et ayant condamné par défaut, la femme Raffy à 50 fr. de dommages-intérêts, celle-ci peut valablement former opposition au jugement du 10 juin ; — En la forme reçoit la femme Raffy opposante audit jugement, mais quant au règlement des intérêts civils seulement ; — Et attendu, au fond,... (le reste sans intérêt).

Du 12 août 1882. - Trib. corr. Seine, 10e ch. - M. Labour, pr.

ments par défaut portant condamnation à des dommages-intérêts soit contre le prévenu, soit contre la partie civile. Suivant cet auteur « il est difficile de ne pas voir dans l'art. 187 une règle commune à tous les jugements de condamnation rendus par défaut et signifiés simplement à domicile. La loi de 1866 a étendu à la procédure correctionnelle une règle de l'opposition aux jugements par défaut faute de comparaître dans la procédure civile (c. proc. civ. art. 158). On ne peut la restreindre à une hypothèse, il faut l'appliquer dans tous les cas où la situation fâcheuse qu'elle prévoit peut se présenter ». Il ne semble pas que le texte de la loi autorise une interprétation aussi large. En prolongeant l'opposition jusqu'à « l'expiration des délais de la prescription de la peine », le législateur n'a visé, croyons-nous, que les condamnations pénales.

**250.** D'après le texte même du paragraphe 2 nouveau de l'art. 187, la prolongation de délai n'a lieu que « si la signification n'a pas été faite à personne ou s'il ne résulte pas d'actes d'exécution du jugement que le prévenu en a eu connaissance ». Donc, en premier lieu, le délai de l'opposition n'est que de cinq jours « si la signification a été faite à personne ». Et par là il faut entendre « la personne elle-même et non pas la personne de son domestique ou de son portier », ainsi que l'a dit M. Roulleaux-Dugage à la Chambre des députés, lors de la discussion de la loi de 1866 (*Moniteur* du 1er juin 1866, p. 664, col. 3). Aussi la cour de Chambéry a-t-elle décidé que la signification du jugement par défaut à la femme d'un condamné ne fait pas courir contre celui-ci le délai dans lequel il doit faire opposition (Chambéry, 19 févr. 1875) (1).

**251.** Au reste, la règle suivant laquelle l'opposition contre les jugements correctionnels rendus par défaut est recevable tant que la peine n'est pas prescrite, alors que le jugement n'a pas été signifié à personne, et qu'il ne résulte pas d'actes d'exécution que la partie condamnée en ait eu connaissance ne peut être invoquée par le prévenu qui avoue avoir reçu la copie qui lui était destinée ; en pareil cas, le délai de l'opposition court du moment où, d'après

son propre aveu, le prévenu a été touché par la signification (Crim. rej. 3 mars 1876, aff. Cassignéul, D. P. 76. 1. 511 ; 12 janv. 1884, aff. Ponet, D. P. 85. 1. 426). En effet, en déclarant l'opposition recevable jusqu'à l'expiration des délais de la prescription de la peine, lorsque la signification n'a pas été faite à personne, ou lorsqu'il ne résulte pas d'actes d'exécution du jugement que l'inculpé en a eu connaissance, la loi n'a eu évidemment d'autre but que de conserver le droit du prévenu qui n'aurait pas été touché par la signification ; il n'y aurait aucune raison pour étendre cette règle au cas où l'opposant reconnaît avoir reçu la copie qui lui était destinée.

**252.** Que faut-il entendre par ces mots : « s'il ne résulte pas d'actes d'exécution du jugement que le prévenu en a eu connaissance » ? Quels sont ces actes d'exécution ? Il faut entendre par là, dit Faustin Hélie, *Pratique criminelle*, t. 1, n° 422, des actes qui établissent, non une simple présomption, mais la certitude que le prévenu a connu le jugement. C'est ce qu'on doit induire de ce que la loi a mis sur la même ligne la signification à personne, qui produit cette certitude, et l'acte d'exécution. C'est ce qu'on doit induire encore du rapprochement de l'art. 159 c. proc. civ., qui exige que l'exécution du jugement ait été nécessairement connue de la partie ». — Le rapporteur de la loi du 27 juin 1866 (D. P. 66. 4. 80, col. 3), a cité des exemples. « Il peut arriver, a-t-il dit, que le prévenu soit averti autrement que par la signification officielle du jugement faite à la requête du ministère public ; il peut être averti par la signification au nom d'une partie civile, par exemple, ou par une tentative de la vente de ses meubles, à la requête du Trésor ou de la partie civile et à l'occasion des frais. Dans ces cas, il est inutile de faire exception à la règle générale, et le délai courra du jour où le prévenu aura été mis en demeure par un acte d'exécution quelconque ».

**253.** Il est d'ailleurs, à remarquer : 1° que l'opposition serait recevable, alors même que, le défaillant aurait eu connaissance du jugement, si cette connaissance n'était pas prouvée d'actes d'exécution (Crim. rej. 16 juin 1883) (2),

---

(1) (Forêts. C. Farges.) — Du 27 févr. 1874, jugement du tribunal de Saint-Jean-de-Maurienne ainsi conçu : « Attendu que le jugement rendu par défaut le 29 août 1874 par le tribunal correctionnel de Saint-Jean-de-Maurienne contre Farges (Eugène), pour délit forestier, lui a été signifié le 7 octobre suivant à son domicile à Termignon, parlant à la personne de sa femme ; — Attendu que cette opposition n'est pas tardive, quoique faite après le délai de cinq jours de la signification du jugement, parce que, aux termes de l'art. 187, dernier alinéa, c. instr. crim., modifié par la loi du 27 juin 1866, lorsque la signification n'a pas été faite à la personne même du condamné, ou qu'il ne résulte pas d'actes d'exécution du jugement que ce dernier en a eu connaissance, l'opposition est recevable jusqu'à l'expiration des délais de la prescription de la peine ; — Attendu que, dans l'espèce, la signification n'a pas été faite à Farges lui-même, mais à sa femme ; que, d'après l'art., l'on ne justifie d'aucun autre acte d'exécution ; d'où il suit que Farges a pu valablement former son opposition le 10 novembre dernier ; — Attendu que le moyen de nullité de l'opposition tiré de ce que cette opposition n'aurait pas été notifiée au ministère public n'est pas fondé ; qu'en effet, dans les affaires forestières, le ministère public n'est que partie jointe et n'est en quelque sorte que le rôle secondaire, tandis que l'Administration forestière réunit la double qualité de partie civile et de partie publique, puisqu'elle a l'initiative de la poursuite et qu'elle requiert directement l'application de la peine ; — Reçoit Farges, opposant au jugement rendu contre lui par défaut, le 29 août 1874 ». — Appel par l'Administration.

LA COUR. — En ce qui touche l'expiration des délais d'opposition. — Attendu que l'art. 187 c. forest., déclare applicables aux poursuites, en matière forestière les dispositions du code d'instruction criminelle, entre autres sur les défauts et les oppositions en matière correctionnelle ; — Attendu que, d'après l'art. 187 de ce dernier code, modifié par la loi du 27 juin 1866, l'opposition est recevable jusqu'à l'expiration des délais de la prescription, si le jugement n'a pas été signifié à personne, ou s'il ne résulte pas d'actes d'exécution que le prévenu en a eu connaissance ; — Que le jugement du 24 août dernier n'a pas été signifié à la personne de Farges, mais à celle de sa femme, et qu'il ne résulte pas qu'il ait eu des actes d'exécution jusqu'à l'opposition du 10 novembre ; — Sur le, défaut de citation du ministère public : — Attendu que, d'après les art. 159 et 184 c. forest., le ministère public est partie principale, en même temps que l'Administration, partie civile, dans les poursuites

forestières, et que, d'après l'art. 187 c. instr. crim., l'opposition doit lui être signifiée ; — Que c'est là une formalité essentielle du pourvoi, et que, Farges ne s'y étant pas conformé, son opposition devait être rejetée ; — Par ces motifs, — Déclare Farges non recevable en son opposition contre le jugement du 29 août précédent, etc.

Du 19 févr. 1875. C. de Chambéry, ch. corr. MM. Grayfié, pr. Gimelle, av. gén.

(2) (Jules Boucherot et Compagnie d'assurances sur la vie Le Conservateur.) LA COUR ; Statuant sur le pourvoi de Boucherot et de la compagnie Le Conservateur, dirigé contre l'arrêt qui a admis la recevabilité de l'opposition de Lamarre à l'arrêt par défaut, en date du 23 mars 1882 : — Sur le moyen tiré de la violation de l'art. 187 c. instr. crim. et de l'art. 7 de la loi du 20 avr. 1882 : — Sur le moyen tiré de la violation de l'art. 187 c. instr. crim. et de l'art. 7 de la loi du 20 avr. 1810 : — Attendu qu'il résulte de la combinaison des art. 208 et 187 c. instr. crim., que les arrêts par défaut signifiés à personne deviennent définitifs quand ils n'ont pas été frappés d'opposition dans les cinq jours de la signification, et que la signification n'a pas été faite à personne, ou s'il ne résulte pas d'actes d'exécution que le prévenu en a eu connaissance, l'opposition demeure recevable jusqu'à l'exécution même de l'arrêt ; — Attendu, en fait, qu'il résulte des constatations de l'arrêt attaqué que l'arrêt rendu précédemment par défaut, le 23 mars 1882, avait été signifié au domicile de Lamarre à la date du 5 avril suivant ; que celui-ci y a formé opposition le 18 du même mois ; que rien n'établit qu'aucun acte d'exécution ait eu lieu à l'égard de Lamarre ; qu'il n'importerait pas, au point de vue de la déchéance qui est nécessairement de droit étroit, que Lamarre eût eu connaissance de l'arrêt ou de la signification qui en avait été faite ; dès lors, que cette connaissance ne serait pas prouvée d'actes d'exécution ; que, dans l'espèce, du reste, non seulement il n'était pas reconnu que Lamarre eût été personnellement touché par la signification, mais que l'arrêt constate expressément qu'il méconnaît que la copie lui ait été transmise et que le contraire n'est pas établi ; que, dans ces circonstances, l'arrêt attaqué, en déclarant l'opposition recevable, loin de violer les dispositions légales susvisées, en a fait au contraire une exacte interprétation et que sa décision est suffisamment motivée ; — Par ces motifs, rejette, etc.

Du 16 juin 1883. Ch. crim. MM. Gast, rap. Ronjat, av. gén. Brugnon et Michaux-Bellaire, av.

car les déchéances sont de droit étroit ; — 2° Que ce n'est pas au condamné à prouver qu'il n'a pas eu connaissance du jugement, mais au ministère public à prouver et au juge à constater, ainsi que l'exige implicitement le nouvel art. 187, qu'il résulte d'actes d'exécution du jugement que le condamné a eu connaissance de celui-ci.

**254.** La loi ne précise pas de qui doit émaner l'acte d'exécution qui rendra, s'il est connu du condamné, son opposition irrecevable. Peu importe donc de qui il émane, il suffit que cet acte révèle au condamné les chefs du jugement qu'il doit attaquer (Laborde, n° 1349). « Ainsi, par exemple, dit cet auteur, *loc. cit.* l'acte d'exécution émané de la partie civile met le prévenu en demeure de former son opposition tant contre le ministère public que contre la partie civile, parce qu'en lui révélant expressément sa condamnation à des dommages-intérêts, il lui révèle implicitement sa condamnation à une peine. A l'inverse, l'acte d'exécution émané du percepteur ne fait courir le délai d'opposition que pour la condamnation pénale, car il ne révèle que celle-là ».

**255.** On sait qu'aux termes de l'art. 636 c. instr. crim., les peines prononcées par les tribunaux correctionnels se prescrivent par cinq ans à compter du jour où le jugement n'est plus susceptible d'appel ; d'autre part, aux termes de l'art. 203 du même code, les jugements par défaut ne peuvent être attaqués par la voie de l'appel que pendant les dix jours qui suivent la signification. La jurisprudence a conclu, de ces deux textes combinés, que, dans aucun cas, les jugements correctionnels par défaut ne peuvent être frappés d'opposition plus de cinq ans et dix jours après qu'ils ont été régulièrement signifiés ; tel est le délai maximum pour former opposition, passé lequel la partie condamnée n'est plus recevable à remettre en question la chose jugée par le tribunal (Paris, 27 nov. 1882, aff. Corbassière, D. P. 83. 2. 61 et, sur pourvoi, Crim. rej. 7 mars 1884) (1).

**256.** Deux applications rigoureuses, mais juridiques, de la règle de l'art. 187, § 3, qui limite l'exercice du droit d'opposition à la durée de la prescription de la peine, ont été faites par la jurisprudence. La cour de cassation a déclaré non recevable l'opposition faite après plus de dix ans, bien que l'acte constatant la signification ne pût pas être représenté, mais alors qu'il était constant que l'original de cet acte avait péri par force majeure, dans l'incendie du Palais de Justice à Paris en 1871 (Crim. rej. 15 nov. 1873, aff. Garcia Cortès, D. P. 74. 1. 456). — D'autre part, le tribunal de la Seine a jugé que l'opposition n'est pas recevable après l'expiration du délai de la prescription de la peine, même de la part d'un individu qui, s'étant vu appliquer une con-

damnation (notamment dans l'effet qu'elle a d'entraîner une incapacité électorale) soutient n'avoir de commun que le nom avec l'individu condamné (Trib. corr. de la Seine, 15 janv. 1870, aff. Vallée, D. P. 71. 3. 109). Toutefois, en pareil cas, l'opposant doit être admis à justifier qu'il n'est pas l'individu le jugement a entendu condamner ; et il y a lieu pour le tribunal, sur la preuve de non-identité ainsi rapportée, de déclarer que ce jugement ne le concerne pas et ne saurait, dès lors, lui être applicable dans aucune de ses conséquences (Même jugement). — Un autre tribunal (Trib. de Die, 2 juill. 1877, aff. Chave, D. P. 78. 3. 32), a jugé que l'individu dont le nom figure à tort dans une condamnation par défaut qui, en réalité, s'applique à un tiers, est fondé à demander que cette condamnation soit rayée de son casier judiciaire, et à réclamer la rectification du jugement qui l'a prononcé ; mais ladite condamnation ne peut, alors que les délais de la prescription sont expirés, être mise à la charge du véritable délinquant, qui n'a jamais été assigné et ne figure pas en nom dans les poursuites. — Il convient, toutefois, de remarquer que, suivant un arrêt de la cour d'Aix du 28 janv. 1870 (D. P. 71. 2. 217), le tiers indûment désigné a, pour faire rectifier le jugement, un droit d'opposition *exceptionnel*, dont l'exercice n'est soumis ni aux délais, ni aux formes du droit d'opposition ordinaire.

**257.** Si le condamné par défaut, dont le jugement a été signifié à domicile seulement, use de son droit d'opposition avant l'expiration du délai de cinq ans fixé par l'art. 636 c. instr. crim. pour la prescription de la peine, pourrait-il se prévaloir, à l'audience, de ce que plus de trois ans se seraient écoulés depuis la signification du jugement, pour opposer la prescription de l'action publique ? Poser cette question, c'est demander si le jugement par défaut signifié à domicile est un simple acte d'instruction ayant pour effet d'interrompre la prescription de l'action publique, (art. 637 et 638), ou si, au contraire, c'est une décision à laquelle la signification imprime un caractère définitif, de telle sorte que, l'action publique étant éteinte par la chose jugée, il ne reste plus à prescrire que la peine ? On sait que, d'après la jurisprudence, le jugement par défaut non signifié, ou irrégulièrement signifié, n'est qu'un simple acte d'instruction ayant pour effet d'interrompre la prescription de l'action publique (Lyon, 10 août 1848, aff. Ponsony, D. P. 49. 2. 241 ; Rouen, 27 janv. 1853, aff. X..., D. P. 53. 2. 98. Conf. Brun de Villeret, *Prescription criminelle*, n°s 230 et suiv. ; Mangin, *Action publique*, t. 2, n° 338 ; Berriat-Saint-Prix, *Procédure des tribunaux criminels*, t. 1, n° 398). D'un autre côté, le jugement par défaut signifié à personne n'a le

---

(1) (Christian-Louis Corbassière.) — LA COUR ; — Sur les premiers et deuxièmes moyens tirés de la violation et fausse application des art. 187, 636, 203, 109 c. instr. crim. 68 et 69, n° 8 c. proc. civ. : en ce que l'arrêt attaqué a déclaré valable une signification de jugement par défaut faite dans les formes de l'art. 69, n° 8, c. proc. civ. bien que la dernière habitation du condamné fût indiquée dans l'instruction et que l'huissier instrumentaire n'eût pas procédé aux recherches prescrites pour s'assurer que le condamné n'avait ni domicile ni résidence connus ; — Attendu que l'art. 187 c. instr. crim. en fixant le délai pendant lequel le condamné par défaut serait admis à former opposition, et en faisant courir le délai du jour de la signification du jugement, exige une signification régulière et conforme aux prescriptions de la loi ; — Attendu que, lorsque le destinataire de l'exploit de signification n'est pas trouvé au domicile indiqué, il faut distinguer si ce destinataire, momentanément absent, a conservé néanmoins ce domicile, ou s'il l'a abandonné sans esprit de retour ; que, dans le premier cas, l'huissier doit, aux termes de l'art. 68 c. proc. civ. remettre la copie à un parent, à un serviteur ou à un voisin qui signe l'original, et, en cas de refus de recevoir copie, l'huissier doit le remettre au maire qui visera l'original ; que dans le second cas, celui de l'abandon définitif du domicile indiqué, et que l'huissier ne puisse découvrir le lieu de ce domicile, il doit, conformément à l'art. 69, n° 8, du même code, afficher l'exploit à la principale porte du tribunal et remettre copie au procureur de la République ; — Et attendu, en fait, que la signification faite au demandeur le 11 oct. 1871 du jugement rendu par défaut le 21 oct. 1870, constate que l'huissier s'est présenté au domicile indiqué, rue du Faubourg-Montmartre, n° 40 ; qu'il a été déclaré à l'huissier non que Corbassière fût absent, mais qu'il avait déménagé, il y a quinze mois, sans faire connaître sa nouvelle demeure ; — Attendu que dans cette position le domicile du demandeur était inconnu et

que l'huissier s'est conformé au vœu de l'art. 69, n° 8, en remettant la copie au parquet, après affiche d'une copie à la principale porte du tribunal ; qu'ainsi la signification était régulière et valable, et qu'elle a pu faire courir le délai de l'opposition fixé par l'art. 187 c. instr. crim. ; que, l'arrêt attaqué, en déclarant l'opposition de Corbassière non recevable comme formée en dehors du délai légal, n'a ni violé ni faussement appliqué les dispositions de loi précitées, mais en a fait une juste et saine application ;

Sur le troisième moyen, tiré de la violation de l'art. 187 c. instr. crim., et fausse application et violation des art. 203, 636 et 644 du même code, en ce que l'arrêt attaqué a décidé que le délai d'opposition à un jugement par défaut ne dépasse pas cinq ans et dix jours, c'est-à-dire les deux délais cumulés de la prescription de la peine et de l'appel, et a déclaré non recevable l'opposition formée par le demandeur postérieurement à ce laps de temps, bien que, la signification du jugement par défaut ayant été faite à domicile et non à personne, le condamné n'eût pas eu connaissance de ce jugement ; — Attendu que l'art. 187 c. instr. crim., modifié par la loi du 26 juin 1866, limite le délai de l'opposition à cinq jours à partir de la signification du jugement par défaut au prévenu ou à domicile, et que, par exception à cette règle, il proroge ce délai, non pas indéfiniment, mais seulement jusqu'à l'expiration du délai pour la prescription de la peine, lorsque la signification n'a pas été faite à la personne du prévenu, ou que des actes d'exécution n'ont pas porté le jugement à sa connaissance ; — Attendu qu'en se fondant sur cette prescription de la peine pour déclarer l'opposition du demandeur non recevable, l'arrêt attaqué n'a ni violé ni faussement appliqué les dispositions de la loi susvisées ;

Par ces motifs, rejette, etc.

Du 7 mars 1884.-Ch. crim.-MM. Puget, rap.-Ronjat, av. gén.-Chaufton, av.

caractère d'acte interruptif de la prescription de l'action publique que pendant le délai accordé pour l'opposition, et la prescription de la peine court à partir du moment où le jugement est devenu définitif, c'est-à-dire à l'expiration du délai de cinq jours (Faustin Hélie, *Instruction criminelle*, t. 8, n° 4114. V. aussi *Rép.* v° *Prescription criminelle*, n° 124 et suiv.).

**258.** En est-il de même du jugement signifié seulement à domicile? Oui, d'après une jurisprudence bien établie (Crim. cass. 5 mars 1869, aff. Mortellier, D.P. 69. 1. 485, et sur renvoi, Bourges 18 juin 1869, D. P. 70. 2. 165, note 2; Paris, 25 févr. 1870, aff. Coussinet, D. P. 70. 2. 165 ; Paris, 27 nov. 1882, aff. Corbassière, D. P. 83. 2. 61). « Il est impossible, a dit l'arrêt du 5 mars 1869, de considérer un jugement par défaut régulièrement signifié comme un simple acte d'instruction devant servir de point de départ seulement à la prescription de l'action publique ; un tel système aurait pour résultat, par une confusion des principes, de substituer une prescription à l'autre, et d'appliquer à la peine une prescription de trois ans, alors que, aux termes de l'art. 636 c. instr. crim., la peine n'est prescrite que par le laps de cinq années ». D'où la conséquence que le jugement par défaut signifié seulement au domicile doit, à l'expiration du délai ordinaire d'opposition, être réputé définitif comme le jugement signifié à personne, en ce sens qu'il substitue la prescription de la peine à la prescription de l'action publique, et, par suite, que le condamné qui, n'ayant pas été touché par la signification, forme opposition au jugement, plus de trois ans après sa date, ne peut, sur cette opposition, invoquer la prescription de l'action publique. C'est donc vainement que le condamné par défaut, qui userait de son droit d'opposition avant l'expiration du délai de cinq ans, prétendrait se prévaloir, à l'audience, de ce que plus de trois ans se seraient écoulés depuis la signification du jugement, pour opposer la prescription de l'action publique. On lui répondrait justement qu'il n'y a, dans ce cas, qu'une seule prescription à considérer : celle de la peine, laquelle n'est acquise que par cinq ans. M. Morin, *Journ. du droit crim.*, 1869, art. 8941, a approuvé cette jurisprudence : « Il y a parité de situation, dit avec raison ce jurisconsulte, entre une condamnation par contumace, exécutoire et néanmoins non avenue, dès que le condamné se présente pour être jugé contradictoirement, et une condamnation par défaut qui, quoique régulièrement signifiée, comporte exceptionnellement une opposition, même dans les cinq ans. D'ailleurs, on peut trouver des textes conformes. L'art. 641 place sur la même ligne les condamnations par défaut et celles par contumace, en décidant qu'après prescription de la peine, les condamnés ne pourront se présenter pour purger le défaut ou la contumace ; et l'art. 187, dans la disposition nouvelle qui prolonge le délai d'opposition, prend pour terme la durée fixée pour la prescription de la peine. Donc le législateur lui-même a entendu que, après signification du jugement par défaut, la durée de la prescription serait de cinq ans et non de trois seulement ». Conf. Dutruc, *Journ. du min. publ.*, 1869, art. 1266, p. 249.

**259.** Il résulte de la doctrine qui vient d'être exposée que le droit spécial d'opposition accordé pendant la durée du temps de la prescription de la peine, au condamné qui a pu ne pas avoir connaissance du jugement par défaut régulièrement signifié, ne suspend pas, tant qu'il subsiste, les effets du jugement, comme le fait le droit d'opposition ordinaire. La cour de cassation l'avait déjà reconnu, d'ailleurs, en décidant que c'est toujours de l'expiration du délai ordinaire des cinq jours que court, pour le ministère public, le délai du recours en cassation contre le jugement par défaut (Crim. cass. 29 févr. 1868, aff. Jeautaud, D. P. 68. 1. 384). Conf. Dutruc, article précité, p. 253.

**260.** — 3° *Formes.* — En police correctionnelle, les formes de l'opposition ne sont pas les mêmes qu'en simple

police. Il ne suffit plus d'une simple déclaration en réponse au bas de la signification : l'opposition doit être déclarée au greffe (Anal. de l'art. 203, relatif à l'appel). C'est ce que décident aujourd'hui tous les auteurs (Faustin-Hélie, *Instr. crim.*, t. 6, n° 2972; Garraud, n° 576 ; Villey, p. 388 ; Laborde, n° 1353). Elle doit, de plus, être notifiée au ministère public qu'à la partie civile » (art. 187). Toutefois, ainsi que le fait remarquer M. Laborde, *loc. cit.*, ce serait une erreur de croire que la double signification soit toujours nécessaire. « La disposition de l'art. 187, dit cet auteur, n'envisage évidemment que l'hypothèse assez ordinaire où le prévenu se porte opposant contre ses deux adversaires; car, suivant l'étendue qu'on lui donne, l'opposition ressaisit le tribunal, soit de l'action publique, soit de l'action civile, soit des deux. Il suffira donc au prévenu, qui se porte opposant contre la condamnation pénale, de signifier son opposition au ministère public, et à celui qui attaque la condamnation civile, de signifier son opposition à la partie civile ». Il a été jugé, dans ce sens, « que, si l'art. 187 c. instr. crim. exige que le condamné par défaut notifie son opposition tant au ministère public qu'à la partie civile, le défaut de signification faite à la partie publique, lorsque le condamné déclare, en appel, acquiescer au jugement par défaut, en ce qui concerne les condamnations prononcées sur l'action publique, ne saurait rendre nulle la signification régulièrement faite à la partie civile, pour ce qui est des intérêts civils ; de même que le défaut de signification à la partie civile, lorsqu'il y a acquiescement quant aux condamnations civiles, ne saurait rendre nulle la signification régulièrement faite au ministère public, en ce qui concerne l'action publique » (Crim. rej. 18 juin 1863, aff. Pavillard, D. P. 63. 1. 384; Conf. Crim. cass. 11 août 1853, aff. Bienaimé, D. P. 53. 5. 280; Faustin Hélie, t. 6, n° 2972). Mais, à défaut d'acquiescement à la condamnation pénale, l'opposition notifiée seulement à la partie civile, serait sans effet légal, le juge correctionnel ne pouvant statuer sur l'action civile isolément de l'action publique, sans contrevenir à la règle posée par l'art. 3 c. instr. crim. (Faustin Hélie, *eod. loc.*; Conf. crim. cass. 13 juin 1851, 2° moyen, *Bull. crim.* n° 221).

**261.** Il est encore à remarquer : 1° que le prévenu, après avoir notifié son opposition à la partie civile, peut déclarer verbalement à la barre du tribunal son opposition au ministère public (Faustin Hélie, *loc. cit.* Laborde, *loc. cit.*); — 2° Que si l'opposition est relevée seulement contre le ministère public, la signification peut être remplacée par la comparution volontaire. « Le procureur de la République connaît en effet l'opposition, puisqu'il a la surveillance du greffe, et, comme il est toujours présent à l'audience, il n'a pas besoin d'y être cité » (Laborde, *eod. loc.*).

**262.** Quant à l'opposition formée par la partie civile, cette opposition, pour être valable, doit être notifiée avant tout au prévenu, et non pas seulement au ministère public (Trib. corr. Seine, 12 nov. 1858, aff. Dubout, D. P. 58. 3. 80).

**263.** L'opposition peut être formée par un mandataire du défaillant. On a signalé, *Rép.* n° 479, un arrêt du 16 oct. 1847 qui a déclaré valable une opposition faite par un avoué ayant mandat. Il y a lieu de rappeler encore ici l'arrêt de rejet du 29 janv. 1870, *suprà*, n° 209, aux termes duquel le fondé de pouvoir d'un opposant à un jugement par défaut peut justifier de son mandat quelle que soit sa date, fût-elle antérieure au jugement.

**264.** L'opposition pourrait-elle être faite par une simple lettre du condamné au parquet? La négative nous paraît certaine; elle a été jugée par la cour de Paris le 14 juin 1890 (1).

**265.** Les formes de la notification de l'opposition sont les mêmes que celles de la notification du jugement par défaut. Elle doit mentionner la personne à la requête de laquelle est faite, la date de l'exploit, la remise de la copie,

---

(1) (Taupin C. Driancourt.) — La cour; — Considérant que l'arrêt de défaut du 16 nov. 1889, confirmatif du jugement qui a condamné la femme Taupin, pour diffamation et injures, à six jours de prison, 80 fr. d'amende et 1 fr. de dommages-intérêts, au profit de la demoiselle Driancourt, a été régulièrement notifié à la personne de la condamnée par exploit du 11 novembre; — Considérant que la lettre du même jour, par laquelle la femme

Taupin appelle l'attention de M. le procureur général sur l'enquête demandée à la chancellerie, dans le but d'établir la réalité des faits imputés à la demoiselle Driancourt, ne devait à aucun titre équivaloir à une opposition; — Considérant qu'après l'expiration des délais d'opposition l'arrêt par défaut est définitif; — Considérant, par suite, qu'il n'échet d'examiner le mérite des conclusions des héritiers de la femme Taupin, décédée le 22 févr. 1890, sur

etc. (Faustin Hélie, n° 2972, *in fine*). — Il a été jugé, qu'il n'y a aucune nullité résultant de ce que la copie de l'exploit de notification d'opposition à un arrêt par défaut n'indique pas la personne à laquelle l'huissier a parlé, lorsque l'original de cet exploit énonce que la copie a été donnée parlant à la personne du procureur général et que cette énonciation a été confirmée par le visa de ce magistrat (Crim. cass. 30 mai 1850, aff. Ader (*Bull. crim.* n° 175).

**266.** — 4° *Effets de l'opposition*. — L'opposition régulièrement formée produit deux effets : un effet suspensif et un effet extinctif.

**267.** — A. *Effet suspensif*. — L'opposition suspend d'abord l'exécution du jugement. Il est à remarquer que cet effet suspensif est attaché non seulement à l'opposition formée, mais encore au délai imparti pour user de cette voie de recours ; c'est le délai qui est suspensif, non pas seulement l'acte d'opposition (Garraud, n° 577 ; Laborde, n° 1354). On ne peut donc pas exécuter un jugement par défaut dans les cinq jours de sa signification. Il est même vrai de dire qu'on ne peut pas l'exécuter avant le dixième jour, à cause du délai l'appel. V. *supra*, v° *Appel*, n° 74.

Toutefois, s'il est vrai de dire qu'on ne peut exécuter un jugement de défaut pendant le délai d'opposition, cela ne doit s'entendre que du délai ordinaire de cinq jours, non du délai prolongé jusqu'au terme de la prescription de la peine qui est exceptionnellement accordé, par le troisième alinéa de l'art. 187 modifié par la loi du 27 juin 1866, au condamné par défaut qui n'a pas reçu signification du jugement à personne. Dans cette dernière hypothèse, la prolongation du délai d'opposition n'arrête pas l'exécution du jugement, sauf au condamné à paralyser cette exécution par un acte formel d'opposition (Garraud, *loc. cit.* et *Traité théorique et pratique du droit pénal français*, t. 2, p. 27, note 1). C'est ce qui se voit tous les jours dans la pratique : sur les réquisitions des officiers du ministère public, les agents de la force publique procèdent, en vertu d'extraits de jugements par défaut signifiés à domicile ou au parquet, à l'arrestation de condamnés correctionnels. Ceux-ci, le plus souvent, se hâtent de former opposition ; mais ils n'en restent pas moins détenus, en vertu du jugement de défaut, jusqu'à ce qu'il ait été statué sur leur opposition.

**268.** — B. *Effet extinctif*. — L'opposition fait tomber immédiatement le jugement rendu par défaut. L'art. 187 porte, en effet : « La condamnation par défaut sera non avenue ... si le prévenu forme opposition à l'exécution du jugement ». Toutefois cette abolition n'est que conditionnelle ; la condition est que le prévenu comparaîtra à l'audience pour soutenir son opposition. La première phrase de l'art. 188 démontre, en effet, clairement, que l'anéantissement du jugement est conditionnel : « L'opposition sera non avenue *si l'opposant n'y comparaît pas* (à la première audience) » (Conf. Faustin Hélie, t. 6, n° 2973 ; Boitard, *Leçons de droit criminel*, n° 705 ; Villey, p. 388. V. cependant, *contrà*, Laborde n° 1357) qui estime que l'effet extinctif de l'opposition est pur et simple). — Quelle est l'étendue de cet effet extinctif ? Ainsi qu'on l'a dit au *Rép.* n° 490, l'effet varie suivant la partie qui a fait opposition ; il est relatif. Ainsi l'opposition du prévenu ne profite point aux personnes civilement responsables et réciproquement ; chaque partie en cause n'use des voies de recours que dans son intérêt exclusif (Laborde, n° 1355). D'un autre côté, l'opposition n'anéantit que les chefs du jugement auxquels elle se rapporte ; formée contre le ministère public, elle fait tomber les condamnations pénales ; formée contre la partie civile, elle fait tomber les condamnations aux restitutions et dommages-intérêts (*op. cit.* n° 1354).

**269.** Par application de la règle de la *relativité* de l'effet de l'opposition, il a été jugé : 1° qu'il y a nullité lorsqu'une opposition reconnue régulière quant à l'action publique, irrégulière quant à l'action civile, est cependant déclarée non recevable pour le tout (Crim. cass. 26 juin 1851 cité *supra*, n° 236) ; — 2° Que, lorsque le ministère public et le

prévenu ont simultanément interjeté appel, chacun en la partie qui lui fait grief, du jugement par lequel le tribunal correctionnel déclare nul le procès-verbal servant de base à la poursuite et admet néanmoins le ministère public à prouver l'infraction par témoins, si la cour d'appel confirme cette décision par un arrêt contradictoire à l'égard du ministère public et par défaut à l'égard du prévenu, l'opposition ultérieure de celui-ci ne remet plus en question que l'admission de la preuve supplétive, et, par suite, le ministère public est, avec raison, déclaré non recevable à discuter de nouveau, sur le jugement de ladite opposition, la question de validité du procès-verbal (Crim. rej. 9 mars 1866, aff. Palomba, D. P. 66. 1. 288).

**270.** Au reste, l'effet extinctif est absolu en ce sens que le tribunal peut rendre un jugement plus défavorable encore à l'opposant que celui dont il a demandé la rétractation. Il peut donc augmenter aussi bien que diminuer la peine précédemment prononcée, car, l'opposition ayant pour effet d'anéantir de plein droit le jugement par défaut, le juge recouvre la plénitude de ses pouvoirs (Crim. cass. 2 mars 1882, aff. Tresvaux de Praval, D. P. 82. 1. 240) : c'est là une différence avec l'appel, qui n'autorise pas la juridiction supérieure à aggraver la situation du prévenu appelant (V. *supra*, v° *Appel criminel*, n°s 99 et suiv.). Et cette différence est justifiée : l'opposition anéantit le jugement par défaut et remet la cause et les parties dans le même état qu'auparavant ; l'appel, au contraire, ne fait que suspendre les effets de la condamnation (Conf. Garraud, n° 577, p. 723, note 1 ; Villey, p. 389 ; Laborde, n° 1356). La jurisprudence belge est en sens contraire (C. cass. Belgique, 20 mai 1878, aff. Béro, *Pasicrisie belge*, 1878, 1re part. p. 344 ; 30 janv. 1882, aff. Craen, *ibid.*, 1882, 1re part. p. 41 ; Bruxelles, 7 juin 1880, aff. Bronckardt, *ibid.*, 1880, 2e part. p. 211).

**271.** Une autre conséquence de l'effet extinctif a été signalée au *Rép.* n° 489-4°, à savoir que l'opposition formée dans le délai rend non recevable l'appel que la partie civile aurait antérieurement interjeté, pendant la durée du délai de l'opposition (Crim. cass. 30 août 1821, *Rép. ibid.*). Mais l'opposition laisse subsister l'instruction faite à l'audience du premier défaut (Bordeaux, 14 févr. 1838, *Rép.* n° 489-3°) « Cette instruction persiste, mais elle peut être complétée. On n'entendra donc une seconde fois les témoins déjà produits que s'il y a lieu de les confronter avec de nouveaux témoins ou de les faire déposer sur des faits nouveaux » (Laborde, n° 1387).

**272.** — 5° *Jugement de l'opposition*. — « L'opposition emporte citation à la première audience » dit l'art. 188. Quelle est cette *première audience* ? La question a déjà été traitée au *Rép.* n°s 483 à 485, mais il importe d'y revenir. Dans une première opinion, la « première audience » c'est celle qui suit immédiatement l'opposition, c'est-à-dire l'audience du lendemain ou du premier jour utile. Si donc le tribunal tient une audience le lendemain même de l'opposition notifiée par le prévenu défaillant, l'affaire y devra être appelée et l'opposant, s'il ne comparaît pas, sera débouté. Ce système est celui de Rodière, p. 359 ; de Carnot, *Instruction criminelle*, sur l'art. 188, et de Bourguignon, *Jurisprudence des codes criminels*, t. 1, p. 427 ; il a été repris et développé par M. Laborde, n° 1359. Il est conforme au texte de l'art. 188, qui n'accorde point de délai à l'opposant. « De plus, dit M. Laborde, il est rationnel : en accordant au prévenu défaillant un délai de cinq jours augmenté d'un jour par cinq myriamètres de distance (art. 187), la loi lui donne plus que le délai de comparution. Elle entend par conséquent que, dans ce délai, il prépare sa défense, se rende au siège du tribunal, forme et signifie son opposition. Dès l'expiration de ce délai il doit être prêt à plaider ». Néanmoins ce système est repoussé par la grande majorité des auteurs et par la jurisprudence. Confirmant ses arrêts de 1844 et 1851, cités *Rép.* n° 484, la cour de cassation a décidé que la première audience pour laquelle l'opposition vaut citation, et à laquelle l'opposant est tenu de compa-

---

l'extinction de l'action publique en conformité de l'article du code d'instruction criminelle et sur l'incompétence des tribunaux répressifs, de statuer sur l'action civile ;

Par ces motifs ; — Déclare définitif l'arrêt par défaut rendu le

16 nov. 1889 : — Dit irrecevables les conclusions, fins et moyens des héritiers de la femme Taupin ; — Condamne la partie civile aux dépens, sauf son recours.

Du 14 juin 1890.-C. de Paris, ch. corr.-M. Calary, pr.

raître, à peine de déchéance de son opposition, ne peut s'entendre que de la première des audiences données par le tribunal après les trois jours qui suivent l'opposition » (Crim. cass. 12 janv. 1862, aff. Moutal, D. P. 62. 1. 254. Conf. Crim. rej. 9 janv. 1880, aff. Chazot, D. P. 80. 1. 285 ; Caen, 6 oct. 1877, *Recueil de Caen et de Rouen*, 1878, p. 32 ; C. cass. Belgique, 28 nov. 1887, aff. Peussens, *Pasicrisie belge*, 1888, 1re part. p. 27. Conf. Faustin Hélie, t. 6, n° 2973 ; Berriat-Saint-Prix, *Procédure des tribunaux criminels*, 2e partie, art. 2, n° 1009 ; Morin, *Répertoire de droit criminel*, v° *Opposition*, n° 7 ; Garraud, n° 577 ; Villey, p. 388). Pourquoi ce délai de trois jours après l'opposition ? C'est que, aux termes de l'art. 188, « l'opposition emporte de droit citation » et qu'il semble, dès lors, rationnel d'accorder à la personne qui doit comparaître le délai normal de citation, c'est-à-dire les trois jours exigés par l'art. 184 entre toute citation correctionnelle et le jugement. Ce système offre aussi des avantages pratiques : il facilite l'inscription de l'affaire au rôle ; il permet d'éviter les surprises et il donne aux diverses parties en cause plus de temps pour se préparer à plaider.

**273.** Au reste, on remarquera qu'il n'est pas nécessaire que le ministère public fasse citer les parties, puisque l'opposition seule vaut citation. En fait cependant, le ministère public est dans l'usage de faire citer, et cela est préférable dans l'intérêt de la justice (Faustin Hélie, *loc. cit.*). Lorsqu'une citation a été ainsi donnée, elle prend la place de la citation légale de l'art. 188, et la jurisprudence en a tiré cette conclusion qu'il est alors permis d'en relever les nullités (Crim. cass. 28 avr. 1827, *Bull. crim.*, n° 104). — La cour de cassation a rendu, à la date du 8 août 1856 (aff. Cazeneuve, D. P. 56. 1. 380), un arrêt qu'il paraît difficile de concilier avec ceux qui ont été cités au numéro précédent. Cet arrêt a décidé que, dans le cas d'une citation donnée par le ministère public au prévenu opposant, l'art. 184 n'est pas applicable, et le prévenu ne peut se plaindre d'avoir été assigné à moins de trois jours, parce qu'il est de principe que tout opposant doit être prêt. Il est vrai que, dans l'espèce, le prévenu avait comparu et obtenu une remise, ce qui lui enlevait tout droit de réclamer contre la brièveté du délai indiqué par la citation.

**274.** On a dit au *Rép.* n° 485 que le délai de trois jours ne doit pas, dans tous les cas, être augmenté à raison des distances. Faustin Hélie est d'un autre avis. Suivant cet auteur, « dès que l'art. 184 doit régler le délai de la citation donnée par l'opposant, il est clair que le délai de distance prescrit par cet article doit, aussi bien que le délai de trois jours, être appliqué » (t. 6, n° 2973). La cour de cassation qui jugeait le 19 déc. 1833 (*Rép. ibid.*) que le délai de comparution est invariablement fixé par l'art. 188, tend aussi à modifier sa doctrine. Cette cour a reconnu, depuis la publication du *Répertoire*, que, dans le cas d'arrêt de condamnation par défaut obtenu par une partie civile, le délai de trois jours doit être augmenté d'un jour par trois myriamètres de distance entre le lieu où la partie civile reçoit la signification de l'opposition du prévenu et le siège de la cour d'appel (aff. Chazot, 9 janv. 1880, D. P. 80. 1. 285) ; et elle a jugé, par le même arrêt, que la partie civile peut renoncer à l'augmentation de ce délai de trois jours à raison des distances sans en prévenir l'opposant ; d'où cette conséquence qu'à la première audience utile après le délai légal de trois jours et faute par l'opposant de s'y présenter, la partie civile a le droit de requérir, et la cour le devoir de décider que l'opposition sera considérée comme non avenue. — M. Laborde (n° 1359, note 3) critique vivement cet arrêt ; « qui tend, dit-il, un piège à l'opposant, en lui im-

posant d'assister à toutes les audiences depuis l'expiration du troisième jour, jusqu'à celle du délai supplémentaire accordé pour la distance, s'il ne veut pas s'exposer à voir son adversaire profiter de son absence momentanée pour le faire débouter de son opposition ». Nous croyons que, si l'on peut contester à la partie civile le bénéfice du délai de distance, il est difficile de lui refuser la faculté de renoncer à un droit qui lui est accordé, dans son intérêt propre, quand l'ordre public n'est pas engagé.

Au même point de vue, nous signalerons un autre arrêt de la cour de cassation aux termes duquel la partie civile qui, sur son opposition à un arrêt de défaut rendu contre elle au profit du prévenu, a fait élection de domicile dans le lieu du siège de la cour, n'a droit qu'à un délai de trois jours entre son opposition valant citation et l'arrêt à intervenir ; elle prétendrait vainement à une augmentation de ce délai à raison de l'éloignement de son domicile réel (Crim. rej. 16 févr. 1878, aff. Sauvage, D. P. 78. 1. 282-283).

**275.** Quant au jugement de l'opposition lui-même, il varie naturellement selon que le prévenu comparaît ou non : jugement au fond, s'il comparaît ; jugement de débouté s'il ne comparaît pas. « Dans le premier cas, la cause et les parties sont remises dans le même état qu'avant le jugement, puisque ce jugement est anéanti (art. 187) : toutes les exceptions et défenses, que le procès comporte, peuvent être proposées, et le tribunal rend un jugement contradictoire dans lequel il adopte, à son gré, ou modifie le dispositif du jugement de défaut » (Garraud, n° 577. Conf. Faustin Hélie, t. 6, n° 2974 ; Villey, p. 389). Il peut donc décharger le prévenu des condamnations prononcées, les diminuer, les maintenir ou même les aggraver (Crim. cass. 2 mars 1882, cité *suprà*, n° 270) ; il peut aussi se déclarer incompétent s'il reconnaît que le fait dont il est saisi constitue un crime, et non un délit (Crim. régl. de jug. 7 avr. 1854, aff. Guérin, *Bull. crim.*, n° 100). Il a été jugé : 1° que le jugement qui statue sur une opposition doit juger la cause dans l'état où elle était lors du jugement par défaut, et ne peut, par conséquent, sans excès de pouvoir et violation des règles de l'ordre des juridictions, apprécier des faits postérieurs au jugement par défaut, ou même qui n'auraient pas été compris dans ce jugement (Crim. cass. 16 mars 1849, aff. Scrive, *Bull. crim.*, n° 85) ; — 2° Que le tribunal appelé à statuer sur l'opposition formée à un jugement par défaut doit, à peine de nullité, s'expliquer dans le jugement contradictoire, par un motif explicite, sur les conclusions prises par l'inculpé afin de faire prononcer la nullité de la citation qui lui a été donnée (Crim. cass. 7 juill. 1871, aff. Labreyère, D. P. 71. 5. 272).

**276.** Si l'opposant ne comparaît pas, l'opposition est déclarée non avenue (art. 188), l'opposant est débouté et le jugement devient définitif (Même article). En d'autres termes, le tribunal doit, sur la non comparution de l'opposant, ordonner l'exécution pure et simple du jugement (Faustin Hélie, t. 6, n° 2974). La cour de cassation a fait plusieurs applications de cette règle. Elle a jugé : 1° que le tribunal ne peut, en déclarant l'opposition non avenue, prononcer une peine plus forte (Crim. cass. 18 juin 1853, aff. Cléret, D. P. 53. 5. 281) ; — 2° Que lorsqu'un arrêt par défaut a condamné un prévenu à faire une insertion dans la huitaine, à peine de 50 fr. d'indemnité par jour de retard, si le condamné fait opposition à l'arrêt et ne comparaît pas sur son opposition, celle-ci doit être considérée comme non avenue, et par suite, le point de départ de l'indemnité court à compter de l'expiration de la période de huitaine qui a suivi l'arrêt par défaut (Crim. rej. 13 mars 1886) (1).

---

(1) (Charles Laurent.) — La cour ; — Sur le moyen unique du pourvoi, tiré d'une prétendue violation de l'art. 208 c. instr. crim. : — Attendu, en fait, qu'un arrêt de la cour de Paris, chambre correctionnelle, en date du 26 mars 1885, a condamné par défaut le sieur Laurent, gérant du journal *Paris*, ès qualité, à 200 fr. d'amende, pour délit de diffamation, à 1000 fr. de dommages-intérêts envers le sieur Deneubourg, partie civile, et à l'insertion dudit arrêt en tête de la première colonne du journal, ladite insertion devant avoir lieu dans la huitaine, à peine de 50 fr. d'indemnité par chaque jour de retard pendant le premier mois, sauf à faire droit après le mois écoulé ; — Que le sieur Laurent ayant frappé d'opposition cet arrêt, mais ne s'étant pas présenté

pour le soutenir, la cour de Paris, procédant en conformité de l'art. 208 c. instr. crim., a, le 27 juillet suivant donné défaut contre l'opposant, déclaré l'opposition non avenue et ordonné l'exécution pure et simple de l'arrêt du 26 mars ; — Que, le 29 décembre dernier, la même cour, appliquant et interprétant, en tant que besoin, son arrêt du 27 juillet, a condamné Laurent à payer à Deneubourg : 1° une somme de 1500 fr. pour retard d'insertion pendant le premier mois ; 2° une autre somme de 1500 fr. pour la préjudice causé à Deneubourg par la persistance de ce retard depuis la fin du premier mois jusqu'au 9 août, date à laquelle l'arrêt du 26 mars a été enfin inséré dans le journal ; — Attendu, en droit, que, Laurent n'ayant pas comparu sur

— Cette même cour avait précédemment jugé, d'après le même principe, que lorsque l'opposant à un arrêt correctionnel par défaut ne s'est pas présenté sur son opposition, cet arrêt étant ainsi devenu définitif, il n'est pas au pouvoir de la cour d'y porter atteinte et de procéder, en évoquant, à un nouveau jugement du fond (Crim. cass. 18 nov. 1854) (1).

La cour d'Orléans a aussi appliqué la règle que l'opposition au jugement par défaut est réputée non avenue lorsque l'appelant ne se présente pas pour la soutenir, en jugeant que si, postérieurement à un jugement par défaut qui a statué au fond, la partie condamnée, tout en formant opposition audit jugement, a en même temps relevé appel d'un jugement contradictoire antérieur, qui a rejeté une exception de sursis, fondée sur une question préjudicielle, l'existence de cet appel (d'où l'on voudrait induire le dessaisissement du tribunal) ne saurait mettre obstacle au débouté de l'opposition, et partant au maintien du premier jugement (Orléans, 8 août 1853, aff. Bertin, D. P. 54. 2. 29).

**277.** On a déjà dit au *Rép.* n° 486 que la déchéance de l'opposition pour non-comparution n'est pas encourue de plein droit, mais qu'elle doit être requise. À l'arrêt du 4 juin 1829, *Adde* dans le même sens : Crim. rej. 29 janv. 1870, rendu en matière de simple police, *suprà*, n° 209. Ajoutons que, pour être encourue, cette déchéance a besoin d'être prononcée (Crim. cass. 26 avr. 1860, aff. Vilcoq, D. P. 60. 1. 291). Plusieurs arrêts ont décidé, à cet égard, que s'il n'est intervenu, ni débouté d'opposition, ni remise à jour déterminé, l'opposant n'est pas tenu de se trouver à toutes les audiences qui suivent ; le principe général, qui veut que nul ne soit jugé sans être entendu ou appelé, reprend toute sa force aussi

bien en faveur de l'opposant qu'à l'égard des autres parties, et, en conséquence, l'opposant ne peut être débouté de son opposition qu'après avoir été cité régulièrement à comparaître (Crim. rej. 27 avr. 1861, *Bull. crim.*, n° 89 ; 29 avr. 1865, aff. Grassal, D. P. 66. 5. 275 ; Crim. cass. 9 mars 1889) (2).

**278.** C'est une question controversée que celle de savoir si le jugement de débouté d'opposition doit être rendu sans examen du fond. L'affirmative, qui se fonde sur ces expressions de l'art. 188 : « elle (l'opposition) sera non avenue si l'opposant n'y comparaît pas » est généralement reçue (Crim. cass. 18 nov. 1854, aff. Savary, *suprà*, n° 276 ; Garraud, n° 603 ; Villey, p. 389) et suivie dans la pratique. M. Faustin Hélie a dit, dans le même sens : « Si l'opposant ne comparaît pas, l'opposition doit être déclarée non avenue. Le jugement par défaut conserve alors toute sa force et devient définitif. Il n'est donc pas au pouvoir du juge d'y porter atteinte et d'en modifier les dispositions. Il ne statue que sur l'opposition, et lorsque, la déclarant non avenue, il cesse au moment même d'être saisi, il n'a aucun pouvoir pour entrer dans l'examen du fond » (t. 6, n° 2974). M. Laborde est d'un avis contraire. Cet auteur fait remarquer que « la suite de l'art. 188 favorise l'argument tiré de sa première phrase : elle déclare en effet l'appel recevable, non pas contre le jugement primitif, mais contre *le jugement rendu sur l'opposition* ; cela prouve bien que le jugement primitif est anéanti malgré la non-comparution de l'opposant. En conséquence le jugement de débouté n'est pas une simple annulation de l'opposition, mais un nouveau jugement par défaut, contre lequel l'appel seul est recevable, et qui se substitue au premier. Le tribunal peut donc examiner à nouveau le fond et modifier le

---

(1) (Savary.) — La cour ; — ... Sur le fond : — Vu les art. 208 et 215 c. instr. crim. ; — Attendu que Savary n'ayant pas comparu sur son opposition, cet acte, aux termes de l'art. 208, est demeuré comme non avenu ; que le premier arrêt conservant toute sa force et devenait définitif ; — Attendu que l'arrêt prenant nécessairement ce caractère par cela seul que l'opposition n'était pas soutenue, il n'était pas au pouvoir de la cour d'y porter aucune atteinte ; que l'évocation qui avait pour objet un nouvel examen du fond n'était pas autorisée par la loi ; — Attendu que Savary, déchargé, il est vrai, par l'arrêt attaqué, de la peine d'emprisonnement, a été condamné à une peine d'amende plus forte ; que la contrainte par corps a été augmentée d'une année, que le défaut d'intérêt ne peut donc être opposé au pourvoi ; — Qu'ainsi il y a excès de pouvoir, violation de l'art. 208 et fausse application de l'art. 215, etc. ; — Casse.
Du 18 nov. 1854.-Ch. crim.-MM. Plougoulm, rap.-Bresson, av. gén.-Avisse et Hardouin, av.

(2) (Antoine Devaux.) — La cour ; — Sur le moyen relevé d'office et tiré de la violation des art. 182 et suivants c. instr. crim. et des droits de la défense : — Vu lesdits articles ; — Attendu, en fait, que Devaux condamné par défaut à deux mois d'emprisonnement à 25 fr. d'amende et à 1000 fr. de restitution envers la partie civile pour abus de confiance, par un arrêt de la cour d'appel de Paris en date du 24 janv. 1884, a fait opposition audit arrêt le 6 mai 1888, qu'il ne s'est présenté à la première audience qui a suivi son opposition, et que la déchéance n'a pas été prononcée ; — Attendu, par suite, qu'il a été cité à comparaître à l'audience de la chambre correctionnelle de la cour d'appel de Paris, du 29 mai 1888, mais que l'huissier, au lieu de se présenter à l'exploit au n° 15 du passage Julien-Lacroix, où il demeurait, l'a assigné au n° 14 du même passage, où il était inconnu ; que la copie de l'exploit a été remise au parquet et affichée et que le demandeur a été débouté de son opposition par arrêt du 29 mai dernier, sans avoir su qu'il était appelé à comparaître à cette date devant la cour d'appel de Paris et sans

son opposition à l'arrêt par défaut du 26 mars, cette opposition, aux termes même de l'art. 208 précité, a été justement considérée comme non avenue ; que, par suite, ledit arrêt a nécessairement conservé toute sa force et revêtu un caractère définitif ; — Qu'il y a donc lieu de reconnaître, avec l'arrêt entrepris du 29 décembre, que toute fois l'opposition de Laurent, laquelle a été, à bon droit, réputée inexistante, l'indemnité due à la partie civile pour chaque jour de retard, à raison du défaut d'insertion, a commencé à courir à l'expiration de la période de huitaine qui a suivi l'arrêt du 26 mars, et non point, comme le prétend le demandeur, après la huitaine qui a suivi l'arrêt de débouté d'opposition ;... — Par ces motifs, rejette, etc.
Du 13 mars 1886.-Ch. crim.-MM. de Larouverade, rap.-Loubers, av. gén.

avoir pu présenter ses moyens de défense ; — Attendu, en droit, que si, aux termes de l'art. 188 c. instr. crim., l'opposition emporte citation à la première audience, et si elle est réputée non avenue lorsque l'opposant ne s'y présente pas, la déchéance, pour être encourue, a besoin d'être prononcée ; que, s'il n'est alors intervenu ni débouté d'opposition ni remise à un jour déterminé, l'opposant n'est pas tenu de se trouver à toutes les audiences qui suivent ; que le principe général, qui veut que nul ne soit jugé sans être entendu ou appelé, reprend toute sa force aussi bien en faveur de l'opposant qu'à l'égard des autres parties ; — Attendu, en conséquence, que si l'opposant ne s'est pas présenté à la première audience, il ne peut être débouté de son opposition qu'après avoir été régulièrement cité de comparaître ; — Attendu que l'exploit de citation du 15 mai 1888 est manifestement irrégulier ; — Qu'il est constaté, d'une part, que Devaux a reçu la notification de l'arrêt par défaut du 24 janv. 1884, passage Julien-Lacroix, n° 15, où il demeurait, et qu'il a été arrêté en ce lieu, le 4 mai dernier ; qu'après son opposition immédiatement suivie de sa mise en liberté, aucune recherche n'a été faite à son domicile et que, loin qu'il résulte d'aucune des pièces de la procédure qu'il ait changé d'adresse, il est établi par le procès-verbal relatif à la seconde arrestation, opérée le 12 oct. 1888, qu'il demeurait encore à cette date passage Julien-Lacroix, n° 15 ; — Attendu que l'huissier qui a cité le demandeur à comparaître à l'audience du 29 mai 1888 ne mentionne pas dans son exploit qu'il se soit transporté passage Julien-Lacroix, n° 15, et est reconnu que l'opposant n'y demeurait pas ; qu'il se borne à constater qu'il s'est présenté au n° 14 dudit passage où Devaux n'est pas connu et à déclarer qu'il ne lui connaît pas de domicile ; que, par suite, il a remis une copie de l'exploit au procureur général près la cour d'appel et a affiché une autre conformément à la loi ; — Attendu que la demeure du prévenu étant indiquée par l'acte de notification de l'arrêt par défaut du 24 janv. 1884 et par le procès-verbal du 4 mai 1888, régulièrement classé au dossier, constatant son arrestation, il aurait fallu qu'il fût établi qu'il n'y résidait plus, pour que l'exploit de citation pût lui être valablement signifié en la forme déterminée par l'art. 69, § 8, c. proc. civ.; que cette preuve ne résulte ni des allégations consignées par l'huissier dans son exploit, lesquelles ne sont pas appuyées sur aucune constatation de fait, ni d'aucun autre document ; qu'en cet état Devaux ne saurait être considéré comme n'ayant ni domicile ni résidence connus en France ; — D'où il suit qu'en déclarant, dans ces circonstances, non avenue l'opposition du demandeur à l'arrêt par défaut du 24 janv. 1884, l'arrêt du 29 mai 1888 a formellement violé les dispositions légales susvisées et les droits de la défense ; — Et attendu que l'annulation dudit arrêt entraîne nécessairement la cassation de l'arrêt du 8 déc. 1888 ; — Par ces motifs, casse et annule les arrêts de la cour d'appel de Paris, en date des 29 mai et 8 déc. 1888, etc.
Du 9 mars 1889.-Ch. crim.-MM. Vételay, rap.-Bertrand, av. gén.

jugement primitif » (n° 1357). — L'opinion de la jurisprudence et de la majorité des auteurs nous paraît préférable. En tous cas, il est certain pour nous que le jugement de débouté d'opposition est un jugement par défaut, bien qu'il ne soit pas susceptible d'opposition : il est rendu contre une partie qui ne se présente pas ; d'où il faut conclure que le délai de l'appel, en matière correctionnelle, ne court, vis-à-vis du prévenu, que du jour où ce jugement lui a été signifié, et non du jour où il a été prononcé (Crim. rej. 15 mai 1879, aff. Bouché, D. P. 80. 1. 238 ; Conf. Garraud, n° 577, p. 733, note 1 ; Laborde, n° 1341).

**279.** Au reste, il n'est pas nécessaire que le jugement de débouté reproduise les motifs et le dispositif du jugement rendu sur le premier défaut ; il peut se borner à se référer à ce jugement et à en ordonner l'exécution (Crim. rej. 24 avr. 1846 (*Bull. crim.* n° 102) ; 19 avr. 1848: (*ibid.* n° 135); Faustin Hélie, t. 6, n° 2974 ; Villey, p. 389 ; Laborde, n° 1357). C'est aussi ce qui se fait très habituellement dans la pratique.

**280.** La règle *opposition sur opposition ne vaut* est vraie en matière pénale comme en matière civile. Il est clair, à la simple lecture de l'art. 188, que la partie ne pourrait former une nouvelle opposition contre le jugement qui l'a déboutée de la première, faute de comparaître. D'ailleurs, « s'il en était autrement, il lui serait loisible en ne se présentant jamais et en renouvelant indéfiniment ses oppositions, de suspendre le cours de la justice » (Garraud, n° 577). Il a été jugé, et il ne pouvait être douteux, que l'opposition à un jugement par défaut, en matière correctionnelle, n'est admissible qu'une fois; par suite, la décision intervenue sur une opposition nouvelle est nulle comme violant le principe de la chose jugée (Crim. cass. 28 avr. 1854, aff. Voirin, D. P. 55. 5. 304).

**281.** Aux termes du second alinéa de l'art. 187, modifié par la loi du 27 juin 1866, « les frais de l'expédition, de la signification du jugement par défaut et de l'opposition *pourront* être laissés à la charge du prévenu », ce qui veut dire que, dans le cas où l'opposant qui a comparu serait *acquitté* ces différents frais *peuvent* être mis à sa charge, s'il y a eu faute et négligence de sa part. Cette condamnation est la conséquence de sa négligence. Avant 1866, l'art. 187 était impératif, mais la jurisprudence ne l'appliquait que s'il y avait *faute* des défaillants (Civ. cass. 12 févr. 1846, *Bull. crim.*, n° 47; 21 août 1852, *Bull. crim.*, n° 293). La loi a donc sanctionné la jurisprudence à cet égard. — Au reste, il faut conclure du motif de la loi que la condamnation aux frais ne pourrait être prononcée si la citation, à la suite de laquelle le jugement par défaut a été prononcé, était irrégulière, car alors il ne serait plus possible d'imputer aucune faute au défaillant (Faustin Hélie, t. 6, n° 2974; Laborde, n° 1361; Garraud, n° 577; Villey, p. 389; Conf. Crim. rej. 15 oct. 1834, aff. Méjat, *Rép.* v° *Exploit*, n° 755-2°).

**Sect. 3. — Des arrêts par défaut des cours d'assises**
(*Rép.* n°s 492 à 495).

**282.** Les cours d'assises sont rarement appelées à rendre des arrêts par défaut. En matière de grand criminel, si l'accusé a pu être saisi, il comparaît devant la cour d'assises en état d'arrestation, et si un arrêt de condamnation intervient contre lui, cet arrêt est forcément contradictoire. Si l'accusé s'est soustrait à la main de la justice, on procède par la voie spéciale de la contumace, et cette forme de procéder ne comporte pas la voie d'opposition proprement dite. V. *suprà*, v° *Contumace*, n°s 34 et suiv. Ce n'est donc pas sur l'action répressive que des arrêts par défaut peuvent intervenir aux assises; mais, comme on l'a rappelé au *Rép.* n° 493, les cours d'assises sont fréquemment appelées à statuer sur les dommages-intérêts dus au plaignant par l'accusé, ou à l'accusé par le plaignant ou partie civile (c. instr. crim. art. 358 et 366). Dans ces deux hypothèses, les arrêts par défaut sont possibles, surtout dans le second cas. Spécialement, la jurisprudence rapportée *Rép. ibid.* a reconnu à la partie civile le droit d'opposition à l'arrêt par défaut rendu par une cour d'assises qui la condamne à des dommages-intérêts envers l'accusé acquitté. Faustin Hélie, t. 8, n° 3822, et Morin, *Répertoire*, v° *Opposition*, n° 13,

ont approuvé cette jurisprudence. — Il est plus difficile de concevoir le cas d'un arrêt par défaut condamnant l'accusé à des dommages-intérêts envers la partie civile, précisément parce que l'accusé est présent à l'audience; on peut toutefois supposer que l'accusé a déclaré, en réponse aux conclusions de la partie civile, qu'il entend faire défaut ; on peut admettre que la cour, ayant commis l'un des juges « pour entendre les parties, prendre connaissance des pièces, et faire son rapport à l'audience » (art. 358), l'accusé ne s'est pas présenté à cette audience et s'est laissé condamner par défaut. Il n'y a point de doute, suivant nous, qu'il pourra faire opposition à l'arrêt, puisque, d'après les principes du droit commun, consacrés par l'avis du conseil d'Etat du 11 févr. 1806, la voie de l'opposition est ouverte contre les condamnations par défaut, dans tous les cas où cette voie n'a pas été interdite par une loi spéciale.

**283.** Les crimes et *délits* commis par la voie de la presse sont aujourd'hui, en principe, justiciables de la cour d'assises (L. 29 juill. 1881, art. 45, D. P. 81. 4. 65). Les cours d'assises peuvent donc être appelées à rendre des arrêts par défaut en matière de presse. A cet égard, la loi précitée a tracé des règles spéciales dans ses art. 56 et 57 dont le commentaire sera donné *infrà*, v° *Presse-outrage*. Il suffira de dire ici que, d'après l'art. 56, si le prévenu ne comparaît au jour fixé par la citation, il sera jugé par défaut par la cour d'assises, sans assistance ni intervention des jurés, et, d'autre part, que les arrêts ainsi rendus peuvent être attaqués par la voie de l'opposition. Au reste, les art. 56 et 57 appliquent à l'arrêt par défaut rendu sans l'assistance des jurés, les règles posées par les art. 187 et 188 c. instr. crim., qui ont été exposées *suprà*, n° 24 et suiv. — Il est à remarquer que, suivant l'art. 56 « l'opposition vaut citation à la première audience *utile* ». Ce dernier mot ne figure pas dans l'art. 188 c. instr. crim. La première audience utile s'entend de la première audience disponible qui suit l'expiration des délais de comparution (Barbier, *Code explique de la presse*, t. 2, n° 947; Conf. *suprà*, n° 272.

**284.** Quant aux délits politiques, ils n'ont pas cessé, depuis la publication du *Répertoire*, d'être justiciables du tribunal correctionnel, et la règle de compétence des art. 1 et 4 du décret du 25 févr. 1852 (D. P. 52. 4. 61) est demeurée, à leur égard, en vigueur. Il s'ensuit que les jugements par défaut en matière de délits politiques et le droit d'y former opposition restent (*Rép.* n° 495) soumis aux principes généraux qui régissent les jugements ordinaires des tribunaux correctionnels. Mais il en serait autrement, bien entendu, si le délit politique était un délit commis par la voie de la presse. A ce titre, la compétence et la procédure seraient réglées par la loi sur la presse du 29 juill. 1881 (D. P. 81. 4. 65) et, en cas de défaut, il faudrait appliquer les art. 56 et 57 de ladite loi.

**CHAP. 4. — Des jugements par défaut en matière administrative** (*Rép.* n°s 496 à 532).

**285.** Les règles concernant le *conseil d'Etat* étant étudiées *suprà*, v° *Conseil d'Etat*, il ne sera question ici que des décisions par défaut émanées des conseils de préfecture.

**Sect. 1re. — Quels jugements sont contradictoires et par défaut** (*Rép.* n°s 497 à 514).

**286.** La procédure à suivre devant les conseils de préfecture est réglée par la loi du 22 juill. 1889 (D. P. 90. 4. 1), qui, pour la première fois, a posé des règles qu'il fallait auparavant puiser dans la jurisprudence. Cette loi (art. 55) consacre le principe déjà admis que, devant les tribunaux administratifs, l'instruction orale est purement accessoire et, pour ainsi parler, surabondante : celle qui a le caractère légal, c'est l'instruction écrite. Il suit de là que, lors même que les parties n'auraient pas, par elles-mêmes ou par leurs mandataires, présenté d'observations orales à la séance publique, le jugement (ou, pour employer l'expression spéciale à la matière, l'arrêté) n'en est pas moins contradictoire, s'il a été rendu sur les requêtes ou mémoires en défense des parties (art. 55).

**287.** Il résulte de cette disposition expresse que ce qui distingue le jugement contradictoire du jugement par défaut, c'est l'existence, au nom du défendeur, d'un mémoire en défense. Il ressortait déjà de la jurisprudence qu'un arrêté de conseil de préfecture doit être réputé rendu par défaut, lorsqu'il ne vise aucune défense, et qu'il résulte, en outre, de l'instruction, qu'il n'en a été produit aucune (Chauveau et Tambour, *Code d'instruction administrative*, n° 294 ; Cons. d'État, 6 août 1857, aff. Tersouly, D. P. 58. 3. 33). Et l'on ne peut considérer comme une défense la lettre par laquelle le ministre défendeur fait connaître au préfet qu'il a l'intention de faire défaut devant le conseil de préfecture (Cons. d'État, 28 juill. 1876, aff. Ministre des finances, D. P. 77. 3. 4)... ou la lettre par laquelle le prévenu se plaint au préfet de n'avoir pas eu connaissance du contenu d'un procès-verbal en vertu duquel il est poursuivi (Cons. d'État, 26 juill. 1854, aff. de Rancy, D. P. 55. 3. 36).

**288.** Les difficultés de ce genre sont faciles à trancher. Ce qui l'est moins, parce que cela se complique d'une question de fait, c'est le point de savoir, dans une affaire complexe, quel jugement ou quelle partie de jugement doit être réputée contradictoire ou par défaut (Comp. *supra*, n°s 12 et suiv.). Il faut considérer, à cet égard, quelle est l'étendue de la défense présentée. Si le défendeur a présenté une défense au fond sur le tout, le jugement est, pour le tout, contradictoire. Il en est autrement dans le cas contraire (Chauveau et Tambour, n° 304; *Rép.* n° 306-9°). Par exemple, l'arrêté du conseil de préfecture par lequel un particulier, poursuivi pour avoir anticipé sur le sol d'un chemin vicinal, est condamné à démolir sa construction, est, à son égard, un jugement par défaut, si ce particulier s'est borné à ce qu'il soit sursis à statuer jusqu'à ce que les tribunaux compétents aient prononcé sur une action de faux intentée par lui contre le maire (Cons. d'Et. 4 août 1876, aff. Ghighini, D. P. 76. 1. 97).

**289.** Même difficulté, lorsque l'affaire présente plusieurs phases successives, ce qui est très fréquent devant les conseils de préfecture, où l'expertise est le procédé usuel d'instruction (Comp. L. 22 juill. 1889, art. 13 à 24). Le jugement rendu après expertise est-il contradictoire par cela seul que l'instance était contradictoirement liée avant l'expertise ordonnée, parce qu'il a été procédé à celle-ci contradictoirement? La jurisprudence du conseil d'État avait admis, à cet égard, une règle très précise, sinon très juridique, qui procédait de cette idée que, dans ces expertises où chaque partie nomme son expert (L. 22 juill. 1889, art. 14), l'expert est à considérer comme le défenseur de la partie qui l'a nommé (Comp. Cons. d'Et. 15 déc. 1859, aff. Pasquier, D. P. 62. 3. 41); le conseil d'État admettait comme contradictoires les jugements rendus après une expertise contradictoire opérée par des experts nommés par les parties (Chauveau et Tambour, n° 302, notes 1 et 2, p. 261). Il avait été, en effet, jugé : 1° que la partie qui a comparu devant l'expert et devant le tiers expert doit être considérée comme s'étant défendue, et l'arrêté ultérieur comme contradictoire à son égard, encore bien qu'elle n'eût pas présenté d'autre défense devant le conseil de préfecture à la suite de l'expertise (Cons. d'Et. 7 sept. 1861, aff. Ambeau, D. P. 62. 3. 41); — 2° Qu'un arrêté rendu à la suite d'une expertise confiée à deux experts, dont l'un désigné par la partie requérante, laquelle avait, d'ailleurs, été représentée à l'expertise par l'un de ses agents, devait être réputé contradictoire à l'égard de cette partie (Cons. d'Et. 21 janv. 1881, aff. Compagnie du Midi, D. P. 82. 5. 127); — 3° Que, dans le cas où un industriel, mis en demeure de payer une subvention spéciale pour dégradation aux chemins vicinaux, avait répondu par lettre et avait désigné un expert, il ne pouvait se prévaloir de ce qu'il n'avait fourni aucune défense après l'expertise pour soutenir que l'arrêté du conseil de préfecture le condamnant à payer une subvention avait été rendu par défaut (Cons. d'Et. 17 nov. 1882, aff. Dubourg, D. P. 84. 5. 121; *Adde* : Cons. d'Et. 20 avr. 1883, aff. Meslay, *ibid.*). — C'est la règle inverse qui était appliquée lorsque l'expert avait été nommé d'office. Décidé, en effet : 1° que, lorsqu'une partie n'a pas présenté de défense devant le conseil de préfecture, notamment en matière d'imposition d'une subvention spéciale pour dégradations extraordinaires à un chemin vicinal, l'arrêté rendu contre cette partie doit être considéré comme ayant été rendu par défaut, quoiqu'elle ait été mise en demeure de

se défendre, et que, faute par elle d'avoir désigné un expert *pour la représenter* dans l'expertise ordonnée, un expert lui ait été donné d'office et ait procédé concurremment avec celui de l'autre partie (Cons. d'Et. 15 déc. 1859, précité); — 2° Que l'arrêté par lequel le conseil de préfecture règle l'indemnité due à un propriétaire par un entrepreneur de travaux publics, sans que ce propriétaire ait formé une demande ou ait été appelé où entendu devant ce conseil, est rendu par défaut, alors même qu'il aurait été représenté dans une expertise ordonnée antérieurement par le préfet (Cons. d'Et. 30 juill. 1883, aff. Legris, D. P. 64. 3. 10).

**290.** Ce système a été répudié par le législateur. La loi du 22 juill. 1889, art. 53, introduisant à cet égard un droit nouveau, dispose expressément que si, après une expertise, les parties n'ont pas été appelées à prendre connaissance du rapport d'experts, elles peuvent former opposition contre la décision du conseil de préfecture. Il n'est pas nécessaire, comme en matière civile, que le défendeur ait fourni des défenses expresses; mais il faut au moins qu'il ait été mis en demeure de le faire.

**Sect. 2.** — *De la faculté d'opposition* (*Rép.* n°s 513 à 532).

**291.** Avant que la loi du 22 juill. 1889 (art. 52) le décidât en termes exprès, la faculté d'opposition contre les arrêtés par défaut du conseil de préfecture était déjà consacrée par la jurisprudence (*Rép.* n° 518; Chauveau et Tambour, n° 305; Cons. d'Et. 6 août 1857, aff. Tersouly, D. P. 58. 3. 33). Elle était même si bien la règle, que le recours au conseil d'État était décidé non recevable, tant que la voie d'opposition était ouverte (*Rép.* n° 519, Chauveau et Tambour, n° 308; Cons. d'Et., 6 août 1857, précité; 15 déc. 1859, aff. Pasquier, D. P. 62. 3. 41; 30 juill. 1863, aff. Legris, D. P. 64. 3. 10). La loi du 22 juill. 1889 a consacré implicitement ce système, par son art. 57, en retardant l'ouverture du délai de recours devant le conseil d'État jusqu'à l'expiration du délai d'opposition.

**292.** Quel est ce dernier délai? — On s'est demandé, — la question a même été posée devant le conseil d'État (28 juill. 1876, aff. Chemin de fer de Lyon, D. P. 77. 3. 1), — si, devant le conseil de préfecture, on devait admettre la distinction existant en matière de procédure civile, entre les jugements par défaut faute de comparaître, contre lesquels l'opposition est recevable, nonobstant toute signification, jusqu'à l'exécution (c. proc. civ. 158), et les jugements par défaut faute de conclure, contre lesquels l'opposition n'est recevable que pendant la huitaine de la signification à avoué (c. proc. civ. 157). On soutenait, dans le sens du pourvoi dans l'affaire précitée, que cette distinction, fondée sur ce que, dans un cas, la partie adverse avait pu ignorer l'instance, tandis que, dans l'autre, il y avait eu de sa part mauvaise volonté ou impuissance de se défendre, était applicable en matière administrative comme en toute autre. Si, disait-on, l'art. 157 précité ne peut pas recevoir son application littérale devant une juridiction où il n'y a pas de constitution d'avoué, rien ne s'oppose à ce qu'il soit appliqué (Comp. en matière commerciale, *supra*, n° 25) en ce sens qu'il y a défaut faute de comparaître toutes les fois qu'une partie mise en cause a fait un acte duquel il résulte qu'elle a eu connaissance de l'instance et communication des pièces. D'ailleurs, exiger contre l'État un acte d'exécution, c'est rendre l'opposition recevable tant que la mesure n'aura pas consenti à obtempérer à la décision intervenue par défaut; en effet, contre les administrations publiques, il n'y a pas de mode d'exécution forcée (Conf. Bastia, 10 janv. 1866, aff. Poli, D. P. 67 5. 255). — Cette dernière considération a sa valeur, et l'on verra (*infra* n° 293) que la loi du 22 juill. 1889 en a tenu compte dans le choix du système qu'elle a institué; mais c'était vouloir en tirer une conséquence excessive que d'y puiser de toutes pièces l'organisation d'un système de jugement par défaut faute de conclure : pour admettre ce système en matière commerciale, on possède un texte qui, pour les conseils de préfecture comme pour les tribunaux de paix (V. *supra*, n° 23), manque absolument. Aussi la jurisprudence était-elle constante (Cons. d'Et. 26 nov. 1857, aff. du Grès, D. P. 58. 3. 44; 13 févr. 1885, aff. Ville de Paris, D. P. 86. 3. 88; *Rép.* n° 527; Chauveau et Tambour, n° 310), pour ne reconnaître devant les conseils de préfecture qu'une sorte de défaut, le défaut faute de comparaître, et admettre toujours l'opposition jusqu'à l'exécution. Cette solution tient à la nature de la procédure devant cette juridiction, qui n'exige jamais l'intervention d'aucun officier ministériel, et devant laquelle la comparution ne se manifeste officiellement que par le dépôt de conclusions ; or, le dépôt de conclusions suffit pour que l'arrêté soit contradictoire, la présence à l'audience de la partie ou de son mandataire étant purement facultative.

**293.** La loi du 22 juill. 1889 (art. 52) a confirmé la jurisprudence antérieure, en ce sens qu'elle n'a consacré qu'une seule espèce de jugement par défaut ; mais, tenant compte de la considération fort grave émanée ci-dessus, et qui est tirée de l'impossibilité fréquente de procéder à une exécution forcée, ce qui laisse indéfiniment ouvert le délai d'opposition, elle a limité ce délai à un temps préfix : un mois, à partir de la signification du jugement par défaut.

**294.** Quant à la *forme* du recours, elle était, comme tout le reste, arbitraire avant la loi de 1889. On regardait comme suffisant que l'opposition fût déclarée. Il fallait seulement qu'elle fût explicite : ainsi, il avait été jugé que la lettre qu'un contribuable, condamné par défaut à une subvention spéciale de plus de 30 fr. pour dégradation extraordinaire à un chemin vicinal, avait adressée au préfet pour lui déclarer qu'il n'avait fait, depuis une époque indiquée, aucun charroi par ce chemin, et qu'il offrait de le prouver aux personnes que le préfet désignerait, n'avait pas le caractère d'opposition à l'arrêté par défaut du conseil de préfecture ; que, par suite, l'autorisation que le préfet avait postérieurement donnée au receveur général de poursuivre le recouvrement de la subvention, ne pouvait être déférée au conseil d'Etat comme décision incompétemment rendue par le préfet sur cette prétendue opposition (Cons. d'Et. 5 févr. 1867, aff. Veret, D. P. 68. 5. 267). Mais, dès lors que l'opposition était expresse, on n'exigeait même pas qu'elle fût appuyée de motifs (Cons. d'Et. 31 août 1863, aff. Cosson, D. P. 64. 3. 100), et l'on considérait comme recevable l'opposition dans laquelle la partie se bornait à se réserver de produire ultérieurement ses moyens (Même arrêt).

**295.** Ici encore, la loi du 22 juill. 1889 a innové, et introduit une réglementation sans laquelle il était impossible d'annuler les oppositions pour vice de forme. Aux termes de l'art. 52, l'opposition doit être formée suivant les règles établies pour les demandes introductives d'instance, c'est-à-dire qu'elle doit comprendre, outre les noms des parties, « l'objet de la demande et l'énonciation des pièces dont la requête entend se servir et qui y sont jointes » (art. 2) ; ainsi adressée, elle est déposée au greffe du conseil de préfecture (art. 1), ou signifiée par huissier (art. 4) ; mais, dans ce dernier cas, les frais de signification n'entrent pas en taxe (Même article).

## Table sommaire

### des matières contenues dans le Supplément et le Répertoire.

(Les chiffres précédés de la lettre S renvoient au Supplément ; les chiffres précédés de la lettre R renvoient au Répertoire.)

— mandataire S. 187, 191 s. ; R. 434 s.
— opposition S. 202 s.; R. 438 s.;(débouté) S. 209 s.; (délai) S. 204 s.; R. 438 s., 446; (effets) S. 208; R. 443; (formes) S. 207; R. 444; (ministère public) S. 202; (opposition sur opposition) S. 211; R. 442; (partie civile) 202 s.; (prévenu) S. 202; (qualité) S. 202.
— partie civile S. 199; R. 435.
— pouvoir discrétionnaire S. 188 s.
— signification, formes S. 200 s.; R. 445.

Solidarité. V. Opposition, Péremption.

Tribunaux civils. V. Défaut faute de comparaître, Défaut faute de conclure, Opposition.

Tribunaux de commerce. V. Caractères, Défaut faute de comparaître, Défaut faute de conclure, Défaut profit-joint, Défaut simple, Matière civile, Opposition, Péremption.

Tribunaux de paix. V. Caractères, Défaut faute de comparaître, Défaut faute de conclure, Défaut profit-joint, Matière civile, Opposition, Péremption, Signification.

Usurpation du nom. V. Matière correctionnelle.

Vérification d'écritures. V. Défaut profit-joint.

## Table des articles du code de procédure civile et du code d'instruction criminelle.

**Code de procédure civile.**

Art. 19. S. 18, 56; R. 6. 31 s.
—20. S. 23,82,97 s., 135 s.; R. 311 s.
—31. R. 317 s.
—22. S. 93; R. 192.
—61. S. 153.
—68. S. 236, 240.
—69. S. 201, 236 s., 248 s.; R. 475.
—70. S. 201.
—72. R. 95 s.
—75. S. 18.
—76. S. 18.
—111. S. 32.
—149. S. 18, 56; R. 6, 29.
—150. S. 18, 35, 36, 189, 215; R. 9 s., 16, 436.
—151. R. 52 s.
—153. S. 48, 50 s., 56 s., 59 s., 71, 73 s.; R. 56 s., 101 s.
—154. S. 42; R. 6, 15 s.
—155. S. 144, 180; R. 99.
—156. S. 24 s.,57,77, 118, 152 s., 153, 159 s., 163, 166, 169, 171, 180 s., 233, 239; R.228, 254 s., 361 s., 375, 412 s.
—157. S. 78, 96, 98 s., 292; R.221 s., 244 s., 240 s.
—158. S. 24 s., 57, 102,103,137,249, 293; R.15 s. 211 s.
—159. 24 s.,57,103 s., 109,111,113, 116, 118 s., 135, 137 s., 144,169, 252; R. 117 s., 332s.,375s.,398s.
—160. S. 122. R. 269 s.
—161. S. 123,133, 144; R. 270,288, 332 s.
—162. S. 128 s., 130; R. 255 s., 289 s., 304 s., 382 s.
—163. S. 92; R.191 s.
—345. R. 36 s.
—405. R. 284.
—414. R. 321.
—425. S. 13.
—434. S. 18; R. 6, 15 s.
—433. S. 77, 50, 144; R. 98,233 s.
—436. S. 24 s., 80 R. 322 s.
—437. S. 132,134; R. 310 s.
—138. S. 130 s., 144; R. 328 s., 852 s.
—443. S. 106.
—451. S. 66.
—452. S. 66.
—455. S. 154.
—462. S. 137.
—464. S. 144.
—470. S. 58, 102.
—553. S. 168.
—809. S.89; R.182.
—1030. S. 136.
—1032. S. 99. s .; R. 250, 250.

**Code d'instruction criminelle.**

Art. 3. S. 260.
—109. R. 475.
—146. S.208; R.443.
—147. S. 106; R. 431 s.
—149. S. 180,188, 191 s.; R. 431 s.
—150. S. 189,202; R. 439 s.
—151. S. 202, 204, 207 s.; R. 439 s., 483 s.
—152. S. 187, 191 s.; R. 434 s.
—169. R. 432.
—170. R. 432.
—183. S. 238.
—184. S. 272 s.
—185. S. 194, 228 s.; R. 461.
—186. S. 212 s., 217,228; R.448.
—187. S. 184, 204, 212, 230, 239, 245 s.,248 s.,253, 256, 258, 260, 267 s., 272, 275, 281, 283; R. 465 s.
—188. S. 212, 266, 272 s., 276, 278, 280, 283; R.482.
—190. R. 463.
—103. S. 255, 260.
—208. S. 184, 212; R. 418 s., 465, 483 s., 493.
—358. S. 232.
—366. S. 282.
—636. S. 255, 258.
—637. S. 239, 257.
—638. S. 239,257.
—641. S. 248, 258.

## Table chronologique des Lois, Arrêts, etc.

**An 4**
3 vent. Trib. cass. 99 c.

**1806**
11 févr. Av. Cons. d'Et. 282 c.

**1808**
30 mars.Décr.82 c.
10 nov.Crim.224 c.

**1813**
3 févr. Trèves. 161 c.

**1821**
20 mars. Req.85 c.
30 août. Crim. 271 c.

**1822**
15 janv. Poitiers. 126 c.
7 déc. Crim. 218 c., 225 c.

**1823**
4 janv.Rouen.162 c.

**1824**
9 avr. Bruxelles. 223 c.
8 sept.Crim.218c.

**1825**
7 mai.Crim.240c.

**1826**
4 mars. Crim. 186 c.

**1827**
28 avr.Crim.278 c.
11 août. Crim. 214 c., 228 c.

**1830**
11 mai. Civ. 150 c.

**1831**
24 janv. Toulouse. 223 c.

**1832**
27 juill. Lyon. 93 c.
20 oct. Crim. 246 c.

**1833**
16 févr. Crim. 224 c.
27 juill. Ord. 25 c.
14 nov. C. cass. belge. 223 c.
19 déc.Crim.274 c.

**1834**
15 oct. Crim. 281 c.
11 déc. Req. 174 c.

**1835**
13 mars. Crim.195 c., 218 c.
21 mai. Crim. 237 c.
14 juin. Crim. 223 c.
9 sept. Loi. 219 c.

**1837**
18 mai.Crim.224c.

**1838**
14 févr. Bordeaux. 271 c.
25 mai. Loi.82 c., 136 c.

**1840**
20 janv. Colmar. 130 c.
3 août. Civ. 93 c.
8 août. Crim. 186 c.
14 août. Crim. 235 c.

**1842**
16 juin. Toulouse. 135 c.

**1843**
10 juin. Crim. 209 c.

**1844**
8 mars. Crim. 204 c.
20 sept. Crim. 237 c.

**1845**
15 mars. Crim.228 c.
25 avr. Paris. 87 c.

**1846**
12 févr. Crim.281 c.
24 avr. Crim.279 c.
15 oct.Crim.210 c.
18 nov. Bastia.145 c.

**1847**
9 juin.Orléans.89 c.
28 août. Crim. 196 c.
16 oct.Crim. 263 c.

**1848**
19 avr. Crim.279'c.
19 mai.Crim.210 c.
10 août. Lyon. 257 c.

**1849**
16 mars. Crim.275 c.
28 avr.Crim. 208 c.
14 mai.Caen.165 c.
16 déc. Colmar. 88 c.

**1850**
30 mai. Crim. 265.
24 août. Crim. 235 c.

**1851**
22 janv. Orléans. 124 c.
23 janv. Crim. 236 c.
8 mars. Crim.223 c.
13 juin. Crim. 260 c.
21 juin. Crim. 236 c.
26 juin. Crim. 240, 269 c.
1er sept.Angers.69 c.
28 nov.Crim.195 c.

**1852**
24 janv. Crim. 186 c.

**1857**
4 févr.Req.165 c.
25 févr.Décr.284 c.

**1853**
27 janv. Rouen. 257 c.
11 févr. Bordeaux. 90 c.
5 mars. Rouen. 93 c.
11 avr. Orléans. 245 c.
10 mai. Nîmes.118 c.
22 juin. Crim. 276 c.
6 juill. Bordeaux. 80 c., 84 c.
8 août. Orléans. 276 c.
11 août. Crim. 207 c.
30 nov. Civ. 5 c.

**1854**
24 janv.Req.108 c.
26 janv. Crim. 198 c.
23 févr. Besançon. 126 c., 129 c.
7 avr.Crim.275 c.
10 mai. Civ. 107 c.
17 juin. Montpellier. 22 c.
17 juill. Crim. 196 c.
18 nov. Crim. 276, 278 c.

**1855**
13 janv. Rouen. 57 c.
2 avr. Civ. 10 c.
11 avr.Civ. 111 c.
21 mai. Nîmes. 169 c., 176 c.
27 juill. Crim. 223 c.
Caen. 135 c.
10 juin. Req. 41 c.
13 juin. Loi. 1 c. 184 c., 212 c.
17 juin. Req. 44 c., 91 c.
8 août. Crim. 273 c.
26 sept.Crim.235c.

24 févr. Civ. 5 c.
27 mars.Crim.197 c., 223 c.
8 avr. Colmar. 160 c.
21 avr. Req. 63 c.
5 mai. Civ. 98 c.
13 juill. Req.183 c.
22 juill. Crim. 98 c. 267 c., 291 c.
22 août. Crim. 197 c.
16 sept.Crim.186 c.
26 nov. Cons. d'Et. 392 c.
12 déc.Paris.25 c., 30 c., 31 c.

**1858**
4 janv. Bordeaux. 174 c.
27 févr.Aix.161 c., 174 c.
3 mai. Req. 60 c.
12 nov. Trib. corr. Seine. 242 c., 292 c.

**1859**
4 avr. Civ. 71 c., 72 c.
26 nov. Civ. 25 c., 31 c., 80 c.
3 mai. Civ. 61 c.
8 août.Req.164 c.
13 août. Crim. 219 c.
22 nov. Pau. 130 c.
7 déc.Crim.224c.
15 déc. Cons. d'Et. 289 c., 291 c.

**1860**
8 mars.Paris.110 c.
11 juill. Civ.109 c., 116 c.
13 juin. Civ. 11 c.
27 sept.Paris.89 c.
20 déc.Crim.186 c.

**1861**
14 janv. Civ. 20 c.
2 févr.Crim.186c.
20 févr.Paris.89 c.
12 mars. Civ. 198 c., 171 c.
10 avr. Req. 14 c.
27 avr.Crim.277 c.

20 juin.Paris.87 c.
22 août. Crim. 40 c.
7 sept. Cons. d'Et. 269 c.
3 déc. Civ. 165 c.

**1862**
12 janv. Crim. 272 c.
18 févr. Bordeaux. 53 c.
1er mars. Crim.204 c., 247 c.
3 mai. Loi. 100 c.
22 août. Crim. 210 c., 223 c.

**1863**
3 févr.Req.141 c.
21 mars. Paris. 158 c., 167.
24 mars. Civ. 54c.

**1867**
21 avr. Grenoble. 25 c., 31 c.
18 juin. Crim. 260 c.
16 juill. Aix. 32 c.
30 juill.Cons. d'Et. 201 c.
26 févr.Aix. 78 c.
29 févr.Crim.171 c.
24 juill. Grenoble. 78.
30 août.Trib. corr. Scissons.181 c.

**1864**
3 févr.Req.137 c., 138 c.
29 févr.Req.113 c.
11 mars. Douai. 9.
20 avr. Civ. 179.
17 juill. Besançon. 59 c.
29 nov.Dijon.115c.

**1865**
13 févr. Civ. 137 c.
28 avr. Arr. 236 c.
20 avr.Crim.277c.
23 août. Civ. 35 c., 80 c., 101 c.
24 nov. Crim. 207 c.
2 févr.Crim.186c.
20 févr.Paris.89 c.
6 déc. Chambéry. 100 c.

**1866**
10 janv.Bastia.111 c., 202 c.

26 janv. Dijon.142 c.
9 mars. Crim. 269 c.
26 avr. Crim. 235 c.
7 mai. Toulouse 173 c.
27 juin. Loi. 1 c., 184 c., 248 c., 255 c., 267 c., 280 c.
2 juill. Civ. 5 c.
2 juill. Crim. 244 c.
14 août. Bastia. 91 c.
16 nov. Chambéry. 222 c.
10 nov.Paris.25 c., 27 c., 29 c.

**1867**
23 janv. Crim. 249 c.
1er févr.Crim.129 c.
2 févr.Riom.13 c., 74.
5 févr. Cons. d'Et. 294 c.
9 févr. Aix. 78 c.
23 févr.Crim.171 c.
22 juill. Loi. 106 c.
24 juill. Grenoble. 78.
30 août. Trib. corr. corr. Soissons. 131 c.

**1868**
25 janv. Crim. 195 c., 223.
10 févr. Req. 6 c.
10 févr. Grenoble. 111 c.
10 févr. Req. 25 c. 27 c., 31 c.
29 févr.Crim.259c.
7 mars. Nancy 23 c., 31 c.
24 avr.Crim.277c.
30 mars.Req.171c.
8 avr. Civ. 25 c., 31 c.
2 mai. Douai. 114 c., 160 c.,172 c.
28 juill. Paris.142.
8 août.Besançon. 95 c.

**1869**
13 févr. Limoges. 126 c., 129 c.
5 mars. Crim. 258 c.
20 mars. Amiens. 131 c.
18 juin. Bourges. 258 c.

**1870**
12 janv. Dijon. 234 c.
15 janv. Trib. corr. de la Seine. 256 c.
26 janv. Dijon. 182 c.
28 janv. C. d'Aix. 244 c., 256 c.
29 janv. Crim. 209, 263 c., 277 c.
15 févr. Crim. 245 c.
12 févr.Paris.42 c.
21 févr. Civ. 83 c.
25 févr. Paris. 258 c.
7 mars.Bordeaux. 59 c.
31 mars. Paris. 89 c.
7 avr. Aix. 13 c.
26 avr.Metz.143 c.
9 mai. Req. 72 c., 31 c.
16 juin. Crim. 195 c.
20 juin.Paris.171c.
23 août. Paris. 55 c., 66 c.
9 nov. Bourges. 59 c.

**1871**
15 mars. Bordeaux. 25 c., 98 c.
28 avr. Aix. 13 c., 13 c.
7 juill. Crim. 275 c.
29 août. Civ. 142 c.
21 sept. Crim. 189, 215. c.
18 déc. Orléans. 94 c., 95 c.

**1872**
11 (ou 19) janv. Trib. 1er arrond. Paris. 136 c.
15 janv. Civ. 85 c.

18 mai. Nancy. 52 c., 54 c. — 22 mai. Amiens.25 c., 31 c. — 29 mai. Civ. 158 c. — 15 juin.Crim.244 c. — 26 juin. Paris. 145 c., 147 c. — 11 juill. Lyon. 159 c., 159 c. — 3 août.Paris. 3 c. — 7 août. Civ. 8 c. — 7 août. Req. 57 c. — 28 déc. Civ. 29 c., 31c.,80,81 c.

**1873** — 27 janv. Loi.166 c. — 30 janv. Caen. 9 c. — 31 janv. Bourges. 165 c., 166 c., 168 c. — 19 févr.Req.118 c., 119 c. — 4 mars.Req. 35 c. — 5 mars. Req. 43 c. — 26 avr. Nancy. 111 c. — 15 nov.Crim.256 c. — 8 déc. Dijon. 18 c.

**1874** — 21 janv. Req. 26 c. — 17 févr. Req. 75 c. — 18 févr. Caen. 218 c., 219 c., 220 c. — 4 mars. Amiens. 89 c. — 27 avr. Req. 84 c.

29 mai.Lyon.172c. — 9 juin.Orléans. 89 c. — 1er juill. Civ. 137 c.

**1875** — 23 janv. Crim. 188 c. — 19 févr.Chambéry. 250. — 19 juin. Paris. 9 c. — 1er déc. Poitiers. 25 c., 29 c., 76 c., 117 c. — 7 déc.Req.118c., 119 c.

**1876** — 4 janv.Paris.18 c. — 3 mars. Crim.231 c. — 31 mars. Crim.201 c. — 15 mai. C. cass. Florence. 161 c. — 19 juill. Civ. 64 c. — 28 juill.Cons. d'Et. 287 c., 292 c. — 4 août.Cons.d'Et. 288 c. — 25 nov. Crim. 213, 218 c., 220 c. — 6 déc. Civ. 38 c.

**1877** — 16 févr. Nancy.440 c., 52 c., 145 c. — 21 févr. Civ. 40 c. — 10 avr.Nancy.53 c. — 5 mai. Chambéry. 99.c.

4 juin. Req. 5 c. — 2 juill. Trib. de Die. 256 c. — 26 juill. Paris. 180 c. — 28 juill. Paris. 146 c. — 21 août. Angers. 02 c. — 24 août. Paris.101 c. — 6 oct. Caen.272 c.

**1878** — 16 févr.Crim.274 c. — 20 mai.C. cass.belge. 270 c. — 22 juin. Crim. 215 c. — 2 août.Bruxelles. 270 c. — 11 déc. Civ. 11 c. — 10 déc.Paris.145c. 146 c.

**1879** — 23 janv. Crim. 235 r., 249 c. — 26 févr.Rennes.181 c. — 21 mars. Rennes. 3 c., 14 c. — 15 mai.Crim.278 c. — 6 juin.Nîmes. 31. — 11 juin.Req.420 c. — 20 août.Civ. 36 c., 89 c. — 6 déc. Nîmes. 25 c., 31. — 13 déc. Trib. com. Caen. 4 c.

**1880** — 9 janv. Crim. 239 c..272 c., 274 c. — 14 janv. Civ. 25 c., 26 c. — 13 mars.Rousn.13 c. — 16 mars. Caen. 4 c., 6 c., 14. — 20 avr.Poitiers.171 c. — 7 juin. Bruxelles. 270 c. — 9 août.Req.151 c., 166 c., 167 c. — 10 nov. Poitiers. 145 c., 151 c. — 27 déc. Req. 87 c., 57 c.

**1881** — 17 janv. Req. 63 c. — 24 janv. Cons.d'Et. 289 c. — 25 avr. Roq. 5 c. — 13 juin. Rouen.58 c., 80 c. — 19 juill. Req. 63 c. — 29 juill. Loi.263 c., 284 c. — 10 août. Lyon. 219 c., 220 c. — 19 déc. Paris. 246 c., 247 c.

**1882** — 23 janv. Trib. com. Laval. 3 c., 4 c.

30 janv. C. . cass. belge. 270 c. — 1er févr. Req. 82 c. — 2 févr. C. d'appel Lucques. 161. — 20 févr.Paris.242. — 20 févr. Paris. 242 c. — 25 févr. Lyon. 112 c. — 2 mars. Crim.270 c., 275 c. — 28 juin. Trib.corr. Seine. 242. — 12 août. Trib.corr. Seine. 242. — 13 nov. Paris. 242 c. — 17 nov.Cons. d'Et. 289 c. — 27 nov. Paris. 236 c., 255 c., 258 c.

**1883** — 13 janv. Paris. 57 c. — 20 avr. Crim. d'Et. 289 c. — 1er juin. Crim. 226. — 16 juin. Crim. 253. — 9 juill. Paris. 215 c. — 30 juill. Cons.d'Et. 289 c. — 4 déc.Req.162 c., 178 c., 180 c.

**1884** — 12 janv. Crim. 251 c.

14 janv. Civ. 25 c., 80 c. — 7 mars. Crim. 235 c.,236 c..255 c. — 27 mars. Poitiers. 13 c. — 24 avr. Amiens. 241 c. — 30 juill. Lyon.113 c. — 14 août. Crim. 241 c. — 19 août. Civ. 82 c. — 20 oct. C. d'appel de Catane. 161. — 7 nov. Orléans. 145 c., 148 c. — 9 nov.Paris.115c. — 20 nov. Amiens. 145 c., 146 c.

**1885** — 13 févr. Cons. d'Et. 292 c. — 14 févr. Orléans. 145 c., 148 c. — 30 avr. Civ. 215 c. — 5 mai. Civ. 47. c. — 17 juin. Pau. 87 c. — 2 juill. Crim. 240 c. — 22 juill. Req. 119 c. — 23 oct. Crim. 192. — 30 oct. Crim. 216 c.

**1886** — 1er févr. Req.107 c., 130 c. — 8 févr. Civ. 77 c. — 7 mai.Chambéry. — 17 févr. Bourges.

116 c., 133 c., 176 c. — 14 avr.Lyon.218 c. — 18 avr. Civ. 120 c. — 19 avr. Civ. 64 c. — 2 juill. Crim. 229 c. — 28 oct. Crim. 249 c. — 28 oct. Toulouse. 219 c. — 27 nov.Crim:191 c.

**1887** — 5 févr. Crim. 227 c. — 20 nov. Amiens. 145 c., 146 c. — 16 mai. Civ. 10 c. — 16 mai. Bordeaux. 232. — 27 juill. Limoges. 46 c. — 27 juill.Req.136 c. — 2 août. Req. 158 c. — 25 oct. Civ. 71. c.. 72 c. — 27-oct. Trib. civ. Seine. 129 c. — 17 déc. Crim. 193. — 30 déc.Paris.128 c.

**1888** — 31 janv. Paris. 80 c., 81 c. — 8 févr. Civ. 77 c. — 8 mars.Lyon.225. — 7 mai.Chambéry. — 16 c., 119 c.

4 juill. Req. 3 c. — 16 juill. Req. 109 c., 110 c. — 6 août.Req.132 c. — 23 oct.Req.109 c., 118 c., 127 c. — 24 nov. Amiens. 21 c.

**1889** — 4 mars.Req.51 c. — 5 mars. Civ. 169 c., 175 c. — 6 mars. Civ. 146 c. — 9 mars.Crim.277. — 18 avr. Paris. 104 c., 168 c. — 22 juill.Req.236 c., 289 c., 290 c., -291 c., 293 c. 294 c., 295 c. — 23 oct. Req. 4 c. — 30 oct. Civ. 49 c., 65 c. — 6 nov. Req. 41 c. — 9 nov. Trib. corr. Seine. 243. — 28 nov.Paris.230 c. — 31 oct. Civ. 25 c., 31 c.

**1890** — 7 mars.Besançon. 166 c. — 23 avr. Civ. 56 c. — 24 juin. Paris. 244. — 23 août.Paris. 66 c. — 6 nov.Crim. 205.

**1891** — 8 juin.Crim.249c.

---

## JUIFS.

**1.** Conformément à la méthode adoptée au *Rép.* n° 2, les questions relatives aux juifs, sous le rapport religieux, ont été traitées précédemment (V. *suprà*, v° *Culte*, n°s 786 et suiv.).

### Division.

§ 1. — Historique et législation (n° 2).
§ 2. — De l'état politique des juifs et de la répartition des dépenses des communautés israélites (n° 9).
§ 3. — De la législation exceptionnelle établie par le décret du 17 mars 1808 (n° 10).

### § 1er. — Historique et législation (*Rép.* n°s 3 à 7).

**2.** La législation relative aux israélites indigènes de l'Algérie sera exposée avec les développements qu'elle comporte et l'examen des questions qu'elle soulève, *infrà*, v° *Organisation de l'Algérie*.

**3.** — LÉGISLATION COMPARÉE. — Les législations de plusieurs nations européennes à l'époque de la publication du *Répertoire* soumettaient encore les israélites à certaines restrictions relativement à l'exercice des droits civils et politiques. La plupart de ces restrictions ont disparu, ainsi qu'on le verra par le résumé suivant.

**4.** — 1° *Prusse*. — Les juifs ont été longtemps privés en Prusse, comme dans le reste de l'Allemagne, des droits civils et politiques. La jouissance de ces droits leur a été restituée par la loi du 3 juill. 1869, applicable à toute l'Allemagne du Nord, qui a supprimé toutes les restrictions aux droits en question résultant des différences de religions. La loi du 9 mars 1874 (*Annuaire de législation étrangère*, 1875, p. 159), a abrogé les dispositions qui interdisaient de conclure les mariages pour différences de religion, et notamment celles qui, dans diverses contrées, prohibaient les mariages entre chrétiens et juifs.

**5.** — 2° *Suède*. — Un décret du 28 févr. 1873 (*Ann. de lég. étr.*, 1874, p. 417), a abrogé une disposition de l'ordonnance du 26 oct. 1860 en vertu de laquelle les israélites étrangers, qui avaient obtenu la permission de séjourner en Suède, devaient fixer leur résidence dans une des quatre villes de Stockholm, Gothembourg, Norrkœping ou Carlskrona. Désormais les israélites ne sont soumis à aucune restriction particulière quant au choix de la ville où ils veulent résider.

**6.** — 3° *Suisse*. — L'ancienne législation de plusieurs cantons suisses imposait des restrictions aux israélites quant à l'exercice des droits civils et politiques. Ces restrictions ont été supprimées par les art. 49 et 50 de la constitution fédérale du 29 mai 1874 (*Ann. de lég. étr.*, p. 463), qui ont accordé une garantie absolue tant à la liberté de conscience qu'au libre exercice des cultes.

**7.** — 4° *Roumanie*. — L'art. 7 de la constitution de 1866 portait que les étrangers des rites chrétiens pouvaient seuls obtenir la naturalisation. La loi du 13 oct. 1879 (*Ann. de lég. étr.*, 1880, p. 759) a abrogé cette disposition et autorisé, par suite, la naturalisation des israélites.

**8.** — 5° *Russie*. — La Russie a maintenu les juifs sous un régime d'exception. Aux termes de l'art. 88 de la loi du 16 juin 1870 sur l'organisation urbaine, les israélites ne peuvent occuper les fonctions de maire ni celles de maire suppléant. D'après une décision du conseil de l'Empire, approuvée par l'empereur le 1er juill. 1877 (*Ann. de lég. étr.*, 1878, p. 679), le nombre des israélites inscrits sur la liste du jury doit être proportionné au chiffre de la population israélite du district. Le chef du jury doit être chrétien. S'il s'agit de statuer sur des crimes contre la religion, les israélites ne peuvent faire partie du jury.

### § 2. — Etat politique des juifs et répartition des dépenses des communautés israélites (*Rép.* n°s 8 à 10).

**9.** On a vu au *Rép.* n° 10, que les lois des 20 mai 1791 et 1er mai 1792 et les arrêtés du 5 niv. an 10 et 18 brum. an 12, qui règlent le mode du payement des dettes des anciennes communautés juives, sont encore en vigueur. Il a été décidé, par suite, que le recouvrement des engagements contractés par les syndics de l'ancienne communauté juive de Metz peut être poursuivi contre les représentants des familles qui constituaient autrefois cette communauté, dans la forme autorisée pour le recouvrement des contributions publiques (Paris, 6 janv. 1849, aff. Fould, D. P. 49. 2. 204, et [sur pourvoi], Req. 26 nov. 1850, D. P. 51. 1. 162). Les juifs dont les familles faisaient partie de l'ancienne communauté juive de Metz sont tenus des engagements contractés avant les lois d'émancipation par les syndics de cette communauté, alors même qu'ils ne se rattacheraient à ces familles que par un lien de filiation d'origine commune, sans lien d'hérédité ; et cette obligation est solidaire entre chacun des représentants des familles composant la communauté (Même arrêt).

3. — De la législation exceptionnelle établie par le décret du 17 mars 1808 (*Rép.* n<sup>os</sup> 11 à 28).

**10.** Aucune décision n'a été rendue depuis la publication du *Répertoire* sur l'application de cette législation, qui n'offre plus qu'un intérêt rétrospectif.

## Table sommaire

des matières contenues dans le Supplément et le Répertoire.

(Les chiffres précédés de la lettre S renvoient au Supplément ; les chiffres précédés de la lettre R renvoient au Répertoire.)

## Table chronologique des Lois, Arrêts, etc.

**JURY.** — V. *infrà*, *Procédure criminelle* ; — *Rép.* v° *Instruction criminelle, passim*.

**JUSTICE DE PAIX.** — V. *Compétence civile des juges de paix,* passim ; *Organisation judiciaire* ; — *Rép.* eisd. v<sup>is</sup> passim.

**LAC.** — V. *Chasse,* n° 559 ; *Eaux,* n<sup>os</sup> 218 et suiv. ; *Pêche fluviale ; Pêche maritime* ; — *Rép.* v<sup>is</sup> *Chasse,* n<sup>os</sup> 63 et 101 ; *Eaux,* n<sup>os</sup> 244 et suiv., 275 ; *Pêche fluviale,* n<sup>os</sup> 238 et suiv. ; *Pêche maritime,* n° 47.

**LACÉRATION.** — V. *Acte de l'état civil,* n° 40 ; *Dommage-destruction-dégradation,* n° 110 ; *Obligation* ; — *Rép.* v<sup>is</sup> *Acte de l'état civil,* n° 136 ; *Dommage-destruction-dégradation,* n<sup>os</sup> 186 et suiv.

**LAIS ET RELAIS.** — V. *Domaine de l'État,* n<sup>os</sup> 22, 27, 35 et suiv. ; *Dunes,* n<sup>os</sup> 13, 17 et suiv. ; *Domaine public,* n° 1 ; *Marais ; Obligation ; Propriété* ; — *Rép.* v<sup>is</sup> *Action possessoire,* n° 346 ; *Commune,* n° 87 ; *Domaine de l'État,* n<sup>os</sup> 160 et suiv. ; *Domaines engagés et échangés,* n° 44-7° ; *Domaine public,* n<sup>os</sup> 12 et 41 ; *Obligation,* n° 468 ; *Propriété,* n° 100.

**LAPIN.** — V. *Biens,* n° 20 ; *Chasse,* n<sup>os</sup> 89, 102, 723, 760 et suiv., 772, 781, 823 et 839 ; *Droit rural,* n<sup>os</sup> 124 et suiv. ; *Responsabilité* ; — *Rép.* v<sup>is</sup> *Biens,* n<sup>os</sup> 61 et suiv., 85 ; *Chasse,* n<sup>os</sup> 16, 176, 196 et 217 ; *Droit rural,* n<sup>os</sup> 142 et suiv. ; *Responsabilité,* n<sup>os</sup> 736 et suiv.

## LÉGALISATION.

**1.** Ainsi qu'on l'a vu au *Rép.* n° 5, la légalisation n'est nécessaire que pour les signatures de fonctionnaires ou officiers publics ; elle n'est point exigée pour les signatures apposées sur des actes sous seings privés (Civ. rej. 17 mai 1858, aff. Hanrigot, D. P. 58. 1. 242) ; et il en est ainsi même en ce qui touche la légalisation exigée, à la Guadeloupe, par les arrêtés coloniaux des 8 vent. an 12 et 18 janv. 1815 pour les actes provenant soit de l'étranger, soit de la métropole (Même arrêt).

**2.** On a exposé au *Rép.* n° 6, dans quelles conditions un maire peut avoir à légaliser les signatures des sous-administrés. En légalisant ces signatures, il agit en sa qualité d'agent du pouvoir central ; par suite, d'après la jurisprudence, la décision par laquelle il ajourne ou refuse cette légalisation constitue un acte administratif, et les tribunaux ne peuvent connaître des demandes en dommages-intérêts formées à raison des décisions de cette nature sans porter atteinte au principe de la séparation des pouvoirs (Rennes, 8 déc. 1879, aff. de Rorthays, D. P. 80. 2. 200 ; Trib. des confl. 29 nov. et 13 déc. 1879, aff. de Boislinard, D. P. 80. 3. 96 ; Montpellier, 25 juin 1880, aff. Simon, D. P. 80. 2. 244). Mais

cette jurisprudence a été l'objet de sérieuses critiques (V. *suprà*, v° *Compétence administrative*, n° 87).

**3.** Nous avons indiqué au *Rép.* n° 7 les fonctionnaires tant de l'ordre judiciaire que de l'ordre administratif par lesquels est faite la légalisation. Nous avons dit, notamment, que l'art. 28 de la loi du 25 vent. an 11 et l'art. 43 c. civ. chargeaient les présidents des tribunaux de première instance de légaliser les signatures des notaires et celles des officiers de l'état civil. Ces dispositions ont été modifiées sur le vœu de plusieurs conseils généraux, qui se sont émus des frais qu'occasionnait aux habitants des cantons ruraux leur éloignement du siège du tribunal ; et la loi du 2 mai 1861 (D. P. 61. 4. 54) a donné à tous les juges de paix qui ne siègent pas au chef-lieu du ressort d'un tribunal de première instance l'autorisation de légaliser, concurremment avec le président du tribunal, les signatures des notaires qui résident dans leur canton, et celles des officiers de l'état civil des communes qui en dépendent soit en totalité soit en partie. L'art. 2 de cette loi prescrit aux notaires et aux officiers de l'état civil de déposer leurs signatures et leurs parafes au greffe de la justice de paix de leurs cantons respectifs. Une instruction de l'administration de l'Enregistrement du 14 août 1861 porte que la signature et le parafe de chaque notaire devront être sur papier timbré à 35 cent., mais que, pour les affaires de l'état civil, ils pourront être sur papier non timbré (D. P. 61. 3. 86). L'omission du dépôt prescrit par l'art. 2 précité ne fait pas obstacle à la légalisation par le juge de paix de la signature d'un notaire ou d'un officier de l'état civil de son ressort.

Les signatures des notaires sur les certificats de vie qui, aux termes du décret du 21 août 1806 (*Rép.* n° 7), étaient légalisées par les préfets et sous-préfets, doivent l'être, en vertu de la loi du 29 déc. 1885 (D. P. 86. 4. 81), par les présidents des tribunaux de première instance et par les juges de paix, conformément aux règles posées par l'art. 28 de la loi du 25 vent. an 11 et par la loi du 2 mai 1861 (V. *suprà*, v° *Certificat de vie*, n° 4).

**4.** Les actes expédiés dans les pays étrangers où il y a des consuls français ne font foi en France qu'autant qu'ils ont été légalisés par ces consuls ; il ne peut suffire, dans ce cas, que l'acte ait été légalisé par le consul de la nation étrangère à Paris (Colmar, 1er avr. 1862, aff. Lang, D. P. 63. 2. 159).

**5.** On a vu précédemment (v° *Acte de l'état civil*, n° 86) qu'en ce qui concerne les actes de l'état civil des Français à l'étranger, la légalisation par les agents diplomatiques français n'est plus exigée que pour les pays avec lesquels il n'existe pas de conventions relatives au mode de législation des actes. — V. notamment les conventions pour les actes provenant du grand-duché du Luxembourg (28 déc. 1867, D. P. 68. 4. 9), de l'Alsace-Lorraine (14 juin 1872, D. P. 72. 4. 124) et de la Belgique (18 oct. 1879, D. P. 80. 4. 71).

## Table chronologique des Lois, Arrêts, etc.

**LÉGION D'HONNEUR.** — V. *Acte de l'état civil*, n° 71 ; *Chasse*, nᵒˢ 299 et 1252 ; *Emigré*, n° 39 ; *Ordres civils et militaires*, passim ; — *Rép.* vⁱˢ *Acte de l'état civil*, n° 481 ; *Chasse*, n° 122 ; *Ordres civils et militaires*, passim.

**LÉGATAIRE-LEGS.** — V. *Absence-absent*, nᵒˢ 13, 22 et 31 ; *Appel civil*, nᵒˢ 58, 113 et suiv., 219 ; *Dispositions entre vifs et testamentaires*, nᵒˢ 819 et suiv. ; *Enregistrement*, nᵒˢ 77, 195, 301 et suiv., 345 et suiv., 605 et suiv., 1772, 2150, 2211 et suiv., 2346, 2438, 2504 ; *Obligation*, *Succession* ; — *Rép.* vⁱˢ *Absence-absent*, nᵒˢ 172, 238, 241, 247, 251, 256 ; *Appel civil*, nᵒˢ 390, 431, 434, 618, 774 et suiv., 965 ; *Dispositions entre vifs et testamentaires*, nᵒˢ 3417 et suiv. ; *Enregistrement*, nᵒˢ 334, 344, 346, 5150 et suiv. ; *Obligation*, nᵒˢ 36 et suiv., 118, 900, 1168, 1270, 1337, 1352 et suiv., 1481 et suiv.

**LÉGITIMATION-LÉGITIMITÉ.** — V. *Adoption et tutelle officieuse*, n° 48 ; *Enregistrement*, n° 2768 ; *Mariage* ; *Paternité et filiation* ; *Succession* ; — *Rép.* vⁱˢ *Adoption et tutelle officieuse*, n° 80 ; *Enregistrement*, n° 4857 ; *Mariage*, nᵒˢ 360 et 606 ; *Paternité et filiation*, nᵒˢ 415 et suiv.

**LÉGITIME DÉFENSE.** — V. *Crimes et délits contre les personnes*, nᵒˢ 314 et suiv. ; *Peine*; *Procédure criminelle* ; — *Rép.* vⁱˢ *Crimes et délits contre les personnes*, nᵒˢ 223 et suiv. ; *Instruction criminelle*, nᵒˢ 2565 et suiv., et 3479 ; *Peine*, n° 495.

**LÉSION.** — V. *Contrat de mariage*, n° 812 ; *Dispositions entre vifs et testamentaires*, nᵒˢ 1150 et suiv. ; *Minorité-tutelle-émancipation* ; *Obligation* ; *Succession* ; *Vente* ; — *Rép.* vⁱˢ *Dispositions entre vifs et testamentaires*, nᵒˢ 4597 et suiv. ; *Obligation*, nᵒˢ 237 et suiv., 363 et suiv., 2848 et suiv., 2903 et suiv., 4478 ; *Succession*, nᵒˢ 521 et suiv., 2184 et suiv., 2202 et 2304 ; *Vente*, nᵒˢ 6, 17, 20 et suiv., 1553 et suiv.

**LETTRE DE CHANGE.** — V. *Effets de commerce*, nᵒˢ 10 et suiv. ; *Enregistrement*, nᵒˢ 1975 et suiv., 3026 ; *Faillites et banqueroutes*, nᵒˢ 421, 593 et suiv., 664, 710, 745 et suiv. ; *Faux et fausse monnaie*, nᵒˢ 272 et suiv. ; *Obligation* ; — *Rép.* vⁱˢ *Effets de commerce*, nᵒˢ 26 et suiv. ; *Enregistrement*, nᵒˢ 3604 et suiv., 3639 et suiv. ; *Faillites et banqueroutes*, nᵒˢ 337 et suiv. ; *Faux et fausse monnaie*, nᵒˢ 290 et suiv. ; *Obligation*, nᵒˢ 4110, 4168 et suiv.

**LETTRE DE VOITURE.** — V. *Commissionnaire*, nᵒˢ 47 et suiv., 99 et suiv. ; *Enregistrement*, nᵒˢ 276 et suiv. ; *Faillites et banqueroutes*, nᵒˢ 1290 et suiv. ; *Vins et boissons* ; *Voirie par chemin de fer* ; *Voirie par eau* ; *Voirie par terre* ; — *Rép.* vⁱˢ *Commissionnaire*, nᵒˢ 16, 23, 204, 309, 436 et 459 ; *Enregistrement*, nᵒˢ 422 ; *Faillites et banqueroutes*, nᵒˢ 1261 et suiv. ; *Impôts indirects*, n° 70 ; *Voirie par chemin de fer*, nᵒˢ 381 et suiv., 426, 526.

**LETTRE MISSIVE.**

### Division.

§ 1. — Caractères et effets généraux des lettres missives (n° 6).
§ 2. — Des effets des lettres missives, soit entre les particuliers, soit à l'égard de la partie publique (n° 58).

1. La définition que l'on a donnée au *Rép.* n° 1, de la *lettre missive*, a été adoptée par M. Rousseau (*Traité théorique et pratique de la correspondance par lettres missives et télégrammes*, n° 1). On peut la rapprocher de celle que donne M. Legris (*Du secret des lettres missives, de leur propriété et de leur production en justice*, p. 5) : « Une lettre missive est un écrit que l'on confie à un particulier ou à l'administration des Postes, pour le faire parvenir à une personne déterminée : c'est un moyen de s'entretenir avec ceux dont on est éloigné ; c'est une conversation entre absents ». Bartole (Sur la loi, 1, Dig., *De donationibus*, l. 39, t. 5), s'exprimait déjà en termes analogues : *Epistola absenti idem est quod sermo præsentibus, et qui mittit alteri litteras intelligitur præsens præsenti loqui.*

2. Depuis la publication du *Répertoire*, la correspondance *télégraphique* a pris une grande extension ; son usage a soulevé d'importantes et intéressantes controverses juridiques. Dans les explications qui vont suivre, on comprendra sous le terme générique *lettres missives*, aussi bien les lettres proprement dites que les télégrammes. Il y a lieu cependant de faire observer, avec MM. Rousseau (*op. cit.*, n° 2) et A. Girault (*Traité des contrats par correspondance*, n° 145 et suiv.) qu'il existe entre ces deux modes de correspondance des différences notables. La lettre missive est écrite, ou au moins signée, par l'expéditeur, tandis que le télégramme, en général, et sauf quand il est transmis par certains appareils autographiques (Rousseau, n° 473 et suiv. ; Girault, n° 147), ne porte trace ni de l'écriture ni de la signature de l'expéditeur ; il est soit écrit par la main d'un employé qui traduit les signes que lui a transmis l'appareil télégraphique, soit imprimé en caractères romains par l'appareil lui-même. Le destinataire qui reçoit la dépêche n'est à même de vérifier ni la fidélité de la transmission, ni l'authenticité de la signature mise au bas de l'original ; il ne peut même pas exiger que l'Administration l'autorise à prendre connaissance de cet original par la voie du compulsoire (Pau, 2 janv. 1888, aff. Fontan, D. P. 89. 2. 134). Le télégramme, par lui-même, ne présente donc, en principe, aucun caractère de certitude absolue, ni quant à la personne de qui il émane, ni quant à sa conformité avec l'original déposé au bureau expéditeur. M. Girault (n° 149 et suiv.) a déduit les conséquences juridiques de cette double différence entre la correspondance télégraphique et la correspondance postale. Elles seront examinées en détail, *infrà*, vⁱˢ *Obligation* et *Preuve*. Il faut cependant, dès maintenant, poser en principe que le télégramme dont l'authenticité n'est pas contestée a la même valeur juridique qu'une lettre missive ordinaire. C'est ainsi qu'il a été jugé que le mandat peut être donné par télégramme, le mot *lettre* de l'art. 1985 c. civ. comprenant tout écrit quelconque adressé à un tiers (Alger, 7 avr. 1884, aff. Clément, D. P. 85. 2. 189) ; peu importe que le télégramme ne soit qu'une copie faite par l'Administration et diffère d'une lettre missive en ce que cette dernière porte la signature de son auteur ; le télégraphe n'est, comme la poste, qu'un mode de transmission, et il suffit, en conséquence, que l'authenticité du télégramme ne soit pas contestée (Même arrêt ; Conf. Sérafini, *Le télégraphe dans ses relations avec la jurisprudence*, traduction de Lavialle de Lameillère, Paris, 1863, § 25 et suiv. ; Edg. Hepp, *De la correspondance privée postale et télégraphique*, nᵒˢ 73 et suiv.). On examinera également, *infrà*, vⁱˢ *Obligation*, *Responsabilité*, *Postes et télégraphes*, la question de savoir lequel, de l'expéditeur ou du destinataire, doit supporter le préjudice résultant d'une erreur dans la transmission télégraphique, et quel recours pour celui qui a supporté le préjudice, soit contre l'État, soit contre l'employé qui a commis l'erreur (Conf. Girault, nᵒˢ 154 et suiv.).

3. La correspondance *téléphonique* est aussi un moyen de communiquer à distance ; mais l'absence d'écriture, qui caractérise ce mode de correspondance, le distingue complètement des *lettres missives* ; il n'y a donc pas à s'en occuper ici (V. *infrà*, v° *Postes et télégraphes*). En ce qui concerne le lieu où est réputé s'être formé le contrat conclu par téléphone, V. *infrà*, v° *Obligation* (Conf. Girault,

n{os} 165 et suiv.; Georges Vidal, *Le téléphone au point de vue juridique, Recueil de l'académie de législation de Toulouse*, t. 23, p. 228; Cesare Norta, *Il telefono e la legge*).

**4.** Plusieurs ouvrages spéciaux ont traité les diverses questions que peut soulever la correspondance par lettre missive. On a déjà cité ceux de MM. Rodolphe Rousseau, *Traité de la correspondance par lettres missives et télégrammes d'après le droit civil et commercial*, 2e éd. Paris 1877; Albert Legris, *Du secret des lettres missives, de leur propriété et de leur production en justice*, Paris, 1889; Arthur Girault, *Traité des contrats par correspondance*, Paris, 1890; Edgar Hepp, *De la correspondance privée, postale et télégraphique*, Strasbourg 1864. Il y a lieu de signaler, en outre, les suivants : Teullé, *De la propriété des lettres missives;* Vanier, *Des lettres missives*, étude insérée dans la *Revue pratique*, t. 21, p. 100; Deffis, *Lettres missives*, étude insérée dans les *Annales de la propriété industrielle, etc.*, 1870, p. 97; *Les lettres missives*, discours prononcé par M. l'avocat général Baudouin, le 3 nov. 1883, à l'audience de rentrée de la cour de Lyon; Charles Darquer, *Des contrats par correspondance*, thèse de doctorat, Paris, 1885; Albert Tissier, *La propriété et l'inviolabilité des lettres missives;* A.-Robert, *Des contrats par correspondance*, thèse de doctorat, Dijon, 1868; Flandin, *De la vente par correspondance*, étude insérée dans la *Revue du notariat et de l'enregistrement*, 1889, p. 541; *De la propriété des lettres missives*, article anonyme publié dans la *Gazette des tribunaux* du 7 déc. 1887; Valabrègue, *Des lettres missives au point de vue du droit pénal*, étude insérée dans le *Journal des parquets*, 1888, p. 100; E. Hanssens, *Du secret des lettres*, thèse d'agrégation, Bruxelles, 1890.

**5.** Sur toutes les questions qui se rapportent au monopole de l'Administration des postes et télégraphes pour le transport des lettres et la transmission des dépêches télégraphiques, V. *infrà*, v{o} *Postes et télégraphes*.

**§ 1.** — Caractères et effets généraux des lettres missives (*Rép.* n{o} 2).

**6.** Les questions très variées et très délicates que peut soulever dans la pratique le principe du respect du secret des lettres missives imposé à l'administration des Postes (*Rép.* n{o} 2), seront examinées ailleurs, *infrà*, v{is} *Postes et télégraphes* (Conf. *Rép.* eisd. v{is}; Legris, n{o} 4 et suiv.; Rousseau, n{o} 355 et suiv.; Hanssens, n{o} 1 et suiv.; Valabrègue, *loc. cit.*).

**7.** Le respect du secret de la correspondance privée s'impose également *aux particuliers* et leur interdit de livrer à la publicité les lettres dont ils ne sont pas propriétaires. Ce principe n'est formulé par aucune de nos lois; mais la jurisprudence l'a toujours reconnu et sanctionné comme une règle de morale et d'ordre public. « Le secret des lettres, dit un arrêt (Riom, 8 janv. 1849, aff. Thélidon, D. P. 49. 2. 143), est un principe que la justice ne peut méconnaître et qui s'impose autant à la morale publique qu'à la sûreté des relations privées ». « L'inviolabilité du secret des lettres, dit également la cour de cassation (Crim. rej. 9 juin 1883, aff. Meisels, D. P. 84. 1. 89), est un principe de haute moralité sociale et d'une importance essentiellement d'ordre public ». (Conf. Civ. rej. 5 mai 1858, motifs, aff. Leroy-Boulard, D. P. 58. 1. 209; Req. 3 mars 1879, motifs, aff. Arnould-Drappier, D. P. 81. 1. 212). M. le conseiller Gast, dans son rapport sur l'arrêt précité du 9 juin 1883, constate que, sur ce point, la jurisprudence de la cour suprême n'a jamais varié : « L'inviolabilité du secret des lettres semble donc avoir été toujours reconnue, et, bien qu'elle ne soit sanctionnée par aucun autre texte de loi que par l'article du code pénal qui la protège contre les entreprises des fonctionnaires du Gouvernement ou des agents des postes, vos chambres civiles l'ont généralement prise sous leur sauvegarde comme un principe dérivant de l'esprit et de l'ensemble de notre législation » (Conf. Legris, n{o} 45 ; Comp. Hanssens, n{os} 1 et suiv.).

**8.** Ainsi, le respect du secret des lettres est aujourd'hui un principe constant. Mais, si l'on est d'accord sur la règle, on ne formule pas toujours avec une netteté satisfaisante la raison juridique sur laquelle elle repose. On a parfois soutenu que l'inviolabilité, entre particuliers, du secret de la

lettre confidentielle s'induit des décrets de l'Assemblée nationale des 10 août 1790 et 10 juill. 1791 sur le fonctionnement de l'administration des Postes, et des principes de 1789 eux-mêmes. On a fréquemment répété aussi que cette inviolabilité prend sa source dans la morale et les nécessités sociales, et que, si elle a été consacrée par la jurisprudence, c'est parce qu'elle résulte de l'esprit d'ensemble de notre législation. — Faut-il se contenter de généralités aussi vagues? Les principes de 1789, les décrets de 1790 et 1791 ne s'appliquent avec quelque précision qu'à une seule chose : l'inviolabilité des lettres dans les relations du pouvoir et des citoyens, spécialement en ce qui concerne l'administration chargée du transport des correspondances. Ils ne peuvent servir de base au secret des lettres sorties de la détention de l'Administration, et entrées dans les relations de particulier à particulier. Il en est de même des nécessités de la morale et de la sécurité des relations sociales; le juge n'en peut tenir compte, qu'autant qu'il les trouve combinées dans la loi positive, ce qui lui permet d'en faire une exacte application. Il faut donc chercher d'autres bases légales à l'inviolabilité de la lettre confidentielle. Ces bases se rencontrent dans le rapprochement rationnel des principes de la propriété et de la convention, et spécialement dans les textes combinés de l'art. 544 et de l'art. 1134 c. civ. L'auteur de la lettre confidentielle, tant qu'il la garde entre ses mains, est le seul maître (*dominus*) et propriétaire de son secret, ainsi que de la feuille qui en porte l'expression écrite. Il a tous les droits que l'art. 544 reconnaît au propriétaire, dans la limite de l'application possible, et notamment il peut tout détruire. Mais la lettre une fois envoyée et arrivée à destination, aussitôt, et par voie implicite, il se forme un contrat. La convention qui résulte nécessairement de cette communication du secret, faite d'une manière exclusive, c'est que le destinataire la reçoit, avec l'engagement de ne pas le livrer sans l'assentiment de l'auteur de l'écrit. S'établit ainsi, entre les deux parties contractantes, une sorte de copropriété *sui generis* de la confidence contenue dans la lettre, et au besoin même, si telle est leur intention, de la lettre elle-même. L'auteur de cette lettre peut donc être considéré, suivant les circonstances et le caractère de l'écrit, comme ayant voulu déléguer, seulement pour portion, son droit de propriété, en retenant une partie. Et, en ce cas, dans la pensée commune, c'est le destinataire seul, à l'exclusion de tout autre, qui est saisi, par cette délégation restreinte, d'un droit purement privatif ni non transmissible ni communicable, sur la lettre confidentielle. Tel est, en réalité, le principe de la matière; aussi la chambre des requêtes n'a-t-elle pas hésité à décider, que l'auteur de lettres confidentielles pouvait faire reconnaître, d'après leur nature, qu'elles devaient, à la suite de la mort du destinataire, au lieu de rester dans l'hérédité, lui être personnellement rendues (Req. 9 févr. 1881, aff. Ménard, D. P. 82. 1. 73. Comp. Hanssens, n{o} 164 et suiv. V. *infrà*, n{o} 28 et suiv.).

**9.** Il est certain toutefois, ainsi qu'on l'a fait observer, que la *suppression* ou la *violation du secret* d'une lettre par un particulier ne constitue pas un délit; aucune disposition de loi ne réprime ce fait (Trib. corr. Bourbon-Vendée, 31 janv. 1835, rapporté par Rousseau, n{o} 361 ; Conf. Trib. Moulins, 10 juill. 1890, *infrà*, n{o} 27; Chauveau et Hélie, *Théorie du code pénal*, t. 1er, p. 30; Rousseau, discours précité; Hanssens, n{o} 40; Legris, n{o} 10; Vanier, *loc. cit.* ; V. *infrà*, v{o} *Postes et télégraphes; Rép.* eod. v{o} n{o} 138). Mais le fait de *détourner* une lettre missive dans le but de se l'approprier peut constituer le délit de *vol* (Paris, 8 nov. 1853, aff. Perrot, D. P. 54. 2. 17; Crim. rej. 2 avr. 1864, aff. Dubourg, D. P. 64. 1. 396; Cons. de revision de Paris, 27 nov. 1884, *La Loi*, 20 déc. 1884; Aix, 27 juill. 1888, *Journ. des parquets*, 1888, p. 106, et les auteurs précités. Conf. *infrà*, v{o} *Postes et télégraphes; Rép.* eod. v{o}, n{o} 145 ; et v{o} *Vol*. *Contrà* : Bastia, 12 avr. 1849, aff. Giacomoni, D. P. 49. 2. 90; Valabrègue, *loc. cit.*),... ou même le délit d'*abus de confiance*, si la lettre renferme des valeurs, ou contient obligation ou décharge (Crim. rej. 21 août 1840, aff. Ducauroy, *Rép.* v{o} *Abus de confiance*, n{o} 84). — Il va de soi, d'ailleurs, que, même dans le cas où ils n'encourent aucune responsabilité pénale, les particuliers qui violent le secret d'une correspondance peuvent être, s'il y a lieu, condamnés à des dommages-intérêts en vertu de l'art. 1382, c. civ. (Legris, n° 12; Conf. Trib. Moulins, 10 juill. 1890, *infrà*, n° 27, note).

**10.** Les difficultés auxquelles peut donner naissance l'application, aux personnes privées, de la règle du secret des lettres se résolvent généralement en de pures questions de *propriété*. On les examinera en traitant de la propriété des lettres missives (*infrà*, n°s 28 et suiv.). Il est un cas cependant où l'on peut avoir à déterminer l'étendue des droits d'un individu sur une correspondance dont il n'est pas propriétaire; c'est lorsque celle-ci émane d'un *incapable*. M. le professeur Labbé, dans une dissertation sur un arrêt de la chambre des requêtes du 27 déc. 1875 (aff. Similien), a déterminé avec soin quel est, en ce cas, le pouvoir de la personne sous l'autorité de laquelle est placé l'incapable.

Et d'abord, il est généralement admis que le père, en vertu de sa puissance paternelle, peut s'opposer à une correspondance que son fils mineur voudrait entretenir avec telle ou telle personne; il peut prendre connaissance des lettres qu'il écrit ou qui lui sont adressées, les retenir et même les supprimer (Conf. Caen, 11 juill. 1866 (1); Bruxelles, 18 avr. 1885, *Journ. des trib. belges*, p. 605; Labbé, *loc. cit.*; Rousseau, n°s 106 et suiv.; Legris, n°s 61 et suiv.; Hanssens, n°s 252 et suiv.; Baudouin, discours précité; Aubry et Rau, *Droit civil français*, t. 6, p. 78; Demolombe, *Puissance paternelle*, n° 301 *bis*). M. Vanier (*loc. cit.*, p. 107) professe seul une opinion contraire. — Le pouvoir du père, en cette matière, appartient également, par délégation, à l'instituteur ou au chef de la maison d'instruction à laquelle est confiée l'éducation de l'enfant. — Après la mort du père, le droit de surveiller la correspondance de l'enfant passe à la mère, et, à défaut de celle-ci au tuteur (Mêmes autorités). — Il appartient, de même, au tuteur de l'interdit sur la correspondance de celui-ci. Mais ce pouvoir doit être refusé au curateur du mineur émancipé ou au conseil judiciaire du prodigue, dont les attributions n'embrassent ni l'éducation ni le soin du moral (Labbé, *loc. cit.*). — Quant aux droits du mari, on les étudiera *infrà*, n°s 89 et suiv. — Sur la question de savoir si le père, l'instituteur ou le mari peut faire défense à l'administration des Postes de remettre des lettres à l'enfant ou à la femme, V. *infrà*, v° *Postes et télégraphes*, et les auteurs précités.

**11.** Le père, l'instituteur ou le tuteur, qui peut intercepter la correspondance du mineur, a-t-il le droit, dans un procès ou un litige quelconque, d'aller jusqu'à publier les lettres qui ne sont parvenues entre ses mains que par l'usage de l'autorité que lui confère la loi? Nous ne le croyons pas; il ne détient ces lettres que comme protecteur et pour le compte de l'incapable; il ne peut pas s'en faire une arme pour la défense de ses intérêts personnels (Labbé, *loc. cit.*; Hanssens, n°s 266 et 269; Legris, n° 67) ;... sauf cependant, croyons-nous, lorsqu'il s'agit de difficultés relatives à la tutelle et que le parent ou tuteur prétend puiser sa justification dans cette correspondance (Hanssens, *loc. cit.*; en sens contraire, Labbé, *loc. cit.*);... ou encore lorsque la production de la correspondance en justice est faite dans l'intérêt même du mineur, par exemple, à l'appui d'une demande en interdiction ou en dation de conseil judiciaire formée contre lui après sa majorité (Caen, 11 juill. 1866, cité *supra*, n° 10; Legris, n°s 67 et 105; *Contrà*: Labbé, *loc. cit.*; Hanssens, n° 267. V. aussi *infrà*, n° 15).

**12.** Il n'est pas douteux que, aussitôt la majorité accomplie, l'émancipation prononcée, ou le jugement donnant mainlevée de l'interdiction devenu définitif, le père, la mère ou le tuteur doit restituer les lettres qu'il a interceptées à la personne à qui elles appartiennent, s'il les a encore entre les mains (Caen, 11 juill. 1866, cité *supra*, n° 10; Hanssens, n° 265; Legris, n° 68) ;... sauf cependant à se prévaloir, s'il y a lieu, des indications fournies par ces lettres, pour intenter contre le mineur une action en interdiction, ou en dation de conseil judiciaire, ainsi qu'il a été dit ci-dessus (Caen, 11 juill. 1866, précité).

**13.** Les difficultés que soulève l'application du principe du secret des lettres à la correspondance des mineurs et des interdits peuvent également se produire, en ce qui concerne la correspondance des personnes non interdites internées dans des maisons d'aliénés. Leur solution est des plus délicates. M. Labbé, dans la dissertation citée *supra*, n° 10, les a spécialement étudiées. — D'abord, il n'est pas contesté par personne que le médecin a le droit d'intercepter et d'ouvrir toutes les lettres adressées à son pensionnaire ou écrites par lui. « Tout ce que la personne en traitement fait ou pense et exprime, tout ce qui traduit ou trahit l'état de son intelligence, le médecin doit le savoir : les influences qui s'exercent du dehors, il doit les apprécier et les empêcher, si elles sont propres, suivant lui, à entretenir le trouble de l'esprit » (Labbé, *loc. cit.* Comp. Req. 27 déc. 1875, aff. Similien, D. P. 76. 1. 67; rapport de M. le conseiller Lepelletier et conclusions de M. l'avocat général Reverchon sur cet arrêt. D. P. *ibid.*; Rousseau, n°s 153 et suiv.; Tissier, p. 54; Baudouin, discours précité; Hanssens, n° 270; Legris, n°s 76 et suiv.; Vanier, *loc. cit.*, p. 105; Aubry et Rau, *Cours de droit civil français*, 4e édit., t. 8, § 760 *ter*, p. 293; V. aussi *supra*, v° *Aliéné*, n° 107, et le rapport de M. de Barthélemy à la Chambre des pairs sur la loi du 30 juin 1838, *Rép.* eod. v°, n° 35, note. Comp. la législation anglaise exposée par M. le conseiller Bertrand, dans un rapport fait en 1870 à la société de législation comparée et imprimé par M. l'avocat général Reverchon, D. P. 76. 1. 69). Il n'en est autrement que pour les lettres adressées par l'aliéné aux autorités soit judiciaires, soit administratives (L. 30 juin 1838, art. 29, *in fine*).

**14.** Le directeur de l'établissement qui a intercepté les lettres de l'aliéné n'a pas le droit de les conserver. Il doit, soit les remettre immédiatement au tuteur à l'interdiction, ou au curateur à la personne s'il en a été donné un à l'aliéné soit, dans le cas contraire, les garder en dépôt jusqu'à ce qu'il puisse les restituer à son pensionnaire lui-même, après sa guérison, ou à ses héritiers après son décès. Ce directeur, en effet, est uniquement chargé du traitement de l'aliéné; il n'est ni son protecteur ni son représentant légal; à défaut de tuteur, ces fonctions sont dévolues, en ce qui concerne les biens du malade, à la commission administrative de l'établissement ou à un administrateur provisoire (c. civ., art. 497; L. 30 juin 1838, art. 31 et 32) (Labbé, *loc. cit.*; Rousseau, n° 156; Legris, n° 79; Hanssens, n° 274; Aubry et Rau, t. 8, p. 293. — *Contrà*: Angers, 6 mars 1874, aff. Similien, D. P. 75. 2. 227 et sur pourvoi, Req. 27 déc. 1875, cité *supra*, n° 13; Baudouin, discours précité).

**15.** Si, en fait, le directeur de la maison d'aliénés a gardé la correspondance de l'un de ses pensionnaires, peut-il s'en servir en justice pour sa défense et sa justification, par exemple, afin de repousser une action en dommages-intérêts

---

(1) (Lemarié C. Ranch.) — LA COUR; — Considérant que si le père et la mère, investis de la puissance paternelle, ont le droit incontestable et souvent le devoir, en vertu de l'obligation de surveillance qui leur incombe, de prendre connaissance des lettres qui sont adressées à leur enfant mineur, de les retenir et même de les supprimer, suivant le cas, la légitimité de l'exercice de ce droit ne peut se déterminer que suivant les circonstances et en considération de l'intérêt bien entendu de l'enfant; — Considérant que, pendant la minorité d'Ernest Lemarié, la dame Ranch, sa mère, a été légitimement nantie de plusieurs lettres adressées à ce dernier, et dans lesquelles elle prétend trouver la preuve des faits qui l'ont déterminée à intenter contre son fils, devenu majeur, une action de conseil judiciaire; — Considérant que, dans un but de protection et pour arriver, s'il y a lieu, à une mesure destinée à garantir son fils contre ses propres entraînements, la dame Ranch est bien fondée à se prévaloir des indi-

cations que peuvent renfermer ces lettres, dont la propriété n'est pas d'ailleurs contestée par Lemarié, qui les réclame; — Considérant qu'indépendamment des énonciations qui peuvent être utiles à la solution de la cause actuelle, lesquelles seules ont été transcrites dans la dissertation citée; mais qu'en outre les écrits signifiés au procès, et dont la dame Ranch est autorisée à se servir, cette correspondance paraît contenir des documents et appréciations étrangers à la discussion, et dont la production, inutile à l'audience, pourrait ne pas être sans danger pour la paix de la famille et le rétablissement désirable des bons rapports entre ses membres; — Considérant que, dans cette situation, il y a lieu d'ordonner, au profit de Lemarié, la restitution qu'il réclame et de maintenir au contraire, au procès, la signification du 11 juin 1866;

Par ces motifs, etc.

Du 11 juill. 1866.-C. Caen, 1re ch.-MM. Dagallier, 1er pr.-Jardies, av.-gén.-Carel et Trolley, av.

pour séquestration arbitraire formée contre lui par le pensionnaire? Il n'a certainement pas ce droit si, comme on l'a admis *suprà*, n° 14, on décide qu'il ne .lui. appartient pas de retenir la correspondance des.aliénés dont.il a la charge (Mêmes autorités; V. en sens contraire les arrêts précités). — Est-il, au moins, *excusable* d'agir ainsi? Non, répond M. Labbé (*loc. cit.*), car cette production en justice de la correspondance de l'aliéné .n'est jamais indispensable à la défense. « Les.mesures prises par la loi.de 1838, dit-il, servent à la fois à la sauvegarde de la liberté des personnes prétendues en démence et des médecins directeurs des maisons d'aliénés. Si toutes les prescriptions de la loi touchant les certificats de médecins, leur production, leur date, leur transcription, leur réitération (art. 8, 11, 12, 13) ont été scrupuleusement observées, le directeur de bonne foi n'a rien à craindre, il n'a rien à prouver *extrinsecus* ». (Conf. Rousseau, Legris, Hanssens, *loc. cit.*). On ne.saurait d'ailleurs admettre la distinction que semble vouloir faire la cour de cassation (Req. 27 déc. 1875, cité *suprà*, n° 13),. entre les lettres dont le contenu est une « manifestation du trouble mental de leur auteur » et celles qui sont une œuvre de raison, les dernières seules pouvant être réputées *confidentielles*. « D'abord, comme le dit M. Labbé (*loc. cit.*), la séparation entre ce qui est confidentiel et ce qui né l'est pas est extrêmement délicate; c'est la justice qui la fera souverainement. Cependant, si le médecin s'est trompé et.a divulgué des lettres, jugées à coup confidentielles, le mal de la publicité sera fait et à peu près.irréparable. Ensuite, il ne nous paraît pas.convenable de soustraire .au .principe du secret, comme des manifestations tout à fait étrangères à l'homme, même les. rêves et les extravagances de la folie. Le respect qui, de l'homme vivant s'étend aux restes mortels après le .départ de l'âme, doit de même s'étendre à tout ce qui vient de l'homme, même dans un .état d'égarement intellectuel... D'ailleurs, pour nous, la question est dominée par un .principe qui .précède l'application du principe du secret des lettres. A qui appartient la correspondance d'un incapable? ... A l'incapable lui-même ... Le dépositaire qui garde indûment après le moment venu de la. restitution peut-il, dans un intérêt quelconque, se servir de documents qu'il ne devrait plus avoir à sa disposition? C'est ainsi, suivant nous, que la question doit être posée ». Ces considérations répondent d'une façon décisive, semble-t-il, à l'argument tiré par la cour de cassation .de ce que le directeur de la maison d'aliénés .n'avait pas agi, en quelque sorte, qu'en état de « légitime défense .» (Conf. conclusions précitées.de M. l'avocat général Reverchon).

**16.**.On a vu, *suprà*, v° *Disposition entre vifs et testamentaires*, n° 636 et *Rép.* eod. v°, n°⁵ 2611 et suiv., qu'une lettre missive peut valoir comme testament, mais que les juges ont un pouvoir souverain pour apprécier si le signataire de la lettre a eu réellement l'intention de faire un testament. Aux autorités citées *ibid.*,. *Adde :* Rousseau, n°⁵ 111 et suiv.; Trib. Seine, 22 juill. 1886, aff. Boucheron, *Le Droit*, 3 août 1886, et sur appel, Paris, 19 nov. 1887, *ibid.*; 14 janv. 1888; Trib. Seine, 22 mars 1889, aff. Civiat,

*ibid.*, 31 mars 1889; Trib. Annecy, 6 févr. 1890, aff. Chappelet, *ibid.*, 15 avr. 1890 ; Douai, 3 févr. 1890 (1). Il a même .été jugé que la lettre explicative jointe à un testament doit recevoir son exécution comme le testament lui-même, dont elle forme le complément (Trib. Seine, 30 juill. 1890) (2); pourvu toutefois que le testateur n'ait pas entendu, par ce procédé, faire un fidéicommis nul comme donation à cause de mort (Req. 10 févr. 1879, aff. Paimblanc, D. P. 79. 1. 298, V. *suprà*, v° *Disposition entre vifs et testamentaires*, n° 838).

**17.** En matière d'*élections politiques* (*Rép.* n° 5), il a été jugé que la déclaration .que doit faire le contribuable ou prestataire non résidant dans la commune, qui veut y exercer ses droits politiques, peut être faite par simple lettre missive (*suprà*, v° *Droit politique*, n° 100). Il en est de même de la .demande d'inscription faite par .un tiers électeur, quand la loi l'autorise (*Ibid.* n° 142), et de toutes les réclamations des électeurs et tiers électeurs adressées à la commission.municipale (*Ibid.* n° 144); mais non de l'appel formé contre les décisions de cette. commission (*Ibid.* n° 189).

**18.** Sur les conventions qui peuvent se former par lettres missives, V. *infrà*, n°⁵ 49 et suiv. et n° 58.

**19.** Différents.délits réprimés par la loi pénale peuvent être commis au moyen de lettres missives (*Rép.* n° 5). — On peut, par exemple,. commettre par .lettre missive un *faux*, soit en contrefaisant une signature ou le contenu d'une lettre, ou en imaginant une convention que la lettre aurait pour but. de constater (Crim. cass. 24 févr. 1807; Crim. rej. 13 janv. 1807; aff. Armingaud, *Bull. crim.*, 1807, n° 37; Crim. cass. 3 juill. 1807, aff. Huguenet, *ibid.*, 1807, n° 147; 12 nov. 1813, aff. Maillezac, *ibid.*, 1813, n° 247; 27 sept. 1816, aff. Mathielle, *ibid.*, 1816, n° 69; 11 avr. 1828, aff. Lacaze, *ibid.*, 1828, n° 106 ; Crim. rej. 9 sept. 1830, aff. Levraux, D. P. 30. 1. 387; Crim. cass. 24 mars 1838, aff. Alamelle, *Bull. crim.*,1838, n° 77; 3 janv. 1846,. aff. Colat, *Bull. crim.*, 1846,.n° 5 ; 13 juin 1846, aff. Fournier, D. P. 46. 4. 294-295; Poitiers, 16 nov. 1846, aff. Bernard, D. P. 47. 2. 125; Crim. rej. 18 nov. 1852, aff. Delcurrou, *Bull. crim.*, 1852, n° 374) ;... ou en signant la lettre du nom d'une personne imaginaire (Crim. cass.11 avr. 1828, précité; Crim. rej. 12 sept. 1839, aff. Godin, *loc. cit.*, 1839,' n° 295). — Il a même été jugé que le fait d'avoir apposé la fausse signature d'un commerçant sur une lettre adressée à un autre commerçant pour affaires relatives au commerce constitue le crime de faux en écriture de commerce, prévu par l'art. 147 c. pén. (Crim, cass. 15 juill 1827, aff. Caminatti, *Bull. crim.* 1827, n° 147; 2 avr. 1831, aff. Lugues, *ibid.*, 1831, n° 74; 13 juin 1846, précité; 4 juin 1859, *ibid.*, 1859, n° 142; Crim. rej. 20 avr. 1867, *ibid.*, 1867, n° 94; Chauveau et Hélie, *Théorie du code pénal*, 6° éd., t. 2, n° 725; Rousseau, n°180). V. *suprà*, v° *Faux*, n°⁵ 180, 249,, 302, 313; *Rép.* eod. v° n°⁵ 313, 320, 340 et suiv.

**20.** Le fait d'envoyer certaines lettres missives peut aussi parfois constituer le délit d'*escroquerie* (Crim. cass. 26 mars 1813, aff. Herz, *Bull. crim.*, 1813, n° 57). Mais, si

---

(1) (Delahodde *C*. Hérit. Deldrève.) — LA COUR ; — Attendu que la lettre du 24 septembre 1884 est datée et signée par Deldrève; que l'on reconnaît qu'elle a été tout entière écrite de sa main, on doit nécessairement décider que le testament olographe qu'elle renferme est régulier et parfaitement valable en la forme; — Mais attendu que, pour constituer un testament qui fait sortir de la succession une part plus ou moins importante des biens du décédé par respect de la volonté de celui-ci, il est nécessaire avant tout que cette volonté soit certaine, qu'elle apparaisse clairement dans sa manifestation; — Que si le testament contenu dans une lettre missive est incontestablement valable en la forme, pour produire son effet au fond, il est nécessaire que la lettre invoquée renferme, non un simple projet, mais une volonté fixe et arrêtée, et qu'elle réalise dès à présent. cette volonté; — Attendu qu'il n'en est pas ainsi de la lettre du 24 sept. 1884; que si Deldrève annonce par cette lettre à Delahodde qu'il lui donne à son décès tout ce qu'il possède à Balinghem, rien dans le texte de la phrase, ni dans la place que cette phrase occupe dans la missive, ne permet d'affirmer que Deldrève a voulu disposer d'une façon définitive et à ce titre même; que l'on y distingue bien, plutôt l'annonce d'une libéralité que Deldrève se propose de faire, qu'il a peut-être réalisée déjà ou qu'il réalisera plus tard; — Attendu que l'on ne comprendrait pas comment Deldrève, qui possédait une fortune de plu-

sieurs millions, qui savait écrire facilement, qui jouissait d'une indépendance absolue au point de vue de la disposition de sa fortune, aurait, à la suite d'une lettre écrite à propos de l'achat d'un chien, sans aucune importance, voulu, en quelques mots au moins douteux, exprimer la dernière intention bien arrêtée de donner après sa mort une fortune d'un million au moins à un parent éloigné; — Adoptant, en outre, les motifs des premiers juges; — Dit qu'il a été bien jugé;
Confirme, etc...
Du 3 févr. .1890.-C. de Douai, 1re ch.-MM. Mazeaud, 1er pr.- Blondel,. av. gén.-Allaert et Dubois, av.

(2) (Lejeune *C.* Milleret.) — LE TRIBUNAL; — Attendu que, par son testament olographe du 6 oct. 1879, la veuve Ardoin a institué la baronne Lejeune son exécutrice testamentaire, et lui a légué ses bijoux, garde-robe, mobilier. linge et tout ce qui compose le matériel de sa maison de ville et de campagne, ses chevaux, voitures, argenterie, etc., sans aucune exception, en lui en user ainsi qu'il est dit dans la lettre explicative jointe au testament; — Attendu que la lettre dont s'agit fait partie du testament lui-même dont elle est l'œuvre complémentaire; qu'elle en a les caractères et en produit les effets juridiques.
. Du 30 juill. 1890.-Trib. civ. Seine, 2e ch.-MM. Gillet, pr.-Fournier, subst.-Jardin et Fromageot, av.

l'escroquerie est commise à l'aide d'une lettre fausse, l'infraction doit être punie comme constituant le crime de *faux* (Crim. cass. 24 févr. 1807; 3 juill. 1807; 27 sept. 1816; 11 avr. 1828, 2 avr. 1831, cités au numéro précédent. Comp. cependant, Crim. cass. 23 sept. 1834, *Bull. crim.*, 1834, n° 315. V. *infrà*, v° *Vol-escroquerie*.

**21.** L'art. 222 c. pén., punit de même l'*outrage* non public adressé par écrit, par exemple par lettre, à un magistrat de l'ordre administratif ou judiciaire, ou à un juré, lorsque cet outrage tend à inculper l'honneur ou la délicatesse de celui-ci (V. *infrà*, v° *Presse-outrage*; Comp. Crim. cass. 31 oct. 1890, aff. Charre. D. P. 91. 1. 45).

**22.** En principe, l'auteur d'une lettre contenant des expressions outrageantes contre le destinataire ou un tiers simple particulier, ne peut être poursuivi que pour la contravention d'injure non publique (c. pén. art. 376 et 471-11°; *Rép.* n° 5). Et il en est ainsi alors même que la lettre contient l'imputation de faits pouvant porter atteinte à l'honneur ou à la considération du destinataire ou du tiers (Crim. rej. 23 nov. 1843, aff. Méliande, *Bull. crim.*, 1843, n° 289);... à moins que la lettre ne soit ensuite publiée ou lue en public, cas auquel l'auteur de la publication ou de la lecture est le véritable auteur du délit (Crim. rej. 15 déc. 1859, *Bull. crim.*, 1859, n° 276) ;... ou qu'elle ne soit adressée par son auteur, en plusieurs exemplaires, à différentes personnes, avec recommandation de les communiquer le plus possible (Crim. rej. 28 juill. 1858, aff. Mouret, D. P. 58. 5. 284; Conf. Crim. rej. 23 mars 1844, D. P. 44. 1. 242. V. *infrà*, v° *Presse-outrage*, *Rép.* eod. v°, n°ˢ 867 et suiv.). — Jusqu'en 1887, la jurisprudence et les auteurs reconnaissaient que l'injure ou l'imputation diffamatoire contenue dans une correspondance circulant à découvert, notamment dans une carte postale ne pouvait être considérée comme une injure publique ou une diffamation, les caractères de la publicité exigée par l'art. 14 de la loi du 17 mai 1819, puis par l'art. 23 de la loi du 29 juill. 1881 (D. P. 81. 4. 65), ne se trouvant pas réunis (V. notamment : Trib. corr. Seine, 2 juill. 1873, aff. Mathieu, D. P. 74. 3. 79; Rouen, 24 juill. 1873, aff. Vernier, D. P. 74. 2. 28; Trib. corr. Montpellier, 2 févr. 1876, aff. D... D. P. 78. 3. 7; Crim. cass. 4 mai 1883, aff. de la Rouveraye, D. P. 83. 1. 482). En présence des abus que cette jurisprudence avait provoqués, on dut songer à combler la lacune laissée par la loi de 1881 et à assurer la

répression efficace d'actes coupables dont la fréquence augmentait tous les jours. C'est ce que fit la loi du 11 juin 1887 (D. P. 87. 4. 53), dont on étudiera en détail les dispositions, *infrà*, v° *Presse-outrage*. V. aussi D. P. 91. 1. 489, note.

**23.** Une lettre missive peut encore contenir une *dénonciation calomnieuse*, et faire tomber son auteur sous l'application de l'art. 373 c. pén. (*Rép.* n° 5. V. *suprà*, v° *Dénonciation calomnieuse*, n°ˢ 18 et suiv.; *Rép.* eod. v°, n°ˢ 49 et suiv.). On ne saurait objecter que cette lettre constitue une correspondance privée dont le secret doit être inviolable (Crim. cass. 7 déc. 1833; aff. Holleaux, *Bull. crim.*, 1833, n° 498).

**24.** Enfin une lettre missive peut contenir des *menaces contre les personnes*, délit réprimé par les art. 305 et suiv. c. pén. (V. *suprà*, v° *Crimes et délits contre les personnes*, n°ˢ 107 et suiv.; *Rép.* eod. v°, n°ˢ 113 et suiv.), ou des *menaces de révélations ou d'imputations diffamatoires*, faites dans le but d'extorquer des sommes ou valeurs, délit puni par l'art. 400, § 2, c. pén. (V. *infrà*, v° *Vol-escroquerie*).

**25.** Sur les droits d'enregistrement auxquels peuvent être soumises les lettres missives (*Rép.* n° 6), V. *suprà*, v° *Enregistrement*, n° 619; *Rép.* eod. v°, n° 931.

**26.** Quant à la foi due aux lettres écrites par les fonctionnaires publics dans l'exercice de leurs fonctions (*Rép.* n° 6), V. ; *Rép.* v° *Lettre ministérielle*, n°ˢ 2 et 3. — Il a été jugé que l'arrêté préfectoral qui prononce la nullité d'une délibération d'un conseil municipal, étant un acte de haute police administrative et non un acte de juridiction, peut être notifié par une simple lettre adressée au maire par le préfet (Cons. d'Et. 3 févr. 1888, aff. Commune de Saint-Orse, D. P. 89. 3. 51).

**27.** Tant que la lettre missive n'est pas arrivée aux mains de celui à qui elle est nominativement adressée, l'expéditeur en conserve la propriété (Legris n° 33; Conf. trib. civ. Tunis, 2 févr. 1887, *Revue algérienne*, 1887, p. 259). Il a, par conséquent, le droit d'en demander la restitution au tiers qui, par des manœuvres coupables, est parvenu à s'en emparer, et, à défaut par ce tiers, de lui restituer la lettre ainsi détournée à sa destination, de réclamer contre lui une condamnation à des dommages-intérêts, en réparation du préjudice causé par le fait de ce détournement (Riom, 13 juill. 1891) (1).

**28.** Ainsi qu'on l'a expliqué, *Rép.* n°ˢ 7 et suiv., en l'ab-

---

(1) (Dame D... et veuve B... *C. D....*) — Après un an de mariage, dame Marg. D... a intenté contre le sieur Léon D... propriétaire à Diou, son mari, une demande en séparation de corps qui fut repoussée; Dans ces conditions, dame Marg. D..., après avoir fait écrire à son mari qu'elle était disposée à reprendre la vie commune, se présenta à Diou, au domicile de son mari. Elle trouva porte close, mais y pénétra le lendemain après sommation d'huissier. La mère de son mari, dame veuve D..., qui habite le premier étage de la maison, s'y trouvant seule, elle s'en retourna. Peu après son départ, le facteur apportait à son adresse deux lettres timbrées de Moulins et dont l'écriture était celle de la dame veuve B..., mere de la dame B... Il fut reçu par la dame veuve D..., belle-mère de Marg. D... et lui laissa les lettres, celle-ci promettant de les faire parvenir à sa belle-fille. La dame Marg. D... revint le lendemain à Diou, réclamant les lettres, dont l'une d'elles, disait-elle, émanait de son avoué. Sa belle-mère lui répondit qu'elle les avait remises à son fils, et ne pouvait les restituer. Le sieur Léon D... et la dame Marg. D... intervinrent au procès. Le mari prétendit à l'audience qu'en qualité de chef de la communauté, il avait le droit d'ouvrir les lettres adressées à sa femme et même de lui en refuser la communication. Le tribunal accueillit cette thèse par un jugement du 10 juill. 1890, ainsi conçu : « Considérant que les convenances sociales, qui font que le mari laisse à sa femme la liberté d'ouvrir les lettres qui lui sont personnellement adressées, reposent sur cet accord tacite, mais indivisible, que la femme n'abusera pas de cette liberté contre son mari et qu'elle ne deviendra pas pour elle une occasion de danger; — Qu'il est vrai de dire que cette liberté ne constitue, à l'égard de la femme, qu'un privilège de priorité et que, sur l'offre qui lui en est faite par la femme, le mari prend ou ne prend pas à son gré connaissance de sa correspondance; — Que ces règles de convenances ne peuvent en quoi que ce soit altérer la rigueur du droit; — Qu'on a dit avec raison que la propriété qui porte sur une correspondance, n'ayant qu'une valeur purement immatérielle, est laissée complètement en dehors du régime matrimonial relatif aux biens; — Que ce qui se trouve engagé dans la correspondance, ce sont uni-

quement les intérêts moraux de l'union conjugale et les intérêts des tiers; — Qu'il est de principe incontestable que le gouvernement suprême des intérêts relève de l'autorité du mari, chef de l'association; qu'il a charge de sauvegarder son nom; — Qu'un blanc-seing, donné à la femme de ce chef, serait, de la part du mari, l'abdication des droits, écrits dans les art. 212, 213, 214 c. civ., qui sont l'essence même du mariage et dont la loi a voulu qu'il fût donné lecture aux époux au moment même de la célébration du mariage; — Que cette suprématie matérielle du mari, dans le domaine des intérêts moraux de la société conjugale, entraîne pour lui, par voie de conséquence, le droit, au regard de la femme, de mettre la main sur la correspondance de celle-ci, et d'apprécier s'il doit ou non la lui remettre ou même lui en donner connaissance; — Considérant, en fait, que les lettres adressées par la veuve B... à sa fille, les 12 et 13 mars, sont pleines de mépris pour le mari, etc. ». — Appel.

LA COUR; — En ce qui touche l'appel émis par la dame Marg. B..., épouse de M Léon D... ; — Considérant qu'aux termes de l'art. 295 du code civil, la femme ne peut ester en justice sans l'autorisation de son mari; qu'en première instance, en sa qualité d'intervenante et d'appelante devant la cour, ladite dame a omis de se pourvoir de cette autorisation maritale; qu'elle est par conséquent, sans qualité pour conclure, dans l'instance; — Considérant qu'il n'y a pas lieu de lui accorder un sursis pour se faire autoriser; que la demande principale, introduite à la requête de la dame veuve B..., est en état de recevoir une solution définitive, sans qu'il soit besoin du concours juridique et de la participation personnelle de sa fille aux débats; qu'il échet d'autant moins d'ordonner le sursis demandé que l'intérêt de ladite dame D... se confond avec celui de sa mère, laquelle, en qualité d'auteur et d'expéditrice des lettres missives dont il s'agit, en poursuit elle-même la restitution; — En ce qui touche la demande de la dame veuve B... contre la dame veuve D... : — Considérant qu'il est démontré constant, par l'ensemble des faits, circonstances et documents de la cause, que les deux lettres missives des 12 et 13 mars 1890, adressées par ladite dame veuve B... de Moulins à Diou, domicile de sa fille, épouse D..., la première

sence de textes de loi, la doctrine et la jurisprudence ont eu à déterminer les conditions de la propriété et de l'usage des lettres missives parvenues entre les mains de leurs destinataires. On s'accorde à reconnaître qu'en principe elles appartiennent à celui auquel elles ont été adressées. Nous avons exposé, *suprà*, n° 8 et suiv., quel est, au point de vue purement juridique, le fondement de cette règle (V. en ce sens : Caen, 10 juin 1862, aff. L..., D. P. 62. 2. 129 ; Nancy, 11 mars 1869, aff. Mure, D. P. 69. 2. 223 ; Toulouse, 6 juill. 1880, rapporté *infrà*, numéro suivant ; Req. 9 févr. 1881, aff. Ménard. D. P. 82. 1. 73 ; Rousseau, n°s 5 et suiv. ; Legris, n°s 32 et suiv. ; Girault, n° 136 ; Vanier, *loc. cit.*, p. 82 ; Tissier, p. 31 ; Larombière, *Théorie et pratique des obligations*, t. 4, p. 498 ; Aubry et Rau, t. 8, § 760 *ter*, p. 289 ; Baudouin, *loc. cit.* ; Pouillet, *Propriété littéraire*, p. 313 ; Comp. Hanssens, n°s 170 et suiv. V. cependant Nancy, 14 mai 1890, aff. C... D. P. 91. 2. 266). « L'auteur d'une lettre, dit M. Rousseau (*loc. cit.*) est maître absolu de l'expédier ou de la conserver ; il peut en mesurer les termes, il jouit de toute liberté pour l'expression de -ses idées ; quand il envoie sa lettre, c'est après mûre réflexion, non dans le but d'en revendiquer plus tard la propriété, mais bien pour que le destinataire la fasse sienne, après en avoir pris connaissance. On n'écrit pas pour soi, mais pour celui à qui la lettre est adressée. Celui-ci, à la réception de la lettre, peut la détruire sans que l'auteur ait à s'en plaindre ; n'est-ce pas un des attributs les plus manifestes du droit de propriété ? S'il peut la détruire, il peut, à plus forte raison, la conserver, en invoquant toujours son droit de propriété. Le code de commerce nous fournit encore un argument d'analogie. Aux termes de l'art. 8, le négociant est tenu de mettre en liasses les lettres missives qu'il reçoit... Sans contredit, le législateur, en édictant cette disposition, était parti de ce principe que la lettre missive appartient au destinataire ».

**29.** Cette règle de la propriété du destinataire n'est pas absolue. La jurisprudence et la doctrine admettent qu'elle doit cesser de s'appliquer s'il est démontré que l'intention des parties a été différente. Il en serait ainsi, par exemple, si l'auteur avait exprimé, dans les lettres mêmes écrites par lui, le désir qu'elles fussent détruites ou retournées. Il lui est loisible d'imposer cette condition, puisqu'il s'agit vis-à-vis du destinataire comme un donateur en ce qui concerne la communication de sa pensée, et que le donateur est libre d'imposer des modalités et des restrictions à sa libéralité. C'est d'ailleurs au juge du fait qu'il appartient de statuer sur cette question d'intention (Hanssens, n°s 174 et suiv. ; Toulouse, 6 juill. 1880 (1) ; Req. 9 févr. 1881, aff.

---

contenant aussi un projet d'une lettre destinée à un tiers, ont été remises le 13 dudit mois de mars à six heures du soir, à Diou, par le facteur de ladite localité, à la dame veuve D..., en l'absence momentanée de sa bru, partie le soir même pour Moulins le domicile de sa mère ; que cette remise lui a été faite sur la demande et après engagement par elle de les faire suivre et parvenir à la destinataire, ainsi qu'il appert du certificat digne de foi délivré le 16 mars 1890 par ledit employé de la poste ; — Considérant qu'au mépris de cette promesse, elle a retenu lesdits plis ; — Que, le 14 dudit mois de mars, par conséquent trois jours après, avant que D... ait paru au domicile conjugal, réintégré par sa femme elle 4 (ainsi qu'il en avait été préalablement avisé), ladite dame D..., rentrée de Moulins à Diou, a réclamé aussitôt, sans en son nom qu'en celui de sa mère, les lettres dont la dame veuve D... s'était emparée ; mais que celle-ci a obstinément refusé de les restituer ; — Considérant que la dame veuve D... reconnaît que lesdites lettres confidentielles, représentées aujourd'hui ouvertes, se trouvent en la possession de Léon D..., son fils, et que celui-ci les a directement reçues d'elle ; — Considérant que, soit qu'elle les lui ait livrées de la main à la main, soit qu'elle les lui ait fait autrement parvenir, dans l'un comme dans l'autre cas, elle a commis un acte blâmable, dolosif et quasi-délictueux en les détournant de la destination qui leur avait été donnée ; — Que la tension des rapports existant déjà entre les deux familles D... et B... ne permet pas de douter que c'est dans un but vexatoire, sous l'empire d'un sentiment haineux et avec la préméditation la plus hostile, qu'en violation de la promesse formelle à l'aide de laquelle elle en avait obtenu la remise, elle a livré à son fils les lettres dont il s'agit ; — Considérant que l'expéditeur d'une lettre missive en conserve la propriété tant qu'elle n'est pas arrivée aux mains de la personne à laquelle elle a été nominativement adressée ; — Qu'il a le droit d'en réclamer la restitution au tiers qui, par des manœuvres coupables, est parvenu à s'en emparer et, à défaut par ce tiers de lui restituer ou faire restituer la lettre ainsi détournée de sa destination, de réclamer contre l'auteur de ce quasi-délit (par application de l'art. 1382 du code civil) une condamnation à des dommages-intérêts, en réparation du préjudice moral et matériel causé à l'auteur-expéditeur par le fait de ce détournement ; — En ce qui touche l'appel interjeté par la dame veuve B..., contre Léon D... : — Considérant que le débat originaire s'est engagé entre les deux belles-mères, veuve B... et veuve D... ; — Qu'en première instance Léon D... n'a été mis en cause que sur les allégations contenues aux conclusions de sa mère, du 17 avril 1890, qu'il se trouvait en possession desdites lettres par suite de la remise que celle-ci lui en avait faite ; — Considérant que celui-ci persiste dans son refus de les rendre à sa belle-mère ; qu'en reconnaissant, par ses conclusions prises par Léon D... n'a pas participé aux manœuvres frauduleuses qu'elle reproche à la veuve D... seule, ladite dame B... est, dès lors, mal fondée dans sa demande contre son gendre ; — Mais, considérant que cette circonstance n'exonère pas la dame veuve D... de la responsabilité par elle encourue envers la dame veuve B..., à raison du procédé délictueux qu'elle a employé pour s'emparer desdites lettres et les intercepter ; — Par ces motifs ; — Déclare l'appel de la dame Marg. B..., femme D..., non recevable ; — Et, sans s'arrêter à la demande de sursis, à laquelle il a été conclu par la dame Léon D... en vue d'obtenir l'autorisation d'ester en justice, laquelle demande est rejetée comme dénuée d'intérêt ; — Statuant sur la demande de la dame veuve B...

contre Léon D..., son gendre, déclare ladite demande non recevable et mal fondée, l'en déboute et confirme la disposition du jugement qui a prononcé le rejet ; — Statuant ensuite sur le litige particulier entre la dame veuve B... et la dame veuve D... : — Dit qu'il a été mal jugé par la sentence du tribunal de Moulins du 10 juillet 1890, bien appelé ; — Emendant et faisant ce que les premiers juges auraient dû faire, sans qu'il soit besoin de plus ample voie d'instruction ; — Déclare qu'en interceptant les lettres dont s'agit à l'aide de manœuvres illicites qui en ont déterminé la remise en ses mains par l'administration des Postes, en abusant ensuite de leur détention pour les détourner de leur réelle destination, la dame veuve D... a commis un acte constituant un quasi-délit au préjudice de la dame veuve B..., expéditrice desdites lettres, lesquelles étaient à ce moment sa propriété ; — Et, pour réparation du préjudice ainsi causé à ladite dame veuve B..., condamne la dame veuve D... à lui remettre les lettres, objet du litige, avec tout leur contenu, ou à les lui faire remettre par celui qui les détient, et ce, dans le délai de quinze jours, à partir du présent arrêt ; faute par elle d'avoir dans ledit délai satisfait à cette condamnation, la condamne dès à présent, à payer à -ladite dame veuve B... la somme de 20 francs de dommages-intérêts par chaque jour de retard, et ce, pendant un mois ; dit qu'à l'expiration dudit délai il sera, par la cour, fait droit sur tous les autres dommages-intérêts à allouer, s'il y a lieu, en outre de l'action pénale ci-dessus prononcée.

Du 13 juill. 1891.-C. de Riom.-MM. Alary, 1er pr.-Ant. Robert (du barreau de Moulins), Clauzels et Salvy, av.

(1) (De Combarrieu C. de Combarrieu.) — Le 27 août 1879, jugement du tribunal de Moissac ainsi conçu : — « Attendu que l'action dirigée par Alfred de Combarrieu contre Laure Tandol, veuve de Combarrieu, sa mère, a pour but de faire ordonner par le tribunal qu'il lui sera fait remise, comme en étant seul propriétaire, de toutes les lettres et de tous les papiers qui ont été trouvés sous les scellés qui furent apposés au château du Grès après le décès de Combarrieu, son père, et qui ont été déposés entre les mains de Me Dayma, notaire, après avoir été placés dans un sac clos et cacheté ; — Attendu qu'il est reconnu en jurisprudence que les lettres missives sont la propriété du destinataire, à moins que ces lettres n'aient un caractère confidentiel et ne soient réclamées par leurs auteurs ; — Attendu qu'Alfred de Combarrieu, seul héritier direct de son père et son continuateur, est devenu par sa mort le propriétaire des lettres adressées à ce dernier et déposées entre les mains de Me Dayma, sauf toutefois les restrictions nécessaires quant aux lettres ayant un caractère absolument confidentiel et qui auraient pu être réclamées à de Combarrieu père lui-même par ceux qui les lui ont écrites, et sauf aussi les droits qui résultent pour la mère de sa qualité d'épouse et de la communauté d'intérêts que le mariage avait produite entre elle et son mari ; — Attendu, quant aux lettres adressées à de Combarrieu père par des personnes étrangères à la famille, qu'il y a lieu, pour se conformer au principe qui vient d'être posé, d'impartir un délai à leurs auteurs pour les revendiquer, et d'ordonner que, passé ce délai, les lettres non revendiquées seront remises à Alfred de Combarrieu ainsi que celles qui, réclamées par leur auteur, ne seront pas reconnues être confidentielles ; — Attendu, quant aux lettres écrites par la dame de Combarrieu à son mari, et qu'elle revendique en totalité, qu'il est certain que c'est à bon droit qu'elle

Ménard, D. P. 82. 1. 73). La cour de cassation, dans cet arrêt a fort nettement posé les principes, sur ce point : Si les lettres missives a-t-elle dit, sont en général considérées comme la propriété personnelle du destinataire, ce n'est point là une règle universelle et absolue qui puisse prévaloir contre la volonté, suffisamment manifestée par l'auteur de ces écrits, de retenir cette propriété ; l'application de ce droit doit d'ailleurs se combiner avec le principe protecteur du secret des lettres ; ce sont des questions de fait qu'il appartient aux tribunaux de résoudre ». L'arrêt attaqué de la cour de Rennes s'était prononcé non moins formellement dans le même sens : « C'est l'intention de l'auteur de la lettre qu'il faut interroger, intention à laquelle le destinataire s'est associé en l'acceptant ; c'est, en effet, l'auteur qui crée la propriété d'une telle lettre, et qui, par cela même, pourvu qu'il agisse sans fraude, a le droit, au point de vue du droit civil, d'imprimer à cette propriété un caractère propre, d'en déterminer les conditions, d'en fixer les limites et d'en régler l'usage ».

L'intention des parties de rendre la lettre confidentielle ne peut évidemment pas se présumer. Mais il serait excessif de prétendre, comme l'a fait l'arrêt de la cour de Toulouse précité, que cette intention doit être formulée en termes exprès. A défaut de volonté exprimée, il faut rechercher l'intention de l'auteur des lettres dans le caractère spécial qu'elles revêtent. S'il s'agit d'une correspondance banale ou d'une correspondance d'affaires, il est rationnel de penser que l'auteur ne s'en est pas réservé la propriété ; dans le

premier cas, parce qu'elle serait de nulle importance ; dans le second, parce que celui qui a reçu des lettres se référant à des questions d'intérêt a qualité pour les garder et s'en servir dans le sens des intérêts visés. Mais s'il s'agit d'une correspondance étroitement intime et confidentielle, dont la divulgation présenterait de sérieux inconvénients, on doit nécessairement admettre qu'il a été dans l'intention des parties d'en limiter la connaissance aux deux correspondants directs ; et que, dès lors, l'auteur des lettres n'a entendu en faire tradition qu'au seul destinataire, avec cette convention tacite, mais certaine, de rentrer en possession à la mort de celui-ci. Il y a donc lieu de réserve de la propriété au profit de l'auteur (Comp. Labbé, Dissertat. sous l'arrêt du 9 févr. 1881); Nancy, 14 mai 1890, aff. C... D. 91. 2. 266). — Il ne serait pas, toutefois, entièrement exact, croyons-nous, de donner en ce cas au destinataire la qualification de *dépositaire* (*Rép.* n° 8) ; car il est inadmissible qu'il puisse, de son vivant, être tenu à restitution, l'auteur l'ayant nanti sans cette condition et ayant entièrement suivi sa foi. Mais il est certainement à l'état de simple copropriétaire *sui generis*, ou plutôt de simple usufruitier, et la confiance qui lui avait été accordée a un caractère tout personnel qui n'en permet pas la transmission à ses héritiers. C'est cette théorie qui a inspiré l'arrêt précité du 9 févr. 1881 (Conf. Hanssens, n° 187 ; Labbé, Dissertation précité ; Aubry et Rau, *op. cit.* t. 8, p. 290).

**30.** Une difficulté dont la solution est fort délicate peut se présenter, en ce cas, lorsque la contestation s'élève non

---

réclame les lettres purement intimes qu'elle a adressées à son mari ; que des lettres de cette nature sont la propriété exclusive et personnelle des deux époux ; qu'Alfred de Combarrieu ne peut avoir droit qu'aux lettres traitant d'affaires ou dans lesquelles il peut puiser des preuves ou des renseignements relativement aux difficultés qui existent entre sa mère et lui par suite des dispositions du testament de Combarrieu père ; — Attendu, dès lors, que c'est le cas d'ordonner que le tribunal prendra connaissance des lettres de la dame de Combarrieu ; que celles ayant un caractère intime seront, après cet examen, scellées et cachetées pour être remises à la veuve de Combarrieu après les délais de l'appel, et que les autres seront déposées au greffe du tribunal, resteront à la disposition de toutes parties pendant l'instance, et seront ensuite remises à Alfred de Combarrieu ; que pour les lettres ayant un caractère mixte, il ne sera déposé au greffe qu'une copie faite par le greffier sur l'indication du tribunal de la portion de ces lettres qui ne sera pas confidentielle ; — Attendu que, quant aux autres papiers dont M⁰ Dayma est détenteur, que c'est le cas d'ordonner que pendant la durée, de l'instance, ils resteront déposés au greffe pour être à la disposition des parties, chacune d'elles pouvant y trouver des documents utiles pour constater ses droits ou appuyer ses prétentions ; — Attendu que, pour assurer l'exécution des dispositions du présent jugement, il y a lieu d'ordonner de plus fort que M⁰ Dayma se conformera pour les pièces qu'il a en dépôt aux dispositions du jugement de référé précédemment rendu par le tribunal, et fera la remise de ces pièces et de son inventaire au greffe du tribunal... ; — Dit que, parties présentes, ou dûment appelées, M⁰ Dayma cotera et parafera chaque pièce, dressera un inventaire dans lequel sera indiquée la nature de chaque pièce, sa date ; et, pour les lettres, qu'il indiquera, en outre, le nom de l'auteur et du destinataire, mais qu'il ne donnera sous aucun prétexte connaissance aux parties du contenu d'aucune de ces lettres ; — Dit que cette opération terminée, M⁰ Dayma devra faire le dépôt au greffe du tribunal des pièces ainsi inventoriées et de l'inventaire qu'il aura dressé ; — Dit que l'inventaire dressé par M⁰ Dayma sera à la disposition des parties pour en prendre communication lorsque cela leur sera nécessaire ; — Dit, quant aux lettres adressées à de Combarrieu père par des personnes étrangères à la famille, que de deux mois après le dépôt qui aura été fait au greffe par M⁰ Dayma, ces lettres seront remises à Alfred de Combarrieu, à moins que pendant ce délai elles n'aient été revendiquées par leurs auteurs ; — Dit encore que les lettres ainsi revendiquées seront encore remises à Alfred de Combarrieu, si le tribunal trouve qu'elles n'ont pas le caractère confidentiel ; — Dit que les lettres adressées au sieur de Combarrieu père par la dame de Combarrieu seront lues par le tribunal en salle du conseil ; que les lettres purement intimes seront placées sous une enveloppe close et cachetée et remises à la veuve de Combarrieu après les délais de l'appel ; que les lettres d'affaires seront déposées au greffe à la disposition des parties au procès pour être remises à Alfred de Combarrieu après l'évacuation de l'instance ; que, quant aux lettres ayant un caractère mixte, elles seront jointes aux lettres confidentielles et intimes, mais que sur l'indication du tribunal, le greffier fera une copie des passages de ces lettres

qui ne sont pas confidentiels pour mettre cette copie à la disposition des parties ; — Dit que les titres et autres papiers inventoriés par M⁰ Dayma seront déposés au greffe pour être, pendant l'instance, à la disposition des parties ». — Appel par le sieur de Combarrieu fils.

LA COUR, — Attendu que la remise ou l'envoi d'une lettre par celui qui l'a écrite en transmet la propriété au destinataire, lorsque l'auteur de la lettre n'exige pas qu'elle lui soit renvoyée, ou n'impose pas au destinataire l'obligation de la détruire après l'avoir lue ; qu'en l'absence de cette condition ou réserve expresse, la possession matérielle de la lettre par le destinataire est la preuve et le titre de sa propriété ; que l'envoi pur et simple d'une lettre et la souscription qui la couvre manifestent la volonté de l'auteur de la lettre d'en transmettre au destinataire la possession irrévocable, *animo donandi* ; qu'on ne saurait trouver dans ces faits les éléments d'un contrat de dépôt ; que le dépositaire s'oblige à restituer au déposant la chose qu'il a reçue en dépôt ; que, lors de la réception d'une lettre, le destinataire ne s'oblige pas à la rendre ; qu'il n'est pas exact non plus qu'une lettre soit la copropriété de l'auteur et du destinataire, puisqu'il est constant que l'envoi d'une lettre opère la transmission de propriété de cette lettre, et que le destinataire est saisi par la réception de la lettre d'un droit sur un objet indivisible de sa nature ; — Attendu que, cette propriété une fois reconnue au destinataire, il faut en conclure qu'il a le droit de conserver la lettre, et qu'il ne peut être tenu de la remettre ; qu'on ne comprendrait pas une action en revendication dirigée par l'auteur d'une lettre contre celui auquel il l'a écrite sans condition ; que ces principes sont consacrés par la jurisprudence de la cour de cassation et par la doctrine la plus constante ; — Attendu qu'après avoir reconnu le droit de propriété du destinataire d'une lettre, la jurisprudence a réglé les limites de cette propriété d'après les principes du droit naturel ; qu'avant de fixer ces limites, il faut déduire, au point de vue du litique actuel, les conséquences immédiates qui dérivent de ce droit de propriété ; qu'il en résulte, comme conséquence nécessaire, que cette propriété passe du destinataire à ses héritiers ou successeurs ; qu'il n'existe pas un ordre particulier de successions pour les lettres missives ; qu'elles tombent, au décès du destinataire, dans le patrimoine de l'héritier, comme tout le reste de la succession du *de cujus* ; qu'en les adressant, sans restriction ni réserve, au destinataire, l'auteur des lettres a dû prévoir l'éventualité de la mort de son correspondant, et qu'elles pourraient tomber dans les mains de ses héritiers ; qu'au surplus, les inconvénients qui peuvent résulter, pour l'auteur d'une correspondance, du hasard d'une transmission héréditaire entre les mains d'un homme qui pourrait en abuser, sont neutralisés par le principe du secret des lettres confidentielles, qui permet aux tribunaux de défendre, selon les cas, la production en justice et la publicité de ces lettres ; — Attendu, en effet, que la propriété des lettres missives n'est pas une propriété pure et simple ; que la nature de cette propriété implique que l'usage n'en est pas absolu ; que, dans toute lettre confidentielle, il y a une condition virtuelle sous-entendue, c'est que celui qui l'a reçue ne pourra pas en faire un emploi abusif ; que celui qui écrit une lettre confidentielle a dû compter, en

plus entre le signataire et le destinataire de la lettre, mais entre l'un d'eux et les héritiers de l'autre. Si l'auteur d'une correspondance, par exemple, prétend que celle-ci, ayant un caractère confidentiel, est restée sa propriété, et veut empêcher les héritiers du destinataire d'en prendre connaissance, comment devra procéder le juge pour déterminer le caractère confidentiel ou non des lettres en question ? Cette détermination entraîne la nécessité d'une mesure d'instruction. Mais, d'une part, la nature vraie de la correspondance ne peut être reconnue que par l'examen personnel des juges et, d'autre part, il est de principe certain, dans le droit moderne, que toutes les parties de la cause doit être contradictoire, que toute pièce destinée à être mise sous les yeux des juges doit être discutée librement, et par conséquent examinée au préalable par les parties ou leurs représentants légaux. Dans ces conditions, la mesure d'instruction nécessaire au litige, s'il y est procédé avec les formes ordinaires, a pour résultat de trancher en fait et par voie indirecte le fond de la contestation, en mettant les individus étrangers aux lettres à même d'en connaître précisément le contenu. La chambre des requêtes a estimé, qu'eu égard à cette situation anormale, le juge du fait peut valablement recourir à une sorte de procédure secrète, l'apport direct de la correspondance en la chambre du conseil, sans qu'elle ait été l'objet d'aucune communication préalable aux adversaires (Req. 9 févr. 1881, aff. Ménard, D. P. 82. 1. 73; Conf. Vanier, p. 95; Baudouin, loc. cit.).

Cette solution a été vivement discutée (Labbé, Dissertation sur cet arrêt; Legris, n° 57; Conf. Toulouse, 6 juill. 1880, suprà, n° 29). Il paraît cependant difficile de ne pas l'approuver. Il est de principe, quand le choc de deux règles de droit est inévitable, que c'est la moins importante qui doit être sacrifiée. Assurément le débat contradictoire est une prescription d'ordre général et qui intéresse les prérogatives de la défense. Mais ce qui s'impose bien plus impérieusement encore, c'est la nécessité pour le juge de ne pas laisser trancher, indirectement, dans l'exécution d'une simple mesure préparatoire d'instruction, ce qui forme la substance même de la contestation. La chambre des requêtes fait remarquer expressément que « les juges ont été forcés de recourir à un mode d'instruction de nature à ne pas compromettre les droits qu'ils avaient à apprécier ». Cette nécessité même est la justification de l'arrêt : la communication préalable ne pouvait être autorisée, puisqu'elle aurait été l'équivalent en fait du rejet définitif de la prétention au fond des auteurs des lettres avant la complète instruction de celle-ci. Le débat oral avait embrassé toutes les parties de la cause qui pouvaient lui être soumises sans compromettre par avance le fond; pour le reste, il n'y avait pas d'autre moyen que de s'en remettre au travail exclusif du juge. Il convient, d'ailleurs, d'ajouter que la loi ne répugne pas entièrement à la vérification de pièces faites exclusivement par le juge, en arrière des parties, puisque, en matière commerciale, et pour éviter des indiscrétions nuisibles, une telle vérification peut avoir lieu

l'écrivant, sur le secret du destinataire; qu'il n'a pas l'intention de la livrer à la publicité et qu'il est censé ne s'en dessaisir que sous cette condition tacite: qu'il n'a dû prévoir ni la publication de cette lettre, ni la communication aux tiers; que la jurisprudence applique le principe du secret des lettres avec plus ou moins de rigueur, selon que l'usage de la lettre confidentielle est fait par le destinaire lui-même et dans son intérêt, ou par un tiers auquel elle a été remise par le destinataire en violation de son caractère confidentiel ; que c'est aux tribunaux qu'il appartient de rechercher si les lettres produites en justice ont un caractère confidentiel, et si l'usage qui en est fait constitue un abus; que la cour ne peut poser à priori des règles sur l'usage qui devra être fait des lettres missives trouvées au château du Grès; que le tribunal décidera, au fur et à mesure de la production de chaque lettre, si elle est confidentielle, et dans quelle mesure l'usage qu'on voudra en faire peut se concilier avec la condition du secret; que, de ces prémisses, s'évince cette double conséquence, qu'au décès de M. Combarrieu, les lettres sont devenues la propriété matérielle de ses héritiers, mais que l'usage de ces lettres est dominé par la convention tacite du secret qui a pu se former entre l'auteur de la lettre et le destinataire ; — Attendu qu'en faisant l'application de ces principes à l'espèce, il faut déclarer M. Alfred de Combarrieu propriétaire des lettres en sa double qualité d'héritier et de réservataire du de cujus, que les autres ayants droit aux biens délaissés par M. de Combarrieu sont la dame de Combarrieu, légataire de l'usufruit de la moitié de ces biens, c'est-à-dire une légataire à titre particulier, et les deux petits-fils du défunt, légataires chacun d'un quart de de l'hérédité en nue propriété ; que cette correspondance n'a pas à proprement parler une valeur vénale ; que des objets de cette nature sont placés en dehors des règles ordinaires du partage par leur caractère essentiel et indivisible ; qu'ils ne pourraient être licités; qu'un usufruit ne peut s'exercer sur des objets de cette nature, et que la dame de Combarrieu ne pourrait prétendre les retenir en sa qualité d'usufruitière pour partie de l'hérédité ; que l'indivisibilité de la propriété de la correspondance implique, comme conséquence, que ces lettres doivent appartenir à un seul héritier ; qu'il y a lieu de les attribuer à l'héritier réservataire qui, en cette qualité et comme succédant à la personne du défunt, a droit de garder les objets composant une valeur morale et ne comportant pas de partage; qu'il faut donc ordonner que ces lettres seront remises au sieur de Combarrieu ; — Mais attendu que toutes les parties peuvent avoir intérêt à faire usage de ces lettres au cours de l'instance en partage dont le tribunal est saisi; que le sieur de Combarrieu annonce, dans les libellés du procès, qu'il s'opposera au partage demandé par sa mère et les mineurs, en soutenant que le testament dont ils se prévalent a une fausse date et est l'œuvre de la captation; que la correspondance peut fournir des éléments importants pour établir la fausseté ou la sincérité des faits allégués; que l'attribution de la propriété des lettres au sieur de Combarrieu ne saurait priver les légataires du droit de faire usage de la correspondance du testateur pour défendre son testament, et qu'il convient d'ordonner que, jusqu'à l'évacuation de l'instance, ces lettres seront à la disposition de tous les ayants

droits à la succession du sieur de Combarrieu père ; — Attendu que l'offre en preuve subsidiaire articulée par la dame de Combarrieu, pour démontrer que son fils pourrait ou pourra abuser de la possession de ces lettres, ne saurait modifier les déductions qui précèdent ; que la dame de Combarrieu trouvera dans la loi les moyens de faire respecter le secret de cette correspondance ; — Par ces motifs; — Infirment le jugement; — Dit et déclare que le sieur de Combarrieu est propriétaire, en sa qualité de fils unique et héritier réservataire de son père, de toutes les lettres qui avaient été écrites à son père, soit par la dame de Combarrieu, soit par des tiers, et qui étaient en possession du de cujus au moment de son décès ; — Déclare n'y avoir lieu de distinguer, quant au droit de propriété des lettres, entre celles qui sont confidentielles et celles qui ne le sont pas, lesquelles sont toutes reconnues appartenir à de Combarrieu ; — Déclare néanmoins que les lettres écrites par la dame de Combarrieu, et qui contiendraient la recommandation au destinataire de les lui renvoyer ou de les détruire, sont la propriété de cette dernière et devront lui être restituées ; — Ordonne que Me Dayma, notaire, dressera un inventaire de tous les papiers trouvés au château du Grès et qui ont été confiés à sa garde ; — Dit que, parties présentes ou appelées, il cotera et parafera chaque pièce et indiquera dans l'inventaire la nature de la pièce et sa date ; que les lettres seront ainsi cotées et parafées, et que l'inventaire indiquera les noms de l'auteur de la lettre et des destinataires ; — Dit que, cette opération terminée, Me Dayma devra faire le dépôt au greffe du tribunal des pièces inventoriées et de l'inventaire qu'il aura dressé; — Dit que les lettres seront tenues par le greffier à la disposition de toutes les parties qui pourront en prendre connaissance sans déplacement ; — Ordonne qu'elles resteront déposées au greffe jusqu'après l'évacuation de l'instance en partage engagée par la dame de Combarrieu ; — Dit que, dans le cas où le sieur de Combarrieu ou toute autre partie au procès voudrait faire usage, en justice, des lettres émanées de la dame de Combarrieu, et que cette dernière prétendrait avoir un caractère confidentiel, la dame de Combarrieu sera admise à faire valoir à ce moment tous les droits qu'elle peut avoir pour s'opposer à la lecture et publication de ces lettres, tous droits contraires demeurant réservés au sieur de Combarrieu ; — Dit que le tribunal devra décider, après examen desdites lettres, si la lecture peut en être faite à l'audience, et ordonner, pour ce cas, l'apport de ces lettres à l'audience ou autoriser les parties à en prendre copie au greffe; — Ordonne qu'après l'évacuation de l'instance en partage, toutes les lettres confidentielles écrites par la dame de Combarrieu ou par des tiers au de cujus, seront remises au sieur de Combarrieu, à l'exception des lettres écrites par la dame de Combarrieu avec la condition qu'elles lui seraient renvoyées ou qu'elles seraient détruites, lesquelles seront remises aux mains de cette dernière;

Dit que les titres et autres papiers inventoriés par Me Dayma seront déposés aussi au greffe pour être, pendant l'instance, à la disposition des parties ;

Infirme tous les autres chefs du jugement dont est appel, etc.

Du 6 juill. 1880.-C. de Toulouse, 1re ch.-MM. de Saint-Gresse, 1er pr.-Fabreguettes, av. gén., c. conf.-Ebelot et Albert, av.

dans les livres d'un négociant en vertu de l'art. 14 c. com. (Comp. Douai, 1ᵉʳ août 1874, rapporté *infrà*, n° 62; Bordeaux, 29 mars 1887, aff. Faucher, D. P. 88. 2. 261). V. *Rép.*, v° *Exceptions*, n° 505.

**31.** Il est encore un cas où, se référant aux circonstances de la cause, la jurisprudence reconnaît que l'intention présumée des parties a dû être que l'auteur de la correspondance en restât propriétaire. C'est lorsqu'il s'agit de lettres écrites par un commerçant à son représentant, à raison de son emploi (*Rép.* n° 8 et v° *Mandat*, n° 189). « On ne saurait supposer à un chef de maison l'intention de renoncer à son droit de propriété sur les notes et renseignements confidentiels que sa correspondance peut renfermer; la restitution de ces documents est une juste garantie à laquelle la maison de commerce de qui ils émanent a droit pour prévenir le mauvais usage, tel que divulgation des secrets, qui pourrait en être fait par le voyageur devenu étranger à son ancienne maison de commerce » (Douai, 24 juin 1874, aff. Teperino, D. P. 75. 2. 95; Conf. Besançon, 27 mars 1889, aff. Girardey, D. P. 90. 2. 176; Rousseau, n° 8; Legris. n° 37; Girault, n° 138; Hanssens, n° 175; *De la propriété des lettres missives*, Gaz. des trib. 7 déc. 1887).

Cette règle, toutefois, doit admettre certains tempéraments; il est rationnel, en effet, de tenir compte des circonstances de l'affaire, de la nature des relations commerciales ou privées existant entre les parties, et de l'objet même de la correspondance. Le commis voyageur né doit pas évidemment conserver les lettres qui pourraient lui servir à divulguer la situation commerciale de son ancien patron et à faire à sa maison une concurrence nuisible. Mais il est conforme à l'équité que le commis, en cas de contestation, puisse invoquer en justice ces mêmes lettres à titre de justification du mandat qu'il a rempli (Douai, 24 juin 1874, précité). En outre, il ne paraît pas exister de motif sérieux pour refuser au commis le droit de conserver, conformément au droit commun, les lettres émanées du committant, dans le cas où ces lettres sont étrangères au commerce des parties, dans le cas où elles ne sont susceptibles d'avoir aucune influence sur les affaires et la clientèle du patron, et enfin où elles ne pourraient avoir d'autre utilité éventuelle pour le commis voyageur que d'établir qu'il a été employé par cette maison de commerce (Même arrêt, sol. impl.).

**32.** Par application du même principe, il a été également jugé que la correspondance d'un officier ministériel, étant une propriété accessoire de l'étude, ne saurait être réclamée par le titulaire destitué, et qu'elle doit rester entre les mains de l'officier ministériel chargé de l'administration de l'étude, pour être ultérieurement remise avec les minutes au nouveau titulaire de l'étude (Rouen, 18 août 1874, aff. Brianchon, D. P. 75. 2. 168; Rousseau, n° 10; Hanssens, n° 181).

**33.** Lors du décès du destinataire, la propriété de la lettre missive, comme celle de tous ses autres biens, passe en principe à ses héritiers (Req. 3 févr. 1873, aff. Dumolin, D. P. 73. 1. 467; Toulouse, 6 juill. 1880 rapporté *supra*, n° 29; Hanssens, n° 194; Pouillet, *Propriété littéraire et artistique*, n° 393). Toutefois, ainsi que le fait remarquer M. Labbé (Dissertation sur Req. 9 févr. 1881), « la transmission à l'héritier dépend de la nature et de l'étendue du droit acquis à celui auquel il succède ». On va examiner les différentes conséquences de ce principe.

**34.** La transmission héréditaire de la correspondance d'une personne décédée a donné lieu à une grave controverse. À qui doit appartenir cette correspondance? Devra-t-elle être comprise dans le partage entre les héritiers, au même titre que les autres objets mobiliers dépendant de la succession? Nos anciens auteurs enseignaient que les papiers domestiques, de même que les portraits de famille, décorations, armes d'honneur, etc., devaient être confiés à l'aîné de la famille, alors même qu'il renonçait à la succession (Lebrun, *Successions*, liv. 4, ch. 1, n° 45; Bourjon, t. 1, p. 887; Rousseau de Lacombe, v° *Partage*, sect. 3, n° 12; Pothier, *Successions*, ch. 2, sect. 1, §9, *Communauté*, 4ᵉ part. ch. 2, art. 1, n° 682; nouveau Denisart, v° *Ainesse*, § 2, n° 6). — En présence du silence du code civil sur ce point, quelques auteurs sont d'avis que les papiers de famille doivent être assimilés au reste du mobilier et en suivre le sort

(Dutruc, *Traité du partage*, n° 466; Mollot, *Des liquidations judiciaires*). Mais cette opinion est généralement repoussée; on se refuse à admettre que des lettres intimes ou des papiers de famille puissent être vendus aux enchères publiques, comme s'ils n'avaient pour les héritiers d'autre prix que leur valeur vénale (Conf. Dijon, 18 févr. 1870, aff. de Chapuys, D. P. 71. 2. 221). À qui donc les attribuera-t-on? On a proposé de les tirer au sort (Anal. Caen, 12 mai 1830, cité par M. Demolombe, *Successions*, t. 3, n° 701). Mais le sort est aveugle, et il se pourrait qu'il attribuât ces papiers à un débauché, à un prodigue, à un interdit. La cour de Paris (19 mars 1864, aff. Héritiers de Bassompierre, D. P. 64. 2. 58) a décidé que, à défaut par les héritiers de s'entendre pour opérer un partage amiable, les papiers doivent être partagés en nature entre les héritiers, si ce partage est possible; sinon le tribunal ordonnera leur licitation, mais entre les héritiers seulement et sans le concours d'étrangers (Conf. Aubry et Rau, t. 6, p. 510; Lyon, 20 déc. 1861, aff. Raynaud, D. P. 64. 2. 7) ; .. avec faculté réservée à chacun des héritiers de faire faire des copies (Aubry et Rau, *loc. cit.*). Ce mode présente le même inconvénient que le tirage au sort, et en outre, comme le fait observer M. Demolombe (*loc. cit.*), chacun sent tout ce que ce procédé d'enchères, alors même qu'il est circonscrit entre les cohéritiers, peut blesser de susceptibilités légitimes et de délicates convenances. Enfin un troisième système prétend appliquer à la correspondance les dispositions de l'art. 842, § 3 et § 4 c. civ. qui veut que, après le partage, les titres communs à toute l'hérédité soient remis à celui que tous les héritiers ont choisi pour en être le dépositaire, et qu'en cas de difficulté, le choix soit réglé par le juge (Demolombe, *loc. cit.*; Rousseau, n° 12; Legris, n° 52; Hanssens, n° 207; *Gaz. des trib.* 1887, *loc. cit.*; Toulouse, 6 juill. 1880, *supra*, n° 29; Comp. Michaux, *Traité pratique des liquidations et partages*, n° 2826 et suiv.). Le tribunal aura donc, en cas de contestation, un pouvoir souverain d'appréciation; il ordonnera la remise de la correspondance à celui des héritiers qui lui inspirera le plus de confiance, qui aura le plus d'intérêt dans la succession, ou que la correspondance en question concernera plus spécialement (Mêmes auteurs). Ainsi, ayant à se prononcer entre un fils héritier réservataire et des petits-fils légataires universels ou à titre universel, il préférera le premier (Toulouse, 6 juill. 1880 précité). De même, si dans les papiers se trouvent des lettres intéressant un seul des héritiers et relatives à des actes de sa vie privée, c'est à cet héritier qu'elles seront attribuées (Paris, 15 déc. 1875, *Gaz. des trib.* 18 déc. 1875. Comp. Paris, 1ᵉʳ déc. 1876, aff. de Wailly, D. P. 78. 2. 73 V. *infrà*, v° *Successions*).

**35.** Le légataire universel ou à titre universel a, comme les héritiers naturels, droit à la communication de la correspondance du défunt ; c'est là une conséquence nécessaire de la transmission de la propriété des lettres missives à ceux qui ont un droit général sur la succession du *de cujus*. Il a même été jugé que le simple légataire particulier (par exemple, le légataire de l'usufruit d'une quote-part des biens) a droit, pour la défense de la validité du testament, à la communication des lettres qui étaient aux mains du testateur (Toulouse, 6 juill. 1880, *supra*, n° 29). Il s'agit, en effet, alors de faire apparaître la véritable volonté du testateur, dont les légataires sont les défenseurs, dans la mesure où elle peut leur profiter. Il est légitime que les papiers du défunt servent à mettre en lumière les intentions de celui-ci.

**36.** Décidé que : 1° les tribunaux peuvent ordonner que, pendant l'instance en partage, les lettres missives trouvées au domicile du défunt seront déposées provisoirement au greffe, où toutes les parties en prendront connaissance sans déplacement (Toulouse, 6 juill. 1880, *supra*, n° 29; V. toutefois *supra*, n° 30) ; ... — 2° le juge saisi d'une demande en nullité de testament peut valablement ordonner qu'une lettre écrite au testateur et par lui confiée à son exécuteur testamentaire pour la défense de son testament, ne sera remise à l'héritier qu'après l'exécution de l'arrêt qui valide le testament ou après l'expiration des délais du pourvoi (Req. 9 janv. 1872, aff. Pinel, D. P. 72. 1. 128). En effet, lorsqu'un testateur a confié la détention d'une lettre à son exécuteur testamentaire, afin que ce dernier pût s'en servir contre les prétentions de l'héritier qui viendrait à demander la nullité des dispositions testamentaires, il est juste que les tribunaux assurent à l'exécuteur testamentaire le moyen de remplir sa mission et d'accomplir les intentions du testateur, en conservant la lettre tant que le testament ne sera pas à l'abri de toute attaque. La restriction apportée au droit de disposition de l'héritier sur la lettre n'est que temporaire, et elle est causée par le fait même de l'héritier qui refuse d'exécuter les dernières volontés de son auteur. — Jugé, toutefois, que, dans le cas où la saisine des héritiers naturels se trouve en conflit avec la saisine de l'exécuteur testamentaire, relativement au legs particulier des papiers intimes du défunt, les juges ne peuvent prescrire aucune mesure qui pourrait compromettre le sort du legs et le droit de propriété du légataire (Bordeaux, 29 mars 1887, aff. Faucher, D. P. 88. 2. 261). Spécialement, ils ne peuvent, au mépris de l'opposition formelle de l'exécuteur testamentaire, ordonner la communication aux héritiers naturels du défunt de lettres et papiers intimes que ce dernier avait légués à un tiers, sous prétexte de leur permettre d'y rechercher les preuves d'une captation ou d'une fraude, alors surtout que les allégations des héritiers à cet égard, se réduisent à des insinuations vagues, contredites par les circonstances de la cause (Même arrêt. Comp. Req. 9 févr. 1881, aff. Ménard, D. P. 82. 1. 73. V. aussi *supra*, n° 30; *infrà*, n° 47 et v° *Dispositions entre vifs et testamentaires*, Rép. n° 4062).

**37.** Les lois et règlements sur les postes, ainsi que les règles qui consacrent la propriété et l'inviolabilité des lettres missives, ne mettent pas obstacle à ce que les tribunaux astreignent le vendeur d'un fond de commerce à renvoyer à son acheteur, sans les décacheter, les lettres portant le nom de ce vendeur mais avec l'indication de la rue où est situé le fonds vendu, une telle décision ne faisant qu'appliquer le principe que toute lettre missive doit être remise par l'administration des Postes au destinataire, et renfermant, quant à la constatation du véritable destinataire, une déclaration souveraine (Civ. rej. 10 avr. 1866, aff. Dorvault, D. P. 66. 1. 342; V. aussi *infrà*, v° *Postes et télégraphes*; Rép., eod. v°, n° 44). — Jugé, de même, que l'acquéreur du fonds de commerce exploité par une société en nom collectif a le droit de se dire le successeur des associés, et de recevoir les lettres portant l'adresse de la raison sociale qui leur appartenait; mais qu'il en est autrement de celles qui sont adressées à l'un des anciens propriétaires du fonds et qui ne portent que son nom seul (Trib. Seine 25 juill. 1891, aff. Boubée, *Le Droit*, 31 oct. 1891. Conf. Paris 26 janv. 1855, *Ann. de la sc. et du dr. comm.*, 1855. 2. 539; Lyon, 18 déc. 1867, *ibid.* 1869. 2. 215).

**38.** Il a été décidé : 1° qu'aucune loi ne confère au Gouvernement le droit d'opérer à la poste des saisies discrétionnaires de lettres missives, alors même que celles-ci émaneraient de membres de familles ayant régné en France (Trib. confl. 25 mars 1889, aff. Dufeuille, Usannaz-Joris, Michau, D. P. 90. 3. 65 et la note). V. *infrà*, v^{te} *Postes et télégraphes* et *Saisies*; — 2° Que la suppression de lettres missives, par le préfet de police qui les a reçues d'un officier de police judiciaire commis par lui pour en opérer la saisie, ne peut constituer, dans les termes des art. 254 et 255 c. pén., l'enlèvement de pièces contenues dans les archives, greffes ou dépôts publics, ou remises à un dépositaire public en cette qualité (Paris, 13 déc. 1887, aff. Wilson, D. P. 88. 2. 57).

**39.** La propriété des lettres n'est pas une propriété ordi-

naire. De ce que la lettre missive appartient en principe à celui qui la reçoit, il ne suit pas que celui-ci ait le droit de la publier dans un journal ou dans un livre sans le consentement de son auteur (*Rép.* n° 9). Sans doute, le destinataire est propriétaire de la lettre, c'est-à-dire du morceau de papier sur lequel elle est écrite, en ce sens, qu'il peut la transmettre, la céder, à titre d'autographe par exemple ; l'insérant dans un livre, dans un article de journal, c'est tout autre chose. Ici la thèse change, et l'on touche aux règles du droit de propriété littéraire. C'est celui qui a écrit la lettre qui a le droit exclusif de la publier ou de s'opposer à sa publication, soit par le destinataire, soit à plus forte raison par un tiers. Le destinataire de la lettre, dit M. Labbé (Dissertation sur Req. 9 févr. 1881), « a la propriété de l'écrit, de l'instrument, de la pensée et de l'expression ». « Qu'on pense par lettre ou autrement, a dit de même Royer-Collard au sein de la commission instituée en 1826 pour la présentation d'une loi sur la propriété littéraire, le droit de publication subsiste toujours en faveur de celui qui a eu la pensée ». « Même fixée par l'écriture et exprimée par lettre, dit également M. l'avocat général Baudouin (discours précité), la pensée reste personnelle, par conséquent libre et indépendante » (Conf. Paris, 10 déc. 1850, aff. Collet, D. P. 51. 2. 1 ; Trib. com. Bruxelles, 16 nov. 1863, *Belgique judiciaire* 1864, p. 719 ; Trib. Seine, motifs, 2 déc. 1864, aff. Lacordaire, D. P. 64. 3. 112 ; Dijon, 18 févr. 1870, aff. de Chapuys, D. P. 71. 2. 221 ; Bordeaux, 2 août 1881, aff. Froment, D. P. 84. 2. 59 ; Trib. Seine, 15 nov. 1887, *Le Droit*, 2 déc. 1887 ; Besançon, 27 mars 1889. aff. Girardey, D. P. 90. 2. 176 ; Gastambide, *Historique et théorie de la propriété des auteurs*, p. 65; Pouillet, *op. cit.*, n° 387; Rousseau, n° 15 ; Girault, n° 137; Hanssens, n° 318 et suiv.; Legris, n° 86 et suiv.; Cormenin, *Le Droit*, 10 févr. 1851; Lamartine, rapport sur le projet de loi de 1841, reproduit par Worms, *Etudes sur la propriété littéraire*, t. 2, p. 139 ; M. le premier avocat général Merveilleux-Duvignaux, conclusions devant la cour d'Angers, 4 févr. 1869, aff. Ménard, D. P. 69. 2. 140 ; Deffis, *Annales de la propriété industrielle*, 1870, p. 97 ; Baudouin, discours précité ; opinion de MM. Lally et Valimesnil, rapportée D. P. 51. 2. 3 ; Comp. *infrà*, v° *Propriété littéraire et artistique* ; *Rép.* eod. v°, n° 275 et suiv.). — D'ailleurs, lorsqu'il s'agit d'une correspondance confidentielle, l'auteur, pour s'opposer à la publication, n'a pas besoin d'invoquer les règles générales qui régissent la propriété littéraire. Le principe seul du secret des lettres confidentielles suffit à le protéger. « La lettre, ainsi que le fait observer M. Labbé (Dissertation précitée), est faite pour être lue, et non pour être publiée. La lettre est un témoin intime de la vie privée de deux personnes. La publicité touche à la considération de ces deux personnes qui toutes deux doivent y consentir ». C'est la même idée qu'exprimait déjà M. Renouard (t. 2, n° 169), lorsqu'il disait : « Celui qui l'écrit (la lettre) s'abandonne et s'épanche ; il pense tout haut ; il n'élabore point ses paroles comme s'il prévoyait qu'elles seront livrées au public, et celui qui a reçu la lettre a dû, en l'absence d'autorisation contraire, en garder le secret pour lui seul » (Conf. Dijon, 18 févr. 1870 précité ; Trib. Seine, 15 nov. 1887 précité; Trib. Seine 12 nov. 1890 (1) ; auteurs précités et Morillot, *Revue critique*, nouvelle série, t. 2 ; V. *Rép. ibid.*).

---

(1) (Chotteau *C.* Aron.) — LE TRIBUNAL ; — Attendu que Chotteau demande contre Aron la suppression des deux lettres missives insérées par ce dernier dans un volume intitulé : *Les deux Républiques sœurs*, qu'il a fait paraître chez l'éditeur Calmann-Lévy au cours de l'année 1885 ; — Attendu, en effet, que deux lettres missives, commençant, la première, par ces mots : « Je vous adresse les documents » ; la seconde, par ceux-ci : « La loi sur les viandes salées », et adressées par Chotteau à un sieur de Plasse, ont été publiées par Aron dans l'ouvrage précité, sans l'autorisation de leur auteur ; — Qu'en droit les lettres missives, lorsqu'elles ont un caractère confidentiel, ne deviennent pas la propriété pure et simple de celui à qui elles sont adressées, mais restent la propriété indivise du destinataire et de celui qui, en les écrivant, a confié à ce dernier le secret de sa pensée, sous la condition tacite qu'il ne serait pas divulgué ; qu'Aron ne pouvait donc livrer à la publicité, à l'insu de Chotteau, des lettres dont le caractère confidentiel ressort de leur simple lecture ; —

Qu'il invoque vainement l'autorisation que lui aurait donnée le destinataire de ces lettres de les employer comme bon lui semblerait, pour les besoins de sa défense, au cours d'une polémique dans laquelle Chotteau se trouvait être son adversaire ; qu'il ne saurait, en effet, avoir plus de droits que n'en avait le destinataire lui-même ; — Attendu que si Chotteau est fondé à demander la suppression des lettres dont il s'agit, il ne justifie d'aucun préjudice pouvant servir de base à une demande en 50000 fr. de dommages-intérêts, ni même motiver l'insertion du présent jugement dans vingt journaux de France et d'Amérique ; — Que le préjudice moral qu'il a pu éprouver sera suffisamment réparé par l'allocation des dépens à titre de dommages-intérêts ; — Par ces motifs, condamne Aron à supprimer de son ouvrage intitulé : *Les deux Républiques sœurs*, les deux lettres écrites par Chotteau qui figurent aux pages 29 et 30 dudit volume ; —

Du 12 nov. 1890.-Trib. Seine, 1re ch.-MM. Aubépin, pr.-Boulloche, subst.-Salzac et Masse, av.

**40.** Ces principes doivent-ils recevoir exception quand l'auteur de la correspondance confidentielle a joué un rôle public? La cour de Paris, dans son arrêt du 10 déc. 1850, précité, répond négativement : « Considérant, dit-elle, que quelque étendus que soient les droits de l'histoire sur les personnages qui relèvent d'elle, ils doivent s'arrêter devant le sanctuaire du for intérieur; qu'il peut y avoir, dans la vie privée des hommes publics, des sentiments, des affections, des épanchements que le respect de soi-même et des autres leur fait ensevelir dans le mystère; que l'intérêt des familles a le droit de veiller sur ce domaine inaccessible » (Conf. Pouillet, n° 389). — Cependant, ainsi que le fait observer M. l'avocat général Baudouin (discours précité), « il est une limite où finit le droit des familles, où commence le droit de l'histoire. La postérité a le droit d'être indiscrète à l'égard des grands noms qui se survivent et tombent dans le domaine public. C'est là une œuvre de conscience qui exige la modération et que doivent dominer l'amour de la vérité et le respect des familles. En cette matière d'un ordre si élevé, la mission des tribunaux chargés de protéger les droits des intéressés est des plus délicates. A eux revient le devoir difficile de tracer la limite où expire le droit de la famille et où commence le droit du public ».

**41.** M. Rousseau (n° 21), estime que, dans tous les cas, et lors même qu'il s'agit d'un simple particulier, si les lettres n'offrent aucun caractère confidentiel, le destinataire a toujours le droit de les publier sans autorisation de leur auteur. M. Pouillet (n° 391) combat avec raison cette doctrine. En effet, ainsi qu'on l'a exposé, *suprà*, n° 39, deux ordres d'arguments peuvent être invoqués en faveur du droit du signataire de la correspondance : celui-ci peut, d'une part, s'appuyer sur les principes généraux du droit de propriété littéraire, d'autre part, opposer la règle tutélaire du secret des correspondances privées. Lorsque l'on se trouve en présence de lettres qui n'ont aucun caractère confidentiel, qui traitent par exemple de sujets scientifiques, littéraires ou politiques, il est certain que l'on ne peut faire valoir ce dernier argument. Mais le premier conserve toute sa valeur; il en acquiert même une plus grande encore, puisque l'écrit, objet de la contestation, n'a plus le caractère de correspondance et qu'il constitue une œuvre littéraire ordinaire, dont l'auteur est évidemment seul propriétaire (Conf. Legris, n° 89; Bordeaux, 2 août 1882, aff. Froment, D. P. 84. 2. 59; Trib. Seine, 20 juin 1883; *La Loi*, 21 juin 1883). V. *infrà*, v° *Propriété littéraire*.

**42.** Jugé qu'un tiers, quel que soit le moyen par lequel une lettre missive est parvenue entre ses mains, ne peut, sans une autorisation directe et formelle de l'auteur de cette lettre, lui donner une publicité contraire à sa destination ou dépassant des limites auxquelles l'auteur avait voulu la restreindre. Spécialement, une lettre circulaire destinée par son auteur à un certain nombre de ses concitoyens, et à la publication de laquelle il avait d'ailleurs renoncé, ne peut être publiée et distribuée sans autorisation par un tiers aux électeurs d'un canton, sans que ce tiers soit passible de dommages-intérêts envers l'auteur de l'écrit (Bordeaux, 2 août 1882, aff. Froment, D. P. 84. 2. 59).

**43.** L'auteur des lettres confidentielles peut-il les publier sans le consentement de celui à qui elles ont été adressées? MM. Rousseau (n° 23) et Pouillet (n° 392) répondent affirmativement, pourvu que cette publication ne soit de nature à causer aucun préjudice, ni matériel ni moral, au destinataire, et en outre, que l'auteur taise le nom de ce dernier, s'il l'exige.

**44.** Le droit de s'opposer à la publication de la correspondance, et dans certains cas, de l'opérer lui-même, passe de l'auteur des lettres à son héritier (Pouillet, n° 393; Legris, n° 90: Renouard, t. 2, p. 295; Conf. solut. impl. : Paris, 10 déc. 1850, aff. Collet, D. P. 51. 2. 1; Paris, 4 mai 1857, *Ann. de la propr. ind.*, 1857, p. 280; Trib. Seine, 2 déc. 1864, aff. Lacordaire, D. P. 64. 3. 112). On ne saurait, comme l'avait admis la commission de 1825, et comme l'a répété M. l'avocat général Meynard du Franc (Concl. devant la cour de Paris, 10 déc. 1850 précité), prétendre que l'on doit appliquer, en ce cas, la règle de l'art. 2279 c. civ., *en fait de meubles possession vaut titre*. V. *infrà*, v° *Propriété littéraire et artistique*.

**45.** Rien ne s'oppose à la cession à titre onéreux ou à titre gratuit, entre vifs ou par testament, du droit de publication qui appartient à l'auteur de la correspondance (Trib. Seine, 2 déc. 1864, sol. impl., aff. Lacordaire, D. P. 64. 3. 112). Cette cession peut être expresse ou tacite, et, dans ce dernier cas, il appartient au juge de la reconnaître, d'après les circonstances de la cause. L'abandon tacite se révélera notamment, le plus souvent, par ce fait que l'écrivain n'aura pas conservé copie de la lettre missive (Trib. Seine, 20 juin 1883, *La Loi*, 21 juin 1883); pourvu toutefois que la nature de la correspondance, les relations des parties, etc., permettent de supposer que l'auteur, en ne gardant pas un double de sa correspondance, a réellement entendu abdiquer son droit (Legris, n° 91).

**46.** L'auteur qui s'est contenté de donner au destinataire la simple autorisation de publier sa correspondance ne doit pas être considéré comme ayant, par là même, transmis à ce destinataire son droit de propriété littéraire. A moins de clause contraire, il conserve donc toujours le droit de publier, de son côté, cette correspondance (Pouillet, n° 394; Delffs, *Annales de la propriété industrielle*, 1870, p. 97); et ce droit passe après sa mort à ses héritiers (Trib. Seine, 2 déc. 1864, motifs, aff. Lacordaire, D. P. 64. 3. 112). V. *infrà*, v° *Propriété littéraire et artistique*.

**47.** Il a été jugé : 1° que l'héritier n'est pas juge absolu de l'opportunité de la publication des lettres émanées de son auteur; son opposition à la vente d'un volume contenant la reproduction d'un choix de ces lettres doit, dès lors, être rejetée, si la publication émane d'un légataire particulier des papiers personnels à l'amitié duquel le défunt s'en est rapporté de l'usage qui serait fait de ses lettres, et alors que, d'après l'appréciation du tribunal, cette publication, dans les conditions où elle a été faite, ne saurait être qu'honorable pour la mémoire du défunt (Trib. Seine, 2 déc. 1864, aff. Lacordaire, D. P. 64. 3. 112); — 2° Que la publication par la voie de la presse et en feuilletons peut être considérée comme n'étant pas, dans les intentions du possesseur d'un écrit qui l'a remis à un tiers afin qu'il en fasse l'usage le plus honorable pour la mémoire de son auteur, le mode le plus conforme à cette intention (Trib. Seine, 8 août 1849, aff. Collet, D. P. 51. 2. 1); — 3° Que celui à qui des copies de lettres confidentielles ont été remises par la personne à qui elles avaient été adressées pour les publier, après le décès de celle-ci, doit, sur l'opposition à la publication de la part des héritiers de l'auteur et de ceux du mandant, et alors que la publication est ainsi devenue impossible, faire la remise aux héritiers de la personne de qui il les tient (Paris, 10 déc. 1850, *ibid.*); — 4° Que des lettres missives trouvées dans une succession doivent être considérées comme choses sans valeur pécuniaire, tant que leur auteur ou celui à qui elles ont été confiées, seuls juges de l'opportunité d'une publication qui peut intéresser la réputation des personnes, persiste à les soustraire à la connaissance du public (Dijon, 18 févr. 1870, aff. de Chapuys, D. P. 71. 2. 221); par suite, le legs de cette correspondance doit recevoir son exécution, même dans le cas où la succession est obérée, sauf aux créanciers, si plus tard ladite correspondance venait à prendre une valeur commerciale par la publication qu'en ferait le légataire, à restreindre les profits de cette publication jusqu'à parfait payement de ce qui leur resterait dû par la succession (Même arrêt).

**48.** Le droit de libre disposition, qui n'appartient pas au destinataire, ne saurait évidemment être revendiqué par ses créanciers, lors même que les lettres seraient susceptibles d'avoir une valeur vénale, à titre d'autographes (Rousseau, n° 22; Legris, n° 93; Pouillet, n° 395; Angers, 4 févr. 1869, aff. de Chanterenne, D. P. 69. 2. 139).

**49.** On a dit au *Rép.* n° 11, qu'une lettre missive, pouvant contenir de la part de celui qui l'écrit la manifestation de son consentement, peut, par cela même, donner naissance à une obligation. Cette doctrine, contestée autrefois par Toullier dans les quatre premières éditions de son *Traité de droit civil français*, n° 325 (Conf. Trib. d'appel Poitiers 11 vent. an 10, *Rép.* v° *Vente*, n° 84), n'est même plus discutée aujourd'hui, et ne peut faire doute (Toullier, *op. cit.*; 5° éd., t. 8, p. 486; Aubry et Rau, t. 8, § 756; Demolombe, *Contrats*, t. 1, n° 54; Rousseau, n° 51 et suiv.; Girault, n°ˢ 26 et suiv.). — Sur l'historique des contrats par correspondance, en droit romain et dans l'ancien droit français, V. Girault, n°ˢ 14 et suiv., 22 et suiv. — V. aussi *infrà*, v° *Obligations*.

**50.** Le principe que l'on peut contracter valablement par correspondance ne reçoit exception qu'en ce qui concerne les contrats *solennels ;* ainsi, ne peuvent se former par correspondance : la donation (c. civ. art. 931), le contrat de mariage (c. civ. art. 1394), la constitution d'hypothèque (c. civ. art. 2127), la subrogation consentie par le débiteur (c. civ. art. 1250, § 2), la lettre de change (c. com. art. 110). — Il a été jugé, toutefois, que la promesse de constituer une hypothèque, contenue dans une lettre missive, oblige le signataire de la lettre et donne à son créancier le droit d'obtenir contre lui, s'il se refuse à payer un acte notarié, un jugement qui entraînera hypothèque judiciaire. Il y a là une obligation de faire qui doit être exécutée (Pau, 16 juill. 1852, aff. Carrère, D. P. 54. 2. 203; Aubry et Rau, t. 3, § 266 ; Thézard, *Traité des privilèges et hypothèques*, n° 58; Girault, n° 32. V. *infrà*, v° *Privilèges et hypothèques*.) On admet également, en général, que le créancier qui n'a pas figuré à l'acte de constitution d'hypothèque, peut, par la suite, donner son acceptation par lettre missive (Aubry et Rau, t. 3. § 266, p. 274; Thézard, n° 58; Girault, n° 33; V. *infrà*, v° *Privilèges et hypothèques*); mais la procuration à l'effet de consentir une hypothèque ne pourrait pas être donnée par lettre missive (Civ. rej. 7 févr. 1854, aff. de Barante, D. P. 54. 1. 49; Civ. cass. 12 nov. 1855, aff. Dumoulin, D. P. 55. 1. 453; Marcadé, *Revue critique*, 1852, p. 190; Aubry et Rau, *loc. cit.* Thézard, n° 50; Girault, n° 35. — *Contrà :* Civ. rej. 27 mai 1819, 5 juill. 1827, D. P. 27. 1. 295; Troplong, *Hypothèques*, t. 2, n° 510 et 1044; Merville, *Revue pratique*, 1856, t. 2, p. 97; V. *infrà*, v° *Privilèges et hypothèques*).

**51.** Quoiqu'une lettre de change ne puisse être faite par lettre missive (n° 50), l'*aval* peut être donné en cette forme (*Rép.* n° 12; *suprà*, v° *Effets de commerce*, n° 210; *Rép.* eod. v°, n°ˢ 501 et suiv. Conf. Poitiers, 23 oct. 1889, *Bulletin de la cour de Poitiers*, 1889, p. 330; Lyon-Caen et Renault, *Précis de droit commercial.* t. 1, n° 1470; Girault, n° 36). Mais la question de savoir si l'*acceptation* peut être donnée par lettre missive est des plus controversées (V. *suprà*, v° *Effets de commerce*, n°ˢ 122 et suiv. ; — *Rép.* eod. v°, n°ˢ 317 et suiv. V. aussi Girault, n° 36; Req. 19 nov. 1889, aff. Didier, D. P. 90. 1. 460). Il a été jugé, par ce dernier arrêt, que la preuve de l'acceptation d'une traite, lorsqu'elle ne résulte pas d'une mention sur la traite elle-même dans les termes de l'art. 122, c. com., peut être recherchée dans les documents de la cause, et notamment dans une correspondance entre le tireur et le tiré antérieure à la création de la traite.

**52.** Il a été décidé que le locataire dont les loyers ont été délégués par son propriétaire à un tiers ne peut exciper contre ce tiers du défaut de signification, lorsqu'il a formellement accepté la délégation portée à sa connaissance par lettres missives (Trib. Seine, 1ʳᵉ ch., 3 janv. 1891, aff. Compagnie foncière de France, *Le Droit*, 18 janv. 1891).

**53.** Sur la question de savoir dans quels cas la déclaration de *désistement d'assurance* peut valablement être faite par lettre chargée, V. *suprà*, v° *Assurances terrestres*, n°ˢ 262 et suiv. — Sur les cas où l'*acceptation d'une succession* peut résulter d'une lettre missive, V. *infrà*, v° *Succession ; — Rép.* eod. v°, n°ˢ 700 et suiv. — Sur la nécessité de la *transcription* des lettres contenant l'offre et l'acceptation d'une vente d'immeuble, V. *infrà*, v° *Transcription; — Rép.* eod. v°, n° 89. — Sur l'effet des lettres missives, au point de vue de l'*interruption de la prescription*, V. *infrà*, v° *Prescription civile; — Rép.* eod. v°, n°ˢ 571 et suiv., 1005, 1040 et suiv. — Sur la preuve du contrat de transport et la *lettre de voiture* (*Rép.* n° 14), V. *suprà*, v° *Commissionnaire*, n°ˢ 99 et suiv.; — *Rép.* eod. v°, n°ˢ 309 et suiv.

**54.** Jugé que : 1° le débiteur peut être constitué *en demeure* d'exécuter son obligation par une simple lettre missive, lorsqu'il ressort de ses termes une interpellation suffisante (Req. 5 déc. 1883, aff. Schrooder, D. P. 84. 1. 130; V. *infrà*, v° *Obligations); — 2°* La production de lettres missives ne pouvant être assimilée à la déclaration d'un témoin faite en justice, l'annulation pour vice de forme de l'*enquête* dans laquelle l'auteur de ces lettres a fourni son témoignage ne fait pas obstacle à ce que lesdites lettres soient produites devant le tribunal (Trib. civ. Marseille, 28 août 1883, aff. Barnéaud, D. P. 86. 2. 87). V. *infrà*, vᵗˢ *Preuve, Témoins.*

**55.** A quel moment se forme le lien de droit qui résulte d'une lettre? (*Rép.* n° 15). V. *infrà*, n° 58.

**56.** Sur la *compétence*, en matière de conventions commerciales formées par correspondance (art. 420 c. proc. civ., V. *Rép.* n° 16 et *suprà*, v° *Compétence commerciale*, n°ˢ 133 et suiv.; *Rép.* eod. v°, n°ˢ 434 et suiv. Conf.,Douai, 15 mars 1886, aff. Duhamel, D. P. 88. 2. 37; Girault n° 76; Comp. Req. 1ᵉʳ août 1888, aff. Manteaux, D. P. 89.1. 252).

**57.** Certains délits, on l'a indiqué *suprà*, n°ˢ 19 et suiv., peuvent être commis par correspondance : les difficultés que soulève, quant à la répression de ces infractions, la question de compétence, doivent être résolues d'après les principes généraux du code d'instruction criminelle. Lors donc que l'on voudra, pour fixer la compétence, s'attacher au lieu où l'infraction aura été commise, le tribunal devra déterminer avec soin quel est l'endroit où le délit commis par correspondance aura été *consommé.* — Jugé : 1° en matière de diffamation ou d'injures par cartes postales, que le tribunal du lieu où la correspondance a été adressée est compétent pour statuer, le délit n'étant définitivement réalisé que par la circulation à découvert de la carte postale et par sa remise au destinataire par sa distribution au lieu où elle a été adressée (Dijon, 5 déc. 1888, aff. Pierron, D. P, 90. 2. 280. Conf. anal. *suprà*, v° *Compétence criminelle*, n°ˢ 45 et suiv.); — 2° Que la diffamation non publique résultant de renseignements fournis par le correspondant d'une agence sur le compte d'un commerçant ne constitue une contravention qu'au moment où l'écrit la contenant est parvenu aux mains du destinataire; c'est par conséquent le tribunal de simple police du domicile de ce dernier qui est compétent (Trib. de simple police de Burie, 17 juin 1891, aff. Barraud, *Le Droit*, 27 juill. 1891); — 3° En matière de délit de chantage, que la tentative d'infraction accomplie sur le territoire français, lorsque la lettre qui a servi à la commettre a été écrite et mise à la poste en France; peu importe qu'elle n'ait été reçue et ouverte par le destinataire qu'à l'étranger (Trib. corr. Seine, 14 juin 1890 (1). Conf. anal. *suprà*, v° *Compétence criminelle*, n°ˢ 29 et suiv.).

**§ 2. — Des effets des lettres missives soit entre les particuliers, soit à l'égard de la partie publique** (*Rép.* n° 17).

**58.** — I. Effets des lettres missives entre particuliers (*Rép.* n° 17). — L'application du principe que l'on peut contracter par lettre missive (*Rép.* n° 17, *suprà*, n° 49), a donné lieu à

---

(1) (Adrien.) — Le tribunal ; — Attendu que le prévenu soutient que la lettre incriminée a été ouverte en Belgique; que, par suite, la tentative d'extorsion qui lui est reprochée a été accomplie en dehors du territoire français, et qu'aux termes de l'art. 5 c. crim. elle ne peut être poursuivie et jugée en France que si les faits dont on lui fait grief sont punis par la législation belge; — Attendu que le tribunal doit rechercher, tout d'abord, si la tentative d'extorsion de fonds s'est perpétrée en France, ou seulement en Belgique; — Attendu, en droit, que la tentative punissable est celle qui se manifeste par un commencement d'exécution qui n'a été suspendu ou n'a manqué son effet que par des circonstances indépendantes de la volonté de son auteur; — Que l'envoi de la lettre du 10 févr. 1890 est bien le commencement d'exécution ; que cette lettre a été écrite, mise à la poste en France, sous pli recommandé, et qu'elle est arrivée à destination; — Que si Adrien prétend que l'élément de la tentative ne s'est réalisé qu'en Belgique, on doit reconnaître que la lettre devait ou produire ou manquer son effet; — Que si elle l'avait produit, les fonds auraient été immédiatement envoyés à Paris et que le tribunal français aurait été compétent pour connaître du délit et qu'on ne s'expliquerait pas que compétent pour connaître du délit, il ne l'eût pas pour connaître de sa tentative; — Attendu, au surplus, que ce second élément n'est que le complément, une suite nécessaire du premier, à savoir, le commencement d'exécution, et que peu importe où il s'est accompli, car il est de doctrine et de jurisprudence que le lieu

de graves difficultés. On s'est, notamment, demandé quelles sont les conditions essentielles pour la formation des contrats par correspondance, à quel moment se forment ces contrats, quelle est l'influence de la révocation de l'offre ou de l'acceptation, de la mort ou de la perte de capacité juridique de l'un des cocontractants, quels sont les effets du silence gardé par l'une des parties, etc. Toutes ces questions ont été étudiées en détail par MM. Rousseau (nᵒˢ 50 à 92) et Girault (nᵒˢ 37 à 125) ; on les examinera, *infrà*, vˡˢ *Obligations* et *Vente* (Conf. *Rép.* vˡˢ *Obligations*, nᵒˢ 98 et suiv.; *Vente*, nᵒˢ 86 et suiv. V. aussi *suprà*, vᵒ *Compétence commerciale*, nᵒˢ 133 et suiv. ; — *Rép.* eod. vᵒ, nᵒ 434 et suiv.). — Quant à la preuve, que la lettre, dont on prétend faire résulter une obligation, a été réellement envoyée par l'une des parties et reçue par l'autre, V. Girault, nᵒˢ 143 et suiv., et *infrà*, vˡˢ *Obligations*, *Postes et télégraphes*.

**59.** On a exposé (*Rép.* nᵒˢ 18 et suiv.), les difficultés auxquelles donne lieu l'usage des correspondances privées devant les tribunaux civils. — Pour résoudre les nombreuses questions que soulève dans la pratique la production des lettres missives en justice, on doit distinguer trois hypothèses différentes : 1ᵒ production, par le destinataire, des lettres de son adversaire (*Rép.* nᵒˢ 18, 20 et suiv., *infrà*, nᵒˢ 60 à 62) ; — 2ᵒ Production par le destinataire contre un tiers (*infrà*, nᵒ 63) ; — 3ᵒ Production par un tiers détenteur, soit contre l'auteur, soit contre un tiers (*Rép.* nᵒˢ 24 et suiv., et *infrà*, nᵒˢ 64 et suiv.). .

**60.** — 1ᵒ *Production faite par le destinataire, dans un procès pendant entre lui et l'auteur des lettres* (*Rép.* nᵒˢ 18 et suiv.). — Il est certain, d'abord, que si les lettres n'ont aucun caractère confidentiel, si ce sont, par exemple, des lettres d'affaires, le signataire ne peut s'opposer à ce que le destinataire les verse aux débats : ce dernier, on l'a vu *suprà*, nᵒˢ 28 et suiv., est, dans ce cas, plein propriétaire des lettres ; il peut donc tirer parti de leur contenu contre celui qui les a écrites (Conf. Rousseau, nᵒ 34 ; Legris, nᵒ 97 ; Hanssens, nᵒ 211 ; Girault, nᵒ 139 ; Aubry et Rau, t. 8, p. 289 ; Larombière, t. 4, art. 1331, nᵒ 14 ; Bonnier, *Traité des preuves*, nᵒ 694 ; etc).

**61.** La question est plus délicate si la correspondance est d'une nature confidentielle. On a exposé (*Rép.* nᵒ 18) l'opinion de Merlin, Favard et Rolland de Villargues, qui, en ce cas, interdisent au destinataire de produire en justice la lettre qu'il a reçue de son adversaire (Conf. Denisart, vᵒ *Lettre*; Jousse, *Justice criminelle*, t. 1, nᵒ 744, et la plupart des anciens auteurs). Mais, ainsi qu'on l'a dit (*loc. cit.*), cette doctrine est inadmissible. « Le secret des lettres n'a rien à voir ici, dit fort justement M. Rousseau (nᵒ 34), puisque le débat s'agite entre l'auteur et le destinataire ; tous deux en connaissent le contenu, et ils semblent, en plaidant, se délier l'un de l'autre de l'obligation du secret ». D'ailleurs, ainsi que le fait observer avec raison M. Legris (nᵒ 97), « il suffirait à celui qui a contracté par correspon-

dance une obligation, de traiter dans la même lettre d'un sujet confidentiel, pour que l'engagement ne pût être prouvé en justice. Ce serait donner à la fraude un singulier encouragement » (Conf. Hanssens, nᵒ 114 ; Aubry et Rau, Larombière, *loc. cit.*; Dijon, 11 mai 1870, aff. Montagu, D. P. 71. 5. 238 ; V. aussi *infrà*, nᵒ 90). Il a été jugé, dans ce sens, que les lettres privées peuvent être produites en justice, contre la volonté de leur auteur, par la personne qui les a reçues, lorsque cette personne prétend y trouver la preuve, soit d'engagements pris envers elle et dont elle demande l'exécution, soit d'un préjudice à elle causé et dont elle demande la réparation (Req. 18 mars 1861, aff. Régnier, D. P. 61. 1. 432 ; Caen, 10 juin 1862, aff. L..., D. P. 62. 2. 129. Conf. Hanssens, nᵒ 244) ;... et qu'il en est ainsi, alors même que ces lettres contiennent des aveux honteux, de la part de leur auteur (Civ. rej. 26 juill. 1864, aff. L..., D. P. 64. 1. 347). Spécialement, une lettre écrite par un tuteur à son pupille ne doit pas être considérée comme adressée à un tiers. et peut, dès lors, être produite en justice, lorsqu'elle est invoquée par le subrogé tuteur, à l'appui d'une demande en destitution de tutelle engagée contre ce tuteur (Req. 18 mars 1861, précité). — Cependant, il ne faut pas exagérer la portée du droit du destinataire. « La bonne foi commande ici une distinction : si la production de la lettre n'offre pas d'intérêt sérieux pour le débat, si elle est tentée simplement par malice et dans l'intention de nuire, le juge pourra s'opposer à sa divulgation » (Girault, nᵒ 139. Conf. Hanssens, Legris, Rousseau, *loc. cit.*; Bruxelles, 29 janv. 1873, *Pasicrisie belge*, 73. 2. 300 ; Req. 3 févr. 1873, aff. Dumoulin, D. P. 73. 1. 467 ; aff. Féré, D. P. 80. 2. 190, Rouen, 13 nov. 1878). Les juges du fond ont ici un pouvoir d'appréciation souverain ; il a été jugé que c'est à eux qu'il appartient toujours de décider si une production de lettres n'excède point le droit de légitime défense, ou bien si elle doit donner lieu soit à des dommages-intérêts, soit aux réserves formulées par l'adversaire (Req. 3 févr. 1873, précité. Conf. Dijon, 11 mai 1870 précité).

**62.** Ces règles s'appliquent également aux héritiers de l'auteur et du destinataire (V. *suprà*, nᵒˢ 30 et suiv.). C'est ainsi qu'il a été jugé qu'un plaideur est autorisé à produire en justice les lettres adressées par sa belle-mère à lui-même ou à sa femme dont il est légataire universel, pour se défendre contre une demande injuste de l'héritier qui met son honneur en échec (Req. 3 févr. 1873, cité *suprà*, nᵒ 61). Lorsque, dans une instance relative à une succession, il y a contestation sur la qualité d'héritier de l'auteur de la lettre, qui est invoquée par l'une des parties pour produire en justice cette lettre avec l'agrément du destinataire, les juges peuvent joindre cet incident au fond, dont la connaissance est nécessaire pour décider de la qualité des parties et de leur droit sur la correspondance dont s'agit (Douai, 1ᵉʳ août 1874 (1). Comp. *suprà*, nᵒ 30).

---

où la tentative a été commise, est celui où la lettre incriminée a été écrite et mise à la poste; — Qu'ainsi la tentative d'extorsion est parfaitement caractérisée : qu'elle s'est perpétrée sur le territoire français, et que, dès lors, le tribunal pourrait ne point examiner si le délit ou la tentative de chantage est ou non puni en Belgique ; — Mais, attendu qu'aux termes de l'art. 470 c. pén. belge, celui qui aura extorqué, à l'aide de violences ou de menaces, soit des fonds, obligations, billets, promesses, etc., etc., doit être puni des peines portées à l'art. 468 ; que le délit de chantage est donc parfaitement frappé par la législation belge et que la seule différence est que la loi française punit le genre de menaces qui le caractérise, tandis que le code pénal belge punit toutes les menaces en les définissant dans l'art. 488, ainsi conçu : « Par menaces, la loi entend tous les moyens de contrainte morale par la crainte d'un mal imminent » ; — Qu'en appliquant cette définition aux faits de la cause, il est certain qu'Adrien aurait pu être poursuivi en Belgique ; — Que, d'après le code pénal belge, la tentative du délit est toujours punissable ; — Attendu que la prévention contre Adrien est donc parfaitement justifiée et qu'il y a lieu de faire application de l'art. 400 c. pén. et aussi de l'art. 463 du même code en raison des regrets qu'il a manifestés et de la situation malheureuse dans laquelle il se trouve;

Par ces motifs, le condamne à quatre mois de prison et aux dépens.

Du 14 juin 1890.-Trib. corr. de la Seine, 9ᵉ ch.-MM. Bidault de l'Isle pr.-Wilhelm, av.

---

(1) (Boc de Saint-Hilaire C. Warocqué et consorts.) — Les consorts Warocqué, pour établir la fraude dont était, selon eux, entachée une vente d'actions charbonnières faisant partie de la succession d'Edouard de Carondelet, voulaient produire aux débats des lettres écrites par les auteurs de ce dernier à leur avoué. Les défendeurs s'opposaient à cette production, prétendant, en droit, que toute lettre missive est confidentielle, que personne ne peut en faire usage en justice sans l'agrément de l'auteur et du destinataire. Ils disaient, en fait, que ces lettres avaient été écrites à leur avoué par la marquise de Carondelet et Louise de Carondelet, que les revendiquants n'étaient pas leurs héritiers ni leurs représentants; que à supposer qu'ils eussent l'agrément du destinataire, ils n'avaient point celui des expéditrices; ils alléguaient au contraire que, en ce qui concernait l'objet du procès, c'est-à-dire les ventes d'actions charbonnières, ils étaient les représentants ou ayants cause de la marquise *ut singuli*, celle-ci étant leur venderesse; qu'ils avaient donc qualité pour s'opposer à la production de lettres tirées des dossiers de l'avoué; — Les demandeurs concluaient purement et simplement à ce que l'incident fût joint au fond, puisque ce ne pouvait être que la discussion du fond qui ferait ressortir la qualité de chacune des parties; — Le tribunal de Valenciennes déclara que les lettres ne seraient point produites, par un jugement où il était dit: — « Considérant que les demandeurs à l'incident, sont aux droits de la marquise et de Louise de Carondelet; — Considérant qu'il est de jurisprudence et de doctrine incontestable, que les lettres missives auxquelles il est reconnu un caractère

**63.** — 2° *Production en justice faite par le destinataire, dans un procès pendant entre lui et un tiers.* — Le destinataire peut produire en justice une correspondance émanée d'une personne autre que son adversaire au procès, si cette correspondance n'a pas un caractère confidentiel : la production de la lettre en justice constitue, en ce cas, l'exercice pur et simple du droit de propriété du destinataire (*suprà*, n° 28 et suiv.). — Dans le cas contraire, le destinataire doit justifier de l'autorisation de l'auteur des lettres ; sinon la partie contre qui il prétend invoquer cette correspondance pourra exciper de son caractère intime et demander qu'elle soit rejetée des débats : le principe de l'inviolabilité du secret des lettres confidentielles doit alors l'emporter sur le respect dû au droit de propriété du destinataire de la correspondance (Rousseau, n°s 40 et suiv. ; Hanssens, n°s 216 et suiv. ; Girault, n° 140. Conf. Besançon, 27 mars 1889, motifs, aff. Girardey, D. P. 90. 2. 176. Comp. *suprà*, n° 26 ; Legris, n° 99).

**64.** — 3° *Production en justice faite par une personne autre que le destinataire* (Rép. n°s 24 et suiv.). — Ici encore, on doit distinguer entre les lettres confidentielles et celles qui ne le sont pas. — Si la correspondance n'est .pas confidentielle, le tiers détenteur d'une telle correspondance ne peut l'utiliser et la produire en justice que si le destinataire auquel elle appartient (V. *suprà*, n°s 28 et suiv.) lui en donne. l'autorisation expressément ou tacitement (Legris, n° 100 ; Hanssens, n° 219 ; ·Rousseau, n° 47 ; Girault, n° 140 ; Larombière, t. 4, art. 1331, n° 14 ; Demolombe, t. 29, n° 664 ; Bonnier, t. 2, n° 694 ; Aubry et Rau, t. 8. p. 291. Conf. Req. 3 juill. 1850, aff. de Circourt, D. P. 50, 1. 209 ; Nancy, 11 mars 1869, motifs, aff. Mure, D. P. 69. 2. 223 ; Req. 20 juill. 1880, aff. Bedel, D. P. 81. 1. 179. — *Contra* : Rome, 4 déc. 1810 ; Riom, 5 mai 1815 ; Req. 4 avr. 1821 ; Agen,17 janv. 1824, *Rép.* n° 24). Mais cette autorisation suffit ; celle de l'auteur de la lettre ne saurait être exigée (Civ. rej. 26 juill. 1864, aff. L..., D. P. 64. 1. 347 ; Req. 20 juill. 1880, précité). Un certain nombre d'arrêts que l'on citera, *infrà*, n° 69, semblent, il est vrai, poser en principe que l'on ne peut jamais invoquer en justice une correspondance adressée à un tiers sans la double autorisation du destinataire et de l'auteur ; mais ces arrêts ont tous été rendus dans les espèces où, en fait, il s'agissait de lettres confidentielles ; on ·ne doit donc ·pas donner aux termes de ces décisions un sens absolu qui ne serait pas conforme à la pensée de leurs auteurs.

**65.** Il a été jugé, avec raison, que le consentement du destinataire peut s'induire du seul fait de la possession de la lettre par un tiers, sans opposition de sa part ; si, par exemple, le destinataire a remis la lettre à un tiers et ne la lui a jamais réclamée, il serait mal fondé à s'opposer à sa production en justice (Trib. Seine, 9 janv. 1882, aff. Bauer, *Gazette des Tribunaux*, 10 févr. 1882. Conf. Legris, n° 100 ; Hanssens, n° 235).

**66.** Les principes exposés sous les numéros précédents devront s'appliquer, à plus forte raison, lorsque les lettres auront été destinées par leur auteur à être communiquées ou remises à la partie qui s'en fait un titre (Caen, 10 juin 1862, aff. L..., D. P. 62. 2. 129, et sur pourvoi, Civ. rej. 26 juill. 1863, aff. L..., D. P. 64. 1. 347 ; Conf. Dijon, 11 mai 1870, aff. Montagu, D. P. 71. 5. 238) ;... ou lorsqu'elles auront été écrites uniquement dans l'intérêt de cette partie (Req. 3 juill. 1850, aff. de Circourt, D. P. 50. .1. 209 ; Legris, n° 101 ; Rousseau, n° 42) : cette dernière, en effet, peut alors être considérée, en quelque sorte, comme destinataire véritable de la correspondance. .

**67.** Il est même un cas où le consentement du destina-

taire ne sera pas nécessaire, et où le tiers pourra se faire, malgré lui, un titre de lettres qui lui appartiennent ; c'est quand ce destinataire aura versé lui-même la correspondance aux débats (Hanssens, n° 210. — Conf. anal. : Riom, 8 janv. 1849, aff. Thélidon, D.·P. 49. 2. 143 ; Lyon, 16. févr. 1854,·aff. Crochet. D. P. 55. 2. 31 ; Bordeaux, 9 avr. 1869, aff. Albert, D. P. 70. 2. 222 ; Req. 28 oct. 1889, aff. de Chalonge, D. P. 90. 1. 12).

**68.** Jugé que des lettres missives émanant, soit de la partie à laquelle elles sont opposées ou de son auteur, soit de personnes tierces, et adressées à des tiers, ne sont pas réputées confidentielles, et peuvent, dès lors, être produites en justice, lorsque, se rattachant directement à l'objet du litige, elles ne sont point parvenues à celui qui se prévaut par des moyens illicites et que leur production ne constitue ni la violation ni l'abus d'un secret personnel à leur destinataire (Aix, 24 janv. 1884, aff. Barnéaud, D. P. 86. 2. 87).

**69.** Si la lettre que le tiers veut produire en justice est confidentielle, la situation juridique n'est plus la même ; les règles que l'on vient d'exposer ne devront donc plus s'appliquer. On a expliqué *suprà*, n°s 7 et suiv., et n°s 29 et suiv., que l'auteur d'une correspondance intime conserve sur la confidence émanée de lui une sorte de *codominium sui generis*. Ce droit lui donne, lorsqu'on prétend faire usage de son écrit, la faculté d'opposer son *veto*. Quand. donc une partie eut invoquer en justice une correspondance *confidentielle* qui n'émane pas d'elle et qui ne lui a pas été adressé elle doit s'assurer du consentement du destinataire et de celui de l'auteur ; sinon l'un ou l'autre de ceux-ci peut s'opposer à la production (Rousseau, n° 47 ; Hanssens, n° 296 et suiv.; Legris, n° 100; Girault n° 140; Aubry et Rau, t. 8, p. 291 ; Demolombe. t. 29, n° 664; Larombière, t. 4, art. 1331, n°14; t. 2, n° 694. — Conf. Caen, 31 juill. 1836, aff. de la R...., aud. solenn.-prés. M. Souëf, 1er ·pr.-Mabire, 1er av. gén.-Bertauld, Lemonnier, Paris et Thomine, av. ; Civ. rej. 5 mai 1858, aff. Caisse commerciale du Loiret, D. P. 58, 1. 209 ; Req. 18 mars 1861, motifs, aff. Regnier, D. P. 61. 1. 432 ; 21 juill. 1862, aff. de Montléart, D. P. 64. 1. 521; Caen, 10 juin 1862, aff. L..., D. P. 62. 2. 129; Trib. com. Bruxelles, 16 nov. 1863, aff. Libotte, D. P. 66. .5. 281; Toulouse, 4 mai 1864, aff. Larroque, D. P. 64. 2. 151; Dijon, 3 avr. 1868, rapporté *infrà*, n° 79; Nancy, 11 mai 1869, aff. Mure, D. P. 69. 2. 223; Bordeaux, 9 avr. 1869, aff. Albert, D. P. 70. 2. 222 ; Req. 3 mai 1875, aff. Geoffroy, D. P. 76. 1. 183; Paris, 11 juin 1875, motifs, rapporté *supra*, v° *Divorce et séparation de corps*, n° 415 ; Toulouse, 6 juill. 1880, rapporté *suprà* n° 29; Nancy, 14 mai 1890, aff. C.... D. P. 91. 2. 266. *Contrà*, Orléans, 27 janv. 1873, aff. Cézard; D. P. 78. 1. 6).

**70.** Le destinataire d'une lettre confidentielle, alors même qu'il ne serait pas partie au procès dans lequel un tiers veut la produire, peut intervenir dans l'instance pour demander que cette lettre soit écartée du débat (Conf. Riom 13 juill. 1891, *supra*, n° 27). Le même droit appartient à ses héritiers et même à ses parents non héritiers, si la lettre contient des secrets de famille dont la révélation serait scandaleuse (Hanssens, n° 232. Comp. Rousseau, n° 30).

**71.** Jugé que : 1° les lettres missives qui ont un caractère confidentiel ne peuvent servir de base à une action en justice (par exemple à une action en dommages-intérêts), sans l'assentiment de leur auteur, qui en conserve la propriété (Nancy, 14 mai 1890, aff. C..., D. P. 91. 2. 266) ;... — 2° Toutefois, les faits dont il résulterait qu'un agent d'affaires a porté préjudice à un commerçant en fournissant par

---

confidentiel ne peuvent être produites dans un débat judiciaire qu'avec le consentement de leurs auteurs ou destinataires, à moins de circonstances exceptionnelles prévues par la loi, et qui ne se reproduisent pas dans l'espèce ». — Appel.

LA COUR; — Attendu qu'on ·ne peut statuer. sur l'incident, objet du jugement dont est appel, sans entrer dans les débats du fond dont la connaissance semble nécessaire dans les circonstances de la cause à l'éclaircissement de la difficulté qu'il soulève; qu'il n'échet pas, dès lors, de ·le juger préalablement; — Attendu qu'il y a même raison de décider, en ce qui concerne la demande, que les intimés ont formée en cause d'appel afin de faire supprimer le mémoire publié au nom de Boc de

Saint-Hilaire et consorts, les vingt-deux lettres qui ont motivé l'incident dont il s'agit, et qu'il y a lieu de le joindre également au fond; — Attendu que les intimés succombent, et qu'ils doivent être condamnés aux dépens à quelque époque que se rapporte la cause de la demande incidente par eux introduite, postérieurement à celles dont ils ont d'abord saisi la justice; — Par ces motifs, met le jugement dont est appel à néant, et faisant ce que les premiers juges auraient dû faire, joint l'incident au fond, condamne les intimés aux dépens de première instance et d'appel.

· Du·1er août 1874 C. de Douai, 2e ch.-MM. Bottin, pr.-Bagnéris, av. gén.-Bertin (du barreau de Paris) et Talon, av.

écrit sur son compte, à des tiers, des renseignements défavorables, peuvent être prouvés par témoins, lorsque le juge constate et déclare souverainement que cette preuve n'implique pas la violation du secret de lettres ayant un caractère confidentiel (Req. 5 déc. 1881, aff. Lingois, D. P. 82. 1. 224);... — 3° En cas d'insertion, dans un mémoire produit au cours d'un procès, de lettres confidentielles dont l'usage est interdit en justice, la suppression des passages qui contiennent cette insertion peut être ordonnée avant le jugement du fond : ici ne s'applique pas l'art. 23 de la loi du 17 mai 1819 (Req. 21 juill. 1862, aff. Montléart, D. P. 62. 1. 521).

**72.** Les principes qui interdisent la production en justice d'une lettre confidentielle adressée à un tiers ont été sanctionnés par la juridiction administrative comme par l'autorité judiciaire. Il a été jugé, notamment, que l'auteur d'une protestation en matière électorale ne peut faire usage ni d'une lettre adressée par un sous-préfet à un maire, alors que cette lettre n'est point parvenue à sa destination et a été retenue par un tiers (Cons. d'Et. 18 janv. 1884, aff. Election de Tréguier, D. P. 85. 3. 85) ;... ni d'une lettre confidentielle qui ne lui a été communiquée ni par son auteur, ni par le destinataire, et qu'il prétend avoir trouvée Cons. d'Et. 22 févr. 1884, aff. Election de Puylaurens, D. P. 85. 3. 85). Il appartient même à cette juridiction d'apprécier si, à raison des circonstances, il y a lieu, en outre, d'ordonner ou de refuser la *suppression* de la production, par application de l'art. 1036 c. proc. civ. (Même arrêt).

**73.** M. Hanssens (n° 233) estime que le droit de s'opposer à la production d'une correspondance confidentielle appartient non seulement au destinataire, au signataire et à leurs héritiers, mais encore à tout tiers contre qui on voudrait s'en servir. Le même auteur (*Ibid.*) va même jusqu'à prétendre que le juge pourrait suppléer au silence des parties et écarter *d'office*, du débat, une lettre dont la production serait manifestement illicite (Conf. Baudouin, *loc. cit.;* Legris, n° 100). — Nous hésitons à nous ranger à cette dernière opinion. Le principe qui interdit de produire en justice la correspondance intime d'un tiers est, il est vrai, fondée en partie sur des considérations d'ordre public (*supra*, n°.7); cependant l'exception qui consiste à demander que des lettres de cette nature soient écartées du débat n'est pas elle-même d'ordre public (Civ. rej. 5 mai 1858, aff. Caisse commerciale du Loiret, D. P. 58, 1. 209; Toulouse, 4 mai 1864, aff. Larroque, D. P. 64. 2. 151 ; Baudouin, *loc. cit.; Contra :* Orléans, 13 mars 1857, motifs, même affaire, *ibid.* ; Bruxelles, 29 janv. 1857, *Pasicrisie belge*, 1857. 2. 99); les intéressés peuvent y renoncer expressément ou tacitement (V. *infra*, n° 75), et leur renonciation a pour effet de rendre la production légitime. En vertu de quel droit, si ces intéressés gardent le silence et s'abstiennent de protester contre une publicité qui peut leur nuire, le juge prendrait-il, de sa propre initiative, la défense de leurs intérêts ? N'est-il pas légitime d'interpréter leur abstention comme une adhésion tacite à la production en justice des lettres confidentielles ? En tous cas, l'auteur et le destinataire de la lettre, si la publicité leur cause un dommage, ne doivent-ils pas s'imputer à eux-mêmes leur excès de confiance, peut-être même de légèreté, le premier pour avoir écrit la lettre à un correspondant sur la discrétion duquel il ne pouvait compter, le second pour avoir donné ou laissé prendre communication à un tiers d'une missive confidentielle ? Si d'ailleurs, en fait, ils ont été dans l'impossibilité de s'opposer à la production de celle-ci en justice, ils auront, contre l'auteur de la publicité, une action en dommages-intérêts, à raison du préjudice qu'a pu leur causer la divulgation de leurs secrets intimes. Un arrêt de la cour de cassation (Req. 31 mai 1842, aff. Smith, *Rép.* n° 30) s'est prononcé dans le sens de cette doctrine ; un arrêt de la cour de Toulouse (4 mai 1864, aff. Larroque, D. P. 64. 2. 151) semble également la sanctionner implicitement, en décidant que, s'il est de principe que les lettres missives adressées à des tiers sont réputées confidentielles, en sorte que la partie à qui on les oppose peut les repousser par une exception péremptoire fondée sur l'inviolabilité du secret des lettres, ce n'est là qu'une faculté à laquelle cette partie peut renoncer, soit expressément, soit tacitement, et que le juge ne peut suppléer d'office. Spécialement, si les lettres, produites en première instance, ont été

lues sans opposition et débattues devant le tribunal, qui les a visées dans son jugement, il ne peut plus être demandé en appel qu'elles soient retranchées du débat : une telle demande est tardive et doit être repoussée par une fin de non-recevoir (Comp. Rennes, 26 juin 1874, motifs, aff. Geffroy, D. P. 76. 1. 183). — Mais il a été jugé que l'exception fondée sur l'inviolabilité du secret des lettres constitue, sinon une exception d'ordre public, à suppléer d'office par le juge, du moins un moyen péremptoire opposable en tout état de cause, et même en appel, tant qu'il n'a pas été l'objet d'une renonciation expresse ou tacite (Civ. rej. 5 mai 1858, aff. Caisse commerciale du Loiret, D. P. 58. 1. 209).

**74.** En cas de contestation sur le caractère d'une correspondance que l'on prétend produire en justice, le fardeau de la preuve incombe à celui qui demande à verser la lettre aux débats ; c'est à lui de démontrer qu'il a le droit de faire la production (Hanssens, n° 234). Il doit donc prouver soit qu'il est propriétaire de la lettre, soit que l'auteur et le destinataire l'ont autorisé à lui donner la publicité de l'audience.

**75.** Cette dernière preuve pourra résulter non seulement d'autorisations formelles accordées par les intéressés, mais encore de leur simple silence ; en d'autres termes, l'autorisation peut être aussi bien tacite qu'expresse (Civ. rej. 5 mai 1858, aff. Caisse commerciale du Loiret, D. P. 58. 1. 209). On a ainsi jugé, *supra*, n° 64 et suiv., qu'il en est ainsi quand la correspondance n'a pas un caractère confidentiel. Il n'y a aucun motif de ne pas décider de même dans l'hypothèse contraire, tout au moins en ce qui concerne le destinataire. Quant à l'auteur de la correspondance confidentielle, nous croyons qu'il devrait être également réputé avoir donné tacitement son consentement à la production en justice, s'il était prouvé qu'il a su que la correspondance était entre les mains de celui qui veut en faire usage et qu'il a connu l'intention de ce détenteur d'en divulguer le contenu (Comp. Hanssens, n° 235). A plus forte raison en serait-il ainsi si l'auteur de la lettre avait supporté que, dans la première phase d'une instance, la correspondance fût produite et discutée (Toulouse, 4 mai 1864, aff. Larrogue, D. P. 64. 2. 151. V. toutefois : Civ. rej. 5 mai 1858, précité; Orléans. 13 déc. 1889, aff. G..., *Le Droit*, 1<sup>er</sup> janv. 1890. V. aussi *infra*, n° 95). — Il a même été jugé qu'une partie est autorisée à invoquer en justice des lettres qui avaient à l'origine un caractère confidentiel, lorsque l'adversaire a en a précisément donné communication à cette partie, qui les a ainsi connues sans avoir employé aucun moyen frauduleux (Gand, 21 mai 1884, aff. Bulcke, D. P. 85. 2. 100. V. numéro suivant et *supra*, n° 73).

**76.** On peut, d'ailleurs, lorsqu'il y a eu production en justice dans une première phase d'un procès ou dans un procès antérieur, considérer la lettre comme ayant en réalité perdu son caractère confidentiel par suite de la publicité qui lui a été donnée sans opposition de la part de l'auteur. Il n'y a alors aucun motif pour autoriser ce dernier à s'opposer à ce que dans une seconde phase du procès ou dans une instance ultérieure, il en soit fait usage de cette pièce (Req. 28 oct. 1889, aff. de Chalonge, D. P. 90. 1. 12; Hanssens, n° 227; Aubry et Rau, t. 8, § 760 *ter*, p. 291. Conf. Riom, 8 janv. 1849, aff. Thélidon, D. P. 49. 2. 143. — En sens contraire, Orléans, 13 mars 1857, aff. Caisse commerciale du Loiret, D. P. 58. 1. 209); — à moins que la production de lettre antérieurement faite n'ait eu lieu à l'insu de l'intéressé (Orléans, 13 déc. 1889, aff. Grandin, D. P. 91. 2. 333). — Jugé, conformément à ces principes : 1° qu'une lettre missive adressée à un juge par une partie en instance devant lui, pour lui fournir des renseignements que ce juge réclame sur l'objet du procès, est un document judiciaire dont un tiers peut se faire un titre à l'appui d'une demande formée devant d'autres juges contre l'auteur de la lettre ou ses ayants cause; un écrit de ce genre ne saurait être considéré comme personnel à celui à qui il a été adressé (Lyon, 16 févr. 1854, aff. Crochet, D. P. 55. 2. 3 ; — 2° Que le demandeur, dans un débat civil, peut se prévaloir contre le défendeur des lettres que ce dernier a écrites à un tiers qui, appelé par lui en garantie, les a produites au procès pour combattre cette action en garantie (Bordeaux, 9 avr. 1869, aff. Albert, D. P. 70. 2. 222); — 3° Que, à l'inverse, il ne peut pas être fait usage en justice de pièces lues à l'audience, dans une première instance, sans protestation de la partie adverse, de son avoué, ni de son avocat, si cette partie adverse n'avait pas été prévenue de cette lecture et n'assistait pas aux débats (Orléans 13 déc. 1889 précité).

**77.** Le consentement de l'auteur de la lettre à la divulgation du contenu de celle-ci peut encore s'induire du fait qu'elle n'a été écrite que pour être communiquée à celui qui entend actuellement en faire usage (*Rép.* n° 27; Caen, 10 juin 1862, aff. L..., D. P. 62. 2. 129, et sur pourvoi, Civ. rej. 26 juill. 1864, D. P. 64. 1. 347; Hanssens, n° 227; Teullé, p. 14; Aubry et Rau, t. 8, n° 290. Conf. Dijon, 11 mai 1870, aff. Montagu, D. P. 71. 5. 238). — A plus forte raison en sera-t-il de même quand la lettre n'aura été écrite que dans l'intérêt de la partie qui prétend s'en prévaloir (Rousseau, n° 42, Legris, n° 101; Hanssens, n° 237; Girault, n° 140; Aubry et Rau, t. 8, p. 290; Larombière, t. 4, art. 1331, n° 14). C'est surtout en matière de *questions d'état,* notamment de recherche de maternité, qu'il a été fait application de cette règle (Req. 3 juill. 1850, aff. de Circourt, D. P. 50. 1. 209; Civ. rej. 26 juill. 1864, précité. Conf. Req. 20 juill. 1880, aff. Bedel, D. P. 81. 1. 179).

**78.** Par application des mêmes principes, on devra décider que l'inviolabilité du secret des lettres ne s'applique pas à la lettre *anonyme* envoyée par son auteur à un tiers, avec l'intention manifeste que celui-ci la communique à la personne diffamée; cette dernière peut toujours produire en justice la lettre anonyme (Caen, 1re ch. 18 janv. 1860 MM. Mabire pr.-Olivier, av. gén.-Bertrand et Paris, av.; Bordeaux, 14 nov. 1873, aff. Seguin, D. P. 75. 5. 271; Douai, 8 févr. 1879 (1); Req. 3 mars 1879, aff. Creuzot, D. P. 81. 1. 212; Rousseau, n° 48; Legris, n° 117). D'une part, en

effet, la lettre a été écrite pour être communiquée; d'autre part, en raison de leur nature même, les lettres anonymes doivent être considérées comme étant la propriété exclusive du destinataire, qui, dès lors, est libre de les communiquer à la personne intéressée (Legris, n° 117; Hanssens, n° 243). « Attendu, dit très justement l'arrêt précité de la cour de Bordeaux, qu'il se forme, entre celui qui écrit une lettre confidentielle et celui qui la reçoit, une sorte de contrat innommé, tenant du dépôt, qui ne permet pas au destinataire de disposer des secrets qu'elle contient sans le consentement de l'expéditeur, tandis que, dans la lettre anonyme, il ne peut exister aucun pacte de cette nature, l'une des parties restant inconnue; que dès lors, le destinataire devient propriétaire sans condition de l'écrit non signé et peut en disposer librement; qu'il suit de là que cet écrit n'étant plus protégé par le pacte confidentiel, il peut être produit en justice par toute personne intéressée, sans qu'on puisse lui opposer l'exception de l'inviolabilité de la correspondance ». — La personne lésée peut évidemment demander réparation du préjudice qui a pu lui être causé par l'auteur de la lettre anonyme, s'il vient à être connu (arrêts précités); et pour arriver à découvrir ce dernier, elle peut assigner préalablement en *vérification d'écriture* l'individu qu'elle soupçonne d'avoir écrit le libelle (Req. 10 mai 1827, aff. Baron, D. P. 27. 1. 238; Douai, 8 févr. 1879, précité; Legris, n° 119). — Il est certain, d'ailleurs, que, dans une instance en dommages-intérêts pour préjudice causé par l'envoi d'une lettre anonyme, les juges peuvent, si leur conviction est faite, décider, sans mesure préparatoire, que cette lettre est bien l'œuvre de la personne à qui le demandeur l'attribue (Toulouse, 5 août 1882 (2). V. *infrà,* n° 88).

**79.** Le respect dû au secret des lettres confidentielles

---

adressées à des tiers interdit de les produire en justice sans autorisation des intéressés, non seulement lorsqu'il s'agit, pour une partie, de tirer argument de leur contenu, mais encore lorsqu'il s'agit simplement de les utiliser comme pièces de comparaison pour une vérification de l'écriture de leur auteur (Dijon, 3 avr. 1868) (1). — Jugé, de même, que le principe du secret des correspondances privées ne saurait être violé par un moyen détourné, spécialement par l'admission de la preuve au tiers qui veut en faire usage que par témoins ou par présomptions, à l'effet d'établir le contenu de lettres confidentielles (Nancy 14 mai 1890, aff. C..., D. P. 91. 2. 266).

**80.** Les principes que l'on vient d'exposer ne doivent évidemment pas recevoir exception dans le cas où la lettre n'aurait été remise au tiers qui veut en faire usage que par suite de l'erreur de l'expéditeur qui l'a enfermée par inadvertance dans une enveloppe contenant une lettre destinée à ce tiers (Req. 3 mai 1875, aff. Geffroy, D. P. 76. 1. 183 ;

---

*des obligations*, impliquent nécessairement que l'acte à vérifier doit être générateur d'un droit, servir de titre, et pouvoir être utilisé comme renfermant une obligation ; — Attendu, en fait, que la lettre anonyme dont il s'agit ne contient contre Servières, de l'aveu même de celui-ci, ni diffamation, ni injure, au point de vue pénal ; qu'elle était sans doute destinée à lui nuire, puisqu'elle le représentait comme ennemi de Delros, qui exercerait, paraît-il, un commerce de vins important, et correspondrait avec plusieurs banquiers de la contrée, pour lesquels il effectuerait des recouvrements ; — Mais qu'il n'a souffert néanmoins aucun préjudice, ainsi qu'il le reconnaît, de l'envoi de cette lettre à Delros, puisque ce dernier la lui a remise immédiatement, en déclarant ne pas croire aux imputations qu'elle contenait, et que depuis 1877, les mêmes relations amicales, intimes, ont existé entre eux ; — Attendu, à la vérité, que Servières prétend que ladite lettre serait un des éléments d'un procès en concurrence déloyale qu'il veut former plus tard contre Devic ; — Mais qu'un procès en concurrence déloyale ne peut être fondé que sur l'art. 1382, c. civ., et que cet article exige, non seulement une faute, de la part de l'auteur du fait, mais un préjudice occasionné par ce fait ; — Attendu que, sans rechercher si les faits signalés par Servières, en dehors de la lettre anonyme, comme constituant la concurrence déloyale, résumeraient les deux conditions exigées, il est bien certain que ladite lettre anonyme, inoffensive par elle-même, et n'ayant causé aucun dommage, ne pourrait être invoquée dans une action en concurrence déloyale que comme une manifestation des mauvais sentiments de Devic à l'égard de Servières, et un argument en faveur de la demande ; qu'il ne résulterait jamais, de la lettre en litige, ni une obligation en faveur de Servières, circonstance qui serait seule de nature à en faire admettre la vérification ; — Attendu, dès lors, que c'est à tort que cette vérification a été accomplie par les premiers juges, et qu'ils ont décidé que l'écriture de cette lettre émanait du sieur Devic ; qu'il convient de réformer cette décision, sans s'arrêter d'ailleurs à la preuve offerte par Servières, et que la fin de non-recevoir adoptée rend inutile et sans objet ; — Par ces motifs, faisant droit à l'appel et réformant le jugement du tribunal civil de Gaillac ; — Rejette comme non recevable l'action en vérification d'écriture formée par Servières contre Devic, etc.

Du 5 août 1882.-C. de Toulouse, 3e ch.-MM. Bermond, pr.-Delmas, av. gén., c. conf.-Albert et Ebelet, av.

(1) (Pallavicino C. Stapleton.) — LA COUR ; — Considérant que l'authenticité d'un acte, c'est-à-dire la foi due aux faits qu'il sont constatés, résulte de l'observation des formes exigées par la loi du pays où il est passé ; — Qu'il importe que ces formes diffèrent de celles prescrites par la loi du pays où cet acte est produit ; que l'authenticité n'en existe pas moins dans son intégralité ; qu'aussi, dans l'ancien droit comme dans le nouveau, c'est un principe de droit des gens que l'acte authentique dans un pays l'est chez toutes les nations ; que, sans doute, un acte notarié passé en pays étranger et produit en France n'y est pas susceptible d'exécution forcée ; — Mais que, quant à la preuve des faits qu'il sont destiné à constater, il jouit en France de la même force probante que les actes reçus par un notaire français ; que ce principe est la garantie des rapports internationaux ; — Que ce serait y apporter la plus grave atteinte, que de rechercher, pour les comparer à la loi française, les conditions d'institution des officiers publics étrangers, ou les obligations que la législation de leur pays leur impose, afin de faire dépendre de cette comparaison la foi due à leurs actes ; — Considérant que l'art. 200 c. proc. civ. qui, à défaut de l'accord des parties, n'admet comme pièces de comparaison que les signatures apposées aux actes judiciaires en présence du juge et du greffier, n'a fait aucune exception pour les actes de même nature passés en pays étrangers ; qu'une pareille exception n'aurait pu, en effet, se justifier, puisque la force probante, étant accordée aux conventions que ces actes constatent, existe nécessairement et

c'est ce qu'exprime fort nettement l'arrêt de la cour de Rennes dans cette affaire (Rennes, 26 juin 1874, D. P. 76. 1. 183) : « Considérant qu'il en est de la lettre qui fait fausse route comme de tout autre objet qui serait remis par erreur au domicile d'une personne à qui il n'était pas destiné ou qu'on aurait trouvé sur la voie publique ; que celui qui le reçoit ou le trouve ne saurait en prétendre propriétaire, *ab initio* » (Conf. Legris, n° 103). V. cependant Alger, 12 nov. 1866, aff. W..., D. P. 67. 2. 186). — A plus forte raison ne peut-on autoriser la production en justice d'une correspondance confidentielle que le tiers aurait soustraite au destinataire, ou dont il serait devenu détenteur que par suite de l'emploi d'un moyen illicite (Req. 21 juill. 1862, aff. de Montléart, D. P. 62. 1. 521 ; Caen, 31 juill. 1856, aud. sol. aff. R... C. C. de la R... — MM. Souëf, 1er pr.-Mabire, 1er av. gén.-Bastould, Lemonnier, Paris et Thomisses av. ; Caen, 18 janv. 1860, *suprà*, n° 78 ; Orléans,

au même degré en ce qui concerne l'identité des parties qui y ont concouru, et que c'est précisément la garantie de cette identité qui a motivé les dispositions restrictives de l'art. 200 c. proc. civ. ; — Que c'est donc à bon droit que les premiers juges ont admis comme pièces de comparaison les signatures apposées par la dame Stapleton au bas des deux procurations produites sous les n°s 11 et 12, reçues par Mérian, notaire à Bâle (Suisse), les 22 mars 1865 et 26 nov. 1863, et dont les brevets originaux sont annexés, le premier à un acte d'obligation reçu par Darneaux, notaire à Beaune, le 4 avril 1865, et le second à un inventaire dont la minute, en date du 21 nov. 1864 et jours suivants, est en l'étude de Démoulin, notaire à Arnay ; — Qu'on n'a élevé aucun doute sur la sincérité et la validité des deux actes reçus par les notaires Darneaux et Démoulin, actes auxquels la dame Stapleton a été représentée par les mandataires constitués en vertu des procurations précitées ; que l'annexion de ces deux procurations serait donc, s'il en était besoin, une nouvelle garantie de l'identité de la signature dont la dame Stapleton les a revêtues ; — Que la signature du notaire Mérian est d'ailleurs dûment légalisée, conformément aux prescriptions de l'ordonnance royale du 23 oct. 1833 ; — Considérant que c'est à tort que les premiers juges ont admis au nombre des pièces de comparaison la signature apposée à une procuration reçue par le même notaire et produite sous le n° 5, puisque les formalités de la légalisation prescrites par l'art. 9 de l'ordonnance précitée n'ont pas été remplies, et que, dès lors, l'origine de la procuration n'est pas régulièrement constatée ; — Considérant que le procès-verbal du juge-commissaire, en date du 20 déc. 1867, constate que l'avoué de la marquise Pallavicino a déclaré n'admettre comme pièce de comparaison que la signature apposée par la dame Stapleton aux trois actes énoncés sous les trois premiers numéros des pièces proposées par le demandeur, et rejeter toute autre pièce comme ne rentrant pas dans les termes et conditions de l'art. 200 c. proc. civ. ; — Considérant qu'aucune disposition de la loi n'oblige le défendeur, lorsque les écritures à vérifier ne lui sont pas attribuées, à comparaître en personne devant le juge-commissaire pour dénier ou reconnaître les actes sous seing privé, qu'on lui propose comme pièces de comparaison ; qu'il suffit que ces actes ne soient pas revêtus de la forme voulue par l'art. 200 précité, pour que le défendeur ait le droit de les rejeter ; — Que ce droit absolu n'est soumis dans son exercice à aucune autre condition de sa propre volonté ; qu'il est donc valablement exercé par l'avoué, dont le fait est réputé, jusqu'à désaveu, le fait même de la partie, dont il est le mandataire légal ; — Que, d'ailleurs, la comparution ordonnée par les premiers juges n'atteindrait aucun résultat, puisque le défaut de comparution ne pourrait être considéré comme une reconnaissance des pièces proposées ; — Qu'en admettant même que la faculté accordée aux tribunaux par l'art. 199 c. proc. civ., puisse s'étendre jusqu'à ordonner la comparution personnelle d'une partie devant le juge-commissaire hors des cas spécialement prévus par la loi, il n'y aurait pas lieu, dans la cause, d'user de cette faculté ; — Qu'en effet, les pièces sur l'admission desquelles le tribunal a sursis à statuer jusqu'à ce que la marquise Pallavicino ait déclaré en personne, devant le juge-commissaire, si elle en dénie ou reconnaît l'écriture, sont des lettres qui lui auraient été adressées par la dame Stapleton, sa mère ; que, si ces lettres émanaient réellement de la dame Stapleton, elles sont la propriété de sa fille, et que, dans cette hypothèse, ce n'est que par suite d'un détournement ou d'un abus de confiance qu'elles seraient produites par Stapleton ; qu'il est de principe que toute lettre adressée à un tiers est réputée confidentielle, et que l'inviolabilité du secret des lettres ne permet pas à une personne étrangère de s'en prévaloir devant la justice contre la volonté du destinataire ; qu'à aucun point de vue ces lettres ne peuvent donc être admises comme pièces de comparaison ; — Par ces motifs, etc.

Du 3 avr. 1868.-C. de Dijon, 1re ch.-MM. Neveu.-Lemaire, 1er pr.-Baune, subst.-Gouget et Morcrette, av.

13 mars 1857, aff. Caisse commerciale du Loiret, D. P. 58. 1. 209 ; Dijon, 3 avr. 1868, *suprà*, n° 79 ; Bordeaux, 9 avr. 1869, aff. Albert, D. P. 70. 2. 222 ; Rennes, 26 juin 1874, motifs, précité ; Rousseau, n° 47 ; Legris, n° 102) ;... alors même qu'il n'aurait pas pris part personnellement à l'acte coupable (Req. 21 juill. 1862, précité). — V. les exceptions qu'il y a lieu d'apporter à ces principes, en matière de demandes en séparation de corps ou en divorce, *infrà*, n°⁸ 85 et suiv.

**81.** Le principe de l'inviolabilité de la correspondance confidentielle ne devrait même pas fléchir dans le cas où l'action à l'appui de laquelle la lettre est produite par un autre que le destinataire, aurait pour objet de démontrer la fraude ou le dol du signataire de la lettre. De nombreux arrêts l'ont reconnu : « Attendu, dit la cour de cassation (Civ. rej. 5 mai 1858, aff. Caisse commerciale du Loiret, D. P. 58. 1. 209), que les lettres adressées à des tiers sont confidentielles ; que, dès lors, nul n'a le droit de s'en prévaloir en justice, en en divulguant le secret, et que si ce principe a dû fléchir en matière criminelle, cette exception ne saurait être étendue à de simples débats d'intérêt privé, même lorsque l'action repose sur une allégation de dol ou de fraude ». V. aussi dans le même sens : Req. 21 juill. 1862, aff. de Montléart, D. P. 62. 1. 521 ; Nancy, 11 mars 1869, aff. Mure, D. P. 69. 2. 223 ; Rennes, 26 juin 1874, aff. Geffroy, D. P. 76. 1. 483 ; Bordeaux, 29 mars 1887, aff. Faucher, D. P. 88. 2. 261 ; Nancy, 14 mai 1890, aff. C.., D. P. 91. 2. 266 ; Rousseau, n° 45 et suiv. ; Aubry et Rau, t. 8, § 760 *ter*, p. 291 ; Hanssens, n° 231. — *Contrà* : Riom, 8 janv. 1864, *Rép.* n° 20 ; Gand, 8 févr. 1850, *Pasicrisie belge*, 1850. 2. 113). Jugé : 1° que cette règle s'applique notamment au cas où il s'agirait de prouver un détournement de valeurs dépendant d'une succession indivise entre les deux parties (Req. 21 juill. 1862, précité),... ou d'une communication à liquider (Nancy, 11 mars 1869, précité) ; — 2° Que les juges ne peuvent, au mépris de l'opposition de l'exécuteur testamentaire, ordonner la communication aux héritiers naturels du défunt des papiers et lettres intimes que ce dernier a légués à un tiers, sous prétexte de leur permettre d'y rechercher les preuves d'une captation ou d'une fraude ; une telle communication, fût-elle justifiée par un intérêt d'ordre public, doit être refusée par application du principe de l'inviolabilité du secret des lettres, lequel ne peut être violé en matière civile dans un intérêt privé, alors même qu'il s'agirait d'établir l'existence du dol et de la fraude (Bordeaux, 29 mars 1887, précité).

**82.** Aux termes de l'art. 8, c. com., tout commerçant est tenu de copier sur un registre toutes les lettres qu'il envoie (V. Rousseau, n° 201 et suiv.). On a prétendu que cette transcription, sur le registre du commerçant, de la lettre qu'il a écrite à un tiers, équivaut, de la part de ce commerçant, à un consentement à ce que sa lettre soit invoquée contre lui, puisque les livres d'un commerçant font preuve, à son préjudice, des énonciations qu'ils renferment (Delamarre et Lepoitevin, *Droit commercial*, t. 1, n° 168 ; V. anal. Amiens, 30 nov. 1882, *Recueil des arrêts de la cour d'Amiens*, 1883, p. 12, qui a statué relativement aux lettres transcrites sur la copie de lettres d'un notaire ; V. *Rép.* v° *Commerçant*, n° 252). Cette opinion ne nous paraît pas juste. La transcription d'une lettre confidentielle faite sur un livre de commerce, conformément à l'art. 8 c. com., n'implique nullement de la part du commerçant l'intention de rendre cette lettre publique et de donner à toute personne autre que le destinataire le droit de s'en prévaloir contre lui (Legris, n° 118 ; Hanssens, n° 250 et suiv.).

**83.** On a dit, *Rép.* n° 19, qu'il est un cas où les droits du destinataire d'une correspondance subissent une grave restriction ; l'art. 471 c. com. ordonne que les lettres écrites par un failli soient remises au syndic. Cette disposition a été édictée dans l'intérêt des créanciers, auxquels il importe toujours d'avoir connaissance de la correspondance commerciale de leur débiteur. Aussi est-il certain que, d'une part, le contrôle du syndic ne peut pas s'exercer sur les lettres adressées à la femme ou aux enfants du failli, et que, d'autre part, le syndic doit remettre au failli toutes les lettres qui sont étrangères à ses opérations commerciales (V. *suprà*, v° *Faillites*, n° 800 ; — *Rép.* eod. v°, n° 443 ; Conf. Legris, n° 38 ; Rousseau, n° 375 ; Hanssens, n°⁸ 143 et suiv.).

— Le droit conféré par l'art. 471 c. com. au syndic de faillite appartient également au liquidateur du commerçant en état de liquidation judiciaire (L. 4 mars 1889, art. 24, D. P. 89. 4. 22) V. *suprà*, v° *Faillites*, n° 55. L'art. 696 nouveau de l'instruction générale sur les postes (*Bulletin mensuel* de juill. 1872), détermine les mesures à prendre pour l'exécution de l'art. 471 c. com. (V. *infrà*, v° *Postes et télégraphes* et *suprà*, v° *Faillites*, n° 500).

**84.** Doivent être considérées comme confidentielles les lettres échangées entre fonctionnaires de l'ordre administratif ou judiciaire, et entre militaires, à l'occasion de leur service (Legris, n° 48 ; Hanssens, n° 247 ; Rousseau, n° 25 ; Conf. Circ. min. int. 18 févr. 1816, *Bull. off. min. int.*, t. 16). Ces lettres, en effet, appartiennent à l'Etat ou à la personne morale dont le fonctionnaire est le représentant (Legris, n° 36 : Rousseau, Hanssens. *loc. cit.*). Les auteurs de ces sortes de correspondances n'ont le droit ni de les détruire, ni de les communiquer à des tiers ou de les produire dans un procès. — « Il est cependant, dit M. Rousseau (n° 26), une exception dont la justesse n'échappera à personne : un fonctionnaire peut avoir à répondre de sa conduite devant les tribunaux ; si sa justification est renfermée dans sa correspondance administrative, pourra-t-il livrer cette correspondance à la publicité ? Nous n'hésitons pas à le penser ; la libre défense des accusés est un droit primordial. On ne peut priver un accusé, parce qu'il a été fonctionnaire, de quelques-uns de ses moyens de défense ». « Mais, ajoute M. Rousseau, si le procès est engagé devant l'opinion publique, le fonctionnaire ne sera plus maître de sa défense ; il ne pourra agir que du consentement de ses supérieurs hiérarchiques ; en acceptant le service de l'Etat, il a aliéné une partie de sa liberté » (Conf. Hanssens, n° 248 ; Legris, n° 49).

**85.** Les tribunaux peuvent, sans violer le principe du secret des lettres missives, ordonner la preuve par témoins de faits que l'une des parties en cause prétend être constatés dans une correspondance confidentielle ; l'auteur, ou le destinataire de cette correspondance serait mal fondé à refuser son témoignage, sous prétexte que les faits sur lesquels il est interrogé seraient relatés dans des lettres intimes qu'il a écrites ou reçues (Legris, n° 120). — Il a été décidé, en ce sens, que l'on peut ordonner la preuve par témoins de faits dont il résulterait qu'un agent d'affaires a porté préjudice à un commerçant, en fournissant par écrit sur son compte, à des tiers, des renseignements défavorables, lorsque le juge constate et déclare souverainement que cette preuve n'implique pas la violation du secret de lettres ayant un caractère confidentiel (Req. 5 déc. 1881, aff. Lingois, D. P. 83. 1. 224). — V. au surplus, *infrà*, v° *Témoins* ; — *Rép.* eod. v°, n° 54.

**86.** Mais il ne faut pas exagérer les conséquences de ces principes. M. Demolombe, (t. 4, n° 394 *bis*) va trop loin, croyons-nous, lorsque, s'appuyant surtout sur les lois romaines et l'interprétation qu'en ont donnée nos anciens auteurs (L. 22, Code, *De fide instrumentorum* ; Despeisses, t 2, p. 530, n° 6 ; Merlin, *Rép.* t. 15, v° *Représentation d'actes*, n° 11 ; Conf. Req. 31 mai 1842, aff. Smith, *Rép.* n° 30), il prétend que tout personne qui peut être forcée à déposer comme témoin d'un fait dont elle a connaissance peut également être obligée à représenter les lettres qui lui appartiennent ou dans lesquelles la preuve de ces faits est contenue. Cette doctrine, en effet, est inconciliable avec le principe du respect du secret des lettres, principe qui n'est, il est vrai, écrit formellement dans aucune de nos lois, mais qui n'en est pas moins certain et impératif, comme le droit de propriété duquel il découle (V. *suprà*, n° 7). « L'argumentation de M. Demolombe, dit M. Hanssens (n° 230) repose tout entière sur cette idée fausse qu'il ne s'agit, en l'espèce, que d'une question de délicatesse, et de l'application d'un principe de morale, alors qu'il s'agit, en réalité, d'assurer le respect de droits acquis ; et les conclusions erronées » (Conf. Legris, n° 121). — V. ce qui a été décidé en matière de séparation de corps et de divorce, *infrà*, n° 89 et suiv.

**87.** Si l'on ne peut obtenir directement d'un tiers la production des lettres qu'il possède, il est certain qu'on ne pourra recourir à la voie du *compulsoire* ; la procédure du compulsoire, en effet, s'applique exclusivement aux actes reçus par des officiers publics et existant dans des dépôts publics (*suprà*, v° *Compulsoire*, n° 2 ; *Rép.* eod. v°, n°⁸ 9 et suiv.; V. aussi *infrà*, v° *Obligation*); elle ne peut donc être employée pour faire des recherches dans les papiers intimes d'un individu quelconque (*Rép.* n° 20; Carré et Chauveau, *Lois de la procédure*, t. 8, p. 368; Legris, n° 122; *Contrà* : Riom, 8 janv. 1849, aff. Thélidon, *Rép.* n° 20; Merlin, *Répertoire*, v° *Lettre*, n° 7). « En résumé, dit M. Legris (*loc. cit.*), nul n'a le droit de prendre connaissance des lettres, titres et papiers de famille qui se trouvent en la possession d'un tiers, et il n'existe aucun moyen légal d'obliger celui-ci à les produire à l'appui d'un procès qui ne le concerne pas ».

**88.** On a dit, *suprà*, n° 78, que les tribunaux peuvent autoriser la vérification en justice de l'écriture d'une lettre anonyme, pour arriver à en découvrir l'auteur; ils peuvent évidemment autoriser la même mesure, lorsqu'il s'agit d'une lettre signée, mais dont l'auteur prétendu dénie l'écriture (c. civ., art. 1324, c. proc. civ., 193 et suiv.). Ils peuvent, s'ils le préfèrent, ajourner la vérification jusqu'après les débats sur le fond, afin de pouvoir juger, à ce moment, si cette mesure d'instruction est nécessaire (Riom, 1er févr. 1888, aff. Poulet, D. P. 90. 1. 158).

**89.** Les diverses questions que l'on vient d'examiner se présentent surtout à l'occasion de la production en justice de la correspondance des époux, dans les instances en *séparation de corps* ou en *divorce*. Leur solution est alors particulièrement délicate et soulève de très vives controverses en doctrine et en jurisprudence. Un élément nouveau intervient, en effet, dans le débat, l'autorité maritale, dont il faut concilier les droits avec le respect dû au secret des lettres confidentielles.

**90.** Et d'abord, il est admis sans difficulté que, dans une instance en divorce ou en séparation, l'époux peut, pour prouver les torts de son conjoint, verser aux débats les lettres que celui-ci lui a adressées (Req. 9 nov. 1830, aff. Montal, *Rép.* n° 22; Paris, 22 févr. 1860, aff. G..., D. P. 60. 5. 353; Bruxelles, 24 avr. 1866 et 25 juin 1867, *suprà*, v° *Divorce et séparation de corps*, n° 69; Dijon, 11 mai 1870, aff. Montagu, D. P. 71. 5. 239; Demolombe, t. 4, n° 394; Aubry et Rau, t. 4, p. 180; Hanssens, n° 291; Rousseau, n° 148; Legris, n° 109. Conf. *suprà*, n° 57 et suiv., et v° *Divorce et séparation de corps*, n°s 69 et 414; — *Rép.* eod. v°, n°s 38 et suiv.). Les imputations diffamatoires que contiendraient ces lettres pourraient même suffire à constituer des injures graves de nature à motiver le divorce (Mêmes arrêts et trib. Seine, 10 août 1891, aff. Bide, *Le Droit*, 5 sept. 1891).

**91.** Mais la question est beaucoup plus délicate, lorsqu'il s'agit d'une correspondance échangée avec un tiers. L'époux peut-il produire en justice les lettres que son conjoint a écrites à ce tiers ou en a reçues? Quelques auteurs répondent négativement, à moins qu'il ne s'agisse de lettres non confidentielles (Wilequet, *Du divorce en droit civil*, § 2, sect. 1, n° 8; Carpentier, *Traité du divorce*, n° 18; Laurent, *Principes de droit civil*, t. 3, n° 201; Conf. *Rép.* v° *Séparation de corps*, n° 42; Paris 11 juin 1875, aff. Gentil, *suprà*, v° *Divorce et séparation de corps*, n° 415). Mais l'opinion contraire prévaut aujourd'hui, en doctrine et en jurisprudence, sous une seule restriction, que l'on indiquera *infrà*, n°s 92 et suiv.

Et d'abord, en ce qui concerne le mari, on a expliqué, *suprà*, n° 8, la raison juridique qui met obstacle à la production dans un procès d'une correspondance confidentielle appartenant à un tiers, c'est que l'auteur des lettres conserve un *codominium sui generis* sur la confidence émanée de lui, qui lui donne le droit de s'opposer à ce que l'on fasse usage de son écrit. Ce motif ne peut plus, semble-t-il, trouver son application, quand l'auteur de l'écrit est la femme, et quand celui qui veut en faire usage en justice est le mari demandeur en séparation pour adultère. Il y a pour cela un motif péremptoire, c'est que la femme est sans qualité pour exciper contre son mari du droit de propriété qu'elle a gardé sur la lettre confidentielle, et qu'elle pourrait exercer à l'égard de tout autre. Assurément, les biens proprement dits de la femme, ses droits de propriété sur les choses matérielles ayant une valeur commerciale, peuvent se trouver soustraits, dans une large mesure, par le régime matrimonial adopté, à la mainmise du mari, et à l'usage qu'il voudrait en faire. Mais la correspondance confidentielle dont il est question est essentiellement distincte, par sa nature, des biens proprement dits. La propriété qui porte sur cette correspondance, n'ayant qu'une valeur purement immatérielle, est placée complètement en dehors du régime matrimonial relatif aux biens. Ce qui se trouve engagé dans de telles lettres, ce sont uniquement les intérêts moraux de l'union conjugale. Or, le gouvernement suprême de ces intérêts relève de l'autorité du mari, chef de l'association, qui a charge de sauvegarder son nom; et la femme ne peut être légalement recevable à apporter aucun obstacle à cette prérogative, qui est de l'essence du mariage et résulte de l'ordre hiérarchique établi par la loi entre les époux. Cette suprématie naturelle du mari dans le domaine des intérêts moraux de la société conjugale, entraîne pour lui, par voie de conséquence nécessaire, le droit, au regard de la femme, de porter la main sur la correspondance qui se réfère à ces intérêts et les affecte étroitement. Et, s'il y trouve la preuve que son honneur a été outragé, comme il est investi par la loi naturelle et par la loi civile du soin de le venger, ces lois lui confèrent par cela même, afin que la vengeance légale soit atteinte, le pouvoir de faire usage en justice des preuves qu'il a découvertes, sans que la femme puisse s'élever contre ce qui n'est que l'exercice normal de l'autorité domestique. — Il y a plus, d'ailleurs: lorsqu'il s'agit de faire usage d'une correspondance pour prouver un adultère à fin de séparation de corps, l'action participe nécessairement du caractère criminel. Cette procédure, en effet, peut aboutir à une condamnation à une peine d'emprisonnement, condamnation qui pouvait, avant la loi sur le divorce, du 27 juill. 1884, émaner du juge civil lui-même, conformément à l'ancien art. 308 c. civ., et qui peut, dans tous les cas, aux termes de l'art. 337 c. pén., être prononcée par le tribunal correctionnel, au vu des faits d'adultère retenus par le jugement de séparation de corps. Or, en matière criminelle, tous les modes de preuve sont admis, et les correspondances les plus secrètes peuvent servir de base, quand le cas y échet, à la condamnation du coupable (*infrà*, n°s 98 et suiv.). Si le juge d'instruction peut rechercher et saisir les correspondances cachées, pour qu'il en soit fait état, n'en doit-il pas être de même du mari, auquel la nécessité des choses veut qu'un droit tout particulier d'investigation soit accordé, à l'encontre de sa femme, quand il s'agit de l'adultère de celle-ci?

Ces principes ont été reconnus en termes formels par la cour de cassation qui, dans un arrêt (Civ. cass. 15 juill. 1885, aff. Schwarz, D. P. 86. 1. 145), s'exprime ainsi : « Attendu que le respect que commande le principe de l'inviolabilité du secret des lettres n'est pas si absolu qu'il ne doive exceptionnellement fléchir, dans une certaine mesure, lorsqu'il s'agit d'une demande en séparation de corps formée par le mari pour cause d'adultère; qu'en effet, d'une part, le jugement qui prononce la séparation de corps, dans ce cas, doit prononcer, en outre, une peine d'emprisonnement de trois mois à deux ans; qu'ainsi, sous ce rapport, la matière est criminelle; que, d'autre part, le mari a incontestablement, en vertu de l'autorité domestique que la loi lui reconnaît, des droits d'investigation et de recherche, pour découvrir les preuves de l'offense faite à son honneur ». Deux arrêts (Paris, 22 févr. 1860, aff. G..., D. P. 60. 5. 353; Dijon, 11 mai 1870, aff. Montagu, D. P. 71. 5. 239) semblaient n'avoir admis cette doctrine que sous certaines restrictions. Aux termes de ces arrêts, l'époux peut produire, non seulement les lettres qui lui étaient destinées, mais aussi les lettres écrites par l'autre époux, soit à ses père et mère, soit aux père et mère de son conjoint, sans recommandation d'en garder le secret; il n'y a, en ce cas, aucune violation de secret, et d'ailleurs, en cette matière exceptionnelle, la loi autorise les témoignages domestiques qui, à défaut des lettres, révèleraient les faits dans l'enquête (V. cependant *Rép.* n° 28). — Mais on peut citer, au contraire, comme ayant reconnu expressément et dans toute son étendue le droit du mari sur la correspondance de sa femme un grand nombre d'arrêts (V. *infrà*, n° 92. Conf. Besançon, 20 févr. 1860, aff. M..., D. P. 60. 2. 54; Rousseau, n° 148; Hanssens, n° 297; Legris, n° 109; Teullé, n° 14; Hepp, n° 295 et suiv.; Baudouin, *Discours précité*; Demolombe, t. 4, n° 394; Aubry et Rau, t. 5, § 471, t. 8, § 760 *ter*; Massol, *Séparation de corps*, n° 6; Vraye et Gode, *Divorce et séparation de corps*,

t. 1, n° 178; Le Senne, *Traité de la séparation de corps*, n° 346). Jugé qu'un mari peut produire, à l'appui de sa demande en divorce, des lettres écrites par sa femme à une tierce personne, bien qu'il les ait interceptées, s'il a eu des motifs sérieux de le faire pour sauvegarder la moralité de l'épouse et l'honneur ou la sûreté du chef de famille (Bruxelles, 28 avr. 1875, aff. de W..., D. P. 76. 2. 25).

**92.** Mais le droit du mari de produire en justice la correspondance de la femme coupable, pourra-t-il s'exercer, quels que soient les moyens employés par lui pour se procurer cette correspondance? Certains auteurs admettent l'affirmative sans restriction, le mari eût-il employé la fraude ou même la soustraction (Demolombe, t. 4, n° 394; Vraye et Gode, *op. cit.* t. 2, n° 278; Massol, *op. cit.*, p. 72; Le Senne, *op. cit.*, n° 346; Curet, *Code du divorce*, p. 146; Poulle, *Le divorce*, p. 123; de Folleville, *Recueil du divorce*, 1889, p. 191). A l'inverse, la plupart des cours d'appel et des tribunaux pensent que la production en justice doit être interdite si le mari a eu recours, à des moyens dolosifs ou inavouables pour acquérir la possession des lettres (Alger, 12 nov. 1866, motifs, aff. W..., D. P. 67. 2. 126; Bruxelles, motifs, 28 avr. 1875, aff. de W.., D. P. 76. 2. 25; Trib. civ. Périgueux, 27 déc. 1890, motifs (1); Hanssens, n°s 303 et suiv. Comp. anal. les nombreux arrêts rapportés *infrà*, n°s 94 et suiv.).

La cour de cassation a consacré une solution moins absolue; elle a décidé que l'on doit admettre la production par le mari de toutes les lettres dont le destinataire n'a pas été dépouillé au moyen d'un acte *délictueux* commis par le mari : « Attendu, dit-elle (Civ. cass. 15 juill. 1885, aff. Schwarz, D. P. 86. 1. 145), qu'il appartient aux tribunaux d'apprécier les conditions dans lesquelles le mari s'est procuré les lettres de sa femme, et qu'ils ne peuvent refuser d'en faire état qu'en déclarant que la détention de ces lettres est le résultat d'un procédé délictueux, rentrant dans la prohibition de la loi, et employé par le mari ». Il ressort de là que les moyens plus ou moins immoraux ou dolosifs, qui auraient été employés par le mari, ne suffisent pas pour mettre obstacle à la production de la correspondance secrète de la femme, du moment où ces moyens ne constituent pas un délit caractérisé. Cette solution s'appuie sur l'autorité d'un arrêt du 9 juin 1883 par lequel la chambre criminelle, après des discussions approfondies, a jugé que, dans une poursuite en adultère au correctionnel, la justice devait faire état des lettres de la femme produites par le mari, quel qu'eût été le moyen employé par lui pour les avoir, pourvu que ce moyen ne tombât pas sous le coup de la loi pénale (V. crim. rej. 9 juin 1883, aff. Meisels, D. P. 84. 1. 89, avec la discussion et les notes). — Les raisons les plus sérieuses militent en faveur de cette distinction. En ce qui concerne tout d'abord les moyens plus ou moins avouables, mais dénués même de dol civil vis-à-vis du destinataire que l'on a amené à livrer les lettres, il est certain que ces moyens n'intéressent que la délicatesse. Et encore, à ce point de vue, ne convient-il de les apprécier qu'en tenant compte de la situation du mari outragé et du but, légitime en soi, qu'il poursuit. En tout cas, ils ne relèvent pas de la loi, et ne sauraient, dès lors, en droit, justifier la mise de ces lettres hors du débat. Si les moyens employés pour déterminer le destinataire à se dénantir de la correspondance secrète réalisent un dol civil, c'est, en définitive, à l'encontre de ce destinataire seul que le dol est employé, et

lui seul pourrait s'en plaindre. Quant à la femme qui a écrit les lettres, elle est sans qualité pour cela : car, d'une part, elle n'a pas été partie au contrat de remise dans lequel le dol a été mis en œuvre, et, d'autre part, on l'a vu (*suprà*, n° 91), elle est irrecevable à exciper des droits de copropriété *sui generis* qu'elle a retenus sur les lettres, quand elle se trouve en face de son mari. Mais si les procédés employés par le mari constituent un délit prévu et réprimé par la loi pénale, par exemple une soustraction frauduleuse, on se trouve alors en présence d'un acte de telle nature qu'il ne pourrait être générateur d'un droit pour celui qui s'en est rendu coupable, sans que l'ordre public en fût profondément blessé. Des pièces sorties d'une source si essentiellement viciée doivent être devant la justice comme si elles n'étaient pas. Elles ne sauraient donc, en raison de leur origine, et abstraction faite de toute autre considération, figurer au procès. Il faut qu'elles y soient comme non avenues de droit, et c'est en vue de la sauvegarde de principes supérieurs aux intérêts privés, que le juge a le devoir impérieux de les rejeter du débat (V. en ce sens Legris, n° 113).

**93.** La jurisprudence de la cour de cassation que l'on vient de rapporter ne s'applique qu'au mari, dont elle fonde les droits sur l'autorité qui lui appartient dans la hiérarchie conjugale, et sur la nécessité pour lui de pouvoir sauvegarder l'honneur de son nom, comme chef de la famille. Il va de soi que le même ordre d'idées ne peut être invoqué, quand c'est *la femme* qui agit contre le mari, et qui intente contre lui l'action en divorce ou en séparation de corps, pour cause d'infidélité ou d'inconduite. Aussi les tribunaux paraissent-ils portés à ne faire exception que dans une moindre mesure, au profit de la femme, à la règle générale de l'inviolabilité du secret des lettres. Quand aucun artifice n'a été mis en œuvre, il faut certainement reconnaître à la femme qui a été outragée par l'inconduite de son mari, le droit de prouver cette inconduite au moyen des lettres missives écrites à l'époux coupable. En vérité, ce serait trop exiger que de lui demander de s'en dessaisir, de les considérer comme non avenues, sous le prétexte qu'elles sont confidentielles. Le droit de légitime défense est un droit primordial, il en est de même de la juste vengeance de la femme outragée par l'inconduite de son époux. « Imposer le silence en pareil cas et dans un procès de cette nature à l'un des époux serait, de la part des tribunaux, lui commander l'oubli des injures subies dont les juges ont, au contraire, à apprécier la gravité et à régler les conséquences légales à l'égard des parties » (Req. 11 juin 1888, aff. Gallot, D. P. 88. 1. 477. Conf. Lyon, 6 mars 1883, aff. Bouvier, D. P. 85. 2. 191; Rouen, 13 nov. 1878, aff. Féré, D. P. 80. 2. 190; Bordeaux, 13 janv. 1879, aff. Mercat, *ibid.*; Pau, 11 déc. 1888, motifs, aff. L..., D. P. 91. 1. 311; Liège, 6 janv. 1889, aff. Corbey, *Le Droit*, 12 oct. 1889; et les arrêts cités *infrà*, n° 95). — Au contraire, si la femme a, pour se procurer les lettres, employé des procédés délictueux ou même simplement indélicats, une jurisprudence constante lui interdit, en principe, d'en faire usage contre son mari. Il y a là, il est vrai, une inégalité regrettable entre la situation de la femme et celle du mari (*suprà*, v° *Divorce et séparation de corps*, n° 417, *in fine*), mais elle paraît dériver nécessairement des principes généraux du code civil sur la puissance maritale (V. en ce sens les arrêts cités *infrà*, n° 95; Bruxelles, 28 avr. 1875, motifs, aff. de W..., D. P. 76. 2. 25; Legris, n° 113;

---

(1) (X... *C.* Dame X...) — LE TRIBUNAL; — En ce qui concerne la demande de X...; — Attendu qu'il résulte des documents produits et que d'ailleurs il n'est pas dénié par la dame X..., que, dès le mois de déc. 1889 elle a quitté non seulement le domicile conjugal mais même la ville de Z..., qu'elle habitait avec son mari; — Attendu qu'après ce départ, ou, plutôt, cette fuite, qui suffirait à elle seule pour justifier la demande en séparation de corps, elle a écrit à un tiers des lettres qui ne peuvent laisser subsister aucun doute sur la nature des relations qu'elle entretenait à ce moment avec un sieur A...; — Attendu que vainement elle prétend que ces lettres missives par elle écrites à un tiers doivent être écartées du débat parce qu'elles sont sa propriété et que le destinataire auquel elle a donné l'autorisation ni de les communiquer ni surtout de les remettre à son mari; — Attendu qu'aucun texte de loi ne s'oppose à la production en justice d'une lettre missive, même par un autre que celui auquel elle a été adressée; — Qu'en matière de séparation de

corps la loi a organisé un mode de preuve beaucoup plus étendu qu'en toute autre matière et qu'il est inadmissible que l'époux outragé ne puisse produire en justice des documents qui établissent d'une manière plus sûre que ne pourraient le faire les témoignages oraux, la vérité des faits qu'il allègue; — Que peut-être ce droit pourrait-il lui être refusé s'il était établi qu'il s'est procuré par des moyens illicites les écrits qu'il invoque, mais que X... affirme que les lettres par lui versées au débat lui ont été volontairement remises par le destinataire et que la dame X... n'allègue même pas qu'il se soit procuré par dol ou par fraude; — Attendu qu'il est bien vrai, comme le fait remarquer la dame X..., que ces lettres ont été écrites par elle, au cours de l'instance en divorce engagée par son mari, mais qu'elles n'en constituent pas moins la preuve de faits qui sont outrageants pour le mari et qui justifient sa demande;

Par ces motifs, etc.

Du 27 déc. 1890.-Trib. civ. de Périgueux.-M. Villotte, pr.

Labbé, dissertation sur l'arrêt de la cour de Bruxelles du 28 avr. 1875; Hanssens, nᵒˢ 307 et suiv.; V. cependant Lyon, 6 mars 1883, aff. Bouvier, D. P. 85. 2. 191). Dans la pratique, cependant, les tribunaux s'efforcent d'atténuer ce que cette doctrine a de rigoureux, en se montrant aussi larges que possible, lorsqu'il s'agit d'apprécier les procédés employés par la femme pour se procurer des preuves écrites de l'inconduite de son mari.

**94.** Il a été jugé, *en ce qui concerne le mari*, que celui-ci peut, dans une instance en séparation de corps ou en divorce, se prévaloir d'une lettre écrite par la femme à sa sœur et interceptée par lui (Bruxelles, 28 avr. 1875, aff. de W..., D. P. 76. 2. 25);... d'une lettre écrite par sa femme à un tiers, même aux parents de cette dernière, bien qu'il se soit emparé de cette lettre par force, s'il avait, à raison des circonstances, lieu de soupçonner que des influences extérieures s'exerçaient sur l'esprit de sa femme et s'il lui importait de s'assurer de la réalité de ses soupçons afin de protéger la paix de son ménage (Nîmes, 6 janv. 1880, aff. Dufau, D. P. 80. 2. 191);... de lettres écrites par sa femme à un tiers, si elles lui ont été remises par ce tiers (Besançon, 20 févr. 1860, aff. M..., D. P. 60. 2. 55); ... ou s'il n'est pas établi qu'il se les soit procurées par des moyens illicites (Trib. Périgueux, 27 déc. 1890, *supra*, nᵒ 92). — Jugé de même, que, dans une instance en désaveu, le mari peut se servir des lettres adressées à sa femme par un tiers, alors qu'elles lui ont été remises par suite d'une erreur de suscription (Alger, 12 nov. 1866, aff. W..., D. P. 67. 2. 126). La cour de cassation a également admis, en matière pénale, que l'adultère de la femme peut être établi par le mari à l'aide de lettres écrites par la femme à son complice, et que le mari a acheté de celui-ci à prix d'argent (Crim. rej. 9 juin 1883, aff. Meisels, D. P. 84. 1. 89; V. *infrà*, nᵒ 102). — Un arrêt (Pau, 2 janv. 1888, aff. Fontan, D. P. 89. 2. 134) a toutefois décidé que la demande en compulsoire formée par un mari, à l'effet de fouiller les dépêches transmises par un bureau télégraphique et d'y rechercher l'original d'un télégramme que sa femme aurait expédié à un tiers, dans le but d'arriver au divorce, doit être repoussée comme tendant à l'obtention d'une mesure illégale. V. *infrà*, vᵒ *Postes et télégraphes*. — Sur la question de savoir si le mari peut faire défense à l'administration des Postes de remettre à sa femme les lettres adressées à celle-ci, V. *infrà*, eod. vᵒ.

**95.** *A l'égard de la femme* demanderesse, il a été jugé

qu'elle peut, à l'appui de son action en divorce ou en séparation de corps, produire des lettres écrites par son mari à des tiers pour qu'elles lui soient communiquées (Dijon, 11 mai 1870, aff. Montagu, D. P. 71. 5. 238);... des lettres découvertes par elle dans un lieu commun où le mari les avait laissées par inadvertance (Rouen, 13 nov. 1878, aff. Féré, D. P. 80. 2. 190);... ou dans un vêtement de son mari, si elles n'étaient pas renfermées dans une enveloppe même non cachetée (Req. 25 mars 1890. aff. L..., D. P. 91. 1. 311); ou dans un meuble ouvert aux deux époux, pour l'exercice de leur commune industrie (Paris, 30 juin 1890, aff. Dame G..., D. P. 91. 2. 333); en sens contraire : Paris, 11 juin 1875, *supra*, vᵒ *Divorce et séparation de corps*, nᵒ 415;... des lettres adressées à un tiers par le mari et remises à la femme par le destinataire (Bordeaux, 13 janv. 1879, aff. Mercat, D. P. 80. 2. 190);... des lettres écrites par le mari à sa concubine, si la femme les possède par suite d'une remise volontaire de celle-ci, en vue de l'usage qui en est fait (Lyon, 6 mars 1883, aff. Bouvier, D. P. 85. 2. 191); ou si le mari a donné communication à sa femme d'une de ces lettres, la femme se trouvant alors autorisée à faire usage de toute la correspondance pour se défendre contre les injures écrites au bas de ladite lettre (Gand, 21 mai 1884, aff. Bulcke, D. P. 85. 2. 100); ou bien même simplement s'il n'est pas prouvé que la possession de ces lettres par la femme soit due au dol, à la violence ou à d'autres moyens illicites (Bruxelles, 30 juin 1884 (1); Gand, 21 mai 1884, précité; Liège, 6 janv. 1889 et conclus. de M. substitut Limelette, aff. Corbey, *Le Droit* 12 oct. 1889). — Jugé que la femme ne peut pas, au contraire, se prévaloir contre son mari de lettres dont la possession est le résultat d'une soustraction au préjudice du mari (Besançon, 30 déc. 1862, aff. Vuillemot, D. P. 63. 2. 65; Paris, 31 juill. 1889, aff. Deplaye, *Le Droit*, 12 oct. 1889);... ou a été obtenue par un moyen illicite (Orléans, 13 déc. 1889, aff. Grandin, D. P. 91. 2. 333);... ou des lettres qui ont été trouvées par elle dans le tiroir d'un meuble dépendant de la communauté (Paris, 11 juin 1875 précité. *Contrà*, Paris, 30 juin 1890, précité);... ou que la femme a interceptées aux mains de la domestique d'un voisin, au moment où celle-ci, sur la demande du mari, les portait à la poste (Rouen, 13 nov. 1878, précité);... ou que la femme s'est procurée en forçant le bureau de son mari où elles étaient enfermées à clef (Orléans, 13 déc. 1889, précité); ... ou que le destinataire n'avait confiées à la femme

---

(1) (Haritoff C. Haritoff.) — Le 26 avr. 1881, jugement du tribunal de Bruxelles, ainsi conçu : « Attendu que le défendeur réclame la restitution des pièces énumérées dans ses conclusions, etc. — Attendu que les deux lettres indiquées dans les conclusions du défendeur *sub littera* B, qu'il importe de faire remarquer, comme considération générale, qu'en matière de divorce, les tribunaux doivent se montrer assez larges dans l'admission des documents produits à l'appui de la demande, quand le demandeur ne les produit que dans un intérêt légitime et respectable; que l'époux qui demande la restitution peut être admis à se prévaloir des lettres écrites à un tiers par l'autre époux, lorsque ces lettres ne sont pas parvenues par un moyen illicite entre les mains de celui qui en veut faire usage; — Attendu que les deux lettres rappelées ci-dessus sont émanées du défendeur; qu'elles peuvent fournir la preuve directe d'une des injures graves articulées par la demanderesse et éviter de recourir, sur ce point, à une enquête peut-être scandaleuse; — Attendu que ces deux lettres ne peuvent être considérées comme confidentielles à l'égard de la demanderesse; qu'en effet, elles paraissent relatives à des négociations qui, suivant l'articulation des faits de la demanderesse, seraient profondément honteuses et immorales; mais qu'il ne faut pas confondre le caractère immoral et honteux d'une correspondance avec le caractère confidentiel; que cette conclusion conduirait à cette conséquence que, plus les écrits adressés par l'un des époux à des tiers seraient criminels, plus ils seraient confidentiels; — Attendu qu'il est inexact de soutenir que ces deux lettres n'ont pu être livrées à la demanderesse qu'en violation du secret des correspondances et du droit de propriété du défendeur; que les lettres missives appartiennent en général à celui à qui elles sont adressées, et que le secret de la correspondance non confidentielle cesse d'exister quand la lettre est arrivée aux mains du destinataire; — Attendu, à la vérité, que le défendeur allègue que ces deux lettres auraient été livrées à la demanderesse à l'aide de manœuvres illicites, mais qu'il n'offre pas de le prouver;... — Par ces motifs, etc. — Appel par le sieur Haritoff.

LA COUR; — Attendu qu'en matière de divorce, il est dans l'esprit de la loi d'étendre tous les moyens d'investigation, même les plus exceptionnels, tels que l'audition des parents et des domestiques des époux, en vue de porter la lumière dans l'intérieur des ménages troublés et de faciliter au juge la découverte de la vérité; — Attendu que si, en règle générale, un principe de moralité a consacré la défense de livrer à la publicité des débats une lettre confidentielle écrite à un tiers ou par un tiers, sans le consentement de celui qui l'a écrite et de celui qui l'a reçue, en matière de divorce un intérêt social supérieur doit faire fléchir ce principe, et il y a lieu d'autoriser la production des lettres, même confidentielles, à moins que leur possession, dans le chef de la partie qui en fait usage, ne soit due à la violence, au dol ou à d'autres moyens illicites; — Attendu que la production et la lecture des lettres litigieuses ne doivent donc être défendues que si ces lettres réunissent la double condition d'être confidentielles et de se trouver aux mains de l'intimée d'une manière illicite; — Quant aux deux lettres reprises *sub littera* B : — Attendu que, si ces deux lettres peuvent être considérées comme confidentielles, rien ne prouve que l'intimée se les serait procuré par un moyen illicite; — Attendu que ce serait à l'appelant à faire cette preuve; — Attendu qu'à cet égard, celui-ci articule et demande à prouver, en ordre subsidiaire, que ces deux lettres ont été soustraites au domicile de la personne à qui elles étaient adressées, et que l'intimée n'a été mise en possession de ces deux lettres qu'à l'aide de cette soustraction, dont elle avait connaissance; mais que cette articulation manque de précision, et que, faite dans ces termes, elle rendrait la preuve contraire presque impossible; — Attendu qu'à part l'invraisemblance absolue du fait, la femme Leroy, la prétendue victime du vol, et la propriétaire des lettres, puisqu'elle en était la destinataire, n'élève ni plainte ni réclamation, ce qui permet de conclure à la réalité de la remise volontaire des lettres en question, etc.

Du 30 juin 1881.-C. de Bruxelles, 4ᵉ ch.-MM. Jamar, pr.- Lejeune et Duvivier, av.

qu'à la condition formelle, acceptée par celle-ci, de ne pas les divulguer (Même arrêt). — Si toutefois le mari a consenti, même tacitement, à ce que sa femme fît usage de lettres écrites par lui à des tiers, il serait mal fondé à critiquer ensuite les procédés employés par sa femme pour se procurer la possession de ces lettres. Notamment, lorsque, dans une première phase d'une instance, la femme a versé aux débats, sans opposition de la part de son mari, des lettres dont il est l'auteur, celui-ci ne peut plus s'opposer à ce qu'il en soit fait état dans une phase ultérieure du procès (Req. 28 oct. 1889, aff. de Chalonge, D. P. 90. 1. 12. V. *suprà*, n°s 75 et suiv.) ; ... à moins que les circonstances dans lesquelles les lettres ont été lues à l'audience ne permettent pas d'admettre que le mari ait consenti à leur production (Orléans, 13 déc. 1889, aff. Grandin, D. P. 91. 2. 333 ; Conf. *suprà*, n°.76).

**96.** Il a été jugé, d'ailleurs, que les lettres que la femme détient d'une façon licite peuvent être invoquées dans tous les incidents auxquels le procès en séparation de corps donne lieu, et spécialement, dans les contestations que la garde des enfants peut faire naître (Bordeaux, 13 janv. 1879, aff. Mercat, D. P. 80. 2. 190).

**97.** Il n'est pas nécessaire que la femme demanderesse en divorce donne copie, en tête de sa citation, des lettres écrites par son mari, dont elle a l'intention de se servir ; car le mari est alors suffisamment en mesure de se défendre (Gand, 21 mai 1884, aff. Bulcke, D. P. 85. 2. 100). Et il en est ainsi surtout lorsque les lettres ne sont tombées en sa possession que postérieurement à sa citation, ou lorsque, à raison de l'immoralité de leur contenu, elles ne peuvent être publiées sans constituer un véritable outrage aux mœurs (Même arrêt). D'ailleurs, la copie des pièces produites à l'appui de la demande en divorce, prescrite par l'art. 241 c. civ. dans l'ajournement, ne constitue pas une formalité substantielle ; dès lors, l'omission de cette formalité n'entraîne pas nullité (Même arrêt).

**98.** — II. EFFETS DES LETTRES MISSIVES A L'ÉGARD DE LA PARTIE PUBLIQUE (*Rép.* n° 31 et suiv.). — La règle de l'inviolabilité des lettres missives doit, on l'a indiqué, *Rép.* n° 31 et suiv., fléchir, en une certaine mesure, dans l'intérêt de la vérité en matière criminelle. C'est ce qu'a fort nettement exprimé un arrêt de la cour de cassation (Crim. rej. 9 juin 1883, aff. Meisels, D. P. 84. 1. 89). « Attendu, dit la chambre criminelle, que l'inviolabilité du secret des lettres est un principe de haute moralité qui intéresse essentiellement l'ordre public ; mais que le respect qu'il commande n'est pas si absolu qu'il ne doive exceptionnellement fléchir dans une certaine mesure dans l'intérêt de la vérité en matière de justice criminelle ; que, sans doute, même en cette matière, aucune atteinte ne saurait être portée au principe de l'inviolabilité du secret des lettres au moyen de procédés délictueux, rentrant dans la prohibition même de la loi ; mais qu'il ne suffit pas, pour faire repousser par la justice criminelle la preuve d'un délit ou d'un crime résultant d'une correspondance produite devant elle, que la possession de cette correspondance ait été obtenue par des moyens qui, n'étant pas coupables aux yeux de la loi, pouvaient blesser certains scrupules ». Se fondant sur les dispositions des art. 10, 83, 87, 88, c. instr. crim., la jurisprudence est unanime aujourd'hui à décider que les lettres missives peuvent servir de fondement à une poursuite criminelle. Ce n'est cependant qu'après d'assez longues hésitations que cette doctrine a prévalu en jurisprudence. M. le conseiller Gast, dans son rapport sur l'arrêt précité de la chambre criminelle, a étudié en détail l'historique de cette grave question : « En admettant, dit-il, que le secret des lettres doive être respecté en matière civile, peut-il en être de même en matière criminelle ? Si l'on consulte sur ce point les anciens auteurs, on est étonné de rencontrer dans Jousse (t. 1, f. 744) le passage suivant : « Les écrits de l'accusé, qui servent à cons- « tater le crime, peuvent servir, comme les autres pièces « de conviction, contre cet accusé. Dans l'instruction du « procès de la marquise de Brinvilliers, elle fut interrogée sur « tous les actes de sa prétendue confession qui avait été trou- « vée dans ses papiers. Il n'en est pas de même des « lettres missives qu'un accusé aurait écrites à un ami. Car il « n'est pas toujours permis de faire usage de ces lettres, et, « si elles renferment des confidences, celui à qui elles sont

« écrites ne pourrait les mettre au jour sans crime, en sorte « que, si elles étaient produites, elles ne pourraient servir de « preuves contre celui qui les a écrites. On a toujours jugé, « dans ce cas, que les lettres seraient rendues, quelques preu- « ves qu'elles pussent apporter dans l'affaire soumise à la « décision du juge, ce qui est fondé sur ce motif que le « dépôt du secret ayant été violé, on ne devait y avoir « aucun égard ». On trouve la même opinion dans Denisart (v° *Lettre missive*); Serpillon (*Commentaires sur l'ordonnance de 1670*, t. 1, p. 142). Ainsi, à une époque où la torture n'était point encore abolie, on semble professer, même en droit criminel, le respect le plus absolu pour le principe de l'inviolabilité du secret des lettres. D'après Favart de Langlade (*Répertoire*, v° *Lettre*), il ne peut être fait exception à ce principe que pour les crimes contre la sûreté extérieure ou intérieure de l'État, crimes dont la non-révélation était punie par les art. 103 à 107 c. pén., qui ont été abrogés en 1832. Voici comment s'exprime cet auteur : « Le principe (de l'inviolabilité du secret) est le même par rapport à celui qui a écrit la lettre, si celui qui l'a reçue ne peut la divulguer sans manquer à sa bonne foi. En pareil cas, une lettre est considérée comme une simple confidence faite à l'oreille. La bonne foi ne permet pas qu'on s'en serve. On se trouve sous l'empire de cette maxime : *Quod legibus omissum est non omittetur religione judicantium*. Mais il y a exception à ce principe lorsqu'il s'agit de crimes contre la sûreté extérieure ou intérieure de l'État. Ces cas rentrent dans l'application de cette règle impérieuse : *Salus populi suprema lex esto* ». M. Faustin Hélie (*Théorie de l'instruction criminelle*, 2° édit., t. 4, p. 417) cite deux arrêts rendus, l'un le 11 juill. 1792, l'autre le 6 déc. 1816 (*Rép.* n° 32-1° et 2°). La première de ces décisions casse un arrêt d'accusation parce que le directeur du jury a pris l'occasion et le fondement d'une accusation dans une lettre close et privée dont le secret a été violé en l'enlevant à force ouverte à celui qui en était le porteur et à qui elle avait été confiée, ce qui est contraire au principe constitutionnel de l'inviolabilité des lettres. L'arrêt de 1816 déclare, en annulant une procédure criminelle, qu'une lettre est un dépôt essentiellement secret, que ce qui y est écrit n'a que le caractère de la pensée jusqu'à ce que, par un fait autre que celui de la force majeure, le secret en ait cessé ; que, hors les cas déterminés par la loi, ce n'est que par la divulgation ou la communication qui peut en être faite que ce qu'elle contient peut devenir la base d'une action criminelle. Suivant M. Faustin Hélie, la distinction que pose ce dernier arrêt doit servir à décider la question : les lettres, tant qu'elles conservent leur caractère confidentiel, c'est-à-dire tant qu'elles n'ont pas été « légalement mises sous la main de la justice » ne peuvent devenir un élément de la preuve ». « Mais, continue M. le conseiller Gast, quand les lettres sont-elles légalement mises sous la main de la justice ? En dehors de la remise volontaire effectuée en vertu du double consentement du destinataire et de l'expéditeur, les lettres arrivent légalement aux mains de la justice lorsqu'elles sont saisies au cours d'une perquisition opérée par le juge d'instruction. Les art. 87 et 88 c. instr. crim. investissent, en effet, le magistrat instructeur du droit de rechercher et de saisir toutes les lettres de quelque nature qu'elles soient, dans n'importe quel lieu et même dans les bureaux de poste » (Crim. cass. 23 juill. 1853, aff. de Coëtlogon, D. P. 53. 1. 222 ; Ch. réun. rej. 21 nov. 1853, même affaire, D. P. 53. 1. 279 ; V. en sens contraire, Consultation de M. Odilon Barrot, D. P. 53. 1. 222). — Ce droit appartient au préfet de police, à Paris, et aux préfets des départements (Ch. réun. 21 nov. 1853, précité ; Crim. rej. 16 août 1862, aff. Taule, D. P. 65. 5. 230 ; Trib. des confl., sol. impl. 25 mars 1889, trois arrêts, aff. Dufeuille, Usannaz-Joris et Michau, D. P. 90. 3. 65. Conf. *infrà*, v° *Procédure criminelle*; — *Rép.* v° *Instruction criminelle*, n° 254 et suiv.; Crim. janv. 1866, aff. Joly, D. P. 67. 1. 503 ; Mangin, *Traité des procès-verbaux en matière de délits et de contraventions*, n°s 62 et suiv.; Duverger, *Manuel des juges d'instruction*, t. 1, n° 84; Boitard, *Leçons de droit criminel*, sur l'art. 10, 13° éd., p. 512 ; Blanche, *Études sur le code pénal*, t. 3, p. 745; Legris, n° 29 ; Rousseau, n° 381 ; *Contrà* : Crim. cass. 23 juill. 1863, précité ; Faustin Hélie, *Traité de l'instruction criminelle*, t. 4, p. 417 et suiv.; Chauveau et Hélie, *Théorie du code pénal*, t. 2,

p. 228 ; Morin, *Droit criminel*, vº *Préfet* ; Vanier, *loc. cit.* ; Reverchon, *Le Droit*, 11 janv. 1855),... et au président de la cour d'assises, en vertu de son pouvoir discrétionnaire (Crim. rej. 7 dé :. 1888, aff. Prado, D. P. 89. 1. 47. Conf. : Crim. rej. 15 oct. 1847, aff. Ecquevilley, *Bulletin criminel de la cour de cassation*, 1847, nº 258 ; 24 juin 1853, aff. Potin, *ibid.*, 1853, nº 224. V. en ce sens : Dutruc, *Manuel du juge d'instruction*, p. 437 ; Rousseau, nº 376 et suiv. ; Legris, nº 26 ; Tissier, p. 18 ; Hanssens, nº 91 et suiv. ; *Contrà :* Mangin, *Traité de l'instruction écrite et du règlement de la compétence en matière criminelle*, t. 1, nº 92 ; Trébutien, *Instruction criminelle*, p. 247. V. *infrà*, vº *Procédure criminelle ; Rép.* eod. vº, nº 2188). V. aussi l'étude de M. Valabrègue : *Des lettres missives, au point de vue du droit pénal, Journal des parquets*, 1888, p. 100.

**99.** Le droit du juge d'instruction de saisir et ouvrir toutes les correspondances où il croit pouvoir trouver la preuve de la culpabilité du prévenu est absolu et illimité (V. *Rép.* nº 348 ; Rousseau, nº 380 ; Vanier, *loc. cit.*, p. 101 ; Legris, nº 26 ; M. l'avocat général Baudouin, *op. cit.* ; Duverger, *op. cit.*, t. 1, p. 454 ; Tissier, p. 21). C'est à tort, croyons-nous, que l'on a proposé de le limiter soit au cas où la saisie a pour objet de s'emparer du corps même du délit (Hepp., *loc. cit.*), soit au cas où la lettre émane du prévenu ou lui est adressée, les lettres adressées à des tiers devant alors échapper au droit de saisie du magistrat instructeur (Faustin Hélie, *op. cit.*, t. 4, p. 417 et suiv. ; Chauveau et Hélie, *op. cit.*, t. 1, nº 1932 ; Villey, Dissertation sur l'arrêt de la cour de cassation du 14 mars 1885 ; Hanssens, p. 130 et suiv. Comp. Trébutien, *Cours de droit criminel*, t. 2, p. 248). — Il est évident, d'ailleurs, que le juge d'instruction doit user avec une extrême circonspection du pouvoir illimité qui lui est conféré en cette matière. Il doit éviter de « transformer une mesure d'instruction, en une mesure d'investigation » (Faustin Hélie, *loc. cit.* ; Conf. Duverger, *loc. cit.* ; Rousseau, nº 379 ; Baudouin, *op. cit.* ; Legris, nº 27). — Sur la question de savoir si le juge d'instruction peut *déléguer* son pouvoir de saisie, V. *infrà*, vº *Procédure criminelle.*

**100.** Il a été jugé que les préfets des départements, et à Paris le préfet de police, lorsqu'ils opèrent des saisies de lettres en vertu de l'art. 10 c. instr. crim., agissent dans le cercle des attributions de la police judiciaire, et non en qualité de fonctionnaires de l'ordre administratif (Trib. confl. 25 mars 1889, trois arrêts. aff. Dufeuille, Usannaz, Michau, D. P. 90. 3. 65) ;... et l'autorité judiciaire est compétente pour connaître soit de l'action en revendication des objets saisis (Mêmes arrêts), soit de l'action en dommages-intérêts dirigée contre l'auteur de la saisie (Trib. confl. 25 mars 1889, aff. Usannaz, précité).

**101.** Quoique, en matière pénale, la règle de l'inviolabilité des correspondances privées doive, ainsi qu'on vient de le voir, fléchir devant les nécessités de l'instruction criminelle, il est universellement admis que, de même qu'en matière civile (V. *suprà*, nºs 92 et suiv.), on ne peut produire en justice une lettre qui a été enlevée à son propriétaire légitime au moyen d'un procédé délictueux (Req. 11 mai 1887, aff. Chabre, D. P. 87. 1. 332), pourvu toutefois que l'emploi de ce procédé constitue une infraction prévue et punie par la loi (Crim. rej. 9 juin 1883, aff. Meisels, D. P. 84. 1. 89). Ainsi, on ne peut invoquer à l'appui d'une poursuite disciplinaire dirigée contre un avocat la lettre par lui écrite à son client, contenant des imputations diffamatoires à l'encontre d'un magistrat, lorsque cette lettre n'est parvenue aux mains du plaignant que par un véritable abus de confiance (Req. 11 mai 1887, précité).

**102.** Jugé, spécialement, en ce qui concerne la preuve du délit d'adultère poursuivi par le mari contre sa femme, que celui-ci a incontestablement, en vertu de l'autorité domestique que la loi lui reconnaît, des droits particulièrement étendus d'investigation et de recherche soit pour découvrir les preuves de l'offense faite à son honneur, soit pour arriver à rejeter de sa famille, par le désaveu, un enfant qui lui est étranger ; qu'il est impossible de lui refuser, pour la protection de ses intérêts et de ceux des siens, une latitude d'action privilégiée, et qu'il serait excessif d'exclure comme absolument indigne de la justice toute preuve obtenue par lui au moyen d'un procédé ou expédient auxquels il n'a recours que sous l'influence d'un mobile honorable au fond, et en vue d'un délit que la justice reconnaît constant (Crim. rej. 9 juin 1883, aff. Meisels, D. P. 84. 1. 89). V. *suprà*, nºs 92 et suiv.

## Table sommaire

### des matières contenues dans le Supplément et le Répertoire.

(Les chiffres précédés de la lettre S renvoient au Supplément ; les chiffres précédés de la lettre R renvoient au Répertoire.)

## Table chronologique des Lois, Arrêts, etc.

5 déc. Dijon. 57 c.
7 déc. Crim. 98 c.
11 déc. Pau. 93 c.

## LIBERTÉ INDIVIDUELLE.

### Division.

§ 1. — Historique et législation (n° 1).
§ 2. — Caractères et conditions de la liberté individuelle (n° 2).
§ 3. — De la liberté individuelle considérée vis-à-vis de l'autorité et de ses agents. — Arrestation arbitraire, détention, violation de domicile. — Sûreté des personnes (n° 3).
§ 4. — De la liberté individuelle vis-à-vis des simples particuliers, arrestations illégales, détention et séquestration commises par eux (n° 23).

§ 1. — Historique et législation (*Rép.* n°ˢ 2 à 11).

**1.** On a rapporté au *Rép.* n°ˢ 2 à 10, les dispositions qui, dans nos constitutions successives, ont garanti la liberté individuelle. Les lois constitutionnelles de 1875 ne contiennent sur ce sujet aucune disposition spéciale, et aucun texte législatif n'a, depuis la publication du *Répertoire*, modifié en cette matière la législation antérieure.

§ 2. — Caractères et conditions de la liberté individuelle (*Rép.* n°ˢ 12 à 15).

**2.** Ainsi qu'on l'a vu au *Rép.* n° 12, le principe suivant lequel un agent ne peut procéder à une arrestation que lorsqu'il y est autorisé par une loi souffrait, dans la pratique, quelque entrave, soit par suite des dispositions des art. 29 et 45 de la constitution du 14 janv. 1852 et des art. 30 et suiv. du décret du 31 déc. 1852, qui exigeaient que le citoyen dont la liberté était atteinte par un ordre ministériel s'adressât au Sénat par voie de pétition, soit par suite de l'art. 75 de la constitution de l'an 8, aux termes duquel un agent du Gouvernement qui aurait commis un acte attentatoire à la liberté individuelle n'aurait pu être poursuivi sans l'autorisation du conseil d'État, soit enfin par suite de l'art. 479 c. instr. crim. qui, dans le cas où un acte de cette nature émanerait d'un fonctionnaire de l'ordre judiciaire, dispose que l'action sera portée directement devant la cour d'appel. — Les dispositions de la constitution de 1852 et du décret du 31 déc. 1852 ont cessé d'être en vigueur. L'art. 75 de la constitution de l'an 8 a été abrogé par le décret du gouvernement de la Défense nationale du 19 sept. 1870 (D. P. 70. 4. 91). On a dit ailleurs (V. *suprà*, v° *Compétence administrative* n°ˢ 341 et suiv.) que ce décret a également abrogé toutes les lois et tous les règlements ayant pour objet d'entraver les poursuites dirigées contre les fonctionnaires publics de tout ordre; mais qu'il laisse subsister le privilège de juridiction consacré par l'art. 479 c. instr. crim.

§ 3. — De la liberté individuelle considérée vis-à-vis de l'autorité et de ses agents. — Arrestation arbitraire, détention, violation de domicile. — Sûreté des personnes (*Rép.* n°ˢ 16 à 62).

**3.** Aucune disposition législative ne pourrait justifier aujourd'hui la prétention, élevée à d'autres époques par le Gouvernement, ainsi qu'on l'a vu au *Rép.* (n° 16) d'arrêter par mesure de police et de détenir, sans les renvoyer devant les tribunaux, des individus prévenus de certains délits politiques. Le décret du 8 déc. 1851 (D. P. 52. 4. 8) permettait de transporter par mesure administrative dans une colonie pénitentiaire tout individu placé sous la surveillance de la haute police et reconnu coupable de rupture de ban. Mais, ce décret ayant été abrogé par celui du 24 oct. 1870 (D. P. 70. 4. 98), la seule disposition applicable est aujourd'hui l'art. 45 c. pén. aux termes duquel l'individu reconnu coupable de rupture de ban doit être condamné par les tribunaux correctionnels à un emprisonnement qui ne pourra excéder cinq ans.

**4.** On a dit au *Rép.* n° 16, qu'aucune loi n'autorise l'Administration à arrêter des *filles publiques* lorsqu'elles ne commettent pas de délit punissable, et qu'elle ne pourrait leur infliger une détention, sans se rendre coupable d'un acte arbitraire. Cette proposition, exacte pour la plupart des villes de France, ne l'est pas pour la ville de Paris, qui est placée, à cet égard, sous un régime spécial et où le préfet de police a le droit, en vertu de deux ordonnances du 20 avr. 1684 et du 26 juill. 1713, d'ordonner la reclusion des filles publiques par voie administrative et à titre disciplinaire, en cas d'inobservation des règles et conditions qui leur sont imposées. M. Beudant a démontré, dans la séance du conseil municipal de Paris du 2 déc. 1876, que ces ordonnances, qui avaient attribué au lieutenant de police les pouvoirs aujourd'hui exercés par le préfet, n'ont pas cessé d'être en vigueur, et que la réglementation de la prostitution est au nombre des matières que l'art. 484 c. pén. a réservées comme restant soumises aux règlements qui leur sont propres. — Le système en vigueur à Paris est également appliqué à Lyon, à Bordeaux, à Rouen et dans quelques autres grandes villes. La déclaration du 6 mai 1734 a, en effet, étendu à la ville de Rouen « et autres sièges où les officiers de police ont été établis pour exercer leurs fonctions à l'instar de ceux de la capitale » les dispositions qui confèrent au lieutenant général de police un droit de juridiction sur les prostituées. V. *infrà*, v° *Prostitution*.

**5.** L'arrêté du 12 mess. an 8 et celui du 3 brum. an 9 qui attribuaient au préfet de police à Paris et aux commissaires généraux de police alors établis dans les villes de 100000 habitants et au-dessus le droit d'envoyer les vagabonds et gens sans aveu aux maisons de détention (V. *Rép.*, v° *Vagabondage*, n° 39), sont aujourd'hui abrogés, et il n'appartient qu'aux tribunaux ordinaires de connaître des faits de vagabondage. — Le décret du 1er mars 1854, sur l'organisation et le service de la gendarmerie (D. P. 54. 4. 5½) place les vagabonds, parcourant les campagnes, sous la surveillance de la gendarmerie, qu'il charge d'arrêter les individus qui ne sont pas connus de l'autorité locale et ne sont porteurs d'aucun papier constatant leur identité. Ce décret contient une disposition analogue à l'égard des mendiants, et surtout des mendiants valides, dans les conditions qu'il détermine. Mais cette arrestation ne doit avoir d'autre objet que de mettre les individus arrêtés à la disposition de la justice.

**6.** On a mentionné au *Rép.* n° 18, comme une sorte d'arrestation exceptionnelle et en dehors des règles du droit commun, celle des personnes auxquelles la loi politique a interdit le territoire français. Ce droit, exceptionnel ne pourrait s'appuyer aujourd'hui sur aucun texte. La loi du 22 juin 1886 (D. P. 86. 4. 57), qui interdit le territoire de la République aux chefs des familles ayant régné en France à leurs héritiers directs dans l'ordre de primogéniture, dispose, dans son article 3, que celui qui, en violation de l'interdiction, sera trouvé en France, en Algérie et dans les colonies, sera puni d'un emprisonnement de deux à cinq ans, et qu'à l'expiration de sa peine il sera reconduit à la frontière. Il en résulte que le Gouvernement n'a le droit de mettre en état d'arrestation les personnes visées dans cet article que pour les traduire devant les tribunaux ou les faire reconduire à la frontière, mais qu'il ne pourrait, en aucun cas, les faire détenir sans jugement et par voie administrative. — En ce qui concerne les arrêtés d'expulsion qui peuvent être pris à l'égard des étrangers, V. *suprà*, v° *Droits civils*, n° 220.

**7.** Conformément à la méthode suivie au *Rép.* n° 19, on exposera ailleurs (v° *Procédure criminelle*) dans quelles conditions et par quels fonctionnaires peut être exercé le droit d'arrestation. Les agents de police (*Rép.* n° 21), ne peuvent opérer des arrestations sans un mandat que dans les cas de flagrant délit ou de poursuite de délinquants par la clameur publique; en pareil cas, ils usent d'un droit qui appartient à tout citoyen en vertu de l'art. 106 c. instr. crim. (V. *infrà*, v° *Procédure criminelle*). Une arrestation ne pourrait également être opérée dans ces conditions par un chef de poste, qui n'a la qualité d'officier de police judiciaire qu'en matière pénale militaire (c. just. mil. art. 84) (Bourges, 30 déc. 1870, aff. Bigot, D. P. 71. 2. 226).

**8.** L'art. 114 c. pén. punit, comme on l'a vu au *Rép.* n° 24, de la peine de la dégradation civique tout acte arbitraire ou attentatoire soit à la liberté individuelle, soit aux droits civiques d'un ou de plusieurs citoyens, soit à la constitution, ordonné ou commis par un *fonctionnaire public*, *agent* ou *préposé du gouvernement*. On a exposé ailleurs (V. *suprà*, v° *Fonctionnaire public*, n° 7 et suiv.) le sens que l'on doit attacher à ces différentes expressions. Les fonctionnaires et agents auxquels s'applique particulièrement l'art. 114 c. pén., sont ceux que la loi investit du droit d'or-

donner ou d'opérer une arrestation (V. Chauveau et Faustin Hélie, *Théorie du code pénal*, 4e éd., t. 2, nos 436 et suiv.).
— Les *inspecteurs de police* sont des agents du Gouvernement dans le sens de cet article ; en conséquence, l'inspecteur de police qui arrête illégalement un citoyen se rend coupable, non du délit prévu par l'art. 343 c. pén., mais d'un crime, qui ne peut être poursuivi que devant la cour d'assises et sur la seule initiative du ministère public (Paris, 24 janv. 1868, aff. Parent, D. .P. 68. 2. 4, et sur pourvoi : Crim. rej. 18 avr. 1868, D. P. 69. 1. 378). — De même, les sergents de ville qui, à Paris, arrêtent des contrevenants pour assurer l'exécution des lois et règlements sur la police des Halles centrales, dans l'exercice de la surveillance dont ils ont été chargés par le préfet de police, agissent dans ce cas comme agents ou préposés du Gouvernement et, par suite, ne peuvent, dans le cas où cette mesure serait attaquée comme constitutive d'une arrestation arbitraire, c'est-à-dire du crime prévu par l'art. 114 c. pén., être poursuivis que par le ministère public, et non par la partie lésée (Crim. rej. 4 déc. 1862, aff. Roger, D. P.68. 5. 232).
**9.** Au contraire, le fait, par un chef de poste, d'avoir procédé à une arrestation en dehors des cas prévus par l'art. 106 c. instr. crim., ne constitue pas le crime d'attentat à la liberté par un fonctionnaire public ou agent du Gouvernement abusant de ses pouvoirs, mais l'attentat à la liberté par un individu agissant sans ordre des autorités constituées, que l'art. 343 c. pén. punit seulement d'une peine correctionnelle lorsque la personne illégalement détenue a été mise en liberté avant le dixième jour (V. *infrà*, n° 27 ; Bourges, 30 déc. 1870, aff. Bigot, D. P. 71. 2. 226). Spécialement, on a dû considérer comme coupable seulement de cette dernière infraction le sergent de la garde nationale, chef de poste, qui par l'ordre duquel un individu, désigné comme suspect d'espionnage (durant la guerre avec l'Allemagne) avait été arrêté dans une maison particulière sur la dénonciation d'une personne inconnue et sans aucune vérification, alors que cet individu avait été retenu au poste par le sergent, malgré les réclamations du commissaire de police intervenant pour le faire mettre en liberté (Même arrêt).
**10.** On a dit au *Rép.* nos 24 et 25 que, lorsque l'agent justifie n'avoir agi que par ordre de ses supérieurs pour des objets du ressort de ceux-ci sur lesquels il leur était dû obéissance hiérarchique, il n'est passible d'aucune peine, et que, dans ce cas, la peine est infligée aux supérieurs qui ont donné l'ordre. Ainsi, le caporal qui, sur les ordres du chef de poste, a donné l'assistance de quelques gardes, dans une maison particulière, à une arrestation qui a été reconnue illégale, se trouve couvert par la responsabilité de son supérieur, alors qu'il a pu croire que les ordres qui lui avaient été donnés n'excédaient pas les attributions du chef de poste (Bourges, 30 déc. 1870, aff. Bigot, D. P. 71.2.226). En dehors des cas limitativement prévus par les art. 114 et 190 c. pén., les fonctionnaires qui ont commis un crime ou un délit ne peuvent invoquer pour excuse les ordres de leurs supérieurs hiérarchiques (Angers, 3 mars 1871, aff. Engelhard, D. P. 73. 1. 287 ; Orléans, 28 juin 1872, même affaire, D. P. 73. 1. 289).
**11.** Comme l'a dit au *Rép.* n° 31, une arrestation arbitraire est celle qui est faite dans un cas où la loi ne l'autorise pas. Ainsi un officier de police judiciaire (dans l'espèce, un maire) se rend coupable du crime prévu par l'art. 114 c. pén., lorsque, en dehors du cas de flagrant délit, il fait arrêter un particulier et en prison pendant toute la nuit, sans le faire interroger et sans provoquer contre lui des poursuites devant les tribunaux de répression, si d'ailleurs ces mesures n'étaient commandées par aucune nécessité de sûreté et d'ordre public (Trib. de Toulon, 21 janv. 1875, aff. Bourgignon, D. P. 76. 3. 63).
**12.** Les art. 115, 116 et 118 c. pén. prévoient le cas où les actes mentionnés en l'art. 114 ont été ordonnés ou faits par un ministre. Aux termes du premier de ces articles, le ministre est puni du bannissement lorsque, après les invitations mentionnées dans les art. 63 et 67 du sénatus-consulte du 28 flor. an 12, il a refusé ou négligé de faire réparer ces actes. On a vu au *Rép.* n° 32, que les dispositions précitées du sénatus-consulte du 28 flor. an 12 et la responsabilité pénale qui pouvait en résulter pour les ministres ont été abrogées par la charte de 1814 et par les constitutions postérieures, qui ne les ont pas reproduites. Aujourd'hui, la responsabilité des ministres pour crimes commis dans l'exercice de leurs fonctions est expressément consacrée par l'art. 12 de la loi constitutionnelle du 16 juill. 1875 (V. *suprà*, v° *Droit constitutionnel*, n° 88) ; dans les cas prévus par cet article, les ministres sont mis en accusation par la Chambre des députés et jugés par le Sénat, constitué à cet effet en cour de justice (L. 24 févr. 1875, art. 9. D. P. 75. 4. 36). Une loi du 10 avr. 1889 (D. P. 89. 4. 36), a réglé la procédure à suivre devant le Sénat pour juger toute personne inculpée d'attentat commis contre la sûreté de l'État ; mais la procédure à suivre dans le cas où le Sénat serait appelé à juger, soit les ministres accusés de crimes commis dans l'exercice de leurs fonctions, soit le président de la République, a été réservée pour faire l'objet d'une loi ultérieure (V. *suprà*, v° *Droit constitutionnel*, n° 89).
**13.** On a dit au *Rép.* n° 35 que l'on doit appliquer aux ministres, comme aux autres fonctionnaires, la disposition de l'art. 117 c. pén. d'après laquelle les dommages-intérêts qui pourraient être prononcés à raison des attentats exprimés dans l'art. 114 peuvent être demandés soit par la poursuite criminelle, soit par la voie civile, et être réglés eu égard aux personnes, aux circonstances et au préjudice souffert, sans qu'en aucun cas et, quel que soit l'individu lésé, lesdits dommages-intérêts puissent être au-dessous de 25 fr. par chaque jour de détention illégale et arbitraire et pour chaque individu. — La jurisprudence applique aux ministres, en matière de responsabilité civile, les mêmes règles de compétence et les mêmes principes qu'aux fonctionnaires (V. *suprà*, v° *Droit constitutionnel*, n° 90). Il a été décidé que l'arrêté par lequel le ministre de l'intérieur, statuant d'après les ordres du président de la République, le conseil des ministres entendu, a prescrit de reconduire immédiatement à la frontière un prince de la famille impériale dont la présence en France pouvait, à raison des circonstances, devenir une occasion de troubles, constitue un acte de gouvernement dont la légalité échappe à l'appréciation de l'autorité judiciaire ; qu'il en est de même de l'arrestation du prince, qui a eu pour but d'assurer son expulsion du territoire français, et qu'en conséquence le tribunal civil est incompétent pour connaître de l'action en dommages-intérêts à raison de ces faits contre le ministre qui a signé l'arrêté et contre les agents qui l'ont mis à exécution (Paris, 29 janv. 1876, aff. Prince Jérôme Napoléon, D. P. 76. 2. 41).
**14.** La cour de cassation a jugé, au contraire, que le tribunal civil qui statue, directement et sans renvoi à l'autorité administrative, sur une demande en dommages-intérêts formée contre un préfet pour avoir illégalement prolongé la détention du demandeur, ne fait point obstacle à un acte administratif et ne contrevient pas à la règle de la séparation des pouvoirs (Req. 8 févr. 1876, aff. Labadié, D. P. 76. 1. 289 ; Civ. rej. 3 août 1874, aff. Valentin D. P. 76. 1. 297). A plus forte raison, le tribunal civil est-il compétent pour connaître d'une action en dommages-intérêts intentée contre un préfet, et fondée sur l'ordre d'arrestation d'un particulier, donné par lui avant qu'il eût été régulièrement investi de ses fonctions, et pour apprécier, sans renvoi à l'autorité administrative, le caractère et les conséquences des faits imputés (Arrêt précité du 8 févr. 1876). L'illégalité de l'arrestation ainsi opérée engage la responsabilité de celui qui l'a ordonnée, nonobstant l'investiture officielle qui lui a été ultérieurement conférée, et le soumet à l'obligation de réparer toutes les conséquences dommageables provenant directement de ladite arrestation (Même arrêt).
**15.** On a vu au *Rép.* n° 47, que les ministres, les sénateurs, les députés et les membres du conseil d'État sont protégés par l'art. 121 c. pén. contre les actes d'arrestation qui pourraient être dirigés contre eux sans les autorisations prescrites par les lois de l'État. (V. *suprà*, n° 12). Les ministres ne sont justiciables du Sénat constitué en haute cour de justice qu'après mise en accusation par la Chambre des députés que pour les crimes commis par eux dans l'exercice de leurs fonctions. (V. *suprà*, n° 12). En dehors de ce cas exceptionnel, ils peuvent être traduits devant les autres tribunaux et ne sont couverts par aucune immunité. — Quant aux membres du Sénat et de la Chambre des députés, ils ne peuvent, aux termes de l'art. 14 de la loi du 16 juill. 1875, être poursuivis ou arrêtés en matière criminelle

ou correctionnelle, qu'avec l'autorisation de la Chambre dont ils font partie, sauf le cas de flagrant délit. D'après le même article, la détention ou la poursuite d'un membre de l'une ou l'autre Chambre est suspendue pendant la session et pour toute sa durée, si la Chambre le requiert (V. *suprà*, v° *Droit constitutionnel*, n° 60). — Les membres du conseil d'Etat, d'après l'art. 75 de la constitution de l'an 8, ne pouvaient être poursuivis devant les tribunaux ordinaires, à raison de délits personnels emportant peine afflictive ou infamante, qu'après autorisation du corps auquel ils appartenaient. Le sénatus-consulte du 4 juin 1858 (D. P. 58. 4. 86) déférait en outre à la haute cour de justice la connaissance des crimes et délits commis par les conseillers d'Etat. Aujourd'hui les conseillers d'Etat ne sont justiciables d'aucune juridiction exceptionnelle, et ils sont soumis également au droit commun, quant à leur mise en jugement, d'après le décret du 19 sept. 1870 qui a abrogé non seulement l'art. 75 de la constitution de l'an 8, mais « toutes autres dispositions des lois générales ou spéciales ayant pour objet d'entraver les poursuites dirigées contre les fonctionnaires publics de tout ordre ».

**16.** Les art. 184 à 187 c. pén., ainsi qu'on l'a dit au *Rép.* n° 51, protègent contre les actes des fonctionnaires publics et les dénis de justice, soit le domicile des citoyens, soit la sûreté de leurs personnes, soit le secret de leurs correspondances par la voie de la poste (V. *infrà*, v° *Postes et télégraphes*).

**17.** — 1° *Violation de domicile.* — L'art. 184 c. pén. prévoit deux faits distincts de violation de domicile : la violation de domicile par abus d'autorité et la violation de domicile de la part d'un simple particulier (*Rép.* n° 52).

La violation de domicile par abus d'autorité n'existe qu'autant qu'elle a été commise par l'une des personnes énumérées au § 1er de l'art. 184, agissant en sa qualité. — L'introduction illégale dans le domicile d'autrui est punissable sans qu'il y ait lieu de distinguer entre le logement proprement dit et ses dépendances, notamment celles comprises dans l'enceinte d'une cour close (Limoges, 30 avr. 1857, aff. Vergne, D. P. 59. 2. 205). Mais, comme on l'a dit (*Rép.* n° 53) elle n'est punissable qu'autant qu'elle a lieu contre le gré du citoyen dans le domicile duquel elle se produit. Ainsi l'introduction dans un établissement public ouvert au public, mais après l'heure de la fermeture, ne peut être critiquée, quand elle a lieu sans rencontrer d'opposition chez le débitant (Crim. cass. 2 mars 1866, aff. Monnier, D. P. 69. 5. 406). De même, quand des gendarmes poursuivent un chasseur jusque dans le domicile où il s'est réfugié et s'y introduisent en dehors des formes légales, leur introduction ne constitue pas une violation de domicile si elle a lieu sans opposition ni protestation de la part de la partie intéressée; et elle n'a pas pour effet, dans ce cas, d'entacher d'une nullité absolue, comme elle le ferait si elle constituait un abus d'autorité, les constatations qui ont suivi (Limoges, 3 avr. 1857, aff. Vergnes, D. P. 59. 2. 205).

**18.** On a indiqué au *Rép.* n° 56 les exceptions que comporte le principe de l'inviolabilité du domicile. L'art. 184 devient inapplicable, notamment, lorsqu'il s'agit de constater une contravention. Ainsi les gendarmes ont le droit de s'introduire, après l'heure réglementaire de fermeture, dans les cafés et autres débits de boissons, lorsque ces établissements sont restés ouverts au public et qu'il y a, par suite, une contravention de police à constater ou à faire cesser (Crim. cass. 17 nov. 1860, aff. Bartholat, D. P. 60. 5. 417; Crim. rej. 22 nov. 1872, aff. Meissonnier, D. P. 72. 1. 431). Et même des règlements sur la police des débits de boissons peuvent les autoriser, au cas où ces établissements sont fermés, à s'en faire ouvrir les portes, toutes les fois qu'ils constatent de l'extérieur des circonstances de nature à faire présumer une infraction à la défense de conserver des consommateurs après l'heure fixée (Arrêt précité du 22 nov. 1872). — V. *suprà*, v° *Gendarme-gendarmerie*, n°s 15 et 24.

**19.** Le paragraphe 2 de l'art. 184 (ajouté par la loi du 28 avr. 1832; V. *Rép.* n° 52, *in fine*) prévoit le cas où un individu se sera introduit à l'aide de menaces ou de violences dans le domicile d'un citoyen. Suivant un premier système, les violences dont cet article fait un des éléments constitutifs du délit de violation de domicile par un particulier doivent s'entendre de violences envers les personnes : les moyens violents qui n'auraient pas ce caractère ne

suffiraient pas à motiver l'application de la loi (Chambéry, 28 févr. 1867, aff. Rivet, D. P. 67. 2. 63). Il en résulterait que si un individu pénétrait dans une maison momentanément inhabitée à l'aide d'escalade, de fausses clefs ou de tout autre moyen violent, mais sans aucun bris de clôture, il n'y aurait pas délit. La jurisprudence a repoussé cette interprétation qui semble peu conforme à l'esprit de la loi ; de nombreux arrêts ont décidé, en s'appuyant sur la rédaction même de l'art. 184, que la circonstance de violence placée après celle concernant les menaces, ne pouvait avoir les sens restreint d'actes matériels de violence envers les personnes, et s'appliquait nécessairement à tout moyen violent à l'aide duquel un individu s'introduit dans le domicile d'un citoyen malgré ce dernier (Angers, 24 oct. 1856, aff. Fourrage, D. P. 57. 2. 48; Rennes, 15 mars 1871, aff. Gégo, D. P. 73. 2. 90; Amiens, 11 janv. 1873, aff. Trouillet, D. P. 73. 2. 156 ; Chambéry, 4 nov. 1875, aff. Mièvre, D. P. 79. 5. 442). Ainsi l'art. 184 c. pén. est applicable au mari qui pénètre dans la maison assignée pour domicile à sa femme durant une instance en séparation de corps, à l'aide d'escalade par une fenêtre et de bris d'un carreau, et qui y reste malgré sa femme (Arrêts précités du 24 oct. 1856 et du 11 janv. 1873). Il est également applicable à des individus qui, judiciairement expulsés d'un immeuble dont ils étaient fermiers, s'y sont introduits, l'un en escaladant le grenier au moyen d'une échelle et l'autre en pénétrant dans cet immeuble par la porte que le premier était descendu lui ouvrir (Arrêt précité du 15 mars 1871);... à un individu qui s'est introduit dans le domicile d'un particulier en escaladant une fenêtre et en brisant une tuile (Arrêt précité du 4 nov. 1873).

**20.** Il est dans tous les cas certain qu'un simple particulier ne se rend coupable du délit de violation de domicile que lorsqu'il pénètre dans le domicile d'autrui à l'aide de menaces ou de violences contre les personnes ou contre les clôtures de la maison. En conséquence, le particulier qui s'introduit dans l'habitation d'un citoyen et y reste contre la volonté de ce dernier sans employer la force, ne commet pas le délit de violation de domicile (Caen, 10 juill. 1878, aff. Fouques, D. P. 79. 2. 209).

**21.** — 2° *Déni de justice* (*Rép.* n° 58). — V. *suprà*, v° *Déni de justice*, n°s 12 et suiv.

**22.** — 3° *Sûreté individuelle.* — Il n'y a rien à ajouter sur ce point aux développements contenus au *Rép.* n°s 59-62.

**§ 4.** — De la liberté individuelle vis-à-vis des simples particuliers, arrestations illégales, détention et séquestration commises par eux (*Rép.* n°s 63-86).

**23.** Les art. 341, 342, 343, et 344 c. pén. prévoient, ainsi qu'on l'a dit au *Rép.* n°s 63 et suiv., une classe d'attentats à la liberté individuelle différente de celle que prévoit l'art. 114. Ce dernier article s'applique aux fonctionnaires publics, agents ou préposés du gouvernement qui sont investis par la loi du pouvoir d'ordonner une arrestation ou d'y procéder, mais qui, agissant en leur qualité, ordonnent une arrestation en dehors des cas ou sans l'accomplissement des formes déterminées par la loi. Les art. 341 et suiv. au contraire, prévoient et punissent l'arrestation, la détention ou la séquestration illégales de personnes, commises par de simples particuliers. On a vu au *Rép.* n° 69 que ces articles ne seraient applicables aux fonctionnaires publics, agents ou préposés du gouvernement que si ces derniers avaient agi en dehors de leur qualité ou dans un intérêt purement privé, ou si, même ayant agi en leur qualité de personnes publiques, ils se trouvaient dans le cas de l'art. 344.

**24.** Pour qu'une personne puisse être considérée comme arrêtée ou détenue, il suffit qu'elle n'ait pu se retirer librement. D'après le n° 65) Ainsi il a été décidé que le fait par des conseillers municipaux assistés d'un adjoint, d'avoir méchamment et avec l'intention de porter atteinte à sa considération, arrêté dans la rue un individu qui transportait des boissons en fraude et de l'avoir contraint à les accompagner en prétendu bureau des contributions indirectes pour y faire la vérification et y opérer la saisie du liquide transporté, constitue le délit d'arrestation illégale (Metz, 23 mai 1867, aff. Thil, D. P. 67. 2. 137).

**25.** On doit également considérer, ainsi qu'on l'a dit (*suprà*, n° 9), comme une arrestation illégale tombant sous l'application des art. 341 et suiv., l'arrestation d'un individu désigné comme suspect d'espionnage, ordonnée par un chef de poste sur la dénonciation d'une personne inconnue et sans vérification, opérée dans une maison particulière et maintenue malgré l'intervention du commissaire de police (Bourges 30 déc. 1870, aff. Bigot, D. P: 71. 2. 226). Suivant un arrêt qui paraît avoir été rendu sous l'influence de circonstances de fait spéciales, le simple soupçon d'insulte ne peut justifier, de la part du chef d'une patrouille (de gardes nationaux dans l'espèce) la conduite au poste d'individus rencontrés en chemin ; et le chef de patrouille se rend coupable, en pareil cas, du délit d'arrestation illégale réprimé par l'art. 343 c. pén. (Caen, 28 juin 1871, aff. Laurant, D. P. 71. 2. 206). Il en est ainsi, surtout lorsque, au moment où s'est produit le fait qui a été pris pour une insulte, la patrouille n'avait plus aucun caractère officiel, une partie des hommes sortant d'un magasin de charcuterie pour rentrer au poste avec des provisions (Même arrêt).

**26.** On a vu au *Rép.* n° 71 que le droit de détention par voie de correction appartient aux père et mère sur leurs enfants, et aux tuteurs et instituteurs sur les enfants confiés à leurs soins (V. conf. Chauveau et Faustin Hélie, *Théorie du code pénal*, t. 4, n° 1691, Morin, *Répertoire du droit criminel*, v° *Séquestration*, n° 4. Mais cette détention pourrait tomber sous l'application de l'art. 341 c. pén. si elle excédait les limites du droit de correction (V. Rennes, 19 févr. 1879, aff. Le Jollivet, D. P. 79. 2. 76).

**27.** L'art. 341 c. pén. dispose en termes généraux que le fait d'avoir arrêté, détenu ou séquestré illégalement un individu sera puni de la peine des travaux forcés ; l'art. 342 porte que la peine prononcée sera celle des travaux forcés à perpétuité, si l'arrestation a duré plus d'un mois ; l'art. 343

réduit la peine à l'emprisonnement dans le cas où la liberté a été rendue avant le dixième jour et avant toutes poursuites. — Il résulte de la combinaison de ces articles, ainsi que le reconnaît un arrêt de la chambre criminelle du 19 juin 1828 (*Rép.* n° 70), que le fait d'avoir arrêté et détenu illégalement un individu constitue un crime, quelle qu'ait été la durée de la détention ; que la circonstance que la liberté a été rendue à la personne arrêtée avant le dixième jour et avant toutes poursuites ne modifie pas le caractère de l'acte et ne convertit pas le crime en délit, mais constitue seulement un cas d'excuse légale sur lequel la cour d'assises doit prononcer (Crim. rej. 3 mai 1877, aff. Causse, D. P. 77. 1. 403 ; Rennes, 19 févr. 1879, aff. Le Jollivet, D. P. 79. 2. 76 ; Riom, 19 janv. 1880, aff. Bos, D. P. 80. 2. 200 ; Rouen, 11 juill. 1884 (1). Conf. Blanche, *Etudes pratiques sur le code pénal*, t. 5, n° 241 ; Nouguier, *La cour d'assises*, t. 4, 1er vol., n° 2857 ; Chauveau et Faustin Hélie, *Théorie du code pénal*, t. 4, n° 1526). Le tribunal correctionnel est donc incompétent pour connaître du crime de séquestration, même dans les circonstances prévues par l'art. 343, et il l'est également à l'égard des violences et voies de fait dont ce crime a été accompagné et qui s'y rattachent d'une manière inséparable (Arrêt précité du 19 févr. 1879). Ces violences et voies de fait constituent, en pareil cas, la circonstance aggravante de tortures corporelles prévues par l'art. 344 c. pén. sur laquelle la juridiction appelée à statuer sur le fait principal peut seule prononcer (Même arrêt).

**28.** La distinction qui vient d'être établie paraît toutefois avoir été méconnue dans la pratique, et les tribunaux correctionnels ont quelquefois statué sur des faits d'arrestation illégale dont la durée avait été de moins de dix jours (V. notamment Bourges, 30 déc. 1870, et Caen, 28 juin 1871, cités *suprà*, n° 25).

(1) (Duval.) — LA COUR ; — Sur l'exception d'incompétence : — Attendu que, par ordonnance du juge d'instruction de Pont-Audemer, en date du 12 avr. 1884, les époux Duval ont été renvoyés devant le tribunal de cette ville, sous la prévention d'avoir, depuis moins de trois ans, à Saint-Étienne-Lalloi, séquestré le sieur Romain-Léonore Duval, leur père et beau-père, sans qu'il puisse être établi toutefois que cette séquestration ait eu une durée consécutive de plus de dix jours ; que le tribunal, statuant en exécution de cette ordonnance, a, le 8 mai suivant, déclaré les époux Duval coupables de séquestration, et les a condamnés à un mois d'emprisonnement ; — Attendu que la séquestration, prévue et punie par les art. 341 et suiv. c. pén. est un crime et non un délit ; qu'il importe peu que la peine puisse être réduite

à un emprisonnement de deux à cinq ans, lorsque la personne séquestrée a été rendue à la liberté avant le dixième jour depuis celui de la séquestration ; que cette circonstance, qui constitue un cas d'excuse légale, ne change pas la nature du fait incriminé, et ne fait pas dégénérer le crime en délit ; qu'elle permet seulement à la cour d'assises d'appliquer une peine plus faible ; que les premiers juges n'avaient donc pas qualité pour statuer sur une infraction qui excédait leur compétence ; que leur décision doit être annulée ; — Par ces motifs ; — Annule pour incompétence le jugement du tribunal de Pont-Audemer, du 8 mai 1884, etc.
Du 11 juill. 1884.-C. de Rouen, 3e ch.-MM. Letellier, pr.-Roujol, subst.-Hardouin, av.

## Table sommaire

des matières contenues dans le Supplément et le Répertoire.

(Les chiffres précédés de la lettre S renvoient au Supplément ; les chiffres précédés de la lettre R renvoient au Répertoire.)

| (complicité) *R.* 72 s.; 83; (conseiller municipal) *S.* 24; (faux costume) *R.* 80; (peines) *S.* 27 s.; *R.* 75 s.; (tentative) *R.* 74. | — V. Violation de domicile. **Sûreté individuelle** *S.* 22; *R.* 59 s. **Surveillance de la haute police** | — rupture de ban, transportation *S.* 3. **Tentative.** V. Simple particulier. **Transportation.** V. | **Surveillance de la haute police.** **Vagabonds.** V. Arrestation. **Violation de domicile** | *S.* 17 s.; *R.* 52 s. — abus d'autorité *S.* 17; *R.* 53. — débitant *S.* 17 s.; *R.* 55. — flagrant délit *R.* 57. | — fonctionnaire *S.*17 s.; *R.* 53 s. — gendarmerie *S.* 18; *R.* 56. — simple particulier, caractères, espèces diverses *S.* 19 s. |

## Table des articles du code pénal.

| | | | | | | | |
|---|---|---|---|---|---|---|---|
| Art. 45. *S.* 3. —114. *S.* 8, 10 s., 23; *R.* 24 s. | —115. *S.* 12; *R.* 32 s. —116. *S.* 12; *R.* 33 s. | —117. *S.* 13; *R.* 35 s. —118. *S.* 12; *R.* 36 s. | —119. *R.* 40 s. —120. *R.* 43 s. —121. *S.* 15; *R.* 47 s. | —122. *R.* 49 s. —184. *S.* 16 s.; *R.* 52 s. —185. *R.* 58. | —186. *R.* 59 s. —190. *S.* 10. —341. *S.* 23, 25 s.; *R.* 63 s. | —342. *S.* 23, 27; *R.* 75. —343. *S.* 9, 23, 27; *R.* 75. | —344. *S.* 23, 37; *R.* 77. —484. *S.* 4. |

## Table chronologique des Lois, Arrêts, etc.

| | | | | | | | |
|---|---|---|---|---|---|---|---|
| 1684. 20 avr. Ordonn. 4 c. 1713. 26 juill. Ordonn. 4 c. 1734. 6 mai. Déclar. 4 c. An 8. 12 mess. Arrêté. 5 c. An 9. 3 brum. Arrêté. 5 c. An 12. 28 flor. Sén.-cons.12 c. | 1828. 19 juin. Crim. 27 c. —28 avr.Loi.19 c. 1851. 8 déc.Décr. 3 c. 1852. 14 janv. Constit. 2. c. —31 déc. Déc. 2 c. 1854. 1er mars. Décr. 5 c. 1856. 24 oct. Angers, 19 c. | 1857. 3 avr. Limoges. 17 c. —30 avr. Limoges, 17 c. 1858. 4 juin.Sen.-cons. 15 c. 1860. 17 nov. Crim. 18 c. 1862. 4 déc. Crim. 8 c. 1864. 20 avr. Ordonn. 4 c. | 1866. 24 janv. Paris. 8 c. —2 mars. Crim. 17 c. 1867. 28 févr. Chambéry.17 c. —23 mai. Metz. 24 c. 1868. 18 avr. Crim. 8 c. 1870. 19 sept. Décr. 2 c., 15 c. | —24 oct. Décr. 3 c. —30 déc. Bourges. 7 c., 9 c.. 10 c., 25 c. 1871. 3 mars. Angers. 19 c. —15 mars. Rennes. 19 c. —28 juin. Caen. 25 c. 1872.28 juin. Orléans. 10.c. | —22 nov. Crim. 18 c. 1873. 11 janv. Amiens. 19 c. 1874. 3 août. Civ. 14 c. 1875. 21 janv. Trib. de Toulon 11 c. —24 févr. Loi. 12 c. —16 juill. Loi. constit. 12 c. | —16 juill. Loi. 15 c. —4 nov. Chambéry. 19 c. 1876. 29 janv. Paris. 13 c. —8 févr. Req. 14 c. 1877. 3 mai.Crim. 27 c. 1878. 10 juill. Caen. 20 c. | 1879. 19 févr Rennes. 20 c., 27 c. 1880. 19 janv. Riom. 27 c. 1884. 11 juill. Rouen. 27. 1886.22 juin. Loi. 6 c. 1889.10 avr. Loi. 12 c. |

**LIBERTÉ PROVISOIRE.** — V. *Cassation*, nos 156 et suiv.; *Procédure criminelle*; — *Rép.* vis *Appel en matière criminelle*, nos 37 et 63; *Cassation*, nos 162 et 655; *Faillites et banqueroutes*, nos 382 et suiv.; *Instruction criminelle*, nos 697 et suiv.

**LIBRAIRE-LIBRAIRIE.** — V. *Acte de commerce*, nos 77, 90, 435; *Douanes*, nos 256 et suiv.; *Presse-outrage-publication*; — *Rép.* vis *Commerçant*, no 289; *Douanes*, nos 419 et suiv.; *Hospices-hôpitaux*, no 120; *Presse-outrage-publication*, nos 16, 189 et suiv., 211 et suiv., 488, 505 et suiv., 1149.

**LICITATION.** — V. *Absence-absent*, no 35; *Appel civil*, no 50; *Contrat de mariage*, no 866 et suiv.; *Droit maritime*, nos 277 et suiv.; *Enregistrement*, nos 583, 1332 et suiv.; *Frais et dépens*, nos 480 et suiv.; *Succession, Surenchère, Vente, Vente publique d'immeubles*; — *Rép.* vis *Absence-absent*, no 323; *Affiche*, no 46; *Appel civil*, nos 331 et suiv.; *Compétence civile des tribunaux d'arrondissement et des cours d'appel*, nos 63, 75, 93; *Degrés de juridiction*, no 12; *Droit maritime*, nos 176 et suiv., 193; *Enregistrement*, nos 812, 4391 et suiv.; *Frais et dépens*, nos 848, 858 et suiv.; *Succession*, nos 1518, 1723 et suiv., 2002 et suiv., 2071, 2080 et suiv.; *Surenchère*, no 21; *Vente*, nos 56, 1256, 1666 et suiv.; *Vente publique d'immeubles*, nos 42 et suiv., 1994, 2000, 2099 et suiv., 2182 et suiv., 2209 et suiv.

**LIQUIDATION.** — V. *Action possessoire*, no 202; *Appel civil*, no 53; *Enregistrement*, nos 1483 et suiv., 2375 et suiv., 2414 et suiv., 2523; *Faillites et banqueroutes*, no 353; *Frais et dépens*, nos 651 et suiv., 744 et suiv., 772; *Obligation*; *Société*; *Succession*; *Trésor public*; *Vente*; *Vente publique d'immeubles*; — *Rép.* vis *Action possessoire*, no 715 et 823; *Appel civil*, nos 342 et suiv.; *Bourse de commerce*, no 443; *Compétence administrative*, nos 132 et suiv.; *Demande nouvelle*, nos 178, 198 et 219; *Enregistrement*, nos 23 et suiv., 160, 4367 et suiv., 4449 et suiv., 4503 et suiv., 4562 et suiv., 4605 et suiv., 4682 et suiv.; *Faillites et banqueroutes*, no 41; *Frais et dépens*, nos 155 et suiv., 601, 1217; *Hospices-hôpitaux*, no 335; *Jugement*, no 370; *Obligations*, nos 809 et suiv.; *Société*, nos 765 et suiv., 800, 998 et suiv., 1014 et suiv., 1049, 1065 et suiv., 1371, 1468 et suiv., 1587, 1721.

**LIQUIDATION JUDICIAIRE.** — V. *supra*, vo *Faillites et banqueroutes*, no 53 et suiv.

**LITISPENDANCE.** — V. *Brevet d'invention*, no 352; *Compétence civile des tribunaux d'arrondissement et des cours d'appel*, no 29; *Exceptions et fins de non-recevoir*, nos 73 et suiv.; *Jugement*, no 771; — *Rép.* vis *Arbitrage-arbitre*, no 573; *Brevet d'invention*, no 280; *Chose jugée*; no 143; *Compétence civile des tribunaux de paix*, no 28; *Conflit*, nos 14 et suiv.; *Degrés de juridiction*, nos 602 et 607; *Dénonciation calomnieuse*, no 81; *Désistement*, nos 85 et suiv., 102, 112, 247; *Discipline judiciaire*, nos 102 et suiv.; *Droits civils*, nos 285 et suiv., 366 et suiv.; *Enregistrement*, no 5655; *Exceptions et fins de non-recevoir*, nos 169 et suiv.; *Jugement*, nos 581 et suiv.

**LOCATAIRE-LOCATEUR-LOCATION.** — V. *Action possessoire*, nos 48 et 148; *Assurances terrestres*, nos 46 et suiv., 94, 233 et suiv.; *Chasse*, nos 454 et suiv., 477 et suiv., 963, 1236 et suiv.; *Exploit*, no 77; *Expropriation pour cause d'utilité publique*, nos 290, 641 et suiv., 733 et 841; *Halles, foires et marchés*, no 3; *Impôts directs*, no 67 et suiv., 163 et suiv., 212 et suiv., 635; *Louage*, passim; *Obligation, Responsabilité, Travaux publics*; — *Rép.* vis *Absence-absent*, no 65; *Acte de commerce*, no 310; *Assurances terrestres*, no 71 et suiv., 132, 141 et suiv.; *Attentat aux mœurs*, no 148; *Chasse*, nos 46 et 58; *Commune*, nos 994 et suiv., 1041 et suiv.; *Droit politique*, no 218; *Exploit*, no 272; *Expropriation pour cause d'utilité publique*, nos 43, 144, 243-2o, 374, 451, 540, 593, 617, 641 et suiv.; *Halles, foires et marchés*, nos 66 et suiv.; *Impôts directs*, no 215 et suiv.; *Louage*, passim; *Obligations*, no 3934; *Responsabilité*, no 755; *Travaux publics*, nos 812, 859 et suiv.; 1036, 1086, 1191 et suiv., 1242.

**LOGEUR.** — V. *Acte de commerce*, no 135; *Commune*, nos 736 et suiv.; *Contravention*, nos 165 et suiv.; *Patente*; *Prostitution*; — *Rép.* vis *Acte de commerce*, nos 68, 342; *Commune*, nos 1190 et suiv.; *Contravention*, nos 271 et suiv.; *Patente*, nos 46 et suiv., 272 et suiv.

**FIN DU NEUVIÈME VOLUME**